# Dictionnaire Hachette Langenscheidt de Poche

# Hachette Langenscheidt

# Dictionnaire Allemand

**Français – Allemand**
**Allemand – Français**

Langenscheidt

hachette
ÉDUCATION

Rédaction : Wolfgang Löffler,
Kristin Waeterloos

Texte conforme aux rectifications
de l'orthographe allemande

Les mots qui, à notre connaissance, sont considérés comme des marques ou des noms déposés, sont signalés dans cet ouvrage par la mention®. La présence ou l'absence de cette mention ne peut être considérée comme ayant une valeur juridique.

 43, quai de Grenelle
75905 Paris cedex 15
ISBN 978-2-01-271069-6
www.hachette-education.com

# Avant-propos

Cette édition du *Dictionnaire bilingue Hachette-Langenscheidt de poche* s'adresse bien sûr aux élèves des collèges qui étudient et traduisent l'allemand mais aussi aux touristes et aux femmes et hommes d'affaires qui, en voyage ou au travail, veulent s'exprimer ou traduire en allemand.

Nous avons veillé à l'actualité de la nomenclature et des expressions et inclus le vocabulaire courant des nouvelles technologies, de l'économie, du commerce, du tourisme et de la bureautique.

L'orthographe des entrées est conforme aux nouvelles règles des rectifications de l'orthographe allemande, en vigueur depuis 2006.

Enfin, nous avons complété l'ouvrage par des annexes présentant des informations pratiques (tableaux de prononciation, modèles de conjugaison, verbes forts, poids, mesures, date et heure, etc.), qui feront du *Dictionnaire bilingue Hachette-Langenscheidt de poche* le compagnon indispensable de vos études et de vos voyages.

# Table des matières

Entrée en caractères gras

Traductions avec indication du genre

Phonétique internationale

Exemples et expressions idiomatiques en caractères gras

Niveaux de langue

Chiffres arabes indiquant les changements de catégories sémantiques

Contexte de la traduction

Locutions

Indications de sens

**grâce** [gʀɑs] *f rel* Gnade *f*; *bienveillance* Gunst *f*; *jur* Begnadigung *f*; *charme* Grazie *f*, Anmut *f*; *remerciement* Dank *m*; ***de bonne*** (***mauvaise***) ~ gern (ungern); ...

**être** [ɛtʀə] (*1*) **1.** sein; *passif*: werden; ***je suis mieux*** es geht mir besser; ***~ à qn*** j-m gehören; ***il est de Paris*** er ist aus Paris; ***en ~*** mitmachen; ***~ après qn*** hinter j-m her sein; ***nous sommes lundi*** wir haben Montag; ***je n'y suis pas*** ich bin noch nicht so weit; ***je n'y suis pour rien*** ich habe damit nichts zu tun; *st/s* ***il est des gens qui*** es gibt Leute, die; **2.** *m* Wesen *n*; *homme* Mensch *m*; *phil* Sein *n*

**bringue** [bʀɛ̃g] *f* F ***faire la ~*** in Saus und Braus leben

**brio** [bʀijo] *m* ***avec ~*** großartig

**brioche** [bʀijɔʃ] *f cuis* Hefegebäck *n*; F *ventre* Bauch *m*

**cru, ~e** [kʀy] **1.** *p/p de* croire; **2.** *adj légumes*: ungekocht, roh; *lumière*: grell; *paroles*: derb; **3.** *m domaine*: (Wein-)Gebiet *n*; *vigne* Weinberg *m*; *vin* Wein(sorte *f*) *m*; *fig* ***de mon ~*** von mir erfunden

**établ|ir** [etabliʀ] (*2a*) *camp, école*: errichten; *entreprise*: gründen; *domicile*: aufschlagen; *relations, contact*: herstellen, aufnehmen; *salaires, prix*: festsetzen; *certificat, facture*: ausstellen; *tarif, liste, gouvernement, record*: aufstellen; *impôts*: erheben; *ordre, paix*: herstellen

**mise** [miz] *f vêtements* Kleidung *f*; *jeu*: Einsatz *m*; ***~ en bouteilles*** Flaschenabfüllung *f*; ***~ en jachère*** Flächenstilllegung *f*; ***~ en marche*** (***route, service***) Inbetriebnahme *f*; ***~ en scène*** Inszenierung *f*; ***~ en vente*** Verkauf *m*; ***de ~*** angebracht, passend

**faux², fausse** [fo, fos] **1.** *adj allg* falsch; *apparent* Schein...; *falsifié* gefälscht; *hypocrite* unaufrichtig; *artificiel* künstlich

| | |
|---|---|
| **Band**[1] [bant] *n* (*-[e]s*; *∸er*) ruban *m*, bande *f*; *Gelenk≗* ligament *m*; *fig* lien *m*; ***auf ~ aufnehmen*** enregistrer (sur bande); ***am laufenden ~*** sans arrêt<br>**Band**[2] [-] *m* (*-[e]s*; *∸e*) *Buch* volume *m*; *e-s Werkes* tome *m*<br>**Band**[3] [bɛnt] *f mus* (-; *-s*) groupe *m* | Homographes distingués par un chiffre en exposant |
| **genau** [gəˈnau] **1.** *adj* exact, précis; minutieux; *streng* strict; **≗eres** des précisions *f/pl*, de plus amples détails *m/pl*; **2.** *adv* exactement, précisément; ***~ um 10 Uhr*** à dix heures précises; ***~ der*** celui-là même; ***~ zuhören*** écouter attentivement; ***es ~ nehmen*** regarder de près; ***~ kennen*** connaître à fond; **≗igkeit** *f* (-; *sans pl*) exactitude *f*, précision *f*; **~so** → ***ebenso*** | Catégorie grammaticale du mot d'entrée |
| **ˈanfahren** (*irr*, *sép*, *-ge-*, → ***fahren***) **1.** *v/i* (*sn*) *auto* demarrer; **2.** *v/t* (*h*) *Baum etc* accrocher, tamponner, entrer en collision avec; *fig* ***j-n ~*** apostropher qn, rabrouer qn | Verbe transitif, verbe intransitif |
| **Last** [last] *f* (-; *-en*) charge *f*, fardeau *m*; ***j-m zur ~ fallen*** être à charge à qn, importuner qn; ***j-m etw zur ~ legen*** imputer qc à qn; *comm* ***zu ~en von ...*** au débit de ...; **ˈ~auto** *n* camion *m*; **ˈ≗en** (*h*) ***~ auf*** peser sur; **ˈ~enaufzug** *m* monte-charges *m* | Le tilde remplace le mot d'entrée complet,<br>ou une partie de ce mot d'entrée |
| **ˈangehör\|en** (*sép*, *h*) faire partie de; **ˈ≗ige** [ˈ-igə] *m*, *f Familie* proche parent *m*, -e *f*; *Mitglied* membre *m*; ***seine ~n*** sa famille; ***die nächsten ~n*** les proches parents | ou un mot déjà formé à partir du tilde |
| **Hitz\|e** [ˈhitsə] *f* (-; *sans pl*) chaleur *f*; ardeur *f*; **ˈ≗ebeständig** résistant à la chaleur; **ˈ~ewelle** *f* vague *f* de chaleur; **ˈ≗ig** *fig* fougueux, passionné, ardent; **ˈ~schlag** *m* coup *m* de chaleur<br>**beˈsetz\|en** (*pas de -ge-*, *h*) occuper; *Kleid* garnir (***mit*** de); **~t** occupé (*a tél*); *Bus*, *Zug* complet; **≗tzeichen** *n* tonalité *f* occupée; **≗ung** *f* (-; *-en*) *mil* occupation *f*; *Theater*, *Film* distribution *f* | Le tilde surmonté d'un cercle indique que la minuscule initiale devient majuscule ou inversement |

# Indications pour l'emploi du dictionnaire

1. **Die alphabetische Reihenfolge** ist überall beachtet worden. Hierbei werden die Umlaute (ä, ö, ü) den Buchstaben a, o, u gleichgestellt.
Geographische Namen und Abkürzungen sind ebenfalls an alphabetischer Stelle des Wörterverzeichnisses zu finden.

1° **L'ordre alphabétique** a été rigoureusement observé. Les voyelles infléchies (ä, ö, ü) correspondent aux lettres a, o, u.
Les noms géographiques et les sigles se trouvent également à leur place alphabétique.

2. **Die Aussprachebezeichnung** steht in eckigen Klammern. Die Umschrift wird durch die Zeichen der „Association Phonétique Internationale" angegeben (s. S. 13).

2° **La transcription phonétique** est placée dans des crochets. Cette transcription suit la notation de l'Association phonétique internationale (voir page 13).

3. **Grammatisches Geschlecht und Wortart.** Das grammatische Geschlecht der Substantive (Hauptwörter) ist bei jedem französischen Stichwort (*m*, *f*) und deutschen Stichwort (*m*, *f*, *n*) angegeben.

3° **Genre grammatical et catégorie grammaticale.** Le genre grammatical des substantifs est indiqué pour tous les mots français (*m*, *f*) et pour les mots allemands (*m*, *f*, *n*).

4. **Die Bedeutungsunterschiede der verschiedenen Übersetzungen** sind durch abgekürzte Bedeutungshinweise (s. Verzeichnis Seite 11) oder durch Zusätze wie *Sport*, *Auto* usw. oder auch durch vorangesetzte Objekte bzw. Subjekte gekennzeichnet.

4° **Les différences d'acception des différentes traductions** sont signalées par des abréviations (voir tableau page 11) ou sont indiquées par des mots collectifs tels que *Sport*, *Auto*, etc. ou bien par des compléments ou encore par des sujets.

5. **Grammatische Hinweise:**

**a**) Beim Substantiv und beim Adjektiv wird die unregelmäßige Pluralform angegeben.
**b**) Beim Adjektiv wird die weibliche Form angegeben.
**c**) Beim Verb verweist die in runden Klammern hinter jedem französischen Verbum stehende Ziffer (*1a*, *2f* usw.) auf die Konjugationstabelle im Anhang, in der ausführlich Aufschluss über die Bildung der Zeitformen gegeben ist.

5° **Remarques grammaticales:**

**a**) On a indiqué les formes irrégulières du pluriel des substantifs et des adjectifs.
**b**) On a indiqué les formes du féminin des adjectifs.
**c**) Pour les verbes, les chiffres entre parenthèses placés derrière chaque verbe français (*1a*, *2f* etc.) renvoient au tableau de conjugaison dans l'appendice, dans lequel se trouvent tous les renseignements nécessaires sur la conjugaison des verbes.

**6. Die Rektion der Verben** (Verbindung des Zeitwortes mit seinen Satzergänzungen). Stimmt sie in beiden Sprachen überein, so sind besondere Hinweise nicht gegeben. Verlangt jedoch das französische Verb einen anderen Fall als das deutsche, so ist die Rektion angegeben, z. B.:

**6° Le régime des verbes** (relation d'un verbe avec ses compléments). Lorsque le régime est identique dans les deux langues, il n'y a pas de mention; où il ne l'est pas, le régime est donné, p. ex.:

**aider** [ɛde] (*1b*) helfen (***qn*** j-m);
***s'~ de qc*** etw (*acc*) benützen

**7. Grammatische Angaben**

**A) Französische Verben:** Bei jedem französischen Verb weisen die in runden Klammern stehenden Zahlen und Buchstaben auf das entsprechende Konjugationsmuster im Anhang hin, s. S. 615–638.

**B) Deutsche Substantive und Verben:**

**a)** Bei jedem deutschen **Substantiv** wird die Genitiv- und die Pluralform angegeben:

**7° Indications grammaticales**

**A) Verbes français:** les chiffres et les lettres entre parenthèses derrière chaque verbe renvoient au tableau de conjugaison en appendice, page 615–638.

**B) Substantifs et verbes allemands:**

**a)** Derrière chaque **substantif** allemand on a indiqué entre parenthèses le génitif singulier et le nominatif pluriel:

**Affe** *m* (*-n*; *-n*) = des Affen;
die Affen

Das „*e*" in eckigen Klammern bedeutet, dass der Genitiv mit „*s*" oder mit „*es*" gebildet werden kann. Das Zeichen ¨ bedeutet, dass in der Pluralform ein Umlaut auftritt:

Lorsque le génitif singulier est formé indifféremment avec *-s* ou *-es*, le *e* est entre crochets. Le signe ¨ indique une voyelle infléchie (ä, ö, ü) au pluriel:

**Blatt** *n* (*-[e]s*; *¨er*) = des Blatts,
des Blattes; die Blätter

Bleibt das Substantiv im Genitiv bzw. im Plural unverändert, so wird dies mit einem Strich angegeben:

Un tiret indique un génitif singulier ou un nominatif pluriel invariables:

**Kreisel** *m* (*-s*; -) = des Kreisels;
die Kreisel

Diese Angaben stehen bei Grundwörtern. Bei zusammengesetzten Wörtern stehen sie nur, wenn der entsprechende Teil an alphabetischer Stelle in der Form abweicht oder wenn dort mehrere Formen angegeben sind, die für das zusammengesetzte Wort nicht alle zutreffen.

Ces indications accompagnent les mots simples. Pour les mots composés, elles sont mentionnées uniquement lorsque la partie concernée se décline de plusieurs manières possibles, suivant le cas.

**Bank** *f* (-; *-en bzw. ¨-e*)
**Datenbank** *f* (-; *-en*)

**b**) Bei allen **deutschen Verben** wird das Hilfszeitwort „*sn*" oder „*h*" (sein oder haben) angegeben. Bei regelmäßigen Grundverben ist zusätzlich angegeben, wenn das Partizip mit „*ge*" gebildet wird:

**b**) Pour chaque **verbe allemand** on a indiqué l'auxiliaire „haben" (*h*) ou „sein" (*sn*) qui sert à former les temps composés. Pour les verbes réguliers simples on a indiqué en outre le participe passé formé avec „*ge*":

**arbeiten** (*ge-*, *h*) = habe gearbeitet

Bei unregelmäßigen Grundverben stehen in Klammern Imperfekt und Partizip sowie das Hilfszeitwort:

Pour les verbes irréguliers simples on a indiqué l'imparfait et le participe passé ainsi que l'auxiliaire entre parenthèses:

**bringen** (*brachte*, *gebracht*, *h*)

Bei zusammengesetzten Verben ist angegeben, ob im Präsens (und im Imperfekt) die Vorsilbe abgetrennt wird und ob im Partizip ein *-ge-* eingeschoben wird:

Pour les verbes réguliers à particule on a indiqué la particule séparable au présent et à l'imparfait, ainsi que le *-ge-* intercalé au participe passé:

**abfassen** (*sép*, *-ge-*, *h*) = fasst(e) ab,
hat abgefasst

Bei unregelmäßigen zusammengesetzten Verben ist zusätzlich „*irr*" (= unregelmäßig) sowie der Verweis auf das Grundverb angegeben:

Pour les verbes irréguliers à particule, on a indiqué en outre „*irr*" (irrégulier) ainsi que la référence sur le verbe simple correspondant:

**abschreiben** (*irr*, *sép*, *-ge-*, *h* → ***schreiben***)

# Explication des abréviations employées dans le dictionnaire

**~ ♀ die Tilde (das Wiederholungszeichen)** ist angewendet, um zusammengehörige und verwandte Wörter zum Zwecke der Raumersparnis zu Gruppen zu vereinigen.

**~ ♀ le tilde (le signe de répétition).** Afin d'épargner de la place, le tilde a été employé pour réunir par groupes les mots de la même catégorie et les mots apparentés.

**Die Tilde** (~) vertritt das ganze voraufgegangene Wort oder den Wortteil vor dem senkrechten Strich (|), z. B.:

**Le tilde** (~) remplace la totalité du mot précédent ou la partie du mot devant le trait vertical (|), p. ex.:

**aiguillon** Stachel; **~ner** (= **aiguillonner**) antreiben;
**contrôl|e** Kontrolle; **~er** (= **contrôler**) kontrollieren.

**Die Tilde** vertritt außerdem in den Anwendungsbeispielen das unmittelbar voraufgegangene Stichwort, das auch mithilfe der Tilde gebildet sein kann, z. B.:

**Le tilde** remplace en outre dans les exemples d'application l'en-tête précédent, parfois représenté à l'aide du tilde, p. ex.:

**abandon** ... ***laisser à l'~*** verwahrlosen

**Die Tilde mit Kreis** (♀) weist darauf hin, dass sich die Schreibung des Anfangsbuchstabens des voraufgegangenen Wortes in der Wiederholung ändert (groß in klein oder umgekehrt), z. B.:

**Le tilde avec cercle** (♀) indique que le mot précédent prend une majuscule ou une minuscule lorsqu'il doit être répété, p. ex.:

**français, ~e 1.** *adj.* französisch; **2.** ♀ (= **Français, ~e**) *m, f* Franzose *m*, Französin *f*;
**collège** Gremium; Kollegium; ***Sacré*** ♀ (= ***Sacré Collège***) Kardinalskollegium;
**Pâques** Ostern; ***faire ses*** ♀ (= ***pâques***) zur österlichen Kommunion gehen.

## Abkürzungen – Abréviations

| | |
|---|---|
| *a* | auch, *aussi* |
| *abr* | *abréviation*, Abkürzung |
| *acc* | *accusatif*, Akkusativ, Wenfall |
| *adj* | *adjectif*, Adjektiv |
| *adv* | *adverbe*, Adverb |
| *agr* | *agriculture*, Landwirtschaft |
| *allg* | allgemein, *généralement* |
| *anat* | *anatomie*, Anatomie |
| *arch* | *architecture*, Architektur |
| *arg* | *argot*, Argot, Gaunersprache |
| *astr* | *astronomie*, Astronomie |
| *auto* | *automobile*, Kraftfahrzeug(wesen) |
| *aviat* | *aviation*, Flugwesen |
| *bes* | besonders, *particulièrement* |
| *biol* | *biologie*, Biologie |
| *bot* | *botanique*, Botanik |
| *cf* | *confer*, siehe |
| *ch* | *chasse*, Jagdwesen |
| *chim* | *chimie*, Chemie |

*comm* *commerce*, Handel
*conj* *conjonction*, Konjunktion
*cuis* *cuisine*, Kochkunst

*dat* *datif*, Dativ, Wemfall

*écon* *économie*, Wirtschaft
*EDV* elektronische Datenverarbeitung, *informatique*
*e-e* eine, *un(e)*
*égl* *église*, Kirche
*él* *électrique*, elektrisch
*e-m* einem, *à un(e)*
*e-n* einen, *un(e)*
*enf* *langage des enfants*, Kindersprache
*e-r* einer, *d'un(e)*, *à un(e)*
*e-s* eines, *d'un(e)*
*etc* *et cetera*, und so weiter
*etw* etwas, *quelque chose*

*f* *féminin*, weiblich, Femininum
F *familier*, umgangssprachlich
*fig* *figuré*, bildlich, übertragen
*f/pl* *féminin pluriel*, Femininum Plural
*frz* französisch, *français*

*gén* *génitif*, Genitiv
*géogr* *géographie*, Geografie
*géol* *géologie*, Geologie
*gr* *grammaire*, Grammatik

*h* haben, *avoir*
*hist* *histoire*, Geschichte

*ind* *indicatif*, Indikativ
*inf* *infinitif*, Infinitiv
*iron* *ironique*, ironisch
*irr* *irrégulier*, unregelmäßig

*j* jemand, *quelqu'un*
*j-m* jemandem, *à quelqu'un*
*j-n* jemanden, *quelqu'un*
*j-s* jemandes, *de quelqu'un*
*jur* *juridique*, Rechtswesen

*ling* *linguistique*, Sprachwissenschaft
*litt* *littéraire*, literatursprachlich

*m* *masculin*, männlich, Maskulinum
*mar* *marine*, Schifffahrt
*math* *mathématiques*, Mathematik
*méd* *médecine*, Medizin
*mil* *militaire*, Militärwesen

*m/pl* *masculin pluriel*, Maskulinum Plural
*mus* *musique*, Musik

*n* *neutre*, sächlich, Neutrum
*neg!* *négatif, pourrait être insultant*, negativ, kann auf Betroffene beleidigend wirken

*od* oder, *ou*
*östr* österreichisch, *autrichien*

P *populaire*, volkssprachlich, derb
*péj* *péjoratif*, verächtlich
*phil* *philosophie*, Philosophie
*phm* *pharmacie*, Pharmazie
*phys* *physique*, Physik
*pl* *pluriel*, Plural
*plais* *plaisant*, scherzhaft
*poét* *poétique*, Dichtersprache
*pol* *politique*, Politik
*p/p* *participe passé*, Partizip Perfekt
*prép* *préposition*, Präposition
*prov* *proverbe*, Sprichwort
*p/s* *passé simple*, historisches Perfekt
*psych* *psychologie*, Psychologie

*qc* *quelque chose*, etwas
*qn* *quelqu'un*, jemand(en)

® *marque déposée*, eingetragene Marke

*rel* *religion*, Religion

*sép* *séparable*, trennbar
*sg* *singulier*, Singular
*sn* sein, *être*
*st/s* *style soutenu*, gehobener Stil
*subj* *subjonctif*, Konjunktiv
*subst* *substantif*, Substantiv

*tech* *technique*, Technik
*tél* *télécommunication*, Telekommunikation
*TV* *télévision*, Fernsehen

*u* und, *et*
*unv* unverändert, *invariable*

*v/i* *verbe intransitif*, intransitives Verb

*v/t* *verbe transitif*, transitives Verb

*zB* zum Beispiel, *par exemple*
*zo* *zoologie*, Zoologie
*Zssgn* Zusammensetzungen, *composés*

→ siehe, *confer*

# Tableau de la prononciation allemande

| Lettre | Transcription | Explication | Exemple |
| --- | --- | --- | --- |
| | | **a) les voyelles** | |
| a | aː | lang<br>*long* (*âme*) | Abend ['aːbənt]<br>kam [kaːm]<br>Paar [paːr]<br>Laden ['laːdən] |
| | a | kurz<br>*bref* (*patte*) | Ast [ast]<br>Kamm [kam]<br>Markt [markt]<br>Matte ['matə] |
| ä | ɛː | offen und lang<br>*ouvert et long* (*fenêtre*) | ähnlich ['ɛːnliç]<br>Mähne ['mɛːnə]<br>Käse ['kɛːzə]<br>Träger ['trɛːgər] |
| | ɛ | offen und kurz<br>*ouvert et bref* (*ennemi*) | emsig ['ɛmsiç]<br>Kämme ['kɛmə]<br>Teller ['tɛlər]<br>Herr [hɛr] |
| e | eː | geschlossen und lang<br>*fermé et long* (*donné*) | Esel ['eːzəl]<br>See [zeː]<br>leben ['leːbən]<br>nehmen ['neːmən] |
| | e | geschlossen und mittellang (kurz)<br>*fermé et moyen* (*défendre*) | Debatte [de'batə]<br>Telefon ['teːlefoːn] |
| | ə | schwach und kurz<br>*faible et bref* (*me*) | Tinte ['tintə]<br>Rose ['roːzə]<br>gegeben [gə'geːbən] |
| i | iː | geschlossen und lang<br>*fermé et long* (*église*) | ihnen ['iːnən]<br>Bibel ['biːbəl]<br>Dieb [diːp] |
| | i | geschlossen und mittellang (kurz)<br>*fermé et moyen* (*histoire*) | in [in]<br>binden ['bindən]<br>Wind [vint] |
| o | oː | geschlossen und lang<br>*fermé et long* (*rose*) | oben ['oːbən]<br>Bote ['boːtə]<br>Moor [moːr]<br>Sohn [zoːn] |

| Lettre | Tran-scription | Explication | Exemple |
|---|---|---|---|
| | o | geschlossen und mittellang (kurz)<br>*fermé et moyen* (*ch**au**d*) | Tomate [to'maːtə]<br>Geologe [geo'loːgə]<br>monoton [mono'toːn] |
| | ɔ | offen und kurz<br>*ouvert et bref* (*p**o**ste*) | offen ['ɔfən]<br>Form [fɔrm]<br>locken ['lɔken] |
| ö | øː | geschlossen und lang<br>*fermé et long* (*j**eû**ne*) | Öse ['øːzə]<br>Töne ['tøːnə]<br>Goethe ['gøːtə] |
| | œ | offen und kurz<br>*ouvert et bref* (*n**eu**f*) | öffnen ['œfnən]<br>Löffel ['lœfəl] |
| u | uː | geschlossen und lang<br>*fermé et long* (*t**ou**r*) | Uhr [uːr]<br>Mut [muːt]<br>Fuhre ['fuːrə]<br>Bude ['buːdə] |
| | u | geschlossen und kurz<br>*fermé et bref* (*m**ou**stache*) | unten ['untən]<br>bunt [bunt]<br>Mutter ['mutər] |
| ü | yː | geschlossen und lang<br>*fermé et long* (*p**u**r*) | Übel ['yːbəl]<br>Tür [tyːr]<br>Mühle ['myːlə] |
| | y | geschlossen und kurz<br>*fermé et bref* (*br**u**sque*) | üppig ['ypiç]<br>Müll [myl]<br>Rücken ['rykən] |

**b) les diphtongues**

| | | | |
|---|---|---|---|
| ai/ei/ey | ai | das offene und kurze [i] nähert sich dem geschlossenen und mittellangen (kurzen) [e]<br>*l'* [i] *ouvert et bref se rapproche de l'* [e] *fermé et moyen* (***ai**l*) | Eisen ['aizən]<br>Greise ['graizə]<br>Mai [mai] |
| au | au | das offene und kurze [u] nähert sich dem geschlossenen und mittellangen (kurzen) [o]<br>*l'* [u] *ouvert et bref se rapproche de l'* [o] *fermé et moyen* (*c**aou**tchouc*) | Aufbau ['aufbau]<br>Maus [maus]<br>Brause ['brauzə] |
| äu/eu | ɔʏ | das offene und kurze [ʏ] nähert sich dem geschlossenen und mittellangen (kurzen) [ø]<br>*l'* [ʏ] *ouvert et bref se rapproche de l'* [ø] *fermé et moyen* (***œi**l*) | euch [ɔʏç]<br>äußern ['ɔʏsərn]<br>Beute ['bɔʏtə]<br>läuten ['lɔʏtən] |

**c) les consonnes**

| | | | |
|---|---|---|---|
| g | g | comme dans le mot<br>***g**ant* | geben ['geːbən]<br>Lage ['laːgə] |
| | ʒ | comme dans le mot<br>***j**upe* | Genie [ʒe'niː]<br>Regie [re'ʒiː]<br>Jackett [ʒa'kɛt] |

| Lettre | Transcription | Explication | Exemple |
|---|---|---|---|
| j | j | comme dans le mot *mayonnaise* | jeder ['je:dər]<br>gejagt [gə'ja:kt] |
| s | z | im Anlaut vor Vokalen und zwischen Vokalen<br>*au début devant voyelle et entre voyelles* (*zèle*) | Sonne ['zɔnə]<br>Base ['ba:zə] |
| | s | in allen anderen Positionen und wo ss oder ß geschrieben wird<br>*dans tous les autres cas et pour les graphies ss ou ß* (*austère*; *sou*) | Aster ['astər]<br>lispeln ['lispəln]<br>Haus [haus]<br>Messer ['mɛsər]<br>Fuß [fu:s] |
| sch | ʃ | comme dans le mot ***ch**eval* | Schein [ʃain]<br>Asche ['aʃə]<br>Mensch [mɛnʃ]<br>Spiel [ʃpi:l]<br>Stein [ʃtain]<br>gestehen [gə'ʃte:ən] |
| z | ts | comme ***t*** et ***ç*** fondus | Zange ['tsaŋə]<br>kurz [kurts]<br>sitzen ['zitsən]<br>Platz [plats] |
| v | f | comme dans le mot ***f**aible* | Vater ['fa:tər]<br>vergessen [fɛr'gɛsən]<br>passiv ['pasi:f] |
| w, v | v | comme dans le mot ***v**endre* | Waage ['va:gə]<br>Vampir ['vampi:r]<br>November [no'vɛmbər] |
| ng | ŋ | comme dans le mot *campi**ng*** | singen ['ziŋən]<br>Rang [raŋ]<br>wanken ['vaŋkən]<br>Bank [baŋk] |
| h | h | prononcé avec un véritable souffle | heben ['he:bən]<br>erholen [er'ho:lən]<br>Uhu ['u:hu] |
| (i)ch | ç | son qui ressemble à la semi-consonne i des mots français tels que *m**i**el*, *s**i**en* | ich [iç]<br>rechnen ['reçnən]<br>Teich [taiç]<br>leuchten ['lɔʏçtən]<br>räuchern ['rɔʏçərn]<br>Bücher ['by:çər]<br>Löcher ['lœçər]<br>Fläche ['flɛçə]<br>Milch [milç]<br>horch [hɔrç]<br>mancher ['mançər]<br>Chemie [çe'mi:]<br>China ['çi:na] |

| Lettre | Transcription | Explication | Exemple |
|---|---|---|---|
| (a)ch | x | son purement laryngal qui peut se comparer à la prononciation du r vélaire final, surtout des Parisiens, dans les mots *gare*, *guerre* | Dach [dax]<br>Loch [lɔx]<br>Buch [buːx]<br>auch [aux]<br>machen ['maxən]<br>acht [axt] |
| | k | comme dans le mot *camp* | Chor [koːr]<br>Christ [krist]<br>Fuchs [fuks]<br>sechs [zɛks]<br>Hexe ['hɛksə] |

Le signe [ʔ] indique un ***coup de glotte*** (Kehlkopfverschlusslaut, Knacklaut), p. ex. antarktisch [ant'ʔarktiʃ], aufeinander [aufʔai'nandər].

***L'accent tonique*** ['] précède la syllabe accentuée, p. ex. ändern ['ɛndərn], Tomate [to'maːtə].

## L'emploi des majuscules en allemand

Prennent une majuscule: 1. le premier mot d'une phrase; 2. tous les substantifs; 3. tous les noms propres; 4. les adjectifs, pronoms et adjectifs numéraux ordinaux qui font partie d'un titre ou nom propre (das Schwarze Meer = la mer Noire), Heinrich der Vierte = Henri IV; 5. des mots de toute espèce employés comme substantifs (das Gute = le bon); 6. le pronom Sie (= vous) avec ses dérivés Ihnen et Ihr.

## L'alphabet allemand

| | | | | | | | | |
|---|---|---|---|---|---|---|---|---|
| **A** | **a** | [aː] | **J** | **j** | [jɔt] | **S** | **s** | [ɛs] |
| **B** | **b** | [beː] | **K** | **k** | [kaː] | **T** | **t** | [teː] |
| **C** | **c** | [tseː] | **L** | **l** | [ɛl] | **U** | **u** | [uː] |
| **D** | **d** | [deː] | **M** | **m** | [ɛm] | **V** | **v** | [fau] |
| **E** | **e** | [eː] | **N** | **n** | [ɛn] | **W** | **w** | [veː] |
| **F** | **f** | [ɛf] | **O** | **o** | [oː] | **X** | **x** | [iks] |
| **G** | **g** | [geː] | **P** | **p** | [peː] | **Y** | **y** | ['ypsilɔn] |
| **H** | **h** | [haː] | **Q** | **q** | [kuː] | **Z** | **z** | [tsɛt] |
| **I** | **i** | [iː] | **R** | **r** | [ɛr] | | | |

# Liste de verbes forts et irréguliers

| Infinitif | Présent (3e personne sing.) | Prétérit | Participe passé | *Traduction* |
|---|---|---|---|---|
| **backen** | bäckt | backte | hat gebacken | *faire cuire au four* |
| **befehlen** | befiehlt | befahl | hat befohlen | *commander* |
| **beginnen** | beginnt | begann | hat begonnen | *commencer* |
| **beißen** | beißt | biss | hat gebissen | *mordre* |
| **bergen** | birgt | barg | hat geborgen | *abriter, cacher* |
| **bersten** | birst | barst | ist geborsten | *éclater* |
| **bewegen** | bewegt | bewog | hat bewogen | *inciter* |
| **bieten** | bietet | bot | hat geboten | *offrir* |
| **binden** | bindet | band | hat gebunden | *lier, relier* |
| **bitten** | bittet | bat | hat gebeten | *demander, prier* |
| **blasen** | bläst | blies | hat geblasen | *souffler* |
| **bleiben** | bleibt | blieb | ist geblieben | *rester* |
| **braten** | brät | briet | hat gebraten | *rôtir* |
| **brauchen** | braucht | brauchte | gebraucht | *avoir besoin de* |
| **brechen** | bricht | brach | hat gebrochen | *briser* |
| **brennen** | brennt | brannte | hat gebrannt | *brûler* |
| **bringen** | bringt | brachte | hat gebracht | *apporter* |
| **denken** | denkt | dachte | hat gedacht | *penser* |
| **empfangen** | empfängt | empfing | hat empfangen | *recevoir* |
| **empfehlen** | empfiehlt | empfahl | hat empfohlen | *recommander* |
| **empfinden** | empfindet | empfand | hat empfunden | *éprouver, ressentir* |
| **erlöschen** | erlischt | erlosch | ist erloschen | *s'éteindre* |
| **erschrecken** | erschrickt | erschrak | ist erschrocken | *s'effrayer* |
| **essen** | isst | aß | hat gegessen | *manger* |
| **fahren**[1] | fährt | fuhr | ist gefahren | *aller, conduire* |
| **fahren**[2] | fährt | fuhr | hat gefahren | *conduire (trans.)* |
| **fallen** | fällt | fiel | ist gefallen | *tomber* |
| **fangen** | fängt | fing | hat gefangen | *attraper* |
| **finden** | findet | fand | hat gefunden | *trouver* |
| **flechten** | flicht | flocht | hat geflochten | *tresser* |
| **fliegen** | fliegt | flog | ist geflogen | *voler (en l'air)* |
| **fliehen** | flieht | floh | ist geflohen | *fuir* |
| **fließen** | fließt | floss | ist geflossen | *couler* |
| **fressen** | frisst | fraß | hat gefressen | *manger (animaux)* |
| **frieren** | friert | fror | hat gefroren | *geler* |
| **geben** | gibt | gab | hat gegeben | *donner* |
| **gehen** | geht | ging | ist gegangen | *aller (à pied)* |
| **gelingen** | gelingt | gelang | ist gelungen | *réussir* |
| **gelten** | gilt | galt | hat gegolten | *valoir* |
| **genießen** | genießt | genoss | hat genossen | *jouir de* |
| **geschehen** | geschieht | geschah | ist geschehen | *se passer* |
| **gewinnen** | gewinnt | gewann | hat gewonnen | *gagner* |
| **gießen** | gießt | goss | hat gegossen | *verser* |
| **gleichen** | gleicht | glich | hat geglichen | *ressembler* |
| **gleiten** | gleitet | glitt | ist geglitten | *glisser* |
| **graben** | gräbt | grub | hat gegraben | *creuser* |
| **greifen** | greift | griff | hat gegriffen | *saisir* |

| | | | | |
|---|---|---|---|---|
| **haben** | hat | hatte | hat gehabt | *avoir, posséder* |
| **halten** | hält | hielt | hat gehalten | *tenir* |
| **hängen** | hängt | hing | hat gehangen | *être suspendu* |
| **heben** | hebt | hob | hat gehoben | *lever* |
| **heißen** | heißt | hieß | hat geheißen | *s'appeler* |
| **helfen** | hilft | half | hat geholfen | *aider* |
| **kennen** | kennt | kannte | hat gekannt | *connaître* |
| **klingen** | klingt | klang | hat geklungen | *sonner* |
| **kommen** | kommt | kam | ist gekommen | *venir* |
| **können** | kann | konnte | hat gekonnt | *pouvoir* |
| **kriechen** | kriecht | kroch | ist gekrochen | *ramper* |
| **laden** | lädt | lud | hat geladen | *charger* |
| **lassen** | lässt | ließ | hat gelassen | *laisser* |
| **laufen** | läuft | lief | ist gelaufen | *courir* |
| **leiden** | leidet | litt | hat gelitten | *souffrir* |
| **leihen** | leiht | lieh | hat geliehen | *prêter* |
| **lesen** | liest | las | hat gelesen | *lire* |
| **liegen** | liegt | lag | hat gelegen | *être couché* |
| **lügen** | lügt | log | hat gelogen | *mentir* |
| **mahlen** | mahlt | mahlte | hat gemahlen | *moudre* |
| **meiden** | meidet | mied | hat gemieden | *éviter* |
| **messen** | misst | maß | hat gemessen | *mesurer* |
| **mögen** | mag | mochte | hat gemocht | *aimer* |
| **müssen** | muss | musste | hat gemusst | *devoir* |
| **nehmen** | nimmt | nahm | hat genommen | *prendre, saisir* |
| **nennen** | nennt | nannte | hat genannt | *nommer* |
| **pfeifen** | pfeift | pfiff | hat gepfiffen | *siffler* |
| **quellen**[1] | quillt | quoll | ist gequollen | *jaillir* |
| **quellen**[2] | quellt | quellte | hat gequellt | *faire gonfler* |
| **raten** | rät | riet | hat geraten | *conseiller* |
| **reiben** | reibt | rieb | hat gerieben | *frotter* |
| **reißen** | reißt | riss | hat gerissen | *arracher* |
| **reiten** | reitet | ritt | ist geritten | *monter à cheval* |
| **rennen** | rennt | rannte | gerannt | *courir* |
| **riechen** | riecht | roch | hat gerochen | *sentir* |
| **ringen** | ringt | rang | hat gerungen | *lutter* |
| **rufen** | ruft | rief | hat gerufen | *appeler* |
| **saufen** | säuft | soff | hat gesoffen | *boire (animaux)* |
| **schaffen** | schafft | schuf | hat geschaffen | *créer* |
| **scheiden**[1] | scheidet | schied | hat geschieden | *séparer* |
| **scheiden**[2] | scheidet | schied | ist geschieden | *quitter (emploi)* |
| **scheinen** | scheint | schien | hat geschienen | *briller* |
| **scheren** | schert | schor | hat geschoren | *tondre* |
| **schieben** | schiebt | schob | hat geschoben | *pousser* |
| **schießen** | schießt | schoss | hat geschossen | *tirer (arme)* |
| **schlafen** | schläft | schlief | hat geschlafen | *dormir* |
| **schlagen** | schlägt | schlug | hat geschlagen | *battre* |
| **schleichen** | schleicht | schlich | ist geschlichen | *se glisser* |
| **schleifen** | schleift | schliff | hat geschliffen | *polir* |
| **schließen** | schließt | schloss | hat geschlossen | *fermer* |
| **schmeißen** | schmeißt | schmiss | hat geschmissen | *jeter* |
| **schmelzen** | schmilzt | schmolz | ist geschmolzen | *fondre* |

| | | | | |
|---|---|---|---|---|
| **schneiden** | schneidet | schnitt | hat geschnitten | *couper* |
| **schreiben** | schreibt | schrieb | hat geschrieben | *écrire* |
| **schreien** | schreit | schrie | hat geschrie(e)n | *crier* |
| **schreiten** | schreitet | schritt | ist geschritten | *marcher* |
| **schweigen** | schweigt | schwieg | hat geschwiegen | *se taire* |
| **schwellen** | schwillt | schwoll | ist geschwollen | *enfler* |
| **schwimmen** | schwimmt | schwamm | hat/ist geschwommen | *nager* |
| **schwinden** | schwindet | schwand | ist geschwunden | *se dissiper* |
| **schwingen** | schwingt | schwang | hat geschwungen | *brandir* |
| **schwören** | schwört | schwor | hat geschworen | *jurer* |
| **sehen** | sieht | sah | hat gesehen | *voir* |
| **sein** | ist | war | ist gewesen | *être* |
| **senden** | sendet | sandte | hat gesandt | *envoyer* |
| **singen** | singt | sang | hat gesungen | *chanter* |
| **sinken** | sinkt | sank | ist gesunken | *sombrer* |
| **sitzen** | sitzt | saß | hat gesessen | *être assis* |
| **sollen** | soll | sollt | hat gesollt | *devoir* |
| **spinnen** | spinnt | spann | hat gesponnen | *filer* |
| **sprechen** | spricht | sprach | hat gesprochen | *parler* |
| **springen** | springt | sprang | ist gesprungen | *sauter* |
| **stechen** | sticht | stach | hat gestochen | *piquer* |
| **stehen** | steht | stand | hat/ist gestanden | *être debout* |
| **stehlen** | stiehlt | stahl | hat gestohlen | *voler* |
| **steigen** | steigt | stieg | ist gestiegen | *monter* |
| **sterben** | stirbt | starb | ist gestorben | *mourir* |
| **stinken** | stinkt | stank | hat gestunken | *puer* |
| **stoßen** | stößt | stieß | hat gestoßen | *pousser* |
| **streiten** | streitet | stritt | hat gestritten | *être en conflit* |
| **tragen** | trägt | trug | hat getragen | *porter* |
| **treffen** | trifft | traf | hat getroffen | *atteindre, rencontrer* |
| **treiben** | treibt | trieb | hat getrieben | *pousser* |
| **treten** | tritt | trat | ist getreten | *marcher, entrer* |
| **trinken** | trinkt | trank | hat getrunken | *boire* |
| **trügen** | trügt | trog | hat getrogen | *tromper* |
| **tun** | tut | tat | hat getan | *faire* |
| **vergessen** | vergisst | vergaß | hat vergessen | *oublier* |
| **verlieren** | verliert | verlor | hat verloren | *perdre* |
| **verzeihen** | verzeiht | verzieh | hat verziehen | *pardonner* |
| **wachsen** | wächst | wuchs | ist gewachsen | *pousser, grandir* |
| **waschen** | wäscht | wusch | hat gewaschen | *laver* |
| **(sich) wenden** | wendet | wandte | hat gewandt | *s'adresser* |
| **wenden** | wendet | wendete | hat gewendet | *faire demi-tour (en voiture)* |
| **werden** | wird | wurde | ist geworden | *devenir* |
| **werfen** | wirft | warf | hat geworfen | *jeter* |
| **wissen** | weiß | wusste | hat gewusst | *savoir* |
| **wollen** | will | wollte | hat gewollt | *vouloir* |
| **ziehen**[1] | zieht | zog | ist gezogen | *aller, errer* |
| **ziehen**[2] | zieht | zog | hat gezogen | *tirer* |
| **zwingen** | zwingt | zwang | hat gezwungen | *obliger* |

# Modèles de conjugaison

## a) Conjugaison faible

### loben

| | | | |
|---|---|---|---|
| *prés. ind.* | lobe | lobst | lobt |
| | loben | lobt | loben |
| *prés. subj.* | lobe | lobest | lobe |
| | loben | lobtet | loben |
| *impf. ind. et subj.* | lobte | lobtest | lobte |
| | lobten | lobtet | lobten |

*impér. sg.* lob(e), *pl.* lob(e)t, loben Sie; *inf. prés.* loben; *inf. passé* gelobt haben; *part. prés.* lobend; *p.p.* gelobt

### reden

| | | | |
|---|---|---|---|
| *prés. ind.* | rede | redest | redet |
| | reden | redet | reden |
| *prés. subj.* | rede | redest | rede |
| | reden | redet | reden |
| *impf. ind. et subj.* | redete | redetest | redete |
| | redeten | redetet | redeten |

*impér. sg.* rede, *pl.* redet, reden Sie; *inf. prés.* reden; *inf. passé* geredet haben; *part. prés.* redend; *p.p.* geredet

### reisen

| | | | |
|---|---|---|---|
| *prés. ind.* | reise | rei(se)st | reist |
| | reisen | reist | reisen |
| *prés. subj.* | reise | reisest | reise |
| | reisen | reiset | reisen |
| *impf. ind. et subj.* | reiste | reistest | reiste |
| | reisten | reistet | reisten |

*impér. sg.* reise, *pl.* reist, reisen Sie; *inf. prés.* reisen; *inf. passé* gereist sein *od* haben; *part. prés.* reisend; *p.p.* gereist

### fassen

| | | | |
|---|---|---|---|
| *prés. ind.* | fasse | fassest (fasst) | fasst |
| | fassen | fasst | fassen |
| *prés. subj.* | fasse | fassest | fasse |
| | fassen | fasset | fassen |
| *impf. ind. et subj.* | fasste | fasstest | fasste |
| | fassten | fasstet | fassten |

*impér. sg.* fasse (fass), *pl.* fasst, fassen Sie; *inf. prés.* fassen; *inf. passé* gefasst haben; *part. prés.* fassend; *p.p.* gefasst

### handeln

*prés. ind.*

| | | |
|---|---|---|
| handle* | handelst | handelt |
| handeln | handelt | handeln |

*prés. subj.*

| | | |
|---|---|---|
| handle* | handelst | handle* |
| handeln | handelt | handeln |

*impf. ind. et subj.*

| | | |
|---|---|---|
| handelte | handeltest | handelte |
| handelten | handeltet | handelten |

*imp. sg.* handle*, *pl.* handelt, handeln Sie; *inf. prés.* handeln; *inf. passé* gehandelt haben; *part. prés.* handelnd; *p.p.* gehandelt

***Avec ou sans «e» intercalé**: wandern, wand(e)re; ***mais*** bessern, bessere.

## b) Conjugaison forte

**fahren**

| | | | | | | | |
|---|---|---|---|---|---|---|---|
| *prés. ind.* | fahre | fährst | fährt | *impf. ind.* | fuhr | fuhr(e)st | fuhr |
| | fahren | fahrt | fahren | | fuhren | fuhrt | fuhren |
| *prés. subj.* | fahre | fahrest | fahre | *impf. subj.* | führe | führest | führe |
| | fahren | fahret | fahren | | führen | führet | führen |

*impér. sg.* fahr(e), *pl.* fahr(e)t, fahren Sie; *inf. prés.* fahren; *inf. passé* gefahren haben ***ou*** sein; *part. prés.* fahrend; *p.p.* gefahren

# Adjectifs numéraux

## Grundzahlen

### Adjectifs numéraux cardinaux

0 *zéro* [zero]
1 *un, une f* [ɛ̃ *od* œ̃, yn]
2 *deux* [dø, døz‿]
3 *trois* [trwa, trwaz‿]
4 *quatre* [katrə, kat]
5 *cinq* [sɛ̃k, sɛ̃]
6 *six* [sis, si, siz‿]
7 *sept* [sɛt]
8 *huit* [ɥit, ɥi]
9 *neuf* [nœf, nœv‿]
10 *dix* [dis, di, diz‿]
11 *onze* [õz]
12 *douze* [duz]
13 *treize* [trɛz]
14 *quatorze* [katɔrz]
15 *quinze* [kɛ̃z]
16 *seize* [sɛz]
17 *dix-sept* [disɛt]
18 *dix-huit* [dizɥit, dizɥi]
19 *dix-neuf* [diznœf, diznœv‿]
20 *vingt* [vɛ̃]
21 *vingt et un* [vɛ̃teɛ̃]
22 *vingt-deux* [vɛ̃tdø]
23 *vingt-trois* [vɛ̃trwa]
24 *vingt-quatre* [vɛ̃tkatrə]
30 *trente* [trɑ̃t]
40 *quarante* [karɑ̃t]
50 *cinquante* [sɛ̃kɑ̃t]
60 *soixante* [swasɑ̃t]
70 *soixante-dix* [swasɑ̃tdis]
71 *soixante et onze* [swasɑ̃teõz]
72 *soixante-douze* [swasɑ̃tduz]
80 *quatre-vingt(s)* [katrəvɛ̃]
81 *quatre-vingt-un* [katrəvɛ̃ɛ̃]
90 *quatre-vingt-dix* [katrəvɛ̃dis]
91 *quatre-vingt-onze* [katrəvɛ̃õz]
100 *cent* [sɑ̃]
101 *cent un* [sɑ̃ɛ̃]
200 *deux cent(s)* [døsɑ̃]
211 *deux cent onze* [døsɑ̃õz]
1000 *mille* [mil]
1001 *mille un* [milɛ̃]
1002 *mille deux* [mildø]
1100 *onze cents* [õzsɑ̃]
1308 *treize cent huit* [trɛzsɑ̃ɥit]
2000 *deux mille* [dømil]
100 000 *cent mille* [sɑ̃mil]
*le million* [miljõ] die Million
*le milliard* [miljar] die Milliarde

## Ordnungszahlen

### Adjectifs numéraux ordinaux

1<sup>er</sup> *le premier* [prəmje] der Erste
1<sup>re</sup> *la première* [prəmjɛr] die Erste
2<sup>e</sup> *le deuxième* [døzjɛm] der Zweite
*la deuxième* [døzjɛm] die Zweite
*le second* [zgõ] der Zweite
*la seconde* [zgõd] die Zweite
3<sup>e</sup> *le od la troisième* [trwazjɛm]
4<sup>e</sup> *quatrième* [katrijɛm]
5<sup>e</sup> *cinquième* [sɛ̃kjɛm]
6<sup>e</sup> *sixième* [sizjɛm]
7<sup>e</sup> *septième* [sɛtjɛm]
8<sup>e</sup> *huitième* [ɥitjɛm]
9<sup>e</sup> *neuvième* [nœvjɛm]
10<sup>e</sup> *dixième* [dizjɛm]
11<sup>e</sup> *onzième* [õzjɛm]
12<sup>e</sup> *douzième* [duzjɛm]
13<sup>e</sup> *treizième* [trɛzjɛm]
14<sup>e</sup> *quatorzième* [katɔrzjɛm]
15<sup>e</sup> *quinzième* [kɛ̃zjɛm]
16<sup>e</sup> *seizième* [sɛzjɛm]
17<sup>e</sup> *dix-septième* [disɛtjɛm]
18<sup>e</sup> *dix-huitième* [dizɥitjɛm]
19<sup>e</sup> *dix-neuvième* [diznœvjɛm]
20<sup>e</sup> *vingtième* [vɛ̃tjɛm]
21<sup>e</sup> *vingt et unième* [vɛ̃teynjɛm]
22<sup>e</sup> *vingt-deuxième* [vɛ̃tdøzjɛm]
30<sup>e</sup> *trentième* [trɑ̃tjɛm]
40<sup>e</sup> *quarantième* [karɑ̃tjɛm]
50<sup>e</sup> *cinquantième* [sɛkɑ̃tjɛm]
60<sup>e</sup> *soixantième* [swasɑ̃tjɛm]
70<sup>e</sup> *soixante-dixième* [swasɑ̃tdizjɛm]
71<sup>e</sup> *soixante et onzième* [swasɑ̃teõzjɛm]
80<sup>e</sup> *quatre-vingtième* [katrəvɛ̃tjɛm]

**81$^e$** *quatre-vingt-unième* [katrəvɛ̃ynjɛm]
**90$^e$** *quatre-vingt-dixième* [katrəvɛ̃dizjɛm]
**91$^e$** *quatre-vingt-onzième* [katrəvɛ̃ɔ̃zjɛm]
**100$^e$** *centième* [sɑ̃tjɛm]
**101$^e$** *cent unième* [sɑ̃ynjɛm]
**200$^e$** *deux centième* [døsɑ̃tjɛm]
**500$^e$** *cinq centième* [sɛ̃sɑ̃tjɛm]
**1000$^e$** *millième* [miljɛm]
**1 000 000$^e$** *millionième* [miljɔnjɛm]

## Zahladverbien
## Adverbes numéraux

**1°** *premièrement* [prəmjɛrmɑ̃], *primo* [primo] erstens
**2°** *deuxièmement* [døzjɛmmɑ̃], *secundo* [zgɔ̃do] zweitens
**3°** *troisièmement* [trwazjɛmmɑ̃], *tertio* [tɛrsjo] drittens
**4°** *quatrièmement* [katrijɛmmɑ̃] viertens
**5°** *cinquièmement* [sɛ̃kjɛmmɑ̃] fünftens

Außerdem ist noch gebräuchlich:
*en premier lieu* [ɑ̃prəmjeljø] an erster Stelle = erstens,
*en second lieu, en troisième lieu* usw.;
*en dernier lieu* = letztens.

## Bruchzahlen
## Fractions

**$1/2$** (*un*) *demi* [(ɛ̃)dəmi] (ein) halb
**$1\,1/2$** *un et demi* [ɛ̃edmi] eineinhalb, anderthalb
**$1/3$** *un tiers* [ɛ̃tjɛr]
**$2/3$** (*les*) *deux tiers* [(le)døtjɛr]
**$1/4$** *un quart* [ɛ̃kar]
**$3/4$** (*les*) *trois quarts* [(le)trwakar]
**$1/5$** *un cinquième* [ɛ̃sɛ̃kjɛm]
**$9/10$** (*les*) *neuf dixièmes* [(le)nœfdizjɛm]

**0,5** *zéro virgule cinq* [zerovirgylsɛ̃k] null Komma fünf
**7,35** *sept virgule trente-cinq*

## Vervielfältigungszahlen
## Mots multiplicatifs

*fois autant* [fwaotɑ̃] ...fach *od*
*fois plus* [fwaplys] ...mal mehr
*deux fois autant* zweifach
*cinq fois autant* fünffach
*vingt fois plus* zwanzigmal mehr
*une quantité sept fois plus grande que* ...das Siebenfache von ... *usw.*

Daneben sind gebräuchlich:
*simple* [sɛ̃plə] einfach
*double* [dublə] doppelt
*triple* [triplə] dreifach
*quadruple* [kwadryplə] vierfach
*quintuple* [kɛ̃typlə] fünffach
*sextuple* [sɛkstyplə] sechsfach
*centuple* [sɑ̃typlə] hundertfach

## Sammelzahlen
## Nombres collectifs

*une douzaine* ein Dutzend
*une huitaine* etwa 8 (*auch* 8 Tage)
*une dizaine* etwa 10
*une quinzaine* etwa 15 (*auch* 14 Tage)
*une vingtaine* etwa 20
*une trentaine* etwa 30
*une quarantaine* etwa 40
*une cinquantaine* etwa 50
*une soixantaine* etwa 60
*une centaine* etwa 100
*un millier* etwa 1000

# Calcul

| | |
|---|---|
| $2 + 3 = 5$ | **zwei und** (*ou* **plus) drei ist fünf**<br>deux et (*oder* plus) trois font (*oder* égalent) cinq |
| $9 - 6 = 3$ | **neun weniger** (*ou* **minus) sechs ist drei**<br>neuf moins six (*oder* six ôté de neuf) égalent trois |
| $2 \cdot 4 = 8$ | **zwei mal vier ist acht**<br>quatre fois deux (*oder* deux multiplié par quatre) égalent huit |
| $12 : 3 = 4$ | **zwölf geteilt durch drei ist vier**<br>douze divisé par trois égalent quatre |
| $3^2 = 9$ | **drei hoch zwei ist neun**<br>trois au carré égale neuf |
| $4^3 = 64$ | **vier hoch drei ist vierundsechzig**<br>quatre au cube égale soixante-quatre |
| $2^4 = 16$ | **zwei hoch vier ist sechzehn**<br>deux à la puissance quatre égale seize |
| $\sqrt{9} = 3$ | **Wurzel aus neun ist drei**<br>la racine carrée de neuf est trois |

# Poids et mesures

| Längenmaße | | Mesures de longueur | |
|---|---|---|---|
| **1 mm** | Millimeter | 1 mm | millimètre |
| **1 cm** | Zentimeter | 1 cm | centimètre |
| **1 m** | Meter | 1 m | mètre |
| **1 km** | Kilometer | 1 km | kilomètre |
| **1 sm** | Seemeile (= 1852 m) | 1 mille marin | |

| Flächenmaße | | Mesures de surface | |
|---|---|---|---|
| **1 mm²** *od.* **qmm** | Quadratmillimeter | 1 mm² | millimètre carré |
| **1 cm²** *od.* **qcm** | Quadratzentimeter | 1 cm² | centimètre carré |
| **1 m²** *od.* **qm** | Quadratmeter | 1 m² | mètre carré |
| **1 km²** *od.* **qkm** | Quadratkilometer | 1 km² | kilomètre carré |
| **1 a** | Ar (= 100 m²) | 1 a | are |
| **1 ha** | Hektar | 1 ha | hectare |

| Raummaße | | Mesures de volume | |
|---|---|---|---|
| **1 mm³** *od.* **cmm** | Kubikmillimeter | 1 mm³ | millimètre cube |
| **1 cm³** *od.* **ccm** | Kubikzentimeter | 1 cm³ | centimètre cube |
| **1 m³** *od.* **cbm** | Kubikmeter | 1 m³ | mètre cube |

| Hohlmaße | | Mesures de capacité | |
|---|---|---|---|
| **1 ml** | Milliliter | 1 ml | millilitre |
| **1 cl** | Zentiliter | 1 cl | centilitre |
| **1 l** | Liter | 1 l | litre |
| **1 hl** | Hektoliter | 1 hl | hectolitre |

| Gewichte | | Poids | |
|---|---|---|---|
| **1 mg** | Milligramm | 1 mg | milligramme |
| **1 g** | Gramm | 1 g | gramme |
| **1 Pfd.** | Pfund | 1 livre | |
| **1 kg** | Kilogramm | 1 kg | kilogramme |
| **1 Ztr.** | Zentner | 50 kg, *östr, Schweiz* 100 kg | *östr, Schweiz* quintal |
| **1 dz** | Doppelzentner | 1 q | quintal |
| **1 t** | Tonne | 1 t | tonne |

# L'heure

| | |
|---|---|
| ***Quelle heure est-il?*** | Wie spät ist es? |
| ***A quelle heure?*** | Um wie viel Uhr? |
| **1.00** *Il est une heure.* | Es ist ein Uhr *od* Es ist eins. |
| **2.00** *A deux heures.* | Um zwei (Uhr). |
| **3.10** *trois heures dix* | zehn (Minuten) nach drei |
| **4.15** *quatre heures et quart* | Viertel nach vier *od* viertel fünf |
| **5.20** *cinq heures vingt* | zwanzig (Minuten) nach fünf<br>*od*<br>zehn (Minuten) vor halb sechs |
| **6.30** *six heures et demie* | halb sieben |
| **7.40** *huit heures moins vingt* | zwanzig (Minuten) vor acht<br>*od*<br>zehn (Minuten) nach halb acht |
| **8.45** *neuf heures moins le quart* | Viertel vor neun<br>*od*<br>drei viertel neun |
| **9.55** *dix heures moins cinq* | fünf (Minuten) vor zehn |
| **15.35** *quinze heures trente-cinq* | fünfzehn Uhr fünfunddreißig |
| ***vers onze heures*** | ungefähr um elf (Uhr) |
| ***à neuf heures précises*** | pünktlich um neun (Uhr) |

# Français - Allemand

# A

**à** [a] *prép* **1.** *lieu*: in (*dat*); *direction*: in (*acc*), nach (*avec villes*); ***à Chypre, à Haïti*** auf (nach) Zypern, Haiti; ***à la campagne*** auf dem Land; ***à l'étranger*** im Ausland; ***à 20 pas d'ici*** 20 Schritt von hier; **2.** *temps*: ***à cinq heures*** um fünf Uhr; ***à demain*** bis morgen; ***à tout moment*** jeden Augenblick; **3.** *but*: ***tasse f à café*** Kaffeetasse *f*; ***à jamais*** für immer; **4.** *appartenance*: ***c'est à moi*** das gehört mir; ***un ami à moi*** ein Freund von mir; **5.** *mode*: ***à pied*** zu Fuß; ***à la russe*** auf russische Art; *mus* ***à quatre mains*** vierhändig; ***à trois euros*** zu drei Euro; ***goutte à goutte*** tropfenweise; ***mot à mot*** wörtlich; ***pas à pas*** schrittweise; ***peu à peu*** allmählich, nach und nach; **6.** *objet indirect*: ***donner qc ~ qn*** j-m etw geben

**A 2** *abr* ***Antenne deux*** Zweites Programm des französischen Fernsehens

**abaissement** [abɛsmɑ̃] *m store*, *voile*: Herunterlassen *n*; *prix*, *niveau*: Senkung *f*; *humiliation* Erniedrigung *f*

**abaisser** [abese] (*1b*) *rideau*: herunterlassen; *prix*, *niveau*: senken; *fig humilier* demütigen; ***s'~*** sich senken; *fig* sich erniedrigen

**abandon** [abɑ̃dõ] *m* Verlassen *n*; Vernachlässigung *f*; *cession* Verzicht *m*; *détente* Ungezwungenheit *f*; *énergie nucléaire*: Ausstieg; *sports*: Aufgabe *f*; ***laisser à l'~*** verwahrlosen lassen, vernachlässigen

**abandonner** [abɑ̃dɔne] (*1a*) im Stich lassen, verlassen; *négliger* vernachlässigen; *sport*: aufgeben; *enfant*: aussetzen; ***s'~*** sich hingeben, sich ergeben

**abasourdir** [abazurdir] (*2a*) betäuben, benommen machen

**abat-jour** [abaʒur] *m* (*pl unv*) Lampenschirm *m*

**abattage** [abataʒ] *m bois*: Holzfällen *n*; *animal*: Abschlachten *n*; *exploitation* Abbau *m*; *fig élan* Schwung *m*

**abatt|ement** [abatmɑ̃] *m comm* (*Steuer-*) Nachlass *m*, Ermäßigung *f*; *psych* Niedergeschlagenheit *f*; **~oir** *m* Schlachthof *m*

**abattre** [abatrə] (*4a*) *arbre*: fällen; *aviat* abschießen; *animal*: schlachten; *péj tuer* abknallen; *fig épuiser* schwächen; *décourager* entmutigen; ***je ne me laisserai pas ~*** ich werde mich nicht unterkriegen lassen; ***~ beaucoup de besogne*** e-e Menge wegarbeiten; ***s'~*** einstürzen, zusammenbrechen; *vent*: sich legen

**abattu**, **~e** [abaty] *fatigué* geschwächt; *découragé* niedergeschlagen

**abbatial**, **~e** [abasjal] (*m/pl -aux*) Abtei..., Abts...

**abbaye** [abei] *f* Abtei *f*

**abbé** [abe] *m* Abt *m*; *prêtre* Pfarrer *m*

**abbesse** [abɛs] *f* Äbtissin *f*

**abc** [abese] *m* Fibel *f*; *fig* Anfangsgründe *m/pl*

**abcès** [apsɛ] *m* Abszess *m*

**abdication** [abdikasjõ] *f trône*: Abdankung *f*

**abdiquer** [abdike] (*1m*) *v/i* abdanken; *v/t* verzichten auf (*acc*), aufgeben

**abdomen** [abdɔmɛn] *m* Unterleib *m*

**abeille** [abɛj] *f* Biene *f*

**aberr|ant**, **~ante** [abɛrɑ̃, -ɑ̃t] absurd; **~ation** *f* Absurdität *f*

**abêtir** [abɛtir] (*2a*) verdummen

**abêtiss|ant**, **~ante** [abɛtisɑ̃, -ɑ̃t] stumpfsinnig

**abîm|e** [abim] *m* Abgrund *m*, Tiefe *f*; **~er** (*1a*) beschädigen; ***s'~*** schadhaft werden; *aliments*: verderben

**abject**, **~e** [abʒɛkt] gemein

**abjection** [abʒɛksjõ] *f* Gemeinheit *f*

**abjurer** [abʒyre] (*1a*) abschwören (***sa foi*** seinem Glauben)

**ablutions** [ablysjõ] *f/pl* (rituelle) Waschungen *f/pl*

**abnégation** [abnegasjõ] *f* Entsagung *f*

**aboiement** [abwamɑ̃] *m* Gebell *n*

**abois** [abwa] ***être aux ~*** in e-r verzweifelten Lage sein

**abol|ir** [abɔlir] (*2a*) abschaffen, aufheben; **~ition** *f* Abschaffung *f*

**abominable** [abɔminablə] abscheulich

**abond|ance** [abõdɑ̃s] *f* Überfluss *m*;

***société*** *f* ***d'~*** Wohlstandsgesellschaft *f*; **~ant**, **~ante** [-ɑ̃, -ɑ̃t] reichlich; **~er** (*1a*) *v/i* reichlich vorhanden sein; ***~ en*** Überfluss haben an (*dat*)
**abonn|é** [abɔne] *m* Abonnent *m*, Bezieher *m*; *tél* Teilnehmer *m*; **~ement** [-mɑ̃] *m* Abonnement *n*; *transports*: Zeitkarte *f*; *spectacle*: Dauerkarte *f*; ***~ mensuel*** Monatskarte *f*; **~er** (*1a*) ***s'~ à une revue*** e-e Zeitschrift abonnieren
**abord** [abɔr] *m* ***~ facile*** Zugänglichkeit *f*; ***être d'un ~ facile*** umgänglich sein; ***d'~*** zuerst; ***tout d'~, dès l'~*** gleich zu Anfang; ***au premier ~, de prime ~*** auf den ersten Blick, zunächst; ***~s*** *pl* Umgebung *f*
**abord|able** [abɔrdablə] zugänglich; **~age** *m mar collision* Zusammenstoß *m*; *assaut* Entern *n*; **~er** (*1a*) **1.** *mar v/t prendre d'assaut* entern; *heurter* zusammenstoßen (***qc*** mit etw); *v/i* anlegen (***à*** an *dat*); **2.** *fig v/t question*: anschneiden; *personne*: anreden
**about|ir** [abutir] (*2a*) *v/i projets*: erfolgreich sein; ***~ à, dans, sur*** enden in (*dat*); *fig* führen zu; **~issement** [-ismɑ̃] *m résultat* Ergebnis *n*; *succès* Erfolg *m*; *fin* Endpunkt *m*
**aboyer** [abwaje] (*1h*) bellen
**abras|if**, **~ive** [abrazif, -iv] *tech* **1.** *adj* abschleifend, scheuernd; **2.** *m* Schleifmittel *n*
**abrég|é** [abreʒe] *m* Abriss *m*; **~er** (*1g*) abkürzen
**abreuv|er** [abrœve] (*1a*) tränken; F ***s'~*** seinen Durst löschen; **~oir** *m* Tränke *f*
**abréviation** [abrevjasjõ] *f* Abkürzung *f*
**abri** [abri] *m* Obdach *n*, Unterkunft *f*; *toit*: Schutzdach *n*; *fig* Schutz *m*, Sicherheit *f*; ***à l'~ de*** geschützt gegen; ***mettre à l'~ de*** in Sicherheit bringen vor (*dat*); ***être sans ~*** obdachlos sein
**abricot** [abriko] *m* Aprikose *f*; **~ier** [abrikɔtje] *m* Aprikosenbaum *m*
**abriter** [abrite] (*1a*) *loger* beherbergen; ***~ de*** *protéger* schützen vor (*dat*); ***s'~*** Schutz suchen
**abroger** [abrɔʒe] (*1l*) *jur* aufheben
**abrupt**, **~e** [abrypt] *pente*: abschüssig; *personne*, *ton*: schroff
**abruti**, **~e** [abryti] *adj* abgestumpft, blöd
**abrut|ir** [abrytir] (*2a*) verdummen; ***s'~*** abstumpfen, verblöden; **~issant**, **~issante** [-isɑ̃, -isɑ̃t] stumpfsinnig, geisttötend; **~issement** [-ismɑ̃] *m* Verdummung *f*
**absence** [apsɑ̃s] *f* Abwesenheit *f*
**abs|ent**, **~ente** [apsɑ̃, -ɑ̃t] abwesend; *air*, *attitude*: zerstreut
**absent|éisme** [apsɑ̃teismə] *m* Arbeitsversäumnis *n*; **~er** (*1a*) ***s'~*** sich kurz entfernen
**abside** [apsid] *f arch* Apsis *f*
**absinthe** [apsɛ̃t] *f bot* Wermut *m*; *eau-de-vie* Absinth *m*
**absolu**, **~e** [apsɔly] absolut; **~ment** *adv à tout prix* unbedingt; *tout à fait* ganz, völlig; **~tion** *f rel* Absolution *f*, Lossprechung *f*; **~tisme** [-tismə] *m pol* Absolutismus *m*
**absorber** [apsɔrbe] (*1a*) *nourriture*: zu sich nehmen; *liquide*: aufnehmen, aufsaugen; *temps*, *personne*: in Anspruch nehmen; ***s'~ dans qc*** sich in etw (*acc*) vertiefen
**absorption** [apsɔrpsjõ] *f* Aufnahme *f*, Aufsaugen *n*
**absoudre** [apsudrə] (*4b*) ***~ qn*** j-n lossprechen
**abstenir** [apstənir] (*2h*) ***s'~*** *pol* sich der Stimme enthalten; ***s' ~ de qc*** sich e-r Sache enthalten, auf etw (*acc*) verzichten
**abstention** [apstɑ̃sjõ] *f* Enthaltung *f*; *pol* Stimmenthaltung *f*
**abstentionniste** [apstɑ̃sjɔnist] *m pol* Nichtwähler *m*
**abstraction** [apstraksjõ] *f* abstrakter Begriff; ***faire ~ de qc*** von etw absehen; ***~ faite de*** abgesehen von
**abstraire** [apstrɛr] (*4s*) abstrahieren, begrifflich erfassen; ***s'~*** F abschalten
**abstr|ait**, **~aite** [apstrɛ, -ɛt] abstrakt
**absurd|e** [apsyrd] absurd, unsinnig; **~ité** *f* Absurdität *f*, Widersinn *m*
**abus** [aby] *m* Missbrauch *m*; *injustice* Missstand *m*; ***~ de confiance*** Veruntreuung *f*, Untreue *f*
**abus|er** [abyze] (*1a*) *v/i* das Maß überschreiten; ***~ de qc*** etw (*acc*) missbrauchen; ***s'~*** sich irren; ***si je ne m'abuse*** wenn ich mich nicht irre; **~if**, **~ive** [-if, -iv] missbräuchlich
**académicien** [akademisjɛ̃] *m* Akademiemitglied *n* (*bes der Académie fran-*

*çaise)*

**académ|ie** [akademi] *f* Akademie *f*, Hochschule *f*; **~ique** Akademie…; *style*: akademisch

**acajou** [akaʒu] *m* Mahagoni *n*

**acariâtre** [akarjɑtrə] griesgrämig

**accabl|ant, ~ante** [akablɑ̃, -ɑ̃t] *charge, preuve*: erdrückend; *chaleur*: drückend; **~er** *(1a) affliger* nieder-, bedrücken; *compliments, reproches*: überhäufen (**de** mit)

**accalmie** [akalmi] *f* Windstille *f*; *fig* Flaute *f*

**accapar|er** [akapare] *(1a) écon* aufkaufen, hamstern; *fig* in Beschlag nehmen; **~eur** *m* F Hamsterer *m*

**accéder** [aksede] *(1f)* ***~ à qc*** zu etw gelangen, etw *(acc)* erreichen; *chemin*: zu etw führen; *fig* etw *(acc)* erlangen; ***~ à l'indépendance*** die Unabhängigkeit erlangen

**accélér|ateur** [akseleratœr] *m auto* Gaspedal *n*; **~er** *(1f)* beschleunigen; *auto* Gas geben

**accent** [aksɑ̃] *m* Akzent *m*; *intonation* Betonung *f*; *inflexion* Tonfall *m*; *prononciation* Aussprache *f*; *fig* ***mettre l'~ sur qc*** etw *(acc)* betonen, hervorheben

**accentu|ation** [aksɑ̃tɥasjõ] *f* Betonung *f*; *fig* Verschärfung *f*; **~er** *(1n)* betonen

**accept|able** [akseptablə] annehmbar; **~ation** *f* Annahme *f*; **~er** *(1a)* annehmen; *personne*: akzeptieren; *reconnaître* anerkennen; ***~ de*** (+ *inf*) zusagen zu (+ *inf*); ***~ que*** (+ *subj*) *reconnaître* anerkennen, dass; ***ne pas ~ que*** *a* nicht dulden, dass

**acception** [aksɛpsjõ] *f* (Wort-)Bedeutung *f*

**accès** [aksɛ] *m* **1.** Zutritt *m*, Zu-, Eingang *m*; *EDV* Zugriff *m*; ***~ (à) Internet*** Internetzugang *m*; **2.** *méd* Anfall *m*

**accessible** [aksɛsiblə] *région*: zugänglich (***à*** für); *lecture, sujet*: verständlich; *prix*: erschwinglich

**accession** [aksɛsjõ] *f* Beitritt *m* (***à*** zu)

**accessoire** [aksɛswar] **1.** *adj* nebensächlich; **2.** *m* Nebensache *f*; **~s** *pl* Zubehör *n*; ***~s pl de théâtre*** Theaterrequisiten *n/pl*

**accident** [aksidɑ̃] *m* Unfall *m*; *événement fortuit* Zufall *m*; ***~ de terrain*** Unebenheit *f*; ***~ de travail*** Arbeitsunfall *m*; ***par ~*** zufällig; ***dans un ~*** bei e-m Unfall

**accident|é, ~ée** [aksidɑ̃te] verunglückt; *terrain*: uneben, hügelig; ***voiture f accidentée*** Unfallwagen *m*; **~el, ~elle** zufällig; **~ellement** *adv* zufällig

**acclam|ation** [aklamasjõ] *f* Beifallsruf *m*; **~er** *(1a)* ***~ qn*** j-m zujubeln

**acclimat|ation** [aklimatasjõ] *f* Akklimatisierung *f*, Gewöhnung *f*; *personne*: Einleben *n*; **~er** *(1a)* ***s'~*** sich eingewöhnen, sich akklimatisieren

**accointances** [akwɛ̃tɑ̃s] *f/pl souvent péj* ***avoir des ~ avec qn*** Beziehungen zu j-m haben

**accolade** [akɔlad] *f* Umarmung *f*; *signe*: geschweifte Klammer *f*

**accommod|ation** [akɔmɔdasjõ] *f* Anpassung *f*; **~ement** [-mɑ̃] *m* Übereinkommen *n*, Ausgleich *m*; **~er** *(1a)* anpassen; *cuis* zubereiten; ***s'~ à*** sich richten nach; ***s'~ de*** sich abfinden mit

**accompagna|teur, ~trice** [akõpaɲatœr, -tris] *m, f* Begleiter(in) *m(f)* (*a mus*)

**accompagn|ement** [akõpaɲmɑ̃] *m* Begleitung *f*; **~er** *(1a)* begleiten (*a mus*); ***accompagné de*** *od* ***par*** in Begleitung von

**accompl|i, ~ie** [akõpli] vollendet, vollkommen; **~ir** *(2a)* vollenden, erledigen, ausführen; **~issement** [-ismɑ̃] *m* Erfüllung *f*

**accord** [akɔr] *m* Übereinstimmung *f*; *pacte* Abkommen *n*; *mus* Akkord *m*; (***être***) ***d'~*** einverstanden (sein); ***tomber d'~*** übereinkommen, einig werden; ***avec l'~ de, en ~ avec*** im Einvernehmen mit; ***donner son ~*** zustimmen

**accorder** [akɔrde] *(1a)* in Übereinstimmung bringen; *mus* stimmen; *crédit, délai*: bewilligen; ***s'~*** sich vertragen; ***s'~ pour faire qc*** vereinbaren, etw zu tun; ***s'~ qc*** sich etw gönnen

**accost|age** [akɔstaʒ] *m mar* Anlegen *n*, Landen *n*; **~er** *(1a) v/i mar* anlegen; *v/t* ***~ qn*** j-n ansprechen

**accotement** [akɔtmɑ̃] *m* Seitenstreifen *m* (*e-r Straße*)

**accouch|ée** [akuʃe] *f* Wöchnerin *f*; **~ement** [-mɑ̃] *m* Entbindung *f*; **~er** *(1a)*

entbinden; **~eur**, **~euse** *m*, *f* Geburtshelfer *m*, Hebamme *f*
**accoud|er** [akude] (*1a*) ***s'~*** sich mit dem Ellbogen aufstützen; **~oir** *m* Armlehne *f*
**accoupl|ement** [akupləmɑ̃] *m biol* Paarung *f*, Begattung *f*; *tech* Kupplung *f*; *él* Schaltung *f*; **~er** (*1a*) *tech* kuppeln; *él* schalten; *fig* verbinden; *biol* ***s'~*** sich paaren, sich begatten
**accourir** [akurir] (*2i*) herbeieilen, herbeilaufen
**accoutr|ement** [akutrəmɑ̃] *m péj* Aufmachung *f*; **~er** (*1a*) ***s'~*** sich herausputzen
**accoutum|ance** [akutymɑ̃s] *f biol* Gewöhnung *f*; **~é**, **~ée** gewohnt; ***être ~(e) à qc*** etw (*acc*) gewohnt sein; **~er** (*1a*) ***~ qn à qc*** j-n an etw (*acc*) gewöhnen; ***s'~ à qc*** sich an etw (*acc*) gewöhnen
**accréditer** [akredite] (*1a*) beglaubigen
**accro**, **~e** [akro] F süchtig
**accroc** [akro] *m déchirure* Riss *m*; *obstacle* Schwierigkeit *f*
**accroch|age** [akrɔʃaʒ] *m* Zusammenstoß *m*; **~er** (*1a*) an-, aufhängen; *heurter* (leicht) zusammenstoßen (***qn, qc*** mit j-m, etw); *auto a*: anfahren, streifen; *regard*, *personne*: anziehen; ***s'~ à*** hängen bleiben an (*dat*); *fig* sich an-, festklammern an (*dat*)
**accroissement** [akrwasmɑ̃] *m* Zuwachs *m*, Vermehrung *f*; ***~ démographique*** Bevölkerungszunahme *f*
**accroître** [akrwatrə] (*4w*) vermehren; ***s'~*** (an)wachsen
**accroupir** [akrupir] (*2a*) ***s'~*** sich niederhocken, sich zusammenkauern
**accru**, **~e** [akry] (*p/p d'*accroître) vermehrt
**accu** [aky] *m* F (*abr* accumulateur) Batterie *f*
**accueil** [akœj] *m* Aufnahme *f*, Empfang *m*
**accueill|ant**, **~ante** [akœjɑ̃, -ɑ̃t] freundlich; *hospitalier* gastlich; **~ir** (*2c*) aufnehmen, empfangen
**accumul|ateur** [akymylatœr] *m* Akkumulator *m*, Batterie *f*; **~ation** *f* Anhäufung *f*; **~er** (*1a*) anhäufen; *argent*: horten; *énergie*: speichern; ***s'~*** sich ansammeln
**accusa|teur**, **~trice** [akyzatœr, -tris] *m*, *f* Ankläger(in) *m*(*f*); **~tion** *f* Anklage *f*
**accus|é**, **~ée** [akyze] *m*, *f* **1.** Angeklagte(r) *m*, *f*; **2.** *comm* ***accusé*** *m* ***de réception*** Empfangsbescheinigung *f*; **~er** (*1a*) **1.** *incriminer* anklagen (**de** wegen); **2.** *faire ressortir* deutlich machen, betonen; *comm* ***~ réception*** den Empfang bestätigen
**acerbe** [asɛrb] herb, sauer; bitter (*a fig*)
**acéré**, **~e** [asere] scharf (*a fig*)
**acét|ique** [asetik] Essig…; ***acide*** *m* ***~*** Essigsäure *f*; **~one** [-ɔn] *f chim* Azeton *n*
**A.C.F.** *m abr* ***Automobile Club de France*** französischer Automobilklub
**achaland|age** [aʃalɑ̃daʒ] *m* Kundenstamm *m*; **~é**, **~ée**: ***magasin*** *m* ***bien achalandé*** gut gehendes Geschäft *n*
**acharn|é**, **~ée** [aʃarne] *combat*: erbittert; *efforts*: hartnäckig; ***~(e) à qc*** auf etw (*acc*) versessen; **~ement** [-əmɑ̃] *m* Hartnäckigkeit *f*; **~er** (*1a*) ***s'~ à qc*** auf etw (*acc*) versessen sein; ***s'~ sur*** *od* ***contre qn*** sich wild auf j-n stürzen
**achat** [aʃa] *m* Einkauf *m*, Kauf *m*; ***~ à tempérament*** Ratenkauf *m*; ***pouvoir*** *m* ***d'~*** Kaufkraft *f*; ***prix*** *m* ***d'~*** Kaufpreis *m*; ***faire des ~s*** einkaufen
**acheminer** [aʃmine] (*1a*) befördern; ***s'~ vers*** sich auf den Weg machen, sich begeben nach
**achet|er** [aʃte] (*1e*) (ein)kaufen; ***~ qc à qn*** *pour qn*: j-m etw kaufen; *de qn*: j-m etw abkaufen; ***~ qn*** j-n bestechen; **~eur**, **~euse** *m*, *f* Käufer(in) *m*(*f*)
**achèvement** [aʃɛvmɑ̃] *m* Vollendung *f*
**achever** [aʃve] (*1d*) vollenden; ***~ de faire qc*** vollends etw tun; ***~ qn*** j-m den Gnadenstoß geben; *fig* j-m den Rest geben; ***s'~*** zu Ende gehen
**acid|e** [asid] **1.** *adj* sauer (*a chim*); **2.** *m chim* Säure *f*; **~ité** *f* Säure *f*
**acier** [asje] *m* Stahl *m*; *fig* ***d'~*** stahlhart
**aciérie** [asjeri] *f* Stahlwerk *n*, -hütte *f*
**acné** [akne] *f* Akne *f*
**acolyte** [akɔlit] *m péj* Helfershelfer *m*
**acompte** [akõt] *m* Anzahlung *f*, Vorschuss *m*; ***par ~s*** ratenweise
**Açores** [asɔr] ***les ~*** die Azoren *pl*
**à-côté** [akote] *m* (*pl à-côtés*) sekundäre Frage *f*; **~s** *pl revenus* Nebeneinnahmen *f/pl*; *dépenses* zusätzliche Ausgaben *f/pl*

**à-coup** [aku] *m* (*pl à-coups*) Ruck *m*; ***par ~s*** ungleichmäßig

**acoustique** [akustik] **1.** *adj* akustisch, Hör…; ***appareil*** *m* **~** Hörgerät *n*; **2.** *f* Akustik *f*

**acquér|eur** [akerœr] *m* Erwerber *m*, Käufer *m*; **~ir** (*2l*) erwerben; *droit*: erlangen; *coutume*: annehmen

**acquiescer** [akjɛse] (*1k*) **~ à** einwilligen in (*acc*)

**acquis** [aki] *p/p* d'acquérir *u adj* erworben; *résultats*: erreicht; *coutume*: angenommen; ***c'est un point ~*** das steht fest

**acquisition** [akizisjõ] *f* Erwerb *m*, (An-)Kauf *m*, Anschaffung *f*; *fig* Errungenschaft *f*

**acquit** [aki] *m comm* ***pour ~*** Betrag erhalten; *fig* ***par ~ de conscience*** um sein Gewissen zu beruhigen

**acquitt|ement** [akitmɑ̃] *m* Zahlung *f*; *jur* Freispruch *m*; **~er** (*1a*) *dette*: bezahlen, begleichen; *facture*: quittieren; *jur* freisprechen; ***s'~ de qc*** sich e-r Sache entledigen; ***s'~ d'un devoir*** e-e Pflicht erfüllen

**âcre** [ɑkrə] beißend, ätzend; *goût*: scharf; *fig* bissig, verletzend

**âcreté** [ɑkrəte] *f* Schärfe *f*

**acrobatie** [akrɔbasi] *f* Akrobatik *f*

**acte** [akt] *m* **1.** *action* Tat *f*, Handlung *f*; ***faire ~ de présence*** sich kurz sehen lassen, sich blicken lassen; **2.** *document officiel* Urkunde *f*; *dossier* Akte *f*; ***~ de mariage, ~ de naissance*** Heirats-, Geburtsurkunde *f*; ***dresser un ~*** e-e Urkunde ausstellen; ***prendre ~ de qc*** etw (*acc*) zur Kenntnis nehmen; **3.** *théâtre*: Akt *m*, Aufzug *m*

**acteur**, **actrice** [aktœr, aktris] *m*, *f* Schauspieler(in) *m*(*f*)

**actif**, **active** [aktif, aktiv] **1.** *adj* aktiv, tätig; **2.** *m comm* Aktivvermögen *n*

**action** [aksjõ] *f* Tat *f*, Handlung *f*; *jur* Klage *f*; *comm* Aktie *f*

**actionn|aire** [aksjɔnɛr] *m* Aktionär *m*; **~ement** *m tech* Antrieb *m*; **~er** (*1a*) *tech* in Bewegung setzen, betätigen

**activ|er** [aktive] (*1a*) *accélérer* beschleunigen; *feu*: schüren; **~ité** *f* Aktivität *f*; *occupation*, *profession* Tätigkeit *f*

**actualité** [aktɥalite] *f* Aktualität *f*, Zeitgeschehen *n*; ***d'~*** aktuell; ***~s*** *pl TV* Nachrichten *f/pl*

**actuel**, **~le** [aktɥɛl] *présent* gegenwärtig; *d'actualité*: aktuell; **~lement** *adv* zurzeit, momentan

**acuité** [akɥite] *f sens*: Schärfe *f*; *douleur*: Heftigkeit *f*

**adage** [adaʒ] *m* Sprichwort *n*

**adapt|able** [adaptablə] anpassungsfähig; **~ateur** [adaptatœr] *m él* Adapter *m*; **~ation** *f* Anpassung *f*; *livre*, *musique*: Bearbeitung *f*; **~er** (*1a*) anpassen; *livre*, *musique*: bearbeiten; ***s'~ à*** sich anpassen an (*acc*)

**addition** [adisjõ] *f* Hinzufügung *f*; *math* Addition *f*; *restaurant*: Rechnung *f*

**additionn|el**, **~elle** [adisjɔnɛl] zusätzlich; **~er** (*1a*) *math* addieren; *ajouter* hinzufügen

**adepte** [adɛpt] *m*, *f* Anhänger(in) *m*(*f*)

**adéqu|at**, **~ate** [adekwa, -at] adäquat, angemessen

**adhér|ence** [aderɑ̃s] *f* (An-)Haften *n*; *tech* Reibungswiderstand *m*; **~ent**, **~ente** [-ɑ̃, -ɑ̃t] *m*, *f* Mitglied *n*; **~er** (*1f*) haften (***à*** an *dat*); ***~ à une doctrine*** e-r Lehre anhängen; ***~ à un parti*** e-r Partei beitreten

**adhés|if**, **~ive** [adezif, -iv] **1.** *adj* klebend; **2.** *m* Klebstoff *m*; **~ion** *f* Beitritt *m*; *consentement* Zustimmung *f*

**adieu** [adjø] **1.** leb wohl!; ***dire ~ à qn*** sich von j-m verabschieden; **2.** **~x** *m/pl* Abschied *m*; ***faire ses ~x*** Abschied nehmen (***à qn*** von j-m)

**Adige** [adiʒ] *géogr* ***l'~*** *m* die Etsch

**adjac|ent**, **~ente** [adʒasɑ̃, -ɑ̃t] angrenzend; ***rue*** *f* ***adjacente*** Nebenstraße *f*

**adjectif** [adʒɛktif] *m gr* Adjektiv *n*

**adjoindre** [adʒwɛ̃drə] (*4b*) **~ à** hinzufügen zu; ***s'~ qn*** sich j-n (zu Hilfe) nehmen

**ad|joint**, **~jointe** [adʒwɛ̃, -ʒwɛ̃t] **1.** *adj* stellvertretend; **2.** *m* Stellvertreter *m*; ***~ au maire*** stellvertretender *od* zweiter Bürgermeister *m*

**adjudication** [adʒydikasjõ] *f vente aux enchères* Versteigerung *f*; *travaux*: Ausschreibung *f*; *attribution* Auftragsvergabe *f*

**adjuger** [adʒyʒe] (*1l*) zusprechen, zuerkennen

**admettre** [admɛtrə] (*4p*) *autoriser* zulassen; *accueillir* aufnehmen; *recon-*

*naître* anerkennen; **~ que** (+ *ind od subj*) zugeben, einräumen, dass; ***admettons que, admettez que, en admettant que*** (+ *subj*) *hypothétique*: angenommen, dass
**administra|teur**, **~trice** [administratœr, -tris] *m*, *f* Verwalter(in) *m*(*f*); **~ *judiciaire*** Konkursverwalter *m*; **~tif**, **~tive** [-tif, -tiv] Verwaltungs…; **~tion** *f* Verwaltung *f*; *autorité* Verwaltungsbehörde *f*; *direction* Leitung *f*; *méd* Verabreichung *f*
**administrer** [administre] (*1a*) verwalten; *diriger* führen, leiten; *méd* verabreichen; *sacrements*: spenden
**admira|ble** [admirablə] bewundernswürdig; **~teur**, **~trice 1.** *adj* bewundernd; **2.** *m*, *f* Bewunderer *m*, Bewunderin *f*; **~tion** *f* Bewunderung *f*
**admirer** [admire] (*1a*) bewundern; ***~ qn pour son courage*** j-n wegen seines Mutes bewundern
**admissible** [admisiblə] *tolérable* annehmbar
**admission** [admisjõ] *f* Zulassung *f*; *élève*, *patient*: Aufnahme *f*
**adolesc|ence** [adɔlɛsɑ̃s] *f* Jugendalter *n*, -zeit *f*; **~ent**, **~ente** [-ɑ̃, -ɑ̃t] *m*, *f* Jugendliche(r) *m*, *f*, junger Mann *m*, junges Mädchen *n*
**adonner** [adɔne] (*1a*) ***s'~ à qc*** sich e-r Sache hingeben
**adopt|er** [adɔpte] (*1a*) *enfant*: adoptieren; *opinion*: sich (*dat*) zu Eigen machen; *une mode*: mitmachen; *loi*: verabschieden; **~if**, **~ive** [-if, -iv] Adoptiv…; ***père*** *m* **~** Adoptivvater *m*
**adoption** [adɔpsjõ] *f* Adoption *f*; *loi*: Verabschiedung *f*; ***patrie*** *f* ***d'~*** Wahlheimat *f*
**adora|ble** [adɔrablə] entzückend, reizend; **~teur**, **~trice** *m*, *f* Verehrer(in) *m*(*f*); **~tion** *f* Anbetung *f*
**adorer** [adɔre] (*1a*) *rel* anbeten; *fig aimer* über alles lieben
**adosser** [adose] (*1a*) anlehnen; ***s'~ contre*** *od* ***à*** sich anlehnen an (*acc*)
**adoucir** [adusir] (*1a*) mildern; ***s'~*** *temps*: sich erwärmen
**adress|e** [adrɛs] *f* **1.** *domicile*: Anschrift *f*, Adresse *f*; ***à l'~ de qn*** für j-n bestimmt; **2.** *habileté* Geschicklichkeit *f*; **~er** (*1b*) richten, adressieren (***à*** an *acc*); ***~ la parole à qn*** das Wort an j-n richten; ***s'~ à qn*** sich an j-n wenden
**Adriatique** [adriatik] *géogr* ***l'~*** *f* die Adria
**adroit**, **adroite** [adrwa, adrwat] geschickt, gewandt
**adula|teur**, **~trice** [adylatœr, -tris] *m*, *f* Schmeichler(in) *m*(*f*)
**aduler** [adyle] (*1a*) ***~ qn*** bei *od* vor j-m liebedienern
**adulte** [adylt] **1.** *adj* erwachsen; *comportement*: reif; **2.** *m*, *f* Erwachsene(r) *m*, *f*
**adultère** [adyltɛr] **1.** *adj* ehebrecherisch; **2.** *m* Ehebruch *m*
**advenir** [advənir] (*2h*) geschehen; *prov* ***advienne que pourra*** komme, was da wolle
**adverbe** [advɛrb] *m gr* Adverb *n*
**adversaire** [advɛrsɛr] *m*, *f* Gegner(in) *m*(*f*)
**adversité** [advɛrsite] *litt f* Missgeschick *n*
**AELE** *f abr* ***Association européenne de libre-échange*** EFTA *f*
**aér|ateur** [aeratœr] *m* (Be-)Lüftungsanlage *f*; **~ation** *f* (Be-, Ent-)Lüftung *f*; **~er** (*1f*) lüften
**aér|ien**, **~ienne** [aerjɛ̃, -jɛn] Luft…; ***pont*** *m* ***aérien*** Luftbrücke *f*
**aéro…** [aerɔ] *in Zssgn* Luft…, Flug…
**aérobic** [aerɔbik] *f* Aerobic *n*
**aéro|drome** [aerɔdrom] *m* Flugplatz *m*; **~dynamique** [-dinamik] stromlinienförmig; **~gare** [-gar] *f* Flughafengebäude *n*; **~glisseur** [-glisœr] *m mar* Luftkissenboot *n*; **~nautique** [-notik] **1.** *adj* Luftfahrt…, Flugzeug…; **2.** *f* Luftfahrt *f*, Flugwesen *n*; **~nef** [-nɛf] *m* Luftfahrzeug *n*; **~port** [-pɔr] *m* Flughafen *m*; **~sol** [-sɔl] *m* Spraydose *f*; **~spatial**, **~spatiale** [-spasjal] (*m/pl -aux*) (Luft- und) Raumfahrt…
**affabilité** [afabilite] *f* Leutseligkeit *f*, Umgänglichkeit *f*
**affable** [afablə] leutselig, umgänglich
**affaibl|ir** [afɛblir] (*2a*) schwächen; ***s'~*** schwächer werden; **~issement** [-ismɑ̃] *m* Entkräftung *f*, Schwächung *f*; *déclin* Nachlassen *n*
**affair|e** [afɛr] *f question* Angelegenheit *f*, Sache *f*; *comm* Geschäft *n*; *bonne occasion* günstige Gelegenheit; *jur* Sache *f*, Fall *m*; *scandale* Affäre *f*; ***avoir ~ à qn*** mit j-m zu tun haben;

***se tirer d'~*** sich aus der Klemme ziehen; **~s** *f/pl biens personnels* Sachen *f/pl*; *intérêts* Geschäfte; ***ce sont mes ~s*** das ist meine Sache; ***le monde des ~s*** die Geschäftswelt *f*; ***les ℒs étrangères*** das Außenministerium; **~é**, **~ée** geschäftig; stark beschäftigt; **~er** (*1b*) ***s'~*** sich zu schaffen machen; **~iste** *m*, *f* Geschäftemacher(in) *m(f)*

**affaiss|ement** [afɛsmɑ̃] *m* ***~ de terrain*** Bodensenkung *f*; **~er** (*1b*) ***s'~*** *terrain*: sich senken; *personne*: zusammenbrechen

**affamé**, **~e** [afame] hungrig; ***~(e) de gloire*** ruhmsüchtig

**affect|ation** [afɛktasjõ] *f* **1.** *pose* Ziererei *f*; **2.** *destination d'une chose* Verwendung *f*; *personnel*: Dienstposten *m*; **~é**, **~ée** geziert, gekünstelt; **~er** (*1a*) **1.** *simuler* vortäuschen, heucheln; ***~ une forme*** e-e Form annehmen; **2.** *destiner* verwenden; ***~ à un poste*** auf e-n Posten schicken *od* versetzen; **3.** *émouvoir* betrüben, berühren

**affect|if**, **~ive** [afɛktif, -iv] gefühlsbetont

**affection** [afɛksjõ] *f* **1.** Zuneigung *f*, Liebe *f*; **2.** *méd* Erkrankung *f*

**affectu|eux**, **~euse** [afɛktɥø, -øz] liebevoll, zärtlich

**affermir** [afɛrmir] (*2a*) festigen, stärken

**affichage** [afiʃaʒ] *m* (öffentlicher) Anschlag *m*; *EDV* Anzeige *f*, Display *n*; ***montre f à ~ numérique*** Digitaluhr *f*; ***panneau m d'~*** Anschlagtafel *f*

**affich|e** [afiʃ] *f* Plakat *n*; **~er** (*1a*) anschlagen; *attitude*: zur Schau tragen; *EDV* anzeigen; **~eur** *m* Plakatkleber *m*

**affil|ée** [afile] ***d'~*** ununterbrochen; **~er** (*1a*) schleifen, wetzen

**affilier** [afilje] (*1a*) ***s'~ à*** sich anschließen an (*acc*); ***être affilié à un parti*** e-r Partei angehören

**affiner** [afine] (*1a*) verfeinern, veredeln

**affinité** [afinite] *f* Verwandtschaft *f*, Ähnlichkeit *f*

**affirmat|if**, **~ive** [afirmatif, -iv] *réponse*: bejahend; *personne*: entschieden; ***répondre par l'affirmative*** mit Ja antworten

**affirm|ation** [afirmasjõ] *f* Behauptung *f*; **~er** (*1a*) *prétendre* behaupten; *volonté*, *autorité*: geltend machen

**affleurer** [aflœre] (*1a*) *v/t* (ein)ebnen; *v/i* zu Tage liegen *od* treten; *fig* spürbar werden, aufkommen

**affliction** [afliksjõ] *f* Kummer *m*

**afflige|ant**, **~ante** [afliʒɑ̃, -ɑ̃t] traurig, schmerzlich

**affliger** [afliʒe] (*1l*) betrüben, bekümmern; *maladie*: heimsuchen; ***s'~ de*** bekümmert sein über (*acc*)

**afflu|ence** [aflyɑ̃s] *f* Menschenandrang *m*; ***heures*** *f/pl* ***d'~*** Stoßzeiten *f/pl*; **~ent** [-ɑ̃] *m* Nebenfluss *m*; **~er** (*1a*) zusammenströmen

**afflux** [afly] *m* Andrang *m*; (*a méd*); *capitaux*: Zustrom *m*, -fluss *m*

**affol|ement** [afɔlmɑ̃] *m* Aufregung *f*, Verwirrung *f*; **~er** (*1a*) aufregen; ***s'~*** *u* ***être affolé*** sich aufregen, den Kopf verlieren

**affranch|ir** [afrɑ̃ʃir] (*2a*) **1.** *libérer* freilassen; **2.** *lettre*: frankieren; **~issement** [-ismɑ̃] *m* **1.** Freilassung *f*; **2.** Frankieren *n*

**affréter** [afrete] (*1f*) *mar*, *aviat* chartern

**affr|eux**, **~euse** [afrø, -øz] schrecklich, abscheulich

**affront** [afrõ] *m* grobe Beleidigung *f*, Affront *m*; **~ement** [-tmɑ̃] *m pol* Konfrontation

**affronter** [afrõte] (*1a*) ***~ qn*** j-m trotzen; ***s'~*** sich gegenüberstehen

**affût** [afy] *m fig* ***être à l'~*** auf der Lauer liegen

**affûter** [afyte] (*1a*) *tech* schleifen

**Afghanistan** [afganistɑ̃] ***l'~*** *m* Afghanistan *n*

**afin** [afɛ̃] ***~ de*** (+ *inf*) um zu; ***~ que*** (+ *subj*) damit, (auf) dass

**AFNOR** *od* **Afnor** *f abr* ***Association française de normalisation*** Französischer Normenverband; *etwa* DIN *n* (Deutsches Institut für Normung)

**AFP** *f abr* ***Agence France-Press*** *französische Nachrichtenagentur*

**afric|ain**, **~aine** [afrikɛ̃, -ɛn] **1.** *adj* afrikanisch; **2.** **ℒ**, ***ℒe*** *m,f* Afrikaner(in) *m(f)*

**Afrique** [afrik] ***l'~*** Afrika *n*

**agaç|ant**, **~ante** [agasɑ̃, -ɑ̃t] auf die Nerven gehend, lästig

**agacer** [agase] (*1k*) reizen, nerven; *taquiner* necken

**agate** [agat] *f* Achat *m*

**âge** [aʒ] *m* Alter *n*; Lebensalter *n*; *époque* Zeitalter *n*; ***Moyen*** **♀** Mittelalter *n*; ***troisième ~*** (Senioren-)Alter *n*; ***retour*** *m* ***d'~*** *méd* Wechseljahre *n/pl*; ***quel ~ a-t-il?*** wie alt ist er?

**âgé, ~e** [aʒe] alt; ***~(e) de deux ans*** zwei Jahre alt

**agence** [aʒɑ̃s] *f* Agentur *f*; *succursale* Geschäftsstelle *f*; ***~ immobilière*** Maklerbüro *n*; ***~ de publicité*** Werbeagentur *f*; ***~ de voyages*** Reisebüro *n*

**agenc|ement** [aʒɑ̃smɑ̃] *m* Anordnung *f*, Gestaltung *f*; **~er** (*1k*) anordnen; *appartement*: einrichten; *former* gestalten

**agenda** [aʒɛ̃da] *m* Taschenkalender *m*

**agenouiller** [aʒnuje] (*1a*) ***s'~*** (sich) niederknien

**agent** [aʒɑ̃] *m* **1.** *personne*: Agent *m*; ***~ de police*** Polizist *m*; ***~ général*** Alleinvertreter *m*; ***~ d' assurance*** Versicherungsvertreter *m*; ***~ de change*** Börsenmakler *m*; ***~ secret*** Geheimagent *m*; **2.** *facteur*: Mittel *n*; *chim* Wirkstoff *m*; *méd* ***~ pathogène*** Krankheitserreger *m*

**agglomération** [aglɔmerasjõ] *f* geschlossene Ortschaft *f*; *concentration de villes, etc* Ballungsraum *m*; ***l'~ parisienne*** Groß-Paris *n*

**agglomér|é** [aglɔmere] *m* *planche*: Spanplatte *f*; **~er** (*1f*) zusammenballen

**agglutiner** [aglytine] (*1a*) ver-, zusammenkleben; ***s'~*** sich zusammenballen

**aggrav|ant, ~ante** [agravɑ̃, -ɑ̃t] *jur* ***circonstances*** *f/pl* ***aggravantes*** erschwerende Umstände *m/pl*; **~er** (*1a*) verschlimmern, verschärfen; ***s'~*** sich verschlimmern, sich zuspitzen

**agil|e** [aʒil] behände, flink; **~ité** *f* Gewandtheit *f*, Beweglichkeit *f*

**agio** [aʒjo] *m* *écon* Kreditkosten *pl*

**agiotage** [aʒjɔtaʒ] *m* *écon* Börsenspekulation *f*

**agir** [aʒir] (*2a*) handeln; ***~ sur qn*** auf j-n (ein)wirken; ***il s'agit de*** es handelt sich um

**agissements** [aʒismɑ̃] *m/pl* *péj* Machenschaften *f/pl*, Umtriebe *m/pl*

**agitation** [aʒitasjõ] *f* (heftige) Bewegung *f*; *pol* Unruhe *f*; *psych* Erregung *f*

**agit|é, ~ée** [aʒite] unruhig; *psych* erregt; *mer*: aufgewühlt; **~er** (*1a*) hin und her bewegen, schwenken; *préoccuper* beunruhigen; *énerver* aufregen; ***s'~*** sich hin und her bewegen; *s'énerver* sich aufregen

**agneau** [aɲo] *m* (*pl -x*) Lamm(fleisch) *n*

**agonie** [agɔni] *f* Todeskampf *m*

**agonis|ant, ~ante** [agɔnizɑ̃, -ɑ̃t] **1.** *adj* im Sterben liegend; **2.** *m, f* Sterbende(r) *m, f*; **~er** (*1a*) mit dem Tode ringen

**agraf|e** [agraf] *f* *vêtements*: Haken *m*; *bureau*: Heftklammer *f*; *cheveux*: Spange *f*; *méd* Klammer *f*; **~er** (*1a*) *vêtements*: zuhaken; *papier*: heften

**agraire** [agrɛr] Acker…; ***réforme*** *f* ***~*** Bodenreform *f*

**agrandir** [agrɑ̃dir] (*2a*) *photographie, ouverture*: vergrößern

**agrandiss|ement** [agrɑ̃dismɑ̃] *m* Vergrößerung *f*; **~eur** *m* Vergrößerungsapparat *m*

**agréable** [agreablə] angenehm (***à qn*** j-m)

**agré|é, ~ée** [agree] zugelassen; **~er** (*1a*) genehmigen; ***se faire ~ dans un milieu*** in e-n Gesellschaftskreis aufgenommen werden; ***veuillez ~, Monsieur, mes salutations distinguées*** mit freundlichem Gruß

**agrégation** [agregasjõ] *f* *Prüfung für das Lehramt an höheren Schulen und Universitäten*

**agréger** [agreʒe] (*1g*) verbinden; ***s'~*** sich verfestigen

**agrément** [agremɑ̃] *m* **1.** *consentement* Genehmigung *f*; **2.** *le plus souvent au pl* ***les ~s*** *attrait* der Reiz

**agrémenter** [agremɑ̃te] (*1a*) verzieren, ausschmücken

**agress|er** [agrɛse] (*1b*) überfallen, anfallen; **~eur** *m* Angreifer *m*; **~if, ~ive** [-if, -iv] aggressiv, angriffslustig; **~ion** [-jõ] *f attaque non attendue* Überfall *m*; *attaque attendue ou attaque morale* Angriff *m*; *psych ou droit international*: Aggression *f*; **~ivité** *f* [-ivite] Aggressivität *f*

**agricole** [agrikɔl] landwirtschaftlich, Landwirtschafts…; ***ouvrier*** *m* ***~*** Landarbeiter *m*; ***marché*** *m* ***~*** Agrarmarkt *m*

**agricult|eur** [agrikyltœr] *m* Landwirt

*m*; **~ure** [-yr] *f* Landwirtschaft *f*
**agripper** [agripe] (*1a*) packen, an sich reißen; ***s'~*** sich festhalten (***à*** an *dat*)
**agronom|e** [agrɔnɔm] *m* Agronom *m*; ***ingénieur*** *m* **~** Agraringenieur *m*; **~ie** *f* Landwirtschaftskunde *f*
**agrumes** [agrym] *m/pl* Zitrusfrüchte *f/pl*
**aguerrir** [agerir] (*2a*) abhärten
**aguets** [agɛ] ***être aux ~*** auf der Lauer liegen
**aguicher** F [agiʃe] (*1a*) anlocken; F bezirzen
**ahur|i**, **~ie** [ayri] verblüfft, verdutzt; **~ir** (*2a*) verblüffen; **~issant**, **~issante** [-isɑ̃, -isɑ̃t] verblüffend
**aide** [ɛd] **1.** *f* Hilfe *f*; ***à l'~ de qc*** mithilfe von etw; ***avec l'~ de qn*** mit j-s Hilfe; **2.** *m*, *f assistant* Gehilfe *m*, Gehilfin *f*
**aide-mémoire** [ɛdmemwar] *m* (*pl unv*) kurze Zusammenfassung *f*
**aider** [ɛde] (*1b*) helfen (***qn*** j-m); ***~ à qc*** zu etw beitragen; ***s'~ de qc*** etw (*acc*) benützen
**AIEA** *f abr* ***Agence internationale de l'énergie atomique*** IAEO *f* (Internationale Atomenergie-Behörde)
**aïeul**, **~e** [ajœl] *st/s m*, *f* Großvater *m*, Großmutter *f*; **~s** *pl* Großeltern *pl*
**aïeux** [ajø] *m/pl* Vorfahren *m/pl*, Ahnen *m/pl*
**aigle** [ɛglə] *m* Adler *m*
**aigre** [ɛgrə] sauer; *vent*: scharf; *paroles*, *critique*: bissig; *voix*: schrill; **~-doux**, **~-douce** [-du, -dus] süßsauer
**aigreur** [ɛgrœr] *f* Säure *f*; *fig* Schärfe *f*
**aigrir** [ɛgrir] (*2a*) säuern; *fig* erbittern
**aigu**, **aiguë** [egy] *pointu* spitz; *son*: schrill; *douleur*: stechend; *conflit*, *intelligence*: scharf; *méd* akut
**aigue-marine** [ɛgmarin] *f* Aquamarin *m*
**aiguillage** [egɥijaʒ] *m tech* Weiche *f*
**aiguill|e** [egɥij] *f à coudre*: Nadel *f*; *instrument*, *montre*: Zeiger *m*; *tour*, *montagne*: Spitze *f*; **~er** (*1a*) *fig* lenken, leiten
**aiguilleur** [egijœr] *m* Weichensteller *m*; *aviat* ***~ du ciel*** Fluglotse *m*
**aiguill|on** [egɥijõ] *m* Stachel *m*; **~onner** [-ɔne] (*1a*) *fig* anspornen
**aiguiser** [egize] (*1a*) schleifen; *fig appétit*: anregen
**ail** [aj] *m* (*pl ails*, *parfois aulx* [o]) Knoblauch *m*; ***gousse f d'~*** Knoblauchzehe *f*
**ail|e** [ɛl] *f* Flügel *m*; *auto* Kotflügel *m*; *arch* Seitentrakt *m*, Flügel *m*; ***~ avant*** vorderer Kotflügel
**ailier** [ɛlje] *m sports*: ***~ droit*** (***gauche***) Rechtsaußen (Links-) *m*
**ailleurs** [ajœr] *lieu*: anderswo; *direction*: anderswohin; ***d'~*** übrigens; ***par ~*** außerdem, überdies; ***nulle part ~*** sonst nirgends
**ailloli** [ajɔli] *m cuis* kalte Knoblauchsoße *f*
**aimable** [ɛmablə] liebenswürdig
**aim|ant**[1], **~ante** [ɛmɑ̃, -ɑ̃t] zärtlich
**aim|ant**[2] [ɛmɑ̃] *m* Magnet *m*; **~anter** [-ɑ̃te] (*1a*) magnetisieren
**aimer** [ɛme] (*1b*) lieben, gernhaben; *nourriture*, *boisson*: gern essen, trinken; ***~ mieux*** lieber mögen, vorziehen; ***~ faire qc*** etw gern tun; ***~ que*** (+ *subj*) es gernhaben, dass; ***~ mieux faire qc*** etw lieber tun
**aine** [ɛn] *f anat* Leistengegend *f*
**aîné**, **~e** [ɛne] **1.** *adj de deux*: älter; älteste(r); **2.** *m*, *f* Ältere(r), Älteste(r) *m*, *f*; ***il est mon aîné*** (***de deux ans***) er ist (zwei Jahre) älter als ich
**ainsi** [ɛ̃si] also, so; ***~ que*** sowie; ***~ soit-il!*** amen!; ***pour ~ dire*** sozusagen
**air** [ɛr] *m* **1.** *atmosphérique*: Luft *f*; *vent* Wind *m*; ***~ conditionné*** Klimaanlage *f*; ***mettre à l'~*** ins Freie stellen; ***en plein ~*** im Freien, unter freiem Himmel; ***menace f en l'~*** leere Drohung *f*; **2.** *aspect* Aussehen *n*; *expression* Ausdruck *m*; *attitude* Benehmen *n*, Auftreten *n*; ***avoir l'~ de*** (+ *inf*) so aussehen als ob …, scheinen zu (+ *inf*); ***se donner des ~s*** vornehm tun; **3.** *mus* Melodie *f*; *chant pour soliste* Arie *f*
**aire** [ɛr] *f domaine* Gebiet *n*; *espace libre* freier Platz *m*; *surface* Fläche *f*; *rapace*: Horst *m*; ***~ de repos*** Rastplatz *m* (*an der Autobahn*)
**airelle** [ɛrɛl] *f bot* Heidelbeere *f*
**aisance** [ɛzɑ̃s] *f* **1.** *naturel* Leichtigkeit *f*, Ungezwungenheit *f*; **2.** *richesse* Wohlstand *m*, Wohlhabenheit *f*
**aise** [ɛz] *f* Wohlbehagen *n*, Bequemlichkeit *f*, Gemütlichkeit *f*; ***à l'~***, ***à son ~*** bequem; ***être à l'~*** sich wohlfühlen; ***être mal à l'~*** sich nicht wohlfühlen; ***se mettre à l'~*** es sich bequem ma-

chen; ***à votre ~!*** wie es Ihnen beliebt!; ***en faire à son ~*** tun, wie man beliebt; ***prendre ses ~s*** es sich bequem machen

**aisé, ~e** [eze] *ton*: leicht, ungezwungen; *assez riche* wohlhabend; **~ment** *adv* leicht, mühelos

**aisselle** [ɛsɛl] *f* Achselhöhle *f*

**Aix-la-Chapelle** [ɛkslaʃapɛl] *géogr* Aachen *n*

**A.J.** *f abr* ***auberge de (la) jeunesse*** JH *f* (Jugendherberge)

**ajonc** [aʒõ] *m bot* Stechginster *m*

**ajouré, ~e** [aʒure] durchbrochen

**ajourn|ement** [aʒurnəmɑ̃] *m* Verschiebung *f*, Vertagung *f*, Aufschub *m*; *mil* Zurückstellung *f*; **~er** (*1a*) verschieben, vertagen (***d'une semaine*** um e-e Woche); *mil* zurückstellen

**ajouter** [aʒute] (*1a*) hinzufügen; *litt* ***~ foi à qc*** e-r Sache Glauben schenken; ***~ à qc*** etw (*acc*) noch vergrößern, verschlimmern; ***s'~ à*** noch hinzukommen zu

**ajust|ement** [aʒystəmɑ̃] *m* Anpassung *f*; **~er** (*1a*) *toilette*, *coiffure*: in Ordnung bringen; *viser* zielen auf (*acc*); *tech* an-, einpassen; **~eur** *m* Schlosser *m*

**alambic** [alɑ̃bik] *m* Retorte *f*

**alarm|ant, ~ante** [alarmɑ̃, -ɑ̃t] alarmierend, beunruhigend

**alarm|e** [alarm] *f signal* Alarm *m*; *inquiétude* Unruhe *f*, Angst *f*; ***~ d'ozone*** Ozonalarm *m*; ***signal*** *m* ***d'~*** Notbremse *f*; ***donner l'~*** Alarm schlagen; **~er** (*1a*) *prevenir* alarmieren; *inquiéter* beunruhigen; ***s'~ de*** sich beunruhigen, sich ängstigen wegen; **~iste** *m*, *f* Gerüchtemacher(in) *m*(*f*)

**Albanie** [albani] ***l'~*** *f* Albanien *n*

**albâtre** [albɑtrə] *m* Alabaster *m*

**album** [albɔm] *m* Album *n*

**alcool** [alkɔl] *m* Alkohol *m*; ***~ à brûler*** Brennspiritus *m*; **~ique 1.** *adj* alkoholisch; **2.** *m* Alkoholiker(in) *m*(*f*); **~iser** (*1a*) Alkohol zusetzen (*dat*); ***boisson*** *f* ***alcoolisée*** alkoholisches Getränk *n*; **~isme** *m* Alkoholismus *m*

**alco(o)test** [alkɔtɛst] *m* Alkoholtest *m*

**aléa** [alea] *m le plus souvent au pl* **~s** Ungewissheit *f*, Risiko *n*; **~toire** [-twar] zufallsbedingt

**alentour** [alɑ̃tur] **1.** *adv* ringsumher; **2.** **~s** *m*/*pl* Umgebung *f*; ***aux ~s (de)*** in der Nähe (von)

**alert|e** [alɛrt] **1.** *adj* rege, lebendig; **2.** *f* Alarm(signal *n*) *m*; ***~ aérienne*** Fliegeralarm *m*; ***donner l'~ à qn*** j-n alarmieren (*a fig*); **~er** (*1a*) alarmieren

**alezan** [alzɑ̃] *m* Fuchs *m* (*Pferd*)

**algèbre** [alʒɛbrə] *f* Algebra *f*

**Alger** [alʒe] *géogr* Algier *n*

**Algérie** [alʒeri] *f* ***l'~*** Algerien *n*

**Algérie** [alʒeri] ***l'~*** *f* Algerien *n*

**algér|ien, ~ienne** [alʒerjɛ̃, -jɛn] **1.** *adj* algerisch; **2.** **2, 2ne** *m*, *f* Algerier(in) *m*(*f*)

**algue** [alg] *f bot* Alge *f*

**alibi** [alibi] *m* Alibi *n*

**alién|able** [aljenablə] veräußerlich; **~ation** *f jur* Veräußerung *f*; *méd* Geistesgestörtheit *f*; *phil*, *pol* Entfremdung *f*

**alién|é, ~ée** [aljene] *m*, *f* Geistesgestörte(r) *m*, *f*; **~er** (*1f*) *jur* veräußern; *psych* entfremden; **~iste** *m* Psychiater *m*

**alignement** [aliɲmɑ̃] *m* Ausrichtung *f*; *rangée* Reihe *f*; *politique*, *conduite*: Anpassung *f*; *écon* Angleichung *f*

**aligner** [aliɲe] (*1a*) ausrichten; *mettre sur une ligne* in e-e Reihe bringen; ***~ une monnaie sur une autre*** e-e Währung e-r anderen anpassen; *pol* ***les pays non alignés*** die blockfreien Länder; ***s'~ sur qc*** sich e-r Sache anpassen, -schließen

**aliment** [alimɑ̃] *m* Nahrung(smittel) *f*(*n*)

**aliment|aire** [alimɑ̃tɛr] zur Ernährung gehörig; **~ation** *f* Ernährung *f*; *eau*, *électricité*: Versorgung *f*; *comm* Lebensmittelhandel *m*; ***~ en courant (électrique)*** Stromversorgung *f*; ***~ énergique*** Energieversorgung *f*; **~er** (*1a*) ernähren; *eau*, *électricité*: versorgen (***en*** mit); *conversation*: in Gang halten

**alinéa** [alinea] *m* Absatz *m*, neue Zeile *f*

**aliter** [alite] (*1a*) ***~ qn*** j-n ans Bett fesseln; ***être alité(e)*** bettlägerig sein; ***s'~*** sich (krank) ins Bett legen

**alizé** [alize] (***vent*** *m*) ***~*** *m* Passatwind *m*

**allaiter** [alɛte] (*1b*) säugen, stillen

**allant** [alɑ̃] *m* Schwung *m*

**allécher** [aleʃe] (*1f*) anlocken

**allée** [ale] *f avenue* Allee *f*; ***les ~s et ve-***

***nues*** die Laufereien *f/pl*; ***une ~ et venue continuelle*** ein ständiges Kommen und Gehen (*n*)
**allégation** [alegasjõ] *f* Behauptung *f*
**alléger** [aleʒe] (*1g*) erleichtern
**allègre** [alɛgrə] munter, lustig
**allégrement** [alɛgrəmɑ̃] *adv* frisch-fröhlich
**allégresse** [alegrɛs] *f* Freude *f*
**alléguer** [alege] (*1f*) *texte, loi*: anführen, zitieren; *excuse*: vorbringen
**Allemagne** [almaɲ] *f* ***l'~*** Deutschland *n*; ***l'~ de l'Est*** Ostdeutschland *n*; ***l'~ du Nord*** Norddeutschland *n*; ***l'~ de l'Ouest*** Westdeutschland *n*; ***l'~ du Sud*** Süddeutschland *n*
**allem|and**, **~ande** [almɑ̃, -ɑ̃d] **1.** *adj* deutsch; **2. ♀, ♀e** *m, f* Deutsche(r) *m, f*
**aller** [ale] (*1o*) **1.** *à pied*: gehen; *avec véhicule*: fahren; *voyage*: reisen; ***~ à cheval*** reiten; ***~ en voiture*** Auto fahren; ***~ à (en) bicyclette*** mit dem Rad fahren; ***je vais partir*** ich bin im Begriff zu gehen; ***j'allais dire*** ich wollte sagen, ich hätte beinahe gesagt; ***~ chercher*** holen (gehen); ***~ voir qn*** j-n besuchen; ***comment allez-vous?*** wie geht es Ihnen?; ***je vais bien*** es geht mir gut; ***~ bien avec*** passen zu; ***cela me va*** *projet, proposition*: das passt mir, das ist mir recht; ***il y va de*** es handelt sich (es geht) um; F ***on y va!*** gleich!, ich komme schon!; ***il va sans dire*** selbstredend; ***va!*** meinetwegen!; ***allez!*** los!, auf geht's!; ***allons!*** vorwärts!; ***allons donc!*** stimmt das wirklich?, ist doch nicht möglich!; ***s'en ~*** weggehen; **2.** ***~ à qn*** j-m stehen, passen; **3.** *m* ***~ et retour*** Hin- und Rückreise *f*; *billet* Rückfahrkarte *f*; ***match*** *m* ***~*** Hinspiel *n*; ***au pis ~*** schlimmstenfalls
**allerg|ie** [alɛrʒi] *f* Allergie *f*; **~ique** [-ik] **1.** *adj* allergisch (***à*** gegen); **2.** *m, f* Allergiker(in) *m(f)*
**alliage** [aljaʒ] *m chim* Legierung *f*
**alli|ance** [aljɑ̃s] *f pol* Bündnis *n*; *mariage*: Ehebund *m*; *anneau* Trauring *m*; ***tante*** *f* ***par ~*** angeheiratete Tante *f*; **~é**, **~ée** **1.** *adj* verbündet; *famille*: verschwägert; **2.** *m, f* Verbündete(r) *m, f*; *famille*: angeheiratete(r) Verwandte(r) *m, f*; **~er** (*1a*) vereinigen; *tech* legieren; ***s'~ à qn*** sich mit j-m verbünden
**allocation** [alɔkasjõ] *f* Beihilfe *f*, (finanzielle) Unterstützung *f*; ***~s familiales*** Kindergeld *n*; ***~ chômage*** Arbeitslosengeld *n*
**allocution** [alɔkysjõ] *f* Ansprache *f*
**allonger** [alõʒe] (*1l*) verlängern; *membres*: ausstrecken; ***~ le pas*** schneller gehen; ***s'~*** sich hinlegen, sich ausstrecken; ***être allongé*** liegen
**allouer** [alwe] (*1a*) bewilligen
**allumage** [alymaʒ] *m tech* Zündung *f*
**allume-gaz** [alymgaz] *m* (*pl unv*) Gasanzünder *m*
**allum|er** [alyme] (*1a*) an-, entzünden; *l'interrupteur*: anknipsen; Licht machen; **~ette** [-ɛt] *f* Streichholz *n*
**allure** [alyr] *f démarche* Gang *m*; *vitesse* Tempo *n*, Geschwindigkeit *f*; *air* Aussehen *n*; ***~s*** *pl* Verhalten *n*, Auftreten *n*; ***avoir de l'~*** vornehm wirken, vornehm aussehen
**allusion** [alyzjõ] *f* Anspielung *f*; ***faire ~ à*** anspielen auf
**aloi** [alwa] *m* ***de bon ~*** verdient; ***de mauvais ~*** geschmacklos
**alors** [alɔr] *à ce moment-là* damals; *par conséquence* infolgedessen, also; ***ça ~!*** na so was!; ***~?*** was nun?; ***~ que*** *temps*: (damals,) als; *opposition*: während (dagegen)
**alouette** [alwɛt] *f zo* Lerche *f*
**alourdir** [alurdir] (*2a*) schwer(er) machen
**aloyau** [alwajo] *m* Lendenstück *n* (*vom Ochsen*)
**alpage** [alpaʒ] *m* Alm *f*
**Alpes** [alp] *géogr* ***les ~*** *f/pl* die Alpen *pl*
**alpestre** [alpɛstrə] Alpen…
**alphabet** [alfabɛ] *m* Alphabet *n*
**alphabéti|que** [alfabetik] alphabetisch; **~ser** [-ze] das Schreiben und Lesen beibringen (***qn*** j-m)
**alp|in**, **~ine** [alpɛ̃, -in] Alpen…
**alpin|isme** [alpinismə] *m* Bergsport *m*, Bergsteigen *n*; **~iste** *m* Alpinist *m*, Bergsteiger *m*
**Alsace** [alzas] ***l'~*** *f* das Elsass *n*
**alsac|ien**, **~ienne** [alzasjɛ̃, -jɛn] **1.** *adj* elsässisch; **2. ♀, ♀ne** *m, f* Elsässer(in) *m(f)*
**altercation** [altɛrkasjõ] *f* (heftige) Auseinandersetzung *f*
**altérer** [altere] (*1f*) **1.** *denrées*: verderben; *couleur*: verändern; *vérité, texte*:

entstellen, verfälschen; *amitié*: beeinträchtigen; **2.** *exciter la soif* durstig machen
**altern|ance** [altɛrnɑ̃s] *f* Wechsel *m*; **~atif**, **~ative** [-atif, -ativ] abwechselnd; **~ative** *f* Alternative *f*; **~er** (*1a*) abwechseln
**Altesse** [altɛs] *f titre*: Hoheit *f*
**alti|er**, **~ère** [altje, -ɛr] hochmütig
**alti|mètre** [altimɛtrə] *m* Höhenmesser *m*; **~tude** [-tyd] *f* Höhe *f*
**alto** [alto] *m mus instrument*: Viola *f*; *voix*: Altstimme *f*
**altru|isme** [altryismə] *m* Uneigennützigkeit *f*, Nächstenliebe *f*; **~iste 1.** *adj* uneigennützig, selbstlos; **2.** *m*, *f* uneigennütziger Mensch *m*
**aluminium** [alyminjɔm] *m* Aluminium *n*
**alunir** [alynir] (*2a*) auf dem Mond landen
**amabilité** [amabilite] *f* Liebenswürdigkeit *f*
**amadou** [amadu] *m* Zunder *m*
**amadouer** [amadwe] (*1a*) **~ *qn*** j-n für sich gewinnen
**amaigr|i**, **~ie** [amɛgri] abgemagert, abgezehrt; **~ir** (*2a*) *maladie*: **~ *qn*** an j-m zehren; ***s'~*** *devenir très maigre* abmagern; *perdre du poids* abnehmen; **~issement** [-ismɑ̃] *m* Abmagerung *f*
**amalgame** [amalgam] *m* Amalgam *n*
**amand|e** [amɑ̃d] *f bot* Mandel *f*; **~ier** [-je] *m* Mandelbaum *m*
**amant** [amɑ̃] *m* Geliebte(r) *m*, Liebhaber *m*
**amarr|e** [amar] *f mar* Tau *n*; **~er** (*1a*) *mar* festmachen, vertäuen
**am|as** [ama] *m* Anhäufung *f*; *tas* Haufen *m*; **~asser** [-ase] (*1a*) anhäufen; *argent*: scheffeln
**amateur** [amatœr] *m qui aime bien* Liebhaber(in) *m*(*f*); *non professionnel* Amateur(in) *m*(*f*); **~ *d'art*** Kunstliebhaber(in) *m*(*f*); *péj* ***en ~*** dilettantisch
**Amazone** [amazon] *géogr* ***l'~*** *f* der Amazonas
**ambages** [ɑ̃baʒ] *f*/*pl* ***sans ~*** ohne Umschweife, freiheraus
**ambassa|de** [ɑ̃basad] *f* Botschaft *f*; **~deur** *m*, **~drice** *f* [-dœr, -dris] Botschafter(in) *m*(*f*)
**ambiance** [ɑ̃bjɑ̃s] *f matériel*: Umgebung *f*; *social*: Milieu *n*; *fig atmosphère* Atmosphäre *f*, Stimmung *f*, Klima *n*
**ambigu**, **ambiguë** [ɑ̃bigy] zweideutig
**ambiguïté** [ɑ̃bigɥite] *f* Zweideutigkeit *f*
**ambit|ieux**, **~ieuse** [ɑ̃bisjø, -jøz] **1.** *adj* ehrgeizig; **2.** *m*, *f* Ehrgeizling *m*
**ambiti|on** [ɑ̃bisjõ] *f* Ehrgeiz *m*; **~onner** [-ɔne] (*1a*) **~ *qc*** (ehrgeizig) nach etw streben
**ambival|ence** [ɑ̃bivalɑ̃s] *f* Ambivalenz *f*; **~ent**, **~ente** [-ɑ̃, -ɑ̃t] ambivalent
**ambre** [ɑ̃brə] *m* **~ *gris*** Ambra *f*; **~ *jaune*** Bernstein *m*
**ambulance** [ɑ̃bylɑ̃s] *f* Krankenwagen *m*, Ambulanz *f*
**ambul|ant**, **~ante** [ɑ̃bylɑ̃, -ɑ̃t] umherziehend, Wander…; ***marchand*** *m* ***ambulant*** Straßenverkäufer *m*, -händler *m*
**âme** [ɑm] *f* Seele *f*; ***état*** *m* ***d'~*** Stimmung *f*, Gemütsverfassung *f*; ***rendre l'~*** den Geist aufgeben
**amélior|ation** [ameljɔrasjõ] *f* Verbesserung *f*; **~er** (*1a*) verbessern; ***s'~*** besser werden, sich bessern
**aménagement** [amenaʒmɑ̃] *m* Einrichtung *f*, Ausstattung *f*; *transformation* Umgestaltung *f*; *agr forêt*: Bewirtschaftung *f*; **~ *du territoire*** Raumordnung *f*
**aménager** [amenaʒe] (*1l*) *appartement*: einrichten; *terrain*: anlegen; *vieille maison*: umbauen; *forêt*: bewirtschaften
**amende** [amɑ̃d] *f* Geldstrafe *f*; ***sous peine d'~*** bei Strafe; ***mettre à l'~*** bestrafen
**amend|ement** [amɑ̃dmɑ̃] *m* Besserung *f*; *pol* Abänderungsantrag *m*; **~er** (*1a*) verbessern; *projet de loi*: abändern
**amener** [amne] (*1d*) mitnehmen, mitbringen; *causer* zur Folge haben; **~ *qn à faire qc*** j-n dazu bringen, etw zu tun; ***s'~*** kommen, F aufkreuzen
**amer**, **amère** [amɛr] bitter
**améric|ain**, **~aine** [amerikɛ̃, -ɛn] **1.** *adj* amerikanisch; **2.** **♀**, **♀*e*** *m*, *f* Amerikaner(in) *m*(*f*)
**Amérique** [amerik] *f* ***l'~*** Amerika *n*; ***l'~ centrale*** Mittelamerika *n*; ***l'~ du Nord*** Nordamerika *n*; ***l'~ du Sud*** Südamerika *n*
**amerr|ir** [amɛrir] (*2a*) *aviat* wassern; **~issage** [-isaʒ] *m* Wassern *n*

**amertume** [amɛrtym] *f* Bitterkeit *f*
**ameublement** [amœbləmɑ̃] *m* Innenausstattung *f*, Mobiliar *n*
**ameuter** [amøte] (*1a*) aufhetzen
**ami**, **~e** [ami] **1.** *m*, *f* Freund(in) *m*(*f*); **2.** *adj* befreundet
**amiable** [amjablə] ***à l'~*** gütlich, in Güte
**amiante** [amjɑ̃t] *m* Asbest *m*
**amical**, **~e** [amikal] (*m*/*pl* *-aux*) **1.** *adj* freundschaftlich; **2.** *f* Verein *m*
**amid|on** [amidõ] *m* *chim* Stärke *f*; **~onner** [-ɔne] (*1a*) *linge*: stärken
**amincir** [amɛ̃sir] (*2a*) *v*/*t* *chose*: dünner machen; *robe*: schlank machen; *v*/*i* schlanker werden
**amiral** [amiral] *m* (*pl* *-aux*) Admiral *m*
**amitié** [amitje] *f* Freundschaft *f*; ***~s*** *pl* Grüße *m*/*pl*
**ammoniac** [amɔnjak] *m* Ammoniak *n*
**ammoniaque** [amɔnjak] *f* Salmiakgeist *m*
**amnis|tie** [amnisti] *f* Amnestie *f*; **~tier** [-tje] (*1a*) amnestieren
**amoindr|ir** [amwɛ̃drir] (*2a*) verringern, (ver)mindern; *mérite*: schmälern; ***s'~*** sich verringern, sich vermindern; *forces*: schwinden; **~issement** [-ismɑ̃] *m* Verringerung *f*, (Ver-)Minderung *f*
**amoll|ir** [amɔlir] (*2a*) er-, aufweichen; *fig* schwächen; **~issement** [-ismɑ̃] *m* Erschlaffung *f*
**amonceler** [amõsle] (*1c*) an-, aufhäufen
**amoncellement** [amõsɛlmɑ̃] *m* Stapel *m*
**amont** [amõ] ***en ~*** flussaufwärts; ***en ~ de*** oberhalb von
**amoral**, **~e** [amɔral] (*m*/*pl* *-aux*) amoralisch
**amorc|e** [amɔrs] *f* *hameçon*: Köder *m*; *explosif*: Zündpulver *n*; *fig* *début* Beginn *m*; **~er** (*1k*) *poisson*: ködern; *munition*: scharf machen; *fig* in Gang bringen; beginnen; *EDV* booten
**amorphe** [amɔrf(ə)] *personne*: schlapp, passiv
**amort|ir** [amɔrtir] (*2a*) *choc*, *bruit*: dämpfen; *douleur*: lindern; *dettes*: tilgen; *outillage*, *auto*: abschreiben; **~issement** [-ismɑ̃] *m* *choc*, *bruit*: Dämpfung *f*; *dettes*: Tilgung *f*; *outillage*, *auto*: Abschreibung *f*; ***~ fiscal*** steuerliche Abschreibung *f*; **~isseur** [-isœr] *m* *tech* *bruit*: Schalldämpfer *m*; *auto* Stoßdämpfer *m*
**amour** [amur] *m* Liebe *f*; ***mon ~*** Liebling (*m*); ***~s*** *pl* Liebschaften *f*/*pl*; ***faire l'~*** sich lieben
**amouracher** [amuraʃe] (*1a*) ***s'~ de*** sich verlieben in (*acc*)
**amour|eux**, **~euse** [amurø, -øz] verliebt (***de*** in *acc*)
**amour-propre** [amurprɔprə] *m* Selbstwertgefühl *n*; Eigenliebe *f*
**amovible** [amɔviblə] abnehmbar
**amphibie** [ɑ̃fibi] ***véhicule*** *m* ***~*** Amphibienfahrzeug *n*
**amphithéâtre** [ɑ̃fiteɑtrə] *m* *université*: Hörsaal *m*; *théâtre classique* Amphitheater *n*
**ampl|e** [ɑ̃plə] *vêtements*: weit; *sujet*, *matière*: umfassend; *ressources*: reichlich; **~eur** *f* Weite *f*; *fig* *désastre*: Ausmaß *n*; *manifestation*: Umfang *m*
**amplific|ateur** [ɑ̃plifikatœr] *m* *tech* Verstärker *m*; **~ation** *f* *tech* Verstärkung *f*; *fig* Ausweitung *f*
**amplifier** [ɑ̃plifje] (*1a*) *tech* verstärken; *fig* ausweiten
**amplitude** [ɑ̃plityd] *f* *phys* Amplitude *f*
**ampoule** [ɑ̃pul] *f* *peau*: Blase *f*; *médicament*: Ampulle *f*; *lampe*: Glühbirne *f*
**amput|ation** [ɑ̃pytasjõ] *f* Amputation *f*; *fig* Kürzung *f*; **~er** (*1a*) amputieren
**Amsterdam** [amstɛrdam] *géogr* Amsterdam *n*
**amus|ant**, **~ante** [amyzɑ̃, -ɑ̃t] unterhaltsam, belustigend
**amuse-gueule** [amyzgœl] *m* (*pl* *unv*) Appetit(s)happen *m*
**amus|ement** [amyzmɑ̃] *m* *plaisir* Vergnügen *n*; *divertissement* Unterhaltung *f*; **~er** (*1a*) unterhalten, belustigen; ***s'~*** sich unterhalten; ***s'~ à*** (***faire***) ***qc*** sich bei etw vergnügen (sich damit vergnügen, etw zu tun); ***s'~ de*** sich lustig machen über (*acc*)
**amygdal|e** [ami(g)dal] *f* *anat* Mandel *f*; **~ite** [-it] *f* Mandelentzündung *f*
**an** [ɑ̃] *m* Jahr *n*; ***jour*** *m* ***de l'~*** Neujahrstag *m*; ***bon ~, mal ~*** im Durchschnitt; ***deux fois l'~*** zweimal jährlich; ***par ~*** jährlich
**anachronisme** [anakrɔnismə] *m* Anachronismus *m*
**analgésique** [analʒezik] *m* *phm* Schmerzmittel *n*
**ana|logie** [analɔʒi] *f* Ähnlichkeit *f*,

Analogie *f*; **~logue** [-lɔg] analog
**analys|e** [analiz] *f* Analyse *f*; *du sang*: Untersuchung *f*; **~er** (*1a*) analysieren; *sang*: untersuchen
**analyste** [analist] *m*, *f* Analytiker(in) *m*(*f*); *psych* Psychoanalytiker(in) *m*(*f*)
**analytique** [analitik] analytisch
**ananas** [anana(s)] *m bot* Ananas *f*
**anarch|ie** [anarʃi] *f* Anarchie *f*; **~iste** *m* Anarchist *m*
**anathème** [anatɛm] *m* Kirchenbann *m*, Bannfluch *m*
**anatomie** [anatɔmi] *f* Anatomie *f*
**ancêtres** [ɑ̃sɛtrə] *m/pl* Vorfahren *m/pl*, Ahnen *m/pl*
**anchois** [ɑ̃ʃwa] *m* An(s)chovis *f*, Sardelle *f*
**anc|ien**, **~ienne** [ɑ̃sjɛ̃, -jɛn] alt; *de tradition* althergebracht; *précédent* früher, ehemalig; *de l'Antiquité*: antik, alt; ***les Anciens*** die Alten (*Griechen u Römer*); **~iennement** [-jɛnmɑ̃] *adv* früher, einst
**ancienneté** [ɑ̃sjɛnte] *f* Alter *n*; *profession*: Dienstalter *n*
**ancolie** [ɑ̃kɔli] *f bot* Akelei *f*
**ancr|e** [ɑ̃krə] *f* Anker *m*; **~er** (*1a*) verankern; ***être ancré*** vor Anker liegen; *fig* verwurzelt sein
**Andes** [ɑ̃d] *géogr* ***les ~*** *f/pl* die Anden *pl*
**Andorre** [ɑ̃dɔr] *géogr* ***l'~*** *f* Andorra *n*
**andouille** [ɑ̃duj] *f cuis* Kaldaunenwurst *f*; F *fig* Dummkopf *m*
**âne** [ɑn] *m* Esel *m* (*a fig*); ***dos*** *m* ***d'~*** *rue*: Querrinne *f*
**anéant|ir** [aneɑ̃tir] (*2a*) vernichten; **~issement** [-ismɑ̃] *m* Vernichtung *f*
**anecdote** [anɛgdɔt] *f* Anekdote *f*
**anémie** [anemi] *f méd* Blutarmut *f*
**anémone** [anemɔn] *f* Anemone *f*
**ânerie** [ɑnri] *f* Eselei *f*, große Dummheit *f*
**ânesse** [ɑnɛs] *f zo* Eselin *f*
**anesthés|ie** [anɛstezi] *f méd* Anästhesie *f*, Narkose *f*; ***~ générale*** Vollnarkose *f*; ***~ locale*** örtliche Betäubung *f*; **~ier** [-je] (*1a*) betäuben; **~ique** **1.** *adj* schmerzausschaltend; **2.** *m* Betäubungsmittel *n*
**aneth** [anɛt] *m bot* Dill *m*
**ange** [ɑ̃ʒ] *m* Engel *m*; *fig* ***être aux ~s*** im siebten Himmel sein
**angélique** [ɑ̃ʒelik] engelhaft
**angine** [ɑ̃ʒin] *f méd* Angina *f*; ***~ de poitrine*** Angina pectoris *f*
**angl|ais**, **~aise** [ɑ̃glɛ, -ɛz] **1.** *adj* englisch; **2. ꭥ, ꭥe** *m*, *f* Engländer(in) *m*(*f*)
**angle** [ɑ̃glə] *m géométrie*: Winkel *m*; *coin* Ecke *f*; ***~ droit*** rechter Winkel *m*; ***~ obtus*** stumpfer Winkel *m*; ***~ aigu*** spitzer Winkel *m*
**Angleterre** [ɑ̃glətɛr] ***l'~*** *f* England *n*
**anglican** [ɑ̃glikɑ̃] anglikanisch
**anglicisme** [ɑ̃glisismə] *m* Anglizismus *m*
**anglo|phone** [ɑ̃glɔfɔn] Englisch sprechend; **~-saxon** [-saksõ] angelsächsisch
**angoiss|ant**, **~ante** [ɑ̃gwasɑ̃, -ɑ̃t] beängstigend, beklemmend
**angoiss|e** [ɑ̃gwas] *f* Angst *f*; **~er** (*1a*) ängstigen
**Angola** [ɑ̃gɔla] ***l'~*** *m* Angola *n*
**anguille** [ɑ̃gij] *f zo* Aal *m*; *fig* ***il y a ~ sous roche*** da steckt doch was dahinter
**angul|aire** [ɑ̃gylɛr] Eck…; Winkel…; **~eux**, **~euse** [-ø, -øz] kantig, eckig
**anicroche** [anikrɔʃ] *f* Haken *m*, (kleine) Schwierigkeit *f*
**animal** [animal] (*m/pl -aux*) **1.** *m* Tier *n*; **2.** *adj* (*f* **~e**) tierisch, Tier…
**animalerie** [animalri] *f* Tier-, Zoohandlung *f*
**anima|teur**, **~trice** [animatœr, -tris] *m*, *f d'une entreprise*: Triebfeder *f*, Motor *m*; *TV*, *radio jeu*: Quizmaster *m*, Spielleiter(in) *m*(*f*); *discussion*: Gesprächsleiter(in) *m*(*f*); *music-hall*: Conférencier *m*; *activités culturelles*: Animateur *m*; **~tion** *f vivacité* Lebhaftigkeit *f*; *mouvement* Treiben *n*; **~** (***culturelle***) Freizeitgestaltung *f*
**anim|é**, **~ée** [anime] *rue*, *quartier*: belebt, lebendig; *conversation*: lebhaft; **~er** (*1a*) *conversation*, *fête*: beleben; *stimuler* animieren, anregen; *quiz*, *discussion*: leiten; ***être animé de qc*** von etw erfüllt sein; ***s'~*** *rue*, *quartier*: sich beleben; *personne*, *discussion*: lebhaft werden
**animosité** [animozite] *f hostilité* Feindseligkeit *f*; *amertume* Groll *m*, Erbitterung *f* (***envers qn*** gegenüber j-m)
**annales** [anal] *f/pl* Jahrbücher *n/pl*, Annalen *pl*
**anneau** [ano] *m* (*pl -x*) Ring *m*

**année** [ane] *f* Jahr *n* (*Dauer*)
**annex|e** [anɛks] *f bâtiment*: Nebengebäude *n*; *document*: Anhang *m*; *lettre*: Anlage *f*; **~er** (*1a*) **1.** *document*: beifügen; **2.** *pays*: einverleiben, annektieren; **~ion** *f* Einverleibung *f*, Annexion *f*
**annihiler** [aniile] (*1a*) vernichten
**anniversaire** [aniversɛr] *m* Geburtstag *m*; *événement*: Jahrestag *m*
**annonc|e** [anõs] *f nouvelle* Ankündigung *f*; *journal*: Anzeige *f*; *présage* An-, Vorzeichen *n*; ***petites ~s*** *pl* Anzeigenteil *m*; **~er** (*1k*) ankündigen; **~eur** *m journal*: Inserent *m*; *TV*, *radio*: Ansager *m*
**annot|ation** [anɔtasjõ] *f* Anmerkung *f*; **~er** (*1a*) mit Anmerkungen versehen
**annu|aire** [anɥɛr] *m* Jahrbuch *n*; ***~ du téléphone*** Telefonbuch *n*; **~el**, **~elle** jährlich
**annuité** [anɥite] *f* Jahresrate *f*
**annulaire** [anylɛr] *m* Ringfinger *m*
**annuler** [anyle] (*1a*) *jugement*, *contrat*: für nichtig erklären, annullieren; *commande*, *écriture*: stornieren; *rendez-vous*: absagen
**anoblir** [anɔblir] (*2a*) adeln
**anod|in**, **~ine** [anɔdɛ̃, -in] harmlos; *personne*: nichtssagend, unbedeutend
**anomalie** [anɔmali] *f* Anomalie *f*
**anonymat** [anɔnima] *m* Anonymität *f*
**anonyme** [anɔnim] anonym; ***société*** *f* **~** Aktiengesellschaft *f*
**anorak** [anɔrak] *m* Anorak *m*
**ANPE** *f abr* ***Agence nationale pour l'emploi*** französische Agentur für Arbeit
**anse** [ɑ̃s] *f* **1.** *panier*, *etc*: Henkel *m*, Griff *m*; **2.** *géogr* kleine Bucht *f*
**antagon|isme** [ɑ̃tagɔnismə] *m* Gegensatz *m*, Widerstreit *m*, Antagonismus *m*; **~iste 1.** *adj* gegensätzlich; **2.** *m*, *f* Widersacher(in) *m*(*f*)
**antan** [ɑ̃tɑ̃] *litt* ***d'~*** von einst, damalig
**Antarctide** [ɑ̃tarktid] *géogr* ***l'~*** *f* die Antarktis
**antarctique** [ɑ̃tarktik] **1.** *adj* antarktisch; ***pôle*** *m* **~** Südpol *m*; **2.** *subst* ***l'*2** *m* die Antarktis
**antécédents** [ɑ̃tesedɑ̃] *m/pl personne*: Vorleben *n*; *événement*: Vorgeschichte *f*
**antédiluv|ien**, **~ienne** [ɑ̃tedilyvjɛ̃, -jɛn] F *fig* vorsintflutlich
**antenne** [ɑ̃tɛn] *f* **1.** *zo* Fühler *m*; **2.** *TV*, *radio*: Antenne *f*; ***être sur l'~*** auf Sendung sein
**antérieur**, **~e** [ɑ̃terjœr] *de devant*: vordere(r); *d'avant*: frühere(r); ***~(e) à*** früher als; **~ement** [-mɑ̃] *adv* vorher, früher
**anthracite** [ɑ̃trasit] *adj* (*unv*) anthrazit(farben)
**anti|aérien**, **~aérienne** [ɑ̃tiaerjɛ̃, -aerjɛn] *mil* Flugabwehr…; Luftschutz…; **~alcoolique** [-alkɔlik] antialkoholisch; **~biotique** [-bjɔtik] *m* Antibiotikum *n*; **~brouillard** [-brujɑr] *m od* ***phare*** *m* **~** Nebelscheinwerfer *m*; **~bruit** [-brɥi] Lärmschutz…; ***mur*** *m* ***antibruit*** Lärmschutzwall *m*; **~chambre** [-ʃɑ̃brə] *f* Vorzimmer *n*
**anticip|ation** [ɑ̃tisipasjõ] *f* Vorwegnahme *f*; **~é**, **~ée** vorzeitig; **~er** (*1a*) *v/t paiement*: vorfristig leisten; *v/i* ***~ sur qc*** e-r Sache vorgreifen; etw vorwegnehmen
**anticlérical**, **~e** [ɑ̃tiklerikal] (*m/pl -aux*) kirchenfeindlich
**anticonceptionnel**, **~le** [ɑ̃tikõsɛpsjɔnɛl] empfängnisverhütend
**anticonstitutionnel**, **~le** [ɑ̃tikõstitysjɔnɛl] verfassungswidrig
**anticorps** [ɑ̃tikɔr] *m* Antikörper *m*
**anti|cyclone** [ɑ̃tisiklon] *m* Hoch(-druckgebiet) *n*; **~dater** [-date] (*1a*) ***~ la facture*** die Rechnung rückdatieren; **~dérapant**, **~dérapante** [-derapɑ̃, -derapɑ̃t] *auto* **1.** *adj* rutschfest; **2.** *m* Gleitschutz *m*; **~dote** [-dɔt] *m méd* Gegengift *n*; **~gel** [-ʒɛl] *m* Frostschutz(mittel *n*) *m*; **~grippe** [-grip] *adj* gegen Grippe
**Antilles** [ɑ̃tij] *f/pl* ***les ~*** die Antillen *pl*
**anti|nucléaire** [ɑ̃tinykleɛr] *m* Kernkraftgegner *m*; **~pathique** [-patik] unsympathisch, zuwider; **~pode** [-pɔd] *m* ***aux ~s*** *fig* weit weg; **~pollution** [-pɔlysjõ] gegen Umweltverschmutzung, umweltfreundlich
**antiquaire** [ɑ̃tikɛr] *m* Antiquitätenhändler *m*
**antique** [ɑ̃tik] *de l' Antiquité*: antik; *coutume*, *tradition*: uralt
**Antiquité** [ɑ̃tikite] *f époque*: Antike *f*, Altertum *n*; **2*s*** *pl meubles*, *objets d'art*: Antiquitäten *f/pl*; *monuments*,

*temples*: Altertümer *n/pl*
**antirabique** [ɑ̃tirabik] gegen Tollwut
**antirouille** [ɑ̃tiruj] Rostschutz…
**antivol** [ɑ̃tivɔl] *m* Diebstahlsicherung *f*; *auto a* Lenkradschloss *n*
**antre** [ɑ̃trə] *litt m* Höhle *f*
**anus** [anys] *m méd* After *m*
**Anvers** [ɑ̃vɛr] Antwerpen *n*
**anxi|été** [ɑ̃ksjete] *f* Angst *f*, Beklemmung *f*; **~eux**, **~euse** [-ø, -øz] ängstlich; ***être ~, anxieuse de*** (+ *inf*) sich danach sehnen zu (+ *inf*)
**aorte** [aɔrt] *f* Hauptschlagader *f*, Aorta *f*
**août** [u(t)] *m* August *m*; ***en ~*** im August
**apais|ant**, **~ante** [apɛzɑ̃, -ɑ̃t] beruhigend, besänftigend
**apais|ement** [apɛzmɑ̃] *m* Beruhigung *f*, Besänftigung *f*; *douleur*, *faim*: Linderung *f*; **~er** (*1b*) beruhigen, besänftigen; *douleur*: lindern; *soif*: löschen; *faim*: stillen
**apartheid** [apartɛd] *m* Apartheid *f*
**à partir de** [a partir də] ab, von … an
**apathie** [apati] *f* Apathie *f*, Teilnahmslosigkeit *f*; *indifférence* Gleichgültigkeit *f*
**apathique** [apatik] apathisch, teilnahmslos; *indifférent* gleichgültig
**apatride** [apatrid] staatenlos
**apercevoir** [apɛrsəvwar] (*3a*) (***qc*** etw) *voir* erblicken, sehen; *percevoir* wahrnehmen; *se rendre compte* bemerken; ***s'~ de qc*** etw (*acc*) (be)merken
**aperçu** [apɛrsy] **1.** *p/p* ***apercevoir***; **2.** *m* Übersicht *f*; ***~ des frais*** Kostenüberschlag *m*
**apéritif** [aperitif] *m* Aperitif *m*
**apéro** [apero] *m* F → ***apéritif***
**apesanteur** [apəzɑ̃tœr] *f* Schwerelosigkeit *f*
**à peu près** [apøprɛ] *adv* ungefähr
**à-peu-près** [apøprɛ] *m* (*pl unv*) Halbheit *f*
**apeuré**, **~e** [apœre] verängstigt
**aphorisme** [afɔrismə] *m* Sinnspruch *m*, Aphorismus *m*
**à-pic** [apik] *m* (*pl à-pics*) Steilhang *m*, -wand *f*
**apicult|eur** [apikyltœr] *m* Imker *m*; **~ure** [-yr] *f* Bienenzucht *f*
**apitoyer** [apitwaje] (*1h*) ***~ qn*** j-n mit Mitleid erfüllen; ***s'~ sur qc*** Mitleid mit etw fühlen; ***s'~ sur qn*** j-n bemitleiden
**aplan|ir** [aplanir] (*2a*) (ein)ebnen, planieren; *fig différend*: schlichten; *difficultés*: beheben; **~issement** [-ismɑ̃] *m* (Ein-)Ebnen *n*, Planieren *n*; *fig* Behebung *f*
**aplatir** [aplatir] (*2a*) platt drücken (schlagen); ***s'~*** *tomber* der Länge nach hinfallen; *s'écraser* prallen (***contre*** gegen); ***s'~ devant qn*** vor j-m kriechen
**aplomb** [aplõ] *m* senkrechte Stellung *f*; *fig confiance en soi* Selbstsicherheit *f*; *audace* Dreistigkeit *f*; ***d'~*** senkrecht; *fig* ***ne pas être d'~*** sich nicht wohlfühlen; ***avec ~*** selbstsicher; dreist
**apogée** [apɔʒe] *m fig* Höhepunkt *m*, Gipfel *m*
**apolitique** [apɔlitik] unpolitisch
**apologie** [apɔlɔʒi] *f* Verteidigungsrede *f*, -schrift *f*
**apoplexie** [apɔplɛksi] *f méd* Schlaganfall *m*
**apostolique** [apɔstɔlik] apostolisch
**apostroph|e** [apɔstrɔf] *f* **1.** *interpellation* F Abkanzelung *f*, Anpfiff *m*; **2.** *signe*: Apostroph *m*; **~er** (*1a*) ***~ qn*** F j-n abkanzeln, anschnauzen
**apôtre** [apotrə] *m* Apostel *m*
**apparaître** [aparɛtrə] (*4z*) zum Vorschein kommen, erscheinen; ***faire ~*** erkennen lassen, zeigen; ***~ à qn*** j-m erscheinen (***comme*** wie); ***il apparaît que*** es zeigt sich, dass
**apparat** [apara] *m* Pomp *m*, Prunk *m*
**appareil** [aparɛj] *m* Apparat *m*, Gerät *n*; *aviat* Maschine *f*; *tél* ***qui est à l'appareil?*** wer ist am Apparat?
**appareill|age** [aparɛjaʒ] *m* **1.** *mar* Auslaufen *n*; **2.** *tech* Apparatur *f*; **~er** (*1a*) **1.** zusammenstellen, kombinieren; **2.** *mar* auslaufen (***pour*** nach), in See stechen
**apparemment** [aparamɑ̃] anscheinend, allem Anschein nach
**apparence** [aparɑ̃s] *f air* Aussehen *n*, Äußere *n*; *illusion*, *façade* Anschein *m*; ***en ~*** scheinbar; ***sauver les ~s*** den Schein wahren; ***selon toute ~*** allem Anschein nach
**appar|ent**, **~ente** [aparɑ̃, -ɑ̃t] *visible* sichtbar; *illusoire* scheinbar
**apparenté**, **~e** [aparɑ̃te] verwandt (***à qn, à qc*** mit j-m, mit etw)
**apparition** [aparisjõ] *f* Erscheinung *f*

**appartement** [apartəmɑ̃] *m* Wohnung *f*
**apparten|ance** [apartənɑ̃s] *f* Zugehörigkeit *f*; *association*, *parti*: Mitgliedschaft *f*; **~ir** (*2h*) gehören (***à qn*** j-m); ***il ne m'appartient pas d'en décider*** es steht mir nicht zu, darüber zu entscheiden
**appas** [apɑ] *m/pl* Reize *m/pl e-r Frau*
**appât** [apɑ] *m* Köder *m*; *fig* Verlockung *f*
**appâter** [apɑte] (*1a*) ködern
**appauvr|ir** [apovrir] (*2a*) arm, ärmer machen; ***s'~*** verarmen; **~issement** [-ismɑ̃] *m* Verarmung *f*
**appel** [apɛl] *m* Ruf *m*; *tél* Anruf *m*; *exhortation* Appell *m*, Aufruf *m*; *mil recrutement* Einberufung *f*; *jur* Berufung *f*; *jur* ***faire ~*** Berufung einlegen; ***sans ~*** unwiderruflich; ***faire ~ à qn*** an j-n appellieren
**appel|é** [aple] *m mil* Einberufene(r) *m*; **~er** (*1c*) rufen; *donner un nom* nennen; *à une charge*, *à un poste*: berufen; *tél* anrufen; *nécessiter* erfordern; ***en ~ à qn*** an j-n appellieren; ***s'~*** heißen
**appellation** [apɛlasjõ] *f* Bezeichnung *f*, Benennung *f*; ***~ d'origine*** Herkunftsbezeichnung *f*
**appendicite** [apɛ̃disit] *f méd* Blinddarmentzündung *f*
**appesant|ir** [apəzɑ̃tir] ***s'~*** schwerfällig werden; ***s'~ sur*** lang und breit reden über (*acc*); **~issement** [-ismɑ̃] *m* Schwerfälligkeit *f*
**appétiss|ant**, **~ante** [apetisɑ̃, -ɑ̃t] appetitlich, lecker
**appétit** [apeti] *m* Appetit *m*; ***bon ~!*** guten Appetit!
**applaudir** [aplodir] (*2a*) *v/t* ***~ qn*** j-m Beifall klatschen, j-m applaudieren; ***~ qc*** e-r Sache (*dat*) Beifall spenden; *v/i* klatschen, applaudieren
**applaudissement** [aplodismɑ̃] *m le plus souvent au pl* ***~s*** Applaus *m*, Beifall *m*
**applica|ble** [aplikablə] anwendbar; **~tion** *f tech fixation* Anbringung *f*; *emploi*, *destination* Anwendung *f*; *attention* Fleiß *m*
**appliqu|é**, **~ée** [aplike] *personne*: fleißig; *science*: angewandt; **~er** (*1m*) *poser* anbringen; *mettre en pratique*, *rapporter* anwenden (***à*** auf *acc*); ***s'~*** *personne*: fleißig sein; ***s'~ à qc*** *chose*: zu etw passen, auf etw (*acc*) zutreffen; *personne*: sich e-r Sache widmen *od* zuwenden; ***s'~ à faire qc*** sich bemühen, etw zu tun
**appoint|ements** [apwɛ̃tmɑ̃] *m/pl* Bezüge *m/pl*, Gehalt *n*; **~er** (*1a*) besolden
**apport** [apɔr] *m comm* Einlage *f*; *fig* Unterstützung *f* (***à*** für), Beitrag *m* (***à*** zu)
**apporter** [apɔrte] (*1a*) (mit)bringen; *fig entraîner* nach sich ziehen; ***~ du soin à*** Sorgfalt verwenden auf (*acc*); ***~ de l'attention à qc*** e-r Sache Aufmerksamkeit schenken; ***~ des raisons*** Gründe anführen
**apposer** [apoze] (*1a*) anbringen; *affiche*: ankleben; ***~ sa signature*** unterzeichnen
**appréci|able** [apresjablə] beträchtlich, nennenswert; **~ation** *f prix*, *distance*: Abschätzung *f*; *jugement* Einschätzung *f*, Urteil *n*; *favorable*: Würdigung *f*; *comm* Aufwertung *f*; **~er** (*1a*) *valeur*, *distance*: abschätzen; *personne*: schätzen; *musique*, *la bonne cuisine*: würdigen, viel halten von
**appréhen|der** [apreɑ̃de] (*1a*) ***~ qc*** etw fürchten; *jur* ***~ qn*** j-n festnehmen; **~sion** [-sjõ] *f* Furcht *f*
**apprendre** [aprɑ̃drə] (*4q*) *leçon*: lernen; *nouvelle*: erfahren (***par qn*** von j-m); ***~ qc à qn*** *enseigner* j-n etw lehren; *raconter* j-m etw mitteilen; ***~ à lire*** lesen lernen
**apprent|i**, **~ie** [aprɑ̃ti] *m*, *f* Lehrling *m*, Auszubildende(r) *m*, *f*; **~issage** [-isaʒ] *m métier*: Lehre *f*; *processus psychologique*: Erlernen *n*
**apprêt** [aprɛ] *m* Appretur *f*; *fig* Affektiertheit *f*
**apprêt|é**, **~ée** [aprɛte] affektiert; **~er** (*1a*) zubereiten; ***s'~ à faire qc*** sich anschicken, etw zu tun
**apprivoiser** [aprivwaze] (*1a*) zähmen
**approba|teur**, **~trice** [aprɔbatœr, -tris] beifällig, billigend; **~tion** *f* Billigung *f*
**approch|e** [aprɔʃ] *f* Herannahen *n*; *fig d'un problème*: Betrachtungsweise *f*; **~er** (*1a*) *v/t* näher heranbringen (***qc de*** etw an *acc*); *v/i* herankommen; sich nähern (***de qc*** e-r Sache *dat*); ***s'~ de qn*** sich j-m nähern; ***s'~ de qc*** sich e-r Sache nähern
**approfondir** [aprɔfõdir] (*2a*) vertiefen

**appropri|é**, **~ée** [aprɔprije] angemessen, passend; **~er** (*1a*) anpassen; ***s'~ qc*** sich (*dat*) etw aneignen
**approuver** [apruve] (*1a*) billigen (***qc*** etw); *projet*: genehmigen; *loi*: annehmen; ***~ qn de faire qc*** es gut finden, dass j etw tut
**approvisionn|ement** [aprɔvizjɔnmɑ̃] *m* Versorgung *f* (***en*** mit); **~er** (*1a*) versorgen, beliefern; ***~ un compte bancaire*** ein Konto auffüllen
**approximat|if**, **~ive** [aprɔksimatif, -iv] annähernd; **~ivement** [-ivmɑ̃] *adv* schätzungsweise
**appui** [apɥi] *m* Stütze *f*; *fig* Unterstützung *f*; *fenêtre*: Fensterbrett *n*; ***point*** *m* ***d'~*** Stützpunkt *m*; ***prendre ~ sur*** sich stützen auf (*acc*); ***à l'~ de*** zum Nachweis (*gén*); um … zu stützen; ***pièce*** *f* ***à l'appui*** Beleg *m*, Nachweis *m*
**appuyer** [apɥije] (*1h*) *v/t tenir debout* stützen; ***~ qc sur, contre, à*** etw stützen auf (*acc*), etw lehnen gegen (*acc*), an (*acc*); *fig candidat, idée*: unterstützen; *v/i* ***~ sur qc*** auf etw drücken; *fig* etw betonen; ***s'~ sur*** sich stützen auf (*acc*) (*a fig*)
**âpre** [ɑprə] *goût*: herb; *lutte*, *froid*: bitter
**après** [aprɛ] **1.** *prép* (*espace u temps*) nach, hinter (*lieu*: *dat*; *direction*: *acc*); ***l'un ~ l' autre*** nacheinander; ***~ coup*** nachträglich; ***~ quoi*** worauf, darauf; ***~ tout*** schließlich; ***~ avoir lu, il …*** nachdem er gelesen hatte, …; ***d'~*** (***ce que disent***) ***les journaux*** den Zeitungen zufolge; **2.** *adv* nachher; **3.** *conj* ***~ que*** (*+ ind od subj*) nachdem
**après|-demain** [aprɛdmɛ̃] übermorgen; **~-guerre** [-gɛr] *m* (*pl après-guerres*) Nachkriegszeit *f*; **~-midi** [-midi] *m od f* (*pl unv*) Nachmittag *m*; **~-vente** [-vɑ̃t] *adj* (*unv*) ***service*** *m* ***~*** Kundendienst *m*
**âpreté** [ɑprəte] *f goût*: Herbheit *f*; *fig* Heftigkeit *f*
**apr. J.-C.** (*abr* après Jésus-Christ) n.Chr. (nach Christus)
**à-propos** [aprɔpo] *m* Schlagfertigkeit *f*
**apte** [apt] fähig, geeignet (***à*** zu, für)
**aptitude** [aptityd] *f capacité* Fähigkeit *f*, Eignung *f*; *prédisposition* Begabung *f*
**aquarelle** [akwarɛl] *f* Aquarell *n*
**aquarium** [akwarjɔm] *m* Aquarium *n*
**aquatique** [akwatik] Wasser…
**aqueduc** [akdyk] *m* Aquädukt *m*
**aquilin** [akilɛ̃] ***nez*** *m* ***~*** Adlernase *f*
**arabe** [arab] **1.** *adj* arabisch; **2.** **♀** *m*, *f* Araber(in) *m*(*f*)
**Arabie** [arabi] *f* ***l'~*** Arabien *n*; ***l'~ Saoudite*** Saudi-Arabien *n*
**arachide** [araʃid] *f bot* Erdnuss *f*
**araignée** [arɛɲe] *f* Spinne *f*
**arbitr|age** [arbitraʒ] *m* Schiedsspruch *m*; *bourse*: Arbitrage *f*; **~aire** [-ɛr] willkürlich
**arbitr|e** [arbitrə] *m* Schiedsrichter *m*; **~er** (*1a*) als Schiedsrichter entscheiden
**arbor|er** [arbɔre] (*1a*) *drapeau*: hissen; *fig* zur Schau tragen; **~iculture** [-ikyltyr] *f agr* Baumzucht *f*
**arbr|e** [arbrə] *m* Baum *m*; *tech* Welle *f*; ***~ généalogique*** Stammbaum *m*; **~isseau** [-iso] *m* (*pl -x*) Bäumchen *n*
**arbuste** [arbyst] *m* Strauch *m*
**arc** [ark] *m* Bogen *m*
**arcade** [arkad] *f souvent au pl* ***~s*** *arch* Bogengang *m*, Arkade *f*
**arc-boutant** [arkbutɑ̃] *m* (*pl arcs-boutants*) *arch* Strebebogen *m*
**arc-en-ciel** [arkɑ̃sjɛl] *m* (*pl arcs-en--ciel*) Regenbogen *m*
**archaïsme** [arkaismə] *m* Archaismus *m*, altertümlicher Ausdruck *m od* Stil *m*
**archange** [arkɑ̃ʒ] *m rel* Erzengel *m*
**arche** [arʃ] *f* **1.** Brückenbogen *m*; **2.** *Bible*: Arche *f*
**archéolo|gie** [arkeɔlɔʒi] *f* Archäologie *f*; **~gique** [-ʒik] archäologisch; **~gue** *m*, *f* Archäologe *m*, Archäologin *f*
**archer** [arʃe] *m* Bogenschütze *m*
**archet** [arʃɛ] *m mus* Geigenbogen *m*
**arche|vêché** [arʃəveʃe] *m* Erzbistum *n*; **~vêque** [-vɛk] *m* Erzbischof *m*
**archipel** [arʃipɛl] *m* Archipel *n*, Inselgruppe *f*
**architect|e** [arʃitɛkt] *m*, *f* Architekt(in) *m*(*f*); **~ure** [-yr] *f* Architektur *f*
**archiver** [arʃive] (*1a*) archivieren
**archiv|es** [arʃiv] *f/pl* Archiv *n*; **~iste** *m* Archivar *m*
**arctique** [arktik] **1.** *adj* arktisch; ***le pôle ~*** der Nordpol *m*; **2.** *m* ***l'♀*** die Arktis *f*
**ard|ent**, **~ente** [ardɑ̃, -ɑ̃t] glühend, brennend; *fig* leidenschaftlich

**ardeur** [ardœr] *f feu*: Glut *f*; *fig ferveur*: Eifer *m*
**ardoise** [ardwaz] *f* Schiefer *m*
**ardu**, **~e** [ardy] schwierig
**arène** [arɛn] *f* Arena *f*; **~s** *pl römische* Arena *f*
**arête** [arɛt] *f poisson*: Gräte *f*; *math*, *poutre*, *pierre*: Kante *f*; *montagnes*: Grat *m*
**argent** [arʒɑ̃] *m* Silber *n*; *monnaie*: Geld *n*; **~ liquide, comptant** Bargeld *n*; **~ de poche** Taschengeld *n*
**argent|é**, **~ée** [arʒɑ̃te] *couvert d' argent*: versilbert; *couleur*: silberweiß; **~er** (*1a*) versilbern; **~erie** *f* Silber(besteck, -geschirr) *n*; **~in**, **~ine** **1.** *son*: silberhell; **2.** *adj* argentinisch; **3.** **♀**, **♀e** *m*, *f* Argentinier(in) *m*(*f*)
**Argentine** [arʒɑ̃tin] *f* **l'~** Argentinien *n*
**argile** [arʒil] *f géol* Ton *m*
**argil|eux**, **~euse** [arʒilø, -øz] tonig, tonhaltig, Ton…
**argot** [argo] *m groupe social*: Jargon *m*; *voleurs*: Gaunersprache *f*
**argotique** [argɔtik] ***mot*** *m*, ***terme*** *m* **~** Argotwort *n*, -ausdruck *m*
**Argovie** [argɔvi] *f* **l'~** der Aargau
**arguer** [argɥe] (*1n*) **~ de qc** etw (*acc*) geltend machen, etw (*acc*) als Argument anführen
**argument** [argymɑ̃] *m* Argument *n*; *sommaire* Inhaltsangabe *f*
**argument|ation** [argymɑ̃tasjõ] *f* Beweisführung *f*, Argumentation *f*; **~er** (*1a*) argumentieren
**argutie** [argysi] *f le plus souvent au pl* **~s** *litt* Spitzfindigkeit *f*
**arid|e** [arid] dürr, trocken; *personne*: gefühllos; **~ité** *f* Dürre *f*
**aristo|crate** [aristɔkrat] *m*, *f* Aristokrat(in) *m*(*f*); **~cratie** [-krasi] *f* Aristokratie *f*; **~cratique** [-kratik] aristokratisch
**arithmétique** [aritmetik] **1.** *adj* arithmetisch; **2.** *f* Arithmetik *f*
**armateur** [armatœr] *m* Reeder *m*
**armature** [armatyr] *f* Gerüst *n* (*a fig*)
**arm|e** [arm] *f* Waffe *f* (*a fig*); **~s** *pl blason* Wappen *n*; **~ à feu** Feuerwaffe *f*; **~é**, **~ée** bewaffnet (**de** mit); *fig* gewappnet (**contre** gegen); *fig* **~(e) de** versehen mit, ausgestattet mit; ***béton*** *m* ***armé*** Eisenbeton *m*
**armée** [arme] *f* Heer *n*; **~ de l'air** Luftwaffe *f*
**armement** [arməmɑ̃] *m* Bewaffnung *f*; **~s** *pl moyens d'un pays*: Rüstung *f*; ***course*** *f* ***aux ~s*** Rüstungswettlauf *m*
**armer** [arme] (*1a*) bewaffnen, ausrüsten, *fig* versehen (**de** mit)
**armistice** [armistis] *m* Waffenstillstand *m*
**armoire** [armwar] *f* Schrank *m*
**armoiries** [armwari] *f/pl* Wappen *n*
**armure** [armyr] *f hist* Rüstung *f*
**arnaque** [arnak] F *f* Betrug *m*, Schwindel *m*
**aromat|e** [arɔmat] *m* Gewürz *n*; **~ique** wohlriechend, -schmeckend; **~iser** (*1a*) würzen
**arome** *od* **arôme** [arom] *m* Aroma *n*; *odeur* Duft *m*
**arpent|er** [arpɑ̃te] (*1a*) vermessen; *fig salle*: mit großen Schritten durchmessen; **~eur** *m* Feldmesser *m*, Geometer *m*
**arr.** *abr* ***arrondissement*** Stadtbezirk
**arrach|e-pied** [araʃpje] ***travailler d'~*** unablässig arbeiten; **~er** (*1a*) herausreißen, -ziehen; *dent*: ziehen; **~ qc à qn** j-m etw entreißen (*a fig*); **s'~ à** *od* **de qc** sich von etw losreißen; **s'~ qn, qc** sich um j-n, um etw reißen
**arrangeant** [arɑ̃ʒɑ̃] verträglich
**arrang|ement** [arɑ̃ʒmɑ̃] *m disposition* Anordnung *f*; *maison*: Einrichtung *f*; *accord* Vereinbarung *f*; **~er** (*1l*) *maison*: einrichten; *ranger* ordnen; *différend*: beilegen; F **~ qn** *maltraiter* j-n übel zurichten; ***cela m'arrange*** das passt mir; **s'~ avec qn de** sich mit j-m verständigen über (*acc*); ***tout s'arrange*** alles wird wieder gut; **s'~ pour** (+ *inf*) es so einrichten, dass; **s'~ de qc** sich mit etw abfinden
**arrestation** [arɛstasjõ] *f* Verhaftung *f*
**arrêt** [arɛ] *m* Halt *m*; *autobus*: Haltestelle *f*; *jur* (endgültiges) Urteil *n*; *tech* Sperre *f*; ***sans ~*** ununterbrochen
**arrêt|é** [arɛte] *m* Erlass *m*; **~er** (*1b*) *v/i* stehen bleiben; *v/t voiture*, *foule*: anhalten; *moteur*: abstellen; *voleur*: festnehmen, verhaften; *tech* absperren; **~ que** (+ *subj*) anordnen, dass; **~ de** (+ *inf*) aufhören zu; **s'~** stehen bleiben; *bruit*, *guerre*, *tempête*: aufhören
**arrhes** [ar] *f/pl comm* Anzahlung *f*
**arriéré**, **~e** [arjere] **1.** *adj paiement*,

*idées*: rückständig; *enfant*: geistig zurückgeblieben; **2.** *m comm* Rückstand *m*

**arrière** [arjɛr] **1.** *adv* zurück; ***en ~*** rückwärts; ***en ~ de*** hinter; **2.** *adj unv* ***feu*** *m* **~** Schlusslicht *n*; ***siège*** *m* **~** Rücksitz *m*; **3.** *m auto*: Heck *n*; *sports*: Verteidiger *m*, Abwehrspieler *m*; ***à l'~*** hinten

**arrière|-cour** [arjɛrkur] *f* (*pl arrière-cours*) Hinterhof *m*; **~-garde** [-gard] *f mil* Nachhut *f*; **~-goût** [-gu] *m* Nachgeschmack *m*; **~-grand-mère** [-grɑ̃mɛr] *f* (*pl arrière-grand[s]-mères*) Urgroßmutter *f*; **~-grand-père** [-grɑ̃pɛr] *m* (*pl arrière-grands-pères*) Urgroßvater *m*; **~-pays** [-pei] *m* Hinterland *n*; **~-pensée** [-pɑ̃se] *f* (*pl arrière-pensées*) Hintergedanke *m*; **~-petit-fils** [-p(ə)tifis] *m* (*pl arrière-petits-fils*) Urenkel *m*; **~-plan** [-plɑ̃] *m* Hintergrund *m*; **~-saison** [-sɛzõ] *f* Nachsaison *f*

**arrimer** [arime] (*1a*) *chargement*: verstauen

**arriv|age** [arivaʒ] *m* Anlieferung *f*; **~ée** *f* Ankunft *f*; *sports*: Ziel *n*; **~er** (*1a*) ankommen; *événement*: geschehen; ***~ à*** gelangen zu; ***~ à*** (+ *inf*) es schaffen zu; ***~ à qn*** j-m zustoßen; ***il arrive que*** (+ *subj od ind*) es kommt vor, dass

**arriviste** [arivist] *m*, *f* Streber(in) *m*(*f*)

**arrobe** [arɔb] *f EDV* Klammeraffe (*@-Zeichen*) *m*

**arrog|ance** [arɔgɑ̃s] *f* Arroganz *f*, Anmaßung *f*; **~ant**, **~ante** [-ɑ̃, -ɑ̃t] anmaßend, arrogant

**arroger** [arɔʒe] (*1l*) ***s'~*** *droit*, *titre*: sich (*dat*) anmaßen

**arrond|ir** [arõdir] (*2a*) abrunden; **~issement** [-ismɑ̃] *m* Arrondissement *n* (*Unterbezirk e-s Departements*); *d'une ville*: Stadtbezirk *m*

**arros|er** [aroze] (*1a*) (be)gießen; *fleuve*: vorbeifließen (*an e-r Stadt*); **~oir** *m* Gießkanne *f*

**arsenal** [arsənal] *m* (*pl -aux*) *mar* Werft *f*; *mil* Arsenal *n*, Waffenlager *n*

**arsenic** [arsənik] *m* Arsen *n*

**art** [ar] *m* Kunst *f*; ***avoir l'~ de*** (+ *inf*) die Gabe haben zu; ***~s décoratifs*** (*od* ***appliqués*** *od* ***industriels***) Kunstgewerbe *n*; ***~s plastiques*** bildende Kunst *f*

**artère** [artɛr] *f* Pulsader *f*; *fig* Verkehrsader *f*

**artéri|el**, **~elle** [arterjɛl] arteriell; ***tension f artérielle*** Blutdruck *m*; **~osclérose** [-ɔskleroz] *f méd* Arterienverkalkung *f*

**arthrite** [artrit] *f* Arthritis *f*

**artichaut** [artiʃo] *m* Artischocke *f*; ***fond*** *m* ***d'~*** Artischockenherz *n*

**article** [artiklə] *m* Artikel *m*; *jur* Paragraph *m*; ***~ de fond*** *presse*: Leitartikel *m*; ***~ de marque*** Markenartikel *m*

**articul|aire** [artikylɛr] Gelenk…; **~ation** *anat* Gelenk *n*; *son*: Artikulation *f*; **~é**, **~ée** *son*: artikuliert; *membres*: beweglich; *fig* gegliedert; **~er** (*1a*) *son*: artikulieren; ***s'~*** beweglich verbunden sein (***avec, sur*** mit); *fig* miteinander verbunden sein

**artific|e** [artifis] *m* Kunstgriff *m*, Trick *m*; **~iel**, **~ielle** [-jɛl] künstlich; *péj* gekünstelt; **~ieux**, **~ieuse** [-jø, -jøz] *litt* arglistig

**artill|erie** [artijri] *f* Artillerie *f*; **~eur** *m* Artillerist *m*

**artisan** [artizɑ̃] *m* Handwerker *m*

**artisan|al**, **~ale** [artizanal] (*m/pl -aux*) handwerklich, Handwerks…; **~at** [-a] *m* Handwerk *n*; ***~ d'art*** Kunsthandwerk *n*

**artist|e** [artist] **1.** *m*, *f* Künstler(in) *m*(*f*); **2.** *adj* künstlerisch veranlagt; **~ique** künstlerisch; Kunst…

**as** [as] *m* Ass *n* (*a fig*)

**AS** *f abr* ***association sportive*** SV *m* (Sportverein)

**asbeste** [asbɛst] *m* Asbest *m*

**ascendance** [asɑ̃dɑ̃s] *f* Vorfahren *m/pl*; ***~ paternelle*** väterliche Linie *f*; väterliche Abstammung *f*

**ascend|ant**, **~ante** [asɑ̃dɑ̃, -ɑ̃t] **1.** *adj* aufsteigend; **2.** *m* (starker) Einfluss *m* (***sur qn*** auf j-n)

**ascens|eur** [asɑ̃sœr] *m* Lift *m*, Aufzug *m*, Fahrstuhl *m*; **~ion** *f alpiniste*: Besteigung *f*; *fusée*, *ballon*: Aufsteigen *n*; *fig progrès* Aufstieg *m*; ***l'*2** *rel* (Christi) Himmelfahrt *f*

**ascèse** [asɛz] *f rel* Askese *f*

**ascète** [asɛt] *m rel* Asket *m*

**aseptique** [asɛptik] aseptisch, keimfrei

**asiatique** [azjatik] **1.** *adj* asiatisch; **2. 2** *m*, *f* Asiat(in) *m*(*f*)

**Asie** [azi] *f* ***l'~*** Asien *n*; ***l'Asie Mineure*** Kleinasien *n*

**asile** [azil] *m refuge* Zuflucht(sort)

*f*(*m*); *pol* Asyl *n*; **~ *d'aliénés*** Irrenanstalt *f*; ***demande*** *f* ***d'~*** Asylantrag *m*
**aspect** [aspɛ] *m* **1.** *vue* Anblick *m*, Aussehen *n*; ***à l'~ de*** beim Anblick von; **2.** *point de vue* Gesichtspunkt *m*; ***sous cet ~*** unter diesem Aspekt
**asperge** [aspɛrʒ] *f bot* Spargel *m*
**asperger** [aspɛrʒe] (*1l*) besprengen, bespritzen
**aspérité** [asperite] *f* Unebenheit *f*
**asphalte** [asfalt] *m* Asphalt *m*
**asphyx|ie** [asfiksi] *f* Ersticken *n*; **~ier** [-je] (*1a*) ersticken
**aspic** [aspik] *m* **1.** *zo* Viper *f*; **2.** *cuis* Aspik *m*, Sülze *f*
**aspir|ant, ~ante** [aspirɑ̃, -ɑ̃t] *m*, *f* Kandidat(in) *m*(*f*); Anwärter(in) *m*(*f*)
**aspira|teur** [aspiratœr] *m* Staubsauger *m*; **~tion** *f* Einatmen *n*; *fig* Streben *n* (***à*** nach)
**aspirer** [aspire] (*1a*) *air*: einatmen; *liquide*: auf-, einsaugen; **~ *à qc*** nach etw trachten; **~ *à*** (+ *inf*) danach trachten, zu (+ *inf*)
**aspirine** [aspirin] *f* Aspirin *n*
**assagir** [asaʒir] (*2a*) vernünftig machen; ***s'~*** vernünftig werden
**assaillir** [asajir] (*2c*, *futur 2a*) angreifen, anfallen; *fig* bestürmen
**assain|ir** [asɛnir] (*2a*) sanieren; *nettoyer* reinigen; **~issement** [-ismɑ̃] *m* Sanierung *f*
**assaisonnement** [asɛzɔnmɑ̃] *m action*: Würzen *n*; *huile*, *poivre*: Gewürz *n*
**assaisonner** [asɛzɔne] (*1a*) würzen
**assassin** [asasɛ̃] *m* Mörder(in) *m*(*f*)
**assassin|at** [asasina] *m* Mord *m*; **~er** (*1a*) ermorden
**assaut** [aso] *m mil* Sturm *m*, Angriff *m*
**assèchement** [asɛʃmɑ̃] *m* Trockenlegung *f*
**assécher** [aseʃe] (*1f*) trockenlegen
**ASSEDIC** *f*/*pl abr* ***associations pour l'emploi dans l'industrie et le commerce*** französische Arbeitslosenversicherung
**assembl|age** [asɑ̃blaʒ] *m* Zusammenfügung *f*; *fig* Gemisch *n*; **~ée** *f* Versammlung *f*; **~er** (*1a*) *unir* verbinden; *tech* zusammensetzen; ***s'~*** sich versammeln
**assentiment** [asɑ̃timɑ̃] *m* Einwilligung *f*
**asseoir** [aswar] (*3l*) hin-, niedersetzen; ***faire ~ qn*** j-n Platz nehmen lassen; ***s'~*** sich setzen; ***être assis*** sitzen
**assermenté, ~e** [asɛrmɑ̃te] vereidigt
**assertion** [asɛrsjõ] *f* Behauptung *f*
**asserv|ir** [asɛrvir] (*2a*) unterwerfen, -jochen; **~issement** [-ismɑ̃] *m* Unterwerfung *f*, -jochung *f*
**assez** [ase] *adv suffisamment* genug; *plutôt* ziemlich; **~ *d'argent, de moyens*** genug Geld, Mittel; ***avoir ~ de*** etw (*acc*) satthaben
**assidu, ~e** [asidy] *élève*: fleißig; *efforts*: beharrlich
**assiduité** [asidɥite] *f* Gewissenhaftigkeit *f*; Fleiß *m*
**assiéger** [asjeʒe] (*1g*) belagern; *fig* **~ *qn*** j-n bedrängen
**assiette** [asjɛt] *f* Teller *m*; *fig* ***n'être pas dans son ~*** sich nicht wohlfühlen
**assigner** [asiɲe] (*1a*) *rôle*, *emploi*, *tâche*: zuweisen; *terme*, *limite*: festsetzen; *jur* vor Gericht laden
**assimilation** [asimilasjõ] *f comparaison* Gleichstellung *f*; *absorption* Assimilierung *f*
**assimiler** [asimile] (*1a*) *comparer* gleichsetzen; *connaissances*, *influences*: verarbeiten; *étrangers*: assimilieren; ***s'~ à*** sich anpassen an (*acc*)
**ass|is, ~ise** [asi, -iz] *p*/*p* d'asseoir *et adj* sitzend; ***place*** *f* ***assise*** Sitzplatz *m*; ***être ~(e)*** sitzen; *fig* ***bien ~(e)*** wohlbegründet; **~ise** [-iz] *f fig* Basis *f*
**assises** [asiz] *f*/*pl* Tagung *f*; Kongress *m*; *jur* ***cour*** *f* ***d'~*** Schwurgericht *n*
**assistance** [asistɑ̃s] *f* **1.** *public die* Anwesenden *m*/*pl*; **2.** *aide* Unterstützung *f*, Hilfe *f* ; **~ *publique*** öffentliche Fürsorge *f*; **~ *du médecin*** ärztliche Hilfe
**assist|ant, ~ante** [asistɑ̃, -ɑ̃t] *m*, *f* Assistent(in) *m*(*f*); ***assistante sociale*** Fürsorgerin *f*, Sozialarbeiterin *f*; ***les assistants*** *m*/*pl public* die Anwesenden *m*/*pl*; **~é, ~ée**: **~(e) *par ordinateur*** computergestützt, computerunterstützt
**assister** [asiste] **~ *qn*** j-m beistehen, helfen, assistieren; j-n unterstützen; **~ *à qc*** e-r Sache beiwohnen
**associ|ation** [asɔsjasjõ] *f* Vereinigung *f*; *groupement* Verein *m*; **~ *des consommateurs*** Verbraucherzentrale *f*; **~ *d'idées*** Assoziation *f*; **~é, ~ée**

*m*, *f* Teilhaber(in) *m(f)*, Gesellschafter(in) *m(f)*; **~er** (*1a*) verbinden; ***~ qn à*** j-n beteiligen an (*dat*); ***s'~*** sich zusammenschließen; ***s'~ à*** sich anschließen an (*acc*)
**assoiffé, ~e** [aswafe] sehr durstig; *fig* ***~(e) de*** gierig nach
**assombrir** [asõbrir] (*2a*) verdüstern
**assomm|ant, ~ante** [asɔmɑ̃, -ɑ̃t] F unerträglich langweilig
**assommer** [asɔme] (*1a*) totschlagen; *fig* F belästigen, tödlich langweilen
**Assomption** [asõpsjõ] *f rel* Mariä Himmelfahrt *f*
**assort|i, ~ie** [asɔrti] passend (***à*** zu); ***fromages*** *m/pl* ***assortis*** verschiedene Käsesorten *f/pl*; **~iment** [-imɑ̃] *m* Zusammenstellung *f*; *comm* Auswahl *f*; **~ir** (*2a*) passend zusammenstellen; *comm* mit Waren versehen
**assoupir** [asupir] (*2a*) *v/t* einschläfern; *fig douleur, sens*: betäuben; ***s'~*** einschlummern; *fig* sich beruhigen
**assouplir** [asuplir] (*2a*) geschmeidig machen
**assourdir** [asurdir] (*2a*) *rendre comme sourd* betäuben; *bruit*: dämpfen
**assouvir** [asuvir] (*2a*) sättigen, stillen; *fig* befriedigen
**assujett|ir** [asyʒetir] (*2a*) unterwerfen; ***~ qn à qc*** j-n zu etw zwingen; ***assujetti à l'impôt*** steuerpflichtig; **~issement** [-ismɑ̃] *m* Unterwerfung *f*
**assumer** [asyme] (*1a*) auf sich (*acc*) nehmen, übernehmen
**assurance** [asyrɑ̃s] *f confiance en soi* Selbstsicherheit *f*; *promesse* Zusicherung *f*; *contrat* Versicherung *f*; ***~ auto*** Kfz-Versicherung *f*; ***~ maladie*** Krankenversicherung *f*; ***~ responsabilité civile*** Haftpflichtversicherung *f*; ***~ tous risques*** Vollkaskoversicherung *f*; ***~ vol*** Diebstahlversicherung *f*
**assur|é, ~ée** [asyre] **1.** *adj sûr* sicher; **2.** *m*, *f* Versicherte(r) *m*, *f*; **~ément** [-emɑ̃] *adv* sicherlich; **~er** (*1a*) *victoire, succès*: sichern, Gewähr leisten; *couvrir par une assurance* versichern; ***~ à qn que*** (+ *ind*) j-m versichern, dass; ***~ qc à qn*** j-m etw zusagen; ***s'~*** sich versichern (***contre*** gegen); ***s'~ de qc*** *vérifier* sich e-r Sache vergewissern
**astérisque** [asterisk] *m* Sternchen *n* (*im Buchdruck*)
**asthme** [asmə] *m* Asthma *n*
**asticot** [astiko] *m* Made *f*
**astiquer** [astike] (*1m*) blank putzen, polieren
**astre** [astrə] *m* Gestirn *n*, Stern *m*
**astreindre** [astrɛ̃drə] (*4b*) nötigen, zwingen (***à qc*** zu etw)
**astro|naute** [astrɔnot] *m*, *f* Astronaut(-in) *m(f)*; **~nomie** [-nɔmi] *f* Astronomie *f*
**astuc|e** [astys] *f ingéniosité* Schlauheit *f*; *truc* Kniff *m*; **~ieux, ~ieuse** [-jø, -jøz] *projet, réponse*: raffiniert; *personne*: einfallsreich, erfindungsreich
**atelier** [atəlje] *m* Werkstatt *f*; *artiste*: Atelier *n*
**athée** [ate] **1.** *adj* atheistisch; **2.** *m*, *f* Atheist(in) *m(f)*
**Athènes** [atɛn] Athen *n*
**athlète** [atlɛt] *m*, *f* Athlet(in) *m(f)*
**athlétisme** [atletismə] *m* Leichtathletik *f*
**atlantique** [atlɑ̃tik] *adj* ***l'océan*** *m* ~ (*a* ***l'~*** *m*) der Atlantische Ozean *m*, der Atlantik *m*
**atlas** [atlas] *m* (*pl unv*) Atlas *m*
**atmosphère** [atmɔsfɛr] *f* Atmosphäre *f*; *fig* Stimmung *f*
**atom|e** [atom] *m* Atom *n*; **~ique** Atom…, atomar; ***bombe*** *f* ***~*** Atombombe *f*; **~iseur** [-izœr] *m* Zerstäuber *m*
**atout** [atu] *m* Trumpf *m*
**atroc|e** [atrɔs] entsetzlich, grauenhaft; **~ité** *f* Abscheulichkeit *f*; *pl* ***~s*** Gräueltaten *f/pl*
**attabler** [atable] (*1a*) ***s'~*** sich an den Tisch setzen
**attach|ant, ~ante** [ataʃɑ̃, -ɑ̃t] *captivant* spannend; *caractère, enfant*: liebenswert
**attach|e** [ataʃ] *f* Klammer *f*; *fig* ***~s*** *f/pl* Bindung(en) *f/pl*, Beziehungen *f/pl*; **~é** *m* Attaché *m*; **~ement** [-mɑ̃] *m* Anhänglichkeit *f*; **~er** (*1a*) *v/t* festmachen; *animal*: anbinden; *prisonnier*: fesseln; *chaussures*: schnüren; *fig* ***~ de l'importance à qc*** e-r Sache Bedeutung beimessen; *v/i cuis coller* kleben; ***s'~ à qn, qc*** j-n, etw lieb gewinnen; ***être attaché à qn, qc*** an j-m, etw hängen
**attaqu|ant, ~ante** [atakɑ̃, -ɑ̃t] *m*, *f*

*sports*: Angreifer(in) *m*(*f*)
**attaqu|e** [atak] *f* Angriff *m*; *méd* Anfall *m*; **~er** (*1m*) angreifen; *sentence*: anfechten; *travail*, *difficulté*: in Angriff nehmen; *sujet*: anschneiden; ***s'~ à qc*** sich an etw (*acc*) heranwagen
**attarder** [atarde] (*1a*) ***s'~*** sich verspäten; ***s'~ à** od **sur qc*** sich mit etw aufhalten
**atteindre** [atɛ̃drə] (*4b*) erreichen, erlangen; *projectile*, *coup*: treffen; *maladie*: ***~ qn*** j-n befallen; ***être atteint de*** an (*dat*) … erkrankt sein
**atteinte** [atɛ̃t] *f* **1.** ***hors d'~*** unerreichbar; **2.** *fig* Beeinträchtigung *f*, Verletzung *f*; ***porter ~ à qc*** e-r Sache (*dat*) schaden
**attel|age** [atlaʒ] *m* Gespann *n*; **~er** (*1c*) *cheval*: anspannen; *train*: ankuppeln
**atten|ant, ~ante** [atnɑ̃, -ɑ̃t] angrenzend (***à*** an *acc*)
**attendant** [atɑ̃dɑ̃] ***en ~*** unterdessen, inzwischen; *conj* ***en ~ de*** (+ *inf*), ***en ~ que*** (+ *subj*) (so lange) bis
**attendre** [atɑ̃drə] (*4a*) warten; ***~ qn*** j-n erwarten, auf j-n warten; ***~ que*** (+ *subj*) warten, bis; ***s'~ à qc*** auf etw (*acc*) gefasst sein; ***~ qc de qn, qc*** etw von j-m, von etw erwarten; ***~ un enfant*** ein Kind erwarten
**attendr|ir** [atɑ̃drir] (*2a*) weich machen; *fig* rühren; ***s'~*** gerührt werden (***sur*** von); **~issement** [-ismɑ̃] *m* Rührung *f*
**attendu** [atɑ̃dy] *prép* in Anbetracht (*gén*); ***~ que*** *conj* da
**attentat** [atɑ̃ta] *m* Attentat *n*
**attent|e** [atɑ̃t] *f* Warten *n*; *espoir* Erwartung *f*; **~er** (*1a*) ***~ à*** ein Attentat verüben auf (*acc*)
**atten|tif, ~tive** [atɑ̃tif, -iv] aufmerksam (***à*** auf *acc*); **~tion** [-sjõ] *f* Aufmerksamkeit *f*; ***~!*** Achtung!, Vorsicht!; ***faire ~ à qc*** auf (*acc*) etw achten, aufpassen; ***faire ~ (à ce) que*** (+ *subj*) aufpassen, dass; ***à l'~ de*** zu Händen von
**atténu|ant, ~ante** [atenɥɑ̃, -ɑ̃t] mildernd; *jur* ***circonstances*** *f/pl* ***atténuantes*** mildernde Umstände *m/pl*; **~er** (*1n*) lindern, mildern
**atterr|er** [atɛre] (*1b*) bestürzen, betroffen machen; **~ir** (*2a*) *aviat* landen; **~issage** [-isaʒ] *m aviat* Landung *f*
**attest|ation** [atɛstasjõ] *f* Bescheinigung *f*; **~er** (*1a*) bestätigen, bezeugen; *prouver* beweisen
**attir|ail** [atiraj] *m* F Kram *m*, Plunder *m*; **~ance** *f* Anziehungskraft *f*; **~er** (*1a*) anziehen; *inviter à venir* anlocken
**attiser** [atize] (*1a*) schüren
**attitude** [atityd] *f corps*: Haltung *f*; *comportement* Verhalten *n*
**attract|if, ~ive** [atraktif, -iv] anziehend
**attraction** [atraksjõ] *f phys* Anziehungskraft *f* (*a fig*); *pour touristes*: Attraktion *f*
**attrait** [atrɛ] *m* Reiz *m*, Zauber *m*
**attrape-nigaud** [atrapnigo] *m* (*pl attrape-nigauds*) Bauernfängerei *f*, plumper Trick *m*
**attraper** [atrape] (*1a*) erwischen, fangen; *duper* hereinlegen; *maladie*: bekommen; ***~ un rhume*** sich e-n Schnupfen holen
**attray|ant, ~ante** [atrɛjɑ̃, -ɑ̃t] anziehend, attraktiv
**attribuer** [atribɥe] (*1n*) *part*: zuteilen; *prix*: verleihen; *rôle*, *tâche*: zuweisen; *qualité*, *phénomène*: zuschreiben; ***s'~*** für sich in Anspruch nehmen
**attribut** [atriby] *m* Attribut *n*, wesentliches Merkmal *n*, Kennzeichen *n*
**attribution** [atribysjõ] *f* Zuteilung *f*; *prix*: Verleihung *f*; ***~s*** *pl compétence* Zuständigkeit *f*
**attrister** [atriste] (*1a*) betrüben
**attroup|ement** [atrupmɑ̃] *m* Menschenauflauf *m*; **~er** (*1a*) ***s'~*** sich zusammenrotten
**aubaine** [obɛn] *f* ***une bonne ~*** ein Glücksfall
**aube** [ob] *f* Morgengrauen *n*; *fig u st/s* Beginn *m*; ***à l'~*** bei Tagesanbruch
**auberge** [obɛrʒ] *f* Gasthof *m*; ***~ de jeunesse*** Jugendherberge *f*
**aubergine** [obɛrʒin] *f bot* Aubergine *f*
**aubergiste** [obɛrʒist] *m*, *f* Gastwirt(in) *m*(*f*)
**auc|un, ~une** [okɛ̃ *od* okœ̃, -yn] keine(r); ***plus qu'aucun autre*** mehr als jeder andere; *litt* ***d'aucuns*** einige, manche; ***en aucun cas*** auf keinen Fall; ***sans aucun doute*** zweifellos
**aucunement** [okynmɑ̃] *adv* keineswegs
**audac|e** [odas] *f* Kühnheit *f*; *péj* Frechheit *f*; **~ieux, ~ieuse** [-jø, -jøz] *courageux* kühn; *insolent* frech
**au-dedans** [odədɑ̃] *litt* innen; ***~ de*** in-

nerhalb
**au-dehors** [odəɔr] *litt* draußen; **~ *de*** außerhalb
**au-delà** [od(ə)la] **1.** darüber hinaus; **~ *de*** jenseits; **2.** *m rel* Jenseits *n*
**au-dessous** [odsu] unterhalb (***de*** von)
**au-dessus** [odsy] oberhalb (***de*** von)
**au-devant** [odvɑ̃] ***aller* ~ *de*** entgegengehen (*dat*); *fig* entgegenkommen (*dat*)
**audible** [odiblə] hörbar
**audience** [odjɑ̃s] *f entretien* Audienz *f*; *tribunal*: Verhandlung *f*
**audiovisuel**, **~le** [odjɔvizɥɛl] audiovisuell
**audi|teur**, **~trice** [oditœr, -tris] *m*, *f conférence*: Zuhörer(in) *m(f)*; *radio*: Hörer(in) *m(f)*; **~tion** *f ouïe* Hören *n*; *témoins*: Anhörung *f*; **~toire** [-twar] *m* Zuhörerschaft *f*, Auditorium *n*, Publikum *n*
**auge** [oʒ] *f* Trog *m*
**augment|ation** [ogmɑ̃tasjõ] *f nombre*: Vermehrung *f*; *prix*: Erhöhung *f*; *intensité*: Zunahme *f*; *salaire*: Gehaltserhöhung *f*; **~ *de la qualité*** Qualitätssteigerung *f*; **~er** (*1a*) *v/t* erhöhen; *un salarié*: eine Gehaltserhöhung gewähren (*dat*); *v/i* zunehmen, wachsen; *comm produit*: teurer werden
**augure** [ɔgyr] *m* Omen *n*, Vorzeichen *n*; ***être de bon*** (***mauvais***) **~** ein gutes (schlechtes) Zeichen sein
**aujourd'hui** [oʒurdɥi] heute; *à l'époque actuelle* heutzutage
**aumôn|e** [omon] *f* Almosen *n*; **~ier** [-je] *m* Anstaltsgeistliche(r) *m*
**auparavant** [oparavɑ̃] *adv* vorher
**auprès** [oprɛ] *prép* **~ *de*** dicht bei
**auréole** [ɔreɔl] *f* Heiligenschein *m*
**auriculaire** [ɔrikylɛr] **1.** *adj* Ohr…; **2.** *m* kleiner Finger *m*
**aurore** [ɔrɔr] *f* Morgenröte *f*
**ausculter** [oskylte, ɔs-] (*1a*) *méd* abhorchen
**auspices** [ospis] *m/pl* Auspizien *n/pl*; ***sous de meilleurs* ~** unter besseren Umständen
**aussi** [osi] **1.** *adv* auch; ***il est aussi grand que moi*** er ist ebenso groß wie ich; ***aussi jeune qu'elle soit*** wie jung sie auch sei; **2.** *conj* daher; **~tôt** [-to] sogleich; **~ *que*** (+ *ind*) sobald
**aust|ère** [ostɛr] streng; **~érité** [-erite] *f* Strenge *f*; ***politique** f* ***d'*~** Sparpolitik *f*
**austral**, **~e** [ostral] (*m/pl -s*) *géogr* südlich
**Australie** [ostrali] *f* ***l'*~** Australien *n*
**austral|ien**, **~ienne** [ostraljɛ̃, -jɛn] **1.** *adj* australisch; **2.** **♀**, **♀*ne*** *m*, *f* Australier(in) *m(f)*
**autant** [otɑ̃] *tant* so viel; *comparatif*: ebenso viel, ebenso sehr; (***pour***) **~ *que*** (+ *subj*) soweit; ***en faire* ~** dasselbe machen; ***d'*~ *plus*** (***moins, mieux***) ***que*** umso mehr (weniger, besser) als
**autarcie** [otarsi] *f écon* Autarkie *f*
**autel** [otɛl] *m* Altar *m*
**auteur** [otœr] *m* Urheber(in) *m(f)*; *écrivain* Autor(in) *m(f)*; *crime*: Täter(in) *m(f)*
**authenticité** [otɑ̃tisite] *f* Echtheit *f*
**authentique** [otɑ̃tik] echt; *fait*, *histoire*: authentisch
**auto** [oto] *f* Auto *n*
**auto|…** [otɔ] Selbst…, selbst…; Auto…; **~biographie** [-bjɔgrafi] *f* Autobiografie *f*; **~bus** [-bys] *m* (Auto-)Bus *m*; **~car** [-kar] *m* Reisebus *m*
**autochtone** [otɔktɔn] **1.** *adj* eingeboren; **2.** *m*, *f* Ureinwohner(in) *m(f)*
**autocoll|ant**, **~ante** [otɔkɔlɑ̃, -ɑ̃t] **1.** *adj* selbstklebend; **2.** *m* Aufkleber *m*
**auto|-couchettes** [otɔkuʃɛt] ***train*** *m* **~** Autoreisezug *m*; **~critique** [-kritik] *f* Selbstkritik *f*; **~cuiseur** [-kɥizœr] *m cuis* Schnellkochtopf *m*; **~défense** [-defɑ̃s] *f* Selbstverteidigung *f*; **~détermination** [-detɛrminasjõ] *f* Selbstbestimmung *f*; **~didacte** [-didakt] *m*, *f* Autodidakt(in) *m(f)*; **~-école** [-ekɔl] *f* (*pl auto-écoles*) Fahrschule *f*
**autogéré**, **~e** [otɔʒere] selbst verwaltet
**auto|gestion** [otɔʒɛstjõ] *f* Arbeiterselbstverwaltung *f*; **~graphe** [-graf] *m* Autogramm *n*
**automa|te** [otɔmat] *m* Automat *m* (*in Spielsachen*); **~tique** [-tik] automatisch
**automne** [otɔn] *m* Herbst *m*; ***en* ~** im Herbst
**automobil|e** [otɔmɔbil] **1.** *adj* Kraftfahrzeug…; **2.** *f* Automobil *n*, Kraftfahrzeug *n*; **~isme** *m* Automobilwesen *n*, -sport *m*; **~iste** *m*, *f* Autofahrer(in) *m(f)*
**automotrice** [otɔmɔtris] *f* Triebwagen *m*

**autonom|e** [otɔnɔm] autonom, selbstständig; **~ie** *f* Autonomie *f*, Selbstständigkeit *f*
**autopsie** [otɔpsi] *f* Autopsie *f*; *jur* Obduktion *f*
**autorail** [otɔraj] *m* (Diesel-)Triebwagen *m*
**autori|sation** [otɔrizasjõ] *f* Genehmigung *f*; **~ser** [-ze] (*1a*) erlauben, genehmigen; ***~ qn à faire qc*** j-m erlauben, etw zu tun; ***s'~ de qc*** sich auf etw (*acc*) berufen; **~taire** [-tɛr] autoritär; **~té** [-te] *f* *pouvoir* (Befehls-, Amts-)Gewalt *f*; *ascendant* Autorität *f*, Ansehen *n*; *administration* Behörde *f*
**autorout|e** [otɔrut] *f* Autobahn *f*; ***~ de l'information*** Datenautobahn *f*; **~ier, ~ière** [-je, -jɛr] ***réseau*** *m* ***autoroutier*** Autobahnnetz *n*
**auto|-stop** [otostɔp] *m* ***faire de l'~*** per Anhalter fahren; **~-stoppeur, ~-stoppeuse** [-stɔpœr, -stɔpøz] *m*, *f* (*pl auto-stoppeurs, -euses*) Anhalter(in) *m(f)*
**autour**[1] [otur] *adv* darum herum; ***~ de*** *prép* um … (herum); F *environ* ungefähr
**autour**[2] [otur] *m zo* Habicht *m*
**autre** [otrə] andere(r); ***l'~ jour*** neulich; ***l'un (avec) l'~*** (mit)einander; ***nous ~s Allemands*** wir Deutschen; ***d'~s*** andere; ***rien d'~*** nichts anderes; ***~ part*** anderswo; ***d'~ part*** andererseits; ***de temps à ~*** dann und wann; ***quel ~?*** wer sonst?; ***l'~ année*** letztes Jahr; ***l'un l'~, les uns les ~s*** einander, sich; **~fois** [-fwa] früher, einst, ehemals; **~ment** *différemment* anders (***que*** als); *sinon* sonst
**Autriche** [otriʃ] *f* ***l'~*** Österreich *n*; ***la Basse ~*** Niederösterreich *n*
**autrich|ien, ~ienne** [otriʃjɛ̃, -jɛn] **1.** *adj* österreichisch; **2. ≈, ≈ne** *m*, *f* Österreicher(in) *m(f)*
**autruche** [otryʃ] *f zo* Strauß *m*
**autrui** [otrɥi] (*meist als Ergänzung*) anderer *sg*, andere *pl*; ***l'opinion d'~*** die Meinung der anderen
**auvent** [ovɑ̃] *m* Wetter-, Schutzdach *n*
**auxiliaire** [oksiljɛr] **1.** *adj* Hilfs…; **2.** *m*, *f* *assistant* Hilfskraft *f*; **3.** *m gr* Hilfsverb *n*
**av.** *abr* ***avenue*** Straße *f*
**aval** [aval] **1.** *adv* ***en ~*** flussabwärts; *prép* ***en ~ de*** unterhalb von; **2.** *m comm* Wechselbürgschaft *f*
**avalanche** [avalɑ̃ʃ] *f* Lawine *f*
**aval|er** [avale] (*1a*) (hinunter)schlucken; *dévorer* verschlingen; **~iser** (*1a*) *comm* als Bürge unterschreiben; *fig* billigen
**avanc|e** [avɑ̃s] *f* *course*: Vorsprung *m*; *comm* Vorschuss *m*; ***~s*** *pl* Annäherungsversuche *m/pl*; ***à l'~, par ~, d'~*** im voraus; ***en ~*** zu früh; **~ement** [-mɑ̃] *m progrès* Fortschritt *m*; *promotion* Beförderung *f*; **~er** (*1k*) *v/t* vorrücken; *montre*: vorstellen; *argent*: vorschießen; *date*, *rendez-vous*: vorverlegen; *proposition*, *thèse*: vorbringen; *v/i* sich vorwärtsbewegen; *dans le travail*: vorankommen; *promotion*: aufsteigen; *montre*: vorgehen; *être en saillie* herausragen; ***s'~ vers*** zugehen auf (*acc*)
**avant** [avɑ̃] **1.** *prép temps*, *ordre*, *espace*: vor (*dat*); *mouvement*: vor (*acc*); ***~ six mois*** vor Ablauf von sechs Monaten; ***~ tout*** vor allem; ***~ manger*** vor dem Essen; **2.** *adv temps*: vorher; *espace*: vorn; ***en ~!*** vorwärts!; **3.** *conj* ***~ que*** (+ *subj*) *u* ***~ de*** (+ *inf*) bevor, ehe; **4.** *adj* ***roue*** *f* ***~*** Vorderrad *n*; **5.** *m* Vorderteil *n*; *navire*: Bug *m*; *sports*: Stürmer *m*
**avantag|e** [avɑ̃taʒ] *m* Vorteil *m*; *supériorité* Überlegenheit *f*; ***~ compétitif*** Wettbewerbsvorteil *m*; **~er** (*1l*) bevorzugen; **~eux, ~euse** [-ø, -øz] vorteilhaft
**avant|-bras** [avɑ̃bra] *m* (*pl unv*) Unterarm *m*; **~-coureur** [-kurœr] (*pl avant-coureurs*) ***signe*** *m* ***~*** Vorbote *m*, Vorzeichen *n*; **~-dernier, ~-dernière** [-dɛrnje, -dɛrnjɛr] (*pl avant-derniers, avant-dernières*) vorletzte(r); **~-garde** [-gard] *f mil* Vorhut *f*; *fig* Avantgarde *f*; **~-goût** [-gu] *m fig* Vorgeschmack *m* (***de*** auf *acc*); **~-guerre** [-gɛr] *m od f* Vorkriegszeit *f*; **~-hier** [avɑ̃tjɛr] vorgestern; **~-poste** [-pɔst] *m* (*pl avant-postes*) Vorposten *m*; **~-projet** [-prɔʒɛ] *m* (*pl avant-projets*) Vorentwurf *m*; **~-propos** [-prɔpo] *m* (*pl unv*) Vorwort *n*; **~-veille** [-vɛj] *f* ***l'~*** zwei Tage davor; ***l'~ de*** zwei Tage vor (*dat*)
**avar|e** [avar] **1.** *adj* geizig; ***être ~ de qc***

mit etw geizen; **2.** *m* Geizhals *m*; **~ice** [-is] *f* Geiz *m*
**avar|ie** [avari] *f mar, aviat* Havarie *f*; **~ié, ~iée** [-je] beschädigt; *denrées*: verdorben
**avec** [avɛk] *prép* mit; *auprès de* bei; ***et ~ cela*** und noch dazu
**aven|ant, ~ante** [avnɑ̃, -ɑ̃t] *st/s* zuvorkommend, freundlich; *adv* ***le reste à l'avenant*** der Rest ist (dem)entsprechend
**avènement** [avɛnmɑ̃] *m nouvelle situation*: Anbruch *m*; *roi*: Thronbesteigung *f*
**avenir** [avnir] *m* Zukunft *f*; ***à l'~*** in Zukunft; ***dans un ~ prochain*** in absehbarer Zeit; ***d'~*** vielversprechend
**avent** [avɑ̃] *m* Advent(szeit *f*) *m*
**aventur|e** [avɑ̃tyr] *f* Abenteuer *n*; ***à l'~*** aufs Geratewohl; *st/s* ***d'~, par ~*** zufällig; **~er** (*1a*) aufs Spiel setzen; ***s'~*** sich wagen (***dans*** in *acc*); **~eux, ~euse** [-ø, -øz] *voyage*: abenteuerlich; *projet, entreprise*: riskant; *personne*: abenteuerlustig; **~ier, ~ière** [-je, -jɛr] **1.** *m, f* Abenteurer(in) *m(f)*; **2.** *adj* ***esprit*** *m* ***aventurier*** Abenteuergeist *m*
**avenu** [avny] ***nul et non ~*** null und nichtig
**avenue** [avny] *f* Avenue *f*, Prachtstraße *f*, Allee *f*
**avérer** [avere] (*1f*) ***s'~*** (+ *adj*) sich als … erweisen
**averse** [avɛrs] *f* Platzregen *m*
**aversion** [avɛrsjõ] *f* Abneigung *f* (***pour*** *od* ***contre*** gegen); ***prendre qn en ~*** e-e Abneigung gegen j-n bekommen
**avert|ir** [avɛrtir] (*2a*) *renseigner* benachrichtigen (***qn de qc*** j-n von etw); *mettre en garde* warnen (***qn de qc*** j-n vor etw); **~issement** [-ismɑ̃] *m* Warnung *f*; *blâme* Mahnung *f*; *livre*: Vorbemerkung *f*; **~isseur** [-isœr] *m auto* Hupe *f*; ***~ d'incendie*** Feuermelder *m*
**aveu** [avø] *m* (*pl -x*) Geständnis *n*; ***de l'~ de*** nach dem Zeugnis von, nach Aussagen von
**aveugl|e** [avœglə] **1.** *adj* blind (*a fig u arch*); **2.** *m, f* Blinde(r) *m, f*; ***en ~*** blindlings; **~ement** [-əmɑ̃] *m fig* Verblendung *f*; **~ément** [-emɑ̃] *adv* blindlings, unüberlegt; **~er** (*1a*) *préjugés, amour*: blind machen, verblenden; *lumière*: blenden; **~ette** [-ɛt] ***à l'~*** *fig* aufs Geratewohl
**avia|teur, ~trice** [avjatœr, -tris] *m, f* Flieger(in) *m(f)*; **~tion** *f* Flugwesen *n*, Luftfahrt *f*
**avid|e** [avid] (be)gierig (***de*** nach); **~ité** *f* Gier *f*, Begierde *f*
**avil|ir** [avilir] (*2a*) erniedrigen; *écon* entwerten; **~issant, ~issante** [-isɑ̃, -isɑ̃t] erniedrigend
**avion** [avjõ] *m* Flugzeug *n*; ***aller en ~*** fliegen; ***par ~*** mit Luftpost; ***~ de chasse*** Jagdflugzeug *n*; ***~ de combat*** Kampfflugzeug *n*; ***~ commercial, ~ de ligne*** Passagierflugzeug *n*; ***~ supersonique*** Überschallflugzeug *n*; ***~ de transport*** Verkehrsflugzeug *n*
**aviron** [avirõ] *m* Ruder *n*; *sports*: Rudersport *m*
**avis** [avi] **1.** *opinion* Meinung *f*, Ansicht *f*; ***à mon ~*** meiner Meinung nach; ***de l'~ de qn*** nach j-s Ansicht; ***sur l'~ de qn*** auf j-s Empfehlung; ***être d'~ que*** (+*subj*) der Meinung sein, dass; **2.** *m information* Mitteilung *f*, Bekanntmachung *f*; ***lettre f d'~*** Benachrichtigungsschreiben *n*; ***~ de réception*** Empfangsbescheinigung *f*; ***sauf ~ contraire*** bis auf Widerruf
**avis|é, ~ée** [avize] besonnen, umsichtig; ***être bien ~(e) de*** (+ *inf*) gut beraten sein zu (+ *inf*); **~er** (*1a*) ***~ qn de qc*** j-n von etw benachrichtigen; ***~ à qc*** auf etw bedacht sein; ***s'~ de qc*** etw (*acc*) bemerken, etw (*acc*) gewahr werden; ***s'~ de*** (+ *inf*) sich einfallen lassen, auf den Gedanken kommen zu (+ *inf*)
**av. J.-C.** (*abr* avant Jésus-Christ) v. Chr. (vor Christus)
**avoc|at, ~ate** [avɔka, -at] **1.** *m, f* Rechtsanwalt *m*, -anwältin *f*; **2.** *m bot* Avocado *f*
**avoine** [avwan] *f* Hafer *m*
**avoir** [avwar] (*1*) **1.** haben; *posséder* besitzen; *obtenir* bekommen; F *fig* ***~ qn*** j-n reinlegen; ***~ à faire qc*** etw zu tun haben; ***~ 20 ans*** 20 Jahre alt sein; ***j'ai froid*** (***chaud***) mir ist kalt (warm); **2.** *auxiliaire* ***j'ai parlé*** ich habe gesprochen; **3.** ***il y a*** es gibt, es ist (sind); ***qu'est-ce qu'il y a?*** was ist los?; ***il y a un an*** vor e-m Jahr; **4.** *m comm* Gut-

haben *n*; *st/s possessions* Besitz *m*
**avoisiner** [avwazine] (*1a*) **~ *qc*** an etw (*acc*) angrenzen
**avort|ement** [avɔrtəmɑ̃] *m* Abtreibung *f*; *fig* Fehlschlagen *n*; **~er** (*1a*) abtreiben; *fig* missglücken, fehlschlagen; ***se faire* ~** e-e Abtreibung vornehmen lassen, abtreiben
**avouer** [avwe] (*1a*) (ein)gestehen; **~ *avoir fait qc*** gestehen, etw getan zu haben
**avril** [avril] *m* April *m*
**ax|e** [aks] *m* Achse *f* (*bes math u fig*); ***grand* ~ *routier*** Fernstraße *f*; **~er** (*1a*) ausrichten (***sur*** auf *acc*); **~ial, ~iale** [-jal] (*m/pl -iaux*) axial, Achsen…
**ayant** [ɛjɑ̃] **1.** *participe présent d'*avoir; **2.** *m jur* **~ *cause*** Rechtsnachfolger *m*; **~ *droit*** Berechtigte(r) *m*, *f*
**azalée** [azale] *f* Azalee *f*
**azimut** [azimyt] *m fig* ***tous* ~*s*** allseitig; total, völlig
**azote** [azɔt] *m chim* Stickstoff *m*
**azur** [azyr] *m couleur*: Himmelblau *n*; *ciel*: tiefblauer Himmel *m*

# B

**baba** [baba] **1.** *m* Rosinenkuchen *m*; **2.** F *adj* (*unv*) verblüfft, verdutzt
**babeurre** [babœr] *m* Buttermilch *f*
**babill|age** [babijaʒ] *m* Schwatzen *n*, Plappern *n*; **~er** (*1a*) schwatzen, plaudern, plappern
**babiole** [babjɔl] F *f* Kleinigkeit *f*; *fig* Bagatelle *f*, Lappalie *f*
**bâbord** [bɑbɔr] *m mar* Backbord *n*; ***à* ~** backbord(s)
**baby-sitter** [bebisitœr] *m*, *f* (*pl baby-sitters*) Babysitter *m*
**bac** [bak] *m* **1.** *bateau* Fähre *f*; **2.** *auge* Trog *m*; **3.** F (*abr de* baccalauréat) F Abi *n*
**baccalauréat** [bakalɔrea] *m* Reifeprüfung *f*, Abitur *n*
**bâche** [bɑʃ] *f* Plane *f*, Decke *f*
**bacheli|er, ~ère** [baʃəlje, -ɛr] *m*, *f* Abiturient(in) *m*(*f*)
**bachot** [baʃo] *m* F Abi(tur) *n*
**bacille** [basil] *m biol*, *méd* Bazillus *m*
**bâcler** [bɑkle] (*1a*) F schnell zusammenpfuschen
**bactérie** [bakteri] *f biol*, *méd* Bakterie *f*
**badaud** [bado] *m* Schaulustige(r) *m*
**Bade** [bad] *géogr* ***le*** (***pays de***) **~** Baden *n*
**badge** [badʒ] *m* Button *m*
**badigeonner** [badiʒɔne] (*1a*) *peindre* tünchen; *méd* bepinseln
**badinage** [badinaʒ] *m* Scherz *m*, Geplänkel *n*
**badiner** [badine] (*1a*) spaßen, schäkern; ***ne pas* ~ *avec la discipline*** in puncto Disziplin nicht mit sich spaßen lassen
**baffe** [baf] F *f* Ohrfeige *f*
**bafouer** [bafwe] (*1a*) verhöhnen
**bafouiller** [bafuje] (*1a*) F *balbutier* stammeln, stottern; *radoter* F faseln
**bâfrer** [bɑfre] (*1a*) F fressen, sich vollstopfen
**bagage** [bagaʒ] *m* Gepäckstück *n*; *le plus souvent au pl* **~*s*** Gepäck *n*; *fig connaissances*: Rüstzeug *n*; **~*s à main*** Handgepäck *n*; **~*s accompagnés*** Reisegepäck *n*; ***faire ses* ~*s*** packen
**bagarr|e** [bagar] *f* Rauferei *f*, Schlägerei *f*; **~er** F (*1a*) ***se* ~** sich prügeln, (sich) raufen; **~eur** F *m* Raufbold *m*
**bagatelle** [bagatɛl] *f* Kleinigkeit *f*
**bagnard** [baɲar] *m* Zuchthäusler *m*
**bagne** [baɲ] *m* Zuchthaus *n*
**bagnole** [baɲɔl] F *f* Auto *n*, F Karre *f*
**bague** [bag] *f* (Finger-)Ring *m*
**baguenauder** [bagnode] (*1a*) umherschlendern, bummeln
**baguette** [bagɛt] *f* **1.** Stab *m*; Stäbchen *n*; *mus* Taktstock *m*; **~ *magique*** Zauberstab *m*; **2.** *pain* Stangenweißbrot *n*
**bahut** [bay] *m* **1.** Büfett *n*; **2.** F *gros camion* F dicker Brummer *m*
**baie** [bɛ] *f* **1.** *bot* Beere *f*; **2.** *golfe* Bucht *f*; **3.** *porte*: Türöffnung *f*; *fenêtre*: große Fensternische *f*
**baign|ade** [bɛɲad] *f endroit*: Badestelle *f*; *action*: Baden *n*; **~er** (*1b*) baden; ***se* ~** sich baden; **~eur, ~euse** *m*, *f* Badende(r) *m*, *f*; **~oire** [-war] *f* Badewan-

ne *f*

**bail** [baj] *m* (*pl baux* [bo]) Pacht-, Mietvertrag *m*

**bâiller** [bɑje] (*1a*) gähnen; *trou*: klaffen; *porte*: nicht fest schließen *od* geschlossen sein

**baill|eur, ~eresse** [bajœr, -rɛs] *m, f* Verpächter(in) *m(f)*, Vermieter(in) *m(f)*

**bâillon** [bɑjõ] *m* Knebel *m*

**bâillonner** [bɑjɔne] (*1a*) knebeln (*a fig*)

**bain** [bɛ̃] *m* Bad *n*; *action*: Baden *n*; ***salle f de ~s*** Bad(ezimmer) *n*; *fig* ***être dans le ~*** Bescheid wissen; ***prendre un ~*** ein Bad nehmen, (sich) baden; ***prendre un ~ de soleil*** sonnenbaden; **~-marie** [-mari] *m* (*pl bains-marie*) *cuis* Wasserbad *n*

**baïonnette** [bajɔnɛt] *f mil* Bajonett *n*

**baisemain** [bɛzmɛ̃] *m* Handkuss *m*

**baiser** [bɛze] **1.** *m* Kuss *m*; **2.** *verbe* (*1b*) **a**) küssen, *dans certaines expressions* ***~ la main, un crucifix*** die Hand, ein Kruzifix küssen, **b**) P ***se faire ~*** P sich bescheißen lassen, **c**) P bumsen, *obscène* vögeln

**baiss|e** [bɛs] *f* Sinken *n*, Senkung *f*; *Bourse*: Baisse *f*; **~er** (*1b*) *v/t tête, voix*: senken; *yeux*: niederschlagen; *store, vitre*: herunter lassen; *prix*: herabsetzen; *radio*: leiser stellen; *v/i forces, lumière*: abnehmen; *niveau, température, prix*: sinken; ***les actions baissent*** die Aktien fallen; ***se ~*** sich bücken

**bal** [bal] *m* (*pl bals*) Ball *m* (*Tanz*)

**balad|e** [balad] *f* Spaziergang *m*; F Bummel *m*; ***faire une ~*** e-n Spaziergang, F Bummel machen; **~er** F (*1a*) spazieren führen; ***se ~*** spazieren gehen, bummeln

**baladeur** [baladœr] *m* Walkman® *m*; ***~ MP3*** MP3–Player *m*

**balafre** [balafrə] *f blessure* Hiebwunde *f*; *cicatrice* Schmiss *m*

**balai** [balɛ] *m* Besen *m*; ***donner un coup de ~*** ausfegen; F *fig* ***coup m de ~*** Rausschmiss *m*; **~-brosse** [-brɔs] *m* (*pl balais-brosses*) Schrubber *m*

**balanc|e** [balɑ̃s] *f* Waage *f* (*a astr*); *comm* Bilanz *f*; ***~ commerciale*** Handelsbilanz *f*; ***~ des paiements*** Zahlungsbilanz *f*; **~er** (*1k*) *v/t bras, jambes*: baumeln lassen; *chose*: schwenken; F *jeter* (weg)schmeißen; *personne*: F rausschmeißen, feuern; ***se ~*** schaukeln; F ***je m'en balance*** F das ist mir piepe; **~ier** [-je] *m pendule* Pendel *n*; *perche* Balancierstange *f*

**balançoire** [balɑ̃swar] *f* Schaukel *f*

**balay|er** [balɛje] (*1i*) (weg)fegen, kehren; *fig gouvernement*: hinwegfegen; *soucis*: vertreiben; **~ette** [-ɛt] *f* Handfeger *m*; **~eur** [-œr] *m* Straßenkehrer *m*; **~euse** [-øz] *f* Straßenkehrmaschine *f*; **~ures** [-yr] *f/pl* Kehricht *m*

**balbutier** [balbysje] (*1a*) stammeln

**balcon** [balkõ] *m* Balkon *m*

**Bâle** [bɑl] Basel *n*

**Baléares** [balear] *f/pl* ***les ~*** die Balearen *pl*

**baleine** [balɛn] *f zo* Wal(fisch) *m*; *parapluie*: Speiche *f*

**balise** [baliz] *f mar* Bake *f*, Boje *f*; *aviat* Leuchtfeuer *n*

**baliverne** [balivɛrn] *f le plus souvent au pl* ***~s*** Albernheiten *f/pl*, Geschwätz *n*

**Balkans** [balkɑ̃] *m/pl* ***les ~*** der Balkan

**ballade** [balad] *f* Ballade *f*

**ball|ant, ~ante** [balɑ̃, -ɑ̃t] schlenkernd

**balle** [bal] *f* **1.** *jeu*: Ball *m* (*zum Spielen*); *fig* ***renvoyer la ~ à qn*** j-m die Antwort nicht schuldig bleiben; **2.** *fusil*: Kugel *f*; **3.** *marchandises*: Warenballen *m*; **4.** ***~s*** *pl* F *hist* Francs *m/pl*, Franken *m/pl*

**ballerine** [balrin] *f* Balletttänzerin *f*

**ballet** [balɛ] *m* Ballett *n*

**ballon** [balõ] *m football, rugby, etc* Ball *m*; *pour enfants*: Luftballon *m*; *aviat* (Luft-)Ballon *m*; *chim* Glaskolben *m*

**ballonné, ~e** [balɔne] aufgebläht

**ballot** [balo] *m* kleiner Ballen; F *fig* Dummkopf *m*

**ballott|age** [balɔtaʒ] *m* (***scrutin** m **de***) ~ Stichwahl *f*; **~er** (*1a*) *v/t* hin und her schütteln; *v/i* hin und her rutschen

**balluchon** [balyʃõ] F *m* Bündel *n*

**balnéaire** [balneɛr] Bade…; ***station** f **~*** Seebad *n*

**bal|ourd, ~ourde** [balur, -urd] tölpelhaft; **~ourdise** [-urdiz] *f* Unbeholfenheit *f*

**balte** [balt] ***les pays ~s*** das Baltikum

**baltique** [baltik] ***la mer*** ♀ die Ostsee

**balustrade** [balystrad] *f* Geländer *n*

**bambin** [bɑ̃bɛ̃] *m* kleiner Junge *m*

**bambou** [bɑ̃bu] *m bot* Bambus *m*

**ban** [bɑ̃] *m* **1.** ***~s*** *pl mariage*: Aufgebot

*n*; **2.** *hist* Bann *m*, Acht *f*
**banal, ~e** [banal] (*m/pl* -als) banal, gewöhnlich; **~ité** [-ite] *f* Banalität *f*
**banan|e** [banan] *f* Banane *f*; **~ier** [-je] *m* Bananenbaum *m*
**banc** [bɑ̃] *m* **1.** (Sitz-)Bank *f*; **~ *de sable*** Sandbank *f*; **~ *des accusés*** Anklagebank *f*; **~ *d'essai*** Prüfstand *m*; **2.** *poissons*: Schwarm *m*
**bancaire** [bɑ̃kɛr] Bank…; ***chèque*** *m* **~** Bankscheck *m*
**bancal, ~e** [bɑ̃kal] (*m/pl* -als) *personne*: hinkend; *table*: wackelig
**bandage** [bɑ̃daʒ] *m méd* Verband *m*
**bande** [bɑ̃d] *f tissu*: Band *n*; *méd* Binde *f*; *dessin*: Streifen *m*; *groupe* Schar *f*, Gruppe *f*; **~ *dessinée*** Comics *pl*; **~ *magnétique*** Tonband *n*
**band|eau** [bɑ̃do] *m* (*pl* -*x*) *front*: Stirnband *n*; *yeux*: Augenbinde *f*; **~er** (*1a*) *méd* verbinden; *corde*: spannen
**banderole** [bɑ̃drɔl] *f* Spruchband *n*; *petite bannière* Wimpel *m*
**bandit** [bɑ̃di] *m* Bandit *m*; *escroc* Gangster *m*
**bandoulière** [bɑ̃duljɛr] *f* Schulterriemen *m*; ***en*** **~** umgehängt
**banlieue** [bɑ̃ljø] *f* Vororte *m/pl*
**banlieus|ard, ~arde** [bɑ̃ljøzar, -ard] *m*, *f* Vorortbewohner(in) *m(f)*
**bannière** [banjɛr] *f* Banner *n*
**bannir** [banir] (*2a*) verbannen
**banque** [bɑ̃k] *f* Bank(haus *n*) *f*; **♀ *centrale européenne*** (*abr* ***B.C.E.***) Europäische Zentralbank *f* (*abr* ***EZB***); **~ *de données*** Datenbank *f*; **♀ *européenne d'investissement*** (*abr* ***B.E.I.***) Europäische Investitionsbank *f* (*abr* ***EIB***); **~ *mondiale*** Weltbank *f*
**banqu|eroute** [bɑ̃krut] *f* Bankrott *m*; **~et** [-ɛ] *m* Festessen *n*; **~ette** [-ɛt] *f* (Sitz-)Bank *f*; *auto* Bank *f*; **~ier** [-je] *m* Bankier *m*; **~ise** [-iz] *f* Packeis *n*
**bapt|ême** [batɛm] *m* Taufe *f*; **~iser** (*1a*) taufen (*a fig*)
**baquet** [bakɛ] *m* Kübel *m*, Zuber *m*
**bar** [bar] *m établissement* Stehkneipe *f*; Bar *f*; *meuble* Bar *f*; *comptoir* Theke *f*
**baragouin** [baragwɛ̃] *m* Kauderwelsch *n*
**baraqu|e** [barak] *f* Baracke *f*; **~é, ~ée** F (***bien***) **~(*e*)** groß und kräftig; **~ement** [-mɑ̃] *m* Barackenlager *n*
**barat|in** [baratɛ̃] F *m* schöne Worte *n/pl*; F Schmus *m*; **~iner** [-ine] (*1a*) schöne Worte machen
**barb|ant, ~ante** [barbɑ̃, -ɑ̃t] F geisttötend, stinklangweilig
**barbare** [barbar] **1.** *adj* barbarisch; **2.** *m*, *f* Barbar(in) *m(f)*
**barbar|ie** [barbari] *f* Barbarei *f*
**barbe** [barb] *f* **1.** Bart *m*; ***se faire faire la*** **~** sich rasieren lassen; F ***quelle ~!*** jetzt langt's mir aber!; **~ *à papa*** Zuckerwatte *f*; **2.** *bot* Granne *f*
**barbecue** [barbəkju, -ky] *m* Holzkohlengrill *m*; Grillparty *f*
**barbelé** [barbəle] *adj* ***fil*** *m* ***de fer*** **~** *od subst* **~** *m* Stacheldraht *m*
**barb|er** [barbe] F (*1a*) langweilen; F anöden; **~iche** [-iʃ] *f* Kinnbart *m*
**barbiturique** [barbityrik] *m phm* Barbiturat *n*
**barbot|er** [barbɔte] (*1a*) **1.** *v/i dans l'eau*: plätschern, plantschen; **2.** F *chiper* klauen; **~euse** *f* Strampelanzug *m*
**barbouiller** [barbuje] (*1a*) *peindre grossièrement* grob anstreichen; *couvrir, salir* beschmieren; ***avoir l'estomac barbouillé*** e-n verdorbenen Magen haben
**barbu, ~e** [barby] bärtig
**Barcelone** [barsəlɔn] Barcelona *n*
**barda** [barda] *m* F Kram *m*, Krempel *m*; *mil* Gepäck *n*
**barder** [barde] (*1a*) F ***ça va*** **~** das gibt Ärger, F dann kracht es
**barème** [barɛm] *m* Skala *f*, Tabelle *f*; *école* Benotungsschema *n*
**baril** [baril] *m* Fass *n*
**bariolé, ~e** [barjɔle] bunt(scheckig)
**baromètre** [barɔmɛtrə] *m* Barometer *n*
**baron, ~ne** [barõ, -ɔn] *m*, *f* Baron(in) *m(f)*
**baroque** [barɔk] *bizarre* seltsam, wunderlich; *art*, *mus* Barock…
**barque** [bark] *f mar* Barke *f*; *fig* ***mener la*** **~** das Heft in der Hand haben
**barrage** [baraʒ] *m ouvrage hydraulique* Staudamm *m*, Talsperre *f*; *barrière* Sperre *f*; *route*: Straßensperre *f*; **~ *de police*** Polizeisperre *f*
**barre** [bar] *f* **1.** Stange *f*; **2.** *or*: Barren *m*; **3.** *mus* Taktstrich *m*; **4.** *mar* Ruderpinne *f*; **5.** *d'un tribunal* Schranke *f*
**barreau** [baro] *m* (*pl* -*x*) **1.** Gitterstange *f*; **2.** *jur* Rechtsanwaltsstand *m*, Anwaltskammer *f*

**barrer** [bare] (*1a*) *obstruer* versperren; *cocher* (aus-, durch)streichen; ***chèque m barré*** Verrechnungsscheck *m*

**barr|ette** [barɛt] *f cheveux*: Haarspange *f*; **~eur** *m* Steuermann *m*; **~icade** *f* [-ikad] *f* Barrikade *f*; **~icader** [-ikade] (*1a*) verrammeln; **~ière** [-jɛr] *f* Barriere *f*, Sperre *f*, Schranke *f*; *chemin de fer*: (Bahn-)Schranke *f*; ***~s douanières*** Zollschranken *f/pl*

**barrique** [barik] *f* Fass *n*

**baryton** [baritõ] *m* Bariton *m*

**bas**, **basse** [bɑ, bɑs] **1.** *adj* niedrig (*a fig*); *geogr* Nieder…; Unter…; *mus* tief; *voix*: leise; ***à voix basse*** mit leiser Stimme; **2.** *adv* ***bas*** tief; niedrig; ***à bas …!*** nieder mit …!; ***en bas*** unten; ***là-bas*** dort; **3.** *m partie inférieure* Unterteil *n*; *vêtement*: (*langer*) Strumpf *m*; ***au ~ de*** unten an (*dat*)

**basané**, **~e** [bazane] sonnenverbrannt

**bas-bleu** [bɑblø] *m* (*pl bas-bleus*) *péj* Blaustrumpf *m*

**bas-côté** [bɑkote] *m* (*pl bas-côtés*) *route*: Seitenstreifen *m*; *arch* Seitenschiff *n*

**bascul|e** [baskyl] *f jeu*: Schaukel(brett) *f* (*n*); *balance* Brückenwaage *f*; **~er** (*1a*) umkippen; *fig* e-e andere Wendung nehmen

**bas|e** [bɑz] *f* Basis *f* (*a mil*, *fig*); *édifice*: Fundament *n* (*a fig*); *fig d'une science, de discussion*: Grundlage *f*; *chim* Base *f*, Lauge *f*; ***de ~*** grundlegend; ***à base de lait*** auf Milchbasis; ***être à la base de*** e-r Sache (*dat*) zu Grunde liegen; **~er** (*1a*) gründen (***sur*** auf *dat*); ***se ~ sur*** sich stützen auf (*acc*)

**bas-fond** [bɑfõ] *m* (*pl bas-fonds*) *mar* Untiefe *f*; *fig* ***bas-fonds*** *pl* Abschaum *m*

**basilic** [bazilik] *m bot* Basilikum *n*

**basilique** [bazilik] *f arch* Basilika *f*

**basket(-ball)** [baskɛt(bol)] *m* Korb-, Basketball *m*

**baskets** [baskɛt] *f/pl* Turnschuhe *m/pl*; Basketballschuhe *m/pl*

**basque** [bask] **1.** *adj* baskisch; ***le Pays ~*** das Baskenland; **2.** ♀ *m*, *f* Baske *m*, Baskin *f*

**basse** [bɑs] *f voix*: Bass(stimme) *m*(*f*); *musicien*: Bassist *m*; **~-cour** [-kur] *f* (*pl basses-cours*) *agr* Hühnerhof *m*; *animaux*: Geflügel *n*

**bassement** [bɑsmɑ̃] *adv* auf gemeine, niederträchtige Weise

**Basse-Saxe** [bɑssaks] ***la ~*** Niedersachsen *n*

**bassesse** [bɑsɛs] *f* Gemeinheit *f*

**basset** [basɛ] *m zo* Basset *m*; ***~ allemand*** Dackel *m*

**bassin** [basɛ̃] *m* Becken *n* (*a anat*); *mar* Hafenbecken *n*; ***~ de radoub*** Trockendock *n*

**bassine** [basin] *f* Wanne *f*; große Schüssel *f*

**basson** [bɑsõ] *m mus instrument*: Fagott *n*; *musicien*: Fagottist *m*

**bastide** [bastid] *f* kleines Landhaus *n* (*in Südfrankreich*)

**bastingage** [bastɛ̃gaʒ] *m mar* Reling *f*

**bastion** [bastjõ] *m mil u fig* Bollwerk *n*, Bastion *f*

**bas-ventre** [bɑvɑ̃trə] *m* Unterleib *m*

**bât** [bɑ] *m* Packsattel *m*; *fig* ***c'est là que le ~*** (***le***) ***blesse*** da drückt (ihn) der Schuh

**bataclan** [bataklɑ̃] *m* F Kram *m*, Krempel *m*; ***et tout le ~*** und so weiter und so fort

**bataill|e** [bataj] *f* Schlacht *f*, Kampf *m*; ***livrer ~*** e-e Schlacht liefern; **~er** (*1a*) *fig für etw* kämpfen; **~eur**, **~euse** streitbar, -süchtig; **~on** *m mil* Bataillon *n*

**bât|ard**, **~arde** [bɑtar, -ard] **1.** *adj* Bastard…, Misch…; **2.** *m* Bastard *m*

**bateau** [bato] *m* (*pl -x*) *mar* Schiff *n*, Boot *n*; ***faire du ~*** Boot fahren; *faire du yachting* segeln; *ramer* rudern; *fig* ***mener qn en ~*** j-m e-n Bären aufbinden; **~-mouche** [-muʃ] *m* (*pl bateaux-mouches*) kleiner Ausflugsdampfer *m* (*auf der Seine*)

**bat|elier** [batəlje] *m* (Fluss-)Schiffer *m*; **~ellerie** [-ɛlri] *f* (Fluss-)Schifffahrt *f*

**bathyscaphe** [batiskaf] *m* Tiefseetauchboot *n*

**bâti**, **~e** [bɑti] **1.** *adj* bebaut; ***bien ~*** *personne*: gut gebaut; **2.** *m* Gestell *n*

**batifoler** [batifɔle] (*1a*) herumtollen

**bât|iment** [bɑtimɑ̃] *m* **1.** *édifice* Gebäude *n*, Bauwerk *n*; *secteur*: Bau(gewerbe) *m*(*n*), Bauwesen *n*; **2.** *mar* (großes) Schiff *n*; **~ir** (*2a*) bauen (*a fig*); **~isse** [-is] *f souvent péj* Gebäude *n*

**bâton** [bɑtõ] *m* Stock *m*; Stab *m*; *gour-*

*din* Knüppel *m*; ~ ***de rouge*** Lippenstift *m*; ***parler à ~s rompus*** von diesem und jenem reden
**bâtonner** [bɑtɔne] (*1a*) verprügeln
**batt|age** [bataʒ] *m publicité* F Reklamerummel *m*; **~ant**, **~ante** [-ɑ̃, -ɑ̃t] **1.** *adj pluie*: prasselnd; ***le cœur battant*** mit Herzklopfen; **2.** *m porte*: Türflügel *m*
**batt|ement** [batmɑ̃] *m cœur*: Schlagen *n*, Klopfen *n*; *intervalle de temps* Pause *f*; **~erie** *f él* Batterie *f*; *mus* Schlagzeug *n*; **~eur** *m cuis* Handmixer *m*; *mus* Schlagzeuger *m*; **~euse** *f agr* Dreschmaschine *f*
**battre** [batrə] (*4a*) *v/t* schlagen; *tapis*: klopfen; *maltraiter* verprügeln; *vaincre* besiegen; *monnaie*: prägen; *cartes*: mischen; ~ ***son plein*** in vollem Gang sein; ~ ***des cils*** zwinkern; *v/i* schlagen, klopfen, pochen; ***se*** ~ kämpfen
**battu**, **~e** [baty] *p/p de* ***battre*** *u adj* geschlagen, besiegt
**battue** [baty] *f ch* Treibjagd *f*
**baume** [bom] *m* Balsam *m*
**bav|ard**, **~arde** [bavar, -ard] **1.** *adj* schwatzhaft; **2.** *m*, *f* Schwätzer(in) *m*(*f*)
**bavard|age** [bavardaʒ] *m* Geschwätz *n*; **~er** (*1a*) schwatzen
**bavar|ois**, **~oise** [bavarwa, -waz] **1.** *adj* bay(e)risch; **2.** **≈**, **≈*e*** *m*, *f* Bayer(in) *m*(*f*)
**bav|e** [bav] *f* Speichel *m*; **~er** (*1a*) sabbern; *chien*: geifern; **~ette** [-ɛt] *f* (Sabber-)Lätzchen *n*; *d'un tablier* Latz *m*
**Bavière** [bavjɛr] ***la*** ~ Bayern *n*
**bavure** [bavyr] *f fig* Missstand *m*; ***sans*** ~ tadellos
**bazar** [bazar] *m* Kramladen *m*; *en Orient* Basar *m*
**BCBG** [besebeʒe] *adj abr* ***bon chic bon genre*** todschick
**BCE** *f abr* ***Banque centrale européenne*** EZB *f* (Europäische Zentralbank)
**Bd**, **bd** *abr* ***boulevard*** Boulevard
**BD** [bede] *f abr* ***bande dessinée*** Comic(s) *m*(*pl*)
**béant**, **béante** [beɑ̃, beɑ̃t] klaffend
**béat**, **béate** [bea, beat] selig; *péj* naiv
**béatitude** [beatityd] *f* (Glück-)Seligkeit *f*
**beau**, **bel**, **belle** [bo, bɛl] (*m/pl beaux*) **1.** *adj* schön; *personne*: gut aussehend; *élégant* vornehm, fein; *réussi* gut; ***il fait beau*** (***temps***) es ist schönes Wetter; ***il a beau dire*** (***faire*** *etc*) er mag sagen (tun *etc*), was er will; ***l'échapper belle*** mit einem blauen Auge davonkommen; ***bel et bien*** wirklich, tatsächlich; ***de plus belle*** noch stärker; ***un beau jour*** eines schönen Tages; ***le beau monde*** die feine Gesellschaft; **2.** *m*, *f* ***le beau*** das Schöne; ***un vieux beau*** ein alter Schönling *m*; ***une belle*** ein schönes Mädchen *n*
**beaucoup** [boku] *quantité*: viel; *intensité*: sehr; ~ ***de*** (+ *subst*) viel(e)
**beau|-fils** [bofis] *m* (*pl beaux-fils*) Schwiegersohn *m*; *d'un remariage*: Stiefsohn *m*; **~-frère** [-frɛr] *m* (*pl beauxfrères*) Schwager *m*; **~-père** [-pɛr] *m* (*pl beaux-pères*) Schwiegervater *m*; *d'un remariage*: Stiefvater *m*
**beauté** [bote] *f* Schönheit *f*
**beaux|-arts** [bozar] *m/pl* ***les*** ~ die schönen Künste *f/pl*, die bildende Kunst; **~-parents** [boparɑ̃] *m/pl* Schwiegereltern *pl*
**bébé** [bebe] *m* Baby *n*; **~-éprouvette** [-epruvɛt] *m* (*pl bébés-éprouvettes*) Retortenbaby *n*
**bec** [bɛk] *m oiseau*: Schnabel *m*; *de récipient*: Ausguss *m*, Tülle *f*; *fourneau à gaz*: Brenner *m*; *mus* Mundstück *n*; F ***un*** ~ ***fin*** ein Feinschmecker; ~ ***de gaz*** Gaslaterne *f*
**bécane** [bekan] F *f* Fahrrad *n*
**bécasse** [bekas] *f* Schnepfe *f*
**béchamel** [beʃamɛl] *f cuis* (***sauce*** *f*) ~ Bechamelsoße *f*
**bêch|e** [bɛʃ] *f* Spaten *m*; **~er** (*1b*) umgraben; F eingebildet sein
**bécot** [beko] F *m* Küsschen *n*
**becqueter** [bɛkte] (*1e*) an-, aufpicken; F *fig* essen, F futtern
**bedeau** [bədo] *m* (*pl -x*) Kirchendiener *m*, Küster *m*
**bée** [be] *adj* ***bouche*** ~ mit offenem Mund
**beffroi** [bɛfrwa] *m* Rathaus-, Glocken-, Wachtturm *m*
**bégayer** [begɛje] (*1i*) stottern
**bègue** [bɛg] **1.** *adj* ***être*** ~ stottern; **2.** *m*, *f* Stotterer *m*, Stotterin *f*
**béguin** [begɛ̃] *m* F *fig* ***avoir le*** ~ ***pour qn*** F auf j-n stehen

**BEI** *f abr* ***Banque européenne d'investissement*** EIB *f* (Europäische Investitionsbank)
**beige** [bɛʒ] beige
**beignet** [bɛɲɛ] *m cuis* Krapfen *m*, (Berliner) Pfannkuchen *m*
**bêler** [bɛle] (*1b*) *mouton*: blöken; *chèvre*: meckern (*a fig*)
**belette** [bəlɛt] *f zo* Wiesel *n*
**belge** [bɛlʒ] **1.** *adj* belgisch; **2.** ♀ *m*, *f* Belgier(in) *m*(*f*)
**Belgique** [bɛlʒik] ***la ~*** Belgien *n*
**bélier** [belje] *m zo* Widder *m* (*a astr*)
**belle** → ***beau***
**belle|-fille** [bɛlfij] *f* (*pl belles-filles*) Schwiegertochter *f*; *d'un remariage*: Stieftochter *f*; **~-mère** [-mɛr] *f* (*pl belles-mères*) Schwiegermutter *f*; *d'un remariage*: Stiefmutter *f*; **~-sœur** [-sœr] *f* (*pl belles-sœurs*) Schwägerin *f*
**belligér|ant**, **~ante** [bɛliʒerɑ̃, -ɑ̃t] Krieg führend
**belliqu|eux**, **~euse** [bɛlikø, -øz] kriegerisch
**belvédère** [bɛlvedɛr] *m* Aussichtspunkt *m*
**bémol** [bemɔl] *m mus* B *n*, Erniedrigungszeichen *n*
**béné|dicité** [benedisite] *m* Tischgebet *n*; **~dictin** [-diktɛ̃] *m* Benediktiner *m*; **~diction** [-diksjõ] *f* Segen *m*
**bénéfic|e** [benefis] *m* Vorteil *m*, Nutzen *m*; *comm* Gewinn *m*; **~iaire** [-jɛr] **1.** *adj* gewinnbringend; **2.** *m*, *f* Nutznießer(in) *m*(*f*); **~ier** [-je] (*1a*) *tirer profit de* profitieren (***de qc*** von etw); *jouir de* genießen; *salaire*, *pension*: beziehen (***de qc*** etw *acc*)
**bénéfique** [benefik] *séjour*, *sommeil*: wohltuend
**Bénélux** [benelyks] ***le ~*** die Beneluxländer *n*/*pl*
**benêt** [bənɛ] *m* Dummkopf *m*
**bénévole** [benevɔl] freiwillig
**bén|in**, **~igne** [benɛ̃, -iɲ] *tumeur*, *mal*: gutartig; *accident*: harmlos
**bén|ir** [benir] (*2a*) segnen; **~it**, **~ite** [-i, -it] geweiht; ***eau*** *f* ***bénite*** Weihwasser *n*; **~itier** [-itje] *m* Weihwasserkessel *m*, -becken *n*
**benne** [bɛn] *f transport de matériaux*: Kübel *m*; *téléphérique*: Gondel *f*
**benzine** [bɛ̃zin] *f* Waschbenzin *n*; *chim* Benzol *n*
**béot|ien**, **~ienne** [beɔsjɛ̃, -jɛn] *m*, *f* (Kultur-)Banause *m*
**BEP** [beəpe] *m* (*abr* brevet d'études professionnelles) *etwa* Berufsschulabschluss *m*
**BEPC** [beəpese] *m* (*abr* brevet d'études du premier cycle) *etwa* mittlere Reife *f*
**béquille** [bekij] *f* Krücke *f*; *vélo*: Ständer *m*
**bercail** [bɛrkaj] *m* (*sans pl*) Schoß *m* der Familie, der Kirche
**berc|eau** [bɛrso] *m* (*pl -x*) Wiege *f*; **~er** (*1k*) wiegen; *fig* ***~ qn de promesses*** j-n mit Versprechungen verlocken; *fig* ***se ~ de qc*** sich in etw (*dat*) wiegen; **~euse** *f* Wiegenlied *n*; *chaise à bascule* Schaukelstuhl *m*
**béret** [berɛ] *m* Baskenmütze *f*
**berge** [bɛrʒ] *f* (Fluss-)Ufer *n*
**berg|er** [bɛrʒe] *m* Schäfer *m*; *chien* Schäferhund *m*; **~ère** *f* Schäferin *f*; *fauteuil* Lehnsessel *m*; **~erie** [-əri] *f* Schafstall *m*
**Berlin** [bɛrlɛ̃] Berlin *n*; *hist* ***~-Est*** Ost-Berlin *n*; *hist* ***~-Ouest*** West-Berlin *n*
**berline** [bɛrlin] *f auto* Limousine *f*
**berlingot** [bɛrlɛ̃go] *m emballage*: Tetrapack *m* (*marque déposée*)
**bermuda(s)** [bɛrmyda] *m*(*pl*) Bermudashorts *pl*
**Bermudes** [bermyd] *f*/*pl* ***les ~*** die Bermudainseln *f*/*pl*, die Bermudas *pl*
**berne** [bɛrn] ***en ~*** (auf) halbmast
**Berne** [bɛrn] Bern *n*
**berner** [bɛrne] (*1a*) ***~ qn*** j-n zum Narren halten
**besogn|e** [bəzɔɲ] *f* Arbeit *f*; **~eux**, **~euse** [-ø, -øz] bedürftig
**besoin** [bəzwɛ̃] *m* **1.** Bedürfnis *n*; *écon* (*souvent au pl* ***~s***) Bedarf *m* (***en*** an *dat*); ***avoir ~ de*** brauchen, benötigen (*acc*); ***avoir ~ de faire qc*** etw tun müssen; ***il n'est pas ~ de dire*** es ist nicht nötig zu sagen; ***au ~*** bei Bedarf; **2.** F ***~ naturel*** Notdurft *f*; **3.** *pauvreté* Not *f*, Armut *f*
**bestial**, **~e** [bɛstjal] (*m*/*pl -iaux*) bestialisch; **~ité** *f* Rohheit *f*, Bestialität *f*
**bestiaux** [bɛstjo] *m*/*pl* Vieh *n*
**bestiole** [bɛstjɔl] *f* Tierchen *n*
**bétail** [betaj] *m* (*sans pl*) Vieh *n*
**bête** [bɛt] **1.** *f* Tier *n*; **~*s*** *pl gibier* Wild *n*; *bétail* Vieh *n*; ***chercher la petite ~*** alles bekritteln; **2.** *adj* dumm, blöd, al-

bern; **~ment** *adv* auf dumme Weise
**bêtise** [betiz] *f* Dummheit *f*; *bagatelle* Lappalie *f*; ***dire des ~s*** Unsinn reden
**béton** [betõ] *m* Beton *m*; ***~ armé*** Stahlbeton *m*; **~ner** [betɔne] *(1a)* betonieren
**bétonnière** [betɔnjɛr] *f* Betonmischmaschine *f*
**bette** [bɛt] *f bot* Mangold *m*
**betterave** [bɛtrav] *f* Rübe *f*; ***~ rouge*** Rote Bete *f*; ***~ à sucre*** Zuckerrübe *f*; ***sucre** m **de ~s*** Rübenzucker *m*
**beugler** [bøgle] *(1a)* *bœuf*: muhen, brüllen; F *fig* plärren
**beur** [bœr] *m*, *f* F *in Frankreich* aufgewachsene(r) Nordafrikaner(in)
**beurr|e** [bœr] *m* Butter *f*; *fig* ***faire son ~*** sein Schäfchen ins Trockene bringen; ***petit ~*** Butterkeks *m*; **~er** *(1a)* mit Butter bestreichen; **~ier** [-je] *m* Butterdose *f*
**beuverie** [bœvri] *f* Saufgelage *n*
**bévue** [bevy] *f* F Schnitzer *m*; ***commettre une ~*** e-n Bock schießen
**biais** [bjɛ] **1.** *adv* ***de** od **en ~*** schief, schräg; **2.** *m obliquité* Schräge *f*; *fig* Umweg *m*; ***par le ~ de*** auf dem Umweg über *(acc)*
**biaiser** [bjɛze] *(1b)* *louvoyer* sich winden
**bibelots** [biblo] *m/pl* Nippsachen *f/pl*
**biberon** [bibrõ] *m* Saugflasche *f*
**Bible** [biblə] *f* Bibel *f*, Heilige Schrift *f*
**biblio|...** [biblijɔ] Buch..., Bücher...; **~bus** [-bys] *m* fahrende Bücherei *f*, Bibliotheksbus *m*; **~thécaire** [-tekɛr] *m*, *f* Bibliothekar(in) *m(f)*; **~thèque** [-tɛk] *f* **1.** Bibliothek *f*; **2.** *meuble*: Bücherschrank *m*, -regal *n*
**biblique** [biblik] biblisch, Bibel...
**bic** [bik] *m* *(marque déposée)* Kugelschreiber *m*
**bicarbonate** [bikarbɔnat] *m chim* ***~ de soude*** doppeltkohlensaures Natrium *n*; Natron *n*
**bicentenaire** [bisɑ̃tənɛr] *m* Zweihundertjahrfeier *f*
**bich|e** [biʃ] *f zo* Hirschkuh *f*; *fig* ***ma ~*** mein Schätzchen; **~er** *(1a)* P ***ça biche?*** geht's gut?; **~onner** [-ɔne] *(1a)* verhätscheln
**bicolore** [bikɔlɔr] zweifarbig
**bicoque** [bikɔk] *f* F Bruchbude *f*
**bicyclette** [bisiklɛt] *f* (Fahr-)Rad *n*; ***aller en** od **à ~*** Rad fahren
**bidet** [bidɛ] *m* Bidet *n*
**bidon** [bidõ] *m* **1.** Kanister *m*; **2.** F *fig* Bluff *m*
**bidonville** [bidõvil] *m* Barackensiedlung *f*, Elendsviertel *n* *(in der Nähe e-r Großstadt)*
**bielle** [bjɛl] *f tech* Pleuelstange *f*
**bien** [bjɛ̃] **1.** *m bien-être d'une personne, d'une communauté*: Wohl *n*; *avantage* Nutzen *m*, Beste(s) *n*; ***le ~ public*** das Gemeinwohl; ***faire du ~ à qn*** j-m Gutes tun; *médicament, repos*: j-m guttun; ***dire du ~ de*** Gutes sagen über *(acc)*; ***c'est pour son ~*** es ist zu seinem Besten; **2.** ***le ~*** *ce qui est juste* das Gute; ***faire le ~*** das Gute tun; *a* Gutes tun; **3.** *possession* Hab *n* und Gut *n*, Vermögen *n*; **~s** *pl produits* Güter; ***~ de consommation*** Verbrauchsgüter; **4.** *adv* gut, wohl; *très* sehr; *beaucoup* viel; ***~ des fois*** sehr oft; ***eh ~!*** nun!, na!; ***je veux ~*** gern; ***~ comprendre*** richtig verstehen; ***~ sûr*** natürlich; ***~ jeune*** sehr jung; **5.** *adj* gut, wohl; ***être, se sentir ~*** sich wohlfühlen; *beau* ***il est ~*** er sieht gut aus; ***avoir l'air ~*** gut aussehen; ***des gens ~*** feine Leute; ***être ~ avec qn*** sich mit j-m gut verstehen; **6.** *conj* ***~ que*** (+ *subj*) obgleich, obwohl
**bien-être** [bjɛ̃nɛtrə] *m situation matérielle*: Wohlstand *m*; *sensation agréable*: Wohlbefinden *n*; *tourisme* Wellness *f*
**bien|faisance** [bjɛ̃fəzɑ̃s] *f* Wohltätigkeit *f*; **~fait** [-fɛ] *m* Wohltat *f*; **~faiteur, ~faitrice** [-fɛtœr, -fɛtris] *m*, *f* Wohltäter(in) *m(f)*; **~-fondé** [-fõde] *m* Berechtigung *f*, Stichhaltigkeit *f*; **~-fonds** [-fõ] *m* *(pl biens-fonds)* *jur* Grundbesitz *m*
**bienheur|eux, ~euse** [bjɛ̃nørø, -øz] (glück)selig
**biennal, ~e** [bjenal] *(m/pl -aux)* zweijährig, alle zwei Jahre stattfindend
**Bienne** [bjɛn] *géogr* Biel *n*
**biensé|ance** [bjɛ̃seɑ̃s] *f* Anstand *m*; **~ant, ~ante** [-ɑ̃, -ɑ̃t] schicklich
**bientôt** [bjɛ̃to] bald; ***à ~!*** bis bald!
**bienveill|ance** [bjɛ̃vɛjɑ̃s] *f* Wohlwollen *n*; **~ant, ~ante** [-ɑ̃, -ɑ̃t] wohlwollend
**bienvenu, ~e** [bjɛ̃vny] **1.** *adj* willkommen; **2.** *m*, *f* ***être le bienvenu, la bien-***

***venue*** willkommen sein; **3.** *f* ***souhaiter la bienvenue à qn*** j-n willkommen heißen; ***bienvenue en France*** willkommen in Frankreich
**bière** [bjɛr] *f* **1.** *boisson*: Bier *n*; ~ ***blonde*** helles Bier *n*; ~ ***brune*** dunkles Bier *n*; ~ ***blanche*** Weißbier *n*, Weizenbier *n*; **2.** *cercueil* Bahre *f*
**biffer** [bife] *(1a)* durchstreichen
**bifteck** [biftɛk] *m* Beefsteak *n*
**bifur|cation** [bifyrkasjõ] *f* Gabelung *f*, Abzweigung *f*; **~quer** [-ke] *(1m)* sich gabeln; *voiture, train*: abbiegen; *fig* ~ ***vers*** überwechseln zu
**bigarré, ~e** [bigare] bunt(scheckig)
**big|ot, ~ote** [bigo, -ɔt] **1.** *adj* frömmelnd; **2.** *m, f* Frömmler(in) *m(f)*
**bigotterie** [bigɔtri] *f* Frömmelei *f*
**bigoudi** [bigudi] *m* Lockenwickler *m*
**bigre** [bigrə] F verdammt noch mal!; **~ment** *adv* F verflixt
**bijou** [biʒu] *m* (*pl -x*) Juwel (*a fig*); Schmuckstück *n*
**bijout|erie** [biʒutri] *f* Juweliergeschäft *n*; **~ier, ~ière** [-je, -jɛr] *m, f* Juwelier(in) *m(f)*
**bikini** [bikini] *m* Bikini *m*
**bilan** [bilɑ̃] *m* Bilanz *f* (*a fig*); *fig* Fazit *n*; ***faire le ~ de*** die Bilanz ziehen aus; ***déposer son ~*** Konkurs anmelden
**bilatéral, ~e** [bilateral] (*m/pl -aux*) zweiseitig
**bile** [bil] *f* Galle *f*; *fig* schlechte Laune *f*, Ärger *m*; F ***se faire de la ~*** sich Sorgen machen
**bili|aire** [biljɛr] Gallen…; **~eux, ~euse** [-ø, -øz] Gallen…; *fig* gallig
**bilingue** [bilɛ̃g] zweisprachig
**bilinguisme** [bilɛ̃gɥismə] *m* Zweisprachigkeit *f*
**billard** [bijar] *m* Billard *n*
**bille** [bij] *f* Kugel *f*; *billard*: Billardkugel *f*; *jeu de billes*: Murmel *f*; ***stylo*** *m* (***à***) ~ Kugelschreiber *m*
**billet** [bijɛ] *m bus, train*: Fahrkarte *f*; *cinéma*: Eintrittskarte *f*; *petite lettre* Briefchen *n*; *loterie*: Los *n*; *comm* Schuldschein *m*, Wechsel *m*; ~ ***de banque*** Banknote *f*; ~ ***de faveur*** Freikarte *f*; ***en ~s*** in Papiergeld, in Scheinen
**billeterie** [bijɛtri] *f* Geldautomat *m*
**bimensuel, ~le** [bimɑ̃sɥɛl] monatlich zweimal erscheinend
**bimestriel, ~le** [bimɛstrijɛl] zweimonatlich
**biner** [bine] *(1a)* *agr* hacken
**binette** [binɛt] *f agr* Gartenhacke *f*
**binocle** [binɔklə] *m* Kneifer *m*, Lorgnon *n*; F **~s** *pl* Brille *f*
**biochimique** [bjɔʃimik] biochemisch
**biodégradable** [bjɔdegradablə] biologisch abbaubar
**biograph|ie** [bjɔgrafi] *f* Biografie *f*; **~ique** biografisch
**biolog|ie** [bjɔlɔʒi] *f* Biologie *f*; **~iste** *m, f* Biologe *m*, Biologin *f*
**biométrique** [bjɔmetrik] biometrisch
**biorythme** [bjɔritm] *m* Biorhythmus *m*
**biotechnologie** [bjotɛknɔlɔʒi] *f* Biotechnologie *f*
**biotope** [bjɔtɔp] *m* Biotop *n*
**bipartite** [bipartit] *pol* Zweier…, Zweimächte…; ***gouvernement*** *m* ~ Zweiparteienregierung *f*
**biplace** [biplas] *m* Zweisitzer *m*
**biplan** [biplɑ̃] *m aviat* Doppeldecker *m*
**bipolaire** [bipɔlɛr] zweipolig
**bique** [bik] *f* F *zo* Ziege *f*; *fig u péj* ***vieille ~*** alte Schachtel *f*
**biréacteur** [bireaktœr] *m aviat* zweistrahliges Flugzeug *n*
**Birmanie** [birmani] ***la ~*** Birma *n*
**bis**[1], **bise** [bi, biz] *couleur*: graubraun; ***pain*** *m* ***bis*** Graubrot *n*
**bis**[2] [bis] **1.** *adv* da capo; **2.** *m* (*pl unv*) Zugabe *f*, Wiederholung *f*
**bisaïeul, ~e** [bizajœl] *litt m, f* Urgroßvater *m*, Urgroßmutter *f*
**bisannuel, ~le** [bizanɥɛl] zweijährig, -jährlich
**biscornu, ~e** [biskɔrny] seltsam, bizarr, wunderlich
**biscotte** [biskɔt] *f* Zwieback *m*
**biscuit** [biskɥi] *m gateau sec* Keks *m od n*; Biskuit *n*; ~ ***à la cuiller*** Löffelbiskuit *n*
**bise** [biz] *f* **1.** *vent*: Nord(ost)wind *m*; **2.** F *baiser* Kuss *m*
**biseau** [bizo] *m* (*pl -x*) Schrägkante *f*, -fläche *f*
**bison** [bizõ] *m zo* Büffel *m*
**bisque** [bisk] *f cuis* ~ ***d'écrevisses***, ~ ***de homard*** Krebs-, Hummersuppe *f*
**bissextile** [bisɛkstil] ***année*** *f* ~ Schaltjahr *n*
**bistro(t)** [bistro] *m* Kneipe *f*
**bit** [bit] *m EDV* Bit *n*
**BIT** *m abr* ***Bureau international du tra-***

***vail*** Internationales Arbeitsamt
**bitum|e** [bitym] *m* Asphalt *m*; **~er** (*1a*) asphaltieren
**bivouac** [bivwak] *m* Biwak *n*
**bizarr|e** [bizar] bizarr, seltsam; **~erie** [-əri] *f* Absonderlichkeit *f*
**blackbouler** [blakbule] (*1a*) F *pol, école*: ***~ qn*** j-n (durch)fallen lassen; ***se faire ~*** durchfallen
**blaf|ard**, **~arde** [blafar, -ard] bleich, fahl
**blagu|e** [blag] *f* **1.** *tabac*: Tabaksbeutel *m*; **2.** *plaisanterie* Scherz *m*; *histoire amusante* Witz *m*; *farce* Streich *m*; ***sans ~!*** im Ernst!; **~er** F (*1a*) scherzen, spaßen; ***tu blagues!*** nicht möglich!, das ist nicht wahr!; ***~ qn*** j-n verspotten, necken
**blaireau** [blɛro] *m* (*pl -x*) **1.** *zo* Dachs *m*; **2.** *brosse pour la barbe* Rasierpinsel *m*
**blâmable** [blɑmablə] tadelnswert
**blâm|e** [blɑm] *m* Tadel *m*; **~er** (*1a*) tadeln
**blanc**, **blanche** [blɑ̃, blɑ̃ʃ] **1.** *adj* weiß; *peau, raisin*: *a* hell; *feuille, page*: unbeschrieben; ***examen** m **blanc*** Probeexamen *n*; ***mariage** m **blanc*** nicht vollzogene Ehe *f*; ***nuit** f **blanche*** schlaflose Nacht *f*; (***vin** m*) ***blanc*** *m* Weißwein *m*; ***pain** m **blanc*** Weißbrot *n*; ***en blanc*** Blanko…, unausgefüllt; ***chèque** m **en blanc*** Blankoscheck *m*; ***il a gelé** (**à**) **blanc*** es hat gereift; **2.** *m* Weiß *n*; *textile*: Weißwaren *f/pl*; *dans un texte*: unbeschriebene Stelle *f*; ***~** (**d'œuf**)* Eiweiß *n*; **3.** ♀, ***Blanche*** *m, f* Weiße(r) *m, f*
**blanc-bec** [blɑ̃bɛk] *m* (*pl blancs-becs*) Grünschnabel *m*
**blanchâtre** [blɑ̃ʃɑtrə] weißlich
**Blanche-Neige** [blɑ̃ʃnɛʒ] *f* Schneewittchen *n*
**blanch|eur** [blɑ̃ʃœr] *f* Weiße *n u f*; **~ir** (*2a*) *v/t* weiß machen; *mur*: weißen; *linge*: waschen; *cuis* blanchieren; *fig innocenter* rein waschen; *v/i* weiß werden; *cheveux*: grau werden; **~isserie** [-isri] *f* Wäscherei *f*; **~isseur**, **~isseuse** [-isœr, -isøz] *m, f* Wäscher(in) *m(f)*
**blanc-seing** [blɑ̃sɛ̃] *m* (*pl blancs-seings*) Blankovollmacht *f*
**blanquette** [blɑ̃kɛt] *f* **1.** *vin*: weißer Schaumwein *m* (*Languedoc*); **2.** *cuis* ***~ de veau*** Kalbsragout *n*
**blasé**, **~e** [blɑze] blasiert
**blason** [blɑzõ] *m* Wappenschild *n*
**blasph|ème** [blasfɛm] *m* Gotteslästerung *f*, Blasphemie *f*; **~émer** [-eme] (*1f*) (Gott) lästern; fluchen
**blatte** [blat] *f zo* Schabe *f*
**blé** [ble] *m* Weizen *m*; *céréales* Getreide *n*
**bled** [blɛd] *m* F *péj* Kaff *n*, Nest *n*
**blêm|e** [blɛm] leichenblass, fahl; **~ir** (*2a*) erblassen
**bless|er** [blɛse] (*1b*) verletzen (*a fig*); *à la guerre*: verwunden; ***se ~*** sich verletzen; ***je me suis blessé à la main*** ich habe mir die Hand verletzt; **~ure** [-yr] *f* Verletzung *f*; *plaie* Wunde *f*; *à la guerre*: Verwundung *f*; *fig* Kränkung *f*
**blet**, **blette** [blɛ, blɛt] *fruit*: matschig
**bleu**, **~e** [blø] (*m/pl -s*) **1.** *adj* blau; ***carte** f **bleue*** Scheckkarte *f*; ***zone** f **bleue*** Kurzparkzone *f*; ***peur** f **bleue*** F Heidenangst *f*; **2.** *m* Blau *n*; *marque sur la peau*: blauer Fleck *m*; *fig novice* Neuling *m*; *tech* Blaupause *f*; ***~** (**de travail**)* blauer Arbeitsanzug *m*; ***~ d'Auvergne*** Blauschimmelkäse *m*; ***~ marine*** Marineblau *n*; *cuis* ***truite** f **au ~*** Forelle *f* blau
**bleu|âtre** [bløɑtrə] bläulich; **~et** [-ɛ] *m bot* Kornblume *f*
**blind|age** [blɛ̃daʒ] *m* Panzerung *f*; **~é**, **~ée** **1.** *adj* gepanzert, Panzer…; **2.** *m mil* Panzer *m*; **~er** (*1a*) panzern; F *fig* immun machen
**bloc** [blɔk] *m* Block *m* (*auch pol*); ***~ monétaire*** Währungsblock *m*, -gebiet *n*, -zone *f*; ***~ de papier à lettres*** Briefblock *m*; ***en ~*** im Ganzen; ***faire ~*** sich zu e-m Block zusammenschließen; e-e geschlossene Front bilden (***contre*** gegen); **~age** *m* Blockieren *n*; *d'un compte en banque*: Sperrung *f*; *psych* innerer Widerstand *m*; *comm* ***~ des prix*** Preisstopp *m*
**bloc-moteur** [blɔkmɔtœr] *m* (*pl blocs-moteurs*) Motorblock *m*
**bloc-notes** [blɔknɔt] *m* (*pl blocs-notes*) Notizblock *m*
**blocus** [blɔkys] *m* Blockade *f*
**blond**, **blonde** [blõ, blõd] **1.** *adj cheveux*: blond; *bière*: hell; ***cigarette** f **blonde*** Zigarette *f* aus hellem Tabak;

**2.** *m, f* Blonde(r) *m, f*; Blondine *f*; *f bière* helles Bier *n*
**bloquer** [blɔke] (*1m*) *porte, roues, passage*: blockieren; *compte, crédits*: sperren; *regrouper* zusammenfassen
**blottir** [blɔtir] (*2a*) ***se ~*** sich kauern, sich ducken
**blous|e** [bluz] *f vêtement de travail* Kittel *m*; *chemisier* Bluse *f*; **~on** *m* Windjacke *f*; Blouson *m*; *fig* ***~ noir*** Halbstarke(r) *m*
**bluff** [blœf] *m* Bluff *m*, Täuschung *f*; **~er** (*1a*) bluffen, täuschen
**B.O.** *m abr* ***Bulletin officiel*** Amtsblatt *n*
**bobard** [bobar] *m* F Schwindel *m*; *presse*: (Zeitungs-)Ente *f*
**bobinage** [bɔbinaʒ] *m él* Wicklung *f*
**bobin|e** [bɔbin] *f* Spule *f*; **~er** (*1a*) aufwickeln, aufspulen
**bocal** [bɔkal] *m* (*pl -aux*) Einmachglas *n*
**boche** [bɔʃ] *péj* **1.** *adj* deutsch; **2.** *m, f* Deutsche(r) *m, f*
**bock** [bɔk] *m* ***un ~*** ein kleines Bier (*1/8 l*)
**bœuf** [bœf, *pl* bø] **1.** *m mâle castré* Ochse *m*; *bétail* Rind(vieh) *n*; *viande* Rindfleisch *n*; **2.** *adj* F Bomben…; gewaltig; ***succès*** *m* ***~*** Bombenerfolg *m*
**bof!** [bɔf] pah!, ach was!, was soll's!
**bohème** [bɔɛm] *m, f* verbummeltes Genie *n*, Bohemien *m*
**Bohême** [bɔɛm] ***la ~*** Böhmen *n*
**bohém|ien, ~ienne** [bɔemjɛ̃, -jɛn] **1.** *adj* Zigeuner… *neg!*; *géogr* böhmisch; **2.** *m, f* Zigeuner(in) *neg! m(f)*; **♀, ♀ne** Böhme *m*, Böhmin *f*
**boire** [bwar] **1.** (*4u*) trinken; *absorber* aufsaugen; F ***~ un coup*** e-n trinken; **2.** *m* Trinken *n*
**bois** [bwa] *m matière*: Holz *n*; *forêt* Wald *m*; ***~*** *pl zo* Geweih *n*; ***~*** *pl mus* Holzblasinstrumente *n/pl*; ***en, de ~*** aus Holz
**bois|age** [bwazaʒ] *m* Zimmerung *f*; **~é, ~ée** bewaldet; **~er** (*1a*) *terrain*: aufforsten; *chambre*: täfeln; **~erie** *f* Täfelung *f*, Holzverkleidung *f*
**boisson** [bwasõ] *f* Getränk *n*; ***~s*** *pl* ***alcoolisées*** alkoholische Getränke *n/pl*
**boîte** [bwat] *f* **1.** Schachtel *f*; *tôle*: Büchse *f*, Dose *f*; ***~ de conserves*** Konservenbüchse *f*; *auto* ***~ de vitesses*** Getriebe *n*; ***~ aux lettres*** Briefkasten *m*; *EDV* ***~ aux lettres*** (***électronique***) Mailbox *f*, elektronischer Briefkasten *m*; ***~ postale*** Postfach *n*; *aviat* ***~ noire*** Flugschreiber *m*; *tél* ***~ vocale*** Mailbox *f*; **2.** ***~*** (***de nuit***) Nachtklub *m*; **3.** F *péj entreprise* Laden *m*; ***sale ~*** F Saftladen *m*
**boit|er** [bwate] (*1a*) hinken (*a fig*); **~eux, ~euse** [-ø, -øz] *personne*: hinkend; *chose*: wack(e)lig
**boîtier** [bwatje] *m* Gehäuse *n*
**boitiller** [bwatije] (*1a*) leicht hinken, humpeln
**bol** [bɔl] *m* (Trink-)Schale *f*
**boléro** [bɔlero] *m* **1.** *danse*: Bolero *m*; **2.** *vêtement*: Bolero(jäckchen) *m(n)*
**bolide** [bɔlid] *m* Meteorstein *m*; *auto* Rennwagen *m*
**Bolivie** [bɔlivi] ***la ~*** Bolivien *n*
**bombance** [bõbɑ̃s] *f* F ***faire ~*** schlemmen
**bombard|ement** [bõbardəmɑ̃] *m* Bombardierung *f*; **~er** (*1a*) bombardieren
**bombe** [bõb] *f mil* Bombe *f*; *fig* Spraydose *f*; *cuis* ***~ glacé*** Eisbombe *f*; F ***faire la ~*** prassen, üppig leben
**bomb|é, ~ée** [bõbe] gewölbt; **~er** (*1a*) *v/i* sich wölben
**bon, bonne** [bõ, bɔn] **1.** *adj* gut; *qui travaille bien* tüchtig; *complaisant* gütig; *débonnaire* gutmütig; ***de bonne foi*** aufrichtig; ***de bonne heure*** frühzeitig; (***à***) ***bon marché*** billig (*a fig*); ***il est bon de*** (+ *inf*) *od* ***que*** (+ *subj*) es ist gut zu … *od* dass …; ***à quoi bon?*** wozu?; ***bon mot*** Witz *m*; ***bon anniversaire!*** alles Gute zum Geburtstag!; ***bonne chance!*** viel Glück!; ***bonne année!*** ein gutes Neues Jahr!; **2.** *adv* ***trouver bon que*** (+ *subj*), ***juger bon de*** (+ *inf*) es für richtig halten zu … *od* dass …; ***sentir bon*** gut riechen; ***tenir bon*** standhalten; **3.** *m comm* Gutschein *m*; ***~ de caisse*** Kassenbon *m*; ***~ de commande*** Bestellschein *m*; ***~ d'essence*** Benzingutschein *m*
**bonasse** [bɔnas] (zu) gutmütig
**bon|bon** [bõbõ] *m* Bonbon *m od n*; **~bonne** [-bɔn] *f* Korbflasche *f*; **~bonnière** [-bɔnjɛr] *f* Konfekt-, Bonbondose *f*; F *fig petit appartement* F Schmuckkästchen *n*
**bond** [bõ] *m* Sprung *m*; ***d'un seul ~*** mit

e-m Satz; *fig* sofort
**bond|é**, **~ée** [bõde] überfüllt; **~ir** (*2a*) (auf)springen
**bonheur** [bɔnœr] *m* Glück *n*; ***par ~*** zum Glück; ***porter ~*** Glück bringen; ***au petit ~*** auf gut Glück
**bonhomie** [bɔnɔmi] *f* Gutmütigkeit *f*
**bonhomme** [bɔnɔm] *m* (*pl bonshommes* [bõzɔm]) *m* F *type* Mann *m*, Mannsbild *n*; *dessin*, *figure*: Männchen *n*; ***petit ~*** Knirps *m*; ***~ de neige*** Schneemann *m*
**boni** [bɔni] *m comm* Überschuss *m*; **~fication** [-fikasjõ] *f comm* Rabatt *m*; *assurance*: Bonus *m*; **~fier** [-fje] (*1a*) (ver)bessern; **~ment** *m battage* marktschreierische Reklame *f*; F *mensonge* Märchen *n*
**bonjour** [bõʒur] *m* Guten Morgen, Guten Tag; F Gruß *m* (***à qn*** an j-n); ***dire ~ à qn*** j-m Guten Tag sagen; ***donner le ~ à qn*** j-m e-n Gruß ausrichten
**bonne** [bɔn] *f* Kinder-, Haus-, Dienstmädchen *n*
**bonnement** [bɔnmɑ̃] *adv* ***tout ~*** ganz einfach, kurz gesagt
**bonnet** [bɔnɛ] *m* Mütze *f*; ***~ de bain*** Badekappe *f*, Bademütze *f*; F *fig* ***gros ~*** F hohes Tier *n*, Bonze *m*
**bonneterie** [bɔnɛtri] *f* Trikotagen *f/pl*; Wirk- und Strickwaren *f/pl*
**bonsoir** [bõswar] *m* guten Abend
**bonté** [bõte] *f* Güte *f*; ***avoir la ~ de*** (+ *inf*) so gut sein und …
**boom** [bum] *m* Boom *m*
**bord** [bɔr] *m* **1.** Rand *m*; *rive* Ufer *n*; ***au ~ de la mer*** am Meer; ***être au ~ des larmes*** den Tränen nahe sein; F *fig* ***être un peu*** (+ *adj*) ***sur les ~s*** ein bisschen *od leicht* (+ *adj*) *sein*; **2.** *mar* Bord *m*; *auto* ***tableau*** *m* ***de ~*** Armaturenbrett *n*; ***à ~*** (***de***) an Bord (von); ***virer de ~*** wenden; *fig* umschwenken
**bordeaux** [bɔrdo] **1.** *vin* Bordeaux(-wein) *m*; **2.** *adj unv* weinrot
**Bordeaux** [bɔrdo] Bordeaux *n*
**bordel** [bɔrdɛl] *m* **1.** P Puff *m*; **2.** F *désordre* Durcheinander *n*
**bordel|ais**, **~aise** [bɔrdəlɛ, -ɛz] aus Bordeaux
**bordélique** [bɔrdelik] F unordentlich
**border** [bɔrde] (*1a*) *garnir* einfassen; *être le long de* säumen
**bordereau** [bɔrdəro] *m* (*pl -x*) *comm* Aufstellung *f*; ***~ d'expédition*** Begleitschein *m*
**bordure** [bɔrdyr] *f* Einfassung *f*
**boréal**, **~e** [bɔreal] (*m/pl -aux*) nördlich, Nord…
**borgne** [bɔrɲ] **1.** *adj* einäugig; *fig mal famé* verrufen; **2.** *m*, *f* Einäugige(r) *m*, *f*
**borne** [bɔrn] *f* **1.** Grenz-, Eckstein *m*; ***~ kilométrique*** Kilometerstein *m*; **2.** *fig* Grenze *f*, Schranke *f*; ***sans ~s*** grenzenlos; ***ça dépasse les ~s*** das geht zu weit; **3.** *él* (Anschluss-)Klemme *f*
**born|é**, **~ée** [bɔrne] beschränkt, engstirnig; **~er** (*1a*) *terrain*: begrenzen; *fig désirs*, *ambitions*: zurückschrauben; ***se ~ à qc*** sich auf etw (*acc*) beschränken; ***se ~ à faire qc*** sich darauf beschränken, etw zu tun
**Bosnie-Herzégovine** [bɔsniɛrzegɔvin] ***la ~*** Bosnien-Herzegowina *n*
**bosquet** [bɔskɛ] *m* Wäldchen *n*
**bosse** [bɔs] *f enflure* Beule *f*; *d'un bossu*: Buckel *m*; *terrain*: Unebenheit *f*; F ***avoir la ~ de*** e-e Begabung haben für
**bosser** [bɔse] (*1a*) F schuften
**bossu**, **~e** [bɔsy] buck(e)lig
**botanique** [bɔtanik] **1.** *adj* botanisch; **2.** *f* Botanik *f*, Pflanzenkunde *f*
**botte** [bɔt] *f* **1.** *carottes*, *radis*: Bund *m*, Bündel *n*; **2.** *chaussure*: Stiefel *m*; **3.** *escrime*: Stoß *m*
**botter** [bɔte] (*1a*) *fig* ***~ le derrière à qn*** F j-m e-n Tritt in den Hintern versetzen; F ***ça me botte*** das gefällt mir
**bottin** [bɔtɛ̃] *m* Telefonbuch *n*
**bottine** [bɔtin] *f* Stiefelette *f*
**bouc** [buk] *m* **1.** *zo* (Ziegen-)Bock *m*; *fig* ***~ émissaire*** Sündenbock *m*; **2.** *barbe* Spitzbart *m*
**boucan** [bukɑ̃] *m* F Höllenlärm *m*
**bouche** [buʃ] *f anat* Mund *m*; *animal*: Maul *n*; *ouverture* Öffnung *f*; *embouchure* Mündung *f*; ***~ de métro*** U-Bahn-Eingang *m*; ***~ d'incendie*** Hydrant *m*
**bouché**, **~e** [buʃe] verstopft; *bouteille*: zugekorkt; *temps*: trüb(e); ***avoir le nez bouché*** eine verstopfte Nase haben
**bouche-à-bouche** [buʃabuʃ] *m méd* Mund-zu-Mund-Beatmung *f*
**bouchée** [buʃe] *f* Bissen *m*; ***~ à la reine*** Königinpastete *f*
**boucher**[1] [buʃe] (*1a*) zu-, verstopfen;

*passage, vue*: versperren; ***se boucher les oreilles*** (***le nez***) sich (*dat*) die Ohren (die Nase) zuhalten

**bouch|er²**, **~ère** [buʃe, -ɛr] *m, f* Metzger *m*, Fleischer *m*, Fleischersfrau *f*; **~erie** *f* Metzgerei *f*, Fleischerei *f*

**bouche-trou** [buʃtru] *m* (*pl bouche-trous*) Lückenbüßer *m*

**bouchon** [buʃõ] *m* Pfropfen *m*, Stöpsel *m*; *de liège*: Korken *m*; *fig trafic*: (Verkehrs-)Stau *m*

**boucl|e** [buklə] *f* Schleife *f* (*a EDV*), Schlinge *f*; *ceinture, sandales*: Schnalle *f*; *méandre* Windung *f*; *cheveux*: Locke *f*; ***~ d'oreille*** Ohrring *m*; ***~é***, ***~ée*** lockig, gelockt; **~er** (*1a*) *v/t ceinture*: zuschnallen; *cheveux*: in Locken legen; *porte, magasin*: zumachen; *mil* umzingeln; F ***boucle-la!*** halt den Mund!

**bouclier** [buklije] *m hist u tech* Schild *m*; *fig* Schutzwall *m*

**bouddh|isme** [budismə] *m* Buddhismus *m*; **~iste** *m* Buddhist *m*

**boud|er** [bude] (*1a*) *v/i* schmollen; *v/t* ***~ qn*** (***qc***) j-n (etw) meiden; **~eur**, **~euse** schmollend

**boudin** [budɛ̃] *m* Blutwurst *f*

**boue** [bu] *f* Schlamm *m*; F Dreck *m*

**bouée** [bwe] *f mar* Boje *f*; *de sauvetage*: Rettungsring *m*

**bou|eux**, **~euse** [bwø, -øz] **1.** *adj* schmutzig; **2.** *m* Müllmann *m*

**bouff|ant**, **~ante** [bufɑ̃, -ɑ̃t] bauschig

**bouff|e** [buf] **1.** *adj mus* ***opéra*** *m* ***~*** komische Oper *f*; **2.** F *f* Essen *n*, P Fressen *n*; **~ée** *f* Lufthauch *m*; *en fumant, respirant*: Zug *m*; ***~s*** *pl* ***de fumée*** Qualm *m*; ***~ de vent*** Windstoß *m*; ***~ de parfum*** Duftwolke *f*; **~er** (*1a*) F essen, fressen

**bouffi**, **~e** [bufi] aufgedunsen

**bouff|on**, **~onne** [bufõ, -ɔn] **1.** *adj* possenhaft; **2.** *m* Possenreißer *m*

**bougeoir** [buʒwar] *m* Kerzenleuchter *m* (*mit Griff*)

**bouger** [buʒe] (*1l*) (sich) bewegen, (sich) rühren; *meuble*: (ver)rücken

**bougie** [buʒi] *f* Kerze *f*; *auto* Zündkerze *f*

**bougonner** [bugɔne] (*1a*) F murren

**bougre** [bugrə] *m* **1.** F Kerl *m*; **2.** *interjection*: Donnerwetter!; **~ment** *adv* F verdammt, verflixt

**bouillabaisse** [bujabɛs] *f cuis provenzalische* Fischsuppe *f*

**bouill|ant**, **~ante** [bujɑ̃, -ɑ̃t] *qui bout* kochend; *très chaud* siedend heiß; *fig* aufbrausend

**bouill|i**, **~ie** [buji] *cuis* **1.** *adj* gekocht; **2.** *m* gekochtes Rindfleisch *n*; **3.** *f* ***~e*** Brei *m*

**bouillir** [bujir] (*2e*) sieden, kochen (*a fig*); ***faire ~*** kochen, *liquide*: abkochen

**bouilloire** [bujwar] *f* Teekessel *m*

**bouillon** [bujõ] *m bulle* Luftblase *f*; *cuis* Fleischbrühe *f*

**bouillonner** [bujɔne] (*1a*) *source*: sprudeln; *liquide qui bout*: brodeln

**bouillotte** [bujɔt] *f* Wärmflasche *f*

**boulang|er**, **~ère** [bulɑ̃ʒe, -ɛr] *m, f* Bäcker *m*, Bäckersfrau *f*; **~erie** *f* Bäckerei *f*

**boule** [bul] *f* Kugel *f*; ***~ de neige*** Schneeball *m*; ***faire ~ de neige*** lawinenartig anwachsen; ***jeu*** *m* ***de ~s*** Boule(spiel) *n*, Boccia(spiel) *n*

**bouleau** [bulo] *m* (*pl -x*) *bot* Birke *f*

**bouledogue** [buldɔg] *m zo* Bulldogge *f*

**bouler** [bule] (*1a*) F ***envoyer ~ qn*** j-n fortjagen

**boulette** [bulɛt] *f* Kügelchen *n*; *de viande*: Fleischkloß *m*

**boulevard** [bulvar] *m* Boulevard *m*; ***~ périphérique*** Ringstraße *f*

**boulevers|ement** [bulvɛrsəmɑ̃] *m pol, écon* Umwälzung *f*; *émotionnel*: Erschütterung *f*; **~er** (*1a*) *mettre en désordre* in Unordnung bringen; *vie*: gravierend verändern; *émotionnel*: erschüttern

**boulimie** [bulimi] *f* Heißhunger *m*

**boulon** [bulõ] *m tech* Schraube(nbolzen *m*) *f*

**boulonner** [bulɔne] (*1a*) *tech* an-, zusammenschrauben; F *fig* arbeiten, F schuften

**boul|ot¹**, **~otte** [bulo, -ɔt] rundlich, F pummelig

**boulot²** [bulo] F *m* Arbeit *f*

**boum** [bum] F *f* Party *f*

**boumer** [bume] (*1a*) F ***ça boume?*** alles in Ordnung?

**bouquet** [bukɛ] *m* (Blumen-)Strauß *m*; *vin*: Bukett *n*

**bouquetin** [buktɛ̃] *m zo* Steinbock *m*

**bouquin** [bukɛ̃] F *m* Buch *n*, F Schmöker *m*

**bouquin|er** [bukine] (*1a*) F schmökern;

**~iste** *m*, *f* Antiquariatsbuchhändler(in) *m(f)*
**bourb|e** [burb] *f* Morast *m*, Schlamm *m*; **~eux**, **~euse** [-ø, -øz] schlammig; **~ier** [-je] *m* Sumpfloch *n*; *fig* üble Lage *f*
**bourdon** [burdõ] *m zo* Hummel *f*; ***faux ~*** Drohne *f*
**bourdonn|ement** [burdɔnmɑ̃] *insectes*: Summen *n*; *moteur*: Brummen *n*; **~er** (*1a*) *insectes*: summen; *moteur*: brummen; *oreilles*: sausen
**bourg** [bur] *m* Marktflecken *m*
**bourgade** [burgad] *f* kleiner Marktflecken *m*
**bourge|ois**, **~oise** [burʒwa, -waz] **1.** *adj* bürgerlich; *péj* spießig; ***esprit*** *m* ***bourgeois*** Spießbürgertum *n*; **2.** *m*, *f* Bürger(in) *m(f)*; *péj* Spießer *m*; **~oisie** [-wazi] *f* Bürgertum *n*; ***haute ~*** Großbürgertum *n*; ***petite ~*** Kleinbürgertum *n*
**bourgeon** [burʒõ] *m bot* Knospe *f*
**bourgeonner** [burʒɔne] (*1a*) Knospen treiben, ausschlagen
**bourgmestre** [burgmɛstrə] *m en Belgique*, *Suisse*, *Allemagne*, *Hollande*: Bürgermeister *m*
**Bourgogne** [burgɔɲ] **1.** ***la ~*** Burgund *n*; **2.** ♀ *m* Burgunder(wein) *m*
**bourguign|on**, **~onne** [burgiɲõ, -ɔn] **1.** *adj* burgundisch; *cuis* ***bœuf*** *m* ***bourguignon*** Rindsgulasch *n* mit Rotwein; ***fondue*** *f* ***bourguignonne*** Fleischfondue *n od f*; **2.** ♀, **♀ne** *m*, *f* Burgunder(in) *m(f)*
**bourlinguer** [burlɛ̃ge] (*1m*) viel herumziehen, -reisen
**bourrade** [burad] *f* Rippenstoß *m*
**bourrage** [buraʒ] *m* F ***~ de crâne*** propagandistische Bearbeitung *f*, bewusste Irreführung *f*
**bourrasque** [burask] *f* Windstoß *m*, (Wind-)Bö *f*
**bourré**, **~e** [bure] gestopft voll; F *ivre* voll, blau
**bourreau** [buro] *m* (*pl -x*) Henker *m*
**bourrelé**, **~e** [burle] ***~(e) de remords*** von Gewissensbissen geplagt
**bourrelier** [burəlje] *m* Sattler *m*
**bourrer** [bure] (*1a*) vollstopfen; F ***se ~ de qc*** sich den Bauch mit etw vollschlagen
**bourrique** [burik] *f* Esel(in) *m(f)*; *fig* Dummkopf *m*
**bourru**, **~e** [bury] mürrisch
**bours|e** [burs] *f d'études*: Stipendium *n*; *porte-monnaie* Geldbeutel *m*, (-)Börse *f*; ♀ *comm* Börse *f*; ***♀ des valeurs*** Wertpapierbörse *f*; ***la ♀ monte*** (***baisse***) die Kurse steigen (fallen); **~ier**, **~ière** [-je, -jɛr] **1.** *adj* Börsen…; ***transactions*** *f/pl* ***boursières*** Börsengeschäfte *n/pl*; **2.** *m*, *f* Stipendiat(in) *m(f)*; **3.** *m* Börsenmakler *m*, F Börsianer *m*
**boursouf(f)l|é**, **~ée** [bursufle] geschwollen (*a fig*)
**bouscul|ade** [buskylad] *f* Gedränge *n*; **~er** (*1a*) *heurter* anrempeln; *presser* drängen, hetzen; *fig traditions*: erschüttern
**bouse** [buz] *f* **~** (***de vache***) (Kuh-)Mist *m*, (Kuh-)Fladen *m*
**boussole** [busɔl] *f* Kompass *m*; F ***perdre la ~*** den Kopf verlieren
**bout**[1] [bu] *m extrémité* Ende *n*; *doigts*, *nez*, *bâton*: Spitze *f*; *morceau* Stück (-chen) *n*; ***~ à ~*** [butabu] (*mit den Enden*) aneinander; ***à ~ de bras*** mit ausgestreckten Armen; ***au ~ de*** am Ende von; ***au ~ d'une année*** nach einem Jahr; ***de ~ en ~, d'un ~ à l'autre*** von Anfang bis Ende; *fig* ***aller jusqu'au ~*** nicht aufgeben; ***être à ~*** am Ende, erschöpft sein; ***être à ~ de qc*** mit etw am Ende sein; ***venir à ~ de qc*** (***de qn***) mit etw (j-m) fertigwerden; ***connaître qc sur le ~ des doigts*** etw ganz genau kennen; ***manger un ~*** e-n Happen essen
**bout**[2] [bu] → ***bouillir***
**boutade** [butad] *f* (geistvoller) Scherz *m*
**bouteille** [butɛj] *f* Flasche *f*
**boutiqu|e** [butik] *f allg* Laden *m*; *de mode*: Boutique *f*; **~ier**, **~ière** [-je, -jɛr] *m*, *f péj* Händler(in) *m(f)*, Krämer(in) *m(f)*
**bouton** [butõ] *m* Knopf *m*; *anat* Pickel *m*; *bot* Knospe *f*; **~-d'or** [-dɔr] *m* (*pl boutons-d'or*) *bot* Butterblume *f*
**boutonn|er** [butɔne] (*1a*) zuknöpfen; *bot* Knospen treiben; **~ière** [-jɛr] *f* Knopfloch *n*
**bouton-pression** [butõprɛsjõ] *m* (*pl boutons-pression*) Druckknopf *m*
**bouvreuil** [buvrœj] *m zo* Dompfaff *m*,

Gimpel *m*
**bov|in**, **~ine** [bɔvɛ̃, -in] *zo* **1.** *adj* Rinder…; **2.** *m/pl* ***bovins*** Rinder *n/pl*
**box** [bɔks] *m* (*pl boxes*) Box *f*
**box|e** [bɔks] *f* Boxen *n*; **~er** (*1a*) boxen; **~eur** *m* Boxer *m*
**boyau** [bwajo] *m* (*pl -x*) *intestin* Darm *m*; *tuyau* Schlauch *m*
**boycott|age** [bɔjkɔtaʒ] *m* Boykott *m*; **~er** (*1a*) boykottieren
**BP** (*abr* boîte postale) Postfach *n*
**B.P.F.** *abr* ***bon pour francs*** *hist sur un chèque*, *etc* in französischer Währung
**bracelet** [braslɛ] *m* Armband *n*; Armreif *m*
**braconn|er** [brakɔne] (*1a*) wildern; **~ier** [-je] *m* Wilddieb *m*, Wilderer *m*
**brader** [brade] (*1a*) verschleudern
**braguette** [bragɛt] *f* Hosenschlitz *m*
**braill|ard**, **~arde** F [brɑjar, -ard] **1.** *adj* brüllend; **2.** *m*, *f* Schreihals *m*
**braille** [brɑj] *m* Blindenschrift *f*
**brailler** [brɑje] (*1a*) brüllen, johlen, F grölen
**braire** [brɛr] (*4s*) *âne*: iahen; F brüllen, schreien
**brais|e** [brɛz] *f* Kohlenglut *f*; **~er** (*1b*) *cuis* schmoren
**bramer** [brame] (*1a*) *cerf*: röhren
**brancard** [brɑ̃kar] *m* **1.** *civière* Tragbahre *f*; **2.** *chariot*, *voiture*: Gabeldeichsel *f*; *fig* ***ruer dans les ~s*** sich sträuben, sich widersetzen; **~ier**, **~ière** [-dje, -djɛr] *m*, *f* Krankenträger(in) *m*(*f*)
**branchage** [brɑ̃ʃaʒ] *m* Astwerk *n*
**branch|e** [brɑ̃ʃ] *f bot* Ast *m*; *bot u fig* Zweig *m*; *enseignement*: Fach *n*; *comm* Branche *f*; **~ement** *m tech*, *él* Anschluss *m*; **~er** (*1a*) anschließen (***sur*** an *acc*); *allumer* anschalten; *fig* ***être branché*** *informé* Bescheid wissen; F *en vogue* in sein
**branchies** [brɑ̃ʃi] *f/pl* Kiemen *f/pl*
**Brandebourg** [bʀɑ̃dəbuʀ] *m* ***le ~*** Brandenburg *n*
**brandir** [brɑ̃dir] (*2a*) schwingen
**branle** [brɑ̃l] *m* ***mettre en ~*** in Gang bringen; ***donner le ~ à qc*** etw (*acc*) in Bewegung setzen; **~-bas** [-bɑ] *m mar* Klarmachen *n* (***de combat*** zum Gefecht); *fig* Durcheinander *n*
**branler** [brɑ̃le] (*1a*) wackeln
**braquage** [brakaʒ] *m auto* Einschlagen *n*; ***rayon*** *m* ***de ~*** Wendekreis *m*
**braquer** [brake] (*1m*) *arme*: ***~ sur*** richten auf (*acc*); *auto* ***~ à droite*** nach rechts einschlagen; *fig* ***~ qn contre*** j-n aufbringen gegen
**bras** [bra, brɑ] *m* Arm *m* (*a fig*); *entre épaule et coude*: Oberarm *m*; *fig* Arbeitskraft *f*; ***le ~ droit*** *fig* die rechte Hand *f*; ***~ de mer*** Meeresarm *m*; ***~ dessus ~ dessous*** untergefasst; ***à tour de ~***, ***à ~ raccourcis*** mit aller Gewalt; *fig* ***avoir le ~ long*** e-n langen Arm haben; F *fig* ***avoir qn, qc sur les ~*** j-n, etw am Hals haben; ***accueillir à ~ ouverts*** mit offenen Armen empfangen; ***cela me coupe ~ et jambes*** F das macht mich völlig fertig
**brasier** [brɑzje] *m* Feuersglut *f*
**brassage** [brasaʒ] *m* Bierbrauen *n*; *fig des races*, *peuples*: Rassen-, Völkervermischung *f*
**brassard** [brasar] *m* Armbinde *f*
**brasse** [bras] *f* Brustschwimmen *n*; ***~ papillon*** Schmetterlingstil *m*
**brass|er** [brase] (*1a*) *bière*: brauen; ***~ des affaires*** viele Geschäfte betreiben; **~erie** *f usine*: Brauerei *f*; *établissement*: Bierhalle *f*; **~eur**, **~euse** **1.** *m* Brauer *m*; **2.** *m*, *f* Brustschwimmer(in) *m*(*f*)
**bravade** [bravad] *f obstination* Trotz *m*; *vantardise* Angeberei *f*, Prahlerei *f*
**brave** [brav] **1.** *adj courageux* (*suit le subst*) tapfer; *bon* (*précède le subst*) rechtschaffen, anständig, ordentlich; *péj* bieder; **2.** *m* ***un ~*** ein tapferer Mann
**brav|er** [brave] (*1a*) ***~ qn, qc*** j-m, e-r Sache trotzen; **~oure** [-ur] *f* Tapferkeit *f*; ***morceau*** *m* ***de ~*** *fig u mus* Bravurstück *n*
**break** [brɛk] *m auto* Kombi *m*
**brebis** [brəbi] *f* (Mutter-)Schaf *n*
**brèche** [brɛʃ] *f* Öffnung *f*, Loch *n*; *enceinte fortifiée*: Bresche *f*; *fig* ***être toujours sur la ~*** immer im Trab sein; *fig* ***battre qn, qc en ~*** j-n, etw heftig attackieren
**bredouill|e** [brəduj] ***rentrer ~*** unverrichteter Dinge, mit leeren Händen zurückkehren; **~er** (*1a*) murmeln, stammeln
**bref**, **brève** [brɛf, brɛv] **1.** *adj* kurz; **2.** *adv* ***bref*** kurzum, mit einem Wort
**breloque** [brəlɔk] *f* Anhänger *m* (*am*

*Armband*)
**Brême** [brɛm] Bremen *n*
**Brésil** [brezil] ***le ~*** Brasilien *n*
**brésil|ien, ~ienne** [breziljɛ̃, -jɛn] **1.** *adj* brasilianisch; **2.** **♀, ♀ne** *m, f* Brasilianer(in) *m(f)*
**Bretagne** [brətaɲ] ***la ~*** die Bretagne
**bretelle** [brətɛl] *f lingerie*: Träger *m*; *autoroute*: Zubringer *m*; **~s** *f/pl pantalons*: Hosenträger *m/pl*
**bret|on, ~onne** [brətõ, -ɔn] **1.** *adj* bretonisch; **2.** **♀, ♀ne** *m, f* Bretone *m*, Bretonin *f*
**breuvage** [brœvaʒ] *m* Getränk *n*
**brève** → ***bref***
**brevet** [brəvɛ] *m diplôme* Diplom *n*, (Abschluss-)Zeugnis *n*; *invention*: Patent *n*
**breveter** [brəvte] (*1c*) patentieren
**bréviaire** [brevjɛr] *m rel* Brevier *n*
**bribes** [brib] *f/pl* Brocken *m/pl*, Fetzen *m/pl*
**bric-à-brac** [brikabrak] *m* (*unv*) Trödelkram *m*
**bricolage** [brikɔlaʒ] *m* Basteln *n*; *travail peu soigné* Pfuscharbeit *f*
**bricol|e** [brikɔl] *f* Kleinigkeit *f*; **~er** (*1a*) basteln; **~eur, ~euse** *m, f* Bastler(in) *m(f)*, Heimwerker *m*
**brid|e** [brid] *f* Zaum *m*, Zügel *m*; *fig* ***tourner ~*** umkehren; *fig* ***tenir la ~ haute à qn*** bei j-m die Zügel kurzhalten; **~é, ~ée** ***yeux*** *m/pl* ***bridés*** Schlitzaugen *n/pl*; **~er** (*1a*) zäumen; zügeln (*a fig*)
**bridge** [bridʒ] *m jeu*: Bridge *n*; *dents*: (Zahn-)Brücke *f*
**brie** [bri] *m* Brie(käse) *m*
**briève|ment** [brijɛvmɑ̃] *adv* kurz; **~té** [-te] *f* Kürze *f*
**brigad|e** [brigad] *f mil* Brigade *f*; *d'ouvriers*: Trupp *m*, Kolonne *f*; **~ier** [-je] *m mil* Obergefreite(r) *m*
**brigand** [brigɑ̃] *m* Räuber *m*; *fig* Schurke *m*
**brigandage** [brigɑ̃daʒ] *m* schwerer Raub *m*
**briguer** [brige] (*1m*) anstreben, sich bemühen um
**brillamment** [brijamɑ̃] *adv* glänzend
**brill|ant, ~ante** [brijɑ̃, -ɑ̃t] **1.** *adj* glänzend (*a fig*); *fig* brillant; ***ce n'est pas ~*** das ist nicht gerade glänzend; **2.** *m éclat* Glanz *m*; *fig* Brillanz *f*; *diamant* Brillant *m*
**briller** [brije] (*1a*) glänzen (*a fig*); *soleil*: scheinen; ***faire ~*** *meuble*: auf Hochglanz polieren
**brim|ade** [brimad] *f* Schikane *f*; **~er** (*1a*) schikanieren
**brin** [brɛ̃] *m* Halm *m*; *fig* ***un ~*** (***de***) ein bisschen (+ *subst*); **~dille** [-dij] *f* Zweiglein *n*
**bringue** [brɛ̃g] *f* F ***faire la ~*** in Saus und Braus leben
**brio** [brijo] *m* ***avec ~*** großartig
**brioche** [brijɔʃ] *f cuis* Hefegebäck *n*; F *ventre* Bauch *m*
**brique** [brik] **1.** *f* Ziegelstein *m*; **2.** *adj inv* ziegelrot
**briquer** [brike] (*1m*) auf Hochglanz polieren
**briqu|et** [brikɛ] *m* Feuerzeug *n*; **~ette** [-ɛt] *f* Presskohle *f*, Brikett *n*
**brise** [briz] *f* Brise *f* (*a mar*)
**brisé, ~e** [brize] gebrochen
**brise|-glace(s)** [brizglas] *m* (*pl unv*) Eisbrecher *m*; **~-lames** [-lam] *m* (*pl unv*) Wellenbrecher *m*
**briser** [brize] (*1a*) *v/t chose*: zerbrechen; *résistance, grève, cœur, volonté*: brechen; *vie, amitié, bonheur*: zerstören, F kaputtmachen; *fatiguer* erschöpfen; *v/i mer*: branden; ***se ~*** brechen, in die Brüche gehen
**bris|e-tout** [briztu] *m* (*pl unv*) Tollpatsch *m*; **~eur** *m* ***~ de grève*** Streikbrecher *m*
**britannique** [britanik] **1.** *adj* britisch; **2.** **♀** *m, f* Brite *m*, Britin *f*
**broc** [bro] *m* Kanne *f*, Krug *m*
**brocant|e** [brɔkɑ̃t] *f* (Handel *m* mit) Trödel *m*; **~er** (*1a*) mit Trödel handeln; **~eur, ~euse** *m, f* Trödler(in) *m(f)*
**brocart** [brɔkar] *m* Brokat *m*
**broch|e** [brɔʃ] *f cuis* Bratspieß *m*; *bijou*: Brosche *f*; *tech* Dorn *m*, Stift *m*; **~er** (*1a*) heften
**brochet** [brɔʃɛ] *m zo* Hecht *m*
**brochette** [brɔʃɛt] *f cuis* kleiner Bratspieß *m*; *plat*: (*Art*) Schaschlik *n od m*
**brochure** [brɔʃyr] *f* Broschüre *f*
**brocoli** [brɔkɔli] *m* Brokkoli *pl*
**brod|er** [brɔde] (*1a*) sticken; **~erie** *f* Stickerei *f*
**bronche** [brõʃ] *f anat* Bronchie *f*
**broncher** [brõʃe] (*1a*) ***ne pas ~*** sich

nicht rühren, keinen Laut von sich geben; ***sans ~*** ohne zu murren, ohne Widerworte
**bronchite** [brõʃit] *f méd* Bronchitis *f*
**bronz|e** [brõz] *m* Bronze *f*; **~é**, **~ée** gebräunt, braun; **~er** (*1a*) *peau*: bräunen; (***se***) ~ bräunen, braun werden
**bross|e** [brɔs] *f* Bürste *f*; *pinceau* Pinsel *m*; ~ ***à dents*** Zahnbürste *f*; **~er** (*1a*) bürsten; *fig tableau de la situation*: in groben Zügen schildern; ***se ~ les dents, les cheveux*** sich (*dat*) die Zähne putzen, die Haare bürsten
**brouette** [bruɛt] *f* Schubkarre *f*
**brouhaha** [bruaa] *m* Getöse *n*
**brouillard** [brujar] *m* Nebel *m*; *comm* Kladde *f*; ***il fait du ~*** es ist nebelig
**brouill|e** [bruj] *f* Zwist *m*, Krach *m*; **~é**, **~ée** *fâché* F verkracht (***avec*** mit); *ciel*: verhangen; *teint*: blass, unrein; *cuis* ***œufs*** *m/pl* ***brouillés*** Rühreier *n/pl*; **~er** (*1a*) *cartes*: mischen; *papiers*, *projets*: durcheinanderbringen; *radio*: stören; *amis*: entzweien, auseinander bringen; ***se ~*** *ciel*: sich bewölken; *temps*: sich eintrüben; *vitres*, *lunettes*: beschlagen; *idées*: durcheinandergeraten; *amis*: sich entzweien
**brouillon** [brujõ] *m* Konzept *n*; ***cahier*** *m* ***de ~*** Schmierheft *n*; ***papier*** *m* ~ Schmierpapier *n*
**broussaill|es** [brusaj] *f/pl* Gestrüpp *n*; **~eux**, **~euse** *cheveux*, *sourcils*: buschig, struppig
**brousse** [brus] *f géogr* Busch *m*
**brouter** [brute] (*1a*) *v/t* abgrasen; *v/i* grasen
**broutille** [brutij] *f* Lappalie *f*
**broyer** [brwaje] (*1h*) zerkleinern; *fig* ~ ***du noir*** traurig sein, Trübsal blasen
**bru** [bry] *f* Schwiegertochter *f*
**Bruges** [bryʒ] Brügge *n*
**brugnon** [bryɲõ] *m bot* Nektarine *f*
**bruin|e** [brɥin] *f* Nieselregen *m*; **~er** (*1a*) nieseln; **~eux**, **~euse** [-ø, -øz] nasskalt
**bruissement** [brɥismɑ̃] *m* Rascheln *n*
**bruit** [brɥi] *m* ***un ~*** ein Geräusch *n*; ***le ~*** der Lärm; *rumeur* das Gerücht; ***faire du ~*** *fig* Aufsehen erregen; ***faire grand ~ de qc*** F viel Geschrei um etw machen; ***le ~ court que*** es geht das Gerücht, dass
**bruitage** [brɥitaʒ] *m radio*, *théâtre*: Geräuschkulisse *f*
**brûl|ant**, **~ante** [brylɑ̃, -ɑ̃t] glühend, brennend heiß; *fig sujet*: heiß, heikel; **~é**, **~ée 1.** *adj* verbrannt, versengt; ***sentir le brûlé*** brenzlig riechen; **2.** *m*, *f* Verletzte(r) *m*, *f* mit Verbrennungen
**brûle-pourpoint** [brylpurpwɛ̃] ***à ~*** geradeheraus, ohne Umschweife
**brûler** [bryle] (*1a*) **1.** *v/t* verbrennen; *d'eau bouillante*: verbrühen; *cuis* anbrennen lassen; *vêtement en repassant*: an-, versengen; *charbon*, *électricité*: verbrauchen; *dessécher* versengen, *le sol*: ausdörren; *voiture*: durchfahren, nicht halten; ~ ***le feu rouge*** bei Rot über die Ampel fahren; *fig* ~ ***les étapes*** einige Stufen überspringen; **2.** *v/i* brennen; *cuis* anbrennen; ~ ***de fièvre*** vor Fieber glühen; ***se ~*** sich verbrennen; *d'eau bouillante*: sich verbrühen; ***se ~ la cervelle*** sich e-e Kugel durch den Kopf jagen
**brûleur** [brylœr] *m* Brenner *m*
**brûlure** [brylyr] *f sensation*: Brennen *n*; *lésion*: Verbrennung *f*, Brandwunde *f*; ***~s d'estomac*** Sodbrennen *n*
**brum|e** [brym] *f* Nebel *m*; **~eux**, **~euse** [-ø, -øz] neb(e)lig
**brun**, **brune** [brɛ̃ *od* brœ̃, bryn] **1.** *adj* braun; *bière*: dunkel; **2.** *m*, *f* Brünette(r) *m*, *f*; *aux cheveux bruns*: Dunkelhaarige(r) *m*, *f*; **3.** *m couleur*: Braun *n*
**brunâtre** [brynɑtrə] bräunlich
**brunch** [brœnʃ] *m* Brunch *m*
**brunir** [brynir] (*2a*) bräunen
**Brunswick** [brɛ̃-, brœ̃svik] Braunschweig *n*
**brushing** [brœʃiŋ] *m* Föhnen *n*
**brusqu|e** [brysk] *rude* barsch, schroff; *soudain* jäh, plötzlich; **~er** (*1m*) *personne*: (barsch) anfahren; *choses*: überstürzen; **~erie** [-əri] *f* Barschheit *f*
**brut**, **~e** [bryt] **1.** *adj* roh, unbearbeitet; *bénéfice*: Brutto…; ***champagne*** *m* ***brut*** sehr trockener Champagner *m*; ***poids*** *m* ***brut*** Bruttogewicht *n*; ***revenu*** *m* ***brut*** Bruttoeinkommen *n*; **2.** *f* Rohling *m*
**brutal**, **~e** [brytal] (*m/pl -aux*) brutal; **~iser** (*1a*) grob behandeln; **~ité** *f* Brutalität *f*
**Bruxelles** [bry(k)sɛl] Brüssel *n*
**bruyamment** [brɥijamɑ̃] *adv* laut

**bruy|ant**, **~ante** [brɥijɑ̃, -ɑ̃t] laut, lärmend
**bruyère** [bryjɛr, brɥijɛr] *f bot* Heidekraut *n*; *terrain*: Heideland *n*
**bu**, **bue** [by] *p/p de* ***boire***
**buanderie** [bɥ(y)ɑ̃dri] *f* Waschküche *f*
**bûche** [byʃ] *f* Scheit *n*; ~ ***de Noël*** Biskuitrolle *f* (*Weihnachtskuchen*)
**bûcher**[1] [byʃe] *m* Scheiterhaufen *m*
**bûcher**[2] [byʃe] (*1a*) F büffeln, pauken, schuften
**bûcheron** [byʃrõ] *m* Holzfäller *m*
**budget** [bydʒɛ] *m* Budget *n*, Haushalt *m*; *pol* Etat *m*, Staatshaushalt *m*
**budgétaire** [bydʒetɛr] Haushalts…; Budget…; ***déficit*** *m* ~ Haushaltsdefizit *n*
**buée** [bɥe] *f sur vitre*: Beschlag *m*
**buffet** [byfɛ] *m de réception*: kaltes Büfett *n*; *meuble*: Anrichte *f*; ~ (***de la gare***) Bahnhofswirtschaft *f*
**buffle** [byflə] *m zo* Büffel *m*
**buis** [bɥi] *m bot* Buchsbaum *m*
**buisson** [bɥisõ] *m* Busch *m*, Gebüsch *n*
**buissonnière** [bɥisɔnjɛr] ***faire l'école*** ~ die Schule schwänzen
**bulbe** [bylb] *f bot* Zwiebel *f*, Knolle *f*
**bulgare** [bylgar] **1.** *adj* bulgarisch; **2.** ♀ *m*, *f* Bulgare *m*, Bulgarin *f*
**Bulgarie** [bylgari] ***la*** ~ Bulgarien *n*
**bulldozer** [buldozœr] *m* Bulldozer *m*, Planierraupe *f*
**bulle** [byl] *f* **1.** Blase *f*; *bande dessinée*: Sprechblase *f*; ~ ***de savon*** Seifenblase *f*; **2.** *papale*: Bulle *f*
**bulletin** [byltɛ̃] *m formulaire* Zettel *m*, Schein *m*; *rapport* Bericht *m*; *école*: Schulzeugnis *n*; ~ (***de vote***) Wahlzettel *m*; ~ ***météorologique*** Wetterbericht *m*; ~ ***de salaire*** Gehaltsabrechnung *f*; ~ ***d'expédition*** Paketkarte *f*
**bureau** [byro] *m* (*pl -x*) **1.** *meuble*: Arbeits-, Schreibtisch *m*; **2.** Büro *n*; *à la maison* Arbeitszimmer *n*; *d'un fonctionnaire*: Amt(szimmer) *n*; *avocat*: Kanzlei *f*; ~ ***de change*** Wechselstube *f*; ~ ***de location*** Theaterkasse *f*; ~ ***de placement*** Stellenvermittlungsbüro *n*; ~ ***de poste*** Postamt *n*; ~ ***de tabac*** Tabakladen *m*; ~ ***de traduction*** Übersetzungsbüro *n*; ~ ***de vote*** Wahllokal *n*; **~crate** [-krat] *m*, *f* Bürokrat(in) *m(f)*; **~cratie** [-krasi] *f* Bürokratie *f*; **~cratique** [-kratik] bürokratisch
**bureautique** [byrotik] *f* Büroautomation *f*, elektronische Bürotechnik *f*
**burette** [byrɛt] *f* Kännchen *n*
**burin** [byrɛ̃] *m* Meißel *m*, Stichel *m*
**bus** [bys] *m* (Stadt-)Bus *m*
**buse** [byz] *f zo* Bussard *m*
**busqué** [byske] ***nez*** *m* ~ Hakennase *f*
**buste** [byst] *m anat* Oberkörper *m*; *sculpture*: Büste *f*
**but** [by(t)] *m cible* Zielscheibe *f*; *fig objectif* Ziel *n*, Zweck *m*; *d'un voyage*: Ziel *n*; *sport*: Tor *n*; ***de ~ en blanc*** geradeheraus; ***dans le ~ de*** (+ *inf*) in der Absicht zu (+ *inf*); ***avoir pour ~*** bezwecken; ***marquer un ~*** ein Tor schießen
**butane** [bytan] *m* Butan(gas) *n*
**but|é**, **~ée** [byte] eigensinnig; **~er** (*1a*) stoßen (***contre*** an *acc*); *fig* ***se ~*** dickköpfig werden
**butin** [bytɛ̃] *m* Beute *f* (e-s *Diebes*)
**butte** [byt] *f colline*: (Erd-)Hügel *m*; ***être en ~ à*** ausgesetzt sein (*dat*)
**buv|able** [byvablə] trinkbar; **~ard** [-ar] (***papier*** *m*) ~ *m* Löschblatt *n*; **~ette** [-ɛt] *f* Erfrischungsraum *m*; Ausschank *m*; **~eur**, **~euse** *m*, *f* Trinker(in) *m(f)*

# C

**ça** [sa] das, dies, es; ~ ***alors!*** na so was!; ~ ***va?*** wie geht's?; ~ ***y est*** es ist so weit; ***c'est ~!*** stimmt!; ***et avec ~?*** sonst noch was?
**çà** [sa] ~ ***et là*** hier und da
**cabane** [kaban] *f* Hütte *f*
**cabanon** [kabanõ] *m cellule* Gummizelle *f*; *en Provence*: kleines Landhaus *n*
**cabaret** [kabarɛ] *m* Kabarett *n*
**cabas** [kabɑ] *m* Einkaufstasche *f*
**cabillaud** [kabijo] *m zo* Kabeljau *m*
**cabine** [kabin] *f* Kabine *f*; *mar a* Kajüte *f*; *camion*: Führerhaus *n*; *aviat* ~ ***de pi-***

***lotage*** Cockpit *n*; **~ *d'essayage*** Anprobekabine *f*; **~ *téléphonique*** Telefonzelle *f*
**cabinet** [kabinɛ] *m petite pièce* Kammer *f*; *avocat*: Anwaltsbüro *n*; *médecin*: Sprechzimmer *n*; *pol* Kabinett *n*; **~s** *pl* WC *n*, Toilette *f*
**câbl|e** [kɑblə] *m* Kabel *n* (*a tél*); *corde* Seil *n*, Tau *n*; *él* Leitung *f*; **~ *de remorque*** Abschleppseil *n*; **~er** (*1a*) *pays*: verkabeln
**cabosser** [kabɔse] (*1a*) verbeulen
**cabotage** [kabɔtaʒ] *m mar* Küstenschifffahrt *f*
**cabrer** [kɑbre] (*1a*) ***se ~*** *animal*: sich bäumen; *personne*: sich sträuben
**cabri** [kabri] *m* Zicklein *n*
**cabriol|e** [kabrijɔl] *f* Luftsprung *m*; **~et** [-ɛ] *m auto* Kabriolett *n*
**cacah(o)uète** [kakawɛt, -ɥɛt] *f bot* Erdnuss *f*
**cacao** [kakao] *m bot* Kakao *m*
**cache|-cache** [kaʃkaʃ] *m* Verstecken *n* (*Spiel*); **~-col** [-kɔl] *m* (*pl unv*) feiner Schal *m*; **~mire** [-mir] *m tissu*: Kaschmir *m*; **~-nez** [-ne] *m* (*pl unv*) (Woll-) Schal *m*
**cacher** [kaʃe] (*1a*) verstecken; *sentiments*, *pensées*: verbergen; *vérité*, *fait*: verheimlichen; ***se ~ de qn*** sich vor j-m verstecken; ***il ne cache pas que*** er verhehlt nicht, dass
**cachet** [kaʃɛ] *m* **1.** Stempel *m*, Siegel *n*; **2.** *fig caractère* Charakter *m*, Gepräge *n*; **3.** *phm* Kapsel *f*, Tablette *f*; **4.** *rétribution* Honorar *n*, Gage *f*
**cacheter** [kaʃte] (*1c*) (ver)siegeln
**cachette** [kaʃɛt] *f* Versteck *n*; ***en ~*** heimlich
**cachot** [kaʃo] *m* (finsteres) Gefängnis *n*
**cachotterie** [kaʃɔtri] *f* Geheimniskrämerei *f*
**cactus** [kaktys] *m* Kaktus *m*
**c.-à-d.** (*abr* c'est-à-dire) das heißt, d.h.
**cadastre** [kadastrə] *m* Kataster *m*; Katasteramt *n*
**cadavre** [kadavrə] *m personne*: Leiche *f*; *animal*: Kadaver *m*
**cadeau** [kado] *m* (*pl -x*) Geschenk *n*; ***faire ~ de qc à qn, faire un ~ à qn*** j-m etw (*acc*) schenken
**cadenas** [kadna] *m* Vorhänge-, Vorlegeschloss *n*; **~ser** [-se] (*1a*) mit e-m Vorhängeschloss verschließen; *bicyclette*: anschließen
**cadenc|e** [kadɑ̃s] *f* Rhythmus *m*, Takt *m*; *de travail* Tempo *n*; *mus* Kadenz *f*; **~é**, **~ée** rhythmisch, taktmäßig
**cad|et**, **~ette** [kadɛ, -ɛt] *m*, *f* jüngerer Sohn *m*, jüngere Tochter *f*; ***il est mon cadet de trois ans*** er ist drei Jahre jünger als ich
**cadran** [kadrɑ̃] *m* Zifferblatt *n*; **~ *solaire*** Sonnenuhr *f*
**cadr|e** [kɑdrə] *m* **1.** Rahmen *m* (*a fig*); ***dans le ~ de*** im Rahmen (*gén*); **2.** *d'une entreprise*: Führungskraft *f*; **~s *supérieurs*** (***moyens***) obere (mittlere) Führungskräfte *f/pl*; **~er** (*1a*) **~ *avec*** übereinstimmen mit; passen zu
**cad|uc**, **~uque** [kadyk] veraltet; *bâtiment*: baufällig; *jur* unwirksam
**cafard** [kafar] *m zo* (Küchen-)Schabe *f*; F ***avoir le ~*** traurig, mutlos, verstimmt sein; ***donner le ~ à qn*** j-n trübselig machen
**café** [kafe] *m boisson*: Kaffee *m*; *établissement* Kaffeehaus *n*, Café *n*, Wirtshaus *n*; **~ *crème*** (***noir***) Kaffee *m* mit (ohne) Milch; **~ *filtre*** Filterkaffee *m*
**caféine** [kafein] *f* Koffein *n*
**cafeteria** [kafeterja] *f* Cafeteria *f*
**café-théâtre** [kafeteɑtrə] *m* (*pl cafés--théâtres*) Kleinkunsttheater *n*
**cafet|ier** [kaftje] *m* Cafébesitzer *m*, Wirt *m*; **~ière** [-jɛr] *f* Kaffeekanne *f*; **~ *électrique*** Kaffeemaschine *f*
**cage** [kaʒ] *f* Käfig *m*; *tech* Gehäuse *n*; **~ *d'escalier*** Treppenhaus *n*
**cageot** [kaʒo] *m* Lattenkiste *f*, Steige *f*
**cagibi** [kaʒibi] F *m* Abstellkammer *f*
**cagn|eux**, **~euse** [kaɲø, -øz] X-beinig
**cagnotte** [kaɲɔt] *f* Spielkasse *f*; Gemeinschaftskasse *f*
**cag|ot**, **~ote** [kago, -ɔt] *litt* **1.** *m*, *f* Heuchler(in) *m*(*f*); **2.** *adj* heuchlerisch
**cagoule** [kagul] *f* Kapuze *f* (*mit Augenschlitzen*)
**cahier** [kaje] *m* (Schreib-)Heft *n*
**cahot** [kao] *m* Stoß *m*, Ruck *m*
**cahoter** [kaɔte] (*1a*) *v/t* schütteln, rütteln; *v/i auto* holpern, rumpeln
**caille** [kaj] *f zo* Wachtel *f*
**caill|é** [kaje] (***lait*** *m*) **~** *m* Sauermilch *f*, dicke Milch *f*; **~er** (*1a*) gerinnen lassen; ***se ~*** gerinnen; F *fig* ***ça caille!***

es ist eiskalt!
**caillot** [kajo] *m* **~ (*de sang*)** (Blut-)Gerinnsel *n*
**caillou** [kaju] *m* (*pl -x*) Kieselstein *m*; ***~x*** *pl* Schotter *m*; Kies *m*
**Caire** [kɛr] ***Le ~*** Kairo *n*
**caiss|e** [kɛs] *f* **1.** *boîte* Kiste *f*, Kasten *m*; *mus* ***grosse ~*** Pauke *f*; **2.** *argent*: Kasse *f*; ***tenir la ~*** die Kasse führen; ***~ noire*** Geheimfonds *m*; ***~ d'épargne*** Sparkasse *f*; **~ier**, **~ière** [-je, -jɛr] *m*, *f* Kassierer(in) *m(f)*; **~on** [-õ] *m* Kiste *f*, Behälter *m*; *arch* Kassette *f*
**cajoler** [kaʒɔle] (*1a*) liebkosen
**cake** [kɛk] *m* englischer Kuchen *m*
**calamité** [kalamite] *f* Unheil *n*
**calandre** [kalɑ̃drə] *f auto* Kühlergrill *m*
**calcaire** [kalkɛr] **1.** *adj* Kalk…, kalkig; *eau*: kalkhaltig; **2.** *m* Kalk(stein) *m*
**calciné**, **~e** [kalsine] ausgebrannt, verkohlt
**calcium** [kalsjɔm] *m* Kalzium *n*
**calcul** [kalkyl] *m* **1.** Rechnung *f*, Rechnen *n*; *fig intérêt* Berechnung *f*, Kalkül *n*; ***~ mental*** Kopfrechnen *n*; **2.** *méd* Stein *m*; ***~ biliaire*** Gallenstein *m*; ***~ rénal*** Nierenstein *m*
**calcula|teur**, **~trice** [kalkylatœr, -tris] **1.** *adj* (be)rechnend; **2.** *m*, *f* Rechner(in) *m(f)*; *comm* Kalkulator *m*; **3.** *m ordinateur* Rechner *m*; **4.** *f* Rechner *m*; **~ (*de poche*)** Taschenrechner *m*
**calculer** [kalkyle] (*1a*) (aus-, er-, be-)rechnen; *combiner* kalkulieren
**cale** [kal] *f* **1.** *mar* Kielraum *m*; ***~ sèche*** Trockendock *n*; **2.** *pour bloquer*: Keil *m*
**calé**, **~e** [kale] F beschlagen (***en*** in *dat*)
**caleçon** [kalsõ] *m* Unterhose *f*; ***~ de bain*** Badehose *f*
**calembour** [kalɑ̃bur] *m* Wortspiel *n*, Kalauer *m*
**calendes** [kalɑ̃d] *f/pl* ***renvoyer qc aux ~ (grecques)*** etw auf den Sankt-Nimmerleins-Tag verschieben
**calendrier** [kalɑ̃drije] *m* Kalender *m*; *programme*: Zeitplan *m*
**calepin** [kalpɛ̃] *m* Notizbuch *n*
**caler** [kale] (*1a*) *v/t motor*: abwürgen; *tech* verkeilen; *v/i motor*: absterben
**calfeutrer** [kalføtre] (*1a*) zustopfen, abdichten; ***se ~*** zu Hause bleiben; F hinter dem Ofen hocken
**calibre** [kalibrə] *m arme*: Kaliber *n*; *tech* Stärke *f*, Durchmesser *m*; *fruits, œufs*: Größe *f*; *fig* F Format *n*, Kaliber *n*
**calice** [kalis] *m* Kelch *m*
**califourchon** [kalifurʃõ] ***à ~*** rittlings
**câl|in**, **~ine** [kalɛ̃, -in] **1.** *adj* zärtlich, anschmiegsam; **2.** *m* Liebkosung *f*; **~iner** [-ine] (*1a*) liebkosen; F schmusen (***qn*** mit); **~inerie** [-inri] *f souvent au pl* ***~s*** Zärtlichkeiten *f/pl*
**call|eux**, **~euse** [kalø, -øz] schwielig
**calm|ant**, **~ante** [kalmɑ̃, -ɑ̃t] **1.** *adj tranquillisant* beruhigend; *douleur*: schmerzlindernd; **2.** *m* Beruhigungs-, Schmerzmittel *n*
**calm|e** [kalm] **1.** *adj* ruhig, still; **2.** *m* Ruhe *f*, Stille *f*; *mar* Windstille *f*; *psych* Gemütsruhe *f*; ***avec ~*** gelassen; **~ement** [-əmɑ̃] *adv* ruhig; **~er** (*1a*) *personne*: beruhigen; *douleur*: mildern, lindern; *colère* beschwichtigen; ***se ~*** sich beruhigen
**calomn|ie** [kalɔmni] *f* Verleumdung *f*; **~ier** [-je] (*1a*) verleumden
**calori|e** [kalɔri] *f phys* Kalorie *f*; **~fère** [-fɛr] *m* Heizung *f*; **~fugé** [-fyʒe] wärmespeichernd, -isolierend
**calotte** [kalɔt] *f* **1.** Käppchen *n*; **2.** F *gifle* Ohrfeige *f*
**calqu|e** [kalk] *m tech* Pause *f*, Durchzeichnung *f*; *fig* Nachahmung *f*; **~er** (*1m*) durchzeichnen, -pausen; *fig* ***~ qc*** etw nachahmen
**calvados** [kalvados] *m* Apfelbranntwein *m*
**calvaire** [kalvɛr] *m rel* Kalvarienberg *m*; *fig* Leidensweg *m*
**calvitie** [kalvisi] *f* Kahlköpfigkeit *f*, Glatze *f*
**camarad|e** [kamarad] *m*, *f* Kamerad(in) *m(f)*; *pol* Genosse *m*, Genossin *f*; **~erie** [-ri] *f* Kameradschaft *f*
**cambiste** [kɑ̃bist(ə)] *m* Devisenhändler *m*; *touristes*: Geldwechsler *m*
**Cambodge** [kɑ̃bɔdʒ] ***le ~*** Kambodscha *n*
**cambouis** [kɑ̃bwi] *m* Schmieröl *n*
**cambrer** [kɑ̃bre] (*1a*) krümmen
**cambriol|age** [kɑ̃brijɔlaʒ] *m* Einbruch *m*; **~er** (*1a*) einbrechen (***qc*** in etw *acc*, ***qn*** bei j-m); **~eur**, **~euse** *m*, *f* Einbrecher(in) *m(f)*
**cambrousse** [kɑ̃brus] *f* F *péj* gottverlassene Gegend *f*

**came** [kam] *f tech* Nocken *m*; ***arbre** m* ***à ~s*** Nockenwelle *f*
**camel|ot** [kamlo] *m* Straßenhändler *m*; **~ote** [-ɔt] *f* F Schund *m*, Ramsch *m*
**camembert** [kamɑ̃bɛr] *m* Camembert (-käse) *m* (*aus der Normandie*)
**caméra** [kamera] *f* (Film-)Kamera *f*; ***~ vidéo*** Videokamera *f*
**Cameroun** [kamrun] ***le ~*** Kamerun *n*
**camion** [kamjõ] *m* Lastwagen *m*; **~-citerne** [-sitɛrn] *m* (*pl camions-citernes*) Tankwagen *m*
**camionn|ette** [kamjɔnɛt] *f* Lieferwagen *m*; **~eur** *m* Lastwagenfahrer *m*
**camisole** [kamizɔl] *f* ***~ de force*** Zwangsjacke *f*
**camomille** [kamɔmij] *f bot* Kamille *f*
**camoufl|age** [kamuflaʒ] *m* Tarnung *f*; **~er** (*1a*) tarnen; *fig intention, faute*: verbergen
**camp** [kɑ̃] *m* Lager *n* (*a mil u pol*); ***~ de concentration*** Konzentrationslager *n*; ***~ militaire*** Truppenübungsplatz *m*; ***~ de réfugiés*** Flüchtlingslager *n*; ***~ de vacances*** Ferienlager *n*; F ***ficher le ~*** abhauen, sich verziehen
**campagn|ard, ~arde** [kɑ̃paɲar, -ard] **1.** *adj* ländlich, bäuerlich; **2.** *m, f* Landbewohner(in) *m(f)*
**campagne** [kɑ̃paɲ] *f* **1.** Land *n* (*im Gegensatz zur Stadt*); ***à la ~*** auf dem Land; ***en pleine ~*** weit auf dem Land draußen; **2.** *mil u fig* Feldzug *m*; ***~ électorale*** Wahlkampf *m*; ***~ publicitaire*** Werbefeldzug *m*, -kampagne *f*
**campanile** [kɑ̃panil] *m* (*einzeln stehender*) Glockenturm *m*
**camp|ement** [kɑ̃pmɑ̃] *m* (Feld-)Lager *n*; **~er** (*1a*) campen, zelten, kampieren; ***se ~ devant*** sich aufstellen vor (*dat*); **~eur, ~euse** *m, f* Camper(in) *m(f)*
**camphre** [kɑ̃frə] *m* Kampfer *m*
**camping** [kɑ̃piŋ] *m* Camping *n*, Campen *n*, Zelten *n*; (***terrain** m* ***de***) ***~*** Campingplatz *m*; ***faire du ~*** zelten; **~-car** [-kar] *m* (*pl camping-cars*) Wohnmobil *n*
**Canada** [kanada] ***le ~*** Kanada *n*
**canad|ien, ~ienne** [kanadjɛ̃, -jɛn] **1.** *adj* kanadisch; **2. ♀, ♀ne** *m, f* Kanadier(in) *m(f)*
**canaille** [kanaj] *f* Schurke *m*, Kanaille *f*
**canal** [kanal] *m* (*pl -aux*) Kanal *m*; *tuyau* Leitung *f*; **~isation** [-izasjõ] *f tuyauterie* Leitungsnetz *n*, Kanalisation *f*; *eau, gaz*: Leitung *f*; *fleuve*: Kanalisierung *f*
**canapé** [kanape] *m* Sofa *n*
**canard** [kanar] *m* Ente *f*; *mâle*: Enterich *m*; *fig bobard* (*Zeitungs-*)Ente *f*; *péj journal* Zeitung *f*; F ***un froid de ~*** Saukälte *f*
**canari** [kanari] *m* Kanarienvogel *m*
**cancans** [kɑ̃kɑ̃] *m/pl* Klatsch *m*
**cancer** [kɑ̃sɛr] *m méd, astr* Krebs *m*
**cancér|eux, ~euse** [kɑ̃serø, -øz] **1.** *adj* Krebs…, krebsartig; *malade* krebskrank; **2.** *m, f* Krebskranke(r) *m, f*; **~igène, ~ogène** [-iʒɛn, -ɔʒɛn] krebserregend
**candeur** [kɑ̃dœr] *f* Treuherzigkeit *f*
**candi** [kɑ̃di] ***sucre** m* ***~*** Kandiszucker *m*
**candid|at, ~ate** [kɑ̃dida, -at] *m, f* Kandidat(in) *m(f)*; **~ature** [-atyr] *f* Kandidatur *f*; ***~ spontanée*** Blindbewerbung *f*; ***poser sa ~ à un poste*** sich für e-e Stelle bewerben
**candide** [kɑ̃did] naiv, unbefangen
**cane** [kan] *f* (*weibliche*) Ente *f*
**canevas** [kanva] *m couture*: Kanevas *m*; *fig* Gerüst *n*, Entwurf *m*
**caniche** [kaniʃ] *m* Pudel *m*
**canicule** [kanikyl] *f période*: Hundstage *m/pl*; *chaleur* Gluthitze *f*
**canif** [kanif] *m* Taschenmesser *n*
**can|in, ~ine** [kanɛ̃, -in] Hunde…
**canine** [kanin] *f* Eckzahn *m*
**caniveau** [kanivo] *m* (*pl -x*) Rinnstein *m*; *tech* Leitungskanal *m*
**canne** [kan] *f* Rohr *n* (*bot*); *à marcher*: Stock *m*; ***~ à sucre*** Zuckerrohr *n*; ***~ à pêche*** Angelrute *f*
**cannelle** [kanɛl] *f bot, cuis* Zimt *m*
**canoë** [kanɔe] *m* Kanu *n*
**canoéiste** [kanɔeist] *m, f* Kanufahrer(in) *m(f)*
**canon** [kanõ] *m* **1.** *mil* Kanone *f*; *fusil*: Lauf *m*; ***~ à eau*** Wasserwerfer *m*; **2.** *mus* Kanon *m*; **3.** *rel* Kanon *m*
**canoniser** [kanɔnize] (*1a*) *rel* heiligsprechen
**canot** [kano] *m* Boot *n*; ***~ de sauvetage*** Rettungsboot *n*; ***~ pneumatique*** Schlauchboot *n*
**canot|age** [kanɔtaʒ] *m* Kahnfahren *n*; **~er** (*1a*) Kahn fahren
**cantatrice** [kɑ̃tatris] *f* Sängerin *f*

**cantine** [kɑ̃tin] *f* Kantine *f*
**cantique** [kɑ̃tik] *m rel* Kirchenlied *n*, Lobgesang *n*
**canton** [kɑ̃tõ] *m France, Suisse*: Kanton *m*
**cantonn|er** [kɑ̃tɔne] (*1a*) **1.** *mil* einquartieren; **2.** ***se ~*** sich zurückziehen; *fig* sich beschränken (***dans*** auf *acc*); **~ier** [-je] *m* Straßenwärter *m*
**canule** [kanyl] *f méd* Röhrchen *n*, Kanüle *f*
**caoutchouc** [kautʃu] *m* Kautschuk *m*, Gummi *m od n*; *bande élastique* Gummiband *n*; ***~ mousse*** Schaumgummi *m*
**cap** [kap] *m* Kap *n*; *fig* ***franchir le ~*** die schwierige Lage überstehen; ***mettre le ~ sur*** Kurs auf (*acc*) … nehmen
**Cap** [kap] ***Le ~*** Kapstadt *n*
**CAP** [seape] *m* (*abr* certificat d'aptitude professionnelle) *etwa* Gesellen-, Facharbeiterprüfung *f*, -brief *m*
**cap|able** [kapablə] fähig; ***~ de*** (+ *inf*) fähig, im Stande zu (+ *inf*); **~acité** [-asite] *f compétence* Fähigkeit *f*; *contenance* Kapazität *f*
**cape** [kap] *f* Umhang *m*; *fig* ***rire sous ~*** sich ins Fäustchen lachen
**CAPES** *m abr* ***certificat d'aptitude professionnelle à l'enseignement secondaire*** *entspricht etwa*: zweites Staatsexamen (für das höhere Lehramt)
**capillaire** [kapilɛr] kapillar, Haar…
**capitaine** [kapitɛn] *m mil* Hauptmann *m*; *mar* Kapitän *m*; *sports*: Mannschaftskapitän *m*
**capital**, **~e** [kapital] (*m/pl -aux*) **1.** *adj* hauptsächlich; Haupt…; ***il est capital que*** (+ *subj*) es ist von größter Wichtigkeit, dass; ***peine*** *f* ***capitale*** Todesstrafe *f*; **2.** *m* Kapital *n*, Vermögen *n*; ***capitaux*** *pl* Gelder *n/pl*, (Geld-)Mittel *n/pl*; **3.** *f ville*: Hauptstadt *f*; *lettre*: Großbuchstabe *m*; **~iser** (*1a*) anhäufen; **~isme** *m* Kapitalismus *m*; **~iste 1.** *adj* kapitalistisch; **2.** *m*, *f* Kapitalist(in) *m(f)*
**capit|eux**, **~euse** [kapitø, -øz] berauschend; **~onner** [-ɔne] (*1a*) polstern
**capit|ulation** [kapitylasjõ] *f* Kapitulation *f*, Übergabe *f*; **~uler** [-yle] (*1a*) kapitulieren
**caporal** [kapɔral] *m* (*pl -aux*) *mil* Gefreite(r) *m*
**cap|ot** [kapo] *m auto* Motorhaube *f*; **~ote** [-ɔt] *f vêtement*: Mantel *m* (mit Kapuze); *auto* Verdeck *n*; P ***~ anglaise*** P Pariser *m*; **~oter** [-ɔte] (*1a*) *aviat*, *auto* sich überschlagen
**câpre** [kɑprə] *f cuis* Kaper *f*
**capric|e** [kapris] *m* Laune *f*; **~ieux**, **~ieuse** [-jø, -jøz] launisch
**capricorne** [kaprikɔrn] *m astr* Steinbock *m*
**capsule** [kapsyl] *f bouteille*: Kronenverschluss *m*; *spatiale*: Kapsel *f*
**capt|er** [kapte] (*1a*) *obtenir par ruse* erschleichen; *attention*: fesseln; *source*: fassen; *radio*, *TV* empfangen; *courant électrique*: entnehmen; **~eur** *m tech* ***~ solaire*** Sonnenkollektor *m*
**capt|if**, **~ive** [kaptif, -iv] **1.** *adj* gefangen; **2.** *m*, *f* Gefangene(r) *m*, *f*; **~iver** [-ive] (*1a*) *fig* fesseln, faszinieren; **~ivité** [-ivite] *f* Gefangenschaft *f*
**captur|e** [kaptyr] *f saisie* Gefangennahme *f*; *butin* Fang *m*; **~er** (*1a*) einfangen; *personne*: festnehmen
**capuchon** [kapyʃõ] *m* Kapuze *f*
**capuc|in** [kapysɛ̃] *m rel* Kapuziner *m*; **~ine** *f bot* Kapuzinerkresse *f*
**car**[1] [kar] *m* Reise-, Überlandbus *m*
**car**[2] [kar] *conj* denn
**carabin|e** [karabin] *f* Karabiner *m*; **~é**, **~ée** F heftig, stark
**caractère** [karaktɛr] *m* **1.** *lettre*, *signe* Schriftzeichen *n*; ***en ~s gras*** fett gedruckt; ***~ de contrôle, de commande*** *EDV* Steuerzeichen *n*; ***~ spécial*** Sonderzeichen *n*; ***~s pl d'imprimerie*** Druckbuchstaben *m/pl*, (-)Schrift *f*; **2.** *psych* Charakter *m*, Art *f*; ***avoir bon ~*** gutmütig sein; ***avoir mauvais ~*** e-n schwierigen Charakter haben
**caractéris|é**, **~ée** [karakterize] ausgeprägt; **~er** (*1a*) charakterisieren, kennzeichnen
**caractéristique** [karakteristik] **1.** *adj* charakteristisch (***de*** für); **2.** *f* Kennzeichen *n*; *personne*: Wesenszug *m*
**carafe** [karaf] *f* Karaffe *f*
**carambolage** [karɑ̃bɔlaʒ] *m* Auffahrunfall *m*, Zusammenstoß *m*, Karambolage *f*
**caramboler** [karɑ̃bɔle] (*1a*) zusammenprallen, zusammenstoßen
**caramel** [karamɛl] *m substance*: Kara-

mell *m*; *bonbon* Karamellbonbon *m od n*
**carapace** [karapas] *f zo u fig* Panzer *m*; *tech* Panzerung *f*
**carat** [kara] *m* Karat *n*
**caravan|e** [karavan] *f* **1.** *convoi* Karawane *f*; **2.** *auto* Wohnwagen *m*, Caravan *m*; **~ing** [-iŋ] *m* Reisen *n* mit e-m Wohnwagen
**carbon|e** [karbɔn] *m chim* Kohlenstoff *m*; ***papier*** *m* **~** Kohlepapier *n*; **~ique** *chim* ***acide*** *m* **~** Kohlensäure *f*; ***gaz*** *m* **~** Kohlendioxid *n*; **~iser** [-ize] (*1a*) verkohlen
**carbur|ant** [karbyrɑ̃] *m* Treib-, Kraftstoff *m*; **~ateur** [-atœr] *m tech* Vergaser *m*
**carcasse** [karkas] *f animal*: Gerippe *n*; *tech* Gestell *n*
**cardiaque** [kardjak] *méd* **1.** *adj* Herz…; *malade* herzkrank; **2.** *m*, *f* Herzkranke(r) *m*, *f*; **3.** *m phm* Herzmittel *n*
**cardinal**, **~e** [kardinal] (*m/pl -aux*) **1.** *adj* hauptsächlich, Haupt…; ***les points*** *m/pl* ***cardinaux*** die vier Himmelsrichtungen *f/pl*; **2.** *m égl* Kardinal *m*
**cardio|logie** [kardjɔlɔʒi] *f* Kardiologie *f*; **~logue** [-lɔg] *m*, *f* Kardiologe *m*, Kardiologin *f*, Herzspezialist(in) *m(f)*
**carême** [karɛm] *m rel* Fastenzeit *f*
**carence** [karɑ̃s] *f incompétence* Unfähigkeit *f*, Versagen *n*; *manque* Mangel *m*; **~ *alimentaire*** mangelhafte Ernährung *f*; **~ *de contacts*** Kontaktarmut *f*; ***maladie*** *f* ***par*** **~** Mangelkrankheit *f*
**caress|e** [karɛs] *f* Liebkosung *f*, Zärtlichkeit *f*; **~er** (*1b*) streicheln, liebkosen; *projet*, *idée*: spielen mit
**cargaison** [kargɛzõ] *f* (Schiffs-)Ladung *f*, Fracht *f*; *fig* Repertoire *n*
**cargo** [kargo] *m mar* Frachtschiff *n*, Frachter *m*
**caricatur|e** [karikatyr] Karikatur *f*, Zerrbild *n*; **~er** (*1a*) karikieren
**carie** [kari] *f méd* **~ *dentaire*** Karies *f*; ***une*** **~** ein Loch *n* im Zahn
**carié**, **~e** [karje] *dent*: kariös
**carillon** [karijõ] *m cloches*: Glockenspiel *n*; *pendule*: Schlagwerk *n*; **~ *électrique*** elektrische Klingel *f*
**Carinthie** [karɛ̃ti] ***la*** **~** Kärnten *n*
**carlingue** [karlɛ̃g] *f aviat* Kabine *f*
**carme** [karm] *m rel* Karmeliter *m*
**carnage** [karnaʒ] *m* Blutbad *n*
**carnass|ier**, **~ière** [karnasje, -jɛr] fleischfressend; **~ière** *f* Jagdtasche *f*
**carnation** [karnasjõ] *f* Gesichtsfarbe *f*
**carnaval** [karnaval] *m* (*pl* -als) Fasching *m*, Karneval *m*
**carnet** [karnɛ] *m* Notizbuch *n*; **~ *de chèques*** Scheckheft *n*; **~ *d'adresses*** Adressbuch *n*
**carnivore** [karnivɔr] **1.** *adj* fleischfressend; **2.** *m/pl* **~s** Fleischfresser *m/pl*
**carotte** [karɔt] *f* Mohrrübe *f*, Möhre *f*, Karotte *f*; ***poil de*** **~** rothaarig, fuchsrot
**carpe** [karp] *f zo* Karpfen *m*
**carpette** [karpɛt] *f* kleiner Teppich *m*
**carr|é**, **~ée** [kare] **1.** *adj* quadratisch; *visage*: kantig; *fig refus*, *réponse*: deutlich, eindeutig; ***mètre*** *m* ***carré*** Quadratmeter *m od n*; **2.** *m* Quadrat *n*; *jardin*: Beet *n*; ***élever au*** **~** quadrieren
**carreau** [karo] *m* (*pl -x*) *de faïence etc*: Fliese *f*, Kachel *f*; *fenêtre*: Fensterscheibe *f*; *cartes*: Karo *n*; ***à*** **~x** kariert
**carrefour** [karfur] *m* Straßenkreuzung *f*; *fig* Treffpunkt *m*
**carrel|age** [karlaʒ] *m* Fliesen-, Plattenbelag *m*; **~er** (*1c*) mit Fliesen auslegen; **~eur** *m* Fliesen-, Plattenleger *m*
**carrément** [karemɑ̃] *adv* rundweg, geradeheraus
**carrière** [karjɛr] *f* **1.** Steinbruch *m*; **2.** *profession*: Laufbahn *f*, Karriere *f*; ***militaire*** *m* ***de*** **~** Berufssoldat *m*
**carriole** [karjɔl] *f péj* Karren *m*
**carrossable** [karɔsablə] befahrbar
**carross|e** [karɔs] *m* Kutsche *f*, Karosse *f*; **~erie** *f auto* Karosserie *f*
**carrousel** [karuzɛl] *m* Karussell *n*
**carrure** [karyr] *f* Schulterbreite *f*
**cartable** [kartablə] *m* Schulmappe *f*, -ranzen *m*
**carte** [kart] *f* Karte *f*; *restaurant*: Speisekarte *f*; **~ *de crédit*** Kreditkarte *f*; **~ *d'embarquement*** Bordkarte *f*; **~ *d'étudiant*** Studentenausweis *m*; **~ *graphique*** Grafikkarte *f*; *auto* **~ *grise*** Kraftfahrzeugschein *m*; **~ *d'identité*** Personalausweis *m*; **~ *postale*** Postkarte *f*; **~ *à puce*** Chipkarte *f*; **~ *routière*** Straßenkarte *f*; **~ *son*** Soundkarte *f*; **~ *vermeil*** Seniorenkarte *f*; **~ (*de visite*)** Visitenkarte *f*; **~ *des vins*** Weinkarte *f*; *fig* ***donner*** **~ *blanche à qn*** j-m freie Hand lassen; ***à la*** **~** nach

der Karte
**cartel** [kartɛl] *m écon* Kartell *n*; *pol* Block *m*
**carter** [kartɛr] *m tech* Gehäuse *n*; *auto* **~ *inférieur*** Ölwanne *f*
**cartilage** [kartilaʒ] *m* Knorpel *m*
**cartomancienne** [kartɔmɑ̃sjɛn] *f* Kartenlegerin *f*
**carton** [kartõ] *m matériau*: Pappe *f*; *boîte* Karton *m*, (Papp-)Schachtel *f*; **~ (*à dessin*)** Mappe *f*; **~ *ondulé*** Wellpappe *f*; *football*: **~ *jaune*** (***rouge***) Gelbe (Rote) Karte *f*
**cartonné, ~e** [kartɔne] kartoniert
**cartouch|e** [kartuʃ] *f* Patrone *f*; *cigarettes*: Stange *f*; **~ière** [-jɛr] *f mil*, *ch* Patronentasche *f*
**cas** [kɑ, ka] *m* Fall *m* (*a méd*, *gr*, *jur*); ***en aucun ~*** auf keinen Fall; ***dans ce ~-là, en ce ~*** in diesem Fall; ***en tout ~*** auf jeden Fall; ***en aucun ~*** auf keinen Fall, keinesfalls; ***en ~ de*** im Fall (*gén*); ***au ~ où*** (+ *cond*), *litt* ***en ~ que*** (+ *subj*) falls; im Falle, dass; ***en ~ de besoin*** notfalls; ***le ~ échéant*** gegebenenfalls; ***faire grand ~ de qc*** auf etw (*acc*) großen Wert legen; ***faire peu de ~ de*** sich wenig machen aus
**casan|ier, ~ière** [kazanje, -jɛr] *m, f* Stubenhocker(in) *m(f)*
**casaque** [kazak] *f fig* ***tourner ~*** umschwenken
**cascad|e** [kaskad] *f* Wasserfall *m*; **~eur** *m* Stuntman *m*
**case** [kɑz] *f* **1.** *hutte* Hütte *f*; **2.** *compartiment* Fach *n*; *formulaire*, *mots-croisés*: Kästchen *n*; *échiquier*: Feld *n*
**caser** [kaze] (*1a*) unterbringen; *choses*: *a* verstauen; *fig marier* verheiraten
**caserne** [kazɛrn] *f* Kaserne *f*
**cash** [kaʃ] ***payer ~*** bar bezahlen
**casier** [kazje] *m courrier*: Fach *n*; *bouteilles*, *livres*: Regal *n*; **~ *judiciaire*** Strafregister *n*
**Caspienne** [kaspjɛn] ***la mer ~*** das Kaspische Meer
**casqu|e** [kask] *m* (Schutz-, Sturz-)Helm *m*; *radio*: Kopfhörer *m*; ***les ~s bleus*** die Blauhelme *m/pl*; **~ette** [-ɛt] *f* (Schirm-)Mütze *f*
**cass|able** [kasablə] zerbrechlich; **~ant, ~ante** [-ɑ̃, -ɑ̃t] zerbrechlich; *fig* schroff; **~ation** *f jur* Aufhebung *f*; ***Cour*** *f* ***de ~*** Oberster Gerichtshof *m*
**casse** [kas] *f* ***mettre une voiture à la ~*** ein Auto verschrotten lassen; ***payer la ~*** den Schaden bezahlen
**casse|-croûte** [kaskrut] *m* (*pl unv*) Imbiss *m*; **~-noisettes** [-nwazɛt] *m* (*pl unv*) Nussknacker *m*; **~-pieds** [-pje] *unv* F unausstehlich
**casser** [kase] (*1a*) *v/t* zerbrechen; F kaputtmachen; *noix*: knacken; *œuf*: aufschlagen; *jur* aufheben; *v/i et* ***se ~*** (zer)brechen, F kaputtgehen; *verre*: zersplittern; *fil*: reißen; F ***~ les pieds à qn*** F j-m auf den Wecker gehen; *comm* ***~ les prix*** die Preise radikal senken; ***~ la croûte*** e-n Imbiss einnehmen; F ***~ la figure*** (***gueule***) ***à qn*** F j-n verdreschen, versohlen; F ***se ~ la figure*** (***gueule***) hinfallen, -schlagen; ***se ~ la tête*** sich den Kopf zerbrechen; F ***ne pas se ~*** sich nicht viel Mühe geben
**casserole** [kasrɔl] *f* Kochtopf *m*
**casse-tête** [kastɛt] *m* (*pl unv*) *arme*: Totschläger *m*; *fig problème* harte Nuss *f*
**cassette** [kasɛt] *f bande magnétique* Kassette *f*; ***magnétophone*** *m* ***à ~*** Kassettenrekorder *m*
**cassis** [kasis] *m* **1.** *bot* schwarze Johannisbeere *f*; (***crème*** *f* ***de***) **~** *Likör aus schwarzen Johannisbeeren*; **2.** *route*: Querrinne *f*
**cassoulet** [kasulɛ] *m cuis Eintopf aus Bohnen, Speck, Hammelfleisch*
**cassure** [kasyr] *f* Bruch *m*
**caste** [kast] *f* Kaste *f*
**castor** [kastɔr] *m zo* Biber *m*
**castrer** [kastre] (*1a*) kastrieren
**cataclysme** [kataklismə] *m* (Natur-)Katastrophe *f*
**Catalogne** [katalɔɲə] ***la ~*** Katalonien *n*
**cata|logue** [katalɔg] *m* Katalog *m*; **~loguer** [-lɔge] (*1m*) katalogisieren; F *péj* etikettieren; **~lytique** [-litik] ***pot*** *m* **~** *auto* Katalysator *m*; **~racte** [-rakt] *f* **1.** *cascade* (*großer*) Wasserfall *m*, Katarakt *m*; **2.** *méd* grauer Star *m*
**catastroph|e** [katastrɔf] *f* Katastrophe *f*; ***en ~*** überstürzt; **~é, ~ée** F niedergeschlagen, F fertig; **~ique** katastrophal
**catéchisme** [kateʃismə] *m enseignement*: Religionsunterricht *m*; *livre*: Katechismus *m*

**catégor|ie** [kategɔri] *f* Kategorie *f*, Klasse *f* (*a sports*); **~ique** kategorisch, entschieden

**cathédrale** [katedral] *f* Dom *m*, Kathedrale *f*, Münster *n*

**catholicisme** [katɔlisismə] *m* Katholizismus *m*

**catholique** [katɔlik] **1.** *adj* katholisch; F *fig* ***pas très ~*** nicht ganz sauber; **2.** *m, f* Katholik(in) *m(f)*

**catimini** [katimini] F ***en ~*** ganz heimlich

**cauchemar** [koʃmar] *m* Albtraum *m*

**caus|e** [koz] *f* **1.** Ursache *f*, Grund *m*; ***à ~ de, pour ~ de*** wegen; ***sans ~*** grundlos; ***pour ~*** zu Recht; **2.** *affaire* Sache *f*, Angelegenheit *f*; ***faire ~ commune avec qn*** mit j-m gemeinsame Sache machen; **3.** *jur* Prozess *m*; ***être en ~*** zur Debatte stehen; ***mettre en ~*** in Frage stellen; **~er** (*1a*) **1.** *provoquer* verursachen; **2.** *s'entretenir* plaudern (***avec qn de*** mit j-m über); **~erie** *f* Plauderei *f*

**caus|eur**, **~euse** [kozœr, -øz] *m, f* Plauderer *m*, Plauderin *f*

**caustique** [kostik] *chim* ätzend; *fig* beißend, scharf, schneidend

**cautériser** [koterize] (*1a*) *méd plaie*: ausbrennen

**caution** [kosjõ] *f* Bürgschaft *f*, Kaution *f*; *fig* Unterstützung *f*

**cautionner** [kosjɔne] (*1a*) *jur u fig* ***~ qn*** für j-n bürgen

**caval|er** [kavale] (*1a*) F ***~ après qn*** j-m nachlaufen; **~erie** *f* Kavallerie *f*, Reiterei *f*; **~ier**, **~ière** [-je, -jɛr] **1.** *m, f cheval*: Reiter(in) *m(f)*; *bal*: Tanzpartner(in) *m(f)*; Begleiter(in) *m(f)*; **2.** *m échecs*: Springer *m*; **3.** *adj impertinent* ungehörig, ungezogen

**cav|e** [kav] *f* Keller *m*; *vin*: Weinkeller *m*; **~eau** [-o] *m* (*pl -x*) Grabgewölbe *n*, Gruft *f*

**caverne** [kavɛrn] *f* Höhle *f*

**caviar** [kavjar] *m* Kaviar *m*

**caviste** [kavist] *m* Kellermeister *m* (*im Restaurant*)

**cavité** [kavite] *f* Hohlraum *m*

**CCI** *f abr* ***Chambre de commerce internationale*** IHK *f* (Internationale Handelskammer)

**CCP** *m abr* ***compte chèques postaux*** *etwa* Postgirokonto

**CD** *m abr* ***compact disc*** CD *f*

**CDD** *m abr* ***contrat à durée déterminée*** befristeter Arbeitsvertrag

**CDI** *m abr* ***contrat à durée indéterminée*** unbefristeter Arbeitsvertrag

**CD-ROM** [sederɔm] *abr m* CD-ROM *f*

**ce** [sə] *m* (**cet** [sɛt] *m*, **cette** [sɛt] *f*, **ces** [se] *pl*) diese(r, -s); ***~ …-ci*** diese(r, -s) … (hier); ***~ …-là*** der (die, das) *od* jene(r, -s) … (dort, da); ***ce que*** (*tu fais*), ***ce qui*** (*me plaît*) was; ***c'est pourquoi*** deshalb; ***ce matin*** heute Morgen; ***ce soir*** heute Abend; ***c'est que*** nämlich, denn; ***qui est-ce?*** wer ist das?; *à la porte*: wer ist da?; ***c'est le voisin*** das ist der Nachbar; ***pour ce faire*** zu diesem Zweck; ***sur ce*** daraufhin

**CECA** *abr f hist* ***Communauté européenne du charbon et de l'acier*** Montanunion *f*

**ceci** [səsi] dieses, dies, das; ***~ ou cela*** dieses oder jenes

**cécité** [sesite] *f* Blindheit *f*

**céder** [sede] (*1f*) ***~ qc à qn*** j-m etw über lassen, abtreten; ***~ à qn*** j-m nachgeben; ***il ne lui cède en rien*** er steht ihm in nichts nach; ***~ le passage*** die Vorfahrt lassen

**Cedex**, **CEDEX** ***Courrier d'entreprises à distribution exceptionnelle*** Postadresscode von Großbetrieben

**cèdre** [sɛdrə] *m bot* Zeder *f*

**CEE** [seəə] *f* (*abr* Communauté *f* économique européenne) E(W)G *f*, Europäische (Wirtschafts-)Gemeinschaft *f*

**CEI** *f abr* ***Communauté des États indépendants*** GUS *f* (Gemeinschaft Unabhängiger Staaten)

**ceindre** [sɛ̃drə] (*4b*) *litt* umgürten; umgeben (***de*** mit)

**ceintur|e** [sɛ̃tyr] *f* Gürtel *m*; ***~ de sécurité*** Sicherheitsgurt *m*; ***~ de sauvetage*** Rettungsring *m*; ***~ à enrouleur*** Automatikgurt *m*; ***~ verte*** Grüngürtel *m*; *fig* ***se serrer la ~*** den Gürtel enger schnallen; **~er** (*1a*) *personne*: umklammern (*in der Taille*); *ville*: umgeben

**cela** [s(ə)la] das (da); ***il y a cinq ans de ~*** das war vor fünf Jahren; ***à ~ près*** davon abgesehen, ansonsten

**célébration** [selebrasjõ] *f* Feier *f*; ***~ du mariage*** Trauung *f*

**célèbre** [selɛbrə] berühmt
**célébr|er** [selebre] (*1f*) feiern; **~ité** *f* Berühmtheit *f* (*a Person*)
**céleri** [sɛlri] *m bot* Sellerie *m od f*; **~(-rave)** (Knollen-)Sellerie *m od f*; ***~ en branche*** Stangensellerie *m od f*
**célérité** [selerite] *litt f* Schnelligkeit *f*
**céleste** [selɛst] Himmels…; himmlisch
**célibat** [seliba] *m* Ehelosigkeit *f*; *prêtre*: Zölibat *m od n*
**célibataire** [selibatɛr] **1.** *adj* ledig; **2.** *m, f* Junggeselle *m*, Junggesellin *f*
**celle**, **celles** [sɛl] → ***celui***
**cellier** [sɛlje] *m* Wein- *od* Vorratskeller *m*
**cellophane** [selɔfan] *f* Zellophan *n*
**cellule** [selyl] *f* Zelle *f*
**cellulite** [selylit] *f méd* Zellulitis *f*
**cellulose** [selyloz] *f* Zellulose *f*
**celtique** [sɛltik] keltisch
**celui** [səlɥi] *m* (**celle** [sɛl] *f*, **ceux** [sø] *m/pl*, **celles** [sɛl] *f/pl*) der, die, das; **~-ci** [-si] diese(r, -s); **~-là** [-la] jene(r, -s); ***celui dont je parle*** der(jenige), von dem ich spreche
**cendre** [sɑ̃drə] *f* Asche *f*
**cendr|é**, **~ée** [sɑ̃dre] aschfarben; **~ée** *f sports*: Aschenbahn *f*; **~ier** [-ije] *m* Aschenbecher *m*
**cène** [sɛn] *f rel* Abendmahl *n*
**cens|é**, **~ée** [sɑ̃se] ***il est ~ être malade*** man nimmt an, dass er krank ist; **~eur** *m* Zensor *m*; *fig* Kritiker *m*
**censur|e** [sɑ̃syr] *f* Zensur *f*; *organe*: Zensurbehörde *f*; *pol* ***motion*** *f* ***de ~*** Misstrauensantrag *m*; **~er** (*1a*) zensieren; verbieten
**cent** [sɑ̃] **1.** *adj* hundert; **2.** *m* Hundert *n, f*; ***pour ~*** Prozent *n*; **3.** *m de l'euro* Cent *m*
**centaine** [sɑ̃tɛn] *f* Hundert *n*; ***une ~ de*** ungefähr hundert
**centenaire** [sɑ̃tnɛr] **1.** *adj* hundertjährig; **2.** *m fête*: Hundertjahrfeier *f*
**centième** [sɑ̃tjɛm] **1.** hundertste(r, -s); **2.** Hundertstel *n*
**centime** [sɑ̃tim] *m* Centime *m*; **~ (*d'euro*)** (Euro)Cent *m*
**centimètre** [sɑ̃timɛtrə] *m* Zentimeter *n od m*; *ruban*: Maßband *n*
**central**, **~e** [sɑ̃tral] (*m/pl -aux*) **1.** *adj* zentral, Mittel…, Haupt…; ***Europe*** *f* ***centrale*** Mitteleuropa *n*; **2.** *m tél* Zentrale *f*; **3.** *f* ***centrale*** (***électrique***) Elektrizitätswerk *n*, Kraftwerk *n*; ***centrale nucléaire*** *od* ***atomique*** Atomkraftwerk *n*, Kernkraftwerk *n*; ***centrale syndicale*** Gewerkschaftszentrale *f*; **~isation** [-izasjõ] Zentralisierung *f*; **~iser** (*1a*) zentralisieren
**centr|e** [sɑ̃trə] *m* Zentrum *n*; Mittelpunkt *m* (*a math*); *milieu* Mitte *f* (*a pol*); *sports*: Mittelstürmer *m*; *géogr* ***le ~*** Mittelfrankreich *n*; ***~ commercial*** Einkaufszentrum *n*; ***~ d'accueil*** Beratungs-, Informationsstelle *f*; ***~ industriel*** Industriezentrum *n*; ***~ d'attraction*** Anziehungspunkt *m*; ***~ d'intérêt*** Brennpunkt *m* des Interesses; ***~ ville*** Stadtmitte *f*; ***au ~ de*** in der Mitte (von); **~er** (*1a*) zentrieren
**centrifuge** [sɑ̃trifyʒ] zentrifugal
**centuple** [sɑ̃typlə] *m* Hundertfache(s) *n*
**cep** [sɛp] *m* Rebstock *m*; **~age** *m* Rebenart *f*, Rebsorte *f*
**cèpe** [sɛp] *m bot* Steinpilz *m*
**cependant** [səpɑ̃dɑ̃] *pendant ce temps* indessen; *pourtant* doch, dennoch
**céramique** [seramik] *f* Keramik *f*
**cercle** [sɛrklə] *m* Kreis *m*; *fig* Zirkel *m*, Kreis *m*; ***~ vicieux*** Teufelskreis *m*
**cercueil** [sɛrkœj] *m* Sarg *m*
**céréales** [sereal] *f/pl* Getreide *n*
**cérébral**, **~e** [serebral] (*m/pl -aux*) Gehirn…
**cérémo|nial** [seremɔnjal] *m* Zeremoniell *n*; **~nie** [-ni] *f* Feier(lichkeit) *f*; **~s** *pl formalités* Umstände *m/pl*; ***sans ~*** zwanglos
**cerf** [sɛr] *m zo* Hirsch *m*
**cerfeuil** [sɛrfœj] *m bot* Kerbel *m*
**cerf-volant** [sɛrvɔlɑ̃] *m* (*pl cerfs-volants*) Papierdrachen *m*; *zo* Hirschkäfer *m*
**ceris|e** [s(ə)riz] *f* Kirsche *f*; **~ier** [-je] *m* Kirschbaum *m*
**cerne** [sɛrn] *m* Rand *m*; **~s** *pl* Ringe *m/pl* (um die Augen)
**cern|é**, **~ée** [sɛrne] ***avoir les yeux ~s*** Ringe um die Augen haben
**cerner** [sɛrne] (*1a*) *encercler* umzingeln; *fig problème*: einkreisen
**cert|ain**, **~aine** [sɛrtɛ̃, -ɛn] *adj* **1.** (*après le subst*) bestimmt, sicher; ***être ~(e) de qc*** e-r Sache sicher sein; **2.** (*devant le subst*) gewiss (*in unbestimmtem Sinn*); ***d'un certain âge*** nicht mehr ganz

jung; **~ainement** [-ɛnmɑ̃] *adv* sicherlich, gewiss
**certes** [sɛrt] *adv* sicher(lich)
**certif|icat** [sɛrtifika] *m* Bescheinigung *f*, Zeugnis *n*; **~ *médical*** ärztliches Attest *n*; **~ *d'emploi*** Beschäftigungsnachweis *m*; **~ *de mariage*** Trauschein *m*; **~ier** [-je] (*1a*) beglaubigen; ***copie f certifiée conforme*** beglaubigte Kopie *f*; **~ *qc à qn*** j-m etw bestätigen
**certitude** [sɛrtityd] *f* Gewissheit *f*
**cerveau** [sɛrvo] *m* (*pl -x*) Gehirn *n*
**cervelas** [sɛrvəla] *m etwa* Fleischwurst *f*
**cervelle** [sɛrvɛl] *f* Hirnsubstanz *f*; *fig* Verstand *m*; *cuis* Hirn *n*; *fig* ***se brûler la ~*** sich e-e Kugel durch den Kopf jagen
**Cervin** [sɛrvɛ̃] ***le mont ~*** das Matterhorn
**ces** [se] → ***ce***
**C.E.S.** *abr* ***Collège d'enseignement secondaire*** *etwa* Realschule, Progymnasium
**césarienne** [sezarjɛn] *f méd* Kaiserschnitt *m*
**C.E.S.C.** *abr f hist* ***Conférence européenne de sécurité et de coopération*** KSZE *f* (Konferenz für Sicherheit und Zusammenarbeit in Europa)
**cessation** [sɛsasjõ] *f* Einstellung *f*; **~ *de commerce*** Geschäftsaufgabe *f*; **~ *de paiements*** Zahlungseinstellung *f*
**cess|e** [sɛs] ***sans ~*** unaufhörlich; ***n'avoir de ~ que*** (+ *subj*) nicht ruhen, bis; **~er** (*1b*) aufhören (***qc*** mit etw); **~ *de*** (+ *inf*) aufhören zu (+ *inf*)
**cessez-le-feu** [sɛselfø] *m* (*pl unv*) Waffenruhe *f*
**c'est-à-dire** [sɛtadir] das heißt
**cet**, **cette** [sɛt] → ***ce***
**ceux** [sø] → ***celui***
**cf.** (*abr* confer [kõfɛr]) vergleiche (*abr* vgl.)
**CFA** *f abr* ***Communauté financière africaine*** Afrikanische Währungsgemeinschaft; ***franc ~*** CFA-Franc *m*
**CFC** *m abr* ***chlorofluorocarbone*** FCKW *m* (Fluorchlorkohlenwasserstoff)
**CFDT** *f abr* ***Confédération française (et) démocratique du travail*** frz. Gewerkschaftsverband
**CFTC** *f abr* ***Confédération française des travailleurs chrétiens*** frz. christlicher Gewerkschaftsverband
**CGC** *f abr* ***Confédération générale des cadres*** frz. Angestelltengewerkschaft
**CGT-FO** *f abr* ***Confédération générale du travail — Force ouvrière*** frz. Gewerkschaftsverband
**chac|un, ~une** [ʃakɛ̃ *od* ʃakœ̃, -yn] *m*, *f* jede(r, -s); ***chacun de (d'entre) nous*** jeder von uns
**chagrin** [ʃagrɛ̃] *m* Kummer *m*, Schmerz *m*; ***donner du ~*** Kummer bereiten; **~ *d'amour*** Liebeskummer *m*
**chagriner** [ʃagrine] (*1a*) **~ *qn*** j-n betrüben, bekümmern
**chahut** [ʃay] *m* F Radau *m*, Rabatz *m*
**chai** [ʃɛ] *m* Wein- und Spirituosenlager *n*
**chaîne** [ʃɛn] *f* Kette *f*; *radio*, *TV* Programm *n*; **~ *hi-fi*** Stereoanlage *f*; **~ *humaine*** Menschenkette *f*; **~ (*de montage*)** Fließband *n*; **~ *payante*** Bezahlfernsehen *f*; ***travail*** *m* ***à la ~*** Fließbandarbeit *f*
**chair** [ʃɛr] *f* Fleisch *n* (*von Menschen, lebenden Tieren u Früchten*); ***en ~ et en os*** leibhaftig; ***avoir la ~ de poule*** e-e Gänsehaut haben; ***être bien en ~*** gut beieinander sein
**chaire** [ʃɛr] *f église*: Kanzel *f*; *université*: Lehrstuhl *m*
**chaise** [ʃɛz] *f* Stuhl *m*; **~ *longue*** Liegestuhl *m*
**chaland** [ʃalɑ̃] *m* Lastkahn *m*
**châle** [ʃɑl] *m* Umschlagtuch *n*, Stola *f*
**chalet** [ʃalɛ] *m* Chalet *n*; *d'un berger*: Sennhütte *f*
**chaleur** [ʃalœr] *f* Hitze *f*; *plus modérée*: Wärme *f*; *fig* Herzlichkeit *f*, Wärme *f*
**chaleur|eusement** [ʃalørøzmɑ̃] herzlich; **~eux**, **~euse** [-ø, -øz] herzlich, warm
**chaloupe** [ʃalup] *f* Boot *n*, Schaluppe *f*
**chalumeau** [ʃalymo] *m* (*pl -x*) (Trink-)Halm *m*; *tech* **~ *à souder*** Schweißbrenner *m*
**chalutier** [ʃalytje] *m mar* Fischdampfer *m*, Trawler *m*
**chamailler** [ʃamaje] (*1a*) F ***se ~*** sich herumzanken
**chambouler** [ʃɑ̃bule] (*1a*) durcheinanderbringen, durcheinander werfen
**chambranle** [ʃɑ̃brɑ̃l] *m* Tür-, Fensterstock *m*

**chambr|e** [ʃɑ̃brə] *f* Zimmer *n*; *jur, pol* Kammer *f*; *auto etc* **~ à air** Luftschlauch *m*; **♀ du Commerce et de l'Industrie** Industrie- und Handelskammer *f*; **~ à coucher** Schlafzimmer *n*; **~ à un lit** Einbett-, Einzelzimmer *n*; **~ à deux lits** Doppelzimmer *n*; **~er** (*1a*) *vin*: temperieren
**chameau** [ʃamo] *m* (*pl -x*) *zo* Kamel *n*
**chamois** [ʃamwa] *m zo* Gämse *f*; *cuire*: Gamsleder *n*
**champ** [ʃɑ̃] *m* Acker *m*, Feld *n*; *fig* Gebiet *n*; **à travers ~** querfeldein; **laisser le ~ libre à qn** j-m freie Hand lassen; **~ de bataille** Schlachtfeld *n*
**champagne** [ʃɑ̃paɲ] *m* Champagner *m*
**Champagne** [ʃɑ̃paɲ] **la ~** die Champagne
**champêtre** [ʃɑ̃pɛtrə] ländlich
**champignon** [ʃɑ̃piɲõ] *m bot* Pilz *m*; **~ de Paris** Champignon *m*
**champ|ion, ~ionne** [ʃɑ̃pjõ, -jɔn] *m, f sports*: Meister(in) *m(f)*, Sieger(in) *m(f)*; **~ionnat** [-jɔna] *m* Meisterschaft *f*
**chance** [ʃɑ̃s] *f* Glück *n*; *coïncidence* (glücklicher) Zufall *m*; **~s** *pl bonnes possibilités* Chancen *f/pl*, Aussichten *f/pl*; **bonne ~!** viel Glück!; **mauvaise ~** Missgeschick *n*; **avoir de la ~** Glück haben; **c'est une ~ que** (+ *subj*) es ist ein Glück, dass; **il y a peu de ~s pour que** (+ *subj*) es besteht wenig Aussicht, dass
**chanceler** [ʃɑ̃sle] (*1c*) wanken (*a fig*)
**chanc|elier** [ʃɑ̃səlje] *m*, **~elière** [-əljɛr] *f* Kanzler(in) *m(f)*; **chancelier, -ière fédéral(e)** Bundeskanzler(in) *m(f)*; **~ellerie** [-ɛlri] *f* Kanzlei *f*; *pol* Kanzleramt *n*
**chanc|eux, ~euse** [ʃɑ̃sø, -øz] **être ~, chanceuse** Glück haben
**chandail** [ʃɑ̃daj] *m* (*pl -s*) Pullover *m*
**chandelier** [ʃɑ̃dəlje] *m* Kerzenhalter *m*
**chandelle** [ʃɑ̃dɛl] *f* Kerze *f*
**chang|e** [ʃɑ̃ʒ] *m* Tausch *m*; *comm* (Geld-)Wechsel *m*; (**taux** *m* **du**) **~** Wechselkurs *m*; **contrôle** *m* **des ~s** Devisenüberwachung *f*; **~ du jour** Tageskurs *m*; **donner le ~ à qn** j-n hinters Licht führen; **~eable** [-ablə] veränderlich; **~eant, ~eante** [-ɑ̃, -ɑ̃t] veränderlich; *humeur*: launisch; **~ement** [-mɑ̃] *m* (Ver-)Änderung *f*; **~ de vitesse** *auto* Gangschaltung *f*
**changer** [ʃɑ̃ʒe] (*1l*) **1.** *v/t* tauschen (**contre** gegen); *marchandises*: umtauschen; *argent*: wechseln; *modifier* verändern; *un enfant*: trockenlegen; *transformer* ver-, umwandeln (**en** in *acc*); **2.** *v/i* sich (ver)ändern; **~ de qc** etw (*acc*) wechseln; **~ d'adresse** umziehen; **~ d'avis** seine Meinung ändern; **~ de place avec qn** mit j-m den Platz tauschen; **~ de train** umsteigen; **~ de vitesse** schalten; **3. se ~** sich umziehen
**chanoine** [ʃanwan] *m* Domherr *m*
**chans|on** [ʃɑ̃sõ] *f* Lied *n*; **~onnier** [-ɔnje] *m* Kabarettist *m*
**chant** [ʃɑ̃] *m* Gesang *m*; *action de chanter*: Singen *n*; *d'église, folklorique*: Lied *n*
**chantage** [ʃɑ̃taʒ] *m* Erpressung *f*
**chanter** [ʃɑ̃te] (*1a*) singen; *coq*: krähen; *oiseaux*: zwitschern; **~ qc** etw besingen; **faire ~ qn** j-n erpressen
**chanterelle** [ʃɑ̃trɛl] *f bot* Pfifferling *m*
**chant|eur, ~euse** [ʃɑ̃tœr, -øz] *m, f* Sänger(in) *m(f)*
**chantier** [ʃɑ̃tje] *m* Baustelle *f*; **~ naval** Werft *f*
**chantonner** [ʃɑ̃tɔne] (*1a*) vor sich hin singen
**chanvre** [ʃɑ̃vrə] *m bot* Hanf *m*
**chao|s** [kao] *m* Chaos *n*; **~tique** [-tik] chaotisch
**chaparder** [ʃaparde] (*1a*) F klauen
**chapeau** [ʃapo] *m* (*pl -x*) Hut *m*; *tech* Deckel *m*; *expression*: **~!** Hut ab!
**chapelet** [ʃaplɛ] *m rel* Rosenkranz *m*
**chapelle** [ʃapɛl] *f* Kapelle *f*; **~ funéraire** Grabkapelle *f*
**chapelure** [ʃaplyr] *f cuis* Paniermehl *n*
**chapiteau** [ʃapito] *m* (*pl -x*) (Zirkus-)Zelt *n*; *arch* Kapitell *n*
**chapitre** [ʃapitrə] *m* Kapitel *n*; *fig* Thema *n*
**chapon** [ʃapõ] *m zo* Kapaun *m*
**chaque** [ʃak] *adj* jeder, jede, jedes
**char** [ʃar] *m* Wagen *m*; *mil* Panzer *m*; **~ funèbre** Leichenwagen *m*
**charabia** [ʃarabja] *m* F Kauderwelsch *n*
**charbon** [ʃarbõ] *m* Kohle *f*; **~ de bois** Holzkohle *f*
**charbonnage** [ʃarbɔnaʒ] *m* Kohlen-

bergwerk *n*, Zeche *f*
**charcut|erie** [ʃarkytri] *f* **1.** *cuis* Fleisch- und Wurstwaren *f/pl*; **2.** *magasin*: Metzgerei *f*, Fleischerei *f*; **~ier** [-je] *m* Metzger *m*, Fleischer *m*
**chardon** [ʃardõ] *m bot* Distel *f*
**charge** [ʃarʒ] *f fardeau* Last *f*; *fig* Bürde; *f él*, *explosif*: Ladung *f*; *mission*, *rôle*: Auftrag *m*; *poste* Amt *n*; *mil* Angriff *m*; ***à la ~ de*** zulasten von; ***avoir qn à ~*** für j-n sorgen müssen; ***prendre en ~ qc*** etw in die Hand nehmen, etw übernehmen; ***~s*** *pl* Kosten *pl*; *impôts*: Abgaben *f/pl*; ***~s sociales*** Sozialabgaben *f/pl*
**charg|é**, **~ée** [ʃarʒe] beladen; ***~(e) de*** beauftragt mit; **~ement** [-əmɑ̃] *m animal*, *voiture*, *navire*: Beladen *n*; *marchandises*: Verladen *n*; *arme*: Laden *n*; **~er** (*1l*) *animal*, *voiture*, *navire*: beladen; *arme*, *batterie*: laden; *exagérer* übertreiben; *jur* belasten; *attaquer* angreifen; ***~ qn de qc*** j-n mit etw beauftragen; ***se ~ de qc*** etw (*acc*) auf sich nehmen; ***se ~ de qn*** sich um j-n kümmern
**chariot** [ʃarjo] *m machine à écrire*: Wagen *m*; *charrette* Karren *m*; *bagages*: Kofferkuli *m*; *achats*: Einkaufswagen *m*
**char|itable** [ʃaritablə] mildtätig; **~ité** *f* Nächstenliebe *f*; ***fête de ~*** Wohltätigkeitsfest *n*; ***faire la ~ à qn*** j-m ein Almosen geben
**charivari** [ʃarivari] *m* Krach *m*, F Radau *m*
**charlatan** [ʃarlatɑ̃] *m péj* Quacksalber *m*, Scharlatan *m*
**charm|ant**, **~ante** [ʃarmɑ̃, -ɑ̃t] reizend, entzückend
**charm|e¹** [ʃarm] *m personne*: Charme *m*; *paysage*, *ville*, *musique*: Zauber *m*, Reiz *m*; **~e²** *m bot* Hage-, Weißbuche *f*; **~er** (*1a*) bezaubern
**charn|el**, **~elle** [ʃarnɛl] körperlich, sinnlich; **~ier** [-je] *m* Massengrab *n*; **~ière** [-jɛr] *f* Scharnier *n*
**charnu**, **~e** [ʃarny] fleischig
**charogne** [ʃarɔɲ] *f* Aas *n*
**charpent|e** [ʃarpɑ̃t] *f du toit*: Gebälk *n*; *à soutenir une construction*: Gerüst *n*; **~ier** [-je] *m* Zimmermann *m*
**charrette** [ʃarɛt] *f* Karren *m*
**charrier** [ʃarje] (*1a*) *v/t apporter* anfahren; *enlever* abfahren; *fleuve*: anschwemmen; *v/i exagérer* übertreiben
**charrue** [ʃary] *f* Pflug *m*
**charte** [ʃart] *f* Charta *f*; *hist* Urkunde *f*
**charter** [ʃartɛr] *m* Charterflugzeug *n*
**chartreuse** [ʃartrøz] *f rel* Kartäuserkloster *n*
**chasse** [ʃas] *f* **1.** Jagd *f* (*a fig*); *poursuite* Verfolgung *f*; ***prendre en ~*** verfolgen; ***la ~ est ouverte*** die Jagdsaison ist eröffnet, beginnt; ***la ~ est fermée*** es ist Schonzeit; **2.** ***~ d'eau*** Wasserspülung *f*
**châsse** [ʃɑs] *f* Reliquienschrein *m*; ***~ de lunettes*** Fassung *f*
**chasse-neige** [ʃasnɛʒ] *m* (*pl unv*) Schneepflug *m*
**chasser** [ʃase] (*1a*) *gibier*: jagen; *expulser* vertreiben; *employé*: hinauswerfen
**chasseur** [ʃasœr] *m* **1.** Jäger *m* (*a fig*, *mil*, *aviat*); ***~ de têtes*** Kopfjäger *m*; **2.** Hotelboy *m*
**châssis** [ʃɑsi] *m* Rahmen *m*, Einfassung *f*; *auto* Fahrgestell *n*
**chast|e** [ʃast] keusch, sittsam; **~eté** [-əte] *f* Keuschheit *f*
**chasuble** [ʃazyblə] *f* Messgewand *n*
**chat¹** [ʃa] *m zo* Katze *f*; Kater *m*
**chat²** [tʃat] *m EDV* Chat *m*
**châtai|gne** [ʃɑtɛɲ] *f* Kastanie *f*; **~gnier** [-ɲe] *m* Kastanienbaum *m*
**châtain** [ʃɑtɛ̃] *adj inv* kastanienbraun
**château** [ʃato] *m* (*pl -x*) Schloss *n*; ***~ fort*** Burg *f*; ***~ d'eau*** Wasserturm *m*; **~briant** [-brijɑ̃] *m cuis* (*dickes gegrilltes*) Rinderfilet *n*
**châtel|ain**, **~aine** [ʃatlɛ̃, -ɛn] *m*, *f* Schlossherr(in) *m*(*f*)
**châtié**, **~e** [ʃɑtje] *style*: gepflegt
**châtier** [ʃɑtje] (*1a*) bestrafen (***de*** mit)
**châtiment** [ʃɑtimɑ̃] *m* Bestrafung *f*; *corporel*: Züchtigung *f*
**chatoiement** [ʃatwamɑ̃] *m* Schillern *n*
**chaton** [ʃatõ] *m zo u bot* Kätzchen *n*
**chatouill|er** [ʃatuje] (*1a*) kitzeln; **~eux**, **~euse** [-ø, -øz] kitz(e)lig; *fig* empfindlich
**chatoyer** [ʃatwaje] (*1h*) schillern
**châtrer** [ʃɑtre] (*1a*) kastrieren
**chatte** [ʃat] *f weibliche* Katze *f*
**chatter** [tʃate] (*1a*) *EDV* chatten
**chaud**, **chaude** [ʃo, ʃod] **1.** *adj* warm; *très chaud* heiß; *fig* hitzig, brennend; ***tenir ~*** warm halten; ***il fait chaud*** es

ist warm, heiß; ***j'ai chaud*** mir ist warm, heiß; **2.** *m* Wärme *f*
**chaudière** [ʃodjɛr] *f* Kessel *m*; *à vapeur*: Dampfkessel *m*
**chaudron** [ʃodrõ] *m* Kochkessel *m*
**chauffage** [ʃofaʒ] *m* Heizung *f*; **~ *au gaz*** Gazheizung *f*; **~ *électrique*** elektrische Heizung *f*; **~ *au mazout*** Ölheizung *f*; **~ *central*** Zentralheizung *f*
**chauffard** [ʃofar] *m* F rücksichtsloser Autofahrer *m*
**chauffe|-eau** [ʃofo] *m* (*pl unv*) Warmwasserbereiter *m*; **~-plats** [-pla] *m* (*pl unv*) Warmhalteplatte *f*
**chauff|er** [ʃofe] (*1a*) *v/t* warm, heiß machen; (er)wärmen; *maison*: heizen; *eau*: erhitzen; *v/i eau*, *four*: warm werden; *moteur*: heiß laufen; ***se* ~** sich wärmen; **~erie** *f* Heizkeller *m*; *mar* Kesselraum *m*; **~eur** *m* Fahrer(in) *m(f)*; *privé*: Chauffeur(in) *m(f)*; **~ *de taxi*** Taxifahrer(in) *m(f)*
**chaum|e** [ʃom] *m bot* Halm *m*; *agr champ* Stoppelfeld *n*; ***toit*** *m* ***de* ~** Strohdach *n*; **~ière** [-jɛr] *f* (strohgedeckte) Hütte *f*
**chaussée** [ʃose] *f* Fahrbahn *f*
**chauss|e-pied** [ʃospje] *m* (*pl chausse-pieds*) Schuhlöffel *m*; **~er** (*1a*) *bottes*, *bas*: anziehen; **~ *qn*** j-m die Schuhe anziehen; ***se* ~** (sich) die Schuhe anziehen; **~ *du 40*** Schuhgröße 40 haben
**chausse-trap(p)e** [ʃostrap] *f* (*pl chausse-trap[p]es*) Fußangel *f*; *fig* Falle *f*
**chaussette** [ʃosɛt] *f* Socke(n) *f(m)*
**chauss|on** [ʃosõ] *m* Hausschuh *m*; **~** (***de bébé***) Babyschuh *m*; *cuis* **~ *aux pommes*** Apfeltasche *f*; **~ure** [-yr] *f* Schuh *m*
**chauve** [ʃov] kahl(köpfig)
**chauve-souris** [ʃovsuri] *f* (*pl chauves-souris*) *zo* Fledermaus *f*
**chauv|in**, **~ine** [ʃovɛ̃, -in] **1.** *adj* chauvinistisch; **2.** *m*, *f* Chauvinist(in) *m(f)*; **~inisme** [-inismə] *m* Chauvinismus *m*
**chaux** [ʃo] *f* Kalk *m*
**chavirer** [ʃavire] (*1a*) *mar* kentern; *fig* **~ *qn*** j-n zutiefst berühren
**chef** [ʃɛf] *m* Führer(in) *m(f)*; *entreprise*: Chef(in) *m(f)*; Leiter(in) *m(f)*; *meneur* Anführer *m*; *tribu*: Häuptling *m*; *jur* Hauptpunkt *m*; **~ *de famille*** Familienoberhaupt *n*; **~ *d'État*** Staatsoberhaupt *n*; **~ *d'orchestre*** Dirigent(in) *m(f)*; ***au premier* ~** in erster Linie; ***de mon* ~** auf eigene Faust
**chef|-d'œuvre** [ʃɛdœvrə] *m* (*pl chefs-d'œuvre*) Meisterwerk *n*; **~-lieu** [ʃɛfljø] *m* (*pl chefs-lieux*) Hauptort *m*
**chemin** [ʃ(ə)mɛ̃] *m* Weg *m* (***de*** nach); **~ *de fer*** Eisenbahn *f*
**cheminée** [ʃ(ə)mine] *f* Kamin *m* (*a im Zimmer*), Schornstein *m*
**chemin|ement** [ʃ(ə)minmɑ̃] *m* Wandern *n*; *fig* **~ *de la pensée*** Fortschreiten *n* der Gedanken; **~er** (*1a*) wandern; *fig* sich allmählich durchsetzen
**cheminot** [ʃ(ə)mino] *m* Eisenbahner *m*
**chemis|e** [ʃ(ə)miz] *f* **1.** Hemd *n*; **~ *de nuit*** Nachthemd *n*; **~ *d'homme*** Oberhemd *n*; **2.** *dossier*: Aktendeckel *m*; **3.** *tech* Mantel *m*; **~ette** [-ɛt] *f* Polohemd *n*; **~ier** [-je] *m* Hemdbluse *f*
**chenal** [ʃ(ə)nal] *m* (*pl -aux*) Fahrrinne *f*
**chêne** [ʃɛn] *m bot* Eiche *f*
**chenil** [ʃəni(l)] *m* Hundezwinger *m*
**chenille** [ʃ(ə)nij] *f zo* Raupe *f*; *tech* Gleiskette *f*; ***véhicule*** *m* ***à* ~*s*** Raupenfahrzeug *n*
**chèque** [ʃɛk] *m comm* Scheck *m*; **~ *barré*** Verrechnungsscheck *m*; **~ *sans provision*** ungedeckter Scheck *m*; **~ *au porteur*** Inhaberscheck *m*; **~ *de voyage*** Reisescheck *m*, Travellerscheck *m*; **~ *postal*** Postscheck *m*; ***centre*** *m* ***de* ~*s postaux*** Postscheckamt *n*
**chéquier** [ʃekje] *m* Scheckbuch *n*, -heft *n*
**cher**, **chère** [ʃɛr] **1.** *adj* lieb (***à qn*** j-m); *coûteux* teuer; **2.** *adv* ***payer, vendre cher*** teuer bezahlen, verkaufen; **3.** *m*, *f* ***mon cher, ma chère*** mein Lieber, meine Liebe
**cherch|er** [ʃɛrʃe] (*1a*) suchen; **~ *à*** (+ *inf*) versuchen zu, sich bemühen zu (+ *inf*); ***aller* ~** holen (gehen); ***venir* ~** abholen; ***envoyer* ~** holen lassen; **~eur**, **~euse** *m*, *f* Forscher(in) *m(f)*
**chère** [ʃɛr] *f* Kost *f*; ***aimer la bonne* ~** gern gut essen
**chéri**, **~e** [ʃeri] **1.** geliebt;; **2.** *m*,*f* (***mon***) **~**, (***ma***) ***chérie*** Liebling *m*; **~r** (*2a*) zärtlich lieben
**cherté** [ʃɛrte] *f* hoher Preis *m* (***de*** für)
**chét|if**, **~ive** [ʃetif, -iv] schwächlich
**cheval** [ʃ(ə)val] *m* (*pl -aux*) Pferd *n*; ***al-***

***ler à ~*** reiten; ***faire du ~*** *sports*: reiten; ***être à ~ sur*** rittlings sitzen auf (*dat*)
**cheval|eresque** [ʃ(ə)valrɛsk] ritterlich; **~erie** *f* Rittertum *n*, -schaft *f*
**cheval|et** [ʃ(ə)valɛ] *m peinture*: Staffelei *f*; **~ier** [-je] *m hist* Ritter *m*; **~ière** [-jɛr] *f* Siegelring *m*
**cheval|in**, **~ine** [ʃ(ə)valɛ̃, -in] Pferde…; ***boucherie f chevaline*** Pferdemetzgerei *f*
**cheval-vapeur** [ʃ(ə)valvapœr] *m* (*pl chevaux-vapeur*) *tech* Pferdestärke *f*
**chevaucher** [ʃ(ə)voʃe] (*1a*) *v/t* reiten auf (*dat*); *v/i u* ***se ~*** sich überlappen, sich überschneiden
**chevel|u**, **~ue** [ʃəvly] *personne*: mit dichtem Haar; ***cuir*** *m* ***chevelu*** Kopfhaut *f*; **~ure** [-yr] *f* Haarwuchs *m*, Haare *n/pl*
**chevet** [ʃəvɛ] *m* Kopfende *n des Bettes*; ***table*** *f* ***de ~*** Nachttisch *m*
**cheveu** [ʃ(ə)vø] *m* (*pl -x*) (*Kopf-*) Haar *n*; ***aux ~x courts*** kurzhaarig; ***avoir les ~x courts*** kurze Haare haben; *fig* ***couper les ~x en quatre*** Haarspalterei treiben
**cheville** [ʃ(ə)vij] *f anat* Knöchel *m*; *tech* Dübel *m*
**chèvre** [ʃɛvrə] *f zo* Ziege *f*
**chèvrefeuille** [ʃɛvrəfœj] *m bot* Geißblatt *n*
**chevreuil** [ʃəvrœj] *m zo* Reh *n*, Rehbock *m*
**chevronné**, **~e** [ʃəvrɔne] erfahren, routiniert
**chewing-gum** [ʃwiŋgɔm] *m* (*pl chewing-gums*) Kaugummi *m*
**chez** [ʃe] bei; *direction*: zu; ***~ lui*** bei *od* zu ihm (zu *od* nach Hause); ***de ~ vous*** aus Ihrem Hause; ***~ Molière*** bei Molière; ***aller ~ le coiffeur*** zum Friseur gehen; **~-moi** [-mwa] *m*, **~-nous** [-nu] *m*, **~-toi** [-twa] *m etc* Zuhause *n*, Heim *n*
**chic** [ʃik] **1.** *m* Schick *m*; **2.** *adj* schick; *ameublement etc* vornehm; F ***~!*** toll!, klasse!
**chican|e** [ʃikan] *f querelle* Streiterei *f*; **~er** (*1a*) streiten
**chiche** [ʃiʃ] knauserig; *bot* ***pois*** *m* ***~*** Kichererbse *f*; F ***je suis ~ de*** (+ *inf*) ich trau' es mir zu, zu (+ *inf*)
**chicorée** [ʃikɔre] *f bot* Zichorie *f*; ***~*** (***endive***) Endivie *f*
**chien** [ʃjɛ̃] *m* **1.** Hund *m*; ***~ de berger*** Schäferhund *m*; ***~ policier*** Polizeihund *m*; *fig* F ***~ de temps*** Sauwetter *n*; **2.** *pistolet*: Hahn *m*; **~-loup** [-lu] *m* (*pl chiens-loups*) *zo* Wolfshund *m*
**chienne** [ʃjɛn] *f* Hündin *f*
**chier** [ʃje] P scheißen; ***ça me fait ~*** F das stinkt mir
**chiffon** [ʃifõ] *m* Lappen *m*, Lumpen *m*
**chiffonner** [ʃifɔne] (*1a*) zerknittern; F *fig* ärgern
**chiffr|e** [ʃifrə] *m* Ziffer *f*; *nombre* Zahl *f*; *code* Geheimschrift *f*; *comm* ***~ d'affaires*** Umsatz *m*; **~er** (*1a*) *comm* beziffern (***à*** auf *acc*); *encoder* chiffrieren; ***se ~ à*** sich beziffern auf (*acc*)
**chignon** [ʃiɲõ] *m* Haarknoten *m*
**Chili** [ʃili] ***le ~*** Chile *n*
**chilien**, **~ne** [ʃiljɛ̃, -ɛn] **1.** *adj* chilenisch; **2.** **♀**, **♀*ne*** *m*, *f* Chilene *m*, Chilenin *f*
**chimère** [ʃimɛr] *f* Hirngespinst *n*
**chim|ie** [ʃimi] *f* Chemie *f*; **~iothérapie** [-jɔterapi] *f* Chemotherapie *f*; **~ique** chemisch; **~iste** *m*, *f* Chemiker(in) *m*(*f*)
**Chine** [ʃin] ***la ~*** China *n*
**chin|ois**, **~oise** [ʃinwa, -waz] **1.** *adj* chinesisch; **2.** **♀**, **♀*e*** *m*, *f* Chinese *m*, Chinesin *f*
**chiot** [ʃjo] *m* junger Hund *m*, Welpe *m*
**chiper** [ʃipe] (*1a*) F klauen
**chips** [ʃip(s)] *m/pl* (Kartoffel-)Chips *pl*
**chique** [ʃik] *f* Kautabak *m*, Priem *m*
**chiromanc|ien**, **~ienne** [kirɔmɑ̃sjɛ̃, -jɛn] *m*, *f* Handleser(in) *m*(*f*)
**chirurg|ical**, **~icale** [ʃiryrʒikal] (*m/pl -aux*) chirurgisch; **~ie** *f* Chirurgie *f*; ***~ esthétique*** plastische Chirurgie *f*; **~ien**, **~ienne** *m*, *f* Chirurg(in) *m*(*f*); **~(*ne*)** ***dentiste*** *m*(*f*) Zahnarzt *m*, —ärztin *f*
**choc** [ʃɔk] *m* Stoß *m*; Zusammenstoß *m*; *méd*, *psych* Schock *m*; *opinions*, *intérêts*: Aufeinanderprallen *n*
**chocolat** [ʃɔkɔla] *m* Schokolade *f*; ***~ au lait*** Milchschokolade *f*
**chœur** [kœr] *m* Chor *m* (*a arch*); ***en ~*** im Chor, gemeinsam
**choisir** [ʃwazir] (*2a*) (aus)wählen; *nommer* wählen; *se décider* sich entscheiden; ***~ de faire qc*** sich dafür entscheiden, etw zu tun
**choix** [ʃwa] *m* Wahl *f*; *sélection*, *assortiment* Auswahl *f*; ***au ~*** nach Wahl; ***de***

~ erster Wahl, erstklassig; ***avoir le choix*** die Wahl haben

**cholestérol** [kɔlɛstɛrɔl] *m* Cholesterin *n*

**chôm|age** [ʃomaʒ] *m* Arbeitslosigkeit *f*; ***~ de longue durée*** Langzeitarbeitslosigkeit *f*; ***~ partiel*** Kurzarbeit *f*; ***être au ~*** arbeitslos sein; **~er** (*1a*) arbeitslos sein; **~eur**, **~euse** *m*, *f* Arbeitslose(r) *m*, *f*

**chope** [ʃɔp] *f* Bierkrug *m*

**choqu|ant**, **~ante** [ʃɔkɑ̃, -ɑ̃t] schockierend; *injustice*: schreiend; **~er** (*1a*) ***~ qc*** gegen etw verstoßen; ***~ qn*** j-n schockieren

**chor|al** [kɔral] *m* (*pl -s*) Choral *m*; **~ale** *f* Chor *m*, Gesangverein *m*; **~iste** *m*, *f* Chorsänger(in) *m*(*f*)

**chose** [ʃoz] *f* Ding *n*; *question*, *matière*: Sache *f*, Angelegenheit *f*; ***autre ~*** etwas anderes; ***peu de ~*** wenig; ***quelque ~*** etwas; ***c'est ~ faite*** die Sache ist erledigt; ***voilà où en sont les choses*** so liegen die Dinge

**chou** [ʃu] *m* (*pl -x*) *bot* Kohl *m*; ***~ de Bruxelles*** Rosenkohl *m*; ***~ rouge*** Rotkohl *m*; *cuis* ***~ à la crème*** Windbeutel *m* mit Schlagsahne; *fig* ***mon*** (***petit***) ***~*** (mein) Schatz, Liebling

**choucroute** [ʃukrut] *f* Sauerkraut *n*

**chouette** [ʃwɛt] **1.** *f zo* Eule *f*; **2.** *adj* F toll, prima

**chou|-fleur** [ʃuflœr] *m* (*pl choux-fleurs*) Blumenkohl *m*; **~-rave** [-rav] *m* (*pl choux-raves*) Kohlrabi *m*

**choyer** [ʃwaje] (*1h*) liebevoll sorgen für

**chrét|ien**, **~ienne** [kretjɛ̃, -jɛn] **1.** *adj* christlich; **2.** *m*, *f* Christ(in) *m*(*f*); **~ienté** [-jɛ̃te] *f* Christenheit *f*

**Christ** [krist] *m* ***le ~*** Christus *m*

**christian|iser** [kristjanize] (*1a*) zum Christentum bekehren; **~isme** *m* Christentum *n*

**chrom|e** [krom] *m* Chrom *n*; **~é**, **~ée** verchromt

**chroniqu|e** [krɔnik] **1.** *adj* chronisch; **2.** *f hist* Chronik *f*; *journal*: Rubrik *f*; ***la ~ locale*** die Lokalnachrichten *f/pl*, -teil *m*; **~eur** *m hist* Chronist *m*; *journal*: Berichterstatter *m*

**chronologique** [krɔnɔlɔʒik] chronologisch

**chrono|mètre** [krɔnɔmɛtrə] *m* Stoppuhr *f*; **~métrer** [-metre] (*1f*) die Zeit abnehmen

**CHU** *m abr* ***centre hospitalier universitaire*** Universitätsklinikum

**chuchoter** [ʃyʃɔte] (*1a*) flüstern

**chute** [ʃyt] *f* Fall *m*, Sturz *m*; *feuilles*: Fallen *n*; ***~ des cheveux*** Haarausfall *m*; ***~ de pluie*** Regenfall *m*; ***faire une ~ de bicyclette*** vom Rad stürzen

**Chypre** [ʃiprə] ***la ~, l'île*** *f* ***de ~*** Zypern *n*, die Insel Zypern

**ci** [si] **1.** *après* ***ce*** (+ *subst*) diese(r, -s) … (hier); ***à cette heure-~*** um diese Zeit; **2.** ***comme ~ comme ça*** F soso lala; ***par-~ par-là*** hier und dort

**ci-après** [siaprɛ] weiter unten

**cible** [siblə] *f* Zielscheibe *f*

**ciboire** [sibwar] *m égl* Ziborium *n*

**ciboulette** [sibulɛt] *f bot* Schnittlauch *m*

**cicatri|ce** [sikatris] *f* Narbe *f* (*a fig*); **~ser** [-ze] (*1a*) (***se***) ~ vernarben

**ci-contre** [sikɔ̃trə] nebenstehend

**C.I.C.R.** *m abr* ***Comité international de la Croix-Rouge*** IKRK *n* (Internationales Komitee des Roten Kreuzes)

**ci-dessous** [sidsu] unten stehend, weiter unten

**ci-dessus** [sidsy] oben stehend, weiter oben

**cidre** [sidrə] *m* Apfelwein *m*

**ciel** [sjɛl] *m* (*pl cieux* [sjø]) Himmel *m*

**cierge** [sjɛrʒ] *m église*: Kerze *f*

**cigale** [sigal] *f zo* Grille *f*, Zikade *f*

**cigar|e** [sigar] *m* Zigarre *f*; **~ette** [-ɛt] *f* Zigarette *f*

**ci-gît** [siʒi] hier ruht (*Grabinschrift*)

**cigogne** [sigɔɲ] *f zo* Storch *m*

**ci-inclus** [siɛ̃kly] anbei

**ci-joint** [siʒwɛ̃] anbei

**cil** [sil] *m* Wimper(haar) *f* (*n*)

**ciller** [sije] (*1a*) blinzeln

**cime** [sim] *f montagne*: Gipfel *m*; *arbre*: Wipfel *m*

**ciment** [simɑ̃] *m* Zement *m*

**cimenter** [simɑ̃te] (*1a*) zementieren; *fig* festigen

**cimetière** [simtjɛr] *m* Friedhof *m*

**ciné** [sine] *m* F (*abr* cinéma) Kino *n*

**cinéaste** [sineast] *m* Filmemacher(in) *m*(*f*)

**cinéma** [sinema] *m* Kino *n*; **~tographique** [-tɔgrafik] Film…

**cingl|é**, **~ée** [sɛ̃gle] F bescheuert, behämmert; **~er** (*1a*) **1.** *v/t* peitschen; **2.** *v/i mar* segeln (***vers*** nach)

**cinq** [sɛ̃k] **1.** *adj* fünf; ***à ~*** zu fünft; ***le ~ mai*** der fünfte *od* am fünften Mai; **2.** *m* Fünf *f*

**cinquantaine** [sɛ̃kɑ̃tɛn] *f* etwa fünfzig; *âge*: Fünfzig *f*

**cinquant|e** [sɛ̃kɑ̃t] fünfzig; **~ième** [-jɛm] **1.** fünfzigste(r, -s); **2.** *m fraction*: Fünfzigstel *n*

**cinquième** [sɛ̃kjɛm] **1.** fünfte(r, -s); **2.** *m fraction*: Fünftel *n*

**cintr|e** [sɛ̃trə] *m* **1.** *arch* Bogen *m*; **2.** *vêtements*: Kleiderbügel *m*; **~é, ~ée** *veste*: tailliert; *arch* mit Rundbogen

**CIO** *m abr* ***Comité international olympique*** IOK *n* (Internationales Olympisches Komitee)

**cirage** [siraʒ] *m parquet*: Bohnerwachs *n*; *chaussures*: Schuhcreme *f*

**circon|cision** [sirkõsizjõ] *f rel* Beschneidung *f*; **~férence** [-ferɑ̃s] *f* Umfang *m*; **~scription** [-skripsjõ] *f* ***~ électorale*** Wahlkreis *m*; **~scrire** [-skrir] (*4f*) *math* umschreiben (*a fig*); **~spect, ~specte** [-spɛ, -spɛkt] umsichtig; **~spection** [-spɛksjõ] *f* Umsicht *f*; **~stance** [-stɑ̃s] *f* Umstand *m*; ***dans ces ~s*** unter diesen Umständen; **~stancié, ~stanciée** [-stɑ̃sje] ausführlich

**circuit** [sirkɥi] *m* Umkreis *m*; *voyage* Rundreise *f*; *sports*: Rennstrecke *f*; *él* Stromkreis *m*; ***court ~*** Kurzschluss *m*

**circul|aire** [sirkylɛr] **1.** *adj* kreisförmig; **2.** *f* Rundschreiben *n*; **~ation** *f* Verkehr *m*; *argent*: Umlauf *m*; *méd* ***~ du sang*** Blutkreislauf *m*; ***libre ~*** Freizügigkeit *f*; **~er** (*1a*) *personnes*: gehen, fahren; *véhicules*: verkehren; *liquide, courant*: fließen; *argent*: im Umlauf sein, zirkulieren; *bruit*: umgehen, kursieren; ***faire ~ nouvelles***: verbreiten

**cir|e** [sir] *f* Wachs *n*; **~é, ~ée 1.** *adj* gebohnert, poliert; **2.** *m mar* Ölzeug *n*; **~er** (*1a*) *chaussures*: wichsen, putzen; *parquet*: bohnern, wachsen

**cirque** [sirk] *m* Zirkus *m* (*a fig*)

**cirrhose** [siroz] *f* ***~ du foie*** Leberzirrhose *f*

**cis|aille** [sizaj] *f le plus souvent au pl* ***~s*** große Schere *f*; ***~ à tôle*** Blechschere *f*; **~eau** [-o] *m* (*pl -x*) Meißel *m*; ***~x*** *pl* Schere *f*; ***une paire de ~x*** e-e Schere

**ciseler** [sizle] (*1d*) ziselieren; *fig* ausfeilen

**citad|elle** [sitadɛl] *f* Zitadelle *f*; *fig* Bollwerk *n*; **~in, ~ine** [-ɛ̃, -in] **1.** *adj* städtisch; **2.** *m, f* Städter(in) *m(f)*

**citation** [sitasjõ] *f* Zitat *n*; *jur* Vorladung *f*

**cité** [site] *f* Stadt *f*; *hist* Stadtstaat *m*; ***~ universitaire*** Studentenstadt *f*; ***~ ouvrière*** Arbeitersiedlung *f*; ***droit m de ~*** Bürgerrecht *n*; **~-dortoir** [-dɔrtwar] *f* (*pl cités-dortoirs*) Schlafstadt *f*

**citer** [site] (*1a*) anführen, zitieren; *jur* vorladen

**citerne** [sitɛrn] *f eaux de pluie*: Zisterne *f*; *pétrole*: Tank *m*

**citoy|en, ~enne** [sitwajɛ̃, -ɛn] *m, f* Bürger(in) *m(f)*; *d'un état*: Staatsangehörige(r) *m, f*; **~enneté** [-ɛnte] *f* Staatsbürgerschaft *f*

**citr|on** [sitrõ] *m* Zitrone *f*; **~onnier** [-ɔnje] *m* Zitronenbaum *m*

**citrouille** [sitruj] *f* Kürbis *m*

**civet** [sivɛ] *m cuis* ***~ de lièvre*** Hasenpfeffer *m*

**civette** [sivɛt] *f bot* Schnittlauch *m*

**civière** [sivjɛr] *f* Tragbahre *f*

**civil, ~e** [sivil] **1.** *adj* Bürger…, bürgerlich; *jur, non militaire*: Zivil…; *poli* höflich; ***responsabilité*** *f* ***civile*** Haftpflicht *f*; ***état*** *m* ***civil*** Familienstand *m*; ***bureau*** *m* ***de l'état civil*** Standesamt *n*; ***mariage*** *m* ***civil*** standesamtliche Trauung; ***service*** *m* ***~*** Zivildienst *m*; **2.** *m* Zivilist *m*; ***habillé en civil*** in Zivil; **~ement** [-mɑ̃] *adv* zivilrechtlich; *se marier*: standesamtlich

**civilis|ation** [sivilizasjõ] *f* Zivilisation *f*, Kultur *f*; **~er** (*1a*) zivilisieren

**civ|ique** [sivik] staatsbürgerlich, Bürger…; **~isme** *m* Bürgersinn *m*

**clair, ~e** [klɛr] **1.** *adj* klar (*a fig*); *couleur, chambre*: hell; *évident* deutlich; ***vert clair*** hellgrün; **2.** *adv* ***voir ~*** gut sehen; **3.** *m* Helle *f*; ***~ de lune*** Mondschein *m*

**clairière** [klɛrjɛr] *f* Lichtung *f*

**clairon** [klɛrõ] *m mus* Horn *n*

**clairsemé, ~e** [klɛrsəme] dünn gesät; *forêt*: hell, licht

**clairvoy|ance** [klɛrvwajɑ̃s] *f* Scharfblick *m*; **~ant, ~ante** [-ɑ̃, -ɑ̃t] scharfsinnig, klar blickend

**clameur** [klamœr] *f* Geschrei *n*

**clan** [klɑ̃] *m* Clan *m*; *fig* Klüngel *m*, Sippschaft *f*

**clandest|in**, **~ine** [klɑ̃dɛstɛ̃, -in] heimlich; ***passager*** *m* ***clandestin*** blinder Passagier *m*
**clapot|ement** [klapɔtmɑ̃] *m od* **~is** [-i] *m* Plätschern *n*; **~er** (*1a*) plätschern
**claque** [klak] *f* Klaps *m*, Ohrfeige *f*; **~ment** *m* Klatschen *n*, Knallen *n*, Schnalzen *n*
**claqu|er** [klake] (*1m*) *v/t porte*: zuschlagen; *argent*: F verjubeln; ***faire ~ ses doigts*** (***sa langue***) mit den Fingern (mit der Zunge) schnalzen; *v/i fouet*: knallen; *dents*: klappern; *volet*: schlagen; **~ettes** [-ɛt] *f/pl* Stepp(tanz) *m*
**clarifier** [klarifje] (*1a*) *fig* klären
**clarinette** [klarinɛt] *f* Klarinette *f*
**clarté** [klarte] *f* Helle *f*; *fig* Klarheit *f*
**classe** [klas] *f* **1.** Klasse *f*; ***~ sociale*** soziale Schicht *f*; **2.** *fig rang* Rang *m*, Format *n*; ***de première ~*** erstklassig; ***avoir de la ~*** hervorragend sein; **3.** *école*: Klasse *f*; *local* Klassenzimmer *n*; ***faire la ~*** unterrichten, Unterricht geben; ***~ de neige*** Skilager *n*
**classement** [klasmɑ̃] *m* Klassifizierung *f*, Einordnung *f*, Einteilung *f*; *selon rang*: Einstufung; *lettres*: Ablage *f*; *sports*: (Be-)Wertung *f*
**class|er** [klase] (*1a*) einordnen, klassifizieren, einteilen; *actes*, *dossiers*: ablegen; *affaire*: ad acta legen; F ***~ qn*** j-n abschätzig beurteilen; **~eur** *m cahier*: (Akten-)Ordner *m*; *meuble*: Aktenschrank *m*
**classi|cisme** [klasisismə] *m littérature*: Klassik *f*; *arch* Klassizismus *m*; **~fication** [-fikasjõ] *f* Klassifizierung *f*; **~fier** [-fje] (*1a*) klassifizieren
**classique** [klasik] **1.** *adj* klassisch (*a mus*); *arch*, *art*: klassizistisch; *traditionnel* herkömmlich, konventionell; **2.** *m littérature*: Klassiker *m*
**clause** [kloz] *f* Klausel *f*
**clavecin** [klavsɛ̃] *m* Cembalo *n*
**clavicule** [klavikyl] *f* Schlüsselbein *n*
**clavier** [klavje] *m machine à écrire*: Tastatur *f*; *piano*: Klaviatur *f*
**clé** [kle] *f* **1.** Schlüssel *m* (*a tech*, *fig*, *mus*); ***~ de contact*** Zündschlüssel *m*; ***~ de voiture*** Autoschlüssel *m*; ***fermer à ~*** absperren; ***sous ~*** unter Verschluss; *fig* ***prendre la ~ des champs*** das Weite suchen; **2.** *en apposition*: ***mot*** *m* ***~*** Schlüsselbegriff *m*; ***position*** *f* ***~*** Schlüsselstellung *f*
**clef** [kle] *f* → ***clé***
**clém|ence** [klemɑ̃s] *st/s f* Milde *f*; **~ent**, **~ente** [-ɑ̃, -ɑ̃t] mild
**clémentine** [klemɑ̃tin] *f* Clementine *f*
**clerc** [klɛr] *m* **1.** *notaire*: Schreiber *m*, Kanzlist *m*; **2.** *rel* Geistliche(r) *m*
**clergé** [klɛrʒe] *m* Klerus *m*
**clérical**, **~e** [klerikal] (*m/pl -aux*) geistlich, klerikal
**clic** *m* ***~ de*** (***la***) ***souris*** *EDV* Mausklick *m*
**cliché** [kliʃe] *m* Klischee *n*; *photo*: Negativ *n*
**cli|ent**, **~ente** [klijɑ̃, -ɑ̃t] *m*, *f acheteur* Kunde *m*, Kundin *f*; *médecin*: Patient(in) *m*(*f*); *avocat*: Klient(in) *m*(*f*); **~entèle** [-ɑ̃tɛl] *f* Kundschaft *f*; *médecin*: Patienten *m/pl*; *avocat*: Klientel *f*
**clign|er** [kliɲe] (*1a*) **~** (***des yeux***) blinzeln; ***~ de l'œil à qn*** j-m zuzwinkern; **~otant** [-ɔtɑ̃] *m* Blinklicht *n*; **~oter** [-ɔte] (*1a*) *feux*, *lumière*: blinken
**climat** [klima] *m* Klima *n* (*a fig*); *fig* Atmosphäre *f*
**climat|ique** [klimatik] klimatisch; ***station*** *f* ***~*** Luftkurort *m*; **~isation** [-izasjõ] *f* Klimaanlage *f*; **~isé**, **~isée** klimatisiert; **~ologie** [-ɔlɔʒi] *f* Klimakunde *f*
**clin** [klɛ̃] *m* ***~ d'œil*** Augenzwinkern *n*; ***en un ~ d'œil*** im Nu
**clinique** [klinik] **1.** *adj* klinisch; **2.** *f* Klinik *f*
**clique** [klik] *f péj* Sippschaft *f*, Clique *f*
**cliquer** [klike] (*1a*) *EDV* anklicken; ***en cliquant sur la souris*** per Mausklick
**cliquet|er** [klikte] (*1c*) *assiettes*: klappern; *verres*: klirren; **~is** [-i] *m* Geklapper *n*; Geklirr *n*
**clivage** [klivaʒ] *m fig* Kluft *f*
**cloch|ard**, **~arde** [klɔʃar, -ard] *m*, *f* Stadtstreicher(in) *m*(*f*), F Penner(in) *m*(*f*)
**cloche** [klɔʃ] *f* Glocke *f*; *fig* Trottel *m*
**cloch|er** [klɔʃe] **1.** *m* Glocken-, Kirchturm *m*; *fig* ***esprit*** *m* ***de ~*** Lokalpatriotismus *m*; **2.** *verbe* (*1a*) F ***ça cloche*** da stimmt etwas nicht; **~ette** [-ɛt] *f* Glöckchen *n*
**cloison** [klwazõ] *f* Trennwand *f*
**cloîtr|e** [klwɑtrə] *m* **1.** *arch* Kreuzgang *m*; **2.** Kloster *n*; **~er** (*1a*) *fig* ***se ~*** sich abschließen, sich zurückziehen

**clope** [klɔp] *m od f* F Zigarettenstummel *m*, Kippe *f*
**clopin-clopant** [klɔpɛ̃klɔpɑ̃] *adv* F humpelnd, hinkend
**clopiner** [klɔpine] (*1a*) humpeln
**cloque** [klɔk] *f* (Haut-)Blase *f*
**clore** [klɔr] (*4k*) *litt* (ver-, zu)schließen; *débat, compte*: abschließen
**clos**, **close** [klo, kloz] *p/p de* ***clore*** *u adj* geschlossen; ***maison*** *f* ***close*** Freudenhaus *n*
**clôtur|e** [klotyr] *f compte, débat*: Abschluss *m*; *action*: Schließen *n*; *barrière* Umzäunung *f*, Einfriedigung *f*, Zaun *m*; **~er** (*1a*) *espace*: einzäunen, einfrieden; *débat, compte*: schließen
**clou** [klu] *m* Nagel *m*; *fig* Höhepunkt *m*; *méd* Furunkel *m*; F **~s** *pl* Fußgängerüberweg *m*; ***~ de girofle*** Gewürznelke *f*; **~er** (*1a*) (an-, auf)nageln; ***~ au lit*** ans Bett fesseln; **~té**, **~tée** [-te] genagelt; ***passage*** *m* ***clouté*** Fußgängerüberweg *m*
**clown** [klun] *m* Clown *m*
**club** [klœb] *m* Klub *m*
**CM** *m abr* ***cours moyen*** frz. Grundschulklasse
**CNES** *m abr* ***Centre national d'études spatiales*** frz. Raumforschungszentrum *n*
**C.N.O.S.F.** *m abr* ***Comité national olympique du sport français*** frz. NOK *n*
**C.N.P.F.** *m abr* ***Conseil national du patronat français*** frz. Arbeitgeberverband *m*
**CNRS** *m abr* ***Centre national de la recherche scientifique*** frz. Forschungsinstitut; *etwa* Max-Planck-Gesellschaft *f*
**coaguler** [kɔagyle] (*1a*) *chim* gerinnen lassen; ***se ~*** gerinnen
**coali|ser** [kɔalize] (*1a*) *pol* ***se ~*** sich verbünden; **~tion** *f pol* Bündnis *n*, Koalition *f*
**coasser** [kɔase] (*1a*) quaken
**cobaye** [kɔbaj] *m zo* Meerschweinchen *n*; *fig* Versuchskaninchen *n*
**Coblence** [kɔblɑ̃s] *géogr* Koblenz *n*
**coca** [kɔka] *m* Cola *f*
**cocagne** [kɔkaɲ] *f* ***pays*** *m* ***de ~*** Schlaraffenland *n*
**cocaïne** [kɔkain] *f* Kokain *n*
**cocasse** [kɔkas] F komisch, ulkig
**coccinelle** [kɔksinɛl] *f* Marienkäfer *m*; F *auto* Käfer *m*
**cocher** [kɔʃe] **1.** *m* Kutscher *m*; **2.** *verbe* (*1a*) abhaken (*auf e-r Liste*)
**cochère** [kɔʃɛr] ***porte*** *f* ***~*** Torweg *m*, Einfahrt(stor *n*) *f*
**cochon** [kɔʃõ] **1.** *m zo* Schwein *n*; *fig* F Ferkel *n*; ***~ d'Inde*** Meerschweinchen *n*; **2.** *adj* **~, ~ne** [-ɔn] F schmutzig; *histoires*: schweinisch
**cochonnerie** [kɔʃɔnri] *f* F Schweinerei *f*
**cocktail** [kɔktɛl] *m* Cocktail *m*; *réception* Cocktailparty *f*
**coco** [kɔko] *m* ***noix*** *f* ***de ~*** Kokosnuss *f*
**cocon** [kɔkõ] *m zo* Kokon *m*, (Seiden-)Raupengespinst *n*
**cocotier** [kɔkɔtje] *m* Kokospalme *f*
**cocotte** [kɔkɔt] *f* **1.** *cuis* Schmortopf *m*; ***~ minute*** Schnellkochtopf *m*; **2.** F Liebling *m*; *péj* Kokotte *f*, Halbweltdame *f*
**cocu** [kɔky] F *m* betrogener, gehörnter Ehemann *m*, Liebhaber *m*
**code** [kɔd] *m* **1.** *jur* Gesetzbuch *n*; ***~ civil*** BGB *n* (= Bürgerliches Gesetzbuch); ***~ pénal*** Strafgesetzbuch *n*; ***~ de la route*** Straßenverkehrsordnung *f*; **2.** F Verkehrsregeln *f/pl*; ***se mettre en ~*** abblenden; ***phares*** *m/pl* ***codes*** Abblendlicht *n*; **3.** *symbole* Kode *m*; ***~ (à) barres*** Strichkode *m*; ***~ confidentiel*** Geheimnummer *f* (e-r Scheckkarte), PIN *f*; ***~ postal*** Postleitzahl *f*; ***~ secret*** Geheimkode *m*, -zahl *f*
**cœur** [kœr] *m* Herz *n*; ***à ~ joie*** nach Herzenslust; ***au ~ de*** mitten in (*dat*); ***de bon ~*** von Herzen gern; ***par ~*** auswendig; ***j'ai mal au ~*** mir ist übel; ***cela lui tient à ~*** das liegt ihm am Herzen; ***avoir bon ~*** gutherzig sein
**coexist|ence** [kɔɛgzistɑ̃s] *f* Koexistenz *f*; **~er** (*1a*) koexistieren
**coffre** [kɔfrə] *m meuble*: Truhe *f*; *auto* Kofferraum *m*; **~-fort** [-fɔr] *m* (*pl coffres-forts*) Geldschrank *m*, Tresor *m*
**coffret** [kɔfrɛ] *m* Kästchen *n*
**cogérer** [kɔʒere] (*1f*) mitverwalten, -bestimmen
**cogestion** [kɔʒɛstjõ] *f pol, jur* Mitbestimmung *f*
**cognac** [kɔɲak] *m* (echter) Cognac *m*
**cogn|ée** [kɔɲe] *f* Axt *f*; **~er** (*1a*) *moteur*: klopfen; ***~ à, contre qc*** auf, ge-

gen etw (*acc*) schlagen, hämmern; ***se ~ à, contre qc*** sich an etw (*dat*) stoßen
**cohabitation** [kɔabitɑsjõ] *f* Zusammenleben *n*; *pol* Kohabitation *f*
**cohér|ence** [kɔerɑ̃s] *f* Zusammenhang *m*; *phys* Kohärenz *f*; **~ent**, **~ente** [-ɑ̃, -ɑ̃t] zusammenhängend
**cohésion** [kɔezjõ] *f fig* Zusammenhang *m*, Zusammenhalt *m*
**cohue** [kɔy] *f masse* Menschenmenge *f*; *désordre* Gewühl *n*
**coiff|e** [kwaf] *f* (Trachten-)Haube *f*; **~er** (*1a*) ***~ qn*** j-n frisieren; ***~ qn de qc*** j-m etw (*acc*) aufsetzen; *fig* ***~ qc*** etw bedecken; ***se ~*** sich frisieren, sich kämmen; **~eur**, **~euse** *m*, *f* Friseur *m*, Friseuse *f*; *f meuble*: Frisiertisch *m*; **~ure** [-yr] *f* Kopfbedeckung *f*; *cheveux*: Frisur *f*
**coin** [kwɛ̃] *m* **1.** Ecke *f* (*a fig*); ***au ~ du feu*** am Kamin; **2.** *cale* Keil *m*
**coincer** [kwɛ̃se] (*1k*) (ein)klemmen; *fig* ***~ qn*** j-n in die Enge treiben
**coïncid|ence** [kɔɛ̃sidɑ̃s] *f zeitliches* Zusammenfallen *n*, -treffen *n*; **~er** (*1a*) *zeitlich* zusammenfallen, -treffen (***avec*** mit)
**Coire** [kwar] Chur *n*
**col** [kɔl] *m* **1.** Kragen *m*; *bouteille*: Hals *m*; **2.** *géogr* (Gebirgs-)Pass *m*
**colère** [kɔlɛr] *f* Wut *f*; ***se mettre en ~*** wütend werden
**colérique** [kɔlerik] jähzornig, cholerisch
**colimaçon** [kɔlimasõ] *m zo* Schnecke *f*; ***escalier*** *m* ***en ~*** Wendeltreppe *f*
**colin** [kɔlɛ̃] *m zo* Seehecht *f*
**colique** [kɔlik] *f* Kolik *f*; *diarrhée* Durchfall *m*
**colis** [kɔli] *m* Paket *n*; *chemin de fer*: Frachtstück *n*; ***~ postal*** Postpaket *n*
**collabor|ateur**, **~atrice** [kɔlabɔratœr, -atris] *m*, *f* Mitarbeiter(in) *m(f)*; *pol péj* Kollaborateur(in) *m(f)*; **~ation** *f* Mitarbeit *f*; *pol péj* Kollaboration *f*; **~er** (*1a*) ***~ avec qn*** mit j-m zusammenarbeiten; ***~ à qc*** an etw (*dat*) mitarbeiten; *pol péj* kollaborieren
**coll|ant**, **~ante** [kɔlɑ̃, -ɑ̃t] **1.** *adj* klebend; *vêtement*: eng anliegend; F *personne*: aufdringlich; **2.** *m* Strumpfhose *f*
**collatéral**, **~e** [kɔlateral] (*m/pl -aux*) Seiten…; Neben…; ***nef*** *f* ***collatérale*** Seitenschiff *n*
**collation** [kɔlasjõ] *f cuis* Imbiss *m*
**colle** [kɔl] *f* Klebstoff *m*; *fig* (*argot scolaire*) *question* schwere Frage *f*
**collect|e** [kɔlɛkt] *f* (Geld-)Sammlung *f*; **~if**, **~ive** [-if, -iv] kollektiv; ***billet*** *m* ***~*** Gruppenfahrkarte *f*; ***voyage*** *m* ***collectif*** Gesellschaftsreise *f*
**collect|ion** [kɔlɛksjõ] *f* Sammlung *f*; *livres*: Reihe *f*; *mode*: Kollektion *f*; **~ionner** [-jɔne] (*1a*) sammeln; **~ionneur**, **~ionneuse** [-jɔnœr, -jɔnøz] *m*, *f* Sammler(in) *m(f)*
**collectivité** [kɔlɛktivite] *f* Gemeinschaft *f*
**collège** [kɔlɛʒ] *m école*: *etwa* Gesamtschule *f*; *assemblée* Kollegium *n*
**collég|ien**, **~ienne** [kɔleʒjɛ̃, -jɛn] *m*, *f* Schüler(in) *m(f) e-s Collège*
**collègue** [kɔlɛg] *m*, *f* Kollege *m*, Kollegin *f*
**coller** [kɔle] (*1a*) *v/t* kleben; *contre*: ankleben; *sur*: aufkleben; *ensemble*: zusammenkleben; *v/i* kleben (***à*** an *dat*); *vêtement*: hauteng sitzen; F ***si tout colle*** wenn alles klappt; ***se ~ contre qn, qc*** sich an j-n, etw (an)schmiegen, drücken, pressen
**collet** [kɔlɛ] *m cuis* Hals(stück *n*) *m*; *dent*: Hals *m*; *chasse*: Schlinge *f*; *fig* ***prendre qn au ~*** j-n am Kragen packen
**collier** [kɔlje] *m bijou*: Halskette *f*; *chien*: Halsband *n*
**colline** [kɔlin] *f* Hügel *m*
**collision** [kɔlizjõ] *f* Zusammenstoß *m*, Kollision *f*; ***entrer en ~*** zusammenstoßen (***avec*** mit)
**colloque** [kɔlɔk] *m* Kolloquium *n*
**collutoire** [kɔlytwar] *m phm* Mundwasser *n*
**collyre** [kɔlir] *m phm* Augentropfen *m/pl*
**Cologne** [kɔlɔɲ] Köln; ***eau*** *f* ***de ~*** kölnisch Wasser *n*
**colombe** [kɔlõb] *f zo* Taube *f*; *fig* ***~ de la paix*** Friedenstaube *f*
**Colombie** [kɔlõbi] ***la ~*** Kolumbien *n*
**colomb|ien**, **~ienne** **1.** *adj* kolumbianisch; **2.** **♀**, ***♀ne*** *m*, *f* Kolumbianer(in) *m(f)*
**colon** [kɔlõ] *m* Siedler *m*
**colonel** [kɔlɔnɛl] *m* Oberst *m*
**colon|ial**, **~iale** [kɔlɔnjal] (*m/pl -iaux*) Kolonial…, kolonial; **~ialisme** [-ja-

lismə] *m* Kolonialismus *m*; **~ie** [-i] *f* Kolonie *f*; **~ *de vacances*** Ferienlager *n*

**colonis|ation** [kɔlɔnizasjõ] *f* Kolonisierung *f*; **~er** (*1a*) kolonisieren

**colonne** [kɔlɔn] *f* Säule *f*; *texte*, *registre*: Spalte *f*; *mil* Kolonne *f*; **~ *vertébrale*** Wirbelsäule *f*

**color|ant**, **~ante** [kɔlɔrɑ̃, -ɑ̃t] **1.** *adj* Farb…; **2.** *m* Farbstoff *m*; **~ation** [-asjõ] *f* Färbung *f*; **~er** (*1a*) färben; **~is** [-i] *m* Kolorit *n*, Farbe *f*

**colossal**, **~e** [kɔlɔsal] (*m/pl -aux*) gewaltig, kolossal, riesengroß

**colosse** [kɔlɔs] *m* Koloss *m*, Riese *m*

**colport|age** [kɔlpɔrtaʒ] *m comm* Hausieren *n*; *nouvelle*: Verbreitung *f*; **~er** (*1a*) hausieren (***qc*** mit etw); *nouvelle*: verbreiten; **~eur**, **~euse** *m*, *f* Hausierer(in) *m*(*f*)

**coma** [kɔma] *m* Koma *n*

**combat** [kõba] *m* Kampf *m*, Gefecht *n*

**combatt|ant**, **~ante** [kõbatɑ̃, -ɑ̃t] **1.** *adj* kämpfend, Kampf…; **2.** *m* Kriegsteilnehmer *m*; ***ancien* ~** Kriegsveteran *m*

**combattre** [kõbatrə] (*4a*) *v/t* bekämpfen; *v/i* kämpfen; **~ *contre qn, pour qc*** gegen j-n, für etw kämpfen

**combien** [kõbjɛ̃] *adv quantité*: wie viel; *avec pl* wie viele; *intensité*: wie (sehr); **~ *de fois*** wie oft; **~ *de personnes*** wie viele Menschen; **~ *de temps*** wie lange; **~ *coûte ceci?*** wie viel kostet das?

**combinaison** [kõbinɛzõ] *f* Zusammenstellung *f*, Kombination *f*; *astuce* Mittel *n*, Trick *m*; *mécanicien*: Arbeits-, Monteuranzug *m*; *lingerie*: Unterrock *m*; *coffre-fort*: Kombination *f*; *chim* Verbindung *f*

**combin|e** [kõbin] F *f* Trick *m*; **~er** (*1a*) zusammenstellen, kombinieren; *voyage*, *projet*: planen

**combiné** [kõbine] *m* **~ *téléphonique*** Telefonhörer *m*

**combl|e** [kõblə] **1.** *m fig sommet* Höhepunkt *m*, Gipfel *m*; **~s** *pl* Dachgeschoss *n*; ***de fond en* ~** von oben bis unten; **2.** *adj* übervoll; **~er** (*1a*) *trou*: zuschütten; *lacune*, *déficit*: ausgleichen; *personne*: vollkommen glücklich machen; **~ *de*** überhäufen mit

**combust|ible** [kõbystiblə] **1.** *adj* brennbar; **2.** *m* Brennstoff *m*; **~ion** *f* Verbrennung *f*

**coméd|ie** [kɔmedi] *f* Komödie *f*; **~ien**, **~ienne** *m*, *f* Schauspieler(in) *m*(*f*); *fig* Komödiant(in) *m*(*f*)

**comédon** [kɔmedõ] *m* Mitesser *m*

**comestible** [kɔmɛstiblə] **1.** *adj* essbar; **2.** **~s** *m/pl* Nahrungsmittel *n/pl*

**comète** [kɔmɛt] *f* Komet *m*

**comique** [kɔmik] **1.** *adj* komisch; **2.** *m acteur*: Komiker(in) *m*(*f*)

**comité** [kɔmite] *m* Ausschuss *m*, Komitee *n*; **~ *d'entreprise*** Betriebsrat *m*

**commandant** [kɔmɑ̃dɑ̃] *m mil* Kommandant *m*; *mar* Kapitän *m*; **~ *en chef*** Oberbefehlshaber *m*; *aviat* **~ *de bord*** Flugkapitän *m*

**command|e** [kɔmɑ̃d] *f comm* Bestellung *f*; *tech* Steuerung *f*, Antrieb *m*; **~ement** [-mɑ̃] *m mil* Kommando *n*, Befehl(sgewalt *f*) *m*; *rel* Gebot *n*; **~er** (*1a*) *v/t comm* bestellen; *ordonner* befehlen; *mil* befehligen, kommandieren; *action*: anordnen; *tech* steuern, betätigen; *v/i* befehlen, herrschen

**commandit|aire** [kɔmɑ̃ditɛr] *m* stille(r) Teilhaber *m*, Gesellschafter *m*; **~e** ***société*** *f* ***en* ~** Kommanditgesellschaft *f*; **~er** (*1a*) **~ *une entreprise*** Geld in ein Unternehmen stecken

**commando** [kɔmɑ̃do] *m mil* Kommando *n*

**comme** [kɔm] **1.** *adv* wie; *en tant que* als; *ainsi que* sowie; **2.** *conj au moment où* als; *parce que* da; **~ *cela*** so; F **~ *ci* ~ *ça*** so lala; **~ *il faut*** anständig; **~ *si*** als ob; ***bête* ~ *tout*** unheimlich dumm

**commémor|ation** [kɔmemɔrasjõ] *f cérémonie* Gedenkfeier *f*; **~er** (*1a*) gedenken (*gén*)

**commenc|ement** [kɔmɑ̃smɑ̃] *m* Anfang *m*; **~er** (*1k*) anfangen, beginnen; **~ *qc par qc*** etw mit etw beginnen; **~ *à*** (*od* ***de***) (+ *inf*) beginnen zu (+ *inf*); **~ *par faire qc*** etw zuerst tun

**comment** [kɔmɑ̃] *adv* wie?, wie!; **~?** (*qu'avez-vous dit?*) wie bitte?; ***le* ~** das Wie

**comment|aire** [kɔmɑ̃tɛr] *m* Kommentar *m*; **~ateur**, **~atrice** [-atœr, -atris] *m*, *f* Kommentator(in) *m*(*f*); **~er** (*1a*) kommentieren

**commérages** [kɔmeraʒ] *m/pl* Klatsch *m*

**commerç|ant**, **~ante** [kɔmɛrsɑ̃, -ɑ̃t] **1.** *adj* Handels…; ***rue*** *f* ***commerçante***

Geschäftsstraße *f*; **2.** *m*, *f* Händler(in) *m(f)*, Kaufmann *m*, Kauffrau *f*
**commerc|e** [kɔmɛrs] *m activité* Handel *m*; *magasin* Geschäft *n*, Laden *m*; *fig rapports* Umgang *m*; **~er** (*1k*) Handel treiben
**commercial**, **~e** [kɔmɛrsjal] (*m/pl -iaux*) kaufmännisch, Handels…; **~iser** (*1a*) vermarkten
**commère** [kɔmɛr] *f* Klatschbase *f*
**commettre** [kɔmɛtrə] (*4p*) begehen; *jur* beauftragen
**commis** [kɔmi] *m administration*: Angestellte(r) *m*, *f*; *magasin*: Verkäufer(in) *m(f)*; **~ *voyageur*** Handlungsreisende(r) *m*, *f*
**commissaire** [kɔmisɛr] *m* Kommissar *m*; *comm* **~ *aux comptes*** Wirtschaftsprüfer *m*; **~-priseur** [-prizœr] *m* (*pl commissaires-priseurs*) Auktionator *m*
**commissariat** [kɔmisarja] *m* Kommissariat *n*; **~ *de police*** Polizeirevier *n*
**commiss|ion** [kɔmisjõ] *f comité* Ausschuss *m*, Kommission *f*; *mission* Auftrag *m*; *course* Besorgung *f*; *comm* Provision *f*; **~ionnaire** [-jɔnɛr] *m* Beauftragte(r) *m*, Kommissionär *m*; *porteur* Bote *m*, Laufbursche *m*; **~ionner** (*1a*) **~ *qn*** j-n beauftragen
**commod|e** [kɔmɔd] **1.** *adj* bequem; *personne*: umgänglich; **2.** *f* Kommode *f*; **~ité** *f* Bequemlichkeit *f*; **~*s*** *pl litt* Toilette *f*
**commotion** [kɔmɔsjõ] *f méd* **~ *cérébrale*** Gehirnerschütterung *f*
**comm|un**, **~une** [kɔmɛ̃ *od* kɔmœ̃, -yn] gemeinsam, -schaftlich; *habituel* gewöhnlich; ***transports*** *m/pl* ***en commun*** öffentliche Verkehrsmittel *n/pl*; **~ *à plusieurs*** mehreren gemeinsam
**communal**, **~e** [kɔmynal] (*m/pl -aux*) **1.** *adj* Gemeinde…; **2.** ***communales*** *f/pl* Kommunalwahlen *f/pl*; **~iser** (*1a*) der Gemeinde unterstellen
**communau|taire** [kɔmynotɛr] Gemeinschafts…, die EG betreffend, EG-…; **~té** [-te] *f* Gemeinschaft *f*; **~ *européenne*** Europäische Gemeinschaft *f*; ***la* ~ *internationale*** die Weltöffentlichkeit *f*; *jur* **~ *des biens*** Gütergemeinschaft *f*
**commune** [kɔmyn] *f* Gemeinde *f*
**communément** [kɔmynemɑ̃] *adv* allgemein, gewöhnlich
**communica|tif**, **~tive** [kɔmynikatif, -tiv] mitteilsam, kommunikativ; **~tion** *f* Kommunikation *f*, Verständigung *f*; *message* Mitteilung *f*; *téléphonique*: (Telefon-)Gespräch *n*; **~*s*** *pl routes*, *téléphone*: Verbindungen *f/pl*
**commun|ier** [kɔmynje] (*1a*) *rel* die Kommunion empfangen; **~ion** *f rel communauté* Gemeinschaft *f*; *sacrement*: Abendmahl *n*, Kommunion *f*; *fig* Gemeinsamkeit *f*
**communiqué** [kɔmynike] *m pol* Kommunikee *n*, (amtliche) Verlautbarung *f*
**communiquer** [kɔmynike] (*1m*) *v/t nouvelle*: mitteilen; *demande*: übermitteln; *maladie*: übertragen (***à qn*** auf j-n); *v/i* (miteinander) in Verbindung stehen; *salles*: ineinander gehen; **~ *avec qn*** *a* mit j-m Nachrichten austauschen
**commun|isme** [kɔmynismə] *m* Kommunismus *m*; **~iste** **1.** *adj* kommunistisch; **2.** *m*, *f* Kommunist(in) *m(f)*
**commuta|teur** [kɔmytatœr] *m tech* Schalter *m*; **~tion** *f jur* **~ *de peine*** Strafumwandlung *f*
**compact**, **~e** [kõpakt] dicht, fest, kompakt; **~ *disc*** CD *f*
**compagn|e** [kõpaɲ] *f voyage*: Gefährtin *f*, Begleiterin *f*; *couple*: Lebensgefährtin *f*; **~ie** [-i] *f* Gesellschaft *f* (*a comm*), Begleitung *f*; *mil* Kompanie *f*; **~ *aérienne*** Fluggesellschaft *f*; ***en* ~ *de*** in Gesellschaft (Begleitung) von; ***tenir* ~ *à qn*** j-m Gesellschaft leisten; **~on** *m voyage*: Gefährte *m*, Begleiter *m*; *couple*: Lebensgefährte *m*
**compar|able** [kõparablə] vergleichbar (***à, avec*** mit); **~aison** *f* Vergleich *m*; ***en* ~ *de, par* ~ *à, par* ~ *avec*** im Vergleich zu, mit; **~aître** [-ɛtrə] (*4z*) erscheinen (***en justice*** vor Gericht); **~er** (*1a*) vergleichen (***à, avec*** mit)
**compartiment** [kõpartimɑ̃] *m case* Fach *n*; *train*: Abteil *n*
**comparution** [kõparysjõ] *f* Erscheinen *n* (*vor Gericht*)
**compas** [kõpa] *m math* Zirkel *m*; *mar* Kompass *m*
**compassion** [kõpasjõ] *f* Mitleid *n*
**compati|bilité** [kõpatibilite] *f EDV* Kompatibilität *f*; **~ *monétaire double*** doppelte Währungsbuchhaltung *f*;

**~ble** vereinbar; *EDV* kompatibel
**compatriote** [kõpatrijɔt] *m, f* Landsmann *m*, -männin *f*
**compens|ateur**, **~atrice** [kõpɑ̃satœr, -atris] ausgleichend; **~ation** *f* Ausgleich *m*; **~er** *(1a)* ausgleichen
**compét|ence** [kõpetɑ̃s] *f jur préfet, maire*: Zuständigkeit *f*; *connaissances*: Sachkenntnis *f*; **~ent**, **~ente** [-ɑ̃, -ɑ̃t] *jur* zuständig; *expert* kompetent, sachverständig
**compét|itif**, **~itive** [kõpetitif, -itiv] konkurrenz-, wettbewerbsfähig; ***société** f **compétitive*** Leistungsgesellschaft *f*; **~ition** *f* Wettbewerb *m*, Konkurrenz *f*; *sport*: Wettkampf *m*; **~itivité** *f* Wettbewerbsfähigkeit *f*
**compiler** [kõpile] *(1a)* zusammenstellen
**complainte** [kõplɛ̃t] *f* Klage *f*
**complai|re** [kõplɛr] *(4a)* ***se ~ dans*** Gefallen finden an *(dat)*; ***se ~ à*** (+ *inf*) sich darin gefallen zu (+ *inf*); **~sance** [-zɑ̃s] *f* Gefälligkeit *f*; *péj* allzu große Nachsicht *f*; **~sant**, **~sante** [-zɑ̃, -zɑ̃t] gefällig (***pour, envers qn*** j-m gegenüber); *péj* allzu nachsichtig
**complé|ment** [kõplemɑ̃] *m* Ergänzung *f*; **~mentaire** [-mɑ̃tɛr] ergänzend
**compl|et**, **~ète** [kõplɛ, -ɛt] **1.** *adj entier* vollständig, komplett; *total* völlig, vollkommen; *plein* voll; *hôtel*: belegt; **2.** *m* (Herren-)Anzug *m*; **~ètement** [-ɛtmɑ̃] *adv* völlig
**compléter** [kõplete] *(1f)* vervollständigen
**complex|e** [kõplɛks] **1.** *adj* vielseitig, komplex; *compliqué* kompliziert; **2.** *m* Komplex *m*; **~é**, **~ée** gehemmt; **~ité** *f* Vielseitigkeit *f*, Komplexität *f*
**complication** [kõplikasjõ] *f* Verwicklung *f*, Komplikation *f* *(a méd)*
**complic|e** [kõplis] **1.** *adj* mitschuldig; **2.** *m, f* Komplize *m*, Komplizin *f*, Mittäter(in) *m(f)*; **~ité** *f* Mitschuld *f*, Mittäterschaft *f*
**complimen|t** [kõplimɑ̃] *m* Kompliment *n*; **~s** *pl* Glückwünsche *m/pl*; **~ter** [-te] *(1a)* ***~ qn pour qc*** j-n zu etw beglückwünschen
**compliqu|é**, **~ée** [kõplike] verwickelt, kompliziert; **~er** *(1m)* komplizieren
**compl|ot** [kõplo] *m* Verschwörung *f*, Komplott *n*
**comport|ement** [kõpɔrtəmɑ̃] *m* Verhalten *n*; ***~ de consommation écologique*** umweltfreundliches Konsumverhalten *n*; **~er** *(1a) contenir* enthalten, umfassen; *impliquer* zur Folge haben; ***se ~*** sich betragen, sich verhalten
**compos|ante** [kõpozɑ̃t] *f* Komponente *f*; **~é**, **~ée 1.** *adj* zusammengesetzt (***de*** aus); *air, expression*: affektiert, gekünstelt; **2.** *m* Zusammensetzung *f*; **~er** *(1a) v/t groupe, mélange*: bilden, zusammenstellen; *texte*: abfassen; *numéro de téléphone*: wählen; *mus* komponieren; *v/i transiger* sich abfinden; ***se ~ de*** bestehen aus, sich zusammensetzen aus
**composite** [kõmposite] verschiedenartig
**composi|teur**, **~trice** [kõpozitœr, -tris] *m, f* Komponist(in) *m(f)*; **~tion** *f* Zusammensetzung *f*, Aufbau *m*; *mus* Komposition *f*
**compost|er** [kõpɔste] *(1a) billet*: entwerten; **~eur** *m* Fahrscheinentwerter *m*
**compote** [kõpɔt] *f* Kompott *n*
**compréhens|ible** [kõpreɑ̃siblə] verständlich; **~if**, **~ive** [-if, -iv] verständnisvoll; **~ion** *f* Verständnis *n*; *faculté*: Auffassungsgabe *f*
**comprendre** [kõprɑ̃drə] *(4q)* **1.** verstehen, begreifen; ***faire ~ qc à qn*** *expliquer* j-m etw verständlich machen; *suggérer* j-m etw zu verstehen geben; ***se faire ~*** sich verständlich machen; **2.** *contenir* enthalten, umfassen
**compress|e** [kõprɛs] *f méd* Kompresse *f*, Umschlag *m*; **~eur** *m tech* Verdichter *m*; Kompressor *m*; **~ion** *f* Verdichtung *f*, Kompression *f*; *substance*: Zusammenpressen *n*; *effectifs*: Verringerung *f*
**comprim|é** [kõprime] *m* Tablette *f*; **~er** *(1a) air*: verdichten, komprimieren; *substance*: zusammenpressen; *effectifs*: verringern
**compr|is**, **~ise** [kõpri, -iz] einbegriffen, einbezogen; *comm* inklusive; ***y ~*** mit einbegriffen; ***~ dans*** einbegriffen in *(dat)*; ***non ~*** nicht mit einbegriffen
**compro|mettre** [kõprɔmɛtrə] *(4p) santé, autorité*: gefährden; *personne*: kompromittieren; **~mis** [-mi] *m* Kompro-

miss *m*
**compt|abilité** [kõtabilite] *f* Buchführung *f*, -haltung *f*; *comptes* Geschäftsbücher *n/pl*; **~able** *m*, *f* Buchhalter(in) *m(f)*; **~ant** [-ɑ̃] *comm* bar; ***au ~*** gegen Barzahlung
**compt|e** [kõt] *m calcul* Berechnung *f*; *montant* Betrag *m*, Summe *f*; *bancaire*: Konto *n*; *facture* Rechnung *f*; *fig* Rechenschaft *f*; ***~s*** *pl* Geschäftsbücher *n/pl*; ***à bon ~*** preiswert; ***en fin de ~*** letztlich; ***~ chèque postal*** Postgirokonto *n*; ***~ courant*** Girokonto *n*; ***~ de dépôt*** Sparkonto *n*; ***rendre ~ de qc*** über etw Rechenschaft ablegen; ***se rendre ~ de qc*** sich über etw klar sein; ***tenir ~ de qc*** etw (*acc*) berücksichtigen; ***~ tenu de*** unter Berücksichtigung von; ***pour mon ~*** was mich betrifft; ***prendre qc sur son ~*** etw auf seine Kappe nehmen; ***~ rendu*** Bericht *m*; *critique* Rezension *f*; **~er** (*1a*) *v/t* zählen; *facturer* an-, berechnen; *v/i calculer* zählen, rechnen; *être important* wichtig sein, zählen; ***~ avec*** rechnen mit; ***~ parmi*** *figurer* zählen zu; ***~ sur*** sich verlassen auf (*acc*); ***~ que*** damit rechnen, dass; ~ (+ *inf*) beabsichtigen zu (+ *inf*)
**compt|e-tours** [kõttur] *m* (*pl unv*) *tech* Drehzahlmesser *m*; **~eur** *m* Zähler *m*; **~ine** *f* Abzählreim *m*; **~oir** *m café*: Theke *f*; *magasin*: Ladentisch *m*
**comt|e** [kõt] *m* Graf *m*; **~é** *m* Grafschaft *f*; **~esse** [-ɛs] *f* Gräfin *f*
**con**, **conne** [kõ, kɔn] P **1.** *adj* P saublöd; **2.** *m,f* P Blödmann *m*, *d'une femme*: blöde Kuh *f*; **3.** *m* P Fotze *f*
**concave** [kõkav] konkav
**concéder** [kõsede] (*1f*) bewilligen; ***~ que*** zugeben, dass
**concentr|ation** [kõsɑ̃trasjõ] *f* Konzentration *f* (*a fig*); **~er** (*1a*) konzentrieren; ***se ~*** sich konzentrieren (***sur*** auf *acc*)
**concept** [kõsɛpt] *m* Begriff *m*
**conception** [kõsɛpsjõ] *f idée* Vorstellung *f*; *planification* Gestaltung *f*, Konzeption *f*; *biol* Empfängnis *f*
**concern|ant** [kõsɛrnɑ̃] *prép* betreffend, bezüglich; ***~ les problèmes*** die Probleme (*acc*) betreffend, bezüglich der Probleme (*gén*); **~er** (*1a*) ***~ qc, qn*** etw, j-n betreffen, angehen; ***en ce qui me concerne*** was mich betrifft
**concert** [kõsɛr] *m mus* Konzert *n* (*a fig*); ***de ~ avec*** im Einvernehmen, im Einverständnis, in Übereinstimmung mit
**concerter** [kõsɛrte] (*1a*) vereinbaren; ***se ~*** sich absprechen
**concerto** [kõsɛrto] *m* Konzert *n* (*Komposition*)
**concess|ion** [kõsɛsjõ] *f* Zugeständnis *n*, Konzession *f*; **~ionnaire** [-jɔnɛr] *m* Vertragshändler *m*
**concev|able** [kõsəvablə] begreiflich; **~oir** (*3a*) *comprendre* begreifen; *inventer* konzipieren, entwerfen; *biol* empfangen
**concierge** [kõsjɛrʒ] *m*, *f* Hausmeister(in) *m(f)*; Pförtner(in) *m(f)*
**concil|e** [kõsil] *m* Konzil *n*; **~iable** [-jablə] vereinbar; **~ier** (*1a*) *v/t* in Einklang bringen; ***se ~*** *idées*: sich vereinbaren lassen; ***se ~ la bienveillance de qn*** j-s Wohlwollen gewinnen, erringen
**conc|is**, **~ise** [kõsi, -iz] kurz, knapp; **~ision** [-izjõ] *f* Bündigkeit *f*, Kürze *f*
**concitoy|en**, **~enne** [kõsitwajɛ̃, -ɛn] *m*, *f* Mitbürger(in) *m(f)*
**conclu|ant**, **~ante** [kõklyɑ̃, -ɑ̃t] überzeugend, schlüssig
**conclu|re** [kõklyr] (*4l*) (ab)schließen, zu Ende bringen; ***~ de qc*** aus etw folgern; ***~ à qc*** auf etw (*acc*) schließen; sich für etw aussprechen; ***~ un contract*** e-n Vertrag schließen; **~sion** [-zjõ] *f* Schluss(folgerung) *m(f)*
**concombre** [kõkõbrə] *m bot* Gurke *f*
**concordance** [kõkɔrdɑ̃s] *f* Übereinstimmung *f*
**concord|e** [kõkɔrd] *f* Eintracht *f*; **~er** (*1a*) übereinstimmen
**concourir** [kõkurir] (*2i*) ***~ à qc*** an etw (*dat*) mitwirken; ***~ à*** (+ *inf*) dazu beitragen zu (+ *inf*)
**concours** [kõkur] *m* Wettbewerb *m*; *sports*: Wettkampf *m*; *épreuve* Ausleseverfahren *n*; *assistance* Unterstützung *f*, Hilfe *f*; ***avec le ~ de qn*** mit j-s Hilfe; ***~ de circonstances*** Zusammentreffen *n* von Umständen
**con|cret**, **~crète** [kõkrɛ, -krɛt] konkret; **~crétiser** [-kretize] (*1a*) veranschaulichen, konkretisieren; ***se ~*** Gestalt annehmen
**conçu**, **~e** [kõsy] *p/p de* ***concevoir***

**concubinage** [kõkybinaʒ] *m* eheähnliche Gemeinschaft *f*, Konkubinat *n*
**concurr|ence** [kõkyrɑ̃s] *f* Konkurrenz *f*; ***jusqu'à ~ de*** bis zum Betrag, zur Höhe von; **~ent**, **~ente** [-ɑ̃, -ɑ̃t] **1.** *adj* konkurrierend; **2.** *m*, *f concours*: Mitbewerber(in) *m(f)*; *comm* Konkurrent(in) *m(f)*; **~entiel**, **~entielle** [-ɑ̃sjɛl] konkurrenzfähig
**condamn|able** [kõdanablə] verwerflich; **~ation** *f* Verurteilung *f* (*a fig*); **~er** (*1a*) **1.** *jur u allg* verurteilen (***qn à qc*** j-n zu etw); *malade*: aufgeben; **2.** ***~ la porte*** die Tür zumauern, verstellen
**condenser** [kõdɑ̃se] (*1a*) *v/t phys* kondensieren; *fig récit*: zusammenfassen; ***se ~*** sich niederschlagen
**condescen|dance** [kõdesɑ̃dɑ̃s] *f péj* Herablassung *f*; **~dre** [-drə] (*4a*) ***~ à*** sich herablassen zu
**condiment** [kõdimɑ̃] *m* Gewürz *n*
**condit|ion** [kõdisjõ] *f* **1.** Bedingung *f*; ***à*** (***la***) ***~ que*** (+ *subj*), ***à*** (***la***) ***~ de*** (+ *inf*) unter der Bedingung, dass; **2.** *forme* Verfassung *f*, Kondition *f*; **3.** *sociale*: Stellung *f*, Rang *m*; **~ionnement** [-jɔnmɑ̃] *m emballage* Verpackung *f*
**condoléances** [kõdɔleɑ̃s] *f/pl* Beileid *n*
**conduc|teur**, **~trice** [kõdyktœr, -tris] **1.** *adj* leitend; **2.** *m*, *f* Fahrer(in) *m(f)*; *m phys* Leiter *m*
**conduire** [kõdɥir] (*4c*) führen, leiten; *auto* fahren; ***~ à*** (+ *inf*) dazu bringen zu (+ *inf*); ***permis*** *m* ***de ~*** Führerschein *m*; ***se ~*** sich betragen
**conduit** [kõdɥi] *m eau*, *gaz*: Rohr *n*, Leitung *f*; *anat* Gang *m*, Kanal *m*; **~e** *f comportement* Benehmen *n*; *direction* Leitung *f*, Führung *f*; *eau*, *gaz*: Leitung *f*; *auto* Fahren *n*, Steuern *n*
**cône** [kon] *m* Kegel *m* (*a math*); *bot* Tannenzapfen *m*
**confect|ion** [kõfɛksjõ] *f fabrication* Anfertigung *f*; *vêtements*: Fertigkleidung *f*, Konfektion *f*; *cuis* Zubereitung *f*; **~ionner** [-jɔne] (*1a*) anfertigen, herstellen; *cuis* zubereiten
**confédération** [kõfederasjõ] *f* Bund *m*, Konföderation *f*
**confér|ence** [kõferɑ̃s] *f congrès* Konferenz *f*, Besprechung *f*; *exposé* Vortrag *m*, Vorlesung *f*; *pol* ***~ au sommet*** Gipfelkonferenz *f*; ***~ de presse*** Pressekonferenz *f*; **~encier**, **~encière** [-ɑ̃sje, -ɑ̃sjɛr] *m*, *f* Redner(in) *m(f)*, Referent(in) *m(f)*; **~er** (*1f*) *accorder* verleihen
**confess|er** [kõfɛse] (*1b*) gestehen, zugeben; *rel* beichten; ***se ~*** *rel* beichten; **~ion** *f aveu* Geständnis *n*; *rel* Beichte *f*; *croyance* Konfession *f*, Bekenntnis *n*; **~ionnal** [-jɔnal] *m* (*pl -aux*) Beichtstuhl *m*
**confi|ance** [kõfjɑ̃s] *f* Vertrauen *n*; ***avoir ~ dans*** *od* ***en qc, qn*** Vertrauen zu etw, j-m haben; ***faire ~ à qn*** j-m vertrauen; **~ant**, **~ante** [-ɑ̃, -ɑ̃t] vertrauensvoll
**confid|ence** [kõfidɑ̃s] *f* vertrauliche Mitteilung *f*; **~ent**, **~ente** [-ɑ̃, -ɑ̃t] *m*, *f* Vertraute(r) *m*, *f*; **~entiel**, **~entielle** [-ɑ̃sjɛl] vertraulich
**confier** [kõfje] (*1a*) *v/t* anvertrauen (***qc à qn*** j-m etw); ***se ~ à qn*** sich j-m anvertrauen
**configuration** [kõfigyrasjõ] *f* Gestalt *f*, Form *f*
**con|finer** [kõfine] (*1a*) ***~ à*** grenzen an (*acc*); **~fins** [-fɛ̃] *m/pl* (äußerste) Grenze *f*; ***aux ~ de*** an der äußersten Grenze (*gén*)
**confirm|ation** [kõfirmasjõ] *f* Bestätigung *f*, Bekräftigung *f*; *rel* Konfirmation *f*; **~er** (*1a*) bestätigen, bekräftigen; *fortifier* bestärken; *rel* konfirmieren
**confiscation** [kõfiskasjõ] *f* Beschlagnahme *f*
**confiserie** [kõfizri] *f* Süßwaren *f/pl*; *magasin*: Süßwarengeschäft *n*
**confisquer** [kõfiske] (*1m*) beschlagnahmen
**conf|it**, **~ite** [kõfi, -it] *adj fruits*: kandiert; *concombres*, *olives*: eingelegt
**confiture** [kõfityr] *f* Konfitüre *f*, Marmelade *f*
**con|flictuel**, **~flictuelle** [kõfliktɥɛl] konfliktgeladen; **~flit** [kõfli] *m* Konflikt *m*
**confluent** [kõflyɑ̃] *m* Zusammenfluss *m*
**confondre** [kõfõdrə] (*4a*) *personnes*: verwechseln (***qn, qc avec*** j-n, etw mit); *faits*, *détails*: durcheinanderbringen; *déconcerter* verblüffen; *témoin*, *menteur*: der Lüge überführen; ***se ~***

*se mêler* sich vermischen; ***se ~ en excuses*** sich vielmals entschuldigen
**conform|e** [kõfɔrm] **~ *à*** gemäß (*dat*); entsprechend (*dat*); **~ément** [-emɑ̃] *adv* **~ *à*** gemäß (*dat*), laut (*gén od dat*); **~er** (*1a*) **~ *à*** anpassen an (*acc*), richten nach; ***se ~ à qc*** sich nach etw richten; **~isme** *m* Konformismus *m*; **~ité** *f* Gleichförmigkeit *f*
**confort** [kõfɔr] *m* Komfort *m*, Bequemlichkeit *f*; ***tout ~*** mit allem Komfort
**confortable** [kõfɔrtablə] *maison*, *hôtel*: komfortabel; *siège*: bequem; *somme*, *revenus*, *majorité*: ansehnlich
**confrère** [kõfrɛr] *m* Kollege *m*
**confront|ation** [kõfrõtasjõ] *f* Gegenüberstellung *f*; **~er** (*1a*) gegenüberstellen, vergleichen
**conf|us**, **~use** [kõfy, -yz] *amas*, *groupe*: wirr; *bruit*: unbestimmt; *forme*: undeutlich; *personne*: *gêné* verwirrt, beschämt; **~usion** [-yzjõ] *f* Verwirrung *f*; *embarras* Verlegenheit *f*; *de 2 choses*: Verwechslung *f*
**congé** [kõʒe] *m vacances* Urlaub *m*; *avis de départ* Kündigung *f*; ***avoir ~*** frei haben; ***prendre ~ de qn*** sich von j-m verabschieden; ***être en ~*** im, in Urlaub sein; ***être en ~ de maladie*** krank geschrieben sein; ***~s payés*** bezahlter Urlaub *m*
**congédier** [kõʒedje] (*1a*) *employé*: entlassen (***qn*** j-n), kündigen (***qn*** j-m); *visiteur*: verabschieden
**congélateur** [kõʒelatœr] *m* Tiefkühltruhe *f*; *compartiment*: Tiefkühlfach *n*
**congel|é**, **~ée** [kõʒle] ***viandes*** *f/pl* ***congelées*** Gefrierfleisch *n*; **~er** (*1d*) *v/t* einfrieren; ***se ~*** gefrieren
**congénère** [kõʒenɛr] *m* Artgenosse *m*, Artgenossin *f*
**congénital**, **~e** [kõʒenital] (*m/pl -aux*) angeboren
**congère** [kõʒɛr] *f* Schneeverwehung *f*
**congestion** [kõʒɛstjõ] *f méd* Blutandrang *m*; ***~ cérébrale*** Schlaganfall *m*; **~ner** [-jɔne] (*1a*) *rue*: verstopfen
**Congo** [kõgo] ***le ~*** *pays*, *fleuve* der Kongo; *pays a* Kongo *n*
**congratuler** [kõgratyle] (*1a*) *st/s* überschwänglich gratulieren (***qn*** j-m)
**congrégation** [kõgregasjõ] *f rel* Kongregation *f*, geistlicher Orden *m*
**congrès** [kõgrɛ] *m* Kongress *m*, Tagung *f*
**congressiste** [kõgrɛsist] *m*, *f* Kongressteilnehmer(in) *m(f)*
**conifère** [kɔnifɛr] *m bot* Nadelbaum *m*
**conique** [kɔnik] konisch, kegelförmig
**conjectur|e** [kõʒɛktyr] *f* Mutmaßung *f*, Vermutung *f*; **~er** (*1a*) *st/s* mutmaßen
**conj|oint**, **~ointe** [kõʒwɛ̃, -wɛ̃t] **1.** *adj* gemeinsam; **2.** *m*, *f* Ehegatte *m*, -gattin *f*
**conjonction** [kõʒõksjõ] *f st/s* Verbindung *f*; *gr* Konjunktion *f*
**conjonc|tivite** [kõʒõktivit] *f méd* Bindehautentzündung *f*; **~ture** [-tyr] *f* Lage *f* (*der Dinge*), Umstände *m/pl*; *écon* Konjunktur *f*
**conjugaison** [kõʒygɛzõ] *f gr* Konjugation *f*
**conju|gal**, **~gale** [kõʒygal] (*m/pl -aux*) ehelich; **~guer** [kõʒyge] (*1m*) *efforts*: vereinigen; *gr* konjugieren
**conjur|ation** [kõʒyrasjõ] *f conspiration* Verschwörung *f*; *esprits*: Beschwörung *f*; **~er** (*1a*) beschwören; ***~ qn de faire qc*** j-n beschwören, etw zu tun; ***se ~ contre qn*** sich gegen j-n verschwören
**connaiss|ance** [kɔnɛsɑ̃s] *f savoir* Kenntnis *f*; *conscience* Bewusstsein *n*; *personne connue* Bekannte(r) *m*, *f*, Bekanntschaft *f*; ***~s*** *pl* Wissen *n*, Kenntnisse *f/pl*; ***avoir ~ de qc*** von etw Kenntnis haben; ***prendre ~ de qc*** etw (*acc*) zur Kenntnis nehmen; ***perdre ~*** das Bewusstsein verlieren; ***reprendre ~*** wieder zu sich kommen; ***faire ~ avec qn*** *od* ***la ~ de qn*** j-n kennenlernen; ***à ma ~*** meines Wissens; **~eur** *m* Kenner *m*
**connaître** [kɔnɛtrə] (*4z*) kennen; *rencontrer* kennenlernen; ***s'y ~ en qc*** sich auf etw (*acc*) verstehen; ***il s'y connaît*** er kennt sich aus
**connecter** [kɔnɛkte] (*1a*) *tech* anschließen; ***se ~*** *EDV* einloggen
**connerie** [kɔnri] *f* P Mist *m*, Krampf *m*
**connexion** [kɔnɛksjõ] *f* Verknüpfung *f*, Zusammenhang *m*; *tech* Anschluss *m*; ***~ Internet*** Internetanschluss *m*
**connivence** [kɔnivɑ̃s] *f* heimliches Einverständnis *n*; ***être de ~ avec qn*** mit j-m unter e-r Decke stecken
**connu**, **~e** [kɔny] *p/p de* ***connaître*** *u adj* bekannt
**conque** [kõk] *f zo* Meeresschnecke *f*

**conquér|ant** [kõkerɑ̃] *m* Eroberer *m*; **~ir** (*2l*) erobern; *droit*, *privilège*: erwerben

**conquête** [kõkɛt] *f* Eroberung *f*

**consacrer** [kõsakre] (*1a*) *rel* weihen; *dédier* widmen; *usage*: sanktionieren; *temps*, *argent*: verwenden; ***se ~ à qc, qn*** sich e-r Sache, j-m widmen

**consangu|in**, **~ine** [kõsɑ̃gɛ̃, -in] blutsverwandt

**conscience** [kõsjɑ̃s] *f moral*: Gewissen *n*; *physique*, *psych* Bewusstsein *n*; ***avoir bonne*** (***mauvaise***) **~** ein gutes (schlechtes) Gewissen haben; ***prendre ~ de qc*** sich e-r Sache (*gén*) bewusst werden; ***perdre ~*** das Bewusstsein verlieren, ohnmächtig werden

**conscienc|ieux**, **~ieuse** [kõsjɑ̃sjø, -jøz] gewissenhaft

**consc|ient**, **~iente** [kõsjɑ̃, -jɑ̃t] bewusst, denkend; ***être ~ de qc*** sich e-r Sache (*gén*) bewusst sein

**conscrit** [kõskri] *m mil* Einberufene(r) *m*

**consécration** [kõsekrasjõ] *f rel* Weihe *f*; *confirmation* Bestätigung *f*

**consécut|if**, **~ive** [kõsekytif, -iv] aufeinanderfolgend; **~ *à*** e-e Folge von *od gén*; **~ivement** [-ivmɑ̃] *adv* hintereinander

**conseil** [kõsɛj] *m avis* Rat(schlag) *m*; *conseiller* Ratgeber *m*; *assemblée* Rat *m*, Ratsversammlung *f*; **~ *municipal*** Gemeinde-, Stadtrat *m*; **~ *d'administration*** Verwaltungsrat *m*; **♀ *de l'Europe*** Europarat *m*; **~ *des ministres*** Ministerrat *m*

**conseiller**[1] [kõsɛje] (*1b*) raten; **~ *qn*** j-n beraten; **~ *qc à qn*** j-m zu etw raten, j-m etw raten, j-m etw empfehlen

**conseill|er**[2], **~ère** [kõsɛje, -ɛr] *m* Berater(in) *m*(*f*), Ratgeber(in) *m*(*f*); ***conseiller municipal*** Gemeinde-, Stadtrat *m*, Gemeinde-, Stadträtin *f*; **~ *en gestion*** Unternehmensberater *m*

**consent|ement** [kõsɑ̃tmɑ̃] *m* Einwilligung *f*; **~ir** (*2b*) einwilligen (***à qc*** in etw *acc*); *prêt*, *délai*: gewähren (***qc*** etw); **~ *à faire qc*** sich einverstanden erklären, etw zu tun; **~ *à ce que*** (+ *subj*) damit einverstanden sein, dass

**conséqu|ence** [kõsekɑ̃s] *f* Folge *f*, Konsequenz *f*; ***en ~ donc*** infolgedessen, demnach; ***en ~ de*** entsprechend (*dat*); **~ent**, **~ente** [-ɑ̃, -ɑ̃t] konsequent; ***par conséquent*** folglich

**conserv|ateur**, **~atrice** [kõsɛrvatœr, -atris] **1.** *adj* konservativ; **2.** *m pol* Konservative(r) *m*; *musée*: Konservator *m*; **~ation** *f* Erhaltung *f*; *aliments*: Konservierung *f*; **~atoire** [-atwar] *m* Konservatorium *n*

**conserv|e** [kõsɛrv] *f* Konserve *f*; **~er** (*1a*) *garder* behalten, (auf)bewahren; *aliments*: konservieren; *habitude*: beibehalten

**considér|able** [kõsiderablə] beträchtlich; **~ation** *f réflexion* Überlegung *f*, Erwägung *f*; *estime* Achtung *f*, Ansehen *n*; **~*s*** *pl* Ansichten *f*/*pl*, Meinungen *f*/*pl*; ***en ~ de*** mit Rücksicht auf (*acc*); ***prendre en ~*** in Betracht *od* Erwägung ziehen; **~er** (*1f*) *étudier*, *regarder* betrachten; *tenir compte de* berücksichtigen; **~ *qc comme*** etw halten für; **~ *qn comme*** j-n betrachten als

**consign|e** [kõsiɲ] *f* Vorschrift *f*, Anweisung *f*; *gare*: Gepäckaufbewahrung *f*; *bouteilles*: Pfand *n*; *mil*, *école*: Arrest *m*; **~er** (*1a*) *noter* schriftlich festhalten; *bouteilles*: Pfand verlangen (***qc*** für etw); *écolier*: nachsitzen lassen; ***bouteille*** *f* ***consignée*** Pfandflasche *f*

**consist|ance** [kõsistɑ̃s] *f* Konsistenz *f*, Festigkeit *f*; **~ant**, **~ante** [-ɑ̃, -ɑ̃t] *liquide*, *potage*: dick; *mets*: nahrhaft; **~er** (*1a*) bestehen (***en, dans*** in *dat*, aus); **~ *à*** (+ *inf*) darin bestehen zu (+ *inf*)

**consol|ant**, **~ante** [kõsɔlɑ̃, -ɑ̃t] tröstlich; **~ation** *f* Trost *m*

**console** [kõsɔl] *f table*: Konsole *f*; *EDV* Kontrollpult *n*

**consoler** [kõsɔle] (*1a*) trösten; ***se ~ de qc*** über etw (*acc*) hinwegkommen

**consolider** [kõsɔlide] (*1a*) *tech* (be)festigen, sichern; *comm* konsolidieren

**consomma|teur**, **~trice** [kõsɔmatœr, -tris] *m*, *f* Verbraucher(in) *m*, *f*, Konsument(in) *m*(*f*); *café*: Gast *m*; **~tion** *f* Verbrauch *m*, Konsum *m*; *café*: Verzehr *m*

**consomm|é** [kõsɔme] *m cuis* Kraftbrühe *f*; **~er** (*1a*) verbrauchen, konsumieren; *v/i café*: etw verzehren

**consonne** [kõsɔn] *f* Mitlaut *m*, Konsonant *m*

**conspir|ateur**, **~atrice** [kõspiratœr,

-atris] *m*, *f* Verschwörer(in) *m(f)*, Verschworene(r) *m*, *f*; **~ation** *f* Verschwörung *f*; **~er** (*1a*) sich verschwören
**constamment** [kõstamã] *adv* (an)dauernd, (be)ständig
**constance** [kõstãs] *f persévérance* Ausdauer *f*, Standhaftigkeit *f*
**Constance** [kõstãs] *géogr* Konstanz *n*; ***le lac de ~*** der Bodensee
**const|ant, ~ante** [kõstã, -ãt] **1.** *adj personne, efforts*: beständig, beharrlich; *souci, intérêt*: ständig; *température, quantité*: konstant; **2.** *f* Konstante *f*
**constat** [kõsta] *m* (amtliches) Protokoll *n*
**constat|ation** [kõstatasjõ] *f* Feststellung *f*; **~er** (*1a*) feststellen
**constellation** [kõstɛlasjõ] *f* Konstellation *f*, Sternbild *n*
**constern|ation** [kõstɛrnasjõ] *f* Bestürzung *f*; **~er** (*1a*) in Bestürzung versetzen; ***consterné(e)*** bestürzt, betroffen, erschüttert
**constip|ation** [kõstipasjõ] *f méd* Verstopfung *f*; **~é, ~ée** *méd* verstopft
**constituer** [kõstitɥe] (*1a*) *être* darstellen, bedeuten, sein; *comité, société*: gründen; *rente, dot*: aussetzen; ***se ~*** sich konstituieren
**constitu|tion** [kõstitysjõ] *f composition* Zusammensetzung *f*; *anat* (physische) Konstitution *f*; *pol* Verfassung *f*; *jur, administration*: Bildung *f*, Gründung *f*; **~tionnel, ~tionnelle** [-sjɔnɛl] verfassungsmäßig, Verfassungs…
**construc|teur** [kõstryktœr] *m voitures*: Hersteller *m*; *maisons*: Baumeister *m*, Erbauer *m*; ***~ naval*** Schiffbaumeister *m*; ***~ mécanicien*** Maschinenbauer *m*; **~tif, ~tive** [-tif, -tiv] konstruktiv; **~tion** *f action* Bau *m*; *bâtiment* Bau *m*, Bauwerk *n*; *math, tech* Konstruktion *f*; *système, roman*: Aufbau *m*; ***~ en bois*** Holzkonstruktion *f*
**construire** [kõstrɥir] (*4c*) konstruieren, (er)bauen; *théorie, système*: entwickeln; *roman, histoire*: gestalten, anlegen
**consul** [kõsyl] *m* Konsul *m*; **~at** [-a] *m* Konsulat *n*
**consult|atif, ~ative** [kõsyltatif, -ativ] beratend; **~ation** *f* Beratung *f*; *enquête* Befragung *f*; *jur, méd*: *avis motivé* Gutachten *n*; (***heure*** *f* ***de***) ***~*** *méd* Sprechstunde *f*; **~er** (*1a*) *v/t ami, parents*: um Rat fragen; *médecin, avocat*: zurate ziehen, konsultieren; *dictionnaire*: nachschlagen (***qc*** in etw *dat*); *v/i médecin*: Sprechstunde haben
**consumer** [kõsyme] (*1a*) *feu, passion*: verzehren
**contact** [kõtakt] *m* Kontakt *m* (*a fig, él*), Berührung *f*; **~s** *pl rapports, rencontres* Kontakte *m/pl*, Beziehungen *f/pl*; ***lentilles*** *f/pl*, ***verres*** *m/pl* ***de ~*** Kontaktlinsen *f/pl*, Haftschalen *f/pl*; ***entrer en ~ avec qn*** mit j-m in Verbindung treten; ***prendre ~ avec qn, se mettre en ~ avec qn*** sich mit j-m in Verbindung setzen; ***~ intime*** Intimkontakt *m*; *auto* ***mettre le ~*** die Zündung einschalten; ***couper le ~*** die Zündung ausschalten
**contag|ieux, ~ieuse** [kõtaʒjø, -jøz] ansteckend; **~ion** *f* Ansteckung *f*
**container** [kõtɛnɛr] *m* Container *m*; ***~ à verre*** (Alt-)Glascontainer *m*
**contaminer** [kõtamine] (*1a*) *personne*: anstecken; *eau*: verseuchen
**conte** [kõt] *m* Erzählung *f*, Geschichte *f*; **~** (***de fées***) Märchen *n*
**contempler** [kõtãple] (*1a*) betrachten
**contempor|ain, ~aine** [kõtãpɔrɛ̃, -ɛn] **1.** *adj* zeitgenössisch; **2.** *m* Zeitgenosse *m*
**conten|ance** [kõtnãs] *f contenu* Inhalt *m*; *attitude* Haltung *f*; ***perdre ~*** die Fassung verlieren; **~eur** *m* Container *m*; ***~ à verre*** (Alt-)Glascontainer *m*; **~ir** (*2h*) **1.** enthalten; *récipient*: fassen; **2.** *maîtriser* in Schranken halten, zurückhalten; ***se ~*** sich beherrschen
**cont|ent, ~ente** [kõtã, -ãt] zufrieden (***de*** mit); ***être ~ que*** (+ *subj*) sich freuen, dass
**content|ement** [kõtãtmã] *m* Zufriedenheit *f*; **~er** (*1a*) zufriedenstellen; ***se ~ de qc*** sich mit etw begnügen; ***se ~ de faire qc*** sich darauf beschränken, etw zu tun
**contentieux** [kõtãsjø] *m* Streitsache *f*
**contenu** [kõtny] *m* Inhalt *m*
**conter** [kõte] *st/s* (*1a*) erzählen
**contest|able** [kõtɛstablə] bestreitbar; **~ataire** [-atɛr] *pol* **1.** *adj* Protest…; **2.** *m*, *f* Protestler(in) *m(f)*; **~ation** *f* Protest *m*; *mouvement*: Protestbewegung *f*; **~er** (*1a*) *v/t* bestreiten; *v/i* pro-

testieren
**contexte** [kõtɛkst] *m* Kontext *m*, Zusammenhang *m*
**contig|u**, **~uë** [kõtigy] angrenzend, benachbart
**continent** [kõtinɑ̃] *m* Kontinent *m*
**contingent** [kõtɛ̃ʒɑ̃] *m part* Anteil *m*; Quote *f*, Kontingent *n*; **~er** (*1a*) kontingentieren
**continu**, **~e** [kõtiny] ständig, dauernd, ununterbrochen; ***courant*** *m* ***continu*** Gleichstrom *m*
**continu|ation** [kõtinɥasjõ] *f* Fortsetzung *f*; **~el**, **~elle** beständig; **~er** (*1n*) *v/t voyage*, *travaux*: fortsetzen; *rue*, *ligne*: verlängern; *v/i personne*: fortfahren, weitermachen; *durer* andauern; **~** ***à*** *od* ***de faire qc*** etw weiter(hin) tun; **~ité** *f* Kontinuität *f*
**contorsion** [kõtɔrsjõ] *f* Verrenkung *f*
**contour** [kõtur] *m* Umriss *m*, Kontur *f*; **~ner** [-ne] (*1a*) herumgehen, -fahren, -fließen um; *fig éviter* umgehen
**contracept|if**, **~ive** [kõtrasɛptif, -iv] empfängnisverhütend; **~ion** *f* Empfängnisverhütung *f*
**contract|er** [kõtrakte] (*1a*) **1.** zusammenziehen; *visage*: verzerren; **2.** *alliance*: schließen; *assurance*: abschließen; *maladie*: sich (*dat*) zuziehen; *habitude*: annehmen; *dette*: machen; *crédit*: aufnehmen; **~uel**, **~uelle** [-ɥɛl] **1.** *adj* vertraglich; **2.** *m*, *f* Hilfspolizist *m*, Politesse *f*
**contradic|tion** [kõtradiksjõ] *f* Widerspruch *m*; **~toire** [-twar] widersprüchlich
**contraindre** [kõtrɛ̃drə] (*4b*) **~** ***qn à qc*** j-n zu etw zwingen; **~** ***qn à faire qc*** j-n dazu zwingen, etw zu tun
**contrainte** [kõtrɛ̃t] *f* Zwang *m*
**contraire** [kõtrɛr] **1.** *adj opposé* gegensätzlich, -teilig; entgegengesetzt (***à qc*** e-r Sache); *nuisible* nachteilig (***à qc*** für etw); **2.** *m* Gegenteil *n*; ***au*** **~** im Gegenteil; **~ment** *adv* **~** ***à*** im Gegensatz zu
**contrari|er** [kõtrarje] (*1a*) *personne*: ärgern; *projet*, *action*: stören, behindern; **~été** [-ete] *f* Unannehmlichkeit *f*
**contrast|e** [kõtrast] *m* Gegensatz *m*, Kontrast *m*; **~er** (*1a*) im Gegensatz stehen (***avec*** zu)
**contrat** [kõtra] *m* Vertrag *m*
**contravention** [kõtravɑ̃sjõ] *f infraction* Übertretung *f*, Verstoß *m*; *procès-verbal* Strafzettel *m*
**contre** [kõtrə] **1.** *prép* gegen; (***tout***) **~** dicht neben, dicht bei; **2.** ***par*** **~** andererseits; **3.** *m* ***le pour et le*** **~** das Für und Wider
**contre|balancer** [kõtrəbalɑ̃se] (*1k*) ausgleichen; **~bande** [-bɑ̃d] *f* Schmuggel *m*; *marchandises*: Schmuggelware *f*; ***faire la*** **~** ***de qc*** etw (*acc*) schmuggeln; **~bandier** [-bɑ̃dje] *m* Schmuggler *m*; **~basse** [-bɑs] *f* Kontrabass *m*; **~carrer** [-kare] (*1a*) *projets*: durchkreuzen; **~** ***qc*** *projet*: etw durchkreuzen; **~cœur** [-kœr] ***à*** **~** widerwillig, ungern; **~coup** [-ku] *m* Rückwirkung *f*; **~-courant** [-kurɑ̃] *m* (*pl contre-courants*) Gegenströmung *f*; **~dire** [-dir] (*4m*) **~** ***qn*** j-m widersprechen
**contrée** [kõtre] *f* Gegend *f*
**contre|façon** [kõtrəfasõ] *f* Fälschung *f*; **~faire** [-fɛr] (*4n*) *falsifier* fälschen; *personne*, *gestes*: nachahmen; *voix*: verstellen; **~fait**, **~faite** [-fɛ, -fɛt] missgestaltet; **~forts** [-fɔr] *m/pl géogr* Vorberge *m/pl*; **~-jour** [-ʒur] ***à*** **~** gegen das Licht, im Gegenlicht; **~maître** [-mɛtrə] *m* Werkmeister *m*; *bâtiment*: Polier *m*; **~-mesure** [-məzyr] *f* (*pl contre-mesures*) Gegenmaßnahme *f*; **~partie** [-parti] *f* Ausgleich *m*; ***en*** **~** dafür, als Gegenleistung; **~-pied** [-pje] *m* Gegenteil *n*; ***prendre le*** **~** ***de*** das genaue Gegenteil sagen, tun von; **~-plaqué** [-plake] *m* Sperrholz *n*; **~poids** [-pwa] *m* Gegengewicht *n*; **~sens** [-sɑ̃s] *m* Sinnwidrigkeit *f*; ***à*** **~** verkehrt; **~signer** [-siɲe] (*1a*) gegenzeichnen; **~temps** [-tɑ̃] *m* widriger Umstand *m*; ***à*** **~** zur Unzeit; **~-valeur** [-valœr] *f* Gegenwert *m*
**contrevenir** [kõtrəv(ə)nir] (*2h*) *jur* **~** ***à qc*** gegen etw verstoßen, etw (*acc*) übertreten
**contribu|able** [kõtribɥablə] *m* Steuerzahler *m*; **~er** (*1n*) **~** ***à qc*** zu etw beitragen; **~** ***aux frais*** etw zu den Unkosten beisteuern
**contribution** [kõtribysjõ] *f* Beitrag *m*; *impôt* Steuer *f*
**contrôl|e** [kõtrol] *m* Kontrolle *f*, Überprüfung *f*; *surveillance* Überwachung *f*; **~** ***global*** Globalsteuerung *f*; **~** ***qua-***

***lité*** Qualitätskontrolle *f*; ***perdre le ~ de son véhicule*** die Kontrolle über sein Fahrzeug verlieren; *écon* ***~ de gestion*** Controlling *n*; ***~ des naissances*** Geburtenkontrolle *f*; ***~ de soi*** Selbstkontrolle *f*; ***~ radar*** Radarkontrolle *f*; **~er** (*1a*) kontrollieren, überprüfen; *surveiller* beaufsichtigen; ***se ~*** sich beherrschen; **~eur**, **~euse** *m*, *f* Kontrolleur(in) *m(f)*; *chemin de fer*: Schaffner(in) *m(f)*; *écon* ***contrôleur de gestion*** Controller(in) *m(f)*

**controvers|e** [kõtrɔvɛrs] *f* Kontroverse *f*, Streit *m*; **~é**, **~ée** umstritten

**contumace** [kõtymas] *f jur* ***être condamné par ~*** in Abwesenheit verurteilt werden

**contusion** [kõtyzjõ] *f méd* Prellung *f*, Quetschung *f*

**convainc|ant**, **~ante** [kõvɛ̃kɑ̃, -ɑ̃t] überzeugend; **~re** (*4i*) **1.** *persuader* überzeugen; **2.** *jur* ***~ qn de qc*** j-n e-r Sache überführen; **~u**, **~ue** [-y] überzeugt

**convalesc|ence** [kõvalesɑ̃s] *f* Genesung *f*; **~ent**, **~ente** [-ɑ̃, -ɑ̃t] *m*, *f* Genesende(r) *m*, *f*

**conven|able** [kõvnablə] *tenue*, *manières*: anständig; *moment*: passend; *salaire*: *suffisant* angemessen; **~ance** *f* **~s** *pl bienséance* Schicklichkeit *f*; ***qc à ma ~*** etw Passendes

**convenir** [kõvnir] (*2h*) ***~ à qn*** *être approprié* j-m passen; ***~ à qc*** zu etw passen; ***~ de qc*** *décider* etw vereinbaren; *avouer* etw zugeben; ***il convient de faire qc*** es empfiehlt sich, etw zu tun; ***il convient que nous …*** (+ *subj*) es empfiehlt sich, dass wir…; ***il a été convenu que*** *od* ***de faire qc*** es wurde vereinbart, dass *od* etw zu tun; ***comme convenu*** wie vereinbart

**convent|ion** [kõvɑ̃sjõ] *f accord* Abkommen *n*, Vereinbarung *f*, Absprache *f*; *assemblée* Konvent *n*; **~s** *pl sociales*: Konventionen *f/pl*; ***~ collective*** Tarifvertrag *m*; **~ionnel**, **~ionnelle** [-jɔnɛl] konventionell, herkömmlich

**conventionn|é**, **~ée** [kõvɑ̃sjɔne] ***médecin*** *m* **~** Kassenarzt *m*

**convergence** [kõvɛrʒɑ̃s] *f écon* Konvergenz *f*

**converger** [kõvɛrʒe] (*1l*) *math*, *optique*: zusammenlaufen, konvergieren; *fig* übereinstimmen

**convers|ation** [kõvɛrsasjõ] *f* Gespräch *n*, Unterhaltung *f*; **~er** (*1a*) sich unterhalten

**conversion** [kõvɛrsjõ] *f* Umwandlung *f*, Konvertierung *f*; *rel* Bekehrung *f*; ***~ en espèces*** Bargeldumstellung *f*

**convert|ible** [kõvɛrtiblə] *comm* konvertierbar; **~ir** (*2a*) umwandeln, konvertieren; *rel* bekehren (***à*** zu)

**conviction** [kõviksjõ] *f* Überzeugung *f*

**convier** [kõvje] (*1a*) *st/s* ***~ qn à qc*** j-n zu etw einladen; ***~ qn à faire qc*** j-n auffordern, etw zu tun

**convive** [kõviv] *st/s m*, *f* Gast *m*

**convocation** [kõvɔkasjõ] *f mil* Einberufung *f*; *jur* Vorladung *f*

**convoi** [kõvwa] *m* Konvoi *m*, Geleitzug *m*

**convoit|er** [kõvwate] *st/s* (*1a*) begehren; **~ise** [-iz] *f* Begehrlichkeit *f*

**convoquer** [kõvɔke] (*1m*) *assemblée*: einberufen; *jur* (vor)laden; *candidat*: kommen lassen, rufen

**convoyer** [kõvwaje] (*1h*) eskortieren

**convuls|er** [kõvylse] (*1a*) krampfhaft verzerren; **~ion** *f* Zuckung *f*, Krampf *m*

**cool** [kul] F cool

**coopérant** [kɔɔperɑ̃] *m* Entwicklungshelfer *m*

**coopéra|tif**, **~tive** [kɔɔperatif, -tiv] **1.** *adj* kooperativ; **2.** *f* Genossenschaft *f*; **~tion** *f collaboration* Zusammenarbeit *f*, Kooperation *f*; *contribution* Mitarbeit *f*; *tiers monde*: Entwicklungshilfe *f*

**coopérer** [kɔɔpere] (*1f*) zusammenarbeiten; ***~ à qc*** an etw (*dat*) mitarbeiten

**coordina|teur**, **~trice** [kɔɔrdinatœr, -tris] *m*, *f* Koordinator(in) *m(f)*; **~tion** *f* Koordinierung *f*

**coordonn|er** [kɔɔrdɔne] (*1a*) koordinieren, aufeinander abstimmen; **~ées** *f/pl math* Koordinaten *f/pl*; *données personnelles*: persönliche Daten *n/pl*

**copain** [kɔpɛ̃] F *m* Freund *m*, Kamerad *m*, F Kumpel *m*; ***être ~ avec*** befreundet sein mit

**Copenhague** [kɔpɛnag] Kopenhagen *n*

**copie** [kɔpi] *f double* Kopie *f*, Abschrift *f*, Duplikat *n*; *imitation* Nachbildung *f*;

**~ *de sécurité*** Sicherheitskopie *f*
**copier** [kɔpje] (*1a*) *école*: abschreiben (***sur qn*** von j-m); *photocopieuse*: kopieren; *imiter* nachbilden
**copi|eux**, **~euse** [kɔpjø, -øz] reichlich
**copilote** [kɔpilɔt] *m* Kopilot *m*
**copine** [kɔpin] F *f* Freundin *f*, Kameradin *f*, Kollegin *f*
**copropriété** [kɔprɔprijete] *f* Miteigentum *n*
**coq** [kɔk] *m zo* Hahn *m*
**coque** [kɔk] *f mar, aviat* Rumpf *m*; *œuf, noix*: Schale *f*; ***œuf** m **à la ~*** weich gekochtes *od* weiches Ei *n*
**coquelicot** [kɔkliko] *m bot* Mohn *m*
**coqueluche** [kɔklyʃ] *f* Keuchhusten *m*
**coqu|et**, **~ette** [kɔkɛ, -ɛt] kokett; *joli* hübsch
**coquetier** [kɔktje] *m* Eierbecher *m*
**coquetterie** [kɔkɛtri] *f* Koketterie *f*, Gefallsucht *f*
**coquillage** [kɔkijaʒ] *m* Muschel(schale) *f*
**coquille** [kɔkij] *f* Muschel(schale) *f*; *œuf, noix*: Schale *f*; *erreur*: Druckfehler *m*
**coqu|in**, **~ine** [kɔkɛ̃, -in] **1.** *adj* spitzbübisch, schelmisch; **2.** *m, f* Schlingel *m*
**cor** [kɔr] *m* **1.** *mus* (Wald-)Horn *n*; **2.** *méd* Hühnerauge *n*
**corail** [kɔraj] *m* (*pl coraux*) Koralle *f*
**Coran** [kɔrɑ̃] ***le ~*** der Koran
**corbeau** [kɔrbo] *m* (*pl -x*) *zo* Rabe *m*
**corbeille** [kɔrbɛj] *f* Korb *m*; *théâtre*: Balkon-, Rangloge *f*; Maklerraum *m*; ***~ à papier*** Papierkorb *m*
**corbillard** [kɔrbijar] *m* Leichenwagen *m*
**cord|e** [kɔrd] *f* Seil *n*, Strick *m*; *arc*: Sehne *f*; *mus, tennis*: Saite *f*; ***~s** pl mus* Streicher *m/pl*; ***~s vocales*** Stimmbänder *n/pl*; **~ée** *f alpinisme*: Seilschaft *f*
**cordial**, **~e** [kɔrdjal] (*m/pl -iaux*) herzlich; **~ité** *f* Herzlichkeit *f*
**cordon** [kɔrdõ] *m* Schnur *f*; ***~ littoral*** Küstenstreifen *m*; ***~ ombilical*** Nabelschnur *f*; **~-bleu** *m* (*pl cordons-bleus*) F ausgezeichnete Köchin *f*
**cordonnier** [kɔrdɔnje] *m* Schuhmacher *m*
**Corée** [kɔre] ***la ~*** Korea *n*
**coriace** [kɔrjas] zäh; *fig* hartnäckig
**corn|e** [kɔrn] *f zo u allg* Horn *n*; *livre*: Eselsohr *n*; *auto* Hupe *f*; *fig* ***avoir des ~s*** betrogen werden (*Ehe*); **~ée** *f* Hornhaut *f* (*des Auges*)
**corneille** [kɔrnɛj] *f zo* Krähe *f*
**cornemuse** [kɔrnəmyz] *f* Dudelsack *m*
**corner**[1] [kɔrne] (*1a*) *auto* hupen
**corner**[2] [kɔrnɛr] *m football*: Eckball *m*
**cornet** [kɔrnɛ] *m sachet* (spitze) Tüte *f*; *mus* Horn *n*; ***~ à dés*** Würfelbecher *m*
**corniche** [kɔrniʃ] *f* kurvenreiche Küstenstraße *f*
**cornichon** [kɔrniʃõ] *m* Gewürzgürkchen *n*
**corniste** [kɔrnist] *m mus* Hornist *m*
**Cornouailles** [kɔrnwɑj] *f/pl **les ~*** Cornwall *n*
**cornu**, **~e** [kɔrny] **1.** *adj* gehörnt (*a fig mari*); **2.** *f chim* Retorte *f*
**coron** [kɔrõ] *m* Bergarbeitersiedlung *f*
**corporation** [kɔrpɔrasjõ] *f* Körperschaft *f*; *hist* Gilde *f*, Zunft *f*
**corporel**, **~le** [kɔrpɔrɛl] körperlich
**corps** [kɔr] *m* **1.** Körper *m*; *mort*: Leichnam *m*, Leiche *f*; ***prendre ~*** Gestalt annehmen; **2.** *texte*: Corpus *m*; **3.** Körperschaft *f*, Gruppe *f*; *mil, diplomatique*: Korps *n*; ***le ~ électoral*** die Wähler *m/pl*
**corpul|ence** [kɔrpylɑ̃s] *f* Korpulenz *f*, Beleibtheit *f*; **~ent**, **~ente** [-ɑ̃, -ɑ̃t] korpulent, beleibt
**correct**, **~e** [kɔrɛkt] korrekt (*a personne*), richtig; *texte*: fehlerfrei
**correction** [kɔrɛksjõ] *f qualité*: Richtigkeit *f*, Korrektheit *f*; *modification* Verbesserung *f*, Korrektur *f*; *punition* Tracht *f* Prügel
**corrélation** [kɔrelasjõ] *f* Korrelation *f*, Wechselbeziehung *f*
**correspond|ance** [kɔrɛspõdɑ̃s] *f* **1.** *rapport* Übereinstimmung *f*; **2.** *chemin de fer*: Anschluss *m*; **3.** *lettres*: Briefwechsel *m*, Korrespondenz *f*; **~ant**, **~ante** [-ɑ̃, -ɑ̃t] **1.** *adj* entsprechend; **2.** *m, f journal*: Korrespondent(in) *m(f)*, Berichterstatter(in) *m(f)*; *ami*: Brieffreund(in) *m(f)*
**correspondre** [kɔrɛspõdrə] (*4a*) **1.** *être conforme* entsprechen (***à qc*** e-r Sache); *2 choses*: miteinander übereinstimmen; *salles*: miteinander verbunden sein; **2.** *2 personnes*: korrespondieren, in Briefwechsel stehen (***avec*** mit)

**corridor** [kɔridɔr] *m* Gang *m*, Flur *m*
**corriger** [kɔriʒe] (*1l*) *texte*: korrigieren, verbessern, berichtigen; *battre* schlagen
**corroborer** [kɔrɔbɔre] (*1a*) bestärken, bekräftigen
**corroder** [kɔrɔde] (*1a*) zersetzen
**corromp|re** [kɔrõprə] (*4a*) *avilir* verderben; *soudoyer* bestechen; ***se ~*** *fig mœurs*: in Verfall geraten; **~u**, **~ue** [-py] *p/p de* ***corrompre*** *u adj* korrupt
**corros|if**, **~ive** [kɔrozif, -iv] **1.** *adj* ätzend; *fig* beißend; **2.** *m* Ätzmittel *n*
**corruption** [kɔrypsjõ] *f* Korruption *f*; *pot-de-vin* Bestechung *f*
**corsage** [kɔrsaʒ] *m* Bluse *f*
**corse** [kɔrs] **1.** *adj* korsisch; **2.** ♀ *m*, *f* Korse *m*, Korsin *f*
**Corse** [kɔrs] ***la ~*** Korsika *n*
**corsé**, **~ée** [kɔrse] *vin*: körperreich; *sauce*: würzig; heikel; *facture*: gesalzen
**corset** [kɔrsɛ] *m* Korsett *n*
**cortège** [kɔrtɛʒ] *m* Gefolge *n*; ***~ nuptial*** Hochzeitszug *m*; ***~ funèbre*** Trauerzug *m*
**cortisone** [kɔrtizɔn] *f phm* Kortison *n*
**corvée** [kɔrve] *f* lästige Arbeit *f*; *mil* Sonderdienst *m*
**cosmétique** [kɔsmetik] **1.** *adj* kosmetisch; **2.** *f* Kosmetik *f*; **3.** *m* Schönheitsmittel *n*
**cosmique** [kɔsmik] kosmisch
**cosmopolite** [kɔsmɔpɔlit] **1.** *adj* kosmopolitisch, weltbürgerlich; **2.** *m* Kosmopolit *m*, Weltbürger *m*
**cosmos** [kɔsmɔs] *m* Kosmos *m*, Weltall *n*
**cosse** [kɔs] *f bot* Schote *f*, Hülse *f*
**cossu**, **~e** [kɔsy] *personne*: wohlhabend; *château*: stattlich
**Costa Rica** [kɔstarika] ***le ~*** Costa Rica *n*
**costaud** [kɔsto] (*f unv*) F stämmig, kräftig
**costum|e** [kɔstym] *m* Anzug *m*; *théâtre*: Kostüm *n*; *régional*: Tracht *f*; **~er** (*1a*) (***se***) ***~*** (sich) verkleiden, kostümieren
**cote** [kɔt] *f cotisation*: Anteil *m*, Quote *f*; *Bourse*: Kursnotierung *f*; *marque* Kennziffer *f*, Aktenzeichen *n*; *fig appréciation* Bewertung *f*; *fig* F ***avoir la ~*** sehr angesehen sein
**côte** [kot] *f* **1.** *anat* Rippe *f*; **2.** *pente* Steigung *f*, Hang *m*; **3.** *mer*: Küste *f*; **4.** *viande*: Kotelett *n*
**côté** [kote] *m* Seite *f*; ***à ~*** nebenan; ***à ~ de*** neben (*dat*); ***de ~*** beiseite, zur Seite; ***de l'autre ~*** auf der anderen Seite; andererseits; ***du ~ de*** *près de* in der Nähe von; *direction*: in Richtung auf (*acc*); ***sur le ~*** auf der Seite; ***laisser de ~*** beiseitelassen; ***mettre de ~*** auf die Seite legen
**coteau** [kɔto] *m* (*pl -x*) *colline* Hügel *m*; *pente*: Abhang *m*
**Côte-d'Ivoire** [kotdivwar] ***la ~*** die Elfenbeinküste
**côtelette** [kotlɛt] *f cuis* Kotelett *n*
**coter** [kɔte] (*1a*) *Bourse*: notieren
**cotis|ation** [kɔtizasjõ] *f* (Mitglieds-) Beitrag *m*; **~er** (*1a*) Beitrag zahlen
**coton** [kɔtõ] *m* Baumwolle *f*; ***~ hydrophile*** Verbandwatte *f*
**côtoyer** [kotwaje] (*1h*) ***~ qn*** mit j-m zusammenkommen; ***~ qc*** an etw (*dat*) entlanglaufen
**cou** [ku] *m* (*pl -s*) Hals *m*
**couard**, **~e** [kwar, -d] *litt* feig
**couch|age** [kuʃaʒ] *m* ***sac*** *m* ***de ~*** Schlafsack *m*; **~ant** [-ɑ̃] **1.** *st/s m* Westen *m*; **2.** *adj* ***soleil*** *m* ***~*** untergehende Sonne *f*
**couch|e** [kuʃ] *f* **1.** Schicht *f*; ***~s sociales*** Gesellschaftsschichten *f/pl*; ***~ d'ozone*** Ozonschicht *f*; **2.** *méd* ***fausse ~*** Fehlgeburt *f*; ***~s*** *pl* Niederkunft *f*, Entbindung *f*; **3.** *bébé*: Windel *f*; **~é**, **~ée** liegend; **~er** (*1a*) **1.** *v/t mettre au lit*: zu Bett bringen; *héberger* übernachten lassen; *étendre* hinlegen; *v/i* schlafen, übernachten; ***se ~*** zu Bett gehen; *s'étendre* sich hinlegen; F ***~ avec qn*** mit j-m schlafen; **2.** *m* ***~ du soleil*** Sonnenuntergang *m*
**couchette** [kuʃɛt] *f* Liegewagenplatz *m*
**coucou** [kuku] *m* Kuckuck *m*; *pendule*: Kuckucksuhr *f*
**coude** [kud] *m anat* Ell(en)bogen *m*; *route*: Biegung *f*; ***jouer des ~s*** sich durchdrängeln; *fig* die Ellenbogen gebrauchen
**cou-de-pied** [kudpje] *m* (*pl cous-de-pied*) Spann *m*, Rist *m*
**coudre** [kudrə] (*4d*) nähen; *bouton*: annähen

**couenne** [kwan] *f* Schwarte *f*
**couffin** [kufɛ̃] *m* Tragkorb *m*
**couille** [kuj] P *f* Hoden *m*
**coul|ant, ~ante** [kulɑ̃, -ɑ̃t] *style*: flüssig; *fig* großzügig, kulant; **~er** (*1a*) *v/i* fließen; *fuir* auslaufen, lecken; *bateau*: untergehen, sinken; *v/t mouler* gießen; *bateau*: versenken
**couleur** [kulœr] *f* Farbe *f*
**couleuvre** [kulœvrə] *f zo* Natter *f*
**coulisse** [kulis] *f* **1.** *tech* Rinne *f*, Fuge *f*; ***à ~*** Schiebe…; **2. *~s*** *pl théâtre*: Seiten- und Hinterbühne *f*; *fig* ***dans les ~s*** hinter den Kulissen
**couloir** [kulwar] *m maison*: Gang *m* (*a bus*, *train*), Flur *m*
**coup** [ku] *m* Schlag *m*; *arme*: Schuss *m*; *gorgée* Schluck *m*; *jeu*: Zug *m*; ***~ d'État*** Staatsstreich *m*; ***~ de balai*** *fig* F Rausschmiss *m*; ***donner un ~ de balai*** zusammenfegen; *fig* F rausschmeißen; ***~ de chance*** Glücksfall *m*; ***donner un ~ de main*** behilflich sein; ***~ de couteau*** Messerstich *m*; ***~ de maître*** Meisterstück *n*; ***~ d'œil*** Blick *m*; ***~ de pied*** Tritt *m*; ***~ de poing*** Faustschlag *m*; ***~ de téléphone*** Anruf *m*; ***~ de tête*** Kurzschlusshandlung *f*; ***~ de tonnerre*** Donnerschlag *m*; ***~ de vent*** Windstoß *m*, Bö *f*; ***avoir un ~ de soleil*** e-n Sonnenbrand haben; F ***boire un ~*** einen trinken; ***~ franc*** Freistoß *m*; ***après ~*** hinterher; ***tout d'un ~*** mit e-m Schlag; ***tout à ~*** plötzlich; ***à ~s de*** mit, durch, mittels; ***à ~ sûr*** sicherlich; ***du ~*** deshalb; ***du même ~*** bei dieser Gelegenheit; ***d'un seul ~*** auf einmal; ***pour le ~*** (für) diesmal; F ***être dans le ~*** im Bilde sein; in die Sache mit verwickelt sein; ***tenir le ~*** durchhalten
**coupable** [kupablə] **1.** *adj* schuldig; **2.** *m*, *f* Schuldige(r) *m*, *f*; *jur* Täter(in) *m(f)*
**coupe**[1] [kup] *f cheveux*, *robe*: Schnitt *m*
**coupe**[2] [kup] *f verre*: Trinkschale *f*; *sports*: Pokal *m*; *fruits*, *glace*: Schale *f*
**coupe-circuit** [kupsirkɥi] *m* (*pl unv*) *él* Sicherung *f*
**couper** [kupe] (*1a*) *v/t* schneiden; *morceau*: abschneiden; *tissu*: zuschneiden; *eau*: sperren, abstellen; *conversation*: unterbrechen; *vin*: verschneiden; *animal*: kastrieren; *v/i couteau*: schneiden; *raccourcir*: den Weg abkürzen; *jeu de cartes*: abheben; ***se ~*** sich schneiden; *se trahir* sich verraten; ***~ court à qc*** etw (*acc*) abbrechen
**couplage** [kuplaʒ] *m tech* Kopplung *f*
**coupl|e** [kuplə] *m* Paar *n* (*lebender Wesen*); ***~ à double salaire*** Doppelverdiener *pl*; **~er** (*1a*) koppeln
**couplet** [kuplɛ] *m* Strophe *f*
**coupole** [kupɔl] *f arch* Kuppel *f*
**coupon** [kupõ] *m tissu* Stoffrest *m*; *comm* Zinsschein *m*; *élément détachable*: Abschnitt *m*
**coupure** [kupyr] *f blessure* Schnitt (-wunde) *m(f)*; *film*, *texte*: Kürzung *f*; *journal*: Ausschnitt *m*; *billet de banque* Geldschein *m*, Banknote *f*; ***~ de courant*** Stromsperre *f*
**cour** [kur] *f* Hof *m*; *jur* Gerichtshof *m*; ***faire la ~ à qn*** j-m den Hof machen
**courag|e** [kuraʒ] *m* Mut *m*; **~eux, ~euse** [-ø, -øz] mutig
**couramment** [kuramɑ̃] *adv parler*, *lire*: geläufig, fließend
**cour|ant, ~ante** [kurɑ̃, -ɑ̃t] **1.** *adj* laufend, fließend; *habituel* üblich, gebräuchlich; **2.** *m* Strömung *f*; *él* Strom *m*; ***~ d'air*** Luftzug *m*; ***au ~*** auf dem Laufenden; ***~ alternatif*** Wechselstrom *m*; ***~ continu*** Gleichstrom *m*
**courbature** [kurbatyr] *f* Gliederschmerzen *m/pl*
**courb|e** [kurb] **1.** *adj* gebogen, krumm; **2.** *f* Kurve *f*; **~er** (*1a*) krümmen, biegen; ***se ~*** sich bücken; **~ure** [-yr] *f* Krümmung *f*
**coureur** [kurœr] *m à pied*: Läufer *m*; *sports*: Rennfahrer *m*; *péj* Schürzenjäger *m*
**courge** [kurʒ] *f bot* Kürbis *m*
**courgettes** [kurʒɛt] *f/pl bot* Zucchini *pl*
**courir** [kurir] (*2i*) rennen, laufen; *eau*: fließen; *bruit*: umgehen, im Umlauf sein; ***~ qc*** etw viel besuchen; e-r Sache (*dat*) nachlaufen; ***~ les femmes*** F hinter den Frauen her sein; ***~ un risque*** ein Risiko eingehen; ***~ un danger*** sich e-r Gefahr aussetzen; ***en courant*** eilig
**couronn|e** [kurɔn] *f* Krone *f*; *fleurs*: Kranz *m*; **~é, ~ée** gekrönt (***de*** von); **~ement** [-mɑ̃] *m* Krönung *f*; **~er** (*1a*) krönen; *fig auteur*, *livre*: auszeichnen; *achever* vollenden
**courrier** [kurje] *m* Post *f*, Korrespon-

denz *f*; ***par retour du ~*** postwendend, umgehend
**courroie** [kurwa] *f* Riemen *m*, Gurt *m*; *auto* Keilriemen *m*
**cours** [kur] *m* **1.** *astre*, *rivière*: Lauf *m*; *temporel*: Verlauf *m*; ***au ~ de*** im Laufe (*gén*); ***donner libre ~ à qc*** e-r Sache (*dat*) freien Lauf lassen; ***en ~ de route*** unterwegs; **2.** *écon* Kurs *m*; **3.** *école*: Unterrichtsstunde *f*; *université*: Vorlesung *f*; *adultes*: Kurs *m*
**course** [kurs] *f à pied*: Laufen *n*; *sports*: (Wett-)Lauf *m*; *cyclistes*, *chevaux*, *automobiles*: (Wett-)Rennen *n*; *voiture*, *bus*: Fahrt *f*; ***~s*** *pl achats* Einkäufe *m/pl*; ***~ en montagne*** Bergtour *f*; ***faire des ~s*** einkaufen gehen
**court**[1] [kur] *m* (***a ~ de tennis***) Tennisplatz *m*
**court**[2], **courte** [kur, kurt] kurz; ***à court de*** ohne
**courtage** [kurtaʒ] *m* Maklergebühr *f*
**court-circuit** [kursirkɥi] *m* (*pl courts-circuits*) *él* Kurzschluss *m*
**courtier** [kurtje] *m* Makler *m*
**courtis|ane** [kurtizan] *f* Kurtisane *f*; ***~er ~ qn*** j-m den Hof machen
**court|ois**, **~oise** [kurtwa, -waz] höflich; **~oisie** [-wazi] *f* Höflichkeit *f*
**couru**, **~e** [kury] *p/p de* ***courir*** *u adj* viel besucht
**couscous** [kuskus] *m cuis* Kuskus *m*
**cous|in**, **~ine** [kuzɛ̃, -in] *m(f)* Cousin(e) *m(f)*, Vetter *m*, Base *f*
**coussin** [kusɛ̃] *m* Kissen *n*
**coussinet** [kusinɛ] *m* (kleines) Kissen *n*; *tech* Lager *n*
**coût** [ku] *m* Kosten *pl*; ***le ~ de la vie*** die Lebenshaltungskosten *pl*
**coûtant** [kutɑ̃] ***au prix*** (*m*) ***~*** zum Selbstkostenpreis *m*
**couteau** [kuto] *m* (*pl -x*) Messer *n*
**coutelas** [kutlɑ] *m großes* Küchenmesser *n*
**coûter** [kute] (*1a*) kosten; ***~ à qn*** *décision*: j-m schwerfallen; ***~ cher*** teuer sein; *fig* ***~ cher à qn*** j-n teuer zu stehen kommen; ***coûte que coûte*** koste es, was es wolle; ***~ les yeux de la tête*** e-e Stange Geld kosten
**coût|eux**, **~euse** [kutø, -øz] kostspielig
**coutume** [kutym] *f* Brauch *m*, Sitte *f*; ***avoir ~ de faire qc*** pflegen etw zu tun
**coutur|e** [kutyr] *f activité*: Nähen *n*; *ouvrage*: Näharbeit *f*; *points* Naht *f*; **~ier** [-je] *m* Modeschöpfer *m*; **~ière** [-jɛr] *f* Schneiderin *f*
**couvée** [kuve] Brut *f*
**couvent** [kuvɑ̃] *m* Kloster *n*
**couver** [kuve] (*1a*) *v/t* (be-, aus)brüten; *fig projet*: aushecken; *maladie*: ausbrüten; *personne*: verhätscheln; *v/i feu*: schwelen; *projets de vengeance*: heimlich geschmiedet werden
**couvercle** [kuvɛrklə] *m* Deckel *m*
**couv|ert**, **~erte** [kuvɛr, -ɛrt] **1.** *p/p de* ***couvrir*** *u adj* bedeckt; ***être bien ~(e)*** warm angezogen sein; ***à ~ de*** sicher vor; *fig* ***sous le ~ de*** unter dem Vorwand von; **2.** *m table*: Gedeck *n*; *cuillers*, *fourchettes*: Besteck *n*; ***mettre le ~*** den Tisch decken
**couverture** [kuvɛrtyr] *f* Decke *f*; *livre*: Einband *m*, Deckel *m*; *journal*: Titelseite *f*; *assurance*, *mil* Deckung *f*
**couveuse** [kuvøz] *f* Brutkasten *m*
**couvre|-feu** [kuvrəfø] *m* (*pl couvre-feux*) Ausgangssperre *f*; **~-lit** [-li] *m* (*pl couvre-lits*) Tagesdecke *f*
**couvreur** [kuvrœr] *m* Dachdecker *m*
**couvrir** [kuvrir] (*2f*) (be-, zu)decken; *fig* überhäufen (***de*** mit); ***~ qn*** *protéger* j-n decken; ***se ~*** *s'habiller* sich warm anziehen; *ciel*: sich bewölken
**covoiturage** [kovwatyraʒ] *m* Fahrgemeinschaft *f*
**CP** *m abr* ***cours préparatoire*** Vorbereitungsklasse; erste Grundschulklasse
**crabe** [krab] *m* Krabbe *f*
**crachat** [kraʃa] *m* Speichel *m*; F Spucke *f*
**crach|er** [kraʃe] (*1a*) *v/i* spucken; *v/t* ausspucken; *injures*: ausstoßen; **~in** [-ʃɛ̃] *m* Sprühregen *m*
**crack** [krak] *m* F Kanone *f*; *sports*: Ass *n*
**Cracovie** [krakɔvi] Krakau *n*
**craindre** [krɛ̃drə] (*4b*) ***~ qn, qc*** j-n, etw fürchten, sich vor j-m *od* etw fürchten; ***~ la chaleur*** Hitze nicht vertragen; ***~ de*** (+ *inf*) sich scheuen zu (+ *inf*); ***~ que*** (***ne***) (+ *subj*) fürchten, dass
**craie** [krɛ] *f* Kreide *f*
**crainte** [krɛ̃t] *f* Furcht *f*, Angst *f*; ***de ~ de*** aus Furcht vor
**craint|if**, **~ive** [krɛ̃tif, -iv] furchtsam, ängstlich
**cramoisi**, **~e** [kramwazi] karmesinrot

**crampe** [krɑ̃p] *f méd* Krampf *m*
**crampǀon** [krɑ̃põ] *m* Klammer *f*; *alpinisme*: Steigeisen *n*; **~onner** [-ɔne] (*1a*) **se ~** (**à**) sich klammern (an *acc*)
**cran** [krɑ̃] *m* Einschnitt *m*, Kerbe *f*; F **avoir du ~** Schneid haben
**crânǀe** [krɑn] *m* Schädel *m*; **~er** F prahlen, angeben; **~erie** *f* F Prahlerei *f*, Angeberei *f*
**crapaud** [krapo] *m zo* Kröte *f*
**crapule** [krapyl] *f* Lump *m*, Schurke *m*; *collectif*: Lumpenpack *n*
**craqueǀlé**, **~lée** [krakle] rissig; **~lure** [-lyr] *f* Riss *m*, Sprung *m*; **~ment** *m* Krachen *n*, Knarren *n*
**craquer** [krake] (*1m*) krachen; knacken; *parquet*: knarren; *couture*: platzen; *fig personne*: *s'effondrer* zusammenbrechen; **plein à ~** brechend voll
**crassǀe** [kras] **1.** *adj* krass; **2.** *f* Dreck *m*; **~eux**, **~euse** [-ø, -øz] dreckig
**cratère** [kratɛr] *m* Krater *m*
**cravache** [kravaʃ] *f* Reitpeitsche *f*
**cravate** [kravat] *f* Krawatte *f*
**crawl** [krol] *m* Kraulen *n*
**crayon** [krɛjõ] *m* Bleistift *m*, Stift *m*; **~ à bille** Kugelschreiber *m*; **~ feutre** Filzstift *m*
**créancǀe** [kreɑ̃s] *f comm* (Schuld-)Forderung *f*; **~ier**, **~ière** [-je, -jɛr] *m*, *f* Gläubiger(in) *m*(*f*)
**créaǀteur**, **~trice** [kreatœr, -tris] **1.** *adj* schöpferisch, kreativ; **2.** *m*, *f* Schöpfer(in) *m*(*f*); **~tion** *f monde*: Schöpfung *f*; *mode*, *design*: Kreation *f*; *emplois*: Schaffung *f*; *théâtre*: Erstinszenierung *f*; **~tivité** [-tivite] *f* Kreativität *f*; **~ture** [-tyr] *f* Geschöpf *n*, Lebewesen *n*; Kreatur *f*
**crèche** [krɛʃ] *f* (Kinder-)Krippe *f*
**crédǀibilité** [kredibilite] *f* Glaubwürdigkeit *f*; **~ible** glaubwürdig
**crédit** [kredi] *m prêt* Kredit *m*; *compte bancaire*: Haben(seite *f*) *n*; *autorité* Ansehen *n*; **acheter à ~** auf Kredit kaufen; **faire ~ à qn** j-m Kredit geben; *fig* j-m Glauben schenken; **~-bail** [-baj] *m* Leasing *n*; **acheter en ~** leasen
**crédiǀter** [kredite] (*1a*) gutschreiben (**qn d'une somme** j-m e-n Betrag); **~teur**, **~trice** *m*, *f comm* Gläubiger(in) *m*(*f*)
**crédulǀe** [kredyl] leichtgläubig; **~ité** *f* Leichtgläubigkeit *f*
**créer** [kree] (*1a*) *concevoir* schaffen; *rel* erschaffen; *institution*: gründen; *emplois*, *problèmes*: schaffen; *comm produit nouveau*: kreieren
**crémaillère** [kremajɛr] *f tech* Zahnstange *f*; **chemin** *m* **de fer à ~** Zahnradbahn *f*; *fig* **pendre la ~** die neue Wohnung einweihen
**crématoire** [krematwar] *m* Krematorium *n*
**crème** [krɛm] **1.** *f lait*: Sahne *f*, Rahm *m*; *cosmétique*, *dessert*: Creme *f*; *fig* F Creme *f* (der Gesellschaft); **~ fouettée** *od* **Chantilly** Schlagsahne *f*; **~ de jour** Tagescreme *f*; **~ de nuit** Nachtcreme *f*; **~ solaire** Sonnenschutzcreme *f*; **2.** *adj unv* creme(farben)
**crémerie** [krɛmri] *f* Milchgeschäft *n*
**créneau** [kreno] *m* (*pl -x*) Schießscharte *f*; *auto* Parklücke *f*; *comm* Marktlücke *f*; **faire un ~** einparken
**crêpe** [krɛp] **1.** *m tissu*: Krepp *m*; *deuil*: Trauerflor *m*; **semelle** *f* **de ~** Kreppsohle *f*; **2.** *f cuis* Pfannkuchen *m*, Crêpe *f*
**crêper** [krɛpe] (*1b*) *cheveux*: toupieren
**crépi** [krepi] *m* (Ver-)Putz *m*
**crépǀir** [krepir] (*2a*) verputzen; **~iter** [-ite] (*1a*) knistern, prasseln; **~u**, **~ue** [-y] gekräuselt, kraus
**CREPS** *m abr* **centre régional d'éducation physique et sportive** regionale frz. Sporthochschule
**crépuscule** [krepyskyl] *m* Dämmerung *f*
**cresson** [krɛsõ *od* krəsõ] *m bot* Kresse *f*
**Crète** [krɛt] **la ~** Kreta *n*
**crête** [krɛt] *f coq*: (Hahnen-)Kamm *m*; *montagne*: Bergkamm *m*
**crétǀin**, **~ine** [kretɛ̃, -in] **1.** *adj* schwachsinnig; F dumm, blöd; **2.** *m*, *f* Schwachsinnige(r) *m*, *f*; F Dummkopf *m*, Idiot *m*
**creuser** [krøze] (*1a*) *rendre creux*: aushöhlen; *trou*: graben; *fig idée*: vertiefen; **~ l'estomac** hungrig machen; **se ~ la cervelle** sich den Kopf zerbrechen
**creuset** [krøzɛ] *m tech u fig* Schmelztiegel *m*
**creux**, **creuse** [krø, krøz] **1.** *adj* hohl; *assiette*: tief; **heures** *f/pl* **creuses** *comm* ruhige Zeit *f*, Flaute *f*; *trafic*:

verkehrsschwache Zeit *f*; *adv* **sonner creux** hohl klingen; **2.** *m* Höhlung *f*; *fig* Leere *f*; **le ~ de la main** die hohle Hand
**crevaison** [krəvɛzõ] *f* Platzen *n*; *auto* Reifenpanne *f*
**crev|ant, ~ante** [krəvɑ̃, -ɑ̃t] F ermüdend
**crevass|e** [krəvas] *f* Spalt *m*, Riss *m*; *peau*: Schrunde *f*; **~er** *(1a)* *sol*: aufreißen; *peau*: aufspringen lassen; **se ~** Risse bekommen; rissig werden
**crever** [krəve] *(1d)* *v/t ballon*, *pneu*: platzen lassen, zerstechen, aufschlitzen; *v/i* bersten, platzen (*a fig* **de** vor); F *mourir* krepieren; F **j'ai crevé** ich habe e-n Platten
**crevette** [krəvɛt] *f* Garnele *f*; Krabbe *f*
**C.-R.F.** *f abr* **Croix-Rouge française** Französisches Rotes Kreuz
**cri** [kri] *m* Schrei *m*; *appel* Ruf *m*; *fig* **le dernier ~** der letzte Schrei
**C.-R.I.** *f abr* **Croix-Rouge internationale** IRK *n* (Internationales Rotes Kreuz)
**cri|ant, ~ante** [krijɑ̃, -ɑ̃t] himmelschreiend
**cri|ard, ~arde** [krijar, -ard] *voix*, *hommes*: schreiend, kreischend; *couleur*: grell
**cribl|e** [kriblə] *m* Sieb *n*; **~er** *(1a)* durchlöchern, -bohren
**cric** [krik] *m* Wagenheber *m*
**cri|ée** [krije] *f* **vente** *f* **à la ~** öffentliche Versteigerung; **~er** *(1a)* *v/i* schreien, rufen; *porte*: knarren; **~ au scandale** es als Skandal bezeichnen; *v/t* schreien, rufen; *journaux*: ausrufen; **~ qc à qn** j-m etw zurufen; **~ vengeance** nach Rache schreien; **~ sur les toits** an die große Glocke hängen
**crime** [krim] *m* Verbrechen *n*
**Crimée** [krime] *géogr* **la ~** die Krim
**criminalité** [kriminalite] *f* Kriminalität *f*; **~ informatique** Computerkriminalität *f*; **~ organisée** organisiertes Verbrechen *n*
**crimin|el, ~elle** [kriminɛl] **1.** *adj* verbrecherisch; Kriminal…; **2.** *m*, *f* Verbrecher(in) *m(f)*
**crin** [krɛ̃] *m* Rosshaar *n*
**crinière** [krinjɛr] *f* Mähne *f*
**crique** [krik] *f* kleine Bucht *f*
**criquet** [krikɛ] *m zo* Feldheuschrecke *f*
**crise** [kriz] *f* Krise *f*; **~ cardiaque** Herzanfall *m*; **avoir une ~ de nerfs** mit den Nerven am Ende sein
**crisper** [krispe] *(1a)* *muscles*: verkrampfen; *visage*: verzerren; F *fig* wütend machen; **se ~** sich verkrampfen
**crisser** [krise] *(1a)* knirschen
**cristal** [kristal] *m* (*pl -aux*) Kristall *m*; *verre*: Kristall(glas) *n*; **~ de roche** Bergkristall *m*
**cristall|in, ~ine** [kristalɛ̃, -in] **1.** *adj son*, *eau*: kristallklar; **2.** *m yeux*: Linse *f*
**cristalliser** [kristalize] *(1a)* *v/i u* **se ~** sich kristallisieren; *fig* deutlich werden
**critère** [kritɛr] *m* Kriterium *n*; **~s de convergence** *écon* Konvergenzkriterien *n/pl*
**critiqu|e** [kritik] **1.** *adj* kritisch; **2.** *m* Kritiker(in) *m(f)*; **3.** *f* Kritik *f*; *d'un livre*: Rezension *f*; **~er** *(1m)* kritisieren
**croasser** [krɔase] *(1a)* krächzen
**Croatie** [krɔasi] **la ~** Kroatien *n*
**croc** [kro] *m dent*: Fangzahn *m*; *boucherie*: Haken *m*
**croc-en-jambe** [krɔkɑ̃ʒɑ̃b] *m* (*pl crocs-en-jambe*) Beinstellen *n*
**croch|et** [krɔʃɛ] *m* Haken *m*; *aiguille* Häkelnadel *f*; *route*: Bogen *m*; *de serrurier*: Dietrich *m*; **~s** *pl* eckige Klammern *f/pl*; **faire du ~** häkeln; **faire un ~** *route*: e-n Bogen machen; *personne*: e-n Abstecher machen; **~u, ~ue** [-y] krumm, gekrümmt
**crocodile** [krɔkɔdil] *m zo* Krokodil *n*
**croire** [krwar] *(4v)* **1.** *v/t* glauben (**qc, qn** etw *acc*, j-m); **~ qc de qn** etw von j-m glauben; **on le croyait médecin** man hielt ihn für e-n Arzt; **en ~ qn** sich auf j-n verlassen; **à en ~ les journaux** wenn man den Zeitungen Glauben schenken will; **faire ~ qc à qn** j-m etw weismachen; **2.** *v/i* **~ à qc** an etw (*acc*) glauben; **~ en qn** an j-n glauben; **~ en Dieu** an Gott glauben; **3. se ~ qn** sich für j-n halten; **il se croit intelligent** er hält sich für intelligent
**crois|ade** [krwazad] *f* Kreuzzug *m*; **~ement** [-mɑ̃] *m* Kreuzung *f* (*a biol*); **~er** *(1a)* *v/t* kreuzen (*a biol*); *jambes*: übereinanderschlagen; **~ qn** j-m begegnen; *v/i mar* kreuzen; **se ~** *routes*: sich kreuzen; *personnes*: einander begegnen; *regards*: sich begegnen; **~eur** *m mar*

Kreuzer *m*; **~ière** *f mar* Kreuzfahrt *f*
**croiss|ance** [krwasɑ̃s] *f* Wachstum *n*; **~ant** [-ɑ̃t] *m lune*: Mondsichel *f*; *cuis* Hörnchen *n*
**croître** [krwɑtrə] (*4w*) wachsen
**croix** [krwa] *f* Kreuz *n*; ***la* ♀*-Rouge*** das Rote Kreuz *n*; *fig* ***mettre une ~ sur qc*** etw (*acc*) endgültig begraben, abschreiben; ***chemin*** *m* ***de ~*** Leidensweg *m* Christi
**croqu|ant**, **~ante** [krɔkɑ̃, -ɑ̃t] *croûte*: knusprig; *pomme*: knackig
**croque|-monsieur** [krɔkməsjø] *m* (*pl unv*) *cuis* Schinkentoast *m* mit Käse; **~-mort** [-mɔr] F *m* (*pl croque-morts*) Sargträger *m*
**croquer** [krɔke] (*1m*) **1.** *v/t biscuit*, *noix*: knabbern; *bonbon*: zerbeißen; *v/i* (*zwischen den Zähnen*) krachen; **2.** *dessiner* skizzieren, entwerfen
**croquis** [krɔki] *m* Skizze *f*
**crosse** [krɔs] *f évêque*: Bischofsstab *m*; *fusil*: Gewehrkolben *m*
**crott|e** [krɔt] *f* Kot *m*; **~in** *m* Pferdemist *m*
**croul|ant**, **~ante** [krulɑ̃, -ɑ̃t] baufällig; **~er** (*1a*) einstürzen; *fig* (fast) zusammenbrechen
**croup** [krup] *m méd* Krupp *m*
**croupe** [krup] *f* Kruppe *f*, Kreuz *n des Pferdes*
**croupir** [krupir] (*2a*) *eau*: faulig werden; *personne*: dahinvegetieren (***dans*** in *dat*)
**CROUS** [krus] *m abr* ***centre régional des œuvres universitaires et scolaires*** *etwa* Studentenwerk *n*
**croustill|ant**, **~ante** [krustijɑ̃, -ɑ̃t] knusprig
**croût|e** [krut] *f pain*: Kruste *f*; *fromage*: Rinde *f*; *méd* Schorf *m*; **~er** (*1a*) F futtern; **~on** *m extrémité du pain* (Brot-) Kanten *m*; *morceau*: Brotwürfel *m*
**croy|able** [krwajablə] glaubhaft; **~ance** *f* Glaube(n) *m*; **~ant**, **~ante** [-ɑ̃, -ɑ̃t] *rel* **1.** *adj* gläubig; **2.** *m*, *f* Gläubige(r) *m*, *f*
**CRS** [seɛrɛs] (*abr* compagnie républicaine de sécurité) *etwa* Bereitschaftspolizei *f*
**cru**, **~e** [kry] **1.** *p/p de* ***croire***; **2.** *adj légumes*: ungekocht, roh; *lumière*: grell; *paroles*: derb; **3.** *m domaine*: (Wein-) Gebiet *n*; *vigne* Weinberg *m*; *vin* Wein(sorte *f*) *m*; *fig* ***de mon ~*** von mir erfunden
**cruauté** [kryote] *f* Grausamkeit *f*
**cruche** [kryʃ] *f* Krug *m*
**cruci|al**, **~ale** [krysjal] (*m/pl -aux*) entscheidend
**cruci|fié** [krysifje] *m* Gekreuzigte(r) *m*; **~fiement** [-fimɑ̃] *m* Kreuzigung *f*; **~fier** [-fje] (*1a*) kreuzigen; **~fix** [-fi] *m* Kruzifix *n*
**crudité** [krydite] *f* Grobheit *f*, Brutalität *f*; ***~s*** *pl cuis* Rohkost *f*
**crue** [kry] *f* Hochwasser *n*; ***être en ~*** Hochwasser führen
**cruel**, **~le** [kryɛl] grausam
**crûment** [krymɑ̃] *adv* unumwunden, schonungslos
**crustacés** [krystase] *m/pl zo* Krusten-, Krebstiere *n/pl*
**crypte** [kript] *f* Krypta *f*
**CSCE** *abr f hist* ***Conférence sur la sécurité et la coopération en Europe*** KSZE *f* (Konferenz über die Sicherheit und Zusammenarbeit in Europa)
**ct.** *abr* (***du mois***) ***courant*** d. M. (dieses Monats)
**Cuba** [kyba] Kuba *n*
**cubage** [kybaʒ] *m* Kubikinhalt *m*
**cub|e** [kyb] *math* **1.** *m* Würfel *m*; *nombre*: Kubikzahl *f*; **2.** *adj* Kubik…; ***mètre*** *m* **~** Kubikmeter *m od n*; **~ique** kubisch; **~isme** *m art*: Kubismus *m*; **~iste** *m* Kubist *m*
**cueill|ette** [kœjɛt] *f* Obsternte *f*; **~ir** (*2c*) pflücken
**cuiller** *od* **cuillère** [kɥijɛr] *f* Löffel *m*; **~** *od* ***cuillère à soupe*** Suppen- *od* Esslöffel *m*; **~** *od* ***cuillère à café*** Kaffee- *od* Teelöffel *m*
**cuillerée** [kɥij(e)re] *f* Löffel *m* (voll)
**cuir** [kɥir] *m* Leder *n*; **~ *chevelu*** Kopfhaut *f*
**cuirass|e** [kɥiras] *f* Harnisch *m*; Panzer *m* (*a zo u mar*); **~er** (*1a*) panzern
**cuire** [kɥir] (*4c*) kochen; *au four*: backen; *rôti*: braten; ***faire ~ qc*** etw kochen, backen, braten
**cuisine** [kɥizin] *f* Küche *f*; ***faire la ~*** kochen (*die Mahlzeiten bereiten*)
**cuisin|é** [kɥizine] ***plat*** *m* **~** Fertiggericht *n*; **~er** (*1a*) *v/t* zubereiten, kochen; *v/i* kochen (können); **~ier** [-je] *m* Koch *m*; **~ière** *f* [-jɛr] Köchin *f*; *fourneau* Küchenherd *m*

**cuiss|e** [kɥis] *f anat* (Ober-)Schenkel *m*; *cuis poulet*: Keule *f*; Schlegel *m*; **~eau** *m* (*pl -x*) Kalbskeule *f*
**cuisson** [kɥisõ] *f* Kochen *n*; *pain*: Backen *n*; *eau*: Sieden *n*; *rôti*: Braten *n*
**cuit**, **cuite** [kɥi, kɥit] *p/p de* ***cuire*** *u adj légumes*: gekocht; *rôti*: gebraten; *pain*: gebacken; *argile*: gebrannt; ***assez ~(e)*** gar
**cuivr|e** [kɥivrə] *m* Kupfer *n*; ***~ jaune*** Messing *n*; ***~s*** *pl* Blechblasinstrumente *n/pl*; **~er** (*1a*) verkupfern
**cul** [ky] *m* P Arsch *m*
**culasse** [kylas] *moteur*: Zylinderkopf *m*; *fusil*: Verschluss *m*
**culbut|e** [kylbyt] *f* Purzelbaum *m*; *accidentelle*: Sturz *m*; ***faire la ~*** e-n Purzelbaum schlagen; **~eur** *m* Kipphebel *m*
**cul-de-jatte** [kydʒat] *m* (*pl culs-de-jatte*) Krüppel *m* ohne Beine
**cul-de-sac** [kydsak] *m* (*pl culs-de-sac*) Sackgasse *f* (*a fig*)
**culinaire** [kylinɛr] Koch…, Küchen…, kulinarisch
**culmin|ant** [kylminɑ̃] ***point*** *m* ~ *astr* Kulminationspunkt *m*; *fig* Höhepunkt *m*; **~er** (*1a*) seinen höchsten Punkt haben; *fig* den Höhepunkt erreichen
**culot** [kylo] *m lampe*: Sockel *m*; F Frechheit *f*, Unverschämtheit *f*
**culott|e** [kylɔt] *f* (kurze) Hose *f*; *femme*: Schlüpfer *m*; **~é**, **~ée** F frech
**culpabilité** [kylpabilite] *f* Schuld *f*
**culte** [kylt] *m vénération* Kult *m*, Verehrung *f*; *religion* Religion *f*, Konfession *f*; *service* Gottesdienst *m*
**cultiv|able** [kyltivablə] *agr* anbaufähig; **~ateur**, **~atrice** [-atœr, -atris] *m*, *f* Landwirt(in) *m*(*f*); **~é**, **~ée** *agr* bebaut; *fig* gebildet; **~er** (*1a*) *agr terre*: bebauen, bestellen; *légumes*, *tabac*: (an)pflanzen, anbauen; *esprit*, *goût*: entwickeln; *relation*: pflegen; ***se ~*** sich weiterbilden
**cultur|e** [kyltyr] *f* **1.** *agr* Bebauung *f*, Bestellung *f*; *plantes*: Anbau *m*; ***~ de la vigne*** Weinbau *m*; **2.** Kultur *f*; ***~ générale*** Allgemeinbildung *f*; ***~ physique*** Leibesübungen *f/pl*; **~el**, **~elle** kulturell, Kultur…; **~isme** *m* Bodybuilding *n*
**cumin** [kymɛ̃] *m bot* Kümmel *m*
**cumuler** [kymyle] (*1a*) *fonctions*: gleichzeitig bekleiden *od* haben; *salaires*: gleichzeitig beziehen
**cupid|ité** [kypidite] *f* Begierde *f*, Habsucht *f*; **~e** (hab)gierig
**cur|able** [kyrablə] heilbar; **~ateur** [-atœr] *m jur* Pfleger *m*
**cure** [kyr] *f* **1.** *méd* Kur *f*; ***~ thermale*** Badekur *f*; **2.** *égl* Pfarrei *f*; ***n'avoir ~ de*** sich nicht kümmern um
**curé** [kyre] *m* (katholischer) Pfarrer *m*
**cure-dent** [kyrdɑ̃] *m* (*pl cure-dents*) Zahnstocher *m*
**curer** [kyre] (*1a*) reinigen, säubern
**curi|eux**, **~euse** [kyrjø, -øz] **1.** *intéressé* neugierig; **2.** *bizarre* seltsam, sonderbar
**curiosité** [kyrjɔzite] *f* **1.** Neugierde *f*; **2.** *objet bizarre*, *rare* Kuriosität *f*; *monuments*: Sehenswürdigkeit *f*
**curiste** [kyrist] *m*, *f* Kurgast *m*
**curriculum vitae** [kyrikylɔmvite] *m* (*pl unv*) Lebenslauf *m*
**curry** [kyri] *m cuis* Curry *m*, *n*
**curseur** [kyrsœr] *m EDV* Cursor *m*
**cutané**, **~e** [kytane] Haut…
**cuv|e** [kyv] *f* Bottich *m*, Bütte *f*; *vin*: Gärbottich *m*; **~ée** [-e] *f* Inhalt *m* e-s Gärbottichs; *vin* Wein(sorte *f*) *m*; **~er** (*1a*) in der Kellerei gären; *fig* ***~ son vin*** seinen Rausch ausschlafen; **~ette** [-ɛt] *f* (Wasch-)Schüssel *f*, Waschbecken *n*
**CV** *m* **1.** *abr* ***cheval-vapeur*** *auto* PS *f*; **2.** *abr* ***curriculum vitae*** Lebenslauf *m*
**cybercafé** [sibɛrkafe] *m* Internetcafé *n*
**cybermonde** [sibɛrmõd] *m* Cyberspace *m*
**cybernétique** [sibɛrnetik] *f* Kybernetik *f*
**cyclable** [siklablə] ***piste*** *f* ~ Rad(fahr)-weg *m*
**cyclamen** [siklamɛn] *m bot* Alpenveilchen *n*
**cycle** [siklə] *m* **1.** *nature*, *écon*: Zyklus *m* (*a littérature*), Kreislauf *m*; **2.** *véhicule*: ***~s*** *pl* Zweiräder *n/pl*
**cycl|isme** [siklismə] *m* Radsport *m*; **~iste** *m*, *f* Radfahrer(in) *m*(*f*)
**cyclomot|eur** [siklɔmɔtœr] *m* Mofa *n*; **~oriste** *m*, *f* Mofafahrer(in) *m*(*f*)
**cyclone** [siklon] *m* Wirbelsturm *m*
**cygne** [siɲ] *m zo* Schwan *m*
**cylindr|e** [silɛ̃drə] *m math* Zylinder *m*; *tech* Walze *f*, Rolle *f*; **~ée** [-e] *f auto*

Hubraum *m*; **~er** (*1a*) walzen
**cymbale** [sɛ̃bal] *f mus* Becken *n*
**cyn|ique** [sinik] zynisch; **~isme** *m* Zynismus *m*
**cyprès** [siprɛ] *m* Zypresse *f*
**cyrillique** [sirilik] kyrillisch
**cystite** [sistit] *f méd* Blasenentzündung *f*

# D

**dactylo** [daktilo] *f* Schreibkraft *f*; **~graphie** [-grafi] *f* Maschinenschreiben *n*
**dada** [dada] *m* F Steckenpferd *n*
**dahlia** [dalja] *m bot* Dahlie *f*
**daigner** [dɛɲe] (*1b*) *st/s* **~** (+ *inf*) die Güte haben zu (+ *inf*)
**daim** [dɛ̃] *m zo* Damhirsch *m*; *peau*: Wildleder *n*
**dais** [dɛ] *m* Baldachin *m*
**dallage** [dalaʒ] *m* Plattenbelag *m*
**dall|e** [dal] *f* Steinplatte *f*; **~er** (*1a*) mit Platten belegen
**dalton|ien**, **~ienne** [daltɔnjɛ̃, -jɛn] farbenblind
**damas** [dama] *m* Damast(seide *f*) *m*
**Damas** [damas] *géogr* Damaskus *n*
**dam|e** [dam] *f* Dame *f* (*à jeux*); ***jeu*** *m* ***de ~s*** Damespiel *n*; **~e-jeanne** [-ʒan] *f* (*pl dames-jeannes*) große (Korb-)Flasche *f*; **~ier** *m* Damebrett *n*
**damn|ation** [danasjõ] *f* Verdammung *f*; **~er** (*1a*) verdammen; *fig* ***faire ~ qn*** j-n zur Verzweiflung bringen
**dancing** [dɑ̃siŋ] *m* Tanzlokal *n*
**dandiner** [dɑ̃dine] (*1a*) ***se ~*** hin und her schwanken
**dandy** [dɑ̃di] *m* Dandy *m*
**Danemark** [danmark] ***le ~*** Dänemark *n*
**danger** [dɑ̃ʒe] *m* Gefahr *f*; ***~ de mort*** Lebensgefahr *f*; ***mettre en ~*** gefährden; ***courir le ~ de*** (+ *inf*) Gefahr laufen zu (+ *inf*)
**danger|eux**, **~euse** [dɑ̃ʒrø, -øz] gefährlich
**dan|ois**, **~oise** [danwa, -waz] **1.** *adj* dänisch; **2.** **♀, ♀e** *m*, *f* Däne *m*, Dänin *f*
**dans** [dɑ̃] **1.** *lieu*: in (*dat*); *direction*: in (*acc*); ***~ la rue*** auf der Straße; ***~ Molière*** bei Molière; *fig* ***être ~ le commerce*** im Handel tätig sein; ***boire ~ un verre*** aus e-m Glas trinken; **2.** *temps*: innerhalb von, in (*dat*); ***~ les 24 heures*** innerhalb von 24 Stunden; ***~ trois jours*** in 3 Tagen; **3.** *mode*: ***~ ces circonstances*** unter diesen Umständen; ***avoir ~ les 50 ans*** etwa 50 Jahre alt sein
**dans|ant**, **~ante** [dɑ̃sɑ̃, -ɑ̃t] tanzend; ***soirée*** *f* ***dansante*** Tanzabend *m*
**dans|e** [dɑ̃s] *f* Tanz *m*; *action*: Tanzen *n*; ***~ classique*** klassisches Ballett *n*; **~er** (*1a*) tanzen; **~eur**, **~euse** *m*, *f* Tänzer(in) *m*(*f*)
**Danube** [danyb] ***le ~*** die Donau
**dard** [dar] *m zo* Stachel *m*
**dare-dare** [dardar] F eiligst, schleunigst
**dat|e** [dat] *f* Datum *n*; ***~ (limite) de conservation*** (Mindest)Haltbarkeitsdatum *n*; ***~ de naissance*** Geburtsdatum *n*; ***~ limite*** letzter, äußerster Termin *m*; ***de longue ~*** seit langem; **~er** (*1a*) datieren; ***~ de*** stammen aus; ***à ~ de ce jour*** von diesem Tage an
**datt|e** [dat] *f* Dattel *f*; **~ier** [-je] *m* Dattelpalme *f*
**daube** [dob] *f cuis* Schmoren *n*; ***bœuf*** *m* ***en ~*** Rinderschmorbraten *m*
**dauphin** [dofɛ̃] *m* **1.** *zo* Delphin *m*; **2.** *hist* Dauphin *m* (*französischer Thronfolger*)
**davantage** [davɑ̃taʒ] mehr (***que*** als)
**de** [də] **1.** *prép possession*: von; ***la maison ~ mes parents*** das Haus meiner Eltern (*gén*); *origine*: aus; ***il vient ~ Paris*** er kommt aus Paris; *matière*: aus; ***sac*** *m* ***~ papier*** Papiertüte *f*; *temps*: ***~ jour*** tagsüber; ***~ nos jours*** heutzutage; ***je n?ai pas dormi ~ la nuit*** ich habe die ganze Nacht nicht geschlafen; ***~ … à*** von … bis; *raison*: ***~ peur*** vor Angst, aus Angst; *mode*: ***~ force*** mit Gewalt; ***~ plus en plus grand*** immer größer; *mesure*: ***une planche ~ 10 cm ~ large*** ein 10 cm breites Brett; **2.** *devant infinitif*: zu; ***cesser ~ travailler*** aufhören zu arbeiten; **3.** *partitif* (*le plus souvent pas traduit*): ***du pain*** Brot; ***des petits pains*** Brötchen

**dé** [de] *m jeu*: Würfel *m*; **~ (à coudre)** Fingerhut *m*
**D.E.A.** *m abr* ***Diplôme d'études approfondies*** frz. Forschungsdiplom *f* (im Anschluss an die "maîtrise")
**débâcle** [debɑklə] *f d'un cours d'eau*: Eisgang *m*; *fig fruite soudaine* wilde Flucht *f*; *ruine* Zusammenbruch *m*, Debakel *n*
**déballer** [debale] (*1a*) auspacken
**débandade** [debɑ̃dad] *f* Auseinanderrennen *n*, wilde Flucht *f*
**débarbouiller** [debarbuje] (*1a*) ***~ un enfant*** e-m Kind das Gesicht waschen
**débarcadère** [debarkadɛr] *m mar* Landungsbrücke *f*
**débardeur** [debardœr] *m* Transportarbeiter *m*; *au port*: Hafenarbeiter *m*; *vêtement*: Pullunder *m*
**débarqu|ement** [debarkəmɑ̃] *m marchandises*: Ausladen *n*, Löschen *n*; *passagers*: Anlandgehen *n*, Vonbordgehen *n*; *mil* Landung *f*; **~er** (*1m*) *v/t* ausladen; *v/i* von Bord gehen; *mil* landen; *fig* F ***~ chez qn*** bei j-m aufkreuzen
**débarr|as** [debara] *m* **1.** F ***bon ~*** e-e wahre Erlösung!; **2.** *cagibi* Abstellraum *m*; **~asser** [-ase] (*1a*) räumen; *table*: abräumen; ***~ qn de qc*** j-m etw (*acc*) abnehmen; ***se ~ de qn*** (***qc***) sich j-n (etw) vom Halse schaffen
**débat** [deba] *m* Debatte *f*, Erörterung *f*
**débattre** [debatrə] (*4a*) ***~ qc*** etw diskutieren, durchsprechen; ***se ~*** sich wehren, sich sträuben
**débauch|e** [deboʃ] *f* Ausschweifung *f*; **~é, ~ée 1.** *adj* ausschweifend, lasterhaft, liederlich; **2.** *m*, *f* Wüstling *m*; **~er** (*1a*) **1.** *personnel*: entlassen; **2.** F verleiten, verführen
**débil|e** [debil] **1.** *adj* schwächlich; F blöd, doof; **2.** *m* ***~ mental*** Schwachsinnige(r) *m*; **~ité** *f* Schwäche *f*; ***~ mentale*** Schwachsinn *m*
**débiner** [debine] (*1a*) F anschwärzen; ***se ~*** sich davonmachen, abhauen
**débit** [debi] *m* **1.** *magasin*: Umsatz *m*; *cours d'eau*: Wasserführung *f*; *usine*, *machine*: Ausstoß *m*, Leistung *f*; **2.** ***~ de tabac*** Tabakladen *m*; ***~ de boissons*** Ausschank *m*; **3.** Redeweise *f*, Vortrag *m*; **4.** *comm* Soll *n*, Debet *n*
**débit|ant, ~ante** [debitɑ̃, -ɑ̃t] *m*, *f* Inhaber(in) *m*(*f*) e-s Ausschanks, e-s Tabakladens; **~er** (*1a*) **1.** *marchandises*: absetzen, vertreiben; *boisson*: ausschenken; **2.** *péj fadaises*: von sich geben; *texte étudié*: aufsagen, *péj* herbeten; **3.** *pompe*: *liquide*, *gaz* fördern; *usine*, *machine*: *produits* ausstoßen; **4.** *comm* ***~ qn d'une somme*** j-n mit e-m Betrag belasten; ***~ un compte*** ein Konto belasten
**débi|teur, ~trice** [debitœr, -tris] *m*, *f* Schuldner(in) *m*(*f*)
**déblai** [deblɛ] *m le plus souvent au pl* ***~s*** Schutt *m*, Trümmer *pl*
**déblatérer** [deblatere] (*1f*) ***~ contre*** schimpfen auf (*acc*)
**déblayer** [deblɛje] (*1i*) *endroit*: frei machen; *débris*: wegschaffen
**déblocage** [deblɔkaʒ] *m tech* Lösen *n*; *écon des prix*, *salaires*: Freigabe *f*
**débloquer** [deblɔke] (*1m*) *tech* lösen; *écon prix*, *compte*: freigeben
**déboires** [debwar] *m/pl* Enttäuschungen *f/pl*
**déboiser** [debwaze] (*1a*) abholzen
**déboîter** [debwate] (*1a*) *méd* ausrenken; *auto* ausscheren
**débonnaire** [debɔnɛr] gutmütig
**débord|é, ~ée** [debɔrde] überlastet (***de*** mit); **~ement** *m* Überlaufen *n*, Überschwemmung *f*; *fig* ***~s*** *pl* Exzesse *m/pl*; **~er** (*1a*) *rivière*: über die Ufer treten; *lait*, *eau*: überlaufen; *fig* ***faire ~ le vase*** das Maß vollmachen; ***~ de santé*** vor Gesundheit strotzen
**débouch|é** [debuʃe] *m* **1.** *route*: Einmündung *f*; *vallée*: Ausgang *m*; **2.** *comm* Absatzmarkt *m*; **3. ~s** *pl profession*: Berufsaussichten *f/pl*; **~er** (*1a*) *v/t tuyau*: frei machen; *bouteille*: entkorken; *v/i* ***~ de*** herauskommen aus; ***~ sur*** münden in (*acc*); *fig* führen zu
**débourser** [deburse] (*1a*) *dépenser* ausgeben
**debout** [dəbu] aufrecht (stehend); ***être ~*** stehen; *levé* auf(gestanden) sein; *fig* ***tenir ~*** Hand und Fuß haben
**déboutonner** [debutɔne] (*1a*) aufknöpfen
**débraillé, ~e** [debrɑje] schlampig, salopp
**débrancher** [debrɑ̃ʃe] (*1a*) *tech* abschalten
**débray|age** [debrɛjaʒ] *m auto* Auskup-

peln *n*; *fig* Arbeitsniederlegung *f*, Ausstand *m*; **~er** (*1i*) *auto* auskuppeln; *fig* die Arbeit niederlegen
**débridé**, **~e** [debride] zügellos
**débris** [debri] *m/pl maison*: Trümmer *pl*; *verre*, *vase*: Scherben *f/pl*; *fig* Überreste *m/pl*
**débrouill|ard**, **~arde** [debrujar, -ard] pfiffig, einfallsreich; **~er** (*1a*) entwirren, ordnen; *fig* (auf)klären; ***se ~*** sich zu helfen wissen, zurechtkommen
**début** [deby] *m* Beginn *m*, Anfang *m*; *théâtre*, *politique*: **~s** *pl* Debüt *n*, erstes Auftreten *n*; ***~ mai*** Anfang Mai
**début|ant**, **~ante** [debytɑ̃, -ɑ̃t] *m*, *f* Anfänger(in) *m(f)*, Neuling *m*; **~er** (*1a*) anfangen, beginnen
**deçà** [dəsa] *prép* ***en ~ de*** diesseits (*gén*)
**décacheter** [dekaʃte] (*1c*) *lettre*: öffnen
**décad|ence** [dekadɑ̃s] *f* Verfall *m*, Dekadenz *f*; **~ent**, **~ente** [-ɑ̃, -ɑ̃t] dekadent
**décaféiné**, **~e** [dekafeine] ***café** m **~*** koffeinfreier Kaffee *m*
**décal|age** [dekalaʒ] *m action*: Verschiebung *f*, Verlegung *f*; *résultat*: Abstand *m*, Unterschied *m*; *fig* Diskrepanz *f*; ***~ horaire*** Zeitunterschied *m*; **~er** (*1a*) verschieben, verlegen
**décalqu|age** [dekalkaʒ] *m od* **décalqu|e** [dekalk] *m* Pause *f*; **~er** (*1m*) ab-, durchpausen
**décamper** [dekɑ̃pe] (*1a*) F abhauen, sich verziehen
**décaper** [dekape] (*1a*) *surface métallique*: abbeizen; *rouille*: entrosten
**décapiter** [dekapite] (*1a*) enthaupten
**décapotable** [dekapɔtablə] **1.** *adj* mit zurückklappbarem Verdeck; **2.** *f* (***voiture** f*) **~** Kabriolett *n*
**décapsul|er** [dekapsyle] (*1a*) den Deckel abnehmen von; **~eur** *m* Flaschenöffner *m*
**décéd|é**, **~ée** [desede] verstorben; **~er** (*1f*) (ver)sterben; *st/s* verscheiden
**déceler** [desle] (*1d*) *découvrir* nachweisen, feststellen; *montrer* erkennen lassen
**décembre** [desɑ̃brə] *m* Dezember *m*
**décemment** [desamɑ̃] anständig; *raisonnablement* vernünftigerweise
**décence** [desɑ̃s] *f* Anstand *m*
**décennie** [deseni] *f* Jahrzehnt *n*
**déc|ent**, **~ente** [desɑ̃, -ɑ̃t] anständig
**décentraliser** [desɑ̃tralize] (*1a*) dezentralisieren
**déception** [desɛpsjõ] *f* Enttäuschung *f*
**décerner** [desɛrne] (*1a*) *prix*: verleihen, zuerkennen
**décès** [desɛ] *m* Ableben *n*, Tod *m*
**décev|ant**, **~ante** [desəvɑ̃, -ɑ̃t] enttäuschend
**décevoir** [desəvwar] (*3a*) enttäuschen
**déchaîn|ement** [deʃɛnmɑ̃] *m* Entfesselung *f*; *passions*, *fureur*: Ausbruch *m*; **~er** (*1b*) losketten; *fig* entfesseln; ***se ~*** aus-, losbrechen
**déchanter** [deʃɑ̃te] (*1a*) klein beigeben
**décharg|e** [deʃarʒ] *f él* Entladung *f*; *comm*, *jur* Entlastung *f*; *mil* Salve *f*; ***~ publique*** Müllkippe *f*, Deponie *f*; ***~ électrique*** elektrischer Schlag *m*; **~er** (*1l*) aus-, abladen; *arme*, *batterie*: entladen; *arme*: *tirer* abfeuern; *accusé*: entlasten; ***~ qn d'un travail*** j-n in seiner Arbeit entlasten
**décharné**, **~e** [deʃarne] mager, dürr
**déchausser** [deʃose] (*1a*) ***~ qn*** j-m die Schuhe ausziehen; ***se ~*** sich die Schuhe ausziehen; *dent*: wackeln
**déchéance** [deʃeɑ̃s] *f* Verfall *m*; *jur* Verlust *m* e-s Rechtes
**déchet** [deʃɛ] *m le plus souvent au pl* **~s** Abfälle *m/pl*, Abfall *m*; **~s** *m/pl* ***toxiques*** Sondermüll *m*; Giftmüll *m*
**déchiffrer** [deʃifre] (*1a*) entschlüsseln, entziffern
**déchiquet|é**, **~ée** [deʃikte] gezackt, zerklüftet; **~er** (*1c*) zerstückeln, zerfetzen
**déchir|ant**, **~ante** [deʃirɑ̃, -ɑ̃t] herzzerreißend; **~ement** [-mɑ̃] *m* (Zer-) Reißen *n*; *fig chagrin* (tiefer) Schmerz *m*; **~er** (*1a*) zerreißen (*a fig*); ***se ~*** *robe*: reißen; **~ure** [-yr] *f* Riss *m*
**déchoir** [deʃwar] (*3m*) verfallen; ***~ de son rang*** seinen Rang verlieren
**déchu**, **~e** [deʃy] heruntergekommen; *roi*: gestürzt
**décid|é**, **~ée** [deside] entschlossen; ***c'est*** (***une***) ***chose decidée*** das ist beschlossene Sache; ***être ~(e) à qc*** zu etw entschlossen sein; **~ément** [-emɑ̃] *adv* entschieden; *vraiment* wirklich; **~er** (*1a*) ***~ qc*** etw beschließen; ***~ qn à faire qc*** j-n veranlassen, etw zu tun; ***~ qn à qc*** j-n zu etw veranlassen; ***~ de qc*** über

etw entscheiden; *~ **de** od **se** ~ **à*** (+ *inf*) beschließen zu (+ *inf*), sich entschließen zu (+ *inf*)
**décimal**, **~e** [desimal] (*m/pl -aux*) Dezimal…; ***système*** *m* **~** Dezimalsystem *n*
**décimètre** [desimɛtrə] *m* Dezimeter *m od n*
**décis|if**, **~ive** [desizif, -iv] entscheidend; **~ion** *f* Entscheidung *f*; *fermeté* Entschlossenheit *f*
**déclam|atoire** [deklamatwar] *péj* schwülstig; **~er** (*1a*) deklamieren
**déclar|ation** [deklarasjõ] *f* Erklärung *f*; *naissance*: Anmeldung *f*; *vol*, *perte*: Anzeige *f*; **~ *d'impôts*** Steuererklärung *f*; **~er** (*1a*) erklären; *naissance*: anmelden; *revenus*: angeben; *douane*: verzollen; ***se* ~** sich äußern, Stellung nehmen; *faire une déclaration d'amour* seine Liebe erklären, sich erklären; *feu*, *épidémie*: ausbrechen; ***se* ~ *coupable*** sich für schuldig erklären
**déclasser** [deklase] (*1a*) niedriger einstufen
**déclench|ement** [deklɑ̃ʃmɑ̃] *m* Auslösen *n*, -ung *f*; **~er** (*1a*) auslösen; ***se* ~** losgehen, ausbrechen; **~eur** *m appareil photographique*: Auslöser *m*; **~ *automatique*** Selbstauslöser *m*
**déclic** [deklik] *m mécanisme*: Auslösevorrichtung *f*; *bruit*: Klicken *n*
**déclin** [deklɛ̃] *m* Niedergang *m*, Verfall *m*
**déclin|aison** [deklinɛzõ] *f gr* Deklination *f*; **~er** (*1a*) *v/i soleil*: sich neigen, sinken; *jour*: zur Neige gehen; *forces*: nachlassen, schwinden; *prestige*: sinken, schwinden; *santé*: sich verschlechtern; *v/t offre*, *responsabilité*: ablehnen; *gr* deklinieren; **~ *ses nom, prénoms, titres et qualités*** seine Personalien angeben
**déclive** [dekliv] (***en***) **~** abschüssig
**décocher** [dekɔʃe] (*1a*) *flèche*: abschießen; *regard*: werfen
**décoder** [dekɔde] (*1a*) dekodieren
**décoiffer** [dekwafe] (*1a*) *cheveux*: zerzausen
**décoll|age** [dekɔlaʒ] *m aviat* Start *m*, Abheben *n*; **~er** (*1a*) *v/t* abmachen, ablösen; *v/i aviat* starten, abheben; ***se* ~** sich ablösen; abgehen
**décollet|é**, **~ée** [dekɔlte] **1.** *adj robe*: ausgeschnitten; **2.** *m* Dekolleté *n*, (tiefer) Ausschnitt *m*
**décoloniser** [dekɔlɔnize] (*1a*) entkolonisieren
**décolorer** [dekɔlɔre] (*1a*) *tissu*, *cheveux*: bleichen; ***se* ~** verblassen
**décombres** [dekõbrə] *m/pl* Trümmer *pl*
**décommander** [dekɔmɑ̃de] (*1a*) abbestellen; *soirée*: absagen
**décompos|er** [dekõpɔze] (*1a*) zerlegen; *chim* zersetzen; *visage*: verzerren; ***se* ~** zerfallen; *cadavre*: verwesen; *visage*: sich verzerren; **~ition** *f* Zerlegung *f*; *cadavre*: Verwesung *f*
**décompt|e** [dekõt] *m* Abzug *m* (*von e-r Summe*); *facture* (detaillierte) Abrechnung *f*; **~er** (*1a*) abziehen
**déconcert|ant**, **~ante** [dekõsɛrtɑ̃, -ɑ̃t] verwirrend, beunruhigend; **~er** (*1a*) **~ *qn*** j-n aus der Fassung bringen
**déconf|it**, **~ite** [dekõfi, -it] *air*, *mine*: enttäuscht; **~iture** [-ityr] *f* Scheitern *n*; F *banqueroute* Pleite *f*
**décongeler** [dekõʒle] (*1d*) auftauen
**décongestionner** [dekõʒɛstjɔne] (*1a*) *route*: entlasten
**déconnecté** [dekɔnɛkte] *EDV* offline
**déconnecter** [dekɔnɛkte] (*1a*) abschalten
**déconner** [dekɔne] P (*1a*) Blödsinn machen, reden
**déconseiller** [dekõsɛje] (*1b*) abraten (***qc à qn*** j-m von etw)
**déconsidérer** [dekõsidere] (*1f*) in Misskredit bringen
**décontenancer** [dekõtnɑ̃se] (*1k*) aus der Fassung bringen
**décontract|é**, **~ée** [dekõtrakte] entspannt; F lässig; **~er** *v/t* entspannen; ***se* ~** sich entspannen
**déconvenue** [dekõvny] *f* Enttäuschung *f*
**décor** [dekɔr] *m* Dekor *m*, Ausstattung *f*; *fig* Umgebung *f*; **~s** *pl théâtre*: Bühnenbild *n*; **~atif**, **~ative** [-atif, -ativ] dekorativ; **~ation** *f ornement* Schmuck *m*; *médaille* Orden *m*; **~er** (*1a*) schmücken (***de*** mit); **~ *qn*** j-m e-n Orden verleihen
**décortiquer** [dekɔrtike] (*1m*) schälen; *texte*: zerpflücken
**découcher** [dekuʃe] (*1a*) auswärts schlafen

**découdre** [dekudrə] (*4d*) auftrennen; **se ~** aufgehen
**découler** [dekule] (*1a*) **~ de** sich ergeben aus
**découper** [dekupe] (*1a*) ausschneiden (**dans** aus); *en morceaux*: zerschneiden; *viande*: aufschneiden; *poulet*: tranchieren, zerlegen; *fig* **se ~** sich abheben (**sur** von *od* gegen)
**découpure** [dekupyr] *f* Ausschnitt *m*
**décourag|ement** [dekuraʒmɑ̃] *m* Mutlosigkeit *f*; **~er** (*1l*) entmutigen; **~ qn de qc** j-n von etw abbringen; **se ~** den Mut verlieren
**décousu, ~e** [dekuzy] auf-, abgetrennt; *fig* zusammenhanglos
**découv|ert, ~erte** [dekuvɛr, -ɛrt] **1.** *adj* unbedeckt; *terrain*: frei, offen; *compte*: **à decouvert** überzogen; **2.** *m* Defizit *n*, Fehlbetrag *m*; *compte*: Überziehung *f*
**découverte** [dekuvɛrt] *f* Entdeckung *f*
**découvrir** [dekuvrir] (*2f*) aufdecken; *trouver* entdecken; **~ que** herausfinden, dass; **se ~** *personne*: den Hut abnehmen; *temps*: sich aufklären
**décrép|it, ~ite** [dekrepi, -it] altersschwach
**décret** [dekrɛ] *m* Verordnung *f*, Erlass *m*; **~ de l'UE** EU-Verordnung *f*
**décréter** [dekrete] (*1f*) verordnen, anordnen
**décrire** [dekrir] (*4f*) beschreiben
**décrocher** [dekrɔʃe] (*1a*) herunternehmen; *a téléphone*: abnehmen; F *fig prix*, *bonne situation*: erlangen, F ergattern
**décroissance** [dekrwasɑ̃s] *f* Abnahme *f*, Rückgang *m*
**décroître** [dekrwɑtrə] (*4w*) abnehmen, zurückgehen, schwinden
**décrypter** [dekripte] (*1a*) entschlüsseln
**déçu, ~e** [desy] *p/p de* **décevoir** *u adj* enttäuscht
**décupler** [dekyple] (*1a*) *v/t* verzehnfachen; *v/i* sich verzehnfachen
**dédaign|er** [dedɛɲe] (*1b*) verachten, gering schätzen; *refuser* verschmähen; **~ de** (+ *inf*) es nicht der Mühe wert halten zu (+ *inf*); **~eux, ~euse** [-ø, -øz] verächtlich, geringschätzig
**dédain** [dedɛ̃] *m* Verachtung *f*, Geringschätzung *f*
**dédale** [dedal] *m* Labyrinth *n*
**dedans** [dədɑ̃] **1.** *adv* (dr)innen; *mouvement*: hinein; **là-~** dort drinnen; **en ~** (dr)innen; **de ~** von innen; **2.** *m* Innere(s) *n*; **au ~** im Innern; **au ~ de** in (*dat*)
**dédicac|e** [dedikas] *f* Widmung *f*; **~er** (*1k*) mit e-r Widmung versehen
**dédier** [dedje] (*1a*) widmen; *église*: weihen
**dédire** [dedir] (*4m*) **se ~** sein Wort zurücknehmen
**dédommag|ement** [dedɔmaʒmɑ̃] *m* Entschädigung *f*; **~er** (*1l*) entschädigen (**de** für)
**dédouaner** [dedwane] (*1a*) verzollen, zollamtlich abfertigen
**dédoubler** [deduble] (*1a*) halbieren
**déductible** [dedyktiblə] *comm* absetzbar
**déduction** [dedyksjõ] *f comm* Abzug *m*; *conclusion* Ableitung *f*, Folgerung *f*
**déduire** [dedɥir] (*4c*) *comm* abziehen; *conclure* folgern, ableiten (**de** von)
**déesse** [deɛs] *f* Göttin *f*
**défaill|ance** [defajɑ̃s] *f* Schwäche *f*, Schwächeanfall *m*; *fig* Ohnmacht *f*; *intellectuelle*, *technique*: Versagen *n*; **~ant, ~ante** [-ɑ̃, -ɑ̃t] kraftlos, schwach
**défaillir** [defajir] (*2n*) schwach, ohnmächtig werden
**défaire** [defɛr] (*4n*) *nœud*, *ceinture*: aufmachen; *appareil*: auseinandernehmen; *valise*: auspacken; *paquet*: aufschnüren; *tricot*: aufziehen; **se ~** sich (auf)lösen, aufgehen; **se ~ de qn, de qc** sich j-n, etw vom Halse schaffen
**défaite** [defɛt] *f* Niederlage *f*
**défait|isme** [defɛtismə] *m* Miesmacherei *f*; **~iste** *m*, *f* Miesmacher *m*
**défalquer** [defalke] (*1m*) *comm* abziehen (**de** von)
**défaut** [defo] *m imperfection* Fehler *m*; *carence* Mangel *m*, Fehlen *n*; *tech* Defekt *m*, Fehler *m*; *jur* Nichterscheinen *n*; **~ de caractère** Charakterfehler *m*; **à ~ de** mangels (*gén*); **faire ~** fehlen; **être en ~** im Unrecht sein; **par ~** in Abwesenheit
**défaveur** [defavœr] *f* Ungnade *f*
**défavor|able** [defavɔrablə] ungünstig; **~iser** (*1a*) benachteiligen
**défection** [defɛksjõ] *f* Abtrünnigwer-

den *n*, Abfall *m*; ***faire ~*** abtrünnig werden

**défectu|eux**, **~euse** [defɛktɥø, -øz] fehlerhaft, defekt; **~osité** [-ozite] *f* Fehlerhaftigkeit *f*

**défendable** [defɑ̃dablə] vertretbar

**défendre** [defɑ̃drə] (*4a*) **1.** verteidigen; *opinion*: verfechten, vertreten; **2.** *interdire* verbieten (***qc à qn*** j-m etw; ***à qn de faire qc*** j-m, etw zu tun)

**défens|e** [defɑ̃s] *f* **1.** Verteidigung *f* (*a jur fig*); **2.** Verbot *n*; **~eur** *m* Verteidiger(in) *m*(*f*) (*a jur*); **~ive** [-iv] *f* Defensive *f*; ***être sur la ~*** in der Defensive sein

**défér|ence** [deferɑ̃s] *f* Ehrerbietung *f*; **~ent**, **~ente** [-ɑ̃, -ɑ̃t] ehrerbietig, respektvoll

**déférer** [defere] (*1f*) ***~ qn à la justice*** j-n vor Gericht bringen

**déferler** [defɛrle] (*1a*) *vagues* sich brechen; *fig* strömen

**défi** [defi] *m* Herausforderung *f*; *bravade* Trotz *m*

**défi|ance** [defjɑ̃s] *f* Misstrauen *n*; **~ant**, **~ante** [-ɑ̃, -ɑ̃t] misstrauisch

**défibrillateur** [defibrijatœr, defibril(-l)atœr] *m méd* Defibrillator *m* (*Gerät zur Beseitigung von Herzmuskelstörungen*)

**déficience** [defisjɑ̃s] *f* Schwäche *f*; ***~ immunitaire*** Immunschwäche *f*

**déficit** [defisit] *m* Fehlbetrag *m*, Defizit *n*; **~aire** [-ɛr] defizitär; Verlust…

**défier** [defje] (*1a*) ***~ qn*** j-n herausfordern; *fig* ***~ qc*** e-r Sache trotzen; *st/s* ***se ~ de qn*** j-m misstrauen

**défigurer** [defigyre] (*1a*) entstellen

**défil|é** [defile] *m* Aufmarsch *m*, Parade *f*; *géogr* Engpass *m*; **~er** (*1a*) vorbeimarschieren, vorbeiziehen

**défin|i**, **~ie** [defini] bestimmt; **~ir** (*2a*) bestimmen; **~itif**, **~itive** [-itif, -itiv] definitiv, endgültig; ***en définitive*** schließlich; **~ition** *f* Definition *f*

**déflagration** [deflagrasjõ] *f* Explosion *f*

**défoliation** [defɔljasjõ] *f bot* Laubfall *m*; *mil* Entlaubung *f*

**défoncer** [defõse] (*1k*) *caisse*: den Boden einschlagen (***une caisse*** e-r Kiste *dat*); *porte*: einschlagen; *terrain*: umpflügen; *route*: ***défoncé*** ausgefahren, voller Schlaglöcher

**déform|ation** [defɔrmasjõ] *f* Verformung *f*; *fig* Verzerrung *f*, Entstellung *f*; **~er** (*1a*) verformen; *personne*, *visage*: entstellen; *fait*, *idée*: verdrehen, verzerren; ***se ~*** sich verformen

**défouler** [defule] (*1a*) ***se ~*** sich abreagieren, sich austoben

**défricher** [defriʃe] (*1a*) *agr* roden; urbar machen

**défroisser** [defrwase] (*1a*) *vêtement*: glätten, glatt streichen

**défunt** [defɛ̃, -fœ̃], **défunte** [defɛ̃t, -fœ̃t] **1.** *adj* verstorben; **2.** *m*, *f* Verstorbene(r) *m*, *f*

**dégag|é**, **~ée** [degaʒe] *terrain*: frei; *ciel*: klar; *air*, *ton*: ungezwungen; **~ement** [-mɑ̃] *m route*: Freimachen *n*, Räumung *f*; *chaleur*, *vapeur*: Freisetzung *f*; ***voie f de ~*** Entlastungsstraße *f*; **~er** (*1l*) *délivrer* befreien; *route*: frei machen, räumen; *odeur*: ausströmen; *chaleur*, *gaz*: freisetzen; ***se ~*** sich befreien; *route*: frei werden; *ciel*: sich aufklären; *odeur*: ausströmen

**dégarnir** [degarnir] (*2a*) leeren; ***se ~*** *salle*: sich leeren; *crâne*: kahl werden

**dégât** [degɑ] *m* Schaden *m*

**dégel** [deʒɛl] *m* Auftauen *n*; *temps*: Tauwetter *n* (*a pol*)

**dégeler** [deʒle] (*1d*) (auf)tauen (*a fig*)

**dégénér|er** [deʒenere] (*1f*) degenerieren; *empirer* ausarten (***en*** in); **~escence** [-esɑ̃s] *f* Entartung *f*

**dégivr|er** [deʒivre] (*1a*) abtauen; *tech* entfrosten; **~eur** *m* Entfroster *m*

**déglutir** [deglytir] (*2a*) schlucken

**dégonfl|é**, **~ée** [degõfle] *pneu*: platt; **~er** (*1a*) Luft ab-, herauslassen (***qc*** aus etw); ***se ~*** (die) Luft verlieren; F *fig* e-n Rückzieher machen

**dégot(t)er** [degɔte] (*1a*) F auftreiben

**dégouliner** [deguline] (*1a*) tropfen, tröpfeln

**dégourd|i**, **~ie** [degurdi] pfiffig, schlau; **~ir** (*2a*) *membres*: bewegen, lockern; ***se ~ les jambes*** sich die Beine vertreten

**dégoût** [degu] *m* Ekel *m*, Abscheu *m*

**dégoût|ant**, **~ante** [degutɑ̃, -ɑ̃t] ekelhaft, widerlich; *moralement* gemein; **~er** (*1a*) anekeln; ***~ qn de qc*** j-m etw verleiden; ***se ~ de qc*** e-r Sache (*gén*) überdrüssig werden

**dégrader** [degrade] (*1a*) *mil* degradieren; *fig* erniedrigen; *édifice, mur*: beschädigen; ***se ~*** *situation*: sich verschlechtern; *édifice, mur*: verfallen; *personne*: *s'avilir* sich erniedrigen

**dégraisser** [degrɛse] (*1b*) *soupe*: das Fett abschöpfen (***qc*** von etw); *vêtement*: Fettflecken entfernen (***qc*** aus etw)

**degré** [dəgre] *m* Grad *m*; *échelon* Stufe *f*; ***~ alcoolique*** Alkoholgehalt *m*; ***~ de parenté*** Verwandtschaftsgrad *m*

**dégress|if, ~ive** [degrɛsif, -iv] abnehmend, degressiv

**dégrever** [degrəve] (*1d*) ***~ qn*** j-n steuerlich entlasten

**dégringoler** [degrɛ̃gɔle] (*1a*) hinunterpurzeln

**dégriser** [degrize] (*1a*) nüchtern machen

**déguerpir** [degɛrpir] (*2a*) sich aus dem Staube machen

**dégueulasse** [degœlas] P zum Kotzen; widerlich

**déguis|ement** [degizmɑ̃] *m* Verkleidung *f*; **~er** (*1a*) verkleiden; *voix*: verstellen; ***se ~*** sich verkleiden (***en*** als)

**dégust|ation** [degystasjõ] *f* Kosten *n*, Probieren *n*; ***~ de vins*** Weinprobe *f*; **~er** (*1a*) kosten, probieren

**dehors** [dəɔr] **1.** *adv* draußen; *mouvement*: hinaus; ***jeter ~*** hinauswerfen; **2.** *prép* ***en ~ de*** außerhalb (*gén*); *hormis* außer (*dat*); **3.** *m* Äußere(s) *n*

**déjà** [deʒa] schon, bereits; F ***c'est qui déjà?*** wer ist das gleich noch?

**déjeuner** [deʒœne] **1.** *verbe* (*1a*) *midi*: (zu) Mittag essen; *matin*: frühstücken; **2.** *m* Mittagessen *n*; ***petit ~*** Frühstück *n*

**déjouer** [deʒwe] (*1a*) vereiteln

**delà** [dəla] → ***au-delà***

**délabré, ~e** [delabre] verfallen

**délacer** [delase] (*1k*) aufschnüren

**délai** [delɛ] *m* Frist *f*, Termin *m*; *prolongation* Aufschub *m*; ***sans ~*** unverzüglich; ***dans les ~s*** termingerecht; ***dans le ~ de 8 jours*** innerhalb von 8 Tagen

**délaisser** [delɛse] (*1b*) *abandonner* im Stich lassen; *travail*: aufgeben; *négliger* vernachlässigen

**délass|ement** [delasmɑ̃] *m* Erholung *f*; **~er** (*1a*) entspannen; ***se ~*** sich erholen

**déla|teur, ~trice** [delatœr, -tris] *m, f* Denunziant(in) *m(f)*; **~tion** *f* Denunziation *f*

**délavé, ~e** [delave] verwaschen

**délayer** [deleje] (*1i*) anrühren; *fig pensée*: langatmig darlegen

**delco** [dɛlko] *m auto* Batteriezündanlage *f*

**délect|able** [delɛktablə] *st/s* köstlich; **~er** (*1a*) ***se ~ à*** *od* ***de qc*** sich an etw (*dat*) ergötzen

**délégation** [delegasjõ] *f* Abordnung *f*, Delegation *f*

**délégu|é, ~ée** [delege] *m, f* Beauftragte(r) *m, f*, Delegierte(r) *m, f*; **~er** (*1f*) *autorité, pouvoir*: übertragen; *personne*: abordnen, delegieren

**délester** [delɛste] (*1a*) entlasten; *iron* erleichtern (***qn de qc*** j-n um etw)

**délibér|ation** [deliberasjõ] *f* Beratung *f*; *réflexion* Überlegung *f*; *décision* Beschluss *m*; **~é, ~ée** *intentionnel* absichtlich; **~ément** [-emɑ̃] *adv* absichtlich; **~er** (*1f*) beratschlagen; *st/s réfléchir* überlegen

**délic|at, ~ate** [delika, -at] *fin* zart, fein; *fragile* schwach, empfindlich; *problème*: delikat, heikel; *avec tact* taktvoll; **~atesse** [-atɛs] *f peau, visage, coloris*: Zartheit *f*, Feinheit *f*; *personne*: Fein-, Zartgefühl *n*, Takt(gefühl *n*) *m*

**délic|e** [delis] *m* Freude *f*, Wonne *f*; **~s** *pl* Genüsse *m/pl*; **~ieux, ~ieuse** [-jø, -jøz] *fruit, mets*: köstlich; *sensation*: wunderbar

**délier** [delje] (*1a*) auf-, losbinden, lösen; ***~ la langue à qn*** j-m die Zunge lösen

**délimiter** [delimite] (*1a*) abgrenzen

**délinqu|ance** [delɛ̃kɑ̃s] *f* Kriminalität *f*; **~ant, ~ante** [-ɑ̃, -ɑ̃t] **1.** *adj* straffällig; **2.** *m, f* Straffällige(r) *m, f*, Delinquent(in) *m(f)*

**délir|e** [delir] *m* Wahn *m*, Delirium *n*; *fièvre*: Fieberwahn *m*; *enthousiasme, joie*: Toben *n*, Rasen *n*; F *fig* Wahnsinn *m*; **~er** (*1a*) im Delirium sein, irrereden; F *être fou* spinnen; *fig* ***~ de joie*** vor Freude rasen, toben

**délit** [deli] *m* Delikt *n*, Vergehen *n*; ***~ de fuite*** Fahrerflucht *f*; ***en flagrant ~*** auf frischer Tat

**délivr|ance** [delivrɑ̃s] *f* Befreiung *f*; *certificat*: Ausstellung *f*; **~er** (*1a*) befreien; *certificat*: ausstellen

**déloger** [delɔʒe] (*1l*) *locataire*: aus-

quartieren; *ennemi*: verjagen
**déloyal**, **~e** [delwajal] (*m/pl -aux*) unfair; *ami*: treulos; ***concurrence** f **déloyale*** unlauterer Wettbewerb *m*
**delta** [dɛlta] *m géogr* Delta *n*
**deltaplane** [dɛltaplan] *m* Flugdrachen *m*; *sport*: Drachenfliegen *n*
**déluge** [delyʒ] *m* Sintflut *f*
**déluré**, **~e** [delyre] clever, pfiffig; *péj* ungeniert, kess
**demain** [d(ə)mɛ̃] *adv* morgen; ***à ~*** bis morgen
**demande** [d(ə)mɑ̃d] *f* Bitte *f*; *revendication* Forderung *f*; *écrite*: Antrag *m*, Gesuch *n*; *écon* Nachfrage *f*; *jur* Klage *f*; ***~ d'emploi*** Stellengesuch *n*
**demandé**, **~e** [d(ə)mɑ̃de] gefragt, begehrt
**demander** [d(ə)mɑ̃de] (*1a*) bitten (***qc à qn*** j-n um etw); *réclamer* verlangen (***qc à qn*** etw von j-m); *vouloir savoir* fragen (***qc à qn*** j-n nach etw); *nécessiter* erfordern (***à qn*** von j-m); *vouloir engager* suchen; ***~ à qn de faire qc*** j-n bitten, etw zu tun; ***~ que*** (+ *subj*) darum bitten *od* verlangen, dass; ***~ à*** (+ *inf*) bitten *od* verlangen *od* wünschen zu (+ *inf*); ***~ si*** fragen, ob; ***se ~ si*** sich fragen, ob; ***~ qn au téléphone*** j-n am Telefon verlangen; ***~ la main de qn*** um j-s Hand anhalten
**démang|eaison** [demɑ̃ʒɛzõ] *f* Jucken *n*; **~er** (*1l*) jucken (***qn*** *od* ***à qn*** j-n)
**démanteler** [demɑ̃tle] (*1d*) niederreißen; *fig* zerschlagen
**démaquill|ant** [demakijɑ̃] *m* (***lait*** *m*) **~** Reinigungsmilch *f*; **~er** (*1a*) ***se ~*** sich abschminken
**démarcation** [demarkasjõ] *f* Abgrenzung *f*; ***ligne** f **de ~*** Demarkations-, Grenzlinie *f*
**démarche** [demarʃ] *f* Gang *m*; *fig* Schritt *m*; ***faire des ~s*** Schritte unternehmen
**démarr|age** [demaraʒ] *m* Anfahren *n*, Starten *n*; *fig* Beginn *m*; *EDV* ***~ à froid*** Kaltstart *m*; **~er** (*1a*) *v/t auto* anlassen, starten; *EDV* starten; *fig* in Gang bringen; *v/i auto* anfahren; *moteur*: anspringen; *fig* in Gang kommen; **~eur** *m auto* Anlasser *m*
**démasquer** [demaske] (*1m*) entlarven
**démêl|é** [demele] *m* Auseinandersetzung *f*, Streit *m*; **~er** (*1b*) entwirren; *fig* aufklären
**déménag|ement** [demenaʒmɑ̃] *m* Umzug *m*; **~er** (*1l*) umziehen; *meubles*: fortschaffen
**dém|ence** [demɑ̃s] *f* Wahnsinn *m*; **~ent**, **~ente** [-ɑ̃, -ɑ̃t] verrückt
**démenti** [demɑ̃ti] *m pol* Dementi *n*
**démentiel**, **~le** [demɑ̃sjɛl] unsinnig
**démentir** [demɑ̃tir] (*2b*) *contredire* Lügen strafen, widerlegen; *nier* dementieren
**démesur|e** [deməzyr] *f* Maßlosigkeit *f*; **~é**, **~ée** übermäßig, maßlos
**démettre** [demɛtrə] (*4p*) **1.** *pied*, *poignet*: aus-, verrenken; **2.** ***~ qn de ses fonctions*** j-n seines Amtes entheben; ***se ~ de ses fonctions*** sein Amt niederlegen
**demeurant** [dəmœrɑ̃] *st/s* ***au ~*** übrigens
**demeur|e** [dəmœr] *st/s f* Wohnsitz *m*; **~er** (*1a*) *habiter* wohnen; *rester* bleiben
**demi**, **~e** [d(ə)mi] **1.** *adj* (*unv vor subst*) halb; ***une demi-heure*** e-e halbe Stunde; ***une heure et ~e*** anderthalb Stunden; ***trois bouteilles et ~e*** dreieinhalb Flaschen; ***il est quatre heures et ~e*** es ist halb fünf; **2.** *adv* ***à demi*** halb, zur Hälfte; **3.** *m bière*: (kleines) Glas *n* Bier; *sports*: Mittelfeldspieler *m*, Läufer *m*
**demi|-finale** [d(ə)mifinal] *f* (*pl demi-finales*) Halb-, Semifinale *n*; **~-frère** [-frɛr] *m* (*pl demi-frères*) Halbbruder *m*
**démilitariser** [demilitarize] (*1a*) entmilitarisieren
**demi|-mot** [d(ə)mimo] ***à ~*** ohne viel Worte, andeutungsweise; **~-pension** [-pɑ̃sjõ] *f* Halbpension *f*; **~-sel** [-sɛl] leicht gesalzen
**démiss|ion** [demisjõ] *f ministre*: Rücktritt *m*; *fig* Verzicht *m*, Aufgabe *f*; ***donner sa ~*** seine Entlassung einreichen; **~ionner** [-jɔne] (*1a*) *ministre*: zurücktreten; *fig* aufgeben
**demi-tour** [d(ə)mitur] *m* Kehrtwendung *f*; ***faire ~*** kehrtmachen, umkehren
**démocra|tie** [demɔkrasi] *f* Demokratie *f*; **~tique** [-tik] demokratisch
**démodé**, **~e** [demɔde] altmodisch
**démographique** [demɔgrafik] demografisch; ***poussée** f **~*** Bevölkerungs-

explosion *f*
**demoiselle** [d(ə)mwazɛl] *f* Fräulein *n*
**démol|ir** [demɔlir] (*2a*) ab-, niederreißen; *jouet*: kaputtmachen; *fig système*, *doctrine*: zunichtemachen; *personne*: diffamieren
**démon** [demõ] *m* Dämon *m*, Teufel *m*
**démoniaque** [demɔnjak] dämonisch, teuflisch
**démonstration** [demõstrasjõ] *f preuve* Beweis(führung) *m(f)*; *outil*: Vorführung *f*; *sentiment*: Bekundung *f*, Demonstration *f*
**démonter** [demõte] (*1a*) auseinandernehmen, zerlegen; abmontieren; *fig* **~ *qn*** j-n aus der Fassung bringen
**démontrer** [demõtre] (*1a*) *prouver* beweisen; *faire ressortir* aufzeigen
**démoraliser** [demɔralize] (*1a*) entmutigen, demoralisieren
**démordre** [demɔrdrə] (*4a*) ***ne pas ~ de qc*** auf e-r Sache beharren
**démun|i**, **~ie** [demyni] mittellos; **~ir** (*2a*) ***~ qn de qc*** j-m etw wegnehmen
**dénatalité** [denatalite] *f* Geburtenrückgang *m*
**dénatur|é**, **~ée** [denatyre] entartet; **~er** (*1a*) entstellen, verfälschen
**dénégation** [denegasjõ] *f* Leugnen *n*, Abstreiten *n*
**dénicher** [deniʃe] (*1a*) aufstöbern, auftreiben
**dénier** [denje] (*1a*) (ab)leugnen; ***~ à qn le droit de*** (+ *inf*) j-m das Recht absprechen zu (+ *inf*)
**dénigrer** [denigre] (*1a*) anschwärzen, verleumden
**dénivellation** [denivɛlasjõ] *f* Höhenunterschied *m*
**dénombr|ement** [denõbrəmɑ̃] *m* Zählung *f*; **~er** (*1a*) zählen; *énumérer* aufzählen
**dénomina|teur** [denɔminatœr] *m math* Nenner *m*; **~tion** *f* Benennung *f*
**dénommer** [denɔme] (*1a*) *donner un nom* benennen; *mentionner* namentlich aufführen
**dénonc|er** [denõse] (*1k*) *personne*: anzeigen, denunzieren; *opinion*, *abus*: brandmarken; *contrat*: (auf)kündigen; *fig révéler* zeigen; ***se ~ à la police*** sich der Polizei stellen; **~iateur**, **~iatrice** [-jatœr, -jatris] *m*, *f* Denunziant(in) *m(f)*; **~iation** [-jasjõ] *f* Anzeige *f*, Denunziation *f*; *jur* Kündigung *f*
**dénoter** [denɔte] (*1a*) **~ *qc*** auf etw (*acc*) hindeuten
**dénouement** [denumɑ̃] *m pièce de théâtre*, *affaire difficile*: Lösung *f*, Ausgang *m*
**dénouer** [denwe] (*1a*) aufknoten, *a fig* lösen
**dénoyauter** [denwajote] (*1a*) entkernen, entsteinen
**denrée** [dɑ̃re] *f* Essware *f*; ***~s (alimentaires)*** Lebensmittel *n/pl*
**dens|e** [dɑ̃s] dicht; **~ité** [-ite] *f* Dichte *f*
**dent** [dɑ̃] *f* Zahn *m*; *fourchette*, *peigne*: Zinke *f*; ***~ de lait*** Milchzahn *m*; ***~ de sagesse*** Weisheitszahn *m*; ***avoir mal aux ~s*** Zahnschmerzen haben; ***avoir une ~ contre qn*** e-n Groll gegen j-n hegen
**dent|aire** [dɑ̃tɛr] Zahn…; **~é**, **~ée** gezackt; ***roue*** *f* ***dentée*** Zahnrad *n*
**dentelé**, **~e** [dɑ̃tle] gezahnt, gezackt
**dentelle** [dɑ̃tɛl] *f* Spitze *f*
**dent|ier** [dɑ̃tje] *m* künstliches Gebiss *n*; **~ifrice** [-ifris] *m* Zahnpasta *f*; **~iste** *m*, *f* Zahnarzt *m*, -ärztin *f*; **~ition** *f* (*natürliches*) Gebiss *n*, Zähne *m/pl*
**dénuder** [denyde] (*1a*) entblößen
**dénu|é**, **~ée** [denɥe] **~(*e*) *de qc*** ohne etw; **~ement** [denymɑ̃] *m* Elend *n*, bittere Not *f*
**déodorant** [deɔdɔrɑ̃] *m* Deo(dorant) *n*; ***~ à bille*** Deoroller *m*; ***~ en aérosol*** Deospray *m*
**dép.** *abr* ***départ*** Abf. (Abfahrt); ***député*** Abg. (Abgeordneter)
**dépann|age** [depanaʒ] *m auto etc* Reparatur *f*; ***service*** *m* ***de ~*** Abschleppdienst *m*; **~er** (*1a*) reparieren; *remorquer* abschleppen; *fig* F **~ *qn*** F j-m aus der Patsche helfen; **~euse** *f* Abschleppwagen *m*
**dépareillé**, **~e** [depareje] unvollständig
**déparer** [depare] (*1a*) verunstalten
**départ** [depar] *m* Abreise *f*; *train*, *bus*: Abfahrt *f*; *avion*: Abflug *m*; *sports*: Start *m*; *fig* Beginn *m*; ***au ~*** zu Beginn; ***point*** *m* ***de ~*** Ausgangspunkt *m*
**département** [departəmɑ̃] *m* Abteilung *f*; *en France*: Departement *n*
**départir** [departir] (*2b*) ***se ~ de qc*** etw (*acc*) aufgeben
**dépass|é**, **~ée** [depase] veraltet, überholt; *débordé* überfordert; **~er** (*1a*)

*personne*, *voiture*: überholen; *but*: hinausgehen (***qc*** über etw) (*a fig*); *être plus grand* überragen; *attentes*, *prévisions*, *personne*: übertreffen; *limites*, *tempo*, *somme*: übersteigen (*a forces*), überschreiten; ***cela me dépasse*** da komme ich nicht mehr mit; ***cela dépasse les limites*** das geht zu weit

**dépaysé**, **~e** [depeize] ***se sentir ~*** sich fremd, verlassen vorkommen

**dépaysement** [depeizmɑ̃] *m* Fremdsein *n*; *changement agréable* Orts-, F Tapetenwechsel *m*

**dépecer** [depəse] (*1d u 1k*) zerstückeln

**dépêch|e** [depɛʃ] *f* Depesche *f*; **~er** (*1b*) *v/t* senden, schicken; ***se ~*** sich beeilen (***de*** + *inf* zu + *inf*)

**dépeindre** [depɛ̃drə] (*4b*) beschreiben

**dépendance** [depɑ̃dɑ̃s] *f* Abhängigkeit *f*; ***~s*** *pl bâtiment*: Nebengebäude *n/pl*

**dépendre** [depɑ̃drə] (*4a*) *personne*, *pays*: abhängig sein (***de*** von); *décision*, *résultat*: abhängen (***de*** von); *appartenir* gehören (***de*** zu); ***cela dépend*** das kommt darauf an, je nachdem

**dépens** [depɑ̃] *m/pl* ***aux ~ de*** auf Kosten von

**dépens|e** [depɑ̃s] *f* Ausgabe *f*; *de temps*, *de forces*: Aufwand *m*; *d'essence*: Verbrauch *m*; ***~s accessoires*** Nebenkosten *m/pl*; ***~s publiques*** öffentliche Ausgaben *f/pl*, Staatsausgaben *f/pl*; **~er** (*1a*) ausgeben; *temps*, *forces*: aufwenden; ***se ~*** sich anstrengen; **~ier**, **~ière** [-je, -jɛr] verschwenderisch

**dépérir** [deperir] (*2a*) *malade*: dahinsiechen; *plante*: eingehen, verkümmern; *fig* allmählich zu Grunde gehen

**dépeupler** [depœple] (*1a*) entvölkern

**dépilatoire** [depilatwar] ***crème f ~*** Enthaarungscreme *f*

**dépist|age** [depistaʒ] *m criminel*: Aufspüren; *méd* Erkennung *f*; ***~ du cancer*** Krebsvorsorge *f*; **~er** (*1a*) aufspüren; *méd* erkennen

**dépit** [depi] *m* Ärger *m*, Verdruss *m*; ***en ~ de*** trotz (*gén*)

**déplac|é**, **~ée** [deplase] unpassend, unangebracht, deplaziert; **~ement** [-mɑ̃] *m meuble*: Umstellung *f*; *personnel*: Versetzung *f*; *voyage* Reise *f*, Fahrt *f*; **~er** (*1k*) umstellen, verschieben; *personnel*: versetzen; *problème*, *difficulté*: verlagern; ***se ~*** sich (fort)bewegen; *voyager* verreisen

**déplaire** [deplɛr] (*4a*) nicht gefallen, missfallen (***à qn*** j-m)

**déplais|ant**, **~ante** [deplɛzɑ̃, -ɑ̃t] unangenehm

**dépl|iant** [deplijɑ̃] *m* Faltprospekt *m*; **~ier** [-ije] (*1a*) auseinander falten

**déploiement** [deplwamɑ̃] *m mil* Aufmarsch *m*; *forces*, *courage*, *énergie*: Entfaltung *f*

**déplor|able** [deplɔrablə] beklagenswert; **~er** (*1a*) beklagen, bedauern

**déployer** [deplwaje] (*1h*) *aile*, *voile*: entfalten (*a fig*)

**déport|ation** [depɔrtasjõ] *f pol* Verschleppung *f*, Deportation *f*; **~er** (*1a*) *vent*: *une voiture* aus der Fahrtrichtung drücken; *pol* deportieren, verschleppen

**dépos|er** [depoze] (*1a*) *v/t fardeau*, *armes*: niederlegen; *bagages*: deponieren, abgeben; *passager*, *roi*: absetzen; *argent*: einzahlen; *loi*: einbringen; *ordures*: abladen; *boue*: ablagern; ***~ son bilan*** Konkurs anmelden; *v/i liquide*: e-n Bodensatz bilden; *jur* aussagen (***contre*** gegen); ***se ~*** *boue*: sich ablagern; **~ition** *f jur* Aussage *f*

**déposséder** [depɔsede] (*1f*) enteignen

**dépôt** [depo] *m* Niederlegung *f*; *bancaire* (Spar-)Einlage *f*; *titres*: Depot *n*; *magasin* Depot *n*, Lager *n*; *liquide*: Bodensatz *m*; *ordures*: Mülldeponie *f*; *jur* Verwahrung *f*; *géol* Ablagerung *f*

**dépotoir** [depɔtwar] *m* Müllkippe *f*

**dépouill|e** [depuj] *f* ***la ~*** (***mortelle***) die sterblichen Überreste *m/pl*; **~é**, **~ée** nüchtern; **~(*e*)** ***de*** frei von; **~er** (*1a*) **1.** ***~ un animal*** e-m Tier das Fell abziehen; ***~ qn de qc*** j-n e-r Sache berauben; **2.** *examiner* nachprüfen

**dépourvu**, **~e** [depurvy] **~(*e*)** ***de*** ohne; ***au dépourvu*** unvorbereitet

**déprav|ation** [depravasjõ] *f* Verderbtheit *f*; **~er** (*1a*) verderben

**déprécier** [depresje] (*1a*) *chose*: entwerten; *personne*: herabwürdigen, herabsetzen; ***se ~*** an Wert verlieren

**dépress|if**, **~ive** [depresif, -iv] depressiv; **~ion** *f géogr* Senkung *f*, Senke *f*; *météorologique*: Tief *n*; *psych* Depression *f*; *écon* Flaute *f*, Rezession *f*

**déprimer** [deprime] (*1a*) bedrücken,

deprimieren
**dépt.** *abr* ***département*** (frz.) Departement
**depuis** [dəpɥi] **1.** *prép* seit; *espace*: von … an; **2.** *adv* seitdem; **3.** *conj* **~ *que*** (+ *ind*) seit(dem)
**déput|é** [depyte] *m pol* Abgeordnete(r) *m, f*; **~er** (*1a*) abordnen
**déraciner** [derasine] (*1a*) entwurzeln; *fig* ausrotten
**déraill|er** [derɑje] (*1a*) entgleisen; F *fig* spinnen, Unsinn reden; **~eur** *m vélo*: Gangschaltung *f*
**déraisonnable** [derɛzɔnablə] unvernünftig
**dérang|ement** [derɑ̃ʒmɑ̃] *m* Störung *f*; *désordre* Unordnung *f*; **~er** (*1l*) *personne*: stören; *choses*: durcheinanderbringen
**déraper** [derape] (*1a*) *auto* ins Schleudern kommen, schleudern, rutschen
**dérégl|é, ~ée** [deregle] *vie*: zügellos; **~er** (*1f*) in Unordnung bringen
**dérision** [derizjõ] *f* Spott *m*; ***tourner en ~*** ins Lächerliche ziehen
**dérisoire** [derizwar] lächerlich
**dériv|atif** [derivatif] *m* Ablenkung *f*; **~ation** *f* Ableitung *f*
**dériv|e** [deriv] *f mar* Abdrift *f*; *fig* ***aller à la ~*** sich treiben lassen; **~er** (*1a*) *v/t math* ableiten; *cours d'eau*: umleiten; *v/i* stammen (***de*** von); *mar, aviat* abgetrieben werden
**dern|ier, ~ière** [dɛrnje, -jɛr] letzte(r, -s); *extrême* äußerste(r, -s); *après subst*: vergangen, vorig; **~ièrement** [-jɛrmɑ̃] kürzlich, neulich
**dérob|ée** [derɔbe] ***à la ~*** heimlich; **~er** (*1a*) *st/s* entwenden, stehlen; ***se ~ à qc*** sich e-r Sache entziehen; ***~ qc à la vue de qn*** etw vor j-m verbergen
**dérog|ation** [derɔgasjõ] *f jur* Abweichung *f* (***à*** von); **~er** [derɔʒe] (*1l*) abweichen (***à*** von)
**dérouler** [derule] (*1a*) abrollen; ***se ~*** verlaufen, sich abspielen
**dérout|e** [derut] *f fig* Zusammenbruch *m*; **~er** (*1a*) ***~ qn*** j-n verwirren, verunsichern
**derrière** [dɛrjɛr] **1.** *adv* hinten; **2.** *prép* hinter (*lieu*: *dat*; *mouvement*: *acc*); **3.** *m* Hinter-, Rückseite *f*; *anat* Hinterteil *n*, F Hintern *m*
**dès** [dɛ] **1.** *prép* von … an; ***~ lors*** von da an; schon damals; ***~ demain*** gleich morgen; **2.** *conj* ***~ que*** sobald, sowie
**désabus|é, ~ée** [dezabyze] ernüchtert; **~er** (*1a*) ***~ qn*** j-m die Augen öffnen
**désaccord** [dezakɔr] *m* Uneinigkeit *f*
**désaffecté, ~e** [dezafɛkte] nicht mehr benutzt
**désagréable** [dezagreablə] unangenehm
**désagréger** [dezagreʒe] (*1g*) ***se ~*** sich zersetzen, sich auflösen
**désagrément** [dezagremɑ̃] *m* Unannehmlichkeit *f*
**désaltér|ant, ~ante** [dezalterɑ̃, -ɑ̃t] durststillend
**désamorcer** [dezamɔrse] (*1k*) entschärfen (*a fig*)
**désappoint|ement** [dezapwɛ̃tmɑ̃] *m* Enttäuschung *f*; **~er** (*1a*) enttäuschen
**désapprouver** [dezapruve] (*1a*) missbilligen
**désarm|ement** [dezarməmɑ̃] *m mil* Abrüstung *f*; **~er** (*1a*) entwaffnen (*a fig*); *mil* abrüsten
**désarroi** [dezarwa] *m* Verwirrung *f*; Bestürzung *f*
**désarticuler** [dezartikyle] (*1a*) ***se ~*** sich verrenken
**désastr|e** [dezastrə] *m* Katastrophe *f*; **~eux, ~euse** [-ø, -øz] katastrophal, verheerend
**désavantag|e** [dezavɑ̃taʒ] *m* Nachteil *m*; **~er** (*1l*) benachteiligen; **~eux, ~euse** [-ø, -øz] nachteilig
**désaveu** [dezavø] *m acte, propos*: (Ab)Leugnung *f*; *blâme* Missbilligung *f*
**désavouer** [dezavwe] (*1a*) *acte, propos*: leugnen, in Abrede stellen; *blâmer* missbilligen
**descend|ance** [desɑ̃dɑ̃s] *f* Nachkommenschaft *f*; **~ant, ~ante** [-ɑ̃, -ɑ̃t] *m, f* Abkömmling *m*, Nachkomme *m*
**descendre** [desɑ̃drə] (*4a*) **1.** *v/i* hinuntergehen, herunterkommen; *passager*: aussteigen; *à l'hôtel*: absteigen; *voiture*: hin-, herunterfahren; *chemin*: hin-, herunterführen; *température, prix*: fallen, sinken; *avion*: tiefer gehen; ***~ chez qn*** bei j-m absteigen; ***~ de qn*** von j-m abstammen; ***~ de cheval*** vom Pferd steigen; ***~ d'une voiture*** aus e-m Wagen steigen; **2.** *v/t de l'escalier, de la montagne*: hin-, heruntertragen;

*d'une armoire*: herunternehmen; F *abattre* abknallen

**descente** [desɑ̃t] *f à pied*: Abstieg *m*; *ascenseur*: Abwärtsfahrt *f*; *téléférique*: Talfahrt *f*; *pente* Gefällstrecke *f*; *ski*: Abfahrtslauf *m*; **~ *de lit*** Bettvorleger *m*

**description** [dɛskripsjõ] *f* Beschreibung *f*

**désemparé**, **~e** [dezɑ̃pare] hilflos, ratlos

**désenchanté**, **~e** [dezɑ̃ʃɑ̃te] ernüchtert, enttäuscht

**déséquilibr|e** [dezekilibrə] *m* Ungleichgewicht *n*; *psych* Unausgeglichenheit *f*; **~é**, **~ée** unausgeglichen; *détraqué* seelisch gestört; **~er** (*1a*) aus dem Gleichgewicht bringen (*a fig*)

**dés|ert**, **~erte** [dezɛr, -ɛrt] **1.** *adj* wüst, öde; **2.** *m* Wüste *f*

**désert|er** [dezɛrte] (*1a*) *v/t* verlassen; *mil* desertieren; **~eur** *m mil* Deserteur *m*

**désespér|é**, **~e** [dezɛspere] verzweifelt; **~ément** [-emɑ̃] *adv* verzweifelt; **~er** (*1f*) *v/t* zur Verzweiflung bringen; *v/i* verzweifeln; **~ *de qc*** die Hoffnung auf etw (*acc*) aufgeben

**désespoir** [dezɛspwar] *m* Verzweiflung *f*

**déshabill|é** [dezabije] *m* Negligé *n*; **~er** (*1a*) **~ *qn*** j-n ausziehen, entkleiden; ***se* ~** sich ausziehen

**déshabituer** [dezabitɥe] (*1a*) **~ *qn* (*se* ~) *de qc*** j-m (sich) etw (*acc*) abgewöhnen

**désherbant** [dezɛrbɑ̃] *m* Unkrautvernichtungsmittel *n*

**déshériter** [dezerite] (*1a*) enterben

**déshonorer** [dezɔnɔre] (*1a*) entehren; **~ *qn*** *a* j-m Schande machen

**desiderata** [deziderata] *m/pl* Wünsche *m/pl*

**désigner** [deziɲe] (*1a*) *montrer* zeigen; *objet*, *personne*, *plante*: benennen, bezeichnen; *nommer* bestimmen, bestellen; ausersehen (***pour qc*** zu etw *dat*)

**désillusionner** [dezilyzjɔne] (*1a*) enttäuschen

**désinfecter** [dezɛ̃fɛkte] (*1a*) desinfizieren

**désintégration** [dezɛ̃tegrasjõ] *f* Auflösung *f*, Zerfall *m*; *phys* Atomspaltung *f*

**désintéress|é**, **~ée** [dezɛ̃terɛse] uneigennützig; **~ement** [-mɑ̃] *m* Uneigennützigkeit *f*; **~er** (*1b*) ***se* ~ *de*** das Interesse verlieren an (*dat*)

**désintoxication** [dezɛ̃tɔksikasjõ] *f* ***cure de* ~** Entziehungskur *f*

**désinvolt|e** [dezɛ̃vɔlt] ungezwungen; *péj* ungeniert; **~ure** [-yr] *f péj* Ungeniertheit *f*

**désir** [dezir] *m* Verlangen *n*; *souhait* Wunsch *m*; **~able** wünschenswert; **~er** (*1a*) wünschen; *sexuellement*: begehren; **~** (+ *inf*) wünschen zu (+ *inf*); **~ *que*** (+ *subj*) (sich *dat*) wünschen, dass

**désister** [deziste] (*1a*) *jur* ***se* ~ *de qc*** auf etw (*acc*) verzichten

**désobéi|r** [dezɔbeir] nicht gehorchen (***à qn*** j-m); übertreten (***à la loi*** das Gesetz); verweigern (***à un ordre*** e-n Befehl); **~ssant**, **~ssante** [-sɑ̃, -sɑ̃t] ungehorsam

**désodorisant** [dezɔdɔrizɑ̃] *m* Deodorant *n*, Deo *n*

**désœuvr|é**, **~ée** [dezœvre] untätig; **~ement** [-əmɑ̃] *m* Untätigkeit *f*, Müßiggang *m*

**désol|é**, **~ée** [dezɔle] untröstlich (***de*** über); ***je suis* ~** es tut mir leid; **~er** (*1a*) aufs Tiefste betrüben

**désordonné**, **~e** [dezɔrdɔne] unordentlich

**désordre** [dezɔrdrə] *m* Unordnung *f*; ***en* ~** unordentlich

**désorienter** [dezɔrjɑ̃te] (*1a*) verwirren

**désormais** [dezɔrmɛ] von jetzt ab, künftig

**désosser** [dezɔse] (*1a*) *viande*: entbeinen; *poisson*: entgräten

**despot|e** [dɛspɔt] *m* Despot *m*, Gewaltherrscher *m*; **~ique** despotisch; **~isme** *m* Despotismus *m*, Gewaltherrschaft *f*

**dessaler** [desale] (*1a*) entsalzen

**dessécher** [deseʃe] (*1f*) austrocknen

**dessein** [desɛ̃] *m* Absicht *f*; ***à* ~** absichtlich; ***dans le* ~ *de faire qc*** mit der Absicht, etw zu tun

**desserrer** [desɛre] (*1b*) lockern, lösen

**dessert** [desɛr] *m* Nachtisch *m*

**desservir** [desɛrvir] (*2b*) *transports publics*: (regelmäßig) fahren nach *od* zu, bedienen; *mar* anlaufen; *aviat* anfliegen; *table*: abräumen; **~ *qn*** j-m schaden

**dessin** [desɛ̃] *m* Zeichnung *f*; *art*: Zeichenkunst *f*; *motif* Muster *n*; **~ *animé*** Zeichentrickfilm *m*

**dessin|ateur**, **~atrice** [desinatœr, -atris] *m*, *f* Zeichner(in) *m(f)*; **~er** (*1a*) zeichnen; ***bande(s) dessinée(s)*** *f(pl)* Comics *pl*

**dessous** [d(ə)su] **1.** *adv* darunter; ***en ~*** unten; *fig* versteckt, heimlich; **2.** *m* Unterseite *f*; *fig* ***les ~*** *pl* die Hintergründe *m/pl*; ***avoir le ~*** den Kürzeren ziehen

**dessus** [d(ə)sy] **1.** *adv* darüber, d(a)rauf; ***en ~*** oben drauf; ***sens ~ dessous*** drunter und drüber, völlig durcheinander; **2.** *m* Oberseite *f*; *fig* ***avoir le ~*** die Oberhand behalten

**destin** [dɛstɛ̃] *m* Schicksal *n*

**destin|ataire** [dɛstinatɛr] *m* Empfänger *m*; **~ation** *f* Bestimmung(sort *m*) *f*; **~ée** [-e] *f* Schicksal *n*; **~er** (*1a*) bestimmen, ausersehen (***à*** für, zu)

**destituer** [dɛstitɥe] (*1a*) absetzen

**destruction** [dɛstryksjõ] *f* Zerstörung *f*

**désu|et**, **~ète** [desɥɛ, -ɛt] überholt, altmodisch; **~étude** [-etyd] *f* ***tomber en ~*** außer Gebrauch kommen

**désun|ion** [dezynjõ] *f* Zwietracht *f*; **~ir** (*2a*) entzweien

**détach|é**, **~ée** [detaʃe] *fig* gleichgültig; **~er** (*1a*) **1.** *délier* losmachen, abtrennen, lösen; *fonctionnaire*: vorübergehend e-r anderen Dienststelle zuteilen; ***se ~ sur*** sich abheben gegen; **2.** *nettoyer* von Flecken reinigen

**détail** [detaj] *m* Einzelheit *f*; *bagatelle* Kleinigkeit *f*; *comm* Einzelhandel *m*; ***au ~*** stückweise, einzeln; ***en ~*** ausführlich

**détaillant** [detajɑ̃] *m* Einzelhändler *m*

**détartrer** [detartre] (*1a*) entkalken

**détect|er** [detɛkte] (*1a*) aufspüren; **~eur** *m* Detektor *m*; **~ive** [-iv] (Privat-)Detektiv *m*

**déteindre** [detɛ̃drə] (*4b*) *v/i* verblassen; ***~ sur*** abfärben auf (*acc*) (*a fig*)

**détendre** [detɑ̃drə] (*4a*) entspannen; ***se ~*** sich lockern; *fig* sich entspannen

**détenir** [detnir] (*2h*) ***~ qc*** im Besitz e-r Sache (*gén*) sein; *jur* ***~ qn*** j-n gefangen halten

**détent|e** [detɑ̃t] *f arme*: Abzug *m*; *fig a* *pol* Entspannung *f*; **~eur** *m* Besitzer *m*, Inhaber *m*

**détention** [detɑ̃sjõ] *f* Besitz *m*; *jur* Haft *f*; ***~ préventive*** Untersuchungshaft *f*

**détenu**, **~e** [detny] *m*, *f* Häftling *m*

**détergent** [detɛrʒɑ̃] *m* Reinigungsmittel *n*

**détériorer** [deterjɔre] (*1a*) *v/t objet*: beschädigen; *situation*: verschlechtern; ***se ~*** sich verschlechtern

**détermin|ant**, **~ante** [detɛrminɑ̃, -ɑ̃t] bestimmend; **~ation** *f* Bestimmung *f*; *résolution* Entschluss *m*; *fermeté* Entschlossenheit *f*; **~er** (*1a*) bestimmen; *décider* beschließen; ***~ qn à faire qc*** j-n veranlassen, etw zu tun

**déterrer** [detɛre] (*1b*) ausgraben

**détest|able** [detɛstablə] abscheulich; **~er** (*1a*) verabscheuen, hassen

**détonation** [detɔnasjõ] *f* Knall *m*

**détonner** [detɔne] (*1a*) *mus* falsch singen; *fig* nicht passen (***avec*** zu)

**détour** [detur] *m* Umweg *m*; *chemin*, *fleuve*: Biegung *f*, Krümmung *f*; *fig* ***sans ~s*** ohne Umschweife; **~né**, **~née** *fig* indirekt; ***par des moyens détournés*** auf Umwegen

**détourn|ement** [deturnəmɑ̃] *m* Umleitung *f*; ***~ d'avion*** Flugzeugentführung *f*; **~er** (*1a*) *trafic*: umleiten; *avion*: entführen; *tête*, *yeux*: abwenden; *argent*: unterschlagen; ***se ~*** sich abwenden

**détrac|teur**, **~trice** [detraktœr, -tris] *m*, *f* Verleumder(in) *m(f)*

**détraquer** [detrake] (*1m*) *objet*: F kaputtmachen; *estomac*: verderben

**détresse** [detrɛs] *f misère* (höchste) Not *f*; *désespoir* Verzweiflung *f*

**détriment** [detrimɑ̃] *m* ***au ~ de*** zum Nachteil von

**détritus** [detritys] *m* Abfall *m*

**détroit** [detrwa] *m* Meerenge *f*

**détromper** [detrõpe] (*1a*) e-s Besseren belehren

**détrôner** [detrone] (*1a*) entthronen (*a fig*)

**détruire** [detrɥir] (*4c*) zerstören

**dette** [dɛt] *f comm*, *fig* Schuld *f*

**DEUG** *m abr* ***Diplôme d'études universitaires générales*** frz. Universitätsprüfung (nach 2 Jahren)

**deuil** [dœj] *m* Trauer *f*; *vêtements*: Trauerkleidung *f*; ***être en ~*** in Trauer

sein; ***porter le ~*** Trauer tragen
**deux** [dø] **1.** *adj* zwei; ***les ~*** (die) beide(n); ***tous (les)*** ~ alle beide; ***à ~*** zu zweit; ***en ~*** in zwei Teile(n); ***~ à*** (*od* ***par***) ~ paarweise; ***tous les ~ jours*** alle zwei Tage; ***nous ~*** wir beide; **2.** *m* Zwei *f*
**deuxième** [døzjɛm] zweite(r, -s); **~ment** *adv* zweitens
**Deux-Ponts** [døpɔ̃] Zweibrücken *n*
**dévaliser** [devalize] (*1a*) ausplündern
**dévaloris|ation** [devalɔrizasjɔ̃] Wertminderung *f*, Wertverlust *m*; *fig* Abwertung *f*; **~er** (*1a*) ent-, abwerten
**dévalu|ation** [devalɥasjɔ̃] *f* *écon* Abwertung *f*; **~er** (*1a*) abwerten
**devancer** [d(ə)vɑ̃se] (*1k*) ***~ qn*** *arriver avant* vor j-m eintreffen; *fig être supérieur* j-m überlegen sein; ***~ qc*** *désir, objection*: e-r Sache (*dat*) zuvorkommen, *âge, siècle*: voraus sein
**devant** [d(ə)vɑ̃] **1.** *adv* vorn; voran; **2.** *prép* vor (*lieu*: *dat*; *direction*: *acc*); *fig* angesichts; **3.** *m* Vorderseite *f*; ***de ~*** Vorder…
**devanture** [d(ə)vɑ̃tyr] *f* Schaufenster *n*
**dévaster** [devaste] (*1a*) verwüsten
**développ|ement** [devlɔpmɑ̃] *m* Entwicklung *f*; ***pays*** *m* ***en voie de ~*** Entwicklungsland *n*; **~er** (*1a*) entwickeln
**devenir** [dəvnir] (*2h*) werden
**déverser** [devɛrse] (*1a*) ausschütten
**dévêtir** [devɛtir] (*2g*) entkleiden
**déviation** [devjasjɔ̃] *f* *route*: Umleitung *f*; *écart* Abweichung *f*
**dévier** [devje] (*1a*) *v/t* umleiten; *v/i* abweichen (***de*** von)
**devin**, **devineresse** [dəvɛ̃, dəvinrɛs] *m*, *f* (Hell-)Seher(in) *m(f)*, Wahrsager(in) *m(f)*
**devin|er** [d(ə)vine] (*1a*) (er)raten; **~ette** [-ɛt] *f* Rätsel *n*
**devis** [d(ə)vi] *m* Kostenvoranschlag *m*
**dévisager** [devisaʒe] (*1l*) mustern
**devise** [d(ə)viz] *f* Wahlspruch *m*, Devise *f*, Motto *n*; **~s** *pl comm* Devisen *f/pl*
**dévisser** [devise] (*1a*) losschrauben
**dévoiler** [devwale] (*1a*) enthüllen; *secret*: offenbaren, verraten
**devoir** [dəvwar] **1.** (*3a*) *argent*: schulden; *tenir de* verdanken; ***~ faire qc*** etw tun müssen; etw tun sollen; **2.** *m* Pflicht *f*; *école*: (Schul-)Aufgabe *f*
**dévorer** [devɔre] (*1a*) verschlingen; *feu*: vernichten; *soucis, ambition*: verzehren
**dév|ot**, **~ote** [devo, -ɔt] fromm; *péj* frömmelnd; **~otion** [-osjɔ̃] *f* Frömmigkeit *f*, Andacht *f*; *péj* Frömmelei *f*
**dévou|é**, **~ée** [devwe] ergeben; **~ement** [devumɑ̃] *m* Hingabe *f*; **~er** [devwe] (*1a*) ***se ~*** sich aufopfern (***pour*** für)
**dextérité** [dɛksterite] *f* Geschicklichkeit *f*
**diab|ète** [djabɛt] *m* Zuckerkrankheit *f*, Diabetes *m*; **~étique** *m*, *f* Diabetiker(in) *m(f)*
**diable** [djablə] *m* Teufel *m*
**diabolique** [djabɔlik] teuflisch
**diacre** [djakrə] *m égl* Diakon *m*
**diagnost|ic** [djagnɔstik] *m méd* Diagnose *f*; **~iquer** [-ike] (*1m*) *méd* diagnostizieren
**diagonal**, **~e** [djagɔnal] (*m/pl -aux*) **1.** *adj* diagonal; **2.** *f* Diagonale *f*; ***lire un texte en diagonale*** e-n Text diagonal lesen
**diagramme** [djagram] *m* Diagramm *n*
**dialecte** [djalɛkt] *m* Dialekt *m*
**dialogue** [djalɔg] *m* (Zwie-)Gespräch *n*, Dialog *m*
**dialyse** [djaliz] *f* Dialyse *f*
**diamant** [djamɑ̃] *m* Diamant *m*
**diamètre** [djamɛtrə] *m* Durchmesser *m*
**diapason** [djapazɔ̃] *m mus* Stimmgabel *f*; *fig* ***se mettre au ~ de qn*** sich auf j-n einstellen
**diaphane** [djafan] durchsichtig
**diaphragme** [djafragmə] *m anat* Zwerchfell *n*; *appareil de photo*: Blende *f*; *contraceptif*: Pessar *n*
**diapositive** [djapɔzitiv] *f* Dia(positiv) *n*
**diarrhée** [djare] *f méd* Durchfall *m*
**dictat|eur** [diktatœr] *m* Diktator *m*; **~ure** [-yr] *f* Diktatur *f*
**dict|ée** [dikte] *f* Diktat *n*; **~er** (*1a*) diktieren; *préscrire* vorschreiben
**diction** [diksjɔ̃] *f* Sprech-, Redeweise *f*
**dictionnaire** [diksjɔnɛr] *m* Wörterbuch *n*
**dicton** [diktɔ̃] *m* sprichwörtliche Redensart *f*
**dièse** [djɛz] *m mus* Kreuz *n*
**diesel** [djezɛl] *m* Dieselmotor *m*; Diesel(fahrzeug *n*) *m*
**diète** [djɛt] *f* Diät *f*

**Dieu** [djø] *m* Gott *m*
**diffam|ation** [difamasjõ] *f* Verleumdung *f*, Diffamierung *f*; **~er** (*1a*) verleumden, diffamieren
**différ|ence** [diferɑ̃s] *f* Unterschied *m*; *math* Differenz *f*; ***à la ~ de*** im Unterschied zu; **~encier** [-ɑ̃sje] (*1a*) unterscheiden, differenzieren; **~end** [-ɑ̃] *m* Meinungsverschiedenheit *f*; **~ent, ~ente** [-ɑ̃, -ɑ̃t] verschieden; ***différentes personnes*** mehrere Leute; **~entiel** [-ɑ̃sjɛl] *m auto* Differenzial(getriebe) *n*
**différer** [difere] (*1f*) **1.** *renvoyer* aufschieben; *TV* ***en différé*** als Aufzeichnung; **2.** ***~ de qc*** sich von etw unterscheiden
**difficile** [difisil] schwierig; ***il est ~ de*** (+ *inf*) es ist schwer zu (+ *inf*)
**difficulté** [difikylte] *f* Schwierigkeit *f*
**difform|e** [difɔrm] missgebildet; **~ité** *f* Missbildung *f*
**diffus|er** [difyze] (*1a*) verbreiten; *radio*: ausstrahlen, senden; **~ion** *f* Verbreitung *f*; *radio*: Ausstrahlung *f*, Übertragung *f*
**digérer** [diʒere] (*1f*) verdauen
**digeste** [diʒɛst] *od* **digestible** [diʒɛstiblə] leicht verdaulich
**digest|if**, **~ive** [diʒɛstif, -iv] **1.** *adj* Verdauungs…; **2.** *m* Verdauungsschnaps *m*
**digestion** [diʒɛstjõ] *f* Verdauung *f*
**digital**, **~e** [diʒital] (*m/pl -aux*) Finger…; *EDV* digital; ***empreinte*** *f* ***digitale*** Fingerabdruck *m*; ***montre*** *f* ***digitale*** Digitaluhr *f*
**dign|e** [diɲ] *respectable* würdig; ***~ de qc*** e-r Sache würdig, wert; ***~ de qn*** j-s würdig; ***~ de foi*** glaubwürdig, ***~ d'intérêt*** beachtenswert; **~itaire** [-itɛr] *m* Würdenträger *m*; **~ité** *f* Würde *f*; *charge* Amt *n*
**digression** [digrɛsjõ] *f* Abschweifung *f*
**digue** [dig] *f* Damm *m*, Deich *m*
**dilapider** [dilapide] (*1a*) vergeuden
**dilater** [dilate] (*1a*) ausdehnen
**dilig|ence** [diliʒɑ̃s] *f* **1.** *empressement* Eifer *m*; **2.** *hist carrosse*: Postkutsche *f*; **~ent**, **~ente** [-ɑ̃, -ɑ̃t] eifrig
**diluer** [dilɥe] (*1n*) verdünnen
**dimanche** [dimɑ̃ʃ] *m* Sonntag *m*
**dimension** [dimɑ̃sjõ] *f* Dimension *f* (*a math, fig*); *grandeur* Größe *f*; *fig* Ausmaß *n*
**diminuer** [diminɥe] (*1n*) *v/t nombre, vitesse*: vermindern, verringern; *joie, enthousiasme*: dämpfen; *mérites*: schmälern; *forces*: schwächen; *souffrances*: mildern; *prix*: senken, herabsetzen; *personne*: schlechtmachen, herabsetzen; *v/i jours*: abnehmen; *chaleur*: nachlassen; *réserves*: kleiner werden; *circulation, production*: zurückgehen; *marchandise*: billiger werden; *prix*: heruntergehen
**diminution** [diminysjõ] *f nombre*: Verminderung *f*, Verringerung *f*; *forces, énergie*: Abnahme *f*; *prix*: Senkung *f*, Herabsetzung *f*; *production*: Rückgang *m*
**dind|e** [dɛ̃d] *f* Truthenne *f*, Pute *f*; **~on** [-dõ] *m* Truthahn *m*, Puter *m*
**dîner** [dine] **1.** (*1a*) zu Abend essen; **2.** *m* Abendessen *n*; ***~ d'affaires*** Geschäftsessen (*am Abend*) *n*
**dingue** [dɛ̃g] F übergeschnappt
**diocèse** [djɔsɛz] *m* Diözese *f*
**diploma|te** [diplɔmat] *m* Diplomat *m*; **~tie** [-si] *f* Diplomatie *f*; **~tique** [-tik] diplomatisch
**diplôm|e** [diplom] *m* Diplom *n*; *certificat* Zeugnis *n*; **~é**, **~ée** staatlich geprüft, Diplom…
**dire** [dir] **1.** (*4m*) sagen; *poème*: aufsagen; *secret*: erzählen; ***vouloir ~*** bedeuten; ***à vrai ~*** offen gestanden; ***c'est tout ~*** das besagt alles; ***on dirait que*** man könnte meinen, dass; ***et ~ que*** wenn man bedenkt, dass; ***cela va sans ~*** das versteht sich von selbst; ***cela ne me dit rien de faire qc*** ich habe keine Lust, etw zu tun; **2.** *m* ***au(x) ~(s) de qn*** nach j-s Aussage
**direct**, **~e** [dirɛkt] *droit* gerade; *immédiat* unmittelbar, direkt; ***train*** *m* ***direct*** Eilzug *m*; *TV* ***en direct*** live
**direc|teur**, **~trice** [dirɛktœr, -tris] **1.** *adj* leitend, Leit…; **2.** *m, f* Direktor(in) *m(f)*, Leiter(in) *m(f)*
**direction** [dirɛksjõ] *f* **1.** *sens* Richtung *f*; **2.** *conduite* Leitung *f*, Führung *f*; *directeurs* Geschäftsleitung *f*; *auto* Lenkung *f*
**directive** [dirɛktiv] *f* Richtlinie *f*
**dirig|eable** [diriʒablə] **1.** *adj* lenkbar; **2.** *m* Luftschiff *n*; **~eant** [-ɑ̃] *m bes pol*

Führer *m*, Machthaber *m*; **~er** (*1l*) leiten, führen; *auto* lenken; *orchestre*: dirigieren; *arme*, *critique*: richten (***contre*** gegen); *regard*, *yeux*: richten (***vers*** auf); ***se ~ vers*** zugehen *od* zusteuern auf (*acc*)
**discern|ement** [disɛrnəmɑ̃] *m* Unterscheidungs-, Urteilsfähigkeit *f*; **~er** (*1a*) *percevoir* wahrnehmen; *distinguer* unterscheiden
**discipl|e** [disiplə] *m* Anhänger *m*, *a Bible*: Jünger *m*; **~ine** *f* Disziplin *f*
**disc-jockey** [diskʒɔkɛ] *m* Discjockey *m*
**discontinu**, **~e** [diskõtiny] unterbrochen
**discord|ance** [diskɔrdɑ̃s] *f* Nichtübereinstimmung *f*; **~ant**, **~ante** [-ɑ̃, -ɑ̃t] nicht übereinstimmend; *mus* verstimmt
**discorde** [diskɔrd] *f* Zwietracht *f*, Zwist *m*
**discothèque** [diskɔtɛk] *f boîte*: Diskothek *f*; *collection*: Schallplattensammlung *f*
**discours** [diskur] *m* Rede *f*; ***faire*** *od* ***prononcer un ~*** e-e Rede halten
**discréditer** [diskredite] (*1a*) in Misskredit *od* Verruf bringen
**discr|et**, **~ète** [diskrɛ, -ɛt] diskret; *personne a*: taktvoll; *couleur*, *robe*: dezent, unaufdringlich; *qui garde secret* verschwiegen
**discrétion** [diskresjõ] *f* Diskretion *f*; *tact* Takt *m*; Unaufdringlichkeit *f*; Verschwiegenheit *f*; ***à ~*** nach Belieben
**discrimination** [diskriminasjõ] *f* Diskriminierung *f*; *différenciation* Unterscheidung *f*
**disculper** [diskylpe] (*1a*) ***~ qn*** j-n entlasten; ***se ~*** seine Unschuld beweisen
**discussion** [diskysjõ] *f* Diskussion *f*, Erörterung *f*, Aussprache *f*
**discutable** [diskytablə] anfechtbar
**discuter** [diskyte] (*1a*) diskutieren, erörtern
**disette** [dizɛt] *f* Hungersnot *f*
**diseuse** [dizøz] *f* ***~ de bonne aventure*** Wahrsagerin *f*
**disgrâc|e** [dizgrɑs] *f* Ungnade *f*; **~ieux**, **~ieuse** [-jø, -jøz] ungraziös; *visage*: unschön
**disjoindre** [dizʒwɛ̃drə] (*4b*) trennen
**disjoncteur** [dizʒõktœr] *m* (Sicherungs-)Schutzschalter *m*
**disloquer** [dislɔke] (*1m*) auseinandernehmen; *méd* ausrenken
**disparaître** [disparɛtrə] (*4z*) verschwinden; *animaux*: aussterben
**disparité** [disparite] *f* Ungleichheit *f*
**disparition** [disparisjõ] *f* Verschwinden *n*; *animaux*: Aussterben *n*
**dispens|aire** [dispɑ̃sɛr] *m* Ambulanz *f*; **~er** (*1a*) ***~ qn de qc*** j-n von etw entbinden, befreien; ***se ~ de qc*** sich e-r Sache entziehen
**disperser** [dispɛrse] (*1a*) zer-, verstreuen; *manifestants*: auseinander treiben
**dispon|ibilité** [dispɔnibilite] *f* Verfügbarkeit *f*; **~ible** verfügbar
**dispos** [dispo] ***frais et ~*** frisch und munter
**dispos|er** [dispoze] (*1a*) *arranger* anordnen; ***~ de qn, qc*** über j-n, etw verfügen; ***se ~ à faire qc*** sich anschicken, etw zu tun; **~itif** [-itif] *m* Vorrichtung *f*
**disposition** [dispozisjõ] *f arrangement* Anordnung *f*; *prédisposition* Veranlagung *f*, Neigung *f*; *officielle*: Bestimmung *f*; **~s** *pl mesures* Vorkehrungen *f/pl*; *humeur* Stimmung *f*, Laune *f*; *tendance* Begabung *f*; ***être à la ~ de qn*** j-m zur Verfügung stehen; ***avoir à sa ~*** zur Verfügung haben
**disproportion** [disprɔpɔrsjõ] *f* Missverhältnis *n*
**disput|e** [dispyt] *f* Streit *m*, Wortwechsel *m*, Disput *m*; **~er** (*1a*) *match*: austragen; ***~ qc à qn*** j-m etw streitig machen; ***se ~*** sich streiten
**disqualifier** [diskalifje] (*1a*) disqualifizieren
**disque** [disk] *m* Scheibe *f*; *sports*: Diskus *m*; *mus* (Schall-)Platte *f*; *EDV* ***~ dur*** Festplatte *f*; ***~ compact*** CD *f*; **~-jockey** [-ʒɔkɛ] *m* Discjockey *m*
**disquette** [diskɛt] *f* Diskette *f*; ***~ de sauvegarde*** Sicherungsdiskette *f*
**disséminer** [disemine] (*1a*) aus-, zerstreuen
**dissension** [disɑ̃sjõ] *f le plus souvent au pl* **~s** Zwistigkeiten *f/pl*
**disséquer** [diseke] (*1f u 1m*) sezieren
**dissertation** [disɛrtasjõ] *f* Aufsatz *m*
**dissimuler** [disimyle] (*1a*) verhehlen, verbergen
**dissiper** [disipe] (*1a*) zerstreuen, ver-

treiben; *fortune*: verschwenden; ***se ~*** *brouillard*: sich auflösen
**dissociation** [disɔsjasjõ] *f fig* Trennung *f*
**dissolu**, **~e** [disɔly] ausschweifend, liederlich
**dissolution** [disɔlysjõ] *f* Auflösung *f*
**dissolvant** [disɔlvɑ̃] *m chim* Lösungsmittel *n*; *ongles*: Nagellackentferner *m*
**dissoudre** [disudrə] (*4bb*) auflösen
**dissuader** [disɥade] (*1a*) ***~ qn de qc*** j-n von etw abbringen; ***~ qn de faire qc*** j-n davon abbringen, etw zu tun
**dissuasion** [disɥazjõ] *f pol* Abschreckung *f*; ***politique f de ~*** Abschreckungspolitik *f*
**distanc|e** [distɑ̃s] *f* Abstand *m*, Entfernung *f*, Distanz *f* (*a fig*); ***à ~*** aus der Entfernung; ***tenir qn à ~*** j-n auf Distanz halten; **~er** (*1k*) hinter sich lassen; ***se ~ de*** sich distanzieren von
**dist|ant**, **~ante** [distɑ̃, -ɑ̃t] entfernt; *fig* reserviert
**distill|er** [distile] (*1a*) destillieren; *eau-de-vie*: brennen; **~erie** [-ri] *f* Brennerei *f*
**dist|inct**, **~incte** [distɛ̃, -ɛ̃kt] deutlich; ***~ de*** verschieden von
**distinction** [distɛ̃ksjõ] *f différence* Unterschied *m*; *décoration* Auszeichnung *f*; *manières*, *air*: Vornehmheit *f*
**distingu|é**, **~ée** [distɛ̃ge] vornehm; **~er** (*1m*) *percevoir* wahrnehmen; *différencier* unterscheiden (***qc de qc*** etw von etw); ***se ~*** sich unterscheiden (***de*** von)
**distraction** [distraksjõ] *f passe-temps* Zerstreuung *f*, Abwechslung *f*; *inattention* Zerstreutheit *f*
**distraire** [distrɛr] (*4s*) *du travail*, *des soucis*: ablenken (***de*** von); *divertir* unterhalten; ***se ~*** sich zerstreuen
**distr|ait**, **~aite** [distrɛ, -ɛt] zerstreut
**distribuer** [distribɥe] (*1n*) aus-, verteilen; *comm* vertreiben
**distribu|teur** [distribytœr] *m* Verteiler *m*; ***~ (automatique)*** Automat *m*; ***~ d'essence*** Tanksäule *f*; **~tion** *f* Aus-, Verteilung *f*; *comm* Vertrieb *m*; *courrier*: Zustellung *f*
**district** [distrikt] *m* Bezirk *m*
**dit**, **dite** [di, dit] **1.** *p/p de* ***dire***; **2.** *adj surnommé* genannt; *fixé* festgesetzt
**divaguer** [divage] (*1m*) dummes Zeug reden
**divan** [divɑ̃] *m* Diwan *m*
**diverg|ence** [divɛrʒɑ̃s] *f fig* Meinungsverschiedenheit *f*; **~er** (*1l*) *lignes*: divergieren, auseinandergehen; *opinions*: voneinander abweichen, auseinandergehen
**div|ers**, **~erse** [divɛr, -ɛrs] *différent* unterschiedlich; *au pl plusieurs* mehrere
**divers|ion** [divɛrsjõ] *f* Ablenkung *f*; **~ité** *f* Vielfältigkeit *f*, Vielfalt *f*
**divert|ir** [divɛrtir] (*2a*) unterhalten; **~issement** [-ismɑ̃] *m* Vergnügen *n*
**div|in**, **~ine** [divɛ̃, -in] göttlich; **~inité** [divinite] *f* Gottheit *f*
**divis|er** [divize] (*1a*) (ein)teilen; *tâche*, *somme*, *domaine*: (auf)teilen; *fig famille*, *adversaire*: spalten; *math* teilen, dividieren; ***se ~*** sich teilen (***en*** in *acc*); **~ion** *f* (Ein-)Teilung *f*; *somme*, *domaine*: Aufteilung *f*; *secteur* Abteilung *f*; *math*, *mil* Division *f*
**divorc|e** [divɔrs] *m* (Ehe-)Scheidung *f*; **~é**, **~ée** *m*, *f* Geschiedene(r) *m*, *f*; **~er** (*1k*) sich scheiden lassen (***d'avec*** von)
**divulguer** [divylge] (*1m*) unter die Leute bringen, verbreiten
**dix** [dis] zehn; ***à ~*** zu zehnt; **~-huit** [dizɥit] achtzehn; **~ième** [dizjɛm] **1.** zehnte(r, -s); **2.** *m* Zehntel *n*; **~-neuf** [diznœf] neunzehn; **~-sept** [dissɛt] siebzehn
**dizaine** [dizɛn] *f* ***une ~ de*** ungefähr zehn
**do** [do] *m mus* c *od* C *n*
**docile** [dɔsil] folgsam, gefügig
**docker** [dɔkɛr] *m* Hafenarbeiter *m*
**doct|e** [dɔkt] *péj* hochgelehrt; **~eur** *m université*: Doktor *m*; *médecin* Arzt *m*, Ärztin *f*; **~oresse** [-ɔrɛs] F *f* Ärztin *f*; **~rine** [-rin] *f* Doktrin *f*, Lehre *f*
**document** [dɔkymɑ̃] *m* Dokument *n*, Schriftstück *n*
**document|aire** [dɔkymɑ̃tɛr] **1.** *adj* dokumentarisch; **2.** *m TV* Dokumentar-, Kulturfilm *m*; **~er** (*1a*) ***se ~*** sich informieren
**dodu**, **~e** [dɔdy] gut genährt
**dogm|atique** [dɔgmatik] dogmatisch; **~e** [dɔgmə] *m* Dogma *n*
**doigt** [dwa] *m* Finger *m*; ***~ de pied*** Zehe *f*; ***savoir qc sur le bout des ~s*** etw aus dem Effeff können
**doigté** [dwate] *m mus* Fingersatz *m*; *fig* Fingerspitzengefühl *n*

**doléances** [dɔleɑ̃s] *f/pl* Beschwerden *f/pl*
**domaine** [dɔmɛn] *m* Landgut; *fig* Bereich *m*, Gebiet *n*
**dôme** [dom] *m* Kuppel *f*
**domestiqu|e** [dɔmɛstik] **1.** *adj* häuslich, Haus…; ***animal ~*** Haustier *n*; **2.** *m* Hausangestellte(r) *m*; **~er** (*1m*) zähmen
**domicile** [dɔmisil] *m* Wohnort *m*, -sitz *m*
**domicilié, ~e** [dɔmisilje] wohnhaft
**domin|ant, ~ante** [dɔminɑ̃, -ɑ̃t] beherrschend; **~ation** *f* Herrschaft *f*; **~er** (*1a*) *v/t* beherrschen (*a fig*); *v/i prédominer* vorherrschen; ***se ~*** sich beherrschen
**dominic|ain, ~aine** [dɔminikɛ̃, -kɛn] dominikanisch; ***la République dominicaine*** die Dominikanische Republik
**dominical, ~e** [dɔminikal] (*m/pl -aux*) sonntäglich, Sonntags…
**dommage** [dɔmaʒ] *m* Schaden *m*; ***c'est ~*** das ist schade; ***il est ~ que*** (+ *subj*) es ist schade, dass; *jur* ***~s et intérêts*** *m/pl* Schaden(s)ersatz *m*, Entschädigung *f*
**dompt|er** [dõte] (*1a*) *animal*: bezähmen, bändigen; *rebelle*: bezwingen; **~eur** *m* Dompteur *m*
**D.O.M.-T.O.M.** [dɔmtɔm] *m/pl abr* ***départements et territoires d'outre-mer*** überseeische Departements und Gebiete
**don** [dõ] *m donation* Schenkung *f*; *charité*: Spende *f*; *cadeau* Geschenk *n*; *aptitude* Gabe *f*, Talent *n*
**donation** [dɔnasjõ] *f* Schenkung *f*
**donc** [dõk] *conclusion*: also, folglich; ***écoutez ~!*** hören Sie doch!; ***comment ~?*** wieso denn?; ***allons ~!*** nanu!
**donjon** [dõʒõ] *m* Bergfried *m*
**donn|é, ~ée** [dɔne] *adj* gegeben; *déterminé* bestimmt; ***étant ~ qc*** in Anbetracht e-r Sache; ***c'est ~*** das ist geschenkt; **~ée** *f math* bekannte Größe; **~s** *pl* Daten *n/pl* (*a EDV*); **~er** (*1a*) geben; *cadeau*: schenken; *nom*, *coordonnées*: angeben; *film*: zeigen; ***~ sur*** hinausgehen auf (*acc*); **~eur** *m méd* Spender *m*
**dont** [dõ] von dem, von der, von denen, wovon; *possessif*: dessen, deren
**dop|age** [dɔpaʒ] *m* Doping *n*; **~er** (*1a*) dopen; **~ing** [-iŋ] *m* Doping *n*
**doré, ~e** [dɔre] *bijou*: vergoldet; *couleur*: goldgelb
**dorénavant** [dɔrenavɑ̃] von nun an, künftig
**dorer** [dɔre] (*1a*) vergolden
**dorloter** [dɔrlɔte] (*1a*) verhätscheln
**dorm|eur, ~euse** [dɔrmœr, -øz] *m*, *f* Schläfer(in) *m*(*f*); **~ir** (*2b*) schlafen
**dorsal, ~e** [dɔrsal] (*m/pl -aux*) Rücken…
**dortoir** [dɔrtwar] *m* Schlafsaal *m*
**dorure** [dɔryr] *f* Vergoldung *f*
**dos** [do] *m* Rücken *m*; *feuille*, *chèque*: Rückseite *f*; *chaise*: (Stuhl-)Lehne *f*
**dosage** [dozaʒ] *m* Dosierung *f*
**dos|e** [doz] *f phm* Dosis *f*; *quantité* Menge *f*; **~er** (*1a*) dosieren (*a fig*)
**dossier** [dosje] *m* **1.** *chaise*: Rückenlehne *f*; **2.** *documents* Akten *f/pl*, Unterlagen *f/pl*; ***~ médical*** Krankenblatt *n*
**dot** [dɔt] *f* Mitgift *f*; **~er** (*1a*) ausstatten (***de*** mit)
**douane** [dwan] *f* Zoll *m*
**douan|ier, ~ière** [dwanje, -jɛr] **1.** *adj* Zoll…; **2.** *m*, *f* Zollbeamte(r) *m*, Zollbeamtin *f*
**doublage** [dublaʒ] *m vêtement*: Futter *n*; *film*: Synchronisation *f*
**doubl|e** [dublə] **1.** *adj* doppelt; **2.** *m deuxième exemplaire* Duplikat *n*; *tennis*: Doppel *n*; ***le ~*** das Doppelte; doppelt so viel *od* groß; **~e-cliquer** (*1a*) *EDV* doppelklicken (***auf*** sur); **~er** (*1a*) *v/t* verdoppeln; *auto* überholen; *film*: synchronisieren; *vêtement*: füttern; *v/i* sich verdoppeln; **~ure** [-yr] *f vêtement*: Futter *n*
**douceâtre** [dusɑtrə] süßlich
**doucement** [dusmɑ̃] *adv* sanft, sachte, behutsam; *lentement* langsam
**douceur** [dusœr] *f* **1.** *personne*: Sanftheit *f*, Zartheit *f*; **~s** *pl jouissance* Annehmlichkeiten *f/pl*; **2.** **~s** *pl sucreries* Süßigkeiten *f/pl*
**douche** [duʃ] *f* Dusche *f*; ***prendre une ~*** (sich) duschen
**doué, ~e** [dwe] (*1a*) begabt; ***~ de qc*** ausgestattet mit etw
**douille** [duj] *f él* Fassung *f*; *projectile*: Hülse *f*
**douill|et, ~ette** [dujɛ, -ɛt] *lit*, *vêtement*: mollig (weich); *intérieur*: behaglich, wohlig; *personne*: zimperlich, über-

empfindlich
**douleur** [dulœr] *f* Schmerz *m*; *chagrin* Schmerz *m*, Leid *n*
**doulour|eux**, **~euse** [dulurø, -øz] schmerzhaft; *fig* schmerzlich
**dout|e** [dut] *m* Zweifel *m*; ***sans aucun ~*** zweifellos; **~er** (*1a*) zweifeln (***de*** an *dat*); ***se ~ de qc*** etw ahnen; ***se ~ que*** ahnen, dass; **~eux**, **~euse** [-ø, -øz] zweifelhaft
**Douvres** [duvrə] Dover *n*
**doux**, **douce** [du, dus] süß; *temps*: mild; *personne*: sanft; *au toucher*: weich
**douzaine** [duzɛn] *f* Dutzend *n*
**douze** [duz] zwölf
**douzième** [duzjɛm] **1.** zwölfte(r, -s); **2.** *m* Zwölftel *n*
**doyen** [dwajɛ̃] *m* Dekan *m*
**dragée** [draʒe] *f* Mandelbonbon *n*; *phm* Dragee *n*
**dragon** [dragõ] *m* Drache *m*
**draguer** [drage] (*1m*) *rivière*: ausbaggern; F *femmes*: aufreißen
**drainer** [drɛne] (*1a*) entwässern
**dram|atique** [dramatik] dramatisch (*a fig*); **~aturge** [-atyrʒ] *m* Dramatiker *m*, Bühnenautor *m*; **~e** [dram] *m* Drama *n* (*a fig*)
**drap** [dra] *m* Tuch *n*; ***~ de lit*** Bettlaken *n*
**drapeau** [drapo] *m* (*pl -x*) Fahne *f*
**Dresde** [drɛsd] Dresden *n*
**dressage** [drɛsaʒ] *m* Dressur *f*; *mil* Drill *m*
**dresser** [drɛse] (*1b*) aufstellen; *monument*: errichten; *tente*: aufschlagen; *contrat*: aufsetzen; *animal*: dressieren; *cuis* anrichten; ***~ qn contre qn*** j-n gegen j-n aufbringen; ***se ~*** sich aufrichten; *obstacle*, *tour*: emporragen
**drogu|e** [drɔg] *f* Droge *f*, Rauschgift *n*; **~é**, **~ée** *m*, *f* Drogensüchtige(r) *m*, *f*; **~er** (*1a*) *v/t* mit Arzneien vollstopfen; ***se ~*** Rauschgift nehmen; **~erie** *f* Drogerie *f*; **~iste** *m*, *f* Drogist(in) *m(f)*
**droit**, **droite** [drwa, drwat] **1.** *adj côté*: rechte(r, -s); *ligne*: gerade; *debout* aufrecht; *honnête* rechtschaffen; **2.** *adv* ***tout droit*** gerade(aus); **3.** *m* Recht *n*; *taxe* Gebühr *f*; ***de ~*** von Rechts wegen; ***à qui de ~*** an die zuständige Person; ***être en ~ de*** berechtigt sein zu; ***~ international*** Völkerrecht *n*
**droite** [drwat] *f* Rechte *f* (*a pol*), rechte Hand *f*; *côté*: rechte Seite; ***à ~*** rechts
**droit|ier**, **~ière** [drwatje, -jɛr] ***être ~*** Rechtshänder(in) sein; **~ure** [-yr] *f* Aufrichtigkeit *f*
**drôle** [drol] *adj amusant* lustig; *bizarre* seltsam; ***une ~ d'idée*** e-e komische Idee; **~ment** *adv* F enorm
**dromadaire** [drɔmadɛr] *m zo* Dromedar *n*
**dru**, **~e** [dry] dicht
**DST** [deɛste] *f abr* ***direction f de la surveillance du territoire*** Geheimdienst *m*
**dû**, **due** [dy] *p/p de* ***devoir***
**dubitat|if**, **~ive** [dybitatif, -iv] zweifelnd
**Dublin** [dyblɛ̃] Dublin *n*
**duc** [dyk] *m* Herzog *m*
**duch|é** [dyʃe] *m* Herzogtum *n*; **~esse** [-ɛs] *f* Herzogin *f*
**duel** [dɥɛl] *m* Duell *n*
**dûment** [dymɑ̃] *adv* vorschriftsmäßig
**dune** [dyn] *f* Düne *f*
**Dunkerque** [dɛ̃-, dœ̃kɛrk] Dünkirchen *n*
**duo** [dyo] *m mus vocal*: Duett *n*; *instrumental*: Duo *n*
**dup|e** [dyp] *f* ***être la ~ de qn*** von j-m betrogen werden; ***être ~ de qc*** auf etw (*acc*) hereinfallen; **~er** (*1a*) prellen, betrügen; **~erie** *f* Betrügerei *f*
**duplex** [dyplɛks] *m* zweigeschossiges Appartement *n*
**duplicata** [dyplikata] *m* Zweitschrift *f*
**duplicité** [dyplisite] *f* Doppelzüngigkeit *f*
**dur**, **~e** [dyr] **1.** *adj* hart; *difficile* schwierig; *sévère* streng; *climat*: rau; *viande*: zäh; **2.** *adv* ***travailler dur*** hart arbeiten; ***frapper dur*** kräftig schlagen; **~able** dauerhaft; *croissance*, *utilisation de matières premières* nachhaltig; andauernd; **~ant** [-ɑ̃] *prép* während; ***des années ~*** jahrelang
**durc|ir** [dyrsir] (*2a*) *v/t* hart machen; *fig* verhärten; *v/i od* ***se ~*** hart werden; **~issement** [-ismɑ̃] *m* Hartwerden *n*; *fig* Verhärtung *f*
**dur|ée** [dyre] *f* Dauer *f*; **~er** (*1a*) dauern; *beau temps*: anhalten; *objet*, *vêtement*: halten
**dureté** [dyrte] *f* Härte *f*; *fig* Strenge *f*
**D.U.T.** *m abr* ***Diplôme universitaire de technologie*** *etwa* Abschlussdiplom *n*

einer frz. Fachhochschule
**duvet** [dyvɛ] *m* Daunen *f/pl*; *sac de couchage* Daunenschlafsack *m*; *poils*: Flaum *m*
**DVD** [devede] *m abr* ***digital versatile disc*** DVD *f*
**dynam|ique** [dinamik] **1.** *adj* dynamisch; **2.** *f* Dynamik *f* (*a fig*); **~isme** *m* Dynamik *f*, Energie *f*; **~ite** [-it] *f* Dynamit *n*
**dynamo** [dinamo] *f él* Dynamo *m*; *auto* Lichtmaschine *f*
**dynastie** [dinasti] *f* Dynastie *f*, Herrscherhaus *n*
**dysenterie** [disɑ̃tri] *f méd* Ruhr *f*

# E

**eau** [o] *f* (*pl -x*) Wasser *n*; **~x** *pl* Gewässer *n/pl*; ***tomber à l'~*** ins Wasser fallen (*a fig*); *mar* ***faire ~*** leck sein; *bateau*: ***mettre à l'~*** vom Stapel lassen; ***~ courante*** fließendes Wasser *n*; ***~ gazeuse*** kohlensäurehaltiges Wasser *n*, Sprudel *m*; ***~ de Javel*** Bleichmittel *n*; ***~ minérale*** Mineralwasser *n*
**eau-de-vie** [odvi] *f* (*pl eaux-de-vie*) Branntwein *m*, Schnaps *m*
**ébahi**, **~e** [ebai] verblüfft, sprachlos
**ébattre** [ebatrə] (*4a*) ***s'~*** sich tummeln
**ébauch|e** [eboʃ] *f* Entwurf *m*; **~er** (*1a*) entwerfen; ***~ un sourire*** ein Lächeln andeuten
**ébène** [ebɛn] *f* Ebenholz *n*
**ébéniste** [ebenist] *m* Kunsttischler *m*
**éberlué**, **~e** [ebɛrlɥe] F verdutzt
**éblou|ir** [ebluir] (*2a*) blenden; *fig* verblüffen; **~issement** [-ismɑ̃] *m* Blendung *f*; *fig* Staunen *n*
**éboueur** [ebwœr] *m* Müllmann *m*
**éboul|ement** [ebulmɑ̃] *m progressif*: Erdrutsch *m*; *soudain*: Einsturz *m*; **~er** (*1a*) ***s'~*** einstürzen; **~is** [-i] *m* Geröll *n*
**ébouriffer** [eburife] (*1a*) *cheveux*: zerzausen; F *fig* verblüffen
**ébranler** [ebrɑ̃le] (*1a*) erschüttern; ***s'~*** sich in Bewegung setzen
**ébriété** [ebrijete] *f* Trunkenheit *f*
**ébruiter** [ebrɥite] (*1a*) *nouvelle*: verbreiten
**ébullition** [ebylisjõ] *f* ***être en ~*** sieden, kochen
**écaill|e** [ekaj] *f zo*, *bot* Schuppe *f*; *matière*: Schildpatt *n*; **~er** (*1a*) abschuppen; *huître*: aufmachen; ***s'~*** abbröckeln, abblättern
**écarlate** [ekarlat] **1.** *f* Scharlachfarbe *f*; **2.** *adj* scharlachrot, knallrot
**écarquiller** [ekarkije] (*1a*) ***~ les yeux*** die Augen aufsperren
**écart** [ekar] *m distance* Abstand *m*, Spanne *f*; *différence* Unterschied *m*, Differenz *f*; *moral*: Verstoß *m*; ***à l'~*** abseits, beiseite; ***à l'~ de*** weit weg von
**écarteler** [ekartəle] (*1d*) *fig* hin- und herreißen
**écart|ement** [ekartəmɑ̃] *m* Abstand *m*, Entfernung *f*; *chemin de fer*: Spurweite *f*; **~er** (*1a*) wegschieben, entfernen; *jambes*: spreizen; *fig idée*, *possibilité*: verwerfen; *danger*: abwenden; ***s'~ de*** sich entfernen von
**ecclésiastique** [eklezjastik] kirchlich
**écervelé**, **~e** [esɛrvəle] leichtsinnig
**échafaud** [eʃafo] *m hist* Schafott *n*
**échafaud|age** [eʃafodaʒ] *m* Baugerüst *n*; **~er** (*1a*) aufstapeln; *fig plan*: entwerfen
**échalote** [eʃalɔt] *f bot* Schalotte *f*
**échancrure** [eʃɑ̃kryr] *robe*: Ausschnitt *m*; *côte*: Einbuchtung *f*
**échang|e** [eʃɑ̃ʒ] *m* Austausch *m*; ***~s extérieurs*** Außenhandel *m*; ***en ~*** dafür; ***en ~ de*** für; **~er** (*1l*) austauschen, (gegenseitig) tauschen (***contre qc*** gegen etw); *regards*, *lettres*: wechseln (***qc avec qn*** etw mit j-m); **~eur** *m* Verkehrsknoten *m*, -kreuz *n*
**échantillon** [eʃɑ̃tijõ] *m comm* (Waren-)Probe *f*, (Waren-)Muster *n*; *poste*: ~ (***de marchandises***) Warensendung *f*
**échapp|atoire** [eʃapatwar] *f* Ausflucht *f*; **~ée** *f vue*: schmaler Durchblick *m*; *cyclisme*: Ausreißversuch *m*; **~ement** [-mɑ̃] *m auto* Auspuff *m*
**échapper** [eʃape] (*1a*) **1.** *sujet person-*

*ne*: **~ à qn** j-m entkommen; **~ à qc** e-r Sache entgehen; **l'~ belle** mit e-m blauen Auge davonkommen; **s'~** entkommen, entfliehen; **2.** *sujet chose*: *sens*, *détails*: entgehen; *cri*, *mots*: entfahren; *nom*, *date*: entfallen (sein); *objet qu'on tient*: entgleiten

**écharde** [eʃard] *f* Splitter *m*

**écharpe** [eʃarp] *f* Schal *m*; *maire*: Schärpe *f*; *méd* (Arm-)Binde *f*

**échasse** [eʃas] *f* Stelze *f*

**échauff|é**, **~ée** [eʃofe] erhitzt; **~ement** [-mɑ̃] *m* Erhitzung *f*; **~er** (*1a*) erwärmen; erhitzen (*a fig*); **s'~** *esprits*: sich erhitzen; *sports*: sich warm laufen; **~ourée** [-ure] *f* Krawall *m*, Tumult *m*

**échéance** [eʃeɑ̃s] *f comm*, *jur* Fälligkeit *f*, Fälligkeitsdatum *n*, -termin *m*; **à brève, longue ~** kurz-, langfristig

**échéant** [eʃeɑ̃] **le cas ~** gegebenenfalls

**échec** [eʃɛk] *m* Misserfolg *m*, Scheitern *n*; **essuyer** *od* **subir un ~** e-e Niederlage erleiden

**échecs** [eʃɛk] *m/pl* Schach(spiel) *n*; **jouer aux ~** Schach spielen

**échelle** [eʃɛl] *f* Leiter *f*; *sociale*: Rangordnung *f*, Stufenleiter *f*; *carte*: Maßstab *m*; *salaires*, *intérêts*: Skala *f*; **sur une grande ~** in großem Maßstab; **à l'~ mondiale** weltweit

**échelon** [eʃlõ] *m* Leitersprosse *f*; *fig* Stufe *f*, Ebene *f*; *hiérarchie*: Rangstufe *f*; *fonctionnaire*: Dienstgrad *m*; *mil* Staffel *f*

**échelonner** [eʃlɔne] (*1a*) staffeln; *paiements*: verteilen (**sur un an** über ein Jahr)

**échevelé**, **~e** [eʃəvle] zerzaust

**échin|e** [eʃin] *f* Rückgrat *n* (*a fig*); **~er** (*1a*) F **s'~** sich abrackern

**échiquier** [eʃikje] *m* Schachbrett *n*

**écho** [eko] *m* Echo *n*

**échoir** [eʃwar] (*3m*) *titre*, *intérêt*: fällig werden; *délai*: ablaufen

**échouer** [eʃwe] (*1a*) scheitern; *examen*: durchfallen; **(s')~** *bateau*: stranden

**éclabousser** [eklabuse] (*1a*) bespritzen

**éclair** [eklɛr] *m* Blitz *m*; *cuis* Liebesknochen *m*; **comme un ~** blitzschnell; **~age** *m* Beleuchtung *f*; Licht *n*

**éclairc|ie** [eklɛrsi] *f* Aufheiterung *f*; **~ir** (*2a*) aufhellen; *vin*, *sauce*: verdünnen; *fig mystère*: aufklären; **s'~** *ciel*: sich aufklären

**éclair|er** [eklɛre] (*1b*) *v/t* beleuchten; **~ qn** j-m leuchten; *fig* **~ qc, qn** etw, j-n aufklären (**sur** über); *v/i* leuchten; **~eur**, **~euse** *m*, *f* Pfadfinder(in) *m(f)*

**éclat** [ekla] *m bombe*, *verre*: Splitter *m*; *métal*, *yeux*: Glanz *m* (*a fig*); *couleurs*, *fleurs*: Pracht *f*; **~ de rire** schallendes Gelächter *n*; **faire un ~** *scandale*: Aufsehen *n* erregen

**éclat|ant**, **~ante** [eklatɑ̃, -ɑ̃t] glänzend (*a fig*); *fig* offenkundig; **~er** (*1a*) platzen, bersten; *coup de feu*: knallen; *guerre*, *incendie*: ausbrechen; *fig groupe*, *parti*: sich auflösen; **~ de rire** laut auflachen; **~ en sanglots** aufschluchzen, in Tränen ausbrechen; **~ de santé** vor Gesundheit strotzen

**éclips|e** [eklips] *f* (*Mond-*, *Sonnen-*) Finsternis *f*; **~er** (*1a*) verfinstern; *fig* **~ qn** j-n in den Schatten stellen; F **s'~** verschwinden

**éclore** [eklɔr] (*4k*) *oiseau*: ausschlüpfen; *fleurs*: aufblühen

**éclus|e** [eklyz] *f* Schleuse *f*; **~er** (*1a*) durchschleusen; P saufen

**écœur|ant**, **~ante** [ekœrɑ̃, -ɑ̃t] widerlich, ekelhaft; **~ement** [-mɑ̃] *m* Ekel *m* (*a fig*); **~er** (*1a*) anwidern, anekeln

**écol|e** [ekɔl] *f* Schule *f*; **~ maternelle** Kindergarten *m*; **~ primaire** Grundschule *f*; **~s secondaires** höhere Schulen *f/pl*; **~ier**, **~ière** [-je, -jɛr] *m*, *f* Schüler(in) *m(f)*

**écolog|ie** [ekɔlɔʒi] *f* Ökologie *f*; **~ique** ökologisch; *bon pour l'environnement* umweltfreundlich; **~iste** *m*, *f* Umweltschützer(in) *m(f)*

**éconduire** [ekõdɥir] (*4c*) abweisen

**économe** [ekɔnɔm] **1.** *adj* sparsam; **2.** *m*, *f* Verwalter(in) *m(f)*

**économ|ie** [ekɔnɔmi] *f* Wirtschaft *f*; *science*: Wirtschaftswissenschaft *f*; *vertu*: Sparsamkeit *f*; **~ nationale** Volkswirtschaft *f*; **~ de marché** (freie) Marktwirtschaft *f*; **~ planifiée** Planwirtschaft *f*; **~s** *pl* Ersparnisse *f/pl*; **faire des ~s** sparen; **~ique** wirtschaftlich, Wirtschafts…; **~iser** (*1a*) **~ qc** etw (ein)sparen; **~ sur qc** an etw (*dat*) sparen; **~iseur** [-mizœʀ] *m EDV* **~ d'écran** Bildschirmschoner *m*; **~iste** *m*, *f* Volkswirtschaftler(in) *m(f)*

**écorce** [ekɔrs] *f arbre*: Rinde *f*; *fruit*: Schale *f*
**écorcher** [ekɔrʃe] (*1a*) *animal*: das Fell abziehen; *peau*: aufschürfen
**écoss|ais**, **~aise** [ekɔsɛ, -ɛz] **1.** *adj schottisch*; **2.** **♀**, **♀e** *m*, *f* Schotte *m*, Schottin *f*
**Écosse** [ekɔs] *f* **l'~** Schottland *n*
**écosser** [ekɔse] (*1a*) enthülsen
**écosystème** [ekɔsistɛm] *m* Ökosystem *n*
**écoulement** [ekulmɑ̃] *m* Abfluss *m*; *comm* Absatz *m*
**écouler** [ekule] (*1a*) *comm* absetzen; ***s'~*** abfließen; *temps*: vergehen; *comm* Absatz finden
**écourter** [ekurte] (*1a*) (ab)kürzen
**écoute** [ekut] *f* Hören *n* (*bes Radio*); *tél* Abhören *n*; ***être à l'~*** *radio*: hören; ***aux ~s*** auf der Lauer
**écout|er** [ekute] (*1a*) hören; *concert*, *conférence a*: sich anhören; *aux portes*: horchen, lauschen; ***~ qn*** j-m zuhören, j-n anhören; *suivre les conseils* auf j-n hören; *indiscrètement*: j-n belauschen; **~eur** *m* (Telefon-)Hörer *m*; *radio*: Kopfhörer *m*
**écran** [ekrɑ̃] *m* Bildschirm *m*; *cinéma*: Leinwand *f*; ***~ géant*** Großbildschirm *m*; ***le petit ~*** das Fernsehen; ***~ radar*** Radarschirm *m*
**écraser** [ekrɑze] (*1a*) zermalmen (*a fig*), zerquetschen; *voiture*: überfahren; *fig anéantir* vernichten; *avion*: ***s'~ au sol*** am Boden zerschellen, abstürzen
**écrémer** [ekreme] (*1f*) entrahmen
**écrevisse** [ekrəvis] *f zo* Krebs *m*
**écrier** [ekrije] (*1a*) ***s'~*** ausrufen
**écrin** [ekrɛ̃] *m* Schmuckkästchen *n*
**écrire** [ekrir] (*4f*) schreiben; ***s'~*** *s'orthographier* geschrieben werden
**écrit** [ekrit] *m* Schriftstück *n*; *examen*: ***l'~*** das Schriftliche; ***par ~*** schriftlich
**écrit|eau** [ekrito] *m* (*pl -x*) (Hinweis-) Schild *n*; **~ure** [-yr] *f* Schrift *f*; *comm* Buchung *f*; ***les*** (***Saintes***) **♀s** die (Heilige) Schrift *f*
**écrivain** [ekrivɛ̃] *m* Schriftsteller(in) *m*(*f*)
**écrou** [ekru] *m* (*pl -s*) (Schrauben-) Mutter *f*
**écrouer** [ekrue] (*1a*) *jur* inhaftieren
**écrouler** [ekrule] (*1a*) ***s'~*** einstürzen; *personne*: zusammenbrechen (*a fig*)
**écueil** [ekœj] *m* Riff *n*; Klippe *f* (*a fig*)
**écuelle** [ekɥɛl] *f* Napf *m*
**éculé**, **~e** [ekyle] *chaussure*: abgelaufen; *fig* abgedroschen
**écum|e** [ekym] *f* Schaum *m*; **~er** (*1a*) *v/i* schäumen (*a fig*); *v/t* abschäumen; *fig* ausplündern
**écureuil** [ekyrœj] *m zo* Eichhörnchen *n*
**écurie** [ekyri] *f* Pferdestall *m*; *sports*: Rennstall *m*
**écusson** [ekysõ] *m* Wappenschild *n*
**écuy|er**, **~ère** [ekɥije, -jɛr] *m*, *f* (Kunst-)Reiter(in) *m*(*f*)
**eczéma** [egzema] *m méd* Ekzem *n*
**EDF** *f abr* ***Électricité de France*** staatlicher frz. Elektrizitätskonzern
**édicter** [edikte] (*1a*) verordnen
**édifi|cation** [edifikasjõ] *f* Erbauung *f* (*a fig*); **~ce** [-s] *m* Gebäude *n*
**édifier** [edifje] (*1a*) erbauen (*a fig*)
**édit** [edi] *m* Edikt *n*, Erlass *m*
**édi|ter** [edite] (*1a*) herausgeben; **~teur**, **~trice** *m*, *f* Verleger(in) *m*(*f*); **~tion** *f* Ausgabe *f*; *tirage* Auflage *f*; *secteur*: Verlagswesen *n*; ***~s*** *pl* Verlag *m*; ***maison f d'~*** Verlag(shaus *n*) *m*; **~torial** [-tɔrjal] *m* (*pl -iaux*) Leitartikel *m*
**édredon** [edrədõ] *m* Federbett *n*
**éduca|teur**, **~trice** [edykatœr, -tris] *m*, *f* Erzieher(in) *m*(*f*); **~tion** Erziehung *f*; *culture* Bildung *f*
**éduquer** [edyke] (*1m*) erziehen
**E.E.E.** *m abr* ***Espace économique européen*** EWR *m* (Europäischer Wirtschaftsraum)
**effacer** [efase] (*1k*) auslöschen; *gomme*: ausradieren; *chiffon*: (aus)wischen; ***s'~*** *inscription*: verblassen, verschwinden; *personne*: zurücktreten
**effar|ement** [efarmɑ̃] *m* Bestürzung *f*; **~er** (*1a*) verwirren
**effaroucher** [efaruʃe] (*1a*) auf-, verscheuchen; *fig* einschüchtern, abschrecken
**effect|if**, **~ive** [efɛktif, -iv] **1.** *adj* effektiv; **2.** *m* (Personal-)Bestand *m*; **~ivement** tatsächlich
**effectuer** [efɛktɥe] (*1a*) durch-, ausführen; ***s'~*** erfolgen, vor sich gehen
**efféminé**, **~e** [efemine] *péj* weibisch
**effervesc|ent**, **~ente** [efɛrvesɑ̃, -ɑ̃t] *boisson*: schäumend; *fig foule*: bro-

delnd
**effet** [efɛ] *m* **1.** Wirkung *f*; ***à cet ~*** zu diesem Zweck; ***en ~*** denn, nämlich, in der Tat; ***faire de l'~*** wirken; **2.** ***~s*** *pl* Habseligkeiten *f/pl*, Sachen *f/pl*; *vêtements*: Kleider *n/pl*; **3.** *comm* ***~s*** *pl* Effekten *f/pl*
**effeuiller** [efœje] (*1a*) entblättern
**efficac|e** [efikas] wirksam; *personne*: fähig; **~ité** *f* Wirksamkeit *f*, Effektivität *f*
**effigie** [efiʒi] *f* Bildnis *n*
**effilé**, **~e** [efile] dünn, zugespitzt
**efflanqué**, **~e** [eflɑ̃ke] abgemagert, dürr
**effleurer** [eflœre] (*1a*) streifen (*a fig*)
**effluve** [eflyv] *m* Ausdünstung *f*
**effondrer** [efõdre] (*1a*) ***s'~*** einstürzen; *personne*: zusammenbrechen (*a fig*)
**efforcer** [efɔrse] (*1k*) ***s'~ de*** (+ *inf*) sich anstrengen, sich bemühen zu (+ *inf*)
**effort** [efɔr] *m* Anstrengung *f*; ***faire un ~*** sich anstrengen
**effraction** [efraksjõ] *f jur* Einbruch *m*
**effray|ant**, **~ante** [efrɛjɑ̃, -ɑ̃t] schrecklich; **~er** (*1i*) ***~ qn*** j-n erschrecken; ***s'~*** erschrecken (***de*** über)
**effréné**, **~e** [efrene] zügellos, wild
**effriter** [efrite] (*1a*) ***s'~*** abbröckeln (*a fig*)
**effroi** [efrwa] *st/s m* Entsetzen *n*
**effront|é**, **~ée** [efrõte] unverschämt
**effroyable** [efrwajablə] entsetzlich
**effusion** [efyzjõ] *f* **1.** ***~ de sang*** Blutvergießen *n*; **2.** *litt* ***~s*** *pl* Gefühlsausbrüche *m/pl*
**égal**, **~e** [egal] (*m/pl -aux*) gleich; *surface*: eben; *vitesse*: gleichmäßig; *indifférent* gleichgültig; ***d'~ à ~*** wie seinesgleichen; ***sans ~*** unvergleichlich; ***ça lui est ~*** das ist ihm gleich; **~ement** [-mɑ̃] *adv pareillement* gleichermaßen; *aussi* gleichfalls, auch
**égal|er** [egale] (*1a*) ***~ qn*** (*od* ***qc***) j-m (*od* e-r Sache) gleichkommen; **~iser** (*1a*) an-, ausgleichen; *sol*: ebnen; **~ité** *f* Gleichheit *f*; ***à ~ de*** bei Gleichheit (*gén*); ***à ~ des prix*** bei gleichem Preis; ***être à ~*** (***des points***) punktgleich sein
**égard** [egar] *m* ***à cet ~*** in dieser Beziehung; ***à l'~ de*** gegenüber; ***eu ~ à*** in Anbetracht (*gén*); ***par ~ à*** mit Rücksicht auf (*acc*); ***~s*** *pl* Achtung *f*, Aufmerksamkeit *f*; ***manque*** *m* ***d'~s*** Rücksichtslosigkeit *f*
**égarer** [egare] (*1a*) *personne*: irreleiten; *chose*: verlegen; ***s'~*** sich verirren; *du sujet*: abschweifen
**égayer** [egɛje] (*1i*) erheitern; *chose*: beleben
**églantine** [eglɑ̃tin] *f* wilde Rose *f*, Heckenrose *f*
**église** [egliz] *f* Kirche *f*
**égocentrique** [egɔsɑ̃trik] egozentrisch
**égo|ïsme** [egɔismə] *m* Egoismus *m*; **~ïste 1.** *adj* egoistisch; **2.** *m*, *f* Egoist (-in) *m(f)*
**égorger** [egɔrʒe] (*1l*) die Kehle durchschneiden (***qn*** j-m); *fig* schröpfen
**égosiller** [egozije] (*1a*) ***s'~*** sich heiser schreien
**égout** [egu] *m* (Abwasser-)Kanal *m*
**égoutter** [egute] (*1a*) abtropfen lassen
**égratign|er** [egratiɲe] (*1a*) zerkratzen; ***s'~*** sich aufkratzen; **~ure** [-yr] *f* Kratzwunde *f*, Schramme *f*
**égrener** [egrəne] (*1d*) *épi*: auskörnen; *grappe*: abbeeren
**Égypte** [eʒipt] *f* ***l'~*** Ägypten *n*
**égypt|ien**, **~ienne** [eʒipsjɛ̃, -jɛn] **1.** *adj* ägyptisch; **2.** **♀**, ***♀ne*** *m*, *f* Ägypter(in) *m(f)*
**éhonté**, **~e** [eõte] schamlos
**éjecter** [eʒɛkte] (*1a*) *tech* ausstoßen; F *personne*: rausschmeißen
**élaborer** [elabɔre] (*1a*) ausarbeiten
**élaguer** [elage] (*1m*) *arbre*: beschneiden
**élan** [elɑ̃] *m* **1.** Schwung *m*; *sports*: Anlauf *m*; *de tendresse*, *générosité*: Anwandlung *f*; *vivacité* Begeisterung *f*, Schwung *m*; **2.** *zo* Elch *m*
**élancer** [elɑ̃se] (*1k*) **1.** *méd* heftig stechen; **2.** ***s'~*** hervor-, losstürzen; *fig* sich emporschwingen; *tour*: emporragen
**élargir** [elarʒir] (*2a*) verbreitern; *vêtement*: weiter machen; *débat*: ausweiten
**élasticité** [elastisite] *f* Elastizität *f*
**élastique** [elastik] **1.** *adj* elastisch; **2.** *m* Gummiband *n*
**Elbe** [ɛlb] *f géogr* **1.** *fleuve* ***l'~*** die Elbe; **2.** ***l'île*** *f* ***d'~*** Elba *n*
**élec|teur**, **~trice** [elɛktœr, -tris] *m*, *f* Wähler(in) *m(f)*
**élection** [elɛksjõ] *f* Wahl *f*; ***~s*** *f/pl* ***européennes*** Europawahlen *f/pl*

**élector|al**, **~ale** [elɛktɔral] (*m/pl -aux*) Wahl…; **~at** [-a] *m droit*: Wahlrecht *n*; *personnes*: Wählerschaft *f*, Wähler *m/pl*
**électri|cien** [elɛktrisjɛ̃] *m* Elektriker *m*; **~cité** [-site] *f* Elektrizität *f*; **~fication** [-fikɑsjõ] *f* Elektrifizierung *f*; **~fier** [-fje] (*1a*) elektrifizieren
**électrique** [elɛktrik] elektrisch
**électro|-aimant** [elɛktrɔɛmɑ̃] *m* (*pl électro-aimants*) Elektromagnet *m*; **~cardiogramme** [-kardjɔgram] *m méd* Elektrokardiogramm *n* (*abr* EKG); **~cuter** [-kyte] (*1a*) durch e-n elektrischen Schlag töten; **~ménager** [-menaʒe] ***appareils*** *m/pl* **~s** elektrische Haushaltsgeräte *n/pl*
**électronic|ien**, **~ienne** [elɛktrɔnisjɛ̃, -jɛn] *m*, *f* Elektroniker(in) *m*(*f*)
**électronique** [elɛktrɔnik] **1.** *adj* elektronisch; **2.** *f* Elektronik *f*
**électrophone** [elɛktrɔfɔn] *m* Plattenspieler *m*
**éléġ|ance** [elegɑ̃s] *f* Eleganz *f*; **~ant**, **~ante** [elɛgɑ̃, -ɑ̃t] elegant
**élément** [elemɑ̃] *m* Element *n*; *composante* Bestandteil *m*; **~s** *pl rudiments* Grundbegriffe *m/pl*
**élémentaire** [elemɑ̃tɛr] elementar, Grund…
**éléphant** [elefɑ̃] *m zo* Elefant *m*
**élevage** [elvaʒ] *m* Züchtung *f*, Zucht *f*; **~** (***du bétail***) Viehzucht *f*; **~ *en batterie*** Massentierhaltung *f*
**élévation** [elevasjõ] *f* Erhebung *f*, Erhöhung *f* (*a fig*); *niveau*: Anstieg *m*
**élev|é**, **~ée** [elve] hoch gelegen; *prix*: hoch; *fig* erhaben; ***bien* ~(*e*)** wohlerzogen; ***mal* ~(*e*)** ungezogen; **~er** (*1d*) *v/t lever* (er)heben; *niveau*: erhöhen; *statue*, *bâtiment*: errichten; *enfants*: aufziehen; *animaux*: züchten; ***s'~*** *tour*, *cri*: sich erheben; *niveau*: ansteigen; ***s'~ contre qn*** gegen j-n auftreten; *frais*: ***s'~ à*** sich belaufen auf (*acc*); **~eur**, **~euse** *m*, *f* Viehzüchter(in) *m*(*f*)
**élève** [elɛv] *m*, *f* Schüler(in) *m*(*f*)
**éligible** [eliʒiblə] wählbar
**élimé**, **~e** [elime] abgetragen
**élimin|atoire** [eliminatwar] *f* Ausscheidungswettkampf *m*; **~er** (*1a*) *obstacle*: beseitigen, entfernen: *math*, *chim* eliminieren; *personne*: ausschalten; *sports*: ***être éliminé*** ausscheiden (müssen)
**élire** [elir] (*4x*) wählen
**élite** [elit] *f* Auslese *f*, Elite *f*
**elle(s)** [ɛl] *f*/(*pl*) sie
**élocution** [elɔkysjõ] *f* Sprech-, Redeweise *f*
**éloge** [elɔʒ] *m* Lob(rede) *n*(*f*); ***faire l'~ de qn, qc*** j-n loben, etw (*acc*) preisen
**éloigné**, **~e** [elwaɲe] fern, entfernt
**éloign|ement** [elwaɲmɑ̃] *m* Entfernung *f*; **~er** (*1a*) wegnehmen, entfernen; *temporel*: auf-, hinausschieben; ***s'~*** sich entfernen (***de*** von); *amis*: sich entfremden
**élongation** [elõgasjõ] *f méd* Zerrung *f*
**éloquence** [elɔkɑ̃s] *f* Beredsamkeit *f*
**éloqu|ent**, **~ente** [ɛlɔkɑ̃, -ɑ̃t] beredt
**élu**, **~e** **1.** *p/p d'**élire***; **2.** *m*, *f fig* Auserwählte(r) *f*(*m*); *pol* Abgeordnete(r) *m*, *f*
**élucider** [elyside] (*1a*) (auf)klären
**élucubrations** [elykybrasjõ] *f/pl* Hirngespinste *n/pl*
**éluder** [elyde] (*1a*) *fig* umgehen
**émacié**, **~e** [emasje] abgezehrt
**e-mail** [imɛl] *m EDV* E-Mail *f*; ***adresse*** *f* **~** E-Mail-Adresse *f*; ***par*** **~** per E-Mail; ***envoyer un ~ à qn*** j–m e–e E-Mail schicken, j–m mailen
**émail** [emaj] *m* (*pl émaux*) Email *n*; *dents*: Zahnschmelz *m*
**émancip|ation** [emɑ̃sipasjõ] *f* Befreiung *f*; *rôle social*: Emanzipation *f*; **~er** (*1a*) *v/t* befreien; ***s'~*** sich befreien; *rôle social*: sich emanzipieren
**émaner** [emane] (*1a*) *chaleur*, *lumière*: ausgehen (***de*** von); *fig* herrühren (***de*** von)
**emball|age** [ɑ̃balaʒ] *m* Verpackung *f*; **~ *sous vide*** Vakuumverpackung *f*; **~er** (*1a*) ein-, verpacken; F *fig* begeistern; ***s'~*** *moteur*: aufheulen; F *fig* sich begeistern
**embarca|dère** [ɑ̃barkadɛr] *m mar* Anlegestelle *f*; **~tion** *f* (kleines) Boot *n*
**embargo** [ɑ̃bargo] *m* Embargo *n*, Handelssperre *f*
**embarqu|ement** [ɑ̃barkəmɑ̃] *m cargaison*: Verschiffung *f*, Verladung *f*; *passagers*: Anbordgehen *n*, Einsteigen *n*; **~er** (*1m*) *v/t* einschiffen; *v/i od* ***s'~*** an Bord gehen; F ***s'~ dans*** sich einlassen auf, in (*acc*)
**embarras** [ɑ̃bara] *m* schwierige Lage *f*,

Notlage *f*; *gêne* Verlegenheit *f*, Verwirrung *f*; **~ *d'argent*** Geldverlegenheit *f*, -klemme *f*; ***faire des* ~** Umstände machen

**embarrass|ant**, **~ante** [ɑ̃barasɑ̃, -ɑ̃t] peinlich; **~é**, **~ée** *troublé* verlegen, betreten; **~er** (*1a*) *être incommode* behindern, stören; *troubler* in Verlegenheit bringen

**embauch|age** [ɑ̃boʃaʒ] *m* An-, Einstellung *f*; **~er** (*1a*) an-, einstellen

**embaumer** [ɑ̃bome] (*1a*) *corps*: einbalsamieren; *lieu*: mit Duft erfüllen; **~ *la lavande*** nach Lavendel duften

**embellir** [ɑ̃bɛlir] (*1a*) *v/t* verschönern; *v/i* schöner werden

**embêt|ant**, **~ante** [ɑ̃bɛtɑ̃, -ɑ̃t] F *ennuyeux* langweilig; *contrariant* ärgerlich; **~ement** [-mɑ̃] F *m* Ärger *m*; **~er** F (*1a*) *ennuyer* langweilen; *agacer* ärgern; ***s'*~** sich langweilen

**emblée** [ɑ̃ble] ***d'*~** sofort, ohne weiteres

**emblème** [ɑ̃blɛm] *m* Sinnbild *n*, Emblem *n*

**emboîter** [ɑ̃bwate] (*1a*) ineinanderfügen; **~ *le pas à qn*** j-m auf dem Fuße folgen

**embonpoint** [ɑ̃bɔ̃pwɛ̃] *m* Körperfülle *f*

**embouchure** [ɑ̃buʃyr] *f géogr* Mündung *f*; *mus* Mundstück *n*

**embourber** [ɑ̃burbe] (*1a*) ***s'*~** im Morast stecken bleiben

**embouteill|age** [ɑ̃butɛjaʒ] *m* Verkehrsstau *f*; **~er** (*1b*) *rue*: verstopfen

**emboutir** [ɑ̃butir] (*2a*) eindrücken, zerbeulen

**embranchement** [ɑ̃brɑ̃ʃmɑ̃] *m* Ab-, Verzweigung *f*

**embrasser** [ɑ̃brase] (*1a*) küssen; *étreindre* umarmen; *période*, *thème*: umfassen; *st/s métier*: ergreifen; **~ *du regard*** überblicken

**embrasure** [ɑ̃brɑzyr] *f* Tür-, Fensteröffnung *f*

**embrayage** [ɑ̃brɛjaʒ] *m auto* Kupplung *f*

**embrouiller** [ɑ̃bruje] (*1a*) *choses*: durcheinanderbringen; *personne*: verwirren; ***s'*~** sich nicht mehr zurechtfinden

**embruns** [ɑ̃brɛ̃, -œ̃] *m/pl mar* Gischt *f*

**embryon** [ɑ̃brijɔ̃] *m* Embryo *m*

**embûches** [ɑ̃byʃ] *f/pl fig* Fallen *f/pl*, Fallstricke *m/pl*

**embuer** [ɑ̃bɥe] (*1a*) *vitre*: beschlagen

**embuscade** [ɑ̃buskad] *f* Hinterhalt *m*

**éméché**, **~e** [emeʃe] F beschwipst

**émeraude** [ɛmrod] **1.** *f* Smaragd *m*; **2.** *adj* smaragden

**émerger** [emɛrʒe] (*1l*) auftauchen

**émeri** [emri] *m* Schmirgel *m*; ***papier* (*d'*)~** Schmirgelpapier *n*

**émerveiller** [emɛrvɛje] (*1a*) in Verwunderung versetzen; ***s'*~** staunen (***de*** über)

**émetteur** [emɛtœr] *m radio*: Sender *m*

**émettre** [emɛtrə] (*4p*) *radiations*: aussenden; *radio*, *tél*, *TV*: ausstrahlen, senden; *opinion*: äußern; *comm action*: ausgeben; *emprunt*: auflegen; **~ *sur ondes courtes*** auf Kurzwelle senden

**émeute** [emøt] *f* Aufruhr *m*

**émietter** [emjɛte] (*1b*) zerkrümeln

**émigration** [emigrɑsjɔ̃] *f* Auswanderung *f*, Emigration *f*

**émigr|é**, **~ée** [emigre] *m*, *f* Emigrant(in) *m*(*f*); **~er** (*1a*) auswandern, emigrieren

**émin|ence** [eminɑ̃s] *f* **1.** *colline* Anhöhe *f*; **2.** ♀ Eminenz *f*; **~ent**, **~ente** [-ɑ̃, -ɑ̃t] hervorragend, außerordentlich

**émiss|aire** [emisɛr] *m* Geheimbote *m*; **~ion** *f* Ausstrahlen *n*; *radio*, *TV*, *tél*: Sendung *f*; *comm* Ausgabe *f*

**emmagasiner** [ɑ̃magazine] (*1a*) speichern, lagern

**emmêler** [ɑ̃mɛle] (*1a*) *fils*: verwirren; *fig* komplizieren, durcheinanderbringen

**emménager** [ɑ̃menaʒe] (*1l*) **~ *dans*** einziehen in (*acc*)

**emmener** [ɑ̃mne] (*1d*) mitnehmen

**emmerder** [ɑ̃mɛrde] (*1a*) P **~ *qn*** j-n nerven, j-m auf den Geist *od* auf den Wecker gehen; P ***s'*~** sich zu Tode langweilen

**emmitoufler** [ɑ̃mitufle] (*1a*) einmumme(l)n; ***s'*~** sich einmumme(l)n

**émoi** [emwa] *m* Aufregung *f*

**émoluments** [emɔlymɑ̃] *m/pl* Dienstbezüge *m/pl*, Gehalt *n*

**émoticon** [emɔtikɔn] *m EDV* Emoticon *n*

**émot|if**, **~ive** [emɔtif, -iv] Gefühls…; *personne*: überempfindlich

**émotion** [emosjɔ̃] *f* Auf-, Erregung *f*, Emotion *f*; *attendrissement* Rührung *f*

**émousser** [emuse] (*1a*) stumpf machen; *fig* abstumpfen
**émouvoir** [emuvwar] (*3d*) *toucher* ergreifen, rühren, bewegen; ***s'~*** sich erregen; gerührt sein
**empailler** [ɑ̃paje] (*1a*) *animal*: ausstopfen
**empaqueter** [ɑ̃pakte] (*1c*) einpacken
**emparer** [ɑ̃pare] (*1a*) ***s'~ de qc*** sich e-r Sache (*gén*) bemächtigen; *doute*, *peur*: ***s'~ de qn*** j-n überkommen, überfallen
**empâter** [ɑ̃pɑte] (*1a*) ***s'~*** dicker werden
**empêchement** [ɑ̃pɛʃmɑ̃] *m* Hindernis *n*, Hinderungsgrund *m*
**empêcher** [ɑ̃pɛʃe] (*1b*) hindern; ***~ qc*** etw verhindern; ***~ qn de faire qc*** j-n daran hindern, etw zu tun; ***~ que*** (+ *subj*) verhindern, dass; ***(il) n'empêche que*** trotzdem, und doch; ***ne (pas) pouvoir s'~ de faire qc*** nicht umhinkönnen, etw zu tun, etw unbedingt tun müssen
**empereur** [ɑ̃prœr] *m* Kaiser *m*
**empeser** [ɑ̃pəze] (*1d*) *linge*: stärken
**empester** [ɑ̃pɛste] (*1a*) verpesten; stinken (***qc*** nach etw)
**empêtrer** [ɑ̃pɛtre] (*1b*) ***s'~ dans*** sich verwickeln in (*dat*)
**emphase** [ɑ̃fɑz] *f* Pathos *n*, Emphase *f*
**empiéter** [ɑ̃pjete] (*1f*) ***~ sur*** vordringen in (*acc*); übergreifen auf (*acc*)
**empiffrer** [ɑ̃pifre] (*1a*) F ***s'~*** sich vollstopfen, sich den Bauch vollschlagen
**empiler** [ɑ̃pile] (*1a*) aufstapeln
**empire** [ɑ̃pir] *m* Reich *n*, Kaiserreich *n*; *fig* Einfluss *m*
**empirer** [ɑ̃pire] (*1a*) *v/i* sich verschlechtern, verschlimmern
**empirique** [ɑ̃pirik] empirisch
**emplacement** [ɑ̃plasmɑ̃] *m* Platz *m*, Stelle *f*, Ort *m*
**emplette** [ɑ̃plɛt] *f* Einkauf *m*; ***faire des ~s*** einkaufen
**emplir** [ɑ̃plir] (*2a*) *st/s v/t* füllen; ***s'~*** sich füllen (***de*** mit)
**emploi** [ɑ̃plwa] *m* **1.** *utilisation* Gebrauch *m*, Verwendung *f*; ***~ du temps*** Zeit-, Stundenplan *m*; **2.** *écon* Beschäftigung *f*, Anstellung *f*, Arbeitsplatz *m*; ***plein ~*** Vollbeschäftigung *f*
**employ|é, ~ée** [ɑ̃plwaje] *m*, *f* Angestellte(r) *m*, *f*; **~er** (*1h*) verwenden, gebrauchen; *personnel*: beschäftigen; ***s'~ à faire qc*** sich bemühen, etw zu tun; **~eur** *m* Arbeitgeber *m*
**empocher** [ɑ̃pɔʃe] (*1a*) in die Tasche stecken
**empoigner** [ɑ̃pwaɲe] (*1a*) ergreifen, packen
**empoisonner** [ɑ̃pwazɔne] (*1a*) vergiften
**emporter** [ɑ̃pɔrte] (*1a*) mitnehmen; *prisonnier*, *blessé*: wegbringen; *courant*, *tempête*: fortreißen; *entraîner* mitreißen; *arracher* wegreißen; *maladie*: hinwegraffen; ***l'~*** den Sieg davontragen; sich durchsetzen; ***l'~ sur qn, qc*** die Oberhand gewinnen über j-n, etw; ***s'~*** (zornig) aufbrausen
**empreinte** [ɑ̃prɛ̃t] *f* Abdruck *m*; *fig* Gepräge *n*; ***~ digitale*** Fingerabdruck *m*
**empress|ement** [ɑ̃prɛsmɑ̃] *m* Eifer *m*; **~er** (*1b*) ***s'~ de faire qc*** sich beeilen, etw zu tun; ***s'~ auprès de qn*** sich um j-n bemühen
**emprise** [ɑ̃priz] *f* Einfluss *m*, Macht *f*
**emprisonn|ement** [ɑ̃prizɔnmɑ̃] *m* Haft(strafe) *f*; **~er** (*1a*) einsperren
**emprunt** [ɑ̃prɛ̃, -œ̃] *m somme empruntée* entliehenes Geld *n*; *comm* Anleihe *f*, Darlehen *n*
**emprunt|é, ~ée** [ɑ̃prɛ̃te, -prœ̃-] *fig* unbeholfen; **~er** (*1a*) **1.** ***~ qc à qn*** sich etw von j-m leihen, borgen; *comm* ***~ de l'argent*** Geld aufnehmen; **2.** *chemin*, *escalier*: benutzen
**ému, ~e** [emy] *p/p* d'émouvoir *u adj* gerührt, ergriffen
**émulation** [emylasjõ] *f* Wetteifer *m*
**en**[1] [ɑ̃] *prép* **1.** *lieu*: in (*dat*); *direction*: in (*acc*) *od pays*: nach; ***~ France*** in, nach Frankreich; ***~ ville*** in der (die) Stadt; **2.** *temps*: ***~ 1789*** (***~ l'an 1789***) im Jahre 1789; ***~ été*** im Sommer; ***~ 15 jours*** binnen, innerhalb von 14 Tagen; *avec gérondif* (*souvent avec* ***tout***): ***~ mangeant*** beim Essen; **3.** *mode*: ***agir ~ ami*** als Freund handeln; ***~ cercle*** im Kreis; ***~ vente*** zum Verkauf; ***~ français*** auf französisch; *avec gérondif* ***~ forgeant*** durch das Schmieden, indem man schmiedet; ***~ voiture, avion*** mit dem Wagen, Flugzeug; **4.** *matière*: aus; ***~ or*** aus Gold; **5.** *après verbes, adj u subst*: ***croire ~ Dieu*** an Gott glauben; ***riche ~ qc*** reich an etw (*dat*); ***avoir confiance ~ qn*** Vertrauen zu

j-m haben

**en²** [ɑ̃] *adv u pron* **1.** *provenance*: ***j'~ viens*** ich komme von dort; **2.** *fig*: ***qu'~ pensez-vous?*** was halten Sie davon?; ***c'~ est fait*** es ist geschehen, es ist aus damit; ***qu'~ dites-vous?*** was sagen Sie dazu?; **3.** ***il y ~ a deux*** es sind (*ihrer*) zwei; ***il n'y ~ a plus*** es sind keine mehr da; ***j'~ ai*** ich habe welche; ***j'~ ai cinq*** ich habe fünf (davon); ***qui ~ est le propriétaire?*** wer ist sein (*od* der) Besitzer?; **4.** *cause*: ***je n'~ suis pas plus heureux*** ich bin darum nicht glücklicher; ***il ~ est mort*** er ist daran gestorben

**ENA** *f abr* ***École nationale d'administration*** staatliche frz. Elitehochschule für Verwaltung

**encadrer** [ɑ̃kadre] (*1a*) *tableau*: einrahmen; *fig* umrahmen; *personne*: flankieren

**encaiss|e** [ɑ̃kɛs] *f* Kassenbestand *m*; **~er** (*1b*) *comm* einkassieren; *chèque*: einlösen; *fig* einstecken, hinnehmen (müssen)

**en-cas** [ɑ̃kɑ] *m* (*pl unv*) *cuis* kalter Imbiss *m*

**encastrer** [ɑ̃kastre] (*1a*) *tech* einpassen, einfügen, einbauen

**encaustique** [ɑ̃kostik] *f* Bohnerwachs *n*

**enceinte¹** [ɑ̃sɛ̃t] schwanger

**enceinte²** [ɑ̃sɛ̃t] *f mur* Ringmauer *f*, Umwallung *f*; *espace* Bereich *m*; **~ (*acoustique*)** Lautsprecherbox *f*

**encens** [ɑ̃sɑ̃] *m* Weihrauch *m*

**encens|er** [ɑ̃sɑ̃se] (*1a*) beweihräuchern; **~oir** [-war] *m* Weihrauchgefäß *n*

**encercl|ement** [ɑ̃sɛrkləmɑ̃] *m* Einkreisung *f*; **~er** (*1a*) einkreisen, umzingeln

**enchaîn|ement** [ɑ̃ʃɛnmɑ̃] *m* Verkettung *f*; *rapport* Zusammenhang *m*; **~er** (*1b*) *chien*: anketten; *prisonnier*: fesseln; *fig pensées*, *faits*: verknüpfen, verbinden

**enchant|é, ~ée** [ɑ̃ʃɑ̃te] entzückt; ***~!*** sehr erfreut!; **~ement** [-mɑ̃] *m* Entzücken *n*; *magie* Zauber *m*; **~er** (*1a*) *ravir* entzücken; *ensorceler* bezaubern

**enchère** [ɑ̃ʃɛr] *f* höheres Angebot *n*; ***vente*** *f* ***aux ~s*** Versteigerung *f*, Auktion *f*; ***mettre*** (***vendre***) ***aux ~s*** versteigern

**enchérir** [ɑ̃ʃerir] (*2a*) ***~ sur qn*** mehr bieten als j

**enchevêtrer** [ɑ̃ʃ(ə)vɛtre] (*1b*) *fig* durcheinanderbringen, verwirren

**enclave** [ɑ̃klav] *f* Enklave *f*

**enclencher** [ɑ̃klɑ̃ʃe] (*1a*) in Gang setzen

**encl|in, ~ine** [ɑ̃klɛ̃, -in] ***être ~ à*** neigen zu

**enclos** [ɑ̃klo] *m* umzäunter Platz *m*

**enclume** [ɑ̃klym] *f* Amboss *m*

**encoche** [ɑ̃kɔʃ] *f* Kerbe *f*

**encoller** [ɑ̃kɔle] (*1a*) leimen

**encolure** [ɑ̃kɔlyr] *f* Hals *m* (*bei Tieren*); *tour de cou* Kragenweite *f*

**encombr|ant, ~ante** [ɑ̃kɔ̃brɑ̃, -ɑ̃t] sperrig; *fig* lästig; **~ement** [-əmɑ̃] *m* Gedränge *n*; *trafic*: Verkehrsstau(ung) *m*(*f*); **~er** (*1a*) *rue*, *passage*: versperren; *rue*: verstopfen; *classe*, *marché*: überfüllen; ***s'~ de*** sich belasten mit

**encontre** [ɑ̃kɔ̃trə] ***à l'~ de*** im Gegensatz zu, entgegen

**encorbellement** [ɑ̃kɔrbɛlmɑ̃] *m arch* Erker *m*

**encore** [ɑ̃kɔr] **1.** *adv* (immer) noch; *de nouveau* nochmals, wieder; *restriction*, *avec inversion*: allerdings, freilich; **2.** *conj* ***~ que*** (+ *subj*) obgleich

**encourager** [ɑ̃kuraʒe] (*1l*) ermutigen; *projet*, *entreprise*: fördern

**encourir** [ɑ̃kurir] (*2i*) *litt* ***~ qc*** sich (*dat*) etw zuziehen

**encrasser** [ɑ̃krase] (*1a*) verschmutzen

**encr|e** [ɑ̃krə] *f* Tinte *f*; **~ier** [-ije] *m* Tintenfass *n*

**encroûter** [ɑ̃krute] (*1a*) ***s'~*** *fig* abstumpfen

**encyclopédie** [ɑ̃siklɔpedi] Enzyklopädie *f*

**endetter** [ɑ̃dɛte] (*1b*) ***s'~*** Schulden machen

**endiablé, ~e** [ɑ̃djable] *fig* leidenschaftlich, wild

**endiguer** [ɑ̃dige] (*1m*) eindeichen

**endimanché, ~e** [ɑ̃dimɑ̃ʃe] im Sonntagsstaat

**endive** [ɑ̃div] *f bot*, *cuis* Chicorée *f*

**endoctriner** [ɑ̃dɔktrine] (*1a*) indoktrinieren

**endommager** [ɑ̃dɔmaʒe] (*1l*) beschädigen

**endorm|i, ~ie** [ɑ̃dɔrmi] schläfrig; *fig* träge; **~ir** (*2b*) einschläfern; *douleur*:

betäuben; ***s'~*** einschlafen
**endosser** [ɑ̃dose] (*1a*) *vêtement*: anziehen; *responsabilité*: auf sich (*acc*) nehmen; *chèque*: indossieren
**endroit** [ɑ̃drwa] *m* **1.** *lieu* Ort *m*; *place* Platz *m*; *d'un objet*, *du corps*: Stelle *f*; **2.** *étoffe*: rechte Seite *f*
**enduire** [ɑ̃dɥir] (*4c*) be-, überstreichen (***de*** mit)
**enduit** [ɑ̃dɥi] *m* Überzug *m*
**endurance** [ɑ̃dyrɑ̃s] *f* Ausdauer *f*
**endurc|ir** [ɑ̃dyrsir] (*2a*) abhärten; *fig* abstumpfen; **~issement** [-ismɑ̃] *m* Abstumpfung *f*; *du cœur*: Verhärtung *f*
**endurer** [ɑ̃dyre] (*1a*) ertragen
**énerg|étique** [enɛrʒetik] Energie...; **~ie** [-i] *f* Energie *f*; *personne*: Tatkraft *f*, Energie *f*; **~ique** energisch, tatkräftig
**énerv|ant**, **~ante** [enɛrvɑ̃, -ɑ̃t] nervenaufreibend; **~é**, **~ée** *agacé* erregt; *agité* nervös; **~er** (*1a*) *v/t agacer* erregen; *agiter* nervös machen; ***s'~*** sich aufregen
**enfance** [ɑ̃fɑ̃s] *f* Kindheit *f*
**enfant** [ɑ̃fɑ̃] *m od f* Kind *n*
**enfant|illage** [ɑ̃fɑ̃tijaʒ] *m* Kinderei *f*; **~in**, **~ine** kindlich; *puéril* kindisch; *très simple* kinderleicht
**enfer** [ɑ̃fɛr] *m* Hölle *f* (*a fig*)
**enfermer** [ɑ̃fɛrme] (*1a*) einschließen, einsperren; ***s'~*** sich einschließen
**enfiler** [ɑ̃file] (*1a*) *aiguille*: einfädeln; *perles*: aufreihen; *vêtement*: hineinschlüpfen in (*acc*); *rue*: rasch einbiegen in (*acc*)
**enfin** [ɑ̃fɛ̃] *finalement* endlich, schließlich; *bref* kurz gesagt; ***~, on verra*** nun, wir werden ja sehen
**enflammer** [ɑ̃flame] (*1a*) anzünden; *méd* entzünden; *fig* entflammen, begeistern; ***s'~*** Feuer fangen (*a fig*); *méd* sich entzünden
**enfl|er** [ɑ̃fle] (*1a*) *membre*: anschwellen; **~ure** [-yr] *f* Schwellung *f*
**enfoncer** [ɑ̃fõse] (*1k*) **1.** *clou*: einschlagen (***dans*** in *acc*); *porte*: eindrücken, einschlagen, aufbrechen; *pieu*: einrammen; **2.** *vase*, *sable*: einsinken; ***s'~*** untergehen, versinken; *avancer* vordringen (***dans*** in *acc*)
**enfouir** [ɑ̃fwir] (*2a*) vergraben
**enfourcher** [ɑ̃furʃe] (*1a*) *cheval*, *bicyclette*: besteigen
**enfourner** [ɑ̃furne] (*1a*) in den Ofen schieben; F *fig avaler* verschlingen
**enfreindre** [ɑ̃frɛ̃drə] (*4b*) übertreten, zuwiderhandeln (*dat*)
**enfuir** [ɑ̃fɥir] (*2d*) ***s'~*** (ent)fliehen
**engagé**, **~e** [ɑ̃gaʒe] **1.** *adj* engagiert; **2.** *m mil* Freiwillige(r) *m*
**engagement** [ɑ̃gaʒmɑ̃] *m personnel*: An-, Einstellung *f*; *obligation* Verpflichtung *f*; *théâtre*: Engagement *n*; *mise en gage* Verpfändung *f*
**engager** [ɑ̃gaʒe] (*1l*) *lier* verpflichten (***à qc*** zu etw); *personnel*: einstellen; *tech faire entrer* einfügen, einführen; *bataille*, *discussion*: *commencer* beginnen; *entraîner* verwickeln (***dans*** in *acc*); ***~ qn à faire qc*** j-n veranlassen, etw zu tun; ***s'~*** *se lier* sich verpflichten (***à faire qc*** etw zu tun); *s'amorcer* beginnen; *mil* sich freiwillig melden; ***s'~ dans qc*** sich auf etw (*acc*) einlassen; ***s'~ dans une rue*** in e-e Straße einbiegen
**engelure** [ɑ̃ʒlyr] *f* Frostbeule *f*
**engendrer** [ɑ̃ʒɑ̃dre] (*1a*) *fig* verursachen, erzeugen
**engin** [ɑ̃ʒɛ̃] *m* Gerät *n*; *mil* Rakete *f*; F *péj* Ding *n*
**englober** [ɑ̃glɔbe] (*1a*) umfassen
**engloutir** [ɑ̃glutir] (*2a*) verschlingen
**engorger** [ɑ̃gɔrʒe] (*1l*) verstopfen
**engouement** [ɑ̃gumɑ̃] *m* Begeisterung *f*, Schwärmerei *f*
**engouffrer** [ɑ̃gufre] (*1a*) verschlingen; ***s'~ dans*** *eau*, *fig foule*: sich ergießen in (*acc*)
**engourdir** [ɑ̃gurdir] (*2a*) gefühllos machen; ***s'~*** gefühllos werden
**engrais** [ɑ̃grɛ] *m* Dünger *m*, Dung *m*
**engraisser** [ɑ̃grɛse] (*1b*) *bétail*: mästen
**engrenage** [ɑ̃grənaʒ] *m tech* Getriebe *n*
**engueuler** [ɑ̃gœle] P (*1a*) anschnauzen
**énigmatique** [enigmatik] rätselhaft
**énigme** [enigmə] *f* Rätsel *n*
**enivr|ement** [ɑ̃nivrəmɑ̃] *m fig* Rausch *m*; **~er** (*1a*) berauschen; *fig a* betören; *fig* ***s'~ de qc*** in etw (*dat*) schwelgen
**enjamb|ée** [ɑ̃ʒɑ̃be] *f* (großer, langer) Schritt *m*; **~er** (*1a*) überschreiten, -springen; *pont*: überspannen
**enjeu** [ɑ̃ʒø] *m* (*pl -x*) Einsatz *m*
**enjoindre** [ɑ̃ʒwɛ̃drə] (*4b*) ***~ qc à qn*** j-m etw einschärfen, ausdrücklich befeh-

len
**enjoliv|er** [ɑ̃ʒɔlive] (*1a*) verzieren; **~eur** *m auto* Radkappe *f*
**enjoué**, **~e** [ɑ̃ʒwe] munter, heiter
**enlacer** [ɑ̃lase] (*1k*) umranken, umschlingen; *étreindre* umarmen
**enlaidir** [ɑ̃ledir] (*2a*) verunstalten, verschandeln
**enlèvement** [ɑ̃lɛvmɑ̃] *m rapt* Entführung *f*
**enlever** [ɑ̃lve] (*1d*) *faire disparaître* entfernen, beseitigen; *emporter* mitnehmen, abtransportieren, wegschaffen; *déblais*, *ordures a*: abfahren; *vêtement*: ausziehen; *détourner* entführen; **~ *qc à qn*** j-m etw wegnehmen
**enliser** [ɑ̃lize] (*1a*) ***s'~*** versinken
**enluminure** [ɑ̃lyminyr] *f* Buch-, Miniaturmalerei *f*
**enneig|é**, **~ée** [ɑ̃nɛʒe] verschneit
**ennemi**, **~e** [ɛnmi] **1.** *m*, *f* Feind(in) *m*(*f*); **2.** *adj* feindlich
**ennoblir** [ɑ̃nɔblir] (*2a*) adeln (*fig*)
**ennui** [ɑ̃nɥi] *m* **1.** Langeweile *f*; **2.** *le plus souvent au pl* **~s** Ärger *m*, Unannehmlichkeiten *f*/*pl*, Verdruss *m*
**ennuyer** [ɑ̃nɥije] (*1h*) *énerver* ärgern, auf die Nerven fallen (***qn*** j-m); *lasser* langweilen; *inquiéter* beunruhigen; ***s'~*** sich langweilen
**ennuy|eux**, **~euse** [ɑ̃nɥijø, -øz] *désagréable* lästig, unangenehm; *monotone* langweilig
**énonc|é** [enɔ̃se] *m* Wortlaut *m*; **~er** (*1k*) ausdrücken
**enorgueillir** [ɑ̃nɔrgœjir] (*2a*) ***s'~ de qc*** auf etw (*acc*) stolz sein
**énorm|e** [enɔrm] enorm, gewaltig; **~ément** [-emɑ̃] *adv* enorm, gewaltig; F **~ *de*** ungeheuer viel(e)
**enquérir** [ɑ̃kerir] (*2l*) *st*/*s* ***s'~ de*** sich erkundigen nach
**enquête** [ɑ̃kɛt] *f* Untersuchung *f*; *sondage d'opinion* Umfrage *f*, Befragung *f*, Erhebung *f*; *jur* Ermittlungen *f*/*pl*, Beweisaufnahme *f*
**enraciné**, **~e** [ɑ̃rasine] tief verwurzelt
**enragé**, **~e** [ɑ̃raʒe] *méd* tollwütig; *fig* fanatisch
**enrayer** [ɑ̃rɛje] (*1i*) aufhalten, stoppen
**enregistr|ement** [ɑ̃rəʒistrəmɑ̃] *m administration*: Eintragung *f*, Registrierung *f*; *disques*: Aufnahme *f*; *avion*: Einchecken *n*; **~ *des bagages*** Gepäckaufgabe *f*, -annahme *f*; **~er** (*1a*) eintragen, registrieren; *disques*: aufnehmen; ***faire ~*** *bagages*: aufgeben; **~eur** *m tech* **~ (*de*) *DVD*** DVD-Rekorder *m*; *aviat* **~ *de vol*** Flugschreiber *m*
**enrhum|é**, **~ée** [ɑ̃ryme] verschnupft, erkältet; **~er** (*1a*) ***s'~*** sich e-n Schnupfen holen, sich erkälten
**enrichir** [ɑ̃riʃir] (*2a*) reich machen; *esprit*, *collection*: bereichern; ***s'~*** reich werden; *péj* sich bereichern
**enrou|é**, **~ée** [ɑ̃rwe] heiser; **~er** (*1a*) ***s'~*** heiser werden
**enrouler** [ɑ̃rule] (*1a*) *tapis*: zusammenrollen; *fil*: aufwickeln; **~ *qc autour de*** etw wickeln um
**ensanglanter** [ɑ̃sɑ̃glɑ̃te] (*1a*) mit Blut beflecken
**enseign|ant**, **~ante** [ɑ̃sɛɲɑ̃, -ɑ̃t] *m*, *f* Lehrkraft *f*, Lehrer(in) *m*(*f*)
**enseigne** [ɑ̃sɛɲ] *f* (Laden-, Firmen-) Schild *n*; **~ *lumineuse*** Lichtreklame *f*
**enseign|ement** [ɑ̃sɛɲmɑ̃] *m* Unterricht *m*; *institution*: Unterrichts-, Schulwesen *n*; **~er** (*1a*) **~ *qc à qn*** j-n etw lehren, j-n in etw unterrichten, j-m etw beibringen; **~ *le français*** Französisch unterrichten
**ensemble** [ɑ̃sɑ̃blə] **1.** *adv* zusammen, miteinander; *simultanément* gleichzeitig; ***aller ~*** zueinanderpassen; **2.** *m totalité* Ganze(s) *n*, Gesamtheit *f*; *groupe* Komplex *m*; *mus*, *vêtement*: Ensemble *n*; *math* Menge *f*; ***dans l'~*** insgesamt, im Ganzen; ***vue*** *f* ***d'~*** Gesamtansicht *f*, Übersicht *f*; ***plan*** *m* ***d'~*** Übersichtsplan *m*
**enserrer** [ɑ̃sere] (*1b*) umschließen
**ensevelir** [ɑ̃səvlir] (*2a*) begraben
**ensoleillé**, **~e** [ɑ̃sɔlɛje] sonnig
**ensommeillé**, **~e** [ɑ̃sɔmɛje] verschlafen
**ensorceler** [ɑ̃sɔrsəle] (*1c*) behexen; *fig fasciner* bezaubern, betören
**ensuite** [ɑ̃sɥit] darauf, dann
**ensuivre** [ɑ̃sɥivrə] (*4h*) ***s'~*** sich ergeben (***de*** aus)
**entailler** [ɑ̃taje] (*1a*) einkerben
**entamer** [ɑ̃tame] (*1a*) *pain*: anschneiden; *bouteille*: anbrechen; *tonneau*: anzapfen; *fig* anfangen, beginnen; *négociations*: aufnehmen; *conversation*: anknüpfen; *travail*: sich machen an (*acc*), in Angriff nehmen

**entasser** [ɑ̃tɑse] (*1a*) *choses*: auf-, anhäufen; *personnes*: zusammenpferchen
**entendre** [ɑ̃tɑ̃drə] (*4a*) hören; *témoins*: verhören; *comprendre* verstehen; *vouloir dire* meinen; *st/s* beabsichtigen (***faire qc*** etw zu tun); **~ *que*** (+ *subj*) erwarten, dass; ***laisser*** *od* ***faire ~*** zu verstehen geben; ***s'~*** sich verstehen; ***s'~ avec qn*** gut mit j-m auskommen; *se mettre d'accord* sich mit j-m einigen, verständigen; ***s'~ à qc*** sich auf etw (*acc*) verstehen; ***cela s'entend*** selbstverständlich, das ist klar
**entendu, ~e** [ɑ̃tɑ̃dy] abgemacht; ***bien ~*** natürlich, selbstverständlich
**entente** [ɑ̃tɑ̃t] *f accord* Einvernehmen *n*; Vereinbarung *f*, Absprache *f*, Übereinkunft *f*; *écon* Kartell *n*; *pol* Bündnis *n*, Abkommen *n*
**enterr|ement** [ɑ̃tɛrmɑ̃] *m* Beerdigung *f*; **~er** (*1b*) *personne*: bestatten, beerdigen; *chose*: ein-, vergraben
**en-tête** [ɑ̃tɛt] *m* (*pl en-têtes*) *journal*: Kopf *m*; *lettre*: Briefkopf *m*
**entêt|é, ~ée** [ɑ̃tɛte] eigensinnig, starrköpfig; **~ement** [-mɑ̃] *m* Eigensinn *m*; **~er** (*1b*) ***s'~*** eigensinnig werden; ***s'~ dans*** sich versteifen auf (*acc*); ***s'~ à faire qc*** sich darauf versteifen, etw zu tun
**enthousias|me** [ɑ̃tuzjasmə] *m* Begeisterung *f*; **~mer** (*1a*) begeistern; ***s'~ pour*** sich begeistern für; **~te** [-t] begeistert, enthusiastisch
**enticher** [ɑ̃tiʃe] (*1a*) ***s'~ de*** sich vernarren in (*acc*)
**ent|ier, ~ière** [ɑ̃tje, -jɛr] ganz, vollständig; *caractère*: geradlinig; ***en entier*** ganz; ***lait*** *m* ***entier*** Vollmilch *f*
**entité** [ɑ̃tite] *f* Wesen(heit) *n*(*f*)
**entonner** [ɑ̃tɔne] (*1a*) *chanson*: anstimmen
**entonnoir** [ɑ̃tɔnwar] *m* Trichter *m*
**entorse** [ɑ̃tɔrs] *f méd* Verstauchung *f*; *fig* ***faire une ~ à*** verstoßen gegen
**entortiller** [ɑ̃tɔrtije] (*1a*) *envelopper* einwickeln; **~ *qc autour de*** etw schlingen um
**entour|age** [ɑ̃turaʒ] *m* Umgebung *f*; **~er** (*1a*) **~ *de*** umgeben, umringen mit
**entracte** [ɑ̃trakt] *m* Pause *f*
**entraid|e** [ɑ̃trɛd] *f* gegenseitige Hilfe *f*; **~er** (*1b*) ***s'~*** einander (*dat*) beistehen
**entrailles** [ɑ̃trɑj] *f/pl* Eingeweide *pl*
**entrain** [ɑ̃trɛ̃] *m* Schwung *m*, Begeisterung *f*
**entraîn|ement** [ɑ̃trɛnmɑ̃] *m* **1.** *sports*: Training *n*; **2.** *tech* Antrieb *m*; **~er** (*1b*) **1.** *charrier, emporter* mit sich fortreißen; *fig conséquences*: nach sich ziehen; *personne*: mitreißen, begeistern; *tech* antreiben; *impliquer* mit sich bringen; **~ *qn à faire qc*** j-n veranlassen, etw zu tun; **2.** *sports*: trainieren; ***s'~*** trainieren; **~eur** *m* Trainer *m*
**entrav|e** [ɑ̃trav] *f fig* Hindernis *n*; **~er** (*1a*) hindern, hemmen
**entre** [ɑ̃trə] **1.** *temps et espace*: zwischen (*lieu*: *dat*; *mouvement*: *acc*); *fig* **~ *les mains de qn*** in j-s Händen, in j-s Gewalt; **2.** *parmi* unter (*dat*); ***le meilleur d'~ nous*** der Beste von uns; **~ *autres*** unter anderem; **~ *nous*** unter uns
**entre|bâiller** [ɑ̃trəbɑje] (*1a*) halb öffnen; *porte*: anlehnen; **~choquer** [-ʃɔke] (*1m*) ***s'~*** aneinanderstoßen; **~côte** [-kot] *f* Rippenstück *n*; **~couper** [-kupe] (*1a*) unterbrechen; **~croiser** [-krwaze] (*1a*) (***s'~*** sich) kreuzen
**entrée** [ɑ̃tre] *f lieu d'accès* Eingang *m*; *véhicules*: Einfahrt *f*; *accès au théâtre, cinéma*: Eintritt *m*; *billet* Eintrittskarte *f*; *vestibule* Vorraum *m*; *cuis* Vorspeise *f*; *EDV* Eingabe *f*; ***d'~*** von Anfang an
**entrefilet** [ɑ̃trəfilɛ] *m* Pressenotiz *f*
**entrelacer** [ɑ̃trəlase] (*1k*) ineinander schlingen
**entrelarder** [ɑ̃trəlarde] (*1a*) spicken
**entremêler** [ɑ̃trəmele] (*1b*) **~ *qc de*** etw (ver)mischen mit
**entre|mets** [ɑ̃trəmɛ] *m cuis* Süßspeise *f*; **~mettre** [-mɛtrə] (*4p*) *st/s* ***s'~*** vermitteln; **~mise** [-miz] *f* ***par l'~ de qn*** durch j-s Vermittlung
**entreposer** [ɑ̃trəpoze] (*1a*) (ein)lagern
**entrepôt** [ɑ̃trəpo] *m* Lager(haus) *n*
**entrepren|ant, ~ante** [ɑ̃trəprənɑ̃, -ɑ̃t] unternehmungslustig
**entre|prendre** [ɑ̃trəprɑ̃drə] (*4q*) unternehmen; **~preneur** [-prənœr] *m* Unternehmer *m*; **~prise** [-priz] *f* Unternehmen *n*
**entrer** [ɑ̃tre] (*1a*) **1.** *v/i personne*: eintreten, hereinkommen, hineingehen; *véhicule*: hinein-, hereinfahren; *train*: einfahren; *bateau*: einlaufen; *chose*:

eindringen; **~ dans** *être une composante de* ein Bestandteil sein von; *personne*: eintreten in (*acc*); **faire ~** *visiteur*: hereinbitten; **~ dans un métier** sich e-m Beruf zuwenden; **2.** *v/t* hinein-, hereinbringen
**entresol** [ɑ̃trəsɔl] *m* Zwischenstock *m*, -geschoss *n*
**entre-temps** [ɑ̃trətɑ̃] inzwischen
**entretenir** [ɑ̃trətnir] (*2h*) unterhalten; *relations*: *a* pflegen, aufrechterhalten; *bâtiment*: instandhalten; *auto*, *machine*: warten, pflegen; **s'~ de qc** sich über etw unterhalten
**entretien** [ɑ̃trətjɛ̃] *m* Unterhalt *m*; *conversation* Unterhaltung *f*, Unterredung *f*; *bâtiment*: Instandhaltung *f*
**entre|voir** [ɑ̃trəvwar] (*3b*) undeutlich *od* flüchtig sehen; *fig* ahnen; **~vue** [-vy] *f* Unterredung *f*, Gespräch *n*
**entrouv|rir** [ɑ̃truvrir] (*2f*) halb *od* ein wenig öffnen
**énumér|ation** [enymerasjõ] *f* Aufzählung *f*; **~er** (*1f*) aufzählen
**envah|ir** [ɑ̃vair] (*2a*) einfallen, -dringen (**qc** in etw); *assaillir* überfallen; *eaux*: überschwemmen; *sentiment*: überkommen; **~issant**, **~issante** [-isɑ̃, -isɑ̃t] aufdringlich; **~isseur** [-isœr] *m* Eindringling *m*
**envelopp|e** [ɑ̃vlɔp] *f lettre*: (Brief-) Umschlag *m*; *étui*, *gaine* Hülle *f*; *pneu*: Mantel *m*, Decke *f*; **~er** (*1a*) einwickeln, -hüllen
**envenimer** [ɑ̃vnime] (*1a*) vergiften (*a fig*)
**envergure** [ɑ̃vɛrgyr] *f oiseau*, *avion*: Spannweite *f*; *personne*: Kaliber *n*, Format *n*; *entreprise*: Ausmaß *n*, Umfang *m*
**envers** [ɑ̃vɛr] **1.** *prép* gegenüber (*dat*); **2.** *m feuille*: Rückseite *f*; *étoffe*: linke Seite *f*; *fig* Kehrseite *f*; **à l'~** umgekehrt, verkehrt herum
**enviable** [ɑ̃vjablə] beneidenswert
**envie** [ɑ̃vi] *f* Neid *m*; *désir* Lust *f* (**de** auf); *besoin* Bedürfnis *n*; **avoir ~ de qc** Lust auf etw (*acc*) haben; **avoir ~ de faire qc** Lust haben, etw zu tun
**envi|er** [ɑ̃vje] (*1a*) beneiden (**qc à qn** j-n um etw); **~eux**, **~euse** [-ø, -øz] neidisch
**environ** [ɑ̃virõ] *adv* ungefähr, etwa, zirka; **~s** *m/pl* Umgebung *f*; **aux ~ de** in der Nähe von
**environn|ement** [ɑ̃virɔnmɑ̃] *m* Umwelt *f*; **~er** (*1a*) umgeben; **s'~ de personnes** Leute um sich scharen
**envisager** [ɑ̃vizaʒe] (*1l*) ins Auge fassen; **~ de faire qc** beabsichtigen, etw zu tun
**envoi** [ɑ̃vwa] *m* Sendung *f*
**envoler** [ɑ̃vɔle] (*1a*) **s'~** davonfliegen; *avion*: starten (**pour** nach); *fig temps*: entschwinden
**envoûter** [ɑ̃vute] (*1a*) bezaubern
**envoy|é** [ɑ̃vwaje] *m* (Ab-)Gesandte(r) *m*; **~ spécial** Sonderberichterstatter *m*; **~er** (*1p*) schicken; *ballon*, *projectile*: werfen; **~ chercher** holen lassen
**épagneul** [epaɲœl] *m zo* Spaniel *m*
**épais**, **épaisse** [epɛ, epɛs] dick; *forêt*, *foule*: dicht
**épaisseur** [epɛsœr] *f* Dicke *f*; *cheveux*, *brouillard*, *forêt*: Dichte *f*
**épancher** [epɑ̃ʃe] (*1a*) *st/s* **s'~** sich aussprechen
**épanou|ir** [epanwir] (*2a*) **s'~** aufblühen (*a fig*); *se développer* sich entfalten; **~issement** [-ismɑ̃] *m* Aufblühen *n*; *développement* Entfaltung *f*
**épargne** [eparɲ] *f action*: Sparen *n*; **~s** *pl économies* Ersparnis *f*; **~-logement** *f* Bausparen *n*
**épargner** [eparɲe] (*1a*) sparen; *personne*, *choses*: schonend behandeln, verschonen; **~ qc à qn** j-m etw ersparen; *v/i* sparen
**éparpiller** [eparpije] (*1a*) zerstreuen
**épars**, **éparse** [epar, epars] zerstreut
**épat|ant**, **~ante** [epatɑ̃, -ɑ̃t] F toll, prima; **~er** (*1a*) verblüffen
**épaul|e** [epol] *f* Schulter *f*; **~er** (*1a*) *arme*: anlegen; *fig* unterstützen; **~ette** *f vêtement*: Schulterpolster *n*
**épave** [epav] *f* Wrack *n* (*a fig*)
**épeautre** [epotrə] *m* Dinkel *m*
**épée** [epe] *f* Schwert *n*
**épeler** [eple] (*1c*) buchstabieren
**éperdu**, **~e** [epɛrdy] außer sich; *sentiment*: leidenschaftlich
**éperon** [eprõ] *m* Sporn *m*
**éperonner** [eprɔne] (*1a*) die Sporen geben (**un cheval** e-m Pferd); *fig* anspornen
**épervier** [epɛrvje] *m zo* Sperber *m*
**éphémère** [efemɛr] *fig* vergänglich
**épi** [epi] *m* Ähre *f*; **~ de cheveux** Haar-

büschel *n*; *auto* ***stationnement*** *m* ***en ~*** Schrägparken *n*
**épice** [epis] *f* Gewürz *n*
**épicéa** [episea] *m bot* Fichte *f*
**épic|er** [epise] (*1k*) würzen; **~erie** *f* Lebensmittelgeschäft *n*; **~ier, ~ière** [-je, -jɛr] *m, f* Lebensmittelhändler(in) *m(f)*
**épidémie** [epidemi] *f* Epidemie *f*, Seuche *f*
**épier** [epje] (*1a*) belauern, lauern auf; ***~ l'occasion*** die Gelegenheit abpassen
**épiler** [epile] (*1a*) enthaaren
**épilogu|e** [epilɔg] *m* Epilog *m*, Nachwort *n*; **~er** (*1m*) ***~ sur*** sich auslassen über
**épinards** [epinar] *m/pl* Spinat *m*
**épine** [epin] *f rose*: Dorn *m*; *hérisson*: Stachel *m*; ***~ dorsale*** Rückgrat *n*
**épingl|e** [epɛ̃glə] *f* Nadel *f*; ***~ de sûreté*** *od* ***de nourrice*** Sicherheitsnadel *f*; *fig* ***tiré à quatre ~s*** wie aus dem Ei gepellt; **~er** (*1a*) feststecken
**Épiphanie** [epifani] *f* Dreikönigsfest *n*
**épique** [epik] episch
**épiscopal, ~e** [episkɔpal] (*m/pl -aux*) bischöflich
**épisode** [epizɔd] *m* Episode *f*
**épistolaire** [epistɔlɛr] Brief…, brieflich
**épitaphe** [epitaf] *f* Grabinschrift *f*
**épître** [epitrə] *f rel* Epistel *f*; *iron* Brief *m*
**éploré, ~e** [eplɔre] verweint
**épluch|er** [eplyʃe] (*1a*) schälen; *fig* genau prüfen; **~ures** [-yr] *f/pl* Schalen *f/pl*
**épong|e** [epɔ̃ʒ] *f* Schwamm *m*; **~er** (*1l*) auf-, abwischen
**épopée** [epɔpe] *f* Epos *n*
**époque** [epɔk] *f* Zeit *f*; *histoire*: Epoche *f*; ***meuble*** *m* ***d'~*** Stilmöbel *n*
**époumoner** [epumɔne] (*1a*) ***s'~*** F sich heiser schreien; sich den Mund fusselig reden
**épous|e** [epuz] *f* Gattin *f*, Ehefrau *f*; **~er** (*1a*) heiraten (***qn*** j-n); *intérêts*: vertreten; sich einsetzen für; *opinion*: sich anschließen (***qc*** e-r Sache)
**épousseter** [epuste] (*1c*) abstauben
**époustoufl|ant, ~ante** [epustuflɑ̃, -ɑ̃t] F verblüffend, erstaunlich
**épouvant|able** [epuvɑ̃tablə] entsetzlich, grauenhaft, furchtbar; **~ail** [-aj] *m* (*pl -s*) Vogelscheuche *f*
**épouvant|e** [epuvɑ̃t] *f* Entsetzen *n*, Grauen *n*; ***film*** *m* ***d'~*** Horrorfilm *m*; **~er** (*1a*) entsetzen, erschrecken
**époux** [epu] *m* Gatte *m*, Ehemann *m*; ***les ~*** *pl* das Ehepaar *n*
**éprendre** [eprɑ̃drə] (*4q*) *st/s* ***s'~ de*** sich verlieben in (*acc*)
**épreuve** [eprœv] *f* Probe *f*, Prüfung *f*; *sports*: Wettkampf *m*; *imprimerie*: Fahne *f*; *photographie*: Abzug *m*; ***à toute ~*** unbedingt zuverlässig; ***à l'~ de*** *résistant* widerstandsfähig gegen; ***mettre à l'~*** auf die Probe stellen
**éprouv|er** [epruve] (*1a*) prüfen, erproben; *ressentir* empfinden, verspüren; *difficultés*: stoßen auf (*acc*); **~ette** [-ɛt] *f* Reagenzglas *n*
**épuis|é, ~ée** [epɥize] erschöpft; *tirage*: vergriffen; **~ement** [-mɑ̃] *m* Erschöpfung *f*; **~er** (*1a*) erschöpfen; ***s'~*** zu Ende gehen; *forces*: nachlassen; *malade*: schwächer werden ***s'~ à faire qc*** sich mit etw abmühen
**épur|ation** [epyrasjɔ̃] *f* Reinigung *f*; ***station*** *f* ***d'~*** Kläranlage *f*; **~er** (*1a*) reinigen
**équateur** [ekwatœr] *m* Äquator *m*
**Équateur** [ekwatœr] *m* ***l'~*** Ecuador *n*
**équation** [ekwasjɔ̃] *f math* Gleichung *f*
**équerre** [ekɛr] *f dessin*: Zeichendreieck *n*
**équestre** [ekɛstrə] ***statue*** *f* ***~*** Reiterstatue *f*
**équilibr|e** [ekilibrə] *m* Gleichgewicht *n* (*a fig*); **~é, ~ée** ausgeglichen; **~er** (*1a*) *stabiliser* ins Gleichgewicht bringen, ausbalancieren; *budget*: ausgleichen
**équinoxe** [ekinɔks] *m* Tagundnachtgleiche *f*
**équipage** [ekipaʒ] *m* Mannschaft *f*
**équip|e** [ekip] *f* Mannschaft *f*; *ouvriers*: Schicht *f*; *recherche*: Team *n*; **~ement** [-mɑ̃] *m* Ausrüstung *f*, -stattung *f*; **~er** (*1a*) ausstatten, -rüsten (***de*** mit)
**équitable** [ekitablə] gerecht
**équitation** [ekitasjɔ̃] *f* Reiten *n*
**équité** [ekite] *f* Gerechtigkeit *f*
**équival|ence** [ekivalɑ̃s] *f* Gleichwertigkeit *f*; **~ent, ~ente** [-ɑ̃, -ɑ̃t] **1.** *adj* gleichwertig (***à*** mit); **2.** *m* Äquivalent *n*, Entsprechung *f*; **~oir** (*3h*) ***~ à*** entsprechen (*dat*), gleichwertig sein mit
**équivoque** [ekivɔk] **1.** *adj* zweideutig;

**2.** *f* Zweideutigkeit *f*
**érable** [erablə] *m bot* Ahorn *m*
**érafler** [erafle] (*1a*) *peau*: aufschürfen
**ère** [ɛr] *f* Ära *f*, Epoche *f*
**érection** [erɛksjõ] *f* Errichtung *f*; *pénis*: Erektion *f*
**éreinter** [erɛ̃te] (*1a*) ermüden, erschöpfen; ***s'~*** sich abmühen, sich abrackern
**ériger** [eriʒe] (*1l*) auf-, errichten; ***s'~ en*** sich aufspielen als
**ermitage** [ɛrmitaʒ] *m* Einsiedelei *f*
**ermite** [ɛrmit] *m* Einsiedler *m*
**érosion** [erɔzjõ] *f géol* Erosion *f*; *fig* Zerfall *m*
**érot|ique** [erɔtik] erotisch; **~isme** *m* Erotik *f*
**err|ant**, **~ante** [ɛrɑ̃, -ɑ̃t] unstet; **~ata** [-ata] *m* Druckfehlerverzeichnis *n*; **~er** (*1b*) umherirren; *pensées*: schweifen; **~eur** *f* Irrtum *m*; *calcul*: Fehler *m*; ***par ~*** irrtümlich; **~oné**, **~onée** [-ɔne] falsch, irrig
**érud|it**, **~ite** [erydi, -it] gelehrt; **~ition** *f* Gelehrsamkeit *f*
**éruption** [erypsjõ] *f* Ausbruch *m*; *méd* Ausschlag *m*
**ès** [ɛs] *prép* ***docteur*** *m* ***~ lettres*** Dr. phil.
**E.S.B.** [əɛsbe] *f* ***encéphalopathie spongiforme bovine*** BSE *f*, Rinderwahn(sinn) *m*
**escabeau** [ɛskabo] *m* (*pl -x*) Hocker *m*
**escadr|e** [ɛskadrə] *f mil* Geschwader *n*; **~ille** [-ij] *f aviat* Staffel *f*; **~on** *m* Schwadron *f*
**escalad|e** [ɛskalad] *f* Ersteigen *n*, Besteigung *f*; *mil u fig* Eskalation *f*; Zuspitzung *f*, Verschärfung *f*; **~er** (*1a*) ersteigen
**escale** [ɛskal] *f* Zwischenstation *f*; ***faire ~ à*** *mar* anlaufen; *aviat* zwischenlanden in
**escalier** [ɛskalje] *m* Treppe *f*; ***dans l'~*** auf der Treppe; ***~ roulant*** Rolltreppe *f*
**escalope** [ɛskalɔp] *f* Schnitzel *n*
**escamot|able** [ɛskamɔtablə] einziehbar; **~er** (*1a*) verschwinden lassen, wegzaubern; *fig difficulté*: umgehen
**escapade** [ɛskapad] *f* Eskapade *f*
**escargot** [ɛskargo] *m* Schnecke *f*
**escarmouche** [ɛskarmuʃ] *f mil* Scharmützel *n*; *fig* Geplänkel *n*
**escarp|é**, **~ée** [ɛskarpe] schroff, steil; **~ement** [-əmɑ̃] *m* Steilhang *m*
**escarpin** [ɛskarpɛ̃] *m* Pumps *m*
**Escaut** [ɛsko] *m* ***l'~*** die Schelde
**escient** [ɛsjɑ̃] *m* ***à bon ~*** überlegt
**esclandre** [ɛsklɑ̃drə] *m* Szene *f*, Skandal *m*
**esclavage** [ɛsklavaʒ] *m* Sklaverei *f*
**esclave** [ɛsklav] *m*, *f* Sklave *m*, Sklavin *f*
**escompt|e** [ɛskõt] *m écon* Diskont *m*; *comm* Skonto *m od n*; **~er** (*1a*) diskontieren; *fig* ***~ qc*** etw erwarten
**escort|e** [ɛskɔrt] *f* Geleit *n*; **~er** (*1a*) geleiten, eskortieren
**escrim|e** [ɛskrim] *f* Fechten *n*; **~er** (*1a*) ***s'~*** sich abplagen
**escroc** [ɛskro] *m* Schwindler *m*, Betrüger *m*
**escroqu|er** [ɛskrɔke] (*1m*) ***~ qc*** etw erschwindeln, ergaunern; ***~ qc à qn*** j-n um etw betrügen, prellen; ***~ qn*** j-n betrügen; **~erie** *f* Betrug *m*, Schwindel *m*
**espac|e** [ɛspas] *m* Raum *m*; *cosmos* Weltraum *m*; *intervalle* Zwischenraum *m*; ***~s verts*** Grünflächen *f/pl*; **~er** (*1k*) Abstand lassen zwischen; ***s'~*** immer weiter auseinander liegen
**espadrille** [ɛspadrij] *f* Leinenschuh
**Espagne** [ɛspaɲ] *f* ***l'~*** Spanien *n*
**espagnol**, **~e** [ɛspaɲɔl] **1.** *adj* spanisch; **2.** **~**, ***~e*** *m*, *f* Spanier(in) *m*(*f*)
**espèce** [ɛspɛs] *f* **1.** Art *f*, Sorte *f*, Gattung *f*; ***une ~ de …*** e-e Art …, etwas wie …; ***~ d'abruti!*** *péj* blöder Kerl!; ***en l'~*** im vorliegenden Fall; **2.** *comm* ***en ~s*** (in) bar
**espérance** [ɛsperɑ̃s] *f* Hoffnung *f*
**espérer** [ɛspere] (*1f*) *v/t* erhoffen; *v/i* hoffen; *st/s* ***~ en qn*** auf j-n vertrauen; ***~ que*** hoffen, dass; ***~ faire qc*** hoffen, etw zu tun
**espiègle** [ɛspjɛglə] schelmisch
**espi|on**, **~onne** [ɛspjõ, -ɔn] *m*, *f* Spion(in) *m*(*f*)
**espionn|age** [ɛspjɔnaʒ] *m* Spionage *f*; **~er** (*1a*) aus-, nachspionieren
**esplanade** [ɛsplanad] *f* Esplanade *f*
**espoir** [ɛspwar] *m* Hoffnung *f* (***de*** auf *acc*)
**esprit** [ɛspri] *m* Geist *m*; *intellect* Verstand *m*; *humour* Witz *m*; ***faire de l'~*** geistreich tun; ***perdre l'~*** den Verstand verlieren
**Esquim|au**, **~aude** [ɛskimo, -od] (*m/pl -x*) *m*, *f* Eskimo *m*, Eskimofrau *f*

**esquinter** [ɛskɛ̃te] (*1a*) F kaputtmachen, ramponieren

**esquiss|e** [ɛskis] *f* Skizze *f*, Entwurf *m*; *ébauche* Andeutung *f*; **~er** (*1a*) entwerfen, skizzieren; *ébaucher* andeuten

**esquiver** [ɛskive] (*1a*) (geschickt) ausweichen (***qc*** e-r Sache *dat*); ***s'~*** sich heimlich davonmachen

**essai** [esɛ] *m test* Probe *f*, Erprobung *f*; *tentative* Versuch *m*; *littérature*: Essay *m*; ***à l'~, à titre d'~*** versuchsweise

**essaim** [esɛ̃] *m* Schwarm *m*

**essayer** [esɛje] (*1i*) versuchen, probieren; *vêtement*: anprobieren; *plat*: kosten; ***~ de faire qc*** versuchen, etw zu tun; ***s'~ à qc*** sich in etw (*dat*) versuchen

**essence** [esɑ̃s] *f carburant*: Benzin *n*; *extrait de plante* Essenz *f*; *phil* Wesen *n*; *bot* Baumart *f*

**essentiel**, **~le** [esɑ̃sjɛl] **1.** *adj* wesentlich; *indispensable* unabdingbar; **2.** *m* Wesentliche(s) *n*, Hauptsache *f*

**essieu** [esjø] *m* (*pl -x*) (Wagen-)Achse *f*

**essor** [esɔr] *m bes écon* Aufschwung *m*; ***prendre un ~*** e-n Aufschwung nehmen, aufblühen

**essor|er** [esɔre] (*1a*) *linge*, *à la main*: auswringen; *machine à laver*: schleudern; **~euse** [-øz] *f* Schleuder *f*

**essoufflé**, **~e** [esufle] außer Atem

**essuie|-glace** [esɥiglas] *m* (*pl unv od essuie-glaces*) *auto* Scheibenwischer *m*; **~-mains** [-mɛ̃] *m* (*pl unv*) Handtuch *n*

**essuyer** [esɥije] (*1h*) abwischen; *sécher* abtrocknen; *fig* hinnehmen müssen

**est** [ɛst] **1.** *m* Ost(en) *m*; ***à l'~ de*** östlich von; **2.** *adj* östlich, Ost…

**estampe** [ɛstɑ̃p] *f cuivre*: (Kupfer-)Stich *m*; *bois*: Holzschnitt *m*

**esthéticienne** [ɛstetisjɛn] *f* Kosmetikerin *f*

**esthétique** [ɛstetik] **1.** *adj* ästhetisch; **2.** *f* Ästhetik *f*

**estima|ble** [ɛstimablə] schätzenswert, achtbar; **~tif**, **~tive** [-tif, -tiv] auf Schätzung beruhend; ***devis*** *m* **~** Kostenvoranschlag *m*; **~tion** *f* Schätzung *f*; *coûts*: Veranschlagung *f*

**estime** [ɛstim] *f* (Hoch-)Achtung *f*, Ansehen *n*, Wertschätzung *f*

**estimer** [ɛstime] (*1a*) *valeur*: (ab)schätzen; *coûts*: veranschlagen; *respecter* (hoch) achten; ***~ que*** der Ansicht sein, dass; ***~ qc convenable*** etw für angemessen halten; ***s'~ heureux de*** (+ *inf*) sich glücklich schätzen zu (+ *inf*)

**estiv|al**, **~ale** [ɛstival] (*m/pl -aux*) sommerlich, Sommer…; **~ant**, **~ante** [-ɑ̃, -ɑ̃t] *m*, *f* Sommergast *m*

**estomac** [ɛstɔma] *m* Magen *m*; ***avoir mal à l'~*** Magenschmerzen haben

**estomper** [ɛstɔ̃pe] (*1a*) verwischen; ***s'~*** verschwimmen

**Estonie** [ɛstɔni] *f* ***l'~*** Estland *n*

**estrade** [ɛstrad] *f* Podium *n*

**estragon** [ɛstragɔ̃] *m* Estragon *n*

**estropier** [ɛstrɔpje] (*1a*) zum Krüppel machen, verstümmeln (*a fig*)

**estuaire** [ɛstɥɛr] *m* Trichtermündung *f*

**estudiant|in**, **~ine** [ɛstydjɑ̃tɛ̃, -in] studentisch, Studenten…

**et** [e] und; *st/s* **~ … ~ …** sowohl … als auch …

**étable** [etablə] *f* (Vieh-)Stall *m*

**établi** [etabli] *m* Werkbank *f*

**établ|ir** [etablir] (*2a*) *camp*, *école*: errichten; *entreprise*: gründen; *domicile*: aufschlagen; *relations*, *contact*: herstellen, aufnehmen; *salaires*, *prix*: festsetzen; *certificat*, *facture*: ausstellen; *tarif*, *liste*, *gouvernement*, *record*: aufstellen; *impôts*: erheben; *ordre*, *paix*: herstellen; ***s'~*** sich niederlassen; **~issement** [-ismɑ̃] *m action de fonder* Gründung *f*, Errichtung *f*; *action de s'établir* Niederlassung *f*; *programme*, *liste*, *tarif*: Aufstellung *f*; *certificat*, *facture*: Ausstellung *f*; *expertise*: Erstellung *f*; *prix*, *salaires*: Festsetzung *f*; *in Zssgn* (Werks-, Betriebs-)Anlage *f*; Unternehmen *n*; *scolaire*, *bancaire*, *hospitalier*: Anstalt *f*; ***~ industriel*** Industriebetrieb *m*; ***~ thermal*** Kuranstalt *f*

**étage** [etaʒ] *m* Stock(werk) *m*(*n*); *fusée*: Stufe *f*

**étagère** [etaʒɛr] *f meuble*: Regal *n*; *planche*: (Bücher-)Brett *n*

**étai** [etɛ] *m* Stütze *f*

**étain** [etɛ̃] *m* Zinn *n*

**étal|age** [etalaʒ] *m* Auslage *f*, Schaufenster *n*; ***faire ~ de*** zur Schau stellen; **~er** (*1a*) *déployer* ausbreiten; *paiements*, *vacances*: verteilen; *marchan-*

*dises*: ausstellen; *fig exhiber* zur Schau stellen; ***s'~*** *liquide*: sich ausbreiten; *paiements*: sich verteilen; *fig* zur Schau gestellt werden

**étalon** [etalõ] *m* **1.** *zo* Hengst *m*; **2.** *mesure*: Eich-, Normalmaß *n*; Standard *m*

**étanch|e** [etɑ̃ʃ] wasserdicht; **~er** (*1a*) *tech* abdichten; *litt soif*: löschen

**étang** [etɑ̃] *m* Teich *m*

**étape** [etap] *f lieu*: (Zwischen-)Station *f*, Aufenthalt *m*, *parcours* Etappe *f*, Wegstrecke *f*; *fig* Abschnitt *m*

**état** [eta] *m* **1.** *santé*, *voiture*, *maison*: Zustand *m*; *situation* Lage *f*; ***~ civil*** *bureau*: Standesamt *n*; *condition*: Familienstand *m*; ***~ d'âme*** Gemütsverfassung *f*; ***en tout ~ de cause*** auf alle Fälle; ***être dans tous ses ~s*** ganz aufgeregt sein; ***être en ~ de faire qc*** im Stande sein, etw zu tun; ***hors d'~*** außer Stande; **2.** ***État*** *m* Staat *m*; **3.** *liste* Verzeichnis *n*, Aufstellung *f*

**étatiser** [etatize] (*1a*) verstaatlichen

**état|-major** [etamaʒɔr] *m* (*pl états-majors*) *mil* Stab *m*; **&-providence** [-prɔvidɑ̃s] *m* Wohlfahrtsstaat *m*

**États-Unis** [etazyni] *m/pl* ***les ~*** die Vereinigten Staaten *m/pl*

**étau** [eto] *m* (*pl -x*) Schraubstock *m*

**étayer** [etɛje] (*1i*) (ab)stützen

**etc.** [ɛtsetera] (*abr* et cetera) usw. (und so weiter)

**été**[1] [ete] *m* Sommer *m*; ***en ~*** im Sommer

**été**[2] [ete] *p/p* ***d'être***

**éteindre** [etɛ̃drə] (*4b*) *incendie*, *cigarette*: löschen; *électricité*, *radio*: abschalten, ausmachen; *chauffage*: abdrehen

**étendard** [etɑ̃dar] *m mil* Standarte *f*

**étendre** [etɑ̃drə] (*4a*) *malade*, *enfant*: legen; *beurre*, *enduit*: verstreichen; *membres*: ausstrecken; *bras*: ausbreiten; *linge*: aufhängen; *vin*, *sauce*: strecken; *influence*, *pouvoir*: ausdehnen, erweitern; ***s'~*** sich ausdehnen; *terrain*, *bois*: sich erstrecken; *personne*: sich hinlegen; ***s'~ sur un sujet*** sich über ein Thema auslassen

**étendue** [etɑ̃dy] *f* Ausdehnung *f*, Weite *f*; *durée* Länge *f*; *connaissances*, *affaires*: Umfang *m*; *catastrophe*: Ausmaß *n*

**étern|el**, **~elle** [etɛrnɛl] ewig; **~iser** (*1a*) ausdehnen, in die Länge ziehen; ***s'~*** ewig dauern; **~ité** *f* Ewigkeit *f*

**éternuer** [etɛrnɥe] (*1n*) niesen

**éther** [etɛr] *m* Äther *m*

**Éthiopie** [etjɔpi] *f* ***l'~*** Äthiopien *n*

**éthique** [etik] **1.** *adj* ethisch; **2.** *f* Ethik *f*

**étinceler** [etɛ̃sle] (*1c*) funkeln

**étincelle** [etɛ̃sɛl] *f* Funke *m*

**étiqueter** [etikte] (*1c*) beschriften; *fig* einordnen

**étiquette** [etikɛt] *f vêtement*, *cahier*: Etikett *n*, (Preis-)Schild *n*; *protocole* Etikette *f*

**étirer** [etire] (*1a*) ***s'~*** *personne*: sich strecken, *tissu*: sich dehnen

**Etna** [ɛtna] *m* ***l'~*** der Ätna

**étoff|e** [etɔf] *f* Stoff *m*; *fig* ***avoir l'~ de qc*** das Zeug zu etw haben; **~er** (*1a*) ausschmücken

**étoile** [etwal] *f* Stern *m*; *fig* ***~ de cinéma*** Filmstar *m*; ***~ filante*** Sternschnuppe *f*; ***à la belle ~*** unter freiem Himmel; ***~ de mer*** Seestern *m*

**étonn|ant**, **~ante** [etɔnɑ̃, -ɑ̃t] erstaunlich; **~é**, **~ée** erstaunt, verwundert (***de*** über); **~ement** [-mɑ̃] *m* Erstaunen *n*, Verwunderung *f*; **~er** (*1a*) erstaunen; ***s'~ de*** sich wundern *od* staunen über; ***s'~ que*** (+ *subj*) sich wundern, dass

**étouff|ant**, **~ante** [etufɑ̃, -ɑ̃t] schwül; **~ée** *cuis* ***à l'~*** gedünstet; **~er** (*1a*) ersticken; *fig bruit*: dämpfen; *révolte*, *cri*: unterdrücken; *scandale*: vertuschen

**étourderie** [eturdəri] *f* Unbesonnenheit *f*, Leichtsinn *m*

**étourd|i**, **~ie** [eturdi] gedankenlos, unbesonnen, leichtsinnig; **~ir** (*2a*) betäuben; *alcool*: benebeln; **~issement** [-ismɑ̃] *m* Betäubung *f*; *vertige* Schwindel(gefühl) *m*(*n*)

**étrange** [etrɑ̃ʒ] seltsam, sonderbar

**étrang|er**, **~ère** [etrɑ̃ʒe, -ɛr] **1.** *adj* fremd; *de l'étranger*: ausländisch; **2.** *m*, *f* Fremde(r) *m*, *f*; *de l'étranger*: Ausländer(in) *m*(*f*); **3.** *m* Ausland *n*; ***à l'étranger*** im *od* ins Ausland

**étrangl|ement** [etrɑ̃gləmɑ̃] *m* Erwürgen *n*; **~er** (*1a*) erwürgen; *fig critique*: abwürgen; *liberté*: einschränken

**être** [ɛtrə] (*1*) **1.** sein; *passif*: werden; ***je suis mieux*** es geht mir besser; ***~ à qn*** j-m gehören; ***il est de Paris*** er ist aus Paris; ***en ~*** mitmachen; ***~ après qn***

hinter j-m her sein; ***nous sommes lundi*** wir haben Montag; ***je n'y suis pas*** ich bin noch nicht so weit; ***je n'y suis pour rien*** ich habe damit nichts zu tun; *st/s* ***il est des gens qui*** es gibt Leute, die; **2.** *m* Wesen *n*; *homme* Mensch *m*; *phil* Sein *n*

**étrein|dre** [etrɛ̃drə] (*4b*) umklammern; *ami*: umarmen, in die Arme schließen; *sentiments*: beklemmen; **~te** *f de la main*: Druck *m*; Umklammerung *f*; *amis*: Umarmung *f*

**étrennes** [etrɛn] *f/pl* Neujahrsgeschenk(e) *n(pl)*

**étrier** [etrije] *m* Steigbügel *m*

**étriller** [etrije] (*1a*) *cheval*: striegeln

**étriqué**, **~e** [etrike] eng; *fig* kümmerlich

**étroit**, **~e** [etrwa, -t] schmal, eng; *esprit*: engstirnig

**étroitesse** [etrwatɛs] *f* Enge *f*; ***~ d'esprit*** Engstirnigkeit *f*, Beschränktheit *f*

**Ets.** (*abr* établissements) Werk(e)

**étude** [etyd] *f* Studium *n*; *recherche* Studie *f*, Untersuchung *f*; *mus* Übung *f*; *élèves*: Arbeitsraum *m*; *notaire*: Kanzlei *f*; ***~s*** *pl* Studium *n*; ***faire ses ~s*** studieren

**étudi|ant**, **~ante** [etydjɑ̃, -ɑ̃t] *m*, *f* Student(in) *m(f)*; **~é**, **~ée** *système*, *discours*: durchdacht; *style*: gesucht; **~er** (*1a*) studieren; *élève*: lernen; *examiner* untersuchen

**étui** [etɥi] *m* Futteral *n*, Etui *n*

**étuvée** [etyve] *cuis* ***à l'~*** gedünstet

**eu**, **eue** [y] *p/p d'**avoir***

**euphémique** [øfemik] beschönigend, euphemistisch

**euphorie** [øfɔri] *f* Euphorie *f*, Hochstimmung *f*

**euro** [øro] *m* Euro *m*

**eurochèque** [ørɔʃɛk] *m* Euroscheck *m*

**eurodéputé(e)** [ørodepyte] *m(f)* Europaabgeordnete(r) *f(m)*

**euro-monnaie** [øromɔnɛ] *f* Eurowährung *f*

**Europe** [ørɔp] *f* ***l'~*** Europa *n*

**europé|en**, **~enne** [ørɔpeɛ̃, -ɛn] **1.** *adj* europäisch; **2.** **♀**, ***♀ne*** *m*, *f* Europäer (-in) *m(f)*

**Europol** [ørɔpɔl] *f* Europol *f*

**eurotunnel** [ørotynɛl] *m* Eurotunnel *m*

**Eurovision** [ørovizjõ] *f TV* Eurovision *f*

**euthanasie** [øtanazi] *f* Euthanasie *f*, Sterbehilfe *f*

**eux** [ø] *m/pl* sie; ihnen

**évacuation** [evakɥasjõ] *f* Evakuierung *f*; ***~ en mer*** Verklappung *f*

**évacuer** [evakɥe] (*1n*) *maison*, *ville*: räumen; *population*: evakuieren; ***~ en mer*** verklappen

**évad|é** [evade] *m* entwichener Häftling *m*, Ausbrecher *m*; **~er** (*1a*) ***s'~*** flüchten

**évaluer** [evalɥe] (*1n*) abschätzen, ermitteln; *coût*, *prix*: *a* überschlagen

**Évangile** [evɑ̃ʒil] *m* Evangelium *n*

**évanou|ir** [evanwir] (*2a*) ***s'~*** ohnmächtig werden; *fig* vergehen; **~issement** [-ismɑ̃] *m* Ohnmacht *f*; *fig* Verschwinden *n*

**évapor|ation** [evapɔrasjõ] *f* Verdunstung *f*, Verdampfung *f*; **~er** (*1a*) ***s'~*** verdunsten, verdampfen

**évas|er** [evaze] (*1a*) ausweiten; **~if**, **~ive** [-if, -iv] ausweichend; **~ion** *f* Flucht *f*

**évêché** [eveʃe] *m* Bistum *n*; *édifice*: Bischofssitz *m*

**éveil** [evɛj] *m* Erwachen *n*; ***en ~*** wachsam

**éveiller** [evɛje] (*1b*) wecken; ***s'~*** aufwachen; wach werden; *fig souvenirs* wachwerden

**événement** [evɛnmɑ̃] *m* Ereignis *n*

**éventail** [evɑ̃taj] *m* (*pl -s*) Fächer *m*; *fig marchandises*: Auswahl *f*, Angebot *n*; ***en ~*** fächerförmig

**éventer** [evɑ̃te] (*1a*) fächeln; *fig secret*: lüften; ***s'~*** *boisson*: schal werden

**éventrer** [evɑ̃tre] (*1a*) den Bauch aufschlitzen (***qn*** j-m); *choses*: aufschlitzen

**éventualité** [evɑ̃tɥalite] *f* Eventualität *f*, Möglichkeit *f*

**éventuel**, **~le** [evɑ̃tɥɛl] eventuell, möglich; **~lement** [-mɑ̃] möglicherweise, unter Umständen, *peut-être* eventuell

**évêque** [evɛk] *m* Bischof *m*

**évertuer** [evɛrtɥe] (*1n*) ***s'~*** sich bemühen; ***s'~ à faire qc*** sich abmühen, etw zu tun

**éviction** [eviksjõ] *f* Ausschaltung *f*

**évidemment** [evidamɑ̃] *bien sûr* natürlich; *de toute évidence* offensichtlich

**évidence** [evidɑ̃s] *f* Augenscheinlichkeit *f*, Evidenz *f*; ***en ~*** deutlich sichtbar; ***mettre en ~*** hervorheben; ***de toute ~*** ganz offensichtlich

**évid|ent, ~ente** [evidɑ̃, -ɑ̃t] offensichtlich, deutlich (sichtbar)
**évider** [evide] (*1a*) aushöhlen
**évier** [evje] *m* Ausguss *m*, Spülbecken *n*
**évincer** [evɛ̃se] (*1k*) ausschalten, verdrängen
**éviter** [evite] (*1a*) *personne*: meiden, ausweichen (*dat*); *coup*, *voiture*: ausweichen (*dat*); *problème*: vermeiden; *danger*, *accident*: verhüten; ***~ qc à qn*** j-m etw ersparen; ***~ de faire qc*** es vermeiden, sich hüten, etw zu tun; ***~ que*** (***ne***) (+ *subj*) vermeiden, dass
**évocation** [evɔkasjõ] *f* Heraufbeschwören *n*
**évoluer** [evɔlɥe] (*1n*) *progresser* sich (weiter)entwickeln; *maladie*: fortschreiten; *idées*: *changer* sich (ver)ändern; *personne*: sich bewegen
**évolution** [evɔlysjõ] *f* Entwicklung *f*; *biol* Evolution *f*
**évoquer** [evɔke] (*1m*) *esprits*: beschwören; *fig* in Erinnerung rufen, wachrufen; ***~ un problème*** e-e Frage aufwerfen
**ex.** (*abr* exemple) z.B. (zum Beispiel)
**ex-…** [ɛks] Ex…; ehemalige(r, -s)
**exact, exacte** [ɛgza(kt), ɛgzakt] exakt, genau; *personne*: pünktlich
**exactitude** [ɛgzaktityd] *f* Genauigkeit *f*, Sorgfalt *f*; *ponctualité* Pünktlichkeit *f*
**exagér|ation** [ɛgzaʒerasjõ] *f* Übertreibung *f*; **~er** (*1f*) übertreiben
**exalt|é, ~ée** [ɛgzalte] überspannt; **~er** (*1a*) *animer* begeistern; *vanter* preisen
**examen** [ɛgzamɛ̃] *m* Prüfung *f*; *méd* Untersuchung *f*; ***~ de dépistage du cancer*** Krebsvorsorgeuntersuchung *f*; ***passer un ~*** e-e Prüfung machen; ***être reçu*** *od* ***réussir à un ~*** e-e Prüfung bestehen; ***~ d'entrée*** Aufnahmeprüfung *f*
**examiner** [ɛgzamine] (*1a*) prüfen; *méd* untersuchen
**exaspér|ation** [ɛgzasperasjõ] *f* Erbitterung *f*; **~er** (*1f*) in Wut versetzen
**exaucer** [ɛgzose] (*1k*) *personne*, *prière*: erhören; *vœu*: erfüllen
**excavateur** [ɛkskavatœr] *m* Bagger *m*
**excéd|ent** [ɛksedɑ̃] *m* Überschuss *m*; ***en ~*** überschüssig; **~er** (*1f*) *mesure*: überschreiten, -steigen
**excellence** [ɛksɛlɑ̃s] *f* Vortrefflichkeit *f*; **♀** *titre*: Exzellenz *f*; ***par ~*** schlechthin
**excell|ent, ~ente** [ɛksɛlɑ̃, -ɑ̃t] ausgezeichnet, vortrefflich; **~er** (*1b*) sich auszeichnen (***dans, en*** in *dat*)
**excentrique** [ɛksɑ̃trik] exzentrisch (*a fig*); *quartier*: abgelegen
**excepté, ~e** [ɛksɛpte] **1.** *adj* ausgenommen; **2.** *prép* (*unv*) außer (*dat*); ***excepté que*** abgesehen davon, dass; ***excepté si*** es sei denn, dass
**excepter** [ɛksɛpte] (*1a*) ausnehmen
**exception** [ɛksɛpsjõ] *f* Ausnahme *f*; ***à l'~ de*** mit Ausnahme von; ***d'~*** Ausnahme…
**exceptionnel, ~le** [ɛksɛpsjɔnɛl] außergewöhnlich
**exc|ès** [ɛksɛ] *m* Übermaß *n*; ***à l'~*** unmäßig; ***~ de vitesse*** Geschwindigkeitsüberschreitung *f*; **~essif, ~essive** [-sif, -siv] übermäßig, übertrieben
**excit|ation** [ɛksitasjõ] *f* Auf-, Erregung *f*; *sexuelle*: Erregung *f*; **~é, ~ée** aufgeregt, erregt; **~er** (*1a*) *envie*, *passion*, *admiration*: erregen (*a sexuellement*); *appétit*, *imagination*: anregen; *encourager* anspornen; *agiter* aufregen, (auf)reizen
**exclam|ation** [ɛksklamasjõ] *f* Ausruf *m*; **~er** (*1a*) ***s'~*** (aus)rufen
**exclure** [ɛksklyr] (*4l*) ausschließen
**exclus|if, ~ive** [ɛksklyzif, -iv] ausschließlich, exklusiv; **~ion** *f* Ausschluss *m*; ***à l'~ de*** mit Ausnahme von; **~ivement** [-ivmɑ̃] ausschließlich; **~ivité** [-ivite] *f comm* Alleinvertrieb *m*
**excommunier** [ɛkskɔmynje] (*1a*) exkommunizieren
**excrément** [ɛkskremɑ̃] *m* Exkrement *n*
**excroissance** [ɛkskrwasɑ̃s] *f* Wucherung *f*
**excursion** [ɛkskyrsjõ] *f* Ausflug *m*
**excus|e** [ɛkskyz] *f* Entschuldigung *f*; *prétexte* Ausrede *f*; **~er** (*1a*) entschuldigen; ***s'~*** sich entschuldigen; ***excusez-moi*** Entschuldigung
**exécr|able** [egzekrablə] abscheulich; **~er** (*1f*) verabscheuen
**exécut|er** [egzekyte] (*1a*) *ordre*, *projet*: ausführen; *mus* vortragen; aufführen; *jur* vollstrecken; *condamné*: hinrichten; **~if, ~ive** [-if, -iv] **1.** *adj* vollzie-

hend, Exekutiv…; **2.** *m* Exekutive *f*
**exécution** [egzekysjõ] *f* Ausführung *f*; *jur* Vollstreckung *f*; *condamné*: Hinrichtung *f*; *mus* Vortrag *m*; Aufführung *f*; ***mettre à ~*** ausführen
**exemplaire** [ɛgzɑ̃plɛr] **1.** *adj* vorbildlich; *punition*: abschreckend; **2.** *m* Exemplar *n*
**exemple** [ɛgzɑ̃plə] *m* Beispiel *n*; ***par ~*** zum Beispiel
**exempt**, **~e** [ɛgzɑ̃, -t] frei, befreit (***de*** von); **~er** (*1a*) befreien, freistellen (***de*** von)
**exemption** [ɛgzɑ̃psjõ] *f* Befreiung *f*; ***~ d'impôt(s)*** Steuerfreiheit *f*
**exercer** [ɛgzɛrse] (*1k*) *influence*, *pouvoir*, *profession*: ausüben; *activité*, *commerce*: betreiben; *mémoire*, *corps*: üben, trainieren; ***s'~*** üben
**exercice** [ɛgzɛrsis] *m* Übung *f*; *art*, *profession*: Ausübung *f*; *comm* Geschäfts-, Rechnungsjahr *n*; *physique*: Bewegung *f*
**exhaler** [ɛgzale] (*1a*) *odeur*: ausströmen
**exhaust|if**, **~ive** [ɛgzostif, -iv] *étude*: erschöpfend
**exhib|er** [ɛgzibe] (*1a*) vorzeigen; ***s'~*** sich zur Schau stellen; **~itionniste** *m* Exhibitionist *m*
**exhorter** [ɛgzɔrte] (*1a*) ermahnen
**exhumer** [ɛgzyme] (*1a*) ausgraben
**exig|eant**, **~eante** [ɛgziʒɑ̃, -ɑ̃t] anspruchsvoll; **~ence** [-ɑ̃s] *f revendication* Forderung *f*, Anspruch *m*; Anforderung *f*; Erfordernis *n*; **~er** (*1l*) *réclamer* fordern, verlangen; *nécessiter* erfordern
**exigu**, **exiguë** [ɛgzigy] eng
**exiguïté** [ɛgzigɥite] *f* Enge *f*
**exil** [ɛgzil] *m* Exil *n*, Verbannung *f*; **~er** (*1a*) verbannen; ***s'~*** ins Exil gehen
**exist|ence** [ɛgzistɑ̃s] *f* Existenz *f*; *vie* Leben *n*, Dasein *n*; **~er** (*1a*) bestehen, existieren; ***il existe*** es gibt (*acc*)
**exode** [ɛgzɔd] *m* Abwanderung *f*, Auszug *m*; ***~ rural*** Landflucht *f*
**exonérer** [ɛgzɔnere] (*1f*) (von Steuern *od* Gebühren) befreien
**exorbit|ant**, **~ante** [ɛgzɔrbitɑ̃, -ɑ̃t] übermäßig, maßlos; *prix*: horrend
**exotique** [ɛgzɔtik] exotisch, fremdartig
**exp.** *abr* ***expéditeur*** Abs. (Absender)
**expans|if**, **~ive** [ɛkspɑ̃sif, -iv] *phys* Ausdehnungs…; *personne*: mitteilsam; **~ion** *f* Ausdehnung *f*, Expansion *f*; ***~ économique*** Wirtschaftsaufschwung *m*, -wachstum *n*
**expatrier** [ɛkspatrije] (*1a*) *argent*: im Ausland anlegen; ***s'~*** emigrieren
**expectative** [ɛkspɛktativ] *f* ***être dans l'~*** abwarten
**expédient** [ɛkspedjɑ̃] *m* Notbehelf *m*
**expédier** [ɛkspedje] (*1a*) absenden, verschicken; *travail*: (zügig) erledigen
**expédi|teur**, **~trice** [ɛkspeditœr, -tris] *m*, *f* Absender(in) *m*(*f*); **~tif**, **~tive** [-tif, -tiv] schnell, zügig; **~tion** *f* Absendung *f*, Versand *m*; *voyage*: Expedition *f*
**expérience** [ɛksperjɑ̃s] *f* Erfahrung *f*; *scientifique*: Experiment *n*
**expériment|é**, **~ée** [ɛksperimɑ̃te] erfahren; **~er** (*1a*) ausprobieren, erproben
**exp|ert**, **~erte** [ɛkspɛr, -ɛrt] **1.** *adj* sach-, fachkundig; ***être ~ en la matière*** auf dem Gebiet Fachmann sein; **2.** *m*, *f* Sachverständige(r) *m*, *f*, Fachmann *m*; **~ert-comptable** [-kõtablə] *m* (*pl experts-comptables*) Wirtschaftsprüfer(in) *m*(*f*)
**expertis|e** [ɛkspɛrtiz] *f* Gutachten *n*, Expertise *f*; **~er** (*1a*) (als Sachverständiger) begutachten, prüfen, untersuchen
**expi|ation** [ɛkspjasjõ] *f* Sühne *f*; **~er** (*1a*) sühnen
**expirer** [ɛkspire] (*1a*) *respirer* ausatmen; *mourir* verscheiden, sterben; *contrat*, *délai*: ablaufen
**explication** [ɛksplikasjõ] *f* Erklärung *f*, Erläuterung *f*; *discussion* Auseinandersetzung *f*
**explicite** [ɛksplisit] explizit, ausdrücklich
**expliquer** [ɛksplike] (*1m*) erklären, erläutern; ***s'~*** sich äußern; ***s'~ avec qn*** sich mit j-m aussprechen
**exploit** [ɛksplwa] *m* (Helden-)Tat *f*, Großtat *f*
**exploit|ation** [ɛksplwatasjõ] *f ferme*, *sol*: Bewirtschaftung *f*; *ouvriers*: Ausbeutung *f*; *entreprise* Betrieb *m*; **~er** (*1a*) ausnutzen; *ouvriers*: ausbeuten; *entreprise*, *ferme*: betreiben
**explor|ation** [ɛksplɔrasjõ] *f* Erforschung *f*; **~er** (*1a*) erforschen

**explos|er** [ɛksploze] (*1a*) explodieren; *fig* ausbrechen; **~if, ~ive** [-if, -iv] **1.** *adj* explosiv (*a fig*); **2.** *m* Sprengstoff *m*; **~ion** *f* Explosion *f*; *détonation* Knall *m*
**export|ateur**, **~atrice** [ɛkspɔrtatœr, -atris] **1.** *adj* Ausfuhr…; **2.** *m* Exporteur *m*; **~ation** *f* Export *m*, Ausfuhr *f*; **~er** (*1a*) exportieren, ausführen
**expos|é** [ɛkspoze] *m* Referat *n*; **~er** (*1a*) *art, marchandise*: ausstellen; *problème, programme*: darlegen; *à l'air, à la chaleur*: aussetzen; *photographie*: belichten; **~ition** *f art, marchandise*: Ausstellung *f*; *problème*: Darlegung *f*; *au soleil*: Aussetzung *f*; *photographie*: Belichtung *f*
**exprès**[1] [ɛksprɛ] *adv intentionnellement* absichtlich; *spécialement* extra
**expr|ès**[2], **~esse** [ɛksprɛs] **1.** *adj* ausdrücklich; ***défense f expresse*** ausdrückliches Verbot; **2.** *adj* (*unv*) ***lettre f exprès*** [-ɛksprɛs] Eilbrief *m*
**express** [ɛksprɛs] **1.** *adj* (*unv*) Schnell…; ***voie** f* **~** Schnellstraße *f*; **2.** *m train*: Schnellzug *m*; *café*: Espresso *m*
**expressément** [ɛksprɛsemɑ̃] *adv* ausdrücklich
**express|if**, **~ive** [ɛksprɛsif, -iv] ausdrucksvoll; **~ion** *f* Ausdruck *m*
**exprimer** [ɛksprime] (*1a*) ausdrücken
**exproprier** [ɛksprɔprije] (*1a*) enteignen
**expulser** [ɛkspylse] (*1a*) vertreiben; *étrangers*: ausweisen
**exquis**, **~e** [ɛkski, -z] auserlesen; *met*: köstlich
**extase** [ɛkstaz] *f* Verzückung *f*, Ekstase *f*
**extens|eur** [ɛkstɑ̃sœr] *sport*: Expander *m*; **~ible** dehnbar; **~if, ~ive** [-if, -iv] *agr* extensiv; **~ion** *f* Ausdehnung *f* (*a fig*)
**exténuer** [ɛkstenɥe] (*1n*) entkräften
**extérieur**, **~e** [ɛksterjœr] **1.** *adj* äußere(r, -s), äußerlich, Außen…; **2.** *m* Äußere(s) *n*; *maison, boîte*: Außenseite *f*; ***à l'extérieur*** außen; ***à l'extérieur de*** außerhalb von; **~ement** [-mɑ̃] *adv* äußerlich
**extérioriser** [ɛksterjɔrize] (*1a*) äußern; ***s'~*** *sentiment*: sich äußern; *personne*: aus sich herausgehen
**exterminer** [ɛkstɛrmine] (*1a*) ausrotten, vernichten
**externe** [ɛkstɛrn] äußerlich
**extincteur** [ɛkstɛ̃ktœr] *m* Feuerlöscher *m*
**extinction** [ɛkstɛ̃ksjõ] *f* Löschen *n*; *fig* Aussterben *n*, Erlöschen *n*
**extirper** [ɛkstirpe] (*1a*) (her)ausreißen; *méd* entfernen
**extorquer** [ɛkstɔrke] (*1m*) erpressen
**extorsion** [ɛkstɔrsjõ] *f* Erpressung *f*
**extra** [ɛkstra] (*unv*) **1.** *adj* vorzüglich, ausgezeichnet; **2.** *m **un** ~* etwas Besonderes
**extraction** [ɛkstraksjõ] *f pétrole*: Förderung *f*, Gewinnung *f*; *dent*: Ziehen *n*
**extradition** [ɛkstradisjõ] *f jur* Auslieferung *f*
**extraire** [ɛkstrɛr] (*4s*) *dent*: ziehen; *pétrole*: fördern
**extrait** [ɛkstrɛ] *m livre*: Auszug *m*; *plante*: Extrakt *m*
**extraordinaire** [ɛkstraɔrdinɛr] außerordentlich, außergewöhnlich
**extravag|ance** [ɛkstravagɑ̃s] *f* Überspanntheit *f*, Extravaganz *f*; **~ant, ~ante** [-ɑ̃, -ɑ̃t] überspannt, extravagant
**extrême** [ɛkstrɛm] **1.** *adj* äußerst; **2.** *m* Extrem *n*; ***à l'~*** bis zum Äußersten
**extrême-onction** [ɛkstrɛmõksjõ] *f égl* Letzte Ölung
**Extrême-Orient** [ɛkstrɛmɔrjɑ̃] *m **l'~*** der Ferne Osten, Ostasien *n*
**extrémiste** [ɛkstremist] *m, f pol* Radikale(r) *m, f*, Extremist(in) *m(f)*
**extrémité** [ɛkstremite] *f* äußerstes Ende *n*; *situation désespérée* äußerste Not *f*; ***~s** pl anat* Gliedmaßen *f/pl*
**extrinsèque** [ɛkstrɛ̃sɛk] äußerlich
**exubér|ance** [ɛgzyberɑ̃s] *f personne*: Überschwänglichkeit *f*; **~ant**, **~ante** [-ɑ̃, -ɑ̃t] überschwänglich
**exultation** [ɛgzyltasjõ] *f* Jubel *m*, Frohlocken *n*
**exutoire** [ɛgzytwar] *m* Ventil *n* (*fig*)
**ex-voto** [ɛksvɔto] *m* (*pl unv*) *rel* Votivbild *n*

# F

**F** *hist abr* ***franc(s)*** Franc(s)
**fa** [fa] *m mus* f *od* F *n*
**fable** [fablə] *f* Fabel *f*
**fabric|ant, ~ante** [fabrikɑ̃, -ɑ̃t] *m, f* Fabrikant(in) *m(f)*, Hersteller(in) *m(f)*; **~ation** *f* Herstellung *f*, Fertigung *f*
**fabriqu|e** [fabrik] *f* Fabrik *f*; **~er** (*1m*) herstellen; *péj* fabrizieren; F machen, treiben
**fabuleu|x, ~se** [fabylø, -z] märchenhaft
**façade** [fasad] *f* Fassade *f* (*a fig*)
**face** [fas] *f* Gesicht *n*; *pièce*: Vorderseite *f*; ***de ~*** von vorn; ***en ~ de*** gegenüber von; ***~ à ~*** Auge in Auge; ***en ~*** ins Gesicht; ***faire ~ à qc*** einer Sache die Stirn bieten
**fâch|é, ~ée** [fɑʃe] verärgert; **~er** (*1a*) ärgern; ***se ~*** böse werden; ***se ~ avec qn*** sich mit j-m überwerfen; **~eux, ~euse** [-ø, -øz] ärgerlich; *déplorable* unerfreulich
**facile** [fasil] leicht, einfach; ***~ à faire*** leicht zu tun; ***~ à utiliser*** benutzerfreundlich
**facilit|é** [fasilite] *f* Leichtigkeit *f*; **~s** *pl* Erleichterungen *f/pl*; **~er** (*1a*) erleichtern
**façon** [fasõ] *f* **1.** *manière* Art *f*, Weise *f*; ***de ~ que*** (*od* ***à ce que***) so … dass; ***de toute ~*** auf jeden Fall; ***de cette ~*** auf diese Art und Weise; ***à la ~ de*** auf die Art von; **2. ~s** *pl comportement* Benehmen *n*; *manières affectées* Gehabe *n*; ***sans ~*** ohne Umstände, ohne weiteres; **3.** *vêtement*: Verarbeitung *f*, Schnitt *m*
**façonner** [fasɔne] (*1a*) formen, gestalten; *traiter* bearbeiten; *caractère, personne*: prägen
**facteur** [faktœr] *m* **1.** *poste*: Briefträger *m*; **2.** *math u allg* Faktor *m*
**factice** [faktis] künstlich, nachgemacht; *gaieté, sourire*: gekünstelt, unnatürlich
**faction** [faksjõ] *f groupe*: umstürzlerische Partei *f*
**factrice** [faktris] *f* Briefträgerin *f*
**factur|e** [faktyr] *f comm* Rechnung *f*; **~er** (*1a*) in Rechnung stellen, berechnen
**facultati|f, ~ve** [fakyltatif, -v] fakultativ, wahlfrei; *présence, travail*: freiwillig; ***arrêt m facultatif*** Bedarfshaltestelle *f*
**faculté** [fakylte] *f* Fähigkeit *f*, Vermögen *n*; *université*: Fakultät *f*
**fade** [fad] fad(e), geschmacklos, schal; *fig* fad(e), abgeschmackt
**faibl|e** [fɛblə] **1.** *adj* schwach; **2.** *m* schwache Seite *f*; *préférence* Vorliebe *f*, Schwäche *f*; ***avoir un ~ pour qn, qc*** e-e Schwäche für j-n, etw haben; **~esse** [-ɛs] *f* Schwäche *f*; **~ir** (*2a*) schwach werden
**faïence** [fajɑ̃s] *f* Steingut *n*; Fayence *f*
**faille** [faj] *f géol* Spalte *f*, Verwerfung *f*
**faillir** [fajir] (*2n*) ***j'ai failli tomber*** ich wäre beinahe gefallen
**faillite** [fajit] *f comm* Bankrott *m*, Konkurs *m*; ***faire ~*** Konkurs machen, F Pleite machen
**faim** [fɛ̃] *f* Hunger *m*; ***avoir ~*** Hunger haben; ***manger à sa ~*** sich satt essen
**fainéant, ~e** [fɛneɑ̃, -t] **1.** *adj* faul; **2.** *m, f* Faulenzer(in) *m(f)*
**faire** [fɛr] (*4n*) **1.** *chose*: machen; *activité*: tun; ***~ la cuisine*** kochen; ***~ jeune*** jung aussehen; ***elle ne fait que parler*** sie spricht nur; ***~ que*** zur Folge haben, dass; ***~ de la fièvre*** Fieber haben; ***~ du tennis*** Tennis spielen; ***~ son droit*** Jura studieren; ***~ le malade*** sich krank stellen; ***~ un voyage*** reisen; **2.** *avec inf*: lassen; *intentionnellement*: veranlassen; ***~ rire qn*** j-n zum Lachen bringen; ***~ chauffer de l'eau*** Wasser aufsetzen; **3.** *impersonnel*: sein; ***il fait chaud*** es ist warm; ***ça fait un an que*** es ist ein Jahr her, dass; **4. *se ~*** zu Stande kommen, gemacht werden; ***cela se fait beaucoup*** das kommt häufig vor; ***ça ne se fait pas*** so was tut man nicht; ***se ~ rare*** selten werden; ***se ~ vieux*** altern; ***se ~ à qc*** sich an etw (*acc*) gewöhnen; ***ne pas s'en ~*** sich (*dat*) nichts da-

raus machen
**faire-part** [fɛrpar] *m* (*pl unv*) (Familien-)Anzeige *f*
**faisable** [fəzablə] machbar
**faisan** [fəzɑ̃] *m zo* Fasan *m*; **~e** Fasanenhenne *f*
**faisceau** [fɛso] *m* (*pl -x*) Bündel *n*; *lumière*: Strahl *m*
**fait**[1] [fɛ] *m* Tatsache *f*; *action* Tat *f*, Handlung *f*; *événement* Ereignis *n*; ***au ~*** [ofɛt] übrigens; ***de ~*** [dəfɛt] in der Tat; ***de ce ~*** deshalb; ***en ~*** [ɑ̃fɛt] in Wirklichkeit; ***du ~ de*** infolge; ***en ~ de*** was … betrifft; ***tout à ~*** völlig; ***~s divers*** Vermischtes *n*
**fait**[2], **~e** [fɛ, fɛt] *p/p de* **faire** *u adj* gemacht; *achevé* erledigt; *personne*: ***bien ~(e)*** gut gewachsen; ***être ~(e)*** F geliefert sein; ***c'est bien fait pour lui*** das geschieht ihm recht
**faîte** [fɛt] *m toit*: First *m*; *arbre*: Wipfel *m*; *montagne*: Gipfel *m*
**falaise** [falɛz] *f* Klippe *f*
**fallacieu|x**, **~se** [falasjø, -z] trügerisch
**falloir** [falwar] (*3c*) ***il faut*** es ist nötig, man muss; ***il faut faire qc*** man muss etw tun; ***il me faut qc*** ich habe etw nötig, brauche etw; ***il me faut sortir, il faut que je sorte*** ich muss ausgehen; ***comme il faut*** wie sich's gehört; ***il s'en faut de beaucoup*** (***peu***) es fehlt viel (wenig) daran
**falsification** [falsifikasjõ] *f* Fälschung *f*
**falsifier** [falsifje] (*1a*) *argent*, *document*: fälschen; *vérité*: verfälschen
**famé**, **~e** [fame] ***mal ~(e)*** verrufen
**famélique** [famelik] ausgehungert
**fameu|x**, **~se** [famø, -z] *célèbre* berühmt; *excellent* hervorragend; *précédant le subst* gewaltig
**familial**, **~e** [familjal] (*m/pl -aux*) Familien…
**familiar|iser** [familjarize] (*1a*) ***~ qn avec*** j-n vertraut machen mit; ***se ~ avec*** vertraut werden mit; **~ité** *f désinvolture od impertinence* Vertraulichkeit *f*; *connaissance* Vertrautheit *f* (***avec*** mit)
**famil|ier**, **~ière** [familje, -jɛr] *intimité*: vertraulich, ungezwungen; *impertinent* vertraulich; *connu* vertraut; ***langage m familier*** Umgangssprache *f*
**famille** [famij] *f* Familie *f*
**famine** [famin] *f* Hungersnot *f*
**fanal** [fanal] *m* (*pl -aux*) *mar* Leuchtfeuer *n*
**fanat|ique** [fanatik] **1.** *adj* fanatisch; **2.** *m*, *f obsédé* Fanatiker(in) *m*(*f*); *sport*: Fan *m*; *musique*, *livres*: Liebhaber(in) *m*(*f*); **~isme** *m* Fanatismus *m*
**faner** [fane] (*1a*) ***se ~*** verwelken, verblühen
**fanfar|e** [fɑ̃far] *f orchestre*: Blaskapelle *f*; *musique*: Blechmusik *f*; **~on**, **~onne** **1.** *adj* prahlerisch; **2.** *m* Aufschneider *m*
**fange** [fɑ̃ʒ] *f* Schlamm *m*
**fantais|ie** [fɑ̃tɛzi] *f caprice* Laune *f*, Lust *f*; *imagination* Einfallsreichtum *m*; *œuvre*: Fantasiestück *n*; **~iste** **1.** *adj personne*: unkonventionell; *péj* unseriös; **2.** *m* eigenwilliger Mensch *m*
**fantasme** [fɑ̃tasmə] *m* Fantasiegebilde *n*
**fantasque** [fɑ̃task] *personne*: schrullig, seltsam
**fantastique** [fɑ̃tastik] fantastisch
**fantoche** [fɑ̃tɔʃ] *m fig* Marionette *f*
**fantôme** [fɑ̃tom] *m* Gespenst *n*
**farce** [fars] *f théâtre*: Posse *f*, Schwank *m*; *tour* Streich *m*; *cuis* Füllung *f*
**farceu|r**, **~se** [farsœr, -øz] *m*, *f* Spaßmacher(in) *m*(*f*), Witzbold *m*
**farcir** [farsir] (*2a*) *cuis* füllen; *fig* vollstopfen
**fard** [far] *m* Schminke *f* (*a fig*)
**fardeau** [fardo] *m* (*pl -x*) Last *f*, Bürde *f* (*a fig*)
**farder** [farde] (*1a*) schminken; *fig* beschönigen
**farfelu**, **~e** [farfəly] sonderbar, seltsam, F spinnig
**farfouiller** [farfuje] (*1a*) F herumstöbern
**farine** [farin] *f* Mehl *n*
**farouche** [faruʃ] *timide* scheu; *violent* wild; *volonté*, *haine*: heftig, stark
**fart** [far(t)] *m* (Schi-)Wachs *n*
**fascicule** [fasikyl] *m* Heft *n*
**fascin|ant**, **~ante** [fasinɑ̃, -ɑ̃t] faszinierend, bezaubernd; **~ation** *f* Faszination *f*, Zauber *m*; **~er** (*1a*) faszinieren, bezaubern
**fascisme** [faʃismə] *m* Faschismus *m*
**fasciste** [faʃist] **1.** *m*, *f* Faschist(in) *m*(*f*); **2.** *adj* faschistisch
**faste**[1] [fast] *m* Pracht *f*, Prunk *m*

**faste²** [fast] *adj* ***jour*** *m* **~** Glückstag *m*
**fastidieu|x, ~se** [fastidjø, -z] langweilig
**fastueu|x, ~se** [fastɥø, -z] prunk-, prachtvoll
**fat** [fa(t)] *adj/m* eingebildet
**fatal, ~e** [fatal] (*m/pl -s*) fatal, verhängnisvoll; *mortel* tödlich; *inévitable* zwangsläufig, unvermeidbar
**fatal|isme** [fatalismə] *m* Fatalismus *m*; **~iste 1.** *adj* fatalistisch; **2.** *m, f* Fatalist(in) *m(f)*; **~ité** *f* Verhängnis *n*; *destin* Schicksal *n*
**fatidique** [fatidik] schicksalhaft
**fatigant, ~e** [fatigɑ̃, -t] ermüdend; *agaçant* lästig
**fatigu|e** [fatig] *f* Ermüdung *f*; *état*: Müdigkeit *f*; ***mort de ~*** todmüde; **~é, ~ée** müde; **~er** (*1m*) ermüden; *importuner* lästig fallen (***qn*** j-m); ***se ~*** müde werden
**fatuité** [fatɥite] *f* Überheblichkeit *f*, Selbstgefälligkeit *f*
**faubour|g** [fobur] *m* Vorstadt *f*; **~ien, ~ienne** [-jɛ̃, -jɛn] vorstädtisch
**fauch|é, ~ée** [foʃe] F blank, abgebrannt; **~er** (*1a*) *agr* mähen; *fig* dahinraffen; **~eur** *m* Mäher *m*; **~euse** *f* Mähmaschine *f*
**faucille** [fosij] *f* Sichel *f*
**faucon** [fokõ] *m zo* Falke *m*
**faufiler** [fofile] (*1a*) heften; ***se ~*** sich einschleichen (***dans, entre*** in *acc*)
**faune** [fon] *f* Fauna *f*, Tierwelt *f*
**faussaire** [fosɛr] *m* Fälscher *m*
**faussement** [fosmɑ̃] fälschlich
**fausser** [fose] (*1a*) *calcul, données*: fälschen; *sens, vérité*: verdrehen, verfälschen; *clef*: verbiegen
**fausseté** [foste] *f* Falschheit *f*; *hypocrisie* Unaufrichtigkeit *f*
**faute** [fot] *f* Fehler *m*; *morale*: Verfehlung *f*; *responsabilité* Schuld *f*; ***c'est de ta ~*** es ist deine Schuld; ***par sa ~*** durch seine Schuld; ***être en ~*** im Unrecht sein; ***~ de*** aus Mangel an (*dat*), mangels (*gén*); ***sans ~*** ganz gewiss
**fauteuil** [fotœj] *m* Sessel *m*; ***~ roulant*** Rollstuhl *m*
**fauteur** [fotœr] *m* Anstifter *m*
**fauti|f, ~ve** [fotif, -v] *personne*: schuldig; *objet*: fehlerhaft
**fauve** [fov] **1.** *adj* falb, fahlrot; ***bêtes*** *f/pl* ***~s*** wilde Tiere *n/pl*, Raubtiere *n/pl*; **2.** *m zo* Raubtier *n*; *félin* große Raubkatze *f*
**faux¹** [fo] *f* Sense *f*
**faux², fausse** [fo, fos] **1.** *adj allg* falsch; *apparent* Schein…; *falsifié* gefälscht; *hypocrite* unaufrichtig; *artificiel* künstlich; ***fausse clef*** *f* Nachschlüssel *m*; ***fausse couche*** *f* Fehlgeburt *f*; ***fausse monnaie*** *f* Falschgeld *n*; ***faux frais*** *m/pl* Nebenausgaben *f/pl*; **2.** *adv* ***chanter faux*** falsch singen; **3.** *m copie* Fälschung *f*
**faux|-filet** [fofilɛ] *m* (*pl faux-filets*) *cuis* Lendenstück *n*; **~-fuyant** [-fɥijɑ̃] *m* (*pl faux-fuyants*) Ausrede *f*, Ausflucht *f*
**faveur** [favœr] *f considération* Gunst *f*; *service* Gefallen *m*; *privilège* Vorrecht *n*; ***à la ~ de*** begünstigt von; ***en ~ de*** zu Gunsten von; ***parler en ~ de qc*** etw (*acc*) befürworten
**favorable** [favɔrablə] *personne*: geneigt, wohlgesinnt (***à qn*** j-m); *circonstances*: günstig
**favor|i, ~ite** [favɔri, -it] **1.** *adj* Lieblings…; **2.** *m, f* Günstling *m*, Liebling *m*; *sport*: Favorit(in) *m(f)*; **~iser** (*1a*) *faciliter, avantager* begünstigen; *entreprise, parti*: fördern; **~itisme** [-itismə] *m* Günstlingswirtschaft *f*
**fax** [faks] *m* Fax *n*; **~er** (*1a*) faxen
**FB** *abr hist* ***franc(s) belge(s)*** bfr (belgischer Franc); bfrs (belgische Francs)
**fébrile** [febril] fieberhaft
**fécond, ~e** [fekõ, -d] fruchtbar (*a fig*); **~ation** [-dasjõ] *f* Befruchtung *f*; ***~ artificielle*** künstliche Befruchtung *f*; **~ité** [-dite] *f* Fruchtbarkeit *f*
**fécule** [fekyl] *f aliments*: Stärke *f*
**fédéral, ~e** [federal] (*m/pl -aux*) Bundes…; *Suisse*: eidgenössisch; **~isme** *m* Föderalismus *m*; **~iste 1.** *adj* föderalistisch; **2.** *m* Föderalist *m*
**fédéra|tif, ~tive** [federatif, -tiv] föderativ; **~tion** *f états*: Föderation *f*, Bündnis *n*, Bund *m*; *association* Verband *m*; ***~ européenne des échanges boursés*** Europäischer Börsenverein *m*
**fée** [fe] *f* Fee *f*; *fig* guter Geist *m*
**féerique** [fe(e)rik] zauberhaft
**feindre** [fɛ̃drə] (*4b*) heucheln, vortäuschen; ***~ de*** (+ *inf*) so tun, als ob (+ *subj*)
**feinte** [fɛ̃t] *f* Täuschung *f*, Finte *f*
**fêler** [fɛle] (*1b*) ***se ~*** springen

**félicit|ations** [felisitasjõ] *f/pl* Glückwunsch *m*, -wünsche *m/pl*; **~er** (*1a*) **~ qn de** *od* **pour qc** j-n zu etw beglückwünschen, j-m zu etw gratulieren; **se ~ de qc** über etw froh sein
**félin**, **~e** [felɛ̃, -in] **1.** *adj* katzenartig; **2.** *m* Katze *f*, Raubkatze *f*
**fêlure** [felyr] *f* Sprung *m*, Riss *m*
**femelle** [fəmɛl] **1.** *f* Weibchen *n* (*von Tieren*); **2.** *adj zo*, *bot* weiblich
**fémin|in**, **~ine** [feminɛ̃, -in] **1.** *adj* Frauen…; weiblich; **2.** *m gr* Femininum *n*; **~isme** *m* Frauenbewegung *f*, Feminismus *m*; **~iste 1.** *adj* feministisch; **2.** *f* Feministin *f*
**femme** [fam] *f* Frau *f*; *péj* Weib *n*; *épouse* Ehefrau *f*; **~ médecin** Ärztin *f*; **~ publique** Dirne *f*
**fendiller** [fɑ̃dije] (*1a*) **se ~** *peau*: aufspringen
**fendre** [fɑ̃drə] (*4a*) spalten; **se ~** bersten, zerplatzen
**fenêtre** [f(ə)nɛtrə] *f* Fenster *n* (*a am Bildschirm*)
**fenouil** [fənuj] *m bot* Fenchel *m*
**fente** [fɑ̃t] *f bois*, *rocher*: Spalte *f*; *déchirure* Riss *m*; *boîte à lettres*, *volet*: Schlitz *m*
**féodal**, **~e** [feɔdal] (*m/pl -aux*) feudal; **~ité** *f* Feudalismus *m*
**fer** [fɛr] *m* Eisen *n*; *fig* **de ~** eisern, stählern; **~ à cheval** Hufeisen *n*; **~ à repasser** Bügeleisen *n*
**fer-blanc** [fɛrblɑ̃] *m* (*Weiß-*)Blech *n*
**férié** [ferje] **jour** *m* **~** Feiertag *m*
**ferme**[1] [fɛrm] *adj u adv consistant* fest; *dur* hart; *caractère*: standhaft; *catégorique* entschieden
**ferme**[2] [fɛrm] *f* Bauernhof *m*, Gehöft *n*
**ferment** [fɛrmɑ̃] *m* Gärungsstoff *m*, Ferment *n*
**ferment|ation** [fɛrmɑ̃tasjõ] *f* Gärung *f*; **~er** (*1a*) gären
**fermer** [fɛrme] (*1a*) *v/t* zumachen, schließen; *à clef*: verschließen; *eau*, *robinet*: zudrehen
**fermeté** [fɛrməte] *f* Festigkeit *f* (*a fig*); *volonté* Entschlossenheit *f*
**fermette** [fɛrmɛt] *f* (kleines) Landhaus *n*
**fermeture** [fɛrmətyr] *f* Schließen *n*; *mécanisme*: Verschluss *m*; *d'entreprise*: Schließung *f*; **~ éclair** Reißverschluss *m*
**ferm|ier**, **~ière** [fɛrmje, -jɛr] *m*, *f propriétaire*: Bauer *m*, Bäuerin *f*, Landwirt *m*; *locataire*: Pächter(in) *m*(*f*)
**fermoir** [fɛrmwar] *m* Verschluss *m*
**féroc|e** [ferɔs] wild, reißend; *cruel* grausam; **~ité** *f* Wildheit *f*; *cruauté* Grausamkeit *f*
**ferraille** [fɛraj] *f* Alteisen *n*, Schrott *m*; **mettre à la ~** verschrotten
**ferr|é**, **~ée** [fɛre] beschlagen (*a fig*); **voie** *f* **ferrée** Gleis *n*
**ferronn|erie** [fɛrɔnri] *f fabrique*: Kunstschmiede *f*; (**~ d'art**) *objets*: Kunstschmiedearbeit *f*; **~ier** [-je] *m* (**~ d'art**) Kunstschmied *m*
**ferroviaire** [fɛrɔvjɛr] Eisenbahn…
**ferry-boat** [feribot] *m* (*pl ferry-boats*) Eisenbahnfähre *f*
**fertil|e** [fɛrtil] fruchtbar, ergiebig; **~iser** (*1a*) fruchtbar machen; **~ité** *f* Fruchtbarkeit *f*
**ferv|ent**, **~ente** [fɛrvɑ̃, -ɑ̃t] *prière*: inbrünstig; *admirateur*: glühend; **~eur** *f dévotion* Inbrunst *f*; *zèle* Eifer *m*
**fess|e** [fɛs] *f* Hinterbacke *f*; **~s** *pl* Hintern *m*, Gesäß *n*; **~ée** *f* (Tracht *f*) Prügel *m/pl*
**festin** [fɛstɛ̃] *m* Festmahl *n*, Schmaus *m*
**festival** [fɛstival] *m* (*pl -s*) Festival *n*; *classique*: Festspiele *n/pl*
**festivités** [fɛstivite] *f/pl* Festlichkeiten *f/pl*
**festoyer** [fɛstwaje] (*1h*) schmausen
**fêtard** [fɛtar] F *m* Lebemann *m*
**fête** [fɛt] *f* Fest *n*; *publique*: Feiertag *m*; *Saint*: Namenstag *m*; **faire la ~** ordentlich feiern; **♀-Dieu** [-djø] *f* Fronleichnam(sfest) *m*(*n*)
**fêter** [fɛte] (*1b*) feiern
**fétide** [fetid] stinkend
**fétu** [fety] *m* **~** (**de paille**) Strohhalm *m*
**feu**[1] [fø] *m* (*pl -x*) Feuer *n* (*a mil*, *fig*); *auto* Licht *n*; *de circulation*: Ampel *f*; *fig enthousiasme* Begeisterung *f*; **~x** *pl mar* Leuchtfeuer *n*; **au coin du ~** am Herd, am Kamin; **coup** *m* **de ~** Schuss *m*; **~ d'artifice** Feuerwerk *n*; **mettre le ~ à qc** etw (*acc*) in Brand stecken; **~ vert** grünes Licht (*a fig*); *auto* **~ arrière** Rücklicht *n*; **~ de position** Standlicht *n*; **~ de croisement** Abblendlicht *n*; **~ de route** Fernlicht *n*; **~ de stationnement** Parklicht *n*

**feu²** [fø] *adj* (*unv*) *litt* **~ son père** sein seliger Vater
**feuillage** [fœjaʒ] *m* Laub(werk) *n*
**feuille** [fœj] *f* Blatt *n*; **~s** *pl plantes*: Laub *n*; **~s mortes** dürres Laub *n*; **~ d'impôt** Steuerbescheid *m*; **~ de maladie** Krankenschein *m*
**feuillet** [fœjɛ] *m* Blatt *n* (*im Heft od Buch*)
**feuillet|er** [fœjte] (*1c*) durchblättern; *cuis* **pâte** *f* **feuilletée** Blätterteig *m*; **~on** *m journal*: Fortsetzungsroman *m*; *TV* Sendereihe *f*, Serie *f*
**feuillu**, **~e** [fœjy] dicht belaubt
**feutre** [føtrə] *m* Filz *m*; *stylo*: Filzschreiber *m*; *chapeau*: Filzhut *m*
**feutré**, **~e** [føtre] *bruit*: gedämpft
**fève** [fɛv] *f bot* (dicke) Bohne *f*
**février** [fevrije] *m* Februar *m*
**FF** *hist abr* **franc(s) français** französischer (französische) Franc(s)
**fiab|ilité** [fjabilite] *f* Zuverlässigkeit *f*; **~le** zuverlässig
**fiançailles** [f(i)jɑ̃saj] *f/pl* Verlobung *f*
**fianc|é**, **~ée** [f(i)jɑ̃se] *m, f* Verlobte(r) *m, f*; **~er** (*1k*) **se ~ avec** sich verloben mit
**fibre** [fibrə] *f* Faser *f*; *fig* Ader *f*; **~ optique** Glasfaser *f*; **~ de verre** Glaswolle *f*
**fibreu|x**, **~se** [fibrø, -z] faserig
**ficeler** [fisle] (*1c*) ver-, zu-, festschnüren
**ficelle** [fisɛl] *f* Bindfaden *m*, Schnur *f*; *pain*: langes Weißbrot *n*; *fig* Kniff *m*, Trick *m*
**fiche** [fiʃ] *f* **1.** *classement*: (Kartei-)Karte *f*; **2.** *él* Stecker *m*
**ficher** [fiʃe] (*1a*) F *faire* machen, tun; *donner* geben; *jeter* werfen, schmeißen; **fiche-moi la paix** (**le camp**)**!** lass mich in Ruhe! (mach, dass du fortkommst!); **se ~ de qc, qn** auf etw, j-n pfeifen
**fichier** [fiʃje] *m* Kartei(kasten) *f*(*m*); *EDV* Datei *f*
**fichu**, **~e** [fiʃy] F *inutilisable* kaputt; *mauvais* verdammt, verflixt; **être mal ~(e)** *santé*: sich schlecht fühlen; *chose*: schlecht gemacht sein
**ficti|f**, **~ve** [fiktif, -v] erdacht, fiktiv
**fidèle** [fidɛl] **1.** *adj* treu; *fiable* zuverlässig; **2.** *m, f rel* Gläubige(r) *m, f*; *fig* Getreue(r) *m, f*
**fidélité** [fidelite] *f* Treue *f*; *fiabilité* Zuverlässigkeit *f*; *précision* Genauigkeit *f*; *tech* **haute ~** High Fidelity *f*
**fiduciaire** [fidysjɛr] treuhänderisch; **agent** *m* **~** Treuhänder *m*; **société** *f* **~** Treuhandgesellschaft *f*
**fief** [fjɛf] *m hist* Lehen *n*; *pol* Hochburg *f*; *fig* Domäne *f*, Spezialgebiet *n*
**fiel** [fjɛl] *m* Galle *f* (*der Tiere*); *fig* Bitterkeit *f*
**fier¹** [fje] (*1a*) **se ~ à qn, qc** j-m vertrauen, sich auf etw, j-n verlassen
**fier²**, **fière** [fjɛr] stolz (**de** auf *acc*)
**fierté** [fjɛrte] *f* Stolz *m*
**fièvre** [fjɛvrə] *f* Fieber *n*; *fig* Aufregung *f*
**fiévreu|x**, **~se** [fjevrø, -z] fiebrig; *fig* fieberhaft
**figer** [fiʒe] (*1l*) fest werden lassen; *fig* **se ~** fest werden, erstarren (*a fig*)
**figu|e** [fig] *f* Feige *f*; **~ier** [-je] *m* Feigenbaum *m*
**figurant**, **~e** [figyrɑ̃, -t] *m, f théâtre*: Statist(in) *m*(*f*)
**figurati|f**, **~ve** [figyratif, -v] bildlich
**figure** [figyr] *f visage* Gesicht *n*; *math*, *danse*: Figur *f*; *personnage* Gestalt *f*; F **se casser la ~** hinfallen
**figur|é**, **~ée** [figyre] (*a* **au figuré**) bildlich, übertragen; **~er** (*1a*) *v/t* abbilden; *v/i* vorkommen, erscheinen; **se ~ qc** sich (*dat*) etw vorstellen
**fil** [fil] *m* Faden *m* (*a fig*); *à coudre*: Garn *n*; *métal*: Draht *m*; *él* Leitung *f*; *tél* Schnur *f*; **~ de fer barbelé** Stacheldraht *m*; *tél* **coup** *m* **de ~** Anruf *m*
**filage** [filaʒ] *m* Spinnen *n*
**filament** [filamɑ̃] *m* Faser *f*; *él* Heizdraht *m*, Glühfaden *m*
**filature** [filatyr] *f* Spinnerei *f*; *fig* Beschattung *f* (*durch die Polizei*)
**file** [fil] *f* Reihe *f*, Schlange *f*; *route*: Spur *f*; **à la ~** hintereinander
**filer** [file] (*1a*) *v/t* spinnen; F *donner* geben; *coup*: versetzen; *épier* beschatten; *v/i fromage etc*: Fäden ziehen; F *partir* weglaufen; *vite*: flitzen, sausen; *temps*: vergehen; **~ à l'anglaise** sich verdrücken
**filet** [filɛ] *m eau*: dünner (Wasser-)Strahl *m*; *pêche*: Netz *n*; *cuis* Filet *n*; **~ (à provisions)** Einkaufsnetz *n*
**filial**, **~e** [filjal] (*m/pl -aux*) **1.** *adj* kindlich, Kindes…; **2.** *f comm* Tochterge-

sellschaft *f*
**filiation** [filjasjõ] *f descendance* Abstammung *f*; *liaison* Zusammenhang *m*
**filière** [filjɛr] *f* ***passer par la ~*** den Dienstweg nehmen; ***par la ~*** von der Pike auf
**filigrane** [filigran] *m* Wasserzeichen *n*; *fig* ***en ~*** im Hintergrund
**fill|e** [fij] *f parenté*: Tochter *f*; *jeune*: Mädchen *n*; ***vieille ~*** alte Jungfer *f*; **~ette** [-ɛt] *f* kleines Mädchen *n*
**filleul**, **~e** [fijœl] *m*, *f* Patenkind *n*
**film** [film] *m* Film *m*; *couche* dünne Schicht *f*; ***~ documentaire*** Dokumentarfilm *m*; ***~ en couleurs*** Farbfilm *m*; ***~ muet*** Stummfilm *m*; ***~ policier*** Kriminalfilm *m*; **~er** (*1a*) filmen
**filou** [filu] *m* Gauner *m*; F Schlingel *m*
**fils** [fis] *m* Sohn *m*; ***~ à papa*** verzogenes Kind *n* (reicher Eltern)
**filtre** [filtrə] *m* Filter *m*; *auto* ***~ à particules*** (Ruß)Partikelfilter *m*
**filtrer** [filtre] (*1a*) *v/t* filtern; *nouvelles*: streng kontrollieren; *v/i liquide*: durchsickern; *odeur, bruit*: durchdringen
**fin¹** [fɛ̃] *f* Schluss *m*, Ende *n*; *but*: Ziel *n*, Zweck *m*; ***à la ~*** schließlich; ***en ~ de compte*** letztlich; ***à cette ~*** zu diesem Zweck; ***mettre ~ à qc*** etw (*acc*) beenden
**fin²**, **~e** [fɛ̃, fin] fein; *mince* dünn; *exquis* auserlesen; *pointe*: dünn, spitz; *esprit*: feinsinnig; F ***fine gueule*** *f* Feinschmecker *m*; ***fines herbes*** *f/pl* Küchenkräuter *n/pl*; ***au fin fond de*** ganz weit hinten in (*dat*)
**final**, **~e** [final] (*m/pl -s*) **1.** *adj* End…, Schluss…; **2.** **~(*e*)** *m mus* Finale *n*; **3.** *f sports*: Finale *n*, Endspiel *n*
**finalement** [finalmɑ̃] *adv* schließlich
**finaliste** [finalist] *m,f* Finalist(in) *m(f)*
**finalité** [finalite] *f* Finalität *f*, Zweckbestimmtheit *f*
**financ|e** [finɑ̃s] *f* Finanzwelt *f*; ***~s*** *pl moyens* Finanzen *f/pl*, Geldmittel *n/pl*; *domaine*: Finanz-, Geldwesen *n*; **~er** (*1k*) finanzieren; **~ier**, **~ière** [-je, -jɛr] **1.** *adj* finanziell; Finanz…; **2.** *m* Finanzier *m*
**finaud**, **~e** [fino, -d] listig
**fine** [fin] *f* feinster Kognak *m*
**finesse** [finɛs] *f* Feinheit *f*
**fini**, **~e** [fini] *achevé* beendet, fertig; *passé* vergangen; *math*, *phil* endlich; ***il est ~*** er ist erledigt; ***produit*** *m* ***~*** Fertigprodukt *n*
**finir** [finir] (*2a*) *v/i* enden; *v/t* beend(ig)en; *produit*: fertigstellen; *œuvre, travail*: vollenden; ***~ de faire qc*** mit etw aufhören; ***en ~ avec qc*** e-r Sache ein Ende machen; ***~ par faire qc*** schließlich etw tun
**finissage** [finisaʒ] *m* Fertigstellung *f*
**finition** [finisjõ] *f action*: Fertigstellung *f*; *qualité*: Verarbeitung *f*
**finlandais**, **~e** [fɛ̃lɑ̃dɛ, -ɛz] **1.** *adj* finnisch; **2.** **♀**, **♀e** *m*, *f* Finne *m*, Finnin *f*
**Finlande** [fɛ̃lɑ̃d] ***la ~*** Finnland *n*
**finnois**, **~e** [finwa, -z] → ***finlandais***
**firme** [firm] *f* Firma *f*
**FIS** *m abr* ***Front islamique du salut*** Islamische Heilsfront (*in Algerien*)
**fisc** [fisk] *m* Staatskasse *f*, Fiskus *m*; *administration*: Steuerbehörde *f*
**fiscal**, **~e** [fiskal] (*m/pl -aux*) steuerlich, fiskalisch; **~ité** *f* Steuerwesen *n*; *charges*: Steuerlast *f*
**fiss|ion** [fisjõ] *f phys* Kernspaltung *f*; **~ure** [-yr] *f craquelure* Sprung *m*; *crevasse* Riss *m*
**FIV** *f abr* ***fécondation in vitro*** IVF *f* (In-vitro-Fertilisation)
**fix|age** [fiksaʒ] *m photographie*: Fixieren *n*; **~ateur** [-atœr] *m photographie*: Fixiermittel *n*; *cheveux*: Haarfestiger *m*; **~ation** *f tech* Festmachen *n*, Befestigung *f*; *détermination* Festsetzung *f*; *ski*: Bindung *f*; *psych* Fixierung *f*
**fix|e** [fiks] **1.** *adj* fest; *sans mouvement* unbeweglich; *invariable* beständig; ***à prix ~*** zum Festpreis; **2.** *m* festes Gehalt *n*; **~er** (*1a*) festmachen, befestigen; *déterminer* bestimmen, festsetzen; *photographie*: fixieren; *regarder* anstarren; ***se ~*** *s'établir* sich niederlassen
**flacon** [flakõ] *m* Fläschchen *n*
**flageller** [flaʒɛle] (*1b*) geißeln
**flagrant**, **~e** [flagrɑ̃, -t] offenkundig; *jur* ***prendre en flagrant délit*** auf frischer Tat ertappen
**flair** [flɛr] *m animal*: Witterung *f*; *fig* Gespür *n*; **~er** (*1b*) *animal*: wittern, schnuppern; *fig soupçonner* ahnen; *sentir* spüren
**flamand**, **~e** [flamɑ̃, -d] **1.** *adj* flämisch;

**2.** **♀**, **♀e** *m*, *f* Flame *m*, Flamin *od* Flämin *f*
**flamant** [flamɑ̃] *m zo* **~** (***rose***) Flamingo *m*
**flamb|ant** [flɑ̃bɑ̃] **~** ***neuf*** (*f unv od* flambant neuve) funkelnagelneu; **~eau** [-o] *m* (*pl -x*) Fackel *f* (*a fig*); **~ée** *f* hell aufloderndes Feuer *n*; *fig* Auflodern *n*; **~** ***des prix*** Preisauftrieb *m*; **~er** (*1a*) *v/i* auflodern; *v/t cuis* flambieren
**flamboy|ant**, **~ante** [flɑ̃bwajɑ̃, -ɑ̃t] flammend; *arch* spätgotisch; **~er** (*1h*) auflodern, aufleuchten
**flamme** [flam] *f* Flamme *f* (*a fig*)
**flan** [flɑ̃] *m* Pudding *m*
**flanc** [flɑ̃] *m* Seite *f*; *montagne*: Abhang *m*
**Flandre** [flɑ̃drə] ***la*** **~** Flandern *n*
**flâner** [flɑne] (*1a*) (umher)schlendern, bummeln
**flanquer** [flɑ̃ke] (*1m*) flankieren; F werfen, schmeißen; *coup*: versetzen
**flaque** [flak] *f* Pfütze *f*, Lache *f*
**flash** [flaʃ] *m* Blitzlicht(gerät) *n*; *presse*: kurze (wichtige) Meldung *f*
**flasque** [flask] schlaff
**flatt|er** [flate] (*1a*) **~** ***qn*** j-m schmeicheln; ***se*** **~** ***de qc*** sich e-r Sache rühmen; **~erie** *f* Schmeichelei *f*; **~eur**, **~euse** **1.** *adj personne*: schmeichlerisch; *remarque*, *résultat*: schmeichelhaft; **2.** *m*, *f* Schmeichler(in) *m*(*f*)
**fléau** [fleo] *m* (*pl -x*) *fig* Geißel *f*
**flèche** [flɛʃ] *f* Pfeil *m*; *clocher*: (Turm-) Spitze *f*
**fléchir** [fleʃir] (*2a*) *v/t* beugen; *faire céder* erweichen; *v/i poutre*: sich durchbiegen; *fig courage*, *ardeur*: nachlassen
**flemme** [flɛm] F *f* Faulheit *f*; ***avoir la*** **~** ***de faire qc*** zu faul sein, etw zu tun
**flétrir** [fletrir] (*2a*) verdorren lassen, verwelken lassen; ***se*** **~** verwelken
**fleur** [flœr] *f* Blume *f*; *partie de plante*: Blüte *f*
**fleur|i**, **~ie** [flœri] blühend; *dessin*: geblümt; *style*: blumig; **~ir** (*2a*) *v/i* blühen; *v/t décorer*: mit Blumen schmücken; **~iste** *m*, *f* Blumenhändler(in) *m*(*f*), -züchter(in) *m*(*f*)
**fleuve** [flœv] *m* Fluss *m*
**flex|ible** [flɛksiblə] biegsam; *fig* anpassungsfähig, flexibel; **~ion** *f* Biegung *f*
**flic** [flik] F *m* Polizist *m*; *péj* F Bulle *m*
**flirt** [flœrt] *m* Flirt *m*; **~er** (*1a*) flirten
**flocon** [flɔkõ] *m* Flocke *f*
**floraison** [flɔrɛzõ] *f* Blüte *f*; *période*: Blütezeit *f* (*a fig*)
**floral**, **~e** [flɔral] (*m/pl -aux*) Blumen…
**Florence** [flɔrɑ̃s] *géogr* Florenz *n*
**florissant**, **~e** [flɔrisɑ̃, -t] blühend (*fig*)
**flot** [flo] *m* Flut *f* (*a fig*); *fig* Strom *m*; **~s** *pl* Wogen *f/pl*, Wellen *f/pl*; ***à*** **~*s*** in Strömen; ***à*** **~** *mar* flott; ***remettre à*** **~** flottmachen (*a fig*)
**flottant**, **~e** [flɔtɑ̃, -t] *fig* schwankend
**flott|e** [flɔt] *f* Flotte *f*; F *eau* Wasser *n*; **~er** (*1a*) *bateau*, *bois*: schwimmen; *odeur*: schweben; *fig* schwanken; **~eur** *m tech* Schwimmer *m*
**flou**, **~e** [flu] unscharf, verschwommen
**fluctuation** [flyktɥasjõ] *f* Schwankung *f*, Fluktuation *f*; **~s** *f/pl* ***du taux de change*** Wechselkursschwankungen *f/pl*
**fluctuer** [flyktɥe] (*1n*) *bes comm* schwanken
**fluet**, **~te** [flyɛ, -t] schmächtig
**fluide** [flyid] **1.** *adj* flüssig; **2.** *m phys* Flüssigkeit *f*
**flût|e** [flyt] *f* Flöte *f*; *verre*: Sektglas *n*; *pain*: langes, dünnes Brot *n*; **~** ***à bec*** Blockflöte *f*; **~** ***traversière*** Querflöte *f*; **~iste** *m*, *f* Flötist(in) *m*(*f*)
**fluvial**, **~e** [flyvjal] (*m/pl -aux*) Fluss…
**flux** [fly] *m mar* Flut *f*
**FM** [ɛfɛm] *abr* ***fréquence*** *f* ***modulée*** UKW (Ultrakurzwelle)
**FMI** [ɛfɛmi] *m abr* ***Fonds monétaire international*** IWF *m* (Internationaler Währungsfonds)
**fœtus** [fetys] *m* Fötus *m*
**foi** [fwa] *f* Glaube(n) *m*; ***être de bonne*** (***mauvaise***) **~** aufrichtig (unaufrichtig) sein; ***ajouter*** **~** ***à qc*** e-r Sache Glauben schenken; ***ma*** **~*!*** aber gewiss!
**foie** [fwa] *m* Leber *f*; **~** ***gras*** Gänseleber *f*
**foin** [fwɛ̃] *m* Heu *n*
**foire** [fwar] *f* Jahrmarkt *m*, Volksfest *n*; *comm* Messe *f*
**fois** [fwa] *f* Mal *n*; ***une*** **~** einmal; ***une*** **~** ***pour toutes*** ein für alle Mal; ***pour la première*** (***dernière***) **~** zum ersten (letzten) Mal; ***à la*** **~** zugleich; F ***des*** **~** manchmal; ***chaque*** **~** ***que*** jedesmal, wenn; ***une*** **~** ***que*** wenn … einmal
**foison** [fwazõ] *f* ***à*** **~** in Hülle und Fülle

**foisonner** [fwazɔne] (*1a*) reichlich vorhanden sein; **~ *en, de*** Überfluss haben an (*dat*)
**folie** [fɔli] *f* Verrücktheit *f*, Wahnsinn *m*
**folklor|e** [fɔlklɔr] *m science*: Volkskunde *f*; *culture*: Folklore *f*; F *péj* Theater *n*; **~ique** volkskundlich; folkloristisch
**folle** [fɔl] → ***fou***
**follement** [fɔlmɑ̃] *adv* sehr; F wahnsinnig
**fomenter** [fɔmɑ̃te] (*1a*) anstiften
**fonc|é**, **~ée** [fõse] dunkel(farbig); **~er** (*1k*) *v/i couleurs*: dunkler werden; *auto* rasen; ***~ sur*** sich stürzen auf (*acc*)
**fonc|ier**, **~ière** [fõsje, -jɛr] *comm* Grund…; *fig* grundlegend
**fonction** [fõksjõ] *f* Funktion *f*; *charge* Amt *n*; *profession* Beruf *m*, Tätigkeit *f*; ***~ publique*** öffentlicher Dienst *m*; ***faire ~ de*** *personne*: fungieren als; *chose*: dienen als; ***être en ~*** im Amt sein; ***en ~ de*** entsprechend, je nach; ***être ~ de qc*** von etw abhängen
**fonctionn|aire** [fõksjɔnɛr] *m*, *f* Beamte(r) *m*, Beamtin *f*; **~el**, **~elle** funktionell; **~er** (*1a*) funktionieren, in Betrieb sein
**fond** [fõ] *m eau*, *vallée*: Grund *m*; *bouteille*, *boîte*: Boden *m*; *arrière-fond* Hintergrund *m*; *base* Grundlage *f*; *contenu* Inhalt *m*; *cœur*, *problème*: Grund *m*; ***article*** *m* ***de ~*** Leitartikel *m*; ***au ~ du couloir*** am Ende des Ganges; ***de ~ en comble*** von oben bis unten; ***à ~*** gründlich; ***au ~***, ***dans le ~*** im Grunde; ***ski*** *m* ***de ~*** Skilanglauf *m*
**fondamental**, **~e** [fõdamɑ̃tal] (*m/pl -aux*) grundlegend, fundamental
**fond|ant**, **~ante** [fõdɑ̃, -ɑ̃t] schmelzend; *fruit*: saftig; *chocolat*: zartbitter; **~ateur**, **~atrice** [-atœr, -atris] *m*, *f* Gründer(in) *m*(*f*); **~ation** *f* Gründung *f*; *institution*, *donation*: Stiftung *f*; ***~s*** *pl d'édifice*: Fundament *n*, Grundmauern *f*/*pl*
**fond|é**, **~ée** [fõde] **1.** *adj personne*: berechtigt; *reproche*, *accusation*: begründet; **2.** *m* ***~ de pouvoir*** Bevollmächtigte(r) *m*; **~ement** [-mɑ̃] *m fig* Grundlage *f*; ***~s*** *pl d'édifice*: Fundament *n*; **~er** (*1a*) gründen; *motiver* begründen; *cloître*, *prix*: stiften; ***se ~ sur*** sich stützen auf (*acc*); **~erie** *f* Gießerei *f*
**fondre** [fõdrə] (*4a*) *v/t métal*: schmelzen; *neige*: tauen; *dans l'eau*: auflösen; *tech* gießen; *v/i métal*, *neige*: schmelzen; *dans l'eau*: sich auflösen; *fig* ***~ en larmes*** in Tränen zerfließen; ***~ sur*** losstürzen auf (*acc*)
**fonds** [fõ] *m* **1.** *sg terre*: Grundstück *n*; *bibliothèque*, *collection*: Schatz *m*; *ressources* Bestand *m*; *réserve en argent* Fonds *m*; ***~ de commerce*** Geschäft *n*; **2.** *pl argent* Gelder *n*/*pl*, Kapital *n*; ***~ monétaire*** Währungsfonds *m*
**fondu**, **~e** [fõdy] *p/p de* ***fondre*** *u adj* geschmolzen
**fondue** [fõdy] *f cuis* Fondue *n od f*
**fontaine** [fõtɛn] *f* (Spring-)Brunnen *m*
**fonte** [fõt] *f métal*: Gusseisen *n*; ***~ des neiges*** Schneeschmelze *f*
**fonts** [fõ] *m*/*pl* ***~ baptismaux*** Taufbecken *n*
**football** [futbol] *m* Fußball *m*; ***jouer au ~*** Fußball spielen; **~eur**, **~euse** *m*, *f* Fußballspieler(in) *m*(*f*)
**forain**, **~e** [fɔrɛ̃, -ɛn] **1.** *adj* Jahrmarkts…; **2.** *m* Schausteller *m*
**forçat** [fɔrsa] *m* Zuchthäusler *m*
**force¹** [fɔrs] *f* Kraft *f*; *violence* Gewalt *f*; *puissance* Macht *f*; *vigueur* Stärke *f*; ***~ majeure*** höhere Gewalt *f*; ***à ~ de travail(ler)*** durch vieles Arbeiten; ***à toute ~*** mit aller Gewalt, mit allen Mitteln; ***de, par ~*** zwangsweise; ***de toutes ses ~s*** aus Leibeskräften; ***~ de frappe*** französische Atomstreitmacht *f*; ***~s armées*** Streitkräfte *f*/*pl*
**force²** [fɔrs] *litt adv* viel, zahlreich
**forc|é**, **~ée** [fɔrse] gezwungen; ***atterrissage*** *m* ***forcé*** Notlandung *f*; **~ément** [-emɑ̃] *inévitablement* zwangsläufig; ***pas ~*** nicht unbedingt; **~ené**, **~enée** [-əne] **1.** *adj* leidenschaftlich; **2.** *m*, *f* Wahnsinnige(r) *m*, *f*; **~er** (*1k*) *v/t* zwingen (***qn à qc*** j-n zu etw); ***~ qn à faire qc*** j-n zwingen, etw zu tun; *porte*: aufbrechen; *fig* ***~ la note*** übertreiben; *v/i* sich verausgaben
**forer** [fɔre] (*1a*) bohren
**forest|ier**, **~ière** [fɔrɛstje, -jɛr] **1.** *adj* Forst…, Wald…; **2.** *m* Förster *m*
**foret** [fɔrɛ] *m tech* Bohrer *m*
**forêt** [fɔrɛ] *f* Wald *m* (*a fig*); ***~ vierge*** Urwald *m*
**Forêt-Noire** [fɔrɛnwar] ***la ~*** der Schwarzwald
**foreuse** [fɔrøz] *f* Bohrmaschine *f*

**forfait** [fɔrfɛ] *m comm* Pauschalpreis *m*, Pauschale *f*; ***déclarer ~*** zurücktreten

**forfaitaire** [fɔrfɛtɛr] Pauschal…

**forg|e** [fɔrʒ] *f* Schmiede *f*; **~er** (*1l*) schmieden; *fig* prägen; F aushecken; **~eron** [-ərõ] *m* Schmied *m*

**formal|iser** [fɔrmalize] (*1a*) ***se ~ de qc*** sich an etw (*dat*) stoßen; **~iste** *phil*, *art*: formalistisch; *protocolaire* förmlich; **~ité** *f* Formalität *f*

**format** [fɔrma] *m* Format *n*

**format|age** [fɔrmataʒ] *m EDV* Formatierung *f*; **~er** [fɔrmate] (*1a*) formatieren

**formation** [fɔrmasjõ] *f éducation* Bildung *f*; *professionnelle*: Ausbildung *f*; *intensive*: Schulung *f*; *mil*, *géol* Formation *f*

**forme** [fɔrm] *f* Form *f*; *condition* Form *f*, Verfassung *f*; ***dans les ~s*** in aller Form; ***en ~ de*** in Form von; ***pour la ~*** zum Schein; ***être en ~*** in (Hoch-) Form sein

**form|el**, **~elle** [fɔrmɛl] *poli* formell; *explicite* ausdrücklich; *opposé à contenu* formal; **~er** (*1a*) bilden; *instruire* ausbilden; *projet*, *idée*: entwickeln; *caractère*: formen; *tél* ***~ le numéro*** die Nummer wählen

**formidable** [fɔrmidablə] gewaltig, kolossal; F prima, klasse

**formulaire** [fɔrmylɛr] *m* Formular *n*, Formblatt *n*, Vordruck *m*

**formul|e** [fɔrmyl] *f math* Formel *f*; *méthode* Methode *f*; **~er** (*1a*) formulieren; *texte*: abfassen; *opinion*: äußern

**fort**, **~e** [fɔr, -t] **1.** *adj* stark, kräftig; *gros* dick, beleibt; *goût*: scharf; *doué* bewandert; ***à plus forte raison*** um so mehr; ***être ~ de qc*** sich auf etw (*acc*) verlassen können; ***être ~ en*** gut sein in (*dat*); **2.** *adv* stark, sehr; **3.** *m* Stärke *f*, starke Seite *f*; *mil* Fort *n*

**forteresse** [fɔrtərɛs] *f* Festung *f*

**fortifiant**, **~e** [fɔrtifjɑ̃, -t] **1.** *adj* stärkend; **2.** *m* Stärkungsmittel *n*

**fortif|ication** [fɔrtifikasjõ] *f* Befestigung *f*; **~s** *pl* Befestigungsanlagen *f/pl*; **~ier** [-je] (*1a*) *corps*, *volonté*: stärken; *construction*: verstärken; *mil* befestigen

**fortuit**, **~e** [fɔrtɥi, -t] zufällig, unerwartet

**fortune** [fɔrtyn] *f biens* Vermögen *n*; *sort* Schicksal *n*; *chance* Glück *n*; ***faire ~*** sein Glück machen; ***de ~*** behelfsmäßig; ***sans ~*** unbemittelt

**fortuné**, **~e** [fɔrtyne] vermögend, begütert

**fosse** [fos] *f grand trou* Grube *f*; *tombe* Grab *n*

**fossé** [fose] *m* Graben *m*; *fig* Kluft *f*

**fossoyeur** [foswajœr] *m* Totengräber *m*

**fou**, **folle** [fu, fɔl] **1.** *adj* verrückt, irr, wahnsinnig; ***être ~ de qn*** (***de qc***) nach j-m (auf etw *acc*) verrückt sein; **2.** *m*, *f* Verrückte(r) *m*, *f*

**foudre** [fudrə] *f* Blitz(schlag) *m*; *fig* ***coup*** *m* ***de ~*** Liebe *f* auf den ersten Blick

**foudroy|ant**, **~ante** [fudrwajɑ̃, -ɑ̃t] überwältigend; **~er** (*1h*) (tödlich) treffen; ***~ qn du regard*** j-m vernichtende Blicke zuwerfen

**fouet** [fwɛ] *m* Peitsche *f*

**fouetter** [fwɛte] (*1b*) *avec fouet*: peitschen; *cuis* schlagen

**fougère** [fuʒɛr] *f* Farnkraut *n*

**fougue** [fug] *f* Feuer *n*, Schwung *m*

**fouill|e** [fuj] *f* Durchsuchung *f*; **~s** *pl archéologie*: Ausgrabungen *f/pl*; **~er** (*1a*) *v/i* Ausgrabungen machen; *v/t police*: durchsuchen; *animal*: durchwühlen

**foulard** [fular] *m* Seidenschal *m*, Tuch *n*

**foule** [ful] *f affluence* Gedränge *n*; *peuple* Volk *n*, Leute *pl*; *multitude* Masse *f*; ***une ~ de*** e-e Menge von; ***en ~*** in Scharen

**foul|er** [fule] (*1a*) niedertreten; *fig* ***~ aux pieds*** mit Füßen treten; ***se ~ le pied*** sich den Fuß verstauchen; F *fig* ***ne pas se ~*** sich kein Bein ausreißen; **~ure** [-yr] *f* Verstauchung *f*

**four** [fur] *m* Backofen *m*, Bratröhre *f*; *tech* Ofen *m*; ***petits ~s*** *pl kleine verzierte Kuchen m/pl*

**fourb|e** [furb] **1.** *adj* schurkisch; **2.** *m* Schurke *m*; **~erie** [-əri] *f* Schurkerei *f*, Betrügerei *f*

**fourbu**, **~e** [furby] erschöpft

**fourch|e** [furʃ] *f* (Fahrrad-, Heu-, Mist-)Gabel *f*; **~ette** [-ɛt] *f* (Ess-)Gabel *f*; *comm* Spanne *f*; **~on** *m* Zinke *f*

**fourgon** [furgõ] *m camion* Kastenwa-

gen *m*; *wagon* Gepäckwagen *m*; ~ ***funèbre*** Leichenwagen *m*
**fourmi** [furmi] *f zo* Ameise *f*
**fourmilière** [furmiljɛr] *f* Ameisenhaufen *m*; *fig* Gewimmel *n*
**fourmiller** [furmije] (*1a*) wimmeln
**fourn|aise** [furnɛz] *f fig* Backofen *m* (*heißer Raum*); **~eau** [-o] *m* (*pl -x*) Ofen *m*, Herd *m*; ***haut ~*** Hochofen *m*; **~ée** *f fig* Schub *m*; F Ladung *f*
**fourn|i, ~ie** [furni] ***bien ~*** gut ausgestattet; **~ir** (*2a*) **1.** *v/t* liefern; *restaurant, client*: beliefern (***de, en*** mit); ~ ***un effort*** e-e Anstrengung machen; ~ ***un renseignement*** e-e Auskunft erteilen; **2.** ~ ***à qc*** für etw sorgen
**fourni|sseur** [furnisœr] *m* Lieferant *m*; ~ ***d'accès*** (***à Internet*** Internet-)Provider *m*; **~ture** [-tyr] *f* Lieferung *f*; *pl* **~s** Zubehör *n*; ~ ***de bureau*** Bürobedarf *m*
**fourrag|e** [furaʒ] *m* (Vieh-)Futter *n*; **~er** (*1l*) F herumstöbern, -wühlen
**fourré**[1] [fure] *m* Dickicht *n*
**fourré**[2], **~e** [fure] *cuis* gefüllt; *vêtement*: gefüttert
**fourrer** [fure] (*1a*) hineinstecken, -stopfen; *remplir* füllen; *nourrir* füttern; ~ ***son nez partout*** seine Nase in alles stecken; ***se ~*** sich verkriechen
**fourr|e-tout** [furtu] *m* (*pl unv*) große Reisetasche *f*; **~eur** *m* Kürschner *m*; **~ière** [-jɛr] *f animaux*: Tierasyl *n*; *voitures*: Platz *m* für abgeschleppte Autos; **~ure** [-yr] *f* Pelz *m*
**fourvoyer** [furvwaje] (*1h*) ***se ~*** sich verlaufen
**foutre** [futrə] P (*4a*) machen, tun; *jeter* schmeißen; *coup*: versetzen, verpassen; ***se ~ de qn*** sich über j-n lustig machen; ~ ***la paix à qn*** j-n in Ruhe lassen; ~ ***le camp*** F sich verziehen, verduften; ***je m'en fous!*** F das ist mir egal!
**foutu, ~e** [futy] P *p/p de* ***foutre*** *u adj* → ***fichu***
**foyer** [fwaje] *m* Feuer(stelle) *n(f)*, Herd *m*; *point d'origine* Herd *m*; *famille*: Hausstand *m*, Heim *n*; *étudiants*: Wohnheim *n*; *théâtre*: Foyer *n*, Wandelgang *m*; *phys* Brennpunkt *m*; ***femme*** *f* ***au ~*** Hausfrau *f*
**F.P.A.** *f abr* ***formation professionnelle des adultes*** berufliche Aus- und Weiterbildung für Erwachsene

**fracas** [fraka] *m* Getöse *n*, Krach *m*
**fracasser** [frakase] (*1a*) zerschmettern
**fraction** [fraksjõ] *f* Bruchteil *m*; *math* Bruch *m*; *pol* Gruppierung *f*
**fractionner** [fraksjɔne] (*1a*) zerteilen (***en*** in *acc*)
**fractur|e** [fraktyr] *f méd* Bruch *m*; **~er** (*1a*) *coffre*: aufbrechen; *jambe*: brechen
**fragil|e** [fraʒil] *chose*: zerbrechlich; *personne*: anfällig, empfindlich; *équilibre, état*: unsicher; **~ité** *f chose*: Zerbrechlichkeit *f*; *personne*: Anfälligkeit *f*; *état*: Unsicherheit *f*
**fragment** [fragmɑ̃] *m* Fragment *n*, Bruchstück *n*; *texte*: Auszug *m*
**fragmentaire** [fragmɑ̃tɛr] bruchstückhaft
**fraîch|eur** [frɛʃœr] *f* Frische *f*; *froideur* Kühle *f*; **~ir** (*2a*) *vent*: erfrischen; *temps*: kühler werden
**frais**[1], **fraîche** [frɛ, frɛʃ] frisch; *froid* kühl; ***de fraîche date*** neu; ***servir frais*** kalt servieren; ***mettre au frais*** kühl lagern; ***il fait frais*** es ist frisch
**frais**[2] [frɛ] *m/pl* Kosten *pl*, Ausgaben *f/pl*; ***faire des ~*** Ausgaben haben
**frais|e** [frɛz] *f* **1.** *bot* Erdbeere *f*; **2.** *tech* Fräse *f*; **~er** (*1b*) *tech* (aus)fräsen
**framboise** [frɑ̃bwaz] *f* Himbeere *f*
**fran|c**[1], **~che** [frɑ̃, -ʃ] *sincère* freimütig, offen(herzig); *regard*: offen; ~ ***de port*** portofrei
**franc**[2] [frɑ̃] *m hist* Franc *m*; *Schweiz* Franken *m*
**français, ~e** [frɑ̃sɛ, -z] **1.** *adj* französisch; **2.** **♀, ♀e** *m, f* Franzose *m*, Französin *f*
**France** [frɑ̃s] ***la ~*** Frankreich *n*
**Francfort** [frɑ̃fɔr] **1.** ***~-sur-le-Main*** Frankfurt *n* am Main; **2.** ***~-sur-l'Oder*** Frankfurt *n* an der Oder
**franch|ement** [frɑ̃ʃmɑ̃] *adv* offen, freimütig; *nettement* ausgesprochen; **~ir** (*2a*) übersteigen, -schreiten, -springen; *obstacle*: überwinden; **~ise** [-iz] *f comm exemption* Freiheit *f*; *caractère*: Freimütigkeit *f*
**franciser** [frɑ̃size] (*1a*) französieren
**franc|-maçon** [frɑ̃masõ] *m* (*pl francs-maçons*) Freimaurer *m*; **~-maçonnerie** [-masɔnri] *f* Freimaurerei *f*
**franco** [frɑ̃ko] **1.** portofrei, franko; **2.** *in Zssgn* französisch

**Franconie** [frɑ̃kɔni] ***la ~*** Franken *n*
**francophone** [frɑ̃kofɔn] französischsprachig
**franc-parler** [frɑ̃parle] *m* Freimut *m*
**frange** [frɑ̃ʒ] *f* Franse *f*
**franquette** [frɑ̃kɛt] F ***à la bonne ~*** ohne Umstände
**frappe** [frap] *f dactylographie*: Anschlag *m*
**frapper** [frape] (*1a*) schlagen; *projectile*, *mesure*: treffen; *impôt*: betreffen; *maladie*: heimsuchen; *surprise*, *effet*: überraschen, verblüffen; ***~ dans les mains*** in die Hände klatschen; ***~ à la porte*** an die Tür klopfen
**frasque** [frask] *f* Eskapade *f*
**fratern|el, ~elle** [fratɛrnɛl] brüderlich, Bruder…; **~iser** (*1a*) sich verbrüdern; **~ité** *f association* Brüderschaft *f*; *solidarité* Brüderlichkeit *f*
**fraud|e** [frod] *f* Betrug *m*; ***~ fiscale*** Steuerhinterziehung *f*; **~er** (*1a*) betrügen; **~uleux, ~se** [frodylø, -z] betrügerisch
**frayer** [frɛje] (*1i*) *v/t chemin*: bahnen; *v/i poisson*: laichen; *fig* ***~ avec qn*** mit j-m verkehren
**frayeur** [frɛjœr] *f* Schreck(en) *m*
**fredonner** [frədɔne] (*1a*) trällern, summen
**frein** [frɛ̃] *m* Bremse *f*; *fig* Zügel *m*; ***~ à main*** Handbremse *f*
**frein|age** [frɛnaʒ] *m* Bremsen *n*; **~er** (*1b*) bremsen
**frêle** [frɛl] zart; *faible* schwächlich
**frelon** [frəlõ] *m zo* Hornisse *f*
**frém|ir** [fremir] (*2a*) *feuilles*: rauschen; *eau*: sieden; *fig* schaudern; **~issement** [-ismɑ̃] *m feuilles*: Rauschen *n*; *fig* Schauder *m*
**frêne** [frɛn] *m bot* Esche *f*
**fréné|sie** [frenezi] *f* Raserei *f*; ***avec ~*** wie wahnsinnig; **~tique** [-tik] *passion*: rasend; *applaudissements*: frenetisch
**fréqu|emment** [frekamɑ̃] *adv* häufig; **~ence** [-ɑ̃s] *f* Häufigkeit *f*; *phys* Frequenz *f*; **~ent, ~ente** [-ɑ̃, -ɑ̃t] häufig
**fréquent|ation** [frekɑ̃tasjõ] *f théâtre*, *musée*: häufiger Besuch *m*; *amis*: Umgang *m*; **~er** (*1a*) oft (*od* regelmäßig) besuchen; ***~ qn*** mit j-m verkehren
**frère** [frɛr] *m* Bruder *m*
**fresque** [frɛsk] *f* Fresko(malerei) *n*(*f*)
**fret** [frɛ] *m cargaison* Fracht *f*; *prix*: Frachtgeld *n*
**frétiller** [fretije] (*1a*) zappeln
**fretin** [frətɛ̃] *m* ***menu ~*** *fig* kleine Fische *m/pl*
**friable** [frijablə] brüchig, bröckelig
**friand, ~e** [frijɑ̃, -d] ***être ~(e) de qc*** nach etw gierig sein; **~ise** [-diz] *f le plus souvent au pl* **~s** Leckereien *f/pl*
**Fribourg** [fribur] **1.** *Schweiz* Freiburg *n*; **2.** ***~-en-Brisgau*** Freiburg *n* im Breisgau
**fric** [frik] *m* F Moneten *f/pl*, Kohle *f*
**fricandeau** [frikɑ̃do] *m* (*pl -x*) *cuis* gespickte Kalbsnuss *f*
**fricassée** [frikase] *f cuis* Frikassee *n*
**friche** [friʃ] *f agr* Brachland *n*
**friction** [friksjõ] *f tech* Reibung *f*; *cheveux*: (Kopf-)Massage *f*
**frictionner** [friksjɔne] (*1a*) ein-, abreiben, frottieren
**frigidaire** [friʒidɛr] *m* Kühlschrank *m*
**frigo** [frigo] F *m abr* Kühlschrank *m*
**frigorif|ier** [frigɔrifje] (*1a*) einfrieren; **~ique** Kühl…
**frileu|x, ~se** [frilø, -z] leicht frierend
**frimas** [frimɑ] *litt m* Raureif *m*
**frimousse** [frimus] F *f* Gesicht *n*
**fringale** [frɛ̃gal] F *f* Heißhunger *m*
**fringant, ~e** [frɛ̃gɑ̃, -t] lebhaft, munter
**fringues** [frɛ̃g] *f/pl* F Klamotten *pl*
**friper** [fripe] (*1a*) zerknittern
**frip|ier, ~ière** [fripje, -jɛr] *m, f* Trödler(in) *m*(*f*)
**fripon, ~ne** [fripõ, -ɔn] **1.** *adj* schalkhaft, schelmisch; **2.** *m, f* Schlingel *m*
**fripouille** [fripuj] *f* F Schuft *m*
**frire** [frir] (*4m*) braten, backen
**frise** [friz] *f arch* Fries *m*
**Frise** [friz] ***la ~*** Friesland *n*
**friser** [frize] (*1a*) *v/t cheveux*: Locken machen in (*acc*); *fig* grenzen an (*acc*); *v/i* sich kräuseln
**frison, ~ne** [frizõ, frizɔn] **1.** *adj* friesisch; ***les îles*** *f/pl* ***Frisonnes*** die Friesischen Inseln *f/pl*; **2.** *subst* **&(ne)** *m*(*f*) Friese *m*, Friesin *f*; **3.** *subst ling* ***le ~*** das Friesische, Friesisch *n*
**frisson** [frisõ] *m peur*: Schauder *m*; *froid*: Frösteln *n*; **~ner** [frisɔne] (*1a*) zittern; *peur*: schaudern; *froid*: frösteln
**frit, ~e** [fri, -frit] *p/p de* **frire** *u adj* gebacken, gebraten; (***pommes***) **~es** *f/pl* Pommes frites *pl*

**friture** [frityr] *f* Backen *n*, Braten *n*; *huile*: Backfett *n*; *radio*, *tél* Störgeräusch *n*
**frivole** [frivɔl] leichtfertig, frivol
**froc** [frɔk] *m* Mönchskutte *f*
**froid**, **~e** [frwa, -d] **1.** *adj* kalt (*a fig*); ***j'ai froid*** ich friere, mir ist kalt; ***il fait froid*** es ist kalt; ***prendre froid*** sich erkälten; **2.** *m* Kälte *f*; **~ement** [-dmɑ̃] *adv fig indifféremment* kühl, gleichgültig; *insensiblement* kaltblütig; **~eur** *f* (Gefühls-)Kälte *f*
**froisser** [frwase] (*1a*) zerknittern; *fig* kränken
**frôler** [frole] (*1a*) streifen, leicht berühren; *fig catastrophe*: mit knapper Not entkommen (*dat*)
**fromag|e** [frɔmaʒ] *m* Käse *m*; ***~ blanc*** Quark *m*; **~er**, **~ère** **1.** *adj* Käse…; **2.** *m* Käsehändler *m*, -hersteller *m*
**froment** [frɔmɑ̃] *m* Weizen *m*
**fronc|e** [frõs] *f* Falte *f*; **~er** (*1k*) fälteln; ***~ les sourcils*** die Stirn runzeln
**frondaison** [frõdɛzõ] *litt f* Blatt-, Laubwerk *n*
**frond|e** [frõd] *f* Schleuder *f*; **~eur**, **~euse** aufrührerisch, aufsässig
**front** [frõ] *m anat* Stirn *f*; *mil* Front *f*; ***de ~*** von vorn, frontal; *fig* offen; ***faire ~ à*** die Stirn bieten (*dat*)
**frontal|ier**, **~ière** [frõtalje, -jɛr] **1.** *adj* Grenz…; **2.** *m travailleur*: Grenzgänger *m*
**frontière** [frõtjɛr] *f* Grenze *f*
**frontispice** [frõtispis] *m* Titelblatt *n*, -bild *n*
**fronton** [frõtõ] *m arch* Giebeldreieck *n*
**frott|ement** [frɔtmɑ̃] *m* Reiben *n*; **~er** (*1a*) *v/i* reiben; *v/t enlever*: abreiben; *faire entrer*: einreiben; *meuble*: polieren; *sol*: scheuern, bohnern; *alumette*: anzünden
**fruct|ifier** [fryktifje] (*1a*) *bot* Früchte tragen; *argent*: Zinsen bringen; **~ueux**, **~ueuse** [-ɥø, -ɥøz] einträglich, gewinnbringend
**frugal**, **~e** [frygal] (*m/pl -aux*) *personne*: genügsam; *repas*: kärglich
**fruit** [frɥi] *m* Frucht *f*; *fig* Ertrag *m*, Früchte *f/pl*; ***~s*** *pl* Obst *n*; ***~s de mer*** Meeresfrüchte *f/pl*
**fruit|é**, **~ée** [frɥite] fruchtig; **~ier**, **~ière** [-je, -jɛr] Frucht…, Obst…; ***arbre*** *m* ***fruitier*** Obstbaum *m*
**fruste** [fryst] roh, ungeschliffen
**frustration** [frystrasjõ] *f* Frustration *f*, F Frust *m*
**frustrer** [frystre] (*1a*) frustrieren; ***~ qn de qc*** j-n um etw bringen, prellen
**FS** *m abr* ***franc(s) suisse(s)*** Fr *od* sfr (Schweizer Franken)
**F.S.M.** *f abr* ***Fédération syndicale mondiale*** Weltgewerkschaftsbund
**fuel** [fjul] *m* Heizöl *n*
**fugace** [fygas] flüchtig
**fugit|if**, **~ive** [fyʒitif, -iv] **1.** *adj* flüchtig; **2.** *m*, *f* Flüchtling *m*
**fugue** [fyg] *f enfant*: Ausreißen *n*; *mus* Fuge *f*; ***faire une ~*** ausreißen
**fuir** [fɥir] (*2d*) *v/i* fliehen; *temps*: dahinschwinden; *tonneau*, *tuyau*: lecken; *robinet*: tropfen; *liquide*: auslaufen; *v/t* ***~ qc*** etw meiden, vor etw (*dat*) fliehen
**fuite** [fɥit] *f* **1.** Flucht *f*; ***mettre en ~*** in die Flucht schlagen; ***prendre la ~*** die Flucht ergreifen; **2.** *tonneau*, *tuyau*: undichte Stelle *f*, Leck *n*; *écoulement* Ausfließen *n*, -strömen *n*
**fulgurant**, **~e** [fylgyrɑ̃, -t] *vitesse*: blitzschnell
**fulmin|ant**, **~ante** [fylminɑ̃, -ɑ̃t] wütend; **~er** (*1a*) wettern, toben
**fumé**, **~e** [fyme] geräuchert; *verre*: getönt
**fume-cigare(tte)** [fymsigar, -sigarɛt] *m* (*pl unv*) Zigarren- (Zigaretten)spitze *f*
**fum|ée** [fyme] *f* Rauch *m*; **~er** (*1a*) rauchen; *cuis* räuchern; *terre*: düngen; **~et** *m* Aroma *n*, Geruch *m*; **~eur**, **~euse** *m*, *f* Raucher(in) *m*(*f*)
**fumeu|x**, **~se** [fymø, -z] verschwommen
**fum|ier** [fymje] *m* Mist *m*, Dung *m*; **~iste** *m fig* Bluffer *m*; **~isterie** [-istəri] *f* Schwindel *m*; **~oir** *m* Raucherzimmer *n*
**funambule** [fynɑ̃byl] *m*, *f* Seiltänzer(in) *m*(*f*)
**funèbre** [fynɛbrə] Begräbnis…, Leichen…; *lugubre* düster
**funér|ailles** [fynerɑj] *f/pl* Beerdigung *f*, Bestattung *f*; **~aire** [-ɛr] *tombe*: Grab…; *funérailles*: Begräbnis…
**funeste** [fynɛst] *pressentiment*: unheilvoll; *erreur*, *suite*: verhängnisvoll (***à*** für)
**funiculaire** [fynikylɛr] *m* Seilbahn *f*

**fur** [fyr] ***au ~ et à mesure*** nach und nach; ***au ~ et à mesure que*** in dem Maße wie
**furet** [fyrɛ] *m zo* Frettchen *n*
**fureter** [fyrte] (*1e*) herumschnüffeln
**fureur** [fyrœr] *f* Wut *f*, Raserei *f*; ***faire ~*** großen Erfolg haben, Furore machen
**furibond**, **~e** [fyribõ, -d] rasend, wütend
**furi|e** [fyri] *colère* Wut *f*; *femme*: Furie *f*; **~eux**, **~euse** [-jø, -jøz] wütend
**furt|if**, **~ive** [fyrtif, -iv] verstohlen, heimlich
**fusain** [fyzɛ̃] *m* Kohle *f* (*zum Zeichnen*); *dessin*: Kohlezeichnung *f*
**fus|eau** [fyzo] *m* (*pl -x*) *filer*: Spindel *f*; ***~ horaire*** Zeitzone *f*; **~ée** *f* Rakete *f*; *bombe*: Zünder *m*
**fuselage** [fyzlaʒ] *m aviat* Rumpf *m*
**fusible** *m* [fysiblə] *él* Sicherung *f*
**fusil** [fyzi] *m* Gewehr *n*
**fusill|ade** [fyzijad] *f* Schießerei *f*; **~er** (*1a*) erschießen
**fusion** [fyzjõ] *f* Schmelzen *n*; *comm* Fusion *f*; ***~ nucléaire*** Kernfusion *f*
**fusionner** [fyzjɔne] (*1a*) *bes comm* fusionieren
**fustiger** [fystiʒe] (*1l*) *fig litt* geißeln
**fût** [fy] *arbre*: Stamm *m*; *colonne*: Schaft *m*; *tonneau* Fass *n*
**futaie** [fytɛ] *f* Hochwald *m*
**futé**, **~e** [fyte] pfiffig, gerissen
**futil|e** [fytil] *chose*: unbedeutend, belanglos; *personne*: oberflächlich; **~ité** *f* Bedeutungslosigkeit *f*, Nichtigkeit *f*
**futur**, **~e** [fytyr] **1.** *adj* zukünftig; **2.** *m gr* Zukunft *f*
**fuyant**, **~e** [fɥijɑ̃, -t] fliehend; *regard*: ausweichend

# G

**gabegie** [gabʒi] *f* Misswirtschaft *f*
**Gabon** [gabɔ̃] *géogr* ***le ~*** Gabun *n*
**gâch|er** [gɑʃe] (*1a*) *mortier*: anrühren; *fig travail*: verpfuschen; *gaspiller* verschwenden, vergeuden; **~ette** [-ɛt] *f mil* Abzug(shebel) *m*; **~is** [-i] *m* Mörtel *m*; *fig désordre* Durcheinander *n*; *gaspillage* Verschwendung *f*; ***être dans le ~*** in der Patsche sitzen
**gadget** [gadʒɛt] *m* technische Spielerei *f*
**gaffe** [gaf] *f mar* Bootshaken *m*; F Dummheit *f*, Schnitzer *m*; F ***faire ~*** aufpassen
**gaga** [gaga] (*unv*) F vertrottelt
**gag|e** [gaʒ] *m* Pfand *n*; *fig* Beweis *m*; **~s** *pl* Lohn *m* (*für Hauspersonal*); ***mettre en ~*** verpfänden; **~er** (*1l*) *jur* durch ein Pfand sichern; **~eure** [-yr] *f litt* ***c'est une ~*** das ist ein aussichtsloses Unterfangen
**gagnant**, **~e** [gaɲɑ̃, -t] **1.** *adj* Gewinn…; **2.** *m*, *f* Gewinner(in) *m*(*f*)
**gagne-pain** [gaɲpɛ̃] *m* (*pl unv*) Broterwerb *m*
**gagner** [gaɲe] (*1a*) gewinnen; *salaire*: verdienen; *place*, *temps*: einsparen; *réputation*, *amitié*: erwerben; *endroit*: erreichen; *peur*, *sommeil*: überfallen
**gai**, **~e** [ge, gɛ] fröhlich, lustig; *un peu ivre* angeheitert
**gaieté** [gete] *f* Fröhlichkeit *f*, Heiterkeit *f*; ***de ~ de cœur*** gern
**gaillard**, **~e** [gajar, -d] **1.** *adj gai* munter; *propos*: locker; **2.** *m* Kerl *m*, kräftiger Bursche *m*
**gain** [gɛ̃] *m* Gewinn *m*; *avantage* Vorteil *m*; **~s** *pl revenus* Verdienst *m*; ***~ de temps*** Zeitersparnis *f*
**gaine** [gɛn] *f* **1.** *bot* Blattscheide *f*; *poignard*: Scheide *f*; *tech* Hülle *f*; **2.** *sous-vêtement*: Hüfthalter *m*
**gala** [gala] *m* Fest-, Galaveranstaltung *f*
**galant**, **~e** [galɑ̃, -t] galant; **~erie** [-tri] *f* Höflichkeit *f*
**galantine** [galɑ̃tin] *f* Sülze *f*
**galbé**, **~e** [galbe] *jambes*: wohlproportioniert
**gale** [gal] *f* Krätze *f*; *chien*: Räude *f*
**galère** [galɛr] *f hist* Galeere *f*
**galerie** [galri] *f passage*, *d'art*: Galerie *f*; *auto* Dachgepäckträger *m*; *souterrain* Stollen *m*
**galet** [galɛ] *m* Kiesel(stein) *m*; *tech* (Lauf-)Rolle *f*
**galette** [galɛt] *f Pfannkuchen aus*

*Buchweizen*
**galeu|x**, **~se** [galø, -z] räudig; ***brebis*** *f* ***galeuse*** *fig* schwarzes Schaf *n*
**galipette** [galipɛt] *f* F Purzelbaum *m*
**Galles** [gal] *géogr* ***le pays de ~*** Wales *n*
**gallicisme** [galisismə] *m* französische Spracheigentümlichkeit *f*
**galon** [galõ] *m* Tresse *f*; *mil a* Dienstgradabzeichen *n*
**galop** [galo] *m* Galopp *m*; **~er** [galɔpe] (*1a*) galoppieren
**galopin** [galɔpɛ̃] *m* Bengel *m*
**galvauder** [galvode] (*1a*) entwürdigen
**gambad|e** [gɑ̃bad] *f* Luftsprung *m*; **~er** (*1a*) hüpfen
**Gambie** [gɑ̃bi] *géogr* ***la ~*** Gambia *n*
**gamelle** [gamɛl] *f* Kochgeschirr *n*
**gam|in**, **~ine** [gamɛ̃, -in] **1.** *m*, *f* kleiner Junge *m*; kleines Mädchen *n*; **2.** *adj* schelmisch; **~inerie** [-inri] *f* Dummerjungenstreich *m*
**gamme** [gam] *f mus* Tonleiter *f*; *fig* Palette *f*
**gammée** [game] *adj* ***croix*** *f* **~** Hakenkreuz *n*
**Gand** [gɑ̃] *géogr* Gent *n*
**Gange** [gɑ̃ʒ] *géogr* ***le ~*** der Ganges
**gangrène** [gɑ̃grɛn] *f méd* Brand *m*
**gant** [gɑ̃] *m* Handschuh *m*; ***~ de données*** *EDV* Datenhandschuh *m*; ***~ de toilette*** Waschlappen *m*
**garag|e** [garaʒ] *m* **1.** Garage *f*; **2.** *atelier* (Autoreparatur-)Werkstatt *f*; **~iste** *m* (*selbständiger*) Automechaniker *m*, Werkstattbesitzer *m*
**garant**, **~e** [garɑ̃, -t] *m*, *f* Bürge *m*, Bürgin *f*; ***se porter ~*** bürgen (***de*** für)
**garant|ie** [garɑ̃ti] *f* Garantie *f*; **~ir** (*2a*) Gewähr leisten, garantieren; *jur* bürgen für; *attester* versichern; *protéger* schützen (***de, contre*** vor, gegen)
**garçon** [garsõ] *m* **1.** Junge *m*; *jeune homme* junger Mann *m*; (***vieux***) **~** Junggeselle *m*; **2.** *serveur* Kellner *m*; *employé* Gehilfe *m*
**garçonnière** [garsɔnjɛr] *f* Junggesellenwohnung *f*
**garde¹** [gard] *f* Bewachung *f*, Aufsicht *f* (***de*** über); *bes mil* Wache *f*; ***chien*** *m* ***de ~*** Wachhund *m*; ***~ à vue*** Polizeigewahrsam *m*; *jur* ***droit*** *m* ***de ~*** Sorgerecht *n*; ***prendre ~*** Acht geben; ***être sur ses ~s*** auf der Hut sein; ***être de ~*** Wachdienst, Bereitschaftsdienst haben; ***monter la ~*** Wache halten
**garde²** [gard] *m* Wächter(in) *m(f)*, Aufseher(in) *m(f)*; *prison*: Wärter(in) *m(f)*; ***~ du corps*** Leibwächter *m*
**Garde** [gard] ***le lac de ~*** der Gardasee
**garde|-barrière** [gardəbarjɛr] *m* (*pl gardes-barrière*[*s*]) Schrankenwärter *m*; **~-boue** [-bu] *m* (*pl unv*) Schutzblech *n*; *auto* Kotflügel *m*; **~-chasse** [-ʃas] *m* (*pl gardes-chasse*[*s*]) Jagdaufseher *m*; **~-fou** [-fu] *m* (*pl garde-fous*) Geländer *n*; **~-manger** [-mɑ̃ʒe] *m* (*pl unv*) Speisekammer *f*
**gard|er** [garde] (*1a*) *objet*: aufbewahren, aufheben, behalten; *silence*: bewahren; *vêtement*: anbehalten; *malade, enfant*: pflegen; *animal*: hüten; *surveiller* bewachen; ***~ pour soi*** für sich behalten; ***se ~ de*** sich hüten vor; **~erie** [-əri] *f* Kinderhort *m*
**garde-robe** [gardərɔb] *f* (*pl garde-robes*) *armoire*: Kleiderschrank *m*; *vêtements* Garderobe *f*
**gardien**, **~ne** [gardjɛ̃, -ɛn] *m*, *f* Aufseher(in) *m(f)*, Wächter(in) *m(f)*; *prison*: Wärter(in) *m(f)*; *musée*: Aufseher(in) *m(f)*; *immeuble*: Hausmeister (-in) *m* (*f*); ***gardien*** (***de but***) Torwart *m*; ***gardien de la paix*** Polizeibeamte(r) *m*
**gare¹** [gar] *f* Bahnhof *m*; ***~ routière*** Omnibusbahnhof *m*
**gare²** [gar] ***~ à …!*** pass auf, dass nicht …!; ***~ à toi!*** nimm dich in Acht!
**garer** [gare] (*1a*) abstellen, parken; ***se ~*** parken; *pour laisser passer*: ausweichen; ***se ~ de*** sich hüten vor
**gargariser** [gargarize] (*1a*) ***se ~*** gurgeln; *fig* F ***se ~ de*** sich berauschen an (*dat*)
**gargote** [gargɔt] *f* mieses Esslokal *n*
**gargouille** [garguj] *f arch* Wasserspeier *m*
**garnement** [garnəmɑ̃] *m* Schlingel *m*, Bengel *m*
**garn|ir** [garnir] (*2a*) *fournir* ausstatten, versehen (***de*** mit); *orner* ausschmücken, verzieren (***de*** mit); **~ison** [-izõ] *f mil* Garnison *f*; **~iture** [-ityr] *f* Verzierung *f*; *cuis* Beilage *f*; *auto* ***~ de frein*** Bremsbelag *m*
**garrotter** [garɔte] (*1a*) fesseln
**gars** [gɑ] *m* F Bursche *m*, Kerl *m*
**Gascogne** [gaskɔɲ] ***la ~*** die Gasco-

gne; ***le golfe de ~*** der Golf von Biskaya
**gas-oil** [gazwal, gazɔjl] *m* Dieselkraftstoff *m*
**gaspill|age** [gaspijaʒ] *m* Verschwendung *f*, Vergeudung *f*; **~er** [-e] (*1a*) verschwenden, vergeuden
**gastrique** [gastrik] Magen…
**gastronom|ie** [gastrɔnɔmi] *f* Gastronomie *f*; **~ique** [-ik] gastronomisch
**gâteau** [gɑto] *m* (*pl -x*) Kuchen *m*; ***~x secs*** Teegebäck *n*
**gâter** [gɑte] (*1a*) verderben; *enfant*: verwöhnen, verziehen; ***se ~*** schlecht werden
**gâteu|x**, **~se** [gɑtø, -z] senil, verkalkt
**gauch|e** [goʃ] **1.** *adj* linke(r, -s); *manières*: linkisch; ***à ~*** links; ***à ~ de*** links von; **2.** *f pol* Linke *f*; *main*: Linke *f*, linke Hand *f*; *côté*: linke Seite *f*; ***de la ~*** von links; **~er**, **~ère 1.** *adj* linkshändig; **2.** *m*, *f* Linkshänder(in) *m*(*f*); **~ir** (*2a*) (***se***) **~** sich verziehen, sich verbiegen; **~iste** *m*, *f pol* Linksextreme(r) *m*, *f*
**gaufre** [gofrə] *f* Waffel *f*
**Gaule** [gol] *hist* ***la ~*** Gallien *n*
**gaulois**, **~e** [golwa, -z] **1.** *adj* gallisch; *fig* deftig, derb; **2. ♀, ♀e** *m*, *f* Gallier(in) *m*(*f*)
**gauloiserie** [golwazri] *f* derber Witz *m*
**gaver** [gave] (*1a*) *animal*: mästen; *fig* (voll)stopfen
**gaz** [gɑz] *m* Gas *n*; ***~ naturel*** Erdgas *n*; F ***à pleins ~*** mit Vollgas; ***mettre les ~*** Vollgas geben
**gaze** [gɑz] *f* Gaze *f*; *phm* Verbandsmull *m*
**gazer** [gɑze] (*1a*) **1.** durch Giftgas töten, vergasen; **2.** F *auto* rasen; F ***ça gaze!*** das klappt ja!
**gazette** [gazɛt] *f* Zeitung *f*
**gazeu|x**, **~se** [gɑzø, -z] gasförmig; ***eau f gazeuse*** Mineralwasser *n*, Sprudel *m*
**gazoduc** [gazɔdyk] *m* Ferngasleitung *f*
**gazomètre** [gazɔmɛtrə] *m* Gaszähler *m*
**gazon** [gɑzõ] *m* Rasen *m*
**gazouiller** [gazuje] (*1a*) zwitschern; *eau*: plätschern
**GDF** *m abr* ***Gaz de France*** staatliche frz. Gasgesellschaft
**geai** [ʒɛ] *m zo* Eichelhäher *m*
**géant**, **~e** [ʒeɑ̃, -t] **1.** *m*, *f* Riese *m*, Riesin *f*; **2.** *adj* riesig
**geindre** [ʒɛ̃drə] (*4b*) stöhnen
**gel** [ʒɛl] *m* Frost *m*; *fig salaires*, *prix*: Einfrieren *n*; *cosmétique*: Gel *n*
**gélatine** [ʒelatin] *f cuis* Gelatine *f*
**gel|ée** [ʒ(ə)le] *f* **1.** Frost *m*; ***~ blanche*** Reif *m*; **2.** *cuis* Aspik *m*, Sülze *f*, Gelee *n*; **~er** (*1d*) *v/t* zum Gefrieren bringen; *prix*, *salaires*: einfrieren; *v/i personne*: frieren; ***il gèle*** es friert
**gélule** [ʒelyl] *f phm* Kapsel *f*
**Gémeaux** [ʒemo] *m/pl astr* Zwillinge *m/pl*
**gém|ir** [ʒemir] (*2a*) stöhnen, ächzen; **~issement** [-ismɑ̃] *m* Stöhnen *n*
**gemme** [ʒɛm] *f* Edelstein *m*
**gênant**, **~e** [ʒɛnɑ̃, -t] hinderlich, störend; *histoire*: peinlich
**gencive** [ʒɑ̃siv] *f* Zahnfleisch *n*
**gendarm|e** [ʒɑ̃darm] *m* Gendarm *m*; **~erie** [-əri] *f* Gendarmerie *f*
**gendre** [ʒɑ̃drə] *m* Schwiegersohn *m*
**gène** [ʒɛn] *m biol* Gen *n*
**gên|e** [ʒɛn] *f physique*: Beklemmung *f*; *dérangement* Zwang *m*; *embarras* Verlegenheit *f*; *manque d'argent* Geldverlegenheit *f*; ***sans ~*** ungeniert; **~é**, **~ée** verlegen; **~er** (*1b*) *encombrer* behindern; *déranger* stören; *troubler* in Verlegenheit bringen; *fig* ***se ~*** sich Zwang antun, sich genieren (***avec qn*** vor j-m)
**général**, **~e** [ʒeneral] (*m/pl -aux*) **1.** *adj* allgemein, generell; ***en général*** im Allgemeinen; **2.** *m* General *m*; **~ement** [-mɑ̃] *adv* im Allgemeinen
**général|isation** [ʒeneralizasjõ] *f* Verallgemeinerung *f*; **~iser** (*1a*) verallgemeinern; **~iste** *m* Allgemeinmediziner *m*; **~ité** *f* Allgemeingültigkeit *f*; ***~s*** *pl* Allgemeine(s) *n*
**générateur** [ʒeneratœr] *m tech* Generator *m*
**génération** [ʒenerasjõ] *f* Generation *f*
**générer** [ʒenere] (*1a*) erzeugen
**généreu|x**, **~se** [ʒenerø, -z] großzügig; *sol*: ergiebig
**générique** [ʒenerik] **1.** *adj* Gattungs…; **2.** *m cinéma*: Vorspann *m*
**générosité** [ʒenerozite] *f* Großzügigkeit *f*
**Gênes** [ʒɛn] Genua *n*
**genèse** [ʒənɛz] *f* Entstehung *f*
**genêt** [ʒ(ə)nɛ] *m bot* Ginster *m*
**génétique** [ʒenetik] **1.** *adj* genetisch; **2.**

*f* Genetik *f*

**Genève** [ʒ(ə)nɛv] Genf

**genévrier** [ʒənevrije] *m bot* Wacholder(strauch) *m*

**génial**, **~e** [ʒenjal] (*m/pl -iaux*) genial

**génie** [ʒeni] *m* Genie *n*; *mil* Pioniere *m/pl*; **~ *civil*** Hoch- und Tiefbau *m*; **~ *génétique*** Gentechnologie *f*

**genièvre** [ʒənjɛvrə] *m bot* Wacholder; *boisson*: Wacholderschnaps *m*

**génital**, **~e** [ʒenital] (*m/pl -aux*) genital

**génocide** [ʒenɔsid] *m* Völkermord *m*

**genou** [ʒ(ə)nu] *m* (*pl -x*) Knie *n*; ***à ~x*** auf den Knien; ***se mettre à ~x*** sich niederknien

**genre** [ʒɑ̃r] *m* Art *f*; *animaux*: Gattung *f*; *gr* Genus *n*, Geschlecht *n*

**gens** [ʒɑ̃] *m/pl* Leute *pl*

**gentiane** [ʒɑ̃sjan] *f bot* Enzian *m*

**gentil**, **~le** [ʒɑ̃ti, -j] nett, freundlich, liebenswürdig

**gentillesse** [ʒɑ̃tijɛs] *f* Freundlichkeit *f*, Liebenswürdigkeit *f*

**gentiment** [ʒɑ̃timɑ̃] *adv* nett, liebenswürdig; *sagement* brav

**géograph|ie** [ʒeɔgrafi] *f* Erdkunde *f*, Geografie *f*; **~ique** geografisch

**géôlier** [ʒolje] *m* Gefängniswärter *m*

**géolog|ie** [ʒeɔlɔʒi] *f* Erdgeschichte *f*; Geologie *f*; **~ique** geologisch

**géométr|ie** [ʒeɔmetri] *f* Geometrie *f*, Raumlehre *f*; **~ique** geometrisch

**gérance** [ʒerɑ̃s] *f* Geschäftsführung *f*

**géranium** [ʒeranjɔm] *m bot* Geranie *f*

**gérant**, **~e** [ʒerɑ̃, -t] *m*, *f* Geschäftsführer(in) *m*(*f*)

**gerbe** [ʒɛrb] *f blé*: Garbe *f*; *fleurs*: Strauß *m*

**gercer** [ʒɛrse] (*1k*) (***se***) **~** rissig werden, aufspringen

**gerçure** [ʒɛrsyr] *f* Riss *m*, Schrunde *f*

**gérer** [ʒere] (*1f*) verwalten; *entreprise*: führen

**gériatrie** [ʒerjatri] *f* Altersheilkunde *f*

**germain**, **~e** [ʒɛrmɛ̃, -ɛn] ***cousin*** *m* ***germain*** Vetter *m*, ***cousine*** *f* ***germaine*** Base *f* (ersten Grades)

**Germanie** [ʒɛrmani] *hist* ***la*** **~** Germanien *n*

**german|ique** [ʒɛrmanik] germanisch; **~isme** *m* deutsche Spracheigentümlichkeit *f*

**germano-…** [ʒɛrmano] *in Zssgn* deutsch-…

**germ|e** [ʒɛrm] *m* Keim *m* (*a fig*); **~er** (*1a*) keimen

**gérontologie** [ʒerɔ̃tɔlɔʒi] *f* Altersforschung *f*

**gestation** [ʒɛstasjɔ̃] *f animal*: Trächtigkeit *f*

**geste** [ʒɛst] *m mouvement*: Handbewegung *f*, Geste *f*, Gebärde *f*; *comportement*: Geste *f*

**gesticuler** [ʒɛstikyle] (*1a*) gestikulieren

**gestion** [ʒɛstjɔ̃] *f* Verwaltung *f*; *entreprise*: Geschäftsführung *f*; **~ *des déchets*** Abfallmanagement *n*; **~ *de la qualité*** Qualitätsmanagement *n*

**Ghana** [gana] ***le*** **~** Ghana *n*

**gibecière** [ʒibsjɛr] *f* Jagdtasche *f*

**gibet** [ʒibɛ] *m* Galgen *m*

**gibier** [ʒibje] *m* Wild *n*

**giboulée** [ʒibule] *f* Regen-, Graupelschauer *m*

**gicl|er** [ʒikle] (*1a*) herausspritzen; **~eur** *m auto* Vergaserdüse *f*

**gifl|e** [ʒiflə] *f* Ohrfeige *f*; **~er** (*1a*) ohrfeigen

**gigantesque** [ʒigɑ̃tɛsk] gigantisch, riesenhaft

**gigot** [ʒigo] *m cuis* Hammelkeule *f*

**gigoter** [ʒigɔte] (*1a*) F zappeln, strampeln

**gilet** [ʒilɛ] *m chandail* Strickjacke *f*; *costume*: Weste *f*; *sous-vêtement*: Unterhemd *n*; **~ *de sauvetage*** Schwimmweste *f*; *auto* **~ *de sécurité*** Warnweste *f*

**gingembre** [ʒɛ̃ʒɑ̃brə] *m bot* Ingwer *m*

**girafe** [ʒiraf] *f zo* Giraffe *f*

**giratoire** [ʒiratwar] Kreis…

**girofl|e** [ʒirɔflə] *m cuis* ***clou*** *m* ***de*** **~** Gewürznelke *f*; **~ée** *f bot* Goldlack *m*

**girouette** [ʒirwɛt] *f* Wetterfahne *f*

**gisement** [ʒizmɑ̃] *m géol* Lagerstätte *f*, Vorkommen *n*; **~ *pétrolier*** (*od* ***de pétrole***) Erdöllagerstätte *f*

**gitan**, **~e** [ʒitɑ̃, -an] **1.** *adj* Zigeuner… *neg!*; **2.** *m*, *f* Zigeuner(in) *neg!* *m*(*f*)

**gîte** [ʒit] *m abri* Unterkunft *f*; *lièvre*: Lager *n*

**givr|e** [ʒivrə] *m* Raureif *m*; **~er** (*1a*) vereisen

**glace** [glas] *f* Eis *n* (*a fig*); *miroir* Spiegel *m*; *auto* (Wagen-)Fenster *n*; *cuis* Zuckerguss *m*

**glac|é**, **~ée** [glase] *gelé* vereist; *accueil*:

eisig; *boisson*: eisgekühlt; *cuis* ***marrons*** *m/pl* ***glacés*** kandierte Kastanien *f/pl*; **~er** (*1k*) *v/t* gefrieren lassen; *intimider* erstarren lassen; *cuis* glasieren, mit Zuckerguss überziehen; ***se ~*** zu Eis werden; *fig* erstarren
**glac|iaire** [glasjɛr] Eis…, Gletscher…; **~ial**, **~iale** [-jal] (*m/pl* -iaux *od* -ials) eiskalt; **~ier** [-je] *m* Gletscher *m*; *vendeur*: Eisverkäufer *m*; **~ière** [-jɛr] *f* Eisschrank *m*
**glaçon** [glasõ] *m* Eisscholle *f*; *artificiel*: Eiswürfel *m*
**glaïeul** [glajœl] *m bot* Gladiole *f*
**glaise** [glɛz] *f* (*a terre f* **~**) Ton(erde) *m(f)*, Lehm *m*
**gland** [glɑ̃] *m* Eichel *f*; *décoration*: Quaste *f*
**glande** [glɑ̃d] *f* Drüse *f*
**glaner** [glane] (*1a*) *fig* sammeln
**glapir** [glapir] (*2a*) kläffen
**glas** [glɑ] *m* Totenglocke *f*
**glauque** [glok] meergrün
**gliss|ade** [glisad] *f* Ausgleiten *n*, Schlittern *n*; **~ant**, **~ante** [-ɑ̃, -ɑ̃t] glatt, rutschig
**gliss|ement** [glismɑ̃] *m* Gleiten *n*; *fig* Verschiebung *f*; ***~ de terrain*** Erdrutsch *m*; **~er** (*1a*) *v/t* schieben, stecken (***dans*** in *acc*); *v/i* rutschen, gleiten; *déraper* ausrutschen, ausgleiten; *être glissant* rutschig sein, glatt sein; ***se ~ dans*** sich einschleichen in (*acc*); **~ière** [-jɛr] *f tech* Führungsschiene *f*; ***~ de sécurité*** Leitplanke *f*
**global**, **~e** [glɔbal] (*m/pl -aux*) gesamt, Global…; *prix*, *somme*: Pauschal…
**globe** [glɔb] *m* Kugel *f*; *mappemonde* Globus *m*; ***~ terrestre*** Erdkugel *f*
**globul|e** [glɔbyl] *m* Kügelchen *n*; *méd* Blutkörperchen *n*; **~eux**, **~euse** [-ø, -øz] *yeux*: vorstehend
**gloire** [glwar] *f* Ruhm *m*; *personnalité*: Berühmtheit *f*
**glorieu|x**, **~se** [glɔrjø, -z] ruhmreich, glorreich
**glorifier** [glɔrifje] (*1a*) verherrlichen
**glos|er** [gloze] (*1a*) glossieren; **~saire** [glɔsɛr] *m* Wörterverzeichnis *n*
**glotte** [glɔt] *f anat* Stimmritze *f*
**glouton**, **~ne** [glutõ, -ɔn] gefräßig
**gluant**, **~e** [glyɑ̃, -t] klebrig
**glucide** [glysid] *m chim* Kohlehydrat *n*
**glucose** [glykoz] *m* Traubenzucker *m*, Glucose *f*
**gluten** [glytɛn] *m chim* Kleber *m*
**gnangnan** [ɲɑ̃ɲɑ̃] F schlafmützig
**gnome** [gnom] *m* Gnom *m*
**go** [go] ***tout de ~*** ohne weiteres
**GO** *abr* ***grandes ondes*** LW (Langwelle)
**goal** [gol] *m* Tor *n*
**gobelet** [gɔblɛ] *m* Becher *m*
**gober** [gɔbe] (*1a*) verschlingen; F *mensonge*: leichtfertig glauben
**godasse** [gɔdas] *f* F Schuh *m*, Latschen *m*
**godet** [gɔdɛ] *m récipient*: Näpfchen *n*
**godiller** [gɔdije] (*1a*) *ski*: wedeln
**goéland** [gɔelɑ̃] *m zo* Seemöwe *f*
**goélette** [gɔelɛt] *f mar* Schoner *m*
**goémon** [gɔemõ] *m bot* Tang *m*
**gogo** [gogo] F ***à ~*** in Hülle und Fülle
**goguenard**, **~e** [gɔgnar, -d] spöttisch
**goinfr|e** [gwɛ̃frə] **1.** *m* Vielfraß *m*; **2.** *adj* gefräßig; **~er** (*1a*) ***se ~*** *péj* sich vollfressen
**goitre** [gwatrə] *m* Kropf *m*
**golf** [gɔlf] *m sports*: Golf *n*
**golfe** [gɔlf] *m géogr* Golf *m*
**gomm|e** [gɔm] *f* Gummi *m*; *à effacer*: Radiergummi *m*; **~er** (*1a*) ausradieren; *fig* beseitigen
**gond** [gõ] *m* Türangel *f*
**gondol|e** [gõdɔl] *f* Gondel *f*; **~er** (*1a*) *papier*: sich wellen; F ***se ~*** sich biegen vor Lachen
**gonfler** [gõfle] (*1a*) *v/i* anschwellen; *v/t avec la bouche*: aufblasen; *avec une pompe*: aufpumpen; *exagérer* aufbauschen, übertreiben
**gonzesse** [gõzɛs] *f* F *péj* Weib *n*, Frauenzimmer *n*
**goret** [gɔrɛ] *m* Ferkel *n* (*a fig*)
**gorge** [gɔrʒ] *f* Hals *m*, Kehle *f*; *st/s poitrine* Busen *m*; *géogr* Schlucht *f*; ***avoir mal à la ~*** Halsschmerzen haben
**gorgée** [gɔrʒe] *f* Schluck *m*
**gorille** [gɔrij] *m zo* Gorilla *m*; F *fig* Leibwächter *m*
**gosier** [gozje] *m* Schlund *m*, Kehle *f*
**gosse** [gɔs] *m*, *f* F Kind *n*
**gothique** [gɔtik] **1.** *adj* gotisch; **2.** *m* Gotik *f*
**gouache** [gwaʃ] *f* Guaschfarbe *f*
**goudron** [gudrõ] *m* Teer *m*
**goudronner** [gudrɔne] (*1a*) teeren
**gouffre** [gufrə] *m* Abgrund *m* (*a fig*)

**goujat** [guʒa] *m* Grobian *m*, Flegel *m*
**goujon** [guʒõ] *m zo* Gründling *m*
**goul|ot** [gulo] *m* Flaschenhals *m*; ***boire au ~*** aus der Flasche trinken; **~u**, **~ue** [-y] gefräßig, gierig
**goupill|e** [gupij] *f tech* Stift *m*
**gourd**, **~e** [gur, -d] starr, steif (*vor Kälte*)
**gourde** [gurd] *f récipient*: Feldflasche *f*; F *fig* Dummkopf *m*, Dussel *m*
**gourdin** [gurdɛ̃] *m* Knüppel *m*
**gourer** [gure] (*1a*) F ***se ~*** sich irren
**gourm|and**, **~ande** [gurmɑ̃, -ɑ̃d] **1.** *adj sucreries*: naschhaft; *péj* gefräßig; **2.** *m*, *f gourmet* Feinschmecker *m*; *glouton* Schlemmer *m*; **~andise** [-ɑ̃diz] *f* Naschhaftigkeit *f*; *gloutonnerie* Schlemmerei *f*; **~s** *pl mets*: Leckerbissen *m/pl*, Leckereien *f/pl*
**gourmet** [gurmɛ] *m* Feinschmecker *m*
**gourou** [guru] *m* Guru *m*
**gousse** [gus] *f* Hülse *f*, Schote *f*; ***~ d'ail*** Knoblauchzehe *f*
**goût** [gu] *m* Geschmack *m*; *sens*: Geschmack(ssinn) *m*; **~s** *pl* Neigungen *f/pl*; ***de bon ~*** geschmackvoll; ***avoir du ~*** Geschmack haben; ***à mon ~*** meiner Meinung nach; ***chacun son ~*** jeder nach seinem Geschmack; ***prendre ~ à qc*** Gefallen an etw (*dat*) finden
**goûter** [gute] **1.** (*1a*) *v/t* kosten, probieren; *fig jouir de* genießen; *aimer* Geschmack finden an (*dat*); *v/i prendre un goûter* e-n Imbiss einnehmen, vespern; **2.** *m* Nachmittagskaffee *m*, Vesper *f*
**goutt|e** [gut] *f* **1.** Tropfen *m*; ***~ à ~*** tropfenweise; **2.** *méd* Gicht *f*; **~er** (*1a*) tropfen
**goutteu|x**, **~se** [gutø, -z] gichtkrank
**gouttière** [gutjɛr] *f* Dachrinne *f*
**gouvernail** [guvɛrnaj] *m* (*pl -s*) Steuerruder *n*
**gouvernante** [guvɛrnɑ̃t] *f enfants*: Kindermädchen *n*, Erzieherin *f*
**gouverne** [guvɛrn] *f mar*, *aviat* Steuerung *f*; *fig* Richtschnur *f*
**gouvernement** [guvɛrnəmɑ̃] *m* Regierung *f*
**gouvernemental**, **~e** [guvɛrnəmɑ̃tal] (*m/pl -aux*) Regierungs…
**gouvern|er** [guvɛrne] (*1a*) *pays*: regieren; *conduite*, *passions*: beherrschen; *mar* steuern; **~eur** *m* Gouverneur *m*

**grâce** [grɑs] *f rel* Gnade *f*; *bienveillance* Gunst *f*; *jur* Begnadigung *f*; *charme* Grazie *f*, Anmut *f*; *remerciement* Dank *m*; ***de bonne*** (***mauvaise***) ***~*** gern (ungern); ***coup*** *m* ***de ~*** Todesstoß *m*, Gnadenstoß *m*; ***faire ~ à qn de qc*** j-m etw (*acc*) erlassen; ***rendre ~ à qn*** j-m danken; ***~ à Dieu!*** Gott sei Dank!; ***~ à*** dank, auf Grund
**gracier** [grasje] (*1a*) begnadigen
**gracieu|x**, **~se** [grasjø, -z] anmutig; ***à titre gracieux*** gratis, kostenlos
**gracile** [grasil] schlank, zierlich
**gradation** [gradasjõ] *f* Abstufung *f*
**grade** [grad] *m* Dienstgrad *m*, Rang *m*
**grad|é** [grade] *m mil* Unteroffizier *m*; **~in** *m* Stufe *f*; **~s** *pl* (ansteigende) Sitzreihen *f/pl*; **~uer** [-ɥe] (*1n*) *augmenter* allmählich steigern
**grain** [grɛ̃] *m* Korn *n*; *petit*: Körnchen *n*; *café*: Kaffeebohne *f*; *raisin*: Beere *f*
**graine** [grɛn] *f* Samenkorn *n*; *semence* Samen *m*, Saat *f*
**graissage** [grɛsaʒ] *m* Schmieren *n*
**graiss|e** [grɛs] *f* Fett *n*; **~er** (*1b*) *machine*, *outil*: ölen; *auto* abschmieren; *salir* fettig machen; **~eux**, **~euse** [-ø, -øz] fettig
**graminées** [gramine] *f/pl bot* Gräser *n/pl*
**gramm|aire** [gramɛr] *f* Grammatik *f*; **~atical**, **~aticale** [-atikal] (*m/pl -aux*) grammatikalisch
**gramme** [gram] *m* Gramm *n*
**grand**, **~e** [grɑ̃, -d] **1.** *adj* groß; ***les grandes personnes*** *f/pl* die Erwachsenen *m/pl*; ***au grand air*** im Freien; ***grand cri*** *m* lauter Schrei *m*; ***grand malade*** *m* Schwerkranke(r) *m*; ***il est grand temps*** es ist höchste Zeit; ***grande surface*** *f* Großmarkt *m*; **2.** *adv* ***voir grand*** hoch hinauswollen; ***grand ouvert*** weit offen
**grand-chose** [grɑ̃ʃoz] ***pas ~*** nicht viel
**Grande-Bretagne** [grɑ̃dbrətaɲ] ***la ~*** Großbritannien *n*
**grandement** [grɑdmɑ̃] *adv* in hohem Maße, sehr
**grandeur** [grɑ̃dœr] *f* Größe *f*, Erhabenheit *f*
**grandiloquence** [grɑ̃dilɔkɑ̃s] *f* hochtrabende Ausdrucksweise *f*
**grandir** [grɑ̃dir] (*2a*) *v/i croître* größer werden, wachsen; *augmenter* zuneh-

men; *v/t* ~ ***qn*** j-n adeln

**grand|-mère** [grɑ̃mɛr] *f* (*pl grand*[*s*]-*-mères*) Großmutter *f*; **~-messe** [-mɛs] *f* (*pl grand*[*s*]*-messes*) *égl* Hochamt *n*; **~-peine** [-pɛn] ***à*** ~ mit großer Mühe; **~-père** [-pɛr] *m* (*pl grands-pères*) Großvater *m*; **~-route** [-rut] *f* (*pl grand*[*s*]*-routes*) Landstraße *f*; **~-rue** [-ry] *f* (*pl grand*[*s*]*-rues*) Hauptstraße *f*; **~s-parents** [-parɑ̃] *m/pl* Großeltern *pl*

**grange** [grɑ̃ʒ] *f* Scheune *f*

**granuleu|x**, **~se** [granylø, -z] körnig

**graph|ie** [grafi] *f* Schreibung *f*; **~ique 1.** *adj* grafisch; **2.** *m* Schaubild *n*, Grafik *f*

**grappe** [grap] *f* Traube *f*; ~ ***de raisin*** Weintraube *f*

**grappin** [grapɛ̃] *m tech* Greifer *m*; F ***mettre le*** ~ ***sur qn*** j-n mit Beschlag belegen

**gras**, **~se** [grɑ, -s] **1.** *adj* fettig; *personne*: fett, dick; *agr* fruchtbar; ***mardi*** *m* ***gras*** Fastnachtsdienstag *m*; **2.** *m cuis* fettes Fleisch *n*

**grassouillet**, **~te** [grasujɛ, -t] F dicklich, mollig

**gratification** [gratifikasjõ] *f* Sondervergütung *f*, Gratifikation *f*

**gratifier** [gratifje] (*1a*) ~ ***qn de qc*** j-m etw zukommen lassen

**gratin** [gratɛ̃] *m überbackenes Käsegericht*; ***au*** ~ überbacken

**gratiné**, **~e** [gratine] *cuis* überbacken, gratiniert; *fig* F unglaublich

**gratis** [gratis] gratis, umsonst

**gratitude** [gratityd] *f* Dankbarkeit *f*

**gratte-ciel** [gratsjɛl] *m* (*pl unv*) Wolkenkratzer *m*

**gratte-papier** [gratpapje] *m* (*pl unv*) Schreiberling *m*

**gratter** [grate] (*1a*) kratzen; *enlever* ab-, auskratzen; ***se*** ~ sich kratzen

**gratuit**, **~e** [gratɥi, -t] unentgeltlich, kostenlos; *idée*: grundlos, unbegründet

**gravats** [grava] *m/pl* Bauschutt *m*

**grave** [grav] *sérieux* ernst; *maladie, faute*: schwer, schlimm; *son*: tief; **~ment** *adv* ernstlich

**graver** [grave] (*1a*) eingravieren; ~ ***qc dans sa mémoire*** sich (*dat*) etw einprägen; ~ ***un disque*** eine Platte aufnehmen

**graveur** [gravœr] *m* Graveur *m*; ~ ***de CD*** CD-Brenner *m*

**gravier** [gravje] *m* Kies *m*

**gravillon** [gravijõ] *m* Splitt *m*

**grav|ir** [gravir] (*2a*) erklimmen; **~itation** [-itasjõ] *f phys* Schwerkraft *f*

**gravit|é** [gravite] *f* Ernst *m*; *maladie, accident*: Schwere *f*; *problème*: Gewicht *n*; **~er** (*1a*) ~ ***autour de qc*** etw (*acc*) umkreisen

**gravure** [gravyr] *f art*: Gravierkunst *f*; *estampe* Stich *m*

**gré** [gre] *m* ***bon*** **~, *mal*** ~ wohl oder übel; ***contre le*** ~ ***de qn*** gegen den Willen j-s; ***de bon*** ~ gern; ***savoir*** ~ ***de qc à qn*** j-m für etw dankbar sein

**grec**, **~que** [grɛk] **1.** *adj* griechisch; **2.** ♀, ♀***que*** *m, f* Grieche *m*, Griechin *f*

**Grèce** [grɛs] ***la*** ~ Griechenland *n*

**greff|e** [grɛf] **1.** *m jur* Geschäftsstelle *f* des Gerichts; **2.** *f agr* Pfropfen *n*; *méd* ~ ***du cœur*** Herzverpflanzung *f*; **~er** (*1b*) *agr* pfropfen; *méd* verpflanzen; **~ier** [-je] *m* Gerichtsschreiber *m*

**grégaire** [gregɛr] Herden…; ***instinct*** *m* ~ Herdentrieb *m*

**grêle**[1] [grɛl] dünn, schmal, mager

**grêl|e**[2] [grɛl] *f* Hagel *m*; **~er** (*1a*) hageln; ***il grêle*** es hagelt; **~on** *m* Hagelkorn *n*

**grelot** [grəlo] *m* Schelle *f*, Glöckchen *n*

**grelotter** [grəlɔte] (*1a*) vor Kälte zittern

**grenad|e** [grənad] *f bot* Granatapfel *m*; *mil* Granate *f*; **~ine** *f* Granatapfelsirup *m*

**grenat** [grəna] **1.** *m* Granat(stein) *m*; **2.** *adj* (*unv*) granatfarben

**grenier** [grənje] *m* Speicher *m*, Dachboden *m*

**grenouille** [grənuj] *f zo* Frosch *m*

**grès** [grɛ] *m* Sandstein *m*; *poterie* Steingut *n*

**grésiller** [grezije] (*1a*) brutzeln

**grève** [grɛv] *f* **1.** Streik *m*; ***faire*** **~, *se mettre en*** ~ streiken; ~ ***de la faim*** Hungerstreik *m*; ~ ***du zèle*** Dienst *m* nach Vorschrift; **2.** *plage* (Sand-, Kies-) Strand *m*

**grever** [grəve] (*1d*) belasten

**gréviste** [grevist] *m, f* Streikende(r) *m, f*

**gribouiller** [gribuje] (*1a*) kritzeln, (hin)schmieren

**grief** [griɛf] *m* Beschwerde *f*

**grièvement** [grijɛvmɑ̃] *adv* **~ *blessé*** schwer verletzt, schwer verwundet

**griff|e** [grif] *f* Kralle *f*, Klaue *f*; *comm* Namensstempel *m*; *fig empreinte* Stempel *m*; **~er** (*1a*) kratzen

**griffonn|age** [grifɔnaʒ] *m* Gekritzel *n*; **~er** (*1a*) (hin)kritzeln

**grignoter** [griɲɔte] (*1a*) *v/t* herumknabbern an (*dat*); *v/i* knabbern

**gril** [gril] *m* (Brat-)Rost *m*

**grill|ade** [grijad] *f* gegrilltes Fleisch *n*; **~age** *m* Drahtgitter *n*

**grille** [grij] *f* Gitter *n*; *four*: Rost *m*; *tableau* Tabelle *f*

**griller** [grije] (*1a*) *v/t viande*: braten, grillen; *pain*: toasten; *café*: rösten; *él* durchbrennen lassen; *v/i brûler* verbrennen

**grillon** [grijõ] *m zo* Grille *f*

**grimace** [grimas] *f* Grimasse *f*; ***faire des ~s*** Grimassen schneiden

**grimer** [grime] (*1a*) (***se***) **~** (sich) schminken

**grimper** [grɛ̃pe] (*1a*) klettern, steigen; *prix*: klettern; *route*: ansteigen

**grinc|ement** [grɛ̃smɑ̃] *m porte*: Knarren *n*, Quietschen *n*; *dents*: Knirschen *n*; **~er** (*1k*) *porte*: knarren, quietschen; **~ *des dents*** mit den Zähnen knirschen

**grincheu|x**, **~se** [grɛ̃ʃø, -z] mürrisch

**gringalet** [grɛ̃galɛ] *m* F schmächtiges Männchen *n*

**griotte** [grijɔt] *f bot* Weichselkirsche *f*

**gripp|e** [grip] *f* **1.** *méd* Grippe *f*; **~ *aviaire*** Vogelgrippe *f*; **2.** ***prendre qn en ~*** gegen j-n eingenommen sein; **~é**, **~ée** *méd* grippekrank

**grippe-sou** [gripsu] *m* (*pl grippe-sou*[*s*]) F Pfennigfuchser *m*

**gris**, **~e** [gri, -z] grau; *temps*: düster, trübe; *fig* angetrunken, benebelt

**grisaille** [grizaj] *f* Eintönigkeit *f*

**grisâtre** [grizɑtrə] grau, gräulich

**gris|er** [grize] (*1a*) berauschen, benebeln; **~erie** *f fig* Rausch *m*

**grisonner** [grizɔne] (*1a*) grau werden

**Grisons** [grizõ] *m/pl* ***les ~*** Graubünden *n*

**grisou** [grizu] *m* Grubengas *n*; ***coup*** *m* ***de ~*** Schlagwetterexplosion *f*

**grive** [griv] *f zo* Drossel *f*

**grivois**, **~e** [grivwa, -z] *propos*: schlüpfrig

**Groenland** [grɔɛnlɑ̃d(ə)] ***le ~*** Grönland *n*

**grogner** [grɔɲe] (*1a*) *personne*: brummen; *cochon*: grunzen

**groin** [grwɛ̃] *m* Schweinerüssel *m*

**grommeler** [grɔmle] (*1c*) vor sich hin brummen

**grond|ement** [grõdmɑ̃] *m chien*: Knurren *n*; *tonnerre*: Grollen *n*, Rollen *n*; **~er** (*1a*) *v/i personne*: murren; *chien*: knurren; *tonnerre*: grollen, rollen; *v/t* **~ *qn*** j-n anbrummen, ausschelten

**groom** [grum] *m* (Hotel)Page *m*, (Hotel)Boy *m*

**gros**, **~se** [gro, -s] **1.** *adj gras, épais* dick; *personnalité, fortune, faute*: groß; *grossier* grob, derb; *enceinte* schwanger; *mar* ***grosse mer*** *f* schwere See *f*; ***avoir le cœur gros*** Kummer haben; ***gros œuvre*** *m* Rohbau *m*; **2.** *adv* ***gagner gros*** viel, gut verdienen; *comm* ***en gros*** im Großen; **3.** *m comm* Großhandel *m*; ***le gros de*** der größte Teil (*gén*)

**groseille** [grozɛj] *f bot* Johannisbeere *f*; **~ *à maquereau*** Stachelbeere *f*

**gross|esse** [grosɛs] *f* Schwangerschaft *f*; **~eur** *f corpulence* Dicke *f*; *volume* Größe *f*; *enflure* Schwellung *f*

**gross|ier**, **~ière** [grosje, -jɛr] grob; *personne*: flegelhaft, grob; *propos*: derb, unanständig; **~ièrement** [-jɛrmɑ̃] *adv* grob; *à peu près* in groben Zügen; **~ièreté** [-jɛrte] *f* Grobheit *f*; *propos*: unanständiger Ausdruck *m*; **~ir** (*2a*) *v/t personne*: dicker machen; *microscope*: vergrößern; *exagérer* übertreiben; *v/i personne*: zunehmen

**grossiste** [grosist] *m*, *f comm* Großhändler(in) *m*(*f*)

**grotesque** [grɔtɛsk] grotesk

**grotte** [grɔt] *f* Höhle *f*

**grouiller** [gruje] (*1a*) wimmeln (***de*** von); F ***se ~*** sich beeilen

**group|e** [grup] *m* Gruppe *f*; **~ement** [-mɑ̃] *m* Gruppierung *f*; *comm* Verband *m*; **~er** (*1a*) gruppieren

**gruau** [gryo] *m* Grütze *f*

**grue** [gry] *f zo* Kranich *m*; *tech* Kran *m*; F Dirne *f*

**grumeau** [grymo] *m* (*pl -x*) Klumpen *m*

**grumeler** [grymle] (*1c*) ***se ~*** klumpig werden

**gruyère** [gryjɛr] *m* Schweizer Käse *m*
**Guatemala** [gwatemala] ***le*** **~** Guatemala *n*
**gué** [ge] *m* Furt *f*
**guenilles** [gənij] *f/pl* Lumpen *m/pl*
**guenon** [gənõ] *f* Affenweibchen *n*
**guêp|e** [gɛp] *f zo* Wespe *f*; **~ier** [gepje] *m* Wespennest *n*; *fig* Falle *f*
**guère** [gɛr] ***ne ... ~*** nicht viel, nicht sehr, nicht gerade; *presque pas* fast nicht, kaum
**guéridon** [geridõ] *m* (*rundes*) Tischchen *n*
**guérilla** [gerija] *f* Guerilla *f*
**guér|ir** [gerir] (*2a*) *v/t* heilen (***de*** von); *v/i blessure*: heilen; *personne*: gesund werden; **~ison** [-izõ] *f* Heilung *f*, Genesung *f*
**guérite** [gerit] *f mil* Wachhäuschen *n*; *allg* Bude *f*
**guerre** [gɛr] *f* Krieg *m*; *fig* Kampf *m*; ***Première*** **♀** ***mondiale*** Erster Weltkrieg *m*; ***Seconde*** **♀** ***mondiale*** Zweiter Weltkrieg *m*; ***~ des étoiles*** Krieg der Sterne; ***en ~*** im Kriegszustand; *fig* ***c'est de bonne ~*** das ist durchaus rechtens; ***faire la ~*** Krieg führen (***à*** mit, gegen)
**guerr|ier**, **~ière** [gɛrje, -jɛr] **1.** *adj* kriegerisch; **2.** *m* Krieger *m*; **~oyer** [-waje] (*1h*) Krieg führen
**guet** [gɛ] *m* ***faire le ~*** auf der Lauer sein, liegen
**guet-apens** [gɛtapɑ̃] *m* (*pl guets-apens*) [gɛtapɑ̃] Hinterhalt *m*
**guetter** [gɛte] (*1b*) belauern, auflauern (***qn*** j-m)
**gueul|e** [gœl] *f animal*: Maul *n*; *ouverture* Öffnung *f*; F *personne*: Gesicht *n*; P ***ta ~!*** halt die Schnauze!, halt's Maul!; **~e-de-loup** [-dəlu] *f* (*pl gueules-de-loup*) *bot* Löwenmaul *n*; **~er** (*1a*) F brüllen, schreien; **~eton** [-tõ] *m* F Gelage *n*
**gui** [gi] *m bot* Mistel *f*
**guichet** [giʃɛ] *m banque*, *poste*: Schalter *m*; ***~ automatique*** Geldautomat *m*; **~ier**, **~ière** [-ʃtje, -tjɛr] *m*, *f* Schalterbeamte(r) *m*, -beamtin *f*
**guid|e** [gid] **1.** *m* (Reise-)Führer *m*; **2.** *f scout* Pfadfinderin *f*; **3.** ***~s*** *f/pl* Zügel *m/pl*; **~er** (*1a*) führen, leiten; ***se ~ sur*** sich richten nach
**guidon** [gidõ] *m vélo*: Lenkstange *f*
**guignol** [giɲɔl] *m* Kasperle *m*; ***théâtre ~*** Kasperletheater *n*
**guillemets** [gijmɛ] *m/pl* Anführungszeichen *n/pl*
**guillotiner** [gijɔtine] (*1a*) durch das Fallbeil hinrichten
**guindé**, **~e** [gɛ̃de] *personne*: steif; *style*: geschraubt
**guinder** [gɛ̃de] (*1a*) *tech* hieven, hochwinden
**Guinée** [gine] ***la ~*** Guinea *n*
**guinguette** [gɛ̃gɛt] *f* Lokal *n* im Grünen
**guirlande** [girlɑ̃d] *f* Girlande *f*
**guise** [giz] *f* ***à sa ~*** nach seinem Sinn, nach Lust; ***en ~ de*** als
**guitare** [gitar] *f* Gitarre *f*
**Gulf Stream** [gœlfstrim] *géogr* ***le ~*** der Golfstrom
**guttural**, **~e** [gytyral] (*m/pl -aux*) Kehl…, guttural
**Guyane** [gɥijan] ***la ~*** *ou* ***les ~s*** *f/pl* Guayana *n*; ***la ~ française*** Französisch-Guayana *n*
**G.V.** *abr* ***grande vitesse*** Eilgut
**gymnase** [ʒimnɑz] *m sports*: Turnhalle *f*
**gymnast|e** [ʒimnast] *m*, *f* Turner(in) *m*(*f*); **~ique** *f* Gymnastik *f*, Turnen *n*; ***faire de la ~*** turnen
**gynécolo|gie** [ʒinekɔlɔʒi] *f* Gynäkologie *f*; **~gue** *m*, *f méd* Frauenarzt *m*, -ärztin *f*
**gypse** [ʒips] *m* Gips *m*

# H

**h** *abr* ***heure*** Uhr (*Uhrzeit*)
**habil|e** [abil] geschickt, gewandt; **~eté** [-te] *f* Geschicklichkeit *f*
**habiliter** [abilite] (*1a*) *jur* ermächtigen
**habill|ement** [abijmɑ̃] *m* Kleidung *f*; **~er** (*1a*) kleiden, anziehen; ***s'~*** sich anziehen; *élégamment*: sich elegant kleiden
**habit** [abi] *m* ***~ noir*** Frack *m*; ***~s*** *pl* Kleider *n/pl*
**habit|able** [abitablə] bewohnbar; **~acle** [-aklə] *m aviat* Cockpit *n*
**habit|ant**, **~ante** [abitɑ̃, -ɑ̃t] Ein-, Bewohner(in) *m*(*f*); **~at** [-a] *m zo*, *bot* Lebensraum *m*; *conditions d'habitation* Wohnverhältnisse *n/pl*; **~ation** *f* Wohnung *f*; *immeuble* Wohngebäude *n*; *domicile* Wohnsitz *m*; **~er** (*1a*) *v/t* bewohnen; *v/i* wohnen; ***~ Berlin*** in Berlin wohnen
**habitude** [abityd] *f* Gewohnheit *f*; ***d'~*** normalerweise, gewöhnlich; ***par ~*** aus Gewohnheit
**habitu|é**, **~ée** [abitɥe] *m*, *f* Stammgast *m*; **~el**, **~elle** [-ɛl] üblich, gewöhnlich; **~er** (*1a*) gewöhnen (***qn à*** j-n an *acc*); ***s'~ à qc, qn*** sich an etw, j-n gewöhnen; ***s'~ à*** (+ *inf*) sich daran gewöhnen zu (+ *inf*)
**'hâblerie** [ɑbləri] *f* Prahlerei *f*
**'hache** [aʃ] *f* Axt *f*, Beil *n*
**'hach|er** [aʃe] (*1a*) zerhacken; ***viande*** *f* ***hachée*** Hackfleisch *n*; **~ette** [-ɛt] *f* Handbeil *n*; **~is** [-i] *m cuis* Gehackte(s) *n*; **~oir** *m appareil*: Fleischwolf *m*; *planche*: Hackbrett *n*
**'hachurer** [aʃyre] (*1a*) schraffieren
**'hagard**, **~e** [agar, -d] verstört
**'haie** [ɛ] *f* Hecke *f*; *sport*: Hürde *f*; ***course*** *f* ***de ~s*** Hürdenlauf *m*; *fig* ***faire la ~*** Spalier stehen
**'haillon** [ajõ] *m le plus souvent au pl* ***~s*** Lumpen *m/pl*, Fetzen *m/pl*
**'haine** [ɛn] *f* Hass *m*
**'haïr** [air] (*2m*) hassen
**'haïssable** [aisablə] hassenswert
**'hâl|e** [ɑl] *m* Sonnenbräune *f*; **~é**, **~ée** sonnengebräunt
**haleine** [alɛn] *f* Atem *m*; ***hors d'~*** atemlos; *fig* ***de longue ~*** langwierig
**'hâler** [ɑle] (*1a*) bräunen
**'haleter** [alte] (*1e*) keuchen
**'hall** [ol] *m* Halle *f*
**'halle** [al] *f* Markthalle *f*
**hallucination** [alysinasjõ] *f* Sinnestäuschung *f*
**'halo** [alo] *m* Hof *m* (*um Sonne*, *Mond*)
**'halte** [alt] *f* **1.** Halt *m*, Rast *f*; ***faire ~*** Halt machen; **2.** *mil* halt!
**haltère** [altɛr] *m* Hantel *f*; ***poids*** *m/pl* ***et ~s*** Gewichtheben *n*
**'hamac** [amak] *m* Hängematte *f*
**'Hambourg** [ɑ̃bur] Hamburg *n*
**'hameau** [amo] *m* (*pl -x*) Weiler *m*
**hameçon** [amsõ] *m* Angelhaken *m*
**'hampe** [ɑ̃p] *f* Fahnenstange *f*
**'hamster** [amstɛr] *m* Hamster *m*
**'hanche** [ɑ̃ʃ] *f* Hüfte *f*
**'handicapé**, **~e** [ɑ̃dikape] **1.** *adj* behindert; **2.** *m*, *f* Behinderte(r) *m*, *f*; ***~(e) physique*** Körperbehinderte(r) *m*, *f*; ***~(e) mental(e)*** geistig Behinderte(r) *m*, *f*
**'hangar** [ɑ̃gar] *m* Schuppen *m*; *aviat* Hangar *m*, Flugzeughalle *f*
**'hanneton** [antõ] *m zo* Maikäfer *m*
**'Hanovre** [anɔvrə] Hannover *n*
**'hant|er** [ɑ̃te] (*1a*) *souvenir*, *obsession*: heimsuchen, verfolgen; *fantôme*: spuken (***qc*** in etw *dat*); **~ise** [-iz] *f peur* Angst *f*; *manie* Zwangsvorstellung *f*
**'happer** [ape] (*1a*) schnappen; *fig* erwischen
**'harangu|e** [arɑ̃g] *f* Ansprache *f*; **~er** (*1a*) e-e Ansprache halten (***qn*** an j-n)
**'haras** [arɑ] *m* Gestüt *n*
**'harass|ant**, **~ante** [arasɑ̃, -ɑ̃t] *travail*: erschöpfend; **~é**, **~ée** erschöpft
**'harcèlement** [aʀsɛlmɑ̃] *m* Belästigung *f*, Mobbing *n*; ***~ sexuel*** sexuelle Belästigung *f*
**'harceler** [arsəle] (*1d*) belästigen, quälen
**'harde** [ard] *f cerfs*: Rudel *n*; ***~s*** *pl péj* alte Kleidungsstücke *n/pl*
**'hardi**, **~e** [ardi] kühn, dreist

**'hardiesse** [ardjɛs] *f* Kühnheit *f*
**'hareng** [arɑ̃] *m zo* Hering *m*
**'hargn|e** [arɲə] *f* Gereiztheit *f*; **~eux, ~euse** [arɲø, -øz] zänkisch; *chien*: bissig
**'haricot** [ariko] *m bot* Bohne *f*; ***~s verts*** grüne Bohnen; F ***c'est la fin des ~s*** jetzt ist alles aus
**harmonie** [armɔni] *f* Harmonie *f*
**harmonieu|x, ~se** [armɔnjø, -z] harmonisch
**harmoniser** [armɔnize] (*1a*) harmonisieren, abstimmen; ***s'~*** harmonieren (***avec*** mit)
**'harnacher** [arnaʃe] (*1a*) *cheval*: anschirren
**'harnais** [arnɛ] *m* Pferdegeschirr *n*
**harpagon** [arpagõ] *m* Geizhals *m*
**'harpe** [arp] *f mus* Harfe *f*
**'harpon** [arpõ] *m* Harpune *f*
**'hasard** [azar] *m* Zufall *m*; ***au ~*** auf gut Glück, aufs Geratewohl; ***par ~*** zufällig
**'hasarder** [azarde] (*1a*) wagen, riskieren; ***se ~ à faire qc*** es wagen, etw zu tun
**'hât|e** [ɑt] *f* Hast *f*, Eile *f*; ***à la ~*** hastig; ***en ~*** in Eile; ***avoir ~ de faire qc*** es kaum erwarten können, etw zu tun; **~er** (*1a*) beschleunigen; ***se ~*** sich beeilen (***de faire qc*** etw zu tun)
**'hâti|f, ~ve** [ɑtif, -v] hastig, übereilt; *agr* Früh…
**'hauss|e** [os] *f prix*: Preiserhöhung *f*; *cours*: Hausse *f*, Steigen *n* der Kurse; *température*: Anstieg *m*; *mil* Visier *n*; **~er** (*1a*) erhöhen; ***~ la voix*** die Stimme heben; ***~ les épaules*** mit den Achseln zucken
**'haut, ~e** [o, -t] **1.** *adj* hoch; *voix*: laut; ***la haute Seine*** die obere Seine; ***à voix haute*** laut; **2.** *adv* ***haut*** oben; ***là-haut*** da oben; ***de haut*** von oben; ***de haut en bas*** von oben nach unten; ***en haut*** oben; ***en haut de*** oben auf; **3.** *m* oberer Teil; ***du haut de qc*** von etw herunter; ***des ~s et des bas*** Höhen und Tiefen *pl*
**'hautain, ~e** [otɛ̃, -ɛn] hochmütig
**'hautbois** [obwa] *m mus* Oboe *f*
**'hautement** [otmɑ̃] *adv proclamer*: freiheraus; *très* überaus
**'hauteur** [otœr] *f* Höhe *f*; *fig* Hochmut *m*; ***être à la ~ de qc*** etw (*dat*) gewachsen sein
**'haut|-fond** [ofõ] *m* (*pl hauts-fonds*) Untiefe *f*; **~-le-cœur** [olkœr] *m* (*pl unv*) Übelkeit *f*; *fig* Ekel *m*; **~-parleur** [oparlœr] *m* (*pl haut-parleurs*) *tech* Lautsprecher *m*
**'Havane** [avan] *géogr* ***La ~*** Havanna *n*
**'havre** [ɑvrə] *m st/s* Zufluchtsort *m*
**'Haye** [ɛ] ***La ~*** Den Haag *n*
**hebdomadaire** [ɛbdɔmadɛr] **1.** *adj* wöchentlich; **2.** *m* Wochenblatt *n*, (*wöchentlich erscheinende*) Zeitschrift *f*
**héberger** [ebɛrʒe] (*1l*) beherbergen
**hébété, ~e** [ebete] stumpfsinnig
**hébraïque** [ebraik] hebräisch
**hébreu** [ebrø] *adj* (*nur m, pl -x*) hebräisch; ***l'~*** *m* das Hebräische
**'H.E.C.** *abr* (***École des***) ***Hautes études commerciales*** (führende) Wirtschaftshochschule in Jouy-en-Josas bei Paris
**hécatombe** [ekatõb] *f* Blutbad *n*
**hectare** [ɛktar] *m* (*abr* ha) Hektar *n od m*
**hectolitre** [ɛktɔlitrə] *m* (*abr* hl) Hektoliter *m od n*
**'hein** [ɛ̃] F was?, na?, ja?, wie?
**'hélas** [elɑs] ach!, leider!
**'héler** [ele] (*1f*) herbeirufen
**hélianthe** [eljɑ̃t] *m bot* Sonnenblume *f*
**hélice** [elis] *f mar* Schraube *f*; *aviat* Propeller *m*; ***escalier*** *m* ***en ~*** Wendeltreppe *f*
**héli|coptère** [elikɔptɛr] *m* Hubschrauber *m*; **~port** [-pɔr] *m* Hubschrauberlandeplatz *m*
**Helsinki** [ɛlsiŋki] Helsinki *n*
**Helvétie** [ɛlvesi] *hist* ***l'~*** Helvetien *n*
**helvétique** [ɛlvetik] schweizerisch, helvetisch
**hématome** [ematom] *m méd* Bluterguss *m*
**hémi|cycle** [emisiklə] *m* Halbrund *n* (*e-s Saals*); **~sphère** [-sfɛr] *m* (Erd-) Halbkugel *f*, Hemisphäre *f*
**hémophilie** [emɔfili] *f méd* Bluterkrankheit *f*
**hémorragie** [emɔraʒi] *f* Blutung *f*; ***~ nasale*** Nasenbluten *n*
**'henn|ir** [ɛnir] (*2a*) wiehern; **~issement** [-ismɑ̃] *m* Gewieher *n*
**hépati|que** [epatik] Leber…; **~te** *f* Hepatitis *f*, Leberentzündung *f*; ***~ virale*** Gelbsucht *f*
**héraldique** [eraldik] **1.** *adj* Wappen…;

2. *f* Wappenkunde *f*
**herb|e** [ɛrb] *f* Gras *n*; *cuis* Kraut *n*; *méd* Heilkraut *n*; ***mauvaise ~*** Unkraut *n*; **~eux**, **~euse** [-ø, -øz] grasbewachsen; **~icide** [-isid] *m* Unkrautvertilgungsmittel *n*; **~ier** [-je] *m* Herbarium *n*
**herboriste** [ɛrbɔrist] *m*, *f* (Heil-)Kräuterhändler(in) *m(f)*; **~rie** *f* Kräuterhandlung *f*
**'hère** [ɛr] *m* ***pauvre ~*** armer Tropf *m*
**hérédit|aire** [ereditɛr] erblich; **~é** *f* Vererbung *f*; *caractères*, *dispositions*: Erbanlagen *f/pl*
**héré|sie** [erezi] *f* Ketzerei *f*; **~tique** [-tik] **1.** *adj* ketzerisch; **2.** *m*, *f* Ketzer(in) *m(f)*
**'hérissé**, **~e** [erise] gesträubt, hochstehend (*Haare*); *fig* ***~ de*** voll von
**'herisson** [erisõ] *m zo* Igel *m*
**hérit|age** [eritaʒ] *m* Erbe *n*, Erbschaft *f*; **~er** (*1a*) erben; ***~ qc de qn*** etw von j-m erben; ***~ de qc*** etw (*acc*) erben; ***~ de qn*** j-n beerben; **~ier** *m*, **~ière** *f* [-je, -jɛr] Erbe *m*, Erbin *f*
**hermétique** [ɛrmetik] *récipient*: luftdicht; *style*: hermetisch
**hermine** [ɛrmin] *f zo* Hermelin *n*; *fourrure*: Hermelinpelz *m*
**'hernie** [ɛrni] *f méd* (Eingeweide-) Bruch *m*
**héroïn|e**[1] [erɔin] *f drogue*: Heroin *n*; **~omane** [-ɔman] *m*, *f* Fixer(in) *m(f)*
**héro|ïne**[2] [erɔin] *f* Heldin *f*; **~ïque** heroisch; **~ïsme** *m* Heldenmut *m*
**'héron** [erõ] *m zo* Reiher *m*
**'héros** [ero] *m* Held *m*
**'hers|e** [ɛrs] *f agr* Egge *f*; **~er** (*1a*) eggen
**hésit|ation** [ezitasjõ] *f* Zögern *n*, Zaudern *n*, Unschlüssigkeit *f*; **~er** (*1a*) zögern, zaudern (***à*** + *inf* zu), (sich) unschlüssig sein (***sur*** über)
**'Hesse** [ɛs] ***la ~*** Hessen *n*
**hétérogène** [eterɔʒɛn] heterogen
**hétérosexuel**, **~le** [eterɔsɛksɥɛl] heterosexuell
**'hêtre** [ɛtrə] *m bot* Buche *f*
**heure** [œr] *f durée*: Stunde *f*; *point précis*: Uhr(zeit) *f*; ***arriver à l'~*** rechtzeitig ankommen; ***de bonne ~*** früh; ***tout à l'~*** *tout de suite* gleich, sofort; *avant peu* soeben, vorhin; ***à tout à l'~!*** bis nachher!; ***à la bonne ~*** so lass ich mir's gefallen!, recht so!; ***à l'~ actuelle*** gegenwärtig; ***à toute ~*** jederzeit; ***sur l'~*** auf der Stelle; ***quelle ~ est-il?*** wie spät ist es?; ***il est six ~s*** es ist 6 (Uhr); ***il est l'~ de partir*** es ist Zeit abzufahren; ***~s supplémentaires*** Überstunden *f/pl*
**heur|eusement** [œrøzmã] *adv* glücklicherweise; **~eux**, **~euse** [ørø, -øz] glücklich
**'heurt** [œr] *m* Zusammenstoß *m*
**'heurter** [œrte] (*1a*) stoßen gegen; *fig* verletzen; ***se ~*** zusammenstoßen (*a fig*); ***se ~ à*** stoßen auf (*acc*)
**'heurtoir** [œrtwar] *m* Türklopfer *m*
**hexagone** [ɛgzagɔn] *m* **1.** Sechseck *n*; **2.** ***l'*~** *Bezeichnung für Frankreich*
**hiberner** [ibɛrne] (*1a*) Winterschlaf halten
**'hibou** [ibu] *m* (*pl -x*) *zo* Eule *f*
**'hic** [ik] *m* F Hauptschwierigkeit *f*
**'hideu|x**, **~se** [idø, -z] scheußlich
**hier** [jɛr] gestern
**'hiérarchie** [jerarʃi] *f* Hierarchie *f*
**hiéroglyphe** [jerɔglif] *m* Hieroglyphe *f*
**hilarité** [ilarite] *f* Heiterkeit *f*
**hipp|ique** [ipik] Pferde…, Reit…; **~isme** *m* Reitsport *m*
**hippo|drome** [ipɔdrom] *m* Pferderennbahn *f*; **~potame** [-pɔtam] *m zo* Nilpferd *n*
**hirondelle** [irõdɛl] *f zo* Schwalbe *f*
**hirsute** [irsyt] struppig
**'hisser** [ise] (*1a*) hissen; ***se ~*** sich emporziehen
**histoire** [istwar] *f* Geschichte *f*; ***~s*** *pl* Scherereien *f/pl*; ***faire des ~s*** sich zieren
**histor|ien**, **~ienne** [istɔrjɛ̃, -jɛn] *m*, *f* Historiker(in) *m(f)*; **~iette** [-jɛt] *f* Histörchen *n*; **~ique** **1.** *adj* geschichtlich, historisch; **2.** *m* geschichtlicher Überblick *m*
**hiver** [ivɛr] *m* Winter *m*; ***en ~*** im Winter
**hivern|al**, **~ale** [ivɛrnal] (*m/pl -aux*) winterlich; **~ant**, **~ante** [-ã, -ãt] *m*, *f* Winterkurgast *m*
**HLM** [aʃɛlɛm] *m od f abr* ***habitation à loyer modéré*** *etwa*: Sozialwohnung *f*
**'hochement** [ɔʃmã] *m* ***~ de tête*** Kopfschütteln *n*
**'hocher** [ɔʃe] (*1a*) *tête*: schütteln
**'hochet** [ɔʃɛ] *m* Rassel *f*
**'holding** [ɔldiŋ] *m* Holdinggesellschaft *f*
**'hold-up** [ɔldœp] *m* (*pl unv*) Raubüber-

fall *m*
**'hollandais, ~e** [ɔlɑ̃dɛ, -z] **1.** *adj* holländisch; **2.** **≗, ≗e** *m, f* Holländer(in) *m(f)*
**'Hollande** [ɔlɑ̃d] ***la ~*** Holland *n*
**holocauste** [ɔlɔkost] *m* Holocaust *m*
**'homard** [ɔmar] *m zo* Hummer *m*
**homélie** [ɔmeli] *f* Predigt *f*
**homéopath|e** [ɔmeɔpat] *m* Homöopath *m*; **~ie** *f* Homöopathie *f*; **~ique** homöopathisch
**homicide** [ɔmisid] **1.** *m, f meurtrier* Mörder(in) *m(f)*; **2.** *m acte*: Tötung *f*; ***~ involontaire*** fahrlässige Tötung *f*; ***~ volontaire*** vorsätzliche Tötung *f*
**hommage** [ɔmaʒ] *m* Ehrerbietung *f*, Huldigung *f*; ***rendre ~ à qn*** j-m huldigen
**homme** [ɔm] *m* Mensch *m*; *masculin*: Mann *m*; ***~ de lettres*** Literat *m*; ***~ d'affaires*** Geschäftsmann *m*; ***~ de main*** Helfershelfer *m*; *fig* ***~ de paille*** Strohmann *m*; ***~ de la rue*** Mann auf der Straße; **~-grenouille** [-grɛnuj] *m* (*pl hommes-grenouilles*) Froschmann *m*; **~-sandwich** [-sɑ̃dwitʃ] *m* (*pl hommes-sandwich*[*e*]*s*) Plakatträger *m*
**homo|gène** [ɔmɔʒɛn] homogen; **~logue** [-lɔg] **1.** *adj* entsprechend; **2.** *m* (Amts-)Kollege *m*; **~loguer** [-lɔge] (*1m*) *record*: anerkennen; *tarif*: genehmigen; **~nyme** [-nim] **1.** *adj* gleichlautend; **2.** *m* Namensvetter *m*; *ling* Homonym *n*
**homosexuel, ~le** [ɔmɔsɛksɥɛl] **1.** *adj* homosexuell; **2.** *m, f* Homosexuelle(r) *m, f*
**'Honduras** [ɔ̃dyras] ***le ~*** Honduras *n*
**'Hongrie** [ɔ̃gri] ***la ~*** Ungarn *n*
**'hongrois, ~e** [ɔ̃grwa, -z] **1.** *adj* ungarisch; **2.** **≗, ≗e** *m, f* Ungar(in) *m(f)*
**honnête** [ɔnɛt] ehrlich; *convenable* anständig; *passable* angemessen; **~ment** *adv* ehrlich; *passablement* ganz gut; **~té** [-te] Ehrlichkeit *f*
**honneur** [ɔnœr] *m* Ehre *f*; ***en l'~ de*** zu Ehren von; ***faire ~ à qc*** e-r Sache Ehre machen
**honor|abilité** [ɔnɔrabilite] *f* Ehrenhaftigkeit *f*; **~able** ehrenvoll, -haft
**honor|aire** [ɔnɔrɛr] **1.** *adj* Ehren…; **2.** ***~s*** *m/pl* Honorar *n*; **~er** (*1a*) ehren; ***s'~ de qc*** auf etw (*acc*) stolz sein
**honorifique** [ɔnɔrifik] Ehren…
**'hont|e** [ɔ̃t] *f sentiment*: Scham *f*; *opprobre* Schande *f*; ***avoir ~ de*** sich schämen für; ***faire ~ à qn*** j-m Schande machen; **~eux, ~euse** [-ø, -øz] *déshonorant* schändlich; *déconfit* verschämt; *timide* schamhaft
**hôpital** [ɔpital] *m* (*pl -aux*) Krankenhaus *n*
**'hoquet** [ɔkɛ] *m* Schluckauf *m*
**horaire** [ɔrɛr] **1.** *adj* Stunden…; **2.** *m emploi du temps* Zeitplan *m*; *bus, train*: Fahrplan *m*; *avion*: Flugplan *m*; ***~ souple*** Gleitzeit *f*, gleitende Arbeitszeit *f*
**'horde** [ɔrd] *f* Horde *f*
**horizon** [ɔrizɔ̃] *m* Horizont *m*
**horizontal, ~e** [ɔrizɔ̃tal] (*m/pl -aux*) waagerecht, horizontal
**horlog|e** [ɔrlɔʒ] *f* (öffentliche) Uhr *f*; *tour*: Turmuhr *f*; ***~ parlante*** Zeitansage *f*; **~er, ~ère** *m, f* Uhrmacher(in) *m(f)*; **~erie** *f* Uhrenindustrie *f*
**'hormis** [ɔrmi] *st/s prép* außer
**hormon|al, ~ale** [ɔrmɔnal] (*m/pl -aux*) hormonal; **~e** *f biol* Hormon *n*
**horoscope** [ɔrɔskɔp] *m* Horoskop *n*
**horr|eur** [ɔrœr] *f épouvante* Entsetzen *n*; *répugnance* Abscheu *m*; *monstruosité* Entsetzlichkeit *f*; ***avoir ~ de qc*** etw (*acc*) verabscheuen; (***quelle***) ***~!*** wie entsetzlich!; **~ible** entsetzlich, abscheulich, grauenhaft; **~ifié, ~ifiée** [-ifje] entsetzt (***de*** *od* ***par*** über)
**horripilant, ~e** [ɔripilɑ̃, -t] nervenaufreibend
**'hors** [ɔr] *prép* außer; ***~ de*** *à l'extérieur de* außerhalb; *fig* außer; ***~ de danger*** außer Gefahr; ***~ de prix*** unerschwinglich; ***~ du sujet*** nicht zum Thema gehörig; *football*: ***~ jeu*** abseits; ***être ~ de soi*** außer sich sein; **~-bord** [-bɔr] *m* (*pl unv*) Boot *n* mit Außenbordmotor; **~-d'œuvre** [-dœvrə] *m* (*pl unv*) *cuis* Vorspeise *f*; **~-la-loi** *m* (*pl unv*) Gesetzlose(r) *m*, Bandit *m*
**horticulture** [ɔrtikyltyr] *f* Gartenbau *m*
**hospice** [ɔspis] *m rel* Hospiz *n*; *asile* Heim *n*
**hospital|ier, ~ière** [ɔspitalje, -jɛr] gastfreundlich, gastlich; *méd* Krankenhaus…; **~iser** (*1a*) in ein Krankenhaus einliefern; **~ité** *f* Gastfreundschaft *f*, Gastlichkeit *f*
**hostil|e** [ɔstil] feindlich; **~ité** *f opposi-*

*tion* Feindschaft *f*; *acte*: Feindseligkeit *f*
**hôte** [ot] *m maître de maison* Gastgeber *m*; *invité* Gast *m*; ***table f d'~*** Stammtisch *m*
**hôtel** [otɛl] *m* Hotel *n*; Gasthof *m*; **~ (*particulier*)** herrschaftliches Stadthaus *n*; **~ *de ville*** Rathaus *n*; **~-Dieu** [-djø] *m* (*pl hôtels-Dieu*) städtisches Krankenhaus *n*
**hôtel|ier, ~ière** [otəlje, -jɛr] **1.** *adj* Hotel…; **2.** *m*, *f* Hotelbesitzer(in) *m(f)*
**hôtellerie** [otɛlri] *f* Hotelgewerbe *n*
**hôtesse** [otɛs] *f* Gastgeberin *f*; *accueil*: Hostess *f*, Empfangsdame *f*; **~ *de l'air*** Stewardess *f*
**'hotte** [ɔt] *f* **1.** *panier* Tragekorb *m*; **2.** *aération*: Abzugshaube *f*
**'houblon** [ublõ] *m bot* Hopfen *m*
**'houille** [uj] *f* (Stein-)Kohle *f*
**'houle** [ul] *f mar* Dünung *f*
**'houleu|x, ~se** [ulø, -z] *mer*: bewegt; *fig* unruhig, erregt
**'houspiller** [uspije] (*1a*) ausschimpfen, -schelten
**'housse** [us] *f machine à écrire*, *vêtement*: Schonbezug *m*
**'houx** [u] *m bot* Stechpalme *f*
**'hublot** [yblo] *m* Bullauge *n*
**'hu|ée** [ɥe] *f le plus souvent au pl* **~s** Buhrufe *m/pl*, Missfallenskundgebungen *f/pl*; **~er** (*1a*) ausbuhen, auspfeifen
**'huguenot, ~e** [ygno, -ɔt] **1.** *adj* hugenottisch; **2.** *m*, *f* Hugenotte, -in *m*, *f*
**huilage** [ɥilaʒ] *m* Ölen *n*
**huil|e** [ɥil] *f* Öl *n*; **~ *solaire*** Sonnenöl *n*; **~er** (*1a*) ölen, schmieren; **~eux, ~euse** [-ø, -øz] ölig, fettig; **~ier** [-je] *m* Ständer *m* für Öl und Essig
**'huis** [ɥi] *m **à ~ clos*** bei verschlossenen Türen; *jur* unter Ausschluss der Öffentlichkeit
**huissier** [ɥisje] *m* Amtsdiener *m*; *jur* Gerichtsvollzieher *m*
**'huit** [ɥit] acht; **~ *jours*** acht Tage, eine Woche; ***demain en ~*** morgen in acht Tagen
**'huit|aine** [ɥitɛn] *f **une ~ de*** ungefähr acht; ***une ~ (de jours)*** etwa eine Woche; **~ième** [-jɛm] **1.** *adj* achte(r, -s); **2.** *m fraction*: Achtel *n*; **~ *de finale*** Achtelfinale *n*
**huître** [ɥitrə] *f zo* Auster *f*
**humain, ~e** [ymɛ̃, -ɛn] menschlich; *caractère*, *traitement*: human
**human|iser** [ymanize] (*1a*) humaner machen; **~itaire** [-itɛr] humanitär; **~ité** *f les hommes* Menschheit *f*; *qualité*: Menschlichkeit *f*
**humble** [ɛ̃blə, œ̃-] bescheiden
**humecter** [ymɛkte] (*1a*) anfeuchten, befeuchten
**'humer** [yme] (*1a*) tief einatmen
**humeur** [ymœr] *f* Stimmung *f*, Laune *f*; *tempérament* Gemüt(sart) *n(f)*; ***être de bonne, mauvaise ~*** guter, schlechter Laune sein
**humid|e** [ymid] feucht; **~ificateur** [-ifikatœr] *m tech* Luftbefeuchter *m*; **~ité** *f* Feuchtigkeit *f*
**humili|ation** [ymiljasjõ] *f* Demütigung *f*; **~er** (*1a*) demütigen; **~té** [-te] *f* Bescheidenheit *f*, Demut *f*
**humor|iste** [ymɔrist] **1.** *adj* humoristisch; **2.** *m*, *f* Humorist(in) *m(f)*; **~istique** [-istik] humoristisch
**humour** [ymur] *m* Humor *m*
**'hurl|ement** [yrləmɑ̃] *m* Heulen *n*; **~s** *pl* Geschrei *n*, Gebrüll *n*; **~er** (*1a*) *loup*: heulen; *personne*: schreien
**hurluberlu** [yrlybɛrly] *m* Wirrkopf *m*
**'hutte** [yt] *f* Hütte *f*
**hydratant, ~e** [idratɑ̃, -t] *cosmétique*: Feuchtigkeits…
**hydraulique** [idrolik] **1.** *adj* hydraulisch; **2.** *f* Hydraulik *f*
**hydravion** [idravjõ] *m* Wasserflugzeug *n*
**hydro|carbure** [idrɔkarbyr] *m chim* Kohlenwasserstoff *m*; **~gène** [-ʒɛn] *m chim* Wasserstoff *m*; **~glisseur** [-glisœr] *m* Gleitboot *n*; **~thérapie** [-terapi] *f* Wasserheilkunde *f*
**hyène** [jɛn] *f zo* Hyäne *f*
**hygiène** [iʒjɛn] *f* Hygiene *f*; **~ *corporelle*** Körperpflege *f*
**hygiénique** [iʒjenik] hygienisch
**hymne** [imnə] **1.** *m* Hymne *f*; **2.** *f rel* (geistlicher) Lobgesang *m*, Hymnus *m*
**hyper…** [ipɛr] *in Zssgn* Hyper…, hyper…; über…
**hyper|bole** [ipɛrbɔl] *f* Hyperbel *f* (*à math*); **~marché** [-marʃe] *m* großer Supermarkt *m*; **~sensible** [-sɑ̃siblə] überempfindlich; **~tension** [-tɑ̃sjõ] *f méd* erhöhter Blutdruck *m*; **~trophie** [-trɔfi] *f méd* krankhafte Vergröße-

rung *f*
**hypnotiser** [ipnɔtize] (*1a*) hypnotisieren
**hypo|crisie** [ipɔkrizi] *f* Heuchelei *f*, Scheinheiligkeit *f*; **~crite** [-krit] **1.** *adj* scheinheilig; **2.** *m*, *f* Scheinheilige(r) *m*, *f*; **~thèque** [-tɛk] *f comm* Hypothek *f*; **~théquer** [-teke] (*1m*) mit e-r Hypothek belasten; **~thèse** [-tɛz] *f* Hypothese *f*, Annahme *f*; **~thétique** hypothetisch
**hystérique** [isterik] hysterisch

# I

**iceberg** [ajsbɛrg] *m géogr* Eisberg *m*
**ici** [isi] hier; *direction*: hierher; ***jusqu'~*** bis hierher; *jusqu'à maintenant* bis jetzt; ***par ~*** hier entlang; ***d'~ peu*** binnen kurzem; ***d'~ (à) huit jours*** in acht Tagen; ***d'~ (à ce) que*** (+ *subj*) bis
**icône** [ikon] *f* Ikone *f*
**iconographie** [ikɔnɔgrafi] *f* Ikonografie *f*; *images* Illustrationen *f/pl*
**id.** *abr* ***idem*** desgl. (desgleichen)
**idéal**, **~e** [ideal] (*m/pl* -als *od -aux*) **1.** *adj* ideal, vollkommen; **2.** *m* Ideal *n*
**idée** [ide] *f* Idee *f*; *pensée* Gedanke *m*; *opinion* Meinung *f*; ***à mon ~*** für meine Begriffe; ***à l'~ de*** beim Gedanken an (*acc*); ***avoir l'~ de*** (+ *inf*) daran denken zu (+ *inf*); ***avoir dans l'~ que*** sich vorstellen können, dass; ***se faire une ~ de*** sich e-e Vorstellung machen von; ***se faire des ~s*** *réfléchir* sich Gedanken machen; *se tromper* sich etw vormachen
**ident|ifier** [idɑ̃tifje] (*1a*) identifizieren (***qc avec*** *od* ***à qc*** etw mit etw); ***s'~ avec*** *od* ***à qn, qc*** sich mit j-m, etw identifizieren; **~ique** identisch; **~ité** *f personne*: Identität *f*; *goûts*, *opinions*: Übereinstimmung *f*; ***carte*** *f* ***d'~*** Personalausweis *m*
**idéolog|ie** [ideɔlɔʒi] *f* Ideologie *f*; **~ique** ideologisch
**idiot**, **~e** [idjo, -ɔt] **1.** *adj* blödsinnig, idiotisch; **2.** *m*, *f* Idiot(in) *m(f)*; **~ie** [-ɔsi] *f* Idiotie *f*, Dummheit *f*
**idolâtr|e** [idɔlɑtrə] *m*, *f* Götzendiener(in) *m(f)*; **~er** (*1a*) abgöttisch lieben *od* verehren; **~ie** [-i] *f* Götzendienst *m*; *fig* abgöttische Verehrung *f*
**idole** [idɔl] *f* Idol *n*; *rel* Götzenbild *n*
**idylle** [idil] *f* romantische Liebe *f*
**IFOP** *m abr* ***Institut français d'opinion publique*** frz. Institut für Meinungsforschung
**ignare** [iɲar] *péj* **1.** *adj* ungebildet; **2.** *m*, *f* Ignorant(in) *m(f)*
**ignifuge** [iɲifyʒ, ignifyʒ] ***produit*** *m* **~** Feuerschutzmittel *n*
**ignoble** [iɲɔblə] schändlich, gemein
**ignor|ance** [iɲɔrɑ̃s] *f* Unwissenheit *f*; **~ant**, **~ante** [iɲɔrɑ̃, -ɑ̃t] unwissend; **~er** (*1a*) nicht wissen; ***ne pas ~*** sehr wohl wissen
**il** [il] er, es
**île** [il] *f* Insel *f*
**illégal**, **~e** [ilegal] (*m/pl -aux*) illegal
**illégitime** [ileʒitim] *pouvoir*: unrechtmäßig; *enfant*: unehelich
**illettré**, **~e** [iletre] **1.** *adj* ***il est ~*** er ist Analphabet; **2.** *m*, *f* Analphabet(in) *m(f)*
**illicite** [ilisit] verboten
**illimité**, **~e** [ilimite] unbegrenzt
**illisible** [ilizibIə] *indéchiffrable* unleserlich; *mauvaise littérature*: unlesbar
**illuminer** [ilymine] (*1a*) beleuchten; *ciel*: erhellen
**illus|ion** [ilyzjõ] *f* Illusion *f*, Täuschung *f*; **~ionner** [-jɔne] (*1a*) ***s'~ sur*** sich etw vormachen über; **~ionniste** [-jɔnist] *m* Zauberkünstler *m*
**illustration** [ilystrasjõ] *f* Illustration *f*, Abbildung *f*; *explication* Veranschaulichung *f*
**illustr|e** [ilystrə] berühmt; **~er** (*1a*) illustrieren (*a fig*), bebildern; *éclairer* veranschaulichen; ***s'~ par, dans qc*** sich durch etw auszeichnen
**îlot** [ilo] *m* Inselchen *n*; *de maisons*: Häuserblock *m*
**ils** [il] *m/pl* sie
**image** [imaʒ] *f* Bild *n*; *ressemblance*: Ebenbild *n*; *représentation mentale* Vorstellung *f*; ***~ de marque*** Image *n*
**imagin|able** [imaʒinablə] denkbar, vor-

stellbar; **~aire** [-ɛr] eingebildet; **~atif, ~ative** [-atif, -ativ] fantasievoll, erfinderisch

**imagin|ation** [imaʒinasjõ] *f* Einbildung(skraft) *f*, Fantasie *f*; **~er** (*1a*) **(s')~** sich denken, sich vorstellen; *inventer* sich ausdenken; **~ que** (+ *ind od subj*) sich vorstellen (können), dass

**imbattable** [ɛ̃batablə] unschlagbar

**imbécile** [ɛ̃besil] **1.** *adj* dumm, blöd; *méd* schwachsinnig; **2.** *m, f* Dummkopf *m*

**imbécillité** [ɛ̃besilite] *f* Dummheit *f*

**imberbe** [ɛ̃bɛrb] bartlos

**imbiber** [ɛ̃bibe] (*1a*) (durch)tränken (***de qc*** mit etw)

**imbu, ~e** [ɛ̃by] **~(*e*) *de*** *fig* durchdrungen von

**imbuvable** [ɛ̃byvablə] nicht trinkbar; F ungenießbar

**imit|ateur, ~atrice** [imitatœr, -atris] *m, f* Nachahmer(in) *m(f)*; **~ation** *f* Nachahmung *f*, Imitation *f*; **~er** (*1a*) nachahmen

**immaculé, ~e** [imakyle] unbefleckt, rein

**immangeable** [ɛ̃mɑ̃ʒablə] ungenießbar

**immatricul|ation** [imatrikylasjõ] *f* Registrierung *f*, Eintragung *f*; *auto* ***plaque*** *f* ***d'~*** Nummernschild *n*; **~er** (*1a*) eintragen

**immédi|at, ~ate** [imedja, -at] unmittelbar; *sans délai* unverzüglich, sofortig; ***dans l'immédiat*** im Augenblick; **~atement** [-atmɑ̃] *adv aussitôt* sofort; *suivre*: unmittelbar

**immémorial, ~e** [imemɔrjal] (*m/pl* -iaux) uralt

**immense** [imɑ̃s] *vaste* unermesslich; *colossal* ungeheuer

**immer|ger** [imɛrʒe] (*1l*) versenken; **~sion** [-sjõ] *f* Versenken *n*

**immeuble** [imœblə] *m* Gebäude *n*

**immigr|ant, ~ante** [imigrɑ̃, -ɑ̃t] *m, f* Einwanderer *m*, Einwanderin *f*, Immigrant(in) *m(f)*; **~ation** *f* Einwanderung *f*; **~er** (*1a*) einwandern; **~é, ~ée** *m, f* Einwanderer *m*, Einwanderin *f*, Immigrant(in) *m(f)*

**imminent, ~e** [iminɑ̃, -t] unmittelbar bevorstehend; *danger*: drohend

**immiscer** [imise] (*1k*) ***s'~ dans qc*** sich in etw (*acc*) einmischen

**immission** [imisjõ] *f* Immission *f*

**immobil|e** [imɔbil] unbeweglich; **~ier, ~ière** [-je, -jɛr] **1.** *adj* Immobilien…; **2.** *m* Immobilienhandel *m*; **~iser** (*1a*) *compte*: sperren; *capital*: festlegen; *fig* lähmen; ***s'~*** stehen bleiben, liegen bleiben

**immond|e** [imõd] schmutzig; **~ices** [-is] *f/pl* Unrat *m*, Abfall *m*

**immoral, ~e** [imɔral] (*m/pl -aux*) unmoralisch

**immort|aliser** [imɔrtalize] (*1a*) unsterblich machen; **~alité** [-alite] *f* Unsterblichkeit *f*; **~el, ~elle** unsterblich

**immuni|ser** [imynize] (*1a*) immunisieren; **~té** *f jur* Straffreiheit *f*, Immunität *f*; *méd* Immunität *f*

**impact** [ɛ̃pakt] *m* Wirkung *f*, Einfluss *m*

**impair, ~e** [ɛ̃pɛr] *adj* ungerade

**impardonnable** [ɛ̃pardɔnablə] unverzeihlich

**imparfait, ~e** [ɛ̃parfɛ, -t] unvollkommen

**impartial, ~e** [ɛ̃parsjal] (*m/pl -aux*) unparteiisch

**impass|e** [ɛ̃pas] *f* Sackgasse *f* (*a fig*); **~ible** gefasst

**impatience** [ɛ̃pasjɑ̃s] *f* Ungeduld *f*

**impati|ent, ~ente** [ɛ̃pasjɑ̃, -ɑ̃t] ungeduldig; **~enter** [-ɑ̃te] (*1a*) ***s'~*** die Geduld verlieren

**impeccable** [ɛ̃pɛkablə] tadellos, einwandfrei

**impénétrable** [ɛ̃penetrablə] *forêt*: undurchdringlich; *personne*: unzugänglich

**impérati|f, ~ve** [ɛ̃peratif, -v] **1.** *adj* zwingend; **2.** *m gr* Imperativ *m*; *pl* **~s** Erfordernisse *n/pl*

**impératrice** [ɛ̃peratris] *f* Kaiserin *f*

**imperceptible** [ɛ̃pɛrsɛptiblə] unmerklich

**imperfection** [ɛ̃pɛrfɛksjõ] *f* Unvollkommenheit *f*

**impérial, ~e** [ɛ̃perjal] (*m/pl -aux*) kaiserlich; *fig* majestätisch; **~isme** *m* Imperialismus *m*

**impérieu|x, ~se** [ɛ̃perjø, -z] *personne*: gebieterisch; *besoin*: vordringlich

**impérissable** [ɛ̃perisablə] unvergänglich

**imperméable** [ɛ̃pɛrmeablə] **1.** *adj* undurchlässig; *tissu*: wasserdicht; **2.** *m*

Regenmantel *m*
**impersonnel**, **~le** [ɛ̃pɛrsɔnɛl] unpersönlich
**impertin|ence** [ɛ̃pɛrtinɑ̃s] *f* Unverschämtheit *f*; **~ent**, **~ente** [-ɑ̃, -ɑ̃t] unverschämt
**imperturbable** [ɛ̃pɛrtyrbablə] unerschütterlich
**impétu|eux**, **~euse** [ɛ̃petɥø, -øz] *fougueux* feurig; **~osité** [-ɔzite] *f* Ungestüm *n*, Heftigkeit *f*
**impie** [ɛ̃pi] gottlos
**impitoyable** [ɛ̃pitwajablə] mitleids-, schonungslos
**implacable** [ɛ̃plakablə] unerbittlich
**implanter** [ɛ̃plɑ̃te] (*1a*) *fig* einführen; ***s'~*** sich niederlassen, sich ansiedeln
**implicite** [ɛ̃plisit] implizit
**impliquer** [ɛ̃plike] (*1m*) *personne*: mit hineinziehen, verwickeln; *entraîner* mit einbegreifen; *supposer* voraussetzen
**implorer** [ɛ̃plɔre] (*1a*) *personne*: anflehen; *aide*: bitten (***qc*** um etw)
**impoli**, **~e** [ɛ̃pɔli] unhöflich; **~tesse** [-tɛs] *f* Unhöflichkeit *f*
**impondérable** [ɛ̃pɔ̃derablə] *fig* unwägbar
**impopulaire** [ɛ̃pɔpylɛr] unbeliebt, unpopulär
**import|ance** [ɛ̃pɔrtɑ̃s] *f* Wichtigkeit *f*, Bedeutung *f*; **~ant**, **~ante** [-ɑ̃, -ɑ̃t] **1.** *adj* wichtig, bedeutend; *quantitativement*: beträchtlich; **2.** *m* Hauptsache *f*
**import|ateur**, **~atrice** [ɛ̃pɔrtatœr, -atris] **1.** *adj* Einfuhr…, Import…; **2.** *m* Importeur *m*; **~ation** *f* Einfuhr *f*, Import *m*
**importer** [ɛ̃pɔrte] (*1a*) **1.** *v/t* importieren, einführen; **2.** *v/i* wichtig sein (***à*** für); ***il importe de*** (+ *inf*) *od* ***que*** (+ *subj*) es kommt darauf an, zu *od* dass; ***peu importe*** das ist nicht so wichtig; ***n'importe où*** irgendwo(hin), ganz gleich wo(hin); ***n'importe qui*** irgendwer, jeder (beliebige)
**importun**, **~e** [ɛ̃pɔrtɛ̃ *od* ɛ̃pɔrtœ̃, -yn] lästig, aufdringlich; **~er** [-yne] (*1a*) belästigen
**impos|able** [ɛ̃pozablə] steuerpflichtig; **~ant**, **~ante** [-ɑ̃, -ɑ̃t] imponierend; **~er** (*1a*) *obligation*, *travail*: auferlegen; *marchandise*: besteuern; ***en ~ à qn*** j-m imponieren, j-n beeindrucken; ***s'~*** *être commandé* geboten sein; *se faire admettre* sich durchsetzen; **~ition** *f* Besteuerung *f*
**imposs|ibilité** [ɛ̃pɔsibilite] *f* Unmöglichkeit *f*; **~ible** unmöglich
**imposteur** [ɛ̃pɔstœr] *m* Betrüger *m*
**impôt** [ɛ̃po] *m* Steuer *f*; ***~ sur le revenu*** Einkommen(s)steuer *f*; ***déclaration f d'~s*** Steuererklärung *f*
**impotent**, **~e** [ɛ̃pɔtɑ̃, -t] gebrechlich
**impraticable** [ɛ̃pratikablə] *projet*: nicht machbar; *rue*: unbefahrbar
**imprécation** [ɛ̃prekasjõ] *litt f* Verwünschung *f*
**imprécis**, **~e** [ɛ̃presi, -z] ungenau
**imprégner** [ɛ̃preɲe] (*1f*) tränken (***de*** mit)
**impression** [ɛ̃prɛsjõ] *f* Eindruck *m*; *imprimerie*: Druck *m*; **~nant**, **~nante** beeindruckend; **~ner** (*1a*) beeindrucken
**imprévisible** [ɛ̃previziblə] unvorhersehbar
**imprévu**, **~e** [ɛ̃prevy] **1.** *adj* unvorhergesehen; **2.** *m* ***sauf ~*** wenn nichts dazwischenkommt
**imprimante** [ɛ̃primɑ̃t] *f EDV* Drucker *m*; ***~ couleur*** Farbdrucker *m*; ***~ à laser*** Laserdrucker *m*; ***~ matricielle*** Matrixdrucker *m*
**imprim|é** [ɛ̃prime] *m poste*: Drucksache *f*; *formulaire* Vordruck *m*; **~er** (*1a*) drucken; *papier*: bedrucken; *édition*: veröffentlichen; **~erie** *f établissement*: Druckerei *f*; *art*: Buchdruckerkunst *f*, Buchdruck *m*; **~eur** *m* Drucker *m*
**improbable** [ɛ̃prɔbablə] unwahrscheinlich
**improducti|f**, **~ve** [ɛ̃prɔdyktif, -v] *terre*: unergiebig; *travail*: unrentabel
**impromptu**, **~e** [ɛ̃prõpty] improvisiert
**impropre** [ɛ̃prɔprə] unpassend (***à*** für)
**improv|iser** [ɛ̃prɔvize] (*1a*) improvisieren; *discours*: aus dem Stegreif halten; **~iste** ***à l'~*** unvermutet
**imprud|ence** [ɛ̃prydɑ̃s] *f* Unvorsichtigkeit *f*; *jur* Fahrlässigkeit *f*; **~ent**, **~ente** [-ɑ̃, -ɑ̃t] unvorsichtig
**impudence** [ɛ̃pydɑ̃s] *f* Unverschämtheit *f*
**impudique** [ɛ̃pydik] unzüchtig
**impuiss|ance** [ɛ̃pɥisɑ̃s] *f* Machtlosigkeit *f*, Ohnmacht *f*; *anat* Impotenz *f*;

**~ant**, **~ante** [-ɑ̃, -ɑ̃t] machtlos; *anat* impotent
**impulsi|f**, **~ve** [ɛ̃pylsif, -v] impulsiv
**impulsion** [ɛ̃pylsjõ] *f* Anstoß *m*; *fig* Antrieb *m*, Impuls *m*
**impunément** [ɛ̃pynemɑ̃] *adv* ungestraft
**impuni**, **~e** [ɛ̃pyni] ungestraft
**impur**, **~e** [ɛ̃pyr] unrein, unsauber; *impudique* unzüchtig
**imputer** [ɛ̃pyte] (*1a*) **~ *qc à qn*** j-m etw zur Last legen; **~ *qc à qc*** etw e-r Sache zuschreiben; *comm* **~ *qc sur qc*** etw auf etw (*acc*) anrechnen
**inabordable** [inabɔrdablə] *prix*: unerschwinglich
**inacceptable** [inaksɛptablə] unannehmbar
**inaccessible** [inaksesiblə] *forêt*, *personne*: unzugänglich; *objectif*: unerreichbar
**inaccoutumé**, **~e** [inakutyme] *pas habitué* ungewohnt; *inhabituel* ungewöhnlich
**inachevé**, **~e** [inaʃve] unvollendet
**inacti|f**, **~ve** [inaktif, -v] untätig; *remède*: unwirksam
**inadaptation** [inadaptasjõ] *f* mangelnde Anpassung(sfähigkeit) *f*
**inadmissible** [inadmisiblə] unzulässig; inakzeptabel, indiskutabel
**inadvertance** [inadvɛrtɑ̃s] *f* ***par*** **~** aus Versehen
**inaliénable** [inaljenablə] unveräußerlich
**inaltérable** [inalterablə] unveränderlich
**inanimé**, **~e** [inanime] leblos
**inanition** [inanisjõ] *f* Entkräftung *f*
**inaperçu**, **~e** [inapɛrsy] ***passer*** **~(*e*)** unbemerkt bleiben
**inappréciable** [inapresjablə] *aide*, *bonheur*: unschätzbar; *différence*, *nuance*: verschwindend klein
**inapte** [inapt] untauglich (***à*** für)
**inattendu**, **~e** [inatɑ̃dy] unerwartet; *inespéré* unverhofft; *insoupçonné* unvermutet
**inattenti|f**, **~ve** [inatɑ̃tif, -v] unaufmerksam; **~ion** *f* Unaufmerksamkeit *f*
**inaugur|al**, **~ale** [inogyral] (*m/pl -aux*) Eröffnungs…, Einweihungs…; **~ation** *f* Einweihung *f*; **~er** (*1a*) *édifice*: feierlich einweihen; *nouvelle politique*: einführen
**incalculable** [ɛ̃kalkylablə] unberechenbar; *conséquences*: unabsehbar
**incandescence** [ɛ̃kɑ̃desɑ̃s] *f* Weißglut *f*; ***lampe*** *f* ***à*** **~** Glühlampe *f*
**incantation** [ɛ̃kɑ̃tasjõ] *f* Beschwörung *f*
**incap|able** [ɛ̃kapablə] unfähig (***de qc*** zu etw; ***de faire qc*** etw zu tun); **~acité** [-asite] *f* Unfähigkeit *f* (***de*** zu)
**incarcérer** [ɛ̃karsere] (*1f*) einkerkern
**incarner** [ɛ̃karne] (*1a*) verkörpern, darstellen
**incartade** [ɛ̃kartad] *f* Torheit *f*
**incassable** [ɛ̃kasablə] unzerbrechlich
**incendiaire** [ɛ̃sɑ̃djɛr] **1.** *adj* Brand…; *fig* aufrührerisch, Hetz…; **2.** *m*, *f* Brandstifter(in) *m*(*f*)
**incend|ie** [ɛ̃sɑ̃di] *m* Brand *m*; **~ier** [-je] (*1a*) in Brand stecken
**incert|ain**, **~aine** [ɛ̃sɛrtɛ̃, -ɛn] *inconnu* ungewiss; *indéterminé* unbestimmt; *hésitant* unsicher; **~itude** [-ityd] *f* Ungewissheit *f*
**incess|amment** [ɛ̃sesamɑ̃] *adv* unverzüglich; **~ant**, **~ante** [-ɑ̃, -ɑ̃t] unaufhörlich
**inceste** [ɛ̃sɛst] *m* Inzest *m*, Blutschande *f*
**incident** [ɛ̃sidɑ̃] *m* Zwischenfall *m*; **~ *de parcours*** Missgeschick *n*
**incinér|ation** [ɛ̃sinerasjõ] *f* **~ (*des ordures*)** Müllverbrennung *f*; **~er** (*1f*) verbrennen; *cadavre*: einäschern
**incisi|f**, **~ve** [ɛ̃sizif, -v] bissig, schneidend
**inciter** [ɛ̃site] (*1a*) **~ *qn à*** *encourager* j-n anregen zu; *conduire à* j-n veranlassen zu
**inclin|aison** [ɛ̃klinɛzõ] *f* Gefälle *n*, Neigung *f*; **~ation** *f* Neigung *f*, Hang *m* (***pour qc*** zu etw); **~ *de tête*** Kopfnicken *n*; **~er** (*1a*) neigen; *fig* **~ *à*** neigen zu; ***s'~*** sich verbeugen; ***s'~ devant qc*** *céder* sich e-r Sache beugen
**inclure** [ɛ̃klyr] (*4l*) *insérer* beilegen; *contenir* einbeziehen, enthalten
**inclus**, **~e** [ɛ̃kly, -z] beiliegend; *date*: einschließlich; ***ci-inclus*** beiliegend
**incohérent**, **~e** [ɛ̃kɔerɑ̃, -t] unzusammenhängend
**incolore** [ɛ̃kɔlɔr] farblos
**incomber** [ɛ̃kõbe] (*1a*) obliegen (***à qn*** j-m)

**incombustible** [ɛ̃kõbystiblə] un(ver)-brennbar
**incommensurable** [ɛ̃kɔmɑ̃syrablə] maßlos
**incommod|e** [ɛ̃kɔmɔd] unpraktisch; **~er** (*1a*) belästigen
**incomparable** [ɛ̃kõparablə] unvergleichlich
**incompatible** [ɛ̃kõpatiblə] unvereinbar (***avec*** mit)
**incompétent, ~e** [ɛ̃kõpetɑ̃, -ɑ̃t] inkompetent
**incompl|et, ~ète** [ɛ̃kõplɛ, -ɛt] unvollständig
**incompréhensible** [ɛ̃kõpreɑ̃siblə] unbegreiflich, unverständlich
**inconcevable** [ɛ̃kõsvablə] unbegreiflich, unfassbar
**inconciliable** [ɛ̃kõsiljablə] unvereinbar (***avec*** mit)
**inconnu, ~e** [ɛ̃kɔny] **1.** *adj* unbekannt; **2.** *m, f* Fremde(r) *m, f*
**inconsci|ence** [ɛ̃kõsjɑ̃s] *f physique*: Bewusstlosigkeit *f*; **~ent, ~ente 1.** *adj physique*: bewusstlos; *psych* unbewusst; **2.** *m psych* **l'~** das Unbewusste
**inconsidéré, ~e** [ɛ̃kõsidere] unbedacht, unbesonnen
**inconsistant, ~e** [ɛ̃kõsistɑ̃, -ɑ̃t] *fig* unbeständig
**inconsolable** [ɛ̃kõsɔlablə] untröstlich
**inconstant, ~e** [ɛ̃kõstɑ̃, -ɑ̃t] unbeständig
**incontestable** [ɛ̃kõtɛstablə] unbestreitbar, unstrittig
**inconvenant, ~e** [ɛ̃kõvnɑ̃, -t] unschicklich
**inconvénient** [ɛ̃kõvenjɑ̃] *m* Nachteil *m*; **~ *compétitif*** Wettbewerbsnachteil *m*
**inconvertible** [ɛ̃kõvɛrtiblə] *comm* nicht umtauschbar
**incorporer** [ɛ̃kɔrpɔre] (*1a*) *cuis* beimengen; *insérer* eingliedern; *annexer* einverleiben; *mil* einberufen
**incorrect, ~e** [ɛ̃kɔrɛkt] unrichtig, falsch; *comportement*: un-, inkorrekt
**incorrigible** [ɛ̃kɔriʒiblə] unverbesserlich
**incorruptible** [ɛ̃kɔryptiblə] unbestechlich
**incrédule** [ɛ̃kredyl] *sceptique* skeptisch; *incroyant* ungläubig
**incriminer** [ɛ̃krimine] (*1a*) beschuldigen
**incroyable** [ɛ̃krwajablə] unglaublich
**incubation** [ɛ̃kybasjõ] *f* Brüten *n*; *méd* Inkubationszeit *f*
**inculp|ation** [ɛ̃kylpasjõ] *f jur* Anklage *f*; **~er** (*1a*) *jur* anklagen
**inculquer** [ɛ̃kylke] (*1m*) **~ *qc à qn*** j-m etw einschärfen
**inculte** [ɛ̃kylt] *terre*: unbebaut; *barbe*: ungepflegt; *ignorant* ungebildet
**incurable** [ɛ̃kyrablə] unheilbar
**incurie** [ɛ̃kyri] *f* Nachlässigkeit *f*, Schlamperei *f* F
**incursion** [ɛ̃kyrsjõ] *f mil* Einfall *m*; *fig* Abstecher *m*
**Inde** [ɛ̃d] *f* **l'~** Indien *n*
**indécent, ~e** [ɛ̃desɑ̃, -t] unanständig
**indéchiffrable** [ɛ̃deʃifrablə] *message, écriture*: unentzifferbar; *pensées, personne*: rätselhaft
**indécis, ~e** [ɛ̃desi, -z] *indéterminé* unentschieden; *hésitant* unentschlossen; *imprécis* ungenau; **~ion** *f* Unentschlossenheit *f*
**indéfin|i, ~ie** [ɛ̃defini] unbestimmt; **~iment** [-imɑ̃] *adv* unbegrenzt; **~issable** [-isablə] unbestimmbar
**indemne** [ɛ̃dɛmnə] unverletzt
**indemn|iser** [ɛ̃dɛmnize] (*1a*) entschädigen (***qn de qc*** j-n für etw); **~ité** *f dédommagement* Entschädigung *f*; *allocation* Vergütung *f*, Zulage *f*
**indéniable** [ɛ̃denjablə] unleugbar
**indépend|amment** [ɛ̃depɑ̃damɑ̃] *adv* unabhängig; **~ance** [-ɑ̃s] *f* Unabhängigkeit *f*; **~ant, ~ante** [-ɑ̃, -ɑ̃t] unabhängig (***de*** von); *vie, profession*: selbstständig
**indescriptible** [ɛ̃dɛskriptiblə] unbeschreiblich
**indésirable** [ɛ̃dezirablə] unerwünscht
**indéterminé, ~e** [ɛ̃detɛrmine] unbestimmt; *personne*: unschlüssig
**index** [ɛ̃dɛks] *m* **1.** *livre*: Index *m*, Register *n*; **2.** *doigt*: Zeigefinger *m*
**indica|teur, ~trice** [ɛ̃dikatœr, -tris] **1.** *adj* Hinweis…; **2.** *m espion* Spitzel *m*; *tech* Indikator *m*; *chemins de fer*: Kursbuch *n*; **~tif** [-tif] *m gr* Indikativ *m*; *radio*: Erkennungsmelodie *f*; *tél* Vorwahl *f*; **~tion** Angabe *f*; *informations* Auskunft *f*; *signe* Zeichen *n*; *méd* Indikation *f*
**indice** [ɛ̃dis] *m signe* Anzeichen *n*; *jur*

Indiz *n*; **~ *de protection*** Lichtschutzfaktor *m*; **~ *des prix*** Preisindex *m*
**indicible** [ɛ̃disiblə] unsagbar
**indien**, **~ne** [ɛ̃djɛ̃, -ɛn] **1.** *adj Inde*: indisch; *Amérique*: indianisch; **2.** **ℒ**, **ℒne** *m*, *f Inde*: Inder(in) *m(f)*; *Amérique*: Indianer(in) *m(f)*
**indifférlemment** [ɛ̃diferamɑ̃] *adv* unterschiedslos; **~ence** [-ɑ̃s] *f* Gleichgültigkeit *f*; **~ent**, **~ente** [-ɑ̃, -ɑ̃t] gleichgültig
**indigène** [ɛ̃diʒɛn] *m*, *f* Eingeborene(r) *m*, *f*
**indigent**, **~e** [ɛ̃diʒɑ̃, -t] bedürftig
**indigeste** [ɛ̃diʒɛst] schwer verdaulich, unverdaulich
**indigestion** [ɛ̃diʒɛstjõ] *f méd* Magenverstimmung *f*
**indignation** [ɛ̃diɲasjõ] *f* Entrüstung *f*, Empörung *f*
**indign|e** [ɛ̃diɲ] unwürdig (***de qn, de qc*** j-s, e-r Sache *gén*); **~er** (*1a*) empören; ***s'~ de qc, contre qn*** sich über etw, über j-n entrüsten, empören
**indiqu|é**, **~ée** [ɛ̃dike] *adéquat* angemessen; ***ce n'est pas indiqué*** das ist nicht ratsam; **~er** (*1m*) zeigen; *prix*: angeben; *pendule*: anzeigen; *recommander* empfehlen
**indiscr|et**, **~ète** [ɛ̃diskrɛ, -ɛt] indiskret
**indiscutable** [ɛ̃diskytablə] unbestreitbar
**indispensable** [ɛ̃dispɑ̃sablə] unentbehrlich, unerlässlich
**indisponible** [ɛ̃dispɔniblə] *personne*: unabkömmlich; *chose*: nicht verfügbar
**indispos|é**, **~ée** [ɛ̃dispoze] unpässlich; **~er** (*1a*) *rendre malade* nicht bekommen (***qn*** j-m); *fâcher* verstimmen, verärgern
**indissoluble** [ɛ̃disɔlyblə] un(auf)löslich
**indistinct**, **~e** [ɛ̃distɛ̃(kt), -ɛ̃kt] undeutlich, ungenau
**individu** [ɛ̃dividy] *m* Individuum *n* (*a péj*)
**individuel**, **~le** [ɛ̃dividɥɛl] *propre* individuell; *personnel* persönlich; *isolé* einzeln
**Indochine** [ɛ̃dɔʃin] *hist f* ***l'~*** Indochina *n*
**indocile** [ɛ̃dɔsil] unfolgsam
**indolent**, **~e** [ɛ̃dɔlɑ̃, -t] *paresseux* träge; *nonchalant* lässig
**indolore** [ɛ̃dɔlɔr] schmerzlos
**Indonésie** [ɛ̃dɔnezi] *f* ***l'~*** Indonesien *n*
**indu**, **~e** [ɛ̃dy] ***à une heure ~e*** zu unpassender Zeit
**indubitable** [ɛ̃dybitablə] unzweifelhaft
**induire** [ɛ̃dɥir] (*4c*) **~ *qn en erreur*** j-n irreführen
**indulg|ence** [ɛ̃dylʒɑ̃s] *f* Nachsicht *f*; **~ent**, **~ente** [-ɑ̃, -ɑ̃t] nachsichtig
**indûment** [ɛ̃dymɑ̃] *adv* unberechtigt
**industrialiser** [ɛ̃dystrijalize] (*1a*) industrialisieren
**industr|ie** [ɛ̃dystri] *f* Industrie *f*; **~ *d'avenir*** Zukunftsindustrie *f*; **~ *lourde*** Schwerindustrie *f*; **~ *automobile*** Automobilindustrie *f*; **~iel**, **~ielle** [-ijɛl] **1.** *adj* industriell, Industrie…; **2.** *m* Industrielle(r) *m*
**inébranlable** [inebrɑ̃lablə] unerschütterlich
**inédit**, **~e** [inedi, -t] *pas édité* unveröffentlicht; *nouveau* ganz neu
**ineffable** [inefablə] unaussprechlich
**inefficace** [inefikas] unwirksam
**inégal**, **~e** [inegal] (*m/pl -aux*) ungleich; *surface*: uneben; *rythme*: ungleichmäßig; **~é**, **~ée** unübertroffen; **~ité** *f* Ungleichheit *f*; *surface*: Unebenheit *f*
**inéluctable** [inelyktablə] unabwendbar, unvermeidlich
**inepte** [inɛpt] dumm, albern
**ineptie** [inɛpsi] *f* Dummheit *f*; **~s** *pl* dummes Zeug *n*, Unsinn *m*
**inépuisable** [inepɥizablə] unerschöpflich
**inerte** [inɛrt] regungslos; *phys* träge
**inertie** [inɛrsi] *f* Trägheit *f* (*a phys*), Untätigkeit *f*
**inespéré**, **~e** [inɛspere] unverhofft
**inestimable** [inɛstimablə] unschätzbar
**inévitable** [inevitablə] unvermeidlich
**inexact**, **~e** [inɛgza(kt), -akt] ungenau; *non ponctuel* unpünktlich
**inexcusable** [inɛkskyzablə] unentschuldbar, unverzeihlich
**inexorable** [inɛgzɔrablə] unerbittlich
**inexpérimenté**, **~e** [inɛksperimɑ̃te] unerfahren
**inexplicable** [inɛksplikablə] unerklärlich
**inextricable** [inɛkstrikablə] unentwirrbar (*a fig*)

**infaillible** [ɛ̃fajiblə] unfehlbar
**infâme** [ɛ̃fɑm] niederträchtig, infam; *odeur*: übel
**infantile** [ɛ̃fɑ̃til] Kinder…; *péj* kindisch, infantil; ***maladie** f **infantile*** Kinderkrankheit *f*
**infarctus** [ɛ̃farktys] *m méd* ***~ du myocarde*** Herzinfarkt *m*
**infatigable** [ɛ̃fatigablə] unermüdlich
**infatué**, **~e** [ɛ̃fatɥe] ***être ~(e) de sa personne*** sehr von sich eingenommen sein
**infect**, **~e** [ɛ̃fɛkt] ekelhaft; **~er** (*1a*) *méd* anstecken, infizieren; *air, eau*: verpesten; ***s'~*** sich entzünden
**infection** [ɛ̃fɛksjõ] *f méd* Ansteckung *f*, Infektion *f*
**inférieur**, **~e** [ɛ̃ferjœr] **1.** *adj* untere(r, -s), Unter…; *qualité*: minderwertig; *nombre*: geringer; **2.** *m, f* Untergebene(r) *m, f*
**infériorité** [ɛ̃ferjɔrite] *f* Unterlegenheit *f*; ***sentiment** m **d'~*** Minderwertigkeitsgefühl *n*
**infernal**, **~e** [ɛ̃fɛrnal] (*m/pl -aux*) höllisch
**infester** [ɛ̃fɛste] (*1a*) *ravager* heimsuchen; *insectes, plantes*: befallen
**infid|èle** [ɛ̃fidɛl] untreu; *rel* ungläubig; **~élité** [-elite] *f* Untreue *f*
**infiltrer** [ɛ̃filtre] (*1a*) ***s'~*** eindringen; *fig* sich einschleichen
**infime** [ɛ̃fim] winzig (klein)
**infini**, **~e** [ɛ̃fini] unendlich; **~ment** unendlich; *beaucoup* sehr viel, ungeheuer
**infinité** [ɛ̃finite] *f* Unendlichkeit *f*; *grande quantité* Unmenge *f*
**infirm|e** [ɛ̃firm] **1.** *adj* behindert; **2.** *m, f* Behinderte(r) *m, f*; **~er** (*1a*) *fig* entkräften; **~erie** [-əri] *f* Krankenabteilung *f*; **~ier**, **~ière** *m, f* [-je, -jɛr] Krankenpfleger *m*, -schwester *f*; **~ité** *f* Behinderung *f*
**inflamma|ble** [ɛ̃flamablə] entzündbar; **~tion** *f méd* Entzündung *f*
**inflation** [ɛ̃flasjõ] *f* Inflation *f*
**infléchir** [ɛ̃fleʃir] (*2a*) biegen; *fig* ändern
**inflexion** [ɛ̃flɛksjõ] *f* Biegung *f*
**infliger** [ɛ̃fliʒe] (*1l*) *peine*: auferlegen, verhängen; *insulte*: zufügen
**influ|encable** [ɛ̃flyɑ̃sablə] beeinflussbar; **~ence** [-ɑ̃s] *f* Einfluss *m*; **~encer** [-ɑ̃se] (*1k*) beeinflussen; **~ent**, **~ente** [-ɑ̃, -ɑ̃t] einflussreich
**informaticien**, **~ne** [ɛ̃fɔrmatisjɛ̃, -ɛn] *m, f* Informatiker(in) *m(f)*
**information** [ɛ̃fɔrmasjõ] *f* Information *f*; *renseignement* Auskunft *f*; *presse*: Nachricht *f*; *jur* Ermittlungen *f/pl*; ***traitement** m **de l'~*** Datenverarbeitung *f*
**informatique** [ɛ̃fɔrmatik] *f* Datenverarbeitung *f*; *science*: Informatik *f*
**informe** [ɛ̃fɔrm] formlos
**informer** [ɛ̃fɔrme] (*1a*) ***~ qn de qc*** j-n von etw benachrichtigen, in Kenntnis setzen, j-n über etw informieren, unterrichten; *jur* ***~ contre qn*** gegen j-n Ermittlungen durchführen; ***s'~*** sich erkundigen (***de qc auprès de qn*** nach etw bei j-m)
**infraction** [ɛ̃fraksjõ] *f* Verstoß *m*; ***~ au code de la route*** Verkehrsdelikt *n*
**infranchissable** [ɛ̃frɑ̃ʃisablə] unüberwindlich
**infrarouge** [ɛ̃fraruʒ] infrarot
**infrastructure** [ɛ̃frastryktyr] *f écon* Infrastruktur *f*; *construction*: Unterbau *m*
**infroissable** [ɛ̃frwasablə] knitterfrei
**infructueu|x**, **~se** [ɛ̃fryktɥø, -z] erfolglos, vergeblich
**infuser** [ɛ̃fyze] (*1a*) *dans liquide*: ***faire ~*** ziehen lassen
**infusion** [ɛ̃fyzjõ] *f* (Kräuter-)Tee *m*
**ingéni|erie** [ɛ̃ʒenjəri] *f* Projektplanung *f*, Engineering *n*; ***~ génétique*** Gentechnik *f*, Gentechnologie *f*; **~eur** [-œr] *m* Ingenieur *m*; **~eux**, **~euse** [-ø, -øz] *personne*: erfinderisch, einfallsreich; *système*: gut ausgedacht; **~osité** [-ozite] *f* Erfindungsgabe *f*, Einfallsreichtum *m*
**ingénu**, **~e** [ɛ̃ʒeny] naiv
**ingér|ence** [ɛ̃ʒerɑ̃s] *f* Einmischung *f*; **~er** (*1f*) *médicament*: einnehmen; ***s'~*** sich einmischen (***dans*** in *acc*)
**ingrat**, **~e** [ɛ̃gra, -at] undankbar
**ingrédient** [ɛ̃gredjɑ̃] *m cuis* Zutat *f*; *phm* Bestandteil *m*
**inguérissable** [ɛ̃gerisablə] unheilbar
**ingurgiter** [ɛ̃gyrʒite] (*1a*) gierig verschlingen
**inhabitable** [inabitablə] unbewohnbar
**inhabituel**, **~le** [inabitɥɛl] ungewöhnlich

**inhaler** [inale] (*1a*) einatmen, inhalieren
**inhérent**, **~e** [inerɑ̃, -ɑ̃t] innewohnend, anhaftend (***à qc*** e-r Sache)
**inhibition** [inibisjõ] *f psych* Hemmung *f*, Gehemmtheit *f*
**inhumain**, **~e** [inymɛ̃, -ɛn] unmenschlich
**inhumer** [inyme] (*1a*) bestatten
**inimitable** [inimitablə] unnachahmlich
**inimitié** [inimitje] *f* Feindschaft *f*
**ininflammable** [inɛ̃flamablə] unentzündbar
**inintelligible** [ɛ̃teliʒiblə] unverständlich
**iniquité** [inikite] *f* Ungerechtigkeit *f*
**initial**, **~e** [inisjal] (*m/pl -aux*) Anfangs…
**initia|teur**, **~trice** [inisjatœr, -tris] *m*, *f* Initiator(in) *m(f)*; **~tive** [-tiv] *f* Initiative *f*; ***syndicat*** *m* ***d'~*** Fremdenverkehrsamt *n*; ***prendre l'~*** die Initiative ergreifen
**initier** [inisje] (*1a*) *instruire* einweihen; ***s'~ à qc*** sich mit etw vertraut machen
**injecter** [ɛ̃ʒɛkte] (*1a*) einspritzen
**injection** [ɛ̃ʒɛksjõ] *f* Einspritzung *f*, Injektion *f*
**injonction** [ɛ̃ʒõksjõ] *f* (ausdrücklicher) Befehl *m*
**injur|e** [ɛ̃ʒyr] *f* Beleidigung *f*; *gros mot* Schimpfwort *n*; **~ier** [-je] (*1a*) beschimpfen; **~ieux**, **~ieuse** [-jø, -jøz] beleidigend
**injust|e** [ɛ̃ʒyst] ungerecht; **~ice** [-is] *f* Ungerechtigkeit *f*, Unrecht *n*
**inlassable** [ɛ̃lasablə] unermüdlich
**inné**, **~e** [in(n)e] angeboren
**innoc|ence** [inɔsɑ̃s] *f* Unschuld *f*; **~ent**, **~ente** [-ɑ̃, -ɑ̃t] unschuldig; *naïf* naiv; **~enter** (*1a*) **~ *qn*** j-s Unschuld beweisen
**innombrable** [inõbrablə] unzählig
**innovation** [inɔvasjõ] *f* Neuerung *f*
**inoccupé**, **~e** [inɔkype] *personne*: untätig; *maison*: unbewohnt, leer
**inoculer** [inɔkyle] (*1a*) einimpfen
**inodore** [inɔdɔr] geruchlos
**inoffensi|f**, **~ve** [inɔfɑ̃sif, -v] harmlos
**inond|ation** [inõdasjõ] *f* Überschwemmung *f*; **~er** (*1a*) überschwemmen
**inopérant**, **~e** [inɔperɑ̃, -t] wirkungslos
**inopiné**, **~e** [inɔpine] unerwartet
**inopportun**, **~e** [inɔpɔrtœ̃, -yn] ungelegen
**inoubliable** [inublijablə] unvergesslich
**inouï**, **~e** [inwi] unglaublich, unerhört
**inoxydable** [inɔksidablə] rostfrei
**inqui|et**, **~ète** [ɛ̃kjɛ, -ɛt] unruhig
**inquiét|er** [ɛ̃kjete] (*1f*) beunruhigen; ***s'~*** sich sorgen (***de*** um); **~ude** [-yd] *f* Unruhe *f*, Besorgnis *f*
**insalubre** [ɛ̃salybrə] ungesund
**insatiable** [ɛ̃sasjablə] unersättlich
**inscription** [ɛ̃skripsjõ] *f* Einschreibung *f*; *pierre*: In-, Aufschrift *f*; *université*: Immatrikulation *f*
**inscrire** [ɛ̃skrir] (*4f*) *dans registre*: eintragen; *à examen*: anmelden; ***s'~*** sich einschreiben; *à examen*: sich anmelden; *université*: sich immatrikulieren
**insect|e** [ɛ̃sɛkt] *m* Insekt *n*; **~icide** [-isid] *m* Insektenvertilgungsmittel *n*
**INSEE** *m abr* ***Institut national de la statistique et des études économiques*** Staatliches Institut für Statistik und Wirtschaftsforschung
**insémination** [ɛ̃seminasjõ] *f* Befruchtung *f*
**insensé**, **~e** [ɛ̃sɑ̃se] unsinnig
**insens|ibiliser** [ɛ̃sɑ̃sibilize] (*1a*) betäuben; **~ible** *anat* empfindungslos; *personne*: gefühllos; *imperceptible* unmerklich
**inséparable** [ɛ̃separablə] untrennbar (***de qc*** mit etw verbunden); *personnes*: unzertrennlich
**insérer** [ɛ̃sere] (*1f*) einfügen, -setzen; *annonce*: aufgeben; ***s'~ dans*** in Zusammenhang stehen mit
**insertion** [ɛ̃sɛrsjõ] *f* Einfügung *f*
**insidieu|x**, **~se** [ɛ̃sidjø, -z] hinterhältig, heimtückisch
**insigne** [ɛ̃siɲ] *m* Abzeichen *n*
**insignifiant**, **~e** [ɛ̃siɲifjɑ̃, -t] unbedeutend
**insinuer** [ɛ̃sinɥe] (*1n*) zu verstehen geben; ***s'~*** (unbemerkt) eindringen
**insipide** [ɛ̃sipid] geschmacklos, fade
**insist|ance** [ɛ̃sistɑ̃s] *f* Beharrlichkeit *f*; **~er** (*1a*) bestehen, beharren (***sur qc*** auf etw *dat*); **~ *pour*** (+ *inf*) darauf bestehen *od* beharren zu (+ *inf*); **~ *sur qc*** *souligner* Nachdruck auf etw (*acc*) legen
**insolation** [ɛ̃sɔlasjõ] *f* Sonnenstich *m*
**insol|ence** [ɛ̃sɔlɑ̃s] *f* Frechheit *f*, Unverschämtheit *f*; **~ent**, **~ente** [-ɑ̃, -ɑ̃t]

frech, unverschämt
**insolite** [ɛ̃sɔlit] ungewöhnlich
**insoluble** [ɛ̃sɔlyblə] *substance*: unlöslich; *problème*: unlösbar
**insolvable** [ɛ̃sɔlvablə] zahlungsunfähig, insolvent
**insomnie** [ɛ̃sɔmni] *f* Schlaflosigkeit *f*
**insouciant, ~e** [ɛ̃susjɑ̃, -t] sorglos, unbekümmert
**insoutenable** [ɛ̃sutnablə] *inadmissible* unhaltbar; *insupportable* nicht auszuhalten, unerträglich
**inspec|ter** [ɛ̃spɛkte] (*1a*) kontrollieren; *personnes*: beaufsichtigen; **~teur, ~trice** *m, f* Aufsichtsbeamte(r) *m*, -beamtin *f*; *assurances*: Inspektor(in) *m(f)*; **~ (*de l'enseignement primaire*)** Schulrat *m*, -rätin *f*
**inspection** [ɛ̃spɛksjõ] *f* Inspektion *f*, Aufsicht *f*
**inspir|ation** [ɛ̃spirasjõ] *f fig* Eingebung *f*, Inspiration *f*; **~er** (*1a*) *v/i* einatmen; *v/t* inspirieren, anregen
**instable** [ɛ̃stablə] unbeständig
**install|ation** [ɛ̃stalasjõ] *f fonctionnaire*: Amtseinführung *f*; *él, tél* Anschluss *m*; **~s** Anlage *f*, Einrichtung *f*; **~er** (*1a*) installieren, einbauen; *appartement*: einrichten; *loger* unterbringen; *él, tél* anschließen; *EDV* installieren; ***s'~*** *s'établir* sich niederlassen; ***s'~ chez qn*** bei j-m wohnen
**instamment** [ɛ̃stamɑ̃] *adv* inständig
**instance** [ɛ̃stɑ̃s] *f* dringende Bitte *f*; *jur procédure* Verfahren *n*; *hiérarchie*: Instanz *f*; ***sur les ~s de qn*** auf j-s Drängen
**instant** [ɛ̃stɑ̃] *m* Augenblick *m*; ***à l'~*** soeben; ***en un ~*** im Nu; ***par ~s*** zeitweise; ***à l'~ où*** in dem Moment, als
**instantané, ~e** [ɛ̃stɑ̃tane] **1.** *adj* augenblicklich; **2.** *m photographie*: Momentaufnahme *f*; **~ment** *adv* sofort
**instaur|ation** [ɛ̃stɔrasjõ] *f* Einführung *f*; **~er** (*1a*) einführen
**instiga|teur, ~trice** [ɛ̃stigatœr, -tris] *m, f* Anstifter(in) *m(f)*; **~tion** *f* ***à l'~ de*** auf Betreiben von
**instinct** [ɛ̃stɛ̃] *m* Instinkt *m*, Trieb *m*; **~if, ~ive** [-if, -iv] instinktiv
**instituer** [ɛ̃stitɥe] (*1n*) einführen
**institut** [ɛ̃stity] *m* (Forschungs-)Institut *n*; ***~ de beauté*** Schönheitssalon *m*; ***℞ Monétaire Européen*** Europäisches Währungsinstitut *n*
**institu|teur, ~trice** [ɛ̃stitytœr, -tris] *m, f* (Volksschul-)Lehrer(in) *m(f)*
**institution** [ɛ̃stitysjõ] *f* **1. *~s*** *pl* Einrichtungen *f/pl*, Institutionen *f/pl*; **2.** *école* (private) Erziehungs- *od* Lehranstalt *f*
**instruct|eur** [ɛ̃stryktœr] *m mil* Ausbilder *m*; **~if, ~ive** [-if, -iv] instruktiv, lehrreich
**instruction** [ɛ̃stryksjõ] *f formation* Ausbildung *f*, Unterricht *m*; *connaissances* Wissen *n*, Kenntnisse *f/pl*; *directive* Vorschrift *f*; *jur* Untersuchung *f*; *EDV* Befehl *m*; ***~s*** *pl mode d'emploi* Gebrauchsanweisung *f*
**instruire** [ɛ̃strɥir] (*4c*) unterrichten; *jur* ermitteln; ***~ qn de qc*** j-n über etw informieren
**instrument** [ɛ̃strymɑ̃] *m* Instrument *n*
**insu** [ɛ̃sy] ***à l'~ de*** ohne Wissen (*gén*); ***à mon ~*** ohne mein Wissen
**insubmersible** [ɛ̃sybmɛrsiblə] unsinkbar
**insubordination** [ɛ̃sybɔrdinasjõ] *f* Ungehorsam *m* (*a mil*)
**insuccès** [ɛ̃syksɛ] *m* Misserfolg *m*
**insuffis|ant, ~ante** [ɛ̃syfizɑ̃, -ɑ̃t] *quantité*: ungenügend; *qualité*: unzulänglich
**insuffler** [ɛ̃syfle] (*1a*) einblasen
**insulaire** [ɛ̃sylɛr] **1.** *adj* Insel…; **2.** *m, f* Inselbewohner(in) *m(f)*
**insuline** [ɛ̃sylin] *f* Insulin *n*
**insult|e** [ɛ̃sylt] *f* Beleidigung *f*; **~er** (*1a*) beleidigen, beschimpfen
**insupportable** [ɛ̃sypɔrtablə] unerträglich
**insurger** [ɛ̃syrʒe] (*1l*) ***s'~ contre*** sich erheben gegen
**insurmontable** [ɛ̃syrmõtablə] unüberwindlich
**insurrection** [ɛ̃syrɛksjõ] *f* Aufstand *m*
**intact, ~e** [ɛ̃takt] intakt, unversehrt
**intarissable** [ɛ̃tarisablə] nie versiegend, unerschöpflich
**intégral, ~e** [ɛ̃tegral] (*m/pl -aux*) vollständig
**intégrant, ~e** [ɛ̃tegrɑ̃, -t] ***partie*** *f* ***intégrante*** wesentlicher Bestandteil *m*
**intègre** [ɛ̃tɛgrə] unbescholten, rechtschaffen
**intégrer** [ɛ̃tegre] (*1a*) integrieren, eingliedern

**intégr|isme** [ɛ̃tegrismə] *m* Fundamentalismus *m*; **~iste 1.** *adj* fundamentalistisch; **2.** *m, f* Fundamentalist(in) *m(f)*
**intégrité** [ɛ̃tegrite] *f* Rechtschaffenheit *f*
**intellectuel**, **~le** [ɛ̃telɛktɥɛl] **1.** *adj* intellektuell; **2.** *m, f* Intellektuelle(r) *m, f*
**intellig|ence** [ɛ̃teliʒɑ̃s] *f* Intelligenz *f*; *complicité* Verständnis *n*; **~ent**, **~ente** [-ɑ̃, -ɑ̃t] intelligent; **~ible** verständlich
**intempér|ance** [ɛ̃tɑ̃perɑ̃s] *f* Unmäßigkeit *f*; **~ies** [-i] *f/pl* Witterungsunbilden *pl*
**intempesti|f**, **~ve** [ɛ̃tɑ̃pɛstif, -v] unangebracht
**intenable** [ɛ̃t(ə)nablə] unhaltbar; *intolérable* unerträglich
**intend|ance** [ɛ̃tɑ̃dɑ̃s] *f* Verwaltung *f*; **~ant**, **~ante** [-ɑ̃, -ɑ̃t] *m, f* Verwalter(in) *m(f)*
**intense** [ɛ̃tɑ̃s] intensiv, stark
**intensi|f**, **~ve** [ɛ̃tɑ̃sif, -v] intensiv; **~té** *f* Intensität *f*, Stärke *f*
**intenter** [ɛ̃tɑ̃te] (*1a*) *procès*: anstrengen
**intention** [ɛ̃tɑ̃sjõ] *f* Absicht *f*; **~né**, **~née** ***bien*** **~(*e*)** wohlgesinnt; ***mal*** **~(*e*)** nicht wohlgesinnt
**intentionnel**, **~le** [ɛ̃tɑ̃sjɔnɛl] absichtlich
**inter** [ɛ̃tɛr] *m* **1.** *abr* ***intérieur*** *sports*: Halbstürmer *m*; **2.** *abr* ***interurbain*** *tél* Fernmeldedienst *m*
**interacti|f**, **~ve** [ɛ̃tɛraktif, -v] interaktiv
**intercaler** [ɛ̃tɛrkale] (*1a*) einschieben
**intercéder** [ɛ̃tɛrsede] (*1f*) **~ *pour qn*** sich für j-n verwenden
**intercepter** [ɛ̃tɛrsɛpte] (*1a*) abfangen; *lettre*: unterschlagen
**interchangeable** [ɛ̃tɛrʃɑ̃ʒablə] austauschbar, auswechselbar
**interdépendance** [ɛ̃tɛrdepɑ̃dɑ̃s] *f* gegenseitige Abhängigkeit *f*
**inter|diction** [ɛ̃tɛrdiksjõ] *f* Verbot *n*; **~dire** [-dir] (*4m*) untersagen, verbieten (***à qn de faire qc*** j-m, etw zu tun); *jur* entmündigen; **~dit**, **~dite** [-di, -dit] verboten; *très étonné* verblüfft, sprachlos; *jur* entmündigt
**intéress|ant**, **~ante** [ɛ̃terɛsɑ̃, -ɑ̃t] interessant; **~é**, **~ée** interessiert; *concerné* betroffen; *avide* eigennützig; **~er** (*1b*) interessieren; *concerner* betreffen; *comm* beteiligen; ***s'~ à*** sich interessieren für
**intérêt** [ɛ̃terɛ] *m* Interesse *n*; *égoïsme* Eigennutz *m*; **~s** *pl comm* Zinsen *m/pl*; ***avoir ~ à*** (+ *inf*) besser daran tun zu (+ *inf*)
**interface** [ɛ̃tɛrfas] *f* Schnittstelle *f*; **~ *utilisateur*** Benutzeroberfläche *f*
**interférence** [ɛ̃tɛrferɑ̃s] *f phys* Interferenz *f*, Überlagerung *f* (*a fig*)
**intérieur**, **~e** [ɛ̃terjœr] **1.** *adj* innere(r, -s); *pol* Innen…; **2.** *m* Innere(s) *n*; *mobilier* Innenausstattung *f*; ***à l'intérieur*** (nach) innen; ***à l'~ de*** in (*dat od acc*), innerhalb (+ *gén*); ***marché*** *m* ***intérieur*** Binnenmarkt *m*; ***ministère*** *m* ***de l'*Ⓘ** Innenministerium *n*
**intérim** [ɛ̃terim] *m* Zwischenzeit *f*; *remplacement* Vertretung *f*; **~aire *travail*** *m* **~** Zeitarbeit *f*
**intérioriser** [ɛ̃terjɔrize] (*1a*) verinnerlichen
**interligne** [ɛ̃tɛrliɲ] *m* Zwischenraum *m* (*zwischen zwei Zeilen*)
**interlocu|teur**, **~trice** [ɛ̃tɛrlɔkytœr, -tris] *m, f* Gesprächspartner(in) *m(f)*
**interloquer** [ɛ̃tɛrlɔke] (*1m*) stutzig machen
**interlude** [ɛ̃tɛrlyd] *m* Pausenfüller *m*
**intermédiaire** [ɛ̃tɛrmedjɛr] **1.** *adj* Zwischen…; **2.** *m* Vermittler(in) *m(f)*, Mittelsmann *m*; ***par l'~ de qn*** durch j-s Vermittlung
**interminable** [ɛ̃tɛrminablə] endlos
**intermittence** [ɛ̃tɛrmitɑ̃s] *f* ***par ~*** zeitweilig, unregelmäßig
**internat** [ɛ̃tɛrna] *m* *établissement*: Internat *n*
**international**, **~e** [ɛ̃tɛrnasjɔnal] (*m/pl -aux*) international
**internaute** [ɛ̃tɛrnot] *m, f* (Internet-)Surfer(in) *m(f)*
**intern|e** [ɛ̃tɛrn] **1.** *adj* innerlich; **2.** *m, f* *élève*: Internatsschüler(in) *m(f)*; *médecin*: Assistenzarzt *m*, -ärztin *f*; **~er** (*1a*) internieren
**Internet** [ɛ̃tɛrnɛt] *m* Internet *n*
**interpeller** [ɛ̃tɛrpəle] (*1a orthographe, 1c prononciation*) **~ *qn*** j-m e-e Frage stellen; *péj* j-n anfahren; *police*: j-s Personalien überprüfen
**interphone** [ɛ̃tɛrfɔn] *m* Sprechanlage *f*
**interposer** [ɛ̃tɛrpoze] (*1a*) dazwischenstellen; *jur* ***par personne inter-***

***posée*** durch e-n Mittelsmann
**interprétation** [ɛ̃tɛrpretasjõ] *f* **1.** Interpretation *f*, Deutung *f*; **2.** *théâtre*: Darstellung *f*; **3.** *traduction* Dolmetschen *n*
**inter|prète** [ɛ̃tɛrprɛt] *m*, *f traducteur* Dolmetscher(in) *m(f)*; *porte-parole* Sprecher(in) *m(f)*; **~préter** [-prete] *(1f)* interpretieren, deuten; *rôle*: darstellen
**interroga|tion** [ɛ̃tɛrɔgasjõ] *f* Frage *f*; ***point m d'~*** Fragezeichen *n*; **~toire** [-twar] *m police*: Verhör *n*; *juge*: Vernehmung *f*
**interroger** [ɛ̃tɛrɔʒe] *(1l)* befragen; *police*: verhören; *juge*: vernehmen
**interrompre** [ɛ̃tɛrõprə] *(4a)* unterbrechen
**interrup|teur** [ɛ̃tɛryptœr] *m* Schalter *m*; **~tion** *f* Unterbrechung *f*
**intersection** [ɛ̃tɛrsɛksjõ] *f* Schnittpunkt *m*; *rues*: Kreuzung *f*
**interstice** [ɛ̃tɛrstis] *m* Zwischenraum *m*
**interurb|ain**, **~aine** [ɛ̃tɛryrbɛ̃, -ɛn] Fern…; ***communication*** *f* ***interurbaine*** Ferngespräch *n*
**intervalle** [ɛ̃tɛrval] *m espace*: Zwischenraum *m*; *temps*: Zwischenzeit *f*
**intervenir** [ɛ̃tɛrvənir] *(2h)* einschreiten, -greifen, intervenieren; *médiation*: vermitteln; *se produire* sich ereignen; ***~ en faveur de qn*** sich für j-n verwenden
**intervention** [ɛ̃tɛrvɑ̃sjõ] *f* Eingreifen *n*, Intervention *f*; *méd* Eingriff *m*
**interview** [ɛ̃tɛrvju] *f* Interview *n*; **~er** *(1a)* interviewen
**intestin**, **~e** [ɛ̃tɛstɛ̃, -in] **1.** *adj* innere(r, -s), intern; **2.** *m* Darm *m*; **~al**, **~ale** [-inal] *(m/pl -aux)* Darm…
**intime** [ɛ̃tim] **1.** intim; *familier* vertraut; **2.** *m*, *f* enger Freund *m*, enge Freundin *f*
**intimer** [ɛ̃time] *(1a)* *jur* vorladen; *ordre*: erteilen
**intimider** [ɛ̃timide] *(1a)* einschüchtern
**intimité** [ɛ̃timite] *f* Intimität *f*; *familiarité* Vertrautheit *f*; *vie privée* Privatleben *n*
**intituler** [ɛ̃tityle] *(1a)* betiteln; ***s'~*** den Titel tragen
**intolér|able** [ɛ̃tɔlerablə] unerträglich; **~ance** *f* Intoleranz *f*, Unduldsamkeit *f*; **~ant**, **~ante** [-ɑ̃, -ɑ̃t] intolerant, unduldsam
**intoxication** [ɛ̃tɔksikasjõ] *f* Vergiftung *f*
**intoxiquer** [ɛ̃tɔksike] *(1m)* vergiften (*a fig*)
**Intranet** [ɛ̃tranɛt] *m* Intranet *n*
**intransigeant**, **~e** [ɛ̃trɑ̃ziʒɑ̃, -t] unnachgiebig, kompromisslos
**intransiti|f**, **~ve** [ɛ̃trɑ̃zitif, -v] *gr* intransitiv
**intrépide** [ɛ̃trepid] unerschrocken
**intrigant**, **~e** [ɛ̃trigɑ̃, -t] **1.** *adj* intrigant; **2.** *m*, *f* Intrigant(in) *m(f)*
**intrigu|e** [ɛ̃trig] *f* Intrige *f*, Machenschaft *f*; ***~s pl a*** Umtriebe *m/pl*; **~er** *(1m)* *v/i* intrigieren; *v/t* stutzig machen
**intrinsèque** [ɛ̃trɛ̃sɛk] eigentlich, wahr
**introduction** [ɛ̃trɔdyksjõ] *f* Einführung *f*; *livre*: Einleitung *f*
**introduire** [ɛ̃trɔdɥir] *(4c)* einführen; *visiteur*: hereinführen; ***s'~ dans*** eindringen in (*acc*); *se faire admettre* sich (*dat*) Zutritt verschaffen zu
**introuvable** [ɛ̃truvablə] unauffindbar
**introverti**, **~e** [ɛ̃trɔvɛrti] *m*, *f* Introvertierte(r) *m*, *f*
**intrus**, **~e** [ɛ̃try, -z] *m*, *f* Eindringling *m*; **~ion** [-zjõ] *f* Eindringen *n*
**intuit|if**, **~ive** [ɛ̃tɥitif, -iv] intuitiv; **~ion** *f* Intuition *f*; *pressentiment* Vorahnung *f*
**inusable** [inyzablə] unverwüstlich
**inusité**, **~e** [inyzite] ungebräuchlich
**inutil|e** [inytil] *qui ne sert pas* unnütz, nutzlos; *superflu* unnötig, zwecklos; **~isable** [-izablə] unbrauchbar
**invalid|e** [ɛ̃valid] **1.** *adj* invalide; **2.** *m*,*f* Invalide *m*, Invalidin *f*; ***~ du travail*** Arbeitsunfähige(r) *m*, *f*; **~er** *(1a)* *jur*, *pol* annullieren
**invariable** [ɛ̃varjablə] unveränderlich
**invasion** [ɛ̃vazjõ] *f* Invasion *f*
**invective** [ɛ̃vɛktiv] *f* Beschimpfung *f*
**inventaire** [ɛ̃vɑ̃tɛr] *m* Inventar *n*; *comm opération*: Inventur *f*
**inven|ter** [ɛ̃vɑ̃te] *(1a)* erfinden; **~teur**, **~trice** *m*, *f* Erfinder(in) *m(f)*; **~tif**, **~tive** [-tif, -tiv] erfinderisch
**invention** [ɛ̃vɑ̃sjõ] *f* Erfindung *f*
**invers|e** [ɛ̃vɛrs] **1.** *adj* umgekehrt; **2.** *m* Gegenteil *n*; **~er** *(1a)* umkehren; *él* umpolen
**investigation** [ɛ̃vɛstigasjõ] *f* Nachfor-

schung *f*
**invest|ir** [ɛ̃vɛstir] *(2a)* *à la banque*: anlegen; *dans entreprise*: investieren; **~ *qn d'une fonction*** j-n in ein Amt einsetzen; **~issement** [-ismɑ̃] *m banque*: Anlage *f*; *entreprise*: Investition *f*
**invétéré**, **~e** [ɛ̃vetere] eingefleischt
**invincible** [ɛ̃vɛ̃siblə] *adversaire*, *armée*: unbesiegbar; *obstacle*: unüberwindlich
**inviolable** [ɛ̃vjɔlablə] unverletzlich
**invisible** [ɛ̃viziblə] unsichtbar
**invit|ation** [ɛ̃vitasjõ] *f* Einladung *f*; *exhortation* Aufforderung *f*; **~é**, **~ée** *m*, *f* Gast *m*; **~er** *(1a)* einladen (***qn à qc*** j-n zu etw); auffordern (***à*** + *inf* zu + *inf*)
**invocation** [ɛ̃vɔkasjõ] *f rel* Anrufung *f*
**involontaire** [ɛ̃vɔlõtɛr] *témoin*, *héros*: unfreiwillig; *sentiment*, *mouvement*: unwillkürlich
**invoquer** [ɛ̃vɔke] *(1m)* *prier* anrufen; *texte*, *loi*: sich berufen auf *(acc)*
**invraisemblable** [ɛ̃vrɛsɑ̃blablə] unwahrscheinlich
**invulnérable** [ɛ̃vylnerablə] unverwundbar
**iode** [jɔd] *m chim* Jod *n*
**Irak** [irak] → ***Iraq***
**Iran** [irɑ̃] *m* ***l'~*** (der) Iran; **≗ien**, **≗ienne** **1.** *adj* iranisch; **2.** **~**, ***~ne*** *m*, *f* Iraner(in) *m(f)*
**Iraq** [irak] *m* ***l'~*** Irak *n*, der Irak; **≗ien**, **≗ienne** **1.** *adj* irakisch; **2.** **~**, ***~ne*** *m*, *f* Iraker(in) *m(f)*
**irascible** [irasiblə] jähzornig
**iris** [iris] *m méd* Iris *f*, Regenbogenhaut *f*; *bot* Schwertlilie *f*
**irland|ais**, **~aise** [irlɑ̃dɛ, -ɛz] **1.** *adj* irisch; **2.** **≗**, ***≗e*** *m*, *f* Ire *m*, Irin *f*
**Irlande** [irlɑ̃d] *f* ***l'~*** Irland *n*; ***l'~ du Nord*** Nordirland *n*
**iron|ie** [irɔni] *f* Ironie *f*; **~ique** ironisch; **~iser** *(1a)* ironische Bemerkungen machen
**irradiation** [iradjasjõ] *f méd* Bestrahlung *f*; *lumière*: Strahlung *f*
**irraisonné**, **~e** [irɛzɔne] *geste*: unbewusst; *crainte*, *honte*: unsinnig
**irréalisable** [irealizablə] unausführbar
**irrecevable** [irəsəvablə] unannehmbar
**irréconciliable** [irekõsiljablə] unversöhnlich
**irrécupérable** [irekyperablə] nicht mehr brauchbar; *personne*: nicht mehr zu retten
**irrécusable** [irekyzablə] unanfechtbar
**irréductible** [iredyktiblə] nicht reduzierbar; *ennemi*: unbeugsam
**irréel**, **~le** [ireɛl] irreal, unwirklich
**irréfléchi**, **~e** [irefleʃi] unüberlegt, gedankenlos
**irréfutable** [irefytablə] unwiderlegbar
**irrégul|arité** [iregylarite] *f* Unregelmäßigkeit *f*; *illégalité* Ungesetzlichkeit *f*; **~ier**, **~ière** [-je, -jɛr] unregelmäßig; *illégal* rechtswidrig
**irré|médiable** [iremedjablə] *maladie*: unheilbar; *défaite*, *défaut*: unabänderlich; **~parable** [-parablə] irreparabel; **~prochable** [-prɔʃablə] tadellos, einwandfrei; **~sistible** [-zistiblə] unwiderstehlich
**irrésolu**, **~e** [irezɔly] unentschlossen
**irresponsable** [irɛspõsablə] verantwortungslos; *jur* unzurechnungsfähig
**irré|versible** [ireversiblə] irreversibel; **~vocable** [-vɔkablə] unwiderruflich
**irri|gation** [irigasjõ] *f agr* Bewässerung *f*; **~guer** [-ge] *(1m)* bewässern
**irrit|able** [iritablə] reizbar; **~er** *(1a)* reizen
**irruption** [irypsjõ] *f* Einbruch *m*, Einfall *m*
**islam** [islam] *m rel* Islam *m*; **~ique** [-ik] islamisch; **~isme** [-ismə] *m* Islamismus *m*; **~iste** [-ist] **1.** *adj* islamistisch; **2.** *m* Islamist *m*
**islandais**, **~e** [islɑ̃dɛ, -ɛz] **1.** *adj* isländisch; **2.** **≗**, ***≗e*** *m*, *f* Isländer(in) *m(f)*
**Islande** [islɑ̃d] *f* ***l'~*** Island *n*
**isol|ant**, **~ante** [izɔlɑ̃, -ɑ̃t] **1.** *adj* isolierend; **2.** *m* Isolierstoff *m*; **~ation** *f tech* Isolierung *f*, Dämmung *f*; **~é**, **~ée** isoliert; *maison*: einzeln, abgelegen; *personne*: einsam
**isol|ement** [izɔlmɑ̃] *m endroit*: Abgelegenheit *f*; *personne*: Einsamkeit *f*; *pol* Isolation *f*; **~er** *(1a)* isolieren; **~oir** *m* Wahlkabine *f*
**Israël** [israɛl] *m* Israel *n*
**israélien**, **~ne** [israeljɛ̃, -jɛn] **1.** *adj* israelisch; **2.** **≗**, ***≗ne*** *m*, *f* Israeli *m*, *f*
**issu**, **~e** [isy] **~*(e)* de** *parenté*: abstammend von; *résultat*: entstanden aus
**issue** [isy] *f* Ausgang *m*; *fig* Ausweg *m*; ***à l'~ de*** am Ende von; ***rue*** *f* ***sans ~*** Sackgasse *f*

**Istanbul** [istɑ̃bul] Istanbul *n*
**isthme** [ismə] *m* Landenge *f*
**Italie** [itali] *f* **l'~** Italien *n*
**ital|ien**, **~ienne** [italjɛ̃, -jɛn] **1.** *adj* italienisch; **2.** **♀**, **♀ne** *m*, *f* Italiener(in) *m(f)*; **~ique** *m* Schräg-, Kursivschrift *f*
**itinéraire** [itinerɛr] *m* Route *f*, Strecke *f*
**I.U.T.** *m abr* ***Institut universitaire de technologie*** Fachhochschule *f*
**I.V.G.** *m abr* ***interruption volontaire de grossesse*** Schwangerschaftsabbruch *m*
**ivoire** [ivwar] *m* Elfenbein *n*
**ivr|e** [ivrə] betrunken; *fig* trunken (**de** vor); **~esse** [-ɛs] *f* Trunkenheit *f*, Rausch *m*
**ivrogne** [ivrɔɲ] **1.** *adj* trunksüchtig; **2.** *m*, *f* Trinker(in) *m(f)*

# J

**jacasser** [ʒakase] (*1a*) *pie*: schreien; *personne*: plappern
**jachère** [ʒaʃɛr] *f agr* Brachland *n*; ***en ~*** brach
**jacinthe** [ʒasɛ̃t] *f bot* Hyazinthe *f*
**jadis** [ʒadis] früher, einstmals
**jaillir** [ʒajir] (*2a*) *eau*: hervorsprudeln; *source*: entspringen; *flammes*: emporragen
**jalon** [ʒalõ] *m* Absteckpfahl *m*
**jalousie** [ʒaluzi] *f* **1.** Eifersucht *f*; *envie*: Neid *m*; **2.** *store* Jalousie *f*
**jalou|x**, **~se** [ʒalu, -z] eifersüchtig; *envieux* neidisch
**Jamaïque** [ʒamaik] ***la ~*** Jamaika *n*
**jamais** [ʒamɛ] **1.** *positif*: je(mals); ***à ~*** für immer; **2.** *négatif*: ***ne … ~*** nie(mals)
**jambe** [ʒɑ̃b] *f* Bein *n*
**jambon** [ʒɑ̃bõ] *m* Schinken *m*
**jante** [ʒɑ̃t] *f* (Rad-)Felge *f*
**janvier** [ʒɑ̃vje] *m* Januar *m*
**Japon** [ʒapõ] ***le ~*** Japan *n*
**japonais**, **~e** [ʒapɔnɛ, -z] **1.** *adj* japanisch; **2.** **♀**, **♀e** *m*, *f* Japaner(in) *m(f)*
**japper** [ʒape] (*1a*) kläffen
**jaquette** [ʒakɛt] *f d'homme*: Cut *m*; *de dame*: Kostümjacke *f*
**jardin** [ʒardɛ̃] *m* Garten *m*
**jardin|age** [ʒardinaʒ] *m* Gartenbau *m*, -arbeit *f*; **~ier**, **~ière** [-je, -jɛr] *m*, *f* Gärtner(in) *m(f)*
**jargon** [ʒargõ] *m* Fach-, Berufssprache *f*, Jargon *m*; *péj* Kauderwelsch *n*
**jarret** [ʒarɛ] *m* Kniekehle *f*; *cuis* Haxe *f*
**jars** [ʒar] *m zo* Gänserich *m*
**jas|er** [ʒɑze] (*1a*) schwatzen, klatschen; **~eur**, **~euse** **1.** *adj* schwatzhaft; **2.** *m*, *f* Schwätzer(in) *m(f)*
**jatte** [ʒat] *f* Napf *m*
**jaug|e** [ʒoʒ] *f* Eichmaß *n*; *tech* Lehre *f*; **~er** (*1l*) *mesurer* messen; *fig* abschätzen
**jaunâtre** [ʒonɑtrə] gelblich
**jaun|e** [ʒon] **1.** *adj* gelb; **2.** *m* Gelb *n*; ***~ d'œuf*** Eigelb *n*, Dotter *m od n*; **~ir** (*2a*) *v/i* gelb werden; **~isse** [-is] *f méd* Gelbsucht *f*
**Javel** [ʒavɛl] ***eau*** *f* ***de ~*** Chlorwasser *n*
**javelot** [ʒavlo] *m sports*: Speer *m*
**J.-C.** *abr* ***Jésus-Christ*** Chr. (Christus)
**je** [ʒ(ə)] ich
**jean** [dʒin] *m* Jeans *f/sg od pl*
**je-m'en-foutisme** [ʒmɑ̃futismə] *m* F Gleichgültigkeit *f*
**Jérusalem** [ʒeryzalɛm] Jerusalem *n*
**Jésus-Christ** [ʒezykri] Jesus Christus
**jet** [ʒɛ] *m lancer*: Wurf *m*; *jaillissement* Strahl *m*; *bot* Trieb *m*; ***~ d'eau*** Wasserstrahl *m*; *fontaine* Fontäne
**jetée** [ʒ(ə)te] *f mar* Mole *f*, Hafendamm *m*
**jeter** [ʒ(ə)te] (*1c*) werfen; *se défaire de* wegwerfen; *bot* treiben; ***~ un pont*** e-e Brücke schlagen
**jeton** [ʒ(ə)tõ] *m jeu*: Spielmarke *f*; *téléphone*: Fernsprechmünze *f*
**jeu** [ʒø] *m* (*pl -x*) Spiel *n* (*a tech*); ***mettre en ~*** aufs Spiel setzen; ***être en ~*** auf dem Spiel stehen
**jeudi** [ʒødi] *m* Donnerstag *m*
**jeun** [ʒɛ̃, ʒœ̃] ***à ~*** nüchtern
**jeune** [ʒœn] jung; *adolescent* jugendlich; ***les ~s*** die Jugend *f*, die jungen Leute *pl*
**jeûn|e** [ʒøn] *m* Fasten *n*; **~er** (*1a*) fasten
**jeunesse** [ʒœnɛs] *f* Jugend *f*; *période*: Jugendzeit *f*
**JO** *abr* ***Jeux olympiques*** Olympische

Spiele *pl*; ***Journal officiel*** Amtsblatt *n*
**joaillerie** [ʒɔajri] *f magasin*: Juweliergeschäft *n*; *articles*: Juwelen *pl*, Schmuck *m*
**joaill|ier, ~ière** [ʒɔaje, -jɛr] *m, f* Juwelier *m*, Juwelenhändler(in) *m(f)*
**JOC** *f abr* ***Jeunesse ouvrière chrétienne*** Christliche Arbeiterjugend
**jogging** [dʒɔgiŋ] *m* Jogging *n*; ***faire du ~*** joggen
**joie** [ʒwa] *f* Freude *f*
**joindre** [ʒwɛ̃drə] (*4b*) *relier* aneinanderfügen, aneinanderlegen; *ajouter* hinzufügen; *personne*: erreichen, treffen; *mains*: falten; ***se ~ à qn*** sich j-m anschließen
**joint** [ʒwɛ̃] *m anat* Gelenk *n* (*a tech*); *mur*: (Mauer-)Fuge *f*; *robinet*: Dichtung *f*
**joli, ~e** [ʒɔli] hübsch, nett
**jonc** [ʒɔ̃] *m bot* Binse *f*
**joncher** [ʒɔ̃ʃe] (*1a*) bestreuen, bedecken
**jonction** [ʒɔ̃ksjɔ̃] *f* Verbindung *f* (*a él*); *mil* Vereinigung *f*; *routes*: Kreuzung *f*; *fleuves*: Zusammenfluss *m*
**jongleur** [ʒɔ̃glœr] *m* Jongleur *m*
**jonquille** [ʒɔ̃kij] *f bot* gelbe Narzisse *f*, Osterglocke *f*
**Jordanie** [ʒɔrdani] *f* ***la ~*** Jordanien *n*
**joue** [ʒu] *f* Backe *f*
**jouer** [ʒwe] (*1a*) *v/t* spielen; *argent*: setzen; *réputation*: aufs Spiel setzen; ***~ un tour à qn*** j-m einen Streich spielen; *v/i tech* Spiel haben; *bois*: sich werfen; ***~ aux cartes*** Karten spielen; ***~ d'un instrument*** ein Instrument spielen; ***se ~ de qn*** j-n täuschen
**jou|et** [ʒwɛ] *m* Spielzeug *n*; **~eur, ~euse** *m, f* Spieler(in) *m(f)*
**joufflu, ~e** [ʒufly] pausbäckig
**joug** [ʒu] *m* Joch *n*
**jou|ir** [ʒwir] (*2a*) ***~ de qc*** etw (*acc*) genießen; *posséder* etw (*acc*) haben, besitzen; **~issance** [-isɑ̃s] *f* Genuss *m*; *jur* Nutzung *f*
**joule** [ʒul] *m* Joule *n*
**jour** [ʒur] *m* Tag *m*; *lumière* (Tages-) Licht *n*; *ouverture* Öffnung *f*; ***~ de l'an*** Neujahrstag *m*; ***~ fixe*** *od* ***de référence*** (***de l'introduction de l'euro***) *f* Stichtag *m* (zur Einführung des Euro); ***le ~*** *od* ***de ~*** am Tage, tagsüber; ***un ~*** e-s Tages; ***vivre au ~ le ~*** von der Hand in den Mund leben; ***au grand ~*** am hellen Tage; ***de nos ~s*** heutzutage; ***du ~ au lendemain*** von heute auf morgen, im Handumdrehen; ***l'autre ~*** neulich; ***être à ~*** auf dem Laufenden sein; ***mettre à ~*** auf den neuesten Stand bringen; ***mettre au ~*** ans Licht bringen; *fig* ***se faire ~*** zum Durchbruch kommen; ***par ~*** täglich; ***un ~ ou l'autre*** über kurz oder lang; ***d'un ~ à l'autre*** *od* ***de ~ en ~*** von Tag zu Tag; ***~ pour ~*** auf den Tag genau; ***il fait ~*** es ist hell
**Jourdain** [ʒurdɛ̃] ***le ~*** der Jordan
**journal** [ʒurnal] *m* (*pl -aux*) Zeitung *f*; *intime*: Tagebuch *n*; *TV, radio*: Nachrichten *f/pl*
**journal|ier, ~ière** [ʒurnalje, -jɛr] **1.** *adj* täglich; **2.** *m, f* Tagelöhner(in) *m(f)*
**journal|isme** [ʒurnalism] *m* Journalismus *m*; **~iste** *m, f* Journalist(in) *m(f)*
**journée** [ʒurne] *f* Tag *m*; *de travail*: Arbeitstag *m*
**jovial, ~e** [ʒɔvjal] (*m/pl* -aux *od* -als) fröhlich, heiter; **~ité** *f* Frohsinn *m*, Heiterkeit *f*
**joyau** [ʒwajo] *m* (*pl -x*) Kleinod *n*, Juwel *n*
**joyeu|x, ~se** [ʒwajø, -z] lustig, fröhlich
**jubil|é** [ʒybile] *m* Jubiläum *n*; **~er** (*1a*) jubeln, sich unbändig freuen
**jucher** [ʒyʃe] (*1a*) *v/t* (hoch) hinaufstellen, -legen; *v/i oiseau*: hoch sitzen
**judici|aire** [ʒydisjɛr] gerichtlich; ***police f ~*** Kriminalpolizei *f*; **~eux, ~euse** [-ø, -øz] gescheit, vernünftig
**juge** [ʒyʒ] *m* Richter(in) *m(f)*; ***~ de paix*** Friedensrichter(in) *m(f)*; ***~ d'instruction*** Untersuchungsrichter(in) *m(f)*
**jugement** [ʒyʒmɑ̃] *m* Urteil *n*; *perspicacité* Urteilsvermögen *n*; ***porter un ~ sur qc*** sich über etw äußern; *rel* ***le*** ♀ ***dernier*** das Jüngste Gericht *n*
**juger** [ʒyʒe] (*1l*) *jur* ***~ qn, qc*** über j-n, eine Sache urteilen; *évaluer* beurteilen; ***~ qc, qn intéressant, important,*** *etc* etw, j-n für interessant, wichtig, *etc* halten; ***~ que*** meinen, dass; ***~ bon de faire qc*** es für gut halten, etw zu tun; ***~ de*** entscheiden über, ermessen
**juguler** [ʒygyle] (*1a*) im Keim ersticken
**jui|f, ~ve** [ʒɥif, -v] **1.** *adj* jüdisch; **2.** ♀, ***Juive*** *m, f* Jude *m*, Jüdin *f*
**juillet** [ʒɥijɛ] *m* Juli *m*

**juin** [ʒɥɛ̃] *m* Juni *m*
**jum|eau, ~elle** [ʒymo, -ɛl] (*m/pl -x*) **1.** *adj* Zwillings…; Doppel…; **2.** *m, f* Zwilling *m*; *sœur*: Zwillingsschwester *f*; *frère*: Zwillingsbruder *m*; ***jumeaux*** *m/pl od* ***jumelles*** *f/pl* Zwillinge *m/pl*
**jumel|age** [ʒymlaʒ] *m villes*: Partnerschaft *f*; **~er** (*1c*) *tech* koppeln; *villes*: durch e-e Partnerschaft verbinden
**jumelles** [ʒymɛl] *f/pl* Fernglas *n*
**jument** [ʒymɑ̃] *f zo* Stute *f*
**jungle** [ʒɛ̃glə, ʒœ̃-] *f* Dschungel *m*
**jupe** [ʒyp] *f* Rock *m*; **~-culotte** [-kylɔt] *f* (*pl jupes-culottes*) Hosenrock *m*
**jupon** [ʒypõ] *m* Unterrock *m*; *fig* ***courir le ~*** ein Schürzenjäger sein
**Jura** [ʒyra] ***le ~*** **1.** *montagnes* der Jura; **2.** *französisches Departement*; **3.** *en Suisse* ***le canton du ~*** der Kanton Jura
**jur|é** [ʒyre] *m jur* Geschworene(r) *m*; **~er** (*1a*) schwören; *dire jurons* fluchen; ***~ avec qc*** sich mit etw nicht vertragen; ***~ de faire qc*** schwören, etw zu tun; ***~ que*** versichern, dass
**jurid|iction** [ʒyridiksjõ] *f* Rechtsprechung *f*, Gerichtsbarkeit *f*; **~ique** *droit*: rechtlich, juristisch; *cour de justice*: gerichtlich
**jurisprudence** [ʒyrisprydɑ̃s] *f* Rechtsprechung *f*
**juron** [ʒyrõ] *m* Fluch *m*
**jury** [ʒyri] *m jur* Geschworenen *pl*; *allg* Jury *f*
**jus** [ʒy] *m* Saft *m*; *viande*: Bratensaft *m*; ***~ de fruits*** Fruchtsaft *m*
**jusque** [ʒysk(ə)] **1.** *prép* ***jusqu'à*** bis; ***jusqu'alors*** bis jetzt; ***jusqu'à présent*** bis jetzt; **2.** *adv* sogar; **3.** *conj* ***jusqu'à ce que*** (+ *subj*) bis
**juste** [ʒyst] **1.** *adj équitable* gerecht; *légitime* berechtigt; *correct* richtig; *précis* genau, passend; *étroit* (zu) eng; **2.** *adv exactement* genau; *seulement* nur
**justement** [ʒystəmɑ̃] *adv exactement* gerade; *avec raison* zu Recht
**justesse** [ʒystɛs] *f* Richtigkeit *f*, Genauigkeit *f*; ***de ~*** mit knapper Not
**justice** [ʒystis] *f* Gerechtigkeit *f*; *institution*: Justiz *f*; *cour* Gericht *n*
**justifiable** [ʒystifjablə] vertretbar
**justifi|cation** [ʒystifikasjõ] *f* Rechtfertigung *f*; **~er** (*1a*) rechtfertigen; ***~ de qc*** etw nachweisen; ***se ~ de qc*** (***devant qn***) sich für etw (vor j-m) verantworten
**juteu|x, ~se** [ʒytø, -z] saftig
**juvénile** [ʒyvenil] jugendlich
**juxtaposer** [ʒykstapoze] (*1a*) nebeneinanderstellen, nebeneinanderlegen

# K

**kaki** [kaki] kakifarben
**kangourou** [kɑ̃guru] *m zo* Känguru *n*
**karaté** [karate] *m* Karate *n*
**Kenya** [kenja] ***le ~*** Kenia *n*
**képi** [kepi] *m* Käppi *n*
**kermesse** [kɛrmɛs] *f* Kirmes *f*
**kg** (*abr de* kilogramme) kg
**kif-kif** [kifkif] F ***c'est ~*** das ist ganz egal
**kilo|(gramme)** [kilo, kilɔgram] *m* (*abr* kg) Kilo(gramm) *n*; **~métrage** [-metraʒ] *m* Kilometerzahl *f*; **~mètre** [-mɛtrə] *m* (*abr* km) Kilometer *m*; **~métrique** [-metrik] Kilometer…
**kinési|thérapeute** [kineziterapøt] *m, f* Krankengymnast(in) *m(f)*; **~thérapie** [-terapi] *f* Krankengymnastik *f*
**kiosque** [kjɔsk] *m* Kiosk *m*, Stand *m*; *jardin publique*: (Garten-)Pavillon *m*
**kiwi** [kiwi] *m* Kiwi *f*
**klaxon** [klaksɔn] *m auto* Hupe *f*
**klaxonner** [klaksɔne] (*1a*) hupen
**km** (*abr de* kilomètre) km
**km/h** *abr* ***kilomètre(s)-heure*** *od* ***kilomètre(s) à l'heure*** km/h (Kilometer pro Stunde)
**Koweït** [kɔwejt] ***le ~*** Kuwait *n*
**krach** [krak] *m écon* Börsenkrach *m*
**Kremlin** [krɛmlɛ̃] ***le ~*** der Kreml
**kyste** [kist] *m méd* Zyste *f*

# L

**la¹** [la] → ***le***
**la²** [la] *m mus* a *od* A *n*
**là** [la] da; *là-bas* dort; *direction*: dahin, dorthin; ***de ~*** von dorther; *causal*: daher; ***par ~*** da, dort (entlang, hindurch); **~-bas** [-bɑ] da drüben, dahinten, dort
**label** [labɛl] *m comm* Warenkennzeichen *n*
**labeur** [labœr] *st/s m* mühselige Arbeit *f*, Mühsal *f*
**labor|atoire** [labɔratwar] *m* Labor(atorium) *n*; ***~ de langues*** Sprachlabor *n*; **~ieux**, **~ieuse** [-jø, -jøz] *personne*: arbeitsam; *tâche*: mühselig
**labour** [labur] *m* Pflügen *n*, Ackern *n*; **~er** (*1a*) pflügen, ackern
**lac** [lak] *m* See *m*
**lacer** [lase] (*1k*) (zu)schnüren
**lacérer** [lasere] (*1f*) zerreißen
**lacet** [lasɛ] *m chaussures*: Schnürsenkel *m*, -band *n*; *route*: scharfe Kurve *f*; **~s** *pl col*: Serpentinen *f/pl*
**lâch|e** [lɑʃ] **1.** *adj fil*: locker, schlaff; *personne*: feige; **2.** *m* Feigling *m*; **~er** (*1a*) *v/t* loslassen, fahren lassen; *laisser tomber* fallen lassen; *mot*: fallen lassen; *v/i freins*: nachgeben, versagen; *corde*: reißen; **~eté** [-te] *f* Feigheit *f*
**lacrymogène** [lakrimɔʒɛn] ***gaz*** *m* **~** Tränengas *n*
**lacté**, **~e** [lakte] Milch…
**lacune** [lakyn] *f* Lücke *f*
**là-dedans** [lad(ə)dɑ̃] drin(nen)
**là-dessous** [latsu] darunter
**là-dessus** [latsy] darüber, darauf
**là-haut** [lao] da oben
**laïc** [laik] → ***laïque***
**laid**, **~e** [lɛ, -d] hässlich
**laideur** [lɛdœr] *f* Hässlichkeit *f*; *bassesse* Gemeinheit *f*
**lainage** [lɛnaʒ] *m étoffe*: Wollstoff *m*; *vêtement*: Wolljacke *f*
**lain|e** [lɛn] *f* Wolle *f*; ***~ de verre*** Glaswolle *f*; **~eux**, **~euse** [-ø, -øz] wollig
**laïque** [laik] **1.** *égl* Laien…, weltlich; **2.** nichtkirchlich, laizistisch
**laisse** [lɛs] *f* Leine *f*; ***tenir en ~*** an der Leine führen
**laisser** [lɛse] (*1b*) lassen; *de reste*: übrig lassen; *derrière soi*: zurücklassen; *oublier* liegen lassen; *héritage*: vermachen; *ne pas exécuter*, *faire* unterlassen; ***~ faire qc à qn*** j-n etw tun lassen; ***se ~ aller*** sich gehen lassen; ***se ~ faire*** sich (*dat*) alles gefallen lassen
**laisser|-aller** [lɛseale] *m* Nachlässigkeit *f*; **~-faire** [-fɛr] *m* Gewährenlassen *n*
**laissez-passer** [lɛsepase] *m* (*pl unv*) Passierschein *m*
**lait** [lɛ] *m* Milch *f*
**lait|age** [lɛtaʒ] *m* Milchprodukt *n*; **~erie** *f usine*: Molkerei *f*; *magasin*: Milchgeschäft *n*; **~ier**, **~ière** [-je, -jɛr] **1.** *adj* Milch…, Molkerei…; **2.** *m*, *f* Milchhändler(in) *m*(*f*)
**laiton** [lɛtõ] *m* Messing *n*
**laitue** [lety] *f bot* Kopfsalat *m*
**laïus** [lajys] *m* F (endlose) Rede *f*
**lambeau** [lɑ̃bo] *m* (*pl -x*) Lumpen *m*, Fetzen *m*
**lambris** [lɑ̃bri] *m* Täfelung *f*
**lame** [lam] *f* **1.** dünne Platte *f*; *rasoir*: Rasierklinge *f*; **2.** *vague* Woge *f*, Welle *f*
**lament|able** [lamɑ̃tablə] kläglich, jämmerlich, jammervoll; **~ation** *f* Jammern *n*, Klagen *n*; **~er** (*1a*) ***se ~*** jammern
**laminoir** [laminwar] *m tech* Walzwerk *n*
**lampadaire** [lɑ̃padɛr] *m meuble*: Stehlampe *f*; *rue*: Straßenlaterne *f*
**lampe** [lɑ̃p] *f* Lampe *f*; *radio*: Röhre *f*
**lampée** [lɑ̃pe] *f* Schluck *m*
**lance** [lɑ̃s] *f* Lanze *f*; ***~ d'incendie*** Spritze *f*
**lancé**, **~e** [lɑ̃se] in Schwung, in Fahrt
**lancement** [lɑ̃smɑ̃] *m bateau*: Stapellauf *m*; *fusée*: Abschuss *m*; *comm* Einführung *f*, Lancierung *f*
**lancer** [lɑ̃se] (*1k*) werfen; *avec violence*, *force*: schleudern; *injure*, *cri*: ausstoßen; *bateau*: vom Stapel lassen; *fusée*: abschießen; *nouveau produit*: auf den Markt bringen; *entreprise*: in Gang bringen; ***se ~ sur*** sich stürzen

auf (*acc*)
**lancinant**, **~e** [lɑ̃sinɑ̃, -t] *douleur*: stechend
**landau** [lɑ̃do] *m* Kinderwagen *m*
**lande** [lɑ̃d] *f* Heide(land) *f*(*n*)
**langage** [lɑ̃gaʒ] *m* Sprache *f*; **~ *de programmation*** Programmiersprache *f*
**lange** [lɑ̃ʒ] *m* Windel *f*, Wickeltuch *n*
**langoureu|x**, **~se** [lɑ̃gurø, -z] schmachtend
**langouste** [lɑ̃gustə] *f* Languste *f*
**langu|e** [lɑ̃g] *f* **1.** *anat*, *cuis* Zunge *f*; ***mauvaise* ~** Lästermaul *n*; **2.** Sprache *f*; **~ *étrangère*** Fremdsprache *f*; **~ *maternelle*** Muttersprache *f*; ***de* ~ *anglaise*** englischsprachig; **~ette** [-ɛt] *f* *chaussure*: Zunge *f*
**langu|eur** [lɑ̃gœr] *f apathie* Mattigkeit *f*; *mélancolie* Sehnsucht *f*; **~ir** (*2a*) *d'amour*: schmachten; *être passif* apathisch sein; *conversation*: stocken
**lanière** [lanjɛr] *f* (langer, schmaler) Riemen *m*
**lanterne** [lɑ̃tɛrn] *f* Laterne *f*
**Laos** [laɔs] ***le* ~** Laos *n*
**lapalissade** [lapalisad] *f* Binsenwahrheit *f*
**laper** [lape] (*1a*) (auf)lecken
**lapid|aire** [lapidɛr] lapidar; **~er** (*1a*) *assassiner*: steinigen; *attaquer*: mit Steinen bewerfen
**lapin** [lapɛ̃] *m* Kaninchen *n*
**Laponie** [lapɔni] ***la* ~** Lappland *n*
**laps** [laps] *m* **~ *de temps*** Zeitraum *m*
**laque** [lak] *f peinture*: Lack *m*; *cheveux*: Haarspray *n*
**laquelle** [lakɛl] → ***lequel***
**larcin** [larsɛ̃] *m kleiner* Diebstahl *m*
**lard** [lar] *m* Speck *m*
**lard|er** [larde] (*1a*) *cuis u fig* spicken; **~on** *m* Speckstreifen *m*
**larg|e** [larʒ] **1.** *adj* breit; *ample* weit; *généreux* freigebig, großzügig; **2.** *adv* weit; **3.** *m* Breite *f*; *fig* Platz *m*, Bewegungsfreiheit *f*; *mar* hohe, offene See *f*; *fig* ***prendre le* ~** das Weite suchen; **~ement** [-mɑ̃] *adv* weit; *généreusement* freigebig, großzügig; **~esse** [-ɛs] *f* Freigebigkeit *f*, Großzügigkeit *f*; **~eur** *f* Breite *f*; *fig* **~ *d'esprit*** liberale Gesinnung
**larme** [larm] *f* Träne *f*; ***une* ~ *de*** ein Tropfen …
**larmoyer** [larmwaje] (*1h*) *yeux*: tränen; *se plaindre* jammern, flennen
**larv|e** [larv] *f* (Insekten-)Larve *f*; **~é**, **~ée** latent, verborgen
**laryngite** [larɛ̃ʒit] *f méd* Kehlkopfentzündung *f*
**larynx** [larɛ̃ks] *m* Kehlkopf *m*
**las**, **~se** [lɑ, -s] müde, matt; *saturé* überdrüssig
**laser** [lazɛr] *m phys* Laser *m*
**lasser** [lɑse] (*1a*) *fatiguer* erschöpfen; *ennuyer* langweilen; ***se* ~ *de qc*** e-r Sache müde *od* überdrüssig werden
**lassitude** [lɑsityd] *f* Müdigkeit *f*; *ennui* Überdruss *m*
**latent**, **~e** [latɑ̃, -t] latent
**latéral**, **~e** [lateral] (*m/pl -aux*) seitlich, Neben…
**latin**, **~e** [latɛ̃, -in] lateinisch
**latitude** [latityd] *f* geografische Breite *f*; *fig* (Handlungs-)Freiheit *f*
**latrines** [latrin] *f/pl* Latrine *f*
**latt|e** [lat] *f* Latte *f*; **~is** [-i] *m* Lattenwerk *n*
**lauréat**, **~e** [lɔrea, -at] *m*, *f* Preisträger(in) *m*(*f*)
**laurier** [lɔrje] *m* Lorbeer *m*; *cuis* Lorbeerblatt *n*
**lavable** [lavablə] waschbar, -echt
**lav|abo** [lavabo] *m* Waschbecken *n*; **~s** *pl* Toilette *f*; **~age** *m* Waschen *n*, Wäsche *f*; *pol* **~ *de cerveau*** Gehirnwäsche *f*; *méd* **~ *d'estomac*** Magenspülung *f*
**lavande** [lavɑ̃d] *f bot* Lavendel *m*
**lave** [lav] *f* Lava *f*
**lave-glace** [lavglas] *m* (*pl lave-glaces*) Scheibenwaschanlage *f*
**lav|ement** [lavmɑ̃] *m méd* Einlauf *m*; **~er** (*1a*) waschen; *dents*: putzen; *tache*: abwaschen
**lav|erie** *f* Wäscherei *f*; **~ette** [-ɛt] *f* Spüllappen *m*; *fig u péj* Waschlappen *m*; **~eur**, **~euse** *m*, *f* Wäscher(in) *m*(*f*); *vitres*: Fensterputzer(in) *m*(*f*)
**lave-vaisselle** [lavvɛsɛl] *m* (*pl unv*) Geschirrspülmaschine *f*
**lavoir** [lavwar] *m* Waschhaus *n*, -platz *m*; *bac* Spülbecken *n*
**laxati|f**, **~ve** [laksatif, -v] **1.** *adj* abführend; **2.** *m* Abführmittel *n*
**lax|isme** [laksismə] *m* Laxheit *f*; **~iste** lax
**layette** [lɛjɛt] *f* Babywäsche *f*
**L.D.H.** *f abr* ***Ligue des droits de l'hom-***

***me*** Liga *f* für Menschenrechte
**le**, **la**, **les** [lə, la, le] *m*, *f*, *pl* **1.** *article défini*: der, die, das; die; **2.** *pronom personnel* (*objet direct*): ihn, sie, es; sie
**leader** [lidœr] *m pol* (Partei-)Führer *m*
**leasing** [liziŋ] *m écon* Leasing *n*; ***acheter en ~*** leasen
**lécher** [leʃe] (*1f*) lecken; *fig* ***~ les vitrines*** e-n Schaufensterbummel machen
**leçon** [l(ə)sõ] *f cours* Unterrichtsstunde *f*, Lektion *f*; *morale*: Lehre *f*; ***~s particulières*** Nachhilfestunden *f/pl*
**lec|teur**, **~trice** [lɛktœr, -tris] **1.** *m*, *f* Leser(in) *m(f)*; *université*: Lektor(in) *m(f)*; **2.** *m EDV* Laufwerk *n*; ***lecteur de cassettes*** Kassettenrecorder *m*; ***lecteur de CD*** CD-Player *m*, CD-Spieler *m*; *effectuant la lecture d'informations* CD-Laufwerk *n*; ***lecteur de CD-ROM*** CD-ROM-Laufwerk *n*; ***lecteur de disquettes*** Diskettenlaufwerk *n*; ***lecteur de DVD*** DVD-Player *m*, DVD-Spieler *m*; **~ture** [-tyr] *f action*: Lesen *n*, Lektüre *f*; *livres*, *journaux*: Lesestoff *m*, Lektüre *f*; *parlement*: Lesung *f*
**ledit**, **ladite** [lədi, ladit] (*pl lesdits*, *lesdites*) besagte(r, -s), obige(r, -s)
**légal**, **~e** [legal] (*m/pl -aux*) gesetzlich, legal; **~iser** (*1a*) *certificat*, *signature*: amtlich beglaubigen; *rendre légal* legalisieren; **~ité** *f* Gesetzlichkeit *f*, Legalität *f*
**légataire** [legatɛr] *m*, *f* Vermächtnisnehmer(in) *m(f)*; ***~ universel*** Alleinerbe, -erbin *m*, *f*
**légendaire** [leʒɑ̃dɛr] sagenhaft, legendär
**légende** [leʒɑ̃d] *f* Legende *f*; *sous image*: Bildunterschrift *f*, Beschriftung *f*; *carte*: Legende *f*, Zeichenerklärung *f*
**lég|er**, **~ère** [leʒe, -ɛr] *poids*, *vent*, *aliment*: leicht; *mœurs*: locker; *erreur*, *retard*: geringfügig; *frivole*, *insouciant* leichtfertig; *irréfléchi* leichtsinnig; ***à la légère*** leichthin; **~èrement** [-ɛrmɑ̃] *adv* leicht; *un peu* ein wenig; *inconsidérément* unbesonnen; **~èreté** [-ɛrte] *f* Leichtigkeit *f*, Leichtheit *f*; *frivolité*, *insouciance*: Leichtfertigkeit *f*; *irréflexion* Leichtsinn *m*
**légion** [leʒjõ] *f* Legion *f*; ***~ étrangère*** Fremdenlegion *f*
**légionnaire** [leʒjɔnɛr] *m* (Fremden-) Legionär *m*
**législa|teur**, **~trice** [leʒislatœr, -tris] *m*, *f* Gesetzgeber(in) *m(f)*; **~tif**, **~tive** [-tif, -tiv] gesetzgebend; (***élections*** *f/pl*) ***législatives*** *f/pl* Parlamentswahlen *f/pl*; **~tion** *f* Gesetzgebung *f*; **~ture** [-tyr] *f* Legislaturperiode *f*
**légitimation** [leʒitimasjõ] *f* Legitimation *f*, Anerkennung *f*
**légitime** [leʒitim] rechtmäßig, legitim; *justifié* gerecht(fertigt)
**legs** [lɛ(g)] *m* Vermächtnis *n*, Erbschaft *f*
**léguer** [lege] (*1f u 1m*) vermachen
**légume** [legym] *m* Gemüse *n*
**Léman** [lemɑ̃] ***le lac ~*** der Genfer See
**lendemain** [lɑ̃dmɛ̃] *m* ***le ~*** der folgende Tag; am Tag danach; ***sans ~*** ohne Dauer
**lent**, **~e** [lɑ̃, lɑ̃t] langsam; **~ement** *adv* langsam
**lenteur** [lɑ̃tœr] *f* Langsamkeit *f*; *lourdeur* Schwerfälligkeit *f*
**lentille** [lɑ̃tij] *f bot u tech* Linse *f*
**lèpre** [lɛprə] *f* Aussatz *m*, Lepra *f*
**lépreu|x**, **~se** [leprø, -z] *m*, *f* Aussätzige(r) *m*, *f*
**lequel**, **laquelle** [ləkɛl, lakɛl] (*pl lesquels*, *lesquelles*) *pronom interrogatif*: welche(r, s)?; *pronom relatif*: der, die, das
**les** [le] → ***le***
**lesbienne** [lɛsbjɛn] *f* Lesbierin *f*
**léser** [leze] (*1f*) benachteiligen; *droits*: verletzen; *méd* verletzen
**lésiner** [lezine] (*1a*) knausern
**lésion** [lezjõ] *f méd* Verletzung *f*
**lesquels**, **lesquelles** [lekɛl] → ***lequel***
**lessive** [lɛsiv] *f produit*: Waschmittel *n*; *linge*: Wäsche *f*; ***eau*** *f* ***de ~*** Waschlauge *f*; ***faire la ~*** waschen
**lest** [lɛst] *m* Ballast *m*
**leste** [lɛst] flink; *propos*: schlüpfrig
**Lettonie** [letɔni] ***la ~*** Lettland *n*
**lettre** [lɛtrə] *f* **1.** *caractère* Buchstabe *m*; ***à la ~, au pied de la ~*** (wort)wörtlich; ***en toutes ~s*** ausgeschrieben; **2.** *correspondance*: Brief *m*; ***~ recommandée*** eingeschriebener Brief *m*; ***~ de change*** Wechsel *m*; **3.** ***~s*** *pl* Literatur *f*; *études*: Sprach- und Literaturwissenschaft *f*
**lettré**, **~e** [lɛtre] gebildet
**leucémie** [løsemi] *f méd* Leukämie *f*

**leur** [lœr] **1.** *pronom possessif* (*pl -s*) ihr (-e); ***le, la ~, les ~s*** der, die, das ihr(ig)e, die ihr(ig)en; ihre(r, -s); **2.** *pronom personnel* ihnen
**leurr|e** [lœr] *m* Köder *m*; *fig* Lockmittel *n*; **~er** (*1a*) ködern; *fig* irreführen, täuschen
**levain** [ləvɛ̃] *m* Sauerteig *m*
**levant** [ləvɑ̃] **1.** *adj* ***soleil*** *m* **~** aufgehende Sonne *f*; **2.** *m* ***le*** ♀ der Orient *m*
**lev|é, ~ée** [l(ə)ve] auf(gestanden); ***être ~*** auf sein; **~ée** *f siège*, *séance*: Aufhebung *f*; *postes*: Leerung *f*; *cartes*: Stich *m*; *mil* Einziehung *f*
**lever** [l(ə)ve] **1.** *verbe* (*1d*) *v/t* heben; *poids*: hochheben; *impôts*: erheben; *interdiction*: aufheben; *mil* einziehen; *v/i pâte*: gehen; ***se ~*** aufstehen; *soleil*: aufgehen; *jour*: anbrechen; **2.** *m* Aufstehen *n*; ***~ du jour*** Tagesanbruch *m*; ***~ du soleil*** Sonnenaufgang *m*
**levier** [l(ə)vje] *m* Hebel *m*
**lèvre** [lɛvrə] *f* Lippe *f*
**lévrier** [levrije] *m* Windhund *m*
**levure** [l(ə)vyr] *f* Hefe *f*; ***~ chimique*** Backpulver *n*
**lexique** [lɛksik] *m vocabulaire* Wortschatz *m*; *glossaire* Lexikon *n*
**lézard** [lezar] *m zo* Eidechse *f*
**lézarde** [lezard] *f* Riss *m*
**liaison** [ljɛzõ] *f amoureuse*: Liebschaft *f*; *chemin de fer*: Verbindung *f*; *ling* Bindung *f*; ***être en ~ avec*** in Kontakt stehen mit
**liant, ~e** [ljɑ̃, -t] gesellig, kontaktfreudig
**liasse** [ljas] *f* (Akten-)Stoß *m*, Bündel *n*
**Liban** [libɑ̃] ***le ~*** der Libanon; **♀ais, ♀aise** [libanɛ, -ɛz] **1.** *adj* libanesisch; **2.** **♀, ♀*e*** *m*, *f* Libanese *m*, Libanesin *f*
**libeller** [libɛle] (*1b*) *document*, *contrat*: abfassen, ausfertigen; ***~ un chèque*** (***au nom de qn***) e-n Scheck (auf j-n) ausstellen
**libellule** [libɛlyl] *f zo* Libelle *f*
**libéral, ~e** [liberal] (*m/pl -aux*) liberal; ***arts libéraux*** *m/pl* freie Künste *f/pl*; ***profession*** *f* ***libérale*** freier Beruf *m*; **~isme** *m* Liberalismus *m*; **~ité** *f* Freigebigkeit *f*, Großzügigkeit *f*
**libér|ateur, ~atrice** [liberatœr, -atris] **1.** *adj* befreiend; **2.** *m*, *f* Befreier(in) *m(f)*; **~ation** *f* Befreiung *f*; *prisonnier*: Freilassung *f*; **~er** (*1f*) befreien (***de*** von); *prisonnier*: freilassen; *gaz*: freisetzen; *engagement*, *dette*: entbinden (von)
**Liberia** [liberja] *géogr* ***le ~*** Liberia *n*
**liberté** [libɛrte] *f* Freiheit *f*; ***mettre en ~*** freilassen; ***~ de la presse*** Pressefreiheit *f*
**libertin, ~e** [libɛrtɛ̃, -in] **1.** *adj* liederlich, ausschweifend; **2.** *m* Lebemann *m*
**libidineu|x, ~se** [libidinø, -z] lüstern, wollüstig
**libraire** [librɛr] *m*, *f* Buchhändler(in) *m(f)*
**librairie** [librɛri] *f* Buchhandlung *f*
**libre** [librə] frei (***de*** von); **~-échange** [libreʃɑ̃ʒ] *m* Freihandel *m*; **~-service** [-sɛrvis] *m* (*pl libres-services*) Selbstbedienung *f*; *magasin*: Selbstbedienungsladen *m*
**Libye** [libi] ***la ~*** Libyen *n*
**licenc|e** [lisɑ̃s] *f* **1.** *comm*, *jur* Lizenz *f*; **2.** *diplôme* Licence *f* (*akademischer Grad in Frankreich und Belgien*); **3.** *fig mœurs*: Freiheit *f*; *péj* Zügellosigkeit *f*; **~ié, ~iée** [-je] *m*, *f* Inhaber(in) *m(f)* e-r Licence
**licenc|iement** [lisɑ̃simɑ̃] *m* Entlassung *f*; **~ier** [-je] (*1a*) entlassen; **~ieux, ~ieuse** [-jø, -jøz] unzüchtig
**lichen** [likɛn] *m bot* Flechte *f*
**lie** [li] *f* Boden-, Weinhefe *f*
**lié, ~e** [lije] ***être ~(e) par*** verpflichtet sein durch; ***être très ~(e) avec qn*** mit j-m sehr eng befreundet sein
**Liechtenstein** [liçtɛnstajn] ***le ~*** Liechtenstein *n*
**liège** [ljɛʒ] *m bot* Kork *m*
**Liège** [ljɛʒ] Lüttich *n*
**lien** [ljɛ̃] *m* Band *n*; *rapport*: Verbindung *f*; *EDV* Link *m*, *n*; ***~ de parenté*** Familienbande *n/pl*
**lier** [lje] (*1a*) (zusammen)binden; *prisonnier*: fesseln; *cuis* binden; *fig pensées*, *personnes*: verbinden; ***~ amitié avec qn*** Freundschaft mit j-m schließen
**lierre** [ljɛr] *m bot* Efeu *m*
**liesse** [ljɛs] *f* ***une foule en ~*** e-e jubelnde Menge
**lieu** [ljø] *m* (*pl -x*) Ort *m*, Platz *m*; **~*x*** *pl* Örtlichkeit *f*; *de maison*: Räume *m/pl*; *jur* Tatort *m*; ***au ~ de*** (an)statt (*gén*);

***avoir ~*** stattfinden; ***avoir ~ de*** Grund haben zu; ***donner ~ à*** Anlass geben zu; ***en premier ~*** zuerst; ***en dernier ~*** schließlich; ***~ de destination*** Bestimmungsort *m*; ***il y a ~ de faire qc*** es ist Grund vorhanden, etw zu tun; ***s'il y a ~*** gegebenenfalls; ***tenir ~ de qc*** etw ersetzen; **~-dit** (*pl lieux-dits*) *m* Ort *m*, Örtlichkeit *f*

**lieue** [ljø] *f* Meile *f*

**lieutenant** [ljøtnɑ̃] *m* Oberleutnant *m*

**lièvre** [ljɛvrə] *m* Hase *m*

**ligament** [ligamɑ̃] *m anat* (Gelenk-)Band *n*

**lign|e** [liɲ] *f* Linie *f*; *trajet* (Verkehrs-)Linie *f*, Strecke *f*; *dans texte*: Zeile *f*; *transports*: Verbindung *f*; *tél*, *tech* Leitung *f*; *pêche*: Angelschnur *f*; ***à la ~!*** neue Zeile!; *EDV* ***en ~*** online; ***hors ~*** außergewöhnlich; *EDV* offline; ***garder la ~*** auf die Linie achten; ***entrer en ~ de compte*** in Betracht gezogen werden; ***pêcher à la ~*** angeln; **~ée** *f* Nachkommenschaft *f*; **~er** (*1a*) lin(i)ieren

**ligneu|x**, **~se** [liɲø, -z] holzig

**lignite** [liɲit] *m* Braunkohle *f*

**ligu|e** [lig] *f* Liga *f*; **~er** (*1m*) ***se ~*** sich verbünden

**lilas** [lila] **1.** *m* Flieder *m*; **2.** *adj* (*unv*) lila

**limace** [limas] *f zo* Nacktschnecke *f*

**limaçon** [limasɔ̃] *m zo* Schnecke *f mit Haus*

**lim|e** [lim] *f* Feile *f*; ***~ à ongles*** Nagelfeile *f*; **~er** (*1a*) feilen

**limier** [limje] *m* Spürhund *m*

**limitation** [limitasjɔ̃] *f* Be-, Einschränkung *f*, Begrenzung *f*; ***~ de vitesse*** Geschwindigkeitsbegrenzung *f*

**limit|e** [limit] *f* Grenze *f*; ***à la ~*** äußerstenfalls; ***dans les ~s de*** im Rahmen (*gén*); ***date*** *f* ***~*** äußerster Termin; ***vitesse*** *f* ***~*** Höchstgeschwindigkeit *f*; **~er** (*1a*) begrenzen, beschränken (***à*** auf *acc*)

**limoger** [limɔʒe] (*1l*) *pol* kaltstellen

**limon** [limɔ̃] *m* Schlamm *m*

**limonade** [limɔnad] *f* Limonade *f*

**limpide** [lɛ̃pid] klar, rein

**lin** [lɛ̃] *m bot* Flachs *m*; *toile*: Leinen *n*

**linceul** [lɛ̃sœl] *m* Leichentuch *n*

**ling|e** [lɛ̃ʒ] *m* Wäsche *f*; *morceau*: Tuch *n*; ***~ fin*** Feinwäsche *f*; ***~*** (***de corps***) Unterwäsche *f*; **~erie** *f* Damen(unter)wäsche *f*

**lingot** [lɛ̃go] *m* Barren *m*

**linguist|e** [lɛ̃gɥist] *m*, *f* Sprachwissenschaftler(in) *m*(*f*), Linguist(in) *m*(*f*); **~ique** **1.** *f* Sprachwissenschaft *f*, Linguistik *f*; **2.** *adj* sprachwissenschaftlich, linguistisch

**lion**, **~ne** *f* [ljɔ̃, -ɔn] *m*, *f zo* Löwe *m*, Löwin *f*

**liqueur** [likœr] *f* Likör *m*

**liquidation** [likidasjɔ̃] *f société*, *magasin*: Auflösung *f*; *dettes*: Tilgung *f*; *vente au rabais* Ausverkauf *m*; *fig meurtre* Liquidierung *f*, Beseitigung *f*

**liquid|e** [likid] **1.** *adj* flüssig; ***argent*** *m* ***~*** Bargeld *n*; **2.** *m* Flüssigkeit *f*; **~er** (*1a*) *société*, *magasin*: auflösen; *dettes*: tilgen; *stock*: ausverkaufen; *problème*, *travail*: erledigen, regeln; *tuer* liquidieren, beseitigen

**lire**[1] [lir] (*4x*) lesen

**lire**[2] [lir] *f monnaie*: Lira *f*

**lis** [lis] *m bot* Lilie *f*

**Lisbonne** [lisbɔn] Lissabon *n*

**liseron** [lizrɔ̃] *m bot* Winde *f*

**lis|ibilité** [lizibilite] *f* Lesbarkeit *f*; **~ible** lesbar

**lisière** [lizjɛr] *f* (Wald-)Saum *m*

**lisse** [lis] glatt

**lisser** [lise] (*1a*) glätten

**listage** [listaʒ] *m* Auflistung *f*

**liste** [list] *f* Liste *f*, Verzeichnis *n*

**lit** [li] *m* Bett *n* (*a Flussbett*); *géol* Schicht *f*; ***aller au ~*** ins Bett gehen; ***faire son ~*** das Bett machen; ***~ de camp*** Feldbett *n*

**litanie** [litani] *f* Litanei *f* (*a fig*); *fig* ***c'est toujours la même ~*** das ist immer die alte Leier

**litchi** [litʃi] *m bot* Lychee *f*

**literie** [litri] *f* Bettzeug *n*

**lithographie** [litɔgrafi] *f* Steindruck *m*, Lithografie *f*

**litig|e** [litiʒ] *m* (Rechts-)Streit *m*; **~ieux**, **~ieuse** [-jø, -jøz] strittig

**litre** [litrə] *m* Liter *n od m*

**littér|aire** [literɛr] literarisch; **~al**, **~ale** (*m/pl -aux*) wörtlich; **~ature** [-atyr] *f* Literatur *f*

**littoral**, **~e** [litɔral] (*m/pl -aux*) **1.** *adj* Küsten…; **2.** *m* Küstenstrich *m*, -streifen *m*

**Lituanie** [litɥani] ***la ~*** Litauen *n*

**liturgie** [lityrʒi] *f* Liturgie *f*

**livide** [livid] fahl, blass
**livr|able** [livrablə] lieferbar; **~aison** *f* Lieferung *f*
**livre¹** [livrə] *m* Buch *n*
**livre²** [livrə] *f poids, monnaie*: Pfund *n*
**livre-cassette** [livrəkasɛt] *m* (*pl livres--cassettes*) Hörbuch *n*
**livrée** [livre] *f* Livree *f*
**livrer** [livre] (*1a*) liefern; *prisonnier*: ausliefern; *secret, information*: preisgeben; ***se ~*** *se confier* sich anvertrauen; ***se ~ à qc*** *activité*: etw treiben; ***se ~ à un sentiment*** sich e-m Gefühl hingeben
**livret** [livrɛ] *m* kleines Heft *n*, Büchlein *n*; *opéra*: Libretto *n*; ***~ de caisse d'épargne*** Sparbuch *n*
**livreur** [livrœr] *m* Lieferant *m*
**lobe** [lɔb] *m méd* Lappen *m*; ***~ de l'oreille*** Ohrläppchen *n*
**local**, **~e** [lɔkal] (*m/pl -aux*) **1.** *adj* örtlich, Orts…; **2.** *m salle* Raum *m*; ***locaux*** *pl* Räumlichkeiten *f/pl*; **~iser** (*1a*) lokalisieren; *temps*: datieren; **~ité** *f* Ort(schaft) *m(f)*
**loca|taire** [lɔkatɛr] *m, f* Mieter(in) *m(f)*; **~tion** *f par propriétaire*: Vermietung *f*; *par locataire*: Mieten *n*; *loyer* Miete *f*; *voitures, bateaux*: Verleih *m*; *théâtre*: Vorverkauf *m*
**lock-out** [lɔkawt] *m* (*pl unv*) Aussperrung *f*
**locomotive** [lɔkɔmɔtiv] *f* Lokomotive *f*; *fig* treibende Kraft *f*
**locution** [lɔkysjõ] *f* Redensart *f*, Redewendung *f*
**loge** [lɔʒ] *f concierge*: Pförtnerwohnung *f*; *francs-maçons, spectateurs*: Loge *f*; **~able** bewohnbar
**logement** [lɔʒmɑ̃] *m* Unterkunft *f*; *appartement* Wohnung *f*
**log|er** [lɔʒe] (*1l*) *v/t* beherbergen, unterbringen; *v/i* wohnen; **~eur**, **~euse** *m, f* Zimmervermieter(in) *m(f)*, Wirt(in) *m(f)*
**logiciel** [lɔʒisjɛl] *m EDV* Software *f*; ***~ de traduction*** Übersetzungssoftware *f*
**logique** [lɔʒik] **1.** *adj* logisch; **2.** *f* Logik *f*
**logis** [lɔʒi] *litt m* Haus *n*
**logistique** [lɔʒistik] *f* Logistik *f*, Versorgung *f*
**loi** [lwa] *f* Gesetz *n*; **~-cadre** [-kadrə] *f* (*pl lois-cadres*) Rahmengesetz *n*
**loin** [lwɛ̃] *adv* weit (weg), fern; *dans le passé*: weit zurück; ***au ~*** in der Ferne, weit weg; ***de ~*** aus der Ferne, von weitem; *fig* bei weitem; ***revenir de ~*** noch einmal davongekommen sein; ***~ de*** weit (weg) von
**lointain**, **~e** [lwɛ̃tɛ̃, -ɛn] **1.** *adj* fern, entfernt; *dans le passé*: weit zurückliegend; *dans le futur*: entfernt; **2.** *m* Ferne *f*
**loisible** [lwaziblə] gestattet
**loisir** *m* Muße *f*, Freizeit *f*; ***~s*** *pl* Freizeitbeschäftigungen *f/pl*, Freizeitgestaltung *f*
**lombes** [lõb] *m/pl méd* Lenden *f/pl*
**londonien**, **~ne** [lõdɔnjɛ̃, -ɛn] **1.** *adj* Londoner; **2. ♀, ♀ne** *m, f* Londoner(in) *m(f)*
**Londres** [lõdrə] London
**long**, **longue** [lõ, lõg] **1.** *adj* lang; ***chaise f longue*** Liegestuhl *m*; ***à long terme*** langfristig; ***à la longue*** auf die Dauer; ***être ~*** *durer* lange dauern; ***être ~ à faire qc*** lange brauchen, um etw zu tun; ***de longue main*** seit langer Zeit; **2.** *adv* ***en dire long*** vielsagend sein; **3.** *m* Länge *f*; ***de deux mètres de long*** von 2 Meter Länge; ***le long de*** längs (*gén*), entlang (*dat*); ***de long en large*** auf und ab, hin und her; ***tout au*** *od* ***le long de l'année*** das ganze Jahr über
**longe** [lõʒ] *f corde*: Leine *f*; *cuis* Lendenstück *n*, -braten *m*
**longer** [lõʒe] (*1l*) entlanggehen, -fahren (***qc*** an etw *dat*); *sentier, mur*: sich erstrecken längs (*gén*)
**longévité** [lõʒevite] *f* Langlebigkeit *f*
**longitude** [lõʒityd] *f* geografische Länge *f*
**longtemps** [lõtɑ̃] *adv* lange (*zeitlich*); ***il y a ~*** vor langer Zeit; ***il y a ~ qu'il habite là*** er wohnt schon lange hier
**longuement** [lõgmɑ̃] *adv* lange; *parler*: lang und breit
**longueur** [lõgœr] *f* Länge *f*
**longue-vue** [lõgvy] *f* (*pl longues-vues*) Fernrohr *n*
**lopin** [lɔpɛ̃] *m* Stück(chen) *n*
**loquace** [lɔkas] gesprächig
**loque** [lɔk] *f* Lumpen *m*, Fetzen *m*; *personne*: Wrack *n*
**loquet** [lɔkɛ] *m* Riegel *m*
**loqueteu|x**, **~se** [lɔktø, -z] zerlumpt

**lorgn|er** [lɔrɲe] (*1a*) *regarder* anstarren; *fig héritage, poste*: schielen nach; **~on** *m* Kneifer *m*
**lorrain**, **~e** [lɔrɛ̃, -ɛn] lothringisch
**Lorraine** [lɔrɛn] ***la ~*** Lothringen *n*
**lors** [lɔr] ***dès*** *od* ***depuis ~*** seitdem; *en conséquence*: demzufolge; ***~ de*** bei, während
**lorsque** [lɔrsk(ə)] als, wenn (*zeitlich*)
**losange** [lɔzɑ̃ʒ] *m* Raute *f*
**lot** [lo] *m destin, loterie*: Los *n*; *portion* Anteil *m*; *comm* Posten *m*; ***gagner le gros ~*** das Große Los ziehen
**loterie** [lɔtri] *f* Lotterie *f*
**loti**, **~e** [lɔti] ***être bien*** (***mal***) ***~(e)*** es gut (schlecht) getroffen haben
**lotion** [losjõ] *f* Lotion *f*, Haar-, Gesichtswasser *n*
**lotissement** [lɔtismɑ̃] *m division*: Aufteilung *f*, Parzellierung *f*; *parcelle* (Grundstücks-)Parzelle *f*; *terrain loti* Siedlung *f*
**loto** [lɔto] *m* Lotto *n*; ***~ sportif*** Fußballtoto *n*
**louage** [lwaʒ] *m* Vermietung *f*; ***voiture*** *f* ***de ~*** Mietwagen *m*
**louange** [lwɑ̃ʒ] *f* Lob *n*
**louche**[1] [luʃ] *adj* undurchsichtig, verdächtig, anrüchig
**louche**[2] [luʃ] *f* Schöpflöffel *m*
**loucher** [luʃe] (*1a*) schielen
**louer** [lwe] (*1a*) **1.** *locataire*: mieten; *propriétaire*: vermieten; **2.** *vanter* loben (***de*** *od* ***pour*** für); ***se ~ de*** zufrieden sein mit
**loufoque** [lufɔk] F verrückt
**loup** [lu] *m zo* Wolf *m*
**loupe** [lup] *f* Lupe *f*
**louper** [lupe] (*1a*) F *travail*: verpfuschen, vermasseln, verpatzen; *personne, train*: verpassen
**loup-garou** [lugaru] *m* (*pl loups-garous*) Werwolf *m*
**lourd**, **~e** [lur, -d] schwer; *gestes*: schwerfällig; *temps*: schwül, drückend; ***j'ai la tête lourde*** ich habe e-n schweren Kopf
**lourd|aud**, **~aude** [lurdo, -od] **1.** *adj* plump, schwerfällig; **2.** *m*, *f* Tölpel *m*, Tolpatsch *m*; **~ement** [-əmɑ̃] *adv* schwerfällig; **~eur** *f fig* Schwere *f*; *de gestes*: Schwerfälligkeit *f*
**louve** [luv] *f zo* Wölfin *f*
**louvoyer** [luvwaje] (*1h*) *mar* kreuzen; *fig* lavieren
**loyal**, **~e** [lwajal] (*m/pl -aux*) *adversaire*: fair; *ami*: treu; *subalterne*: loyal
**loyauté** [lwajote] *f adversaire*: Fairness *f*; *ami*: Treue *f*; *subalterne*: Loyalität *f*
**loyer** [lwaje] *m* Miete *f*
**lubie** [lybi] *f* Marotte *f*, Schrulle *f*
**lubrifi|ant** [lybrifjɑ̃] *m* Schmiermittel *n*; **~er** (*1a*) *tech* schmieren
**lubrique** [lybrik] lüstern, geil
**lucarne** [lykarn] *f* Dachfenster *n*, -luke *f*
**Lucerne** [lysɛrn] Luzern *n*
**lucid|e** [lysid] *esprit*: klar, scharf; *personne*: scharfsichtig; **~ité** *f* Klarheit *f*, Scharfblick *m*
**lucrati|f**, **~ve** [lykratif, -v] gewinnbringend, lukrativ; ***sans but lucratif*** nicht auf Gewinn ausgerichtet
**lueur** [lɥœr] *f* Lichtschein *m*
**luge** [lyʒ] *f* Rodelschlitten *m*; ***faire de la ~*** rodeln, Schlitten fahren
**lugubre** [lygybrə] düster, trostlos
**lui** [lɥi] *pronom personnel* **1.** *tonique*: er; **2.** *objet indirect*: ihm, ihr; **3.** *après prép* ihn, sie, es; ihm, ihr, ihm
**luire** [lɥir] (*4c*) leuchten, glänzen
**lumbago** [lɛ̃bago, lœ̃-] *m méd* Hexenschuss *m*
**lumière** [lymjɛr] *f* Licht *n* (*a fig*); ***siècle*** *m* ***des ~s*** Zeitalter *n* der Aufklärung; *iron* ***ce n'est pas une ~*** er (sie) ist keine Leuchte; ***à la ~ de*** angesichts (*gén*)
**lumin|aire** [lyminɛr] *m* Beleuchtung(sgerät) *f*(*n*); **~eux**, **~euse** [-ø, -øz] leuchtend; *ciel, couleur*: hell; ***rayon*** *m* ***lumineux*** Lichtstrahl *m*; ***affiche*** *f* ***lumineuse*** Leuchtreklame *f*
**lun|aire** [lynɛr] Mond…; **~atique** [-atik] launisch
**lundi** [lœ̃di] *m* Montag *m*
**lune** [lyn] *f* Mond *m*; ***~ de miel*** Flitterwochen *f/pl*
**lunette** [lynɛt] *f* Fernglas *n*; **~s** *pl* Brille *f*; ***~s de soleil*** Sonnenbrille *f*; ***~s de ski*** Skibrille *f*; *auto* ***~ arrière*** Heckscheibe *f*
**lurette** [lyrɛt] *f* F ***il y a belle ~*** es ist schon lange her
**Lusace** [lyzas] ***la ~*** die Lausitz
**lustr|e** [lystrə] *m lampe* Kronleuchter *m*, Lüster *m*; *fig* Glanz *m*; **~er** (*1a*) glänzend machen, polieren

**luth** [lyt] *m mus* Laute *f*
**lutin** [lytɛ̃] *m* Kobold *m*
**lutt|e** [lyt] *f* Kampf *m*; *sport*: Ringen *n*, Ringkampf *m*; **~er** (*1a*) kämpfen; *sport*: ringen
**luxation** [lyksasjõ] *f* Verrenkung *f*
**luxe** [lyks] *m* Luxus *m*
**Luxembourg** [lyksɑ̃bur] ***le ~*** Luxemburg *n*; **&eois**, **&eoise** [ʒwa, -ʒwaz] **1.** *adj* luxemburgisch; **2. *~, ~e*** *m,f* Luxemburger(in) *m(f)*
**luxer** [lykse] (*1a*) ***se ~ le bras***, *etc* sich den Arm *etc* verrenken
**luxueu|x**, **~se** [lyksɥø, -z] luxuriös
**luxur|e** [lyksyr] *f* Wollust *f*, Sinnenlust *f*; **~iant**, **~iante** [-jɑ̃, -jɑ̃t] üppig wuchernd; **~ieux**, **~ieuse** [-jø, -jøz] lüstern, wollüstig
**lycée** [lise] *m* Gymnasium *n*
**lycéen**, **~ne** [liseɛ̃, -ɛn] *m, f* Gymnasiast(in) *m(f)*
**lynx** [lɛ̃ks] *m zo* Luchs *m*
**Lyon** [ljõ] Lyon *n*
**lyre** [lir] *f mus* Leier *f*
**lyrique** [lirik] lyrisch
**lyrisme** [lirismə] *m* Lyrik *f*; *fig* Begeisterung *f*
**lys** [lis] *m* → ***lis***

# M

**M.** *abr* ***monsieur*** Herr
**ma** [ma] → ***mon***
**macabre** [makabrə] schauerlich, makaber
**macaron** [makarõ] *m* **1.** *cuis* Makrone *f*; **2.** *insigne* Plakette *f*
**macédoine** [masedwan] *f cuis* ***~ de légumes*** Mischgemüse *n*; ***~ de fruits*** Obstsalat *m*
**macérer** [masere] (*1f*) *cuis* ***faire ~*** ziehen lassen
**mâche** [mɑʃ] *f bot* Feldsalat *m*, Rapunzel *f*
**mâcher** [mɑʃe] (*1a*) kauen; *fig* ***ne pas ~ ses mots*** kein Blatt vor den Mund nehmen
**machin** [maʃɛ̃] *m* F Ding(sda) *n*
**machin|al**, **~ale** [maʃinal] (*m/pl -aux*) mechanisch, automatisch; **~ation** *f* Komplott *n*; *pl* ***~s*** Machenschaften *f/pl*, Umtriebe *m/pl*
**machine** [maʃin] *f* Maschine *f*; *fig* Maschinerie *f*; ***~ à écrire, à coudre, à laver*** Schreib-, Näh-, Waschmaschine *f*; **~-outil** [-uti] *f* (*pl machines-outils*) Werkzeugmaschine *f*; **~rie** [-ri] *f* Maschinen *f/pl*; *bateau*: Maschinenraum *m*
**machiniste** [maʃinist] *m bus*: Busfahrer *m*; *métro*: U-Bahn-Fahrer *m*; *train*: Lokomotivführer *m*; *théâtre*: Bühnenarbeiter *m*
**mâchoire** [mɑʃwɑr] *f anat* Kiefer *m*; ***~s*** *pl a* Kinnbacken *f/pl*
**mâchonner** [mɑʃɔne] (*1a*) langsam *od* mit Mühe kauen; *marmonner* murmeln
**maçon** [masõ] *m* Maurer *m*
**maçonn|er** [masɔne] (*1a*) mauern; **~erie** *f* Mauerwerk *n*
**maculer** [makyle] (*1a*) *st/s* beflecken
**Madagascar** [madagaskar] *f* Madagaskar *n*
**madame** [madam] *f* (*abr* Mme), (*pl mesdames* [medam], *abr* Mmes) Frau (+ *Name*)
**mademoiselle** [madmwazɛl] *f* (*abr* Mlle), (*pl mesdemoiselles* [medmwazɛl], *abr* Mlles) Fräulein (+ *Name*)
**madère** [madɛr] *m cuis* Madeirawein *m*
**Madère** [madɛr] *géogr* Madeira *n*
**madone** [madɔn] *f* Marienbild *n*, Madonna *f*
**Madrid** [madrid] Madrid *n*
**magasin** [magazɛ̃] *m boutique* Laden *m*, Geschäft *n*; *dépôt* Speicher *m*, Lagerhaus *n*; ***grand ~*** Kaufhaus *n*
**magasin|age** [magazinaʒ] *m* Lagerung *f*, Speicherung *f*; **~ier** [-je] *m* Magazinverwalter *m*, Lagerist *m*
**magazine** [magazin] *m* Magazin *n*, illustrierte Zeitschrift *f*
**mag|e** [maʒ] *m* Magier *m*; ***les Rois ~s*** die Heiligen Drei Könige; **~icien**, **~icienne** [-isjɛ̃, -isjɛn] *m, f* Zauberer *m*, Zauberin *f*
**mag|ie** [maʒi] *f* Magie *f*; *fig charme* Zauber *m*; **~ique** magisch, Zauber…

**magistral**, **~e** [maʒistral] (*m/pl -aux*) meisterhaft; ***cours** m **magistral*** Vorlesung *f*
**magistrat** [maʒistra] *m fonctionnaire* hoher Beamter *m*; (*Oberbegriff für Richter und Staatsanwälte*) ***~ assis*** Richter *m*; ***~ debout*** Staatsanwalt *m*
**magistrature** [maʒistratyr] *f charge* Amt *n*; ***~ assise*** Richterstand *m*; ***~ debout*** Staatsanwaltschaft *f*; *période*: Amtszeit *f*
**magnanim|e** [maɲanim] großherzig; **~ité** *f* Großherzigkeit *f*
**magnét|ique** [maɲetik] magnetisch; **~isme** *m* Magnetismus *m*
**magnéto** [maɲeto] *f* **1.** *auto* (Magnet-) Zündung *f*; **2.** *abr* magnétophone
**magnéto|phone** [maɲetɔfɔn] *m* Tonband(gerät) *n*; **~scope** [-skɔp] *m* Videorecorder *m*
**magnif|icence** [maɲifisɑ̃s] *f* Pracht *f*; **~ique** herrlich, prächtig
**magot** [mago] *m* **1.** *zo* Magot *m*, Berberaffe *m*; **2.** *fig* F *trésor* verborgener Schatz *m*, verstecktes Geld *n*
**magouille** [maguj] *f* Intrigen *f/pl*
**mai** [mɛ] *m* Mai *m*
**maigr|e** [mɛgrə] mager; *résultat*, *salaire*: dürftig; **~eur** *f* Magerkeit *f*; *profit*, *ressources*: Dürftigkeit *f*; **~ir** (*2a*) mager werden, abnehmen
**mail** [mɛl] *m EDV* Mail *f*; ***envoyer qc à qn par ~*** j-m etw mailen
**maille** [maj] *f* Masche *f*
**maillet** [majɛ] *m* Holzhammer *m*
**maillon** [majõ] *m chaîne*: Glied *n*
**maillot** [majo] *m* Trikot *n* (*der Sportler, Tänzerinnen etc*); ***~ de bain*** *de femme*: Badeanzug *m*; *d'homme*: Badehose *f*; ***~ de corps*** Unterhemd *n*
**main** [mɛ̃] *f* Hand *f*; *mil* ***coup** m **de ~*** Handstreich *m*; ***donner un coup de ~ à qn*** j-m helfen; ***à la ~*** in *od* mit der Hand; ***à ~ armée*** bewaffnet; ***à ~ levée*** freihändig; ***bas les ~s!*** Finger weg!; ***la ~ dans la ~*** Hand in Hand; *fig* ***prendre qc en ~*** etw in die Hand nehmen; ***en ~s propres*** eigenhändig; ***en un tour de ~*** im Handumdrehen; ***haut les ~s!*** Hände hoch!; ***mener par la ~*** an der Hand führen; ***sous la ~*** griffbereit
**Main** [mɛ̃] *géogr* ***le ~*** der Main
**main|-d'œuvre** [mɛ̃dœvrə] *f* (*pl mains d'œuvre*) *ouvriers* Arbeitskräfte *f/pl*; *travail* Arbeit *f*; **~-forte** [-fɔrt] *f* ***prêter ~ à qn*** j-m Beistand leisten; **~mise** [-miz] *f* Aneignung *f*, Inbesitznahme *f*
**maint**, **~e** [mɛ̃, -t] *st/s* manche(r, -s); ***à maintes reprises*** wiederholt
**maintenant** [mɛ̃tnɑ̃] jetzt, nun; ***~ que*** jetzt da, jetzt wo
**maintenir** [mɛ̃t(ə)nir] (*2h*) *ordre*, *prétentions*: aufrechterhalten; *paix*, *tradition*: erhalten; *tenir dans même position*: halten; ***~ son opinion*** bei seiner Meinung bleiben; ***se ~*** *prix*, *temps*: sich halten; *tradition*: sich erhalten; *paix*: erhalten bleiben; ***se ~ au pouvoir*** sich (*acc*) an der Macht halten
**maintien** [mɛ̃tjɛ̃] *m ordre*: Aufrechterhaltung *f*; *paix*: Erhaltung *f*
**mair|e** [mɛr] *m* Bürgermeister *m*; **~ie** [-i] *f ville*: Rathaus *n*; *commune*: Gemeindeamt *n*
**mais** [mɛ] aber; sondern
**maïs** [mais] *m bot* Mais *m*
**maison** [mɛzõ] *f* Haus *n*; *chez-soi* Zuhause *n*; *comm* Firma *f*, Haus *n*; ***à la ~*** zu Hause; *direction*: nach Hause; ***~ close*** Bordell *n*; ***~ de retraite*** Altersheim *n*; ***~ mère*** Stammhaus *n*; ***pâté** m **~*** hausgemachte Pastete *f*; ***~ de campagne*** Landhaus *n*
**maîtr|e** [mɛtrə] *m* Herr *m*; *professeur* Lehrer *m*; *chef* Chef *m*; *peintre*, *écrivain*: Meister *m*; ***~ nageur*** Bademeister *m*; ***~ chanteur*** Erpresser *m*; ***~ d'hôtel*** Oberkellner *m*; **~esse** [-ɛs] **1.** *f* Herrin *f*; *professeur* Lehrerin *f*; *amante* Mätresse *f*, Geliebte *f*; ***~ de maison*** Hausherrin *f*, Dame *f* des Hauses; **2.** *adj* ***qualité** f **~*** Haupteigenschaft *f*; ***idée** f **~*** Leitgedanke *m*
**maîtris|e** [mɛtriz] *f contrôle* Beherrschung *f*; *domination* Herrschaft *f*; *diplôme*: Magisterprüfung *f*; *habileté* Können *n*; **~er** (*1a*) *cheval*: bändigen; *émotions*, *matière*: beherrschen; *incendie*: unter Kontrolle bringen
**majest|é** [maʒɛste] *f* Majestät *f*; **~ueux**, **~ueuse** [-ɥø, -ɥøz] majestätisch
**majeur**, **~e** [maʒœr] **1.** wichtig, wichtigste(-r, -s) (*superlatif*); Haupt…; **2.** *jur* volljährig; *m*, *f* Volljährige(r) *m*, *f*; **3.** *mus* Dur
**Majeur** [maʒœr] *géogr* ***le lac ~*** der Lago Maggiore

**major** [maʒɔr] *m mil* Standortoffizier *m*; **~ation** [-asjõ] *f prix, salaires*: Erhöhung *f*; **~er** (*1a*) *prix*: erhöhen; **~itaire** [-itɛr] Mehrheits...; ***scrutin*** *m* **~** Mehrheitsbeschluss *m*; **~ité** *f* **1.** Mehrheit *f* (*bes pol*); **2.** *jur* Volljährigkeit *f*
**Majorque** [maʒɔrk] Mallorca *n*
**majuscule** [maʒyskyl] *adj u subst f* (***lettre*** *f*) **~** großer Buchstabe *m*
**mal** [mal] **1.** *m* (*pl maux* [mo]) Böse(s) *n*, Schlimme(s) *n*; *malheur*: Übel *n*; *maladie* Krankheit *f*, Leiden *n*; *effort* Mühe *f*; ***faire ~*** wehtun; ***avoir ~ aux dents*** Zahnschmerzen haben; ***~ de cœur*** Übelkeit *f*; ***~ de mer*** Seekrankheit *f*; ***~ du pays*** Heimweh *n*; ***se donner du ~*** sich Mühe geben; ***ne voir aucun ~ à*** nichts finden bei; ***faire du ~ à qn*** j-m wehtun; *nuire* schaden (*dat*); ***j'ai du ~ à faire qc*** es fällt mir schwer, etw zu tun; ***dire du ~ de qn*** j-m Schlechtes nachsagen; **2.** *adv* schlecht, schlimm, übel; ***~ à l'aise*** unbehaglich; ***~ fait*** missgestaltet; ***de ~ en pis*** immer schlechter; ***pas ~*** ganz gut; ***pas ~ de*** ziemlich viel(e); ***s'y prendre ~*** es falsch anpacken; **3.** *adj* ***être ~*** sich nicht wohlfühlen
**malad|e** [malad] krank; ***tomber ~*** krank werden; ***~ mental*** geisteskrank; **~ie** [-i] *f* Krankheit *f*; ***~ de la vache folle*** Rinderwahn(sinn) *m*; **~if**, **~ive** [-if, -iv] *personne*: kränklich; *curiosité, sensibilité*: krankhaft
**maladr|esse** [maladrɛs] *f* Ungeschick(lichkeit) *n*(*f*); **~oit**, **~oite** [-wa, -wat] ungeschickt
**malais|e** [malɛz] *m physique*: Unwohlsein *n*; *inquiétude* Unbehagen *n*; *pol* Malaise *f*; **~é**, **~ée** *st/s* schwierig
**malaria** [malarja] *f méd* Malaria *f*
**malavisé**, **~e** [malavize] *st/s* unklug, unüberlegt
**Malaysia** [malezja] ***la ~*** Malaysia *n*
**malchance** [malʃɑ̃s] *f* Unglück *n*, Pech *n*
**mâle** [mɑl] **1.** *adj* männlich; **2.** *m zo* Männchen *n*; F Mann *m*
**malé|diction** [malediksjõ] *f* Verwünschung *f*, Fluch *m*; **~fique** [-fik] unheilvoll
**malencontreu|x**, **~se** [malɑ̃kõtrø, -z] leidig, unangenehm
**malentendu** [malɑ̃tɑ̃dy] *m* Missverständnis *n*
**mal|faisant**, **~faisante** [malfəzɑ̃, -fəzɑ̃t] bösartig; *idées*: schädlich; **~faiteur** [-fɛtœr] *m* Übeltäter *m*; **~famé**, **~famée** [-fame] verrufen
**malgache** [malgaʃ] **1.** *adj* madagassisch; **2.** ♀ *m*, *f* Madagasse *m*, Madagassin *f*
**malgré** [malgre] *prép* trotz (*gén od dat*); *conj* ***~ que*** (+ *subj*) obwohl; ***~ moi*** gegen meinen Willen; ***~ tout*** trotz allem
**malhabile** [malabil] ungeschickt
**malheur** [malœr] *m* Unglück *n*; ***par ~*** unglücklicherweise; ***porter ~*** Unglück bringen; **~eusement** [-øzmɑ̃] *adv* unglücklicherweise, leider; **~eux**, **~euse** [-ø, -øz] unglücklich; *insignifiant* unbedeutend
**malhonnêt|e** [malɔnɛt] unehrlich, unredlich; **~eté** [-te] *f* Unehrlichkeit *f*, Unredlichkeit *f*
**Mali** [mali] ***le ~*** Mali *n*
**malic|e** [malis] *f* Bosheit *f*; *raillerie* Schalkhaftigkeit *f*; **~ieux**, **~ieuse** [-jø, -jøz] boshaft; *coquin* schelmisch, schalkhaft
**malignité** [maliɲite] *f* Boshaftigkeit *f*; *méd* Bösartigkeit *f*
**mal|in**, **~igne** [malɛ̃, maliɲ] *astucieux* schlau; *spirituel* gewitzt; *méchant* boshaft; *méd* bösartig
**Malines** [malin] *géogr* Mecheln *n*
**malingre** [malɛ̃grə] schwächlich
**malintentionné**, **~e** [malɛ̃tɑ̃sjɔne] übel gesinnt
**malle** [mal] *f* Reisekoffer *m*
**malléable** [maleablə] schmiedbar; *fig* bildsam
**mallette** [malɛt] *f* Köfferchen *n*
**malmener** [malməne] (*1d*) übel behandeln; *fig* hart mitnehmen
**malodorant**, **~e** [malɔdɔrɑ̃, -t] übel riechend
**malotru**, **~e** [malɔtry] ungehobelt, flegelhaft
**Malouines** [malwin] *f/pl* ***les ~*** die Falklandinseln *pl*
**malpropre** [malprɔprə] unsauber; *indécent* unanständig
**malsain**, **~e** [malsɛ̃, -sɛn] ungesund
**malt** [malt] *m* Malz *n*
**Malte** [malt] *f* Malta *n*
**maltraiter** [maltrɛte] (*1b*) misshandeln
**malveill|ance** [malvɛjɑ̃s] *f intention de*

*nuire* Böswilligkeit *f*; *hostilité* Feindseligkeit *f*; **~ant**, **~ante** [-ɑ̃, -ɑ̃t] boshaft, gehässig
**malvenu**, **~e** [malvəny] ***être ~(e) de*** *od* ***à*** (+ *inf*) nicht berechtigt sein zu (+ *inf*)
**maman** [mamɑ̃] *f* Mama *f*
**mamelle** [mamɛl] *f femme*: Brust *f*; *animal*: Euter *n*
**mamelon** [mamlõ] *m anat* Brustwarze *f*; *colline*: Kuppe *f*
**mammifère** [mamifɛr] *m* Säugetier *n*
**manche**[1] [mɑ̃ʃ] *m outils de jardin*, *cuiller*: Stiel *m*; *casserole*: Griff *m*; *violon*: Hals *m*
**manche**[2] [mɑ̃ʃ] *f* Ärmel *m*
**Manche** [mɑ̃ʃ] *géogr* ***la ~*** der Ärmelkanal
**manch|ette** [mɑ̃ʃɛt] *f* Manschette *f*; *journal*: Schlagzeile *f*; **~on** *m* Muff *m*; *tech* Muffe *f*
**manchot**, **~e** [mɑ̃ʃo, -ɔt] **1.** *adj* einarmig, -händig; **2.** *m*, *f* Einarmige(r) *m*, *f*; **3.** *m zo* Pinguin *m*
**mandarine** [mɑ̃darin] *f* Mandarine *f*
**mandat** [mɑ̃da] *m* **1.** *député*: Mandat *n*; *procuration* Vollmacht *f*; **2.** *postes*: Postanweisung *f*; ***~ d'arrêt*** Haftbefehl *n*; **~aire** [-tɛr] *m*, *f* Bevollmächtigte(r) *f*(*m*)
**mander** [mɑ̃de] (*1a*) *st/s convoquer* zu sich bitten; *faire savoir* benachrichtigen
**manège** [manɛʒ] *m* Reitbahn *f*; *carrousel* Karussell *n*; *fig* Schliche *m/pl*, Tricks *m/pl*
**manette** [manɛt] *f tech* Hebel *m*
**mange|able** [mɑ̃ʒablə] essbar; **~aille** [-aj] *f* F *péj* Fraß *m*; **~oire** [-war] *f* Futtertrog *m*
**manger** [mɑ̃ʒe] **1.** (*1l*) essen; *animal*: fressen; *fig argent*, *temps*: verschlingen; *mots*: verschlucken; **2.** *m* Essen *n*
**mani|abilité** [manjabilite] *f* Handlichkeit *f*; *auto* Wendigkeit *f*; **~able** handlich; *voiture*: wendig; *personne*: fügsam
**maniaque** [manjak] pingelig; *fou* wahnsinnig; *souffrant de manie* manisch
**manie** [mani] *f* Manie *f*
**maniement** [manimɑ̃] *m outil*: Handhabung *f*, Umgang *m* (***de*** mit); *personne*, *argent*: Umgang *m*
**manier** [manje] (*1a*) *outil*: handhaben, umgehen; *personne*, *argent*: umgehen (***qc***, ***qn*** mit etw, j-m); *appareil*: bedienen; *voiture*: lenken
**maniéré**, **~e** [manjere] geziert, gekünstelt
**manière** [manjɛr] *f* Art *f*, Weise *f*; **~s** *pl* Manieren *f/pl*, Benehmen *n*; *affectées*: Umstände *m/pl*; ***à la ~ de*** nach Art (*gén*); ***de cette ~*** auf diese Art, so; ***de toute ~*** jedenfalls; ***d'une ~ générale*** ganz allgemein; ***de ~ à*** (+ *inf*) um … zu (+ *inf*); ***de telle ~ que*** derart …, dass; *st/s* ***de ~ à ce que*** (+ *subj*) so dass
**manifest|ant**, **~ante** [manifɛstɑ̃, -ɑ̃t] *m*, *f* Demonstrant(in) *m*(*f*); **~ation** *f* Äußerung *f*, Bekundung *f*; *pol* Demonstration *f*, Kundgebung *f*; *culturelle*, *sportive*: Veranstaltung *f*
**manifest|e** [manifɛst] **1.** *adj* offenbar, offenkundig; **2.** *m* Manifest *n*; **~er** (*1a*) *v/t volonté*: äußern, kundtun; *courage*, *haine*: zeigen; *v/i* demonstrieren; ***se ~*** *se révéler* sich offenbaren, sichtbar werden
**manigance** [manigɑ̃s] *f* Schliche *m/pl*
**manipul|ation** [manipylasjõ] *f appareil*: Handhabung *f*; *personne*: Manipulation *f*; ***~ génétique*** Genmanipulation *f*; **~é**, **~ée**: ***~(e) génétiquement*** genmanipuliert; **~er** (*1a*) handhaben (***qc*** etw), hantieren (***qc*** mit etw); *personne*: manipulieren
**manivelle** [manivɛl] *f* Kurbel *f*
**mannequin** [mankɛ̃] *m couture*: Schneiderpuppe *f*; *magasin*: Schaufensterpuppe *f*; *femme*: Mannequin *n*
**manœuvr|e** [manœvrə] **1.** *f outil*, *arme*: Handhabung *f*; *machine*: Bedienung *f*; *voiture*: Steuern *n*; *mil*, *mar*, *fig* Manöver *n*; **2.** *m* Hilfsarbeiter *m*; **~er** (*1a*) *v/t outil*: handhaben; *machine*: bedienen; *voiture*: steuern; *personne*: manipulieren; *v/i* manövrieren
**manoir** [manwar] *m* Herrensitz *m*
**manqu|e** [mɑ̃k] *m* Mangel *m* (***de*** an *dat*); ***par ~ de*** aus Mangel an (*dat*); *pl fig* **~s** Unzulänglichkeiten *f/pl*; **~é**, **~ée** verpfuscht, verfehlt; **~ement** [-mɑ̃] *m* Verstoß *m* (***à*** gegen)
**manquer** [mɑ̃ke] (*1m*) **1.** *v/i* fehlen; *échouer* scheitern; **2.** ***~ à qc*** gegen etw verstoßen; **3.** ***~ de qc*** Mangel an etw (*dat*) haben; **4.** *v/t* verfehlen, ver-

passen; ***ne pas ~ de faire qc*** nicht vergessen, etw zu tun; ***elle a manqué (de) se faire écraser*** sie wäre fast überfahren worden; **5.** *impersonnel* ***il manque des preuves*** es fehlen Beweise
**mansarde** [mɑ̃sard] *f* Mansarde *f*, Dachkammer *f*
**mansuétude** [mɑ̃sɥetyd] *st/s f* Milde *f*
**manteau** [mɑ̃to] *m* (*pl -x*) Mantel *m* (*a fig*); ***sous le ~*** heimlich
**manucure** [manykyr] *f* Maniküre *f*
**manuel**, **~le** [manɥɛl] **1.** *adj* Hand…, manuell; **2.** *m* Handbuch *n*
**manufactur|e** [manyfaktyr] *f* Manufaktur *f*, Fabrik *f*; **~é**, **~ée** ***produits m/pl manufacturés*** gewerbliche und industrielle Erzeugnisse
**manuscrit**, **~e** [manyskri, -t] **1.** *adj* handschriftlich; **2.** *m* Manuskript *n*
**manutention** [manytɑ̃sjõ] *f* Verladen *n*, Transport *m*
**mappemonde** [mapmõd] *f carte*: Welt-, Erdkarte *f*; *globe* Globus *m*
**maquereau** [makro] *m* (*pl -x*) **1.** *zo* Makrele *f*; **2.** P *souteneur* Zuhälter *m*
**maquette** [makɛt] *f* Entwurf *m*; *à trois dimensions*: Modell *n*
**maquill|age** [makijaʒ] *m* Schminke *f*, Make-up *n*; **~er** (*1a*) schminken; *falsifier* fälschen; *fausser* verfälschen, frisieren
**maqu|is** [maki] *m* Dickicht *n*, Unterholz *n*; *fig pol* Widerstandsbewegung *f*; **~isard** [-izar] *m* Widerstandskämpfer *m* (*im 2. Weltkrieg*)
**maracuja** [marakyʒa, marakuʒa] *m bot* Maracuja *f*
**maraîch|er**, **~ère** [marɛʃe, -ɛr] **1.** *adj* Gemüse…; **2.** *m*, *f* Gemüsegärtner(in) *m*(*f*)
**marais** [marɛ] *m* Sumpf *m*, Moor *n*
**marasme** [marasmə] *m écon* Flaute *f*, Stagnation *f*
**marâtre** [marɑtrə] *f péj* Rabenmutter *f*
**maraud|er** [marode] (*1a*) plündern; **~eur**, **~euse** *m* Plünderer *m*
**marbr|e** [marbrə] *m* Marmor *m*; **~é**, **~ée** marmoriert
**marc** [mar] *m* Trester *m/pl*; *eau-de-vie* Tresterbranntwein *m*; ***~ de café*** Kaffeesatz *m*
**marcassin** [markasɛ̃] *m* Frischling *m*
**marchand**, **~e** [marʃɑ̃, -d] **1.** *adj* Handels…; **2.** *m*, *f* Händler(in) *m*(*f*); ***~ des quatre-saisons*** Obst- und Gemüsehändler(in) *m*(*f*)
**marchand|age** [marʃɑ̃daʒ] *m* Feilschen *n*; **~er** (*1a*) handeln, feilschen (***qc*** um etw)
**marchandise** [marʃɑ̃diz] *f* Ware *f*
**marche** [marʃ] *f* **1.** *activité*: Gehen *n*; *mus*, *mil* Marsch *m*; *événements*, *temps*: Lauf *m*; *démarche* Gang *m*; *train*: Fahrt *f*; ***~ arrière*** *auto* Rückwärtsgang *m*; ***mettre en ~*** in Gang setzen; **2.** *escalier*: Stufe *f*
**marché** [marʃe] *m* Markt(platz) *m*; *affaire*: Geschäft *n*; **(*à*) *bon ~*** billig; **(*à*) *meilleur ~*** billiger; ***le meilleur ~*** am billigsten; ***par-dessus le ~*** obendrein, noch dazu; ***~ noir*** Schwarzmarkt *m*; *pol* ***le ♀ Commun*** der Gemeinsame Markt; ***~s m/pl de titres*** Wertpapiermärkte *m/pl*
**marchepied** [marʃəpje] *m* Trittbrett *n*
**marcher** [marʃe] (*1a*) *personne*: gehen, laufen; *mil* marschieren; *machine*: funktionieren, in Gang sein; F *réussir* klappen; F *croire naïvement* hereinfallen (***dans qc*** auf etw *acc*); ***faire ~ qn*** j-n hereinlegen; ***~ sur*** treten auf (*acc*)
**mardi** [mardi] *m* Dienstag *m*; ***♀ gras*** Fastnacht *f*
**mare** [mar] *f* Tümpel *m*; ***~ de sang*** Blutlache *f*
**marécag|e** [marekaʒ] *m* Sumpf *m*, Moor *n*; **~eux**, **~euse** [-ø, -øz] morastig, sumpfig
**maréchal** [mareʃal] *m* (*pl -aux*) Marschall *m*; **~-ferrant** [-fɛrɑ̃] *m* (*pl maréchaux-ferrants*) Hufschmied *m*
**marée** [mare] *f* Gezeiten *pl*; ***~ basse*** Ebbe *f*; ***~ haute*** Flut *f*; ***~ noire*** Ölpest *f*
**marémo|teur**, **~trice** [maremɔtœr, -tris] ***usine** f **marémotrice*** Gezeitenkraftwerk *n*
**marge** [marʒ] *f* (Blatt-)Rand *m*; *fig* Spielraum *m*; ***~ bénéficiaire*** *od* ***~ de profit*** Gewinnspanne *f*; ***notes*** *f/pl* ***en ~*** Randbemerkungen *f/pl*; ***en ~ de*** am Rande (*gén*)
**marginal**, **~e** [marʒinal] (*m/pl -aux*) **1.** *adj* Rand…; **2.** *m* gesellschaftlicher Außenseiter *m*, Aussteiger *m*
**mari** [mari] *m* (Ehe-)Mann *m*
**mariage** [marjaʒ] *m partie officielle*: Trauung *f*; *fête*: Hochzeit *f*; *état*: Ehe *f*

**marié**, **~e** [marje] **1.** *adj* verheiratet; **2.** *m*, *f* Bräutigam *m*, Braut *f*
**marier** [marje] (*1a*) *maire*, *prêtre*: trauen; *parents*: verheiraten (***qn avec*** *od* ***à qn*** j-n mit j-m); ***se ~*** heiraten; ***se ~ avec qn*** sich mit j-m verheiraten, j-n heiraten
**marin**, **~e** [marɛ̃, -in] **1.** *adj* See…, Meer…; **2.** *m* Seemann *m*, Matrose *m*; **3.** *f mil* Marine *f*, Flotte *f*
**mariner** [marine] (*1a*) *cuis* marinieren, einlegen
**marionnette** [marjɔnɛt] *f* Marionette *f*
**maritime** [maritim] See…, maritim
**marjolaine** [marʒɔlɛn] *f bot* Majoran *m*
**mark** [mark] *hist* (deutsche) Mark *f*
**marmelade** [marməlad] *f* Marmelade *f*; *compote* Mus *n*
**marmite** [marmit] *f* Kochtopf *m*
**marmonner** [marmɔne] (*1a*) murmeln, brummen, brummeln
**marmotte** [marmɔt] *f zo* Murmeltier *n*
**marne** [marn] *f géol* Mergel *m*
**Maroc** [marɔk] ***le ~*** Marokko *n*
**marocain**, **~e** [marɔkɛ̃, -ɛn] **1.** *adj* marokkanisch; **2.** **♀**, **♀*e*** *m*, *f* Marokkaner(in) *m*(*f*)
**maroquinerie** [marɔkinri] *f commerce*: Lederwarengeschäft *n*; *articles*: Lederwaren *f*/*pl*; *industrie*: Lederverarbeitung *f*
**marque** [mark] *f* Zeichen *n*; *comm* Marke *f*; *comm signe* Warenzeichen *n*; *trace* Spur *f*; ***à vos ~s!*** auf die Plätze; ***~ déposée*** eingetragenes Warenzeichen *n*; ***de ~*** *comm* Marken…; *fig* bedeutend
**marquer** [marke] (*1m*) *endroit*: markieren, kennzeichnen; *écrire* notieren, aufschreiben; *draps*, *vêtement*: zeichnen; *personnalité*: prägen; *baromètre*, *montre*: anzeigen; *révéler* hindeuten auf (*acc*); *accentuer* hervorheben; *célébrer* feiern; ***~ un but*** ein Tor erzielen *od* schießen
**marqueterie** [markɛtri] *f* Einlegearbeit *f*, Intarsien *f*/*pl*
**marqueur** [markœr] *m* Filzschreiber *m*
**marquis**, **~e** [marki, -z] *m*, *f* **1.** Marquis *m*, Marquise *f*; **2.** *f gläsernes* Vordach *n*
**marraine** [marɛn] *f* Patin *f*
**marrant**, **~e** [marɑ̃, -t] F komisch, lustig
**marr|e** [mar] F ***en avoir ~*** davon genug haben, es satthaben; **~er** (*1a*) F ***se ~*** sich amüsieren
**marron** [marõ] **1.** *m* Esskastanie *f*; **2.** *adj* braun
**marronnier** [marɔnje] *m* Kastanienbaum *m*
**mars** [mars] *m* März *m*
**Marseille** [marsɛj] Marseille *n*
**marsupiaux** [marsypjo] *m*/*pl zo* Beuteltiere *n*/*pl*
**marteau** [marto] (*pl -x*) **1.** *m* Hammer *m*; ***~ piqueur*** Presslufthammer *m*; **2.** *adj* F behämmert, bekloppt
**marteler** [martəle] (*1d*) hämmern
**martial**, **~e** [marsjal] (*m*/*pl -aux*) kriegerisch, martialisch; ***cour*** *f* ***martiale*** Standgericht *n*
**martien**, **~ne** [marsjɛ̃, -ɛn] *astr* Mars…
**martre** [martrə] *f zo* Marder *m*
**martyr**, **~e**[1] [martir] *m*, *f* Märtyrer(in) *m*(*f*)
**martyr|e**[2] [martir] *m* Martyrium *n*; *mort*: Märtyrertod *m*; **~iser** (*1a*) quälen, martern
**marx|isme** [marksismə] *m* Marxismus *m*; **~iste** **1.** *adj* marxistisch; **2.** *m*, *f* Marxist(in) *m*(*f*)
**mas** [mɑ *od* mas] *m südfranzösisches Bauernhaus*
**mascara** [maskara] *m* Wimperntusche *f*
**mascarade** [maskarad] *f* Maskerade *f*; *fig* Betrug *m*
**mascotte** [maskɔt] *f* Maskottchen *n*
**masculin**, **~e** [maskylɛ̃,-in] **1.** *adj* männlich, Männer…; **2.** *m gr* Maskulinum *n*
**masqu|e** [mask] *m* Maske *f* (*a fig*); **~er** (*1m*) maskieren; *cacher à la vue* verbergen, verdecken; ***bal*** *m* ***masqué*** Maskenball *m*
**massacr|e** [masakrə] *m* Blutbad *n*, Massaker *n*; **~er** (*1a*) niedermetzeln, massakrieren; *fig* verschandeln, verpfuschen
**massage** [masaʒ] *m* Massage *f*, Massieren *n*
**masse** [mas] *f* Masse *f*; *quantité* Menge *f*; *bloc* Block *m*; ***en ~*** scharenweise, in Massen
**massepain** [maspɛ̃] *m* Marzipan *n*
**mass|er** [mase] (*1a*) **1.** *assembler* versammeln; **2.** *jambes*: massieren; **~eur**, **~euse** *m*, *f* Masseur *m*, Masseuse *f*

**massi|f**, **~ve** [masif, -v] **1.** *adj* massiv; *gros* massig; **2.** *m* (Gebirgs-)Massiv *n*; **~ *de fleurs*** Blumenbeet *n*
**massue** [masy] *f* Keule *f*
**mastic** [mastik] *m* (Glaser-)Kitt *m*
**mastiquer** [mastike] (*1m*) **1.** *fenêtre*: verkitten; **2.** *nourriture*: kauen
**mastodonte** [mastɔdõt] *m* Gigant *m*, Koloss *m*
**mat¹**, **~e** [mat] glanzlos, matt; *son*: dumpf
**mat²** [mat] (*unv*) *échecs*: matt
**mât** [mɑ] *m* Mast *m*
**match** [matʃ] *m* Spiel *n*; **~ *aller*** Hinspiel *n*; **~ *retour*** Rückspiel *n*
**matelas** [matla] *m* Matratze *f*; **~ *pneumatique*** Luftmatraze *f*
**matelot** [matlo] *m* Matrose *m*
**matérial|iser** [materjalize] (*1a*) verwirklichen; **~isme** *m* Materialismus *m*; **~iste 1.** *adj* materialistisch; **2.** *m*, *f* Materialist(in) *m(f)*
**matéri|au** [materjo] *m* (*pl -x*) Material *n*, Bau-, Werkstoff *m*; **~aux** *m/pl* Material(ien) *n(pl)*; **~el**, **~elle 1.** *adj* materiell; *physique* körperlich; **2.** *m* Material *n*; *camping*, *sport*: Ausrüstung *f*; *EDV* Hardware *f*
**matern|el**, **~elle** [maternɛl] **1.** *adj* mütterlich, Mutter…; ***langue f maternelle*** Muttersprache *f*; **2.** *f* Kindergarten *m*; **~ité** *f* Mutterschaft *f*; *établissement*: Entbindungsheim *n*
**mathémat|icien**, **~icienne** [matematisjɛ̃, -isjɛn] *m*, *f* Mathematiker(in) *m(f)*; **~ique 1.** *adj* mathematisch; **2.** **~s** *f/pl* Mathematik *f*
**matière** [matjɛr] *f* Materie *f*, Stoff *m*; *sujet* Thema *n*; *motif* Anlass *m*; **~ *première*** Rohstoff *m*; **~ *grise*** graue Substanz *f*; ***entrer en ~*** zur Sache kommen; ***en la ~*** einschlägig; ***en ~ de*** in Sachen (*gén*)
**matin** [matɛ̃] *m* Morgen *m*; Vormittag *m*; ***le ~*** morgens; ***ce ~*** heute früh; ***du ~ au soir*** von morgens bis abends; **~ *et soir*** morgens und abends
**matinal**, **~e** [matinal] (*m/pl -aux*) morgendlich; ***être ~*** früh aufstehen
**matinée** [matine] *f* Morgen *m*, Vormittag *m*; *spectacle*: Frühvorstellung *f*; ***faire la grasse ~*** bis in den Tag hinein schlafen
**matois**, **~e** [matwa, -z] schlau, gerissen
**matou** [matu] *m* Kater *m*
**matraque** [matrak] *f* Knüppel *m*
**matrice** [matris] *f anat* Gebärmutter *f*; *tech* Matrize *f*; *math* Matrix *f*
**matricule** [matrikyl] *f* Matrikel *f*
**matrimonial**, **~e** [matrimɔnjal] (*m/pl -aux*) ehelich, Ehe…
**maturité** [matyrite] *f* Reife *f*
**mau|dire** [modir] (*2a u 4m*) verfluchen, verwünschen; **~dit**, **~dite** [-di, -dit] verflucht, verwünscht, verdammt
**maugréer** [mogree] (*1a*) (vor sich hin) schimpfen
**mauresque** [mɔrɛsk] maurisch
**Maurice** [mɔris] ***l'île** f* **~** Mauritius *n*
**Mauritanie** [mɔritani] ***la* ~** Mauretanien *n*
**mausolée** [mozɔle] *m* Mausoleum *n*
**maussade** [mosad] *personne*: verdrießlich; *ciel*, *temps*: unfreundlich, trist
**mauvais**, **~e** [mɔvɛ, -z] **1.** *adj* schlecht; *méchant* böse; *faux* falsch; **2.** *adv* schlecht; ***il fait mauvais*** es ist schlechtes Wetter; ***sentir mauvais*** schlecht riechen
**mauve** [mov] **1.** *f bot* Malve *f*; **2.** *adj* malvenfarbig
**maux** [mo] *pl de* ***mal***
**maximal**, **~e** [maksimal] (*m/pl -aux*) maximal, Höchst…
**maxime** [maksim] *f* Maxime *f*
**maximum** [maksimɔm] **1.** *adj* (*f/sg*, *m/pl u f/pl a maxima*) maximal, Höchst…; **2.** *m* Maximum *n*; ***atteindre son ~*** sein Höchstmaß erreichen; ***au ~*** *tout au plus* höchstens
**Mayence** [majɑ̃s] *géogr* Mainz *n*
**mayonnaise** [majɔnɛz] *f cuis* Mayonnaise *f*
**mazout** [mazut] *m* Heizöl *n*
**me** [m(ə)] mich; mir
**Me** *abr* ***Maître*** Rechtsanwalt
**mec** [mɛk] *m* F Typ *m*, Kerl *m*
**mécan|icien** [mekanisjɛ̃] *m* Mechaniker *m*; **~ique 1.** *adj* mechanisch; **2.** *f* Mechanik *f*; **~iser** (*1a*) mechanisieren; **~isme** *m* Mechanismus *m* (*a fig*), Vorrichtung *f*; **~ *du taux de change*** Wechselkursmechanismus *m*
**méch|anceté** [meʃɑ̃ste] *f caractère*: Boshaftigkeit *f*; *action*, *parole*: Bosheit *f*; **~ant**, **~ante** [-ɑ̃, -ɑ̃t] **1.** *adj* böse, boshaft; *enfant*: unartig, ungezogen;

*précédant le nom*: übel, schlimm; **2.** *m, f* Bösewicht *m*
**mèche** [mɛʃ] *f bougie*: Docht *m*; *explosif*: Zündschnur *f*; *dentiste*: Bohrer *m*; *cheveux*: Haarsträhne *f*
**Mecklembourg** [meklɛ̃-, meklɑ̃bur] ***le ~*** Mecklenburg *n*
**Mecklembourg-Poméranie occidentale** [mɛklɛ̃buʀ-pomeʀani ɔksidɑ̃tal] *m* ***le ~*** Mecklenburg-Vorpommern *n*
**mécompte** [mekõt] *m déception* Enttäuschung *f*
**méconnaissable** [mekɔnɛsablə] unkenntlich
**méconnaître** [mekɔnɛtrə] (*4z*) verkennen
**mécontent**, **~e** [mekõtɑ̃, -t] unzufrieden (***de*** mit); **~er** (*1a*) verdrießen, verärgern
**Mecque** [mɛk] ***La ~*** Mekka *n*
**médaill|e** [medaj] *f* Gedenkmünze *f*, Medaille *f*; **~on** *m* Medaillon *n*
**médecin** [mɛdsɛ̃] *m* Arzt *m*, Ärztin *f*
**médecine** [mɛdsin] *f* Medizin *f*
**média** [medja] *m* (*pl média od médias*) Massenmedien *n/pl*
**média|teur**, **~trice** [medjatœr, -tris] *m, f* Vermittler(in) *m(f)*; **~tion** *f* Vermittlung *f*; **~tique** Medien…
**médical**, **~e** [medikal] (*m/pl -aux*) ärztlich, medizinisch
**médicament** [medikamɑ̃] *m* Arznei *f*, Medikament *n*
**médicinal**, **~e** [medisinal] (*m/pl -aux*) Heil…, Arznei…
**médiéval**, **~e** [medjeval] (*m/pl -aux*) mittelalterlich
**Médine** [medin] *géogr* Medina *n*
**médiocr|e** [medjɔkrə] mittelmäßig; *insuffisant* mangelhaft, kümmerlich, dürftig; **~ité** *f* Mittelmäßigkeit *f*; *insuffisance* Mangelhaftigkeit *f*
**médi|re** [medir] (*4m*) ***~ de qn*** j-m Übles nachreden; **~sance** [-zɑ̃s] *f* üble Nachrede *f*
**médita|tif**, **~tive** [meditatif, -tiv] nachdenklich; **~tion** *f pensée* Gedanke *m*; *psych, rel* Meditation *f*
**méditer** [medite] (*1a*) *v/t* ***~ qc*** über etw nachsinnen; *v/i* nachdenken (***sur qc*** über etw); *psych, rel* meditieren
**Méditerran|ée** [meditɛrane] ***la ~*** das Mittelmeer; **2éen**, **2éenne** [-eɛ̃, -eɛn] Mittelmeer…
**médium** [medjɔm] *m* Medium *n*
**méduse** [medyz] *f zo* Qualle *f*
**meeting** [mitiŋ] *m pol* Versammlung *f*; *allg* Veranstaltung *f*
**méfait** [mefɛ] *m* Missetat *f*; *pl* **~s** schädliche Auswirkungen *f/pl*
**méfi|ance** [mefjɑ̃s] *f* Misstrauen *n*; **~ant**, **~ante** [-ɑ̃, -ɑ̃t] misstrauisch
**méfier** [mefje] (*1a*) ***se ~ de qn*** (***qc***) j-m (e-r Sache) misstrauen; *se tenir en garde* sich vor j-m (etw) in Acht nehmen
**méga|lomanie** [megalɔmani] *f* Größenwahn *m*; **~octet** [-ɔktɛ] *m EDV* Megabyte *n*; **~phone** [-fɔn] *m* Megafon *n*
**mégarde** [megard] *f* ***par ~*** aus Versehen
**mégot** [mego] *m* Zigarettenstummel *m*, F Kippe *f*
**meilleur**, **~e** [mɛjœr] **1.** *adj* besser; ***le meilleur*** der Beste; **2.** *m* ***le ~*** *personne*: der Beste; *chose*: das Beste
**mélancol|ie** [melɑ̃kɔli] *f* Melancholie *f*, Schwermut *f*; **~ique** melancholisch
**mélang|e** [melɑ̃ʒ] *m* Mischung *f*; **~er** (*1l*) *mêler* vermischen; *brouiller* durcheinanderbringen
**mélasse** [melas] *f* Zuckersirup *m*
**mêlée** [mɛle] *f* Handgemenge *n*; *rugby*: Gedränge *n*
**mêler** [mɛle] (*1b*) (ver)mischen; *réunir* verbinden; *brouiller* in Unordnung bringen; *fig* ***~ qn à qc*** j-n in etw (*acc*) verwickeln; ***se ~ à qc*** *chose*: sich mit etw vermischen; ***se ~ de qc*** sich in etw (*acc*) mischen; ***se ~ à la foule*** sich unter die Menge mischen
**mélod|ie** [melɔdi] *f* Melodie *f*; **~ieux**, **~ieuse** [-jø, -jøz] *u* **~ique** wohlklingend, melodisch
**melon** [m(ə)lõ] *m bot* Melone *f*; (***chapeau*** *m*) **~** Melone *f* (*Hut*)
**membre** [mɑ̃brə] *m anat* Glied *n*; *fig* Mitglied *n*
**même** [mɛm] **1.** *adj u pronom* ***le, la ~, les ~s*** der, die, das Gleiche, die Gleichen; der-, die-, dasselbe, dieselben; ***moi-~*** ich selbst; ***la bonté ~*** die Güte selbst; ***ce jour ~*** heute noch; ***cela revient au ~*** das kommt auf dasselbe hinaus; ***en ~ temps*** zur gleichen Zeit; **2.** *adv* selbst, sogar; ***~ pas*** nicht einmal; ***~ si*** selbst wenn; ***ici ~*** genau hier; ***de ~*** ebenso; ***de ~!*** gleichfalls!; ***de ~ que***

ebenso wie; ***boire à ~ la bouteille*** direkt aus der Flasche trinken; ***être*** (***mettre***) ***à ~ de*** (+ *inf*) im Stande sein (in den Stand setzen) zu (+ *inf*); ***tout de ~*** trotzdem; ***quand ~*** trotzdem, immerhin

**mémoire** [memwar] **1.** *f faculté*: Gedächtnis *n*; *souvenir* Erinnerung *f*; *EDV* Speicher *m*; ***~ dure*** Festspeicher *m*; ***~ morte*** Lesespeicher *m*, ROM *n*; ***~ vive*** Direktzugriffspeicher *m*, RAM *n*; ***~ de travail*** Arbeitsspeicher *m*; ***de ~*** aus dem Gedächtnis; ***à la ~ de*** zum Gedenken an (*acc*); ***de ~ d'homme*** seit Menschengedenken; **2.** *m exposé* Memorandum *n*, Denkschrift *f*; *dissertation* Abhandlung *f*; ***~s*** *pl* Memoiren *pl*, (Lebens-)Erinnerungen *f/pl*

**mémorable** [memɔrablə] denkwürdig

**mémorandum** [memɔrɑ̃dɔm] *m* Memorandum *n*

**mémorial** [memɔrjal] *m* (*pl -aux*) Denkmal *n*

**menac|e** [mənas] *f* Drohung *f*; *danger* Bedrohung *f*; **~er** (*1k*) drohen (***qn de*** j-m mit); *avec arme*: bedrohen (***qn de*** j-n mit)

**ménage** [menaʒ] *m entretien*, *famille*: Haushalt *m*; *meubles*, *ustensiles*: Hausrat *m*; *couple* Ehe(paar) *f*(*n*); ***faire le ~*** aufräumen, putzen; ***femme*** *f* ***de ~*** Putzfrau *f*; ***~ à trois*** Dreiecksverhältnis *n*; ***faire bon ~ avec qn*** sich mit j-m gut vertragen

**ménag|ement** [menaʒmɑ̃] *m* Rücksicht *f*; **~er**¹ (*1l*) schonen; *temps*, *argent*: sparen; *arranger* bewerkstelligen

**ménag|er**², **~ère** [menaʒe, -ɛr] **1.** *adj* Haushalt(ung)s…; **2.** *f* Hausfrau *f*

**mendi|ant**, **~ante** [mɑ̃djɑ̃, -ɑ̃t] *m*, *f* Bettler(in) *m*(*f*); **~er** (*1a*) betteln (***qc*** um etw)

**menées** [məne] *f/pl* Umtriebe *m/pl*, Machenschaften *f/pl*

**men|er** [məne] (*1d*) *v/t vers un endroit*: bringen; *à la main*: führen; *fig* bringen, führen; *affaire*: betreiben; *vie*: führen; *enquête*: durchführen; *v/i* ***~ à*** *chemin*: führen nach; ***~ à rien*** zu nichts führen; **~eur** *m* Anführer *m*; *péj* Aufwiegler *m*; ***~ de jeu*** Spielleiter *m*

**méningite** [menɛ̃ʒit] *f méd* (Ge-)Hirnhautentzündung *f*

**ménopause** [menɔpoz] *f* Wechseljahre *n/pl*

**menotte** [mənɔt] *f* ***~s*** *pl* Handschellen *f/pl*

**mensong|e** [mɑ̃sɔ̃ʒ] *m* Lüge *f*; **~er**, **~ère** verlogen

**menstruation** [mɑ̃stryasjõ] *f* Menstruation *f*

**mensu|alité** [mɑ̃sɥalite] *f somme à payer*: Monatsrate *f*; *salaire*: Monatsgehalt *n*, -lohn *m*; **~el**, **~elle** monatlich

**mental**, **~e** [mɑ̃tal] (*m/pl -aux*) geistig, Geistes…; ***calcul*** *m* ***mental*** Kopfrechnen *n*; **~ité** *f* Mentalität *f*

**menteu|r**, **~se** [mɑ̃tœr, -øz] *m*, *f* Lügner(in) *m*(*f*)

**menthe** [mɑ̃t] *f bot* Minze *f*; *infusion*: Pfefferminztee *m*

**mention** [mɑ̃sjõ] *f* Erwähnung *f*; *examen*: Note *f*; ***faire ~ de*** erwähnen

**mentionner** [mɑ̃sjɔne] (*1a*) erwähnen

**mentir** [mɑ̃tir] (*2b*) lügen; ***~ à qn*** j-n an-, belügen

**menton** [mɑ̃tõ] *m* Kinn *n*

**menu**, **~e** [məny] **1.** *adj* klein, dünn, fein; ***par le menu*** haarklein; ***menue monnaie*** *f* Kleingeld *n*; **2.** *adv* ***couper menu*** klein schneiden; **3.** *m liste*: Speisekarte *f*; *nepas*, *EDV*: Menü *n*

**menuis|erie** [mənɥizri] *f* Tischlerei *f*, Schreinerei *f*; **~ier** [-je] *m* Tischler *m*, Schreiner *m*

**méprendre** [meprɑ̃drə] (*4q*) ***se ~*** sich irren (***sur*** in *dat*)

**mépris** [mepri] *m* Verachtung *f*; ***au ~ de*** ohne Rücksicht auf (*acc*); **~able** [-zablə] verächtlich; **~e** *f* Versehen *n*; **~er** (*1a*) *argent*, *ennemi*: verachten; *conseil*, *danger*: missachten

**mer** [mɛr] *f* Meer *n*, See *f*; ***en ~*** auf See; ***par ~*** zur See; *transport*: auf dem Seeweg; ***prendre la ~*** in See stechen; ***la ~ Noire*** das Schwarze Meer; ***la ~ du Nord*** die Nordsee;; ***la ~ Rouge*** das Rote Meer; ***la ~ Morte*** das Tote Meer; ***mal*** *m* ***de ~*** Seekrankheit *f*

**mercenaire** [mɛrsənɛr] *m* Söldner *m*

**mercerie** [mɛrsəri] *f magasin*: Kurzwarenhandel *m*; *articles*: Kurzwaren *f/pl*

**merci** [mɛrsi] **1.** danke; ***~ beaucoup, ~ bien*** vielen, schönen Dank; ***Dieu ~!*** Gott sei Dank!; ***~ de*** *od* ***pour …*** danke für …; **2.** *f* ***demander ~*** um Gnade flehen; ***être à la ~ de qn, qc*** j-m, e-r Sa-

che ausgeliefert sein; ***sans ~*** erbarmungslos, ohne Gnade
**mercredi** [mɛrkrədi] *m* Mittwoch *m*
**mercure** [mɛrkyr] *m chim* Quecksilber *n*
**merde** [mɛrd] *f* P Scheiße *f*
**mère** [mɛr] *f* Mutter *f*; ***~ célibataire*** unverheiratete Mutter; ***~ porteuse*** Leihmutter *f*; ***maison*** *f* ***~*** *comm* Stammhaus *n*
**méridien, ~ne** [meridjɛ̃, -ɛn] *astr* **1.** *adj* Mittags…; **2.** *m* Meridian *m*
**méridional, ~e** [meridjɔnal] (*m/pl -aux*) südlich; *en France*: südfranzösisch
**meringue** [mərɛ̃g] *f cuis* Baiser *n*
**mérit|e** [merit] *m* Verdienst *n*; **~er** (*1a*) verdienen, wert sein; *exiger* bedürfen
**merle** [mɛrl] *m zo* Amsel *f*
**merveill|e** [mɛrvɛj] *f* Wunder *n*; ***à ~*** vortrefflich; **~eux, ~euse** [-ø, -øz] wunderbar
**mes** [me] → ***mon***
**mésange** [mezɑ̃ʒ] *f zo* Meise *f*
**mésaventure** [mezavɑ̃tyr] *f* Missgeschick *n*
**mes|dames** [medam] *pl de* madame; **~demoiselles** [medmwazɛl] *pl de* mademoiselle
**mésentente** [mezɑ̃tɑ̃t] *f* Uneinigkeit *f*
**mesquin, ~e** [mɛskɛ̃, -in] kleinlich; *misérable* schäbig; *chiche* knaus(e)rig
**mess** [mɛs] *m* Offizierskasino *n*
**messag|e** [mɛsaʒ] *m commission* Botschaft *f*; *communication* Meldung *f*, Nachricht *f*; **~er, ~ère** *m*, *f* Bote *m*, Botin *f*; **~eries** *f/pl* Güterschnellverkehr *m*
**messe** [mɛs] *f égl* Messe *f*
**Messie** [mesi] *m rel* Messias *m*
**messieurs** [mesjø] *pl de* monsieur
**mesurable** [məzyrablə] messbar
**mesure** [m(ə)zyr] *f action*: Messung *f*; *grandeur* Maß *n*; *échelle* Maßstab *m* (*a fig*); *disposition* Maßnahme *f*; *mus* Takt(maß) *m*(*n*); ***~ de reconversion*** Umschulungsmaßnahme *f*; ***à la ~ de*** entsprechend; ***à ~ que*** *od* ***dans la ~ où*** in dem Maße, wie; ***dans une large ~*** in hohem Maße; ***être en ~ de*** (+ *inf*) in der Lage sein zu (+ *inf*); ***outre ~*** maßlos; ***sur ~*** nach Maß; ***en ~*** im Takt
**mesurer** [m(ə)zyre] (*1a*) messen; *risque, importance*: ermessen; *paroles*: abwägen; ***se ~ avec qn*** sich mit j-m messen
**métal** [metal] *m* (*pl métaux*) Metall *n*; **~lifère** [-ifɛr] metall-, erzhaltig; *géogr* ***les monts*** *m/pl* ***&s*** das Erzgebirge; **~lique** [-ik] Metall…; metallisch
**métallurg|ie** [metalyrʒi] *f fabrication des métaux*: Hüttenwesen *n*; *transformation des métaux*: Metallindustrie *f*; **~ique** Metall verarbeitend; **~iste** *m ouvrier*: Metallarbeiter *m*
**métaphysique** [metafizik] metaphysisch
**météo** [meteo] *f* Wetterbericht *m*
**météore** [meteɔr] *m* Meteor *m*
**météorologie** [meteɔrɔlɔʒi] *f science*: Meteorologie *f*, Wetterkunde *f*; *service*: Wetterdienst *m*
**méthod|e** [metɔd] *f* Methode *f*; *manuel* Lehrbuch *n*; **~ique** methodisch
**méticuleu|x, ~se** [metikylø, -z] gewissenhaft, peinlich genau
**métier** [metje] *m* **1.** *profession* Beruf *m*; *occupation manuelle* Handwerk *n*; *expérience* Berufserfahrung *f*; **2.** *machine*: Webstuhl *m*
**métis, ~se** [metis] **1.** *adj* Mischlings…; **2.** *m*, *f* Mischling *m*
**métrage** [metraʒ] *m film*: Länge *f*; ***court ~*** Kurzfilm *m*; ***long ~*** Spielfilm *m*
**mètre** [mɛtrə] *m* Meter *n od m*; *règle* Metermaß *n*
**métro** [metro] *m* U-Bahn *f*
**métropol|e** [metrɔpɔl] *f* **1.** *ville*: Metropole *f*; **2.** *de colonie*: Mutterland *n*; **~itain** [-itɛ̃] *m* Untergrundbahn *f*
**mets** [mɛ] *m* Gericht *n*, Speise *f*
**metteur** [mɛtœr] *m* ***~ en scène*** Regisseur *m*
**mettre** [mɛtrə] (*4p*) stellen, setzen, legen; *sucre, lait*: hineintun; *vêtements*: anziehen; *cravate*: umbinden; *chapeau*: aufsetzen; *réveil*: stellen; *argent dans entreprise*: anlegen; *argent dans jeu*: (ein)setzen; *chauffage*: anstellen; *radio*: einschalten; ***~ deux heures à (faire) qc*** zwei Stunden zu etw brauchen; ***~ au net*** ins Reine schreiben; ***~ en bouteilles*** in Flaschen füllen; ***~ sous clé*** einschließen; ***mettons que*** (+ *subj*) angenommen, dass; ***~ au point*** klarstellen; ***~ fin à qc*** etw beenden; ***se ~*** sich setzen; ***se ~ à l'aise*** es

sich bequem machen; ***se ~ au travail*** sich an die Arbeit machen; ***se ~ à faire qc*** anfangen etw zu tun

**meubl|e** [mœblə] *m* Möbelstück *n*; **~s** *pl* Möbel *n/pl*; **~er** (*1a*) möblieren; *fig* gestalten

**meugler** [møgle] (*1a*) muhen

**meun|ier**, **~ière** [mønje, -jɛr] **1.** *m*, *f* Müller(in) *m(f)*; **2.** *f cuis* (***à la***) ~ nach Müllerinart

**meurtr|e** [mœrtrə] *m* Mord *m*; *jur* Totschlag *m*; **~ier**, **~ière** [-ije, -ijɛr] **1.** *adj* mörderisch; **2.** *m*, *f* Mörder(in) *m(f)*; *f ouverture*: Schießscharte *f*

**meurtr|ir** [mœrtrir] (*2a*) zerquetschen; *fig* verletzen; **~issure** [-isyr] *f bleu* blauer Fleck *m*; *fruit*: Druckstelle *f*

**Meuse** [møz] ***la ~*** die Maas

**meute** [møt] *f* Meute *f* (*a fig*)

**mexicain**, **~e** **1.** *adj* mexikanisch; **2.** **♀**, **♀e** *m*, *f* Mexikaner(in) *m(f)*

**Mexico** [mɛksiko] Mexiko(-Stadt) *n*

**Mexique** [mɛksik] ***le ~*** Mexiko *n* (*Land*)

**mi** [mi] *m mus* e *od* E *n*

**mi-…** [mi] halb; ***à mi-chemin*** auf halbem Wege; (***à la***) ***mi-janvier*** Mitte Januar

**miauler** [mjole] (*1a*) miauen

**miche** [miʃ] *f* Laib *m*

**mi-clos**, **~e** [miklo, -z] halbgeschlossen

**micro** [mikro] *m* Mikrofon *n*; ***au*** *od* ***devant le ~*** am, vor dem Mikrofon

**microbe** [mikrɔb] *m* Mikrobe *f*

**micro|fibre** [mikrofibrə] *f* Mikrofaser *f*; **~film** [-film] *m* Mikrofilm *m*; **~-onde** [-õd] (*pl micro-ondes*) Mikrowelle *f*; ***four*** *m* ***à ~s*** Mikrowellenherd *m*; **~-ordinateur** [mikrɔɔrdinatœr] *m* (*pl micro-ordinateurs*) *EDV* Mikrocomputer *m*; **~phone** [-fɔn] *m* Mikrofon *n*; **~processeur** [-prɔsɛsœr] *m EDV* Mikroprozessor *m*; **~scope** [-skɔp] *m* Mikroskop *n*

**midi** [midi] *m* **1.** Mittag *m*, zwölf Uhr; ***~ et demi*** halb eins; **2.** *sud* Süden *m*; ***le ♀*** Südfrankreich *n*

**mie** [mi] *f pain*: Krume *f*

**miel** [mjɛl] *m* Honig *m*

**mien**, **~ne** [mjɛ̃, mjɛn] ***le mien, la mienne*** der, die, das meine; meine(r, -s)

**miette** [mjɛt] *f* Krümel *m*, Krümchen *n*

**mieux** [mjø] **1.** *adv* (*comparatif, superlatif de bien*) besser; *plus* mehr; ***le ~*** am besten; *le plus* am meisten; ***le ~ possible*** so gut wie *od* als möglich; ***à qui ~ ~*** um die Wette; ***de ~ en ~*** immer besser; ***tant ~*** umso besser; ***aimer ~*** lieber mögen, vorziehen; ***aimer ~ faire qc*** etw lieber tun; ***valoir ~*** besser sein; ***faire ~ de*** (+ *inf*) besser daran tun zu (+ *inf*); **2.** *m* Bessere(s) *n*, Beste(s) *n*; *malade*: Besserung *f*

**mièvre** [mjɛvrə] geziert

**mignon**, **~ne** [miɲõ, -ɔn] **1.** *adj* niedlich; *gentil* lieb, nett; **2.** *m*, *f* Liebling *m*

**migraine** [migrɛn] *f* Migräne *f*

**migration** [migrasjõ] *f* Wanderung *f*

**mi-jambe** [miʒɑ̃b] ***à ~*** bis an die Waden

**mijoter** [miʒɔte] (*1a*) *cuis* bei schwacher Hitze kochen, schmoren; *fig plaisanterie*, *coup*: aushecken

**Milan** [milɑ̃] Mailand

**milice** [milis] *f* Miliz *f*

**milieu** [miljø] *m* (*pl -x*) *centre* Mitte *f*; *biologique*: Umwelt *f*; *social*: Milieu *n*; ***au ~ de, en plein ~ de*** mitten in; ***le juste ~*** der goldene Mittelweg; ***le ♀*** die Unterwelt; **~x** *pl* ***diplomatiques*** diplomatische Kreise *m/pl*

**milit|aire** [militɛr] **1.** *adj* militärisch, Militär…; ***service*** *m* ***~*** Wehrdienst *m*; **2.** *m* Soldat *m*; **~ant**, **~ante** [-ɑ̃, -ɑ̃t] kämpfend, politisch aktiv; **~ariser** [-arize] (*1a*) militarisieren; **~er** (*1a*) politisch aktiv sein; *fig* ***~ pour, contre qc*** für, gegen etw sprechen

**mille** [mil] **1.** tausend; **2.** *m mesure*: Meile *f*

**millénaire** [milenɛr] **1.** *adj* tausendjährig; **2.** *m* Jahrtausend *n*

**mille-pattes** [milpat] *m* (*pl unv*) *zo* Tausendfüßler *m*

**millésime** [milezim] *m timbres*: Jahreszahl *f*; *vin*: Jahrgang *m*

**millet** [mijɛ] *m bot* Hirse *f*

**milliard** [miljar] *m* Milliarde *f*; **~aire** *m* Milliardär *m*

**millième** [miljɛm] **1.** *ordre*: tausendste(r, -s); **2.** *m fraction*: Tausendstel *n*

**millier** [milje] *m* Tausend *n*

**milli|gramme** [miligram] *m* Milligramm *n*; **~mètre** [-mɛtrə] Millimeter *n od m*

**milli|on** [miljõ] *m* Million *f*; **~onnaire** [-ɔnɛr] *m*, *f* Millionär(in) *m(f)*

**mim|e** [mim] *m* Pantomime *m*; **~er** (*1a*) nachahmen; **~ique** *f* Mimik *f*
**mimosa** [mimoza] *m bot* Mimose *f*
**minable** [minablə] kümmerlich, ärmlich, schäbig
**mince** [mɛ̃s] dünn; *personne, taille*: schlank; *insignifiant* unbedeutend, gering; F **~ (*alors*)!** Donnerwetter!
**mine¹** [min] *f expression* Miene *f*; *aspect extérieur* Aussehen *n*; ***faire ~ de*** (+ *inf*) so tun, als ob; ***avoir bonne*** (***mauvaise***) **~** gut (schlecht) aussehen
**min|e²** [min] *f* Bergwerk *n*, Zeche *f*, Mine *f*; *mil, crayon*: Mine *f*; **~er** (*1a*) unterminieren, untergraben; *mil* verminen
**minerai** [minrɛ] *m* Erz *n*
**minéral, ~e** [mineral] (*m/pl -aux*) **1.** *adj* mineralisch; ***eau** f **minérale*** Mineralwasser *n*; **2.** *m* Mineral *n*; **~ogique** [-ɔʒik] *auto* ***plaque** f* **~** Nummernschild *n*
**minet, ~te** [minɛ, -ɛt] *m, f* F Kätzchen *n*, Mieze *f*; *fig* Schätzchen *n*, Herzchen *n*
**mineur¹, ~e** [minœr] **1.** zweitrangig, unbedeutend; **2.** *jur* minderjährig; *m, f* Minderjährige(r) *m, f*; **3.** *mus* Moll
**mineur²** [minœr] *m* Bergmann *m*
**minibus** [minibys] *m* Kleinbus *m*
**mini|er, ~ère** [minje, -jɛr] Bergwerks…, Gruben…
**mini-jupe** [miniʒyp] *f* (*pl mini-jupes*) Minirock *m*
**minim|e** [minim] sehr klein; **~iser** (*1a*) bagatellisieren
**minimum** [minimɔm] **1.** *adj* (*f/sg, m/pl u f/pl a minima*) Mindest…; **2.** *m* Minimum *n*; ***au*** **~** wenigstens; ***un ~ de*** ein Minimum an (*dat*)
**minist|ère** [ministɛr] *m* Ministerium *n*; *portefeuille* Ministeramt *n*; *gouvernement* Regierung *f*, Kabinett *n*; *rel* Priesteramt *n*; **~ériel, ~érielle** Minister…, Regierungs…
**ministre** [ministrə] *m* Minister *m*; **~ *des Affaires étrangères*** Außenminister *m*; **~ *de l'Intérieur*** Innenminister *m*
**minitel** [minitɛl] *m* Bildschirmtext *m*; *appareil*: Btx-Gerät *n*
**minorité** [minɔrite] *f jur* Minderjährigkeit *f*; *pol* Minderheit *f*
**Minorque** [minɔrk] Menorca *n*
**minuit** [minɥi] *m* Mitternacht *f*
**minuscule** [minyskyl] **1.** *adj* winzig; *lettre*: klein(geschrieben); **2.** *f* Kleinbuchstabe *m*
**minute** [minyt] *f* **1.** Minute *f*; *fig* Moment *m*; ***à la*** **~** auf die Minute; **2.** *original* Urschrift *f*, Original *n*
**minuterie** [minytri] *f* Schaltuhr *f*
**minu|tie** [minysi] *f* peinliche Genauigkeit *f*; **~tieux, ~tieuse** [-sjø, -sjøz] peinlich genau
**mioche** [mjɔʃ] *m* F Knirps *m*
**mirabelle** [mirabɛl] *f* Mirabelle *f*
**miracle** [miraklə] *m* Wunder *n*; **~ *économique*** Wirtschaftswunder *n*
**miraculeu|x, ~se** [mirakylø, -z] wunderbar; *fig* erstaunlich
**mir|ador** [miradɔr] *m* Wachturm *m*; **~age** *m* Luftspiegelung *f*, Fata Morgana *f*; *fig* Trugbild *n*
**mire** [mir] *f* ***point** m **de*** **~** Zielpunkt *m*; *fig* Zielscheibe *f*
**miroi|r** [mirwar] *m* Spiegel *m*; **~ter** [-te] (*1a*) spiegeln, glänzen
**mis, ~e** [mi, -miz] **1.** *p/p de* ***mettre***; **2.** *adj table*: gedeckt; ***bien ~(e)*** *habillé* gut angezogen
**misanthrope** [mizɑ̃trɔp] *m* Menschenfeind *m*
**mise** [miz] *f vêtements* Kleidung *f*; *jeu*: Einsatz *m*; **~ *en bouteilles*** Flaschenabfüllung *f*; **~ *en jachère*** Flächenstilllegung *f*; **~ *en marche*** (***route, service***) Inbetriebnahme *f*; **~ *en scène*** Inszenierung *f*; **~ *en vente*** Verkauf *m*; ***de*** **~** angebracht, passend
**miser** [mize] (*1a*) *jeu u fig* setzen (***sur*** auf *acc*)
**misérable** [mizerablə] *pauvre* ärmlich; *insignifiant* ärmlich, kümmerlich; *lamentable* beklagenswert; *méprisable* miserabel
**misère** [mizɛr] *f* Elend *n*
**miséricorde** [mizerikɔrd] *f* Barmherzigkeit *f*
**misogyne** [mizɔʒin] **1.** *adj* frauenfeindlich; **2.** *m* Frauenfeind *m*
**missel** [misɛl] *m rel* Messbuch *n*
**missile** [misil] *m mil* Rakete *f*, Flugkörper *m*
**miss|ion** [misjõ] *f charge* Auftrag *m*, Mission *f*; *pol* Abordnung *f*, Delegation *f*; *rel* Mission *f*; **~ionnaire** [-jɔnɛr] *m* Missionar *m*
**missive** [misiv] *f* Brief *m*

**mistral** [mistral] *m kalter Nordwind/ Nordwestwind in der Provence*
**mite** [mit] *f zo* Motte *f*
**mi-temps** [mitɑ̃] *f (pl unv)* Halbzeit *f*; ***travailler à ~*** halbtags arbeiten
**miteu|x, ~se** [mitø, -z] armselig, schäbig
**mitigé, ~e** [mitiʒe] abgeschwächt
**mitraill|e** [mitraj] *f mil* Beschuss *m*; **~er** (*1a*) *mil* beschießen; *fig* bombardieren; **~ette** [-ɛt] *f* Maschinenpistole *f*; **~eur** *m* Maschinengewehrschütze *m*; ***fusil*** *m* **~** leichtes Maschinengewehr *n*; **~euse** *f* Maschinengewehr *n*
**mitre** [mitrə] *f rel* Mitra *f*
**mi-voix** [mivwa] ***à ~*** halblaut
**mix|age** [miksaʒ] *m* (Ton-)Mischung *f*; **~er** [-ɛr] *od* **~eur** [-œr] *m* Mixer *m*
**mixte** [mikst] gemischt; ***mariage*** *m* **~** Mischehe *f*
**mixture** [mikstyr] *f péj* Gebräu *n*, Gemisch *n*
**MLF** *m abr **Mouvement de libération des femmes*** frz. Frauenbewegung
**Mlle** *abr **Mademoiselle*** Frl. (Fräulein)
**Mlles** *abr **Mesdemoiselles*** Fräulein *pl*
**MM.** *abr **Messieurs*** (an) die Herren
**Mme** *abr **Madame*** Frau
**Mmes** *abr **Mesdames** pl als Adresse*: ***Mmes X et Y*** Frau X und Frau Y
**M.O.** *m abr **Moyen-Orient*** Mittlerer Osten
**mobil|e** [mɔbil] **1.** *adj* beweglich; **2.** *m* Motiv *n*; *art*: Mobile *n*; **~ier, ~ière** [-je, -jɛr] **1.** *adj jur* beweglich; ***valeurs*** *f/pl* ***mobilières*** übertragbare Werte *m/pl*; **2.** *m* Mobiliar *n*; **~isation** [-izasjõ] *f mil* Mobilmachung *f*; *fig* Mobilisierung *f*; **~iser** (*1a*) *mil* mobil machen; *fig* mobilisieren; **~ité** *f* Beweglichkeit *f*; *circulation* Mobilität *f*
**mobylette** [mɔbilɛt] *f* Moped *n*
**moche** [mɔʃ] F *laid* hässlich; *méprisable* mies
**modalité** [mɔdalite] *f* Art und Weise *f*, Modalität *f*
**mode¹** [mɔd] *m* Art *f*, Weise *f*; *mus* Tonart *f*; *gr* Modus *m*; ***~ d'emploi*** Gebrauchsanweisung *f*, Bedienungsanleitung *f*; ***~ de paiement*** Zahlungsweise *f*
**mode²** [mɔd] *f* Mode *f*; ***à la ~*** modisch
**model|é** [mɔdle] *m* Modellierung *f*; **~er** (*1d*) modellieren
**modèle** [mɔdɛl] *m* Modell *n*; *tricot*: Muster *n*; *personne* : Vorbild *n*
**modem** [mɔdɛm] *m EDV* Modem *m*, *n*
**modér|ation** [mɔderasjõ] *f* Mäßigung *f*; **~é, ~ée** *personne*, *opinion*: gemäßigt; *vitesse*, *vent*: mäßig; **~er** (*1f*) mäßigen; *dépenses*: einschränken; ***se ~*** sich einschränken
**modern|e** [mɔdɛrn] modern; **~iser** (*1a*) modernisieren
**modest|e** [mɔdɛst] bescheiden; **~ie** [-i] *f* Bescheidenheit *f*
**modif|ication** [mɔdifikasjõ] *f* Abänderung *f*, Modifizierung *f*; **~ié, ~iée**: **~(*e*) *génétiquement*** gen(technisch) verändert; **~ier** [-je] (*1a*) abändern, modifizieren
**modique** [mɔdik] bescheiden, niedrig, gering
**modiste** [mɔdist] *f* Putzmacherin *f*, Modistin *f*
**modulation** [mɔdylasjõ] *f* Modulation *f*; ***~ de fréquence*** Ultrakurzwelle *f*
**modul|e** [mɔdyl] *m tech* Modul *m od n*; ***~ lunaire*** Mondfähre *f*; **~er** (*1a*) modulieren
**moell|e** [mwal] *f* (Knochen-)Mark *n*; **~eux, ~euse** [-ø, -øz] weich
**mœurs** [mœr(s)] *f/pl attitude morale* Sitten *f/pl*; *coutumes* Bräuche *m/pl*; ***police*** *f* ***des mœurs*** Sittenpolizei *f*
**moi** [mwa] ich; mich; mir
**moignon** [mwaɲõ] *m* Stumpf *m*
**moindre** [mwɛ̃drə] minder, geringer; ***le, la ~*** der, die, das Geringste; ***le ~ mal*** das kleinere Übel
**moine** [mwan] *m* Mönch *m*
**moineau** [mwano] *m (pl -x) zo* Sperling *m*, Spatz *m*
**moins** [mwɛ̃] **1.** *adv* weniger; *math* minus; ***~ d'argent*** weniger Geld; ***deux mètres de ~*** zwei Meter weniger; ***au*** *od* ***du ~*** wenigstens, mindestens; ***à ~ de*** (+ *inf*), ***à ~ que … ne*** (+ *subj*) wofern nicht, außer wenn …; ***de ~ en ~*** immer weniger; **2.** *m* ***le ~*** das Mindeste, das Wenigste; ***pour le ~*** wenigstens
**mois** [mwa] *m* Monat *m*; *salaire*: Monatslohn *m*; ***par ~*** monatlich
**mois|i, ~ie** [mwazi] **1.** *adj* schimm(e)lig; **2.** *m bot* Schimmel *m*; **~ir** (*2a*) *v/i* schimmeln; *v/t* verschimmeln lassen; **~issure** [-isyr] *f bot* Schimmel *m*
**moisson** [mwasõ] *f* (Getreide-)Ernte *f*

**moissonn|er** [mwasɔne] (*1a*) ernten; **~eur**, **~euse** **1.** *m*, *f* Erntearbeiter(in) *m*(*f*); **2.** *f* Mähmaschine *f*; **~euse-batteuse** [-øzbatøz] *f* (*pl moissonneuses-batteuses*) Mähdrescher *m*
**moite** [mwat] feucht
**moitié** [mwatje] *f* Hälfte *f*; ***à ~*** zur Hälfte, halb; ***~ … ~ …*** halb … halb …; ***à ~ chemin*** auf halbem Wege; ***à ~ prix*** zum halben Preis
**mol** [mɔl] → ***mou***
**molaire** [mɔlɛr] *f* Backenzahn *m*
**môle** [mol] *m* Hafendamm *m*, Mole *f*
**molécule** [mɔlekyl] *f* Molekül *n*
**molester** [mɔlɛste] (*1a*) misshandeln
**mollasse** [mɔlas] *péj* wabbelig, schlapp
**moll|ement** [mɔlmɑ̃] *adv* lässig, träge; **~esse** [-ɛs] *f chose*: Weichheit *f*; *personne*, *actions*: Lässigkeit *f*; **~et**[1], **~ette** [-ɛ, -ɛt] weich, zart; ***œuf*** *m* ***mollet*** weiches Ei *n*
**mollet**[2] [mɔlɛ] *m* Wade *f*
**mollir** [mɔlir] (*2a*) weich werden; *vent*: abflauen
**môme** [mom] *m*, *f* F Kind *n*
**moment** [mɔmɑ̃] *m* Augenblick *m*, Moment *m*; ***à ce ~*** in diesem Augenblick; ***en ce ~*** zurzeit, jetzt; ***dans un ~*** gleich; ***du ~*** momentan; ***d'un ~ à l'autre*** sogleich; ***en un ~*** im Nu; ***par ~s*** gelegentlich; ***pour le ~*** einstweilen; ***du ~ que*** *od* ***où*** da ja; ***à tout ~*** jederzeit; ***par ~s*** manchmal
**momentané**, **~e** [mɔmɑ̃tane] augenblicklich
**momie** [mɔmi] *f* Mumie *f*
**mon** *m*, **ma** *f*, **mes** *pl* [mõ, ma, me] mein(e) *m*, *n* (*f*; *pl*)
**Monaco** [mɔnako] ***la principauté*** *f* ***de ~*** das Fürstentum Monaco
**monarchie** [mɔnarʃi] *f* Monarchie *f*
**monarque** [mɔnark] *m* Monarch *m*
**monastère** [mɔnastɛr] *m* Kloster *n*
**monceau** [mõso] *m* (*pl -x*) Haufen *m*
**mondain**, **~e** [mõdɛ̃, -ɛn] *personne*: mondän; *rel* weltlich; ***vie*** *f* ***mondaine*** gesellschaftliches Leben *n*
**monde** [mõd] *m* Welt *f*; *gens* Menschen *m*/*pl*, Leute *pl*; ***tout le ~*** jedermann; ***dans le ~ entier*** auf der ganzen Welt; ***l'autre ~*** das Jenseits; ***le beau ~*** die vornehme Gesellschaft; ***homme*** *m* ***du ~*** Mann *m* von Welt; ***mettre au ~*** zur Welt bringen
**mondial**, **~e** [mõdjal] (*m*/*pl -aux*) Welt…; **~ement** [-mɑ̃] *adv* weltweit; **~isation** *f* Globalisierung *f*
**monégasque** [mɔnegask] monegassisch
**monétaire** [mɔnetɛr] Münz…, Währungs…, Geld…; ***marché*** *m* ***~*** Geldmarkt *m*; ***unité*** *f* ***~*** Währungseinheit *f*
**Mongolie** [mõgɔli] ***la ~*** die Mongolei
**mongolien**, **~ne** [mõgɔljɛ̃, -ɛn] mongoloid
**moni|teur**, **~trice** [mɔnitœr, -tris] **1.** *m*, *f ski*: Skilehrer(in) *m*(*f*); *éducation physique*: Sportlehrer(in) *m*(*f*); *auto-école*: Fahrlehrer(in) *m*(*f*); *colonie de vacances*: Betreuer(in) *m*(*f*); **2.** *m EDV* Monitor *m*
**monn|aie** [mɔnɛ] *f pièce* Münze *f*, Geldstück *n*; *moyen d'échange* Geld *n*; *unité monétaire* Währung *f*; ***~*** (***de change***) Klein-, Wechselgeld *n*; ***~ unique*** Einheitswährung *f*; **~ayer** [-ɛje] (*1i*) *un bien*: zu Geld machen
**monoculture** [mɔnɔkyltyr] *f* Monokultur *f*
**monologue** [mɔnɔlɔg] *m* Selbstgespräch *n*, Monolog *m*
**mono|place** [mɔnɔplas] **1.** *adj* einsitzig; **2.** *m aviat* Einsitzer *m*; **~plan** [-plɑ̃] *m aviat* Eindecker *m*; **~pole** [-pɔl] *m* Monopol *n*
**monoton|e** [mɔnɔtɔn] monoton, eintönig; **~ie** [-i] *f* Monotonie *f*, Eintönigkeit *f*
**monseigneur** [mõsɛɲœr] *m* Seine Exzellenz
**monsieur** [məsjø] *m* (*abr* M.), (*pl messieurs* [*mesjø*], *abr* MM.) Herr *m*; *dans lettre*: sehr geehrter Herr …
**monstr|e** [mõstrə] **1.** *m* Monstrum *n*, Ungeheuer *n*; *fig* Scheusal *n*; **2.** *adj* Riesen…; **~ueux**, **~ueuse** [-yø, -yøz] *géant* riesig, ungeheuer; *abominable* entsetzlich, scheußlich; **~uosité** [-yosite] *f propos*: Ungeheuerlichkeit *f*; *crime*: Entsetzlichkeit *f*; *anat* Missbildung *f*
**mont** [mõ] *m* Berg *m*; ***par ~s et par vaux*** über Berg und Tal
**montage** [mõtaʒ] *m* Montieren *n*, Montage *f*; *photographie*: Fotomontage *f*; *él* Schaltung *f*
**montagnard**, **~e** [mõtaɲar, -d] **1.** *adj* Gebirgs…; **2.** *m*, *f* Bergbewohner(in)

*m(f)*
**montagn|e** [mõtaɲ] *f* Berg *m*, Gebirge *n*; ***à la ~*** ins, im Gebirge; ***~s** pl **russes*** Berg- und Talbahn *f*; ***la haute ~*** das Hochgebirge *n*; **~eux**, **~euse** [-ø, -øz] gebirgig, bergig
**montant**, **~e** [mõtɑ̃, -ɑ̃t] **1.** *adj chemin*: ansteigend; *robe*: hochgeschlossen; ***mouvement** m **montant*** Aufwärtsbewegung *f*; **2.** *m somme* Betrag *m*; *lit*: Pfosten *m*
**mont-de-piété** [mõdpjete] *m* (*pl monts-de-piété*) Leihamt *n*, Pfandhaus *n*
**monte-charge** [mõtʃarʒ] *m* (*pl unv*) Lastenaufzug *m*
**montée** [mõte] *f sur montagne*: Aufstieg *m*; *pente*: Steigung *f*, Anstieg *m*; *eau*, *prix*, *température*: Steigen *n*, Anstieg *m*
**mont|er** [mõte] (*1a*) **1.** *v/t montagne*: hinaufsteigen, besteigen; *escalier*: hinaufgehen; *valise*: hinauftragen; *femelle*: decken; *machine*: montieren; *échafaudage*, *étagère*: aufstellen; *tente*: aufschlagen; *pièce de théâtre*: aufführen; **2.** *v/i* steigen; *avion*: aufsteigen; *route*: ansteigen; *voiture*: hochfahren; *prix*: in die Höhe gehen, steigen; ***~ dans*** einsteigen in (*acc*); ***~ à bord*** an Bord gehen, ***~ en grade*** befördert werden; ***~ à cheval*** reiten; **3.** ***se ~ à*** *frais*: sich belaufen auf (*acc*); **~eur**, **~euse** **1.** *m* Monteur *m*; **2.** *m*, *f film*: Cutter(in) *m(f)*
**monticule** [mõtikyl] *m* Anhöhe *f*, Hügel *m*
**montre** [mõtrə] *f* **1.** (Armband-, Taschen-)Uhr *f*; **2.** ***faire ~ de qc*** *faire preuve de* beweisen, zeigen
**montre-bracelet** [mõtrəbraslɛ] *f* (*pl montres-bracelets*) Armbanduhr *f*
**montrer** [mõtre] (*1a*) zeigen; ***~ qn, qc du doigt*** auf j-n, etw mit dem Finger zeigen; ***se ~*** sich sehen lassen, sich zeigen
**monture** [mõtyr] *f animal*: Reittier *n*; *lunettes*: Gestell *n*; *diamant*: Fassung *f*
**monument** [mɔnymɑ̃] *m* Monument *n*, (bedeutendes) Bauwerk *n*; *commémoratif*: Denkmal *n*
**moqu|er** [mɔke] (*1m*) ***se ~ de*** *railler* sich lustig machen über (*acc*); *dédaigner* sich nicht kümmern um; *tromper* auf den Arm nehmen; **~erie** *f* Spott *m*
**moquette** [mɔkɛt] *f* Teppichboden *m*
**moqueu|r**, **~se** [mɔkœr, -øz] **1.** *adj* spöttisch; **2.** *m*, *f* Spötter(in) *m(f)*
**moral**, **~e** [mɔral] **1.** *adj* (*m/pl -aux*) moralisch, sittlich; *force*, *misère*: seelisch; *jur* ***personne** f **morale*** juristische Person *f*; **2.** *m* Verfassung *f*, Moral *f*; **3.** *f* Moral *f*, Ethik *f*; **~ité** Moral *f*, Sittlichkeit *f*
**moratoire** [mɔratwar] *m* Moratorium *n*
**Moravie** [mɔravi] ***la ~*** Mähren *n*
**morbide** [mɔrbid] krankhaft
**morceau** [mɔrso] *m* (*pl -x*) Stück *n* (*a mus*); *livre*: Text *m*, Abschnitt *m*
**morc|eler** [mɔrsəle] (*1c*) zerstückeln; **~ellement** [-ɛlmɑ̃] *m* Zerstückelung *f*
**mordant**, **~e** [mɔrdɑ̃, -t] scharf, schneidend, bissig
**mordicus** [mɔrdikys] *adv* F hartnäckig, steif und fest
**mordiller** [mɔrdije] (*1a*) knabbern
**mordre** [mɔrdrə] (*4a*) beißen; *insecte*, *soleil*: stechen; *poisson*: anbeißen; *tech* ätzen; ***~ à*** *fig* Geschmack finden an (*dat*)
**morfondre** [mɔrfõdrə] (*4a*) ***se ~*** sich zu Tode langweilen
**morgue** [mɔrg] *f* **1.** *arrogance* Dünkel *m*; **2.** *endroit*: Leichenschauhaus *n*
**moribond**, **~e** [mɔribõ, -d] sterbend
**morille** [mɔrij] *f bot* Morchel *f*
**morne** [mɔrn] trüb(sinnig), düster
**moros|e** [mɔroz] mürrisch, verdrossen; **~ité** *f* Missmut *m*, Verdrießlichkeit *f*
**morphine** [mɔrfin] *f* Morphium *n*
**mors** [mɔr] *m* Gebiss *n*
**morse**[1] [mɔrs] *m zo* Walross *n*
**morse**[2] [mɔrs] *m* Morsealphabet *n*
**morsure** [mɔrsyr] *f* Bisswunde *f*; *insecte*: Stich *m*
**mort**[1] [mɔr] *f* Tod *m*; *fig* Ruin *m*; ***à ~*** tödlich
**mort**[2], **morte** [mɔr, mɔrt] **1.** *adj* tot; *plante*: abgestorben; *eau*: stehend; *feuille*: dürr, welk; ***ivre ~(e)*** P stockbesoffen; ***~(e) de fatigue*** todmüde; ***nature** f **morte*** Stillleben *n*; **2.** *m*, *f* Tote(r) *m*, *f*
**mortalité** [mɔrtalite] *f* Sterblichkeit *f*
**mortel**, **~le** [mɔrtɛl] tödlich, Tod…; *l'homme*: sterblich
**morte-saison** [mɔrtəsɛzõ] *f* (*pl mortes-saisons*) stille Zeit *f*

**mortier** [mɔrtje] *m mil* Mörser *m*; *mélange*: Mörtel *m*
**mortifier** [mɔrtifje] (*1a*) demütigen, schwer kränken
**mort-né**, **~e** [mɔrne] (*pl mort-né*[*e*]*s*) tot geboren
**mortuaire** [mɔrtɥɛr] Sterbe…, Toten…
**morue** [mɔry] *f zo* Kabeljau *m*
**morve** [mɔrv] *f* Nasenschleim *m*
**mosaïque** [mɔzaik] *f* Mosaik *n*
**Moscou** [mɔsku] Moskau
**Moselle** [mɔzɛl] ***la ~*** die Mosel
**mosquée** [mɔske] *f* Moschee *f*
**mot** [mo] *m* Wort *n*; *langue étrangère*: Vokabel *f*; *personnalité*: Ausspruch *m*; ***bon ~*** geistreiche Bemerkung *f*; ***~ clé*** Schlüsselwort *n*; ***~ de passe*** Kennwort *n*; *EDV* Passwort *n*; ***~s croisés*** *pl* Kreuzworträtsel *n*; ***gros ~*** Schimpfwort *n*; ***~ à ~***, ***~ pour ~*** wörtlich; ***à ~s couverts*** durch die Blume; ***au bas ~*** mindestens; ***sans ~ dire*** wortlos; ***en un ~*** mit einem Wort, kurz; ***avoir le dernier ~*** das letzte Wort haben; ***prendre qn au ~*** j-n beim Wort nehmen
**motard** [mɔtar] *m* Motorradfahrer *m* (der Polizei)
**motel** [mɔtɛl] *m* Motel *n*
**mo|teur**, **~trice** [mɔtœr, -tris] **1.** *adj tech* Antriebs…; *anat* motorisch; **2.** *m tech u fig* Motor *m*; ***~ de recherche*** *EDV* Suchmaschine *f*
**motif** [mɔtif] *m* Motiv *n* (*a mus u Malerei*), Beweggrund *m*
**motion** [mosjõ] *f pol* Antrag *m*; ***~ de censure*** Misstrauensantrag *m*
**motiver** [mɔtive] (*1a*) *personne*: motivieren; *chose*: begründen
**moto** [mɔto] *f* Motorrad *n*; ***faire de la ~*** Motorrad fahren; **~cyclette** [-siklɛt] *f* → ***moto***; **~cycliste** [-siklist] *m*, *f* Motorradfahrer(in) *m*(*f*); **~planeur** [-planœr] *m* Motorsegler *m*
**motoriser** [mɔtɔrize] (*1a*) motorisieren
**motte** [mɔt] *f* Klumpen *m*
**mou**, **molle** [mu, mɔl] **1.** *adj* weich; *personne*: lässig; *membre*: schlaff; *caractère*: träge; *résistance*: schwach; **2.** *m cuis* Lunge *f*
**mouch|ard**, **~arde** [muʃar, -ard] *m*, *f* F (Polizei-)Spitzel *m*; **~arder** [-arde] (*1a*) F bespitzeln, ausspionieren
**mouche** [muʃ] *f* Fliege *f*; ***bateau*** *m* ***~*** Ausflugsdampfer *m* (auf der Seine); ***faire ~*** ins Schwarze treffen (*a fig*)
**moucher** [muʃe] (*1a*) ***se ~*** sich die Nase putzen, sich schnäuzen
**moucheron** [muʃrõ] *m zo* (kleine) Mücke *f*
**moucheter** [muʃte] (*1c*) sprenkeln, tüpfeln
**mouchoir** [muʃwar] *m* Taschentuch *n*
**moudre** [mudrə] (*4y*) mahlen
**moue** [mu] *f* schiefes Gesicht *n*; ***faire la ~*** schmollen
**mouette** [mwɛt] *f zo* Möwe *f*
**moufle** [muflə] *f* Fausthandschuh *m*; *tech* Flaschenzug *m*
**mouill|é**, **~ée** [muje] nass; *humide* feucht; **~er** (*1a*) nass machen; *humecter* anfeuchten; *liquide*: verdünnen; *mar* ***~*** (***l'ancre***) Anker werfen
**moul|e** [mul] **1.** *m* (Gieß-)Form *f*; *cuis* Back-, Kuchenform *f*; **2.** *f zo* Miesmuschel *f*; **~er** (*1a*) formen; *fig* ***~ sur qc*** nach etw (*dat*) bilden
**moul|in** [mulɛ̃] *m* Mühle *f*; ***~ à vent*** Windmühle *f*; ***~ à poivre*** Pfeffermühle *f*; ***~ à café*** Kaffeemühle *f*; **~inet** [-inɛ] *m tech* Rolle *f*
**moul|u**, **~ue** [muly] *p/p de* ***moudre*** *u adj* gemahlen; *fig* wie zerschlagen; **~ure** [-yr] *f* Profilleiste *f*
**mourant**, **~e** [murɑ̃, -t] sterbend
**mourir** [murir] (*2k*) sterben (***de*** an *dat*); ***~ de froid*** erfrieren; ***~ de faim*** verhungern
**mousse**[1] [mus] *m* Schiffsjunge *m*
**mousse**[2] [mus] *f* **1.** *bot* Moos *n*; **2.** *f* Schaum *m*; *cuis* Cremespeise *f*; ***~ à raser*** Rasierschaum *m*
**mouss|er** [muse] (*1a*) schäumen; **~eux**, **~euse** [-ø, -øz] **1.** *adj* schäumend; **2.** *m* Schaumwein *m*
**mousson** [musõ] *f* Monsun *m*
**moustache** [mustaʃ] *f* Schnurrbart *m*
**moustiquaire** [mustikɛr] *f* Moskitonetz *n*
**moustique** [mustik] *m* Stechmücke *f*
**moût** [mu] *m* (Wein-, Apfel-)Most *m*
**moutard** [mutar] F *m* kleiner Junge *m*, Knirps *m* F; ***~s*** *pl* Kinder *n/pl*, Gören *n/pl* F
**moutarde** [mutard] *f bot u cuis* Senf *m*
**mouton** [mutõ] *m zo* Schaf *n*; *mâle*: Hammel *m*; *viande*: Hammelfleisch

*n*; *cuir*: Schafleder *n*; *fourrure*: Schafpelz *m*; *fig* leichtgläubiger Mensch *m*; *fig* ***revenons à nos ~s*** kommen wir wieder zur Sache!

**mouvant**, **~e** [muvɑ̃, -ɑ̃t] ***sables*** *m/pl* ***mouvants*** Treibsand *m*; ***terrain*** *m* ***mouvant*** schwankender Boden *m* (*a fig*)

**mouvement** [muvmɑ̃] *m* Bewegung *f* (*a pol etc*); *trafic* Betrieb *m*; *âme*: Regung *f*; *montre*: Räderwerk *n*; *terrain*: Unebenheit *f*; *mus rythme* Tempo *n*; *mus partie*: Satz *m*

**mouvementé**, **~e** [muvmɑ̃te] *existence*: bewegt, abwechslungsreich; *récit*: lebhaft; *terrain*: uneben

**mouvoir** [muvwar] (*3d*) bewegen (*a fig*)

**moyen**, **~ne** [mwajɛ̃, -ɛn] **1.** *adj température, classe*: mittlere(r, -s); *passable* durchschnittlich, mittelmäßig; ***Moyen Âge*** *m* Mittelalter *n*; **2.** *m façon, méthode* Mittel *n*, Weg *m*; ***~s*** *pl argent* (Geld-)Mittel *n/pl*; *capacités* Anlagen *f/pl*, Fähigkeiten *f/pl*; ***au ~ de*** *od* ***par le ~ de*** mit (Hilfe von), mittels; ***vivre au-dessus de ses moyens*** über seine Verhältnisse leben; **3.** *f* Durchschnitt *m*; *statistique*: Mittelwert *m*; ***en moyenne*** im Durchschnitt, im Mittel

**moyenâgeu|x**, **~se** [mwajɛnɑʒø, -z] mittelalterlich

**moyennant** [mwajɛnɑ̃] mittels, mit, durch, für

**Moyen-Orient** [mwajɛnɔrjɑ̃] ***le ~*** der Mittlere Osten

**moyeu** [mwajø] *m* (Rad-)Nabe *f*

**Mozambique** [mo-, mɔzɑ̃bik] ***le ~*** Mosambik *n*

**M.R.G.** *m abr* ***Mouvement des radicaux de gauche*** französische Mitte-Links-Partei

**MST** *m abr* ***maladie sexuellement transmissible*** Geschlechtskrankheit

**muer** [mɥe] (*1a*) *oiseau*: sich mausern; *serpent*: sich häuten; *garçon*: im Stimmbruch sein

**muet**, **~te** [mɥɛ, -t] **1.** *adj* stumm; *fig* sprachlos; **2.** *m film*: Stummfilm *m*

**mufle** [myflə] *m* Schnauze *f*, Maul *n*; F *fig* Lümmel *m*

**mug|ir** [myʒir] (*2a*) brüllen; *vent*: tosen; **~issement** [-ismɑ̃] *m* Gebrüll *n*; *vent*: Tosen *n*

**muguet** [mygɛ] *m bot* Maiglöckchen *n*

**mulâtre**, **~sse** [mylatrə, -ɛs] *m*, *f* Mulatte *m*, Mulattin *f*

**mul|e** [myl] *f zo* Mauleselin *f*; **~et** [-ɛ] *m* Maulesel *m*, Maultier *n*

**Mulhouse** [myluz] Mühlhausen *n*

**mulot** [mylo] *m zo* Waldmaus *f*

**multicolore** [myltikɔlɔr] bunt

**multiculturel**, **~le** [myltikyltyrɛl] **1.** *adj* multikulturell; **2.** *m/f subst* Multikulti *m*

**multimédia** [myltimedja] *adj* (*f unv*) Multimedia…, multimedial; ***spectacle*** *m* ***~*** Multimedia-Show *f*

**multinational**, **~e** [myltinasjɔnal] **1.** *adj* multinational; **2.** *f* multinationales Unternehmen *n*

**multipl|e** [myltiplə] mehrfach; *divers* vielfältig; **~ication** [-ikasjõ] *f math* Multiplikation *f*; *augmentation* Vermehrung *f*; **~icité** [-isite] *f* Vielfalt *f*; **~ier** [-ije] (*1a*) vermehren; *math* multiplizieren; ***se ~*** *espèce*: sich vermehren

**multitude** [myltityd] *f* Menge *f*

**Munich** [mynik] München

**municipal**, **~e** [mynisipal] (*m/pl -aux*) Stadt…, Gemeinde…; **~ité** *f commune* Gemeinde *f*; *conseil*: Gemeinderat *m*

**munir** [mynir] (*2a*) ***~ de*** ausstatten, versehen mit

**munitions** [mynisjõ] *f/pl* Munition *f*

**muqueu|x**, **~se** [mykø, -z] **1.** *adj* schleimig; **2.** *f* Schleimhaut *f*

**mur** [myr] *m* Mauer *f*; *intérieur*: Wand *f*; ***mettre qn au pied du ~*** j-n in die Enge treiben

**mûr**, **~e** [myr] reif

**mur|aille** [myrɑj] *f* (Befestigungs-, Stadt-)Mauer *f*; **~al**, **~ale** (*m/pl -aux*) Mauer…, Wand…

**mûre** [myr] *f bot ronce*: Brombeere *f*; *mûrier*: Maulbeere *f*

**murer** [myre] (*1a*) *enclos*: ummauern; *porte*: zumauern

**mûrier** [myrje] *m* Maulbeerbaum *m*

**mûrir** [myrir] (*2a*) *v/t* reif werden lassen; *v/i* reif werden, reifen

**murmur|e** [myrmyr] *m* Gemurmel *n*; *ruisseau*: Plätschern *n*; **~er** (*1a*) *chuchoter* murmeln; *se plaindre* murren; *ruisseau*: plätschern

**musc** [mysk] *m* Moschus *m*

**muscad|e** [myskad] *f* Muskatnuss *f*;

**~et** [-ɛ] *m* trockener Weißwein
**muscat** [myska] *m raisin*: Muskateller; *vin*: Muskateller(wein) *m*
**muscl|e** [mysklə] *m* Muskel *m*; **~é**, **~ée** muskulös; *politique*: energisch
**musculaire** [myskylɛr] Muskel…
**museau** [myzo] *m* (*pl -x*) Schnauze *f*
**musée** [myze] *m* Museum *n*
**museler** [myzle] (*1c*) e-n Maulkorb anlegen (***qn*** j-m; *a fig*)
**muselière** [myzəljɛr] *f* Maulkorb *m*
**musette** [myzɛt] *f sac*: Brotbeutel *m*
**musical**, **~e** [myzikal] (*m/pl -aux*) musikalisch
**musicien**, **~ne** [myzisjɛ̃, -ɛn] **1.** *adj* musikalisch; **2.** *m*, *f* Musiker(in) *m(f)*
**musique** [myzik] *f* Musik *f*; *notation* Noten *f/pl*; **~ *de chambre*** Kammermusik *f*
**must** [myst] *m* Muss *n*
**musulman**, **~e** [myzylmɑ̃, -an] **1.** *adj* mohammedanisch, moslemisch; **2.** *m*, *f* Mohammedaner(in) *m(f)*, Moslem *m*
**mut|ation** [mytasjõ] *f* Veränderung *f*, Wandel *m*; *biol* Mutation *f*; *fonctionnaire*: Versetzung *f*; **~er** (*1a*) *fonctionnaire*: versetzen
**mutilation** [mytilasjõ] *f* Verstümmelung *f*
**mutil|é** [mytile] *m* Versehrte(r) *m*, Schwerbeschädigte(r) *m*; **~er** (*1a*) verstümmeln
**mutin**, **~e** [mytɛ̃, -in] **1.** *adj* schelmisch, verschmitzt; **2.** *m* Aufrührer *m*; **~erie** [-inri] *f* Meuterei *f*
**mutisme** [mytismə] *m* Stummheit *f*; *fig* Schweigen *n*
**mutu|alité** [mytɥalite] *f* Versicherung *f* auf Gegenseitigkeit; **~el**, **~elle** wechsel-, gegenseitig; (***assurance*** *f*) ***mutuelle*** *f* → ***mutualité***
**myop|e** [mjɔp] kurzsichtig; **~ie** [-i] *f* Kurzsichtigkeit *f*
**myosotis** [mjɔzɔtis] *m bot* Vergissmeinnicht *n*
**myrtille** [mirtij] *f* Blau-, Heidelbeere *f*
**mystère** [mistɛr] *m* Geheimnis *n*; *énigme* Rätsel *n*; *rel* Mysterium *n*
**mystérieu|x**, **~se** [misterjø, -z] geheimnisvoll
**myst|icisme** [mistisismə] *m* Mystizismus *m*, Mystik *f*; **~ifier** [-ifje] (*1a*) irreführen; **~ique** **1.** *adj* mystisch; **2.** *m*, *f* Mystiker(in) *m(f)*; **3.** *f* Mystik *f*
**myth|e** [mit] *m* Mythos *m*; *légende* Sage *f*; **~ique** mythisch, sagenhaft
**mytholog|ie** [mitɔlɔʒi] *f* Mythologie *f*; **~ique** mythologisch

# N

**n°** *od* **N°** *abr* ***numéro*** Nr.
**nabot** [nabo] *m péj* Zwerg *m*, Knirps *m*
**nacelle** [nasɛl] *f ballon*: Korb *m*
**nacre** [nakrə] *f* Perlmutt *n*
**nage** [naʒ] *f* Schwimmen *n*; *style*: Schwimmstil *m*; **~ *sur le dos*** Rückenschwimmen *n*; **~ *libre*** Freistilschwimmen *n*; ***à la ~*** schwimmend; *fig* ***être en ~*** in Schweiß gebadet sein
**nageoire** [naʒwar] *f zo* Flosse *f*
**nag|er** [naʒe] (*1l*) schwimmen (*a fig*); **~ *la brasse*** Brust schwimmen; *fig* **~ *contre le courant*** gegen den Strom schwimmen; ***savoir ~*** schwimmen können; *fig* sich zu helfen wissen; **~eur**, **~euse** *m*, *f* Schwimmer(in) *m(f)*
**naguère** [nagɛr] kürzlich, vor kurzem
**naï|f**, **~ve** [naif, -v] naiv
**nain**, **~e** [nɛ̃, nɛn] *m*, *f* Zwerg(in) *m(f)*
**naissance** [nɛsɑ̃s] *f* Geburt *f*; *fig* Entstehung *f*; ***date*** *f* ***de ~*** Geburtsdatum *n*; ***prendre ~*** entstehen
**naître** [nɛtrə] (*4g*) geboren werden; *fig* entstehen; ***faire ~*** *entreprise*: ins Leben rufen; *sentiment*: hervorrufen
**naïveté** [naivte] *f spontanéité* Natürlichkeit *f*, Unbefangenheit *f*; *crédulité* Naivität *f*
**Namibie** [namibi] ***la ~*** Namibia *n*
**nana** [nana] F *f* Mädchen *n*, Biene *f* F
**nanti**, **~e** [nɑ̃ti] wohlhabend; **~ *de*** versehen mit; **~r** (*2a*) versehen (***de*** mit)
**Naples** [naplə] Neapel
**napolitain**, **~e** [napɔlitɛ̃, -ɛn] neapolitanisch
**nappe** [nap] *f* Tischtuch *n*, Tischdecke

*f*; **~ *d'eau*** glatte Wasserfläche *f*; **~ron** *m* (*Zier*-)Deckchen *n*
**narcissisme** [narsisismə] *m* Narzissmus *m*
**narcotique** [narkɔtik] **1.** *adj* betäubend; **2.** betäubendes Mittel *n*
**narguer** [narge] (*1m*) verhöhnen
**narine** [narin] *f* Nasenloch *n*
**narquois**, **~e** [narkwa, -z] spöttisch
**narra|teur**, **~trice** [naratœr, -tris] *m*, *f* Erzähler(in) *m*(*f*); **~tion** *f* Erzählung *f*
**narrer** [nare] (*1a*) *litt* erzählen
**nasal**, **~e** [nazal] (*m/pl -aux*) **1.** *adj* Nasen…; nasal; **2.** *f* Nasallaut *m*; **~iser** (*1a*) nasalieren
**nasill|ard**, **~arde** [nazijar, -d] näselnd; **~er** (*1a*) näseln
**natal**, **~e** [natal] (*m/pl* -als) Geburts…; Heimat…; ***pays** m **natal*** Heimatland *n*; **~ité** *f* (***taux** m **de***) **~** Geburtenziffer *f*
**natation** [natasjõ] *f* Schwimmen *n*, Schwimmsport *m*; ***faire de la ~*** schwimmen
**nati|f**, **~ve** [natif, -v] **~**, ***native de*** gebürtig aus
**nation** [nasjõ] *f* Nation *f*
**national**, **~e** [nasjɔnal] (*m/pl -aux*) national; Volks…; ***route** f **nationale*** Bundesstraße *f*; **~isation** [-izasjõ] *f* Verstaatlichung *f*; **~iser** (*1a*) verstaatlichen; **~isme** *m* Nationalismus *m*; **~iste 1.** *adj* nationalistisch; **2.** *m*, *f* Nationalist(in) *m*(*f*); **~ité** *f* Staatsangehörigkeit *f*; **~-socialisme** [-sɔsjalismə] *m* Nationalsozialismus *m*
**natte** [nat] *f tapis* (Stroh-)Matte *f*; *cheveux*: Zopf *m*
**natural|iser** [natyralize] (*1a*) naturalisieren, einbürgern; **~isme** *m* Naturalismus *m*
**natur|e** [natyr] *f* Natur *f*; *terrain*: Beschaffenheit *f*; *personne*: Wesen *n*; ***café** m **~*** schwarzer Kaffee *m*; F ***il est très ~*** er ist sehr natürlich; **~el**, **~elle 1.** *adj* natürlich; *science*, *phénomène*: Natur…; **2.** *m caractère* Naturell *n*, Wesen *n*; *spontanéité* Natürlichkeit *f*; *cuis* ***au ~*** ohne Zutaten; **~ellement** *adv* natürlich; **~isme** *m* Freikörperkultur *f* (FKK), Nudismus *m*; **~iste** *m*, *f* FKK-Anhänger(in) *m*(*f*), Nudist (-in) *m*(*f*)
**naufrag|e** [nofraʒ] *m* Schiffbruch *m*; ***faire ~*** Schiffbruch erleiden; **~é**, **~ée** schiffbrüchig
**nauséabond**, **~e** [nozeabõ, -d] ekelhaft, widerlich
**nausée** [noze] *f* Übelkeit *f*; *fig* Ekel *m*; ***j'ai la ~*** mir ist schlecht
**naut|ique** [notik] nautisch; See…; ***ski** m **~*** Wasserski *m*; **~isme** *m* Wassersport *m*
**naval**, **~e** [naval] (*m/pl -als*) Schiffs…, See…; ***chantier** m **naval*** Schiffswerft *f*
**navet** [navɛ] *m* weiße Rübe *f*
**navette** [navɛt] *f* **1.** *tissage*: Weber-, Nähmaschinenschiffchen *n*; **2.** *transport*: Pendelverkehr *m*; ***faire la ~*** pendeln; **~ *spatiale*** Raumfähre *f*
**navig|able** [navigablə] schiffbar; **~ant** [-ɑ̃] ***le personnel ~*** das zur See fahrende (*od* Flug-)Personal; **~ateur** [-atœr] *m* **1.** *aviat* Navigator *m*; **2.** *mar* Seefahrer *m*; **3.** *EDV* Browser *m*; **~ation** *f* **1.** Schifffahrt *f*; **~ *aérienne*** Luftfahrt *f*; **~ *spatiale*** Raumfahrt *f*; **2.** *pilotage* Navigation *f*
**naviguer** [navige] (*1m*) (zur See) fahren; *conduire* navigieren; F viel auf Reisen sein; **~ *sur Internet*** im Internet surfen
**navire** [navir] *m* (See-)Schiff *n*; **~ *de guerre*** Kriegsschiff *n*
**navr|ant**, **~ante** [navrɑ̃, -ɑ̃t] bedauerlich; **~é**, **~ée *je suis* ~(*e*)** es tut mir sehr leid
**nazi**, **~e** [nazi] *péj* **1.** *adj* Nazi…, nazistisch; **2.** *m*, *f* Nazi *m*; **~sme** *m* Nazismus *m*
**N.B.** *abr* ***nota bene*** NB, Anm. (Anmerkung)
**N.-D.** *abr* ***Notre-Dame*** Unsere Liebe Frau
**N.D.L.R.** *abr* ***note de la rédaction*** Anm. d. Red. (Anmerkung der Redaktion)
**ne** [n(ə)] **~ … *pas*** nicht; **~ … *guère*** kaum; **~ … *jamais*** nie; **~ … *plus*** nicht mehr; **~ … *plus jamais*** nie mehr; **~ … *que*** nur; erst; **~ … *rien*** nichts; **~ … *personne*** niemand
**né**, **~e** [ne] *pp de **naître*** geboren
**néanmoins** [neɑ̃mwɛ̃] dennoch, trotzdem, nichtsdestoweniger
**néant** [neɑ̃] *m* Nichts *n*
**nébul|eux**, **~euse** [nebylø, -øz] be-

wölkt, neb(e)lig; *fig* unklar, verschwommen; **~osité** [-ozite] *f* Bewölkung *f*
**nécessaire** [nesesɛr] **1.** *adj* notwendig, nötig; *effet*: unvermeidlich; **2.** *m* Notwendige(s) *n*; **~ *de toilette*** Kulturbeutel *m*
**nécessit|é** [nesesite] *f* Notwendigkeit *f*; **~*s*** *pl* Erfordernisse *n/pl*; ***par* ~** notgedrungen; **~er** (*1a*) erfordern; **~eux, ~euse** [-ø, -øz] Not leidend, bedürftig
**néerlandais, ~e** [neɛrlɑ̃dɛ, -z] **1.** *adj* niederländisch; **2.** **Ɐ, Ɐe** *m, f* Niederländer(in) *m(f)*
**nef** [nɛf] *f* Kirchenschiff *n*
**néfaste** [nefast] unheilvoll
**néga|tif, ~tive** [negatif, -tiv] **1.** *adj* negativ; *réponse a*: verneinend, abschlägig; **2.** *m photographie*: Negativ *n*; **3.** *f* ***dans la négative*** im Falle e-r Ablehnung; **~tion** *f* Verneinung *f*
**néglig|é** [negliʒe] *m* Morgenrock *m*, Negligé *n*; **~eable** [-ablə] belanglos, unerheblich; **~ence** [-ɑ̃s] *f nonchalance* Nachlässigkeit *f*; *manque de prudence* Fahrlässigkeit *f*; **~ent, ~ente** [-ɑ̃, -ɑ̃t] nachlässig; **~er** (*1l*) *personne, vêtements, intérêts*: vernachlässigen; *occasion*: versäumen; *avis*: nicht beachten; **~ *de faire qc*** es unterlassen, etw zu tun
**négoc|e** [negɔs] *m* Handel *m*; **~iant** [-jɑ̃] *m* Großhändler *m*
**négocia|teur, ~trice** [negɔsjatœr, -tris] *m, f* Unterhändler(in) *m(f)*; **~tion** *f* Verhandlung *f*
**négocier** [negɔsje] (*1a*) verhandeln; **~ *un traité*** über den Abschluss e-s Vertrags verhandeln
**nègre, négresse** [nɛgrə, negrɛs] *m, f péj* Neger(in) *neg! m(f)*
**neig|e** [nɛʒ] *f* Schnee *m*; ***sports*** *m/pl* ***de* ~** Wintersport *m*; **~er** (*1l*) schneien; ***il neige*** es schneit; **~eux, ~euse** [-ø, -øz] verschneit, Schnee…
**nénuphar** [nenyfar] *m bot* Seerose *f*
**néo-…** [neɔ] *in Zssgn* neo…, neu…
**néologisme** [neɔlɔʒismə] *m* neues Wort *n*, Neologismus *m*
**néon** [neõ] *m* Neon *n*
**néphrite** [nefrit] *f méd* Nierenentzündung *f*
**népotisme** [nepɔtismə] *m* Vetternwirtschaft *f*
**nerf** [nɛr] *m* Nerv *m*; *vigueur* Kraft *f*; *fig* ***avoir du* ~** kräftig sein, Energie haben
**nerv|eux, ~euse** [nɛrvø, -øz] *caractère, état*: nervös; *tendineux* nervig, sehnig; *vigoureux* kraftvoll; *auto*: spritzig; **~osité** [-ozite] *f* Nervosität *f*
**n'est-ce pas** [nɛspa] nicht wahr?
**net, ~te** [nɛt] **1.** *adj propre* sauber; *clair* klar, deutlich; *non ambigu* eindeutig; *photo*: scharf; *comm* Netto…; ***produit*** *m* ***net*** Nettogewinn *m*; ***prix*** *m* ***net*** Nettopreis *m*; **2.** *adv* ***net*** (*a* ***nettement***) geradeheraus; ***refuser net*** rundweg ablehnen; **3.** *m* ***mettre au net*** ins Reine schreiben
**nétiquette** [nɛtikɛt] *f Internet* Netikette *f*
**netteté** [nɛtte] *f* Sauberkeit *f*; *fig* Klarheit *f*
**nettoy|age** [nɛtwajaʒ] *m* Reinigung *f*, Säuberung *f*; **~ *à sec*** chemische Reinigung *f*; **~er** (*1h*) reinigen, säubern
**neuf**[1] [nœf, *avec liaison* nœv] neun
**neu|f**[2], **~ve** [nœf, -v] neu; ***refaire à neuf*** ganz neu einrichten, gestalten; ***quoi de neuf?*** was gibt's Neues?
**neurolo|gie** [nørɔlɔʒi] *f* Neurologie *f*, Nervenheilkunde *f*; **~gue** [-g] Neurologe *m*, Nervenarzt *m*
**neutral|iser** [nøtralize] (*1a*) *rendre inoffensif* unschädlich *od* unwirksam machen; **~isme** *m* Neutralitätspolitik *f*; **~ité** *f* Neutralität *f*
**neutre** [nøtrə] **1.** *adj* neutral; *gr* sächlich; *bot* geschlechtslos; **2.** *m gr* Neutrum *n*; *pol* ***les* ~*s*** *pl* die neutralen Staaten *m/pl*
**neutron** [nøtrõ] *m phys* Neutron *n*
**neuvième** [nœvjɛm] **1.** *adj ordre*: neunte(r, -s); **2.** *m fraction*: Neuntel *n*
**neveu** [n(ə)vø] (*pl -x*) *m* Neffe *m*
**névr|algie** [nevralʒi] *f méd* Neuralgie *f*, Nervenschmerz *m*; **~algique** [-alʒik] *méd u fig* neuralgisch; **~ose** [-oz] *f psych* Neurose *f*; **~osé, ~osée** [-oze] *m, f* Neurotiker(in) *m(f)*
**nez** [ne] *m* Nase *f*; *mar* Bug *m*; ***avoir du* ~** e-e feine (Spür-)Nase haben
**N.F.** *abr* ***norme française*** frz. Norm *f*
**ni** [ni] und nicht; **~ … ~** (***ne*** *devant verbe*) weder … noch; ***je n'ai* ~ *pommes* ~ *poires*** ich habe weder Äpfel noch Birnen; ***sans sucre* ~ *lait*** ohne Zucker und Milch

**niais**, **~e** [njɛ, -z] albern, dumm; **~erie** [-zri] *f* Albernheit *f*
**Nicaragua** [nikaragwa] ***le ~*** Nikaragua *n*
**Nice** [nis] Nizza *n*
**nich|e** [niʃ] *f* **1.** *mur*: Nische *f*; *chien*: Hundehütte *f*; **2.** *tour* Schabernack *m*; **~er** (*1a*) nisten; F *fig* hausen
**nicotine** [nikɔtin] *f* Nikotin *n*
**nid** [ni] *m* Nest *n*; *fig* ***~ de poule*** Schlagloch *n*; *fig* ***~ d'amoureux*** Liebesnest *n*
**nièce** [njɛs] *f* Nichte *f*
**nier** [nje] (*1a*) leugnen, abstreiten; ***~ avoir fait qc*** bestreiten, etw getan zu haben; ***~ que*** (+ *ind od subj*) leugnen, dass
**nigaud**, **~e** [nigo, -d] **1.** *adj* albern; **2.** *m* Dummkopf *m*
**Niger** [niʒɛr] *géogr* ***le ~*** *pays* Niger *n*; *fleuve* der Niger
**Nigeria** [niʒɛrja] ***le*** *ou* ***la ~*** Nigeria *n*
**Nil** [nil] ***le ~*** der Nil
**n'importe** [nɛ̃pɔrt] irgend; ***~ où*** irgendwo(hin), ganz gleich wo(hin); ***~ qui*** jeder (Beliebige), irgendwer; ***~ quoi*** irgendetwas
**nippon**, **~(n)e** [nipõ, -ɔn] japanisch
**nique** [nik] *f* ***faire la ~ à qn*** j-n auslachen
**nitouche** [nituʃ] *f* F ***sainte ~*** Scheinheilige *f*
**niveau** [nivo] *m* (*pl -x*) Niveau *n* (*a fig*); *hauteur* Höhe *f*, Stand *m*; *tech* Wasserwaage *f*; ***~ d'eau*** Wasserspiegel *m*; ***~ de la mer*** Meeresspiegel *m*; *auto* ***~ d'essence, d'huile*** Benzin-, Ölstand *m*; ***~ de vie*** Lebensstandard *m*; ***au ~ de*** auf gleicher Höhe mit; *concernant* hinsichtlich (*gén*), in Bezug auf (*acc*)
**niveler** [nivle] (*1c*) (ein)ebnen; *fig* angleichen, nivellieren
**nivellement** [nivɛlmɑ̃] *m* (Ein-)Ebnen *n*; *fig* Angleichung *f*, Nivellierung *f*
**n°** *abr* ***numéro*** Nr. (Nummer)
**noble** [nɔblə] *rang social*: ad(e)lig; *cœur, esprit*: edel; **~sse** [-ɛs] *f* Adel *m*; *prov* ***~ oblige*** Adel verpflichtet
**noce** [nɔs] *f* **~s** *pl* Hochzeit *f*; ***en premières, secondes ~s*** in erster, zweiter Ehe; F ***faire la ~*** in Saus und Braus leben
**noc|if**, **~ive** [nɔsif, -iv] schädlich; **~ivité** [-ivite] *f* Schädlichkeit *f*
**noctambule** [nɔktɑ̃byl] *m*, *f* Nachtbummler *m*, -schwärmer *m*
**nocturne** [nɔktyrn] nächtlich, Nacht…
**Noël** [nɔɛl] *m* Weihnachten *n*; ***joyeux ~!*** fröhliche Weihnachten!; ***arbre*** *m* ***de ~*** Christbaum *m*; ***père*** *m* ***~*** Weihnachtsmann *m*; ***à ~*** zu *od* an Weihnachten
**nœud** [nø] *m* Knoten *m*; *fig de débat, problème*: springender Punkt *m*
**noir**, **~e** [nwar] **1.** *adj* schwarz; *sombre* dunkel, finster; ***la mer* Ⓝ*e*** das Schwarze Meer; ***travail*** *m* (***au***) ***noir*** Schwarzarbeit *f*; *fig* ***voir tout en noir*** alles grau in grau sehen; ***il fait noir*** es ist stockdunkel; **2.** *adj* F *ivre* blau, besoffen; **3.** *m*, *f* Schwarze(r) *m*, *f*; **~âtre** [-ɑtrə] schwärzlich
**noirc|eur** [nwarsœr] *f* Schwärze *f*; *fig* Abscheulichkeit *f*; **~ir** (*2a*) *v/t* schwärzen; *fig situation*: in düsteren Farben schildern; *v/i* schwarz werden
**noise** [nwaz] *f* ***chercher ~ à qn*** mit j-m Streit suchen
**noisette** [nwazɛt] **1.** *f* Haselnuss *f*; **2.** *adj inv* nussbraun
**noix** [nwa] *f* (Wal-)Nuss *f*; ***~ de coco*** Kokosnuss *f*; ***~ muscade*** Muskatnuss *f*
**nom** [nõ] *m* **1.** Name *m*; ***~ de famille*** Familienname *m*; ***~ de guerre*** Deckname *m*; ***au ~ de*** im Namen (*gén*); ***de ~*** dem Namen nach; ***du ~ de*** namens; **2.** *gr* Substantiv *n*, Hauptwort *n*
**nombr|e** [nõbrə] *m* Zahl *f*; *quantité* Anzahl *f*; ***~ pair*** (***impair***) gerade (ungerade) Zahl *f*; ***~ de*** (+ *pl*) viele; ***au ~ de trois*** zu dritt; ***être du ~ de*** gehören zu; **~eux**, **~euse** [-ø, -øz] zahlreich; ***famille*** *f* ***nombreuse*** kinderreiche Familie *f*
**nombril** [nõbri(l)] *m* Nabel *m*
**nomenclature** [nɔmɑ̃klatyr] *f terminologie* Nomenklatur *f*; *répertoire* Verzeichnis *n*, Nomenklatur *f*
**nomin|al**, **~ale** [nɔminal] (*m/pl -aux*) namentlich; ***valeur*** *f* ***nominale*** Nennwert *m*; **~ation** *f* Ernennung *f*
**nomm|ément** [nɔmemɑ̃] namentlich; **~er** (*1a*) (be)nennen; *à une fonction*: ernennen; ***se ~*** sich nennen, heißen
**non** [nõ] nein; ***dire que ~*** Nein sagen; ***j'espère que ~*** ich hoffe nicht; ***~ plus*** auch nicht; ***~ que …*** (+ *subj*) nicht etwa, dass

**non-agression** [nɔnagrɛsjõ] *f pol* ***pacte** m* ***de ~*** Nichtangriffspakt *m*
**non-alignement** [nɔnaliɲmɑ̃] *m pol* Blockfreiheit *f*
**nonante** [nõnɑ̃t] (*Belgique, Suisse*) neunzig
**nonce** [nõs] *m égl* Nuntius *m*
**nonchalant**, **~e** [nõʃalɑ̃, -t] lässig, unbekümmert
**non-conformiste** [nõkõfɔrmist] **1.** *adj* nonkonformistisch; **2.** *m* (*pl non-conformistes*) Nonkonformist *m*
**non-fumeu|r**, **~se** [nõfymœr, -øz] *m, f* Nichtraucher(in) *m(f)*
**non-intervention** [nɔnɛ̃tɛrvɑ̃sjõ] *f pol* Nichteinmischung *f*
**nonobstant** [nɔnɔpstɑ̃] *prép* ungeachtet, trotz
**non-polluant**, **~e** [nɔnpoly ɑ̃, -t] umweltfreundlich, umweltverträglich
**non-sens** [nõsɑ̃s] *m* (*pl unv*) *absurdité* Unsinn *m*; *texte*: unverständliche Stelle *f*
**non-violence** [nõvjɔlɑ̃s] *f pol* Gewaltlosigkeit *f*
**nord** [nɔr] **1.** *m* Norden *m*; ***la mer du* ♀** die Nordsee; ***vent** m* ***du ~*** Nordwind *m*; ***au ~ de*** nördlich von; F *fig* ***perdre le ~*** den Kopf verlieren; **2.** *adj* nördlich; ***côte** f* ***~*** Nordküste
**nord|-africain**, **~-africaine** [nɔrdafrikɛ̃, -ɛn] *adj* nordafrikanisch; **♀-Africain**, **♀-Africaine** *m, f* Nordafrikaner(in) *m(f)*
**nord-est** [nɔrɛst] *m* Nordosten *m*
**nordique** [nɔrdik] nordisch
**nord-ouest** [nɔrwɛst] *m* Nordwesten *m*
**normal**, **~e** [nɔrmal] (*m/pl -aux*) normal; ***école** f* ***normale*** *etwa* Pädagogische Hochschule *f*; **~ement** *adv* normalerweise; **~isation** [-izasjõ] *f* Normalisierung *f*; *tech* Normung *f*
**normand**, **~e** [nɔrmɑ̃, -d] **1.** *adj* aus der Normandie; **2.** **♀**, ***♀e*** *m, f* Bewohner(in) *m(f)* der Normandie; *hist* Normanne *m*, Normannin *f*
**Normandie** [nɔrmɑ̃di] ***la ~*** die Normandie *f*
**norme** [nɔrm] *f* Norm *f* (*a tech*); ***~ européenne*** Euronorm *f*
**Norvège** [nɔrvɛʒ] ***la ~*** Norwegen *n*
**norvégien**, **~ne** [nɔrveʒjɛ̃, -ɛn] **1.** *adj* norwegisch; **2.** *m, f* Norweger(in) *m(f)*
**nos** [no] → ***notre***
**nostalgie** [nɔstalʒi] *f* Sehnsucht *f*
**not|abilité** [nɔtabilite] *f* hervorragende, prominente Persönlichkeit *f*; **~able** **1.** *adj* beträchtlich, bemerkenswert; **2.** *m* angesehener Bürger *m*; ***~s*** *pl* Honoratioren *m/pl*, Prominente(n) *m/pl*
**notaire** [nɔtɛr] *m* Notar *m*
**notamment** [nɔtamɑ̃] *adv* vor allem, besonders
**notarié**, **~e** [nɔtarje] notariell (beglaubigt)
**notation** [nɔtasjõ] *f* Notierung *f*
**not|e** [nɔt] *f* Note *f* (*a mus*); *son* Ton *m*; *communication* Notiz *f*; *bas de page*: Fußnote *f*; *remarque* Anmerkung *f*; *école*: Note *f*, Zensur *f*; *comm* Rechnung *f*; ***prendre ~ de qc*** sich (*dat*) etw merken; ***prendre des ~s*** sich (*dat*) Notizen machen; **~er** (*1a*) *écrire* notieren; *endroit*: anmerken; *remarquer* bemerken; **~ice** [-is] *f* kurze Darstellung *f*, Abriss *m*
**notion** [nosjõ] *f idée* Begriff *m*; ***~s*** *pl* Grundwissen *n*
**notoire** [nɔtwar] offenkundig
**notoriété** [nɔtɔrjete] *f* Offenkundigkeit *f*
**notre** [nɔtrə] (*pl nos*) unser(e)
**nôtre** [notrə] ***le, la ~*** der, die, das unsrige *od* unsere; unsere(r, -s)
**nou|er** [nwe] (*1a*) knüpfen, knoten, binden; *relations*: anknüpfen; *amitié*: schließen; **~eux**, **~euse** [-ø, -øz] knotig, knorrig
**nougat** [nuga] *m frz. Süßigkeit*: (Art) türkischer Honig *m*
**nouille** [nuj] *f* ***~s*** *pl* Nudeln *f/pl*
**nourr|ice** [nuris] *f profession*: Tagesmutter *f*; *qui allaite*: Amme *f*; **~ir** (*2a*) *personne*: ernähren; *animaux*: füttern; *enfant*: stillen; *fig intention, espoir*: hegen
**nourr|isson** [nurisõ] *m* Säugling *m*; **~iture** [-ityr] *f* Nahrung *f*, Kost *f*; *animaux*: Futter *n*
**nous** [nu] wir; uns
**nouv|eau**, **~elle** (*m a* **~el**, *m/pl* **~elle**) [nuvo, -ɛl] **1.** *adj* neu; *autre* andere(r, -s); *frais* jung, frisch; ***rien de nouveau*** nichts Neues; ***de od à nouveau*** von neuem; ***Nouvel An** m* Neujahr *n*; **2.** *m* ***voilà du nouveau*** das ist etwas

Neues
**nouveau-né**, **~e** [nuvone] **1.** *adj* neugeboren; **2.** *m* (*pl nouveau-nés*) ***le ~*** das Neugeborene *n*
**nouveauté** [nuvote] *f* Neuheit *f*
**nouvelle** [nuvɛl] *f* Nachricht *f*; *récit* Novelle *f*; **~ment** [-mɑ̃] *adv* vor Kurzem
**Nouvelle-Zélande** [nuvɛlzelɑ̃d] ***la ~*** Neuseeland *n*
**nouvelliste** [nuvɛlist] *m* Novellist *m*
**nova|teur**, **~trice** [nɔvatœr, -tris] **1.** *adj* ***esprit*** *m* ***novateur*** auf Neuerungen sinnender Geist *m*; **2.** *m*, *f* Neuerer *m*
**novembre** [nɔvɑ̃brə] *m* November *m*
**novice** [nɔvis] **1.** *m*, *f* Neuling *m*, Anfänger(in) *m(f)*; *rel* Novize *m*, *f*; **2.** *adj* unerfahren
**noyade** [nwajad] *f* Ertrinken *n*
**noyau** [nwajo] *m* (*pl -x*) Kern *m*; **~ter** [-te] (*1a*) *pol* unterwandern
**noyer**[1] [nwaje] (*1h*) ertränken; *auto* ersaufen; ***se ~*** ertrinken; *se suicider* sich ertränken
**noyer**[2] [nwaje] *m* Nussbaum *m*
**N/Réf.** *abr* ***notre référence*** unser Zeichen
**nu**, **~e** [ny] **1.** *adj* nackt; *plaine*, *arbre*: kahl; **2.** *m art*: Akt *m*
**nuag|e** [nɥaʒ] *m* Wolke *f*; *pl* ***~s*** *a* Bewölkung *f*; *fig* ***être dans les ~s*** zerstreut sein; **~eux**, **~euse** [-ø, -øz] wolkig, bewölkt, bedeckt
**nuanc|e** [nɥɑ̃s] *f* Nuance *f* (*a fig*), Schattierung *f*; **~er** (*1k*) nuancieren, fein differenzieren
**nucléaire** [nykleɛr] Kern…, Atom…, nuklear; ***énergie*** *f* ***~*** Kernenergie *f*; ***centrale*** *f* ***~*** Atomkraftwerk *n*
**nud|isme** [nydismə] *m* Freikörper-, Nacktkultur *f*, FKK; **~iste** **1.** *adj* FKK-…; **2.** *m*, *f* FKK-Anhänger(in) *m(f)*, Nudist(in) *m(f)*
**nudité** [nydite] *f* Nacktheit *f*, Blöße *f*
**nue** [ny] *f litt* Wolke *f*; *fig* ***porter aux ~s*** in den Himmel heben; ***tomber des ~s*** (wie) aus allen Wolken fallen
**nuire** [nɥir] (*4c*) schädlich sein; ***~ à qn, à qc*** j-m, e-r Sache schaden
**nuis|ance** [nɥizɑ̃s] *f* (Umwelt-)Belastung *f*; **~ible** schädlich
**nuit** [nɥi] *f* Nacht *f*; ***la ~*** *od* ***de ~*** nachts; ***~ blanche*** schlaflose Nacht *f*; ***ne pas dormir de la ~*** die ganze Nacht nicht schlafen; ***être de ~*** Nachtschicht haben; ***il fait ~*** es ist dunkel
**nul**, **~le** [nyl] **1.** *adj non valable* ungültig; *sans valeur* wertlos; *match*: unentschieden; **2.** *pronom* kein; ***nul*** (*alleinstehend*) keiner, niemand; ***nulle part*** nirgends
**null|ement** [nylmɑ̃] keineswegs; **~ité** *f* *jur* Nichtigkeit *f*; *fig* Wertlosigkeit *f*; *personne*: Versager *m*, Null *f* F
**numér|aire** [nymerɛr] *m* Bargeld *n*; **~al**, **~ale** (*m/pl -aux*) **1.** *adj* Zahl(en)…; **2.** *m* Zahlwort *n*; **~ation** *f* Zählen *n*; **~ique** numerisch; *EDV* digital; ***appareil*** *m* ***photo ~*** Digitalkamera *f*
**numéro** [nymero] *m* Nummer *f*; F ***un drôle de ~*** ein komischer Kerl
**numérot|age** [nymerɔtaʒ] *m* Nummerierung *f*; **~er** (*1a*) nummerieren
**nu-pieds** [nypje] (*unv*) barfuß
**nuptial**, **~e** [nypsjal] (*m/pl -aux*) Hochzeits…
**nuque** [nyk] *f* Genick *n*, Nacken *m*
**Nuremberg** [nyrɛ̃-, nyrɑ̃bɛr] Nürnberg *n*
**nu-tête** [nytɛt] (*unv*) barhäuptig
**nutri|tif**, **~tive** [nytritif, -iv] Nähr…; *aliment*: nahrhaft; **~tion** *f* Ernährung *f*
**nylon** [nilõ] *m* Nylon *n*
**nymphe** [nɛ̃f] *f* Nymphe *f*
**nymphéa** [nɛ̃fea] *m bot* Seerose *f*

# O

**OAS** *f abr* ***Organisation de l'armée secrète*** nationalistische frz. Untergrundbewegung im Algerienkrieg
**oasis** [ɔazis] *f* Oase *f*
**obéir** [ɔbeir] (*2a*) gehorchen (***à qn*** j-m); *règle*: befolgen (***à qc*** etw *acc*)
**obéiss|ance** [ɔbeisɑ̃s] *f* Gehorsam *m*; **~ant**, **~ante** [-ɑ̃, -ɑ̃t] gehorsam, folgsam
**obèse** [ɔbɛz] fett(leibig)

**obésité** [ɔbezite] *f* Fettleibigkeit *f*
**object|er** [ɔbʒɛkte] (*1a*) einwenden, entgegenhalten (***qc à qn*** j-m etw); *prétexter* vorgeben; **~eur** *m* **~ *de conscience*** Wehrdienstverweigerer *m*; **~if**, **~ive** [-if, -iv] **1.** *adj* objektiv; **2.** *m photographie*: Objektiv *n*; *mil u allg* Ziel *n*
**objection** [ɔbʒɛksjõ] *f* Einwand *m*
**objectivité** [ɔbʒɛktivite] *f* Objektivität *f*
**objet** [ɔbʒɛ] *m* Gegenstand *m* (*a fig*); *but* Zweck *m*, Ziel *n*; *gr* Objekt *n*
**obliga|tion** [ɔbligasjõ] *f* Verpflichtung *f*, Pflicht *f*; *nécessité* Notwendigkeit *f*; *comm* Obligation *f*; ***être dans l'~ de faire qc*** genötigt sein, etw zu tun; **~toire** [-twar] obligatorisch
**obligé**, **~e** [ɔbliʒe] verpflichtet
**oblige|ance** [ɔbliʒɑ̃s] *f* Gefälligkeit *f*; **~ant**, **~ante** [-ɑ̃, -ɑ̃t] gefällig, verbindlich
**obliger** [ɔbliʒe] (*1l*) verpflichten; *forcer* zwingen (***qn à qc*** j-n zu etw, ***qn à faire qc*** j-n dazu, etw zu tun); ***être obligé de faire qc*** gezwungen sein, etw zu tun; etw tun müssen; **~ *qn*** *rendre service* j-m einen Gefallen tun
**obliqu|e** [ɔblik] schief, schräg; **~er** (*1m*) (seitwärts) abbiegen
**oblitérer** [ɔblitere] (*1f*) entwerten, abstempeln
**oblong**, **~ue** [ɔblõ, -g] länglich
**obsc|ène** [ɔpsɛn] unanständig, obszön; **~énité** [-enite] *f* Unanständigkeit *f*, Obszönität *f*; *parole*: Zote *f*
**obscur**, **~e** [ɔpskyr] dunkel, finster; *raisons*: obskur; *médiocre* unscheinbar; *embrouillé* undeutlich; **~cir** [-sir] (*2a*) (***s'~*** sich) verdunkeln; **~cissement** [-sismɑ̃] *m* Verdunkelung *f*; **~ité** *f* Dunkelheit *f*
**obséd|é**, **~ée** [ɔpsede] *m*, *f* Besessene(r) *m*, *f*; **~er** (*1f*) quälen, verfolgen; ***être obsédé(e) par*** besessen sein von
**obsèques** [ɔpsɛk] *f/pl* Begräbnis *n*, Trauerfeier *f*
**observa|teur**, **~trice** [ɔpsɛrvatœr, -tris] *m*, *f* Beobachter(in) *m(f)*; **~tion** *f* Beobachtung *f*; *remarque* Be-, Anmerkung *f*; *règle*: Beachtung *f*, Einhaltung *f*; **~toire** [-twar] *m* Sternwarte *f*, Observatorium *n*
**observer** [ɔpsɛrve] (*1a*) beobachten; *règle*: beachten, einhalten, befolgen; *changement*, *amélioration*: bemerken; ***faire ~ qc à qn*** j-n auf etw (*acc*) aufmerksam machen
**obsession** [ɔpsɛsjõ] *f* fixe Idee *f*; Besessenheit *f*
**obstacle** [ɔpstaklə] *m* Hindernis *n*; ***faire ~ à qc*** etw (*acc*) verhindern
**obstin|ation** [ɔpstinasjõ] *f* Starrsinn *m*, Halsstarrigkeit *f*, Eigensinn *m*; **~é**, **~ée** starrsinnig, halsstarrig, eigensinnig, stur; **~er** (*1a*) ***s'~ à*** (***faire***) ***qc*** hartnäckig auf etw (*dat*) bestehen
**obstruer** [ɔpstrye] (*1n*) verstopfen
**obtempérer** [ɔptɑ̃pere] (*1f*) Folge leisten
**obtenir** [ɔptənir] (*2h*) bekommen; *résultat*: erreichen
**obtention** [ɔptɑ̃sjõ] *f* Erlangung *f*
**obtur|ateur** [ɔptyratœr] *m photographie*: Verschluss *m*; **~ation** *f* Verschließung *f*; *dent*: Zahnfüllung *f*; **~er** (*1a*) zustopfen; *dent*: plombieren
**obtus**, **~e** [ɔpty, -z] *math u fig* stumpf
**obus** [ɔby] *m mil* Granate *f*
**oc** [ɔk] ***la langue d'~*** die südfranzösischen Dialekte, das Okzitanische
**occasion** [ɔkazjõ] *f* Gelegenheit *f*; *motif* Anlass *m*; *marché*: Gelegenheitskauf *m*; ***d'~*** gebraucht; ***à l'~*** bei Gelegenheit, gelegentlich; ***à l'~ de*** aus Anlass (*gén*); ***être l'~ de qc*** Anlass zu etw geben; ***en toute ~*** unter allen Umständen
**occasionn|el**, **~elle** [ɔkazjɔnɛl] Gelegenheits…, gelegentlich; *fortuit* zufällig; **~er** (*1a*) bewirken, verursachen
**Occident** [ɔksidɑ̃] *m* ***l'~*** der Westen
**occidental**, **~e** [ɔksidɑ̃tal] (*m/pl -aux*) westlich
**occitan**, **~e** [ɔksitɑ̃, -an] *ling* südfranzösisch, (alt)provenzalisch
**occlusion** [ɔklyzjõ] *f méd* Verschluss *m*
**occulte** [ɔkylt] verborgen
**occup|ant**, **~ante** [ɔkypɑ̃, -ɑ̃t] **1.** *adj* Besatzungs…; **2.** *m appartement*: Bewohner *m*; *auto* Insasse *m*; **~ation** *f mil* Besetzung *f*; *passe-temps*, *travail*: Beschäftigung *f*; **~é**, **~ée** *personne*: beschäftigt; *pays*, *chaise*: besetzt; *appartement*: bewohnt; **~er** (*1a*) *place*, *pays*: besetzen, besetzt halten; *appartement*: bewohnen; *temps*: in Anspruch neh-

men; *personnel*: beschäftigen; *fonction*: bekleiden; ***s'~ de** politique, littérature*: sich beschäftigen mit, sich befassen mit; ***s'~ de** malade, organisation*: sich kümmern um
**occurrence** [ɔkyrɑ̃s] *f* ***en l'~*** im vorliegenden Fall
**OCDE** [osedeə] *f abr* ***Organisation de coopération et de développement économique*** OECD *f* (Organisation für wirtschaftliche Zusammenarbeit und Entwicklung)
**océan** [ɔseɑ̃] *m* Ozean *m*
**Océanie** [ɔseani] *f* ***l'~*** Ozeanien *n*
**octet** [ɔktɛ] *m EDV* Byte *n*
**octobre** [ɔktɔbrə] *m* Oktober *m*
**octogénaire** [ɔktɔʒenɛr] **1.** *adj* achtzigjährig; **2.** *m, f* Achtzigjährige(r) *m, f*
**ocul|aire** [ɔkylɛr] Augen…; **~iste** *m, f* Augenarzt *m*, -ärztin *f*
**Oder** [ɔdɛr] *m* ***l'~*** die Oder
**odeur** [odœr] *f* Geruch *m*; *parfum* Duft *m*; ***mauvaise ~*** Gestank *m*
**odieu|x, ~se** [ɔdjø, -z] scheußlich, widerwärtig
**odor|ant, ~ante** [ɔdɔrɑ̃, -ɑ̃t] wohlriechend; **~at** [-a] *m* Geruchssinn *m*
**OEA** *f abr* ***Organisation des États américains*** OAS *f* (Organisation der amerikanischen Staaten)
**œil** [œj] *m* (*pl yeux* [jø]) **1.** Auge *n*; ***à mes yeux*** meiner Ansicht nach; ***à vue d'~*** zusehends; ***tirer l'~*** ins Auge fallen; ***avoir l'~ à*** aufpassen auf (*acc*); ***coup*** *m* ***d'~*** Blick *m*; ***avoir les yeux bleus*** blaue Augen haben; ***fermer les yeux sur qc*** bei etw ein Auge zudrücken; **2.** *tech* Loch *n*, Auge *n*, Öse *f*; **~-de-bœuf** [-dəbœf] *m* (*pl œils-de-bœuf*) rundes (Dach-)Fenster *n*; **~-de-perdrix** [-dəpɛrdri] *m* (*pl œils-de-perdrix*) Hühnerauge *n*
**œillade** [œjad] *f* verliebter Blick *m*
**œillère** [œjɛr] *f le plus souvent au pl* ***~s*** Scheuklappen *f/pl* (*a fig*)
**œillet** [œjɛ] *m bot* Nelke *f*; *tech* Öse *f*
**œsophage** [ezɔfaʒ] *m* Speiseröhre *f*
**œuf** [œf] *m* (*pl* -s [ø]) Ei *n*; ***~s brouillés*** Rührei *n*; ***~ à la coque*** weich gekochtes *od* weiches Ei *n*; ***~ sur le plat*** Spiegelei *n*; ***~ de Pâques*** Osterei *n*; *fig* ***dans l'~*** im Keim
**œuvre** [œvrə] **1.** *f* Werk *n*, Arbeit *f*; ***~s*** *pl* ***sociales*** Sozialeinrichtungen *f/pl*; ***~ d'art*** Kunstwerk *n*; ***se mettre à l'~*** sich an die Arbeit machen; ***mettre en ~*** *employer* anwenden; *exécuter* ausführen; **2.** *m tech* ***gros ~*** Rohbau *m*; *art, littérature*: Werk *n*
**OFAJ** *m abr* ***Office franco-allemand pour la jeunesse*** Deutsch-französisches Jugendwerk
**offens|e** [ɔfɑ̃s] *f insulte* Beleidigung *f*; *péché* Sünde *f*; **~er** (*1a*) beleidigen, kränken, verletzen; ***s'~ de qc*** an etw (*dat*) Anstoß nehmen; **~if, ~ive** [-if, -iv] **1.** *adj* Angriffs…, offensiv; **2.** *f* Angriff *m*, Offensive *f*
**offic|e** [ɔfis] *m charge* Amt *n*, Dienststelle *f*; *rel* Gottesdienst *m*; ***bons ~s*** *pl* gute Dienste *m/pl*; ***d'~*** zwangsweise; ***faire ~ de*** tätig sein als; **~iel, ~ielle** [-jɛl] amtlich, offiziell
**officier** [ɔfisje] *m* Offizier *m*; *jur* Beamte(r) *m*; ***~ de police*** Polizeibeamte(r) *m*
**officieu|x, ~se** [ɔfisjø, -z] halbamtlich, offiziös
**officinal, ~e** [ɔfisinal] (*m/pl -aux*) Heil…, Arznei…
**offrande** [ɔfrɑ̃d] *f rel* Opfergabe *f*
**offr|e** [ɔfrə] *f* Angebot *n*, Offerte *f*; ***~ d'emploi*** Stellenangebot *n*; **~ir** (*2f*) *marchandises, boisson*: anbieten; *cadeau*: schenken; *choix, avantage*: bieten; ***~ à boire*** einen Trunk anbieten; ***s'~ qc*** sich (*dat*) etw leisten
**offusquer** [ɔfyske] (*1m*) ärgern
**ogive** [ɔʒiv] *f arch* Spitzbogen *m*; *mil* Sprengkopf *m*
**oie** [wa] *f zo* Gans *f*
**oignon** [ɔɲõ] *m* Zwiebel *f*
**oiseau** [wazo] *m* (*pl -x*) Vogel *m*; ***à vol d'~*** *vue*: aus der Vogelperspektive; *parcours*: (in der) Luftlinie
**ois|eux, ~euse** [wazø, -øz] unnütz, überflüssig; **~if, ~ive** [-if, -iv] müßig, untätig; **~iveté** [-ivte] *f* Müßiggang *m*
**O.K.** *abr* o.k., okay
**oléoduc** [ɔleɔdyk] *m* Ölleitung *f*, Pipeline *f*
**olfacti|f, ~ve** [ɔlfaktif, -v] Geruchs…
**oliv|e** [ɔliv] *f* Olive *f*; **~ier** [-je] *m* Ölbaum *m*, Olive(nbaum) *f*(*m*); *bois*: Olivenholz *n*
**OLP** [oɛlpe] *f abr* ***Organisation de libération palestinienne*** PLO *f* (Palästinensische Befreiungsfront)

**olympique** [ɔlɛ̃pik] ***Jeux*** *m/pl* ***~s*** Olympische Spiele *n/pl*
**Oman** [ɔmɑ̃] *m* ***l'~*** Oman *n*
**ombrag|e** [õbraʒ] *m feuillage* schattiges Laubwerk *n*; *ombre* Schatten *m*; **~é**, **~ée** schattig; **~eux**, **~euse** [-ø, -øz] *cheval*: scheu; *personne*: leicht verletzbar
**ombr|e** [õbrə] *f* Schatten *m* (*a fig*); *fig faible apparence* Hauch *m*, Andeutung *f*; ***à l'~*** im Schatten; ***dans l'~*** im Dunkeln; **~elle** *f* Sonnenschirm *m*
**omelette** [ɔmlɛt] *f* Omelett *n*
**omettre** [ɔmɛtrə] (*4p*) *détail, lettre*: aus-, weglassen; ***~ de faire qc*** unterlassen, versäumen, etw zu tun
**omission** [ɔmisjõ] *f* Auslassung *f*; *texte*: Lücke *f*
**omnibus** [ɔmnibys] *m* (***train*** *m*) **~** Personen-, Nahverkehrszug *m*
**OMS** *f abr* ***Organisation mondiale de la santé*** WHO *f* (Weltgesundheitsorganisation)
**on** [õ] (*après* que, et, ou, qui, si *souvent* l'on) man; F wir
**oncle** [õklə] *m* Onkel *m*
**onction** [õksjõ] *f rel* Salbung *f*
**onctueu|x**, **~se** [õktɥø, -z] ölig, cremig; *fig* salbungsvoll
**onde** [õd] *f* Welle *f*; ***sur les ~s*** *radio*: über den Rundfunk
**ondée** [õde] *f* Regenguss *m*
**on-dit** [õdi] *m* (*pl unv*) Gerücht *n*, Gerede *n*
**ondoyer** [õdwaje] (*1h*) wogen
**ondul|ation** [õdylasjõ] *f terrain*: Welle; *coiffure*: Ondulation *f*; **~é**, **~ée** wellenförmig, wellig; *cheveux*: gewellt; ***tôle*** *f* ***ondulée*** Wellblech *n*; **~er** (*1a*) *ondes*: wogen; *cheveux*: sich wellen; **~eux**, **~euse** [-ø, -øz] wellig
**onéreu|x**, **~se** [ɔnerø, -z] kostspielig; ***à titre onéreux*** gegen Entgelt
**ONG** *f abr* ***Organisation non gouvernementale*** NGO *f* (Nichtregierungsorganisation)
**ongle** [õglə] *m* (*Finger-, Zehen-*) Nagel *m*; *zo* Kralle *f*, Klaue *f*
**onguent** [õgɑ̃] *m* Salbe *f*
**O.N.M.** *m abr* ***Office national météorologique*** staatliches frz. Amt für den Wetterdienst
**ONU** [ɔny] *f abr* ***Organisation des Nations Unies*** UNO *f* (United Nations Organization)
**onze** [õz] elf; *subst* ***le ~*** die Elf
**onzième** [õzjɛm] **1.** *adj ordre*: elfte(r, -s); **2.** *m fraction*: Elftel *n*
**OPA** [opea] *f abr* ***offre publique d'achat*** Übernahmeangebot *n*
**opale** [ɔpal] *f* Opal *m*
**opaque** [ɔpak] undurchsichtig
**OPEP** *abr* ***Organisation des pays exportateurs de pétrole*** OPEC *f* (Organisation Öl exportierender Länder)
**opéra** [ɔpera] *m* Oper *f*; *bâtiment*: Opernhaus *n*
**opér|able** [ɔperablə] *méd* operierbar; **~ateur**, **~atrice** [-atœr, -atris] *m, f* Bedienungskraft *f*, -person *f*; *film*: Kameramann *m*; *EDV* Operator *m*; **~ation** *f méd, mil* Operation *f*; *processus* Vorgang *m*; *action* Aktion *f*; *comm* Geschäft *n*; ***~s*** *f/pl* ***financières électroniques*** elektronischer Zahlungsverkehr *m*
**opérationnel**, **~le** [ɔperasjɔnɛl] *mil, tech* operativ, einsatzfähig
**opératoire** [ɔperatwar] *méd* Operations…
**opérer** [ɔpere] (*1f*) *v/t produire* bewirken; *exécuter* durchführen; *méd* operieren; *v/i avoir effet* wirken; *procéder* verfahren; ***se faire ~*** sich operieren lassen
**opérette** [ɔperɛt] *f* Operette *f*
**ophtalm|ie** [ɔftalmi] *f méd* Augenentzündung *f*; **~ologiste** *od* **~ologue** *m, f* Augenarzt *m*, -ärztin *f*
**opiner** [ɔpine] (*1a*) ***~ de la tête*** *od* ***du bonnet*** zustimmend nicken
**opiniâtre** [ɔpinjɑtrə] hartnäckig, unbeugsam; **~té** [-te] *f* Hartnäckigkeit *f*
**opinion** [ɔpinjõ] *f* Meinung *f*, Ansicht *f*; ***à mon ~*** meiner Ansicht nach
**opium** [ɔpjɔm] *m* Opium *n*
**opportun**, **~e** [ɔpɔrtɛ̃ *od* ɔpɔrtœ̃, -yn] günstig, passend; **~isme** [-ynismə] *m* Opportunismus *m*; **~iste** *m, f* Opportunist(in) *m(f)*; **~ité** [-ynite] *f* Zweckmäßigkeit *f*
**opposant**, **~e** [ɔpozɑ̃, -t] **1.** *adj* gegnerisch; **2.** *m, f* Gegner(in) *m(f)*; ***les opposants*** *pl* die Opposition
**oppos|é**, **~ée** [ɔpoze] **1.** *adj maisons, pôles*: gegenüberliegend; *goûts, opinions*: entgegengesetzt; ***être ~ à qc*** gegen etw sein; **2.** *m contradiction* Ge-

gensatz *m*; *contraire* Gegenteil *n*; ***à l'opposé*** auf der entgegengesetzten Seite; ***à l'opposé de*** im Gegensatz zu; **~er** (*1a*) gegenüberstellen; *argument*: entgegenhalten, -setzen; ***s'~ à qn, à qc*** sich j-m, e-r Sache widersetzen; **~ition** *f contraste* Gegensatz *m*; *pol* Opposition *f*; *résistance* Widerstand *m*; *jur* Einspruch *m*; ***par ~ à*** im Gegensatz zu

**oppress|er** [ɔprɛse] (*1b*) beklemmen, bedrücken; **~eur** *m* Unterdrücker *m*; **~if**, **~ive** [-if, -iv] Unterdrückungs…; **~ion** *f domination* Unterdrückung *f*; *malaise* Beklemmung *f*

**opprimer** [ɔprime] (*1a*) unterdrücken

**opter** [ɔpte] (*1a*) optieren, sich entscheiden (***pour*** für)

**opticien**, **~ne** [ɔptisjɛ̃, -ɛn] *m, f* Optiker(in) *m(f)*

**optim|al**, **~ale** [ɔptimal] (*m/pl -aux*) optimal; **~isme** *m* Optimismus *m*; **~iste 1.** *adj* optimistisch; **2.** *m, f* Optimist(in) *m(f)*; **~um** [-ɔm] *m* Optimum *n*

**option** [ɔpsjõ] *f* Wahl *f*; *jur* Option *f*

**optique** [ɔptik] **1.** *adj* optisch, Seh…; **2.** *f* Optik *f*; *fig* Blickwinkel *m*

**opulent**, **~e** [ɔpylɑ̃, -t] *riche* sehr reich; *poitrine*: üppig

**or**[1] [ɔr] *m* Gold *n*; ***d'~, en ~*** golden; ***plaqué ~*** vergoldet

**or**[2] [ɔr] *conj* nun (aber)

**oracle** [ɔraklə] *m* Orakel *n*

**orag|e** [ɔraʒ] *m* Gewitter *n*; *fig* Sturm *m*; **~eux**, **~euse** [-ø, -øz] gewitt(e)rig; *fig* stürmisch

**oraison** [ɔrɛzõ] *f rel* Gebet *n*; ***~ funèbre*** Grabrede *f*

**oral**, **~e** [ɔral] (*m/pl -aux*) **1.** *adj* mündlich; **2.** *m* mündliche Prüfung *f*

**orang|e** [ɔrɑ̃ʒ] **1.** *f* Apfelsine *f*, Orange *f*; **2.** *adj* (*unv*) orangefarben; **~er** *m* Apfelsinen-, Orangenbaum *m*

**ora|teur**, **~trice** [ɔratœr, -tris] *m, f* Redner(in) *m(f)*

**orbital**, **~e** [ɔrbital] (*m/pl -aux*) *navigation spatiale*: Bahn…, Orbital…

**orbite** [ɔrbit] *f* **1.** *anat* Augenhöhle *f*; **2.** *astr* Umlaufbahn *f*; *fig* Einflussbereich *m*

**orchestre** [ɔrkɛstrə] *m* Orchester *n*; *théâtre*: vorderes Parkett *n*

**orchidée** [ɔrkide] *f bot* Orchidee *f*

**ordinaire** [ɔrdinɛr] **1.** *adj habituel* gewöhnlich, üblich; *banal* einfach; *de peu de valeur* mittelmäßig; **2.** *m auto* Normalbenzin *n*; ***comme à l'~*** wie gewöhnlich; ***d'~*** meistens

**ordinateur** [ɔrdinatœr] *m EDV* Computer *m*; ***assisté par ~*** computergestützt

**ordonn|ance** [ɔrdɔnɑ̃s] *f* Ver-, Anordnung *f*; *méd* Rezept *n*; *jur* Beschluss *m*, Verfügung *f*; **~é**, **~ée** geordnet; *personne*: ordentlich; **~er** (*1a*) *choses, pensées*: ordnen; *commander* anordnen, befehlen (***que*** + *subj* dass); *méd* verschreiben

**ordre** [ɔrdrə] *m* Ordnung *f*; *classement*: Reihenfolge *f*; *espèce* Art *f*, Natur *f*; *mil* Befehl *m*; *comm* Auftrag *m*, Order *f*; *hist* Stand *m*; *rel* Orden *m*; ***~ du jour*** Tagesordnung *f*; ***~ établi*** herrschende Ordnung *f*; ***par ~ alphabétique*** alphabetisch geordnet; ***de l'~ de*** in der Größenordnung von; ***de premier ~*** erstklassig; ***en ~*** (wohl)geordnet, in Ordnung; ***mettre en ~*** aufräumen; ***jusqu'à nouvel ~*** bis auf weiteres

**ordure** [ɔrdyr] *f* Unrat *m*; **~s** *pl* Abfall *m*; *fig* Schweinereien *f/pl*

**ordur|ier**, **~ière** [ɔrdyrje, -jɛr] schmutzig, unanständig

**oreill|e** [ɔrɛj] *f anat* Ohr *n*; *tasse*: Henkel *m*; ***dur d'~*** schwerhörig; **~er** *m* Kopfkissen *n*; **~ons** *m/pl méd* Mumps *m*, Ziegenpeter *m*

**ores *d'~ et déjà*** [dɔrzedeʒa] schon jetzt

**orfèvre** [ɔrfɛvrə] *m* Goldschmied *m*

**organ|e** [ɔrgan] *m* Organ *n* (*a pol, jur*); *instrument* Werkzeug *n*; **~igramme** [-igram] *m* Organisationsschema *n*; **~ique** organisch

**organ|isation** [ɔrganizasjõ] *f* Organisation *f*; **~iser** (*1a*) organisieren; *spectacle*: veranstalten; ***s'~*** sich (*dat*) seine Zeit *etc* richtig einteilen; **~isme** *m bot, anat* Organismus *m* (*a fig*); *ensemble de services* Einrichtung *f*, Organisation *f*; **~iste** *m, f* Organist(in) *m(f)*

**orgasme** [ɔrgasm] *m* Orgasmus *m*

**orge** [ɔrʒ] *f bot* Gerste *f*

**orgelet** [ɔrʒəlɛ] *m méd* Gerstenkorn *n*

**orgue** [ɔrg] *m* (*pl f*) Orgel *f*

**orgueil** [ɔrgœj] *m* Stolz *m*; *arrogance* Hochmut *m*

**orgueilleu|x**, **~se** [ɔrgœjø, -z] stolz; *ar-*

*rogant* hochmütig
**Orient** [ɔrjɑ̃] *m* **l'~** der Osten; *Asie*: der Orient
**oriental, ~e** [ɔrjɑ̃tal] (*m/pl -aux*) **1.** *adj* östlich; *Asie*: orientalisch; **2. ♀,e** *m, f* Orientale *m*, Orientalin *f*
**orientation** [ɔrjɑ̃tasjõ] *f* Orientierung *f*; *maison*: Lage *f*
**orient|é, ~ée** [ɔrjɑ̃te] **1.** ***être ~(e) à l'est*** nach Osten liegen; **2.** *fig* tendenziös; **~er** (*1a*) orientieren, ausrichten; ***s'~*** sich orientieren, sich zurechtfinden
**orifice** [ɔrifis] *m tech* Öffnung *f*
**originaire** [ɔriʒinɛr] ursprünglich; ***être ~ de*** stammen aus
**original, ~e** [ɔriʒinal] (*m/pl -aux*) **1.** *adj document, tableau*: original; *idée, cadeau*: originell; **2.** *m ouvrage*: Original *n*; *personne*: Sonderling *m*; **~ité** *f* Ursprünglichkeit *f*, Originalität *f*
**origin|e** [ɔriʒin] *f* Ursprung *m*; *personne, mot, coutume*: Herkunft *f*; *biol* Abstammung *f*; *commencement* Anfang *m*; *naissance* Entstehung *f*; ***à l'~*** anfangs, ursprünglich; ***d'~ française*** von Geburt Franzose; ***avoir son ~ dans qc*** seine Ursache in etw (*dat*) haben; **~el, ~elle** ursprünglich; *rel* ***péché m originel*** Erbsünde *f*
**orme** [ɔrm] *m bot* Ulme *f*
**ornement** [ɔrnəmɑ̃] *m* Verzierung *f*
**ornement|al, ~ale** [ɔrnəmɑ̃tal] (*m/pl -aux*) Zier…, Schmuck…, ornamental; **~er** (*1a*) verzieren
**orner** [ɔrne] (*1a*) schmücken, verzieren (***de*** mit)
**ornière** [ɔrnjɛr] *f* (Wagen-)Spur *f*
**ornithologie** [ɔrnitɔlɔʒi] *f* Vogelkunde *f*
**orphelin, ~e** [ɔrfəlɛ̃, -in] *m, f* Waise *f*, Waisenkind *n*; **~at** [-ina] *m* Waisenhaus *n*
**ORSEC** *f abr* ***Organisation des secours: plan ~*** staatlicher frz. Katastropheneinsatzplan
**orteil** [ɔrtɛj] *m* Zehe *f*
**orthodoxe** [ɔrtɔdɔks] orthodox
**orthographe** [ɔrtɔgraf] *f* Orthografie *f*
**orthopéd|ique** [ɔrtɔpedik] orthopädisch; **~iste** *m, f* Orthopäde *m*
**ortie** [ɔrti] *f bot* Brennnessel *f*
**os** [ɔs; *pl* o] *m* Knochen *m*; F ***jusqu'à l'~*** durch und durch
**O.S.** [oɛs] *m abr* ***ouvrier spécialisé*** angelernter Arbeiter *m*
**OSCE** *f abr* ***Organisation sur la sécurité et la coopération en Europe*** OSZE *f* (Organisation für Sicherheit und Zusammenarbeit in Europa)
**oscill|ation** [ɔsilasjõ] *f phys* Schwingung *f*; *fig* Schwankung *f*; **~er** (*1a*) *phys* schwingen; ***~ entre*** *fig* schwanken zwischen (*dat*)
**osé, ~e** [oze] *tentative*: gewagt; *personne*: dreist
**oseille** [ozɛj] *f bot* Sauerampfer *m*
**oser** [oze] (*1a*) wagen; ***~ faire qc*** wagen *od* sich getrauen, etw zu tun
**osier** [ozje] *m bot* Korbweide *f*; ***en ~*** Korb…
**ossature** [ɔsatyr] *f* Knochengerüst *n*
**oss|ements** [ɔsmɑ̃] *m/pl* Gebeine *n/pl*; **~eux, ~euse** [-ø, -øz] *anat* knöchern; *visage, mains*: knochig
**ostens|ible** [ɔstɑ̃siblə] ostentativ; **~oir** *m égl* Monstranz *f*
**ostentation** [ɔstɑ̃tasjõ] *f* Prahlerei *f*
**otage** [ɔtaʒ] *m* Geisel *f*
**OTAN** [ɔtɑ̃] *f abr* ***Organisation du traité de l'Atlantique Nord*** NATO *f*
**ôter** [ote] (*1a*) wegnehmen; *vêtement*: ausziehen; *chapeau*: abnehmen; *math* subtrahieren, abziehen
**oto-rhino(-laryngologiste)** [ɔtorino(-larɛ̃gɔlɔʒist)] *m, f* Hals-Nasen-Ohrenarzt *m*, —ärztin *f*
**ou** [u] *conj* oder; ***~ bien*** oder aber; ***~ … ~ …*** entweder … oder
**où** [u] *adv* wo; *direction*: wohin; *dans lequel*: worin; ***d'~*** woher; ***par ~*** auf welchem Wege; ***~ que*** (+ *subj*) wo(hin) auch (immer)
**OUA** *f abr* ***Organisation de l'unité africaine*** Organisation *f* für die Einheit Afrikas (*seit 25.5.1963*)
**ouat|e** [wat] *f* Watte *f*; **~er** (*1a*) wattieren
**oubli** [ubli] *m* Vergessen *n*; ***tomber dans l'~*** in Vergessenheit geraten
**oublier** [ublije] (*1a*) vergessen; ***~ de faire qc*** vergessen, etw zu tun
**oubliettes** [ublijɛt] *f/pl* (Burg-)Verlies *n*
**ouest** [wɛst] **1.** *m* Westen *m*; ***vent m d'~*** Westwind *m*; ***à l'~ de*** westlich von; **2.** *adj* westlich
**Ouganda** [ugɑ̃da] *m* ***l'~*** Uganda *n*
**oui** [wi] ja; ***je crois que ~*** ich glaube ja;

***mais*** ~ [mɛwi] allerdings
**ouï-dire** [widir] ***par*** ~ vom Hörensagen
**ouïe** [wi] *f* Gehör(sinn) *n*(*m*); *zo* **~*s*** *pl* Kiemen *f/pl*
**ouragan** [uragɑ̃] *m* Orkan *m*
**ourdir** [urdir] (*2a*) anzetteln
**ourl|er** [urle] (*1a*) (um)säumen; **~et** [-ɛ] *m* Saum *m*
**ours** [urs] *m* Bär *m*; **~e** [urs] *f* Bärin *f*; *astr* ***la Grande*** ↄ der Große Bär; **~in** *m zo* Seeigel *m*
**oust(e)!** [ust] F raus!; schnell!
**outil** [uti] *m* Werkzeug *n*; **~*s*** *pl* Handwerkszeug *n*
**outill|age** [utijaʒ] *m* Handwerkszeug *n*, Ausrüstung *f*; **~é**, **~ée** mit Werkzeugen ausgerüstet
**outrag|e** [utraʒ] *m* Beleidigung *f*, Schmähung *f*; **~er** (*1l*) beschimpfen, beleidigen; **~eusement** [-øzmɑ̃] *adv* äußerst
**outrance** [utrɑ̃s] *f* Übertreibung *f*; ***à*** ~ bis aufs Äußerste
**outre**[1] [utrə] *prép* außer; *adv* ***en*** ~ außerdem; ***passer*** ~ ***à qc*** über etw (*acc*) hinweggehen
**outre**[2] [utrə] *f* Schlauch *m* (*für Flüssigkeiten*)
**outré**, **~e** [utre] ***être*** **~(*e*)** ***de*** *od* ***par qc*** empört, entrüstet über etw sein (*acc*)
**outre-mer** [utrəmɛr] ***d'***~ überseeisch, Übersee…
**outrepasser** [utrəpase] (*1a*) überschreiten
**outre-Rhin** [utrərɛ̃] jenseits des Rheins (*von Frankreich aus*)
**ouvert**, **~e** [uvɛr, -t] offen, geöffnet; *fig* aufgeschlossen (***à*** für); ***à bras ouverts*** mit offenen Armen; **~ement** [-ɛrtəmɑ̃] *adv* offen, freiheraus
**ouverture** [uvɛrtyr] *f action*: Öffnen *n*; *orifice* Öffnung *f*; *compte*, *exposition*: Eröffnung *f*; *mus* Ouvertüre *f*
**ouvr|able** [uvrablə] ***jour*** *m* ~ Werktag *m*; **~age** *m* Arbeit *f*, Werk *n*; *arch* ***gros*** ~ Rohbau *m*
**ouvragé**, **~e** [uvraʒe] kunstvoll gearbeitet
**ouvrant** [uvrɑ̃] *auto* ***toit*** *m* ~ Schiebedach *n*
**ouvre|-boîtes** [uvrəbwat] *m* (*pl unv*) Büchsenöffner *m*; **~-bouteilles** [-butɛj] *m* (*pl unv*) Flaschenöffner *m*
**ouvreuse** *f* [uvrøz] Platzanweiserin *f*
**ouvri|er**, **~ère** [uvrije, -ɛr] **1.** *adj* Arbeiter…; **2.** *m*, *f* Arbeiter(in) *m*(*f*); ***ouvrier qualifié*** Facharbeiter *m*
**ouvrir** [uvrir] (*2f*) *v/t* öffnen, aufmachen; *exposition*, *compte*: eröffnen; *radio*, *gaz*: anstellen, anmachen; *v/i magasin*, *musé*: aufmachen, öffnen; ***s'***~ sich öffnen, aufgehen
**ovaire** [ɔvɛr] *m biol* Eierstock *m*
**ovale** [ɔval] **1.** *adj* oval; **2.** *m* Oval *n*
**ovation** [ɔvɑsjõ] *f* Ovation *f*
**ovin**, **~e** [ɔvɛ̃, -in] Schaf…
**ovni** [ɔvni] *m abr* ***objet volant non identifié*** Ufo *n* (*abr* unbekanntes Flugobjekt)
**ovule** [ɔvyl] *m biol* Ei(zelle) *n*(*f*)
**oxyder** [ɔkside] (*1a*) **(*s'*)**~ oxidieren
**oxygène** [ɔksiʒɛn] *m chim* Sauerstoff *m*
**ozone** [ozɔ(o)n] *m chim* Ozon *n*; ***trou*** *m* ***d'***~ Ozonloch *n*

# P

**p.** *abr* ***page***[***s***] S. (Seite)
**pacage** [pakaʒ] *m agr* Weide *f*
**pacification** [pasifikasjõ] *f* Befriedung *f*
**pacifier** [pasifje] (*1a*) befrieden; *fig* beruhigen
**pacif|ique** [pasifik] *personne*: friedliebend; *coexistence*: friedlich; ***le*** ↄ *od* ***l'océan*** ↄ der Pazifik, der Pazifische *od* Stille Ozean; **~isme** *m* Pazifismus *m*
**pacotille** [pakɔtij] *f péj* Schund *m*
**pact|e** [pakt] *m* Pakt *m*, Vertrag *m*; ~ ***de solidarité entre les générations*** Generationenvertrag *m*; **~iser** (*1a*) paktieren (***avec*** mit)
**pagaïe** *od* **pagaille** [pagaj] *f* F Durcheinander *n*
**paganisme** [paganismə] *m* Heidentum *n*

**pagayer** [pagɛje] (*1i*) paddeln
**page** [paʒ] *f* Seite *f*; *EDV* **~ *d'accueil*** Homepage *f*; *fig* ***être à la ~*** auf dem Laufenden sein
**pagne** [paɲ] *m* Lendenschurz *m*
**paie** [pɛ] *f* Lohn(zahlung) *m(f)*
**paiement** [pɛmɑ̃] *m* (Be-)Zahlung *f*
**païen, ~ne** [pajɛ̃, -ɛn] **1.** *adj* heidnisch; **2.** *m, f* Heide *m*, Heidin *f*
**paillard, ~e** [pajar, -d] *personne*: wollüstig; *propos*: schlüpfrig
**paillass|e** [pajas] *f* Strohsack *m*; **~on** *m* Abtreter *m*
**paille** [paj] *f* Stroh *n*; *brin* Strohhalm *m*; *boire*: Stroh-, Trinkhalm *m*
**paillette** [pajɛt] *f* Plättchen *n*
**pain** [pɛ̃] *m* Brot *n*; **~ *de savon*** Riegel *m* Seife; **~ *de sucre*** Zuckerhut *m*; **~ *bis*** Schwarzbrot *n*; **~ *complet*** Vollkornbrot *n*; **~ *d'épice*** Pfeffer-, Lebkuchen *m*; ***petit ~*** Brötchen *n*; **~ *de mie*** Toastbrot *n*; **~ *noir*** Schwarzbrot *n*
**pair, ~e** [pɛr] **1.** *adj nombre*: gerade; **2.** *m* ***hors (de) pair*** unübertrefflich; ***aller de pair*** Hand in Hand gehen; ***fille f au pair*** Aupairmädchen *n*; ***être au pair*** gegen Kost und Logis arbeiten
**paire** [pɛr] *f* Paar *n*; ***une ~ de gants*** ein Paar Handschuhe; ***une ~ de ciseaux*** e-e Schere; ***une ~ de lunettes*** e-e Brille
**paisible** [peziblə] friedlich; *personne*: friedlich, friedliebend
**paître** [pɛtrə] (*4z*) weiden; ***mener ~*** auf die Weide führen
**paix** [pɛ] *f* Frieden *m*; *calme* Stille *f*, Ruhe *f*; ***faire la ~*** Frieden schließen; F ***fiche-moi la ~!*** lass mich in Ruhe!
**Pakistan** [pakistɑ̃] ***le ~*** Pakistan *n*
**pakistan|ais, ~aise** [pakistanɛ, -ɛz] **1.** *adj* pakistanisch; **2. ♀, ♀*e*** *m, f* Pakistani *m, f*
**pal** [pal] *m* Pfahl *m*
**palais** [palɛ] *m* **1.** Palast *m*; **~ *de justice*** Gerichtsgebäude *n*; **2.** *anat* Gaumen *m*
**palan** [palɑ̃] *m* Flaschenzug *m*
**Palatinat** [palatina] ***le ~*** die Pfalz
**pale** [pal] *f aviron*: Ruderblatt *n*; *hélice*: Propellerflügel *m*, -blatt *n*
**pâle** [pɑl] blass, bleich; *fig* farblos
**Palestin|e** [palɛstin] ***la ~*** Palästina *n*; **♀ien, ♀ienne** [-jɛ̃, -jɛn] **1.** *adj* palästinensisch; **2. ♀, ♀*ne*** *m, f* Palästinenser(in) *m(f)*
**paletot** [palto] *m* kurzer Mantel *m*
**palette** [palɛt] *f peinture*: Palette *f* (*a fig*)
**pâleur** [pɑlœr] *f* Blässe *f*
**palier** [palje] *m escalier*: Treppenabsatz *m*; *tech* Lager *n*; *phase* Stufe *f*; ***par ~s*** schrittweise
**pâlir** [pɑlir] (*2a*) *personne*: blass *od* bleich werden, erblassen; *couleurs*: verblassen
**palissade** [palisad] *f* Lattenzaun *m*, Palisade *f*
**palli|atif** [paljatif] *m* Notbehelf *m*; **~er** (*1a*) *manque*: abhelfen ([***à***] ***qc*** e-r Sache)
**palmarès** [palmarɛs] *m* Siegerliste *f*
**palm|e** [palm] *f bot* Palmzweig *m*; *natation*: Schwimmflosse *f*; **~eraie** [-ərɛ] *f* Palmenhain *m*; **~ier** [-je] *m bot* Palme *f*
**palombe** [palõb] *f zo* Ringeltaube *f*
**pâlot, ~te** [pɑlo, -ɔt] blässlich
**palp|able** [palpablə] greifbar; **~er** (*1a*) betasten; F *argent*: einstreichen
**palpit|ant, ~ante** [palpitɑ̃, -ɑ̃t] zuckend; *fig* spannend; **~ation** *f* Zucken *n*; *le plus souvent au pl* **~s** Herzklopfen *n*; **~er** (*1a*) zucken; *cœur*: klopfen, pochen
**paludisme** [palydismə] *m méd* Sumpffieber *n*, Malaria *f*
**pâmer** [pɑme] (*1a*) ***se ~ de*** außer sich (*dat*) sein vor
**pâmoison** [pɑmwazõ] *f iron* Ohnmacht *f*
**pamphlet** [pɑ̃flɛ] *m* Pamphlet *n*, Schmähschrift *f*
**pamplemousse** [pɑ̃pləmus] *m* Pampelmuse *f*, Grapefruit *f*
**pan** [pɑ̃] *m vêtement*: Rockschoß *m*; *mur*: (Mauer-)Stück *n*; *arch* **~ *de bois*** Fachwerk *n*
**panacée** [panase] *f* Allheilmittel *n*
**panach|e** [panaʃ] *m* Helm-, Federbusch *m*; ***avoir du ~*** ein schneidiges Auftreten haben; **~é, ~ée** gemischt
**Panama** [panama] *État* (***le***) **~** Panama *n*; ***le canal de ~*** der Panamakanal
**pancarte** [pɑ̃kart] *f* Anschlag(zettel) *m*; *manifestation*: Spruchband *n*
**pancréas** [pɑ̃kreas] *m anat* Bauchspeicheldrüse *f*
**pandémie** [pɑ̃demi] *f méd* Pandemie *f*

**paner** [pane] (*1a*) *cuis* panieren
**panier** [panje] *m* Korb *m*; ~ ***à provisions*** Einkaufskorb *m*
**panification** [panifikasjõ] *f* Brotbacken *f*
**panique** [panik] **1.** *adj* panisch; **2.** *f* Panik *f*
**panne** [pan] *f* Defekt *m*; *voiture*: Panne *f*; ***être*** *od* ***rester en*** ~ e-e Panne haben; ***tomber en ~ sèche*** kein Benzin mehr haben; ***en*** ~ defekt, kaputt; ~ ***d'électricité*** Stromausfall *m*
**panneau** [pano] *m* (*pl -x*) Schild *n*, Tafel *f*; *tech* Platte *f*; ~ ***de signalisation*** Verkehrsschild *n*; ~ ***publicitaire*** Werbeplakat *n*
**panonceau** [panõso] *m* (*pl -x*) (kleines) Schild *n*
**panoplie** [panɔpli] *f* Waffensammlung *f*; *fig* Arsenal *n*
**panoram|a** [panɔrama] *m* Panorama *n*; **~ique** Rundblick…
**panse** [pɑ̃s] *f* F Wanst *m*
**pans|ement** [pɑ̃smɑ̃] *m* *bande*: Verband *m*; *blessé*: Verbinden *n*; ***boîte*** *f* ***à*** ~ Verband(s)kasten *m*; **~er** (*1a*) *blessure*: verbinden; *chevaux*: striegeln
**pantalon** [pɑ̃talõ] *m* (lange) Hose *f*
**pantelant, ~e** [pɑ̃tlɑ̃, -t] keuchend, schnaufend
**panthère** [pɑ̃tɛr] *f zo* Panther *m*
**pantin** [pɑ̃tɛ̃] *m* Hampelmann *m*
**pantois** [pɑ̃twa] (*unv*) ***rester*** ~ verblüfft sein
**pantouflard** [pɑ̃tuflar] *m* F Stubenhocker *m*
**pantoufle** [pɑ̃tuflə] *f* Pantoffel *m*, Hausschuh *m*
**paon** [pɑ̃] *m zo* Pfau *m*
**papa** [papa] *m* Papa *m*; *fig* ***à la*** ~ gemütlich
**pap|al, ~ale** [papal] (*m/pl -aux*) *rel* päpstlich; **~auté** [-ote] *f rel* Papsttum *n*
**papaye** [papaj] *f bot* Papaya *f*
**pape** [pap] *m rel* Papst *m*
**paperasse** [papras] *f* (*souvent au pl* **~s**) *péj* Papierkram *m*, Schreibkram *m*
**papet|erie** [papɛtri] *f* *magasin*: Schreibwarenhandlung *f*; *usine*: Papierfabrik *f*; **~ier, ~ière** [-je, -jɛr] *m*, *f* Schreibwarenhändler(in) *m*(*f*)
**papier** [papje] *m* Papier *n*; **~s** *pl* Dokumente *n/pl*, Papiere *n/pl*; ~ ***hygiénique*** Toilettenpapier *n*; ~ ***peint*** Tapete *f*; ~ ***à lettres*** Briefpapier *n*; ~ ***d'aluminium*** Alufolie *f*; ~ ***recyclable*** Recyclingpapier *n*; **~-monnaie** [-mɔnɛ] *m* Papiergeld *n*
**papillon** [papijõ] *m* **1.** *zo* Schmetterling *m*; *tech* Flügelmutter *f*; ***nœud*** *m* ~ Fliege *f* (*Krawatte*); **2.** *contravention* Strafzettel *m*
**papillote** [papijɔt] *f* Knallbonbon *n*, *m*
**papoter** [papɔte] (*1a*) schwatzen, plappern
**paprika** [paprika] *m cuis* Paprika *m*
**paquebot** [pakbo] *m* Passagierschiff *n*, Ozeandampfer *m*
**pâquerette** [pɑkrɛt] *f bot* Gänseblümchen *n*
**Pâques** [pɑk] *m/sg od f/pl* Ostern *n od pl*; ***à*** ~ an, zu Ostern; ***joyeuses ~!*** frohe Ostern!
**paquet** [pakɛ] *m* Paket *n*; *sucre*, *café*: Päckchen *n*; *cigarettes*: Schachtel *f*; *poste*: Paket *n*, Päckchen *n*
**par** [par] *prép* **1.** *lieu*: ~ ***la porte,*** ~ ***la fenêtre*** zur Tür, zum Fenster hinaus (*od* herein); ***tomber ~ terre*** zu Boden fallen; ~ ***le haut*** von oben (her); ~ ***en bas*** von unten (her), unten herum *od* entlang; ***passer ~ Berlin*** über Berlin reisen; ***être assis ~ terre*** auf dem Boden sitzen; ***prendre ~ la main*** bei der Hand fassen; **2.** *temps*: ~ ***beau temps*** bei schönem Wetter; ~ ***un beau soir*** an e-m schönen Abend; **3.** *raison*: ~ ***conséquent*** folglich; ~ ***curiosité*** aus Neugierde; ~ ***hasard*** zufällig; ~ ***malheur*** unglücklicherweise; **4.** *agent du passif*: ***vaincu ~ César*** von Cäsar besiegt; ***La Nausée ~ Sartre*** „La Nausée" von Sartre; **5.** *moyen*: ~ ***bateau*** mit dem Schiff; ***partir ~ le train*** mit dem Zug abfahren; ~ ***la poste*** mit der Post; **6.** *mode*: ~ ***centaines*** zu Hunderten; ~ ***voie aérienne*** auf dem Luftweg; *math* ***diviser ~ quatre*** durch vier teilen; ~ ***trop*** wirklich zu sehr; ~ ***écrit*** schriftlich; **7.** *distributif*: ~ ***an*** jährlich; ~ ***jour*** täglich; ~ ***tête*** pro Kopf; **8.** ***commencer*** (***finir***) ~ ***faire qc*** anfangs (schließlich *od* zuletzt) etw tun; **9.** ***de ~ le monde*** überall auf der Welt; ***de ~ sa nature*** von Natur aus
**para** [para] *m mil abr de* ***parachutiste***
**parabole** [parabɔl] *f* Gleichnis *n*; *math* Parabel *f*

**parachut|e** [paraʃyt] *m* Fallschirm *m*; **~iste** *m*, *f* Fallschirmspringer(in) *m(f)*; *mil* Fallschirmjäger *m*
**parade** [parad] *f* **1.** ***de ~*** Parade…, Prunk…; **2.** *défense* Abwehr *f*; *argument*: Entgegnung *f*
**parad|is** [paradi] *m* Paradies *n*; **~isiaque** [-izjak] paradiesisch
**paradox|al**, **~ale** [paradɔksal] (*m/pl -aux*) paradox; **~e** *m* Paradox *n*, Widersinn *m*
**paraf|e** [paraf] *m* Namenszug *m*, -zeichen *n*; **~er** (*1a*) abzeichnen, paraphieren
**parages** [paraʒ] *m/pl mar* Seegebiet *n*; *allg* Gegend *f*; ***dans les ~s de*** in der Nähe von
**paragraphe** [paragraf] *m* Abschnitt *m*, Absatz *m*
**Paraguay** [paragwɛ] ***le ~*** Paraguay *n*
**paraître** [parɛtrə] (*4z*) *apparaître* erscheinen; *sembler* scheinen, aussehen; **~** (+ *inf*) scheinen zu (+ *inf*); ***il paraît que …*** man sagt, dass …; ***à ce qu'il paraît*** wie es scheint; ***laisser ~*** zeigen
**parallèle** [paralɛl] **1.** *adj* parallel (***à*** zu); **2.** *f math* Parallele *f*; **3.** *m géogr* Breitenkreis *m*; *fig* Gegenüberstellung *f*, Parallele *f*, Vergleich *m*
**paralys|er** [paralize] (*1a*) lähmen (*a fig*); **~ie** [-i] *f* Lähmung *f*
**paramètre** [paramɛtrə] *m* Parameter *m*
**parapet** [parapɛ] *m* Brüstung *f*, Geländer *n*
**paraphe(r)** → ***parafe***, ***parafer***
**paraphras|e** [parafrɑz] *f* Umschreibung *f*; **~er** (*1a*) umschreiben
**parapluie** [paraplɥi] *m* Regenschirm *m*
**parasite** [parazit] **1.** *adj* schmarotzend; **2.** *m* Schmarotzer *m* (*a fig*), Parasit *m* (*a fig*); **~s** *pl radio*: Störgeräusche *n/pl*
**para|sol** [parasɔl] *m* Sonnenschirm *m*; **~tonnerre** [-tɔnɛr] *m* Blitzableiter *m*
**paravent** [paravɑ̃] *m* Wandschirm *m*, spanische Wand *f*
**parc** [park] *m* Park *m*; *enfant*: Laufstall *m*; *moutons*: Pferch *m*; ***~ de stationnement*** Parkplatz *m*
**parcelle** [parsɛl] *f terrain*: Parzelle *f*
**parce que** [parskə] weil
**parchemin** [parʃəmɛ̃] *m* Pergament *n*
**par-ci** [parsi] **~**, ***par-là*** *espace*: hier und da; *temps*: hin und wieder
**parcimonie** [parsimɔni] *f* ***avec ~*** sehr sparsam
**parc(o)mètre** [park(ɔ)mɛtrə] *m* Parkuhr *f*
**parcourir** [parkurir] (*2i*) *à pied*: durchlaufen; *voiture*: durchfahren; *texte*: überfliegen
**parcours** [parkur] *m* Strecke *f*; *course d'automobiles*: Rennstrecke *f*; ***accident*** *m* ***de ~*** Missgeschick *n*
**par-derrière** [pardɛrjɛr] *adv* von hinten, hinterrücks; *fig* hintenherum
**par-dessous** [pardəsu] **1.** *prép* unter; **2.** *adv* darunter
**pardessus** [pardəsy] *m* Überzieher *m*
**par-dessus** [pardəsy] **1.** *prép* über; **2.** *adv* darüber (hinweg) ***~ le marché*** obendrein
**par-devant** [pardəvɑ̃] *adv* vorn (herum)
**pardon** [pardõ] *m* Verzeihung *f*; ***~!*** Entschuldigung!; ***~?*** wie bitte?; ***demander ~ à qn*** j-n um Verzeihung bitten; **~ner** [pardɔne] (*1a*) ***~ qc à qn*** j-m etw verzeihen
**pare|-brise** [parbriz] *m* (*pl unv*) *auto* Windschutzscheibe *f*; **~-chocs** [-ʃɔk] *m* (*pl unv*) *auto* Stoßstange *f*
**pareil**, **~le** [parɛj] *semblable* gleich, ähnlich (***à qc*** e-r Sache); *tel* derartig, solch; ***sans ~*** unvergleichlich; F ***c'est du pareil au même*** das ist Jacke wie Hose; *adv* ***habillés pareil*** gleich angezogen
**pareillement** [parɛjmɑ̃] *adv* gleichfalls
**parement** [parmɑ̃] *m* Ärmelaufschlag *m*; *arch* Verblendung *f*, Blendmauer *f*
**par|ent**, **~ente** [parɑ̃, -ɑ̃t] **1.** *adj* verwandt; **2.** *m*, *f* Verwandte(r) *m*, *f*; ***parents*** *m/pl* Eltern *pl*; **~enté** [-ɑ̃te] *f* Verwandtschaft *f*
**parenthèse** [parɑ̃tɛz] *f* (runde) Klammer *f*; *digression* Zwischenbemerkung *f*; ***entre ~s*** in Klammern; *fig* beiläufig gesagt; ***mettre entre ~s*** einklammern
**parer** [pare] (*1a*) **1.** *litt* herrichten, schmücken; **2.** *attaque*: parieren, abwehren; *mar cap*: umfahren; ***~ à qc*** e-r Sache vorbeugen
**paress|e** [parɛs] *f* Faulheit *f*; **~eux**, **~euse** [-ø, -øz] faul
**parfait**, **~e** [parfɛ, -t] **1.** *adj beauté*, *peinture*: vollkommen, vollendet, perfekt; *silence*, *bonheur*: vollkommen; *précé-*

*dant le subst*: völlig; **2.** *m gr* Perfekt *n*; *glace*: Parfait *n*; **~ement** *adv* völlig, ganz; *comme réponse*: gewiss
**parfois** [parfwa] manchmal
**parfum** [parfɛ̃, -œ̃] *m odeur* Duft *m*; *substance*: Parfüm *n*; *glace*: Geschmack *m*
**parfum|é, ~ée** [parfyme] duftend; *femme*: parfümiert; **~er** (*1a*) parfümieren
**pari** [pari] *m* Wette *f*
**parier** [parje] (*1a*) wetten
**Paris** [pari] Paris *n*; **²ien, ²ienne** [parizjɛ̃, -jɛn] **1.** *adj* Pariser, pariserisch; **2.** **²,** **²ne** *m, f* Pariser(in) *m(f)*
**par|itaire** [paritɛr] paritätisch; **~ité** *f écon* Parität *f*
**parjure** [parʒyr] *litt* **1.** *m* Meineid *m*; **2.** *m, f* Meineidige(r) *m, f*
**parking** [parkiŋ] *m* Parkplatz *m*; *édifice*: Parkhaus *n*; **~ souterrain** Tiefgarage *f*
**parl|ant, ~ante** [parlɑ̃, -ɑ̃t] *comparaison*: anschaulich; ***film** m **parlant*** Tonfilm *m*; ***horloge** f **parlante*** Zeitansage *f*; ***généralement parlant*** allgemein gesprochen; **~é, ~ée** gesprochen
**Parlement** [parləmɑ̃] *m* Parlament *n*
**parlement|aire** [parləmɑ̃tɛr] **1.** *adj* parlamentarisch; **2.** *m, f* Parlamentarier(in) *m(f)*; **~er** (*1a*) verhandeln (***avec qn sur qc*** mit j-m über etw)
**parl|er** [parle] **1.** (*1a*) sprechen (***à qn** od **avec qn*** j-n, mit j-m); ***~ de qc*** über etw (*acc*) sprechen *od* reden; ***~ affaires*** von Geschäften sprechen; ***~ (l')allemand*** Deutsch sprechen; ***~ boutique*** fachsimpeln; ***~ petit nègre*** kauderwelschen; ***sans ~ de*** abgesehen von; **2.** *m* Sprache *f*, Sprechweise *f*; ***~ régional*** Mundart *f*; **~oir** *m* Sprechzimmer *n*
**parmi** [parmi] unter (*dat*); ***~ tant d'autres*** unter *od* von vielen
**parod|ie** [parɔdi] *f* Parodie *f*; **~ier** [-je] (*1a*) parodieren
**paroi** [parwa] *f* Wand *f*
**paroiss|e** [parwas] *f égl* Pfarrei *f*, (Pfarr-)Gemeinde *f*; **~ien** *m*, **~ienne** *f égl* Gemeindemitglied *n*
**parole** [parɔl] *f mot, engagement* Wort *n*; *énoncé* Ausspruch *m*; *faculté*: Sprache *f*; ***~ (d'honneur)*** Ehrenwort *n*; ***donner la ~ à qn*** j-m das Wort erteilen; ***donner sa ~*** sein (Ehren-)Wort geben; **~s** *pl chanson*: Text *m*
**parquer** [parke] (*1m*) parken
**parquet** [parkɛ] *m* Parkett *n*; *jur* Staatsanwaltschaft *f*
**parrain** [parɛ̃] *m* Pate *m*
**parsemer** [parsəme] (*1d*) übersäen, bestreuen (***de*** mit)
**part** [par] *f* Anteil *m*, Teil *m od n*; ***à ~ entière*** vollwertig; ***pour ma ~*** was mich betrifft; ***avoir ~ à qc*** an etw (*dat*) teilhaben; ***faire ~ de qc à qn*** j-m etw (*acc*) mitteilen; ***faire la ~ de qc*** etw (*acc*) berücksichtigen; ***prendre ~ à qc*** an etw (*dat*) teilnehmen; ***de la ~ de qn*** vonseiten j-s; ***de ma ~*** von mir, meinerseits; ***d'une ~ … d'autre ~*** einerseits … andererseits; ***autre ~*** anderswo(hin); ***nulle ~*** nirgends; ***quelque ~*** irgendwo(hin); ***à ~*** *adv* beiseite; ***un cas à ~*** *adj* ein Fall für sich; ***à ~ cela*** abgesehen davon; ***en bonne ~*** im guten Sinn
**partag|e** [partaʒ] *m* (Auf-)Teilung *f*; *héritage*: Erbteil *n*; ***~ des voix*** Stimmengleichheit *f*; **~er** (*1l*) (auf-, ver)teilen
**partance** [partɑ̃s] *f **en ~*** abfahr-, abflugbereit (***pour*** nach); ***le train en ~ pour …*** der Zug nach …
**partant** [partɑ̃] *m* Abreisende(r) *m*; *sports*: Teilnehmer *m*
**partenaire** [partənɛr] *m, f* Partner(in) *m(f)*
**parterre** [partɛr] *m fleurs*: Blumenbeet *n*; *théâtre*: Parkett *n*
**parti**[1] [parti] *m* Partei *f*; ***prendre ~ pour, contre*** Partei ergreifen für, gegen; ***prendre un ~*** e-n Entschluss fassen; ***tirer ~ de qc*** etw (*acc*) (aus)nutzen; ***~ pris*** Voreingenommenheit *f*
**parti**[2]**, ~e** [parti] *p/p de **partir** u adj* weg, fort; F ***être ~*** beschwipst sein
**partial, ~e** [parsjal] (*m/pl -aux*) parteiisch; **~ité** *f* Parteilichkeit *f*
**particip|ant, ~ante** [partisipɑ̃, -ɑ̃t] *m, f* Teilnehmer(in) *m(f)*; **~ation** *f* Teilnahme *f*; *frais*: Beteiligung *f*; ***~ aux bénéfices*** Gewinnbeteiligung *f*; **~er** (*1a*) ***~ à*** teilnehmen an (*dat*); *bénéfices*: beteiligt sein an (*dat*); *frais*: sich beteiligen an (*dat*); *douleur*: Anteil nehmen an (*dat*); *succès*: teilhaben an (*dat*)
**particularité** [partikylarite] *f* Eigentümlichkeit *f*
**particule** [partikyl] *f* Teilchen *n*, Parti-

kel *n*

**particul|ier**, **~ière** [partikylje, -jɛr] **1.** *adj* besonders, eigen(tümlich); *privé* privat; **~, *particulière à*** typisch für; ***en particulier*** *à part* gesondert; *surtout* insbesondere; **2.** *m* Privatperson *f*; **~ièrement** [-jɛrmɑ̃] *adv* besonders, vor allem

**partie** [parti] *f* (Bestand-)Teil *m*; *jeu*: Partie *f*; *jur* Partei *f*; *lutte* Kampf *m*; *mus* Part *m*; ***en ~*** teilweise; ***faire ~ de*** gehören zu

**partiel**, **~le** [parsjɛl] partiell, Teil…

**partir** [partir] (*2b*) weggehen; *en voyage*: abreisen; *train*: abfahren (***à, pour*** nach); *avion*: abfliegen; *sport*: starten; *saleté*: herausgehen; ***~ de qc*** von etw ausgehen; ***en partant de*** ausgehend von; ***à ~ de*** ab, von … an

**partisan**, **~e** [partizɑ̃, -an] *m*, *f* Anhänger(in) *m*(*f*); *mil m* Partisan *m*; ***être ~(e) de qc*** etw (*acc*) befürworten

**partiti|f**, **~ve** [partitif, -v] *gr* partitiv; ***article*** *m* ***partitif*** Teilungsartikel *m*

**partition** [partisjõ] *f mus* Partitur *f*; *pol* Teilung *f*

**partout** [partu] überall

**paru**, **~e** [pary] *p/p de* ***paraître***

**parure** [paryr] *f* Schmuck *m*

**parution** [parysjõ] *f livre*: Erscheinen *n*

**parvenir** [parvənir] (*2h*) gelangen (***à*** zu), erreichen; ***faire ~ qc à qn*** j-m etw zugehen lassen; ***~ à faire qc*** es schaffen, etw zu tun

**parvenu**, **~e** [parvəny] *m*, *f* Emporkömmling *m*

**pas**[1] [pɑ] *m* Schritt *m*; ***faux ~*** Fehltritt *m*; ***~ à ~*** schrittweise; ***le 2 de Calais*** die Straße von Dover

**pas**[2] [pɑ] *adv* nicht; *derrière verbe*: ***ne … ~*** nicht; ***ne … ~ du tout*** überhaupt nicht; ***ne … ~ de*** kein; ***ne … ~ non plus*** auch nicht

**passable** [pasablə] leidlich; *note*: ausreichend

**passag|e** [pasaʒ] *m endroit*: Durchgang *m*, -fahrt *f*; *petite rue couverte* Passage *f*; *en bateau*: Überfahrt *f*; *fig changement* Übergang *m*; *extrait*: Passage *f*; ***~ à niveau*** Bahnübergang *m*; ***de ~*** auf der Durchreise; ***~ clouté*** Fußgängerüberweg *m*; ***~ protégé*** Vorfahrtsstraße *f*; **~er**, **~ère 1.** *adj* vorübergehend; **2.** *m*, *f* Passagier *m*, Fahrgast *m*

**passant**, **~e** [pasɑ̃, -t] **1.** *m*, *f* Passant(in) *m*(*f*); **2.** *adj rue*: belebt; **3.** *adv* ***en passant*** beiläufig

**passe** [pɑs] *f sport*: Ballabgabe *f*, Zuspiel *n*, Pass *m*; ***hôtel*** *m* ***de ~*** Absteige *f*

**passé**, **~e** [pase] **1.** *adj* vergangen; **2.** *prép* ***passé dix heures*** nach 10 Uhr; **3.** *m* Vergangenheit *f*; *gr* ***~ composé*** Perfekt *n*

**passe-droit** [pasdrwa] *m* (*pl passe-droits*) ungerechte Bevorzugung *f*

**passe|-partout** [paspartu] *m* (*pl unv*) Hauptschlüssel *m*; *cambrioleur*: Dietrich *m*; **~-passe** [-pas] *m* ***tour*** *m* ***de ~*** Taschenspielertrick *m*; **~port** [-pɔr] *m* (Reise-)Pass *m*

**passer** [pase] (*1a*) **1.** *v/i personne, temps, mode*: vorbeigehen; *voiture*: vorbeifahren; *à travers*: durchgehen, -reisen, -laufen; *changer* übergehen (***à*** zu); *loi*: durchkommen; *film*: laufen; ***~ avant*** den Vorrang haben vor (*dat*); ***~ chez qn*** bei j-m vorsprechen; ***~ dans une classe supérieure*** versetzt werden; ***~ en seconde*** *auto* in den zweiten Gang schalten; ***~ pour qc*** für etw gelten; ***~ sur qc*** etw (*acc*) übergehen; ***faire ~*** *personne*: durchlassen; *plat, journal*: weitergeben; ***laisser ~*** *personne, lumière*: durchlassen; *chance*: versäumen; ***~ maître*** Meister werden; **2.** *v/t rivière*: überqueren; *frontière*: überschreiten; *mot, ligne*: auslassen; *temps*: verbringen; *examen*: ablegen; *vêtement*: anziehen; *cuis* passieren; *film*: vorführen; *contrat*: abschließen; ***~ qc à qn*** j-m etw reichen; ***~ qc à, sur*** etw an e-e *Stelle* bringen; ***~ qc sur qc*** etw auf etw (*acc*) auftragen; ***~ l'aspirateur*** Staub saugen; ***~ qc sous silence*** etw übergehen; **3. *se ~*** sich ereignen, passieren; ***se ~ de qc*** auf etw (*acc*) verzichten, ohne etw (*acc*) auskommen

**passereau** [pasro] *m* (*pl -x*) *zo* Sperling(svogel) *m*

**passerelle** [pasrɛl] *f* Steg *m*, Fußgängerbrücke *f*; *mar, aviat* Gangway *f*

**passe-temps** [pastɑ̃] *m* (*pl unv*) Zeitvertreib *m*

**passible** [pasiblə] *jur* ***être ~ d'une peine*** e-e Strafe zu gewärtigen haben

**passi|f**, **~ve** [pasif, -v] **1.** *adj* passiv; **2.** *m gr* Passiv *n*; *comm* Passiva *pl*
**passion** [pasjõ] *f* Leidenschaft *f*; *rel* Passion *f*, Leiden *n*
**passionn|ant**, **~ante** [pasjɔnɑ̃, -ɑ̃t] spannend, fesselnd; **~é**, **~ée** leidenschaftlich, begeistert; **~er** (*1a*) begeistern
**passivité** [pasivite] *f* Passivität *f*
**passoire** [paswar] *f* Sieb *n*
**pastel** [pastɛl] *m* Pastell *n*
**pastèque** [pastɛk] *f bot* Wassermelone *f*
**pasteur** [pastœr] *m rel* evangelischer Pfarrer *m*, Pastor *m*
**pasteuriser** [pastœrize] (*1a*) pasteurisieren
**pastiche** [pastiʃ] *m* Nachahmung *f*
**pastille** [pastij] *f* Plätzchen *n*; *phm* Pastille *f*, Tablette *f*
**patate** [patat] F *f* Kartoffel *f*
**patauger** [patoʒe] (*1l*) herumwaten, (herum)patschen
**pâte** [pɑt] *f* Teig *m*; *phm* Paste *f*; **~s** *pl* Teigwaren *f/pl*; **~ *dentifrice*** Zahnpasta *f*; **~ *d'amandes*** Marzipan *n*; **~ *feuilletée*** Blätterteig *m*
**pâté** [pɑte] *m* Pastete *f*; **~ *de maisons*** Häuserblock *m*
**patère** [patɛr] *f* Kleiderhaken *m*
**paternel**, **~le** [patɛrnɛl] väterlich
**pâteu|x**, **~se** [pɑtø, -z] teigig
**pathétique** [patetik] *film*, *discours*: ergreifend; *appel*: leidenschaftlich
**patience** [pasjɑ̃s] *f* Geduld *f*
**patient**, **~e** [pasjɑ̃, -t] **1.** *adj* geduldig; **2.** *m*, *f* Patient(in) *m(f)*; **~er** (*1a*) sich (*acc*) gedulden
**patin** [patɛ̃] *m* **~** (***à glace***) Schlittschuh *m*; **~ *à roulettes*** Rollschuh *m*; ***faire du* ~** Schlittschuh laufen, eislaufen
**patin|age** [patinaʒ] *m* Schlittschuhlaufen *n*; **~ *artistique*** Eiskunstlauf *m*; **~er** (*1a*) **1.** Schlittschuh laufen; **2.** *roues*: durchdrehen; **~ette** [-ɛt] *f jouet*: Roller *m*; **~eur**, **~euse** *m*, *f* Schlittschuhläufer(in) *m(f)*; **~oire** [-war] *f* Eisbahn *f*
**pâtiss|erie** [pɑtisri] *f magasin*: Konditorei *f*; *gâteaux* feines Gebäck *n*; **~ier**, **~ière** [-je, -jɛr] *m*, *f* Konditor(in) *m(f)*
**patois** [patwa] *m* Mundart *f*
**patraque** [patrak] F ***être* ~** sich nicht wohlfühlen
**patriarche** [patrijarʃ] *m égl* Patriarch *m* (*a fig*)
**patrie** [patri] *f* Vaterland *n*, Heimat *f*
**patrimoine** [patrimwan] *m elterliches* Erbe *n*, Erbteil *n*; *fig* **~ *culturel*** Kulturerbe *n*, -gut *n*
**patriot|e** [patrijɔt] **1.** *adj* vaterlandsliebend, patriotisch; **2.** *m*, *f* Patriot(in) *m(f)*; **~ique** patriotisch; **~isme** *m* Vaterlandsliebe *f*, Patriotismus *m*
**patron**, **~ne** [patrõ, -ɔn] **1.** *m*, *f* Chef(in) *m(f)*; *par opposition à employé* Arbeitgeber(in) *m(f)*; *métier*: Meister(in) *m(f)*; *maison*: Hausherr(in) *m(f)*; *auberge*: Wirt(in) *m(f)*; *rel* Schutzheilige(r) *m*, *f*; **2.** *m tech* Modell *n*, Muster *n*; *couture*: Schnittmuster *n*
**patron|age** [patrɔnaʒ] *m* Schirmherrschaft *f*; **~al**, **~ale** [-al] Arbeitgeber…, Unternehmer…; ***association f patronale*** Arbeitgebervereinigung *f*; **~at** [-a] *m pol* Arbeitgeberschaft *f*
**patronner** [patrɔne] (*1a*) protegieren, fördern
**patrouill|e** [patruj] *f mil*, *police*: Patrouille *f*, Streife *f*; **~er** (*1a*) patrouillieren
**patte** [pat] *f* Pfote *f*; *félin*: Tatze *f*; *oiseau*, *insecte*: Bein *n*; F Hand *f*; *fig* F ***graisser la ~ à qn*** j-n schmieren; **~ *d'oie*** Krähenfüße *m/pl* (*in den Augenwinkeln*)
**pâturage** [pɑtyraʒ] *m* Weide *f*
**paume** [pom] *f* flache Hand *f*, Handfläche *f*; (***jeu** m **de***) **~** (Schlag-)Ballspiel *n*
**paum|é**, **~ée** [pome] F aufgeschmissen; **~er** (*1a*) F verlieren, verlegen
**paupière** [popjɛr] *f* Augenlid *n*
**paupiette** [popjɛt] *f cuis* Roulade *f*
**pause** [poz] *f* Pause *f*
**pauvre** [povrə] **1.** *adj* arm (***en*** an *dat*); *misérable* ärmlich, armselig; *insuffisant* dürftig; *pitoyable* bedauernswert; **2.** *m*, *f* Arme(r) *m*, *f*; **~té** [-te] *f* Armut *f*; *vêtements*, *maison*: Armseligkeit *f*
**pavage** [pavaʒ] *m* Pflaster *n*
**pavaner** [pavane] (*1a*) ***se* ~** umherstolzieren
**pav|é** [pave] *m* Pflasterstein *m*; **~er** (*1a*) pflastern
**pavillon** [pavijõ] *m* Pavillon *m*; *maisonnette* Häuschen *n*; *auto* Dach *n*; *mar* Flagge *f*
**pavot** [pavo] *m bot* Mohn *m*

**payable** [pɛjablə] zahlbar
**payant, ~e** [pɛjɑ̃, -t] *spectateur*: zahlend; *billet*: nicht kostenlos; *parking*: gebührenpflichtig; *fig* lohnend
**pay|e** [pɛj] *f* → ***paie***; **~ement** [pɛjmɑ̃] *m* → ***paiement***
**payer** [pɛje] (*1i*) **1.** *v/t* (be)zahlen; ***~ qc dix euros*** zehn Euro für etw bezahlen; *fig* ***~ qn de qc*** j-n für etw belohnen; **2.** *v/i* einträglich sein, sich lohnen; **3.** ***se ~ qc*** sich (*dat*) etw leisten
**pays** [pei] *m* Land *n*; *patrie* Vaterland *n*, Heimat *f*; ***~ membre*** *C.E.E.*: Mitgliedsland *n*; ***mal*** *m* ***du ~*** Heimweh *n*; ***le ⁓ Basque*** Baskenland *n*; ***le ⁓ de Galles*** Wales *n*
**paysage** [peizaʒ] *m* Landschaft *f*
**paysagiste** [peizaʒist] (***architecte*** *m*) ~ Gartenarchitekt *m*
**paysan, ~ne** [peizɑ̃, -an] **1.** *m*, *f* Bauer *m*, Bäuerin *f*; **2.** *adj* bäuerlich, Bauern…
**Pays-Bas** [peibɑ] *m/pl* ***les ~*** die Niederlande *n/pl*
**PC** [pese] *m abr* ***personal computer*** PC *m*; ***Parti communiste*** KP *f* (Kommunistische Partei)
**p.c.c.** *abr* ***pour copie conforme*** für die Richtigkeit der Abschrift
**PCF** *f abr* ***Parti communiste français*** Kommunistische Partei Frankreichs
**P.-D.G.** *od* **P.D.G.** [pedeʒe] *m abr* ***président-directeur général*** Generaldirektor *m*; *d'une SA* Vorstandsvorsitzender *m*
**péage** [peaʒ] *m autoroute*: Autobahngebühr *f*
**peau** [po] *f* (*pl -x*) Haut *f*; *animal*: Fell *n*; *cuir* Leder *n*; ***~ de chamois*** Fensterleder *n*; **⁓-Rouge** [-ruʒ] *m* (*pl Peaux-Rouges*) Rothaut *f*, Indianer *m*
**péch|é** [peʃe] *m* Sünde *f*; ***~ mignon*** kleine Schwäche *f*; **~er** (*1f*) sündigen; ***~ contre qc*** gegen etw verstoßen; ***~ par*** kranken an (*dat*)
**pêche**[1] [pɛʃ] *f bot* Pfirsich *m*
**pêche**[2] [pɛʃ] *f* Fischfang *m*; *action*: Fischen *n*; *à la ligne*: Angeln *n*
**pêcher**[1] [peʃe] *m bot* Pfirsichbaum *m*
**pêcher**[2] [peʃe] (*1b*) fischen; ***~ à la ligne*** angeln
**péch|eur, ~eresse** [peʃœr, -ʃ(ə)rɛs] *m*, *f* Sünder(in) *m*(*f*)
**pêch|eur, ~euse** [pɛʃœr, -øz] *m*, *f* Fischer(in) *m*(*f*); ***~ à la ligne*** Angler(in) *m*(*f*)
**pécule** [pekyl] *m* Ersparnisse *f/pl*
**pécuniaire** [pekynjɛr] Geld…
**pédago|gie** [pedagɔʒi] *f* Pädagogik *f*; **~gique** pädagogisch, Erziehungs…; **~gue** *m*, *f* Pädagoge *m*, Pädagogin *f*
**pédal|e** [pedal] *f* Pedal *n*; **~er** (*1a*) *vélo*: treten
**pédalo** [pedalo] *m* Tretboot *n*
**péd|ant, ~ante** [pedɑ̃, -ɑ̃t] schulmeisterlich
**pédé** [pede] *m abr* ***pédéraste*** F Schwule(r) *m*
**pédéraste** [pederast] *m* Homosexuelle(r) *m*, Päderast *m*
**pédestre** [pedɛstrə] ***randonnée*** *f* ***~*** (Fuß-)Wanderung *f*
**pédiatr|e** [pedjatrə] *m*, *f méd* Kinderarzt *m*, -ärztin *f*; **~ie** *f* Kinderheilkunde *f*
**pédicure** [pedikyr] *f* Fußpflegerin *f*
**pègre** [pɛgrə] *f* Unterwelt *f*
**peign|e** [pɛɲ] *m* Kamm *m*; **~er** (*1b*) kämmen; **~oir** *m de bain*: Bademantel *m*; *négligé* Morgenrock *m*
**peindre** [pɛ̃drə] (*4b*) malen; *mur*: anstreichen; *décrire* schildern
**peine** [pɛn] *f* **1.** *punition* Strafe *f*; ***~ capitale*** Todesstrafe *f*; **2.** *effort* Mühe *f*, Anstrengung *f*; ***ce n'est pas la ~*** das ist nicht nötig; ***valoir la ~*** der Mühe wert sein (***de*** zu); ***avoir*** (***de la***) ***~ à faire qc*** Mühe haben, etw zu tun; ***prendre la ~ de*** (+ *inf*) sich die Mühe machen zu; **3.** *chagrin* Kummer *m*; ***faire de la ~ à qn*** j-m wehtun; **4.** *adv* ***à ~*** kaum
**peiner** [pɛne] (*1b*) **1.** *v/t* betrüben; **2.** *v/i* sich abmühen, Mühe haben
**peintre** [pɛ̃trə] *m* Maler(in) *m*(*f*); ***~*** (***en bâtiment***) Anstreicher *m*
**peinture** [pɛ̃tyr] *f* Anstrich *m*; *substance*: Farbe *f*; *action*: Anmalen *n*; *art*: Malerei *f*; *tableau* Gemälde *n*; *description* Schilderung *f*; ***~ fraîche!*** frisch gestrichen!
**péjorati|f, ~ve** [peʒɔratif, -v] abfällig, abschätzig
**Pékin** [pekɛ̃] Peking *n*
**pelage** [pəlaʒ] *m* Fell *n*
**pêle-mêle** [pɛlmɛl] *adv* bunt durcheinander
**peler** [pəle] (*1d*) *v/t* (ab)schälen; *v/i* sich schälen

**pèlerin** [pɛlrɛ̃] *m* Pilger(in) *m(f)*
**pèlerinage** [pɛlrinaʒ] *m* Pilgerfahrt *f*; *lieu*: Wallfahrtsort *m*
**pèlerine** [pɛlrin] *f* Umhang *m*
**pélican** [pelikɑ̃] *m zo* Pelikan *m*
**pelle** [pɛl] *f* Schaufel *f*; ***~ à gâteau*** Tortenheber *m*; *tech* ***~ mécanique*** Löffelbagger *m*; **~ter** [-te] *(1c)* schaufeln
**pellicule** [pelikyl] *f* Film *m*; *pl* ***~s*** (Kopf-)Schuppen *f/pl*
**pelot|e** [p(ə)lɔt] *f fil*: Knäuel *n od m*; *épingles*: Nadelkissen *n*; **~er** *(1a)* P befummeln
**pelot|on** [p(ə)lɔtõ] *m* Knäuel *n od m*; *mil* Zug *m*; *sport*: Feld *n*; **~onner** [-ɔne] *(1a)* auf ein(en) Knäuel wickeln; ***se ~*** sich zusammenrollen; ***se ~ contre qn*** sich an j-n anschmiegen
**pelouse** [p(ə)luz] *f* Rasen *m*
**peluche** [p(ə)lyʃ] *f* Plüsch *m*
**pelure** [p(ə)lyr] *f fruit*: Haut *f*, Schale *f*
**pénal**, **~e** [penal] *(m/pl -aux) jur* Straf…; **~isation** [-izasjõ] *f sport*: Strafpunkte *m/pl*; **~iser** *(1a)* (be)strafen; **~ité** *f* Strafe *f*
**penalty** [penalti] *m football*: Elfmeter *m*, Strafstoß *m*
**penaud**, **~e** [pəno, -d] beschämt, betreten
**penchant** [pɑ̃ʃɑ̃] *m fig* Hang *m*, Neigung *f*
**pencher** [pɑ̃ʃe] *(1a) v/t* neigen; *v/i* sich neigen; *fig* ***~ pour qc*** zu etw tendieren; ***se ~ au dehors*** sich hinauslehnen; *fig* ***se ~ sur un problème*** sich in ein Problem vertiefen
**pendaison** [pɑ̃dɛzõ] *f peine*: Hängen *n*; *suicide*: Erhängen *n*
**pendant¹** [pɑ̃dɑ̃] *prép* während; *conj* ***~ que*** während (*zeitlich*, *a gegensätzlich*)
**pendant²**, **~e** [pɑ̃dɑ̃, -t] **1.** *adj* hängend; *jur* schwebend; **2.** *m* Pendant *n*, Gegenstück *n*
**pend|entif** [pɑ̃dɑ̃tif] *m* Anhänger *m*; **~erie** *f* Kleiderschrank *m*; **~iller** [-ije] *(1a)* baumeln
**pendre** [pɑ̃drə] *(4a) v/t* aufhängen; *condamné*: hängen; *v/i* hängen; ***se ~*** sich erhängen
**pendule** [pɑ̃dyl] **1.** *m phys* Pendel *n*; **2.** *f horloge*: Pendel-, Zimmer-, Wanduhr *f*
**pêne** [pɛn] *m* Riegel *m* (*am Schloss*)
**pénétr|ation** [penetrasjõ] *f* Eindringen *n*; *fig* Scharfblick *m*; **~er** *(1f) v/t liquide*, *lumière*: durchdringen; *pensées*, *personne*: durchschauen; *v/i* ***~ dans qc*** in etw (*acc*) eindringen
**pénible** [peniblə] *travail*, *vie*: mühsam, beschwerlich; *nouvelle*, *circonstances*: traurig, betrüblich; *caractère*: schwierig; **~ment** *adv avec difficulté* mit Mühe; *à peine* kaum; *avec douleur* schmerzlich
**péniche** [peniʃ] *f* Lastkahn *m*
**pénicilline** [penisilin] *f phm* Penizillin *n*
**péninsule** [penɛ̃syl] *f* Halbinsel *f*
**pénis** [penis] *m* Penis *m*
**pénitenc|e** [penitɑ̃s] *f* Strafe *f*; *rel* Buße *f*; **~ier** [-je] *m* Strafanstalt *f*
**pénombre** [penõbrə] *f* Halbschatten *m*, -dunkel *n*
**pensée** [pɑ̃se] *f* **1.** *faculté*, *fait de penser* Denken *n*; *idée* Gedanke *m*; *point de vue* Meinung *f*, Ansicht *f*; **2.** *bot* Stiefmütterchen *n*
**pens|er** [pɑ̃se] *(1a) v/i* denken; *v/t* denken, meinen; *imaginer* sich (*dat*) denken; ~ (+ *inf*) *croire* glauben zu (+ *inf*); ~ (+ *inf*) *avoir l'intention* beabsichtigen zu (+ *inf*); ***faire ~ à qc*** an etw (*acc*) erinnern; **~eur** *m* Denker *m*; **~if**, **~ive** [-if, -iv] nachdenklich
**pension** [pɑ̃sjõ] *f* **1.** *allocation* Rente *f*, Pension *f*, Ruhegehalt *n*; **2.** *logement*: Fremdenheim *n*, Pension *f*; *frais*: Pensionskosten *pl*; ***avec ~ complète*** mit Vollpension; **3.** *école*: Pensionat *n*, Internat *n*
**pensi|onnaire** [pɑ̃sjɔnɛr] *m*, *f* **1.** *hôtel*: Pensionsgast *m*; **2.** *écolier*: Internatsschüler(in) *m(f)*; **~onnat** [-ɔna] *m* Pensionat *n*
**pente** [pɑ̃t] *f* Abhang *m*, Gefälle *n*, Neigung *f*; ***en ~*** abfallend; *fig* ***sur la mauvaise ~*** auf der schiefen Bahn
**Pentecôte** [pɑ̃tkot] ***la ~*** Pfingsten *n*; ***à la ~*** an, zu Pfingsten
**pénurie** [penyri] *f* Mangel *m* (***de*** an *dat*)
**pépier** [pepje] *(1a)* piepen
**pépin** [pepɛ̃] *m fruit*: Kern *m*; F ***avoir un ~*** Ärger, Pech haben
**pépinière** [pepinjɛr] *f* Baumschule *f*
**pépite** [pepit] *f* (Gold-)Klumpen *m*
**perç|ant**, **~ante** [pɛrsɑ̃, -ɑ̃t] *regard*: durchdringend; *froid*: schneidend;

**~ée** *f* Durchbruch *m*, -stoß *m*
**perce-neige** [pɛrsənɛʒ] *m* (*pl unv*) *bot* Schneeglöckchen *n*
**perce-oreille** [pɛrsɔrɛj] *m* (*pl perce-oreilles*) *zo* Ohrwurm *m*
**percept|eur** [pɛrsɛptœr] *m* Steuereinnehmer *m*; **~ible** wahrnehmbar; *amélioration*, *différence*: spürbar
**perception** [pɛrsɛpsjõ] *f* **1.** Wahrnehmung *f*; **2.** *impôts*: Erhebung *f*; *bureau*: Finanzamt *n*
**percer** [pɛrse] (*1k*) **1.** *mur*, *planche*: durchbohren; *oreille*, *papier*: durchstechen; *porte*: durchbrechen; **2.** *v/i* durchkommen, zum Vorschein kommen
**perceuse** [pɛrsøz] *f* Bohrmaschine *f*
**percevoir** [pɛrsəvwar] (*3a*) wahrnehmen; *argent*: einnehmen; *impôts*: erheben
**perch|e** [pɛrʃ] *f* **1.** *zo* Barsch *m*; **2.** *bois*, *métal*: Stange *f*, Stab *m*; **~er** (*1a*) (**se**) **~** *oiseau*: sich setzen; F wohnen, hausen; **~iste** *m* Stabhochspringer *m*; **~oir** *m* Hühnerstange *f*
**perclus**, **~e** [pɛrkly, -z] gelähmt
**percolateur** [pɛrkɔlatœr] *m* Kaffeemaschine *f* (*für Restaurants*)
**percu|ssion** [pɛrkysjõ] *f mus* Schlaginstrumente *n/pl*; **~ter** [-te] (*1a*) stoßen, schlagen auf (*acc*); **~** (**contre**) **un arbre** gegen e-n Baum prallen
**perdant**, **~e** [pɛrdɑ̃, -t] **1.** *adj* verlierend; **numéro** *m*, **billet** *m* **perdant** Niete *f*; **2.** *m*, *f* Verlierer(in) *m*(*f*)
**perdre** [pɛrdrə] (*4a*) verlieren; *argent*, *prestige*, *droit*: einbüßen; **~ courage, espoir** den Mut, die Hoffnung verlieren; **~ une occasion** e-e Gelegenheit versäumen; **~ au change** e-n schlechten Tausch machen; **~ son temps** seine Zeit vergeuden; **~ connaissance** das Bewusstsein verlieren; **se ~** *disparaître* verloren gehen; *autorité*, *prestige*: schwinden; *personne*: sich verirren
**perdrix** [pɛrdri] *f zo* Rebhuhn *n*
**perdu**, **~e** [pɛrdy] *p/p de* **perdre** *u adj* verloren; *occasion*: verpasst; *endroit*: abgelegen; **verre** *m***~** Einwegglas *n*
**père** [pɛr] *m* Vater *m*; *rel* Pater *m*
**pérégrinations** [peregrinasjõ] *f/pl* Umherreisen *n*
**péréquation** [peʀekwasjõ] *f* **~ financière** Finanzausgleich *m*
**perfecti|on** [pɛrfɛksjõ] *f* Vollendung *f*, Vollkommenheit *f*; **~onner** [-ɔne] (*1a*) vervollkommnen; **~onniste** [-ɔnist] perfektionistisch
**perfid|e** [pɛrfid] heimtückisch; **~ie** [-i] *f* Heimtücke *f*, Hinterlist *f*
**perfor|ateur** [pɛrfɔratœr] *m* Locher *m*; **~er** (*1a*) lochen
**perform|ance** [pɛrfɔrmɑ̃s] *f* Leistung *f*; **~ant**, **~ante** [-ɑ̃, -ɑ̃t] leistungsfähig
**péril** [peril] *m* Gefahr *f*
**périlleu|x**, **~se** [perijø, -z] gefährlich
**périmé**, **~e** [perime] veraltet; *passeport*: abgelaufen
**périmètre** [perimɛtrə] *m math* Umfang *m*; *zone* Umkreis *m*
**périod|e** [perjɔd] *f* Periode *f*, Zeitraum *m*; *phys* Halbwertszeit *f*; **~ bimonétaire** Doppelwährungsphase *f*; **~ de transition** Übergangsphase *f*; **en ~ de** in Zeiten (+ *gén*); **~ique 1.** *adj* periodisch; **2.** *m* Zeitschrift *f*
**péripétie** [peripesi] *f le plus souvent au pl* **~s** unvorhergesehene Zwischenfälle *m/pl*
**périphér|ie** [periferi] *f de ville*: Peripherie *f*, Stadtrand(gebiet) *m*(*n*); **~ique** *adj* Stadtrand…; **boulevard** *m* **~** *od subst* **~** *m* Ringautobahn *f* (*um Paris*)
**périphrase** [perifrɑz] *f* Umschreibung *f*
**périple** [periplə] *m* (Rund-)Reise *f*
**périscope** [periskɔp] *m* Periskop *n*, Sehrohr *n*
**périssable** [perisablə] *nourriture*: leicht verderblich
**perl|e** [pɛrl] *f* Perle *f* (*a fig*); *fig* Perle *f*; **~er** (*1a*) perlen
**perman|ence** [pɛrmanɑ̃s] *f* Fortdauer *f*, Beständigkeit *f*; *médecin*, *service*: Bereitschaftsdienst *m*; **en ~** ständig, dauernd; **~ent**, **~ente** [-ɑ̃, -ɑ̃t] **1.** *adj* ständig; *constant* beständig; **2.** *f coiffure*: Dauerwelle *f*
**perméable** [pɛrmeablə] durchlässig
**permettre** [pɛrmɛtrə] (*4p*) erlauben, gestatten (**qc à qn** j-m etw; **que** + *subj* dass); **se ~ qc** sich (*dat*) etw gönnen; *familiarités*, *impertinences*: sich (*dat*) etw herausnehmen
**permis** [pɛrmi] *m* Erlaubnisschein *m*; **~ de séjour** Aufenthaltserlaubnis *f*; **~ de conduire** Führerschein *m*; **passer**

***son ~*** den Führerschein machen
**permission** [pɛrmisjõ] *f* Erlaubnis *f*, Genehmigung *f*; *mil* Urlaub *m*
**permuter** [pɛrmyte] (*1a*) *v/t* umstellen, auswechseln; *v/i* den Posten tauschen (***avec qn*** mit j-m)
**pernicieu|x**, **~se** [pɛrnisjø, -z] schädlich; *méd* bösartig
**péroraison** [perɔrɛzõ] *f* Schlusswort *n*
**Pérou** [peru] ***le ~*** Peru *n*
**perpendiculaire** [pɛrpɑ̃dikylɛr] senkrecht, rechtwinklig (***à*** zu *od* auf)
**perpétrer** [pɛrpetre] (*1f*) *jur* begehen, verüben
**perpétu|el**, **~elle** [pɛrpetɥɛl] fortwährend, ständig, (an)dauernd; **~ellement** [-ɛlmɑ̃] *adv* ständig, immer wieder; **~ité** *f* ***à ~*** fürs Leben; *jur* lebenslänglich
**perplexe** [pɛrplɛks] ratlos, perplex
**perquisitionner** [pɛrkizisjɔne] (*1a*) *jur* e-e Haussuchung vornehmen
**perron** [pɛrõ] *m* Freitreppe *f*
**perroquet** [pɛrɔkɛ] *m zo* Papagei *m*
**perruche** [pɛryʃ] *f zo* (Wellen-)Sittich *m*
**perruque** [pɛryk] *f* Perücke *f*
**persan**, **~e** [pɛrsɑ̃, -an] **1.** *adj* persisch; **2.** **♀**, **♀*e*** *m*, *f* Perser(in) *m(f)*
**Perse** [pɛrs] ***la ~*** Persien *n*
**perséc|uter** [pɛrsekyte] (*1a*) verfolgen; **~ution** [-ysjõ] *f* Verfolgung *f*
**persévér|ance** [pɛrseverɑ̃s] *f* Beharrlichkeit *f*, Ausdauer *f*; **~ant**, **~ante** [-ɑ̃, -ɑ̃t] beharrlich, ausdauernd; **~er** (*1f*) ***~ dans qc*** hartnäckig an etw (*dat*) festhalten
**persienne** [pɛrsjɛn] *f* Fensterladen *m*
**persiflage** [pɛrsiflaʒ] *m* Spöttelei *f*, Persiflage *f*
**persil** [pɛrsi] *m bot* Petersilie *f*
**Persique** [pɛrsik] ***le golfe ~*** der Persische Golf
**persist|ance** [pɛrsistɑ̃s] *f* Verharren *n*; *fièvre*, *froid*: Fortdauer *f*; **~er** (*1a*) (an)dauern; ***~ dans qc*** hartnäckig an etw (*dat*) festhalten; ***~ à faire qc*** etw beharrlich tun
**personn|age** [pɛrsɔnaʒ] *m connu*: Persönlichkeit *f*; *personne* Person *f*; *fig u théâtre*: Rolle *f*; **~aliser** [-alize] e-e persönliche Note geben (***qc*** e-r Sache); **~alité** [-alite] Persönlichkeit *f*
**personne**[1] [pɛrsɔn] *f* Person *f*; ***~ à double salaire*** Doppelverdiener(in *f*) *m*; ***jeune ~*** junges Mädchen *n*; ***~ âgée*** älterer Mensch *m*; ***grande ~*** Erwachsene(r) *m*; ***en ~*** persönlich; ***par ~*** pro Kopf
**personne**[2] [pɛrsɔn] *pronom* **1.** ***ne ~*** niemand; **2.** (irgend)jemand; ***sans avoir vu ~*** ohne jemand(en) gesehen zu haben; ***il le sait mieux que ~*** er weiß es besser als irgendjemand
**personn|el**, **~elle** [pɛrsɔnɛl] **1.** *adj* persönlich; **2.** *m* Personal *n*; **~ellement** [-ɛlmɑ̃] *adv* persönlich; **~ifier** [-ifje] (*1a*) verkörpern, personifizieren
**perspective** [pɛrspɛktiv] *f math*, *peinture*: Perspektive *f*; *fig pour l'avenir*: Aussicht *f*, Perspektive *f*; *point de vue* Blickwinkel *m*; ***avoir qc en ~*** etw in Aussicht haben
**perspicac|e** [pɛrspikas] scharfsinnig; **~ité** *f* Scharfblick *m*
**persuader** [pɛrsɥade] (*1a*) ***~ qn de faire qc*** j-n überreden, etw zu tun; ***~ qn de qc*** j-n von etw überzeugen; ***se ~ de qc*** sich (*acc*) von etw überzeugen; ***se ~ que*** sich (*dat*) einreden, dass
**persuasion** [pɛrsɥazjõ] *f* Überzeugung *f*; *don*: Überredungsgabe *f*
**perte** [pɛrt] *f* Verlust *m*; *fig* Untergang *m*, Verderben *n*; ***à ~*** mit Verlust; ***à ~ de vue*** so weit das Auge reicht
**pertinent**, **~e** [pɛrtinɑ̃, -t] zutreffend, passend
**perturb|ation** [pɛrtyrbasjõ] *f* Störung *f*; **~er** (*1a*) stören
**perver|s**, **~se** [pɛrvɛr, -s] *sexualité*: pervers, widernatürlich; **~sion** *f sexualité*: Perversion *f*; **~tir** (*2a*) verderben
**pes|amment** [pəzamɑ̃] *adv* schwerfällig; **~ant**, **~ante** [-ɑ̃, -ɑ̃t] schwer (*a fig*); **~anteur** [-ɑ̃tœr] *f phys* Schwerkraft *f*
**pèse-bébé** [pɛzbebe] *m* (*pl pèse-bébé[s]*) Babywaage *f*
**pesée** [pəze] *f* Wiegen *n*
**peser** [pəze] (*1d*) *v/t* (ab)wiegen; *fig mots*: abwägen; *v/i* wiegen; *poids*, *responsabilité*: lasten (***sur*** auf *dat*); ***~ à qn*** j-n bedrücken
**pessimis|me** [pesimismə] *m* Pessimismus *m*; **~te** **1.** *adj* pessimistisch; **2.** *m*, *f* Pessimist(in) *m(f)*
**pest|e** [pɛst] *f méd* Pest *f*; *fig* böses Weib *n*; **~er** (*1a*) schimpfen (***contre***

auf *acc*)
**pesticide** [pɛstisid] *m* Pestizid *n*, Schädlingsbekämpfungsmittel *n*
**pestilentiel**, **~le** [pɛstilɑ̃sjɛl] übel riechend
**pet** [pɛ] *m* P Furz *m*
**pétale** [petal] *m* Blütenblatt *n*
**pétanque** [petɑ̃k] *f Kugelspiel in Südfrankreich*
**pétarad|e** [petarad] *f* Geknalle *n*; *auto* Geknatter *n*; **~er** (*1a*) knattern
**pétard** [petar] *m* Knallkörper *m*, -frosch *m*; F Krach *m*, Radau *m*
**péter** [pete] (*1f*) F furzen; *fig pétard*: knallen; *pneu*, *ballon*: platzen
**pétiller** [petije] (*1a*) *feu*: prasseln, knistern; *eau*: sprudeln; *mousseux*: perlen; *yeux*: blitzen
**petit**, **~e** [p(ə)ti, -t] **1.** *adj* klein; *quantité*: gering, unbedeutend; ***en petit*** im Kleinen; ***petit à petit*** allmählich; F ***petit nom*** *m* Vorname *m*; ***~(e) ami(e)*** *m(f)* Freund(in) *m(f)*; ***au petit jour*** bei Tagesanbruch; **2.** *m*, *f der*, *die*, *das* Kleine; *animal*: Junge(s) *n*
**petit-bourgeois**, **petite-bourgeoise** [p(ə)tiburʒwa, p(ə)titburʒwaz] klein-, spießbürgerlich
**petite-fille** [p(ə)titfij] *f* (*pl petites-filles*) Enkelin *f*
**petitesse** [p(ə)titɛs] *f* Kleinheit *f*; *fig* Engstirnigkeit *f*
**petit-fils** [p(ə)tifis] *m* (*pl petits-fils*) Enkel *m*
**pétition** [petisjõ] *f* Petition *f*
**petits-enfants** [p(ə)tizɑ̃fɑ̃] *m/pl* Enkel *m/pl*
**pétrifier** [petrifje] (*1a*) versteinern; *fig* erstarren lassen
**pétr|in** [petrɛ̃] *m* Backtrog *m*; F *fig* Klemme *f*; **~ir** (*2a*) kneten
**pétrochimie** [petrɔʃimi] *f* Petrochemie *f*
**pétrol|e** [petrɔl] *m* Erdöl *n*; ***~ brut*** Rohöl *n*; **~ier**, **~ière** [-je, -jɛr] **1.** *adj* (Erd-) Öl…; **2.** *m* Tankschiff *n*, Tanker *m*
**peu** [pø] wenig; ***~ de pain*** wenig Brot; ***~ après*** kurz danach; ***de ~*** um weniges; ***~ à ~*** nach und nach; ***à ~ près*** *plus ou moins* ungefähr, etwa; *presque* fast, beinahe; ***depuis ~*** seit kurzem; ***quelque ~*** einigermaßen; ***pour ~ que*** (+ *subj*) sofern
**peuplade** [pøplad, pœ-] *f* Volksstamm *m*
**peuple** [pœplə] *m* Volk *n*
**peupler** [pøple, pœ-] (*1a*) *pays*, *région*: bevölkern; *maison*: bewohnen
**peuplier** [pøplije, pœ-] *m bot* Pappel *f*
**peur** [pœr] *f* Angst *f*, Furcht *f* (***de*** vor *dat*); ***de ~ que*** (***ne*** + *subj*) aus Angst, dass; ***avoir ~*** Angst haben; ***prendre ~*** Angst bekommen
**peureu|x**, **~se** [pœrø, -z] ängstlich, furchtsam
**peut-être** [pøtɛtrə] vielleicht; ***~ bien*** vielleicht sogar
**p. ex.** *abr* ***par exemple*** z. B. (zum Beispiel)
**phalange** [falɑ̃ʒ] *f mil* Phalanx *f*; ♀ *Espagne*: Falange *f*
**phare** [far] *m mar* Leuchtturm *m*, Leuchtfeuer *n*; *aviat* Leuchtfeuer *n*; *auto* Scheinwerfer *m*; ***se mettre en ~s*** das Fernlicht einschalten
**pharmac|eutique** [farmasøtik] pharmazeutisch; **~ie** [-i] *f local*: Apotheke *f*; *science*: Pharmazie *f*; *médicaments* Arzneimittel *n/pl*; **~ien**, **~ienne** *m*, *f* Apotheker(in) *m(f)*
**phase** [fɑz] *f* Phase *f*, Stadium *n*
**phénomène** [fenɔmɛn] *m* Phänomen *n*, Erscheinung *f*
**philatéliste** [filatelist] *m* Briefmarkensammler *m*
**philippin**, **~e** [filipɛ̃, -in] **1.** *adj* philippinisch; **2.** ♀**,** ♀***e*** *m*, *f* Philippiner(in) *m(f)*
**Philippines** [filipin] *f/pl* ***les ~*** die Philippinen *pl*
**philosoph|e** [filɔzɔf] *m* Philosoph *m*; **~ie** [-i] *f* Philosophie *f*; *calme* Gelassenheit *f*; **~ique** philosophisch
**phobie** [fɔbi] *f psych* Phobie *f*
**phonétique** [fɔnetik] **1.** *adj* Laut…, phonetisch; **2.** *f* Phonetik *f*, Lautlehre *f*
**phoque** [fɔk] *m zo* Robbe *f*, Seehund *m*
**phosphate** [fɔsfat] *m* Phosphat *n*
**photo** [fɔto] *f* Foto *n*, (Licht-)Bild *n*; ***faire de la ~*** fotografieren; ***prendre qn en ~*** e-e Aufnahme von j-m machen
**photo|copie** [fɔtɔkɔpi] *f* Fotokopie *f*; **~copieur** [-kɔpjœr] *m od* **~copieuse** [-kɔpjøz] *f* Fotokopierer *m*; **~génique** [-ʒenik] fotogen
**photograph|e** [fɔtɔgraf] *m*, *f* Foto-

graf(in) *m(f)*; **~ie** [-i] *f* Fotografie *f*; **~ier** [-je] *(1a)* fotografieren; **~ique** [-ik] fotografisch

**phrase** [frɑz] *f* Satz *m*

**physicien**, **~ne** [fizisjɛ̃, -ɛn] *m*, *f* Physiker(in) *m(f)*

**physionomie** [fizjɔnɔmi] *f* Physiognomie *f*, Gesichtsausdruck *m*

**physique** [fizik] **1.** *adj corps*: physisch, körperlich; *physique*: physikalisch; **2.** *m* Körperbeschaffenheit *f*, Physis *f*; **3.** *f* Physik *f*

**piailler** [pjaje] *(1a)* *oiseau*: piepsen; F *enfant*: schreien

**pianiste** [pjanist] *m*, *f* Pianist(in) *m(f)*

**pian|o** [pjano] *m* Klavier *n*; **~ à queue** Flügel *m*; **~oter** [-ɔte] *(1a)* F *sur le piano*: klimpern; *sur table*, *vitre*: trommeln

**piaul|e** [pjol] *f* F Bude *f*; **~er** *(1a)* *enfant*: plärren; *oiseau*: piepsen

**PIB** *m abr* ***produit intérieur brut*** Bruttoinlandsprodukt *n*

**pic** [pik] *m* **1.** *instrument*: Spitzhacke *f*; **2.** *montagne*: Bergspitze *f*; ***à ~*** senkrecht, steil; F *fig* ***arriver à ~*** gerade zur rechten Zeit kommen; **3.** *zo* Specht *m*

**pichet** [piʃɛ] *m* Kanne *f*, Krug *m*

**pickpocket** [pikpɔkɛt] *m* Taschendieb *m*

**pick-up** [pikœp] *m* *(pl unv)* Plattenspieler *m*

**picorer** [pikɔre] *(1a)* aufpicken

**picoter** [pikɔte] *(1a)* *irriter* prickeln, kribbeln

**pie** [pi] *f zo* Elster *f*

**pièce** [pjɛs] *f* **1.** Stück *n*; ***~ de théâtre*** Theaterstück *n*; ***~ de monnaie*** Geldstück *n*; *vêtement*: ***deux ~s*** zweiteilig; ***à la ~*** einzeln; ***cinq euros (la) ~*** 5 Euro pro Stück; ***~ de rechange*** Ersatzteil *n*; ***mettre en ~s*** zerreißen; **2.** *chambre* Raum *m*, Zimmer *n*; **3.** *administration*: Beleg *m*

**pied** [pje] *m* Fuß *m*; *meuble*: Bein *n*; *champignon*: Stiel *m*; ***~ de vigne*** Rebstock *m*; ***à ~*** zu Fuß; ***~s nus*** barfuß; ***au ~ de*** am Fuß von; ***au ~ de la lettre*** buchstabengetreu; ***de ~ en cap*** von Kopf bis Fuß; ***mettre sur ~*** auf die Beine stellen

**pied-à-terre** [pjetatɛr] *m* *(pl unv)* Absteigequartier *n*

**piédestal** [pjedɛstal] *m* *(pl -aux)* Sockel *m*

**pied-noir** [pjenwar] F *m* *(pl pieds-noirs)* Algerienfranzose *m*

**piégé**, **~e** [pjeʒe] ***voiture f piégée*** Autobombe *f*

**piège** [pjɛʒ] *m* Falle *f*

**piercing** [pirsiŋ] *m* Piercing *n*; ***se faire faire un ~*** sich piercen lassen

**pierraille** [pjɛrɑj] *f* grober Kies *m*

**pierre** [pjɛr] *f* Stein *m*

**pierr|eries** [pjɛrri] *f/pl* Edelsteine *m/pl*, Juwelen *n/pl*; **~eux**, **~euse** [-ø, -øz] steinig

**pierrot** [pjɛro] *m* **1.** *zo* Sperling *m*; **2.** ♀ Hanswurst *m* *(Gestalt aus der frz Pantomime)*

**piété** [pjete] *f rel* Frömmigkeit *f*

**piétiner** [pjetine] *(1a)* *v/t* (zer)stampfen, (zer)trampeln; *fig* ***~ qn, qc*** j-n, etw mit Füßen treten; *v/i ne pas avancer* auf der Stelle treten

**piéton**, **~ne** [pjetõ, -ɔn] **1.** *m*, *f* Fußgänger(in) *m(f)*; **2.** *adj* ***zone f piétonne*** Fußgängerzone *f*; **~nier**, **~nière** Fußgänger…

**pieu** [pjø] *m* *(pl -x)* Pfahl *m*; F Bett *n*, Falle *f* F

**pieu|x**, **~se** [pjø, -z] fromm; *fig* ***pieux mensonge*** *m* Notlüge *f*

**pif** [pif] F *m* Nase *f*, Zinken *m* F

**pif(f)er** [pife] *(1a)* F ***ne pas pouvoir ~ qn*** j-n nicht riechen können F

**pig|eon** [piʒõ] *m* Taube *f*; **~eonnier** [-ɔnje] *m* Taubenschlag *m*

**piger** [piʒe] *(1l)* F kapieren, begreifen

**pigment** [pigmɑ̃] *m* Pigment *n*

**pigne** [piɲ] *f bot* Kiefernzapfen *m*

**pignon** [piɲõ] *m arch* Giebel *m*; *tech* Zahnrad *n*

**pilastre** [pilastrə] *m arch* Pilaster *m*, Wandpfeiler *m*

**pile¹** [pil] *f* **1.** *tas* Stapel *m*, Stoß *m*; **2.** *él* Batterie *f*; ***~ atomique*** Atomreaktor *m*; **3.** *monnaie*: Rückseite *f*; **4.** F Tracht *f* Prügel

**pile²** [pil] *adv* ***s'arrêter ~*** plötzlich anhalten; ***à deux heures ~*** Punkt zwei Uhr

**piler** [pile] *(1a)* zerstampfen, zerstoßen

**pilier** [pilje] *m arch* Pfeiler *m*; *fig* Stütze *f*

**pill|age** [pijaʒ] *m* Plünderung *f*; **~er** *(1a)* (aus)plündern

**pil|on** [pilõ] *m tech* Stampfer *m*; **~onner** [-ɔne] (*1a*) (zer)stampfen
**pilori** [pilɔri] *m* Pranger *m*; *fig* ***mettre qn au ~*** j-n an den Pranger stellen
**pilotage** [pilɔtaʒ] *m aviat* Steuerung *f*; *mar* Lotsen(dienst) *n*(*m*)
**pilot|e** [pilɔt] **1.** *m mar* Lotse *m*; *aviat* Pilot *m*; *auto* (Renn-)Fahrer *m*; ***~ automatique*** Autopilot *m*; **2.** *adj* ***ferme*** *f* ~ Musterhof *m*; **~er** (*1a*) *aviat*, *auto* steuern, lenken; *mar* lotsen
**pilule** [pilyl] *f* Pille *f*; ~ (***contraceptive***) Antibabypille *f*
**piment** [pimɑ̃] *m* Paprika *m*, Spanischer Pfeffer *m*; *fig* Würze *f*
**pimenter** [pimɑ̃te] (*1a*) scharf würzen
**pimpant**, **~e** [pɛ̃pɑ̃, -t] adrett, schmuck
**pin** [pɛ̃] *m bot* Kiefer *f*; ***~ parasol, pignon*** Pinie *f*
**pinard** [pinar] F *m* Wein *m*
**pince** [pɛ̃s] *f* Zange *f*, Klemme *f*, Klammer *f*; *crabe*: Schere *f*; ***~ à épiler*** Pinzette *f*; ***~ à linge*** Wäscheklammer *f*
**pincé**, **~e** [pɛ̃se] verkniffen, gezwungen
**pinceau** [pɛ̃so] *m* (*pl -x*) Pinsel *m*
**pincée** [pɛ̃se] *f cuis* ***une ~ de sel*** e-e Prise Salz
**pincer** [pɛ̃se] (*1k*) kneifen, zwicken; *doigt*, *pied*: einklemmen; *mus* zupfen
**pince-sans-rire** [pɛ̃ssɑ̃rir] *m*, *f* (*pl unv*) Mensch *m* mit trockenem Humor
**pincette** [pɛ̃sɛt] *f* Pinzette *f*; *pl* **~s** *feu*: (Feuer-)Zange *f*
**pinède** [pinɛd] *f* Kiefern-, Pinienwald *m*
**pingouin** [pɛ̃gwɛ̃] *m zo* Pinguin *m*
**pingre** [pɛ̃grə] geizig, knickerig
**pinson** [pɛ̃sõ] *m zo* Buchfink *m*
**pintade** [pɛ̃tad] *f zo* Perlhuhn *n*
**pioch|e** [pjɔʃ] *f* Hacke *f*; **~er** (*1a*) (um-, auf)hacken
**piolet** [pjɔlɛ] *m* Eispickel *m*
**pion** [pjõ] *m échecs*: Bauer *m*; *jeu*: Stein *m*
**pioncer** [pjõse] (*1k*) F pennen
**pionnier** [pjɔnje] *m* Pionier *m*, Bahnbrecher *m*
**pip|e** [pip] *f* (Tabaks-)Pfeife *f*; ***fumer la ~*** Pfeife rauchen; **~eau** [-o] *m* (*pl -x*) (Hirten-)Flöte *f*
**piquant**, **~e** [pikɑ̃, -t] **1.** *adj* stach(e)lig; *remarque*: bissig, spitz; *cuis* pikant; **2.** *m épine* Dorn *m*; *fig* Reiz *m*
**piqu|e** [pik] *m carte*: Pik *n*; **~é**, **~ée** *tissu*: gesteppt; *vin*: sauer
**pique|-nique** [piknik] *m* (*pl pique-niques*) Picknick *n*; **~-niquer** [-nike] (*1m*) picknicken
**piquer** [pike] (*1m*) *fourchette*, *aiguille*: stechen; *poivre*, *fumée*: beißen; *barbe*: kratzen; *insecte*, *épine*: stechen; *méd* e-e Spritze geben (***qn*** j-m); *fig curiosité*: reizen; F *fig* klauen; ***se ~*** sich stechen; *se faire une piqûre* sich (*acc*) spritzen; *héroïne*: fixen; *fig* ***se ~ de qc*** sich (*dat*) etwas auf etw (*acc*) einbilden
**piquet** [pikɛ] *m* Pflock *m*; ***~ de tente*** (Zelt-)Hering *m*; ***~ de grève*** Streikposten *m*
**piqûre** [pikyr] *f* Stich *m*; *méd* Spritze *f*
**pirate** [pirat] *m* Seeräuber *m*, Pirat *m*; ***~ de l'informatique*** Hacker *m*; ***~ de l'air*** Luftpirat *m*
**pire** [pir] schlimmer; ***le, la ~*** der, die, das Schlimmste
**pis**[1] [pi] *adv* schlimmer
**pis**[2] [pi] *m* Euter *n*
**pis-aller** [pizale] *m* (*pl unv*) Notbehelf *m*
**pisciculture** [pisikyltyr] *f* Fischzucht *f*
**piscine** [pisin] *f* Schwimmbad *n*; ***~ couverte*** Hallenbad *n*; ***~ en plein air*** Freibad *n*
**pissenlit** [pisɑ̃li] *m bot* Löwenzahn *m*
**piss|er** [pise] (*1a*) F pissen, pinkeln; **~otière** [-ɔtjɛr] *f* F Pissoir *n*
**pistache** [pistaʃ] *f bot* Pistazie *f*
**piste** [pist] *f animal u fig* Fährte *f*, Spur *f*; *désert*, *forêt*: Piste *f*; *danse*: Tanzfläche *f*; *sport*: Rennbahn *f*; ***~ d'atterrissage*** Landebahn *f*; ***~ cyclable*** Fahrradweg *m*
**pistolet** [pistɔlɛ] *m* Pistole *f*
**piston** [pistõ] *m tech* Kolben *m*; F *fig* Protektion *f*
**pistonner** [pistɔne] (*1a*) F ***~ qn*** j-n protegieren
**pitance** [pitɑ̃s] *f péj* Fraß *m*
**piteu|x**, **~se** [pitø, -z] *situation*, *aspect*: jämmerlich; *résultat*: kümmerlich
**pitié** [pitje] *f* Mitleid *n*; ***avoir ~ de qn*** mit j-m Mitleid haben; F ***quelle ~!*** wie erbärmlich!
**piton** [pitõ] *m alpiniste*: Felshaken *m*; *pic* Bergspitze *f*
**pitoyable** [pitwajablə] bedauernswert;

*péj* erbärmlich
**pitre** [pitrə] *m* Hanswurst *m*
**pittoresque** [pitɔrɛsk] malerisch
**pivert** [pivɛr] *m zo* Grünspecht *m*
**pivoine** [pivwan] *f bot* Pfingstrose *f*
**piv|ot** [pivo] *m tech* Zapfen *m*; *fig* Angelpunkt *m*; **~oter** [-ɔte] (*1a*) sich *um etw* drehen
**pizza** [pidza] *f cuis* Pizza *f*
**pizzeria** [pidzerja] *f* Pizzeria *f*
**P.J.** *f abr* ***Police judiciaire*** Kriminalpolizei; ***pièce(s) jointe(s)*** Anlage(n)
**Pl.** *abr* ***place*** Pl. (Platz)
**placage** [plakaʒ] *m meubles*: Furnier (-ung) *n(f)*
**placard** [plakar] *m* **1.** *armoire* Wandschrank *m*; **2.** *affiche* Aushang *m*, Anschlag *m*; *journal*: große Anzeige *f*; **~er** [-de] (*1a*) öffentlich anschlagen
**place** [plas] *f* Platz *m*; *lieu* Ort *m*, Stelle *f*, Platz *m*; *emploi* Posten *m*; ***~ forte*** Festung *f*; ***sur ~*** an Ort und Stelle; ***à la ~ de*** an Stelle von; ***par ~s*** stellenweise; ***être en ~*** bereitstehen; ***~ assise*** Sitzplatz *m*; ***~ debout*** Stehplatz *m*
**plac|é, ~ée** [plase] ***être bien ~(e)*** *chose*: e-n guten Standort haben; ***être bien ~(e) pour savoir qc*** *personne*: etw doch schließlich wissen müssen; **~ement** [-mɑ̃] *m emploi*: Unterbringung *f*; *marchandises*: Absatz *m*, Verkauf *m*; *investissement* Anlage *f*
**placer** [plase] (*1k*) setzen, stellen, legen; *procurer emploi, logement*: unterbringen; *mot, histoire*: anbringen; *fig dans un ordre*: einordnen; *argent*: anlegen; *marchandises*: absetzen; ***se ~*** Platz nehmen; ***se ~ deuxième*** sich als Zweiter platzieren
**placeur** [plasœr] *m* Platzanweiser *m*
**placide** [plasid] sanft(mütig)
**plafond** [plafõ] *m arch* (Zimmer-)Decke *f*; *aviat* Maximal(steig)höhe *f*; *auto* Höchstgeschwindigkeit *f*; *écon* Höchstsatz *m*, Obergrenze *f*
**plafonn|er** [plafɔne] (*1a*) *arch* e-e Decke einziehen; *aviat* die Gipfelhöhe erreichen; *auto* die Spitzengeschwindigkeit erreichen; *prix, industrie*: die Höchstgrenze erreichen; **~ier** [-je] *m* Deckenlampe *f*
**plage** [plaʒ] *f* Strand *m*; *lieu*: Seebad *n*, Badeort *m*
**plagiat** [plaʒja] *m* Plagiat *n*
**plaid** [plɛd] *m* Reisedecke *f*
**plaid|er** [plɛde] (*1b*) ***~ pour*** sich einsetzen für, plädieren für; ***~ contre*** prozessieren gegen; ***~ la cause de qn*** j-n vor Gericht vertreten; *fig* für j-n eintreten; **~oirie** [-wari] *f jur* Plädoyer *n*; **~oyer** [-waje] *m jur u fig* Plädoyer *n*, Verteidigungsrede *f*, -schrift *f*
**plaie** [plɛ] *f* Wunde *f*; *fig* Plage *f*
**plaignant, ~e** [plɛɲɑ̃, -t] *m, f jur* Kläger(in) *m(f)*
**plaindre** [plɛ̃drə] (*4b*) *v/t* bedauern; ***se ~*** klagen, sich (*acc*) beklagen (***de*** über); *réclamer* sich (*acc*) beschweren (***de qn, de qc à qn*** über j-n, etw bei j-m); ***se ~ (de ce) que*** (+ *ind od subj*) sich (*acc*) darüber beklagen, dass
**plaine** [plɛn] *f* Ebene *f*
**plain-pied** [plɛ̃pje] ***de ~*** auf gleicher Ebene; *fig* direkt, ohne Umschweife
**plainte** [plɛ̃t] *f lamentation* (Weh-)Klage *f*; *mécontentement*: Beschwerde *f*; *jur* Strafantrag *m*; ***porter ~*** Anzeige erstatten (***contre*** gegen)
**plaire** [plɛr] (*4aa*) gefallen (***à qn*** j-m); ***s'il vous*** (*od* ***te***) ***plaît*** bitte; ***il lui plaît de*** (+ *inf*) es beliebt ihm zu (+ *inf*); ***se ~*** sich (selbst) gefallen; ***je me plais à Paris*** es gefällt mir in Paris, ich fühle mich in Paris wohl
**plais|ance** [plɛzɑ̃s] *f* … ***de ~*** Vergnügungs…; ***navigation*** *f* ***de ~*** Schifffahrt *f* mit Motor- und Segeljachten; ***port*** *m* ***de ~*** Jacht-, Segelhafen *m*; **~ant, ~ante** [-ɑ̃, -ɑ̃t] *joli* gefällig, hübsch; *amusant* lustig, amüsant; **~anter** [-ɑ̃te] (*1a*) scherzen, spaßen; ***~ qn*** sich über j-n lustig machen; **~anterie** [-ɑ̃tri] *f* Scherz *m*, Spaß *m*; **~antin** [-ɑ̃tɛ̃] *m* Witzbold *m*
**plaisir** [plezir] *m* Vergnügen *n*, Freude *f*; *des sens*: Lust *f*; ***à ~*** grundlos; ***avec ~*** gern; ***par ~*** zum Spaß; ***faire ~ à qn*** j-m Freude machen; ***prendre ~ à*** Vergnügen finden an (*dat*); ***les ~s de la table*** die Tafelfreuden *f/pl*
**plan, ~e** [plɑ̃, -an] **1.** *adj* eben; **2.** *m surface* Fläche *f*; *projet* Plan *m*; ***premier ~*** Vordergrund *m*; ***de premier ~*** erstrangig; ***sur ce ~*** in dieser Hinsicht; ***sur le ~ économique*** auf wirtschaftlichem Gebiet; ***~ d'eau*** Wasserspiegel *m*; ***~ de vol*** Flugplan *m*
**planche** [plɑ̃ʃ] *f* Brett *n*; *jardin*: Beet *n*;

**~ à voile** Surfbrett *n*; **~ à roulettes** Skateboard *n*

**plancher** [plɑ̃ʃe] *m* Fußboden *m*

**planer** [plane] (*1a*) schweben; *fig* **~ au-dessus de** erhaben sein über (*acc*)

**planétaire** [planetɛr] planetarisch

**planète** [planɛt] *f* Planet *m*

**planeur** [planœr] *m* Segelflugzeug *n*

**planification** [planifikasjõ] *f* Planung *f*

**planifier** [planifje] (*1a*) planen

**planning** [planiŋ] *m* **~ familial** Familienplanung *f*

**planque** [plɑ̃k] *f* F *abri* Unterschlupf *m*; *travail*: gemütlicher Job *m*

**planquer** [plɑ̃ke] (*1m*) F (**se ~** sich) verstecken

**plant** [plɑ̃] *m agr* Setzling *m*; *plantation* Anpflanzung *f*; **~ation** [plɑ̃tasjõ] *f* Anpflanzung *f*, Plantage *f*

**plante**[1] [plɑ̃t] *f* Pflanze *f*

**plante**[2] [plɑ̃t] *f* **~ du pied** Fußsohle *f*

**plant|er** [plɑ̃te] (*1a*) *jardin*: anpflanzen; *plantes*, *arbres*: einpflanzen; *rue*, *carré*: bepflanzen; *poteau*: einschlagen; *tente*: aufschlagen; **~ là qn** j-n im Stich lassen; **~eur** *m* Pflanzer *m*

**plantureu|x**, **~se** [plɑ̃tyrø, -øz] üppig

**plaque** [plak] *f* Platte *f*; *inscription*: Schild *n*; *chocolat*: Tafel *f*; **~ d'identité** Erkennungsmarke *f*; *auto* **~ minéralogique** *od* **~ d'immatriculation** Nummernschild *n*; **~ tournante** Drehscheibe *f* (*a fig*)

**plaqu|é** [plake] *m tech* Plattierung *f*; *or*, *argent*: Dublee *n*; **~er** (*1m*) *tech* plattieren; *argent*, *or*: mit Silber, Gold dublieren; *meuble*: furnieren; *fig* drücken (**contre, sur** gegen, an *acc*); *fig* F **~ qn** j-n im Stich lassen

**plastic** [plastik] *m* Plastiksprengstoff *m*

**plastique** [plastik] **1.** *adj* plastisch; **arts** *m/pl* **~s** bildende Kunst *f*; **matière** *f* **~** Kunststoff *m*; **chirurgie** *f* **~** plastische Chirurgie *f*; **2.** *f art*: Plastik *f*, Bildhauerkunst *f*; **3.** *m matière*: Kunststoff *m*, Plastik *n*

**plat**, **~e** [pla, plat] **1.** *adj* flach, platt, eben; *cheveux*: glatt; *style*: fade, schal; *eau*: ohne Kohlensäure; **2.** *m vaisselle*: Platte *f*, Schüssel *f*; *cuis* Gericht *n*, Speise *f*, Gang *m*

**platane** [platan] *m bot* Platane *f*

**plateau** [plato] *m* (*pl -x*) Tablett *n*; *de fromages*: Platte *f*; *théâtre*: Bühne *f*; *géogr* Plateau *n*, Hochebene *f*

**plate-bande** [platbɑ̃d] *f* (*pl plates-bandes*) Gartenbeet *n*

**plate-forme** [platfɔrm] *f* (*pl plates-formes*) Plattform *f*; *pol* **~ électorale** Wahlplattform *f*; **~ de forage** Bohrinsel *f*

**platine** [platin] **1.** *m chim* Platin *n*; **2.** *f de tourne-disque*: Chassis *n*

**platitude** [platityd] *f fig livre*, *conversation*: Seichtheit *f*; *lieu commun* Gemeinplatz *m*

**plâtras** [plɑtra] *m* Bauschutt *m*

**plâtr|e** [plɑtrə] *m* Gips *m*; *méd* Gipsverband *m*; **~er** (*1a*) (ver-, ein)gipsen

**plausible** [plozibla] einleuchtend, plausibel

**plèbe** [plɛb] *f litt u péj* Pöbel *m*

**plébiscite** [plebisit] *m* Volksabstimmung *f*, -entscheid *m*

**plein**, **~e** [plɛ̃, -ɛn] **1.** *adj* voll; *rempli* gefüllt (**de** mit); *bois*: massiv; *femelle*: **pleine** trächtig; **à plein temps** ganztags; **de plein droit** von Rechts wegen; **de plein gré** aus freiem Antrieb; **en plein air** unter freiem Himmel, im Freien; **en plein été** im Hochsommer; **en plein Paris** mitten in Paris; **en pleine rue** auf offener Straße; **2.** *adv* **sonner plein** voll klingen; **en plein dans** genau in; F **plein de** viel(e); F *fig* **en avoir plein le dos** die Nase voll haben; **3.** *m* **battre son plein** in vollem Gange sein; **faire le plein** (**de qc**) vollmachen; *auto* volltanken

**pleinement** [plɛnmɑ̃] *adv* völlig

**plein-emploi** [plɛnɑ̃plwa] *m écon* Vollbeschäftigung *f*

**plénitude** [plenityd] *f fig* Fülle *f*

**pleurer** [plœre] (*1a*) weinen; **~ qn, qc** um j-n, etw trauern; **~ sur qc** etw (*acc*) beklagen; **~ de rire** Tränen lachen

**pleurésie** [plœrezi, plø-] *f méd* Rippenfell-, Brustfellentzündung *f*

**pleureur** [plœrœr] *bot* **saule** *m* **~** Trauerweide *f*

**pleurnicher** [plœrniʃe] (*1a*) F flennen

**pleurote** [plœrɔt] *m comm*, *cuis* Austernpilz *m*

**pleurs** [plœr] *m/pl litt* **en ~** in Tränen

**pleuvoir** [pløvwar] (*3e*) regnen; **il pleut** es regnet

**pli** [pli] *m* Falte *f*, Knick *m*; *enveloppe* Briefumschlag *m*; *lettre* Brief *m*; *jeu de cartes*: Stich *m*; *fig* Gewohnheit *f*; ***sous ce ~*** beiliegend; *coiffure*: ***mise** f **en ~s*** Wasserwelle *f*

**pliant**, **~e** [plijɑ̃, -t] zusammenklappbar; ***canot** m **pliant*** Faltboot *n*; ***siège** m **pliant*** Klappstuhl *m*

**plier** [plije] (*1a*) *v/t tissu*, *linge*: zusammenlegen; *papier*, *journal*: (zusammen)falten; *chaise*: zusammenklappen; *enveloppe*, *papier*: knicken; *bras*, *genou*: beugen, biegen; *v/i arbre*, *planche*: sich biegen; *fig* nachgeben; ***se ~ à*** *se soumettre* sich fügen (*dat*); *s'adapter* sich anpassen (*dat*)

**plisser** [plise] (*1a*) falten, fälteln; *front*: runzeln

**plomb** [plõ] *m* Blei *n*; ***à ~*** senkrecht; *essence*: ***sans ~*** bleifrei

**plomb|age** [plõbaʒ] *m* Plombieren *n*; *amalgame*: Plombe *f*, Füllung *f*; **~er** (*1a*) *dent*: plombieren; **~erie** *f* Klempnerei *f*, Spenglerei *f*; **~ier** *m* Klempner *m*, Spengler *m*

**plong|ée** [plõʒe] *f* Tauchen *n*; *mil* Tauchmanöver *n*; *film*: Aufnahme *f* von oben; **~eoir** [-war] *m* Sprungbrett *n*, -turm *m*; **~eon** [-õ] *m sport*: Kopfsprung *m*; **~er** (*1l*) *v/i* tauchen; *v/t* hineintauchen; ***se ~ dans*** sich versenken in (*acc*); **~eur**, **~euse** *m*, *f* Taucher(in) *m*(*f*); *natation*: Springer(in) *m*(*f*)

**ployer** [plwaje] (*1h*) *litt* sich biegen

**pluie** [plɥi] *f* Regen *m*; *fig* Hagel *m*, Flut *f*

**plumage** [plymaʒ] *m* Gefieder *n*

**plum|e** [plym] *f* Feder *f*; **~eau** *m* (*pl -x*) Staubwedel *m*; **~er** (*1a*) rupfen (*a fig*); *fig* ausnehmen; **~et** *m* Federbusch *m*

**plupart** [plypar] ***la ~ des élèves*** die meisten Schüler; ***la ~ d'entre nous*** die meisten von uns; ***pour la ~*** größtenteils; ***la ~ du temps*** meistens

**plural|isme** [plyralismə] *m* Pluralismus *m*; **~iste** pluralistisch; **~ité** *f* Vielzahl *f*, Pluralität *f*

**pluriculturel**, **~le** [plyrikyltyrɛl] **1.** multikulturell; **2.** *m*, *f* Multikulti *m*

**pluriel** [plyrjɛl] *m gr* Plural *m*

**plurilingue** [plyrilɛ̃g] mehrsprachig

**plus 1.** [ply]; *alleinstehend* [plys] *adv* mehr (***que, de*** als); *math* plus; ***le ~*** am meisten; ***de ~*** mehr; *en outre* ferner, außerdem; ***de ~ en ~*** immer mehr; ***en ~*** noch dazu; ***rien de ~*** weiter nichts; ***sans ~*** ohne etw hinzuzufügen; (***tout***) ***au ~*** höchstens; ***~ … ~ …*** je mehr … desto mehr; ***~ grand*** größer (***que*** als); ***le ~ grand*** der größte; ***au ~ tard*** spätestens; **2.** [ply] *adv de négation*: ***ne … ~*** nicht mehr; ***non ~*** auch nicht; ***~ d'argent*** kein Geld mehr

**plusieurs** [plyzjœr] mehrere

**plus-que-parfait** [plyskəparfɛ] *m gr* Plusquamperfekt *n*

**plutôt** [plyto] eher; vielmehr; *préférence*: lieber; ***il est ~ grand*** er ist eher groß; ***ce n'est pas lui mais ~ elle*** es ist nicht er, sondern vielmehr sie; ***~ moins que trop*** lieber wenig als viel; ***~ que de*** (+ *inf*) anstatt zu (+ *inf*)

**pluvieu|x**, **~se** [plyvjø, -z] regnerisch

**PME** *f/pl abr **petites et moyennes entreprises*** kleine und mittlere Betriebe

**PMU** [peɛmy] *m abr **Pari mutuel urbain*** *etwa* Pferdetoto *n*; Wettannahme *f*

**PNB** *m abr **produit national brut*** BSP *n* (Bruttosozialprodukt)

**pneu** [pnø] *m* (*pl -s*) Reifen *m*; **~matique** [-matik] **1.** *adj* Luft…; ***matelas** m **~*** Luftmatratze *f*; **2.** *m* → ***pneu***

**pneumonie** [pnømɔni] *f méd* Lungenentzündung *f*

**poche** [pɔʃ] *f* Tasche *f*; *zo* Beutel *m*; *déformation dans vêtement*: ausgebeulte Stelle *f*; ***livre** m **de ~*** Taschenbuch *n*; ***~ revolver*** Gesäßtasche *f*

**pocher** [pɔʃe] (*1a*) *cuis œufs*: pochieren; *yeux*: blau schlagen

**pochette** [pɔʃɛt] *f* Täschchen *n*; *disque*: Hülle *f*; *mouchoir* Ziertaschentuch *n*

**poêle** [pwal] **1.** *m* (Zimmer-)Ofen *m*; **2.** *f* Pfanne *f*

**poêlon** [pwalõ] *m* Stieltopf *m*

**poème** [pɔɛm] *m* Gedicht *n*

**poésie** [pɔezi] *f* Dichtkunst *f*, Dichtung *f*, Poesie *f*; *poème*: *kleines* Gedicht *n*

**poète** [pɔɛt] *m* Dichter *m*, Poet *m*; ***femme** f **~*** Dichterin *f*

**poétique** [pɔetik] poetisch; *atmosphère*: romantisch

**pognon** [pɔɲõ] *m* F Zaster *m*

**poids** [pwa] *m* Gewicht *n* (*a fig*); *importance* Bedeutung *f*; *charge*, *fardeau*: Last *f*; ***~ lourd*** Lastwagen *m*,

Lkw *m*, Laster *m*; ***perdre, prendre du ~*** ab-, zunehmen; ***lancer*** *m* ***du ~*** Kugelstoßen *n*; ***de ~*** gewichtig, einflussreich

**poign|ant, ~ante** [pwaɲɑ̃, -ɑ̃t] *douleur*: stechend; *souvenir*: quälend; **~ard** [-ar] *m* Dolch *m*; **~arder** [-arde] (*1a*) erdolchen

**poign|ée** [pwaɲe] *f quantité*: Hand *f* voll; *valise*, *porte*: Griff *m*; ***~ de main*** Händedruck *m*; **~et** [-ɛ] *m* Handgelenk *n*

**poil** [pwal] *m* Haar *n*; ***à ~*** nackt

**poilu, ~e** [pwaly] behaart, haarig

**poinç|on** [pwɛ̃sõ] *m outil*: Pfriem *m*; *marque*: (Präge-)Stempel *m*; **~onner** [-ɔne] (*1a*) *or*, *argent*: stempeln; *billet*: lochen

**poing** [pwɛ̃] *m* Faust *f*

**point¹** [pwɛ̃] *m* Punkt *m*; *endroit*: Stelle *f*; *couture*: Stich *m*; ***deux ~s*** *pl* Doppelpunkt *m*; ***~ d'exclamation*** Ausrufungszeichen *n*; ***~ d'interrogation*** Fragezeichen *n*; ***~ de vue*** Stand-, Gesichtspunkt *m*; ***~ de côté*** *méd* Seitenstechen *n*; ***~ d'arrêt*** Haltestelle *f*; ***~ du jour*** Tagesanbruch *m*; ***être sur le ~ de*** (+ *inf*) im Begriff sein zu (+ *inf*); ***mettre au ~*** *caméra*: einstellen; *tech* entwickeln; ***mise*** *f* ***au ~*** Einstellung *f*; Entwicklung *f*; *cuis* ***à ~*** *viande*: medium; ***au ~ de*** (+ *inf*), ***au ~ que*** in e-m solchen Maße, dass; ***à ce ~ que*** so sehr, dass; ***sur ce ~*** in diesem Punkt; *fig* ***faire le ~*** e-e Bestandsaufnahme machen, die Lage überprüfen

**point²** [pwɛ̃] *adv litt* ***ne … ~*** (gar) nicht; ***~ de …*** gar kein ..

**point|e** [pwɛ̃t] *f* Spitze *f* (*a fig*); *blague*: Pointe *f*; ***en ~*** spitz; … ***de ~*** Spitzen…, modernste(r, -s); ***une ~ de*** e-e Spur von; **~er** (*1a*) *v/t sur liste*: abhaken; *employé*: kontrollieren; *v/i employé*: stempeln; ***~ les oreilles*** die Ohren spitzen

**pointill|é** [pwɛ̃tije] *m* punktierte Linie *f*; **~eux, ~euse** [-ø, -øz] kleinlich, pedantisch, penibel

**pointu, ~e** [pwɛ̃ty] spitz; *voix*: schrill

**pointure** [pwɛ̃tyr] *f* Nummer *f*, Größe *f*

**point-virgule** [pwɛ̃virgyl] *m* (*pl points-virgules*) *gr* Strichpunkt *m*, Semikolon *n*

**poire** [pwar] *f bot* Birne *f*; F *visage* Visage *f*; F *naïf* gutmütiger Trottel *m*

**poireau** [pwaro] *m* (*pl -x*) *bot* Porree *m*, Lauch *m*

**poirier** [pwarje] *m bot* Birnbaum *m*

**pois** [pwa] *m bot* Erbse *f*; ***petits ~*** *pl* grüne Erbsen; ***à ~*** gepunktet, getüpfelt

**poison** [pwazõ] *m* Gift *n*; F *fig* (*a f*) Giftnudel *f*, unausstehliche Person *f*

**poisse** [pwas] *f* F Pech *n* (*fig*)

**poiss|on** [pwasõ] *m* Fisch *m*; ***~ d'avril*** Aprilscherz *m*; **~onnerie** [-ɔnri] *f* Fischgeschäft *n*

**poitrine** [pwatrin] *f* Brust *f*

**poivr|e** [pwavrə] *m* Pfeffer *m*; ***~ et sel*** *cheveux*: grau meliert; **~er** (*1a*) pfeffern; **~ier** [-ije] *m* Pfefferstreuer *m*; *bot* Pfefferstrauch *m*; **~ière** [-ijɛr] *f* Pfefferstreuer *m*

**poivron** [pwavrõ] *m* Paprika(schote) *m*(*f*)

**poix** [pwa] *f* Pech *n*

**polaire** [pɔlɛr] Polar…

**polar** [pɔlar] *m* F Krimi *m*

**polariser** [pɔlarize] (*1a*) polarisieren

**pôle** [pol] *m* Pol *m* (*a fig*); ***~ d'attraction*** Anziehungspunkt *m*

**polémiqu|e** [pɔlemik] **1.** *adj* polemisch; **2.** *f* Polemik *f*; **~er** (*1m*) polemisieren

**poli, ~e** [pɔli] **1.** höflich; **2.** *métal*, *caillou*: poliert

**police¹** [pɔlis] *f* Polizei *f*; ***agent*** *m* ***de ~*** Polizist *m*; ***~ judiciaire*** Kriminalpolizei *f*

**police²** [pɔlis] *f assurances*: (Versicherungs-)Police *f*

**polic|ier, ~ière** [pɔlisje, -jɛr] **1.** *adj* Polizei…; ***roman*** *m* ***policier*** Kriminalroman *m*; **2.** *m* Polizeibeamte(r) *m*

**policlinique** [pɔliklinik] *f* Poliklinik *f*

**polir** [pɔlir] (*2a*) schleifen, glätten, polieren

**polisson, ~ne** [pɔlisõ, -ɔn] **1.** *adj* zweideutig, schlüpfrig; **2.** *m*, *f* Bengel *m*

**politesse** [pɔlitɛs] *f* Höflichkeit *f*

**politicard** [pɔlitikar] *m* skrupelloser Politiker *m*

**politicien, ~ne** [pɔlitisjɛ̃, -ɛn] *m*, *f* Politiker(in) *m*(*f*)

**politique** [pɔlitik] **1.** *adj* politisch, Staats…; *fig* diplomatisch; ***homme*** *m* ***~*** Politiker *m*; ***économie*** *f* ***~*** Volkswirtschaft *f*; **2.** *f* Politik *f*; *fig* Taktik *f*; ***~ monétaire*** Währungspolitik *f*; **3.** *m*

Politiker *m*
**politisation** [pɔlitizasjõ] *f* Politisierung *f*
**politologie** [pɔlitɔlɔʒi] *f* Politologie *f*, politische Wissenschaft *f*
**pollen** [pɔlɛn] *m* Blütenstaub *m*
**polluant** [pɔlɥɑ̃] **1.** *adj* umweltverschmutzend, –schädlich; **2.** *m* Schadstoff *m*; **~ *toxique*** Umweltgift *n*
**pollu|er** [pɔlɥe] (*1n*) verschmutzen; **~tion** *f* (Umwelt-)Verschmutzung *f*
**Pologne** [pɔlɔɲ] ***la ~*** Polen *n*
**polonais**, **~e** [pɔlɔnɛ, -z] **1.** *adj* polnisch; **2. ♀, ♀e** *m*, *f* Pole *m*, Polin *f*
**poltron**, **~ne** [pɔltrõ, -ɔn] *m*, *f* Feigling *m*, Memme *f*; **~nerie** [-ɔnri] *f* Feigheit *f*
**polycopier** [pɔlikɔpje] (*1a*) vervielfältigen
**poly|gamie** [pɔligami] *f* Polygamie *f*, Vielweiberei *f*; **~glotte** [-glɔt] vielsprachig
**Polynésie** [polinezi] ***la ~*** Polynesien *n*
**polynésien**, **~ne** [pɔlinezjɛ̃, -ɛn] polynesisch
**polystyrène** [pɔlistirɛn] *m* Styropor *n*
**Poméranie** [pɔmerani] ***la ~*** Pommern *n*
**pommade** [pɔmad] *f* Salbe *f*
**pomme** [pɔm] *f* Apfel *m*; **~ *de pin*** Tannenzapfen *m*; **~ *de terre*** Kartoffel *f*; **~ *d'Adam*** Adamsapfel *m*; F ***tomber dans les ~s*** in Ohnmacht fallen
**pommeau** [pɔmo] *m* (*pl -x*) Knauf *m*; *selle*: Sattelknopf *m*
**pomm|ette** [pɔmɛt] *f anat* Backenknochen *m*; **~ier** [-je] *m bot* Apfelbaum *m*
**pompe¹** [põp] *f faste* Pomp *m*, Prunk *m*; **~*s funèbres*** Bestattungsinstitut *n*
**pomp|e²** [põp] *f tech* Pumpe *f*; F Schuh *m*; **~ *à essence*** Zapfsäule *f*; **~ *à eau*** Wasserpumpe *f*; **~er** (*1a*) (ab)pumpen; *fig* aufsaugen
**pompeu|x**, **~se** [põpø, -z] bombastisch; *style*: schwülstig
**pompier** [põpje] *m* Feuerwehrmann *m*; **~*s*** *pl* Feuerwehr *f*
**pompiste** [põpist] *m* Tankwart *m*
**pompon** [põpõ] *m* Quaste *f*; **~ner** [-ɔne] (*1a*) herausstaffieren, -putzen
**ponce** [põs] ***pierre f ~*** Bimsstein *m*
**poncif** [põsif] *m* Gemeinplatz *m*, Plattheit *f*
**ponctionner** [põksjɔne] (*1a*) *méd* punktieren
**ponctualité** [põktɥalite] *f* Pünktlichkeit *f*
**ponctuation** [põktɥasjõ] *f gr* Interpunktion *f*, Zeichensetzung *f*
**ponctu|el**, **~elle** [põktɥɛl] *personne*: pünktlich; *fig action*: punktuell; **~er** (*1n*) *gr* interpunktieren; *fig* hervorheben
**pondér|ation** [põderasjõ] *f personne*: Besonnenheit *f*; *forces*: Ausgewogenheit *f*; **~é**, **~ée** besonnen; ausgewogen
**pondre** [põdrə] (*4a*) *œufs*: legen; *fig* F verfassen, fabrizieren
**poney** [pɔnɛ] *m zo* Pony *n*
**pont** [põ] *m* Brücke *f*; *mar* (Schiffs-) Deck *n*; *auto* **~ *arrière*** Hinterachse *f*; **~ *aérien*** Luftbrücke *f*; ***faire le ~*** *an e-m Werktag zwischen zwei Feiertagen nicht arbeiten*
**pontif|e** [põtif] *m égl* Prälat *m*, Bischof *m*; **~ical**, **~icale** [-ikal] (*m/pl -aux*) bischöflich; *du pape* päpstlich; **~icat** [-ika] *m égl* Pontifikat *n*
**pont-levis** [põləvi] *m* (*pl ponts-levis*) Zugbrücke *f*
**ponton** [põtõ] *m* (Anlege-)Ponton *m*
**popote** [pɔpɔt] *f* F ***faire la ~*** kochen
**populace** [pɔpylas] *f* Pöbel *m*
**popul|aire** [pɔpylɛr] Volks…; *traditions*: volkstümlich; *personne*, *chanson*: populär, beliebt; **~ariser** [-arize] (*1a*) popularisieren; **~arité** [-arite] *f* Beliebtheit *f*, Popularität *f*; **~ation** *f* Bevölkerung *f*; **~eux**, **~euse** [-ø, -øz] dicht bevölkert
**porc** [pɔr] *m zo* Schwein *n* (*a fig*); *viande*: Schweinefleisch *n*; *peau*: Schweinsleder *n*
**porcelaine** [pɔrsəlɛn] *f* Porzellan *n*
**porcelet** [pɔrsəlɛ] *m zo* Ferkel *n*
**porc-épic** [pɔrkepik] *m* (*pl porcs-épics*) *zo* Stachelschwein *n*
**porche** [pɔrʃ] *m* Portalvorhalle *f*
**porcherie** [pɔrʃəri] *f* Schweinestall *m*
**pore** [pɔr] *m* Pore *f*
**poreu|x**, **~se** [pɔrø, -z] porös
**pornograph|ie** [pɔrnɔgrafi] *f* Pornografie *f*; **~ique** (*a* **porno**) pornografisch, Porno…
**port¹** [pɔr] *m* Hafen *m*; *ville*: Hafenstadt *f*; **~ *de pêche*** Fischereihafen *m*; **~ *de commerce*** Handelshafen *m*
**port²** [pɔr] *m* **1.** *armes*: Tragen *n*; **2.**

*courrier*: Porto *n*; ***en ~ dû*** unfrankiert

**portable** [pɔrtablə] **1.** *adj* tragbar; **2.** *subst m tél* Handy *n*

**portail** [pɔrtaj] *m* (*pl -s*) *arch* Portal *n*; *parc*: Tor *n*

**portant**, **~e** [pɔrtɑ̃, -t] **1.** *mur*: tragend; ***à bout portant*** aus nächster Nähe (*schießen*); **2.** ***bien portant*** gesund; ***mal portant*** nicht gesund

**portati|f**, **~ve** [pɔrtatif, -v] tragbar

**porte** [pɔrt] *f* Tür *f*; *ville*: Tor *n*; ***~ à ~*** Tür an Tür; ***entre deux ~s*** zwischen Tür und Angel; ***mettre qn à la ~*** j-n hinauswerfen

**porte|-à-porte** [pɔrtapɔrt] *m* ***faire du ~*** hausieren; **~-avions** [-avjõ] *m* (*pl unv*) Flugzeugträger *m*; **~-bagages** [-bagaʒ] *m auto* Gepäckträger *m*; *filet*: Gepäcknetz *n*; **~-bonheur** [-bɔnœr] *m* (*pl unv*) Glücksbringer *m*; **~-cigarettes** [-sigarɛt] *m* (*pl unv*) Zigarettenetui *n*; **~-clefs** [pɔrtəkle] *m* (*pl unv*) Schlüsselring *m*, -etui *n*, -brett *n*; **~-documents** [-dɔkymɑ̃] *m* (*pl unv*) Kollegmappe *f*

**portée** [pɔrte] *f* **1.** *zo* Wurf *m*; **2.** *arme*: Reich-, Tragweite *f*; *importance* Tragweite *f*; ***à ~ de la main*** griffbereit; **3.** *fig de l'esprit*: Fassungsvermögen *n*; ***être à la ~ de qn*** für j-n verständlich sein; ***à la ~ de tous*** allgemein verständlich

**porte|-fenêtre** [pɔrtfənɛtrə] *f* (*pl portes-fenêtres*) Verandatür *f*; **~feuille** [-fœj] *m* Brieftasche *f*; *ministre*: Geschäftsbereich *m*; **~manteau** [-mɑ̃to] *m* (*pl -x*) Kleiderständer *m*, -haken *m*, Garderobe *f*; **~mine** [-min] *m* Drehbleistift *m*; **~monnaie** [-mɔnɛ] *m* (*pl unv*) Geldbörse *f*, -beutel *m*; **~-parole** [-parɔl] *m* (*pl unv*) Wortführer *m*, Sprecher *m*

**porter** [pɔrte] (*1a*) **1.** *v/t* tragen (*a zo*); *apporter* bringen, hinschaffen; *yeux*: richten (***sur*** auf *acc*); *jugement*: abgeben; *toast*: ausbringen; *reconnaissance*, *haine*: entgegenbringen; ***~ qn à qc*** j-n zu etw veranlassen, bringen; ***~ au compte de qn*** auf j-s Konto verbuchen (*a fig*); ***~ son effort sur qc*** seine Anstrengungen auf etw (*acc*) konzentrieren; **2.** *v/i canon*, *coup*: reichen; ***~ juste*** *coup*: treffen; ***~ sur*** *appuyer* liegen *od* ruhen auf (*dat*); *concerner* betreffen; F ***~ sur les nerfs à qn*** j-m auf die Nerven fallen; ***~ à la tête*** zu Kopf steigen; ***~ à faux*** schief, vorspringend sein; **3.** ***il se porte bien*** (***mal***) es geht ihm gut (schlecht); ***se ~ candidat*** sich zur Wahl stellen, kandidieren; ***se ~ garant pour qn*** für j-n bürgen

**porte|-savon** [pɔrtsavõ] *m* (*pl porte-savon*[*s*]) Seifenschale *f*; **~-skis** [-ski] *m* (*pl unv*) Skiträger *m*

**porteur** [pɔrtœr] *m expédition*: Träger *m*; *gare*: Gepäckträger *m*; *message*: Überbringer *m*; *chèque*: ***payable au ~*** an Überbringer

**porte-voix** [pɔrtvwa] *m* (*pl unv*) Sprachrohr *n*, Megaphon *n*

**port|ier** [pɔrtje] *m* Pförtner *m*; **~ière** [-jɛr] *f* Türvorhang *m*; *auto* Tür *f*

**portion** [pɔrsjõ] *f d'un tout*: Teil *m*; *héritage*: Anteil *m*; *cuis* Portion *f*

**portique** [pɔrtik] *m arch* Säulenhalle *f*; *sport*: Turngerüst *n*

**porto** [pɔrto] *m* Portwein *m*

**portrait** [pɔrtrɛ] *m* Porträt *n*, Bildnis *n*; ***faire le ~ de qn*** j-n porträtieren; **~-robot** [-rɔbo] *m* (*pl portraits-robots*) Phantombild *n*

**portuaire** [pɔrtɥɛr] Hafen…

**portugais**, **~e** [pɔrtygɛ, -z] **1.** *adj* portugiesisch; **2.** **♀**, **♀e** *m*, *f* Portugiese *m*, Portugiesin *f*

**Portugal** [pɔrtygal] ***le ~*** Portugal *n*

**pose** [poz] *f* **1.** *installation* Anbringen *n*, Installieren *n*; **2.** *attitude* (Körper-)Haltung *f*; *artificielle*: Pose *f*; *photographie*: ***temps*** *m* ***de ~*** Belichtungszeit *f*

**posé**, **~e** [poze] gesetzt, bedächtig; **~ment** *adv* ruhig

**posemètre** [pozmɛtrə] *m photographie*: Belichtungsmesser *m*

**poser** [poze] (*1a*) **1.** (hin)setzen, (hin-)stellen, (hin)legen; *compteur*, *serrure*: anbringen; *tuyaux*, *moquette*: verlegen; *problème*: darstellen; ***~ une question*** eine Frage stellen; ***~ qn*** j-m Ansehen geben; ***~ sa candidature*** sich bewerben; ***se ~*** *aviat* aufsetzen, landen; ***se ~ en*** auftreten als; **2.** Modell stehen; *fig* posieren, schauspielern

**poseu|r**, **~se** [pozœr, -øz] *m*, *f* **1.** Wichtigtuer(in) *m*(*f*); **2.** *m* ***poseur de bombes*** Bombenleger *m*

**positi|f**, **~ve** [pozitif, -v] **1.** *adj* positiv; *réel* sicher, tatsächlich; **2.** *m photo*: Positiv *n*
**position** [pozisjõ] *f* Lage *f*, Stellung *f*; *attitude*: Haltung *f*; *mar*, *aviat* Position *f*; *fig opinion*: Standpunkt *m*; ***prendre* ~** Stellung nehmen
**posologie** [pozɔlɔʒi] *f phm* Dosierung *f*
**possédé|é**, **~ée** [pɔsede] besessen (***de*** von); **~er** (*1f*) besitzen; *langue*: beherrschen
**possess|eur** [pɔsɛsœr] *m bes jur* Besitzer *m*; **~if**, **~ive** [-if, -iv] *gr* possessiv, besitzanzeigend; **~ion** *f* Besitz *m*; ***être en* ~ *de qc*** im Besitz von etw sein
**possibilité** [pɔsibilite] *f* Möglichkeit *f*
**possible** [pɔsiblə] **1.** *adj* möglich; ***le plus souvent* ~** möglichst oft; ***autant que* ~, *le plus* ~** so viel als möglich; **2.** *m* ***faire tout son* ~** sein Möglichstes tun
**postal**, **~e** [pɔstal] (*m/pl -aux*) Post…; ***chèque*** *m* ***postal*** Postscheck *m*
**postdater** [pɔstdate] (*1a*) vor-, vorausdatieren
**poste**[1] [pɔst] *f* (***bureau*** *m* ***de***) ~ Post (-amt) *f*(*n*); **~ *d'escargot*** Schneckenpost *f*; ***mettre à la* ~** zur Post geben, aufgeben; **~ *restante*** postlagernd
**poste**[2] [pɔst] *m* Posten *m* (*a mil u comm*); *profession*: Posten *m*, Stelle *f*, Amt *n*; *radio*, *TV* Apparat *m*, Gerät *n*; **~ *de nuit*** Nachtschicht *f*; *tél* **~ *supplémentaire*** Nebenanschluss *m*; **~ *émetteur*** (Rundfunk-)Sender *m*; **~ *d'essence*** Tankstelle *f*; **~ *de secours*** Unfallstation *f*; *aviat* **~ *de pilotage*** Cockpit *n*; **~ *de travail sur ordinateur*** Bildschirmarbeitsplatz *f*
**poster** [pɔste] (*1a*) **1.** *soldat*: aufstellen; **2.** *lettre*: zur Post geben
**postérieur**, **~e** [pɔsterjœr] **1.** *adj partie*: hintere(r, -s); *document*, *date*: spätere(r, -s); **2.** *m* F Hintern *m*
**postérité** [pɔsterite] *st/s f* Nachwelt *f*
**posthume** [pɔstym] *enfant*: nachgeboren; *œuvre*: post(h)um
**postiche** [pɔstiʃ] *m* Haarteil *n*
**post-scriptum** [pɔstskriptɔm] *m* (*abr* ***P.-S.***; *pl unv*) Nachschrift *f*
**postul|ant**, **~ante** [pɔstylɑ̃, -ɑ̃t] *m*, *f* Bewerber(in) *m*(*f*); **~er** (*1a*) sich bewerben (***un emploi*** um e-e Stelle); *phil* postulieren
**posture** [pɔstyr] *f attitude* Positur *f*, Haltung *f*, Stellung *f*; *fig condition* Lage *f*
**pot** [po] *m* Topf *m*; *pour liquide*: Kanne *f*, Krug *m*; *en verre* Glas *n*; **~ *à eau*** [pɔtao] Wasserkrug *m*; **~ *de fleurs*** Blumentopf *m*; **~ *de chambre*** Nachttopf *m*; F ***prendre un* ~** etw trinken gehen; ***avoir du* ~** F Schwein haben
**potable** [pɔtablə] trinkbar; F passabel
**potag|e** [pɔtaʒ] *m* Suppe *f*; **~er**, **~ère** Gemüse…
**potasse** [pɔtas] *f chim* Kali *n*
**potassium** [pɔtasjɔm] *m chim* Kalium *n*
**pot-au-feu** [pɔtofø] *m* (*pl unv*) Eintopf *m*; *viande*: Suppenfleisch *n*
**pot-de-vin** [podvɛ̃] *m* (*pl pots-de-vin*) Schmiergeld *n*
**pote** [pɔt] *m* F Kumpel *m*
**poteau** [pɔto] *m* (*pl -x*) Pfosten *m*, Pfahl *m*, Mast *m*; **~ *indicateur*** Wegweiser *m*
**potelé**, **~e** [pɔtle] rundlich
**potence** [pɔtɑ̃s] *f* Galgen *m*
**potentat** [pɔtɑ̃ta] *m* Machthaber *m*, Potentat *m*
**potentiel**, **~le** [pɔtɑ̃sjɛl] **1.** *adj* potenziell; **2.** *m* Potenzial *n*; **~ *économique*** Wirtschaftskraft *f*
**poterie** [pɔtri] *f fabrication*: Töpferei *f*; *objet*: Töpferware *f*
**potiche** [pɔtiʃ] *f* chinesische *oder* japanische Porzellanvase
**potier** [pɔtje] *m* Töpfer *m*
**potion** [posjõ] *f* Arzneitrank *m*
**potiron** [pɔtirõ] *m bot* Riesenkürbis *m*
**pot-pourri** [popuri] *m* (*pl pots-pourris*) *mus* Potpourri *n*
**pou** [pu] *m* (*pl -x*) *m zo* Laus *f*
**poubelle** [pubɛl] *f* Mülleimer *m*, -tonne *f*; **~ *pour les déchets organiques*** Biotonne *f*
**pouce** [pus] *m* Daumen *m*; ***manger sur le* ~** schnell e-n Bissen essen; ***mettre les* ~*s*** endlich nachgeben
**poudre** [pudrə] *f* Pulver *n*; *cosmétique*: Puder *m*; **~ *à canon*** Schießpulver *n*; ***café*** *m* ***en* ~** Pulverkaffee *m*; ***sucre*** *m* ***en* ~** Streuzucker *m*
**poudr|er** [pudre] (*1a*) pudern; **~eux**, **~euse** [-ø, -øz] *neige*: pulvrig; *couvert de poussière* staubig; **~ier** [-ije] *m* Pu-

derdose *f*; **~ière** [-ijɛr] *f* Pulverfass *n* (*a fig*)
**pouf** [puf] *m* Puff *m* (*Sitz*)
**pouffer** [pufe] (*1a*) **~ *de rire*** laut auflachen
**pouilleu|x, ~se** [pujø, -z] *personne*: verlaust; *immeuble*, *quartier*: heruntergekommen
**poulailler** [pulaje] *m* Hühnerstall *m*; *théâtre*: Galerie *f*
**poulain** [pulɛ̃] *m zo* Fohlen *n*
**poularde** [pulard] *f cuis* Masthühnchen *n*, Poularde *f*
**poul|e** [pul] *f* Huhn *n*, Henne *f*; F *fig* Dirne *f*; *fig* ***chair*** *f* ***de ~*** Gänsehaut *f*; **~et** [-ɛ] *m* Hühnchen *n*, Hähnchen *n*
**poulie** [puli] *f tech* Rolle *f*
**poulpe** [pulp] *m zo* Krake *m*
**pouls** [pu] *m* Puls *m*; ***prendre le ~*** den Puls messen
**poumon** [pumõ] *m* Lunge *f*
**poupe** [pup] *f mar* Heck *n*
**poupée** [pupe] *f* Puppe *f* (*a fig*)
**poupin, ~e** [pupɛ̃, -in] pausbäckig
**pouponnière** [pupɔnjɛr] *f* Kinderkrippe *f*
**pour** [pur] *prép* **1.** für; ***~ moi*** für mich; ***être ~ qc*** zu etw dienen; **2.** *espace*: nach; ***avoir une correspondance ~*** Anschluss haben nach; ***partir ~*** abreisen nach; **3.** *raison*: wegen; ***~ cette raison*** aus diesem Grund; ***~ autant*** deswegen; **4.** *concernant* in Bezug auf (*acc*), was … betrifft (*acc*); ***~ cela, ~ ce qui est de cela*** was das betrifft; ***~ moi, ~ ma part*** ich für mein(en) Teil; ***aversion ~*** Abneigung gegen; ***sévère ~*** streng gegen; **5.** *comme* zu, als; ***avoir ~ ami*** zum Freund *od* als Freund haben; ***prendre qn ~ qc*** j-n für etw halten; **6.** **~** (+ *inf*) um zu (+ *inf*); ***être ~ faire qc*** gerade dabei sein, etw zu tun; **7.** *conj* ***~ que*** (+ *subj*) damit; ***~ peu que*** (+ *subj*) sofern (nur); **8.** *m* ***le ~ et le contre*** das Für und Wider
**pourboire** [purbwar] *m* Trinkgeld *n*
**pourcentage** [pursɑ̃taʒ] *m* Prozentsatz *m*
**pourchasser** [purʃase] (*1a*) jagen, verfolgen
**pourlécher** [purleʃe] (*1f*) ***s'en ~*** sich (*dat*) (vor Genuss) den Mund lecken
**pourparlers** [purparle] *m/pl* Besprechungen *f/pl*, Verhandlungen *f/pl*
**pourpre** [purprə] purpurrot
**pourquoi** [purkwa] warum, weshalb; ***c'est ~, voilà ~*** deshalb; ***le ~*** das Warum
**pourr|i, ~ie** [puri] faul, verfault; *fig* verdorben; *été*: verregnet; **~ir** (*2a*) *v/i* verfaulen; *fig situation*: sich verschlimmern; *v/t* verfaulen lassen; *fig* ***~ qn*** j-n verderben; **~iture** [-ityr] *f* Fäulnis *f*; *fig* Verkommenheit *f*
**poursui|te** [pursɥit] *f* Verfolgung *f*; *fig* Streben *n* (***de*** nach); *jur* Strafverfolgung *f*; **~vant, ~vante** [-vɑ̃, -vɑ̃t] *m*, *f* Verfolger(in) *m*(*f*); **~vre** [-vrə] (*4h*) verfolgen; *fig pensées*, *images*: quälen, plagen; *jur* gerichtlich belangen; *travail*, *voyage*: fortsetzen; *fig* ***~ qc*** nach etw streben
**pourtant** [purtɑ̃] trotzdem, dennoch, doch
**pourtour** [purtur] *m* Umfang *m*
**pourvoi** [purvwa] *m jur* Berufung *f*; ***~ en cassation*** Revision *f*
**pourvoir** [purvwar] (*3b*) *v/t de recommandation*, *de titre*: versehen (***de*** mit); *de munition*: versorgen (***de*** mit); *voiture*, *maison*: ausstatten (***de*** mit); *v/i* ***~ à qc*** für etw sorgen; ***se ~ de qc*** sich (*acc*) mit etw versorgen; *jur* ***se ~ en cassation*** Revision einlegen
**pourvu** [purvy] ***~ que*** (+ *subj*) vorausgesetzt, dass; *exprimant désir*: wenn nur
**pousse** [pus] *f agr* Schössling *m*, Trieb *m*; **~-café** [-kafe] *m* (*pl unv*) *Gläschen Likör nach dem Kaffee*
**poussée** [puse] *f* Stoß *m*; *foule*: Stoßen *n*, Drängen *n*; *phys* Schub *m*; *fig prix*, *etc*: plötzlicher Anstieg *m*; ***~ démographique*** Bevölkerungsexplosion *f*; *méd* Ausbruch *m*
**pousser** [puse] (*1a*) **1.** *v/t personne*: (an)stoßen; *voiture*, *charrette*: schieben; *verrou*: vorschieben; *vent*, *marée*: treiben; *cri*: ausstoßen; *fig travail*, *recherches*: vorantreiben; *~ inscription sur la porte*: drücken; ***~ qn à qc*** j-n zu etw treiben, drängen; ***se ~*** *foule*: sich drängeln; *sur banc*: zur Seite rücken; **2.** *v/i cheveux*, *plantes*: wachsen
**poussette** [pusɛt] *f enfants*: Sportwagen *m*; *courses*: Einkaufswagen *m*
**pouss|ière** [pusjɛr] *f* Staub *m*; *particu-*

*le*: Staubkorn *n*; **~iéreux**, **~iéreuse** [-jerø, -jerøz] staubig
**poussi|f**, **~ve** [pusif, -v] kurzatmig
**poussin** [pusɛ̃] *m zo* Küken *n*
**poussoir** [puswar] *m tech* Drücker *m*
**poutre** [putrə] *f* Balken *m*, Träger *m*
**pouvoir** [puvwar] **1.** (*3f*) können; dürfen; ***je n'en peux plus*** ich halte es nicht mehr aus; ***on ne peut mieux*** vortrefflich; ***puis-je vous aider?*** kann ich Ihnen helfen?; ***si l'on peut dire*** wenn man so sagen darf; ***il peut arriver que*** (+ *subj*) es kann vorkommen, dass; ***il se peut que*** (+ *subj*) es kann sein *od* es ist möglich, dass; **2.** *m* Macht *f*; *législatif, exécutif*: Gewalt *f*; *droit* Befugnis *f*; *procuration* Vollmacht *f*; *tech, phys* Vermögen *n*, Fähigkeit *f*; ***pleins ~s*** *pl* unbeschränkte Vollmacht; ***~ d'achat*** Kaufkraft *f*
**pragmatique** [pragmatik] pragmatisch
**Prague** [prag] Prag *n*
**prairie** [preri] *f* Wiese *f*
**praline** [pralin] *f* gebrannte Mandel *f*
**praticable** [pratikablə] *projet*: ausführbar; *route*: befahrbar
**praticien**, **~ne** [pratisjɛ̃, -ɛn] *m, f méd* (praktizierender) Arzt *m*, (praktizierende) Ärztin *f*
**pratiquant**, **~e** [pratikɑ̃, -t] *rel* praktizierend
**pratiqu|e** [pratik] **1.** *adj* praktisch; *efficace* zweckmäßig; **2.** *f opposé à théorie* Praxis *f*; *expérience* Erfahrung *f*; *exercice d'un métier* Ausübung *f*; *coutume* Brauch *m*; ***~s*** *pl* Praktiken *f/pl*; **~ement** [-mɑ̃] *presque* praktisch; *dans la pratique* in der Praxis; **~er** (*1m*) *profession, sports*: ausüben; *méthode, technique*: in die Praxis umsetzen; *tech porte, protection*: anbringen; ***se ~*** üblich sein
**pré** [pre] *m* Wiese *f*
**préalable** [prealablə] **1.** *adj* vorherig, vorhergehend; **2.** *m* Vorbedingung *f*; ***au ~*** zuvor
**Préalpes** [prealp] *f/pl* Voralpen *pl*
**préambule** [preɑ̃byl] *m loi*: Präambel *f*; *discours*: Einleitung *f*
**préavis** [preavi] *m* Vorankündigung *f*; *travail*: Kündigung *f*; ***délai*** *m* ***de ~*** Kündigungsfrist *m*; ***sans ~*** fristlos
**précaire** [prekɛr] prekär, heikel
**précaution** [prekosjõ] *f* Vorsicht *f*, Behutsamkeit *f*; *mesure* Vorsichtsmaßnahme *f*; ***par ~*** vorsorglich
**précéd|ent**, **~ente** [presedɑ̃, -ɑ̃t] **1.** *adj* vorhergehend, vorig; **2.** *m* Präzedenzfall *m*; ***sans ~*** beispiellos; **~er** (*1f*) ***~ qc, qn*** *dans le temps*: e-r Sache vorangehen; *à pied*: vor j-m hergehen; *en voiture*: vor j-m herfahren; *ordre logique*: vor etw (*dat*) stehen, kommen
**précep|te** [presɛpt] *m* Vorschrift *f*; **~teur**, **~trice** *m, f* Hauslehrer(in) *m(f)*, Erzieher(in) *m(f)*
**prêch|e** [prɛʃ] *m* Predigt *f*; *fig* Moralpredigt *f*; **~er** (*1b*) predigen
**préci|eusement** [presjøzmɑ̃] *adv* sorgfältig; **~eux**, **~euse** [-ø, -øz] wertvoll, kostbar; ***pierre*** *f* ***précieuse*** Edelstein *m*
**précipice** [presipis] *m* Abgrund *m*
**précipit|amment** [presipitamɑ̃] überstürzt; **~ation** *f* **1.** Hast *f*, Übereilung *f*; **2.** *temps*: Niederschlag *m*
**précipiter** [presipite] (*1a*) *v/t faire tomber* (hinab)stürzen; *pousser avec violence* schleudern; *brusquer* überstürzen; *pas, départ*: beschleunigen; ***se ~*** *se jeter* sich (hinunter)stürzen; *se dépêcher* sich beeilen
**précis**, **~e** [presi, -z] **1.** *adj* präzis(e), genau; *bruit, réponse*: deutlich; ***à dix heures précises*** Punkt zehn Uhr; **2.** *m* Übersicht *f*, Abriss *m*; **~ément** [-izemɑ̃] *adv* genau; *justement* gerade; **~er** (*1a*) genauer angeben, präzisieren; *souligner* klarstellen; **~ion** [-izjõ] *f* Genauigkeit *f*, Präzision *f*; ***~s*** *pl* nähere Angaben *f/pl*
**précoc|e** [prekɔs] *fruit*: Früh…; *enfant*: frühreif; *mariage, automne*: vorzeitig; **~ité** *f fruit, enfant*: Frühreife *f*; *automne*: vorzeitiger Beginn *m*
**préconçu**, **~e** [prekõsy] vorgefasst
**préconiser** [prekɔnize] (*1a*) empfehlen
**précurseur** [prekyrsœr] **1.** *m* Vorläufer *m*; **2.** *adj* ***signe*** *m* ***~*** Vor-, Anzeichen *n*
**prédécesseur** [predesesœr] *m* Vorgänger *m*
**prédestiner** [predɛstine] (*1a*) *fig u rel* vorherbestimmen (***à qc*** zu etw)
**prédicateur** [predikatœr] *m* Prediger *m*
**prédiction** [prediksjõ] *f* Voraussage *f*
**prédilection** [predilɛksjõ] *f* Vorliebe *f*

(***pour*** für); … ***de ~*** Lieblings…
**prédire** [predir] (*4m*) voraus-, wahr-, weissagen
**prédispos|er** [predispoze] (*1a*) empfänglich, anfällig machen (***à*** für); **~ition** *f* Anlage *f* (***à*** zu); *méd* Empfänglichkeit *f*, Anfälligkeit *f* (***à*** für)
**prédomin|ance** [predɔminɑ̃s] *f* Vorherrschen *n*; **~ant**, **~ante** [-ɑ̃, -ɑ̃t] vorherrschend; **~er** (*1a*) vorherrschen, überwiegen
**préfabriqué**, **~e** [prefabrike] vorgefertigt; ***maison*** *f* ***préfabriquée*** Fertighaus *n*
**préface** [prefas] *f* Vorwort *n*; *fig* Auftakt *m*
**préfecture** [prefɛktyr] *f* Präfektur *f*
**préfér|able** [preferablə] vorzuziehen (***à qc*** e-r Sache); ***il est préférable de*** es ist ratsamer, besser zu; **~é**, **~ée** Lieblings…
**préfér|ence** [preferɑ̃s] *f* Vorzug *m*; *sympathie* Vorliebe *f* (***pour*** für); ***de ~*** lieber, vorzugsweise; ***de ~ à*** lieber als; ***donner la ~ à qn, à qc*** j-m, e-r Sache den Vorzug geben, j-n, etw bevorzugen; **~entiel**, **~entielle** [-ɑ̃sjɛl] Vorzugs…
**préférer** [prefere] (*1f*) vorziehen (***à qc*** e-r Sache); ***~ faire qc*** lieber etw tun; ***~ que*** (+ *subj*) lieber mögen, dass
**préfet** [prefɛ] *m* Präfekt *m*; ***~ de police*** Polizeipräsident *m*
**préhistoire** [preistwar] *f* Vor-, Urgeschichte *f*
**préjudic|e** [preʒydis] *m* Nachteil *m*, Schaden *m*; ***porter ~ à qn*** j-m Nachteile bringen, j-m schaden; **~iable** [-jablə] nachteilig (***à*** für)
**préjugé** [preʒyʒe] *m* Vorurteil *n*
**prélasser** [prelase] (*1a*) ***se ~*** sich's bequem machen
**prélat** [prela] *m égl* Prälat *m*
**prélèvement** [prelɛvmɑ̃] *m* Entnahme *f*; *de salaire*: Abzug *m*; *méd* Abstrich *m*; ***~ de sang*** Blutabnahme *f*, -probe *f*
**prélever** [prelve] (*1d*) entnehmen; *montant*: abziehen (***sur*** von)
**préliminaire** [preliminɛr] **1.** *adj* vorbereitend, Vor…; **2.** *m/pl* **~s** Einleitung *f*, Präliminarien *n/pl*
**prélud|e** [prelyd] *m* Vorspiel *n*; *fig* Auftakt *m*; **~er** (*1a*) ***~ à qc*** etw (*acc*) einleiten, den Auftakt zu etw bilden
**prématuré**, **~e** [prematyre] verfrüht, vorzeitig; ***enfant*** *m* **~** Frühgeburt *f*
**préméditation** [premeditasjõ] *f jur* Vorsatz *m*; **~er** (*1a*) vorher überlegen, planen; ***~ de faire qc*** beabsichtigen, etw zu tun
**prem|ier**, **~ière** [prəmje, -jɛr] *adj u subst m, f* erste(r, -s); (*der, die, das*) Erste; *fig* ursprünglich; ***les premiers temps*** in der ersten Zeit; ***du premier coup*** auf Anhieb; ***premier rôle*** *m* Hauptrolle *f*; ***de premier ordre*** [prəmjɛrɔrdrə] erstklassig, -rangig; ***partir le premier*** zuerst fortgehen; ***le premier venu*** der Erstbeste; *math* ***nombre*** *m* ***premier*** Primzahl *f*; *tech* ***matière*** *f* ***première*** Rohstoff *m*; ***en premier*** zuerst; ***le premier août*** der erste August
**première** [prəmjɛr] *f théâtre*: Premiere *f*, Ur-, Erstaufführung *f*; *auto* erster Gang *m*; *train*: erste Klasse *f*
**premièrement** [prəmjɛrmɑ̃] *adv* erstens, zuerst
**premier-né**, **première-née** [prəmjene, prəmjɛrne] (*pl premiers-nés, premières-nées*) erstgeboren
**prémisse** [premis] *f* Prämisse *f*, Voraussetzung *f*
**prenant**, **~e** [prənɑ̃, -t] *livre*: fesselnd; *occupation*: zeitraubend
**prendre** [prɑ̃drə] (*4q*) **1.** *v/t* nehmen; *enlever* weg-, abnehmen; *emporter, emmener* mitnehmen; *capturer* gefangen nehmen; *surprendre* erwischen; *ville*: einnehmen; *attraper* fangen; *aliments*: zu sich nehmen; *froid*: bekommen; *chemin*: einschlagen; *temps*: benötigen; ***~ mal*** übel nehmen; ***~ qn*** *chez lui*: j-n abholen; ***~ de l'âge*** alt werden; ***~ courage*** Mut fassen; ***~ l'eau*** wasserdurchlässig sein; ***~ pour*** halten für; ***~ au sérieux*** ernst nehmen; ***à tout ~*** alles in allem; **2.** *v/i liquide*: fest werden; *greffe*: Wurzel fassen; *feu*: ausbrechen; ***ne pas ~*** nicht wirken; ***~ à droite*** rechts abbiegen; **3.** ***se ~*** sich verfangen; ***s'y ~ bien*** (***mal***) sich geschickt (dumm) dabei anstellen; ***se ~ d'amitié pour qn*** sich mit j-m anfreunden; ***s'en ~ à qn*** j-n dafür verantwortlich machen; ***se ~ à faire qc*** anfangen, etw zu tun
**preneur** [prənœr] *m comm, jur* Käufer

*m*, Abnehmer *m*
**prénom** [prenõ] *m* Vorname *m*
**préoccup|ation** [preɔkypasjõ] *f* Sorge *f*, Besorgnis *f*; **~er** (*1a*) *occuper fortement* stark beschäftigen; *inquiéter* beunruhigen; ***se ~ de*** sich Gedanken machen um
**prépara|tifs** [preparatif] *m/pl* Vorbereitungen *f/pl*; **~tion** *f* Vorbereitung *f*; *cuis* Zubereitung *f*; *phm*, *chim* Präparat *n*; **~toire** [-twar] vorbereitend
**préparer** [prepare] (*1a*) vorbereiten; *repas*: zubereiten; *chim* herstellen; ***~ un examen*** sich auf e-e Prüfung vorbereiten; ***se ~ à*** sich vorbereiten auf (*acc*); ***se ~*** *événement*: sich anbahnen, bevorstehen; ***il se prépare qc*** es ist etw im Anzug
**prépondér|ance** [prepõderɑ̃s] *f* Vorherrschaft *f*, Vormacht *f*; **~ant**, **~ante** [-ɑ̃, -ɑ̃t] maßgeblich, entscheidend
**préposé**, **~e** [prepoze] *m*, *f* *facteur* Briefträger(in) *m*(*f*); *surveillance*: Aufseher(in) *m*(*f*)
**prépos|er** [prepoze] (*1a*) ***~ qn à qc*** j-n mit etw betrauen; **~ition** *f gr* Präposition *f*
**prérogative** [prerɔgativ] *f* Vorrecht *n*
**près** [prɛ] **1.** *adv* nah(e); ***tout ~*** ganz in der Nähe; ***à peu*** (***de chose***) ***~*** ungefähr; ***à cela ~*** davon abgesehen; ***de ~*** in *od* aus der Nähe; *fig* genau; ***être rasé de ~*** glatt rasiert sein; **2.** *prép* ***~ de*** nahe bei, in der Nähe von; *nombre*: fast; ***être ~ de*** (+ *inf*) nahe daran sein zu (+ *inf*); ***~ de deux heures*** *durée*: beinahe zwei Stunden; *temps*: fast 2 Uhr
**présage** [prezaʒ] *m* Vorzeichen *n*
**presbyte** [prɛzbit] *méd* weitsichtig
**presbytère** [prɛzbitɛr] *m* Pfarrhaus *n*
**prescription** [prɛskripsjõ] *f* Vorschrift *f*; *méd* Rezept *n*; *jur* Verjährung *f*
**prescrire** [prɛskrir] (*4f*) vorschreiben; *méd* verschreiben
**préséance** [preseɑ̃s] *f* Vorrang *m*
**présence** [prezɑ̃s] *f* Anwesenheit *f*; ***~ d'esprit*** Geistesgegenwart *f*; ***en ~ de*** im Beisein von; ***en ~*** gegenüberstehend
**présent**[1], **~e** [prezɑ̃, -t] **1.** *adj époque*: gegenwärtig; *personne*: anwesend; *document*: vorliegend; **2.** *m* Gegenwart *f*; *gr* Präsens *n*; ***les présents*** *pl* die Anwesenden; ***à présent*** (***que***) jetzt (wo); ***jusqu'à présent*** bisher; ***dans le présent*** in der Gegenwart
**présent**[2] [prezɑ̃] *litt m* Geschenk *n*, Präsent *n*
**présent|able** [prezɑ̃tablə] gut aussehend, präsentabel; **~ateur**, **~atrice** [-atœr, -atris] *m*, *f comm* Vorführer *m*, Vorführdame *f*; *TV* Moderator(in) *m*(*f*); **~ation** *f collection*, *nouvel article*: Vorführung *f*, Präsentation *f*; *idées*: Darstellung *f*; *billet*: Vorzeigen *n*, Vorlage *f*; *dans magasin*, *musée*: Aufmachung *f*, Ausstattung *f*; *nouveau-venu*, *livre*: Vorstellung *f*; *apparence* äußere Erscheinung *f*
**présenter** [prezɑ̃te] (*1a*) *fleurs*, *cadeau*: überreichen; *chaise*, *mets*: anbieten; *personne*, *livre*: vorstellen; *appareil*: vorführen, präsentieren; *billet*: (vor)zeigen; *facture*, *chèque*: vorlegen; *idées*: darstellen, -legen; *manque*: aufweisen; *difficultés*, *dangers*: mit sich bringen; ***se ~*** sich vorstellen; *élections*: kandidieren; *difficultés*: auftauchen
**préservatif** [prezɛrvatif] *m* Kondom *n*, Präservativ *n*
**préserver** [prezɛrve] (*1a*) bewahren, schützen (***de*** vor)
**présid|ence** [prezidɑ̃s] *f* Vorsitz *m*; *pol* Präsidentschaft *f*; **~ent**, **~ente** [-ɑ̃, -ɑ̃t] *m*, *f* Vorsitzende(r) *m*, *f*, Präsident(in) *m*(*f*); ***♀ de la Banque Centrale*** *EU* Präsident der Zentralbank; **~entiel**, **~entielle** [-ɑ̃sjɛl] präsidial, Präsidenten…
**présider** [prezide] (*1a*) ***~ un comité*** den Vorsitz in e-m Komitee führen; ***~ à qc*** etw (*acc*) leiten
**présomption** [prezõpsjõ] *f supposition* Vermutung *f*; *arrogance* Überheblichkeit *f*
**présomptueu|x**, **~se** [prezõptɥø, -z] überheblich
**presque** [prɛskə] beinahe, fast
**presqu'île** [prɛskil] *f* Halbinsel *f*
**pressant**, **~e** [prɛsɑ̃, -t] dringend, eilig
**presse** [prɛs] *f* Presse *f* (*tech u Zeitungen*); *comm* ***moments*** *m/pl* ***de ~*** Zeiten *f/pl* des Hochbetriebs
**pressé**, **~e** [prɛse] **1.** eilig, in Eile; ***je suis ~***(***e***) ich hab's eilig; **2.** *fruit*: ausgepresst
**pressent|iment** [prɛsɑ̃timɑ̃] *m* Vorge-

fühl *n*, Ahnung *f*; **~ir** (*2b*) ahnen; **~ *qn*** bei j-m sondieren, vorfühlen

**presse-papiers** [prɛspapje] *m* (*pl unv*) Briefbeschwerer *m*

**press|er** [prɛse] (*1b*) **1.** *v/t bouton*: drücken; *fruit*: auspressen; *harceler* bedrängen; *pas*, *affaire*: beschleunigen; ***se ~*** sich drängen; **2.** *v/i* eilen, eilig *od* dringlich sein, drängen; ***rien ne presse*** es hat keine Eile; ***se ~*** sich beeilen; **~ing** [-iŋ] *m magasin*: Schnellreinigung *f*

**press|ion** [prɛsjõ] *f* Druck *m*; *fig* Zwang *m*; (*a m*) *bouton* Druckknopf *m*; ***bière*** *f* **~** Bier *n* vom Fass; ***être sous ~*** unter Druck stehen (*a fig*); **~ *artérielle*** Blutdruck *m*; **~ *démographique*** Bevölkerungsdruck *m*; **~oir** *m* Kelter *f*

**pressurer** [prɛsyre] (*1a*) auspressen; *fig* aussaugen

**prest|ance** [prɛstɑ̃s] *f* stattliches Aussehen *n*; **~ation** *f* Leistung *f*; **~*s familiales*** *pl* Sozialleistungen *f/pl* für die Familie

**preste** [prɛst] behänd, flink

**prestidigita|teur**, **~trice** [prɛstidiʒitatœr, -tris] *m*, *f* Zauberkünstler(in) *m*(*f*)

**prestig|e** [prɛstiʒ] *m* Prestige *n*, Ansehen *n*; **~ieux**, **~ieuse** [-jø, -jøz] glänzend, hervorragend

**présumer** [prezyme] (*1a*) vermuten, annehmen; **~ *de qn, de qc*** j-n, etw überschätzen

**prêt**[1], **~e** [prɛ, -t] bereit (***à*** zu), fertig

**prêt**[2] [prɛ] *m argent*: Darlehen *n*; *livre*, *vélo*: Ausleihen *n*

**prêt-à-porter** [prɛtapɔrte] *m* Konfektion(skleidung) *f*

**prétendant** [pretɑ̃dɑ̃] *m d'une femme*: Freier *m*

**prétendre** [pretɑ̃drə] (*4a*) behaupten, vorgeben; **~** (+ *inf*) die Absicht haben zu (+ *inf*); *st/s* **~ *à*** Anspruch erheben auf (*acc*)

**prétendu**, **~e** [pretɑ̃dy] angeblich, sogenannt

**prête-nom** [prɛtnõ] *m* (*pl prête-noms*) Strohmann *m*

**prétentieu|x**, **~se** [pretɑ̃sjø, -z] *personne*: selbstgefällig, eingebildet; *comportement*: anmaßend; *ton*, *style*: geziert, geschraubt

**prétention** [pretɑ̃sjõ] *f exigence* Anspruch *m*; *ambition* Ehrgeiz *m*; *arrogance* Dünkel *m*, Selbstgefälligkeit *f*

**prêter** [prɛte] (*1b*) *v/t* (aus)leihen; *assistance*: leisten; *intentions*: unterstellen; *v/i tissu*: sich dehnen; **~ *à*** Anlass geben zu; ***se ~ à*** *chose*: sich eignen zu; *personne*: sich hergeben zu

**prétext|e** [pretɛkst] *m* Vorwand *m*; ***sous ~ de*** (+ *inf*) *od* ***que ...*** unter dem Vorwand, zu (+ *inf*) *od* dass; ***sous aucun ~*** auf keinen Fall; **~er** (*1a*) **~ *qc*** etw vorschützen; **~ *que*** vorgeben, dass

**prêtre** [prɛtrə] *m* Priester *m*

**preuve** [prœv] *f* Beweis *m*; *fig* Zeichen *n*; *math* Probe *f*; ***faire ~ de courage*** Mut beweisen; ***comme ~ de*** zum Zeichen für

**prévaloir** [prevalwar] (*3h*) *st/s* **~ *sur*** *od* ***contre*** die Oberhand gewinnen über, überwinden; ***se ~ de qc*** *tirer parti de* etw (*acc*) für sich geltend machen; *se flatter de* auf etw (*acc*) pochen

**prévariquer** [prevarike] (*1m*) pflicht-, amtswidrig handeln

**préven|ance** [prevnɑ̃s] *f* Zuvorkommenheit *f*; **~ant**, **~ante** [-ɑ̃, -ɑ̃t] zuvorkommend

**prévenir** [prevnir] (*2h*) **~ *qc*** e-r Sache vorbeugen, etw (*acc*) verhüten; **~ *qn de qc*** *avertir* j-n vor etw (*dat*) warnen; *informer* j-n von etw in Kenntnis setzen

**préventi|f**, **~ve** [prevɑ̃tif, -v] vorbeugend, präventiv; *jur* ***détention*** *f* ***préventive*** Untersuchungshaft *f*

**prévention** [prevɑ̃sjõ] *f* **1.** *préjugé* Voreingenommenheit *f*, Vorurteil *n*; **2.** *jur* Untersuchungshaft *f*; **3.** *mesures*: Verhütung *f*; **~ *routière*** Verkehrsunfallverhütung *f*

**prévis|ible** [previziblə] vorhersehbar; **~ion** *f* Prognose *f*, Voraussage *f*; **~*s*** *pl* Aussichten *f/pl*; **~*s météorologiques*** Wettervorhersage *f*; ***en ~ de*** im Hinblick auf (*acc*)

**prévoir** [prevwar] (*3b*) *pressentir* voraus-, vorhersehen; *planifier* in Aussicht nehmen, planen

**prévoy|ance** [prevwajɑ̃s] *f* Vorsorge *f*; **~ant**, **~ante** [-ɑ̃, -ɑ̃t] vorausschauend, vorsorgend

**prier** [prije] (*1a*) **1.** *rel* beten; **~ *Dieu*** zu

Gott beten; **2.** bitten; **~ *qn de faire qc*** j-n bitten, etw zu tun; **~ *qn à déjeuner*** j-n zum Mittagessen einladen; ***je vous en prie*** bitte (sehr)!, gern geschehen!
**prière** [prijɛr] *f rel* Gebet *n*; *demande* Bitte *f*; ***faire sa ~*** beten; ***à la ~ de*** auf Bitten von; **~ *de ne pas toucher*** bitte nicht berühren
**primaire** [primɛr] Ur…, Primär…; *péj* beschränkt; ***école f ~*** Volks-, Grundschule *f*
**primauté** [primote] *f* Vorrang *m*, Primat *m od n* (***sur*** vor *dat*)
**prime**[1] [prim] *adj* ***de ~ abord*** auf den ersten Blick
**prime**[2] [prim] *f* Prämie *f*, Zulage *f*; *comm* Werbegeschenk *n*
**primer** [prime] (*1a*) **1.** *v/i* den Vorrang haben (***qc*** vor etw *dat*); **2.** *v/t* prämi(i)eren
**primeur** [primœr] *f* **1.** ***avoir la ~ de qc*** *outil, objet*: etw als Erster haben; *nouvelle*: etw als Erster erfahren; **2. ~s** *pl* Frühgemüse *n*, Frühobst *n*
**primevère** [primvɛr] *f bot* Schlüsselblume *f*, Primel *f*
**primiti|f, ~ve** [primitif, -v] ursprünglich, Ur…; *inculte, rudimentaire*: primitiv
**primordial, ~e** [primɔrdjal] (*m/pl -aux*) wesentlich
**princ|e, ~esse** [prɛ̃s, -ɛs] *m, f* Prinz *m*, Prinzessin *f*; *qui gouverne*: Fürst(in) *m(f)*; **~ier, ~ière** [-je, -jɛr] fürstlich (*a fig*)
**principal, ~e** [prɛ̃sipal] (*m/pl -aux*) **1.** *adj* hauptsächlich, Haupt…; **2.** *m* ***le ~*** die Hauptsache *f*; **3.** *f gr* Hauptsatz *m*
**principauté** [prɛ̃sipote] *f* Fürstentum *n*
**principe** [prɛ̃sip] *m* Prinzip *n*; *discipline, science*: Grundsatz *m*; *phil* Ursprung *m*; ***de ~*** grundsätzlich; ***par ~*** aus Prinzip; ***en ~*** prinzipiell, im Prinzip
**printan|ier, ~ière** [prɛ̃tanje, -jɛr] Frühlings…
**printemps** [prɛ̃tɑ̃] *m* Frühling *m*, Frühjahr *n*
**priorité** [prijɔrite] *f* Priorität *f*, Vorrang *m*; *route*: Vorfahrt *f* (***sur*** vor *dat*); ***~ à droite*** rechts vor links
**pris, ~e** [pri, -z] *p/p de* ***prendre*** *u adj place*: besetzt; *journée*: ausgefüllt; *personne*: beschäftigt
**prise** [priz] *f* Nehmen *n*; *mil* Einnahme *f*, Eroberung *f*; *mar u cuis* Prise *f*; *ch* Fang *m*; *él* Steckdose *f*, Anschluss *m*; *lutte*: Griff *m*; **~ *de contact*** Kontaktaufnahme *f*; **~ *de conscience*** Bewusstwerden *n*; **~ *d'otage(s)*** Geiselnahme *f*; **~ *de position*** Stellungnahme *f*; **~ *de vue*** Aufnahme *f*; ***donner ~ à*** Anlass geben zu; ***être aux ~s avec qn, qc*** sich mit j-m, etw auseinandersetzen; ***lâcher ~*** loslassen; *fig* aufgeben
**priser** [prize] (*1a*) **1.** *litt apprécier* schätzen; **2.** *tabac*: schnupfen
**prison** [prizõ] *f* Gefängnis *n*
**prisonn|ier, ~ière** [prizɔnje, -jɛr] *m, f* Gefangene(r) *m, f*
**privation** [privasjõ] *f* Entbehrung *f*
**priv|é, ~ée** [prive] privat, Privat…; ***en privé, à titre privé*** privat; ***dans le privé*** im Privatleben; **~er** (*1a*) **~ *qn de qc*** j-m etw (*acc*) entziehen; ***se ~ de qc*** auf etw (*acc*) verzichten
**privil|ège** [privilɛʒ] *m* Privileg *n*, Vorrecht *n*; **~égier** [-eʒje] (*1a*) privilegieren, begünstigen
**prix** [pri] *m* Preis *m*; *valeur* Wert *m*; **~ *de revient*** Selbstkostenpreis *m*; **~ *brut*** Bruttopreis *m*; ***de ~*** wertvoll; ***à tout ~*** um jeden Preis; ***à aucun ~*** um keinen Preis; ***au ~ fort*** zum vollen Preis; ***hors de ~*** unerschwinglich; ***au ~ de*** zum Preis von, gegen; **~ *Nobel*** Nobelpreis *m*; *personne*: Nobelpreisträger *m*
**prob|abilité** [prɔbabilite] *f* Wahrscheinlichkeit *f*; **~able** wahrscheinlich
**prob|ant, ~ante** [prɔbɑ̃, -ɑ̃t] überzeugend; **~ité** *f* Rechtschaffenheit *f*
**problématique** [prɔblematik] problematisch
**problème** [prɔblɛm] *m* Problem *n*
**procédé** [prɔsede] *m* Verfahren *n*, Methode *f*; **~s** *pl comportement* Verhalten *n*
**procéd|er** [prɔsede] (*1f*) verfahren, vorgehen; **~ *à qc*** etw vornehmen *od* durchführen; **~ure** [-yr] *f jur* Verfahren *n*; *branche du droit*: Prozessordnung *f*
**procès** [prɔsɛ] *m jur* Prozess *m*
**processeur** [prɔsɛsœr] *m EDV* Prozessor *m*
**procession** [prɔsesjõ] *f* Prozession *f*

**processus** [prɔsesys] *m* Vorgang *m*, Ablauf *m*, Prozess *m*
**procès-verbal** [prɔsɛvɛrbal] *m* (*pl procès-verbaux*) Protokoll *n*; *contravention*: Strafmandat *n*; ***dresser un ~*** ein Protokoll aufnehmen
**prochain**, **~e** [prɔʃɛ̃, -ɛn] **1.** *adj* nächste(r, -s), kommende(r, -s); **2.** ***le prochain*** der Nächste; **~ement** [-ɛnmɑ̃] *adv* demnächst
**proche** [prɔʃ] **1.** *adj* nah(e); *fig* ***~ de*** verwandt mit; **2.** *adv* ***de ~ en ~*** nach und nach; **3.** *m/pl* ***~s*** Angehörige *m/pl*, nahe Verwandte *m/pl*
**Proche-Orient** [prɔʃɔrjɑ̃] ***le ~*** der Nahe Osten, Nahost *n*
**proclam|ation** [prɔklamasjõ] *f événements, résultat*: Bekanntgabe *f*; *roi, république*: Ausrufung *f*, Proklamation *f*; **~er** (*1a*) *roi, république*: ausrufen; *affirmer* verkünden
**procréer** [prɔkree] (*1a*) *st/s* zeugen
**procur|ation** [prɔkyrasjõ] *f* Vollmacht *f*; **~er** (*1a*) verschaffen, besorgen; **~eur** *m ~* (***de la République***) Staatsanwalt *m*
**prodigalité** [prɔdigalite] *f* Verschwendung(ssucht) *f*
**prodig|e** [prɔdiʒ] *m* Wunder *n*; ***enfant*** *m* ***~*** Wunderkind *n*; **~ieux**, **~ieuse** [-jø, -jøz] außergewöhnlich, erstaunlich
**prodigu|e** [prɔdig] verschwenderisch; **~er** (*1m*) reichlich geben, zuteilwerden lassen
**produc|teur**, **~trice** [prɔdyktœr, -tris] **1.** *adj* Erzeuger…, Hersteller…; **2.** *m, f film*: Produzent(in) *m*(*f*); Erzeuger(in) *m*(*f*); *produit industriel*: Hersteller(in) *m*(*f*); **~tif**, **~tive** [-tif, -tiv] produktiv; *impôts*: einträglich
**production** [prɔdyksjõ] *f* Produktion *f*; Erzeugung *f*; Herstellung *f*; *minerais*: Gewinnung *f*; *produits* Erzeugnisse *n/pl*
**productivité** [prɔdyktivite] *f* Produktivität *f*
**produire** [prɔdɥir] (*4c*) *marchandises*: produzieren, herstellen; *énergie*, *acier*: erzeugen; *œuvre*: schaffen; *film*: produzieren; *fig causer* bewirken, hervorrufen; *document*: vorlegen; ***se ~*** sich ereignen
**produit** [prɔdɥi] *m* Erzeugnis *n*, Produkt *n*; *investissement*: Ertrag *m*; *écon* ***~ national brut*** Bruttosozialprodukt *n*; ***~ d'entretien*** Putzmittel *n*; ***~ organique*** Bioprodukt *n*
**proéminent**, **~e** [prɔeminɑ̃, -t] vorspringend
**prof** [prɔf] *m, f abr* ***professeur*** Lehrer(in) *m*(*f*)
**profan|e** [prɔfan] **1.** *adj* profan, weltlich; **2.** *m, f* Laie *m* (***en*** auf dem Gebiet von); **~er** (*1a*) entweihen, schänden
**proférer** [prɔfere] (*1f*) *menaces*: ausstoßen
**profess|eur** [prɔfesœr] *m* Gymnasiallehrer(in) *m*(*f*); *université*: Professor(in) *m*(*f*); **~ion** *f* Beruf *m*; ***~ de foi*** Glaubensbekenntnis *n*; **~ionnel**, **~ionnelle** [-jɔnɛl] **1.** *adj* beruflich; *personne*: professionell; **2.** *m personne de métier* Fachmann *m*; F Profi *m*; **~orat** [-ɔra] *m enseignement secondaire*: höheres Lehramt *n*; *université*: Hochschullehramt *n*
**profil** [prɔfil] *m* Profil *n*; **~s** *pl* Konturen *f/pl*
**profit** [prɔfi] *m comm* Profit *m*, Gewinn *m*; *avantage* Nutzen *m*; ***au ~ de*** zu Gunsten (*gén*); ***tirer ~ de qc*** von etw profitieren
**profitable** [prɔfitablə] nützlich; *comm* einträglich
**profiter** [prɔfite] (*1a*) ***~ de qc*** von etw profitieren, etw ausnützen, aus etw Vorteil ziehen; ***~ à qn*** j-m nützlich sein, Vorteil(e) bringen
**profond**, **~e** [prɔfõ, -d] tief; *personne*, *penseés*: tiefsinnig; *influence*: stark; **~ément** [-demɑ̃] *adv* tief, zutiefst
**profondeur** [prɔfõdœr] *f* Tiefe *f* (*a fig*); *fig* Stärke *f*
**profusion** [prɔfyzjõ] *f* Fülle *f*; ***à ~*** in reichem Maße
**progéniture** [prɔʒenityr] *f litt* Nachkommenschaft *f*; *plais* Nachwuchs *m*, Sprösslinge *m/pl*
**programm|e** [prɔgram] *m* Programm *n*; ***~ de correction orthographique*** Rechtschreib(prüf)programm *f*; ***~ de traduction*** Übersetzungsprogramm *n*; **~er** (*1a*) *TV* in das Programm aufnehmen; *EDV* programmieren; **~eur**, **~euse** *m, f* Programmierer(in) *m*(*f*)
**progrès** [prɔgrɛ] *m* Fortschritt *m*; *feu*, *épidémie*: Ausbreitung *f*

**progress|er** [prɔgrɛse] (*1b*) Fortschritte machen; *feu, épidémie*: um sich greifen; *mil* vorrücken; **~if, ~ive** [-if, -iv] progressiv, fortschreitend; **~ion** *f* Fortschreiten *n*; **~iste** progressiv, fortschrittlich (*a pol*)
**prohib|er** [prɔibe] (*1a*) (gesetzlich) verbieten; **~ition** *f* Verbot *n*
**proie** [prwa] *f* Raub *m*, Beute *f*; *fig* Opfer *n*; ***en ~ à qc*** von etw heimgesucht, e-r Sache ausgeliefert
**project|eur** [prɔʒɛktœr] *m spot* Scheinwerfer *m*; *cinéma*: Projektor *m*; **~ile** [-il] *m* Geschoss *n*
**projet** [prɔʒɛ] *m* Projekt *n*, Plan *m*; *ébauche* Entwurf *m*
**projeter** [prɔʒ(ə)te, prɔʃte] (*1c*) *jeter* schleudern; *film*: projizieren; *travail, voyage*: vorhaben, planen
**prolétariat** [prɔletarja] *m*, *f* Proletariat *n*
**prolifération** [prɔliferɑsjõ] *f* (rasche, starke) Vermehrung *f*, Zunahme *f*; *fig* ***~ des armes atomiques*** Verbreitung *f od Weitergabe f von Atomwaffen*
**prolifique** [prɔlifik] fruchtbar
**prolixe** [prɔliks] weitschweifig
**prologue** [prɔlɔg] *m* Prolog *m*
**prolongation** [prɔlõgɑsjõ] *f* (*zeitliche*) Verlängerung *f*
**prolong|ement** [prɔlõʒmɑ̃] *m* (*räumliche*) Verlängerung *f*; **~er** (*1l*) *zeitlich od räumlich*: verlängern; ***se ~*** sich in die Länge ziehen
**promenade** [prɔmnad] *f* Spaziergang *m*; *en voiture*: Spazierfahrt *f*; *excursion* Ausflug *m*
**promen|er** [prɔmne] (*1d*) spazieren führen, herumführen; *fig regard*: umherschweifen lassen; ***se ~*** spazieren gehen; *en voiture*: spazieren fahren; F herumlaufen; F *fig* ***envoyer ~*** *personne*: davonjagen, abblitzen lassen; *chose*: hinschmeißen; **~eur, ~euse** *m*, *f* Spaziergänger(in) *m(f)*
**promesse** [prɔmɛs] *f* Versprechen *n*
**prometteu|r, ~se** [prɔmɛtœr, -øz] vielversprechend
**promettre** [prɔmɛtrə] (*4p*) versprechen (***qc à qn*** j-m etw, ***de*** + *inf* zu + *inf*); *prédire* versichern; ***se ~ de faire qc*** sich (*dat*) vornehmen, etw zu tun
**promiscuité** [prɔmiskɥite] *f* Zusammengepferchtsein *n*; *sexuelle*: Promiskuität *f*
**promontoire** [prɔmõtwar] *m* Vorgebirge *n*
**promo|teur, ~trice** [prɔmɔtœr, -tris] **1.** *m*, *f st/s instigateur* Initiator(in) *m(f)*; **2.** *m construction*: Bauträger *m*, Bauherr *m*; **~tion** *f emploi supérieur*: Beförderung *f*; *sociale*: Aufstieg *m*; *comm* ***~ des ventes*** Absatzförderung *f*
**promouvoir** [prɔmuvwar] (*3d*) *emploi supérieur*: befördern; *encourager* fördern
**prompt, ~e** [prõ, -t] *rapide* rasch; *soudain* plötzlich
**promulguer** [prɔmylge] (*1m*) *loi*: verkünden
**prôner** [prone] (*1a*) loben, preisen
**pronom** [prɔnõ] *m gr* Pronomen *n*, Fürwort *n*
**pronominal, ~e** [prɔnɔminal] (*m/pl -aux*) pronominal; ***verbe*** *m* ***pronominal*** reflexives Verb *n*
**prononcé, ~e** [prɔnõse] stark ausgeprägt, markant
**prononc|er** [prɔnõse] (*1k*) aussprechen; *discours*: halten; *jur sentence*: fällen *od* verkünden; ***se ~*** *mot*: ausgesprochen werden; *se déterminer* sich äußern; ***se ~ pour, contre*** sich aussprechen für, gegen; **~iation** [-jɑsjõ] *f* Aussprache *f*; *jur* Urteilsverkündung *f*
**pronost|ic** [prɔnɔstik] *m* Prognose *f*, Voraussage *f*; **~iquer** [-ike] (*1m*) vorhersagen
**propagande** [prɔpagɑ̃d] *f* Propaganda *f*
**propager** [prɔpaʒe] (*1l*) *idée, nouvelle*: verbreiten; *biol* fortpflanzen; ***se ~*** sich verbreiten; sich fortpflanzen
**propension** [prɔpɑ̃sjõ] *f* Neigung *f* (***à qc*** zu etw)
**proph|ète, ~étesse** [prɔfɛt, -etɛs] *m*, *f* Prophet(in) *m(f)*; **~étie** [-esi] *f* Prophezeiung *f*
**prophylaxie** [prɔfilaksi] *f méd* Prophylaxe *f*, Vorbeugung *f*
**propice** [prɔpis] günstig (***à*** für)
**proportion** [prɔpɔrsjõ] *f* Proportion *f*, Verhältnis *n*; ***~s*** *pl* Ausmaß(e) *n(pl)*; ***toutes ~s gardées*** im Verhältnis; ***en ~*** entsprechend; ***en ~ de*** im Vergleich

zu
**proportionn|el**, **~elle** [prɔpɔrsjɔnɛl] proportional (**à** zu); **~ellement** [-ɛlmɑ̃] im Verhältnis (**à** zu); **~er** (*1a*) in das richtige Verhältnis setzen (**à** zu); ***bien proportionné(e)*** wohlgestaltet
**propos** [prɔpo] *m* **1.** *pl* Äußerungen *f/pl*, Worte *n/pl*; **2.** *st/s intention* Absicht *f*; ***à ~*** zur richtigen Zeit, gelegen; ***à tout ~*** bei jeder Gelegenheit; ***mal à ~, hors de ~*** ungelegen, zur Unzeit; ***à ~!*** übrigens!; ***à ~ de*** was … betrifft, wegen
**proposer** [prɔpoze] (*1a*) vorschlagen (***qc à qn*** j-m etw; ***à qn de*** + *inf* j-m zu + *inf*); *projet*: vorlegen; *prix*: aussetzen; ***se ~ de faire qc*** sich (*dat*) vornehmen, etw zu tun; ***se ~*** sich anbieten
**proposition** [prɔpozisjõ] *f suggestion* Vorschlag *m*; *offre* Angebot *n*; *gr* Satz *m*
**propre** [prɔprə] **1.** *adj* eigen; *st/s approprié* geeignet (**à** zu); ***au sens ~*** eigentlich; *m particularité* Eigenart *f*; **2.** *adj cuisine*, *mains*: sauber; *personne*: ordentlich; **3.** *m* ***mettre au ~*** ins reine schreiben; **~ment** *adv* ordentlich; ***à ~ parler*** genau genommen; ***~ dit*** eigentlich
**propreté** [prɔprəte] *f* Sauberkeit *f*
**proprié|taire** [prɔprijetɛr] *m*, *f* Eigentümer(in) *m(f)*, Besitzer(in) *m(f)*; *maison*: Hausbesitzer(in) *m(f)*; **~té** [-te] *f possession* Eigentum *n*, Besitz *m*; *caractéristique* Eigenschaft *f*; *mot*: Angemessenheit *f*
**propuls|er** [prɔpylse] (*1a*) antreiben; **~ion** *f* Antrieb *m*
**prorata** [prɔrata] ***au ~ de*** im Verhältnis zu
**prorogation** [prɔrɔgɑsjõ] *f* Verlängerung *f*; *pol* Vertagung *f*
**proroger** [prɔrɔʒe] (*1l*) verlängern; *pol* vertagen
**prosaïque** [prɔzaik] prosaisch, allzu nüchtern
**proscription** [prɔskripsjõ] *f* Verbot *n*
**proscrire** [prɔskrir] (*4f*) *interdire* verbieten; *jouissances*: verpönen
**prose** [proz] *f* Prosa *f*
**prospect|er** [prɔspɛkte] (*1a*) *mines*: nach Lagerstätten schürfen; *comm* akquirieren; **~us** [-ys] *m* (Werbe-)Prospekt *m*
**prosp|ère** [prɔspɛr] blühend, florierend; **~érer** [-ere] (*1f*) gut gehen, blühen, florieren, gedeihen; **~érité** [-erite] *f* Wohlstand *m*
**prosterner** [prɔstɛrne] (*1a*) ***se ~*** sich niederwerfen
**prostitu|ée** [prɔstitɥe] *f* Prostituierte *f*; **~tion** *f* Prostitution *f*
**protagoniste** [prɔtagɔnist] *m* Protagonist *m*
**protec|teur**, **~trice** [prɔtɛktœr, -tris] **1.** *adj* schützend, Schutz…; *ton*, *expression*: gönnerhaft; **2.** *m*, *f* Beschützer(in) *m(f)*
**protection** [prɔtɛksjõ] *f* Schutz *m*; *écon* Protektion *f*; **~nisme** *m écon* Protektionismus *m*, Schutzzollsystem *n*
**protectorat** [prɔtɛktɔra] *m* Protektorat *n*
**protég|é**, **~ée** [prɔteʒe] *m*, *f* Schützling *m*; *péj* Günstling *m*; **~er** (*1g*) *personne*: (be)schützen (***contre*** *od* ***de*** vor); *intérêts*, *contre soleil*: schützen; *patronner* begünstigen; *encourager* fördern
**protestant**, **~e** [prɔtɛstɑ̃, -t] *rel* **1.** *adj* protestantisch, evangelisch; **2.** *m*, *f* Protestant(in) *m(f)*
**protest|ation** [prɔtɛstasjõ] *f plainte* Protest *m*, Einspruch *m*; *déclaration* Beteuerung *f*; **~er** (*1a*) protestieren (***contre*** gegen); ***~ de qc*** etw beteuern
**prothèse** [prɔtɛz] *f* Prothese *f*
**protocole** [prɔtɔkɔl] *m* Protokoll *n*
**prototype** [prɔtɔtip] *m* Ur-, Vorbild *n*; *tech* Prototyp *m*
**protubérance** [prɔtyberɑ̃s] *f* Beule *f*, Höcker *m*
**proue** [pru] *f mar* Bug *m*
**prouesse** [pruɛs] *f* Heldentat *f*
**prouv|able** [pruvablə] beweisbar; **~er** (*1a*) beweisen
**provenance** [prɔvnɑ̃s] *f* Herkunft *f*; ***en ~ de*** *avion*, *train*: aus
**provençal**, **~e** [prɔvɑ̃sal] (*m/pl -aux*) provenzalisch
**Provence** [prɔvɑ̃s] ***la ~*** die Provence
**provenir** [prɔvnir] (*2h*) herkommen, stammen, herrühren (***de*** von)
**proverb|e** [prɔvɛrb] *m* Sprichwort *n*; **~ial**, **~iale** [-jal] (*m/pl -iaux*) sprichwörtlich
**provid|ence** [prɔvidɑ̃s] *f* Vorsehung *f*; **~entiel**, **~entielle** [-ɑ̃sjɛl] unverhofft,

unerwartet
**provinc|e** [prɔvɛ̃s] *f* Provinz *f*; **~ial, ~iale** [-jal] (*m/pl -iaux*) provinziell; Provinz…; *péj* provinzlerisch
**provision** [prɔvizjõ] *f* **1.** Vorrat *m* (***de*** an); **~s** *pl vivres* Lebensmittelvorräte *m/pl*; *achats* Einkäufe *m/pl*; **2.** *chèque*: Deckung *f*
**provisoire** [prɔvizwar] vorläufig, provisorisch
**provoc|ant, ~ante** [prɔvɔkɑ̃, -ɑ̃t], **~ateur, ~atrice** [-atœr, -atris] herausfordernd, provozierend; ***agent m provocateur*** Lockspitzel *m*; **~ation** *f* Provokation *f*, Herausforderung *f*
**provoquer** [prɔvɔke] (*1m*) herausfordern, provozieren; *causer* hervorrufen
**proxénète** [prɔksenɛt] *m souteneur* Zuhälter *m*
**proximité** [prɔksimite] *f* Nähe *f*; ***à ~ de*** nahe bei, in der Nähe von
**prude** [pryd] prüde, zimperlich
**prud|ence** [prydɑ̃s] *f* Vorsicht *f*, Umsicht *f*; **~ent, ~ente** [-ɑ̃, -ɑ̃t] vorsichtig, umsichtig, klug
**pruderie** [prydri] *f* Prüderie *f*
**prun|e** [pryn] *f bot* Pflaume *f*; **~eau** [-o] *m* (*pl -x*) Backpflaume *f*; **~elle** *f anat* Pupille *f*; *bot* Schlehe *f*; **~ier** [-je] *m* Pflaumenbaum *m*
**Prusse** [prys] ***la ~*** Preußen *n*
**prussien, ~ne** [prysjɛ̃, -jɛn] **1.** *adj* preußisch; **2. ♀, ♀ne** *m, f* Preuße *m*, Preußin *f*
**PS** [peɛs] *m abr* ***Parti socialiste*** Sozialistische Partei *f*
**psaume** [psom] *m* Psalm *m*
**pseudo…** [psødɔ] *in Zssgn* pseudo…, Pseudo…
**pseudonyme** [psødɔnim] *m* Pseudonym *n*, Deckname *m*
**psychanal|yse** [psikanaliz] *f* Psychoanalyse *f*; **~yste** [-ist] *m, f* Psychoanalytiker(in) *m(f)*
**psychiatr|e** [psikjatrə] *m, f* Psychiater(in) *m(f)*; **~ie** [-i] *f* Psychiatrie *f*
**psychique** [psiʃik] psychisch, seelisch
**psycho|logie** [psikɔlɔʒi] *f* Psychologie *f*; *intuition* Menschenkenntnis *f*; **~logique** [-lɔʒik] psychologisch; *psychique* seelisch; **~logue** [-lɔg] *m, f* Psychologe *m*, Psychologin *f*
**PTT** [petete] *f/pl hist abr* ***Postes, Télécommunications, Télédiffusion*** Post- und Fernmeldewesen *n*
**puant, ~e** [pɥɑ̃, -t] stinkend; *fig* eingebildet; **~eur** [-ɑ̃tœr] *f* Gestank *m*
**puber|taire** [pybɛrtɛr] Pubertäts…; **~té** [-te] *f* Pubertät(szeit) *f*, Geschlechtsreife *f*
**publi|c, ~que** [pyblik] **1.** *adj* öffentlich; *de l'État* staatlich; **2.** *m les gens* Öffentlichkeit *f*; *spectacle*: Publikum *n*; ***en public*** öffentlich
**publication** [pyblikasjõ] *f* Veröffentlichung *f*
**public|itaire** [pyblisitɛr] Werbe…, Reklame…; **~ité** *f* Werbung *f*, Reklame *f*; *affiche* Werbeplakat *n*
**publier** [pyblije] (*1a*) veröffentlichen
**puce** [pys] *f zo* Floh *m*; *EDV* Chip *m*; ***marché m aux ~s*** Flohmarkt *m*
**pucelle** [pysɛl] *f* F *iron* Jungfrau *f*
**pud|eur** [pydœr] *f* Scham(gefühl) *f(n)*; **~ique** schamhaft, züchtig; *discret* diskret
**puer** [pɥe] (*1a*) stinken (***qc*** nach etw)
**puériculture** [pɥerikyltyr] *f* Säuglingspflege *f*
**puéril, ~e** [pɥeril] kindisch
**pugilat** [pyʒila] *m* Rauferei *f*
**puis** [pɥi] dann, darauf
**puiser** [pɥize] (*1a*) *eau*: schöpfen (***dans*** aus); *exemple, information*: entnehmen (***dans un livre*** e-m Buch)
**puisque** [pɥiskə] da ja, da doch
**puissamment** [pɥisamɑ̃] *adv* stark, heftig
**puiss|ance** [pɥisɑ̃s] *f* Macht *f*; *armée, nation*: Stärke *f*; *phys, machine*: Leistung *f*; *math* Potenz *f*; **~ant, ~ante** [-ɑ̃, -ɑ̃t] *groupe, État*: mächtig; *voix, musculature*: kräftig; *moteur, médicament*: stark
**puits** [pɥi] *m* Brunnen *m*; *mines*: Schacht *m*
**pull(-over)** [pyl(ɔvɛr)] *m* (*pl pulls, pull-overs*) Pullover *m*, F Pulli *m*
**pulluler** [pylyle] (*1a*) wimmeln
**pulmonaire** [pylmɔnɛr] *méd* Lungen…
**pulpe** [pylp] *f* Fruchtfleisch *n*
**pulsation** [pylsasjõ] *f méd* Pulsschlag *m*
**pulvéris|ateur** [pylverizatœr] *m* Zerstäuber *m*, Sprühgerät *n*; **~er** (*1a*) *solide*: pulverisieren; *liquide*: zerstäuben; *fig armée*: vernichten
**punaise** [pynɛz] *f zo* Wanze *f*; *clou*:

Reißnagel *m*, -zwecke *f*
**punch¹** [pɔ̃ʃ] *m boisson*: Punsch *m*
**punch²** [pœnʃ] *m boxe*: Schlag *m*; *fig* Schwung *m*
**punir** [pynir] (*2a*) (be)strafen
**punition** [pynisjɔ̃] *f* Strafe *f*
**punk** [pœ̃k, pœnk] *m musique, personne, mouvement* Punk *m*
**pupille** [pypij] **1.** *m, f jur* Mündel *m od n*; **2.** *f anat* Pupille *f*
**pupitre** [pypitrə] *m* Pult *n*
**pur, ~e** [pyr] rein; *profil, ciel*: klar; *vin*: unverdünnt; *or, whisky*: pur
**purée** [pyre] *f* Brei *m*, Püree *n*; **~ (*de pommes de terre*)** Kartoffelbrei *m*; F ***être dans la ~*** in Geldnöten *od* F blank sein
**pureté** [pyrte] *f* Reinheit *f*
**purgat|if, ~ive** [pyrgatif, -iv] *phm* **1.** *adj* abführend; **2.** *m* Abführmittel *n*; **~oire** [-war] *m rel* Fegefeuer *n*
**purg|e** [pyrʒ] *f méd* Abführmittel *n*; *pol* Säuberung *f*; **~er** (*1l*) *tech* entlüften; *pol* säubern; *jur peine*: verbüßen
**purifier** [pyrifje] (*1a*) reinigen; *st/s* läutern
**puriste** [pyrist] *m* Purist *m*
**pur-sang** [pyrsɑ̃] *m* (*pl unv*) Vollblutpferd *n*
**purulent, ~e** [pyrylɑ̃, -t] eitrig
**pus** [py] *m* Eiter *m*
**pusillanime** [pyzilanim] *litt* kleinmütig, verzagt
**pustule** [pystyl] *f méd* Pustel *f*
**putain** [pytɛ̃] P *f* Hure *f*
**putré|faction** [pytrefaksjɔ̃] *f* Fäulnis *f*, Verwesung *f*; **~fier** [-fje] (*1a*) verfaulen lassen; ***se ~*** (ver)faulen, verwesen, vermodern
**putride** [pytrid] faulig
**putsch** [putʃ] *m* Putsch *m*
**puzzle** [pœzl(ə)] *m* Puzzle *n*
**P.-V.** [peve] *m unv abr* ***procès-verbal*** gebührenpflichtige Verwarnung *f*
**pygmée** [pigme] *m* Pygmäe *m*
**pyjama** [piʒama] *m* Schlafanzug *m*
**pylône** [pilon] *m* Mast *m*, Stütze *f*, Pfeiler *m*; *arch* Pylon *m*
**pyramide** [piramid] *f* Pyramide *f*
**Pyrénées** [pirene] *f/pl* Pyrenäen *pl*
**pyrex** [pirɛks] *m* feuerfestes Glas *n*, Pyrex *n* (*marque déposée*)
**python** [pitɔ̃] *m* Python *m*

# Q

**QG** *m abr* ***quartier général*** Stabsquartier *n*
**QI** *m abr* ***quotient intellectuel*** *od* ***quotient d'intelligence*** IQ *m* (Intelligenzquotient)
**quadragénaire** [kwadraʒenɛr] **1.** *adj* vierzigjährig; **2.** *m, f* Vierzigjährige(r) *m, f*
**quadrangulaire** [kwadrɑ̃gylɛr] viereckig
**quadrilatère** [kwadrilatɛr, ka-] *m* Viereck *n*
**quadriller** [kadrije] (*1a*) karieren; *fig* kontrollieren
**quadri|moteur** [kwadrimɔtœr, ka-] *m aviat* viermotorige Maschine *f*; **~réacteur** [-reaktœr] *m aviat* vierstrahlige Maschine *f*
**quadrupl|e** [kwadryplə, ka-] vierfach; **~er** (*1a*) (sich) vervierfachen; **~és, ~ées** *m/pl, f/pl* Vierlinge *m/pl*
**quai** [ke] *m port*: Kai *m*; *gare*: Bahnsteig *m*
**qualifica|tif** [kalifikatif] *m* Bezeichnung *f*; **~tion** *f appellation* Bezeichnung *f*, Benennung *f*; *sport*: Qualifikation *f*; ***~ professionnelle*** berufliche Qualifikation *f*, Befähigung *f*
**qualifi|é, ~ée** [kalifje] qualifiziert, befähigt; ***ouvrier*** *m* ***qualifié*** Facharbeiter *m*; **~er** (*1a*) *appeler* benennen, charakterisieren; ***~ qn de*** j-n bezeichnen als; *sportif, étudiant*: qualifizieren; ***se ~*** *sport*: sich qualifizieren
**qualité** [kalite] *f personne*: (gute) Eigenschaft *f*; *produits*: Qualität *f*; ***~ garantie*** Qualitätssicherung *f*; … ***de ~*** Qualitäts…; ***en ~ de*** als
**quand** [kɑ̃] **1.** wann?; ***depuis ~?*** seit wann?, wie lange (schon)?; ***jusqu'à ~?*** bis wann?, wie lange noch?; **2.** *conj* als; *répétition*: (jedesmal) wenn; *con-*

*cession*: selbst wenn; **3. ~ *même*** trotzdem; immerhin; doch
**quant à** [kɑ̃ta] was … betrifft, bezüglich (+ *gén*)
**quantité** [kɑ̃tite] *f* Menge *f*, Quantität *f*; *math* Größe *f*; **~ *de*** viele
**quarantaine** [karɑ̃tɛn] *f* **1.** *nombre*: etwa vierzig; *âge*: Vierzig *f*; **2.** *isolement* Quarantäne *f*
**quarante** [karɑ̃t] vierzig
**quart** [kar] *m* Viertel *n*; *de litre*: Viertelliter *m*; *de livre*: Viertelpfund *n*; **~ *d'heure*** Viertelstunde *f*; ***les trois ~s*** drei Viertel; ***il est le ~*** es ist Viertel (nach); **~ *de finale*** Viertelfinale *n*
**quartier** [kartje] *m quart* Viertel *n*; *ville*: Stadtviertel *n*, -teil *m*, Bezirk *m*; *mil* Quartier *n*
**quartier-maître** [kartjemɛtrə] *m* (*pl quartiers-maîtres*) *mar* Gefreite(r) *m*, Maat *m*
**quasi|-…** [kazi] *in Zssgn* fast; **~ment** sozusagen, quasi
**quatorze** [katɔrz] vierzehn
**quatre** [katrə] **1.** *adj* vier; ***à ~*** zu viert; **2.** *m* Vier *f*
**Quatre-Cantons** [katrəkɑ̃tõ] *m/pl* ***le lac des ~*** der Vierwaldstätter See
**quatre|-vingt(s)** [katrəvɛ̃] achtzig; **~-vingt-dix** [-vɛ̃dis] neunzig
**quatrième** [katrijɛm] vierte(r, -s); **~ment** *adv* viertens
**quatuor** [kwatɥɔr] *m mus* Quartett *n*
**que** [kə] **1.** *pronom relatif*: den, die, das; ***imbécile ~ tu es!*** du Dummkopf!; ***le jour ~*** der Tag, an dem; ***ce ~*** (das) was; ***je sais ce qu'il veut*** ich weiß, was er will; ***~ je sache*** soviel ich weiß; ***je ne sais ~ dire*** ich weiß nicht, was ich sagen soll; ***coûte ~ coûte*** koste es, was es wolle!; **2.** *pronom interrogatif*: was?; ***qu'y a-t-il*** was gibt es?; ***qu'est-ce que?*** was?; ***qu'est-ce que c'est?*** was ist das?; **3.** *adv dans exclamations*: wie …!; ***~ c'est beau!*** wie schön!; ***~ de fois!*** wie oft!; **4.** *conj* dass; *but*: damit; *après comparatif*: als; ***plus grand ~ moi*** größer als ich; *dans comparaison*: wie; ***tel ~ je suis*** so wie ich bin; ***ne … ~*** nur; *avec nombre*: erst; *au début de la phrase avec subj*: ***qu'il ait raison, j'en suis certain*** dass er recht hat, weiß ich genau; *concession*: ob; ***qu'il pleuve ou non*** ob es regnet oder nicht; *désir*: ***qu'il entre*** er soll hereinkommen
**quel, ~le** [kɛl] welche(r, -s); was für ein (-e); ***quelle heure est-il?*** Wie viel Uhr ist es?; **~ *que*** (+ *subj*) welche(r, -s) auch immer; ***quelles que soient vos raisons*** welches auch (immer) Ihre Gründe sein mögen
**quelconque** [kɛlkõk] **1.** irgendein(e), beliebig; ***un travail ~*** irgendeine Arbeit; **2.** *médiocre* mittelmäßig, gewöhnlich
**quelque** [kɛlkə, *vor Vokal* kɛlk] **1.** einige(r, -s), ein(e) gewisse(r, -s); **~s** *pl* einige, ein paar; ***à ~ distance*** in einiger Entfernung; ***~s jours*** ein paar *od* einige Tage; ***~ chose*** etwas; **2.** *devant chiffre*: (*unv*) ungefähr, etwa; **3. ~ … *que*** (+ *subj*) wie … auch immer; ***~ grands qu'ils soient*** wie groß sie auch (immer) sein mögen
**quelquefois** [kɛlkəfwa] manchmal
**quelqu'un** [kɛlkɛ̃ *od* kɛlkœ̃] jemand, (irgend)einer; ***quelques-uns*** [kɛlkəzɛ̃, -œ̃] *m/pl*, ***quelques-unes*** *f/pl* einige; **~ *d'autre*** jemand anders
**quémander** [kemɑ̃de] (*1a*) aufdringlich bitten, betteln
**quenelle** [kənɛl] *f* Klößchen *n*
**querell|e** [kərɛl] *f* Streit *m*; **~er** (*1b*) ***se ~*** (sich) streiten, (sich) zanken; **~eur, ~euse** **1.** *adj* zänkisch; **2.** *m*, *f* Zänker(in) *m*(*f*)
**question** [kɛstjõ] *f* Frage *f*; *problème* Problem *n*; F **~ *travail*** was die Arbeit angeht; ***en ~*** fraglich, betreffend; ***c'est hors de ~*** das kommt nicht in Frage; ***il est ~ de*** es handelt sich um
**questionn|aire** [kɛstjɔnɛr] *m* Fragebogen *m*; **~er** (*1a*) aus-, befragen
**quêt|e** [kɛt] *f recherche* Suche *f*; *collecte* Geldsammlung *f*, Kollekte *f*; ***en ~ de*** auf der Suche nach; **~er** (*1b*) sammeln; *solliciter* erbitten
**queue** [kø] *f animal*: Schwanz *m*, Schweif *m*; *fruit*, *casserole*: Stiel *m*; *train*, *cortège*: Ende *n*; *file* Schlange *f*; ***faire la ~*** Schlange stehen; *auto* ***faire une ~ de poisson à qn*** j-n schneiden; ***à la ~, en ~*** am Ende; *mus* ***piano*** *m* ***à ~*** Flügel *m*; ***~ de cheval*** *coiffure*: Pferdeschwanz *m*
**qui** [ki] **1.** *pronom interrogatif*: wer?; wen?; ***de ~*** von wem?; wessen?; ***à ~*** wem?; ***~ est-ce ~?*** wer?; ***~ est-ce***

***que?*** wen?; ***qu'est-ce ~?*** was?; **2.** *pronom relatif*: der, die, das; *pl* die; ***ce ~*** (das) was; ***rien ~*** nichts was; ***~ pis est*** was noch schlimmer ist; ***sauve ~ peut*** rette sich, wer kann; ***je ne sais ~*** ein x-Beliebiger; ***à ~ mieux mieux*** um die Wette; ***aimez ~ vous aime*** liebt den, der euch liebt!; ***ni ~ ni quoi*** überhaupt nichts; **3.** *pronom indéfini*: ***~ que*** (+ *subj*) wer (wen) auch (immer)

**quiche** [kiʃ] *f cuis* ***~ lorraine*** *französischer Speckkuchen*

**quiconque** [kikõk] jeder, der …; jeder (beliebige)

**quiétude** [kjetyd] *litt f* (Seelen-)Ruhe *f*

**quille**[1] [kij] *f Spiel*: Kegel *m*

**quille**[2] [kij] *f mar* (Schiffs-)Kiel *m*

**quincaillerie** [kɛ̃kɑjri] *f* Eisenwaren *f/pl* und Küchengeräte *n/pl*; *magasin*: Haushaltwarengeschäft *n*

**quinine** [kinin] *f* Chinin *n*

**quinquagénaire** [kɛkaʒenɛr] **1.** *adj* fünfzigjährig; **2.** *m, f* Fünfzigjährige(r) *m, f*

**quintal** [kɛ̃tal] *m* (*pl -aux*) Doppelzentner *m*

**quinte** [kɛ̃t] *f* ***~ (de toux)*** Hustenanfall *m*

**quintessence** [kɛ̃tesɑ̃s] *f* Quintessenz *f*, Hauptinhalt *m*

**quintuple** [kɛ̃typlə] fünffach

**quinzaine** [kɛ̃zɛn] *f jours*: vierzehn Tage *m/pl*, zwei Wochen *f/pl*; ***une ~ de*** etwa fünfzehn

**quinze** [kɛ̃z] fünfzehn; ***~ jours*** vierzehn Tage; ***le ~ (du mois)*** der Fünfzehnte (des Monats); ***demain en ~*** morgen in vierzehn Tagen

**quittance** [kitɑ̃s] *f* Quittung *f*; ***donner ~ de qc*** etw (*acc*) quittieren

**quitte** [kit] *dette*: quitt, nichts schuldig; *situation, obligation désagréable*: frei, befreit (***de qc*** von etw); ***~ à*** (+ *inf*) auf die Gefahr hin, dass

**quitter** [kite] (*1a*) *endroit, personne*: verlassen; *activité*: aufgeben; *vêtement*: ablegen; ***se ~*** sich trennen, auseinandergehen; *tél* ***ne quittez pas!*** bitte bleiben Sie am Apparat!

**qui-vive** [kiviv] **1.** *mil* ***~?*** wer da?; **2.** ***être*** *od* ***se tenir sur le ~*** aufpassen, auf der Hut sein

**quoi** [kwa] **1.** was?; **2.** ***à ~*** wozu, woran; ***après ~*** worauf(hin); ***de ~*** wovon; ***sans ~*** sonst, andernfalls; ***à ~ bon?*** wozu?; ***avoir de ~ vivre*** genug zum Leben haben; ***il a de ~*** er hat Geld; ***(il n'y a) pas de ~!*** keine Ursache!, bitte!; **3.** ***~ que*** (+ *subj*) was auch (immer); ***~ qu'il en soit*** wie dem auch sei

**quoique** [kwakə] *conj* (+ *subj*) obgleich, obwohl

**quolibet** [kɔlibɛ] *m* Stichelei *f*, Anzüglichkeit *f*

**quote-part** [kɔtpar] *f* (*pl quotes-parts*) Anteil *m*

**quotidien, ~ne** [kɔtidjɛ̃, -ɛn] **1.** *adj* täglich; **2.** *m* Tageszeitung *f*

# R

**r.** *abr* ***rue*** Straße

**R.** *abr* ***recommandé*** Einschreiben

**rabâcher** [rabaʃe] (*1a*) immer dasselbe sagen

**rabais** [rabɛ] *m* Rabatt *m*, Ermäßigung *f*

**rabaisser** [rabɛse] (*1b*) herabsetzen, schmälern

**rabattre** [rabatrə] (*4a*) *v/t siège, couvercle*: herunterklappen; *manches*: umschlagen, umlegen; *pli*: legen; *gibier*: treiben; ***~ trois euros*** drei Euro nachlassen; *v/i* ***en ~*** Abstriche machen, zurückstecken; *fig* ***se ~ sur*** zurückgreifen auf (*acc*), vorliebnehmen mit

**râblé, ~e** [rɑble] untersetzt, stämmig

**rabot** [rabo] *m* Hobel *m*; **~er** [-ɔte] (*1a*) (be-, ab)hobeln

**raboteu|x, ~se** [rabɔtø, -z] *surface*: rau, uneben; *chemin*: holp(e)rig (*a fig*)

**rabougri, ~e** [rabugri] verkümmert, verkrüppelt

**rabrouer** [rabrue] (*1a*) ***~ qn*** j-n anfahren, anherrschen

**racaille** [rakaj] *f* Pack *n*, Gesindel *n*

**raccommod|age** [rakɔmɔdaʒ] *m* Ausbesserung *f*, Flicken *n*; **~er** (*1a*) flicken, ausbessern, stopfen

**raccompagner** [rakõpaɲe] (*1a*) zurückbegleiten, -bringen
**raccord** [rakɔr] *m* Verbindung(sstück) *f(n)*; *film*: Übergang *m*; *tech* Nippel *m*
**raccord|ement** [rakɔrdəmɑ̃] *m* Verbindung *f*; **~er** (*1a*) verbinden; *tech* anschließen
**raccourc|i**, **~ie** [rakursi] **1.** *adj* ge-, verkürzt; ***en raccourci*** in Kurzform; **2.** *m* Verkürzung *f*; *chemin*: Abkürzung *f*; **~ir** (*2a*) *v/t* verkürzen; *chemin*: abkürzen; *robe*: kürzer machen; *v/i* kürzer werden
**raccrocher** [rakrɔʃe] (*1a*) wieder aufhängen; *téléphone*: auflegen; ***se ~ à*** sich (an)klammern an (*acc*)
**race** [ras] *f* Rasse *f*; *ascendance* Geschlecht *n*; *péj* Sippschaft *f*
**rachat** [raʃa] *m* Rückkauf *m*; *détenu*: Loskauf *m*
**racheter** [raʃte] (*1e*) zurückkaufen; *détenu*: los-, freikaufen; *fig faute*: wieder gutmachen; *rel* erlösen
**racial**, **~e** [rasjal] (*m/pl -aux*) rassisch, Rassen…
**racine** [rasin] *f* Wurzel *f* (*a fig u math*); ***prendre ~*** Wurzeln schlagen
**rac|isme** [rasismə] *m* Rassenideologie *f*, Rassismus *m*; **~iste 1.** *adj* rassistisch; **2.** *m*, *f* Rassist(in) *m(f)*
**racket** [rakɛt] *m* organisierte Erpressung *f*
**racl|ée** [rɑkle] F *f* Tracht *f* Prügel; **~er** (*1a*) schaben, abkratzen; *trottoir*: streifen; ***se ~ la gorge*** sich räuspern; **~ette** [-ɛt] *f tech* Kratz-, Schabeisen *n*; *cuis* Raclette *f od n*
**racoler** [rakɔle] (*1a*) *péj* anwerben, fangen
**raconter** [rakõte] (*1a*) erzählen (***qc*** [von] etw); *fait réel*: berichten (***qc*** von etw)
**radar** [radar] *m* Radar(anlage *f*, -gerät *n*) *n*
**rade** [rad] *f mar* Reede *f*
**radeau** [rado] *m* (*pl -x*) Floß *n*
**radial**, **~e** [radjal] (*m/pl -aux*) radial, strahlenförmig; ***pneu*** *m* ***à carcasse radiale*** Gürtelreifen *m*
**radia|teur** [radjatœr] *m* Heizkörper *m*, Radiator *m*; *auto* Kühler *m*; **~tion** *f phys* Strahlung *f*; *liste*, *facture*: Streichung *f*
**radical**, **~e** [radikal] (*m/pl -aux*) **1.** *adj* radikal; **2.** *m gr* Stamm *m*; *math* Wurzelzeichen *n*; *pol* Radikalsozialist *m*
**radier** [radje] (*1a*) (aus)streichen
**radieu|x**, **~se** [radjø, -z] strahlend (*a fig*)
**radin** (*f a* **radine**) [radɛ̃, radin] F knauserig
**radio** [radjo] **1.** *f* Rundfunk *m*, Radio *n*, Hörfunk *m*; ***~ libre*** Privatsender *m*; **2.** *f radiographie* Röntgenaufnahme *f*; **3.** *m radiotélégraphie*: Funker *m*
**radio|actif**, **~active** [radjoaktif, -aktiv] radioaktiv; **~activité** [-aktivite] *f* Radioaktivität *f*; **~cassette** [-kasɛt] *f* Radiorekorder *m*; **~diffuser** [-difyze] (*1a*) (im Rundfunk) übertragen, senden; **~diffusion** [-difyzjõ] *f* Rundfunk *m*; **~graphie** [-grafi] *f procédé*: Röntgenaufnahme *f*; *photo*: Röntgenbild *n*; **~graphier** [-grafje] (*1a*) röntgen; **~logie** [-lɔʒi] *f* Röntgenkunde *f*, Radiologie *f*; **~phonique** [-fɔnik] Radio…, (Rund-)Funk…; **~reportage** [-rəpɔrtaʒ] *m* Funkreportage *f*; **~scopie** [-skɔpi] *f* Durchleuchtung *f*; **~télévisé(e)** [-televise] Funk- und Fernseh…; **~thérapie** [-terapi] *f* Röntgentherapie *f*, Strahlenbehandlung *f*
**radis** [radi] *m bot* Radieschen *n*; ***~ noir*** Rettich *m*
**radoter** [radɔte] (*1a*) faseln, schwatzen
**radoucir** [radusir] (*2a*) mildern; ***se ~*** *temps*: milder werden
**rafale** [rafal] *f* Windstoß *m*, Bö *f*; *mil* Feuerstoß *m*
**raffermir** [rafɛrmir] (*2a*) *muscles*, *poitrine*: (wieder) festigen, straffen; *fig pouvoir*: stärken
**raffinage** [rafinaʒ] *m tech* Raffinieren *n*, Verfeinerung *f*
**raffin|é**, **~ée** [rafine] verfeinert; *art*: überfeinert; *goût*: erlesen; *style*: gepflegt; *tech* raffiniert; **~ement** [-mɑ̃] *m* Verfeinerung *f*; *astuce* Raffinesse *f*; **~er** (*1a*) *tech* raffinieren; *fig* verfeinern; **~erie** *f tech* Raffinerie *f*
**raffoler** [rafɔle] (*1a*) versessen sein (***de*** auf *acc*)
**rafistoler** [rafistɔle] (*1a*) F flicken, ausbessern
**rafle** [raflə] *f police*: Razzia *f*
**rafler** [rafle] (*1a*) F an sich (*acc*) raffen
**rafraîch|ir** [rafrɛʃir] (*2a*) *v/t mains*: erfrischen; *boisson*: kühlen; *mémoire*:

auffrischen; *v/i* kühler werden; ***se ~*** *température*: kühler werden; *personne*: sich erfrischen; **~issant**, **~issante** [-isɑ̃, -isɑ̃t] erfrischend (*a fig*); **~issement** [-ismɑ̃] *m température*: Abkühlung *f*; *boisson*: Erfrischung *f*

**rag|e** [raʒ] *f* Wut *f*, Raserei *f*; *méd* Tollwut *f*; **~eur**, **~euse** *personne*: jähzornig; *regard*, *voix*: wütend

**ragot** [rago] *m* F Tratsch *m*

**ragoût** [ragu] *m cuis* Ragout *n*

**raid** [rɛd] *m mil* Einfall *m*; *aérien*: Luftangriff *m*

**raid|e** [rɛd] *personne*, *membres*: steif (*a fig*); *pente*: steil; P *ivre* stockbesoffen; ***~ mort*** auf der Stelle tot; **~eur** *f personne*, *membres*: Steifheit *f* (*a fig*); *pente*: Steilheit *f*; **~ir** (*2a*) anspannen; ***se ~*** *membres*: steif werden; *fig* trotzen

**raie** [rɛ] *f* **1.** *rayure* Streifen *m*; *cheveux*: Scheitel *m*; **2.** *zo* Rochen *m*

**raifort** [rɛfɔr] *m bot* Meerrettich *m*

**rail** [rɑj] *m* Schiene *f*

**raill|er** [rɑje] (*1a*) verspotten (***qn*** j-n), spotten (***qn*** über j-n); **~erie** *f* Spott *m*; **~eur**, **~euse** spöttisch

**rainure** [renyr] *f tech* Nut *f*, Rille *f*

**raisin** [rɛzɛ̃] *m* (Wein-)Traube(n) *f*(*pl*); ***~ sec*** Rosine *f*

**raison** [rɛzõ] *f intelligence* Vernunft *f*, Verstand *m*; *contraire de tort*: Recht *n*; *cause* Grund *m*, Ursache *f*; *argument* Argument *n*; ***avoir ~*** recht haben; ***avoir ~ de qn*** j-n überwältigen; ***avoir ~ de qc*** etw (*acc*) meistern; ***à ~ de*** zum Preis von; ***à plus forte ~*** umso mehr; ***en ~ de*** auf Grund von; ***~ d'être*** Existenzberechtigung *f*; ***~ d'État*** Staatsräson *f*; ***pour cette ~*** aus diesem Grund, deshalb; ***~ sociale*** Firmenname *m*

**raisonnable** [rɛzɔnablə] vernünftig; *prix*: angemessen

**raisonné**, **~e** [rɛzɔne] durchdacht, überlegt

**raisonn|ement** [rɛzɔnmɑ̃] *m* Überlegung *f*, Gedankengang *m*; *argumentation* Beweisführung *f*; *faculté* Urteilskraft *f*; **~er** (*1a*) *v/i argumenter* argumentieren; *penser* nachdenken; *répliquer* widersprechen; *v/t* ***~ qn*** j-m gut zureden

**rajeunir** [rajœnir] (*2a*) *v/t personne*: jünger machen; *pensée*, *thème*: neu beleben; *v/i* jünger werden *od* aussehen

**rajouter** [raʒute] (*1a*) hinzufügen

**rajust|ement** [raʒystəmɑ̃] *m* Angleichung *f*; **~er** (*1a*) *salaires*, *prix*: angleichen; *cravatte*, *lunettes*: zurechtrücken; *coiffure*: wieder in Ordnung bringen

**ralent|i** [ralɑ̃ti] *m auto* Leerlauf *m*; *film*: Zeitlupe *f*; *fig* ***au ~*** mit verminderter Kraft; **~ir** (*2a*) *v/t* verlangsamen; *v/i voiture*: langsamer werden, fahren

**râler** [rɑle] (*1a*) röcheln; F nörgeln

**rallier** [ralje] (*1a*) *mil* sammeln; *fig* vereinen; *rejoindre* sich anschließen (***qn*** j-m); ***se ~ à*** sich anschließen an (*acc*)

**rallong|e** [ralõʒ] *f* Verlängerungsstück *n*; *él* Verlängerungsschnur *f*; **~er** (*1l*) verlängern

**rallye** [rali] *m* Rallye *f*, Sternfahrt *f*

**ramass|age** [ramasaʒ] *m* Sammeln *n*; ***car*** *m* ***de ~ scolaire*** Schulbus *m*; **~er** (*1a*) *ce qui est par terre*: aufheben; *recueillir* (ein)sammeln; F *maladie*, *coup*: erwischen; **~is** [-i] *m péj* Haufen *m*

**rambarde** [rɑ̃bard] *f* Geländer *n*; *mar* Reling *f*

**rame** [ram] *f* Ruder *n*; *métro*: Zug *m*

**rameau** [ramo] *m* (*pl -x*) Zweig *m* (*a fig*); *rel* ***les* ℛ*x*** Palmsonntag *m*

**ramener** [ramne] (*1d*) zurück-, wiederbringen; *apporter* mitbringen; *ordre*: wiederherstellen; ***~ à*** zurückführen auf (*acc*); ***se ~ à qc*** auf etw (*acc*) hinauslaufen

**ram|er** [rame] (*1a*) rudern; **~eur**, **~euse** *m*, *f* Ruderer, -in *m*, *f*

**rami|fication** [ramifikasjõ] *f* Ab-, Verzweigung *f*; **~fier** [-fje] (*1a*) ***se ~*** sich verzweigen (*a fig*)

**ramollir** [ramɔlir] (*2a*) weich machen, aufweichen; ***se ~*** weich werden; *fig* nachlassen

**ramon|er** [ramɔne] (*1a*) fegen; **~eur** *m* Schornsteinfeger *m*

**rampant**, **~e** [rɑ̃pɑ̃, -t] kriechend; *fig* kriecherisch

**ramp|e** [rɑ̃p] *f escalier*: Treppengeländer *n*; *garage*: Auffahrt *f*; *théâtre*: Rampe *f*; ***~ de lancement*** *mil* Abschussrampe *f*; **~er** (*1a*) kriechen (*a fig*)

**rancard** [rɑ̃kar] F *m rendez-vous* Ver-

abredung *f*; *renseignement* Auskunft *f*
**rancart** [rɑ̃kar] *m* ***mettre au ~*** ausrangieren
**rance** [rɑ̃s] ranzig
**rancœur** [rɑ̃kœr] *f* Groll *m*, Verbitterung *f*
**rançon** [rɑ̃sõ] *f* Lösegeld *n*; *fig* Preis *m*
**rancun|e** [rɑ̃kyn] *f* Groll *m*; **~ier**, **~ière** [-je, -jɛr] nachtragend
**randonn|ée** [rɑ̃dɔne] *f* Ausflug *m*, Tour *f*, Wanderung *f*; **~eur** *m* Wanderer *m*
**rang** [rɑ̃] *m* *rangée* Reihe *f*; *niveau* Rang *m*, Stand *m*; *mil* Glied *n*; *fig* ***se mettre sur les ~s*** sich bewerben; ***rentrer dans le ~*** wieder in den Hintergrund treten; ***être au premier ~*** an erster Stelle stehen
**rang|é**, **~ée** [rɑ̃ʒe] *personne*: anständig; *vie*: geregelt; **~ée** *f* Reihe *f*
**ranger** [rɑ̃ʒe] (*1l*) in Ordnung bringen, ordnen; *chambre*: aufräumen; *voiture*: parken; ***se ~*** *s'écarter* beiseitetreten, beiseite fahren; *fig assagir* solide werden; ***se ~ à une opinion*** e-r Ansicht beipflichten
**ranimer** [ranime] (*1a*) *personne*: wieder beleben; *fig courage*, *force*: wieder, neu beleben; *personne*: aufmuntern
**rap** [rap] *m mus* Rap *m*
**rapace** [rapas] **1.** *adj animal*: raubgierig; *personne*: habsüchtig; **2.** *m* Raubvogel *m*
**rapatrié**, **~e** [rapatrije] *m*, *f* Rückwanderer(in) *m(f)*, Umsiedler(in) *m(f)*, Heimkehrer(in) *m(f)*
**rapatriement** [rapatrimɑ̃] *m* Rückführung *f*, Repatriierung *f*
**rapatrier** [rapatrije] (*1a*) rückführen, repatriieren
**râp|e** [rɑp] *f* Reibe *f*; *tech* Raspel *f*; **~er** (*1a*) *cuis* reiben; *bois*: raspeln; ***manteau*** *m* ***râpé*** abgetragener Mantel *m*
**rapetisser** [raptise] (*1a*) *v/t salle*: verkleinern; *robe*: kürzen; *fig mérite*: herabsetzen; *v/i tissu*: eingehen; *personne*: kleiner werden
**rapide** [rapid] **1.** *adj* schnell, rasch; *courant*: reißend; **2.** *m eau*: Stromschnelle *f*; *train*: D-Zug *m*
**rapidité** [rapidite] *f* Schnelligkeit *f*
**rapiécer** [rapjese] (*1f u 1k*) flicken
**rappel** [rapɛl] *m* Zurückrufen *n*; *ambassadeur, envoyé*: Abberufung *f*; *avertissement* Mahnung *f*; *évocation* Erinnerung *f* (**de** an); *écriteau*: Wiederholung *f*; *salaire*: Nachzahlung *f*; ***descendre en ~*** *alpiniste*: sich abseilen
**rappeler** [raple] (*1c*) zurückrufen; *ambassadeur*: abberufen; *téléphoner de nouveau* noch einmal anrufen; *en réponse*: zurückrufen; ***~ qc à qn*** j-m etw ins Gedächtnis zurückrufen, j-n an etw (*acc*) erinnern; ***se ~ qn*** *od* ***qc*** sich (*acc*) an j-n *od* etw erinnern; ***se ~ avoir fait qc*** sich erinnern, etw getan zu haben
**rapport** [rapɔr] *m* **1.** Bericht *m*; *mil* Meldung *f*; *jur* Gutachten *n*; **2.** *lien* Zusammenhang *m*; *proportion* Verhältnis *n*; **~s** *pl relations* Beziehungen *f/pl*; **~s (*sexuels*)** (Geschlechts-)Verkehr *m*; ***par ~ à*** im Verhältnis zu, im Vergleich zu; ***sous le ~ de*** was … betrifft; ***sous tous les ~s*** in jeder Hinsicht; ***en ~ avec*** entsprechend; ***être en ~ avec qn*** mit j-m in Verbindung stehen; **3.** *comm* Ertrag *m*
**rapport|er** [rapɔrte] (*1a*) wiederbringen, zurückbringen; *revenir avec* mitbringen; *produire* einbringen; *relater* berichten; ***se ~ à*** sich beziehen auf (*acc*); ***s'en ~ à qn*** sich auf j-n verlassen; **~eur**, **~euse** *m*, *f* Berichterstatter(in) *m(f)*
**rapproch|ement** [raprɔʃmɑ̃] *m* Annäherung *f* (*a fig*); *analogie* Gegenüberstellung *f*, Vergleich *m*; **~er** (*1a*) *chose*: heranrücken (***de*** an *acc*); *deux choses*: zusammenrücken; *fig* näher bringen; *comparer* gegenüberstellen, vergleichen (***de*** mit); ***se ~*** sich (an)nähern, näher kommen (***de qc*** e-r Sache)
**rapt** [rapt] *m* Entführung *f*
**raquette** [rakɛt] *f* Tennisschläger *m*
**rare** [rɑr] selten, *marchandises*: knapp, rar; *extraordinaire* außergewöhnlich; *peu dense* dünn; ***il est ~ que*** (+ *subj*) *od* ***de*** (+ *inf*) es ist selten, dass
**ras**, **~e** [rɑ, -z] kurz geschnitten; ***à ras bord*** bis an den Rand; ***en rase campagne*** auf dem flachen Land; ***au ras de*** dicht über; F ***en avoir ras le bol*** die Nase voll haben; ***faire table rase*** Tabula rasa, reinen Tisch machen
**rase-mottes** [rɑzmɔt] *m aviat* Tiefflug *m*
**ras|er** [rɑze] (*1a*) *personne*, *menton*: ra-

sieren; *barbe*: abrasieren; *maison*: abreißen; *violemment*: dem Erdboden gleichmachen; **~ *qc*** *frôler* an etw (*dat*) dicht entlangfahren; F **~ *qn*** *ennuyer* j-n anöden; **~oir** *m* **~ (*électrique*)** Rasierapparat *m*
**rassasier** [rasazje] (*1a*) sättigen
**rassembler** [rasɑ̃ble] (*1a*) *personnes*: (ver)sammeln; *informations*: sammeln, zusammentragen, -stellen
**rasseoir** [raswar] (*3l*) wieder hinsetzen; ***se ~*** sich wieder hinsetzen
**rassis**, **~e** [rasi, -z] altbacken; *fig* gesetzt, besonnen
**rassurer** [rasyre] (*1a*) beruhigen
**rat** [ra] *m zo* Ratte *f*
**ratatiner** [ratatine] (*1a*) ***se ~*** zusammenschrumpfen
**rate** [rat] *f anat* Milz *f*
**raté**, **~e** [rate] **1.** *adj* misslungen, verfehlt; **2.** *m personne*: Versager *m* (*a fig*); *auto* Fehlzündung *f*
**râteau** [rɑto] *m* (*pl -x*) *agr* Rechen *m*, Harke *f*
**rater** [rate] (*1a*) *v/t cible*: verfehlen; *personne*, *train*: verpassen; *v/i arme*: versagen; *projet*: misslingen; ***~ un examen*** durchfallen
**ratification** [ratifikasjõ] *f pol* Ratifizierung *f*
**ration** [rasjõ] *f* Ration *f*; *fig* Anteil *m*
**rationalis|ation** [rasjɔnalizasjõ] *f* Rationalisierung *f*; **~er** (*1a*) rationalisieren
**rationnel**, **~le** [rasjɔnɛl] rational; *méthode*, *organisation*: zweckmäßig, rationell
**rationnement** [rasjɔnmɑ̃] *m* Rationierung *f*
**Ratisbonne** [ratisbɔn] Regensburg *n*
**ratisser** [ratise] (*1a*) harken, rechen; *fouiller* durchkämmen
**RATP** [ɛratepe] *f abr* ***Régie autonome des transports parisiens*** *Pariser Verkehrsbetriebe*
**rattacher** [rataʃe] (*1a*) *attacher de nouveau* wieder anbinden; *idées*: verknüpfen; *fil électrique*: anschließen; ***se ~*** sich anschließen (***à*** an *acc*)
**rattraper** [ratrape] (*1a*) *animal*: wieder einfangen; *fugitif*: wieder ergreifen; *objet qui tombe*: auffangen; *voiture*, *cycliste*: einholen; *retard*: aufholen; *occasion perdue*: nachholen
**raturer** [ratyre] (*1a*) aus-, durchstreichen
**rauque** [rok] heiser, rau
**ravag|e** [ravaʒ] *m le plus souvent au pl* ***~s*** Verwüstungen *f/pl*, Verheerungen *f/pl*; **~er** (*1l*) verwüsten, verheeren
**ravaler** [ravale] (*1a*) *façade*: (neu) verputzen, reinigen; *avaler de nouveau* (wieder) hinunterschlucken (*a fig*); *fig déprécier* herabwürdigen
**rave** [rav] *f* Rübe *f*
**ravi**, **~e** [ravi] entzückt (***de*** über *acc*)
**ravin** [ravɛ̃] *m* Schlucht *f*
**ravir** [ravir] (*2a*) **1.** *enchanter* begeistern, entzücken; **2.** *litt enlever* rauben, entführen
**raviser** [ravize] (*1a*) ***se ~*** sich anders besinnen
**raviss|ant**, **~ante** [ravisɑ̃, -ɑ̃t] entzückend; **~eur**, **~euse** *m*, *f* Entführer(in) *m*(*f*)
**ravitaill|ement** [ravitajmɑ̃] *m* Lebensmittelversorgung *f*; *mil* Nachschub *m*; **~er** (*1a*) mit Nachschub, mit Lebensmitteln versorgen
**raviver** [ravive] (*1a*) neu beleben
**ray|é**, **~ée** [rɛje] gestreift; *papier*: liniert; *verre*, *carrosserie*: verschrammt; **~er** (*1i*) *meuble*, *carrosserie*: zerkratzen; *mot*: aus-, durchstreichen
**rayon** [rɛjõ] *m* Strahl *m* (*a phys*); *math* Radius *m*; *roue*: (Rad-)Speiche *f*; *étagère*: Fach *n*, Brett *n*; *magasin*: Abteilung *f*; ***~s X*** Röntgenstrahlen *m/pl*; ***~ de braquage*** *auto* Wendekreis *m*
**rayonn|ant**, **~ante** [rɛjɔnɑ̃, -ɑ̃t] strahlend; **~ement** [-mɑ̃] *m phys* Strahlung *f*; *fig* Ausstrahlung *f*; **~er** (*1a*) *v/i chaleur*, *douleur*: ausstrahlen; *visage*: strahlen; *faire des excursions* Ausflüge in die Umgebung machen
**rayure** [rejyr] *f* Streifen *m*; *meuble*, *verre*: Kratzer *m*
**raz** [rɑ] *m* ***~ de marée*** Flutwelle *f*; *fig* Flut *f*; *pol* Erdrutsch *m*
**R.C.** *m abr* ***registre du commerce*** Handelsregister *n*
**RDA** [ɛrdea] *f* (*abr* ***République démocratique allemande***) *hist* DDR *f*
**re...** [r(ə)] *in Zssgn* wieder, noch einmal
**ré** [re] *m mus* d *od* D *n*
**réacteur** [reaktœr] *m phys* Reaktor *m*; *aviat* Düse(ntriebwerk) *f*(*n*); ***~ nucléaire*** Kernreaktor *m*

**réaction** [reaksjõ] *f* Reaktion *f*; ***avion** m* ***à ~*** Düsenflugzeug *n*
**réactionnaire** [reaksjɔnɛr] **1.** *adj* rückschrittlich, reaktionär; **2.** *m*, *f* Reaktionär(in) *m(f)*
**réagir** [reaʒir] (*2a*) ***~ à*** reagieren auf (*acc*); ***~ contre*** sich wehren gegen (*acc*)
**réajuster** [reaʒyste] (*1a*) → ***rajuster***
**réalis|able** [realizablə] ausführbar; **~ateur**, **~atrice** [-atœr, -atris] *m*, *f* Filmregisseur(in) *m(f)*; **~ation** *f* Verwirklichung *f*, Realisierung *f*; *contrat*: Erfüllung *f*; *acquisition* Errungenschaft *f*; *film*: Regie *f*
**réaliser** [realize] (*1a*) **1.** verwirklichen, realisieren; *souhait*: erfüllen; *vente*: tätigen; *film*: produzieren; *bien*, *capital*: zu Geld machen; **2.** *se rendre compte* begreifen, erfassen
**réal|isme** [realismə] *m* Realismus *m*; **~iste** **1.** *adj* realistisch; **2.** *m* Realist *m*; **~ité** *f* Wirklichkeit *f*; *fait réel* Tatsache *f*; ***en ~*** in Wirklichkeit
**réanim|ation** [reanimasjõ] *f méd* Wiederbelebung *f*; ***service** m* ***de ~*** Intensivstation *f*; **~er** (*1a*) wieder beleben
**réapparaître** [reaparɛtrə] (*4z*) wieder erscheinen
**réarmement** [rearməmɑ̃] *m* (Wieder-) Aufrüstung *f*
**rébarbati|f**, **~ve** [rebarbatif, -iv] abweisend, mürrisch; *thème*: trocken
**rebattu**, **~e** [r(ə)baty] abgedroschen
**rebell|e** [rəbɛl] **1.** *adj* aufrührerisch, aufsässig; ***être ~ à*** sich widersetzen (*dat*); **2.** *m*, *f* Rebell(in) *m(f)*; **~er** (*1a*) ***se ~*** sich auflehnen (***contre*** gegen *acc*)
**rébellion** [rebɛljõ] *f* Aufstand *m*, Rebellion *f*
**rebond|i**, **~ie** [r(ə)bõdi] prall, rund; **~ir** (*2a*) *ballon*: zurück-, abprallen; *fig* wieder in Gang kommen; **~issement** [-ismɑ̃] *m fig* Wiederaufleben *n*
**rebord** [r(ə)bɔr] *m* Rand *m*, Kante *f*
**rebours** [r(ə)bur] *m* ***à ~*** rückwärts; *fig* verkehrt; ***à ~ de*** im Gegensatz zu; ***compte** m* ***à ~*** Count-down *m*
**rebrousser** [r(ə)bruse] (*1a*) ***~ chemin*** umkehren
**rébus** [rebys] *m* Bilderrätsel *n*
**rebut** [r(ə)by] *m* Ausschuss *m*; *fig* Abschaum *m*; ***mettre au ~*** ausrangieren
**rebuter** [r(ə)byte] (*1a*) *manières*: abstoßen; *travail*: abschrecken
**récalcitrant**, **~e** [rekalsitrɑ̃, -t] störrisch, widerspenstig
**récapituler** [rekapityle] (*1a*) kurz wiederholen, zusammenfassen
**recel** [rəsɛl] *m jur* Hehlerei *f*; **~eur**, **~euse** [rəslœr, -øz] *m*, *f jur* Hehler(in) *m(f)*
**récemment** [resamɑ̃] *adv* kürzlich, neulich
**recens|ement** [r(ə)sɑ̃smɑ̃] *m* (Volks-) Zählung *f*; **~er** (*1a*) *population*: zählen
**récent**, **~e** [resɑ̃, -t] neu; *passé*: jüngste
**récépissé** [resepise] *m* Empfangsschein *m*, -bestätigung *f*, Quittung *f*
**récepteur** [resɛptœr] *m tech* Empfänger *m*, Empfangsgerät *n*; *tél* Hörer *m*
**réception** [resɛpsjõ] *f lettre*, *invité*: Empfang *m*; *hôtel*, *firme*: Rezeption *f*; *marchandises*: Annahme *f*
**récession** [resesjõ] *f écon* Rezession *f*
**recette** [r(ə)sɛt] *f* **1.** *comm* Einnahme *f*, Ertrag *m*; ***~ des finances*** Finanzamt *n*; **2.** *cuis u fig* Rezept *n*
**recev|eur**, **~euse** [rəsvœr, -øz] *m*, *f autobus*: Schaffner(in) *m(f)*; *m impôts*: Finanzbeamte(r) *m*; *poste*: Vorsteher *m*; *méd* Empfänger *m* (*e-s Organs etc*); **~oir** [rəsvwar, rsəvwar] (*3a*) bekommen, erhalten; *invité*: empfangen; ***être reçu à un examen*** e-e Prüfung bestehen
**rechang|e** [r(ə)ʃɑ̃ʒ] *m* ***... de ~*** Ersatz..., Reserve...; **~er** (*1l*) auswechseln
**réchapper** [reʃape] (*1a*) ***~ à qc*** etw (*acc*) glücklich überstehen
**recharger** [r(ə)ʃarʒe] (*1l*) *camion*: wieder beladen; *arme*: wieder laden
**réchaud** [reʃo] *m* Kocher *m*
**réchauffer** [reʃofe] (*1a*) auf-, erwärmen
**rêche** [rɛʃ] *laine*, *peau*: rau; *fig* widerborstig
**recherch|e** [r(ə)ʃɛrʃ] *f* Suche *f*; *scientifique*: Forschung *f*; *bonheur*, *avantages*: Streben *n* (***de*** nach); *bon goût* feiner Geschmack *m*; *péj* Geziertheit *f*; ***~ par texte complet*** *EDV* Volltextsuche *f*; **~s** *pl police*: Nachforschungen *f/pl*; **~é**, **~ée** begehrt; *raffiné* erlesen; *péj* affektiert; **~er** (*1a*) suchen; *criminel*: fahnden (***qn*** nach j-m); *causes*, *effets*: erforschen; *bonheur*, *perfection*: streben nach

**rechute** [r(ə)ʃyt] *f méd u fig* Rückfall *m*
**récidive** [residiv] *f jur u fig* Rückfall *m*
**récif** [resif] *m géogr* Riff *n*
**récipient** [resipjɑ̃] *m* Behälter *m*
**récipro|cité** [resiprɔsite] *f* Gegenseitigkeit *f*; **~que** [-k] gegenseitig
**récit** [resi] *m* Erzählung *f*
**récit|al** [resital] *m* (*pl* -als) Konzert *n*; **~er** (*1a*) hersagen, vortragen
**réclamation** [reklamasjõ] *f* Reklamation *f*, Beschwerde *f*
**réclam|e** [reklam] *f* Werbung *f*, Reklame *f*; **~er** (*1a*) *secours, aumône*: dringend bitten (***qc de qn*** j-n um etw); *son dû, sa part*: (zurück)verlangen; *nécessiter* erfordern; ***se ~ de*** sich berufen auf (*acc*)
**reclus**, **~e** [rəkly, -yz] zurückgezogen
**réclusion** [reklyzjõ] *f* Zuchthaus *n*; *peine*: Zuchthausstrafe *f*
**recoin** [rəkwɛ̃] *m* verborgener Winkel *m*, Schlupfwinkel *m*
**récolt|e** [rekɔlt] *f* Ernte *f* (*a fig*); **~er** (*1a*) ernten
**recommand|able** [rəkɔmɑ̃dablə] empfehlenswert; **~ation** *f* Empfehlung *f*; ***lettre*** *f* ***de ~*** Empfehlungsschreiben *n*; **~é** *m lettre*: Einschreiben *n*; **~er** (*1a*) empfehlen (***qc à qn*** j-m etw); *lettre*: einschreiben lassen; ***se ~ par*** sich auszeichnen durch; ***se ~ de qn*** sich auf j-n berufen
**recommencer** [r(ə)kɔmɑ̃se] (*1k*) wieder (*od* von vorn) anfangen (***qc*** etw; ***à*** + *inf* zu + *inf*)
**récompens|e** [rekõpɑ̃s] *f* Belohnung *f*; **~er** (*1a*) belohnen (***de*** für)
**réconcili|ation** [rekõsiljasjõ] *f* Ver-, Aussöhnung *f*; **~er** (*1a*) versöhnen; *fig* (wieder) in Einklang bringen
**reconduire** [r(ə)kõdɥir] (*4c*) zurückbringen, -begleiten; *jur* verlängern, erneuern
**réconfort** [rekõfɔr] *m* Trost *m*; **~er** (*1a*) trösten
**reconnaissable** [r(ə)kɔnɛsablə] wieder zu erkennen
**reconnaiss|ance** [r(ə)kɔnɛsɑ̃s] *f droit, état*: Anerkennung *f*; *mémoire*: (Wieder-)Erkennung *f*; *gratitude* Dankbarkeit *f*; ***~ vocale*** *EDV* Spracherkennung *f*; **~ant**, **~ante** [-ɑ̃, -ɑ̃t] dankbar (***de*** für)
**reconnaître** [r(ə)kɔnɛtrə] (*4z*) *objet, personne*: (wieder) erkennen (***à*** an *dat*); *état, chef*: anerkennen; *faute*: eingestehen, einsehen; ***se ~*** *se retrouver* sich zurechtfinden
**reconnu**, **~e** [r(ə)kɔny] *p/p de* ***reconnaître*** *u adj* anerkannt
**reconquérir** [r(ə)kõkerir] (*2l*) zurück-, wiedererobern; *fig* wiedererlangen
**reconstituer** [r(ə)kõstitɥe] (*1a*) *ville, maison*: wieder aufbauen; *événement*: rekonstruieren
**reconstr|uction** [r(ə)kõstryksjõ] *f* Wiederaufbau *m*; **~uire** [-ɥir] (*4c*) wieder aufbauen
**reconversion** [r(ə)kõvɛrsjõ] *f* Umschulung *f*
**reconvertir** [r(ə)kõvɛrtir] (*2a*) ***se ~*** umschulen
**record** [r(ə)kɔr] *m* Rekord *m*
**recoupement** [r(ə)kupmɑ̃] *m math* Überschneidung *f*; *témoignages*: Übereinstimmung *f*
**recourbé**, **~e** [r(ə)kurbe] gebogen, krumm
**recourir** [r(ə)kurir] (*2i*) ***~ à qn*** sich an j-n wenden; ***~ à qc*** zu etw greifen
**recours** [r(ə)kur] *m* Ausweg *m*, Zuflucht *f*; *jur* Berufung *f*; ***~ à la violence*** Gewaltanwendung *f*; ***avoir ~ à qc*** zu etw greifen; ***en dernier ~*** als letztes Mittel
**recouvrer** [r(ə)kuvre] (*1a*) wiedererlangen; *impôts*: eintreiben
**recouvrir** [r(ə)kuvrir] (*2f*) wieder bedecken; *fauteuil*: überziehen (***de*** mit); *couvrir entièrement* bedecken; *cacher* verdecken; *correspondre à* umfassen
**récréation** [rekreasjõ] *f* Erholung *f*, Entspannung *f*
**récrier** [rekrije] (*1a*) ***se ~*** lauthals protestieren (***contre*** gegen)
**récrimination** [rekriminasjõ] *f le plus souvent au pluriel* **~s** Vorwurf *m*
**recroqueviller** [r(ə)krɔkvije] (*1a*) ***se ~*** *papier, cuir*: zusammenschrumpfen; *personne*: sich krümmen
**recrue** [r(ə)kry] *f mil* Rekrut *m*
**recrut|ement** [r(ə)krytmɑ̃] *m mil* Einberufung *f*; *personnel*: Rekrutierung *f*, Einstellung *f*; **~er** (*1a*) *mil* einberufen; *personnel*: rekrutieren, einstellen
**rectangle** [rɛktɑ̃glə] *m* Rechteck *n*
**rectangulaire** [rɛktɑ̃gylɛr] rechteckig

**recteur** [rɛktœr] *m* (Hochschul-)Rektor *m*

**recti|fier** [rɛktifje] (*1a*) begradigen; *fig* berichtigen; **~ligne** [-liɲ] geradlinig

**recto** [rɛkto] *m feuille*: Vorderseite *f*

**rectum** [rɛktɔm] *m* Mastdarm *m*

**reçu** [r(ə)sy] **1.** *p/p de* ***recevoir***; **2.** *m* Quittung *f*

**recueil** [r(ə)kœj] *m* Sammlung *f*

**recueill|ement** [r(ə)kœjmɑ̃] *m* Andacht *f*; **~ir** (*2c*) (ein)sammeln; *eau*: auffangen; *personne*: (bei sich) aufnehmen; ***se ~*** sich (innerlich) sammeln

**recul** [r(ə)kyl] *m armée*: Zurückweichen *n*; *production*, *chômage*: Rückgang *m*; *fig* Abstand *m*

**recul|é**, **~ée** [r(ə)kyle] abgelegen; *passé*: lang zurückliegend; **~er** (*1a*) *v/t* zurücksetzen, -schieben; *échéance*, *décision*: aufschieben; *v/i* zurückweichen, -gehen; *voiture*: zurückfahren; *fig se dérober* zurückschrecken (***devant*** vor *dat*); **~ons** [-õ] ***à ~*** rückwärts

**récupérer** [rekypere] (*1f*) *v/t* wiedererlangen; *vieux matériel*: wieder verwerten; *v/i* sich erholen

**récurer** [rekyre] (*1a*) scheuern

**récuser** [rekyze] (*1a*) *jur* ablehnen; *témoignage*, *argument*: zurückweisen

**recycl|age** [r(ə)siklaʒ] *m personnel*: Umschulung *f*; *tech* Wiederverwertung *f*, Recycling *n*; **~er** (*1a*) umschulen; *tech* wieder verwenden, -verwerten

**rédac|teur** [redaktœr] *m* Redakteur *m*; **~tion** *f* Abfassung *f*; *rédacteurs* Redaktion *f*

**reddition** [rɛdisjõ] *f mil* Übergabe *f*

**redescendre** [r(ə)desɑ̃drə] (*4a*) **1.** *v/i* wieder herunterkommen, -steigen; *voiture*: wieder herunterfahren; *baromètre*: (wieder) fallen; **2.** *v/t* wieder herunterholen; *montagne*: wieder hinabsteigen

**redev|able** [rədvablə] ***être ~ de qc à qn*** j-m etw (*acc*) schuldig sein; *fig* j-m für etw zu Dank verpflichtet sein; **~ance** *f* Gebühr *f*

**rédiger** [rediʒe] (*1l*) ver-, abfassen

**redire** [r(ə)dir] (*4m*) *répéter* noch einmal sagen; *rapporter* weitersagen; ***trouver à ~ à tout*** an allem etw auszusetzen haben

**redondance** [r(ə)dõdɑ̃s] *f* Redundanz *f*

**redonner** [r(ə)dɔne] (*1a*) (wieder) zurückgeben; *fig* ***~ dans*** erneut verfallen in (*acc*)

**redoubler** [r(ə)duble] (*1a*) *v/t* verdoppeln; *v/i* sich verstärken; ***~ d'efforts*** seine Anstrengungen verdoppeln

**redout|able** [r(ə)dutablə] furchtbar; **~er** (*1a*) ***~ qc*** etw fürchten, sich vor etw (*dat*) fürchten; ***~ que*** (+ *subj*) sich davor fürchten, dass; ***~ de*** (+ *inf*) sich davor fürchten zu

**redresser** [r(ə)drɛse] (*1b*) *ce qui est courbe*: gerade richten; *ce qui est tombé*: wieder aufrichten; *fig économie*: wieder beleben; ***se ~*** *pays*: wieder hochkommen

**réduction** [redyksjõ] *f dépenses*, *production*: Reduzierung *f*, Einschränkung *f*; *impôts*: Herabsetzung *f*; *billet*, *prix*: Ermäßigung *f*; ***~ d'emploi*** Stellenabbau *m*

**réduire** [redɥir] (*4c*) *dépenses*, *production*: reduzieren, einschränken; *impôts*: herabsetzen; *personnel*: abbauen; *format*: verkleinern; *vitesse*: drosseln; ***~ qn à qc*** j-n zu etw zwingen; ***~ qc à qc*** etw auf etw (*acc*) beschränken; ***~ en morceaux*** in Stücke schlagen; ***se ~ à*** sich beschränken (lassen) auf (*acc*); ***se ~ en*** sich verwandeln in (*acc*)

**réduit**, **~e** [redɥi, -t] **1.** *adj possibilités*: beschränkt; *prix*: ermäßigt; *échelle*: verkleinert; **2.** *m* kleiner Raum *m*, Verschlag *m*

**rééditer** [reedite] (*1a*) neu herausgeben

**rééducation** [reedykasjõ] *f méd* Rehabilitation *f*, Heilgymnastik *f*

**réel**, **~le** [reɛl] wirklich, real

**réélection** [reelɛksjõ] *f* Wiederwahl *f*

**réévalu|er** [reevalɥe] (*1n*) *écon* aufwerten; **~ation** [-asjõ] *f* Aufwertung *f*

**réexpédier** [reɛkspedje] (*1a*) weiterbefördern; *courrier*: nachsenden

**refaire** [r(ə)fɛr] (*4n*) *faire de nouveau* noch einmal machen; *transformer* umarbeiten; *remettre en état* ausbessern; ***se ~ une santé*** F sich erholen

**réfection** [refɛksjõ] *f* Ausbesserung *f*, Renovierung *f*

**réfectoire** [refɛktwar] *m* Speisesaal *m*

**référence** [referɑ̃s] *f* **1.** Bezugnahme *f*;

***ouvrage*** *m* ***de*** **~** Nachschlagewerk *n*; ***par*** **~** ***à*** gemäß; **2.** **~*s*** *pl recommandation* Referenzen *f/pl*

**référendum** [referɛ̃dɔm] *m* Volksentscheid *m*, -abstimmung *f*

**référer** [refere] (*1f*) ***en*** **~** ***à qn*** j-m den Fall unterbreiten; ***se*** **~** ***à*** sich beziehen, berufen auf (*acc*)

**refiler** [r(ə)file] (*1a*) F **~** ***qc à qn*** j-m etw andrehen

**réfléch|i**, **~ie** [refleʃi] überlegt; *gr* reflexiv; **~ir** (*2a*) **1.** *v/t* reflektieren, zurückwerfen; **2.** *v/i* **~** ***à, sur qc*** etw (*acc*) überlegen, über etw (*acc*) nachdenken

**réflecteur** [reflɛktœr] *m* Reflektor *m*

**reflet** [r(ə)flɛ] *m lumière*: Reflex *m*; *eau, miroir*: Spiegelbild *n*; *fig* Abglanz *m*

**refléter** [r(ə)flete] (*1f*) widerspiegeln (*a fig*)

**réflexe** [reflɛks] *m physiologie*: Reflex *m*; *automobiliste, sportif*: Reflex *m*, Reaktion *f*

**réflexion** [reflɛksjõ] *f* **1.** *phys* Spiegelung *f*, Reflexion *f*; **2.** *fait de penser* Überlegung *f*, Nachdenken *n*; *remarque* Äußerung *f*

**refluer** [r(ə)flye] (*1a*) zurückfließen

**reflux** [r(ə)fly] *m* Ebbe *f*

**réforma|teur**, **~trice** [refɔrmatœr, -tris] **1.** *adj* reformerisch, reformatorisch; **2.** *m, f* Reformer(in) *m(f)*; *m rel* Reformator *m*

**réform|e** [refɔrm] *f* Reform *f*; *mil* Entlassung *f* (wegen Dienstunfähigkeit); **~** ***monétaire*** Währungsumstellung *f*; **~** ***de l'orthographe*** Rechtschreibreform *f*; *hist* ***la*** ☊ die Reformation; **~é**, **~ée** *rel* reformiert; *mil* dienstunfähig; **~er** (*1a*) reformieren; *mil* ausmustern

**refoul|é**, **~ée** [r(ə)fule] *psych*: verdrängt; *personne*: verklemmt; **~ement** [-mɑ̃] *m* Zurückdrängen *n*; *psych* Verdrängung *f*; **~er** (*1a*) zurückdrängen; *psych* verdrängen

**réfractaire** [refraktɛr] widerspenstig (***à*** gegenüber); *tech* feuerfest

**refrain** [r(ə)frɛ̃] *m* Refrain *m*

**refréner** [refrene, rə-] (*1f*) zügeln

**réfrigérateur** [refriʒeratœr] *m* Kühlschrank *m*

**refroidir** [r(ə)frwadir] (*1a*) abkühlen (*a fig*); ***se*** **~** *temps*: kälter werden, sich abkühlen; *méd* sich erkälten

**refroidissement** [r(ə)frwadismɑ̃] *m* Abkühlung *f* (*a fig*); *auto* Kühlung *f*; *méd* Erkältung *f*

**refuge** [r(ə)fyʒ] *m abri* Zuflucht(sort) *f(m)*; *piétons*: Verkehrsinsel *f*; *montagne*: (Schutz-)Hütte *f*

**réfugi|é**, **~ée** [refyʒje] *m, f* Flüchtling *m*; **~er** (*1a*) ***se*** **~** (sich) flüchten

**refus** [r(ə)fy] *m* Ablehnung *f*

**refuser** [r(ə)fyze] (*1a*) ablehnen; **~** ***qc à qn*** j-m etw verweigern; **~** ***de*** (+ *inf*) *u* ***se*** **~** ***à*** (+ *inf*) sich weigern zu

**réfuter** [refyte] (*1a*) widerlegen

**regagner** [r(ə)gaɲe] (*1a*) wiedergewinnen; *endroit*: zurückkehren an *od* in (*acc*)

**régal** [regal] *m* (*pl -s*) Leckerbissen *m* (*a fig*); **~er** (*1a*) bewirten (***de*** mit); ***se*** **~** ***de qc*** etw (*acc*) mit Genuss essen

**regard** [r(ə)gar] *m* Blick *m*; ***au*** **~** ***de*** im Hinblick auf (*acc*)

**regarder** [r(ə)garde] (*1a*) ansehen, anschauen, betrachten; *concerner* angehen; **~** ***comme*** betrachten als, halten für; **~** ***à qc*** auf etw (*acc*) achten; **~** ***par la fenêtre*** aus dem Fenster sehen

**régence** [reʒɑ̃s] *f* Regentschaft *f*

**régénérer** [reʒenere] (*1f*) regenerieren; *fig* wieder beleben

**reggae** [rege] *m mus* Reggae *m*

**régie** [reʒi] *f* **1.** *entreprise*: staatlicher Betrieb *m*; **2.** *TV, cinéma*: Regieassistenz *f*

**regimber** [r(ə)ʒɛ̃be] (*1a*) sich sträuben

**régime** [reʒim] *m pol* Regierungsform *f*, -system *n*, *péj* Regime *n*; *jur* Rechtsvorschriften *f/pl*; *méd* Diät *f*; *tech* Drehzahl *f*

**régiment** [reʒimɑ̃] *m* Regiment *n*

**région** [reʒjõ] *f* Gegend *f*, Gebiet *n*, Region *f* (*a fig*); **~al**, **~ale** [-jɔnal](*m/pl -aux*) regional; **~alisation** [-jɔnalizasjõ] *f pol* Regionalisierung *f*, Dezentralisation *f*; **~aliser** (*1a*) *pol* dezentralisieren; **~alisme** *m* Regionalismus *m*

**régir** [reʒir] (*2a*) regeln; *gr* regieren

**régisseur** [reʒisœr] *m* Verwalter *m*; *TV* Aufnahmeleiter *m*

**registre** [r(ə)ʒistrə] *m* Register *n* (*a mus*)

**régl|able** [reglablə] regulierbar, verstellbar; **~age** *m* Regulierung *f*, Einstellung *f*

**réglé**, **~e** [regle] geregelt; *tech* einge-

stellt; *papier*: liniert
**règle** [rɛglə] *f* **1.** *instrument*: Lineal *n*; **2.** *prescription* Regel *f*, Vorschrift *f*; ***de ~*** üblich; ***en ~*** in Ordnung; ***en ~ générale*** in der Regel; **3.** ***~s*** *pl menstruation* Periode *f*, Regel *f*
**règlement** [rɛgləmɑ̃] *m affaire*, *question*: Regelung *f*; *règles* Vorschrift *f*; *comm* Begleichung *f*; *jur* Verordnung *f*
**réglement|aire** [regləmɑ̃tɛr] vorschriftsmäßig; **~ation** *f* gesetzliche Regelung *f*; **~er** (*1a*) gesetzlich regeln; *péj* reglementieren
**régler** [regle] (*1f*) *affaire*: regeln; *tech* regulieren, einstellen; *comm* bezahlen, begleichen; ***se ~ sur*** sich richten nach
**réglisse** [reglis] *f bot* Lakritze *f*
**règne** [rɛɲ] *m* Herrschaft *f*; ***~ animal*** Tierreich *n*
**régner** [reɲe] (*1f*) herrschen (*a fig*); *roi*: regieren
**regorger** [r(ə)gɔrʒe] (*1l*) ***~ de*** voll sein von
**régression** [regrɛsjõ] *f* Rückgang *m*
**regret** [r(ə)grɛ] *m repentir* Bedauern *n*, Reue *f* (***de*** über); *nostalgie* Sehnsucht *f* (***de*** nach); ***à ~*** ungern
**regrett|able** [r(ə)grɛtablə] bedauerlich; **~er** (*1b*) *retard*, *incident*: bedauern; *faute*: bereuen; ***~ que*** (+ *subj*) bedauern, dass; bereuen, dass; ***~ d'avoir fait qc*** bedauern, etw getan zu haben; bereuen, etw getan zu haben; *époque passée*, *personne absente*: nachtrauern (*dat*), (schmerzlich) vermissen
**regrouper** [r(ə)grupe] (*1a*) *reformer* umgruppieren; *réunir* zusammenfassen
**régular|iser** [regylarize] (*1a*) *tech* regulieren; *document*: in Ordnung bringen; **~ité** *f habitudes*: Regelmäßigkeit *f*; *élections*, *mesures*: Korrektheit *f*
**régul|ier**, **~ière** [regylje, -jɛr] regelmäßig; *réglementaire* vorschriftsmäßig; *personne*: ordentlich, korrekt
**réhabilitation** [reabilitasjõ] *f* Rehabilitierung *f*; Sanierung *f*; ***~ des déchets toxiques*** Altlastensanierung *f*
**rehausser** [rəose] (*1a*) erhöhen; *fig* hervorheben
**réimprimer** [reɛ̃prime] (*1a*) nachdrucken
**rein** [rɛ̃] *m anat* Niere *f*; ***~s*** *pl* Kreuz *n*
**reine** [rɛn] *f* Königin *f*
**réintégrer** [reɛ̃tegre] (*1f*) wiedereingliedern; *endroit*: wieder zurückkehren in, an (*acc*)
**réitérer** [reitere] (*1f*) wiederholen
**rejaillir** [r(ə)ʒajir] (*2a*) (auf-, hoch-) spritzen
**rejet** [r(ə)ʒɛ] *m* Ablehnung *f*; *méd* Abstoßung *f*; *bot* Schössling *m*
**rejeter** [rəʒ(ə)te] (*1c*) zurückwerfen; *vomir* erbrechen; *refuser* ablehnen; *personne*: verstoßen; *méd* abstoßen; *bot* treiben; *responsabilité*, *faute*: abwälzen (***sur qn*** auf j-n)
**rejoindre** [r(ə)ʒwɛ̃drə] (*4b*) *personne*, *groupe*: (wieder) einholen, treffen; *endroit*: wieder gelangen zu; ***se ~*** *personnes*: sich (wieder) treffen; *rues*: (wieder) zusammenlaufen
**réjou|ir** [reʒwir] (*2a*) erfreuen, erheitern; ***se ~*** sich freuen (***de*** über; ***que*** + *subj* dass); **~issance** [-wisɑ̃s] *f* Freude *f*, Fröhlichkeit *f*; *pl* ***~s publiques*** Volksfest *n*
**relâch|e** [r(ə)lɑʃ] *f* ***sans ~*** unablässig; **~ement** [-mɑ̃] *m muscles*: Erschlaffung *f*; *corde*, *discipline*: Lockerung *f*; **~er** (*1a*) entspannen, lockern; *prisonnier*: freilassen; ***se ~*** sich lockern; *muscles*: erschlaffen; *discipline*: nachlassen
**relais** [r(ə)lɛ] *m sport*: Staffel(lauf) *f*(*m*); *él* Relais *n*; ***~ routier*** Raststätte *f*; ***prendre le ~ de qn*** j-n ablösen
**relancer** [r(ə)lɑ̃se] (*1k*) zurückwerfen; *fig* wiederankurbeln, wieder beleben
**relater** [r(ə)late] (*1a*) (genau) erzählen
**rela|tif**, **~tive** [r(ə)latif, -tiv] relativ (*a gr*); ***~, relative à qc*** auf etw (*acc*) bezüglich; **~tion** *f rapport* Beziehung *f*, Verhältnis *n*; *ami* Bekannte(r) *m*, *f*; ***~s*** *pl* Beziehungen *f/pl*; ***~s publiques*** Public Relations *pl*
**relativement** [r(ə)lativmɑ̃] *adv* verhältnismäßig, relativ; ***~ à*** im Verhältnis zu
**relax** *od* **relaxe** [r(ə)laks] (relax *unv*) F ungezwungen
**relaxer** [r(ə)lakse] (*1a*) ***se ~*** sich entspannen
**relayer** [r(ə)lɛje] (*1i*) ***~ qn*** j-n ablösen; *TV*, *radio*: übertragen
**reléguer** [r(ə)lege] (*1f*) verbannen, abschieben; ***~ qn au second plan*** j-n in

den Hintergrund drängen
**relent** [r(ə)lɑ̃] *m* übler Geruch *m*
**relevé, ~e** [rəlve] **1.** *adj manche*: hochgezogen; *virage*: überhöht; *style*: gehoben, gewählt; *cuis* pikant; **2.** *m* Verzeichnis *n*, Aufstellung *f*; *compteur*: Stand *m*; ***~ de compte*** Kontoauszug *m*
**relève** [r(ə)lɛv] *f* Ablösung *f*; ***prendre la ~*** (j-n) ablösen, die Nachfolge (von j-m) antreten
**relever** [rəlve] (*1d*) **1.** *enfant*: wieder aufheben; *poteau*: wieder aufrichten; *salaires, prix*: erhöhen; *col*: hochstellen; *cheveux*: hochstecken; *manches*: hochstreifen; *siège*: hochklappen; ***se ~*** wieder aufstehen; *fig* sich wieder erholen; **2.** *faute*: feststellen, aufdecken; *adresse, date*: notieren; *compteur*: ablesen; **3.** *relayer* ablösen; **4.** ***~ de*** in die Zuständigkeit von … fallen
**relief** [rəljɛf] *m* Relief *n*; *pneu*: Profil *n*; ***en ~*** plastisch; *fig* ***avoir du ~*** anschaulich sein; ***mettre en ~*** hervorheben
**reli|er** [rəlje] (*1a*) wieder (zusammen-)binden; *idées, villes*: verbinden (***à*** mit); *livre*: binden; **~eur, ~euse** *m, f* Buchbinder(in) *m(f)*
**religieu|x, ~se** [r(ə)liʒjø, -z] **1.** *adj* religiös; **2.** *m, f* Mönch *m*, Nonne *f*
**religion** [r(ə)liʒjõ] *f* Religion *f*
**reli|quaire** [r(ə)likɛr] *m* Reliquienschrein *m*; **~que** *f* Reliquie *f*
**relire** [r(ə)lir] (*4x*) wieder *od* noch einmal lesen
**reliure** [rəljyr] *f* Binden *n*; *couverture* (Buch-)Einband *m*
**reluire** [rəlɥir] (*4c*) glänzen, schimmern
**remaniement** [r(ə)manimɑ̃] *m pol* Umbildung *f* (*der Regierung*)
**remanier** [r(ə)manje] (*1a*) umarbeiten; *pol* umbilden (*Regierung*)
**remarier** [r(ə)marje] (*1a*) ***se ~*** sich wieder verheiraten
**remarquable** [r(ə)markablə] bemerkenswert
**remarqu|e** [r(ə)mark] *f* Bemerkung *f*; **~é, ~ée** auffällig; **~er** (*1m*) bemerken (*a mit Worten*); ***faire ~ qc à qn*** j-n auf etw (*acc*) hinweisen; ***se ~*** *chose*: auffallen; ***se faire ~*** *personne*: auffallen
**rembarquer** [rɑ̃barke] (*1m*) *mar v/t* wieder einschiffen; *v/i u* ***se ~*** sich wieder einschiffen
**remblayer** [rɑ̃blɛje] (*1i*) aufschütten
**rembourrer** [rɑ̃bure] (*1a*) polstern
**rembours|able** [rɑ̃bursablə] (zu)rückzahlbar; **~ement** [-əmɑ̃] *m* Rückzahlung *f*; *postes*: ***contre ~*** per Nachnahme; **~er** (*1a*) zurückzahlen
**remède** [r(ə)mɛd] *m* Heilmittel *n*; *fig* Mittel *n*
**remédier** [r(ə)medje] (*1a*) ***~ à qc*** e-r Sache abhelfen, etw (*acc*) abstellen
**remémorer** [r(ə)memɔre] (*1a*) ***se ~ qc*** sich (*dat*) etw ins Gedächtnis zurückrufen
**remerciement** [r(ə)mɛrsimɑ̃] *m* Dank *m*
**remercier** [r(ə)mɛrsje] (*1a*) ***~ qn de*** *od* ***pour qc*** j-m für etw danken; *congédier* entlassen
**remettre** [r(ə)mɛtrə] (*4p*) *chose*: wieder hinstellen, -setzen; *vêtement*: wieder anziehen; *chapeau*: wieder aufsetzen; *peine*: erlassen; *décision*: verschieben; ***~ à neuf*** instandsetzen; ***~ qc à qn*** j-m etw aushändigen, übergeben; ***~ à l'heure*** stellen; ***se ~*** (***au beau***) *temps*: wieder besser *od* schöner werden; ***se ~ à qc*** sich wieder mit etw beschäftigen; ***se ~ à faire qc*** wieder etw tun; ***se ~ de qc*** sich von etw erholen; ***s'en ~ à qn*** sich auf j-n verlassen
**réminiscence** [reminisɑ̃s] *f* Reminiszenz *f*, Erinnerung *f*
**remise** [r(ə)miz] *f* **1.** *hangar* (Geräte-)Schuppen *m*; **2.** *lettre*: Aushändigung *f*, Überbringung *f*, Übergabe *f*; *peine*: Erlass *m*; *comm* Rabatt *m*; *jur* Vertagung *f*; ***~ à neuf*** Wiederherrichtung *f*; ***~ des bagages*** Gepäckausgabe *f*; ***~ en question*** Infragestellung *f*
**rémission** [remisjõ] *f* ***sans ~*** unerbittlich
**remontant** [r(ə)mõtɑ̃] *m* Stärkungsmittel *n*
**remonte-pente** [r(ə)mõtpɑ̃t] *m* (*pl remonte-pentes*) *ski*: Schlepplift *m*
**remonter** [r(ə)mõte] (*1a*) **1.** *v/i* wieder hinaufgehen, -steigen; *en voiture*: wieder hinauffahren; *baromètre, prix, fièvre*: wieder (an)steigen; ***~ à*** *passé*: zurückgehen auf (*acc*); **2.** *v/t choses*: wieder hinauftragen; *rue*: wieder hinaufgehen; *en voiture*: wieder hinauffahren; *escalier*: noch einmal hinaufgehen; *fig* ***~ qn*** j-n stärken; *montre*: auf-

ziehen; *tech* wieder zusammensetzen, montieren
**remontrer** [r(ə)mõtre] (*1a*) wieder zeigen; ***en ~ à qn*** j-m seine Überlegenheit beweisen
**remords** [r(ə)mɔr] *m le plus souvent au pl* Gewissensbisse *m/pl*
**remorqu|e** [r(ə)mɔrk] *f* Anhänger *m*; **~er** (*1m*) *voiture*: abschleppen
**rémoulade** [remulad] *f cuis* Remoulade(nsoße) *f*
**remous** [r(ə)mu] *m* Strudel *m*; *mar bateau*: Kielwasser *n*; *fig pl* Wirbel *m*, Aufruhr *m*
**rempart** [rɑ̃par] *m* Wall *m*, Bollwerk *n*
**remplaçant, ~e** [rɑ̃plasɑ̃, -t] *m, f* (Stell-)Vertreter(in) *m(f)*
**remplac|ement** [rɑ̃plasmɑ̃] *m* Stellvertretung *f*; **~er** (*1k*) ersetzen; ***~ qn*** *provisoirement*: j-n vertreten
**remplir** [rɑ̃plir] (*2a*) füllen (***de*** mit); *formulaire*: ausfüllen; *conditions*: erfüllen; *fonction*: ausüben
**remplissage** [rɑ̃plisaʒ] *m* (Auf-)Füllen *n*
**remporter** [rɑ̃pɔrte] (*1a*) wieder mitnehmen; *prix*: erringen, gewinnen; *victoire*: davontragen
**remue-ménage** [r(ə)mymenaʒ] *m* (*pl unv*) *agitation* Krach *m*, Radau *m*
**remuer** [rəmɥe] (*1a*) *v/t mains, lèvres*: bewegen; *sauce, salade*: umrühren; *chaise*: (weg)rücken; *terre*: umgraben; *fig émouvoir* rühren, aufrütteln; *v/i dent*: wackeln; *fig* unruhig werden; ***se ~*** sich bewegen; *fig* F sich einsetzen, sich Mühe geben
**rémunéra|teur, ~trice** [remyneratœr, -tris] lohnend; **~tion** *f* Vergütung *f*, Lohn *m*
**rémunérer** [remynere] (*1f*) entlohnen, vergüten
**renaissance** [r(ə)nɛsɑ̃s] *f* Wiederaufleben *n*; ***la*** **♀** die Renaissance *f*
**renaître** [r(ə)nɛtrə] (*4g*) *rel* wiedergeboren werden; *fig* wieder aufleben, wieder aufblühen
**renard** [r(ə)nar] *m zo* Fuchs *m* (*a fig*)
**renchérir** [rɑ̃ʃerir] (*2a*) teurer werden; ***~ sur qn, qc*** j-n, etw überbieten *od* übertreffen
**rencontre** [rɑ̃kõtrə] *f* Begegnung *f*, Zusammentreffen *n*; ... ***de ~*** zufällig; ***faire la ~ de qn*** j-s Bekanntschaft machen; ***aller à la ~ de qn*** j-m entgegengehen
**rencontrer** [rɑ̃kõtre] (*1a*) ***~ qn*** j-n treffen, j-m begegnen; ***~ qc*** auf etw (*acc*) stoßen; ***se ~*** zusammentreffen, sich begegnen
**rendement** [rɑ̃dmɑ̃] *m gain* Ertrag *m*; *productivité* Leistung *f*
**rendez-vous** [rɑ̃devu] *m* (*pl unv*) Verabredung *f*; *amoureux*: Rendezvous *n*; *lieu*: Treffpunkt *m*; *professionnel, médical*: Termin *m*; ***prendre ~*** sich anmelden; ***donner ~ à qn*** sich mit j-m verabreden; ***avoir ~ avec qn*** mit j-m verabredet sein
**rendormir** [rɑ̃dɔrmir] (*2b*) ***se ~*** wieder einschlafen
**rendre** [rɑ̃drə] (*4a*) **1.** *v/t* zurückgeben; *monnaie*: herausgeben; *mal*: vergelten; *vomir* von sich geben, erbrechen; *mil* übergeben; *présenter* wiedergeben; ***~ un jugement*** ein Urteil fällen; ***~ compte de qc*** von etw berichten; ***~ visite à qn*** j-n besuchen; **2.** *avec adj* machen; **3.** *v/i terre, arbre*: einbringen; **4.** ***se ~*** sich begeben (***chez qn*** zu j-m); **5.** ***se ~*** *mil* sich ergeben; ***se ~ à l'avis de qn*** sich j-s Ansicht anschließen; **6.** ***se ~ compte de qc*** etw (*acc*) einsehen
**rêne** [rɛn] *f* Zügel *m*
**renferm|é, ~ée** [rɑ̃fɛrme] **1.** *adj* verschlossen; **2.** *m* ***sentir le ~*** muffig riechen; **~er** (*1a*) enthalten (*a fig*); ***se ~ dans le silence*** sich in Schweigen hüllen
**renfoncement** [rɑ̃fõsmɑ̃] *m* Vertiefung *f*
**renforc|ement** [rɑ̃fɔrsəmɑ̃] *m* Verstärkung *f*; **~er** (*1k*) verstärken
**renfort** [rɑ̃fɔr] *m* Verstärkung *f*; ***à grand ~ de*** mithilfe von viel
**rengaine** [rɑ̃gɛn] *f* Schlager *m*; *fig* ***la même ~*** die alte Leier
**rengorger** [rɑ̃gɔrʒe] (*1l*) ***se ~*** sich aufplustern (*a fig*)
**renier** [rənje] (*1a*) verleugnen
**renifler** [r(ə)nifle] (*1a*) schnüffeln
**renne** [rɛn] *m zo* Ren(tier) *n*
**renom** [r(ə)nõ] *m* (guter) Ruf *m*, Ansehen *n*
**renommé, ~e** [r(ə)nɔme] berühmt (***pour*** wegen)
**renommée** [r(ə)nɔme] *f* (guter) Ruf *m*, Renommee *n*

**renonc|ement** [r(ə)nõsmã] *m* Verzicht *m* (***à*** auf *acc*); **~er** (*1k*) **~ *à qc*** auf etw (*acc*) verzichten; **~ *à faire qc*** darauf verzichten, etw zu tun
**renouer** [rənwe] (*1a*) *fig* wieder anknüpfen, erneuern; **~ *avec qn*** die Beziehungen zu j-m wieder aufnehmen
**renouveler** [r(ə)nuvle] (*1c*) erneuern; *document*: verlängern; ***se* ~** sich wiederholen
**renouvellement** [r(ə)nuvɛlmã] *m* Erneuerung *f*; *document*: Verlängerung *f*; *événement*: Wiederholung *f*
**rénov|ation** [renɔvasjõ] *f* Renovierung *f*; *fig* Erneuerung *f*; **~er** (*1a*) renovieren; *fig* erneuern
**renseign|ement** [rãsɛɲmã] *m* Auskunft *f*, Information *f*; ***donner des ~s sur*** Auskunft erteilen über (*acc*); ***prendre des ~s sur*** Erkundigungen einziehen über (*acc*); **~er** (*1a*) **~ *qn sur qc*** j-m über etw (*acc*) Auskunft geben, j-n über etw (*acc*) informieren *od* unterrichten; ***se* ~** sich erkundigen (***auprès de qn sur qn, qc*** bei j-m über j-n, etw *acc*)
**rente** [rãt] *f revenu d'un bien* (Kapital-)Rente *f*; *emprunt de l'État* Staatsanleihe *f*
**rent|ier**, **~ière** [rãtje, -jɛr] *m*, *f* Rentier *m*, Privatier *m*
**rentrée** [rãtre] *f* **1.** Rückkehr *f*; **2. ~ *des classes*** Schulbeginn *m*; **3.** *comm* Eingang *m*; **~*s*** *pl* Einnahmen *f/pl*
**rentrer** [rãtre] (*1a*) **1.** *v/i* zurückkehren; *chez soi*: nach Hause gehen *od* kommen; *dans une salle*: hineingehen; *dans un récipient*: hineinpassen; *argent*: eingehen; **~ *dans*** *appartenir à* gehören zu; **~ *dans qc*** *fig calme*, *fonction*: etw (*acc*) wiedererlangen; **2.** *v/t* hineinbringen; *voiture*: (hin)einfahren; *ventre*: einziehen
**renvers|e** [rãvɛrs] *f* ***tomber à la* ~** auf den Rücken fallen; **~é**, **~ée** umgefallen; *image*: umgekehrt; *fig* fassungslos; **~ement** [-əmã] *m pol régime*: Sturz *m*; **~er** (*1a*) *image*: umkehren; *chaise*, *verre*: umstoßen; *piéton*: umfahren; *liquide* verschütten; *gouvernement*: stürzen, zu Fall bringen; ***se* ~** umfallen; *voiture*, *bateau*: umkippen; *arbre*: umstürzen
**renvoi** [rãvwa] *m personnel*: Entlassung *f*; *lettre*: Rücksendung *f*; *dans un texte*: Verweis *m* (***à*** auf *acc*)
**renvoyer** [rãvwaje] (*1p*) *lettre*: zurücksenden; *ballon*: zurückwerfen; *personnel*: entlassen; *rencontre*, *décision*: verschieben; **~ *à qn, à qc*** an j-n, auf etw (*acc*) verweisen
**réorientation** [reɔrjãtasjõ] *f* Neuorientierung *f*
**réouverture** [reuvɛrtyr] *f* Wiedereröffnung *f*
**repaire** [r(ə)pɛr] *m* Höhle *f*; *fig* Schlupfwinkel *m*
**répandre** [repãdrə] (*4a*) vergießen, verschütten; *fig* verbreiten; ***se* ~** sich verbreiten; *fig* ***se* ~ *en*** sich ergehen in (*dat*)
**répandu**, **~e** [repãdy] verbreitet, üblich
**reparaître** [r(ə)parɛtrə] (*4z*) wieder erscheinen
**répar|ation** [reparasjõ] *f* Reparatur *f*, Instandsetzung *f*; *compensation* Wiedergutmachung *f*; *pol* **~*s*** *pl* Reparationen *f/pl*; **~er** (*1a*) reparieren, in Stand setzen; *fig* wieder gutmachen
**repartie** [reparti] *f* lebhafte Erwiderung *f*; ***avoir la* ~ *facile*** schlagfertig sein
**repartir** [r(ə)partir] (*2b*) *partir de nouveau* wieder abfahren; *retourner* zurückfahren; **~ *à zéro*** wieder von vorn anfangen
**répart|ir** [repartir] (*2a*) ver-, aufteilen; *en catégories*: einteilen; **~ition** *f* Ver-, Aufteilung *f*; *en catégories*: Einteilung *f*
**repas** [r(ə)pa] *m* Mahlzeit *f*, Essen *n*; **~ *d'affaires*** Geschäftsessen *n*
**repasser** [r(ə)pase] (*1a*) **1.** *v/i* wieder vorbeigehen, -kommen; **2.** *v/t courant*, *montagne*: wieder überqueren; F *travail*: überlassen, -geben; *couteau*: schleifen; *linge*: bügeln
**repêcher** [r(ə)peʃe] (*1b*) aus dem Wasser ziehen; F *fig* heraushelfen (***qn*** j-m)
**repenser** [r(ə)pãse] (*1a*) *réfléchir* (noch einmal) überdenken; **~ *à qc*** *se rappeler* wieder an etw (*acc*) denken
**repentir** [r(ə)pãtir] **1.** (*2b*) ***se* ~ *de qc*** etw (*acc*) bereuen; **2.** *m* Reue *f*
**répercu|ssion** [repɛrkysjõ] *f* Auswirkung *f*; **~ter** [-te] (*1a*) ***se* ~** widerhallen; *fig* sich auswirken (***sur*** auf *acc*)
**repère** [r(ə)pɛr] *m* Zeichen *n*, Markie-

rung *f*; ***point*** *m* ***de ~*** Anhaltspunkt *m*
**repérer** [r(ə)pere] (*1f*) ausfindig machen, auffinden; *marquer* markieren
**répertoire** [repɛrtwar] *m* *inventaire* Sachregister *n*; *théâtre*, *artiste*: Repertoire *n*
**répéter** [repete] (*1f*) wiederholen; *rôle*, *danse*: proben, einstudieren
**répétition** [repetisjõ] *f* Wiederholung *f*; *théâtre*: Probe *f*
**répit** [repi] *m* Atempause *f*, Ruhe *f*; ***sans ~*** unaufhörlich
**replacer** [r(ə)plase] (*1k*) wieder (an seinen Platz) hinstellen, -setzen
**repli** [r(ə)pli] *m* Falte *f*; *rivière*: Windung *f*
**replier** [r(ə)plije] (*1a*) wieder zusammenfalten; *jambes*: anziehen; ***se ~*** sich schlängeln; ***se ~ sur soi-même*** sich abkapseln
**répliqu|e** [replik] *f* Erwiderung *f*; *protestation* Widerrede *f*; **~er** (*1m*) erwidern
**répondeur** [repõdœr] *m* ***~ automatique*** automatischer Anrufbeantworter *m*
**répondre** [repõdrə] (*4a*) antworten (***qc à qn*** j-m etw; ***à qc*** auf etw *acc*); *correspondre* entsprechen (***à qc*** e-r Sache); *mécanisme*: ansprechen; ***~ de*** bürgen, haften für
**réponse** [repõs] *f* Antwort *f*
**reportage** [r(ə)pɔrtaʒ] *m* Berichterstattung *f*, Reportage *f*
**reporter**[1] [r(ə)pɔrte] (*1a*) *ajourner* aufschieben; *transférer* übertragen
**reporter**[2] [r(ə)pɔrtɛr] *m*, *f* Reporter(in) *m*(*f*)
**repos** [r(ə)po] *m* Ruhe *f*
**reposer** [r(ə)poze] (*1a*) **1.** *remettre* zurückstellen, -setzen, -legen; *question*: wieder stellen; **2.** *détendre*: ausruhen; ***~ sur*** ruhen *od* stehen auf (*dat*); *fig* beruhen auf (*dat*); ***se ~*** ruhen, (sich) ausruhen, sich erholen; *fig* ***se ~ sur*** sich verlassen auf (*acc*)
**repouss|ant**, **~ante** [r(ə)pusɑ̃, -ɑ̃t] abstoßend; **~er** (*1a*) *v/t* zurückstoßen, -schieben; *ne pas accueillir* abweisen; *refuser* ablehnen; *dégoûter* abstoßen; *différer* hinausschieben; *v/i* wieder wachsen
**reprendre** [r(ə)prɑ̃drə] (*4q*) *v/t* *prendre de nouveau* wieder nehmen; *prendre davantage* noch einmal nehmen; *ville*: zurückerobern; *marchandise*, *promesse*: zurücknehmen; *politique*: fortführen; *argument*: wiederholen; *enfant*: tadeln; *travail*: wieder anfangen; *entreprise*: übernehmen; *v/i méd* sich wieder erholen; ***se ~*** *se corriger* sich verbessern; *se maîtriser* sich fassen
**représailles** [r(ə)prezaj] *f/pl* Vergeltungsmaßnahmen *f/pl*, Repressalien *f/pl*
**représent|ant**, **~ante** [r(ə)prezɑ̃tɑ̃, -ɑ̃t] *m*, *f* Vertreter(in) *m*(*f*) (*a comm*); **~atif**, **~ative** [-atif, -ativ] repräsentativ, stellvertretend; *fig caractéristique* typisch, charakteristisch (***de*** für)
**représent|ation** [r(ə)prezɑ̃tasjõ] *f* Darstellung *f*; *pol*, *jur*, *comm* Vertretung *f*; *théâtre*: Vorstellung *f*, Aufführung *f*; **~er** (*1a*) *v/t* darstellen; *pol*, *jur*, *comm* vertreten; *signifier* bedeuten; *théâtre*: aufführen; *v/i* repräsentieren; ***se ~ qc*** sich (*dat*) etw vorstellen; *pol* ***se ~*** sich zur Wiederwahl stellen
**répression** [represjõ] *f* Unterdrückung *f*; *jur* Ahndung *f*
**réprimand|e** [reprimɑ̃d] *f* Tadel *m*; **~er** (*1a*) tadeln
**réprimer** [reprime] (*1a*) unterdrücken
**reprise** [r(ə)priz] *f* *ville*: Wiedereinnahme *f*; *marchandise*: Zurücknahme *f*; *travail*, *lutte*: Wiederaufnahme *f*; *couture*: Ausbessern *n*, Stopfen *n*; ***à plusieurs ~s*** wiederholt; ***~ économique*** Wiederbelebung *f* der Wirtschaft
**repriser** [r(ə)prize] (*1a*) stopfen
**réprobation** [reprɔbasjõ] *f* Missbilligung *f*
**reproch|e** [r(ə)prɔʃ] *m* Vorwurf *m*; **~er** (*1a*) vorwerfen (***qc à qn*** j-m etw)
**reproduction** [r(ə)prɔdyksjõ] *f* Wiedergabe *f*, Nachbildung *f*, Reproduktion *f*; *texte*: Abdruck *m*, Vervielfältigung *f*; *biol* Fortpflanzung *f*
**reproduire** [r(ə)prɔdɥir] (*4c*) wiedergeben, nachbilden, reproduzieren; *texte*: abdrucken, vervielfältigen; ***se ~*** wieder vorkommen; *biol* sich fortpflanzen
**réprouver** [repruve] (*1a*) missbilligen, verurteilen; *rel* verdammen
**reptile** [rɛptil] *m* *zo* Reptil *n*
**républicain**, **~e** [repyblikɛ̃, -ɛn] **1.** *adj* republikanisch; **2.** *m*, *f* Republika-

ner(in) *m(f)*
**république** [repyblik] *f* Republik *f*
**répudier** [repydje] (*1a*) *femme*: verstoßen; *obligation*: von sich weisen
**répugn|ance** [repyɲɑ̃s] *f* Widerwille *m* (***pour*** gegen); **~ant**, **~ante** [-ɑ̃, -ɑ̃t] widerlich, ekelhaft; **~er** (*1a*) **~ *à qc*** sich vor etw (*dat*) ekeln; **~ *à faire qc*** etw widerwillig tun
**répulsion** [repylsjõ] *f* Widerwille *m* (***pour*** gegen)
**réput|ation** [repytasjõ] *f* (guter) Ruf *m*; **~é**, **~ée** berühmt (***pour*** wegen, für); ***être* ~ ...** gelten als ...
**requérir** [rəkerir] (*2l*) anfordern
**requête** [rəkɛt] *f* Gesuch *n*
**requin** [r(ə)kɛ̃] *m zo* Hai(fisch) *m*
**requis**, **~e** [rəki, -z] erforderlich
**réquisi|tion** [rekizisjõ] *f* Beschlagnahme *f*; *jur* Antrag *m*; **~tionner** [-sjɔne] (*1a*) beschlagnahmen
**RER** *m abr* ***réseau express régional*** Regionales Schnellbahnnetz in und um Paris
**rescapé**, **~e** [rɛskape] überlebend
**réseau** [rezo] *m* (*pl -x*) Netz *n*; **~ *de radiotéléphonie*** Mobil(funk)netz *n*; **~ *fixe*** *tél* Festnetz *n*
**réservation** [rezɛrvasjõ] *f* Reservierung *f*
**réserv|e** [rezɛrv] *f* Reserve *f* (*a mil*); *entrepôt* Lager *n*; *provision* Vorrat *m*; *retenue* Zurückhaltung *f*; *nature*: Reservat *n*; **~ *naturelle*** Naturschutzgebiet *n*; ***en* ~** vorrätig; ***sans* ~** ohne Vorbehalt; ***sous* ~ *de*** vorbehaltlich (*gén*); **~é**, **~ée** reserviert (*a fig*); **~er** (*1a*) *garder* zurückbehalten; *place*, *billet*: reservieren; **~ *qc à qn*** j-m etw vorbehalten; **~ *une surprise à qn*** j-m e-e Überraschung bereiten
**réservoir** [rezɛrvwar] *m* Reservoir *n* (*a fig*); *récipient* Behälter *m*; *essence*: Tank *m*
**résid|ence** [rezidɑ̃s] *f administration*: Wohnsitz *m*; *demeure luxueuse*: Luxusvilla *f*; *royale*: Residenz *f*; **~entiel**, **~entielle** [-ɑ̃sjɛl] ***quartier résidentiel*** (vornehmes) Wohnviertel *n*; **~er** (*1a*) wohnhaft sein; **~ *dans qc*** in etw (*dat*) bestehen
**résidu** [rezidy] *m* Rest *m*; *tech* Rückstand *m*
**résign|ation** [reziɲasjõ] *f* Resignation *f*; **~er** (*1a*) *fonction*: niederlegen; ***se* ~** resignieren; ***se* ~ *à*** sich abfinden mit
**résili|able** [reziljablə] kündbar; **~ation** [-asjõ] *f* Kündigung *f*; **~er** (*1a*) *contrat*: kündigen, auflösen
**résine** [rezin] *f* Harz *n*
**résist|ance** [rezistɑ̃s] *f* Widerstand *m*; *endurance* Widerstandskraft *f*; *hist* ***la* ♀** die französische Widerstandsbewegung; **~ant**, **~ante** [-ɑ̃, -ɑ̃t] widerstandsfähig; *matériel*: haltbar; **~er** (*1a*) Widerstand leisten; *supporter* aushalten (***à qc*** etw *acc*), standhalten (***à qc*** e-r Sache); *tentation*: widerstehen (***à qc*** e-r Sache)
**résolu**, **~e** [rezɔly] entschlossen (***à*** zu)
**résolution** [rezɔlysjõ] *f décision* Be-, Entschluss *m*; *pol* Entschließung *f*, Resolution *f*; *fermeté* Entschlossenheit *f*
**résonance** [rezɔnɑ̃s] *f* Resonanz *f*
**résonner** [rezɔne] (*1a*) widerhallen
**résorber** [rezɔrbe] (*1a*) aufsaugen; *fig déficit*, *chômage*: beseitigen
**résoudre** [rezudrə] (*4bb*) *problème*: lösen; *substance*: auflösen; **~ *de*** (+ *inf*) beschließen zu (+ *inf*); ***se* ~ *à faire qc*** sich entschließen, etw zu tun
**respect** [rɛspɛ] *m* Respekt *m*, Ehrerbietung *f*, Achtung *f*; ***tenir qn en* ~** j-n in Schach halten; ***par* ~ *pour*** aus Achtung vor
**respect|able** [rɛspɛktablə] *personne*: achtbar; *somme*: beachtlich; **~er** (*1a*) achten, respektieren; *priorité*: beachten; ***se* ~** Selbstachtung haben; ***se faire* ~** sich Respekt verschaffen; **~if**, **~ive** [-if, -iv] jeweilig; **~ivement** [-ivmɑ̃] *adv* beziehungsweise
**respectueu|x**, **~se** [rɛspɛktɥø, -z] respektvoll, ehrerbietig; **~, *respectueuse de l'environnement*** umweltfreundlich, umweltverträglich
**respiration** [rɛspirasjõ] *f* Atmen *n*, Atmung *f*
**respirer** [rɛspire] (*1a*) (ein)atmen; *fig* aufatmen; **~ *la joie*** Freude ausstrahlen
**resplendir** [rɛsplɑ̃dir] (*2a*) funkeln, glänzen
**respons|abilité** [rɛspõsabilite] *f* Verantwortung *f* (***de*** für); *jur* Haftung *f*; **~able** verantwortlich (***de*** für)
**ressac** [rəsak] *m* Brandung *f*
**ressaisir** [r(ə)sezir] (*2a*) wieder ergrei-

fen; ***se ~*** sich wieder fassen
**ressembl|ance** [r(ə)sɑ̃blɑ̃s] *f* Ähnlichkeit *f*; **~er** (*1a*) ähnlich sein, gleichen (***à*** *dat*); ***ne ~ à rien*** *péj* nichts taugen; ***se ~*** sich (*dat*) ähneln
**ressemeler** [r(ə)səmle] (*1c*) *chaussures*: neu (be)sohlen
**ressentiment** [r(ə)sɑ̃timɑ̃] *m* Ressentiment *n*, Groll *m*
**ressentir** [r(ə)sɑ̃tir] (*2b*) *privations, effets de maladie*: spüren; *haine, pitié*: empfinden; ***se ~ de qc*** die Nachwirkungen von etw verspüren
**resserrer** [r(ə)sɛre] (*1b*) *nœud*: fester ziehen; *ceinture*: enger schnallen; *fig amitié*: enger gestalten
**resservir** [r(ə)sɛrvir] (*2b*) *v/t* noch einmal servieren; *v/i* wieder benutzt werden
**ressort** [r(ə)sɔr] *m* **1.** *tech* Feder *f*; *fig* Triebfeder *f*; *personne*: Schwung *m*; **2.** *compétence* Zuständigkeitsbereich *m*, Ressort *n*; *jur* Instanz *f*; ***ce n'est pas de mon ~*** dafür bin ich nicht zuständig; ***en dernier ~*** *jur* in letzter Instanz; *fig* schließlich
**ressortir** [r(ə)sɔrtir] (*2b*) **1.** wieder hinausgehen; **2.** *relief*: hervortreten; ***faire ~*** hervorheben, zur Geltung bringen; ***il ressort de cela que*** es geht daraus hervor, dass; **3.** *jur* ***~ à*** zur Zuständigkeit (*gén*) gehören
**ressortissant**, **~e** [r(ə)sɔrtisɑ̃, -t] Staatsangehörige(r) *m*, *f*
**ressource** [r(ə)surs] *f* Hilfsmittel *n*; ***~s*** *pl* Reserven *f/pl*, Ressourcen *f/pl*; *argent* Geldmittel *n/pl*; ***~s minières*** Bodenschätze *m/pl*
**ressusciter** [resysite] (*1a*) **1.** *v/t mort*: auferwecken; *fig* wieder beleben; **2.** *v/i* (wieder) auferstehen
**restant**, **~e** [rɛstɑ̃, -t] **1.** *adj* restlich, übrig (geblieben); **2.** *m* Rest *m*
**restaur|ant** [rɛstɔrɑ̃] *m* Restaurant *n*; **~ateur**, **~atrice** [-atœr, -atris] *m*, *f* **1.** *restaurant*: Gastwirt(in) *m(f)*; **2.** *art*: Restaurator(in) *m(f)*; **~ation** *f* **1.** *restaurants*: Gaststättengewerbe *n*; **2.** *art*: Restaurierung *f*; *pol* Restauration *f*
**restaurer** [rɛstɔre] (*1a*) wiederherstellen; *art*: restaurieren
**reste** [rɛst] *m* Rest *m*; ***du ~*** *od* ***au ~*** übrigens; ***être en ~ avec qn*** j-m etw schuldig bleiben
**rester** [rɛste] (*1a*) *v/i* **1.** bleiben; *subsister* übrig bleiben; *demeurer* sich aufhalten; ***en ~ à qc*** bei etw stehen bleiben; **2.** *impersonnel* ***il reste du vin*** es ist Wein übrig; ***il ne reste plus de pain*** es ist kein Brot mehr da; (***il***) ***reste que*** immerhin
**restituer** [rɛstitɥe] (*1n*) *rendre* zurückgeben, wiedererstatten; *reconstituer* wiederherstellen
**restitution** [rɛstitysjõ] *f* Rückgabe *f*
**restoroute** [rɛstɔrut] *m* Raststätte *f* (*Autobahn*)
**restreindre** [rɛstrɛ̃drə] (*4b*) be-, einschränken
**restriction** [rɛstriksjõ] *f* Be-, Einschränkung *f*; ***sans ~*** vorbehaltlos
**résult|at** [rezylta] *m* Ergebnis *n*, Resultat *n*; **~er** (*1a*) sich ergeben, folgen (***de*** aus)
**résum|é** [rezyme] *m* Zusammenfassung *f*; **~er** (*1a*) zusammenfassen, kurz wiedergeben
**résurrection** [rezyrɛksjõ] *f rel* Auferstehung *f*; *fig malade*: plötzliche Genesung *f*
**rétabl|ir** [retablir] (*2a*) wiederherstellen; ***se ~*** wieder gesund werden; **~issement** [-ismɑ̃] *m* Wiederherstellung *f*; *malade*: Genesung *f*
**retaper** [r(ə)tape] (*1a*) *lettre*: noch einmal abtippen; F *maison*: herrichten
**retard** [r(ə)tar] *m* Verspätung *f*; *dans travail, paiement*: Rückstand *m*; ***être en ~*** zu spät kommen, sich verspäten; *train*: Verspätung haben; *montre*: nachgehen; *fig* zurückgeblieben sein; ***avec ~*** verspätet; ***sans ~*** sofort
**retard|é**, **~ée** [r(ə)tarde] verspätet; *enfant*: zurückgeblieben; **~er** (*1a*) *v/t* aufhalten, verzögern; *montre*: zurückstellen; *v/i montre*: nachgehen (***de*** um); *fig* ***~ sur son temps*** hinter seiner Zeit zurück sein
**retenir** [rətnir] (*2h*) *personne*: zurück-, aufhalten; *argent*: abziehen; *rappeler* (im Gedächtnis) behalten; *proposition, projet*: in Betracht ziehen, berücksichtigen; *chambre à l'hôtel*: reservieren; ***se ~*** sich zurückhalten, sich beherrschen
**retent|ir** [r(ə)tɑ̃tir] (*2a*) ertönen, widerhallen; ***~ sur*** sich auswirken auf (*acc*);

**~issant**, **~issante** [-isɑ̃, -isɑ̃t] geräuschvoll, dröhnend; *fig* aufsehenerregend; **~issement** [-ismɑ̃] *m* (Aus-, Nach-)Wirkung *f*
**retenu**, **~e** [rətny] *place*: vorbestellt; *voix*: verhalten
**retenue** [rətny] *f sur le salaire*: Abzug *m*; *fig modération* Mäßigung *f*
**réticence** [retisɑ̃s] *f omission* Verschweigen *n*; *hésitation* Zögern *n*
**réti|f**, **~ve** [retif, -v] störrisch
**rétine** [retin] *f anat* Netzhaut *f*
**retirer** [r(ə)tire] (*1a*) zurück-, herausziehen; *argent*: abheben; *vêtement*: ausziehen; *chapeau*: abnehmen; *main*, *candidature*, *promesse*: zurückziehen; *confiance*, *licence*: entziehen; *profit*: herausholen; ***se ~*** sich zurückziehen; *tissu*: einlaufen
**retombées** [r(ə)tõbe] *f/pl fig* Auswirkungen *f/pl*; *phys* ***~ radioactives*** radioaktiver Niederschlag *m*
**retomber** [r(ə)tõbe] (*1a*) wieder (hinunter)fallen; *cheveux*, *rideau*: (herunter-)fallen; *fig* ***~ sur qc*** auf etw (*acc*) zurückkommen; ***~ sur qn*** *responsabilité*: auf j-n zurückfallen; ***~ dans qc*** wieder in etw (*acc*) verfallen
**rétorquer** [retɔrke] (*1m*) erwidern
**retors**, **~e** [rətɔr, -s] *fig* gerissen
**rétorsion** [retɔrsjõ] *f pol* Vergeltung *f*
**retouch|e** [r(ə)tuʃ] *f travail*, *texte*: Überarbeitung *f*; *photographie*: Retusche *f*; **~er** (*1a*) *travail*, *texte*: überarbeiten; *photographie*: retuschieren
**retour** [r(ə)tur] *m* Rückkehr *f*; *voyage* Rückfahrt *f*, -reise *f*; *poste*: Rücksendung *f*; *marchandise*: Rückgabe *f*; *printemps*: Wiederkehr *f*; *sport*: ***match*** *m* **~** Rückspiel *n*; ***bon ~!*** gute Heimreise!; ***être de ~*** zurück(gekehrt) sein; ***en ~*** dafür; ***par ~ du courrier*** postwendend
**retourner** [r(ə)turne] (*1a*) **1.** *v/i* zurückkehren, -gehen, -fahren; *de nouveau*: wieder gehen, fahren; **2.** *v/t image*, *matelas*: umdrehen; *tête*: drehen, wenden; *lettre*: zurücksenden; *fig* ***~ qn*** j-n aufwühlen; *fig* ***tourner et ~*** *idée*: hin und her überlegen; **3.** ***se ~*** sich umwenden; *auto* sich überschlagen; ***se ~ contre qn*** sich gegen j-n wenden
**retracer** [r(ə)trase] (*1k*) nochmals zeichnen; *fig* vor Augen führen
**rétracter** [retrakte] (*1a*) zurück-, einziehen; *fig* widerrufen
**retrait** [r(ə)trɛ] *m permis de conduire*: Entzug *m*; *argent*: Abheben *n*; *troupes*: Abzug *m*; ***en ~*** zurückgesetzt
**retraite** [r(ə)trɛt] *f* Pensionierung *f*, Ruhestand *m*; *pension* Rente *f*; *mil* Rückzug *m*; ***prendre sa ~*** in den Ruhestand gehen; ***~ anticipée*** vorzeitiger Ruhestand *m*
**retraité**, **~e** [r(ə)trɛte] *m*, *f* Rentner(in) *m(f)*
**retrancher** [r(ə)trɑ̃ʃe] (*1a*) *mot*: wegstreichen; ***se ~*** sich verschanzen (*a fig*)
**retransmission** [r(ə)trɑ̃smisjõ] *f TV* Übertragung *f*
**rétrécir** [retresir] (*2a*) *v/t* enger machen; *fig* einengen; *v/i tissu*: einlaufen; ***se ~*** enger werden
**rétrib|uer** [retribɥe] (*1n*) entlohnen, bezahlen; **~ution** [-ysjõ] *f* Entlohnung *f*, Bezahlung *f*
**rétro|actif**, **~active** [retrɔaktif, -aktiv] rückwirkend; **~grade** [-grad] rückständig; **~grader** [-grade] (*1a*) zurückweichen, -fallen; *auto* zurückschalten; **~projecteur** [-prɔʒɛktœr] *m* Overheadprojektor *m*; **~spectif**, **~spective** [-spɛktif, -spɛktiv] **1.** *adj* rückblickend; **2.** *f* Rückblick *m*, -schau *f*
**retrousser** [r(ə)truse] (*1a*) aufkrempeln, hochstreifen
**retrouvailles** [r(ə)truvaj] F *f/pl* Wiedersehen *n*
**retrouver** [r(ə)truve] (*1a*) wiederfinden; *rencontrer de nouveau* wieder treffen; ***se ~*** sich wieder treffen; *occasion*: sich wieder ergeben; ***s'y ~*** sich zurechtfinden; ***se ~ seul*** plötzlich allein dastehen
**rétroviseur** [retrɔvizœr] *m auto* Rückspiegel *m*
**réuni|fication** [reynifikasjõ] *f* Wiedervereinigung *f*; **~fier** [-fje] (*1a*) wieder vereinigen
**réun|ion** [reynjõ] *f* Zusammenkunft *f*, Versammlung *f*; *plusieurs entreprises*, *partis*: Zusammenschluss *m*; *pol* Anschluss *m*; **~ir** (*2a*) verbinden; *pays*: vereinigen; *documents*: zusammenstellen; *personnes*: versammeln; ***se ~*** zusammenkommen, -treffen
**réussi**, **~e** [reysi] gelungen
**réuss|ir** [reysir] (*2a*) *v/i personne*: Er

folg haben; *projet*: gelingen, glücken (***à qn*** j-m); ***je réussis à*** (+ *inf*) es gelingt mir zu (+ *inf*); *v/t* zu Stande bringen; *cuis* gut machen; **~ite** [-it] *f* Erfolg *m*

**revaloriser** [r(ə)valɔrize] (*1a*) aufwerten (*a fig*)

**revanche** [r(ə)vɑ̃ʃ] *f* Vergeltung *f*, Revanche *f*; ***en ~*** dafür, dagegen; ***prendre sa ~*** die Niederlage wettmachen

**rêve** [rɛv] *m* Traum *m*

**revêche** [rəvɛʃ] barsch, unwirsch

**réveil** [revɛj] *m* Erwachen *n*; *pendule* Wecker *m*

**réveiller** [revɛje] (*1b*) *personne*: (auf-) wecken; *fig* wecken; ***se ~*** aufwachen

**réveill|on** [revɛjõ] *m* Weihnachts-, Silvesterfestessen *n*; **~onner** [-ɔne] (*1a*) Heiligabend *od* Silvester feiern

**révél|ateur**, **~atrice** [revelatœr, -atris] aufschlussreich (***de*** für); **~ation** *f* Enthüllung *f*, Aufdeckung *f*; *rel* Offenbarung *f*; **~er** (*1f*) enthüllen, aufdecken; *rel* offenbaren; ***~ l'homosexualité de qn*** j-n outen; ***~ son homosexualité*** sich outen; ***se ~ faux*** sich als falsch herausstellen

**revenant** [rəvnɑ̃] *m* Gespenst *n*

**revend|eur**, **~euse** [r(ə)vɑ̃dœr, -øz] *m*, *f* Zwischenhändler(in) *m(f)*

**revendi|cation** [r(ə)vɑ̃dikasjõ] *f* Forderung *f*; **~quer** [-ke] (*1m*) fordern, beanspruchen; *responsabilité*: übernehmen; ***~ un attentat*** sich zu e-m Attentat bekennen

**revendre** [r(ə)vɑ̃drə] (*4a*) weiterverkaufen

**revenir** [rəvnir] (*2h*) *à point de départ*: zurückkehren, -kommen; *venir de nouveau*: wieder kommen; *chose*: wiederkehren; *mot*: wieder einfallen; ***~ à*** *od* ***~ sur*** *thème*, *discussion*: zurückkommen auf (*acc*); ***~ sur*** *décision*, *parole*: zurücknehmen, rückgängig machen; ***~ à qn*** *droit*, *part*: j-m zustehen; ***~ de qc*** *évanouissement*, *étonnement*: sich von etw erholen; ***~ de qc*** *illusion*: sich von etw befreien; ***~ cher*** teuer sein, teuer zu stehen kommen; ***cela revient au même*** das kommt auf das Gleiche heraus; *cuis* ***faire ~*** anbraten, in Fett dünsten

**revente** [r(ə)vɑ̃t] *f* Wiederverkauf *m*

**revenu** [rəvny] *m* Einkommen *n*

**rêver** [rɛve] (*1a*) träumen (***de*** von); ***~ à qc*** über etw (*acc*) nachsinnen

**réverbère** [revɛrbɛr] *m* Straßenlaterne *f*

**révérence** [reverɑ̃s] *f* Knicks *m*, Verbeugung *f*

**rêverie** [rɛvri] *f* Träumerei *f*

**revers** [r(ə)vɛr] *m* Rückseite *f*; *manche*, *pantalon*: Auf-, Umschlag *m*; *fig échec* Rückschlag *m*; ***~ de la médaille*** Kehrseite *f* der Medaille

**revêtement** [r(ə)vɛtmɑ̃] *m tech* Verkleidung *f*; *route*: Straßendecke *f*

**revêtir** [r(ə)vetir] (*2g*) *vêtement*: anziehen, anlegen; *forme*, *caractère*: annehmen; ***~ qn de qc*** j-m etw verleihen; *tech* ***~ qc de qc*** etw mit etw verkleiden, versehen; *fig* ***~ une importance particulière*** e-e besondere Bedeutung haben

**rêveu|r**, **~se** [rɛvœr, -øz] **1.** *adj* verträumt; **2.** *m*, *f* Träumer(in) *m(f)*

**revient** [rəvjɛ̃] *m comm* ***prix*** *m* ***de ~*** Selbstkostenpreis *m*

**revigorer** [r(ə)vigɔre] (*1a*) *fig* neu beleben

**revirement** [r(ə)virmɑ̃] *m* ***~ d'opinion*** Meinungsumschwung *m*

**révis|er** [revize] (*1a*) *texte*: überprüfen, revidieren; *comptes*: prüfen; *machine*: überholen; **~ion** *f* Überprüfung *f*, Revision *f*; *tech* Überholung *f*; *auto* Inspektion *f*; *jur* Wiederaufnahme *f*

**revivre** [r(ə)vivrə] (*4e*) *v/t* wieder erleben; *v/i* wieder aufleben

**révocation** [revɔkasjõ] *f fonctionnaire*: Absetzung *f*; *contrat*: Aufhebung *f*, Widerrufung *f*

**revoir** [r(ə)vwar] **1.** (*3b*) wiedersehen; *film*: sich (*dat*) noch einmal ansehen; *texte*: überprüfen; **2.** *m* ***au ~!*** auf Wiedersehen!

**révolt|e** [revɔlt] *f* Aufstand *m*; *indignation* Empörung *f*; **~er** (*1a*) empören; ***se ~*** *être indigné* sich empören (***contre*** über); *se rebeller* sich auflehnen (***contre*** gegen)

**révolu**, **~e** [revɔly] vergangen

**révoluti|on** [revɔlysjõ] *f* Umsturz *m*, Revolution *f*; *culture*, *industrie*: Umwälzung *f*; **~onnaire** [-ɔnɛr] **1.** *adj* revolutionär; **2.** *m*, *f* Revolutionär(in) *m(f)*

**revolver** [revɔlvɛr] *m* Revolver *m*

**révoquer** [revɔke] (*1m*) *fonctionnaire*: absetzen; *contrat*: widerrufen
**revue** [r(ə)vy] *f spectacle*: Revue *f*; *hebdomadaire*: Zeitschrift *f*; ***passer en ~*** *fig* durchgehen
**rez-de-chaussée** [redʃose] *m* (*pl unv*) Erdgeschoss *n*
**RF** *f abr* ***République française*** Französische Republik
**RFA** [ɛrɛfa] *f abr* ***République fédérale d'Allemagne*** Bundesrepublik *f* Deutschland
**rhabiller** [rabije] (*1a*) (***se ~*** sich) wieder anziehen
**rhénan**, **~e** [renɑ̃, -an] rheinländisch
**Rhénanie** [renani] ***la ~*** das Rheinland
**rhétorique** [retɔrik] **1.** *adj* rhetorisch; **2.** *f* Redekunst *f*, Rhetorik *f*
**Rhin** [rɛ̃] *m* Rhein *m*
**Rhodésie** [rɔdezi] *hist* ***la ~*** Rhodesien *n*
**Rhône** [ron] *m* Rhone *f*
**rhubarbe** [rybarb] *f bot* Rhabarber *m*
**rhum** [rɔm] *m* Rum *m*
**rhumat|isant**, **~isante** [rymatizɑ̃, -izɑ̃t] an Rheuma leidend; **~isme** *m* Rheumatismus *m*
**rhume** [rym] *m* Erkältung *f*; ***~ de cerveau*** Schnupfen *m*; ***~ des foins*** Heuschnupfen *m*
**riant**, **~e** [rijɑ̃, -t] heiter, lieblich
**ricaner** [rikane] (*1a*) (höhnisch) grinsen; *bêtement*: kichern
**richard**, **~e** [riʃar, -d] *m*, *f* F *péj* reicher Kerl *m*, reiche Frau *f*
**rich|e** [riʃ] reich (***en*** an *dat*); *sol*: fruchtbar; *décoration*, *meubles*: kostbar; *nourriture*: nahrhaft; **~esse** [-ɛs] *f* Reichtum *m*; *sol*: Fruchtbarkeit *f*
**ricin** [risɛ̃] *m bot* Rizinus *m*
**ricocher** [rikɔʃe] (*1a*) abprallen
**rictus** [riktys] *m* Grinsen *n*
**rid|e** [rid] *f* Falte *f*, Runzel *f*; **~é**, **~ée** faltig, runzlig
**rideau** [rido] *m* (*pl -x*) Vorhang *m*, Gardine *f*; *pol hist* ***~ de fer*** eiserner Vorhang
**rider** [ride] (*1a*) *visage*: zerfurchen; ***se ~*** faltig werden
**ridicul|e** [ridikyl] **1.** *adj* lächerlich; ***il est ~ de*** (+ *inf*) es ist lächerlich, zu (+ *inf*); ***il est ~ que*** (+ *subj*) es ist lächerlich, dass; **2.** *m* Lächerlichkeit *f*; ***tourner qc en ~*** etw ins Lächerliche ziehen; **~iser** (*1a*) lächerlich machen
**rien**[1] [rjɛ̃] *m* Kleinigkeit *f*, Lappalie *f*
**rien**[2] [rjɛ̃] **1.** nichts (***ne*** *devant le verbe*); ***~ de ~*** überhaupt nichts; ***il ne sait ~*** er weiß nichts; ***~ du tout*** gar nichts; ***il n'en est ~*** dem ist nicht so; **2.** *après expressions négatives*: (irgend)etwas; ***sans ~ dire*** ohne etwas zu sagen; **3.** ***de ~*** unbedeutend; *comme réponse*: keine Ursache; ***en ~*** in keiner Weise; ***pour ~*** umsonst; ***~ que …*** nur …
**rieu|r**, **~se** [rijœr, -z] **1.** *adj* lustig; **2.** *m* Lacher *m*
**rigide** [riʒid] starr, steif; *personne*: streng; *principes*: starr
**rigolade** [rigɔlad] F *f* Spaß *m*, Scherz *m*
**rigole** [rigɔl] *f conduit* Rinne *f*
**rigoler** [rigɔle] (*1a*) F *plaisanter* Spaß machen; *rire* lachen
**rigolo**, **~te** [rigɔlo, -ɔt] F *amusant* lustig, drollig
**rigoureu|x**, **~se** [rigurø, -z] streng
**rigueur** [rigœr] *f* Strenge *f*; *peine*: Härte *f*; *analyse*, *calcul*: Genauigkeit *f*; ***à la ~*** notfalls, zur Not; ***de ~*** unerlässlich
**rim|e** [rim] *f* Reim *m*; **~er** (*1a*) *v/i* sich reimen; *fig* ***ne ~ à rien*** keinen Sinn haben
**rincer** [rɛ̃se] (*1k*) *linge*: spülen; *cheveux*: nachspülen; *verre*, *bouteille*: ausspülen
**ripost|e** [ripɔst] *f* schlagfertige Antwort *f*; ***prompt à la ~*** schlagfertig; **~er** (*1a*) schlagfertig antworten
**rire** [rir] **1.** (*4r*) lachen (***de*** über *acc*); *plaisanter* spaßen; ***~ aux éclats*** schallend lachen; ***pour ~*** zum Spaß; ***~ de qn*** j-n auslachen, verspotten; *st/s* ***se ~ de*** spielend überwinden; **2.** *m* Lachen *n*, Gelächter *n*
**ris** [ri] *m cuis* ***~ de veau*** Kalbsbries *n*
**risée** [rize] *f* Gespött *n*
**risible** [riziblə] lächerlich
**risqu|e** [risk] *m* Risiko *n*; ***~ sur le taux de change*** Wechselkursrisiko *n*; ***à mes*** (***tes, ses***, *etc*) ***~s et périls*** auf eigene Gefahr; ***au ~ de*** (+ *inf*) auf die Gefahr hin zu (+ *inf*); ***courir le ~ de*** (+ *inf*) Gefahr laufen zu (+ *inf*); **~é**, **~ée** gewagt, riskant; **~er** (*1m*) wagen, riskieren; ***~ que*** (+ *subj*) Gefahr laufen, dass; ***~ de*** (+ *inf*) Gefahr laufen zu (+ *inf*); ***se ~ dans*** sich einlassen auf (*acc*)

**rissoler** [risɔle] (*1a*) *cuis* goldbraun braten
**rit|e** [rit] *m rel* Ritus *m*; *fig* Brauch *m*; **~uel**, **~uelle** [-ɥɛl] **1.** *adj* rituell; **2.** *m* Ritual *n*
**rivage** [rivaʒ] *m* Küstenstrich *m*, Ufer *n*
**rival**, **~e** [rival] (*m/pl -aux*) **1.** *adj* rivalisierend; **2.** *m*, *f* Rivale, -in *m*, *f*; **~iser** (*1a*) rivalisieren, wetteifern (***avec qn de qc*** mit j-m in e-r Sache); **~ité** *f* Rivalität *f*
**rive** [riv] *f* Ufer *n*
**river** [rive] (*1a*) vernieten
**riverain**, **~e** [rivrɛ̃, -ɛn] *m*, *f* Anlieger(in) *m(f)*, Anwohner(in) *m(f)*
**rivet** [rivɛ] *m tech* Niete *f*
**rivière** [rivjɛr] *f* Fluss *m*
**rixe** [riks] *f* Schlägerei *f*
**riz** [ri] *m bot* Reis *m*
**RN** *f abr* ***route nationale*** frz. Nationalstraße *f*; *in der BRD*: Bundesstraße *f*
**robe** [rɔb] *f* (Damen-)Kleid *n*; *juge*, *avocat*: Robe *f*
**robinet** [rɔbinɛ] *m* (Wasser-)Hahn *m*
**robot** [rɔbo] *m* Roboter *m*
**robuste** [rɔbyst] *personne*: kräftig, stämmig; *moteur*: robust, widerstandsfähig
**roc** [rɔk] *m* Fels *m*
**rocaill|e** [rɔkaj] *f terrain*: steiniger Boden *m*; ***style*** *m* **~** Rokokostil *m*; **~eux**, **~euse** [-ø, -øz] steinig; *style*: holprig
**roch|e** [rɔʃ] *f* Felsen *m*; *géol* Gestein *n*; **~er** *m* Felsen *m*, Felsblock *m*; **~eux**, **~euse** [-ø, -øz] felsig
**rococo** [rɔkɔko] *m* Rokoko *n*
**rodage** [rɔdaʒ] *m auto* Einfahren *n*
**rôder** [rode] (*1a*) umherstreifen
**rogne** [rɔɲ] *f* F ***être en ~*** gereizt sein
**rogner** [rɔɲe] (*1a*) beschneiden; **~ *sur qc*** an etw (*dat*) sparen
**rognon** [rɔɲõ] *m cuis* Niere *f*
**roi** [rwa] *m* König *m*
**roitelet** [rwatlɛ] *m zo* Zaunkönig *m*
**rôle** [rol] *m* Rolle *f* (*théâtre u fig*); *registre* Liste *f*, Register *n*; ***à tour de ~*** der Reihe nach
**roller**[1] [rɔlœr] *m* Inline-Skate *m*; ***faire du ~*** inlineskaten
**roller**[2] [rɔlœr] *m*, **rolleuse** [rɔløz] *f* Inline-Skater(in) *m(f)*
**romain**, **~e** [rɔmɛ̃, -ɛn] **1.** *adj* römisch; *rel* römisch-katholisch; **2.** **♀**, **♀e** *m*, *f* Römer(in) *m(f)*
**roman**, **~e** [rɔmɑ̃, -an] **1.** *adj* romanisch; **2.** *m* Roman *m*; *art*: Romanik *f*
**romanc|e** [rɔmɑ̃s] *f mus* Romanze *f*; **~ier**, **~ière** [-je, -jɛr] *m*, *f* Romanschriftsteller(in) *m(f)*
**romand**, **~e** [rɔmɑ̃, -d] ***la Suisse romande*** die französische Schweiz
**romanesque** [rɔmanɛsk] romantisch
**roman-feuilleton** [rɔmɑ̃fœjtõ] (*pl romans-feuilletons*) *m* Fortsetzungsroman *m*
**romanichel**, **~le** [rɔmaniʃɛl] *neg!* *m*, *f* Zigeuner(in) *neg!* *m(f)*
**romaniste** [rɔmanist] *m* Romanist(in) *m(f)*
**romant|ique** [rɔmɑ̃tik] **1.** *adj* romantisch; **2.** *m*, *f* Romantiker(in) *m(f)*; **~isme** *m* Romantik *f*
**romarin** [rɔmarɛ̃] *m bot* Rosmarin *m*
**Rome** [rɔm] Rom *n*
**rompre** [rõprə] (*4a*) *v/i* brechen (*a fig*); **~ *avec qn*** mit j-m brechen, F mit j-m Schluss machen; **~ *avec une habitude*** e-e Gewohnheit aufgeben; *v/t ficelle*: zerreißen; *silence*, *contrat*: brechen; *relations*, *négociations*: abbrechen; *fiançailles*: lösen; ***se ~*** *branche*: brechen; *ficelle*: reißen
**rompu**, **~e** [rõpy] völlig erschöpft; **~ *à*** bewandert in (*dat*)
**ronce** [rõs] *f bot* Brombeerstrauch *m*; **~s** *pl* Dornen *m/pl*
**rond**, **~e** [rõ, -d] **1.** *adj* rund; *gros* dick; F besoffen; **2.** *adv* ***tourner rond*** *moteur u fig* gut laufen; **3.** *m figure*: Kreis *m*; *objet*: Ring *m*; **4.** *f* Runde *f*, Rundgang *m*; *danse* Rundtanz *m*, Reigen *m*; ***à la ronde*** im Umkreis
**rondelet**, **~te** [rõdlɛ, -t] rundlich
**rond|elle** [rõdɛl] *f* Scheibe *f*; *tech* Unterlegscheibe *f*; **~ement** [-mɑ̃] *adv promptement* prompt; *carrément* geradeheraus; **~eur** *f* Rundung *f*; *fig* Offenheit *f*; **~in** *m* Rundholz *n*; ***cabane f en ~s*** Blockhütte *f*
**rond-point** [rõpwɛ̃] *m* (*pl ronds-points*) runder Platz *m* mit Kreisverkehr
**ronfler** [rõfle] (*1a*) schnarchen; *moteur*: brummen
**rong|er** [rõʒe] (*1l*) nagen; *fig* quälen; ***se ~ les ongles*** an den Nägeln kauen; **~eur** *m zo* Nagetier *n*
**ronronner** [rõrɔne] (*1a*) schnurren
**roquet** [rɔkɛ] *m* Kläffer *m*

**rosace** [rozas] *f arch* Rosette *f*
**rosaire** [rozɛr] *m rel* Rosenkranz *m*
**rosbif** [rɔzbif] *m cuis* Roastbeef *n*
**rose** [roz] **1.** *f bot* Rose *f*; **2.** *m couleur*: Rosa *n*; **3.** *adj* rosa; *fig* rosig
**rosé**, **~e** [roze] **1.** *m* Rosé *m*; **2.** *adj* zartrosa
**roseau** [rozo] *m (pl -x) bot* Schilf(rohr) *n*
**rosée** [roze] *f* Tau *m* (*Nässe*)
**roseraie** [rozrɛ] *f* Rosengarten *m*
**rosier** [rozje] *m* Rosenstock *m*
**ross|e** [rɔs] **1.** *f cheval* Schindmähre *f*; F Leuteschinder *m*; **2.** *adj* gemein, hart; **~er** (*1a*) durchprügeln
**rossignol** [rɔsiɲɔl] *m zo* Nachtigall *f*
**rot** [ro] *m* F Rülpser *m*
**rotation** [rɔtasjõ] *f* Umdrehung *f*, Rotation *f*; *comm* Umschlag *m*
**roter** [rɔte] (*1a*) F rülpsen
**rôti** [rɔti, ro-] *m* Braten *m*
**rôtie** [rɔti, ro-] *f* geröstete Brotschnitte *f*
**rotin** [rɔtɛ̃] *m* Rattan *n*
**rôtir** [rɔtir, ro-] (*2a*) braten
**rôtiss|erie** [rɔtisri, ro-] *f* Grillrestaurant *n*; **~oire** [-war] *f* Grill *m*
**rotond|e** [rɔtõd] *f arch* Rundbau *m*; **~ité** *f* Rundheit *f*
**rotule** [rɔtyl] *f anat* Kniescheibe *f*
**rouage** [rwaʒ] *m* Rädchen *n*; **~s** *pl* Räderwerk *n* (*a fig*)
**roublard**, **~e** [rublar, -d] gerissen, durchtrieben
**roucouler** [rukule] (*1a*) *pigeon*: gurren; *amoureux*: turteln
**roue** [ru] *f* Rad *n*; **~ *libre*** Freilauf *m*; *auto* **~ *de rechange*** Reserve-, Ersatzrad *n*; ***deux* ~s** *m* Zweirad *n*
**rou|é**, **~ée** [rwe] gerissen, durchtrieben; **~er** (*1a*) **~ *qn de coups*** F j-n windelweich schlagen; **~et** [-ɛ] *m* Spinnrad *n*
**rouge** [ruʒ] **1.** *adj* rot (*a pol*); **2.** *adv fig* ***voir* ~** rot sehen; **3.** *m couleur*: Rot *n*; *vin*: Rotwein *m*; **~ *à lèvres*** Lippenstift *m*; **~ *à joues*** Rouge *n*
**rougeâtre** [ruʒɑtrə] rötlich
**rouge-gorge** [ruʒgɔrʒ] *m* (*pl rouges-gorges*) *zo* Rotkehlchen *n*
**rougeole** [ruʒɔl] *f méd* Masern *pl*
**rouget** [ruʒɛ] *m zo* Seebarbe *f*
**roug|eur** [ruʒœr] *f* Rötung *f*; *fig* Erröten *n*; **~ir** (*2a*) rot werden; *personne*: rot werden, erröten (***de colère*** vor Zorn)
**rouill|e** [ruj] *f* Rost *m*; **~é**, **~ée** verrostet; *fig* eingerostet; **~er** (*1a*) *v/t* rosten lassen; *v/i* rosten; ***se* ~** rosten; *fig* einrosten
**roulant**, **~e** [rulɑ̃, -t] rollend, Roll…; ***escalier** m **roulant*** Rolltreppe *f*; ***tapis** m **roulant*** Förderband *n*
**roul|eau** [rulo] *m* (*pl -x*) Rolle *f*; *tech* Walze *f*; **~ement** [-mɑ̃] *m* Rollen *n*; *tech* Wälzlager *n*; *tech* **~ *à billes*** Kugellager *n*; *comm* ***fonds** m/pl **de*** **~** Betriebskapital *n*
**rouler** [rule] (*1a*) *v/i* rollen; *voiture*: fahren; *bateau*: schlingern; P ***ça roule*** es klappt; **~ *sur qc*** *conversation*: sich um etw drehen; *v/t* rollen; *cigarette*: drehen; F **~ *qn*** j-n reinlegen; ***se* ~** *par terre*: sich wälzen; *en boule*: sich zusammenrollen
**roul|ette** [rulɛt] *f meubles*: Rolle *f*; *jeu*: Roulett *n*; ***passer la* ~** *dentiste*: bohren; **~is** [-i] *m mar* Schlingern *n*; **~otte** [-ɔt] *f* Wohnwagen *m*
**roumain**, **~e** [rumɛ̃, -ɛn] **1.** *adj* rumänisch; **2.** **☉**, **☉e** *m*, *f* Rumäne *m*, Rumänin *f*
**Roumanie** [rumani] ***la* ~** Rumänien *n*
**rouquin**, **~e** [rukɛ̃, -in] F rothaarig
**rouspéter** [ruspete] (*1f*) F schimpfen
**rousseur** [rusœr] *f* ***taches** f/pl **de* ~** Sommersprossen *f/pl*
**rouss|i** [rusi] *m* Brandgeruch *m*; ***sentir le* ~** angesengt riechen; *fig* brenzlig werden; **~ir** (*2a*) *v/t linge*: versengen; *v/i* rot werden; *cuis* ***faire* ~** bräunen
**route** [rut] *f* (Land-)Straße *f*; *parcours* Weg *m*, Strecke *f*; *voyage* Fahrt *f*; *mar*, *aviat* Kurs *m*; ***en* ~** unterwegs; ***mettre en* ~** in Gang setzen (*a fig*); ***se mettre en* ~** sich auf den Weg machen; ***faire fausse* ~** vom Weg abkommen; *fig* sich irren; ***faire* ~ *vers*** auf dem Weg sein nach
**rout|ier**, **~ière** [rutje, -tjɛr] **1.** *adj* Straßen…; ***réseau** m **routier*** Straßennetz *n*; ***carte** f **routière*** Straßenkarte *f*; **2.** *m* Fernfahrer *m*
**routin|e** [rutin] *f* Routine *f*; ***de* ~** üblich; **~ier**, **~ière** [-je, -jɛr] gewohnheitsmäßig
**rouvrir** [ruvrir] (*2f*) *v/t* wieder öffnen; *v/i* wieder offen sein

**rou|x**, **~sse** [ru, -s] **1.** *adj personne*: rothaarig; *cheveux*: rot; **2.** *m cuis* Einbrenne *f*
**royal**, **~e** [rwajal] (*m/pl -aux*) königlich; *fig cadeau*, *luxe*: fürstlich; **~iste 1.** *adj* königstreu; **2.** *m*, *f* Royalist(in) *m(f)*
**royau|me** [rwajom] *m* Königreich *n*; ***le* ℒ *Uni*** das Vereinigte Königreich; **~té** [-te] *f* Königtum *n*
**RPR** *m abr **Rassemblement pour la République*** frz. Partei (Neogaullisten)
**R.S.V.P.** *abr **répondez, s'il vous plaît*** um Antwort wird gebeten
**Ruanda** [rwɑ̃da, rwanda] ***le ~*** Ruanda *n*
**ruban** [rybɑ̃] *m* Band *n*; ***~ adhésif*** Klebeband *n*
**rubéole** [rybeɔl] *f méd* Röteln *pl*
**rubis** [rybi] *m* Rubin *m*
**rubrique** [rybrik] *f* Rubrik *f*, Spalte *f*
**ruche** [ryʃ] *f* Bienenkorb *m*, -stock *m*
**rude** [ryd] *personne*: roh, derb, grob; *travail*, *lutte*: hart; *voix*, *climat*: rau
**rudesse** [rydɛs] *f* Rauheit *f*, Rohheit *f*, Derbheit *f*
**rudi|mentaire** [rydimɑ̃tɛr] *insuffisant* notdürftig; *élémentaire* elementar; **~ments** *m/pl* Anfangsgründe *m/pl*
**rudoyer** [rydwaje] (*1h*) ***~ qn*** j-n grob anfahren
**rue** [ry] *f* Straße *f*; ***dans la ~*** auf der Straße; ***en pleine ~*** auf offener Straße; ***~ à sens unique*** Einbahnstraße *f*; ***~ piétonne*** Fußgängerstraße *f*
**ruée** [rɥe] *f* Ansturm *m*; ***~ vers l'or*** Goldrausch *m*
**ruelle** [rɥɛl] *f* Gässchen *n*, (enge) Gasse *f*
**ruer** [rɥe] (*1n*) *cheval*: ausschlagen; *fig* ***~ dans les brancards*** sich sträuben; ***se ~ sur*** herfallen über (*acc*), sich stürzen auf (*acc*)
**rug|ir** [ryʒir] (*2a*) brüllen; *vent*: heulen; **~issement** [-ismɑ̃] *m* Gebrüll *n*
**rugueu|x**, **~se** [rygø, -z] uneben, rau
**Ruhr** [rur] ***la ~*** das Ruhrgebiet
**ruine** [rɥin] *f délabrement* Verfall *m*; *fig décadence* Untergang *m*, Zusammenbruch *m*; *comm* Ruin *m*; *personne*: Wrack *n*; ***~s pl*** Ruine(n) *f(pl)*, Trümmer *m/pl*
**ruin|er** [rɥine] (*1a*) ruinieren, zu Grunde richten; **~eux**, **~euse** [-ø, -øz] ruinös; *coûteux* kostspielig
**ruisseau** [rɥiso] *m* (*pl -x*) Bach *m*; *caniveau* Gosse *f* (*a fig*); *fig sang*, *larmes*: Strom *m*
**ruisseler** [rɥisle] (*1c*) rinnen, rieseln; *sueur*: triefen (***de*** von)
**rumeur** [rymœr] *f* **1.** (dumpfer) Lärm *m*; *de personnes*: allgemeine Unruhe *f*; **2.** *nouvelle* Gerücht *n*
**ruminer** [rymine] (*1a*) wiederkäuen; *fig* nachgrübeln (***qc*** über etw *acc*)
**rupture** [ryptyr] *f* Bruch *m* (*a fig*); *méd* Riss *m*; *fig négociations*, *relations*: Abbruch *m*
**rural**, **~e** [ryral] (*m/pl -aux*) ländlich
**rus|e** [ryz] *f truc* List *f*; *adresse* Schlauheit *f*, Schläue *f*; **~é**, **~ée** listig, schlau
**russe** [rys] **1.** *adj* russisch; **2.** ℒ *m*, *f* Russe *m*, Russin *f*
**Russie** [rysi] ***la ~*** Russland *n*
**rustique** [rystik] Bauern…, rustikal
**rustre** [rystrə] **1.** *adj* grob, ungehobelt; **2.** *m péj* Bauernlümmel *m*, Flegel *m*
**rut** [ryt] *m zo* Brunst *f*
**rutilant**, **~e** [rytilɑ̃, -t] *rouge* leuchtend rot; *brillant* glänzend
**rythm|e** [ritmə] *m* Rhythmus *m*; *vitesse* Tempo *n*; **~ique 1.** *adj* rhythmisch; **2.** *f* Rhythmik *f*

# S

**S.** *abr **saint*** hl. (heiliger) *od* St. (Sankt)
**sa** [sa] → ***son***[1]
**SA** [ɛsɑ] *f abr **société anonyme*** AG *f* (Aktiengesellschaft)
**sable** [sablə] *m* Sand *m*
**sabl|é** [sable] *m cuis* Sandplätzchen *n*; **~er** (*1a*) mit Sand bestreuen; ***~ le champagne*** Champagner trinken
**sabl|ier** [sablije] *m* Sanduhr *f*; **~ière** [-ijɛr] *f* Sandgrube *f*
**sablonneu|x**, **~se** [sablɔnø, -z] sandig
**sabot** [sabo] *m* Holzschuh *m*; *zo* Huf

*m*; ~ ***de Denver*** Parkkralle *f*
**sabot|age** [sabɔtaʒ] *m* Sabotage *f*; **~er** (*1a*) sabotieren; *fig travail*: hinpfuschen
**sabre** [sabrə] *m* Säbel *m*
**sac** [sak] *m* **1.** Tasche *f*; *papier, plastique*: Tüte *f*; *pommes de terre*: Sack *m*; ~ ***à dos*** Rucksack *m*; ~ ***à main*** Handtasche *f*; ~ ***à provisions*** Einkaufstasche *f*; ~ ***de couchage*** Schlafsack *m*; **2.** ***mise*** *f* ***à*** ~ Plünderung *f*
**saccad|e** [sakad] *f* Ruck *m*, Stoß *m*; ***par ~s*** ruck-, stoßweise; **~é, ~ée** *mouvements*: ruckartig; *voix*: abgehackt
**saccager** [sakaʒe] (*1l*) *piler* plündern; *détruire* verwüsten
**saccharine** [sakarin] *f* Süßstoff *m*
**sacerdoce** [sasɛrdɔs] *m* Priesteramt *n*
**sachet** [saʃɛ] *m* Beutel(chen) *m*(*n*), Tütchen *n*; ~ ***de thé*** Teebeutel *m*; ***riz*** *m* ***en*** ~ Reis *m* im Kochbeutel
**sacoche** [sakɔʃ] *f* (Leder-)Tasche *f*; *vélo*: Packtasche *f*
**sacre** [sakrə] *m souverain*: Salbung *f*, Krönung *f*
**sacré, ~e** [sakre] heilig; (*précédant le subst*) F verdammt, verflucht
**sacrement** [sakrəmɑ̃] *m rel* Sakrament *n*
**sacri|fice** [sakrifis] *m* Opfer *n* (*a fig*); **~fier** [-fje] (*1a*) opfern (*a fig*); *fig* ~ ***à la mode*** der Mode huldigen; ***se*** ~ sich (auf)opfern
**sacrilège** [sakrilɛʒ] **1.** *adj* gottlos, frevelhaft; **2.** *m* Freveltat *f*, Frevel *m*, Sakrileg *n*
**sacrist|ain** [sakristɛ̃] *m égl* Küster *m*; **~ie** [-i] *f* Sakristei *f*
**sacro-saint, ~e** [sakrɔsɛ̃, -t] *iron* hochheilig, sakrosankt
**sad|ique** [sadik] **1.** *adj* sadistisch; **2.** *m, f* Sadist(in) *m*(*f*); **~isme** *m* Sadismus *m*
**safran** [safrɑ̃] *m bot* Krokus *m*; *cuis* Safran *m*
**sagac|e** [sagas] scharfsinnig; **~ité** *f* Scharfsinn *m*
**sage** [saʒ] **1.** *adj* weise, klug; *enfant*: artig; **2.** *m* Weise(r) *m*; **~-femme** [-fam] *f* (*pl sages-femmes*) Hebamme *f*
**sagesse** [saʒɛs] *f* Weisheit *f*, Klugheit *f*; *enfant*: Artigkeit *f*
**Sagittaire** [saʒitɛr] *m astr* Schütze *m*
**Sahara** [saara] ***le*** ~ die Sahara

**saignant, ~e** [sɛɲɑ̃, -t] blutend; *cuis* nicht durchgebraten, englisch
**saignée** [sɛɲe] *f* Aderlass *m*
**saigner** [sɛɲe] (*1b*) *v/i* bluten; *v/t* ~ ***qn*** j-m Blut abzapfen; *fig* j-n schröpfen
**saillant, ~e** [sajɑ̃, -t] vorspringend; *fig* hervorstechend
**saillie** [saji] *f arch* Vorsprung *m*; *fig* Geistesblitz *m*
**saillir** [sajir] **1.** (*2a*) *v/t zo* bespringen, decken; **2.** (*2c*) *v/i arch* hervorragen, vorspringen
**sain, ~e** [sɛ̃, sɛn] gesund (*a fig*); ***sain et sauf*** unversehrt, wohlbehalten, heil
**saindoux** [sɛ̃du] *m* Schweineschmalz *n*
**saint, ~e** [sɛ̃, -t] **1.** *adj* heilig; ***vendredi*** *m* ***saint*** Karfreitag *m*; **2.** *m, f* Heilige(r) *m, f*
**saint-bernard** [sɛ̃bɛrnar] *m* (*pl unv*) *zo* Bernhardiner *m*
**Sainte-Hélène** [sɛ̃telɛn] Sankt Helena *n*
**sainteté** [sɛ̃tte] *f* Heiligkeit *f*
**Saint-Gall** [sɛ̃gal] Sankt Gallen *n*
**Saint-Gothard** [sɛ̃gɔtar] ***le*** ~ der Sankt Gotthard
**Saint-Marin** [sɛ̃marɛ̃] San Marino *n*
**Saint-Sylvestre** [sɛ̃silvɛstrə] ***la*** ~ Silvester *m od n*
**saisie** [sezi] *f jur* Pfändung *f*; *marchandises de contrebande*: Beschlagnahme *f*; *EDV* (Daten-)Erfassung *f*
**saisir** [sezir] (*2a*) ergreifen, fassen; *crainte*: ergreifen; *maladie*: befallen; *jur* pfänden; *marchandises de contrebande*: beschlagnahmen; *sens, intention*: begreifen, verstehen; *occasion*: ergreifen; *EDV* erfassen; *jur* ~ ***un tribunal d'une affaire*** ein Gericht mit e-r Sache befassen; ***se*** ~ ***de qn, de qc*** sich j-s, e-r Sache bemächtigen
**saisissant, ~e** [sezisɑ̃, -t] ergreifend; *froid*: durchdringend
**saison** [sɛzõ] *f* Jahreszeit *f*; *tourisme* Saison *f*
**saisonn|ier, ~ière** [sɛzɔnje, -jɛr] **1.** *adj* jahreszeitlich; *comm* saisonbedingt; **2.** *m ouvrier*: Saisonarbeiter *m*
**salade** [salad] *f* Salat *m*; ~ ***de fruits*** Obstsalat *m*
**saladier** [saladje] *m* (Salat-)Schüssel
**salaire** [salɛr] *m ouvrier*: (Arbeits-)Lohn *m*; *employé*: Gehalt *n*; ~ ***aux pièces*** Akkordlohn *m*

**salaison** [salɛzõ] *f viande*: Pökelfleisch *n*
**salamandre** [salamɑ̃drə] *f zo* Salamander *m*
**salami** [salami] *m* Salami *f*
**salari|al**, **~ale** [salarjal] (*m/pl -aux*) Lohn…; **~é**, **~ée** *m*, *f* Arbeitnehmer *m*, Lohnempfänger *m*
**salaud** [salo] *m* P Dreckskerl *m*
**sale** [sal] **1.** (*derrière le subst*) schmutzig, unsauber, F dreckig; *moralement*: unanständig; **2.** (*précédant le subst*) übel; *péj* gemein
**sal|é**, **~ée** [sale] **1.** *adj eau*: salzig; *cuis* gesalzen (*a fig*); *fig* gewagt; **2.** *m* Pökelfleisch *n*; **~er** (*1a*) salzen; *pour conserver*: einsalzen
**saleté** [salte] *f* Schmutz *m*, F Dreck *m*; *fig grossièretés*: Unanständigkeit *f*; **~s** *pl choses sans valeur*: F Schund *m*, Plunder *m*
**salière** [saljɛr] *f* Salzstreuer *m*
**saline** [salin] *f* Saline *f*
**sal|ir** [salir] (*2a*) beschmutzen (*a fig*), verschmutzen, schmutzig machen; **~issant**, **~issante** [-isɑ̃, -isɑ̃t] *travail*: schmutzig; *tissu*: leicht schmutzend
**salive** [saliv] *f* Speichel *m*
**salle** [sal] *f* Saal *m*, Raum *m*; **~ *d'attente*** *médecin*: Wartezimmer *n*; *gare*: Wartesaal *m*; **~ *de classe*** Klassenzimmer *n*; **~ *de bain*** Bad *n*; **~ *à manger*** Esszimmer *n*; **~ *de séjour*** Wohnzimmer *n*; **~ *d'eau*** Waschraum *m*
**salmonellose** [salmɔneloz] *f méd* Salmonelleninfektion *f*
**salon** [salõ] *m* Salon *m*, Empfangszimmer *n*; *foire*: Ausstellung *f*, Messe *f*; **~ *de l'automobile*** Automobilausstellung *f*; *comm* Salon *m*; **~ *de thé*** Café *n*; **~ *de coiffure*** Frisiersalon *m*
**salopard** [salɔpar] P *m* → ***salaud***
**salop|e** [salɔp] *f* P Miststück *n* (*Frau*); F Schlampe *f*; **~erie** *f* P *chose sans valeur* Schund *m*, F Gelump(e) *n*; *saleté* P Schweinerei *f*, Sauerei *f*; *bassesse* Gemeinheit *f*; **~ette** [-ɛt] *f* Latzhose *f*
**salpêtre** [salpɛtrə] *m chim* Salpeter *m*
**salsa** [salsa] *f musique*, *danse* Salsa *m*
**salsifis** [salsifi] *m cuis* Schwarzwurzel *f*
**saltimbanque** [saltɛ̃bɑ̃k] *m*, *f* Gaukler(in) *m(f)*
**salubre** [salybrə] gesund, heilsam
**saluer** [salɥe] (*1n*) (be)grüßen
**salut** [saly] *m* **1.** Gruß *m*, Begrüßung *f*; **2.** F grüß dich!, Servus!; *au revoir*: tschüss!; **3.** *sauvegarde* Wohl *n*, Wohlfahrt *f*; *rel* Heil *n*, Rettung *f*
**salut|aire** [salytɛr] heilsam; **~ation** *f* Begrüßung *f*; *lettre*: ***recevez mes ~s distinguées*** mit besten Grüßen
**Salvador** [salvadɔr] ***le ~*** El Salvador *n*
**Salzbourg** [salzbur] Salzburg *n*
**samedi** [samdi] *m* Sonnabend *m*, Samstag *m*
**SAMU** *abr* ***service d'aide médicale d'urgence*** *etwa*: Notarzt *m*, Rettungsdienst *m*
**sanctifier** [sɑ̃ktifje] (*1a*) *rel* heiligen
**sanction** [sɑ̃ksjõ] *f peine* Sanktion *f*; *jur* Bestrafung *f*; *approbation*, *ratification* Billigung *f*
**sanctionner** [sɑ̃ksjɔne] (*1a*) *punir* bestrafen; *ratifier* sanktionieren, billigen; *jur loi*, *décret*: Gesetzeskraft erteilen
**sanctuaire** [sɑ̃ktɥɛr] *m* Heiligtum *n*
**sandale** [sɑ̃dal] *f* Sandale *f*
**sandwich** [sɑ̃dwitʃ] *m* (*pl -[e]s*) belegtes Brot *n od* Brötchen *n*
**sang** [sɑ̃] *m* Blut *n* (*a fig*); F ***se faire du mauvais ~*** sich (*dat*) Sorgen machen; **~-froid** [-frwa] *m* Kaltblütigkeit *f*
**sanglant**, **~e** [sɑ̃glɑ̃, -t] blutig; *fig* beleidigend
**sangle** [sɑ̃glə] *f* Gurt *m*
**sanglier** [sɑ̃glije] *m zo* Wildschwein *n*
**sangl|ot** [sɑ̃glo] *m* Schluchzen *n*; **~oter** [-ɔte] (*1a*) schluchzen
**sangsue** [sɑ̃sy] *f zo* Blutegel *m*
**sangu|in**, **~ine** [sɑ̃gɛ̃, -in] Blut…; *tempérament*: sanguinisch; ***groupe*** *m* ***sanguin*** Blutgruppe *f*; **~inaire** [-inɛr] blutdürstig, -rünstig
**sanguine** [sɑ̃gin] *f bot* Blutapfelsine *f*, -orange *f*
**sanitaire** [sanitɛr] sanitär; Gesundheits…; ***installations*** *f/pl* **~s** sanitäre Einrichtungen *f/pl*
**sans** [sɑ̃] ohne; …los; **~ *doute*** wahrscheinlich; **~ *aucun doute*** zweifellos; **~ *quoi*** sonst; **~** (+ *inf*) ohne zu (+ *inf*); **~ *que*** (+ *subj*) ohne dass; **~ *CFC*** FCKW-frei
**sans-abri** [sɑ̃zabri] *m*, *f* (*pl unv*) Obdachlose(r) *m*, *f*
**sans|-façon** [sɑ̃fasõ] *m* Ungezwungenheit *f*; **~-gêne** [-ʒɛn] **1.** *m*, *f* (*pl unv*)

freche Person *f*; **2.** *m* Unverfrorenheit *f*, Ungeniertheit *f*; **~-souci** [-susi] (*unv*) sorglos; **~-travail** [-travaj] *m*, *f* (*pl unv*) Arbeitslose(r) *m*, *f*

**santé** [sɑ̃te] *f* Gesundheit *f*; ***être en bonne ~*** gesund sein; ***à votre ~!*** auf Ihr Wohl!

**Saône** [son] ***la ~*** die Saône

**saoudien, ~ne** [saudjɛ̃, -ɛn] **1.** *adj* saudiarabisch; **2.** **♀, ♀*ne*** *m*, *f* Saudi *m*, *f*

**saoul** [su] → ***soûl***

**saper** [sape] (*1a*) untergraben (*a fig*)

**sapeur** [sapœr] *m mil* Pionier *m*; **~-pompier** [-pɔ̃pje] *m* (*pl sapeurs-pompiers*) Feuerwehrmann *m*

**sapin** [sapɛ̃] *m bot* Tanne *f*

**sapinière** [sapinjɛr] *f* Tannenwald *m*

**sarcas|me** [sarkasmə] *m* beißender Spott *m*, Sarkasmus *m*; **~tique** [-tik] sarkastisch, höhnisch

**sarcler** [sarkle] (*1a*) (aus)jäten

**sarcophage** [sarkɔfaʒ] *m* Sarkophag *m*

**Sardaigne** [sardɛɲ] ***la ~*** Sardinien *n*

**sarde** [sard] **1.** *adj* sardisch; **2.** **♀** *m*, *f* Sardinier(in) *m*(*f*)

**sardine** [sardin] *f* Sardine *f*

**sardonique** [sardɔnik] hämisch

**SARL** [ɛsaɛrɛl] *f abr* ***société à responsabilité limitée*** GmbH *f*

**sarment** [sarmɑ̃] *m* (Wein-)Rebe *f*

**sarrasin** [sarazɛ̃] *m bot* Buchweizen *m*

**Sarre** [sar] *f rivière*: Saar *f*; ***la ~*** Saarland *n*

**Sarrebruck** [sarbryk] Saarbrücken *n*

**sarriette** [sarjɛt] *f bot* Bohnen-, Pfefferkraut *n*

**sas** [sɑs] *m tech* Schleuse *f*

**satanique** [satanik] teuflisch

**satellite** [satelit] *m* Satellit *m* (*a fig*); ***ville f ~*** Trabantenstadt *f*

**satiété** [sasjete] *f* Übersättigung *f*; ***à ~*** bis zum Überdruss

**satin** [satɛ̃] *m* Satin *m*, Atlas *m*

**satir|e** [satir] *f* Satire *f*; **~ique** satirisch

**satis|faction** [satisfaksjɔ̃] *f contentement* Zufriedenheit *f*; *désir, besoin*: Befriedigung *f*; *après offense*: Genugtuung *f*; ***donner ~ à qn*** j-n zufriedenstellen; **~faire** [-fɛr] (*4n*) **1.** *v/i* ***~ à qc*** e-r Sache genügen, gerecht werden; *comm* ***~ à la demande*** die Nachfrage befriedigen; **2.** *v/t* befriedigen; *attente*: erfüllen; **~faisant, ~faisante** [-fəzɑ̃, -fəzɑ̃t] befriedigend; **~fait, ~faite** [-fɛ, -fɛt] zufrieden (***de*** mit)

**satur|ation** [satyrasjɔ̃] *f* Sättigung *f*; **~er** (*1a*) sättigen; *fig* übersättigen (***de*** mit)

**sauce** [sos] *f* Soße *f*; ***~ tomate*** Tomatensoße *f*

**saucière** [sosjɛr] *f* Soßenschüssel *f*

**saucisse** [sosis] *f* Würstchen *n*; *à frire*: Bratwurst *f*

**saucisson** [sosisɔ̃] *m* Wurst *f*; ***~ sec*** Hartwurst *f*

**sauf**[1] [sof] *prép* außer (*dat*), bis auf (*acc*); ***~ que*** außer dass; ***~ si*** außer wenn; ***~ avis contraire*** bis auf Widerruf

**sau|f**[2], **~ve** [sof, -v] *adj* unversehrt

**sauf-conduit** [sofkɔ̃dɥi] *m* (*pl sauf-conduits*) Passierschein *m*

**sauge** [soʒ] *f bot* Salbei *f od m*

**saugrenu, ~e** [sogrəny] absurd

**saule** [sol] *m bot* Weide *f*; ***~ pleureur*** Trauerweide *f*

**saumon** [somɔ̃] *m zo* Lachs *m*

**saumure** [somyr] *f* (Salz-)Lake *f*

**sauna** [sona] *m* Sauna *f*

**saupoudrer** [sopudre] (*1a*) bestreuen (***de*** mit)

**saur** [sɔr] ***hareng*** *m* **~** Bückling *m*

**saut** [so] *m* Sprung *m*; ***~ en hauteur, en longueur*** Hoch-, Weitsprung *m*; ***~ à la perche*** Stabhochspringen *n*; ***~ périlleux*** Salto *m*; *fig* ***faire un ~ chez qn*** auf e-n Sprung bei j-m vorbeikommen; ***au ~ du lit*** beim Aufstehen

**saute** [sot] *f* plötzlicher Wechsel *m*; ***~ de vent*** Umschlagen *n* des Windes

**sauté, ~e** [sote] *cuis* gebraten

**sauter** [sote] (*1a*) **1.** *v/i* springen; *exploser* in die Luft fliegen, explodieren; *fusible*: durchbrennen; ***~ sur*** sich stürzen auf (*acc*); ***faire ~*** *cuis* braten; **2.** *v/t obstacle, fossé*: überspringen; *mot, repas*: auslassen

**sauterelle** [sotrɛl] *f zo* Heuschrecke *f*

**sautiller** [sotije] (*1a*) hüpfen, tänzeln

**sauvag|e** [sovaʒ] **1.** *adj* wild; *insociable* ungesellig; **2.** *m*, *f* Wilde(r) *m*, *f*; *solitaire* Einzelgänger *m*; **~ement** [-mɑ̃] *adv* auf grausame Weise

**sauvegard|e** [sovgard] *f* Schutz *m*; **~er** (*1a*) schützen; *EDV* speichern, sichern

**sauve-qui-peut** [sovkipø] *m* (*pl unv*

wilde Flucht *f*
**sauver** [sove] (*1a*) retten; **~ *les apparences*** den Schein wahren; ***se* ~** sich retten; *s'enfuir* weglaufen; F *partir* sich davonmachen, sich verziehen
**sauve|tage** [sovtaʒ] *m* Rettung *f*, Bergung *f*; **~teur** *m* Retter *m*
**sauvette** [sovɛt] ***à la* ~** *comm* schwarz
**sauveur** [sovœr] *m* (Er-)Retter *m*; *rel* ***le* ≗** der Erlöser *od* Heiland
**savamment** [savamɑ̃] *adv en connaissance de cause* mit Sachkenntnis; *habilement* geschickt
**savant, ~e** [savɑ̃, -t] **1.** *adj* gelehrt; *société, revue*: wissenschaftlich; *combinaison, démonstration*: geschickt; **2.** *m* Gelehrte(r) *m*, Wissenschaftler *m*
**saveur** [savœr] *f* Geschmack *m*; *fig* Reiz *m*
**Savoie** [savwa] ***la* ~** Savoyen *n*
**savoir** [savwar] **1.** (*3g*) wissen; *langue od + inf* können; **~ *nager*** schwimmen können; ***j'ai su que*** ich habe erfahren, dass; ***je ne saurais vous le dire*** ich kann es Ihnen leider nicht sagen; ***il s'agit de* ~ *si*** es handelt sich darum, ob; ***reste à* ~** es ist noch die Frage (***si*** ob); ***à* ~** und zwar; ***faire* ~ *qc à qn*** j-m etw mitteilen; ***à ce que je sais*** *od* (***autant***) ***que je sache*** soviel ich weiß; **2.** *m* Wissen *n*, Gelehrsamkeit *f*
**savoir|-faire** [savwarfɛr] *m* Können *n*, Know-how *n*; **~-vivre** [-vivrə] *m* Manieren *pl*
**savon** [savõ] *m* Seife *f*
**savonn|er** [savɔne] (*1a*) einseifen; **~ette** [-ɛt] *f* Toilettenseife *f*; **~eux, ~euse** [-ø, -øz] seifig
**savour|er** [savure] (*1a*) genießen, auskosten; **~eux, ~euse** [-ø, -øz] schmackhaft, köstlich (*a fig*)
**Saxe** [saks] ***la* ~** Sachsen *n*; **~-Anhalt** [-analt] *f* ***la* ~** Sachsen-Anhalt *n*
**saxon, ~ne** [saksõ, -ɔn] sächsisch
**saxophone** [saksɔfɔn] *m* Saxofon *n*
**scabr|eux, ~euse** [skabrø, -øz] heikel; *blague*: anstößig
**scandal|e** [skɑ̃dal] *m* Skandal *m*; ***au grand* ~ *de*** zur Entrüstung (*gén*); ***faire du* ~** Krach schlagen; **~eux, ~euse** [-ø, -øz] skandalös, schändlich; **~iser** (*1a*) **~ *qn*** Anstoß erregen bei j-m; ***se* ~ *de*** sich entrüsten über (*acc*)
**Scandinavie** [skɑ̃dinavi] ***la* ~** Skandinavien *n*
**scanner**[1] [skanɛr] *m tech* Scanner *m*; *méd* Computertomograph *m*
**scanner**[2] [skane] (*1a*) *EDV* (ein)scannen
**scanographie** [skanɔgrafi] *f méd* Computertomographie *f*
**scaphandr|e** [skafɑ̃drə] *m plongeur*: Taucheranzug *m*; *astronaute*: Raumanzug *m*; **~ier** [-ije] *m* Taucher *m*
**scarabée** [skarabe] *m zo* Skarabäus *m*
**scarlatine** [skarlatin] *f méd* Scharlach *m*
**sceau** [so] *m* (*pl -x*) Siegel *n*; *fig* Zeichen *n*
**scélérat** [selera] *m* Schurke *m*, Bösewicht *m*
**scell|é** [sele] *m* gerichtliches Siegel *n*; **~er** (*1b*) *lettre*: versiegeln; *fig amitié, pacte*: besiegeln; *tech avec ciment*: einzementieren
**scénario** [senarjo] *m* Drehbuch *n*; *allg* Handlungsablauf *m*
**scène** [sɛn] *f* Szene *f*; *théâtre*: Bühne *f*; *lieu de l'action*: Schauplatz *m*; *partie d'un acte* Auftritt *m*; ***faire une* ~ *à qn*** j-m e-e Szene machen; ***mettre en* ~** inszenieren; ***mise*** *f* ***en* ~** Inszenierung *f*; **~ *de ménage*** Ehekrach *m*
**sceptique** [sɛptik] **1.** *adj* skeptisch; **2.** *m* Skeptiker *m*
**sceptre** [sɛptrə] *m* Zepter *n*
**Schaffhouse** [ʃafuz] Schaffhausen *n*
**schéma** [ʃema] *m* Schema *n*, Plan *m*; **~tique** [-tik] schematisch
**schisme** [ʃismə] *m rel* Schisma *n*; *fig* Spaltung *f*
**schiste** [ʃist] *m* Schiefer *m*
**schizophrène** [skizɔfrɛn] schizophren
**sciatique** [sjatik] *f méd* Ischias *m od n*
**scie** [si] *f* Säge *f*; F *fig* Nervensäge *f*
**sciemment** [sjamɑ̃] *adv* wissentlich
**science** [sjɑ̃s] *f* Wissenschaft *f*; *connaissance* Wissen *n*, Erkenntnis *f*; **~*s économiques*** Wirtschaftswissenschaften *f/pl*; **~*s naturelles*** Naturwissenschaften *f/pl*; **~-fiction** [-fiksjõ] *f* Science-fiction *f*
**scientifique** [sjɑ̃tifik] **1.** *adj* wissenschaftlich; **2.** *m, f* Wissenschaftler(in) *m(f)*
**scier** [sje] (*1a*) sägen; *branche*: absägen
**scierie** [siri] *f* Sägewerk *n*
**scinder** [sɛ̃de] (*1a*) *fig* aufspalten; ***se* ~**

sich spalten
**scintiller** [sɛ̃tije] (*1a*) funkeln, glitzern
**scission** [sisjõ] *f* Spaltung *f*
**sciure** [sjyr] *f* Sägemehl *n*
**sclérose** [skleroz] *f méd* Sklerose *f*; *fig* Verknöcherung *f*; ~ ***artérielle*** Arterienverkalkung *f*
**scol|aire** [skɔlɛr] Schul...; ***année*** *f* ~ Schuljahr *n*; **~arité** [-arite] *f* Schulbesuch *m*; ~ ***obligatoire*** Schulpflicht *f*
**scooter** [skutœr, -tɛr] *m* Motorroller *m*
**score** [skɔr] *m sport*: Spielstand *m*; *pol* Zahl *f* der erhaltenen Stimmen
**scorie** [skɔri] *f tech u géol* Schlacke *f*
**scorpion** [skɔrpjõ] *m zo* Skorpion *m*; ♏ *astrologie*: Skorpion *m*
**scotch** [skɔtʃ] *m* (*nom déposé*) Tesafilm *m* (*nom déposé*)
**scout** [skut] *m* Pfadfinder *m*; **~isme** *m* Pfadfinderbewegung *f*
**scribe** [skrib] *m hist* Schreiber *m*; *péj* Schreiberling *m*
**script** [skript] *m* Blockschrift *f*; *film*: Drehbuch *n*
**scrupul|e** [skrypyl] *m* Skrupel *m*; **~s** *pl a* Bedenken *n/pl*; **~eux**, **~euse** [-ø, -øz] *consciencieux* gewissenhaft; *méticuleux* peinlich genau
**scruta|teur**, **~trice** [skrytatœr, -tris] forschend
**scruter** [skryte] (*1a*) erforschen, (gründlich) untersuchen
**scrutin** [skrytɛ̃] *m* Abstimmung *f*, Wahl *f*; ~ ***de ballottage*** Stichwahl *f*; ~ ***majoritaire*** Mehrheitswahl *f*; ~ ***proportionnel*** Verhältniswahl *f*
**sculpt|er** [skylte] (*1a*) *statue*: in Stein hauen, meißeln; *pierre*: behauen; ~ ***sur bois*** schnitzen; **~eur** *m* Bildhauer *m*; **~ure** [-yr] *f* Bildhauerei *f*, Skulptur *f*; ~ ***sur bois*** Holzschnitzerei *f*
**se** [s(ə)] sich
**séance** [seɑ̃s] *f* Sitzung *f*; *cinéma*: Vorstellung *f*; *fig* ~ ***tenante*** sofort
**seau** [so] *m* (*pl -x*) Eimer *m*
**sec**, **sèche** [sɛk, sɛʃ] **1.** *adj* trocken; *feuille*: dürr; *personne*: dürr, hager; *vin*: herb; *réponse*, *ton*: schroff; *coup*, *bruit*: kurz (und heftig); F *fig* ***être à sec*** auf dem Trocknen sitzen, blank sein; ***au sec*** im Trock(e)nen; **2.** *adv* ***sec*** heftig; ***frapper sec*** kräftig zuschlagen
**sécateur** [sekatœr] *m* Gartenschere *f*
**sécession** [sesesjõ] *f pol* Spaltung *f*, Abfall *m*
**sèche|-cheveux** [sɛʃʃəvø] *m* (*pl unv*) Föhn *m*, Haartrockner *m*; **~-linge** [-lɛ̃ʒ] *m* Wäschetrockner *m*
**sécher** [seʃe] (*1f*) *v/t* trocknen; *peau*, *rivière*: austrocknen; *fruits*: dörren; ~ ***un cours*** e-e Stunde schwänzen; *v/i* trocknen; *sol*, *lac*: austrocknen; *fruits*: verdorren
**sécheresse** [seʃrɛs] *f* Trockenheit *f*, Dürre *f*; *fig* Schroffheit *f*
**séchoir** [seʃwar] *m linge*: Wäschetrockner *m*; *cheveux*: Föhn *m*
**second**, **~e** [s(ə)gõ, -d] **1.** *adj* zweite(r, -s); **2.** *m étage*: zweiter Stock *m*; *adjoint* Stellvertreter *m*; **3.** *f* Sekunde *f*; *train*: zweite Klasse *f*
**secondaire** [s(ə)gõdɛr] sekundär, nebensächlich; ***enseignement*** *m* ~ höheres Schulwesen *n*
**seconder** [s(ə)gõde] (*1a*) helfen (***qn*** j-m)
**secouer** [s(ə)kwe] (*1a*) schütteln; *poussière*: abschütteln
**secourir** [s(ə)kurir] (*2i*) zu Hilfe kommen (***qn*** j-m)
**secour|isme** [s(ə)kurismə] *m* Erste Hilfe *f*; **~iste** *m*, *f* Mitglied *n* e-r Hilfsorganisation
**secours** [s(ə)kur] *m* Hilfe *f*; *matériel*: Unterstützung *f*; ***au ~!*** Hilfe!; ***appeler au ~*** um Hilfe rufen; ***poste*** *m* ***de ~*** Rettungsstelle *f*; ***sortie*** *f* ***de ~*** Notausgang *m*; ***premier ~*** Erste Hilfe *f*
**secousse** [s(ə)kus] *f* Stoß *m*; *fig* Schlag *m*
**secr|et**, **~ète** [səkrɛ, -ɛt] **1.** *adj* geheim; **2.** *m* Geheimnis *n*; ***en secret*** heimlich
**secrétaire** [s(ə)kretɛr] **1.** *m*, *f* Sekretär(in) *m*(*f*); **2.** *m* Schreibschrank *m*
**secrétariat** [s(ə)kretarja] *m bureau*: Sekretariat *n*, Geschäftsstelle *f*; *profession*: Beruf *m* e-r Sekretärin
**sécré|ter** [sekrete] (*1f*) *méd* absondern; **~tion** *f* Sekret *n*
**sectaire** [sɛktɛr] **1.** *m rel* Sektierer *m fig* engstirniger Fanatiker *m*; **2.** *adj rel* sektiererisch; *fig* fanatisch
**secte** [sɛkt] *f rel* Sekte *f*
**secteur** [sɛktœr] *m math* Sektor *m*; *administration*: Bezirk *m*; *écon* Sektor *m* Bereich *m*; *él* (Strom-)Netz *n*; *écon* ~

***tertiaire*** Dienstleistungssektor *m*
**section** [sɛksjõ] *f math* Schnitt *m*; *livre, contrat*: Abschnitt *m*; *organisation*: Abteilung *f*, Sektion *f*
**sectionner** [sɛksjɔne] (*1a*) durchtrennen; *fig* unterteilen
**séculaire** [sekylɛr] hundertjährig; *très ancien* jahrhundertealt
**séculariser** [sekylarize] (*1a*) säkularisieren
**sécul|ier, ~ière** [sekylje, -jɛr] *rel* weltlich
**sécurité** [sekyrite] *f* Sicherheit *f*; ***~ routière*** Verkehrssicherheit *f*; ***⁀ sociale*** *französische* Sozialversicherung *f*; ***Conseil*** *m* ***de ⁀*** Weltsicherheitsrat *m*
**sédatif** [sedatif] *m phm* Beruhigungsmittel *n*, schmerzstillendes Mittel *n*
**sédentaire** [sedɑ̃tɛr] *profession*: sitzend; *casanier* häuslich; *population*: sesshaft
**sédiment** [sedimɑ̃] *m* Bodensatz *m*, Niederschlag *m*; *géol* Sediment *n*
**sédit|ieux, ~ieuse** [sedisjø, -jøz] aufrührerisch; **~ion** *f* Aufruhr *m*, Aufstand *m*
**séduc|teur, ~trice** [sedyktœr, -tris] **1.** *adj* verführerisch; **2.** *m, f* Verführer(in) *m(f)*; **~tion** *f* Verführung; *fig* Verlockung *f*, Reiz *m*
**séduire** [sedɥir] (*4c*) verführen; *fig* verlocken, verleiten
**séduisant, ~e** [sedɥizɑ̃, -t] verführerisch; *idée*: verlockend
**segment** [sɛgmɑ̃] *m* Abschnitt *m*, Segment *n*; *auto* ***~ de piston*** Kolbenring *m*
**ségrégation** [segregasjõ] *f* ***~ raciale*** Rassentrennung *f*
**seiche** [sɛʃ] *f zo* Tintenfisch *m*
**seigle** [sɛglə] *m agr* Roggen *m*
**seigneur** [sɛɲœr] *m* Herr *m*; *hist* (Lehns-, Grund-)Herr *m*; *rel* ***le ⁀*** der Herr
**sein** [sɛ̃] *m* Brust *f*; *fig* Schoß *m*; ***~s*** *pl* Busen *m*; *st/s* ***au ~ de*** innerhalb, mitten in
**Seine** [sɛn] ***la ~*** die Seine
**séisme** [seismə] *m* Erdbeben *n*
**seize** [sɛz] sechzehn
**séjour** [seʒur] *m* Aufenthalt *m*; (***salle*** *f* ***de***) ***~*** Wohnzimmer *n*; **~ner** [-ne] (*1a*) sich aufhalten, verweilen
**sel** [sɛl] *m* Salz *n*; *fig* Witz *m*
**sélect, ~e** [selɛkt] auserlesen, vornehm
**sélect|ion** [selɛksjõ] *f* Auswahl *f*; **~ionner** [-jɔne] (*1a*) auswählen
**self-service** [sɛlfsɛrvis] *m* (*pl self-services*) Selbstbedienungsladen *m*; *restaurant*: Selbstbedienungsrestaurant *n*
**selle** [sɛl] *f* Sattel *m*; *méd* Stuhlgang *m*; *cuis* Rücken *m*; *fig* ***être bien en ~*** fest im Sattel sitzen
**seller** [sɛle] (*1b*) satteln
**sellette** [sɛlɛt] *f* ***être sur la ~*** im Blickpunkt stehen
**sellier** [sɛlje] *m* Sattler *m*
**selon** [s(ə)lõ] *prép* gemäß, nach; *conj* ***~ que ...*** je nachdem ...; ***~ moi*** meiner Meinung nach; ***c'est ~*** das kommt darauf an
**semailles** [s(ə)mɑj] *f/pl agr* Saat *f*
**semaine** [s(ə)mɛn] *f* Woche *f*; ***à la ~*** wöchentlich; ***en ~*** unter der Woche; ***~ sainte*** Karwoche *f*; ***être de ~*** Dienst haben
**sémantique** [semɑ̃tik] *ling* **1.** *adj* semantisch; **2.** *f* Semantik *f*, Bedeutungslehre *f*
**sémaphore** [semafɔr] *m* Signalmast *m*
**semblable** [sɑ̃blablə] **1.** *adj* ähnlich (***à qn, qc*** j-m, e-r Sache); *tel* derartig, solch; **2.** *m* ***mon ~*** meinesgleichen; ***nos ~s*** unsere Mitmenschen *m/pl*
**semblant** [sɑ̃blɑ̃] *m* (An-)Schein *m*; ***faire ~ de*** (+ *inf*) so tun, als ob; ***il fait ~*** er tut nur so; F ***ne faire ~ de rien*** sich nichts anmerken lassen
**sembler** [sɑ̃ble] (*1a*) scheinen; ***~*** (+ *inf*) scheinen zu (+ *inf*); ***il*** (***me***) ***semble que*** (+ *ind od subj*) mir scheint, (dass); ***il me semble inutile de*** (+ *inf*) es scheint mir unnötig zu (+ *inf*)
**semelle** [s(ə)mɛl] *f* (Schuh-)Sohle *f*
**semence** [s(ə)mɑ̃s] *f* Samen *m*
**semer** [s(ə)me] (*1d*) säen; *fig* ausstreuen; *terreur*: verbreiten; F ***~ qn*** j-n abhängen
**semestr|e** [s(ə)mɛstrə] *m* Semester *n*, Halbjahr *n*; **~iel, ~ielle** [-ijɛl] halbjährlich
**semi-...** [səmiz̧] halb...
**semi|-circulaire** [səmisirkylɛr] halbkreisförmig, halbrund; **~-conducteur** [-kõdyktœr] *m* (*pl semi-conducteurs*) *él* Halbleiter *m*
**séminaire** [seminɛr] *m* Seminar *n*
**semi-remorque** [səmirmɔrk] *m* (*pl se-*

*mi-remorques*) Sattelschlepper *m*

**semis** [s(ə)mi] *m agr* Säen *n*, Aussaat *f*

**semonce** [səmõs] *f* Verweis *m*, Tadel *m*

**semoule** [s(ə)mul] *f cuis* Grieß *m*

**sempiternel**, **~le** [sɑ̃pitɛrnɛl] fortwährend, dauernd

**Sénat** [sena] *m pol* Senat *m*

**sénat|eur** [senatœr] *m* Senator *m*; **~orial**, **~oriale** [-ɔrjal] (*m/pl -aux*) Senats…

**Sénégal** [senegal] ***le ~*** *État* Senegal *n*; *fleuve* der Senegal

**sénil|e** [senil] senil; **~ité** *f* Senilität *f*

**sens** [sɑ̃s] *m* Sinn *m*; *direction* Richtung *f*; *signification* Bedeutung *f*; ***~ artistique*** Kunstsinn *m*; ***le bon ~*** *od* ***le ~ commun*** der gesunde Menschenverstand; ***~ giratoire*** Kreisverkehr *m*; (***rue*** *f* ***à***) ***~ unique*** Einbahnstraße *f*; ***~ interdit*** Einfahrt verboten!; ***~ dessus dessous*** [sɑ̃dsydsu] durcheinander; ***dans tous les ~*** kreuz und quer; ***en un ~*** in gewissem Sinn; ***à mon ~*** meines Erachtens

**sensation** [sɑ̃sasjõ] *f* **1.** Empfindung *f*, Gefühl *n*; **2.** *effet de surprise* Sensation *f*; ***faire ~*** Aufsehen erregen; … ***à ~*** Sensations…

**sensationnel**, **~le** [sɑ̃sasjɔnɛl] sensationell, aufsehenerregend

**sensé**, **~e** [sɑ̃se] vernünftig

**sensibil|iser** [sɑ̃sibilize] (*1a*) sensibilisieren, empfänglich machen (***à qc*** für etw); **~ité** *f organe, corps*: Empfindungsvermögen *n*; *balance, thermomètre*: Empfindlichkeit *f*; *affectivité* Empfindsamkeit *f*

**sensible** [sɑ̃siblə] empfindlich; *émotif* empfindsam; *réceptif* empfänglich (***à qc*** für etw)

**sensibl|ement** [sɑ̃sibləmɑ̃] *adv* spürbar, deutlich; *plus ou moins* ungefähr; **~erie** [-əri] *f* Rührseligkeit *f*, Gefühlsduselei *f*

**sensiti|f**, **~ve** [sɑ̃sitif, -v] **1.** *adj* Empfindungs…; **2.** *f bot* Mimose *f* (*a fig*)

**sensualité** [sɑ̃sɥalite] *f* Sinnlichkeit *f*

**sensuel**, **~le** [sɑ̃sɥɛl] sinnlich

**sentenc|e** [sɑ̃tɑ̃s] *f* Sentenz *f*, Sinnspruch *m*; *jur* Urteil *n*; **~ieux**, **~ieuse** [-jø, -jøz] belehrend

**senteur** [sɑ̃tœr] *litt f* Duft *m*

**sentier** [sɑ̃tje] *m* Pfad *m*, Fußweg *m*

**sentiment** [sɑ̃timɑ̃] *m* Gefühl *n*; *st/s opinion* Meinung *f*

**sentimental**, **~e** [sɑ̃timɑ̃tal] (*m/pl -aux*) Gefühls…; Liebes…; *péj* sentimental; **~ité** *f* Sentimentalität *f*, Gefühlsbetontheit *f*

**sentinelle** [sɑ̃tinɛl] *f mil* Posten *m*

**sentir** [sɑ̃tir] (*2b*) **1.** fühlen, empfinden; *prendre conscience de* wahrnehmen, merken; ***se ~ bien*** sich wohlfühlen; **2.** *odeur*: riechen (***qc*** nach etw); *goût*: schmecken (***qc*** nach etw); *fig* ***~ qc*** auf etw (*acc*) schließen lassen; ***~ bon*** (***mauvais, fort***) gut (schlecht, stark) riechen

**sépara|ble** [separablə] trennbar; **~teur**, **~trice** trennend; **~tion** *f* Teilung *f*; *personnes*: Trennung *f*; *cloison* Trennwand *f*; **~tisme** [-tismə] *m pol* Separatismus *m*; **~tiste** [-tist] *m*, *f pol* Separatist(in) *m*(*f*)

**séparé**, **~e** [separe] getrennt; *époux*: getrennt lebend; **~ment** *adv* getrennt, einzeln

**séparer** [separe] (*1a*) (ab)trennen; ***se ~*** sich trennen, auseinandergehen

**sept** [sɛt] sieben

**septante** [sɛptɑ̃t] *Belgique*, *Suisse* siebzig

**septembre** [sɛptɑ̃brə] *m* September *m*

**septennal**, **~e** [sɛptɛnal] (*m/pl -aux*) siebenjährig

**septennat** [sɛptɛna] *m* siebenjährige Amtszeit *f* (*des frz Präsidenten*)

**septentrional**, **~e** [sɛptɑ̃trijɔnal] (*m/pl -aux*) nördlich, Nord…

**septicémie** [sɛptisemi] *f méd* Blutvergiftung *f*

**septième** [sɛtjɛm] **1.** sieb(en)te(r, -s); **2.** *m fraction*: Sieb(en)tel *n*

**septuagénaire** [sɛptɥaʒenɛr] **1.** *adj* siebzigjährig; **2.** *m*, *f* Siebzigjährige(r) *m*, *f*

**septuple** [sɛptyplə] siebenfach

**sépulture** [sepyltyr] (*m/pl -aux*) *litt inhumation* Bestattung *f*; *tombe* Grabstätte *f*

**séquelle** [sekɛl] *f meist pl* **~s** Folgen *f/pl*

**séquence** [sekɑ̃s] *f* Sequenz *f*, Folge *f*

**séquestr|e** [sekɛstrə] *m jur* Beschlagnahme *f*; **~er** (*1a*) *personne*: einsperren, der Freiheit berauben; *jur bien*: unter Zwangsverwaltung stellen

**Serbie** [sɛrbi] ***la ~*** Serbien *n*

**serein**, **~e** [sərɛ̃, -ɛn] ruhig, gelassen; *temps*: heiter
**sérénade** [serenad] *f* Serenade *f*
**sérénité** [serenite] *f* Ruhe *f*, Ausgeglichenheit *f*
**sergent** [sɛrʒɑ̃] *m mil* Unteroffizier *m*; **~-major** [-maʒɔr] *m* (*pl sergents-majors*) *mil* Ober- *od* Hauptfeldwebel *m*
**série** [seri] *f* Serie *f*, Reihe *f*; ***hors ~*** außergewöhnlich; ***en ~*** serienmäßig
**sérieusement** [serjøzmɑ̃] *adv travailler*: ernsthaft; *sans plaisanter* im Ernst; *douter, croire*: ernstlich
**sérieu|x**, **~se** [serjø, -z] **1.** *adj* ernst(-haft); *consciencieux* zuverlässig, gewissenhaft; *réfléchi* besonnen; *précédant le subst*: bedeutend; **2.** *m* Ernst *m*; ***prendre au sérieux*** ernst nehmen; ***garder son ~*** ernst bleiben
**serin** [s(ə)rɛ̃] *m zo* Girlitz *m*; *bes* Kanarienvogel *m*
**seringue** [s(ə)rɛ̃g] *f méd* Spritze *f*
**serment** [sɛrmɑ̃] *m* Schwur *m*, Eid *m*; ***prêter ~*** e-n Eid leisten
**sermon** [sɛrmõ] *m* Predigt *f* (*a fig*)
**séropositi|f**, **~ve** [serɔpozitif, -v] HIV-positiv
**serpe** [sɛrp] *f* Gartenmesser *n*
**serpent** [sɛrpɑ̃] *m zo* Schlange *f*
**serpent|er** [sɛrpɑ̃te] (*1a*) sich schlängeln, sich winden; **~in** *m* Papierschlange *f*
**serpillière** [sɛrpijɛr] *f* Scheuerlappen *m*
**serre** [sɛr] *f* **1.** Gewächs-, Treibhaus *n*; **2.** ***~s*** *pl* Klauen *f/pl*
**serré**, **~e** [sɛre] eng; *tissu, pluie*: dicht; *personnes*: gedrängt; ***avoir le cœur serré*** bedrückt sein
**serre-livres** [sɛrlivrə] *m* (*pl unv*) Bücherstütze *f*
**serrer** [sɛre] (*1b*) (zusammen)drücken, (zusammen)pressen; *nœud*: straff(er) anziehen; *personne*: bedrängen; *vêtement*: ***~ qn*** j-m zu eng sein; ***~ un problème*** ein Problem genau erfassen; ***~ les dents*** die Zähne zusammenbeißen; ***~ la main à qn*** j-m die Hand schütteln; ***~ les rangs*** *fig* zusammenhalten; ***~ à droite*** sich rechts halten; ***~ la terre*** *mar* dicht am Land fahren; ***se ~ contre qn*** sich an j-n anschmiegen; ***se ~*** (***les uns contre les autres***) zusammenrücken
**serrur|e** [seryr] *f* (Tür-)Schloss *n*; **~erie** *f* Schlosserei *f*; **~ier** [-je] *m* Schlosser *m*
**sérum** [serɔm] *m méd* Serum *n*
**servante** [sɛrvɑ̃t] *f* Dienstmädchen *n*
**serv|eur**, **~euse** [sɛrvœr, -øz] *m*, *f* **1.** Kellner(in) *m*(*f*); **2.** *m EDV* Server *m*
**servi|abilité** [sɛrvjabilite] *f* Hilfsbereitschaft *f*, Gefälligkeit *f*; **~able** hilfsbereit, gefällig
**service** [sɛrvis] *m* **1.** Dienst; *EDV* ***~ en ligne*** Online-Dienst *m*; ***~ de traduction*** Übersetzungsdienst *m*; (***prestation f de***) ***~*** Dienstleistung *f*; *faveur* Gefälligkeit *f*; ***être de ~*** Dienst haben; ***à votre ~!*** bitte sehr!; ***rendre ~ à qn*** j-m e-n Gefallen tun; **2.** *mil* Wehrdienst *m*; ***~ civil*** Zivildienst *m*; **3.** *égl protestante* Gottesdienst *m*; **4.** *transports* Verkehrsverbindung *f*; **5.** *restaurant* Bedienung *f*; ***~ compris*** einschließlich Bedienung; **6.** *entreprise*: Abteilung *f*; *hôpital*: Station *f*; **7.** *tennis*: Aufschlag *m*; **8.** *vaisselle*: Service *n*; **9.** *machine*: ***mettre en ~*** in Betrieb nehmen; ***hors ~*** außer Betrieb
**serviette** [sɛrvjɛt] *f* Serviette *f*; *toilette*: Handtuch *n*; *documents*: Aktentasche *f*, Mappe *f*; ***~ hygiénique*** Damenbinde *f*
**servil|e** [sɛrvil] sklavisch, unterwürfig; **~ité** *f* Unterwürfigkeit *f*
**servir** [sɛrvir] (*2b*) **1.** *v/t patrie, intérêts*: dienen (*dat*); *personne*: bedienen; **2.** *mets*: servieren, auftragen (***qc à qn*** j-m etw); **3.** *v/i* ***~ à qn*** j-m nützen; ***~ à qc*** zu etw dienen; ***~ de qc*** als etw dienen; ***~ d'interprète*** dolmetschen; **4.** ***se ~*** sich bedienen; ***se ~ de qc*** etw (*acc*) benutzen
**servi|teur** [sɛrvitœr] *m litt u fig* Diener *m*; **~tude** [-tyd] *f* Knechtschaft *f*; *fig* Zwang *m*
**servo|direction** [sɛrvɔdirɛksjõ] *f auto* Servolenkung *f*, Lenkhilfe *f*; **~frein** [-frɛ̃] *m auto* Servobremse *f*, Bremskraftverstärker *m*
**ses** [se] → ***son***[1]
**session** [sɛsjõ] *f* Sitzungsperiode *f*
**set** [sɛt] *m tennis*: Satz *m*
**seuil** [sœj] *m* Schwelle *f*; *porte*: Türschwelle *f*
**seul**, **~e** [sœl] **1.** *adj* allein; *solitaire* einsam; *précédant le subst* einzig; ***d'un***

***seul coup*** mit einem Schlag; **2.** *adv* nur, allein; ***parler tout seul*** Selbstgespräche führen; **3. *un seul, une seule*** ein einziger, e-e einzige, ein einziges; **~ement** [-mɑ̃] *adv* nur, bloß; *temps*: erst; *en début de phrase*: aber; ***ne … pas ~*** nicht einmal; ***non ~ … mais encore*** (*od* ***mais aussi***) nicht nur … sondern auch; **~ *hier*** erst gestern
**sève** [sɛv] *f bot* Saft *m*
**sévère** [sevɛr] streng; *critique, jugement*: hart; *pertes*: schwer; **~ment** *adv* streng; *malade, blessé*: schwer
**sévérité** [severite] *f* Strenge *f*
**sévices** [sevis] *m/pl* Misshandlungen *f/pl*
**sévir** [sevir] (*2a*) *épidemie*: wüten; **~ *contre qn*** streng gegen j-n vorgehen
**sevrer** [səvre] (*1d*) *enfant*: entwöhnen
**sexagénaire** [sɛksaʒenɛr] **1.** *adj* sechzigjährig; **2.** *m, f* Sechzigjährige(r) *m, f*
**sexe** [sɛks] *m* Geschlecht *n*; *organes* Geschlechtsteile *n/pl*; *sexualité* Sex *m*
**sextuple** [sɛkstyplə] sechsfach
**sexu|alité** [sɛksɥalite] *f* Sexualität *f*; **~el, ~elle** sexuell, geschlechtlich, Geschlechts…
**sexy** [sɛksi] *inv* sexy
**seyant, ~e** [sɛjɑ̃, -t] passend, gut sitzend
**shampooing** [ʃɑ̃pwɛ̃] *m lavage* Haarwäsche *f*; *produit*: Shampoo *n*
**shopping** [ʃɔpiŋ] *m* Shopping *n*; (***aller***) ***faire du ~*** shoppen (gehen)
**short** [ʃɔrt] *m* Shorts *pl*
**si**¹ [si] **1.** *conj* (***s'il*** *u* ***s'ils***) wenn, falls; **~ *…!*** (+ *imparfait*) wenn doch!; **~ *ce n'est que*** außer dass; ***comme ~*** als ob; ***même ~*** selbst wenn; **2.** *conj introduisant question*: ob; **3.** *adv* so; *st/s* **~ *riche qu'il soit*** so reich er auch sein mag; *conj* **~ *bien que*** (+ *ind*) so dass; **4.** *adv après négation*: doch
**si**² [si] *m mus* h *od* H *n*
**S.I.** *m abr* ***syndicat d'initiative*** Fremdenverkehrsamt
**Sibérie** [siberi] ***la ~*** Sibirien *n*
**Sicile** [sisil] ***la ~*** Sizilien *n*
**sicilien, ~ne** [sisiljɛ̃, -ɛn] **1.** *adj* sizilianisch; **2.** **≗, *≗ne*** *m, f* Sizilianer(in) *m(f)*
**sida** [sida] *m méd* Aids *n*
**sidér|al, ~ale** [sideral] (*m/pl -aux*) Stern…; **~é, ~ée** F sprachlos, verblüfft
**sidérurgie** [sideryrʒi] *f* Eisen- und Stahlindustrie *f*
**siècle** [sjɛklə] *m* Jahrhundert *n*; *fig époque* Zeitalter *n*
**siège** [sjɛʒ] *m* Sitz *m* (*a fig*); *mil* Belagerung *f*; *égl* **~ *apostolique*** Apostolischer Stuhl *m*; ***état*** *m* ***de ~*** Belagerungszustand *m*
**siéger** [sjeʒe] (*1g*) *avoir le siège* seinen (ihren) Sitz haben; *tenir séance* tagen
**sien, ~ne** [sjɛ̃, -ɛn] ***le sien, la sienne*** der, die, das sein(ig)e, ihr(ig)e; seine(r, -s), ihre(r, -s); ***y mettre du sien*** seinen Teil dazu beitragen
**sieste** [sjɛst] *f* Mittagsschlaf *m*, -schläfchen *n*
**siffl|ement** [sifləmɑ̃] *m* Pfeifen *n*; **~er** (*1a*) *v/i* pfeifen; *serpent, merle*: zischen; *v/t* auspfeifen; **~et** [-ɛ] *m* Pfeife *f*; **~s** *pl* Pfiffe *m/pl*, Pfeifkonzert *n*; ***coup*** *m* ***de ~*** Pfiff *m*
**siffloter** [siflɔte] (*1a*) vor sich (*acc*) hin pfeifen
**sigle** [siglə] *m* Abkürzung *f*
**signal** [siɲal] *m* (*pl -aux*) Signal *n*, Zeichen *n*; **~ *d'alarme*** Alarmsignal *n*; *train*: Notbremse *f*; **~ement** [-mɑ̃] *m* Personenbeschreibung *f*; **~er** (*1a*) *par un signal*: signalisieren; *dénoncer* melden, anzeigen; **~ *qc à qn*** j-n auf etw (*acc*) hinweisen; ***se ~*** sich auszeichnen
**signalis|ation** [siɲalizasjõ] *f rues*: Beschilderung *f*; ***feux*** *m/pl* ***de ~*** Verkehrsampel *f*; **~er** (*1a*) beschildern
**signat|aire** [siɲatɛr] *m* Unterzeichner *m*; **~ure** [-yr] *f* Unterschrift *f*
**sign|e** [siɲ] *m* Zeichen *n*; *caractéristique* Merkmal *n*; *geste* Wink *m*; ***en ~ de reconnaissance*** als Zeichen der Dankbarkeit; ***faire ~ à qn*** j-m winken; ***sous le ~ de*** im Zeichen (*gén*); ***c'est ~ que*** das ist ein Zeichen dafür, dass; **~er** (*1a*) unterschreiben; *contrat*: unterzeichnen; *livre*: signieren; *rel* ***se ~*** sich bekreuzigen; **~et** [-ɛ] *m* Lese-Buchzeichen *n*
**significa|tif, ~tive** [siɲifikatif, -tiv] *révélateur* bezeichnend (***de qc*** für etw); **~tion** *f* Bedeutung *f*, Sinn *m*
**signifier** [siɲifje] (*1a*) bedeuten; *faire savoir* ausdrücklich zu verstehen geben
**silenc|e** [silɑ̃s] *m* Schweigen *n*; *absence*

*de bruit* Stille *f*, Ruhe *f*; ***en ~*** schweigend; **~ieux**, **~ieuse** [-jø, -jøz] **1.** *adj* still; *caractère*: schweigsam; **2.** *m arme*: Schalldämpfer *m*
**Silésie** [silezi] ***la ~*** Schlesien *n*
**silex** [silɛks] *m géol* Feuerstein *m*
**silhouette** [silwɛt] *f montagne*: Silhouette *f*; *contours* Umrisse *m/pl*, Konturen *pl*; *figure* Gestalt *f*
**sillage** [sijaʒ] *m* Kielwasser *n* (*a fig*)
**sill|on** [sijõ] *m champ*: Furche *f*; *disque*: Rille *f*; **~onner** [-ɔne] (*1a*) durchfurchen, -ziehen
**silo** [silo] *m* Silo *m od n*, Speicher *m*
**simagrée** [simagre] *f meist pl* **~s** Gehabe *n*, Getue *n*, F Mätzchen *n/pl*; ***faire des ~s*** sich zieren, sich anstellen
**simil|aire** [similɛr] gleichartig; **~arité** [-arite] *f* Gleichartigkeit *f*
**simili** [simili] *m* F imitation *f*; ***en ~*** unecht; **~cuir** [-kɥir] *m* Kunstleder *n*; **~tude** [-tyd] *f* Ähnlichkeit *f*
**simpl|e** [sɛ̃plə] **1.** *adj* einfach, schlicht; *d'esprit*: einfältig; *précédant le subst*: einfach; **2.** *m tennis*: Einzel *n*; **~ement** [-əmɑ̃] *adv* einfach; **~et**, **~ette** [-ɛ, -ɛt] etwas einfältig, simpel
**simplicité** [sɛ̃plisite] *f* Einfachheit *f*; *spontanéité* Natürlichkeit *f*; *d'esprit*: Einfalt *f*
**simplif|ication** [sɛ̃plifikasjõ] *f* Vereinfachung *f*; **~ier** [-je] (*1a*) vereinfachen
**simpliste** [sɛ̃plist] zu einfach, einseitig
**simulacre** [simylakrə] *m* Scheinhandlung *f*
**simula|teur**, **~trice** [simylatœr, -tris] **1.** *m*, *f* Simulant(in) *m*(*f*); **2.** *m tech* Simulator *m*; **~tion** *f* Verstellung *f*; *tech* Simulation *f*
**simuler** [simyle] (*1a*) vortäuschen; *tech* simulieren
**simultané**, **~e** [simyltane] gleichzeitig; ***traduction*** *f* ***simultanée*** Simultanübersetzung *f*; **~ité** [-ite] *f* Gleichzeitigkeit *f*; **~ment** *adv* gleichzeitig
**sincère** [sɛ̃sɛr] aufrichtig, ehrlich
**sincérité** [sɛ̃serite] *f* Aufrichtigkeit *f*, Ehrlichkeit *f*
**sinécure** [sinekyr] *f* Pfründe *f*, F gemütlicher Job *m*
**sine qua non** [sinekwanɔn] ***condition*** *f* **~** unerlässliche Bedingung *f*
**sing|e** [sɛ̃ʒ] *m zo* Affe *m*; **~er** (*1l*) nachäffen; **~erie** *f* Grimasse *f*; ***~s*** *pl* F Faxen *f/pl*
**singular|iser** [sɛ̃gylarize] (*1a*) ***se ~*** auffallen; **~ité** *f* Eigenheit *f*, Sonderbarkeit *f*
**singul|ier**, **~ière** [sɛ̃gylje, -jɛr] **1.** *adj* sonderbar, eigentümlich; **2.** *m gr* Singular *m*
**sinistre** [sinistrə] **1.** *adj présage*: Unheil verkündend; *endroit*, *bruit*: unheimlich; **2.** *m* Katastrophe *f*; *jur* Schadensfall *m*
**sinistré**, **~e** [sinistre] *m* **1.** *adj* von e-r Katastrophe betroffen; **2.** *m* Opfer *n* (*e-r Katastrophe*)
**sinon** [sinõ] *conj* sonst; *sauf* außer; *si ce n'est* wenn nicht
**sinu|eux**, **~euse** [sinɥø, -øz] *route*: kurvenreich; *ligne*: gewunden (*a fig*); **~osité** [-ozite] *f* Krümmung *f*
**Sion** [sjõ] *en Suisse* Sitten *n*
**sionisme** [sjɔnismə] *m pol* Zionismus *m*
**siphon** [sifõ] *m tube*: (Saug-)Heber *m*
**Sire** [sir] *m titre*: Majestät
**sirène** [sirɛn] *f* Sirene *f*
**sirop** [siro] *m* Sirup *m*
**siroter** [sirɔte] (*1a*) langsam und mit Genuss schlürfen
**sis**, **~e** [si, -z] *jur* befindlich, gelegen
**sismique** [sismik] Erdbeben…
**site** [sit] *m emplacement* Lage *f*; *paysage* Landschaft *f*; *EDV* ***~ Web*** Website *f*
**sitôt** [sito] **1.** *adv* sogleich; ***~ dit, ~ fait*** gesagt, getan; **2.** *conj* ***~ que*** sobald (als)
**situation** [sitɥasjõ] *f* Lage *f*; *profession*: Stellung *f*
**situ|é**, **~ée** [sitɥe] gelegen; ***être ~*** liegen; **~er** (*1n*) einordnen; ***se ~*** *espace*: sich befinden, liegen; *temps*: liegen, fallen
**six** [sis] sechs
**sixième** [sizjɛm] **1.** sechste(r, -s); **2.** *m fraction*: Sechstel *n*; **~ment** *adv* sechstens
**ski** [ski] *m* Ski *m*; ***faire du ~*** Ski fahren; ***~ nautique*** Wasserski *m*; ***~ de fond*** Langlauf *m*
**ski|er** [skje] (*1a*) Ski laufen; **~eur**, **~euse** *m*, *f* Skiläufer(in) *m*(*f*)
**slave** [slav] **1.** *adj* slawisch; **2.** ***2*** *m*, *f* Slawe *m*, Slawin *f*
**slip** [slip] *m* Unterhose *f*, Slip *m*; ***~ de bain*** Badehose *f*

**slogan** [slɔgã] *m* Schlagwort *n*, Parole *f*, Slogan *m*
**slovaque** [slɔvak] slowakisch
**Slovaquie** [slɔvaki] ***la* ~** die Slowakei
**slovène** [slɔvɛn] slowenisch
**Slovénie** [slɔveni] ***la* ~** Slowenien *n*
**SME** *m abr* ***système monétaire européen*** EWS *n* (Europäisches Währungssystem)
**SMIC** [smik] *m abr* ***salaire minimum interprofessionnel de croissance*** garantierter Mindestlohn *m*
**SMIG** *m abr* ***salaire minimum interprofessionnel garanti*** garantierter Mindestlohn (für alle Berufssparten)
**SMS** [ɛsɛmɛs] *m abr* ***short message service*** SMS *f*; ***envoyer un*** (***message***) **~ *à qn*** j-m e-e SMS schicken
**SNCF** [ɛsɛnseɛf] *f abr* ***Societé nationale des chemins de fer français*** frz Staatsbahn *f*
**SNES** *m abr* ***Syndicat national de l'enseignement secondaire*** frz. Gewerkschaft *f* der Gymnasiallehrer
**snob** [snɔb] **1.** *adj* snobistisch; **2.** *m*, *f* Snob *m*; **~isme** *m* Snobismus *m*
**sobre** [sɔbrə] mäßig; *style*: nüchtern
**sobriété** [sɔbrijete] *f* Mäßigkeit *f*; *style*: Nüchternheit *f*
**sobriquet** [sɔbrikɛ] *m* Spitzname *m*
**soc** [sɔk] *m* Pflugschar *f*
**soci|abilité** [sɔsjabilite] *f* Geselligkeit *f*; **~able** gesellig
**social**, **~e** [sɔsjal] (*m/pl -aux*) sozial; *société*: gesellschaftlich, Gesellschafts…; *comm* Firmen…; ***raison*** *f* ***sociale*** Firmenname *m*; ***siège*** *m* ***social*** Firmensitz *m*
**social-démocrate** [sɔsjaldemɔkrat] *m* (*pl sociaux-démocrates*) Sozialdemokrat *m*
**social|isation** [sɔsjalizasjõ] *f* Sozialisierung *f*; **~iser** (*1a*) sozialisieren
**social|isme** [sɔsjalismə] *m* Sozialismus *m*; **~iste 1.** *adj* sozialistisch; **2.** *m*, *f* Sozialist(in) *m(f)*
**société** [sɔsjete] *f* Gesellschaft *f*; *association* Verein *m*, Verband *m*; *firme* Firma *f*; **~ *par actions*** *od* **~ *anonyme*** (*abr* ***SA***) Aktiengesellschaft *f* (*abr* AG); **~ *à responsabilité limitée*** (*abr* ***SARL***) Gesellschaft *f* mit beschränkter Haftung (*abr* GmbH); **~ *en commandite*** Kommanditgesellschaft *f* (*abr* KG); **~ *multiculturelle, pluriculturelle*** multikulturelle Gesellschaft *f*; Multikultigesellschaft *f*
**socio|logie** [sɔsjɔlɔʒi] *f* Soziologie *f*; **~logue** [-lɔg] *m*, *f* Soziologe *m*, Soziologin *f*
**socle** [sɔklə] *m* Sockel *m*
**socquette** [sɔkɛt] *f* Söckchen *n*, Socke *f*
**soda** [sɔda] *m* Sodawasser *n* (mit Fruchtsirup)
**sodium** [sɔdjɔm] *m chim* Natrium *n*
**sœur** [sœr] *f* Schwester *f* (*a rel*)
**sofa** [sɔfa] *m* Sofa *n*
**SOFRES** *f abr* ***Société française d'enquête par sondage*** größtes frz. Meinungsforschungsinstitut
**soi** [swa] sich
**soi-disant** [swadizã] (*unv*) sogenannt, angeblich
**soie** [swa] *f* Seide *f*
**soif** [swaf] *f* Durst *m* (**de** nach, *a fig*) ***avoir* ~** Durst haben, durstig sein
**soign|é**, **~ée** [swaɲe] gepflegt; *travail* sorgfältig; **~er** (*1a*) pflegen; *médecin* behandeln; ***se* ~** sich pflegen
**soigneu|x**, **~se** [swaɲø, -z] sorgfältig; **~, *soigneuse de*** besorgt um
**soi-même** [swamɛm] (sich) selbst
**soin** [swɛ̃] *m application* Sorgfalt *f*; *attention* Sorge *f*; **~s** *pl* Pflege *f*; *méd* Behandlung *f*; ***avoir, prendre* ~ *de*** Sorge tragen für, achten auf (*acc*), sich kümmern um; ***être sans* ~** unordentlich sein; ***donner des* ~*s à qn*** j-n pflegen, ärztlich behandeln; **~*s à domicile*** Hauspflege *f*; **~*s dentaires*** zahnärztliche Behandlung *f*
**soir** [swar] *m* Abend *m*; ***ce* ~** heute Abend; ***un* ~** e-s Abends; ***le* ~** abends; ***sur le* ~** gegen Abend; **~ée** *f* Abend (-stunden) *m(f/pl)*; *fête* Abendgesellschaft *f*; **~ *dansante*** Tanzabend *m*
**soit**[1] [swat] meinetwegen!
**soit**[2] [swa] **1.** *conj* **~ …, ~ …** entweder … oder …; **~ *que* …** (+ *subj*), **~ *que* …** (+ *subj*) sei es dass … oder dass …; **2.** *supposé* angenommen; *à savoir* das heißt
**soixantaine** [swasɑ̃tɛn] *f* etwa sechzig
**soixante** [swasɑ̃t] sechzig; **~ *et onze*** einundsiebzig; **~-dix** [-dis] siebzig
**soja** [sɔʒa] *m bot* Soja *n*
**sol**[1] [sɔl] *m* Boden *m*, Erde *f*

**sol²** [sɔl] *m mus* g *od* G *n*
**solaire** [sɔlɛr] Sonnen…, Solar…
**soldat** [sɔlda] *m* Soldat *m*
**solde¹** [sɔld] *f mil* Sold *m*
**solde²** [sɔld] *m comm* Saldo *m*; **~ (débiteur)** Restbetrag *m*; **~ débiteur (créditeur)** Soll-(Haben-)saldo *n*; **~s** *pl marchandises*: Restposten *m/pl*; *vente au rabais* Ausverkauf *m*
**solder** [sɔlde] (*1a*) *comm compte*: saldieren; *marchandises*: herabsetzen; **se ~ par** abschließen mit
**sole** [sɔl] *f zo* Seezunge *f*
**soleil** [sɔlɛj] *m* Sonne *f*; **il fait du ~** die Sonne scheint; **en plein ~** in der prallen Sonne; **coup** *m* **de ~** Sonnenbrand *m*
**solenn|el, ~elle** [sɔlanɛl] feierlich; **~ité** *f* Feierlichkeit *f*
**Soleure** [sɔlœr] Solothurn *n*
**solfège** [sɔlfɛʒ] *m* (allgemeine) Musiklehre *f*
**solid|aire** [sɔlidɛr] solidarisch (**de qn** mit j-m); **~ariser** [-arize] (*1a*) **se ~** sich solidarisch erklären, sich solidarisieren (**avec** mit); **~arité** [-arite] *f* Solidarität *f*
**solide** [sɔlid] **1.** *adj* fest; *tissu*: fest, solide, haltbar; *connaissances*: gründlich; *personne*: kräftig, robust; **2.** *m phys* fester Körper *m*
**solidité** [sɔlidite] *f* Festigkeit *f*; *matériau*: Haltbarkeit *f*; *argument*: Stichhaltigkeit *f*
**soliste** [sɔlist] *m*, *f* Solist(in) *m(f)*
**solitaire** [sɔlitɛr] **1.** *adj* einsam; *isolé* abgelegen; *zo* **ver** *m* **~** Bandwurm *m*; **2.** *m* Einsiedler *m*, Einzelgänger *m*
**solitude** [sɔlityd] *f* Einsamkeit *f*
**sollicit|ation** [sɔlisitasjõ] *f* Ersuchen *n*, dringende Bitte *f*; **~er** (*1a*) **~ qc** um etw bitten; *attention*, *curiosité*: erregen; **~ qn de faire qc** j-n ersuchen, etw zu tun; **~ un emploi** sich um e-e Stelle bewerben; **~ude** [-yd] *f* Fürsorge *f*
**solo** [sɔlo] *m mus* Solo *n*
**solstice** [sɔlstis] *m astr* Sonnenwende *f*
**solu|ble** [sɔlyblə] löslich; **~tion** *f* Lösung *f*
**solv|abilité** [sɔlvabilite] *f comm* Zahlungsfähigkeit *f*; **~able** zahlungsfähig; *digne de crédit* kreditwürdig; **~ant** [-ɑ̃] *m chim* Lösungsmittel *n*
**Somalie** [sɔmali] **la ~** Somalia *n*
**sombr|e** [sõbrə] *couleur*: dunkel; *ciel*, *salle*: dunkel, düster, finster; *temps*: trübe; *avenir*, *regard*: finster; **~er** (*1a*) (ver)sinken; *fig* **~ dans la folie** dem Wahnsinn verfallen
**somm|aire** [sɔmɛr] **1.** *adj* kurzgefasst; **2.** *m* Inhaltsangabe *f*; **~ation** *f jur* Aufforderung *f*
**somme¹** [sɔm] *f* **1.** Summe *f*; *quantité* Menge *f*; **en ~, ~ toute** im Ganzen genommen; **2. bête** *f* **de ~** Lasttier *n*; *fig* Arbeitstier *n*
**somme²** [sɔm] *m* Schläfchen *n*; **faire un ~** F ein Nickerchen machen
**sommeil** [sɔmɛj] *m* Schlaf *m*; *sensation*: Schläfrigkeit *f*; **avoir ~** schläfrig sein
**sommeiller** [sɔmɛje] (*1b*) schlummern
**sommelier** [sɔməlje] *m* Kellermeister *m*
**sommer** [sɔme] (*1a*) auffordern (**qn de faire qc** j-n, etw zu tun)
**sommet** [sɔmɛ] *m montagne*: Gipfel *m*; *arbre*: Wipfel *m*; *tour*: Spitze *f*; *toit*: First *m*; *fig* Höhepunkt *m*; *pol* Gipfelkonferenz *f*
**sommier** [sɔmje] *m* Bettrost *m*
**sommité** [sɔmite] *f* hervorragende Persönlichkeit *f*, Kapazität *f*
**somnambule** [sɔmnɑ̃byl] **1.** *adj* nachtwandelnd; **2.** *m*, *f* Schlafwandler(in) *m(f)*
**somnifère** [sɔmnifɛr] *m* Schlafmittel *n*
**somnol|ence** [sɔmnɔlɑ̃s] *f* Schläfrigkeit *f*; **~er** (*1a*) dösen
**somptu|eux, ~euse** [sõptɥø, -øz] prächtig, pracht-, prunkvoll; **~osité** [-ozite] *f* Pracht *f*
**son¹** *m*, **sa** *f*, **ses** *pl* [sõ, sa, se] sein(e), ihr(e)
**son²** [sõ] *m* Ton *m*; *voix*, *instrument*: Klang *m*; *bruit* Laut *m*; **~ et lumière** *Beleuchtung historischer Bauten verbunden mit* e-r *Erklärung ihrer Geschichte u mit musikalischer Untermalung*
**son³** [sõ] *m bot* Kleie *f*
**sondage** [sõdaʒ] *m tech* Bohrung *f*; **~ d'opinion** Meinungsumfrage *f*
**sond|e** [sõd] *f* Sonde *f*; **~er** (*1a*) *méd* sondieren; *terrain*, *atmosphère*: untersuchen; *personne*: ausforschen
**songe** [sõʒ] *litt m* Traum *m*

**song|er** [sõʒe] (*1l*) ***~ à*** denken an (*acc*), nachsinnen über (*acc*); ***~ à faire qc*** daran denken, etw zu tun; **~eur**, **~euse** nachdenklich

**sonné**, **~e** [sɔne] **1.** ***il est midi sonné*** es hat gerade zwölf Uhr geschlagen; **2.** *fig* F bescheuert, bekloppt

**sonner** [sɔne] (*1a*) *v/i cloches*: läuten; *réveil*, *sonnette*: klingeln; *instrument*, *voix*: klingen; *horloge*: schlagen; ***dix heures sonnent*** es schlägt 10 Uhr; ***midi a sonné*** es hat 12 Uhr geschlagen; ***~ du cor*** (auf dem) Horn blasen; ***~ creux, faux*** hohl, falsch klingen; *v/t cloches*: läuten; *mil* ***~ l'alarme*** Alarm blasen

**sonnerie** [sɔnri] *f cloches*: Geläut *n*; *mécanisme*: Läutwerk *n*; *sonnette* Klingel *f*

**sonnet** [sɔnɛ] *m* Sonett *n*

**sonnette** [sɔnɛt] *f* Klingel *f*

**sonor|e** [sɔnɔr] tönend; *voix*: klangvoll; *bruit*: Lärm…; *phys* Schall…; ***onde*** *f* **~** Schallwelle *f*; ***film*** *m* **~** Tonfilm *m*; *ling* stimmhaft; **~isation** [-izasjõ] *f appareils*: Lautsprecheranlage *f*; **~iser** (*1a*) *film*: vertonen; **~ité** *f* Klang *m*(*f*); *salle*: Akustik *f*

**sophistication** [sɔfistikasjõ] *f* Geziertheit *f*; *technique*: Perfektion *f*

**sophistiqué**, **~e** [sɔfistike] *comportement*: gekünstelt; *public*: erlesen; *technique*: hoch entwickelt

**soporifique** [sɔpɔrifik] einschläfernd (*a fig*)

**sorbet** [sɔrbɛ] *m* Sorbett *m od n*

**sorbier** [sɔrbje] *m bot* Eberesche *f*

**sorcellerie** [sɔrsɛlri] *f* Hexerei *f*

**sorc|ier**, **~ière** [sɔrsje, -jɛr] *m*, *f* Zauberer *m*, Hexe *f*

**sordide** [sɔrdid] schmutzig; *fig* gemein

**sornettes** [sɔrnɛt] *f/pl* albernes Gerede *n*

**sort** [sɔr] *m* Schicksal *n*, Geschick *n*; *condition* Lage *f*, Los *n*; ***tirer au ~*** aus-, verlosen; *fig* ***jeter un ~ à qn*** j-n behexen; *fig* ***le ~ en est jeté*** die Würfel sind gefallen

**sortant**, **~e** [sɔrtɑ̃, -t] *loterie*: ***numéros sortants*** Gewinnzahlen *f/pl*

**sorte** [sɔrt] **1.** *f manière* Art *f*, Weise *f*; *espèce* Sorte *f*; ***toutes ~s de*** allerlei, allerhand; ***une ~ de*** eine Art; ***de la ~*** auf die(se) Weise *od* so; ***en quelque ~*** gewissermaßen; **2.** *conj* ***en ~*** *od* ***de*** (***telle***) ***~ que*** so … dass

**sortie** [sɔrti] *f* Ausgang *m*; *voitures*: Ausfahrt *f*; *action de sortir* Hinausgehen *n*; *d'un pays*: Ausreise *f*; *promenade* Spaziergang *m*; *excursion* Ausflug *m*; *mil*, *police*: Einsatz *m*; ***~ de secours*** Notausgang *m*; **~s** *pl argent*: Ausgaben *f/pl*

**sortilège** [sɔrtilɛʒ] *m* Zauber *m*

**sortir** [sɔrtir] (*2b*) **1.** *v/i* hinausgehen, -treten; herauskommen, -treten; *en voiture*: herausfahren; *vie sociale*: ausgehen; *provenir de* stammen (***de*** von); **2.** *v/t chose*: herausnehmen, -ziehen, -holen; *enfant*, *chien*: spazierenführen; *une personne*: ausführen; *comm* auf den Markt bringen; F *bêtises*: von sich geben; F ***~ qn*** j-n rausschmeißen; **3.** ***s'en ~*** damit fertig werden

**sosie** [sɔzi] *m* Doppelgänger *m*

**sot**, **~te** [so, sɔt] **1.** *adj* töricht, dumm; **2.** *m*, *f* Dummkopf *m*, Tor *m*, Narr *m*, Närrin *f*

**sottise** [sɔtiz] *f* Dummheit *f*

**sou** [su] *m fig* Pfennig *m*; ***être sans le ~*** nicht e-n Pfennig besitzen; ***être près de ses ~s*** auf den Pfennig achten

**Souabe** [swab] ***la ~*** Schwaben *n*

**soubresaut** [subrəso] *m* Satz *m*, Ruck *m*

**souche** [suʃ] *f* **1.** *arbre*: (Baum-)Stumpf *m*; **2.** *fig origine* Ursprung *m*; **3.** *carnet*: Abschnitt *m*; ***carnet*** *m* ***à ~*** Scheckheft *n* mit Kontrollabschnitten

**souci** [susi] *m* **1.** Sorge *f*; ***avoir le ~ de*** bedacht sein auf; **2.** *bot* Ringelblume

**soucier** [susje] (*1a*) ***se ~ de*** sich kümmern um

**soucieu|x**, **~se** [susjø, -z] besorgt; ***~ de*** bedacht auf (*acc*)

**soucoupe** [sukup] *f* Untertasse *f*

**soudain**, **~e** [sudɛ̃, -ɛn] **1.** *adj* plötzlich; **2.** *adv* plötzlich; **~ement** [-ɛnmɑ̃] *adv* plötzlich

**Soudan** [sudɑ̃] ***le ~*** der Sudan

**soude** [sud] *f chim* Soda *f od n*; *phm* Natron *n*

**souder** [sude] (*1a*) *tech* löten, schweißen; *fig* fest verbinden

**soudoyer** [sudwaje] (*1h*) dingen

**soudure** [sudyr] *f tech* Löten *n*, Schweißen *n*; *joint* Lötstelle *f*, Schweißnaht *f*; *écon* ***faire la ~*** über

brücken
**souffle** [suflə] *m* Atemzug *m*, Atem *m*; *vent*: Wehen *n*; *très léger* Hauch *m*; *fig* ***second ~*** neuer Aufschwung *m*; ***être à bout de ~*** außer Atem sein
**soufflé, ~e** [sufle] **1.** *adj fig* ***être ~*** F baff sein; **2.** *m cuis* Soufflé *n*
**souffler** [sufle] (*1a*) **1.** *v/i vent*: blasen, wehen; *haleter* hauchen; *respirer* schnaufen, atmen; **2.** *v/t chandelle*: ausblasen; *fig* einflüstern; *théâtre*: soufflieren; ***ne pas ~ mot*** kein Wort sagen; F ***~ qc à qn*** j-m etw wegschnappen
**soufflet** [suflɛ] *m instrument*: Blasebalg *m*
**souffleu|r, ~se** [suflœr, -øz] *m, f* Glasbläser(in) *m(f)*
**souffr|ance** [sufrɑ̃s] *f* Leiden *n*; ***en ~*** unerledigt; **~ant, ~ante** [-ɑ̃, -ɑ̃t] erkrankt; *air*: leidend
**souffre-douleur** [sufrədulœr] *m* (*pl unv*) Prügelknabe *m*
**souffreteu|x, ~se** [sufrətø, -z] leidend, kränklich
**souffrir** [sufrir] (*2f*) leiden (***de*** an *dat*); *admettre* erdulden; *supporter* aushalten; ***ne pas pouvoir ~ qn*** j-n nicht leiden können
**soufre** [sufrə] *m chim* Schwefel *m*
**souhait** [swɛ] *m* Wunsch *m*; ***à ~*** nach Wunsch; ***à vos ~s!*** Gesundheit!
**souhait|able** [swɛtablə] wünschenswert; **~er** (*1b*) wünschen (***qc à qn*** j-m etw); ***~ que*** (+ *subj*) wünschen, dass
**souiller** [suje] (*1a*) besudeln, beschmutzen
**soûl, ~e** [su, -l] betrunken; ***manger tout son soûl*** F sich ordentlich satt essen
**soulag|ement** [sulaʒmɑ̃] *m* Erleichterung *f*; *douleur, maladie*: Linderung *f*; **~er** (*1l*) erleichtern; *douleur, maladie*: lindern; ***~ qn*** *au travail*: j-n entlasten
**soûler** [sule] (*1a*) F betrunken machen; *fig* benommen machen, berauschen; ***se ~*** sich betrinken, F sich besaufen
**soulèvement** [sulɛvmɑ̃] *m* Aufstand *m*
**soulever** [sulve] (*1d*) hochheben; *fig enthousiasme*: hervorrufen; *protestations*: auslösen; *problème*: aufwerfen; *difficultés*: verursachen; ***se ~*** sich aufrichten; *se révolter* sich empören
**soulier** [sulje] *m* Schuh *m*
**souligner** [suliɲe] (*1a*) unterstreichen (*a fig*)
**soumettre** [sumɛtrə] (*4p*) *pays, peuple*: unterwerfen; *à un examen*: unterziehen; *présenter* unterbreiten; ***se ~ à*** sich fügen (*dat*)
**soumis, ~e** [sumi, -z] *p/p de* ***soumettre*** *u adj peuple*: unterworfen; *obéissant* gefügig
**soumission** [sumisjõ] *f peuple*: Unterwerfung *f*; *obéissance* Gefügigkeit *f*, Gehorsam *m*; *jur* Angebot *n*
**soupape** [supap] *f tech* Ventil *n*
**soupçon** [supsõ] *m* Argwohn *m*, Verdacht *m*; ***un ~ de*** e-e Spur von
**soupçonn|er** [supsɔne] (*1a*) *personne*: verdächtigen; ***~ que*** vermuten, argwöhnen, dass; **~eux, ~euse** [-ø, -øz] argwöhnisch, misstrauisch
**soupe** [sup] *f cuis* Suppe *f*
**soupente** [supɑ̃t] *f* Hängeboden *m*
**souper** [supe] **1.** (*1a*) *nach einer Abendveranstaltung* essen; **2.** *m* Essen *n nach einer Abendveranstaltung*
**soupeser** [supəze] (*1d*) mit der Hand abwiegen; *fig* abwägen
**soupière** [supjɛr] *f* Suppenschüssel *f*
**soupir** [supir] *m* Seufzer *m*
**soupirail** [supiraj] *m* (*pl -aux*) Kellerfenster *n*
**soupirant** [supirɑ̃] *m plais* Verehrer *m*
**soupirer** [supire] (*1a*) seufzen; *litt* schmachten
**soupl|e** [suplə] biegsam, geschmeidig; *fig* anpassungsfähig, flexibel; **~esse** [-ɛs] *f* Biegsamkeit *f*, Geschmeidigkeit *f*; *fig* Flexibilität *f*
**source** [surs] *f* Quelle *f*; *fig* Ursprung *m*; ***prendre sa ~ dans*** entspringen in (*dat*)
**sourc|il** [sursi] *m anat* Augenbraue *f*; **~iller** [-ije] (*1a*) ***sans ~*** ohne mit der Wimper zu zucken
**sourcilleu|x, ~se** [sursijø, -z] kleinlich
**sourd, ~e** [sur, -d] *qui entend mal* schwerhörig; *qui n'entend pas du tout* taub; *voix, douleur, colère*: dumpf; *ling* stimmlos
**sourdine** [surdin] *f mus* Dämpfer *m*; ***en ~*** leise; *fig* ***mettre une ~ à qc*** etw (*acc*) dämpfen
**sourd-muet, sourde-muette** [sur-

mɥɛ, surdmɥɛt] taubstumm
**souriant**, **~e** [surjɑ̃, -t] freundlich, heiter
**souricière** [surisjɛr] *f* Mausefalle *f*; *fig* Falle *f*
**sourire** [surir] **1.** (*4r*) lächeln; **2.** *m* Lächeln *n*
**souris** [suri] *f* Maus *f*
**sournois**, **~e** [surnwa, -z] **1.** *adj* hinterhältig, heimtückisch; **2.** *m*, *f* Duckmäuser(in) *m(f)*; **~erie** [-zri] *f* Hinterhältigkeit *f*
**sous** [su] unter (*acc*, *dat*), unterhalb (*gén*); ***~ la main*** bei der Hand; ***~ terre*** unter der Erde; ***~ peine d'amende*** bei Geldstrafe; ***~ peu*** binnen kurzem; ***~ prétexte de*** (+ *inf*) unter dem Vorwand zu (+ *inf*); ***~ forme de*** in Gestalt von; ***~ ce rapport*** in dieser Hinsicht; ***~ mes yeux*** vor meinen Augen; ***mettre ~ enveloppe*** in e-n Umschlag stecken
**sous...** [suz̧] *in Zssgn* unter..., Unter...
**sous-alimenté**, **~e** [suzalimɑ̃te] unterernährt
**sous-bois** [subwa] *m* Unterholz *n*
**souscription** [suskripsjõ] *f* Subskription *f*; *comm* Zeichnung *f*
**souscrire** [suskrir] (*4f*) unterschreiben; ***~ à qc*** *publication*: etw (*acc*) subskribieren; *emprunt*: etw (*acc*) zeichnen; *fig* etw (*acc*) gutheißen
**sous-développ|é**, **~ée** [sudevlɔpe] unterentwickelt; ***pays*** *m* ***sous-développé*** Entwicklungsland *n*; **~ement** [-mɑ̃] *m* Unterentwicklung *f*
**sous-emploi** [suzɑ̃plwa] *m* Unterbeschäftigung *f*
**sous-enten|dre** [suzɑ̃tɑ̃drə] (*4a*) mit darunter verstehen, stillschweigend annehmen; **~du**, **~due** [-dy] **1.** *adj* unausgesprochen; **2.** *m* Andeutung *f*
**sous-estimer** [suzɛstime] (*1a*) unterschätzen
**sous-jacent**, **~e** [suʒasɑ̃, -t] *problème*: tiefer liegend
**sous-loca|taire** [sulɔkatɛr] *m*, *f* Untermieter(in) *m(f)*; **~tion** *f* Untermiete *f*
**sous|-louer** [sulwe] (*1a*) untervermieten; **~-main** [-mɛ̃] *m* (*pl unv*) Schreibunterlage *f*; ***en ~*** unter der Hand, heimlich; **~-marin**, **~-marine** [-marɛ̃, -marin] **1.** *adj* unterseeisch, Unterwasser...; **2.** *m* U-Boot *n*, Unterseeboot *n*
**sous-officier** [suzɔfisje] *m* Unteroffizier *m*
**sous|-préfecture** [suprefɛktyr] *f* Unterpräfektur *f*; **~-produit** [-prɔdɥi] *m* Nebenprodukt *n*; **~-secrétaire** [-skretɛr] *m* ***~ d'État*** Unterstaatssekretär *m*
**soussigné**, **~e** [susiɲe] *m*, *f* Unterzeichnete(r) *m*, *f*
**sous|-sol** [susɔl] *m géol* Untergrund *m*; *maison*: Untergeschoss *n*; **~-titre** [-titrə] *m* Untertitel *m*
**sous|traction** [sustraksjõ] *f jur* Unterschlagung *f*; *math* Subtraktion *f*; **~traire** [-trɛr] (*4s*) unterschlagen; *fig au regard de* qn: entziehen; *à un danger*: bewahren (***à*** vor *dat*); *math* subtrahieren, abziehen (***de*** von)
**sous-trait|ance** [sutrɛtɑ̃s] *f écon attribution*: Vergabe *f* von Aufträgen an Zulieferer; *exécution*: Ausführung *f* von Aufträgen als Zulieferer; **~eur** *m* Zulieferer *m*
**sous-vêtement** [suvɛtmɑ̃] *m le plus souvent au pl* **~s** Unterwäsche *f*
**soutane** [sutan] *f égl* S(o)utane *f*
**soute** [sut] *f mar*, *aviat* Laderaum *m*
**souten|able** [sutnablə] haltbar, vertretbar; **~ance** *f université*: Rigorosum *n*; **~eur** *m* Zuhälter *m*
**soutenir** [sutnir] (*2h*) stützen; *voûte*: tragen; *fig gouvernement*, *projet*: unterstützen; *attaque*, *pression*: aushalten; *conversation*, *opinion*: aufrechterhalten; *prétendre* behaupten; *aider* beistehen (***qn*** j-m); ***se ~*** einander (*dat*) beistehen
**soutenu**, **~e** [sutny] anhaltend, beständig; *style*: gehoben
**souterrain**, **~e** [sutɛrɛ̃, -ɛn] **1.** *adj* unterirdisch; **2.** *m* unterirdischer Gang *m*, Stollen *m*
**soutien** [sutjɛ̃] *m* Stütze *f* (*a fig*); *aide* Beistand *m*; **~-gorge** [-gɔrʒ] *m* (*pl soutiens-gorge*) Büstenhalter *m*
**soutirer** [sutire] (*1a*) *vin*: abziehen; ***~ qc à qn*** etw von j-m erschwindeln
**souvenir** [suvnir] **1.** (*2h*) ***se ~*** sich (*acc*) erinnern (***de*** an *acc*, ***que*** dass); **2.** *m* Erinnerung *f*; *objet*: Souvenir *n*, Andenken *n*
**souvent** [suvɑ̃] oft(mals); ***assez ~*** öfter; ***moins ~*** seltener; ***le plus ~*** meistens
**souver|ain**, **~aine** [suvrɛ̃, -ɛn] **1.** *adj*

höchste(r, -s); *pol* souverän; **2.** *m, f* Herrscher(in) *m(f)*, Souverän *m*; **~ainement** [-ɛnmɑ̃] *adv* äußerst; **~aineté** [-ɛnte] *f état*: Souveränität *f*; *souverain*: Herrschaft(sgewalt) *f*
**soviétique** [sɔvjetik] *hist* **1.** *adj* sowjetisch; *hist* ***l'Union*** *f* **~** die Sowjetunion; **2.** ♀ *m, f* Sowjetbürger(in) *m(f)*
**soyeu|x, ~se** [swajø, -z] seidig
**SPA** *f abr* ***Société protectrice des animaux*** Tierschutzverein *m*
**spacieu|x, ~se** [spasjø, -z] geräumig
**spam** [spam] *m EDV* Spam *m*
**sparadrap** [sparadra] *m* Heftpflaster *n*
**spasm|e** [spasmə] *m méd* Krampf *m*; **~odique** [-ɔdik] krampfartig, spastisch
**spatial, ~e** [spasjal] (*m/pl* -iaux) räumlich; *univers*: Weltraum...; ***recherches*** *f/pl* ***spatiales*** Weltraumforschung *f*
**spatule** [spatyl] *f* Spachtel *m*; *cuis* Teigschaber *m*
**speaker, ~ine** [spikœr, spikrin] *m, f radio, TV* Ansager(in) *m(f)*
**spécial, ~e** [spesjal] (*m/pl -aux*) besondere(r, -s), speziell; Sonder...; **~ement** [-mɑ̃] *adv* speziell; **~iser** (*1a*) ***se*** **~** sich spezialisieren; **~iste** *m, f* Spezialist(in) *m(f)*, Fachmann *m*; *médecin*: Facharzt *m*, -ärztin *f*; **~ité** *f cuis* Spezialität *f*; *professionnelle*: Fachgebiet *n*
**spécieu|x, ~se** [spesjø, -z] trügerisch, Schein...
**spécif|ier** [spesifje] (*1a*) spezifizieren, genau angeben; **~ique** spezifisch, arteigen
**spécimen** [spesimɛn] *m bot, zo, art*: Exemplar *n*; *livre*: Probeexemplar *n*, Muster *n*
**spectacle** [spɛktaklə] *m* Anblick *m*; *théâtre, cinéma*: Vorstellung *f*
**spectaculaire** [spɛktakylɛr] aufsehenerregend, spektakulär
**specta|teur, ~trice** [spɛktatœr, -tris] *m, f* Zuschauer(in) *m(f)*
**spectre** [spɛktrə] *m* Gespenst *n*; *phys* Spektrum *n*
**spécula|teur, ~trice** [spekylatœr, -tris] *m, f* Spekulant(in) *m(f)*; **~tif, ~tive** [-tif, -tiv] spekulativ; **~tion** *f* Spekulation *f*
**spéculer** [spekyle] (*1a*) spekulieren (***sur*** auf *acc*)
**speech** [spitʃ] *m* kurze Rede *f*
**spéléologie** [speleɔlɔʒi] *f* Höhlenforschung *f*
**sperme** [spɛrm] *m biol* Sperma *n*
**sphère** [sfɛr] *f math* Kugel *f*; *fig* Bereich *m*, Sphäre *f*
**sphérique** [sferik] kugelförmig; *math* sphärisch
**sphincter** [sfɛ̃ktɛr] *m anat* Schließmuskel *m*
**sphinx** [sfɛ̃ks] *m* Sphinx *f*
**spirale** [spiral] *f* Spirale *f*
**spire** [spir] *f* (Spiral-, Schrauben-)Windung *f*
**Spire** [spir] *géogr* Speyer *n*
**spiritualité** [spiritɥalite] *f* Geistigkeit *f*
**spirituel, ~le** [spiritɥɛl] geistig; *rel* geistlich; *amusant* geistreich
**spiritueux** [spiritɥø] *m/pl* Spirituosen *f/pl*
**spleen** [splin] *litt m* Schwermut *f*
**splend|eur** [splɑ̃dœr] *f* Glanz *m*, Pracht *f*; **~ide** [-id] glänzend, prächtig
**spoliation** [spɔljasjõ] *f* Raub *m*
**spolier** [spɔlje] (*1a*) berauben
**spongieu|x, ~se** [spõʒjø, -z] schwammig
**sponsor** [spõsɔr] *m* Sponsor(in) *m(f)*; **~iser** (*1a*) sponsern
**spontané, ~e** [spõtane] spontan; **~ité** [-neite] *f* Spontaneität *f*
**sporadique** [spɔradik] vereinzelt auftretend, sporadisch
**sport** [spɔr] **1.** *m* Sport *m*; ***faire du*** **~** Sport treiben; **2.** *adj* sportlich
**sporti|f, ~ve** [spɔrtif, -v] **1.** *adj* sportlich; Sport...; **2.** *m, f* Sportler(in) *m(f)*
**sprint** [sprint] *m final*: (End-)Spurt *m*; *cyclisme, athlétisme*: Sprint *m*
**spumeu|x, ~se** [spymø, -z] schaumig
**square** [skwar] *m* kleine Grünanlage *f*
**squelette** [skəlɛt] *m anat* Skelett *n*
**St** *abr* ***saint*** hl. (heiliger) *od* St. (Sankt)
**stabilisa|teur, ~trice** [stabilizatœr, -tris] **1.** *adj* stabilisierend; **2.** *m* Stabilisator *m*; **~tion** *f prix, devise*: Stabilisierung *f*
**stabil|iser** [stabilize] (*1a*) *prix, devise, tech* stabilisieren; *régime, institution*: festigen; **~ité** *f prix, devise*: Stabilität *f*; *échaffaudage*: Standfestigkeit *f*; **~** ***des prix*** Preisstabilität *f*
**stable** [stablə] *prix, devise, situation*: stabil; *échaffaudage*: standfest
**stade** [stad] *m* **1.** *sport*: Stadion *n*,

Sportplatz *m*; **2.** *processus*: Stadium *n*, Phase *f*, Abschnitt *m*
**stage** [staʒ] *m* Praktikum *n*; *avocat, professeur*: Referendarzeit *f*; *de perfectionnement*: Lehrgang *m*
**stagiaire** [staʒjɛr] *m, f* Praktikant(in) *m(f)*; *avocat, professeur*: Referendar(in) *m(f)*
**stagn|ant, ~ante** [stagnɑ̃, -ɑ̃t] *eau*: stehend; *fig* stagnierend; **~ation** *f écon* Stagnation *f*, Stockung *f*
**stalle** [stal] *f cheval*: (Pferde-)Box *f*; ***~s*** *pl égl* Chorgestühl *n*
**stand** [stɑ̃d] *m foire*: Ausstellungs-, Messestand *m*
**standard** [stɑ̃dar] *m* **1.** Standard *m*; ***modèle*** *m* **~** Standardmodell *n*; **2.** *tél* Telefonzentrale *f*
**standard|isation** [stɑ̃dardizasjõ] *f* Standardisierung *f*, Vereinheitlichung *f*, Normung *f*; **~iser** (*1a*) standardisieren, vereinheitlichen, normen; **~iste** *m, f tél* Telefonist(in) *m(f)*
**standing** [stɑ̃diŋ] *m* (*soziale u wirtschaftliche*) Stellung *f*, Status *m*; … ***de grand ~*** Luxus…
**star** [star] *f* Filmstar *m*
**starter** [startɛr] *m auto* Choke *m*
**station** [stasjõ] *f* Station *f*; *métro*: Haltestelle *f*; *vacances*: Kur-, Ferienort *m*; ***~ de sports d'hiver*** Wintersportort *m*
**stationn|aire** [stasjɔnɛr] stationär, gleichbleibend; **~ement** [-mɑ̃] *m auto* Parken *n*; *mil* Stationierung *f*; **~er** (*1a*) parken
**station-service** [stasjõsɛrvis] *f* (*pl stations-service*) Tankstelle *f*
**statique** [statik] statisch; *fig* unbewegt
**statistique** [statistik] **1.** *adj* statistisch; **2.** *f* Statistik *f*
**statue** [staty] *f* Statue *f*, Standbild *n*
**statuer** [statɥe] (*1n*) *jur* ***~ sur qc*** über etw (*acc*) entscheiden
**stature** [statyr] *f* Statur *f*, Wuchs *m*; *fig* Format *n*
**statut** [staty] *m* Status *m*; ***~ social*** sozialer Status *m*; ***~s*** *pl* Statuten *n/pl*, Satzung *f*
**Ste** *abr* ***sainte*** hl. (heilige) *od* St. (Sankt)
**stencil** [stɛnsil] *m* Matrize *f*
**sténodactylo** [stenɔdaktilo] *f* Stenotypistin *f*
**sténograph|e** [stenɔgraf] *m, f* Stenograf(in) *m(f)*; **~ie** [-i] *f* Stenografie *f*, Kurzschrift *f*; **~ier** [-je] (*1a*) (mit)stenografieren
**steppe** [stɛp] *f géogr* Steppe *f*
**stéréo** [stereo] **1.** *stéréophonique* Stereo…; **2.** *stéréophonie* Stereo *n*; ***en ~*** in Stereo; **~phonie** [-fɔni] *f* Stereo *n*; **~phonique** [-fɔnik] *adj* Stereo…
**stéréotypé, ~e** [stereɔtipe] stereotyp
**stéril|e** [steril] *méd u fig* steril, unfruchtbar; *lait, instruments*: steril, keimfrei; **~iser** (*1a*) *méd* sterilisieren, unfruchtbar machen; *lait, instruments*: sterilisieren, keimfrei machen; **~ité** *f méd u fig* Sterilität *f*, Unfruchtbarkeit *f*
**sternum** [stɛrnɔm] *m anat* Brustbein *n*
**stéthoscope** [stetɔskɔp] *m méd* Hörrohr *n*, Stethoskop *n*
**stigmat|e** [stigmat] *m rel u fig* Stigma *n*; **~iser** (*1a*) brandmarken
**stimul|ant, ~ante** [stimylɑ̃, -ɑ̃t] **1.** *adj* stimulierend, anregend; **2.** *m* Anreiz *m*, Ansporn *m*; *phm* Anregungsmittel *n*; **~ateur** [-atœr] *m méd* ***~ cardiaque*** Herzschrittmacher *m*; **~er** (*1a*) *personne, ambition*: anspornen; *sexuellement*: stimulieren, erregen; *appétit*: anregen; **~us** [-ys] *m* (*pl le plus souvent stimuli*) *psych* Reiz *m*
**stipul|ation** [stipylasjõ] *f jur* Vereinbarung *f*, Bestimmung *f*, Klausel *f*; **~er** (*1a*) *jur* vereinbaren, festlegen
**stock** [stɔk] *m comm* Lagerbestand *m*; *fig réserve* Vorrat *m*; **~age** *m* Lagerung *f*; **~er** (*1a*) lagern, aufstapeln
**Stockholm** [stɔkɔlm] Stockholm *n*
**stoïcisme** [stɔisismə] *m phil* Stoizismus *m*; *fig* Gleichmut *m*
**stoïque** [stɔik] standhaft, unerschütterlich
**stomacal, ~e** [stɔmakal] (*m/pl -aux*) *anat* Magen…
**stop** [stɔp] **1.** stopp!, halt!; **2.** *m écriteau*: Stoppschild *n*; *auto* (***feu*** *m*) **~** Bremslicht *n*; F ***faire du ~*** per Anhalter fahren
**stopper** [stɔpe] (*1a*) *v/t* anhalten; *machine*: abstellen; *v/i* halten, stoppen
**store** [stɔr] *m fenêtre*: Rollo *n*; *magasin terrasse*: Markise *f*
**strabisme** [strabismə] *m méd* Schielen *n*
**strapontin** [strapõtɛ̃] *m* Klappsitz *m*

**Strasbourg** [strasbuːr] Straßburg *n*
**stratagème** [strataʒɛm] *m mil* Kriegslist *f*; *allg* List *f*
**stratég|ie** [strateʒi] *f* Strategie *f*; **~ique** strategisch
**stratifié**, **~e** [stratifje] *géol*, *tech* geschichtet
**stratus** [stratys] *m* Schichtwolke *f*
**stress** [strɛs] *m* Stress *m*; **~ant**, **~ante** stressig
**strict**, **~e** [strikt] streng, strikt, genau; ***au sens strict*** im engeren Sinn; ***le strict nécessaire*** das (Aller-)Nötigste
**strident**, **~e** [stridɑ̃, -t] schrill, kreischend
**strie** [stri] *f* Streifen *m*, Rille *f*
**strip-tease** [striptiz] *m* Striptease *m od n*
**strophe** [strɔf] *f* Strophe *f*
**structuration** [stryktyrasjõ] *f* Strukturierung *f*
**structure** [stryktyr] *f* Struktur *f*, Aufbau *m*
**stuc** [styk] *m* Stuck *m*
**studieu|x**, **~se** [stydjø, -z] fleißig, eifrig
**studio** [stydjo] *m* **1.** *radio*, *TV* Studio *n*; *artiste*, *photographe*: Atelier *n*; **2.** *appartement* Einzimmerwohnung *f*, Appartement *n*
**stupé|faction** [stypefaksjõ] *f* höchstes Erstaunen *n*, Verblüffung *f*; **~fait**, **~faite** [-fɛ, -fɛt] verblüfft; **~fiant**, **~fiante** [-fjɑ̃, -fjɑ̃t] **1.** *adj* verblüffend; **2.** *m* Rauschgift *n*; **~fier** [-fje] (*1a*) verblüffen
**stupeur** [stypœr] *f* Betroffenheit *f*, Bestürzung *f*
**stupid|e** [stypid] dumm; **~ité** *f* Dummheit *f*
**style** [stil] *m* Stil *m*
**styl|isé**, **~isée** [stilize] stilisiert; **~iste** *m mode*, *industrie*: Designer(in) *m(f)*; **~istique** [-istik] **1.** *adj* stilistisch; **2.** *f* Stilistik *f*
**stylo** [stilo] *m* Füller *m*, Füllfederhalter *m*; ***~ à bille*** *od* ***~-bille*** (*pl stylos à bille od stylos-billes*) Kugelschreiber *m*; **~-feutre** [-føtrə] *m* (*pl stylos-feutres*) Filzschreiber *m*
**Styrie** [stiri] ***la ~*** die Steiermark
**su**, **~e** [sy] *p/p de* ***savoir***; ***au ~ de tous*** mit aller Wissen
**suaire** [sɥɛr] *m* Leichentuch *n*
**suave** [sɥav] lieblich
**subalterne** [sybaltɛrn] **1.** *adj* subaltern, untergeordnet; **2.** *m*, *f* Untergebene(r) *m*, *f*
**subconscient** [sybkõsjɑ̃] *m* Unterbewusstsein *n*
**subdivision** [sybdivizjõ] *f action*: Unterteilung *f*; *partie*: Unterabteilung *f*
**subir** [sybir] (*2a*) *passivement*: erleiden; *consciemment*: ertragen; ***~ un examen médical*** (***une opération***) sich e-r ärztlichen Untersuchung (e-r Operation) unterziehen
**subit**, **~e** [sybi, -t] plötzlich, jäh; **~ement** [-tmɑ̃] *adv* plötzlich
**subjecti|f**, **~ve** [sybʒɛktif, -v] subjektiv
**subjonctif** [sybʒõktif] *m gr* Konjunktiv *m*
**subjuguer** [sybʒyge] (*1m*) *fig* unterwerfen
**sublime** [syblim] erhaben
**submerger** [sybmɛrʒe] (*1l*) unter Wasser setzen; *fig* überwältigen
**subordination** [sybɔrdinasjõ] *f* Unterordnung *f* (*a gr*)
**subordonn|é**, **~ée** [sybɔrdɔne] **1.** *adj* untergeordnet; **2.** *m*, *f* Untergebene(r) *m*, *f*; **3.** *f gr* Nebensatz *m*; **~er** (*1a*) unterordnen, unterstellen
**suborner** [sybɔrne] (*1a*) *jur* bestechen
**subrepticement** [sybrɛptismɑ̃] *adv* heimlich
**subsid|e** [sybzid, sypsid] *m* Zuschuss *m*; *le plus souvent au pl* ***~s*** Hilfsgelder *n/pl*; **~iaire** [-jɛr] zusätzlich, Hilfs…
**subsist|ance** [sybzistɑ̃s] *f* (Lebens-)Unterhalt *m*; **~er** (*1a*) fortbestehen; *personne*: existieren
**substance** [sypstɑ̃s] *f* Substanz *f*, Stoff *m*; *fig* Gehalt *m*; ***en ~*** im Wesentlichen
**substantiel**, **~le** [sypstɑ̃sjɛl] *nourriture*: kräftig, nahrhaft; *fig* wesentlich, substanziell
**substantif** [sypstɑ̃tif] *m gr* Substantiv *n*, Hauptwort *n*
**substit|uer** [sypstitɥe] (*1n*) ersetzen (***qc à qc*** etw durch etw); **~ution** [-ysjõ] *f* Ersetzen *n*
**subterfuge** [syptɛrfyʒ] *m* List *f*; *échappatoire* Ausflucht *f*
**subtil**, **~e** [syptil] *différence*: fein, subtil; *personne*: scharfsinnig; *péj* spitzfindig; **~iser** (*1a*) F stibitzen (***qc à qn*** j-m etw); **~ité** *f* Scharfsinn *m*; *péj*

Spitzfindigkeit *f*; **~s** *pl* Feinheiten *f/pl*
**suburbain**, **~e** [sybyrbɛ̃, -ɛn] vorstädtisch, Vorstadt…, Vorort…
**subvenir** [sybvənir] (*2h*) **~ *à qc*** für etw aufkommen, sorgen
**subventi|on** [sybvɑ̃sjõ] *f* Subvention *f*, Zuschuss *m*; **~onner** [-ɔne] (*1a*) subventionieren
**subvers|if**, **~ive** [sybvɛrsif, -iv] subversiv, umstürzlerisch; **~ion** *f* Umsturz *m*
**suc** [syk] *m* Saft *m*
**succédané** [syksedane] *m* Ersatz(mittel) *m*(*n*)
**succéder** [syksede] (*1f*) **~ *à qn, qc*** auf j-n, etw folgen; *successeur*: **~ *à qn*** j-m nachfolgen; ***se* ~** aufeinanderfolgen
**succès** [syksɛ] *m* Erfolg *m*; ***avec* ~** erfolgreich; ***sans* ~** erfolglos
**success|eur** [syksesœr] *m* Nachfolger *m*; **~if**, **~ive** [-if, -iv] aufeinanderfolgend; **~ion** *f suite* (Aufeinander-)Folge *f*; *héritage* Erbschaft *f*; *jur*, *roi*: Erbfolge *f*; **~ivement** [-ivmɑ̃] *adv* nacheinander
**succinct**, **~e** [syksɛ̃, -t] knapp, kurzgefasst
**succion** [sy(k)sjõ] *f* Saugen *n*
**succomber** [sykõbe] (*1a*) *mourir* sterben; **~ *à qc*** e-r Sache erliegen
**succulent**, **~e** [sykylɑ̃, -t] köstlich
**succursale** [sykyrsal] *f comm* Filiale *f*
**sucer** [syse] (*1k*) saugen; *pastille*: lutschen
**sucette** [sysɛt] *f bonbon*: Lutscher *m*; *bébé*: Schnuller *m*
**sucr|e** [sykrə] *m* Zucker *m*; **~é**, **~ée** süß; *au sucre*: gezuckert; *péj* süßlich; **~er** (*1a*) süßen; *avec sucre*: zuckern; **~eries** [-əri] *f/pl* Süßigkeiten *f/pl*; **~ier** [-ije] *m* Zuckerdose *f*
**sud** [syd] **1.** *m* Süden *m*; ***au* ~ *de*** südlich von; **2.** *adj* südlich; ***côte*** *f* **~** Südküste *f*
**sud-est** [sydɛst] *m* Südosten *m*
**sud-ouest** [sydwɛst] *m* Südwesten *m*
**Suède** [sɥɛd] ***la* ~** Schweden *n*
**suédois**, **~e** [sɥedwa, -z] **1.** *adj* schwedisch; **2.** **♀**, **♀e** *m*, *f* Schwede *m*, Schwedin *f*
**suée** [sɥe] *f* F Schweißausbruch *m*
**suer** [sɥe] (*1n*) *v/i* schwitzen; *v/t* ausschwitzen
**sueur** [sɥœr] *f* Schweiß *m*
**Suez** [sɥɛz] *géogr* Suez *n*; ***le canal de* ~** der Suezkanal
**suffire** [syfir] (*4o*) genügen, ausreichen (***à qn*** j-m, ***pour qc*** für etw); ***il suffit de*** (+ *inf*) *od* ***que*** (+ *subj*) es genügt zu (+ *inf*) *od* dass
**suffis|amment** [syfizamɑ̃] *adv* genügend, genug (***de …***); **~ance** *f* Selbstgefälligkeit *f*; **~ant**, **~ante** [-ɑ̃, -ɑ̃t] genügend, ausreichend; *arrogant* selbstgefällig
**suffixe** [syfiks] *m ling* Suffix *n*, Nachsilbe *f*
**suffo|cant**, **~cante** [syfɔkɑ̃, -kɑ̃t] stickig, erdrückend; *fig* verblüffend; **~cation** [-kasjõ] *f* Ersticken *n*; **~quer** [-ke] (*1m*) *v/i* fast ersticken; *v/t* ersticken; *fig* den Atem verschlagen (***qn*** j-m)
**suffrage** [syfraʒ] *m* Stimme *f*; *fig* **~s** *pl* Beifall *m*; **~ *universel*** allgemeines Wahlrecht *n*
**suggérer** [sygʒere] (*1f*) **~ *qc à qn*** *conseiller* j-m etw nahelegen; *insinuer* j-m etw einsuggerieren; **~ *qc*** *faire naître* etw anregen
**suggestion** [sygʒɛstjõ] *f* Anregung *f*; *psych* Suggestion *f*
**suicid|e** [sɥisid] *m* Selbstmord *m*; **~é**, **~ée** *m*, *f* Selbstmörder(in) *m*(*f*); **~er** (*1a*) ***se* ~** Selbstmord begehen, sich (*dat*) das Leben nehmen
**suie** [sɥi] *f* Ruß *m*
**suif** [sɥif] *m* Talg *m*
**suinter** [sɥɛ̃te] (*1a*) durchsickern; *mur*: schwitzen
**suisse** [sɥis] **1.** *adj* schweizerisch; **2.** **♀** *m*, *f* Schweizer(in) *m*(*f*); **3.** ***la* ♀** die Schweiz; **4.** *m égl* Kirchendiener *m*
**suite** [sɥit] *f* Folge *f*; *série* Reihe *f*, Folge *f*; *continuation* Fortsetzung *f*; **~s** *pl conséquences* Folgen *pl*; ***faire* ~ *à qc*** auf etw (*acc*) folgen; ***prendre la* ~ *de qn*** j-s Nachfolge antreten; ***donner* ~ *à*** stattgeben; ***de* ~** hintereinander; ***et ainsi de* ~** und so fort; ***par* ~ *de*** infolge (+ *gén*); ***tout de* ~** sogleich; ***par la* ~** später; ***à la* ~ *de*** nach
**suivant**, **~e** [sɥivɑ̃, -t] **1.** *adj* folgende(r, -s); ***au suivant!*** der Nächste, bitte!; **2.** *prép* ***suivant*** (je) nach, gemäß; **3.** *conj* ***suivant que*** je nachdem, ob
**suivi**, **~e** [sɥivi] *travail*, *effort*: fortgesetzt; *relations*: regelmäßig; *argumentation*: folgerichtig
**suivre** [sɥivrə] (*4h*) folgen (***qn*** j-m); *dis-*

*cours*, *actualité*: verfolgen; *traitement*: befolgen; *accompagner* begleiten; *à l'école*: mitkommen; *cours*: besuchen; ***faire ~!*** *lettre*: bitte nachsenden!; ***à ~*** Fortsetzung folgt

**sujet**, **~te** [syʒɛ, -t] **1.** *adj* **~(*te*) *à qc*** anfällig gegen etw, zu etw neigend; **2.** *m gr*, *phil* Subjekt *n*; *thème* Thema *n*; *matière* Gegenstand *m*; *raison* Grund *m*; ***à ce sujet*** darüber; ***au sujet de*** hinsichtlich

**sulfur|eux**, **~euse** [sylfyrø, -øz] Schwefel…; **~ique** *chim* ***acide*** *m* **~** Schwefelsäure *f*

**summum** [sɔmɔm] *m* Höhepunkt *m*, Gipfel *m*

**super** [sypɛr] **1.** *adj* F super, spitze; **2.** *m essence*: Super *n*

**super…** [sypɛr] *in Zssgn* super…, Super…

**superbe** [sypɛrb] prächtig, herrlich

**supercherie** [sypɛrʃəri] *f* Betrug *m*

**superfic|ie** [sypɛrfisi] *f fig aspect superficiel* Oberfläche *f*; *surface*, *étendue*: Fläche *f*; **~iel**, **~ielle** [-jɛl] oberflächlich

**superflu**, **~e** [sypɛrfly] **1.** *adj* überflüssig; **2.** *m* Überflüssige(s) *n*

**supérieur**, **~e** [syperjœr] **1.** *adj* höher (gelegen), obere(r, -s), Ober…; *fig* überlegen (***à qn, à qc*** j-m, e-r Sache), höher (als); **2.** *m*, *f* Vorgesetzte(r) *m*, *f*

**supériorité** [syperjɔrite] *f* Überlegenheit *f*

**superlatif** [sypɛrlatif] *m gr u fig* Superlativ *m*

**supermarché** [sypɛrmarʃe] *m* Supermarkt *m*

**superposer** [sypɛrpoze] (*1a*) übereinanderlegen; ***se ~*** sich überlagern

**super-puissance** [sypɛrpɥisɑ̃s] *f* Supermacht *f*

**supersonique** [sypɛrsɔnik] Überschall…

**superstit|ieux**, **~ieuse** [sypɛrstisjø, -jøz] abergläubisch; **~ion** *f* Aberglaube *m*

**superstructure** [sypɛrstryktyr] *f* Überbau *m* (*a fig*)

**superviser** [sypɛrvize] (*1a*) beaufsichtigen

**supplanter** [syplɑ̃te] (*1a*) verdrängen

**supplé|ant**, **~ante** [sypleɑ̃, -ɑ̃t] **1.** *adj* stellvertretend; **2.** *m*, *f* Stellvertreter(in) *m*(*f*); **~er** (*1a*) **~ *à qc*** *remplacer* etw ersetzen; *remédier à* e-r Sache abhelfen; **~ment** *m* Zusatz *m*, Ergänzung *f*; *livre*: Nachtrag *m*; *revue*: Beilage *f*; *financier*: Zulage *f*; *chemin de fer*: Zuschlag *m*; *marchandise*: Aufpreis *m*; **~mentaire** [-mɑ̃tɛr] zusätzlich, ergänzend; ***heure*** *f* **~** Überstunde *f*

**suppliant**, **~e** [syplijɑ̃, -t] flehend

**supplication** [syplikasjõ] *f* inständige Bitte *f*, Flehen *n*

**supplic|e** [syplis] *m* Folter *f*; *fig* Marter *f*, Qual *f*; **~ier** [-je] (*1a*) martern, foltern

**supplier** [syplije] (*1a*) **~ *qn de*** (+ *inf*) j-n anflehen zu (+ *inf*)

**supplique** [syplik] *litt f* Bittgesuch *n*

**support** [sypɔr] *m* Stütze *f*, Ständer *m*; *EDV* **~ *de données*** Datenträger *m*

**support|able** [sypɔrtablə] erträglich; **~er**[1] (*1a*) *tech*, *arch* tragen, stützen; *conséquences*, *frais*: tragen; *chaleur*, *alcool*: vertragen; *douleur*: aushalten; *personne*: ausstehen

**supporter**[2] [sypɔrtɛr] *m sport*: Anhänger *m*

**suppos|é**, **~ée** [sypoze] mutmaßlich; **~er** (*1a*) annehmen, vermuten; *impliquer* voraussetzen; ***à ~ que, en supposant que*** (+ *subj*) angenommen, gesetzt den Fall; **~ition** *f* Annahme *f*, Vermutung *f*

**suppositoire** [sypozitwar] *m phm* Zäpfchen *n*

**suppression** [sypresjõ] *f* Beseitigung *f*, Aufhebung *f*

**supprimer** [syprime] (*1a*) beseitigen; *institution*, *impôt*: abschaffen; *emplois*: abbauen; **~ *qn*** j-n umbringen

**suppurer** [sypyre] (*1a*) eitern

**supputer** [sypyte] (*1a*) *st/s* berechnen, abschätzen

**supranational**, **~e** [sypranasjɔnal] (*m/pl -aux*) übernational

**suprématie** [sypremasi] *f pol* Oberhoheit *f*; *fig* Vormachtstellung *f*, Vorherrschaft *f*

**suprême** [syprɛm] höchste(r, -s), oberste(r, -s)

**sur**[1] [syr] *prép* auf, über; ***une fenêtre ~ la rue*** ein Fenster zur Straße hin; ***tirer ~ qn*** auf j-n schießen; **~ *une rivière*** an e-m Fluss (gelegen); ***la clé est ~ la porte*** der Schlüssel steckt; ***avoir de l'ar-***

***gent ~ soi*** Geld bei sich haben; ***~ le soir*** gegen Abend; ***~ ce*** und nun; ***être ~ le point de*** (+ *inf*) gerade dabei sein zu (+ *inf*); ***coup ~ coup*** Schlag auf Schlag; ***~ mesure*** nach Maß; ***croire qn ~ parole*** j-m aufs Wort glauben; ***~ mon honneur!*** bei meiner Ehre!; ***impôt ~ …*** Steuer auf…; ***un ~ dix*** einer unter zehn

**sur**², **~e** [syr] *adj* sauer

**sur…** [syr] *in Zssgn* über…, Über…

**sûr**, **~e** [syr] sicher, gewiss; *fiable* zuverlässig; ***~(e) de soi*** selbstsicher; ***être ~(e) de son fait*** seiner Sache sicher sein; ***bien ~!*** natürlich!; ***à coup ~*** ganz gewiss

**surabond|ance** [syrabõdɑ̃s] *f* Überfülle *f* (***de*** an *dat*); **~er** (*1a*) im Überfluss vorhanden sein

**suranné**, **~e** [syrane] überlebt, veraltet

**surboum** [syrbum] *f* F Party *f*

**surcharg|e** [syrʃarʒ] *f* Überlastung *f*; *poids excédentaire* Übergewicht *n*; **~er** (*1l*) überlasten; *de décorations*: überladen

**surchauffer** [syrʃofe] (*1a*) *tech* überhitzen; *salle*: überheizen

**surclasser** [syrklase] (*1a*) deklassieren, weit übertreffen

**surcroît** [syrkrwa] *m* Zuwachs *m*; ***un ~ de travail*** zusätzliche Arbeit *f*; ***de, par ~*** überdies

**surdité** [syrdite] *f* Schwerhörigkeit *f*; *complète*: Taubheit *f*

**surdoué**, **~e** [syrdwe] hoch begabt

**sureau** [syro] *m* (*pl -x*) *bot* Holunder *m*

**surélever** [syrelve] (*1d*) *tech* erhöhen

**sûrement** [syrmɑ̃] *adv* sicher(lich)

**surench|ère** [syrɑ̃ʃɛr] *f vente aux enchères*: Übergebot *n*; **~érir** [-erir] (*2a*) überbieten, höher bieten; *fig* noch e-n Schritt weitergehen

**surestimer** [syrɛstime] (*1a*) überschätzen

**sûreté** [syrte] *f* Sicherheit *f*; *mil* Sicherung *f*; ☊ *police*: Sicherheitspolizei *f*

**surexciter** [syrɛksite] (*1a*) überreizen

**surexposer** [syrɛkspoze] (*1a*) *photographie*: überbelichten

**surf** [sœrf] *m* Surfen *n*

**surface** [syrfas] *f* Oberfläche *f*; *math* Fläche *f*; *comm* ***grande ~*** Verbrauchermarkt *m*; ***remonter à la ~*** wieder auftauchen (*a fig*)

**surfait**, **~e** [syrfɛ, -t] überschätzt

**surfer** [sœrfe] (*1a*) surfen; ***~ sur Internet*** im Internet surfen

**surgelé**, **~e** [syrʒəle] tiefgekühlt, -gefroren

**surgir** [syrʒir] (*2a*) plötzlich auftauchen

**surhumain**, **~e** [syrymɛ̃, -ɛn] übermenschlich

**sur-le-champ** [syrləʃɑ̃] auf der Stelle, sofort

**surlendemain** [syrlɑ̃dmɛ̃] *m* übernächster Tag *m*

**surmen|age** [syrmənaʒ] *m* Überarbeitung *f*; **~er** (*1d*) überanstrengen; ***se ~*** sich überarbeiten

**surmont|able** [syrmõtablə] überwindbar; **~er** (*1a*) überragen; *fig* überwinden, bezwingen

**surnager** [syrnaʒe] (*1l*) obenauf schwimmen; *fig* bestehen bleiben

**surnaturel**, **~le** [syrnatyrɛl] übernatürlich

**surnom** [syrnõ] *m* Beiname *m*; *entre amis*: Spitzname *m*

**surnombre** [syrnõbrə] *m* ***en ~*** überzählig

**surnommer** [syrnɔme] (*1a*) ***~ qn*** j-m e-n Beinamen geben

**surpasser** [syrpase] (*1a*) ***~ qn*** j-n übertreffen

**surpeupl|é**, **~ée** [syrpœple] *pays*: übervölkert; *endroit*: übervölkert; **~ement** [-əmɑ̃] *m pays*: Überbevölkerung *f*

**surplomb** [syrplõ] ***en ~*** vorspringend, überhängend

**surplomber** [syrplõbe] (*1a*) *v/i* überhängen; *v/t* überragen

**surplus** [syrply] *m* Überschuss *m*; ***au ~*** im Übrigen

**surprenant**, **~e** [syrprənɑ̃, -t] überraschend, erstaunlich

**surprendre** [syrprɑ̃drə] (*4q*) überraschen; *ennemi*: überrumpeln; *voleur*: erwischen; ***se ~ à*** (+ *inf*) sich dabei ertappen, dass

**surpris**, **~e** [syrpri, -z] *p/p de* ***surprendre*** *u adj* überrascht; ***être ~ que*** (+ *subj*) sich wundern, dass

**surprise** [syrpriz] *f* Überraschung *f*; **~-partie** [-parti] *f* (*pl surprises-parties*) Party *f*

**surréalisme** [syrealismə] *m* Surrealis-

mus *m*
**sursaut** [syrso] *m* Auffahren *n*, Aufschrecken *n*; *colère*: Ausbruch *m*
**sursauter** [syrsote] (*1a*) auffahren, aufschrecken
**surseoir** [syrswar] (*3l*) **~ à** *jur* aufschieben
**sursis** [syrsi] *m jur* Aufschub *m*, Aussetzung *f*; *mil* Zurückstellung *f*; *jur* **avec ~** mit Bewährung
**sursitaire** [syrsitɛr] *m mil* Zurückgestellte(r) *m*
**surtaxe** [syrtaks] *f poste*: Strafporto *n*; *administration*: Zuschlagsgebühr *f*
**surtout** [syrtu] *adv* besonders, vor allem; **~ pas** ja nicht; *conj* F **~ que** zumal
**surveill|ance** [syrvɛjɑ̃s] *f* Überwachung *f*; *gardiens*: Aufsicht *f*; **~ant, ~ante** [-ɑ̃, -ɑ̃t] *m*, *f* Aufseher(in) *m(f)*; **~er** (*1b*) überwachen; *gardien*: beaufsichtigen; **se ~** auf sich (*acc*) Acht geben
**survenir** [syrvənir] (*2h*) *personne*: (unerwartet) erscheinen; *événement*: sich plötzlich ereignen
**survêtement** [syrvɛtmɑ̃] *m* Trainingsanzug *m*
**survie** [syrvi] *f* Überleben *n*; *rel* Fortleben *n* nach dem Tode
**survivant, ~e** [syrvivɑ̃, -t] **1.** *adj* überlebend; **2.** *m*, *f* Überlebende(r) *m*, *f*; *de personne*: Hinterbliebene(r) *m*, *f*
**survivre** [syrvivrə] (*4e*) **~ à qn, à qc** j-n, etw überleben
**survol** [syrvɔl] *m* Überfliegen *n*; **~er** (*1a*) überfliegen (*a fig*)
**sus** [sy(s)] **en ~ de** außer
**suscept|ibilité** [sysɛptibilite] *f* Empfindlichkeit *f*; **~ible** empfindlich; **être ~ de** (+ *inf*) *personne*: fähig sein zu (+ *inf*)
**susciter** [sysite] (*1a*) hervorrufen, erregen
**suspect, ~e** [syspɛ(kt), -kt] verdächtig (**de qc** e-r Sache); **~er** [-kte] (*1a*) verdächtigen
**suspendre** [syspɑ̃drə] (*4a*) aufhängen; *session*, *travaux*: unterbrechen; *fonctionnaire*: suspendieren; *paiements*: vorübergehend einstellen
**suspendu, ~e** [syspɑ̃dy] aufgehängt, hängend; *voiture*: gefedert
**suspens** [syspɑ̃] **en ~** in der Schwebe; *fig* unentschieden
**suspense** [syspɛns] *m* Spannung *f*
**suspension** [syspɑ̃sjõ] *f session*, *travaux*: Unterbrechung *f*; *fonctionnaire*: Suspendierung *f*; *tech* Aufhängung *f*; *auto* Federung *f*; **points** *m/pl* **de ~** Auslassungspunkte *m/pl*
**suspicion** [syspisjõ] *st/s f* Argwohn *m*
**sustenter** [systɑ̃te] (*1a*) *plais* **se ~** sich nähren
**susurrer** [sysyre] (*1a*) flüstern, säuseln
**suture** [sytyr] *f méd* Naht *f*
**svelte** [svɛlt] schlank
**S.V.P.** *abr* **s'il vous plaît** bitte
**sweater** [switœr] *m* Pullover *m*; dicke Strickjacke *f*
**syllabe** [silab] *f* Silbe *f*
**sylviculture** [silvikyltyr] *f* Forstwirtschaft *f*
**symbiose** [sɛ̃bjoz] *f biol* Symbiose *f*
**symbol|e** [sɛ̃bɔl] *m* Symbol *n*, Sinnbild *n*; **~ique** symbolisch, sinnbildlich; **~iser** (*1a*) symbolisieren; **~isme** *m* Symbolismus *m*
**symétr|ie** [simetri] *f* Symmetrie *f*; **~ique** symmetrisch
**sympa** [sɛ̃pa] F *abr* → **sympathique**
**sympath|ie** [sɛ̃pati] *f* Sympathie *f*; *chagrin*: Anteilnahme *f*; **~ique** sympathisch; **~iser** (*1a*) sympathisieren (**avec qn** mit j-m)
**symphon|ie** [sɛ̃fɔni] *f mus* Symphonie *f*, Sinfonie *f*; **~ique** sinfonisch
**symptôme** [sɛ̃ptom] *m* Symptom *n*
**synagogue** [sinagɔg] *f* Synagoge *f*
**synchronis|ation** [sɛ̃krɔnizasjõ] *f* Synchronisierung *f*; **~er** (*1a*) synchronisieren
**syncope** [sɛ̃kɔp] *f mus* Synkope *f*; *méd* Ohnmacht *f*
**syndic** [sɛ̃dik] *m* Verwalter *m*; **~al, ~ale** (*m/pl -aux*) gewerkschaftlich, Gewerkschafts…; **~aliser** [-alize] (*1a*) gewerkschaftlich organisieren; **~aliste** [-alist] **1.** *adj* Gewerkschafts…; **2.** *m*, *f* Gewerkschaftler(in) *m(f)*
**syndicat** [sɛ̃dika] *m* Gewerkschaft *f*; **~ d'initiative** Fremdenverkehrsamt *n*
**syndiqué, ~e** [sɛ̃dike] gewerkschaftlich organisiert
**syndrome** [sɛ̃drom] *m méd* Syndrom *n*
**synode** [sinɔd] *m* Synode *f*
**synonyme** [sinɔnim] **1.** *adj* synonym, gleichbedeutend (**de** mit); **2.** *m* Synonym *n*

**syntaxe** [sɛ̃taks] *f gr* Syntax *f*, Satzlehre *f*
**synthèse** [sɛ̃tɛz] *f* Synthese *f*
**synthétique** [sɛ̃tetik] synthetisch
**synthétiseur** [sɛ̃tetizœr] *m mus* Synthesizer *m*
**Syrie** [siri] ***la*** ~ Syrien *n*
**syrien**, **~ne** [sirjɛ̃, -ɛn] **1.** *adj* syrisch; **2.** **S**, **Sne** *m*, *f* Syrer(in) *m(f)*
**systémat|ique** [sistematik] systematisch; **~iser** (*1a*) systematisieren
**système** [sistɛm] *m* System *n*; **~ *métrique*** metrisches Maßsystem *n*; *EDV* **~ *d'exploitation*** Betriebssystem *n*; *auto*, *aviat*, *mar* **~ *de navigation*** Navigationssystem *n*; **~ *monétaire*** Währungsordnung *f*; F ***le ~ D*** (*débrouillard*) die nötigen Tricks (um sich aus der Affäre zu ziehen)

# T

**ta** [ta] → ***ton***²
**tabac** [taba] *m* Tabak *m*; ***bureau*** *m od débit m de* ~ Tabakladen *m*
**tabagisme** [tabaʒismə] *m* Nikotinsucht *f*
**tabatière** [tabatjɛr] *f* Tabaksdose *f*
**table** [tablə] *f* Tisch *m*; *repas de fête*: Tafel *f*; *liste* Tabelle *f*; **~ *pliante*** Klapptisch *m*; **~ *des matières*** Inhaltsverzeichnis *n*; ***à ~!*** zu Tisch!; **~ *ronde*** Gesprächsrunde *f*; ***se mettre à ~*** sich zu Tisch setzen; F auspacken
**tableau** [tablo] *m* (*pl -x*) *école*: (Wand-)Tafel *f*; *art*: Gemälde *n*; *description* Schilderung *f*; *liste* Liste *f*; *schéma* Tabelle *f*; **~ *d'affichage*** Anschlagtafel *f*; **~ *de bord*** Armaturenbrett *n*
**tablette** [tablɛt] *f* Brett *n*, Ablageplatte *f*; **~ *de chocolat*** Tafel *f* Schokolade
**tablier** [tablije] *m* Schürze *f*
**tabou** [tabu] **1.** *m* Tabu *n*; **2.** *adj* (*unv od f* **~*e***, *pl* **~[*e*]*s***) tabu
**tabouret** [taburɛ] *m* Schemel *m*, Hocker *m*
**tac** [tak] *m* ***répondre du ~ au ~*** schlagfertig sein
**tache** [taʃ] *f* Fleck *m*; *fig* Fehler *m*, Makel *m*; **~*s pl de rousseur*** Sommersprossen *f/pl*
**tâche** [tɑʃ] *f* Aufgabe *f*; ***à la ~*** im Akkord
**tacher** [taʃe] (*1a*) fleckig machen
**tâcher** [tɑʃe] (*1a*) **~ *de*** (+ *inf*) versuchen, sich bemühen zu (+ *inf*); **~ *que*** (+ *subj*) zusehen, dass
**tacheté**, **~e** [taʃte] gefleckt, gesprenkelt
**tachymètre** [takimɛtrə] *m tech* Tachometer *m*
**tacite** [tasit] stillschweigend
**taciturne** [tasityrn] schweigsam
**tact** [takt] *m sens*: Tastsinn *m*; *fig* Takt *m*
**tact|ile** [taktil] Tast…; **~ique 1.** *adj* taktisch; **2.** *f* Taktik *f*
**taffetas** [tafta] *m* Taft *m*
**taie** [tɛ] *f* **~ (*d'oreiller*)** Kopfkissenbezug *m*
**taillant** [tajɑ̃] *m* Schneide *f* (*e-s Werkzeugs*)
**taille¹** [taj] *f arbre*: Beschneiden *n*, Schnitt *m*; *pierre*: Behauen *n*
**taille²** [taj] *f hauteur* (Körper-)Größe *f*; *stature* Statur *f*, Wuchs *m*, Figur *f*; *anat* Taille *f*; *fig* Größe *f*, Bedeutung *f*; ***être de ~ à*** (+ *inf*) fähig sein zu (+ *inf*); F ***de ~*** gewaltig
**taille-crayon(s)** [tajkrɛjõ] *m* (*pl unv*) Bleistiftspitzer *m*
**taill|er** [taje] (*1a*) *arbre*: beschneiden; *vêtement*: zuschneiden; *crayon*: spitzen; *diamant*: schleifen; *pierre*: behauen; **~eur** *m couturier* Schneider *m*; *vêtement*: Kostüm *n*; **~ *de diamants*** Diamantschleifer *m*
**taillis** [taji] *m* Unterholz *n*
**taire** [tɛr] (*4aa*) verschweigen; ***se ~*** schweigen (***sur qc*** über etw); *s'arrêter de parler* verstummen
**talc** [talk] *m* Körperpuder *m*
**talent** [talɑ̃] *m* Talent *n*, Begabung *f*
**talentueu|x**, **~se** [talɑ̃tɥø, -z] talentiert, begabt
**talon** [talõ] *m anat* Ferse *f*; *chaussure*: Absatz *m*; *chèque*: Stammabschnitt *m*

**talonner** [talɔne] (*1a*) hart verfolgen, bedrängen
**talus** [taly] *m* Abhang *m*, Böschung *f*
**tambour** [tɑ̃bur] *m mus*, *tech* Trommel *f*; **~iner** [-ine] (*1a*) trommeln
**tamis** [tami] *m* Sieb *n*
**Tamise** [tamiz] ***la ~*** die Themse
**tamiser** [tamize] (*1a*) sieben; *lumière*: dämpfen
**tampon** [tɑ̃pɔ̃] *m ouate*: Wattebausch *m*; *hygiène féminine*: Tampon *m*; *amortisseur* Puffer *m*; *cachet* Stempel *m*; ***~ encreur*** Stempelkissen *n*; ***~ buvard*** Löscher *m*
**tamponn|ement** [tɑ̃pɔnmɑ̃] *m* Zusammenstoß *m*; **~er** (*1a*) zustopfen; *plaie*: abtupfen; *timbre*: abstempeln; *auto* prallen auf (*acc*); **~euse** *f* ***auto*** *f* **~** Autoskooter *m*
**tandem** [tɑ̃dɛm] *m* Tandem *n*; *fig* Gespann *n*
**tandis que** [tɑ̃di(s)kə] während (*zeitlich u gegensätzlich*)
**tangent**, **~e** [tɑ̃ʒɑ̃, -t] **1.** *adj math* berührend; F knapp; **2.** *f math* Tangente *f*; F ***prendre la tangente*** verduften
**tangible** [tɑ̃ʒiblə] greifbar
**tango** [tɑ̃go] *m* Tango *m*
**tanière** [tanjɛr] *f* Höhle *f* (*der wilden Tiere*); *fig* Schlupfwinkel *m*
**tank** [tɑ̃k] *m* Tank *m*; *mil* Panzer *m*; **~er** [-ɛr] *m mar* Tanker *m*
**tann|é**, **~ée** [tane] gegerbt; *peau*: braun gebrannt; **~er** (*1a*) gerben; *fig* F belästigen, nerven; **~erie** *f* Gerberei *f*; **~eur** *m* Gerber *m*
**tant** [tɑ̃] **1.** *adv* so viel, so sehr; ***~ il est vrai que*** das bestätigt, dass; ***~ bien que mal*** so einigermaßen; *moyennement* mittelmäßig; ***~ mieux*** um so besser; ***~ pis*** schade, da kann man nichts machen; ***~ pis pour lui*** sein Pech; **2.** *conj* ***~ que*** solange; ***~ qu'à faire!*** wenn schon, denn schon!; ***~ et si bien que*** so weit, dass; ***si ~ est que*** (+ *subj*) sofern; ***en ~ que Français*** als Franzose; ***~ … que*** sowohl … als auch
**tante** [tɑ̃t] *f* Tante *f*
**tantième** [tɑ̃tjɛm] *m comm* Gewinnanteil *m*
**tantôt** [tɑ̃to] **1.** ***à ~*** bis heute Nachmittag; **2.** **~ … ~ …** bald …, bald …
**Tanzanie** [tɑ̃zani] ***la ~*** Tansania *n*
**taon** [tɑ̃] *m zo* Bremse *f*
**tapag|e** [tapaʒ] *m* Lärm *m*; *fig* Wirbel *m*; *jur* ***~ nocturne*** nächtliche Ruhestörung *f*; **~eur**, **~euse** *voyant* auffallend; *bruyant* lärmend
**tape** [tap] *f* Klaps *m*
**tape-à-l'œil** [tapalœj] (*unv*) protzig
**tapecul** [tapky] *m* Wippe *f*; *auto* F Klapperkasten *m*
**tapée** [tape] *f* F Menge *f*, Haufen *m*
**taper** [tape] (*1a*) *v/t* schlagen, klopfen; F **~** (***à la machine***) tippen; *v/i* schlagen; F ***~ sur les nerfs de qn*** j-m auf die Nerven gehen; ***~ dans l'œil de qn*** j-m in die Augen stechen; *soleil*: **~** (***dur***) heiß brennen; F ***se ~ qc*** sich (*dat*) etw gönnen
**tapette** [tapɛt] *f tapis*: Teppichklopfer *m*; *insectes*: Fliegenklatsche *f*
**tap|i**, **~ie** [tapi] zusammengekauert; *caché* versteckt; **~ir** (*2a*) ***se ~*** sich ducken
**tapis** [tapi] *m* Teppich *m*; *sport*: Matte *f*; ***~ roulant*** *tech* Förderband *n*; *pour personnes*: Fahrsteig *m*; ***~ vert*** Spieltisch *m*; *fig* ***mettre sur le ~*** zur Sprache bringen
**tapiss|er** [tapise] (*1a*) tapezieren; **~erie** *f* Wandteppich *m*; **~ier**, **~ière** [-je, -jɛr] *m* **~** (***décorateur***) Tapezierer *m*
**tapoter** [tapɔte] (*1a*) leicht klopfen; *personne*: betätscheln; *mus* F klimpern
**taquet** [takɛ] *m* Pflock *m*; *cale* Keil *m*
**taqu|in**, **~ine** [takɛ̃, -in] schalkhaft, schelmisch; **~iner** [-ine] (*1a*) hänseln, necken; **~inerie** [-inri] *f* Neckerei *f*, Hänselei *f*
**tarabiscoté**, **~e** [tarabiskɔte] überladen
**tarabuster** [tarabyste] (*1a*) drängen
**tard** [tar] *adv* spät; ***au plus ~*** spätestens; ***pas plus ~ que*** erst; ***sur le ~*** in vorgerücktem Alter; ***~ dans la nuit*** spät in der Nacht; ***il se fait ~*** es wird spät
**tard|er** [tarde] (*1a*) zögern; *arriver tard* spät kommen; ***ne pas ~ à faire qc*** bald etw tun; ***il me tarde de*** (+ *inf*) ich sehne mich danach, zu (+ *inf*); ***il me tarde que*** (+ *subj*) ich sehne mich danach, dass; **~if**, **~ive** [-if, -iv] spät (eintretend, reifend)
**tare** [tar] *f* **1.** *comm* Verpackungsgewicht *n*; **2.** Fehler *m*; *produit*: Mangel *m*; *personne*: Makel *m*

**targuer** [targe] (*1m*) *st/s* ***se ~ de qc*** sich mit etw brüsten
**tarif** [tarif] *m* Tarif *m*, Gebühr *f*; ***~ de nuit*** *él* Nachttarif *m*; *tél* Nachtgebühr *f*; **~er** (*1a*) den Tarif festsetzen für
**tarin** [tarɛ̃] *m zo* Zeisig *m*; *arg* Nase *f*, Zinken *m* F
**tarir** [tarir] (*2a*) *v/t rivière*: austrocknen; *source*: versiegen lassen; *fig* erschöpfen; *v/i rivière*: austrocknen; *source*: versiegen; *conversation*: stocken; ***se ~*** versiegen
**tarte** [tart] *f* Torte *f*; *fruit*: Obstkuchen *m*
**tartelette** [tartəlɛt] *f* Törtchen *n*
**tartin|e** [tartin] *f* bestrichene Brotschnitte *f*; ***~ de beurre*** Butterbrot *n*; **~er** (*1a*) bestreichen; ***fromage*** *m* ***à ~*** Streichkäse *m*
**tartre** [tartrə] *m dents*: Zahnstein *m*; *chaudière*: Kesselstein *m*
**tas** [tɑ] *m* Haufen *m*; *quantité* Menge *f*; ***formé sur le ~*** am Arbeitsplatz gebildet
**tasse** [tɑs] *f* Tasse *f*; ***une ~ de café*** e-e Tasse Kaffee; ***une ~ à café*** e-e Kaffeetasse
**tassement** [tɑsmɑ̃] *m* Sichsenken *n*
**tasser** [tɑse] (*1a*) feststampfen; ***se ~*** sich senken; F *fig problème*: sich geben, wieder in Ordnung kommen
**tâter** [tɑte] (*1a*) befühlen, betasten; *fig* sondieren; F ***~ de qc*** etw (*acc*) probieren
**tatill|on, ~onne** [tatijõ, -ɔn] pedantisch
**tâtonner** [tɑtɔne] (*1a*) herumtappen; *fig* tastende Versuche machen
**tâtons** [tɑtõ] *adv* ***à ~*** tastend, tappend
**tatou|age** [tatwaʒ] *m action*: Tätowieren *n*; *signe*: Tätowierung *f*; **~er** (*1a*) tätowieren
**taudis** [todi] *m* Elendswohnung *f*, F Loch *n*
**taule** [tol] *f arg prison* Kittchen *n*, Knast *m*
**Taunus** [tonys] *géogr* ***le ~*** der Taunus
**taupe** [top] *f zo* Maulwurf *m*
**taureau** [tɔro] *m* (*pl -x*) *zo* Stier *m*, Bulle *m*; ♉ *astrologie*: Stier *m*
**tauromachie** [tɔrɔmaʃi] *f* Stierkampf *m*
**taux** [to] *m* Quote *f*, Satz *m*; *bourse*: Kurs *m*; *pourcentage* Prozentsatz *m*; ***~ d'alcool*** Alkoholspiegel *m*; ***~ de change*** Wechselkurs *m*; ***~ d'escompte*** Diskontsatz *m*; ***~ d'expansion*** Wachstumsrate *f*; ***~*** (***de l'intérêt***) Zinsfuß *m*, -satz *m*; ***~ de mortalité*** Sterblichkeitsziffer *f*; ***~ d'ozone*** Ozonwert *m*
**taverne** [tavɛrn] *f* Taverne *f*
**tax|e** [taks] *f* Gebühr *f*; *impôt* Steuer *f*; ***~ sur*** *od* ***à la valeur ajoutée*** (*abr* ***T.V.A.***) Mehrwertsteuer *f*; ***~ de séjour*** Kurtaxe *f*; ***~ professionnelle*** Gewerbesteuer *f*; **~er** (*1a*) besteuern; *prix*: festsetzen; *fig* ***~ qn de qc*** j-n e-r Sache beschuldigen; ***~ qn de*** j-n bezeichnen als
**taxi** [taksi] *m* Taxi *n*; **~mètre** [-mɛtrə] *m* Taxameter *m*; **~phone** [-fɔn] *m* Münzfernsprecher *m*
**Tchad** [tʃad] ***le ~*** der Tchad, Tchad *n*
**tchécoslova|que** [tʃekɔslɔvak] *hist* **1.** *adj* tschechoslowakisch; **2.** ♀ *m*, *f* Tschechoslowake *m*, Tschechoslowakin *f*; ♀**quie** *f hist* Tschechoslowakei *f*
**tchèque** [tʃɛk] **1.** *adj* tschechisch; ***la République ~*** die Tschechische Republik; **2.** ♀ *m*, *f* Tscheche *m*, Tschechin *f*
**te** [t(ə)] dich; dir
**technicien, ~ne** [tɛknisjɛ̃, -jɛn] *m*, *f* Techniker(in) *m*(*f*)
**technique** [tɛknik] **1.** *adj* technisch; Fach…; ***terme*** *m* ***~*** Fachausdruck *m*; **2.** *f* Technik *f*
**techno** [tɛkno] *f mus* Techno *m*, *n*
**techno|crate** [tɛknokrat] *m* Technokrat *m*; **~cratie** [-krasi] *f* Technokratie *f*; **~logie** [-lɔʒi] *f* Technologie *f*; ***~ informatique*** Computertechnik *f*; **~logique** [-lɔʒik] technologisch
**teck** [tɛk] *m bot* Teakbaum *m*; *bois*: Teakholz *n*
**teckel** [tekɛl] *m zo* Dackel *m*
**Téhéran** [teerɑ̃] Teheran
**teigne** [tɛɲ] *f méd* Krätze *f*
**teindre** [tɛ̃drə] (*4b*) färben
**teint, ~e** [tɛ̃, -t] **1.** *adj* gefärbt; ***bon*** *od* ***grand teint*** (*unv*) farbecht; **2.** *m* Teint *m*, Gesichtsfarbe *f*; ***fond*** *m* ***de ~*** Make-up *n*; **3.** *f* Farbton *m*
**teinter** [tɛ̃te] (*1a*) tönen; *bois*: beizen
**teintur|e** [tɛ̃tyr] *f action*: Färben *n*; *produit*: Färbemittel *n*; *phm* Tinktur *f*; **~erie** [-tyrri] *f* chemische Reinigung *f*
**tel, ~le** [tɛl] **1.** *adj* solche(r, -s), solch ein(-e), so ein(e), derartig; ***tel(s)*** *od* ***tel-***

*le(s) que* wie zum Beispiel (*vor* e-r *Aufzählung*); ***tel quel*** unverändert, im alten Zustand; ***prendre la chose telle quelle*** die Sache nehmen, wie sie ist; ***rien de tel que*** es gibt nichts Besseres als; ***à tel point que*** so sehr, dass; ***tel jour*** an dem und dem Tag; **2.** ***Monsieur Un tel*** Herr Sowieso

**Tel-Aviv** [tɛlaviv] Tel Aviv *n*

**télé** [tele] *f* F *abr* → ***télévision***

**télé...** [tele] *in Zssgn* fern..., Fern...; Fernseh...

**télé|benne** [telebɛn] *f* Kabinenseilbahn *f*; **~charger** [-ʃaʀʒe] *EDV* downloaden; **~commande** [-kɔmɑ̃d] *f* Fernsteuerung *f*; *téléviseur*: Fernbedienung *f*; **~commander** [-kɔmɑ̃de] (*1a*) fernsteuern; **~communication** [-kɔmynikasjõ] *f le plus souvent au pl* **~*s*** Fernmeldetechnik *f*, -wesen *n*; **~conférence** [-kõfeʀɑ̃s] *f* Telekonferenz; **~férique** [-ferik] → ***téléphérique***

**télé|gramme** [-gram] *m* Telegramm *n*; ***par ~*** telegrafisch; **~graphe** [-graf] *m* Telegraf *m*; **~graphie** [-grafi] *f* Telegrafie *f*; **~graphier** [-grafje] (*1a*) telegrafieren

**télé|guidage** [telegidaʒ] *m* Fernlenkung *f*; **~guider** [-gide] (*1a*) fernlenken

**téléinformatique** [teleɛ̃fɔrmatik] *f* Datenfernverarbeitung *f*

**téléobjectif** [teleɔbʒɛktif] Teleobjektiv *n*

**téléphérique** [teleferik] *m* (Draht-) Seilbahn *f*

**téléphon|e** [telefɔn] *m* Telefon *n*; ***~ portable*** Handy *n*; ***abonné*** *m* ***au ~*** Fernsprechteilnehmer *m*; ***coup*** *m* ***de ~*** Anruf *m*; ***par ~*** telefonisch; ***avoir le ~*** Telefon haben; **~er** (*1a*) *v/i* telefonieren; ***~ à qn*** j-n anrufen; *v/t* telefonisch durchsagen; **~ique** telefonisch, Fernsprech..., fernmündlich; ***cabine*** *f* ***~*** Fernsprechzelle *f*; ***appel*** *m* ***~*** Anruf *m*; **~iste** *m*, *f* Telefonist(in) *m*(*f*)

**télescopage** [teleskɔpaʒ] *m* Zusammenstoß *m*, Auffahren *n*

**télescop|e** [teleskɔp] *m* Teleskop *n*, Fernrohr *n*; **~er** (*1a*) zusammenstoßen mit, auffahren auf (*acc*); ***se ~*** zusammenstoßen; **~ique** ausziehbar

**téléscripteur** [teleskriptœr] *m* Fernschreiber *m*

**télé|siège** [telesjɛʒ] *m* Sessellift *m*; **~ski** *m* Schlepplift *m*

**téléspecta|teur**, **~trice** [telespɛktatœr, -tris] *m*, *f* Fernsehzuschauer(in) *m*(*f*)

**télétexte** [teletɛkst] *m* *TV* Videotext *m*

**télévis|é**, **~ée** [televize] im Fernsehen übertragen, Fernseh...; **~eur** *m* Fernsehgerät *n*, Fernseher *m*; **~ion** *f* Fernsehen *n*; *téléviseur* Fernsehgerät *n*, Fernseher *m*; ***~ câblée*** Kabelfernsehen *n*

**télex** [telɛks] *m* Telex *n*

**tellement** [tɛlmɑ̃] *adv* so, derartig, so sehr, so viel

**témér|aire** [temerɛr] tollkühn; **~ité** *f* Tollkühnheit *f*

**témoign|age** [temwaɲaʒ] *m* Zeugnis *n*; *jur* Zeugenaussage *f*; **~er** (*1a*) *v/t* bekunden; *v/i jur* als Zeuge aussagen; ***~ de qc*** *personne*: etw (*acc*) bezeugen; *chose*: von etw zeugen

**témoin** [temwɛ̃] *m* Zeuge *m*, Zeugin *f*; *fig preuve* Beweis *m*; ***appartement*** *m* ***~*** Musterwohnung *f*

**tempe** [tɑ̃p] *f anat* Schläfe *f*

**tempérament** [tɑ̃peramɑ̃] *m* **1.** Temperament *n*, Veranlagung *f*, Wesensart *f*; ***avoir du ~*** Temperament haben; **2.** ***à ~*** auf Abzahlung, in Raten; ***achat*** *m* ***à ~*** Ratenkauf *m*

**tempérance** [tɑ̃perɑ̃s] *f* Enthaltsamkeit *f*

**tempér|ature** [tɑ̃peratyr] *f* Temperatur *f*; ***avoir de la ~*** Fieber haben; **~é**, **~ée** gemäßigt; **~er** (*1f*) mildern

**tempête** [tɑ̃pɛt] *f* Sturm *m* (*a fig*)

**temple** [tɑ̃plə] *m* Tempel *m*; *protestant*: Kirche *f*

**tempor|aire** [tɑ̃pɔrɛr] zeitweilig, vorübergehend; **~el**, **~elle** *rel* zeitlich, irdisch; *gr* Temporal...

**temporiser** [tɑ̃pɔrize] (*1a*) abwarten

**temps** [tɑ̃] *m* **1.** Zeit *f*; *mus*, *tech* Takt *m*; ***mesure*** *f* ***à trois ~*** Dreivierteltakt *m*; ***moteur*** *m* ***à deux ~*** Zweitaktmotor *m*; ***à ~*** rechtzeitig, beizeiten; ***de ~ à autre, de ~ en ~*** von Zeit zu Zeit; (***ne pas***) ***avoir le ~*** (keine) Zeit haben; ***tout le ~*** ständig; ***dans le ~*** ehemals; ***de mon ~*** zu meiner Zeit; ***en tout ~*** zu jeder Zeit; ***du ~ que*** als; ***il est ~ de*** (+ *inf*) es ist Zeit zu (+ *inf*); ***il est ~ que*** (+ *subj*) es ist Zeit, dass;

***il est grand*** **~** es ist höchste Zeit; ***de tout*** **~** von jeher; ***en même*** **~** gleichzeitig, zugleich; ***au bon vieux*** **~** in der guten, alten Zeit; **2.** *atmosphérique*: Wetter *n*; ***par beau*** **~** bei schönem Wetter; ***quel ~ fait-il?*** wie ist das Wetter?

**tenace** [tənas] hartnäckig

**ténacité** [tenasite] *f* Hartnäckigkeit *f*

**tenailles** [t(ə)naj] *f/pl* Kneifzange *f*

**tenanc|ier, ~ière** [tənɑ̃sje, -jɛr] *m, f* Inhaber(in) *m(f)*

**tendanc|e** [tɑ̃dɑ̃s] *f* Tendenz *f*, Neigung *f*; *pol, art*: Richtung *f*; *mode, bourse*: Trend *m*; **~ieux, ~ieuse** [-jø, -jøz] tendenziös

**tendon** [tɑ̃dõ] *m anat* Sehne *f*

**tendre[1]** [tɑ̃drə] (*4a*) spannen; *piège*: stellen; *bras*: ausstrecken; **~ *la main*** die Hand reichen (*a fig*); **~ *à qc*** *personne*: nach etw streben; *chose*: auf etw (*acc*) abzielen

**tendre[2]** [tɑ̃drə] *adj couleur, viande*: zart; *affectueux* zärtlich, liebevoll; *fig* ***âge*** *m* **~** Kindheit *f*

**tendresse** [tɑ̃drɛs] *f* Zärtlichkeit *f*

**tendron** [tɑ̃drõ] *m bot* Spross *m*

**tendu, ~e** [tɑ̃dy] (an)gespannt (*a fig*)

**ténèbres** [tenɛbrə] *f/pl* Finsternis *f*

**ténébreu|x, ~se** [tenebrø, -z] finster

**teneur** [tənœr] *f lettre*: Wortlaut *m*; *concentration* Gehalt *m* (***en*** an *dat*); **~ *en alcool*** Alkoholgehalt *m*

**ténia** [tenja] *m zo* Bandwurm *m*

**tenir** [t(ə)nir] (*2h*) **1.** *v/t* halten, festhalten; *posséder* haben, besitzen; *registre, caisse, comptes, restaurant*: führen; *place*: einnehmen, haben; *promesse*: halten; **~ *pour*** halten für; **~ *compte de qc*** etw (*acc*) berücksichtigen; *auto* **~ (*bien*) *la route*** gut auf der Straße liegen; **~ *qc de qn*** etw von j-m haben; **~ *parole*** sein Wort halten; **~ *au chaud*** warm halten; F **~ *le coup*** durchhalten; **2.** *v/t indirect* **~ *à qc, qn*** *donner de l'importance à* Wert auf etw, j-n legen; **~ *à*** *dépendre de* liegen an (*dat*), kommen von; ***cela ne tient qu'à toi*** das hängt nur von dir ab; **~ *de qn*** j-m ähnlich sein, j-m nachschlagen; **3.** *v/i* halten; **~ *bon*** standhalten; **4.** ***se ~*** *spectacle*: stattfinden; *s'accrocher* sich (fest)halten (***à*** an *dat*); ***se ~ mal*** sich schlecht benehmen; ***s'en ~ à qc*** sich an etw (*dat*) halten; *en rester à* qc es bei etw bewenden lassen

**tennis** [tenis] *m* Tennis *n*; (***chaussures*** *f/pl* ***de***) **~** Tennisschuhe *m/pl*

**ténor** [tenɔr] *m mus* Tenor *m*

**tension** [tɑ̃sjõ] *f* Spannung *f* (*a él*); *méd* Blutdruck *m*

**tentacule** [tɑ̃takyl] *m zo* Fangarm *m*

**tentant, ~e** [tɑ̃tɑ̃, -t] verlockend, reizvoll

**tentation** [tɑ̃tasjõ] *f* Versuchung *f*, Verlockung *f*

**tentative** [tɑ̃tativ] *f* Versuch *m*

**tente** [tɑ̃t] *f* Zelt *n*; ***dresser, monter, planter*** (***démonter***) ***une*** **~** ein Zelt aufschlagen (abbrechen)

**tenter** [tɑ̃te] (*1a*) *inciter au péché* in Versuchung bringen; *séduire* verlocken, reizen; *essayer* wagen; ***être tenté(e) de*** (+ *inf*) in Versuchung kommen *od* versucht sein zu (+ *inf*); **~ *de*** (+ *inf*) versuchen zu (+ *inf*)

**tenture** [tɑ̃tyr] *f* Wandbehang *m*, (Stoff-)Tapete *f*

**tenu, ~e** [t(ə)ny] *p/p de* ***tenir*** *u adj* **~ *à qc*** zu etw verpflichtet; ***être ~ de faire qc*** gehalten sein, etw zu tun; ***bien ~*** gepflegt; ***mal ~*** verwahrlost

**ténu, ~e** [teny] dünn, fein

**tenue** [t(ə)ny] *f comptes, ménage*: Führung *f*; *conduite* Betragen *n*, Benehmen *n*; *du corps*: Haltung *f*; *vêtements* Kleidung *f*, *mil* Uniform *f*; ***en grande ~*** in Paradeuniform; *auto* **~ *de route*** Straßenlage *f*

**térébenthine** [terebɑ̃tin] *f* Terpentin *n*

**tergiverser** [tɛrʒivɛrse] (*1a*) Ausflüchte, Winkelzüge machen

**terme** [tɛrm] *m* **1.** *fin* Ende *n*; *échéance* Termin *m*, Frist *f*; ***à court, moyen, long ~*** kurz-, mittel-, langfristig; ***mener à ~*** abschließen; **2.** *expression* Ausdruck *m*, Wort *n*; **~ *technique*** Fachausdruck *m*; **3. *être en bons ~s avec qn*** mit j-m auf gutem Fuß stehen

**termin|aison** [tɛrminɛzõ] *f gr* Endung *f*; **~al, ~ale** (*m/pl -aux*) **1.** *adj* End..., Schluss...; **2.** *m EDV* Terminal *m od n*; **3.** *f école*: Abiturklasse *f*; **~er** (*1a*) abschließen, beenden; ***se ~*** enden (***par*** mit), zu Ende gehen; ***se ~ en pointe*** spitz auslaufen

**terminologie** [tɛrminɔlɔʒi] *f* Fachsprache *f*, Terminologie *f*

**terminus** [tɛrminys] *m* Endstation *f*
**tern|e** [tɛrn] matt, glanzlos; *fig* eintönig; **~ir** (*2a*) matt, glanzlos machen; *fig* trüben
**terrain** [tɛrɛ̃] *m* Gelände *n*, Terrain *n* (*a fig*); *sol* Boden *m*; *propriété* Grundstück *n*; *géol* Formation *f*; **~ *à bâtir*** Bauplatz *m*; **~ *de jeu*** Spielplatz *m*; **~ *de camping*** Camping-, Zeltplatz *m*; **~ *d'aviation*** Flugplatz *m*; ***véhicule*** *m* ***tout*** **~** Geländefahrzeug *n*
**terrass|e** [tɛras] *f* Terrasse *f*; **~ement** [-mɑ̃] *m* (***travaux*** *m/pl* ***de***) **~** Erdarbeiten *f/pl*; **~er** (*1a*) *adversaire*: niederstrecken, -schlagen; *maladie*: niederwerfen; **~ier** [-je] *m* Erdarbeiter *m*
**terre** [tɛr] *f* Erde *f*; *opposé à mer*: Land *n*; *propriété* Grundbesitz *m*; *monde* Welt *f*; **~ *cuite*** Terrakotta *f*; **~ *ferme*** Festland *n*; **~ *à* ~** prosaisch, nüchtern; ***à*** *od* ***par*** **~** auf dem (den) Boden; ***pomme*** *f* ***de*** **~** Kartoffel *f*; ***sur*** **(*la*) ~** auf der Erde *od* Welt; ***la* ~ *Sainte*** das Heilige Land; ***de, en*** **~** tönern, aus Ton
**terreau** [tɛro] *m* (*pl -x*) Gartenerde *f*, Humus *m*
**Terre de Feu** [tɛrdəfø] ***la*** **~** Feuerland *n*
**Terre-Neuve** [tɛrnœv] **1.** *f* Neufundland *n*; **2. *terre-neuve*** *m* (*pl unv*) *zo* Neufundländer *m*
**terre-plein** [tɛrplɛ̃] *m* (*pl terre-pleins*) Erdaufschüttung *f*; **~ *central*** Mittelstreifen *m*
**terrer** [tɛre] (*1a*) *agr* häufeln; ***se*** **~** *animal*: sich verkriechen
**terrestre** [tɛrɛstrə] Land…, Erd…
**terreur** [tɛrœr] *f* Schrecken *m*; *politique*: Terror *m*
**terrible** [tɛriblə] schrecklich, furchtbar; F *extraordinaire* gewaltig, außerordentlich; **~ment** *adv* furchtbar
**terrien**, **~ne** [tɛrjɛ̃, -jɛn] **1.** *adj* grundbesitzend; ***propriétaire*** *m* **~** Grundbesitzer; **2.** *m*, *f* Erdbewohner(in) *m*(*f*)
**terrier** [tɛrje] *m* Bau *m* (e-s *Tiers*); *zo* Terrier *m*
**terrifier** [tɛrifje] (*1a*) in Schrecken versetzen
**terril** [tɛril] *m* Abraumhalde *f*
**terrine** [tɛrin] *f récipient*: tiefe Tonschüssel *f*; *cuis* Pastete *f*
**territoire** [tɛritwar] *m* Territorium *n*, (Hoheits-)Gebiet *n*
**territorial**, **~e** [tɛritɔrjal] (*m/pl -aux*) territorial, Gebiets…; ***eaux*** *f/pl* ***territoriales*** Hoheitsgewässer *n/pl*
**terroir** [tɛrwar] *m viticulture*: Boden *m*; *région* Gegend *f*, Region *f*
**terror|iser** [tɛrɔrize] (*1a*) terrorisieren; **~isme** *m* Terrorismus *m*; **~iste 1.** *adj* terroristisch; **2.** *m*, *f* Terrorist(in) *m*(*f*)
**tertiaire** [tɛrsjɛr] tertiär; *écon* ***secteur*** *m* **~** Dienstleistungssektor *m*
**tertre** [tɛrtrə] *m* Anhöhe *f*
**tes** [te] → ***ton***[2]
**tessiture** [tesityr] *f mus* Stimmlage *f*
**tesson** [tɛsõ] *m* Scherbe *f*
**test** [tɛst] *m* Test *m*; ***passer des*** **~s** getestet werden
**testament** [tɛstamɑ̃] *m* Testament *n*
**tester** [tɛste] (*1a*) testen
**testicule** [tɛstikyl] *m anat* Hoden *m*
**tétanos** [tetanos] *m méd* Wundstarrkrampf *m*, Tetanus *m*
**tête** [tɛt] *f* Kopf *m*; *raison, cerveau* Verstand *m*; *aspect* Aussehen *n*; *partie extrême* oberer *od* vorderer Teil *m*; ***coup*** *m* ***de*** **~** unüberlegte Handlung *f*; **~ *baissée*** blindlings; ***la* ~ *basse*** kleinlaut; ***la* ~ *haute*** erhobenen Hauptes; ***de*** **~** im Kopf; ***avoir la* ~ *dure*** ein Dickkopf sein; *fig* ***se casser la*** **~** sich den Kopf zerbrechen; ***n'en faire qu'à sa*** **~** seinen eigenen Kopf haben; ***tenir*** **~** die Stirn bieten; ***par*** **~** pro Kopf; ***faire une sale*** **~** ein saures Gesicht machen; ***faire la*** **~** schmollen; *fig* ***il se paie ta*** **~** er hält dich zum Narren; **~ *nucléaire*** Atomsprengkopf *m*; ***en*** **~** an der Spitze, vorne; ***à la* ~ *de*** an der Spitze von
**tête-à-tête** [tɛtatɛt] *m* (*pl unv*) Gespräch *n* unter vier Augen
**téter** [tete] (*1f*) saugen
**tétine** [tetin] *f* Sauger *m*, Schnuller *m*
**téton** [tetõ] F *m* Brust *f*
**têtu**, **~e** [tety] starrköpfig, eigensinnig
**texte** [tɛkst] *m* Text *m*; **~ *complet*** *EDV* Volltext *m*
**textile** [tɛkstil] **1.** *adj* Faser…, Textil…; **2.** *m matière*: Faserstoff *m*; *produit*: Textilerzeugnis *n*; *industrie*: Textilindustrie *f*; **~s** *pl* Textilien *f/pl*
**texto®** [tɛksto] *m* SMS *f*; ***envoyer un*** **~ *à qn*** j-m e-e SMS schicken, j-m simsen
**textuel**, **~le** [tɛkstɥɛl] wörtlich
**texture** [tɛkstyr] *f* Struktur *f*
**TF 1** *abr* ***Télévision française première chaîne*** erstes Programm des frz. Fern-

sehens

**TGV** [teʒeve] *m abr* ***train à grande vitesse*** Hochgeschwindigkeitszug *m*

**Thaïlande** [tailɑ̃d] ***la ~*** Thailand *n*

**thé** [te] *m* Tee *m*; ***~ dansant*** Tanztee *m*

**théâtral, ~e** [teɑtral] (*m/pl -aux*) Theater…, Bühnen…; *fig* pathetisch, theatralisch

**théâtre** [teɑtrə] *m* Theater *n*; *litt* Drama *n*; *fig cadre* Schauplatz *m*; ***pièce*** *f* ***de ~*** Theaterstück *n*; ***coup*** *m* ***de ~*** Knalleffekt *m*; ***~ en plein air*** Freilichtbühne *f*

**théière** [tejɛr] *f* Teekanne *f*

**thème** [tɛm] *m* Thema *n*

**théolog|ie** [teɔlɔʒi] *f* Theologie *f*; **~ien** *m* Theologe *m*, Theologin *f*

**théorème** [teɔrɛm] *m* Lehrsatz *m*

**théoricien, ~ne** [teɔrisjɛ̃, -jɛn] *m, f* Theoretiker(in) *m(f)*

**théorie** [teɔri] *f* Theorie *f*

**théorique** [teɔrik] theoretisch

**thérap|eutique** [terapøtik] **1.** *f* Therapeutik *f*; *thérapie* Therapie *f*; **2.** *adj* therapeutisch; **~ie** *f* Therapie *f*; ***~ de groupe*** Gruppentherapie *f*

**thermal, ~e** [tɛrmal] (*m/pl -aux*) Thermal…; ***station*** *f* ***thermale*** Thermalkurort *m*

**therm|es** [tɛrm] *m/pl hist* Thermen *f/pl*; *établissement*: Kuranstalt *f*; **~ique** *phys* thermisch, Wärme…

**thermo|mètre** [tɛrmɔmɛtrə] *m* Thermometer *n*; **~plongeur** [-plõʒœr] *m* Tauchsieder *m*

**thermos** [tɛrmos] *f od m* Thermosflasche *f*

**thermostat** [tɛrmɔsta] *m* Thermostat *m*

**thésauriser** [tezɔrize] (*1a*) horten

**thèse** [tɛz] *f* These *f*; *université*: Dissertation *f*, Doktorarbeit *f*

**thon** [tõ] *m zo* Thunfisch *m*

**thorax** [tɔraks] *m anat* Brustkorb *m*

**Thoune** [tun] Thun *n*; ***le lac de ~*** der Thuner See

**Thurgovie** [tyrgɔvi] ***la ~*** der Thurgau

**Thuringe** [tyrɛ̃ʒ] ***la ~*** Thüringen *n*

**thym** [tɛ̃] *m bot* Thymian *m*

**thyroïde** [tirɔid] *f méd* Schilddrüse *f*

**tiare** [tjar] *f* Tiara *f* (*des Papstes*)

**Tibet** [tibɛ] ***le ~*** Tibet *n*

**tibia** [tibja] *m anat* Schienbein *n*

**tic** [tik] *m* Tick *m* (*a fig*)

**ticket** [tikɛ] *m théâtre, musée*: Eintrittskarte *f*; *bus, train*: Fahrschein *m*, -karte *f*; *cantine*: (Essen[s]-)Marke *f*

**tiède** [tjɛd] lau (*a fig*); *eau, café*: lauwarm

**tiéd|eur** [tjedœr] *f* Lauheit *f*; **~ir** (*2a*) lau(warm) werden

**tien, ~ne** [tjɛ̃, tjɛn] ***le tien, la tienne*** der, die, das dein(ig)e; deine(r, -s); F ***à la tienne!*** prost!

**tierce** [tjɛrs] *f mus* Terz *f*

**tiercé** [tjɛrse] *m pari*: Dreierwette *f*

**tier|s, ~ce** [tjɛr, -s] **1.** *adj* dritte(r, -s); ***le tiers monde*** die Dritte Welt; **2.** *m math* Drittel *n*; **3.** *jur* ***un ~*** ein Dritter

**tige** [tiʒ] *f bot* Stängel *m*, Stiel *m*; *tech* Schaft *m*, Stange *f*; ***~s*** *pl* ***de forage*** Bohrgestänge *n*

**tignasse** [tiɲas] *f* Haarschopf *m*, Mähne *f*

**tigr|e, ~esse** [tigrə, -ɛs] *m, f zo* Tiger(in) *m(f)*; **~é, ~ée** getigert, gefleckt

**tilleul** [tijœl] *m bot* Linde *f*; *boisson*: Lindenblütentee *m*

**timbale** [tɛ̃bal] *f* (Trink-)Becher *m*; *mus* (Kessel-)Pauke *f*; *cuis* Auflauf *m*

**timbre** [tɛ̃brə] *m* **1.** *sonette* Klingel *f*; **2.** *son* Klangfarbe *f*; **3.** *timbre-poste* Briefmarke *f*; *tampon* Stempel *m*

**timbré, ~e** [tɛ̃bre] gestempelt; *lettre*: frankiert

**timbre-poste** [tɛ̃brəpɔst] *m* (*pl timbres-poste*) Briefmarke *f*

**timid|e** [timid] schüchtern; **~ité** *f* Schüchternheit *f*

**timon** [timõ] *m* Deichsel *f*

**timoré, ~e** [timɔre] ängstlich

**tintamarre** [tɛ̃tamar] *m* Krach *m*, Getöse *n*

**tinter** [tɛ̃te] (*1a*) *verres*: klirren; *cloches*: läuten

**tique** [tik] *f zo* Zecke *f*

**tir** [tir] *m* Schuss *m*; *action, sport*: Schießen *n*

**tirade** [tirad] *f* Tirade *f*, Wortschwall *m*

**tirage** [tiraʒ] *m* **1.** *loterie*: Ziehung *f*; **2.** *photographie*: Abziehen *n*; **3.** *impression* Druck *m*, Abdruck *m*; *exemplaires* Ausgabe *f*, Auflage *f*; **4.** *comm chèque*: Ausstellung *f*; **5.** F *difficultés* Schwierigkeiten *f/pl*, Reibereien *f/pl*

**tirailler** [tiraje] (*1a*) hin- und herziehen; F herumknallen

**tirant** [tirɑ̃] *m mar* ***~ d'eau*** Tiefgang *m*

**tire** [tir] *f arg auto* Schlitten *m*; ***vol*** *m* ***à la ~*** Taschendiebstahl *m*

**tiré**, **~e** [tire] **1.** *adj* abgespannt (*Gesichtszüge*); **2.** *m* ***tiré à part*** Sonderdruck *m*

**tire-au-flanc** [tiroflɑ̃] *m* (*pl unv*) F Drückeberger *m*

**tire-bouchon** [tirbuʃõ] *m* (*pl tire-bouchons*) Korkenzieher *m*

**tire-fesses** [tirfɛs] F *m* (*pl unv*) Schlepplift *m*

**tirelire** [tirlir] *f* Sparbüchse *f*

**tirer** [tire] (*1a*) **1.** *v/t* ziehen; *sortir* herausziehen; *vers le devant*: hervorziehen; *photographie*: abziehen; *imprimer* drucken; *déduire* herleiten (***de*** von); *gain*: herausholen; *plan*: zeichnen; *chèque*: ausstellen; ***~ les cartes*** die Karten legen; ***~ avantage de qc*** Vorteil aus etw ziehen; **2.** *v/i cheminée*: ziehen; *arme*: schießen, feuern; ***~ à sa fin*** zu Ende gehen; ***~ au sort*** (aus)losen; ***~ sur le bleu*** ins Blaue (hinüber-) spielen; **3.** ***se ~ d'affaire*** sich aus der Affäre ziehen; F ***se ~*** abhauen

**tir|et** [tirɛ] *m* Gedankenstrich *m*; **~eur** *m* Schütze *m*; *chèque*: Aussteller *m*; ***~ d'élite*** Scharfschütze *m*; **~euse** *f* ***~ de cartes*** Kartenlegerin *f*

**tiroir** [tirwar] *m* Schublade *f*; **~-caisse** [-kɛs] *m* (*pl tiroirs-caisses*) Registrierkasse *f*

**tisane** [tizan] *f* Kräutertee *m*

**tis|on** [tizõ] *m* glimmendes Holzstück *n*; **~onnier** [-ɔnje] *m* Schürhaken *m*

**tiss|age** [tisaʒ] *m* Weben *n*; **~er** (*1a*) weben; *fig* anzetteln

**tisserand** [tisrɑ̃] *m* Weber *m*

**tissu** [tisy] *m* Stoff *m*; *biol*, *fig* Gewebe *n*; **~-éponge** [-epõʒ] *m* (*pl tissus-éponges*) Frottee(stoff *m*) *m od n*

**titre** [titrə] *m* **1.** Titel *m*; *affiche*, *journal*: Überschrift *f*; *fonctionnaire*: Amtsbezeichnung *f*; **2.** *document*: Urkunde *f*; *comm* Wertpapier *n*; ***à ce ~*** aus diesem Grund; ***à juste ~*** mit vollem Recht; ***à ~ d'essai*** versuchsweise; ***à ~ d'information*** zur Kenntnisnahme; ***à ~ officiel*** von Amts wegen; ***à ~ d'ami*** als Freund; ***au même ~*** mit dem gleichen Recht; ***en ~*** beamtet; ***au ~ de*** gemäß

**titrer** [titre] (*1a*) *journal*: als Überschrift *od* Schlagzeile bringen

**tituber** [titybe] (*1a*) taumeln, schwanken

**titulaire** [titylɛr] **1.** *adj* fest angestellt; *état*: verbeamtet, ins Beamtenverhältnis übernommen; **2.** *m*, *f document*, *charge*: Inhaber(in) *m*(*f*)

**titulariser** [titylarize] (*1a*) fest anstellen; *état*: verbeamten

**toast** [tost] *m pain grillé* Toast *m*; *de bienvenue*: Trinkspruch *m*

**toboggan** [tɔbɔgɑ̃] *m* Rutschbahn *f*; *rue*: (Straßen-)Überführung *f*; *aviat* Notrutsche *f*

**tocsin** [tɔksɛ̃] *m* Sturm-, Alarmglocke *f*

**toge** [tɔʒ] *f* Robe *f*

**Togo** [tɔgo] ***le ~*** Togo *n*

**tohu-bohu** [tɔybɔy] *m* Tumult *m*, lärmendes Durcheinander *n*

**toi** [twa] du; dich; dir

**toile** [twal] *f* Leinen *n*; *écran*: Leinwand *f*; *peinture*: (Öl-)Gemälde *n*; ***~ cirée*** Wachstuch *n*; ***de*** *od* ***en ~*** aus Leinen, Leinen…, leinen; ***~ d'araignée*** Spinnwebe *f*

**toilette** [twalɛt] *f lavage* Waschen *n*; *mise* Toilette *f*; *vêtements* Kleidung *f*; **~s** *pl* WC *n*; ***faire sa ~*** sich waschen

**toi-même** [twamɛm] du, dich selbst

**tois|e** [twaz] *f* Messstab *m*; **~er** (*1a*) ***~ qn*** j-s Körpergröße messen; *fig* j-n mustern

**toison** [twazõ] *f laine* Wolle *f*; *cheveux*: dichtes Haar *n*

**toit** [twa] *m* Dach *n*; *fig* Haus *n*; *auto* ***~ ouvrant*** Schiebedach *n*

**toiture** [twatyr] *f* Bedachung *f*

**Tokyo** [tɔkjo] Tokio *n*

**tôle** [tol] *f* Blech *n*; *carrosserie* Karrosserie *f*; ***~ ondulée*** Wellblech *n*

**tolér|able** [tɔlerablə] erträglich; **~ance** *f* Toleranz *f*; *tech* Spielraum *m*; **~ant**, **~ante** [-ɑ̃, -ɑ̃t] tolerant; **~er** (*1f*) dulden; *douleur*: ertragen; *médicament*: vertragen

**tollé** [tɔle] *m* Protestgeschrei *n*

**tomate** [tɔmat] *f bot* Tomate *f*

**tomb|e** [tõb] *f* Grab(stätte) *n*(*f*); **~eau** [-o] *m* (*pl -x*) Grabmal *n*

**tombée** [tõbe] *f* ***à la ~ de la nuit*** bei Einbruch der Nacht

**tomber** [tõbe] (*1a*) fallen; *personne*: stürzen; *avion*, *alpiniste*: abstürzen; *cheveux*: ausfallen, -gehen; *dans un* *certain état*: geraten, kommen; ~ ***dans la misère*** ins Elend geraten; ~ ***en ruine*** verfallen; ~ ***malade*** krank werden; ~ ***amoureux*** sich verlieben; ~ ***en panne*** e-e Panne haben; ***la nuit tombe*** die Nacht bricht an; ***faire*** ~ umwerfen; ***laisser*** ~ fallen lassen; *fig* aufgeben; ~ ***sur qn*** sich auf j-n stürzen; *rencontrer* j-n zufällig treffen; ~ ***juste*** es erraten; ***je suis bien tombé*** ich hab's gut getroffen; ***ça tombe bien*** das trifft sich gut; ~ ***d'accord*** sich einig werden, sich verständigen

**tombeur** [tõbœr] *m* F Frauenheld *m*

**tome** [tɔm] *m* Band *m*

**ton**[1] [tõ] *m* Ton *m* (*a fig*); *mus* Tonart *f*; *fig manière de parler* Redeweise *f*; ***il est de bon*** ~ ***de*** (+ *inf*) es gehört sich zu (+ *inf*)

**ton**[2] *m*, **ta** *f*, **tes** *pl* [tõ, ta, te] dein(e) *m*, *n* (*f*; *pl*)

**tonalité** [tɔnalite] *f mus* Tonart *f*; *voix*, *radio*: Klang *m*; *tél* Wählton *m*

**tondeuse** [tõdøz] *f* Rasenmäher *m*

**tondre** [tõdrə] (*4a*) *mouton*: scheren; *haie*: beschneiden; *herbe*: mähen

**tonifier** [tɔnifje] (*1a*) stärken

**tonique** [tɔnik] **1.** *m* Stärkungsmittel *n*, Tonikum *n*; **2.** *f mus* Grundton *m*, Tonika *f*; **3.** *adj* kräftigend; *gr* betont

**tonitruant**, **~e** [tɔnitryɑ̃, -t] dröhnend

**tonnage** [tɔnaʒ] *m* Tonnage *f*

**tonn|e** [tɔn] *f* Tonne *f* (*a Gewichtseinheit*); **~eau** [-o] *m* (*pl -x*) Fass *n*; *mar* Registertonne *f*; **~elet** [-lɛ] *m* Fässchen *n*, Tönnchen *n*

**tonnelle** [tɔnɛl] *f* Gartenlaube *f*

**tonner** [tɔne] (*1a*) donnern (*a fig*)

**tonnerre** [tɔnɛr] *m* Donner *m*

**tonte** [tõt] *f* (Schaf-)Schur *f*, Scheren *n*; *laine*: Schurwolle *f*

**tonton** [tõtõ] *enf m* Onkel *m*

**tonus** [tɔnys] *m muscle*: Tonus *m*; *dynamisme* Energie *f*

**top** [tɔp] *m* Zeitzeichen *n*, (Signal-)Ton *m*

**topaze** [tɔpaz] *f* Topas *m*

**tope!** [tɔp] topp!, es gilt!

**topo** [tɔpo] F *m* Rede *f*, Ausführung *f*

**topographie** [tɔpɔgrafi] *f* Ortskunde *f*, Topografie *f*

**toqu|e** [tɔk] *f* Mütze *f*; **~é**, **~ée** F verdreht, bekloppt; ~ ***de*** verknallt in (*acc*); **~er** (*1m*) F ***se*** ~ ***de*** sich verknallen in (*acc*)

**torche** [tɔrʃ] *f* Fackel *f*; *électrique*: Taschenlampe *f*

**torchon** [tɔrʃõ] *m* Geschirrtuch *n*

**tordre** [tɔrdrə] (*4a*) verdrehen; *visage*: verzerren; *linge*: auswringen; ***se*** ~ sich krümmen, sich winden; ***se*** ~ (***de rire***) sich schieflachen; ***se*** ~ ***le pied*** mit dem Fuß umknicken

**tordu**, **~e** [tɔrdy] *fil*, *barre*: verbogen; *jambes*: krumm; *visage*: verzerrt

**tornade** [tɔrnad] *f* Wirbelsturm *m*, Tornado *m*

**toron** [tɔrõ] *m tech* Litze *f*

**torpeur** [tɔrpœr] *f* Betäubung *f*

**torpill|e** [tɔrpij] *f mil* Torpedo *m*; **~er** (*1a*) torpedieren (*a fig*); **~eur** *m mil* Torpedoboot *n*

**torré|facteur** [tɔrefaktœr] *m* Kaffeeröstmaschine *f*; **~faction** [-faksjõ] *f* Rösten *n*; **~fier** [-fje] (*1a*) rösten

**torr|ent** [tɔrɑ̃] *m* Wild-, Sturzbach *m*; *fig* Flut *f*, Strom *m*; **~entiel**, **~entielle** [-ɑ̃sjɛl] Wildwasser…; ***pluie*** *f* ***torrentielle*** Wolkenbruch *m*

**torride** [tɔrid] *climat*: glühend heiß

**torse** [tɔrs] *m* Oberkörper *m*; *sculpture*: Torso *m*

**torsion** [tɔrsjõ] *f* Verdrehung *f*; *pied*: Umknicken *n*

**tort** [tɔr] *m* **1.** Unrecht *n*; ***à*** ~ zu Unrecht; ***à*** ~ ***et à travers*** unbesonnen, ohne Überlegung; ***dans son*** *od* ***en*** ~ im Unrecht; ***avoir*** ~ unrecht haben; ***il a le*** ~ ***de*** (+ *inf*) sein Fehler ist, dass; ***donner*** ~ ***à qn*** j-m Unrecht geben; ***le conducteur est en tort, dans son tort*** der Fahrer ist schuld; **2.** *préjudice* Schaden *m*; ***faire du*** ~ ***à qn*** j-m schaden

**torticolis** [tɔrtikɔli] *m méd* steifer Hals *m*

**tortill|ard** [tɔrtijar] *m* Bummelzug *m*; **~er** (*1a*) zusammendrehen, zwirbeln; ***se*** ~ sich winden, sich ringeln

**tortionnaire** [tɔrsjɔnɛr] *m* Folterknecht *m*

**tortue** [tɔrty] *f zo* Schildkröte *f*

**tortueu|x**, **~se** [tɔrtɥø, -z] gewunden (*a fig*); *fig manœuvres*: verborgen

**tortur|e** [tɔrtyr] *f* Folter *f*; *fig* Qual *f*; **~er** (*1a*) foltern; *fig* quälen, martern

**torve** [tɔrv] finster

**toscan**, **~e** [tɔskɑ̃, -an] toskanisch

**Toscane** [tɔskan] ***la ~*** die Toskana
**tôt** [to] *adv* früh, zeitig; ***plus ~*** früher; ***le plus ~ possible*** so bald wie möglich; ***au plus ~*** so bald wie möglich; *ne pas avant* frühestens; ***pas de si ~*** nicht so bald; ***~ ou tard*** früher oder später
**total, ~e** [tɔtal] (*m/pl -aux*) **1.** *adj* völlig, total; *guerre*: total; *hauteur, prix*: Gesamt…; **2.** *m argent*: Gesamtbetrag *m*; *addition*: Summe *f*; ***au total*** insgesamt; ***faire le total*** zusammenrechnen; **~ement** [-mɑ̃] *adv* völlig, total; **~iser** (*1a*) (insgesamt) erreichen; **~ité** *f* Gesamtheit *f*
**totalit|aire** [tɔtalitɛr] *pol* totalitär; **~arisme** [-arismə] *m pol* Totalitarismus *m*
**touchant, ~e** [tuʃɑ̃, -t] *adj* rührend
**touche** [tuʃ] *f piano, machine à écrire*: Taste *f*; *peinture*: Pinselstrich *m*; *pêche*: Anbeißen *n*; F *fig personne*: Aufmachung *f*; ***~ de composition rapide*** Kurzwahltaste *f*; *football*: ***ligne** f **de ~*** Seitenlinie *f*; F *fig* ***mettre qn sur la ~*** j-n kaltstellen; ***faire une ~*** e-e Eroberung machen
**touche-à-tout** [tuʃatu] *m* (*pl unv*) *jemand, der tausend Dinge macht* (*und alle nur halb*)
**toucher**[1] [tuʃe] **1.** *v/t* (*1a*) berühren, anrühren; *but*: treffen; *émouvoir* bewegen, ergreifen; *concerner* betreffen, angehen; *argent*: einnehmen, kassieren; *problème*: anschneiden; *terrain*: stoßen an (*acc*); ***~ qn par téléphone*** j-n telefonisch erreichen; **2.** *v/t indirect* ***~ à qc*** etw (*acc*) anfassen; *réserves*: angreifen; ***~ au but*** kurz vor dem Ziel sein; ***~ à tout*** *fig* sich mit tausend Dingen befassen; **3.** ***se ~*** sich berühren; *terrains*: aneinandergrenzen
**toucher**[2] [tuʃe] *m* Tastsinn *m*; *mus* Anschlag *m*
**touff|e** [tuf] *f* Büschel *n*; **~u, ~ue** [-y] dicht
**touiller** [tuje] (*1a*) F umrühren
**toujours** [tuʒur] immer, stets; *encore* immer noch; *au moins* wenigstens, immerhin; ***pour ~*** auf immer; ***~ est-il que*** fest steht (jedoch), dass
**toupet** [tupɛ] *m* **1.** (Haar-)Büschel *n*, Schopf *m*; **2.** F Frechheit *f*; ***avoir le ~ de*** (+ *inf*) die Frechheit besitzen zu (+ *inf*)
**toupie** [tupi] *f* Kreisel *m*
**tour**[1] [tur] *f* Turm *m*; ***~ de forage*** Bohrturm *m*
**tour**[2] [tur] *m rotation* Umdrehung *f*; *circonférence* Umfang *m*; *promenade* (Rund-, Spazier-)Gang *m*; *excursion* Ausflug *m*, Tour *f*; *voyage* Reise *f*; *tournure* Wendung *f*; *adresse*: Kunststück *n*; *ruse* Trick *m*; *tech bois, métaux*: Drehbank *f*; *potier*: Töpferscheibe *f*; ***à mon ~*** meinerseits; ***c'est mon ~*** ich bin dran *od* an der Reihe; ***à ~ de rôle*** der Reihe nach; ***en un ~ de main*** im Handumdrehen; ***~ de main*** Geschicklichkeit *f*; ***faire le ~ de qc*** um etw herumgehen, -fahren; ***fermer à double ~*** den Schlüssel zweimal herumdrehen; ***jouer un ~ à qn*** j-m e-n Streich spielen; ***~ d'horizon*** Überblick *m*; *pol* ***~ de scrutin*** Wahlgang *m*
**tourb|e** [turb] *f matière*: Torf *m*; **~ière** [-jɛr] *f* Torfmoor *n*
**tourbill|on** [turbijõ] *m vent*: Wirbel (-wind) *m*; *eau*: Strudel *m*; ***~ de neige*** Schneegestöber *n*; **~onner** [-ɔne] (*1a*) wirbeln; *eau*: strudeln
**tourelle** [turɛl] *f* Türmchen *n*
**tour|isme** [turismə] *m* Tourismus *m*, Fremdenverkehr *m*; ***agence** f **de ~*** Reiseagentur *f*; **~iste** *m, f* Tourist(in) *m(f)*; *aviat* ***classe** f **~*** Touristenklasse *f*; **~istique** [-istik] touristisch, Reise…, Touristen…, Fremdenverkehrs…; ***guide** m **~*** Reiseführer *m*; ***renseignements** m/pl **~s*** Reiseinformationen *f/pl*
**tourment** [turmɑ̃] *m litt* Qual *f*, Pein *f*
**tourment|e** [turmɑ̃t] *f litt* Sturm *m*; *fig* Wirren *pl*; **~er** (*1a*) quälen, plagen; ***~ qn*** j-m Sorgen machen; ***se ~*** sich (*dat*) Sorgen machen
**tourn|age** [turnaʒ] *m film*: Dreharbeiten *f/pl*; **~ant, ~ante** [-ɑ̃, -ɑ̃t] **1.** *adj* drehbar, Dreh…; ***escalier** m **tournant*** Wendeltreppe *f*; ***plaque** f **tournante*** Drehscheibe (*a fig*); **2.** *m* Kurve *f*, Krümmung *f*; *fig* Wendepunkt *m*
**tourne-disque** [turnədisk] *m* (*pl tourne-disques*) Plattenspieler *m*
**tournée** [turne] *f* Rundreise *f*; *employé*: Dienst-, Geschäftsreise *f*; *artiste*: Tournee *f*; *facteur*: Runde *f*; F ***payer une ~*** e-e Runde zahlen
**tourner** [turne] (*1a*) **1.** *v/t* drehen; *sau-*

*ce*: umrühren; *difficulté*: umgehen; *page*: umblättern; ***bien tourné(e)*** gut formuliert; ~ ***un film*** e-n Film drehen; ~ ***la tête*** *pour ne pas voir*: wegsehen; *pour chercher*: sich (*nach j-m*) umsehen; ~ ***en ridicule*** ins Lächerliche ziehen; **2.** *v/i* sich drehen; *être en rotation* rotieren, kreisen; *terminer* ablaufen, ausgehen; *lait*: sauer werden, gerinnen; ~ ***à droite*** rechts abbiegen; ***le temps tourne au beau*** das Wetter wird schön; F *fig* ~ ***de l'œil*** in Ohnmacht fallen; ~ ***en rond*** sich im Kreis drehen (*a fig*); *fig* ***faire*** ~ in Gang halten; *fig* ~ ***autour de*** sich drehen um; **3.** ***se*** ~ sich umwenden, sich umdrehen; *fig* ***se*** ~ ***vers qc*** sich e-r Sache zuwenden

**tournesol** [turnəsɔl] *m bot* Sonnenblume *f*

**tournevis** [turnəvis] *m* Schraubenzieher *m*

**tourniquet** [turnikɛ] *m* Drehkreuz *n*; *porte*: Drehtür *f*; *cartes postales*: Drehständer *m*

**tournoi** [turnwa] *m* Turnier *n*

**tournoyer** [turnwaje] (*1h*) *oiseaux*: kreisen; *fumée*: wirbeln

**tournure** [turnyr] *f expression* (Rede-)Wendung *f*; *événements*: Wendung *f*; ~ ***d'esprit*** Geisteshaltung *f*

**tourte** [turt] *f cuis* Pastete *f*

**tourterelle** [turtərɛl] *f zo* Turteltaube *f*

**tous** [tus *od* tu] → ***tout***

**Toussaint** [tusɛ̃] ***la*** ~ Allerheiligen *n*

**touss|er** [tuse] (*1a*) husten; **~oter** [-ɔte] (*1a*) hüsteln

**tout** [tu, tut] *m*, **toute** [tut] *f*, **tous** [tu, tus] *m/pl*, **toutes** [tut] *f/pl* **1.** *adj entier* ganze(r, -s); *la totalité* all(e, -es); *chaque* jede(r, -s); ***~e la ville*** die ganze Stadt; ***~es les villes*** alle Städte; ~ ***Français*** jeder Franzose; ~ ***Paris*** ganz Paris; ~ ***le monde*** jedermann, alle; ***tous les deux jours*** jeden zweiten Tag; ***tous les ans*** jedes Jahr; ***somme ~e*** alles in allem; ***de tous côtés*** von allen Seiten, von überall; ***~es sortes de*** allerlei; ***faire ~ son possible*** sein Möglichstes tun; **2.** *pronom*: *sg* ~ alles; *pl* ***tous, ~es*** alle; ***après ~, à ~ prendre*** im Grunde genommen; ***avant ~*** vor allem; F ***comme ~*** überaus; ***voilà ~*** das ist alles; ***nous tous*** wir alle; **3.** *adv* ~ ganz, völlig; ~ ***à coup*** plötzlich; ~ ***d'un coup*** auf einmal; ~ ***à fait*** ganz und gar; ~ ***autant*** ebenso viel; ~ ***de suite*** sofort; ~ ***de même*** trotzdem; ~ ***d'abord*** zuerst, anfangs; ~ ***à l'heure*** sogleich, soeben; ***à ~ à l'heure!*** bis gleich!; ~ ***au plus*** höchstens; ***c'est ~ un*** das ist genau dasselbe; *avec gérondif*: ~ ***en riant*** *opposition*: obgleich ich (du, *etc*) lach(t)e; *simultanéité*: wobei ich (du, *etc*) lach(t)e; ~ ***... que ...*** (+ *ind od st/s subj*) so sehr auch; ~ ***pauvres qu'ils sont*** (*od* ***soient***) so arm sie auch sind; **4.** *m* ~ Ganze(s) *n*, Gesamtheit *f*; *le principal*: Hauptsache *f*; ***pas du ~*** keineswegs; ***plus du ~*** überhaupt nicht mehr; ***du ~ au ~*** völlig; ***en ~*** ganz

**tout-à-l'égout** [tutalegu] *m* (Abwasser-)Kanalisation *f*

**toutefois** [tutfwa] jedoch, indessen

**toute-puissance** [tutpɥisɑ̃s] *f* Allmacht *f*

**toux** [tu] *f* Husten *m*

**toxicoman|e** [tɔksikɔman] *m*, *f* (Rauschgift-)Süchtige(r) *m*, *f*; **~ie** *f* Rauschgiftsucht *f*

**toxique** [tɔksik] **1.** *adj* giftig, Gift...; **2.** *m* Gift *n*, Giftstoff *m*

**trac** [trak] *m* Lampenfieber *n*

**tracas** [traka] *m le plus souvent au pl* Ärger *m*, Sorgen *f/pl*

**tracass|er** [trakase] (*1a*) ~ ***qn*** *chose*: j-n beunruhigen; *personne*: j-n schikanieren; ***se*** ~ sich (*dat*) Sorgen machen; **~erie** *f le plus souvent au pl* ***~s*** Schikanen *f/pl*

**trace** [tras] *f* Spur *f*; *fig* Hinweis *m*

**trac|é** [trase] *m* Verlauf *m*; *dessin*: Umrisse *m/pl*; **~er** (*1k*) *plan*: aufzeichnen, entwerfen; *ligne*: ziehen

**trachée** [traʃe] *f anat* Luftröhre *f*

**tract** [trakt] *m* Flugblatt *n*

**tractation** [traktasjõ] *f péj le plus souvent au pl* ***~s*** Machenschaften *f/pl*

**tracteur** [traktœr] *m* Schlepper *m*, Traktor *m*; ~ ***à chenilles*** Raupenschlepper *m*

**traction** [traksjõ] *f tech* Ziehen *n*, Zug *m*; *auto* Antrieb *m*; *sport*, *suspendu*: Klimmzug *m*; *sport*, *par terre*: Liegestütz *m*; *auto* ~ ***avant*** (Wagen *m* mit) Vorderradantrieb *m*

**tradition** [tradisjõ] *f* Tradition *f*, Über-

lieferung *f*
**tradition|aliste** [tradisjɔnalist] **1.** *adj* traditionsbewusst; **2.** *m, f* Traditionalist(in) *m(f)*; **~nel**, **~nelle** [-nɛl] traditionell, herkömmlich
**traduc|teur**, **~trice** [tradyktœr, -tris] *m, f* Übersetzer(in) *m(f)*; **~ *assermenté(e)*** beeidigte(r) Übersetzer(in) *m(f)*; **~tion** *f* Übersetzung *f*
**traduire** [tradɥir] (*4c*) übersetzen; *fig* ausdrücken; *jur* **~ *qn en justice*** j-n vor Gericht stellen; ***se* ~ *par*** sich äußern durch
**trafic** [trafik] *m* **1.** *illicite*: (illegaler) Handel *m*, Schmuggel *m*; **~ *de drogues*** Rauschgifthandel *m*; **2.** *circulation* Verkehr *m*; **~ *aérien*** Flugverkehr *m*
**trafiqu|ant** [trafikɑ̃] *m* Schieber *m*, Schwarzhändler *m*; **~ *de drogue(s)*** Rauschgifthändler *m*; **~er** (*1m*) Schwarzhandel treiben (***qc*** mit etw), schieben; *contrefaire* (ver)fälschen; F *faire* treiben
**tragédie** [traʒedi] *f* Tragödie *f* (*a fig*)
**tragique** [traʒik] **1.** *adj* tragisch; **2.** *m* Tragik *f*
**trahir** [trair] (*2a*) verraten
**trahison** [traizõ] *f* Verrat *m*
**train** [trɛ̃] *m* Zug *m*; **~ *express*** Schnellzug *m*; **~ *auto-couchettes*** Autoreisezug *m*; ***le* ~ *de Paris*** der Zug von *od* nach Paris; *auto* **~ *avant*** Vorderachse *f*; **~ *de mesures*** Reihe *f* von Maßnahmen; **~ *de vie*** Lebensstil *m*; ***être en* ~ *de faire qc*** gerade etw tun; ***aller bon* ~** schnell gehen; ***mener grand* ~** auf großem Fuß leben; ***mettre en* ~** in Schwung bringen; ***aller son petit* ~** seinen alten Gang gehen
**traînard** [trɛnar] *m* Nachzügler *m*
**traîn|e** [trɛn] *f* Schleppe *f*; **~eau** [-o] *m* (*pl -x*) Schlitten *m*; *pêche*: Schleppnetz *n*
**traînée** [trɛne] *f* Streifen *m*, Spur *f*
**traîner** [trɛne] (*1b*) **1.** *v/t* schleppen, ziehen; *chien*, *enfant*: mit sich herumschleppen; ***laisser* ~ *ses affaires*** seine Sachen herumliegen lassen; **2.** *v/i* *vêtement*, *livres*: herumliegen; *discussion*, *procès*: sich in die Länge ziehen; *dans les rues*: trödeln, bummeln; **3.** ***se* ~** sich fort-, hinschleppen
**train-train** [trɛ̃trɛ̃] *m* F Trott *m*; ***le* ~ *quotidien*** das tägliche Einerlei *n*
**traire** [trɛr] (*4s*) melken
**trait** [trɛ] *m* Strich *m*; *caractéristique* Merkmal *n*; *visage*: Gesichtszug *m*; *caractère*: Charakterzug *m*; **~ *d'union*** Bindestrich *m*; ***avoir* ~ *à*** sich beziehen auf (*acc*); ***boire d'un seul* ~** in einem Zuge trinken; **~ *d'esprit*** geistreiche Bemerkung *f*
**traite** [trɛt] *f* Melken *n*; *comm* Rate *f*; **~ *des noirs*** Sklavenhandel *m*; ***d'une seule* ~** in einem Zuge, ohne Unterbrechung
**traité** [trɛte] *m* Vertrag *m*
**traitement** [trɛtmɑ̃] *m* Behandlung *f* (*a méd*); *salaire* Gehalt *n*, Besoldung *f*; *matériaux*: Verarbeitung *f*; *actes*: Bearbeitung *f*; *EDV* **~ *de texte*** Textverarbeitung *f*; **~ *de l'information*** Datenverarbeitung *f*
**traiter** [trɛte] (*1b*) *v/t* behandeln (*a méd*); *matériaux*, *données*: verarbeiten; **~ *qn de menteur*** j-n e-n Lügner nennen; *v/i* *négocier* verhandeln; **~ *de qc*** von etw handeln; *auteur*: etw behandeln
**traiteur** [trɛtœr] *m* Hersteller *m* und Lieferant *m* von Fertigmenüs; Partyservice *m*
**traîtr|e**, **~esse** [trɛtrə, -ɛs] **1.** *m, f* Verräter(in) *m(f)*; **2.** *adj* verräterisch; *chose*: heimtückisch; **~ise** [-iz] *f* Verrat *m*
**trajectoire** [traʒɛktwar] *f* Flugbahn *f*
**trajet** [traʒɛ] *m* Strecke *f*
**tram** [tram] *m abr* → ***tramway***
**trame** [tram] *f* *tissu*: Schuss *m*; *TV* Raster *n*; *fig* Hintergrund *m*
**tramway** [tramwɛ] *m* Straßenbahn *f*
**tranchant**, **~e** [trɑ̃ʃɑ̃, -t] **1.** *adj* scharf, schneidend; **2.** *m* *couteau*: Schneide *f*
**tranche** [trɑ̃ʃ] *f* *morceau* Schnitte *f*, Scheibe *f*; *partie* Abschnitt *m*, Teil *m*; *bord* Kante *f*; *impôts*: **~ (*des revenus imposables*)** Progressionsstufe *f*; *loterie*: Ausspielung *f*
**tranché**, **~e** [trɑ̃ʃe] scharf unterschieden; *fig* bestimmt, fest
**tranchée** [trɑ̃ʃe] *f* Graben *m*; *mil* Schützengraben *m*
**trancher** [trɑ̃ʃe] (*1a*) (durch)schneiden; *fig* (sich) entscheiden; **~ *sur*** sich abheben von
**tranquille** [trɑ̃kil] ruhig; ***laisse-moi* ~!** lass mich in Ruhe!; **~ment** *adv* ruhig

**tranquillisant** [trɑ̃kilizɑ̃] *m* Beruhigungsmittel *n*
**tranquilliser** [trɑ̃kilize] (*1a*) beruhigen
**tranquillité** [trɑ̃kilite] *f* Ruhe *f*
**transaction** [trɑ̃zaksjõ] *f* **1.** *jur* Vergleich *m*; **2.** *comm* Geschäft *n*, Transaktion *f*
**transatlantique** [trɑ̃zatlɑ̃tik] **1.** *adj* Übersee…; **2.** *m bateau*: Ozeandampfer *m*; *chaise*: Liegestuhl *m*
**transborder** [trɑ̃zbɔrde] (*1a*) umladen
**trans|cription** [trɑ̃skripsjõ] *f* Abschrift *f*; *ling* Umschrift *f*; *mus* Bearbeitung *f*; **~crire** [-krir] (*4f*) abschreiben; *ling* umschreiben; *mus* bearbeiten, transkribieren
**transept** [trɑ̃sɛpt] *m arch* Querschiff *n*
**transes** [trɑ̃s] *f/pl* Todesängste *f/pl*
**transférer** [trɑ̃sfere] (*1f*) **1.** *cadavre*: überführen; *prisonnier*: überstellen; *siège*: verlegen; **2.** *droits*, *effets*, *sentiment*: übertragen; *par virement*: überweisen; *comptabilité*: umbuchen; *capital*: transferieren; *production*: auslagern
**transfert** [trɑ̃sfɛr] *m* **1.** *cadavre*: Überführung *f*; *prisonnier*: Überstellung *f*; *bureau*: Verlegung *f*; **2.** *droits*, *effets*: Übertragung *f*; *virement* Überweisung *f*; *comptabilité*: Umbuchung *f*; *capital*: Transfer *m*; *production*: Auslagerung; **~ *de données*** Datentransfer *m*
**transfigurer** [trɑ̃sfigyre] (*1a*) verklären
**transforma|teur** [trɑ̃sfɔrmatœr] *m él* Transformator *m*; **~tion** *f* Verwandlung *f*; *phys*, *tech* Umwandlung *f*; *él* Transformation *f*; *de matières premières*: (Weiter-)Verarbeitung *f*
**transform|er** [trɑ̃sfɔrme] (*1a*) ver-, umwandeln (***en*** in *acc*); *matières premières*: verarbeiten; *vêtement*: ändern; *él* transformieren; **~isme** *m biol* Abstammungslehre *f*
**transfuge** [trɑ̃sfyʒ] *m* Überläufer *m*
**transfusion** [trɑ̃sfyzjõ] *f* **~ (*sanguine*)** Bluttransfusion *f*
**transgénique** [trɑ̃sʒenik] transgen
**transgresser** [trɑ̃sgrɛse] (*1b*) *loi*: übertreten
**transi**, **~e** [trɑ̃zi] starr, steif (***de*** vor)
**transiger** [trɑ̃ziʒe] (*1l*) e-n Kompromiss schließen (***avec*** mit)
**transistor** [trɑ̃zistɔr] *m él* Transistor *m*; *radio*: Transistor-, Kofferradio *n*
**transit** [trɑ̃zit] *m* Transit(verkehr) *m*
**transiti|f**, **~ve** [trɑ̃zitif, -v] *gr* transitiv
**transition** [trɑ̃zisjõ] *f* Übergang *m*
**transitoire** [trɑ̃zitwar] Übergangs…, vorläufig
**translucide** [trɑ̃slysid] durchscheinend, lichtdurchlässig
**transmettre** [trɑ̃smɛtrə] (*4p*) weitergeben, -leiten; *message*: übermitteln; *mouvement*, *maladie*: übertragen; *tradition*: überliefern; *titre*, *talent*: vererben; *héritage*: vermachen; *radio*, *TV* **~ *en direct*** direkt übertragen
**transmiss|ible** [trɑ̃smisiblə] übertragbar; *biol* vererblich; **~ion** *f* Übertragung *f*; *message*: Übermittlung *f*, Weitergabe *f*; *biol* Vererbung *f*; *tech* Transmission *f*
**transmuter** [trɑ̃smyte] (*1a*) umwandeln (***en*** in *acc*)
**transpar|aître** [trɑ̃sparɛtrə] (*4z*) durchscheinen; **~ence** [-ɑ̃s] *f* Durchsichtigkeit *f*, Transparenz *f*; **~ent**, **~ente** [-ɑ̃, -ɑ̃t] durchsichtig, transparent; *fig* leicht zu durchschauen
**transpercer** [trɑ̃spɛrse] (*1k*) durchbohren; *fig* durchdringen
**transpir|ation** [trɑ̃spirasjõ] *f action*: Schwitzen *n*; *sueur* Schweiß *m*; **~er** (*1a*) schwitzen
**transplant|ation** [trɑ̃splɑ̃tasjõ] *f* Verpflanzung *f*; *méd* Transplantation *f*; **~er** (*1a*) verpflanzen
**transport** [trɑ̃spɔr] *m* Transport *m*, Beförderung *f*; *st/s* **~s** *pl accès* Anfall *m*, Ausbruch *m*; *pl* **~*s publics*** öffentliche Verkehrsmittel *n/pl*
**transport|able** [trɑ̃spɔrtablə] transportfähig; **~é**, **~ée**: **~(*e*) *de joie*** außer sich vor Freude; **~er** (*1a*) transportieren, befördern; *fig* hinreißen; ***se* ~** sich begeben; **~eur** *m* Spediteur *m*
**transpos|er** [trɑ̃spoze] (*1a*) *idée*: umsetzen; *mus* transponieren; **~ition** *f* Umsetzung *f*; *mus* Transposition *f*
**transvaser** [trɑ̃svɑze] (*1a*) umfüllen
**transversal**, **~e** [trɑ̃svɛrsal] (*m/pl -aux*) quer liegend, Quer…, Seiten…
**Transylvanie** [trɑ̃silvani] ***la* ~** Siebenbürgen *n*
**trapèze** [trapɛz] *m* Trapez *n*
**trapp|e** [trap] *f ouverture*: Falltür *f*; **~eur** *m* Trapper *m*

**trapu**, **~e** [trapy] stämmig
**traquenard** [traknar] *m* Falle *f*
**traquer** [trake] (*1m*) hetzen
**traumat|iser** [tromatize] (*1a*) *psych* schocken; **~isme** *m méd u psych* Trauma *n*; **~ *crânien*** Schädelverletzung *f*
**travail** [travaj] *m* (*pl travaux*) Arbeit *f*; *œuvre* Werk *n*; **~ *à la tâche*** Akkordarbeit *f*; **~ *à la chaîne*** Fließbandarbeit *f*; **~ *sur ordinateur*** Bildschirmarbeit *f*; ***travaux forcés*** Zwangsarbeit *f*; ***sans* ~** arbeitslos; ***travaux pratiques*** praktische Übungen *f/pl*; ***travaux*** *construction*: Bauarbeiten *f/pl*; ***travaux ménagers*** Hausarbeit *f*
**travailler** [travaje] (*1a*) **1.** *v/t traiter* bearbeiten; *transformer* verarbeiten; *texte*: ausarbeiten; *muscles*: trainieren; *mus* üben; **~ *qn*** *personne*: j-n bearbeiten; *pensée*, *maladie*: quälen, plagen; **2.** *v/t indirect* **~ *à qc*** an etw (*dat*) arbeiten; **3.** *v/i* arbeiten; *argent*: arbeiten, Zinsen tragen; *bois*: sich werfen
**travaill|eur**, **~euse** [travajœr, -øz] **1.** *adj* arbeitsam, fleißig; **2.** *m*, *f* Arbeiter(in) *m*(*f*); **~iste** *m*, *f* Mitglied *n* der Labour Party
**travée** [trave] *f* Bankreihe *f*; *arch* Joch *n*
**travers** [travɛr] **1.** *adv* ***de* ~** schief, verkehrt; ***en* ~** quer; *fig* ***prendre qc de* ~** etw krummnehmen; **2.** *prép* ***à* ~ *qc*** *od* ***au* ~ *de qc*** durch etw (hindurch); ***à* ~ *champs*** querfeldein; **3.** *m* kleiner Fehler *m*, Schwäche *f*
**traverse** [travɛrs] *f tech* Querbalken *m*; *chemin de fer*: (Schienen-)Schwelle *f*; ***chemin*** *m* ***de* ~** Abkürzung *f*
**traversée** [travɛrse] *f mer*: Überfahrt *f* (***de*** über *acc*); *pays*: Reise *f* (***de*** durch *acc*); *forêt*, *désert*: Durchquerung *f*
**traverser** [travɛrse] (*1a*) *rue*, *mer*: überqueren; *forêt*: durchqueren; *percer* durchdringen; *crise*: durchmachen
**traversin** [travɛrsɛ̃] *m* Nackenrolle *f*
**travesti**, **~e** [travɛsti] **1.** *adj* verkleidet; **2.** *m déguisement* Kostümierung *f*; *homosexuel*: Transvestit *m*
**travestir** [travɛstir] (*2a*) verkleiden (***en femme*** als Frau); *fig* entstellen
**trébucher** [trebyʃe] (*1a*) stolpern, straucheln (***sur*** über *acc*)
**trèfle** [trɛflə] *m bot* Klee *m*; *cartes*: Kreuz *n*
**treillage** [trɛjaʒ] *m* Gitterwerk *n*; **~ *métallique*** Drahtzaun *m*
**treille** [trɛj] *f* Weinlaube *f*
**treillis** [trɛji] *m* Gitter *n*
**treiz|e** [trɛz] dreizehn; **~ième** [-jɛm] dreizehnte(r, -s)
**trek(king)** [trɛk(iŋ)] *m* Trekking *n*
**tremblant**, **~e** [trɑ̃blɑ̃, -t] zitternd
**tremble** [trɑ̃blə] *m bot* Espe *f*
**tremblement** [trɑ̃bləmɑ̃] *m* Zittern *n*; **~ *de terre*** Erdbeben *n*
**trembler** [trɑ̃ble] (*1a*) zittern, beben (***de*** vor); *terre*: beben; *fig* **~ *que … ne*** (+ *subj*) bangen, dass
**trémousser** [tremuse] (*1a*) ***se* ~** zappeln
**tremp|e** [trɑ̃p] *f fig* Art *f*, Schlag *m*; **~é**, **~ée** durchnässt; *sol*: aufgeweicht; *acier*: gehärtet; **~er** (*1a*) *vêtements*: durchnässen; *éponge*, *compresses*: eintauchen, -tunken; *acier*: härten; *fig* **~ *dans un crime*** in ein Verbrechen verwickelt sein
**tremplin** [trɑ̃plɛ̃] *m* Sprungbrett *n* (*a fig*); *ski*: Sprungschanze *f*
**trentaine** [trɑ̃tɛn] ***une* ~** etwa dreißig
**trent|e** [trɑ̃t] dreißig; **~ième** [-jɛm] **1.** dreißigste(r, -s); **2.** *m fraction*: Dreißigstel *n*
**Trentin-Haut-Adige** [trɑ̃tɛ̃otadiʒ] ***le* ~** das Trentino-Südtirol
**trépan** [trepɑ̃] *m tech* Bohrmeißel *m*; *méd* Schädelbohrer *m*
**trépasser** [trepase] (*1a*) *st/s* sterben, verscheiden
**trépied** [trepje] *m* Dreifuß *m*; *photographie*: Stativ *n*
**trépigner** [trepiɲe] (*1a*) stampfen, trampeln
**très** [trɛ] sehr (*vor adj u adv*); ***avoir* ~ *envie de qc*** große Lust auf etw (*acc*) haben
**trésor** [trezɔr] *m* Schatz *m*; *fig* Reichtum *m*; ♀ Staatskasse *f*, Fiskus *m*; **~erie** *f* Finanzverwaltung *f*, -behörde *f*; **~ier**, **~ière** [-je, -jɛr] *m*, *f* Schatzmeister *m*, Kassenwart *m*, Kassierer(in) *m*(*f*)
**tressaill|ement** [tresajmɑ̃] *m* Zusammenzucken *n*, Schauder *m*; **~ir** (*2c*, *futur 2a*) zusammenzucken, zittern, erschauern
**tress|e** [trɛs] *f cheveux*: Zopf *m*; **~er** (*1b*) flechten
**tréteau** [treto] *m* (*pl -x*) *tech* Bock *m*

**treuil** [trœj] *m tech* (Seil-)Winde *f*
**trêve** [trɛv] *f* Waffenruhe *f*, -stillstand *m*; *fig* Rast *f*; ***~ de …*** Schluss mit …; ***sans ~*** ununterbrochen
**Trèves** [trɛv] Trier
**tri** [tri] *m* Sortieren *n*; ***faire un ~*** auswählen, sieben
**triage** [trijaʒ] *m* ***gare** f **de ~*** Rangierbahnhof *m*; ***~ des déchets*** Mülltrennung *f*
**triang|le** [trijɑ̃glə] *m* Dreieck *n*; *mus* Triangel *m*; **~ulaire** [-ylɛr] dreieckig
**tribal**, **~e** [tribal] (*m/pl -aux*) Stammes…
**tribord** [tribɔr] *m mar* Steuerbord *n*
**tribu** [triby] *f* (Volks-)Stamm *m*; *péj*, *iron* Sippschaft *f*
**tribulation** [tribylasjõ] *f le plus souvent au pl **~s*** Drangsal *f*, Leiden *n/pl*
**tribunal** [tribynal] *m* (*pl -aux*) Gericht *n*, Gerichtshof *m*; *bâtiment*: Gerichtsgebäude *n*; ***~ d'instance*** *etwa* Amtsgericht *n*; ***~ de grande instance*** *etwa* Landgericht *n*
**tribune** [tribyn] *f* Tribüne *f*; *fig discussion*: Podiumsdiskussion *f*
**tribut** [triby] *m* Tribut *m* (*a fig*), Abgabe *f*
**tributaire** [tribytɛr] tributpflichtig; ***~ de*** angewiesen auf (*acc*); ***cours** m **d'eau ~*** Nebenfluss *m*
**trich|er** [triʃe] (*1a*) betrügen, F mogeln; **~erie** *f* Betrug *m*, F Schummelei *f*; **~eur**, **~euse** *m*, *f* Betrüger(in) *m(f)*
**tricolore** [trikɔlɔr] dreifarbig; *français*: blauweißrot; ***drapeau** m **~*** Trikolore *f*
**tricot** [triko] *m* Stricken *n*; *vêtement*: Strickjacke *f*; *ustensiles*: Strickzeug *n*; ***de** od **en ~*** Strick…
**tricot|age** [trikɔtaʒ] *m* Stricken *n*; **~er** (*1a*) stricken
**tricycle** [trisiklə] *m* Dreirad *n*
**trident** [tridɑ̃] *m* Dreizack *m*
**triennal**, **~e** [trijɛnal] (*m/pl -aux*) *qui a lieu tous les trois ans* dreijährlich; *qui dure trois ans* dreijährig
**trier** [trije] (*1a*) *choisir* auslesen; *classer* sortieren
**trilingue** [trilɛ̃g] dreisprachig
**trille** [trij] *m mus* Triller *m*
**trimer** [trime] (*1a*) F schuften, sich abrackern
**trimestr|e** [trimɛstrə] *m* Vierteljahr *n*, Quartal *n*; **~iel**, **~ielle** [-ijɛl] vierteljährlich, dreimonatlich
**tringle** [trɛ̃glə] *f* Stange *f*
**Trinité** [trinite] *rel **la ~*** die Dreifaltigkeit *f*
**trinquer** [trɛ̃ke] (*1m*) *toast*: anstoßen (***avec qn*** mit j-m; ***à qc*** auf etw *acc*); F *fig* es ausbaden müssen
**triomph|e** [trijõf] *m* Triumph *m*; **~er** (*1a*) triumphieren (***de*** über *acc*)
**tripartite** [tripartit] dreiteilig; *pol* Dreimächte…, Dreiparteien…, Dreier…
**tripes** [trip] *f/pl* Eingeweide *n/pl*; *cuis* Kutteln *f/pl*, Kaldaunen *f/pl*
**tripl|e** [triplə] dreifach; **~er** (*1a*) (sich) verdreifachen; **~és**, **~ées** *m/pl*, *f/pl* Drillinge *m/pl*
**tripot** [tripo] *m péj* Spielhölle *f*
**tripoter** [tripɔte] (*1a*) F *v/t* herumspielen (***qc*** mit etw), herumfummeln (***qc*** an etw *dat*); *femme*: befummeln; *v/i toucher* herumkramen, -wühlen (***dans*** in *dat*); *trafiquer* unsaubere Geschäfte machen
**trique** [trik] *f* Knüppel *m*
**trist|e** [trist] traurig; *temps*, *paysage*: trist; (*précédant le substantif*) *péj* erbärmlich; **~esse** [-ɛs] *f* Traurigkeit *f*; *situation*, *paysage*: Trostlosigkeit *f*
**triturer** [trityre] (*1a*) zerreiben
**trivial**, **~e** [trivjal] (*m/pl -aux*) vulgär, ordinär; *litt banal* gewöhnlich; **~ité** Vulgarität *f*; *expression*: Zote *f*
**troc** [trɔk] *m* Tausch(handel) *m*
**trognon** [trɔɲõ] *m fruit*: Kerngehäuse *n*
**trois** [trwa] **1.** *adj* drei; ***à ~*** zu dritt; ***le ~ mai*** der dritte *od* am dritten Mai; **2.** *m* Drei *f*
**troisième** [trwazjɛm] dritte(r, -s)
**trois-mâts** [trwamɑ] *m* (*pl unv*) *mar* Dreimaster *m*
**trois-quatre** [trwakatrə] *m* (*pl unv*) *mus* Dreivierteltakt *m*
**trolleybus** [trɔlɛbys] *m* Oberleitungsbus *m*, Obus *m*
**trombe** [trõb] *f* Windhose *f*; *fig **en ~*** wie der Blitz
**trombone** [trõbɔn] *m* **1.** *mus* Posaune *f*; **2.** *bureau*: Büroklammer *f*
**trompe** [trõp] *f mus* Horn *n*; *zo* Rüssel *m*
**trompe-l'œil** [trõplœj] *m* (*pl unv*) *fig* trügerischer Schein *m*
**tromper** [trõpe] (*1a*) täuschen; *con-*

*fiance*: betrügen; ***se ~*** sich irren, sich täuschen (***de*** in *dat*)
**tromperie** [trõpri] *f confiance*: Betrug *m*; Täuschung *f*
**trompette** [trõpɛt] **1.** *f* Trompete *f*; **2.** *m* Trompeter *m*
**trompeu|r, ~se** [trõpœr, -øz] trügerisch
**tronc** [trõ] *m bot* (Baum-)Stamm *m*; *anat* Rumpf *m*; *église*: Opferstock *m*; *fig* ***~ commun*** gemeinsame Grundlage *f*
**tronçon** [trõsõ] *m* Abschnitt *m*, Teilstück *n*; *arch* (Säulen-)Trommel *f*
**tronçonner** [trõsɔne] (*1a*) zerschneiden; *avec scie*: zersägen
**trôn|e** [tron] *m* Thron *m*; **~er** (*1a*) thronen
**tronquer** [trõke] (*1m*) *fig* verstümmeln
**trop** [tro, *liaison*: trop *od* trɔp] zu viel, zu (sehr); ***~ de*** (+ *subst*) zu viel, zu viele; ***je ne sais pas ~*** ich weiß nicht recht; ***c'en est ~*** das geht zu weit; ***être de ~*** überflüssig sein; *litt* ***par ~*** allzu
**trophée** [trɔfe] *m* Trophäe *f*
**tropical, ~e** [trɔpikal] (*m/pl -aux*) tropisch, Tropen…
**tropique** [trɔpik] *m géogr* **1.** *région*: *pl* ***~s*** Tropen *pl*; **2.** *cercle*: Wendekreis *m*
**trop-plein** [troplɛ̃] *m* (*pl trop-pleins*) Überfluss *m*; *tech* Überlauf *m*
**troquer** [trɔke] (*1m*) (ein)tauschen (***contre*** gegen)
**trot** [tro] *m* Trab *m*; ***aller au ~*** Trab reiten
**trott|er** [trɔte] (*1a*) *cheval*: traben; *personne*: herumlaufen; **~euse** *f* Sekundenzeiger *m*; **~iner** [-ine] (*1a*) trippeln; **~inette** [-inɛt] *f* Roller *m*
**trottoir** [trɔtwar] *m* Bürgersteig *m*, Gehweg *m*; ***faire le ~*** F auf den Strich gehen
**trou** [tru] *m* (*pl -s*) Loch *n*
**trouble** [trublə] **1.** *adj* trüb(e); *fig* unklar, dunkel; **2.** *m désarroi* Verwirrung *f*; *émoi* Erregung *f*; *méd* Störung *f*; ***~s*** *pl* Unruhen *f/pl*
**trouble-fête** [trubləfɛt] *m* (*pl unv*) Spielverderber *m*
**troubler** [truble] (*1a*) *liquide*: trüben; *ordre, silence*: stören; *inquiéter* beunruhigen; ***se ~*** *liquide*: trüb werden; *personne*: in Verwirrung geraten
**troué, ~e** [true] durchlöchert
**trouée** [true] *f forêt*: Schneise *f*; *haie*: Lücke *f*; *mil* Durchbruch *m*; ***la ~ de Belfort*** die Burgundische Pforte
**trouer** [true] (*1a*) durchlöchern
**trouille** [truj] *f* F ***avoir la ~*** Angst haben
**troupe** [trup] *f* Schar *f*; *mil* Truppe *f*
**troupeau** [trupo] *m* (*pl -x*) Herde *f* (*a fig*)
**trousse** [trus] *f* Etui *n*, Täschchen *n*; ***~ de toilette*** (Reise-)Nessessär *n*, Kulturbeutel *m*; *fig* ***être aux ~s de qn*** j-m auf den Fersen sein
**trousseau** [truso] *m* (*pl -x*) **1.** ***~ de clés*** Schlüsselbund *m od n*; **2.** *mariée*: Aussteuer *f*
**trouvaille** [truvaj] *f découverte*: glücklicher Fund *m*; *idée*: Geistesblitz *m*
**trouver** [truve] (*1a*) finden; *plan*: ausdenken; *rencontrer* antreffen; ***aller ~ qn*** j-n auf-, besuchen; ***~ que*** finden *od* der Ansicht sein, dass; ***~*** (+ *adj*) halten für, finden (+ *adj*); ***se ~*** *être* sich befinden; ***se ~ bien*** sich wohlfühlen; ***il se trouve que*** es erweist sich, dass
**truand** [tryɑ̃] *m* Gauner *m*, Ganove *m*
**truc** [tryk] *m* F *chose* Ding(sda) *n*; *astuce* Trick *m*, Kniff *m*
**trucage** → ***truquage***
**truchement** [tryʃmɑ̃] *m* ***par le ~ de*** durch (Vermittlung von)
**truculent, ~e** [trykylɑ̃, -ɑ̃t] urwüchsig
**truelle** [tryɛl] *f* (Maurer-)Kelle *f*
**truff|e** [tryf] *f bot* Trüffel *f*; *chien*: Nase *f*; **~é, ~ée** getrüffelt; *fig* gespickt (***de*** mit)
**truie** [trɥi] *f zo* Sau *f*, Mutterschwein *n*
**truisme** [trɥismə] *m* Binsenwahrheit *f*
**truite** [trɥit] *f zo* Forelle *f*
**truqu|age** [trykaʒ] *m film*: Trickaufnahme *f*; *photographie*: Fotomontage *f*; **~er** (*1m*) fälschen, F frisieren
**tsar** [dzar, tsar] *m* Zar *m*; **~ine** *f* Zarin *f*
**Tsigane** [tsigan] *m, f* Zigeuner(in) *neg! m(f)*
**T.S.V.P.** *abr* ***tournez, s'il vous plaît*** b.w. (bitte wenden)
**TTC** *abr* ***toutes taxes comprises*** einschließlich aller Gebühren
**tu** [ty] du
**tuant, ~e** [tɥɑ̃, -t] F ermüdend, anstrengend
**tube** [tyb] *m* Rohr *n*; *él* Röhre *f*; *médicament*: Röhrchen *n*; *colle, dentifrice*: Tube *f*; *anat* ***~ digestif*** Verdauungskanal *m*, -trakt *m*

**tubercul|eux**, **~se** [tybɛrkylø, -øz] *méd* tuberkulös; *bot* Knollen…; **~ose** [-oz] *f méd* Tuberkulose *f*
**tubulaire** [tybylɛr] röhrenförmig
**tue-mouche** [tymuʃ] **1.** *adj* ***papier*** *m* **~(*s*)** Fliegenfänger *m*; **2.** *m bot* Fliegenpilz *m*
**tuer** [tɥe] (*1n*) töten; *assassiner* umbringen; *animal*: schlachten; *fig* zerstören; ***se ~*** umkommen
**tuerie** [tyri] *f* Gemetzel *n*, Blutbad *n*
**tue-tête** [tytɛt] ***à ~*** aus vollem Halse
**tueur** [tɥœr] *m* Mörder *m*; ***~ à gages*** Killer *m*
**tuil|e** [tɥil] *f* (Dach-)Ziegel *m*; F *fig* Pech *n*; **~erie** *f* Ziegelei *f*
**tulipe** [tylip] *f bot* Tulpe *f*
**tulle** [tyl] *m* Tüll *m*
**tuméfié**, **~e** [tymefje] ver-, geschwollen
**tumeur** [tymœr] *f méd* Tumor *m*
**tumult|e** [tymylt] *m* Tumult *m*; *fig activité excessive* Hektik *f*; **~ueux**, **~ueuse** [-ɥø, -ɥøz] lärmend, tobend; *passion*: stürmisch
**tumulus** [tymylys] *m* Hügel-, Hünengrab *n*
**tungstène** [tɛ̃kstɛn, tœ̃-] *m chim* Wolfram *n*
**tunique** [tynik] *f* Tunika *f*
**Tunis** [tynis] Tunis *n*
**Tunisie** [tynizi] ***la ~*** Tunesien *n*
**tunisien**, **~ne** [tynizjɛ̃, -jɛn] **1.** *adj* tunesisch; **2. ♀, ♀*ne*** *m, f* Tunesier(in) *m(f)*
**tunnel** [tynɛl] *m* Tunnel *m*
**turbin|e** [tyrbin] *f tech* Turbine *f*; **~er** (*1a*) *arg* schuften
**turbo|-moteur** [tyrbɔmɔtœr] *m* Turbomotor *m*; **~-réacteur** [-reaktœr] *m aviat* Turbotriebwerk *n*
**turbot** [tyrbo] *m zo* Steinbutt *m*
**turbul|ence** [tyrbylɑ̃s] *f* Wildheit *f*; *phys* Turbulenz *f*; **~ent**, **~ente** [-ɑ̃, -ɑ̃t] wild, ausgelassen
**tur|c**, **~que** [tyrk] **1.** *adj* türkisch; **2. ♀, *Turque*** *m, f* Türke *m*, Türkin *f*
**turf** [tœrf, tyrf] *m sport*: Pferderennsport *m*; *terrain*: (Pferde-)Rennbahn *f*
**Turin** [tyrɛ̃] *géogr* Turin *n*
**turlupiner** [tyrlypine] (*1a*) F keine Ruhe lassen, verfolgen
**turpitude** [tyrpityd] *litt f* Schändlichkeit *f*
**Turquie** [tyrki] ***la ~*** die Türkei
**turquoise** [tyrkwaz] *f* Türkis *m*
**tutelle** [tytɛl] *f jur* Vormundschaft *f*; *état, société*: Treuhandschaft *f*; *fig* Bevormundung *f*
**tu|teur**, **~trice** [tytœr, -tris] **1.** *m, f jur* Vormund *m*; **2.** *m* (Baum-)Stütze *f*
**tutoyer** [tytwaje] (*1h*) duzen
**tutu** [tyty] *m* Ballettröckchen *n*
**tuyau** [tɥijo] *m* (*pl -x*) **1.** Rohr *n*, Röhre *f*; *flexible*: Schlauch *m*; ***~ d'arrosage*** Gartenschlauch *m*; **2.** F Tipp *m*; **~ter** [-te] (*1a*) F Tipps geben (***qn*** j-m)
**tuyère** [tɥijɛr] *f tech* Düse *f*
**TVA** [teveɑ] *f abr* ***taxe sur*** *od* ***à la valeur ajoutée*** MwSt. (Mehrwertsteuer *f*)
**tympan** [tɛ̃pɑ̃] *m anat* Trommelfell *n*; *arch* Tympanon *n*
**type** [tip] *m* Typ *m*; *modèle*: Modell *n*; F *gars* Kerl *m*, Typ *m*; ***un chic ~*** ein prima Kerl; ***contrat*** *m* **~** Mustervertrag *m*
**typhoïde** [tifɔid] *f méd* (***fièvre*** *f*) **~** Typhus *m*
**typhon** [tifõ] *m* Taifun *m*
**typhus** [tifys] *m méd* Flecktyphus *m*
**typique** [tipik] typisch (***de*** für)
**typograph|e** [tipɔgraf] *m, f* Schriftsetzer(in) *m(f)*; **~ie** [-i] *f* Druck *m*
**tyran** [tirɑ̃] *m* Tyrann *m* (*a fig*)
**tyrann|ie** [tirani] *f* Tyrannei *f* (*a fig*), Gewaltherrschaft *f*; **~ique** tyrannisch; **~iser** (*1a*) tyrannisieren
**Tyrol** [tirɔl] ***le ~*** Tirol *n*
**tyroli|en**, **~enne** [tirɔljɛ̃, -jɛn] **1.** *adj* aus Tirol; **2. ♀, ♀*ne*** *m, f* Tiroler(in) *m(f)*; **3.** *mus* **~*ne*** *f* Jodler *m*
**tzar** → ***tsar***
**tzigane** → ***Tsigane***

# U

**UDF** *f abr* ***Union pour la démocratie française*** frz. Partei der bürgerlich-liberalen Mitte
**UE** *f abr* ***Union européenne*** EU *f* (Europäische Union)
**UEM** *f abr* ***Union économique et monétaire*** EWU *f* (Europäische Wirtschafts- und Währungsunion)
**U.E.O.** *f abr* ***Union de l'Europe occidentale*** WEU *f* (Westeuropäische Union)
**UHT** *abr* ***ultra-haute température***: ***lait ~*** H-Milch *f*
**Ukraine** [ykrɛn] *f* ***l'~*** die Ukraine
**ulcère** [ylsɛr] *m méd* Geschwür *n*; ***~ de l'estomac*** *od* ***à l'estomac*** Magengeschwür *n*
**ulcérer** [ylsere] (*1f*) ein Geschwür hervorrufen; *fig* tief kränken
**ultérieur**, **~e** [ylterjœr] spätere(r, -s), künftige(r, -s); **~ement** [-mɑ̃] *adv* später
**ultimatum** [yltimatɔm] *m* Ultimatum *n*
**ultime** [yltim] (aller)letzte(r, -s)
**ultra...** [yltra] *in Zssgn* sehr, extrem, hoch..., ultra...
**ultra-conserva|teur**, **~trice** [yltrakõsɛrvatœr, -tris] erzkonservativ
**ultrason** [yltrasõ] *m phys* Ultraschall *m*
**ululer** [ylyle] (*1a*) *hibou*: schreien
**un**, **une** [ɛ̃ *od* œ̃, yn] ein(er), eine, ein(-es); *sans substantif*: ***un*** eins; ***le un*** die Eins; ***un à un*** einer nach dem andern; ***un sur trois*** einer von dreien; *journal*: ***à la une*** auf der ersten Seite; ***c'est tout un*** das ist ein und dasselbe; ***l'un, l'une*** der (die, das) eine; ***les uns, les unes*** die einen; ***l'un(e) l'autre*** *od* ***les uns (unes) les autres*** einander, sich gegenseitig
**unanim|e** [ynanim] einstimmig; **~ité** *f* Einstimmigkeit *f*; ***à l'~*** einstimmig
**uni**, **~e** [yni] **1.** *pays*: vereint, vereinigt; ***les Nations*** *f/pl* ***Unies*** die Vereinten Nationen *f/pl*; **2.** *surface*: glatt; *tissu*: einfarbig; *famille*: eng verbunden
**unicolore** [ynikɔlɔr] einfarbig
**uni|fication** [ynifikasjõ] *f pays*: Einigung *f*; *tarifs*: Vereinheitlichung *f*; **~fier** [-fje] (*1a*) *pays, groupements*: einigen; *tarifs, mesures*: vereinheitlichen
**uniform|e** [ynifɔrm] **1.** *adj régulier* gleichmäßig; *semblable* gleichartig; *monotone* einförmig; **2.** *m* Uniform *f*; **~iser** (*1a*) vereinheitlichen; **~ité** *f* Gleich-, Einförmigkeit *f*
**unilatéral**, **~e** [ynilateral] (*m/pl -aux*) einseitig
**union** [ynjõ] *f* Vereinigung *f*; *entente* Einigkeit *f*; *pol confédération* Bündnis *n*, Bund *m*; ***~ douanière, monétaire*** Zoll-, Währungsunion *f*; ***l'*♀ *économique et monétaire*** die Europäische Wirtschafts- und Währungsunion; ***l'*♀ *européenne*** die Europäische Union; *hist* ***l'*♀ *soviétique*** die Sowjetunion; ***l'*♀ *de l'Europe occidentale*** die Westeuropäische Union; ***~ (conjugale)*** Ehe(bund) *f(m)*
**unique** [ynik] *seul* einzig; *extraordinaire* einzigartig, einmalig; **~ment** *adv* einzig und allein, nur
**unir** [ynir] (*2a*) *pol* verein(ig)en; *par moyen de communication*: verbinden; *couple*: trauen; ***s'~*** sich vereinigen
**unisexe** [ynisɛks] *vêtements*: gleich für Mann und Frau
**unisson** [ynisõ] *m mus* Einklang *m*; ***à l'~*** einstimmig
**unitaire** [ynitɛr] einheitlich
**unité** [ynite] *f* Einheit *f* (*a mil*); *comm* Stück *n*; *EDV* ***~ centrale*** Zentraleinheit *f*; ***~ de contrôle*** Steuergerät *n*
**univers** [ynivɛr] *m* Universum *n*, Weltall *n*; *fig* Welt *f*
**universaliser** [ynivɛrsalize] (*1a*) allgemein verbreiten
**universel**, **~le** [ynivɛrsɛl] allgemein, universal; *mondial* weltweit
**univers|itaire** [ynivɛrsitɛr] **1.** *adj* Universitäts...; **2.** *m, f* Hochschullehrer(in) *m(f)*; **~ité** *f* Universität *f*, Hochschule *f*
**Untel** [ɛ̃tɛl, œ̃-] ***monsieur ~*** Herr So-

wieso
**U.P.U.** *f abr* ***Union postale universelle*** Weltpostverein *m*
**uranium** [yranjɔm] *m chim* Uran *n*
**urbain, ~e** [yrbɛ̃, -ɛn] städtisch; Stadt…
**urban|iser** [yrbanize] (*1a*) e-n städtischen Charakter geben; **~isme** *m* Städteplanung *f*, Städtebau *m*; **~iste** *m* Städteplaner *m*
**urgence** [yrʒɑ̃s] *f* Dringlichkeit *f*; ***d'~*** dringend; ***état*** *m* ***d'~*** Notstand *m*
**urgent, ~e** [yrʒɑ̃, -t] dringend
**urin|e** [yrin] *f* Urin *m*; **~er** (*1a*) urinieren
**urne** [yrn] *f* Urne *f*; ***aller aux ~s*** zur Wahl gehen
**URSS** [yɛrɛsɛs *od* yrs] *hist f abr* ***Union des républiques socialistes soviétiques*** UdSSR *f*, Sowjetunion *f*
**urticaire** [yrtikɛr] *f méd* Nesselsucht *f*
**Uruguay** [yrygwe] *m* ***l'~*** Uruguay *n*
**us** [ys] *m/pl* ***~ et coutumes*** *f/pl* Sitten *f/pl* und Gebräuche *m/pl*
**usage** [yzaʒ] *m* Benutzung *f*, Gebrauch *m*; *coutume* Brauch *m*, Sitte *f*; *langue*: Sprachgebrauch *m*; ***hors d'~*** außer Gebrauch; ***à l'~*** bei der Anwendung; ***à l'~ de qn*** für j-n; ***faire ~ de*** verwenden, gebrauchen; ***d'~*** üblich
**usag|é, ~ée** [yzaʒe] *vêtements*: getragen, gebraucht; **~er** *m* Benutzer *m*
**usé, ~e** [yze] abgenutzt; *vêtement*: abgetragen; *personne*: verbraucht
**user** [yze] (*1a*) **1.** abnutzen; *gaz*, *eau*: verbrauchen; *vêtement*: abtragen; ***~ qn*** j-n aufreiben; ***s'~*** sich abnutzen; *personne*: sich verbrauchen; **2.** ***~ de qc*** etw gebrauchen, anwenden; *litt* ***en ~ avec qn*** mit j-m verfahren
**usine** [yzin] *f* Fabrik *f*; ***~ d'automobiles*** Autofabrik *f*, -werk *n*; ***~ de retraitement*** Wiederaufbereitungsanlage *f*; ***~ sidérurgique*** Hüttenwerk *n*
**usité, ~e** [yzite] *mot*: gebräuchlich
**ustensile** [ystɑ̃sil] *m* Gerät *n*; **~s** *pl* Utensilien *pl*
**usuel, ~le** [yzɥɛl] gebräuchlich, üblich
**usur|e** [yzyr] *f* **1.** *intérêt excessif* Wucher *m*; **2.** *détérioration* Abnutzung *f*; *tech* Verschleiß *m*; **~ier** *m* Wucherer *m*
**usurpa|teur** [yzyrpatœr] *m pol* Usurpator *m*; **~tion** *f* Usurpation *f*; *jur* Anmaßung *f*
**usurper** [yzyrpe] (*1a*) *pol* usurpieren; *jur* sich (*dat*) widerrechtlich aneignen
**ut** [yt] *m mus* c *od* C *n*
**utérus** [yterys] *m anat* Uterus *m*, Gebärmutter *f*
**utile** [ytil] nützlich; *tech* Nutz…; ***en temps ~*** zu gegebener Zeit
**utilisa|ble** [ytilizablə] benutzbar, verwendbar; **~teur, ~trice** *m*, *f* Benutzer(in) *m(f)* (*a EDV*); **~tion** *f* Verwendung *f*, Gebrauch *m*, Benutzung *f*; ***~ des loisirs*** Freizeitgestaltung *f*
**utiliser** [ytilize] (*1a*) benutzen; *outil*, *moyen*: verwenden; *méthode*: anwenden; *énergie*: nutzen; *restes*: verwerten; *prétexte*: gebrauchen; *personne*: verwenden, einsetzen
**utilitaire** [ytilitɛr] Nutz…, Gebrauchs…
**utilité** [ytilite] *f* Nützlichkeit *f*, Nutzen *m*; ***~ publique*** Gemeinnützigkeit *f*
**utop|ie** [ytɔpi] *f* Utopie *f*; **~ique** utopisch; **~iste** *m*, *f* Utopist(in) *m(f)*

# V

**v.** *abr* ***voir*** s. (siehe)
**vacance** [vakɑ̃s] *f* **1.** **~s** *pl* Ferien *pl*; ***prendre des ~s*** Urlaub, Ferien machen; **2.** *poste*: freie Stelle *f*
**vacanc|ier, ~ière** [vakɑ̃sje, -jɛr] *m*, *f* Urlauber(in) *m(f)*
**vacant, ~e** [vakɑ̃, -t] *maison*: leer stehend; *poste*: offen, unbesetzt
**vacarme** [vakarm] *m* (Heiden-)Lärm *m*, Krach *m*
**vaccin** [vaksɛ̃] *m méd* Impfstoff *m*
**vaccin|ation** [vaksinasjõ] *f méd* Impfung *f*; **~er** (*1a*) impfen
**vache** [vaʃ] **1.** *f* Kuh *f*; *cuir*: Rindsleder *n*; *fig* ***~ à lait*** Melkkuh *f*; F ***la ~!*** Donnerwetter!, Mensch!; **2.** *adj* F gemein; **~ment** *adv* F kolossal, wahnsinnig
**vaciller** [vasije] (*1a*) schwanken; *flam-*

*me*, *lumière*: flackern
**vade-mecum** [vademekɔm] *m* (*pl unv*) *litt* Vademekum *n*
**vadrouiller** [vadruje] (*1a*) F herumbummeln
**va-et-vient** [vaevjɛ̃] *m* (*pl unv*) *pièce mobile*: Hin- und Herbewegung *f*; *personnes*: Kommen und Gehen *n*
**vagabond**, **~e** [vagabõ, -d] **1.** *adj* umherstreifend; *vie*: unstet; **2.** *m*, *f* Vagabund *m*, Landstreicher(in) *m*(*f*)
**vagabond|age** [vagabõdaʒ] *m* Umherziehen *n*; *jur* Landstreicherei *f*; **~er** (*1a*) umherziehen, herumstrolchen, -streichen; *fig* umherschweifen
**vagin** [vaʒɛ̃] *m anat* Scheide *f*, Vagina *f*
**vagir** [vaʒir] (*2a*) wimmern
**vague¹** [vag] *f* Welle *f*, Woge *f*
**vague²** [vag] **1.** *adj confus* vage, unbestimmt, undeutlich; *flou* verschwommen; ***terrain*** *m* **~** unbebautes Gelände *n*; **2.** *m* Undeutlichkeit *f*; **~ment** *adv* vage, verschwommen
**vaguer** [vage] (*1m*) *litt* schweifen
**vaillant**, **~e** [vajɑ̃, -t] *courageux* tapfer; *travailleur*: tüchtig
**vaille** [vaj] *subj de* ***valoir***; ***~ que ~*** komme, was da wolle
**vain**, **~e** [vɛ̃, vɛn] vergeblich; *fat* eitel; ***en vain*** vergeblich, umsonst
**vaincre** [vɛ̃krə] (*4i*) *v/t* ***~ qn*** j-n besiegen, über j-n siegen; *fig angoisse*, *obstacle*: überwinden; *v/i* siegen
**vaincu**, **~e** [vɛ̃ky] **1.** *p/p de* ***vaincre*** *u adj* besiegt; **2.** *m*, *f* Besiegte(r) *f*(*m*), Verlierer(in) *m*(*f*)
**vainement** [vɛnmɑ̃] *adv* umsonst, vergeblich
**vainqueur** [vɛ̃kœr] *m* Sieger(in) *m*(*f*)
**vaisseau** [vɛso] *m* (*pl -x*) **1.** *anat* Gefäß *n*; ***~ sanguin*** Blutgefäß *n*; **2.** *litt bateau* Schiff *n*; ***~ spatial*** Raumschiff *n*
**vaisselle** [vɛsɛl] *f* Geschirr *n*; ***laver*** *od* ***faire la ~*** (das) Geschirr spülen, abwaschen
**val** [val] *m* (*pl vaux* [vo] *od vals*) *litt* Tal *n*; ***par monts et par vaux*** über Berg und Tal
**valable** [valablə] gültig; *travail*, *excuse*: annehmbar; *réponse*, *méthode*: brauchbar
**Valais** [valɛ] ***le ~*** das Wallis
**valériane** [valerjan] *f bot* Baldrian *m*
**valet** [valɛ] *m* Diener *m*; *cartes*: Bube *m*
**valeur** [valœr] *f* Wert *m*; *personne*: Bedeutung *f*; *comm* **~s** *pl* Wertpapiere *n/pl*; ***~ ajoutée*** Mehrwert *m*; ***sans ~*** wertlos; ***la ~ de*** etwa; ***mettre en ~*** zur Geltung bringen, hervorheben; ***avoir de la ~*** wertvoll sein
**valeureu|x**, **~se** [valørø, -z] *st/s* tapfer
**validation** [validasjõ] *f* Gültigkeitserklärung *f*; *diplôme*: Anerkennung *f*; *ticket*: Entwertung *f*
**valid|e** [valid] **1.** *sain* gesund, kräftig; **2.** *passeport*, *ticket*: gültig; **~er** (*1a*) für gültig erklären; *diplôme*: anerkennen; *ticket*: entwerten; **~ité** *f* (Rechts-)Gültigkeit *f*
**valise** [valiz] *f* Koffer *m*; ***faire sa ~*** seinen Koffer packen
**vallée** [vale] *f* Tal *n*
**vallon** [valõ] *m* kleines Tal *n*
**vallonné**, **~e** [valɔne] hügelig
**valoir** [valwar] (*3h*) **1.** *v/i* wert sein; *coûter* kosten; ***~ pour*** gelten für; ***~ mieux*** besser sein (***que*** als); ***il vaut mieux*** (+ *inf*) (***que de*** + *inf*) es ist besser zu (+ *inf*) (als zu + *inf*); ***il vaut mieux que*** (+ *subj*) es ist besser, dass; F ***ça vaut le coup*** das lohnt sich; ***faire ~*** *droits*: geltend machen; *capital*: arbeiten lassen; *figure*, *visage*: vorteilhaft betonen; **2.** *v/t* ***~ qc à qn*** j-m etw eintragen; **3.** *montant*: ***à ~ sur*** anzurechnen auf (*acc*); **4.** ***se ~*** einander gleich sein
**valoris|ation** [valɔrizasjõ] *f* Aufwertung *f*; **~er** (*1a*) aufwerten
**vals|e** [vals] *f* Walzer *m*; **~er** (*1a*) Walzer tanzen; F ***faire ~ l'argent*** mit Geld um sich schmeißen
**valve** [valv] *f tech* Ventil *n*
**vampire** [vɑ̃pir] *m* Vampir *m*; *fig* Blutsauger *m*
**van** [vɑ̃] *m* Transportwagen *m*
**vandal|e** [vɑ̃dal] *m,f* Vandale *m*, Vandalin *f*; **~isme** *m* Vandalismus *m*, Zerstörungswut *f*
**vanille** [vanij] *f* Vanille *f*
**vanit|é** [vanite] *f fatuité* Eitelkeit *f*; *inutilité* Vergeblichkeit *f*; **~eux**, **~euse** [-ø, -øz] eitel, eingebildet
**vanne** [van] *f* Schleusentor *n*; F Stichelei *f*
**vanneau** [vano] *m* (*pl -x*) *zo* Kiebitz *m*
**vannerie** [vanri] *f* Korbflechterei *f*; *objets*: Korbwaren *f/pl*
**vantail** [vɑ̃taj] *m* (*pl vantaux*) (Tür-,

Fenster-)Flügel *m*
**vantard, ~e** [vɑ̃tar, -d] **1.** *adj* großsprecherisch; **2.** *m, f* Prahlhans *m*, Angeber(in) *m(f)*; **~ise** [-ardiz] *f* Prahlerei *f*, Angeberei *f*
**vanter** [vɑ̃te] (*1a*) rühmen, (an)preisen; ***se ~*** prahlen, angeben, sich brüsten (***de qc*** mit etw)
**vapeur** [vapœr] **1.** *f* Dampf *m*; *brouillard* Dunst *m*; **2.** *m* Dampfer *m*
**vaporeu|x, ~se** [vapɔrø, -z] duftig, leicht
**vaporis|ateur** [vapɔrizatœr] *m parfum*: Zerstäuber *m*; *déodorant, laque*: Spray *m od n*; **~er** (*1a*) verdampfen; *parfum*: zerstäuben
**vaquer** [vake] (*1m*) ***~ à ses occupations*** seiner Beschäftigung nachgehen
**varech** [varɛk] *m bot* Tang *m*
**vareuse** [varøz] *f marin*: Matrosenbluse *f*; *uniforme*: (Uniform-)Jacke *f*
**vari|abilité** [varjabilite] *f* Veränderlichkeit *f*; **~able** veränderlich
**variante** [varjɑ̃t] *f* Variante *f*
**variation** [varjasjõ] *f changement* Veränderung *f*; *écart* Schwankung *f*
**varice** [varis] *f anat* Krampfader *f*
**varicelle** [varisɛl] *f méd* Windpocken *pl*
**varié, ~e** [varje] verschiedenartig
**varier** [varje] (*1a*) *v/t* ***~ qc*** Abwechslung in etw (*acc*) bringen; *style, thème*: etw variieren; *v/i* sich ändern, wechseln; *prix*: schwanken
**variété** [varjete] *f* **1.** Vielfalt *f*; *biol* Abart *f*; **2. *~s*** *pl spectacle*: Varieté *n*
**variole** [varjɔl] *f méd* Pocken *pl*
**Varsovie** [varsɔvi] Warschau
**vase**[1] [vɑz] *m* Gefäß *n*; *fleurs*: Vase *f*; ***~ de nuit*** Nachttopf *m*
**vase**[2] [vɑz] *f* Schlamm *m*
**vaseu|x, ~se** [vɑzø, -z] schlammig; F *fatigué* unwohl; F *vague* verschwommen
**vasistas** [vazistas] *m* Guckfenster *n*, Oberlicht *n*
**vaste** [vast] *plaine*: weit, ausgedehnt; *chambre, armoire*: geräumig; *connaissances, thème*: umfangreich
**Vatican** [vatikɑ̃] ***le ~*** der Vatikan; ***la cité du ~*** die Vatikanstadt
**va-tout** [vatu] *m* ***jouer son ~*** alles auf e-e Karte setzen
**Vaud** [vo] ***canton*** *m* ***de ~*** Kanton *m* Waadt
**vaudeville** [vodvil] *m* Schwank *m*
**vau-l'eau** [volo] (***s'en***) ***aller à ~*** zunichtewerden
**vaurien, ~ne** [vorjɛ̃, -ɛn] *m, f* Taugenichts *m*
**vautour** [votur] *m zo* Geier *m*; *fig* Wucherer *m*
**vautrer** [votre] (*1a*) ***se ~*** sich hinflätzen
**veau** [vo] *m* (*pl -x*) *zo* Kalb *n*; *viande*: Kalbfleisch *n*; *cuir*: Kalbsleder *n*
**vecteur** [vɛktœr] *m math* Vektor *m*; *mil* Trägersystem *n*
**vedette** [vədɛt] *f* **1.** *théâtre, film*: Star *m*; ***en ~*** vorn, im Vordergrund; ***mettre en ~*** herausstellen, -streichen; ***match*** *m* ***~*** Spitzen-, Schlagerspiel *n*; **2.** *mil* Schnellboot *n*
**végétal, ~e** [veʒetal] (*m/pl -aux*) **1.** *adj* pflanzlich, Pflanzen…; **2.** *m* Pflanze *f*, Gewächs *n*
**végétarien, ~ne** [veʒetarjɛ̃, -ɛn] **1.** *adj* vegetarisch; **2.** *m, f* Vegetarier(in) *m(f)*
**végét|ation** [veʒetasjõ] *f* Vegetation *f*; **~er** (*1f*) (dahin)vegetieren
**véhém|ence** [veemɑ̃s] *f* Heftigkeit *f*; **~ent, ~ente** [-ɑ̃, -ɑ̃t] heftig, leidenschaftlich
**véhicule** [veikyl] *m* Fahrzeug *n*; *fig* Träger *m*
**veille** [vɛj] *f* **1.** Vorabend *m*, Tag *m* vorher; ***la ~ de Noël*** der Heilige Abend; ***à la ~ de …*** kurz vor …; **2.** Wachen *n*; *mil* (Nacht-)Wache *f*
**veillée** [vɛje] *f malade*: Krankenwache *f*; *amis*: abendliches Beisammensein *n*; ***~ funèbre*** Totenwache *f*
**veiller** [vɛje] (*1b*) **1.** wachen; **2. *~ à qc*** für etw sorgen, auf etw (*acc*) achten; ***~ à ce que*** (+ *subj*) dafür sorgen *od* darauf achten, dass; ***~ à*** (+ *inf*) darauf achten zu (+ *inf*); ***~ sur qn*** auf j-n Acht geben
**veill|eur** [vɛjœr] *m* Wächter *m*; **~euse** *f* Nachtlicht *n*; *cheminée*: Sparflamme *f*; *auto* Standlicht *n*; ***mettre en ~*** *flamme*: klein stellen; *fig affaire*: ruhen lassen
**veinard, ~e** [vɛnar, -d] *m, f* F Glückspilz *m*, -kind *n*
**veine** [vɛn] *f* **1.** Ader *f* (*a géol*); Vene *f*; *fig* Anlage *f*; **2.** F Glück *n*; ***avoir de la ~*** Schwein haben

**vêler** [vɛle] (*1b*) kalben
**véliplanchiste** [veliplɑ̃ʃist] *m*, *f* (Wind-)Surfer(in) *m(f)*
**velléité** [vɛleite] *f* Anwandlung *f*
**vélo** [velo] *m* Fahrrad *n*; ***faire du ~*** Rad fahren
**vélo|cité** [velɔsite] *f* Schnelligkeit *f*; **~drome** [-drom] *m* Radrennbahn *f*; **~moteur** [-mɔtœr] *m* Moped *n*
**velours** [v(ə)lur] *m* Samt *m*
**velouté**, **~e** [vəlute] samtig, samtweich; *soupe*: legiert, sämig
**velu**, **~e** [vəly] haarig, behaart
**venaison** [vənɛzõ] *f* Wildbret *n*
**vénal**, **~e** [venal] (*m/pl -aux*) *péj* käuflich, bestechlich
**venant** [v(ə)nɑ̃] ***à tout ~*** dem ersten Besten
**vendable** [vɑ̃dablə] verkäuflich
**vendang|e** [vɑ̃dɑ̃ʒ] *f* Weinlese *f*; **~er** (*1l*) Weinlese halten
**vendeu|r**, **~se** [vɑ̃dœr, -øz] *m*, *f* Verkäufer(in) *m(f)*
**vendre** [vɑ̃drə] (*4a*) verkaufen; *fig* verraten; ***se ~*** sich verkaufen (lassen)
**vendredi** [vɑ̃drədi] *m* Freitag *m*; ***~ saint*** Karfreitag *m*
**vendu**, **~e** [vɑ̃dy] *p/p de* ***vendre*** *u adj* verkauft; *péj* gekauft
**vénéneu|x**, **~se** [venenø, -z] *plantes*: giftig
**vénér|able** [venerablə] ehrwürdig; **~ation** *f* Ehrfurcht *f*; **~er** (*1f*) verehren
**vénérien**, **~ne** [venerjɛ̃, -jɛn] *méd* ***maladie*** *f* ***vénérienne*** Geschlechtskrankheit *f*
**Venezuela** [venezɥela] ***le ~*** Venezuela *n*
**vengeance** [vɑ̃ʒɑ̃s] *f* Rache *f*
**venger** [vɑ̃ʒe] (*1l*) rächen (***qn de qc*** j-n für etw); ***se ~ de qn*** sich an j-m rächen; ***se ~ de qc sur qn*** sich für etw an j-m rächen
**veng|eur**, **~eresse** [vɑ̃ʒœr, -rɛs] **1.** *adj* rächend; **2.** *m*, *f* Rächer(in) *m(f)*
**venimeu|x**, **~se** [vənimø, -z] *serpent*: giftig; *fig* boshaft
**venin** [v(ə)nɛ̃] *m* *serpent*: Gift *n*; *fig* Bosheit *f*
**venir** [v(ə)nir] (*2h*) kommen; *origine*: stammen (***de*** aus); *hauteur*, *étendue*: reichen (***jusqu'à*** bis); ***~ bien*** *plante*: gut gedeihen; ***à ~*** (zu)künftig; ***y ~*** darauf zu sprechen kommen; ***en ~ à qc*** zu etw kommen; ***en ~ à croire que*** zu der Überzeugung kommen, dass; ***en ~ aux mains*** handgemein werden; ***en ~ là*** so weit kommen; ***où veut-il en ~?*** worauf will er hinaus?; ***~ de faire qc*** soeben etw getan haben; ***~ à dire*** zufällig sagen; ***~ dire*** kommen, (um) zu sagen; ***~ voir qn*** j-n besuchen; ***~ chercher, ~ prendre*** (ab)holen; ***faire ~*** *médecin*: kommen lassen
**Venise** [vəniz] Venedig
**vénitien**, **~ne** [venisjɛ̃, -jɛn] venezianisch
**vent** [vɑ̃] *m* Wind *m*; *fig* Tendenz *f*; *mus* ***instrument*** *m* ***à ~*** Blasinstrument *n*; *fig* ***être dans le ~*** modern sein; *fig* ***c'est du ~*** das ist leeres Gerede; ***coup*** *m* ***de ~*** Windstoß *m*; ***en plein ~*** *maison*: völlig frei stehend; ***il fait du ~*** es ist windig; *fig* ***avoir ~ de qc*** von etw hören, Wind bekommen
**vente** [vɑ̃t] *f* Verkauf *m*; *entreprise*: Absatz *m*; Vertrieb *m*; ***~ publique*** (öffentliche) Versteigerung *f*
**venteu|x**, **~se** [vɑ̃tø, -z] windig
**ventilateur** [vɑ̃tilatœr] *m* Ventilator *m*, Gebläse *n*
**ventiler** [vɑ̃tile] (*1a*) belüften; *jur* aufteilen
**ventouse** [vɑ̃tuz] *f* Saugnapf *m*
**ventre** [vɑ̃trə] *m* Bauch *m*, Unterleib *m*; ***à plat ~*** auf den *od* dem Bauch
**ventriloque** [vɑ̃trilɔk] *m* Bauchredner *m*
**ventru**, **~e** [vɑ̃try] dickbäuchig
**venu**, **~e** [v(ə)ny] **1.** *adj* ***bien ~(e)*** gelungen; **2.** *m*, *f* ***le premier ~, la première ~e*** der, die erste Beste; ***nouveau ~, nouvelle ~e*** Neuankömmling *m*
**venue** [v(ə)ny] *f* Ankunft *f*
**vêpres** [vɛprə] *f/pl rel* Vesper *f*
**ver** [vɛr] *m zo* Wurm *m*; *asticot* Made *f*; ***~ de terre*** Regenwurm *m*; ***~ à soie*** Seidenraupe *f*
**véracité** [verasite] *f* Wahrheitsgehalt *m*
**véranda** [verɑ̃da] *f* Veranda *f*
**verbal**, **~e** [vɛrbal] (*m/pl -aux*) *oral*: mündlich, verbal; *du verbe*: Verb…
**verbaliser** [vɛrbalize] (*1a*) **1.** *jur* ein Protokoll aufnehmen; **2.** *exprimer* sprachlich ausdrücken
**verbe** [vɛrb] *m ling* Verb *n*, Zeit-, Tätigkeitswort *n*
**verbiage** [vɛrbjaʒ] *m* Geschwätz *n*

**verdâtre** [vɛrdɑtrə] grünlich
**verdeur** [vɛrdœr] *f* Unreife *f*; *vin*: Herbheit *f*; *discours*: Deftigkeit *f*; *âge*: Rüstigkeit *f*
**verdict** [vɛrdikt] *m jur* (Urteils-)Spruch *m*; *allg* Urteil *n*, Verdikt *n*
**verdir** [vɛrdir] (*2a*) *v/t* grün färben; *v/i* grün werden
**verdoy|ant, ~ante** [vɛrdwajɑ̃, -ɑ̃t] sattgrün; **~er** (*1h*) grünen
**verdure** [vɛrdyr] *f feuillages* grünes Laub *n*; *salade*: Grünzeug *n* F
**véreu|x, ~se** [verø, -z] wurmstichig, wurmig; *fig* anrüchig
**verge** [vɛrʒ] *f anat* Penis *m*; *baguette* Rute *f*
**verger** [vɛrʒe] *m* Obstgarten *m*
**verglacé, ~e** [vɛrglase] vereist
**verglas** [vɛrgla] *m* Glatteis *n*
**vergogne** [vɛrgɔɲ] *f* ***sans ~*** schamlos
**véri|dique** [veridik] wahrheitsgetreu; **~fiable** [-fjablə] nachprüfbar
**vérification** [verifikasjõ] *f* Überprüfung *f*
**vérifier** [verifje] (*1a*) überprüfen, nachsehen; *hypothèse*: verifizieren; ***se ~*** sich bestätigen
**vérin** [verɛ̃] *m tech* Winde *f*; *auto* Wagenheber *m*
**véritable** [veritablə] wahr, echt, wirklich; **~ment** *adv* wirklich, tatsächlich
**vérité** [verite] *f* Wahrheit *f*; *portrait*: Ähnlichkeit *f*; ***à la ~*** allerdings; ***en ~*** in der Tat, wahrlich
**vermeil, ~le** [vɛrmɛj] (hoch)rot
**vermicelle(s)** [vɛrmisɛl] *m*(*pl*) Suppen-, Fadennudeln *f/pl*
**vermillon** [vɛrmijõ] *m* Zinnober(rot) *m*(*n*)
**vermine** [vɛrmin] *f* Ungeziefer *n*; *st/s fig* Gesindel *n*
**vermoulu, ~e** [vɛrmuly] wurmstichig
**vermout(h)** [vɛrmut] *m* Wermut(wein) *m*
**vernaculaire** [vɛrnakylɛr] *ling* ***langue*** *f* **~** Regionalsprache *f*
**verni, ~e** [vɛrni] **1.** *adj* lackiert; **2.** *m* F Glückspilz *m*
**vernir** [vɛrnir] (*2a*) firnissen, lackieren; *meubles*: polieren
**vernis** [vɛrni] *m* Lack *m*; *céramique*: Glasur *f*; *meubles*: Politur *f*; ***~ à ongle*** Nagellack *m*
**vernissage** [vɛrnisaʒ] *m* **1.** *bois*: Lackieren *n*; *céramique*: Glasieren *n*; **2.** *exposition*: Eröffnung *f*, Vernissage *f*
**vérole** [verɔl] *f méd* F Syphilis *f*; ***petite ~*** Pocken *pl*
**verrat** [vɛra] *m zo* Eber *m*
**verr|e** [vɛr] *m* Glas *n*; ***~s de contact*** Haftschalen *f/pl*; ***~ à eau*** Wasserglas *n*; ***~ à vin*** Weinglas; ***un ~ de vin*** ein Glas Wein; **~erie** *f fabrique*: Glasfabrik *f*; *objets*: Glaswaren *f/pl*; **~ière** [-jɛr] *f vitrage*: Kirchenfenster *n*; *toit*: Glasdach *n*; **~oterie** [-ɔtri] *f* Glasperlen *f/pl*
**verrou** [vɛru] *m* (*pl -s*) Riegel *m*
**verrouiller** [vɛruje] (*1a*) verriegeln
**verrue** [vɛry] *f* Warze *f*
**vers**[1] [vɛr] *m* Vers *m*
**vers**[2] [vɛr] *prép* gegen; ***~ l'est*** gegen, nach Osten (hin); ***~ la fin*** gegen Ende; ***~ midi*** gegen, um Mittag
**Versailles** [vɛrsaj] *Stadt im Departement Yvelines*
**versant** [vɛrsɑ̃] *m* (Berg-)Abhang *m*
**versatil|e** [vɛrsatil] wankelmütig, unbeständig; **~ité** *f* Wankelmut *m*
**verse** [vɛrs] ***il pleut à ~*** es gießt in Strömen
**versé, ~e** [vɛrse] **~(*e*) *dans*** bewandert in (*dat*)
**Verseau** [vɛrso] *m astrologie*: Wassermann *m*
**versement** [vɛrsəmɑ̃] *m* Zahlung *f*; *à un compte*: Einzahlung *f*
**verser** [vɛrse] **1.** *v/t* gießen; *sang*, *larmes*: vergießen; *sucre*, *riz*: schütten; **~ (*à boire*)** einschenken; *argent à un compte*: einzahlen; *intérêts*, *pension*: (aus)zahlen; **2.** *v/i basculer* umstürzen; *fig* ***~ dans qc*** in etw (*acc*) verfallen
**verset** [vɛrsɛ] *m* (Bibel-)Vers *m*
**versification** [vɛrsifikasjõ] *f* Versbau *m*
**version** [vɛrsjõ] *f* Version *f*, Fassung *f*; *modèle*: Ausführung *f*; *langues*: Übersetzung *f* aus der Fremdsprache; ***film*** *m* ***en ~ originale*** Film *m* in Originalfassung *f*
**verso** [vɛrso] *m feuille*: Rückseite *f*; ***au ~*** umseitig, auf der Rückseite
**vert, ~e** [vɛr, -t] **1.** *adj* grün; *fruit*: unreif; *vin*: herb; *fig personne âgée*: rüstig; *propos*: deftig, derb; ***langue*** *f* ***verte*** Gaunersprache *f*; **2.** ***l'Europe*** *f* ***verte*** der gemeinsame europäische

Agrarmarkt *m*; **3.** *m* Grün *n*; *pol* ***les Verts*** *m/pl* die Grünen *m/pl*
**vert-de-gris** [vɛrdəgri] *m* Grünspan *m*
**vertébral**, **~e** [vɛrtebral] (*m/pl -aux*) *anat* Wirbel...; ***colonne*** *f* ***vertébrale*** Wirbelsäule *f*
**vertèbre** [vɛrtɛbrə] *f anat* (Rücken-) Wirbel *m*
**vertébrés** [vɛrtebre] *m/pl zo* Wirbeltiere *n/pl*
**vertement** [vɛrtəmɑ̃] *adv* scharf, heftig
**vertical**, **~e** [vɛrtikal] (*m/pl -aux*) **1.** *adj* senkrecht, vertikal; **2.** *f* Senkrechte *f*; **~ement** *adv* vertikal
**vertige** [vɛrtiʒ] *m* Schwindel(gefühl) *m*(*n*); *fig* Taumel *m*; ***j'ai le ~*** mir ist schwindlig
**vertigineu|x**, **~se** [vɛrtiʒinø, -z] Schwindel erregend
**vertu** [vɛrty] *f* Tugend *f*; *pouvoir* Kraft *f*; ***en ~ de*** kraft, auf Grund von
**vertueu|x**, **~se** [vɛrtɥø, -z] tugendhaft
**verve** [vɛrv] *f* Schwung *m*; ***plein de ~*** schwungvoll, mitreißend
**verveine** [vɛrvɛn] *f bot* Eisenkraut *n*
**vésicule** [vezikyl] *f anat* Gallenblase *f*
**vespasienne** [vɛspazjɛn] *f* Pissoir *n*
**vessie** [vesi] *f anat* (Harn-)Blase *f*
**veste** [vɛst] *f* (Herren-)Jacke *f*, Jackett *n*; F ***ramasser une ~*** e-n Reinfall erleben; F ***retourner sa ~*** umschwenken, seine Meinung ändern
**vestiaire** [vɛstjɛr] *m théâtre*: Garderobe *f*; *stade*: Umkleideraum *m*
**vestibule** [vɛstibyl] *m* Diele *f*, Flur *m*
**vestige** [vɛstiʒ] *m le plus souvent au pl* ***~s*** Überreste *m/pl*, Spuren *f/pl*
**veston** [vɛstõ] *m* (Herren-)Jacke *f*, Jackett *n*
**Vésuve** [vezyv] ***le ~*** der Vesuv
**vêtement** [vɛtmɑ̃] *m* Kleidungsstück *n*; ***~s*** *pl* (Be-)Kleidung *f*; (***industrie*** *f* ***du***) ***~*** Bekleidungsindustrie *f*
**vétéran** [veterɑ̃] *m* Veteran *m*
**vétérinaire** [veterinɛr] **1.** *adj* tierärztlich; **2.** *m*, *f* Tierarzt, -ärztin *m*, *f*
**vétille** [vetij] *f* (*souvent au pl* ***~s***) Lappalie *f*, Belanglosigkeit *f*
**vêtir** [vetir] (*2g*) *litt* bekleiden
**veto** [veto] *m* Veto *n*, Einspruch *m*; ***droit*** *m* ***de ~*** Vetorecht *n*; ***opposer son ~ à*** sein Veto einlegen gegen
**vêtu**, **~e** [vety] angezogen, bekleidet
**vétuste** [vetyst] *bâtiment*: baufällig; *institution*: überholt
**veu|f**, **~ve** [vœf, -v] **1.** *adj* verwitwet; **2.** *m*, *f* Witwe(r) *f*(*m*)
**veule** [vøl] schlapp, energielos
**vexant**, **~e** [vɛksɑ̃, -t] *mot*: kränkend; ***c'est vexant*** das ist ärgerlich
**vexation** [vɛksasjõ] *f* Kränkung *f*; *litt* Schikane *f*
**vexer** [vɛkse] (*1a*) kränken, beleidigen
**via** [vja] über (*acc*), via
**viabil|iser** [vjabilize] (*1a*) *terrain*: erschließen; **~ité** *f urbanisme*: Erschließung *f*; *entreprise*: Lebensfähigkeit *f*; *rue*: Befahrbarkeit *f*
**viable** [vjablə] lebensfähig; *projet*: durchführbar; *rue*: befahrbar
**viaduc** [vjadyk] *m* Viadukt *m od n*
**viag|er**, **~ère** [vjaʒe, -ɛr] **1.** *adj* auf Lebenszeit, lebenslänglich; **2.** *m* Leibrente *f*
**viande** [vjɑ̃d] *f* Fleisch *n*; ***~ froide*** kalter Braten *m*
**vibr|ant**, **~ante** [vibrɑ̃, -ɑ̃t] vibrierend; *fig* mitreißend; **~ation** *f* Schwingung *f*, Vibration *f*; **~er** (*1a*) schwingen, vibrieren; *fig* ***faire ~*** mitreißen, packen
**vicaire** [vikɛr] *m égl* Vikar *m*
**vice** [vis] *m défaut* Fehler *m*, Mangel *m*; *péché* Laster *n*
**vice|-...** [vis] *in Zssgn* Vize...; **~-président** [visprezidɑ̃] *m* Vizepräsident *m*
**vice versa** [vis(e)vɛrsa] umgekehrt
**vici|é**, **~ée** [visje] ***air*** *m* ***vicié*** schlechte *od* verbrauchte Luft *f*; **~eux**, **~euse** [-ø, -øz] *fautif* fehlerhaft; *pervers* lüstern; ***cercle*** *m* ***vicieux*** Teufelskreis *m*
**vicinal**, **~e** [visinal] (*m/pl -aux*) ***chemin*** *m* ***vicinal*** Gemeindeweg *m*
**vicissitudes** [visisityd] *f/pl* Auf und Ab *n*
**victime** [viktim] *f* Opfer *n*; ***~ de guerre*** Kriegsopfer *n*
**victoire** [viktwar] *f* Sieg *m*; ***remporter la ~*** den Sieg erringen
**victorieu|x**, **~se** [viktɔrjø, -øz] siegreich
**victuailles** [viktɥaj] *f/pl* Lebensmittel *n/pl*
**vidage** [vidaʒ] *m* Entleerung *f*
**vidang|e** [vidɑ̃ʒ] *f auto* Ölwechsel *m*; ***faire une ~*** das Öl wechseln; **~er** (*1l*) (ent)leeren; *auto huile*: wechseln
**vide** [vid] **1.** *adj* leer; *fig* inhalts-, sinnlos; ***~ de*** ohne; **2.** *m néant* Leere *f*; *phy-*

*sique*: Vakuum *n*; ***à ~*** leer; *tech* ***marche f à ~*** Leerlauf *m*

**vidéo** [video] **1.** *f* Video *n*; **2.** *adj* (*unv*) Video…; ***bande f ~*** Videoband *n*; ***caméra f ~*** Videokamera *f*; ***jeu m ~*** Computerspiel *n*; **~cassette** [-kasɛt] *f* Videokassette *f*; **~clip** [-klip] *m* Videoclip *m*; **~disque** [-disk] *m* Bildplatte *f*; **~phone** [-fɔn] *m* Bildtelefon *n*

**vide-ordures** [vidɔrdyr] *m* (*pl unv*) Müllschlucker *m*

**vidéosurveillance** [videosyrvɛjɑ̃s] *f* Videoüberwachung *f*

**vidéotex** [videotɛks] *m* Bildschirmtext *m*

**vidéothèque** [videotɛk] *f* Videothek *f*

**vider** [vide] (*1a*) **1.** (aus)leeren; *cuis* ausnehmen; *salle*: räumen; *querelle*: beilegen; F ***~ qn*** j-n rausschmeißen; *fatiguer* erschöpfen, fertig machen; **2.** ***se ~*** sich leeren

**videur** [vidœr] *m* F Rausschmeißer *m*

**vie** [vi] *f* **1.** Leben *n*; ***à ~*** lebenslänglich; ***de ma ~*** zeit meines Lebens; ***sans ~*** leblos; ***être en ~*** am Leben sein; **2.** *vivacité* Lebendigkeit *f*; **3.** *moyens matériels* Leben(sunterhalt) *n*(*m*); ***coût de la ~*** Lebenshaltungskosten *pl*; ***gagner sa ~*** seinen Lebensunterhalt verdienen

**vieil** [vjɛj] → ***vieux***

**vieillard** [vjɛjar] *m* Greis *m*, alter Mann *m*; ***les ~s*** die alten Leute

**vieille** [vjɛj] → ***vieux***

**vieill|erie** [vjɛjri] *f le plus souvent au pl* ***~s*** alter Kram *m*; **~esse** [-ɛs] *f* (hohes *od* Greisen-)Alter *n*; **~ir** (*2a*) **1.** *v/t soucis, maladie*: altern lassen; *vêtements, coiffure*: alt machen; **2.** *personne, visage*: älter werden, altern; *théorie, livre*: veralten; *vin*: altern

**vieillissement** [vjɛjismɑ̃] *m* Altern *n*

**vieillot, ~te** [vjɛjo, -ɔt] altmodisch

**vielle** [vjɛl] *f mus* (Dreh-)Leier *f*

**Vienne** [vjɛn] **1.** *en Autriche* Wien *n*; **2.** *Stadt im Departement Isère*; **3.** ***la ~*** *Fluss u Departement in Frankreich*

**vienn|ois, ~oise** [-nwa, -nwaz] **1.** *adj* Wiener, wienerisch; **2.** **≗, *≗e*** *m*, *f* Wiener(in) *m*(*f*); **~oiserie** [-wazʀi] *f* Feingebäck *n*

**vierge** [vjɛrʒ] **1.** *f* Jungfrau *f*; *rel* ***la ≗*** (die Jungfrau) Maria; **2.** **≗** *astrologie*: Jungfrau *f*; **3.** *adj* jungfräulich; *feuille*: leer; *neige*, *terres*: unberührt; ***forêt f ~*** Urwald *m*; ***laine f ~*** Schurwolle *f*

**Viêt-nam** [vjɛtnam] ***le ~*** Vietnam *n*

**vietnamien, ~ne** [vjɛtnamjɛ̃, -jɛn] **1.** *adj* vietnamesisch; **2.** **≗, *≗ne*** *m*, *f* Vietnamese *m*, Vietnamesin *f*

**vieux, vieil** (*m*), **vieille** (*f*) [vjø, vjɛj] **1.** *adj* alt; *amitié*, *habitude*: langjährig; ***vieux jeu*** altmodisch; **2.** *m*, *f der*, *die*, *das* Alte

**vi|f, ~ve** [vif, -v] **1.** *adj* lebendig, lebhaft; *critique*, *émotion*: heftig; *douleur*, *intérêt*: stark; ***de vive voix*** mündlich; **2.** *m* ***à vif*** *plaie*: offen; ***touché au vif*** zutiefst getroffen; ***entrer dans le vif du sujet*** zum Kern der Sache kommen; ***prendre sur le vif*** aus dem Leben greifen

**vigie** [viʒi] *f mar* Ausguck *m*

**vigilance** [viʒilɑ̃s] *f* Wachsamkeit *f*

**vigilant, ~e** [viʒilɑ̃, -t] wachsam

**vigile** [viʒil] *m* Wachmann *m*

**vigne** [viɲ] *f arbrisseau*: Weinrebe *f*; *plantation*: Weinberg *m*

**vigneron, ~ne** [viɲrõ, -ɔn] *m*, *f* Winzer(in) *m*(*f*)

**vignette** [viɲɛt] *f dans livre*: Zierbildchen *n*, Randverzierung *f*; *autocollant* Aufkleber *m*; *de Sécurité Sociale*: Gebührenmarke *f*; *auto* Steuerplakette *f*

**vignoble** [viɲɔblə] *m plantation*: Weinberg *m*; *région*: Weinbaugebiet *n*

**vigoureu|x, ~se** [vigurø, -z] kräftig, stark

**vigueur** [vigœr] *f* Lebenskraft *f*, Stärke *f*; *fig* Heftigkeit *f*, Schärfe *f*; ***plein de ~*** kraftstrotzend; ***en ~*** *jur* in Kraft, gültig; *fig* üblich; ***entrer en ~*** in Kraft treten

**V.I.H** *m abr* ***virus de l'immunodépression humaine*** HIV *m* (human immunodeficiency virus)

**vil, ~e** [vil] *st/s* niedrig, gemein; ***à vil prix*** spottbillig

**vilain, ~e** [vilɛ̃, -ɛn] unartig; *grave* schlimm; *laid* hässlich, F scheußlich

**vilebrequin** [vilbrəkɛ̃] *m tech* Handbohrer *m*; *auto* Kurbelwelle *f*

**villa** [vila] *f* Villa *f*

**village** [vilaʒ] *m* Dorf *n*

**villageois, ~e** [vilaʒwa, -z] **1.** *adj* ländlich, Dorf…; **2.** *m*, *f* Dorfbewohner(in) *m*(*f*)

**ville** [vil] *f* Stadt *f*; ***~ d'eau*** Kurort *m*; ***à***

*od* **dans la ~** in der Stadt; **la ~ de Paris** die Stadt Paris; **aller en ~** in die Stadt gehen; **hôtel** *m* **de ~** Rathaus *n*
**villégiature** [vileʒjatyr] *f* Sommerfrische *f*
**vin** [vɛ̃] *m* Wein *m*; **~ de table** Tafelwein *m*; **~ de pays** Landwein *m*; *fig* **cuver son ~** seinen Rausch ausschlafen
**vinaigre** [vinɛgrə] *m* Essig *m*
**vinasse** [vinas] F *f* schlechter Wein *m*
**vindicati|f**, **~ve** [vɛ̃dikatif, -v] rachsüchtig
**vineu|x**, **~se** [vinø, -z] *couleur*: weinrot; *odeur*: nach Wein riechend
**vingt** [vɛ̃] zwanzig
**vingtaine** [vɛ̃tɛn] **une ~** etwa zwanzig
**vingtième** [vɛ̃tjɛm] **1.** zwanzigste(r, -s); **2.** *m fraction*: Zwanzigstel *n*
**vinicole** [vinikɔl] Wein(bau)…
**vinification** [vinifikasjõ] *f* Weinbereitung *f*
**viol** [vjɔl] *m* Vergewaltigung *f*
**violacé**, **~e** [vjɔlase] blaurot
**violation** [vjɔlasjõ] *f traité*: Verstoß *m*; *église*, *tombe*: Schändung *f*; *jur* **~ de domicile** Hausfriedensbruch *m*
**viole** [vjɔl] *f mus* Viola *f*
**violemment** [vjɔlamɑ̃] *adv* brutal; *fig* heftig
**viol|ence** [vjɔlɑ̃s] *f* Gewalt *f*; *brutalité* Gewalttätigkeit *f*; *fig* Heftigkeit *f*; **~ent**, **~ente** [-ɑ̃, -ɑ̃t] gewaltsam; *fig* heftig
**violer** [vjɔle] (*1a*) *droit*, *règles*: verletzen; *promesse*, *serment*: brechen; *sexuellement*: vergewaltigen; *profaner* schänden
**violet**, **~te** [vjɔlɛ, -t] violett
**violette** [vjɔlɛt] *f bot* Veilchen *n*
**violon** [vjɔlõ] *m* **1.** Geige *f*, Violine *f*; *musicien*: Geiger(in) *m(f)*; **2.** F *prison* Kittchen *n*
**violoncell|e** [vjɔlõsɛl] *m* Cello *n*; **~iste** *m*, *f* Cellist(in) *m(f)*
**violoniste** [vjɔlɔnist] *m*, *f* Geiger(in) *m(f)*
**vipère** [vipɛr] *f zo* Viper *f*
**virage** [viraʒ] *m route*: Kurve *f*; *véhicule*: Drehen *n*, Wenden *n*; *fig* Wende *f*; *photo*: Tonung *f*; **prendre le ~** die Kurve nehmen
**virago** [virago] *f* Mannweib *n*
**virée** [vire] *f* F Spritztour *f*
**virement** [virmɑ̃] *m comm* Überweisung *f*; **~ bancaire, postal** Bank-, Postüberweisung *f*
**virer** [vire] (*1a*) **1.** *v/i* sich drehen; *véhicule*: e-e Kurve fahren; **~ de bord** *mar* wenden; *fig* umschwenken; **2.** *v/t argent*: überweisen; *photo*: tonen; F **~ qn** j-n hinauswerfen
**virevolte** [virvɔlt] *f* Wendung *f*, Drehung *f*
**virginal**, **~e** [virʒinal] (*m/pl -aux*) jungfräulich
**virginité** [virʒinite] *f* Jungfräulichkeit *f*; *fig* Reinheit *f*
**virgule** [virgyl] *f* Komma *n*
**viril**, **~e** [viril] männlich; *courageux* mannhaft; **~ité** *f* Männlichkeit *f*; *vigueur sexuelle* Manneskraft *f*
**virologie** [virɔlɔʒi] *f* Virologie *f*, Virusforschung *f*
**virtuel**, **~le** [virtɥɛl] *phil* virtuell, potenziell; *phys* virtuell
**virtuos|e** [virtɥoz] *m*, *f* Virtuose *m*, Virtuosin *f*; **~ité** *f* Virtuosität *f*, Kunstfertigkeit *f*
**virulent**, **~e** [virylɑ̃, -t] heftig, scharf; *méd* virulent
**virus** [virys] *m* Virus *n od m* (*a fig*)
**vis** [vis] *f* Schraube *f*; **escalier** *m* **à ~** Wendeltreppe *f*; *fig* F **serrer la ~ à qn** j-n kurzhalten
**visa** [viza] *m* Visum *n*, Sichtvermerk *m*
**visage** [vizaʒ] *m* Gesicht *n*
**visagiste** [vizaʒist] *m*, *f* Visagist(in) *m(f)*, Kosmetiker(in) *m(f)*
**vis-à-vis** [vizavi] **1.** *adv* (einander) gegenüber; **2.** *prép* **~ de** gegenüber; *à l'égard de* in Bezug auf (*acc*); **3.** *m* Gegenüber *n*
**viscéral**, **~e** [viseral] (*m/pl -aux*) Eingeweide…; *fig* tief gehend
**viscères** [visɛr] *m/pl* Eingeweide *n/pl*
**visée** [vize] *f arme*: Zielen *n*; **~s** *pl intentions* Absichten *f/pl*
**viser** [vize] (*1a*) **1.** *v/t* zielen (**qc, qn** auf etw, auf j-n); *idéal*: anstreben, anvisieren; *s'adresser à* abzielen auf (*acc*), betreffen; *fig* **~ haut** hoch hinauswollen; **2.** *v/t indirect* **~ à** trachten nach, hinzielen auf (*acc*)
**viseur** [vizœr] *m arme*: Visier *n*; *photographie*: Sucher *m*
**vis|ibilité** [vizibilite] *f* Sicht(barkeit) *f*; **~ible** sichtbar; *évident* (offen)sichtlich
**visière** [vizjɛr] *f* (Helm-)Visier *n*

**vision** [vizjõ] *f* Sehen *n*; *conception* Vorstellung *f*; *apparition* Vision *f*, Erscheinung *f*
**visionnaire** [vizjɔnɛr] **1.** *adj* seherisch; **2.** *m*, *f* Fantast(in) *m(f)*
**visionneuse** [vizjɔnøz] *f photographie*: Bildbetrachter *m*
**visit|e** [vizit] *f* Besuch *m*; *de ville*: Besichtigung *f*; *médecin*: Visite *f*; **~ guidée** Führung *f*; **~ médicale** ärztliche Untersuchung *f*; **~ de douane** Zollkontrolle *f*; **~er** (*1a*) *ville*: besichtigen, besuchen; *prisonnier*, *malade*: auf-, besuchen; *bagages*, *maison*: durchsuchen; **~eur**, **~euse** *m*, *f* Besucher(in) *m(f)*
**vison** [vizõ] *m zo* Nerz *m*
**visqueu|x**, **~se** [viskø, -z] zäh(flüssig); *péj* schmierig
**visser** [vise] (*1a*) festschrauben
**Vistule** [vistyl] *géogr* **la ~** die Weichsel
**visuel**, **~le** [vizɥɛl] visuell; **champ** *m* **visuel** Gesichtsfeld *n*
**vital**, **~e** [vital] (*m/pl -aux*) Lebens…; *indispensable* lebenswichtig; **~ité** *f* Vitalität *f*, Lebenskraft *f*
**vitamine** [vitamin] *f* Vitamin *n*
**vite** [vit] *adv* schnell
**vitesse** [vitɛs] *f allure* Geschwindigkeit *f*; *rapidité* Schnelligkeit *f*; *auto* Gang *m*; **changer de ~** schalten; **à toute ~** möglichst schnell; F **en ~** schnellstens
**viticole** [vitikɔl] Wein(bau)…
**viticult|eur** [vitikyltœr] *m* Weinbauer *m*; **~ure** [-yr] *f* Weinbau *m*
**vitrage** [vitraʒ] *m cloison*: Glaswand *f*; *action*: Verglasen *n*
**vitrail** [vitraj] *m* (*pl -aux*) Kirchenfenster *n*
**vitr|e** [vitrə] *f* Glasscheibe *f*, Fenster (-scheibe) *n(f)*; **~er** (*1a*) verglasen
**vitrier** [vitrije] *m* Glaser *m*
**vitrine** [vitrin] *f étalage* Auslage *f*, Schaufenster *n*; *armoire*: Vitrine *f*
**vitupérer** [vitypere] (*1f*) *litt* heftig ausschelten; *st/s* **~ contre** wettern gegen
**vivac|e** [vivas] *biol* lebenskräftig; *sentiment*: hartnäckig; **~ité** *f personne*, *regard*: Lebhaftigkeit *f*; *sentiment*: Heftigkeit *f*
**vivant**, **~e** [vivɑ̃, -t] **1.** *adj* lebend, lebendig; *fig enfant* lebhaft, lebendig; *langue*: lebendig; **2.** *m* Lebende(r) *m*; **bon vivant** Genießer *m*; **de son vivant** zu seinen Lebzeiten
**vivats** [viva] *m/pl* Hochrufe *m/pl*
**vivement** [vivmɑ̃] *adv* lebhaft; *vite* schnell; **~ …!** wäre es nur schon …!
**viveur** [vivœr] *m* Lebemann *m*
**vivier** [vivje] *m* Fischteich *m*; *restaurant*: Fischbehälter *m*
**vivifier** [vivifje] (*1a*) stärken, beleben
**vivoter** [vivɔte] (*1a*) kümmerlich leben
**vivre** [vivrə] **1.** (*4e*) *v/i* leben; *v/t* erleben; **vive …!** es lebe …!; **2.** *m/pl* **~s** Lebensmittel *n/pl*, Verpflegung *f*
**V.O.** *f abr* **version originale** OF *f* (Originalfassung)
**vocabulaire** [vɔkabylɛr] *m* Wortschatz *m*; *liste*: Wörterverzeichnis *n*
**vocal**, **~e** [vɔkal] (*m/pl -aux*) Stimm…, Vokal…
**vocalique** [vɔkalik] *ling* vokalisch
**vocation** [vɔkasjõ] *f* Berufung *f*; *région*, *institution*: Bestimmung *f*
**vociférer** [vɔsifere] (*1f*) wütend schreien, toben
**vœu** [vø] *m* (*pl -x*) *rel* Gelübde *n*; *souhait* Wunsch *m*; *de bonheur*: Glückwunsch *m*; **faire ~ de** (+ *inf*) geloben zu (+ *inf*); **tous mes ~x!** meine besten Wünsche!
**vogue** [vɔg] *f* **être en ~** modern, in Mode sein
**voici** [vwasi] hier ist *od* sind, da ist *od* sind; **me ~!** hier bin ich; **le livre que ~** dieses Buch da
**voie** [vwa] *f* Weg *m* (*a fig*); *chemin de fer*: Gleis *n*; *autoroute*: Fahrbahn *f*, -spur *f*; *auto largeur*: Spurweite *f*; **~ express** Schnellstraße *f*; **être en ~ de formation** im Entstehen sein; **en ~ de développement** in der Entwicklung; **par** (**la**) **~ de** über, durch; **par ~ aérienne** auf dem Luftweg
**voilà** [vwala] da ist *od* sind; (**et**) **~!** das wär's!; **en ~ assez!** jetzt reicht's aber!; **~ tout** das ist alles; **~ pourquoi** darum, deshalb; **me ~** da bin ich
**voile** [vwal] **1.** *m* Schleier *m*; *fig* Hülle *f*; **2.** *f mar* Segel *n*; *sport*: Segeln *n*, Segelsport *m*; *anat* **~ du palais** Gaumensegel *n*; **vol** *m* **à ~** Segelfliegen *n*; F **mettre les ~s** abhauen
**voiler**[1] [vwale] (*1a*) verschleiern, verhüllen (*a fig*); **se ~** *femme*: verschleiert sein, gehen

**voiler²** [vwale] *(1a)* ***se ~*** *bois, métal*: sich verbiegen; *roue*: e-n Achter bekommen
**voilier** [vwalje] *m* Segelschiff *n*
**voir** [vwar] *(3b) v/i* sehen; *v/t* sehen; *remarquer* erblicken, bemerken; *vivre* erleben, durchmachen; *comprendre* einsehen, verstehen; *endroit*: ansehen, besuchen; *ami, famille*: besuchen; *examiner* nach-, durchsehen; ***faire ~*** zeigen; ***être bien vu*** gut angeschrieben sein; ***aller** od **venir ~*** besuchen; ***cela n'a rien à ~*** das hat nichts damit zu tun; ***~ à qc*** auf etw *(acc)* Acht geben; ***se ~*** sich sehen; *se rencontrer* zusammenkommen; ***se ~ décerner un prix*** e-n Preis verliehen bekommen; ***cela se voit*** das sieht man; ***voyons!*** also!; *reproche*: aber, aber!
**voire** [vwar] *adv* (ja) sogar
**voirie** [vwari] *f voies* Straßen- und Wegenetz *n*; *administration*: Straßenbauamt *n*
**vois|in, ~ine** [vwazɛ̃, -zin] **1.** *adj* benachbart; **2.** *m, f* Nachbar(in) *m(f)*; **~inage** [-inaʒ] *m* Nachbarschaft *f*; **~iner** [-ine] *(1a)* ***~ avec*** stehen, liegen bei, neben *(dat)*
**voiture** [vwatyr] *f* Wagen *m*, Auto *n*; *train*: (Eisenbahn-)Wagen *m*; ***~ de tourisme*** Personenwagen *m*; ***en ~*** mit dem Auto; ***lettre** f **de ~*** Frachtbrief *m*
**voiturer** [vwatyre] *(1a)* befördern
**voix** [vwa] *f* Stimme *f*; *gr* ***~ active (passive)*** Aktiv *n* (Passiv *n*); *fig* ***avoir ~ au chapitre*** etw zu sagen haben; ***à haute ~ (à ~ basse)*** mit lauter (leiser) Stimme
**vol¹** [vɔl] *m* Diebstahl *m*
**vol²** [vɔl] *m* Flug *m*, Fliegen *n*; ***à ~ d'oiseau*** (in der) Luftlinie *f*; ***au ~*** im Fluge; ***saisir au ~*** beim Schopf packen
**vol.** *abr* ***volume*** Bd. (Band)
**volage** [vɔlaʒ] flatterhaft, unbeständig
**volaille** [vɔlaj] *f* Geflügel *n*
**volant, ~e** [vɔlɑ̃, -t] **1.** *adj* fliegend, Flug…; *mobile* beweglich; **2.** *m auto* Steuer *n*, Lenkrad *n*; *sport*: Federball(spiel) *m(n)*; *vêtement*: Volant *m*, Besatz *m*; *tech* Schwungrad *n*
**volatil, ~e** [vɔlatil] *chim* flüchtig
**vol-au-vent** [vɔlovɑ̃] *m (pl unv) cuis* Blätterteigpastete *f*
**volc|an** [vɔlkɑ̃] *m géogr* Vulkan *m*; **~anique** [-anik] vulkanisch
**volée** [vɔle] *f groupe d'oiseaux*: Schwarm *m*; *coups de feu*: Hagel *m*; ***~ (de coups)*** Tracht *f* Prügel; ***à la ~*** im Flug
**voler¹** [vɔle] *(1a)* stehlen (***qc à qn*** j-m etw); ***~ qn*** j-n bestehlen
**voler²** [vɔle] *(1a)* fliegen; *fig* eilen
**volet** [vɔlɛ] *m fenêtre*: Fensterladen *m*; *tech* Klappe *f*; *fig* Teil *m*; *fig* ***trier sur le ~*** sorgfältig auswählen
**voleter** [vɔlte] *(1c)* flattern
**voleu|r, ~se** [vɔlœr, -øz] **1.** *adj* diebisch; **2.** *m, f* Dieb(in) *m(f)*
**Volga** [vɔlga] ***la ~*** die Wolga
**volière** [vɔljɛr] *f* Vogelhaus *n*
**volontaire** [vɔlɔ̃tɛr] **1.** *adj délibéré* freiwillig; *décidé* entschlossen; **2.** *m, f* Freiwillige(r) *m, f*
**volonté** [vɔlɔ̃te] *f faculté de vouloir* Wille *m*; *souhait* Wunsch *m*; *fermeté* Willenskraft *f*; ***à ~*** nach Belieben; ***faire acte de bonne ~*** seinen guten Willen zeigen
**volontiers** [vɔlɔ̃tje] *adv* gern
**volt** [vɔlt] *m phys* Volt *n*; **~age** *m él* Spannung *f*
**volte-face** [vɔltəfas] *f (pl unv)* Kehrtwendung *f (a fig)*
**voltig|e** [vɔltiʒ] *f au trapèze*: Akrobatik *f*; *équitation*: Kunstreiten *n*; *aviation*: Kunstfliegen *n*; **~er** *(1l)* (herum)flattern; **~eur** *m acrobate*: Trapezkünstler *m*
**voltmètre** [vɔltmɛtrə] *m tech* Voltmeter *n*
**volubilité** [vɔlybilite] *f* Redegewandtheit *f*
**volume** [vɔlym] *m* **1.** Volumen *n*; *radio*: Lautstärke *f*; *fig quantité* Umfang *m*; **2.** *livre*: Band *n*
**volumineu|x, ~se** [vɔlyminø, -z] umfangreich
**volupté** [vɔlypte] *f des sens*: Wollust *f*; *esthétique*: Hochgenuss *m*
**voluptueu|x, ~se** [vɔlyptɥø, -z] sinnlich, wollüstig
**vom|ir** [vɔmir] *(2a) v/i* sich erbrechen, brechen, sich übergeben; *v/t* erbrechen; *fig* ausspeien; **~issement** [-ismɑ̃] *m* Erbrechen *n*; **~itif** [-itif] *m phm* Brechmittel *n*
**vorace** [vɔras] *adj* gefräßig; *fig* gierig

**vos** [vo] *pl de* ***votre***
**Vosges** [voʒ] *f/pl* ***les ~*** die Vogesen *pl*
**votant, ~e** [vɔtɑ̃, -t] *m, f* Wähler(in) *m(f)*, Stimmberechtigte(r) *m, f*
**vot|e** [vɔt] *m élection* Wahl *f*; *consultation* Abstimmung *f*; *voix* Stimme *f*; **~er** *(1a)* abstimmen; *élections*: wählen; *loi*: verabschieden
**votre** [vɔtrə] *(pl vos)* euer, eu(e)re; Ihr(e)
**vôtre** [votrə] ***le, la ~*** der, die, das eu-r(ig)e; der, die, das Ihr(ig)e; eure(r, -s); Ihre(r, -s)
**vouer** [vwe] *(1a)* widmen, weihen (***à***); *fig* ***~ à qc*** zu etw bestimmen; *fig* ***se ~ à qc*** sich *(acc)* e-r Sache widmen
**vouloir** [vulwar] **1.** *(3i)* wollen, mögen (***que*** + *subj* dass); ***je voudrais*** ich möchte; ***je veux bien*** ich habe nichts dagegen; ***veuillez*** (+ *inf*) wollen Sie bitte (+ *inf*); ***~ dire*** bedeuten; ***en ~ à qn*** auf j-n böse sein; ***on ne veut pas de moi*** man will nichts von mir wissen; **2.** *m litt* Wollen *n*, Wille *m*
**voulu, ~e** [vuly] *p/p de* ***vouloir*** *u adj* gewünscht; *délibéré* beabsichtigt
**vous** [vu] **1.** ihr; euch; **2.** *forme de politesse*: Sie; Ihnen; **3.** *impersonnel*: einem; einen
**voût|e** [vut] *f arch* Gewölbe *n*; **~é, ~ée** *personne*: gebeugt; *arch* gewölbt; **~er** *(1a) arch* wölben; ***se ~*** krumm werden
**vouvoyer** [vuvwaje] *(1h)* siezen
**voyage** [vwajaʒ] *m* Reise *f*; *avec indication de locomotion*: Fahrt *f*; ***~ organisé*** Gesellschaftsreise *f*; ***~ d'affaires*** Geschäftsreise *f*; ***en ~*** auf Reisen
**voyag|er** [vwajaʒe] *(1l)* reisen; **~eur, ~euse** *m, f* Reisende(r) *m, f*; *train*: Fahrgast *m*; *avion*: Fluggast *m*; ***voyageur de commerce*** Handelsvertreter *m*
**voyant, ~e** [vwajɑ̃, -t] **1.** *adj* auffällig; *couleur*: grell; **2.** *m signal*: Kontrolllampe *f*; **3.** *m, f devin* Hellseher(in) *m(f)*
**voyelle** [vwajɛl] *f gr* Vokal *m*, Selbstlaut *m*
**voyou** [vwaju] *m (pl -s) jeune*: jugendlicher Rowdy *m*, Strolch *m*; *truand* Ganove *m*
**vrac** [vrak] *m* ***en ~*** *comm* lose, offen, unverpackt; *fig* durcheinander
**vrai, ~e** [vrɛ] **1.** *adj (après le subst)* wahr, wahrheitsgemäß; *(devant le subst)* echt, wirklich; *typique* typisch; ***il est ~ que*** zwar, allerdings; **2.** *m das* Wahre; ***à vrai dire, à dire vrai*** offen gestanden
**vraiment** [vrɛmɑ̃] *adv* wirklich, wahrhaftig
**vraisembl|able** [vrɛsɑ̃blablə] wahrscheinlich; **~ance** *f* Wahrscheinlichkeit *f*
**vrille** [vrij] *f bot* Ranke *f*; *tech* Vorbohrer *m*; *aviat* ***descendre en ~*** abtrudeln
**vriller** [vrije] *(1a) tech* durchbohren; *aviat* trudeln
**vrombir** [vrõbir] *(2a)* summen
**VRP** *m abr* ***voyageur de commerce, représentant et placier*** Handelsvertreter *m*, Repräsentant *m*
**VTC** *m abr* ***vélo tout chemin*** Trekkingbike, -rad *n*
**VTT** [vetete] *m abr* ***vélo tout-terrain*** Mountainbike *n*
**vu**[1] [vy] *prép* angesichts, in Anbetracht *(gén)*; ***~ que*** angesichts der Tatsache, dass; ***au ~ et au su de tout le monde*** vor aller Augen
**vu**[2], **~e** [vy] *p/p de* ***voir*** *u adj* gesehen; ***bien, mal ~*** beliebt, unbeliebt (***de qn*** bei j-m)
**vue** [vy] *f sens*: Sehen *n*; *faculté*: Sehvermögen *n*; *regard* Blick *m*; *vue offerte* Anblick *m*; *panorama* Aussicht *f*, -blick *m*; *photographie*: Aufnahme *f*; *opinion* Ansicht *f*, Meinung *f*; ***à ~ d'œil*** zusehends; ***à première ~*** auf den ersten Blick; ***à perte de ~*** so weit das Auge reicht; ***avoir la ~ basse*** kurzsichtig sein; ***point*** *m* ***de ~*** Standpunkt *m*; ***garde*** *f* ***à ~*** Polizeigewahrsam *m*; ***en ~*** in Sicht, sichtbar; ***en ~ de*** im Hinblick auf *(acc)*; ***en ~ de*** (+ *inf*) um zu (+ *inf*)
**vulcaniser** [vylkanize] *(1a) tech* vulkanisieren
**vulgaire** [vylgɛr] *adj banal* einfach, gewöhnlich; *grossier* vulgär, ordinär
**vulgar|iser** [vylgarize] *(1a)* allgemein verständlich darstellen; **~ité** *f péj* Gewöhnlichkeit *f*, Vulgarität *f*
**vulnér|abilité** [vylnerabilite] *f* Verwundbarkeit *f*; **~able** *physiquement*: verwundbar; *moralement*: verletzbar
**vulve** [vylv] *f anat* Scham *f*, Vulva *f*

# W

**wagon** [vagõ] *m* Eisenbahnwagen *m*, Waggon *m*; **~-citerne** [-sitɛrn] *m* (*pl wagons-citernes*) Tank-, Kesselwagen *m*; **~-lit** [-li] *m* (*pl wagons-lits*) Schlafwagen *m*
**wagon-restaurant** [vagõrɛstɔrɑ̃] *m* (*pl wagons-restaurants*) Speisewagen *m*
**wallon**, **~ne** [walõ, -ɔn] **1.** *adj* wallonisch; **2. ♀, ♀ne** *m*, *f* Wallone *m*, Wallonin *f*
**Wallonie** [walɔni] ***la ~*** Wallonien *n*
**waters** [watɛr] *m/pl* Klo *n*, Abort *m*
**W.-C.** [vese] *m/pl* WC *n*
**Web** [wɛb] *m EDV* Web *n*; ***page*** *f* **~** Webseite *f*; ***serveur*** *m* **~** Web-Server *m*; ***site*** *m* **~** Website *f*; (***naviguer***) ***sur le ~*** im Web (surfen)
**week-end** [wikɛnd] *m* (*pl week-ends*) Wochenende *n*
**western** [wɛstɛrn] *m* Wildwestfilm *m*, Western *m*
**Westphalie** [vɛstfali] ***la ~*** Westfalen *n*
**Wurtemberg** [vyrtɛ̃bɛr] ***le ~*** Württemberg *n*
**Wurtzbourg** [vyrtsbur] Würzburg *n*

# X

**xéno|phile** [gzenɔfil, ks-] fremdenfreundlich; **~phobe** [-fɔb] fremdenfeindlich
**xérès** [gzerɛs, ks-] *m* Sherry *m*
**xylophone** [gzilɔfɔn, ks-] *m mus* Xylofon *n*

# Y

**y** [i] da, (da)hin, dort(hin); *remplaçant un complément avec* ***à***: daran; darauf; dazu; dabei; darin; ***je ne m'y fie pas*** ich habe kein Vertrauen dazu; ***on y va!*** gehen wir!; ***ça ~ est!*** es ist so weit!; ***j'~ suis*** jetzt habe ich's, ich bin im Bilde; ***je n'~ suis pour rien*** ich kann nichts dafür; ***s'~ connaître*** sich darauf verstehen; ***~ compris*** inbegriffen
**yacht** [jɔt] *m* Jacht *f*; **~ing** [-iŋ] *m* Jacht-, Segelsport *m*
**yaourt** [jaurt] *m* Jogurt *n od m*
**Yémen** [jemɛn] ***le ~*** der Jemen, Jemen *n*
**yen** [jɛn] *m* Yen *m*
**yeux** [jø] *pl d'œil*
**yougoslave** [jugɔslav] **1.** *adj* jugoslawisch; **2. ♀** *m*, *f* Jugoslawe *m*, Jugoslawin *f*
**Yougoslavie** [jugɔslavi] ***la ~*** Jugoslawien *n*

# Z

**Zaïre** [zair] *hist géogr* ***le ~*** Zaire *n*
**Zambèze** [zɑ̃bɛz] *géogr* ***le ~*** der Sambesi
**Zambie** [zɑ̃bi] ***la ~*** Sambia *n*
**zèbre** [zɛbrə] *m zo* Zebra *n*
**zélé**, **~e** [zele] eifrig

**zèle** [zɛl] *m* Eifer *m*, Fleiß *m*; ***faire du ~*** zu viel Eifer zeigen
**zénith** [zenit] *m astr* Scheitelpunkt *m*, Zenit *m*; *fig* Zenit *m*, Höhepunkt *m*
**zéro** [zero] **1.** *m* Null *f* (*a fig*); **2.** *adj* null; ***~ faute*** null Fehler
**zeste** [zɛst] *m* (Stück *n*) Zitronen-, Orangenschale *f*
**zézayer** [zezɛje] (*1i*) lispeln
**zibeline** [ziblin] *f zo* Zobel *m*
**zigzag** [zigzag] *m* Zickzack *m*
**zigzaguer** [zigzage] (*1m*) im Zickzack gehen *od* fahren
**Zimbabwe** [zimbabwe] ***le ~*** Simbabwe *n*
**zinc** [zɛ̃g] *m* Zink *n*; F *comptoir* Theke *f*
**zinguer** [zɛ̃ge] (*1m*) verzinken
**zip** [zip] *m* Reißverschluss *m*
**zizanie** [zizani] *f* Zwietracht *f*
**zodiaque** [zɔdjak] *m* Tierkreis *m*
**zone** [zon] *f* Zone *f*; *péj* arme Außenviertel *n/pl*, Slums *m/pl*; ***~ bleue*** Kurzparkzone *f*; ***~ de libre-échange*** Freihandelszone *f*; ***~ euro*** Euroland *n*; ***~ interdite*** Sperrgebiet *n*; ***~ industrielle*** Industriegebiet *n*; ***~ résidentielle*** Wohnviertel *n*
**zoo** [zo] *m* Zoo *m*
**zoologie** [zɔɔlɔʒi] *f* Zoologie *f*
**ZUP** [zyp] *f abr* ***zone à urbaniser en priorité*** vorrangig zu bebauende Zone *f*; trostlose Außenviertel *n/pl* (großer Städte)
**Zurich** [zyrik] Zürich *n*; ***le lac de ~*** der Zürichsee
**zut!** [zyt] F verdammt!, verflixt!

# Allemand-Français

# A

**A, a** [aː] *n* (-; -) **1.** *Buchstabe*: A, a *m*; ***von A bis Z*** de A jusqu'à Z, d'un bout à l'autre; **2.** *abr* ***Austria*** (*Autokennzeichen*: *Österreich*) Autriche; **3.** *abr* ***Autobahn*** autoroute; **4.** *mus* la *m*; ***A-Dur*** la majeur; ***a-Moll*** la mineur

**AA** *n abr* ***Auswärtiges Amt*** ministère allemand des Affaires étrangères

**Aachen** ['aːxən] *n* Aix-la-Chapelle

**Aal** [aːl] *zo m* (-[*e*]*s*; -*e*) anguille *f*

**aalglatt** ['aːl'glat] glissant comme une anguille

**Aargau** ['aːrgaʊ] ***der*** ~ l'Argovie *f*

**Aas** [aːs] *n* (-*es*; *sans pl*) charogne *f* (*a fig*, *pl Äser*)

**ab** [ap] **1.** *prép* (*dat*) ~ ***morgen*** à partir de demain; ***ein Film*** ~ ***18*** un film interdit aux moins de 18 ans; **2.** *adv* ~ ***und zu*** de temps à autre; ***ein Knopf ist*** ~ il manque un bouton

**abändern** ['apˀɛndərn] (*sép*, -*ge*-, *h*) modifier, changer

**abarbeiten** ['apˀarbaitən] (*sép*, -*ge*-, *h*) ***sich*** ~ s'épuiser à force de travail, s'exténuer

**Abart** ['apˀart] *f* (-; -*en*) variété *f*; '**≈ig** anormal

**Abb.** *abr* ***Abbildung*** image

'**Abbau** *m* (-[*e*]*s*; *sans pl*) *Bergbau* exploitation *f*; *Verminderung* réduction *f*; *Zerlegung* démontage *m*; '**≈en** (*sép*, -*ge*-, *h*) *Bergbau* exploiter; *Personal*, *Preise* diminuer, réduire; *zerlegen* démonter; *chim* décomposer

'**ab|beißen** (*irr*, *sép*, -*ge*-, *h*, → ***beißen***) arracher avec les dents; '**~beizen** (*sép*, -*ge*-, *h*) décaper; '**~bekommen** (*irr*, *sép*, *h*, → ***bekommen***) avoir sa part de, recevoir

'**abberuf|en** (*irr*, *sép*, *h*, → ***berufen***) rappeler, révoquer; '**≈ung** *f* (-; -*en*) rappel *m*, révocation *f*

'**abbestell|en** (*sép*, *h*) décommander; '**≈ung** *f* (-; -*en*) résiliation *f* d'une commande

'**abbiegen** (*irr*, *sép*, -*ge*-, → ***biegen***) **1.** (*h*) détourner; **2.** (*sn*) tourner

'**Abbild** *n* (-[*e*]*s*; -*er*) image *f*, portrait *m*; '**≈en** (*sép*, -*ge*-, *h*) représenter; '**~ung** *f* (-; -*en*) illustration *f*

'**ab|binden** (*irr*, *sép*, -*ge*-, *h*, → ***binden***) *méd* ligaturer; '**~blasen** (*irr*, *sép*, -*ge*-, *h*, → ***blasen***) F *fig* décommander, annuler; '**~blättern** (*sép*, -*ge*-, *sn*) *Farbe* s'écailler

'**abblend|en** (*sép*, -*ge*-, *h*) *auto* se mettre en code; '**≈licht** *n* phares *m*/*pl* code

'**abbrechen** (*irr*, *sép*, -*ge*-, *h*, → ***brechen***) casser; *Haus* démolir; *Beziehungen* rompre; *Unterhaltung* couper court à; *Zelt* démonter

'**ab|bremsen** (*sép*, -*ge*-, *h*) freiner, ralentir; '**~brennen** (*irr*, *sép*, -*ge*-, *v*/*t h*, *v*/*i sn*, → ***brennen***) brûler; '**~bringen** (*irr*, *sép*, -*ge*-, *h*, → ***bringen***) ***j-n von etw*** ~ dissuader *od* détourner qn de qc; '**~bröckeln** (*sép*, -*ge*-, *sn*) s'effriter, s'émietter

'**Abbruch** *m* (-[*e*]*s*; *sans pl*) démolition *f*; *Beziehungen* rupture *f*; '**≈reif** bon pour la démolition

'**abbuchen** (*sép*, -*ge*-, *h*) ***e-e Summe von e-m Konto*** ~ débiter un compte d'une somme

**ABC-Waffen** [aːbeː'tseː-] *mil f*/*pl* armes *f*/*pl* atomiques, biologiques et chimiques

'**abdank|en** (*sép*, -*ge*-, *h*) abdiquer; '**≈ung** *f* (-; -*en*) abdication *f*

'**ab|decken** (*sép*, -*ge*-, *h*) découvrir; *Tisch* desservir; *zudecken* recouvrir; '**~dichten** (*sép*, -*ge*-, *h*) boucher, calfeutrer; '**~drängen** (*sép*, -*ge*-, *h*) repousser, refouler, écarter; '**~drehen** (*sép*, -*ge*-, *h*) *Gas*, *Wasser*, *Licht* fermer; *v*/*i aviat*, *mar* changer de route *od* de cap

'**Abdruck** *m* (-[*e*]*s*; -*e*) reproduction *f*; *Finger≈* (*pl* ⸚*e*) empreinte *f*

**Abend** ['aːbənt] *m* (-*s*; -*e*) soir *m*; *Abendstunden* soirée *f*; ***am*** ~ le soir; ***heute*** ~ ce soir; ***morgen*** ~ demain soir; ***im Laufe des*** **~*s*** dans la soirée; ***zu*** ~ ***essen*** dîner; '**~brot** *n* repas *m* du soir; '**~dämmerung** *f* crépuscule *m*; '**~essen** *n* dîner *m*; souper *m*;

'**~kleid** *n* robe *f* du soir; '**~kurs** *m* cours *m* du soir; '**~land** *n* (-[*e*]*s*; *sans pl*) Occident *m*; '**≈ländisch** ['-lɛndiʃ] occidental; '**~mahl** *n* (-[*e*]*s*; *sans pl*) communion *f*; *Kunst* Cène *f*; '**~rot** *n* rougeoiement *m* du soleil couchant

**abends** ['aːbənts] le soir

**Abenteuer** ['aːbəntɔʏər] *n* (-*s*; -) aventure *f*; '**≈lich** aventureux

**Abenteurer** ['-tɔʏrər] *m* (-*s*; -), '**~in** *f* (-; -*nen*) aventurier *m*, -ière *f*

**aber** ['aːbər] mais; ***nun ~*** or; ***nun ist ~ Schluss!*** ça suffit!

'**Aber|glaube** *m* (-*ns*; *sans pl*) superstition *f*; '**≈gläubisch** ['-glɔʏbiʃ] superstitieux

**aberkennen** ['apˀ-] (*irr*, *sép*, *h*, → ***erkennen***) ***j-m etw ~*** contester *od* refuser qc à qn; ***j-m ein Recht ~*** déclarer qn déchu d'un droit

**aber|malig** ['aːbərmaːliç] nouveau; *wiederholt* répété, réitéré; '**~mals** ['-maːls] de nouveau

'**abertausend** ***tausende und ~e*** des milliers

**Abessinien** [abɛ'siːniən] *n hist* l'Abyssinie *f*

**Abf.** *abr* ***Abfahrt*** départ

'**abfahren** (*irr*, *sép*, *-ge-*, → ***fahren***) **1.** (*sn*) partir (***nach*** pour *od* à); *Strecke* parcourir; **2.** (*h*) *Schutt* enlever; *Reifen* user

'**Abfahrt** *f* (-; -*en*) départ *m*; *Ski* descente *f*

'**abfahrts|bereit** prêt à partir, en partance; '**≈lauf** *m Ski* descente *f*; '**≈zeit** *f* heure *f* de départ

'**Abfall** *m* (-[*e*]*s*; *⸗e*) déchets *m/pl*; *Müll* ordures *f/pl*; *Küchenabfälle* épluchures *f/pl*; *Parteiwechsel* défection *f*; '**~aufbereitung** *f* (-; *sans pl*) traitement *m* des déchets; '**~beseitigung** *f* (-; *sans pl*) élimination *f* des déchets; '**~eimer** *m* poubelle *f*

'**abfallen** (*irr*, *sép*, *-ge-*, *sn*, → ***fallen***) *Blätter* tomber; *sich neigen* aller en pente; *von Verbündeten* faire défection; ***vom Glauben ~*** renier sa foi; ***~ gegen*** contraster défavorablement avec

'**abfällig** défavorable; ***~e Bemerkung*** remarque *f* désobligeante

'**Abfall|management** *n* (-*s*; *sans pl*) gestion *f* des déchets; '**~produkt** *n* produit *m* résiduaire; '**~verwertung** *f* (-; *sans pl*) recyclage *m* des déchets

'**abfang|en** (*irr*, *sép*, *-ge-*, *h*, → ***fangen***) attraper; *Brief* intercepter; '**≈jäger** *aviat m* chasseur *m* d'interception

'**abfärben** (*sép*, *-ge-*, *h*) (se) déteindre (***auf*** sur)

'**abfass|en** (*sép*, *-ge-*, *h*) rédiger; '**≈ung** *f* (-; -*en*) rédaction *f*

'**abfertig|en** (*sép*, *-ge-*, *h*) *Ware* expédier; *Gepäck* enregistrer; *zollamtlich* dédouaner; *am Schalter* ***j-n ~*** servir qn; ***j-n kurz ~*** se débarrasser rapidement de qn; '**≈ung** *f* (-; -*en*) expédition *f*; enregistrement *m*; dédouanement *m*

'**abfind|en** (*irr*, *sép*, *-ge-*, *h*, → ***finden***) ***j-n ~*** indemniser, dédommager qn; ***sich ~ mit*** se résigner à, prendre son parti de; '**≈ung(ssumme)** *f* indemnité *f*

'**ab|fliegen** (*irr*, *sép*, *-ge-*, *sn*, → ***fliegen***) *aviat* partir (***nach*** pour *od* à), décoller, s'envoler; '**~fließen** (*irr*, *sép*, *-ge-*, *sn*, → ***fließen***) s'écouler

'**Abflug** *aviat m* (-[*e*]*s*; *⸗e*) départ *m*, décollage *m*, envol *m*; '**~halle** *f* hall *m* de départ; '**~(s)zeit** *f* heure *f* de départ

'**Abfluss** *m* (-*es*; *⸗e*) écoulement *m*

'**abfragen** (*sép*, *-ge-*, *h*) questionner, interroger

**Abfuhr** ['apfuːr] *f* (-; -*en*) *Müll etc* enlèvement *m*; *fig* rebuffade *f*; ***j-m e-e ~ erteilen*** éconduire qn

'**abführen** (*sép*, *-ge-*, *h*) *j-n* emmener; *Gelder* verser; *méd* purger

'**abfüllen** (*sép*, *-ge-*, *h*) *in Flaschen* mettre en bouteilles; *in Tüten* ensacher

'**Abgabe** *f* (-; -*n*) *Aushändigung* remise *f*; *Verkauf* vente *f*; *Steuer* droit *m*, taxe *f*; *Ball≈* passe *f*; '**≈nfrei** non imposable; '**≈npflichtig** imposable

'**Abgang** *m* (-[*e*]*s*; *⸗e*) départ *m*; *Theater* sortie *f* de scène; '**~szeugnis** *n* certificat *m* de fin d'études

'**Abgas|e** *n/pl* gaz *m/pl* d'échappement; '**≈arm** à gaz d'échappement réduit; '**~katalysator** *m* catalyseur *m* antipollution

'**abgeben** (*irr*, *sép*, *-ge-*, *h*, → ***geben***) remettre, donner, déposer; *verkaufen* vendre; *Ball* passer; faire une passe; *Schuss* tirer; *Erklärung* faire; *Wärme* dégager; ***sich ~ mit*** s'occuper de

**'ab|gebrannt** F *fig ohne Geld* à sec F, fauché F; **'~gedroschen** rebattu; **'~gegriffen** *Buch* usé; **'~gehackt** ***~ sprechen*** parler par saccades *od* par à-coups; **'~gehangen** ***gut ~es Fleisch*** viande reposée; **'~gehärtet** endurci (***gegen*** contre)

**'abgehen** (*irr, sép, -ge-, sn,* → ***gehen***) *Zug, Post, sich entfernen* s'en aller; ***von der Schule ~*** quitter l'école, sortir de l'école; ***von seiner Meinung ~*** changer d'opinion; ***diese Eigenschaft geht ihm ab*** cette qualité lui fait défaut; ***gut ~*** bien se terminer

**'ab|gehetzt**, **'~gekämpft** harassé, exténué; **'~gekartet** ***e-e ~e Sache*** un coup monté

**'abgeklärt** mûr, sage; **'2heit** *f* sagesse *f*

**'ab|gelaufen** périmé; expiré; **'~gelegen** isolé; **'~gemacht!** c'est entendu *od* convenu; **'~gemagert** émacié, décharné; **'~geneigt** ***e-r Sache ~*** défavorable *od* hostile à qc; **'~genutzt** usé, râpé

**Abgeordnete** ['apgəˀɔrdnətə] *m, f (-n; -n)* député *m*, femme *f* député; **'~nhaus** *n* chambre *f* des députés

**'Abgesandte** *m, f (-n; -n)* envoyé *m*, -e *f*

**'abgeschieden** isolé, retiré, solitaire

**'abgesehen** ***~ von*** à part …, abstraction faite de; ***~ davon*** à part cela

**'ab|gespannt** surmené; **'~gestanden** éventé; **'~gestorben** *Glieder* engourdi; **'~gestumpft** insensible, indifférent (***gegen*** à); **'~getragen** usé

**'abgewöhnen** (*sép, h*) ***j-m etw ~*** désaccoutumer *od* déshabituer qn de qc; ***sich das Rauchen ~*** s'arrêter de fumer

**'Abglanz** *m (-es; sans pl) fig* reflet *m*

**'Abgott** *m (-es, ⸚er)* idole *f*

**abgöttisch** ['apgœtiʃ] ***j-n ~ lieben*** idolâtrer qn

**'ab|grasen** (*sép, -ge-, h*) *fig Gebiet* ratisser; **'~grenzen** (*sép, -ge-, h*) délimiter

**'Abgrund** *m (-[e]s; ⸚e)* abîme *m*, gouffre *m*

**'Abguss** *m (-es; ⸚e)* moulage *m*

**'ab|haben** F ***etw ~ wollen*** vouloir en avoir un petit peu; **'~hacken** (*sép, -ge-, h*) couper; **'~haken** (*sép, -ge-, h*) cocher; **'~halten** (*irr, sép, -ge-, h,* → ***halten***) *hindern* empêcher; *Sitzung* tenir; *Gottesdienst* célébrer

**'abhandeln** (*sép, -ge-, h*) *erörtern* traiter; *Ware* marchander

**abhandenkommen** [ap'handənkɔmən] (*irr, sép, -ge-, sn,* → ***kommen***) s'égarer, se perdre

**'Abhandlung** *f (-; -en)* traité *m*, dissertation *f*

**'Abhang** *m (-[e]s; ⸚e)* pente *f*, versant *m*

**'abhäng|en** *v/t* (*sép, -ge-, h*) décrocher; *v/i* (*irr, sép, -ge-, h,* → ***hängen***) *fig* ***~ von*** dépendre de; **'~ig** dépendant (***von*** de); ***~ sein von*** dépendre de; **'2igkeit** *f (-; -en)* dépendance *f*; ***gegenseitige ~*** interdépendance *f*

**'abhärten** (*sép, -ge-, h*) (***sich ~*** s')endurcir (***gegen*** à), (s')aguerrir

**'ab|hauen** (*sép, -ge-, sn*) F ficher *od* foutre le camp, déguerpir, filer; **'~heben** (*irr, sép, -ge-, h,* → ***heben***) *tél* décrocher; *Geld* retirer; *Karten* couper; *aviat* décoller; ***sich ~ von*** se détacher sur; **'2hebung** *f (-; -en) Geld* retrait *m*; **'~heften** (*sép, -ge-, h*) ranger dans un classeur; **'~helfen** (*irr, sép, -ge-, h* → ***helfen***) ***e-r Sache ~*** remédier à qc

**'Abhilfe** *f (-; sans pl)* remède *m*

**'abholen** (*sép, -ge-, h*) aller *od* venir chercher, (aller *od* venir) prendre; ***~ lassen*** envoyer chercher

**'abholzen** (*sép, -ge-, h*) déboiser

**'Abhör|anlage** *f* table *f* d'écoute; **'2en** (*sép, -ge-, h*) écouter; *tél* intercepter

**Abitur** [abi'tuːr] *n (-s; sans pl)* baccalauréat *m*; bac *m* F; **~ient** [-ur'jɛnt] *m (-en; -en)*, **~'ientin** *f (-; -nen)* bachelier *m*; -ière *f*

**'abjagen** (*sép, -ge-, h*) ***j-m etw ~*** faire lâcher prise de qc à qn

**Abk.** *abr* ***Abkürzung*** abréviation

**'ab|kanzeln** (*sép, -ge-, h*) ***j-n ~*** réprimander, sermonner qn; **'~kapseln** (*sép, -ge-, h*) ***sich ~*** se renfermer sur soi-même; **'~kehren** (*sép, -ge-, h*) ***sich ~ von*** se détourner de

**'Abklatsch** *m (-[e]s; -e)* copie *f*, imitation *f*

**'ab|klingen** (*irr, sép, -ge-, sn,* → ***klingen***) *Schmerz* s'atténuer, diminuer; **'~knallen** (*sép, -ge-, h*) F ***j-n ~*** descendre qn; **'~knicken** (*sép, -ge-, h*) casser; **'~kommandieren** (*sép, -ge-, h*) *mil* détacher (***zu*** à)

**'abkommen** (*irr, sép, -ge-, sn,* → ***kommen***) ***vom Kurs ~*** *aviat, mar* s'écarter de sa route; ***von e-m Thema ~*** s'écarter d'un sujet, ***vom Wege ~*** perdre son chemin

**'Abkommen** *n* (*-s*; -) accord *m*

**abkömm|lich** ['apkœmliç] disponible; **'&ling** *m* (*-s*; *-e*) descendant *m*, -e *f*

**'abkratzen** (*sép, -ge-*) **1.** (*h*) gratter; **2.** (*sn*) F *fig sterben* crever, claquer

**'abkühl|en** (*sép, -ge-, h*) (***sich ~*** se) rafraîchir; **'&ung** (-; *sans pl*) rafraîchissement *m*

**'abkürz|en** (*sép, -ge-, h*) *Weg* raccourcir; *Wort* abréger; **'&ung** *f* (-; *-en*) *Wort* abréviation *f*; sigle *m*; *Weg* raccourci *m*

**'abladen** (*irr, sép, -ge-, h* → ***laden***) décharger

**'Ablage** *f* (-; *-n*) *Akten* classement *m*; *Bord* rayon *m*; *Kleider* vestiaire *m*

**'ablager|n** (*sép, -ge-, h*) ***sich ~*** déposer; **'&ung** *f* (-; *-en*) dépôt *m*; *géol* sédiment *m*

**'ablassen** (*irr, sép, -ge-, h,* → ***lassen***) *Flüssigkeit* faire écouler; ***die Luft aus dem Reifen ~*** dégonfler le pneu; ***etw vom Preis ~*** rabattre qc du prix; ***von etw nicht ~ können*** ne pas pouvoir renoncer à qc

**'Ablauf** *m* (-[*e*]*s*; *sans pl*) *Abfluss* écoulement *m*; (*pl* ⸗*e*) *von Ereignissen* déroulement *m*; (*sans pl*) *e-r Frist* expiration *f*; **'&en** (*irr, sép, -ge-,* → ***laufen***) **1.** (*sn*) abfließen s'écouler; *verlaufen* se dérouler; *Frist* expirer; ***gut*** (***schlecht***) ~ se terminer bien (mal); **2.** (*h*) *Schuhe* user

**'ableg|en** (*sép, -ge-, h*) déposer; *Kleider* ôter; *Akten* classer; *Gewohnheit* se défaire de; *Prüfung* passer; *Eid* prêter; *Schiff* appareiller; ***Rechenschaft ~ für*** rendre compte de; **'&er** *agr m* (*-s*; -) marcotte *f*

**'ablehn|en** (*sép, -ge-, h*) refuser; *Vorschlag* rejeter; *Verantwortung* décliner; **'~end** négatif, de refus; **'&ung** *f* (-; *-en*) refus *m*

**'ableit|en** (*sép, -ge-, h*) dériver (*a math*); **'&ung** *f* (-; *-en*) *gr* dérivation *f*; *math* dérivée *f*

**'ablenk|en** (*sép, -ge-, h*) détourner; *zerstreuen* distraire; **'&ung** *f* (-; *-en*) distraction *f*

**'ablesen** (*irr, sép, -ge-, h,* → ***lesen***) lire; *Messwert* relever

**'abliefer|n** (*sép, -ge-, h*) livrer; *abgeben* remettre; **'&ung** *f* (-; *-en*) livraison *f*; remise *f*

**'ablös|en** (*sép, -ge-, h*) *entfernen* détacher, décoller (***von*** de); *j-n bei der Arbeit* relayer, prendre la relève de; *Wache* relever; ***sich ~*** se détacher, se décoller (***von*** de); *Personen* se relayer; **'&ung** *f* (-; *-en*) relève *f*

**'abmach|en** (*sép, -ge-, h*) détacher, défaire, enlever; *vereinbaren* convenir (***etw*** de qc); ***abgemacht!*** entendu!; **'&ung** *f* (-; *-en*) arrangement *m*, convention *f*

**'abmager|n** (*sép, -ge-, sn*) maigrir; **'&ung** *f* (-; *-en*) amaigrissement *m*; **'&ungskur** *f* cure *f* d'amaigrissement

**'Abmarsch** *m* (-[*e*]*s*; ⸗*e*) départ *m*

**'abmeld|en** (*sép, -ge-, h*) faire rayer; ***sich ~ von*** déclarer son départ de; **'&ung** *f* (-; *-en*) déclaration *f* de départ *od* de changement d'adresse

**'abmess|en** (*irr, sép, -ge-, h,* → ***messen***) mesurer; **'&ung** *f* (-; *-en*) mesurage *m*; ***~en*** *pl* dimensions *f*/*pl*

**'ab|montieren** (*sép, pas de -ge-, h*) démonter; **'~mühen** (*sép, -ge-, h*) ***sich ~*** se donner du mal *od* de la peine; **'~nagen** (*sép, -ge-, h*) *Knochen* ronger

**Abnahme** ['apnaːmə] *f* (-; *sans pl*) *Rückgang* diminution *f*; *Verlust* perte *f*; *Kauf* achat *m*

**'abnehm|en** (*irr, sép, -ge-, h,* → ***nehmen***) *wegnehmen* enlever; *Hut* ôter; *tél* décrocher; *kaufen* acheter; *amputieren* amputer; *Führerschein* retirer; F *glauben* croire (***j-m etw*** qc à qn); *an Gewicht* maigrir; *Mond* décroître; *Tage, Kräfte* diminuer; ***j-m e-e Arbeit ~*** faire un travail pour qn; **'&er** *écon m* (*-s*; -) acheteur *m*, client *m*, preneur *m*

**'Abneigung** *f* (-; *-en*) aversion *f*, antipathie *f*, répulsion *f* (***gegen*** pour)

**abnorm** [ap'nɔrm] anormal; **&i'tät** *f* (-; *-en*) anomalie *f*

**'abnutz|en** (*sép, -ge-, h*) user; **'&ung** *f* (-; *sans pl*) usure *f*

**Abon|nent** [abɔ'nɛnt] *m* (*-en, -en*), **~'nentin** *f* (-; *-nen*) abonné *m*, -e *f*; **&'nieren** (*pas de ge-, h*) ***etw ~*** s'abonner à qc

**abordn|en** ['apʔ-] (*sép, -ge-, h*) déléguer; '**≗ung** *f* (-; *-en*) délégation *f*

'**ab|passen** (*sép*, *-ge-*, *h*) *Gelegenheit* guetter; '**~prallen** (*sép*, *-ge-*, *sn*) rebondir; *Geschoss* ricocher; '**~putzen** (*sép*, *-ge-*, *h*) nettoyer; '**~raten** (*irr*, *sép*, *-ge-*, *h* → ***raten***) ***j-m von etw ~*** déconseiller qc à qn; '**~räumen** (*sép*, *-ge-*, *h*) *Tisch* débarrasser; *nach dem Essen* desservir (la table); *Schutt* deblayer; '**~reagieren** (*sép*, *pas de -ge-*, *h*) ***sich ~*** se défouler (***an*** sur)

'**abrechn|en** (*sép*, *-ge-*, *h*) faire les comptes; *abziehen* déduire; *fig* ***mit j-m ~*** régler ses comptes avec qn; '**≗ung** *f* (-; *-en*) règlement *m* de comptes (*a fig*); '**≗ungszeitraum** *m* (-[*e*]*s*; *≃e*) terme *m* de liquidation

'**Abreise** *f* (-; *-n*) départ *m*; '**≗n** (*sép*, *-ge-*, *sn*) partir (***nach*** pour *od* à)

'**abreißen** (*irr*, *sép*, *-ge-*, → ***reißen***) **1.** (*h*) arracher; *Haus* démolir; **2.** (*sn*) *abgehen* se déchirer; *aufhören* cesser, s'arrêter

'**abrichten** (*sép*, *-ge-*, *h*) *Tiere* dresser

'**abriegeln** (*sép*, *-ge-*, *h*) *Straße* bloquer; barrer

'**Abriss** *m* (*-es*; *-e*) *Buch* précis *m*; abrégé *m*; *kurzer Überblick* esquisse *f*; *e-s Hauses* démolition *f*

'**ab|rücken** (*sép*, *-ge-*, *sn*) s'écarter, s'éloigner (***von*** de); *mil* partir; *fig* prendre ses distances (***von etw*** de qc); '**~rufen** (*irr*, *sép*, *-ge-*, *h*, → ***rufen***) *Waren* faire livrer; *Computer* ***Daten ~*** visualiser des données; '**~runden** (*sép*, *-ge-*, *h*) arrondir

**abrupt** [ap'rupt] brusque(ment)

'**abrüst|en** (*sép*, *-ge-*, *h*) désarmer; '**≗ung** *f* (-; *sans pl*) désarmement *m*

'**abrutschen** (*sép*, *-ge-*, *sn*) glisser; *in der Kurve* déraper

**ABS** *abr* ***Antiblockiersystem*** système antiblocage

**Abs.** *abr* ***Absender*** expéditeur; ***Absatz*** alinéa

'**Absage** *f* (-; *-n*) refus *m*, réponse *f* négative; annulation *f*; '**≗n** (*sép*, *-ge-*, *h*) se décommander; *Einladung* s'excuser; ***j-m ~*** décommander qn; ***etw ~*** annuler qc

'**absägen** (*sép*, *-ge-*, *h*) scier; *fig j-n* débarquer F, limoger F

'**Absatz** *m* (-[*e*]*s*; *≃e*) *Schuh* talon *m*; *Text* alinéa *m*; *comm* vente *f*; '**~förderung** *f* promotion *f* de vente; '**~markt** *m* débouché *m*

'**abschaff|en** (*sép*, *-ge-*, *h*) abolir, supprimer; '**≗ung** (-; *sans pl*) *f* abolition *f*, suppression *f*

'**abschalten** (*sép*, *-ge-*, *h*) *Strom* couper; *Maschine* arrêter; *Radio*, *TV* éteindre; *fig* se relaxer

'**abschätz|en** (*sép*, *-ge-*, *h*) estimer, évaluer; '**~ig** méprisant, péjoratif

'**Abscheu** *m* (*-s*; *sans pl*) horreur *f* (***vor*** de), répulsion *f* (***gegen*** pour), exécration *f*; **≗lich** [ap'ʃɔʏliç] horrible, exécrable, abominable, détestable

'**ab|schicken** (*sép*, *-ge-*, *h*) expédier, envoyer; '**~schieben** (*irr*, *sép*, *-ge-*, *h*, → ***schieben***) *Schuld* rejeter (***auf*** sur); *Ausländer* expulser, refouler

**Abschied** ['apʃiːt] *m* (-[*e*]*s*; *sans pl*) adieux *m/pl*; ***~ nehmen*** prendre congé (***von*** de), faire ses adieux (à qn)

'**abschießen** (*irr*, *sép*, *-ge-*, *h*, → ***schießen***) *Flugzeug*, *Wild* abattre; *Gewehr* décharger; *Rakete* lancer

'**abschirmen** (*sép*, *-ge-*, *h*) protéger (***gegen*** contre)

'**abschlachten** (*sép*, *-ge-*, *h*) massacrer

'**Abschlag** *m* (-[*e*]*s*; *≃e*) *comm* réduction *f*, rabais *m*; '**≗en** (*irr*, *sép*, *-ge-*, *h*, → ***schlagen***) abattre; *Bitte* repousser, refuser; *Kopf* couper

**abschlägig** ['apʃlɛːgiç] négatif

'**Abschlagszahlung** *f* acompte *m*

'**Abschlepp|dienst** *m* service *m* de dépannage; '**≗en** (*sép*, *-ge-*, *h*) *auto* remorquer; *polizeilich* mettre en fourrière

'**abschließen** (*irr*, *sép*, *-ge-*, *h*, → ***schließen***) fermer à clé; *beenden* terminer, conclure, achever; ***e-n Handel ~*** conclure un marché; '**~d** final; *adv* en conclusion

'**Abschluss** *m* (*-es*; *≃e*) conclusion *f*; clôture *f*; '**~prüfung** *f* examen *m* de fin d'études

'**abschmecken** (*sép*, *-ge-*, *h*) *cuis* assaisonner

'**ab|schmieren** (*sép*, *-ge-*, *h*) *auto* graisser; faire un graissage; '**~schminken** (*sép*, *-ge-*, *h*) (***sich*** se) démaquiller

**Abschn.** *abr* ***Abschnitt*** paragraphe

'**abschneiden** (*irr*, *sép*, *-ge-*, *h*, → ***schneiden***) couper; ***j-m das Wort ~*** couper la parole à qn; ***gut*** (***schlecht***)

**~** s'en tirer bien (mal), bien (mal) réussir

**'Abschnitt** *m* (-[*e*]*s*; -*e*) *Teilstück* section *f*, tronçon *m*; *Text*≈ passage *m*, paragraphe *m*; *Kontroll*≈ talon *m*, souche *f*; *Zeit*≈ période *f*; *Kreis*≈ segment *m*; *Front*≈ secteur *m*

**'abschrauben** (*sép*, *-ge-*, *h*) dévisser

**'abschreck|en** (*sép*, *-ge-*, *h*) décourager; *pol* dissuader; *cuis* passer à l'eau froide; **'~end** repoussant; intimidant; ***~es Beispiel*** exemple *m* à ne pas suivre; **'≈ung** *pol f* (-; -*en*) dissuasion *f*; **'≈ungsstreitmacht** *mil f* force *f* de dissuasion

**'abschreib|en** (*irr*, *sép*, *-ge-*, *h*, → ***schreiben***) copier (***von*** sur); *comm* amortir; **'≈ung** *f* (-; -*en*) *comm* amortissement *m*

**'Abschrift** *f* (-; -*en*) copie *f*, duplicata *m*

**'abschürf|en** (*sép*, *-ge-*, *h*) *Haut* érafler; **'≈ung** *f* (-; -*en*) éraflure *f*

**'Abschuss** *m* (-*es*; -*¨e*) *Rakete* lancement *m*

**abschüssig** ['apʃysiç] escarpé; ***~ sein*** aller en pente

**'Abschussliste** *f fig* ***auf der ~ stehen*** être menacé

**'ab|schütteln** (*sép*, *-ge-*, *h*) secouer (*a fig*); **'~schwächen** (*sép*, *-ge-*, *h*) atténuer, affaiblir

**'abschweifen** (*sép*, *-ge-*, *sn*) s'écarter, digresser (***von*** de)

**'ab|schwellen** (*irr*, *sép*, *-ge-*, *sn*, → ***schwellen***) *méd* désenfler; **'~schwören** (*irr*, *sép*, *-ge-*, *h*, → ***schwören***) ***e-r Sache ~*** abjurer qc

**abseh|bar** ['apze:ba:r] prévisible; ***in ~er Zeit*** dans un proche avenir; **'~en** (*irr*, *sép*, *-ge-*, *h*, → ***sehen***) *Folgen* prévoir; ***das Ende von etw ~*** voir la fin de qc; *fig* ***von etw ~*** *verzichten* renoncer à qc; *nicht beachten* faire abstraction de qc; ***es ab(ge)sehen*** (***haben***) ***auf*** viser à; ***davon abgesehen*** à part cela

**abseits** ['apzaits] à l'écart, à part; *Sport* hors-jeu

**'absend|en** (*irr*, *sép*, *-ge-*, *h*, → ***senden***) envoyer, expédier; **'≈er** *m* (-*s*; -) expéditeur *m*; **'≈erin** *f* (-; -*nen*) expéditrice *f*

**'absetz|bar** déductible; **'~en** (*sép*, *-ge-*, *h*) *Last*, *Fahrgast* déposer; *Glas* poser; *Hut*, *Brille* ôter; *entlassen* destituer, révoquer; *verkaufen* vendre, écouler, placer; *Film* retirer de l'écran; *von der Steuer* déduire (des impôts); ***sich ~*** filer; *géol* se déposer; ***ohne abzusetzen*** sans faire de pause; **'≈ung** *f* (-; -*en*) *Entlassung* destitution *f*, révocation *f*; *vom Spielplan* retrait *m*; *von der Steuer* déduction *f*

**'Absicht** *f* (-; -*en*) intention *f*; **'≈lich** intentionnel; *adv* à dessein, exprès

**'absitzen** (*irr*, *sép*, *-ge-*, → ***sitzen***) **1.** (*sn*) descendre de cheval; **2.** (*h*) *Strafe* purger

**absolut** [apzo'lu:t] absolu

**absolvieren** [apzɔl'vi:rən] ***sein Studium ~*** faire ses études

**ab'sonderlich** bizarre

**'absondern** (*sép*, *-ge-*, *h*) isoler, séparer; *méd* sécréter

**ab|sorbieren** [apzɔr'bi:rən] (*pas de ge-*, *h*) absorber; **'~speisen** (*sép*, *-ge-*, *h*) *fig* ***j-n mit leeren Worten ~*** payer qn de belles paroles

**'abspeichern** *EDV* (*sép*, *-ge-*, *h*) sauvegarder

**abspenstig** ['apʃpɛnstiç] ***j-m die Freundin ~ machen*** prendre l'amie à qn

**'absperr|en** (*sép*, *-ge-*, *h*) fermer, barrer; **'≈ung** *f* (-; -*en*) barrage *m*

**'ab|spielen** (*sép*, *-ge-*, *h*) *Platte*, *Band* passer; Sport faire une passe; ***sich ~*** se passer, se dérouler; **'≈sprache** *f* (-; -*n*) accord *m*; ***in ~ mit*** en accord avec; **'~sprechen** (*irr*, *sép*, *-ge-*, *h*, → ***sprechen***) ***etw ~*** convenir de qc; ***sich ~*** s'arranger, se mettre d'accord; ***j-m die Fähigkeit ~ zu ...*** dénier à qn la faculté de ...; **'~springen** (*irr*, *sép*, *-ge-*, *sn*, → ***springen***) sauter; **'≈sprung** *m* (-[*e*]*s*; *¨e*) saut *m*

**'abstamm|en** (*sép*, *sn*) descendre (***von*** de); **'≈ung** *f* (-; *sans pl*) origine *f*, descendance *f*, souche *f*

**'Abstand** *m* (-[*e*]*s*; *¨e*) distance *f*, intervalle *m* (*a zeitlich*); *fig* ***mit ~*** de loin

**ab|statten** ['apʃtatən] (*sép*, *-ge-*, *h*) ***j-m e-n Besuch ~*** rendre visite à qn; **'~stauben** (*sép*, *-ge-*, *h*) épousseter; *fig* chiper

**'abstech|en** (*irr*, *sép*, *-ge-*, *h*, → ***stechen***) contraster (***gegen, von*** avec); **'≈er** *m* (-*s*; -) crochet *m* (***nach*** jusqu'à)

**'abstecken** (*sép*, *-ge-*, *h*) jalonner, tracer

**'absteigen** (*irr, sép, -ge-, sn,* → ***steigen***) descendre; ***in e-m Hotel ~*** descendre dans un hôtel

**'abstell|en** (*sép, -ge-, h*) *auto* garer; *Gepäck* déposer; *Maschinen* arrêter; *Gas, Wasser, Strom* couper; *Heizung, Radio* fermer; *Missstände* supprimer; **'⁀gleis** *n* voie *f* de garage (*a fig*); **'⁀platz** *m* aire *f* de stationnement; **'⁀raum** *m* débarras *m*

**'abstempeln** (*sép, -ge-, h*) *Briefmarke* oblitérer; *fig j-n* étiqueter (***zu*** comme)

**'absterben** (*irr, sép, -ge-, sn,* → ***sterben***) dépérir; *Baum* se dessécher; *Bein* s'engourdir; *Motor* caler

**Abstieg** ['apʃtiːk] *m* (-[*e*]*s*; *-e*) descente *f*; *fig* déclin *m*

**'abstimm|en** (*sép, -ge-, h*) accorder, harmoniser; *wählen* voter (***über etw*** qc); **'⁀ung** *f* (-; *-en*) vote *m*, scrutin *m*

**Abstinenz** [apsti'nɛnts] *f* abstinence *f*

**'Abstoß** *m* (-[*e*]*s*; *⸚e*) *Fußball* coup *m* de pied de but; **'⁀en** (*irr, sép, -ge-, h,* → ***stoßen***) pousser; *anwidern* dégoûter, repousser; *verkaufen* vendre; **'⁀end** répugnant, repoussant, dégoûtant

**abstrakt** [ap'strakt] abstrait

**'ab|streifen** (*sép, -ge-, h*) *Schuhe etc* enlever; *fig Sorgen* se débarrasser de; **'~streiten** (*sép, -ge-, h,* → ***streiten***) contester, nier

**'Abstrich** *m* (-[*e*]*s*; *-e*) *Abzug* réduction *f*; *méd* prélèvement *m*, frottis *m*; ***~e machen*** en rabattre

**'abstuf|en** (*sép, -ge-, h*) graduer, nuancer; **'⁀ung** *f* (-; *-en*) gradation *f*

**'abstumpfen** (*sép, -ge-, sn*) *Gefühle* s'émousser; *Mensch* s'abrutir

**'Absturz** *m* (-[*e*]*s*; *⸚e*) chute *f* (*a aviat*); *tech* arrêt *m*

**'ab|stürzen** (*sép, -ge, sn*) faire une chute, tomber à pic; *aviat* s'abattre; *tech* s'arrêter; **'~suchen** (*sép, -ge-, h*) ***etw ~*** fouiller qc

**absurd** [ap'zurt] absurde

**Abszess** *méd* [aps'tsɛs] *m* (*-es*; *-e*) abcès *m*

**Abt** [apt] *m* (-[*e*]*s*; *⸚e*) abbé *m*

**Abt.** *abr* ***Abteilung*** département; subdivision

**Abtei** [ap'tai] *f* (-; *-en*) abbaye *f*

**Ab'teil** [ap'tail] *n* (-[*e*]*s*; *-e*) *Bahn* compartiment *m*; **'⁀en** (*sép, -ge-, h*) diviser; *abtrennen* séparer; **~ung** *f* (-; *-en*) division *f*, section *f*; *Firma* service *m*, département *m*; *Kaufhaus* rayon *m*; *mil* détachement *m*; **~ungsleiter** *m Kaufhaus* chef *m* de rayon; *Büro* chef *m* de service

**'abtöten** (*sép, -ge-, h*) *Bakterien* tuer; *Gefühl* étouffer

**'abtragen** (*irr, sép, -ge-, h,* → ***tragen***) *Erde* déblayer; *Kleider* user; *Schuld* payer, rembourser

**'abtreib|en** (*irr, sép, -ge-,* → ***treiben***) **1.** (*h*) *Frau* se faire avorter; **2.** (*sn*) *aviat, mar* dériver; **'⁀ung** *f* (-;*-en*) avortement *m*; ***e-e ~ vornehmen*** provoquer un avortement

**'abtrennen** (*sép, -ge-, h*) détacher, séparer

**'abtret|en** (*irr, sép, -ge-,* → ***treten***) **1.** (*sn*) *vom Amt* se retirer; **2.** (*h*) *überlassen* céder (***j-m etw*** qc à qn); ***die Füße ~*** décrotter ses chaussures; **'⁀ung** *f* (-;*-en*) cession *f*

**'abtrocknen** (*sép, -ge-, h*) essuyer

**abtrünnig** ['aptrynɪç] infidèle

**'ab|tun** (*irr, sép, -ge-, h,* → ***tun***) *Vorschlag etc* passer sur; **'~wägen** (*wog ab, abgewogen, h*) peser, considérer; **'~wählen** ***j-n ~*** destituer qn par un vote; **'~wälzen** (*sép, -ge-, h*) *Schuld* rejeter (***auf*** sur); **'~wandeln** (*sép, -ge-, h*) changer, modifier; **'~wandern** (*sép, -ge-, sn*) émigrer (***nach*** vers), partir (pour)

**'Abwärme** *tech f* (-; *sans pl*) chaleur *f* perdue

**'abwarten** (*sép, -ge-, h*) attendre; **'~d** ***sich ~ verhalten*** rester dans l'expectative

**abwärts** ['apvɛrts] vers le bas, en bas

**Abwasch** ['apvaʃ] *m* (-[*e*]*s*; *sans pl*) vaisselle *f*; **'⁀bar** lavable; **'⁀en** (*irr, sép, -ge-, h* → ***waschen***) laver; *Geschirr* faire la vaisselle

**'Abwasser** *n* (*-s*; *⸚*) eaux *f/pl* usées; **'~aufbereitung** *f* (-; *sans pl*) traitement *m* des eaux usées

**'abwechs|eln** (*sép, -ge-, h*) alterner (***mit*** avec); *Personen* ***sich ~*** se relayer; **'~elnd** alternativement, à tour de rôle; **'⁀lung** *f* (-; *-en*) changement *m*, diversion *f*, variété *f*; ***zur ~*** pour changer; **'~lungsreich** varié; *Leben* mouvementé

'**Abweg** *m* (-[*e*]*s*; -*e*) *fig* ***auf ~e geraten*** s'écarter du bon *od* droit chemin *od* de la bonne voie; '**≈ig** ***~e Ansicht*** opinion *f* erronée
'**Abwehr** *f* (-; *sans pl*) défense *f*; '**≈en** (*sép*, *-ge-*, *h*) *Angriff* repousser; *Stoß* parer; '**~kräfte** *méd f/pl* pouvoir *m* défensif (de l'organisme); '**~stoffe** *méd m/pl* anticorps *m/pl*
'**abweich|en** (*irr*, *sép*, *-ge-*, *sn*, → ***weichen***) *vom Thema*, *Kurs* s'écarter, dévier (***von*** de); *sich unterscheiden* différer (***von*** de); *Meinungen* ***voneinander ~*** diverger; ***von der Wahrheit ~*** s'écarter de la vérité; '**~end** différent, divergent; '**≈ung** *f* (-; -*en*) écart *m*; divergence *f*; déviation *f*
'**abweis|en** (*irr*, *sép*, *-ge-*, *h*, → ***weisen***) repousser, refuser; *Besucher* renvoyer; '**~end** *Miene* de refus
'**ab|wenden** (*irr*, *sép*, *-ge-*, *h*, → ***wenden***) détourner; ***sich ~ von*** se détourner de; ***Unheil ~*** conjurer le malheur; '**~werfen** (*irr*, *sép*, *-ge-*, *h*, → ***werfen***) *Flugblätter*, *Bomben* lancer, jeter; *Laub etc* perdre, se dépouiller de; *Reiter* désarçonner; *Gewinn* rapporter
'**abwert|en** (*sép*, *-ge-*, *h*) *Währung* dévaluer; *geringschätzen* déprécier; '**≈ung** *f* (-; -*en*) dévaluation *f*
**abwesen|d** ['apveːzənt] absent; '**≈heit** *f* (-; *sans pl*) absence *f*
'**ab|wickeln** (*sép*, *-ge-*, *h*) dérouler; *durchführen* exécuter; *Geschäft* liquider; '**~wischen** (*sép*, *-ge-*, *h*) essuyer
'**Abwurf** *m* (-[*e*]*s*; ⸚*e*) lancement *m*
'**abwürgen** F (*sép*, *-ge-*, *h*) *Motor* caler; *fig Diskussion* étouffer
'**abzahlen** (*sép*, *-ge-*, *h*) payer à tempérament *od* par versements échelonnés
'**abzählen** (*sép*, *-ge-*, *h*) compter
'**Abzeichen** *n* (-*s*; -) insigne *m*
'**abzeichnen** (*sép*, *-ge-*, *h*) dessiner, copier; *Schriftstück* parapher; ***sich ~*** se dessiner, se profiler, s'annoncer
'**abziehen** (*irr*, *sép*, *-ge-*, → ***ziehen***) **1.** (*h*) *entfernen* retirer; *math* soustraire; *Betrag* déduire; *kopieren* tirer; **2.** (*sn*) *Rauch* sortir, s'échapper; *Gewitter* s'éloigner; *Truppen* se retirer; F *Person* s'en aller, partir
**abzocken** ['aptsɔkən] *v/t* (*sép*, *-ge-*, *h*) F plumer
'**Abzug** *m* (-[*e*]*s*, ⸚*e*) *Truppen* retrait *m*; *comm* déduction *f*, décompte *m*; *Foto* épreuve *f*; *Gewehr* détente *f*, gâchette *f*
**abzüglich** ['aptsyːkliç] déduction faite de, moins
**abzweig|en** ['aptsvaigən] (*sép*, *-ge-*, *v/i sn*) *Weg* bifurquer; (*v/t h*) *Geld* prélever (***von*** sur); '**≈ung** *f* (-; -*en*) bifurcation *f*, embranchement *m*
**ach** [ax] ***~!*** ah!; *klagend* hélas!; ***~ so!*** ah bon!; ***~ was!*** *überrascht* vraiment?; *gleichgültig* bof!; ***mit ≈ und Krach*** tant bien que mal; à grand-peine
**Achse** ['aksə] *f* (-; -*en*) *auto* essieu *m*; *math* axe *m*; ***immer auf ~ sein*** F être toujours en vadrouille
**Achsel** ['aksəl] *f* (-; -*n*) aisselle *f*; ***die ~n zucken*** hausser les épaules
**acht** [axt] *Zahl* huit; ***in ~ Tagen*** dans une semaine
**Acht** *f* ***~ geben*** faire attention (***auf*** à); *Aufmerksamkeit* ***außer ~ lassen*** négliger; ***sich in ~ nehmen*** prendre garde, faire attention (***vor*** à)
'**achte** huitième
**Achtel** ['axtəl] *n* (-*s*; -) huitième *m*
**achten** ['axtən] (*h*) estimer, respecter; ***~ auf*** faire attention à; ***darauf ~, dass …*** faire attention à ce que (+ *subj*)
**ächten** ['ɛçtən] (*h*) proscrire
'**achtgeben** → ***Acht***
'**achtlos** *adj* négligent
'**Achtung** *f* (-; *sans pl*) *Hoch≈* estime *f*, respect *m*; *Vorsicht* attention *f*; ***~ Stufe!*** attention à la marche!
'**acht|zehn** dix-huit; '**~zig** ['axtsiç] quatre-vingts; '**≈ziger** *m* (-*s*; -), '**≈zigerin** *f* (-; -*nen*) octogénaire *m*, *f*
**ächzen** ['ɛçtsen] (*h*) gémir
**Acker** ['akər] *m* (-*s*; ⸚) champ *m*; '**~bau** *m* agriculture *f*; '**~land** *n* (-[*e*]*s*; *sans pl*) terres *f/pl* cultivées; '**≈n** ['akərn] (*h*) labourer; *fig.* F travailler d'arrache-pied
**a. d.** *abr* ***an der*** (*bei Ortsnamen*) sur le *bzw* la
**a. D.** *abr* ***außer Dienst*** en retraite
**ADAC** [aːdeːaːˈtseː] *m* (-; *sans pl*) Automobile-Club *m* d'Allemagne
**addieren** [aˈdiːrən] (*pas de -ge-*, *h*) additionner
**Adel** ['aːdəl] *m* (-*s*; *sans pl*) noblesse *f*
**ad(e)lig** ['aːd(ə)liç] noble; **≈e** ['aːd(ə)ligə] *m*, *f* (-*n*; -*n*) noble *m*, *f*

**adeln** ['aːdəln] (*h*) anoblir; *fig.* ennoblir
**Ader** ['aːdər] *f* (-;-*n*) veine *f*; *Schlag*♀ artère *f*; *Kabel* fil *m*
**Adler** *zo* ['aːdlər] *m* (-*s*;-) aigle *m*
**Admiral** [atmi'raːl] *m mar* (-*s*, ⸚*e*) amiral *m*
**ADN** *m hist DDR abr* ***Allgemeiner Deutscher Nachrichtendienst*** Agence générale allemande d'information
**adoptieren** [adɔp'tiːrən] (*pas de -ge-, h*) adopter
**Adoptiv|eltern** [adɔp'tiːfʔ-] *pl* parents *m/pl* adoptifs; **~kind** *n* enfant *m* adoptif
**Adr.** *abr* ***Adresse*** adresse
**Adressat** [adrɛ'saːt] *m* (-*en*; -*en*) destinataire *m*
**Adressbuch** [a'drɛs-] *n* bottin *m*
**Adresse** [a'drɛsə] *f* (-;-*n*) adresse *f*
**adressieren** [adrɛ'siːrən] (*pas de -ge-, h*) *Brief* mettre l'adresse sur; *richten an* adresser (à)
**Adria** ['aːdriɑ] ***die ~, das ~tische Meer*** l'Adriatique *f*, la mer Adriatique
**Affäre** [a'fɛːrə] *f* (-;-*n*) affaire *f*
**Affe** *zo* ['afə] *m* (-*n*; -*n*) singe *m*
**Affekt** [a'fɛkt] *m* (-[*e*]*s*; -*e*) émotion *f*, passion *f*; **~handlung** *f* acte *m* passionnel; **♀iert** [-'tiːrt] affecté, maniéré
**affig** ['afiç] maniéré; ridicule
**Afghanistan** [af'gaːnɪstaːn] *n* l'Afghanistan *m*
**Afrika** ['afrika] *n* (-*s*; *sans pl*) l'Afrique *f*
**Afrikan|er** [afri'kaːnər] *m* (-*s*;-) Africain *m*; **~erin** *f* (-; -*nen*) Africaine *f*; **♀isch** africain
**After** ['aftər] *m* (-*s*;-) anus *m*
**AG** [aː'geː] *comm f* (-; -*s*) SA (société *f* anonyme)
**Ägäis** [ɛ'gɛːis] ***die ~, das Ägäische Meer*** la mer Égée
**Agent** [a'gɛnt] *m* (-*en*; -*en*) agent *m*; **~ur** [-'tuːr] *f* (-; -*en*) agence *f*
**Aggress|ion** [agrɛ'sjoːn] *f* (-; -*en*) agression *f*; **♀iv** [-'siːf] agressif
**Agitator** [agi'taːtɔr] *pol m* (-*s*; -*en*) agitateur *m*
**Agrar|land** [a'graːr-] *n* pays *m* agricole; **~markt** *m* marché *m* agricole
**Ä'gypt|en** [ɛ'gyptən] *n* (-*s*; *sans pl*) l'Égypte *f*; **~er** *m* (-*s*; -), **~erin** *f* (-; -*nen*) Égyptien *m*, -ne *f*; **♀isch** égyptien
**ähneln** ['ɛːnəln] (*h*) ***j-m*** (***e-r Sache***) **~** ressembler à qn (à qc)
**ahnen** ['aːnən] (*h*) se douter de, pressentir
**Ahnen** ['aːnən] *pl* aïeux *m/pl*, ancêtres *m/pl*
**ähnlich** ['ɛːnliç] ressemblant; semblable, pareil; ***j-m ~ sehen*** *od* ***sein*** ressembler à qn; *fig* ***das sieht ihm ~*** ça lui ressemble tout à fait; **'♀keit** *f* (-; -*en*) ressemblance *f*
**Ahnung** ['aːnuŋ] *f* (-; -*en*) *Vorgefühl* pressentiment *m*; *Vorstellung* idée *f*; ***keine ~!*** aucune idée!; **'♀slos** sans se douter de rien; **'~slosigkeit** *f* (-; *sans pl*) ignorance *f*
**Ahorn** *bot* ['aːhɔrn] *m* (-*s*; -*e*) érable *m*
**Ähre** *bot* ['ɛːrə] *f* (-; -*n*) épi *m*
**Aids** *méd* [eids] *n* sida *m*; **'♀krank** malade de sida
**Akade'mie** [akadə'miː] *f* (-; -*n*) académie *f*; **~mitglied** *n* académicien *m*, -ne *f*
**Aka'dem|iker** [aka'deːmikər] *m* (-*s*; -), **~ikerin** *f* (-; -*nen*) personne *f* ayant un grade universitaire; **♀isch** universitaire; *lebensfern* académique
**Akazie** *bot* [a'kaːtsjə] *f* acacia *m*
**akklimatisieren** [aklimati'ziːrən] (*pas de -ge-, h*) ***sich ~*** s'acclimater
**Ak'kord** [a'kɔrt] *m* (-[*e*]*s*; -*e*) *mus* accord *m*; ***im ~ arbeiten*** travailler à la tâche, aux pièces; **~arbeit** *f* travail *m* à la tâche, aux pièces; **~lohn** *m* salaire *m* à la tâche, aux pièces
**Akro'bat** [akro'baːt] *m* (-*en*; -*en*), **~in** *f* (-; -*nen*) acrobate *m*, *f*
**Akt** [akt] *m* (-[*e*]*s*; -*e*) acte *m*; *Kunst* nu *m*
**Akte** ['aktə] *f* (-; -*n*) dossier *m*, pièce *f*, document *m*; *fig* ***zu den ~n legen*** classer; considérer comme réglé
**'Akten|deckel** *m* chemise *f*; **'~koffer** *m* attaché-case *m*; **'~notiz** *f* aide-mémoire *m*; **'~ordner** *m* classeur *m*; **'~schrank** *m* classeur *m*; **'~tasche** *f* serviette *f*; porte-documents *m*; **'~zeichen** *n* référence *f od* numéro *m* du dossier
**Aktie** *écon* ['aktsjə] *f* (-; -*n*) action *f*; **'~ngesellschaft** *f* société *f* anonyme *od* par actions; **'~nmarkt** *m* marché *m* d'actions; **'~nmehrheit** *f* majorité *f* des actions
**Aktion** [ak'tsjoːn] *f* (-; -*en*) *pol* action *f*;

*Werbe*2, *Spenden*2 campagne *f*; *mil*, *Rettungs*2 opération *f*

**Aktio'när** [aktsjo'nɛːr] *m* (*-s*; *-e*), **~in** *f* (-; *-nen*) actionnaire *m*, *f*

**aktiv** [ak'tiːf] actif; *Handelsbilanz* excédentaire; *Offizier* d'active; **~ieren** [-i'viːrən] (*pas de ge-*, *h*) activer; **2ität** [-ivi'tɛːt] *f* (-; *-en*) activité *f*

**aktuell** [aktu'ɛl] actuel, d'actualité

**A'kust|ik** [a'kustik] *f* (-; *sans pl*) acoustique *f*; **2isch** acoustique; *Gedächtnis* auditif

**akut** [a'kuːt] *méd* aigu; *Problem* urgent; *Gefahr* imminent

**Akzent** [ak'tsɛnt] *m* (-[*e*]*s*; *-e*) accent *m*; **2uieren** [-u'iːrən] (*pas de ge-*, *h*) accentuer

**akzep|tabel** [aktsɛp'taːbəl] acceptable; **~'tieren** (*pas de ge-*, *h*) accepter

**Alarm** [a'larm] *m* (-[*e*]*s*; *-e*) alerte *f*, alarme *f*; ***blinder ~*** fausse alerte; ***~ schlagen*** donner l'alarme *od* l'alerte; **~anlage** *f* dispositif *m* d'alarme; **2'ieren** (*pas de ge-*, *h*) alerter; *beunruhigen* alarmer

**Albanien** [al'bɑːniən] *n* l'Albanie *f*

**albern** ['albərn] niais, sot, inepte; **'2heit** *f* (-; *-en*) niaiserie *f*, sottise *f*, ineptie *f*

**'Albtraum** *m* cauchemar *m*

**Al'geri|en** [al'geːrjən] *n* (*-s*; *sans pl*) l'Algérie *f*; **~er** *m* (*-s*; -), **~erin** *f* (-; *-nen*) Algérien *m*, -ne *f*; **2sch** [-iʃ] algérien

**Algier** ['alʒiːr] *n* Alger

**Alkohol** ['alkohol] *m* (-[*e*]*s*; *-e*) alcool *m*; **2frei** [-'hoːl-] sans alcool; *Getränk* non alcoolisé; **~iker** [-'hoːlikər] *m* (*-s*; -), **~ikerin** *f* (-; *-nen*) alcoolique *m*, *f*; **2isch** [-'hoːliʃ] alcoolique; **~ismus** [-'lismus] *m* (-; *sans pl*) alcoolisme *m*; **'~test** *m* alcootest *m*

**All** [al] *n* (*-s*; *sans pl*) univers *m*; *Weltraum* espace *m*

**alle** ['alə] *alleinstehend* tous [tus], toutes; tout le monde; *mit subst* tous les, toutes les; ***wir ~*** nous tous; ***~ beide*** tous les deux; ***~ zwei Jahre*** tous les deux ans; ***auf ~ Fälle*** en tous cas; ***ein für ~ Mal*** une fois pour toutes; F ***... ist ~*** il n'y a plus de …; → *a* ***alles***

**Allee** [a'leː] *f* (-; *-n*) allée *f*; *Straße* avenue *f*

**allein** [a'lain] seul; ***~ der Gedanke*** la seule pensée; ***von ~*** tout seul; → ***alleinstehend***

**Al'leingang** *Sport* ***im ~*** en solitaire; *fig* ***e-n ~ machen*** faire cavalier seul

**al'leinig** exclusif

**Al'leinsein** *n* solitude *f*

**al'leinstehend** *Person* seul; *Haus* isolé

**allemal** ['alə'maːl] *adv auf jeden Fall* F à tous les coups; à coup sûr

**'allenfalls** à la rigueur, tout au plus

**'aller|...** *in Zssgn* le plus … de tous; **'~'beste** le meilleur de tous; **'~dings** à vrai dire, à la vérité; bien sûr

**Allerg|ie** [alɛr'giː] *f* (-; *-n*) allergie *f* (***gegen*** à); **2isch** [a'lɛrgiʃ] allergique (***gegen*** à)

**'aller|hand** F pas mal de, toutes sortes de; ***das ist ja ~!*** c'est un peu fort!; *bewundernd* il faut le faire!; **2'heiligen** *n* la Toussaint; **'~lei** toutes sortes de; **'~letzt** le tout dernier; ***zu ~*** en tout dernier lieu; **'~liebst** ravissant; ***am ~en mögen*** préférer par-dessus tout; **'~nächst** ***in ~er Zeit*** dans un avenir très proche; **2'nötigste** ***das ~*** le strict minimum; **'~seits** ***guten Morgen ~!*** bonjour à tous!; **'~wenigst** ***am ~en*** moins que tout autre

**alles** ['aləs] tout; ***~ Gute!*** meilleurs vœux!, bonne chance!; ***~ in allem*** tout bien considéré; ***vor allem*** avant tout, surtout

**'alle|samt** tous ensemble; **'~zeit** toujours, en tout temps

**allg.** *abr* ***allgemein*** général(ement)

**allgemein** ['algə'main] général; ***im 2en*** en général; ***~ gültig*** → ***allgemeingültig***; ***~ verständlich*** à la portée de tous; **2arzt** *m* généraliste *m*/*f*; **2bildung** *f* culture *f* générale; **~gültig** universellement valable; **2heit** *f* (-; *sans pl*) public *m*, tout le monde; **~verständlich** → ***allgemein***

**Allheilmittel** [-'hail-] *n* (*-s*; -) remède *m* universel, panacée *f*

**Allianz** [ali'ants] *f* (-; *-en*) alliance *f*

**Alliierte** [ali'iːrtə] *m* (*-n*; *-n*) allié *m*; ***die ~n*** *pl* les alliés *m*/*pl*

**all|'jährlich** annuel(lement); **'2macht** *f* (-; *sans pl*) toute-puissance *f*; **~'mächtig** tout-puissant; **~'mählich** graduel; *adv* peu à peu; **'2radantrieb** *auto m* traction *f* toutes roues motrices; **'2tag** *m* vie *f* quotidienne; **~'täglich** quotidien; *fig a* ordinaire, banal;

**~'wissend** omniscient; **'~zu, ~** ***sehr, ~ viel*** trop

**Alm** [alm] *f* (-; *-en*) alpage *m*

**Almosen** ['almo:zən] *n* (-*s*; -) aumône *f*

**Alpen** ['alpən] *pl* Alpes *f/pl*

**Alpha'bet** [alfa'be:t] *n* (-*s*; -*e*) alphabet *m*; **Ձisch** (par ordre) alphabétique

**alpin** [al'pi:n] alpin

**'Alptraum** *m* → ***Albtraum***

**als** [als] *zeitlich* quand, lorsque; *nach Komparativ* que (*vor Zahlen* de); *in der Eigenschaft* ~ comme, en tant que; ~ ***ob*** comme si; ~ ***ich einmal ...*** un jour que je ...; ***mehr ~ zwei Jahre*** plus de deux ans; ~ ***Freund*** en ami

**also** ['alzo:] *folgernd* donc, par conséquent; *einleitend* alors

**alt** [alt] vieux (vieille); *Mensch a* âgé; *ehemalig* ancien; ***wie ~ bist du?*** quel âge as-tu?; ***ich bin 15 Jahre ~*** j'ai quinze ans; ~ ***werden*** vieillir

**Alt** *mus m* (-*s*; *sans pl*) contralto *m*

**Altar** [al'ta:r] *m* (-[*e*]*s*; ⸚*e*) autel *m*

**'alt|backen** rassis; **'~bekannt** connu depuis longtemps; **'Չeisen** *n* ferraille *f*

**'Alte** *m*, *f* (-*n*, -*n*) vieux *m*, vieille *f*; ***die ~n*** les vieux *m/pl*; **'~nheim** *n* maison *f* de retraite

**'Alter** *n* (-*s*, *sans pl*) âge *m*; *hohes* vieillesse *f*; ***im ~ von*** à l'âge de

**älter** ['ɛltər] plus âgé; ***mein ~er Bruder*** mon frère aîné; ***ein ~er Herr*** un monsieur d'un certain âge

**altern** ['altərn] vieillir

**alternativ** [altɛrna'ti:f] alternatif; **Չe** [-'ti:və] *f* (-; -*n*) alternative *f*

**'Alters|diskriminierung** *f* (-; *sans pl*) discrimination *f* des personnes âgées; **'~erscheinung** *f* signe *m* de vieillesse; **'~grenze** *f* limite *f* d'âge; **'~heim** *n* maison *f* de retraite; **'~rente** *f* retraite *f*; **'Չschwach** *Person* sénile; *Gegenstand* vieux, délabré; **'~versorgung** *f* caisse *f* de prevoyance-vieillesse; **'~vorsorge** *f* ***private ~*** assurance *f* vieillesse complémentaire

**Alter|tum** ['altərtu:m] *n* (-[*e*]*s*; *sans pl*) Antiquité *f*; (-; ⸚*er*) antiquité(s) *f*; **'Չtümlich** antique, archaïque

**'Alt|glas** *n* (-*es*; *sans pl*) verre *m* recyclable; **'~glascontainer** *m* conteneur *m*, container *m* à verre; **'Չklug** précoce; **'~lasten** *f/pl* déchets *m/pl* toxiques; **'~lastensanierung** *f* réhabilitation *f* des déchets toxiques; **'~metall** *n* ferraille *f*; **'Չmodisch** démodé, passé de mode; **'~papier** *n* papier *m* à recycler; **'~stadt** *f* cité *f*, vieille ville *f*; **'~stadtsanierung** *f* assainissement *m*; **'~warenhändler** *m* brocanteur *m*

**Aluminium** [alu'mi:njum] *n* (-*s*; *sans pl*) aluminium *m*

**am** [am] → ***an***; ~ ***Knie*** au genou; ~ ***Anfang*** (***Ende***) au commencement (à la fin); ~ ***Abend*** (***Morgen***) le soir (matin); ~ ***1. Mai*** le premier mai; ~ ***Himmel*** dans le ciel; ~ ***Leben*** en vie; ~ ***schnellsten*** le plus vite

**a. M.** *abr* ***am Main*** sur-le-Main

**Amateur** [ama'tø:r] *m* (-*s*; -*e*) amateur *m*

**Amazonas** [ama'tso:nas] ***der ~*** l'Amazone *m*

**ambulan|t** [ambu'lant] *méd* ***~e Behandlung*** traitement *m* qui ne nécessite pas d'hospitalisation; **Չz** [-'lants] *f* (-; -*en*) dispensaire *m*; *auto* ambulance *f*

**Ameise** *zo* ['a:maizə] *f* (-; -*n*) fourmi *f*; **'~nhaufen** *m* fourmilière *f*

**Amerika** [a'me:rika] *n* (-*s*; *sans pl*) l'Amérique *f*; **~ner** [ameri'ka:nər] *m* (-*s*; -), **~nerin** *f* (-; -*nen*) Américain *m*, -e *f*; **Չnisch** [-'ka:niʃ] americain

**Amnestie** [amnɛs'ti:] *f* (-; -*n*) amnistie *f*

**Ampel** ['ampəl] *f* (-; -*n*) feux *m/pl* (de signalisation)

**Ampu|tation** [amputa'tsjo:n] *f* (-; -*en*) amputation *f*; **Չ'tieren** (*pas de ge-*, *h*) amputer

**Amsel** *zo* ['amzəl] *f* (-; -*n*) merle *m*

**Amt** [amt] *n* (-[*e*]*s*; ⸚*er*) *Dienststelle* office *m*, service *m*, bureau *m*; *Tätigkeit* fonction *f*, charge *f*; ***Auswärtiges ~*** ministère *m* des Affaires étrangères; **Չieren** [am'ti:rən] (*pas de ge-*, *h*) être en fonction(s); **'Չlich** officiel

**'Amts|arzt** *méd m* médecin *m* assermenté; **'~geheimnis** *n* secret *m* professionnel; **'~gericht** *n* tribunal *m* de première instance; **'~missbrauch** *m* abus *m* de pouvoir; **'~zeichen** *tél n* tonalité *f* (avant de composer le numéro); **'~zeit** *f* **1.** *jur* magistrature *f*; **2.** période *f* d'activité

**amü|sant** [amy'zant] amusant; **~'sieren** (*pas de ge-*, *h*) amuser; ***sich ~*** s'amuser (***über*** de)

**an** [an] **1.** *prép* (*wo? dat*; *wohin? acc*) à; *géogr* sur; ***von ... ~*** à partir de, dès; ***Paris ~ 9.10*** Paris arrivée 9 heures 10; ***~ der Wand*** au mur; ***~ Weihnachten*** à Noël; ***~ e-m Sonntagmorgen*** un dimanche matin; ***~ seiner Stelle*** à sa place; ***sterben ~*** mourir de; ***Mangel ~*** manque de; **2.** *adv* ***das Licht ist ~*** la lumière est allumée; → *a* ***am***

**Analphabet** ['an(ʔ)alfabe:t] *m* (*-en, -en*) illettré *m*, analphabète *m*

**Analys|e** [ana'ly:zə] *f* (-; *-n*) analyse *f*; **2ieren** [-ly'zi:rən] (*pas de ge-*, *h*) analyser

**Anarchie** [anar'çi:] *f* (-; *-n*) anarchie *f*

**Anatom|ie** [anato'mi:] *f* (-; *-n*) anatomie *f*; **2isch** [-'to:miʃ] anatomique

**'anbahnen** (*sép*, *-ge-*, *h*) ***sich ~*** se préparer, s'esquisser

**'Anbau** *m* (-[*e*]*s*; *sans pl*) *agr* culture *f*; *arch* annexe *f*; **'2en** (*sép*, *-ge-*, *h*) *agr* cultiver; *arch* ajouter (***an*** à); **'~möbel** *n/pl* meubles *m/pl* à éléments

**'an|behalten** (*irr*, *sép*, *h*, → ***behalten***) garder; **~bei** [-'bai] *comm* ci-joint, ci-inclus; **'~beißen** (*irr*, *sép*, *-ge-*, *h*, → ***beißen***) mordre; **'~beten** (*sép*, *-ge-*, *h*) adorer

**'Anbetracht** *m* ***in ~*** en considération de, vu, étant donné

**'anbetteln** (*sép*, *-ge-*, *h*) ***j-n um etw ~*** mendier qc auprès de qn

**an|biedern** ['anbi:dərn] (*sép*, *-ge-*, *h*) ***sich ~*** vouloir se faire bien voir (***bei*** par); **'~bieten** (*irr*, *sép*, *-ge-*, *h*, → ***bieten***) offrir; ***sich ~*** se proposer (***als*** comme); **'2bieter** *m* (*-s*; -) offrant *m*; **'~binden** (*irr*, *sép*, *-ge-*, *h*, → ***binden***) attacher (***an*** à)

**'Anblick** *m* (-[*e*]*s*; *-e*) aspect *m*, vue *f*; *Bild* spectacle *m*; ***beim ~ von*** à la vue de; **'2en** (*sép*, *-ge-*, *h*) regarder

**'an|brechen** (*irr*, *sép*, *-ge-*, → ***brechen***) **1.** (*h*) *Flasche etc* entamer; *Knochen* fêler; **2.** (*sn*) *beginnen* commencer; *Tag* se lever, *Nacht* tomber; **'~brennen** (*irr*, *sép*, *-ge-*, *sn*, → ***brennen***) *Essen* brûler; *Milch* attacher; **'~bringen** (*irr*, *sép*, *-ge-*, *h*, → ***bringen***) *herbeibringen* apporter; *festmachen* poser; *a Bitte* placer

**'Anbruch** *m* (-[*e*]*s*; *sans pl*) ***~ des Tages*** lever *m* du jour; ***~ der Nacht*** tombée *f* de la nuit

**'anbrüllen** (*sép*, *-ge-*, *h*) F ***j-n ~*** engueuler qn, crier *od* pester contre qn

**andächtig** ['andɛçtiç] recueilli, attentif

**'andauern** (*sép*, *-ge-*, *h*) durer, continuer, persister; **'~d** continuel, persistant; *adv* continuellement, sans cesse

**Anden** ['andən] *pl* ***die ~*** les Andes *f/pl*

**'Andenken** *n* (*-s*; -) mémoire *f*, souvenir *m*

**andere** ['andərə] autre; ***mit ~n Worten*** en d'autres termes; ***am ~n Morgen*** le lendemain matin; ***etwas ~s*** autre chose; ***nichts ~s als*** rien d'autre que; ***unter ~m*** entre autres; **~rseits** ['andərər'zaits] d'autre part

**ändern** ['ɛndərn] (*h*) changer, modifier; ***sich ~*** changer

**andernfalls** autrement, sinon

**anders** ['andərs] autrement; ***jemand*** (***niemand***) ***~*** quelqu'un (personne) d'autre; ***~ werden*** changer; ***~ sein*** être différent (***als*** de); **'~wo**, **'~wohin** ailleurs, autre part

**anderthalb** ['andərt'halp] un et demi

**'Änderung** *f* (-; *-en*) changement *m*, modification *f*

**'andeut|en** (*sép*, *-ge-*, *h*) indiquer; laisser entendre; ***j-m ~ dass ...*** faire comprendre à qn que ...; **'2ung** *f* (-; *-en*) indication *f*; allusion *f*

**Andorra** [an'dɔra] *n* l'Andorre *f*

**'Andrang** *m* (-[*e*]*s*; *sans pl*) affluence *f*; foule *f*

**'an|drehen** (*sép*, *-ge-*, *h*) *Radio*, *Gas* ouvrir; *Radio a* allumer; F *fig* ***j-m etw ~*** refiler qc à qn; **'~drohen** (*sép*, *-ge-*, *h*) ***j-m etw ~*** menacer qn de qc; **'~eignen** ['anʔ-] (*sép*, *-ge-*, *h*) ***sich etw ~*** s'approprier qc; *Kenntnisse* assimiler qc

**aneinander** [anʔai'nandər] l'un à (*od* près de) l'autre; ***~ denken*** penser mutuellement l'un à l'autre; → ***aneinandergeraten***

**anei'nandergeraten** (*irr*, *sép*, *sn*, → ***geraten***) se disputer

**anekeln** ['anʔ-] (*sép*, *-ge-*, *h*) dégoûter, écœurer

**anerkannt** ['anʔ-] reconnu

**'anerkenn|en** (*irr*, *sép*, *h*, → ***erkennen***) reconnaître (***als*** pour); *lobend* apprécier; *jur* légitimer; **'2ung** *f* (-; *sans pl*) reconnaissance *f*

**'anfahren** (*irr*, *sép*, *-ge-*, → ***fahren***) **1.** *v/i* (*sn*) *auto* demarrer; **2.** *v/t* (*h*) *Baum etc* accrocher, tamponner, entrer en collision avec; *fig* ***j-n ~*** apostropher qn, rabrouer qn

**'Anfall** *m* (-[*e*]*s*; ⸚*e*) *méd* attaque *f*, crise *f*, *a fig* accès *m*; **'2en** (*irr*, *sép*, *-ge-*, → ***fallen***) **1.** *v/t* (*h*) attaquer, assaillir; **2.** *v/i* (*sn*) être produit

**anfällig** ['anfɛliç] *méd* de santé délicate; *Gerät* sensible; **'2keit** *f* (-; *sans pl*) fragilité *f*, faiblesse *f*

**'Anfang** *m* (-[*e*]*s*; ⸚*e*) commencement *m*, début *m*; ***von ~ an*** dès le début; **'2en** (*irr*, *sép*, *-ge-*, *h*, → ***fangen***) commencer (***zu*** à; ***mit*** par); ***~ zu*** *a* se mettre à

**Anfänger** ['anfɛŋər] *m* (-*s*; -), **'~in** *f* (-; -*nen*) débutant *m*, -e *f*, commençant *m*, -e *f*

**anfangs** ['anfaŋs] au début, d'abord; **'2stadium** *n* stade *m* initial

**'anfassen** (*sép*, *-ge-*, *h*) toucher; ***mit ~*** donner un coup de main

**anfecht|bar** ['anfɛçtbaːr] contestable; **'~en** (*irr*, *sép*, *-ge-*, *h*, → ***fechten***) contester

**an|fertigen** ['anfɛrtigən] (*sép*, *-ge-*, *h*) faire, fabriquer, confectionner; **'~feuern** (*sép*, *-ge-*, *h*) *Sport* encourager, stimuler; **'~flehen** (*sép*, *-ge-*, *h*) implorer, supplier; **'~fliegen** (*irr*, *sép*, *-ge-*, *h*, → ***fliegen***) *aviat* desservir, faire escale à

**'Anflug** *m* (-[*e*]*s*; ⸚*e*) *aviat* vol *m* d'approche; *fig Spur* soupçon *m*

**'anforder|n** (*sép*, *-ge-*, *h*) demander, exiger, réclamer; **'2ung** *f* (-; -*en*) demande *f*; *pl* exigences *f/pl*

**'Anfrage** *f* demande *f*; *pol* interpellation *f*; **'2n** (*sép*, *-ge-*, *h*) demander (***bei*** à)

**an|freunden** ['anfrɔyndən] (*sép*, *-ge-*, *h*) ***sich ~*** se lier d'amitié (***mit j-m*** avec qn); ***sich mit etw ~*** s'habituer à qc

**'anführ|en** (*sép*, *-ge-*, *h*) *Gruppe* mener, conduire; *nennen* citer, mettre en avant, alléguer; *betrügen* duper, tromper; **'2er** *m* (-*s*; -), **2erin** *f* (-; -*nen*) chef *m*, meneur *m*; **'2ungszeichen** *n/pl* guillemets *m/pl*

**'Angabe** *f* (-; -*n*) indication *f*; *tech* donnée *f*; F *Aufschneiderei* vantardise *f*, crânerie *f* F; ***nähere ~n*** précisions *f/pl*

**'angeb|en** (*irr*, *sép*, *-ge-*, *h*, → ***geben***) indiquer, donner, declarer; F *aufschneiden* se vanter, crâner F; ***genau (-er) ~*** préciser; **'2er** *m* (-*s*; -), **'2erin** *f* (-; -*nen*) vantard *m*, -e *f*, crâneur *m*, -euse *f*; **'~lich** ['-pliç] prétendu; *adv* à ce qu'on dit, soi-disant

**'angeboren** inné; *méd* congénital

**'Angebot** *n* (-[*e*]*s*; -*e*) offre *f*; ***~ und Nachfrage*** l'offre et la demande

**angebracht** ['angəbraxt] convenable, approprié, opportun

**'angehen** (*irr*, *sép*, *-ge-*, *sn*, → ***gehen***) *Licht* s'allumer; *betreffen* regarder, concerner; ***das geht dich nichts an!*** ça ne te regarde pas!

**'angehör|en** (*sép*, *h*) faire partie de; **'2ige** ['-igə] *m*, *f Familie* proche parent *m*, -e *f*; *Mitglied* membre *m*; ***seine ~n*** sa famille; ***die nächsten ~n*** les proches parents

**Angeklagte** ['angəklaːktə] *m*, *f* (-*n*; -*n*) accusé *m*, -e *f*

**Angel** ['aŋəl] *f* (-; -*n*) *Tür2* gond *m*; *Fisch2* ligne *f*; canne *f* à pêche

**'Angelegenheit** *f* (-; -*en*) affaire *f*

**'angelernt *~er Arbeiter*** ouvrier spécialisé

**'Angelhaken** *m* hameçon *m*

**angeln** ['aŋəln] **1.** (*h*) pêcher à la ligne; *fig* F pêcher; **2.** 2 *n* (-*s*; *sans pl*) pêche *f* à la ligne

**'Angel|punkt** *m fig* pivot *m*; **'~rute** *f* canne *f* à pêche

**'Angel|sachsen** *m/pl* Anglo-Saxons *m/pl*; **'2sächsisch** anglo-saxon

**'an|gemessen** convenable, approprié; **'~genehm** agréable; ***das 2e mit dem Nützlichen verbinden*** joindre l'utile à l'agréable; **'~genommen *~*, (*dass*) ...** à supposer que (+ *subj*); **'~geregt** animé; **'~gesehen** considéré, estimé

**'angesichts** *prép* (*gén*) face à, en présence de, étant donné

**Angestellte** ['angəʃtɛltə] *m*, *f* (-*n*; -*n*) employé *m*, -e *f*; ***leitender ~r*** cadre *m* (supérieur); **'~nversicherung** *f* assurance *f* des employés

**'an|getrunken** (légèrement) ivre; **'~gewiesen *~ sein auf*** dépendre de; **'~gewöhnen** (*sép*, *h*) ***j-m etw ~*** accoutumer qn à qc; ***sich etw ~*** prendre l'habitude de faire qc

**'Angewohnheit** *f* (-; -*en*) habitude *f*

**'angleichen** (*irr*, *sép*, *-ge-*, *h*, → ***gleichen***) assimiler

**'angreif|bar** attaquable; **'~en** (*irr*, *sép*,

-*ge-*, *h*, → ***greifen***) attaquer (*a fig*); '**²er** *m* (*-s*; -) agresseur *m*; *Sport* attaquant *m*
'**angrenzend** avoisinant, limitrophe
'**Angriff** *m* (-[*e*]*s*; *-e*) attaque *f* (***auf*** contre); agression *f*; ***zum ~ übergehen*** passer à l'attaque; *fig* ***in ~ nehmen*** attaquer; '**²slustig** agressif
**Angst** [aŋst] *f* (-; ⸚*e*) peur *f* (***vor*** de); ***aus ~ vor*** de *od* par peur de; ***ich habe ~*** *od* ***mir ist*** **²** j'ai peur; ***j-m ~ einjagen*** faire peur à qn; '**~hase** *m* F poule *f* mouillée, froussard *m*
'**ängst|igen** ['ɛŋstigən] (*h*) (***sich*** s') inquiéter; '**~lich** craintif, peureux, anxieux, inquiet; '**²lichkeit** *f* (-; *sans pl*) anxiété *f*; timidité *f*
'**angucken** (*sép*, *-ge-*, *h*) regarder
**Anh.** *abr* ***Anhang*** appendice
'**anhaben** (*irr*, *sép*, *-ge-*, *h*, → ***haben***) *Kleider* porter, être vêtu de; *fig* ***j-m nichts ~ können*** ne pouvoir rien faire contre qn
'**anhalten** (*irr*, *sép*, *-ge-*, *h*, → ***halten***) *j-n*, *etw* arrêter; *Atem* retenir; *stehen bleiben* s'arrêter; *andauern* durer; '**~d** persistant, continu
'**Anhalter** *m* (*-s*; -), '**~in** *f* (-; *-nen*) (auto-)stoppeur *m*, -euse *f*; ***per ~ fahren*** faire de l'auto-stop, faire du stop
'**Anhaltspunkt** *m* point *m* de repère
**anhand** [an'hant] ***~ von*** à l'aide de
'**Anhang** *m* (-[*e*]*s*; ⸚*e*) *Buch* appendice *m*; *Verwandte* famille *f*; progéniture *f*; *Anhänger* partisans *m*/*pl*
'**anhäng|en** (*irr*, *sép*, *-ge-*, *h*, → ***hängen***) accrocher, atteler; *hinzufügen* rajouter; *fig* ***j-m etw ~*** attribuer qc à qn; '**²er**[1] *m* (*-s*; -) *Wagen* remorque *f*; *Schmuck* pendentif *m*; '**²er**[2] *m* (*-s*, -), '**²erin** *f* (-; *-nen*) partisan *m*, adhérent *m*, -e *f*, adepte *m*, *f*; *begeisterter* fana(tique) *m*, *f*, fan *m*; *Sport a* supporter *m*; '**~lich** dévoué, fidèle
'**anhäufen** (*sép*, *-ge-*, *h*) amasser, accumuler
'**an|heben** (*irr*, *sép*, *-ge-*, *h*, → ***heben***) *Last* soulever; *Preis* augmenter, relever; '**~heften** (*sép*, *-ge-*, *h*) attacher (***an*** à)
**an'heimstellen** (*sép*, *-ge-*, *h*) ***j-m etw ~*** s'en remettre à qn de qc
'**anheuern** (*sép*, *-ge-*, *h*) ***j-n ~*** engager qn
'**Anhieb** ***auf ~*** du premier coup, d'emblée
'**Anhöhe** *f* (-; *-n*) colline *f*, hauteur *f*
'**anhören** (*sép*, *-ge-*, *h*) écouter; ***sich ~*** *klingen* sonner (***wie*** comme); ***sich etw ~*** écouter qc; ***etw mit ~*** entendre qc
**animieren** [ani'miːrən] (*pas de ge-*, *h*) encourager, inciter, entraîner
**Ank.** *abr* ***Ankunft*** arrivée
'**ankämpfen** (*sép*, *-ge-*, *h*) lutter (***gegen*** contre)
'**Ankauf** *m* (-[*e*]*s*; ⸚*e*) achat *m*
'**Anker** *mar* ['ankər] *m* (*-s*; -) ancre *f*; ***vor ~ gehen*** jeter l'ancre; '**²n** (*h*) mouiller
'**Anklage** *f* (-; *-n*) accusation *f*, inculpation *f*; '**²n** (*sép*, *-ge-*, *h*) ***j-n wegen etw ~*** accuser qn de qc
'**Ankläger** *m* (*-s*; -), '**~in** *f* (-; *-nen*) accusateur *m*, -trice *f*
'**anklammern** (*sép*, *-ge-*, *h*) ***sich ~*** se cramponner (***an*** à)
'**Anklang** *m* (-[*e*]*s*; ⸚*e*) ***~ finden*** être bien accueilli (***bei*** par), avoir du succès (auprès de)
'**ankleben** (*sép*, *-ge-*, *h*) coller; *Plakat* afficher
'**ankleiden** (*sép*, *-ge-*, *h*) habiller, vêtir; ***sich ~*** s'habiller
'**anklicken** *EDV* (*sép*, *-ge-*, *h*) cliquer sur
'**an|klopfen** (*sép*, *-ge-*, *h*) frapper (à la porte); '**~knipsen** (*sép*, *-ge-*, *h*) *Licht* allumer, ouvrir
'**anknüpfen** (*sép*, *-ge-*, *h*) nouer; *Gespräch* engager, entamer; ***Beziehungen ~*** entrer en relations (***zu*** avec); ***an etw ~*** partir de qc
'**ankommen** (*irr*, *sép*, *-ge-*, *sn*, → ***kommen***) arriver; *Anklang finden* avoir du succès (***bei*** auprès de); ***es kommt darauf an zu …*** il importe de …; ***das kommt*** (***ganz***) ***darauf an*** cela dépend; ***es kommt auf euch an*** cela dépend de vous; ***es darauf ~ lassen*** courir le risque
'**ankündig|en** (*sép*, *-ge-*, *h*) annoncer; '**²ung** *f* (-; *-en*) annonce *f*
**Ankunft** ['ankunft] *f* (-; *sans pl*) arrivée *f*
'**ankurbeln** (*sép*, *-ge-*, *h*) *Wirtschaft etc* relancer, redresser, encourager
**Anl.** *abr* ***Anlage*** pièce jointe

**'Anlage** *f* (-; -*n*) *Kapital* placement *m*, investissement *m*; *Bau* construction *f*; *tech* installation *f*; *Veranlagung* talent *m*, disposition *f*; *Anordnung* arrangement *m*; *zu e-m Brief* pièce *f* jointe; ***öffentliche ~n*** jardins *m/pl* publics; ***sanitäre ~n*** installations *f/pl* sanitaires; **'~berater** *m* fiduciaire *m*; **'~kapital** *n* capital *m* immobilisé

**Anlass** ['anlas] *m* (-*es*; ⸚*e*) *Gelegenheit* occasion *f*; *Grund* cause *f*, raison *f*, motif *m*; ***~ geben zu …*** donner lieu à

**'anlass|en** (*irr*, *sép*, -*ge*-, *h*, → ***lassen***) *Motor* faire démarrer; *Licht*, *TV*, *Radio etc* laisser allumé; *Kleidung* garder (sur soi); ***sich gut ~*** s'annoncer *od* se présenter bien, promettre; **'2er** *m* (-*s*; -) *auto* démarreur *m*

**anlässlich** ['anlɛsliç] *prép* (*gén*) à l'occasion de

**'Anlauf** *m* (-[*e*]*s*; ⸚*e*) *Sport* élan *m*; **'2en** (*irr*, *sép*, -*ge*-, → ***laufen***) **1.** *v/t* (*h*) *mar Hafen* faire escale à, toucher; **2.** *v/i* (*sn*) *beginnen* démarrer; *Scheibe* se couvrir de buée; *Spiegel* se ternir

**'anlege|n** (*sép*, -*ge*-, *h*) poser, mettre (***an*** contre); *Verband* appliquer; *Straße* aménager; *Liste* dresser; *Geld* placer, investir; *Schiff* accoster (***an etw*** qc), aborder (à, dans); ***sich mit j-m ~*** chercher la dispute avec qn; **'2platz** *m*; **'2stelle** *f mar* débarcadère *m*, embarcadère *m*

**'anlehnen** (*sép*, -*ge*-, *h*) *Tür* laisser entrouvert; **(*sich*) *an etw ~*** (s')appuyer contre qc; *fig* ***sich ~ an*** s'inspirer de

**Anleihe** *écon* ['anlaiə] *f* (-; -*n*) emprunt *m*

**'anleit|en** (*sép*, -*ge*-, *h*) diriger, instruire; **'2ung** *f* (-; -*en*) instructions *f/pl*, directives *f/pl*

**'Anlieg|en** *n* (-*s*; -) désir *m*, demande *f*; **'~er** *m* (-*s*; -) riverain *m*

**'anlocken** (*sép*, -*ge*-, *h*) attirer

**Anm.** *abr* ***Anmerkung*** remarque; note

**'anmachen** (*sép*, -*ge*-, *h*) *befestigen* attacher; *Licht etc* allumer, ouvrir; *Salat* assaisonner; *Mädchen* F brancher

**anmaß|en** ['anma:sən] (*sép*, -*ge*-, *h*) ***sich etw ~*** s'arroger qc; **'~end** arrogant, prétentieux; **'2ung** *f* (-; -*en*) arrogance *f*

**'Anmeldeformular** *n* formulaire *m* de demande d'inscription

**'anmeld|en** (*sép*, -*ge*-, *h*) *Besuch* annoncer; ***sich ~*** *zur Teilnahme* se faire inscrire, s'inscrire; *beim Arzt* prendre rendez-vous; **'2ung** *f* (-; -*en*) inscription *f*; *behördliche* déclaration *f*

**'anmerk|en** (*sép*, -*ge*-, *h*) remarquer; ***man merkt ihm an, dass …*** on remarque *od* voit que …; ***sich nichts ~ lassen*** ne rien laisser paraître; **'2ung** *f* (-; -*en*) remarque *f*; *Fußnote* annotation *f*

**'Anmut** *f* (-; *sans pl*) grâce *f*, charme *m*; **'2ig** gracieux, charmant

**annäher|nd** ['annɛ:ərnt] approximatif; **'2ung** *f* (-; -*en*) approche *f*; *fig* rapprochement *m*; **'2ungsversuche** *m/pl* avances *f/pl*

**Annahme** ['anna:mə] *f* (-; *sans pl*) *e-s Vorschlags etc* acceptation *f*; *e-s Kindes* adoption *f*; *Vermutung* supposition *f*, hypothèse *f*; **'~stelle** *f* réception *f*

**'annehm|bar** acceptable; passable; **'~en** (*irr*, *sép*, -*ge*-, *h*, → ***nehmen***) accepter; *vermuten* supposer; ***sich j-s*** **(*e-r Sache*) *~*** se charger de qn (de qc); **'2lichkeiten** *f/pl* commodités *f/pl*, agréments *m/pl*

**annektieren** [anɛk'ti:rən] (*pas de ge*-, *h*) annexer

**Annonc|e** [a'nõ:sə] *f* (-; -*n*) annonce *f*; **2ieren** [-'si:rən] (*pas de ge*-, *h*) passer *od* mettre une annonce (dans le journal)

**anonym** [ano'ny:m] anonyme

**Anorak** ['anorak] *m* anorak *m*

**anordn|en** ['anʔ-] (*sép*, -*ge*-, *h*) arranger, disposer; *befehlen* ordonner; **'2ung** *f* (-; -*en*) arrangement *m*, disposition *f*; *Befehl* ordre *m*

**'anpacken** (*sép*, -*ge*-, *h*) *Problem* aborder, s'attaquer à; ***j-n hart ~*** traiter qn durement; ***mit ~*** donner un coup de main

**'anpass|en** (*sép*, -*ge*-, *h*) adapter; ***sich j-m*** **(*e-r Sache*) *~*** s'adapter à qn (à qc); **'2ung** *f* (-; -*en*) adaptation *f*; **'~ungsfähig** souple

**'an|pflanzen** (*sép*, -*ge*-, *h*) planter; **'~pöbeln** (*sép*, -*ge*-, *h*) F ***j-n ~*** interpeller grossièrement qn; **'~prangern** (*sép*, -*ge*-, *h*) mettre au pilori, dénoncer; **'~preisen** (*irr*, *sép*, -*ge*-, *h*, → ***preisen***) vanter, faire l'éloge de; **'~probieren** (*sép*, *pas de ge*-, *h*) essayer

**Anrainer** ['anrainər] *m* (*-s*; -) riverain *m*
'**an|raten** (*irr*, *sép*, *-ge-*, *h*, → ***raten***) ***j-m etw ~*** conseiller qc à qn; '**~rechnen** (*sép*, *-ge-*, *h*) compter; ***j-m etw hoch ~*** savoir gré de qc à qn
'**Anrecht** *m* (-[*e*]*s*; *-e*) droit *m*; ***ein ~ haben auf*** avoir droit à
'**Anrede** *f* (-; *-n*) formule *f* de politesse; titre *m*; '**Ωn** (*sép*, *-ge-*, *h*) ***j-n ~*** adresser la parole à qn, aborder qn; appeler qn
'**anreg|en** (*sép*, *-ge-*, *h*) exciter; *méd* stimuler; *Appetit* ouvrir, aiguiser; *vorschlagen* suggérer; '**Ωung** *f* (-; *en*) excitation *f*; *Vorschlag* suggestion *f*
'**Anreise** *f* (-; *-n*) voyage *f*; *Hinreise* aller *m*; *Ankunft* arrivée *f*
'**Anreiz** *m* (*-es*; *-e*) stimulant *m*, attrait *m*, encouragement *m*
'**anrichten** (*sép*, *-ge-*, *h*) *Speisen* préparer, dresser; *Schaden* provoquer, causer
**anrüchig** ['anryçıç] louche, mal famé
'**Anruf** *tél m* (-[*e*]*s*; *-e*) appel, coup de téléphone, F coup de fil; '**~beantworter** *tél m* répondeur *m* automatique; '**Ωen** (*irr*, *sép*, *-ge-*, *h*, → ***rufen***) *tél* appeler (***j-n*** qn)
'**anrühren** (*sép*, *-ge-*, *h*) toucher (à); *Farbe etc* délayer
**Ansage** ['anza:gə] (-; *-n*) annonce *f*; '**Ωn** (*sép*, *-ge-*, *h*) annoncer; '**~r** *m* (*-s*; -), '**~rin** *f* (-; *-nen*) *Radio*, *TV* speaker *m*, speakerine *f*; *Veranstaltung* présentateur *m*, -trice *n*
'**ansammeln** (*sép*, *-ge-*, *h*) (***sich ~*** s')amasser, (s')accumuler
**ansässig** ['anzɛsiç] domicilié; *seit langem* établi
'**Ansatz** (*-es*; *⸚e*) *Beginn* début *m*; *Versuch* essai *m*; '**~punkt** *m* point *m* de départ *od* d'attaque
'**anschaff|en** (*sép*, *-ge-*, *h*) acquérir, acheter; '**Ωung** *f* (-; *-en*) acquisition *f*
'**anschau|en** (*sép*, *-ge-*, *h*) regarder; '**~lich** expressif, palpable, concret; '**Ωung** *f* (-; *-en*) conception *f*, point *m* de vue, opinion *f*, manière *f* de voir
'**Anschein** *m* (-[*e*]*s*; *sans pl*) apparence *f*; '**Ωend** *adv* apparemment
'**Anschlag** *m* (-[*e*]*s*; *⸚e*) *Zettel* affiche *f*; *pol* attentat *m*; *Schreibmaschine* frappe *f*; *mus* toucher *m*; '**~brett** *n*, '**~tafel** *f* tableau *m* d'affichage; '**Ωen** (*irr*, *sép*, *-ge-*, *h*, → ***schlagen***) afficher; *Saite* toucher; *Kopf* cogner; *Hund* aboyer; '**~säule** *f* colonne *f* d'affichage, colonne *f* Morris
'**anschließen** (*irr*, *sép*, *-ge-*, *h*, → ***schließen***) *Kabel*, *Gerät* brancher (***an*** sur); *Schlauch* raccorder (à); *fig* rattacher (à); ***sich ~*** *folgen* suivre (***an etw*** qc); ***sich j-m ~*** se joindre à qn; *j-s Meinung* se ranger à l'avis de qn; '**~d** suivant; *Zimmer* voisin, contigu; *adv* ensuite, après
'**Anschluss** *m* (*-es*; *⸚e*) *Verkehr* correspondance *f*; *tech* branchement *m*, raccordement *m*; *tél* abonnement *m*; *tél Verbindung* communication *f*; *pol* rattachement *m* (***an*** à); ***im ~ an*** à la suite de; *fig* ***~ finden*** se faire des relations; '**~flug** *m* ligne *f* de correspondance; '**~zug** *m* train *m* de correspondance
'**anschmiegen** (*sép*, *-ge-*, *h*) ***sich an j-n ~*** se blottir contre qn
'**anschnall|en** (*sép*, *-ge-*, *h*) ***sich ~*** attacher sa ceinture (de sécurité); '**Ωpflicht** *f* port *m* de la ceinture obligatoire
'**an|schnauzen** *f* (*sép*, *-ge-*, *h*) F engueuler, enguirlander, rabrouer; '**~schneiden** (*irr*, *sép*, *-ge-*, *h*, → ***schneiden***) entamer (*a fig*); '**~schreien** (*irr*, *sép*, *-ge-*, *h*, → ***schreien***) ***j-n ~*** crier contre *od* après qn
'**Anschrift** *f* (-; *-en*) adresse *f*
**anschuldigen** ['anʃuldigən] (*sép*, *-ge-*, *h*) ***j-n ~*** accuser *od* inculper qn (***wegen etw*** de qc)
'**an|schwärzen** (*sép*, *-ge-*, *h*) *fig* dénigrer; '**~schwellen** (*irr*, *sép*, *-ge-*, *sn*, → ***schwellen***) *méd* enfler; *Stimme etc* s'enfler
'**anseh|en** (*irr*, *sép*, *-ge*, *h*, → ***sehen***) regarder; ***sich e-n Film ~*** voir un film; ***j-n*** (***etw***) ***~ als*** considérer *od* regarder qn (qc) comme; '**Ωen** *n* (*-s*; *sans pl*) réputation *f*, prestige *m*, estime *f*; '**~nlich** ['anze:nliç] de belle apparence; *beträchtlich* considérable
'**ansetzen** (*sép*, *-ge-*, *h*) poser (***an*** à); *Termin* fixer; *anfügen* rajouter (***an*** à); *beginnen* commencer, s'apprêter (***zu etw*** à faire qc); ***Fett ~*** engraisser; *aviat* ***zur Landung ~*** amorcer l'atterrissage
'**Ansicht** *f* (-; *-en*) *Bild* vue *f*; *Meinung* opinion *f*, avis *m*; ***meiner ~ nach*** à

mon avis; ***ich bin der ~, dass …*** je suis d'avis que …; *comm* ***zur ~*** pour examen

'**Ansichts|karte** *f* carte *f* postale; '**~sache** *f* affaire *f* d'opinion *od* de goût

'**ansied|eln** (*sép*, *-ge-*, *h*) établir; '**2ler** *m* (*-s*; -) colon *m*

'**anspann|en** (*sép*, *-ge-*, *h*) *Seil etc* tendre; ***alle seine Kräfte ~, um zu …*** faire tous ses efforts pour …; '**2ung** *f* (-; *-en*) *fig* tension *f*

'**anspiel|en** (*sép*, *-ge-*, *h*) ***auf etw ~*** faire allusion à qc; '**2ung** *f* (-; *-en*) allusion *f*

'**Ansporn** *m* (-[*e*]*s*; *sans pl*) stimulant *m*; '**2en** (*sép*, *-ge-*, *h*) stimuler, aiguillonner

'**Ansprache** *f* (-; *-n*) allocution *f*

'**ansprechen** (*irr*, *sép*, *-ge-*, *h*, → ***sprechen***) ***j-n ~*** adresser la parole à qn, aborder qn; *j-m gefallen* plaire à qn; '**~d** agréable, plaisant, séduisant

'**anspringen** (*irr*, *sép*, *-ge-*, *sn*, → ***springen***) *Motor* démarrer

'**Anspruch** *m* (-[*e*]*s*; *¨-e*) *Recht* droit *m* (***auf***); *Forderung* prétention *f*, exigence *f*; ***~ haben auf*** avoir droit à; ***Ansprüche erheben auf*** avoir des prétentions sur; ***in ~ nehmen*** *Versicherung etc* avoir recours à; *j-n* occuper; *Zeit* prendre; '**2slos** peu exigeant; '**2svoll** exigeant, prétentieux

**Anstalt** ['anʃtalt] (-; *-en*) établissement *m*, institution *f*

'**Anstand** *m* (-[*e*]*s*; *sans pl*) bienséance *f*, savoir-vivre *m*, décence *f*

**anständig** ['anʃtɛndiç] décent, honnête

'**anstandslos** sans difficulté; sans hésitation

**anstatt** [an'ʃtat] *prép* (*gén*) au lieu de

'**ansteck|en** (*sép*, *-ge-*, *h*) attacher; *Ring* mettre; *Zigarette* allumer; *méd* infecter, contaminer; '**~end** contagieux (*a fig*); '**2ung** *f* (-; *-en*) contagion *f* (*a fig*), infection *f*, contamination *f*

'**anstehen** (*irr*, *sép*, *-ge-*, *h*, → ***stehen***) *Schlange stehen* faire la queue; *Problem* être en suspens

'**ansteigen** (*irr*, *sép*, *-ge-*, *sn*, → ***steigen***) monter

**an'stelle** *prép* ***~ von*** (*od gén*) à la place de

'**anstell|en** (*sép*, *-ge-*, *h*) *Arbeitskräfte* employer, engager, embaucher; *Gerät* faire marcher; *Radio*, *TV* allumer, ouvrir; ***sich ~*** faire la queue; ***sich geschickt*** (***dumm***) ***~*** s'y prendre bien (mal); ***stell dich nicht so an!*** ne fais pas tant de manières!; '**2ung** *f* (-; *-en*) *Stelle* emploi *m*

**Anstieg** ['anʃtiːk] *m* (-[*e*]*s*; *-e*) montée *f*

'**anstift|en** (*sép*, *-ge-*, *h*) inciter (***zu*** à); '**2ung** *f* (-; *-en*) incitation *f*

'**anstimmen** (*sép*, *-ge-*, *h*) entonner

'**Anstoß** *m* (*-es*; *¨-e*) *Impuls* impulsion *f*; *Fußball* coup *m* d'envoi; ***~ erregen*** scandaliser *od* choquer (***bei j-m*** qn); ***~ nehmen an*** être choqué par; '**2en** (*irr*, *sép*, *-ge-*, *sn*, → ***stoßen***) heurter *od* cogner (***an etw*** qc); (*h*) *mit den Gläsern* trinquer; ***auf j-n*** *od* ***etw ~*** boire à la santé de qn; F arroser qc

**anstößig** ['anʃtøːsiç] choquant, indécent

'**anstrahlen** (*sép*, *-ge-*, *h*) *Gebäude* illuminer; ***j-n ~*** regarder qn d'un air rayonnant

'**anstreich|en** (*irr*, *sép*, *-ge-*, *h*, → ***streichen***) peindre; *Fehler* marquer; '**2er** *m* (*-s*; -) peintre *m* (en bâtiment)

**anstreng|en** ['anʃtrɛŋən] (*sép*, *-ge-*, *h*) fatiguer; ***sich ~*** s'efforcer (***zu*** de), faire un effort; *jur* ***e-n Prozess ~*** intenter un procès (***gegen*** contre); '**~end** dur, pénible, fatigant; '**2ung** *f* (-; *-en*) effort *m*, fatigue *f*

'**Ansturm** *m* (-[*e*]*s*; *¨-e*) *mil* assaut *m*; *fig* ruée *f* (***auf*** vers)

**Antarktis** [ant'ʔarktis] ***die ~*** l'Antarctique *m*

'**antasten** (*sép*, *-ge-*, *h*) toucher, porter atteinte à

'**Anteil** *m* (-[*e*]*s*; *-e*) part *f*, quote-part *f*; ***prozentualer ~*** pourcentage *m*; ***an etw ~ nehmen*** prendre part à qc; '**~nahme** *f* (-; *sans pl*) *Mitgefühl* sympathie *f*, compassion *f*; *Interesse* intérêt *m*

**Antenne** [an'tɛnə] *f* (-; *-n*) antenne *f*

**Anti|…, 2…** ['anti-] *in Zssgn* anti…; '**~alkoholiker** [-ʔalko'hoːlikər] *m* (*-s*; -) antialcoolique *m*; **~'babypille** *f* pilule *f* contraceptive; **~bi'otikum** *méd* [-bi'oːtikum] *n* (*-s*; *Antibiotika*) antibiotique *m*; **~fa'schist** [-fa'ʃist] *m* (*-en*; *-en*) antifasciste *m*

**antik** [an'tiːk] antique; *Möbel etc* ancien; **2e** [an'tiːkə] *f* (-; *sans pl*) Antiquité *f*

**Antillen** [an'tilən] *pl* ***die ~*** les Antilles *f/pl*

**Antiquar** [anti'kvaːr] *m* (*-s*; *-e*) libraire *m* d'occasion, bouquiniste *m* F; **~iat** [-ar'jaːt] *n* (-[*e*]*s*; *-e*) librairie *f* d'occasion; '**2isch** [-'kvaːriʃ] d'occasion

**Antiqui'tät** [antikvi'tɛːt] *f* (-; *-en*) antiquité *f*; **~enhändler** *m* antiquaire *m*; **~enladen** *m* commerce *m* d'antiquités

**Antrag** ['antraːk] *m* (-[*e*]*s*; *⸚e*) demande *f* (***stellen*** faire); *Formular* formulaire *m*; *Parlament* motion *f*; **~steller** ['-ʃtɛlər] *m* (*-s*; -) celui *m* qui fait une demande, requérant *m*

'**an|treffen** (*irr*, *sép*, *-ge-*, *h*, → ***treffen***) rencontrer; '**~treiben** (*irr*, *sép*, *-ge-*, *h*, → ***treiben***) faire avancer; pousser, inciter (***zu*** à); *tech* actionner; '**~treten** (*irr*, *sép*, *-ge*, *v/i* sn, → ***treten***) *mil* se mettre en rang; (*v/t*, *h*) *Erbe* recueillir; ***e-e Stellung ~*** entrer en fonctions; ***e-e Reise ~*** partir en voyage

'**Antrieb** *m* (-[*e*]*s*; *-e*) *Impuls* impulsion *f*; *tech* commande *f*, entraînement *m*; *aviat*, *mar* propulsion *f*; ***aus eigenem ~*** de sa propre initiative

'**Antritt** *m* (-[*e*]*s*; *sans pl*) *e-s Amtes* entrée *f* en fonctions; ***~ der Reise*** départ *m*

'**antun** (*irr*, *sép*, *-ge-*, *h*, → ***tun***) ***j-m Gewalt ~*** faire violence à qn; ***sich etw ~*** attenter à ses jours

**Antwerpen** [ant'vɛrpən] *n* Anvers

'**Antwort** *f* (-; *-en*) réponse *f* (***auf*** à), réplique *f*; '**2en** (*h*) répondre (***j-m*** à qn; ***auf etw*** à qc)

'**an|vertrauen** (*sép*, *pas de -ge*, *h*) ***j-m etw ~*** confier qc à qn; ***sich j-m ~*** se confier à qn; '**~wachsen** (*irr*, *sép*, *-ge-*, *sn*, → ***wachsen***) *Wurzel schlagen* prendre racine; *festwachsen* s'attacher (***an*** à); *zunehmen* s'accroître

**Anwalt** ['anvalt] *m* (-[*e*]*s*; *⸚e*) avocat *m*

'**Anwärter** *m* (*-s*; -), '**~in** *f* (-; *-nen*) candidat *m*; -e *f* (***auf*** à), postulant *m*, -e *f*, aspirant *m*, -e *f*

'**anweis|en** (*irr*, *sép*, *-ge-*, *h*, → ***weisen***) *anleiten* instruire; *befehlen* ordonner (***j-n zu*** à qn de); *zuweisen* assigner; *Geld* virer; *per Post* mandater; '**2ung** *f* (-; *-en*) *Anleitung* instruction *f*, directives *f/pl*; *Befehl* ordre *m*; *Post*2 mandat *m*

'**anwend|en** (*irr*, *sép*, *-ge-*, *h*, → ***wenden***) appliquer (***auf*** à); *verwenden* employer, utiliser; '**2ersoftware** *f* logiciel *m* d'application; '**2ung** *f* (-; *-en*) application *f*, emploi *m*, utilisation *f*

**anwesen|d** ['anveːzənt] présent; '**2heit** *f* (-; *sans pl*) présence *f*

'**anzahl|en** (*sép*, *-ge-*, *h*) verser un acompte (***100 Euro*** de 100 euros); '**2ung** *f* (-; *-en*) acompte *m*

'**Anzeichen** *n* (*-s*; -) signe *m*, indice *m*

**Anzeige** ['antsaigə] *f* (-; *-n*) *Zeitung* annonce *f*; *jur* dénonciation *f*; *EDV-Gerät* affichage *m*; ***gegen j-n ~ erstatten*** déposer (une) plainte *od* porter plainte contre qn; '**2n** (*sép*, *-ge-*, *h*) marquer, indiquer; *bei der Polizei* dénoncer (à la police)

'**anzieh|en** (*irr*, *sép*, *-ge-*, *h*, → ***ziehen***) *Kleidung* mettre; *Person* habiller; *fig fesseln* attirer, intéresser; *Bremse*, *Schraube* serrer; *Preise* monter, augmenter; ***sich ~*** s'habiller; '**~end** attrayant, attirant; '**2ungskraft** *f* attraction *f* (*a phys*)

'**Anzug** *m* (-[*e*]*s*; *⸚e*) costume *m*, complet *m*; *fig* ***im ~ sein*** s'annoncer, se préparer

**anzüglich** ['antsyːkliç] piquant, de mauvais goût

'**anzünden** (*sép*, *-ge-*, *h*) *Kerze etc* allumer; *Haus* mettre le feu à

**AOK** *f abr* ***Allgemeine Ortskrankenkasse*** caisse générale locale de maladie

**apathisch** [a'paːtiʃ] apathique

**Apenninen** [apɛ'niːnən] *géogr* ***die ~*** *pl* les Apennins *m/pl*

**Apfel** ['apfəl] *m* (*-s*; *⸚*) pomme *f*; '**~baum** *bot m* pommier *m*; '**~kuchen** *m* tarte *f* aux pommes; '**~mus** *n* compote *f* de pommes; '**~saft** *m* jus *m* de pommes; **~'sine** [-'ziːnə] *f* (-; *-n*) orange *f*; '**~strudel** [-ʃtruːdəl] *m* strudel *m* aux pommes; '**~wein** *m* cidre *m*

**Apostel** [a'pɔstəl] *m* (*-s*; -) apôtre *m*

**Apo'theke** [apɔ'teːkə] *f* (-; *-n*) pharmacie *f*; **~r** *m* (*-s*; -), **~rin** *f* (-; *-nen*) pharmacien *m*, -ne *f*

**Apparat** [apa'raːt] *m* (-[*e*]*s*; *-e*) appareil *m*; *tél*, *TV*, *Radio a* poste *m*; ***bitte bleiben Sie am ~!*** ne quittez pas!

**Appell** [a'pɛl] *m* (*-s*; *-e*) *Aufruf* appel *m* (***an*** à); *mil* rassemblement *m* pour le rapport; **≈ieren** [-'liːrən] (*pas de ge-, h*) faire appel (***an*** à)

**Appe'tit** [ape'tiːt] (-[*e*]*s*; -*e*) appétit *m*; ***guten ~*** bon appétit; ***~ haben auf*** avoir envie de; **≈lich** appétissant

**Applaus** [a'plaus] *m* (-*es*; *sans pl*) applaudissements *m/pl*

**Aprikose** [apri'koːzə] *bot f* (-; -*n*) abricot *m*

**A'pril** [a'pril] *m* (-*s*; -*e*) avril *m*; **~scherz** *m* poisson *m* d'avril

**Aquarell** [akva'rɛl] *n* (-*s*; -*e*) aquarelle *f*

**Aquarium** [a'kvaːrium] *n* (-*s*; *Aquarien*) aquarium *m*

**Äquator** [ɛ'kvaːtɔr] *m* (-*s*; -*en*) équateur *m*

**Äquatorialguinea** [ɛkvɑːtɔri'ɑːlgineɑː] *n* la Guinée équatoriale

**Äquivalent** [ɛkvɪva'lɛnt] *n* (-[*e*]*s*; -*e*) équivalent *m*

**Ära** ['ɛːra] *f* (-; -*en*) ère *f*

**Arab|er** ['arabər] *m* (-*s*; -), '**~erin** *f* (-; -*nen*) Arabe *m, f*; **~ien** [a'raːbiən] *n* (-*s*; *sans pl*) Arabie *f*; **≈isch** [a'raːbiʃ] arabe

**Arbeit** ['arbait] *f* (-; -*en*) travail *m*; F boulot *m*; *zu schaffende* besogne *f*; ***sich an die ~ machen*** se mettre au travail; ***die ~ niederlegen*** cesser le travail; '**≈en** (*h*) travailler

'**Arbeiter** *m* (-*s*; -), '**~in** *f* (-; -*nen*) travailleur *m*, -euse *f*; *Industrie≈(in)* ouvrier *m*, -ière *f*; ***ungelernter ~*** manœuvre *m*; '**~bewegung** *f* mouvement *m* ouvrier; '**~klasse** *f* classe *f* ouvrière; '**~schaft** *f* (-; *sans pl*) ouvriers *m/pl*

'**Arbeit|geber** *m* (-*s*; -) patron *m*, employeur *m*; '**~nehmer** *m* (-*s*; -) salarié *m*

'**Arbeitsagentur** *f* agence *f* pour l'emploi

'**arbeitsam** travailleur, laborieux

'**Arbeits|amt** *n* office *m* du travail; Agence *f* nationale pour l'emploi (A.N.P.E.); '**~bedingungen** *f/pl* conditions *f/pl* de travail; '**~beschaffungsmaßnahme** *f* mesure *f* pour la création d'emplois; '**~bescheinigung** *f* certificat *m* de travail, attestation *f* d'emploi; '**~erlaubnis** *f* permis *m* de travail; '**~essen** *n* déjeuner-débat *m*; dîner *m* d'affaires; '**≈fähig** apte au travail; '**~gemeinschaft** *f* groupe *m* d'études *od* de travail; '**~gericht** *n* conseil *m* de prud'hommes; '**~kampf** *m* conflit *m* social; '**~kleidung** *f* vêtements *m/pl* de travail; '**~kraft** *f Leistung* capacité *f od potentiel m de travail*; *Person* aide *m, f*; collaborateur *m*; ***ausländische Arbeitskräfte*** main-d'œuvre *f* étrangère; '**~leistung** *f* rendement *m*; '**~lohn** *m* salaire *m*; '**≈los** sans travail, en *od* au chômage; '**~lose** *m, f* (-*n*; -*n*) chômeur *m*, -euse *f*; '**~losengeld** *n* allocation *f* (de) chômage; '**~losenversicherung** *f* assurance *f* chômage; '**~losigkeit** *f* (-; *sans pl*) chômage *m*; '**~markt** *m* marché *m* de l'emploi *od* du travail; '**~minister** *m* ministre *m* du Travail; '**~niederlegung** *f* (-; -*en*) grève *f*, arrêt *m* de travail; '**~platz** *m Stelle* emploi *m*; *Ort* lieu *m* de travail; '**~speicher** *EDV m* mémoire *f* vive; '**~tag** *m* journée *f* de travail; *Werktag* jour *m* ouvrable; '**~teilung** *f* division *f od répartition f du travail*; '**~unfähigkeit** *f* inaptitude *f* au travail; *dauernde* invalidité *f*; '**~unfall** *m* accident *m* du travail; '**~vermittlung** *f* bureau *m* de placement; '**~vertrag** *m* contrat *m* de travail; '**~weise** *f* méthode *f* de travail, façon *f* de travailler; '**~zeit** *f* heures *f/pl* de travail; '**~zeitverkürzung** *f* réduction *f* du temps de travail; '**~zimmer** *n* cabinet *m* de travail *od* d'étude, bureau *m*

**Archäologie** [arçɛolo'giː] *f* (-; *sans pl*) archéologie *f*

**Architekt** [arçi'tɛkt] *m* (-*en*; -*en*) architecte *m*; **~ur** [-'tuːr] *f* (-; -*en*) architecture *f*

**Archiv** [ar'çiːf] *n* (-*s*; -*e*) archives *f/pl*

**ARD** [aːˀɛr'deː] *f* (-; *sans pl*) Première chaîne *f* de la télévision allemande

**Ardennen** [ar'dɛnən] *pl* ***die ~*** les Ardennes *f/pl*

**Arena** [a'reːna] *f* (-; *Arenen*) arène *f*; *Manege* piste *f*

**arg** [ark] grave, gros; *sehr* très, fort

**Argen'tini|en** [argɛn'tiːnjən] *n* (-*s*; *sans pl*) l'Argentine *f*; **~er** *m* (-*s*; -), **~erin** *f* (-; -*nen*) Argentin *m*, -e *f*

**Ärger** ['ɛrgər] *m* (-*s*; *sans pl*) *Unannehmlichkeit* ennui(s) *m* (*pl*), contrariété *f*; *Unmut* dépit *m*, colère *f*; '**≈lich** *unangenehm* ennuyeux, fâcheux, embêtant F; *verärgert* fâché, en colère,

contrarié; ~ ***werden*** se fâcher; '**2n** (*h*) fâcher, contrarier, embêter F; ***sich*** ~ se mettre en colère (***über*** contre), se fâcher; '**~nis** *n* (*-ses*; *-se*) scandale *m*
'**arglos** candide, ingénu, sans malice
**Arg|wohn** ['-vo:n] *m* (*-s*; *sans pl*) soupçon(s) *m* (*pl*); '**2wöhnisch** soupçonneux
**a. Rh.** *abr* ***am Rhein*** sur-le-Rhin
**Arie** *mus* ['a:rjə] *f* air *m*
**Aristokrat** [aristo'kra:t] *m* (*-en*; *-en*), **~in** [-'kratin] *f* (*-*; *-nen*) aristocrate *m*, *f*; **~ie** [-kra'ti:] *f* (*-*; *-n*) aristocratie *f*
**Arktis** ['arktis] ***die*** ~ l'Arctique *m*
**arm** [arm] pauvre (***an*** en)
**Arm** [arm] *m* (*-[e]s*; *-e*) bras *m* (*a Fluss2*); ~ ***in*** ~ bras dessus bras dessous; *fig* ***j-n auf den*** ~ ***nehmen*** monter un bateau à qn
**Armaturenbrett** [arma'tu:rən-] *auto n* tableau *m* de bord
'**Armband** *n* bracelet *m*; '**~uhr** *f* montre-bracelet *f*
**Armee** [ar'me:] *f* (*-*; *-n*) armée *f*
**Ärmel** ['ɛrməl] *m* (*-s*; *-*) manche *f*; '**~kanal** *géogr* ***der*** ~ la Manche
**Armenien** [ar'me:niən] *n* l'Arménie *f*
**ärmlich** ['ɛrmliç] pauvre, misérable
'**armselig** misérable, pitoyable, minable
**Armut** ['armu:t] *f* (*-*; *sans pl*) pauvreté *f*
**Aroma** [a'ro:ma] *n* (*-s*; *Aromen*) arôme *m*
**arrangieren** [arɑ̃'ʒi:rən] (*pas de ge-*, *h*) arranger; ***sich*** ~ s'arranger (***mit*** avec)
**arrogant** [aro'gant] arrogant
**Arsch** [a:rʃ] *m* (*-[e]s*; *⸚e*) cul *m*; '**~loch** *n* P trou *m* du cul; *Schimpfwort* con *m*
**Art** [a:rt] *f* (*-*; *-en*) *Weise* manière *f*, façon *f*; *Gattung* espèce *f* (*a biol*), sorte *f*, genre *m*; *Beschaffenheit* nature *f*; ***auf diese*** ~ de cette façon *od* manière; ***e-e*** ~ ... une espèce de ...; ***aller*** ~ de toutes sortes
**Art.** *abr* ***Artikel*** article
**Ar'terie** [ar'te:rjə] (*-*; *-n*) artère *f*; **~nverkalkung** *méd f* (*-*; *-en*) artériosclérose *f*
**artig** ['a:rtiç] *Kind* sage, gentil
**Artischocke** *bot* [arti'ʃɔkə] *f* (*-*; *-n*) artichaut *m*
**Ar'tist** [ar'tist] *m* (*-en*; *-en*), **~in** *f* (*-*; *-nen*) artiste *m*, *f* de cirque *od* de music-hall, acrobate *m*, *f*
**Arz'nei** [arts'nai] *f* (*-*; *-en*) médicament *m*, remède *m*; **~mittel** *n* médicament *m*
**Arzt** [a:rtst] *m* (*-es*; *⸚e*) médecin *m*, docteur *m*
**Ärzt|in** ['ɛ:rtstin] *f* (*-*; *-nen*) (femme *f*) médecin *m*, doctoresse *f*; '**2lich** médical; ***~e Behandlung*** soins *m*/*pl* médicaux
**As** → ***Ass***
**Asbest** [as'bɛst] *m* (*-[e]s*; *-e*) amiante *f*
**Asche** ['aʃə] *f* (*-*; *-n*) cendre *f*
'**Aschenbecher** *m* cendrier *m*
**Ascher'mittwoch** *m* mercredi *m* des Cendres
**Asi'at** [a'zja:t] *m* (*-en*; *-en*), **~in** *f* (*-*; *-nen*) Asiatique *m*, *f*; **2isch** asiatique
**Asien** ['ɑ:ziən] *n* l'Asie *f*
**As'ket** [as'ke:t] *m* (*-en*; *-en*) ascète *m*; **2isch** ascétique
**asozial** ['azotsja:l] asocial, inadapté à la société
**Aspekt** [as'pɛkt] *m* (*-es*; *-e*) aspect *m*
**Asphal|t** [as'falt] *m* (*-s*; *-e*) asphalte *m*; **2'tieren** (*pas de ge-*, *h*) asphalter, bitumer
**Ass** [as] (*-es*; *-e*) as *m* (*a fig*)
**Ast** [ast] *m* (*-[e]s*; *⸚e*) branche *f*
**AStA** ['asta] *abr* ***Allgemeiner Studentenausschuss*** Comité général des étudiants
**Äs'theti|k** [ɛs'te:tik] *f* (*-*; *-en*) esthétique *f*; **2sch** esthétique
**Asthma** *méd* ['astma] *n* (*-s*; *sans pl*) asthme *m*; **2tisch** [-'ma:tiʃ] *méd* asthmatique
**Astro|loge** [astro'lo:gə] *m* (*-n*; *-n*), **~'login** (*-*; *-nen*) astrologue *m*, *f*; **~logie** [-lo'gi:] *f* (*-*; *sans pl*) astrologie *f*; **~naut** [-'naut] *m* (*-en*; *-en*), **~'nautin** *f* (*-*; *-nen*) astronaute *m*, *f*; **~nomie** [-no'mi:] *f* (*-*; *sans pl*) astronomie *f*
**Asyl** [a'zy:l] *n* (*-s*; *sans pl*) asile *m*; **~ant** [-'lant] *m* (*-en*; *-en*), **~bewerber** *m* demandeur *m* d'asile
**Atelier** [atə'lje:] *n* (*-s*; *-s*) studio *m*, atelier *m*
**Atem** ['a:təm] *m* (*-s*; *sans pl*) haleine *f*, souffle *m*, respiration *f*; ***außer*** ~ ***kommen*** s'essouffler; ~ ***holen*** *od* ***schöpfen*** prendre haleine, respirer; *fig* ***j-n in*** ~ ***halten*** tenir qn en haleine; '**2beraubend** qui coupe le souffle, épous-

touflant; '**~gerät** *n* respirateur *m*, appareil *m* respiratoire; '**2los** hors d'haleine; '**~pause** *f* temps *m* d'arrêt, répit *m*; '**~zug** *m* souffle *m*

**Atheismus** [ate'ismus] *m* (-; *sans pl*) athéisme *m*

**Athen** [a'te:n] *n* Athènes

**Äther** ['ɛ:tər] *m* éther *m*

**Äthiopien** [ɛ'tjo:piən] *n* l'Éthiopie *f*

**Ath'let** [at'le:t] *m* (*-en*; *-en*) athlète *m*; **2isch** athlétique

**At'lant|ik** [at'lantik] *m* (*-s*; *sans pl*) Atlantique; **2isch** atlantique; ***der 2e Ozean*** l'océan *m* Atlantique

**Atlas** ['atlas] *m* (-[*ses*]; *-se*, *Atlanten*) atlas *m*

**atmen** ['a:tmən] (*h*) respirer

**Atmosphäre** [atmɔ'sfɛ:rə] *f* (-; *-n*) atmosphère *f*; *fig a* ambiance *f*

'**Atmung** *f* (-; *sans pl*) respiration *f*

**Atom** [a'to:m] *n* (*-s*; *-e*) atome *m*; **2ar** [-'ma:r] atomique

**A'tom|bombe** *f* bombe *f* atomique; **~energie** *f* énergie *f* nucléaire; **~kern** *m* noyau *m* atomique; **~kraftwerk** *n* centrale *f* nucléaire; **~krieg** *m* guerre *f* atomique; **~müll** *m* déchets *m/pl* radioactifs; **~sperrvertrag** *m* traité *m* de non-prolifération des armes nucléaires; **~sprengkopf** *m* ogive *f od* tête *f* atomique; **~waffen** *f/pl* armes *f/pl* atomiques, engins *m/pl* nucléaires; **~wissenschaftler** *m* atomiste *m*

**Attent|at** ['atɛnta:t] *n* (-[*e*]*s*; *-e*) attentat *m*; **~äter** ['-tɛ:tər] auteur *m* d'un attentat, criminel *m*

**Attest** [a'tɛst] *n* (-[*e*]*s*; *-e*) certificat *m*, attestation *f*

**Attrak|tion** [atrak'tsjo:n] *f* (-; *-en*) attraction *f*; **2tiv** [-'ti:f] attrayant, séduisant

**Attrappe** [a'trapə] *comm f* (-; *-n*) article *m* factice

**Attribut** [atri'bu:t] *n* (-[*e*]*s*; *-e*) *Merkmal* attribut *m*

**ätzend** ['ɛtsənt] corrosif, caustique; *fig* mordant

**au!** [au] aïe!

**auch** [aux] aussi; *sogar* même; ***~ nicht*** non plus; ***ich ~*** moi aussi; ***ich ~ nicht*** moi non plus; ***oder ~*** ou bien; ***wenn ~*** même si; ***nicht nur …, sondern ~*** non seulement …, mais encore *od* aussi; ***wer*** (***wo***) ***~ immer*** qui (où) que ce soit; ***~ das noch!*** il ne manquait plus que cela!

**Audienz** [audi'ɛnts] *f* (-; *-en*) audience *f*

**auf** [auf] **1.** *prép* (*wo? dat*; *wohin? acc*) sur; à; en; ***~ Seite 20*** page 20; ***~ der Straße*** dans la rue; sur la route; ***~ der Welt*** dans le monde; ***~ Korsika*** en Corse; ***~ See*** en mer; ***~ dem Land*** à la campagne; ***~ der Schule*** à l'école; ***~ Urlaub*** en vacances; ***~ Deutsch*** en allemand; **2.** *adv* ***~!*** allez!; ***~ geht's!*** allons-y!; ***~ sein*** *Geschäft*, *Tür* être ouvert; *Person* être debout *od* levé; ***~ und ab*** de haut en bas; *hin und her* de long en large; ***~ und ab gehen*** *Person* aller et venir; *Weg etc* monter et descendre; **3.** *conj* ***~ dass*** afin que …, pour que (*beide* + *subj*)

'**Aufbau** *m* (-[*e*]*s*; *-ten*) *Bauen* construction *f*; *Struktur* structure *f*; organisation *f*; *e-r Rede*, *e-s Werks* disposition *f*; '**2en** (*sép*, *-ge-*, *h*) construire, bâtir; *aufstellen* monter

'**auf|bäumen** (*sép*, *-ge-*, *h*) ***sich ~*** se cabrer (*a fig*); '**~bauschen** (*sép*, *-ge-*, *h*) *fig* exagérer; '**~bereiten** (*sép*, *pas de -ge-*, *h*) préparer, traiter; '**~bessern** (*sép*, *pas de -ge-*, *h*) *Gehalt* augmenter, améliorer

'**aufbewahr|en** (*sép*, *pas de -ge-*, *h*) conserver, garder; '**2ung** *f* (-; *sans pl*) conservation *f*; *für Gepäck* consigne *f*

'**auf|bieten** (*irr*, *sép*, *-ge-*, *h*, → **bieten**) *Kräfte* déployer, mettre en œuvre; *Polizei* mobiliser; '**~blasen** (*irr*, *sép*, *-ge-*, *h*, → **blasen**) gonfler; '**~bleiben** (*irr*, *sép*, *-ge-*, *sn*, → **bleiben**) rester debout *od* levé; *Tür* rester ouvert; '**~blenden** (*sép*, *-ge-*, *h*) *auto* mettre les feux de route *od* les phares; *Film* ouvrir (une scène) en fondu; '**~blühen** (*sép*, *-ge-*, *sn*) s'épanouir

'**aufbrausen** (*sép*, *-ge-*, *sn*) *fig* s'emporter

'**auf|brechen** (*irr*, *sép*, *-ge-*, → **brechen**) **1.** *v/t* (*h*) *Tür etc* forcer, fracturer; **2.** *v/i* (*sn*) sich öffnen s'ouvrir; *fortgehen* se mettre en route, partir; '**~bringen** (*irr*, *sép*, *-ge-*, *h* → **bringen**) *Mode* mettre en vogue, introduire, lancer; *Verständnis etc* faire preuve de; *Geld* trouver, réunir; ***j-n ~*** *erzürnen* mettre qn en colère; *aufwiegeln* monter qn (***gegen*** contre)

'**Aufbruch** *m* (-[*e*]*s*; ⸚*e*) départ *m*

'**auf|bürden** (*sép*, *-ge-*, *h*) ***j-m etw*** ~ imposer qc à qn; '**~decken** (*sép*, *-ge-*, *h*) découvrir (*a fig*); '**~drängen** (*sép*, *-ge-*, *h*) ***j-m etw*** ~ imposer qc à qn; ***sich j-m*** ~ s'imposer à qn; *Idee* ne pas sortir de la tête de qn; '**~drehen** (*sép*, *-ge-*, *h*) *Hahn* ouvrir

'**aufdringlich** importun, casse-pieds F, envahissant

**aufeinander** [aufˀai'nandər] l'un sur l'autre; *nacheinander* l'un après l'autre; → ***aufeinander...***

**aufei'nander|...** *in Zssgn*: **~folgen** (*sép*, *-ge-*, *sn*) se succéder; **~folgend** consécutif; **~prallen** (*sép*, *-ge-*, *sn*), **~stoßen** (*irr*, *sép*, *-ge-*, *sn*, → ***stoßen***) se heurter

**Aufenthalt** ['aufənthalt] *m* (-[*e*]*s*; *-e*) séjour *m*; *während der Fahrt* arrêt *m*; '**~sgenehmigung** *f* permis *m* de séjour; '**~sraum** *m* salle *f* d'attente, salle *f* de réunion

'**auferlegen** (*sép*, *pas de -ge-*, *h*) ***j-m etw*** ~ imposer qc à qn

'**aufersteh|en** ['aufˀɛrʃteːən] (*irr*, *sép*, *pas de -ge-*, *sn*, → ***stehen***) *rel* ressusciter; '**2ung** *f* (-; *sans pl*) résurrection *f*

'**auffahr|en** (*irr*, *sép*, *-ge-*, *sn*, → ***fahren***) *aufschrecken* sursauter; *auto* heurter, tamponner, télescoper (***auf etw*** qc); '**2t** *f* (-; *-en*) rampe *f* (d'acces); '**2unfall** *m* télescopage *m*

'**auffallen** (*irr*, *sép*, *-ge-*, *sn*, → ***fallen***) se faire remarquer; ***j-m*** ~ frapper *od* surprendre qn, attirer l'attention de qn; ***nicht*** ~ *a* passer inaperçu; '**~d**, '**auffällig** frappant, surprenant, étrange; *Kleidung*, *Farbe* voyant

'**auffass|en** (*sép*, *-ge-*, *h*) saisir, comprendre; '**2ung** *f* (-; *-en*) conception *f*, opinion *f*; *Deutung* interprétation *f*

'**aufforder|n** (*sép*, *-ge-*, *h*) inviter (*zu à*); '**2ung** *f* (-; *-en*) invitation *f*

'**auffrischen** (*sép*, *-ge-*, *h*) rafraîchir; *Erinnerung* raviver; *Wind* fraîchir

'**aufführ|en** (*sép*, *-ge-*, *h*) *Theaterstück* représenter, jouer; *Konzert* exécuter; *Gründe*, *Beispiele* énumérer; ***sich*** ~ se conduire, se comporter; '**2ung** *f* (-; *-en*) *Theater* représentation *f*

'**Aufgabe** *f* (-; *-n*) *Arbeit* tâche *f*; *Pflicht* devoir *m*; *von Postsendungen* expédition *f*; *von Gepäck* enregistrement *m*; *Verzicht* abandon *m*

'**Aufgang** *m* (-[*e*]*s*; ⸚*e*) montée *f*, escalier *m*; *astr* lever *m*

'**aufgeben** (*irr*, *sép*, *-ge-*, *h*, → ***geben***) *Postsendung* expédier; *Gepäck* faire enregistrer; *Bestellung*, *Annonce* passer; *verzichten* renoncer (à); ***das Rauchen*** ~ arrêter de fumer

'**Aufgebot** *n* (-[*e*]*s*; *-e*) *zur Ehe* publication *f* des bans; *Einsatz* mise *f* en action

'**aufgehen** (*irr*, *sép*, *-ge-*, *sn*, → ***gehen***) *Gestirn* se lever; *sich öffnen* s'ouvrir; *Naht* se découdre; *math* tomber juste; ***in Flammen*** ~ être la proie des flammes

'**auf|gehoben** ***gut*** ~ ***sein*** être entre de bonnes mains; '**~geklärt** éclairé; *sexuell* averti; '**~gelegt** disposé (***zu*** à); ***gut*** (***schlecht***) ~ ***sein*** être de bonne (mauvaise) humeur; '**~geregt** excité, énervé, affolé; '**~geschlossen** ouvert (*für* à); compréhensif; '**2geschlossenheit** *f* (-; *sans pl*) ouverture *f* d'esprit; '**~greifen** (*irr*, *sép*, *-ge-*, *h*, → ***greifen***) saisir, (re)prendre

**aufgrund** [-'grunt] *prép* (*gén*) en raison de

'**Aufguss** *m* (*-es*; ⸚*e*) infusion *f*

'**auf|haben** (*irr*, *sép*, *-ge-*, *h*, → ***haben***) *Geschäft* être ouvert; *Hut* avoir sur la tête; '**~halten** (*irr*, *sép*, *-ge-*, *h*, → ***halten***) *Tür* tenir ouvert; *hemmen* arrêter, retenir, retarder; ***sich*** ~ séjourner, rester; ***sich mit etw*** ~ s'attarder à *od* sur qc; ***sich*** ~ ***über*** s'indigner de

'**aufhängen** (*irr*, *sép*, *-ge*, *h*, → ***hängen***) suspendre, accrocher; *tél* raccrocher; *Verbrecher* pendre

'**aufheb|en** (*irr*, *sép*, *-ge-*, *h*, → ***heben***) *vom Boden* ramasser; *Last* soulever; *aufbewahren* conserver, garder; *abschaffen* supprimer, annuler; *Sitzung*, *Blockade* lever; *Urteil* casser; ***sich gegenseitig*** ~ se neutraliser; '**2en** *n* (*-s*; *sans pl*) ***viel ~s machen*** faire beaucoup de bruit (***von*** de); '**2ung** *f* (-; *-en*) suppression *f*, annulation *f*; levée *f*; cassation *f*

'**auf|heitern** (*sép*, *-ge-*, *h*) *j-n* égayer, dérider; ***sich*** ~ *Wetter* s'éclaircir; '**~hetzen** (*sép*, *-ge-*, *h*) exciter (***zu*** à); ***j-n gegen j-n*** ~ monter (la tête à) qn contre qn; '**~holen** (*sép*, *-ge-*, *h*) *Rückstand* rattraper; *Sport* regagner du terrain;

'**~hören** (*sép*, *-ge-*, *h*) cesser, finir, s'arrêter (***zu*** de); ***mit etw ~*** cesser, finir, arrêter qc

'**aufklär|en** (*sép*, *-ge-*, *h*) *Angelegenheit* tirer au clair, éclaircir, élucider; ***j-n ~*** éclairer qn; *psych* faire l'éducation sexuelle de qn; ***j-n über etw ~*** informer qn de qc; '**2ung** *f* (-; *-en*) éclaircissement *m*; *mil* reconnaissance *f*; (***Zeitalter*** *n* ***der***) **~** siècle *m* philosophique *od* des lumières

'**aufkleb|en** (*sép*, *-ge-*, *h*) coller (***auf*** sur); **2er** *m* (*-s*; -) autocollant *m*

'**auf|knöpfen** (*sép*, *-ge-*, *h*) déboutonner; '**~kommen** (*irr*, *sép*, *-ge-*, *sn*, → ***kommen***) *Wind* se lever; *Zweifel*, *Verdacht* naître; *Mode* se répandre; ***für die Kosten ~*** subvenir aux frais

**Aufl.** *abr* ***Auflage*** tirage; édition

'**aufladen** (*irr*, *sép*, *-ge-*, *h*, → ***laden***) charger (***auf*** sur); *Batterie* recharger

'**Auflage** *f* (-; *-n*) *Buch* édition *f*; *Zeitung* tirage *m*; *Verpflichtung* obligation *f*

'**auf|lassen** (*irr*, *sép*, *-ge-*, *h*, → ***lassen***) F *Tür* laisser ouvert; *Hut* garder; '**~lauern** (*sép*, *-ge-*, *h*) ***j-m ~*** guetter qn

'**Auflauf** *m* (-[*e*]*s*; *⸚e*) *Menschen*2 attroupement *m*, rassemblement *m*; *cuis* soufflé *m*

'**auflegen** (*sép*, *-ge-*, *h*) poser, mettre (***auf*** sur); *tél* raccrocher; *Buch* éditer

'**auflehn|en** (*sép*, *-ge-*, *h*) ***sich ~*** se révolter, se rebeller (***gegen*** contre); '**2ung** *f* (-; *-en*) révolte *f*, rébellion *f*

'**auflesen** (*irr*, *sép*, *-ge-*, *h*, → ***lesen***) ramasser

'**auflös|en** (*sép*, *-ge-*, *h*) *in Flüssigkeit* dissoudre (*a fig Verein etc*), diluer; *Rätsel*, *Gleichung* résoudre; *Geschäft* liquider; ***sich ~*** se dissoudre; *Nebel* se dissiper; '**2ung** *f* (-; *-en*) dissolution *f*

'**aufmach|en** (*sép*, *-ge-*, *h*) ouvrir; *Paket*, *Knoten a* défaire; '**2ung** *f* (-; *-en*) *Ware* conditionnement *m*, présentation *f*

'**aufmerksam** attentif; *zuvorkommend* prévenant; ***j-n auf etw ~ machen*** attirer l'attention de qn sur qc; ***~ werden auf*** remarquer; '**2keit** *f* (-; *-en*) attention *f*

'**aufmuntern** (*sép*, *-ge-*, *h*) encourager

**Aufnahme** ['aufna:mə] *f* (-; *-n*) *Empfang* accueil *m*, réception *f*; *in Organisation* admission *f* (***in*** à); *Film* prise *f* de vues; *Foto* photo *f*; *Ton*2 enregistrement *m*; *Kredit*2 fait *m* de contracter un crédit; '**2fähig** réceptif (***für*** à); '**~gebühr** *f* droits *m*/*pl* d'inscription

'**aufnehmen** (*irr*, *sép*, *-ge-*, *h*, → ***nehmen***) *vom Boden* ramasser; *empfangen* accueillir (*a durch Publikum*), recevoir; *zulassen* admettre (***in*** à, dans); *Foto* prendre (en photo); *auf Band* enregistrer; *Unfall* faire le constat de; *Arbeit* commencer; *Kampf*, *Verhandlungen* engager; *Geld* emprunter; ***mit j-m Kontakt ~*** entrer en contact avec qn; ***es mit j-m ~ können*** pouvoir se mesurer à qn

'**aufpassen** (*sép*, *-ge-*, *h*) faire attention (***auf*** à)

'**Aufprall** *m* (-[*e*]*s*; *-e*) choc *m*

'**aufputschen** (*sép*, *-ge-*, *h*) exciter

'**auf|raffen** (*sép*, *-ge-*, *h*) ***sich ~*** se décider enfin (***zu*** etw à faire qc); se ressaisir; '**~räumen** (*sép*, *-ge-*, *h*) *Zimmer*, *Gegenstände* ranger

'**aufrecht** droit (*a fig*); *stehend* debout; '**~erhalten** (*irr*, *sép*, *pas de -ge-*, *h*, → ***erhalten***) maintenir

'**aufreg|en** (*sép*, *-ge-*, *h*) exciter, énerver; ***sich ~*** s'irriter (***über*** de), s'énerver; s'émouvoir, s'affoler; '**~end** excitant; '**2ung** *f* (-; *-en*) excitation *f*, énervement *m*, émotion *f*, affolement *m*

'**aufreibend** harassant, exténuant

'**aufreiz|en** (*sép*, *-ge-*, *h*) exciter; '**~end** excitant, provocant; *Musik* agaçant

'**aufrichten** (*sép*, *-ge-*, *h*) (re)dresser; *fig* consoler; ***sich ~*** se dresser

'**aufrichtig** sincère, franc; '**2keit** *f* (-; *sans pl*) sincérité *f*, franchise *f*

'**Aufruf** *m* (-[*e*]*s*; *-e*) appel (***an*** à)

**Aufruhr** ['aufru:r] *m* (-[*e*]*s*; *-e*) révolte *f*, émeute *f*

'**aufrühr|en** (*sép*, *-ge-*, *h*) remuer; '**2er** *m* (*-s*; -), '**2erin** *f* (-; *-nen*) rebelle *m*, *f*; '**~erisch** rebelle, séditieux

'**aufrunden** (*sép*, *-ge-*, *h*) *Summe* arrondir (***auf*** à)

'**Aufrüstung** *mil f* (-; *-en*) (ré)armement *m*

'**auf|rütteln** *fig* (*sép*, *-ge-*, *h*) secouer, réveiller; '**~sagen** (*sép*, *-ge-*, *h*) réciter

**aufsässig** ['aufzɛsiç] rebelle, récalcitrant

'**Aufsatz** *m* (-[*e*]*s*; *⸚e*) *Schule* rédaction

*f*, dissertation *f*; *Artikel* article *m*, étude *f*

'**auf|saugen** (*sép*, *-ge-*, *h*) absorber; '**~schauen** (*sép*, *-ge-*, *h*) lever les yeux (***zu*** vers); '**~schieben** (*irr*, *sép*, *-ge-*, *h*, → ***schieben***) remettre (***auf*** à), différer, ajourner

'**Aufschlag** *m* (-[*e*]*s*; *⸚e*) *Aufprall* choc *m*; *Kleidung* revers *m*; *Preis* augmentation *f*; supplément *m*; *Tennis* service *m*; '**2en** (*irr*, *sép*, *-ge-*, → ***schlagen***) **1.** *v/t* (*h*) *Buch* ouvrir; *Zelt* monter; *Ware*, *Preis* augmenter, renchérir; **2.** *v/i* (*sn*) *aufprallen* heurter (***auf etw*** qc)

'**aufschließen** (*irr*, *sép*, *-ge-*, *h*, → ***schließen***) ouvrir

'**Aufschluss** *m* (*-es*; *⸚e*) éclaircissement *m*; ***sich ~ über etw verschaffen*** s'informer de qc; '**2reich** instructif, significatif, révélateur

'**aufschneid|en** (*irr*, *sép*, *-ge-*, *h*, → ***schneiden***) couper; *Fleisch* découper; *méd* inciser; *fig* faire le fanfaron; '**2er** *m* (*-s*; -), '**2erin** *f* (-; *-nen*) fanfaron *m*, -onne *f*

'**Aufschnitt** *cuis m* (-[*e*]*s*; *sans pl*) charcuterie *f*

'**auf|schrauben** (*sép*, *-ge-*, *h*) dévisser; '**~schreiben** (*irr*, *sép*, *-ge-*, *h*, → ***schreiben***) noter; '**~schreien** (*irr*, *sép*, *-ge-*, *h*, → ***schreien***) pousser un cri

'**Aufschrift** *f* (-; *-en*) inscription *f*

'**Aufschub** *m* (-[*e*]*s*; *⸚e*) délai *m*, remise *f*, ajournement *m*

'**Aufschwung** *m* (-[*e*]*s*; *⸚e*) *bes écon* essor *m*, redressement *m*

'**aufseh|en** (*irr*, *sép*, *-ge-*, *h*, → ***sehen***) lever les yeux (***zu*** vers); '**2en** *n* (*-s*; *sans pl*) ***~ erregen*** faire sensation, faire grand bruit; ***~ erregend*** → ***aufsehenerregend***; '**~enerregend** sensationnel, spectaculaire, retentissant; '**2er** *m* (*-s*; -), '**2erin** *f* (-; *-nen*) surveillant *m*, -e *f*, gardien *m*, -ne *f*

'**aufsetzen** (*sép*, *-ge-*, *h*) *Brille*, *Hut* mettre; *Wasser* faire chauffer; *Miene* prendre; *Brief* rédiger; *aviat* se poser; ***sich ~*** se dresser sur son séant

'**Aufsicht** *f* (-; *-en*) surveillance *f*; *Person* surveillant *m*, -e *f*

'**auf|spannen** (*sép*, *-ge-*, *h*) tendre; *Schirm* ouvrir; '**~sperren** (*sép*, *-ge-*, *h*) ouvrir (largement); '**~spielen** (*sép*, *-ge-*, *h*) jouer; *fig* ***sich ~*** faire l'important; '**~springen** (*irr*, *sép*, *-ge-*, *sn*, → ***springen***) se lever d'un bond; sauter (***auf*** sur); *Tür* s'ouvrir (brusquement); *Haut* (se) gercer; '**~spüren** (*sép*, *-ge-*, *h*) dépister

'**Aufstand** *m* (-[*e*]*s*; *⸚e*) soulèvement *m*, révolte *f*

**aufständisch** ['aufʃtɛndiʃ] rebelle; '**2e** *m*, *f* (*-n*; *-n*) rebelle *m*, insurgé *m*

'**auf|stapeln** (*sép*, *-ge-*, *h*) empiler; '**~stehen** (*irr*, *sép*, *-ge-*, *sn*, → ***stehen***) se lever; *Tür* être ouvert; '**~steigen** (*irr*, *sép*, *-ge-*, *sn*, → ***steigen***) monter (***auf*** sur); *Rauch* s'élever; *aviat* décoller, s'envoler; *im Beruf* avoir de l'avancement

'**aufstell|en** (*sép*, *-ge-*, *h*) *hinstellen* mettre, poser, placer; *aufrichten* dresser; *aufbauen* monter; *Mannschaft* composer, former; *Wache* poster; *Programm*, *Rekord* établir; ***sich ~*** se poster; ***sich als Kandidat ~ lassen*** se porter candidat; '**2ung** *f* (-; *-en*) placement *m*; *e-s Programms etc* établissement *m*; *Mannschafts2* composition *f*; *Liste* relevé *m*

**Aufstieg** ['aufʃti:k] *m* (-[*e*]*s*; *-e*) montée *f*, ascension *f*; *im Beruf* avancement *m*

'**auf|stoßen** (*irr*, *sép*, *-ge-*, *h*, → ***stoßen***) *Tür* ouvrir en poussant; *rülpsen* roter F, éructer; '**~suchen** (*sép*, *-ge-*, *h*) ***j-n ~*** aller trouver *od* voir qn

'**Auftakt** *m* (-[*e*]*s*; *-e*) *fig* prélude *m* (***zu*** à)

'**auf|tanken** (*sép*, *-ge-*, *h*) *auto* faire le plein (d'essence); *Flugzeug a* ravitailler; '**~tauchen** (*sép*, *-ge-*, *sn*) remonter à la surface, émerger; *fig* surgir; '**~tauen** (*sép*, *-ge-*) **1.** *v/t* (*h*) (faire) dégeler; *Speisen* décongeler; **2.** *v/i* (*sn*) *fig Person* se dégeler; '**~teilen** (*sép*, *-ge-*, *h*) partager, répartir (***unter*** entre)

**Auftrag** ['auftra:k] *m* (-[*e*]*s*; *⸚e*) ordre *m*, mission *f*; *comm* commande *f*; ***im ~ von*** par ordre de *od* sur l'ordre de; '**2en** (*irr*, *sép*, *-ge-*, *h*, → ***tragen***) *Speisen* servir; *Farbe* mettre, passer; ***j-m etw ~*** charger qn de (faire) qc; '**~geber** *m* commettant *m*; '**~sbestätigung** *f* confirmation *f* de commande

'**auftreiben** (*irr*, *sép*, *-ge-*, *h*, → ***treiben***) trouver, F dégot(t)er, dénicher

'**auftreten** (*irr*, *sép*, *-ge-*, *sn*, → ***treten***) **1.**

*mit dem Fuß* poser le pied, marcher; *Theater* entrer en scène; jouer (***als*** le rôle de); *vorkommen* apparaître, se présenter; ***sicher*** (***energisch***) **~** se montrer sûr de soi (énergique); ***als Käufer* ~** se porter acheteur; **2. ∻** *n* (*-s*; *sans pl*) manières *f/pl*, attitude *f*; *Vorkommen* présence *f*, apparition *f*

**'Auftrieb** *m* (-[*e*]*s*; *sans pl*) *phys* poussée *f* verticale; *aviat* portance *f*; *fig* élan *m*, essor *m*

**'Auftritt** *m* (-[*e*]*s*; *-e*) scène *f* (*a fig*); *Schauspieler* entrée *f* en scène

**'aufwachen** (*sép*, *-ge-*, *sn*) se réveiller

**Aufwand** ['aufvant] *m* (-[*e*]*s*; *sans pl*) dépense *f* (***an*** de); *Luxus* luxe *m*

**'aufwärmen** (*sép*, *-ge-*, *h*) réchauffer

**aufwärts** ['aufvɛrts] vers le haut, en haut

**'aufwecken** (*sép*, *-ge-*, *h*) réveiller

**'aufwend|en** (*irr*, *sép*, *-ge-*, *h*, → ***wenden***) *Fleiß etc* employer; *Geld* dépenser; **'~ig** coûteux; **'∻ungen** *f/pl* dépenses *f/pl*

**'aufwert|en** (*sép*, *-ge-*, *h*) *höher bewerten* valoriser; *Währung* réévaluer; **'∻ung** *f* (-; *-en*) valorisation *f*; *Währung* réévaluation *f*

**'auf|wickeln** (*sép*, *-ge-*, *h*) enrouler; **'~wiegeln** ['aufviːgəln] (*sép*, *-ge-*, *h*) inciter à la révolte; **'~wiegen** (*irr*, *sép*, *-ge-*, *h*, → ***wiegen***) compenser

**'Aufwind** *m* (-[*e*]*s*; *-e*) courant *m od vent m ascendant*

**'auf|wirbeln** (*sép*, *-ge-*, *h*) soulever (en tourbillons); **'~wischen** (*sép*, *-ge-*, *h*) essuyer

**'aufzähl|en** (*sép*, *-ge-*, *h*) énumérer, dénombrer; **'∻ung** *f* (-; *-en*) énumération *f*

**'aufzeichn|en** (*sép*, *-ge-*, *h*) *zeichnen* dessiner; *schreiben* noter; *auf Band* enregistrer; **'∻ung** *f* (-; *-en*) *auf Band* enregistrement *m*; *TV* émission *f* en différé; **'∻ungen** *f/pl* notes *f/pl*

**'auf|zeigen** (*sép*, *-ge-*, *h*) mettre en évidence, montrer; **'~ziehen** (*irr*, *sép*, *-ge-*, → ***ziehen***) **1.** *v/t* (*h*) *Fahne* hisser; *Vorhang* ouvrir; *Uhr* remonter; *Kind*, *Tier* élever; *verspotten* railler, taquiner; *Veranstaltung* organiser; **2.** *v/i* (*sn*) *Sturm* s'approcher

**'Aufzucht** *f* (-; *-en*) élevage *m*

**'Aufzug** *m* (-[*e*]*s*; *⸚e*) *Lift* ascenseur *m*; *Theater* acte *m*; *Kleidung péj* accoutrement *m*

**'aufzwingen** (*irr*, *sép*, *-ge-*, *h*, → ***zwingen***) ***j-m etw* ~** imposer qc à qn

**Auge** ['augə] *n* (*-s*; *-n*) œil *m* (*pl* yeux); ***in meinen* ~*n*** à mes yeux; ***mit bloßem* ~** à l'œil nu; ***unter vier* ~*n*** en tête à tête, entre quatre yeux (F entre quat'-z-yeux); ***mit anderen* ~*n ansehen*** voir sous un autre aspect; ***etw ins* ~ *fassen*** envisager qc; ***ins* ~ *fallen*** sauter aux yeux; ***aus den* ~*n verlieren*** perdre de vue; *fig* ***ein* ~ *zudrücken*** fermer les yeux (sur qc); ***kein* ~ *zumachen*** ne pas fermer l'œil

**'Augen|arzt** *m*, **'~ärztin** *f* oculiste *m*, *f*, ophtalmologiste *m*, *f*; **'~blick** *m* (-[*e*]*s*; *-e*) moment *m*, instant *m*; ***in diesem* ~** à ce moment; **'∻blicklich** *gegenwärtig* actuel; *sofortig* instantané; *vorübergehend* momentané; *adv* en ce moment; *sofort* à l'instant; **'~braue** *f* sourcil *m*; **'~entzündung** *f* inflammation *f* de l'œil; ophtalmie *f*; **'~licht** *n* vue *f*; **'~lid** *n* paupière *f*; **'~maß** *n* ***ein gutes* ~ *haben*** avoir le compas dans l'œil; **'~merk** ['-mɛrk] *n* (-[*e*]*s*; *sans pl*) ***sein* ~ *richten auf*** fixer son attention sur; **'~schein** *m* apparence *f*; ***in* ~ *nehmen*** examiner; **'~zeuge** *m* témoin *m* oculaire

**Augsburg** ['auksburk] *n* Augsbourg

**August** [au'gust] *m* (-[*e*]*s*; *sans pl*) août *m*

**Auktion** [auk'tsjoːn] *f* (-; *-en*) vente *f* aux enchères

**aus** [aus] **1.** *prép* (*dat*) *räumlich*, *Herkunft* de; *Material* en; *Grund* par; ***von … ~*** de, depuis; **~ *dem Fenster*** par la fenêtre; ***vom Fenster* ~** depuis la fenêtre; ***von hier* ~** d'ici; **~ *München*** de Munich; **~ *Holz*** en bois; **~ *Spaß*** pour rire; **~ *Versehen*** par erreur; **~ *Mitleid*** par pitié; **2.** *adv* **~ *sein*** *Veranstaltung* être fini *od* terminé; *Licht*, *Heizung etc* être éteint; ***auf etw* ~ *sein*** chercher (à faire) qc

**'ausarbeiten** (*sép*, *-ge-*, *h*) élaborer

**'aus|arten** ['ausʔ-] (*sép*, *-ge-*, *sn*) dégénérer (***in*** en); **'~atmen** (*sép*, *-ge-*, *h*) expirer

**'Ausbau** *m* (-[*e*]*s*; *sans pl*) *Vergrößerung* agrandissement *m*; *Umbau* aménagement *m*; **'∻en** (*sép*, *-ge-*, *h*) *vergrö-*

*ßern* agrandir; *umbauen* aménager; *Motor* démonter; *Beziehungen* développer, approfondir

'**ausbessern** (*sép*, *-ge-*, *h*) raccommoder, réparer

'**Ausbeut|e** *f* (-; *sans pl*) rendement *m*; profit *m*; '**≗en** (*sép*, *-ge-*, *h*) exploiter; '**~er** *péj m* (*-s*; -) exploiteur *m*; '**~ung** *f* (-; *sans pl*) exploitation *f*

'**ausbild|en** (*sép*, *-ge-*, *h*) former, instruire; '**≗er** *m* (*-s*; -) instructeur *m*; '**≗ung** *f* (-; *-en*) formation *f*, instruction *f*

'**ausbleiben** (*irr*, *sép*, *-ge*, *sn*, → ***bleiben***) ne pas venir; *Ereignis* ne pas se produire; ***es konnte nicht ~, dass ...*** il était inévitable que ...

'**Ausblick** *m* (-[*e*]*s*; *-e*) vue *f*

'**ausbrechen** (*irr*, *sép*, *-ge-*, *sn*, → ***brechen***) *Gefangener* s'évader; *Krieg* éclater; *Feuer*, *Krankheit* se déclarer; ***in Tränen ~*** éclater en sanglots; ***in Lachen ~*** éclater de rire

'**ausbreit|en** (*sép*, *-ge-*, *h*) étendre, étaler, répandre; ***sich ~*** s'étendre, se répandre, se propager; '**≗ung** *f* (-; *sans pl*) extension *f*, propagation *f*

'**Ausbruch** *m* (-[*e*]*s*; *⸗e*) *Vulkan* éruption *f*; *aus der Haft* évasion *f*; *Krankheit* apparition *f*; *Krieg* début *m*, commencement *m*; *Gefühl* effusion *f*, éclat *m*; ***zum ~ kommen*** éclater, se déclarer

**auschecken** *aviat* ['austʃɛkən] (*sép*, *-ge-*, *h*) régler les formalités d'arrivée, de débarquement; *aus einem Hotel* régler les formalités de départ

'**Ausdauer** *f* (-; *sans pl*) endurance *f*, persévérance *f*; '**≗nd** endurant, persévérant

'**ausdehn|en** (*sép*, *-ge-*, *h*) (***sich ~*** s') étendre; *zeitlich* (s')allonger, (se) prolonger; *phys* (se) dilater; '**≗ung** *f* (-; *-en*) extension *f*, expansion *f*; *Größe* étendue *f*; *phys* dilatation *f*

'**ausdenken** (*irr*, *sép*, *-ge-*, *h*, → ***denken***) (***sich***) ***etw ~*** imaginer qc

'**Ausdruck** *m* (-[*e*]*s*; *⸗e*) expression *f*; *Wort a* terme; *Computer* copie *f* papier; ***zum ~ bringen*** exprimer

'**ausdrück|en** (*sép*, *-ge-*, *h*) exprimer; *Zigarette* écraser; *Zitrone* presser; ***sich ~*** s'exprimer; '**~lich** exprès; *adv* expressément

'**ausdrucks|los** sans expression, inexpressif; '**~voll** expressif; '**≗weise** *f* façon *f* de s'exprimer; style *m*

**auseinander** [ausˀai'nandər] séparés l'un de l'autre; ***~ bringen*** séparer, désolidariser; → ***auseinander...***

**ausei'nander|...** *in Zssgn*: **~gehen** (*irr*, *sép*, *-ge-*, *sn*, → ***gehen***) se séparer; *Menschenmenge* se disperser; *Gegenstand* se disjoindre; *Meinungen* diverger; **~halten** (*irr*, *sép*, *-ge-*, *h*, → ***halten***) *fig* distinguer; **~nehmen** (*irr*, *sép*, *-ge-*, *h*, → ***nehmen***) démonter; **~setzen** (*sép*, *-ge-*, *h*) exposer, expliquer; ***sich mit etw ~*** traiter qc; ***sich mit j-m ~*** s'expliquer avec qn

**Ausei'nandersetzung** *f* (-; *-en*) *Streit* explication *f*, dispute *f*, querelle *f*; ***kriegerische ~*** conflit *m* armé

'**ausfahr|en** (*irr*, *sép*, *-ge-*, → ***fahren***) **1.** *v/i* (*sn*) sortir *od* se promener en voiture; **2.** *v/t* (*h*) sortir *od* promener (en voiture); '**≗t** *f* (-; *-en*) *Autobahn*, *Garage* sortie *f*; *Spazierfahrt* sortie *f od promenade f en voiture*

'**Ausfall** *m* (-[*e*]*s*; *⸗e*) *Haare* chute *f*; *e-r Veranstaltung* annulation *f*; *Verlust* perte *f*; *tech* panne *f*; *e-r Person* absence *f*; '**≗en** (*irr*, *sép*, *-ge-*, *sn*, → ***fallen***) *Haare*, *Zähne* tomber; *Veranstaltung* être annulé, ne pas avoir lieu; *Maschine* tomber en panne; *Person* manquer; ***~ lassen*** supprimer; '**≗end**, '**ausfällig** grossier, insultant; '**~straße** *f* route *f od axe m de sortie* (*d'une ville*)

'**ausfertig|en** (*sép*, *-ge-*, *h*) *Dokument* délivrer, dresser; '**≗ung** *f* (-; *-en*) ***in dreifacher ~*** en triple exemplaire

**ausfindig** ['ausfindiç] ***~ machen*** découvrir, F dénicher

'**Ausflucht** *f* (-; *⸗e*) subterfuge *m*; *Vorwand* prétexte *m*; ***Ausflüchte machen*** répondre par des pirouettes

'**Ausflug** *m* (-[*e*]*s*; *⸗e*) excursion *f*, randonnée *f*

'**ausfragen** (*sép*, *-ge-*, *h*) questionner, interroger (***über*** sur)

**Ausfuhr** ['ausfu:r] *f* (-; *-en*) exportation *f*

'**ausführen** (*sép*, *-ge-*, *h*) *Hund*, *Person* sortir; *comm* exporter; *durchführen* exécuter, effectuer, réaliser; *darlegen* expliquer, déclarer

'**Ausfuhrgenehmigung** *f* licence *f* d'exportation

**ausführlich** ['ausfy:rliç] détaillé; *adv* en détail

'**Ausführung** *f* (-; -*en*) *Durchführung* exécution *f*, réalisation *f*; *Modell* version *f*; **~en** *pl e-s Redners* déclarations *f/pl*, paroles *f/pl*

'**Ausfuhr|verbot** *n* interdiction *f* de sortie, embargo *m* sur les exportations; '**~zoll** *m* droits *m/pl* d'exportation

'**ausfüllen** (*sép*, -*ge*-, *h*) remplir

**Ausg.** *abr* ***Ausgabe*** édition

'**Ausgabe** *f* (-; -*n*) *Geld* dépense *f*; *Verteilung* distribution *f*; *Buch* édition *f*; *Zeitung* numéro *m*

'**Ausgang** *m* (-[*e*]*s*; ⸚*e*) sortie *f*; issue *f* (*a fig*); *Ende* fin *f*; '**~spunkt** *m* point *m* de départ

'**ausgeben** (*irr*, *sép*, -*ge*-, *h*, → ***geben***) *Geld* dépenser; *verteilen* distribuer; *Fahrkarten* délivrer; ***sich ~ für*** *od* ***als*** se faire passer pour

**ausge|bildet** ['ausgəbildət] formé; '**~bucht** ['-bu:xt] complet; ***alle Plätze sind ~*** toutes les places sont retenues; **~dehnt** ['-de:nt] vaste, étendu; *zeitlich* prolongé; **~dient** ['-di:nt] usé, hors de service; '**~fallen** singulier, peu commun, extravagant, saugrenu; **~glichen** ['-gliçən] équilibré

'**ausgehen** (*irr*, *sép*, -*ge*-, *sn*, → ***gehen***) sortir; *Licht etc* s'éteindre; *Haare* tomber; *Geld etc* venir à manquer, s'épuiser; *enden* finir, se terminer; *fig* ***von etw ~*** partir de qc; ***davon ~, dass …*** partir du fait que …, supposer que …; ***leer ~*** partir les mains vides

'**ausge|lassen** turbulent, d'une folle gaiete *f*; '**~nommen** *prép* (*acc*) excepté; **~rechnet** ['-rɛçnət] justement, précisément; '**~schlossen** impossible; ***es ist nicht ~, dass …*** il n'est pas exclu que …; '**~sprochen** prononcé, marqué; *adv* vraiment, réellement; **~zeichnet** ['-tsaiçnət] excellent

**ausgiebig** ['ausgi:biç] abondant; *Essen* copieux

**Ausgleich** ['ausgla:iç] *m* (-[*e*]*s*; -*e*) compensation *f*; *Sport* égalisation *f*; ***zum ~*** en compensation; '**2en** (*irr*, *sép*, -*ge*-, *h*, → ***gleichen***) compenser; *Sport* égaliser

'**ausgrab|en** (*irr*, *sép*, -*ge*-, *h*, → ***graben***) déterrer; '**2ungen** *f/pl* fouilles *f/pl*

'**Ausguss** *m* (-*es*; ⸚*e*) évier *m*

'**aus|halten** (*irr*, *sép*, -*ge*-, *h*, → ***halten***) endurer, supporter; *Vergleich*, *Blick* soutenir; ***es ist nicht auszuhalten!*** c'est insupportable!; **~händigen** ['-hɛndigən] (*sép*, -*ge*-, *h*) remettre (***j-m etw*** qc à qn)

'**Aushang** *m* (-[*e*]*s*; ⸚*e*) affiche *f*

'**aushängen** (*sép*, -*ge*-, *h*) *Tür* décrocher; *zur Kenntnisnahme* afficher; *ausgehängt sein* être affiché

'**aus|harren** (*sép*, -*ge*-, *h*) persévérer; '**~heben** (*irr*, *sép*, -*ge*-, *h*, → ***heben***) *Graben* creuser; '**~helfen** (*irr*, *sép*, -*ge*-, *h*, → ***helfen***) ***j-m ~*** aider *od* dépanner qn

'**Aushilf|e** *f* (-; -*n*) *Person* aide *m*, *f*, auxiliaire *m*, *f*; '**~spersonal** *n* personnel *m* intérimaire

'**aus|höhlen** (*sép*, -*ge*-, *h*) creuser; '**~holen** (*sép*, -*ge*-, *h*) *zum Schlag* lever le bras; *fig* ***weit ~*** remonter aux sources; '**~horchen** (*sép*, -*ge*-, *h*) ***j-n ~*** sonder qn; '**~kennen** (*irr*, *sép*, -*ge*-, *h*, → ***kennen***) ***sich ~*** s'y connaître (***in*** en); '**~klammern** (*sép*, -*ge*-, *h*) *Thema* laisser de côté

'**auskommen** (*irr*, *sép*, -*ge*-, *sn*, → ***kommen***) **1.** ***mit etw ~*** s'en tirer *od* se débrouiller avec qc; ***mit j-m gut*** (***schlecht***) ***~*** s'entendre bien (mal) avec qn, être en bons (mauvais) termes avec qn; ***ohne j-n*** (***etw***) ***~*** se passer de qn (de qc); **2.** **2** *n* (-*s*; *sans pl*) ***sein ~ haben*** avoir de quoi vivre

'**aus|kosten** (*sép*, -*ge*-, *h*) savourer; '**~kundschaften** (*sép*, -*ge*-, *h*) épier; *Gegend* reconnaître

**Auskunft** ['auskunft] *f* (-; ⸚*e*) renseignement *m*, information *f*; *Stelle* renseignements *m/pl* (*a tél*); ***~ erteilen*** renseigner (***j-m über etw*** qn sur qc), donner des renseignements (à qn sur qc); '**~sbüro** *n* bureau *m* de renseignement; '**~sschalter** *m* (guichet *m* des) renseignements

'**aus|kuppeln** (*sép*, -*ge*-, *h*) *auto* débrayer; '**~lachen** (*sép*, -*ge*-, *h*) ***j-n ~*** rire *od* se moquer de qn; '**~laden** (*irr*, *sép*, -*ge*-, *h*, → ***laden***) décharger; *Gast* décommander

'**Auslage** *f* (-; -*n*) *Waren* étalage *m*; **~n** *pl* dépenses *f/pl*, frais *m/pl*; '**2rn** (*sép*, -*ge*-, *h*) transférer, transporter en lieu sûr

'**Ausland** *n* (-[*e*]*s*; *sans pl*) étranger *m*; ***im*** *od* ***ins*** **~** à l'étranger

**Ausländ|er** ['auslɛndər] *m* (-*s*; -), '**~erin** *f* (-; -*nen*) étranger *m*, -ère *f*; '**≗isch** étranger

'**Auslands|aufenthalt** *m* séjour *m* à l'étranger; '**~auftrag** *m comm* commande *f* étrangère; *pol* mission *f* à l'étranger; '**~gespräch** *tél n* communication *f* internationale; '**~korrespondent** *m*, '**~korrespondentin** *f* correspondant *m*, -e *f* (*in e-r Firma* correspondancier *m*, -ière *f*) pour l'étranger; '**~markt** *m* marché *m* extérieur; '**~reise** *f* voyage *m* à l'étranger

'**auslass|en** (*irr*, *sép*, -*ge*-, *h*, → ***lassen***) omettre, sauter; *Wut* **~ *an*** passer sur; ***sich*** **~ *über*** se prononcer sur; '**≗ung** *f* (-; -*en*) omission *f*

'**Auslauf** *m* (-[*e*]*s*; ⸚*e*) *Tiere* enclos *m*, parc *m*; '**≗en** (*irr*, *sép*, -*ge*-, *sn*, → ***laufen***) *Flüssigkeit* (s'é)couler, fuir; *Schiff* partir, sortir; *enden* finir, se terminer; '**~modell** *n* fin *f* de série

'**ausleg|en** (*sép*, -*ge*-, *h*) *Fußboden* recouvrir (***mit*** de); *Geld* avancer; *Waren* étaler; *deuten* interpréter; '**≗ung** *f* (-; -*en*) interprétation *f*, exégèse *f*

'**ausleihen** (*irr*, *sép*, -*ge*-, *h*, → ***leihen***) prêter (***j-m*** à qn); ***sich etw*** **~** emprunter qc (***von j-m*** à qn)

'**Auslese** *f* (-; -*n*) sélection *f*; *Wein* vin *m* de grand cru; *fig* élite *f*

'**ausliefer|n** (*sép*, -*ge*-, *h*) livrer (***an*** à); *pol* extrader; '**≗ung** *f* (-; -*en*) livraison *f*; *pol* extradition *f*

**aus|loggen** ['auslɔgən] (*sép*, -*ge*-, *h*) *EDV* (***sich*** **~**) se déconnecter; '**~löschen** (*sép*, -*ge*-, *h*) *Licht* éteindre; *fig* effacer; '**~losen** (*sép*, -*ge*-, *h*) tirer au sort

'**auslös|en** (*sép*, -*ge*-, *h*) déclencher (*a tech*), provoquer; *Pfand* dégager, retirer; '**≗er** *Foto m* (-*s*; -) déclencheur *m*

'**ausmachen** (*sép*, -*ge*-, *h*) *Licht*, *Radio etc* éteindre, fermer; *verabreden* convenir de; *darstellen* constituer; *als Summe* faire; *erkennen* repérer; ***das macht mir nichts aus*** cela ne me dérange pas; ça ne me fait rien

'**Ausmaß** *n* (-*es*; -*e*) dimensions *f*/*pl*, envergure *f*, ampleur *f*

'**ausmerzen** ['ausmɛrtsən] (*sép*, -*ge*-, *h*) supprimer, éliminer

'**Ausnahme** ['ausnaːmə] *f* (-; -*n*) exception *f*; ***mit*** **~ *von*** à l'exception de; '**~zustand** *m* état *m* d'urgence

'**ausnahmsweise** exceptionnellement

'**ausnehmen** (*irr*, *sép*, -*ge*-, *h*, → ***nehmen***) *Schlachttier* vider; *ausschließen* excepter; *fig* F ***j-n*** **~** plumer qn; '**~d** exceptionnellement, extraordinairement

'**aus|nutzen** (*sép*, -*ge*-, *h*) ***etw*** **~** profiter de qc, tirer profit de qc; ***j-n*** **~** exploiter qn; '**~packen** (*sép*, -*ge*-, *h*) dépaqueter, déballer; *Koffer* défaire; *fig* F vider son sac; '**~pfeifen** (*irr*, *sép*, -*ge*-, *h*, → ***pfeifen***) siffler, huer; '**~probieren** (*sép*, *pas de* -*ge*-, *h*) essayer

**Auspuff** ['auspuf] *m* (-[*e*]*s*; -*e*) *auto* (pot *m*, tuyau *m* d')échappement *m*; '**~topf** *m* pot *m* d'échappement

'**aus|pumpen** (*sép*, -*ge*-, *h*) pomper; ***den Magen*** **~** faire un lavage d'estomac; '**~quartieren** (*sép*, *pas de* -*ge*-, *h*) déloger; '**~radieren** (*sép*, *pas de* -*ge*-, *h*) gommer, effacer, gratter; '**~rangieren** (*sép*, *pas de* -*ge*-, *h*) mettre au rancart; *Maschine* mettre hors service; '**~räumen** (*sép*, -*ge*-, *h*) vider, démeubler; '**~rechnen** (*sép*, -*ge*-, *h*) calculer; *fig* ***sich etw*** **~ *können*** pouvoir s'imaginer qc

'**Ausrede** *f* (-; -*n*) excuse *f*

'**ausreden** (*sép*, -*ge*-, *h*) ***j-m etw*** **~** dissuader qn de qc; ***j-n*** **~ *lassen*** laisser qn s'exprimer

'**ausreichen** (*sép*, -*ge*-, *h*) suffire

'**Ausreise** *f* (-; -*n*) sortie *f*, départ *m*; '**~erlaubnis** *f* permis *m* de sortie; '**≗n** (*sép*, -*ge*-, *sn*) sortir du pays; '**~visum** *n* visa *m* de sortie

'**aus|reißen** (*irr*, *sép*, -*ge*-, → ***reißen***) **1.** *v*/*t* (*h*) arracher; **2.** *v*/*i* (*sn*) F *weglaufen* se sauver; *Jugendlicher* faire une fugue; '**~richten** (*sép*, -*ge*-, *h*) aligner, orienter; *Gruß etc* transmettre; *Veranstaltung* organiser; *erreichen* obtenir; ***j-m etw*** **~** *a* faire savoir qc à qn

'**ausrotten** (*sép*, -*ge*-, *h*) exterminer

'**Ausruf** *m* (-[*e*]*s*; -*e*) exclamation *f*, cri *m*; '**≗en** (*irr*, *sép*, -*ge*-, *h*, → ***rufen***) s'écrier, s'exclamer, crier; *Stationen* annoncer; *verkünden* proclamer; '**~ung** *pol f* (-; -*en*) proclamation *f*

'**ausruhen** (*sép*, -*ge*-, *h*) (***sich***) **~** se reposer

'**ausrüst|en** (*sép*, -*ge*-, *h*) équiper (***mit***

de); '**≗ung** *f* (-; *-en*) équipement *m*
'**ausrutschen** (*sép*, *-ge-*, *sn*) glisser
'**Aussage** *f* (-; *-n*) déclaration *f*; *jur* déposition *f*; '**≗n** (*sép*, *-ge-*, *h*) dire, exprimer, déclarer; *jur* déposer
'**ausschalten** (*sép*, *-ge-*, *h*) *Licht*, *Radio*, *TV* éteindre, fermer; *Strom* couper; *Maschine* arrêter; *Gegner* éliminer, écarter
**Ausschank** ['ausʃaŋk] *m* (-[*e*]*s*; *⸚e*) débit *m* de boissons, buvette *f*
'**Ausschau** *f* (-; *sans pl*) ***nach j-m ~ halten*** chercher qn des yeux
'**ausscheid|en** (*irr*, *sép*, *-ge-*, → ***scheiden***) **1.** *v/t* (*h*) *aussondern* éliminer; *biol* excréter; **2.** *v/i* (*sn*) *aus e-m Amt* quitter (***aus etw*** qc), se retirer (de); *Sport* être éliminé; *Möglichkeit* ne pas entrer en ligne de compte; '**≗ung** *f* (-; *-en*) élimination *f*
'**aus|scheren** (*sép*, *-ge-*, *sn*) *auto* se déporter, quitter la file; '**~schiffen** (*sép*, *-ge-*, *h*) ***sich ~*** débarquer; '**~schlafen** (*irr*, *sép*, *-ge-*, *h*, → ***schlafen***) (***sich***) ~ dormir son soûl
'**Ausschlag** *m* (-[*e*]*s*; *⸚e*) *méd* éruption *f*; *Zeiger* déviation *f*; *fig* ***den ~ geben*** être déterminant; '**≗en** (*irr*, *sép*, *-ge-*, *h*, → ***schlagen***) *Auge* crever; *Zahn* casser; *fig Angebot etc* refuser; *Zeiger* dévier; *Pferd* ruer; *bot* pousser, bourgeonner; '**≗gebend** décisif, déterminant
'**ausschließ|en** (*irr*, *sép*, *-ge-*, *h*, → ***schließen***) exclure (***aus, von*** de); '**~lich** exclusif; *adv* exclusivement
'**Ausschluss** *m* (*-es*; *⸚e*) exclusion *f* (***aus*** de); ***unter ~ der Öffentlichkeit*** à huis clos
'**ausschneiden** (*irr*, *sép*, *-ge-*, *h*, → ***schneiden***) découper (***aus*** dans)
'**Ausschnitt** *m* (-[*e*]*s*; *-e*) *Zeitung* coupure *f*; *Film*, *Buch* extrait *m*; *Kleid* décolleté *m*; *Kreis≗* secteur *m*; *Teil* tranche *f*, morceau *m*
'**ausschreiben** (*irr*, *sép*, *-ge-*, *h*, → ***schreiben***) *Wort* écrire en toutes lettres; *Scheck* remplir; *Rechnung* dresser; *Stelle* offrir publiquement, mettre au concours
'**Ausschreitungen** *f/pl* excès *m/pl*; ***es kam zu ~*** il y eut des actes de violence
'**Ausschuss** *m* (*-es*; *⸚e*) comité *m*, commission *f*; *Abfall* rebut *m*; '**~ware** *f* marchandise *f* de rebut, camelote *f*
'**ausschütten** (*sép*, *-ge-*, *h*) verser, vider; *Herz* épancher; *Dividende* répartir
'**ausschweif|end** dissolu, débauché; '**≗ung** *f* (-; *-en*) débauche *f*
'**aussehen** (*irr*, *sép*, *-ge-*, *h*, → ***sehen***) **1.** avoir l'air (***wie*** de), paraître; ***gut ~*** *Person* être bien; *gesundheitlich* avoir bonne mine; *Sache* faire bien; **2.** ≗ *n* (*-s*; *sans pl*) apparence *f*, air *m*, mine *f*; *von Sachen a* aspect *m*
**außen** ['ausən] à l'extérieur, dehors; ***von ~*** de l'extérieur, du dehors; ***nach ~*** vers l'extérieur, en dehors; *fig* ***nach ~ hin*** vu de l'extérieur; '**≗bordmotor** *mar m* moteur *m* hors-bord; '**≗dienst** *m* service *m* extérieur; '**≗handel** *m* commerce *m* extérieur; '**≗handelsdefizit** *n* déficit *m* du commerce extérieur; '**≗handelsüberschuss** *m* excédent *m* du commerce extérieur; '**≗minister** *m* ministre *m* des Affaires étrangères; '**≗politik** *f* politique *f* extérieure; '**≗seite** *f* extérieur *m*; '**≗seiter** *m* outsider *m*; non-conformiste *m*; '**≗spiegel** *auto m* rétroviseur *m* extérieur; **≗stände** ['-ʃtɛndə] *comm m/pl* créances *f/pl*
**außer** ['ausər] **1.** *prép* (*dat*): *außerhalb* hors de; *neben* en dehors de, outre; *ausgenommen* sauf, à part, excepté; ***~ sich sein*** être hors de soi; ***~ Betrieb*** hors de service; ***~ Gefahr*** hors de danger; **2.** *conj* ***~ dass*** sinon *od* excepté *od* sauf que; ***~ wenn*** à moins que … ne (+ *subj*), sauf *od* excepté si; '**~dem** en outre, de *od* en plus
**äußere** ['ɔʏsərə] **1.** extérieur; **2.** ≗ *n* (*-n*; *sans pl*) extérieur *m*
'**außer|gewöhnlich** extraordinaire, exceptionnel; '**~halb** *prép* (*gén*) en dehors de, à l'extérieur de, hors de
**äußerlich** ['ɔʏsər-] extérieur, externe (*a méd*); *fig* superficiel
**äußern** ['ɔʏsərn] (*h*) dire, exprimer; ***sich ~*** donner son avis (***über*** sur); *sich zeigen* se manifester
'**außerordentlich** extraordinaire; prodigieux
**äußerst** ['ɔʏsərst] extrême; dernier; *adv* extrêmement; ***im ~en Fall*** à la rigueur
**außerstande** [ausər'ʃtandə] ***~ sein***

être hors d'état (***zu*** de)

'**Äußerung** *f* (-; *-en*) *Worte* propos *m/pl*; *von Gefühlen* manifestation *f*

'**aussetzen** (*sép*, *-ge-*, *h*) *Tier*, *Kind* abandonner; *Belohnung* offrir; *e-r Gefahr etc* exposer (à); *aufhören* s'arrêter; ***etw auszusetzen haben*** trouver à redire (***an*** à)

'**Aussicht** *f* (-; *-en*) vue *f*; *fig* perspective *f*, chance *f* (***auf*** de)

'**aussichts|los** voué à l'échec, vain, sans espoir; '**⁀punkt** *m* point *m* de vue

'**Aussiedler** *m* (*-s*; -) rapatrié *m*

**aussöhn|en** ['auszøːnən] (*sép*, *-ge-*, *h*) (***sich ~*** se) réconcilier (***mit*** avec); '**⁀ung** *f* (-; *-en*) réconciliation *f*

'**ausspannen** (*sép*, *-ge-*, *h*) *Pferd* dételer; *fig* F *Freundin* souffler, chiper (***j-m*** à qn); *sich erholen* se détendre, se reposer

'**aussperr|en** (*sép*, *-ge-*, *h*) ***j-n ~*** fermer la porte à qn; *Arbeiter* lock-outer; '**⁀ung** *f* (-; *-en*) lock-out *m*

'**Aussprache** *f* (-; *-n*) prononciation *f*; *Gespräch* mise *f* au point, explication *f*

'**aussprechen** (*irr*, *sép*, *-ge-*, *h*, → ***sprechen***) prononcer; *ausdrücken* exprimer; ***sich ~ für*** (***gegen***) se prononcer *od* se déclarer pour (contre); ***sich mit j-m ~*** s'expliquer avec qn

'**Ausspruch** *m* (-[*e*]*s*; *⸚e*) parole *f*, sentence *f*

'**Ausstand** *m* (-[*e*]*s*; *⸚e*) grève *f*; ***in den ~ treten*** se mettre en grève

**ausstatt|en** ['ausʃtatən] (*sép*, *-ge-*, *h*) équiper, pourvoir, doter (***mit*** de); *Wohnung* installer, meubler; '**⁀ung** *f* (-; *-en*) équipement *m*; *Wohnung* installation *f*, ameublement *m*; *comm Ware* présentation *f*; *Theater* décors *m/pl*

'**ausstehen** (*irr*, *sép*, *-ge-*, *h*, → ***stehen***) supporter; ***ich kann ihn nicht ~*** je ne peux pas le supporter *od* souffrir

'**aussteig|en** (*irr*, *sép*, *-ge-*, *sn*, → ***steigen***) descendre (***aus*** de); *fig* se retirer (***aus*** de); *sozial* se marginaliser; '**⁀er** *m* (*-s*; -) marginal *m*

'**ausstell|en** (*sép*, *-ge-*, *h*) exposer; *Waren a* étaler; *Pass etc* délivrer; *Scheck* faire (***auf j-n*** sur qn); *Rechnung* établir; '**⁀er** *m* (*-s*; -) exposant *m*; *Scheck* tireur *m*

'**Ausstellung** *f* (-; *-en*) exposition *f*; *Pass etc* délivrance *f*; '**~sgelände** *n* terrain *m* d'exposition; '**~sraum** *m* salle *f* d'exposition; '**~sstand** *m* stand *m*

'**aussterben** (*irr*, *sép*, *-ge-*, *sn*, → ***sterben***) s'éteindre, disparaître

'**aussteuern** (*sép*, *-ge-*, *h*) *Tonband etc* régler

'**Ausstieg** *m* (-[*e*]*s*; *-e*) sortie *f*; ***~ aus der Kernenergie*** abandon *m* de l'énergie atomique

'**Ausstoß** *m* (*-es*; *⸚e*) *tech* éjection *f*; *Produktion* rendement *m*, débit *m*; '**⁀en** (*irr*, *sép*, *-ge-*, *h*, → ***stoßen***) *j-n* expulser (***aus*** de); *Schrei* pousser; *tech* éjecter; *comm* produire, débiter

'**Ausstrahlung** *f* (-; *-en*) *Radio* diffusion *f*; *e-s Menschen* rayonnement *m*

'**aus|strecken** (*sép*, *-ge-*, *h*) *Hand* tendre; *Arme*, *Beine* étendre, allonger; '**~streichen** (*irr*, *sép*, *-ge-*, *h*, → ***streichen***) rayer, biffer, barrer; '**~strömen** (*sép*, *-ge-*, *sn*) s'écouler; *Gas*, *Geruch* se dégager, s'échapper; '**~suchen** (*sép*, *-ge-*, *h*) choisir

'**Austausch** *m* (-[*e*]*s*; *sans pl*) échange *m*; '**⁀bar** interchangeable; '**⁀en** (*sép*, *-ge-*, *h*) échanger

'**austeilen** (*sép*, *-ge-*, *h*) distribuer

**Auster** ['austər] *f* (-; *-n*) huître *f*; **~npilz** *m* pleurote *m*

'**austragen** (*irr*, *sép*, *-ge-*, *h*, → ***tragen***) *Post* distribuer; *Wettkampf* disputer

**Aus'tral|ien** [aus'traːljən] *n* (*-s*; *sans pl*) l'Australie *f*; **~ier** *m* (*-s*; -), **~ierin** *f* (-; *-nen*) Australien *m*, -ne *f*; **⁀isch** australien

'**aus|treiben** (*irr*, *sép*, *-ge-*, *h*, → ***treiben***) expulser; *Teufel* exorciser; *fig* ***j-m etw ~*** faire passer qc à qn; '**~treten** (*irr*, *sép*, *-ge-*, *sn*, → ***treten***) *aus Partei etc* quitter (qc), partir (de); *WC* aller aux toilettes; *Radioaktivität etc* s'échapper; '**~trinken** (*irr*, *sép*, *-ge-*, *h*, → ***trinken***) vider, finir de boire

'**Austritt** *m* (-[*e*]*s*; *-e*) départ *m*, démission *f*; *Radioaktivität* fuite *f*

'**austrocknen** (*sép*, *-ge-*) *v/t h*, *v/i sn* dessécher

'**ausüben** (*sép*, *-ge-*, *h*) exercer; *Sport* pratiquer

'**Ausverkauf** *m* (-[*e*]*s*; *⸚e*) soldes *f/pl*; '**⁀t** *Ware* épuisé

'**Auswahl** *f* (-; *sans pl*) choix *m*; sélection *f* (*a Sport*)

'**auswählen** (*sép*, *-ge-*, *h*) choisir

'**Auswander|er** *m* (*-s*; -) émigrant *m*; '**♀n** (*sép*, *-ge-*, *sn*) émigrer; '**~ung** *f* (-; *-en*) émigration *f*

**auswärtig** ['ausvɛrtiç] étranger; extérieur; ***das ♀e Amt*** le ministère des Affaires étrangères

**auswärts** ['ausvɛrts] en dehors, à l'extérieur; ***~ essen*** manger au restaurant

'**auswechsel|n** (*sép*, *-ge-*, *h*) remplacer (***gegen*** par), changer (contre); '**♀spieler** *m*, '**♀spielerin** *f Sport* remplaçant *m*, -e *f*

'**Auswechs(e)lung** *f* (-; *-en*) remplacement *m*

'**Ausweg** *m* (-[*e*]*s*; *-e*) issue *f*; '**♀los** sans issue

'**ausweichen** (*irr*, *sép*, *-ge-*, *sn*, → ***weichen***) ***j-m*** (***e-r Sache***) **~** éviter qn (qc); *e-r Frage* éluder (qc); '**~d** *Antwort* évasif

**Ausweis** ['ausvais] *m* (-[*e*]*s*; *-e*) carte *f*; *Personal♀* carte *f* d'identité; '**♀en** ['-zən] (*irr*, *sép*, *-ge-*, *h*, → ***weisen***) expulser; ***sich ~*** justifier de son identité, montrer ses papiers; '**~papiere** *n*/*pl* pièces *f*/*pl* d'identité

'**ausweiten** (*sép*, *-ge-*, *h*) élargir; *fig* agrandir, développer; ***sich ~*** s'agrandir, se développer

'**auswendig** par cœur

'**aus|werfen** (*irr*, *sép*, *-ge-*, *h*, → ***werfen***) jeter (*a Anker*), lancer, rejeter; '**~werten** (*sép*, *-ge-*, *h*) exploiter; *Umfrage* dépouiller, analyser; '**~wirken** (*sép*, *-ge-*, *h*) ***sich ~*** se répercuter (***auf*** sur), avoir des conséquences

'**Auswuchs** *m* (*-es*; *⸚e*) excroissance *f*; *fig* excès *m*, abus *m*

**auswuchten** ['ausvuxtən] (*sép*, *-ge-*, *h*) *tech* équilibrer

'**auszahlen** (*sép*, *-ge-*, *h*) payer, verser; *fig* ***sich ~*** être payant

'**auszählen** (*sép*, *-ge-*, *h*) compter; ***die Stimmen ~*** dépouiller le scrutin

'**Auszahlung** *f* (-; *-en*) paiement *m*, versement *m*

'**auszeichn|en** (*sép*, *-ge-*, *h*) *j-n* distinguer; *mit Orden* décorer (***mit*** de); *Waren* étiqueter; ***sich ~*** se distinguer (***durch*** par); '**♀ung** *f* (-; *-en*) distinction *f*; *Orden* décoration *f*

'**ausziehen** (*irr*, *sép*, *-ge-*, → ***ziehen***) **1.** *v*/*t* (*h*) *Kleidung* enlever, retirer, ôter; *Tisch* rallonger; *Antenne* sortir; ***sich ~*** se déshabiller; **2.** *v*/*i* (*sn*) *aus e-r Wohnung* déménager

'**Auszubildende** *m*, *f* (*-n*; *-n*) apprenti *m*, -e *f*

'**Auszug** *m* (-[*e*]*s*; *⸚e*) *Buch* extrait *m*; *Konto* relevé *m*; *Wohnung* déménagement *m*

**Auto** ['auto] *n* (*-s*; *-s*) voiture *f*, auto *f*; ***~ fahren*** faire de la voiture; *am Steuer* conduire; ***mit dem ~ fahren*** aller en voiture; '**~bahn** *f* (-; *-en*) autoroute *f*; '**~bahnauffahrt** *f* embranchement *m* d'accès; '**~bahnausfahrt** *f* sortie *f* d'autoroute; '**~bahndreieck** *n* échangeur *m* d'autoroute; '**~bahngebühr** *f* péage *m*

'**Autobus** *m* autobus *m*; *Reisebus* autocar *m*

'**Auto|fähre** *f* bac *m* à voitures; '**~fahrer** *m*, '**~fahrerin** *f* automobiliste *m*, *f*

**Auto|gramm** [auto'gram] *n* (-[*e*]*s*; *-e*) autographe *m*; '**~karte** *f* carte *f* routière

**Auto'mat** [auto'maːt] *m* (*-en*; *-en*) distributeur *m* (automatique); **~ik** *f* (-; *-en*) *tech* dispositif *m* automatique; *auto* boîte *f* automatique; **~ion** [-ma'tsjoːn] *f* (-; *sans pl*) automation *f*; **♀isch** automatique

'**Automechaniker** *m* mécanicien *m* automobile

**Automo'bil** [-mo'biːl] *n* (*-s*; *-e*) automobile *f*; **~club** *m* club *m* automobile; **~industrie** *f* industrie *f* automobile

**auto|nom** [-'noːm] autonome; '**♀nummer** *f* numéro *m* d'immatriculation

**Autor** ['autɔr] *m* (*-s*; *-en*), **~in** [-'toːrin] *f* (-; *-nen*) auteur *m*

'**Auto|radio** *n* autoradio *m od f*; '**~reifen** *m* pneu *m* de voiture; '**~reisezug** *m* train *m* auto-couchettes; '**~rennen** *n* course *f* automobile; '**~reparaturwerkstatt** *f* garage *m*

**autori|tär** [autori'tɛːr] autoritaire; **♀tät** [-'tɛːt] *f* (-; *-en*) autorité *f*

'**Auto|unfall** *m* accident *m* de voiture; '**~vermietung** *f* location *f* de voitures; '**~waschanlage** *f* poste *m* de lavage

**Axt** [akst] *f* (-; *⸚e*) hache *f*, cognée *f*

**Az.** *abr* ***Aktenzeichen*** référence

**Azoren** [a'tsoːrən] *pl* ***die ~*** les Açores *f*/*pl*

# B

**b** *n mus* si *m* bemol
**B 1.** *n Buchstabe* B *m*; **2.** *f abr* ***Bundesstraße*** *in Frankreich etwa*: RN (Route nationale)
**b.** *abr* ***bei*** chez; *bei Ortsangaben* près de
**Baby** ['be:bi] *n* (*-s*; *-s*) bébé *m*
**Bach** [bax] *m* (-[*e*]*s*; *¨-e*) ruisseau *m*
**Backbord** *n* ['bak-] *n mar* (*-s*; *sans pl*) bâbord *m*
**Backe** ['bakə] *f* (-; *-n*) joue *f*
**backen** ['bakən] (*bäckt*, *backte*, *gebacken*, *h*) (faire) cuire; *in der Pfanne* (faire) frire
'**Backen|bart** *m* favoris *m/pl*; '**~zahn** *m* molaire *f*
**Bäcker** ['bɛkər] *m* (*-s*; -), '**~in** *f* (-; *-nen*) boulanger *m*, -ère *f*; **~ei** [-'rai] *f* (-; *-en*) boulangerie *f*
'**Back|form** *f* moule *m* à gâteaux; '**~hendl** *östr n* poulet *m* rôti; '**~ofen** *m* four *m*; '**~stein** *m* brique *f*; '**~waren** *f/pl* produits *m/pl* de boulangerie; ***feine ~*** pâtisseries *f/pl*
**Bad** [ba:t] *n* (-[*e*]*s*; *¨-er*) bain *m*; *Badezimmer* salle *f* de bains; *Schwimm²* piscine *f*; *Kurort* station *f* balnéaire *od* thermale
**Bade|anstalt** ['ba:dəʔ-] *f* établissement *m* de bains; '**~anzug** *m* maillot *m* de bain; '**~hose** *f* slip *m* de bain; '**~mantel** *m* peignoir *m* de bain; '**~meister** *m* maître-nageur *m*; '**~mütze** *f* bonnet *m* de bain
'**baden** (*h*) baigner; (***sich***) **~** se baigner; *in der Badewanne* prendre un bain
**Baden** ['bɑ:dən] *n* le (pays de) Bade
**Baden-Württemberg** ['bɑ:dən'vyrtəmbɛrk] *n* le Bade-Wurtemberg
'**Bade|ort** *m* station *f* balnéaire, ville *f* d'eaux; '**~saison** *f* saison *f* balnéaire; '**~strand** *m* plage *f*; '**~tuch** *n* serviette *f* *od drap m de bain*; '**~urlaub** *m* vacances *f/pl* à la mer; '**~wanne** *f* baignoire *f*; '**~zimmer** *n* salle *f* de bains
**bagatellisieren** [bagatɛli'zi:rən] (*pas de ge-*, *h*) minimiser
**Bagger** ['bagər] *m* (*-s*; -) pelle *f* mécanique; *Schwimm²* drague *f*
**Bahamas** [ba'ha:mas] *géogr* ***die ~*** *pl* les Bahamas *f/pl*
**Bahn** [ba:n] *f* (-; *-en*) *Eisen²* chemin *m* de fer; *Weg* voie *f*; *Renn²*, *Start²* piste *f*; *Flug²* trajectoire *f*; *Tapete* lé *m*, laisse *f*; ***mit der ~ fahren*** aller en train; '**~anschluss** *m* raccordement *m* au chemin de fer; '**²brechend** qui fait époque *od* date, révolutionnaire; '**~damm** *m* remblai *m*
'**bahnen** (*h*) *Weg* frayer; *fig* ***e-r Sache den Weg ~*** ouvrir la voie à qc
'**Bahn|fahrt** *f* voyage *m* en train; '**~hof** *m* gare *f*; ***auf dem ~*** à la gare; '**~linie** *f* ligne *f* de chemin de fer; '**~steig** *m* quai *m*; '**~übergang** *m* passage *m* à niveau
**Bakterie** [bak'te:rjə] *f* (-; *-n*) bactérie *f*, microbe *m*
**bald** [balt] bientôt; *fast* presque; **~ ... ~ ...** tantôt ... tantôt ...; **~ *darauf*** peu après; ***so ~ wie möglich*** aussi tôt que possible, dès que possible
**baldig** ['baldiç] prompt, prochain; ***auf ein ~es Wiedersehen!*** au plaisir de vous revoir bientôt!
**Baldrian** ['baldria:n] *bot m* (*-s*; *-e*) valériane *f*
**Balearen** [bale'a:rən] *pl* ***die ~*** les Baléares *f/pl*
**balgen** ['balgən] ***sich ~*** se bagarrer
**Balkan** ['balka:n] ***der ~*** les Balkans *m/pl*
**Balken** ['balkən] *m* (*-s*; -) poutre *f*
**Balkon** [bal'ko:n] *m* (*-s*; *-e*) balcon *m*
**Ball** [bal] *m* (-[*e*]*s*; *¨-e*) balle *f*; *größerer*, *Fuß²* ballon *m*; *Billard²* bille *f*; *Tanzfest* bal *m*
**Ballast** ['balast] *m* (-[*e*]*s*; *-e*) lest *m*; *fig* poids *m* mort
**Ballen** ['balən] *m* (*-s*; -) *comm* ballot *m*; *am Fuß* éminence *m* du gros orteil
**Ballett** [ba'lɛt] *n* (-[*e*]*s*; *-e*) ballet *m*
**Ballon** [ba'lo:n] *m* (*-s*; *-s*) ballon *m*
'**Ball|saal** *m* salle *f* de bal; '**~spiel** *n* jeu *m* de balle
'**Ballungs|gebiet** *n*, '**~raum** *m*, '**~zentrum** *n* agglomération *f*, conurbation *f*

**Balsam** ['balza:m] *m* (*-s*; *-e*) baume *m*
**Baltikum** ['baltikum] ***das ~*** les pays Baltes *m/pl*
**Bambus** ['bambus] *bot m* (*-[ses]*; *-se*) bambou *m*
**banal** [ba'na:l] banal
**Banane** [ba'na:nə] *bot f* banane *f*
**Banause** [ba'nauzə] *m* (*-n*; *-n*) esprit *m* borné, philistin *m*
**Band**[1] [bant] *n* (*-[e]s*; *⸗er*) ruban *m*, bande *f*; *Gelenk***≈** ligament *m*; *fig* lien *m*; ***auf ~ aufnehmen*** enregistrer (sur bande); ***am laufenden ~*** sans arrêt
**Band**[2] [-] *m* (*-[e]s*; *⸗e*) *Buch* volume *m*; *e-s Werkes* tome *m*
**Band**[3] [bɛnt] *f mus* (*-*; *-s*) groupe *m*
**Bande** ['bandə] *f* (*-*; *-n*) bande *f*; *Verbrecher* gang *m*
**bändigen** ['bɛndigən] (*h*) dompter, maîtriser
**Bandit** [ban'di:t] *m* (*-en*; *-en*) bandit *m*
'**Band|maß** *n* mètre *m* à ruban; '**~scheibe** *f* disque *m* intervertébral; '**~scheibenschaden** *méd m* hernie *f* discale; '**~wurm** *m* ver *m* solitaire
**bang(e)** ['baŋ(ə)] anxieux; ***mir ist ~*** j'ai peur (***vor*** de); ***j-m ~ machen*** faire peur à qn
**Bangladesch** [baŋgla'dɛʃ] *n* le Bangladesh
**Bank** [baŋk] *f* **1.** (*-*; *⸗e*) banc *m*; *Zug, Auto* banquette *f*; *fig* ***durch die ~*** sans exception; ***etw auf die lange ~ schieben*** faire traîner qc en longueur; **2.** (*-*; *-en*) *comm* banque *f*; ***sein Geld auf die ~ bringen*** déposer son argent à la banque; '**~angestellte** *m*, *f* employé *m*, -e *f* de banque; '**~einlage** *f* dépot *m* bancaire
**Bankett** [baŋ'kɛt] *n* (*-[e]s*; *-e*) banquet *m*; *Straße* accotement *m*
**Bankier** [baŋk'je:] *m* (*-s*; *-s*) banquier *m*
'**Bank|konto** *n* compte *m* en banque; '**~leitzahl** *f* code *m* bancaire; '**~note** *f* billet *m* de banque; **~omat** [-ɔ'ma:t] *m* (*-en*; *-en*) guichet *m* automatique
**Bank|rott** [baŋk'rɔt] **1.** *m* (*-[e]s*; *-e*) faillite *f*, banqueroute *f*; ***~ machen*** faire faillite; **2.** **≈'rott** *adj* en faillite; '**~safe** *m* coffre-fort *m*; '**~verbindung** *f* coordonnées *f/pl* bancaires
**Bann** [ban] *m hist* (*-[e]s*; *sans pl*) ban *m*, bannissement *m*; *fig* charme *m*, envoûtement *m*; '**≈en** (*h*) *Gefahr* conjurer; *fig* ***wie gebannt*** fasciné
**bar** [ba:r] *ohne* dépourvu de; *comm* comptant; ***gegen*** *od* ***in ~*** au comptant; ***~ zahlen*** payer (au) comptant *od* en espèces
**Bar** *f* (*-*; *-s*) *Theke* bar *m*; *Nacht*≈ cabaret *m*, boîte *f* de nuit
**Bär** [bɛ:r] *m zo* (*-en*; *-en*) ours *m*
**Barbados** [bar'ba:dɔs] *n* la Barbade
**Barbar** [bar'ba:r] *m* (*-en*; *-en*) barbare *m*; **≈isch** barbare; *Mord* atroce
'**Bardame** *f* barmaid *f*
'**barfuß** pieds nus, nu-pieds
'**Bargeld** *n* argent *m* liquide; '**≈los** par virement *od* chèque; '**~umstellung** *f Euro* conversion *f* en espèces
**Barkeeper** ['-ki:pər] *m* (*-s*; *-*) barman *m*
**barmherzig** [barm'hɛrtsiç] charitable, miséricordieux; **≈keit** *f* (*-*; *sans pl*) charité *f*, pitié *f*, miséricorde *f*
**barock** [ba'rɔk] **1.** baroque; **2.** **≈** *m od n* (*-s*; *sans pl*) baroque *m*
**Barometer** [baro'-] *n* (*-s*; *-*) baromètre *m*
**Barren** ['barən] *m* (*-s*; *-*) *Metall* barre *f*; *Gold* lingot *m*; *Turngerät* barres *f/pl* parallèles
**barsch** [barʃ] brusque
**Bart** [ba:rt] *m* (*-[e]s*; *⸗e*) barbe *f*; *an der Oberlippe* moustache *f*; *Schlüssel* panneton *m*
**bärtig** ['bɛ:rtiç] barbu
'**Barzahlung** *f* paiement *m* au comptant *od* en espèces
**Basel** ['ba:zəl] *n* Bâle
**basieren** [ba'zi:rən] (*pas de ge-*, *h*) ***~ auf*** se baser sur
**Basis** ['ba:zis] *f* (*-*; *Basen*) base *f*
**Baskenland** ['baskənlant] ***das ~*** le Pays basque
**Bass** [bas] *m* (*-es*; *⸗e*) basse *f*
**Bastard** ['bastart] *m* (*-[e]s*; *-e*) *Mensch* bâtard *m*; *bot*, *zo* hybride *m*
**bast|eln** ['bastəln] (*h*) bricoler; '**≈ler** *m* (*-s*; *-*) bricoleur *m*
**Bataillon** [batal'jo:n] *mil n* (*-s*; *-e*) bataillon *m*
**Batterie** [batə'ri:] *f* (*-*; *-n*) *mil*, *auto* batterie *f*; *Taschenlampe etc* pile *f*
**Bau** [bau] *m* (*-[e]s*; *Bauten*) construction *f*; *Bauwerk*, *Bauwesen* bâtiment *m*; *größerer* édifice *m*; *Tier*≈ terrier

*m*; ***im ~ sein*** être en construction; **'~arbeiten** *f/pl* travaux *m/pl*; **'~arbeiter** *m* ouvrier *m* du bâtiment; **'~art** *f* style *m* d'architecture; type *m od mode m de construction*

**Bauch** [baux] *m* (-[*e*]*s*; ⸗*e*) ventre *m*, abdomen *m*; **'~fell** *n* péritoine *m*; **'Ձig** ventru; **'~landung** *aviat f* crash *m*; **'~muskeln** *m/pl* muscles *m/pl* abdominaux; **'~schmerzen** *m/pl*, **'~weh** *n* mal *m* au ventre

**'Baudenkmal** *n* monument *m*

**bauen** ['bauən] (*h*) bâtir, construire; *nur tech* fabriquer, produire, faire; *fig* ***auf j-n*** (***etw***) **~** compter sur qn (qc); F ***gut gebaut sein*** être bien bâti

**Bauer**[1] ['bauər] *m* (-*n*; -*n*) paysan *m*, fermier *m*; *Schach* pion *m*

**'Bauer**[2] *n od m* (-*s*; -) *Vogelkäfig* cage *f*

**Bäuer|in** ['bɔʏərin] *f* (-; -*nen*) paysanne *f*, fermière *f*; **'Ձlich** paysan, rustique

**Bauern|fängerei** ['-nfɛŋə'rai] *f* (-; *sans pl*) attrape-nigaud *m*; **'~haus** *n*, **'~hof** *m* ferme *f*; **'~möbel** *n/pl* meubles *m/pl* rustiques

**'bau|fällig** délabré; **'Ձfirma** *f* entreprise *f* de construction; **'Ձflucht** *f* alignement *m*; **'Ձgenehmigung** *f* permis *m* de construire; **'Ձgerüst** *n* échafaudage *m*; **'Ձgewerbe** *n* industrie *f* du bâtiment; **'Ձherr** *m* propriétaire *m*; maître *m* d'œuvre; **'Ձholz** *n* bois *m* de construction; **'Ձingenieur** *m* ingénieur *m* du bâtiment et des travaux publics; **'Ձjahr** *n* année *f* de construction; **'Ձkasten** *m* jeu *m* de construction; **'Ձkunst** *f* architecture *f*; **'Ձland** *n* terrain *m* à bâtir; **'~lich** architectural, architectonique

**Baum** [baum] *m* (-[*e*]*s*; *Bäume*) arbre *m*

**'Bau|material** *n* matériaux *m/pl* de construction; **'~meister** *m* architecte *m*

**baumeln** ['bauməln] (*h*) pendiller; ***mit den Beinen*** **~** balancer les jambes

**'Baum|schule** *f* pépinière *f*; **'~stamm** *m* tronc *m* d'arbre; **'~stumpf** *m* souche *f*; **'~wolle** *f* coton *m*

**'Bau|plan** *m* plan *m* de la construction; **'~platz** *m* terrain *m* à bâtir

**'Bauspar|en** *n* épargne-logement *m*; **'~er** *m* (-*s*; -) souscripteur *m* à l'épargne-logement; **'~kasse** *f* caisse *f* d'épargne-logement

**'Bau|stein** *m* pierre *f* à bâtir; **'~stelle** *f* chantier *m*; **'~stil** *m* style *m* architectural; **'~unternehmer** *m* entrepreneur *m* de bâtiment; **'~werk** *n* édifice *m*, bâtiment *m*

**Bayer** ['baiər] *m* (-*n*; -*n*), **'~in** *f* (-; -*nen*) Bavarois *m*, -e *f*; **'~n** *n* la Bavière

**Bd.** *abr* ***Band*** volume

**BDI** *m abr* ***Bundesverband der Deutschen Industrie*** Union fédérale de l'industrie allemande

**beabsichtigen** [bəˀ'apziçtigən] (*pas de -ge-, h*) avoir l'intention *od* se proposer (***etw zu tun*** de faire qc); ***das war beabsichtigt*** c'était intentionnel *od* voulu

**be'acht|en** (*pas de -ge-, h*) faire attention à; *Vorschriften* observer; *Vorfahrt* respecter; **~lich** considérable, respectable, appréciable; **Ձung** *f* (-; *sans pl*) prise *f* en considération; observation *f*; respect *m*; ***starke ~ finden*** susciter le plus vif intérêt

**Beamt|e** [bəˀ'amtə] *m* (-*n*; -*n*), **~in** *f* (-; -*nen*) fonctionnaire *m*, *f*

**beanspruch|en** [bəˀ'anʃpruxən] (*pas de -ge-, h*) *Recht* revendiquer; *Platz, Zeit* prendre; *j-n* occuper; *Nerven* fatiguer; *tech* soumettre à des efforts; **Ձung** *f* (-; -*en*) *tech* soumission *f* à des efforts, usure *f*; *nervlich* stress *m*

**beanstand|en** [bəˀ'anʃtandən] (*pas de -ge-, h*) réclamer contre, faire des objections à, trouver à redire à; **Ձung** *f* (-; -*en*) réclamation *f*

**beantragen** [bəˀ'antra:gən] (*pas de -ge-, h*) demander (officiellement)

**be'antworten** (*pas de -ge-, h*) *Frage* répondre à

**be'arbeit|en** (*pas de -ge-, h*) travailler; *tech a* façonner, usiner; *Thema* traiter; *Akten* étudier; *für TV etc* adapter; *mus* arranger; **Ձung** *f* (-; -*en*) travail *m*; *tech a* façonnage *m*; *für Theater, TV* adaptation *f*; arrangement *m*; **Ձungsgebühr** *f* frais *m/pl* d'administration

**be'aufsichtigen** [bəˀ'aufziçtigən] (*pas de -ge-, h*) surveiller

**be'auftrag|en** (*pas de -ge-, h*) charger (***mit*** de); **Ձte** [-ktə] *m*, *f* (-*n*; -*n*) délégué *m*

**be'bauen** (*pas de -ge-, h*) *Gelände* bâtir; *agr* cultiver

**beben** ['be:bən] (*h*) **1.** trembler, frémir;

**2.** ² *n* (-*s*; -) *Erd*² tremblement *m* de terre

**Becher** ['bɛçər] *m* (-*s*; -) gobelet *m*

**Becken** ['bɛkən] *n* (-*s*; -) bassin *m* (*a des Körpers*); *mus* cymbale *f*

**be'danken** (*pas de -ge-*, *h*) ***sich bei j-m für etw ~*** remercier qn de *od* pour qc

**Bedarf** [bə'darf] *m* (-[*e*]*s*; *sans pl*) besoin(s) *m*(*pl*) (***an*** de); ***bei ~*** en cas de besoin; ***nach ~*** suivant les besoins; **~shaltestelle** *f* arrêt *m* facultatif

**bedauer|lich** [bə'dauərliç] regrettable; **~n** (*pas de -ge-*, *h*) ***j-n ~*** plaindre qn; ***etw ~*** regretter *od* déplorer qc; **²n** (-*s*; *sans pl*) regret *m* (***über*** de); **~nswert** déplorable; *Person* à plaindre

**be'deck|en** (*pas de -ge-*, *h*) couvrir (***mit*** de); **~t** *Himmel* couvert

**be'denk|en** (*irr*, *pas de -ge-*, *h*, → ***denken***) considérer, penser à; **²en** *pl* doutes *m/pl*, scurpules *m/pl*; **~enlos** sans scrupules; **~lich** douteux, critique, dangereux

**be'deut|en** (*pas de -ge-*, *h*) signifier, vouloir dire; **~end** important, considérable; **~sam** significatif

**Be'deutung** *f* (-; -*en*) *Sinn* signification *f*, sens *m*; *Wichtigkeit* importance *f*

**be'dienen** (*pas de -ge-*, *h*) (***sich ~*** se) servir; *Maschine* manier, commander

**Be'dienung** *f* (-; -*en*) service *m*; *Kellnerin* serveuse *f*; **~sanleitung** *f* mode *m* d'emploi

**beding|en** [bə'diŋən] (*pas de -ge-*, *h*) *voraussetzen* impliquer, conditionner, nécessiter; *verursachen* causer, provoquer; **~t** conditionnel; *beschränkt* limité; *verursacht* causé (***durch*** par)

**Be'dingung** *f* (-; -*en*) condition *f*; ***unter der ~, dass ...*** à (la) condition que (+ *subj*); **²slos** sans condition(s), inconditionnel

**be'drängen** (*pas de -ge-*, *h*) presser *od* harceler (***mit*** de), talonner

**be'droh|en** (*pas de -ge-*, *h*) menacer (***mit*** de); **~lich** menaçant; **²ung** *f* (-; -*en*) menace *f*

**be'drück|en** (*pas de -ge-*, *h*) oppresser, accabler; **~end** déprimant; **~t** déprimé

**Bedürfnis** [-'dyrfnis] *n* (-*sses*; -*sse*) besoin *m* (***nach*** de)

**bedürftig** [-'dyrftiç] nécessiteux, indigent

**Beefsteak** ['biːfsteːk] *n* (-*s*; -*s*) bifteck *m*

**be'eilen** (*pas de -ge-*, *h*) ***sich ~*** se dépêcher, se hâter

**be'ein|drucken** [bəʔ'aindrukən] (*pas de -ge-*, *h*) impressionner; **~flussen** [bəʔ'ainflusən] (*pas de -ge-*, *h*) influencer; **~trächtigen** [bəʔ'aintrɛçtigən] (*pas de -ge-*, *h*) faire tort à, porter préjudice *od* atteinte à

**be'end(ig)en** (*pas de -ge-*, *h*) finir, terminer

**beengt** [bəʔ'ɛŋkt] ***sich ~ fühlen*** se sentir mal à l'aise; ***~ wohnen*** habiter à l'étroit

**beerdig|en** [bəʔ'eːrdigən] (*pas de -ge-*, *h*) enterrer; **²ung** *f* (-; -*en*) enterrement *m*

**Beere** ['beːrə] *bot f* (-; -*n*) baie *f*; *Wein*² grain *m*

**Beet** [beːt] *n* (-[*e*]*s*; -*e*) planche *f*, carré *m*; *schmales* plate-bande *f*

**befähig|t** [bə'fɛːiçt] qualifié; **²ung** [bə'fɛːiguŋ] *f* (-; -*en*) qualification *f*

**befahr|bar** [bə'faːrbaːr] praticable; **~en** (*irr*, *pas de -ge-*, *h*, → ***fahren***) passer sur, emprunter; *Buslinie* exploiter; *adj* ***stark ~*** très fréquenté

**be'fallen** (*befiel*, *befallen*, *h*) *Fieber* saisir; *Krankheit* frapper; *Ungeziefer* attaquer

**be'fangen** *verlegen* gêné, embarrassé; *voreingenommen* partial; **²heit** *f* (-; *sans pl*) embarras *m*; manque *m* d'objectivité

**Befehl** [bə'feːl] *m* (-[*e*]*s*; -*e*) ordre *m*; *Befehlsgewalt* commandement *m*; **²en** (*befahl*, *befohlen*, *h*) ordonner, commander (***j-m etw*** qc à qn); **~shaber** *m* [-haːbər] (-*s*; -) commandant *m*; **~sverweigerung** *f* refus *m* d'obéissance

**be'festig|en** (*pas de -ge-*, *h*) fixer, attacher (***an*** à); *Mauer etc* consolider; *mil* fortifier; **²ung** *f* (-; -*en*) fixation *f*, attache *f*; *mil* fortification *f*

**be'finden** (*befand*, *befunden*, *h*) **1.** ***sich ~*** se trouver; **2.** ² *n* (-*s*; *sans pl*) état *m* de santé

**be'folgen** (*pas de -ge-*, *h*) suivre; *Befehl* exécuter

**be'förder|n** (*pas de -ge-*, *h*) transporter, expédier; *im Rang* promouvoir (***j-n zum Direktor*** qn directeur); **²ung** *f* (-; -*en*) transport *m*; avancement *m*,

promotion *f*
**be'fragen** (*pas de -ge-, h*) interroger, questionner; *um Rat fragen* consulter
**be'frei|en** (*pas de -ge-, h*) libérer, délivrer (***aus, von*** de); *freistellen* exempter, dispenser (***von*** de); ***sich ~*** se libérer; *sich retten* se dégager (***aus*** de); **2er** *m* (-*s*; -), **2erin** *f* (-; -*nen*) libérateur *m*, -trice *f*; **2ung** *f* (-; *sans pl*) libération *f*, délivrance *f*; exemption *f*, dispense *f* (***von*** de)
**befreunden** [bə'frɔyndən] (*pas de -ge-, h*) ***sich mit etw ~*** se familiariser avec qc; ***mit j-m befreundet sein*** être ami avec qn, être lié avec qn
**befried|igen** [bə'friːdigən] (*pas de -ge-, h*) contenter, satisfaire; ***sich selbst ~*** se masturber; **~igend** satisfaisant; **2igung** *f* (-; -*en*) satisfaction *f*, contentement *m*
**befristet** [bə'fristət] à durée limitée
**be'fruchten** (*pas de -ge-, h*) féconder
**Befug|nis** [bə'fuːknis] *f* (-; -*se*) autorisation *f*, droit *m*, compétence *f*; **2t** autorisé (***zu etw*** à faire qc)
**Be'fund** *m* (-[*e*]*s*; -*e*) constatation *f*; *méd* diagnostic *m*; ***ohne ~*** résultat *m* négatif
**be'fürcht|en** (*pas de -ge-, h*) craindre, redouter (***dass …*** que … ne + *subj*); **2ung** *f* (-; -*en*) crainte *f*, appréhension *f*
**befürworten** [bə'fyːrvɔrtən] (*pas de -ge-, h*) préconiser, appuyer
**begab|t** [bə'gaːpt] doué (***für*** pour); **2ung** *f* [-buŋ] (-; -*en*) don *m*, talent(s *pl*) *m*
**be'geben** (*begab, begeben, h*) ***sich ~*** se rendre; ***sich zur Ruhe ~*** aller se coucher; ***sich in Gefahr ~*** s'exposer au danger; **2heit** *f* (-; -*en*) événement *m*
**begeg|nen** [bə'geːgnən] (*pas de -ge-, sn*) ***j-m ~*** recontrer qn; **2nung** *f* (-; -*en*) recontre *f*
**be'gehen** (*beging, begangen, h*) *Verbrechen, Irrtum* commettre; *Fehler* faire; *Fest* fêter, célébrer
**begehr|en** [bə'geːrən] (*pas de -ge-, h*) désirer, convoiter; **~lich** avide (***nach*** de)
**begeister|n** [bə'gaistərn] (*pas de -ge-, h*) enthousiasmer; ***sich ~*** s'enthousiasmer *od* se passionner (***für*** pour); **2ung** *f* (-; *sans pl*) enthousiasme *m*
**Begier|de** [bə'giːrdə] *f* (-; -*n*) avidité *f*, désir *m*; **2ig** avide (***auf, nach*** de)
**Beginn** [bə'gin] *m* (-[*e*]*s*; *sans pl*) commencement *m*, début *m*; ***zu ~*** au début, au commencement; **2en** (*begann, begonnen, h*) commencer (***zu*** à; ***mit*** par), débuter
**beglaubigen** [bə'glaubigən] (*pas de -ge-, h*) authentifier; *Abschrift* certifier conforme; *Unterschrift* légaliser
**be'gleichen** (*beglich, beglichen, h*) *Rechnung* régler
**be'gleit|en** (*pas de -ge-, h*) accompagner (*a mus*); **2er** *m* (-*s*; -), **2erin** *f* (-; -*nen*) compagnon *m*, compagne *f*; *e-r Gruppe* accompagnateur *m*, -trice *f*; **2papiere** *n/pl* feuilles *f/pl* de route; **2schreiben** *n* lettre *f* d'envoi; **2ung** *f* (-; -*en*) accompagnement *m* (*a mus*); ***in ~ von*** en compagnie de
**be'glückwünschen** (*pas de -ge-, h*) féliciter (***zu*** de *od* pour)
**begnadigen** [bə'gnaːdigən] (*pas de -ge-, h*) gracier
**begnügen** [bə'gnyːgən] (*pas de -ge-, h*) ***sich mit etw ~*** se contenter de qc
**be'graben** (*begrub, begraben, h*) enterrer
**Begräbnis** [bə'grɛːpnis] *n* (-*ses*: -*se*) enterrement *m*
**be'greif|en** (*begriff, begriffen, h*) comprendre, saisir, concevoir; **~lich** compréhensible
**be'grenzen** limiter, borner (***auf*** à)
**Be'griff** *m* (-[*e*]*s*; -*e*) notion *f*, concept *m*; ***im ~ sein, etw zu tun*** être sur le point de faire qc
**be'gründ|en** (*pas de -ge-, h*) *gründen* fonder; *Gründe angeben* justifier, motiver (***mit*** par); **2ung** *f* (-; -*en*) justification *f*
**be'grüß|en** (*pas de -ge-, h*) saluer, accueillir, souhaiter la bienvenue à; **2ung** *f* (-; -*en*) accueil *m*; salut *m*
**begünstigen** [bə'gynstigən] (*pas de -ge-, h*) favoriser, avantager, protéger
**begutachten** [bə'guːtʔ-] (*pas de -ge-, h*) donner son avis sur, expertiser
**behaglich** [bə'haːkliç] douillet, confortable; ***sich ~ fühlen*** se sentir à son aise
**be'halten** (*behielt, behalten, h*) garder, conserver; *im Gedächtnis* retenir
**Behälter** [bə'hɛltər] *m* (-*s*; -) récipient *m*; réservoir *m*

**be'hand|eln** (*pas de -ge-, h*) traiter, *méd a* soigner; ***schlecht ~*** maltraiter; **2lung** *f* (-; *-en*) traitement *m*; *méd a* soins *m/pl*

**beharr|en** [bə'harən] (*pas de -ge-, h*) persévérer, persister (***auf*** dans); **~lich** persévérant; *adv* avec persistance

**behaupt|en** [bə'hauptən] (*pas de -ge-, h*) affirmer, soutenir, prétendre; ***sich ~*** se maintenir; **2ung** *f* (-; *-en*) affirmation *f*, assertion *f*

**be'heben** (*behob, behoben, h*) *Schaden* réparer

**be'helf|en** (*behalf, beholfen, h*) ***sich ~*** se débrouiller (***mit*** avec); **~smäßig** provisoire

**be'herbergen** (*pas de -ge-, h*) loger, héberger

**be'herrsch|en** (*pas de -ge-, h*) régner sur, gouverner; *fig* maîtriser, dominer; ***e-e Sprache ~*** posséder une langue; **2ung** *f* (-; *-en*) domination *f*; ***die ~ verlieren*** ne plus pouvoir se contrôler

**beherzigen** [bə'hɛrtsigən] (*pas de -ge-, h*) prendre à cœur

**be'hilflich** ***j-m ~ sein*** aider qn (***bei etw*** à faire qc)

**be'hinder|n** (*pas de -ge-, h*) gêner; **2te** *m, f* (*-n*; *-n*) handicapé *m* -e *f*; **~tengerecht** adapté aux handicapés

**Behörde** [bə'hø:rdə] (-; *-n*) autorité *f*, administration *f*

**be'hüten** (*pas de -ge-, h*) garder; ***j-n vor etw ~*** préserver qn de qc

**behutsam** [bə'hu:tza:m] précautionneux, prudent

**bei** [bai] *prép* (*dat*) *Nähe* près de; *bei e-r Person* auprès de, chez; ***~ mir*** chez moi; ***~ sich haben*** avoir sur soi; ***beim Arzt*** chez le médecin; ***~ Racine*** chez *od* dans Racine; ***~ Tisch*** à table; ***~ Tag*** le *od* de jour; ***~ Nacht*** la *od* de nuit; ***~ der Ankunft*** à l'arrivée; ***~ Regen*** en cas de pluie; ***~ 100 Grad*** à 100 degrés; ***beim Reden*** en parlant; ***j-n bei seinem Namen rufen*** appeler qn par son nom

**'bei|behalten** (*irr, sép, pas de -ge-, h*, → ***halten***) conserver, maintenir; **'~bringen** (*irr, sép, -ge-, h*, → ***bringen***) *Beweise etc* fournir, administrer; *Niederlage* infliger; ***j-m etw ~*** *lehren* apprendre *od* enseigner qc à qn

**Beicht|e** ['baiçtə] *f* (-; *-n*) confession *f*; **'2en** (*h*) se confesser; *seine Sünden* confesser

**beide** ['baidə] les deux; ***alle ~*** tous (les) deux; ***einer von uns ~n*** un de nous deux; ***keiner von ~n*** ni l'un ni l'autre

**beiderseitig** ['baidərzaitiç] des deux côtés; *gegenseitig* réciproque, mutuel

**'Beifahrer** *m* (*-s*; -) *Pkw* passager *m*; *Lkw* aide-conducteur *m*

**'Beifall** *m* (-[*e*]*s*; *sans pl*) applaudissements *m/pl*; *Zustimmung* approbation *f*; ***~ klatschen*** *od* ***spenden*** applaudir (***j-m*** qn)

**'beifällig** approbateur

**'beifügen** (*sép, -ge-, h*) joindre

**'Bei|geschmack** *m* (-[*e*]*s*; *sans pl*) goût *m* particulier, arrière-goût *m*; **'~hilfe** *f* *Sozial2* allocation *f*; *jur* complicité *f* (***zum Mord*** de meurtre)

**Beil** [bail] *n* (-[*e*]*s*; *-e*) hache *f*, hachette *f*

**'Beilage** *f* (-; *-n*) *Zeitung* supplément *m*; *Essen* garniture *f*

**beiläufig** ['bailɔʏfiç] en passant, incidemment

**'beilegen** (*sép, -ge-, h*) *e-m Brief* joindre (à); *Streit* régler

**'Beileid** *n* (-[*e*]*s*; *sans pl*) condoléances *f/pl*

**beim** → ***bei***

**'beimessen** (*irr, sép, -ge-, h*, → ***messen***) *Bedeutung etc* attribuer, attacher (***e-r Sache*** à qc)

**Bein** [bain] *n* (-[*e*]*s*; *-e*) jambe *f*; *Tier* patte *f*; *Tisch, Stuhl* pied *m*; *Knochen* os *m*

**'beinah(e)** presque, à peu près; ***ich wäre ~ gefallen*** j'ai failli *od* j'ai manqué tomber

**'Beinbruch** *m* fracture *f* de la jambe; *Sport* ***Hals- und ~!*** bonne chance!

**Beirut** [baɪ'ru:t] *n* Beyrouth

**beisammen** [bai'zamən] ensemble; **2sein** *n* (*-s*; *sans pl*) ***gemütliches ~*** réunion *f* amicale

**'Beisein** *n* ***im ~ von*** en présence de

**bei'seite** à part; ***Spaß ~!*** blague à part!; → ***beiseite...***

**bei'seite|...** *in Zssgn*: **~lassen** (*irr, sép, -ge-, h*, → ***lassen***) laisser de côté; **~legen** (*sép, -ge-, h*) mettre de côté (*a Geld*); **~schieben** (*irr, sép, -ge-, h*, → ***schieben***) écarter

**'beisetz|en** (*sép, -ge-, h*) enterrer; **'2ung** *f* (-; *-en*) enterrement *m*, funérailles *f/pl*

**'Beispiel** *n* (-[*e*]*s*; -*e*) exemple *m*; ***zum ~*** (*abr z.B.*) par exemple (*abr* p. ex.); ***sich ein ~ nehmen an*** prendre exemple sur; **'2haft** exemplaire; **'2los** sans précédent

**beißen** ['baisən] (*biss, gebissen, h*) mordre; *Rauch* piquer; *Farben* ***sich ~*** jurer

**'Bei|stand** *m* (-[*e*]*s*; ⸚*e*) assistance *f*, aide *f*; **'2stehen** (*irr, sép, -ge-, h,* → ***stehen***) ***j-m ~*** assister *od* aider qn

**Beitrag** ['baitra:k] (-[*e*]*s*; ⸚*e*) contribution *f*; *Mitglieds2* cotisation *f*

**'beitreten** (*irr, sép, -ge-, sn,* → ***treten***) ***e-r Partei*** *etc* ***~*** adhérer à *od* entrer dans un parti *etc*

**'Beitritt** *m* adhésion *f* (***zu*** à)

**'Beitrittsland** *n* nouveau pays *m* membre (*a EU*)

**'Beiwagen** *m Motorrad* side-car *m*

**Beize** ['baitsə] *f* (-; -*n*) *Holzfarbe* teinture *f*; *Farbentferner* décapant *m*; *Küche* marinade *f*

**beizeiten** [bai'tsaitən] à temps

**bejahen** [bə'ja:ən] (*pas de -ge-, h*) répondre par l'affirmative (à); *gutheißen* approuver

**bejahrt** [bə'ja:rt] agé

**be'kämpfen** (*pas de -ge-, h*) combattre; lutter contre

**bekannt** [bə'kant] connu (***für*** pour); ***mit j-m ~ sein*** connaître qn; ***~ machen*** publier, rendre public; ***j-n mit j-m ~ machen*** présenter qn à qn; ***sich mit etw ~ machen*** se familiariser avec qc; ***es kommt mir ~ vor*** ça me rappelle qc; ***mir ist ~, dass …*** je sais que …; ***~ werden*** *Autor etc* se faire connaître

**Be'kannte** *m, f* (-*n*; -*n*) (quelqu'un de ma) connaissance *f*

**be'kanntlich** comme on sait

**be'kanntmachen** (*sép, -ge-, h*) → ***bekannt***

**Be'kannt|machung** *f* (-; -*en*) publication *f*; avis *m*; **~schaft** *f* (-; -*en*) connaissance *f*

**be'kanntwerden** (*irr, sép, -ge-, sn*) → ***bekannt***

**be'kehren** (*pas de -ge-, h*) convertir (***zu*** à)

**be'kenn|en** (*bekannte, bekannt, h*) confesser, avouer; ***sich zu etw ~*** professer qc; ***sich zu j-m ~*** prendre parti pour qn; ***sich schuldig ~*** se reconnaître coupable; **2tnis** *n* (-*ses*; -*se*) confession *f* (*a rel*)

**be'klagen** (*pas de -ge-, h*) déplorer; ***sich ~*** se plaindre (***über*** de); **~swert** à plaindre; déplorable

**be'kleid|en** (*pas de -ge-, h*) (re)vêtir (***mit*** de); ***ein Amt ~*** occuper une fonction; **2ung** *f* (-; -*en*) vêtements *m/pl*

**Be'klemmung** *f* (-; -*en*) oppression *f*, serrement *m* de cœur

**be'kommen** (*bekam, bekommen, h*) recevoir; *oft* avoir; *erlangen* obtenir; *Krankheit* attraper; *Ärger* avoir; ***sie bekommt ein Kind*** elle va avoir un bébé; ***Hunger ~*** commencer à avoir faim; ***Sie ~ noch 5 Euro*** je vous dois encore cinq euros; ***j-m*** (***gut***) ***~*** réussir à qn; *Essen* ***das bekommt mir nicht*** je ne supporte pas

**bekömmlich** [bə'kœmliç] digeste, sain

**be'kräftigen** (*pas de -ge-, h*) confirmer

**bekümmert** [bə'kymərt] attristé, affligé

**be|kunden** [bə'kundən] (*pas de -ge-, h*) manifester; **~'laden** (*belud, beladen, h*) charger (***mit*** de)

**Belag** [bə'la:k] *m* (-[*e*]*s*; ⸚*e*) enduit *m* (*a méd*), couche *f*, revêtement *m*; *Zahn* tartre *m*; *Brot, Kupplung* garniture *f*

**be'lager|n** (*pas de -ge-, h*) assiéger; **2ung** *f* (-; -*en*) siège *m*

**Belang** [bə'laŋ] *m* (-[*e*]*s*; -*e*) ***von ~*** d'importance; **~e** *pl* intérêts *m/pl*; **2en** (*pas de -ge-, h*) *jur* (***gerichtlich***) ***~*** poursuivre (en justice); **2los** sans importance, futile, insignifiant

**belast|bar** [bə'lastba:r] solide; *Mensch* endurant; **2barkeit** *f* (-; *sans pl*) résistance *f*; **~en** (*pas de -ge-, h*) charger (***mit*** de; *a jur*); *Konto* débiter; *Körper* surmener; *seelisch* ***j-n ~*** peser sur qn, accabler qn

**belästigen** [bə'lɛstigən] (*pas de -ge-, h*) incommoder, importuner

**Be'lastung** *f* (-; -*en*) charge *f*; *fig* poids *m*; *seelische* stress *m*; *Konto* débit *m*

**be'laufen** (*belief, belaufen, h*) ***sich ~ auf*** se monter *od* s'élever *od* se chiffrer à

**belebt** [bə'le:pt] *Straße* animé; *Szene* mouvementé

**Beleg** [bə'le:k] *m* (-[*e*]*s*; -*e*) pièce *f* justificative, document *m*; **2en** [-'le:gən] (*pas de -ge-, h*) *Platz* marquer; *reser-*

*vieren* retenir; *beweisen* prouver, justifier de; *Brot* garnir; ***den ersten Platz ~*** occuper la première place; **~schaft** *f* (-; *-en*) personnel *m*

**belegt** [bə'le:kt] *Zunge* chargé; *Stimme* voilé; *Hotel* complet; *Zimmer, tél* occupé; ***~es Brot*** sandwich *m*

**be'lehren** (*pas de -ge-, h*) instruire (***über*** sur); ***j-n e-s Besseren ~*** ouvrir les yeux à qn, détromper qn

**beleidig|en** [bə'laidigən] (*pas de -ge-, h*) *kränken* vexer, offenser; *beschimpfen* insulter, injurier; **2ung** *f* (-; *-en*) offense *f*; injure *f* (*a jur*), insulte *f*

**be'lesen ~ *sein*** avoir des lettres, être instruit

**be'leucht|en** (*pas de -ge-, h*) éclairer; *festlich* illuminer; **2ung** *f* (-; *-en*) éclairage *m*; illumination *f*

**Belgi|en** ['bɛlgjən] *n* (*-s*; *sans pl*) la Belgique; **'~er** *m* (*-s*; -), **'~erin** *f* (-; *-nen*) Belge *m, f*; **2sch** ['-iʃ] belge

**Belgrad** ['bɛlgra:t] *n* Belgrade

**be'licht|en** (*pas de -ge-, h*) *Foto* exposer; **2ung** *f* (-; *-en*) pose *f*, exposition *f*; **2ungsmesser** *m* posemètre *m*

**Be'lieben** *n* (*-s*; *sans pl*) ***nach ~*** à volonté, à votre gré, comme il (vous) plaira

**be'liebig** quelconque, n'importe (le-) quel; ***jeder 2e*** n'importe qui

**be'liebt** aimé (***bei*** par), populaire; ***sich bei j-m ~ machen*** se faire bien voir par qn; **2heit** *f* (-; *sans pl*) popularité *f*

**be'liefern** (*pas de -ge-, h*) fournir *od* approvisionner (***mit*** en)

**bellen** ['bɛlən] (*h*) aboyer

**be'lohn|en** (*pas de -ge-, h*) récompenser (***für*** de *od* pour); **2ung** *f* (-; *-en*) récompense *f*

**belustigen** [bə'lustigən] (*pas de -ge-, h*) (***sich ~*** s')amuser, (se) divertir

**be|mächtigen** [bə'mɛçtigən] (*pas de -ge-, h*) ***sich j-s*** (***e-r Sache***) **~** s'emparer de qn (de qc); **~mängeln** [-'mɛŋəln] (*pas de -ge-, h*) critiquer

**be'malen** (*pas de -ge-, h*) peindre

**bemannt** [bə'mant] *Raumfahrzeug* habité

**be'merk|bar *sich ~ machen*** se faire remarquer; *Sache* se faire sentir; **~en** (*pas de -ge-, h*) remarquer (*a äußern*), apercevoir, s'apercevoir de; **~enswert** remarquable; **2ung** *f* (-; *-en*) remarque *f*, observation *f*, réflexion *f*

**bemitleiden** [bə'mitlaidən] (*pas de -ge-, h*) ***j-n ~*** avoir pitié de qn, plaindre qn

**be'müh|en** (*pas de -ge-, h*) ***sich ~*** s'efforcer (***zu*** de), se donner du mal *od* de la peine; ***sich um j-n ~*** prendre soin de qn; ***sich um etw ~*** faire des efforts pour obtenir qc; ***~ Sie sich nicht!*** ne vous dérangez pas!; **2ung** *f* (-; *-en*) effort *m*, peine *f*

**be'nachbart** voisin

**benachrichtig|en** [bə'na:xriçtigən] (*pas de -ge-, h*) ***j-n von etw ~*** informer *od* avertir qn de qc; **2ung** *f* (-; *-en*) information *f*, avertissement *m*

**benachteilig|en** [bə'na:xtailigən] (*pas de -ge-, h*) ***j-n ~*** désavantager *od* défavoriser *od* léser qn, porter préjudice à qn; **2ung** *f* (-; *-en*) préjudice *m*; ***soziale ~*** discrimination *f* sociale

**be'nehmen** (*benahm, benommen, h*) **1. *sich ~*** se conduire, se comporter; **2. 2** *n* (*-s*; *sans pl*) conduite *f*, comportement *m*

**be'neiden** (*pas de -ge-, h*) ***j-n um etw ~*** envier qc à qn; **~swert** enviable

**Beneluxstaaten** [bene'lʊksʃta:tən] *m/pl* ***die ~*** le Benelux

**Bengel** ['bɛŋəl] *m* (*-s*; -) gamin *m*, gosse F *m*; *péj* garnement *m*

**be'nötigen** (*pas de -ge-, h*) ***etw ~*** avoir besoin de qc, nécessiter qc

**be'nutz|en, be'nütz|en** (*pas de -ge-, h*) utiliser, employer, se servir; *Weg* emprunter; *Verkehrsmittel* prendre; ***die Gelegenheit ~*** profiter de l'occasion; **2er** *m* (*-s*; -) utilisateur (*a EDV*) *m*; *Verkehrsmittel* usager *m*; *Wörterbuch* lecteur *m*; **~erfreundlich** facile à utiliser; **2eroberfläche** *f EDV* interface *f* utilisateur; **2ung** *f* (-; *sans pl*) utilisation *f*, emploi *m*, usage *m*

**Benzin** [bɛn'tsi:n] *n* (*-s*; *-e*) essence *f*; *Auto* ***kein ~ mehr haben*** tomber en panne sèche; **~gutschein** *m* bon *m* d'essence; **~kanister** *m* bidon *m* d'essence, jerrycan *m*; **~motor** *m* moteur *m* à essence; **~uhr** *f* jauge *f* d'essence; **~verbrauch** *m* consommation *f* d'essence

**beobacht|en** [bəˀ'o:baxtən] (*pas de -ge-, h*) observer; **2er** *m* (*-s*; -), **2erin** *f* (-; *-nen*) observateur *m*, -trice *f*; **2ung** *f* (-; *-en*) observation *f*; *méd* sur-

veillance *f*
**bequem** [bə'kveːm] commode, confortable; *Weg* facile; *Person* qui aime ses aises; ***es sich ~ machen*** se mettre à son aise; **≈lichkeit** *f* (-; *-en*) commodité *f*, confort *m*; *Trägheit* paresse *f*; ***alle ~en*** tout le confort
**be'rat|en** (*beriet*, *beraten*, *h*) ***j-n ~*** conseiller qn; (***sich über***) ***etw ~*** délibérer sur qc; ***gut*** (***schlecht***) ***~ sein*** être bien (mal) avisé; **≈er** *m* (*-s*; -) conseiller *m*; **≈ung** *f* (-; *-en*) délibération *f*; *durch j-n* consultation *f*
**be'rech|enbar** calculable, prévisible; **~nen** (*pas de -ge-*, *h*) calculer; ***j-m etw ~*** compter qc à qn; **~nend** *péj* calculateur; **≈nung** *f* (-; *-en*) calcul *m* (*a fig*)
**berechtig|en** [bə'rɛçtigən] (*pas de -ge-*, *h*) autoriser (***zu*** à), donner le droit (***j-n zu*** à qn de); **≈ung** *f* (-; *-en*) autorisation *f*, droit *m*; bien-fondé *m*
**Beredsamkeit** [bə'reːtzaːmkait] *f* (-; *sans pl*) éloquence *f*
**Be'reich** *m* (-[*e*]*s*; *-e*) domaine *m*, sphère *f*
**be'reichern** (*pas de -ge-*, *h*) (***sich ~*** s')enrichir
**be'reinigen** (*pas de -ge-*, *h*) *Sache* régler
**be'reisen** (*pas de -ge-*, *h*) *Land* parcourir; *als Vertreter* sillonner
**bereit** [bə'rait] prêt (***zu*** à); ***sich ~ erklären*** se déclarer prêt; **~en** (*pas de -ge-*, *h*) *Sorge etc* causer; *Überraschung* ménager; *Essen* préparer; **~erklären** (*sép*, *pas de -ge-*, *h*) → ***bereit***; **~halten** (*irr*, *sép*, *-ge-*, *h*, → ***halten***) tenir prêt
**bereits** [bə'raits] déjà
**Be'reitschaft** *f* (-; *-en*) disposition *f* (***zu*** à); **~sdienst** *m* permanence *f*; *méd* service *m* de garde
**be'reitstellen** (*sép*, *-ge-*, *h*) préparer; mettre à la disposition (***für j-n*** de qn)
**be'reitwillig** empressé; *adv* volontiers
**Berg** [bɛrk] *m* (-[*e*]*s*; *-e*) montagne *f*; *fig* ***die Haare stehen einem zu ~e*** cela (vous) fait dresser les cheveux sur la tête; **≈'ab** en descendant; *fig* ***es geht mit ihm ~*** sa santé décline; **'~arbeiter** *m* mineur *m*; **≈'auf** en montant; ***es geht wieder ~*** *comm* les affaires reprennent; *méd* ça va mieux; **'~bau** *m* industrie *f* minière; **'~besteigung** *f* ascension
**bergen** ['bɛrgən] (*barg*, *geborgen*, *h*) sauver; *aus dem Wasser* repêcher; *Tote* dégager; *Sachen* récupérer
**'Berg|führer** *m* guide *m* de (haute) montagne; **'~gipfel** *m* sommet *m*
**bergig** ['bɛrgiç] montagneux
**'Berg|kette** *f* chaîne *f* de montagnes; **'~mann** *m*(*-s*; *Bergleute*) mineur *m*; **'~predigt** *rel f* Sermon *m* sur la montagne; **'~steigen** *n* (*-s*; *sans pl*) alpinisme *m*; **'~steiger** *m* (*-s*; -), **'~steigerin** *f* (-; *-nen*) alpiniste *m*, *f*; **'~wanderung** *f* excursion *f* en montagne
**Bericht** [bə'riçt] *m* (-[*e*]*s*; *-e*) rapport *m*, compte rendu *m*; *erzählend* récit *m*; *Presse* reportage *m*; **≈en** (*pas de -ge-*, *h*) ***j-m etw*** *od* ***über etw ~*** rapporter qc à qn; ***von*** *od* ***über etw ~*** relater qc, faire le récit de qc; **~erstatter** *m* reporter *m*, correspondant *m*
**berichtig|en** [bə'riçtigən] (*pas de -ge-*, *h*) rectifier, corriger; **≈ung** (-; *-en*) *f* rectification *f*, correction *f*
**Berlin** [bɛr'liːn] *n* Berlin
**Bern** [bɛrn] *n* Berne
**Bernstein** ['bɛrnʃtain] *m* (-[*e*]*s*; *sans pl*) ambre *m* (jaune)
**bersten** ['bɛrstən] (*barst*, *geborsten*, *sn*) crever, éclater (*fig* ***vor*** de)
**berüchtigt** [bə'ryçtiçt] *Ort* mal famé; *Verbrecher* notoire
**berücksichtigen** [bə'rykziçtigən] (*pas de -ge-*, *h*) prendre en considération, tenir compte de
**Beruf** [bə'ruːf] *m* (-[*e*]*s*; *-e*) profession *f*, métier *m*; ***von ~*** de son métier
**be'rufen** (*berief*, *berufen*, *h*) ***j-n zu etw ~*** appeler *od* nommer qn au poste de …; ***sich ~ auf*** se réclamer de
**be'ruflich** professionnel; *adv* par sa profession
**Be'rufs|anfänger** *m* débutant *m* professionnel; **~ausbildung** *f* formation *f* professionnelle; **~beratung** *f* orientation *f* professionnelle; **≈bildend *~e Schule*** école *f* professionnelle; **~kleidung** *f* vêtements *m/pl* professionnels; **~krankheit** *f* maladie *f* professionnelle; **~möglichkeiten** *f/pl* débouchés *m/pl*; **~schule** *f* école *f* professionnelle; **~soldat** *m* militaire *m* de carrière; **≈tätig** qui exerce une activité professionnelle; ***die ≈en*** les travailleurs

*m/pl*; **~verkehr** *m* heures *f/pl* de pointe *od* d'affluence

**Be'rufung** *f* (-; *-en*) *Ernennung* nomination *f*; *innere* vocation *f*; *jur* appel *m*; ***~ einlegen*** faire appel; **~sgericht** *n* cour *f* d'appel

**be'ruhen** (*pas de -ge-, h*) ***~ auf*** reposer sur, être basé sur; ***die Sache auf sich ~ lassen*** laisser l'affaire où elle en est

**be'ruhig|en** [bə'ruːigən] (*pas de -ge-, h*) (***sich ~*** se) calmer, (s')apaiser, (se) rassurer, (se) tranquilliser; **~end** rassurant; **2ung** *f* (-; *sans pl*) apaisement *m*; **2ungsmittel** *n* calmant *m*, tranquillisant *m*, sédatif *m*

**berühmt** [bə'ryːmt] célèbre, renommé, fameux; **2heit** *f* célébrité *f* (*a Person*)

**be'rühr|en** (*pas de -ge-, h*) toucher (*a fig*); *erwähnen* mentionner; **2ung** *f* (-; *-en*) contact *m*

**bes.** *abr* ***besonders*** particulièrement

**besänftigen** [bə'zɛnftigən] (*pas de -ge-, h*) apaiser, calmer

**Be'satzung** *f* (-; *-en*) *aviat, mar* équipage *m*; **~smacht** *f* puissance *f* occupante; **~struppen** *f/pl* troupes *f/pl* d'occupation

**be'schädig|en** (*pas de -ge-, h*) endommager, abîmer; **2ung** *f* (-; *-en*) endommagement *m*, dégradation *f*, détérioration *f*

**be'schaffen** (*pas de -ge-, h*) procurer, fournir; **2heit** *f* (-; *sans pl*) qualité *f*, nature *f*, état *m*

**beschäftig|en** [bə'ʃɛftigən] (*pas de -ge-, h*) occuper; *Arbeitskräfte* employer; *Gedanke* ***j-n ~*** préoccuper qn; ***sich ~ mit*** s'occuper de; **~t** [-çt] occupé (***mit etw*** à faire qc); **2te** *m, f* (*-n; -n*) employé *m*, employée *f*; **2ung** *f* (-; *-en*) occupation *f*; *berufliche* emploi *m*

**be'schämend** *schändlich* honteux; *demütigend* humiliant

**beschatten** [bə'ʃatən] (*pas de -ge-, h*) *Personen* surveiller, F filer

**be'schaulich** contemplatif, paisible

**Bescheid** [bə'ʃait] *m* (-[*e*]*s*; *-e*) réponse *f*; ***j-m ~ geben*** *od* ***sagen*** informer *od* aviser qn; ***~ wissen*** être au courant (***über*** de); ***abschlägiger ~*** refus *m*

**bescheiden** [bə'ʃaidən] modeste; **2heit** *f* (-; *sans pl*) modestie *f*

**bescheinig|en** [bə'ʃainigən] (*pas de -ge-, h*) certifier, attester; ***hiermit wird bescheinigt, dass ...*** par la présente, il est certifié que ...; **2ung** *f* (-; *-en*) certificat *m*, attestation *f*

**be'scheißen** (*beschiss, beschissen, h*) P ***j-n ~*** F rouler qn; ***beschissen werden*** se faire rouler

**be'schenken** (*pas de -ge-, h*) ***j-n ~*** faire un cadeau à qn; ***j-n mit etw ~*** faire cadeau *od* présent de qc à qn

**Bescherung** [bə'ʃeːruŋ] *f* (-; *-en*) distribution *f* des cadeaux *m/pl*; *fig* F ***da haben wir die ~!*** nous voilà dans de beaux draps!

**be'schimpfen** (*pas de -ge-, h*) insulter, injurier

**be'schissen** P emmerdant

**Be'schlag** *m* (-[*e*]*s*; *⸚e*) ferrure *f*; ***in ~ nehmen*** accaparer; **2en** (*beschlug, beschlagen, h*) *Pferd* ferrer; *Glas* (***sich***) **~** se couvrir de buée; ***in etw ~ sein*** être fort en qc, être versé dans qc, être ferré sur qc; **~nahme** [-'ʃlaːknaːmə] *f* (-; *-n*) saisie *f*, confiscation *f*, réquisition *f*; **2nahmen** (*pas de -ge-, h*) saisir, confisquer, réquisitionner

**beschleunig|en** [bə'ʃlɔʏnigən] (*pas de -ge-, h*) accélérer; **2ung** *f* (-; *-en*) accélération

**be'schließen** (*beschloss, beschlossen, h*) décider, résoudre (***zu*** de); *beenden* terminer

**Be'schluss** *m* (*-es*; *⸚e*) résolution *f*, décision *f*; **2fähig** qui atteint le quorum

**be'schmutzen** (*pas de -ge-, h*) (***sich ~*** se) salir *od* souiller

**be'schneiden** (*beschnitt, beschnitten, h*) rogner (*a fig*); *rel* circoncire

**beschönig|en** [bə'ʃøːnigən] (*pas de -ge-, h*) embellir, enjoliver; **2ung** *f* (-; *-en*) embellissement *m*; euphémisme *m*

**beschränken** [bə'ʃrɛŋkən] (*pas de -ge-, h*) limiter (***auf*** à), borner, restreindre; ***sich ~ auf*** se borner *od* se limiter à

**beschrankt** [bə'ʃraŋkt] *Bahnübergang* gardé

**be'schränk|t** limité; *geistig* borné, étroit; **2ung** *f* (-; *-en*) limitation *f*, restriction *f*

**be'schreib|en** (*beschrieb, beschrieben, h*) décrire; *Papier* écrire sur; **2ung** *f* (-; *-en*) description *f*

**beschuldig|en** [bə'ʃuldigən] (*pas de

-*ge-*, *h*) accuser, *jur* inculper (***j-n e-r Sache*** qn de qc)
**be'schütz|en** (*pas de -ge-*, *h*) protéger (***vor*** de *od* contre); **2er** *m* (*-s*; -), **2erin** *f* (-; *-nen*) protecteur *m*, -trice *f*
**Beschwerde** [bə'ʃveːrdə] *f* (-; *-n*) réclamation *f*, plainte *f*; **~n** *pl méd* douleur *f*, troubles *m/pl*
**be'schwer|en** (*pas de -ge-*, *h*) charger; ***sich ~*** se plaindre (***über*** de; ***bei j-m*** à qn); **~lich** fatigant, pénible
**beschwichtigen** [bə'ʃviçtigən] (*pas de -ge-*, *h*) apaiser, calmer
**be'schwören** (*beschwor*, *beschworen*, *h*) affirmer par serment, jurer; *anflehen* conjurer; *Geister* évoquer; *bannen* conjurer
**beseitigen** [bə'zaitigən] (*pas de -ge-*, *h*) supprimer, faire disparaître, enlever, écarter, éloigner; *umbringen* liquider
**Besen** ['beːzən] *m* (*-s*; -) balai *m*
**besessen** [bə'zɛsən] obsédé (***von*** par), maniaque; *vom Teufel* possédé
**be'setz|en** (*pas de -ge-*, *h*) occuper; *Kleid* garnir (***mit*** de); **~t** occupé (*a tél*); *Bus, Zug* complet; **2tzeichen** *n* tonalité *f* occupée; **2ung** *f* (-; *-en*) *mil* occupation *f*; *Theater, Film* distribution *f*
**besichtig|en** [bə'ziçtigən] (*pas de -ge-*, *h*) visiter, aller voir; **2ung** *f* (-; *-en*) visite *f*
**be'siedel|n** (*pas de -ge-*, *h*) coloniser; *bevölkern* peupler; ***~t dicht*** (***dünn***) ***~ sein*** avoir une population dense (clairsemée)
**be'siegen** (*pas de -ge-*, *h*) vaincre
**be'sinn|en** (*besann*, *besonnen*, *h*) ***sich ~*** réfléchir; ***sich auf etw ~*** se rappeler qc; ***sich anders ~*** se raviser; **2ung** *f* (-; *sans pl*) connaissance *f*; ***die ~ verlieren*** perdre connaissance; *fig* ***zur ~ kommen*** revenir à la raison; **~ungslos** sans connaissance, évanoui
**Be'sitz** *m* (*-es*; *sans pl*) possession *f*; *Eigentum* propriété *f*; ***~ ergreifen von, in ~ nehmen*** prendre possession de; **2en** (*besaß*, *besessen*, *h*) posséder, avoir; **~er** *m* (*-s*; -), **~erin** *f* (-; *-nen*) possesseur *m*; *Inhaber* détenteur *m*, -trice *f*; *Eigentümer* propriétaire *m*, *f*
**Besoldung** *f* [bə'zɔlduŋ] *f* (-; *-en*) traitement *m*, appointements *m/pl*
**besonder|e** [bə'zɔndərə] spécial, particulier, exceptionnel; **2heit** *f* (-; *-en*) particularité *f*; **~s** spécialement, particulièrement, en particulier, surtout
**besonnen** [bə'zɔnən] réfléchi, pondéré, circonspect
**besorgen** [bə'zɔrgən] (*pas de -ge-*, *h*) *beschaffen* procurer; *sich kümmern* s'occuper de
**Besorgnis** [bə'zɔrknis] *f* (-; *-se*) crainte *f*, inquiétude *f*; ***~ erregend*** inquiétant
**be'sorgniserregend** inquiétant
**Besorgung** [bə'zɔrguŋ] *f* (-; *-en*) ***~en machen*** faire des courses
**be'sprech|en** (*besprach*, *besprochen*, *h*) ***etw ~*** discuter qc; ***sich mit j-m ~*** conférer avec qn (***über etw*** de qc); ***ein Buch ~*** faire la critique d'un livre; **2ung** *f* (-; *-en*) discussion *f*, conférence *f*; *Zeitungskritik* compte rendu *m*, critique *f*
**besser** ['bɛsər] meilleur; *adv* mieux; ***es geht ihm ~*** il va mieux; ***~ werden*** s'améliorer; ***es ist ~*** il vaut mieux *od* mieux vaut (***zu schweigen als ...*** se taire que de ...); ***immer ~*** de mieux en mieux; ***um so ~*** tant mieux
**'besser|n** (*h*) ***sich ~*** s'améliorer; *Wetter a* se remettre au beau; *Person* s'amender; **'2ung** *f* (-; *sans pl*) amélioration *f*; *méd* rétablissement *m*
**Be'stand** *m* (-[*e*]*s*; *⸚e*) (*Fort*)*Bestehen* existence *f*, durée *f*, continuité *f*; *Tier*2 population *f*; *Personal* effectif *m*; *Vorrat* stock *m*; ***~ haben*** durer, persister
**be'ständig** constant; durable, persistant; continuel, perpétuel; stable (*a Wetter*); **2keit** *f* (-; *sans pl*) constance *f*; durée *f*; stabilité *f*
**Bestand|saufnahme** [bə'ʃtantsʔ-] *f* inventaire *m*; **~teil** *m* partie *f* intégrante, composante *f*, élément *m*
**bestätig|en** [bə'ʃtɛːtigən] (*pas de -ge-*, *h*) confirmer; *Brief* accuser réception de; ***sich ~*** se confirmer, se vérifier; **2ung** *f* (-; *-en*) confirmation *f*
**bestatt|en** [bə'ʃtatən] (*pas de -ge-*, *h*) inhumer; **2ungsinstitut** *n* pompes *f/pl* funèbres
**beste** ['bɛstə] meilleur; ***am ~n*** le mieux; ***sein ~r Freund*** son meilleur ami; ***der erste*** 2 le premier venu; ***er ist der*** 2 il est le meilleur; ***das*** 2 le meilleur; ***sein 2s tun*** faire de son mieux; ***es ist das*** 2 *od* ***am ~n, zu ...***

le mieux est de …; ***j-n zum ℒn haben*** se moquer de qn

**be'stech|en** (*bestach, bestochen, h*) corrompre, acheter; *fig* séduire; **~lich** corruptible; **ℒung** *f* (-; *-en*) corruption *f*; **ℒungsgelder** *n/pl* pot-de-vin *m*

**Besteck** [bə'ʃtɛk] *n* (-[*e*]*s*; *-e*) couvert *m*

**be'stehen** (*bestand, bestanden, h*) **1.** *Prüfung* réussir; *Kampf* soutenir (avec succès); *existieren* exister; ***auf etw ~*** insister sur qc; ***darauf ~ zu …*** insister pour …; ***~ aus*** se composer de; ***darin ~ zu …*** consister à …; **2.** ℒ *n* (*-s*; *sans pl*) existence *f*

**be'steig|en** (*bestieg, bestiegen, h*) monter sur; *Berg a* faire l'ascension de, escalader; **ℒung** *f* (-; *-en*) ascension *f*

**be'stell|en** (*pas de -ge-, h*) *Waren* commander; *Zimmer* retenir, faire réserver; *Grüße* transmettre; *Feld* cultiver; ***j-n ~*** faire venir qn; **ℒformular** *n* formulaire *m* de commande; **ℒung** *f* (-; *-en*) commande *f*; *comm* ordre *m*

**'besten|falls** (en mettant les choses) au mieux; **'~s** pour le mieux

**be'steuer|n** (*pas de -ge-, h*) imposer, taxer; **ℒung** *f* (-; *sans pl*) taxation *f*, imposition *f*

**be'stimmen** (*pas de -ge-, h*) *festlegen* déterminer, fixer; *anordnen* arrêter, décider; ***~ über*** décider *od* disposer de; ***für** od **zu etw ~*** destiner à qc; ***j-n ~*** désigner qn (***für** od **zu*** pour)

**be'stimmt** *feststehend* déterminé; *entschieden* décidé, résolu, ferme; *adv sicher* certainement, sûrement; ***in ~en Fällen*** dans certains cas; **ℒheit** *f* (-; *sans pl*) *Entschlossenheit* détermination *f*, fermeté; *Gewissheit* certitude *f*

**Be'stimmung** *f* (-; *-en*) *Vorschrift* disposition *f*, règlement *m*; *Festlegung* détermination *f*, définition *f*; *Zweck*ℒ destination *f*; *Schicksal* destinée *f*; **~sort** [-sʔɔrt] *m* (lien *m* de) destination *f*

**Best.-Nr.** *abr* ***Bestellnummer*** numéro de commande

**be'strafen** (*pas de -ge-, h*) punir

**Be'strahlung** *f* (-; *-en*) irradiation *f*

**be'streiken** (*pas de -ge-, h*) immobiliser par une grève

**be|'streiten** (*bestritt, bestritten, h*) contester; *Kosten* subvenir à; **~'stürmen** (*pas de -ge-, h*) ***j-n mit Fragen ~*** assaillir, presser qn de questions

**be'stürzt** consterné (***über*** de), interdit

**Besuch** [bə'zuːx] *m* (-[*e*]*s*; *-e*) visite *f*; ***bei j-m zu ~ sein*** être en visite chez qn; **ℒen** (*pas de -ge-, h*) *hingehen* aller voir; *herkommen* venir voir; *förmlich* rendre visite à; *Schule* fréquenter; *Kurs* suivre; *Museum, Stadt* visiter; **~er** *m* (*-s*; -), **~erin** *f* (-; *-nen*) visiteur *m*, -euse *f*; **~szeit** *f* heures *f/pl* de visite

**be'sucht** couru, fréquenté

**betagt** [bə'taːkt] âgé, d'un grand âge

**betätigen** [bə'tɛːtigən] (*pas de -ge-, h*) *Hebel* actionner; ***sich ~*** s'occuper; ***sich bei etw ~*** prendre part à qc; ***sich politisch ~*** avoir une activité politique

**betäub|en** [bə'tɔybən] (*pas de -ge-, h*) étourdir; *durch Lärm* abasourdir, assourdir; *méd* anesthésier; **ℒungsmittel** *méd n* anesthésique *m*, narcotique *m*

**Bete** *bot* ['beːtə] *f* (-; *-n*) ***Rote ~*** betterave *f* rouge

**beteilig|en** [bə'tailigən] (*pas de -ge-, h*) ***j-n ~*** faire participer qn (***an*** à); ***sich ~ an** od **bei*** participer *od* prendre part à; **~t** [-içt] concerné, intéressé; ***~ sein an*** *Unfall, Verbrechen* être concerné par; *Unternehmen* être intéressé dans; **ℒung** *f* (-; *-en*) participation *f*

**beten** ['beːtən] (*h*) prier; ***zu Gott ~*** prier Dieu

**be'teuern** (*pas de -ge-, h*) *Unschuld etc* protester de

**Bethlehem** ['beːtlehɛm] *n* Bethléem

**Beton** [be'toːn, be'tɔŋ] *m* (*-s*; *-s, -e*) béton *m*

**be'tonen** (*pas de -ge-, h*) accentuer (*a fig*)

**betonieren** [beto'niːrən] (*pas de -ge-, h*) bétonner

**Be'tonung** *f* (-; *-en*) accentuation *f*

**Betr.** *abr* ***Betreff*** objet

**Betracht** [bə'traxt] *m* ***in ~ ziehen*** prendre en considération *f*; (***nicht***) ***in ~ kommen*** (ne pas) entrer en ligne de compte; **ℒen** (*pas de -ge-, h*) regarder, contempler; ***~ als*** considérer comme

**beträchtlich** [bə'trɛçtliç] considérable

**Be'trachtung** *f* (-; *-en*) contemplation *f*; *Erwägung* considération *f*

**Betrag** [bə'traːk] *m* (-[*e*]*s*; *⸗e*) montant *m*, somme *f*

**be'tragen** [-aːgən] (*betrug, betragen, h*)

**1.** *Summe* s'élever à, se monter à; *Geschwindigkeit* être de l'ordre de; ***sich* ~** se conduire, se comporter; **2.** ♀ *n* (*-s; sans pl*) conduite *f*, comportement *m*

**be'treffen** (*betraf, betroffen, h*) concerner; ***was ... betrifft*** en ce qui concerne ...; ***was mich betrifft*** quant à moi; *Briefkopf* **betrifft** (*abr* **betr.**) objet

**be'treten 1.** (*betrat, betreten, h*) mettre le pied sur *od* dans; *Raum* entrer dans; *Rasen* marcher sur; **2.** *adj* embarrassé, confus

**betreuen** [bə'trɔʏən] (*pas de -ge-, h*) s'occuper de, prendre *od* avoir soin de

**Betrieb** [bə'tri:p] *m* (*-[e]s; -e*) *Unternehmen* entreprise *f*; *agr* exploitation *f*; *e-r Maschine* marche *f*, fonctionnement *m*; *Treiben* animation *f*, activité *f*; ***in ~ sein*** être en marche *od* en service; ***in ~ setzen*** mettre en marche; ***außer ~*** hors service; **♀lich** de l'entreprise; ***~e Mitbestimmung*** cogestion *f*; **♀sam** actif

**Be'triebs|anleitung** *f* mode *m* d'emploi; **~ausgaben** *f/pl* charges *f/pl* (de l'entreprise); **~ferien** *pl* congés *m/pl* annuels; **~gewinn** *m* bénéfice *m* d'exploitation; **~kapital** *n* fonds *m/pl* de roulement; **~klima** *n* ambiance *f* de l'entreprise; **~kosten** *pl* frais *m/pl* d'exploitation; **~leiter** *m* chef *m* d'entreprise; **~leitung** *f* direction *f*, management *m*; **~rat** *m* comité *m* d'entreprise; **~ratsmitglied** *n* délégué *m* du personnel; **~system** *EDV n* système *m* d'exploitation; **~wirtschaft** *f* gestion *f* des entreprises

**be'trinken** (*betrank, betrunken, h*) ***sich* ~** s'enivrer, se soûler

**betroffen** [bə'trɔfən] bouleversé, consterné; affecté, touché

**Betrug** [bə'tru:k] *m* (*-[e]s; sans pl*) escroquerie *f*, fraude *f*

**be'trüg|en** (*betrog, betrogen, h*) tromper, duper (***j-n*** qn), tricher, frauder; **♀er** *m* (*-s; -*), **♀erin** *f* (*-; -nen*) escroc *m*, fraudeur *m*, -euse *f*; **~erisch** frauduleux; *Person* malhonnête

**be'trunken** ivre, soûl

**Bett** [bɛt] *n* (*-[e]s; -en*) lit *m*; ***das ~ hüten*** garder le lit; ***zu ~ gehen*** (aller) se coucher

**betteln** ['bɛtəln] (*h*) mendier (***um etw*** qc)

**Bettler** ['bɛtlər] *m* (*-s; -*), **'~in** *f* (*-; -nen*) mendiant *m*; -e *f*

**'Bett|wäsche** *f*, **'~zeug** *n* draps *m/pl*, literie *f*

**beugen** ['bɔʏgən] (*h*) plier, fléchir, courber; ***das Recht ~*** faire une entorse au droit; ***sich ~*** se pencher; *fig* se soumettre (à)

**Beule** ['bɔʏlə] *f* (*-; -n*) bosse *f*

**beunruhigen** [bəˀ'unru:igən] (*pas de -ge-, h*) (***sich ~*** s')inquiéter

**beurlauben** [bəˀ'u:rlaubən] (*pas de -ge-, h*) donner un congé à; *Beamten* suspendre de ses fonctions

**beurteil|en** [bəˀ'urtailən] (*pas de -ge-, h*) juger de, apprécier; **♀ung** (*-; -en*) *f* jugement *m*, appréciation *f*

**Beute** ['bɔʏtə] *f* (*-; sans pl*) butin *m*; *e-s Tieres* proie *f*

**Beutel** ['bɔʏtəl] *m* (*-s; -*) sac *m*; *Geld♀* bourse *f*; *Känguru* poche *f*

**bevölker|n** [bə'fœlkərn] (*pas de -ge-, h*) (***sich ~*** se) peupler (***mit*** de); **♀ung** *f* (*-; -en*) population *f*; **♀ungsexplosion** *f* poussée *f* démographique

**bevollmächtig|en** [bə'fɔlmɛçtigən] (*pas de -ge-, h*) autoriser, donner mandat *od* procuration à; **♀te** [-çtə] *m, f* (*-n; -n*) mandataire *m*

**bevor** [bə'fo:r] avant que (+ *subj*); avant de (+ *inf*); **~munden** [bə'fo:rmundən] (*pas de -ge-, h*) tenir en tutelle; **~stehen** (*irr, sép, -ge-, h*, → ***stehen***) être proche; ***unmittelbar ~*** être imminent

**bevorzug|en** [bə'fo:rtsu:gən] (*pas de -ge-, h*) préférer, favoriser; **♀ung** *f* (*-; sans pl*) préférence *f* (pour)

**be'wach|en** (*pas de -ge-, h*) garder, surveiller; **♀ung** *f* (*-; -en*) garde *f*, surveillance *f*

**bewaffn|en** [bə'vafnən] (*pas de -ge-, h*) (***sich ~*** s')armer (***mit*** de); **♀ung** *f* (*-; -en*) armement *m*

**be'wahren** (*pas de -ge-, h*) garder; ***j-n ~ vor*** préserver qn de

**be'währen** (*pas de -ge-, h*) ***sich ~*** faire ses preuves

**be'währ|t** éprouvé; **♀ung** *f* (*-; -en*) *jur* ***mit ~*** avec sursis

**bewältigen** [bə'vɛltigən] (*pas de -ge-, h*) *Arbeit* venir à bout de; *Enttäuschung* surmonter; *Strecke* parcourir; *Vergangenheit* assumer

**be'wandert** *~ sein in* être fort *od* F calé en *od* versé dans

**be'wässer|n** (*pas de -ge-, h*) irriguer; **&ung** *f* (-; *-en*) irrigation *f*

**beweg|en** [bə've:gən] **1.** (*bewog, bewogen, h*) ***j-n zu etw ~*** engager *od* déterminer qn à qc; **2.** (*pas de -ge-, h*) remuer, bouger; ***j-n ~*** *rühren* émouvoir, toucher qn; ***sich ~*** bouger, remuer; **&grund** [-k-] *m* mobile *m*, motif *m*; **~lich** [-k-] mobile; *geistig* vif; **&lichkeit** [-k-] *f* (-; *sans pl*) mobilité *f*

**be'weg|t** [-kt] *Leben* mouvementé, agité (*a Meer*); *gerührt* ému; **&ung** [-guŋ] *f* (-; *-en*) mouvement *m*; *körperliche* exercice *m*; *Rührung* émotion *f*

**Beweis** [bə'vais] *m* (*-es*; *-e*) preuve *f*; *wissenschaftlicher* démonstration *f*; **&en** [-zən] (*bewies, bewiesen, h*) prouver; *Lehrsatz* démontrer; *Eifer etc* faire preuve de; **~führung** *f* argumentation *f*, démonstration *f*; **~stück** *jur n* pièce *f* à conviction

**be'wenden** (*inf*) ***es bei etw ~ lassen*** s'en tenir à qc

**be'werb|en** (*bewarb, beworben, h*) ***sich ~ um*** poser sa candidature à; ***sich um e-e Stelle ~*** *a* solliciter, postuler un emploi; **&er** *m* (*-s*; -), **&erin** *f* (-; *-nen*) candidat *m*, -e *f* (***um*** à); postulant *m*, -e *f*; **&ung** *f* (-; *-en*) candidature; **&ungsgespräch** *n* entretien *m* (de sollicitation); **&ungsschreiben** *n* lettre *f* de candidature

**be'wert|en** (*pas de -ge-, h*) évaluer; **&ung** *f* (-; *-en*) évaluation *f*

**bewilligen** [bə'viligən] (*pas de -ge-, h*) accorder, octroyer; *Rechte* concéder

**be'wirken** (*pas de -ge-, h*) produire, provoquer, amener

**be'wirt|en** (*pas de -ge-, h*) régaler; **&ung** *f* (-; *sans pl*) hospitalité *f*, accueil *m*, service *m*

**be'wohn|en** (*pas de -ge-, h*) habiter; **&er** *m* (*-s*; -), **&erin** *f* (-; *-nen*) habitant *m*, -e *f*; *Haus, Wohnung* occupant *m*, -e *f*

**bewölk|t** [bə'vœlkt] nuageux; **&ung** *f* (-; *sans pl*) nuages *m/pl*

**be'wundern** (*pas de -ge-, h*) admirer; **~swert** admirable

**bewusst** [bə'vust] conscient; *absichtlich* voulu, intentionnel; *fraglich* en question; ***sich e-r Sache ~ sein*** être conscient *od* avoir conscience de qc; ***sich e-r Sache ~ werden*** prendre conscience de qc, se rendre compte de qc

**be'wusstlos** sans connaissance

**Be'wusstsein** *n* (*-s*; *sans pl*) conscience *f*; *Besinnung* connaissance *f*; ***das ~ verlieren*** (***wiedererlangen***) perdre (reprendre) connaissance

**be'wusstwerden** (*irr, sép, -ge-, sn*) → ***bewusst***

**bez.** *abr* ***bezahlt*** payé

**be'zahlen** (*pas de -ge-, h*) payer

**Be'zahlfernsehen** *n* (*-s*; -) chaîne *f* payante

**be'zahlt** ***sich ~ machen*** rapporter, être payant

**Be'zahlung** *f* (-; *sans pl*) paiement *m*

**be'zaubernd** charmant, ravissant

**be'zeichn|en** (*pas de -ge-, h*) *Weg etc* marquer; *benennen* désigner; ***~ als*** qualifier de; **~end** significatif, caractéristique (***für*** de); **&ung** *f* (-; *-en*) désignation *f*, qualification *f*; *genaue* spécification *f*

**be'zeugen** (*pas de -ge-, h*) témoigner (***etw*** de qc), attester

**be'zieh|en** (*bezog, bezogen, h*) *Haus, Wohnung* aller occuper, s'installer dans; *Waren* acheter, faire venir; *Zeitung* être abonné à; *Gehalt, Rente* toucher; (***sich***) ***~ auf*** (se) rapporter à, (se) référer à, avoir trait à; *Himmel* ***sich ~*** se couvrir; ***die Betten ~*** mettre des draps; **&ung** *f* (-; *-en*) rapport *m*, relation *f*; ***~en haben*** avoir du piston F; ***in dieser ~*** à cet égard; ***in gewisser ~*** à certains égards; **~ungsweise** respectivement; ou plutôt

**Bezirk** [bə'tsirk] *m* (-[*e*]*s*; *-e*) district *m*; *Stadt&* quartier *m*

**Bezug** [bə'tsu:k] *m* (-[*e*]*s*; *⸚e*) *Überzug* enveloppe *f*; *Bett* draps *m/pl*; *Waren* achat *m*; *Zeitung* abonnement *m*; *Beziehung* rapport *m* (***zu*** avec); ***Bezüge*** *pl Gehalt* appointements *m/pl*; ***in ~ auf*** par rapport à, relativement à, concernant; ***~ nehmen auf*** se référer à

**Be'zugs|person** *psych f* personne *f* de référence; **~punkt** *m* point *m* de référence

**be|'zwecken** (*pas de -ge-, h*) avoir pour but; **~'zweifeln** (*pas de -ge-, h*) douter de

**BGB** *n abr* ***Bürgerliches Gesetzbuch***

Code civil allemand

**BH** *m abr* ***Büstenhalter*** soutien-gorge *m*

**Bhf.** *abr* ***Bahnhof*** gare

**Bibel** ['bi:bəl] *f* (-; *-n*) Bible *f*

**Biber** ['bi:bər] *zo m* (*-s*; -) castor *m*

**Biblio|thek** [biblio'te:k] *f* (-; *-en*) bibliothèque *f*; **~the'kar** [-e'ka:r] *m* (*-s*; *-e*), **~the'karin** *f* (-; *-nen*) *m* bibliothécaire *m*, *f*

**biblisch** ['bi:bliʃ] biblique; ***♀e Geschichte*** histoire sainte

**bieg|en** ['bi:gən] (*bog*, *gebogen*) **1.** *v/t* (*h*) plier, courber; **2.** *v/i* (*sn*) ***um die Ecke ~*** tourner le coin de la rue; **'~sam** ['bi:kza:m] pliable, flexible, souple; **'♀ung** *f* (-; *-en*) courbure *f*, coude *m*; *Straße* tournant *m*

**Biel** [bi:l] *n* Bienne

**Biene** ['bi:nə] *f* (-; *-n*) abeille *f*

**'Bienen|korb** *m*, **'~stock** *m* ruche *f*; **'~zucht** *f* apiculture *f*

**Bier** [bi:r] *n* (-[*e*]*s*; *-e*) bière *f*; ***helles*** (***dunkles***) ***~*** bière blonde (brune); **'~brauer** *m* brasseur *m*; **'~krug** *m* chope *f*

**bieten** ['bi:tən] (*bot*, *geboten*, *h*) offrir; ***sich ~*** se présenter; ***sich etw nicht ~ lassen*** ne pas se laisser marcher sur les pieds

**'bietenlassen** (*irr*, *sép*, *pas de -ge-*, *h*, → ***lassen***) → ***bieten***

**Bilanz** [bi'lants] *f* (-; *-en*) bilan *m*; *Handels♀* balance *f*

**Bild** [bilt] *n* (-[*e*]*s*; *-er*) image *f*; *Gemälde* tableau *m*; *Foto* photo *f*; ***sich ein ~ machen von*** se faire une idée de; ***im ~e sein*** être au courant (***über*** de); **'~berichterstatter** *m* reporter-photographe *m*, photo-reporter *m*

**bilden** ['bildən] (*h*) former; *ausmachen* constituer; ***sich ~*** se former; *geistig a* se cultiver, s'instruire; **'~d** éducatif, instructif; ***~e Kunst*** arts *m/pl* plastiques

**'Bilder|buch** *n* livre *m* d'images; **'~rahmen** *m* cadre *m*; **'~rätsel** *n* rébus *m*

**'Bild|fläche** *f fig* ***auf der ~ erscheinen*** faire son apparition; ***von der ~ verschwinden*** s'éclipser, disparaître de la circulation; **'~hauer** *m* (*-s*; -) sculpteur *m*; **'♀lich** *figurativ* figuratif; *übertragen* figuré, métaphorique; **'~nis** *n* (*-ses*; *-se*) portrait *m*; **'~platte** *f* vidéodisque *m*; **'~röhre** *TV f* tube *m* cathodique; **'~schirm** *m* écran *m* (de télévision); **'~schirmarbeit** *f* travail *m* sur écran; **'~schirmarbeitsplatz** *m* poste *m* de travail sur écran; **'~schirmfenster** *n* fenêtre *f*; **'~schirmschoner** *m* économiseur *m* d'écran; **'~schirmtext** *m* vidéotex *m*, Minitel *m* (*marque!*); **'~störung** *TV f* coupure *f*; **'~telefon** *n* vidéophone *m*

**'Bildung** *f* (-; *-en*) formation *f*; *geistige a* culture *f*; *Schul♀* éducation *f*, instruction *f*; **'~slücke** *f* lacune *f*; **'~sreform** *f* réforme *f* de l'enseignement

**Billard** ['biljart] *n* (*-s*; *-e*) billard *m*; **'~kugel** *f* bille *f*; **'~stock** *m* queue *f*

**billig** ['biliç] bon marché; ***~er*** meilleur marché; ***recht und ~*** juste et équitable; **'~en** [-gən] (*h*) approuver; **'♀flug** *m* vol *m* à prix réduit; **'♀lohnland** *n* pays *m* à main-d'œuvre bon marché; **'♀ung** [-guŋ] *f* (-; *sans pl*) approbation *f*

**Billion** [bi'ljo:n] *f* (-; *-en*) billion *m*

**Binde** ['bində] *f* (-; *-n*) bande *f*; *Verband* bandage *m*; *Arm♀* écharpe *f*; *Monats♀* serviette *f* hygiénique; **'~gewebe** *n* tissu *m* conjonctif; **'~glied** *n* lien *m*; **'~haut** *f* conjonctive *f*; **'~hautentzündung** *méd f* conjonctivite *f*

**'binden** (*band*, *gebunden*, *h*) attacher (***an*** à); *Krawatte* nouer; *Buch* relier; *verpflichten* engager, lier

**'Bindestrich** *m* trait *m* d'union

**'Bindfaden** *m* ficelle *f*

**'Bindung** *f* (-; *-en*) *innere* lien *m*; *vertragliche* engagement *m*; *chim*, *phys*, *Phonetik* liaison *f*; *Ski* fixation *f*

**binnen** ['binən] *prép* (*dat od gén*) dans (un délai de); ***~ kurzem*** sous peu

**'Binnen|hafen** *m* port *m* fluvial; **'~handel** *m* commerce *m* intérieur; **'~markt** *m* marché *m* intérieur; **'~schifffahrt** *f* navigation *f* fluviale

**Binse** ['binzə] *f bot* (-; *-n*) jonc *m*; *fig* ***in die ~n gehen*** F être foutu *od* fichu; **'~nwahrheit** *f* vérité *f* de la Palice

**Bio|brot** ['bi:obro:t] *n* pain *m* bio(logique); **~che'mie** *f* biochimie *f*; **~grafie**, **~graphie** [-gra'fi:] *f* (-; *-n*) biographie *f*; **'~kost** *f* alimentation *f* biologique; **'~laden** *m* magasin *m* de produits écologiques; **~loge** [-'lo:gə] *m* (*-n*; *-n*), **~'login** *f* (-; *-nen*) biologiste *m*, *f*; **~lo-**

**gie** [-lo'giː] *f* (-; *sans pl*) biologie *f*; **߃'logisch** biologique; **~ *abbaubar*** biodégradable; **߃'metrisch** biométrique; **'~müll** *m* déchets *m/pl* organiques; **'~produkt** *n* produit *m* organique; **'~rhythmus** *m* biorythme *m*; **~technolo'gie** *f* biotechnologie *f*; **'~tonne** *f* poubelle *f* pour les déchets organiques; **~top** [bio'toːp] *biol n*, *m* (-*s*; -*e*) biotope *m*
**Birke** ['birkə] *bot f* (-; -*n*) bouleau *m*
**Birma** ['birma] *n* la Birmanie
**Birne** ['birnə] *f* (-; -*n*) *bot* poire *f*; *Glüh߃* ampoule *f*
**bis** [bis] **1.** *prép* (*acc*) **~** (***an, in, nach, zu***) jusqu'à (*vor anderer prép als* „à" jusque); ***von … ~*** de … à; **~ *auf*** *außer* sauf, à … près; ***~ auf weiteres*** jusqu'à nouvel ordre; ***~ Ende Januar*** jusqu'à fin janvier; ***~ heute*** jusqu'aujourd'hui *od* jusqu'à aujourd'hui; ***~ vor wenigen Jahren*** jusqu'à il y a quelques années; ***~ jetzt*** jusqu'à présent; ***~ wann?*** jusqu'à quand?; ***~ 1715*** jusqu'en 1715; ***~ hierher*** jusqu'ici; ***~ dahin*** jusque-là; *zeitlich a* d'ici là; ***~ nach Hause*** jusque chez lui; ***~ gleich!*** à tout à l'heure!; ***~ morgen!*** à demain!; ***zwei ~ drei Tage*** deux ou trois jours; **2.** *conj* jusqu'à ce que (+ *subj*); ***warten ~ …*** attendre que … (+ *subj*)
**Bischof** ['biʃɔf] *m* (-*s*; ⸚*e*) évêque *m*
**bisher** [bis'heːr] jusqu'à présent
**Biskaya** [bis'kaːja] *géogr* ***die ~, der Golf von ~*** le golfe de Gascogne
**Biss** [bis] *m* (-*es*; -*e*) morsure *f*
**bisschen** ['bisçən] ***ein ~*** un peu (de …); ***ein kleines ~*** un tout petit peu
**Bissen** ['bisən] *m* (-*s*; -) bouchée *f*
**'bissig** *fig* hargneux, mordant; ***~er Hund!*** chien méchant!
**Bistum** ['bistuːm] *n* (-*s*; ⸚*er*) évêché *m*
**'bitte** s'il vous plaît *od* s'il te plaît; *auf Dank* (il n'y a) pas de quoi, je vous en prie; *auf Entschuldigung* il n'y a pas de mal, ce n'est rien; (***wie***) ***~?*** comment?, pardon?
**Bitte** ['bitə] *f* (-; -*n*) prière *f*, demande *f* (***um*** de)
**'bitten** (*bat*, *gebeten*, *h*) ***j-n um etw ~*** demander qc à qn; ***j-n ~, etw zu tun*** prier qn de faire qc, demander à qn de faire qc
**bitter** ['bitər] amer (*a fig*); *Kälte* rigoureux; *Armut* extrême; **'߃keit** *f* (-; *sans pl*) amertume *f* (*a fig*)
**'Bitt|gesuch** *n*, **'~schrift** *f* pétition *f*, requête *f*
**Bizeps** ['biːtsɛps] *m* (-[*e*]*s*; -*e*) biceps *m*
**Blähung** ['blɛːuŋ] *méd f* (-; -*en*) vent *m*, ballonnement *m*
**Blamage** [bla'maːʒə] *f* (-; -*n*) honte *f*; ***es ist e-e ~ für ihn*** il s'est rendu ridicule en faisant cela
**blamieren** [bla'miːrən] (*pas de -ge-*, *h*) ***j-n ~*** ridiculiser qn; ***sich ~*** se rendre ridicule, se couvrir de honte
**blank** [blaŋk] luisant; *sauber* propre; *Draht* nu; F *ohne Geld* F fauché
**Blankoscheck** ['blaŋko-] *m* chèque *m* en blanc
**Bläschen** ['blɛːsçən] *n méd* (-*s*; -) vésicule *f*; *Luft߃* petite bulle *f*
**Blase** ['blaːzə] *f* (-; -*n*) *Luft߃* bulle *f*; *Haut߃* cloque *f*, ampoule *f*; *Harn߃* vessie *f*; **'~balg** *m* soufflet *m*
**'blasen** (*blies*, *geblasen*, *h*) souffler; *Blasinstrument* jouer de; **'߃entzündung** *méd f* cystite *f*
**blasiert** [bla'ziːrt] blasé, hautain, snob
**'Blas|instrument** *n* instrument *m* à vent; **'~kapelle** *f* fanfare *f*, harmonie *f*; **'~rohr** *n* sarbacane *f*
**blass** [blas] pâle, blême; ***~ werden*** pâlir
**Blässe** ['blɛsə] *f* (-; *sans pl*) pâleur *f*
**Blatt** [blat] *n* feuille *f* (*bot u Papier*); *Zeitung* journal *m*; *Säge* lame *f*
**blättern** ['blɛtərn] (*h*) feuilleter (***in etw*** qc)
**'Blätterteig** *m* pâte *f* feuilletée
**blau** [blau] bleu; *fig Auge* au beurre noir; F *betrunken* ivre, soûl, noir F, rond F; ***~er Fleck*** bleu *m*; **'~äugig** aux yeux bleus; *fig* naïf
**'Blau|helm** *m* casque *m* bleu; **'~licht** *n* gyrophare *m*; **'~säure** *chim f* acide *m* cyanhydrique *od* prussique
**Blech** [blɛç] *n* (-[*e*]*s*; -*e*) tôle *f*; *Weiß߃* fer-blanc *m*
**'blech|en** (*h*) *zahlen* F cracher, casquer; **'~ern** en tôle *od* en fer-blanc; *Klang* de casserole; **'߃schaden** *auto m* tôles *f/pl* froissées
**Blei** [blai] *n* (-[*e*]*s*; *sans pl*) plomb *m*
**bleiben** ['blaibən] (*blieb*, *geblieben*, *sn*) rester, demeurer; ***~ bei*** *beharren* persister dans; ***es bleibt dabei*** c'est en-

tendu; ***bitte ~ Sie am Apparat!*** ne quittez pas!; ***~ lassen*** laisser tomber
'**bleibend** durable
'**bleibenlassen** (*irr, sép, pas de -ge-, h,* → ***lassen***) laisser tomber
**bleich** [blaiç] blême, pâle; ***~ werden*** pâlir
'**blei|ern** de plomb (*a fig*); '**~frei** *Benzin* sans plomb
'**Bleistift** *m* crayon *m*
**Blende** ['blɛndə] *f* (-; -*n*) *Foto* diaphragme *m*; '**2n** (*h*) éblouir (*a fig*), aveugler; '**2nd** *fig* fantastique; ***~ aussehen*** respirer la santé
**Blick** [blik] *m* (-[*e*]*s*; -*e*) regard *m*; *flüchtiger* coup *m* d'œil; *Aussicht* vue *f* (***auf*** sur); ***auf den ersten ~*** du premier coup d'œil; ***Liebe auf den ersten ~*** coup *m* de foudre
'**blicken** (*h*) regarder (***auf etw*** qc); ***sich ~ lassen*** se montrer
'**blickenlassen** (*irr, sép, pas de -ge-, h,* → ***lassen***) → ***blicken***
**blind** [blint] aveugle (*a fig*); ***~ werden*** devenir aveugle, perdre la vue; ***auf einem Auge ~*** borgne; ***~er Alarm*** fausse alerte *f*; ***~er Passagier*** passager *m* clandestin
'**Blindbewerbung** *f* candidature *f* spontanée
'**Blinddarm** *m* appendice *m*; '**~entzündung** *f* appendicite *f*
**Blinde** ['blində] *m, f* (-*n*; -*n*) aveugle *m, f*; '**~nschrift** *f* écriture *f* braille; ***in ~*** en braille
'**Blind|flug** *m* vol *m* sans visibilité; '**~heit** *f* cécité *f*; *fig* aveuglement *m*; '**2lings** ['blintliŋs] aveuglément
**blink|en** ['bliŋkən] (*h*) *auto etc* clignoter; *funkeln* étinceler; '**2er** *m* (-*s*; -), '**2licht** *n* clignotant *m*
**Blitz** [blits] *m* (-*es*; -*e*) éclair *m*; *~schlag* foudre *f*; *Foto* flash *m*; '**~ableiter** *m* paratonnerre *m*; '**2en** (*h*) ***es blitzt*** il y a *od* il fait un éclair (des éclairs); ***geblitzt werden*** se faire prendre par le radar; '**~licht** *n* flash *m*
**Block** [blɔk] *m* (-[*e*]*s*; ⸚*e*) bloc *m*; *Notiz2* bloc-notes *m*; *Häuser2* pâté *m* de maisons, îlot *m*; **~ade** [-'kaːdə] (-; -*n*) blocus *m*; '**~flöte** *mus f* flûte *f* à bec; '**~freiheit** *pol f* non-alignement *m*; '**~haus** *n* cabane *f* en rondins; **2ieren** [-'kiːrən] (*pas de -ge-, h*) bloquer

**blöd|e** ['bløːdə] stupide, bête, idiot; '**2sinn** ['bløːtzin] *m* (-[*e*]*s*; *sans pl*) idiotie(s) *f*(*pl*), bêtise(s) *f*(*pl*)
**blöken** ['bløːkən] (*h*) *Schaf* bêler
**blond** [blɔnt] blond
**bloß** [bloːs] **1.** *adj alleinig* seul, simple; *unbedeckt* nu; **2.** *adv* seulement, uniquement, simplement, ne … que
'**Blöße** ['bløːsə] *f* (-; -*n*) *Nacktheit* nudité *f*; *fig* ***sich e-e ~ geben*** donner prise sur soi, prêter le flanc
'**bloßstellen** (*sép, -ge-, h*) compromettre
**blühen** ['blyːən] (*h*) être en fleur(s); *a fig* être florissant, prospérer; ***ihm blüht etw*** il va lui arriver qc
**Blume** ['bluːmə] *f* (-; -*n*) fleur *f*; *Wein* bouquet *m*; *Bier* mousse *f*; *fig* ***durch die ~*** à mots couverts, à demi-mot
'**Blumen|händler** *m*, '**~händlerin** *f* fleuriste *m, f*; '**~kohl** *m* chou-fleur *m*; '**~strauß** *m* bouquet *m* de fleurs; '**~topf** *m* pot *m* de fleurs
**Bluse** ['bluːzə] *f* (-; -*n*) corsage *m*; *langärmelig* chemisier *m*
**Blut** [bluːt] *n* (-[*e*]*s*; *sans pl*) sang *m*; ***nur ruhig ~!*** du calme!
'**Blut|armut** *méd f* anémie *f*; '**~bad** *n* massacre *m*, carnage *m*; '**~bank** *f* banque *f* du sang; '**~druck** *m* tension *f* artérielle
**Blüte** ['blyːtə] *f* (-; -*n*) fleur *f*; *Blütezeit* floraison *f*; *fig* apogée *m*
**Blutegel** ['bluːtʔeːgəl] *m* (-*s*; -) sangsue *f*
'**bluten** (*h*) saigner
**Bluter** ['bluːtər] *méd m* (-*s*;-) hémophile *m*
**Bluterguss** ['bluːtʔ-] *méd m* hématome *m*
'**Blütezeit** *f* floraison *f* (*a fig*); *fig* apogée *m*
'**Blut|gefäß** *n* vaisseau *m* sanguin; '**~gruppe** *f* groupe *m* sanguin; '**2ig** sanglant, ensanglanté; '**~körperchen** *n* globule *m* du sang; '**~kreislauf** *m* circulation *f* du sang; '**~probe** *f* prise *f* de sang; '**~rache** *f* vendetta *f*; '**2rot** rouge sanguin; '**2rünstig** sanguinaire; '**~spender** *m*, '**~spenderin** *f* donneur *m*, -euse *f* de sang; '**2stillend** ***~es Mittel*** hémostatique *m*; '**~übertragung** *f* transfusion *f* sanguine; '**~ung** *f* (-; -*en*) saignement *m*; *stärker* hémorra-

gie *f*; '**~vergießen** *n* (*-s*; *sans pl*) effusion *f* de sang; '**~vergiftung** *f* septicémie *f*; '**~wurst** *f* boudin *m*
**BLZ** *f abr* ***Bankleitzahl*** code *m* (de) banque
**Bö** [bøː] *f* (-; *-en*) rafale *f*
**Bob** [bɔp] *m* (*-s*; *-s*) *Sport m* bob(sleigh) *m*
**Bock** [bɔk] *m* (-[*e*]*s*; *⸚e*) mâle *m*; *Ziegen*≈ bouc *m*; *Schaf*≈ bélier *m*; *Reh*≈ chevreuil *m* mâle; *Gestell* chevalet *m*, tréteau *m*; *Sport* cheval *m* de bois; *fig* ***e-n ~ schießen*** commettre une gaffe; F ***null ~!*** F ras-le-bol!
'**bock|ig** obstiné, têtu; '**≈springen** *n* (*-s*; *sans pl*) *Spiel* saute-mouton *m*; '**≈wurst** *f* saucisse *f* de Francfort
**Boden** ['boːdən] *m* (*-s*; *⸚*) sol *m*, terre *f*; *Fass*, *Flasche etc* fond *m*; *Fuß*≈ plancher *m*; *Dach*≈ grenier *m*; '**≈los** *fig* inouï, énorme; '**~personal** *aviat n* personnel *m* au sol; '**~reform** *f* réforme *f* agraire; '**~schätze** *m/pl* ressources *f/pl od richesses f/pl naturelles od* du sous-sol; '**~see** *m* lac *m* de Constance; '**~station** *f Raumfahrt* station *f* terrestre
**Bogen** ['boːgən] (*-s*; *⸚*) *Krümmung* courb(ur)e *f*; *Waffe*, *arch*, *math* arc *m*; *Brücken*≈ arche *f*; *Wölbung* cintre *m*; *Geigen*≈ archet *m*; *Papier*≈ feuille *f*; '**~lampe** *f* lampe *f* à arc
**Böhmen** ['bøːmən] *n* la Bohême
**Bohne** ['boːnə] *bot f* (-; *-n*) haricot *m*; *Kaffee*≈ grain *m*; ***grüne ~n*** haricots verts; ***weiße ~n*** haricots secs
**bohner|n** ['boːnərn] (*h*) cirer; '**≈wachs** *n* encaustique *f*
**bohr|en** ['boːrən] (*h*) percer, creuser; *tech* forer; *Zahnarzt* passer la roulette; '**≈er** *m* (*-s*; -) foret *m*, mèche *f*; *Zahnarzt* fraise *f*; '**≈insel** *f* plate-forme *f* de forage; '**≈loch** *n Öl* puits *m*; '**≈maschine** *f* perceuse *f* (électrique); '**≈turm** *m Öl* derrick *m*; '**≈ung** *f* forage *m*; *Motor* alésage *m*
**Boiler** ['bɔylər] *m* (*-s*; -) chauffe-eau *m*
**Boje** ['boːjə] *f* (-; *-n*) bouée *f*, balise *f*
**Bolivien** [bo'liːviən] *n* la Bolivie
**Bolzen** ['bɔltsən] *m tech* (*-s*; -) boulon *m*
**bombardieren** [bɔmbar'diːrən] (*pas de -ge-*, *h*) bombarder; ***mit Fragen ~*** assaillir de questions
**Bombe** ['bɔmbə] *f* (-; *-n*) bombe *f*
'**Bomben|angriff** *m* bombardement *m*; '**~anschlag** *m* attentat *m* à la bombe (***auf*** contre)
**Bon** [bɔŋ] *m* (*-s*; *-s*) bon *m*; *Kassenzettel* ticket *m* de caisse; **~us** ['boːnus] *m* (-[*ses*]; *-se*) gratification *f*
**Boot** [boːt] *n* (-[*e*]*s*; *-e*) bateau *m*, canot *m*; *Kahn* barque *f*; '**~sfahrt** *f* promenade *f* en bateau; '**~sverleih** *m* location *f* de bateaux
**booten** *EDV* ['butən] (*-ge-*, *h*) amorcer
**Bord**[1] [bɔrt] *m mar*, *aviat* ***an ~*** à bord; ***an ~ gehen*** aller à bord, s'embarquer; ***von ~ gehen*** débarquer; ***über ~*** par-dessus bord; '**~karte** *f* carte *f* d'embarquement
**Bord**[2] *n* (-[*e*]*s*; *-e*) *Wandbrett* étagère *f*
**Bordell** [bɔr'dɛl] *n* (*-s*; *-e*) maison *f* de prostitution, maison *f* close; *péj* bordel *m*
**borgen** ['bɔrgən] (*h*) ***j-m etw ~*** prêter qc à qn; (***sich***) ***etw bei*** *od* ***von j-m ~*** emprunter qc à qn
**borniert** [bɔr'niːrt] borné
**Börse** ['bœrzə] *f* (-; *-n*) Bourse *f*; *Geld*≈ porte-monnaie *m*, bourse *f*
'**Börsen|bericht** *m* bulletin *m* de la Bourse; '**~kurs** *m* cours *m* de la Bourse; '**~makler** *m* agent *m* de change; '**~notierung** *f* cotation *f* en Bourse; '**~papiere** *n/pl* valeurs *f/pl* boursières; '**~spekulant** *m* spéculateur *m* en Bourse
**bösartig** ['bøːsˀaːrtiç] méchant; *méd* malin (*f* maligne)
**Böschung** ['bœʃuŋ] *f* (-; *-en*) talus *m*; *Ufer*≈ berge *f*
**böse** ['bøːzə] **1.** mauvais; *boshaft* méchant; *verärgert* fâché; ***j-m*** *od* ***auf j-n ~ sein*** en vouloir à qn; **2.** ≈ *n* (*-n*; *sans pl*) mal *m*
**bos|haft** ['boːshaft] méchant; '**≈heit** *f* (-; *-en*) méchanceté *f*, malignité *f*
**Bosnien (und Herzegowina)** ['bɔsniən (unt hɛrtse'goːvina)] *n* la Bosnie (-Herzégovine)
**Bosporus** ['bɔsporus] ***der ~*** le Bosphore
'**böswillig** malveillant
**Botani|k** [bo'taːnik] *f* (-; *sans pl*) botanique *f*; **~ker** *m* (*-s*; -), **~kerin** *f* (-; *-nen*) botaniste *m*, *f*; **≈sch** botanique
**Bot|e** ['boːtə] *m* (*-n*; *-n*) messager *m*;

'**~schaft** *f* message *m*; *pol* ambassade *f*; '**~schafter** *m* (-*s*; -), '**~schafterin** *f* (-; -*nen*) ambassadeur *m*, -drice *f*
**Bottnisch** ['bɔtniʃ] *géogr* ***der ~e Meerbusen*** le golfe de Botnie
**Boulevard** [bulə'vaːr] *m* (-*s*; -*s*) boulevard *m*; **~blatt** *n* journal *m* à sensation
**box|en** ['bɔksən] (*h*) boxer; '**Ձen** *n* (-*s*; *sans pl*) boxe *f*; '**Ձer** *m* (-*s*; -) boxeur *m*; '**Ձkampf** *m* match *m od combat m de boxe*
**Boykott** [bɔi'kɔt] *m* (-[*e*]*s*; -*s*, -*e*) boycottage *m*; **Ձieren** [-'tiːrən] (*pas de -ge-*, *h*) boycotter
**brachliegen** ['braːx-] (*irr*, *sép*, *-ge-*, *h*, → ***liegen***) être en friche (*a fig*)
**Branche** ['brɑ̃ːʃə] *f* (-; -*n*) branche *f*; '**~nverzeichnis** *tél n* annuaire *m* des professions; F pages *f/pl* jaunes
**Brand** [brant] *m* (-[*e*]*s*; ⸗*e*) incendie *m*; *méd* gangrène *f*; ***in ~ stecken*** mettre le feu à, incendier; ***in ~ geraten*** prendre feu; '**~bombe** *f* bombe *f* incendiaire; '**Ձen** ['-dən] (*sn*) *Meer* se briser (***gegen*** contre); déferler (*a fig*)
**Brandenburg** ['brandənburk] *n* **1.** *Stadt* Brandebourg; **2.** *Bundesland* le Brandebourg
'**Brand|schaden** *m* dégâts *m/pl* causés par l'incendie; '**~stifter** *m*, '**~stifterin** *f* incendiaire *m*, *f*; '**~stiftung** *f* incendie *m* criminel; '**~ung** ['-duŋ] *f* (-; *sans pl*) déferlement *m*, ressac *m*; '**~wunde** *f* brûlure *f*
**Branntwein** ['brantvain] *m* eau-de-vie *f*
**Brasilien** [bra'ziːljən] *n* (-*s*) le Brésil
**braten** ['braːtən] (*briet*, *gebraten*, *h*) **1.** (faire) rôtir, (faire) cuire; *in schwimmendem Fett* (faire) frire; *auf dem Rost* (faire) griller; **2.** Ձ *m* (-*s*; -) rôti *m*; '**Ձsoße** *f* sauce *f* de rôti
'**Brat|huhn** *n* poulet *m* rôti; '**~kartoffeln** *f/pl* pommes *f/pl* de terre sautées; '**~pfanne** *f* poêle *f* (à frire); '**~rost** *m* gril *m*
**Bratsche** ['braːtʃə] *mus f* (-; -*n*) alto *m*
'**Bratwurst** *f* saucisse *f* grillée
**Brauch** [braux] *m* (-[*e*]*s*; ⸗*e*) usage *m*; '**Ձbar** utile, utilisable
'**brauchen** (*h*) *nötig haben* avoir besoin de; *gebrauchen* se servir de; *Zeit meist* mettre; ***ich brauche etw*** *a* il me faut qc; ***wie lange wird er ~?*** combien de temps lui faudra-t-il?; ***du brauchst es nur zu sagen*** tu n'as qu'à le dire, il suffit de le dire
**Braue** ['brauə] *f* (-; -*n*) sourcil *m*
**brau|en** ['brauən] (*h*) *Bier* brasser; **Ձerei** [-'rai] *f* (-; -*en*) brasserie *f*
**braun** [braun] brun, marron; *von der Sonne* bronzé; ***~ gebrannt*** bronzé, tanné; ***~ werden*** *von der Sonne* bronzer
**Bräune** ['brɔʏnə] *f* (-; *sans pl*) *Haut* bronzage *m*, hâle *m*; '**Ձn** (*h*) brunir; *Sonne* bronzer
'**Braunkohle** *f* lignite *m*
**Braunschweig** ['braunʃvaɪk] *n* Brunswick
**Brause** ['brauzə] *f* (-; -*n*) *Dusche* douche *f*; *Gießkanne* pomme *f* d'arrosoir
'**brausen** (*h*) *Wind*, *Wasser* mugir; (***sich***) ~ *duschen* se doucher
**Braut** [braut] *f* (-; ⸗*e*) fiancée *f*; *am Hochzeitstag* mariée *f*
**Bräutigam** ['brɔʏtigam] fiancé *m*; *am Hochzeitstag* marié *m*
'**Brautpaar** *n* fiancés *m/pl*; *am Hochzeitstag* mariés *m/pl*
**brav** [braːf] brave, honnête; *Kind* sage, gentil
**BRD** [beːˀɛr'deː] *f* (-; *sans pl*) RFA *f* (République fédérale d'Allemagne)
**brechen** ['brɛçən] (*brach*, *gebrochen*) **1.** *v/t* (*h*) *etw* casser; rompre (*a Vertrag*, *Schweigen*); briser (*a Widerstand*); *Rekord* battre; *sich erbrechen* vomir; *fig* ***mit j-m ~*** rompre avec qn; ***sich den Arm ~*** se casser *od* se fracturer le bras; ***sich ~*** *Wellen* se briser; *Strahlen* être réfracté; **2.** *v/i* (*sn*) se casser
'**Brech|reiz** *m* nausée *f*, envie *f* de vomir; '**~stange** *f* pince *f* monseigneur
**Brei** [brai] *m* (-[*e*]*s*; -*e*) purée *f*, bouillie *f*
**Breisgau** ['braɪsgaʊ] ***der ~*** le Brisgau
**breit** [brait] large; ***2 Meter ~*** large de 2 mètres; ***weit und ~*** à perte de vue
**Breit|e** ['braitə] *f* (-; -*n*) largeur *f*; *géogr* latitude *f*; '**~engrad** *m* degré *m* de latitude, parallèle *m*
**Bremen** ['breːmən] *n* Brême
**Bremsbelag** ['brɛms-] *auto m* garniture *f* de frein
**Bremse** ['brɛmzə] *f* (-; -*n*) **1.** *tech* frein *m*; **2.** *zo* taon *m*
'**bremsen** (*h*) freiner (*a fig*)
'**Brems|kraftverstärker** *m* servo-frein

*m*; '**~leuchte** *f* feu *m* de stop; '**~pedal** *n* pédale *f* de frein; '**~spur** *f* trace *f* de freinage; '**~weg** *m* distance *f* de freinage

**brennbar** ['brɛnbaːr] combustible, inflammable

'**brenn|en** (*brannte*, *gebrannt*, *h*) brûler; *Lampe* être allumé; *Branntwein* distiller; *Wunde*, *Ziegel etc* cuire; ***mir ~ die Augen*** j'ai les yeux qui piquent; *fig* ***darauf ~, etw zu tun*** brûler de faire qc; '**⁀er** *tech m* (-*s*; -) brûleur *m*

**Brenn|nessel** ['brɛnnɛsəl] *bot f* (-; -*n*) ortie *f*; '**~punkt** *m phys* foyer *m*; *fig* centre *m*; '**~spiritus** *m* combustible *m*

**Bretagne** [brə'taɲə] ***die ~*** la Bretagne

**Brett** [brɛt] *n* (-[*e*]*s*; -*er*) planche *f*; *Spiel⁀* damier *m*; *Schach⁀* échiquier *m*; ***Schwarzes ~*** tableau *m* d'affichage

**Brief** [briːf] *m* (-[*e*]*s*; -*e*) lettre *f*; '**~beschwerer** *m* presse-papiers *m*; '**~bogen** *m* feuille *f* de papier à lettres; '**~freund** *m*, '**~freundin** *f* correspondant *m*, -e *f*; '**~geheimnis** *n* secret *m* postal; '**~kasten** *m* boîte *f* aux lettres; '**~kastenfirma** *f* entreprise *f* bidon; '**~kopf** *m* en-tête *f* de lettre; '**⁀lich** par lettre(s); '**~marke** *f* timbre(-poste) *m*; '**~markensammler** *m*, '**~markensammlerin** *f* philatéliste *m, f*; '**~papier** *n* papier *m* à lettres; '**~tasche** *f* portefeuille *m*; '**~träger** *m*, '**~trägerin** *f* facteur *m*, factrice *f*; *amtlich* préposé *m*, -e *f*; '**~umschlag** *m* enveloppe *f*; '**~waage** *f* pèse-lettre *m*; '**~wahl** *f* vote *m* par correspondance; '**~wechsel** *m* correspondance *f*

**Brillant** [bril'jant] *m* (-*en*; -*en*) **1.** *m* brillant *m*, diamant *m*; **2.** ⁀ *adj* brillant, excellent

**Brille** ['brilə] *f* (-; -*n*) lunettes *f/pl*; ***e-e ~*** une paire de lunettes; '**~netui** [-nʔɛtviː] *n* étui *m* à lunettes

**bringen** ['briŋən] (*brachte*, *gebracht*, *h*) *hin~* porter; *her~* apporter, amener; *begleiten* emmener, accompagner, conduire; *veröffentlichen* publier; *Kino*, *TV* passer; *Gewinn* rapporter; ***Glück ~*** porter bonheur; ***auf die Seite ~*** mettre de côté; ***in Erfahrung ~*** apprendre; ***etw mit sich ~*** entraîner qc; ***j-n um etw ~*** faire perdre qc à qn, frustrer qn de qc; ***ums Leben ~*** tuer; ***j-n dazu ~, etw zu tun*** amener qn à faire qc; ***zum Lachen ~*** faire rire; ***es zu etw ~*** réussir dans la vie; ***j-n auf e-e Idee ~*** donner une idée à qn

**Brit|e** ['britə] *m* (-*n*; -*n*), '**~in** *f* (-; -*nen*) Britannique *m, f*; '**⁀isch** britannique

**Brocken** ['brɔkən] *m* (-*s*; -) morceau *m*; *fig* ***ein paar ~ (Englisch)*** quelques bribes *f/pl* (d'anglais); F ***ein harter ~*** un sacré morceau

**Brombeere** ['brɔmbeːrə] *f bot* mûre *f*

**Bronch|ien** ['brɔnçjən] *f/pl* bronches *f/pl*; **~itis** [-'çiːtis] *méd f* (-; -*tiden*) bronchite *f*

**Brosch|e** ['brɔʃə] *f* (-; -*n*) broche *f*; **~üre** [-'ʃyːrə] *f* (-; -*n*) brochure *f*

**Brot** [broːt] *n* (-[*e*]*s*; -*e*) pain *m*; ***schwarzes ~*** pain *m* bis; ***sein ~ verdienen*** gagner son pain *od* sa vie

**Brötchen** ['brøːtçən] *n* (-*s*; -) petit pain *m*; ***belegtes ~*** sandwich *m*

'**Brot|erwerb** *m* gagne-pain *m*; '**⁀los *~ werden*** perdre son gagne-pain; ***~e Kunst*** métier *m* peu lucratif

**Browser** ['brauzər] *m* (-*s*; -) *EDV* navigateur *m*

**Bruch** [brux] *m* (-[*e*]*s*; ⸗*e*) rupture *f* (*a fig*); *~stelle* cassure *f*; *Knochen⁀* fracture *f*; *Eingeweide⁀* hernie *f*; *math* fraction *f*

**brüchig** ['bryçiç] fragile, cassant

'**Bruch|rechnung** *f* calcul *m* des fractions; '**~strich** *m* barre *f* de fraction; '**~stück** *n* fragment *m*; '**~teil** *m* fraction *f*; '**~zahl** *f* nombre *m* fractionnaire

**Brücke** ['brykə] *f* (-; -*n*) pont *m*; *Teppich* carpette *f*; *mar* passerelle *f*; '**~nbogen** *m* arche *f*

**Bruder** ['bruːdər] *m* (-*s*; ⸗) frère *m*; *Kerl* F type *m*; '**~krieg** *m* guerre *f* fratricide

**brüder|lich** ['bryːdərliç] fraternel; '**⁀lichkeit** *f* fraternité *f*

**Brügge** ['brygə] *n* Bruges

**Brühe** ['bryːə] *f cuis* (-; -*n*) bouillon *m*; F *péj* lavasse *f*, eau *f* de vaisselle

**brüllen** ['brylən] (*h*) *Rind* mugir; *Löwe* rugir; *Mensch* hurler

**brummen** ['brumən] (*h*) gronder, grogner; *Motor* vrombir; *Insekt* bourdonner; *undeutlich sagen* grommeler; *mürrisch äußern* ronchonner

**Brunch** [bran(t)ʃ] *m* (-[*e*]*s ou* -; -[*e*]*s ou* -*e*) brunch *m*

**brünett** [bry'nɛt] brun, châtain
**Brunnen** ['brunən] *m* (*-s*; -) puits *m*; *Spring*⁀ fontaine *f*
**Brunst** [brunst] *f zo* (-; *⸚e*) rut *m*, chaleur *f*
**brüsk** [brysk] brusque, rude
**Brüssel** ['brysəl] *n* Bruxelles
**Brust** [brust] *f* (-; *⸚e*) poitrine *f*; *weibliche a* sein *m*; '**~beutel** *m* bourse *f* portée autour du cou
**brüsten** ['brystən] (*h*) ***sich ~*** se rengorger, se vanter (***mit*** de)
'**Brust|korb** *m* thorax *m*; '**~umfang** *m* tour *m* de poitrine
**Brüstung** ['brystuŋ] *f* (-; *-en*) parapet *m*; *Geländer* balustrade *f*
**Brut** [bruːt] *f* (-; *-en*) couvée *f*; *fig* sale graine *f*
**brutal** [bru'taːl] brutal; **⁀ität** [-ali'tɛːt] *f* (-; *-en*) brutalité *f*
'**Brutapparat** *agr m* incubateur *m*
**brüt|en** ['bryːtən] (*h*) couver; '**⁀er** *tech m* (*-s*; -) ***schneller ~*** surrégénérateur *m* à neutrons
'**Brutkasten** *méd m* couveuse *f*
**brutto** ['brutɔ] brut; '**⁀einkommen** *n* revenu *m* brut; '**⁀sozialprodukt** *écon n* produit *m* national brut; '**⁀verdienst** *m* salaire *m* brut
**Bub** [buːp] *m* (*-en*; *-en*) garçon *m*, gamin *m*; '**~e** ['buːbə] *m* (*-n*; *-n*) *Kartenspiel* valet *m*
**Buch** [buːx] *n* (*-[e]s*; *⸚er*) livre *m*; '**~binder** *m* relieur *m*; '**~drucker** *m* imprimeur *m*; '**~druckerei** *f* imprimerie *f*
**Buche** ['buːxə] *bot f* (-; *-n*) hêtre *m*
**buchen** ['buːxən] (*h*) *comm* comptabiliser; *Flug etc* réserver, retenir
**Bücher|bord** ['byːçər-] *n* étagère *f*; **~ei** [-'rai] *f* (-; *-en*) bibliothèque *f*; '**~regal** *n* étagère *f* (à livres); '**~schrank** *m* bibliothèque *f*
'**Buch|führung** *f*, '**~haltung** *f* comptabilité *f*; '**~halter** *m*, '**~halterin** *f* comptable *m*, *f*; '**~händler** *m*, '**~händlerin** *f* libraire *m*, *f*; '**~handlung** *f* librairie *f*
**Büchse** ['byksə] *f* (-; *-n*) boîte *f*; *Gewehr* carabine *f*, fusil *m*
'**Büchsenöffner** *m* ouvre-boîtes *m*
**Buchstabe** ['buːxʃtaːbə] *m* (*-n*; *-n*) lettre *f*; ***großer ~*** majuscule *f*; ***kleiner ~*** minuscule *f*
**buch|stabieren** [-a'biːrən] (*pas de -ge-*, *h*) épeler; '**~stäblich** ['-ʃtɛːpliç] *adv* littéralement
**Bucht** [buxt] *f* (-; *-en*) baie *f*; *kleine* crique *f*
'**Buchung** *f* (-; *-en*) *comm* écriture *f*; *e-s Flugs etc* réservation *f*; '**~sbestätigung** *f* (*Flug*) confirmation de la réservation; '**~smaschine** *f* machine *f* comptable
**Buckel** ['bukəl] *m* (*-s*; -) bosse *f*; F *Rücken* dos *m*; '**⁀ig** bossu
**bücken** ['bykən] (*h*) ***sich ~*** se baisser
**Buddhis|mus** [bu'dismus] *m rel* (-; *sans pl*) bouddhisme *m*; **⁀tisch** bouddhiste, bouddhique
**Bude** ['buːdə] *f* (-; *-n*) baraque *f*; *Zimmer* F piaule *f*
**Budget** [by'dʒeː] *n* (*-s*; *-s*) budget *m*
**Büfett** [by'feː; bʏ'fɛt] *n* (*-s*; *-s*) buffet *m*
**Büffel** ['byfəl] *zo m* (*-s*; -) buffle *m*
**Bug** [buːk] *m mar* (*-[e]s*; *-e*) proue *f*; *aviat* nez *m*
**Bügel** ['byːgəl] *m* (*-s*; -) *Kleider*⁀ cintre *m*; *Brillen*⁀ branche *f*; '**~brett** *n* planche *f* à repasser; '**~eisen** *n* fer *m* à repasser; '**~falte** *f* pli *m*; '**⁀frei** qui ne nécessite aucun repassage; défroissable
'**bügeln** (*h*) repasser
**Bühne** ['byːnə] *f* (-; *-n*) *Theater* scène *f*; *fig a* théâtre *m*
'**Bühnen|bild** *n* décors *m/pl*; '**~bildner** *m* scénographe *m*, décorateur *m* de théâtre
**Bulgar|e** [bul'gaːrə] *m* (*-n*; *-n*), **~in** *f* (-; *-nen*) Bulgare *m*, *f*; **~ien** [-jən] *n* (*-s*; *sans pl*) la Bulgarie
**Bull|auge** ['bul-] *mar n* hublot *m*; '**~dogge** *zo f* bouledogue *m*
**Bulle** ['bulə] *m zo* (*-n*; *-n*) taureau *m*; *péj Polizist* flic *m*, poulet *m*
**Bummel** ['buməl] *m* F (*-s*; -) balade *f*
'**bummel|n** (*h*) *umherschlendern* flâner, se balader; *trödeln* traîner; '**⁀streik** *m* grève *f* du zèle; '**⁀zug** *m* F tortillard *m*
**bums!** [bums] boum!, patatras!
**bumsen** ['bumzən] (*h*) *Geräusch* faire boum; *stoßen* rentrer (***gegen*** dans); *vulgär* baiser
**Bund**[1] [bunt] *m* (*-[e]s*; *⸚e*) alliance *f*, union *f*; *pol a* (con)fédération *f*; *Verband* association *f*; *an Hose, Rock* ceinture *f*; F → ***Bundeswehr***
**Bund**[2] *n* (*-[e]s*; *-e*) botte *f*; ***ein ~ Radieschen*** une botte de radis
**Bündel** ['byndəl] *n* (*-s*; -) paquet *m*

*Akten* liasse *f*; *Strahlen* faisceau *m*; '**℞n** (*h*) faire un paquet de

'**Bundes|bahn** *f* chemins *m/pl* de fer fédéraux; '**~bank** *f* banque *f* fédérale; '**~kanzler(in** *f*) *m* chancelier *m*, –ière *f* fédéral(e); '**~land** *n* land *m*; '**~liga** *f* *Fußball* première division *f*; '**~präsident** *m* président *m* de la République fédérale (*Schweiz* de la Confédération); '**~rat** *m* Conseil *m* fédéral, Bundesrat *m*; '**~republik** *f* ~ ***Deutschland*** République *f* fédérale d'Allemagne; ***in der ~*** en République fédérale; '**~staat** *m* Etat *m* fédéral; '**~tag** *m* Parlement *m* fédéral, Bundestag *m*; '**~wehr** *mil* *f* armée *f* de la République fédérale

**Bündnis** ['byntnis] *n* (*-ses*; *-se*) alliance *f*, pacte *m*

**Bunker** ['buŋkər] *m* (*-s*; -) blockhaus *m*; *Luftschutz* abri *m* antiaérien

**bunt** [bunt] de couleurs variées, multicolore; *abwechslungsreich* varié; *fig* ***jetzt wird's mir zu ~!*** F j'en ai marre!; '**℞stift** *m*, crayon *m* de couleur

**Burg** [burk] *f* (-; *-en*) château *m* fort; '**~dorf** *n* *in der Schweiz* Berthoud

**Bürg|e** ['byrgə] *m* (*-n*; *-n*) garant *m*, -e *f*; '**℞en** (*h*) ~ ***für*** se porter garant de

**Bürger** ['byrgər] *m* (*-s*; -), '**~in** *f* (-; *-nen*) bourgeois *m*, -e *f*; *Staats℞(in)* citoyen *m*, -ne *f*; '**~initiative** *f* comité *m* de défense; '**~krieg** *m* guerre *f* civile; '**℞lich** *Klasse*, *Milieu* bourgeois; *staats~* civil, civique; '**~meister** *m*, '**~meisterin** *f* maire *m*; *Belgien*, *Schweiz* bourgmestre *m*; '**~steig** *m* trottoir *m*; '**~tum** *n* bourgeoisie *f*

**Bürgschaft** ['byrkʃaft] *f* (-; *-en*) *jur* caution *f*, garantie *f*

**Burgund** [bur'gunt] *n* (*-s*; *sans pl*) la Bourgogne; **~er** *m* (*-s*; -), **~erin** *f* (-; *-nen*) Bourguignon *m*, -ne *f*; **~erwein** *m* vin *m* de Bourgogne; bourgogne *m*

**Büro** [by'roː] *n* (*-s*; *-s*) bureau *m*; **~angestellte** *m*, *f* employé *m*, -e *f* de bureau; **~arbeit** *f* travail *m* de bureau; **~bedarf** *m* matériel *m* de bureau; **~kaufmann** *m* employé *m* de bureau; **~klammer** *f* trombone *m*; **~krat** [-o'kraːt] *m* bureaucrate *m*; **~kratie** [-okra'tiː] *f* (-; *-n*) bureaucratie *f*

**Bursch(e)** ['burʃ(e)] *m* (*-n*; *-n*) garçon *m*, gars *m* F, type *m* F

**Bürste** ['byrstə] *f* (-; *-n*) brosse *f*; '**℞n** (*h*) brosser

**Bus** [bus] *m* (*-ses*; *-se*) bus *m*; *Reise℞* car *m*

'**Bus|bahnhof** *m* gare *f* routière; '**~fahrer** *m* conducteur *m od chauffeur m de bus*; '**~haltestelle** *f* arrêt *m* d'autobus; '**~linie** *f* ligne *f* d'autobus

**Busch** [buʃ] *m* *bot* (*-es*; *⸚e*) buisson *m*; *in Afrika* brousse *f*; *fig* ***auf den ~ klopfen*** tâter le terrain

**Busen** ['buːzən] *m* (*-s*; -) seins *m/pl*, poitrine *f*, gorge *f*

**Buße** ['buːsə] *f* (-; *-n*) *rel* pénitence *f*; *jur* amende *f*

**büßen** ['byːsən] (*h*) expier

'**Bußgeld** *n* amende *f*

**Büste** ['bystə] *m* (-; *-n*) buste *m*; '**~nhalter** *m* soutien-gorge *m*

'**Busverbindung** *f* ligne *f* d'autobus

**Butter** ['butər] *f* (-; *sans pl*) beurre *m*

**b. w.** *abr* ***bitte wenden*** T.S.V.P. (tournez, s'il vous plaît)

**Byte** [bait] *n* (-[*s*]; -[*s*]) *tech* octet *m*

**bzw.** *abr* ***beziehungsweise*** ou bien; respectivement

# C

**C** [tseː] *mus* *n* (-; -) do *m*, ut *m*

**ca.** *abr* ***circa*** environ

**Café** [ka'feː] *n* (*-s*; *-s*) salon *m* de thé

**campen** ['kɛmpən] (*h*) camper

**Camper** ['kɛmpər] *m* (*-s*; -), '**~in** *f* (-; *-nen*) campeur *m*, -euse *f*

**Camping** ['kɛmpiŋ] *n* (*-s*; *sans pl*) camping *m*; '**~bus** *m* camping-car *m*; '**~platz** *m* (terrain *m* de) camping *m*

**Ca'sino** → ***Kasino***

**cbm** *abr* ***Kubikmeter*** mètre cube

**ccm** *abr* ***Kubikzentimeter*** centimètre cube

**CD** [tseː'deː] *f* (-; *-s*) *abr* ***Compact Disc*** CD *m*; compact *m*; **~-Brenner** *m* (*-s*; -) graveur *m* de CD; **~-Laufwerk** *n* lecteur *m* de CD; **~-Player** [-pleːər] *m* (-*s*; -) platine *f* laser; **~-ROM** [-'rɔm] *f* (-; -[*s*]) CD-ROM *m*; **~-ROM-Laufwerk** [-'rɔm-] *n* lecteur *m* de CD-ROM

**CDU** *f abr* ***Christlich-Demokratische Union*** Union chrétienne-démocrate

**Celsius** ['tsɛlzius] *n* ***5 Grad ~*** 5 degrés centigrade

**Cembalo** ['tʃɛmbalo] *mus n* (-*s*; -*s*, -*i*) clavecin *m*

**Cent** [(t)sɛnt] *m* (-[*s*]; -[*s*], *5* -) *Eurocent* cent(ime) *m*; *Untereinheit des Dollar* cent *m*

**Ceylon** ['tsaɪlɔn] *n hist* Ceylan

**CH** *abr* ***Confoederatio Helvetica*** Confédération helvétique

**Champagner** [ʃam'panjər] *m* (-*s*; -) champagne *m*

**Champignon** ['ʃampinjõ] *bot m* (-*s*; -*s*) champignon *m* de Paris

**Chance** ['ʃɑ̃ːs(ə)] *f* (-; -*n*) chance *f*; '**~ngleichheit** *f* égalité *f* des chances

**Charakter** [ka'raktər] *m* (-*s*; -*e* [-'teːrə]) caractère *m*; **~fehler** *m* défaut *m* de caractère; **2isieren** [-i'ziːrən] (*pas de -ge*; *h*) caractériser; **~istik** [-'ristik] *f* (-; -*en*) caractéristique *f*; **2istisch** [-'ristiʃ] caractéristique (***für*** de); **~zug** *m* trait *m* de caractère

**charmant** [ʃar'mant] charmant

**Charter|flug** ['(t)ʃartər-] *m* vol *m* charter *m*; '**~gesellschaft** *f* compagnie *f* charter; '**2n** (*h*) affréter

**Chassis** [ʃa'siː] *n* (-; -) *tech* châssis *m*

**Chat** [tʃɛt] *m* (-*s*; -*s*) *EDV* chat *m*

**chatten** ['tʃɛtən] (*h*) *EDV* chatter

**Chauffeur** [ʃɔ'føːr] *m* (-*s*; -*e*) conducteur *m*, chauffeur *m*

**Chauvinist** [ʃovi'nist] *m* (-*en*; -*en*), **~in** *f* (-; -*nen*) chauvin *m*, -e *f*; **2isch** chauvin

**Chef** [ʃɛf] *m* (-*s*; -*s*), '**~in** *f* (-; -*nen*) chef *m*, *f*, patron *m*, -ne *f*; '**~arzt** *m* médecin-chef *m*; '**~redakteur** *m* rédacteur *m* en chef; '**~sekretärin** *f* secrétaire *f* de direction

**Chemie** [çe'miː] *f* (-; *sans pl*) chimie *f*; **~faser** *f* fibre *f* synthétique

**Chemikalien** [-i'kaːljən] *f/pl* produits *m/pl* chimiques

**Chemi|ker** ['çeːmikər] *m* (-*s*; -), '**~kerin** *f* (-; -*nen*) chimiste *m*, *f*; '**2sch** chimique; ***~e Reinigung*** nettoyage *m* à sec

**Chicorée** ['ʃikoreː] *m od f* (-*s*; *sans pl*) endive *f*

**Chiffr|e** ['ʃifrə] *f* (-; -*n*) chiffre *m*; *Annonce* référence *f*; **2ieren** [-'friːrən] (*pas de -ge-*, *h*) chiffrer; *codieren* coder

**Chile** ['tʃiːlə] *n* (-*s*; *sans pl*) le Chili

**Chilen|e** [tʃi'leːnə] *m* (-*n*; -*n*), **~in** *f* (-; -*nen*) Chilien *m*, -ne *f*; **2isch** chilien

**China** ['çiːna] *n* (-*s*; *sans pl*) la Chine

**Chines|e** [çi'neːzə] *m* (-*n*; -*n*), **~in** *f* (-; -*nen*) Chinois *m*, -e *f*; **2isch** chinois

**Chinin** [çi'niːn] *méd n* (-*s*; *sans pl*) quinine *f*

**Chip** *EDV* [tʃip] *m* (-*s*; -*s*) puce *f*; **~karte** *f* carte *f* à puce

**Chirurg** [çi'rurk] *m* (-*en*; -*en*) chirurgien *m*; **~ie** [-'giː] *f* (-; -*n*) chirurgie *f*

**Chlor** [kloːr] *chim m* (-*s*; *sans pl*) chlore *m*; '**2en** (*h*) *Wasser* javelliser

**Cholera** ['koːləra] *méd f* (-; *sans pl*) choléra *m*

**Chor** [koːr] *m* (-[*e*]*s*; ⸚*e*) chœur *m* (*a arch*); *Gesangverein* chorale *f*; ***im ~*** en chœur

**Christ** [krist] *m* (-*en*; -*en*) chrétien *m*; '**~baum** *m* arbre *m* de Noël; '**~enheit** *f* (-; *sans pl*) chrétienté *f*; '**~entum** *n* (-*s*; *sans pl*) christianisme *m*; '**~in** *f* (-; -*nen*) chrétienne *f*; '**~kind** *n* enfant *m* Jésus; '**2lich** chrétien; '**~us** ['-us] *m* (-, -*i*; *sans pl*) Jésus-Christ, le Christ

**Chrom** [kroːm] *chim m* (-*s*; *sans pl*) chrome *m*

**Chron|ik** ['kroːnik] *f* (-; -*en*) chronique *f*; '**2isch** chronique; **2ologisch** [-o'loːgiʃ] chronologique

**Chur** [kuːr] *n* Coire

**circa** ['tsirka] environ

**cl** *abr* ***Zentiliter*** centilitre

**Clementine** [klemɛn'tiːnə] *f* (-; -*n*) *bot*, *cuis* clémentine *f*

**clever** ['klɛvər] intelligent, malin, débrouillard F

**cm** *abr* ***Zentimeter*** centimètre

**Co.** *abr* ***Kompanie*** Co. (compagnie)

**Comics** ['kɔmiks] *pl* bande *f* dessinée (*abr* B.D.)

**Computer** [kɔm'pjuːtər] *m* (-*s*; -) ordinateur *m*; **~ausdruck** *m* saisie *f* papier; **2gesteuert** commandé par ordinateur; **2gestützt** assisté par ordinateur; **~kriminalität** *f* délits *m/pl* informatiques; **~spiel** *n* jeu *m* informatique, ludiciel *m*; **~steuerung** *f* gestion *f* par ordinateur; **~technik** *f* technolo-

gie *f* informatique; **~tisch** *m* desserte *f* informatique; **~tomographie** [-tomogra'fiː] *f* (-) *méd* scanographie *f*; **Ձunterstützt** assisté par ordinateur
**Container** [kɔn'teːnər] *m* (-*s*; -) conteneur *m*; **~schiff** *n* porte-conteneurs *m*
**Controller** [kɔn'troːlər] *m* (-*s*; -) *écon* contrôleur *m* de gestion
**Controlling** [kɔn'troːlıŋ] *n* (-*s*) *écon* contrôle *m* de gestion
**cool** [kuːl] F *lässig* cool; *toll* super
**Copyright** ['kɔpirait] *n* (-*s*; -*s*) copyright *m*, droits *m/pl* d'auteur
**Córdoba** ['kɔrdoba] *n* Cordoue
**Cornwall** ['kɔrnvoːl] *n* les Cornouailles *f/pl*
**Côte d'Azur** [kotda'zyːr] ***die ~*** la Côte d'Azur
**Couch** [kautʃ] *f* (-; -*es*) canapé-lit *m*
**Countdown** ['kauntdaun] *m* (-*s*; -*s*) compte *m* à rebours
**Coupon** [ku'põː] *m* (-*s*; -*s*) coupon *m*, souche *f*
**Cousin** [ku'zɛ̃] *m* (-*s*; -*s*) cousin *m*; **~e** [-iːnə] *f* (-; -*n*) cousine *f*
**Cover** ['kavər] *n* (-*s*; -*s*) couverture *f*
**Creme** [kreːm] *f* (-; -*s*) crème *f*
**CSU** *f abr* ***Christlich-Soziale Union*** Union chrétienne-sociale
**Curry** ['kœri] *n*, *m* (-*s*; -*s*) curry *m*
**Cursor** *EDV* ['kœrsər] *m* curseur *m*
**CVP** *f abr* ***Christlichdemokratische Volkspartei*** P.D.C. *m* (Parti démocrate-chrétien [suisse])
**Cyberspace** ['saibərspeːs] *m* (-; -*s*) cybermonde *m*

# D

**D** [deː] *mus n* (-; -) ré *m*
**da** [daː] **1.** *adv örtlich* là; *zeitlich* alors, à ce moment; ***~ sein*** être là *od* présent; ***ist noch Milch da?*** est-ce qu'il y a encore du lait?; ***~ ist, ~ sind*** voilà *od* voici; ***~ bin ich*** me voici; ***~ kommt er*** le voilà qui vient; ***~!*** tiens!; ***der Mann ~*** cet homme-là; ***~ drüben*** là-bas; ***~ drin*** *od* ***~ hinein*** là-dedans; ***von ~ an*** *od* ***ab*** dès lors; **2.** *conj* parce que, comme; ***~*** (***doch***) puisque
**dabei** [da'bai] *örtliche Nähe* (tout) près; *bei dieser Gelegenheit* à cette occasion; *außerdem* avec cela, en outre, de plus; *gleichzeitig* à la fois; *obwohl doch* pourtant; *mit enthalten* compris; ***~ sein*** être présent, être de la partie; ***ich bin gerade ~ etw zu tun*** je suis en train de faire qc; ***es ist nichts ~*** *leicht* ce n'est pas difficile; *harmlos* ça ne fait rien, ce n'est pas grave
**da'beibleiben** (*irr*, *sép*, *-ge-*, *sn*, → ***bleiben***) rester là
**Dach** [dax] *n* (-[*e*]*s*; *⸗er*) toit *m*; **'~boden** *m* grenier *m*; **'~decker** *m* couvreur *m*; **'~gepäckträger** *auto m* galerie *f* de toit; **'~gesellschaft** *f* holding *f*; **'~pappe** *f* carton *m* bitumé; **'~rinne** *f* gouttière *f*; **'~verband** *m* organisation *f* qui chapeaute
**Dackel** ['dakəl] *zo m* (-*s*; -) teckel *m*
**dadurch** [da'durç] par là; *auf solche Weise* de cette manière; *deshalb* c'est pourquoi; ***~, dass ...*** du fait que …
**dafür** [da'fyːr] pour cela; *zum Ausgleich* en revanche; *als Ersatz* en échange; ***~ sein*** être pour; ***~ sein, dass ...*** être d'avis que … (+ *subj*); ***ich kann nichts ~*** ce n'est pas ma faute, je n'y peux rien; ***~, dass ...*** parce que …
**dagegen** [da'geːgən] contre cela; *im Gegensatz dazu* par contre; *im Vergleich dazu* en comparaison; ***~ sein*** être contre; ***etw ~ haben*** avoir qc contre
**daheim** [da'haim] chez moi, toi, *etc*; à la maison
**daher** [da'heːr] *Ort* de là, de ce côté-là; *Ursache* c'est *od* voilà pourquoi, pour cette raison, à cause de cela; *folglich* par conséquent; ***das kommt ~, dass ...*** cela vient de ce que …
**dahin** [da'hin] là, y; *verloren* perdu; *vergangen* passé; ***bis ~*** jusque-là (*a zeitlich*); **~gestellt** ***~ sein lassen*** laisser indécis; ***es bleibt ~, ob ...*** laissons la question en suspens de savoir si …
**dahinten** [da'hintən] là-bas
**dahinter** [da'hintər] (là) derrière; *fig*

là-dessous; ***es steckt nichts ~*** c'est creux; ***~ kommen*** découvrir

'**dalassen** (*irr*, *sép*, *-ge-*, *h*, → ***lassen***) laisser (ici *od* là)

**Dalmatien** [dal'maːtsiən] *n* la Dalmatie

**damals** ['daːmals] alors, à l'époque

**Damaskus** [da'maskus] *n* Damas

**Dame** ['daːmə] *f* (-; *-n*) dame *f* (*a Spiel*); *Schach* reine *f*

'**Damen|bekleidung** *f* habillement *m* pour dames; '**~binde** *f* serviette *f* hygiénique; '**~friseur** *m* coiffeur *m* pour dames; '**~moden** *f/pl* mode *f* féminine; '**~toilette** *f* toilettes *f/pl* pour femmes

**damit** [da'mit] **1.** *adv* avec (cela); ***was will er ~ sagen?*** que veut-il dire par là?; ***genug ~!*** ça suffit!; ***Schluss ~!*** un point, c'est tout!; **2.** *conj* afin que, pour que (+ *subj*); afin de, pour (+ *inf*)

**Damm** [dam] *m* (-[*e*]*s*; *⸚e*) digue *f*; *Stau*♀ barrage *m*; *fig* barrière *f*

**Dämmerung** ['dɛmərunŋ] *f* (-; *-en*) *Abend*♀ crépuscule *m*; *Morgen*♀ aube *f*, point *m* du jour

**Dampf** [dampf] *m* (-[*e*]*s*; *⸚e*) vapeur *f*; *von Speisen* fumée *f*; '**♀en** (*h*) dégager des vapeurs; *Speisen* fumer

**dämpfen** ['dɛmpfən] (*h*) *Licht*, *Begeisterung* atténuer; *Stoß* amortir; *Schall* étouffer, assourdir

'**Dampf|er** *m* (*-s*; -) (bateau *m* à) vapeur *m*; *Ozean*♀ paquebot *m*; '**~kochtopf** *cuis m* cocotte-minute *f*, autocuiseur *m*

**danach** [da'naːx] *zeitlich* après, après cela, après quoi, puis, ensuite; *dementsprechend* d'après cela; ***sich ~ richten*** en tenir compte; ***mir ist nicht ~*** je n'en ai pas envie; ***er sieht ~ aus*** il en a tout l'air

**daneben** [da'neːbən] à côté; *außerdem* outre cela; *gleichzeitig* en même temps

**Dän|emark** ['dɛːnəmark] *n* (*-s*; *sans pl*) le Danemark; '**♀isch** danois

**dank** *prép* (*gén*, *dat*) grâce à

**Dank** [daŋk] *m* (-[*e*]*s*; *sans pl*) remerciement *m*; ***vielen ~!*** merci beaucoup *od* bien!

'**dankbar** reconnaissant (***für*** de); *Sache* payant, facile; '**♀keit** *f* (*-s*; *sans pl*) reconnaissance *f*, gratitude *f*

'**danke** merci; ***~ schön*** merci beaucoup *od* bien

'**dank|en** (*h*) ***j-m für etw ~*** remercier qn de qc; '**♀schreiben** *n* lettre *f* de remerciements

**dann** [dan] alors, puis

**daran** [da'ran] à cela, y; F *oft* après; ***~ denken*** y penser; ***~ sterben*** en mourir; ***mir liegt viel ~*** j'y tiens beaucoup; ***es liegt ~, dass …*** cela provient du fait que …; ***ich bin nahe ~ zu …*** je suis sur le point de …

**darauf** [da'rauf] *räumlich* (là-)dessus, sur cela; *zeitlich* après (cela), ensuite; ***am Tag ~*** le lendemain; ***ich komme nicht ~*** cela ne me revient pas; ***es kommt ~ an*** cela dépend; **~hin** [-'hin] sur ce; *Folge* à la suite de quoi

**daraus** [da'raus] de là, de cela, en; ***was ist ~ geworden?*** qu'en est-il advenu? ***ich mache mir nichts ~*** je n'y tiens pas; ***mach dir nichts ~!*** ne t'en fais pas!

**Dardanellen** [darda'nɛlən] *géogr* ***die ~*** *pl* les Dardanelles *f/pl*

**darin** [da'rin] (là-)dedans, dans *od* en cela, y

**Darlehen** ['daːrleːən] *n* (*-s*; -) prêt *n*; '**~ssumme** *f* montant *m* prêté

**Darm** [darm] *m* (-[*e*]*s*; *⸚e*) intestin *m*; *Tier* boyau *m*

**darstell|en** ['daːr-] (*sép*, *-ge-*, *h*) représenter, décrire; *Sachverhalt* présenter; *Theater* représenter; *Rolle* interpréter; '**♀er** *m* (*-s*; -), '**♀erin** *f* (-; *-nen*) acteur *m*, actrice *f*, interprète *m*, *f*; '**♀ung** *f* (-; *-en*) représentation *f*, description *f*; *e-r Rolle* interprétation *f*

**darüber** [da'ryːbər] au-dessus, (là-)dessus; *~ hinweg* par-dessus; *zu diesem Thema* à ce sujet; ***~ hinaus*** au-delà; ***ich freue mich ~*** je m'en réjouis

**darum** [da'rum] ~ (***herum***) autour; *kausal* pour cela, voilà *od* c'est pourquoi; ***ich bitte dich ~*** je t'en prie

**darunter** [da'runtər] au-dessous, (là-)dessous; *inmitten* dans ce nombre; parmi eux *od* elles; ***was verstehst du ~?*** qu'est-ce que tu entends par là?

**dasein** → ***da***

'**Dasein** *n* (*-s*; *sans pl*) existence *f*

**dass** [das] que; *damit* afin *od* pour que (+ *subj*); ***so ~*** de sorte que (+ *subj*); ***nicht ~ ich wüsste*** pas que je sache

**'dastehen** (*irr, sép, -ge-, h,* → ***stehen***) être là

**Datei** [da'tai] *f* (-; *-en*) fichier *m*

**Daten** ['da:tən] *pl* données *f/pl*; '**~autobahn** *f* autoroute *f* de l'information; '**~bank** *f* banque *f* de données; '**~fernübertragung** *f* télétransmission *f*; '**~handschuh** *f* gant *m* de données; '**~material** *n* données *f/pl*; '**~schutz** *m* protection *f* de la vie privée; informatique *f* et liberté *f/pl*; '**~träger** *m* support *m* de données; '**~transfer** *m* transfert *m* de données; '**~typist** *m* (*-en*; *-en*), '**~typistin** *f* (-; *-nen*) opérateur-pupitreur *m*, opératrice-pupitreuse *f*; '**~übertragung** *f* transmission *f* de données; '**~verarbeitung** *f* informatique *f*

**datieren** [da'ti:rən] (*pas de -ge-, h*) dater; **~ *von*** dater de

**Datum** ['da:tum] *n* (*-s*; *Daten*) date *f*; ***ohne ~*** non daté; ***welches ~ haben wir heute?*** le combien sommes-nous aujourd'hui? quel jour est-ce aujourd'hui?; '**~sstempel** *m* dateur *m*, composteur *m*

**Dauer** ['dauər] *f* (-; *sans pl*) durée *f*; ***auf die ~*** à la longue; '**~auftrag** *m Bank* ordre *m* permanent; '**~geschwindigkeit** *f* vitesse *f* de croisière; '**ꝏhaft** durable, solide; '**~karte** *f* abonnement *m*

**'dauer|n** (*h*) durer; '**~nd** permanent, continu; '**ꝏwelle** *f* permanente *f*, indéfrisable *f*

**Daumen** ['daumən] *m* (*-s*; -) pouce *m*

**Daunen** ['daunən] *f/pl* duvet *m*; '**~decke** *f* édredon *m*

**davon** [da'fɔn] en, de cela; ***das kommt ~!*** c'est bien fait; ***auf und ~ sein*** F avoir filé *od* décampé; **~kommen** (*irr, sép, -ge-, sn,* → ***kommen***) s'en sortir (***mit*** avec); *mit dem Leben* en réchapper; ***mit dem Schrecken ~*** en être quitte pour la peur; **~laufen** (*irr, sép, -ge-, sn,* → ***laufen***) partir en courant, se sauver

**davor** [da'fo:r] devant; *zeitlich* avant; ***ich habe Angst ~*** j'en ai peur

**dazu** [da'tsu:] *Zweck* à cela, pour cela, dans ce but; *ferner* avec cela, en outre, de plus; ***ich bin nicht ~ gekommen*** (***zu …***) je n'ai pas trouvé le temps (de …); ***wie kommst du denn ~?*** quelle drôle d'idée!; **~gehörig** y appartenant, qui en fait partie; **~kommen** (*irr, sép, -ge-, sn,* → ***kommen***) survenir; ***noch ~*** s'y ajouter

**dazwischen** [da'tsviʃən] entre les deux, au milieu; *zeitlich* entre-temps; **~kommen** (*irr, sép, -ge-, sn,* → ***kommen***) *Ereignis* intervenir, survenir

**DB** *abr* ***Deutsche Bahn*** Chemins de fer de la République fédérale d'Allemagne

**DDR** [de:de:'ʔɛr] *f* (-) *hist abr* ***Deutsche Demokratische Republik*** RDA *f* (République démocratique allemande)

**Debatt|e** [de'batə] *f* (-; *-n*) débat *m*; **ꝏieren** [-'ti:rən] (*pas de -ge-, h*) débattre (***über etw*** qc)

**dechiffrieren** [deʃi'fri:rən] (*pas de -ge-, h*) déchiffrer, décoder

**Deck** [dɛk] *mar n* (*-[e]s*; *-s*) pont *m*

**Decke** ['dɛkə] *f* (-; *-n*) couverture *f*; *Zimmer*ꝏ plafond *m*

**Deckel** ['dɛkəl] *m* (*-s*; -) couvercle *m*

**deck|en** ['dɛkən] (*h*) *Dach, mil, Kosten* couvrir; *Bedarf* satisfaire à; ***den Tisch ~*** mettre la table; ***sich ~*** coïncider; '**ꝏung** *f* (-; *sans pl*) couverture *f* (*a comm u mil*); *Sport* marquage *m*; '**ꝏungszusage** *f* ***vorläufige ~*** avis *m* de couverture provisioire

**defekt** [de'fɛkt] **1.** défectueux; *beschädigt* endommagé, avarié, en panne; **2.** **ꝏ** *m* (*-[e]s*; *-e*) défaut *m*, manque *m*

**Defibrillator** [defibrɪ'la:to:r] *m* (*-s*; *-en*) *méd* défibrillateur *m*

**defin|ieren** [defi'ni:rən] (*pas de -ge-, h*) définir; **ꝏition** [-i'tsjo:n] *f* (-; *-en*) définition *f*

**Defizit** ['de:fitsit] *n comm* (*-s*; *-e*) déficit *m*

**Deflation** [defla'tsjo:n] *f* (-; *-en*) déflation *f*

**dehn|bar** ['de:nba:r] extensible; *fig* élastique; '**~en** (*h*) (***sich ~*** s')étendre, (s')allonger, (s')étirer; *phys* (se) dilater; '**ꝏung** *f* (-; *-en*) extension *f*; *phys* dilatation *f*

**Deich** [daiç] *m* (*-[e]s*; *-e*) digue *f*

**dein** [dain] ton, ta, *pl* tes; ***das ist ~er, ~e, ~es*** c'est le tien, la tienne; ***der, die, das ~e*** le tien, la tienne; '**~erseits** de ton côté, de ta part; '**~etwegen** à cause de toi, pour toi; '**~ige**: ***der, die, das ~e*** le tien, la tienne

**dekaden|t** [deka'dɛnt] décadent; **2z** [-'dɛnts] *f* (-; *sans pl*) décadence *f*
**Dekor|ateur** [dekora'tøːr] *m* (-*s*; -*e*) décorateur *m*; *Schaufenster2* étalagiste *m*; **~ation** [-'tsjoːn] *f* (-; -*en*) décoration *f*; *Theater* décors *m*/*pl*; **2ieren** [-'riːrən] (*pas de -ge-*, *h*) décorer (***mit*** de)
**Deleg|ation** [delega'tsjoːn] *f* (-; -*en*) délégation *f*; **2ieren** [-'giːrən] (*pas de -ge-*, *h*) déléguer; **~ierte** [-'giːrtə] *m*, *f* (-*n*; -*n*) délégué *m*, -e *f*
**Delfin** [dɛl'fiːn] *m* (-*s*; -*e*) dauphin *m*
**delikat** [deli'kaːt] *heikel* délicat; *köstlich* délicieux
**Delikatesse** [delika'tɛsə] *f* (-; -*n*) *Leckerbissen* mets *m* fin, régal *m*; *süß* friandise *f*
**Delikt** [de'likt] *n* (-[*e*]*s*; -*e*) délit *m*
**Del'phin** → ***Delfin***
**Demagoge** [dema'goːgə] *m* (-*n*; -*n*) démagogue *m*
**dementieren** [demɛn'tiːrən] (*pas de -ge-*, *h*) démentir
**'dem|entsprechend**, **'~gemäß** conformément à cela, en conséquence; **'~nach** donc; → *a* ***dementsprechend***; **'~nächst** sous *od* d'ici peu
**Demokrat** [demo'kraːt] *m* (-*en*; -*en*), **~in** *f* (-; -*nen*) démocrate *m*, *f*; **~ie** [-'tiː] *f* (-; -*n*) démocratie *f*; **2isch** démocratique; *Personen* démocrate
**Demonst|rant** [demɔn'strant] *m* (-*en*; -*en*) manifestant *m*; **~ration** [-a'tsjoːn] *f* manifestation *f*; *Vorführung* démonstration *f*; **2rativ** [-a'tiːf] ostensible; **2'rieren** (*pas de -ge-*, *h*) *öffentlich* manifester; *vorführen* démontrer
**Demoskopie** [demosko'piː] *f* (-; -*n*) sondage *m* d'opinion
**demütig** ['deːmyːtiç] humble; **'2ung** [-guŋ] *f* (-; -*en*) humiliation *f*
**Den Haag** [deːn'haːk] *n* La Haye
**denkbar** ['dɛŋkbaːr] imaginable
**denken** ['dɛŋkən] (*dachte*, *gedacht*, *h*) **1.** penser (***an*** à); *nach~* réfléchir, raisonner; ***das kann ich mir ~*** je m'en doute; ***~ Sie mal!*** figurez-vous!, imaginez-vous!; **2.** **2** *n* (-*s*; *sans pl*) pensée *f*, réflexion *f*
**'denk|faul** paresseux d'esprit; **'2fehler** *m* faute *f* de raisonnement; **'2mal** *n* monument *m*; **'2mal(s)schutz** *m* protection *f* des monuments; **'~würdig** memorable
**denn** [dɛn] car; ***wo ist er ~?*** où est-il donc?; ***mehr ~ je*** plus que jamais; ***es sei ~, dass …*** à moins que … ne (+ *subj*)
**dennoch** ['dɛnɔx] cependant, pourtant
**Denun|ziant** [denun'tsjant] *m* (-*en*; -*en*), **~zi'antin** *f* (-; -*nen*) dénonciateur *m*, -trice *f*; **2'zieren** [-'tsiːrən] (*pas de -ge-*, *h*) dénoncer
**Deodorant** [deˀodo'rant] *n* (-*s*; -*e*, -*s*) déodorant *m*
**Deponie** [depo'niː] *f* (-; -*n*) décharge *f* publique; **2ren** (*pas de -ge-*, *h*) déposer
**Depot** [de'poː] *n* (-*s*; -*s*) dépot *m*
**Depress|ion** [deprɛ'sjoːn] *f psych* (-; -*en*) dépression *f*; **2iv** [-'siːf] dépressif
**deprimieren** [depri'miːrən] (*pas de -ge-*, *h*) déprimer
**der**, **die**, **das** [deːr, diː, das] **1.** *Artikel* le, la, *pl* les; **2.** *demonstrativ* ce, cette, *pl* ces; *substantivisch* celui-ci, celle-ci, cela *od* ça; *pl* ceux-ci, celles-ci; **3.** *relativ* qui (*Akkusativ* que)
**DER** *n abr* ***Deutsches Reisebüro*** Agence *f* de voyages allemande
**'derartig** tel, pareil
**der'gleichen** ***nichts ~*** rien de tel
**derjenige** ['deːrjeːnigə], **'diejenige**, **'dasjenige** celui, celle (***welcher*** qui)
**derselbe** [deːr'zɛlbə], **die'selbe**, **das'selbe** le *od* la même; ***dasselbe*** *substantivisch* la même chose
**Desert|eur** [dezɛr'tøːr] *m* (-*s*; -*e*) déserteur *m*; **2'ieren** (*pas de -ge-*, *h*) déserter
**deshalb** ['dɛshalp] à cause de cela, pour cette raison, c'est *od* voilà pourquoi
**Design** [di'zain] *n* (-*s*; *sans pl*) design *m*
**desinfizieren** [dɛsˀinfi'tsiːrən] (*pas de -ge-*, *h*) désinfecter
**'Desinteresse** *n* (-*s*; *sans pl*) manque *m* d'intérêt
**destillieren** [dɛsti'liːrən] (*pas de -ge-*, *h*) distiller
**desto** ['dɛsto] d'autant; ***~ besser*** d'autant mieux, tant mieux!
**deswegen** ['dɛs'veːgən] → ***deshalb***
**Detail** [de'tai] *n* (-*s*; -*s*) détail *m*
**Detektiv** [detɛk'tiːf] *m* (-*s*; -*e*) détective *m*
**deut|en** ['dɔytən] (*h*) *erklären* interpréter; ***auf etw ~*** indiquer qc; **'~lich** dis

tinct, clair, net
**deutsch** [dɔytʃ] allemand; *in Zssgn oft* germano-; *hist* **Ƨe Demokratische Republik** République démocratique allemande; **∼-französisch** franco-allemand; **∼-polnisch** germano-polonais; **auf Ƨ** *od* **im Ƨen** en allemand
'**Deutsche** *m*, *f* (*-n*; *-n*) Allemand *m*, -e *f*
'**Deutschland** *n* (*-s*; *sans pl*) l'Allemagne *f*
**Deutung** ['dɔytuŋ] *f* (-; *-en*) interprétation *f*
**Devise** [de'viːzə] *f* (-; *-n*) devise *f*; **∼n** *écon f/pl* devises *f/pl*; **∼nkontrolle** *f* contrôle *m* des changes
**Dezember** [de'tsɛmbər] *m* (*-s*; -) décembre *m*
**dezent** [de'tsɛnt] discret
**Dezernat** [detsɛr'naːt] *n* (-[*e*]*s*; *-e*) département *m*, ressort *m*, service *m*
**dezimal** [detsi'maːl] décimal; **Ƨbruch** *m* fraction *f* décimale; **Ƨstelle** *f* décimale *f*; **Ƨsystem** *n* numération *f* décimale
**DFB** *m abr* **Deutscher Fußballbund** Fédération allemande de football
**DGB** *m abr* **Deutscher Gewerkschaftsbund** Fédération des syndicats ouvriers allemands
**dgl.** *abr* **dergleichen** et cætera
**d. h.** *abr* **das heißt** c'est-à-dire
**Dia** ['diːa] *n* (*-s*; *-s*) diapo *f*
**Diabetes** [dia'beːtəs] *méd m* (-; *sans pl*) diabète *m*
**Diagnose** [dia'gnoːzə] *f* (-; *-n*) diagnostic *m*
**diagonal** [diago'naːl] diagonal; **Ƨe** *f* (-; *-n*) diagonale *f*
**Diagramm** [dia'gram] *n* (*-s*; *-e*) diagramme *m*
**Dialekt** [dia'lɛkt] *m* (-[*e*]*s*; *-e*) dialecte *m*
**Dialog** [dia'loːk] *m* (-[*e*]*s*; *-e*) dialogue *m*
'**Diaprojektor** *m* projecteur *m* de diapositives
**Diät** [di'ɛːt] *méd f* (-; *-en*) régime *m*; **∼ halten** suivre un régime; **∼en** *f/pl* indemnités *f/pl* parlementaires
**dich** [diç] te (*vor Volkal* t'); toi
**dicht** [diçt] épais; *Verkehr*, *Menschenmenge* dense; *Stoff* serré; *wasser∼*, *luft∼* étanche; **∼ an** *od* **bei** tout près de; '**Ƨe** *f* (-; *sans pl*) épaisseur *f*; densité *f*
'**dicht|en** (*h*) composer *od* faire des vers; '**Ƨer** *m* (*-s*; -), '**Ƨerin** *f* (-; *-nen*) poète *m*, femme *f* poète, poétesse *f* (*oft péj*); '**∼erisch** poétique; '**Ƨung** *f* (-; *-en*) poésie *f*; *Gedicht a* poème *m*; *Literatur* littérature *f*; *tech* joint *m*
**dick** [dik] épais; *Mensch* gros; **durch ∼ und dünn** quoi qu'il arrive; '**Ƨe** *f* (-; *sans pl*) épaisseur *f*, grosseur *f*
**Dieb** [diːp] *m* (-[*e*]*s*; *-e*), '**∼in** *f* (-; *-nen*) voleur *m*, -euse *f*; '**∼esgut** ['-bəs-] *n* (-[*e*]*s*; *sans pl*) butin *m*; '**∼stahl** *m* (-[*e*]*s*; *-̈e*) vol *m*; '**∼stahlversicherung** *f* assurance-vol *f*
**Diele** ['diːlə] *f* (-; *-n*) *Flur* vestibule *m*, entrée *f*; *Brett* planche *f*
**dienen** ['diːnən] (*h*) servir (**j-m** qn); **∼ zu** servir à (**j-m** à qn); **∼ als** servir de
**Dienst** [diːnst] *m* (*-es*; *-e*) service *m*; **∼ haben** être de service; **j-m e-n ∼ erweisen** rendre (un) service à qn; **außer ∼** en retraite; **der öffentliche ∼** la fonction publique
**Dienstag** ['diːnstaːk] *m* (-[*e*]*s*; *-e*) mardi *m*
'**Dienst|alter** *n* ancienneté *f*; '**Ƨbereit** prêt à servir, disponible; '**Ƨfrei ∼ haben** avoir congé; '**∼geheimnis** *n* secret *m* professionnel; '**∼grad** *m* grade *m*; '**∼leistung** *f* (prestation *f* de) service *m*; '**∼leistungsgewerbe** *n* profession *f* du secteur tertiaire; '**∼leistungssektor** *m* secteur *m* tertiaire; '**∼leistungsunternehmen** *n* entreprise *f* du secteur tertiaire; '**Ƨlich** en service officiel, pour affaires; '**∼reise** *f* voyage *m* en service commandé; '**∼stelle** *f* service *m*, office *m*, bureau *m*; '**∼stunden** *f/pl* heures *f/pl* de service; '**∼vorschrift** *f* instruction *f* de service; '**∼wagen** *m* voiture *f* de service; '**∼weg** *m* voie *f* hiérarchique
**Diesel** ['diːzəl] *Motor*, *Fahrzeug* diesel *m*; '**∼motor** *m* moteur *m* diesel; '**∼öl** *n* gasoil *od* gazole *m*
**dieser** ['diːzər], '**diese**, '**die(se)s** [diːs, diːzəs] **1.** *adjektivisch* ce (*vor Vokal* cet) *m*, cette *f*, ces *pl*; **2.** *substantivisch* celui-ci *m*, celle-ci *f*, *pl* ceux-ci *m*, celles-ci *f*; **die(se)s** *n* ceci, cela, ça F
'**dies|mal** cette fois(-ci); '**∼seits** ['-zaits] de ce côté

**Diffamierung** [difa'miːruŋ] *f* (-; *-en*) diffamation *f*

**Differen|z** [difə'rɛnts] *f* (-; *-en*) différence *f*; *Unstimmigkeit* différend *m*; **~zial** [-'tsjaːl] *m* (*-s*; *-e*) *tech* différentiel *m*; *math* différentielle *f*; **2'zieren** [-'tsiːrən] (*pas de -ge-, h*) différencier

**digital** [digi'taːl] digital, numérique; **2anzeige** *f* affichage *m* numérique *od* digital; **2kamera** *f* appareil *m* photo numérique; **2rechner** *m* calculateur *m* numérique; **2uhr** *f* montre *f* digitale

**Diktat** [dik'taːt] *n* (-[*e*]*s*; *-e*) dictée *f*; *pol* diktat *m*; **~or** [-ɔr] *m* (*-s*; *-en*) dictateur *m*; **~ur** [-a'tuːr] *f* (-; *-en*) dictature *f*

**dik'tier|en** (*pas de -ge-, h*) dicter; **2gerät** *n* machine *f* à dicter, dictaphone *m*

**Dimension** [dimɛn'zjoːn] *f* (-; *-en*) dimension *f*

**DIN** [diːn] *abr* ***Deutsche Industrie-Norm*** norme industrielle allemande

**Ding** [diŋ] *n* (-[*e*]*s*; *-e*, F *-er*) chose *f*; machin *m* F, truc *m* F; ***vor allen ~en*** avant tout; ***guter ~e sein*** être de bonne humeur

'**Dingsbums** *n* (-; *sans pl*) F truc *m*, machin-chouette *m*

**Dinkel** ['dɪŋkəl] *m* (*-s*; -) *bot* épeautre *m*

**Diox|id** ['diːˀɔksiːt] *chim n* (*-s*; *-e*) dioxide *m*; **~in** [-ɔ'ksiːn] *chim n* (*-s*; *-e*) dioxine *f*

**Diphtherie** [difte'riː] *méd f* (-; *-n*) diphtérie *f*

**Dipl.-Ing.** *abr* ***Diplomingenieur*** ingénieur diplômé

**Diplom** [di'ploːm] *n* (-[*e*]*s*; *-e*) diplôme *m*

**Diplomat** [diplo'maːt] *m* (*-en*; *en*) diplomate *m*; **~ie** [-a'tiː] *f* (-; *sans pl*) diplomatie *f*; **2isch** [-'maːtiʃ] diplomatique; *fig Person* diplomate

**Di'plomingenieur** *m* ingénieur *m* diplômé d'État

**dir** [diːr] te (*vor Vokal* t'); toi, à toi

**direkt** [di'rɛkt] direct; (tout) droit; *TV* en direct; ***~ gegenüber*** juste en face; **2flug** *m* vol *m* direct; **2ion** [-'tsjoːn] *f* (-; *-en*) direction *f*; **2or** [di'rɛktɔr] *m* (*-s*; *-en*), **2orin** [-'torin] *f* (-; *-nen*) directeur *m*, directrice *f*; *Gymnasium* proviseur *m*; **2übertragung** *Radio*, *TV f* émission *f* en direct; **2verkauf** *m* vente *f* directe; **2werbung** *f* publicité *f* directe

**Diri|gent** [diri'gɛnt] *mus m* (*-en*; *-en*), **~'gentin** *f* (-; *-nen*) chef *m* d'orchestre; **2'gieren** (*pas de -ge-, h*) diriger *od* conduire un orchestre

**Discjockey** ['dɪskdʒɔke] *m* (*-s*; *-s*) disc-jockey *m*

**Diskette** [dis'kɛtə] *f* (-; *-n*) disquette *f*; **~nlaufwerk** *n* lecteur *m* de disquette(s)

**Diskjockey** → ***Discjockey***

**Disko** ['disko] *f* (-; *-s*) discothèque *f*

**Diskont** [dis'kɔnt] *écon m* (*-s*; *-e*) escompte *m*; **~satz** *m* taux *m* d'escompte

**Diskothek** [disko'teːk] *f* (-; *-en*) discothèque *f*

**diskredi'tieren** (*pas de -ge-, h*) discréditer

**Diskrepanz** [diskre'pants] *f* (-; *-en*) divergence *f*

**diskret** [dis'kreːt] discret; **2ion** [-e'tsjoːn] *f* (-; *sans pl*) discrétion *f*

**diskriminier|en** [diskrimi'niːrən] (*pas de -ge-, h*) discriminer; **2ung** *f* (-; *-en*) discrimination *f*

**Diskussion** [disku'sjoːn] *f* (-; *-en*) discussion *f*

**diskutieren** [disku'tiːrən] discuter (***etw*** qc, ***über*** de *od* sur)

**Disqualifi|kation** [diskvalifika'tsjoːn] *f* (-; *-en*) disqualification *f*; **2zieren** [-'tsiːrən] (*pas de -ge-, h*) disqualifier

**Distan|z** [di'stants] *f* (-; *-en*) distance *f*; **2'zieren** (*pas de -ge-, h*) distancer; ***sich ~*** se distancer (***von*** de), prendre ses distances (par rapport à)

**Distel** ['distəl] *bot f* (-; *-n*) chardon *m*

**Distrikt** [di'strikt] *m* (-[*e*]*s*; *-e*) district *m*

**Disziplin** [distsi'pliːn] *f* (-; *-en*) discipline *f*; **2arisch** [-'naːriʃ] disciplinaire; **2iert** [-'niːrt] discipliné

**Divi|dende** [divi'dɛndə] *écon f* (-; *-n*) dividende *m*; **2'dieren** (*pas de -ge-, h*) diviser; **~sion** [-'zjoːn] (-; *-en*) *math*, *mil* division *f*

**d. J.** *abr* ***dieses Jahres*** de cette année

**DKP** *f abr* ***Deutsche Kommunistische Partei*** parti communiste allemand

**dl** *abr* ***Deziliter*** dl (décilitre)

**DLRG** *f abr* ***Deutsche Lebensrettungsgesellschaft*** Société allemande de sauvetage

**dm** *abr* ***Dezimeter*** dm (décimètre)
**DM** *abr hist* ***Deutsche Mark*** mark allemand
**d. M.** *abr* ***dieses Monats*** de ce mois
**D-Mark** ['de:mark] *f hist* mark *m* allemand
**doch** [dɔx] *jedoch* cependant, pourtant; *bejahend auf verneinte Frage* si!; ***komm ~!*** viens donc!; ***du weißt ~, dass …*** tu sais bien que …; ***wenn er ~ käme!*** si seulement il venait!
**Docht** [dɔxt] *m* (-[*e*]*s*; *-e*) mèche *f*
**Dock** [dɔk] *mar n* (*-s*; *-s*) dock *m*, bassin *m*
**Dogge** ['dɔgə] *f zo* (-; *-n*) dogue *m*
**Dogma** ['dɔgma] *n* (*-s*; *Dogmen*) dogme *m*
**Dohle** ['do:lə] *zo f* (-; *-n*) choucas *m*
**Doktor** ['dɔktɔr] *m* (*-s*; *-en*) docteur *m* (*a Arzt*)
**Doktrin** [dɔk'tri:n] *f* (-; *-en*) doctrine *f*
**Dokument** [doku'mɛnt] *n* (-[*e*]*s*; *-e*) document *m*; **~arfilm** [-'ta:r-] *m* documentaire *m*
**Dolch** [dɔlç] *m* (-[*e*]*s*; *-e*) poignard *m*
**dolmetsch|en** ['dɔlmɛtʃən] (*-ge-*, *h*) traduire; servir d'interprète; **'2er** *m* (*-s*; -), **'2erin** *f* (-; *-nen*) interprète *m*, *f*
**Dom** [do:m] *m* (-[*e*]*s*; *-e*) cathédrale *f*
**Domäne** [do'mɛ:nə] *f* (-; *-n*) domaine *m*
**dominieren** [domi'ni:rən] (*pas de -ge-*, *h*) dominer; **~d** dominant
**dominikanisch** [domini'ka:niʃ] dominicain; ***die 2e Republik*** la République dominicaine
**Donau** ['do:nau] ***die ~*** le Danube
**Donner** ['dɔnər] *m* (*-s*; -) tonnerre *m*; **'2n** (*h*) tonner (***es donnert*** il tonne); *Geschütze* tonner, gronder; *Zug* passer avec un bruit de tonnerre; **'~stag** *m* jeudi *m*; **'~wetter!** sapristi!, nom de nom!; *erstaunt* bigre!, fichtre!, par exemple!
**doof** [do:f] F bête, idiot, stupide; *langweilig* rasant, assommant
**Doppel** ['dɔpəl] *n* (*-s*; -) double *m* (*a Tennis*); **'~besteuerung** *f* double taxation *f*; **'~bett** *n* lits *m/pl* jumeaux; **'~fenster** *n* doubles fenêtres *f/pl*; **'~gänger** *m* double *m*, sosie *m*; **'2klicken** (*-ge-*, *h*) *EDV* double-cliquer (***auf*** sur); **'~punkt** *m* deux-points *m*
**'doppelt** double; ***~ so viel*** deux fois plus; ***~ sehen*** voir double; ***in ~er Ausfertigung*** en deux exemplaires; ***das 2e*** le double
**'Doppel|verdiener** *m Person* personne *f* à double salaire; *Paar* couple *m* à double salaire; **'~währungsphase** *f Euro* période *f* bimonétaire; **'~zentner** *m* quintal *m*; **'~zimmer** *n* chambre *f* pour deux personnes, chambre *f* double
**Dorf** [dɔrf] *n* (-[*e*]*s*; *¨er*) village *m*; **'~bewohner** *m*, **'~bewohnerin** *f* villageois *m*, -e *f*
**Dorn** [dɔrn] *m* (-[*e*]*s*; *-en*) épine *f*; **'2ig** épineux
**Dorsch** [dɔrʃ] *zo m* (*-es*; *-e*) morue *f*
**dort** [dɔrt] là, y, par là; ***~ drüben*** là-bas; **'~her** de là, de là-bas; **'~hin** (de ce côté-)là, là-bas; **'~ig** de là-bas, de cet endroit
**Dose** ['do:zə] *f* (-; *-n*) boîte *f*
**Dosenöffner** ['do:zənʔ-] ouvre-boîtes *m*
**Dosis** ['do:zis] *f* (-; *Dosen*) dose *f*
**Dotter** ['dɔtər] *m od n* (*-s*; -) jaune *m* d'œuf
**Double** ['du:bəl] *n Film* (*-s*; *-s*) doublure *f*
**Dover** ['do:vər] *n* Douvres; ***die Straße von ~*** le pas de Calais
**Download** ['daunlo:t] *m*, *n* (*-s*; *-s*) *EDV* téléchargement *m*
**downloaden** *EDV* ['daunlo:dən] (*sép*, *-ge-*, *h*) télécharger
**Dozent** [do'tsɛnt] *m* (*-en*; *-en*), **~in** *f* (-; *-nen*) maître *m* de conférences, chargé *m*, -e *f* de cours
**dpa** *abr* ***Deutsche Presse-Agentur*** Agence allemande de presse
**Dr.** *abr* ***Doktor*** docteur
**Drache** ['draxə] *m* (*-n*; *-n*) *Fabeltier* dragon *m*; **'~n** *m* (*-s*; -) *Spielzeug* cerf-volant *m*; *Fluggerät* deltaplane *m*; **'~nflieger** *m* deltaplaniste *m*
**Draht** [dra:t] *m* (-[*e*]*s*; *¨e*) fil *m* (métallique); *fig* ***auf ~ sein*** être sur le qui-vive, F être branché; **'~seilbahn** *f* téléphérique *od* téléférique *m*; *auf Schienen* funiculaire *m*; **'~zieher** *m fig* ***der ~ sein*** tirer les ficelles
**Drama** ['dra:ma] *n*; (*-s*; *Dramen*) drame *m*; **~tiker** [dra'ma:tikər] *m* (*-s*; -) auteur *m* dramatique; **2tisch** [-a'ma:tiʃ] dramatique
**dran** [dran] F ***wer ist ~?*** à qui le tour?;

***ich bin ~*** c'est mon tour; → *a* ***daran***
**Drang** [draŋ] *m* (-[*e*]*s*; *sans pl*) impulsion *f*; envie *f*
**drängeln** ['drɛŋəln] (*h*) pousser; se bousculer
**drängen** ['drɛŋən] (*h*) presser, pousser; ***j-n ~, etw zu tun*** presser qn de faire qc; ***sich ~*** se presser, se pousser, se bousculer; ***sich durch die Menge ~*** se frayer un chemin à travers la foule; ***die Zeit drängt*** le temps presse
'**drankommen** (*irr*, *sép*, *-ge-*, *sn*, → ***kommen***) F ***ich komme dran*** c'est mon tour
**drastisch** ['drastiʃ] *Ausdruck* cru, vert; ***~e Maßnahmen*** mesures radicales *od* draconiennes
**drauf** [drauf] F ***~ und dran sein, etw zu tun*** être sur le point de faire qc; → ***darauf***; '**≈gänger** ['-gɛŋər] *m* (-*s*; -) risque-tout *m*, casse-cou *m*, tête *f* brûlée
**draußen** ['drausən] dehors
**drechseln** ['drɛksəln] (*h*) tourner
**Dreck** [drɛk] *m* (-[*e*]*s*; *sans pl*) saleté *f*, crasse F *f*; *Straßen≈* boue *f*; *fig Schund* saleté *f*, saloperie F *f*; '**≈ig** sale; boueux; *fig Witz* obscène; ***es geht ihm ~*** F il est dans la mouise
**Dreh** [dreː] F *m* (-[*e*]*s*; -*e*) truc *m*; ***er ist auf den ~ gekommen*** il a trouvé la combine; '**~bank** *tech f* tour *m*; '**≈bar** tournant; '**~buch** *n Film* scénario *m*; '**~bühne** *f* scène *f* tournante
'**drehen** (*h*) tourner (*a Film*); ***sich ~*** tourner; ***worum dreht es sich?*** de quoi s'agit-il?
'**Dreh|er** *m* (-*s*; -) *Beruf* tourneur *m*; '**~kreuz** *n* tourniquet *m*; '**~orgel** *f* orgue *m* de Barbarie; '**~scheibe** *f* plaque *f* tournante (*a fig*); '**~strom** *m* courant *m* triphasé; '**~ung** *f* (-; -*en*) tour *m*, rotation *f*; '**~zahl** *f* nombre *m* de tours; *auto* régime *m*; '**~zahlmesser** *m* compte-tours *m*
**drei** [drai] **1.** trois; **2.** ≈ *f* trois *m*; '**≈bettzimmer** *n* chambre *f* à trois lits; '**~dimensional** tridimensionnel; '**≈eck** *n* triangle *m*; '**~eckig** triangulaire; '**~erlei** ['-ərlai] de trois sortes; '**~fach** triple; '**~farbig** tricolore; '**~hundert** trois cents; '**~mal** trois fois; '**≈satz** *math m* règle *f* de trois; '**~spurig** à trois voies
**dreißig** ['draisiç] trente; ***etwa ~*** une trentaine; '**~ste** trentième
'**drei|tägig** de trois jours; '**≈viertelstunde** *f* trois quarts *m*/*pl* d'heure; '**~zehn** treize; '**~zehnte** treizième
**dresch|en** ['drɛʃən] (*drosch*, *gedroschen*, *h*) battre; *fig* ***Phrasen ~*** F faire du bla-bla; '**≈maschine** *f* batteuse *f*
**Dresden** ['dreːsdən] *n* Dresde
**dress|ieren** [drɛ'siːrən] (*pas de -ge-*, *h*) dresser; **≈ur** [-'suːr] *f* (-; -*en*) dressage *m*
**drillen** ['drilən] (*h*) *mil u fig* dresser
**Drillinge** ['driliŋə] *m*/*pl* triplé(e)s *m* (*f*) *pl*
**drin** [drin] F → ***darin***
**dring|en** ['driŋən] (*drang*, *gedrungen*) **1.** (*sn*) ***durch etw ~*** pénétrer à travers qc, traverser qc; ***aus etw ~*** sortir *od* s'échapper de qc; ***an die Öffentlichkeit ~*** transpirer dans le public; **2.** (*h*) ***darauf ~, dass ...*** insister pour que (+ *subj*); '**~end** urgent, pressant; *Verdacht* sérieux; *adv* d'urgence; '**≈lichkeit** *f* (-; *sans pl*) urgence *f*
**drinnen** ['drinən] dedans
**dritte** ['dritə] troisième; ***zu dritt sein*** être trois; '**≈l** *n* (-*s*; -) tiers *m*; '**~ns** troisièmement, tertio
**DRK** *n abr* ***Deutsches Rotes Kreuz*** Croix-Rouge allemande
**Dr. med.** *abr* ***Doktor der Medizin*** docteur en médecine
**Drog|e** ['droːgə] *f* (-; -*n*) drogue *f*; '**≈enabhängig**, '**≈ensüchtig** drogué; '**~enberatungsstelle** *f* centre *m* d'accueil pour toxicomanes; '**~enhandel** *m* trafic *m* de drogue; '**~enhändler** *m* trafiquant *m* de drogue; '**~enkonsum** *m* comsommation *f* de drogues; '**~enproblem** *n* problème *m* de la drogue
**Drog|erie** [drogə'riː] *f* (-; -*n*) droguerie *f*, herboristerie *f*; **~ist** [dro'gist] *m* (-*en*; -*en*), **~'istin** *f* (-; -*nen*) droguiste *m*, *f*; marchand *m* de couleurs
**drohen** ['droːən] (*h*) menacer (***j-m*** qn, ***mit*** de)
**dröhnen** ['drøːnən] (*h*) retentir; *Motor* vrombir
**Drohung** ['droːuŋ] *f* (-; -*en*) menace *f*
**Dromedar** [drɔme'daːr] *zo n* (-*s*; -*e*) dromadaire *m*
**Drossel** ['drɔsəl] *zo f* (-; -*n*) grive *f*
**drosseln** (*h*) freiner, limiter
**Dr. phil.** *abr* ***Doktor der Philosophie*** docteur ès lettres

**drüben** ['dryːbən] de l'autre côté
**drüber** ['dryːbər] F → ***darüber***
**Druck** [druk] *m* (-[*e*]*s*; -*e*) pression *f*; *Buch*♀ impression *f*; '**~buchstabe** *m* lettre *f* d'imprimerie
**drucken** ['drukən] (*h*) imprimer
**drücken** ['drykən] (*h*) presser, serrer; *stoßen* pousser; ***auf etw ~*** appuyer sur qc; ***j-m die Hand ~*** donner une poignée de main à qn; *fig* ***die Preise ~*** faire baisser les prix; ***sich ~*** F tirer au flanc, se défiler; '**~d** *Hitze* étouffant; *Schweigen* oppressant
'**Drucker** *m* (-*s*; -) imprimeur *m*; *EDV-Gerät* imprimante *f*
'**Drücker** *m* (-*s*; -) *Tür* poignée *f*
**Druckerei** [drukə'rai] *f* (-; -*en*) imprimerie *f*
'**Druck|fehler** *m* faute *f* d'impression; '**~knopf** *m* bouton-pression *m*; *Schalter* bouton-poussoir *m*; '**~luft** *f* air *m* comprimé; '**~sache** *f* imprimé *m*
**drum** [drum] F → ***darum***
**drunter** ['druntər] ***alles geht ~ und drüber*** tout est sens dessus dessous; → *a* ***darunter***
**Drüse** ['dryːzə] *f* (-; -*n*) glande *f*
**Dschungel** ['dʒuŋəl] *m* (-*s*; -) jungle *f*
**dt.** *abr* ***deutsch*** allemand
**Dtz(d).** *abr* ***Dutzend*** douzaine
**du** [duː] tu (+ *Verb*); toi; ***~ bist's!*** c'est toi!
**Dübel** ['dyːbəl] *tech m* (-*s*; -) cheville *f*
**ducken** ['dukən] (*h*) ***sich ~*** baisser la tête (*a fig*); *niederkauern* se blottir
**Dudelsack** ['duːdəl-] *mus m* cornemuse *f*, biniou *m*
**Duft** [duft] *m* (-[*e*]*s*; ⸚*e*) parfum *m*, bonne odeur *f*; '**♀en** (*h*) sentir bon
**dulden** ['duldən] (*h*) souffrir, tolérer
**dumm** [dum] bête, sot, stupide; *fig* ***das ist mir zu ~*** F j'en ai marre; ***der ♀e sein*** être le dindon de la farce; '**♀heit** *f* bêtise *f*, sottise *f*, stupidité *f*; '**♀kopf** *m* imbécile *m*
**dumpf** [dumpf] *Geräusch, Schmerz* sourd; *fig unklar* vague
**Dumping** ['dampiŋ] *m* dumping *m*; gâchage *m* du prix
**Düne** ['dyːnə] *m* (-; -*n*) dune *f*
**Dung** [duŋ] *m* (-[*e*]*s*; *sans pl*) *natürlicher* fumier *m*
**düng|en** ['dyŋən] (*h*) engraisser; *mit Mist* fumer; '**♀er** *m* (-*s*; -) engrais *m*
**dunkel** ['duŋkəl] sombre; obscur (*a fig*); *Farbe* foncé; ***es wird ~*** il commence à faire nuit
**Dünkel** ['dyŋkəl] *m* (-*s*; *sans pl*) suffisance *f*, présomption *f*, morgue *f*
'**Dunkel|heit** *f* (-; *sans pl*) obscurité *f*, ténèbres *f/pl*; '**~kammer** *f Foto* chambre *f* noire
**Dünkirchen** ['dyːnkirçən] *n* Dunkerque
**dünn** [dyn] mince; *Kleid, Kaffee* léger; *Luft* rare; ***~ besiedelt*** peu peuplé
**Dunst** [dunst] *m* (-[*e*]*s*; ⸚*e*) vapeur *f*, fumée *f*; *in der Luft* brume *f*
**dünsten** ['dynstən] (*h*) *cuis* cuire à l'étuvée
'**dunstig** *Wetter* brumeux
**Duplikat** [dupli'kaːt] *n* (-[*e*]*s*; -*e*) duplicata *m*, copie *f*
**Dur** [duːr] *n* (-; *sans pl*) *mus* majeur; ***A-Dur*** la majeur
**durch** [durç] par; *quer* ~ à travers; *math* divisé par; ***das ganze Jahr ~*** toute l'année; ***~ und ~*** complètement, d'un bout à l'autre
'**durcharbeiten** ['durçʔ-] (*sép*, -*ge*-, *h*) *Stoff* étudier à fond *od* d'un bout à l'autre; *ohne Pause* travailler sans interruption
**durch'aus** tout à fait, absolument; ***~ nicht*** pas du tout
'**Durchblick** *m* échappée *f* (***auf*** sur); *fig* ***er hat den ~*** il voit clair; '**♀en** (*sép*, -*ge*-, *h*) *fig* (***nicht mehr***) ***~*** (ne plus) voir clair; ***~ lassen*** laisser entendre
**durch|'bohren** (*pas de -ge-*, *h*) (trans-)percer; *fig* ***mit Blicken ~*** transpercer du regard; **~'brechen** (*irr*, *pas de -ge-*, *h*, → ***brechen***) percer; *Schallmauer* franchir; '**~brennen** (*irr*, *sép*, -*ge*-, *sn*, → ***brennen***) *Sicherung* sauter; *Glühbirne* griller; F *weglaufen* filer, se sauver; '**~bringen** (*irr*, *sép*, -*ge*-, *h*, → ***bringen***) *Gesetz*, *Kandidaten* faire passer; *Kranken* sauver; *Vermögen* gaspiller, dilapider
'**Durchbruch** *m* percée *f* (*a mil u fig*)
'**durchdrehen** (*sép*, -*ge*-, *h*) s'affoler, craquer
**durch'dringen** (*durchdrang*, *durchdrungen*, *h*) pénétrer; '**~d** pénétrant; *Blick*, *Schrei* perçant
**durcheinander** [durçʔai'nandər] pêle-mêle, en désordre; *fig* ***~ sein*** être trou-

blé, ne plus s'y retrouver; → ***durcheinanderbringen***

**Durchei'nander** *n* (*-s*; *sans pl*) confusion *f*, désordre *m*, F pagaille *f*

**durchei'nanderbringen** (*irr*, *sép*, *-ge-*, *h*, → ***bringen***) mettre en désordre; *verwirren* troubler; *verwechseln* mélanger, confondre

**'durchfahren** (*irr*, *sép*, *-ge-*, *sn*, → ***fahren***) passer par, traverser; *nicht halten* ne pas s'arrêter; ***bei Rot ~*** griller un feu rouge

**'Durchfahrt** *f* (*-*; *-en*) passage *m*

**'Durchfall** *m méd* diarrhée *f*; *fig* échec *m*

**'durchfallen** (*irr*, *sép*, *-ge-*, *sn*, → ***fallen***) *Examen* échouer; être recalé

**durchführbar** ['durçfy:rba:r] exécutable, réalisable

**'durchführen** (*sép*, *-ge-*, *h*) exécuter, mettre à exécution, réaliser

**'Durchgang** *m* (*-[e]s*; *⸚e*) passage *m*; *Sport* manche *f*; *Wahl* tour *m* de scrutin; **'~sverkehr** *m* trafic *m* de transit

**'durchgehen** (*irr*, *sép*, *-ge-*, *sn*, → ***gehen***) passer (***durch*** par); *Vorschlag* être adopté; *Pferd*, *Motor*, *Fantasie* s'emballer; *fliehen* s'enfuir; *fig* examiner; *durchlesen* parcourir; ***j-m etw ~ lassen*** laisser passer qc à qn, fermer les yeux sur qc; **'~d** *Zug* direct; ***~ geöffnet*** ouvert en permanence *od* sans interruption

**'durch|greifen** (*irr*, *sép*, *-ge-*, *h*, → ***greifen***) prendre des mesures énergiques; **'~halten** (*irr*, *sép*, *-ge-*, *h*, → ***halten***) tenir bon; **'~kommen** (*irr*, *sép*, *-ge-*, *sn*, → ***kommen***) passer (***durch*** par); *fig* se tirer d'affaire; réchapper d'une maladie; *im Examen* réussir; être reçu

**'durch|lassen** (*irr*, *sép*, *-ge-*, *h*, → ***lassen***) laisser passer; **'~lässig** perméable

**'durchlauf|en** (*irr*, *sép*, *-ge-*, → ***laufen***) **1.** *v/t* (*h*) *Sohlen* percer (à force de marcher); **2.** *v/i* (*sn*) *Kaffee etc* couler par, à travers; **3.** [-'laufən] (*durchlief*, *durchlaufen*, *h*) *Strecke* parcourir; **'⁀erhitzer** *m* chauffe-eau *m* instantané

**'durch|lesen** (*irr*, *sép*, *-ge-*, *h*, → ***lesen***) lire (entièrement); *flüchtig* parcourir; **~'leuchten** (*h*) *méd* radiographier; ***durchleuchtet werden*** passer une radio; **'~machen** (*sép*, *-ge-*, *h*) ***viel ~*** passer par de rudes épreuves

**'Durchmesser** *m* (*-s*; *-*) diamètre *m*

**durch|'queren** (*h*) traverser; **'~rechnen** (*sép*, *-ge-*, *h*) calculer

**'Durchreise** *f* passage *m*; ***auf der ~ sein*** être de passage; ***auf der ~ durch*** en passant par; **'~visum** *n* visa *m* de transit

**'durchringen** (*irr*, *sép*, *-ge-*, *h*, → ***ringen***) ***sich zu etw ~*** se résoudre à qc

**'Durchsage** *f* (*-*; *-n*) annonce *f*, message *m*; **'⁀n** (*sép*, *-ge-*, *h*) *Befehl* faire passer

**durch'schauen** (*h*) ***j-n ~*** pénétrer les intentions de qn

**'durchscheinend** transparent, translucide

**'Durchschlag** *m* (*-[e]s*; *⸚e*) *Kopie* double *m*, copie *f*; **'⁀en 1.** (*irr*, *sép*, *-ge-*, *h*, → ***schlagen***) ***sich ~*** se débrouiller; ***sich mühsam ~*** gagner péniblement sa vie; **2.** (*irr*, *h*) *Geschoss* percer; *zerschlagen* casser en deux; **'⁀end** efficace, décisif; *Erfolg* retentissant; **'~papier** *n* papier *m* pelure; **'~skraft** *f* force *f* percutante (*a fig*)

**'durchschneiden** (*irr*, *sép*, *-ge-*, *h*, → ***schneiden***) couper (en deux), trancher; ***j-m die Kehle ~*** couper la gorge à qn

**'Durchschnitt** *m* moyenne *f*; ***im ~*** en moyenne; **'⁀lich** moyen; *adv* en moyenne

**'Durchschnitts|alter** *n* âge *m* moyen; **'~einkommen** *n* revenu *m* moyen; **'~geschwindigkeit** *f* vitesse *f* moyenne; **'~temperatur** *f* température *f* moyenne; **'~wert** *m* valeur *f* moyenne

**'Durchschrift** *f* copie *f*, double *m*

**'durch|sehen** (*irr*, *sép*, *-ge-*, *h*, → ***sehen***) regarder à travers; *Text* parcourir; *prüfend* examiner; *noch einmal ~* réviser; **'~setzen** (*sép*, *-ge-*, *h*) imposer, faire adopter; ***sich ~*** s'imposer; **~setzt** [-'zɛtst] ***~ mit*** entremêlé de

**'Durchsicht** *f* examen *m*, révision *f*; **'⁀ig** transparent (*a fig*)

**'durch|sickern** (*sép*, *-ge-*, *sn*) suinter, s'infiltrer; *fig* transpirer; **'~sprechen** (*irr*, *sép*, *-ge-*, *h*, → ***sprechen***) discuter; **'~stoßen** (*irr*, *sép*, *-ge-*, *sn*, → ***stoßen***) percer (*a mil*); **'~streichen** (*irr*, *sép*, *-ge-*, *h*, → ***streichen***) barrer, biffer, rayer

**durch'such|en** (*h*) fouiller; **⁀ung** *f* (*-*;

*-en*) fouille *f*; *Wohnung* perquisition *f*
**durchtrieben** [durç'tri:bən] rusé, roué, madré, malin, roublard
'**Durch|wahl** *f* (-; *sans pl*) ligne *f* directe; '**2wählen** (*sép*, *-ge-*, *h*) appeler sur ligne directe; '**~wahlnummer** *f* numéro *m* de poste
**durchweg** ['durçvɛk] sans exception, tous (toutes)
'**durchziehen** (*irr*, *sép*, *-ge-*, → ***ziehen***) *v/t* (*h*), *v/i* (*sn*) passer; *Gebiet* parcourir
'**Durchzug** *m* (-[*e*]*s*; ⸚*e*) courant *m* d'air
**dürfen** ['dyrfən] **1.** (*durfte*, *gedurft*, *h*); **2.** *v/aux* (durfte, dürfen, *h*) avoir le droit *od* la permission (de), être autorisé (à); pouvoir; devoir; ***darf ich Ihnen helfen?*** est-ce que je peux vous aider?; ***das hättest du nicht tun ~*** tu n'aurais pas dû faire cela; ***das dürfte genügen*** cela devrait suffire
**dürftig** ['dyrftiç] insuffisant, maigre, médiocre
**dürr** [dyr] sec (*a Mensch*); *Boden* aride; *Ast*, *Blatt a* mort; '**2e** *f* (-; *-n*) sécheresse *f*
**Durst** [durst] *m* (*-es*; *sans pl*) soif *f* (*fig* ***nach*** de); ***~ haben*** avoir soif
'**durstig** ***~ sein*** avoir soif
**Dusche** ['duʃə] *f* (-; *-n*) douche *f*; '**2n** (*h*) j-n doucher; (***sich***) **~** se doucher, prendre une douche
**Düse** ['dy:zə] *f* (-; *-n*) *tech* tuyère *f*; '**~nantrieb** *m* propulsion *f* par réaction; '**~nflugzeug** *n* avion *m* à réaction; '**~ntriebwerk** [-nˀantri:p] *n* (turbo-) réacteur *m*
**düster** ['dy:stər] sombre (*a fig*)
**Dutzend** ['dutsənt] *n* (*-s*; *-e*) douzaine *f*
**duzen** ['du:tsən] (*h*) (***sich*** se) tutoyer
**DVD** [de:fau'de:] *f* (-; *-s*) *abr* ***digital versatile disc*** DVD *m*; **~-Player** [-ple:ər] *m* (*-s*; -) lecteur *m* de DVD; **~-Rekorder** [-rekɔrdər] *m* (*-s*; -) enregistreur *m* (de) DVD
**Dynamit** [dyna'mi:t] *n* (*-s*; *sans pl*) dynamite *f*
**Dynastie** [dynas'ti:] *f* (-; *-n*) dynastie *f*
'**D-Zug** *m* express *m*

# E

**E** [e:] *mus n* (-; -) mi *m*
**Ebbe** ['ɛbə] *f* (-; *-n*) marée *f* basse; ***~ und Flut*** marée *f*
**eben** ['e:bən] **1.** *adj* plat, plan; ***zu ~er Erde*** au rez-de-chaussée; **2.** *adv* justement; ***~ angekommen sein*** venir d'arriver; ***ich wollte ~ sagen*** j'allais dire; '**2e** *f* (-; *-n*) plaine *f*; *pol* ***auf höchster ~*** au plus haut échelon
'**ebenfalls** de même, pareillement
'**ebenso** de même; '**~ sehr**, '**~ viel** autant (de); '**~ wenig** tout aussi peu
**Eber** ['e:bər] *zo m* (*-s*; -)verrat *m*
**ebnen** ['e:bnən] (*h*) aplanir (*a fig*)
**Ebro** ['e:bro] ***der ~*** l'Èbre *m*
**EC** [e:'tse:] *m* (-[*s*]; -[*s*]) *abr* ***Eurocity*** (***-zug***) Eurocity *m*
**Echo** ['ɛço] *n* (*-s*; *-s*) écho *m*
**echt** [ɛçt] véritable, naturel; authentique; '**2heit** *f* (-; *sans pl*) vérité *f*; authenticité *f*
'**Eck|daten** *n/pl* données *f/pl*, valeurs *f/pl* indicatives; '**~e** *f* (-; *-n*) coin *m*; '**2ig** angulaire, anguleux; *fig* gauche; '**~lohn** *m* salaire *m* de référence
**Economyklasse** [e'kɔnɔmi-] *f* classe *f* économique
**Ecuador** [ekua'do:r] *n* l'Équateur *m*
**edel** ['e:dəl] noble; généreux; *Metall* précieux; '**2metall** *n* métal *m* précieux; '**2stahl** *m* acier *m* inoxydable; '**2stein** *m* pierre *f* précieuse
**Edinburg(h)** ['e:dɪnbʊrk] *n* Édimbourg
**EDV** [e:de:'fau] *f* informatique *f*
**Effekt** [ɛ'fɛkt] *m* (-[*e*]*s*; *-e*) effet *m*
**Ef'fekten** *pl Habe* effets *m/pl*; *Wertpapiere* titres *m/pl*, effets *m/pl* publics, valeurs *f/pl*
**effekt|iv** [ɛfɛk'ti:f] *tatsächlich* effectif; *wirksam* efficace; **~voll** [-'fɛkt-] qui fait de l'effet; théâtral
**effiz|ient** [ɛfi'tsjɛnt] efficace; **2ienz** [-'tsjɛnts] *f* (-; *-en*) efficacité *f*
**EFTA** *abr f* (*European Free Trade Association*) ***Europäische Freihandelszone*** AELE *f* (Association européenne de libre-échange)

**EG** [eː'geː] *f* CEE *f* (Communauté économique européenne)
**egal** [e'gaːl] égal; **~ *ob*** peu importe que… (+ *subj*); ***das ist* ~** ça revient au même; ***das ist mir* ~** ça m'est égal
**Egois|mus** [ego'ismus] *m* (-; *sans pl*) égoïsme *m*; **~t** *m* (-*en*; -*en*), **~tin** *f* (-; -*nen*) égoïste *m*, *f*; **2tisch** égoïste
**ehe** ['eːə] **~ (*dass*)** avant que … (+ *subj*), avant de (+ *inf*); ***nicht* ~** pas jusqu'à ce que (+ *subj*)
'**Ehe** [-] *f* (-; -*n*) mariage *m*; ***wilde* ~** union *f* libre, concubinage *m*; '**2ähnlich *~e Gemeinschaft*** union *f* libre; '**~bruch** *m* adultère *m*; '**~frau** *f* femme *f*, épouse *f*; '**~leute** *pl* époux *m/pl*; '**2lich** conjugal; *Kind* légitime; '**~losigkeit** *f* (-; *sans pl*) célibat *m*; **2malig** ['-maːliç] ancien, d'autrefois; '**~mann** *m* mari *m*; '**~paar** *n* couple *m* (marié)
'**eher** *früher* plus tôt; *lieber* plutôt; ***je* ~ *desto lieber*** le plus tôt sera le mieux; ***nicht* ~ *als*** pas avant que … (+ *subj*)
'**Ehe|ring** *m* alliance *f*; '**~scheidung** *f* divorce *m*; '**~schließung** *f* mariage *m*; '**~vermittlungsinstitut** *n* agence *f* matrimoniale
**Ehre** ['eːrə] *f* (-; -*n*) honneur *m*; ***zu ~n von*** en l'honneur de; '**2n** (*h*) honorer; respecter
'**Ehren|amt** *n* charge *f* honorifique; '**2amtlich *~e Helfer*** *pl* des bénévoles; '**~bürger** *m*, '**~bürgerin** *f* citoyen *m*, -ne *f* d'honneur; '**2haft** honorable; '**~mann** *m* homme *m* d'honneur; '**~mitglied** *n* membre *m* honoraire; '**~rechte** *n/pl* ***bürgerliche* ~** droits *m/pl* civiques; '**2rührig** injurieux; '**2voll** honorable; '**~wort** *n* parole *f* d'honneur
'**Ehr|furcht** *f* (-; *sans pl*) respect *m*; '**2fürchtig**, '**2furchtsvoll** respectueux; '**~gefühl** *n* sens *m od sentiment m de l'honneur*; '**~geiz** *m* ambition *f*; '**2geizig** ambitieux
'**ehrlich** honnête; **~ *gesagt*** pour dire vrai; '**2keit** *f* honnêteté *f*
'**ehr|los** infâme; '**2losigkeit** *f* (-; *sans pl*) infamie *f*; '**2ung** *f* (-; -*en*) hommage *m*
**ei!** [-] eh!, tiens!
**Ei** [ai] *n* (-[*e*]*s*; -*er*) œuf *m*
**EIB** *f abr* ***Europäische Investitionsbank*** BEI *f* (Banque européenne d'investissement)
**Eiche** ['aiçə] *bot f* (-; -*n*) chêne *m*
**Eichel** ['aiçəl] *f* (-; -*n*) gland *m*
'**eichen 1.** *adj* de *od* en chêne; **2.** *Verb* (*h*) *Hohlmaße* jauger; *Gewichte*, *Maße* étalonner
**Eichhörnchen** ['aiçhœrnçən] *zo n* (-*s*; -) écureuil *m*
**Eid** [ait] *m* (-[*e*]*s*; -*e*) serment *m*; ***an ~es Statt erklären*** certifier sur l'honneur; ***unter* ~ *stehen*** être assermenté
**Eidechse** ['aidɛksə] *zo f* (-; -*n*) lézard *m*
**eid|esstattlich** ['aidəs-] *jur **~e Erklärung*** déclaration *f* sur l'honneur; '**2genosse** *m* confédéré *m*, Suisse *m*
'**Eier|becher** *m* coquetier *m*; '**~schale** *f* coquille *f* d'œuf; '**~stock** *méd m* ovaire *m*
**Eifer** ['aifər] *m* (-*s*; *sans pl*) *zèle m*; empressement *m*; '**~sucht** *f* jalousie *f*; '**2süchtig** jaloux (***auf*** de)
**eifrig** ['aifriç] zélé; empressé
'**Eigelb** *n* (-*s*; -*s*) jaune *m* d'œuf
**eigen** ['aigən] propre; spécifique; particulier; '**2art** *f* particularité *f*; '**~artig** particulier, singulier; *seltsam* curieux, étrange; '**2bedarf** *m* consommation *f* personnelle; '**2finanzierung** *f* autofinancement *m*; '**~händig** ['-hɛndiç] de mes (*od* ses, *etc*) propres mains; '**2heim** *n* maison *f* individuelle; '**2heit** *f* (-; -*en*) particularité *f*; trait *m* caractéristique; '**2kapital** *n* ressources *f/pl* personnelles; '**2liebe** *f* égoïsme *m*; infatuation *f*; '**~mächtig** arbitraire; '**2name** *m* nom *m* propre; '**~nützig** ['-nytsiç] égoïste
'**Eigen|schaft** *f* (-; -*en*) qualité *f*; *phys*, *chim* propriété *f*; '**~sinn** *m* entêtement *m*, opiniâtreté *f*
**eigentlich** ['aigəntliç] proprement dit, véritable; *Sinn* propre; *adv* en réalité; à vrai dire
'**Eigen|tum** *n* (-*s*; *sans pl*) propriété *f*; '**~tümer** ['-tyːmər] *m* (-*s*; -), '**~tümerin** *f* (-; -*nen*) propriétaire *m*, *f*; '**2tümlich** singulier, étrange; '**~tumswohnung** *f* appartement *m* en copropriété; '**2willig** entêté; volontaire; *Stil* individuel; original
**eign|en** ['aignən] (*h*) ***sich* ~** se prêter (***zu*** à); convenir (***für*** pour); '**2er** *m* (-*s*; -) propriétaire *m*
'**Eignung** *f* (-; *sans pl*) aptitude *f* (***für*** à); '**~stest** *m* test *m* d'aptitude

**'Eilbrief** *m* lettre *f* (par) exprès
**Eile** ['ailə] *f* (-; *sans pl*) hâte *f*; **'2n** (*h*) se hâter, se dépêcher; *Sache* être urgent
**'eilig** *Person* pressé; *Sache* pressant; ***es ~ haben*** être pressé
**'Eilzug** *m* train *m* direct
**Eimer** ['aimər] *m* (-*s*; -) seau *m*
**ein** [ain] **1.** *Zahlwort, Artikel* un, une; ***~ für alle Mal*** une fois pour toutes; ***sein 2 und Alles*** tout ce qu'il a de plus cher; ***~er von uns beiden*** l'un de nous deux; **2.** *adv* ***bei j-m ~ und aus gehen*** fréquenter qn
**einander** [ai'nandər] l'un l'autre, les uns les autres; l'un à l'autre, les uns aux autres
**'einarbeit|en** ['ainʔ-] (*sép, -ge-, h*) (***sich***) **~** (se) mettre au courant d'un travail, (s')initier à un travail; **'2ung** *f* (-; *sans pl*) formation *f*, mise *f* au courant
**'einatmen** ['ainʔ-] (*sép, -ge-, h*) inspirer, inhaler
**'Einbahnstraße** *f* sens *m* unique
**'Einband** *m* (-[*e*]*s*; ⸚*e*) reliure *f*
**'Einbau** *m* (-[*e*]*s*; -*ten*) montage *m*; mise *f* en place; **'2en** (*sép, -ge-, h*) *Möbel* encastrer; *Geräte* installer, monter
**'einberuf|en** (*irr, sép, -ge-, h,* → ***berufen***) *mil* appeler sous les drapeaux; *Parlament* convoquer; **'2ung** (-; -*en*) *f* appel *m*; convocation *f*
**'Einbettzimmer** *n* chambre *f* à un lit
**'einbeziehen** (*irr, sép, h,* → ***beziehen***) inclure, comprendre (***in*** dans)
**'einbiegen** (*irr, sép, -ge-, sn,* → ***biegen***) ***in e-e Straße ~*** s'engager dans une rue
**'einbild|en** (*sép, -ge-, h*) ***sich ~*** s'imaginer; **'2ung** *f* (-; -*en*) imagination *f*; *irrige Vorstellung* illusion *f*; *Anmaßung* suffisance *f*
**'Einblick** *m* (-[*e*]*s*; -*e*) vue *f*; *fig* connaissance *f*
**'einbrech|en** (*irr, sép, -ge-, sn,* → ***brechen***) ***in ein Haus ~*** cambrioler une maison; **'2er** *m* (-*s*; -) cambrioleur *m*
**'einbringen** (*irr, sép, -ge-, h,* → ***bringen***) *Antrag* déposer; *Gewinn* rapporter
**'Einbruch** *m* (-[*e*]*s*; ⸚*e*) *in ein Haus* effraction *f*, cambriolage *m*; ***bei ~ der Nacht*** à la tombée de la nuit; **'~(s)diebstahl** *m* cambriolage *m*
**ein|bürgern** ['ainbyrgərn] (*sép, -ge-, h*) naturaliser; *fig* ***sich ~*** *Sitten* s'introduire, passer dans les mœurs; **'2bürgerung** *f* (-; -*en*) naturalisation *f*; **'2buße** *f* (-; -*n*) perte *f*; **'~checken** (*sép, -ge-, h*) *Gepäck* faire enregistrer; **'~cremen** (*sép, -ge-, h*) pommader; **'~dämmen** (*sép, -ge-, h*) endiguer; **'~decken** (*sép, -ge-, h*) ***sich ~*** se pourvoir (***mit*** de), s'approvisionner (en)
**eindeutig** ['aindɔʏtiç] sans équivoque, clair; *fig* catégorique, net
**'eindring|en** (*irr, sép, -ge-, sn,* → ***dringen***) pénétrer (***in*** dans); *mil* envahir (***in ein Land*** un pays); **'~lich** insistant; *adv* avec insistance
**'Eindruck** *m* (-[*e*]*s*; ⸚*e*) impression *f*; **'2svoll** impressionnant
**'eineinhalb** un et demi
**einerlei** ['ainərlai] **1.** ***das ist ~!*** c'est indifférent!; **2.** **2** *n* (-*s*; *sans pl*) monotonie *f*; ***das tägliche ~*** le traintrain quotidien
**einerseits** ['ainərzaits] d'une part, d'un côté
**einfach** ['ainfax] simple; modeste; *Mahl* frugal; *Fahrkarte* simple; **'2heit** *f* (-; *sans pl*) simplicité *f*; frugalité *f*
**'einfahren** (*irr, sép, -ge-,* → ***fahren***) **1.** *v/i* (*sn*) (r)entrer (***in*** dans); *Bergwerk* descendre; **2.** *v/t* (*h*) *Auto* roder
**'Einfahrt** *f* (-; -*en*) entrée *f*; *Torweg* porte *f* cochère
**'Einfall** *m* (-[*e*]*s*; ⸚*e*) *mil* invasion *f*; *plötzlicher Gedanke* idée *f*; **'2en** (*irr, sép, -ge-, sn,* → ***fallen***) s'écrouler; *mil* envahir (***in ein Land*** un pays); ***sich ~ lassen, etw zu tun*** s'aviser de faire qc
**'Ein|familienhaus** *n* maison *f* individuelle; **'2farbig** d'une seule couleur; *Stoff* uni
**'ein|finden** (*irr, sép, -ge-, h,* → ***finden***) ***sich ~*** se présenter; **'~fließen** (*irr, sép, -ge-, sn,* → ***fließen***) couler; *fig* ***etw ~ lassen*** glisser qc (***in*** dans); **'~flößen** (*sép, -ge-, h*) *Arznei* faire prendre; *Angst* inspirer; **'2flugschneise** *f* axe *m* d'atterrissage
**'Einfluss** (-*es*; ⸚*e*) *m* influence *f*; **'2reich** influent, puissant
**einförmig** ['ainfœrmiç] uniforme; *fig* monotone
**'ein|frieren** (*irr, sép, -ge-,* → ***frieren***) **1.** *v/i* (*sn*) geler; être pris dans les glaces;

**2.** *v/t* (*h*) *Lebensmittel* congeler; **'~fügen** (*sép*, *-ge-*, *h*) (***sich***) **~** ( s')insérer; **'~fühlen** (*sép*, *-ge-*, *h*) ***sich ~ in j-n*** se mettre au diapason *od* dans la peau de qn; **'~fühlsam** compréhensif, compatissant

**Ein|fuhr** ['ainfuːr] *f* (-; *-en*) importation *f*; **'~fuhrbeschränkung** *f* restriction *f* d'importation; **'~führen** (*sép*, *-ge-*, *h*) (***sich ~*** s')introduire; *Waren* importer; *in ein Amt* installer; **'~fuhrgenehmigung** *f* licence *f* d'importation; **'~fuhrland** *n* pays *m* importateur; **'~fuhrstopp** *écon m* arrêt *m* des importations; **'~führung** *f* (-; *-en*) introduction *f*; **'~führungspreis** *m* prix *m* de lancement; **'~fuhrzoll** *m* taxe *f* d'importation, droits *m/pl* d'importation

**'Eingabe** *f* (-; *-n*) petition *f*; *Daten* entrée *f*; **'~gerät** *n EDV* terminal *m*

**'Eingang** *m* (-[*e*]*s*; *⸚e*) entrée *f*; **'~sdatum** *n* date *f* d'entrée; **'~ssteuersatz** *m* assiette *f* fiscale de base

**'ein|geben** (*irr*, *sép*, *-ge-*, *h*, → ***geben***), *Arznei* administrer, faire prendre; *Daten* entrer; *EDV* taper; *fig* suggérer; **'~gebildet** imaginaire; *dünkelhaft* vaniteux, présomptueux

**'Eingeborene** *m*, *f* (*-n*; *-n*) indigène *m*, *f*

**'eingehen** (*irr*, *sép*, *-ge-*, *sn*, → ***gehen***) *Post* arriver; *Pflanze*, *Tier* mourir, crever F; *Stoff* rétrécir; ***auf etw ~*** consentir à qc, accepter qc; ***ein Risiko ~*** courir un risque; **'~d** détaillé, minutieux

**'ein|genommen** prévenu (***für*** en faveur de; ***gegen*** contre); ***von sich ~*** suffisant, infatué; **'~geschlossen** enfermé; **'~geschränkt** restreint; **'~geschrieben** *Brief* recommandé; **'~gestellt ~ *auf*** préparé à; **'~getragen** enregistré; ***~es Warenzeichen*** marque *f* déposée; **'~geweide** ['aingəvaidə] *pl* intestins *m/pl*; entrailles *f/pl*; **'~gewöhnen** (*sép*, *pas de -ge-*, *h*) (***sich ~*** s')acclimater; **'~gliedern** (*sép*, *-ge-*, *h*) intégrer, incorporer; **'~greifen** (*irr*, *sép*, *-ge-*, *h*, → ***greifen***) intervenir (***in*** dans); **'~griff** *m* (-[*e*]*s*; *-e*) intervention *f* (*a méd*); ***~ in das Privatleben*** atteinte *f* à la vie privée

**'Einhalt** *m* ***~ gebieten*** arrêter; **'~en** (*irr*, *sép*, *-ge-*, *h*, → ***halten***) *Versprechen* tenir; *Termin* respecter; *Richtung* garder

**'einhängen** (*sép*, *-ge-*, *h*) *Hörer* raccrocher; ***sich bei j-m ~*** prendre le bras de qn

**'einheimisch** indigène, autochtone; **'~e** *m*, *f* (*-n*; *-n*) indigène *m*, *f*, autochtone *m*, *f*

**'Einheit** *f* (-; *-en*) unité *f*; **'~lich** uniforme, homogène; *nach Einheit strebend* unitaire

**'Einheits|partei** *f* parti *m* unifié; **'~preis** *m* prix *m* unique

**'einholen** (*sép*, *-ge-*, *h*) *j-n*, *versäumte Zeit* rattraper; ***j-s Rat ~*** prendre conseil de qn

**einig** ['ainiç] uni; (***sich***) **~ *sein, werden*** être, se mettre d'accord (***über*** sur); **~e** ['-gə] quelques; quelques-uns (-unes); **~en** ['-igən] unifier; ***sich über etw*** tomber d'accord sur qc; **~ermaßen** ['-gərmaːsən] en quelque sorte; *leidlich* passablement; **~es** ['-gəs] quelque chose; différentes choses *f/pl*; **'~keit** *f* (-; *sans pl*) accord *m*; concorde *f*; **~ung** ['-guŋ] *f* (-; *-en*) unification *f*; accord *m*

**'einjagen** (*sép*, *-ge-*, *h*) ***j-m Angst*** *od* ***e-n Schreck ~*** faire peur à qn

**'einkalkulieren** (*sép*, *pas de -ge-*, *h*) tenir compte de, mettre en ligne de compte

**'Einkauf** *m* (-[*e*]*s*; *⸚e*) achat *m*, emplette *f*; **'~en** (*sép*, *-ge-*, *h*) acheter; faire des achats

**'Einkäufer** *m*, **'~in** *f* acheteur *m*, -euse *f*

**'Einkaufs|bummel** *m* lèche-vitrines *m*; **'~preis** *m* prix *m* d'achat; **'~wagen** *m* chariot *m*; **'~zentrum** *n* centre *m* commercial

**'Einklang** *m* (-[*e*]*s*; *sans pl*) accord *m*; ***in ~ mit*** en harmonie avec

**'ein|kleiden** (*sép*, *-ge-*, *h*) ***sich neu ~*** s'habiller de neuf; **'~klemmen** (*sép*, *-ge-*, *h*) coincer

**'Einkommen** *n* (*-s*; -) revenu *m*; **'~steuer** *f* impôt *m* sur le revenu; **'~steuererklärung** *f* déclaration *f* d'impôts

**'einkreisen** (*sép*, *-ge-*, *h*) encercler

**Einkünfte** ['ainkynftə] *f/pl* revenus *m/pl*

**'einlad|en** (*irr*, *sép*, *-ge-*, *h*, → ***laden***) inviter; *Gepäck* charger; **'~ung** *f* (-; *-en*) invitation *f*

**'Ein|lage** *f* (-; *-n*) *Brief* annexe *f*; *Kapital~* mise *f* de fonds; *Sparkasse* dépôt *m*; *Schuh* semelle *f* orthopédique; *Theater* intermède *m*; **~lass** ['ainlas] *m* (*-es*; *⸚e*) admission *f*; '**≗lassen** (*irr*, *sép*, *-ge-*, *h*, → ***lassen***) laisser entrer; ***sich auf etw ~*** s'embarquer dans qc; ***sich mit j-m ~*** entrer en relations avec qn

'**Einlauf** *m* (-[*e*]*s*; *⸚e*) arrivée; *méd* lavement *m*; '**≗en** (*irr*, *sép*, *-ge-*, *sn*, → ***laufen***) arriver; *Schiff* entrer au port; *Stoff* (se) rétrécir

'**einleben** (*sép*, *-ge-*, *h*) ***sich ~*** s'acclimater

'**einlegen** (*sép*, *-ge-*, *h*) mettre (***in*** dans); *Früchte*, *Gurken* mettre en conserve; *jur* ***Berufung ~*** faire appel

'**einleit|en** (*sép*, *-ge-*, *h*) introduire; entamer; '**≗ung** *f* (-; *-en*) introduction *f*

'**einleuchten** (*sép*, *-ge-*, *h*) paraître évident; '**~d** évident

'**einliefern** (*sép*, *-ge-*, *h*) ***j-n ins Gefängnis ~*** incarcérer qn; ***j-n ins Krankenhaus ~*** hospitaliser qn

'**einloggen** *EDV* (*sép*, *-ge-*, *h*) se connecter

'**einlösen** (*sép*, *-ge-*, *h*) *Scheck* encaisser; *Pfand* dégager, retirer; *Versprechen* tenir

'**einmal** une fois; ***auf ~*** tout à coup; ***ein für alle Mal*** une fois pour toutes; ***nicht ~*** pas même; ne … même pas; ***noch ~*** encore une fois; ***es war ~*** il était une fois; '**~ig** unique

'**Einmarsch** *m* entrée *f*; *mil* invasion *f*; '**≗ieren** (*sép*, *pas de -ge-*, *sn*) entrer, faire son entrée; *mil* envahir (***in ein Land*** un pays)

'**einmisch|en** (*sép*, *-ge-*, *h*) ***sich ~*** se mêler (***in*** de), intervenir (dans); '**≗ung** *f* (-; *-en*) intervention *f*; *pol* ingérence *f*

'**einmünden** (*sép*, *-ge-*, *sn*) *Straße* déboucher sur

**einmütig** ['ainmy:tiç] unanime

**Einnahme** ['ainna:mə] *f* (-; *-n*) *mil* prise *f*; *Geld* recette *f*; ***~n und Ausgaben*** recettes et dépenses

'**einnehmen** (*irr*, *sép*, *-ge-*, *h*, → ***nehmen***) *mil* prendre; *Geld* toucher; *Steuern* percevoir; *Stellung* occuper; *Medikament* prendre; '**~d** engageant, charmant, séduisant

'**einordn|en** (*sép*, *-ge-*, *h*) ranger; classer; *fig* situer; ***sich ~*** s'intégrer (***in*** dans); *auto* prendre une file; '**≗ung** *f* (-; *-en*) classification *f*; rangement *m*

'**ein|packen** (*sép*, *-ge-*, *h*) empaqueter, emballer; envelopper; '**~parken** (*sép*, *-ge-*, *h*) *auto* se garer; ***rückwärts ~*** faire un créneau; '**~pflanzen** (*sép*, *-ge-*, *h*) planter (dans)

'**ein|prägen** (*sép*, *-ge-*, *h*) empreindre; ***sich etw ~*** se graver qc en mémoire, enregistrer qc; '**~programmieren** (*sép*, *pas de -ge-*, *h*) entrer des paramètres dans un programme, programmer

'**ein|quartieren** (*sép*, *pas de -ge-*, *h*) (***sich ~*** se) loger; *mil* cantonner; '**~rahmen** (*sép*, *-ge-*, *h*) encadrer; '**~räumen** (*sép*, *-ge-*, *h*) *Gegenstände* ranger; *zugestehen* concéder, accorder; '**~reden** (*sép*, *pas de -ge-*, *h*) ***auf j-n ~*** tâcher d'influencer *od* de persuader qn; ***j-m etw ~*** persuader qn de qc

'**einreiben** (*irr*, *sép*, *-ge-*, *h*, → ***reiben***) (***sich ~*** se) frictionner

'**einreichen** (*sép*, *-ge-*, *h*) présenter; ***Klage ~*** déposer une plainte (***gegen*** contre)

'**einreihen** (*sép*, *-ge-*, *h*) ranger; ***sich ~*** se mettre dans une file

'**Einreise** *f* (-; *-n*) entrée *f*; '**~erlaubnis** *f* permis *m* d'entrée; '**≗n** (*sép*, *-ge-*, *h*) entrer; '**~verbot** *n* interdiction *f* d'entrer; '**~visum** *n* visa *m* d'entrée

'**ein|reißen** (*irr*, *sép*, *-ge-*, → ***reißen***) **1.** *v/t* (*h*) *Haus démolir*; *Papier* déchirer; **2.** *v/i* (*sn*) *fig Gewohnheit* se répandre; se propager

'**einricht|en** (*sép*, *-ge-*, *h*) arranger; installer; aménager; ***etw so ~, dass*** faire en sorte que; '**≗ung** *f* (-; *-en*) arrangement *m*; installation *f*; aménagement *m*; *öffentliche* organisme *m*, institution *f*

'**einrosten** (*sép*, *-ge-*, *sn*) s'enrouiller; *fig* s'encroûter

**eins** [ains] un; ***es ist alles ~*** c'est du pareil au même

**einsam** ['ainza:m] solitaire, isolé; '**≗keit** *f* (-; *sans pl*) solitude *f*

'**Einsatz** *m* (*-es*; *⸚e*) *Spiel* enjeu *m*; *mus* rentrée *f*; ***persönlicher ~*** engagement *m* personnel; ***unter ~ des Lebens*** en risquant sa vie; ***im ~*** en service; '**≗bereit** disponible; prêt à intervenir

**einscannen** *EDV* ['aınskɛnən] (*sép*, *-ge-*, *h*) scanner

'**einschalt|en** (*sép*, *-ge-*, *h*) intercaler;

*Elektrogerät* mettre en circuit; *Licht, Radio, TV* allumer; '**ℒquote** *f TV* pourcentage *m* d'écoute

'**ein|schärfen** (*sép, -ge-, h*) recommander expressément; '**~schätzen** (*sép, -ge-, h*) estimer; '**~schenken** (*sép, -ge-, h*) verser; '**~schicken** (*sép, -ge-, h*) envoyer; '**~schieben** (*irr, sép, -ge-, h,* → ***schieben***) insérer, intercaler; '**~schiffen** (*sép, -ge-, h*) ***sich ~ nach*** s'embarquer pour; '**ℒschiffung** *f* embarquement *m*; '**~schlafen** (*irr, sép, -ge-, sn,* → ***schlafen***) s'endormir; *Arm, Bein* s'engourdir; '**~schläfern** (*sép, -ge-, h*) assoupir, endormir; *töten* piquer; '**~schläfernd** endormant; soporifique

'**Einschlag** *m* (-[*e*]*s*; *¨e*) *Blitz* chute *f*; *Bombe* (point *m* d')impact *m*; '**ℒen** (*irr, sép, -ge-, h,* → ***schlagen***) *Nägel* enfoncer; *einwickeln* envelopper (***in*** dans); *Weg* prendre; *Lenkung* braquer; ***es hat eingeschlagen*** la foudre est tombée sur …

**einschlägig** ['ainʃlɛːgiç] ***~e Literatur*** ouvrages *m/pl* se rapportant au sujet *od* spécialisés

'**ein|schleichen** (*irr, sép, -ge-, h,* → ***schleichen***) ***sich ~*** se glisser (***in*** dans); '**~schleppen** (*sép, -ge-, h*) *Krankheit* introduire, importer; '**~schleusen** (*sép, -ge-, h*) faire entrer clandestinement

'**einschließ|en** (*irr, sép, -ge-, h,* → ***schließen***) (***sich ~*** s')enfermer; *umringen* entourer; *Festung* cerner; *fig* renfermer; '**~lich** y compris

'**einschneidend** incisif, radical

'**Einschnitt** *m* (-[*e*]*s*; *-e*) incision *f*; *fig* coupure *f*

'**einschränk|en** (*sép, -ge-, h*) limiter, réduire; ***sich ~*** réduire ses dépenses; '**ℒung** *f* (-; *-en*) restriction *f*, réduction *f*

'**Einschreib(e)brief** *m* lettre *f* recommandée

'**einschreib|en** (*irr, sép, -ge-, h,* → ***schreiben***) (***sich ~*** s')inscrire; *Brief ~ lassen* recommander; '**ℒen** *Aufschrift* recommandé; '**ℒung** *f* (-; *-en*) enregistrement *m*

'**einschreiten** (*irr, sép, -ge-, sn,* → ***schreiten***) intervenir

'**einschüchtern** (*sép, -ge-, h*) intimider

'**einsehen** (*irr, sép, -ge-, h,* → ***sehen***) comprendre, voir; examiner; ***das sehe ich nicht ein*** je ne vois pas pourquoi

**einseitig** ['ainzaitiç] unilatéral; *parteiisch* partial

'**einsend|en** (*irr, sép, -ge-, h,* → ***senden***) envoyer; '**ℒeschluss** *m* date *f* limite d'envoi

'**einsetzen** (*sép, -ge-, h*) mettre, insérer (***in*** dans); *Mittel* employer; *Leben* risquer; *Ausschuss* constituer; *in ein Amt* installer; *beginnen* commencer; ***sich ~ für*** s'engager pour; intervenir en faveur de; soutenir

'**Einsicht** *f* (-; *-en*) *in Akten* consultation *f* (***in*** de); *Erkenntnis* intelligence *f*, compréhension *f*; ***zu der ~ kommen, dass …*** en arriver à la conclusion que …; '**ℒig** intelligent, compréhensif

'**Einsiedler** *m* ermite *m*

'**einsinken** (*irr, sép, -ge-, sn,* → ***sinken***) s'enfoncer

'**einspannen** (*sép, -ge-, h*) *Pferd* atteler; *tech* serrer; tendre; *fig* ***j-n ~*** mettre qn à contribution

'**einspar|en** (*sép, -ge-, h*) économiser; '**ℒung** *f* (-; *-en*) économie *f*

'**ein|sperren** (*sép, -ge-, h*) enfermer; emprisonner; '**~springen** (*irr, sép, -ge-, sn,* → ***springen***) ***für j-n ~*** remplacer qn

'**einspritz|en** (*sép, -ge-, h*) injecter; '**ℒung** *f* (-; *-en*) injection *f*

'**Einspruch** *m* protestation *f*; réclamation *f*; *pol* veto *m*

**einspurig** ['ainʃpuːriç] à une seule voie

**einst** [ainst] autrefois, jadis; *künftig* un jour

'**ein|stecken** (*sép, -ge-, h*) empocher; *Brief* mettre à la boîte; *fig hinnehmen* encaisser; ***er kann viel ~*** il a bon dos; '**~stehen** (*irr, sép, -ge-, sn,* → ***stehen***) répondre (***für*** de); '**~steigen** (*irr, sép, -ge-, sn,* → ***steigen***) monter (en voiture); ***~!*** en voiture!

'**einstell|en** mettre (***in*** dans); *tech* ajuster; *Foto* mettre au point; *Radio* régler; *unterbrechen* suspendre; *Arbeiter* embaucher, recruter; *Rekord* égaler; ***die Arbeit*** (*mil* ***das Feuer***) ***~*** cesser le travail (le feu); '**ℒung** *f* (-; *-en*) réglage *m*; *Unterbrechung* arrêt *m*, suspension *f*; *von Arbeitskräften* embauche *f*, recrutement *m*; *innere* attitude *f*; '**ⵒungsgespräch** *n* entretien *m* d'embauche

'**einstimm|en** (*sép*, *-ge-*, *h*) *mus* joindre sa voix à celle des autres; '**~ig** unanime; à l'unanimité; *mus* à une voix; '**ⵒigkeit** *f* (-; *sans pl*) unanimité *f*

**ein|stöckig** ['ainʃtœkiç] à un (seul) étage; '**~studieren** (*sép*, *pas de -ge-*, *h*) apprendre (par cœur); '**~stufen** (*sép*, *-ge-*, *h*) classifier; '**~stufig** *Rakete* à un seul étage; '**~stürmen** (*sép*, *-ge-*, *sn*) fondre (***auf j-n*** sur qn); '**ⵒsturz** *m* (*-es*; *⁼e*) écroulement *m*; '**~stürzen** (*sép*, *-ge-*, *sn*) s'écrouler

**einstweil|en** ['ainstvailən] en attendant; '**~ig** provisoire; *jur* ***~e Verfügung*** référé *m*

**eintägig** ['aintɛːgiç] d'une journée

'**ein|tauchen** (*sép*, *-ge-*, *h*) plonger; '**~tauschen** (*sép*, *-ge-*, *h*) échanger (***gegen, für*** contre)

'**einteil|en** (*sép*, *-ge-*, *h*) diviser; partager; répartir; *phys* graduer; '**ⵒung** *f* (-; *-en*) division *f*; graduation *f*

**eintönig** ['aintøːniç] monotone; '**ⵒkeit** *f* (-; *sans pl*) monotonie *f*

'**Eintopf** *m* (-[*e*]*s*; *⁼e*) plat *m* unique, pot-au-feu *m*

'**Ein|tracht** *f* (-; *sans pl*) concorde *f*, harmonie *f*

**Eintrag** ['aintraːk] *m* (-[*e*]*s*; *⁼e*) inscription *f*, enregistrement *f*; **ⵒen** ['-gən] (*irr*, *sép*, *-ge-*, *h*, → ***tragen***) inscrire, enregistrer; *Lob*, *Tadel* valoir (***j-m*** à qn); '**~ung** *f* (-; *-en*) inscription *f*; enregistrement *m*

**einträglich** ['aintrɛːkliç] profitable, lucratif

'**eintreffen** (*irr*, *sép*, *-ge-*, *sn*, → ***treffen***) **1.** arriver; **2.** ⵒ *n* arrivée *f*

'**eintreten** (*irr*, *sép*, *-ge-*, *sn*, → ***treten***) entrer (***in*** dans); *Tür* enfoncer; *geschehen* survenir; ***für j-n, etw ~*** appuyer qn, qc

'**Eintritt** *m* (-[*e*]*s*; *-e*) entrée *f*; ***~ frei*** entrée gratuite

'**Eintritts|geld** *n* (prix *m* d')entrée *f*; '**~karte** *f* billet *m*; '**~preis** *m* (prix *m* d')entrée

'**Einver|nehmen** *n* (*-s*; *sans pl*) accord *m*, entente *f*, intelligence *f*; '**ⵒstanden** d'accord (***mit*** avec); '**~ständnis** *n* (*-ses*; *sans pl*) accord *m*

**Einwand** ['ainvant] *m* (-[*e*]*s*; *⁼e*) objection *f* (***gegen*** à)

'**Einwander|er** *m* (*-s*; -), **~in** *f* immigrant *m*, -e *f*; *Eingewanderte*(*r*) immigré *m*, -e *f*; '**ⵒn** (*sép*, *-ge-*, *sn*) immigrer; '**~ung** *f* (-; *-en*) immigration f

'**einwandfrei** impeccable, irréprochable, parfait

'**Einwegflasche** *f* bouteille *f* perdue *od* non reprise *od* non consignée

**Einweihung** ['ainvaiuŋ] *f* (-; *-en*) inauguration *f*; initiation *f*

'**einweis|en** (*irr*, *sép*, *-ge-*, *h*, → ***weisen***) *in e-e Arbeit* initier (à); *in ein Heim* envoyer (dans); *in ein Amt* installer (dans); ***j-n ins Krankenhaus ~*** hospitaliser qn; '**ⵒung** *f* (-; *-en*) initiation *f*; installation *f*; ***~ ins Krankenhaus*** hospitalisation *f*

'**einwenden** (*irr*, *sép*, *-ge-*, *h*, → ***wenden***) objecter

'**einwerfen** (*irr*, *sép*, *-ge-*, *h*, → ***werfen***) *Brief* mettre à la boîte; poster; *Sport* remettre en jeu; *Fenster* casser; *fig* objecter

**einwillig|en** ['ainviligən] (*sép*, *-ge-*, *h*) consentir (***in*** à); '**ⵒung** *f* (-; *-en*) consentement *m*

'**einwirken** (*sép*, *-ge-*, *h*) agir, *fig* influer (***auf*** sur)

**Einwohner** ['ainvoːnər] *m* (*-s*; -), '**~in** *f* (-; *-nen*) habitant *m*, **-e** *f*; '**~meldeamt** *n* bureau *m* de déclaration de domicile

'**Einwurf** *m Sport* remise *f* en jeu; *Einwand* objection *f*

'**Einzahl** *gr f* (-; *sans pl*) singulier *m*; '**ⵒen** (*sép*, *-ge-*, *h*) verser, payer; '**~ung** *f* (-; *-en*) versement *m*, paiement *m*; '**~ungsbeleg** *m* bordereau *m* de versement *od* paiement

'**einzäunen** (*sép*, *-ge-*, *h*) entourer d'une clôture

**Einzel** ['aintsəl] *n* (*-s*; -) *Tennis* simple *m*; '**~bett** *n* lit *m* à une place; '**~fall** *m* cas *m* isolé; '**~gänger** ['-gɛŋər] *m Kind* solitaire *m*; *Politiker*, *Künstler* non-conformiste *m*; '**~handel** *m* commerce *m* de détail; '**~handelsgeschäft** *n* magasin *m* de détail; '**~händler** *m* détaillant *m*; '**~heit** *f* (-; *-en*) détail *m*

'**einzeln** seul; *besonders* particulier; *abgesondert* isolé; séparé; ***der ⵒe*** l'individu *m*; ***im ⵒen*** en détail

'**Einzel|teile** *tech m/pl* pièces *f/pl* détachées; '**~zimmer** *n* chambre *f* individuelle *od* à un lit

'**einziehen** (*irr sép*, *-ge-*, → ***ziehen***) **1.** *v/t* (*h*) *Kopf* baisser; *Bauch*, *Fahrgestell* rentrer; *Wand* construire; *Steuern* percevoir; *Soldaten* appeler sous les armes; *Güter* confisquer; **2.** *v/i* (*sn*) *in e-e Wohnung* emménager; *Ruhe* revenir

**einzig** ['aintsiç] unique; ***kein* ≈*er*** pas un seul; ***das* ≈*e*** la seule chose (+ *subj*); ***der* ≈*e*** le seul (+ *subj*); '**~artig** unique en son genre, sans pareil, exceptionnel

'**Einzug** *m* (-[*e*]*s*; ≈*e*) entrée *f*; *in e-e Wohnung* emménagement *m*

**Eis** [ais] *n* (*-es*; *sans pl*) glace *f*; → ***eislaufen***; '**~bahn** *f* patinoire *f*; '**~bär** *m* ours *m* blanc; '**~berg** *m* iceberg *m*; '**~café** *n* glacerie *f*; '**~creme** *f* crème *f* glacée; '**~diele** *f* glacier *m*; ***in der ~*** chez le glacier

**Eisen** ['aizən] *n* (*-s*; -) fer *m*

'**Eisenbahn** *f* chemin de fer; '**~abteil** *n* compartiment *m*; '**~er** *m* (*-s*; -) *m* cheminot *m*; '**~fahrplan** *m* indicateur *m* des chemins de fer; '**~wagen** *m* wagon *m*; *für Personen a* voiture *f*; '**~zug** *m* train *m*

'**Eisen|erz** *n* minerai *m* de fer; '**~hütte** *f* usine *f* sidérurgique; '**~waren** *f/pl* quincaillerie *f*

**eisern** ['aizərn] de fer; *fig* tenace

**eisgekühlt** ['aisgəky:lt] glacé; *Wein* frappé

'**Eishockey** *n* hockey *m* sur glace

**eisig** ['aiziç] glacial (*a fig*)

'**eis'kalt** glacial, glacé

'**Eislauf** *m* (-[*e*]*s*; *sans pl*) patinage *m*

'**eislaufen** (*irr*, *sép*, *-ge-*, *sn*, → ***laufen***) faire du patin

'**Eis|meer** *n* océan *m* glacial; ***das Nördliche, Südliche ~*** l'océan Glacial Arctique, Antarctique; '**~würfel** *m* cube *m* de glace, glaçon *m*; '**~zapfen** *m* glaçon *m*; '**~zeit** *f* période *f* glaciaire

**eitel** ['aitəl] vaniteux, coquet; '**≈keit** *f* (-; *-en*) vanité *f*

**Eiter** ['aitər] *m* (*-s*; *sans pl*) pus *m*; '**≈n** (*h*) suppurer

'**Ei|weiß** *n* (*-es*; *-e*) blanc *m* d'œuf; *biol* protides *m/pl*; *méd im Harn* albumine *f*; '**~zelle** *biol f* ovule *m*

**Ekel** ['e:kəl] *m* (*-s*; *sans pl*) nausée *f*; dégoût *m*; ***~ erregend*** dégoûtant

'**ekelerregend**, '**ekelhaft**, **ekelig** ['e:kəliç] dégoûtant

**ekeln** ['e:kəln] (*h*) dégoûter, écœurer

**EKG** *n abr* ***Elektrokardiogramm*** électrocardiogramme *m*

**eklig** ['e:kliç] dégoûtant

**Ekstase** [ɛk'sta:zə] *f* (-; *-en*) extase *f*

**Ekzem** [ɛk'tse:m] *med n* (*-s*; *-e*) eczéma *m*

**elasti|sch** [e'lastiʃ] élastique; **≈zität** [-tsi'tɛ:t] *f* (-; *sans pl*) élasticité *f*

**Elba** ['ɛlba] *n* l'île *f* d'Elbe

**Elbe** ['ɛlbə] ***die ~*** l'Elbe *f*

**Elefant** [ele'fant] *zo m* (*-en*; *-en*) éléphant *m*

**elegan|t** [ele'gant] élégant; **≈z** [-ts] *f* (-; *sans pl*) élégance *f*

**Elektri|ker** [e'lɛktrikər] *m* (*-s*; -) électricien *m*; **≈sch** électrique

**Elektrizität** [elɛktritsi'tɛ:t] *f* (-; *sans pl*) électricité *f*; **~swerk** *n* centrale *f* électrique

**Elektro|gerät** [e'lɛktro-] *m* appareil *m* électrique; **~geschäft** *n* magasin *m* électroménager; **~herd** *m* cuisinière *f* électrique

**Elektron** ['e:lɛktrɔn] *n* (*-s*; *-en*) électron *m*; **~enrechner** [-'tro:nən-] *m* ordinateur *m*; **~ik** [-'o:nik] *f* (-; *sans pl*) *f* électronique *f*; **~iker** *m* [-'o:nikər] *m* (*-s*; -) électronicien *m*; **≈isch** [-'o:niʃ] électronique; ***~e Datenverarbeitung*** traitement *m* électronique de l'information

**E'lektrotechnik** *f* (-; *sans pl*) électrotechnique *f*

**Element** [ele'mɛnt] *n* (-[*e*]*s*; *-e*) élément *m*; **≈ar** [-'ta:r] élémentaire

**Elend** ['e:lɛnt] **1.** *n* misère *f*, détresse *f*; calamité *f*; **2.** ≈ misérable, pitoyable; '**~sviertel** *n* bidonville *m*

**elf** [ɛlf] **1.** onze; **2.** ≈ *f* (-; *-en*) ***die ~*** le onze (*a Fußball*)

'**Elfenbein** *n* (-[*e*]*s*; *sans pl*) ivoire *m*; '**~küste** *f* Côte-d'Ivoire *f*

**Elf'meter** *m* (*-s*; -) penalty *m*

'**elfte** (le, la) onzième

'**Ell(en)bogen** *m* (*-s*; -) coude *m*

**El Salvador** [ɛl zalva'do:r] *n* le Salvador

**Elsass** ['elzas] ***das ~*** l'Alsace *f*

**Elsäss|er** ['elzɛsər] *m* (*-s*; -), '**~erin** *f* (-; *-nen*) Alsacien *m*, -ne *f*; '**≈isch** alsacien

**Elster** ['ɛlstər] *zo f* (-; *-n*) pie *f*
**Eltern** ['ɛltərn] *pl* parents *m/pl*; **~zeit** *f* *etwa* congé *m* parental d'éducation
**E-Mail** ['iːmeːl] *f* (-; *-s*) e-mail *m*; *Nachricht a* message *m* électronique; **~-Adresse** *f* adresse *f* électronique
**Emanzip|ation** [emantsipa'tsjoːn] *f* (-; *sans pl*) émancipation *f*; **ᘓ'ieren** (*pas de -ge-, h*) émanciper
**Embargo** [ɛm'bargo] *n* (*-s*; *-s*) embargo *m*
**Embryo** ['ɛmbryo] *m-s*; *-s*, *-nen*) embryon *m*
**Emigr|ant** [emi'grant] *m* (*-en*; *-en*), **~'antin** *f* (-; *-nen*) émigré *m*, -e *f*; **~ation** [-a'tsjoːn] *f* (-; *-en*) émigration *f*; ***in der ~*** en exil; **ᘓ'ieren** (*pas de -ge-, h*) émigrer
**Emission** [emi'sjoːn] *f* (-; *-en*) émission *f*
**Emoticon** *EDV* [e'moːtikɔn] *n* (*-s*; *-s*) émoticon *m*; F frimousse *f*
**Empfang** [ɛm'pfaŋ] *m* (-[*e*]*s*; *¨e*) réception *f* (*a Radio*); accueil *m*; *comm* ***den ~ bestätigen*** accuser réception; **ᘓen** (*empfing, empfangen, h*) recevoir; *Personen a* accueillir
**Empfäng|er** [ɛm'pfɛŋər] *m* (*-s*; -) destinataire *m*; *Radio*, *TV* récepteur *m*; **ᘓlich** sensible (***für*** à), réceptif (à); **~lichkeit** *f* (-; *sans pl*) réceptivité *f* (***für*** à); *für Krankheit* prédisposition *f* (à); **~nis** *biol f* (-; *sans pl*) conception *f*; **~nisverhütung** *f* contraception *f*
**Empfangs|bescheinigung** *f* reçu *m*, récépissé *m*; **~bestätigung** *f* accusé *m* de réception
**empfehl|en** [ɛm'pfeːlən] (*empfahl, empfohlen, h*) recommander; ***sich ~*** *zurückziehen* se retirer; **~enswert** recommandable; **ᘓung** *f* (-; *-en*) recommandation *f*; **ᘓungsschreiben** *n* lettre *f* de recommandation
**empfind|en** [ɛm'pfindən] (*empfand, empfunden, h*) sentir, éprouver; *innerlich* ressentir; **~lich** [-'intliç] sensible (***für*** à; *a fig*); *leicht verletzt* susceptible; **ᘓlichkeit** *f* (-; *-en*) sensibilité *f*; susceptibilité *f*; **~sam** [-nt-] sensible; **ᘓung** *f* (-; *-en*) sensation *f*; *Gefühl* sentiment *m*
**empor** [ɛm'poːr] en haut
**Empore** [ɛm'poːrə] *f* (-; *-n*) galerie *f*, tribune *f*
**empören** [ɛm'pøːrən] (*pas de -ge-, h*) (***sich*** s')indigner (***über*** de), (se) révolter (contre); **~d** révoltant, choquant, scandaleux
**Em'por|kömmling** [-kœmliŋ] *m* (*-s*; *-e*) arriviste *m*, parvenu *m*; **ᘓragen** (*sép, -ge-, h*) s'élever (***über*** au-dessus de)
**em'pör|t** indigné (***über*** de), révolté; **ᘓung** *f* (-; *-en*) indignation *f*
**Ende** ['ɛndə] *n* (*-s*; *-n*) fin *f*; *räumlich a* bout *m*; ***äußerstes ~*** extrémité *f*; ***am ~*** à la fin (de); au bout (de); *schließlich* en fin de compte; ***zu ~*** terminé; ***zu ~ gehen*** tirer à sa fin
**enden** ['ɛndən] (*h*) finir, se terminer (***mit*** par); *aufhören* cesser
**'End|ergebnis** *n* résultat *m* final; **'ᘓgültig** définitif
**Endivie** [ɛn'diːvjə] *f* (-; *-n*) chicorée *f*
**'End|lagerung** *f* (-; *-en*) stockage *m* final; **'ᘓlos** sans fin, interminable, infini; **'~produkt** *n* produit *m* fini; **'~punkt** *m* extrémité *f*; **'~reinigung** *f* nettoyage *m* final; **'~spiel** *Sport n* finale *f*; **'~station** *f* terminus *m*
**Energie** [enɛr'giː] *f* (-; *-n*) énergie *f*; **~bedarf** *m* besoins *m/pl* énergétiques; **~krise** *f* crise *f* de l'énergie; **~quelle** *f*; ressource *f* d'énergie; **~verbrauch** *m* consommation *f* d'énergie; **~versorgung** *f* approvisionnement *m* en énergie
**energisch** [e'nɛrgiʃ] énergique
**eng** [ɛŋ] étroit; *fig* restreint
**engagieren** [ɑ̃ga'ʒiːrən] (*pas de -ge-, h*) (***sich*** s')engager
**Enge** ['ɛŋə] *f* (-; *-n*) étroitesse *f*; passage *m* étroit
**Engel** ['ɛŋəl] *m* (*-s*; -) ange *m*
**Eng|land** ['ɛŋlant] *n* (*-s*; *sans pl*) l'Angleterre *f*; **'~länder** ['-lɛndər] *m* (*-s*; -), **'~länderin** *f* (-; *-en*) Anglais *m*, -e *f*; **'ᘓlisch** anglais
**'Engpass** *m* défilé *m*; goulot *m* d'étranglement (*a fig*, *bes écon*)
**Enkel** ['ɛŋkəl] *m* (*-s*; -), **'~in** *f* (-; *-nen*) petit-fils *m*, petite-fille *f*; ***Enkel*** *pl* petits-enfants *m/pl*
**enorm** [e'nɔrm] énorme; *Preis* faramineux
**Ensemble** [ɑ̃'sɑ̃ːbəl] *n* (*-s*; *-s*) *Theater* compagnie *f*, troupe *f*
**entarten** [ɛnt'ʔaːrtən] (*pas de -ge-, sn*) dégénérer

**entbehr|en** [ɛnt'beːrən] (*pas de -ge-, h*) être privé *od* dépourvu de; **~lich** superflu; **２ung** *f* (-; *-en*) privation *f*

**ent'bind|en** (entband, entbunden, *h*) dégager (***von*** de); *Frau* accoucher; **２ung** *f* (-; *-en*) dégagement *m*; *méd* accouchement *m*

**entblößen** [ɛnt'bløːsən] (*pas de -ge-, h*) ***sich ~*** se mettre à nu

**ent'deck|en** (*pas de -ge-, h*) découvrir; **２er** *m* (*-s*; -) découvreur *m*; **２ung** *f* (-; *-en*) découverte *f*

**Ente** ['ɛntə] *zo f* (-; *-n*) canard *m*; *Zeitungs２* fausse nouvelle *f*; bobard *m* F

**ent'eign|en** (*pas de -ge-, h*) exproprier; **２ung** *f* (-; *-en*) expropriation *f*

**ent'fallen** (*entfiel, entfallen, sn*) *wegfallen* être supprimé; ***j-m ~*** échapper à qn; ***auf j-n ~*** revenir à qn

**ent'falt|en** (*pas de -ge-, h*) déplier; *entwickeln* (***sich*** se) développer; ***sich ~*** s'épanouir; **２ung** *f* (-; *sans pl*) déploiement *m*; développement *m*; épanouissement *m*

**ent'fern|en** [ɛnt'fɛrnən] (*pas de -ge-, h*) (***sich ~*** s')éloigner; *Fleck* enlever; **~t** éloigné; ***3 km voneinander ~*** distants de 3 km; **２ung** *f* (-; *-en*) *Beseitigung* éloignement *m*, enlèvement *m*; *Abstand* distance *f*; **２ungsmesser** *m* télémètre *m*

**ent'führ|en** (*pas de -ge-, h*) enlever; *Kind* kidnapper; *Flugzeug* détourner; **２er** *m* (*-s*; -) ravisseur *m*; *Flugzeug* pirate *m* de l'air; **２ung** *f* (-; *-en*) enlèvement *m*, rapt *m*, kidnapping *m*; *Flugzeug* détournement *m*

**ent'gegen** *prép* (*dat*) *u adv* au-devant de, vers; contre; contrairement à; **~gehen** (*irr, sép, -ge-, sn,* → ***gehen***) aller à la rencontre (***j-m*** de qn); **~gesetzt** opposé; **~kommen** (*irr, sép, -ge-, sn,* → ***kommen***) *fig* ***j-m ~*** faire des avances *od* des concessions à qn; **~kommend** prévenant; *auto* qui roule en sens inverse; **~nehmen** (*irr, sép, -ge-, h,* → ***nehmen***) accepter, recevoir; **~stehen** (*irr, sép, -ge-, h,* → ***stehen***) être opposé (à); ***dem steht nichts entgegen*** rien ne s'y oppose

**entgegn|en** [ɛnt'geːgnən] (*pas de -ge-, h*) répliquer, répondre, riposter; **２ung** *f* (-; *-en*) réponse *f*, réplique *f*

**ent'gehen** (*entging, entgangen, sn*) échapper (*e-r Gefahr* à un danger); ***sich nichts ~ lassen*** ne rien perdre *od* F rater (de qc)

**Entgelt** [ɛnt'gɛlt] *n* (*-[e]s*; *-e*) salaire *m*

**entgleis|en** [ɛnt'glaizən] (*pas de -ge-, sn*) dérailler; **２ung** *f* (-; *-en*) déraillement *m*; *fig* faux pas *m*, incartade *f*

**ent'gleiten** (*entglitt, entglitten, sn*) échapper (***j-m*** à qn)

**ent'halt|en** (*enthielt, enthalten, h*) contenir; ***sich ~*** s'abstenir (de); **~sam** abstinent; **２samkeit** *f* (-; *sans pl*) abstinence *f*; *Sex* continence *f*; **２ung** *f* (-; *-en*) abstention *f* (*a Stimm２*)

**ent'härten** (*h*) *Wasser* adoucir

**enthüllen** [ɛnt'hylən] (*pas de -ge-, h*) dévoiler (*a Statue*), révéler

**Enthusias|mus** [ɛntuzi'asmus] *m* (-; *sans pl*) enthousiasme *m*; **２tisch** enthousiaste

**ent|'kleiden** (*pas de -ge-, h*) (***sich ~*** se) déshabiller; **~'kommen** (entkam, entkommen, *sn*) s'échapper

**entkräft|en** [ɛnt'krɛftən] (*pas de -ge-, h*) affaiblir; **２ung** *f* (-; *sans pl*) affaiblissement *m*

**ent'lad|en** (*entlud, entladen, h*) décharger, ***sich ~*** *Batterie* se vider; *Zorn, Gewitter* éclater; **２ung** *f* (-; *-en*) décharge *f*

**ent'lang** *prép* (*dat o acc*) *u adv* le long de; ***den Fluss ~*** le long de la rivière; **~gehen** (*irr, sép, -ge-, sn,* → ***gehen***) longer (qc)

**ent'lass|en** (*entließ, entlassen, h*) renvoyer, congédier; *Arbeiter* licencier; ***~ werden*** *Kranke* quitter l'hôpital; *Häftling* quitter la prison; **２ung** *f* (-; *-en*) renvoi *m*, licenciement *m*

**ent'last|en** (*pas de -ge-, h*) décharger; **２ungszeuge** *m* témoin *m* à décharge

**ent|ledigen** [ɛnt'leːdigən] (*pas de -ge-, h*) ***sich*** *j-s, e-r Sache* ***~*** se défaire de; **~'legen** éloigné; **~'locken** (*pas de -ge-, h*) *Geheimnis* arracher; **~machten** [-'maxtən] (*pas de -ge-, h*) priver de son pouvoir

**entmilitarisier|en** [-militari'ziːrən] (*pas de -ge-, h*) démilitariser; **２ung** *f* (-; *-en*) démilitarisation *f*

**entmündig|en** [-'myndigən] (*pas de -ge-, h*) mettre sous tutelle; **２ung** *f* (-; *-en*) mise *f* sous tutelle

**entmutig|en** [-'muːtigən] (*pas de -ge-,*

*h*) décourager; **~ung** *f* (-; *-en*) découragement *m*

**ent|'nehmen** (*entnahm*, *entnommen*, *h*) prendre (***aus*** dans); conclure (***aus*** de); **~'nervt** [-'nɛrft] énervé; **~'reißen** (*entriss*, *entrissen*, *h*) arracher; **~'richten** (*pas de -ge-*, *h*) payer, régler

**ent'rüst|en** (*pas de -ge-*, *h*) ***sich ~*** s'indigner (***über*** de); **~et** indigné; **~ung** *f* (-; *-en*) indignation *f*

**ent'sagen** (*pas de -ge-*, *h*) renoncer (à)

**ent'salzen** (*pas de -ge-*, *h*) dessaler

**ent'schädig|en** (*pas de -ge-*, *h*) (***sich ~*** se) dédommager (***für*** de); **~ung** *f* (-; *-en*) dédommagement *m*; *Summe* indemnité *f*

**ent'schärfen** (*pas de -ge-*, *h*) *Bombe* désamorcer; *Lage* calmer, apaiser

**ent'scheid|en** (*entschied*, *entschieden*, *h*) décider (***über*** de); ***sich ~*** se décider (***für*** pour); **~end** décisif; **~ung** *f* (-; *-en*) décision *f*

**entschieden** [ɛnt'ʃiːdən] décidé

**ent'schließen** (*entschloss*, *entschlossen*, *h*) ***sich ~*** se résoudre, se décider (***zu*** à)

**ent'schlossen** résolu; **~heit** *f* (-; *sans pl*) résolution *f*, détermination *f*

**Ent'schluss** *m* (*-es*; *⸚e*) résolution *f*, décision *f*

**entschuldig|en** [ɛnt'ʃuldigən] (*pas de -ge-*, *h*) excuser; ***sich ~ wegen etw*** s'excuser de qc; ***~ Sie!*** excusez-moi!; **~ung** *f* (-; *-en*) excuse(s *pl*) *f*; ***~!*** pardon!

**ent'setzen** (*pas de -ge-*, *h*) (***sich ~*** s')effrayer

**Ent'setzen** *n* (-; *sans pl*) effroi *m*

**ent'setzlich** effroyable, horrible

**ent|'sinnen** (*entsann*, *entsonnen*, *h*) ***sich ~*** se souvenir (***an*** de); **~'sorgen** (*pas de -ge-*, *h*) *Kernkraftwerk* enlever *od* traiter les déchets radioactifs (de); **~'sorgung** *f* élimination *f* des déchets

**ent'spann|en** (*pas de -ge-*, *h*) détendre; ***sich ~*** se détendre; **~ung** *f* (-; *-en*) détente *f*; **~ungspolitik** *f* politique *f* de détente

**entspr.** *abr* ***entsprechend*** correspondant

**ent'sprech|en** (*entsprach*, *entsprochen*, *h*) correspondre à; *den Erwartungen* répondre à; **~end** correspondant; **~ung** *f* (-; *-en*) correspondance *f*; équivalent *m*

**ent'springen** (*entsprang*, *entsprungen*, *sn*) *Fluss* prendre sa source; naître (de)

**ent'steh|en** (*entstand*, *entstanden*, *sn*) naître (***aus*** de); résulter (de); **~ung** *f* (-; *-en*) naissance *f*, origine *f*

**ent'täusch|en** (*pas de -ge-*, *h*) décevoir, désillusionner, désabuser; **~ung** *f* (-; *-en*) déception *f*

**ent'wässern** (*pas de -ge-*, *h*) drainer, assécher

**entweder** ['ɛntveːdər] ***~ ... oder*** ou .. ou

**ent|'weichen** (*entwich*, *entwichen*, *sn*) s'échapper; **~'werfen** (entwarf, entworfen, *h*) tracer, esquisser, concevoir; *Plan* dresser

**ent'wert|en** (*pas de -ge-*, *h*) déprécier; *Geld* dévaluer; *Fahrkarte* composter; **~er** *m* (*-s*; -) composteur *m*; **~ung** *f* (-; *-en*) dépréciation *f*; *Geld* dévaluation *f*; *Fahrkarte* compostage *m*

**ent'wickeln** (*pas de -ge-*, *h*) développer (*a Foto*); ***sich ~*** se développer, évoluer

**Ent'wicklung** *f* (-; *-en*) développement *m*, évolution *f*; **~shilfe** *f* aide *f* au développement; **~sland** *n* pays *m* en voie de développement; **~spolitik** *f* politique *f* de développement

**ent'wischen** (*pas de -ge-*, *sn*) se sauver, s'échapper

**entwöhn|en** [ɛnt'vøːnən] (*pas de -ge-*, *h*) *Baby* sevrer; *Drogensüchtige* désintoxiquer; **~ung** *f* (-; *-en*) sevrage *m*; désintoxication *f*

**entwürdigend** [-'vyrdigənt] avilissant, dégradant

**Ent'wurf** *m* projet *m*, esquisse *f*

**ent'zieh|en** (*entzog*, *entzogen*, *h*) (***sich ~*** se) soustraire; se dérober; **~ung** *f* (-; *-en*) privation *f*; *Droge* désintoxication *f*; **~ungskur** *f* cure *f* de désintoxication

**entziffern** [-'tsifərn] (*pas de -ge-*, *h*) déchiffrer

**Ent'zug** *m* (-[*e*]*s*; *sans pl*) privation *f*; *Führerschein* retrait *m*; **~serscheinung** *f* *Droge* état *m* de manque

**entzünd|bar** [ɛnt'tsyndbaːr] inflammable; **~en** (*pas de -ge-*, *h*) (***sich ~*** s')enflammer (*a méd*); **~ung** (-; *-en*) *méd f* inflammation *f*

**ent'zwei** cassé; **~en** (*pas de -ge-*, *h*) brouiller, désunir

**Enzian** ['ɛntsjaːn] *bot m* (*-s*; *-e*) gentiane *f*

**Enzyklopädie** [ɛntsyklope'diː] *f* (-; *-n*) encyclopédie *f*

**Enzym** [ɛn'tsyːm] *biol n* (*-s*; *-e*) enzyme *m*

**Epidemie** [epide'miː] *f* (-; *-n*) épidémie *f*

**Epilepsie** [epilɛp'siː] *méd f* (-; *-n*) épilepsie *f*

**Epilog** [epi'loːk] *m* (*-s*; *-e*) épilogue *m*

**Episode** [epi'zoːdə] *f* (-; *-n*) épisode *m*

**Epoche** [e'pɔxə] *f* (-; *-n*) époque *f*

**er** [eːr] il; *mit Bezug auf ein weibliches frz subst* elle; *betont* lui; **~ *allein*** lui seul; **~ *selbst*** lui-même; **~ *auch*** lui aussi

**erachten** [ɛrʔ'axtən] (*pas de -ge-, h*) croire; ***meines* ℒ*s*** à mon avis

**erbärmlich** [ɛr'bɛrmliç] déplorable, pitoyable, minable

**erbarmungslos** [-'barmuŋs-] impitoyable

**er'bau|en** (*pas de -ge-, h*) bâtir; *fig* édifier; **ℒer** *m* (*-s*; -) bâtisseur *m*; **ℒung** *f* (-; *sans pl*) construction *f*; *fig* édification *f*

**Erb|e** ['ɛrbə] **1.** *m* (*-n*; *-n*) héritier *m*; **2.** *n* (*-s*; *sans pl*) héritage *m*, succession *f*; **'ℒen** (*h*) hériter (***etw von j-m*** qc de qn); **'~in** *f* (-; *-nen*) héritière *f*

**erbeuten** [ɛr'bɔʏtən] (*pas de -ge-, h*) capturer

**'Erb|faktor** *m* facteur *m* héréditaire; **'~fehler** *m* vice *m* héréditaire

**erbittert** [ɛr'bitərt] exaspéré; *Kampf* acharné

**'Erbkrankheit** *méd f* maladie *f* héréditaire

**er|'blassen** (*pas de -ge-, sn*), **~'bleichen** (*pas de -ge-, sn*) pâlir

**erblich** ['ɛrpliç] héréditaire

**er'blicken** (*pas de -ge-, h*) apercevoir

**er'blinden** (*pas de -ge-, sn*) devenir aveugle

**'Erbmasse** *f jur* masse *f* successorale; *biol* hérédité *f*

**er'brechen** (*erbrach, erbrochen, h*) **1.** (***sich***) **~** vomir; **2. ℒ** *méd n* (*-s*; *sans pl*) vomissement *m*

**Erb|recht** ['ɛrp-] *jur n* droit *m* de succession; **'~schaft** *f* (-; *-en*) héritage *m*; **'~schaftssteuer** *f* impôt *m* successoral

**Erbse** ['ɛrpsə] *bot f* (-; *-n*) pois *m*; ***grüne ~n*** petits pois *m/pl*

**Erbstück** ['ɛrp-] *n* objet *m od meuble m de famille*

**Erd|arbeiter** ['eːrt-] *m* terrassier *m*; **'~bahn** *f* orbite *f* terrestre; **'~beben** *n* tremblement *m* de terre, séisme *m*; **'~beere** *f Frucht* fraise *f*; *Pflanze* fraisier *m*; **'~boden** *m* terre *f*, sol *m*

**Erde** ['eːrdə] *f* (-; *sans pl*) terre *f* (*als Planet* Terre); **'ℒn** (*h*) *Radio* mettre à la terre

**'Erd|gas** *n* gaz *m* naturel; **'~geschoss** *n* rez-de-chaussée *m*

**erdig** ['eːrdiç] terreux

**'Erd|karte** *f* mappemonde *f*; **'~halbkugel** *f* hémisphère *m*; **'~kugel** *f* globe *m* terrestre; **'~kunde** *f* géographie *f*; **'~nuss** *f* cacah(o)uète *f*; **'~öl** *n* pétrole *m*; **'~ölindustrie** *f* industrie pétrolière; **'~öllagerstätte** *f* gisement *m* de pétrole, gisement *m* pétrolier

**er'drücken** (*pas de -ge-, h*) écraser

**'Erd|rutsch** ['eːrt-] *m* glissement *m* de terrain; *pol* raz-de-marée *m*; **'~teil** *m* continent *m*

**'Erd|umlaufbahn** *f* orbite *f* terrestre; **'~wärme** *f* géothermie *f*

**er'eig|nen** (*pas de -ge-, h*) ***sich* ~** se produire, avoir lieu; **ℒnis** *n* (*-ses*; *-se*) événement *m*

**Erektion** [erɛk'tsjoːn] *f* (-; *-en*) érection *f*

**er'fahr|en** (*erfuhr, erfahren, h*) **1.** *Verb* éprouver; apprendre, savoir; **2.** *adj* expérimenté; **ℒung** *f* (-; *-en*) expérience *f*; **ℒungsaustausch** *m* échange *m* d'expériences

**er'fassen** (*pas de -ge-, h*) saisir (*a fig*)

**er'find|en** (*erfand, erfunden, h*) inventer; **ℒer** *m* (*-s*; -), **ℒerin** *f* (-; *-nen*) inventeur *m*, -trice *f*; **~erisch** inventif, ingénieux; **ℒung** *f* (-; *-en*) invention *f*

**Erfolg** [ɛr'fɔlk] *m* (*-[e]s*; *-e*) succès *m*; *Ergebnis* résultat *m*; ***viel ~!*** bonne chance!; **~ *versprechend*** prometteur; **ℒen** [-gən] (*pas de -ge-, sn*) s'effectuer, avoir lieu; **ℒlos** sans succès; **ℒreich** couronné de succès; **~serlebnis** *n* sentiment *m* de satisfaction

**erforder|lich** [ɛr'fɔrdərliç] nécessaire; **~n** (*pas de -ge-, h*) demander, exiger, réclamer; **ℒnis** *n* (*-ses*; *-se*) exigence *f*

**er'forsch|en** (*pas de -ge-, h*) explorer, étudier; **ℒung** *f* (-; *-en*) exploration *f*,

examen *m*, étude *f*
**er'freu|en** (*pas de -ge-, h*) réjouir; ***sich e-r Sache ~*** jouir de qc; **~lich** réjouissant; satisfaisant
**er'frieren** (*erfror, erfroren, sn*) mourir (*od* périr) de froid; *Pflanze* geler
**er'frisch|en** (*pas de -ge-, h*) (***sich ~*** se) rafraîchir; **2ung** *f* (-; *-en*) rafraîchissement *m*
**er'füll|en** (*pas de -ge-, h*) remplir (***mit*** de); *Bitte* accorder; *Pflicht* accomplir; ***sich ~*** s'accomplir; **2ung** *f* (-; *-en*) accomplissement *m*; réalisation *f*
**ergänz|en** [ɛr'gɛntsən] (*pas de -ge-, h*) compléter; **2ung** *f* (-; *-en*) complément *m*
**er'geb|en** (*ergab, ergeben, h*) **1.** *hervorbringen* donner; ***sich ~*** se rendre; *aus etw folgen* s'ensuivre (***aus*** de); **2.** *adj* dévoué; *gefasst* résigné; **2nis** [-'geːp-] *n* (*-ses*; *-se*) résultat *m*; *Folge* conséquence *f*; *Wirkung* effet *m*
**er'gehen** (*erging, ergangen, sn*) ***wie ist es dir ergangen?*** qu'est-ce que tu es devenu?; ***über sich ~ lassen*** subir
**ergiebig** [ɛr'giːbiç] fertile, productif, fructueux
**er'gießen** (*ergoss, ergossen, h*) ***sich ~ über*** se répandre sur; *Fluss* ***sich ~ in*** se jeter dans
**er'greif|en** (*ergriff, ergriffen, h*) saisir; *rühren* émouvoir; **2ung** *f* (-; *-en*) arrestation *f*, capture *f*
**er'haben** élevé; *fig* sublime; ***~ sein über*** être au-dessus de
**er'halten** (*erhielt, erhalten, h*) **1.** *Verb* (***sich ~*** se) conserver; entretenir; *Brief* recevoir; **2.** *adj* ***gut ~*** en bon état
**erhältlich** [ɛr'hɛltliç] disponible; en vente
**er'heb|en** (*erhob, erhoben, h*) (***sich ~*** se) lever; *erhöhen* élever; *Steuern* percevoir; *Einwand* élever; ***sich ~*** *empören* s'insurger; *jur* ***Klage ~*** intenter une action; **~lich** [-p-] considérable; **2ung** [-buŋ] *f* (-; *-en*) élévation *f*; *Aufstand* insurrection *f*
**erhitzen** [ɛr'hitsən] (*pas de -ge-, h*) chauffer; ***sich ~*** s'échauffer
**erhöh|en** [ɛr'høːən] (*pas de -ge-, h*) *Preise* augmenter, majorer; **2ung** *f* (-; *-en*) *Anhöhe* hauteur *f*; *Preis* augmentation *f*
**er'hol|en** (*pas de -ge-, h*) ***sich ~*** se reposer, reprendre des forces; **~sam** reposant; **2ung** *f* (-; *sans pl*) rétablissement *m*; repos *m*
**erinner|n** [ɛrʔ'inərn] ***j-n an etw ~*** rappeler qc à qn; ***sich an etw ~*** se rappeler qc, se souvenir de qc; **2ung** *f* (-; *-en*) souvenir *m*, mémoire *f*; ***zur ~ an*** en souvenir de
**Eritrea** [eri'treːa] *n* l'Érythrée *m*
**erkält|en** [ɛr'kɛltən] (*pas de -ge-, h*) ***sich ~*** s'enrhumer, attraper un rhume, se refroidir; **2ung** *f* (-; *-en*) refroidissement *m*, rhume *m*
**er'kennen** (*erkannte, erkannt, h*) reconnaître (***an*** à); *wahrnehmen* (a)percevoir, distinguer
**er'kennt|lich** ***sich ~ zeigen*** se montrer reconnaissant (***für*** de); **2nis** *f* (-; *-se*) connaissance *f*
**Er'kennungs|marke** *mil f* plaque *f* d'identité; **~zeichen** *n* signe *m od marque f de reconnaissance*
**Erker** ['ɛrkər] *m* (*-s*; -) encorbellement *m*
**er'klär|en** (*pas de -ge-, h*) expliquer; *förmlich* déclarer; **~lich** explicable; **2ung** *f* (-; *-en*) explication *f*; déclaration *f*
**er'krank|en** (*pas de -ge-, sn*) tomber malade; **2ung** *f* (-; *-en*) maladie *f*, affection *f*
**erkundig|en** [ɛr'kundigən] (*pas de -ge-, h*) ***sich ~*** s'informer (***bei j-m*** auprès de qn; ***über*** de), se renseigner (sur); **2ung** *f* (-; *-en*) information *f*; prise *f* de renseignements
**Er'kundung** *f* (-; *-en*) exploration *f*; *mil* reconnaissance *f*
**er'langen** (*pas de -ge-, h*) obtenir
**Erlass** [ɛr'las] *m* (*-es*; *-e*) *Gebühren* dispense *f*; *Strafe* remise *f*; *Anordnung* arrêté *m*, décret *m*
**er'lassen** (*erließ, erlassen, h*) *Verordnung* émettre, publier; ***j-m etw ~*** dispenser qn de qc
**erlaub|en** [ɛr'laubən] (*pas de -ge-, h*) permettre; **2nis** [-'laupnis] *f* (-; *sans pl*) permission *f*
**er'läuter|n** (*pas de -ge-, h*) expliquer; **2ung** *f* (-; *-en*) explication *f*
**Erle** ['ɛrlə] *bot f* (-; *-n*) aulne *m*
**er'leb|en** (*pas de -ge-, h*) voir, éprouver; assister à; **2nis** [-pnis] *n* (*-ses*; *-se*) événement *m*, aventure *f*, expérience *f*

**erledig|en** [ɛr'leːdigən] (*pas de -ge-*, *h*) finir, exécuter, régler; *zügig* expédier; F *Gegner* liquider; **~t** [-içt] *fertig*, *a fig* fini; *erschöpft* F claqué, crevé; **≗ung** *f* (-; *-en*) règlement *m*, exécution *f*

**er'leichter|n** (*pas de -ge-*, *h*) *Aufgabe* faciliter; *seelisch* soulager; **≗ung** *f* soulagement *m*

**er'leiden** (*erlitt*, *erlitten*, *h*) subir

**er'liegen** (*erlag*, *erlegen*, *sn*) succomber à; ***zum ≗ kommen*** *Verkehr* être paralysé

**Erlös** [ɛr'løːs] *m* (*-es*; *-e*) produit *m* (d'une vente)

**er'löschen** (*erlosch*, *erloschen*, *sn*) s'éteindre; *jur* cesser d'exister, expirer

**er'lös|en** (*pas de -ge-*, *h*) délivrer (***von*** de); *rel* sauver; **≗er** *rel m* (*-s*; -) Rédempteur *m*, Sauveur *m*

**ermächtig|en** [ɛr'mɛçtigən] (*pas de -ge-*, *h*) autoriser (***zu*** à); **≗ung** *f* (-; *-en*) autorisation *f*

**er'mahn|en** (*pas de -ge-*, *h*) exhorter (***zu*** à); **≗ung** *f* (-; *-en*) exhortation *f*

**er'mäßig|en** (*pas de -ge-*, *h*) réduire; **≗ung** *f* (-; *-en*) réduction *f*

**Er'messen** *n* (*-s*; *sans pl*) jugement *m*; ***nach eigenem ~*** à mon (ton, son, ...) gré

**ermitt|eln** [ɛr'mitəln] (*pas de -ge-*, *h*) trouver; *jur Täter* retrouver; *bestimmen* établir, déterminer; **≗lungen** *jur f/pl* enquête *f*

**ermöglichen** [ɛr'møːkliçən] (*pas de -ge-*, *h*) rendre possible, permettre

**er'mord|en** (*pas de -ge-*, *h*) assassiner; **≗ung** *f* (-; *-en*) assassinat *m*

**ermüden** [ɛr'myːdən] (*pas de -ge-*, *v/t h*, *v/i sn*) se fatiguer; *j-n* fatiguer

**ermunter|n** [ɛr'muntərn] (*pas de -ge-*, *h*) encourager (***zu*** à); **≗ung** *f* (-; *-en*) encouragement *m*

**ermutig|en** [ɛr'muːtigən] (*pas de -ge-*, *h*) encourager; **≗ung** *f* (-; *-en*) encouragement *m*

**er'nähr|en** (*pas de -ge-*, *h*) (***sich ~*** se) nourrir; **≗ung** *f* (-; *sans pl*) alimentation *f*, nutrition *f*; *Nahrung* nourriture *f*

**er'nenn|en** (*ernannte*, *ernannt*, *h*) ***j-n ~*** nommer qn (***zum Direktor*** directeur); **≗ung** *f* (-; *-en*) nomination *f*

**erneuer|n** [ɛr'nɔʏərn] (*pas de -ge-*, *h*) (***sich ~*** se) renouveler; **≗ung** *f* (-; *-en*) renouvellement *m*

**erneut** [ɛr'nɔʏt] à nouveau

**erniedrig|en** [ɛr'niːdrigən] (*pas de -ge-*, *h*) humilier; (***sich ~*** s')abaisser; **≗ung** *f* (-; *-en*) abaissement *m*, humiliation *f*

**ernst** [ɛrnst] sérieux, grave; ***~ bleiben*** garder son sérieux; ***etw ~ nehmen*** prendre qc au sérieux

**Ernst** [ɛrnst] *m* (*-es*; *sans pl*) gravité *f*, sérieux *m*; ***im ~*** sérieusement; **'≗haft**, **'≗lich** sérieux

**Ernte** ['ɛrntə] *f* (-; *-n*) récolte *f*; *Getreide≗* moisson *f*; **'≗n** (*h*) récolter; *Korn* moissonner

**Er'nüchterung** *f* (-; *-en*) dégrisement *m*, désenchantement *m*

**Erober|er** [ɛrˀ'oːbərər] *m* (*-s*; -) conquérant *m*; **≗n** (*pas de -ge-*, *h*) conquérir; **~ung** *f* (-; *-en*) conquête *f*

**er'öffn|en** (*pas de -ge-*, *h*) ouvrir; *feierlich* inaugurer; ***j-m etw ~*** faire savoir qc à qn; **≗ung** *f* (-; *-en*) ouverture *f*; inauguration *f*

**erörter|n** [ɛrˀ'œrtərn] (*pas de -ge-*, *h*) discuter; **≗ung** *f* (-; *-en*) discussion *f*

**Erot|ik** [e'roːtik] *f* (-; *sans pl*) érotisme *m*; **≗isch** érotique

**er'press|en** (*pas de -ge-*, *h*) ***j-n ~*** faire chanter qn; **≗er** (*-s*; -) *m* maître-chanteur *m*; **≗ung** *f* (-; *-en*) chantage *m*

**er'proben** (*pas de -ge-*, *h*) éprouver; tester

**erreg|bar** [ɛr'reːkbaːr] excitable; ***leicht ~*** irritable; **~en** [-gən] (*h*) exciter; **≗er** [-gər] *méd m* (*-s*; -) agent *m* pathogène; **≗ung** [-guŋ] *f* (-; *-en*) excitation *f*; irritation *f*

**er'reich|bar** accessible; **~en** (*pas de -ge-*, *h*) atteindre; *Zug*, *Bus* attraper; ***j-n telefonisch ~*** joindre qn par téléphone

**er'richt|en** (*pas de -ge-*, *h*) élever, ériger; **≗ung** *f* (-; *sans pl*) érection *f*, mise *f* sur pied

**erröten** [ɛr'røːtən] (*pas de -ge-*, *sn*) rougir (***über, vor*** de)

**Errungenschaft** [ɛr'ruŋənʃaft] *f* (-; *-en*) conquête *f*; *Anschaffung* acquisition *f*

**Ersatz** [ɛr'zats] *m* (*-es*; *sans pl*) remplacement *m* (***für*** de), compensation *f*, ersatz *m*, succédané *m*; **~befriedigung** *f* compensation *f*; **~dienst** *m* → ***Zivildienst***; **~rad** *n* roue *f* de rechange;

**~reifen** *m* pneu *m* de rechange; **~teil** *n* pièce *f* de rechange

**er'schaff|en** (*erschuf, erschaffen, h*) créer; **≈ung** *f* (-; *sans pl*) création *f*

**er'schein|en** (*erschien, erschienen, sn*) **1.** paraître; apparaître; sembler; *vor Gericht* comparaître; *Buch* ***soeben erschienen*** vient de paraître; **2. ≈en** *n* (-; *sans pl*) apparition *f*; **≈ung** *f* (-; *-en*) *Geister≈* apparition *f*; *Traumbild* vision *f*; *Natur≈* phénomène *m*; *Aussehen* aspect *m*; ***äußere ~*** physique *m*

**er'schießen** (*erschoss, erschossen, h*) tuer d'un coup de feu; *hinrichten* fusiller

**er'schlagen** (*erschlug, erschlagen, h*) assommer

**er'schließ|en** (*erschloss, erschlossen, h*) *Gelände* ouvrir à l'exploitation; *Bauland* viabiliser; **≈ung** *f* (-; *sans pl*) mise *f* en exploitation; **≈ungskosten** *pl* frais *m/pl* de la mise en exploitation

**er'schöpf|en** (*pas de -ge-, h*) épuiser; **≈ung** *f* (-; *sans pl*) épuisement *m*

**er'schrecken** *v/t* (*pas de -ge-, h*) *j-n* effrayer, *v/i* (erschrak, erschrocken, *sn*) s'effrayer (***über*** de)

**erschütter|n** [ɛr'ʃytərn] (*pas de -ge-, h*) ébranler; *seelisch* émouvoir; bouleverser; **≈ung** *f* (-; *-en*) ébranlement *m*; *fig* bouleversement *m*

**er'schweren** (*pas de -ge-, h*) rendre (plus) difficile

**erschwinglich** [ɛr'ʃviŋliç] abordable

**ersetz|bar** [ɛr'zɛtsbaːr] remplaçable; **~en** (*pas de -ge-, h*) remplacer; *Unkosten* rembourser; *Schaden* indemniser (***j-m etw*** qn de qc)

**er'sichtlich** évident; ***ohne ~en Grund*** sans raison apparente

**er'spar|en** (*pas de -ge-, h*) économiser, épargner (*a fig*); **≈nis** (-; *-se*) épargne *f*, économie *f* (***an*** de); **~se** *pl* économies *f/pl*

**erst** [eːrst] *zuerst* d'abord; *nur* seulement, ne … que

**erstatt|en** [ɛr'ʃtatən] (*pas de -ge-, h*) rembourser; ***Anzeige ~*** porter plainte (***gegen*** contre); **≈ung** *f* (-; *-en*) remboursement *m*

**er'staun|en** (*pas de -ge-, sn*) (s')étonner; **≈en** *n* (-*s*; *sans pl*) étonnement *m*; **~lich** étonnant; **~t** étonné (***über*** de)

**erste** ['eːrstə] ***der, die, das ~*** le premier, la première; ***zum ~n Mal*** pour la première fois; **≈ *Hilfe*** premiers soins *m/pl*

**er'stellen** (*pas de -ge-, h*) *Haus* construire; *Rechnung* établir, faire

**erstens** ['eːrstəns] premièrement

**ersticken** [ɛr'ʃtikən] (*v/tr h, v/itr sn*) étouffer

**'erstklassig** de première qualité

**er'streben** (*pas de -ge-, h*) aspirer (***etw*** à qc); **~swert** souhaitable, désirable

**er'strecken** (*pas de -ge-, h*) ***sich ~*** s'étendre (***auf*** à), porter (sur)

**er'teilen** (*pas de -ge-, h*) *Unterricht, Auskunft, Wort, Erlaubnis* donner; *Patent, Lizenz* délivrer; *Auftrag* passer

**Ertrag** [ɛr'traːk] *m* (-[*e*]*s*; *⸚e*) rendement *m*; **≈en** [-gən] (*ertrug, ertragen, h*) supporter; **~slage** *f* niveau *m* du rendement, résultat *m*

**erträglich** [ɛr'trɛːkliç] supportable, tolérable

**er'tragreich** productif

**er'tränken** (*pas de -ge-, h*) noyer

**er'trinken** (*ertrank, ertrunken, sn*) **1.** se noyer; **2. ≈** *n* (-*s*; *sans pl*) noyade *f*

**erübrigen** [ɛrˀ'yːbrigən] (*pas de -ge-, h*) avoir de reste *od* en trop; ***es erübrigt sich zu …*** il n'est pas nécessaire de …; il est superflu de …

**er'wachen** (*pas de -ge-, sn*) s'éveiller; *aufwachen* se réveiller

**er'wachsen** adulte; **≈e** *m, f* (-*n*; -*n*) adulte *m, f*; **≈enbildung** *f* formation *f* des adultes

**erwäg|en** [ɛr'vɛːgən] (*erwog, erwogen, h*) considérer, examiner; **≈ung** *f* (-; *-en*) considération *f*; ***in ~ ziehen*** envisager

**er'wähn|en** (*pas de -ge-, h*) mentionner; **≈ung** *f* (-; *-en*) mention *f*

**er'wärmen** (*pas de -ge-, h*) chauffer; *fig* ***sich ~ für*** s'enthousiasmer pour

**er'wart|en** (*pas de -ge-, h*) *warten auf* attendre; *rechnen mit* s'attendre à; ***wie zu ~ war*** comme il fallait s'y attendre; **≈ung** *f* (-; *-en*) attente *f*; **~ungsvoll** plein d'espoir

**er'wecken** (*pas de -ge-, h*) *Verdacht* éveiller; ***den Anschein ~*** donner l'impression

**er'weisen** (*erwies, erwiesen, h*) *beweisen* prouver; *Achtung* témoigner; *Dienst* rendre; ***sich ~ als*** se révéler

être
**erweiter|n** [ɛr'vaitərn] (*pas de -ge-, h*) (***sich*** ~ s')élargir; **2ung** *f* (-; *-en*) élargissement *m*
**Erwerb** [ɛr'vɛrp] *m* (-[*e*]*s*; *-e*) acquisition *f*; *Brot*2 gagne-pain *m*; **2en** [-bən] (*erwarb*, *erworben*, *h*) acquérir, acheter
**er'werbs|los** chômeur, sans travail; **2losigkeit** *f* chômage *m*; **~tätig** actif; **2tätige** *m*, *f* (*-n*; *-n*) personne *f* active; **~unfähig** invalide; **2zweig** *m* branche *f* professionnelle
**er'wider|n** [ɛr'vi:dərn] (*pas de -ge-, h*) répliquer, répondre; *Gruß*, *Besuch* rendre; **2ung** *f* (-; *-en*) réplique *f*; réponse *f*
**erwünscht** [ɛr'vynʃt] désiré, souhaité
**Erz** [e:rts] *n* (*-es*; *-e*) minerai *m*
**er'zähl|en** (*pas de -ge-, h*) raconter; **2er** *m* (*-s*; -) narrateur *m*; **2ung** *f* (-; *-en*) récit *m*; *Märchen* conte *m*
**'Erzbischof** *rel m* archevêque *m*
**er'zeug|en** (*pas de -ge-, h*) produire; *verursachen* engendrer; **2er** *m* (*-s*; -) *Hersteller* producteur *m*; **2erland** *n* pays *m* producteur; **2erpreis** *m* prix *m* producteur; **2nis** [-knis] *n* (*-ses*; *-se*) produit *m*; **2ung** *f* (-; *-en*) production *f*
**er'zieh|en** (*erzog*, *erzogen*, *h*) élever, éduquer; **2ung** *f* (-; *sans pl*) éducation *f*
**er'zielen** (*pas de -ge-, h*) atteindre, obtenir
**erzürnt** [-'tsyrnt] en colère
**er'zwingen** (*erzwang*, *erzwungen*, *h*) obtenir de force
**es** [ɛs] **1.** *als Objekt* le, la; en, y; **2.** *als Subjekt* il, ce; ~ ***gibt*** il y a; ~ ***klopft*** on frappe à la porte
**Esche** ['ɛʃə] *bot f* (-; *-n*) frêne *m*
**Esel** ['e:zəl] *m* (*-s*; -), **'~in** *f* (-; *-nen*) âne *m*, ânesse *f*; **'~sbrücke** *f* guide-âne *m*; **'~sohr** ['e:zəlsʔ-] *n im Buch* corne *f*
**Eskalation** [ɛskala'tsjo:n] *f* (-; *-en*) escalade *f*
**Eskimo** ['ɛskimo] *m* (*-s*; *-s*) Esquimau *m*
**Espe** ['ɛspə] *bot f* (-; *-n*) tremble *m*
**Essay** ['ɛse] *m* (*-s*; *-s*) essai *m*
**'essbar** mangeable, comestible
**essen** ['ɛsən] (*aß*, *gegessen*, *h*) manger; ***zu Mittag*** ~ déjeuner; ***zu Abend*** ~ dîner
**'Essen** *n* (*-s*; -) *Nahrung* nourriture *f*; *Mahlzeit* repas *m*; **'~smarke** *f* ticket *m* de repas; **'~szeit** *f* heure *f* des repas
**Essig** ['ɛsiç] *m* (*-s*; *-e*) vinaigre *m*
**'Ess|löffel** *m* cuiller *f* à soupe; **'~tisch** *m* table *f* (de salle à manger); **'~zimmer** *n* salle *f* à manger
**Establishment** [ɛ'stɛbliʃmɛnt] *n* (*-s*; *sans pl*) ordre *m* établi
**Estland** ['e:stlant] *n* l'Estonie *f*
**etablieren** [eta'bli:rən] (*pas de -ge-, h*) ***sich*** ~ s'établir, s'installer
**Etage** [e'ta:ʒə] *f* (-; *-n*) étage *m*; ***auf der ersten*** ~ au premier étage
**Etappe** [e'tapə] *f* (-; *-n*) étape *f*
**Etat** [e'ta:] *m* (*-s*; *-s*) budget *m*
**Ethik** ['e:tik] *f* (-; *-en*) éthique *f*, morale *f*
**Etikett** [eti'kɛt] *n* (-[*e*]*s*; *-e*) étiquette *f*; **~e** (-; *-n*) étiquette *f*
**etliche** ['ɛtliçə] quelque(s); pas mal de
**Etsch** [ɛtʃ] ***die*** ~ *Fluss* l'Adige *m*
**Etui** [e'tvi:] *n* (*-s*; *-s*) étui *m*; *Schmuck* écrin *m*
**etwa** ['ɛtva] environ, à peu près; **'~ig** ['-iç] éventuel
**etwas** ['ɛtvas] quelque chose; *in verneinenden Sätzen* rien; *ein wenig* quelque (peu de)
**EU** [e:'ʔu:] *f* (-) *abr* ***Europäische Union*** UE *f* (Union européenne); **~-Bestimmung(en)** *f*(*pl*) disposition(s) *f*(*pl*) européenne(s)
**euch** [ɔʏç] vous
**euer** ['ɔʏər] votre, *pl* vos
**E'U|-Kommissar(in** *f*) *m* commissaire *m*, *f* européen(ne); **~-Land** *m* pays *m* de l'UE
**Eule** ['ɔʏlə] *zo f* (-; *-n*) hibou *m*
**EU|-'Mitgliedsstaat** *m* État *m* membre de l'UE; **~-Norm** *f* norme *f* européenne; **~-'Osterweiterung** *f* élargissement *m* de l'UE à l'Est
**EUR** *abr* ***Euro*** euro
**eure** ['ɔʏrə] ***der, die, das*** ~ le, la vôtre
**Euro** ['ɔʏro:] *m* (*-s*; - euro *m*; ***Einführung des*** ~ lancement *m* de l'euro; **'~cent** *m* (-[*s*]; -[*s*], 5-) cent *m* d'euro, centime *m* d'euro; **~city** [-'sɪti] *m* (*-s*; *-s*) Eurocity *m*; **'~land** *n* zone *f* euro; **'~norm** *f* norme *f* européenne
**Europa** [ɔʏ'ro:pa] *n* (*-s*; *sans pl*) l'Europe *f*; **~abgeordnete** *m*, *f* eurodépu-

té(e) *m(f)*
**Europäer** [-'pɛːər] *m* (-*s*; -), **~in** *f* (-; -*nen*) Européen *m*, -ne *f*
**euro'päisch** européen; **2*er Börsenverband*** Fédération *f* européenne des échanges boursés; **2*er Gerichtshof*** Cour *f* de justice; **2*e Investitionsbank*** (***EIB***) Banque *f* européenne d'investissement (B.E.I.); **2*e Kommission*** Commission *f* européenne; **2*es Parlament*** Parlement *m* européen; **2*er Rechnungshof*** Cour *f* des comptes (européenne); **2*e Union*** (***EU***) Union *f* européenne (UE); **2*es Währungsinstitut*** (***EWI***) Institut *m* monétaire européen (I.M.E.) **2*e Wirtschafts- und Währungsunion*** Union *f* économique et monétaire; **2*e Zentralbank*** (***EZB***) Banque *f* centrale européenne (BCE)
**Eu'ropa|meister(in** *f*) *m* champion(ne) *m(f)* d'Europe; **~meisterschaft** *f* championnat *m* d'Europe; **~parlament** *n* Parlement *m* européen; **~pokal** *m* coupe *f* d'Europe; **~rat** *m* Conseil *m* de l'Europe; **~wahlen** *f/pl* élections *f/pl* européennes; **2weit** dans toute l'Europe
**Europol** ['ɔʏropoːl] *f* (-) Europol *f*
**'Euroscheck** *m* eurochèque *m*; **'~karte** *f* carte *f* eurochèque
**'Euro|tunnel** *m* (-*s*) eurotunnel *m*; **~visi'on** *f* Eurovision *f*; **~währung** *f* (-; -*en*) euro monnaie *f*; **~zone** *f* (-) zone *f* euro
**E'U-Verordnung** *f* (-; -*en*) décret *m* de l'UE
**ev.** *abr* ***evangelisch*** protestant
**e. V.** *abr* ***eingetragener Verein*** association enregistrée
**evangel|isch** [evaŋ'geːliʃ] protestant; **2ium** [-jum] *n* (-*s*;*Evangelien*) Évangile *m*
**eventuell** [evɛntu'ɛl] éventuel; *adv* éventuellement
**evtl.** *abr* ***eventuell*** éventuel(lement)
**EWG** [eːveː'geː] *f* (-) *abr* ***Europäische Wirtschaftsgemeinschaft*** CEE *f* (Communauté économique européenne)
**EWI** *n abr* ***Europäisches Währungsinstitut*** IME *m* (Institut monétaire européen)
**ewig** ['eːviç] éternel; **'2keit** *f* (-; -*en*) éternité *f*
**EWS** *n abr* ***Europäisches Währungssystem*** SME *m* (Système monétaire européen)
**exakt** [ɛ'ksakt] exact, précis; **2heit** *f* (-; *sans pl*) exactitude *f*
**Examen** [ɛ'ksaːmən] *n* (-*s*; -, -*mina*) examen *m*
**Exekutive** [ɛksəku'tiːvə] *f* (-; -*en*) (pouvoir *m*) exécutif *m*
**Exemplar** [ɛksɛm'plaːr] *n* (-*s*; -*e*) exemplaire *m*; **2isch** exemplaire
**Exil** [ɛ'ksiːl] *n* (-*s*; -*e*) exil *m*
**Existenz** [ɛksis'tɛnts] existence *f*; **~minimum** *n* minimum *m* vital
**exis'tieren** (*pas de -ge-, h*) exister; vivre
**exkl.** *abr* ***exklusive*** exclusivement
**Expansion** [ɛkspan'zjoːn] *f* (-; -*en*) expansion *f*
**Experiment** [ɛksperi'mɛnt] *n* (-[*e*]*s*; -*e*) expérience *f*; **2'ieren** (*pas de -ge-, h*) faire des expériences (***mit*** sur)
**Expert|e** [ɛks'pɛrtə] *m* (-*n*; -*n*), **~in** *f* (-; -*nen*) expert *m*, —e *f*
**Expl.** *abr* ***Exemplar*** exemplaire
**explo|dieren** [ɛksplo'diːrən] (*pas de -ge-, h*) exploser, faire explosion; *bersten* éclater; **2sion** [-'zjoːn] *f* (-; -*en*) explosion *f*; **~siv** [-'ziːf] explosif
**Export** [ɛks'pɔrt] *m* (-[*e*]*s*; -*e*) exportation *f*; **~'eur** [-'tøːr] *m* (-*s*; -*e*) exportateur *m*; **2'ieren** (*pas de -ge-, h*) exporter; **~land** *n* pays exportateur; **~überschuss** *m* excédent *m* d'exportation
**extra** ['ɛkstra] *absichtlich* exprès; *gesondert* à part
**extrem** [ɛks'treːm] extrême; **2ist** [-'mist] *m* (-*en*; -*en*), **2'istin** *f* (-; -*nen*) extrémiste *m*, *f*; **~'istisch** extrémiste
**Exzess** [ɛks'tsɛs] *m* (-*es*; -*e*) excès *m*
**EZB** *f abr* ***Europäische Zentralbank*** BCE *f* (Banque centrale européenne)

# F

**F** [ɛf] *n* (-; -) *mus* fa *m*

**f.** *abr* ***folgende Seite*** page suivante

**Fa.** *abr* ***Firma*** maison; firme

**'Fabel** ['faːbəl] *f* (-; *-n*) fable *f*; **'⁀haft** formidable, épatant F

**Fabrik** [fa'briːk] *f* (-; *-en*) usine *f*; **~ant** [-'kant] *m* (*-en*; *-en*) fabricant *m*; **~arbeiter** *m* ouvrier *m* d'usine; **~at** [-'kaːt] *n* (-[*e*]*s*; *-e*) produit *m* (manufacturé); **~ation** [-ka'tsjoːn] *f* (-; *-en*) fabrication *f*, production *f*; **~a'tionsfehler** *m* défaut *m* de fabrication; **~ware** *f* produit *m* manufacturé

**fabrizieren** [fabri'tsiːrən] (*pas de -ge-*, *h*) fabriquer

**Fach** [fax] *n* (-[*e*]*s*; *⸚er*) compartiment *m*, rayon *m*; *fig* branche *f*

**'Fach|arbeiter** *m* ouvrier *m* qualifié; **'~arzt** *m*, **'~ärztin** *f* spécialiste *m*, *f* (***für*** de); **'~ausbildung** *f* formation *f* spécialisée; **'~ausdruck** *m* terme *m* technique

**'Fach|gebiet** *n* domaine *m*, matière *f*, spécialité *f*; **'~geschäft** *n* magasin *m* spécialisé; **'~händler** *m* spécialiste *m*; **'~kenntnisse** *f/pl* connaissances *f/pl* spéciales; **'⁀kundig** compétent, expert; **'~literatur** *f* littérature *f* spécialisée; **'~mann** *m* (-[*e*]*s*; *-leute*) spécialiste *m*, expert *m*, homme *m* du métier; **'⁀männisch** expert; **'~messe** *f* bourse *f* spécialisée; **'~schule** *f* école *f* professionnelle; **'~werk** *arch n* colombage *m*; **'~werkhaus** *n* maison *f* à colombages; **'~zeitschrift** *f* revue *f* spécialisée

**fade** ['faːdə] fade; insipide

**Faden** ['faːdən] *m* (*-s*; *⸚*) fil *m* (*a fig*)

**Fagott** [fa'gɔt] *n* (-[*e*]*s*; *-e*) *mus* basson *m*

**fähig** ['fɛːiç] capable (***zu*** de); *geschickt* apte (***zu*** à); **'⁀keit** *f* (-; *-en*) capacité *f*; aptitude *f*

**fahnd|en** ['faːndən] (*h*) ***nach j-m ~*** rechercher qn; **'⁀ung** *f* (-; *-en*) recherches *f/pl*

**Fahne** ['faːnə] *f* (-; *-n*) drapeau *m*; **'~nflucht** *f* désertion *f*

**Fahr|ausweis** ['faːr-] *m* billet *m*, ticket *m*; **'~bahn** *f* chaussée *f*; **'~bereitschaft** *f* service *m* de roulage

**Fähre** ['fɛːrə] *f* (-; *-n*) bac *m*; *Fährschiff* ferry-boat *m*

**fahren** ['faːrən] (*fuhr*, *gefahren*, *v/i sn*, *v/t h*) aller (***mit dem Auto*** en voiture); rouler; *ab~* partir (***nach*** pour, à); ***ein Auto ~*** conduire une voiture; ***j-n ~*** conduire qn; ***~ durch*** traverser; passer par; ***Ski ~*** faire du ski; ***mit der Hand über das Gesicht ~*** se passer la main sur le visage; ***was ist bloß in dich gefahren?*** qu'est-ce qui t'a pris?

**'Fahrer** *m* (*-s*; -), **'~in** *f* (-; *-nen*) conducteur *m*, -trice *f*; chauffeur *m*, -euse *f*; **'~flucht** *f* délit *m* de fuite

**'Fahr|gast** *m* passager *m*, voyageur *m*; **'~gemeinschaft** *f* covoiturage *m*; **'~gestell** *n auto* châssis *m*; *aviat* train *m* d'atterrissage; **'~karte** *f* billet *m*; **'~kartenautomat** *m* distributeur *m* de tickets; **'~kartenschalter** *m* guichet *m*; **'⁀lässig** négligent; *jur* ***~e Tötung*** homicide *m* involontaire; **'~lässigkeit** *f* (-; *-en*) négligence *f*; **'~lehrer** *m* moniteur *m od professeur m d'auto-école*; **'~plan** *m* horaire *m*; *als Broschüre* indicateur *m*; **'⁀planmäßig** régulier; **'~preis** *m* prix *m* du transport; **'~prüfung** *f* examen *m* du permis de conduire; **'~rad** *n* bicyclette *f*, vélo *m*; **'~radweg** *m* piste *f* cyclable

**'Fährschiff** ['fɛːr-] *n* ferry-boat *m*

**'Fahr|schule** *f* auto-école *f*; **'~stuhl** *m* ascenseur *m*; *für Kranke* fauteuil *m* roulant; **'~stunde** *f* leçon *f* d'auto-école

**Fahrt** [faːrt] *f* (-; *-en*) voyage *m*, trajet *m*, parcours *m*; *Ausflug* excursion *f*

**Fährte** ['fɛːrtə] *f* (-; *-n*) piste *f*

**'Fahrtenschreiber** *m* tachygraphe *m*

**'Fahr|werk** *aviat n* train *m* d'atterrissage; **'~zeug** *n* (-[*e*]*s*; *-e*) véhicule *m*; **'~zeughalter** *m jur* détenteur *m* d'un véhicule

**fair** [fɛːr] sport, loyal, fair-play

**Faksimile** [fak'ziːmile] *n* (*-s*; *-s*) facsimilé *m*

**Faktor** ['faktɔr] *m* (*-s*; *-en*) élément *m*, facteur *m*

**Fall** [fal] *m* (*-*[*e*]*s*; *⸚e*) *Sturz* chute *f*; *Sachverhalt* cas *m*; ***auf jeden*** (***keinen***) **~** en tout (aucun) cas; ***für den*** **~**, ***dass …*** au cas où …; ***gesetzt den*** **~**, ***dass …*** à supposer que …

**Falle** ['falə] *f* (*-*; *-n*) piège *m*

**fallen** ['falən] (*fiel*, *gefallen*, *sn*) tomber (*a fig*); *sinken* baisser; *Tor* être marqué

**fällen** ['fɛlən] (*h*) *Baum* abattre; *jur Urteil* rendre, prononcer

**fällig** ['fɛliç] *Flugzeug etc* attendu; *Zinsen*, *Zahlung* exigible; '**ᘔkeit** *f* (*-*; *sans pl*) échéance *f*

**falls** [fals] au cas où

'**Fallschirm** *m* parachute *m*; '**~jäger** *m* parachutiste *m*, para *m* F; '**~springer** *m*, '**~springerin** *f* parachutiste *m*, *f*

**falsch** [falʃ] faux (*a Person*, *Zähne*); *Adresse* mauvais; **~** ***gehen*** *Uhr* mal marcher

**fälsch|en** ['fɛlʃən] (*h*) fausser, falsifier; '**ᘔer** *m* (*-s*; *-*), '**ᘔerin** *f* (*-*; *-nen*) falsificateur *m*, -trice *f*

'**Falsch|fahrer** *m* → ***Geisterfahrer***; '**~geld** *n* faux billet *m* de banque

**fälschlich** ['fɛlʃliç] faux, erroné

'**Fälschung** *f* (*-*; *-en*) falsification *f*, faux *m*

'**Faltboot** *n* canot *m* pliant *od* démontable

**Falte** ['faltə] *f* (*-*; *-n*) pli *m*; *Runzel* ride *f*; '**ᘔn** (*h*) plier

**familiär** [famil'jɛːr] *vertraut* familier; *die Familie betreffend* familial

**Familie** [fa'miːljə] *f* (*-*; *-n*) famille *f*

**Fa'milien|angelegenheit** *f* affaire *f* de famille; **~betrieb** *m* entreprise *f* familiale; **~leben** *n* vie *f* familiale *od* de famille; **~name** *m* nom *m* de famille; **~planung** *f* planning *m* familial; **~stand** *m* situation *f* de famille; **~vater** *m* père *m* de famille

**Fan** [fɛn] *m* F (*-s*; *-s*) fan *m*, *f*, fana *m*, *f*

**Fanati|ker** [fa'naːtikər] *m* (*-s*; *-*), **~kerin** (*-*; *-nen*) fanatique *m*, *f*; **ᘔsch** fanatique

**Fang** [faŋ] *m* (*-*[*e*]*s*; *⸚e*) prise *f*, capture *f*; '**ᘔen** (*fing*, *gefangen*, *h*) attraper, prendre; *ergreifen* saisir

**Fantasie** [fanta'ziː] *f* (*-*; *-n*) imagination *f*; **ᘔlos** dépourvu d'imagination; **ᘔren** (*pas de -ge-*, *h*) se livrer à son imagination; *méd* délirer; **ᘔvoll** plein d'imagination

**Fantast** [fan'tast] *m* (*-en*; *-en*) rêveur *m*; **ᘔisch** fantastique

**Farb|aufnahme** ['farpʔ-] *f* photo *f* en couleurs; '**~band** *n* ruban *m* encré; '**~drucker** *m* imprimante *f* couleur

**Farb|e** ['farbə] *f* (*-*; *-n*) couleur *f*; *zum Malen* peinture *f*; *Gesicht* teint *m*; '**ᘔecht** ['farpʔ-] grand teint

**färben** ['fɛrbən] (*h*) colorer, teindre

'**farben|blind** daltonien; '**~froh** haut en couleur(s)

'**Farb|fernsehen** ['farp-] *n* télévision *f* en couleurs; '**~fernseher** *m* téléviseur *m* couleurs; '**~film** *m* film *m* en couleurs; '**~fotografie** *f* photographie *f* en couleurs; '**ᘔig** ['-biç] coloré; '**~ige** ['-bigə] *m*, *f* (*-n*; *-n*) homme *m*, femme *f*, gens *m*/*pl* de couleur; '**ᘔlos** incolore (*a fig*); '**~stift** *m* crayon *m* de couleur; '**~stoff** *m* matière *f* colorante

**Färbung** ['fɛrbuŋ] *f* (*-*; *-en*) coloration *f*, teinte *f*

**Farm** [farm] *f* (*-*; *-en*) ferme *f*; '**~er** *m* (*-s*; *-*) fermier *m*

**Farn** [farn] *bot m* (*-*[*e*]*s*; *-e*), '**~kraut** *n* fougère *f*

**Fasan** [fa'zaːn] *zo m* (*-s*; *-e*) faisan *m*

**Fasching** ['faʃiŋ] *m* (*-s*; *-e*, *-s*) carnaval *m*

**Faschis|mus** [fa'ʃismus] *m* (*-*; *sans pl*) fascisme *m*; **~t** *m* (*-en*; *-en*), **~tin** *f* (*-*; *-nen*) fasciste *m*, *f*; **ᘔtisch** fasciste

'**Faser** ['faːsər] *f* (*-*; *-n*) fibre *f*; **ᘔn** (*h*) s'effilocher

**Fass** [fas] *n* (*-es*; *⸚er*) tonneau *m*; *Weinᘔ* fût *m*; ***Bier vom*** **~** bière *f* pression

**Fassade** *f* [fa'saːdə] *f* (*-*; *-n*) façade *f*

'**fassen** ['fasən] (*h*) prendre, saisir; *Plan* concevoir; *enthalten* contenir; *begreifen* comprendre; ***Mut*** **~** reprendre courage; ***e-n Entschluss*** **~** prendre une décision; ***sich kurz*** **~** être bref

'**Fassung** *f* (*-*; *-en*) *seelische* contenance *f*; *Text* version *f*; *Glühbirne* douille *f*; ***die*** **~** ***verlieren*** prendre contenance

'**Fassungsvermögen** *n räumlich* capacité *f*; *fig* compréhension *f*, entendement *m*

**fast** [fast] presque, à peu près; **~** ***nur*** ne … guère que

**fasten** ['fastən] (*h*) **1.** jeûner; **2.** '≗ *n* (*s*; *sans pl*) jeûne *m*
'**Fastnacht** *f* (-; *sans pl*), **~sdienstag** *m* mardi *m* gras
**fatal** [fa'ta:l] *unangenehm* fâcheux; *unheilvoll* fatal
**faul** [faul] *verfault* pourri; *träge* paresseux; ***~e Ausrede*** faux-fuyant *m*, mauvaise excuse *f*
**faul|en** ['faulən] (*h*) pourrir; '**~enzen** ['-ɛntsən] (*h*) fainéanter; '**≗enzer** *m* (-*s*; -), '**≗enzerin** *f* (-; -*nen*) fainéant *m*, -e *f*; '**≗heit** *f* (-; *sans pl*) paresse *f*
**Fäulnis** ['fɔʏlnis] *f* (-; *sans pl*) pourriture *f*; *Verwesung* putréfaction *f*
'**Faulpelz** *m* (-*es*; -*e*) fainéant *m*
**Faust** [faust] *m* (-; ⸚*e*) poing *m*; ***auf eigene ~*** de sa propre initiative; '**~handschuh** *m* moufle *f*; '**~hieb** *m* coup *m* de poing; '**~regel** *f* règle *f* générale; '**~schlag** *m* coup *m* de poing
**Fax** [faks] *n* (-; -*e*) fax *m*, télécopie *f*; '**≗en** (*h*) faxer
**Fazit** ['fa:tsit] *n* (-*s*; -*s*) résultat *m*, bilan *m*
**FCKW** [ɛftse:ka:'ve:] *pl abr* ***Fluorchlorkohlenwasserstoffe*** CFC *m/pl* (chlorofluorocarbones); **~-frei** sans CFC
**FDP** *f abr* ***Freie Demokratische Partei*** Parti liberal allemand
**Februar** ['fe:brua:r] *m* (-[*s*]; -*e*) février *m*
**fecht|en** ['fɛçtən] (*focht*, *gefochten*, *h*) faire de l'escrime; '**≗er** *m* (-*s*; -), '**≗erin** *f* (-; -*nen*) escrimeur *m*, -euse *f*
**Feder** ['fe:dər] *f* (-; -*n*) plume *f*, *tech* ressort *m*; '**~ball** *m Spiel* badminton *m*; *Ball* volant *m*; '**~bett** *n* édredon *m*; '**~gewicht** *n Sport* poids *m* plume; '**≗n** (*h*) faire ressort; '**≗nd** élastique; '**~ung** *tech f* (-; -*en*) suspension *f*; '**~zeichnung** *f* dessin *m* à la plume
**fegen** ['fe:gən] (*h*) balayer; *Schornstein* ramoner
**fehl** [fe:l] ***~ am Platz*** déplacé
'**Fehlbetrag** *m* déficit *m*
**fehlen** ['fe:lən] (*h*) **1.** manquer, être absent, faire défaut; ***es fehlt uns an*** nous manquons de; ***mir fehlen zwei Euro*** il me manque deux euros; *fig* ***was fehlt dir?*** qu'est-ce que tu as?; **2.** '≗ *n* (-*s*; *sans pl*) manque *m*; *Abwesenheit* absence *f*
**Fehler** ['fe:lər] *m* (-*s*; -) *Verstoß* faute *f*; *Charakter≗*, *tech* défaut *m*
'**Fehl|geburt** *f* fausse couche *f*; '**~planung** *f* erreur *f* de planification; '**~schlag** *m fig* échec *m*; '**~zündung** *f Motor* raté *m*
**Feier** ['faiər] *f* (-; -*n*) cérémonie *f*, fête *f*; *e-s Festes* célébration *f*; '**~abend** *m* fin *f* de la journée; ***machen wir ~!*** arrêtons-nous de travailler!; '**≗lich** solennel; '**~lichkeit** *f* (-; -*en*) solennité *f*; '**≗n** (*h*) célébrer, fêter; *nicht arbeiten* chômer; '**~tag** *m* jour *m* férié
**feig(e)** [faik, 'faigə] lâche
'**Feige** *bot f* (-; -*n*) figue *f*
**Feig|heit** ['faikhait] *f* (-; *sans pl*) lâcheté *f*, poltronnerie *f*; '**~ling** *m* (-*s*; -*e*) lâche *m*, poltron *m*
**Feile** ['failə] *f* (-; -*n*) lime *f*; '**≗n** (*h*) limer
**feilschen** ['failʃən] (*h*) marchander (***um etw*** qc)
**fein** [fain] fin; *vornehm* distingué; *prima* F chic
**Feind** [faint] *m* (-[*e*]*s*; -*e*), '**~in** *f* (-; -*nen*) ennemi *m*, -e *f*; '**≗lich** ennemi, hostile; '**~schaft** *f* (-; -*en*) inimitié *f*; '**~seligkeiten** *mil f/pl* hostilités *f/pl*
'**fein|fühlig** sensible; '**≗gefühl** *n* délicatesse *f*, tact *m*; '**≗heit** *f* (-; -*en*) finesse *f*; **~*en*** *pl Einzelheiten* détails *m/pl*; '**≗mechanik** *f* mécanique *f* de précision; '**≗schmecker** *m* (-*s*; -) gourmet *m*; '**≗staub** *m* poussière *f* fine
**feist** [faist] gras
**Feld** [fɛlt] *n* (-[*e*]*s*; -*er*) champ *m* (*a fig*); *Brettspiel* case *f*; *Radsport* peloton *m*; *Spiel≗* terrain *m*, *fig Bereich* domaine *m*; '**~arbeit** *f* travail *m* des champs; '**~bett** *n* lit *m* de camp; '**~stecher** *m* (-*s*;-) jumelles *f/pl* de campagne; **~webel** ['-ve:bəl] *m* (-*s*; -) adjudant; '**~weg** *m* chemin *m* de terre; '**~zug** *m* campagne *f*
**Felge** ['fɛlgə] *f* (-; -*n*) jante *f*
**Fell** [fɛl] *n* (-[*e*]*s*; -*e*) peau *f*; *Haarkleid* poil *m*, pelage *m*
**Fels|(en)** [fɛls, 'fɛlzən] *m* (-*en*; -*en*/-*s*; -) rocher *m*; *Felsmasse* roc *m*; '**≗ig** ['-ziç] rocheux
**femin|in** [femi'ni:n] féminin; **≗istin** *f* [-'nistin] *f* (-; -*nen*) féministe *f*; **~istisch** féministe
**Fenster** ['fɛnstər] *n* (-*s*; -) fenêtre *f*; *Wagen≗* glace *f*; ***aus dem ~ sehen*** re-

garder par la fenêtre; '**~laden** *m* volet *m*; '**~platz** *m* coin-fenêtre *m*; '**~scheibe** *f* vitre *f*, carreau *m*

**Ferien** ['feːrjən] *pl* vacances *f/pl*; '**~arbeit** *f* travail *m* de vacances; '**~dorf** *n* village *m* de vacances; '**~haus** *n* maison *f* de vacances; '**~kurs** *m* cours *m* de vacances; '**~lager** *n* colonie *f* de vacances; '**~ort** *m* villégiature *f*

**fern** [fɛrn] loin (***von*** de); éloigné; *entlegen* lointain; ***der ℒe Osten*** l'Extrême-Orient *m*

'**Fern|amt** *tél n* interurbain *m*, inter *m*; '**~bedienung** *f* commande *f* à distance, télécommande *f*

**Fern|e** ['fɛrnə] *f* (-; *sans pl*) lointain *m*; ***in der*** *od* ***die ~*** au loin; ***aus der ~*** de loin; '**ℒer** de plus, en outre, encore; '**~fahrer** *m* routier *m*; '**~gespräch** *tel n* communication *f* interurbaine; '**ℒgesteuert** télécommandé, téléguidé; '**~glas** *n* jumelles *f/pl*, longue-vue *f*; '**~heizung** *f* chauffage *m* à distance; '**~kurs** *m* cours *m* par correspondance; '**~licht** *n auto* feux *m/pl* de route; '**~meldewesen** *n* télécommunications *f/pl*; '**~reise** *f* voyage *m* dans un pays lointain; '**~rohr** *n* téléscope *m*; '**~schnellzug** *m* train *m* direct; '**~schreiben** *n* (-*s*; -) télex *m*; '**~schreiber** *m* (-*s*; -) téléscripteur *m*; '**~sehen** *n* (-*s*; *sans pl*) télévision *f*; '**ℒsehen** (*irr*, *sép -ge-*, *h*, → ***sehen***) regarder la télévision; '**~seher** *m* (-*s*; -) *Gerät* téléviseur *m*; *Person* téléspectateur *m*; '**~sehsendung** *f* émission *f* de télévision; '**~sehzuschauer** *m*, '**~sehzuschauerin** *f* téléspectateur *m*, -trice *f*; '**~steuerung** *f* commande *f* à distance; '**~straße** *f* grand axe *m* routier; '**~verkehr** *m Bahn* service *m* des grandes lignes; *Straße* trafic *m* à grande distance

**Ferse** ['fɛrzə] *f* (-; -*n*) talon *m*

**fertig** ['fɛrtiç] *bereit* prêt; *beendet* fini, achevé; *erschöpft* F à plat; ***etw ~ bringen*** *zu Ende bringen* arriver à faire qc; ***~ machen*** *beenden* finir; F *fig* → ***fertigmachen***; ***sich ~ machen*** se préparer; ***mit etw ~ sein*** avoir fini qc; ***mit etw ~ werden*** *beenden* finir qc venir à bout de; *fig* → ***fertigwerden***

'**fertigbringen** (*irr*, *sép*, *-ge-*, *h*, → ***bringen***) *zu Ende bringen* → ***fertig***; F ***es ~, etw zu tun*** *es schaffen* arriver à faire qc; *sich trauen* oser faire qc

'**Fertig|gericht** *n* plat *m* cuisiné; '**~haus** *n* maison *f* préfabriquée; '**~keit** *f* (-; -*en*) dextérité *f*

'**fertigmachen** (*sép*, *-ge-*, *h*) *beenden* finir; ***sich ~*** se préparer; F *fig* ***j-n ~*** *körperlich* F vanner qn; *moralisch* F moucher qn, secouer les puces à qn

'**Fertig|produkt** *n* produit *m* achevé; '**~stellung** *f* (-; -*en*) achèvement *m*, finition *f*; *Bau* réalisation *f*; '**~ungsstraße** ['-guŋs-] *f* train *m* finisseur; '**~waren** *pl* produits *m/pl* finis

'**fertigwerden** (*irr*, *sép*, *-ge-*, *sn*, → ***werden***) ***~ mit*** *fig* venir à bout de

**fesch** [fɛʃ] chic, pimpant

**Fessel** ['fɛsəl] *f* (-; -*n*) lien *m*; *Hemmnis* entrave *f*; '**ℒn** (*h*) enchaîner, ligoter; *fig* captiver

**fest** [fɛst] ferme; solide (*a Nahrung*); *Zeitpunkt*, *Preis*, *Wohnsitz* fixe; *Schlaf* profond

**Fest** *n* (-[*e*]*s*; -*e*) fête *f*; '**~essen** *n* banquet *m*; '**~geld** *n* avoir *m* bloqué; '**ℒhalten** (*irr*, *sép*, *-ge-*, *h*, → ***halten***) ***an etw ~*** tenir ferme à qc; ***sich ~ an*** s'attraper à; '**ℒigen** ['-igən] (*h*) raffermir; ***sich ~*** se consolider; '**~igkeit** ['-ç-] *f* (-; *sans pl*) fermeté; '**~land** *n* terre *f* ferme, continent *m*; '**ℒlegen** (*sép*, *-ge-*, *h*) fixer; ***sich auf etw ~*** s'engager à qc; '**ℒlich** solennel; '**ℒmachen** (*sép*, *-ge-*, *h*) fixer; *mar* (s')amarrer; *vereinbaren* convenir de; '**~nahme** [-'naːmə] *f* (-; -*n*) arrestation *f*; '**ℒnehmen** (*irr*, *sép*, *-ge-*, *h*, → ***nehmen***) arrêter; '**~netz** *tél n* réseau *m* fixe; '**~platte** *EDV f* disque *m* dur; '**~preis** *m* prix *m* fixe; '**~saal** *m* salle *f* des fêtes; '**ℒsetzen** (*sép*, *-ge-*, *h*) fixer, établir; '**~speicher** *EDV m* mémoire *f* dure; '**~spiele** *n/pl* festival *m*; '**ℒstehen** (*irr*, *sép*, *-ge-*, *h*, → ***stehen***) être certain; '**ℒstellen** (*sép*, *-ge-*, *h*) constater; '**~stellung** *f* (-; -*en*) constatation *f*; '**~tag** *m* jour *m* de fête; '**ℒverzinslich** à taux d'intérêt fixe

**fett** gras; ***~ gedruckt*** imprimé en caractères gras

**Fett** [fɛt] *n* (-[*e*]*s*; -*e*) graisse *f*; '**ℒig** graisseux

**Fetzen** ['fɛtsən] *n* (-*s*; -) lambeau *m*

**feucht** [fɔyçt] humide; '**ℒigkeit** *f* (-;

*sans pl*) humidité *f*

**Feuer** ['fɔʏər] *n* (*-s*; -) feu *m*; *~sbrunst* incendie *m*; *fig* ardeur *f*; *~ **fangen*** prendre feu; *fig* s'enflammer (***für*** pour); *fig ~ **und Flamme sein*** être tout feu tout flamme (***für*** pour); '**~alarm** *m* alerte *f* au feu; '**~bestattung** *f* incinération *f*, crémation *f*; '**2fest** incombustible; *tech* réfractaire, ignifuge; '**~gefahr** *f* danger *m* d'incendie; '**2gefährlich** inflammable; '**~land** *n* Terre *f* de Feu; '**~löscher** *m* (*-s*; -) extincteur *m*; '**~melder** *m* (*-s*; -) avertisseur *m* d'incendie

'**feuern** (*h*) chauffer; *mil* tirer (***auf*** sur); *fig **j-n** ~* renvoyer qn

'**Feuer|schiff** *n* bateau-phare *m*; '**~stoß** *mil m* rafale *f*; '**~versicherung** *f* assurance *f* contre l'incendie; '**~wache** *f* poste *m* d'incendie; '**~waffe** *f* arme *f* à feu; '**~wehr** *f* (-; *-en*) (corps *m* des sapeurs-)pompiers *m/pl*; '**~wehrmann** *m* pompier *m*; '**~werk** *n* (*-s*; *-e*) feu *m* d'artifice; '**~zeug** *n* (*-s*; *-e*) briquet *m*

**ff.** *abr **folgende Seiten*** pages suivantes

**Fichte** ['fiçtə] *bot f* (-; *-n*) épicéa *m*

**ficken** ['fikən] (*h*) *vulgär* baiser

**Fieber** ['fiːbər] *n* (*-s*; *sans pl*) fièvre *f*; *~ **haben*** avoir de la fièvre; '**~anfall** *m* accès *m* de fièvre; '**2haft** fiévreux, fébrile; '**2senkend** *méd* fébrifuge; '**~thermometer** *n* thermomètre *m* médical

**Figur** [fi'guːr] *f* (-; *-en*) silhouette *f*, stature *f*; *Schach* pièce *f*; *Roman* personnage *m*; *Eislauf* figure *f*; ***sie hat e-e gute ~*** elle est bien faite, F bien roulée; ***auf seine ~ achten*** faire attention à sa ligne

**Filet** [fi'leː] *n* (*-s*; *-s*) filet *m*; **~steak** *n* bifteck *m* dans le filet

**Filiale** [fil'jaːlə] *f* (-; *-n*) succursale *f*

**Film** [film] *m* (*-[e]s*; *-e*) film *m*; *Foto* pellicule *f*; *Filmbranche* cinéma *m*; '**2en** (*h*) filmer, tourner; '**~kamera** *f* caméra *f* de cinéma; '**~kassette** *f* châssis *m*; '**~regisseur** *m* réalisateur *m*; metteur *m* en scène; '**~schauspieler** *m*, '**~schauspielerin** *f* acteur *m*, -trice *f* de cinéma; '**~star** *m* star *f*, vedette *f*; '**~studio** *n* studio *m* de cinéma; '**~verleih** *m* société *f* de distribution; '**~vorstellung** *f* séance *f* de cinéma

**Filter** ['filtər] *m*, *n* (*-s*; -) filtre *m*; '**~kaffee** *m* café *m* filtre *od nur* filtre *m*; '**2n** (*h*) filtrer; '**~papier** *n* papier *m* filtre; '**~zigarette** *f* cigarette *f* à bout filtre

**Filz** [filts] *m* (*-es*; *-e*) feutre *m*; *pol* F magouille *f*; '**2en** (*h*) F fouiller; '**~okratie** [-okra'tiː] *f* magouilles *f/pl*

**Finanz|amt** [fi'nants?amt] *n* perception *f*, percepteur *m*; **~ausgleich** *m* (*-s*; *sans pl*) péréquation *f* financière; **~en** *pl* finances *f/pl*; **2iell** [-'tsjɛl] financier; **2'ieren** (*pas de -ge-*, *h*) financer; **~lage** *f* situation *f* financière; **~minister** *m* ministre *m* des Finances; **~ministerium** *n* ministère *m* des Finances; **~wesen** *n* finances *f/pl*

**find|en** ['findən] (*fand*, *gefunden*, *h*) trouver; *der Ansicht sein* trouver, penser; ***das wird sich ~*** nous verrons bien

**Finger** ['fiŋər] *m* (*-s*; -) doigt *m*; '**~abdruck** *m* empreinte *f* digitale; '**~fertigkeit** *f* dextérité *f*; '**~hut** *m* dé *m* (à coudre); *bot digitale f*; '**~nagel** *m* ongle *m*; '**~spitze** *f* bout *m* du doigt; '**~spitzengefühl** *n* doigté *m*

**fingieren** [fiŋ'giːrən] (*pas de -ge-*, *h*) feindre, simuler

**Fink** [fiŋk] *zo m* (*-en*; *-en*) pinson *m*

**Finn|e** ['finə] *m* (*-n*; *-n*), '**~in** *f* (-; *-nen*) Finlandais *m*, -e *f*; '**2isch** finlandais; '**~land** *n* la Finlande

**finster** ['finstər] sombre, obscur, ténébreux; '**2nis** *f* (-; *-se*) obscurité *f*, ténèbres *f/pl*

**Firma** ['firma] *f* (-; *Firmen*) maison *f*, entreprise *f*, firme *f*

**Firnis** ['firnis] *m* (*-ses*; *-se*) vernis *m*

**First** [first] *m* (*-[e]s*; *-e*) faîte *m*

**Fisch** [fiʃ] *m* (*-es*; *-e*) poisson *m*; *astr* **~e** *pl* Poissons *m/pl*; '**2en** (*h*) pêcher

'**Fischer** *m* (*-s*; -), '**~in** *f* (-; -) pêcheur *m*, pêcheuse *f*; '**~boot** *n* bateau *m* de pêche; '**~dorf** *n* village *m* de pêcheurs

**Fischerei** [fiʃə'rai] *f* (-; *sans pl*) pêche *f*; **~hafen** *m* port *m* de pêche

'**Fisch|fang** *m* pêche *f*; '**~gräte** *f* arête *f*; '**~händler** *m*, '**~händlerin** *f* poissonnier *m*, -ière *f*; '**~kutter** *m* cotre *m* de pêche; '**~markt** *m* marché *m* aux poissons; '**~suppe** *f* soupe *f* de poisson, bouillabaisse *f*; '**~zucht** *f* pisciculture *f*; '**~zug** *m fig* coup *m* de filet

**Fistel** ['fistəl] *méd f* (-; *-n*) fistule *f*; '**~stimme** *f* voix *f* de fausset

**fit** [fit] en forme, bien entraîné; '**2ness** [-nɛs] *f* (-) (pleine) forme *f*; '**2ness-**

**center** [-nɛssɛntər] *n* centre *m* de culturisme; '**≈nessraum** *m* salle *f* de culturisme

**fix** [fiks] prompt, rapide; vite; *Idee* fixe; **~ *und fertig*** fin prêt

'**fix|en** F (*h*) se piquer; '**≈er** *m* (-*s*; -) *Rauschgiftsüchtiger* drogué *m*

**fixieren** [fi'ksiːrən] (*pas de -ge-, h*) fixer, ***j-n* ~** fixer qn, regarder qn fixement

**FKK** [ɛfkaː'kaː] nudisme *m*; *Zssgn* nudiste; **~-Strand** *m* plage *f* pour nudistes; **~-Urlaub** *m* vacances *f/pl* de nudisme

**flach** [flax] plat (*a fig*); '**≈land** *n* (-[*e*]*s*; *sans pl*) pays *m* plat

**Fläche** ['flɛçə] *f* (-; -*n*) surface *f*, superficie *f*; '**~nstilllegung** *f* mise *f* en jachère

**Fladen** ['flaːdən] *m* (-*s*; -) galette *f*; *Kuh≈* bouse *f* de vache; '**~brot** *n* galette *f*

**Flagge** ['flagə] *f* (-; -*n*) pavillon *m*; '**≈n** (*h*) pavoiser

**Flak** [flak] *mil f* (-; -, -*s*) D.C.A. *f*

**flämisch** ['flɛːmiʃ] flamand

**Flamme** ['flamə] *f* (-; -*n*) flamme *f*

**Flandern** ['flandərn] *n* (-*s*; *sans pl*) la Flandre

**flanieren** [fla'niːrən] (*pas, de -ge-, h*) flâner

**Flan|ke** ['flaŋkə] *f* (-; -*n*) flanc *m*; *Fußball* centre *m*; **≈'kieren** (*pas de -ge-, h*) flanquer

**Flasche** ['flaʃə] *f* (-; -*n*) bouteille *f*; *Säuglings≈* biberon *m*; *fig Person* F nouille *f*, cloche *f*; '**~nöffner** [-nʔœfnər] *m* ouvre-bouteilles *m*, décapsuleur *m*; '**~npfand** *n* consigne *f*; '**~nzug** *tech m* palan *m*

**Flatrate** ['flɛtreːt] *f* (-; -*s*) *EDV* forfait *m* accès Internet illimité

**flattern** ['flatərn] (*h*) voleter; *Fahne*, *Haare* flotter

**Flaute** ['flautə] *f* (-; -*n*) *mar* calme *m* (plat); *écon* marasme *m*

**Flechte** ['flɛçtə] *f* (-; -*n*) *Haar≈* tresse *f*; *méd* dartre *m*; *bot* lichen *m*; '**≈n** (*flocht*, *geflochten*, *h*) tresser

**Fleck** [flɛk] *m* (-[*e*]*s*; -*e*) tache *f*; *Stelle* endroit *m*; ***blauer* ~** bleu *m*; '**~entferner** [-ʔɛnt-] *m* détachant *m*; '**≈ig** tacheté

**Fledermaus** ['fleːdər-] *zo f* chauve-souris *f*

**Flegel** ['fleːgəl] *m* (-*s*; -) *fig* impertinent *m*; malappris *m*, rustre *m*, pignouf F *m*; '**≈haft** mal éduqué, impertinent, grossier, malotru; '**~jahre** *n/pl* âge *m* ingrat

**flehen** ['fleːən] (*h*) implorer (***zu j-m*** qn, um etw qc), supplier (***zu j-m*** qn)

**Fleisch** [flaiʃ] *n* (-*es*; *sans pl*) chair *f*; *Nahrung* viande *f*; **~ *fressend*** carnassier, carnivore

'**Fleischbrühe** *f* consommé *m*; bouillon *m* gras

'**Fleischer** *m* (-*s*; -) boucher *m*; *für zubereitete Fleischwaren* charcutier *m*

**Fleische'rei** *f* (-; -*en*) boucherie *f*; charcuterie *f*

'**fleischfressend** carnassier, carnivore

'**fleisch|ig** charnu; '**~lich** charnel

'**Fleischwolf** *m* hachoir *m*

**Fleiß** [flais] *m* (-*es*; *sans pl*) application *f*; assiduité *f*; '**≈ig** appliqué, assidu

**fletschen** ['flɛtʃən] (*h*) ***die Zähne* ~** montrer les dents

**flexib|el** [flɛ'ksiːbəl] flexible; **≈ilität** [-bili'tɛːt] *f* (-; *sans pl*) flexibilité *f*

**flick|en** ['flikən] (*h*) raccommoder, rapiécer; *Fahrradschlauch* réparer; '**≈en** *m* (-*s*; -) pièce *f*; '**≈zeug** *n* (-*s*; *sans pl*) nécessaire *m* pour réparer les pneus

**Flieder** ['fliːdər] *bot m* (-*s*; -) lilas *m*

**Fliege** ['fliːgə] *f* (-; -*n*) mouche *f*; *Binder* nœud *m* papillon

**fliegen** ['fliːgən] (*flog*, *geflogen*, *h*) voler; ***mit dem Flugzeug* ~** aller en avion; ***ein Flugzeug* ~** piloter un avion; *fig* ***in die Luft* ~** sauter, exploser

'**Fliegen|fänger** *m* attrape-mouches *m*; '**~gewicht** *Sport n* poids *m* mouche; '**~klatsche** *f* tapette *f* tue-mouches; '**~pilz** *bot m* fausse oronge *f*, amanite *f* tue-mouches

'**Flieger** *m* (-*s*; -), '**~in** *f* (-; -*nen*) aviateur *m*, -trice *f*; '**~alarm** *m* alerte *f* aérienne; '**~angriff** *m* raid *m* aérien

**flieh|en** ['fliːən] (*floh*, *geflohen*) *v/i* (*sn*) fuir (***vor j-m, vor etw*** qn, qc), s'enfuir (devant qn, qc); *v/t* (*h*) éviter; '**≈kraft** *phys f* force *f* centrifuge

**Fliese** ['fliːzə] *f* (-; -*n*) carreau *m*, dalle *f*; '**~nleger** *m* carreleur *m*

**Fließband** ['fliːs-] *n* (-[*e*]*s*; ¨-*er*) tapis *m* roulant; *Fabrik* chaîne *f* (de montage);

'**~arbeit** *f* travail *m* à la chaîne
**fließen** ['fliːsən] (*floss*, *geflossen*, *sn*) couler; '**~d** courant; **~** ***Französisch sprechen*** parler couramment le français
**flink** [fliŋk] agile
**Flinte** ['flintə] *f* (-; *-n*) fusil *m*
**Flipper** ['flipər] *m* (*-s*; -) flipper *m*; '**2n** (*h*) jouer au flipper
**Flirt** [flœrt] *m* (*-s*; *-s*) flirt *m*; '**2en** (*h*) flirter
**Flitterwochen** ['flitər-] *f/pl* lune *f* de miel
**flitzen** ['flitsən] (*sn*) F filer comme une flèche
**Flock|e** ['flɔkə] *f* (-; *-n*) flocon *m*; '**2ig** floconneux
**Floh** [floː] *m* (-[*e*]*s*; *¨e*) puce *f*, fig ***j-m e-n ~ ins Ohr setzen*** mettre à qn une idée en tête; '**~markt** *m* marché aux puces
**Florenz** [flo'rɛnts] *n* Florence
**florieren** [flo'riːrən] (*pas de -ge-*, *h*) prospérer
**Floskel** ['flɔskəl] *f* (-; *-n*) formule *f* toute faite
**Flosse** ['flɔsə] *f* (-; *-n*) nageoire *f*
**Flöte** ['fløːtə] *f* (-; *-n*) flûte *f*; '**2n** jouer de la flûte
**flott** [flɔt] *Tempo* rapide; *leicht*, *kess* léger, dégagé, déluré, *schick* chic
**Flotte** ['flɔtə] *mar f* (-; *-n*) flotte *f*; '**~nstützpunkt** *mil m* base *f* navale
**Fluch** [fluːx] *m* (-[*e*]*s*; *¨e*) *Kraftwort* juron *m*, *Verwünschung* malédiction *f*; '**2en** (*h*) jurer
**Flucht** [fluxt] *f* (-; *-en*) fuite *f*; '**2artig** précipitamment
**flüchten** ['flyçtən] (*h*) s'enfuir; ***sich ~*** se réfugier (***zu j-m*** chez qn, ***in etw*** dans qc)
'**flüchtig** fugitif; *vergänglich* passager; ***ein ~er Blick*** un coup d'œil; ***ein ~er Eindruck*** un aperçu
'**Flüchtling** *m* (*-s*; -) fugitif *m*; *pol* réfugié *m*; '**~slager** *n* camp *m* de réfugiés
**Flug** [fluːk] *m* (-[*e*]*s*; *¨e*) vol *m*; '**~abwehrrakete** *mil f* missile *m* antiaérien; '**~bahn** *f* trajectoire *f*; '**~blatt** *n* tract *m*; '**~boot** *n* hydravion *m*
**Flügel** ['flyːgəl] *m* (*-s*; -) aile *f*; *Klavier* piano *m* à queue; *Tür-*, *Fenster2* battant *m*; '**~schraube** *tech f* vis *f* à ailettes; '**~tür** *f* porte *f* à deux battants
'**Fluggast** *m* passager *m*
'**Flug|gesellschaft** *f* compagnie *f* aérienne; '**~hafen** *m* aéroport *m*; '**~kapitän** *m* chef-pilote *m*; '**~körper** *m* engin *m od objet m volant*; '**~linie** *f* ligne *f* aérienne; '**~lotse** *m* aiguilleur *m* du ciel; '**~personal** *n* personnel *m* navigant, navigants *m/pl*; '**~platz** *m* aérodrome *m*; '**~reise** *f* voyage *m* en avion; '**~schein** *m* **1.** brevet *m* de pilote aviateur; **2.** billet *m* d'avion; '**~schreiber** *m* boîte *f* noire; '**~steig** *m* aire *f* de débarquement/d'embarquement; '**~sicherung** *f* contrôle *m* du trafic aérien; '**~ticket** *n* billet *m* d'avion; '**~verkehr** *m* trafic *m* aérien
'**Flugzeug** *n* (-[*e*]*s*; -) avion *m*; '**~absturz** *m* catastrophe *f* aérienne; '**~entführer** *m*, '**~entführerin** *f* pirate *m*, *f* de l'air; '**~entführung** *f* détournement *m* d'avion; '**~träger** *m* porte-avions *m*
**Fluorchlorkohlenwasserstoff** *m* chlorofluorocarbone *m*
**Flur** [fluːr] (-[*e*]*s*; *-e*) entrée *f*, vestibule *m*
**Fluss** [flus] *m* (*-es*, *¨e*) rivière *f*; *großer* fleuve *m*; **2'abwärts** en aval; **2'aufwärts** en amont; '**~bett** *n* lit *m* d'un fleuve
**flüssig** ['flysiç] liquide (*a Geld*); *Verkehr, Stil* fluide; '**2keit** *f* (-; *-en*) *Stoff* liquide *m*; *Zustand* liquidité *f*
'**Fluss|lauf** *m* cours *m* d'une rivière *od* d'un fleuve; '**~schifffahrt** *f* navigation *f* fluviale; '**~ufer** *n* rive *f*, berge *f*
**flüstern** ['flystərn] (*h*) chuchoter
**Flut** [fluːt] *f* (-; *-en*) *Gezeiten* marée *f* haute; *Wassermassen* flots *m/pl*; *fig von Worten etc* flot *m*; '**~licht** *n* ***bei ~*** sous la lumière des projecteurs; '**~welle** *f* raz *m* de marée
**Födera|lismus** [fœdera'lismus] *m* (-; *sans pl*) fédéralisme *m*; **2'listisch** fédéraliste; **~tion** [-'tsjoːn] *f* (-; *-en*) fédération *f*
**Föhn¹** [føːn] *m* (-[*e*]*s*; *-e*) foehn *m*
**Föhn²** [føːn] *m* (-[*e*]*s*; *-e*) sèche-cheveux *m*
**Folge** ['fɔlgə] *f* (-; *-n*) suite *f*, conséquence *f*; *Reihen2* série *f*; *Fortsetzung* continuation *f*; *Ergebnis* résultat *m*, effet *m*; ***zur ~ haben*** avoir pour conséquence
'**folgen** (*sn*) suivre (***j-m*** qn); *nachfolgen*

succéder (***j-m*** *od* ***auf j-n*** à qn); *gehorchen* obéir (à); ***aus etw ~*** résulter de qc; ***daraus folgt, dass ...*** il s'ensuit que ...; ***wie folgt*** comme suit; **'~d** suivant; ***im ≗en*** *weiter unten* ci-dessous; **'~dermaßen** de la manière suivante

**'folgerichtig** conséquent, logique

**folger|n** ['fɔlgərn] (*h*) conclure (***aus*** de); **'≗ung** *f* (-; *-en*) conclusion *f*

**folglich** ['fɔlkliç] par conséquent; *also* donc

**Folie** ['foːljə] *f* (-; *-n*) feuille *f*; *Schule* transparent *m*

**Folklore** [fɔlk'loːrə] *f* (-; *sans pl*) folklore *m*; **~abend** *m* soirée *f* folklorique

**Folter** ['fɔltər] *f* (-; *-n*) torture *f*; **'≗n** (*h*) torturer

**Fön** → ***Föhn***[2]

**Fontäne** [fɔn'tɛːnə] *f* (-; *-n*) jet *m* d'eau

**'Förder|band** *n* tapis *m* roulant; **'~er** *m* (*-s*; -), **'~in** *f* (-; *-nen*) protecteur *m*, -trice *f*; mécène *m*, *f*, bienfaiteur *m*, -trice *f*; **'≗lich** profitable

**fordern** ['fɔrdərn] (*h*) exiger (***etw von j-m*** qc de qn); *geltend machen* revendiquer

**fördern** ['fœrdərn] (*h*) faire avancer, encourager, promouvoir; *begünstigen* favoriser, faire réussir; *Bergbau* extraire

**'Forderung** *f* (-; *-en*) exigence *f*; *Geltendmachung* revendication *f*; *Schuld≗* créance *f*

**'Förderung** *f* (-; *-en*) encouragement *m*; *Bergbau* extraction *f*

**Forelle** [fo'rɛlə] *zo f* (-; *-n*) truite *f*

**Form** [fɔrm] *f* (-; *-en*) forme *f*; *Back≗* moule *m*; ***in ~ von*** sous forme de; ***in ~ sein*** être en forme

**formal** [fɔr'maːl] formel; **≗ität** [-ali'tɛːt] *f* (-; *-en*) formalité *f*

**Format** [fɔr'maːt] *n* (*-s*; *-e*) format *m*; *fig* envergure *f*, classe *f*; **≗'ieren** (*h*) formater; **~'ierung** *f* (-; *-en*) formatage *m*

**'Formblatt** *n* formulaire *m*

**Formel** ['fɔrməl] *f* (-; *-n*) formule *f*

**formell** [fɔr'mɛl] formel

**'form|en** (*h*) former; *Gießerei* mouler; **'≗fehler** *jur m* vice *m* de forme

**'form|los** sans formalités; *fig* sans façons; **'≗sache** *f* formalité *f*

**Formu|lar** [fɔrmu'laːr] *n* formulaire *m*, formule *f*; **≗'lieren** (*pas de -ge-*, *h*) formuler; **~'lierung** *f* (-; *-en*) rédaction *f*, formulation *f*, mise *f* au point; *als Resultat* formule *f*

**forsch|en** ['fɔrʃən] (*h*) faire des recherches; ***nach etw ~*** rechercher qc; **'≗er** *m* (*-s*; -), **'≗erin** *f* (-; *-nen*) chercheur *m*, -euse *f*; **'≗ung** *f* (-; *-en*) recherche *f*; **'≗ungsauftrag** *m* mission *f* de recherche; **'≗ungsgebiet** *n* domaine *m* de recherche; **'≗ungszentrum** *n* centre *m* de recherche

**Forst** [fɔrst] *m* forêt *f*

**Förster** ['fœrstər] *m* (*-s*; -) forestier *m*

**'Forstwirtschaft** *f* sylviculture *f*

**fort** [fɔrt] parti, absent, pas ici *od* là; ***und so ~*** et ainsi de suite; ***in einem ~*** sans arrêt

**'fort|bestehen** (*irr*, *sép*, *h*, → ***bestehen***) continuer d'exister; **'~bewegen** (*sép*, *pas de -ge-*, *h*) ***sich ~*** se déplacer; **'≗bewegung** *f* locomotion *f*; **'~bilden** (*sép*, *h*) ***sich ~*** se perfectionner; **'≗bildung** *f* perfectionnement *m*, formation *f* continue *od* permanente; **'≗dauer** *f* persistance *f*, continuation *f*; **'~fahren** (*irr*, *sép*, *-ge-*, *sn*, → ***fahren***) partir; *weitermachen* continuer (***zu*** à, de); **'~gehen** (*irr*, *sép*, *-ge-*, *sn*, → ***gehen***) s'en aller; *weitergehen* continuer son chemin; **'~geschritten** avancé; **'~laufend** ininterrompu, suivi; **'~pflanzen** (*sép*, *-ge-*, *h*) ***sich ~*** *biol* se reproduire; *Licht*, *Schall* se propager; **'≗pflanzung** *biol f* (-; *sans pl*) reproduction *f*

**Forts.** *abr* ***Fortsetzung*** suite

**'fort|schreiten** (*irr*, *sép*, *-ge-*, *sn*, → ***schreiten***) faire des progrès; **'≗schritt** *m* progrès *m*; **'~schrittlich** progressiste; **'~setzen** (*sép*, *-ge-*, *h*) (***sich ~*** se) continuer; **'≗setzung** *f* (-; *-en*) continuation *f*; *Text* suite *f*; ***~ folgt*** à suivre

**Foto** ['foːto] *n* (*-s*; *-s*) photo *f*; **'~apparat** *m* appareil *m* photo; **≗gen** [-'geːn] photogénique; **~graf** [-'graːf] *m* (*-en*; *-en*), **~'grafin** *f* (-; *-innen*) photographe *m*, *f*; **~grafie** [-gra'fiː] *f* (-; *-n*) photographie *f*; **≗grafieren** [-gra'fiːrən] (*pas de -ge-*, *h*) photographier; prendre des photos; **'~handy** *n tél* (téléphone *m*) portable *m* avec appareil photo intégré; **~ko'pie** *f* photocopie *f*; **≗ko'pieren** (*pas de -ge-*, *h*) photocopier

**Fr.** *abr* ***Frau*** Madame

**Fracht** [fraxt] *f* (-; *-en*) charge *f*; *mar*

cargaison *f*; *Frachtgebühr* prix *m* de transport; '**~brief** *m* lettre *f* de voiture; *mar* connaissement *m*; '**~er** *m* (*-s*; -) cargo *m*; '**~kosten** *pl* frais *m/pl* de transport; '**~schiff** *n* cargo *m*

**Frage** ['fraːgə] *f* (-; *-n*) question *f*; *gr* interrogation *f*; ***e-e ~ stellen*** poser une question; ***in ~ stellen*** remettre en question; ***in ~ kommen*** entrer en ligne de compte; ***nicht in ~ kommen*** être hors de question; '**~bogen** *m* questionnaire *m*

'**fragen** (*h*) demander; ***j-n ~*** demander à qn; ***j-n etw*** *od* ***nach etw*** *od* ***um etw ~*** demander qc à qn); *aus~* questionner; *prüfen* interroger; ***nach j-m ~*** demander des nouvelles de qn

'**Fragezeichen** *n* point *m* d'interrogation

**fraglich** ['fraːk-] *unsicher* incertain, douteux; *betreffend* en question

**Fragment** [frag'mɛnt] *n* (-[*e*]*s*; *-e*) fragment *m*

**Fraktion** [frak'tsjoːn] *f* (-; *-en*) *pol* groupe *m* parlementaire; **~sführer** *m* chef *m* d'un groupe parlementaire; **≈slos** indépendant; **~szwang** *m* discipline *f* de vote

**Franken** ['fraŋkən] *n* la Franconie

**Frankfurt** ['fraŋkfurt] *n* Francfort

**frankier|en** [fraŋ'kiːrən] (*pas de -ge-*, *h*) affranchir; **≈maschine** *f* machine *f* à affranchir

**Frankreich** ['fraŋk-] *n* (*-s*; *sans pl*) la France

**Franz** [frants] *m* François *m*

**Franz|ose** [fran'tsoːzə] *m* (*-n*; *-n*), **~ösin** [-'tsøːzin] *f* (-; *-nen*) Français *m*, -e *f*; **≈ösisch** [-'tsøːziʃ] français

**Frau** [frau] *f* (-; *-en*) femme *f*; *als Anrede* madame (*abr* Mme)

'**Frauen|arzt** *m*, '**~ärztin** *f* gynécologue *m*, *f*; '**~bewegung** *f* mouvement *m* féministe; '**~emanzipation** *f* émancipation *f* de la femme; '**~klinik** *f* clinique *f* gynécologique

'**Fräulein** ['frɔylain] *n* (*-s*; -) demoiselle *f*; *als Anrede* mademoiselle (*abr* Mlle)

**frdl.** *abr* ***freundlich*** aimable

**frech** [frɛç] insolent, effronté, culotté F; '**≈heit** (-; *-en*) insolence *f*, effronterie *f*, culot *m* F

**frei** [frai] libre (***von*** de); *Beruf* libéral; *Journalist etc* indépendant; *Stelle* vacant; *Sicht* dégagé; *kostenlos* gratuit; *~mütig* franc, sincère; ***ein ~er Tag*** un jour de congé; ***im ≈en*** en plein air; ***sich ~ machen*** se libérer *od* s'affranchir (***von*** de); *sich entkleiden* se déshabiller

'**Frei|bad** *n* piscine *f* en plein air; '**≈beruflich** ***~ tätig sein*** exercer une profession libérale; '**~burg** *n* Fribourg; '**~exemplar** *n* exemplaire *m* gratuit; '**~gabe** *f* libération *f*; '**≈gebig** généreux; '**~hafen** *m* port *m* franc; '**~handel** *m* libre-échange *m*; '**~handelszone** *f* zone *f* de libre-échange; '**~heit** *f* liberté *f*; '**≈heitlich** libéral; '**~heitsstrafe** *f* peine *f* de prison; '**~karte** *f* billet *m* de faveur *od* gratuit; '**~körperkultur** *f* nudisme *m*; '**≈lassen** (*irr*, *sép*, *-ge-*, *h*, → ***lassen***) libérer, relâcher; *jur* ***gegen Kaution ~*** remettre en liberté sous caution

'**freilich** bien sûr

'**Freilichtbühne** *f* théâtre *m* de plein air

'**freimachen** (*sép*, *-ge-*, *h*) *Brief* affranchir; ***sich ~*** → ***frei***

'**Frei|maurer** *m* franc-maçon *m*; '**~spruch** *jur m* (-[*e*]*s*; *¨-e*) acquittement *m*; '**≈stehen** (*irr*, *sép*, *-ge-*, *h*, → ***stehen***) *Sport* être seul; ***es steht dir frei zu …*** tu es libre de …; '**≈stellen** (*sép*, *-ge-*, *h*) ***j-m ~ zu …*** laisser à qn le choix de …; ***j-n ~*** exempter *od* dispenser qn (***von*** de); '**~stoß** *m* *Fußball* coup *m* franc

'**Freitag** *m* (-[*e*]*s*; *-e*) vendredi *m*

'**Frei|tod** *m* suicide *m*; '**~treppe** *f* perron *m*; '**≈willig** volontaire; '**~willige** *m*, *f* (*-n*; *-n*) volontaire *m*, *f*; '**~zeit** *f* loisirs *m/pl*; ***seine ~ verbringen*** occuper ses loisirs; '**~zeitangebot** *n* offre *f* des loisirs; '**~zeitgestaltung** *f* organisation *f* *od emploi m des loisirs*; '**~zeitkleidung** *f* tenue *f* de loisirs

**fremd** [frɛmt] étranger; *seltsam* étrange; ***ich bin ~ hier*** je ne suis pas d'ici; ***sich ~ vorkommen*** se sentir dépaysé; '**≈e** ['-də] **1.** *f* (-; *sans pl*) pays *m* étranger; ***in der ~*** à l'étranger; **2.** *m*, *f* (*-n*; *-n*) étranger *m*, -ère *f*

'**Fremden|führer** *m*, '**~führerin** *f* guide *m*, *f*; '**~legion** *mil f* Légion *f* étrangère; '**~verkehr** *m* tourisme *m*; '**~verkehrsbüro** *n* syndicat *m* d'initiative, office *m* de tourisme; '**~zimmer** *n* chambre *f* à louer

'**Fremd|kapital** *n* capitaux *m*/*pl* empruntés; '**~körper** *méd m* corps *m* étranger; '**~sprache** *f* langue *f* étrangère; '**~währung** *f* monnaie *f* étrangère; '**~wort** *n* mot *m* étranger

**Frequenz** [frɛ'kvɛnts] *phys f* (-; *-en*) fréquence *f*

'**fressen** ['frɛsən] (*fraß*, *gefressen*, *h*) **1.** *Tiere* manger; *verschlingen* dévorer; P *essen* bouffer F; **2.** ♀ *n* (*-s*; *sans pl*) *Tiere* pâture *f*, nourriture *f*; P *Essen* bouffe F *f*

'**Freude** ['frɔʏdə] *f* (-; *-n*) joie *f*; *Vergnügen* plaisir *m*; *~ haben an* prendre plaisir à; ***j-m e-e ~ machen*** faire plaisir à qn

'**freud|ig** joyeux; *Ereignis*, *Nachricht* heureux; '**~los** sans joie

'**freuen** [frɔʏən] (*h*) ***sich ~*** être content *od* heureux (***über, zu*** de); ***sich ~ auf*** se réjouir d'avance de; ***es freut mich, dass ...*** je suis heureux que (+ *subj*); ***das freut mich*** cela me fait plaisir

'**Freund** [frɔʏnt] *m* (-[*e*]*s*; *-e*), '**~in** ['-din] *f* (-; *-nen*) ami *m*, -e *f*; F copain *m*, copine *f*; '**♀lich** aimable, gentil (***zu j-m*** avec qn); *Zimmer*, *Farbe* gai; *Wetter* beau; ***das ist sehr ~ von Ihnen*** c'est très aimable à vous; '**~lichkeit** *f* amabilité *f*, affabilité *f*; '**~schaft** *f* (-; *-en*) amitié *f*; '**♀schaftlich** amical; '**~schaftsvertrag** *pol m* traité *m* d'amitié

'**Frieden** ['fri:dən] *m* (*-s*; *sans pl*) paix *f*; ***im ~*** en temps de paix; ***lass mich in ~!*** F fiche-moi la paix!

'**Friedens|bewegung** *f* mouvement *m* pacifiste; '**~forschung** *f* polémologie *f*; '**~nobelpreis** *m* prix *m* Nobel de la paix; '**~politik** *f* politique *f* de la paix; '**~verhandlungen** *f*/*pl* négociations *f*/*pl* de paix; '**~vertrag** *m* traité *m* de paix

'**Fried|hof** *m* cimetière *m*; '**♀lich** pacifique; *ruhig* paisible; '**♀liebend** pacifique

'**Friedrich** [fri:driç] *m* Frédéric *m*

'**frieren** ['fri:rən] (*fror*, *gefroren*, *h*) geler; ***ich friere*** *od* ***mich friert*** j'ai froid; *stärker* F je gèle; ***es friert*** il gèle

**fries|isch** ['fri:siʃ] frison; **♀land** *n* la Frise

**frisch** [friʃ] frais; *Wäsche* propre; ***~ gestrichen!*** attention à la peinture!, peinture fraîche!

'**Frische** *f* (-; *sans pl*) fraîcheur *f*; *Jugend*♀ vigueur *f*

**Friseur** [fri'zø:r] *m* (*-s*; *-e*) coiffeur *m*; **~salon** *m* salon *m* de coiffure

**Friseuse** [fri'zø:zə] *f* (-; *-n*) coiffeuse *f*

**fri'sieren** (*pas de -ge-*, *h*) (***sich ~*** se) coiffer; F *Motor* trafiquer

**Frist** [frist] *f* (-; *-en*) délai *m*; '**♀gemäß** dans les délais; '**♀los** ***~e Entlassung*** renvoi *m* sans préavis

**Frisur** [fri'zu:r] *f* (-; *-en*) coiffure *f*

**Frl.** *abr* ***Fräulein*** Mademoiselle

**froh** [fro:] content (***über*** de); *fröhlich* joyeux, gai; ***~e Weihnachten!*** joyeux Noël!; ***ich bin ~, dass ...*** je suis content que ... (+ *subj*)

**fröhlich** ['frø:liç] gai, joyeux; '**♀keit** *f* (-; *sans pl*) gaieté *f*

**fromm** [frɔm] pieux, religieux; *Pferd* doux; ***~er Wunsch*** vœu *m* pieux

**Front** [frɔnt] *f* (-; *-en*) front *m* (*a mil*, *Wetter*); *arch* façade *f*; '**~antrieb** *m* *auto* traction *f* avant

**Frosch** [frɔʃ] *m* (-[*e*]*s*; *¨e*) grenouille *f*; '**~mann** *m* homme-grenouille *m*; '**~perspektive** *f* ***aus der ~*** vu d'en bas

**Frost** [frɔst] *m* (-[*e*]*s*; *¨e*) gelée *f*; *Kälte* froid *m*

'**frostig** froid; *fig* ***~er Empfang*** accueil *m* glacial

**Frottee** [frɔ'te:] *m od n* (-[*s*]; *-s*) tissu *m* éponge

**frot'tieren** (*pas de -ge-*, *h*) frotter, frictionner

**Frucht** [fruxt] *f* (-; *¨e*) fruit *m* (*a fig*); '**♀bar** fecond, fertile; *fig* fructueux; '**~barkeit** *f* fécondité *f*, fertilité *f*; '**~saft** *m* jus *m* de fruits

**früh** [fry:] de bonne heure, tôt; ***heute ~*** ce matin; ***gestern ~*** hier matin; ***zu ~ kommen*** arriver trop tôt; '**♀e** *f* (-; *sans pl*) ***in aller ~*** de grand matin; '**~er** plus tôt; *ehemals* autrefois; ***~ oder später*** tôt ou tard; '**~ere** ancien; '**~estens** au plus tôt; '**♀geburt** *f Kind* prématuré *m*; '**♀jahr** *n*, '**♀ling** *m* printemps *m*; **~'morgens** de bon (*od* de grand) matin; '**~reif** précoce; '**♀stück** *n* petit déjeuner *m*; '**♀stücksbüfett** *n* buffet *m* de petit déjeuner; '**~stücken** prendre le petit déjeuner

**Frust** [frust] F *m* (-[*e*]*s*; *sans pl*) frustration *f*; ♀'**riert** frustré

**frz.** *abr* ***französisch*** français

**Fuchs** [fuks] *m* (-*es*; ⸚*e*), '**Füchsin** ['fyksin] *f* (-; -*nen*) renard *m*, -e *f*

'**Fuchsschwanz** *tech m* scie *f* égoïne

'**Fuge** ['fu:gə] *f* (-; -*n*) joint *m*, jointure *f*; *mus* fugue *f*; ***aus den ~n gehen*** se disloquer

'**fühl|bar** ['fy:lba:r] sensible; *tastbar* palpable; '**~en** (*h*) sentir; *empfinden* ressentir; *Schmerz*, *Freude* éprouver; *Puls* tâter; ***sich wohl ~*** se sentir bien; '♀**er** *m* (-*s*; -) *zo* antenne *f*; *fig* ***seine ~ ausstrecken*** tâter le terrain

'**führen** ['fy:rən] (*h*) conduire, mener; *Gruppe* guider; *Amt* remplir; *Namen*, *Titel* porter; *Betrieb* diriger; *Haushalt*, *Konto* tenir; *Waren* avoir à vendre; *mil* commander; *Sport* être en tête, mener; ***zu etw ~*** mener à qc; ***mit sich ~*** avoir sur soi; '**~d** dirigeant; prépondérant

'**Führer** *m* (-*s*; -), '**~in** *f* (-; -*nen*) *Fahrzeug* conducteur *m*, -trice *f*; *Reise*♀ guide *m* (*a Buch*); *pol* leader *m*; '**~schein** *m* permis *m* de conduire; ***den ~ machen*** F passer son permis

'**Führung** *f* (-; -*en*) conduite *f*; *mil* commandement *m*; *Unternehmen* gestion *f*, direction *f*; *Museum* visite *f* guidée; *Sport* ***in ~ liegen*** être en tête

'**Fuhrunternehmen** *n* entreprise *f* de transport

'**Fülle** ['fylə] *f* (-; *sans pl*) abondance *f*, profusion *f*

'**füllen** (*h*) (***sich ~*** se) remplir (***mit*** de)

'**Füll|federhalter** *m* stylo *m*; '♀**ig** plantureux, dodu; '**~ung** *f* (-; -*en*) remplissage *m*; *Kissen* rembourrage *m*; *cuis* farce *f*; *Zahn* plombage *m*

**Fund** [funt] *m* (-[*e*]*s*; -*e*) trouvaille *f*

**Fundament** [funda'mɛnt] *n* (-[*e*]*s*; -*e*) fondations *f/pl*; *fig* base *f*, fondement *m*

**Fund|amt** ['-ʔamt] *n*, '**~büro** *n* bureau *m* des objets trouvés; '**~grube** *f fig* mine *f*

**fünf** [fynf] cinq; '♀**eck** *n*, '**~eckig** pentagone *m u adj*; '**~fach** [-'fax] quintuple; '**~hundert** cinq cents; '♀**jahresplan** *m* plan *m* quinquennal; '♀**kampf** *m Sport* pentathlon *m*; ♀'**sternehotel** *n* hôtel *m* à cinq étoiles; '**~te** ['-tə] cinquième; '♀**tel** ['-təl] *n* (-*s*; -) cinquième *m*; '**~tens** [-'təns] cinquièmement; '**~zehn** quinze; '**~zehnte** quinzième; '**~zig** [-'tsiç] cinquante; ***etwa ~*** une cinquantaine; '**~zigste** [-'tsikstə] cinquantième

**Funk** [fuŋk] *m* (-*s*; *sans pl*) radio *f*; T.S.F. *f*; '**~amateur** *m* radio-amateur *m*

**Funk|e(n)** ['fuŋkə(n)] *m* (-*n*; -*n*) étincelle *f*; '♀**eln** (*h*) étinceler; '♀**en** (*h*) transmettre par radio; '**~er** *m* (-*s*; -) radio *m*; '**~gerät** *n* poste *m* de radio; '**~signal** *n* signal *m* par radio; '**~spruch** *m* message *m* radio; '**~streife** *f* policiers *m/pl* en voiture radio

**Funktion** [fuŋk'tsjo:n] *f* (-; -*en*) fonction *f*; **~är** [-tsjo'nɛ:r] *m* (-*s*; -*e*) responsable *m*; ♀'**ieren** (*pas de -ge-*, *h*) fonctionner

**für** [fy:r] **1.** *prp* pour; *als Austausch für* en échange de; *anstatt* au lieu de; *zum Gebrauch für* à l'usage de; *zugunsten von* en faveur de; ***was ~ ein***(***e***) quel(le); ***~ immer*** pour toujours; ***Tag ~ Tag*** jour après jour; ***Wort ~ Wort*** mot à mot; ***jeder ~ sich*** chacun pour soi; **2.** ♀ *n* ***das ~ und Wider*** le pour et le contre

**Furche** ['furçə] *f* (-; -*n*) sillon *m*; *Runzel* ride *f*

**Furcht** [furçt] *f* (-; *sans pl*) crainte *f*, peur *f* (***vor*** de); '♀**bar** terrible, effroyable, affreux

**fürchten** ['fyrçtən] (*h*) craindre (***j-n, etw*** qn, qc; ***dass …*** que … ne + *subj*); ***sich ~*** avoir peur (***vor*** de)

'**fürchterlich** → ***furchtbar***

'**furcht|los** intrépide; '**~sam** craintif

'**Fürsorge** *f* (-; *sans pl*) sollicitude *f*; ***öffentliche ~*** aide *f* sociale

'**Fürsprache** *f* (-; *sans pl*) intercession *f*, intervention *f*

**Fürst** [fyrst] *m* (-*en*; -*en*), '**~in** *f* (-; -*nen*) prince *m*, princesse *f*; '**~entum** *n* (-*s*; ⸚*er*) principauté *f*; '♀**lich** princier, de prince

**Furt** [furt] *f* (-; -*en*) gué *m*

**Furunkel** [fu'ruŋkəl] *med m* (-*s*; -) furoncle *m*

**Fusion** [fu'zjo:n] *f* fusion *f*; ♀'**ieren** (*pas de -ge-*, *h*) fusionner

**Fuß** [fu:s] *m* (-*es*; ⸚*e*) pied *m*, *von Tieren a* patte *f*; ***zu ~*** à pied; ***zu ~ gehen*** marcher; aller à pied; ***gut zu ~ sein*** être bon marcheur; ***~ fassen*** prendre pied, s'établir; *jur* ***auf freiem ~*** en liberté

**'Fußball** *m* (-[*e*]*s*; ¨*e*) ballon *m* de football; *Sportart* football *m*; ***~ spielen*** jouer au football; **'~feld** *n* terrain *m* de football; **'~spiel** *n* match *m* de football; **'~spieler** *m* footballeur

**'Fuß|boden** *m* plancher *m*; **'~bremse** *f* frein *m* à pied; **~gänger** ['-gɛŋər] *m* (-*s*; -), **'~gängerin** *f* (-; -*nen*) piéton *m*, -ne *f*; **~gängerampel** *f* feux *m/pl* pour les piétons; **'~gängerüberweg** *m* passage *m* pour piétons; **'~gängerzone** *f* zone *f* piétonne *od* piétonnière; **'~marsch** *m* marche *f* à pied; **'~note** *f* note *f* (explicative); **'~pflege** *f* soins *m/pl* des pieds; **'~sohle** *f* plante *f* du pied; **'~tritt** *m* coup *m* de pied; **'~weg** *m* chemin *m*, sentier *m*

**Futter** ['futər] *n* **1.** (-*s*; *sans pl*) nourriture *f*; **2.** (-*s*; -) *Kleider*⁀ doublure *f*

**Futteral** [futə'raːl] *n* (-*s*; -*e*) étui *m*; *für Schirm* fourreau *m*

**fütter|n** ['fytərn] (*h*) donner à manger à; *Kleider* doubler; ***mit Pelz ~*** fourrer; **'⁀ung** *f* (-; -*en*) *Vieh* alimentation *f*; *der Raubtiere* repas *m* des fauves

**Futur** [fu'tuːr] *gr n* (-*s*; *sans pl*) futur *m*

# G

**g** *abr* ***Gramm*** g (gramme)

**G** [geː] *mus n* (-; -) sol *m*

**Gabe** ['gaːbə] *f* (-; -*n*) don *m*

**Gabel** ['gaːbəl] *f* (-; -*n*) fourche *f*; *Ess*⁀ fourchette *f*; **'⁀n** (*h*) ***sich ~*** *Weg* bifurquer; **'~stapler** *tech m* (-*s*; -) chariot *m* élévateur; **'~ung** *f* (-; -*en*) bifurcation *f*

**Gabun** [ga'buːn] *n* le Gabon

**gaffen** ['gafən] (*h*) faire le badaud, regarder bouche bée

**Gage** ['gaːʒə] *f* (-; -*n*) cachet *m*

**gähnen** ['geːnən] (*h*) bâiller

**Gala** ['gaːla] *f* (-; *sans pl*) gala *m*; **'~abend** *m* soirée *f* de gala

**galant** [ga'lant] galant, courtois

**Galerie** [galə'riː] *f* (-; -*n*) galerie *f*

**Galgen** ['galgən] *m* (-*s*; -) potence *f*, gibet *m*; **'~frist** *f* quart *m* d'heure de grâce; **'~humor** *m* plaisanterie *f* macabre

**Galizien** [ga'liːtsiən] *n* la Galicie

**Galle** ['galə] *f* (-; -*n*) bile *f*; *von Tieren* fiel *m*; **'~nblase** *f* vésicule *f* biliaire; **'~stein** *m* calcul *m* biliaire

**Gallien** ['galiən] *n hist* la Gaule

**Gallone** [ga'loːnə] *f* gallon *m*

**Galopp** [ga'lɔp] *m* (-*s*; -*s*, -*e*) galop *m*

**Gambia** ['gambia] *n* la Gambie

**Gämse** ['gɛmzə] *zo f* (-; -*n*) chamois *m*

**gang** [-] ***~ und gäbe*** courant, habituel, monnaie courante

**Gang** [gaŋ] *m* (-[*e*]*s*; ¨*e*) *Gehen, Ablauf* marche *f*; *Art des Gehens* démarche *f*, allure *f*; *Ablauf a* cours *m*; *Besorgung* course *f*; *beim Essen* plat *m*; *Korridor* couloir *m*; *auto* vitesse *f*; ***in ~ bringen*** mettre en marche, faire démarrer; ***in ~ kommen*** se mettre en marche, s'amorcer, démarrer; ***im ~(e) sein*** être en cours; ***in vollem ~(e) sein*** battre son plein

**gängig** ['gɛŋiç] courant

**'Gangschaltung** *f auto* changement *m* de vitesses; *Fahrrad* dérailleur *m*

**Ganove** [ga'noːvə] *m* (-*n*; -*n*) bandit *m*, malfaiteur *m*, voyou *m*, truand *m*

**Gans** [gans] *zo* (-; ¨*e*) oie *f*

**Gänse|blümchen** ['gɛnzəblyːmçən] *n* (-*s*; -) pâquerette *f*; **~füßchen** ['-fyːsçən] *n/pl* guillemets *m/pl*; ***in ~*** entre guillemets; **'~haut** *f fig* chair *f* de poule; **'~marsch** *m* ***im ~*** à la file indienne; **'~rich** ['-riç] *m* (-*s*; -*e*) jars *m*

**ganz** [gants] **1.** *adj* entier; tout; ***die ~e Stadt*** toute la ville *od* la ville entière; ***sein ~es Geld*** tout son argent; ***in der ~en Welt*** dans le monde entier; **2.** *adv*: *vor adj u adv* tout; ***~ (und gar)*** entièrement, tout à fait; ***~ und gar nicht*** pas du tout; ***im (Großen und) ⁀en*** dans l'ensemble, au total; ***~ wie du willst*** comme tu veux

**Ganze** ['gantsə] *n* (-*n*; *sans pl*) tout *m*; ***aufs ~ gehen*** risquer le tout pour le tout

**'Ganztagsbeschäftigung** *f* travail *m* à plein temps

**gar** [gaːr] **1.** *adj Speise* assez cuit, à point; **2.** *adv* **~ *nicht*** pas du tout; **~ *nichts*** rien du tout; ***vielleicht* ~** peut-être même
**Garage** [ga'raːʒə] *f* (-; *-n*) garage *m*
**Garantie** [garan'tiː] *f* (-; *-n*) garantie *f*; **≈ren** (*pas de -ge-, h*) garantir (***für etw*** qc); **~schein** *m* bon *m od certificat m de garantie*
**Garderobe** [gardə'roːbə] *f* (-; *-n*) *Kleidungsstücke* vêtements *m/pl*; garde-robe *f*; *Kleiderablage* vestiaire *m*; *Flur≈* portemanteau *m*; **~nmarke** *f* ticket *m* de vestiaire
**Gardine** [gar'diːnə] *f* (-; *-n*) rideau *m*
**gären** ['gɛːrən] (*gärte, gor, gegoren, h*) fermenter
**garnieren** [gar'niːrən] (*pas de -ge-, h*) garnir (***mit*** de)
**Garnison** [garni'zoːn] *mil f* (-; *-en*) garnison *f*
**Garnitur** [garni'tuːr] *f* (-; *-en*) *Besatz* garniture *f*, parement *m*; *Satz zusammengehörender Dinge* assortiment *m*, ensemble *m*; *Polster≈* salon *m*
'**Gärstoff** *m* ferment *m*
**Garten** ['gartən] *m* (*-s*; ≃) jardin *m*; '**~arbeit** *f* jardinage *m*; '**~bau** *m* (-[*e*]*s*; *sans pl*) horticulture *f*; '**~erde** *f* terreau *m*; '**~fest** *n* garden-party *f*; '**~geräte** *n/pl* outils *m/pl od outillage m de jardin*; '**~haus** *n* cabane *f od abri m de jardin*; '**~laube** *f* tonelle *f*; '**~lokal** *n* restaurant *m od café m avec jardin*; '**~schere** *f* sécateur *m*; '**~stadt** *f* cité-jardin *f*; '**~zaun** *m* clôture *f*; '**~zwerg** *m* nain *m* dans un jardin; *fig* F gnome *m*
**Gärtner** ['gɛrtnər] *m* (*-s*; -), '**~in** *f* (-; *-nen*) jardinier *m*, ière *f*; **~ei** [-'rai] *f* (-; *-en*) exploitation *f* horticole
**Gärung** ['gɛːruŋ] *f* (-; *-en*) fermentation *f*
**Gas** [gaːs] *n* (*-es*; *-e*) **~ *geben*** accélérer; '**~hahn** *m* robinet *m* du gaz; '**~heizung** *f* chauffage *m* au gaz; '**~herd** *m* cuisinière *f* à gaz; '**~leitung** *f* conduite *f* de gaz; '**~maske** *f* masque *m* à gaz; '**~ofen** *m* radiateur *m* à gaz; '**~pedal** *n* accélérateur *m*
**Gasse** ['gasə] *f* (-; *-n*) ruelle *f*
**Gast** [gast] *m* (-[*e*]*s*; ≃*e*) invité *m*, -e *f*; hôte *m*; *Besucher* visiteur *m*; *im Lokal* consommateur *m*; '**~arbeiter** *m* travailleur *m* étranger *od* immigré
**Gäste|buch** ['gɛstə-] *n* livre *m* d'hôtes; '**~zimmer** *n* chambre *f* d'amis
'**gast|freundlich** hospitalier; '**≈freundschaft** *f* (-; *sans pl*) hospitalité *f*; '**≈geber** *m* (*-s*; -), '**≈geberin** *f* (-; *-nen*) hôte *m*, -esse *f*; '**≈haus** *n*, '**≈hof** *m* restaurant *m*; auberge *f*
'**Gast|land** *n* pays *m* d'accueil; '**≈lich** hospitalier, accueillant; '**~lichkeit** *f* (-; *sans pl*) hospitalité *f*
**Gastronomie** [gastrono'miː] *f* (-; *sans pl*) gastronomie *f*
'**Gast|spiel** *n* représentation *f* d'acteurs en tournée; '**~stätte** *f* restaurant *m*; '**~stube** *f* salle *f* (d'hôtel); '**~wirt** *m*, '**~wirtin** *f* hôtelier *m*, ière *f*, restaurateur *m*, -trice *f*; aubergiste *m*, *f*; '**~wirtschaft** *f* auberge *f*; restaurant *m*
'**Gasuhr** *f* compteur *m* à gaz
**Gatt|e** ['gatə] *st/s m* (*-n*; *-n*) époux *m*; '**~in** *f* (-; *-nen*) épouse *f*
**Gattung** ['gatuŋ] *f* (-; *-en*) genre *m* (*a biol*); *Art* espèce *f*
**Gaumen** ['gaumən] *anat m* (*-s*; -) palais *m*
**Gauner** ['gaunər] *m* (*-s*; -) escroc *m*, filou *m*; **~'ei** *f* (-; *-en*) escroquerie *f*
**Gazelle** [ga'tsɛlə] *zo f* (-; *-n*) gazelle *f*
**Geächtete** [gəʔ'ɛçtətə] *m*, *f* (*-n*; *-n*) proscrit *m*, hors-la-loi *m*
**geb.** *abr* ***geboren*(*e*)** né(e)
**Gebäck** [gə'bɛk] *n* (-[*e*]*s*; *-e*) pâtisserie *f*; *Plätzchen* petits gateaux *m/pl*, biscuits *m/pl*
**Gebälk** [gə'bɛlk] *n* (-[*e*]*s*; *-e*) charpente *f*
**gebär|en** [gə'bɛːrən] (*gebar, geboren, h*) donner naissance à; **≈mutter** *anat f* matrice *f*, utérus *m*
**Gebäude** [gə'bɔʏdə] *n* (*-s*; -) bâtiment *m*, immeuble *m*
**geben** ['geːbən] (*gab, gegeben, h*) donner (***j-m etw*** qc à qn); *Zucker in Tee etc* mettre; *Antwort a* faire; ***sich* ~** *sich verhalten* se montrer; *nachlassen* se calmer; ***etw von sich* ~** dire qc; ***es gibt*** il y a; ***was gibt es?*** qu'y a-t-il?; *zum Essen* qu'est-ce qu'il y a à manger?; *TV* qu'est-ce qu'il y a à la télé?; ***das gibt es nicht!*** c'est impossible!; ça ne va pas!
**Gebet** [gə'beːt] *n* (-[*e*]*s*; *-e*) prière *f*
**Gebiet** [gə'biːt] *n* (-[*e*]*s*; *-e*) territoire *m*;

*fig* domaine *m*; ***auf diesem ~*** dans *od* en ce domaine
**ge'bietsweise** local; ***~ Regen*** averses *f/pl* par endroits
**Gebilde** [gə'bildə] *n* (*-s*; -) objet *m*, chose *f*, création *f*
**ge'bildet** cultivé, instruit
**Gebirg|e** [gə'birgə] *n* (*-s*; -) (chaîne *f* de) montagnes *f/pl*; ***im ~*** à la montagne; **'~szug** *m* chaîne *f* de montagnes
**Gebiss** [gə'bis] *n* (*-es*; *-e*) dentition *f*, dents *f/pl*; *künstliches* dentier *m*
**Gebläse** [gə'blɛːzə] *n* (*-s*; -) soufflerie *f*, ventilateur *m*
**gebogen** [gə'boːgən] tordu, courbé
**geboren** [gə'boːrən] né; ***ein ~er Deutscher*** un Allemand de naissance; ***ein ~er Redner*** un orateur-né; ***~e Müller*** née Müller
**geborgen** [gə'bɔrgən] à l'abri; **≈heit** *f* (-; *sans pl*) sécurité *f*, protection *f*
**Gebot** [gə'boːt] *n* (-[*e*]*s*; *-e*) *rel* commandement *m*; *Erfordernis* mot *m* d'ordre; *Auktion* enchère *f*
**Gebr.** *abr* ***Gebrüder*** frères
**Ge'brauch** *m* (-[*e*]*s*; *≃e*) usage *m*; *Verwendung* emploi *m*; *Sitte* coutume *f*; **≈en** (*h*) faire usage *od* se servir de; employer, utiliser; ***gut zu ~ sein*** être utile
**gebräuchlich** [gə'brɔʏçliç] usuel
**Ge'brauchs|anleitung** *f*, **~anweisung** *f* (-; *-en*) mode *m* d'emploi; **≈fertig** prêt à l'emploi; **~gegenstand** *m* objet *m* d'usage courant
**ge'braucht** utilisé; *Waren* d'occasion; **≈wagen** *m* voiture *f* d'occasion
**Gebrüll** [gə'bryl] *n* (-[*e*]*s*; *sans pl*) cris *m/pl*; *Rind* mugissement *m*, beuglement *m*, meuglement *m*
**Gebühr** [gə'byːr] *f* (-; *-en*) taxe *f*, droit *m*
**ge'bühren|d** dû; *angemessen* convenable; **≈einheit** *f* unité *f* de taxe; **≈erhöhung** *f* majoration *f* de la taxe; **~frei** gratuit, sans taxes; **≈ordnung** *f* barème *m* d'honoraires; **~pflichtig** soumis à une taxe; *Parken* payant; ***~e Straße*** route *f* à péage; ***~e Verwarnung*** contravention *f*
**gebunden** [gə'bundən] *Buch* relié; *fig* lié, engagé
**Geburt** [gə'buːrt] *f* (-; *-en*) naissance *f*; ***vor Christi ~*** avant Jésus-Christ; **~enkontrolle** *f*, **~enregelung** *f* contrôle *m* des naissances, planning *m* familial; **~enrückgang** *m* dénatalité *f*; **≈enschwach** à basse natalité; **≈enstark** à forte natalité; **~enziffer** *f* taux *m* de natalité
**gebürtig** [gə'byrtiç] natif, originaire (***aus*** de); ***~er Franzose*** Français de naissance *od* d'origine; d'origine française
**Ge'burts|anzeige** *f* faire-part *m* de naissance; **~datum** *n* date *f* de naissance; **~fehler** *m* malformation *f* de naissance; **~ort** *m* lieu *m* de naissance; **~tag** *m* anniversaire *m*; **~tagsfeier** *f* fête *f* d'anniversaire; **~urkunde** *f* acte *m* de naissance
**Gebüsch** [gə'byʃ] *n* (-[*e*]*s*; *-e*) buissons *m/pl*
**Gedächtnis** [gə'dɛçtnis] *n* (*-ses*; *-se*) mémoire *f*; ***zum ~ an*** à la mémoire de
**Gedanke** [gə'daŋkə] *m* (*-ns*; *-n*) pensée *f*, idée *f*; ***in ~n sein*** être préoccupé; ***sich ~n machen über*** se préoccuper de
**Ge'danken|austausch** *m* échange *m* d'idées *od* de vues; **≈los** irréfléchi, étourdi; **≈voll** pensif
**Gedärm(e)** [gə'dɛrm(ə)] *n/pl* (-[*e*]*s*; *-e*) intestins *m/pl*, boyaux *m/pl*
**Gedeck** [gə'dɛk] *n* (-[*e*]*s*; *-e*) *für e-e Person* couvert *m*; *Mahlzeit* menu *m*
**gedeihen** [gə'daiən] (*gedieh*, *gediehen*, *sn*) prospérer, croître
**ge'denken** (*gedachte*, *gedacht*, *h*) se souvenir de; *ehrend* commémorer (qc); ***~ zu*** *vorhaben* se proposer de
**Ge'denk|feier** *f* commémoration *f*; **~minute** *f* minute *f* de silence; **~stätte** *f* mémorial *m*; **~tafel** *f* plaque *f* commémorative
**Gedicht** [gə'diçt] *n* (-[*e*]*s*; *-e*) poéme *m*, poésie *f*
**gediegen** [gə'diːgən] solide; *fig* F ***du bist aber ~!*** tu es drôle!
**Gedräng|e** [gə'drɛŋə] *n* (-; *sans pl*) bousculade *f*, foule *f*, cohue *f*; **≈t** serré, entassé
**Geduld** [gə'dult] *f* (-; *sans pl*) patience *f*; **≈en** [-dən] (*h*) ***sich ~*** patienter; **≈ig** [-diç] patient
**geehrt** [gəˀ'eːrt] honoré; *in Briefen* ***Sehr ~er Herr N!*** Monsieur, …
**geeignet** [gəˀ'aignət] approprie; *befähigt* qualifié; apte (***für*** a)

**Gefahr** [gə'faːr] *f* (-; *-en*) danger *m*, péril *m*; **~ *laufen zu*** courir le risque de; ***auf die ~ hin, dass ...*** quitte à (+ *inf*); ***auf eigene ~*** à ses risques et périls; ***außer ~ sein*** être hors de danger
**gefähr|den** [gə'fɛːrdən] (*pas de -ge-, h*) mettre en danger; **~lich** dangereux, risqué
**Gefälle** [gə'fɛlə] *n* (-*s*; -) pente *f*; *fig* ***das soziale ~*** les différences sociales
**gefallen** [gə'falən] (*gefiel, gefallen, h*) plaire, convenir (***j-m*** à qn); ***es gefällt mir*** ça me plaît; ***sich etw ~ lassen*** accepter qc; ***das lasse ich mir nicht ~!*** je ne suis pas disposé à me laisser faire!
**Ge'fallen** *m* (-*s*; -) service *m*; ***j-n um e-n ~ bitten*** demander un service à qn; **~ *finden an*** trouver plaisir à
**gefällig** [gə'fɛliç] complaisant, obligeant, serviable; *Sache* plaisant, agréable; ***j-m ~ sein*** faire plaisir à qn; **≈keit** *f* (-; *-en*) complaisance *f*; *Dienst* service *m*
**gefangen** [gə'faŋən] prisonnier; **~ *nehmen*** faire prisonnier, capturer; **≈e** *m, f* (-*n*; -*n*) prisonnier *m*, -ière *f*; **≈nahme** *f* (-; *sans pl*) capture *f*; **≈schaft** *f* (-; *sans pl*) captivité *f*
**Gefängnis** [gə'fɛŋnis] *n* (-*ses*; -*se*) prison *f*; **~strafe** *f* peine *f* de prison
**Gefäß** [gə'fɛːs] *n* (-*es*; -*e*) vase *m*, récipient *m*; *Blut≈* vaisseau m
**gefasst** [gə'fast] calme, résigné; **~ *sein auf*** s'attendre à
**Gefecht** [gə'fɛçt] *mil n* (-[*e*]*s*; -*e*) combat *m*
**Gefieder** [gə'fiːdər] *n* (-*s*; -) plumage *m*
**Geflecht** [gə'flɛçt] *n* (-[*e*]*s*; -*e*) treillis *m*; cannage *m*
**Ge'flügel** *n* (-*s*; sans *pl*) volaille *f*
**Gefolge** [gə'fɔlgə] *n* (-*s*; -) suite *f*
**gefräßig** [gə'frɛːsiç] vorace
**Gefreite** [gə'fraitə] *mil m* (-*n*; -*n*) caporal *m*
**ge'frier|en** (*gefror, gefroren, sn*) (congeler; **≈fach** *n* compartiment *m* congélateur; **≈schrank** *m*, **≈truhe** *f* congélateur *m*
**Gefühl** [ge'fyːl] *n* (-[*e*]*s*; -*e*) sentiment *m*; *Gespür* intuition *f*; *physisch* sensation *f*; *Gemütsbewegung* émotion *f*; **≈los** insensible (***gegen*** à); **≈sbetont** émotif, sensible; **≈voll** avec âme; *rührselig* sentimental
**gegebenenfalls** [ge'geːbənən-] le cas échéant
**gegen** ['geːgən] *prép* (*acc*) *Richtung od zeitlich* vers; *feindlich* contre; *Tausch* en échange de; ***freundlich ~*** amical envers
**'Gegenbeweis** *m* preuve *f* (du) contraire
**Gegend** ['geːgənt] *f* (-; *-en*) contrée *f*, région *f*; *Nähe* voisinage *m*
**gegeneinander** [geːgənˀai'nandər] l'un contre l'autre
**'Gegen|fahrbahn** *auto f* voie *f* d'en face; **'~gewicht** *n* contrepoids *m*; ***ein ~ bilden zu etw*** contrebalancer qc; **'~gift** *n* antidote *m*; **'~kandidat** *m* rival *m*, concurrent *m*; **'~leistung** *f* équivalent *m* d'un service rendu; ***als ~*** en contre-partie; **'~maßnahme** *f* contre-mesure *f*; représaille *f*; **'~probe** *f* contre-épreuve *f*; **'~richtung** *f* direction *f* opposée; **'~satz** *m* contraste *m*; ***im ~ zu*** contrairement à, par opposition à, en contraste avec; **'≈sätzlich** ['-zɛtsliç] opposé (à); **'~seite** *f* côté *m* opposé; **'≈seitig** ['-zaitiç] mutuel, réciproque; **'~seitigkeit** *f* (-; *sans pl*) réciprocité *f*; **'~spieler** *m* adversaire *m*, opposant *m*, rival *m*; **'~stand** *m* objet *m*; *behandelter* sujet *m*; **'≈ständlich** ['-ʃtɛntliç] concret; *Kunst* figuratif; **'~stück** *n* pendant *m*; **'~teil** *n* contraire *m*; ***im ~*** au contraire; **'≈teilig** contraire, opposé
**gegen'über 1.** *adv* en face; ***einander ~*** vis-à-vis; **2.** *prép* (*dat*) *räumlich* en face de, vis-à-vis de; *j-m* **~** envers, à l'égard de; *im Vergleich zu* par rapport à; **3. ≈** *n* (-*s*; -) vis-à-vis *m*; **~liegend** d'en face; **~stellen** (*sép, -ge-, h*) opposer; confronter (*a jur*); **≈stellung** *f* confrontation *f*
**'Gegen|verkehr** *m* circulation *f* venant d'en face; **'~wart** *f* ['-vart] *f* (-; *sans pl*) temps *m* présent; *Anwesenheit* présence *f*; *gr* présent *m*; **'≈wärtig** ['-vɛrtiç] présent; *jetzig* actuel; *adv* à présent; **'~wehr** *f* (-; *sans pl*) résistance *f*, défense *f*; **'~wert** *m* contrevaleur *f*; **'~wind** *m* vent *m* contraire; **'≈zeichnen** (*sép, -ge-, h*) contresigner
**Gegner** ['geːgnər] *m* (-*s*; -), **'~in** *f* (-; -*nen*) adversaire *m, f*; rival *m*, -e *f*
**gegr.** *abr* ***gegründet*** fondé

**Ge'hackte** *n* (*-n*; *sans pl*) viande *f* hachée

**Gehalt** [gə'halt] **1.** *m* (-[*e*]*s*; *-e*) teneur *f* (***an*** en); *fig* fond *m*, idées *f/pl*; *Inhalt* contenu *m*; **2.** *n* (-[*e*]*s*; *⸚er*) salaire *m*; *Beamter* traitement *m*; **~sabrechnung** *f* bulletin *m* de salaire; **~sempfänger** *m* salarié *m*; **~serhöhung** *f* augmentation *f* de salaire; **~sgruppe** *f* catégorie *f* de traitement; **ϱvoll** substantiel; *nahrhaft* nutritif

**gehässig** [gə'hɛsiç] haineux; **ϱkeit** *f* (-; *-en*) hargne *f*, méchanceté *f*, haine *f*

**Gehäuse** [gə'hɔʏzə] *n* (*-s*; -) boîtier *m*; *tech* carter *m*; *Schnecke* coquille *f*

**geheim** [gə'haim] secret; **ϱdienst** *m* services *m/pl* secrets

**Geheimnis** *n* (*-ses*; *-se*) secret *m*; *tiefes* mystère *m*; **ϱvoll** mystérieux

**Ge'heim|nummer** *f* code *m* secret; **~polizei** *f* police *f* secrète

**gehemmt** [gə'hɛmt] complexé, bloqué; F coincé

**gehen** ['geːən] (*ging*, *gegangen*, *sn*) aller (à pied); marcher (*a funktionieren*); *fort~* s'en aller, partir, sortir; *Teig* lever; *Ware* se vendre; ***einkaufen*** (***schwimmen***) **~** aller faire les courses (à la piscine); ***~ wir!*** allons-nous-en!, partons!; ***wie geht es dir?*** comment vas-tu?; ***es geht mir gut*** (***schlecht***) je vais bien (mal); ***es geht nichts über ...*** il n'y a rien de tel que ..., rien ne vaut ...; ***worum geht es?*** de quoi s'agit-il?; ***was geht hier vor sich?*** qu'est-ce qui se passe ici?; *Zimmer* ***nach Westen ~*** donner à l'ouest; ***sich ~ lassen*** se laisser aller

**'Gehen** *n* (*-s*; *sans pl*) marche *f*; ***das Kommen und ~*** le va-et-vient

**'gehenlassen** (*irr*, *sép*, *pas de -ge-*, *h*, → ***lassen***) ***sich ~*** se laisser aller

**Gehilf|e** [gə'hilfə] *m* (*-n*; *-n*), **~in** *f* (-; *-nen*) aide *m*, *f*, assistant *m*, -e *f*

**Gehirn** [gə'hirn] *n* (-[*e*]*s*; *-e*) cerveau *m*; **~erschütterung** *méd f* commotion *f* cérébrale

**Gehör** [gə'høːr] *n* (-[*e*]*s*; *sans pl*) *Sinn* ouïe *f*; ***nach dem ~*** d'oreille; ***sich ~ verschaffen*** se faire entendre

**ge'horchen** (*pas de -ge-*, *h*) ***j-m ~*** obéir à qn; ***nicht ~*** désobéir

**ge'hören** (*pas de -ge-*, *h*) ***j-m ~*** appartenir *od* être à qn; ***~ zu*** faire partie de, compter parmi; ***es gehört sich*** c'est convenable; ***es gehört sich nicht*** ça ne se fait pas; ***das gehört nicht hierher*** cela n'a rien à faire ici

**gehorsam** [gə'hoːrzaːm] **1.** obéissant; **2. ϱ** *m* (-; *sans pl*) obéissance *f*

**'Geh|steig** *m*, **~weg** *m* trottoir *m*

**Geier** ['gaiər] *zo m* (*-s*; -) vautour *m*

**Geige** ['gaigə] *f* (-; *-n*) violon ***~ spielen*** jouer du violon; ***etw auf der ~ spielen*** jouer qc au violon; **'ϱn** (*h*) jouer du violon; **'~r** *m* (*-s*; -), **'~rin** *f* (-; *-nen*) violoniste *m*, *f*

**geil** [gail] lascif, lubrique; *fig* F ***das ist ~!*** c'est super!

**Geisel** ['gaizəl] *f* (-; *-n*) otage *m*; **'~nahme** *f* (-; *-n*) prise *f* d'otage(s); **'~nehmer** *m* (*-s*; -) preneur *m* d'otage(s)

**Geißel** ['gaisəl] *f* (-; *-n*) fouet *m*; *fig* fléau *m*

**Geist** [gaist] *m* (-[*e*]*s*; *-er*) esprit *m*; génie *m*; *Gespenst* spectre *m*; ***den ~ aufgeben*** rendre l'âme; ***der Heilige ~*** le Saint-Esprit

**'Geister|bahn** *f* train *m* fantôme; **'~fahrer** *auto m* automobiliste *m* roulant à contresens sur l'autoroute

**'geistes|abwesend** absent; **'ϱgegenwart** *f* présence *f* d'esprit; **'~gegenwärtig** qui a de l'à-propos; **'~gestört** atteint de troubles mentaux; **'~krank** aliéné; ***ein ϱer*** un malade mental; **'ϱwissenschaften** *f/pl* lettres *f/pl* (et sciences *f/pl* humaines); **'ϱzustand** *m* état *m* mental

**'geist|ig** spirituel, intellectuel, mental; ***~e Getränke*** spiritueux *m/pl*; ***~ Behinderter*** handicapé *m* mental; **'~lich** spirituel; *zum Klerus gehörig* clérical; *kirchlich* ecclésiastique; **'ϱliche** *m* (*-n*; *-n*) ecclésiastique *m*; *katholischer* curé *m*; *protestantischer* pasteur *m*; **'ϱlichkeit** *f* (-; *sans pl*) clergé *m*; **'~los** dénué d'esprit, sans esprit; **'~reich** spirituel

**Geiz** [gaits] *m* (*-es*; *sans pl*) avarice *f*; **'~hals** *m* avare *m*, grigou F *m*; **'ϱig** avare

**Gelächter** [gə'lɛçtər] *n* (*-s*; -) rire *m od* rires *m/pl*; ***lautes ~*** éclats *m/pl* de rire

**gelähmt** [gə'lɛːmt] paralysé

**Gelände** [gə'lɛndə] *n* (*-s*; -) terrain *m*; *umzäuntes* enceinte *f*; **~fahrzeug** *n* voiture *f* tout terrain, jeep *m*

**Geländer** [ge'lɛndər] *n* (*-s*; -) *Treppen*2 rampe *f*; *Balkon*2 balustrade *f*; *Brücken*2 parapet *m*

**Ge'ländewagen** *m* → ***Geländefahrzeug***

**ge'langen** (*pas de -ge-, sn*) parvenir (***zu, an*** à); atteindre (***zu etw*** qc)

**ge'lassen** calme; *adv* de sang-froid; **2heit** *f* (-; *sans pl*) calme *m*; sang-froid *m*

**geläufig** [gə'lɔʏfiç] courant; familier (***j-m*** à qn); ***~ sprechen*** parler couramment

**gelaunt** [gə'launt] disposé; ***gut*** (***schlecht***) ***~ sein*** être de bonne (mauvaise) humeur

**gelb** [gɛlp] jaune; *Ampel* orange; **'~lich** jaunâtre; **'2sucht** *méd f* (-; *sans pl*) jaunisse *f*

**Geld** [gɛlt] *n* (-[*e*]*s*; *-er*) argent *m*; **'~angelegenheit** *f* question *f* d'argent; **'~anlage** *f* placement *m*; **'~ausgabe** *f* dépense *f*; **'~automat** *m* guichet *m* automatique; **'~beutel** *m*, **'~börse** *f* porte-monnaie *m*, bourse *f*; **'~buße** *f* amende *f*; **'~geber** *m* (*-s*; -), **'~geberin** *f* bailleur *m* de fonds; **'~geschäfte** *n/pl* transactions *f/pl* monétaires; **'~gier** *f* cupidité *f*; soif *f* de l'argent; **'~institut** *n* institut *m* bancaire; **'~knappheit** *f*, **'~mangel** *m* manque *m* d'argent; **'~mittel** *n/pl* ressources *f/pl* financières, disponibilités *f/pl*, fonds *m/pl*; **'~schein** *m* billet *m* de banque; **'~strafe** *f* amende *f*; **'~stück** *n* pièce *f*; **'~umtausch** *m*, **'~wechsel** *m* change *m*

**Gelee** [ʒə'leː] *n* (*-s*; *-s*) gelée *f*

**ge'legen** *örtlich* situé; *fig* ***das kommt mir sehr ~*** cela m'arrive fort à propos

**Ge'legenheit** *f* (-; *-en*) occasion *f*; ***bei dieser ~*** à cette occasion

**Ge'legenheits|arbeit** *f* travail *m* occasionnel; **~arbeiter** *m* travailleur *m* occasionnel

**ge'legentlich** occasionnel; *adv* à l'occasion, occasionnellement

**gelehr|ig** [gə'leːriç] docile; qui apprend bien; **2samkeit** *f* (-; *sans pl*) érudition *f*; **~t** savant, érudit; **2te** *m/f* (*-n*; *-n*) savant *m*, érudit *m*

**Geleit** [gə'lait] *n* (-[*e*]*s*; *-e*) accompagnement *m*, conduite *f*; *mil* escorte *f*; **2en** (*pas de -ge-, h*) accompagner, reconduire; *mil* escorter

**Gelenk** [gə'lɛŋk] *n* (-[*e*]*s*; *-e*) articulation *f*, jointure *f*; *tech* joint *m*; **2ig** souple

**ge'lernt** *ausgebildet* qualifié

**geliebt** [gə'liːpt] aimé, chéri; **2e** *m*, *f* (*-n*; *-n*) amant *m*, maîtresse *f*

**gelingen** [gə'liŋən] **1.** (*gelang, gelungen, sn*) réussir; ***es gelingt mir, etw zu tun*** je réussis *od* j'arrive *od* je parviens à faire qc; **2. 2** *n* (*-s*; *sans pl*) succès *m*; ***gutes ~!*** bonne chance!

**ge'loben** (*pas de -ge-, h*) promettre solennellement (***zu*** de)

**gelt|en** ['gɛltən] (*galt, gegolten, h*) *wert sein* valoir; *gültig sein* être valable; *Sport* compter; *Gesetz* être en vigueur; ***~ lassen*** admettre; ***~ für*** *od* ***als*** être considéré comme; être supposé être; ***j-m ~*** s'adresser à qn; ***es gilt zu ...*** il s'agit de; **'~end** valable; en vigueur; ***~ machen*** *Anspruch* faire valoir; ***seinen Einfluss ~ machen*** faire prévaloir son influence; **'2ung** *f* (-; *sans pl*) *Bedeutung* importance *f*; *Ansehen* autorité *f*; ***~ haben*** être valable; ***zur ~ bringen*** mettre en valeur; ***zur ~ kommen*** être mis en valeur; **'2ungsbedürfnis** *n* (*-ses*; *sans pl*) besoin *m* de se faire valoir

**ge'lungen** [gə'luŋən] réussi

**gemächlich** [gə'mɛːçliç] ***ganz ~*** tout doucement

**Gemälde** [gə'mɛːldə] *n* (*-s*; -) peinture *f*; **~galerie** *f* galerie *f* de peinture

**gemäß** [gə'mɛːs] *adj* conforme (à); *prép* (*dat*) conformément à, selon; **~igt** [-içt] modére; ***~es Klima*** climat *m* tempéré

**gemein** [gə'main] *niederträchtig* méchant, infâme, *allgemein* commun; ***~er Soldat*** simple soldat; ***etw ~ haben mit*** avoir qc en commun avec

**Gemeinde** [gə'maində] *f* (-; *-n*) commune *f*, municipalité *f*; *égl* paroisse *f*; *beim Gottesdienst* fidèles *m/pl*; **~amt** *n* municipalité *f*; **~beamte** *m* fonctionnaire *m* municipal; **~rat** *m* conseil *m* municipal; **~steuer** *f* impôt *m* local; **~verwaltung** *f* administration *f* municipale; **~wahl** *f* élections *f/pl* municipales

**ge'mein|gefährlich** qui constitue un danger public; **2gut** *n* (-[*e*]*s*; *sans pl*) bien *m od patrimoine m commun*;

**&heit** *f* méchanceté *f*, bassesse *f*, infamie *f*, vacherie *f* F; **~nützig** [-nytsiç] d'utilité publique; **&platz** *m* lieu *m* commun; **~sam** commun; *adv* en commun; ***der &e Markt*** le Marché Commun

**Ge'meinschaft** *f* (-; *-en*) communauté *f*; **~sarbeit** *f* travail *m* d'équipe

**Ge'mein|sinn** *m* (*-s*; *sans pl*) sens *m* civique; **&verständlich** à la portée de tous, populaire; **~wohl** *n* bien *m* public, intérêt *m* commun

**Gemetzel** [gə'mɛtsəl] *n* (*-s*; -) massacre *m*, carnage *m*, boucherie *f*

**Gemisch** [gə'miʃ] *n* (-[*e*]*s*; *-e*) mélange *m*

**'Gemse** → ***Gämse***

**Gemüse** [gə'myːzə] *n* (*-s*; -) légume *m* (*meist pl*); **~garten** *m* potager *m*; **~händler** *m*, **~händlerin** *f* marchand(e) *m*(*f*) des quatre-saisons, marchand(e) *m*(*f*) de légumes

**Gemüt** [gə'myːt] *n* (-[*e*]*s*; *-er*) âme *f*; cœur *m*; **&lich** *Ort* où l'on se sent à l'aise; intime, confortable; *Person* tranquille, débonnaire; *Stimmung* chaleureux; **~lichkeit** *f* (-; *sans pl*) intimité *f*, confort *m*

**Ge'müts|bewegung** *f* émotion *f*, agitation *f*; **~verfassung** *f*, **~zustand** *m* état *m* d'âme

**Gen** [geːn] *n* (*-s*; *-e*) *biol* gène *m*

**genau** [gə'nau] **1.** *adj* exact, précis; minutieux; *streng* strict; ***&eres*** des précisions *f/pl*, de plus amples détails *m/pl*; **2.** *adv* exactement, précisément; ***~ um 10 Uhr*** à dix heures précises; ***~ der*** celui-là même; ***~ zuhören*** écouter attentivement; ***es ~ nehmen*** regarder de près; ***~ kennen*** connaître à fond; **&igkeit** *f* (-; *sans pl*) exactitude *f*, précision *f*; **~so** → ***ebenso***

**genehmig|en** [ge'neːmigən] (*pas de -ge-, h*) autoriser; *zustimmen* consentir à; *gutheißen* approuver; **&ung** *f* (-; *-en*) autorisation *f*; consentement *m*; approbation *f*; **~ungspflichtig** soumis à une autorisation

**General** [genə'raːl] *mil m* (*-s*; *-e*, *⸚e*) général *m*; **~direktor** *m* P.D.G. *m* (=président-directeur général); **~konsul** *m* consul *m* général; **~konsulat** *n* consulat *m* général; **~probe** *f* répétition *f* générale; **~sekretär** *m* secrétaire *m* général; **~stab** *mil m* état-major *m* général; **~streik** *m* grève *f* générale; **~vertreter** *m* agent *m* général

**Generation** [genəra'tsjoːn] *f* (-; *-en*) génération *f*; **~envertrag** *m* contrat *m* entre les générations

**Generator** [genə'raːtɔr] *tech m* (*-s*; *-en*) générateur *m*

**generell** [genə'rɛl] général

**genes|en** [gə'neːzən] (*genas*, *genesen*, *sn*) guérir (***von*** de); **&ung** *f* (-; *sans pl*) guérison *f*

**Genet|ik** [ge'neːtik] *biol f* (-; *sans pl*) génétique *f*; **&isch** génétique

**Genf** [gɛnf] *n* Genève; ***der ~er See*** le lac Léman

**'Genforschung** *f* (-; *sans pl*) recherche *f* génétique

**genial** [gen'jaːl] génial, de génie; **&ität** [-jali'tɛːt] *f* (-; *sans pl*) génie *m*

**Genie** [ʒe'niː] *n* (*-s*; *-s*) génie *m*

**genieren** [ʒə'niːrən] (*pas de -ge-, h*) (***sich ~*** se) gêner

**genieß|bar** [gə'niːsbaːr] consommable; *essbar* mangeable; *trinkbar* buvable; **~en** (*genoss*, *genossen*, *h*) *essen* manger; *trinken* boire; *mit Behagen* savourer, goûter; *fig* jouir de (*a Ansehen etc*); **&er** *m* (*-s*; -) gourmet *m*, bon vivant *m*

**'Genmanipu|lation** *f* manipulation *f* génétique; **'&liert** *p/p* manipulé génétiquement

**genormt** [gə'nɔrmt] normalisé, standard

**Genoss|e** [gə'nɔsə] *m* (*-n*; *-n*), **~in** *f* (-; *-nen*) compagnon *m*, compagne *f*; *pol* camarade *m*, *f*; **~enschaft** *écon f* (-; *-en*) coopérative *f*; **&enschaftlich** coopératif

**Gent** [gɛnt] *n* Gand

**'Gentechnik** *f* ingénierie *f* génétique

**'gentechnisch** génétique(ment); ***~ verändert*** génétiquement modifié

**'Gen|technologie** *f* technologie *f* génétique; **~test** *m* test *m* génétique

**Genua** ['geːnua] *n* Gênes

**genug** [gə'nuːk] assez, suffisamment

**Genüg|e** [gə'nyːgə] *f* (-; *sans pl*) ***zur ~*** suffisamment; **&en** (*pas de -ge-, h*) suffire; *Anforderungen* satisfaire à; ***das genügt*** ça suffit; **&end** suffisant; **&sam** [-k-] sobre, frugal

**Genugtuung** [-tuːuŋ] *f* (-; *sans pl*) satisfaction *f*

**Genuss** [gə'nus] *m* (*-es*; *⸚e*) jouissance *f*; *von Nahrung* consommation *f*; ***ein ~*** un plaisir; *Essen* un délice; ***in den ~ von etw kommen*** bénéficier de qc

**Geograf**, **Geograph** [geo'gra:f] *m* (*-en*; *-en*), **'~in** *f* (*-*; *-nen*) géographe *m*, *f*; **~ie** [-'fi:] *f* (*-*; *sans pl*) géographie *f*; **⁓isch** [-'gra:fiʃ] géographique

**Geolog|e** [geo'lo:gə] *m* (*-n*; *-n*), **'~in** *f* (*-*; *-nen*) géologue *m*, *f*; **~ie** [-'gi:] *f* (*-*; *sans pl*) géologie *f*; **⁓isch** [-'lo:giʃ] géologique

**Geometr|ie** [geo'me'tri:] *f* (*-*; *sans pl*) géométrie *f*; **⁓isch** [-'me:triʃ] géométrique

**Georgien** [ge'ɔrgiən] *n* la Géorgie

**Gepäck** [gə'pɛk] *n* (*-*[*e*]*s*; *sans pl*) bagages *m*/*pl*; **~abfertigung** *f* enregistrement *m* des bagages; **~annahme** *f* enregistrement *m* des bagages; **~aufbewahrung** *f* consigne *f*; **~ausgabe** *f* remise *f* des bagages; **~kontrolle** *f* contrôle *m* des bagages; **~schalter** *m* guichet *m* des bagages; **~schein** *m* bulletin *m* de bagages; **~stück** *n* colis *m*; **~träger** *m am Bahnhof* porteur *m*; *am Fahrrad* porte-bagages *m*; **~wagen** *m* fourgon *m* à bagages

**Gepard** ['ge:part] *zo m* (*-s*; *-e*) guépard *m*

**gepflegt** [gə'pfle:kt] soigné, raffiné

**Geplauder** [gə'plaudər] *n* (*-s*; *sans pl*) causerie *f*

**Gequassel** [gə'kvasəl] *n* (*-s*; *sans pl*), **Gequatsche** [gə'kvatʃə] *n* (*-s*; *sans pl*) bla-bla *m*, bavardages *m*/*pl*

**gerade** [gə'ra:də] **1.** *adj* droit; *ohne Umweg* direct; *Zahlen* pair; *Charakter* franc; **2.** *adv* juste(ment); précisément; exactement; ***~ etw getan haben*** venir de faire qc; ***~ ein Jahr*** juste un an; ***nicht ~*** pas exactement; ***das ist es ja ~!*** c'est justement ça!; ***~ deshalb*** c'est précisément pour cela; ***~ rechtzeitig*** juste à temps; ***warum ~ ich?*** pourquoi c'est tombé sur moi?

**Ge'rade** *f* (*-n*; *-n*) *math* droite *f*; *Rennbahn* ligne *f* droite; *Boxen* **linke** (***rechte***) **~** direct *m* du gauche (droit)

**gerade|aus** [gəra:də?'aus] tout droit; **~he'raus** franchement, carrément, sans détours; **~wegs** [gə'ra:dəve:ks] directement; **~zu** [gə'ra:də-] vraiment; purement et simplement

**Gerät** [gə'rɛ:t] *n* (*-*[*e*]*s*; *-e*) *Elektro⁓*, *Haushalts⁓* appareil *m*; *Radio⁓*, *Fernseh⁓* poste *m*; *Sport*, *Labor* équipement *m*; *Handwerks⁓*, *Garten⁓* outil *m*; *Küchen⁓* ustensile *m*; *Mess⁓* instrument *m*; *Turn⁓e* agrès *m*/*pl*

**ge'raten** (*geriet*, *geraten*, *sn*) ***in*** (***zwischen***) ***etw ~*** arriver (par hasard) à qc, tomber dans (*od* entre) qc; ***an j-n ~*** tomber sur qn; ***in Schwierigkeiten ~*** avoir des difficultés; ***außer sich ~*** être hors de soi

**Gerate'wohl** *n* ***aufs ~*** au hasard, au petit bonheur

**Ge'rätschaften** *pl Sport*, *Labor* équipement *m*

**geräumig** [gə'rɔʏmiç] spacieux

**Geräusch** [gə'rɔʏʃ] *n* (*-*[*e*]*s*; *-e*) bruit *m*

**gerb|en** ['gɛrbən] (*h*) tanner; **'⁓er** *m* (*-s*;*-*) tanneur *m*

**ge'recht** juste, équitable; ***j-m ~ werden*** rendre justice à qn; **⁓igkeit** *f* (*-*; *sans pl*) justice *f*

**Ge'rede** *n* (*-*; *sans pl*) bavardage *m*

**gereizt** [gə'raitst] irrité

**Gericht** [gə'riçt] *n* (*-*[*e*]*s*; *-e*) **1.** *Speise* mets *m*, plat *m*; **2.** *jur* tribunal *m*, cour *f*; *Gebäude* palais *m* de justice; ***j-n vor ~ stellen*** traduire qn devant le tribunal; ***vor ~ gehen*** recourir à la justice; **⁓lich** judiciaire

**Ge'richts|barkeit** *f* juridiction *f*; **~gebäude** *n* palais *m* de justice; **~hof** *m* cour *f* (de justice); **~saal** *m* salle *f* d'audience; **~verfahren** *n* procédure *f*; **~verhandlung** *f* débats *m*/*pl* judiciaires; **~vollzieher** *m* huissier *m* (de justice); **~weg** *m* voie *f* judiciaire

**gering** [gə'riŋ] petit, peu considérable, minime; **~er** moindre; **~st** moindre; ***nicht im ⁓en*** (ne ..) pas le moins du monde; **~fügig** peu important; insignifiant; **~schätzig** dédaigneux; **⁓schätzung** *f* (*-*; *sans pl*) dédain *m*

**ge'rinnen** (gerann, geronnen, *sn*) *Blut* se coaguler; *Milch* cailler

**Gerippe** [gə'ripə] *n* (*-s*; *-*) squelette *m*; *Tier* carcasse *f*

**gerissen** [gə'risən] *fig* rusé, roué

**gern**(**e**) ['gɛrn(ə)] volontiers; ***etw ~***(***e***) ***tun*** aimer faire qc; ***~e haben*** aimer; ***ich möchte ~***(***e***) j'aimerais bien; ***~ geschehen!*** il n'y a pas de quoi!; →

***gernhaben***
**'gernhaben** (*irr, sép, -ge-, h,* → ***haben***) aimer
**Geröll** [gə'rœl] *n* (-[*e*]*s*; *-e*) éboulis *m*
**Gerste** ['gɛrstə] *bot f* (-; *-n*) orge *f*
**Geruch** [gə'rux] *m* (-[*e*]*s*; *¨-e*) odeur *f*; **&los** inodore, sans odeur; **~ssinn** *m* (-[*e*]*s*; *sans pl*) odorat *m*
**Gerücht** [gə'ryçt] *n* (-[*e*]*s*; *-e*) bruit *m*, rumeur *f*, ***es geht das ~, dass ...*** le bruit court que ...
**gerührt** [gə'ry:rt] touché, ému
**Gerümpel** [gə'rympəl] *n* (*-s*; *sans pl*) vieilleries *f*/*pl*, bric-à-brac *m*, fatras *m*
**Gerüst** [gə'ryst] *n* (-[*e*]*s*; *-e*) *Bau&* échafaudage *m*; *fig* charpente *f*, structure *f*
**Ges.** *abr* ***Gesellschaft*** société
**gesamt** [gə'zamt] tout entier; total; ***das &e*** le tout; **&betrag** *m* (montant *m*) total *m*; **&heit** *f* (-; *sans pl*) totalité *f*; **&schule** *f etwa* C.E.S. *m* (= collège *m* d'enseignement secondaire)
**Gesang** [gə'zaŋ] *m* (-[*e*]*s*; *¨-e*) chant *m*; **~buch** *n* livre *m* de cantiques; **~slehrer** *m*, **~slehrerin** *f* professeur *m* de chant; **~verein** *m* chorale *f*
**gesch.** *abr* ***geschieden*** divorcé(e)
**Geschäft** [gə'ʃɛft] *n* (-[*e*]*s*; *-e*) affaire *f*; *Handel* commerce *m*; *Laden* magasin *m*; **&ig** affairé; **&lich** commercial, d'affaires; *adv* pour affaires
**Ge'schäfts|aufgabe** *f* cessation *f* de commerce; **~bericht** *m* rapport *m* de gestion; **~brief** *m* lettre *f* d'affaires; **~essen** *n* repas *m*, dîner *m* d'affaires; **~frau** *f* femme *f* d'affaires; **~führer** *m* gérant *m*; **~führung** *f* gestion *f* des affaires; **~jahr** *n* exercice *m*; **~lage** *f* situation *f* des affaires, conjoncture *f*; **~leitung** *f* direction *f* (de l'entreprise); **~mann** *m* homme *m* d'affaires; **~partner** *m* associé *m*; **~reise** *f* voyage *m* d'affaires; **~reisende** *m* commis *m* voyageur; **~schluss** *m* heure *f* de fermeture du magasin; **~stelle** *f* bureau *m*, agence *f*; **~straße** *f* rue *f* commerçante; **&tüchtig** commerçant, efficace; **~zeit** *f* heures *f*/*pl* d'ouverture des magasins *od* des bureaux; **~zweig** *m* branche *f* commerciale
**geschehen** [gə'ʃe:ən] (*geschah, geschehen, sn*) **1.** avoir lieu, arriver, se passer, se produire; ***das geschieht ihm recht*** c'est bien fait pour lui; **2.** **&** *n* (*-s*; *sans pl*) événements *m*/*pl*
**Geschenk** [gə'ʃeŋk] *n* (-[*e*]*s*; *-e*) cadeau *m*, présent *m*
**Geschicht|e** [gə'ʃiçtə] *f* (-; *-n*) histoire *f*; **&lich** historique; **~sschreiber** *m*, **~swissenschaftler** *m* historien *m*
**Geschick** [gə'ʃik] *n* (-[*e*]*s*; *-e*) *Verhängnis* destin *m*; *Gewandtheit*) adresse *f*, habileté *f*; **~lichkeit** *f* (-; *-en*) adresse *f*, habileté *f*; **&t** adroit, habile
**geschieden** [gə'ʃi:dən] divorcé
**Geschirr** [gə'ʃir] *n* (-[*e*]*s*; *-e*) *Tisch&* vaisselle *f*; ***irdenes ~*** poterie *f*; **~spüler** *m*, **~spülmaschine** *f* lave-vaisselle *m*; **~tuch** *n* torchon *m*
**Geschlecht** [gə'ʃlɛçt] *n* (-[*e*]*s*; *-er*) *natürliches* sexe *m*; *Familie* famille *f*; *Generation* génération *f*; *gr* genre *m*; **&lich** sexuel
**Ge'schlechts|krankheit** *f* maladie *f* vénérienne; **~teile** *m*/*pl* organes *m*/*pl* génitaux; **~verkehr** *m* rapports *m*/*pl* sexuels
**geschlossen** [gə'ʃlɔsən] fermé; *in sich ~* compact, serré
**Geschmack** [gə'ʃmak] *m* (-[*e*]*s*; *¨-e*, F *¨-er*) goût *m*; **&lich** de goût; **&los** de mauvais goût; **~losigkeit** *f* (-; *sans pl*) manque *m* de goût; **~(s)sache** *f* affaire *f* de goût; **&voll** plein de goût, de bon goût
**geschmeidig** [gə'ʃmaidiç] souple
**Geschöpf** [gə'ʃœpf] *n* (-[*e*]*s*; *-e*) créature *f*
**Geschoss** [gə'ʃɔs] *n* (*-es*; *-e*) *mil* projectile *m*; *Stockwerk* étage *m*
**Geschrei** [gə'ʃrai] *n* (-[*e*]*s*; *sans pl*) cris *m*/*pl*
**Geschütz** [gə'ʃyts] *mil n* (*-es*; *-e*) pièce *f* d'artillerie, canon *m*
**Geschwätz** [gə'ʃvɛts] *n* bavardage *m*; **&ig** bavard
**geschweige** [gə'ʃvaigə] ***~ denn*** et encore moins
**geschwind** [gə'ʃvint] rapide, prompt; *adv* vite; **&igkeit** (-; *-en*) vitesse *f*; ***mit e-r ~ von ...*** à une vitesse de ...; **&igkeitsbegrenzung** [-diç-] *f*, **&igkeitsbeschränkung** *f* limitation *f* de vitesse; **&igkeitsüberschreitung** [-diç-] *f* excès *m* de vitesse
**Geschwister** [gə'ʃvistər] *pl* frère(s *pl*) *m* et sœur(s *pl*) *f*
**Geschworene** [gə'ʃvo:rənə] *m* (*-n*; *-n*)

juré *m*; ***die ~n*** le jury
**Geschwür** [gə'ʃvyːr] *méd n* (*-s*; *-e*) ulcère *m*
**Gesell|e** [gə'zɛlə] *m* (*-n*; *-n*) compagnon *m*; **~enbrief** *m* diplôme *m* d'apprenti; **~enprüfung** *f* épreuve *f* de compagnon; **℞ig** sociable; ***~es Beisammensein*** réunion *f* entre amis
**Ge'sellschaft** *f* (-; *-en*) société *f*; compagnie *f*; ***in ~ von*** en compagnie de; ***j-m ~ leisten*** tenir compagnie à qn; **~er** *m* associé *m*; **℞lich** social; mondain
**Ge'sellschafts|ordnung** *f* ordre *m* social; **~politik** *f* politique *f* sociale globale; **~schicht** *f* couche *f* sociale; **~system** *n* système *m* social
**Gesetz** [gə'zɛts] *n* (*-es*; *-e*) loi *f*; **~buch** *n* code *m*; ***Bürgerliches ~*** Code civil; **~esvorlage** *f* projet *m* de loi; **℞gebend** législatif; **~geber** *m* (*-s*; -) législateur *m*; **~gebung** *f* (-; *sans pl*) législation *f*; **℞lich** légal; ***~ geschützt*** breveté; **℞los** sans lois, anarchique; **℞mäßig** *regelmäßig* régulier; *jur* légal, légitime
**ge'setzt** posé, pondéré; ***~ (den Fall), dass*** à supposer que (+ *subj*)
**ge'setzwidrig** illégal
**ges. gesch.** *abr* ***gesetzlich geschützt*** protégé par la loi
**Gesicht** [gə'ziçt] *n* (*-[e]s*; *-er*) figure *f*, *seltener* visage *m*; ***zu ~ bekommen*** voir; ***aus dem ~ verlieren*** perdre de vue; ***ein ~ ziehen*** faire la moue
**Ge'sichts|ausdruck** *m* physionomie *f*; **~farbe** *f* teint *m*; **~kreis** *m* horizon *m*; **~punkt** *m* point *m* de vue; **~züge** *m/pl* traits *m/pl* du visage
**Gesindel** [gə'zindəl] *n* (*-s*; *sans pl*) canaille *f*, racaille *f*
**gesinnt** → ***gutgesinnt***, ***übelgesinnt***
**Gesinnung** [gə'zinuŋ] *f* (-; *-en*) sentiments *m/pl*; *Meinung*, *bes pol* opinion *f*, conviction *f*; **℞slos** sans caractère
**gespannt** [gə'ʃpant] *straff* tendu (*a fig*); *Aufmerksamkeit* soutenu; ***~ sein auf etw*** être pressé (*od* impatient) de savoir qc; ***ich bin ~ ob …*** je suis curieux de savoir si …
**Gespenst** [gə'ʃpɛnst] *n* (*-[e]s*; *-er*) fantôme *m*, spectre *m*
**Gespräch** [gə'ʃprɛːç] *n* (*-[e]s*; *-e*) conversation *f*, entretien *m*; *tél* communication *f*; **℞ig** loquace, causeur F; **~spartner** *m*, **~spartnerin** *f* interlocuteur *m*, -trice *f*
**Gespür** [gə'ʃpyːr] *n* (*-s*; *sans pl*) flair *m*, ***ein ~ haben für*** avoir le sens de
**gest.** *abr* ***gestorben*** mort(e); décédé(e)
**Gestalt** [gə'ʃtalt] *f* (-; *-en*) forme *f*; *Person* figure *f*, personnage *m*; *Wuchs* taille *f*, physique *m*, stature *f*; ***in ~ von*** sous forme de; **℞en** (*pas de -ge-*, *h*) organiser; *formen* former, façonner; **~ung** *f* (-; *sans pl*) organisation *f*; formation *f*; façonnement *m*; *Raum*℞ décoration *f*
**geständ|ig** [gə'ʃtɛndiç] ***~ sein*** avouer; **℞nis** [-t-] *n* (*-ses*; *-se*) aveu *m*
**Gestank** [gə'ʃtaŋk] *m* (*-[e]s*; *sans pl*) puanteur *f*, mauvaise odeur *f*
**gestatten** [gə'ʃtatən] (*pas de -ge-*, *h*) permettre
**Geste** ['gɛstə] *f* (-; *-n*) geste *m*
**ge'stehen** (*gestand*, *gestanden*, *h*) avouer, confesser
**Gestell** [gə'ʃtɛl] *n* (*-[e]s*; *-e*) *Bock* chevalet *m*; *Regal* rayonnages *m/pl*; *Grundkonstruktion* bâti *m*
**gest|ern** ['gɛstərn] hier; ***~ Abend*** hier soir; **'~rig** ['-riç] d'hier
**Gestrüpp** [gə'ʃtryp] *n* (*-[e]s*; *-e*) broussailles *f/pl*
**Gesuch** [gə'zuːx] *n* (*-[e]s*; *-e*) demande *f*, requête *f*; *Bittschrift* pétition *f*
**ge'sucht** recherché
**gesund** [gə'zunt] bien portant; sain; salubre; ***~ sein*** être en bonne santé; ***der ~e Menschenverstand*** le bon sens; **℞heit** *f* (-; *sans pl*) santé *f*; **~!** *beim Niesen* à tes (*od* vos) souhaits!; **~heitlich *~ geht es ihm gut*** il est en bonne santé
**Ge'sundheits|amt** *n* service *m* d'hygiène; dispensaire *m*; **℞gefährdend**, **℞schädlich** malsain, insalubre; **~wesen** *n* régime *m* sanitaire; **~zeugnis** *n* attestation *f* de santé; **~zustand** *m* état *m* de santé
**ge'sundschrumpfen** (*sép*, *-ge-*, *h*) rationaliser
**Getränk** [gə'trɛŋk] *n* (*-[e]s*; *-e*) boisson *f*; **~eautomat** [-əˀautomaːt] *m* distributeur *m* automatique de boissons; **~ekarte** *f* carte *f* des boissons
**Getreide** [gə'traidə] *n* (*-s*; -) céréales *f/pl*; blé *m*; **~anbau** *m* céréaliculture *f*, culture *f* de céréales; **~ernte** *f* mois-

son *f*; **~speicher** *m* silo *m*
**ge'trennt** séparé; **~ *zahlen*** payer séparément
**Getriebe** [gə'tri:bə] *n* (*-s*; -) mécanisme *m*, engrenage *m*; *auto* boîte *f* de vitesses; **~schaden** *m* dommage *m* à la boîte de vitesses
**Gewächs** [gə'vɛks] *n* (*-es*; *-e*) plante *f*; *Weinsorte* cru *m*; *méd* tumeur *f*
**ge'wachsen *j-m, e-r Sache* ~ *sein*** être à la hauteur de qn, qc
**Ge'wächshaus** *n* serre *f*
**gewagt** [gə'va:kt] osé, risqué
**gewählt** [gə'vɛ:lt] *Stil* choisi
**Gewähr** [gə'vɛ:r] *f* (-; *sans pl*) garantie *f*; **~ *übernehmen für*** répondre de; **2en** (*pas de -ge-*, *h*) accorder; **~ *lassen*** laisser faire; **2leisten** (*pas de -ge-*, *h*) garantir
**Gewahrsam** [gə'va:rza:m] *m* (*-s*; *sans pl*) garde *f*; *Haft* détention *f*; ***in ~ nehmen*** prendre sous sa garde, détenir
**Gewalt** [gə'valt] *f* (-; *-en*) force *f*; **~*tätigkeit*** violence *f*; *Macht* pouvoir *m*, puissance *f*; *moralische* autorité *f*; ***mit ~*** à toute force; ***höhere ~*** force majeure; **~ *anwenden*** recourir à la force; ***in seine ~ bringen*** s'emparer de; ***die ~ verlieren über*** perdre le contrôle de; **~herrschaft** *f* despotisme *m*, tyrannie *f*; **~herrscher** *m* despote *m*, tyran *m*; **2ig** énorme, colossal; F formidable, terrible; **2los** non-violent; **~losigkeit** *f* (-; *sans pl*) non-violence *f*; **2sam** violent; **~ *öffnen*** ouvrir de force; **~tat** *f* acte *m* de violence; **2tätig** violent
**gewandt** [gə'vant] adroit, habile; *körperlich* agile; **2heit** *f* (-; *sans pl*) adresse *f*, habilité *f*; agilité *f*; *im Benehmen* aisance *f*
**Gewässer** [gə'vɛssər] *n* (*-s*; -) eaux *f*/*pl*; **~schutz** *m* mesures *f*/*pl* pour la protection des eaux
**Gewebe** [gə've:bə] *n* (*-s*; -) tissu *m* (*a fig*)
**Gewehr** [gə've:r] *n* (-[*e*]*s*; *-e*) fusil *m*; **~kolben** *m* crosse *f*; **~lauf** *m* canon *m* (de fusil)
**Geweih** [gə'vai] *zo n* (-[*e*]*s*; *-e*) bois *m*/*pl*; *Hirsch a* ramure *f*
**Gewerbe** [gə'vɛrbə] *n* (*-s*; -) industrie *f*; *Beruf* métier *m*; profession *f*; **~freiheit** *f* liberté *f* industrielle; **~genehmigung** *f* licence *f* professionnelle
**gewerb|lich** [gə'vɛrpliç] industriel; **~smäßig** professionnel
**Ge'werkschaft** *f* (-; *-en*) syndicat *m*; **~ler** *m* (*-s*; -), **~lerin** *f* (-; *-nen*) *m* syndicaliste *m*, *f*; **2lich** syndical; **~sbewegung** *f* syndicalisme *m*; **~sbund** *m* fédération *f* syndicale; **~smitglied** *n* syndiqué *m*, -e *f*; **~svertreter** *m* représentant *m* syndical
**Gewicht** [gə'viçt] *n* (-[*e*]*s*; *-e*) poids *m*; *fig a* importance *f*
**Gewinde** [gə'vində] *n* (*-s*; -) *Schrauben2* pas *m* de vis, filetage *m*
**Gewinn** [gə'vin] *m* (-[*e*]*s*; *-e*) gain *m*; profit *m*; bénéfice *m*; **~ *bringend*** lucratif, rentable; **~anteil** *m* droit *m* de licence; redevance; **~ausschüttung** *f* affectation *f* de bénéfices; **~beteiligung** *f* participation *f* aux bénéfices; **2bringend** lucratif, rentable; **2en** (*gewann*, *gewonnen*, *h*) gagner; *Erze* extraire; **2end** *Wesen*, *Lächeln* avenant, engageant; **~er** *m* (*-s*; -) vainqueur *m*, gagnant *m*; **~spanne** *f* marge *f* de bénéfice; **~sucht** (-; *sans pl*) âpreté *f* au gain; **~zahl** *f* numéro *m* gagnant
**Gewirr** [gə'vir] *n* (-[*e*]*s*; *-e*) confusion *f*; *Straßen2* dédale *m*
**gewiss** [gə'vis] sûr, certain; ***ein gewisser Herr N*** un certain monsieur N; *adv* certainement; **~!** mais oui!
**Ge'wissen** *n* (*-s*; -) conscience *f*; **2haft** consciencieux; **2los** sans scrupules
**Ge'wissens|biss** *m* remords *m*; **~frage** *f* cas *m* de conscience; **~konflikt** *m* conflit *m* moral
**gewissermaßen** [gəvisər'ma:sən] pour ainsi dire
**Ge'wissheit** *f* (-; *-en*) certitude *f*
**Gewitter** [gə'vitər] *n* (*-s*; -) orage *m*; **~regen** *m* pluie *f* d'orage
**ge'wittrig** [-riç] orageux
**gewöhnen** [gə'vø:nən] (*pas de -ge-*, *h*) (***sich ~*** s')accoutumer, habituer (***an*** à)
**Gewohnheit** [gə'vo:nhait] *f* (-; *-en*) habitude *f*, coutume *f*; **2smäßig** habituel; routinier; *adv* par habitude; **~srecht** *n* droit *m* coutumier
**ge'wöhnlich** ordinaire; *zur Gewohnheit geworden* habituel; *herkömmlich* usuel; *péj* commun, vulgaire; ***wie ~*** comme d'habitude
**ge'wohnt** habituel; ***etw ~ sein*** être habitué à qc

**Ge'wöhnung** *f* (-; *sans pl*) accoutumance *f* (*an* à)
**Gewölbe** [gə'vœlbə] *n* (*-s*; -) voûte *f*
**Gewühl** [gə'vyːl] *n* (-[*e*]*s*; *sans pl*) cohue *f*
**Gewürz** [gə'vyrts] *n* (*-es*; *-e*) épice *f*
**gez.** *abr* ***gezeichnet*** signé
**Ge'zeiten** *pl* marée *f*
**ge'zielt** concentré, bien orienté, systématique
**gezwungen** [gə'tsvuŋən] contraint, forcé
**ggf.** *abr* ***gegebenenfalls*** le cas échéant
**Gicht** [giçt] *méd f* (-; *sans pl*) goutte *f*
**Giebel** ['giːbəl] *m* (*-s*; -) pignon *m*
**Gier** [giːr] *f* (-; *sans pl*) avidité *f*; '**≈ig** avide (***nach, auf*** de)
**gieß|en** ['giːsən] (*goss, gegossen, h*) verser; *Blumen* arroser; *tech* couler, fondre; **≈erei** [-'rai] *f* (-; *-en*) fonderie *f*; '**≈kanne** *f* arrosoir *m*
**Gift** [gift] *n* (-[*e*]*s*; *-e*) poison *m*; *zo* venin *m*; '**≈ig** toxique; *Pilz* vénéneux; *Schlange* venimeux (*a fig*); '**~müll** *m* déchets *m/pl* toxiques; '**~stoff** *m* toxique *m*; *méd* toxine *f*
**Gigant** [gi'gant] *m* (*-en*; *-en*) géant *m*; **≈isch** gigantesque
**Gipfel** ['gipfəl] *m* (*-s*; -) sommet *m*; *fig a* apogée *m*, comble *m*; '**~konferenz** *f*, '**~treffen** *n pol* conférence *f* au sommet
**Gips** [gips] *m* (*-es*; *-e*) plâtre *m*; '**~abdruck** *m*, '**~abguss** *m* plâtre *m*, moulage *m* en plâtre; '**~verband** *m* plâtre *m*
**Giraffe** [gi'rafə] *zo f* (-; *-n*) girafe *f*
**Giro** ['ʒiːro] *n* (*-s*; *-s*) virement *m*; '**~konto** *n* compte *m* courant; '**~verkehr** *m* opérations *f/pl* de virement
**Gitarre** [gi'tarə] *f* (-; *-n*) guitare *f*
**Gitter** ['gitər] *n* (*-s*; -) grille *f*; grillage *m*; *fig* F ***hinter ~n sitzen*** être sous les verrous; '**~fenster** *n* fenêtre *f* grillagée
**Glanz** [glants] *m* (*-es*; *sans pl*) éclat *m*; *Pracht* splendeur *f*
**glänzen** ['glɛntsən] (*h*) briller (*a fig*); '**~d** brillant
'**Glanz|leistung** *f* performance *f* brillante; '**~zeit** *f* époque *f* de gloire
**Glas** [glaːs] *n* (*-es*; *⸚er*) verre *m*; '**~er** *m* (*-s*; -) vitrier *m*
'**Glas|faser** *f* fibre *f* de verre; *tél* fibre *f* optique; '**~hütte** *f* verrerie *f*; **≈ieren** [-'ziːrən] (*pas de -ge-, h*) *Keramik* vernisser; *cuis* glacer; '**~scheibe** *f* carreau *m*, vitre *f*; **~ur** [-'zuːr] *f* (-; *-en*) vernis *m*; *cuis* glaçage *m*, nappage *m*; '**~wolle** *f* laine *f* de verre
**glatt** [glat] lisse; poli; *Straße* glissant; *fig Sieg etc* net; ***~ ablehnen*** refuser carrément
**Glätte** ['glɛtə] *f* (-; *sans pl*) *Fahrbahn* état *m* glissant
'**Glatteis** *n* verglas *m*
'**glätten** (*h*) lisser, polir; *Schweiz bügeln* repasser
**Glatze** ['glatsə] *f* (-; *-n*) tête *f* chauve, calvitie *f*; ***e-e ~ haben*** être chauve
'**glauben** (*h*) croire (***etw*** qc); ***j-m ~*** croire qn; ***~ an*** croire à; ***an Gott ~*** croire en Dieu
**Glaube(n)** ['glaubə(n)] *m* (*-ns*; *sans pl*) croyance *f* (***an*** à); *rel* foi *f* (***an*** en)
'**Glaubens|bekenntnis** *n* profession *f* de foi, credo *m*; '**~satz** *m* dogme *m*
**glaubhaft** ['glaup-] crédible, plausible
**gläubig** ['glɔʏbiç] croyant; ***die ≈en*** les fidèles *m/pl*
**Gläubiger** ['-gər] *écon m* (*-s*; -) créancier *m*
**glaubwürdig** ['glaup-] digne de foi
**gleich** [glaiç] **1.** *adj* égal; *identisch* le même; *ähnlich* pareil; ***~ bleibend*** constant; ***das ≈e*** la même chose; ***auf die ~e Art*** de la même façon; ***zur ~en Zeit*** en même temps; ***das ist mir ~*** ça m'est égal; je m'en moque; ***ganz ~ wann*** n'importe quand; **2.** *adv ebenso* également; *sofort* à l'instant, tout de suite; ***~ groß*** de même taille, aussi grand; ***~ nach*** juste après; ***es ist ~ 5*** il va être 5 heures; ***~ aussehen*** se ressembler; ***bis ~!*** à tout à l'heure!
'**gleich|altrig** du même âge; '**~bedeutend** synonyme (***mit*** à *od* avec); '**~berechtigt** ayant les mêmes droits, émancipé; '**≈berechtigung** *f* (-; *sans pl*) émancipation *f*; '**~bleibend** constant; '**~en** (*glich, geglichen, h*) ressembler (à); ***sich ~*** se ressembler; '**~ermaßen** également; '**~falls** de même, pareillement; ***danke, ~!*** merci à vous aussi!; '**≈gewicht** *n* (-[*e*]*s*; *sans pl*) équilibre *m*; '**~gültig** indifférent; '**≈gültigkeit** *f* (-; *-en*) indifférence *f*;

'**≈heit** *f* (-; *sans pl*) égalité *f*; '**≈heitsgrundsatz** *m* principe *m* d'égalité; '**~machen** (*sép*, *-ge-*, *h*) égaliser; '**~mäßig** régulier; '**≈mut** *m* calme *m*, impassibilité *f*; '**~mütig** calme, impassible; '**~sam** pour ainsi dire; '**~seitig** *math* équilatéral; '**~setzen** (*sép*, *-ge-*, *h*), '**~stellen** (*sép*, *-ge-*, *h*) mettre sur le même plan; assimiler (à); '**≈strom** *tech* *m* courant *m* continu; '**≈ung** *math* *f* (-; *-en*) équation *f*; '**~wertig** équivalent; '**~zeitig** simultané; *adv* en même temps

**Gleis** [glais] *n* (*-es*; *-e*) voie *f* (ferrée), rails *m/pl*; *Bahnsteig* quai *m*

**gleit|en** ['glaitən] (*glitt*, *geglitten*, *sn*) glisser; ***~de Arbeitszeit*** horaire *m* à la carte; '**≈flug** *m* ***im ~*** en vol plané; '**≈zeit** *f* horaire *m* libre

**Gletscher** ['glɛtʃər] *m* (*-s*; -) glacier *m*; '**~spalte** *f* crevasse *f*

**Glied** [gliːt] *n* (-[*e*]*s*; *-er*) membre *m*; *männliches* pénis *m*; *e-r Kette* chaînon *m*; '**≈ern** ['-dərn] (*h*) diviser; organiser; structurer; '**~erung** ['-dəruŋ] *f* (-; *-en*) division *f*; organisation *f*; structure *f*

**glimmen** ['glimən] (*h*) brûler sans flamme; luire; *unter der Asche* couver

**global** [glo'baːl] *umfassend* global; *weltweit* planétaire; **≈i'sierung** *f* (-; *-en*) mondialisation *f*; **≈steuerung** *f* contrôle *m* global

**Globus** ['gloːbus] *m* (-[*ses*]; *Globen*) mappemonde *f*, globe *m* terrestre

**Glocke** ['glɔkə] *f* (-; *-n*) cloche *f*

'**Glocken|blume** *bot* *f* campanule *f*; '**~spiel** *n* carillon *m*; '**~turm** *m* clocher *m*

**glorreich** ['gloːr-] glorieux

**Glück** [glyk] *n* (-[*e*]*s*; *sans pl*) *Zustand* bonheur *m*; *durch Zufall* chance *f*; ***auf gut ~*** au petit bonheur; ***viel ~!*** bonne chance!; ***zum ~*** heureusement, par bonheur; ***~ haben*** avoir de la chance; ***~ bringend*** porte-bonheur

'**glück|en** (*sn*) réussir; ***alles glückt ihm*** tout lui réussit; '**~lich** heureux; ***~er Zufall*** heureux hasard; '**~licherweise** heureusement

'**Glücks|fall** *m* coup *m* de chance; '**~kind** *n* ***ein ~ sein*** être né coiffé; '**~pilz** *m* chanceux *m*, veinard *m*; '**~spiel** *n* jeu *m* de hasard; '**~tag** *m* jour *m* de chance

'**glückstrahlend** rayonnant de bonheur, radieux

'**Glückwunsch** *m* félicitations *f/pl*; ***herzlichen ~!*** toutes mes (*od* nos) félicitations!; *zum Geburtstag* joyeux anniversaire!; ***j-m seine Glückwünsche aussprechen*** féliciter qn (***zu etw*** de qc); '**~karte** *f* carte *f* de félicitations; '**~telegramm** *n* télégramme *m* de félicitations

**Glüh|birne** ['glyː-] *f* ampoule *f*; '**≈en** (*h*) être rouge; *fig* brûler (***vor*** de); '**≈end** ardent, brûlant (*beide a fig*); *Hitze* torride

**Glut** [gluːt] *f* (-; *-en*) *Feuer* braise *f*; *Sonne*, *fig* ardeur *f*

**GmbH** *comm* *f* SARL *f* (société à responsabilité limitée)

**Gnade** ['gnaːdə] *f* (-; *sans pl*) grâce *f*

'**Gnaden|frist** *f* délai *m* de grâce; '**~gesuch** *jur* *n* recours *m* en grâce; '**≈los** sans pitié

**Gold** [gɔlt] *n* (*-es*; *sans pl*) or *m*; '**~barren** *m* lingot *m* d'or; '**≈en** ['gɔldən] d'or; *goldfarbig* doré; '**~fisch** *m* poisson *m* rouge; '**~gräber** ['-grɛːbər] *m* (*-s*; -) chercheur *m* d'or; '**~grube** *f* *fig* mine *f* d'or; '**≈ig** ['-diç] mignon, gentil, adorable; '**~medaille** *f* médaille *f* d'or; '**~mine** *f* mine *f* d'or; '**~münze** *f* pièce *f* d'or; '**~preis** *m* prix *m* de l'or; '**~schmied** *m* orfèvre *m*

**Golf¹** [gɔlf] *géogr* *m* (-[*e*]*s*, *-e*) golfe *m*

**Golf²** *Sport* *n* (*-s*; *sans pl*) golf *m*; '**~ball** *m* balle *f* de golf; '**~platz** terrain *m* de golf; '**~schläger** *m* crosse *f* de golf; '**~spieler** *m* joueur *m* de golf; '**~strom** *m* (-[*e*]*s*; *sans pl*) Gulf Stream *m*

**Gondel** ['gɔndəl] *f* (-; *-n*) *Boot* gondole *f*; *Seilbahn≈* cabine *f*; *Ballon≈* nacelle *f*

**Gong(schlag)** ['gɔŋ-] *m* (*-s*; *-e*) gong *m*

**gönn|en** ['gœnən] (*h*) ***sich etw ~*** se payer, s'offrir, s'accorder qc; ***j-m etw ~*** être content pour qn; '**≈er** *m* (*-s*; -), '**≈erin** *f* (-; *-nen*) protecteur *m*, -trice *f*; bienfaiteur *m*, -trice *f*; mécène *m*; '**~erhaft** protecteur; condescendant

**Gorilla** [go'rila] *zo* *m* (*-s*; *-s*) gorille *m*

**Got|ik** ['goːtik] *f* (-; *sans pl*) style *m* *od* *époque f gothique*; '**≈isch** gothique

**Gott** [gɔt] *m* (*-es*; *⸗er*) dieu *m*; *christlicher* Dieu; ***~ der Herr*** le Seigneur; ***~***

***sei Dank!*** Dieu merci!, grâce à Dieu!; ***leider ~es!*** hélas!
'**Gottes|dienst** *m* service *m* religieux; messe *f*; office *m*; '**~lästerung** *f* blasphème *m*
**Gotthard** ['gɔthart] ***der ~*** le col du Saint-Gothard
'**Gottheit** *f* (-; *-en*) divinité *f*
**Gött|in** ['gœtin] *f* (-; *-nen*) déesse *f*; '**≗lich** divin
**gott|'lob!** Dieu soit loué!; '**~los** impie, athée; '**~verlassen** *Ort* perdu
**Grab** [gra:p] *n* (-[*e*]*s*; *⸚er*) tombe *f*, tombeau *m*, *ausgehobenes* fosse *f*
'**graben** (*grub*, *gegraben*, *h*) creuser
**Graben** ['gra:bən] *m* (*-s*; *⸚*) fossé *m*; *mil* tranchée *f*
'**Grab|mal** *n* (-[*e*]*s*; *-e*, *⸚er*) tombeau *m*, monument *m* funéraire; '**~stein** *m* pierre *f* tombale
**Grad** [gra:t] (-[*e*]*s*; *-e*) *Maß* degré *m*; *fig* grade *m*; ***15 ~ Kälte*** 15 degrés en dessous de zéro; '**~einteilung** *f* graduation *f*
**Graf** [gra:f] *m* (*-en*; *-en*) comte *m*
**Graffito** [gra'fi:to] *n* (*-s*; *-ti*) graffiti *m/pl*
**Grafi|k** ['gra:fik] *f* (-; *-en*) art *m* graphique; *Druck* gravure *f*, estampe *f*; *Diagramm* graphique *m*; '**~ker** *m* (*-s*; -) dessinateur-graveur *m*; '**≗sch** graphique
'**Grafikkarte** *f* (-; *-n*) carte *f* graphique
**Gräfin** ['grɛ:fin] *f* (-; *-nen*) comtesse *f*
'**Grafschaft** *f* (-; *-en*) comté *m*
**Gramm** [gram] *n* (*-s*; *-e*) gramme *m*
**Grammati|k** [gra'matik] *f* (-; *-en*) grammaire *f*; **≗sch** grammatical
**Granat|e** [gra'na:tə] *mil f* (-; *-n*) obus *m*; *Hand≗* grenade *f*; **~splitter** *m* éclat *m* d'obus; **~werfer** *m* mortier *m*, lance-grenades *m*
**grandios** [grand'jo:s] grandiose, magnifique
**Granit** [gra'ni:t] *m* (*-s*; *-e*) granit(e) *m*
'**Graphik** → ***Grafik***
**Gras** [gra:s] *n* (*-es*; *⸚er*) herbe *f*
**grasen** ['gra:zən] *Vieh* brouter l'herbe
**grassieren** [gra'si:rən] (*pas de -ge-*, *h*) sévir
**grässlich** ['grɛsliç] affreux, horrible, hideux
**Grat** [gra:t] *m* (-[*e*]*s*; *-e*) arête *f*, crête *f*
**Gräte** ['grɛ:tə] *f* (-; *-n*) *Fisch* arête *f*
**Gratifikation** [gratifika'tsjo:n] *f* (-; *-en*) gratification *f*
**gratis** ['gra:tis] gratis, gratuitement
**Gratu|lant** [gratu'lant] *m* (*-en*; *-en*) personne *f* qui félicite qn; **~lation** [-'tsjo:n] *f* (-; *-en*) félicitations *f/pl*; **≗'lieren** ***j-m*** (***zu etw***) **~** féliciter qn (de qc); ***j-m zum Geburtstag ~*** souhaiter bon anniversaire à qn
**grau** [grau] gris; '**≗brot** *n* pain *m* de seigle
**Graubünden** [grau'byndən] *n* les Grisons *m/pl*
**Gräuel** ['grɔʏəl] *m* (*-s*; -), '**~tat** *f* atrocité *f*
'**grauen** (*h*) ***mir graut vor*** j'ai horreur de
'**Grauen** *n* (*-s*; *sans pl*) horreur *f*
'**grauen|haft**, '**~voll** horrible, épouvantable, atroce, affreux
'**grausam** cruel; '**≗keit** *f* (-; *-en*) cruauté *f*
'**Grauzone** *f* domaine *m* flou
**gravieren** [gra'vi:rən] (*pas de -ge-*, *h*) graver; **~d** sérieux, grave
**Graz|ie** ['gra:tsjə] *f* (-; *sans pl*) grâce *f*; **≗iös** [gra'tsjø:s] gracieux
**greif|bar** ['graif-] palpable, tangible; *verfügbar* disponible; '**~en** (*griff*, *gegriffen*, *h*) saisir (***nach etw*** qc), prendre; ***zu etw ~*** recourir à qc; ***um sich ~*** se propager
**Greis** [grais] *m* (*-es*; *-e*) vieillard *m*; '**≗enhaft** ['-zən-] sénile; '**~in** ['-zin] *f* vieille femme *f*
**grell** [grɛl] *Ton* perçant; *Licht* cru; *Farbe* criard
**Gremium** ['gre:mjum] *n* (*-s*; *Gremien*) organe *m* (politique)
**Grenz|e** ['grɛntsə] *f* (-; *-n*) *Landes≗* frontière *f*; *fig* limite *f*, borne *f*; '**≗en** (*h*) toucher (***an*** à); '**≗enlos** sans bornes, illimité; *unendlich* infini; '**~fall** *m* cas *m* limite; '**~kontrolle** *f* contrôle *m* à la frontière; '**~land** *m* pays *m* frontalier; '**~linie** *pol f* ligne *f* de démarcation; '**~polizei** *f* police *f* des frontières; '**~stein** *m* borne *f*; '**~übergang** *m* poste *m* frontière; '**≗überschreitend** qui dépasse les frontières
'**Greuel** → ***Gräuel***
**Griech|e** ['gri:çə] *m* (*-n*; *-n*), '**~in** *f* (-; *-nen*) Grec *m*, Grecque *f*; '**~enland** *n* (*-s*; *sans pl*) la Grèce; '**≗isch** grec

**Grieß** [gri:s] *cuis m* (*-es*; *-e*) semoule *f*
**Griff** [grif] *m* (-[*e*]*s*; *-e*) *Tür* poignée *f*; *Messer* manche *m*; *Sport* prise *f*; ***im ~ haben*** dominer, contrôler
**Grill** [gril] *m* (*-s*; *-s*) gril *m*, barbecue *m*
'**Grill|e** *zo* grillon *m*; *fig* caprice *m*; '**2en** (*h*) griller; '**~fest** *n* barbecue *m*; '**~restaurant** *n* rôtisserie *f*
**Grimasse** [gri'masə] *f* (-; *-n*) grimace *f*
**Grippe** ['gripə] *méd f* (-; *-n*) grippe *f*; '**~welle** *f* épidémie *f* de grippe
**grob** [gro:p] grossier; brutal; '**2heit** *f* (-; *-en*) grossièreté *f* (*a fig*)
**Grönland** ['grø:nlant] *n* le Groenland
**Groschen** ['grɔʃən] *hist m* (*-s*; -) pièce *f* de dix pfennigs
**groß** [gro:s] grand; *voluminös* gros; ***wie ~ ist er?*** quelle taille a-t-il?; ***2 und Klein*** petits et grands; ***im 2en und Ganzen*** dans l'ensemble, en gros; '**2aktionär** *m* actionnaire *m* principal; '**~artig** grandiose, magnifique; F formidable; '**2aufnahme** *f film* gros plan *m*; '**2bildschirm** *m* écran *m* géant
'**Großbritannien** *n* la Grande-Bretagne
**Größe** ['grø:sə] *f* (-; *-n*) grandeur *f* (*a fig*); *Ausmaße* dimensions *f/pl*, taille *f*; *Dicke* grosseur *f*; *Körper2*, *Kleider2*, taille *f*; *Schuh2* pointure *f*; *Person* célébrité *f*
'**Großeltern** *pl* grands-parents *m/pl*
'**Größen|ordnung** *f* ordre *m* de grandeur; '**~wahn** *m* folie *f* des grandeurs, mégalomanie *f*
'**Groß|grundbesitz** *m* grande propriété *f*; '**~grundbesitzer** *m* grand propriétaire; '**~handel** *m* commerce *m* de *od* en gros; '**~handelspreis** *m* prix *m* de gros; '**~händler** *m* grossiste *m*; '**~herzogtum** *n* grand-duché *m*; '**~industrie** *f* grande industrie *f*; '**~macht** *f* grande puissance *f*; '**~mut** *f* générosité *f*; '**~mutter** *f* grand-mère *f*; '**~raum** *écon m* conurbation *f*; ***der ~ München*** le grand Munich; '**~raumbüro** *n* bureau *m* collectif; '**~raumflugzeug** *n* avion *m* gros porteur; '**~schreibung** *f* emploi *m* des lettres majuscules; '**2spurig** crâneur; ***~ auftreten*** se donner des grands airs; '**~stadt** *f* grande ville *f*; '**2städtisch** de la grande ville
**größtenteils** ['grø:stəntails] pour la plupart, en majeure partie
'**groß|tun** (*irr*, *sép*, *-ge-*, *h*, → ***tun***) ***mit etw ~*** se vanter de qc; '**2unternehmen** *n* grande entreprise *f*; '**2vater** *m* grand-père *m*; '**2verdiener** *m* qn qui gagne beaucoup; '**2wetterlage** *f* situation *f* météorologique globale; '**~zügig** généreux; permissif; *Haus* spacieux
**grotesk** [gro'tɛsk] grotesque
**Grube** ['gru:bə] *f* (-; *-n*) fosse *f*; *Bergwerk* mine *f*
**grübeln** ['gry:bəln] (*h*) se creuser la tête; broyer du noir
**grün** [gry:n] vert; ***~e Versicherungskarte*** carte *f* verte; *pol* ***die 2en*** les Verts *m/pl*, F les écolos *m/pl*; ***im 2en*** dans la nature
'**Grünanlage** *f* ilôt *m* de verdure
**Grund** [grunt] *m* (-[*e*]*s*; *⸚e*) *Boden* fond *m*; *Erdboden* sol *m*; *Vernunft2* raison *f*; *Beweg2* motif *m*, mobile *m*; *Ursache* cause *f*; ***im ~e*** au fond, ***von ~ auf ändern*** modifier de fond en comble; ***aus diesem ~e*** pour cette raison; ***~ und Boden*** propriété *f*; '**~bedingung** *f* condition *f* principale; '**~begriffe** *m/pl* fondements *m/pl*; '**~besitz** *m* propriété *f* foncière; '**~besitzer** *m* propriétaire *m* foncier
**gründ|en** ['gryndən] (*h*) fonder; '**2er** *m* (*-s*; -), '**2erin** *f* (-; *-nen*) fondateur *m*, -trice *f*
'**Grund|fläche** *f math* base *f*; *e-r Wohnung* surface *f*; '**~gebühr** taxe *f* fixe; '**~gedanke** *m* idée *f* de base; '**~gesetz** *n BRD* Loi *f* Fondamentale; '**~kapital** *n* fonds *m* social; '**~lage** *f* base *f*; '**2legend** fondamental
**gründlich** ['gryntliç] solide, approfondi; *Person a* consciencieux, minutieux; *adv* à fond; '**2keit** *f* (-; *sans pl*) solidité *f*; conscience *f* professionnelle; soin *m*; minutie *f*
'**grundlos** sans fond; *fig* dénué de fondement, gratuit, sans motif
'**Grund|nahrungsmittel** *n* nourriture *f* de base; '**~riss** *m* plan *m*; '**~satz** *m* principe *m*; '**2sätzlich** de principe; *adv* par principe; ***ich bin ~ dagegen*** je suis foncièrement contre; '**~schule** *f* école *f* primaire; '**~steuer** *f* impôt *m* foncier; '**~stück** *n* (parcelle *f* de) terrain *m*; '**~stücksmakler** *m* agent *m* immobilier

**'Gründung** *f* (-; *-en*) fondation *f*
**'Grund|wasser** *n* nappe *f* phréatique; **'~zahl** math *f* nombre *m* cardinal
**'Grün|e¹** *n* (*-n*; *sans pl*) vert *m*; verdure *f*; **~e²** *pol pl* ***die ~n*** les Verts *m/pl*, F les écolos *m/pl*; **'~fläche** *f* espace *m* vert; **'~gürtel** *m* ceinture *f* verte; **'~span** *m* vert-de-gris *m*; **'~streifen** *m Autobahn* bande *f* médiane
**grunzen** ['gruntsən] (*h*) grogner
**Grupp|e** ['grupə] *f* (-; *-n*) groupe *m*; **'~enreise** *f* voyage *m* organisé
**Grusel|film** ['gru:zəl-] *m* film *m* d'épouvante
**Gruß** ['gru:s] *m* (-[*e*]*s*; *⸚e*) *Wort, Geste* salut *m*; *Briefschluss* salutations *f/pl*; *an j-n* compliments *m/pl*, F bonjour *m*; ***mit freundlichem ~*** veuillez agréer, Monsieur *etc*, mes salutations distinguées; ***herzliche Grüße!*** amitiés
**grüßen** ['gry:sən] (*h*) saluer; ***j-n ~ lassen*** donner le bonjour à qn
**guck|en** ['gukən] (*h*) ***nach etw ~*** regarder qc; **'⁀loch** *n* judas *m*
**Guinea** [gi'ne:a] *n* la Guinée
**Gulasch** ['gulaʃ] *cuis n* (-[*e*]*s*; *-e*, *-s*) goulasch *m*
**Gulden** ['guldən] *hist m* (*-s*; -) florin *m*
**gültig** ['gyltiç] valable; *jur* valide; *Geld* qui a cours; **'⁀keit** *f* (-; *sans pl*) validité *f*
**Gummi** ['gumi] *n*, *m* (*-s*; -[*s*]) *Material* caoutchouc *m*; *Radier⁀* gomme *f*; *~band* élastique *m*; **'~baum** *m* caoutchouc *m*; *Kautschukbaum* hévéa *m*
**gum'mieren** (*pas de -ge-*, *h*) gommer, caoutchouter
**'Gummi|knüppel** *m* matraque *f*; **'~stiefel** *m/pl* bottes *f/pl* en caoutchouc
**Gunst** [gunst] *f* (-; *sans pl*) faveur *f*; ***zu seinen ~en*** en sa faveur
**günstig** ['gynstiç] favorable; *Preis* avantageux; ***~e Gelegenheit*** bonne occasion *f*; ***im ~sten Fall*** dans le meilleur des cas
**Gurgel** ['gurgəl] *f* (-; *-n*) gorge *f*; **'⁀n** (*h*) se gargariser; *Wasser* gargouiller
**Gurke** ['gurkə] *f* (-; *-n*) concombre *m*; *kleine* cornichon *m*
**Gurt** [gurt] *m* (-[*e*]*s*; *-e*) *Sicherheits⁀* ceinture *f* (de sécurite); *Tragriemen* sangle *f*
**Gürtel** ['gyrtəl] *m* (*-s*; -) ceinture; **'~reifen** *m* pneu *m* radial
**'Gurtpflicht** *f* obligation *f* de mettre la ceinture de sécurité
**GUS** *f abr* ***Gemeinschaft Unabhängiger Staaten*** CEI *f* (Communauté des États Indépendants)
**Guss** [gus] *m* (*-es*; *⸚e*) *Regen⁀* averse *f*; *Gießerei* fonte *f*; *Zucker⁀* glaçage *m*; *fig* ***aus e-m ~*** d'un seul jet; **'~eisen** *n* fonte *f*
**gut** [gu:t] *adj* bon; *adv* bien; *Wetter* beau; ***~ gehen*** bien aller; ***mir geht es ~*** je vais bien; ***ganz ~*** pas mal; ***schon ~!*** ça suffit!; (***wieder***) ***~ werden*** s'arranger; ***~e Reise!*** bon voyage!; ***sei bitte so ~ und …*** sois gentil de (+ *inf*); ***in etw ~ sein*** être bon en qc; ***es riecht ~*** ça sent bon; ***du hast es ~*** tu as de la chance, F du pot; ***es ist ~ möglich*** ça se peut bien; ***es gefällt mir ~*** ça me plaît beaucoup; ***~ gemacht!*** bien!; ***mach's ~!*** bonne chance!; → ***guttun***
**Gut** (-[*e*]*s*; *⸚er*) bien *m*; *Land⁀* propriété *f*; *Ware* marchandise *f*; **'~achten** *n* (*-s*; -) expertise *f*; **'~achter** *m* (*-s*; -) expert *m*; **'⁀artig** *méd* bénin; **'~dünken** ['-dynkən] *n* ***nach ~*** à mon (ton *etc*) gré; comme bon me (te *etc*) semble
**'Gute** *n* (*-n*; *sans pl*) bien *m*; ***~s tun*** faire le bien; ***alles ~!*** bonne chance!
**Güte** ['gy:tə] *f* (-; *sans pl*) bonté *f*; *comm* bonne qualité *f*
**'Güter|bahnhof** *m* gare *f* des marchandises; **'~gemeinschaft** *jur f* communauté *f* des biens; **'~trennung** *jur f* séparation *f* des biens; **'~verkehr** *m* trafic *m* des marchandises; **'~wagen** *m* wagon *m* de marchandises; **'~zug** *m* train *m* de marchandises
**'gutgehen** (*irr*, *sép*, *-ge-*, *sn*, → ***gehen***) → ***gut***
**gut|gesinnt** ['gu:tgəzint] bien disposé, intentionné; **'~gläubig** crédule; *jur* de bonne foi
**'Guthaben** *comm n* (*-s*; -) avoir *m*
**gütlich** ['gy:tliç] *Einigung* à l'amiable; ***sich an etw ~ tun*** se régaler de qc
**'gut|machen** (*sép*, *-ge-*, *h*) réparer; rattraper; **'~mütig** ['-my:tiç] (d'un naturel) bon; **'⁀mütigkeit** *f* (-; *sans pl*) gentillesse *f*
**'Guts|besitzer** *m*, **'~besitzerin** *f* propriétaire *m*, *f* foncier (-ière)
**'Gut|schein** *m* bon *m*; **'⁀schreiben** (*irr*,

*sép*, *-ge-*, *h*, → ***schreiben***) ***j-m etw ~*** créditer qn de qc; '**~schrift** *f* créance *f*
'**guttun** (*irr*, *sép*, *-ge-*, *h*, → ***tun***) faire du bien; ***das tut gut*** cela fait du bien
**Guyana** [gu'jaːna] *n* la Guyana
**Gymnasium** [gym'naːzjum] *n* (*-s*; *Gymnasien*) lycée *m*
**Gymnastik** [gym'nastik] *f* (-; *sans pl*) gymnastique *f*

# H

**H** [haː] *mus* (-; -) si *m*
**ha** *abr* ***Hektar*** hectare
**Haag** [haːk] ***Den ~*** la Haye
**Haar** [haːr] *n* (-[*e*]*s*; *-e*) cheveu *m*; *als Gesamtheit* cheveux *m/pl*, chevelure *f*; *Körper*≈, *Bart*≈, *Tier*≈ poil *m*; ***um ein ~*** il s'en est fallu d'un cheveu (pour que + *subj*); '**~ausfall** *m* chute *f* des cheveux; '**~festiger** *m* (*-s*; -) fixateur *m* pour les cheveux; '**≈genau** précisément; '**≈ig** poilu, velu; '**~nadelkurve** *f* virage *m* en épingle à cheveux; '**≈scharf** très net; F ***~ daneben!*** manqué de justesse!; '**~schnitt** *m* coupe *f* de cheveux; '**~spalterei** [-ʃpaltə'rai] *f* (-; *-en*) ***~ betreiben*** couper les cheveux en quatre; '**~spray** *m od n* laque *f*; '**≈sträubend** inouï, monstrueux; '**~trockner** *m* sèche-cheveux *m*; '**~wäsche** *f* shampooing *m*; '**~waschmittel** *n* shampooing *m*; '**~wasser** *n* lotion *f* capillaire; '**~wuchs** *m* chevelure *f*
**Hab** [haːb] (***all mein***) ***~ und Gut*** toutes mes affaires
**Habe** ['haːbə] *f* (-; *sans pl*) avoir *m*, bien *m*
'**haben** (*hatte*, *gehabt*, *h*) avoir; ***heute ~ wir Montag*** aujourd'hui nous sommes lundi; ***du hast zu gehorchen*** tu dois obéir; F ***da ~ wir's!*** ça y est!; F ***sich ~*** *sich zieren* faire des simagrées
'**Haben** *comm n* (*-s*; -) avoir *m*, crédit *m*; '**~saldo** *m* solde *m* créditeur; '**~seite** *f* côté *m* du crédit; '**~zinsen** *m/pl* intérêts *m/pl* créditeurs
**Habgier** ['haːp-] *f* (-; *sans pl*) avidité *f*, cupidité *f*; '**≈ig** avide, cupide
**Habseligkeiten** ['haːp-] *f/pl* affaires *f/pl*
**Hack|e** ['hakə] *f* (-; *-n*) **1.** pioche *f*, houe *f*; **2.** *Ferse* talon *m*; '**≈en** (*h*) *Fleisch* hacher; *Holz* casser; *Vogel* donner des coups de bec; '**~fleisch** *n* viande *f* hachée
**Hafen** ['haːfən] *m* (*-s*; ≃) port *m* (*a fig*); '**~anlagen** *f/pl* installations *f/pl* portuaires; '**~arbeiter** *m* docker *m*; '**~behörde** *f* autorités *f/pl* portuaires; '**~gebühren** *f/pl* droits *m/pl* de port; '**~polizei** *f* police *f* de port; '**~stadt** *f* ville *f* portuaire; '**~viertel** *n* quartier *m* du port
**Hafer** ['haːfər] *m* (*-s*;-) avoine *f*; '**~flocken** *f/pl* flocons *m/pl* d'avoine
**Haft** [haft] *f* détention *f*, emprisonnement *m*; '**≈bar** responsable (***für*** de); '**~befehl** *m* mandat *m* d'arrêt
'**haften** (*h*) adhérer (***an*** à); *bürgen* répondre (***für*** de)
'**Häftling** ['hɛftliŋ] *m* (*-s*; *-e*) détenu *m*
'**Haft|pflicht** *f* responsabilité *f* civile; '**~pflichtversicherung** *f* assurance *f* (de) responsabilité civile; '**~ung** *f* (-; *sans pl*) responsabilité *f* (***für*** de)
'**Hagel** ['haːgəl] *m* (*-s*; *sans pl*) grêle *f* (*a fig*); '**≈n** (*h*) grêler; '**~schauer** *m* giboulée *f*
**Hahn** [haːn] *m* (-[*e*]*s*; ≃*e*) **1.** *zo* coq *m*; **2.** *Wasser*≈ robinet *m*
'**Hähnchen** ['hɛːnçən] *cuis n* (*-s*; -) poulet *m*
**Hai** [hai] *zo m* (-[*e*]*s*; *-e*), '**~fisch** *m* requin *m*
**Haiti** [ha'iːti] *n* Haïti
**Haken** [haːkən] *m* (*-s*; -) crochet *m* (*a Boxen*); *Angel*≈ hameçon *m*; *Kleider*≈ portemanteau *m*; '**~kreuz** *n* croix *f* gammée
**halb** [halp] **1.** *adj* demi; ***e-e ~e Stunde*** une demi-heure; ***ein ~es Jahr*** six mois; **2.** *adv* à demi, (à) moitié; ***~ vier*** trois heures et demie
**halb|...** *in Zssgn* demi-..., semi-..., à moitié; '**~amtlich** officieux; '**≈e** *m*, *f*, *n* (*-n*; *-n*) demi-litre *m* de bière
**halber** ['halbər] *prép* (*gén*) à cause de,

pour

**'Halb|fabrikat** *n* produit *m* semi-fini; **℘ieren** [-'bi:rən] (*pas de -ge-, h*) partager en deux; **'~insel** *f* presqu'île *f*, péninsule *f*; **'~jahr** *n* semestre *m*, six mois *m/pl*; **'℘jährlich** tous les six mois; **'~kreis** *m* demi-cercle *m*; **'~kugel** *f* hémisphère *m*; **'~leiter** *tech m* semi-conducteur *m*; **'℘mast** *~ flaggen* mettre les drapeaux en berne; **'~mond** *m* croissant *m*; **'~pension** *f* demi-pension *f*; **'~schlaf** *m* demi-sommeil *m*; **'℘tags** *~ arbeiten* travailler à mi-temps; **'~tagsbeschäftigung** *f* emploi *m* à mi-temps; **'~tagskraft** *f* employé(e) *m, f* à mi-temps; **'℘trocken** mi-sec; **'℘wegs** passablement, tant bien que mal; **'℘wüchsig** ['-vy:ksiç] adolescent, mineur; **'~zeit** *f Sport* mi-temps *f*

**Halde** ['haldə] *f* (-; *-n*) *Bergbau* terril *m*

**Hälfte** ['hɛlftə] *f* (-; *-n*) moitié *f*; ***zur ~*** à moitié

**'Hall|e** ['halə] *f* (-; *-n*) grande salle *f*; hall *m*; *Turn℘* gymnase *m*; **'~enbad** *n* piscine *f* couverte

**hallo** [ha'lo:] *tél* allô!; *Ruf* hé, hep!; *aus der Ferne* ohé!

**Halogen|lampe** [halo'ge:n-] *f* lampe *f* quartz-halogène; **~scheinwerfer** *m* phare *m* à iode

**Hals** [hals] *m* (*-es*; *¨e*) cou *m*; *Kehle* gorge *f*; *Pferd* encolure *f*; *Flasche* goulot *m*; ***es im ~ haben*** avoir mal à la gorge; ***~ über Kopf*** précipitamment, en toute hâte; ***sich vom ~ schaffen*** se débarrasser de; ***es hängt mir zum ~ (he)raus*** j'en ai par-dessus la tête!; F j'en ai marre!; **'~band** *n* collier *m* (*a des Hundes*); **'~entzündung** *f* inflammation *f* de la gorge, laryngite *f*; **'~kette** *f* collier *m*; **'~-Nasen-Ohren-Arzt** *m* oto-rhino-laryngologiste *m*, F oto-rhino *m*; **'~schmerzen** *m/pl* mal *m* de gorge; ***~ haben*** avoir mal à la gorge; **'~tuch** *n* écharpe *f*; *seidenes* foulard *m*; **'~weh** *n* → ***~schmerzen***

**halt!** stop!, halte(-la)!

**Halt** [halt] *m* (-[*e*]*s*; *-e, -s*) *Anhalten* arrêt *m*, halte *f*; *Stütze* appui *m*, stabilité *f*; *innerer* soutien *m*

**'haltbar** *fest* solide; *Lebensmittel* qui se conserve bien; **'℘keit** *f* (-; *sans pl*) solidité *f*; conservation *f*; **'℘keitsdatum** *n* date-limite *f*

**'halten** (*hielt, gehalten, h*) tenir; *zurückhalten* retenir; *Rede* faire, prononcer; *Zeitung* être abonné à; *stehen bleiben* s'arrêter; *Lebensmittel* (**sich**) ~ se conserver; ***~ für*** croire, tenir pour, prendre pour; ***gehalten werden für*** passer pour; ***den Mund ~*** se taire; ***sich ~ an*** s'en tenir à; ***zu j-m ~*** soutenir qn; ***viel (wenig) ~ von*** estimer beaucoup (peu); ***was ~ Sie davon?*** qu'en pensez-vous?

**'Halter** *m* (*-s*; -) *Person* détenteur *m*; *tech* support *m*

**'Halte|stelle** *f* arrêt *m*; **'~verbot** *n* arrêt *m* interdit

**'Haltung** *f* (-; *-en*) *Körper℘* tenue *f*, allure *f*; *fig* attitude *f*

**Hamburg** ['hamburk] *n* Hambourg

**Hammel** ['haməl] *m* (*-s*; -) mouton *m*; **'~keule** *f* gigot *m* de mouton

**Hammer** ['hamər] *m* (*-s*; *¨*) marteau *m*

**hämmern** ['hɛmərn] (*h*) marteler

**Hämorr(ho)iden** [hɛ:mɔ'ri:dən] *pl* hémorroïdes *f/pl*

**Hand** [hant] *f* (-; *¨e*) main *f*; ***eine ~ voll*** une poignée; ***Hände weg!*** bas les mains!, n'y touchez pas!; ***an ~ von*** à l'aide de; ***mit der ~*** à la main; ***das liegt auf der ~*** c'est évident; ***von der ~ in den Mund leben*** vivre au jour le jour; ***in die Hände klatschen*** battre des mains; ***er ist seine rechte ~*** il est son bras droit; ***in den Händen haben (bleiben)*** avoir (rester) entre les mains

**'Hand|arbeit** *f* travail *m* manuel; *Nadelarbeit* ouvrage *m* à l'aiguille; ***es ist ~*** c'est fait main; **'~ball** *Sport m* hand-ball *m*; **'~bewegung** *f* geste *m*; **'~bremse** *f* frein *m* à main; **'~buch** *n* manuel *m*

**Händedruck** ['hɛndə-] *m* (-[*e*]*s*; *¨e*) poignée *f* de main

**Handel** ['handəl] *m* (*-s*; *sans pl*) commerce *m*; ***~ treiben*** faire du commerce (***mit*** avec)

**handeln** ['handəln] (*h*) agir; *feilschen* marchander; ***mit etw ~*** faire le commerce de qc; ***von etw ~*** traiter de qc; ***es handelt sich um*** il s'agit de

**'Handels|abkommen** *n* accord *m* commercial; **'~bank** *f* banque *f* de commerce; **'~beziehungen** *f/pl* relations *f/pl* commerciales; '**~bilanz** *f* balance *f* commerciale; '**~bilanzdefizit** *n* déficit *m* de balance commerciale; '**~bilanzüberschuss** *m* excédent *m* de la balance commerciale; '**2einig** *~ sein* (*werden*) être (tomber) d'accord; '**~gesellschaft** *f* société *f* commerciale; ***Offene ~*** société *f* en nom collectif; '**~kammer** *f* chambre *f* de commerce; '**~marine** *f* marine *f* marchande; '**~politik** *f* politique *f* commerciale; '**~schranke** *f* barrières *f/pl* commerciales; '**~schule** *f* école *f* de commerce; '**~spanne** *f* marge *f* commerciale; '**2üblich** courant; '**~vertrag** *m* traité *m* de commerce; '**~vertreter** *m* représentant *m* de commerce; '**~vertretung** *f* représentation *f* de commerce

'**hand|fest** solide (*a Beweis*); '**2fläche** *f* paume *f*; '**~gearbeitet** fait (à la) main; '**2gelenk** *n* poignet *m*; '**2gepäck** *n* bagages *m/pl* à main; '**2granate** *mil f* grenade *f* (à main); '**~greiflich** ***~ werden*** en venir aux mains; '**~haben** (*handhabte, gehandhabt, h*) manier, manipuler; '**2habung** *f* (-; *-en*) maniement *m*, manipulation *f*; '**2langer** *m* (*-s*; -) manœuvre *m*; *péj* complice *m*

**Händler** ['hɛndlər] *m* (*-s*; -), '**~in** *f* (-; *-nen*) marchand *m*, -e *f*; commerçant *m*, -e *f*

'**handlich** maniable

'**Handlung** *f* (-; *-en*) action *f*; *Tat* acte *m*; *Laden* boutique *f*, *größer* magasin *m*; '**2sfähig** capable d'agir; '**~sreisende** *m* commis *m* voyageur; '**~sweise** *f* façon *f* de faire, procédés *m/pl*

'**Hand|schellen** *f/pl* menottes *f/pl*; '**~schlag** *m* (-[*e*]*s*; *sans pl*) coup *m*, poignée *f* de main; '**~schrift** *f* écriture *f*; *Schriftwerk* manuscrit *m*; '**2schriftlich** écrit à la main; '**~schuh** *m* gant; '**~tasche** *f* sac *m* à main; '**~tuch** *n* essuie-main *m*, serviette *f* de toilette; '**~umdrehen** *n* ***im ~*** en un tournemain; **~voll** *f* → ***Hand***; '**~werk** *n* (-[*e*]*s*; *-e*) métier *m*; '**~werker** *m* (*-s*; -) artisan *m*; '**~werkszeug** *n* outils *m/pl*

**Handy** ['hɛndi] *n* (*-s*; *-s*) (téléphone *m*) portable *m*

**Hang** [haŋ] *m* (-[*e*]*s*; *⸚e*) *Abhang* pente *f*; *fig Neigung* penchant *m* (***zu*** pour)

**Hänge|brücke** ['hɛŋə-] *f* pont *m* suspendu; '**~matte** *f* hamac *m*

**hängen** ['hɛŋən] **1.** *v/t* (*h*) *befestigen* suspendre, accrocher (***an*** à); *Verbrecher* pendre; **2.** *v/i* (*hing, gehangen, h*) *befestigt sein* pendre, être accroché, être suspendu (***an*** à); *fig* ***an j-m, etw ~*** tenir *od* s'attacher à qn, à qc; ***~ bleiben*** rester accroché (***an*** à); *fig* rester (gravé en mémoire); *fig* ***j-n ~ lassen*** laisser qn dans le pétrin

'**hängen|bleiben** (*irr, sép, -ge-, sn,* → ***bleiben***), '**~lassen** (*irr, sép, pas de -ge-, h,* → ***lassen***) → ***hängen***

**Hannover** [ha'noːfər] *n* Hanovre

**Hans** [hans] *m* Jean *m*

**Hansestadt** ['hanzə-] *f* ville *f* hanséatique

**Hans'wurst** *m* (-[*e*]*s*; *-e*) pitre *m*

**hantieren** [han'tiːrən] (*pas de -ge-, h*) s'affairer; ***mit etw ~*** manipuler qc

**Happen** ['hapən] *m* (*-s*; -) bouchée *f*; *fig* morceau *m*

**Hardware** ['haːrdwɛːr] *EDV f* (-; *sans pl*) matériel *m*

**Harfe** ['harfə] *f* (-; *-n*) harpe *f*

**Harke** ['harkə] *f* (-; *-n*) râteau *m*; '**2n** (*h*) ratisser

**harmlos** ['harmloːs] inoffensif

**Harmo|nie** [harmo'niː] *f* (-; *-n*) harmonie *f*; **2'nieren** (*pas de -ge-, h*) s'harmoniser (***mit*** avec); *Personen* s'accorder; **~nika** [-'moːnika] *f* (-; *-s*) harmonica *m*; *Zieh2* accordéon *m*; **2nisch** [-'moːniʃ] harmonieux; **2ni'sieren** (*pas de -ge-, h*) harmoniser; **~ni'sierung** *f* (-; *-en*) *écon* harmonisation *f*

**Harn** [harn] *m* (-[*e*]*s*; *-e*) urine *f*; '**~blase** *f* vessie *f*

**Harpu|ne** [har'puːnə] *f* (-; *-n*) harpon *m*; **2'nieren** (*pas de -ge-, h*) harponner

**hart** [hart] dur; *rauh* rude; *streng* rigoureux; *Währung* fort; ***~ gekocht*** *Ei* dur

**Härte** ['hɛrtə] *f* (-; *-n*) dureté *f*; *fig a* rigueur *f*; *im Sport* rudesse *f*; *unsoziale* injustice *f*; '**~fall** *m* cas *m* social; '**2n** (*h*) durcir

'**Hart|faserplatte** *f* panneau *m* dur; '**2gekocht** *Ei* dur; '**~geld** *n* pièces *f/pl* de monnaie; '**~gummi** *n od m* ébonite *f*; '**2herzig** qui a le cœur dur *od* sec; '**2näckig** ['-nɛkiç] opiniâtre, obstiné, tenace; '**~näckigkeit** *f* (-; *sans pl*) opiniâtreté *f*, obstination *f*, ténacité *f*

**Harz** [haːrts] *n* (*-es*; *-e*) résine *f*; '**2ig** résineux

**Hase** ['ha:zə] *zo m* (*-n*; *-n*) lièvre *m*
**Haselnuss** ['ha:zəl-] *bot f* noisette *f*
**Hass** [has] *m* (*es*; *sans pl*) haine *f* (***gegen, auf*** pour *od* de)
'**hassen** (*h*) haïr; '**~swert** haïssable
**hässlich** ['hɛsliç] laid; *fig a* vilain; '**⁀keit** *f* (-; *-en*) laideur *f*
**Hast** [hast] *f* (-; *sans pl*) hâte *f*; '**⁀ig** précipité; *adv* en toute hâte
**Haube** ['haubə] *f* (-; *-n*) bonnet *m*, coiffe *f*; *auto* capot *m*
**Hauch** [haux] *m* (-[*e*]*s*; *sans pl*) souffle *m*; *fig* ***ein ~ von*** un soupçon de; '**⁀en** (*h*) souffler
**hauen** ['hauən] (*haute od hieb*, *gehauen*, *h*) (***sich ~*** se) battre
**Haufen** ['haufən] *m* (*-s*; -) tas *m*; *Menschen* foule *f*
**häufen** ['hɔʏfən] (*h*) amasser; ***sich ~*** s'amasser, s'accumuler; *Fälle* se multiplier
'**häufig** fréquent; *adv* fréquemment, souvent; '**⁀keit** *f* (-; *sans pl*) fréquence *f*
**Haupt** [haupt] *n* (-[*e*]*s*; *Häupter*) tête *f*; *fig* chef *m*; '**~bahnhof** *m* gare *f* centrale; '**~beschäftigung** *f* occupation *f* principale; '**~bestandteil** *m* constituant *m* principal; '**~darsteller** *m*, '**~darstellerin** *f* acteur *m* principal, actrice *f* principale; '**~eingang** *m* entrée *f* principale; '**~fach** *n Studium* matière *f* principale; '**~figur** *f* personnage *m* principal; '**~gericht** *cuis n* plat *m* principal, plat *m* de résistance; '**~geschäftszeit** *f* heures *f*/*pl* d'affluence; '**~gewinn** *m* gros lot *m*
**Häuptling** ['hɔʏpt-] *m* (*-s*; *-e*) chef *m* de tribu
'**Haupt|mahlzeit** *f* repas *m* principal; '**~mann** *m* (-[*e*]*s*; *-leute*) capitaine *m*; '**~person** *f* personnage *m* principal; '**~quartier** *mil n* quartier *m* général; '**~reisezeit** *f* saison *f* de pointe; '**~rolle** *f* rôle *m* principal; '**~sache** *f* principal *m*, essentiel *m*; '**⁀sächlich** principal, essentiel; *adv* principalement, avant tout; '**~saison** *f* saison *f* de pointe; '**~schulabschluss** *m* diplôme *m* d'études secondaires; '**~schule** *f* école *f* primaire; '**~stadt** *f* capitale *f*; '**~straße** *f* rue principale, grand-rue *f*; '**~verkehrszeit** *f* heures *f*/*pl* de pointe; '**~versammlung** *f* assemblée *f* générale; '**~wohnsitz** *m* résidence *f* principale
**Haus** [haus] *n* (*-es*; *⁼er*) maison *f*; *Parlament* Assemblée *f*; *Schnecke* coquille *f*; ***zu ~e*** à la maison, chez soi; ***nach ~e kommen*** rentrer à la maison *od* chez soi; '**~arbeit** *f* travaux *m*/*pl* domestiques *od* du ménage; *Schule* devoir *m*; '**~arzt** *m* médecin *m* de famille; '**~besetzer** *m*, '**~besetzerin** *f* squatteur *m*, squatteuse *f*; '**~besetzung** *f* squattérisation *f*; '**~besitzer** *m*, '**~besitzerin** *f* propriétaire *m*, *f* (d?une maison); '**~flur** *m* entrée *f*, vestibule *m*; '**~frau** *f* ménagère *f*; *Berufsangabe* femme *f* au foyer; *Hausherrin* maîtresse *f* de maison; '**~friedensbruch** *jur m* violation *f* de domicile; '**~gast** *m* pensionnaire *m*, *f*; '**~halt** *m* (-[*e*]*s*; *-e*) ménage *m*; *écon*, *pol* budget *m*; '**⁀halten** (*irr*, *sép*, *-ge-*, *h*, → ***halten***) économiser (***mit etw*** qc); '**~haltsgerät** *n* appareil *m* ménager; '**~haltsdefizit** *n* déficit *m* budgétaire; '**~haltsplan** *m* budget *m*; '**~haltswaren** *f*/*pl* articles *m*/*pl* ménagers; '**~herr** *m*, '**~herrin** *f* maître *m*, maîtresse *f* de maison; '**⁀hoch** de la hauteur d'une maison; *fig* ***haushohe Niederlage*** défaite *f* immense
**hausier|en** [hau'zi:rən] (*pas de -ge-*, *h*) ***mit etw ~*** colporter qc; **⁀er** *m* (*-s*; -), **⁀erin** *f* (-; *-nen*) colporteur *m*, -euse *f*
**häuslich** ['hɔʏsliç] domestique; *Person* qui aime son intérieur, casanier
'**Haus|mann** *m* homme *m* au foyer; '**~mannskost** *f* cuisine *f* maison; '**~marke** *f* marque *f* de tâcheron; '**~meister** *m* concierge *m*; '**~mittel** *n* remède *m* de bonne femme; '**~ordnung** *f* règlement *m* intérieur (d'une maison); '**~rat** *m* ustensiles *m*/*pl* de ménage; '**~schuhe** *m*/*pl* chaussons *m*/*pl*, pantoufles *f*/*pl*
**Hausse** ['ho:s(ə)] *f* (-; *-n*) *écon* hausse *f*
'**Haus|suchung** *jur f* perquisition *f*; '**~tier** *n* animal *m* domestique; '**~tür** *f* porte *f* d'entrée; '**~verwalter** *m* gérant *m* (d'immeubles); '**~wirtschaft** *f* économie *f* domestique; '**~zelt** *n* tente *f* familiale
**Haut** [haut] *f* (-; *⁼e*) peau *f*; ***bis auf die ~ durchnässt*** trempé jusqu'aux os; '**~abschürfung** *f* égratignure *f*; '**~arzt** *m* dermatologue *m*; '**~ausschlag** *méd*

*m* eczèma *m*
**haut|eng** ['-ʔɛŋ] collant, moulant; '**∼farbe** *f* couleur *f* de (la) peau; '**∼krankheit** *méd f* dermatose *f*; '**∼pflege** *f* soins *m*/*pl* dermatologiques
**Havanna** [ha'vana] *n géogr* la Havane
**Hbf.** *abr* ***Hauptbahnhof*** gare centrale *od* principale
**H-Bombe** ['haː-] *mil f* bombe *f* H
**h. c.** *abr* ***honoris causa*** honoris causa
**Hebamme** ['heːpʔamə] *f* (-; -*n*) sage-femme *f*
**Hebebühne** ['heːbə-] *auto f* pont *m* élévateur
**Hebel** ['heːbəl] *m* (-*s*; -) levier *m*
**heben** ['heːbən] (*hob*, *gehoben*, *h*) *Last* soulever; *Arm* lever; *fig Niveau* relever; *Stimmung* faire monter; ***sich ∼*** se lever, monter
**Hecht** [hɛçt] *zo m* (-[*e*]*s*; -*e*) brochet *m*
**Heck** [hɛk] *n* (-[*e*]*s*; -*s*, -*e*) arrière *m*; *mar a* poupe *f*
**Hecke** ['hɛkə] *f* (-; -*n*) haie *f*; '**∼nschütze** *m* franc-tireur *m*
'**Heck|fenster** *n* lunette *f* arrière; '**∼motor** *m* moteur *m* arrière; '**∼scheibe** *f* lunette *f* arrière; '**∼tür** *f* hayon *m*
**Heer** [heːr] *n* (-[*e*]*s*; -*e*) armée *f*
**Hefe** ['heːfə] *f* (-; -*n*) levure *f* de boulanger
**Heft** [hɛft] *n* (-[*e*]*s*; -*e*) *Schreib∼* cahier *m*; *Zeitschrift* numéro *m*; *Griff* manche *m*; '**∼apparat** *m* agrafeuse *f*; '**∼en** (*h*) attacher, agrafer (***an*** à); *vornähen* bâtir; *Buch* brocher; '**∼er** *m* (-*s*; -) classeur *m*
'**heftig** violent, véhément; '**∼keit** *f* (-; *sans pl*) violence *f*, véhémence *f*
'**Heft|klammer** *f* agrafe *f*; *Büroklammer* trombone *m*; '**∼pflaster** *n* pansement *m* adhésif; sparadrap *m*
**hegen** [heːgən] (*h*) soigner; *Hoffnung* caresser
**Hehl** [heːl] *n* ***kein ∼ aus etw machen*** ne pas dissimuler qc; '**∼er** *m* (-*s*; -), '**∼erin** *f* (-; -*nen*) receleur *m*, -euse *f*; **∼erei** [-'rai] *jur f* (-; -*en*) recel *m*
**Heide** ['haidə] *f* (-; -*n*) lande *f*, bruyère *f*; '**∼kraut** *bot n* (-[*e*]*s*; *sans pl*) bruyère *f*
**Heidelbeere** ['haidəl-] *bot f* myrtille *f*
'**Heiden|angst** *f* F ***e-e ∼ haben*** avoir une peur bleue; '**∼geld** *n* (-[*e*]*s*; *sans pl*) F ***ein ∼*** une fortune; '**∼lärm** *m* F boucan *m* du diable

**heikel** ['haikəl] délicat, scabreux; *Person* difficile
**heil** [hail] *Person* indemne, sain et sauf; *Sache* intact, entier
**Heil** *n* (-*s*; *sans pl*) salut m; ***sein ∼ versuchen*** tenter sa chance
**Heiland** ['hailant] *rel m* (-[*e*]*s*; *sans pl*) Sauveur *m*
'**Heil|bad** *n* ville *f* d'eaux, station *f* thermale; '**∼bar** curable; '**∼en** (*h*) guérir
'**heilig** saint; *geheiligt* sacré; '**∼abend** *m* veille *f* de Noël; '**∼e** *m*, *f* (-*n*; -*n*) saint *m*, -e *f*; '**∼enschein** ['-igən-] *m* auréole *f*; '**∼tum** *n* (-*s*; ∸*er*) sanctuaire *m*
'**Heil|kraft** *f* vertu *f* curative; '**∼kraut** *n* plante *f* médicinale; **∼los** ['-loːs] *Durcheinander* terrible; '**∼mittel** *n* remède *m*; '**∼praktiker** *m* guérisseur *m*; '**∼quelle** *f* source *f* minérale *od* médicinale; '**∼sam** salutaire; '**∼sarmee** *f* Armée *f* du Salut; ***Mitglied** n* ***der ∼*** salutiste *m*, *f*; '**∼ung** *f* (-; -*en*) guérison *f*; '**∼wirkung** *f* effet *m* curatif
**heim** [haim] à la maison, chez soi
**Heim** *n* (-[*e*]*s*; -*e*) foyer *m*, chez-soi *m* (*od* chez-moi *etc*); *Alters∼* maison *f* de retraite; *Kinder∼* home *m* d'enfants; '**∼arbeit** *f* travail *m* à domicile
**Heimat** ['haimaːt] *f* (-; *sans pl*) pays *m* natal, pays *m*, patrie *f*; '**∼adresse** *f* adresse *f* permanente; '**∼hafen** *m* port *n* d'attache; '**∼land** *n* → ***Heimat***; '**∼los** ['-loːs] apatride; '**∼ort** *m* lieu *m* de naissance; '**∼vertriebene** *m*, *f* (-*n*; -*n*) expulsé *m*, réfugié *m*
'**heim|fahren** (*irr*, *sép*, -*ge*-, *sn*, → ***fahren***), '**∼gehen** (*irr*, *sép*, -*ge*-, *sn*, → ***gehen***) rentrer (chez soi); '**∼isch** (qui est) du pays, indigène; ***sich ∼ fühlen*** se sentir chez soi; '**∼kehr** ['-keːr] *f* (-; *sans pl*) retour *m*, rentrée *f*; '**∼kehren** (*sép*, -*ge*-, *sn*) rentrer, retourner chez soi; '**∼kehrer** *m* (-*s*; -) rapatrié *m*; '**∼lich** secret, clandestin; '**∼reise** *f* retour *m*; '**∼suchen** (*sép*, -*ge*-, *h*) *Unglück* affliger, frapper; '**∼tücke** *f* (-; *sans pl*) perfidie *f*, sournoiserie *f*; '**∼tückisch** perfide, sournois; *Krankheit* insidieux; '**∼weg** *m* chemin *m* du retour; '**∼weh** *n* (-*s*; *sans pl*) mal *m* du pays, nostalgie *f*; '**∼werker** ['-vɛrkər] *m* (-*s*; -) bricoleur *m*
**Heirat** ['hairaːt] *f* (-; -*en*) mariage *m*; '**∼en** (*h*) se marier (***j-n*** avec qn), épou-

ser (qn)

'**Heirats|antrag** *m* demande *f* en mariage; '**~vermittlung** *f* agence *f* matrimoniale

**heiser** ['haizər] enroué; **~ *werden*** s'enrouer; '**ºkeit** *f* (-; *sans pl*) enrouement *m*

**heiß** [hais] chaud; *fig Wunsch* ardent; ***~ laufen*** s'échauffer; ***es ist ~*** il fait chaud; ***mir ist ~*** j'ai chaud

**heiß|en** ['haisən] (*hieß, geheißen, h*) s'appeler, se nommer; ***das heißt*** c'est-à-dire; ***es heißt*** on dit; ***was heißt … auf Französisch?*** comment dit-on … en français?; '**~laufen** → ***heiß***

**heiter** ['haitər] *lustig* gai; *Wetter* beau; *abgeklärt* serein; *fig **aus ~em Himmel*** sans prévenir, comme un coup de tonnerre; F ***das kann ~ werden!*** ça commence bien!; ça promet!; '**ºkeit** *f* (-; *sans pl*) gaité *f*, hilarité *f*; *innere* sérénité *f*

**heiz|en** ['haitsən] (*h*) chauffer; '**ºer** *m* (-*s*; -) chauffeur *m*; '**ºkessel** *m* chaudière *f*; '**ºkissen** *n* coussin *m* électrique; '**ºkörper** *m* radiateur *m*; '**ºmaterial** *n* combustible *m*; '**ºung** *f* (-; -*en*) chauffage *m*

**hektisch** ['hɛktiʃ] fébrile, fiévreux

**Held** [hɛlt] *m* (-*en*; -*en*), '**~in** *f* (-; -*nen*) héros *m*, héroïne *f*

**helden|haft** ['hɛldən-] héroïque; '**ºmut** *m* héroïsme *m*; '**ºtat** *f* action *f* héroïque, exploit *m*; '**ºtum** *n* (-*s*; *sans pl*) héroïsme *m*

**helfen** ['hɛlfən] (*half, geholfen, h*) ***j-m ~*** aider qn, secourir qn, assister qn; ***er weiß sich zu ~*** il sait se débrouiller; ***es hilft nichts*** il n'y a rien à faire

'**Helfer** *m* (-*s*; -), '**~in** *f* (-; -*nen*) aide *m, f*, assistant *m*, -e *f*; '**~shelfer** *m*, '**~shelferin** *f* complice *m, f*

**Helgoland** ['hɛlgolant] *n* Helgoland *f*

**hell** [hɛl] clair; ***am ~en Tage*** en plein jour; ***es wird schon ~*** le jour commence à poindre

'**hell|blau** bleu clair; '**~blond** blond très clair

**Helm** [hɛlm] *m* (-[*e*]*s*; -*e*) casque *m*

**Hemd** [hɛmt] *n* (-[*e*]*s*; -*en*) chemise *f*; '**~bluse** *f* chemisier *m*; '**~kragen** *m* col *m* de chemise

**Hemisphäre** [hemi'sfɛːrə] *f* (-; -*n*) hémisphère *m*

**hemm|en** ['hɛmən] (*h*) freiner, enrayer, entraver; '**ºnis** *n* (-*ses*; -*se*) entrave *f*; '**~ungslos** sans retenue

**Hengst** [hɛŋst] *zo m* (-[*e*]*s*; -*e*) étalon *m*

**Henkel** ['hɛŋkəl] *m* (-*s*; -) anse *f*

**Henker** ['hɛŋkər] *m* (-*s*; -) bourreau *m*

**Henne** ['hɛnə] *f* (-; -*n*) poule *f*

**her** [heːr] ***hier ~*** par ici; F ***~ damit!*** donne!; ***von … ~*** du côté de; ***neben … ~*** à côté de; ***das ist lange ~*** il y a longtemps de cela

**herab** [hɛ'rap] en bas; ***von oben ~*** d'en haut (*a fig*); **~lassen** (*irr, sép, -ge-, h,* → ***lassen***) *Vorhänge* baisser; *fig **sich ~ zu*** condescendre à; **~lassend** condescendant; **~setzen** (*sép, -ge-, h*) *Preis* baisser, réduire, diminuer; *fig* déprécier; **~steigen** (*irr, sép, -ge-, sn,* → ***steigen***) descendre

**heran|bringen** [hɛ'ran-] (*irr, sép, -ge-, h,* → ***bringen***) apporter; **~kommen** (*irr, sép, -ge-, sn,* → ***kommen***) s'approcher (***an*** de); *fig* atteindre, égaler (qc); ***etw an sich ~ lassen*** s'attendre de sang-froid à qc; **~wachsen** (*irr, sép, -ge-, sn,* → ***wachsen***) grandir, croître; **ºwachsende** *m, f* (-*n*; -*n*) adolescent *m*, -e *f*

**herauf** [hɛ'rauf] en haut; **~beschwören** (*irr, sép, pas de -ge-, h,* → ***schwören***) *Gefahr* provoquer; *Erinnerung* évoquer; **~kommen** (*irr, sép, -ge-, sn,* → ***kommen***) monter

**heraus** [hɛ'raus] (en) dehors; ***zum Fenster ~*** par la fenêtre; ***~ mit der Sprache!*** parle!, dis-le!; **~bekommen** (*irr, sép, pas de -ge-, h,* → ***bekommen***) (parvenir à) faire sortir; *entdecken* découvrir; ***ich bekomme noch 2 Euro heraus*** vous me devez encore deux euross; **~bringen** (*irr, sép, -ge-, h,* → ***bringen***) sortir (*a Buch*); *erraten* deviner; **~finden** (*irr, sép, -ge-, h,* → ***finden***) découvrir, trouver la solution; *aus etw* trouver son chemin; **ºforderer** *m* (-*s*; -) *Sport* challenge(u)r *m*; **~fordern** (*sép, -ge-, h*) provoquer, défier; **ºforderung** *f* (-; -*en*) provocation *f*, défi *m*; **ºgabe** *f* (-; *sans pl*) remise *f*, restitution *f*; **~geben** (*irr, sép, -ge-, h,* → ***geben***) *ausliefern* remettre; *zurückerstatten* restituer; *Geld* rendre la monnaie; *Buch* éditer, publier; **ºgeber** *m* (-*s*; -) éditeur *m* responsable; **~kom-**

**men** (*irr, sép, -ge-, sn,* → ***kommen***) sortir; *Buch* être publié, paraître; **∼nehmen** (*irr, sép, -ge-, h,* → ***nehmen***) retirer; *fig* ***sich etw ∼*** se permettre qc; **∼reden** (*sép, -ge-, h*) ***sich ∼*** chercher des excuses; **∼stellen** (*sép, -ge-, h*) placer dehors, sortir; *betonen* mettre en évidence; ***sich ∼ als*** apparaître comme

**herb** [hɛrp] *Geschmack* âpre; *Wein* sec; *fig* amer

**herbei|führen** [hɛr'bai-] (*sép, -ge-, h*) *fig* causer; **∼holen** (*sép, -ge-, h*) aller chercher; **∼schaffen** (*sép, -ge-, h*) apporter, fournir

**Herberge** ['hɛrbɛrgə] *f* (-; *-n*) auberge *f*

**herbringen** ['heːr-] (*irr, sép, -ge-, h,* → ***bringen***) apporter; amener (*a j-n*)

**Herbst** [hɛrpst] *m* (-[*e*]*s*; *-e*) automne *m*; '**2lich** automnal

**Herd** [heːrt] *m* (-[*e*]*s*; *-e*) cuisinière *f*; *fig* foyer *m*

**Herde** ['heːrdə] *f* (-; *-n*) troupeau *m* (*a fig*)

**herein** [hɛ'rain] (en) dedans, à l'intérieur; ***∼!*** entrez!; **∼brechen** (*irr, sép, -ge-, sn,* → ***brechen***) *Nacht* tomber; *Unheil* s'abattre (***über*** sur); **∼fallen** (*irr, sép, -ge-, sn,* → ***fallen***) *fig* se laisser prendre; F se faire avoir *od* rouler; **∼kommen** (*irr, sép, -ge-, sn,* → ***kommen***) entrer; **∼lassen** (*irr, sép, -ge-, h,* → ***lassen***) laisser entrer; **∼legen** (*sép, -ge-, h*) *fig* ***j-n ∼*** tromper *od* F rouler qn

'**her|fallen** (*irr, sép, -ge-, sn,* → ***fallen***) ***∼ über*** tomber *od* se ruer sur; '**∼geben** (*irr, sép, -ge-, h,* → ***geben***) donner, rendre; ***sich zu etw ∼*** se prêter à qc; '**∼holen** (*sép, -ge-, h*) aller chercher

**Hering** ['heːriŋ] *m* (*-s*; *-e*) hareng *m*; *Zelt* piquet *m*

'**her|kommen** (*irr, sép, -ge-, sn,* → ***kommen***) (s')approcher; *abstammen* provenir (***von*** de); ***wo kommst du her?*** d'où viens-tu?; **2kunft** ['-kunft] *f* (-; *sans pl*) provenance *f*, origine *f*; '**2kunftsland** *n* pays *m* d'origine; '**∼laufen** (*irr, sép, -ge, sn,* → ***laufen***) ***hinter j-m ∼*** courir après qn; '**∼machen** (*sép, -ge-, h*) ***sich ∼ über*** se jeter sur

**hermetisch** [hɛr'meːtiʃ] hermétique

**heroi|sch** [he'roːiʃ] héroïque; **2smus** [-o'ismus] *m* (-; *sans pl*) héroïsme *m*

**Herr** [hɛr] *m* (*-en*; *-en*) monsieur *m*; *als Anrede* Monsieur (*abr* M.); *Meister, vom Hund* maître *m*; *rel* ***der ∼*** le Seigneur

'**Herren|anzug** *m* complet *m*, costume *m*; '**∼bekleidung** *f* vêtements *m/pl* pour hommes; '**∼friseur** *m* coiffeur *m* pour hommes; '**∼mode** *f* mode *f* masculine; '**∼rad** *n* bicyclette *f* d'homme; '**∼toilette** *f* toilettes *f/pl* pour hommes

**herrichten** ['heːr-] (*sép, -ge-, h*) préparer; *Haus* aménager

**Herr|in** ['hɛrin] *f* (-; *-nen*) maîtresse *f*; '**2isch** autoritaire, impérieux

'**herrlich** magnifique, splendide; '**2keit** *f* (-; *-en*) splendeur *f*, magnificence *f*, gloire *f*

'**Herrschaft** *f* (-; *-en*) domination *f*; *Regierungszeit* règne *m*; *höchste Gewalt* souveraineté *f*; ***meine ∼en!*** Messieurs Dames!; ***die ∼ verlieren über*** perdre le contrôle de

**herrsch|en** ['hɛrʃən] (*h*) dominer; *Monarch* régner (***über*** sur); '**2er** *m* (*-s*; -), '**2erin** *f* (-; *-nen*) souverain *m*; -e *f*; '**∼süchtig** despotique

'**her|rühren** (*sép, -ge-, h*) provenir (***von*** de); '**∼stellen** (*sép, -ge-, h*) produire, fabriquer, confectionner, manufacturer; *Verbindung* établir; '**2steller** *m* (*-s*;-) fabricant *m*, producteur *m*; '**2stellung** *f* (-; *sans pl*) fabrication *f*, production *f*

**herüber** [hɛ'ryːbər] de ce côté-ci

**herum** [hɛ'rum] ***um … ∼*** autour de; ***rings ∼*** tout autour; ***anders ∼*** à l'envers de l'autre côté; ***hier ∼*** par ici

**he'rum|drehen** (*sép, -ge-, h*) (***sich ∼*** se) retourner; *Kopf* tourner; **∼kommen** (*irr, sép, -ge-, sn,* → ***kommen***) ***er ist weit herumgekommen*** il a beaucoup voyagé, il a vu beaucoup de pays; *fig* ***um etw ∼*** passer au travers de qc; **∼kriegen** (*sép, -ge-, h*) ***j-n ∼*** faire changer qn d'avis; **∼sprechen** (*irr, sép, -ge-, h,* → ***sprechen***) ***sich ∼*** s'ébruiter; **∼treiben** (*irr, sép, -ge-, h,* → ***treiben***) ***sich in Kneipen ∼*** courir les bistrots

**herunter** [hɛ'runtər] en bas; **∼gekommen** *Mensch* tombé bien bas; *Haus* à l'abandon; **∼laden** (*irr, sép, -ge-, h,* → ***laden***) *EDV* télécharger (***von*** de);

**~machen** (*sép*, *-ge-*, *h*) F ***j-n ~*** dénigrer qn; **~schlucken** (*sép*, *-ge-*, *h*) avaler; **~spielen** (*sép*, *-ge-*, *h*) ***etw ~*** dédramatiser qc

**hervor|bringen** [hɛrˈfoːr-] (*irr*, *sép*, *-ge-*, *h*, → ***bringen***) produire, faire naître; **~gehen** (*irr*, *sép*, *-ge-*, *sn*, → ***gehen***) sortir, résulter (***aus*** de); ***als Sieger ~*** sortir vainqueur; **~heben** (*irr*, *sép*, *-ge-*, *h*, → ***heben***) *fig* faire ressortir, rehausser, mettre en relief, souligner; **~ragen** (*sép*, *-ge-*, *h*) saillir; *fig* se distinguer; **~ragend** *fig* excellent; *Person* éminent; **~rufen** (*irr*, *sép*, *-ge-*, *h*, → ***rufen***) *fig* faire naître, provoquer, causer, susciter; **~stechend** *fig* saillant, (pré)dominant; **~tun** (*irr*, *sép*, *-ge-*, *h*, → ***tun***) ***sich ~*** se distinguer, se faire remarquer

**Herz** [hɛrts] *n* (*-ens*; *-en*) cœur *m* (*a fig*); ***von ganzem ~en*** de tout mon (ton *etc*) cœur; ***sich etw zu ~en nehmen*** prendre qc à cœur; ***etw auf dem ~en haben*** avoir qc sur le cœur

**ˈHerzanfall** *m* crise *f* cardiaque

**ˈHerzens|lust** *f* ***nach ~*** à cœur joie; **ˈ~wunsch** *m* désir *m* ardent

**ˈHerz|fehler** *m* vice *m od lésion f cardiaque*; **ˈ≈haft** courageux; *Speise* savoureux

**Herz|infarkt** [ˈ-ʔinfarkt] *méd m* infarctus *m* du myocarde; **ˈ~klopfen** *n* (*-s*; *sans pl*) battements *m/pl* de cœur; **ˈ≈krank** cardiaque; **ˈ≈lich** cordial, affectueux; ***~e Grüße*** *Brief* sincères amitiés; ***~ gern*** avec le plus grand plaisir

**ˈHerz|schlag** *m* battement *m* de cœur; *Todesursache* crise *f* cardiaque, arrêt *m* du cœur; **~ˈschrittmacher** *m* stimulateur *m* cardiaque; **ˈ~spezialist** *méd m* cardiologue *m*; **ˈ~verpflanzung** *méd f* greffe *f* du cœur

**Hessen** [ˈhɛsən] *n* (-; *sans pl*) la Hesse

**Hetz|e** [ˈhɛtsə] *f* (-; *sans pl*) *Eile* précipitacion *f*; *fig* polémique *f*, agitation *f*, propos *m/pl* incendiaires; **ˈ≈en** (*h*) *Hund* lâcher (***auf*** sur); *verfolgen* traquer; *eilen* se dépêcher, se presser; *pol* tenir des propos incendiaires (***gegen*** contre); **ˈ~kampagne** *f* campagne *f* de haine

**Heu** [hɔʏ] *n* (-[*e*]*s*; *sans pl*) foin *m*

**Heuchel|ei** [hɔʏçəˈlai] *f* (-; *-en*) hypocrisie *f*; **ˈ≈n** (*h*) feindre; faire l'hypocrite

**ˈHeuchler** *m* (*-s*; -), **ˈ~in** *f* (-; *-nen*) hypocrite *m*, *f*; **ˈ≈isch** hypocrite

**Heuer** [ˈhɔʏər] *mar f* (-; *-n*) paie *f* de marin

**heulen** [ˈhɔʏlən] (*h*) hurler; *weinen* pleurnicher F

**ˈHeu|schnupfen** *méd m* rhume *m* des foins; **ˈ~schrecke** [ˈ-ʃrɛkə] *zo f* (-; *-n*) sauterelle *f*

**heute** [ˈhɔʏtə] aujourd'hui; ***~ Morgen*** (***Abend***) ce matin (soir); ***~ in acht*** (***vierzehn***) ***Tagen*** (d')aujourd'hui en huit (en quinze), d'ici à huit (à quinze) jours; ***~ vor acht Tagen*** il y a huit jours; ***noch ~*** ce jour même

**ˈheut|ig** d'aujourd'hui; *jetzig* actuel; **ˈ~zutage** [ˈhɔʏttsutaːgə] de nos jours

**ˈHexen|jagd** *pol f* chasse *f* aux sorcières; **ˈ~schuss** *méd m* lumbago *m*

**Hieb** [hiːp] *m* (-[*e*]*s*; *-e*) coup *m*

**hier** [hiːr] ici; ***d*(*ies*)*er Mann ~*** cet homme-ci; ***~ bin ich*** me voilà; *fig* F ***es steht mir bis ~*** j'en ai jusque-là; **ˈ~auf** *Ort* là-dessus; *Zeit* après cela, après quoi; **~ˈaus** d'ici; *fig* de ceci, de là; **ˈ~bei** *bei dieser Gelegenheit* à cette occasion; *gleichzeitig* en même temps; **ˈ~durch** par ici; *fig* par ce moyen, par là; **~ˈher**, **~ˈhin** par ici, de ce côté-ci; ***bis hierher*** jusqu'ici, jusque-là; ***hierhin und dorthin*** çà et là, de-ci de-là, par-ci, par-là; **ˈ~in** là-dedans; *fig* en cela; **~ˈmit** avec cela; *Brief* par la présente; **~ˈnach** après cela; *demzufolge* en conséquence; **~ˈüber** là-dessus, à ce sujet; *Richtung* de ce côté-ci, par ici; **~ˈunter** là-dessous; *verstehen* par là; **ˈ~von** de cela; en; **ˈ~zu** à cela; à cet effet; à ce sujet; **ˈ~zulande** ici, dans ce pays

**hiesig** [ˈhiːziç] d'ici, de ce lieu

**Hilfe** [ˈhilfə] *f* (-; *-n*) aide *f*, secours *m*, assistance *f*, appui *m*; (***zu***) ***~!*** au secours!; ***mit der ~ j-s*** avec l'aide de qn; ***mit ~ von etw*** à l'aide de qc; ***j-m Erste ~ leisten*** donner les premiers soins à qn

**ˈhilflos** privé de secours; sans défense, désarmé; impuissant

**ˈHilfs|aktion** *f* secours *m/pl*; **ˈ~arbeiter** *m* manœuvre *m*; **ˈ≈bedürftig** nécessiteux; **ˈ≈bereit** serviable; **ˈ~bereitschaft** *f* esprit *m* d'entraide; serviabilité *f*; **ˈ~kraft** *f* aide *m*, *f*; **ˈ~mittel** *n* ressource *f*; instrument *m* de travail

**Himalaja** [hi'mɑːlaja] ***der ~*** l'Himalaya *m*

**Himbeere** ['himbeːrə] *bot f* (*-; -n*) framboise *f*

**Himmel** ['himəl] *m* (*-s*; -) ciel *m*; ***unter freiem ~*** en plein air; ***um ~s willen!*** mon Dieu!; *fig* ***aus heiterem ~*** sans prévenir; **'~fahrt** *f* (*-; sans pl*) (***Christi***) ~ Ascension *f*; ***Mariä ~*** Assomption *f*

**'Himmels|körper** *m* corps *m* céleste; **'~richtung** *f* point *m* cardinal

**'himmlisch** céleste; *fig* divin

**hin** [hin] **1.** *adv* (vers ce lieu-)là; y; ***nach Norden ~*** vers le nord; ***über Jahre ~*** pendant des années; ***auf seine Bitte ~*** sur *od* à sa demande; ***es ist noch lange ~*** il y a encore longtemps d'ici là; ***~ und zurück*** aller et retour; ***~ und her*** dans un sens et dans l'autre; ***~ und her gehen*** aller et venir; ***~ und wieder*** de temps à autre; **2.** *adj* F foutu, fichu; ***unsere Ruhe ist ~*** c'en est fini de notre repos

**hinab** [hi'nap] en bas; en descendant; ***den Fluss ~*** en aval; **~fahren** (*irr, sép, -ge-, sn* → ***fahren***), **~gehen** (*irr, sép, -ge-, sn,* → ***gehen***) descendre

**hinarbeiten** ['hinʔ-] (*sép, -ge-, h*) ***auf etw ~*** viser à qc

**hinauf** [hi'nauf] vers le haut; en montant; en haut; ***den Fluss ~*** en amont; **~fahren** (*irr, sép, -ge-, sn* → ***fahren***), **~gehen** (*irr, sép, -ge-, sn* → ***gehen***), **~steigen** (*irr, sép, -ge-, sn* → ***steigen***) monter

**hinaus** [hi'naus] dehors; ***~ mit dir!*** sors d'ici!, dehors!; ***zum Fenster ~*** par la fenêtre; **~gehen** (*irr, sép, -ge-, sn* → ***gehen***) sortir; ***über etw ~*** dépasser qc; *Fenster* ***~ auf*** donner sur; **~laufen** (*irr, sép, -ge-, sn,* → ***laufen***) ***~ auf*** aboutir à, revenir à; **~lehnen** (*sép, -ge-, h*) ***sich ~*** se pencher au dehors; **~werfen** (*irr, sép, -ge-, h,* → ***werfen***) jeter (dehors); *j-n* mettre *od* F flanquer à la porte; **~wollen** (*irr, sép, -ge-, h,* → ***wollen²***) vouloir sortir; *fig* ***~ auf*** viser à; ***darauf wollte ich hinaus*** voilà où je voulais en venir

**'Hinblick** *m* ***im ~ auf*** en vue de, en considération de, eu égard à

**hinder|lich** ['hindərliç] gênant; ***j-m ~ sein*** entraver qn; **'~n** (*h*) empêcher (***j-n an etw*** qn de faire qc); gêner; **'≗nis** *n* (*-ses; -se*) obstacle *m*

**hin'durch** ***durch etw ~*** à travers qc; *quer* au travers de qc; par; *zeitlich* pendant, durant

**hinein** [hi'nain] dedans; ***hier ~*** par ici; ***bis tief in die Nacht ~*** jusque tard dans la nuit; **~geraten** (*irr, sép, pas de -ge-, sn,* → ***geraten***) ***in etw ~*** tomber dans qc

**'hin|fahren** (*irr, sép, -ge-,* → ***fahren***) **1.** *v/i* (*sn*) y aller (en voiture, *etc*); **2.** *v/t* (*h*) *j-n* y conduire; **'≗fahrt** *f* aller *m*; **'~fallen** (*irr, sép, -ge-, sn,* → ***fallen***) tomber (par terre); **'~fällig** *gebrechlich* infirme; *ungültig* nul, caduc; ***~ werden*** se périmer, s'annuler; ***das ist ~*** ce n'est plus valable; **'≗gabe** *f* (*-; sans pl*) dévouement *m*

**hin'gegen** par contre, au contraire

**'hin|gehen** (*irr, sép, -ge-, sn,* → ***gehen***) y aller; **'~halten** (*irr, sép, -ge-, h,* → ***halten***) tendre, présenter; ***j-n ~*** faire attendre qn

**hinken** ['hiŋkən] (*h*) boiter (*a fig*); être boiteux

**'hin|kommen** (*irr, sép, -ge-, sn,* → ***kommen***) venir (à, chez), y aller; ***wo ist meine Brille hingekommen?*** où sont passées mes lunettes?; ***wo kämen wir denn hin, wenn …*** que deviendrions-nous si …; **'~länglich** suffisant; *adv* suffisamment; **'~legen** (*sép, -ge-, h*) poser, coucher; ***sich ~*** se coucher, se mettre au lit; s'allonger, s'étendre; **'~nehmen** (*irr, sép, -ge-, h,* → ***nehmen***) accepter, tolérer; **'~reichen** (*sép, -ge-, h*) tendre; *genug sein* suffire; **'≗reise** *f* aller *m*; **'~reißend** ravissant; **'~richten** (*sép, -ge-, h*) *Verbrecher* exécuter; **'≗richtung** *f* (*-; -en*) exécution *f*; **'~setzen** *f* (*sép, -ge-, h*) mettre, poser, placer; ***sich ~*** s'asseoir; **'≗sicht** *f* (*-; sans pl*) ***in dieser ~*** à cet égard, sous ce rapport; **'~sichtlich** en ce qui concerne, par rapport à, quant à; **'~stellen** (***sich ~*** se) placer; ***~ als*** faire passer pour

**hinten** ['hintən] derrière, à l'arrière; *im Hintergrund* au fond; ***von ~*** par derrière; ***nach ~*** en arrière; **'~herum** par derrière (*a fig*)

**hinter** ['hintər] *prép* (*wo? dat; wohin? acc*) derrière; *Folge* après; ***~ sich brin-***

***gen*** en finir avec

'**hintere** *adj* de derrière, arrière

'**hinter|einander** l'un après l'autre; ***dreimal ~*** trois fois de suite; '**2gedanke** *m* arrière-pensée *f*; **~'gehen** (*irr, pas de -ge-, h,* → ***gehen***) abuser, tromper; '**2grund** *m* fond *m*; *Bild* arrière-plan *m*; *fig* ***Hintergründe*** dessous *m/pl*; '**~hältig** ['-hɛltiç] sournois; '**~her** après (coup); '**2hof** *m* arrière-cour *f*; '**2kopf** *m* arrière *m* de la tête, occiput *m*; '**2land** *n* (*-es; sans pl*) arrière-pays *m*, hinterland *m*; **~'lassen** (*irr, pas de -ge-, h,* → ***lassen***) laisser; *letztwillig* léguer; **2'lassenschaft** *f* (*-; -en*) héritage *m*; **~'legen** (*pas de -ge-, h*) déposer; '**~listig** sournois

'**Hintern** *m* (*-s; -*) derrière *m*, postérieur *m*

'**Hinter|rad** *n* roue *f* arrière; '**~seite** *f* derrière *m*; '**~teil** *n* derrière *m*; '**~tür** *f* porte *f* de derrière; *fig* porte *f* de sortie; **2'ziehen** (*irr, pas de -ge-, h,* → ***ziehen***) ***Steuern ~*** frauder le fisc

**hinüber** [hi'nyːbər] de l'autre côté; *über … hinweg* par-dessus …; ***~ sein*** F *Kleid* être foutu; *Fleisch* être avarié; **~gehen** (*irr, sép, -ge-, sn,* → ***gehen***) traverser (***über etw*** qc)

**Hin und Her** *n* va-et-vient *m*

'**Hin- und 'Rückfahrt** *f* aller et retour *m*

**hinunter** [hi'nuntər] en bas; en descendant; **~gehen** (*irr, sép, -ge-, sn,* → ***gehen***) descendre; **~schlucken** (*sép, -ge-, h*) avaler

'**hinweg** [hin'vɛk] ***~ mit euch!*** ôtez-vous de là!; ***über etw ~*** par-dessus qc; **~kommen** (*irr, sép, -ge-, sn,* → ***kommen***) ***~ über*** surmonter (qc); **~sehen** (*irr, sép, -ge-, h,* → ***sehen***) ***~ über*** fermer les yeux sur, passer sur; **~setzen** (*sép, -ge-, h*) ***sich ~ über*** passer outre à

**Hinweg** ['hinveːk] *m* aller *m*; ***auf dem ~*** en y allant, à l'aller

**Hinweis** ['hinvais] *m* (*-es; -e*) indication *f*; *Anzeichen* indice *m*; *Verweis* renvoi *m* (***auf*** à); '**2en** ['-vaizən] (*irr, sép, -ge-, h,* → ***weisen***) ***auf etw ~*** indiquer *od* signaler qc; ***j-n auf etw ~*** attirer l'attention de qn sur qc; '**~schild** *n*, '**~tafel** *f* panneau *m* indicateur; plaque *f* indicatrice

'**hinziehen** (*irr, sép, -ge-, h,* → ***ziehen***) ***sich ~*** traîner en longueur

**hin'zu** de plus, en outre; **~fügen** (*sép, -ge-, h*) ajouter (***zu*** à); **~kommen** (*irr, sép, -ge-, sn,* → ***kommen***) ***zu etw ~*** s'ajouter à qc; ***hinzu kommt noch, dass …*** ajoutez à cela que …

**Hirn** [hirn] *n* (*-[e]s; -e*) cervelle *f*; *Organ* cerveau *m*; '**~gespinst** *n* chimère *f*; '**2rissig**, '**2verbrannt** complètement fou, absurde

**Hirsch** [hirʃ] *m* (*-es; -e*) cerf *m*; '**~kuh** *f* biche *f*

**Hirse** ['hirzə] *bot f* (*-; -n*) millet *m*, mil *m*

**hissen** ['hisən] (*h*) hisser

**Histor|iker** [his'toːrikər] *m* (*-s; -*), **~ikerin** *f* (*-; -nen*) historien *m*, -ne *f*; **2isch** historique

**Hit** [hit] *m* (*-[s]; -s*) hit *m*

**Hitz|e** ['hitsə] *f* (*-; sans pl*) chaleur *f*; ardeur *f*; '**2ebeständig** résistant à la chaleur; '**~ewelle** *f* vague *f* de chaleur; '**2ig** *fig* fougueux, passionné, ardent; '**~schlag** *m* coup *m* de chaleur

**HIV** [haːˀiː'fau] *m* (*abr* ***human immunodeficiency virus***) VIH *m*; **~-negativ** séronégatif; **~-positiv** séropositif

**hl.** *abr* ***heilig(er)*** saint(e)

**Hobby** ['hɔbi] *n* (*-s; -s*) passe-temps *m* favori, hobby *m*, violon *m* d'Ingres

**Hobel** ['hoːbəl] *m* (*-s; -*) rabot *m*

'**hobeln** (*h*) raboter

**hoch** [hoːx] haut; *Preis, Gehalt* élevé; *Alter, Geschwindigkeit* grand; *Fieber* fort; ***2 Meter ~ sein*** être haut de deux mètres, avoir deux mètres de haut; ***~ hinauswollen*** avoir de hautes visées; ***Hände ~!*** haut les mains!; ***in hohem Maße*** dans une large mesure; ***~ begabt*** surdoué; *fig* ***das ist mir zu ~!*** ça me dépasse!

**Hoch** [hoːx] *n* (*-s; -s*) *Wetter* anticyclone *m*

'**Hoch|achtung** *f* haute considération *f*; '**2achtungsvoll** *Briefschluss* veuillez agréer, Monsieur *etc*, l'assurance de ma considération distinguée; '**~bau** *m* ***Hoch- und Tiefbau*** bâtiment *m* et travaux *m/pl* publics; '**2begabt** surdoué; '**~betrieb** *m* activité *f* intense; '**~burg** *f e-r Partei* fief *m*; '**2deutsch** haut allemand; '**~deutsch** *n* (*-en; sans pl*) haut allemand *m*; '**~druck** *m* haute pression *f*; '**~druckgebiet** *n* zone *f* de haute pression; '**~ebene** *f* plateau *m*;

'**~frequenz** *tech f* haute fréquence *f*; '**~gebirge** *n* hautes montagnes *f/pl*; '**~haus** *n* building *m*, tour *f*; '**⁀kommen** (*irr*, *sép*, *-ge-*, *sn*, → ***kommen***) ***wieder ~*** se relever, se remettre, se rétablir; *Land* se redresser; '**~konjunktur** *f* haute conjoncture *f*; boom *m* *od prospérité f économique*; '**~land** *n* région *f* montagneuse; '**~leistungs...** *in Zssgn Sport etc* de haut rendement, de haut niveau; '**~mut** *m* orgueil *m*; '**⁀mütig** ['-myːtiç] orgueilleux; '**⁀näsig** ['-nɛːziç] arrogant; '**⁀nehmen** (*irr*, *sép*, *-ge-*, *h* → ***nehmen***) ***j-n ~*** faire marcher qn, mener qn en bateau; '**~ofen** *m* haut fourneau *m*; '**⁀prozentig** très concentré; *Schnaps* à haute teneur en alcool; '**~rechnung** *f* estimation *f*; '**~saison** *f* pleine saison *f*; '**~schule** *f* établissement *m* d'enseignement supérieur; '**~schulabschluss** *m* diplôme *m* d'un établissement d'enseignement supérieur; '**~schulreife** *f* épreuve *f* de maturité (bac *m*); '**~sommer** *m* plein été *m*; '**~spannung** *f* haute tension *f*; '**⁀spielen** (*sép*, *-ge-*, *h*) *fig* ***etw ~*** exagérer qc; '**~sprung** *m* (-[*e*]*s*; *sans pl*) saut *m* en hauteur

**höchst** [høːçst] le plus haut; maximum; *fig* extrême, suprême; *adv* extrêmement

**Hochstapler** ['-ʃtaːplər] *m* (*-s*; -) escroc *m*, imposteur *m*

**höchstens** ['høːçstəns] tout au plus, au maximum

'**Höchst|geschwindigkeit** *f* vitesse *f* maximum; '**~leistung** *f* rendement *m* maximum; *Sport* record *m*; '**~maß** *n* maximum *m* (***an*** de); '**~preis** *m* prix *m* maximum; '**~stand** *m* niveau *m* maximal; '**⁀wahrscheinlich** très probablement

'**Hoch|verrat** *m* haute trahison *f*; '**~wasser** *n* crue *f*; *Überschwemmung* inondation *f*; *Meer* marée *f* haute; '**⁀wertig** de qualité supérieure; *Erz* riche

**Hochzeit** ['hɔx-] *f* (-; *-en*) *Fest* noces *f/pl*; *Trauung* mariage *m*

**hock|en** ['hɔkən] (*h*) être accroupi; '**⁀er** *m* (*-s*; -) escabeau *m*, tabouret *m*

**Hockey** ['hɔke] *n* (*-s*; *sans pl*) hockey *m*

**Hoden** ['hoːdən] *anat m* (*-s*; -) testicule *m*

**Hof** [hoːf] *m* (-[*e*]*s*; ⸚*e*) cour *f*; *agr* ferme *f*; *Mond* halo *m*

**hoffen** ['hɔfən] (*h*) espérer (***auf etw*** qc; ***etw zu tun*** faire qc); ***ich hoffe nicht!*** j'espère que non; '**~tlich** ***~ kommst du*** espérons *od* j'espère que tu viendras

**Hoffnung** ['hɔfnuŋ] *f* (-; *-en*) espérance *f*, espoir *m*

'**hoffnungslos** désespéré

**höflich** ['høːfliç] poli; '**⁀keit** *f* (-; *-en*) politesse *f*

**Höhe** ['høːə] *f* (-; *-n*) hauteur *f*; altitude *f*; *e-r Summe* montant *m*; *Stand* niveau *m*; *fig* ***ich bin nicht ganz auf der ~*** je ne me sens pas tout à fait bien; ***das ist die ~!*** c'est le comble!

**Hoheit** ['hoːhait] *f* (-; *-en*) *pol* souveraineté *f*; *Titel* Altesse *f*; '**~sgebiet** *n* territoire *m* national; '**~sgewässer** *n/pl* eaux *f/pl* territoriales

'**Höhen|messer** *m* altimètre *m*; '**~sonne** *méd f* lampe *f* à rayons ultraviolets; '**~unterschied** *m* différence *f* de niveau; '**~zug** *m* chaîne *f* de montagnes

'**Höhepunkt** *m* point *m* culminant, apogée *m*, sommet *m*

**hohl** [hoːl] creux (*a fig*)

**Höhle** ['høːlə] *f* (-; *-n*) caverne *f*; grotte *f*

'**Hohl|maß** *n* mesure *f* de capacité; '**~raum** *m* espace *m* vide, cavité *f*

**Hohn** [hoːn] *m* (-[*e*]*s*; *sans pl*) *Verachtung* dédain *m*, mépris *m*; *Spott* raillerie *f*, dérision *f*

**höhnisch** ['høːniʃ] méprisant; moqueur, railleur

**Holdinggesellschaft** ['hoːldiŋ-] (société *f*) holding *m*

**holen** ['hoːlən] (*h*) aller *od* venir chercher; ***~ lassen*** envoyer chercher; ***sich ~*** *Krankheit* attraper

**Holland** ['hɔlant] *n* (*-s*; *sans pl*) la Hollande

**Holländ|er** ['hɔlɛndər] (*-s*; -), '**~erin** *f* (-; *-nen*) Hollandais *m*, -e *f*; '**⁀isch** hollandais

**Hölle** ['hœlə] *f* (-; *-n*) enfer *m*; ***in die ~ kommen*** aller en enfer; '**~nlärm** *m* tapage *m* infernal

'**höllisch** infernal; *adv* F diablement

**holp|(e)rig** ['hɔlp(ə)riç] *Weg* cahoteux; *a fig* raboteux; '**~ern** (*h od sn*) cahoter

**Holunder** [hɔ'lundər] *bot m* (*-s*; -) su-

reau *m*
**Holz** [hɔlts] *n* (*-es*; *⸚er*) bois *m*; ***aus*** **~** en bois; **~** ***hacken*** casser du bois
**hölzern** ['hœltsərn] de *od* en bois; *fig* raide, gauche
'**Holz|fäller** ['-fɛlər] *m* (*-s*; -) bûcheron *m*; '**2ig** ligneux; *Gemüse* filandreux; '**~kohle** *f* charbon *m* de bois; '**~schnitt** *m* gravure *f* sur bois; '**~schnitzer** *m* sculpteur *m* sur bois; '**~weg** *m fig* ***auf dem*** **~** ***sein*** faire fausse route
**Homepage** ['hoːmpeːtʃ] *f* (-; *-s*) *EDV e-r Firma, Organisation etc* page *f* d'accueil; *e-r Privatperson* page *f* personnelle
**Homoehe** ['hoːmoʔeːə] F *f association enregistrée administrativement de couples homosexuels* (*assimilée au mariage*)
**Homöopath** [homøo'paːt] *m* (*-en*; *-en*) homéopathe *m*; **2isch** homéopathique
**homosexu'ell** [homo-] homosexuel; **2e** *m*, *f* (*-n*; *-n*) homosexuel *m*, -le *f*; *Frau meist* lesbienne *f*
**Honduras** [hɔn'duːras] *n* le Honduras
**Honig** ['hoːnig] *m* (*-s*; *-e*) miel *m*; '**~kuchen** *m* pain *m* d'épice; '**~wabe** *f* rayon *m* de miel
**Honor|ar** [hono'raːr] *n* (*-s*; *-e*) honoraires *m/pl*; '**2ieren** (*pas de -ge-*, *h*) *bezahlen* rétribuer; *belohnen* récompenser (***mit*** par)
**Hopfen** ['hɔpfən] *bot m* (*-s*; *sans pl*) houblon *m*
'**hörbar** audible, perceptible
'**Hörbuch** *n* livre-cassette *m*
**Horde** ['hɔrdə] *f* (-; *-n*) horde *f*, bande *f*
**hören** ['høːrən] (*h*) entendre; *zu~*, *an~* écouter; ***auf j-n*** **~** écouter qn; ***von j-m*** **~** avoir des nouvelles de qn; ***er hört schwer*** il entend mal
'**Hör|er** *m* (*-s*; -), '**~erin** *f* (-; *-nen*) auditeur *m*, -trice *f*; *nur m tél* écouteur *m*, récepteur *m*; '**~fehler** *méd m* défaut *m* de l'ouïe; '**~gerät** *n* appareil *m* de correction auditive; '**2ig** ***j-m*** **~** ***sein*** être esclave de qn
**Horizont** [hori'tsɔnt] *m* (*-[e]s*; *-e*) horizon *m*; ***das geht über meinen*** **~** ça me dépasse; **2al** [-'taːl] horizontal
**Hormon** [hɔr'moːn] *biol n* (*-s*; *-e*) hormone *f*
**Horn** [hɔrn] *n* (*-[e]s*; *⸚er*) corne *f*; *mus* cor *m*; *mil* clairon *m*
**Hörnchen** ['hœrnçən] *n* (*-s*; -) *Gebäck* croissant *m*
**Horoskop** [horɔ'skoːp] *n* (*-s*; *-e*) horoscope *m*
'**Hör|saal** *m* salle *f* de cours, amphithéâtre *m*; '**~spiel** *Radio n* pièce *f* radiophonique
**horten** ['hɔrtən] (*h*) thésauriser, amasser, accumuler
'**Hörweite** *f* (-; *sans pl*) ***in*** **~** à portée de la voix; ***außer*** **~** hors de portée de la voix
**Hose** ['hoːzə] *f* (-; *-n*) *lange* pantalon *m*; *kurze* culotte *f*
'**Hosen|anzug** *m* ensemble *m* pantalon-veste; '**~rock** *m* jupe-culotte *f*; '**~schlitz** *m* braguette *f*; '**~tasche** *f* poche *f* (de pantalon); '**~träger** *m/pl* bretelles *f/pl*
**Hospital** [hɔspi'taːl] *n* (*-s*; *⸚er*, *-e*) hôpital *m*
**Hotel** [ho'tɛl] *n* (*-s*; *-s*) hôtel *m*; **~besitzer** *m*, **~besitzerin** *f* hôtelier *m*, -ière *f*; **~boy** [-bɔʏ] *m* (*-s*; *-s*) groom *m*; **~direktor** *m*, **~direktorin** *f* directeur *m* d'hôtel; **~gewerbe** *n* industrie *f* hôtelière; **~halle** *f* hall *m* de l'hôtel; **~ier** [-i'eː] *m* (*-s*; *-s*) hôtelier *m*; **~verzeichnis** *n* liste *f* des hôtels; **~zimmer** *n* chambre *f* d'hôtel
**hüben** ['hyːbən] **~** ***und drüben*** de ce côté-ci et de l'autre
**Hubraum** ['huːpraum] *auto m* (*-[e]s*; *sans pl*) cylindrée *f*
**hübsch** [hypʃ] joli
'**Hubschrauber** *aviat m* (*-s*; -) hélicoptère *m*; '**~landeplatz** *m* héliport *m*, héligare *f*
**Huckepackverkehr** ['hukəpak-] *m* transport *m* par train de semi-remorques
**Huf** [huːf] *m* (*-[e]s*; *-e*) sabot *m*; '**~eisen** *n* fer *m* à cheval
**Hüfte** ['hyftə] *f* (-; *-n*) hanche *f*
**Hügel** ['hyːgəl] *m* (*-s*; -) colline *f*; '**2ig** vallonné
**Huhn** [huːn] *n* (*-[e]s*; *⸚er*) poule *f*
**Hühnchen** ['hyːnçən] *cuis n* (*-s*; -) poulet *m*; *fig* ***mit j-m ein*** **~** ***zu rupfen haben*** avoir un compte à régler avec qn
'**Hühner|auge** ['hyːnər-] *méd n* cor *m* (au pied), œil-de-perdrix *m*; '**~brühe** *cuis f* bouillon *m* de poule; **~ei**

['-ʔai] *n* œuf *m* de poule; '**~farm** *f* élevage *m* de poules; '**~hof** *m* basse-cour *f*; '**~stall** *m* poulailler *m*

**Hülle** ['hylə] *f* (-; *-n*) enveloppe *f*; *Buch*2 jaquette *f*; *Platten*2 pochette *f*; ***sterbliche ~*** dépouille *f* mortelle; ***in ~ und Fülle*** à profusion, en abondance

'**hüllen** (*h*) envelopper (***in*** dans); *fig* ***sich in Schweigen ~*** se renfermer dans le silence

**Hülse** ['hylzə] *f* (-; *-n*) *Schote* gousse *f*, cosse *f*; *Patronen*2 douille *f*; '**~nfrüchte** *f/pl cuis* légumes *m/pl* secs; *bot* légumineuses *f/pl*

**human** [hu'maːn] humain; **~itär** [-i'tɛːr] humanitaire; **2ität** [-i'tɛːt] *f* (-; *sans pl*) humanité *f*

**Hummel** ['huməl] *zo f* (-; *-n*) bourdon *m*

**Hummer** ['humər] *zo m* (*-s*; -) homard *m*

**Humor** [hu'moːr] *m* (*-s*; *sans pl*) humour *m*; ***~ haben*** avoir (le sens) de l'humour; **~ist** [-'rist] *m* (*-en*; *-en*) humoriste *m*; **2'istisch** [-'ristiʃ], **2voll** humoristique, plein d'humour

**humpeln** ['humpəln] (*h*) boiter

**Hund** [hunt] *m* (-[*e*]*s*; *-e*) chien *m*

'**Hunde|hütte** ['hundə-] *f* niche *f*; '**~leine** *f* laisse *f*; '**2müde** F éreinté, claqué F, harassé; '**~rasse** *f* race *f* canine

**hundert** ['hundərt] cent; ***~e von*** des centaines de; ***zu 2en*** par centaines; '**2er** *m* (*-s*; -) *math* centaine *f*; *Geldschein* billet *m* de cent marks; '**~fach** centuple; '**2jahrfeier** *f* centenaire *m*; '**~jährig** ['-jɛːriç] centenaire; '**~prozentig** *fig* à cent pour cent; '**~ste** ['-stə] centième

**Hündin** ['hyndin] *f* (-; *-nen*) chienne *f*

'**hündisch** *fig* servile

**Hunger** ['huŋər] *m* (*-s*; *sans pl*) faim *f*; ***~ haben*** avoir faim; ***~ bekommen*** commencer à avoir faim; ***vor ~ sterben*** mourir de faim; '**~lohn** *m* salaire *m* de famine *od* de misère; '**2n** (*h*) souffrir de la faim, *fasten* jeûner; ***j-n ~ lassen*** ne donner rien à manger à qn; '**~snot** *f* famine *f*; '**~streik** *m* grève *f* de la faim

**hungrig** ['huŋriç] affamé, qui a faim (***nach, auf*** de); ***ich bin ~*** j'ai faim

**Hup|e** ['huːpə] *auto f* (-; *-n*) avertisseur *m*, klaxon *m*; '**2en** (*h*) klaxonner

**hüpfen** ['hypfən] (*h*) sauter, sautiller

'**Hupverbot** *n* défense *f* de klaxonner

**Hürde** ['hyrdə] *f* (-; *-n*) *Sport* haie *f*; *fig* obstacle *m*; '**~nlauf** *m* course *f* de haies

**Hure** ['huːrə] *f* (-; *-n*) prostituée *f*, F grue *f*, P putain *f*

**husten** ['huːstən] (*h*) **1.** tousser; **2.** '**2** *m* (*-s*; -) toux *f*; '**2anfall** *m* quinte *f* de toux; '**2saft** *m* sirop *m* contre la toux

**Hut** [huːt] **1.** *m* (-[*e*]*s*; *¨-e*) chapeau *m*; **2.** *f* (-; *sans pl*) ***auf der ~ sein*** prendre garde (***vor*** à), se tenir sur ses gardes

**hüten** ['hyːtən] (*h*) garder; ***das Bett ~*** garder le lit; ***sich ~ vor*** prendre garde à, se garder de

**Hütte** ['hytə] *f* (-; *-n*) cabane *f*; *mit Strohdach* chaumière *f*; *Berg*2 refuge *m*; *tech* forges *f/pl*; '**~nwerk** *n* usine *f* métallurgique

**Hyäne** [hy'ɛːnə] *zo f* (-; *-n*) hyène *f* (*a fig*)

**Hyazinthe** [hya'tsintə] *bot f* (-; *-n*) jacinthe *f*

**Hydrant** [hy'drant] *m* (*-en*; *-en*) bouche *f* d'eau *od* d'incendie

**hydraulisch** [hy'drauliʃ] hydraulique

**Hygien|e** [hy'gjeːnə] *f* (-; *sans pl*) hygiène *f*; **2isch** hygiénique

**Hymne** ['hymnə] *f* (-; *-n*) hymne *m*

**Hypno|se** [hyp'noːzə] *f* (-; *-n*) hypnose *f*; **2tisieren** [-oti'ziːrən] (*pas de -ge-, h*) hypnotiser

**Hypothek** [hypo'teːk] *f* (-; *-en*) hypothèque *f*; ***e-e ~ aufnehmen*** prendre une hypothèque; **~enzinsen** *m/pl* intérêts *m/pl* hypothécaires

**Hypothe|se** [hypo'teːzə] *f* (-; *-n*) hypothèse *f*; **2tisch** [-'teːt-] hypothétique

**Hyster|ie** [hyste'riː] *f* (-; *sans pl*) hystérie *f*; **2isch** [-'teːriʃ] hystérique

# I

**i. A.** *abr* ***im Auftrag*** par ordre; par autorisation
**IAO** *f abr* ***Internationale Arbeitsorganisation*** Organisation internationale du travail
**iberisch** [i'beːriʃ] ibérique; ***die ⁀e Halbinsel*** la péninsule Ibérique
**IC** *m abr* ***Intercity-Zug*** intercity (*train rapide intervilles*)
**ICE** *m abr* ***Intercity-Express*** *etwa* TGV *m*
**ich** [iç] je (+ *Verb*), *vor Vokal* j'; moi; ***hier bin ~*** me voilà; ***~ bin es*** c'est moi
**Ich** *n* (-[*s*]; -[*s*]) *psych* moi *m*; ***mein anderes ~*** mon autre personnalité
**Ideal** [ide'aːl] **1.** idéal *m*; *Vorbild* modèle *m*; **2.** *adj* idéal; **⁀isieren** [-ali'ziːrən] (*pas de -ge-, h*) idéaliser; **~ismus** [-a'lismus] *m* (-; *sans pl*) idéalisme *m*; **~ist** [-a'list] *m* (-*en*; -*en*) idéaliste *m*
**Idee** [i'deː] *f* (-; -*n*) idée *f*
**identi|fizieren** [idɛntifi'tsiːrən] (*pas de -ge-, h*) (***sich ~*** s')identifier (***mit*** à *od* avec); **~sch** [i'dɛntiʃ] identique (***mit*** à); **⁀tät** [-ti'tɛːt] *f* (-; *sans pl*) identité *f*
**Ideolog|e** [ideo'loːgə] *m* (-*n*; -*n*) idéologue *m*; **~ie** [-lo'giː] *f* (-; -*n*) idéologie *f*; **⁀isch** idéologique
**Idiot** [idi'oːt] *m* (-*en*; -*en*) idiot *m*; **~ie** [-ɔ'tiː] *f* (-; -*n*) idiotie *f*; **⁀isch** idiot
**Idyll** [i'dyl] *n* (-*s*; -*e*) tableau *m* idyllique; **⁀isch** idyllique
**IG** *f abr* ***Industriegewerkschaft*** syndicat ouvrier
**Igel** ['iːgəl] *zo m* (-*s*; -) hérisson *m*
**ignorieren** [igno'riːrən] (*pas de -ge-, h*) ignorer, ne pas tenir compte de
**IHK** *f abr* ***Industrie- und Handelskammer*** Chambre de commerce et d'industrie
**ihm** [iːm] lui, à lui
**ihn** [iːn] le, *vor Vokal* l'; *nach prép* lui
**ihnen** ['iːnən] leur; *nach prép* eux *m*, elles *f*; *betont* à eux, à elles; ⁀ vous, à vous
**ihr** [iːr] **1.** *Personalpronomen*: *Dativ von* ***sie*** lui; à elle; *pl von* ***du*** vous; **2.** *Possessivpronomen*: *von e-r Besitzerin* son *m* (*vor Vokal a f*), sa *f* (*vor Konsonant*), *pl* ses; *von mehreren Besitzern* leur; ⁀ votre; **3.** ***~er, ~e, ~es, der, die, das ~e*** *od* ***~ige*** le sien, la sienne; le (la) leur; ***⁀er, ⁀e, ⁀es*** le (la) vôtre; **'~erseits** ['-ərzaits] de sa (leur) part; ⁀ de votre part; **'~esgleichen** ['-əs-] son (leur) pareil; ⁀ vos pareils; **'~etwegen** ['-ət-] à cause d'elle (d'eux, d'elles); ⁀ à cause de vous
**i. J.** *abr* ***im Jahre*** en l'an
**illeg|al** ['ilegaːl] illégal; **~itim** [-i'tiːm] illégitime
**Illus|ion** [ilu'zjoːn] *f* (-; -*en*) illusion *f*; **⁀orisch** [-'zoːriʃ] illusoire
**Illust|ration** [ilustra'tsjoːn] *f* (-; -*en*) illustration *f*; **⁀'rieren** (*pas de -ge-, h*) illustrer; **~'rierte** *f* (-*n*; -*n*) revue *f*, magazine *m*
**im** [im] → ***in***; ***~ Bett*** au lit; ***~ Schrank*** dans l'armoire; ***~ Mai*** en mai; ***~ Jahre 2005*** en 2005; ***~ Stehen*** debout
**Image** ['imitʃ] *n* (-[*s*]; -*s*) image *f* (de marque)
**imaginär** [imagi'nɛːr] imaginaire
**Imbiss** ['imbis] *m* (-*es*; -*e*) casse-croûte *m*, petit repas *m*, collation *f*; **'~bude** *f*, **'~stube** *f* snack *m*
**Imi|tation** [imita'tsjoːn] *f* (-; -*en*) imitation *f*; **⁀'tieren** (*pas de -ge-, h*) imiter, copier
**immer** ['imər] toujours; ***~ noch*** encore, toujours; ***wer auch ~*** qui que ce soit; ***für ~*** pour toujours, à jamais; ***~ wieder*** sans arrêt; ***~ schneller*** de plus en plus vite; ***~ mehr*** de plus en plus; **'~'hin** en tout cas; **'~'zu** constamment
**Immobilien** [imo'biːljən] *pl* (biens *m/pl*) immeubles *m/pl*; **~makler** *m* agent *m* immobilier
**immun** [i'muːn] immunisé (***gegen*** contre); **⁀i'tät** *f* (-; *sans pl*) immunité *f*
**Imperialis|mus** [imperia'lismus] *m* (-; *sans pl*) impérialisme *m*; **~t** *m* impérialiste *m*; **⁀tisch** impérialiste
**impf|en** ['impfən] (*h*) vacciner (***gegen*** contre); **'⁀pass** *m*, **'⁀schein** *m* certifi-

cat *m* de vaccination; '**♀stoff** *m* vaccin *m*; '**♀ung** *f* (-; *-en*) vaccination *f*
**imponieren** [impo'niːrən] (*pas de -ge-, h*) ***j-m* ~** en imposer à qn
**Import** [im'pɔrt] *m* (-[*e*]*s*; *-e*) importation *f*; **~beschränkung** *f* limitation de l'importation; **~eur** [-'tøːr] *m* (*-s*; *-e*) importateur *m*; **♀'ieren** (*pas de -ge-, h*) importer
**imposant** [impo'zant] imposant
**impotent** ['impotɛnt] impuissant
**imprägnieren** [imprɛg'niːrən] (*pas de -ge-, h*) imperméabiliser
**improvisieren** [improvi'ziːrən] (*pas de -ge-, h*) improviser
**Impuls** [im'puls] *m* (*-es*; *-e*) impulsion *f*; **♀iv** [-'ziːf] impulsiv
**imstande** [im'ʃtandə] **~ *sein zu*** être capable *od* en état *od* à même de …
**in** [in] **1.** *räumlich* dans, à, en; **~ *Frankreich*** en France; **~ *Portugal*** au Portugal; **~ *Paris*** à Paris; ***in den USA*** aux U.S.A.; **~ *der*** *od* ***die Stadt*** en ville; **~ *der Küche*** dans la cuisine; **2.** *zeitlich* dans, en, pendant; **~ *dieser*** (***der nächsten***) ***Woche*** cette semaine (la semaine prochaine); **~ *diesem Alter*** (***Augenblick***) à cet âge (instant); **~ *3 Tagen*** *von jetzt an* dans trois jours; *Dauer* en trois jours; **~ *der Nacht*** pendant la nuit; **3.** *Art und Weise* en; ***gut sein* ~** être bon en; **~ *Behandlung*** (***Reparatur***) en traitement (réparation); **~*s Deutsche*** en allemand; → *a* ***im***; **4. ~ *sein*** F être branché
'**inbegriffen** compris
**in'dem** pendant que; **~ *er das tut*** en faisant ceci
**Inder** ['indər] *m* (*-s*; -), '**~in** *f* (-; *-nen*) Indien *m*, -ne *f*
**Index** ['indɛks] *m* (*-es*; *-e*, *-dizes*) index *m*; indice *m*
**Indianer** [in'djaːnər] *m* (*-s*; -), **~in** *f* (-; *-nen*) Indien *m*, -ne *f*
**Indien** ['indjən] *n* (*-s*; *sans pl*) l'Inde *f*
'**indirekt** indirect
**indisch** ['indiʃ] indien; ***der ♀e Ozean*** l'océan Indien
'**indiskret** indiscret
**indiskutabel** ['indiskutaːbəl] inadmissible, hors de question
**individuell** [individu'el] individuel
**Individuum** [-'viːduum] *n* (*-s*; *Individuen*) individu *m*
**Indochina** [indo'çiːna] *hist n* l'Indochine *f*
**Indonesien** [indo'neːziən] *n* l'Indonésie
**industrialisieren** [industriali'ziːrən] (*pas de -ge-, h*) industrialiser
**Industrie** [indus'triː] *f* (-; *-n*) industrie *f*; **~abfälle** *m/pl* déchets *m/pl* industriels; **~gebiet** *n* région *f* industrielle; **~kauffrau** *f*, **~kaufmann** *m* agent *m* commercial en produits industriels
**industriell** [-i'ɛl] industriel; **♀e** *m* (*-n*; *-n*) industriel *m*
**Indus'trie|staat** *m* pays *m* (nation *f*) industrialisé(e); **~- und Handelskammer** *f* Chambre *f* du Commerce et de l'Industrie
**Infarkt** [in'farkt] *m* (-[*e*]*s*; *-e*) *méd* infarctus *m*
**Infektion** [infɛk'tsjoːn] *méd f* (-; *-en*) infection *f*; **~skrankheit** *f* maladie *f* infectieuse
**infizieren** [infi'tsiːrən] (*pas de -ge-, h*) infecter, contaminer
**Inflation** [infla'tsjoːn] *f* (-; *-en*) inflation *f*; **~srate** *f* taux *m* d'inflation
**in'folge** *prép* (*gén*) par suite de; **~'dessen** par conséquent
**Inform|atik** [infɔr'maːtik] *f* (-; *sans pl*) informatique *f*; **~'atiker** *m* (*-s*; -) informaticien *m*; **~ation** [-a'tsjoːn] *f* (-; *-en*) information *f*; **~a'tionsbüro** *n* agence *f* de renseignements; **♀'ieren** (*pas de -ge-, h*) (***sich* ~** s')informer (***über*** de); ***falsch* ~** mal informer
**infra|rot** ['infra-] infrarouge; '**♀struktur** *f* infrastructure *f*
**Infusion** [infu'zjoːn] *méd f* (-; *-en*) perfusion *f*
**Ing.** *abr* ***Ingenieur*** ingénieur
**Ingenieur** [inʒe'njøːr] *m* (*-s*; *-e*) ingénieur *m*
**Inh.** *abr* ***Inhaber*** propriétaire
**Inhaber** ['inhaːbər] *m* (*-s*; -), '**~in** *f* (-; *-nen*) possesseur *nur m*, propriétaire *m*, *f*; *e-s Amtes*, *Kontos* titulaire *m*, *f*; *e-s Rekords* détenteur *m*, -trice *f*
**Inhalt** ['inhalt] *m* (-[*e*]*s*; *-e*) contenu *m*; *Raum♀* capacité *f*, volume *m*; *fig* sens *m*, fond *m*
'**Inhalts|angabe** *f* résumé *m*, sommaire *m*; '**~verzeichnis** *n* table *f* des matières
**Initiative** [initsja'tiːvə] *f* (-; *-n*) initiati-

ve *f*

**inkl.** *abr* ***inklusive*** (y) compris

**inklusiv|e** [inklu'ziːvə] *adv u prép* (*gén*) (y) compris; **≈preis** *m* prix *m* tout compris

**'inkonsequent** inconséquent

**In'krafttreten** *n* (-*s*; *sans pl*) entrée *f* en vigueur

**'Inland** *n* (-[*e*]*s*; *sans pl*) pays *m*; *Landesinnere* intérieur *m* du pays; **'~flug** *m* vol *m* national; **'~sgeschäft** *n* commerce *m* intérieur; **'~sgespräch** *n tél* communication *f* interurbaine; **'~smarkt** *m* marché national

**Inline-Skate** ['inlainskeːt] *m* (-*s*; -*s*) roller *m*

**inlineskaten** ['inlainskeːtən] (*p/p inlinegeskatet*, *h*) faire du roller

**Inline-Skater** ['inlainskeːtər] *m* (-*s*; -), **'~in** *f* (-; -*nen*) roller *m*, rolleuse *f*

**innen** ['inən] dedans, à l'intérieur

**'Innen|architekt** *m*, **'~architektin** *f* architecte-décorateur *m*; **'~minister** *m* ministre *m* de l'Intérieur; **'~ministerium** *n* ministère *m* de l'Intérieur; **'~politik** *f* politique *f* intérieure; **'~stadt** *f* centre *m* ville

**inner** ['inər] intérieur; *pol*, *méd* interne; ***das Innere*** l'intérieur *m*; **'~betrieblich** interne de l'exploitation; **'~halb** dans (*a zeitlich*); à l'intérieur de; **'~lich** interne (*a méd*), intérieur

**Innovation** [inova'tsjoːn] *f* (-; -*en*) innovation *f*

**Innung** ['inuŋ] *f* (-; -*en*) guilde *f*, corporation *f*, corps *m* de métier

**inoffiziell** ['inʔ-] non officiel

**ins** [ins] → ***in***

**Insasse** ['inzasə] *m* (-*n*; -*n*) *Fahrzeug* passager *m*; *Anstalt* pensionnaire *m*

**'Inschrift** *f* inscription *f*

**Insekt** [in'zɛkt] *zo n* (-[*e*]*s*; -*en*) insecte *m*; **~enschutzmittel** *n* insecticide *m*; **~enstich** *m* piqûre *f* d'insecte

**Insel** ['inzəl] *f* (-; -*n*) île *f*; ***kleine ~*** îlot *m*; **'~gruppe** *f* archipel *m*

**Inse|rat** [inzə'raːt] *n* (-[*e*]*s*; -*e*) annonce *f*; **~rent** [-'rɛnt] *m* (-*en*; -*en*) annonceur *m*; **≈'rieren** (*pas de -ge-*, *h*) mettre une annonce

**inso'fern 1.** *conj* ***~ als …*** dans la mesure où …; **2.** *adv* sur ce point

**insolv|ent** ['inzɔlvɛnt] insolvable; **'≈enz** *f* (-; -*en*) insolvabilité *f*

**Inspektion** [inspɛk'tsjoːn] *f* (-; -*en*) inspection *f*; *auto* révision *f*

**Installateur** [instala'tøːr] *m* (-*s*; -*e*) installateur *m*, plombier *m*

**installieren** [insta'liːrən] (*pas de -ge-*, *h*) installer (*a EDV*)

**instand** [in'ʃtant] ***~ halten*** maintenir en bon état, entretenir; ***~ setzen*** réparer; **≈haltung** *f* (-; *sans pl*) entretien *m*, maintenance *f*

**Instanz** [in'stants] *f* (-; -*en*) instance *f*; **~enweg** *m* voie *f* hiérarchique

**Instinkt** [in'stiŋkt] *m* (-[*e*]*s*; -*e*) instinct *m*; **≈iv** [-'tiːf] instinctif

**Institut** [insti'tuːt] *n* (-*s*; -*e*) institut *m*; **~ion** [-u'tsjoːn] *f* institution *f*

**Instrument** [instru'mɛnt] *n* (-[*e*]*s*; -*e*) instrument *m*

**intellektuell** [intɛlɛktu'ɛl] intellectuel; **≈e** *m*, *f* (-*n*; -*n*) intellectuel *m*, -le *f*

**intelligent** [intɛli'gɛnt] intelligent

**Intelligenz** [-'gɛnts] *f* (-; -*en*) intelligence *f*; **~quotient** *m* quotient *m* intellectuel (*abr* Q.I.)

**intensiv** [intɛn'ziːf] intense, intensif; **≈kurs** *m* cours *m* intensif; **≈station** *f* service *m* de réanimation

**interaktiv** [intɛrak'tif] interactif, -ve

**Intercity|-Zug** [intər'siti-] *m* train *m* intercité à grande vitesse; **~-Zuschlag** *m* supplément *m* pour train intercité

**interessant** [interɛ'sant] intéressant

**Interess|e** [inte'rɛsə] *n* (-*s*; -*n*) intérêt *m* (***an, für*** à, pour); **~ent** [-'sɛnt] *m* (-*en*; -*en*) amateur *m*, acheteur *m* potentiel; **≈'ieren** (*pas de -ge-*, *h*) intéresser qn (***für*** à); ***sich ~ für*** s'intéresser à, être intéressé par

**intern** [in'tɛrn] interne

**international** [intərnatsjo'naːl] international

**Internet** ['intərnɛt] *n* (-*s*; *sans pl*) Internet *m*; ***im ~ surfen*** naviguer sur Internet; **'~adresse** *f* adresse *f* Internet; **'~anschluss** *m* connexion *f* Internet; **'~auktion** *f* vente *f* aux enchères sur Internet; **'~café** *n* cybercafé *m*; **'~provider** *m* fournisseur *m* d'accès; **'~surfer** *m*, **'~surferin** *f* internaute *m*, *f*; **'~zugang** *m* accès *m* à Internet

**Internist** [intər'nist] *méd m* (-*en*; -*en*) spécialiste *m* des maladies internes

**Inter|pretation** [intərpreta'tsjoːn] *f* (-; -*en*) interprétation *f*; **≈pre'tieren**

(*pas de -ge-*, *h*) interpréter; **~vall** [-'val] *n* (*-s*; *-e*) intervalle *m*; **²venieren** [-ve'ni:rən] (*pas de -ge-*, *h*) intervenir; **~view** [-'vju:] *n* (*-s*; *-s*) interview *f*; **²viewen** [-'vju:ən] (*pas de -ge-*, *h*) interviewer

**intim** [in'ti:m] intime (***mit*** avec); **²sphäre** *f* vie *f* privée

**'intoler|ant** intolérant (***gegenüber*** envers); **'²anz** *f* (-; *sans pl*) intolérance *f*

**Intranet** ['intranɛt] *n* (*-s*, *sans pl*) Intranet *m*

**Invalid|e** [inva'li:də] *m* (*-n*; *-n*) invalide *m*, *f*; **~enrente** *f* pension *f* d'invalidité; **~ität** [-di'tɛ:t] *f* (-; *sans pl*) invalidité *f*

**Inventar** [invɛn'ta:r] *n* (*-s*; *-e*) installation *f*, équipement *m*; *Verzeichnis* inventaire *m*

**Inventur** [invɛn'tu:r] *comm f* (-; *-en*) inventaire *m*

**invest|ieren** [invɛs'ti:rən] (*pas de -ge-*, *h*) investir; **²ition** [-i'tsjo:n] *f* (-; *-en*) investissement *m*; **²i'tionshilfe** *f* aide *f* à l'investissement

**inwie|'fern**, **~'weit** dans quelle mesure

**in'zwischen** en attendant, entretemps

**IOK** *n abr* ***Internationales Olympisches Komitee*** C.I.O. *m* (Comité international olympique)

**ionisch** [i'o:niʃ] *géogr* ionien; *Vers*, *Säule* ionique; ***das ²e Meer*** la mer Ionienne

**i. R.** *abr* ***im Ruhestand*** en retraite

**Irak** [i'ra:k] (*-s*; *sans pl*) ***der ~*** l'Irak *m*; **²isch** irakien

**Iran** [i'ra:n] (*-s*; *sans pl*) ***der ~*** l'Iran *m*; **²isch** iranien

**Ire** ['i:rə] *m* (*-n*; *-n*) Irlandais *m*

**irgend** ['irgənt] ***wenn ~ möglich*** si faire se peut; F ***~ so ein …*** une espèce de …, un de ces …; **'~ein** un … quelconque; **'~einer** quelqu'un, une personne quelconque; *egal wer* n'importe qui; **'~etwas** quelque chose; *egal was* n'importe quoi; **'~jemand** quelqu'un; *egal wer* n'importe qui; **'~wann** un jour; *egal wann* n'importe quand; **'~wer** → ***~einer***; **'~wie** d'une façon ou d'une autre; *egal wie* n'importe comment; **'~wo** quelque part; *egal wo* n'importe où

**Ir|in** ['i:rin] *f* (-; *-nen*) Irlandaise *f*; **'²isch** irlandais, d'Irlande; ***die ²e See*** la mer d'Irlande

**Irland** ['irlant] *n* (*-s*; *sans pl*) l'Irlande *f*

**Iron|ie** *f* [iro'ni:] *f* (-; *-n*) ironie *f*; **²isch** [-'ro:niʃ] ironique

**irre** ['irə] *geistesgestört* aliéné, fou; *verwirrt* dérangé; F *sagenhaft* formidable, extra, super, génial; **'²** *m*, *f* (*-n*; *-n*) aliéné *m*, -e *f*; fou *m*, folle *f*

**'irreführend** trompeur; *Werbung* mensonger

**irren** ['irən] (*h*) ***sich ~*** se tromper (***in etw*** de qc; ***in j-m*** sur qn)

**'Irrenanstalt** *méd f* asile *m* d'aliénés, asile *m* psychiatrique

**irritieren** [iri'ti:rən] (*pas de -ge-*, *h*) *ärgern*, *reizen* irriter, *verwirren* déconcerter

**'Irr|sinn** *m* (-[*e*]*s*; *sans pl*) démence *f*, folie *f* (*a fig*); **'~tum** *m* (*-s*; *⸚er*) erreur *f*; **'²tümlich** ['-ty:mliç] erroné; **'~weg** *m* mauvaise voie *f*

**Ischias** ['iʃias] *méd n od m* (-; *sans pl*) sciatique *f*

**Islam** [is'la:m] *rel m* (*-s*; *sans pl*) islam *m*

**Island** ['i:slant] *n* (*-s*; *sans pl*) l'Islande *f*

**Isländ|er** ['i:slɛndər] *m* (*-s*; -), **'~erin** *f* (-; *-nen*) Islandais *m*, -e *f*; **'²isch** islandais

**Isolier|band** [izo'li:r-] *n* ruban *m* isolant, chatterton *m*; **²en** (*pas de -ge-*, *h*) (***sich ~*** s')isoler; **~ung** *f* (-; *-en*) isolement *m*; *tech* isolation *f*

**Israel** ['israe:l] *n* (*-s*; *sans pl*) Israël *m*

**Israeli** [isra'e:li] *m* (*-s*; *-s*) Israélien *m*, -ne *f*; **²sch** israélien

**Istanbul** ['ɪstanbu:l] *n* Istanbul

**Italien** [i'ta:ljən] *n* (*-s*; *sans pl*) l'Italie *f*

**Italien|er** [ita'lje:nər] *m* (*-s*; -), **~erin** *f* (-; *-nen*) Italien *m*, -ne *f*; **²isch** italien

**i. V.** *abr* ***in Vertretung*** par intérim; par délégation

**IWF** *m abr* ***Internationaler Währungsfonds*** FMI *m* (Fonds monétaire international)

# J

**ja** [jaː] oui; ***da ist er ~!*** tiens, le voilà!; ***ich sagte es Ihnen ~*** c'est ce que je vous disais justement; ***tut es ~ nicht!*** ne faites surtout pas cela!; ***sei ~ vorsichtig!*** sois bien prudent!; ***du kommst doch, ~?*** tu viens, n'est-ce pas?
**Jacht** [jaxt] *mar f* (-; *-en*) yacht *m*
**Jacke** ['jakə] *f* (-; *-n*) veste *f*; *Damen- u Kinder*♀ jaquette *f*
**Jagd** [jaːkt] *f* (-; *-en*) chasse *f* (*auf* à); ***auf die ~ gehen*** aller à la chasse; ***~ machen auf*** faire la chasse à; **'~flugzeug** *mil n* avion *m* de chasse; **'~hund** *m* chien *m* de chasse; **'~revier** *n* chasse *f*; **'~schein** *m* permis *m* de chasse *od* de chasser
**jagen** ['jaːgən] (*h*) chasser; *Verbrecher* pourchasser; *fig eilen* foncer; ***nach etw ~*** courir après qc
**Jäger** ['jɛːgər] *m* (*-s*; -), **'~in** *f* (-; *-nen*) chasseur *f*, -euse *f*
**Jaguar** ['jaːguaːr] *zo m* (*-s*; *-e*) jaguar *m*
**Jahr** [jaːr] *n* (-[*e*]*s*; *-e*) an *m*, année *f*; ***das ganze ~*** toute l'année; ***jedes ~*** tous les ans, chaque année; ***einmal im ~*** une fois par an; ***im ~ 2006*** en 2006; ***ein 10 ~e altes Auto*** une voiture vieille de 10 ans; ***mit 18 ~en*** à 18 ans; ***heute vor e-m ~*** il y a un an aujourd'hui; ***die 90er ~e*** les années 90; **♀'aus, jahr'ein** bon an, mal an; **'~buch** *n* annuaire *m*
**'Jahres|abschluss** *m* compte *m* de fin d'année; **'~anfang** *m* début *m od commencement m de l'année*; **'~ausgleich** *m* → ***Lohnsteuerjahresausgleich***; **'~bericht** *m* rapport *m* annuel; **'~bilanz** *f* bilan *m* de fin d'année; **'~einkommen** *n* revenu *m* annuel; **'~ende** *n* fin *f* de l'année; **'~tag** *m* anniversaire *m*; **'~umsatz** *m* chiffre *m* d'affaires annuel; **'~wechsel** *m* nouvel an *m*; **'~zahl** *f* millésime *m*; **'~zeit** *f* saison *f*
**'Jahr|gang** *m* année *f*; *mil* classe *f*; *Wein* millésime *m*; **~'hundert** *n* (*-s*; *-e*) siècle *m*; **~'hundertwende** *f* tournant *m* de siècle
**jährlich** ['jɛːrliç] annuel; *adv* par an
**'Jahr|markt** *m* foire *f*; **~'tausend** *n* (*s*; *-e*) millénaire *m*; **~'zehnt** *n* (-[*e*]*s*; *-e*) dizaine *f* d'années, décennie *f*
**Jakob** ['jaːkɔp] *m* (*-s*; *sans pl*) Jacques *m*
**Jalousie** [ʒalu'ziː] *f* (-; *-n*) store *m*
**Jamaika** [ja'maɪka] *n* la Jamaïque
**Jammer** ['jamər] *m* (*-s*; *sans pl*) misère *f*; ***es ist ein ~!*** quelle pitié!
**jämmerlich** ['jɛmərliç] lamentable, déplorable, misérable
**jammern** ['jamərn] (*h*) se lamenter, gémir
**Januar** ['januaːr] *m* (-[*s*]; *-e*) janvier *m*
**Japan** ['jaːpan] *n* (*-s*; *sans pl*) le Japon; **~er** [ja'paːnər] *m* (*-s*; -), **~erin** *f* (-; *-nen*) Japonais *m*, -e *f*; **♀isch** [-'paːniʃ] japonais
**Jargon** [ʒar'gõ] *m* (*-s*; *-s*) jargon *m*, argot *m*
**jawohl** [ja'voːl] oui; *ganz recht* bien sûr
**je** [jeː] *pro* par; *jeweils* chacun; *jemals* jamais; ***der beste Film, den ich ~ gesehen habe*** le meilleur film que j'aie jamais vu; ***~ zwei*** deux de chaque *od* chacun deux; ***3 Euro ~ Kilo*** 3 euros le kilo; ***~ nach Größe*** suivant la taille; ***~ nachdem*** (***, wie***) cela dépend (de); ***~ … desto …*** plus … plus …
**'jedenfalls** en tout cas
**jeder** *m*, **jede** *f*, **jedes** *n* ['jeːdə(r, -s)] chaque; *verallgemeinernd* tout; *substantivisch* chacun *m*, chacune *f*; ***jeden zweiten Tag*** tous les deux jours; ***jeden Augenblick*** à tout instant; ***ohne jeden Kommentar*** sans aucun commentaire; ***jeder von uns*** chacun de nous; ***jeder Beliebige*** n'importe qui; ***das weiß jeder*** tout le monde le sait
**'jedermann** chacun, tout le monde
**'jederzeit** à tout moment
**'jedesmal** chaque fois; ***~ wenn*** toutes les fois que
**jedoch** [je'dɔx] cependant
**jemals** ['jeːmaːls] jamais
**jemand** ['jeːmant] quelqu'un; *in negativer Umgebung* personne; ***~ anders***

quelqu'un d'autre; ***ohne ~ zu grüßen*** sans saluer personne

**Jemen** ['je:mən] ***der ~*** le Yémen

**jener**, **jene**, **jenes** *n* ['je:nə(r, -s)] ce (*vor Vokal* cet) *m*, cette *f*, ces *pl* … là; *substantivisch* celui-là *m* (*pl* ceux-là), celle-là *f* (*pl* celles-là); ***dieses und jenes*** ceci et cela

**jenseits** ['je:nzaits] **1.** *prép* (*gén*) au-delà de; **2.** *n* (-; *sans pl*) ***das*** ≗ l'au-delà *m*, l'autre monde *m*

**Jerusalem** [je'ru:zalɛm] *n* Jérusalem

**jetzt** [jɛtst] maintenant, à présent; *in Vergangenheitsschilderungen* alors; ***bis ~*** jusqu'à présent, jusqu'à maintenant; ***von ~ an*** désormais; ***eben ~*** juste en ce moment; ***~ gleich*** tout de suite; ***schon ~*** d'ores et déjà

**jetzig** ['jɛtsiç] actuel

**jeweil|ig** ['je:vailig] respectif; '**~s** chaque fois

**Jg.** *abr* ***Jahrgang*** année

**Jh.** *abr* ***Jahrhundert*** siècle

**Job** [dʒɔp] *m* (-*s*; -*s*) F job *m*, petit boulot *m*; '**≗ben** ['dʒɔbən] (*h*) avoir un job, travailler (occasionnellement); '**~ber** ['-ɔbər] *m* (-*s*; -) **1.** qn qui a un job; **2.** agioteur *m*; '**~sharing** ['-ʃɛriŋ] *n* partage *m* du travail; '**~vermittlung** *f* bureau *m* de placement

**Joch** [jɔx] *n* (-[*e*]*s*; -*e*) joug *m* (*a fig*)

**Joghurt** ['jo:gurt] *m*, *n* (-[*s*]; *sans pl*) yaourt *m*

**Johann** ['jo:han] *m* (-*s*; *sans pl*) Jean *m*

**Johanna** [jo'hana] *f* (-*s*; *sans pl*) Jeanne *f*

**Jo'hannisbeere** *f Rote* groseille *f*; ***Schwarze ~*** cassis *m*

**Joint Venture** ['dʒɔint'vɛntʃə] *n* (-[*s*]; -*s*) joint venture *f*

**Jordan** ['jɔrdan] ***der ~*** le Jourdain

**Jordanien** [jɔr'da:niən] *n* la Jordanie

**Journa|lismus** [ʒurna'lismus] *m* (-; *sans pl*) journalisme *m*; **~'list** *m* (-*en*; -*en*), **~'listin** *f* (-; -*nen*) journaliste *m*, *f*

**jr.** *abr* ***junior*** junior; fils (*commerce*)

**Jubel** ['ju:bəl] *m* (-*s*; *sans pl*) allégresse *f*; '**≗n** (*h*) pousser des cris d'allégresse *od* de joie

**Jubiläum** [jubi'lɛ:um] *n* (-*s*; *Jubiläen*) anniversaire *m*; ***fünfzigjähriges ~*** cinquantenaire *m*, jubilé *m*; ***hundertjähriges ~*** centenaire *m*

**jucken** ['jukən] (*h*) démanger

**Jude** ['ju:də] *m* (-*n*; -*n*), '**Jüdin** ['jy:din] *f* (-; -*nen*) Juif *m*, Juive *f*

**jüdisch** ['jy:diʃ] juif; *rel* judaïque

**Jugend** ['ju:gənt] *f* (-; *sans pl*) jeunesse *f*; '**~arbeitslosigkeit** *f* chômage *m* des jeunes; '**≗frei** *Film* autorisé aux mineurs; '**~herberge** *f* auberge *f* de jeunesse; '**~kriminalität** *f* délinquance *f* juvénile; '**≗lich** jeune; *der Jugend eigen* juvénile; '**~liche** *m*, *f* (-*n*; -*n*) jeune *m*, *f*, adolescent *m*, -e *f*; '**~stil** *m* Art Nouveau *m*, style *m* 1900; '**~strafanstalt** *f* prison *f* pour enfants; '**~zentrum** *n* maison *f* de jeunes

**Jugoslaw|e** [ju:go'sla:və] *m* (-*n*; -*n*), **~in** *f* (-; -*nen*) Yougoslave *m*, *f*; **~ien** [-iən] *n* (-*s*; *sans pl*) la Yougoslavie; **≗isch** yougoslave

**Juli** ['ju:li] *m* (-[*s*]; -*s*) juillet *m*

**jun.** *abr* ***junior*** junior; fils (*commerce*)

**Jumbojet** ['jumbodʒɛt] *m* jumbo-jet *m*

**jung** [juŋ] jeune; ***~e Leute*** *pl* des jeunes gens *m/pl*

**Junge** ['juŋə] (-*n*; -*n*) **1.** *m* garçon *m*; gamin *m*; **2.** *zo n* petit *m*; ***Junge werfen*** mettre bas, avoir des petits

'**jungenhaft** puéril, de gamin

**jünger** ['jyŋɛr] plus jeune; *Bruder*, *Schwester* cadet; ***er ist drei Jahre ~ als ich*** il est de trois ans mon cadet

'**Jung|frau** *f* vierge *f*; *astr* Vierge *f*; *rel* ***die Heilige ~*** la (Sainte) Vierge; '**~geselle** *m* célibataire *m*, vieux garçon *m*

**jüngst** [jyŋst] **1.** *adj* le *od* la plus jeune; *Bruder* (le) cadet; *Ereignis*, *Nachrichten* dernier; ***in ~er Zeit*** récemment; *rel* ***das ≗e Gericht*** le Jugement dernier; **2.** *adv* récemment

'**Jungunternehmer** *m* jeune entrepreneur *m*

**Juni** ['ju:ni] *m* (-[*s*]; -*s*) juin *m*

**junior** ['ju:njɔr] *adj* (le) jeune; junior; '**≗chef** *m* chef *m* junior; '**≗partner** *m* partenaire *m*junior

**Jura** ['ju:ra] *m/pl* droit *m*; ***~ studieren*** faire son droit; étudier le droit

**Jurist** [ju'rist] *m* (-*en*; -*en*) juriste *m*; **≗isch** juridique

**Jury** [ʒy'ri:] *f* (-; -*s*) jury *m*

**Juso** ['ju:zo] *m* (-*s*; -*s*) *abr* ***Jungsozialist***(***in***) jeune socialiste *m*,*f*

**Justitiar** [justi'tsja:r] *m* (-*s*; -*e*) juriste *m* dans une entreprise

**Justiz** [ju'stiːts] *f* (-; *sans pl*) justice *f*; **~irrtum** *m* erreur *f* judiciaire; **~minister** *m* ministre *m* de la Justice

**Juwel** [ju'veːl] *n*, *m* (-*s*; -*en*) bijou *m*, joyau *m* (*beide a fig*); **~ier** [-e'liːr] *m* (-*s*; -*e*) bijoutier *m*, joaillier *m*

# K

**Kabarett** [kaba'rɛt] *n* (-*s*; -*s*, -*e*) cabaret *m od théâtre m de chansonniers*

**Kabel** ['kaːbəl] *n* (-*s*; -) câble *m*; '**~anschluss** *m* raccord *m* à la télédistribution; '**~fernsehen** *n* télévision *f* par câble, télédistribution *f*; '**~netz** *n* réseau *m* câblé

**Kabeljau** ['kaːbəljau] *zo m* (-*s*; -*e*, -*s*) morue *f* fraîche, cabillaud *m*

**Kabine** [ka'biːnə] *f* (-; -*n*) cabine *f*; *aviat a* carlingue *f*

**Kabinett** [kabi'nɛt] *n* (-*s*; -*e*) *pol* cabinet *m*

**Kabrio(lett)** ['kabrio('lɛt)] *auto n* (-*s*; -*s*) cabriolet *m*, voiture *f* décapotable

**Kachel** ['kaxəl] *f* (-; -*n*) carreau *m* (de faïence); '**~ofen** *m* poêle *m* de faïence

**Kadaver** [ka'daːvər] *m* (-*s*; -) cadavre *m* (d'animal)

**Käfer** ['kɛːfər] *zo m* (-*s*; -) coléoptère *m*; *auto* coccinelle *f*

**Kaffee** ['kafe, ka'feː] *m* (-*s*; -*s*) café *m*; '**~kanne** *f* cafetière *f*; '**~maschine** *f* machine *f* à faire le café; *große* percolateur *m*; '**~mühle** *f* moulin *m* à café; '**~tasse** *f* tasse *f* à café

**Käfig** ['kɛːfiç] *m* (-*s*; -*e*) cage *f*

**kahl** [kaːl] *Kopf* chauve; *Wand* nu; *Landschaft* dénudé

**Kahn** [kaːn] *m* (-[*e*]*s*; ⸚*e*) barque *f*, canot *m*

**Kai** [kai] *m* (-*s*; -*s*) quai *m*

**Kairo** ['kairo] *n* le Caire

**Kaiser** ['kaizər] *m* (-*s*; -), '**~in** *f* (-; -*nen*) empereur *m*, impératrice *f*; '**♀lich** impérial; '**~reich** *n* empire *m*; '**~schnitt** *méd m* césarienne *f*

**Kajüte** [ka'jyːtə] *mar f* (-; -*n*) cabine *f*

**Kakao** [ka'kaːo] *m* (-*s*; -*s*) cacao *m*; *fig* ***j-n durch den ~ ziehen*** se payer la tête de qn

**Kakt|ee** [kak'teː(ə)] *f* (-; -*n*), **~us** ['-us] *m* (-; *Kakteen*) cactus *m*

**Kalauer** ['kaːlauər] *m* (-*s*; -) calembour *m*

**Kalb** [kalp] *n* (-[*e*]*s*; ⸚*er*) veau *m*; '**~fleisch** *n* veau *m*

'**Kalbs|braten** *m* rôti *m* de veau; '**~hachse**, '**~haxe** *f* jarret *m* de veau; '**~schnitzel** *n* escalope *f* de veau

**Kalender** [ka'lɛndər] *m* (-*s*; -) calendrier *m*; *Taschen♀* agenda *m*; **~jahr** *n* année *f* civile

**Kaliber** [ka'liːbər] *n* (-*s*; -) calibre *m* (*a fig*)

**Kalifornien** [kali'fɔrniən] *n* la Californie

**Kalk** [kalk] *m* (-[*e*]*s*; -*e*) chaux *f*; *méd* calcium *m*; '**~stein** *m* calcaire *m*

**Kalku|lation** [kalkula'tsjoːn] *f* (-; -*en*) calcul(s) *m* (*pl*); **♀'lieren** (*pas de -ge-*, *h*) calculer

**kalt** [kalt] froid (*a fig*); ***es ist ~*** il fait froid; ***mir ist ~*** j'ai froid; '**~blütig** ['-blyːtiç] de *od* avec sang-froid

**Kälte** ['kɛltə] froid *m*; *fig* froideur *f*; ***fünf Grad ~*** cinq degrés en dessous de zéro; '**~einbruch** *m* coup *m* de froid; '**~grad** *m* degré *m* en dessous de zéro; '**~periode** *f* vague *f* de froid; '**~welle** *f* vague *f* de froid

'**Kalt|front** *f* front *m* froid; '**~miete** *f* loyer *m* sans les charges

**Kambodscha** [kam'bɔdʒa] *n* le Cambodge

**Kamel** [ka'meːl] *zo m* (-*s*; -*e*) chameau *m*

**Kamera** ['kaməra] *f* (-; -*s*) appareil *m* photo; *Filme* caméra *f*

**Kamerad** [kamə'raːt] *m* (-*en*; -*en*), **~in** [-'raːdin] *f* (-; -*nen*) camarade *m*, *f* (-; *sans pl*); **~schaft** *f* camaraderie *f*

**Kamerun** ['kaməruːn] *n* le Cameroun

**Kamille** [ka'milə] *bot f* (-; -*n*) camomille *f*

**Kamin** [ka'miːn] *m* (-*s*; -*e*) cheminée *f*

**Kamm** [kam] *m* (-[*e*]*s*; ⸚*e*) peigne *m*; *Gebirgs♀* crête *f*

**kämmen** ['kɛmən] (*h*) (***sich ~*** se) peigner

**Kammer** ['kamər] *f* (-; *-n*) chambre *f*; '**~musik** *f* musique *f* de chambre
**Kampf** [kampf] *m* (-[*e*]*s*; *¨e*) combat *m*; lutte *f*; *Wett*≈ match *m*
**kämpf|en** ['kɛmpfən] (*h*) combattre (***gegen j-n*** qn *od* contre qn); se battre (***mit j-m*** avec qn); lutter (***gegen*** contre; ***um*** *od* ***für*** pour); '**≈er** *m* (-*s*; -) combattant *m*; *fig* champion *m* (***für*** de)
'**Kampf|flugzeug** *mil n* avion *m* de combat; '**~kraft** *f* force *f* combative; '**~richter** *m Sport* arbitre *m*
**kampieren** [kam'piːrən] (*pas de -ge-, h*) camper
**Kanada** ['kanada] *n* (-*s*; *sans pl*) le Canada
**Kanad|ier** [ka'naːdjər] *m* (-*s*; -), **~in** *f* (-; *-nen*) Canadien *m*, -ne *f*; **≈isch** canadien
**Kanal** [ka'naːl] *m* (-*s*; *¨e*) canal *m*; *Abwasser*≈ égout *m*; *géogr* la Manche; **~inseln** *pl* îles *f/pl* Anglo-Normandes
**Kanali|sation** [kanaliza'tsjoːn] *f* (-; *-en*) égouts *m/pl*, tout-à-l'égout *m*; **≈'sieren** (*pas de -ge-, h*) canaliser
**Kanarienvogel** [ka'naːrjən-] *m* canari *m*, serin *m*
**kanarisch** [ka'nɑːriʃ] canarien; ***die ≈en Inseln*** *f/pl* les (îles *f/pl*) Canaries *f/pl*
**Kandi|dat** [kandi'daːt] *m* (-*en*; -*en*), **~'datin** *f* (-; *-nen*) candidat *m*, -e *f*; **~da'tur** [-a'tuːr] *f* (-; *-en*) candidature *f*; **≈'dieren** (*pas de -ge-, h*) poser sa candidature, se porter candidat
**Känguru** ['kɛŋguruː] *zo n* (-*s*; -*s*) kangourou *m*
**Kaninchen** [ka'niːnçən] *n* (-*s*; -) lapin *m*
**Kanister** [ka'nistər] *m* (-*s*; -) bidon *m*, jerrycan *m*
**Kanne** ['kanə] *f* (-; *-n*) pot *m*; *Kaffee*≈ cafetière *f*; *Tee*≈ théière *f*; *Gieß*≈ arrosoir *m*
**Kannibale** [kani'baːlə] *m* (-*n*; -*n*) cannibale *m*
**Kanone** [ka'noːnə] *f* (-; *-n*) canon *m*; *fig Person* as *m*, crack *m*
**Kante** ['kantə] *f* (-; *-n*) arête *f*; *Rand* bord *m*; *fig* ***auf die hohe ~ legen*** mettre de côté
**Kantine** [kan'tiːnə] *f* (-; *-n*) cantine *f*
**Kanton** [kan'toːn] *m* (-*s*; -*e*) canton *m*
**Kanu** ['kaːnu] *n* (-*s*; -*s*) canoë *m*
**Kanzel** ['kantsəl] *f* (-; *-n*) chaire *f*
**Kanzlei** [kants'lai] *f* (-; *-en*) étude *f*, bureau *m*
**Kanzler** ['kantslər] *m* (-*s*; -), '**~in** *f* (-; *-nen*) chancelier *m*, -ière *f*
**Kap** [kap] *géogr n* (-*s*; -*s*) cap *m*, promontoire *m*; ***das ~ der Guten Hoffnung*** le cap de Bonne-Espérance; ***~ Hoorn*** le cap Horn
**Kap.** *abr* ***Kapitel*** chapitre
**Kapazität** [kapatsi'tɛːt] *f* (-; *-en*) capacité *f*; *Könner* autorité *f*, sommite *f*; **~sauslastung** *f* utilisation *f* maximale de la capacité
**Kapelle** [ka'pɛlə] *f* (-; *-n*) *égl* chapelle *f*; *mus* orchestre *m*
**kapern** ['kaːpərn] (*h*) capturer
**kapieren** [ka'piːrən] (*pas de -ge-, h*) F piger
**Kapital** [kapi'taːl] *n* (-*s*; -*e*, -*ien*) capital *m*, capitaux *m/pl*, fonds *m/pl*; **~anlage** *f* placement *m* de capitaux; **~aufwand** *m* dépenses *f/pl* en capital; **~ertrag** *m* revenu *m* mobilier; **~ertragssteuer** *f* impôt *m* sur le revenu mobilier; **~flucht** *f* fuite *f* de capitaux; **~hilfe** *f* aide *f* financière
**kapita|lisieren** [-i'ziːrən] (*pas de -ge-, h*) capitaliser; **~'lismus** [-'lismus] *m* (-; *sans pl*) capitalisme *m*; **~'list** *m* (-*en*; -*en*), **~'listin** *f* (-; *-nen*) capitaliste *m*, *f*; **≈'listisch** capitaliste *m*
**Kapitalmarkt** *m* marché *m* financier
**Kapitän** [kapi'tɛːn] *m* capitaine *m*
**Kapitel** [ka'pitəl] *n* (-*s*; -) chapitre *m*
**Kapitell** [kapi'tɛl] *arch n* (-*s*; -*e*) chapiteau *m*
**Kapitu|lation** [kapitula'tsjoːn] *f* (-; *-en*) capitulation *f*; **≈'lieren** (*pas de -ge-, h*) capituler
**Kappe** ['kapə] *f* (-; *-n*) bonnet *m*; *mit Schirm* casquette *f*
**Kapsel** ['kapsəl] *f* (-; *-n*) capsule *f*
**Kapstadt** ['kapʃtat] *n* Le Cap
**kaputt** [ka'put] cassé, abîmé, P foutu; *erschöpft* éreinté, F claqué, crevé, vidé
**Karat** [ka'raːt] *n* (-[*e*]*s*; -*e*) carat *m*
**Karate** [ka'raːtə] *n* (-[*e*]*s*; *sans pl*) karaté *m*
**Karawane** [kara'vaːnə] *f* (-; *-n*) caravane *f*
**Karfreitag** [kaːr'-] *m* vendredi *m* saint
**karg** [kark] *Mahlzeit* frugal; *Boden* pauvre; *Lohn* maigre

**Karibik** [ka'riːbik] ***die ~*** la Caraïbe
**kariert** [ka'riːrt] à carreaux
**Karies** ['kaːrjɛs] *méd f* (-; *sans pl*) carie *f*
**Karik|atur** [karika'tuːr] *f* (-; -*en*) caricature *f*; **~aturist** [-tu'rist] *m* (-*en*; -*en*) caricaturiste *m*; **≗'ieren** (*pas de -ge-, h*) caricaturer
**Karl** [karl] *m* (-*s*; -*s*) Charles *m*; ***~ der Große*** Charlemagne *m*
**Karneval** ['karnəval] *m* (-*s*; -*e*) carnaval *m*
**Kärnten** ['kɛrntən] *n* la Carinthie
**Karo** ['kaːro] *n* (-*s*; -*s*) carreau *m*
**Karosserie** [karɔsə'riː] *f* (-; -*n*) carrosserie *f*
**Karotte** [ka'rɔtə] *bot f* (-; -*n*) carotte *f*
**Karpaten** [kar'paːtən] *pl* ***die ~*** les Carpates
**Karpfen** ['karpfən] *zo m* (-*s*; -) carpe *f*
**Karre** ['karə] *f* (-; -*n*) charrette *f*; F *Auto* bagnole *f*
**Karriere** [kar'jɛːrə] *f* (-; -*n*) carrière *f*; ***~ machen*** faire carrière; **~macher** *m* arriviste *m*, carriériste *m*
**Karte** [kartə] *f* (-; -*n*) carte *f*; *Fahr≗, Eintritts≗* billet *m*, ticket *m*; *fig* ***alles auf e-e ~ setzen*** jouer le tout pour le tout
**Kartei** [kar'tai] *f* (-; -*en*) fichier *m*; **~karte** *f* fiche *f*; **~kasten** *m* boîte *f* à fiches; **~leiche** *f* fiche *f* périmée
**Kartell** [kar'tɛl] *comm n* (-*s*; -*e*) groupement *m* professionnel; cartel *m*; **~amt** *n* office *m* qui veille sur la loi sur les cartels; **~gesetz** *n* loi *f* sur les cartels
'**Karten|spiel** *n* jeu *m* de cartes; '**~telefon** *n* téléphone *m* à carte; '**~verkauf** *m* vente *f* de tickets; '**~vorverkauf** *m* location *f*
**Kartoffel** [kar'tɔfəl] *f* (-; -*n*) pomme *f* de terre; **~brei** *m* purée *f* de pommes de terre; **~knödel** *m* boulette *f* de pommes de terre; **~puffer** *m* crêpe *f* de pommes de terre
**Karton** [kar'tɔŋ, kar'toːn] *m* (-*s*; -*s*) carton *m*
**Karussell** [karu'sɛl] *n* (-*s*; -*s*, -*e*) manège *m* (de chevaux de bois)
**Käse** ['kɛːzə] *m* (-*s*; -) fromage *m*; ***Schweizer ~*** gruyère *m*
**Kaserne** [ka'zɛrnə] *f* (-; -*n*) caserne *f*
**Kasino** [ka'ziːno] *n* (-*s*; -*s*) *Spiel≗* casino *m*; *Offiziers≗* mess *m*
**kaspisch** ['kaspiʃ] caspien; ***das ≗e Meer*** la mer Caspienne
**Kasse** ['kasə] *f* (-; -*n*) caisse *f*
'**Kassen|arzt** *m* médecin *m* conventionné; '**~bestand** *m* encaisse *f*; '**~bon** *m* bon *m* de caisse; '**~patient** *m* patient *m* affilié à une caisse de maladie; '**~zettel** *m* ticket *m* de caisse
**Kassette** [ka'sɛtə] *f* (-; -*n*) cassette *f*; *Bücher* coffret *m*; **~nrekorder** *m* magnétophone *m od* lecteur *m* à cassettes
**kassier|en** [ka'siːrən] (*pas de -ge-, h*) encaisser; **≗er** *m* (-*s*; -), **≗erin** *f* (-; -*nen*) caissier *m*, -ière *f*
**Kastanie** [ka'staːnjə] *bot f* (-; -*n*) *Baum* châtaignier *m*; *Ross≗* marronnier *m*; *Frucht* châtaigne *f*; marron *m* (*a cuis*)
**Kaste** ['kastə] *f* (-; -*n*) caste *f*
**Kasten** ['kastən] *m* (-*s*; ¨) boîte *f*, caisse *f*
**Kastilien** [kas'tiːliən] *n* la Castille
**Kat** [kat] *m* (-*s*; -*s*) *auto* pot *m* catalytique
**Katalog** [kata'loːk] *m* (-[*e*]*s*; -*e*) catalogue *m*; **~preis** *m* prix *m* de catalogue
**Katalonien** [kata'loːniən] *n* la Catalogne
**Katalysator** [kataly'zaːtɔr] *m* (-*s*; -*en*) *chim* catalyseur *m*; *auto* pot *m* catalytique
**katastrophal** [katastro'faːl] catastrophique
**Katastrophe** [-'stroːfə] *f* (-; -*n*) catastrophe *f*; **≗ngebiet** *n* région *f* sinistrée; **≗nschutz** *m* protection *f* contre les catastrophes
**Kategor|ie** [katego'riː] *f* (-; -*n*) catégorie *f*; **≗isch** [-'goːriʃ] catégorique
**Kater** ['kaːtər] *m* (-*s*; -) matou *m*, chat *m* mâle; *fig* F mal *m* aux cheveux
**kath.** *abr* ***katholisch*** catholique
**Kathedrale** [kate'draːlə] *f* (-; -*n*) cathédrale *f*
**Katho|lik** [kato'liːk] *m* (-*en*; -*en*), **~'likin** *f* (-; -*nen*) catholique *m*, *f*; **≗lisch** [-'toːliʃ] catholique
**Katze** ['katsə] *f* (-; -*n*) chat *m*; *weibliche* chatte *f*; '**~nsprung** *m* enjambée *f*
**Kauderwelsch** ['kaudərvɛlʃ] *n* (-[*s*]; *sans pl*) charabia *m*
**kauen** ['kauən] (*h*) mâcher
**Kauf** [kauf] *m* (-[*e*]*s*; ¨*e*) achat *m*, acquisition *f*; ***etw in ~ nehmen*** s'accommoder de qc; '**≗en** (*h*) acheter; ***sich etw ~***

s'acheter qc
**Käufer** ['kɔʏfər] *m* (*-s*; -), '**~in** *f* (-; *-nen*) acheteur *m*, -euse *f*; *Kunde* client *m*, -e *f*
'**Kauf|frau** *f* marchande *f*; '**~haus** *n* grand magasin *m*; '**~kraft** *écon f* pouvoir *m* d'achat
**käuflich** ['kɔʏfliç] à vendre, achetable; *bestechlich* corruptible, vénal
'**Kauf|mann** *m* (-[*e*]*s*; *-leute*) marchand *m*; *Großhändler* commerçant *m*; '**2männisch** ['-mɛniʃ] commercial; '**~vertrag** *m* contrat *m* de vente
'**Kaugummi** *m od n* (*-s*; *-s*) chewing-gum *m*, gomme *f* à mâcher
**Kaukasus** ['kaʊkazus] ***der ~*** le Caucase
**kaum** [kaum] à peine; ne … guère; ***~ zu glauben!*** on a peine à le croire!; ***~ hatte er das gesagt, als …*** à peine eut-il dit cela que …
**Kaution** [kau'tsjo:n] *f* (-; *-en*) caution *f*, cautionnement *m*
**Kautschuk** ['kautʃuk] *m* (*-s*; *-e*) caoutchouc *m*
**Kaviar** ['ka:vja:r] *m* (*-s*; *e*) caviar *m*
**Kegel** ['ke:gəl] *m* (*-s*; -) *Spiel* quille *f*; *math* cône *m*; '**~bahn** *f* bowling *m*; '**2n** (*h*) jouer aux quilles
**Kehl|e** ['ke:lə] *f* (-; *-n*) gorge *f*; '**~kopf** *m* larynx *m*
**kehr|en** ['ke:rən] (*h*) *fegen* balayer; *wenden* tourner; ***j-m den Rücken ~*** tourner le dos à qn; '**2seite** *f* revers *m*; ***die ~ der Medaille*** le revers de la médaille
**kehrtmachen** ['ke:rt-] (*sép*, *-ge-*, *h*) revenir sur ses pas; faire demi-tour
**Keil** [kail] *m* (-[*e*]*s*; *-e*) coin *m*; *Unterleg2* cale *f*
'**Keil|riemen** *auto m* courroie *f*; '**~schrift** *f* écriture *f* cunéiforme
**Keim** [kaim] *m* (-[*e*]*s*; *-e*) germe *m* (*a fig*); *fig* ***etw im ~ ersticken*** étouffer qc dans l'œuf; '**2en** (*h*) germer (*a fig*); '**2frei** stérilisé; '**2tötend** antiseptique; '**~zelle** *f biol* gamète *m*; *fig* foyer *m*, source *f*
**kein** [kain] (ne…) pas de …; *betont* aucun (ne …); ***~ … mehr*** ne plus de …; (***ich habe***) ***~ Geld*** (je n'ai) pas d'argent; ***das ist ~ Grund*** ce n'est pas une raison; ***in ~em Fall*** en aucun cas; '**~er**, '**~e**, '**~es** pas un, -e, aucun, -e, nul, -le, personne (*mit Verb* ne …); '**~erlei** ['-ərlai] aucun, nul; '**~esfalls**, '**~eswegs** en aucun cas, nullement, en aucune façon (*mit Verb* ne …); pas *od* point du tout; '**~mal** pas une (seule) fois; ***einmal ist ~*** une fois n'est pas coutume
**Keks** [ke:ks] *m od n* (-[*es*]; *-e*) biscuit m
**Kelch** [kɛlç] *m* (-[*e*]*s*; *-e*) *Glas* coupe *f*; *rel*, *bot* calice *m*
**Kelle** ['kɛlə] *f* (-; *-n*) *Maurer2* truelle *f*; *Schöpf2* louche *f*
**Keller** ['kɛlər] *m* (*-s*; -) cave *f*; '**~assel** *zo f* cloporte *m*; **~ei** [-ə'rai] *f* (-; *-en*) caves *f/pl*; '**~geschoss** *n* soussol *m*; '**~loch** *n* soupirail *m*; '**~meister** *m* sommelier *m*; '**~wohnung** *f* appartement *m* en sous-sol
**Kellner** ['kɛlnər] *m* (*-s*; -) garçon *m* (de café, de restaurant); serveur *m*; '**~in** *f* (-; *-nen*) serveuse *f*
**Kenia** ['ke:nia] *n* le Kenya
**kennen** ['kɛnən] (*kannte*, *gekannt*, *h*) connaître; → ***kennenlernen***
'**kennenlernen** (*sép*, *-ge-*, *h*) ***j-n ~*** faire la connaissance de qn
'**Kenner** *m* (*-s*; -), '**~in** *f* (-; -nen) connaisseur *m*, expert *m* (*beide a Frau*)
**kenntlich** ['kɛnt-] reconnaissable (***an*** à); ***etw ~ machen*** marquer qc
'**Kenntnis** *f* (-; *-se*) connaissance *f*; ***gute ~se in etw haben*** avoir de bonnes connaissances de *od* sur qc; ***~ haben von*** avoir connaissance de; ***~ nehmen von*** prendre connaissance de; ***etw zur ~ nehmen*** prendre note de qc; ***j-n von etw in ~ setzen*** porter qc à la connaissance de qn
'**Kenn|wort** *n* mot *m* de passe; '**~zeichen** *n* marque *f* (distinctive), caractéristique *f*; *auto* numéro *m* minéralogique; '**2zeichnen** (*h*) caractériser
**kentern** ['kɛntərn] (*sn*) chavirer, sombrer
**Keramik** [ke'ra:mik] *f* céramique *f* (-; *-en*)
**Kerl** [kɛrl] *m* (*-s*; *-e*) type *m*, gaillard *m*
**Kern** [kɛrn] *m* (-[*e*]*s*; *-e*) noyau *m* (*a phys*); *Kernobst* pépin *m*; *Problem* fond *m*; *Reaktor* cœur *m*
'**Kern|energie** *f* énergie *f* nucléaire; '**~forschung** *f* recherche *f* nucléaire; '**2gesund** plein de santé; '**~fusion** *f* fusion *f* nucléaire; '**~kraft** *f* énergie *f* nu-

cléaire; '**~kraftgegner** *m* adversaire *m* de l'énergie nucléaire, antinucléaire *m*; '**~kraftwerk** *n* centrale *f* nucléaire; '**♀los** *Obst* sans pépins; '**~obst** *n* fruits *m/pl* à pépins; '**~physik** *f* physique *f* nucléaire; '**~physiker** *m* atomiste *m*; '**~punkt** *m* point *m* central; '**~reaktor** *m* réacteur *m* nucléaire; '**~seife** *f* savon *m* de Marseille; '**~spaltung** *phys f* fission *f* nucléaire; '**~technik** *f* technique *f* nucléaire; '**~waffen** *mil f/pl* armes *f/pl* nucléaires; '**♀waffenfrei** dénucléarisé

**Kerze** ['kɛrtsə] *f* (-; *-n*) bougie *f*; *Kirchen♀* cierge *m*

**Kessel** [kɛsəl] *m* (*-s*; -) chaudron *m*; *großer* chaudière *f*; *Tee♀* bouilloire *f*; *géogr* cuvette *f*

**Kette** ['kɛtə] *f* (-; *-n*) chaîne *f*; *Halsband* collier *m*

'**Ketten|fahrzeug** *n* véhicule *m* à chenilles; '**~raucher** *m* fumeur *m* invétéré; '**~reaktion** *f* réaction *f* en chaîne

**keuch|en** ['kɔʏçən] (*h*) haleter; '**♀husten** *méd m* coqueluche *f*

**Keule** ['kɔʏlə] *f* (-; *-n*) massue *f*; *Geflügel♀* cuisse *f*; *Hammel♀* gigot *m*

**kfm.** *abr* ***kaufmännisch*** commercial

**Kfz** [kaːˀɛf'tsɛt] *n abr* ***Kraftfahrzeug*** automobile; véhicule à moteur

**kg** *abr* ***Kilogramm*** kilogramme

**KG** *f abr* ***Kommanditgesellschaft*** société *f* en commandite

**Kiefer**[1] ['kiːfər] *anat m* (*-s*; -) mâchoire *f*

'**Kiefer**[2] *bot f* (-; *-n*) pin *m*

**Kiel** [kiːl] *mar m* (-[*e*]*s*; *-e*) quille *f*; '**~wasser** *n* sillage *m*

**Kiemen** ['kiːmən] *biol f/pl* branchies *f/pl*

**Kies** [kiːs] *m* (*-es*; *-e*) gravier; F *fig Geld* fric *m*

**Kiesel** ['kiːzəl] *m* (*-s*; -) caillou *m*

**Kilo** ['kiːlo] *n* (*-s*; -[*s*]), **~'gramm** *n* kilo(gramme) *m*; **~'hertz** *n* kilohertz *m*; **~'meter** *m* kilomètre *m*; **~'meterzähler** *m* compteur *m* kilométrique; **~'watt** *n* kilowatt *m*

**Kind** [kint] *n* (-[*e*]*s*; *-er*) enfant *m*, *f*

**Kinder|arzt** ['kindər-] *m*, '**~ärztin** *f* pédiatre *m*, *f*; '**~betreuung** *f* garde *f* d'enfants; '**~fahrkarte** *f* billet/ticket *m* demi-tarif; '**~freibetrag** *m* abattement *m* pour enfants à charge (*od* pour charges familiales); '**♀freundlich** adapté pour les enfants; '**~garten** *m* jardin *m* d'enfants; école *f* maternelle; '**~gärtnerin** *f* jardinière *f* d'enfants; institutrice *f* d'école maternelle; '**~geld** *n* allocations *f/pl* familiales; '**~krankheiten** *f/pl* maladies *f/pl* infantiles; '**~lähmung** *méd f* poliomyélite *f*; '**~mädchen** *n* bonne *f* d'enfants; '**♀reich** ***e-e ~e Familie*** une famille nombreuse; '**~spiel** *n fig* jeu *m* d'enfant, bagatelle *f*; '**~spielplatz** *m* aire *f* de jeux; '**~wagen** *m* voiture *f* d'enfant; landau *m*; poussette *f*; '**~zimmer** *n* chambre *f* d'enfant(s)

**Kindes|alter** ['kindəs-] *n* enfance *f*, bas âge *m*; '**~beine** *n/pl* ***von ~n an*** dès la plus tendre enfance; '**~entführung** *f* enlèvement *m* d'enfant; '**~misshandlung** *f* mauvais traitement *m* infligé à un enfant

**Kind|heit** ['kint-] *f* (-; - *sans pl*) enfance *f*; '**♀isch** ['kindiʃ] puéril; **~ *werden*** retomber en enfance; '**♀lich** enfantin; naïf; *Liebe* filial

**Kinn** [kin] *n* (-[*e*]*s*; *-e*) menton *m*; '**~haken** *Sport m* crochet *m* à la mâchoire, uppercut *m*

**Kino** ['kiːno] *n* (*-s*; *-s*) cinéma *m*, ciné *m* F; '**~besucher** *m*, '**~besucherin** *f* spectateur *m*, -trice *f*; '**~vorstellung** *f* séance *f* de cinéma

**Kiosk** [kjɔsk] *m* (-[*e*]*s*; *-e*) kiosque *m*

**Kirche** ['kirçə] *f* (-; *-n*) église *f*

**Kirchen|fenster** *n* vitrail *m* (*pl* vitraux); '**~gemeinde** *f* paroisse *f*; '**~lied** *n* cantique *m*; '**~musik** *f* musique *f* sacrée; '**~schiff** *arch n* nef *f*; '**~steuer** *f* impôt *m* destiné à l'Église; *in Frankreich etwa* denier *m* du culte; '**~tag** *m* congrès *m* ecclésiastique

'**kirch|lich** ecclésiastique; *Trauung*, *Feiertag* religieux; '**♀turm** *m* clocher *m* '**♀weih** ['-vai] *f* (-; *-en*) kermesse *f*

**Kirmes** ['kirməs] *f* (-; -sen) kermesse *f* fête *f* foraine, foire *f*

**Kirschbaum** ['kirʃ-] cerisier *m*

'**Kirsche** *f* (-; *-n*) cerise *f*

**Kissen** ['kisən] *n* (*-s*; -) coussin *m* *Kopf♀* oreiller *m*

**Kiste** ['kistə] *f* (-; *-n*) caisse *f*

**Kitsch** [kitʃ] *m* (*-es*; *sans pl*) toc *m* kitsch *m*; *Film* navet *m*; *Schund* pacotille *f*; '**♀ig** de mauvais goût, kitsch, to

card F
**Kitt** [kit] *m* (-[*e*]*s*; -*e*) mastic *m*; *fig* ciment *m*; '**2en** (*h*) mastiquer; *fig* cimenter
**kitz|eln** ['kitsəln] (*h*) chatouiller; '**~(e)lig** chatouilleux; *fig* délicat
**Kl.** *abr* ***Klasse*** classe
**kläffen** ['klɛfən] (*h*) japper, glapir
**klaffend** ['klafənt] béant
**Klage** ['klaːgə] *f* (-; -*n*) plainte *f*; *jur* action *f* (en justice); '**~geschrei** *n* lamentations *f/pl*
**klagen** ['klaːgən] (*h*) se plaindre (***über*** de); *jammern* se lamenter; *jur* intenter une action en justice
**Kläger** ['klɛːgər] *m* (-*s*; -), '**~in** *f* (-; -*nen*) *jur* demandeur *m*, -deresse *f*, plaignant *m*, -e *f*
**kläglich** ['klɛkliç] *Stimme* plaintif; *péj* lamentable, déplorable, minable
**klamm** [klam] *erstarrt* engourdi
'**Klamm** *géogr f* (-; -*en*) gorge *f*
**Klammer** ['klamər] *f* (-; -*n*) *tech* crampon *m*; *Büro*2 trombone *m*; *Heft*2 attache *f*; *Wäsche*2, *Haar*2 pince *f*; ***~n*** *pl im Text* parenthèses *f/pl*; *eckige* crochets *m/pl*; ***in ~n*** entre parenthèses; **~affe** *m EDV* (*@-Zeichen*) arobase *m*
'**klammern** (*h*) ***sich ~*** se cramponner (***an*** à)
**Klang** [klaŋ] *m* (-[*e*]*s*; ¨*e*) son *m*
**Klappbett** ['klap-] lit *m* pliant
**Klappe** ['klapə] *f* (-; -*n*) *tech* clapet *m*; *Herz*2 valvule *f*; *Blasinstrument* clé *f*; *Filmaufnahme* claquette *f*; *Mund* F gueule *f*
'**klappen** (*h*) F *gelingen* marcher; ***nach oben ~*** relever; ***nach unten ~*** rabattre; F ***das klappt*** ça va bien, ça gaze F
'**klapper|n** (*h*) claquer, cliqueter; ***mit den Zähnen ~*** claquer des dents; '**2schlange** *f* serpent *m* à sonnettes
'**Klapp|(fahr)rad** *n* bicyclette *f* pliante; '**~fenster** *n* fenêtre *f* rabattante; '**~messer** *n* couteau *m* pliant; '**~sitz** *m* strapontin *m*; '**~stuhl** *m* pliant *m*; '**~tisch** *m* table *f* pliante
**klar** [klaːr] clair; *Flüssigkeit a* limpide; ***~ sehen*** voir clair; (***na***) ***~!*** bien sûr!; ***alles ~!*** tout va bien!; ***das ist ~*** c'est évident; ***das ist mir nicht ~*** je ne comprends pas bien; ***sich über etw im 2en sein*** se rendre compte de qc
**Kläranlage** ['klɛr-] *f* station *f* d'épuration
**klären** ['klɛːrən] (*h*) *Angelegenheit* (***sich ~*** s')éclaircir; *Frage* clarifier; *Wasser* traiter, épurer
'**Klarheit** *f* (-; *sans pl*) clarté *f*
**Klarinette** [klari'nɛtə] *mus f* (-; -*n*) clarinette *f*
'**klar|kommen** (*irr*, *sép*, -*ge*-, *sn*, → ***kommen***) s'en sortir; ***ich komme da nicht klar*** je m'y perds; '**~machen** (*sép*, -*ge*-, *h*) ***j-m etw ~*** expliquer, faire comprendre qc à qn
'**Klärung** *f* (-; -*en*) *Wasser* traitement *m*; épuration *f*; *fig Frage* clarification *f*
**Klasse** ['klasə] *f* (-; -*n*) classe *f*; *Sport* catégorie *f*; ***2!*** super!, formidable!
'**Klassen|arbeit** *f* composition *f*; '**~kamerad** *m* camarade *m* de classe; '**~kampf** *m* lutte *f* des classes
**klassifizieren** [klasifi'tsiːrən] (*pas de* -*ge*-, *h*) classer, classifier
**Klassi|k** ['klasik] *f* (-; *sans pl*) classicisme *m*; '**~ker** *m* (-*s*; -) classique *m*; '**2sch** classique
**Klatsch** [klatʃ] *m* (-*es*; -*e*) commérage *m*, cancans *m/pl*; '**~base** *f* commère *f*, concierge *f*
'**klatschen** (*h*) *Beifall* applaudir; F *schwätzen* cancaner, caqueter; ***in die Hände ~*** battre des mains
**Klaue** ['klauə] *f* (-; -*n*) griffe *f*; *Raubvögel* serre *f*; *fig schlechte Schrift* écriture *f* illisible
'**klauen** (*h*) F piquer, chiper
**Klausel** ['klauzəl] *jur f* (-; -*n*) clause *f*
**Klausur** [klau'zuːr] *f* (-; -*en*) *Schule* épreuve *f* écrite; *rel* clôture *f*; *fig* isolement *m*; **~tagung** *f* réunion *f* à huis clos
**Klavier** [kla'viːr] *n* (-*s*; -*e*) piano *m*; ***~ spielen*** jouer du piano; **~konzert** *n* concerto *m* pour piano; **~spieler** *m*, **~spielerin** *f* pianiste *m*, *f*
**Klebeband** ['kleːbə-] *n* ruban *m* adhésif
**kleb|en** ['kleːbən] (*h*) coller; *fig* F ***j-m eine ~*** coller une gifle à qn; '**~rig** ['-briç] gluant, collant; '**2stoff** ['kleːp-] *m* colle *f*, adhésif *m*
**kleckern** ['klɛkərn] (*h*) faire des taches
**Klecks** [klɛks] *m* (-*es*; -*e*) tache *f*; '**2en** (*h*) faire des taches
**Klee** [kleː] *bot m* (-*s*; *sans pl*) trèfle *m*
**Kleid** [klait] *n* (-*es*; -*er*) robe *f*; '**2en**

['-dən] (*h*) (***sich ~*** s')habiller

**Kleider** ['klaidər] *pl* habits *m/pl*, vêtements *m/pl*; '**~ablage** *f* vestiaire *m*; '**~bügel** *m* cintre *m*; '**~bürste** *f* brosse *f* à habits; '**~haken** *m* patère *f*; '**~schrank** *m* garde-robe *f*; '**~ständer** *m* portemanteau *m*

**Kleidung** ['-duŋ] *f* (-; *sans pl*) habillement *m*, habits *m/pl*, vêtements *m/pl*; '**~sstück** *n* vêtement *m*

**Kleie** ['klaiə] *bot f* (-; *-n*) son *m*

**klein** [klain] petit; *Buchstabe* minuscule; ***von ~ auf*** depuis son plus jeune âge; ***der ~e Mann*** l'homme de la rue; ***ein ~ wenig*** un petit peu

'**Klein|anzeige** *f* petite annonce *f*; **~'asien** *n* l'Asie Mineure *f*; '**~geld** *n* (petite) monnaie *f*; '**~händler** *m* détaillant *m*; '**~holz** *n* petit bois *m*

**Kleinigkeit** ['klainiçkait] *f* (-; *-en*) bagatelle *f*

'**Klein|kind** *n* petit enfant *m*; '**~kram** *m* babioles *f/pl*; '**~krieg** *m* guérilla *f*, petite guerre *f*; '**≈lich** *knickerig* mesquin; *genau* pointilleux, minutieux

**Kleinod** ['klaino:t] *n* (-[*e*]*s*; *-e*) bijou *m*, joyau *m*

'**Klein|stadt** *f* petite ville *f*; '**≈städtisch** provincial

**Kleister** ['klaistər] *m* (-*s*; -) colle *f* (d'amidon)

**Klemme** ['klɛmə] *f* (-; *-n*) pince *f*; *tech* serre-fils *m*; F *fig* embarras *m*

'**klemmen** (*h*) coincer, serrer; *Tür* être coincé; ***sich ~*** se pincer; *fig* ***sich hinter etw ~*** s'atteler à qc

**Klempner** ['klɛmpnər] *m* (-*s*;-) plombier *m*

**Klette** ['klɛtə] *f* (-; *-n*) *bot* bardane *f*; F *Person* pot *m* de colle

**klettern** ['klɛtərn] (*sn*) grimper (***auf*** sur)

'**Klettverschluss** *m* bande *f* agrippante

**klicken** ['klikən] (*h*) faire clic; *EDV* cliquer (***auf*** sur)

**Klient** [kli'ɛnt] *m* (-*en*; *-en*), **~in** *f* (-; *-nen*) client *m*, -e *f*

**Klima** ['kli:ma] *n* (-*s*; -s, *-te*) climat *m*; '**~anlage** *f* climatisation *f*, climatiseur *m*; '**~katastrophe** *f* catastrophe *f* climatologique; '**≈tisch** [-'ma:tiʃ] climatique; '**~veränderung** *f* changement *m* du climat

**Klinge** ['kliŋə] *f* (-; *-n*) lame *f*

**Klingel** ['kliŋəl] *f* (-; *-n*) sonnette *f*; sonnerie *f*; '**≈n** (*h*) sonner (***j-m*** qn); ***es klingelt*** on sonne

**klingen** ['kliŋən] (*klang*, *geklungen*, *h*) sonner; *Glas* tinter; ***das klingt seltsam*** cela paraît étrange

**Klini|k** ['kli:nik] *f* (-; *-en*) clinique *f*, hôpital *m*; '**≈sch** clinique

'**Klinke** ['kliŋkə] *f* (-; *-n*) *Tür* poignée *f*, bouton *m*

**klipp** [klip] ***~ und klar*** clair et net

**Klippe** ['klipə] *f* (-; *-n*) écueil *m* (*a fig*); *Steilküste* falaise *f*

**klirren** ['klirən] (*h*) *Ketten* cliqueter; *Gläser* tinter

**Klischee** [kli'ʃe:] *n* (-*s*; *-s*) cliché *m*; **~vorstellung** *f* lieu *m* commun; représentation *f* stéréotype

**Klo** [klo:] *n* (-*s*; *-s*) toilettes *f/pl*, WC *m/pl*

**klobig** ['klo:biç] massif, mastoc F

**klopfen** ['klɔpfən] (*h*) frapper; battre (*a Herz*); ***es klopft*** on frappe; ***j-m auf die Schulter ~*** taper sur l'épaule de qn

**Klops** [klɔps] *cuis m* (-*es*; *-e*) boulette *f* de viande

**Klosett** [klo'zɛt] *n* (-*s*; *-s*) WC *m/pl*, cabinets *m/pl*; **~papier** *n* papier *m* hygiénique

**Kloß** [klo:s] *m* (-*es*; *¨-e*) boulette *f*

**Kloster** ['klo:stər] *n* (-*s*; *¨-*) couvent *m*, monastère

**Klotz** [klɔts] *m* (-*es*; *¨-e*) bloc *m* de bois; *fig Mensch* lourdaud *m*

**Klub** [klup] *m* (-*s*; *-s*) club *m*

**Kluft** [kluft] *f* **1.** (-; *¨-e*) *Spalt* fente *f*; *tief u breit* gouffre *m*; *fig* fossé *m* (***zwischen*** entre); **2.** (-; *-en*) F *Kleidung* frusques *f/pl* P; *Uniform* uniforme *m*

**klug** [klu:k] intelligent; *vernünftig* sensé; ***daraus werde ich nicht ~*** je n'y comprends rien; '**≈heit** *f* (-; *sans pl*) intelligence *f*; *Vorsicht* prudence *f*

**Klumpen** ['klumpən] *m* (-*s*; -) masse *f*; *rund* boule *f*; *Gold* pépite *f*; *cuis* grumeau *m*

**km** *abr* ***Kilometer*** kilomètre

**knabbern** ['knabərn] (*h*) grignoter (***an etw*** qc)

**Knabe** ['kna:bə] *m* (-*n*; *-n*) garçon *m*

**knacken** ['knakən] (*h*) craquer; *Nuss* casser; *Tresor* forcer; *fig* ***j hat an etw zu ~*** qc donne du fil à retordre à qn

**Knacks** [knaks] *m* (*-es*; *-e*) *Sprung* fêlure *f*

**Knall** [knal] *m* (-[*e*]*s*; *-e*) détonation *f*; *Überschall*≗ bang *m*; *fig* ***e-n ~ haben*** F être cinglé *od* toqué *od* marteau; **'~effekt** *m* coup *m* de théâtre; **'≗en** (*h*) éclater, détoner; *Tür*, *Peitsche* claquer; *Korken* sauter; *fig* F ***j-m e-e ~*** donner une gifle *od* une baffe à qn; **'~körper** *m* pétard *m*

**knapp** [knap] *Kleidung* serré, juste; *Geld*, *Vorräte* rare; *Mahlzeit* maigre; *Mehrheit* faible; *Stil* concis; ***e-e ~e Stunde*** une petite heure; ***~ gewinnen*** gagner de justesse; **'≗heit** *f* (-; *sans pl*) pénurie *f*, manque *m*; *Stil* concision *f*

**knarren** ['knarən] (*h*) grincer

**knattern** ['knatərn] (*h*) crépiter; *Motorrad* pétarader

**Knäuel** ['knɔʏəl] *n od m* (*-s*; -) pelote *f*; *Personen* grappe *f*

**knauser|ig** ['knauzəriç] radin; **'~n** (*h*) ***mit etw ~*** lésiner sur qc

**knautsch|en** ['knautʃən] (*h*) friper, froisser; **'≗zone** *f auto* zone *f* rétractable

**Knebel** ['kne:bəl] *m* (*-s*; -) bâillon *m*; **'≗n** (*h*) bâillonner (*a fig*)

**Knecht** [knɛçt] *m* (-[*e*]*s*; *-e*) valet *m*; **'~schaft** *f* (-; *sans pl*) servitude *f*

**kneifen** ['knaifən] (*kniff*, *gekniffen*, *h*) pincer; *fig* F se dégonfler

**Kneipe** ['knaipə] *f* (-; *-n*) bistro(t) *m*

**kneten** ['kne:tən] (*h*) pétrir

**Knick** [knik] *m* (-[*e*]*s*; *-e*) *in Papier* pli *m*; *Biegung* coude *m*; **'≗en** (*h*) *Papier* plier; *Zweig* (se) casser, (se) briser; *fig* ***geknickt sein*** être déprimé

**Knie** [kni:] *n* (*-s*; - ['kni:ə]) genou *m*; *tech* coude *m*; *fig* ***etw übers ~ brechen*** expédier qc; **'≗n** [kni:n, 'kni:ən] (*h*) être à genoux; ***sich ~*** se mettre à genoux; **'~scheibe** *f* rotule *f*

**Kniff** [knif] *m* (-[*e*]*s*; *-e*) *Falte* pli *m*; *fig* truc *m*; **'≗lig** difficile, délicat

**'knipsen** [knipsən] (*h*) *Foto* photographier, prendre en photo; prendre des photos; *Fahrkarte* poinçonner

**Knirps** [knirps] *m* (*-es*; *-e*) *Kind* petit bonhomme *m*; gosse *m*, mioche *m*; *kleiner Mensch* nabot *m*

**knirschen** ['knirʃən] (*h*) crisser, craquer; ***mit den Zähnen ~*** grincer des dents

**knistern** ['knistərn] (*h*) *Feuer* crépiter; *Papier* faire un bruit de froissement

**Knoblauch** ['kno:plaux] *bot m* (-[*e*]*s*; *sans pl*) ail *m*

**Knöchel** ['knœçəl] *m* (*-s*; -) *Fuß*≗ cheville *f*; *Finger*≗ phalange *f*

**Knochen** ['knɔxən] *m* (*-s*; -) os *m*; **'~bruch** *m* fracture *f*

**Knödel** ['knø:dəl] *cuis m* (*-s*; -) boulette *f*

**Knolle** ['knɔlə] *bot f* (-; *-n*) tubercule *m*; *Zwiebel* bulbe *m*

**Knopf** [knɔpf] *m* (-[*e*]*s*; *⸚e*) bouton *m*

**knöpfen** ['knœpfən] (*h*) boutonner

**'Knopfloch** *n* boutonnière *f*

**Knorpel** ['knɔrpəl] *biol m* (*-s*; -) cartilage *m*

**knorrig** ['knɔriç] noueux

**Knospe** ['knɔspə] *f* (-; *-n*) bourgeon *m*, bouton *m*; **'≗n** (*h*) bourgeonner, boutonner

**Knoten** ['kno:tən] **1.** *m* (*-s*; -) nœud *m* (*a mar*); *Haar*≗ chignon *m*; *Nerven*≗ ganglion *m*; **2.** **'≗** (*h*) nouer; **'~punkt** *m Verkehr* nœud *m* routier *od* ferroviaire

**knüpfen** ['knypfən] (*h*) nouer; *fig* ***e-e Bedingung an etw ~*** mettre une condition à qc

**Knüppel** ['knypəl] *m* (*-s*; -) bâton, gourdin; *Polizei*≗ matraque *f*; *aviat Steuer*≗ manche *m* à balai

**knurren** ['knurən] (*h*) gronder, grogner; *Magen* gargouiller

**knusp(e)rig** ['knusp(ə)riç] croquant, croustillant

**k.o.** [ka:'o:] *m* (-[*s*]; *-s*) *Sport* K-O; *fig* ***~ sein*** F être complètement crevé

**koal|ieren** [koa'li:rən] (*pas de -ge-*, *h*) former une coalition; **≗ition** [-i'tsjo:n] *f* (-; *-en*) coalition *f*

**Koblenz** ['ko:blɛnts] *n* Coblence

**Koch** [kɔx] *m* (-[*e*]*s*; *⸚e*), **'Köchin** ['kœçin] *f* (-; *-nen*) cuisinier *m*, -ière *f*

**'Kochbuch** *n* livre *m* de cuisine

**kochen** ['kɔxən] (*h*) faire la cuisine; (faire) cuire; *Wasser*, *Milch* (faire) bouillir; *fig* ***vor Wut ~*** bouillir de rage

**'Koch|er** *m* (*-s*; -) réchaud *m*; **'~löffel** *m* cuiller *f* de bois; **'~kunst** *f* art *m* culinaire; **'~nische** *f* coin *m* cuisine; **'~platte** *f* réchaud *m*; **'~salz** *n* sel *m* de cuisine; **'~topf** *m* cocotte *f*, marmite *f*, casserole *f*

**Köder** ['kø:dər] *m* (*-s*; -) appât *m*
**Koffein** [kɔfe'i:n] *n* (*-s*; *sans pl*) caféine *f*; **♀frei** décaféiné
**Koffer** ['kɔfər] *m* (*-s*; -) valise *f*; *großer Reise♀* malle *f*; '**~kuli** *m* porte-bagages *m*; '**~radio** *n* transistor *m*; '**~raum** *auto m* coffre *m*
**Kohl** [ko:l] *bot m* chou *m*
**Kohle** ['ko:lə] *f* (-; *-n*) charbon *m*; *Stein♀* houille *f*; F *Geld* fric *m*; '**~hydrate** ['-hydra:tə] *n/pl* hydrates *m/pl* de carbone, glucides *m/pl*
'**Kohlen|bergwerk** *n* mine *f* de charbon; '**~dioxid**, '**~dioxyd** *n* gaz *m* carbonique; '**~monoxid**, '**~monoxyd** *n* oxyde *m* de carbone; '**~säure** *f* acide *m* carbonique; '**♀säurehaltig** *Getränk* gazeux; '**~wasserstoffe** *m/pl* hydrocarbures *m/pl*
'**Kohlepapier** *n* papier *m* carbone
'**Kohl|kopf** *bot m* chou *m*; **~rabi** [ko:l-'ra:bi] *bot m* (-[*s*]; -[*s*]) chourave *m*
**Koje** ['ko:jə] *mar f* (-; *-n*) couchette *f*
**Kokain** [koka'i:n] *n* (*-s*; *sans pl*) cocaïne *f*
**Kokosnuss** ['ko:kɔs-] *bot f* noix *f* de coco
**Kolben** ['kɔlbən] *m* (*-s*; -) *Motor* piston *m*; *chim* ballon *m*; *Mais* épi *m*; *Gewehr* crosse *f*
**Kolik** ['ko:lik] *méd f* (-; *-en*) colique *f*
**Kollaps** ['kɔlaps] *méd m* (*-es*; *-e*) collapsus *m*
**Kolleg** [kɔ'le:k] *n* (*-s*; *-s*, *-ien*) cours *m*
**Kolleg|e** [kɔ'le:gə] *m* (*-n*; *-n*), **~in** *f* (-; *-nen*) *Arbeits♀*(*-kollegin*) collègue *m*, *f*; *Fach♀*(*-kollegin*) confrère *m*; *Amts♀*(*-kollegin*) homologue *m*, *f*
**Kollegium** [kɔ'le:gjum] *n* (*-s*; *Kollegien*) *Lehrer♀* collège *m* des professeurs
**Kollekt|ion** [kɔlɛk'tsjo:n] *f* (-; *-en*) collection *f*; **♀iv** [-'ti:f] collectif
**kolli|dieren** [kɔli'di:rən] (*pas de -ge-*, *h*) entrer en collision; *zeitlich* coïncider; **♀sion** [-'zjo:n] *f* (-; *-en*) collision *f*; *fig* conflit *m*
**Köln** [kœln] *n* Cologne
**Kolonie** [kolo'ni:] *f* (-; *-n*) colonie *f*
**Kolonne** [ko'lɔnə] *f* (-; *-n*) colonne *f*; *Fahrzeug♀* convoi *m*; *Autoschlange* file *f*; *Arbeits♀* équipe *f*
**Kolumbien** [ko'lumbiən] *n* la Colombie
**Kombi** ['kɔmbi] *auto m* (*-s*; *-s*) voiture *f* commerciale, fourgonnette *f*, break *m*
**Kombin|ation** [kɔmbina'tsjo:n] *f* (-; *-en*) combinaison *f*; *Kleidung* ensemble *m*; *gedankliche* déduction *f*; *Ski* ***alpine, nordische ~*** combiné *m* alpin, nordique; **♀'ieren** (*pas de -ge-*, *h*) combiner; *gedanklich* déduire
**Komfort** [kɔm'fo:r] *m* (*-s*; *sans pl*) confort *m*; **♀abel** [-fɔr'ta:bəl] confortable
**Komi|k** ['ko:mik] *f* (-; *sans pl*) comique *m*; '**~ker** *m* (*-s*; -) comique *m*; '**♀sch** comique; *sonderbar* drôle (de)
**Komitee** [komi'te:] *n* (*-s*; *-s*) comité *m*
**Komma** ['kɔma] *n* (*-s*; *-s*, *-ta*) virgule *f*
**Komman|dant** [kɔman'dant] *m* (*-en*; *-en*) commandant *m*; **~deur** [-'dø:r] *m* (*-s*; *-e*) commandant *m*; **♀'dieren** (*pas de -ge-*, *h*) commander
**Kommando** [kɔ'mando] *n* (*-s*; *-s*) *Befehl* commandement *m*; *Sondergruppe* commando *m*; ***auf ~*** sur commandement
**kommen** ['kɔmən] (*kam*, *gekommen*, *sn*) venir; *an~*, *geschehen* arriver; ***~ lassen*** faire venir, envoyer chercher; ***durch e-n Ort ~*** passer par …; ***nach Hause ~*** rentrer; ***teuer zu stehen ~*** revenir cher; ***hinter etw ~*** découvrir qc; ***um etw ~*** perdre qc; ***wieder zu sich ~*** reprendre connaissance; ***es kommt daher, dass …*** cela vient du fait que …; ***wie kommt es, dass …*** comment se fait-il que …
'**kommend** ***~e Woche*** la semaine prochaine
**Kommen|tar** [kɔmɛn'ta:r] *m* (*-s*; *-e*) commentaire *m*; **♀'tieren** (*pas de -ge-*, *h*) commenter
**Kommerz** [kɔ'mɛrts] *m* (*-es*; *sans pl*) commerce *m*; **♀ialisieren** [-jali'zi:rən] (*pas de -ge-*, *h*) commercialiser; **~iel** [-'jɛl] commercial
**Kommissar** [kɔmi'sa:r] *m* (*-s*; *-e*) commissaire *m*
**Kommission** [kɔmi'sjo:n] *f* (-; *-en*) commission *f*
**Kommun|e** [kɔ'mu:nə] *f* (-; *-n*) *Gemeinde* commune *f*; *Wohngemeinschaft* communauté *f*; **♀al** [-'na:l] municipal, communal; **~'alpolitik** *f* politique *f* municipale; **~'alwahl** *f* élection *f/pl* municipales

**Kommunikation** [kɔmunika'tsjoːn] *f* (-; *-en*) communication *f*
**Kommunis|mus** [kɔmu'nismus] *m* (-; *sans pl*) communisme *m*; **~t** [-'nist] *m* (*-en*; *-en*), **~tin** *f* (-; *-nen*) communiste *m*, *f*; **＿tisch** comuniste
**Komödie** [kɔ'møːdjə] *f* (-; *-n*) comédie *f*
**Kompanie** [kɔmpa'niː] *f* (-; *-n*) compagnie *f*
**Kompass** ['kɔmpas] *m* (*-es*; *-e*) boussole *f*
**kompatibel** [kɔmpa'tiːbəl] compatible
**Kompen|sation** [kɔmpɛnza'tsjoːn] *f* (-; *-en*) *a psych* compensation *f*; **＿'sieren** (*pas de -ge-*, *h*) compenser
**Kompetenz** [kɔmpe'tɛnts] *f* (-; *-en*) compétence *f*; **'~bereich** *m* domaine *m* de compétence
**komplett** [kɔm'plɛt] complet
**Komplex** [kɔm'plɛks] *m* (*-es*; *-e*) complexe *m* (*a psych*); *Gebäude＿*, *Fragen＿* ensemble *m*
**Kompliment** [kɔmpli'mɛnt] *n* (-[*e*]*s*; *-e*) compliment *m*
**Kompliz|e** [kɔm'pliːtsə] *m* (*-n*; *-n*), **~in** *f* (-; *-nen*) complice *m*, *f*
**komplizier|en** [kɔmpli'tsiːrən] (*pas de -ge-*, *h*) compliquer; **~t** compliqué
**Komplott** [kɔm'plɔt] *n* (-[*e*]*s*; *-e*) complot *m*
**kompo|nieren** [kɔmpo'niːrən] (*pas de -ge-*, *h*) composer; **＿'nist** *m* (*-en*; *-en*), **＿'nistin** *f* (-; *-nen*) compositeur *m*
**komprimieren** [kɔmpri'miːrən] (*pas de -ge-*, *h*) comprimer
**Kompro|miss** [kɔmpro'mis] *m* (*-es*; *-e*) compromis *m*; **＿'misslos** [-loːs] intransigeant; **＿mittieren** [-mi'tiːrən] (*pas de -ge-*, *h*) (***sich ~*** se) compromettre
**Konden|sator** [kɔndɛn'zaːtɔr] *m* (*-s*; *-en*) condensateur *m*; **~milch** [kɔn'dɛns-] *f* lait *m* condensé
**Kondition** [kɔndi'tsjoːn] *f* (-; *-en*) condition *f*
**Konditor** [kɔn'diːtɔr] *m* (*-s*; *-en* [-di'toːrən]) pâtissier *m*; **~ei** [-'rai] (-; *-en*) pâtisserie *f*
**kondolieren** [kɔndo'liːrən] (*pas de -ge-*, *h*) présenter ses condoléances (***j-m*** à qn)
**Kondom** [kɔn'doːm] *n* (*-s*; *-e*) préservatif *m*
**Konfekt** [kɔn'fɛkt] *n* (-[*e*]*s*; *-e*) confiserie *f*, chocolats *m*/*pl*
**Konfektions|anzug** [kɔnfɛk'tsjoːns-] *m* costume *m* prêt-à-porter; **~geschäft** *n* magasin *m* de confection
**Konferenz** [kɔnfe'rɛnts] *f* (-; *-en*) conférence *f*; **~raum** *m* salle *f* de conférence
**Konfession** [kɔnfɛ'sjoːn] *rel f* (-; *-en*) confession *f*, religion *f*; **＿ell** [-o'nɛl] confessionnel
**konfiszieren** [kɔnfis'tsiːrən] (*pas de -ge-*, *h*) confisquer
**Konfitüre** [kɔnfi'tyːrə] *f* (-; *-n*) confiture *f*
**Konflikt** [kɔn'flikt] *m* (-[*e*]*s*; *-e*) conflit *m*
**konfrontieren** [kɔnfrɔn'tiːrən] (*pas de -ge-*, *h*) confronter (***mit*** à)
**konfus** [kɔn'fuːs] confus; *Person* dérouté
**Kongo** ['kɔŋgo] ***der ~*** le Congo
**Kongress** [kɔn'grɛs] *m* (*-es*; *-e*) congrès; **~teilnehmer** *m* congressiste *m*
**König** ['køːniç] *m* (*-s*; *-e*) roi *m*; **'~in** [-gin] *f* (-; *-nen*) reine *f*; **'＿lich** [-nik-] royal; **'~reich** *n* [-nik-] royaume *m*; **'~shaus** [-niks-] *n* dynastie *f*
**Konjunktur** [kɔnjuŋk'tuːr] *écon* (-; *-en*) conjoncture *f*
**konkret** [kɔn'kreːt] concret
**Konkurr|ent** [kɔnku'rɛnt] *m* (*-en*; *-en*) concurrent *m*; **~enz** [-'ɛnts] *f* (-; *-en*) concurrence *f*; ***j-m ~ machen*** faire concurrence à qn; **＿'enzfähig** compétitif; **~'enzkampf** *m* concurrence *f*, compétition *f*; **＿'enzlos** défiant toute concurrence; **＿'ieren** (*pas de -ge-*, *h*) ***mit j-m ~*** concurrencer qn
**Konkurs** [kɔn'kurs] *m* (*-es*; *-e*) faillite *f*; ***in ~ gehen***, ***~ machen*** faire faillite; **~masse** *f* actif *m* de la faillite; **~verwalter** *m* syndic *m* (de la faillite)
**könn|en** ['kœnən] (*konnte*, *gekonnt*, *h*) pouvoir; *gelernt haben* savoir; ***e-e Sprache ~*** savoir une langue; ***schwimmen ~*** savoir nager; ***du kannst gehen*** tu peux partir; ***ich kann nicht mehr*** je n'en peux plus; ***es kann sein*** c'est possible; **'＿en** *n* (*-s*; *sans pl*) savoir(-faire) *m*; capacités *f*/*pl*; **'＿er** *m* (*-s*; -) spécialiste *m*; *Sport* as *m*
**konsequen|t** [kɔnze'kvɛnt] logique;

conséquent; ~ ***handeln*** agir avec logique; ℒ**z** [-'ɛnts] *f* (-; *-en*) conséquence *f*; esprit *m* de suite
**konservativ** [kɔnzɛrva'ti:f] conservateur; ℒ**e** [-'ti:və] *m*, *f* (*-n*; *-n*) conservateur *m*, -trice *f*
**Konserv|e** [kɔn'zɛrvə] *f* (-; *-n*) conserve *f*; ~**endose** *f* boîte *f* de conserve; ~**enfabrik** *f* conserverie *f*
**konser'vier|en** (*pas de -ge*, *h*) conserver; 'ℒ**ung** *f* (-; *sans pl*) conservation *f*; ℒ**ungsmittel** *n* conservateur *m*
**konstant** [kɔn'stant] constant; *adv* constamment
**Konstanz** ['kɔnstants] *n* Constance
**konstruieren** [kɔnstru'i:rən] (*pas de -ge-*, *h*) construire
**Konstruk|teur** [kɔnstruk'tø:r] *m* (*-s*; *-e*) constructeur *m*; ~**tion** [-'tsjo:n] *f* (-; *-en*) construction *f*
**Konsul** ['kɔnzul] *m* (*-s*; *-n*) consul *m*
**konsultieren** [kɔnzul'ti:rən] (*pas de -ge-*, *h*) consulter
**Konsum** [kɔn'zu:m] *m* (*-s*; *sans pl*) consommation *f*; ~**artikel** *m* article *m* de consommation courante; ~**ent** [-'mɛnt] *m* (*-en*; *-en*) consommateur *m*; ~**gesellschaft** *f* société *f* de consommation; ℒ'**ieren** (*pas de -ge-*, *h*) consommer; ~**verhalten** *n* ***umweltfreundliches*** ~ comportement *m* de consommation écologique
**Kontakt** [kɔn'takt] *m* (-[*e*]*s*; *-e*) contact *m*; ***in*** ~ ***stehen*** être en contact (***mit*** avec); ~**linsen** *f/pl* lentilles *f/pl od verres m/pl de contact*
**Kontinen|t** ['kɔntinɛnt] *m* (-[*e*]*s*; *-e*) continent *m*; ℒ**tal** [-'ta:l] continental; ~'**talklima** *n* climat *m* continental
**kontinuierlich** [kɔntinu'i:rliç] continu
**Konto** ['kɔnto] *n* (*-s*; *-ten*) compte *m*; '~**auszug** *m* relevé *m* de compte; '~**stand** *m* solde *m* du compte
**Kontrast** [kɔn'trast] *m* (-[*e*]*s*; *-e*) contraste *m*
**Kontroll|e** [kɔn'trɔlə] *f* (-; *-n*) contrôle *m*; ℒ'**ieren** (*pas de -ge-*, *h*) contrôler
**Konventionalstrafe** *f* [kɔnvɛntsjo'na:l-] peine *f* conventionnelle
**Konvergenz** [kɔnvɛr'gɛnts] *f* (-; *-en*) convergence *f*; ~**kriterien** *n/pl* critères *m/pl* de convergence
**Konversation** [kɔnvɛrza'tsjo:n] *f* (-; *-en*) conversation *f*
**konvertier|bar** [kɔnvɛr'ti:r-] *écon* convertible; ℒ**barkeit** *f* (-; *sans pl*) convertibilité; ~**en** (*pas de -ge-*, *h*) convertir; ℒ**ung** *f* conversion *f*
**Konzentration** [kɔntsɛntra'tsjo:n] *f* (-; *sans pl*) concentration *f*; ~**slager** *n* camp *m* de concentration
**konzen'trieren** (*pas de -ge-*, *h*) (***sich*** ~ se) concentrer (***auf*** sur)
**Konzept** [kɔn'tsɛpt] *n* (-[*e*]*s*; *-e*) *Entwurf* brouillon *m*; *Plan* plan *m*, conception *f*, *fig* ***j-n aus dem*** ~ ***bringen*** embrouiller qn
**Konzern** [kɔn'tsɛrn] *écon m* (*-s*; *-e*) groupe *m*; groupement *m* (industriel *od* d'entreprises)
**Konzert** [kɔn'tsɛrt] *n* (-[*e*]*s*; *-e*) concert *m*; *Solo*ℒ récital *m*; ℒ**iert** [-'ti:rt] concerté
**Konzession** [kɔntsɛ'sjo:n] *f* (-; *-en*) concession *f*; *comm a* licence *f*
**konzipieren** [kɔntsi'pi:rən] (*pas de -ge-*, *h*) concevoir
**Koope|ration** [koˀopera'tsjo:n] *f* (-; *sans pl*) coopération *f*; ℒ**rativ** [-a'ti:f] coopératif; ℒ'**rieren** (*pas de -ge-*, *h*) coopérer
**koordinier|en** [koˀordi'ni:rən] (*pas de -ge-*, *h*) coordonner; ℒ**ung** *f* (-; *-en*) coordination *f*
**Kopenhagen** [kopən'ha:gən] *n* Copenhague
**Kopf** [kɔpf] *m* (-[*e*]*s*; ⸚*e*) tête *f* (*a fig*); ~ ***hoch!*** du courage!; ***pro*** ~ par personne; ***im*** ~ ***rechnen*** calculer de tête; *fig* ***j-m über den*** ~ ***wachsen*** dépasser qn; ***sich den*** ~ ***zerbrechen*** se casser la tête; ~ ***an*** ~ coude à coude; '~**bahnhof** *m* tête *f* de ligne; '~**hörer** *m* casque *m*; '~**kissen** *n* oreiller *m*; '~**rechnen** *n* calcul *m* mental; '~**salat** *m* laitue *f*; '~**schmerzen** *m/pl* mal *m* de tête; '~**tuch** *n* foulard *m*; '~**zerbrechen** *n* ***j-m*** ~ ***machen*** poser des problèmes à qn
**Kopie** [ko'pi:] *f* (-; *-n*) copie *f*; ℒ**ren** (*pas de -ge-*, *h*) copier; ~**rer** *m* (*-s*; -), ~**rgerät** *n* duplicateur *m*; photocopieuse *f*
**Kopilot** ['ko:-] *m* copilote *m*
**koppeln** ['kɔpəln] (*h*) *tech* coupler; *fig* combiner
**Korb** [kɔrp] *m* (-[*e*]*s*; ⸚*e*) panier *m*, corbeille *f*; '~**möbel** *n* meuble *m* en osier *od* en rotin

**Kord** [kɔrt] *m* (-[*e*]*s*; -*e*) velours *m* côtelé; '**~hose** *f* pantalon *m* en velours
**Korea** [ko're:a] (-*s*; *sans pl*) la Corée
**Korfu** ['kɔrfu] *n* Corfou
**Korinth** [ko'rint] *n* Corinthe
**Kork** [kɔrk] *m* (-[*e*]*s*; -*e*) liège *m*; '**~en** *m* (-*s*; -) bouchon *m*; '**~enzieher** *m* tire-bouchon *m*
**Korn** [kɔrn] *n* **1.** (-[*e*]*s*; ⸚*er*) grain *m*, céréales *f/pl*, blé *m*; **2.** (*sans pl*) *Visier*⁓ guidon *m*; '**~blume** *bot f* bleuet *m*
**körnig** ['kœrniç] granuleux
**Körper** ['kœrpər] *m* (-*s*; -) corps *m*; '**~bau** *m* constitution *f*, stature *f*; '**~behinderte** *m*, *f* (-*n*; -*n*) handicapé *m* physique; '**~größe** *f* taille *f*; '**~haltung** *f* tenue *f*; '**~kraft** *f* force *f* physique; '**⁓lich** physique, corporel; '**~pflege** *f* hygiène *f* corporelle; '**~schaft** *f* (-; -*en*) corps *m*, corporation *f*; '**~schaftssteuer** *f* impôt *m* sur les sociétés; '**~teil** *m* partie *f* du corps; '**~verletzung** *jur f* coups *m/pl* et blessures
**korrekt** [kɔ'rɛkt] correct
**Korrektur** [-'tu:r] *f* (-; -*en*) correction; **~fahne** *f* épreuve *f* en placard
**Korrespon|dent** [kɔrɛspɔn'dɛnt] *m* (-*en*; -*en*), **~'dentin** *f* (-; -*nen*) correspondant *m*; -e *f*; *e-r Firma* correspondancier *m*, -ière *f*; **~'denz** [-'dɛnts] *f* (-; -*en*) correspondance *f*; **⁓'dieren** (*pas de -ge-*, *h*) ***mit j-m ~*** correspondre avec qn
**Korridor** ['kɔrido:r] *m* (-*s*; -*e*) couloir *m*, corridor *m*
**korrigieren** [kɔri'gi:rən] (*pas de -ge-*, *h*) corriger
**korrumpieren** [kɔrum'pi:rən] (*pas de -ge-*, *h*) corrompre
**korrupt** [kɔ'rupt] corrompu; **⁓ion** [-'tsjo:n] *f* (-; *sans pl*) corruption *f*
**Korsika** ['kɔrzika] *n* la Corse
**Kosmeti|k** [kɔs'me:tik] *f* (-; *sans pl*) cosmétique *f*, soins *m/pl* de beauté; **~kerin** *f* (-; -*nen*) esthéticienne *f*; **~ksalon** *m* salon *m* de beauté; **⁓sch** cosmétique; ***~e Chirurgie*** chirurgie plastique
**kosm|isch** ['kɔsmiʃ] cosmique; **⁓onaut** [-mo'naut] *m* (-*en*; -*en*) cosmonaute *m*
**Kost** [kɔst] *f* (-; *sans pl*) nourriture *f*; ***gute ~*** bonne chère *f*; '**⁓bar** précieux; '**~barkeit** *f* (-; -*en*) *Gegenstand* objet *m* précieux *od* de valeur

'**kosten**[1] [kɔstən] (*h*) coûter; ***was*** *od* ***wie viel kostet ...?*** combien coûte ...?; ***viel ~*** coûter cher
'**kosten**[2] *Speisen* goûter, déguster
'**Kosten** *pl* frais *m/pl*, coût *m*, dépenses *f/pl*; ***auf ~ von*** aux frais de; *fig* aux dépens de; ***~ deckend*** qui couvre les frais; '**~dämpfung** *f* réduction *f* des frais; '**⁓deckend** qui couvre les frais; '**~erstattung** *f* restitution *f* des frais; '**~faktor** *m* facteur *m* de coût; '**⁓günstig** bon marché; '**⁓los** gratuit(ement); '**~voranschlag** *m* devis *m*
**köstlich** ['kœstliç] délicieux, savoureux; *fig* amusant
'**Kost|probe** *f* échantillon *m*; '**⁓spielig** ['-ʃpi:liç] coûteux
**Kostüm** [kɔs'ty:m] *n* (-*s*; -*e*) costume *m*; *Damen*⁓ tailleur *m*
**Kot** [ko:t] *m* (-[*e*]*s*; *sans pl*) excréments *m/pl*
**Kotelett** [kot(ə)'lɛt] *n* (-*s*; -*s*) côtelette *f*
'**Kotflügel** *auto m* aile *f*, garde-boue *m*
**KP** *f abr* ***Kommunistische Partei*** PC *m* (Parti communiste)
**Krabbe** ['krabə] *f* (-; -*n*) *Garnele* crevette *f*; *Krebs* crabe *m*
**krabbeln** ['krabəln] (*sn*) *Kind* marcher à quatre pattes; *Insekten* courir, grouiller
**Krach** [krax] *m* (-[*e*]*s*; ⸚*e*) fracas *m*; *Lärm* vacarme *m*, F tapage *m*, boucan *m*; *Zerwürfnis* différend *m*, brouille *f*
**krachen** ['kraxən] (*h*) craquer; (*sn*) ***gegen etw ~*** heurter qc avec fracas
**kraft** *prép* (*gén*) en vertu de
**Kraft** [kraft] *f* (-; ⸚*e*) force *f*; *Rüstigkeit* vigueur *f*; *Person* aide *m*, *f*, collaborateur *m*, -trice *f*; ***in ~ treten*** (***sein***) entrer (être) en vigueur
'**Kraft|fahrer** *m*, '**~fahrerin** *f* automobiliste *m*, *f*; '**~fahrzeug** *n* véhicule *m* automobile; '**~fahrzeugbrief** *m*, '**~fahrzeugschein** *m* carte *f* grise; '**~fahrzeugsteuer** *f* vignette *f* automobile; '**~fahrzeugversicherung** *f* assurance-auto *f*; '**~fahrzeugwerkstatt** *f* garage *m*
**kräftig** ['krɛftiç] fort, vigoureux; *nahrhaft* substantiel
'**Kraft|probe** *f* épreuve *f* de force; '**~stoff** *m* carburant *m*; '**~wagen** *m* automobile *f*; '**~werk** *n* centrale *f* électrique

**Kragen** ['kraːgən] *m* (-*s*; ⸚, -) col *m*
**Krähe** ['krɛːə] *zo f* (-; -*n*) corneille *f*; '**2n** (*h*) *Hahn* chanter
**Krakau** ['krɑːkaʊ] *n* Cracovie
**Kralle** ['kralə] *f* (-; -*n*) griffe *f*
**Kram** [kraːm] *m* (-[*e*]*s*; *sans pl*) affaires *f*/*pl*, F fourbi *m*; *Plunder* fatras *m*; '**2en** (*h*) fouiller (***in*** dans)
**Krampf** [krampf] *méd m* (-[*e*]*s*; ⸚*e*) crampe *f*, spasme *m*; '**~ader** *f* varice *f*; '**2haft** convulsif, spasmodique
**Kran** [kraːn] *tech m* (-[*e*]*s*; ⸚*e*) grue *f*
**Kranich** ['kraːniç] *zo m* (-*s*; -*e*) grue *f*
**krank** [kraŋk] malade; **~** ***werden*** tomber malade; '**2e** *m*, *f* (-*n*; -*n*) malade *m*, *f*
'**kränken** [krɛŋkən] (*h*) offenser, blesser, vexer
'**Kranken|bett** *n* lit *m* de malade; '**~geld** *n* indemnité *f* journalière; '**~gymnastik** *f* kinésithérapie *f*; '**~haus** *n* hôpital *m*; '**~kasse** *f* caisse *f* (de) maladie; '**~pfleger** *m* infirmier *m*; '**~schein** *m etwa* feuille *f* de maladie; '**~schwester** *f* infirmière; '**~versicherung** *f* assurance *f* maladie; '**~wagen** *m* ambulance *f*; '**~zimmer** *n* chambre *f* de malade *od* d'hôpital
'**krankhaft** maladif
'**Krankheit** *f* (-; -*en*) maladie *f*; '**~serreger** *m* agent *m* pathogène
'**krankmelden** *v/r* ***sich*** **~** se faire porter malade
'**Kränkung** *f* (-; -*en*) offense *f*, vexation *f*
**Kranz** [krants] *m* (-*es*; ⸚*e*) couronne *f*
**krass** [kras] extrême, frappant; ***sich* ~ *ausdrücken*** s'exprimer crûment
**Krater** ['kraːtər] *m* (-*s*; -) cratère *m*
**kratz|en** ['kratsən] (*h*) (***sich*** **~** se) gratter; *fig* F ***das kratzt mich nicht*** ça ne me touche pas; '**2er** *m* (-*s*; -) égratignure *f*, éraflure *f*; ***die Platte hat e-n*** **~** le disque est rayé
**kraus** [kraus] *Haar* crépu, frisé
**kräuseln** ['krɔʏzəln] (*h*) *Haar* friser; *Stoff* crêper, froncer; ***sich*** **~** *Haar* friser; *Wasser* se rider
**Kraut** [kraut] *n* (-[*e*]*s*; ⸚*er*) herbe *f*; *Blätter* fanes *f*/*pl*; *Kohl* chou *m*
**Krawall** [kra'val] *m* (-*s*; -*e*) échauffourée *f*, tumulte *m*, bagarre *f*; *Lärm* tapage *m*
**Krawatte** [kra'vatə] *f* (-; -*n*) cravate *f*
**Krebs** [kreːps] *m* (-*es*; -*e*) *zo* écrevisse *f*; *méd* cancer *m*; *astr* Cancer *m*; **~** ***erregend*** cancérigène
'**krebs|artig** *méd* cancéreux; '**~erregend** cancérigène; '**2geschwulst** *f* tumeur *f* cancéreuse; '**~krank** malade du cancer, cancéreux; '**2vorsorge** *f* dépistage *m* du cancer; '**2vorsorgeuntersuchung** *f* examen *m* de dépistage du cancer
**Kredit** [kre'diːt] *écon m* (-[*e*]*s*; -*e*) crédit *m*; **~institut** *n* institut *m* de crédit; **~karte** *f* carte *f* de crédit; **2würdig** solide
**Kreide** ['kraidə] *f* (-; -*n*) craie *f*
**Kreis** [krais] *m* (-*es*; -*e*) cercle *m*; *Verwaltungs2* district *m*, canton *m*, arrondissement *m*
'**Kreisel** [kraizəl] *m* (-*s*; -) *Spielzeug* toupie *f*; *phys* gyrostat *m*
**kreisen** ['kraizən] (*h*) tourner (***um*** autour de); *Blut* circuler
'**kreis|förmig** circulaire; '**2lauf** *m* circuit *m*, cycle *m*, circulation *f*; '**2laufstörungen** *méd f*/*pl* troubles *m*/*pl* circulatoires; '**~rund** rond, en forme de cercle
'**Kreisverkehr** *m* sens *m* giratoire
**Kreml** [krɛml] ***der*** **~** le Kremlin
**Krempel** ['krɛmpəl] *m* (-*s*; *sans pl*) F fatras *m*, fourbi *m*, bataclan *m*
**krepieren** [kre'piːrən] (*pas de -ge-*, *h*) *Granate* éclater, exploser; *Tier*, P *Mensch* crever
**Kresse** ['krɛsə] *bot f* (-; -*n*) cresson *m*
**Kreta** ['kreːta] *n* la Crète
**Kreuz** [krɔʏts] *n* (-*es*; -*e*) croix *f*; *Körperteil* reins *m*/*pl*; *Kartenspiel* trèfle *m*; *mus* dièse *m*; ***über*** **~** en croix; '**2en** (*h*) (***sich*** **~** se) croiser; '**~er** *mar m* (-*s*; -) croiseur *m*; '**~fahrt** *f* croisière *f*; '**~feuer** *n fig* ***ins* ~ *geraten*** être attaqué de tous côtés; '**~gang** *arch m* cloître *m*; '**2igen** (*h*) crucifier; '**~igung** *f* (-; -*en*) crucifixion *f*; '**~otter** *f* vipère *f*; '**~schmerzen** *m*/*pl* mal *m* de reins; '**~ung** *f* (-; -*en*) croisement *m*; *Straßen2* carrefour *m*; '**~worträtsel** *n* mots *m*/*pl* croisés; '**~zug** *hist m* croisade *f*
**kriech|en** ['kriːçən] (*kroch*, *gekrochen*, *sn*) ramper; *péj* faire de la lèche (***vor j-m*** à qn); '**2spur** *auto f* file *f* destinée aux véhicules lents
**Krieg** [kriːk] *m* (-[*e*]*s*; -*e*) guerre *f*; ***mit j-m* ~ *führen*** faire la guerre à qn; ***in***

***den ~ ziehen*** partir en guerre (***gegen*** contre)
**kriegen** ['kriːgən] (*h*) F avoir, recevoir; *Krankheit* attraper
**Krieger** ['-gər] *m* (-*s*; -) guerrier *m*; **'~denkmal** *n* monument *m* aux morts; **'2isch** belliqueux, guerrier
**Kriegs|beschädigte** ['kriːks-] *m* (-*n*; -*n*) mutilé *m* de guerre; **'~dienst** *m* service *m* militaire; **'~dienstverweigerer** *m* objecteur *m* de conscience; **'~dienstverweigerung** *f* objection *f* de conscience; **'~erklärung** *f* déclaration *f* de guerre; **'~gefangene** *m* prisonnier *m* de guerre; **'~gefangenschaft** *f* captivité *f*; **'~gericht** *n* cour *f* martiale; **'~schauplatz** *m* théâtre *m* des opérations; **'~schiff** *n* vaisseau *m od* bâtiment *m od navire m de guerre*; **'~verbrecher** *m* criminel *m* de guerre; **'~zustand** *m* état *m* de guerre
**Krim** [krim] *géogr* ***die ~*** la Crimée
**Krimi** ['krimi] *m* (-[*s*]; -[*s*]) *Roman* (roman *m*) policier *m*, F polar *m*; *Film* film *m* policier
**Kriminal|beamte** [krimi'naːl-] *m* agent *m* de la police judiciaire; **~ität** [-i'tɛːt] *f* (-; *sans pl*) criminalité *f*, délinquance *f*; **~polizei** *f* police *f* judiciaire, brigade *f* criminelle; **~roman** *m* roman *m* policier
**kriminell** [krimi'nɛl] criminel; **2e** *m*, *f* (-*n*; -*n*) criminel *m*
**Kripo** ['kriːpo] *f* (-; -*s*) P.J. *f* (= police *f* judiciaire)
**Krippe** ['kripə] *f* (-; -*n*) crèche *f*; *Futter2* mangeoire *f*
**Krise** ['kriːzə] *f* (-; -*n*) crise *f*; **2ln** ['-zəln] (*h*) ***es kriselt*** une crise menace; **'~nstab** *m* cabinet *m* de crise
**Kristall** [kris'tal] *m u n* (-[*e*]*s*; -*e*) cristal *m*
**Kriterium** [kri'teːrjum] *n* (-*s*; *Kriterien*) critère *m*
**Kriti|k** [kri'tiːk] *f* (-; -*en*) critique *f*; **'~ker** *m* (-*s*; -) critique *m*; **'2sch** critique; **2sieren** [-'ziːrən] (*pas de -ge-*, *h*) critiquer
**kritzeln** ['kritsəln] (*h*) griffonner, gribouiller
**Kroatien** [kro'ɑːtsiən] *n* la Croatie
**Krokodil** [kroko'diːl] *zo n* (-*s*; -*e*) crocodile *m*
**Krone** ['kroːnə] *f* (-; -*n*) couronne *f*
**Krönung** ['krøːnuŋ] *f* (-; -*en*) couronnement *m*
**Kropf** [krɔpf] *m* (-[*e*]*s*; ⸚*e*) *méd* goître *m*; *zo* jabot *m*
**Kröte** ['krøːtə] *zo f* (-; -*n*) crapaud *m*
**Krücke** ['krykə] *f* (-; -*n*) béquille *f*
**Krug** [kruːk] *m* (-[*e*]*s*; ⸚*e*) cruche *f*, pichet *m*; *Bier2* chope *f*
**krumm** [krum] courbe; *gebogen* courbé; *verbogen* tordu; *fig* louche
**'krümmen** [krymən] (*h*) courber; *biegen* plier; ***sich ~*** se tordre
**Krüppel** ['krypəl] *m* (-*s*; -) estropié *m*, infirme *m*
**Kruste** ['krustə] *f* (-; -*n*) croûte *f*
**KSZE** *abr f hist* ***Konferenz für Sicherheit und Zusammenarbeit in Europa*** CSCE *f* (Conférence sur la sécurité et la coopération en Europe)
**Kto.** *abr* ***Konto*** compte
**Kuba** ['kuːba] *n* Cuba
**Kübel** ['kyːbəl] *m* (-*s*; -) baquet *m*; *Eimer* seau *m*
**Kubikmeter** [ku'biːk-] *m* mètre *m* cube
**Küche** ['kyçə] *f* (-; -*n*) cuisine *f*
**Kuchen** ['kuːxən] *m* (-*s*; -) gâteau *m*; *Obst2* tarte *f*
**'Küchen|geräte** *n/pl* ustensiles *m/pl* de cuisine; **'~herd** *m* fourneau *m* de cuisine, cuisinière *f*; **'~maschine** *f* mixer *m*, robot *m* ménager; **'~schrank** *m* buffet *m* de cuisine
**Kuckuck** ['kukuk] *zo m* (-*s*; -*e*) coucou *m*
**Kugel** ['kuːgəl] *f* (-; -*n*) boule *f*; *math* sphère *f*; *Billard2* bille *f*; *Gewehr2* balle *f*; *Kanonen2* boulet *m*; *Sport* poids *m*; **'~kopf** *m* rotule *f*; boule *f* (*Schreibmaschine*); **'~lager** *tech n* roulement *m* à billes; **'~schreiber** *m* stylo *m* (à) bille; **'2sicher** pare-balles
**Kuh** [kuː] *f* (-; ⸚*e*) vache *f*; **'~handel** *m péj* marchandage *m*
**kühl** [kyːl] frais; *fig* froid; **'2anlage** *f* installation *f* frigorifique; **'2box** *f* glacière *f*
**'Kühle** *f* (-; *sans pl*) fraîcheur *f*; *fig* froideur *f*
**'kühl|en** (*h*) rafraîchir; *Lebensmittel* réfrigérer, *Motor* refroidir; **'2er** *m* (-*s*; -) *auto* radiateur *m*; **'2erhaube** *f* capot *m*; **'2flüssigkeit** *f* réfrigérant *m*; **'2schrank** *m* réfrigérateur *m*, frigo F *m*; **'2tasche** *f* sac *m* réfrigérant; **'2tru-**

**he** *f* congélateur *m*; '**≈wasser** *n* eau *f* de refroidissement
**kühn** [ky:n] hardi
**kulant** [ku'lant] arrangeant, coulant en affaires
**Kuli** ['ku:li] *m* (*-s*; *-s*) coolie *m*; F stylo *m*
**kulinarisch** [kuli'na:riʃ] culinaire
**Kulisse** [ku'lisə] *f* (-; *-n*) *Bühnenbild* décor *m*; *fig Rahmen* cadre *m*; ***hinter den ~n*** dans les coulisses
**Kult** [kult] *m* (-[*e*]*s*; *-e*) culte *m*
**kultivieren** [kulti'vi:rən] (*pas de -ge-*, *h*) cultiver
**Kultur** [kul'tu:r] *f* (-; *-en*) *Bildung*, *agr* culture *f*; *e-s Volkes* civilisation *f*; **~abkommen** *n* accord *m* culturel; **~austausch** *m* échange *m* culturel; **~beutel** *m* trousse *f* de toilette; **≈ell** [-'rɛl] culturel; **~programm** *n* programme *m* culturel; **~schock** *m* choc *m* culturel; **~zentrum** *n* centre *m* culturel
**Kultusminister** ['kultus-] ministre *m* de l'Éducation
**Kümmel** ['kyməl] *bot m* (*-s*; -) cumin *m*
**Kummer** ['kumər] *m* (*-s*; *sans pl*) chagrin *m*, affliction *f*, peine *f*, soucis *m/pl*
**kümmer|lich** ['kymərliç] misérable; '**~n** (*h*) ***sich ~ um*** s'occuper de; ***was kümmert mich das*** je ne m'en soucie guère
**Kumpel** ['kumpəl] *m* (*-s*; -) *Bergmann* mineur *m*; F *Freund* copain *m*, copine *f*
**kündbar** ['kyntba:r] résiliable; *Geld* remboursable
**Kund|e** ['kundə] *m* (*-n*; *-n*), '**~in** *f* (-; *-nen*) client *m*, -e *f*; '**~endienst** *m* service *m* après-vente; *auto* service *m* entretien
**Kundgebung** ['kunt-] *f* (-; *-en*) manifestation *f*
**kündig|en** ['kyndigən] (*h*) donner congé à, donner son préavis à, congédier; *Vertrag* résilier, dénoncer; '**≈ung** *f* (-; *-en*) congé *m*, préavis *m*; '**≈ungsfrist** *f* (délai *m* de) préavis *m*
**Kundschaft** ['kunt-] *f* (-; *sans pl*) clientèle *f*
**künftig** ['kynftiç] à venir, futur; *adv* à l'avenir
**Kunst** [kunst] *f* (-; *≃e*) art *m*; ***das ist keine ~*** ce n'est pas difficile; '**~akademie** *f* École *f* des beaux-arts; '**~ausstellung** *f* exposition *f* d'œuvres d'art; '**~faser** *f* fibre *f* synthétique; '**~geschichte** *f* histoire *f* de l'art; '**~gewerbe** *n* arts *m/pl* décoratifs; '**~griff** *m* artifice *m*
**Künstler** ['kynstlər] *m* (*-s*; -), '**~in** *f* (-; *-nen*) artiste *m*, *f*; '**≈isch** artistique
'**künstlich** artificiel, factice
'**Kunst|liebhaber** *m*, '**~liebhaberin** *f* amateur *m* d'art; '**~sammlung** *f* collection *f* d'objets d'art; '**~stoff** *m* matière *f* plastique; '**~stück** *n* tour *m* d'adresse; ***das ist kein ~*** ce n'est pas sorcier; '**~werk** *n* œuvre *f* d'art
**Kupfer** ['kupfər] *n* (*-s*; *sans pl*) cuivre *m*; '**~stich** *m* estampe *f*, gravure *f* (en taille-douce)
**Kuppe** ['kupə] *f* (-; *-n*) *Berg* sommet *m*; *Finger* bout *m*
**Kuppel** ['kupəl] *f* (-; *-n*) *innen* coupole *f*; *äußere* dôme *m*
**Kuppelei** [kupə'lai] *jur f* (-; *-en*) proxénétisme *m*
'**kupp|eln** (*h*) *auto* embrayer; '**≈lung** *f* (-; *-en*) *auto* embrayage *m*; *Zug*, *Anhänger* attelage *m*
**Kur** [ku:r] *f* (-; *-en*) cure *f*
'**Kur|aufenthalt** *m* séjour *m* thermal; '**~bad** *n* bain *m* thermal
**Kurbel** ['kurbəl] *f* (-; *-n*) manivelle *f*; '**~welle** *f* vilebrequin *m*
**Kürbis** ['kyrbis] *bot m* (*-ses*; *-se*) courge *f*, potiron *m*, citrouille *f*
'**Kur|gast** *m* curiste *m*; '**~haus** *n* casino *m*; **≈'ieren** (*pas de -ge-*, *h*) guérir
**kurios** [kur'jo:s] curieux, bizarre, singulier, drôle
'**Kurort** *m* station *f* thermale
**Kurs** [kurs] *m* (*-es*; *-e*) *Geld*, *Lehrgang* cours *m*; *mar*, *aviat* route *f*, cap *m*; *pol* orientation *f*; ***hoch im ~ stehen*** être à la mode; '**~abfall** *m* baisse *f* des cours; '**~anstieg** *m* hausse *f* des cours; '**~buch** *n* indicateur *m* (des chemins de fer); '**~gewinn** *m* bénéfice *m* sur le cours
**kursieren** [kur'zi:rən] (*pas de -ge-*, *h*) *Geld* circuler; *Gerücht* courir
'**Kurswagen** *m* *Zug* voiture *f* directe
'**Kurtaxe** *f* taxe *f* de séjour
**Kurve** ['kurvə] *f* (-; *-n*) courbe *f*; *auto* virage *m*; '**≈nreich** sinueux
**kurz** [kurts] court; *Zeit* bref; ***~ und gut*** bref, en un mot; ***vor ~em*** récemment; ***~ vorher*** peu avant; ***zu ~ kommen*** ne

pas avoir son compte; → ***kurzfassen***
**'Kurzarbeit** *f* chômage *m* partiel; **'~er** *m* chômeur *m* partiel
**Kürze** ['kyrtsə] *f* (-; *sans pl*) brièveté *f*; ***in ~*** sous peu
**'kürzen** (*h*) raccourcir, abréger
**'kurzfassen** (*sép*, *-ge-*, *h*) ***sich ~*** être bref
**'kurzfristig** à bref délai; *comm* à court terme
**kürzlich** ['kyrtsliç] récemment, dernièrement
**'Kurz|parkzone** *f* zone *f* à durée de stationnement limitée; **'~schluss** *tech m* court-circuit *m*; **'~schlusshandlung** *psych f* coup *m* de tête; **'~schrift** *f* sténographie *f*; **'&sichtig** myope
**'Kürzung** *f* (-; *-en*) raccourcissement *m*, réduction *f*, diminution *f*; *math* simplification *f*
**'Kurzwahl** *n* (-; *sans pl*) composition *f* rapide; **~taste** *f* (-; *-en*) touche *f* de composition rapide
**'Kurz|waren(geschäft** *n*) *f/pl* mercerie *f*; **'~welle** *Radio f* ondes *f/pl* courtes
**Kusine** [ku'ziːnə] *f* (-; *-n*) cousine *f*
**Kuss** [kus] *m* (-es; *⸚e*) baiser *m*
**küssen** ['kysən] (*h*) (***sich ~*** s')embrasser; *Hand* baiser
**Küste** ['kystə] *f* (-; *-n*) côte *f*; rivage *m*; littoral *m*; **'~ngewässer** *n/pl* eaux *f/pl* territoriales; **'~nschifffahrt** *f* cabotage *m*, navigation *f* côtière
**Kutteln** ['kutəln] *pl* tripes *f/pl*
**Kutter** ['kutər] *mar m* (-*s*; -) cotre *m*; *Fisch&* chalutier *m*
**Kuvert** [ku'vɛːr] *n* (-*s*; -*s*) *Brief&* enveloppe *f*
**Kuwait** [ku'vaɪt, 'kuːvaɪt] *n* le Koweït
**Kybernetik** [kybɛr'neːtik] *f* (-; *sans pl*) cybernétique *f*
**KZ** [kaː'tsɛt] *n* (-[*s*]; -[*s*]) *abr* camp *m* de concentration

# L

**l** *abr* ***Liter*** litre
**labil** [la'biːl] instable
**Labor** [la'boːr] *n* (-*s*; -*s*) laboratoire *m*, F labo *m*; **~ant** [-'rant] *m* (-*en*; -*en*), **~'antin** *f* (-; *-nen*) laborantin *m*, -ine *f*
**'lächeln** [lɛçəln] (*h*) **1.** sourire (***über*** de, ***zu*** à); **2.** '& *n* (-*s*; *sans pl*) sourire *m*
**lachen** ['laxən] (*h*) **1.** rire (***über*** de); ***laut ~*** rire aux éclats; ***gezwungen ~*** rire du bout des lèvres; **2.** '& *n* (-*s*; *sans pl*) rire *m*; ***j-n zum ~ bringen*** faire rire qn
**lächerlich** ['lɛçərliç] ridicule; ***j-n ~ machen*** ridiculiser qn; ***sich ~ machen*** se rendre ridicule
**Lachs** [laks] *zo m* (-*es*; -*e*) saumon *m*
**Lack** [lak] *m* (-[*e*]*s*; -*e*) laque *f*, vernis *m*; *auto* peinture *f*; **&'ieren** (*pas de -ge-*, *h*) laquer, vernir
**Lade|fläche** ['laːdə-] *f* surface *f* de chargement; **'~gewicht** *n* poids *m* de chargement; **'~hemmung** *mil f* enrayage *m*
**laden** ['laːdən] (*lud*, *geladen*, *h*) charger (*a Batterie u mil*); *jur* citer en justice
**'Laden** *m* (-*s*; *⸚*) boutique *f*, *großer* magasin *m*; *Fenster&* volet *m*; **'~dieb** *m* voleur *m* à l'étalage; **'~diebstahl** *m* vol *m* à l'étalage; **'~preis** *m* prix *m* de vente; **'~schluss** *m* heure *f* de fermeture; **'~schlussgesetz** *n* loi *f* sur la fermeture des magasins
**'Lade|rampe** *f* rampe *f* de chargement; **'~raum** *m Schiff* cale *f*
**'Ladung** *f* (-; *-en*) *Fracht* chargement *m*, cargaison *f*; *Spreng&*, *elektrische* charge *f*; *jur* citation *f*
**Lage** ['laːgə] *f* (-; *-n*) situation *f*; position *f*; *Sach&* état *m* de choses; *Schicht* couche *f*; ***in schöner ~*** *Haus* bien situé; ***in der ~ sein, etw zu tun*** être en mesure *od* à même *od* en état de faire qc
**Lager** ['laːgər] *n* (-*s*; -, *comm a ⸚*) camp *m* (*a pol*); *comm* entrepôt *m*, dépôt *m*; *Bett* lit *m*; *tech* palier *m*; ***auf ~ haben*** avoir en réserve; **'~bestand** *m* stock *m*; **'~feuer** *n* feu *m* de camp; **'~haltung** *f* stockage *m*; **'~haltungskosten** *pl* frais *m/pl* de stockage; **'~haus** *n* entrepôt *m*
**'lager|n** (*h*) *hinlegen* coucher; *comm*

stocker, emmagasiner; être stocké; *ruhen* être couché; *kampieren* camper; ***kühl ~*** conserver au frais; '**≈raum** *m* entrepôt *m*; '**≈ung** *f* (-; *sans pl*) *comm* stockage *m*

**Lago Maggiore** ['lɑːgoma'dʒoːrə] ***der ~*** le lac Majeur

**Lagune** [la'guːnə] *f* (-; *-n*) lagune *f*

**lahm** [laːm] paralysé; *hinkend* boiteux; *fig* faible, apathique

**lähmen** ['lɛːmən] (*h*) paralyser

'**Lähmung** *méd f* (-; *-en*) paralysie *f*

**Laich** [laiç] *m* (-[*e*]*s*; *-e*) frai *m*; '**≈en** (*h*) frayer

**Laie** ['laiə] *m* (*-n*; *-n*) profane *m*, amateur *m*; *rel* laïque *od* laïc *m*; '**≈nhaft** en amateur

**Laken** ['laːkən] *n* (*-s*; -) drap *m*

**Lamm** [lam] *n* (-[*e*]*s*; *¨er*) agneau *m*

**Lampe** ['lampə] *f* (-; *-n*) lampe *f*; '**~nschirm** *m* abat-jour *m*

**Land** [lant] *n* (*-es*; *¨er*) *Fest≈* terre *f*; *Erdboden* sol *m*; *géogr u pol* pays *m*; *Gegensatz zu Stadt* campagne *f*; ***auf dem ~*** à la campagne; '**~arbeiter** *m* ouvrier *m* agricole; '**~besitz** *m* propriété *f* foncière; '**~bevölkerung** *f* population *f* rurale; '**~bewohner** *m* campagnard *m*; '**~ebahn** ['landə-] *f* piste *f* d'atterrissage; '**~eerlaubnis** ['landə-] *f* autorisation *f* d'atterrir

'**landen** ['landən] *v/i* (*sn*), *v/t* (*h*) *mar* accoster; *mil* débarquer; *aviat* atterrir, se poser

**Land|enge** ['lant-] *f* isthme *m*; '**~eplatz** [landə-] *aviat m* terrain *m* d'atterrissage

**Landes|grenze** ['landəs-] *f* frontière *f*; '**~innere** *n* intérieur *m*; '**~sprache** *f* langue *f* nationale; '**~verteidigung** *f* défense *f* nationale

'**Land|flucht** *f* exode *m* rural; '**~gericht** *n* tribunal *m* de grande instance; '**~haus** *n* maison *f* de campagne; *kleines* cottage *m*; '**~karte** *f* carte *f* (géographique); '**~kreis** *m* arrondissement *m*

**ländlich** ['lɛntliç] champêtre, rural; *einfach* rustique

'**Landschaft** *f* (-; *-en*) paysage *m*, région *f*, contrée *f*; '**≈lich** du paysage; ***~ sehr schön*** très pittoresque

'**Lands|mann** [lants-] *m* (-[*e*]*s*; *-leute*), '**~männin** *f* (-; *-nen*) compatriote *m*, *f*

'**Land|straße** *f* route *f*; '**~streicher** *m* (*-s*; -), '**~streicherin** *f* (-; *-nen*) vagabond *m*, -e *f*; '**~streitkräfte** *mil f/pl* forces *f/pl* terrestres; '**~tag** *m* landtag *m*, Parlement *m* d'un land; '**~tagsabgeordnete** *m*, *f* député *m*, —e *f* au landtag

**Landung** ['landuŋ] *f mil* (-; *-en*) débarquement *m*; *aviat* atterrissage *m*; '**~sbrücke** *f*, '**~ssteg** *m* débarcadère *m*

'**Land|vermessung** *f* arpentage *m*; '**~weg** *m* ***auf dem ~*** par voie de terre; '**~wirt** *m* agriculteur, cultivateur *m*; '**~wirtschaft** *f* agriculture *f*; '**≈wirtschaftlich** agricole

**lang** [laŋ] long; ***drei Meter ~ sein*** avoir trois mètres de longueur, être long de trois mètres; ***drei Jahre ~*** pendant trois années; ***den ganzen Tag ~*** pendant toute la journée; ***seit ~em*** depuis longtemps; ***vor ~er Zeit*** il y a longtemps de cela; ***über kurz oder ~*** tôt ou tard

'**lange** longtemps, longuement; ***wie ~?*** combien de temps?; ***es ist schon ~ her*** il y a bien longtemps de cela

'**Länge** ['lɛŋə] *f* (-; *-n*) longueur *f*; *géogr* longitude *f*; ***in die ~ ziehen*** (faire) traîner en longueur

**langen** ['laŋən] (*h*) *ausreichen* suffire; ***mir langt es!*** F j'en ai marre!

'**Längen|grad** *m* degré *m* de longitude; '**~maß** *n* mesure *f* de longueur

'**Lang|eweile** *f* (-; *sans pl*) ennui *m*; ***~ haben*** s'ennuyer; ***aus ~*** par ennui, pour passer le temps; '**≈fristig** ['-fristiç] à long terme; '**~lauf** *Schi m* course *f* de fond; '**~läufer** *Schi m* skieur *m* de fond; '**≈lebig** ['-leːbiç] **1.** qui vit longtemps; **2.** ***~e*** *Gebrauchsgüter* qui restent longtemps fonctionnels; '**~lebigkeit** *f* (-; *sans pl*) longévité *f*

**länglich** ['lɛŋliç] oblong, allongé

**längs** [lɛŋs] *prép* (*gén*, *dat*) le long de; *adv* dans le sens de la longueur

**langsam** ['laŋzaːm] lent; ***~er werden*** ralentir; '**≈keit** *f* (-; *sans pl*) lenteur *f*

'**Langspielplatte** *f* disque *m* microsillon, 33 tours *m*

**längst** [lɛŋst] depuis longtemps; '**~ens** au plus tard

'**Langstreckenlauf** *m* course *f* de fond

'**lang|weilen** (*h*) (***sich ~*** s')ennuyer; '**~weilig** ennuyeux; '**≈welle** *Radio f* grandes ondes *f/pl*, ondes *f/pl* longues; '**~wierig** ['-viːriç] long, laborieux, de longue haleine

'**langzeitarbeitslos** au chômage de longue durée; '**2igkeit** *f* chômage *m* de longue durée

**Lappen** ['lapən] *m* (*-s*; -) chiffon *m*

**Lappland** ['lap-] *n* (*-s*; *sans pl*) la Laponie

**Lärche** ['lɛrçə] *bot* (-; *-n*) mélèze *m*

**Lärm** [lɛrm] *m* (-[*e*]*s*; *sans pl*) bruit *m*, vacarme *m*, tapage *m*; '**~schutz** *m* protection *f* contre le bruit; '**~schutzwall** *m* écran *m* antibruit

**lasch** [laʃ] mou (molle); *Geschmack* fade

**Laser** ['leːzər] *m* laser *m*; '**~strahl** *m* rayon *m* laser

**lassen** ['lasən] (*ließ*, *gelassen*, *h*) *zulassen* laisser; *veranlassen* faire; ***etw machen ~*** faire faire qc; ***j-n grüßen ~*** donner le bonjour à qn; ***er kann das Rauchen nicht ~*** il ne peut pas s'arrêter de fumer; ***lass das!*** arrête-toi!

**lässig** ['lɛsiç] nonchalant, désinvolte, F relax(e); '**2keit** *f* (-; *sans pl*) nonchalance *f*, désinvolture *f*, P je-m'en-foutisme *m*

**Last** [last] *f* (-; *-en*) charge *f*, fardeau *m*; ***j-m zur ~ fallen*** être à charge à qn, importuner qn; ***j-m etw zur ~ legen*** imputer qc à qn; *comm* ***zu ~en von ...*** au débit de ...; '**~auto** *n* camion *m*; '**2en** (*h*) **~ *auf*** peser sur; '**~enaufzug** *m* monte-charges *m*

**Laster**[1] ['lastər] *n* (*-s*; -) vice *m*

'**Laster**[2] *m* (*-s*; -) *Lkw* camion *m*

'**lasterhaft** vicieux, dépravé

**lästern** ['lɛstərn] (*h*) ***über j-n ~*** médire de qn, diffamer qn

**lästig** ['lɛstiç] importun, désagréable; ***j-m ~ werden*** *od* ***fallen*** importuner qn

'**lästigfallen** (*irr*, *-ge-*, *sn*, → ***fallen***) → ***lästig***

'**Last|kraftwagen** *m* poids *m* lourd, camion *m*; '**~schrift** *comm f* poste *m* débiteur, débit *m*; '**~wagen** *m* camion *m*; '**~wagenfahrer** *m* conducteur *m* de camion

**Latein** [la'tain] *n* (*-s*; *sans pl*) latin *m*; **~amerika** *n* l'Amérique *f* latine

**la'teinisch** latin; ***~e Buchstaben*** caractères *m/pl* romains

**latent** [la'tɛnt] latent

**Laterne** [la'tɛrnə] *f* (-; *-n*) lanterne *f*; *Straßen2* réverbère *m*; **~npfahl** *m* lampadaire *m*

**lau** [lau] tiède; *Luft*, *Wetter* doux; *fig* indifférent

**Laub** [laup] *n* (-[*e*]*s*; *sans pl*) feuillage *m*, feuilles *f/pl*

**Laube** ['laubə] *f* (-; *-n*) tonnelle *f*; '**~nkolonie** *f* jardins *m/pl* ouvriers

**Lauch** [laux] *bot m* (-[*e*]*s*; *-e*) poireau *m*

**Lauer** ['lauər] *f* (-; *sans pl*) ***auf der ~ liegen*** se tenir aux aguets; '**2n** (*h*) guetter (***auf j-n, etw*** qn, qc)

**Lauf** [lauf] *m* (-[*e*]*s*; *⸗e*) course *f*; *Ver2*, *Fluss2* cours *m*; *Gewehr2* canon *m*; ***im ~e der Zeit*** à la longue; '**~bahn** *f* carrière *f*

**laufen** ['laufən] (*lief*, *gelaufen*, *sn*) courir; *zu Fuß gehen* marcher; *fließen* couler; *Maschinen* marcher; fonctionner

'**laufend** courant; ***am ~en Band*** sans arrêt; ***auf dem 2en sein*** être au courant *od* à jour *od* à la page F

**Läufer** ['lɔʏfər] *m* (*-s*; -) *Sport* coureur *m*; *Schach* fou *m*; '**~in** *f* (-; *-nen*) coureuse *f*

'**Lauf|feuer** *n* ***wie ein ~*** comme une traînée de poudre; '**~pass** *m* ***j-m den ~ geben*** envoyer promener qn; '**~schritt** *m* pas *m* de gymnastique; '**~stall** *m für Kinder* parc *m*; '**~steg** *m* passerelle; '**~werk** *n* mécanique *f*; *EDV* lecteur *m* (de disquette); '**~zeit** *f Sport* temps *m* du parcours; *Film* durée *f* de projection

**Laun|e** ['launə] *f* (-; *-n*) *Stimmung* humeur *f*; *Einfall* caprice *m*; '**2enhaft**, '**2isch** capricieux

**Laus** [laus] *zo f* (-; *⸗e*) pou *m*

**lauschen** ['lauʃən] (*h*) écouter (attentivement)

**laut** [laut] **1.** haut; fort; bruyant; ***~ sprechen*** parler à haute voix; ***~er bitte!*** parlez plus fort, s'il vous plaît!; **2.** *prép* (*gén*, *dat*) suivant, d'après

**Laut** [laut] *m* (-[*e*]*s*; *-e*) son *m*

**läuten** ['lɔʏtən] (*h*) sonner; ***es läutet*** on sonne

**lauter** ['lauter] pur; *fig* sincère; ***~ Unsinn erzählen*** ne raconter que des bêtises

'**laut|los** silencieux; *gehen* à pas feutrés; '**2malerei** *f* onomatopée *f*; '**2schrift** *f*

écriture *f* phonétique; '**2sprecher** *m* haut-parleur *m*; '**2stärke** *f* volume *m*; intensité *f* du son
**Lava** ['la:va] *géol f* (-; *Laven*) lave *f*
**Lavendel** [la'vɛndəl] *bot m* (-*s*; -) lavende *f*
**lavieren** [la'vi:rən] (*pas de -ge-, h*) louvoyer (*a fig*)
**Lawine** [la'vi:nə] *f* (-; -*n*) avalanche *f*
**lax** [laks] relâché; ***~e Moral*** *a* morale facile
**Lazarett** [latsa'rɛt] *n* (-[*e*]*s*; -*e*) hôpital *m* militaire
**leasen** ['li:zən] (*h*) acheter en leasing
**Leasing** ['li:ziŋ] *n* (-*s*; -*s*) leasing *m*
'**leben** (*h*) vivre; ***von etw ~*** vivre de qc; '**~d** vivant; **~dig** [le'bɛndiç] vivant; *lebhaft* vif; **2digkeit** *f* (-; *sans pl*) vivacité *f*
**Leben** ['le:bən] *n* (-*s*; -) vie *f*; ***am ~ sein*** être en vie; ***sich das ~ nehmen*** se suicider; ***das tägliche ~*** la vie de tous les jours; ***mein ~ lang*** toute ma vie
'**Lebens|abend** *m* vieillesse *f*, déclin *m* de la vie; '**~alter** *n* âge *m*; '**~art** *f* manière *f* de vivre; *gute* savoir-vivre *m*; '**~bedingungen** *f/pl* conditions *f/pl* de vie; '**~dauer** *f* durée *f* de vie, longévité *f*; '**~erfahrung** *f* expérience *f* de la vie; '**~erwartung** *f* espérance *f* de vie; '**2fähig** viable; '**~gefahr** *f* danger *m* de mort; ***unter ~*** au péril de ma (sa *etc*) vie; '**2gefährlich** très dangereux, mortel; '**~gefährte** *m*, '**~gefährtin** *f* compagnon *m*, compagne *f*; '**~haltungskosten** *pl* coût *m* de la vie; '**2länglich** *Strafe* à perpétuité; '**~lauf** *m* curriculum *m* vitae; '**~mittel** *n/pl* vivres *m/pl*, denrées *f/pl* alimentaires; '**~mittelabteilung** *f* rayon *m* alimentation; '**~mittelgeschäft** *n* épicerie *f*, magasin *m* d'alimentation; '**~mittelhändler** *m* épicier *m*; '**~mittelvergiftung** *f* intoxication *f* alimentaire; '**~notwendigkeit** *f* nécessité *f* vitale; '**~qualität** *f* qualité *f* de la vie; '**~retter** *m* sauveteur *m*; '**~standard** *m* niveau *m* de vie; '**~stellung** *f* fonction *f*, nomination *f* à la vie; '**~unterhalt** *m* subsistance *f*; ***seinen ~ verdienen*** gagner sa vie; '**~versicherung** *f* assurance *f* vie; '**~weise** *f* manière *f* de vivre; '**~zeichen** *n* signe *m* de vie; '**~zeit** *f* durée *f* de la vie; ***auf ~*** à vie
**Leber** ['le:bər] *f* (-; -*n*) foie *m*
'**Lebe|wesen** *n* être *m* vivant; '**~wohl** *n* (-[*e*]*s*; -*e*, -*s*) adieu *m*
**lebhaft** ['le:phaft] vif; *Verkehr* intense; '**2igkeit** *f* (-; *sans pl*) vivacite *f*
'**Leb|kuchen** *m* pain *m* d'épice; '**2los** inanime; '**~zeiten** *pl* ***zu seinen ~*** de son vivant; ***zu ~ seines Vaters*** du vivant de son père
**Leck** [lɛk] *n* (-[*e*]*s*; -*e*) fuite *f*; *mar* voie *f* d'eau
**lecken** ['lɛkən] (*h*) **1.** *leck sein* avoir une fuite, fuir; **2.** *mit der Zunge* (***sich ~*** se) lécher
**lecker** ['lɛkər] délicieux, appétissant; '**2bissen** *m* friandise *f*
**led.** *abr* ***ledig*** célibataire
**Leder** ['le:dər] *n* (-*s*; -) cuir *m*; *weiches* peau *f*; '**~hose** *f* culotte *f* de cuir *od* de peau
**ledig** ['le:diç] célibataire; **~lich** ['-k-] uniquement, seulement
**Lee** [le:] côté *m* sous le vent
**leer** [le:r] vide; ***~ stehend*** *Wohnung* vide, vacant
**Leere** ['le:rə] *f* (-; *sans pl*) vide *m*
**leeren** ['le:rən] (*h*) (***sich ~*** se) vider; *räumen* évacuer; *den Briefkasten ~* faire la levée du courrier
'**Leer|gut** *n* emballage *m*; '**~lauf** *m tech* marche *f* à vide; *auto* point *m* mort; '**~taste** *f* barre *f* d'espacement; '**~ung** *f* (-; -*en*) *Post* levée *f*
**legal** [le'ga:l] légal; **~isieren** [-i'zi:rən] (*pas de -ge-, h*) légaliser; **2'isierung** *f* (-; -*en*) légalisation *f*; **2ität** [-i'tɛ:t] *f* (-; *sans pl*) légalité *f*
**legen** ['le:gən] (*h*) mettre; *bedächtig* poser; *flach* coucher; (***Eier***) **~** pondre (des œufs); ***sich schlafen ~*** se coucher; ***sich ~*** *Person* s'allonger; *Gewitter* s'arrêter; *Schmerzen* se calmer
**Legende** [le'gɛndə] *f* (-; -*n*) légende *f*
**leger** [le'ʒɛ:r] décontracté, F relax(e)
**Legierung** [le'gi:ruŋ] *f* (-; -*en*) alliage *m*
**Legislative** [le:gisla'ti:və] *f* (-; -*n*) (pouvoir *m*) législatif *m*
**Legislaturperiode** [legisla'tu:r-] *f* législature *f*
**legitim** [legi'ti:m] légitime; **2ität** [-mi'tɛ:t] *f* (-; -*en*) légitimité *f*; **2ation** [-a'tsjo:n] *f* (-; -*en*) légitimation *f*
**Lehm** [le:m] *m* (-[*e*]*s*; -*e*) glaise *f*; '**2ig** glaiseux

**Lehn|e** ['le:nə] *f* (-; *-n*) *Rücken*≳ dos *m*; dossier *m*; '≳**en** (*h*) appuyer (***an*** contre), adosser (à); ***sich ~ an*** s'appuyer contre, s'adosser à; ***sich aus dem Fenster ~*** se pencher par la fenêtre

**Lehrbuch** ['le:r-] *n* manuel *m*, méthode *f*, cours *m*

**Lehre** ['le:rə] *f* (-; *-n*) *Belehrung* leçon *f*; *System* doctrine *f*; *Lehrzeit* apprentissage *m*; *Messinstrument* calibre *m*, jauge *f*

**lehren** ['le:rən] (*h*) ***j-n etw ~*** enseigner *od* apprendre qc à qn

'**Lehrer** *m* (*-s*; -), '**~in** *f* (-; *-nen*) professeur *m* (*a von Frauen*), maître *m*, -sse *f*; *Grundschul*≳(*in*) instituteur *m*, -trice *f*

'**Lehr|gang** *m* cours *m*; stage *m*; '**~kraft** *f* enseignant *m*; '**~ling** ['-liŋ] *m* (*-s*; *-e*) apprenti *m*, -e *f*; '**~plan** *m* programme *m* scolaire; '≳**reich** instructif; '**~stelle** *f* place *f* d'apprentissage; '**~stuhl** *m* chaire *f*; '**~vertrag** *m* contrat *m* d'apprentissage; '**~zeit** *f* apprentissage *m*

**Leib** [laip] *m* (-[*e*]*s*; *-er*) corps *m*; *Bauch* ventre *m*; ***bei lebendigem ~*** tout vivant; ***mit ~ und Seele*** corps et âme

**Leibes|kräfte** ['laibəs-] *f/pl* ***aus ~n schreien*** crier à tue-tête; '**~visitation** *f* fouille *f* à corps

'**Leib|gericht** *n* plat *m* préféré; '≳**haftig** en personne, en chair et en os, incarné; '≳**lich** corporel, physique; '**~rente** *f* rente *f* viagère; '**~wächter** *m* garde *m* du corps; '**~wäsche** *f* linge *m* de corps

**Leiche** ['laiçə] *f* (-; *-n*) mort *m*, corps *m* mort, cadavre *m*

'**leichen|blass** blanc comme un linge, blême, livide; '≳**feier** *f* obsèques *f/pl*; '≳**rede** *f* oraison *f* funèbre; '≳**schauhaus** *n* morgue *f*; '≳**verbrennung** *f* crémation *f*; '≳**wagen** *m* corbillard *m*; '≳**zug** *m* cortège *m od convoi m funèbre*

**Leichnam** ['laiçna:m] *m* (-[*e*]*s*; *-e*) corps *m*, cadavre *m*

**leicht** [laiçt] *Gewicht* léger; *zu tun* facile; ***es fällt mir ~ zu ...*** je n'ai pas de peine à ...; → ***leichtnehmen***

'**Leicht|athletik** *f* athlétisme *m*; '**~metall** *n* métal *m* léger

'**leichtnehmen** (*irr*, *sép*, *-ge-*, *h*, → ***nehmen***) prendre à la légère; ***nimm's leicht!*** ne t'en fais

'**Leicht|sinn** *m* (-[*e*]*s*; *sans pl*) étourderie *f*, légèreté *f*; '≳**sinnig** étourdi, F tête en l'air, insouciant; '≳**verdaulich** → ***verdaulich***; '≳**verständlich** → ***verständlich***

**leid** [lait] → ***leidtun***

**Leid** [lait] *n* (-[*e*]*s*; *sans pl*) chagrin *m*, douleur *f*, malheur *m*; → ***leidtun***

**leiden** ['laidən] **1.** (*litt*, *gelitten*, *h*) souffrir (***an, unter*** de); ***ich kann ihn nicht ~*** je ne peux pas le souffrir; **2.** '≳ *n* (*-s*; -) souffrance *f*, douleur *f*; *méd* affection *f*; '≳**schaft** *f* (-; *-en*) passion *f*; '**~schaftlich** passionné

**leider** ['laidər] malheureusement; ***~!*** *a* hélas!

'**leidtun** (*irr*, *sép*, *-ge-*, *h*, → ***tun***) ***es tut mir leid, dass*** *od* ***zu*** je regrette que (+ *subj*) *od* de (+ *inf*); ***das tut mir leid*** j'en suis désolé; ***du tust mir leid*** tu me fais pitié

'**Leih|bibliothek** *f*, '**~bücherei** *f* bibliothèque *f* de prêt; '≳**en** (*lieh*, *geliehen*, *h*) ***j-m etw ~*** prêter qc à qn; ***etw von j-m ~*** emprunter qc à qn; '**~gebühr** *f* frais *m/pl* de location; '**~haus** *n* mont-de-piété *m*; '**~mutter** *f* mère *f* porteuse; '**~wagen** *m* voiture *f* de location; '≳**weise** à titre de prêt

**Leim** [laim] *m* (-[*e*]*s*; *-e*) colle *f*; '≳**en** (*h*) coller

**Leine** ['lainə] *f* (-; *-n*) corde *f*; *Hunde*≳ laisse *f*

**Lein|en** ['lainən] *n* (*-s*; -) toile *f*, lin *m*; ***in ~ gebunden*** relié en toile; '≳**en** de *od* en toile; '**~samen** *bot m* graine *f* de lin; '**~wand** *f* toile *f*; *Film* écran *m*

**leise** ['laizə] bas; *schwach* faible, léger; ***mit ~r Stimme*** à voix basse

**Leiste** ['laistə] *f* (-; *-n*) *Holz*≳ liteau *m*; *Zier*≳ baguette *f*; *Körpergegend* aine *f*

**leisten** ['laisten] (*h*) faire; *vollbringen* accomplir; *Dienst* rendre; *Hilfe* prêter; ***sich etw ~*** se payer, s'offrir, s'accorder qc

**Leistung** ['laistuŋ] *f* (-; *-en*) *große* performance *f*, exploit *m*; *Arbeits*≳ travail *m* (accompli); *écon* rendement *m*; *tech* puissance *f*; *in Geld* prestation *f*; '**~sbilanz** *f* balance *f* des paiements courants; '≳**sfähig** performant, efficace, efficient, productif; '**~sfähigkeit** *f* efficacité *f*, productivité *f*, rendement *m*; '**~sgesellschaft** *f* méritocratie *f*;

société *f* de prestation; '**~sprinzip** *n* loi *f* de la performance; '**~ssport** *m* sport *m* de compétition

**Leitartikel** ['lait-] *m* éditorial *m*, article *m* de fond

**leiten** ['laitən] (*h*) diriger; *verwalten* gérer; *tech* conduire; *fig* guider; '**~d** *Stellung* dirigeant; ***~er Angestellter*** *m* cadre *m* supérieur

**Leiter**[1] ['laitər] *f* (-; *-n*) échelle *f*

'**Leiter**[2] *m* (*-s*; -), '**~in** *f* (-; *-nen*) directeur *m*, -trice *f*, chef *m*, gérant *m*; *nur m phys* conducteur *m*

'**Leit|gedanke** *m* idée *f* directrice, idée *f* maîtresse; '**~motiv** *mus n* motif *m* dominant; leitmotiv *m* (*a fig*); '**~planke** *f* glissière *f* de sécurité

**Leitung** ['laituŋ] *f* (-; *-en*) *Führung* direction *f*; *Wasser*≗, *Gas*≗ conduite *f*; *Strom*≗, *tél* ligne *f*

'**Leit|währung** *f* monnaie *f* de compte; '**~zins** *m* **1.** taux *m* d'escompte; **2.** intérêt *m* indicatif

**Lektion** [lɛk'tsjoːn] *f* (-; *-en*) leçon *f*

**Lektüre** [lɛk'tyːrə] *f* (-; *-n*) lecture *f*

**Lende** ['lɛndə] *f* (-; *-n*) *Rind* longe *f*; filet *m*; ***~n*** *pl Körpergegend* lombes *m/pl*, reins *m/pl*

**lenk|en** ['lɛŋkən] (*h*) diriger, guider; *auto* conduire, piloter; '**≗er** *m* (*-s*; -), '**≗erin** *f* (-; *-nen*) conducteur *m*, -trice *f*; *nur m Lenkstange* guidon *m*; *Lenkrad* volant *m*; '**≗rad** *n* volant *m*; '**≗stange** *f Fahrrad* guidon *m*; '**≗ung** *f* (-; *-en*) *auto* direction *f*

**Leopard** [leo'part] *zo m* (*-en*; *-en*) léopard *m*

**Lerche** ['lɛrçə] *zo f* (-; *-n*) alouette *f*

**lernen** ['lɛrnən] (*h*) apprendre; ***schwimmen ~*** apprendre à nager

**lesbar** ['leːsbaːr] lisible

**Lesb|ierin** ['lɛsbjərin] *neg f* (-; *-nen*) lesbienne *f*; '**≗isch** lesbien

**lesen** ['leːzən] (*las*, *gelesen*, *h*) lire; ***Ähren ~*** glaner

**Leser** ['leːzər] *m* (*-s*; -), '**~in** *f* (-; *-nen*) lecteur *m*, -trice *f*

'**Lese|ratte** *f* F rat *m* de bibliothèque; '**~rbriefe** *m/pl* courrier *m* des lecteurs; '**≗rlich** lisible

**Lesung** ['leːzuŋ] *f* (-; *-en*) lecture *f*; *pol* ***in erster ~*** en première lecture

**Lettland** ['lɛtlant] *n* la Lettonie

**letzt** [lɛtst] dernier; ***zum ~en Mal(e)*** pour la dernière fois; ***in ~er Zeit*** récemment; F ***das ist das ≗e!*** c'est impossible!; '**~lich** en fin de compte

**Leucht|e** ['lɔʏçtə] *f* (-; *-n*) lampe *f*; *fig* ***er ist keine ~*** ce n'est pas une lumière; '**≗en** (*h*) luire, briller; éclairer (***j-m*** qn); '**≗end** lumineux (*a fig*); '**~er** *m* (*-s*; -) chandelier *m*, bougeoir *m*, *mehrarmiger* flambeau *m*; '**~feuer** *n aviat* balise *f*; *mar* fanal *m*; '**~reklame** *f* réclame *f* lumineuse; '**~röhre** *f* tube *m* néon; '**~turm** *m* phare *m*; '**~zifferblatt** *n* cadran *m* lumineux

**leugnen** ['lɔʏgnən] (*h*) nier

**Leukämie** [lɔʏkɛ'miː] *méd f* (-; *-n*) leucémie *f*

**Leukoplast** [lɔʏko'plast] *n* (*-s*; *sans pl*) sparadrap *m*

**Leute** ['lɔʏtə] *pl* gens *m/pl* (*vorangehendes adj f/pl*), monde *m*; ***junge ~*** des jeunes gens

**Leutnant** ['lɔʏtnant] *m* (*-s*; *-s*) sous-lieutenant *m*

**Lexikon** ['lɛksikɔn] *n* (*-s*; *Lexika*) dictionnaire *m*

**lfd.** *abr* ***laufend*** courant

**Libanon** ['liːbanɔn] *m* (*-s*; *sans pl*) ***der ~*** le Liban

**Libelle** [li'bɛlə] *zo f* (-; *-n*) libellule *f*

**liberal** [libe'raːl] libéral; **≗e** *m*, *f* (*-n*; *-n*) membre *m*, adhérent *m* du parti libéral; **≗ismus** [-'ismus] *m* (-; *sans pl*) libéralisme *m*

**Libyen** ['liːbyən] *n* la Libye

**Licht** [liçt] *n* (-[*e*]*s*; *-er*) lumière *f*; *Tages*≗ jour *m*; ***~ machen*** allumer la lumière; *fig* ***j-n hinters ~ führen*** mystifier qn; ***grünes ~ geben*** donner le feu vert

'**Licht|bild** *n* photo(graphie) *f*; *Dia* diapo(sitive) *f*; '**~bildervortrag** *m* conférence *f* avec projections; '**~blick** *m fig* lueur *f* d'espoir, éclaircie *f*

**lichten** ['liçtən] (*h*) *Anker* lever; *Wald* éclaircir; ***sich ~*** *Haare etc* s'éclaircir

'**Licht|geschwindigkeit** *phys f* vitesse *f* de la lumière; '**~hupe** *f* ***die ~ betätigen*** faire un appel de phares; '**~jahr** *astr n* année-lumière *f*; '**~maschine** *f auto* dynamo *f*; '**~reklame** *f* réclame *f* lumineuse; '**~schutzfaktor** *m* indice *m* de protection; '**~strahl** *m* rayon *m* de lumière

'**Lichtung** *f* (-; *-en*) *im Wald* clairière *f*

**Lid** [liːt] *n* (-[*e*]*s*; *-er*) paupière *f*; '**~schatten** *n* ombre *f* à paupières
**lieb** [liːp] cher; *geliebt* chéri; *nett*, *artig* gentil; ***~ gewinnen*** prendre en affection; ***~ haben*** aimer; ***der ~e Gott*** le bon Dieu; ***sei bitte so ~ und ...*** sois gentil et ... (*od* de + *inf*); *Brief* ***~er Paul*** cher Paul
**Liebe** ['liːbə] *f* (-; *-n*) amour *m* (*pl oft f*; ***zu*** de); ***~ auf den ersten Blick*** coup *m* de foudre
**lieben** ['liːbən] (*h*) (***sich ~*** s')aimer; *sexuell* faire l'amour (avec qn)
'**liebenswürdig** aimable; '**℘keit** *f* (-; *-en*) amabilité *f*
**lieber** ['liːbər] plutôt; ***~ haben*** *od* ***mögen*** aimer mieux (***als*** que), préférer (***als*** à); ***etw ~ tun*** aimer mieux *od* préférer faire qc; ***du solltest ~ ...*** tu ferais mieux de (+ *inf*)
**Liebes|erklärung** ['liːbəs-] *f* déclaration *f* (d'amour); '**~kummer** *m* ***~ haben*** avoir un chagrin d'amour; '**~paar** *n* couple *m* d'amoureux
'**lieb|gewinnen** (*irr*, *sép*, *-ge-*, *h*, → ***gewinnen***) prendre en affection; '**~haben** (*irr*, *sép*, *-ge-*, *h*, → ***haben***) aimer
'**Lieb|haber** ['-haːbər] *m* (*-s*; -) *e-r Frau* amoureux *m*, amant *m*; *e-r Kunst* amateur *m*; **~haberei** [-'rai] *f* (-; *-en*) violon *m* d'Ingres, F dada *m*
**lieb'kosen** (*pas de -ge-*, *h*) caresser
'**lieblich** *adj* gracieux, agréable; *Gegend* charmant
'**Lieb|ling** *m* (*-s*; *-e*) favori *m*, -te *f*; préféré *m*, -e *f*; chouchou *m*, -te *f* F; *Anrede* chéri *m*, -e *f*; '**~lingsbeschäftigung** *f* passe-temps *m* favori, violon *m* d'Ingres; '**~schaft** *f* (-; *-en*) liaison *f*
**Liechtenstein** ['lıçtənʃtaın] *n* le Liechtenstein
**Lied** [liːt] *n* (-[*e*]*s*; *-er*) chanson *f*; chant *m*; *Kirchen℘* cantique *m*
**Liederabend** ['liːdər-] *m* récital *m* de chant
**Liefer|ant** [liːfə'rant] *m* (*-en*; *-en*) fournisseur *m*; '**℘bar** disponible; '**~frist** *f* délai *m* de livraison
**liefer|n** ['liːfərn] (*h*) livrer; fournir (*a Beweis*); '**℘ung** *f* (-; *-en*) livraison *f*; '**℘wagen** *m* camionnette *f*, fourgonnette *f*
**Liege** ['liːgə] *f* (-; *-n*) divan *m*
**liegen** ['liːgən] (*lag*, *gelegen*, *h*) *Lebewesen* être couché; *Ort* être situé; *Sache* se trouver; ***~ bleiben*** *Person* rester couché; *Ware* ne pas se vendre; *Arbeit* rester en souffrance; ***~ lassen*** laisser; *vergessen* oublier; *fig* ***j-n links ~ lassen*** ignorer qn, ***es liegt Schnee*** il y a de la neige; ***mir liegt viel daran*** j'y tiens beaucoup
'**liegen|bleiben** (*irr*, *sép*, *-ge-*, *sn*, → ***bleiben***), '**~lassen** (*irr*, *sép*, *pas de -ge-*, *h*, → ***lassen***) → ***liegen***
'**Liege|stuhl** *m* chaise *f* longue, transatlantique *m*; '**~wagen** *m* voiture-couchettes *f*
**Liga** ['liːga] *f* (-; *Ligen*) ligue *f*; *sport* division *f*
**Likör** [li'køːr] *m* (*-s*; *-e*) liqueur *f*
**lila** ['liːla] lilas, mauve
**Lilie** ['liːljə] *bot f* (-; *-n*) lis *m*, *a* lys *m*
**Limonade** [limo'naːdə] *f* (-; *-n*) limonade *f*
**Linde** ['lində] *bot f* (-; *-n*) tilleul *m*
**linder|n** ['lindərn] (*h*) soulager, apaiser, adoucir; '**℘ung** *f* (-; *sans pl*) soulagement *m*, apaisement *m*, adoucissement *m*
**Lineal** [line'aːl] *n* (*-s*; e) règle *f*
**Linie** ['liːnjə] *f* (-; *-n*) ligne *f*; ***auf seine ~ achten*** faire attention à sa ligne; '**~nbus** *m* autobus *m* de ligne; '**~nflug** *aviat m* vol *m* régulier; '**~nmaschine** *f* avion *m* de ligne; '**℘ntreu** *pol* fidèle à la ligne du parti.
**Link** [liŋk] *m*, *n* (*-s*; *-s*) *EDV* lien *m*
'**link|e**, '**~er**, '**~es** ['liŋkə, -r, -s] **1.** *adj* gauche; **2.** *f* ***die*** **℘** la (main) gauche; *pol* la gauche; **3.** *m*, *f* '**℘** (*-n*; *-n*) *pol* partisan *m* de la gauche; '**~isch** maladroit, gauche, F empoté
**links** [liŋks] à gauche; ***~ von*** à gauche de; ***von ~ nach rechts*** de gauche à droite; *pol* ***~ stehen*** être à gauche; '**~extrem** de l'extrême gauche; '**℘extremismus** *m* extrémisme *m* de gauche; '**~radikal** → ***~extrem***; '**℘verkehr** *m* circulation *f* à gauche; '**℘händer** ['-hɛndər] *m* (*-s*; -), '**℘händerin** *f* (-; *-nen*) gaucher *m*, -ère *f*
**Linse** ['linzə] *f* (-; *-n*) *bot*, *Optik* lentille *f*
**Lippe** ['lipə] *f* (-; *-n*) lèvre *f*; '**~nstift** *m* bâton *m* de rouge, rouge *m* à lèvres
**lispeln** ['lispəln] (*h*) zézayer, zozoter F
**Lissabon** ['lisabɔn] *n* Lisbonne

**List** [list] *f* (-; *-en*) ruse *f*, astuce *f*
**Liste** ['listə] *f* (-; *-n*) liste *f*
**listig** ['listiç] rusé, astucieux, finaud
**Litauen** ['litaʊən] *n* la Lituanie
**Liter** ['liːtər] *n od m* (*-s*; -) litre *m*
**litera|risch** [lite'raːriʃ] littéraire; **꙳tur** [-a'tuːr] *f* (-; *-en*) littérature *f*
**Litfaßsäule** ['litfas-] *f* colonne *f* d'affiches, colonne *f* Morris
**live** [laif] *TV* en direct
**Lizenz** [li'tsɛnts] *f* (-; *-en*) licence *f*
**Lkw** ['ɛlkaveː] *m* (*-s*; *-[s]*) camion *m*, poids *m* lourd; **'~-Fahrer** *m* → ***Lastwagenfahrer***; **'~-Maut** *f* péage *m* pour poids lourds
**Lob** [loːp] *n* (*-[e]s*; *sans pl*) louange *f*, éloge *m*; **'꙳en** ['loːbən] (*h*) faire l'éloge de, louer; **'꙳enswert** ['-bəns-] digne de louanges, louable
**Loch** [lɔx] *n* (*-[e]s*; *⸚er*) trou *m*; *fig Elendswohnung* taudis *m*; **'~er** *m* (*-s*; -) perforatrice *f*
**locken** ['lɔkən] (*h*) **1.** *Haar* (***sich ~*** se) boucler; **2.** *an sich ziehen* attirer; **'꙳wickler** ['-viklər] *m* (*-s*; -) bigoudi *m*
**lock|er** ['lɔkər] lâche; relâché (*a fig Moral*); *entspannt* relax(e) F; **'~ern** (*h*) (***sich ~*** se) relâcher; *Sport* (s')assouplir; *Schraube*, *Knoten* (se) desserrer; **'~ig** bouclé; **'꙳mittel** *n* appât *m*, leurre *m*
**Löffel** ['lœfəl] *m* (*-s*; -) cuiller *f od* cuillère *f*; ***ein ~ voll*** une cuillerée (de)
**'löffeln** (*h*) manger à la cuiller
**'Löffelvoll** *m* → ***Löffel***
**Logbuch** ['lɔk-] *mar n* journal *m od livre m de bord*
**Logi|k** ['loːgik] *f* (-; *sans pl*) logique *f*; **'꙳sch** logique; **'꙳scherweise** logiquement
**Lohn** [loːn] *m* (*-[e]s*; *⸚e*) salaire *m*, paye *od* paie *f*; *Belohnung* récompense *f*; **'~empfänger** ['-ʔɛm-] *m* salarié *m*; **'꙳en** (*h*) être payant *od* rentable; valoir la peine *od* F le coup; ***das lohnt sich*** cela vaut la peine; **'꙳end** payant, rentable, rémunérateur, profitable; **'~erhöhung** *f* augmentation *f* (de salaire); **'~gruppe** *f* catégorie *f* salariale; **'~steuer** *f* impôt *m* sur le revenu; **'~steuerjahresausgleich** *m* réajustement *m* des impôts sur le revenu; **'~steuerkarte** *f* carte *f* d'impôt (*in Deutschland*); **'~stopp** *m* blocage *m* des salaires
**Loipe** ['lɔʏpə] *f* (-; *-n*) piste *f* de ski de fond, loipe *f*
**Lokal** [lo'kaːl] **1.** *n* (*-s*; *-e*) *Gaststätte* restaurant *m*, café *m*; **2.** **꙳** *adj* local; **~blatt** *n* journal *m* local; **~presse** *f* presse *f* locale; **~verbot** *n* interdiction *f* d'accès dans un café
**Lokomotiv|e** [lokomo'tiːvə] *f* (-; *-n*) locomotive *f*; **~führer** [-'tiːf-] *m* mécanicien *m*
**Lombardei** [lɔmbar'daɪ] ***die ~*** la Lombardie
**London** ['lɔndɔn] *n* Londres
**Lorbeer** ['lɔrbeːr] *bot m* (*-s*; *-en*) laurier *m*
**los** [-] *abgetrennt* détaché; ***~!*** allez!; allons(-y)!; ***was ist ~?*** qu'est-ce qu'il y a?; ***etw, j-n ~ sein*** être débarrassé de qc, qn; ***was ist mit dir ~?*** qu'est-ce qui t'arrive?; ***hier ist nicht viel ~*** il ne se passe pas grand-chose ici
**Los** [loːs] *n* (*-es*; *-e*) *Schicksal* sort *m*, destin *m*, destinée *f*; *Lotterie꙳* billet *m* de loterie; ***das große ~ ziehen*** gagner le gros lot (*a fig*)
**Lösch|apparat** ['lœʃ-] *m* extincteur *m*; **'꙳en** (*h*) éteindre; *Tonband* effacer; *Durst* étancher, apaiser; ***den Durst ~ a*** se désaltérer; **'~papier** *n* buvard *m*
**lose** ['loːzə] lâche; *beweglich* mobile; *leichtfertig* frivole
**Lösegeld** ['løːzə-] *n* rançon *f*
**'losen** [loːzən] (*h*) tirer au sort (***um etw*** qc)
**lösen** ['løːzən] (*h*) (***sich ~*** se) détacher (***von*** de); *lockern* (***sich ~*** se) desserrer: *schmelzen* (***sich ~*** se) dissoudre; *Vertrag* annuler; *Aufgabe* résoudre; *Rätsel* deviner; *Fahrkarte* prendre, acheter
**'los|fahren** (*irr*, *sép*, *-ge-*, *sn*, → ***fahren***) démarrer, partir; **'~gehen** (*irr*, *sép*, *-ge-*, *sn*, → ***gehen***) *aufbrechen* s'en aller, partir; *anfangen* commencer; *Feuerwaffe* partir; ***auf j-n ~*** aller droit *od* foncer sur qn; **'~lassen** (*irr*, *sép*, *-ge-*, *h*, → ***lassen***) lâcher
**löslich** ['løːsliç] soluble
**'los|machen** (*sép*, *-ge-*, *h*) défaire, détacher; **'~reißen** (*irr*, *sép*, *-ge-*, *h*, → ***reißen***) arracher; **'~sagen** (*sép*, *-ge-*, *h*) ***sich ~ von*** se détacher de, rompre avec; **'~stürzen** (*sép*, *-ge-*, *sn*) partir

en vitesse; ***auf j-n ~*** se précipiter sur qn
**Lösung** ['løːzuŋ] *f* (-; *-en*) solution *f* (*a chim*); '**~smittel** *n* solvant *m*
'**los|werden** (*irr, sép, -ge-, sn,* → ***werden***) se débarrasser de; '**~ziehen** (*irr, sép, -ge-, sn,* → ***ziehen***) *weggehen* s'en aller, partir; *mit Worten* se déchaîner (***über, gegen*** contre)
**löten** ['løːtən] (*h*) souder
**Lothring|en** ['loːtriŋən] *n* (-*s*; *sans pl*) la Lorraine; '**~er** *m* (-*s*; -), '**~erin** *f* (-; *-nen*) Lorrain *m*, -e *f*; '**⁓isch** lorrain
**Lotion** [lo'tsjoːn] *f* (-; *-en*) lotion *f*
**Lötkolben** ['løːt-] *m* fer *m* à souder
**Lotse** ['loːtsə] *m* (-*n*; -*n*) pilote *m*; *Flug⁓* aiguilleur *m* du ciel
**Lotterie** [lɔtə'riː] *f* (-; -*n*) loterie *f*
**Lotto** ['lɔto] *n* (-*s*; -*s*) loto *m*; ***im ~ spielen*** jouer au loto; '**~schein** *m* billet *m* de loto
**Löw|e** ['løːvə] *zo m* (-*n*; -*n*) lion *m*; *astr* Lion *m*; '**~in** *f* (-; *-nen*) lionne *f*; '**~enzahn** *bot m* pissenlit *m*
**LP** *f abr* ***Langspielplatte*** disque *m* à microsillon
**lt.** *abr* ***laut*** conformément à
**Luchs** [luks] *zo m* (-*es*; -*e*) lynx *m*
**Lücke** ['lykə] *f* (-; -*n*) lacune *f*; *fig a* vide *m*; *Zahn⁓* brèche *f*; '**~nbüßer** *m* bouche-trou *m*; '**⁓nhaft** plein de lacunes, incomplet; *Gedächtnis* défaillant; '**⁓nlos** sans lacunes, complet
**Ludwig** ['lutviç] *m* (-*s*; -*s*) Louis *m*
**Luft** [luft] *f* (-; ⸚*e*) air *m*; ***an der frischen ~*** au grand air, en plein air; ***die ~ anhalten*** retenir sa respiration; ***frische ~ schöpfen*** prendre l'air; ***j-n an die ~ setzen*** flanquer qn à la porte; '**~angriff** *m* raid *m* aérien, attaque *f* aérienne; '**~ballon** *m* ballon *m*; '**⁓dicht** hermétique; '**~druck** *m* pression *f* atmosphérique
**lüften** ['lyftən] (*h*) aérer; *fig Geheimnis* dévoiler
'**Luft|fahrt** *f* (-; *sans pl*) aviation *f*, aéronautique *f*; '**~feuchtigkeit** *f* humidité *f* de l'air; '**~fracht** *f* fret *m* aérien; '**~gewehr** *n* carabine *f* à air comprimé; '**⁓ig** bien aéré; *Kleidung* léger; '**~kissenboot** *n*, '**~kissenfahrzeug** *n* aéroglisseur *m*; '**~kurort** *m* station *f* climatique; '**~linie** *f* ***50 km ~*** 50 km à vol d'oiseau; '**~loch** *n* trou *m* d'air; '**~matratze** *f* matelas *m* pneumatique; '**~post** *f* poste *f* aérienne; ***mit ~*** par avion; '**~pumpe** *f* pompe *f* (à pneus); '**~röhre** *f* trachée(-artère) *f*; '**~spiegelung** *f* mirage *m*
'**Lüftung** *f* (-; *-en*) ventilation *f*, aération *f*
'**Luft|veränderung** *f* changement *m* d'air; '**~verkehr** *m* trafic *m* aérien; '**~verschmutzung** *f* pollution *f* de l'air; '**~waffe** *mil f* aarmée *f* de l'air; '**~zug** *m* courant *m* d'air
**Lüge** ['lyːgə] *f* (-; -*n*) mensonge *m*
**lügen** ['lyːgən] (*log, gelogen, h*) mentir; ***das ist gelogen*** c'est un mensonge
**Lügner** ['lyːgnər] *m* (-*s*; -), '**~in** *f* (-; *-nen*) menteur *m*, -euse *f*
**Luke** ['luːkə] *f* (-; -*n*) *Fenster* lucarne *f*; *mar* écoutille *f*
**Lump** [lump] *m* (-*en*; -*en*) gredin *m*, vaurien *m*
**Lump|en** ['lumpən] *m* (-*s*; -) chiffon *m*; *pl zerlumpte Kleider* guenilles *f*/*pl*, haillons *m*/*pl*
**Lunch** [lanʃ] *m* (-[*e*]*s*; -*s*) déjeuner *m*; '**~paket** *n* cassecroûte *m*
**Lunge** ['luŋə] *f* (-; -*n*) poumon *m*; '**~nentzündung** *f* pneumonie *f*
**Lupe** ['luːpə] *f* (-; -*n*) loupe *f*; *fig* ***unter die ~ nehmen*** examiner sur toutes les coutures
**Lust** [lust] *f* (-; ⸚*e*) *Freude* plaisir *m*; *Verlangen* envie *f*; *sinnliche* désir *m*; ***~ auf*** *od* ***zu etw haben*** avoir envie de qc; ***~ haben, etw zu tun*** avoir envie de faire qc; ***zu nichts ~ haben*** n'avoir goût à rien
**Lüster** ['lystər] *m* (-*s*; -) lustre *m*
**lüstern** ['lystərn] lascif, lubrique; '**⁓heit** *f* (-; *sans pl*) lascivité *f*
**lustig** [lustiç] gai, joyeux, amusant, drôle; ***sich ~ machen über*** se moquer de
'**lust|los** sans entrain; '**⁓spiel** *n* comédie *f*
'**lutsch|en** [lutʃən] (*h*) sucer; '**⁓er** *m* (-*s*; -) sucette *f*
**Lüttich** ['lytiç] *n* (-*s*; *sans pl*) Liège
**Luv** ['luːf] *mar n* (-*s*; *sans pl*) côte *m* du vent
**Luxemburg** ['luksəmburk] *n* (-*s*; *sans pl*) (le) Luxembourg; '**~er** *m* (-*s*; -), '**~erin** *f* (-; *-nen*) luxembourgeois *m*, -eoise *f*; '**⁓isch** [-giʃ] luxembourgeois
**luxuriös** [luksu'rjøːs] luxueux

**Luxus** ['luksus] *m* (-; *sans pl*) luxe *m*; '**~artikel** *m* article *m* de luxe; '**~hotel** *n* hôtel *m* de luxe
**Luzern** [lu'tsɛrn] *n* Lucerne
**Lychee** ['litʃi] *f* (-; *-s*) *bot* litchi *m*
**Lymphknoten** [lymf-] *m* ganglion *m* lymphatique
**lynchen** ['lynçən] (*h*) lyncher
**Lyrik** ['ly:rik] *f* (-; *sans pl*) poésie *f* lyrique; *Ausdrucksart* lyrisme *m*
'**lyrisch** lyrique

# M

**m** *abr* ***Meter*** m (mètre)
**Maas** [ma:s] ***die ~*** la Meuse
**Mach|art** ['max-] *f* façon *f*; '**ᴤbar** faisable; *Plan* réalisable
**machen** ['maxən] (*h*) faire; *Prüfung* passer; *mit adj* rendre; ***j-n glücklich ~*** rendre qn heureux; ***was*** *od* ***wie viel macht das?*** ça fait combien?; ***das macht nichts*** cela ne fait rien; *nach Entschuldigung* il n'y a pas de mal; ***mach dir nichts daraus!*** ne t'en fais pas!; ***da kann man nichts ~*** on ne peut rien y faire; tant pis!; ***mach mal*** *od* ***schon!*** vas-y!; ***mach's gut!*** bonne chance!, bon courage
'**Macher** *m* (*-s*; -) homme *m* énergique, leader *m*
**Macht** [maxt] *f* (-; *⸚e*) pouvoir *m*; *Staat* puissance *f*; ***an der ~ sein*** être au pouvoir; '**~apparat** *m* appareil *m* du pouvoir; '**~befugnis** *f* pouvoir *m*; autorité *f*; '**~haber** ['-ha:bər] *m* (*-s*; -) détenteur *m* du pouvoir, dirigeant *m*
**mächtig** ['mɛçtiç] puissant; *fig* énorme, massif
'**Macht|kampf** *m* lutte *f* pour le pouvoir; '**ᴤlos** impuissant; '**~probe** *f* épreuve *f* de force; '**~übernahme** *pol f* prise *f* du pouvoir; '**~wechsel** *pol m* changement *m* de gouvernement
**Mädchen** ['mɛ:tçən] *n* (*-s*; -) jeune fille *f*; *Gegensatz zu Junge* fille *f*; ***kleines ~*** petite fille *f*, fillette *f*; '**~name** *m* nom *m* de jeune fille
**made in** ['mɛidin] fabriqué à
**Madeira** [ma'de:ra] *n* Madère
**Madonna** [ma'dɔna] *f* (-; *Madonnen*) Vierge *f*
**Magazin** [maga'tsi:n] *n* (*-s*; *-e*) magasin *m*, dépôt *m*; *Zeitschrift* magazine *m*
**Magen** ['ma:gən] *m* (*-s*; ⸚, -) estomac *m*; '**~beschwerden** *pl* indigestion *f*, embarras *m* gastrique; **~-'Darm-Infektion** *méd f* gastro-entérite *f*; '**~geschwür** *méd n* ulcère *m* d'estomac; '**~krebs** *méd m* cancer *m* de l'estomac; '**~schmerzen** *m/pl* maux *m/pl* d'estomac; F mal *m* au ventre
**mager** ['ma:gər] maigre
**Mag|ie** [ma'gi:] *f* (-; *sans pl*) magie *f*; '**ᴤisch** magique
**Magistrat** [magis'tra:t] *m* (-[*e*]*s*; *-e*) conseil *m* municipal
**Magnet** [ma'gne:t] *m* (-[*e*]*s*, *-en*; *-e*[*n*]) aimant *m* (*a fig*); **~band** *n* (enregistreur *m* à) ruban *m* magnétique; '**ᴤisch** magnétique; **~nadel** *f* aiguille *f* aimantée; **~platte** *f* disque *m* magnétique
**Mahagoni** [maha'go:ni] *n* (*-s*; *sans pl*) acajou *m*
**mäh|en** ['mɛ:ən] (*h*) *Gras* faucher; *Rasen* tondre; *Getreide* moissonner; '**ᴤdrescher** *m* moissonneuse-batteuse *f*
**mahlen** ['ma:lən] (*mahlte*, *gemahlen*, *h*) moudre
**Mahlzeit** ['ma:l-] *f* (-; *-en*) repas *m*; ***~!*** bon appétit!
**Mahn|bescheid** ['ma:n-] *m* sommation *f*; '**ᴤen** (*h*) ***j-n an etw ~*** rappeler qc à qn; ***zu etw ~*** exhorter à qc; '**~gebühr** *f* frais *m/pl* de sommation; '**~mal** *n* mémorial *m*; '**~ung** *f* avertissement *m*; exhortation *f*; *comm* sommation *f*
**Mähne** ['mɛ:nə] *f* (-; *-n*) crinière *f*; *von Menschen* tignasse *f*
**Mähren** ['mɛ:rən] *n géogr* la Moravie
**Mai** [mai] *m* (*-s*; *-e*) mai *m*; ***der Erste ~*** le Premier Mai; '**~glöckchen** *bot n* muguet *m*; '**~käfer** *zo m* hanneton *m*
**Mail** [me:l] *f* (-; *-s*) *EDV* mail *m*
**Mailand** ['mailant] *n* Milan

**Mailbox**['meːlbɔks] *f*(-; *-en*) *EDV* boîte *f* aux lettres; *e-s Handys* boîte *f* vocale
**mailen** ['meːlən] (*h*) *EDV* (***j-m***) ***etw ~*** envoyer qc (à qn) par mail
**Main** [maɪn] ***der ~*** le Main
**Mainz** [maints] *n* (-; *sans pl*) Mayence
**Mais** [mais] *bot m* (*-es*; *sans pl*) maïs *m*; '**~kolben** *m* épi *m* de maïs
**Major** [ma'joːr] *mil m* (*-s*; *-e*) commandant *m*
**Majoran** [majo'raːn] *bot m* (*-s*; *sans pl*) marjolaine *f*
**makaber** [ma'kaːbər] macabre
**Makel** ['maːkəl] *m* (*-s*; -) tache *f*, défaut *m*
'**makellos** sans défaut, parfait, irréprochable
**Makler** ['maːklər] *comm m* (*-s*; -) courtier *m*; *Börse* agent *m* de change; *Immobilien* agent *m* immobilier; '**~gebühr** *f* droit *m* de courtage
**Makrele** [ma'kreːlə] *zo f* (-; *-n*) maquereau *m*
**mal** F → ***einmal***; *wird meist nicht übersetzt*
**Mal**[1] [maːl] **1.** *n* (-[*e*]*s*; *-e*) fois *f*; ***zum ersten*** (***letzten***) ***~*** pour la première (dernière) fois; ***das nächste ~*** la prochaine fois; ***mit e-m ~*** tout d'un coup; **2.** ♀ *math* fois; ***zwei ~ fünf ist zehn*** deux fois cinq font dix
**Mal**[2] [-] *n* (-[*e*]*s*; *-e*) *Zeichen* marque *f*
**Malediven** [male'diːvən] *pl* ***die ~*** les îles *f/pl* Maldives
**malen** ['maːlən] (*h*) peindre
'**Maler** *m* (*-s*; -), '**~in** *f* (-; *-nen*) peintre *m* (femme *f* peintre); **~ei** [-'rai] *f* (-; *-en*) peinture *f*; '**♀isch** pittoresque
**Mali** ['mɑːli] *n* le Mali
**Mallorca** [ma'jɔrka] *n* Majorque
**Malta** ['malta] *n* Malte
**Malz** [malts] *n* (*-es*; *sans pl*) malt *m*; '**~kaffee** *m* (café *m* de) malt *m*
**Mama** ['mama, ma'maː] *f* (-; *-s*) *enf* maman *f*
**man** [man] on
'**Manag|ement** *n* ['mɛnidʒmɛnt] *n* (*-s*; *sans pl*) management *m*; '**♀en** (*h*) diriger, organiser, gérer; '**~er** *m* (*-s*; -) manager *m*; '**~erkrankheit** *f* surmenage *m* intellectuel
**manch** [manç] plus d'un, maint; **~e** *pl* certains, *nur adj* quelques; bien des …; '**~erlei** ['-ərlai] divers, toutes sortes de; '**~mal** quelquefois
**Mandant** [man'dant] *jur m* (*-en*; *-en*) client *m*, mandant *m*
**Mandat** [man'daːt] *jur*, *pol n* (-[*e*]*s*; *-e*) mandat *m*
**Mandel** ['mandəl] *f* (-; *-n*) *bot* amande *f*; *Organ* amygdale *f*
**Mangel** ['maŋəl] *m* (*-s*; ⸚) *Fehler* défaut *m*; *Fehlen* absence *f* (***an*** de); *Knappheit* manque *m* (***an*** de), pénurie *f* (***an*** de); ***aus ~ an*** faute de; '**~beruf** *m* métier *m* déficitaire; '**~erscheinung** *f* symptôme *m* de carence; '**♀haft** défectueux; *Schulnote* médiocre
'**mangeln** (*h*) ***es mangelt mir an etw*** je manque de qc; qc me manque
'**mangels** *prép* (*gén*) à défaut de, faute de
'**Mangelware** *f* marchandise *f* rare
**Manie** [ma'niː] *f* (-; *-n*) manie *f*
**Manier** [ma'niːr] *f* (-; *-en*) manière *f*; ***gute ~en*** bonnes manières, savoir-vivre *m*; ***schlechte ~en*** mauvaises manières
**Manifest** [mani'fɛst] *n* (-[*e*]*s*; *-e*) manifeste *m*
**Maniküre** [mani'kyːrə] *f* (-; *-n*) manucure *f*
**Manipu|lation** [manipula'tsjoːn] *f* (-; *-en*) manipulation *f*; ♀'**lieren** (*pas de -ge-*, *h*) manipuler
**Manko** ['maŋko] *n* (*-s*; *-s*) *comm* déficit *m*; *fig* manque *m*
**Mann** [man] *m* (-[*e*]*s*; ⸚*er*) homme *m*; *Ehe*♀ mari *m*; ***alter ~*** vieillard *m*
**Männchen** ['mɛnçən] *n* (*-s*; -) petit homme *m*, bonhomme *m*; *Tier* mâle *m*
**mannig|fach** ['maniç-], '**~faltig** varié, divers
**männlich** ['mɛnliç] mâle; *gr* masculin
'**Mannschaft** *f* (-; *-en*) *Sport*, *fig* équipe *f*; *mar*, *aviat* équipage *m*; '**~sgeist** *Sport m* esprit *m* d'équipe
**Manöv|er** [ma'nøːvər] *n* (*-s*; -) manœuvre *f*; **♀rieren** [-'vriːrən] (*pas de -ge-*, *h*) manœuvrer
**Mansarde** [man'zardə] *f* (-; *-n*) mansarde *f*; **~nfenster** *n* lucarne *f*
**Mantel** ['mantəl] *m* (*-s*; ⸚) manteau *m*; *Überzieher* pardessus *m*; *Fahrrad* enveloppe *f*, bandage *m*; '**~tarif** *m* tarif *m* collectif
**manu|ell** [manu'ɛl] manuel, à la main;

2**faktur** [-fak'tu:r] *f* (-; *-en*) manufacture *f*; 2**skript** [-'skript] *n* (-[*e*]*s*; *-e*) manuscrit *m*
**Mappe** ['mapə] *f* (-; *-n*) *Aktentasche* serviette *f*; *Schul*2 cartable *m*; *Ablege*2 classeur *m*, chemise *f*
**Maracuja** [mara'ku:ja] *f* (-; *-s*) *bot* maracuja *m*
**Märchen** ['mɛ:rçən] *n* (*-s*; -) conte *m* (de fée); *fig* ~ ***erzählen*** raconter des histoires; '2**haft** fabuleux, féerique, F fantastique
**Marder** ['mardər] *zo m* (*-s*; -) martre *f*
**Margarine** [marga'ri:nə] *f* (-; *-n*) margarine *f*
**Marienkäfer** [ma'ri:ən-] *zo m* coccinelle *f*
**Marine** [ma'ri:nə] *f* (-; *-n*) marine *f*
**Marionette** [mario'nɛtə] *f* (-; *-n*) marionnette *f*
**Mark**[1] [mark] *f* (-; -) *Geld hist* mark *m*
**Mark**[2] *n* (-[*e*]*s*; *sans pl*) *Knochen*2 moelle *f*; *Frucht*2 pulpe *f*
**Marke** ['markə] *f* (-; *-n*) *comm* marque *f*; *Spiel*2, *Kontroll*2 jeton *m*; *Essens*2 ticket *m*; *Brief*2 timbre *m*; '**~nartikel** *comm m* article *m* de marque; '**~nerzeugnis** *n* produit *m* de marque; '**~nimage** *n* image *f* de marque; '**~treue** *f* fidélité *f* à une marque; '**~zeichen** *n* logo *m*
**Marketing** ['markətiŋ] *n* (*-s*; *sans pl*) marketing *m*
**markier|en** [mar'ki:rən] (*pas de -ge-*, *h*) marquer, repérer; *vortäuschen* jouer, simuler; 2**ung** *f* (-; *-en*) marquage *m*, repérage *m*
**Markt** [markt] *m* (-[*e*]*s*; ⸚*e*) marché *m*; ***auf den ~ bringen*** mettre sur le marché, lancer; '**~anteil** *m* part *f* de marché; '**~forschung** *écon f* étude *f* de marché; '**~lage** *f* situation *f* du marché; conjoncture *f*; '**~lücke** *f* créneau *m* de vente; '**~platz** *m* place *f* du marché; '**~wert** *m* valeur *f* marchande; '**~wirtschaft** *f* économie *f* de marché; ***freie ~*** économie libre
**Marmelade** [marmə'la:də] *f* (-; *-n*) confiture *f*, marmelade *f*
**Marmor** ['marmɔr] *m* (*-s*; *-e*) marbre *m*
**Marokkan|er** [marɔ'ka:nər] *m* (*-s*; -), **~erin** *f* (-; *-nen*) Marocain *m*, -e *f*; 2**isch** marocain
**Marokko** [ma'rɔkɔ] *n* (*-s*; *sans pl*) le Maroc
**Marsch** [marʃ] *m* (*-es*; ⸚*e*) marche *f* (*a mus*)
'**Marsch|befehl** *m* ordre *m* de marche; '**~flugkörper** *mil m* missile *m* de croisière; 2'**ieren** (*pas de -ge-*, *h*) marcher
**Marter** ['martər] *f* (-; *-n*) tourment *m*, torture *f*
**Märtyrer** ['mɛrtyrər] *m* (*-s*; -), '**~in** *f* (-; *-nen*) martyr *m*, -e *f*
**Marxis|mus** [mar'ksismus] *m* (-; *sans pl*) marxisme *m*; **~t** (*-en*; *-en*), **~tin** *f* (-; *-nen*) *m* marxiste *m*, *f*; 2**tisch** marxiste
**März** [mɛrts] *m* (*-es*; *-e*) mars *m*
**Masche** ['maʃə] *f* (-; *-n*) maille *f*; F ***die neueste ~*** le nouveau dada
**Maschin|e** [ma'ʃi:nə] *f* (-; *-n*) machine *f* (*auch Lok*, *Motorrad*); *Motor* moteur *m*; *Flugzeug* appareil *m*; ***mit der ~ schreiben*** taper à la machine, dactylographier; 2**ell** [-'nɛl] mécanique, à la machine
**Ma'schinen|bau** *m* (-[*e*]*s*; *sans pl*) construction *f* de machines, construction *f* mécanique; **~bauer** *m* (*-s*; -) ingénieur *m* mécanicien; **~fabrik** *f* ateliers *m/pl* de construction de machines; **~gewehr** *n* mitrailleuse *f*; **~pistole** *f* mitraillette *f*; **~schaden** *m* avarie *f* de machine; **~schreiben** *n* (*-s*; *sans pl*) dactylographie *f*
**Maschinist** [-'nist] *m* (*-en*; *-en*) mécanicien *m*, conducteur *m*
**Masern** ['ma:zərn] *méd pl* rougeole *f*
**Maserung** ['ma:zəruŋ] *f* (-; *-en*) madrure *f*
**Mas|ke** ['maskə] *f* (-; *-n*) masque *m*; 2'**kieren** (*pas de -ge-*, *h*) masquer, ***sich ~*** se déguiser (***als*** en)
**Maß** [ma:s] *n* (*-es*; *-e*) mesure *f*; *Mäßigung* modération *f*; ***~e und Gewichte*** poids et mesures; ***nach ~*** sur mesure; ***in dem ~e wie*** dans la mesure où; ***in hohem ~e*** dans une large mesure; ***in zunehmendem ~e*** de plus en plus
**Massage** [ma'sa:ʒə] *f* (-; *-n*) massage *m*
**Massaker** [ma'sakər] *n* (*-s*; -) massacre *m*
'**Masse** [masə] *f* (-; *-n*) masse *f*; *Menschen*2 foule *f*; ***die breite ~*** le grand public
'**Maßeinheit** *f* unité *f* de mesure
'**Massen|abfertigung** *f* expédition *f*,

enregistrement *m* en masse; '**~absatz** *m* vente *f* en grandes quantités; '**~andrang** *m* grande affluence *f*; '**~entlassung** *f* débauchage *m* collectif; '**2haft** en masse; '**~karambolage** *f* carambolage *m* en série; '**~medien** *n/pl* mass media *m/pl*; '**~mord** *m* massacre *m*; '**~tierhaltung** *f* élevage *m* en batterie; '**~tourismus** *m* tourisme *m* de masse; '**~verkehrsmittel** *n* transports *m/pl* de masse; '**2weise** en masse(s)

'**maß|gebend**, **~geblich** ['-ge:pliç] qui fait autorité, déterminant, décisif

**massieren** [ma'si:rən] (*pas de -ge-, h*) masser

**mäßig** ['mɛ:siç] modéré; *im Essen* frugal, sobre; *Geldsumme* modique; *dürftig* médiocre; '**~en** ['-gən] (*h*) (***sich ~*** se) modérer; *mildern* tempérer; *Tempo* ralentir; '**2ung** ['-guŋ] *f* (-; *-en*) modération *f*

**massiv** [ma'si:f] **1.** massif, solide; *fig* énergique, grossier; **2.** **2** *n* (*-s*; *-e*) *Gebirge* massif *m*

'**Maß|krug** *m* chope *f*; '**2los** démesuré, sans mesure; '**~nahme** ['-na:mə] *f* (-; *-n*) mesure *f*; ***~n ergreifen*** prendre des mesures; '**~stab** *m Karte* échelle *f*; *fig* norme *f*, critère *m*; '**2voll** modéré, mesuré

**Mast**[1] [mast] *m* (-[*e*]*s*; *-e*[*n*]) mât *m* (*a mar*); *Strom2* pylône *m*

**Mast**[2] *f* (-; *-en*) *agr* engraissement *m*

**mästen** ['mɛstən] (*h*) engraisser

**Mastur|bation** [masturba'tsjo:n] masturbation *f*; **2'bieren** (*pas de -ge-, h*) masturber

**Material** [mater'ja:l] *n* (*-s*; *-ien*) *Werkstoff* matériau *m*; *für geistige Arbeit* matériaux *m/pl*; *Stoff* matière *f*; *Ausrüstung* matériel *m*; **~fehler** *m* défaut *m* de matériel; **~ismus** [-a'lismus] *m* (-; *sans pl*) matérialisme *m*; **~'ist** *m* (*-en*; *-en*) matérialiste *m*; **2'istisch** matérialiste

**Materie** [ma'te:rjə] *f* (-; *-n*) matière *f*

**materiell** [mater'jɛl] matériel

**Mathemati|k** [matema'ti:k] *f* (-; *sans pl*) mathématiques *f/pl*, maths *f/pl* F; **~ker** [-'ma:tikər] *m* (*-s*; -) mathématicien *m*; **2sch** mathématique

**Matratze** [ma'tratsə] *f* (-; *-n*) matelas *m*

**Matrize** [ma'tritsə] *f* stencil *m*

**Matrose** [ma'tro:zə] *m* (*-n*; *-n*) matelot *m*, marin *m*

**Matsch** [matʃ] *m* (-[*e*]*s*; *sans pl*) boue *f*, gadoue *f*

**matt** [mat] épuisé, abattu, faible; *Farbe*, *Foto* mat; *Glas* dépoli; *Schach* mat

**Matte** ['matə] *f* (-; *-n*) natte *f*; *Fuß2* paillasson *m*; *Sport* tapis *m*

**Matterhorn** ['matərhɔrn] ***das ~*** le (mont) Cervin

'**Mattigkeit** *f* (-; *sans pl*) épuisement *m*, abattement *m*

**Mauer** ['mauər] *f* (-; *-n*) mur *m*; '**2n** (*h*) maçonner; '**~werk** *n* maçonnerie *f*

**Maul** [maul] *n* (-[*e*]*s*; *⸚er*) gueule *f*; *Pferd* bouche *f*; P ***halts ~!*** ferme ta gueule!

'**Maul|esel** *m*, '**~eselin** *f* mulet *m*, mule *f*; '**~korb** *m* muselière *f*; '**~tier** *n* mulet *m*, mule *f*

'**Maulwurf** *m* taupe *f*; '**~shaufen** *m*, '**~shügel** *m* taupinière *f*

**Maurer** ['maurər] *m* (*-s*; -) maçon *m*; '**~kelle** *f* truelle *f*

**Mauritius** [mau'ri:tsius] (l'île *f*) Maurice

**Maus** [maus] *f* (-; *⸚e*) *zo u EDV* souris *f*; '**~cursor** *m EDV* curseur *m* de la souris; '**~efalle** ['-zə-] *f* souricière *f*; **~klick** *m EDV* clic *m* avec la souris; ***per ~*** en cliquant sur la souris

**Maut** ['maut] *östr f* (-; *sans pl*), '**~gebühr** *f* péage *m*; '**~stelle** *f* poste *m* de péage; '**~straße** *f* route *f* à péage

**maxi|mal** [maksi'ma:l] maximum, maximal; *adv* au maximum; **~'mieren** (*pas de -ge-, h*) maximiser; '**2mum** [-mum] *n* (*-s*; *Maxima*) maximum *m*

**Mazedonien** [matse'do:niən] *n* la Macédoine

**Mäzen** [mɛ'tse:n] *m* (*-s*; *-e*), **~in** *f* (-; *-nen*) mécène *m*

**MdB** *m abr* ***Mitglied des Bundestages*** membre *m* du Bundestag

**m. E.** *abr* ***meines Erachtens*** à mon avis

**Mechan|ik** [me'ça:nik] *f* (-; *sans pl*) mécanique *f*; **~iker** *m* (*-s*; -), **~ikerin** *f* (-; *-nen*) mécanicien *m*; **2isch** mécanique; *gedankenlos* machinal; **2isieren** [-ni'zi:rən] (*pas de -ge-, h*) mécaniser; **~i'sierung** *f* (-; *-en*) mécanisation *f*; **~ismus** [-'nismus] *m* (-; *Mechanismen*) mécanisme *m*

**Mecklenburg-Vorpommern** ['me:klənburk'fo:rpɔmərn] *n* le Mecklem-

bourg–Poméranie occidentale
**Medaille** [me'daljə] *f* -; *-n* médaille *f*
**Medikament** [medika'mɛnt] *n* (-[*e*]*s*; *-e*) médicament m
**meditieren** [medi'tiːrən] (*pas de -ge-, h*) méditer (***über*** sur)
**Medium** ['meːdjum] *n* (*-s*; *Medien*) *zur Information* média *m*; *phys* milieu *m*
**Medizin** [medi'tsiːn] *f* (-; *-en*) médecine *f*; *Arznei* remède *m*; **≈isch** médical; ***~-technische Assistentin*** *f* laborantine *f*
**Meer** [meːr] *n* (-[*e*]*s*; *-e*) mer *f*; **'~blick** *m* vue *f* sur la mer; **'~enge** *f* détroit *m*
**Meeres|früchte** ['meːrəs-] *cuis f/pl* fruits *m/pl* de mer; **'~spiegel** *m* niveau *m* de la mer
**'Meer|rettich** *bot m* raifort *m*; **'~schweinchen** *zo n* cobaye *m*; **'~wasser** *n* eau *f* de mer
**Mehl** [meːl] *n* (-[*e*]*s*; *-e*) farine *f*; **'≈ig** farineux; **'~speise** *östr f* entremets *m*
**mehr** [meːr] plus, davantage; ***noch ~*** encore plus; ***immer ~*** de plus en plus; ***~ oder weniger*** plus ou moins; ***nicht ~*** ne … plus; ***~ als*** plus que; *vor Zahl* plus de; **'≈arbeit** *f* travail *m* supplémentaire; **'≈aufwand** *m* surcroît *m* de dépenses; **'~deutig** ambigu, équivoque; **'≈einnahme** *f* excédent *m* de recettes; **'~ere** plusieurs; **'~fach** multiple; *wiederholt* réitéré; *adv* à différentes reprises; **'≈heit** *f* (-; *-en*) majorité *f*; **'≈heitswahl** *f*, **'≈heitswahlrecht** *n* scrutin *m* majoritaire; **'≈kosten** *pl* frais *m/pl* supplémentaires; **'~mals** plusieurs fois; **'≈parteiensystem** *n* système *m* pluripartite; **'≈wert** *m* plus-value *f*; **'≈wertsteuer** *f* taxe *f* à la valeur ajoutée (*abr* T.V.A.); **'≈zahl** *gr f* pluriel *m*; ***die ~ der Leute*** la plupart des gens (+ *Verb im pl*); **'≈zweck...** *in Zssgn* à usages multiples; **'≈zweckhalle** *f* salle *f* polyvalente
**meiden** ['maidən] (*mied, gemieden, h*) éviter
**Meile** ['mailə] *f* (-; *-n*) mille *m*; *hist* lieue *f*
**mein** [main] mon, ma, *pl* mes; ***das ist der, die, das ≈e*** c'est le mien, la mienne
**Meineid** ['mainʔait] *jur m* parjure *m*, faux serment *m*
**meinen** ['mainən] (*h*) être d'avis; *glauben* croire; *denken* penser; *sagen wollen* vouloir dire; ***wie ~ Sie das?*** qu'est-ce que vous entendez par là?; ***ich habe es nicht so gemeint*** ce n'est pas là ma pensée
**'mein|erseits** de mon côté, de ma part; **~etwegen** ['mainət-] à cause de moi; pour moi; quant à moi; ***~!*** soit!, je le veux bien; **'~ige**: ***der, die, das ≈*** le mien, la mienne
**'Meinung** *f* (-; *-en*) opinion *f*; avis *m*; ***meiner ~ nach*** à mon avis; ***der ~ sein, dass …*** être d'avis que …; ***seine ~ ändern*** changer d'avis; ***ich bin ganz Ihrer ~*** je suis entièrement de votre avis; ***j-m seine ~ sagen*** dire sa façon de penser à qn
**'Meinungs|austausch** *m* échange *m* de vues; **'~forschung** *f* sondage *m* d'opinion; **'~freiheit** *f* liberté *f* d'opinion; **'~umfrage** *f* sondage *m* d'opinion; **'~verschiedenheit** *f* divergence *f* de vues, désaccord *m*
**Meise** ['maizə] *zo f* (-; *-n*) mésange *f*
**meist** [maist] la plupart de; le plus de; (***die***) ***~***(***e Zeit***) la plupart du temps; ***die ~e Arbeit*** le plus grand travail; ***die ~en*** (***Arbeiter***) la plupart (des ouvriers); ***am ~en*** le plus; **'≈begünstigungsklausel** *f* clause *f* de la nation la plus favorisée; **~bietend** ['-biːtənt] le plus offrant; **~ens** ['-əns] le plus souvent, la plupart du temps, généralement
**Meister** ['maistər] *m* (*-s*; -), **'~in** *f* (-; *-nen*) maître *m*, -sse *f*; *Sport* champion *m*, -ne *f*; **'~schaft** *f* (-; *-en*) maîtrise *f*; *Sport* championnat *m*; **'~stück** *n*, **'~werk** *n* chef-d'œuvre *m*
**Mekka** ['mɛka] *n* La Mecque
**Melde|behörde** ['mɛldə-] *f* bureau *m* des déclarations; **'≈n** (*h*) annoncer, rapporter, déclarer, signaler; ***sich ~*** se présenter (***bei*** chez); *brieflich* donner signe de vie; *tél* répondre; ***sich zu Wort ~*** demander la parole; **'~pflicht** *f* déclaration *f* obligatoire
**Meldung** ['mɛlduŋ] *f* (-; *-en*) annonce *f*, rapport *m*, déclaration *f*; *Nachricht* information *f*; *An≈* inscription *f*
**melken** ['mɛlkən] (*melkte/molk, gemelkt/gemolken, h*) traire
**Melod|ie** [melo'diː] *f* (-; *-n*) mélodie *f*; **≈isch** [-'loːdiʃ] mélodieux

**Melone** [me'loːnə] *bot f* (-; -*n*) melon *m*
**Memel** ['meːməl] ***die*** **~** *Fluss* le Niémen
**Memoiren** [memo'aːrən] *pl* mémoires *m/pl*
**Menge** ['mɛŋə] *f* (-; -*n*) quantité *f*; *große* multitude *f*; *Menschen*♀ foule *f*; *math* ensemble *m*; F ***e-e Menge …*** beaucoup de, F pas mal de, un tas de; '**~nlehre** *math f* théorie *f* des ensembles; '**~nrabatt** *m* rabais *m* de quantité
**Menorca** [me'nɔrka] *n* Minorque
**Mensch** [mɛnʃ] *m* (-*en*; -*en*) homme; être *m* humain; ***~en*** *pl a* gens *m/pl*; ***kein ~*** personne (+ ne)
'**Menschen|alter** *n* génération *f*; '**~handel** *m* traite *f* des esclaves; '**~hass** *m* misanthropie *f*; '**~kenntnis** *f* ***~ haben*** être bon psychologue; '**~leben** *n* vie *f* humaine; '**♀leer** désert; '**~liebe** *f* philanthropie *f*; '**~menge** *f* foule *f*; '**~rechte** *n/pl* droits *m/pl* de l'homme; '**♀scheu** farouche; '**♀unwürdig** indigne d'un être humain, dégradant; '**~verstand** *m* ***gesunder ~*** bon sens *m*, sens *m* commun; '**~würde** *f* dignité *f* humaine
'**Mensch|heit** *f* (-; *sans pl*) humanité *f*, genre *m* humain; '**♀lich** humain; '**~lichkeit** *f* (-; *sans pl*) humanité *f*
**Mentalität** [mɛntali'tɛːt] *f* (-; -*en*) mentalité *f*
**Menü** [me'nyː] *n* (-*s*; -*s*) menu *m*
**Meridian** [meri'djaːn] *m* (-*s*; -*e*) méridien *m*
**Merkblatt** ['mɛrk-] notice *f*
**merk|en** ['mɛrkən] (*h*) remarquer, s'apercevoir de; ***sich etw ~*** retenir qc; '**~lich** sensible; *sichtlich* visible; '**♀mal** ['-maːl] *n* (-[*e*]*s*; -*e*) marque *f*, signe *m*; *Anzeichen* indice *m*; *Eigenart* caractéristique *f*; '**~würdig** étrange, curieux, bizarre; '**~würdigerweise** curieusement
**messbar** ['mɛsbaːr] mesurable
**Messe** ['mɛsə] *f* (-; -*n*) *rel* messe *f*; *Ausstellung* foire *f*, exposition *f*, salon *f*; '**~gelände** *n* terrain *m* de foire; '**♀n** (*maß*, *gemessen*, *h*) mesurer; ***sich mit j-m ~*** se mesurer avec *od* à qn; '**~neuheit** *f* nouveauté *f* de la foire
**Messer** ['mɛsər] *n* (-*s*; -) couteau *m*; ***auf des ~s Schneide stehen*** ne tenir qu'à un fil; '**~stich** *m* coup *m* de couteau
'**Messestand** *m* stand *m*
**Messing** ['mɛsiŋ] *n* (-*s*; *sans pl*) laiton *m*, cuivre *m* jaune
'**Messinstrument** *n* instrument *m* de mesure
**Messung** ['mɛsuŋ] *f* (-; -*en*) mesurage *m*
**Metall** [me'tal] *n* (-*s*; -*e*) métal *m*; ***~ verarbeitend*** métallurgique; **~arbeiter** *m* ouvrier *m* métallurgiste, métallo *m* F; **~industrie** *f* industrie *f* métallurgique; **♀isch** métallique; **~waren** *f/pl* objets *m/pl* en métal
**Meteor** [mete'oːr] *m* (-*s*; -*e*) météore *m*, météorite *f*; **~ologe** [-oro'loːgə] *m* (-*n*; -*n*) météorologiste *m*; **~ologie** [-orolo'giː] *f* (-; *sans pl*) météorologie *f*
**Meter** ['meːtər] *n od m* (-*s*; -) mètre *m*; '**~maß** *n* mètre *m*
**Method|e** [me'toːdə] *f* (-; -*n*) méthode *f*; **♀isch** méthodique
**metrisch** ['metriʃ] métrique; ***~es Maßsystem*** système *m* métrique
**Metro** ['meːtro] *f* métro *m*; **~pole** [-'poːlə] *f* (-; -*n*) métropole *f*
**Metzger** ['mɛtsgər] *m* (-*s*; -) boucher *m*; **~ei** [-'rai] *f* (-; -*en*) boucherie *f*
**Meuter|ei** [mɔʏtə'rai] *f* (-; -*en*) mutinerie *f*; '**~er** *m* (-*s*; -) mutiné *m*, mutin *m*; '**♀n** (*h*) se mutiner (***gegen*** contre)
**Mexikan|er** [mɛksi'kaːnər] *m* (-*s*; -), **~erin** *f* (-; -*nen*) Mexicain *m*, -e *f*; **♀isch** mexicain
**Mexiko** ['mɛksiko] (-*s*; *sans pl*) *Land* le Mexique; *Stadt* Mexico
**MEZ** *f* heure *f* de l'Europe centrale
**mg** *abr* ***Milligramm*** milligramme *m*
**MG** *n abr* ***Maschinengewehr*** mitrailleuse *f*
**mich** [miç] me (*vor Vokal* m'); moi
**Miene** ['miːnə] *f* (-; -*n*) air *m*, mine *f*
**mies** [miːs] mauvais; F moche; '**♀macher** ['-maxər] *m* (-*s*; -) défaitiste *m*, pessimiste *m*
'**Mietdauer** *f* durée *f* du bail
**Miete** ['miːtə] *f* (-; -*n*) location *f*; *Preis* loyer *m*, (prix *m* de) location *f*
'**mieten** (*h*) louer
'**Miet|er** *m* (-*s*; -), '**~erin** *f* (-; -*nen*) locataire *m*, *f*; '**~kauf** *m* location-vente *f*; '**~preis** *m* loyer *m*; '**~shaus** *n* maison *f* de rapport; '**~vertrag** *m* contrat *m* de location; '**~wagen** *m* voiture *f* de louage; '**~wohnung** *f* appartement *m* loué

**Migräne** [mi'grɛːnə] *méd f* (-; *-n*) migraine *f*
**Mikro|chip** ['mikrotʃip] *m* (*-s*; *-s*) puce *f*; '**~computer** *m* micro-ordinateur *m*; '**~elektronik** *f* micro-électronique *f*; '**~faser** *f* microfibre *f*; '**~film** *m* microfilm *m*; **~fon**, **~phon** [-'foːn] *n* (*-s*; *-e*) microphone *m*, F micro *m*; **~skop** [-'skoːp] *n* (*-s*; *-e*) microscope *m*; **≈'skopisch** microscopique; '**~welle** *f* micro-onde *f*; '**~wellenherd** *m* four *m* à micro-ondes
**Milch** [milç] *f* (-; *sans pl*) lait *m*; '**~flasche** *f* bouteille *f* à lait; *Baby≈* biberon *m*; '**~kaffee** *m* café *m* au lait; *im Café* café *m* crème; '**~mixgetränk** *n* milk-shake *m*; '**~produkte** *n/pl* produits *m/pl* laitiers; '**~pulver** *n* lait *m* en poudre; '**~straße** *astr f* Voie *f* lactée, galaxie *f*; '**~zahn** *m* dent *f* de lait
**mild** [milt] doux; *nachsichtig* indulgent; *Strafe* léger
**Mild|e** ['mildə] *f* (-; *sans pl*) douceur *f*, indulgence *f*; '**≈ern** ['mildərn] (*h*) adoucir; '**≈ernd** *jur* ***~e Umstände*** circonstances atténuantes; **~erung** *f* (-; *-en*) adoucissement *m*
**Milieu** [mil'jøː] *n* (*-s*; *-s*) milieu *m* (social)
**Militär** [mili'tɛːr] *n* (*-s*; *sans pl*) troupes *f/pl*, armée *f*; **~dienst** *m* service *m* militaire; **~diktatur** *f* dictature *f* militaire; **≈isch** militaire
**Militaris|mus** [milita'rismus] *m* (-; *sans pl*) militarisme *m*; **≈tisch** militariste
**Milliarde** [mil'jardə] *f* (-; *-n*) milliard *m*
**Millimeter** [mili'-] *n od m* (*-s*; -) millimètre *m*
**Million** [mil'joːn] *f* (-; *-en*) million *m*; **~är** [-o'nɛːr] *m* (*-s*; *-e*), **~'ärin** *f* (-; *-nen*) millionnaire *m*, *f*
**Milz** [milts] *f* (-; *-en*) rate *f*
**Mimik** ['miːmik] *f* (-; *sans pl*) mimique *f*
**Min.** *abr* ***Minute*** minute
'**minder** [mindər] moindre; *weniger wert* inférieur; *adv* moins; '**≈einnahme** *f* moins-perçu *m*; '**≈heit** *f* (-; *-en*) minorité *f*; '**≈heitsregierung** *f* gouvernement *m* minoritaire; '**~jährig** ['-jɛːriç] mineur; **≈jährige** ['-jɛːrigə] *m*, *f* (*-n*; *-n*) mineur *m*, -e *f*
'**minder|n** (*h*) diminuer, amoindrir; '**≈ung** *f* (-; *-en*) diminution *f*; '**~wertig** d'une valeur *od* qualité inférieure; '**≈wertigkeitskomplex** *psych m* complexe *m* d'infériorité
**mindest** ['mindəst] le *od* la moindre; ***nicht das ≈e*** pas la moindre chose; ***nicht im ≈en*** pas le moins du monde; '**≈alter** *n* âge *m* minimum; '**≈betrag** *m* minimum *m*; '**~ens** au moins; '**≈gebot** *n* enchère *f* minimum; '**≈haltbarkeitsdatum** *n* date *f* limite de conservation; '**≈lohn** *m* salaire *m* minimum; '**≈maß** *n* minimum *m* (***an*** de)
**Mine** ['miːnə] *f* (-; *-n*) mine *f*
**Mineral** [minə'raːl] *m* (*-s*; *-e*, *-ien*) minéral *m*; **≈isch** minéral; **~öl** *n* huile *f* minérale; **~wasser** *n* eau *f* minérale
**Mini|golf** ['mini-] *n* golf *m* miniature; '**~job** [-dʒɔp] *m* F mini-job *m*
**minim|al** [mini'maːl] minime; '**≈um** ['-mum] *n* (*-s*; *Minima*) minimum *m*
**Minister** [mi'nistər] *m* (*-s*; -) ministre *m*
**Ministerium** [mini'steːrjum] *n* (*-s*; *Ministerien*) ministère *m*
**Mi'nister|präsident** *m* président *m* du Conseil (des ministres), Premier ministre *m*; **~rat** *m* Conseil *m* des ministres
**minus** ['miːnus] **1.** moins; **2.** '**≈** *n* (-; -) *Fehlbetrag* déficit *m*; *Nachteil* désavantage *m*; '**≈betrag** *m* déficit *m*; '**≈pol** *m* pôle *m* négatif; '**≈zeichen** *n* signe *m* moins
**Minute** [mi'nuːtə] *f* (-; *-n*) minute *f*; **~nzeiger** *m* aiguille *f* des minutes, grande aiguille *f*
**Mio.** *abr* ***Millionen*** millions
**mir** [miːr] me (*vor Vokal m'*); moi, à moi
'**Misch|batterie** *f* robinets *m/pl* mitigeurs; '**~brot** *n* pain *m* bis; '**≈en** (*h*) (***sich ~*** se) mêler, mélanger; '**~gemüse** *n* macédoine *f* de légumes; '**~ling** ['-liŋ] *m* (*-s*; *-e*) métis *m*, -se *f*; '**~pult** *n* pupitre *m* de mixage; '**~ung** *f* (-; *en*) mélange *m*
**miserabel** [mize'raːbəl] F minable; ***ich fühle mich ~*** je me sens mal en point
**miss|achten** [mis'-] (*pas de -ge-*, *h*) *Vorfahrt etc* ne pas respecter; *verachten* dédaigner; '**≈achtung** *f Nichtbeachtung* nonrespect *m*; *Verachtung* dédain *m*; **~'billigen** (*pas de -ge-*, *h*) désapprouver; '**≈billigung** *f* désapprobation *f*; '**≈brauch** *m* abus *m*; **~'brauchen** (*pas de -ge-*, *h*) abuser de; '**~bräuchlich** abusif

'**Miss|erfolg** *m* échec *m*; '**~ernte** *f* mauvaise récolte *f*
**miss|'fallen** (*irr*, *pas de -ge-*, *h*, → ***fallen***) ***j-m ~*** déplaire à qn; '**2fallen** *n* (*-s*; *sans pl*) déplaisir *m*; '**2geburt** *f* monstre *m*; '**2geschick** *n* infortune *f*, malchance *f*, adversité *f*; **~'glücken** (*pas de -ge-*, *sn*) ne pas réussir, échouer; '**2griff** *m* erreur *f*, méprise *f*; '**~günstig** jaloux; **~'handeln** (*pas de -ge-*, *h*) maltraiter; **2'handlungen** *f/pl* mauvais traitements *m/pl*, sévices *m/pl*
**Mission** [mis'jo:n] *f* (-; *-en*) *Auftrag* mission *f*; *rel* missions *f/pl*; **~ar** [-o'na:r] *m* (*-s*; *-e*) missionnaire *m*
'**Miss|kredit** *m* discrédit *m*; ***in ~ bringen*** discréditer; '**2lich** fâcheux; **2lingen** [-'liŋən] (*misslang*, *misslungen*, *sn*) ne pas réussir, échouer, rater; '**~stand** *m* abus *m*; **2'trauen** (*pas de -ge-*, *h*) se méfier de; '**~trauen** *n* (*-s*; *sans pl*) méfiance *f* (***gegenüber*** à l'égard de); '**~trauensvotum** *n* (*-s*, *Misstrauensvoten*) vote *m* de défiance; '**2trauisch** méfiant; '**~verhältnis** *n* disproportion *f*; '**~verständnis** *n* malentendu *m*; '**2verstehen** (*missverstand*, *missverstanden*, *h*) mal entendre *od* comprendre; '**~wirtschaft** *f* mauvaise gérance *f*
**Mist** [mist] *m* (*-[e]s*; *sans pl*) fumier *m*; F *fig Quatsch* bêtises *f/pl*; *Schund* F saloperie *f*
**Mistel** ['mistəl] *bot f* (-; *-n*) gui *m*
**mit** [mit] **1.** *prép* avec; ***~ Gewalt*** par la force; ***~ Absicht*** intentionnellement; ***~ dem Auto*** en voiture; ***~ 20 Jahren*** à 20 ans; ***~ 100 Stundenkilometern*** à 100 à l'heure; ***~ einem Mal*** tout à coup; ***~ lauter Stimme*** à haute voix; **2.** *adv* ***~ der Grund dafür, dass …*** une des raisons pour laquelle …; ***~ der Beste*** parmi les meilleurs; ***~ dabei sein*** y assister; ***~ anfassen*** prêter la main
'**Mit|arbeit** *f* (-; *sans pl*) coopération *f*, collaboration *f*; '**2arbeiten** (*sép*, *-ge-*, *h*) coopérer, collaborer (***an*** à); '**~arbeiter** *m*, '**~arbeiterin** *f* collaborateur *m*, -trice *f*; '**~arbeiterstab** *m* équipe *f* de collaborateurs; '**~bestimmung** *f* (-; *sans pl*) cogestion *f*, participation *f*; '**2bringen** (*irr*, *sép*, *-ge-*, *h*; → ***bringen***) amener; *Sache* apporter; '**~bringsel** ['-briŋzəl] *n* (*-s*; -) petit cadeau *m*; souvenir *m* de voyage; '**~bürger** *m*, '**~bürgerin** *f* concitoyen *m*; -ne *f*; '**~eigentümer** *m*, '**~eigentümerin** *f* copropriétaire *m*, *f*; '**2einander** ensemble; '**2erleben** (*sép*, *pas de -ge-*, *h*) assister à; *Krieg etc* vivre; '**~gefühl** *n* compassion *f*; '**2gehen** (*irr*, *sép*, *-ge-*, *sn*, → ***gehen***) ***mit j-m ~*** aller avec qn, accompagner qn
'**Mitglied** *n* membre *m*; '**~sausweis** *m* carte *f* de membre; '**~sbeitrag** *m* cotisation *f*; '**~sland** *n* pays *m* membre; '**~schaft** *f* (-; *-en*) affiliation *f*
'**mit|haben** (*irr*, *sép*, *-ge-*, *h*, → ***haben***) ***ich habe kein Geld mit*** je n'ai pas d'argent sur moi; '**2hilfe** *f* (-; *sans pl*) assistance *f*, aide *f*; *péj* complicité *f*; '**~hören** (*sép*, *-ge-*, *h*) écouter; *zufällig* surprendre une conversation; '**2läufer** *pol m* sympathisant *m*
'**Mitleid** *n* (*-[e]s*; *sans pl*) pitié *f*; '**~enschaft** *f* ***in ~ gezogen werden*** être affecté également par; avoir à subir les suites fâcheuses de; **2ig** ['-laidiç] plein de pitié, compatissant; **2slos** ['-ts-] sans pitié
'**mit|machen** (*sép*, *-ge-*, *h*) prendre part à, suivre; *erleben* vivre, voir; '**2mensch** *m* prochain *m*; '**~nehmen** (*irr*, *sép*, *-ge-*, *h*, → ***nehmen***) emmener; *Sache* emporter; '**~reden** (*sép*, *-ge-*, *h*) prendre part à la conversation; ***mitzureden haben*** avoir son mot à dire, avoir voix au chapitre; '**2reisende** *m* (*-n*; *-n*) compagnon *m* de voyage; '**~schneiden** (*irr*, *sép*, *-ge-*, *h*, → ***schneiden***) *Radio*, *TV* enregistrer; '**2schuld** *f* (-; *sans pl*) complicité *f*; '**~schuldig** complice (***an*** de); '**2schüler** *m*, '**~schülerin** *f* camarade *m*, *f* de classe; '**~spielen** (*sép*, *-ge-*, *h*) prendre part au jeu; *fig* F ***ich spiele nicht mehr mit!*** j'en ai marre!; '**2spracherecht** *n* (*-[e]s*; *sans pl*) droit *m* d'intervention
**Mittag** ['mita:k] *m* (*-[e]s*; *-e*) midi *m*; ***heute ~*** ce midi; ***morgen ~*** demain (à) midi; **(*zu*) *~ essen*** déjeuner; '**~essen** *n* déjeuner *m*, repas *m* de midi
'**mittags** à midi; '**2schlaf** *m* sieste *f*
**Mitte** ['mitə] *f* (-; *-n*) milieu *m*; centre *m*; ***~ März*** à la mi-mars; ***~ dreißig*** au milieu de la trentaine

**'mitteil|en** (*sép*, *-ge-*, *h*) communiquer, faire savoir; **'2ung** *f* (-; *-en*) communication *f*, message *m*, information *f*

**Mittel** ['mitəl] *n* (*-s*; -) moyen *m*; *Heil2* remède *m*; *Reinigungs2 etc* produit *m*; *math* moyenne *f*; *pl Geld2* moyens *m/pl*, ressources *f/pl*; **'~alter** *n* Moyen Âge *m*; **'2alterlich** médiéval, moyenâgeux; **'~amerika** *n* l'Amérique *f* centrale; **'~ding** *n* chose *f* intermédiaire (***zwischen*** entre); **'~finger** *m* majeur *m*; **'2fristig** à moyen terme; **'~klasse** *f auto etc catégorie f moyenne*; **'2los** sans ressources; **'2mäßig** moyen, médiocre; **'~mäßigkeit** *f* (-; *sans pl*) médiocrité *f*; **'~meer** *n* (*-s*; *sans pl*) Méditerranée *f*; **'~meerländer** *m/pl* pays *m/pl* méditerranéens; **'~punkt** *m* centre *m*

**'mittels** *prép* (*gén*) moyennant

**'Mittel|smann** *m* intermédiaire *m*, *f*; **'~stand** *m* classe *f* moyenne; **'~streckenrakete** *mil f* missile *m* à moyenne portée; **'~streifen** *m Straße* ligne *f* médiane; *Autobahn* bande *f* médiane; **'~weg** *m* ***der goldene ~*** le juste milieu; **'~welle** *f Radio* ondes *f/pl* moyennes, petites ondes *f/pl*

**mitten** ['mitən] ***~ in, ~ auf, ~ unter*** au milieu de; ***~ im Sommer*** (***Winter***) en plein été (hiver); ***~ in Paris*** en plein Paris; **'~drin** F en plein milieu, au beau milieu

**Mitternacht** ['mitər-] *f* minuit *m*

**Mittler** ['mitlər] *m* (*-s*; -), **'~in** *f* (-; *-nen*) médiateur *m*, -trice *f*

**'mittler|e** du milieu; *durchschnittlich* moyen; ***der 2e Osten*** le Moyen-Orient; **'~weile** en attendant

**Mittwoch** ['mitvɔx] *m* (-[*e*]*s*; *-e*) mercredi *m*

**'mit|verantwortlich** coresponsable; **'2verantwortung** *f* coresponsabilité *f*; **'~wirken** (*sép*, *-ge-*, *h*) coopérer (***bei*** à), prendre part (***bei*** à); **'2wirkung** *f* coopération *f*, participation *f*; **'2wisser** ['-visər] *m* (*-s*; -), **'2wisserin** *f* (-; *-nen*) complice *m*, *f*; confident *m*, -e *f*

**mix|en** ['miksən] (*h*) mélanger; **'2er** *m* (*-s*; -) *Gerät* mixe(u)r *m*; **'2getränk** *n* cocktail *m*

**mm** *abr* ***Millimeter*** millimètre

**Mobbing** ['mɔbiŋ] *n* (*-s*; *sans pl*) harcèlement *m*; mobbing *m*

**Möbel** ['møːbəl] *n* (*-s*; -), **'~stück** *n* meuble *m*; **'~wagen** *m* camion *m* de déménagement

**mobil** [mo'biːl] *beweglich* mobile; *rüstig* alerte; **2funknetz** *n* réseau *m* de radiotéléphonie

**Mobiliar** [mobil'jaːr] *n* (*-s*; *sans pl*) mobilier *m*

**mobilisieren** [mobili'ziːrən] (*pas de -ge-*, *h*) mobiliser

**möbl.** *abr* ***möbliert*** meublé

**möblieren** [mø'bliːrən] (*pas de -ge-*, *h*) meubler; ***möbliertes Zimmer*** chambre *f* meublée

**Mode** ['moːdə] *f* mode *f*; ***die neueste ~*** la derniere mode, le dernier cri; ***mit der ~ gehen*** suivre la mode; ***in ~ kommen*** venir en vogue; **'~artikel** *m* article *m* de mode; **'~geschäft** *n* magasin *m* de mode

**Modell** [mo'dɛl] *n* (*-s*; e) modèle *m*, *verkleinertes* maquette *f*; ***~ stehen od sitzen*** poser comme modèle; **~bau** *m* construction *f* de modèles réduits; **~eisenbahn** *f* modèle *m* réduit de chemin de fer; **2'ieren** (*pas de -ge-*, *h*) modeler

**Modem** ['moːdɛm] *n* (*-s*; *-s*) *EDV* modem *m*

**'Modemacher** *m* couturier *m*

**'Modenschau** *f* présentation *f* des collections, défile *m* de mode

**Moderator** [mode'raːtɔr] *m* (*-s*; *-en*), **~in** *f* [-a'toːrin] *f* (-; *-nen*) *TV* présentateur *m*, -trice *f*

**moderieren** [mode'riːrən] (*pas de -ge-*, *h*) *TV* présenter

**modern** [mo'dɛrn] moderne, à la mode; **~isieren** [-i'ziːrən] (*pas de -ge-*, *h*) moderniser, mettre au goût du jour

**'Mode|schmuck** *m* bijoux *m/pl* fantaisie; **'~schöpfer** *m* couturier *m*; **'~zeitschrift** *f* revue f de mode

**modisch** ['moːdiʃ] à la mode

**Modul** [mo'duːl] *tech n* (*-s*; *-n*) module *m*; **~bauweise** *f* construction *f* modulaire

**Modus** ['modus] *m* (-; *Modi*) mode *m*

**Mofa** ['moːfa] *n* (*-s*; *-s*) cyclomoteur *m*

**mögen** ['møːgən] (*mochte*, *gemocht*, *h*) aimer; ***es mag sein*** c'est possible, cela se peut; ***ich möchte*** je voudrais (***etw*** qc, ***etw tun*** faire qc, ***dass …*** que + *subj*); ***ich möchte gern*** j'aimerais bien

**möglich** ['møːkliç] possible; ***alle ~en*** toutes sortes de; ***sein ≈stes tun*** faire tout son possible; ***nicht ~!*** pas possible!; ***so bald wie ~*** aussitôt que possible, le plus tôt possible; **'~erweise** peut-être; **'≈keit** *f* (-; *-en*) possibilité *f*; ***nach ~*** si possible; **'~st** ***~ schnell*** le plus vite possible

**Mohammedan|er** [mohame'daːnər]*m* (*-s*; -), **~erin** *f* (-; *-nen*) *neg* musulman *m*, -e *f*; **≈isch** *neg* musulman

**Mohn** [moːn] *bot m* (-[*e*]*s*; *-e*) pavot *m*

**Möhre** ['møːrə] *bot f* (-; *-n*) carotte *f*

**Moldau** ['mɔldaʊ] ***die ~*** la Vltava

**Mole** ['moːlə] *f* (-; *-n*) môle *m*

**Molekül** [mole'kyːl] *n* (*-s*; *-e*) molécule *f*

**Molkerei** [mɔlkə'rai] *f* (-; *-en*) laiterie *f*

**Moll** [mɔl] *mus n* (-; -) mineur; ***a-Moll*** la mineur

**mollig** ['mɔliç] *warm* agréable, chaud; *dicklich* potelé, grassouillet

**Moment** [mo'mɛnt] *m* (-[*e*]*s*; *-e*) moment *m*, instant *m*; ***im ~*** actuellement; ***~ bitte!*** un instant, s'il vous plaît; **≈an** [-'taːn] momentané; *adv* pour le moment

**Monaco** [mo'nako, 'moːnako] *n* Monaco

**Monarch** [mo'narç] *m* (*-en*; *-en*) monarque *m*, souverain *m*, -e *f*; **~'ie** *f* (-; *-en*) monarchie *f*

**Monat** ['moːnat] *m* (-[*e*]*s*; *-e*) mois *m*; **'≈lich** mensuel; *adv* tous les mois; **'~seinkommen** *n* revenu *m* mensuel; **'~skarte** *f* carte *f* mensuelle; **'~srate** *f* mensualité *f*

**Mönch** [mœnç] *m* (-[*e*]*s*; *-e*) moine *m*

**Mond** [moːnt] *m* (-[*e*]*s*; *-e*) lune *f*; **'~finsternis** *f* éclipse *f* de lune; **'~landefähre** *f* module *m* lunaire; **'~landung** *f* débarquement *m od atterrissage m sur la lune*; **'~schein** *m* (-[*e*]*s*; *sans pl*) clair *m* de lune; **'≈süchtig** somnambule

**monetär** [mone'tɛːr] monétaire

**Mongolei** [mɔŋgo'laɪ] ***die ~*** la Mongolie

**Monitor** ['moːnitɔr] *m* (*-s*; *-en* [-'toːrən]) *TV*, *Computer* moniteur *m*

**Monolog** [mono'loːk] *m* (*-s*; *-e*) monologue *m*

**Monopol** [mono'poːl] *n* (*-s*; *-e*) monopole *m*; **≈isieren** [-oli'ziːrən] (*pas de -ge-*, *h*) monopoliser

**monoton** [mono'toːn] monotone; **≈'ie** (-; *-n*) monotonie *f*

**Monster** ['mɔnstər] *n* (*-s*; -) monstre *m*

**Montag** ['moːn-] *m* lundi *m*

**Montage** [mɔn'taːʒə] *f* (-; *-n*) montage *m*, assemblage *m*; **~band** *n* chaîne *f* de montage

**Montan|industrie** [mɔn'taːn-] *f* industrie *f* minière et métallurgique; **~union** *f* Communauté *f* Européenne du Charbon et de l'Acier

**Montenegro** [mɔntə'neːgro] *n* le Monténégro

**Monteur** [mɔn'tøːr] *m* (*-s*; *-e*) monteur *m*

**montieren** [mɔn'tiːrən] (*pas de -ge-*, *h*) monter

**Moor** *n* marais *m*

**Moos** [moːs] *bot n* (*-es*; *-e*) mousse *f*

**Moped** ['moːpɛt] *n* (*-s*; *-s*) mobylette *f*

**Moral** [mo'raːl] *f* (-; *sans pl*) morale *f*; *a e-r Fabel* moralité *f*; *seelische Verfassung* moral *m*; **≈isch** moral

**Morast** [mo'rast] *m* (-[*e*]*s*; *-e*) bourbe *f*

**Mord** [mɔrt] *m* (-[*e*]*s*; *-e*) meurtre *m*, assassinat *m*

**Mörder** ['mœrdər] *m* (*-s*; -), **'~in** *f* (-; *-nen*) meurtrier *m*, -ière *f*, assassin *m*

**'Mordkommission** *f* police *f* judiciaire

**Mords|angst** ['mɔrts-] *f* F ***e-e ~ haben*** avoir une peur bleue; **'~glück** F *n* chance *f* inouïe; **'~kerl** *m* F fameux gaillard *m*, as *m*

**'Mord|verdacht** *m* ***unter ~ stehen*** être soupçonné de meurtre; **'~versuch** *m* tentative *f* de meurtre

**morgen** ['mɔrgən] demain; ***~ Abend*** demain soir; ***~ früh*** demain matin; ***~ um diese Zeit*** demain même heure

**'Morgen** *m* (*-s*; -) matin *m*; *~zeit* matinée *f*; ***guten ~!*** bonjour!; ***am nächsten ~*** le lendemain matin; ***heute ~*** ce matin; ***gestern ~*** hier matin; **'~gymnastik** *f* ***seine ~ machen*** faire sa gymnastique matinale; **'~land** *n* Levant *m*; Orient *m*; **'~rock** *m* peignoir *m*; **'~röte** *f* aurore *f*

**'morgens** le matin; ***um fünf Uhr ~*** à cinq heures du matin; ***von ~ bis abends*** du matin au soir

**morgig** ['mɔrgiç] de demain

**Morphium** ['mɔrfium] *n* (*-s*; *sans pl*) morphine *f*

**morsch** [mɔrʃ] pourri, vermoulu

**'Morse|alphabet** ['mɔrzə-] *n* alphabet *m* morse; **'~zeichen** *n* signal *m od caractère m morse*
**Mörtel** ['mœrtəl] *m* (*-s*; -) mortier *m*
**Mosaik** [moza'iːk] *n* (*-s*; *-en*) mosaïque *f*
**Moschee** [mɔ'ʃeː] *f* (-; *-n*) mosquée *f*
**Mosel** ['moːzəl] ***die ~*** la Moselle
**Moskau** ['mɔskau] *n* Moscou; **'~er** *m* (*-s*; -), **'~erin** *f* (-; *-nen*) Moscovite *m, f*
**Moskito** [mɔs'kiːto] *m* moustique *m*; **~netz** *n* moustiquaire *f*
**Moslem** ['mɔsləm] *m* (*-s*; *-s*) musulman *m*
**Motel** ['moːtəl] *n* (*-s*; *-s*) motel *m*
**Motiv** [mo'tiːf] *n* (*-s*; *-e*) motif *m*; *Beweggrund* mobile *m*; **~ation** [-va-'tsjoːn] *f* (-; *-en*) motivation *f*; **≗ieren** [-'viːrən] (*pas de -ge-*, *h*) motiver
**Motor** ['moːtɔr] *m* (*-s*; *-en* [-'toːrən]) moteur *m*; **'~boot** *n* bateau *m od canot m à moteur*; **'~haube** *f* capot *m*; **'~öl** *n* huile *f* pour moteur; **'~rad** *n* moto *f*; **'~radfahrer** *m* motocycliste *m*; **'~roller** *m* scooter *m*; **'~schaden** *m* avarie *f* de moteur
**Motte** ['mɔtə] *zo f* (-; *-n*) mite *f*
**Motto** ['mɔto] *n* (*-s*; *-s*) devise *f*
**Möwe** ['møːvə] *zo f* (-; *-n*) mouette *f*
**MP3-Player** [ɛmpeː'draipleːər] *m* (*-s*; -) *tech* baladeur *m* MP3
**Mrd.** *abr* ***Milliarde*** milliard
**mtl.** *abr* ***monatlich*** mensuel(lement)
**Mücke** ['mykə] *zo f* (-; *-n*) moucheron *m*; *Stech≗* moustique *m*; *fig* ***aus e-r ~ e-n Elefanten machen*** faire une montagne de qc; **'~nstich** *m* piqûre *f* de moustique
**müd|e** ['myːdə] fatigué; **'≗igkeit** *f* (-; *sans pl*) fatigue *f*
**muffig** ['mufiç] ***~ riechen*** sentir le renfermé
**Mühe** ['myːə] *f* (-; *-n*) peine *f*, effort *m*; ***sich ~ geben*** se donner de la peine *od* du mal (***zu*** pour); ***der ~ wert sein*** valoir la peine; ***mit ~ und Not*** à grand-peine; **'≗los** sans peine, sans effort; **'≗voll** pénible, laborieux
**Mühle** ['myːlə] *f* (-; *-n*) moulin *m*
**Mühlhausen** [myːl'haʊzən] *n* Mulhouse
**'müh|sam**, **'~selig** pénible
**Müll** [myl] *m* (*-s*; *sans pl*) ordures *f/pl* (ménagères); **'~abfuhr** *f* enlèvement *m* des ordures; *Leute* éboueurs *m/pl*
**Mullbinde** ['mul-] *f* bande *f* de gaze
**'Müll|deponie** *f* décharge *f*; **'~eimer** *m* seau *m* à ordures, poubelle *f*
**Müller** ['mylər] *m* (*-s*; -), **'~in** *f* (-; *-nen*) meunier *m*, -ière *f*
**'Müll|fahrer** *m* éboueur *m*, F boueux *m*; **'~haufen** *m* tas *m* d'ordures; **'~schlucker** *m* vide-ordures *m*; **'~tonne** *f* poubelle *f*; **'~trennung** *f* triage *m* des déchets; **'~verbrennung** *f* incinération *f* d'ordures
**multi|...** ['multi] *in Zssgn* multi-; **'≗kulti** *m* multiculturel *m*, -le *f*; pluriculturel *m* -le *f*; **'≗kultigesellschaft** *f* société *f* multiculturelle; société *f* pluriculturelle; **'~kulturell** multiculturel; **≗media...** [-'meːdia-] *in Zssgn* multimédia; **≗media-Show** [-'meːdiaʃoː] *f* (-; *-s*) spectacle *m* multimédia; **'~national** multinational
**Multipli|kation** [-plika'tsjoːn] *math f* (-; *-en*) multiplication *f*; **≗zieren** [-'tsiːrən] (*pas de -ge-*, *h*) multiplier
**Mumie** ['muːmjə] *f* (-; *-n*) momie *f*
**München** ['mynçən] *n* Munich
**Mund** ['munt] *m* (-[*e*]*s*; *¨er*) bouche *f*; ***den ~ halten*** se taire; ***halt den ~!*** tais-toi!, (ferme) ta bouche!, F ferme ton bec!; **'~art** *f* dialecte *m*
**münden** ['myndən] (*sn*) ***~ in*** *Fluss* se jeter dans; *Straße* déboucher dans
**'Mund|geruch** *m* mauvaise haleine *f*; **'~harmonika** *f* harmonica *m*
**mündig** ['myndiç] *jur* majeur; *fig* émancipé; **'≗keit** *f* (-; *sans pl*) majorité *f*
**mündlich** ['myntliç] verbal, oral; ***~e Prüfung*** oral *m*
**M-und-S-Reifen** ['ɛmʔuntʔɛs-] *m* pneu-neige *m*
**'Mundstück** *n Zigarette* bout *m*; *mus* embouchure *f*
**'Mündung** *f* (-; *-en*) embouchure *f*
**'Mund|werk** *n* (-[*e*]*s*; *sans pl*) F *fig* langue *f*; ***ein loses ~ haben*** avoir la langue bien pendue; **'~-zu-Mund-Beatmung** *méd f* bouche-à-bouche *m*
**Munition** [muni'tsjoːn] *f* (-; *-en*) munitions *f/pl*
**munter** ['muntər] vif, éveillé; **'≗keit** *f* (-; *sans pl*) vivacité *f*
**Münz|e** ['myntsə] *f* (-; *-n*) (pièce *f* de) monnaie *f*; *Denk≗* médaille *f*; **'~fern-**

**sprecher** *m* taxiphone *m*; '**~sammlung** *f* médaillier *m*, collection *f* de pièces de monnaie; '**~tankstelle** *f* station-service *f* à monnaie

**mürbe** ['myrbə] tendre; friable

**murmel|n** ['murməln] (*h*) murmurer; '**♀tier** *zo n* marmotte *f*

**murren** ['murən] (*h*) murmurer, gronder

**mürrisch** ['myriʃ] de mauvaise humeur, morose, maussade, grincheux

**Mus** [muːs] *n* (*-es*; *-e*) marmelade *f*; *Apfel♀* compote *f*; *Kartoffel♀* purée *f*

**Muschel** ['muʃəl] *f* (-; *-n*) *Mies♀* moule *f*; *~schale* coquillage *m*; coquille *f*

**Museum** [mu'zeːum] *n* (*-s*; *Museen*) musée *m*

**Musik** [mu'ziːk] *f* (-; *sans pl*) musique *f*; **♀alisch** [-'kaːliʃ] musical; **~ *sein*** être musicien *od* doué pour la musique; **~automat** *m*, **~box** *f* juke-box *m*

**Musik|er** ['muzikər] *m* (*-s*; -), '**~erin** *f* (-; *-nen*) musicien *m*, -ne *f*; **~instrument** [mu'ziːk-] *n* instrument *m* de musique; **~kapelle** [mu'ziːk-] *f* orchestre *m*, fanfare *f*; *mil* musique *f*; **~kassette** [mu'ziːk-] *f* musicassette *f*

**musisch** ['muziʃ] sensible *od* ouvert aux arts

**musizieren** [muzi'tsiːrən] (*pas de -ge-*, *h*) faire de la musique

**Muskel** ['muskəl] *m* (*-s*; *-n*) muscle *m*; '**~kater** F *m* courbatures *f/pl*; '**~kraft** *f* force *f* musculaire; '**~zerrung** *méd f* claquage *m*

**muskulös** [musku'løːs] musclé

**Muss** [mus] *n* (-; *sans pl*) nécessité *f* absolue; F must *m*

**Muße** ['muːsə] *f* (-; *sans pl*) loisir *m*

**müssen** ['mysən] (*musste*, *müssen*, *h*) devoir; ***du musst den Film sehen*** il faut que tu voies le film; ***ich muss arbeiten*** je dois travailler, il faut que je travaille; ***sie muss krank sein*** elle doit être malade; ***sie müsste zu Hause sein*** elle devrait être chez elle; ***du hättest ihm helfen ~*** tu aurais dû l'aider

**müßig** ['myːsiç] *untätig* oisif; *nutzlos* oiseux, inutile; '**♀gang** *m* (-[*e*]*s*; *sans pl*) oisiveté *f*

**Muster** ['mustər] *n* (*-s*; -) modèle *m*; *Warenprobe* échantillon *m*; *Tapeten♀* dessin *m*; '**♀gültig** exemplaire, modèle, parfait; '**~kollektion** *f* échantillonnage *m*

**muster|n** ['mustərn] (*h*) examiner, toiser; *mil* ***gemustert werden*** passer au conseil de révision; '**♀ung** *mil f* (-; *-en*) conseil *m* de révision

**Mut** [muːt] *m* (-[*e*]*s*; *sans pl*) courage *m*; ***j-m ~ machen*** encourager qn; ***den ~ verlieren*** perdre courage

'**mut|ig** courageux; '**~los** découragé

**mutmaß|en** ['muːtmaːsən] (*h*) présumer; spéculer; '**~lich** présumé

**Mutter** ['mutər] *f* **1.** (-; ⸚) mère *f*; **2.** *tech* (-; *-n*) *Schrauben♀* écrou *m*; '**~boden** *m*, '**~erde** *f* terreau *m*

**mütterlich** ['mytərliç] maternel

'**Mutter|liebe** *f* amour *m* maternel; '**~mal** *n* envie *f*; '**~schaft** *f* (-; *sans pl*) maternité *f*; '**~schaftsurlaub** *m* congé *m* de maternité; '**~schutz** *jur m* protection *f* légale de la mère; '**~sprache** *f* langue *f* maternelle; '**~tag** *m* fête *f* des mères

'**mutwillig** volontairement, de propos délibéré

**Mütze** ['mytsə] *f* (-; *-n*) *mit Schirm* casquette *f*; *ohne* bonnet *m*; *Basken♀* béret *m*

**MwSt.** *abr* ***Mehrwertsteuer*** TVA *f* (taxe sur la valeur ajoutée)

**Myrrhe** ['myrə] *f* (-; *-n*) myrrhe *f*

**myster|iös** [myste'rjøːs] mystérieux; **♀ium** [-'teːrjum] *n* (*-s*; *Mysterien*) mystère *m*

**Myst|ik** ['mystik] *f* (-; *sans pl*) mystique *f*; '**♀isch** mystique

**myth|isch** ['myːtiʃ] mythique; **♀ologie** [mytolo'giː] *f* (-; *-n*) mythologie *f*; '**♀os** ['-ɔs] *m* (-; *Mythen*) mythe *m*

# N

**N** *abr* ***Norden*** N (nord)
**na!** [na] eh bien!; allons!; ***~ und?*** et puis après?; ***~ gut!*** d'accord!; ***~ ja!*** allons!; ***~ so (et)was!*** ça alors!; ***~, dann nicht!*** alors n'y pensons plus!; ***~ also!*** tu vois; ***~, warte!*** attends un peu!
**Nabe** ['na:bə] *tech f* (-; *-n*) moyeu *m*
**Nabel** ['na:bəl] *m* (*-s*; -) nombril *m*
**nach** [na:x] **1.** *prép* (*dat*) *Richtung* à, vers; *zeitlich, Reihenfolge* après; *gemäß* d'après, selon, suivant; ***er fährt ~ Paris*** (***~ Frankreich***) il va à Paris (en France); ***~ Hause*** à la maison, chez soi; ***~ rechts*** (***Süden***) vers la droite (le sud); ***~ oben*** en haut; ***~ unten*** en bas; ***~ vorn*** en avant; ***~ hinten*** en arrière; (***immer***) ***der Reihe ~*** chacun son tour; ***~ meiner Uhr*** à ma montre; ***~ Gewicht*** au poids; **2.** *adv* ***mir ~!*** suivez-moi!; ***~ und ~*** peu à peu, petit à petit; ***~ wie vor*** toujours
**nachahm|en** ['na:xˀa:mən] (*sép, -ge-, h*) imiter, copier; *parodieren* parodier; *fälschen* contrefaire; **'2ung** *f* (-; *-en*) imitation *f*; *Fälschung* contrefaçon *f*
**Nachbar** ['naxba:r] *m* (*-n*; *-n*), **'~in** *f* (-; *-nen*) voisin *m*, -e *f*; **'~schaft** *f* (-; *-en*) voisinage *m*
**'nach|bestellen** (*sép, pas de -ge-, h*) faire une seconde commande; **'2bildung** *f* (-; *-en*) imitation *f*, copie *f*; *genaue* réplique *f*
**nachdem** [na:x'de:m] après que … (+ *ind*); *bei gleichem Subjekt im Haupt- und Nebensatz* après … (+ *inf passé*); ***je ~*** c'est selon, cela dépend
**'nachdenk|en** (*irr, sép, -ge-, h,* → ***denken***) réfléchir (***über*** à *od* sur); **'2en** *n* (*-s*; *sans pl*) réflexion *f*; **'~lich** pensif
**'Nachdruck** *m* **1.** (-[*e*]*s*; *sans pl*) énergie *f*, fermeté *f*; **2.** (-[*e*]*s*; *-e*) *Buch* reproduction *f*; **'2en** (*sép, -ge-, h*) reproduire
**nachdrücklich** ['-drykliç] énergique; ***j-m ~ raten*** conseiller vivement à qn
**'nacheinander** [na:xˀai'nandər] l'un après l'autre; successivement; ***2 Jahre ~*** deux années de suite
**Nachf.** *abr* ***Nachfolger*** successeur
**'Nachfolge** *f* (-; *sans pl*) succession *f*; **'2n** (*sép, -ge-, sn*) suivre (***j-m*** qn); *im Amt* succéder (a qn); **'~r** *m* (*-s*; -), **'~rin** *f* (-; *-nen*) successeur *m*
**'nachforsch|en** (*sép, -ge-, h*) faire des enquêtes; **'2ung** *f* (-; *-en*) enquête *f*, recherches *f/pl*
**'Nachfrage** *f* demande *f* (*a écon*); **2n** (*sép, -ge-, h*) demander des nouvelles (de), demander des précisions (sur)
**'nach|füllen** (*sép, -ge-, h*) remplir à nouveau, recharger; **'~geben** (*irr, sép, -ge-, h,* → ***geben***) céder; **'2gebühr** *f Post* surtaxe *f*; **'~gehen** (*irr, sép, -ge-, sn,* → ***gehen***) suivre (***j-m*** qn); *Uhr* être en retard; ***e-r Sache ~*** faire des recherches sur une affaire; ***seiner Arbeit ~*** vaquer à ses occupations, faire son travail; **'2geschmack** *m* arrière-goût *m* (*a fig*)
**nachgiebig** ['na:xgi:biç] souple, flexible, conciliant
**'nachhaltig** *Wachstum, Nutzung von Rohstoffen* durable
**nach'her** plus tard, ensuite, après; ***bis ~!*** à tout à l'heure!
**'nachholen** (*sép, -ge-, h*) rattraper, récupérer
**'Nachkomme** *m* (*-n*; *-n*) descendant *m*; **'2n** (*irr, sép, -ge, sn,* → ***kommen***) venir plus tard; ***e-m Wunsch ~*** répondre à un désir
**'Nachkriegs|...** *in Zssgn* d'après-guerre; **'~zeit** *f* après-guerre *m*
**Nachlass** ['-las] *m* (*-es*; *⸚e*) *comm* remise *f*, réduction *f*; *Erbe* succession *f*; **'~verwalter** *m* curateur *m*
**'nachlassen** (*irr, sép, -ge-, h,* → ***lassen***) diminuer; *Sturm* s'apaiser; *Schmerz* se calmer; *Wirkung* faiblir; *leistungsmäßig* être en baisse
**'nachlässig** négligent; **'2keit** *f* (-; *sans pl*) négligence *f*
**'nach|laufen** (*irr, sép, -ge-, sn,* → ***laufen***) ***j-m ~*** courir après qn; **'~liefern** (*sép, -ge-, h*) livrer plus tard; **'~lösen** (*sép, -ge-, h*) prendre un supplément
**nachm.** *abr* ***nachmittags*** (de) l'après-

-midi

'**nachmachen** (*sép*, *-ge-*, *h*) imiter; *fälschen* falsifier; *Foto* **~ *lassen*** faire refaire

'**Nachmittag** *m* après-midi *m od f*; ***heute ~*** cet après-midi; '**2s** l'après-midi

**Nach|nahme** ['na:xna:mə] *f* (*-*; *-en*) remboursement *m*; ***per ~ schicken*** envoyer contre remboursement; '**~name** *m* nom *m* de famille; '**~porto** *n* surtaxe *f*; '**2prüfen** (*sép*, *-ge-*, *h*) contrôler, vérifier; '**2rechnen** (*sép*, *-ge-*, *h*) vérifier; '**~reisen** (*sép*, *-ge-*, *sn*) rejoindre

**Nachricht** ['na:xriçt] *f* (*-*; *-en*) nouvelle *f*; *Botschaft* message *m*; *Mitteilung* information *f*; ***e-e gute*** (***schlechte***) **~** une bonne (mauvaise) nouvelle; '**~en** *pl Radio* bulletin *m* d'informations; *TV* journal *m* télévisé; '**~endienst** *m* service *m* d'informations; *mil*, *pol* renseignements *m/pl* généraux (*abr* R.G.); '**~ensprecher** *m*, '**~ensprecherin** *f* présentateur *m*, -trice *f* du journal; '**~entechnik** *f* télécommunications *f/pl*

'**Nach|ruf** *m* (*-[e]s*; *-e*) nécrologie *f*; '**2sagen** (*sép*, *-ge-*, *h*) ***j-m Schlechtes ~*** dire du mal de qn; ***man sagt ihm nach, dass er ...*** on prétend de lui qu'il ...; '**~saison** *f* arrière-saison *f*; '**2schicken** (*sép*, *-ge-*, *h*) *Brief* faire suivre

'**nachschlage|n** (*irr*, *sép*, *-ge-*, *h*, → ***schlagen***) *Wort* chercher, vérifier; ***in e-m Buch ~*** consulter un livre; '**2werk** *n* ouvrage *m* de référence

'**Nach|schub** *mil m* (*-[e]s*; *sans pl*) ravitaillement *m*; '**2sehen** (*irr*, *sép*, *-ge-*, *h*, → ***sehen***) *prüfen* (aller) voir (***ob*** si), vérifier; ***j-m ~*** suivre qn des yeux; ***j-m etw ~*** passer qc à qn; '**2senden** (*sép*, *-ge-*, *h*) faire suivre; '**~sicht** *f* indulgence *f*; '**~speise** *f* dessert *m*; '**~spiel** *m fig* conséquences *f/pl*, suites *f/pl*

**nächst** [nɛ:çst] *räumlich* le *od* la plus proche; *folgend* prochain, suivant; ***in den ~en Tagen*** dans les prochains jours; ***in ~er Zeit*** prochainement

'**Nächste** *m* (*-n*; *-n*) prochain *m*; ***der ~ bitte!*** au suivant, s'il vous plaît!

**Nacht** [naxt] *f* (*-*; *¨-e*) nuit *f*; ***in der*** *od* ***bei ~*** la *od* de nuit; ***Tag und ~*** jour et nuit; ***die ganze ~*** toute la nuit; ***heute ~*** *letzte* la nuit passée *od* dernière; *kommende* cette nuit; '**~dienst** *m* garde *f od service m de nuit*; '**~flug** *m* vol *m* de nuit

'**Nachteil** *m* (*-[e]s*; *-e*) inconvénient *m*, désavantage *m*; ***im ~ sein*** être désavantagé; '**2ig** désavantageux

'**Nachthemd** *n* chemise *f* de nuit

**Nachtigall** ['naxtigal] *zo f* (*-*; *-en*) rossignol *m*

'**Nachtisch** *m* (*-[e]s*; *-e*) dessert *m*

'**Nachtleben** *n* vie *f* nocturne

**nächtlich** ['nɛçtliç] nocturne

'**Nachtlokal** *n* boîte *f* de nuit, night-club *m*

**Nachtrag** ['na:xtra:k] *m* (*-[e]s*; *¨-e*) supplément *m*; '**2en** ['-gən] (*irr*, *sép*, *-ge-*, *h*, → ***tragen***) ajouter; *fig* ***j-m etw ~*** garder rancune à qn de qc; '**2end** ['-gənt] rancunier

**nachträglich** ['na:xtrɛ:kliç] ultérieur

**nachts** [naxts] la *od* de nuit

'**Nacht|schicht** *f* équipe *f* de nuit; ***~ haben*** être de nuit; '**~tisch** *m* table *f* de chevet; '**~tischlampe** *f* lampe *f* de chevet; '**~wächter** *m* veilleur *m* de nuit

'**Nachuntersuchung** *méd f* contrôle *m* medical

**Nachweis** ['na:xvais] *m* (*-es*; *-e*) preuve *f*; '**2bar** démontrable; *chim* décelable; '**2en** ['-vaizən] (*irr*, *sép*, *-ge-*, *h*, → ***weisen***) *beweisen* prouver, démontrer; *Spuren* déceler; '**2lich** *adv* comme on peut le prouver

'**Nach|welt** *f* (*-*; *sans pl*) postérité *f*; '**~wirkung** *f* répercussion *f*; ***~en*** *a* séquelles *f/pl*; '**~wort** *n* (*-[e]s*; *-e*) épilogue *m*; '**~wuchs** *m* (*-es*; *sans pl*) *Familie* progéniture *f*; *Beruf* relève *f*, nouvelle génération *f*; '**2zahlen** (*sép*, *-ge-*, *h*) payer un supplément; '**2zählen** (*sép*, *-ge-*, *h*) recompter; '**~zahlung** *f* rappel *m*; '**~zügler** ['-tsy:klər] *m* (*-s*; *-*), '**~züglerin** *f* (*-*; *-nen*) retardataire *m*, *f*

**Nacken** ['nakən] *m* (*-s*; *-*) nuque *f*

**nackt** [nakt] nu; ***mit ~en Füßen*** (les) pieds nus *od* nu-pieds; ***sich ~ ausziehen*** se déshabiller complètement; ***~ baden*** se baigner nu; '**2badestrand** *m* plage *f* pour nudistes; '**2heit** *f* (*-*; *sans pl*) nudité *f*

**Nadel** ['na:dəl] *f* (*-*; *-n*) aiguille *f*; *Steck2* épingle *f*; '**~baum** *m* conifère *m*;

'**~stich** *m fig* coup *m* d'épingle; '**~wald** *m* forêt *f* de conifères

**Nagel** ['na:gəl] *m* (*-s*; ⁻) clou *m*; *Finger*☊ ongle *m*; '**~feile** *f* lime *f* à ongles; '**~lack** *m* vernis *m* à ongles; '**☊n** (*h*) clouer; '**☊neu** flambant neuf

'**nage|n** ['na:gən] (*h*) ronger; '**☊tier** *zo n* rongeur *m*

'**Nahaufnahme** *f* gros plan *m*

**nah(e)** ['na:(ə)] **1.** *adj* proche; ***der Nahe Osten*** le Proche-Orient; ***ganz ~ sein*** être tout près; **2.** *prép* (*dat*) **~** (***an, bei***) près de; ***~ liegend*** évident; ***j-m ~ stehen*** être intime avec qn

**Nähe** ['nɛ:ə] *f* (-; *sans pl*) proximité *f*; voisinage *m*; ***in der ~ des Bahnhofs*** près de la gare, à proximité de la gare; ***ganz in der ~*** tout près; ***aus der ~*** de près; ***in deiner ~*** près de toi

**nähen** ['nɛ:ən] (*h*) coudre

**näher** ['nɛ:ər] plus proche, plus près; → ***näherkommen***

'**Näheres** *n* ***~ bei …*** pour plus de détails voir …

'**Naherholungsgebiet** *n* parc de récréation près de la ville

'**näherkommen** (*irr, sép, -ge-, sn,* → ***kommen***) ***sich ~*** se rapprocher

**nähern** ['nɛ:ərn] (*h*) ***sich ~*** (s')approcher (de)

'**nahezu** presque

'**Näh|maschine** *f* machine *f* à coudre; '**~nadel** *f* aiguille *f* (à coudre)

**nähren** ['nɛ:rən] (*h*) (***sich ~*** se) nourrir (***von*** de)

**nahrhaft** ['na:rhaft] nourrissant, nutritif, substantiel

'**Nahrung** *f* (-; *sans pl*) nourriture *f*; '**~smittel** *n/pl* produits *m/pl od denrées f/pl alimentaires*, *vivres m/pl*, aliments *m/pl*

'**Nährwert** *m* valeur *f* nutritive

**Naht** [na:t] *f* (-; ⁻*e*) couture *f*; *méd* suture *f*

'**Nahverkehr** *m* trafic *m* à courte distance; '**~szug** *m* train *m* de banlieue

'**Nähzeug** *n* trousse *f od nécessaire m de couture*

**naiv** [na'i:f] naïf; **☊ität** [naivi'tɛ:t] *f* (-; *sans pl*) naïveté *f*

**Name** ['na:mə] *m* (*-n*; *-n*) nom *m*; ***im ~n von*** au nom de; (***nur***) ***dem ~n nach*** (uniquement) de nom

**namentlich** ['na:məntliç] *Aufruf* nominal; *adv mit Namen* nommément; *besonders* notamment

'**namhaft** renommé

**Namibia** [na'mi:bia] *n* la Namibie

**nämlich** ['nɛ:mliç] *und zwar* à savoir, c'est-à-dire; *denn* car; ***er ist ~ krank*** c'est qu'il est malade

**Narbe** ['narbə] *f* (-; *-n*) cicatrice *f*

**Narkose** [nar'ko:zə] *méd f* (-; *-n*) anesthésie *f* (générale)

**Narr** [nar] *m* (*-en*; *-en*) fou *m*; ***j-n zum ~en halten*** se moquer de qn, duper *od* berner qn; '**~heit** *f* (-; *-en*) folie *f*

**Narzisse** [nar'tsisə] *bot f* (-; *-n*) narcisse *m*; *gelbe* jonquille *f*

**nasch|en** ['naʃən] (*h*) manger par gourmandise; ***gern ~*** aimer les sucreries; '**~haft** gourmand

**Nase** ['na:zə] *f* (-; *-n*) ***der Bus ist mir vor der ~ weggefahren*** le bus m'est passé sous le nez; ***sich die ~ putzen*** se moucher; *fig* ***die ~ voll haben*** en avoir plein le dos, en avoir par-dessus la tête

'**Nasen|bluten** *n* saignement *m* de nez; ***er hat ~*** il saigne du nez; '**~loch** *n* narine *f*, trou *m* de nez

**Nashorn** ['na:s-] *zo n* rhinocéros *m*

**nass** [nas] mouillé; ***triefend ~*** dégoulinant

**Nässe** ['nɛsə] *f* (-; *sans pl*) humidité *f*; '**☊n** (*h*) suinter

**Nation** [na'tsjo:n] *f* (-; *-en*) nation *f*

**national** [natsjo'na:l] national; **☊feiertag** *m* fête *f* nationale; **☊gericht** *n* plat *m* national; **☊getränk** *n* boisson *f* nationale; **☊hymne** *f* hymne *m* national; **☊ismus** [-'ismus] *m* (-; *sans pl*) nationalisme *m*; **~istisch** [-'istiʃ] nationaliste; **☊ität** [-ali'tɛ:t] f (-; *-en*) nationalité *f*; **☊mannschaft** *f* équipe *f* nationale; **☊park** *m* parc *m* national; **☊sozialismus** *m* nationalsocialisme *m*

**NATO** ['na:to] *f abr* ***Nordatlantikpaktorganisation*** OTAN *f* (Organisation du traité de l'Atlantique Nord)

**Natrium** ['na:trjum] *chim n* (-; *sans pl*) sodium *m*

**Natur** [na'tu:r] *f* (-; *sans pl*) nature *f*; ***von ~ aus …*** d'un naturel …; **☊alisieren** [-turali'zi:rən] (*pas de -ge-, h*) naturaliser

**Natur|gesetz** *n* loi *f* de la nature; **☊getreu** naturel, pris sur le vif; **~katastro-**

**phe** *f* catastrophe *f* naturelle
**natürlich** [na'ty:rliç] naturel; *adv* naturellement
**Na'tur|park** *m* parc *m* naturel; **~schutz** *m* protection *f* de la nature; ***unter ~*** classé site protégé; **~schützer** *m*, **~schützerin** *f* écologiste *m*, *f*; **~schutzgebiet** *n* site *m* protégé, reserve *f* naturelle, parc *m* national; **~volk** *n* peuple *m* primitif; **~wissenschaft(en)** *f(pl)* sciences *f/pl* (naturelles); **~wissenschaftler** *m*, **~wissenschaftlerin** *f* scientifique *m*, *f*
**Navigation** [navigatsi'o:n] *f* (-) *mar*, *aviat*, *EDV* navigation *f*
**Navigati'ons|gerät** *n allg*, *mar*, *aviat* appareil *m* de navigation; *auto* système *m* de navigation; **~system** *n allg*, *mar*, *aviat*, *auto* système *m* de navigation
**Nazi** ['na:tsi] *m* (-*s*; -*s*) nazi *m*; **ꝏstisch** [-'tsistiʃ] nazi
**NB** *abr* ***nota bene*** nota bene
**n. Chr.** *abr* ***nach Christus*** après Jésus-Christ
**Neapel** [ne'a:pəl] *n* Naples
**Nebel** ['ne:bəl] *m* (-*s*; -) brouillard *m*; *Dunst* brume *f*; **'~scheinwerfer** *m* phare *m* antibrouillard; **'~schlussleuchte** *f* feu *m* arrière de brouillard
**neben** ['ne:bən] *prép* (*wo? dat*; *wohin? acc*) à côté de; ***~ anderem*** entre autres; ***setz dich ~ mich*** assieds-toi prés de moi; **~'an** à côté; **~'bei** *beiläufig* en passant; *außerdem* en outre; **'ꝏberuf** *m* occupation *f* accessoire; **'~beruflich** à côté *od* en dehors de son travail; **'ꝏbeschäftigung** *f* occupation *f*, emploi *m* accessoire; **'ꝏbuhler** ['-bu:lər] *m* (-*s*; -), **'ꝏbuhlerin** *f* (-; -*nen*) rival *m*, -e *f*; **'ꝏeinkünfte** *pl*, **'ꝏeinnahmen** *pl* revenus *m/pl* accessoires; **'ꝏfluss** *m* affluent *m*; **'ꝏgebäude** *n* annexe *f*; **'ꝏgeräusch** *n* bruit *m* parasite; **~'her** à côté; **'ꝏkosten** *pl* faux frais *m/pl*; *Miete* charges *f/pl*; **'ꝏprodukt** *n* sous-produit *m*; **'ꝏsache** *f* accessoire *m*, chose *f* de moindre importance; ***das ist ~*** c'est sans importance; **'~sächlich** secondaire, accessoire; **'ꝏstraße** *f* rue *f* latérale; *Landstraße* route *f* secondaire; **'ꝏstrecke** *f* ligne *f* secondaire; **'ꝏwirkung** *f* effet *m* secondaire; **'ꝏzimmer** *n* pièce *f* voisine *od* attenante
**nebeneinander** *adv* l'un à côté de l'autre; ***~ bestehen*** coexister
**neblig** ['ne:bliç] brumeux
**necken** ['nɛkən] (*h*) (***sich ~*** se) taquiner
**Neffe** ['nɛfə] *m* (-*n*; -*n*) neveu *m*
**negativ** ['ne:gati:f] **1.** négatif; **2.** **'ꝏ** *n* (-*s*; -*e*) *Foto* négatif *m*
**nehmen** ['ne:mən] (*nahm*, *genommen*, *h*) prendre; ***mit sich ~*** emmener, *Sache* emporter; ***an die Hand ~*** prendre par la main; ***in die Hand ~*** prendre en main
**Neid** [nait] *m* (-[*e*]*s*; *sans pl*) envie *f*, jalousie *f*
**neidisch** ['naidiʃ] jaloux (***auf*** de), envieux (de)
**neigen** ['naigən] (*h*) pencher, incliner; ***zu etw ~*** pencher à qc, incliner à qc, être enlin à qc
**Neigung** ['naiguŋ] *f schiefe Ebene* inclinaison *f*; *Vorliebe* penchant *m* (***zu*** *od* pour), inclination *f* (pour)
**nein** [nain] non
**Nelke** ['nɛlkə] *bot f* (-; -*n*) œillet *m*; *Gewürz*ꝏ clou *m* de girofle
**nennen** ['nɛnən] (*nannte*, *genannt*, *h*) appeler, nommer; ***sich ~*** s'appeler; ***man nennt ihn ...*** on l'appelle ...; ***das nenne ich ...!*** c'est ce que j'appelle ...!
**'Nenn|er** *math m* (-*s*; -) dénominateur *m*; **'~wert** *écon m* valeur *f* nominale
**Neo..., neo...** ['neo-] *in Zssgn* néo...
**Neon** ['ne:ɔn] *n* (-*s*; *sans pl*) néon *m*; **'~beleuchtung** *f* éclairage *m* au néon; **'~reklame** *f* enseigne *f* au néon; **'~röhre** *f* tube *m* au néon
**Nepal** ['ne:pal] *n* le Népal
**Nepp** [nɛp] *m* (-*s*; *sans pl*) F poudre *f* aux yeux, camelote *f*; **'ꝏen** (*h*) estamper; étriller
**Nerv** [nɛrf] *m* (-*s*; -*en*) nerf *m*; ***j-m auf die ~en fallen*** agacer *od* énerver qn; ***die ~en behalten*** (***verlieren***) conserver (perdre) son calme
**nerven** ['nɛrfən] (*h*) ***j-n ~*** énerver qn, F casser les pieds à qn
**'Nerven|arzt** *m* neurologue *m*; **'ꝏaufreibend** énervant; **'~heilanstalt** *f* maison *f* de santé, hôpital *m* psychiatrique; **'~säge** *f* F casse-pieds *m*; **'~system** *n* système m nerveux; **'~zusam-**

**menbruch** *m* dépression *f* nerveuse
**nerv|ös** [nɛr'vøːs] nerveux; *erregt* énervé; **2osität** [-vozi'tɛːt] *f* (-; *sans pl*) nervosité *f*
**Nerz** [nɛrts] *zo m* (*-es*; *-e*) vison *m* (*a Mantel*)
**Nessel** ['nɛsəl] *bot f* (-; *-n*) ortie *f*
**Nest** [nɛst] *n* (-[*e*]*s*; *-er*) nid *m*; *Ort* F trou *m*, patelin *m*
**Netikette** *EDV* [neti'kɛtə] *f* (-; *sans pl*) nétiquette *f*
**nett** [nɛt] *hübsch* joli; *freundlich* gentil; *angenehm* agréable; ***das ist ~ von Ihnen*** c'est gentil à vous; ***so ~ sein und etw tun*** avoir la gentillesse de faire qc
**netto** ['nɛto] *écon* net; '**2...** net, nette
**Netz** [nɛts] *n* (*-es*; *-e*) filet *m*; *fig* réseau *m*; *Strom2* secteur *m*; '**~haut** *f Auge* rétine *f*; '**~karte** *f* carte *f* valable sur un réseau; '**~werk** *n* réseau *m*; circuit *m*
**neu** [nɔy] nouveau (*vor subst = ein anderer, nach subst kürzlich entstanden*); neuf (*stets nach subst = fabrikneu, noch nicht benutzt*); *~zeitlich* moderne; ***~este Nachrichten*** *f/pl* dernières nouvelles *f/pl*; ***von ~em*** de nouveau; ***was gibt es 2es?*** quoi de neuf?, quelles nouvelles?
'**neu|artig** d'un genre nouveau; '**2bau** *m* immeuble *m* récemment construit; '**2baugebiet** *n*, '**2bauviertel** *n* nouveau quartier *m*; '**2bauwohnung** *f* appartement *m* nouvellement construit; '**2enburg** *n* Neuchâtel; '**~erdings** [nɔyərdiŋs] *seit kurzem* depuis peu; *erneut* de nouveau; '**2erung** ['-əruŋ] *f* (-; *-en*) innovation *f*; **2'fundland** *n* Terre-Neuve *f*; '**2gestaltung** *f* réorganisation *f*, refonte *f*
**Neugier|(de)** ['-giːr(də)] *f* (-; *sans pl*) curiosité *f*; '**2ig** curieux (***auf etw*** de savoir qc); ***ich bin ~, ob ...*** je suis curieux de savoir si ...
**Neuguinea** [nɔygi'neːa] *n* la Nouvelle-Guinée
'**Neu|heit** *f* (-; *-en*) nouveauté *f*; '**~igkeit** *f* (-; *-en*) nouvelle *f*; '**~jahr** *n* jour *m* de l'an, nouvel an *m*; '**2lich** l'autre jour; '**~ling** *m* (*-s*; *-e*) novice *m*, *f*, débutant *m*, -e *f*
**neun** [nɔyn] neuf; '**~te** neuvième; '**2tel** ['-təl] *n* (*-s*; -) neuvième *m*; '**~zehn** dix-neuf; '**~zehnte** dix-neuvième; '**~zig** ['-tsiç] quatre-vingt-dix; '**~zigste** quatre-vingt-dixième
**Neuro|se** [nɔy'roːzə] *méd f* (-; *-n*) névrose *f*; **~tiker** [-'roːtikər] *m* (*-s*; -) névrosé *f*
**Neuseeland** [nɔy'zeːlant] *n* la Nouvelle-Zélande
**neutr|al** [noy'traːl] neutre; **2alität** [-ali'tɛːt] *f* (-; *sans pl*) neutralité *f*; **2on** ['-ɔn] *phys n* (*-s*; *-onen*) neutron *m*
'**neu|wertig** à l'état neuf, comme neuf; '**2zeit** *f* (-; *sans pl*) temps *m/pl* modernes
**New Orleans** [njuːɔː'liːnz] *n* la Nouvelle-Orléans
**New York** [njuː'jɔrk] *n* New York
**Nicaragua** [nika'raːgua] *n* le Nicaragua
**nicht** [niçt] pas; *beim Verb* ne ... pas; ***ich ~!*** moi pas!; ***ich auch ~*** moi non plus; ***durchaus ~, gar ~, überhaupt ~*** pas du tout; ***noch ~*** pas encore; ***~ mehr*** ne ...plus; ***~ (wahr)?*** n'est-ce pas?; ***bitte ~!*** je vous en prie, ne faites pas ça!
**Nicht...** *in Zssgn oft* non-...
**Nichte** ['niçtə] *f* (-; *-n*) nièce *f*
**Nichteinmischung** *pol f* non-intervention *f*
'**nichtig** vain, futile; *jur* nul; '**2keit** *f* (-; *-en*) futilité *f*; *jur* nullité *f*
'**Nichtraucher** *m Abteil* non fumeurs
**nichts** [niçts] rien (*mit* ne *beim Verb*); ***gar ~*** rien du tout; ***~ mehr*** (ne ...) plus rien; ***~ (anderes) als*** rien (d'autre) que; ***weiter ~?*** rien de plus?; → ***nichtssagend***
**Nichts** *n* (-; *sans pl*) néant *m*
'**Nichtschwimmer** *m* non-nageur *m*
'**nichtsdestoweniger** néanmoins
**Nichtsnutz** ['niçtsnuts] *m* (*-es*; *-e*) vaurien *m*
'**nichtssagend** vide de sens; *unbedeutend* insignifiant
**Nichts|tuer** ['niçtstuːər] *m* (*-s*; -), '**~tuerin** *f* (-; *-en*) fainéant *m*, -e *f*
**nicken** ['nikən] (*h*) faire un signe de tête
**nie** [niː] ne ... jamais; *ohne Verb* jamais; ***~ mehr*** (ne ...) plus jamais; ***~ und nimmer!*** jamais de la vie!
**nieder** ['niːdər] **1.** *adj* bas; inférieur; **2.** *adv* ***~ mit ...!*** à bas ...!
'**Nieder|gang** *m* (-[*e*]*s*; *sans pl*) déclin *m*; '**2geschlagen** abattu, déprimé;

'**~lage** *f* (-; *-n*) *mil* défaite *f*; '**~lande** ***die*** **~** *pl* les Pays-Bas *m/pl*; '**~länder** ['-lɛndər] *m* (*-s*; -), '**~länderin** *f* (-; *-nen*) Néerlandais *m*, -e *f*; '**♀ländisch** néerlandais; '**♀lassen** (*irr, sép, -ge-, h,* → ***lassen***) ***sich*** **~** *sich setzen* s'asseoir; *Wohnsitz, comm* s'établir; '**~lassung** *f* (-; *-en*) *comm* établissement *m*, succursale *f*; '**♀legen** (*sép, -ge-, h*) poser à terre; ***sein Amt*** **~** se démettre de ses fonctions; ***die Arbeit*** **~** cesser le travail, faire grève; '**~sachsen** *n* (*-s*; *sans pl*) la Basse-Saxe; '**~schlag** *m Wetter* précipitations *f/pl*; *chim* précipité *m*; ***radioaktiver*** **~** retombées *f/pl* radioactives; '**♀schlagen** (*irr, sép, -ge-, h,* → ***schlagen***) *Gegner* terrasser, abattre; *Augen* baisser; *Aufstand* écraser, *jur Verfahren* arrêter; '**~ung** *f* (-; *-en*) terrain *m* bas

**niedlich** ['niːtliç] gentil, mignon, charmant

**niedrig** ['niːdriç] bas; *Strafe* faible

**niemals** ['niːmaːls] → ***nie***

**niemand** ['niːmant] personne ne ...; ne ... personne; *ohne Verb* personne, aucun; **~** ***mehr*** plus personne; **~** ***sonst*** personne d'autre, nul autre

**Niere** ['niːrə] *f* (-; *-n*) rein *m*; *cuis* rognon *m*

**niesel|n** ['niːzəln] (*h*) ***es nieselt*** il bruine *od* brouillasse; '**♀regen** *m* bruine *f*

**niesen** ['niːzən] (*h*) éternuer

**Niete** ['niːtə] *f* (-; *-n*) *tech* rivet *m*; *Lotterie* billet *m* non gagnant; *fig Versager* zéro *m*, nullité *f*

**Niger** ['niːgər] *n* le Niger

**Nigeria** [ni'geːria] *n* (le) Nigéria

**Nikaragua** [nika'rɑːgua] *n* le Nicaragua

**Nikotin** [niko'tiːn] *n* (*-s*; *sans pl*) nicotine *f*

**Nil** [niːl] *m* ***der*** **~** le Nil; '**~pferd** *zo n* hippopotame *m*

**nirgend|s** ['nirgənts], '**~wo** nulle part

**Nische** ['niːʃə] *f* (-; *-n*) niche *f*

**nisten** ['nistən] (*h*) nicher

**Niveau** [ni'voː] *n* (*-s*; *-s*) niveau *m*

**Nizza** ['nitsa] *n* Nice

**Nobelpreis** [no'bɛl-] *m* prix *m* Nobel (***für*** de)

**noch** [nɔx] **1.** *adv* encore; **~** ***nicht*** pas encore; **~** ***immer*** toujours; **~** ***heute*** aujourd'hui même; (***sei er***) **~** ***so klein*** quelque petit qu'il soit; ***er hat nur*** **~** ***10 Euro*** il ne lui reste plus que 10 euros; ***sonst*** **~** ***etwas?*** vous désirez autre chose?; **2.** *conj* ***weder*** **...** **~** **...** ni ... ni ... (*mit* ne *beim Verb*); '**~malig** ['-maːliç] réitéré; '**~mals** ['-maːls] encore une fois

**NOK** *n abr* ***Nationales Olympisches Komitee*** C.N.O. *m* (Comité national olympique)

**Nomade** [no'maːdə] *m* (*-n*; *-n*) nomade *m*

**Nomi|naleinkommen** [nomi'naːl-] *n* produit *m* nominal; **~'nalwert** *m* valeur *f* nominale; **♀'nieren** (*pas de -ge-, h*) nommer

**Nonne** ['nɔnə] *f* (-; *-n*) religieuse *f*

**nonstop** [nɔn'stɔp-] en non-stop; **♀flug** *m* vol *m* sans escale

**Nord** ['nɔrt] *m* (*-s*; *sans pl*) nord *m*; '**~'afrika** *n* l'Afrique *f* du Nord; '**~a'merika** *n* l'Amérique *f* du Nord; '**~deutschland** *n* l'Allemagne *f* du Nord

**Nord|en** ['nɔrdən] *m* (*-s*; *sans pl*) nord *m*; '**~eu'ropa** *n* l'Europe *f* du Nord *od* septentrionale; '**~'irland** *n* l'Irlande *f* du Nord; '**♀isch** nordique; *Ski* **~*e*** ***Kombination*** *f* combiné *m* nordique

**nördlich** ['nœrtliç] septentrional, du nord; **~** ***von*** au nord de

**Nord|'ost(en)** *m* nord-est *m*; '**~pol** *m* pôle *m* Nord; '**~rhein-Westfalen** *n* la Rhénanie-du-Nord-Westphalie; '**~see** *f* mer *f* du Nord; **~'west(en)** *m* nord-ouest *m*

**nörgeln** ['nœrgəln] (*h*) trouver à redire, ergoter, chicaner

**Norm** [nɔrm] *f* (-; *-en*) norme *f*, standard *m*

**normal** [nɔr'maːl] normal; **♀benzin** *n* essence *f* ordinaire; **~erweise** normalement; **~isieren** [-ali'ziːrən] (*pas de -ge-, h*) ***sich*** **~** se normaliser

**Normandie** [nɔrmɑ̃'diː] ***die*** **~** la Normandie

**Norweg|en** ['nɔrveːgən] *n* (*-s*; *sans pl*) la Norvège; '**~er** *m* (*-s*; -), '**~erin** *f* (-; *-nen*) Norvégien *m*, -ne *f*; '**♀isch** norvégien

**Not** [noːt] *f* (-; *⸚e*) *Notwendigkeit* nécessité *f*; *Notlage, Gefahr* détresse *f*; *Armut* pauvreté *f*; *Elend* misère *f*; ***in*** **~** ***sein*** être dans le besoin; ***zur*** **~** à la rigueur; ***ohne ~*** sans nécessité

**Notar** [no'taːr] *m* (*-s*; *-e*) notaire *m*

'**Not|arzt** *m* médecin *m* de service; '**~arztwagen** *m* ambulance *f* de secours; '**~ausgang** *m* sortie *f* de secours; '**~behelf** *m* expédient *m*; '**~bremse** *f Zug* signal *m* d'alarme; '**~dienst** *m* service *m* de secours; '**2dürftig** *behelfsmäßig* de fortune, provisoire, temporaire

'**Note** ['noːtə] *f* (-; *-n*) note *f* (*a Schule*, *mus*); *Bank*2 billet *m*; ***~n lesen*** faire du solfége

'**Not|fall** *m* urgence *f*; ***im ~*** au besoin; '**2gedrungen** forcément, par nécessité

**notie|ren** [no'tiːrən] (*pas de -ge-*, *h*) noter, marquer; **2rung** *f* (-; *-en*) *comm* cotation *f*, cote *f*

'**nötig** [nøːtiç] nécessaire; ***etw ~ haben*** avoir besoin de qc; ***das 2ste*** le strict nécessaire; '**~en** ['-gən] (*h*) ***j-n ~*** forcer qn, contraindre qn (***etw zu tun*** à faire qc)

**Notiz** [no'tiːts] *f* (-; *-en*) note *f*; ***~ nehmen von*** prêter attention à; ***keine ~ nehmen von*** *a* ignorer; ***sich ~en machen*** prendre des notes; **~block** *m* bloc-notes *m*; **~buch** *n* carnet *m*, agenda *m*

'**Not|lage** *f* détresse *f*, situation *f* difficile, embarras *m*; '**2landen** (*-ge-*, *sn*) *aviat* faire un atterrissage forcé; '**~landung** *f* atterrissage *m* forcé; '**~lösung** *f* expédient *m*, solution *f* de fortune; '**~lüge** *f* pieux mensonge *m*

**notorisch** [no'toːriʃ] notoire

'**Not|ruf** *tél m* appel *m* d'urgence; '**~rufnummer** *f* numéro *m* de secours; '**~rufsäule** *f* poste *m* d'appel d'urgence; '**~signal** *n* signal *m* de détresse; '**~stand** *pol m* état *m* d'urgence; '**~standsgebiet** *n* région *f* sinistrée; '**~wehr** *jur f* (-; *sans pl*) légitime défense *f*; '**2wendig** nécessaire; '**~wendigkeit** *f* (-; *-en*) nécessité *f*

**Novelle** [no'vɛlə] *f* (-; *-n*) *Literatur* nouvelle *f*, *jur* amendement *m*

**November** [no'vɛmbər] *m* (*-s*; -) novembre *m*

**NPD** *f abr* ***Nationaldemokratische Partei Deutschlands*** parti nationaliste allemand d'extrême-droite

**Nr.** *abr* ***Nummer*** numéro

**NS** *abr* ***nationalsozialistisch*** nazi; ***Nachschrift*** post-scriptum

**Nu** [nuː] ***im ~*** en un clin d'œil

**nüchtern** ['nyçtərn] à jeun; *fig Mensch* positif; *Stil* sobre; *péj* prosaïque; ***auf ~en Magen*** à jeun; '**2heit** *f* (-; *sans pl*) sobriété *f*

'**Nudeln** [nuːdəln] *f/pl* pâtes *f/pl*

**null** [nul] zéro; ***~ und nichtig*** nul et non avenu; ***~ Grad*** zéro degré

**Null** [nul] *f* (-; *-en*) zéro *m*, *fig Person* nullité *f*, zéro *m*; '**~punkt** *m* zéro *m*; '**~tarif** *m* ***zum ~*** gratuitement; '**~wachstum** *n* croissance *f* zéro

**Nummer** ['numər] *f* (-; *-n*) numéro *m*

**nummerieren** [numə'riːrən] (*pas de -ge-*, *h*) numéroter

'**Nummern|konto** *n* compte *m* anonyme; '**~schild** *auto n* plaque *f* minéralogique, plaque *f* d'immatriculation

**nun** [nuːn] à présent, maintenant; *dann* alors; ***~!*** eh bien!, F eh ben!; ***von ~ an*** dorénavant; *seitdem* dés lors; ***~ aber*** or; ***~, wo …*** maintenant que …

**nur** [nuːr] seulement; ne … que; ***~ noch*** ne … plus que; ***wenn ~*** pourvu que (+ *subj*); ***nicht ~ …, sondern auch*** non seulement …, mais aussi *od* mais encore

**Nürnberg** ['nyrnbɛrk] *n* Nuremberg

**Nuss** [nus] *f* (-; *⸚e*) noix *f*; '**~baum** *m* noyer *m*; '**~knacker** *m* casse-noisettes *m*

**Nutte** ['nutə] *f* (-; *-n*) *péj* grue *f*

**nutz|bar** ['nuts-] utilisable, exploitable; ***~ machen*** utiliser, exploiter; '**~bringend** productif, profitabel

**nütze** ['nytsə] ***zu nichts ~*** bon à rien

**Nutzen** ['nutsən] *m* (*-s*; *sans pl*) utilité *f*; *Gewinn* profit *m*; *Vorteil* avantage *m*; ***von ~ sein*** être utile

**nützen** ['nytsən] (*h*) servir, être utile (***j-m*** à qn); ***etw ~*** *verwerten* utiliser qc; ***nichts ~*** ne servir à rien

'**Nutzer** *m* (*-s*; -), '**~in** *f* (-; *-nen*) usager *m*; *EDV* utilisateur *m*, —trice *f*

'**Nutzlast** *f* charge *f* utile

**nützlich** ['nytsliç] utile (***für j-n*** à qn); ***sich ~ machen*** se rendre utile; '**2keit** *f* (-; *sans pl*) utilité *f*

'**nutz|los** inutile; '**2losigkeit** *f* (-; *sans pl*) inutilité *f*; '**2nießer** ['-niːsər] *m* (*-s*; -) bénéficiaire *m*; '**2ung** *f* (-; *-en*) utilisation *f*, mise *f* à profit

# O

**o** [oː] ***o ja!*** ah oui!; ***o weh!*** aïe!, mon Dieu!
**O** *abr* ***Osten*** E (est)
**o.** *abr* ***ohne*** sans; ***oben*** en haut
**o. Ä.** *abr* ***oder Ähnliches*** et des choses semblables
**Oase** [o'aːzə] *f* (-; *-n*) oasis *f od m*
**ob** [ɔp] si; ***als ~*** comme si; ***so tun als ~*** faire semblant de (+ *inf*); ***und ~!*** et comment!, tu penses!
**o. B.** *abr* ***ohne Befund*** symptômes néant
**OB** *m abr* ***Oberbürgermeister*** maire *m*; premier bourgmestre
**Obdach** ['ɔpdax] *n* (-[*e*]*s*; *sans pl*) abri *m*; '**Ωlos** sans abri; **~lose** ['-loːzə] *m*, *f* (*-n*; *-n*) sans-abri *m*, *f*; '**~losenasyl** *n* foyer *m* d'hébergement
**Obdu|ktion** [ɔpduk'tsjoːn] *méd f* (-; *-en*) autopsie *f*; **Ωzieren** ['-tsiːrən] (*pas de -ge-*, *h*) autopsier
**oben** ['oːbən] en haut; ***nach ~*** en haut, vers le haut; ***von ~ bis unten*** du haut jusqu'en bas; ***links ~*** en haut à gauche; ***siehe ~*** voir plus haut; ***von ~ herab*** d'en haut (*a fig*); F ***~ ohne*** seins nus; **~drein** [-'drain] par-dessus le marché
**Ober** ['oːbər] *m* (*-s*; -) *Kellner* garçon *m*; '**~arm** *m* haut *m* du bras; '**~befehl** *mil m* commandement *m* en chef; '**~begriff** *m* terme *m* générique; '**~bürgermeister** *m* maire *m* (d'une grande ville), premier bourgmestre *m*
'**ober|e** de dessus, d'en haut, supérieur; '**Ωdeck** *m* pont *m* supérieur; '**Ωfläche** *f* surface *f*; '**~flächlich** superficiel; '**~halb** au-dessus de; '**Ωhand** *f fig* ***die ~ gewinnen*** prendre le dessus; '**Ωhemd** *n* chemise *f*
'**ober|irdisch** au-dessus du sol, aérien; '**Ωkiefer** *m* mâchoire *f* supérieure; '**Ωkörper** *m* torse *m*; ***den ~ frei machen*** se mettre torse nu; '**Ωleitung** *f* direction *f* générale; *tech* caténaire *f*; '**Ωlippe** *f* lèvre *f* supérieure
'**Ober|schenkel** *m* cuisse *f*
**Oberst** ['oːbərst] *mil m* (*-en*; *-en*) colonel *m*
'**oberste** le plus haut, suprême
'**Oberteil** *n* haut *m*
**obgleich** [ɔp'glaiç] quoique, bien que (*beide* + *subj*)
**Obhut** ['ɔphuːt] *f* (-; *sans pl*) garde *f*; ***in j-s ~*** sous la garde de qn
**obig** ['oːbiç] (mentionné) ci-dessus
**Objekt** [ɔp'jɛkt] *n* (-[*e*]*s*; *-e*) objet *m*
**objektiv** [ɔpjɛk'tiːf] **1.** objectif; **2.** Ω *n* (*-s*; *-e*) objectif *m*; **Ωität** [-ivi'tɛːt] *f* (-; *sans pl*) objectivité *f*, impartialité *f*
**obligatorisch** [ɔbliga'toːriʃ] obligatoire
**Oboe** [o'boːə] *mus f* (-; *-n*) hautbois *m*
**Observatorium** [ɔpzɛrva'toːrjum] *n* (*-s*; *Observatorien*) *astr* observatoire *m*
**Obst** [oːpst] *n* (-[*e*]*s*; *sans pl*) fruits *m/pl*; '**~baum** *m* arbre *m* fruitier; '**~garten** *m* verger *m*; '**~kuchen** *m* → ***~torte***; '**~saft** *m* jus *m* de fruits; '**~torte** *f* tarte *f* aux fruits
**obszön** [ɔps'tsøːn] obscène
**ob'wohl** quoique, bien que (*beide* + *subj*)
**Ochse** ['ɔksə] *m* (*-n*; *-n*) bœuf *m*
**od.** *abr* ***oder*** ou
**öde** ['øːdə] **1.** *Gegend* désert, désertique; *fig* ennuyeux; **2.** 'Ω *f* (-; *-n*) désert *m*; *Leere* vide *m*
**oder** ['oːdər] ou; ***~ so*** ou comme ça; ***er kommt doch, ~?*** il viendra, n'est-ce pas?
**OECD** *abr f* (*Organization for Economic Cooperation and Development*) ***Organisation für wirtschaftliche Zusammenarbeit und Entwicklung*** OCDE *f* (Organisation de coopération et de développement économiques)
**OF** *f abr* ***Originalfassung*** V.O. *f* (version originale)
**Ofen** ['oːfən] *m* (*-s*; ¨) *Zimmer*Ω poêle *m*; *Back*Ω four *m*
**offen** ['ɔfən] ouvert; *freimütig* franc; ***~e Stelle*** place *f* vacante; ***~ gesagt*** pour parler franchement; ***~ stehen*** être ou-

vert
'**offenbar** évident, manifeste, apparent; *adv* apparemment; **~en** [-'baːrən] (*pas de -ge-, h*) (***sich ~*** se) manifester, révéler (*a rel*); *Geheimnis* dévoiler; **≈ung** [-'baːruŋ] *f* (-; *-en*) révélation *f* (*a rel*)
'**Offenheit** *f* (-; *sans pl*) franchise *f*
'**offensichtlich** évident; *adv* évidemment
**offensiv** [ɔfɛn'ziːf] offensif
**Offensive** [ɔfɛn'ziːvə] *f* (-; *-n*) offensive *f*
'**offenstehen** (*irr, -ge-, h*, → ***stehen***) ***j-m ~*** être ouvert à qn
**öffentlich** ['œfəntliç] public; ***~e Verkehrsmittel*** transports *m/pl* publics *od* en commun; ***~ auftreten*** apparaître en public; '**≈keit** *f* (-; *sans pl*) public *m*; ***in aller ~*** publiquement; ***an die ~ bringen*** rendre public; '**≈keitsarbeit** *f* relations *f/pl* publiques
**Offerte** [ɔ'fɛrtə] *f* (-; *-n*) offre *f*
**offiziell** [ɔfi'tsjɛl] officiel
**Offizier** [ɔfi'tsiːr] *m* (*-s*; *-e*) officier *m*
**offline** ['ɔflain] *EDV* hors ligne; déconnecté
**öffn|en** ['œfnən] (*h*) (***sich ~*** s')ouvrir; '**≈er** *m* (*-s*; -) *Flaschen≈* ouvre-bouteilles *m*; *Dosen≈* ouvre-boîtes *m*; '**≈ung** *f* (-; *-en*) ouverture *f*; '**≈ungszeiten** *f/pl* heures *f/pl* d'ouverture
**oft** [ɔft] souvent, fréquemment
**oh** [oː] oh!, ah!
**OHG** *f abr* ***offene Handelsgesellschaft*** société *f* en nom collectif
**ohne** ['oːnə] **1.** *prép* (*acc*) sans; ***~ mich!*** ne comptez pas sur moi!; **2.** *conj* ***~ dass …*** sans que (+ *subj*); ***~ zu …*** sans (+ *inf*)
'**Ohnmacht** *f* (-; *-en*) impuissance *f*; *méd* évanouissement *m*; ***in ~ fallen*** s'évanouir
'**ohnmächtig** impuissant; *méd* évanoui; ***~ werden*** s'évanouir
**Ohr** [oːr] *m* (-[*e*]*s*; *-en*) oreille *f*; F ***j-n übers ~ hauen*** rouler qn
'**Ohren|arzt** *m* oto-rhino *m*; '**≈betäubend** assourdissant
'**Ohr|feige** *f* gifle *f*, claque *f*, taloche F *f*; '**≈feigen** (*h*) gifler; '**~läppchen** *n* lobe *m* de l'oreille; '**~ring** *m* boucle *f* d'oreille
'**Öko|bewegung** [øːko-] *f* mouvement *m* écologique; '**~laden** *m* magasin *m* de produits biologiques; **~loge** [øko-'loːgə] *m* (*-n*; *-n*) écologiste *m*; **~logie** [-lo'giː] *f* (-; *sans pl*) écologie *f*; **≈'logisch** écologique; **~nomie** [-no'miː] *f* (-; *-n*) économie *f*; **≈'nomisch** [-'noːmiʃ] économique; '**~system** *n* écosystème *m*
**Oktober** [ɔk'toːbər] *m* (-[*s*]; -) octobre *m*
**Öl** [øːl] *n* (-[*e*]*s*; *-e*) huile *f*; *Erd≈* pétrole *m*; *Heiz≈* fuel *m*, mazout *m*
**ölen** ['øːlən] (*h*) huiler, lubrifier
'**Öl|farbe** *f*, '**~gemälde** *n* peinture *f* à l'huile; '**~heizung** *f* chauffage *m* au mazout; '**≈ig** huileux
**Olive** [o'liːvə] *f* (-; *-n*) olive *f*
**O'liven|baum** *bot m* olivier *m*; **~öl** *n* huile *f* d'olives
'**Öl|leitung** *f* oléoduc *m*, pipe-line *m*; '**~malerei** *f* peinture *f* à l'huile; '**~pest** *f* marée *f* noire; '**~quelle** *f* puits *m* de pétrole; '**~sardinen** *f/pl* sardines *f/pl* à l'huile; '**~stand** *m* niveau *m* d'huile; '**~teppich** *m* nappe *f* de pétrole; '**~verschmutzung** *f* pollution *f* par le pétrole; '**~vorkommen** *n* gisement *m* pétrolifère; '**~wechsel** *auto m* vidange *f*; '**~zeug** *mar n* ciré *m*
**Olympiade** [olym'pjaːdə] *f* (-; *-n*) Jeux *m/pl* olympiques
**Olympiamannschaft** [o'lympja-] *f* équipe *f* olympique
**olympisch** [o'lympiʃ] *sport* olympique; ***≈e Spiele*** *n/pl* Jeux *m/pl* olympiques
**Oma** ['oːma] F *f* (-; *-s*) grand-mère *f*, F mémé *f*, *enf* mamie *f*
**Omnibus** ['ɔmnibus] *m* (*-ses*; *-se*) autobus *m*; *Reise≈* autocar *m*
**onanieren** [ona'niːrən] (*pas de -ge-, h*) se masturber
'**Onkel** [ɔŋkəl] *m* (*-s*; -) oncle *m*
**online** *EDV* ['ɔnlaɪn] en ligne
'**Online-Dienst** *EDV m* (*-es*; *-e*) service *m* en ligne
**OP** *m abr* ***Operationssaal*** salle *f* d'opération
**Opa** ['oːpa] F *m* (*-s*; *-s*) grand-père *m*, F pépé *m*, *enf* papi *m*
**Oper** ['oːpər] *mus f* (-; *-n*) opéra *m*
**Operation** [opəra'tsjoːn] *f* (-; *-en*) opération *f*
**Operette** [opə'rɛtə] *mus f* (-; *-n*) opérette *f*
**operieren** [opə'riːrən] (*pas de -ge-, h*)

*méd* opérer (***an*** de); ***operiert werden*** subir une intervention chirurgicale; ***sich*** (***am Fuß*** *etc*) ***~ lassen*** se faire opérer (du pied *etc*)

**Opfer** ['ɔpfər] *n* (*-s*; -) *Verzicht* sacrifice *m*; *bei Unglück* victime *f*; ***ein ~ bringen*** faire un sacrifice; ***zum ~ fallen*** être victime de

**'opfern** (*h*) (***sich ~*** se) sacrifier

**Opium** ['oːpijum] *n* (*-s*; *sans pl*) opium *m*

**Opportunismus** [ɔpɔrtu'nismus] *m* (-; *sans pl*) opportunisme *m*

**Opposition** [ɔpozi'tjsoːn] *f* (-; *-en*) opposition *f*; **2ell** [-tsjɔ'nɛl] de l'opposition; **~spartei** *f* parti *m* d'opposition

**'Optik** [ɔptik] *f* (-; *sans pl*) optique *f*; **'~er** (*-s*; -) opticien *m*

**optim|al** [ɔpti'maːl] optimum, optimal; **2ismus** [-'ismus] *m* (-; *sans pl*) optimisme *m*; **2'ist** *m* (*-en*; *-en*), **2'istin** *f* (-; *-nen*) optimiste *m*, *f*; **~'istisch** optimiste

**optisch** ['ɔptiʃ] optique

**Orange** [o'rɑ̃ːʒə] *f* (-; *-n*) orange *f*

**Orchester** [ɔr'kɛstər] *n* (*-s*; -) orchestre *m*

**Orden** ['ɔrdən] *m* (*-s*; -) ordre *m* (*a rel*); *Auszeichnung* décoration *f*, médaille *f*

**'ordentlich** [ɔrdəntliç] *Person*, *Zimmer etc* propre, ordonné; *richtig*, *sorgfältig* soigné; *gründlich* comme il faut; *anständig* honnête; *Leute* convenable; *Mitglied* à part entière; *Professor* titulaire; *Gericht* ordinaire; *Leistung* bon; ***seine Sache ~ machen*** faire son travail comme il faut; ***sich ~ benehmen*** bien se tenir

**'Order** [ɔrdər] *f* (-; *-s*, *-n*) ordre *m*; commande *f*; **'2n** (*h*) commander

**ordinär** [ɔrdi'nɛːr] vulgaire

**ordn|en** ['ɔrdnən] (*h*) mettre de l'ordre dans, ordonner, classer, ranger; *regeln* régler; **'2er** *m* (*-s*; -) *Fest2 etc* ordonnateur *m*, organisateur *m*; *Akten2* classeur *m*

**'Ordnung** *f* (-; *sans pl*) ordre *m*; *Vorschriften* règlement *m*; ***in ~*** en ordre; ***etw ist nicht in ~*** qc ne marche pas

**'ordnungs|gemäß** réglementaire, régulier; *adv* en bonne et due forme; **'2strafe** *f* amende *f*

**Organ** [ɔr'gaːn] *n* (*-s*; *-e*) organe *m*; **~isation** [-aniza'tsjoːn] *f* (-; *-en*) organisation *f*; **~isator** [-ani'zaːtɔr] *m* (*-s*; *-en*) organisateur *m*; **2isa'torisch** [-iza'toːriʃ] d'organisation; d'organisateur; **2isch** organique

**organisieren** [ɔrgani'ziːrən] (*pas de -ge-*, *h*) (***sich ~*** s')organiser

**Organ|ismus** [ɔrga'nismus] *m* (-; *Organismen*) organisme *m*; **~'ist** *m* (*-en*; *-en*), **~'istin** *f* (-; *-nen*) *mus* organiste *m*, *f*; **~spender** [ɔr'gaːn-] *méd m* donneur *m* d'organes; **~verpflanzung** [ɔr'gaːn-] *méd f* transplantation *f* d'organes

**Orgasmus** [ɔr'gasmus] *m* (-; *Orgasmen*) orgasme *m*

**Orgel** ['ɔrgəl] *f* (-; *-n*) orgue *m*

**Orient** ['oːriɛnt] *m* (*-s*; *sans pl*) Orient *m*; **2alisch** [-'taːliʃ] oriental

**orien'tier|en** (*pas de -ge-*, *h*) ***sich ~*** s'orienter; **2ung** *f* (-; *sans pl*) orientation *f*; ***die ~ verlieren*** être désorienté; ***zur ~*** à titre indicatif; **2ungssinn** *m* sens *m* de l'orientation

**original** [origi'naːl] **1.** original; **2.** **2** *n* (*-s*; *-e*) original *m*; **2ausgabe** *f* édition *f* originale; **2verpackung** *f* emballage *m* d'origine

**originell** [origi'nɛl] original

**Orkan** [ɔr'kaːn] *m* (-[*e*]*s*; *-e*) ouragan *m*

**Orkney-Inseln** ['ɔːkniˀinzəln] *f/pl* ***die ~*** les Orcades *f/pl*

**Ort** [ɔrt] *m* (-[*e*]*s*; *-e*) lieu *m*, endroit *m*; *Ortschaft* localité *f*; ***an ~ und Stelle*** sur place; ***vor ~*** sur les lieux

**Orthografie**, **Orthographie** [ɔrtogra'fiː] *f* (-; *-n*) orthographe *f*

**Orthopäde** [ɔrto'pɛːdə] *m* (*-n*; *-n*) orthopédiste *m*

**'örtlich** ['œrtliç] local

**'ortsansässig** résident, établi dans la localité

**'Ortschaft** *f* (-; *-en*) localité *f*

**'Orts|gespräch** *tél n* communication *f* urbaine *od* locale; **'~kenntnis** *f* connaissance *f* des lieux; **'~netz** *tél n* réseau *m* local; **'~tarif** *m* tarif *m* local; **'~zeit** *f* heure *f* locale

**Ost** [ɔst] *m* (*-s*; *sans pl*) est *m*; **'~'afrika** *n* l'Afrique *f* orientale; **'~'asien** *n* l'Asie *f* orientale; **'~berlin** *n hist DDR* Berlin-Est; **'~block** *m pol* pays *m/pl* de l'Est; **'~deutschland** *n* l'Allemagne *f* de l'Est

**Osten** ['ɔstən] *m* (*-s*; *sans pl*) *géogr* est

*m*; (*Morgenland*) l'Orient *m*; ***der Ferne ~*** l'Extrême-Orient *m*; ***der Mittlere ~*** le Moyen-Orient; ***der Nahe ~*** le Proche-Orient
**Ostern** ['oːstərn] *n* (-; -) Pâques *f/pl*; ***zu ~*** à Pâques; ***frohe ~!*** joyeuses Pâques!
**Österreich** ['øːstəraiç] *n* (*-s*; *sans pl*) l'Autriche *f*; **'~er** *m* (*-s*; -), **'~erin** *f* (-; *-nen*) Autrichien *m*, -ne *f*; **'2isch** autrichien
**'Osteu'ropa** *n* l'Europe *f* de l'Est
**östlich** ['œstliç] oriental, de l'est, d'est; **~ *von*** à l'est de
**'Ostsee** *f* mer *f* Baltique
**OSZE** *f abr* ***Organisation für Sicherheit und Zusammenarbeit in Europa*** OSCE *f* (Organisation sur la sécurité et la coopération en Europe)
**ÖTV** *f abr hist* ***Öffentliche Dienste, Transport und Verkehr*** syndicat *m* des services et transports publics
**outen** [autən] (*-ge-*, *h*) révéler l'homosexualité de; ***sich ~*** révéler son homosexualité
**oval** [o'vaːl] ovale
**Oxid**, **Oxyd** [ɔ'ksiːt] *chim m* (*-[e]s*; *-e*) oxyde *m*; **2ieren** [-'diːrən] (*pas de -ge-*, *h*) s'oxyder
**Ozean** ['oːtseaːn] *m* (*-s*; *-e*) océan *m*; ***der Indische ~*** l'océan *m* Indien; ***der Stille ~*** l'océan *m* Pacifique; **~ien** [otse'aːniən] *n* l'Océanie *f*
**Ozon** [o'tsoːn] *n* (*-s*; *sans pl*) ozone *m*; **~alarm** *m* alarme *f* d'ozone; **~loch** *n* trou *m* d'ozone; **~schicht** *f* couche *f* d'ozone; **~wert** *m* taux *m* d'ozone

# P

**p. A.** *abr* ***per Adresse*** aux soins de
**Paar** [paːr] **1.** *n* (*-[e]s*; *-e*) paire *f*; *Personen*, *Tiere* couple *m*; **2. *ein* 2** quelques; ***ein 2 Mal*** plusieurs fois; **'~ung** *zo f* (-; *-en*) accouplement *m*; **'2weise** par couples
**Pacht** [paxt] *f* (-; *-en*) bail *m*; *agr* fermage *m*; **'2en** (*h*) prendre à bail *od* à ferme; **'~vertrag** *m* contrat *m* de fermage; contrat *m* de bail
**Pächter** ['pɛçtər] *jur m* (*-s*; -), **'~in** *f* (-; *-nen*) preneur *m* à bail, fermier *m*, -ière *f*
**Päckchen** ['pɛkçən] *n* (*-s*; -) petit paquet *m*
**Pack|en** ['pakən] *m* (*-s*; -) (gros) paquet *m*; *Briefe*, *Papiere* liasse *f*; **'2en** (*h*) *Koffer*, *Paket* faire; *Waren* emballer; *ergreifen* saisir (***an*** par); *fig mitreißen* captiver; **'~papier** *n* papier *m* d'emballage; **'~ung** *f* (-; *-en*) paquet *m*, boîte *f*
**Pädagog|ik** [pɛda'goːgik] *f* (-; *sans pl*) pédagogie *f*; **2isch** pédagogique
**Paddel** ['padəl] *n* (*-s*; -) pagaie *f*; **'~boot** *n Faltboot* canot *m* pliant; *Kanu* canoë *m*; *Kajak* kayak *m*; **'2n** (*h*) pagayer
**Page** ['paːʒə] *m* (*-n*; *-n*) *im Hotel* groom *m*
**Paket** [pa'keːt] *n* (*-[e]s*; *-e*) paquet *m*; colis *m* postal; **~annahme** *f* réception *f* des colis; **~karte** *f* bulletin *m* d'expédition; **~post** *f* service *m* des colis postaux; **~zustellung** *f* distribution *f* des colis
**Pakistan** ['paːkistaːn] *n* le Pakistan
**Pakt** [pakt] *m* (*-[e]s*; *-e*) pacte *m*
**Palast** [pa'last] *m* (*-[e]s*; *⸚e*) palais *m*
**Palästina** [palɛ'stiːna] *n* (*-s*; *sans pl*) la Palestine
**Palme** ['palmə] *f* (-; *-n*) *bot* palmier *m*; F *fig* ***j-n auf die ~ bringen*** exaspérer qn, F faire monter au cocotier
**Pampelmuse** [pampəl'muːzə] *bot f* (-; *-n*) pamplemousse *m*
**Panama** ['panama] *n* le Panama
**Pandemie** [pande'miː] *f* (-; *-n*) *méd* pandémie *f*
**panier|t** [pa'niːrt] pané; **2mehl** *n* chapelure *f*
**Pan|ik** ['paːnik] *f* (-; *-en*) panique *f*; ***in ~ geraten*** s'affoler; **'2isch *~e Angst*** peur *f* panique
**Panne** ['panə] *f* (-; *-n*) *tech* panne *f*; *Missgeschick* incident *m* fâcheux, gaffe *f* F; ***e-e ~ haben*** être *od* tomber en panne; **'~ndienst** *m* service *m* de dépannage; **'~nhilfe** *auto f* dépannage *m*

**Panther** ['pantər] *zo m* (*-s*; -) panthère *f*
**Pantoffel** [pan'tɔfəl] *m* (*-s*; *-n*) pantoufle *f*
**Pantomim|e** [panto'miːmə] **1.** *f* (-; *-n*) pantomime *f*; **2.** *m* (*-n*; *-n*) mime *m*; **²isch** pantomimique
**Panzer** ['pantsər] *mil* blindé *m*, char *m*, *von Tieren* carapace *f*; *hist od fig* cuirasse *f*; '**~glas** *n* verre *m* pare-balles; '**²n** (*h*) blinder; '**~schrank** *m* coffre-fort *m*
**Papa** ['papa] *m* (*-s*; *-s*) F papa *m*
**Papagei** [papa'gai] *zo m* (*-en*; *-e[n]*) perroquet *m*
**Papaya** [pa'paːja] *f* (-; *-s*) *bot* papaye *f*
**Papier** [pa'piːr] *n* (*-s*; *-e*) papier *m*; **~e** *pl* papiers *m/pl*; **~geld** *n* billets *m/pl* de banque; **~korb** *m* corbeille *f* à papier; **~krieg** *m* paperasserie *f* administrative; **~taschentuch** *n* mouchoir *m* en papier; **~waren** *f/pl* articles *m/pl* de papeterie; **~warengeschäft** *n* papeterie *f*
**Pappe** ['papə] *f* (-; *-n*) carton *m*
**Pappel** ['papəl] *bot f* (-; *-n*) peuplier *m*
**Paprika** ['paprika] *bot m* (*-s*; *-[s]*) poivron *m*; *Gewürz* piment *m*; paprika *m*
**Papst** [paːpst] *m* (*-[e]s*; *⸚e*) pape *m*
**päpstlich** ['pɛːpstliç] papal, pontifical
**Papua-Neuguinea** ['pɑːpua nɔʏgi'neːa] *n* la Papouasie-Nouvelle-Guinée
**Parabel** [pa'raːbəl] *f* (-; *-n*) parabole *f*
**Parade** [pa'raːdə] *mil f* (-; *-n*) revue *f*, défilé *m*; ***die ~ abnehmen*** passer (les troupes) en revue
**Paradies** [para'diːs] *n* (*-es*; *-e*) paradis *m*; **²isch** paradisiaque
**paradox** [para'dɔks] paradoxal
**Paragraph** [para'graːf] *m* (*-en*; *-en*) article *m*; *Absatz* paragraphe *m*
**Paraguay** ['paraguaɪ] *n* le Paraguay
**parallel** [para'leːl] parallèle; **²e** (-; *-n*) *math* parallèle *f* (*wenn fig, dann m*)
**Parasit** [para'ziːt] *m* (*-en*; *-en*) parasite *m*
**Pärchen** ['pɛːrçən] *n* (*-s*; -) couple *m*
**Pardon** [par'dõː] *m* (*-s*; -) *Verzeihung* pardon *m*; *Begnadigung* grâce *f*
**Parfüm** [par'fyːm] *n* (*-s*; *-e*, *-s*) parfum *m*; **~erie** [-ymə'riː] *f* (-; *-n*) parfumerie *f*; **²'ieren** (*pas de -ge-*, *h*) (***sich ~*** se) parfumer
**Paris** [pa'riːs] *n* Paris
**Park** [park] *m* (*-s*; *-s*) parc *m*; '**~anlagen** *f/pl* parc *m*; '**~en** *n* (*-s*; *sans pl*) stationnement *m*; ***~ verboten!*** stationnement interdit!; '**²en** (*h*) stationner, se garer; ***sein Auto ~*** garer sa voiture
**Parkett** [par'kɛt] *n* (*-s*; *-e*) parquet *m*; *Theater* orchestre *m*
'**Park|gebühren** *f/pl* taxe *f* de stationnement; '**~haus** *n* parking *m* à étages; **²ieren** [-kiːrən] (*pas de -ge-*, *h*) *Schweiz* → ***parken***; '**~kralle** *f* sabot *m* de Denver; '**~lücke** *f* créneau *m*; '**~platz** *m* parking *m*, parc *m* de stationnement; ***e-n ~ suchen*** chercher une place pour stationner; '**~scheibe** *f* disque *m* de stationnement; '**~uhr** *f* parcmètre *m*; '**~verbot** *n* défense *f* de stationner; '**~wächter** *m* gardien *m*
**Parlament** [parla'mɛnt] *n* (*-[e]s*; *-e*) Parlement *m*; **²arisch** [-'aːriʃ] parlementaire
**Parole** [pa'roːlə] *f* (-; *-n*) *mil* mot *m* de passe; *pol* slogan *m*
**Partei** [par'tai] *f* (-; *-en*) *pol* parti *m*; *jur* partie *f*; ***für j-n ~ ergreifen*** prendre parti pour qn; **²isch** partial; **²los** *pol* indépendant, non-inscrit; **~mitglied** *n* membre *m* d'un parti; **~tag** *m* congrès *m*, convention *f* (d'un parti)
**Parterre** [par'tɛrə] *n* (*-s*; *-s*) *Theater* parterre *m*; *Erdgeschoss* rez-de-chaussée *m*
**Partie** [par'tiː] *f* (-; *-n*) *Heirats²*; parti *m*; ***mit von der ~ sein*** être de la partie
**Partikel** [par'tiːkəl] *n* (*-s*; -), *f* (-; *-n*) (*Teilchen*), *phys* particule *f*; **~filter** *m* *auto* filtre *m* à particules
**Partisan** [parti'zaːn] *mil m* (*-s*; *-en*; *-en*) partisan *m*
**Partitur** [parti'tuːr] *mus f* (-; *-en*) partition *f*
**Partner** ['partnər] *m* (*-s*; -), '**~in** *f* (-; *-nen*) partenaire *m*, *f*; *comm* associé *m*, -e *f*; '**~schaft** *f* (-; *-en*) association *f*; *Städte²* jumelage *m*; '**~stadt** *f* ville *f* jumelée
**Party** ['paːrti] *f* (-; *-ties*) surprise-partie *f*, F boum *f*; **~service** *m* (*-s*; *-s*) traiteur *m*
**Pass** [pas] *m* (*-es*; *⸚e*) *Gebirgs²* col *m*; *Reise²* passeport *m*; *Sport* passe *f*
**Passage** [pa'zaːʒə] *f* (-; *-n*) passage *m*
**Passagier** [pasa'ʒiːr] *m* (*-s*; *-e*) passa-

ger *m*; **~flugzeug** *n* avion *m* de transport de passagers, avion *m* de ligne

**Passant** [pa'sant] *m* (*-en*; *-en*), **~in** *f* (-; *-nen*) passant *m*, -e *f*, piéton *m*, -ne *f*

'**Passbild** *n* photo *f* d'identité

**passen** ['pasən] (*h*) *das bestimmte Maß haben* être juste, aller (bien); *genehm sein* convenir (***j-m*** à qn); **~ *zu*** aller avec; ***sie ~ gut zueinander*** ils vont bien ensemble; ***passt es Ihnen morgen?*** est-ce que cela vous convient demain?; ***das passt mir gar nicht*** ça ne me va *od* convient pas du tout; ***das passt nicht zu ihm*** ce n'est pas son genre; '**~d** juste; convenable, approprié, opportun

**passieren** [pa'siːrən] **1.** *v/t* (*h*) *Ort* passer; **2.** *v/i* (*sn*) *sich ereignen* se passer, se produire, arriver

**Passion** [pa'sjoːn] *f* (-; *-en*) passion *f*; *rel* Passion *f*

**passiv** ['pasiːf] **1.** passif; **2.** '**≗** *gr n* (*-s*; *-e*) passif *m*; **≗ität** [-ivi'tɛːt] *f* (-; *sans pl*) passivité *f*

'**Pass|kontrolle** *f* contrôle *m* des passeports; '**~straße** *f* route *f* de col; '**~wort** *n* mot *m* de passe

'**Paste** [pastə] *f* (-; *-n*) pâte *f*

**Pastell** [pa'stɛl] *n* (-[*e*]*s*; *-e*) pastel *m*

**Pastete** [pa'steːtə] *f* (-; *-n*) pâté *m*

**Pastor** ['pastoːr] *égl m* (*-s*; *-en*) pasteur *m*

**Pat|e** ['paːtə] *m* (*-n*; *-n*), '**~in** *f* (-; *-nen*) parrain *m*, marraine *f*; '**~enkind** *n* filleul *m*, -e *f*; '**~enschaft** *f* (-; *-en*) parrainage *m*; ***die ~ für etw übernehmen*** parrainer qc

**Patent** [pa'tɛnt] *n* (-[*e*]*s*; *-e*) brevet *m*; **~amt** *n* office *m* des brevets; **≗'ieren** (*pas de -ge-*, *h*) breveter

**Pater** ['paːtər] *égl m* (*-s*; -, *Patres*) père *m*

**pathetisch** [pa'teːtiʃ] pompeux, solennel

**Patient** [pa'tsjɛnt] *m* (*-en*; *-en*), **~in** *f* (-; *-nen*) malade *m*, *f*, client *m*, -e *f*, patient *m*, -e *f*

**Patriarch** [patri'arç] *m* (*-en*; *-en*) patriarche *m*; **≗alisch** [-'çaːliʃ] patriarcal

**Patriot** [patri'oːt] *m* (*-en*; *-en*), **~in** *f* (-; *-nen*) patriote *m*, *f*; **≗isch** patriotique; *Person* patriote; **~ismus** [-'tismus] *m* (-; *sans pl*) *m* patriotisme *m*

**Patrone** [pa'troːnə] *f* (-; *-n*) cartouche *f*

**Patrouill|e** [pa'truljə] *f* (-; *-n*) patrouille *f*; **≗'ieren** (*pas de -ge-*, *h*) patrouiller

**Pauke** ['paukə] *mus f* (-; *-n*) timbale *f*

**pauschal** [pau'ʃaːl] *comm* forfaitaire; *fig* global; *adv* à forfait; *fig* globalement, en bloc; **≗e** *f* (-; *-n*) somme *f* forfaitaire; **≗reise** *f* voyage *m* à forfait; **≗urteil** *n* jugement *m* sommaire

**Pause** ['pauzə] *f* (-; *-n*) pause *f*; *Schule* récréation *f*; *Theater* entracte *m*; '**≗nlos** ininter rompu, sans cesse

**Pavian** ['paːviaːn] *zo m* (*-s*; *-e*) babouin *m*

**Pazifi|k** [pa'tsiːfik] *m* (*-s*; *sans pl*) Pacifique *m*; **~sch *der ~e Ozean*** l'océan *m* Pacifique

**Pazifis|mus** [patsi'fismus] *m* (-; *sans pl*) pacifisme *m*; **~t** *m* (*-en*; *-en*), **~tin** *f* (-; *-nen*) *m* pacifiste *m*, *f*; **≗tisch** pacifiste

**PC** [peː'tseː] *m abr* ***Personal Computer*** micro(-ordinateur) *m*

**PDS** *f abr* ***Partei des Demokratischen Sozialismus*** parti allemand de gauche

**Pech** [pɛç] *n* (*-s*; *-e*) poix *f*; *Unglück* malchance *f*, poisse *f* F, guigne *f* F

**Pedal** [pe'daːl] *n* (*-s*; *-e*) pédale *f*

**Pedant** [pe'dant] *m* (*-en*; *-en*) homme *m* tatillon, F coupeur *m* de cheveux en quatre; **≗isch** pointilleux, tatillon, formaliste

**Pegel** ['peːgəl] *m* (*-s*; -) échelle *f* fluviale; '**~stand** *m* niveau *m* de l'eau

**peilen** ['pailən] (*h*) relever; *Wassertiefe* sonder

**pein|igen** ['painigən] (*h*) tourmenter, torturer; '**~lich** fâcheux, embarrassant, gênant; **~ *genau*** méticuleux; ***es war mir ~*** j'avais honte

**Peitsche** ['paitʃə] *f* (-; *-n*) fouet *m*

**Peking** ['peːkiŋ] *n* Pékin

**Pell|e** ['pɛlə] *f* (-; *-n*) *Frucht* pelure *f*; *Wurst* peau *f*; '**≗en** (*h*) éplucher, peler; '**~kartoffeln** *f/pl* pommes de terre *f/pl* en robe de chambre *od* en robe des champs

**Pelz** [pɛlts] *m* (*-es*; *-e*) fourrure *f*; '**~geschäft** *n* pelleterie *f*; '**~mantel** *m* manteau *m* de fourrure

**Pendel** ['pɛndəl] *n* (*-s*; -) pendule *m*; *Uhr* balancier *m*; '**≗n** (*h*) osciller; *Bus, Person* faire la navette; '**~verkehr** *m* navette *f*

**Pendler** ['pɛntlər] *m* (*-s*; -) personne *f* qui fait la navette entre son domicile et son lieu de travail

**penetrant** [pene'trant] *Geruch* pénétrant; *Person* gênant, agaçant

**Penis** ['peːnis] *m* (-; *-se*) pénis *m*

**Penizillin** [penitsi'liːn] *phm n* (*-s*; *-e*) pénicilline *f*

**penn|en** ['pɛnən] (*h*) F roupiller, pioncer; '**≈er** *m* (*-s*; -) F clochard *m*

**Pension** [pɛn'zjoːn] *f* (-; *-en*) pension *f*; *Ruhegehalt a* retraite *f*; **~är** [-'nɛːr] *m* (*-s*; *-e*), **~'ärin** *f* (-; *-nen*) retraité *m*, -e *f*; pensionné *m*, -e *f*; **≈'ieren** (*pas de -ge-*, *h*) mettre à la retraite; ***sich ~ lassen*** demander sa mise à la retraite; **~'ierung** *f* (-; *-en*) mise *f* à la retraite; **≈'iert** en retraite, retraité; **~sgast** *m* hôte *m* d'une pension, pensionnaire *m*, *f*

**per** [pɛr] *prép* (*acc*) par

**perfekt 1.** [pɛr'fɛkt] parfait; ***die Sache ist ~*** l'affaire est dans le sac; **2. ≈** ['pɛrfɛkt] *gr n* (*-s*; *-e*) passé *m* composé; ***historisches ~*** passé *m* simple

**Period|e** [per'joːdə] *f* (-; *-n*) période *f*; *der Frau* règles *f/pl*; **≈isch** périodique

**Peripherie** [perife'riː] *f* (-;*-n*) périphérie *f*; **~geräte** *n/pl EDV* périphériques *m/pl*

**Perl|e** ['pɛrlə] *f* (-; *-n*) perle *f* (*a fig*); '**~enkette** *f* collier *m* de perles; **~mutt** [-'mut] *n* (*-s*; *sans pl*) nacre *f*

**Pers|er** ['pɛrzər] *m* (*-s*; -) Persan *m*; *hist* Perse *m*; *Teppich* tapis *m* de Perse; **~ien** ['-zjən] *n* (*-s*; *sans pl*) la Perse; '**≈isch** persan; *hist* perse; *géogr* ***der ≈e Golf*** le golfe Persique

**Person** [pɛr'zoːn] *f* (-; *-en*) personne *f*; *Theater* personnage *m*; ***ich für meine ~*** quant à moi; ***ein Tisch für drei ~en*** une table pour trois (personnes)

**Personal** [pɛrzo'naːl] *n* (*-s*; *sans pl*) personnel *m*; **~abbau** *m* réduction *f* du personnel; **~abteilung** *f* service *m* du personnel; **~ausweis** *m* carte *f* d'identité; **~chef** *m* chef *m* du personnel; **~ien** [-jən] *pl* identité *f*; **~mangel** *m* manque *m* de personnel; **~vertretung** *f* représentation *f* des employés

**Per'sonen|(kraft)wagen** (*abr* ***PKW***) *m* voiture *f* particulière *od* de tourisme; **~zug** *m* train *m* de voyageurs, omnibus *m*

**persönlich** [pɛr'zøːnliç] personnel; *leibhaftig* en personne; **≈keit** *f* (-; *-en*) personnalité *f*; *bedeutender Mensch* personnage *m*

**Perspektive** [pɛrspɛk'tiːvə] *f* (-; *-n*) perspective *f*

**Peru** [pe'ruː] *n* le Pérou

**Perücke** [pɛ'rykə] *f* (-; *-n*) perruque *f*

**Pessimis|mus** [pɛsi'mismus] *m* (-; *sans pl*) pessimisme *m*; **~t** *m* (*-en*; *-en*), **~tin** *f* (-; *-nen*) pessimiste *m*, *f*; **≈tisch** pessimiste

**Peter** ['peːtər] *m* (*-s*; *-s*) Pierre *m*

**Petersilie** [peːtər'ziːljə] *bot f* (-; *-n*) persil *m*

**Petrochemie** ['petro-] *f* pétrochimie *f*

**Petroleum** [pe'troːleum] *n* (*-s*; *sans pl*) pétrole *m*

**Pf.** *hist abr* ***Pfennig*** pfennig

**Pfad** [pfaːt] *m* (-[*e*]*s*; *-e*) sentier *m*; '**~finder** *m* (*-s*; -), '**~finderin** *f* (-; *-nen*) scout *m*, guide *f*, éclaireur *m*, -euse *f*

**Pfahl** [pfaːl] *m* (-[*e*]*s*; *¨e*) pieu *m*, poteau *m*

**Pfalz** [pfalts] (-; *sans pl*) *géogr* ***die ~*** le Palatinat

**Pfand** [pfant] *n* (-[*e*]*s*; *¨er*) gage *m*; *comm* consigne *f*; '**~brief** *écon m* obligation *f* hypothécaire

**pfänden** ['pfɛndən] (*h*) saisir

'**Pfand|flasche** *f* bouteille *f* consignée; '**~haus** *n* mont-de-piété *m*

**Pfändung** ['pfɛnduŋ] *jur f* (-; *-en*) saisie *f*

**Pfann|e** ['pfanə] *f* (-; *-n*) poêle *f*; '**~kuchen** *m* crêpe *f*; ***Berliner ~*** beignet *m* (à la confiture)

**Pfarr|bezirk** ['pfar-] *m* paroisse *f*; '**~er** *m* (*-s*; -) *katholischer* curé *m*; *evangelischer* pasteur *m*

**Pfau** [pfau] *m* (-[*e*]*s*; *-en*; -[*e*]*n*) paon *m*

**Pfd.** *abr* ***Pfund*** livre

**Pfeffer** ['pfɛfər] *m* (*-s*; -) poivre *m*; '**~minze** [-mintsə] *bot f* (-; *sans pl*) menthe *f*

**Pfeife** ['pfaifə] *f* (-; *-n*) sifflet *m*; *Tabaks≈* pipe *f*; *Orgel≈* tuyau *m*; '**≈n** (*pfiff*, *gepfiffen*, *h*) siffler; F ***~ auf*** se moquer de, se ficher de

**Pfeil** [pfail] *m* (-[*e*]*s*; *-e*) flèche *f*

**Pfeiler** ['pfailər] *arch m* (*-s*; -) pilier *m*

**Pfennig** ['pfɛniç] *m* (*-s*; *-e*) *hist* pfennig *m*; ***keinen ~ haben*** n'avoir pas le sou, être sans le sou

**Pferd** [pfɛrt] *m* (-[*e*]*s*; -*e*) cheval *m*; *Turnen* chaval *m* d'arçons; ***zu ~*** à cheval; ***aufs ~ steigen*** monter à cheval
**Pferde|rennen** ['pfɛrdə-] *n* course *f* de chevaux; '**~schwanz** *m* queue *f* de cheveal (*a Frisur*); '**~sport** *m* hippisme *m*; '**~stall** *m* écurie *f*; '**~stärke** *tech f* (*abr* ***PS***) cheval-vapeur *m* (*abr* Ch)
**Pfifferling** ['pfifərliŋ] *bot m* (-*s*; -*e*) chanterelle *f*, girolle *f*
**Pfingst|en** ['pfiŋstən] *n* (-; -) la Pentecôte; '**~rose** *bot f* pivoine *f*
'**Pfirsich** [pfirziç] *bot m* (-*s*; -*e*) pêche *f*; '**~baum** *m* pêcher *m*
'**Pflanze** [pflantsə] *f* (-; -*n*) plante *f*; '**⁀n** (*h*) planter
**pflanz|lich** ['pflantsliç] végétal; '**⁀ung** *f* (-; -*en*) plantation *f*
**Pflaster** ['pflastər] *n* (-*s*; -) *méd* pansement *m* (adhésif); *Straßen⁀* pavé *m*; '**⁀n** (*h*) *Straße* paver; '**~stein** *m* pavé *m*
**Pflaume** ['pflaumə] *bot f* (-; -*n*) prune *f*; '**~nbaum** *bot m* prunier *m*
**Pflege** ['pfle:gə] *f* (-; *sans pl*) soins *m/pl* (*a méd*); *von Gegenständen* entretien *m*; *der Künste etc* culture *f*; ***in ~ nehmen*** se charger de; '**⁀bedürftig** qui réclame des soins; '**~fall** *m* malade *m* nécessitant des soins constants; '**~heim** *n* hospice *m*; '**⁀leicht** d'un entretien facile; '**~mutter** *f* nourrice *f*
**pfleg|en** ['pfle:gən] (*h*) soigner; *Gegenstand, Beziehungen* entretenir; *Begabung, Künste* cultiver; ***etw zu tun ~*** avoir l'habitude de faire qc; '**⁀er** *m* (-*s*; -), '**⁀erin** *f* (-; -*nen*) *Kranken⁀(in)* infirmier *m*, -ière *f*
**Pflicht** [pfliçt] *f* (-; -*en*) devoir *m* (***gegenüber*** envers); ***es ist meine ~ zu ...*** il est de mon devoir de ...; '**⁀bewusst** conscient de son devoir; '**~erfüllung** *f* accomplissement *m* de son devoir; '**⁀gemäß**, '**⁀getreu** conforme, fidèle au devoir; '**~umtausch** *m* obligation *f* de change; '**~versicherung** *f* assurance *f* obligatoire
**pflücken** ['pflykən] (*h*) cueillir
**Pflug** [pflu:k] *m* (-[*e*]*s*; ⸚*e*) charrue *f*
**pflügen** ['pfly:gən] (*h*) labourer
**Pforte** ['pfɔrtə] *f* (-; -*n*) porte *f*
**Pförtner** ['pfœrtnər] *m* (-*s*; -), '**~in** *f* (-; -*nen*) portier *m*, concierge *m*, *f*
**Pfosten** ['pfɔstən] *m* (-*s*; -) poteau *m*
**Pfote** ['pfo:tə] *f* (-; -*n*) patte *f*
'**pfropfen** (*h*) *Baum* greffer; *stopfen* fourer (***in*** dans); ***gepfropft voll*** bondé
**Pfropf(en)** ['pfrɔpf(ən)] *m* (-[*e*]*s*; -*e*/-*s*; -) bouchon *m*, tampon *m*
**pfui** ['pfui] pouah!; '**⁀rufe** *m/pl* huées *f/pl*
**Pfund** [pfunt] *n* (-[*e*]*s*; -*e*) livre *f* (*a Währung*)
'**pfuschen** [pfuʃən] (*h*) F bâcler, bousiller
**Pfütze** ['pfytsə] *f* (-; -*n*) flaque *f* (d'eau)
**Phänomen** [fɛno'me:n] *n* (-*s*; -*e*) phénomène *m*; **⁀al** [-e'na:l] phénoménal
**Phanta'sie** → ***Fantasie***
**Phan'tast** → ***Fantast***
**pharmazeutisch** [farma'tsɔʏtiʃ] pharmaceutique
**Phase** ['fa:zə] *f* (-; -*n*) phase *f*
**Philippinen** [filɪ'pi:nən] *pl* ***die ~*** les Philippines
**Philosoph** [filo'so:f] *m* (-*en*; -*en*) philosophe *m*; **~ie** [-o'fi:] *f* (-; -*n*) philosophie *f*; **⁀'ieren** (*pas de -ge-, h*) philosopher; **~in** *f* (-; -*nen*) philosophe *f*; **⁀isch** philosophique
**Phlegma** ['flegma] *n* (-*s*; *sans pl*) flegme *m*; **⁀tisch** [-'ma:tiʃ] flegmatique, lymphatique
**Phon|etik** [fo'ne:tik] *f* (-; *sans pl*) phonétique *f*; **⁀etisch** phonétique; **~stärke** ['fon-] *f* niveau *m* acoustique
**Phosphor** ['fɔsfɔr] *chim m* (-*s*; *sans pl*) phosphore *m*
**Photo(...)** ['fo:to] → ***Foto***(...)
**Phrase** ['fra:zə] *f* (-; -*n*) phrase *f* (*a péj*)
**Physik** [fy'zi:k] *f* (-; *sans pl*) physique *f*; **⁀alisch** [-i'ka:liʃ] physique, de (la) physique; '**~er** *m* (-*s*; -), '**~erin** *f* (-; -*nen*) physicien *m*, -ne *f*
**physisch** ['fy:ziʃ] physique
**Pianist** [pia'nist] *m* (-*en*; -*en*), **~in** *f* (-; -*nen*) pianiste *m*, *f*
**Pickel** ['pikəl] *m* (-*s*; -) *méd* bouton *m*; *Werkzeug* pic *m*; *Eis⁀* piolet *m*
**picken** ['pikən] (*h*) becqueter, picoter, picorer
**Picknick** ['piknik] *n* (-*s*; -*s*) pique-nique *m*; '**⁀en** (*h*) pique-niquer
**Pietät** [pie'tɛt] *f* (-; *sans pl*) piété *f*, respect *m*
**Pik** [pi:k] *n* (-*s*; -*s*) *Karten* pique *m*
**pikant** [pi'kant] *cuis* épicé, relevé; *fig* croustillant, osé
**Pilger** ['pilgər] *m* (-*s*; -) pèlerin *m*;

'**~fahrt** *f* pèlerinage *m*; '**≈n** (*h*) aller en pèlerinage
**Pille** ['pilə] *f* (-; *-n*) pilule *f*
**Pilot** [pi'loːt] *aviat m* (*-en*; *-en*) pilote *m*
**Pilz** [pilts] *m* (*-es*; *-e*) champignon *m*
**PIN** [pin] *f* (-; *-s*) *abr* ***persönliche Identifikationsnummer*** *zum Geldabheben* code *m* confidentiel
**pingelig** ['piŋəliç] F tatillon, pointilleux
**Pinguin** ['piŋguiːn] *zo m* (*-s*; *-e*) manchot *m*, pingouin *m*
**Pinie** ['piːnjə] *bot f* (-; *-n*) pin *m* (parasol)
**pinkeln** ['piŋkəln] (*h*) F faire pipi, pisser P
**Pinsel** ['pinzəl] *m* (*-s*; -) pinceau *m*
**Pinzette** [pin'tsɛtə] *f* (-; *-n*) pince *f* (à épiler)
**Pionier** [pio'niːr] *m* (*-s*; *-e*) soldat *m* du génie; *fig* pionnier *m*
**Pirat** [pi'raːt] *m* (*-en*; *-en*) pirate *m*
**Piste** ['pistə] *f* (-; *-n*) piste *f*
**Pistole** [pis'toːlə] *f* (-; *-n*) pistolet *m*
**Pizza** ['pitsa] *f* (-; *-s*, *Pizzen*) pizza *f*
**Pizzeria** [pitse'riːa] *f* (-; *-s*, *–rien*) pizzeria *f*
**Pkt.** *abr* ***Punkt*** point
**Pkw** ['peːkaːveː] *m* (-[*s*]; -[*s*]) *abr* ***Personenkraftwagen*** voiture particulière
**placieren** → ***platzieren***
**Plackerei** [plakə'rai] *f* (-; *-en*) F corvée *f*
**plädieren** [plɛ'diːrən] (*pas de -ge-*, *h*) plaider (***für*** pour)
**Plädoyer** [plɛdoa'jeː] *n* (*-s*; *-s*) *jur* plaidoirie *f*; *des Staatsanwalts* réquisitoire *m*; *fig* plaidoyer *m*
**Plage** ['plaːgə] *f* (-; *-n*) fléau *m*; '**≈n** (*h*) tourmenter, tracasser; ***sich ~*** s'esquinter, s'échiner
**Plakat** [pla'kaːt] *n* (-[*e*]*s*; *-e*) affiche *f*
**Plan** [plaːn] *m* (-[*e*]*s*; *⸚e*) plan *m*; *Vorhaben* projet *m*
**Plane** ['plaːnə] *f* (-; *-n*) bâche *f*
**plan|en** ['plaːnən] (*h*) projeter; *écon* planifier; '**≈er** *m* (*-s*; -) plannificateur *m*; projeteur *m*
**Planet** [pla'neːt] *m* (*-en*; *-en*) planète *f*
**planier|en** [pla'niːrən] (*pas de -ge-*, *h*) aplanir, niveler; **≈raupe** *f* bulldozer *m*
'**plan|los** sans méthode, sans but, irréfléchi; '**~mäßig** méthodique, systématique; *Ankunft* comme prévu; *Zug* régulier
**Plansch|becken** ['planʃ-] *n* bassin *m* pour enfants; '**≈en** (*h*) barboter, patauger
**Plantage** [plan'taːʒə] *f* (-; *-n*) plantation *f*
**Plan|ung** ['plaːnuŋ] *f* (-; *-en*) planification *f*; '**~wirtschaft** *f* dirigisme *m*, économie *f* dirigée *od* planifiée
**Plastik**[1] ['plastik] *f* (-; *-en*) *Kunstwerk* sculpture *f*; *Bildhauerkunst* plastique *f*
'**Plastik**[2] *n* (*-s*; *sans pl*) plastique *m*; '**~tüte** *f* sac *m* en plastique
**plastisch** ['plastiʃ] plastique; en relief, à trois dimensions; *bildhaft* imagé
**Platane** [pla'taːnə] *bot f* (-; *-n*) platane *m*
**Platin** ['plaːtin] *n* (*-s*; *sans pl*) platine *m*
**platt** [plat] (*a fig geistlos*); aplati; *Reifen* crevé, à plat; F ***e-n ≈en haben*** avoir crevé; F ***da war er ~*** il en est resté baba
'**Plattdeutsch** *n* bas allemand *m*
**Platte** ['platə] *f* (-; *-n*) *Metall*, *Glas* plaque *f*; *Stein* dalle *f*; *Schall≈* disque *m*; *cuis* plat *m*; ***kalte ~*** assiette *f* anglaise
'**Platten|spieler** *m* tourne-disque *m*; '**~teller** *m* platine *f*
'**Plattform** *f* plate-forme *f*
**Platz** [plats] *m* (*-es*; *⸚e*) place *f*; *Sport≈* terrain *m*; ***~ nehmen*** prendre place; ***nehmen Sie ~!*** veuillez vous asseoir!; ***~ machen für*** céder la place à; '**~anweiserin** *f* (-; *-nen*) ouvreuse *f*
**Plätzchen** ['plɛtsçən] *n* (*-s*; -) petite place *f*; *Gebäck* petit gâteau *m*; biscuit *m*
**platz|en** ['platsən] (*sn*) éclater, crever; *fig Vorhaben* rater; ***vor Neid ~*** crever de jalousie; '**≈karte** *f* réservation *f*; '**≈patrone** *f* cartouche *f* à blanc; '**≈regen** *m* pluie *f* battante; '**≈verweis** *m* *Sport* expulsion *f*; '**≈wunde** *f* plaie *f*
**platzier|en** [pla'tsiːrən] (*pas de -ge-*, *h*) *Sport* (***sich ~*** se) placer; **≈ung** *f* (-; *-en*) placement *m*
**plaudern** ['plaudərn] (*h*) causer
**Pleite** ['plaitə] **1.** *f* (-; *-n*) faillite *f*; *fig* échec *m*, fiasco *m*; **2.** '**≈** en faillite; F *ohne Geld* fauché
**Plom|be** ['plɔmbə] *f* (-; *-n*) plomb *m*; *Zahn≈* plombage *m*, obturation *f*; **≈'bieren** (*pas de -ge-*, *h*) plomber
**plötzlich** ['plœtsliç] soudain, subit; *adv* tout à coup, soudain(ement), brusquement

**plump** [plʊmp] grossier, lourdaud
**Plural** ['plu:ra:l] *gr m (-s; sans pl)* pluriel *m*; **2'istisch** pol pluraliste
**plus** [plʊs] **1.** plus; **2. 2** *n (-; -) Mehrbetrag* excédent *m*; *Gewinn* bénéfice *m*; *Vorteil* avantage *m*
**Plusquamperfekt** ['pluskvampɛrfɛkt] *gr n (-s; -e)* plus-que-parfait *m*
**PLZ** *f abr* ***Postleitzahl*** code postal
**Po** [po:] F *m (-s; -s)* derrière *m*
**Pöbel** ['pø:bəl] *m (-s; sans pl)* populace *f*
**pochen** ['pɔxən] *(h) Herz* battre (violemment); *fig* ***auf etw ~*** se prévaloir de qc
'**Pocken** [pɔkən] *med pl* variole *f*; '**~(schutz)impfung** *f* vaccination *f* antivariolique
**Podium** ['po:dium] *n (-s; Podien)* podium *m*, estrade *f*; '**~sgespräch** *n* débat *m* en public
**Poesie** [poe'zi:] *f (-; -n)* poésie *f*
**Poet** [po'e:t] *m (-en; -en)* poète *m*; **2isch** poétique
**Pointe** [po'ɛ̃tə] *f (-; -n)* sel *m*, piquant *m*
**Pokal** [po'ka:l] *m (-s; -e)* coupe *f*
**Poker** ['po:kər] *n (-s; sans pl)* poker *m*; '**2n** *(h)* jouer au poker
**Pol** [po:l] *m (-s; -e)* pôle *m*; **2ar** [po'la:r] polaire
**Pol|e** ['po:lə] *m (-n; -n)*, '**~in** *f (-; -nen)* Polonais *m*, -e *f*
**Polemi|k** [po'le:mik] *f (-; -en)* polémique *f*; **2sch** polémique; **2sieren** [-emi'zi:rən] *(pas de -ge-, h)* polémiquer
**Polen** ['po:lən] *n (-s; sans pl)* la Pologne
**polieren** [po'li:rən] *(pas de -ge-, h)* faire briller, astiquer
**Politesse** [poli'tɛsə] *f (-; -n)* contractuelle *f*
**Polit|ik** [poli'ti:k] *f (-; sans pl)* politique *f*; **~iker** [po'li:tikər] *m (-s; -)*, **~ikerin** *f (-; -nen)* homme *m* politique, politicien *m*, -ne *f*; **2isch** [-'li:tiʃ] politique; **2isieren** [-iti'zi:rən] *(pas de -ge-, h)* parler politique; *Angelegenheit* politiser
**Politur** [poli'tu:r] *f (-; -en) Glanz* poli *m*; *Pflegemittel* encaustique *f*
**Polizei** [poli'tsai] *f (-; -en)* police *f*; **~beamte** *m* agent *m* de police; **2lich** (par mesure) de police; ***~es Kennzeichen*** numéro *m* minéralogique; **~präsident** *m* préfet *m* de police; **~revier** *n* commissariat *m* de police; **~schutz** *m* ***unter ~*** sous la protection de la police; **~staat** *m* État *m* policier; **~streife** *f* patrouille *f* de police; **~stunde** *f* heure *f* de clôture; **~wache** *f* commissariat *m* de police
**Polizist** [poli'tsist] *m (-en; -en)* agent *m* de police, policier *m*, F flic *m*; **~in** *f (-; -nen)* femme *f* agent de police
**polnisch** ['pɔlniʃ] polonais
**Polster** ['pɔlstər] *n (-s; -)* rembourrage *m*; '**~er** *m (-s; -)* tapissier *m*; '**~möbel** *pl* meubles *m/pl* rembourrés; '**2n** *(h)* rembourrer, capitonner
**Polynesien** [poly'ne:ziən] *n* la Polynésie
**Pommern** ['pɔmərn] *n* la Poméranie
**Pommes frites** [pɔm'frit] *pl* frites *f/pl*
**pompös** [pɔm'pø:s] pompeux, fastueux
**Pony**[1] ['pɔni] *zo n (-s; -s)* poney *m*
'**Pony**[2] *m (-s; -s) Frisur* frange *f*
**Pool** [pu:l] *m (-s; -s)* pool *m*; groupement *m*; '**~billard** *n* billard *m* américain
**Pop|musik** ['pɔp-] *f* musique *f* pop; '**~sänger** *m*, '**~sängerin** *f* chanteur *m* pop, chanteuse *f* pop
**popul|är** [popu'lɛ:r] populaire; **2arität** [-ari'tɛ:t] *f (-; sans pl)* popularité *f*
**Porno** ['pɔrno-] *in Zssgn …* porno
**porös** [po'rø:s] poreux
**Porree** ['pɔre] *bot m (-s; -s)* poireau *m*
**Portal** [pɔr'ta:l] *n (-s; -e)* portail *m*
**Portemonnaie** [pɔrtmɔ'nɛ:] *n (-s; -s)* porte-monnaie *m*, bourse *f*
**Portion** [pɔr'tsjo:n] *f (-; en)* portion *f*; dose *f*
**Porto** ['pɔrto] *n (-s; -s, Porti)* port *m*; '**2frei** franc(o) de port
**Porträt** [pɔr'trɛ:] *n (-s; -s)* portrait *m*; **2ieren** [-ɛ'ti:rən] *(pas de -ge-, h)* faire le portrait de
**Portu|gal** ['pɔrtugal] *n (-s; sans pl)* le Portugal; **~giese** [-'gi:zə] *m (-n; -n)*, **~'giesin** *f (-; -nen)* Portugais *m*, -e *f*; **2'giesisch** portugais
**Portwein** ['pɔrt-] *m* porto *m*
**Porzellan** [pɔrtsɛ'la:n] *n (-s; -e)* porcelaine *f*
**Posaune** [po'zaunə] *mus f (-; -n)* trombone *m*

**Position** [pozi'tsjo:n] *f* (-; *-en*) position *f*; *beruflich* situation *f*
**positiv** ['po:ziti:f] positif
**Post®** [pɔst] *f* (-; *sans pl*) poste *f*; *Briefe* courrier *m*; ***zur ~ bringen*** poster; **≈alisch** [-'ta:liʃ] postal
**Post|amt** *n* bureau *m* de poste; **'~anweisung** *f* mandat-poste *m*; **'~beamte** *m*, **'~beamtin** *f* employé *m*, -e *f* des postes; **'~bote** *m*, **'~botin** *f* facteur *m*, factrice *f*; *offiziell* préposé *m*, -e *f*
**Posten** ['pɔstən] *m* (*-s*; -) *berufliche Stellung* poste *m*, situation *f*, emploi *m*; *Amt* charge *f*; *mil* sentinelle *f*; *Streik≈* piquet *m* de grève; *Waren* lot *m*; *fig* ***auf dem ~ sein*** être en forme; *wachsam* être sur le qui-vive
**'Postfach** *n* boîte *f* postale
**'Post|karte** *f* carte *f* postale; **'≈lagernd** poste *f* restante; **'~leitzahl** *f* code *m* postal; **'~scheck** *m* chèque *m* postal; **'~scheckkonto** *n hist* compte *m* chèque postal; **'~sparbuch** *n* livret *m* d'épargne postal; **'~sparkasse** *f* caisse *f* nationale d'épargne; **'~stempel** *m* cachet *m* de la poste; ***Datum des ~s*** date *f* de la poste; **'≈wendend** par retour du courrier; **'~wertzeichen** *n* timbre-poste *m*; **'~wurfsendung** *f* envoi *m* postal collectif
**Potenz** [po'tɛnts] *f* (-; *-en*) *math* puissance *f*; *männliche* virilité *f*
**pp., ppa.** *abr* ***per procura*** par procuration
**Pracht** [praxt] *f* (-; *sans pl*) magnificence *f*, splendeur *f*, somptuosité *f*
**prächtig** ['prɛctiç] magnifique, splendide, somptueux
**Prädikat** [prɛdi'ka:t] *n* (-[*e*]*s*; *-e*) *gr* verbe *m*; *Auszeichnung* mention *f*, distinction *f*
**Präfekt** [prɛ'fɛkt] *m* (*-en*; *-en*) préfet *m*; **~ur** [-ɛk'tu:r] *f* (-; *-en*) préfecture *f*
**Prag** [prɑ:k] *n* Prague
**prägen** ['prɛ:gən] (*h*) *Münzen* frapper; *fig* marquer de son empreinte, empreindre; *Wort* créer
**prahl|en** ['pra:lən] (*h*) se vanter (***mit*** de); **≈erei** [-ə'rai] *f* (-; *-en*) vantardise *f*, fanfaronnade *f*; **'~erisch** vantard, fanfaron
**Prakti|kant** [prakti'kant] *m* (*-en*; *-en*), **~'kantin** *f* (-; *-nen*) stagiaire *m*, *f*; **'~ken** ['-kən] *f/pl* pratiques *f/pl*; **'~kum** ['-kum] *n* (*-s*;*Praktika*) stage *m*; **'≈sch** pratique; ***~er Arzt*** (médecin *m*) généraliste *m*; **≈zieren** [-'tsi:rən] (*pas de -ge-*, *h*) pratiquer, mettre en pratique; *Arzt* exercer
**Praline** [pra'li:nə] *f* (-; *-n*) (crotte *f* en) chocolat *m*
**prallen** ['pralən] (*sn*) ***gegen etw ~*** se heurter contre qc
**Prämie** ['prɛ:mjə] *f* (-; *-n*) prime *f*
**Präparat** [prɛpa'ra:t] *n* (-[*e*]*s*; *-e*) préparation *f*
**Präposition** [prɛpozi'tsjo:n] *gr f* (-; *-en*) préposition *f*
**Präsens** ['prɛzəns] *gr n* (-; *Präsentia* [prɛ'zɛntsja]) présent *m*
**präsentieren** [prɛzɛn'ti:rən] (*pas de -ge-*, *h*) (***sich ~*** se) présenter
**Präservativ** [prɛzɛrva'ti:f] *n* (*-s*; *-e*) préservatif *m*
**Präsident** [prɛzi'dɛnt] *m* (*-en*; *-en*), **~in** *f* (-; *-nen*) président *m*, -e *f*; **~schaft** *f* (-; *-en*) présidence *f*
**präsid|ieren** [prɛzi'di:rən] (*pas de -ge-*, *h*) présider (***in e-r Versammlung*** une assemblée); **≈ium** [-'zidjum] *n* (*-s*; *Präsidien*) *Gremium* comité *m* directeur; *Vorsitz* présidence *f*
**Praxis** ['praksis] *f* (-; *Praxen*) *praktische Erfahrung* pratique *f*; *Arzt- u Anwalts≈* cabinet *m*; *Kundenkreis* clientèle *f*; **~gebühr** *f méd* frais *m/pl* de consultation
**Präzedenzfall** [prɛtse'dɛnts-] *m* précédent *m*
**präzis** [prɛ'tsi:s] précis; **≈ion** [-i'zjo:n] *f* (-; *sans pl*) précision *f*
**predig|en** ['pre:digən] (*h*) prêcher; **'≈t** ['-diçt] *f* (-; *-en*) sermon *m*
**Preis** [prais] *m* (*-es*, *-e*) prix *m*; ***um jeden*** (***keinen***) ***~*** à tout (aucun) prix; **'~ausschreiben** *n* concours *m*
**Preiselbeere** ['praizəl-] *bot f* airelle *f* rouge
**preisen** ['praizən] (*pries*, *gepriesen*, *h*) vanter, louer
**Preis|erhöhung** ['prais?-] *f* majoration *f* des prix; **'~ermäßigung** *f* réduction *f od diminution f des prix*; **'≈geben** (*irr*, *sép*, *-ge-*, *h*, → ***geben***) abandonner, livrer (*a Geheimnis*); **'≈günstig** (à un prix) avantageux; **'~index** *m* indice *m* des prix; **'~lage** *f* ***in dieser ~*** dans ces prix; **'~liste** *f* liste *f* des prix;

'**~nachlass** *m* rabais *m*, remise *f*; '**~richter** *m* juge *m* d'un concours; '**~senkung** *f* baisse *f* des prix; '**~stabilität** *f* stabilité *f* des prix; '**~stopp** *m* blocage *m od gel m des prix*; '**~träger** *m*, '**~trägerin** *f* lauréat *m*, -e *f*; '**2wert** bon marché, avantageux

**Prellung** ['prɛlʊŋ] *méd f* (-; *-en*) contusion *f*

**Premier|e** [prəm'jɛːrə] *f* (-; *-n*) première *f*; **~minister** [prəm'jeː-] *m* Premier ministre *m*

**Presse** ['prɛsə] *f* **1.** (-; *-n*) *Frucht2* pressoir *m*; **2.** (-; *sans pl*) presse *f*; '**~freiheit** *f* liberté *f* de la presse; '**~konferenz** *f* conférence *f* de presse; '**~meldung** *f* communiqué *m* de presse

**pressen** ['prɛsən] (*h*) presser

**Pressluft** ['prɛs-]*tech f* air *m* comprimé; '**~hammer** *m* marteau *m* piqueur

**Prestige** [prɛs'tiːʒ(ə)] *n* (-*s*; *sans pl*) prestige *m*

**Preuß|en** ['prɔʏsən] *n* (-*s*; *sans pl*) la Prusse; '**2isch** prussien

**Priester** ['priːstər] *m* (-*s*; -), '**~in** *f* (-; *-nen*) prêtre *m*, -sse *f*

**prima** ['priːma] F chic, super

**primär** [pri'mɛːr] primaire, primordial; *adv* en premier lieu

**Primel** ['priːməl] *bot f* (-; *-n*) primevère *f*

**primitiv** [primi'tiːf] primitif

'**Prinz** [prints] *m* (-*en*; *-en*) prince *m*; **~essin** [-'tsɛsin] *f* (-; *-nen*) princesse *f*

**Prinzip** [prin'tsiːp] *n* (-*s*; *-ien*) principe *m*; **2iell** [-tsi'pjɛl] de principe, *adv*: *aus Prinzip* par principe; *im Prinzip* en principe; ***e-e ~e Frage*** une question de principe

**Priorität** [priori'tɛːt] *f* (-; *-en*) priorité *f*

**Prise** ['priːzə] *f* (-; *-n*) ***e-e ~ Salz*** *etc* une pincée de sel, *etc*

**privat** [pri'vaːt] *nicht öffentlich* privé; *persönlich* particulier, personnel; **2besitz** *m*, **2eigentum** *n* propriété *f* privée; **2leben** *n* vie *f* privée; **2schule** *f* école *f* libre; **2stunde** *f* leçon *f* particulière; **2wirtschaft** *f* économie *f* privée

**Privileg** [privi'leːk] *n* (-[*e*]*s*; *-ien* [-gjən]) privilège *m*; **2iert** [-'giːrt] privilégié

**pro** [proː] **1.** *prép* par; ***2 Euro ~ Stück*** 2 euros (la) pièce; **2.** ***das 2 und Kontra*** le pour et le contre

**Probe** ['proːbə] *f* (-; *-n*) essai *m*, épreuve *f*; *Theater* répétition *f*; *comm* échantillon *m*; *math* preuve *f*; ***auf ~*** à l'essai; ***auf die ~ stellen*** mettre à l'épreuve; '**~fahrt** *f* essai *m*; '**2n** (*h*) *Theater* répéter; '**~zeit** *f* période *f* d'essai

**probieren** [pro'biːrən] (*pas de -ge-*, *h*) essayer; *Speisen* goûter, déguster

**Problem** [pro'bleːm] *n* (-*s*; *-e*) problème *m*; **2atisch** [-e'maːtiʃ] problématique

**Produkt** [pro'dukt] *n* (-[*e*]*s*; *-e*) produit *m*; **~ion** [-'tsjoːn] *f* (-; *-en*) production *f*; **2iv** [-'tiːf] productif; **~ivität** [-tivi'tɛːt] *f* (-; *sans pl*) productivité *f*

**Produ|zent** [produ'tsɛnt] *m* (-*en*; *-en*) producteur *m*; **2'zieren** (*pas de -ge-*, *h*) produire

**Prof.** *abr* ***Professor*** professeur

**professionell** [profɛsio'nɛl] professionnel

**Profess|or** [pro'fɛsɔr] *m* (-*s*; *-en*), **~orin** [-'soːrin] *f* (-; *-nen*) professeur *m* (d'université *od* de faculté); **~ur** [-'suːr] *f* (-; *-en*) *Lehrstuhl* chaire *f*; *Amt* professorat *m*

**Profi** ['proːfi] *Sport m* (-*s*; *-s*) professionnel *m*, F pro *m*

**Profil** [pro'fiːl] *n* (-*s*; *-e*) *Seitenansicht* profil *m*; *fig* personnalité *f*; *Reifen* sculptures *f/pl*

**Profit** [pro'fiːt] *m* (-[*e*]*s*; *-e*) profit *m*; **2abel** [-i'taːbəl] profitable; **2'ieren** (*pas de -ge-*, *h*) profiter (***von*** de); **2orientiert** orienté vers le gain

**Prognose** [pro'gnoːzə] *f* (-; *-n*) pronostic *m*

**Programm** [pro'gram] *n* (-*s*; *-e*) programme *m*; *TV* ***Erstes*** *etc* **~** première *etc* chaîne *f*; **2'ieren** (*pas de -ge-*, *h*) *EDV* programmer; **~'ierer** *m* (-*s*; -), **~'iererin** *f* (-; *-nen*) programmeur *m*, -euse *f*; **~'iersprache** *f* langage *m* de programmation

**Projekt** [pro'jɛkt] *n* (-[*e*]*s*; *-e*) projet *m*; **~ion** [projɛk'tsjoːn] *f* (-; *-en*) projection *f*; **~or** [-'jɛktɔr] *m* (-*s*; *-en*) projecteur *m*

**projizieren** [proji'tsiːrən] (*pas de -ge-*, *h*) projeter

**proklamieren** [prokla'miːrən] (*pas de -ge-*, *h*) proclamer

**Prokurist** [proku'rist] *m* (*-en*; *-en*) fondé *m* de pouvoir

**Proletar|iat** [proleta'rja:t] *m* (-[*e*]*s*; *-e*) prolétariat *m*; **²isch** [-e'ta:riʃ] prolétarien

**Promille** [pro'milə] *n* (-[*s*]; -) *math* pour mille; *auto* ***1,6 ~*** 1 gramme 6 d'alcoolémie; **~grenze** *f* taux *m* (légal) d'alcoolémie

**prominen|t** [promi'nɛnt] de marque, en vedette, célèbre; **²z** [-'nɛnts] *f* (-; *-en*) notables *m*/*pl*, célébrités *f*/*pl*, haute société *f*

**prompt** [prɔmpt] rapide, immédiat, prompt

**Propaganda** [propa'ganda] *pol f* (-; *sans pl*) propagande *f*

**Propeller** [pro'pɛlər] *aviat m* (*-s*; -) hélice *f*

**prophezei|en** [profe'tsaiən] (*pas de -ge-*, *h*) prophétiser; **²ung** *f* (-; *-en*) prophétie *f*

**Proportion** [propɔr'tsjo:n] *f* (-; *-en*) proportion *f*; **²al** [-o'na:l] proportionnel (***zu*** à)

**Prospekt** [pro'spɛkt] *m* (-[*e*]*s*; *-e*) prospectus *m*; *Falt²* dépliant *m*

**prost!** [pro:st] à votre santé!, à la vôtre!; ***~ Neujahr!*** bonne année!

**Prostitu|ierte** [prostitu'i:rtə] *f* (*-n*; *-n*) prostituée *f*; **~tion** [-'tsjo:n] *f* (-; *sans pl*) prostitution *f*

**Protest** [pro'tɛst] *m* (-[*e*]*s*; *-e*) protestation *f*; *pol* contestation *f*

**Protestant** [protɛs'tant] *m* (*-en*; *-en*), **~in** *f* (-; *-nen*) protestant *m*, -e *f*; **²isch** protestant

**protes'tieren** (*pas de -ge-*, *h*) protester (***gegen*** contre)

**Prothese** [pro'te:zə] *méd f* (-; *-n*) prothèse *f*

**Protokoll** [proto'kɔl] *n* (*-s*; *-e*) procès-verbal *m*, constat *m*; *Diplomatie* protocole *m*; **²'ieren** (*pas de -ge-*, *h*) dresser un procès-verbal de

**Provence** [pro'vɑ̃s] ***die ~*** la Provence

**Proviant** [pro'vjant] *m* (*-s*; *-e*) provisions *f*/*pl*

**Provider** [pro'vaidər] *m* (*-s*; -) *EDV* fournisseur *m* (d'accès)

**Provinz** [pro'vints] *f* (-; *-en*) province *f*; **²iell** [-'tsjɛl] provincial

**Provis|ion** [provi'zjo:n] *comm f* (-; *-en*) commission *f*; **²orisch** [-'zo:riʃ] provisoire

**provozieren** [provo'tsi:rən] (*pas de -ge-*, *h*) provoquer

**Prozent** [pro'tsɛnt] *n* (-[*e*]*s*; *-e*) pour cent; ***fünf ~*** cinq pour cent; **~satz** *m* pourcentage *m*; **²ual** [-u'a:l] en pourcentage; ***~er Anteil*** pourcentage *m*

**Prozess** [pro'tsɛs] *m* (*-es*; *-e*) *jur* procès *m*; *Ablauf*, *Vorgang* processus *m*

**prozessieren** [protsɛ'si:rən] (*pas de -ge-*, *h*) être en procès (***gegen***, ***mit*** avec), intenter un procès (à), plaider (contre)

**Prozession** [protsɛ'sjo:n] *f* (-; *-en*) procession *f*

**prüde** ['pry:də] prude

**prüf|en** ['pry:fən] (*h*) examiner, tester; *nach~* vérifier, contrôler; *Prüfling* interroger; **'²er** *m* (*-s*; -) examinateur *m*; **'²ling** *m* (*-s*; *-e*) candidat *m*, -e *f*; **'²ung** *f* (-; *-en*) examen *m*; *Heimsuchung* épreuve *f*; ***e-e ~ bestehen*** réussir un examen, être reçu (à un examen); ***e-e ~ machen*** passer un examen

**Prügel** ['pry:gəl] *m* (*-s*; -) bâton *m*, gourdin *m*; *pl* (***Tracht***) ~ correction *f*, raclée *f* F, rossée *f* F; **~'ei** *f* (-; *-en*) bagarre *f*; **'²n** (*h*) (***sich ~*** se) battre

**Prunk** [pruŋk] *m* (-[*e*]*s*; *sans pl*) faste *m*, pompe *f*; **'²en** (*h*) ***mit etw ~*** faire parade de qc; **'²voll** fastueux, somptueux

**PS** [pe:ʔ'ɛs] *n* (-; -) ch (cheval-vapeur *m*; *pl* chevaux-vapeur)

**Psychiat|er** [psyçi'a:tər] *m* (*-s*; -) psychiatre *m*; **²risch** [-'a:triʃ] psychiatrique

**psychisch** ['psyçiʃ] psychique

**Psycho|ana'lyse** [psyço-] *f* psychanalyse *f*; **~ana'lytiker** *m*, **~ana'lytikerin** *f* psychanaliste *m*, *f*; **~loge** [-'lo:gə] *m* (*-n*; *-n*), **~login** [-'lo:gin] *f* (-; *-nen*) psychologue *m*, *f*; **~logie** [-lo'gi:] f (-; *sans pl*) psychologie *f*; **²'logisch** psychologique; **~se** [psy'ço:zə] *f* (-; *-n*) psychose *f*

**Pubertät** [pubɛr'tɛ:t] *f* (-; *sans pl*) puberté *f*

**Publikum** ['pu:blikum] *n* (*-s*; *sans pl*) public *m*

**publizieren** [publi'tsi:rən] (*pas de -ge-*, *h*) publier

**Pudding** ['pudiŋ] *m* (*-s*; *-e*) flan *m*

**Pudel** ['pu:dəl] *zo m* (*-s*; -) caniche *m*

**Puder** ['pu:dər] *m* (*-s*; -) pudre *f*; **'~zu-**

**cker** *m* sucre *m* glace
**Pull|i** ['puli] *m* (-*s*; -*s*) F pull *m*; **~over** [pu'loːvər] *m* (-*s*; -) pull-over *m*
**Puls** [puls] *m* (-*es*; -*e*) pouls *m*; '**~ader** *f* artère *f*
**Pult** [pult] *n* (-[*e*]*s*; -*e*) pupitre *m*
**Pulver** ['pulvər] *n* (-*s*; -) poudre *f*; '**~fass** *n fig* poudrière *f*; '**~kaffee** *m* café *m* en poudre; '**~schnee** *m* neige *f* poudreuse
**Pumpe** ['pumpə] *f* (-; -*n*) pompe *f*; '**♀n** (*h*) pomper; F (***sich***) ***von j-m etw ~*** emprunter qc à qn; *Geld* taper qn de qc F; ***j-m etw ~*** prêter qc à qn
**Punk** [paŋk] *m* (-*s*; -*s*) (musique *f*) punk *m*; '**~er** *m* (-*s*; -), '**~erin** *f* (-; -*nen*) punk *m*, *f*
**Punkt** [puŋkt] *m* (-[*e*]*s*; -*e*) point *m*; ***~ acht Uhr*** à huit heures précises; ***Sieger*** *m* ***nach ~en*** vainqueur *m* aux points; **♀'ieren** (*pas de -ge-*, *h*) pointiller; *mus* pointer; *méd* ponctionner
**pünktlich** ['pyŋktliç] ponctuel; ***~ sein*** (***ankommen***) être (arriver) à l'heure; '**♀keit** *f* (-; *sans pl*) ponctualité *f*
**Pupille** [pu'pilə] *f* (-; -*n*) pupille *f*
**Puppe** ['pupə] *f* (-; -*n*) poupée *f* (*a* F *Mädchen*); *für das Puppenspiel* marionnette *f*; *zo* chrysalide *f*; '**~nspiel** *n* marionnettes *f*/*pl*; '**~nstube** *f* maison *f* de poupée
**pur** [puːr] pur
**Purpur** ['purpur] *m* (-*s*; *sans pl*) pourpre *f*, *als Farbe m*
**Purzel|baum** ['purtsəl-] *m* culbute *f*, galipette *f* F; ***e-n ~ schlagen*** *a* faire une roulade; '**♀n** (*sn*) F dégringoler
**pusten** ['puːstən] (*h*) souffler
**Pute** ['puːtə] *zo f* (-; -*n*) dinde *f* (*a fig*); '**~r** *zo m* (-*s*; -) dindon *m*
**Putsch** ['putʃ] *pol m* (-[*e*]*s*; -*e*) coup *m* d'État, putsch *m*
**Putz** [puts] *m* (-*es*; *sans pl*) enduit *m*; *Rau♀* crépi *m*; '**♀en** (*h*) nettoyer; *Zähne* laver; *Schuhe* cirer; *Gemüse* éplucher; ***sich die Nase ~*** se moucher; '**~frau** *f* femme *f* de ménage; '**~lappen** *m* chiffon *m*
**Pyramide** [pyra'miːdə] *f* (-; -*n*) pyramide *f*
**Pyrenäen** [pyre'nɛːən] *pl* Pyrénées *f*/*pl*; **~halbinsel** *f* péninsule *f* Ibérique

# Q

**qkm** *abr* ***Quadratkilometer*** kilomètre carré
**qm** *abr* ***Quadratmeter*** mètre carré
**Quadrat** [kva'draːt] *n* (-[*e*]*s*; -*e*) carré *m*; ***ins ~ erheben*** élever au carré; **♀isch** carré; *Gleichung* quadratique; **~meter** *m* mètre *m* carré; **~wurzel** *math f* racine *f* carrée
**quaken** ['kvaːkən] (*h*) *Ente* cancaner, faire coin-coin; *Frosch* coasser
**Qual** [kvaːl] *f* (-; -*en*) tourment *m*, supplice *m*, torture *f*
**quälen** ['kvɛːlən] (*h*) tourmenter, torturer; ***sich ~*** *abmühen* se donner bien du mal (***mit*** avec)
**Qualifi|kation** [kvalifika'tsjoːn] *f* (-; -*en*) qualification *f* (*a Sport*); **♀'zieren** [-'tsiːrən] (*pas de -ge-*, *h*) (***sich ~*** se) qualifier; **♀'ziert** [-'tsiːrt] qualifié
**Qualit|ät** [kvali'tɛːt] *f* (-; -*en*) qualité *f*; **♀ativ** [-ta'tiːf] qualitatif
**Qualitäts|kontrolle** *f* contrôle *m* de qualité; **~management** *n* gestion *f* de qualité; **~marke** *f* label *m* de qualité; **~sicherung** *f* qualité *f* garantie; **~steigerung** *f* augmentation *f* de qualité; **~ware** *f* marchandise *f* de choix
**Qualm** [kvalm] *m* (-[*e*]*s*; *sans pl*) fumée *f*; '**♀en** (*h*) fumer, répandre une épaisse fumée; F *Raucher* fumer (à grosses bouffées)
'**qualvoll** atroce, douloureux, insupportable
**Quantit|ät** [kvanti'tɛːt] *f* (-; -*en*) quantité *f*; **♀ativ** [-ta'tiːf] quantitatif
**Quarantäne** [karan'tɛːnə] *f* (-; -*n*) quarantaine *f*
**Quark** [kvark] *m* (-*s*; *sans pl*) fromage *m* blanc
**Quartal** [kvar'taːl] *n* (-*s*; -*e*) trimestre *m*
**Quartett** [kvar'tɛt] *n* (-[*e*]*s*; -*e*) *mus* quatuor *m*; *Kartenspiel* jeu *m* des sept familles
**Quartier** [kvar'tiːr] *n* (-*s*; -*e*) *Unterkunft*

logement *m*, gîte *m*; *Schweiz*: *Stadtviertel* quartier *m*
**Quarz** [kvarts] *m* (*-es*; *-e*) quartz *m*; '**~uhr** *f* montre *f* à quartz
**Quatsch** [kvatʃ] F *m* (*-es*; *sans pl*) bêtises *f/pl*; '**2en** (*h*) F bavarder, jaser; *von sich geben* débiter
**Quecksilber** ['kvɛk-] *n* mercure *m*
**Quelle** ['kvɛlə] *f* (-; *-n*) source *f* (*a fig*); '**2n** (*quoll*, *gequollen*, *sn*) jaillir (***aus*** de); *schwellen* gonfler
**quer** [kveːr] en travers, transversalement; ***~ über etw*** en travers de qc; ***~ durch etw*** à travers qc; ***kreuz und ~ durch Deutschland fahren*** parcourir l'Allemagne en tous sens; '**2flöte** *f* flûte *f* traversière; '**2schnitt** *m* coupe *f* transversale; '**~schnitt(s)gelähmt** *méd* paraplégique; '**2straße** *f* rue *f* transversale
**quetsch|en** ['kvɛtʃən] (*h*) écraser; *méd* contusionner; '**2ung** *méd f* (-; *-en*) contusion *f*
**quietschen** ['kviːtʃən] (*h*) *Bremsen*, *Reifen*, *Tür* grincer
**quitt** [kvit] ***mit j-m ~ sein*** être quitte envers qn
**Quitte** ['kvitə] *bot f* (-; *-n*) coing *m*
**quitt|ieren** [kvi'tiːrən] (*pas de -ge-*, *h*) acquitter, donner quittance de; *Dienst* abandonner; '**2ung** *f* (-; *-en*) reçu *m*, quittance *f*
**Quiz** [kviz] *n* (-; -) jeu *m* de questions et de réponses, quiz *m*
**Quote** ['kvoːtə] *f* (-; *-n*) quote-part *f*, quota *m*, contingent *m*, taux *m*
**Quotient** [kvo'tsjɛnt] *math m* (*-en*; *-en*) quotient *m*

# R

**Rabatt** [ra'bat] *comm m* (-[*e*]*s*; *-e*) remise *f*, rabais *m*
**Rabe** ['raːbə] *zo m* (*-n*; *-n*) corbeau *m*
**rabiat** [ra'bjaːt] furieux; brutal
**Rache** ['raxə] *f* (-; *sans pl*) vengeance *f*
**Rachen** ['raxən] *m* (*-s*; -) gorge *f*, pharynx *m*; *fig* gueule *f*
**rächen** ['rɛçən] (*h*) venger; ***sich ~*** se venger (***an j-m*** de qn; ***an j-m für etw*** de qc sur qn)
**Rad** [raːt] *n* (-[*e*]*s*; *¨er*) roue *f*; *Fahr2* vélo *m*, bicyclette *f*; ***mit dem ~ fahren*** aller à bicyclette *od* en vélo; ***~ fahren*** faire du vélo; '**~fahrer** *m*, '**~fahrerin** *f* cycliste *m*, *f*
**Radar** [ra'daːr] *m*, *n* (*-s*; *sans pl*) radar *m*; **~gerät** *n* radar *m*; **~kontrolle** *f* contrôle-radar *m*; **~schirm** *m* écran *m* radar
**Radau** [ra'dau] F *m* (*-s*; *sans pl*) chahut *m*, vacarme *m*, tapage *m*
**radebrechen** ['raːdə-] (*h*) *e-e Sprache* écorcher, baragouiner
**Rädelsführer** ['rɛːdəls-] *m* meneur *m*
'**radfahren** → ***Rad***
**radier|en** [ra'diːrən] (*pas de -ge-*, *h*) *aus~* gommer, effacer; *Radierkunst* graver à l'eau-forte; **2gummi** *m* gomme *f*; **2ung** *f* (-; *-en*) (gravure *f* à l')eau-forte *f*
**Radieschen** [ra'diːsçən] *bot n* (*-s*; -) radis *m*
**radikal** [radi'kaːl] radical; *pol* extrémiste; **2ismus** [-'lismus] *m* (-; *-men*) extrémisme *m*
**Radio** ['raːdjo] *n* (*-s*; *-s*) radio *f*; ***im ~*** à la radio; ***~ hören*** écouter la radio; **2aktiv** [radjoak'tiːf] *phys* radioactif; **~aktivität** [radjoaktivi'tɛːt] *f* (-; *sans pl*) radioactivité *f*; '**~apparat** *m* poste *m* de raio *od* de T.S.F.; '**~rekorder** *m* radiocassette *f*; '**~sendung** *f* émission *f* radiophonique; '**~wecker** *m* radio-réveil *m*
**Radius** ['raːdjus] *math m* (-; *Radien*) rayon *m*
'**Rad|kappe** *f auto* chapeau *m* de roue, enjoliveur *m*; '**~rennen** *n* course *f* cycliste; '**~sport** *m* cyclisme *m*, sport *m* cycliste; '**~tour** *f*, '**~wanderung** *f* randonnée *f* en vélo; '**~weg** *m* piste *f* cyclable
**raffen** ['rafən] (*h*) ***an sich ~*** rafler
**Raffinerie** [rafinə'riː] *f* (-; *-n*) raffinerie *f*
**raffiniert** [rafi'niːrt] *durchtrieben* rusé, astucieux; *verfeinert* raffiné
**ragen** ['raːgən] (*h*) s'élever, se dresser

**Rahm** [raːm] *m* (-[*e*]*s*; *sans pl*) crème *f*
**Rahmen** ['raːmən] **1.** *m* (-*s*; -) cadre *m*; *fig* ***aus dem ~ fallen*** sortir de l'ordinaire; **2.** '**&** (*h*) *Bild* encadrer; '**~bedingungen** *f/pl* conditions *f/pl* générales; '**~gesetz** *n* loi-cadre *f*
**räkeln** ['rɛːkəln] (*h*) → ***rekeln***
**Rakete** [ra'keːtə] *f* (-; -*n*) fusée *f*; *mil a* missile *m*; *~ngeschoss* roquette *f*; ***ferngelenkte ~*** missile télécommandé; ***dreistufige ~*** fusée à trois étages; **~nabschussrampe** *f* rampe *f* de lancement de fusées; **~nantrieb** *m* propulsion *f* par fusées
**Rallye** ['rali, 'rɛli] *f* (-; -*s*) rallye *m*
**rammen** ['ramən] (*h*) *Pfahl* enfoncer; *Fahrzeug* entrer en collision avec, tamponner
**Rampe** ['rampə] *f* (-; -*n*) rampe *f*
**Rand** [rant] *m* (-[*e*]*s*; *¨er*) bord *m*; *Wald&* lisière *f*; *Buch etc* marge *f*; ***damit zu ~e kommen*** en venir à bout; ***am ~e des Ruins*** au bord de la ruine
**randalier|en** [randa'liːrən] (*pas de -ge-*, *h*) faire du tapage, chahuter; **&er** *m* (-*s*; -) chahuteur *m*, casseur *m*
'**Rand|bemerkung** *f* note *f* marginale; '**~erscheinung** *f* phénomène *m* marginal; '**~gruppe** *f* groupe *m* marginal; '**~streifen** *m Straße* accotement *m*
**Rang** [raŋ] *m* (-[*e*]*s*; *¨e*) *Stellung* rang *m*; *Stand* condition *f*; *mil* grade *m*; *Theater* balcon *m*, galeries *f/pl*; *fig* ***von ~*** de premier ordre
**rangieren** [rɑ̃'ʒiːrən] (*pas de -ge-*, *h*) *Züge* faire des manœuvres; *fig* se placer, se situer
'**Rangordnung** *f* ordre *m* hiérarchique
**Ranke** ['raŋkə] *f* (-; -*n*) *bot* vrille *f*; *Wein&* sarment *m*
**ranzig** ['rantsiç] rance
**Rap** [rɛp] *m* (-[*s*]; -*s*) *mus* rap *m*
**Raps** [raps] *m* (-*es*; -*e*) *bot* colza *m*
**rar** [raːr] rare
**Rarität** [rari'tɛːt] *f* (-; -*en*) rareté *f*, objet *m* de curiosité
**rasch** [raʃ] rapide; *adv* vite
'**rasen 1.** (*sn*) faire de la vitesse, foncer (à toute allure); **2.** (*h*) ***vor Wut ~*** être fou de colère
**Rasen** ['raːzən] *m* (-*s*; -) gazon *m*, pelouse *f*
'**rasend** furieux; *Tempo* fou; ***~e Kopfschmerzen*** de violents maux de tête
**Rasenmäher** ['-mɛːər] *m* (-*s*; -) tondeuse *f* à gazon
**Raserei** [raːzə'rai] *f* (-; -*en*) *auto* vitesse *f* folle; *Wut* rage *f*, fureur *f*
**Rasier|apparat** [ra'ziːr-] *m* rasoir *m*; **~creme** *f* mousse *f* à raser; **&en** (*pas de -ge-*, *h*) (***sich ~*** se) raser; **~klinge** *f* lame *f* de rasoir; **~messer** *n* rasoir *m*; **~pinsel** *m* blaireau *m*; **~seife** *f* savon *m* à barbe; **~wasser** *n* lotion *f* après-rasage; after-shave *m*
**Rasse** ['rasə] *f* (-; -*n*) race *f*
**rasseln** ['rasəln] (*h*) faire un bruit de ferraille, cliqueter
'**Rassen|diskriminierung** *f* discrimination *f* raciale; '**~trennung** *f* ségrégation *f* raciale
'**rass|ig** racé; '**~isch** racial; **&ismus** [ra'sismus] *m* (-; *sans pl*) racisme *m*; **~istisch** [-'istiʃ] raciste
**Rast** [rast] *f* (-; -*en*) halte *f*; '**&en** (*h*) faire une halte; '**~haus** *n*, '**~stätte** *f* restaurant *m* d'autoroute, relais *m*; '**~platz** *m Autobahn* aire *f* de repos
**Rasur** [ra'zuːr] *f* (-; -*en*) rasage *m*
**Rat** [raːt] *m* **1.** (-[*e*]*s*; *sans pl*) *~schlag* conseil *m*; ***j-n um ~ fragen*** demander conseil à qn; **2.** (-[*e*]*s*; *¨e*) *Person* conseiller *m*; *Kollegium* conseil *m*
**Rate** ['raːtə] *f* (-; -*n*) *Abzahlung* traite *f*; *Geburten& etc* taux *m*; ***monatliche ~*** mensualité *f*; ***auf ~n kaufen*** acheter à tempérament
'**raten** (*riet*, *geraten*, *h*) conseiller (***etw od zu etw*** qc); *Rätsel* deviner
'**Raten|kauf** *m* achat *m* à tempérament; '**~zahlung** *f* paiement *m* à tempérament
**Rat|geber** ['-geːbər] *m* (-*s*; -), '**~geberin** *f* (-; -*nen*) conseiller *m*, -ère *f*; '**~haus** *n* hôtel *m* de ville; *in kleineren Orten* mairie *f*
**ratifizieren** [ratifi'tsiːrən] (*pas de -ge-*, *h*) ratifier
**Ration** [ra'tsjoːn] *f* (-; -*en*) ration *f*; **&al** [-'naːl] rationnel, raisonnable
**rationalisier|en** [ratsjɔnali'ziːrən] (*pas de -ge-*, *h*) rationaliser; **&ung** *f* (-; -*en*) rationalisation *f*
**rationell** [ratsjo'nɛl] rationnel; *sparsam* économique
**rationieren** [ratsjo'niːrən] (*pas de -ge-*, *h*) rationner
**rat|los** ['raːt-] perplexe, désemparé;

'**~sam** indiqué, conseillé, à propos, opportun; '**≈schlag** *m* conseil *m*
**Rätsel** ['rɛːtsəl] *n* (*-s*; -) énigme *f*; '**~aufgabe** devinette *f*; '**≈haft** énigmatique
**Ratte** ['ratə] *zo f* (-; *-n*) rat *m*
**rattern** ['ratərn] (*h*) faire du bruit; *tech* brouter
**rau** [rau] *Oberfläche* rugueux; *Haut* rêche; *Klima* rude; *Stimme* rauque; *Gegend* sauvage; *Sitte* grossier
**Raub** [raup] *m* (-[*e*]*s*; *sans pl*) vol *m* (à main armée); *Menschen≈* rapt *m*; *Beute* proie *f*, butin *m*; '**~bau** *m* (-[*e*]*s*; *sans pl*) exploitation *f* abusive; '**≈en** ['raubən] (*h*) voler, enlever
'**Raub|gier** *f* rapacité *f*; '**~mord** *m* assassinat *m* suivi de vol; '**~mörder** *m* assassin *m*; '**~tier** *n* fauve *m*, bête *f* féroce; '**~überfall** *m* hold-up *m*, attaque *f* à main armée; '**~vogel** *m* rapace *m*, oiseau *m* de proie
**Rauch** [raux] *m* (-[*e*]*s*; *sans pl*) fumée *f*; '**≈en** (*h*) fumer; **≈ *verboten!*** interdit de fumer!; ***Pfeife* ~** fumer la pipe; '**~er** *m* (*-s*; -), '**~erin** *f* (-; *-nen*) fumeur *m*, -euse *f*; '**~erabteil** *n* compartiment *m* de fumeurs
**räuchern** ['rɔʏçərn] (*h*) fumer
'**Rauch|fleisch** *n* viande *f* fumée; '**≈ig** fumeux; *voll Rauch* enfumé; '**~verbot** *n* défense *f* de fumer; '**~waren** *f/pl* tabacs *m/pl*; *Pelze* fourrures *f/pl*
**rauf|en** ['raufən] (*h*) se battre, se bagarrer; *fig* ***sich die Haare* ~** s'arracher les cheveux; **≈e'rei** *f* bagarre *f*, rixe *f*
**rauh** [rau] → ***rau***
**Raum** [raum] *m* (-[*e*]*s*; *¨e*) espace *m*; *Platz* place *f*; *Räumlichkeit* local *m*; *Zimmer* pièce *f*; ***im* ~ *Stuttgart*** dans la région de Stuttgart
**räumen** ['rɔʏmən] (*h*) *Ort* évacuer; *weg~* enlever
'**Raum|fähre** *f* navette *f* spatiale; '**~fahrer** *m*, '**~fahrerin** *f* astronaute *m*, *f*, cosmonaute *m*, *f*; '**~fahrt** *f* astronautique *f*, navigation *f* spatiale; '**~flug** *m* vol *m* spatial; '**~forschung** *f* recherche *f* spatiale; '**~inhalt** *m* volume *m*, capacité *f*
**räumlich** ['rɔʏmliç] de *od* dans l'espace; *dreidimensional* à trois dimensions; '**≈keiten** *f/pl* locaux *m/pl*
'**Raum|pflegerin** *f* femme *f* de ménage; '**~schiff** *n* vaisseau *m* spatial; '**~station** *f* station *f* orbitale
**Räumung** ['rɔʏmuŋ] *f* (-; *-en*) évacuation *f*; '**~sverkauf** *m* liquidation *f* totale
**Raupe** ['raupə] *zo f* (-; *-n*) chenille *f*
'**Raureif** *m* (-[*e*]*s*; *sans pl*) givre *m*
**raus** [raus] ***~!*** dehors!, sors *od* sortez (d'ici)!; → *a* ***heraus*** *u* ***hinaus***
**Rausch** [rauʃ] *m* (*-es*; *¨e*) ivresse *f*; ***e-n* ~ *haben*** être ivre *od* soûl; '**≈en** (*h*) *Bach* murmurer; *Blätter* frémir; *Radio* grésiller; '**≈end** *Applaus* bruyant
'**Rauschgift** *n* stupéfiant *m*; '**~handel** *m* trafic *m* de drogues *od* de stupéfiants; '**~händler** *m* trafiquant *m* de stupéfiants; '**≈süchtig** drogué
**räuspern** ['rɔʏspərn] (*h*) ***sich* ~** se racler la gorge, s'éclaircir la voix
'**Razzia** [ratsja] *f* (-; *Razzien*) rafle *f*
**rd.** *abr* ***rund*** environ; en chiffres ronds
**reagieren** [rea'giːrən] (*pas de -ge-*, *h*) réagir (***auf*** à)
**Reaktion** [reak'tsjoːn] *f* (-; *-en*) réaction *f* (***auf*** à); **≈är** [-o'nɛːr] *pol* réactionnaire
**Reaktor** [re'aktɔr] *tech m* (*-s*; *-en*) réacteur *m*
**real** [re'aːl] réel, effectif; **≈einkommen** *n* produit *m* réel; **~isieren** [reali'ziːrən] (*pas de -ge-*, *h*) réaliser; **≈ismus** [-'lismus] *m* (-; *sans pl*) réalisme *m*; **~istisch** [-a'listiʃ] réaliste; **≈ität** [-li'tɛːt] *f* (-; *-en*) réalité *f*; **≈schule** collège *m* d'enseignement secondaire (*abr* CES)
**Rebe** ['reːbə] *f* (-; *-n*) vigne *f*
**Rebell** [re'bɛl] *m* (*-en*; *-en*), **~in** *f* (-; *-nen*) rebelle *m*, *f*; **≈ieren** [-'liːrən] (*pas de -ge-*, *h*) se rebeller (***gegen*** contre); **~ion** [-'ljoːn] *f* (-; *-en*) rébellion *f*; **≈isch** [re'bɛliʃ] rebelle
**Reb|huhn** ['rɛp-] *zo n* perdrix *f*; '**~stock** ['reːp-] *m* cep *m* (de vigne)
**Rechen** ['rɛçən] **1.** *m* (*-s*; -) râteau *m*; **2.** **≈** (*h*) ratisser
'**Rechen|maschine** *f* machine *f* à calculer, calculatrice *f*; '**~schaft** *f* (-; *sans pl*) ***~ ablegen*** *od* ***geben*** rendre compte (***j-m über etw*** de qc à qn); ***j-n zur* ~ *ziehen*** demander des comptes à qn; '**~schaftsbericht** *m* compte rendu *m*, rapport *m* de gestion
**rechnen** ['rɛçnən] (*h*) **1.** calculer; ***mit***

***mir kannst du ~*** tu peux compter sur moi; **2.** '**≈** *n* (-*s*; *sans pl*) calcul *m*

'**Rechner** *m* (-*s*; -) *Taschen≈* calculatrice *f*; *Computer* ordinateur *m*; '**≈isch** par voie de calcul

'**Rechnung** *f* (-; -*en*) compte *m*; *math* calcul *m*; *comm* facture *f*; *Hotel* note *f*; *Restaurant* addition *f*; '**~sablage** *f* classement *m* des factures; '**~sjahr** *écon n* exercice *m*; '**~sprüfung** *f* vérification *f* des comptes

**recht**[1] [rɛçt] *Hand, Winkel* droit; *richtig* juste; *passend* convenable; *adv* bien, fort, très; ***zur ~en Zeit*** à temps; ***das ist ~*** c'est bien; ***es geschieht ihm ~*** c'est bien fait pour lui; ***du kommst gerade ~*** tu arrives à point; ***~ und schlecht*** tant bien que mal; ***erst ~*** plus que jamais

**recht**[2] [rɛçt] *subst* ***~ haben*** avoir raison; ***j-m ~ geben*** donner raison à qn

**Recht** [rɛçt] *n* (-[*e*]*s*;-*e*) droit *m* (***auf*** à); ***~ sprechen*** rendre la justice, ***mit vollem ~*** à bon droit, à juste titre; ***mit welchem ~!*** de quel droit!; ***im ~ sein*** être dans son droit, ***von ~s wegen*** de par la loi; → ***recht***[2]

'**Recht|e** *f* (-*n*; -*n*) (main *f*) droite *f*; *pol* droite *f*; '**~eck** *n* rectangle *m*; '**≈eckig** rectangulaire; '**≈fertigen** (*h*) (***sich ~*** se) justifier; '**~fertigung** *f* (-; -*en*) justification *f*; '**≈lich** juridique; '**≈mäßig** légal, légitime

**rechts** [rɛçts] à droite

'**Rechts|abbieger** *m* automobiliste *m* cycliste *m* tournant à droite; '**~anspruch** *m* droit *m* (***auf*** à); '**~anwalt** *m*, '**~anwältin** *f* avocat *m*, -e *f*

'**Rechtschreib|programm** *n* (-[*e*]*s*; -*e*) programme *m* de correction orthographique; '**~reform** *f* réforme *f* orthographique

'**Rechtschreibung** *f* orthographe *f*

'**Rechts|extremismus** *m* extrémisme *m* de droite; '**~fall** *m* cas *m* juridique; '**≈kräftig** qui a force de loi; '**~lage** *f* situation *f* juridique; '**~pflege** *f* justice *f*

'**Rechtsprechung** *f* (-; -*en*) juridiction *f*

'**rechts|radikal** *pol* d'extrême droite; '**≈schutz** *m* protection *f* juridique; '**≈schutzversicherung** *f* assistance *f* juridique; '**≈staat** *m* État *m* de droit; '**≈streit** *m* litige *m*; '**≈verkehr** *m* circulation *f* à droite; '**≈weg** *m* voie *f* judiciaire; '**~widrig** illégal; '**≈wissenschaft** *f* droit *m*

'**recht|wink(e)lig** rectangulaire; '**~zeitig** à temps

**Redakteur** [redak'tøːr] *m* (-*s*; -*e*), **~in** *f* (-; -*nen*) rédacteur *m*, -trice *f*

**Redaktion** [redak'tsjoːn] *f* (-; -*en*) rédaction *f*

**Rede** ['reːdə] *f* (-; -*n*) discours *m*; ***e-e ~ halten*** faire *od* prononcer un discours; ***das ist nicht der ~ wert*** ça ne vaut pas la peine d'en parler

**reden** ['reːdən] (*h*) parler (***von, über*** de; ***mit*** à, avec); ***ich möchte mit dir ~*** je voudrais te parler

**Rede|nsart** ['reːdənsʔ-] *f sprichwörtliche* dicton *m*; *leere* façon *f* de parler; '**~wendung** *f* tournure *f*, locution *f*, expression *f*

**redlich** ['reːtliç] honnête

**Redner** ['reːdnər] *m* (-*s*; -) orateur *m*

**redselig** ['reːtzeːliç] loquace

**reduzieren** [redu'tsiːrən] (*pas de -ge-*, *h*) réduire (***auf*** à)

**Reede|r** ['reːdər] *m* (-*s*; -) armateur *m*; **~'rei** *f* (-; -*en*) société *f* d'armateurs, compagnie *f* de transports maritimes

**reell** [re'ɛl] *comm* honnête, correct; *Firma* de confiance

**Refer|at** [refe'raːt] *n* (-[*e*]*s*; -*e*) exposé *m*; **~ent** [-'rɛnt] *m* (-*en*; -*en*) *Vortragender* conférencier *m*; *Sachbearbeiter* chef *m* de service; **~enzen** [-'rɛntsən] *f/pl* références *f/pl*; **≈'ieren** (*pas de -ge-, h*) ***~ über etw*** faire un exposé de *od* sur qc

**reflektieren** [reflɛk'tiːrən] (*pas de -ge-, h*) réfléchir (*Licht u* ***über*** sur); F ***~ auf*** avoir des visées sur

**Reflex** [re'flɛks] *m* (-*es*; -*e*) *Licht≈* reflet *m*; *biol* réflexe *m*

**Reform** [re'fɔrm] *f* (-; -*en*) réforme *f*; **~ation** [-a'tsjoːn] *rel f* (-; *sans pl*) Réforme *f*; **~ator** [-'maːtɔr] *rel m* (-*s*; -*en*), **~er** *m* (-*s*; -) réformateur *m*; **~haus** *n* magasin *m* de produits diététiques; **≈ieren** [-'miːrən] (*pas de -ge-, h*) réformer

**Regal** [re'gaːl] *n* (-*s*; -*e*) étagère *f*

**Regatta** [re'gata] *f* (-; -*tten*) régates *f/pl*

**rege** ['reːgə] actif; *Geist* vif, alerte; *belebt* animé

**Regel** ['reːgəl] *f* (-; -*n*) règle *f*; *méd* règles *f/pl*; ***in der ~*** en règle générale;

'**2mäßig** régulier; '**~mäßigkeit** *f* (-; *sans pl*) régularité *f*; '**2n** (*h*) (***sich ~*** se) régler; '**2recht** correct, dans les règles; *fig* en règle; '**~ung** *f* (-; *-en*) *Steuerung* régulation *f*; *e-r Angelegenheit* règlement *m*

**regen** ['re:gən] (*h*) *Glieder* bouger; ***sich ~*** bouger, remuer; *tätig werden* devenir actif; *Gefühle* naître

**Regen** ['re:gən] *m* (*-s*; -) pluie *f*; '**~bogen** *m* arc-en-ciel *m*; '**~mantel** *m* imperméable *m*

**Regensburg** ['re:gənsburk] *n* Ratisbonne

'**Regen|schauer** *m* averse *f*; '**~schirm** *m* parapluie *m*; '**~wetter** *n* temps *m* pluvieux; '**~wurm** *m* ver *m* de terre; '**~zeit** *f* saison *f* des pluies

**Reggae** ['rɛge] *m* (-[*s*]) *mus* reggae *m*

**Regie** [re'ʒi:] *f* (-; *-n*) *Theater* mise *f* en scène

**regier|en** [re'gi:rən] (*pas de -ge-, h*) gouverner; *Herrscher* régner; **2ung** *f* (-; *-en*) gouvernement *m*

**Re'gierungs|bezirk** *m* subdivision *f* administrative d'un land; **~form** *f* forme *f* de gouvernement, régime *m*; **~partei** *f* parti *m* gouvernemental; **~sprecher** *m* porte-parole *m* du gouvernement

**Regime** [re'ʒi:m] *pol n* (-[*s*]; -) régime *m*

**Regiment** [regi'mɛnt] *mil n* (-[*e*]*s*; *-er*) régiment *m*

**Region** [re'gjo:n] *f* (-; *-en*) région *f*; **2al** [-'na:l] régional

**Regisseur** [reʒi'sør] *m* (*-s*; *-e*) *Theater, Film* metteur *m* en scène; *Film a* réalisateur *m*

**Regist|er** [re'gistər] *n* (*-s*; -) registre *m* (*a mus*); *in Büchern* index *m*; **2rieren** [-s'tri:rən] (*pas de -ge-, h*) enregistrer; **~rierkasse** [-s'tri:r-] *f* caisse *f* enregistreuse

**Regler** ['re:glər] *tech m* (*-s*; -) régulateur *m*

**regne|n** ['re:gnən] (*h*) pleuvoir; ***es regnet*** il pleut; '**~risch** pluvieux

**Regress** [re'grɛs] *comm m* (*-es*; *-e*) recours *m*; **2pflichtig** civilement responsable

**regulär** [regu'lɛ:r] régulier; *Preis* normal

**regulieren** [regu'li:rən] (*pas de -ge-, h*) *tech* régler; *Fluss* régulariser

**Regung** ['re:guŋ] *f* (-; *-en*) *Bewegung* mouvement *m*; *Gemüts2* émotion *f*; '**2slos** immobile

**Reh** [re:] *zo n* (-[*e*]*s*; *-e*) chevreuil *m*

**Rehabilitation** [rehabilita'tsjo:n] *f* (-; *-en*) *jur* réhabilitation *f*; *méd* rééducation *f*

**reib|en** ['raibən] (*rieb, gerieben, h*) frotter; *cuis* râper; ***sich die Augen ~*** se frotter les yeux; '**2ung** *f* (-; *-en*) frottement *m*, friction *f* (*a fig*); '**~ungslos** *fig* sans difficulté

**reich** [raiç] riche (***an*** en); ***die 2en*** les riches *m/pl*

**Reich** [raiç] *n* (-[*e*]*s*; *-e*) empire *m*; *fig* royaume *m*; ***das Dritte ~*** le troisième Reich

**reichen** ['raiçən] (*h*) *sich erstrecken* aller, s'étendre (***bis*** jusqu'à); *geben* donner, tendre, passer, offrir; *genügen* suffire; ***mir reicht's!*** j'en ai assez!

**reich|haltig** ['raiçhaltiç] abondant, riche; '**~lich** abondant; *Essen* copieux

'**Reichtum** *m* (*-s*; *⸚er*) richesse *f* (***an*** en)

'**Reichweite** *f* portée *f*; ***außer ~*** hors de portée

**reif** [raif] mûr

**Reif** *m* (-[*e*]*s*; *sans pl*) gelée *f* blanche; *Rau2* givre *m*

**Reife** ['raifə] *f* (-; *sans pl*) maturité *f* (*a fig*)

**reifen** ['raifən] (*sn*) mûrir

'**Reifen** *m* (*-s*; -) cerceau *m*; *auto* pneu *m*; '**~druck** *m* pression *f* de gonflage; '**~panne** *f* crevaison *f*; '**~wechsel** *m* changement *m* de pneu(s)

'**Reifeprüfung** *f* baccalauréat *m*, bac *m* F

'**reiflich** mûr; ***etw ~ überlegen*** réfléchir mûrement à qc

**Reihe** ['raiə] *f* (-; *-n*) *nebeneinander* rang *m*, rangée *f*; *hintereinander* file *f*; *Aufeinanderfolge* suite *f*, série *f*; ***ich bin an der ~*** c'est mon tour; ***der ~ nach*** l'un après l'autre, chacun son tour

'**Reihen|folge** *f* suite *f*, ordre *m*; '**~haus** *n* maison *f* de lotissement; '**2weise** en série

**Reiher** ['raiər] *zo m* (*-s*; -) héron *m*

**Reim** ['raim] (-[*e*]*s*; *-e*) rime *f*; '**2en** (*h*) (*a* ***sich ~***) rimer (***auf*** avec)

**rein**[1] [rain] pur; *sauber* propre

**rein²** → ***herein*** *u* ***hinein***
**'Rein|fall** F *m* échec *m*, fiasco *m*; **'~gewinn** *m* bénéfice *m* net; **'~heit** *f* (-; *sans pl*) pureté *f*
**reinig|en** ['rainigən] (*h*) nettoyer; **'2ung** *f* (-; *-en*) nettoyage *m*; ***chemische ~*** nettoyage *m* à sec; *Geschäft* teinturerie *f*; **'2ungsmittel** *n* détergent *m*
**Reis** ['rais] *m* (*-es*; *sans pl*) riz *m*
**Reise** ['raizə] *f* (-; *-n*) voyage *m*; ***auf ~n*** en voyage; ***gute ~!*** bon voyage!; **'~andenken** *n* souvenir *m*; **'~apotheke** *f* nécessaire *m* de pharmacie; **'~büro** *n* agence *f* de voyages; **'~fieber** *n* fièvre *f* de départ; **'~führer** *m* guide *m*; **'~gepäck** *n* bagages *m/pl*; **'~gesellschaft** *f* groupe *m*; **'~leiter** *m* guide *m*, accompagnateur *m*
**reisen** ['raizən] (*sn*) voyager; ***durch Frankreich ~*** traverser la France; ***ins Ausland ~*** aller à l'étranger; **'2de** *m*, *f* (*-n*; *-n*) voyageur *m*, -euse *f*; *Handlungs2* commis *m* voyageur
**'Reise|pass** *m* passeport *m*; **'~route** *f* itinéraire *m*; **'~ruf** *m Radio* message *m* personnel; **'~scheck** *m* chèque *m* de voyage; **'~spesen** *pl* frais *m/pl* de déplacement; **'~tasche** *f* sac *m* de voyage; **'~versicherung** *f* assurance *f* mauvais temps villégiature; **'~ziel** *n* destination *f*
**Reißbrett** ['rais-] *n* planche *f* à dessin
**reiß|en** ['raisən] (*riss*, *gerissen*) **1.** *v/i* (*sn*) *Seil etc* se déchirer; **2.** *v/t* (*h*) ***in Stücke ~*** déchirer en morceaux; ***j-m etw aus den Händen ~*** arracher qc des mains de qn; ***etw an sich ~*** s'emparer de qc; ***sich um etw ~*** s'arracher qc; **'~end** *Strom* rapide; *Tier* féroce; ***~en Absatz finden*** se vendre comme des petits pains; **'~erisch** tapageur; **'2nagel** *m* punaise *f*; **'2verschluss** *m* fermeture *f* éclair; **'2zwecke** *f* punaise *f*
**'Reiswaffel** *f* galette *f* de riz
**reiten** ['raitən] **1.** (*ritt*, *geritten*, *v/t h*, *v/i sn*) monter à cheval; *Sport* faire du cheval; *irgendwohin* aller à cheval; **2.** **'2** *n* (*-s*; *sans pl*) équitation *f*
**Reiter** ['raitər] *m* (*-s*; -), **'~in** *f* (-; *-nen*) cavalier *m*, -ière *f*
**'Reit|pferd** *n* cheval *m* de selle, monture *f*; **'~sport** *m* hippisme *m*, sport *m* équestre; **'~stiefel** *m* botte *f* d'équitation
**Reiz** [raits] *m* (*-es*; *-e*) attrait *m*, charme *m*; *biol* stimulus *m*; **'2bar** irritable, excitable; **'2en** (*h*) irriter, exciter, stimuler; *verlocken* attirer, séduire, tenter; **'2end** charmant; **'~klima** *n* climat *m* vivifiant; **'2los** fade, peu attrayant; **'~mittel** *n* stimulant *m*; **'~ung** *f* (-; *-en*) *méd* irritation *f*; *biol* stimulation *f*; **'2voll** attrayant
**rekeln** ['reːkəln] (*h*) F ***sich ~*** se prélasser
**Reklamation** [reklama'tsjoːn] *f* (-; *-en*) réclamation *f*
**Reklame** [re'klaːmə] *f* (-; *-n*) réclame *f*, publicité *f*; ***~ machen für*** faire de la publicité pour
**reklamieren** [-kla'miːrən] (*pas de -ge-*, *h*) réclamer
**rekonstruieren** [rekɔnstru'iːrən] (*pas de -ge-*, *h*) *Ereignis* reconstituer
**Rekord** [re'kɔrt] *m* (*-[e]s*; *-e*) record *m*; ***e-n ~ aufstellen*** établir un record
**Rekrut** [re'kruːt] *mil m* (*-en*; *-en*) recrue *f*, conscrit *m*; **2'ieren** (*pas de -ge-*, *h*) (***sich ~*** se) recruter (***aus*** dans, parmi)
**relativ** [rela'tiːf] relatif
**Relief** [rel'jɛf] *n* (*-s*; *-s*, *-e*) relief *m*
**Religion** [reli'gjoːn] *f* (-; *-en*) religion *f*
**religiös** [reli'gjøs] religieux; *fromm* pieux
**Reling** ['reːliŋ] *mar f* (-; *-s*, *-e*) bastingage *m*, rambarde *f*
**Reliquie** [re'liːkviə] *f* (-; *-n*) relique *f*
**Rendite** [rɛn'diːtə] *f* (-; *-n*) taux *m* de capitalisation
**Renn|bahn** ['rɛn-] *f Pferde* champ *m* de courses, hippodrome *m*; *Fahrrad* vélodrome *m*; *allg a* piste *f*; **'2en** (*rannte*, *gerannt*, *sn*) courir; **'~en** *n* (*-s*; -) course *f*; **'~fahrer** *m auto* pilote *m*; *Motor-*, *Fahrrad* coureur *m*; **'~rad** *n* vélo *m* de course; **'~sport** *m allg* course *f*; **'~stall** *m* écurie *f*; **'~strecke** *f* parcours *m*; **'~wagen** *m* voiture *f* de course, bolide *m*
**renommiert** [renɔ'miːrt] renommé
**renovier|en** [renɔ'viːrən] (*pas de -ge-*, *h*) remettre à neuf, rénover; **2ung** (-; *-en*) rénovation *f*
**rentab|el** [rɛn'taːbəl] rentable, profitable; **2ilität** [-abili'tɛːt] *f* (-; *sans pl*) rentabilité *f*

**Rente** ['rɛntə] *f* (-; -*n*) retraite *f*, pension *f*; *Kapital*⁀ rente *f*; '**~nversicherung** *f* assurance - retraite *f*
**Rentier** ['rɛn-] *zo n* renne *m*
**rentieren** [rɛn'tiːrən] (*pas de -ge-, h*) ***sich ~*** valoir la peine; *comm* rapporter
**Rentner** ['rɛntnər] *m* (-*s*; -), '**~in** *f* (-; -*nen*) retraité *m*, -e *f*
**Reparatur** [repara'tuːr] *f* (-; -*en*) réparation *f*; **~werkstatt** *f* atelier *m* de réparation; *auto* garage *m*
**reparieren** [-pa'riːrən] (*pas de -ge-, h*) réparer
**Report|age** [repɔr'taːʒə] *f* (-; -*en*) reportage *m*; **~er** [re'pɔrtər] *m* (-*s*; -) reporter *m*
**Repräsent|ant** [reprɛzɛn'tant] *m* (-*en*; -*en*), **~antin** *f* (-; -*nen*) représentant *m*; ⁀**ativ** [-ta'tiːf] représentatif; *ansehnlich* qui présente bien, prestigieux; ⁀**ieren** (*pas de -ge-, h*) représenter
**Repressalien** [reprɛ'saːljən] *f/pl* représailles *f/pl*
**reprivatisier|en** [reprivati'ziːrən] (*pas de -ge-, h*) dénationaliser
**Reprodu|ktion** [reproduk'tsjoːn] *f* (-; -*en*) reproduction *f*; ⁀**zieren** [-'tsiːrən] (*pas de -ge-, h*) reproduire
**Reptil** [rɛp'tiːl] reptile *m*
**Republik** [repu'bliːk] *f* (-; -*en*) république *f*; **~aner** [-i'kaːnər] *m* (-*s*; -), **~'anerin** *f* (-; -*nen*) *m* républicain *m*, -e *f*; ⁀**anisch** [-i'kaːniʃ] républicain
**Reserve** [re'zɛrvə] *f* (-; -*n*) réserve *f* (*a mil*); **~kanister** *m* bidon *m* de réserve; **~rad** *n* roue *f* de secours
**reservier|en** [rezɛr'viːrən] (*pas de -ge-, h*) réserver, retenir; ⁀**ung** *f* (-; -*en*) réservation *f*
**Residenz** [rezi'dɛnts] *f* (-; -*en*) résidence *f*
**Resig|nation** [rezigna'tsjoːn] *f* (-; *sans pl*) résignation *f*; ⁀'**nieren** (*pas de -ge-, h*) se résigner
**Resolution** [rezolu'tsjoːn] *f* (-; -*en*) résolution *f*
**Resonanz** [rezo'nants] *f* (-; -*en*) résonance *f*; *fig* écho *m*
**Resozialisierung** [rezotsjali'ziːruŋ] *f* réinsertion *f* dans la société
**Respekt** [re'spɛkt] *m* (-[*e*]*s*; *sans pl*) respect *m* (***vor*** pour)
**respekt|ieren** [-'tiːrən] (*pas de -ge-, h*) respecter; **~los** [-'spɛkt-] sans respect, irréverencieux; **~voll** [-'spɛkt-] respectueux
**Ressort** [rɛ'soːr] *n* (-*s*; -*s*) ressort *m*
**Rest** [rɛst] *m* (-*es*; -*e*) reste *m*
**Restaurant** [rɛsto'rɑ̃ː] *n* (-*s*; -*s*) restaurant *m*
**restaurieren** [rɛstau'riːrən] (*pas de -ge-, h*) restaurer
'**Rest|betrag** *m* restant *m*; '**~bestand** *m* reste *m*, reliquat *m*; '⁀**lich** restant, qui reste; '⁀**los** totalement, complètement; '**~müll** *m* déchets *m/pl* non recyclables; '**~zahlung** *f* paiement *m* d'un reliquat
**Resultat** [rezul'taːt] *n* (-[*e*]*s*; -*e*) résultat *m*
**rett|en** ['rɛtən] (*h*) (***sich ~*** se) sauver (***aus, vor*** de); '⁀**er** *m* (-*s*; -) sauveteur *m*; *fig* sauveur *m*
**Rettich** ['rɛtiç] *bot m* (-*s*; -*e*) radis *m*
'**Rettung** *f* (-; -*en*) sauvetage *m*; *Heil* salut *m*
'**Rettungs|aktion** *f* opération *f* de sauvetage; '**~boot** *n* canot *m* de sauvetage; '**~mannschaft** *f* sauveteurs *m/pl*; '**~ring** *m* bouée *f* de sauvetage; '**~schwimmer** *m* sauveteur *m*; '**~weste** *f* gilet *m* de sauvetage
**Reu|e** ['rɔyə] *f* (-; *sans pl*) repentir *m*; '⁀**en** (*h*) ***etw reut mich*** je regrette qc; '⁀**evoll**, '⁀**ig**, '⁀**mütig** repentant, contrit
**revanchieren** [revɑ̃'ʃiːrən] (*pas de -ge-, h*) ***sich ~*** prendre sa revanche; *für e-n Dienst* rendre la pareille; *für e-e Einladung* inviter qn à son tour
**revidieren** [revi'diːrən] (*pas de -ge-, h*) réviser
**Revier** [re'viːr] *n* (-*s*; -*e*) district *m*; *e-s Tieres* territoire *m*; *Jagd*⁀ chasse *f* gardée; *Polizei*⁀ commissariat *m*
**Revision** [revi'zjoːn] *f* (-; -*en*) révision *f*; *jur* ***~ einlegen*** se pourvoir en cassation
**Revol|te** [re'vɔltə] *f* (-; -*n*) révolte *f*; ⁀'**tieren** (*pas de -ge-, h*) se révolter
**Revolution** [revolu'tsjoːn] *f* (-; -*en*) révolution *f*; ⁀**är** [-o'nɛːr] révolutionnaire *m*; **~är** *m* (-*s*; -*e*), **~ärin** *f* (-; -*nen*) révolutionnaire *m*, *f*
**Revolver** [re'vɔlvər] *m* (-*s*; -) revolver *m*
**Rezept** [re'tsɛpt] *n* (-[*e*]*s*; -*e*) *cuis* recette *f*; *méd* ordonnance *f*; ⁀**frei** délivré

sans ordonnance; **°pflichtig** délivré uniquement sur ordonnance
**Rezession** [retsɛ'sjoːn] *f* (-; *-en*) récession *f*
**R-Gespräch** ['ɛr-] *n tél* communication *f* PCV
**rh** *abr* ***Rhesusfaktor negativ*** facteur rhésus négatif
**Rh** *abr* ***Rhesusfaktor positiv*** facteur rhésus positif
**Rhabarber** [ra'barbər] *m* (*-s*; *sans pl*) rhubarbe *f*
**Rhein** [rain] *m* (-[*e*]*s*; *sans pl*) ***der ~*** le Rhin; **'°isch** rhénan; **'~land** *n* la Rhénanie; **'~land-'Pfalz** *n* la Rhénanie-Palatinat
**rhetorisch** [re'toːriʃ] rhétorique
**Rheuma** ['rɔʏma] *med n* (*-s*; *sans pl*) rhumatisme *m*
**Rhodos** ['roːdɔs, 'rɔdɔs] *n* Rhodes
**Rhone** ['roːnə] ***die ~*** le Rhône
**rhythm|isch** ['rytmiʃ] rythmique; **'°us** ['-mus] *m* (-;*Rhythmen*) rythme *m*
**richten** ['riçtən] (*h*) *ordnen* ajuster, arranger; *vor-, zubereiten* préparer; *reparieren* réparer; *jur* (***über***) ***j-n ~*** juger qn; ***~ an*** adresser à; ***~ auf*** diriger *od* braquer sur; ***~ gegen*** diriger contre; ***sich ~ nach*** se régler sur; ***ich richte mich nach dir*** *a* je prends exemple sur toi
**'Richter** *m* (*-s*; -), **'~in** *f* (-; *-nen*) juge *m, f*
**'Richtgeschwindigkeit** *f* vitesse *f* conseillée
**'richtig** juste, correct, exact, bon; ***meine Uhr geht ~*** ma montre est à l'heure; ***~ nett*** (***böse***) vraiment gentil (méchant); → ***richtigstellen***
**'Richtigkeit** *f* (-; *sans pl*) justesse *f*, correction *f*, exactitude *f*
**'richtigstellen** (*sép*, *-ge-*, *h*) corriger, rectifier
**'Richt|linie** *f* directive *f*, ligne *f* de conduite; **'~preis** *m* prix *m* conseillé; **'~schnur** *f fig* règle *f* de conduite
**'Richtung** *f* (-; *-en*) direction *f*, sens *m*; *Tendenz* tendance *f*, orientation *f*
**riechen** ['riːçən] (*roch*, *gerochen*, *h*) sentir; ***gut ~*** sentir bon; ***nach etw ~*** sentir qc; ***an etw ~*** respirer l'odeur de qc; *fig* ***ich kann ihn nicht ~*** je ne peux pas le sentir
**Riegel** ['riːgəl] *m* (*-s*; -) verrou *m*
**Riemen** ['riːmən] *m* (*-s*; -) courroie *f*, lanière *f*; *Ruder* aviron *m*, rame *f*
**Ries|e** ['riːzə] *m* (*-n*; *-n*), **'~in** *f* (-; *-nen*) géant *m*, -e *f*
**rieseln** ['riːzəln] (*h*) couler, ruisseler; *Schnee* tomber doucement
**riesenhaft** ['riːzən-] gigantesque, colossal
**riesig** ['riːziç] énorme, gigantesque
**Riff** [rif] *n* (-[*e*]*s*; *-e*) récif *m*
**Rille** ['rilə] *f* (-; *-n*) rainure *f*; *Schallplatte* sillon *m*
**Rind** [rint] *zo n* (-[*e*]*s*; *-er*) bœuf *m*; ***~er*** *pl* bovins *m/pl*
**Rinde** ['rində] *f* (-; *-n*) *Baum* écorce *f*; *Brot* croûte *f*
**'Rinder|braten** *m* rôti *m* de bœuf; **'~wahn(sinn)** *m* maladie *f* de la vache folle; encéphalite *f* spongiforme bovine (ESB)
**'Rind|fleisch** *n* (du) bœuf *m*; **'~vieh** *n* bétail *m*; F *fig* imbécile *m*, corniaud *m* F
**Ring** [riŋ] *m* (-[*e*]*s*; *-e*) anneau *m*; *Finger°* bague *f*; *Kreis* cercle *m*; *Boxkampf* ring *m*; *Straße* périphérique *m*; *Bahn* ceinture *f*; *Rennstrecke* circuit *m*; *Vereinigung* association *f*; **'~buch** *n* classeur *m*
**ringel|n** ['riŋəln] (*h*) ***sich ~*** s'enrouler; **'°natter** *zo f* couleuvre *f* à collier
**ring|en** ['riŋən] (*rang*, *gerungen*, *h*) lutter (***um etw*** pour qc); ***nach Luft ~*** suffoquer; **'°er** *m* (*-s*; -) lutteur *m*; **'°finger** *m* annulaire *m*; **'°kampf** *m* lutte *f*; **'°richter** *m* arbitre *m* de boxe
**rings** [riŋs] ***~ um ...*** tout autour de ...; **'~um(her)** tout autour
**Rinn|e** ['rinə] *f* (-; *-n*) rigole *f*; *Dach°* gouttière *f*; **'°en** (*rann*, *geronnen*, *sn*) couler; *Gefäß* fuir; **'~stein** *m* caniveau *m*
**Rippe** ['ripə] *f* (-; *-n*) côte *f*
**Ris|iko** ['riːziko] *n* (*-s*; *-s*,*Risiken*) risque *m*; ***ein ~ eingehen*** courir un risque; ***auf eigenes ~*** à ses risques et périls; **~kant** [ris'kant] risqué; **~'kieren** (*pas de -ge-*, *h*) risquer
**Riss** [ris] *m* (*-es*; *-e*) fente *f*, fissure *f*, crevasse *f*; *in Mauer a* lézarde *f*; *in Haut a* gerçure *f*; *in Stoff* déchirure *f*
**rissig** ['risiç] fissuré, crevassé; *Mauer a* lézardé; *Haut a* gercé
**Ritt** [rit] *m* (-[*e*]*s*; *-e*) chevauchée *f*, cour-

se *f* à cheval

'**Ritter** *m* (-*s*; -) chevalier *m*; '**ꝰlich** chevaleresque

**Ritus** ['riːtus] *m* (-; *Riten*) rite *m*

**Ritze** ['ritsə] *f* (-; -*n*) fente *f*

'**ritzen** (*h*) entailler; **~ *in*** graver dans

**Rival|e** [ri'vaːlə] *m* (-*n*; -*n*), **~in** *f* (-; -*nen*) rival *m*, -e *f*; **ꝰisieren** [-ali'ziːrən] (*pas de -ge-*, *h*) rivalité *f*

**Riviera** [rivi'eːra] ***die* ~** *französische* la Côte d'Azur; *italienische* la Riviera

**Robbe** ['rɔbə] *f* (-; -*n*) phoque *m*

**Robe** ['roːbə] *f* (-; -*n*) robe *f* de soirée; *jur* robe *f* de magistrat

**Roboter** ['rɔbɔtər] *m* (-*s*; -) robot *m*

**robust** [ro'bust] robuste

**röcheln** ['rœçəln] (*h*) râler

**Rock**[1] [rɔk] *m* (-[*e*]*s*; ⸚*e*) jupe *f*

**Rock**[2] *mus m* (-[*s*]; *sans pl*) rock *m*

'**Rocker** *m* (-*s*; -) loubar(d) *m* F

**Rocky Mountains** ['rɔki'mauntəns] ***die* ~** *pl* les (montagnes) Rocheuses *f/pl*

**rodeln** ['roːdəln] (*h*) faire de la luge

**Rogen** ['roːgən] *m* (-*s*; -) œufs *m/pl* de poisson

**Roggen** ['rɔgən] *bot m* (-*s*; -) seigle *m*

**roh** [roː] *ungekocht* cru; *noch nicht verarbeitet* brut; *ungesittet* grossier, rude; ***mit ~er Gewalt*** de vive force; '**ꝰbau** *m* (-[*e*]*s*; -*ten*) gros œuvre *m*

**Rohheit** ['roːhait] *f* (-; -*en*) brutalité *f*, rudesse *f*, grosièrete *f*

'**Roh|kost** *f* crudités *f/pl*; '**~material** *n* matières *f/pl* premières; '**~öl** *n* pétrole *m* brut

**Rohr** [roːr] *n* (-[*e*]*s*; -*e*) tuyau *m*, tube *m*; *Leitungs*ꝰ conduit *m*; *bot* canne *f*; *Schilf* roseau *m*; '**~bruch** *m* rupture *f* de tuyau

**Röhre** ['røːrə] *f* (-; -*n*) tuyau *m*; *Radio* lampe *f*; *TV* tube *m*; *Back*ꝰ four *m*

'**Rohr|leitung** *f* conduit *m*, pipe-line *m*; '**~zucker** *m* sucre *m* de canne

'**Roh|seide** *f* soie *f* grège; '**~stoff** *m* matière *f* première; '**ꝰstoffarm** pauvre en matières premières

'**Rollbahn** *aviat f* piste *f*

**Rolle** ['rɔlə] *f* (-; -*n*) rouleau *m*; *unter Möbeln* roulette *f*; *Faden*ꝰ bobine *f*; *fig* rôle *m*; ***das spielt keine ~*** cela ne joue aucun rôle

'**rollen** (*v/tr h*; *v/itr sn*) rouler; *Donner* gronder

'**Roller** *m* (-*s*; -) *Kinder*ꝰ trottinette *f*; *Motor*ꝰ scooter *m*

**Rollladen** ['rɔllaːdən] *m* (-*s*; ⸚,-) volet *m* roulant

**Rollo** [rɔ'loː] *m* (-*s*; -*s*) store *m*

'**Roll|schuh** *m* patin *m* à roulettes; ***~ laufen*** faire du patin à roulettes; '**~stuhl** *m* fauteuil *m* roulant; '**~treppe** *f* escalier *m* roulant

**Rom** [roːm] *n* Rome

**Roman** [ro'maːn] *m* (-*s*; -*e*) roman *m*; **~ik** *f* (-; *sans pl*) roman *m*, style *m* roman; **ꝰisch** *Kunst*, *Sprachen* roman; *Völker*, *Länder* latin; **~schriftsteller** *m*, **~schriftstellerin** *f* romancier *m*, -ière *f*

**Romanti|k** [ro'mantik] *f* (-; *sans pl*) romantisme *m*; **ꝰsch** romantique; *schwärmerisch* romanesque

**Röm|er** ['røːmər] *m* (-*s*; -), '**~erin** *f* (-; -*nen*) Romain *m*, -e *f*; '**ꝰisch** romain

**röntgen** ['rœntgən] (*h*) radiographier; '**ꝰapparat** *m* appareil *m* de radiographie; '**ꝰaufnahme** *f*, '**ꝰbild** *n* radiographie *f*, radio *f* F; '**ꝰstrahlen** *m/pl* rayons X *m/pl*

**rosa** ['roːza] rose

**Rose** ['roːzə] *bot f* (-; -*n*) rose *f*; ***wilde ~*** églantine *f*; *Strauch* eglantier *m*

'**Rosen|kohl** *bot m* chou *m* de Bruxelles; '**~stock** *m* rosier *m*

**Rosette** [ro'zɛtə] *arch f* (-; -*n*) rosace *f*

'**rosig** rose

**Rosine** [ro'ziːnə] *f* (-; -*n*) raisin *m* sec

**Rost** [rɔst] *m* **1.** (-[*e*]*s*; *sans pl*) rouille *f*; **2.** (-[*e*]*s*; -*e*) *Brat*ꝰ gril *m*; *Gitter* grille *f*

'**rosten** (*h*) rouiller

**rösten** ['røːstən] (*h*) griller; *Kartoffeln* faire sauter; *Kaffee* torréfier

'**rost|frei** inoxydable; '**~ig** rouillé

**rot** [roːt] **1.** rouge (*a pol*); *Haar* roux; ***das ꝰe Meer*** la mer *f* Rouge; ***~ werden*** rougir; ***in den ~en Zahlen stecken*** être en déficit; **2.** ꝰ *n* (-*s*; -) rouge *m*; ***die Ampel steht auf ~*** le feu est au rouge

**Rotation** [rota'tsjoːn] *f* (-; -*en*) rotation *f*

**Röte** ['røːtə] *f* (-; *sans pl*) rougeur *f*

**Röteln** ['røːtəln] *méd pl* rubéole *f*

'**röten** (*h*) (***sich ~***) rougir

'**rothaarig** roux

**rotieren** [ro'tiːrən] (*pas de -ge-*, *h*) tourner (sur son axe); F *fig* être surmené *od* débordé de travail

**Rot|käppchen** ['-kɛpçən] *n* (*-s*; -) Petit Chaperon *m* rouge; '**~kehlchen** *zo n* (*-s*; -) rouge-gorge *m*; '**~kohl** *bot m* chou *m* rouge

**rötlich** ['røːtliç] rougeâtre

'**Rot|stift** *m* crayon *m* rouge; '**~wein** *m* vin *m* rouge

**Route** ['ruːtə] *f* (-; *-n*) itinéraire *m*, route *f*

**Routin|e** [ru'tiːnə] *f* (-; *sans pl*) routine *f*, expérience *f*; **~ekontrolle** *f* contrôle *m* de routine; **~esache** *f* ***das ist reine ~*** c'est de la pure routine; **2iert** [-i'niːrt] expérimenté; rompu (***auf e-m Gebiet*** à un domaine)

**Rübe** ['ryːbə] *bot f* (-; *-n*) rave *f*; ***Gelbe ~*** carotte *f*; ***Rote ~*** betterave *f*; ***Weiße ~*** navet *m*

**Rubin** [ru'biːn] *m* (*-s*; *-e*) rubis *m*

**Ruck** [ruk] *m* (-[*e*]*s*; *-e*) saccade *f*, secousse *f*; ***sich e-n ~ geben*** se forcer (à faire qc)

**Rückantwort** ['ryk-] *f Post* ***~ bezahlt*** réponse *f* payée; '**~karte** *f* carte-réponse *f*

'**ruckartig** saccadé; *adv* tout à coup

'**Rück|blick** *m* rétrospective *f* (***auf*** de), retour *m* en arrière; '**2datieren** (*pas de -ge-*, *h*) antidate

**rücken** ['rykən] *v/i* (*h*), *v/t* (*sn*) déplacer, bouger; ***näher ~*** approcher; ***zur Seite ~*** se pousser

'**Rücken** *m* (*-s*; -) dos *m*; '**~deckung** *f fig* soutien *m*, appui *m*; '**~lehne** *f* dossier *m*; '**~mark** *n* moelle *f* épinière; '**~schmerzen** *m/pl* mal *m* au dos, douleurs *f/pl* dorsales; '**~wind** *m* vent *m* arrière

**rück|erstatten** ['rykʔ-] (*pas de -ge-*, *h*) restituer; '**2erstattung** *f* restitution *f*; *von Kosten* remboursement *m*; '**2fahrkarte** *f* billet *m* aller et retour; '**2fahrscheinwerfer** *m* feu *m* de recul; '**2fahrt** *f* retour *m*; '**2fall** *m jur u fig* récidive *f*; *méd* rechute *f*; '**~fällig *~ werden*** récidiver (*jur u fig*); '**2flug** *m* (vol *m* de) retour *m*; '**2frage** *f* demande *f* d'instructions supplémentaires; '**2gabe** *f* restitution *f*; '**2gang** *m* diminution *f*, déclin *m*, baisse *f*; '**~gängig *~ machen*** annuler; '**2gewinnung** *tech f* récupération *f*; '**2grat** *n* épine *f* dorsale, colonne *f* vertébrale; *fig* ***~ haben*** avoir le courage de ses opinions; '**2halt** *m fig* soutien *m*; '**~haltlos** sans réserve; '**2kauf** *m* rachat *m*; '**2kehr** *f* retour *m*; '**2koppelung** *f* feed-back *m*, couplage *m* par réaction; '**2lage** *f* réserve *f*; '**~läufig** rétrograde, en baisse; '**2lichter** *n/pl* feux *m/pl* arrière; '**2nahme** *f comm* reprise *f*; *Zurückziehung* retrait *m*; '**2porto** *n* port *m* de retour; '**2reise** *f* (voyage *m* de) retour *m*

'**Rucksack** *m* sac *m* à dos

'**Rück|schlag** *m fig* revers *m*; '**2schrittlich** réactionnaire; '**~seite** *f* revers *m*; *e-r Buchseite* verso *m*; '**~sendung** *f* renvoi *m*, retour *m*

'**Rücksicht** *f* (-; *-en*) considération *f*; ***aus ~ auf*** au égard à, par égard pour; ***~ nehmen auf*** avoir égard à; '**~nahme** ['-naːmə] *f* (-; *sans pl*) égards *m/pl*; *Schonung* ménagement *m*; *Höflichkeit* politesse *f*; '**2slos** sans égards, sans scrupules, brutal; '**~slosigkeit** *f* (-; *-en*) manque *m* d'égards *od* de scrupules, brutalité *f*; '**2svoll** plein d'égards (***gegenüber*** pour)

'**Rück|sitz** *auto m* siège *m* arrière; '**~spiegel** *auto m* rétroviseur *m*; '**~stand** *m* retard *m*; *chim* résidu *m*; ***im ~ sein*** être en retard (***gegenüber*** sur); '**2ständig** arrière (*a Zahlung*), retardataire; '**~stau** *m* trop-plein *m*; '**~tausch** *m* rechange *m*; '**~tritt** *m* démission *f*; *von Wettbewerb etc* retrait *m*; '**~vergütung** *f* ristourne *f*; '**~versicherung** *f* réassurance *f*; '**2wärts** en arrière; '**~wärtsgang** *auto m* marche *f* arrière; '**~weg** *m* retour *m*

'**rück|wirkend** *jur* rétroactif; '**2wirkung** *f* répercussion *f*; '**2zahlung** *f* remboursement *m*; '**2zieher** *m* ***e-n ~ machen*** revenir sur sa décision; '**2zug** *m* retraite *f*

**Rudel** ['ruːdəl] *n* (*-s*; -) bande *f*

**Ruder** ['ruːdər] *mar n* (*-s*; -) rame *f*, aviron *m*; *Steuer2* gouvernail *m*; '**~boot** *n* canot *m* à rames; '**~er** *m* (*-s*; -), '**~in** *f* (-; *-nen*) rameur *m*, -euse *f*; '**2n** (*h*) ramer; *Sport* faire de l'aviron

**Ruf** [ruːf] *m* (-[*e*]*s*; *-e*) appel *m* (*a fig*); *Schrei* cri *m*; *Ansehen* réputation *f*; '**2en** (*rief*, *gerufen*, *h*) appeler, crier; ***den Arzt ~*** appeler le médecin; ***um Hilfe ~*** crier au secours

'**Rufnummer** *f* numéro *m* de téléphone

**Ruhe** ['ru:ə] *f* (-; *sans pl*) repos *m*, calme *m*, tranquillité *f*; *Stille* silence *m*; ***j-n in ~ lassen*** laisser qn tranquille; ***lass mich in ~!*** F fiche-moi la paix!; ***die ~ bewahren*** conserver son calme; ***sich zur ~ setzen*** se retirer des affaires, prendre sa retraite; ***~ bitte!*** silence, s'il vous plaît!

**ruhen** ['ru:ən] (*h*) *Person* se reposer; *Tätigkeit* être suspendu; ***~ auf*** reposer sur; ***hier ruht*** ici repose, ci-gît

'**Ruhe|pause** *f* pause *f*; '**~stand** *m* (-[*e*]*s*; *sans pl*) retraite *f*; '**~stätte** *f* *fig* ***letzte ~*** dernière demeure *f*; '**~störung** *f* (-; *-en*) perturbation *f* (de l'ordre public); '**~tag** *m* jour *m* de repos; ***Montag ~*** fermé le lundi

'**ruhig** calme, tranquille; *still* silencieux

**Ruhm** [ru:m] *m* (-[*e*]*s*; *sans pl*) gloire *f*

**rühmen** ['ry:mən] (*h*) glorifier, vanter; ***sich e-r Sache ~*** se vanter de qc

'**ruhm|los** sans gloire; '**~reich** glorieux

**Ruhr** [ru:r] *méd f* (-; *sans pl*) dysenterie *f*

**rühr|en** ['ry:rən] (*h*) *bewegen, um~* remuer; *innerlich* toucher, émouvoir; ***~ an*** toucher à; ***sich ~*** bouger; *mil* ***rührt euch!*** repos!; '**~end** touchant, émouvant; '**~ig** agile, remuant, entreprenant; '**Ձung** *f* (-; *sans pl*) émotion *f*

**Ruin** [ru'i:n] *m* (-*s*; *sans pl*), **~e** *f* (-; *-n*) ruine *f*; **Ձ'ieren** (*pas de -ge-*, *h*) (***sich ~*** se) ruiner

**rülpsen** ['rylpsən] (*h*) roter

**Rum** [rum] *m* (-*s*; -*s*) rhum *m*

**Rumän|e** [ru'mɛ:nə] *m* (-*n*; -*n*), **~in** *f* (-; *-nen*) Roumain *m*, -e *f*; **~ien** [-jən] *n* (-*s*; *sans pl*) la Roumanie; **Ձisch** roumain

**Rumpf** [rumpf] *m* (-[*e*]*s*; *¨e*) *biol* tronc *m*; *aviat* fuselage *m*; *mar* coque *f*

**rümpfen** ['rympfən] (*h*) ***die Nase ~*** faire la grimace

**rund** [runt] rond, arrondi; *ungefähr* environ; ***~ um etw*** tout autour de qc

**Runde** ['rundə] *f* (-; *-en*) *Umkreis, Rundgang* ronde *f*; *Bier* tournée *f*; *Sport* tour *m*; *Boxen* round *m*; *Gesellschaft* compagnie *f*

'**Rund|fahrt** *f* circuit *m*; '**~flug** *m* circuit *m* aérien

'**Rundfunk** *m* (-[*e*]*s*; *sans pl*) radio *f*, T.S.F. *f*; ***im ~*** à la radio; ***im ~ übertragen*** radiodiffuser; '**~empfang** *m* réception *f* radiophonique; '**~gerät** *n* poste *m od récepteur m de radio*; '**~sender** *m* station *f od émetteur m de radio*; '**~sendung** *f* émission *f* de radio

'**Rund|gang** *m* tour *m* (***durch*** de); '**Ձlich** arrondi; *Person* rondelet; '**~reise** *f* tournée *f*, tour *m*, circuit *m* (***durch*** de); '**~schreiben** *n* circulaire *f*; '**Ձum** à la ronde, tout autour; '**~ung** *f* (-; *-en*) arrondi *m*; *des Körpers* rondeur *f*

**Runz|el** ['runtsəl] *f* (-; *-en*) ride *f*; '**Ձ(e)lig** ridé; '**Ձeln** (*h*) ***die Stirn ~*** froncer les sourcils

**Rüpel** ['ry:pəl] *m* (-*s*; -) mufle *m*, malotru *m*, rustre *m*, grossier personnage *m*; '**Ձhaft** grossier, malotru

**rupfen** ['rupfən] (*h*) *Federvieh* plumer (*a fig*); *Unkraut* arracher

**Ruß** [ru:s] *m* (-*es*; *sans pl*) suie *f*

**Russ|e** ['rusə] *m* (-*n*; -*n*), '**~in** *f* (-; *-nen*) Russe *m*, *f*

**Rüssel** ['rysəl] *m* (-*s*; -) trompe *f*; *Schweins*Ձ groin *m*

**rußig** ['ru:siç] noirci de suie

**russisch** ['rusiʃ] russe

**Russland** ['rus-] *n* (-*s*; *sans pl*) la Russie

**rüsten** ['rystən] (*h*) *mil* armer; *st/s* ***sich ~*** se préparer (***zu*** à)

'**rüstig** vert, vigoureux

**rustikal** [rusti'ka:l] rustique

'**Rüstung** *f* (-; *-en*) *mil* armements *m/pl*; *Ritter*Ձ armure *f*; '**~sindustrie** *f* industrie *f* d'armement; '**~swettlauf** *m* course *f* aux armements

**Rute** ['ru:tə] *f* (-; *-en*) verge *f*, baguette *f*

**Rutsch|bahn** ['rutʃ] *f für Kinder* toboggan *m*; *fig* patinoire *f*; '**Ձen** (*h*) glisser; *auto a* déraper; '**Ձig** glissant; '**Ձsicher** antidérapant

**rütteln** ['rytəln] (*h*) secouer

# S

**S** *abr* ***Süden*** S (sud); *hist* ***Schilling*** schilling
**s.** *abr* ***siehe*** voir
**S.** *abr* ***Seite*** page
**Saal** [zaːl] *m* (-[*e*]*s*; *Säle*) salle *f*
**Saar** [zaːr] *f* (-; *sans pl*) Sarre *f*; **~'brücken** *n* Sarrebruck; **'~land** *n* (-[*e*]*s*; *sans pl*) Sarre *f*; **'⁀ländisch** sarrois
**Saat** [zaːt] *f* (-; -*en*) semence *f*; *Säen* semailles *f*/*pl*
**Säbel** ['zɛːbəl] *m* (-*s*; -) sabre *m*
**Sabo|tage** [zabo'taːʒə] *f* (-; -*n*) sabotage *m*; **~teur** [-'tøːr] *m* (-*s*; -*e*) saboteur *m*; **⁀'tieren** (*pas de* -*ge*-, *h*) saboter
**Sach|bearbeiter** ['zax-] *m* (-*s*; -), **'~bearbeiterin** *f* (-; -*nen*) personne *f* compétente, responsable *m*; **'~beschädigung** *jur f* détérioration *f* volontaire; **'~buch** *n* livre *m* spécialisé *od* documentaire
**Sache** ['zaxə] *f* (-; -*n*) chose *f*; *Angelegenheit* affaire *f*; *jur* cause *f*; ***meine ~n*** *pl* mes affaires; ***zur ~ kommen*** en venir au fait; ***nicht zur ~ gehören*** ne pas faire partie de l'affaire
**'sach|gemäß** adéquat, approprié; **'⁀kenntnis** *f* connaissance *f* des faits, compétence *f*; **'~kundig** compétent, expert; **'⁀lage** *f* état *m* de fait *od* des choses; **'~lich** objectif; *dinglich* matériel
**'Sach|lichkeit** *f* (-; *sans pl*) objectivité *f*; **'~schaden** *m* dégâts *m*/*pl* matériels
**Sachse** ['zaksə] *m* (-*n*; -*n*), **Sächsin** ['zɛksin] *f* (-; -*nen*) Saxon *m*, -ne *f*
**'Sachsen** *n* (-*s*; *sans pl*) la Saxe; **'~-'Anhalt** *n* (-*s*; *sans pl*) la Saxe-Anhalt
**'sächsisch** saxon
**Sach|verhalt** ['zaxfɛrhalt] *m* (-[*e*]*s*; -*e*) état *m* des choses; faits *m*/*pl*; **'~verständige** *m*, *f* (-*n*; -*n*) expert *m*; **'~wert** *m* valeur *f* réelle
**Sack** [zak] *m* (-[*e*]*s*; *⸚e*) sac *m*; **'~gasse** *f* cul-de-sac *m*, impasse *f* (*a fig*)
**Sadis|mus** [za'dismus] *m* (-; *sans pl*) sadisme *m*; **⁀tisch** sadique
**säen** ['zɛːən] (*h*) semer
**Safe** [seːf] *m* (-*s*; -*s*) coffre-fort *m*
**Saft** [zaft] *m* (-[*e*]*s*; *⸚e*) jus *m*; *biol* suc *m*; *der Pflanzen* sève *f*; **'⁀ig** juteux; *Preis*, *Witz* salé
**Sage** ['zaːgə] *f* (-; -*n*) légende *f*, mythe *m*
**Säge** ['zɛːgə] *f* (-; -*n*) scie *f*; **'~mehl** *n* sciure *f*
**sagen** ['zaːgən] (*h*) dire; ***er lässt sich nichts ~*** il ne veut rien entendre; ***unter uns gesagt*** entre nous soit dit
**sägen** ['zɛːgən] (*h*) scier
**'sagenhaft** légendaire, mythique; F formidable
**'Sägewerk** *n* scierie *f*
**Sahara** [za'haːra] ***die ~*** le Sahara
**Sahne** ['zaːnə] *f* (-; *sans pl*) crème *f*
**Saison** [zɛ'zõː] *f* (-; -*s*) saison *f*; **⁀al** [-o'naːl] saisonnier; **~arbeiter** *m* saisonnier *m*; **⁀bedingt** saisonnier; **⁀bereinigt** *Arbeitslosenzahl* avec/après correction des variations saisonnières
**Saite** ['zaitə] *mus f* (-; -*n*) corde *f*; **'~ninstrument** *n* instrument *m* à cordes
**Sakko** ['zako] *m*, *n* (-*s*; -*s*) veston *m*
**Salat** [za'laːt] *m* (-[*e*]*s*; -*e*) salade *f*; *Kopf⁀* laitue *f*; *fig* ***da haben wir den ~!*** ça y est!, nous voilà propres! F; **~soße** *f* vinaigrette *f*
**Salb|e** ['zalbə] *f* (-; -*n*) pommade *f*, crème *f*, onguent *m*; **'⁀ungsvoll** onctueux
**Saldo** ['zaldo] *m* (-*s*; -*den*, -*s*, -*di*) solde *m*; **'~übertrag** *m* report *m* du solde à nouveau
**Salmiak** ['zalmjak] *chim m*, *n* (-*s*; *sans pl*) sel *m* ammoniac; **'~geist** *chim m* ammoniaque *f*
**Salmonellen** [zalmo'nɛlən] *f*/*pl méd* salmonella(s) *f*
**Salon** [za'lõː] *m* (-*s*; -*s*) salon *m*; **⁀fähig** présentable
**salopp** [za'lɔp] négligé, relax(e)
**Salpeter** [zal'peːtər] *chim m* (-*s*; *sans pl*) salpêtre *m*; **~säure** *chim f* acide *m* nitrique
**Salsa** ['zalza] *m* (-) *mus* salsa *f*
**Salto** ['zalto] *m* (-*s*; -*s*, -*ti*) saut *m* périlleux
**Salve** ['zalvə] *mil f* (-; -*n*) salve *f*, dé-

charge *f*
**Salz** [zalts] *n* (*-es*; *-e*) sel *m*; '**~bergwerk** *n* mine *f* de sel; '**~burg** *n* Salzbourg; '**&en** (*salzte, gesalzen, h*) saler; '**&ig** salé; '**~kartoffeln** *f/pl* pommes de terre *f/pl* à l'eau; '**~säure** *chim f* acide *m* chlorhydrique; '**~stange** *f* stick *m* salé; '**~wasser** *n* eau *f* salée
**Sambesi** [zam'be:zi] ***der ~*** le Zambèze
**Sambia** ['zambia] *n* la Zambie
**Samen** ['za:mən] *m* (*-s*; *-*) semence *f*, graine *f*; *männlicher* sperme *m*; '**~korn** *bot n* graine *f*
**sammeln** ['zaməln] (*h*) *Pilze* ramasser; *Beweise* rassembler; *Briefmarken etc* collectionner; *Geld, Spenden* collecter; faire une collecte *od* faire la quête (***für*** pour); ***sich ~*** se rassembler, se réunir; *fig* se concentrer, rassembler ses idées
'**Sammel|punkt** *m* lieu *m* de rassemblement; '**~stelle** *f* centre *m* de ramassage
**Samml|er** ['zamlər] *m* (*-s*; *-*), '**~erin** *f* (*-*; *-nen*) collectionneur *m*, -euse *f*; '**~ung** *f* (*-*; *-en*) collection *f*; rassemblement *m* (*a pol*); *von Geld, Spenden* collecte *f*, quête *f*
**Samstag** ['zams-] *m* samedi *m*
**samt** [zamt] **1.** ***~ und sonders*** tous sans exception; **2.** *prép* (*dat*) avec
**Samt** *m* (*-[e]s*; *-e*) velours *m*
**sämtliche** ['zɛmtliçə] tous les … (sans exception)
**Sanatorium** [zana'to:rjum] *m* (*-s*; *Sanatorien*) maison *f* de repos
**Sand** [zant] *m* (*-[e]s*; *-e*) sable *m*; ***~ streuen*** sabler (***auf etw*** qc)
**Sandale** [zan'da:lə] *f* (*-*; *-n*) sandale *f*
'**Sand|bank** *f* banc *m* de sable; '**~burg** *f* château *m* de sable; '**&ig** sablonneux; '**~kasten** *m für Kinder* bac *m* à sable; '**~papier** *n* papier *m* de verre; '**~stein** *m* grès *m*; '**~strand** *m* plage *f* de sable; '**~uhr** *f* sablier *m*
**sanft** [zanft] doux; ***er ruhe ~*** qu'il repose en paix; '**~mütig** doux
**Sänger** ['zɛŋər] *m* (*-s*; *-*), '**~in** *f* (*-*; *-nen*) chanteur *m*, -euse *f*; *Opernsängerin a* cantatrice *f*
**sanier|en** [za'ni:rən] (*pas de -ge-, h*) *écon* redresser; *Haus* assainir; **&ung** *f* (*-*; *-en*) redressement *m*; assainissement *m*; **&ungsgebiet** *n* quartier *m* en rénovation
**sanitär** [zani'tɛ:r] sanitaire; **&anlagen** *f/pl* installations *f/pl* sanitaires
**Sanität|er** [zani'tɛ:tər] *m* (*-s*; *-*) infirmier *m*; **~sauto** *n* ambulance *f*
**Sankt** [zaŋkt] saint (*abr* St)
**Sankt Gallen** [zaŋkt 'galən] *n* Saint-Gall
**Sankt Helena** [zaŋkt 'he:lena] Sainte-Hélène
**Sanktio|n** [zaŋk'tsjo:n] *f* sanction *f*; **&'nieren** (*pas de -ge-, h*) sanctionner
**Sankt-Lorenz-Strom** [zaŋkt'lo:rɛnts-ʃtro:m] ***der ~*** le Saint-Laurent
**Sard|elle** [zar'dɛlə] *f* (*-*; *-n*) anchois *m*; **~ine** [-'di:nə] *f* (*-*; *-n*) sardine *f*
**Sardinien** [zar'di:niən] *n* la Sardaigne
**Sarg** [zark] *m* (*-[e]s*; *¨e*) cercueil *m*
**Satan** ['za:tan] *m* (*-s*; *-e*) Satan *m*; *fig* diable *m*
**Satellit** [zatɛ'li:t] *m* (*-en*; *-en*) satellite *m*; **~enfernsehen** *n* télévision *f* par satellite; **~enstaat** *m* pays *m* satellite
**Satire** [za'ti:rə] *f* (*-*; *-n*) satire *f* (***auf*** contre)
**satt** [zat] rassasié; ***sich ~ essen*** se rassasier (***an*** de); manger à sa faim; → ***satthaben***
**Sattel** ['zatəl] *m* (*-s*; *¨*) selle *f*; '**~schlepper** *m* semi-remorque *m*
'**satthaben** (*irr, sép, -ge-, h,* → ***haben***) *fig* F ***j-n*** (***etw***) ***~*** en avoir marre de qn (qc)
**sättig|en** ['zɛtigən] (*h*) rassasier; *phys, chim, Markt* saturer; '**&ung** *f* (*-*; *-en*) rassasiement *m*; *fig* saturation *f*
**Sattler** ['zatlər] *m* (*-s*; *-*) sellier *m*
**Satz** [zats] *m* (*-es*; *¨e*) phrase *f*; *gr* proposition *f*; *Sprung* saut *m*; *Tennis* set *m*; *Briefmarken* série *f*; *Kaffee&* marc *m*; *von Geschirr, Werkzeugen etc* jeu *m*
'**Satzung** *f* (*-*; *-en*) statuts *m/pl*
'**Satzzeichen** *n* signe *m* de ponctuation
**Sau** [zau] *f* **1.** *zo* (*-*; *¨e*) truie *f*; P *fig* cochon *m*; **2.** (*-*; *-en*) *Wild&* laie *f*
**sauber** ['zaubər] propre (*a fig*); ***~ machen*** nettoyer
'**Sauberkeit** *f* (*-*; *sans pl*) propreté *f*
'**saubermachen** (*sép, -ge-, h*) nettoyer
**säubern** ['zɔʏbərn] (*h*) nettoyer; *pol* purger, épurer; ***~ von*** débarrasser de
'**Säuberung** *pol f* (*-*; *-en*) purge *f*, épuration *f*

**Saudi-Arabien** [zaʊdiʔa'ra:biən] *n* l'Arabie Saoudite *f*
**sauer** ['zauər] aigre; *chim* acide; F *verärgert* fâché (***auf j-n*** contre *od* F après qn), ***saurer Regen*** pluies *f/pl* acides; F *fig* ***~ werden*** se fâcher
**Sauerei** [zauə'rai] F *f* (-; -*en*) cochonnerie *f*
'**Sauer|kirsche** *f* griotte *f*; '**~kohl** *m* (-[*e*]*s*, *sans pl*), '**~kraut** *n* (-[*e*]*s*, *sans pl*) choucroute *f*
'**Sauerstoff** *chim m* (-[*e*]*s*; *sans pl*) oxygène *m*
**saufen** ['zaufən] (*soff*, *gesoffen*, *h*) *Tier u* P *Mensch* boire
**Säufer** ['zɔʏfər] *m* (-*s*; -), '**~in** *f* (-; -*nen*) ivrogne *m*, *f* poivrot *m*, -e *f* F
**saugen** ['zaugən] (*sog*, *gesogen*, *h*, *tech nur*: *saugte*, *gesaugt*) sucer; *Kind u Säugetier* téter; *tech* aspirer
**säuge|n** ['zɔʏgən] (*h*) allaiter; '**&tier** *n* mammifère *m*
**saugfähig** ['zaukfɛ:iç] absorbant
**Säugling** ['zɔʏkliŋ] *m* (-*s*; -*e*) nourrisson *m*; '**~spflege** *f* puériculture *f*; '**~ssterblichkeit** *f* mortalité *f* infantile
**Säule** ['zɔʏlə] *f* (-; -*n*) colonne *f*
**Saum** [zaum] *m* (-[*e*]*s*; ⸚*e*) *Kleider* ourlet *m*
**Sauna** ['zauna] *f* (-; -*nen*, -*s*) sauna *m*
**Säure** ['zɔʏrə] *f* (-; -*n*) *chim* acide *m*; *Geschmack* acidité *f*, aigreur *f*
**Saurier** ['zaurjər] *zo m/pl* sauriens *m/pl*
**sausen** ['zauzən] (*h*) *Wind etc* siffler; *Ohren* bourdonner; (*sn*) *flitzen* filer (comme une flèche) F; *auto* foncer
'**Saustall** *m* P *fig* porcherie *f*, bordel *m*
**Savoyen** [za'vɔʏən] *n* la Savoie
**S-Bahn** ['ɛs-] *f*, '**~netz** *n etwa* RER *m* (Réseau *m* express régional)
**Scanner** ['skɛnər] *m* (-*s*; -) *EDV* scanner *m*
**schaben** ['ʃa:bən] (*h*) gratter, racler
**schäbig** ['ʃɛ:biç] *Kleidung* râpé, usé; *ärmlich* miteux; *Haltung* mesquin
**Schablone** [ʃa'blo:nə] *f* (-; -*n*) patron *m*, pochoir *m*, modèle *m*
**Schach** [ʃax] *n* (-*s*; -*s*) échecs *m/pl*; ***~ spielen*** jouer aux échecs; *fig* ***in ~ halten*** tenir en respect; '**~brett** *n* échiquier *m*; '**&matt** échec et mat; '**~spiel** *n* jeu *m* d'échecs
**Schacht** [ʃaxt] *Bergbau m* (-[*e*]*s*; ⸚*e*) puits *m*
**Schachtel** ['ʃaxtəl] *f* (-; -*n*) boîte *f*; ***e-e ~ Zigaretten*** un paquet de cigarettes
'**Schachzug** *m* coup *m*; *fig* ***ein geschickter ~*** une bonne tactique
**schade** ['ʃa:də] ***es ist ~*** c'est dommage; ***zu ~ für etw*** trop bon pour qc; ***wie ~, dass ...!*** quel dommage que (+ *subj*)*!*
**Schädel** ['ʃɛ:dəl] *m* (-*s*; -) crâne *m*; '**~bruch** *méd m* fracture *f* du crâne
**schaden** ['ʃa:dən] (*h*) nuire (***j-m*** à qn); ***das schadet nichts*** il n'y a pas de mal; ***es könnte ihm nicht ~*** ça ne pourrait pas lui faire de mal
'**Schaden** *m* (-*s*; ⸚) dommage *m*, dégâts *m/pl*; *Nachteil* préjudice *m*; ***zum ~ von*** au préjudice de, au détriment de; ***j-m ~ zufügen*** causer du tort à qn, porter préjudice à qn; '**~ersatz** *m* indemnité *f*, dommages-intérêts *m/pl*; '**~freiheitsrabatt** *m* bonus *m*; '**~freude** *f* joie *f* maligne; '**~sfall** *m* cas *m* de dommage
**schadhaft** ['ʃa:thaft] endommagé, détérioré, défectueux
**schäd|igen** ['ʃɛ:digən] (*h*) nuire (***j-n*** à qn), porter préjudice (à qn), léser (qn; *a méd*); '**~lich** ['ʃɛ:tliç] nuisible, nocif
'**Schädling** *m* (-*s*; -*e*) plante *f od insecte m nuisible*; *parasite m*; '**~sbekämpfung** *f* lutte *f* contre les parasites; '**~sbekämpfungsmittel** *n* pesticide *m*
'**Schadstoff** *m* polluant *m*, toxique *m*; '**&arm** peu polluant; '**&frei** non polluant
**Schaf** [ʃa:f] *zo n* (-[*e*]*s*; -*e*) mouton *m*; *Mutter&* brebis *f*
**Schäfer** ['ʃɛ:fər] *m* (-*s*; -), '**~in** *f* (-; -*nen*) berger *m*; -ère *f*; '**~hund** *m* chien *m* de berger
**schaffen** ['ʃafən] **1.** (*schuf*, *geschaffen*, *h*) *erschaffen* créer; *hervorbringen* produire; *Ordnung*, *Platz* faire; **2.** (*h*) *arbeiten* travailler; ***aus dem Weg ~*** écarter; ***j-m zu ~ machen*** donner du mal à qn; ***sich an etw zu ~ machen*** toucher à qc; ***es ~*** y arriver
**Schaffhausen** [ʃaf'haʊzən] *n* Schaffhouse
**Schaffner** ['ʃafnər] *m* (-*s*; -), '**~in** *f* (-; -*nen*) *Zug* contrôleur *m*, -euse *f*; *Bus* receveur *m*, -euse *f*
'**Schafzucht** *f* élevage *m* de moutons

**Schal** [ʃaːl] *m* (*-s*; *-s*, *-e*) cache-nez *m*; *Seiden*♀ foulard *m*

**Schale** ['ʃaːlə] *f* (*-*; *-n*) *zum Trinken* bol *m*; *Hülle* enveloppe *f*; *Früchte*, *Gemüse* peau *f*; *Orange* écorce *f*; *abgeschälte* pelure *f*, épluchure *f* (*meist pl*); *Eier*, *Nuss*, *Muschel* coquille *f*; *fig das Äußere* apparences *f/pl*

**schälen** ['ʃɛːlən] (*h*) *Obst*, *Kartoffeln* éplucher, peler; *Eier*, *Nüsse* écaler; *Haut* ***sich ~*** peler

**Schall** [ʃal] *m* (*-*[*e*]*s*; *⸚e*) son *m*; '**~dämpfer** *m auto* silencieux *m*; '**♀dicht** insonorisé; '**~mauer** *f* mur *m* du son; '**~platte** *f* disque *m*

**schalt|en** ['ʃaltən] (*h*) *Elektrotechnik* coupler, monter; *auto* changer de vitesse; F *verstehen* piger F; ***in den dritten*** (***Gang***) ***~*** passer en troisième; '**♀er** *m* (*-s*; *-*) *Post*, *Bank* guichet *m*; *Strom* interrupteur *m*; *oft* bouton *m*; '**♀erbeamte** *m*, *f* guichetier *m*, guichetière *f*; employé(e *f*) *m* du guichet; '**♀hebel** *m* levier *m* de commande (*a fig*); *auto* levier *m* de changement de vitesse; '**♀jahr** *n* année *f* bissextile; '**♀ung** *f* (*-*; *-en*) *elektrische* montage *m*, couplage *m*; *auto* changement *m* de vitesse

**Scham** [ʃaːm] *f* (*-*; *sans pl*) pudeur *f*, honte *f*; *Genitalien* parties *f/pl* génitales

**schämen** ['ʃɛːmən] (*h*) ***sich ~*** avoir honte

'**Scham|gefühl** *n* pudeur *f*; '**~haare** *n/pl* poils *m/pl* du pubis; '**♀haft** pudique; '**♀los** sans pudeur, impudent, éhonté

**Schande** ['ʃandə] *f* (*-*; *sans pl*) honte *f*

**schändlich** ['ʃɛntliç] honteux, infâme

**Schandtat** *f* action *f* infâme; infamie *f*

**Schanze** ['ʃantsə] *f* (*-*; *-n*) *Sprung*♀ tremplin *m*

**Schar** [ʃaːr] *f* (*-*; *-en*) groupe *m*, troupe *f*, bande *f*; *Menge* foule *f*; *Vögel* volée *f*; ***in ~en*** en foule; '**♀en** (*h*) ***um sich ~*** rallier

**scharf** [ʃarf] *Klinge* tranchant; *Verstand* pénétrant, perçant; *Foto*, *Umrisse* net; *Kritik* caustique; *Hund* méchant; *Essen* épicé; *Bombe* amorcé; F ***auf etw ~ sein*** vouloir absolument posséder qc

'**Scharfblick** *m* perspicacité *f*

**Schärfe** ['ʃɛrfə] *f* (*-*; *-n*) *Messer* tranchant *m*; *Verstandes*♀ pénétration *f*; *Deutlichkeit* netteté *f*; *der Kritik* causticité *f*

'**schärfen** (*h*) *Messer* aiguiser (*a fig*)

'**Scharf|schütze** *m* tireur *m* d'élite; '**♀sinnig** sagace, perspicace

**Scharlach** ['ʃarlax] *méd m* (*-*; *sans pl*) scarlatine *f*

**Scharnier** [ʃar'niːr] *n* (*-s*; *-e*) charnière *f*

**scharren** ['ʃarən] (*h*) gratter

**Schaschlik** ['ʃaʃlik] *cuis m od n* (*-s*; *-s*) brochette *f*

**Schatten** ['ʃatən] *m* (*-s*; *-*) ombre *f*; '**~kabinett** *n* cabinet *m* fantôme

**Schattierung** [ʃa'tiːruŋ] *f* (*-*; *-en*) *Malerei* dégradé *m*, nuance *f* (*a fig*)

'**schattig** ombragé

**Schatz** [ʃats] *m* (*-es*; *⸚e*) trésor *m* (*a fig*)

**schätzen** ['ʃɛtsən] (*h*) évaluer; *a hoch* ~ estimer, apprécier

'**Schatzmeister** *m* trésorier *m*

'**Schätz|preis** *m* prix *m* d'estimation; '**~ung** *f* (*-*; *-en*) évaluation *f*, estimation *f*; '**♀ungsweise** approximativement, à peu près; '**~wert** *m* prix *m* d'estimation

**Schau** [ʃau] *f* (*-*; *-en*) spectacle; *Ausstellung* exposition *f*; ***zur ~ stellen*** étaler, faire étalage de

**Schauder** ['ʃaudər] *m* (*-s*; *-*) frisson *m*; '**♀haft** horrible, épouvantable; '**♀n** (*h*) frémir, frissonner (***vor*** de)

**schauen** ['ʃauən] (*h*) regarder

**Schauer** ['ʃauər] *m* (*-s*; *-*) *Regen*♀ averse *f*; *Graupel*♀ giboulée *f*; *Schauder* frisson *m*; '**♀lich** horrible, horrifiant

**Schaufel** ['ʃaufəl] *f* (*-*; *-n*) pelle *f*; '**♀n** (*h*) pelleter; *Grab* creuser

'**Schaufenster** *n* vitrine *f*, devanture *f*, étalage *m*; '**~bummel** *m* ***e-n ~ machen*** faire du lèche-vitrines

**Schaukel** ['ʃaukəl] *f* (*-*; *-n*) balançoire *f*; *Wippe* bascule *f*; '**♀n** (*h*) (*selber* se) balancer; '**~stuhl** *m* fauteuil *m* à bascule, rocking-chair *m*

'**Schaulustige** *pl* curieux *m/pl*, F badauds *m/pl*

**Schaum** [ʃaum] *m* (*-*[*e*]*s*; *⸚e*) écume *f*; *Bier*♀, *Seifen*♀ mousse *f*

**schäumen** ['ʃɔʏmən] (*h*) écumer (*a fig* ***vor Wut*** de rage); *Bier*, *Seife* mousser

'**Schaum|stoff** *m* mousse *f*; '**~wein** *m* (vin *m*) mousseux *m*

**'Schauplatz** *m* scène *f*, théâtre *m*
**'Schauspiel** *n* spectacle *m*; drame *m*; **'~er** *m* (*-s*; -), **'~erin** *f* (-; *-nen*) acteur *m*, actrice *f*
**'Schausteller** *m* (*-s*; -) forain *m*
**Scheck** [ʃɛk] *comm m* (*-s*; *-s*) chèque *m*; **'~gebühr** *f* taxe *f* sur les chèques; **'~heft** *n* chéquier *m*, carnet *m* de chèques; **'~karte** *f* carte *f* chèque
**scheffeln** ['ʃɛfəln] (*h*) ***Geld ~*** amasser de l'argent
**Scheibe** ['ʃaibə] *f* (-; *-n*) disque *m*; *Brot, Fleisch* tranche *f*; *Fenster*② carreau *m*, vitre *f*; *Schieß*② cible *f*
**'Scheiben|bremse** *f* frein *m* à disque; **'~waschanlage** *f* lave-glace *m*; **'~wischer** *m* essuie-glace *m*
**Scheich** [ʃaiç] *m* (*-s*; *-s*, *-e*) cheik *m*
**Scheide** ['ʃaidə] *f* (-; *-n*) *weibliche* vagin *m*
**'scheid|en** (*schied*, *geschieden*) **1.** *v/t* (*h*) ***sich ~ lassen*** divorcer (***von*** d'avec); **2.** *v/i* (*sn*) ***aus dem Amt ~*** se retirer; **'②ung** *f* (-; *-en*) divorce *m*
**Schein** [ʃain] *m* **1.** (-[*e*]*s*; *-e*) *Bescheinigung* certificat *m*; *Geld*② billet *m* (de banque); **2.** (-[*e*]*s*; *sans pl*) *Licht*② lueur *f*, lumière *f*; *Anschein* apparence *f*; ***zum ~ etw tun*** faire semblant de faire qc; **'~asylant** *m* faux réfugié *m*; **'②bar** apparent; **'②en** (*schien*, *geschienen*, *h*) briller, luire; *den Anschein haben* paraître, sembler; **'②heilig** hypocrite; **'~werfer** *m* (*-s*; -) projecteur *m*; *auto* phare *m*
**Scheiß|e** ['ʃaisə] *f* (-; *sans pl*) P merde *f*; **'②en** (*schiss*, *geschissen*, *h*) P chier; **'~haus** *n* P chiottes *f/pl*; **'~kerl** *m* P salaud *m*
**Scheitel** ['ʃaitəl] *m* (*-s*; -) *Haar*② raie *f*; *höchster Punkt* sommet *m* (*a math*)
**scheitern** ['ʃaitərn] (*sn*) échouer
**Schellfisch** [ʃ'ɛl-] *zo m* églefin *od* aiglefin *m*
**schelten** ['ʃɛltən] (*schalt*, *gescholten*, *h*) *bes Kinder* gronder
**Schema** ['ʃeːma] *n* (*-s*; *-s*, *-ta*) schéma *m*; **'②tisch** [ʃe'maːtiʃ] schématique
**Schemel** ['ʃeːməl] *m* (*-s*; -) tabouret *m*
**Schenkel** [ʃɛŋkəl] *m* (*-s*; -) cuisse *f*; *math* côté *m*
**schenk|en** ['ʃɛŋkən] (*h*) offrir; faire cadeau de; **'②ung** *f* (-; *-en*) don *m*; *jur* donation *f*
**Scherbe** ['ʃɛrbə] *f* (-; *-n*) tesson *n*; **~n** *pl meist* débris *m/pl*
**Schere** ['ʃeːrə] *f* (-; *-n*) ciseaux *m/pl*; ***e-e ~*** une paire de ciseaux
**'scheren** (*schor*, *geschoren*, *h*) tondre; ***sich nicht um etw ~*** se ficher de qc F
**Scherereien** [ʃeːrə'raiən] F *f/pl* ennuis *m/pl*, embêtements *m/pl* F
**Scherz** [ʃɛrts] *m* (*-es*; *-e*) plaisanterie *f*; ***zum ~*** pour rire; **'~artikel** *m/pl* (farces *f/pl* et) attrapes *f/pl*; **'②en** (*h*) plaisanter; **'②haft ~ *gemeint*** dit pour rire
**scheu** [ʃɔʏ] **1.** timide, craintif; *Tier, Kind* sauvage; ***~ machen*** effaroucher; **2.** ② *f* (-; *sans pl*) timidité *f*, crainte *f*; *Ehrfurcht* respect *m*
**'scheuen** (*h*) craindre; *Pferd* s'emballer; ***sich ~, etw zu tun*** avoir peur de faire qc
**scheuern** ['ʃɔʏərn] (*h*) *Geschirr, Boden* récurer; *reiben* frotter
**'Scheuklappe** *f* œillère *f* (*a fig*)
**'scheumachen** (*sép*, *-ge-*, *h*) effaroucher
**Scheune** ['ʃɔʏnə] *f* (-; *-n*) grange *f*
**Scheusal** ['ʃɔʏzaːl] *n* (*-s*; *-e*) monstre *m*
**scheußlich** ['ʃɔʏsliç] épouvantable, atroce, hideux, horrible; **'②keit** *f* (-; *-en*) atrocité *f*
**Schi(...)** [ʃiː] → ***Ski*(...)**
**Schicht** [ʃiçt] *f* (-; *-en*) couche *f* (*a fig*); *Arbeits*② équipe *f*, poste *m*; **'~arbeit** *f* travail *m* par équipes, travail *m* posté; **'②en** (*h*) disposer par couches, empiler
**schick** [ʃik] **1.** élégant, chic; **2.** ② *m* (-[*e*]*s*; *sans pl*) chic *m*, élégance *f*
**schicken** ['ʃikən] (*h*) envoyer; *versenden* expédier; ***sich ~ in*** s'accommoder de, se résigner à
**Schickeria** [ʃikə'riːja] *f* (-; *sans pl*) F jet-set *m*; les B.C.B.G. (= bon chic bon genre)
**Schicksal** ['ʃikzaːl] *n* (*-s*; *-e*) destin *m*, sort *m*
**Schiebedach** ['ʃiːbə-] *auto n* toit *m* ouvrant
**schieben** ['ʃiːbən] (*schob*, *geschoben*, *h*) pousser; ***die Schuld ~ auf*** rejeter la faute sur; *comm péj* ***mit etw ~*** faire le trafic de qc; → ***beiseiteschieben***
**'Schieb|er** *m* (*-s*; -) *tech* coulisseau *m*; *Läufer* curseur *m*; *comm péj* trafiquant *m*; **'~etür** *f* porte *f* coulissante; **'~ung** *f* (-; *-en*) *comm* trafic *m* (***mit***

de); *Betrug* manœuvre *f* frauduleuse
**Schieds|gericht** ['ʃiːts-] *n* tribunal *m* arbitral; '**~richter** *m* arbitre *m*; '**~spruch** *m* jugement *m* arbitral; '**~verfahren** *n* procédure *f* arbitrale
**schief** [ʃiːf] *schräg* oblique, de travers; *geneigt* incliné, en pente; *Turm* penché; *fig* faux
**Schiefer** ['ʃiːfər] *m* (*-s*; -) ardoise *f*; *géol* schiste *m*
**schielen** ['ʃiːlən] (*h*) loucher
**Schienbein** ['ʃiːn-] *n anat* tibia *m*
**Schiene** ['ʃiːnə] *f* (-; *-n*) *Bahn* rail *m*; *méd* attelle *f*, éclisse *f*; '**~nverkehr** *m* trafic *m* ferroviaire
**schieß|en** ['ʃiːsən] (*schoss*, *geschossen*) **1.** (*h*) tirer (***auf j-n*** sur qn); faire feu; **2.** (*sn*) *Flüssigkeit* jaillir; *stürzen* se précipiter; '**2en** *n* (*-s*; -) tir *m*; '**2erei** [ʃiːsə'rai] (-; *-en*) fusillade *f*, coups *m*/*pl* de feu; '**2pulver** *n* poudre *f* à canon; '**2scheibe** *f* cible *f*; '**2stand** *m* stand *m* de tir
**Schiff** [ʃif] *n* (-[*e*]*s*; *-e*) bateau *m*; *großes See2* navire *m*, bâtiment *m*; *Passagier2* paquebot *m*; *Kirchen2* nef *f*; ***mit dem ~*** par bateau
'**schiffbar** navigable
'**Schiff|bau** *mar m* (-[*e*]*s*; *sans pl*) construction *f* navale; '**~bruch** *m* naufrage *m*; ***~ erleiden*** faire naufrage; '**2brüchig** naufragé; '**~er** *m* (*-s*; -) *Binnen2* batelier *m*
**Schifffahrt** ['ʃiffaːrt] *f* (-; *sans pl*) navigation *f*
'**Schiffs|ladung** *f* cargaison *f*; '**~reise** *f* voyage *m* en bateau; '**~werft** *f* chantier *m* naval
**Schikan|e** [ʃi'kaːnə] *f* (-; *-n*) tracasserie *f*, vexation *f*, brimade *f*; *fig* ***mit allen ~n*** muni de tous les raffinements; **2ieren** [-ka'niːrən] (*pas de -ge-*, *h*) brimer, faire des tracasseries à
**Schild**[1] [ʃilt] *n* (-[*e*]*s*; *-er*) *mit Aufschrift* pancarte *f*; *Namens2* plaque *f*; *Verkehrs2* panneau *m*; *Firmen2*, *Aushänge2* enseigne *f*
**Schild**[2] *m* (-[*e*]*s*; *-e*) *zum Schutz* bouclier *m*; '**~drüse** *f* (glande *f*) thyroïde *f*
**schilder|n** ['ʃildərn] (*h*) décrire, peindre, présenter; '**2ung** *f* (-; *-en*) description *f*
'**Schildkröte** *zo f* tortue *f*

**Schilf** [ʃilf] *bot n* (-[*e*]*s*; *-e*), '**~rohr** *n* roseau *m*
**schillern** ['ʃilərn] (*h*) chatoyer, miroiter
**Schimmel** ['ʃiməl] *m* (*-s*; -) *Pferd* cheval *m* blanc; *bot* (*sans pl*) moisissure *f*, moisi *m*; '**2ig** moisi; '**2n** (*h*) moisir
**Schimmer** ['ʃimər] *m* (*-s*; *sans pl*) lueur *f*
**Schimpanse** [ʃim'panzə] *zo m* (*-n*; *-n*) chimpanzé *m*
**schimpf|en** ['ʃimpfən] (*h*) gronder (***mit j-m*** qn); pester (***auf*** contre); rouspéter F, râler F; '**2wort** *n* injure *f*
**schinden** ['ʃindən] (*schindete*, *geschunden*, *h*) maltraiter; ***sich ~*** s'éreinter, s'equinter
**Schinken** ['ʃiŋkən] *m* (*-s*; -) jambon *m*
**Schirm** [ʃirm] *m* (-[*e*]*s*; *-e*) *Regen2* parapluie *m*; *Sonnen2* parasol *m*; *Bild2* écran *m*; '**~herrschaft** *f* patronage *m*; '**~ständer** *m* porte-parapluies *m*
**Schiss** [ʃis] P *m* (-es; *sans pl*) ***~ haben*** avoir la trouille P
**Schlacht** [ʃlaxt] *f* (-; *-en*) bataille *f*
'**schlacht|en** (*h*) tuer, abattre; '**2enbummler** *m Sport* supporter *m*; '**2er** *m* (*-s*; -) boucher *m*; **2erei** [-ə'rai] (-; *-en*) boucherie *f*; '**2feld** *mil n* champ *m* de bataille; '**2haus** *n*, '**2hof** *m* abattoir *m*; '**2schiff** *n* cuirassé *m*
**Schlaf** [ʃlaːf] *m* (-[*e*]*s*; *sans pl*) sommeil *m*; '**~anzug** *m* pyjama *m*
**Schläfe** ['ʃlɛːfə] *f* (-; *-n*) tempe *f*
**schlafen** ['ʃlaːfən] (*schlief*, *geschlafen*, *h*) dormir; ***~ gehen*** *od* ***sich ~ legen*** (aller) se coucher, se mettre au lit; ***mit j-m ~*** coucher avec qn
**schlaff** [ʃlaf] lâche; *Haut*, *Muskel* flasque; *kraftlos* mou (molle); épuisé
'**Schlaf|gelegenheit** *f* endroit *m* où dormir, lit *m*; '**~krankheit** *méd f* maladie *f* du sommeil; '**~losigkeit** *f* (-; *sans pl*) insomnie *f*; '**~mittel** *phm n* somnifère *m*
**schläfrig** ['ʃlɛːfriç] qui a sommeil, somnolent
'**Schlaf|saal** *m* dortoir *m*; '**~sack** *m* sac *m* de couchage; '**~stadt** *f* cité-dortoir *f*; '**~tablette** *phm f* comprimé *m* pour dormir; '**~wagen** *Bahn m* wagon-lit *m*; '**~wandler** ['-vandlər] *m* (*-s*; -), '**~wandlerin** *f* (-; *-nen*) somnambule *m*, *f*; '**~zimmer** *n* chambre *f* à coucher
**Schlag** [ʃlaːk] *m* (-[*e*]*s*; *⸚e*) coup *m*;

*méd* (attaque *f* d')apoplexie *f*; *Art* espèce *f*; '**~ader** *f* artère *f*; '**~anfall** *méd m* attaque *f* (d'apoplexie); '**2artig** brusque (-ment), (tout) d'un coup; '**~bohrer** *m* perceuse *f* à percussion

**schlagen** ['ʃla:gən] (*schlug, geschlagen, h*) battre (*a im Sport, Herz*); frapper; *Uhr* sonner; ***sich ~*** se battre; ***um sich ~*** se débattre; '**~d** *Beweis etc* convaincant

**Schlager** ['ʃla:gər] *m* (*-s*; -) *mus* chanson *f* à succès, air *m* à la mode *od* en vogue; *péj* rengaine *f*; *comm Verkaufs2* article *m* choc

**Schläge|r** ['ʃlɛ:gər] *m* (*-s*; -) *Tennis* raquette *f*; **~'rei** *f* (-; *-en*) bagarre *f*

'**schlag|fertig** ***~ sein*** riposter du tac au tac, avoir la repartie prompte; '**2fertigkeit** *f* (-; *sans pl*) esprit *m* de repartie; '**2instrument** *mus n* instrument *m* à percussion; '**2loch** *n Straße* nid-de-poule *m*; '**2obers** *östr n*, '**2rahm** *m*, '**2sahne** *f* crème *f* fouettée, crème *f* Chantilly; '**2wort** *n* slogan *m*; '**2zeile** *f Zeitung* manchette *f*; '**2zeug** *mus n* batterie *f*; '**2zeuger** *mus m* (*-s*; -) batteur *m*

**Schlamm** [ʃlam] *m* (-[*e*]*s*; *selten -e*, *⸗e*) boue *f*, bourbe *f*, vase *f*

**Schlamp|e** ['ʃlampə] *f* (-; *-n*) F souillon *f*; P *Schimpfwort* salope *f*; **~erei** [-ə'rai] F *f* (-; *-en*) négligence *f*, laisser-aller *m*; '**2ig** négligé, malpropre; *Arbeit* bâclé

**Schlange** ['ʃlaŋə] *f* (-; *-n*) *zo* serpent *m*; *fig* file *f* d'attente; ***~ stehen*** faire la queue

**schlängeln** ['ʃlɛŋəln] (*h*) ***sich ~*** *Fluss, Straße* serpenter; *Person* se faufiler

**schlank** [ʃlaŋk] mince, svelte; '**2heit** *f* (-; *sans pl*) minceur *f*, sveltesse *f*; '**2heitskur** *f* cure *f* d'amaigrissement

**schlapp** [ʃlap] F *müde* épuisé, flapi F; *energielos* mou (molle); → ***schlappmachen***

'**Schlappe** F *f* (-; *-n*) défaite *f*, échec *m*

'**schlappmachen** (*sép, -ge-, h*) F flancher

**schlau** [ʃlau] rusé, malin, astucieux

**Schlauch** [ʃlaux] *m* (-[*e*]*s*; *⸗e*) tuyau *m*; *Fahrrad2* chambre *f* à air; '**~boot** *n* canot *m* pneumatique

**schlecht** [ʃlɛçt] mauvais; *adv* mal; *böse* méchant; ***mir ist ~*** je me sens mal; ***~ aussehen*** avoir mauvaise mine; ***sich ~ fühlen*** se sentir mal; ***es geht ihm sehr ~*** il va très mal; ***~ gelaunt*** ['-gəlaunt] de mauvaise humeur; → ***schlechtmachen***

'**Schlechtigkeit** *f* (-; *-en*) *Bosheit* méchanceté *f*

'**schlechtmachen** (*sép, -ge-, h*) ***j-n ~*** dire du mal de qn

**schlecken** ['ʃlɛkən] (*h*) manger des sucreries; *lecken* lécher

**schleich|en** ['ʃlaiçən] (*schlich, geschlichen, sn*) se glisser; '**~end** *Krankheit* insidieux, sournois; '**2werbung** *f* publicité *f* déguisée

**Schleier** ['ʃlaiər] *m* (*-s*; -) voile *m*; '**2haft** *fig* mystérieux, incompréhensible

**Schleife** ['ʃlaifə] *f* (-; *-n*) boucle *f*; *Band2* nœud *m*

'**schleifen 1.** (*schliff, geschliffen, h*) *ziehen* traîner; *schärfen* aiguiser; *Edelstein, Glas* tailler; *mit der Schleifscheibe* meuler, poncer; **2.** (*h*) *ziehen* traîner; F *drillen* dresser; *Kupplung* ***~ lassen*** faire patiner

'**Schleif|maschine** *f* ponceuse *f*; '**~scheibe** *f*, '**~stein** *m* meule *f*

**Schleim** [ʃlaim] *m* (-[*e*]*s*; *-e*) *méd* mucosité *f*; *zäher* glaire *f*; *Hafer2* crème *f* (d'avoine); '**~haut** *f* muqueuse *f*; '**2ig** glaireux; visqueux (*a fig*)

**schlemm|en** ['ʃlɛmən] (*h*) festoyer, faire ripaille F; '**2er** *m* (*-s*; -) bon vivant *m*

**schlendern** ['ʃlɛndərn] (*sn*) flâner

**schlenkern** ['ʃlɛnkərn] (*h*) balancer; ***im Gehen mit den Armen ~*** marcher les bras ballants

**schlepp|en** ['ʃlɛpən] (*h*) traîner; *mar, auto* remorquer; ***sich ~*** se traîner; '**~end** *Unterhaltung* languissant; *Tonfall* traînant; '**2er** *m* (*-s*; -) *mar* remorqueur *m*; *auto* tracteur *m*; '**2lift** *m* remonte-pente *m*, tire-fesses *m* F

**Schlesien** ['ʃle:zjən] *n* (*-s*; *sans pl*) la Silésie

**Schleuder** ['ʃlɔʏdər] *f* (-; *-n*) lance-pierres *m*, fronde *f*; *Wäsche2* essoreuse *f*; '**2n** (*h*) lancer; *Wäsche* essorer; *auto* déraper; '**~preis** *comm m* ***zu ~en*** à bas prix

**schleunigst** ['ʃlɔʏnikst] le plus rapidement possible

**Schleuse** ['ʃlɔʏzə] *f* (-; *-n*) écluse *f*

**schlicht** [ʃliçt] simple; '**~en** (*h*) arranger, régler; *Tarifstreit* arbitrer; '**&er** *m* (-*s*; -) médiateur *m*, arbitre *m*; '**&ung** *f* (-; -*en*) règlement *m*, conciliation *f*, arbitrage *m*

'**schließ|en** ['ʃliːsən] (*schloss, geschlossen, h*) fermer; *Lücke* combler; *Sitzung* clore; *Vertrag* conclure; *enden* se terminer; ***in die Arme ~*** serrer dans ses bras; ***in sich ~*** renfermer; ***Frieden ~*** faire la paix; ***aus etw ~*** conclure de qc; '**&fach** *n Bahn* compartiment *m* de coffre-fort; '**~lich** finalement, enfin, à la fin, en fin de compte, en définitive; '**&ung** *f* (-; -*en*) fermeture *f*

**schlimm** [ʃlim] mauvais; *adv* mal; *schwerwiegend* grave; ***~e Zeiten*** des temps difficiles; ***das ist nicht so ~*** ce n'est pas si grave; ***das &e daran*** ce qui est grave; '**~er**, '**~ste** pire; '**~stenfalls** dans le pire des cas

**schling|en** ['ʃliŋən] (*schlang, geschlungen, h*) *beim Essen* engloutir; ***um etw ~*** enrouler, *Arme* passer autour de qc; ***sich um etw ~*** s'enrouler *od* s'entortiller autour de qc; '**&ern** ['-ərn] (*h*) *mar* rouler

**Schlitt|en** ['ʃlitən] *m* (-*s*; -) traîneau *m*; *Rodel* luge *f*; ***~ fahren*** faire de la luge; '**&ern** ['-ərn] (*sn*) glisser, patiner

'**Schlittschuh** *m* patin *m* (à glace); ***~ laufen*** faire du patin; '**~bahn** *f* patinoire *f*; '**~laufen** *n* (-*s*; *sans pl*) patinage *m*; '**~läufer** *m*, '**~läuferin** *f* patineur *m*, -euse *f*

**Schlitz** [ʃlits] *m* (-*es*; -*e*) fente *f*; *Hosen&* braguette *f*

**Schloss** [ʃlɔs] *n* (-es; *¨er*) *Bau* château *m*; *Tür&* serrure *f*

'**Schlosser** *m* (-*s*; -) serrurier *m*

'**Schloss|park** *m* parc *m* du château; '**~ruine** *f* ruine *f* du château

**Schlot** [ʃloːt] *m* (-[*e*]*s*; -*e*, -*e*) cheminée *f*; ***wie ein ~ rauchen*** F fumer comme un sapeur

**Schlucht** [ʃluxt] *f* (-; -*en*) ravin *m*, gorge(s) *f* (*pl*)

**schluchzen** ['ʃluxtsən] (*h*) sangloter

**Schluck** [ʃluk] *m* (-[*e*]*s*; -*e*, -*e*) gorgée *f*; ***ein ~ Wasser*** une gorgée d'eau; '**~auf** *m* (-*s*; *sans pl*) hoquet *m*; '**&en** (*h*) avaler (*a fig*); '**~impfung** *méd f* vaccination *f* par voie buccale

**Schlummer** ['ʃlumər] *m* (-*s*; *sans pl*) sommeil *m*; '**&n** (*h*) sommeiller

**schlüpf|en** ['ʃlypfən] (*sn*) se glisser; ***in die Kleidung ~*** enfiler ses vêtements; ***aus dem Ei ~*** éclore; '**&er** *m* (-*s*; -) slip *m*; '**~rig** glissant; *fig* scabreux, grivois

'**Schlupfwinkel** *m* cachette *f*

**schlürfen** ['ʃlyrfən] (*h*) boire avec bruit

**Schluss** [ʃlus] *m* (-*es*; *¨e*) fin *f*; *Folgerung* conclusion *f*; ***am*** *od* ***zum ~*** à la fin; ***bis zum ~*** jusqu'à la fin; ***~ machen mit*** en finir avec; ***mit j-m ~ machen*** rompre avec qn; '**~bilanz** *f* bilan *m* de clôture

**Schlüssel** ['ʃlysəl] *m* (-*s*; -) clé *f* (*a tech, mus, fig*); '**~bein** *n* clavicule *f*; '**~blume** *bot f* primevère *f*; '**~bund** *m od n* (-[*e*]*s*; -*e*) trousseau *m* de clés; '**~industrie** *f* industrie-clé *f*; '**~loch** *n* trou *m* de la serrure; '**~stellung** *f* poste-clé *m*

'**Schlussfolgerung** *f* conclusion *f*

**schlüssig** ['ʃlysiç] concluant; ***sich ~ werden*** se résoudre ( faire qc)

'**Schluss|kurs** *m* cours *m* de clôture; '**~licht** *n auto etc feu m arrière*; *fig* lanterne *f* rouge; '**~notierung** *f* cote *f* de clôture; '**~phase** *f* phase *f* finale; '**~strich** *m fig* ***e-n ~ unter etw ziehen*** mettre un point final à qc; '**~verkauf** *comm m* soldes *m/pl*

**schmächtig** ['ʃmɛçtiç] fluet, chétif

**schmackhaft** ['ʃmakhaft] savoureux, délicieux; ***j-m etw ~ machen*** faire prendre goût de qc à qn

**schmal** [ʃmaːl] étroit; *Taille* mince

**schmälern** ['ʃmɛːlərn] (*h*) *j-s Verdienste etc* rabaisser

'**Schmal|film** *m* film *m* format réduit, super-huit *m*; '**~spur** *f*, '**~spurbahn** *f* voie *f* étroite

**Schmalz** [ʃmalts] *n* (-*es*; -*e*) graisse *f* fondue; *Schweine&* saindoux *m*

**Schmarotzer** [ʃma'rɔtsər] *m* (-*s*; -) parasite *m* (*biol u fig*)

**schmatzen** ['ʃmatsən] (*h*) manger bruyamment

**schmecken** ['ʃmɛkən] (*h*) ***bitter ~*** avoir un goût amer; ***gut ~*** avoir bon goût; ***nach etw ~*** avoir un goût de qc, sentir qc; ***es schmeckt nach nichts*** ça n'a le goût de rien; ***es sich ~ lassen*** se régaler

**Schmeichel|ei** [ʃmaiçə'lai] *f* (-; -*en*)

flatterie *f*; '**≈haft** flatteur; '**≈n** (*h*) ***j-m*** **~** flatter qn (***mit etw*** de qc)

'**Schmeichler** *m* (-*s*; -), '**~in** (-; -*nen*) flatteur *m*, -euse *f*

**schmeißen** ['ʃmaisən] (*schmiss*, *geschmissen*, *h*) F flanquer, balancer

**schmelzen** ['ʃmɛltsən] (*schmolz*, *geschmolzen*, *v/t h*, *v/i sn*) fondre

**Schmerz** [ʃmɛrts] *m* (-*es*; -*en*) douleur *f*; '**≈en** (*h*) causer de la douleur; '**~ensgeld** *n jur* pretium doloris *m*; '**≈frei** exempt de douleur; '**≈haft** douloureux; '**≈lich** douloureux; '**≈lindernd** calmant; '**≈los** sans douleur, indolore; '**~mittel** *phm n* analgésique *m*; '**≈stillend** sédatif, analgésique

**Schmetterling** ['ʃmɛtərliŋ] *zo m* (-*s*; -*e*) papillon *m*

**Schmied** [ʃmiːt] *m* (-[*e*]*s*; -*e*) forgeron *m*

**Schmiede** ['ʃmiːdə] *f* (-; -*n*) forge *f*; '**~eisen** *n* fer *m* forgé; '**≈n** (*h*) forger (*a fig*)

**schmieg|en** ['ʃmiːgən] (*h*) ***sich*** **~** ***an*** se serrer *od* se blottir contre; '**~sam** ['ʃmiːkzaːm] souple

**Schmier|e** ['ʃmiːrə] *f* (-; -*n*) graisse *f*, cambouis *m*; *fig* **~** ***stehen*** faire le guet; '**≈en** (*h*) *fetten* graisser, lubrifier; *verstreichen* étaler (***auf*** sur); *Brote* tartiner; *schreiben* gribouiller; F ***j-n*** **~** *bestechen* graisser la patte à qn; '**~geld** *n* pot-de-vin *m*; '**≈ig** graisseux, gras, sale; *fig Person* visqueux; '**~mittel** *tech n* lubrifiant *m*

**Schminke** ['ʃmiŋkə] *f* (-; -*n*) fard *m*; '**≈n** (*h*) (***sich*** **~** se) maquiller; *Schauspieler* (se) farder

**schmirgeln** ['ʃmirgəln] (*h*) passer *od* polir à l'émeri

**Schmöker** ['ʃmøːkər] *m* (-*s*; -) F bouquin *m*

**schmollen** ['ʃmɔlən] (*h*) bouder (***mit j-m*** qn)

**Schmor|braten** ['ʃmoːr-] *m* bœuf *m* mode *od* à l'étuvée; '**≈en** (*h*) cuire à petit feu, braiser

**Schmuck** [ʃmuk] *m* (-[*e*]*s*; *sans pl*) ornement *m*, décoration *f*; *Juwelen* bijoux *m/pl*

**schmücken** ['ʃmykən] (*h*) orner, parer, décorer (***mit*** de)

'**schmuck|los** sobre, austère; '**≈stück** *n* bijou *m* (*a fig*)

**Schmuggel** ['ʃmugəl] *m* (-*s*; *sans pl*) contrebande *f*; '**≈n** (*h*) faire de la contrebande; ***etw*** **~** passer qc en fraude

'**Schmuggler** *m* (-*s*; -), '**~in** *f* (-; -*nen*) contrebandier *m*; -ière *f*

**schmunzeln** ['ʃmuntsəln] (*h*) sourire

**Schmutz** [ʃmuts] *m* (-*es*; *sans pl*) saleté *f*; '**~fleck** *m* tache *f* de saleté; '**≈ig** sale; *fig a* sordide; (***sich***) **~** ***machen*** (se) salir

**Schnabel** ['ʃnaːbəl] *m* (-*s*; ¨-) bec *m*

**Schnake** ['ʃnaːkə] *zo f* (-; -*n*) moustique *m*

**schnapp|en** ['ʃnapən] (*h*) F *erwischen* attraper; ***nach etw*** **~** chercher à happer qc; ***nach Luft*** **~** étouffer; ***Luft*** **~** prendre l'air; '**≈schuss** *m Foto* instanté *m*

**Schnaps** [ʃnaps] *m* (-*es*; ¨-*e*) eau-de-vie *f*

**schnarchen** ['ʃnarçən] (*h*) ronfler

**schnattern** ['ʃnatərn] (*h*) *Gans* criailler; *Ente* cancaner, nasiller; *fig schwatzen* caqueter

**schnauben** ['ʃnaubən] (*h*) *Pferd* s'ébrouer

**schnaufen** ['ʃnaufən] (*h*) souffler (bruyamment), haleter

**Schnauze** ['ʃnautsə] *f* (-; -*n*) *Hund, Katze* museau *m*; *aviat* nez *m*; P *Mund* gueule *f* P; P ***die*** **~** ***halten*** fermer sa gueule

**Schnecke** ['ʃnɛkə] *zo f* (-; -*n*) escargot *m*; *Nackt≈* limace *f*; '**~nhaus** *n* coquille *f* d'escargot; '**~npost** *f* poste *f* d'escargot; '**~ntempo** *n* ***im*** **~** comme un escargot *od* comme une tortue

**Schnee** [ʃneː] *m* (-*s*; *sans pl*) neige *f*; **~** ***räumen*** déblayer la neige; '**~ball** *m* boule *f* de neige; '**~ballschlacht** *f* bataille *f* de boules de neige; '**~decke** *f* couche *f* de neige; '**~fall** *m* chute *f* de neige; '**~flocke** *f* flocon *m* de neige; '**~gestöber** ['-gəʃtøːbər] *n* (-*s*; *sans pl*) tourbillon *m* de neige; '**~glöckchen** *bot n* perce-neige *m*; '**~grenze** *f* limite *f* des neiges; '**~kette** *f auto* chaîne *f*; '**~mann** *m* bonhomme *m* de neige; '**~matsch** *m* neige *f* fondante; '**~pflug** *m* chasse-neige *m*; '**~regen** *m* pluie *f* mêlée de neige; '**~schmelze** ['-ʃmɛltsə] *f* (-; -*n*) fonte *f* des neiges; '**~sturm** *m* tempête *f* de neige; '**~verwehung** ['-fərveːuŋ] *f* (-; -*en*) congère *f*; '2**weiß** blanc comme neige; **~wittchen** [-'vitçən] *n* (*-s*; *sans pl*) Blanche-Neige *f*

**Schneidbrenner** ['ʃnaid-] *tech m* (*-s*; *-*) tranchant *m*

**Schneide** ['ʃnaidə] *f* (*-;-n*) tranchant *m*

'**schneiden** (*schnitt*, *geschnitten*, *h*) couper; *auto* ***j-n ~*** faire une queue de poisson à qn; '**~d** tranchant; *Worte* incisif; *Kälte* piquant, perçant

'**Schneider** *m* (*-s*; *-*) tailleur *m*; '**~in** *f* (*-*; *-nen*) couturière *f*; '**2n** (*h*) coudre

'**Schneidezahn** *anat m* incisive *f*

**schneien** ['ʃnaiən] (*h*) neiger; ***es schneit*** il neige

**schnell** [ʃnɛl] rapide; *adv* vite, rapidement

'**Schnell|boot** *mar n* vedette *f*; '**~gaststätte** *f* snack *m*, fast food *m*; '**~gericht** *n* snack *m*; '**~hefter** *m* (*-s*; *-*) chemise *f*; '**~igkeit** *f* (*-*; *sans pl*) rapidité *f*, vitesse *f*; '**~kochtopf** *cuis m* cocotte *f* minute; '**~straße** *f* voie *f* express; '**~zug** *m* train *m* express, rapide *m*

**schnippisch** ['ʃnipiʃ] pimbêche

**Schnitt** [ʃnit] *m* (*-[e]s*; *-e*) coupe *f*; *Wunde* coupure *f*; *méd* incision *f*; ***im ~*** en moyenne; '**~blumen** *f/pl* fleurs *f/pl* coupées

'**Schnitt|e** *f* (*-*; *-n*) tranche *f*; *bestrichene* tartine *f*; '**~fläche** *f* coupe *f*; '**2ig** de bonne coupe; *auto* racé; aérodynamique; '**~lauch** *bot m* ciboulette *f*; '**~muster** *n* patron *m*; '**~punkt** *m* intersection *f*; '**~stelle** *f EDV* interface *f*; '**~wunde** *méd f* coupure *f*

**Schnitz|el** ['ʃnitsəl] *n* (*-s*; *-*) *Papier2* petit morceau *m*; *cuis* escalope *f*; ***Wiener ~*** escalope *f* à la viennoise; '**2en** (*h*) sculpter sur bois; '**~er** *m* (*-s*; *-*) sculpteur *m* sur bois; F *Fehler* gaffe *f*; **~erei** [-ə'rai] *f* (*-*; *-en*) sculpture *f* sur bois

**Schnorchel** ['ʃnɔrçəl] *mar m* (*-s*; *-*) tuba *m*; schnorchel *m*; '**2n** (*h*) nager avec un tuba

**Schnörkel** ['ʃnœrkəl] *m* (*-s*; *-*) fioriture *f*; *arch* volute *f*

**schnüff|eln** ['ʃnyfəln] (*h*) renifler, flairer (***an etw*** qc); *fig* F fouiner; '**2ler** *m* (*-s*; *-*) F fouineur *m*

**Schnupfen** ['ʃnupfən] *m* (*-s*; *-*) rhume *f* (de cerveau); ***e-n ~ bekommen*** s'enrhumer; '**~tabak** *m* tabac *m* à priser

**schnuppern** ['ʃnupərn] (*h*) renifler, flairer (***an etw*** qc)

**Schnur** [ʃnuːr] *f* (*-*; *⸚e*) ficelle *f*; *Kabel* fil *m*

'**schnüren** (*h*) lier, ficeler; *Schuhe* lacer

'**schnurgerade** tout droit

**Schnurrbart** ['ʃnur-] *m* moustache *f*

'**schnurren** (*h*) *Katze* ronronner

**Schnür|schuh** ['ʃnyːr-] *m* soulier *m* à lacets; '**~senkel** ['-sɛŋkəl] *m* (*-s*; *-*) lacet *m*

**schnurstracks** ['ʃnuːrʃtraks] tout droit

**Schock** [ʃɔk] *m* (*-[e]s*; *-s*) choc *m*; ***unter ~ stehen*** être sous l'effet d'un choc; '**2en** (*h*), **2'ieren** (*pas de -ge-*, *h*) choquer

**Schöffe** ['ʃœfə] *jur m* (*-n*; *-n*) juré *m*

**Schokolade** [ʃoko'laːdə] *f* (*-*; *-n*) chocolat *m*; ***e-e Tafel ~*** une tablette de chocolat

**Scholle** ['ʃɔlə] *f* (*-*; *-n*) glèbe *f*, motte *f* de terre; *zo Fisch* plie *f*, carrelet *m*

**schon** [ʃoːn] déjà; ***~ jetzt*** d'ores et déjà; ***~ seit*** dès; ***~ der Gedanke*** la seule pensée; ***~ gut!*** c'est bon!; ***er macht das ~*** il va le faire, il le fera bien

**schön** [ʃøːn] beau (bel, belle); *adv* bien; ***~en Dank!*** merci bien! *od* merci beaucoup!; F ***ganz ~ teuer*** drôlement cher

**schonen** ['ʃoːnən] (*h*) (***sich ~*** se) ménager; '**~d** avec ménagement; ***~ umgehen mit*** prendre toutes les précautions avec

'**Schön|heit** *f* (*-*; *-en*) beauté *f* (*a Person*); '**~heitsmittel** *n* produit *m* de beauté; '**~heitspflege** *f* soins *m/pl* de beauté

'**Schonung** *f* (*-*; *sans pl*) ménagement *m*; '**2slos** sans ménagement, impitoyable

**Schön'wetterperiode** *f* période *f* de beau temps

'**Schonzeit** *ch f* période *f* où la chasse est fermée

**schöpf|en** ['ʃœpfən] (*h*) puiser (***aus*** à *od* dans); '**2er** *m* (*-s*; *-*), '**2erin** *f* (*-*; *-nen*) créateur *m*, -trice *f*; '**~erisch** créateur; '**2löffel** *cuis m* louche *f*; '**2ung** *f* (*-*; *-en*) création *f*

**Schornstein** ['ʃɔrn-] *m* cheminée *f*; '**~feger** *m* (*-s*; *-*) ramoneur *m*

**Schoß** [ʃoːs] *m* (*-es*; *⸚e*) *Mutter2* sein *m* (*a fig*)

**Schott|e** ['ʃɔtə] *m* (*-n*; *-n*), '**~in** *f* (*-*; *-nen*) Écossais *m*, -e *f*
**Schotter** ['ʃɔtər] *m* (*-s*; -) pierraille *f*, galets *m/pl*; *Bahn* ballast *m*
'**schott|isch** écossais; '**2land** *n* (*-s*; *sans pl*) l'Écosse *f*
**schräg** [ʃrɛːk] oblique; *geneigt* incliné, penché; *adv* en biais; **~ *gegenüber*** presque en face
**Schramme** ['ʃramə] *f* (*-*; *-n*) éraflure *f*
**Schrank** [ʃraŋk] *m* (*-[e]s*; *⸚e*) armoire *f*; *Wand2* placard *m*
'**Schranke** *f* (*-*; *-n*) barrière *f* (*a fig*); *Gericht* barre *f*
**Schraube** ['ʃraubə] *f* (*-*; *-n*) vis *f*; *mar* hélice *f*; '**2n** (*h*) visser
'**Schrauben|mutter** *f* (*-*; *-n*) écrou *m*; '**~schlüssel** *m* clé *f*; '**~zieher** *m* (*-s*; -) tournevis *m*
**Schraubstock** ['ʃraup-] *m* (*-[e]s*; *⸚e*) étau *m*
**Schrebergarten** ['ʃreːbər-] *m* jardin *m* ouvrier
**Schreck** *m* [ʃrɛk] *m* (*-[e]s*; *-e*), '**~en** *m* (*-s*; -) terreur *f*, effroi *m*, frayeur *f*; '**~ensherrschaft** *f* régime *m* de la terreur; '**~ensnachricht** *f* nouvelle *f* terrible; '**2haft** peureux; '**2lich** terrible, effroyable, effrayant
**Schrei** [ʃrai] *m* (*-[e]s*; -) cri *m*
**Schreibarbeit** ['ʃraip-] *f* travail *m* d'écriture
**schreiben** ['ʃraibən] **1.** (*schrieb*, *geschrieben*, *h*) écrire; ***wie schreibt man das?*** comment est-ce que ça s'écrit?; **2.** '**2** *n* (*-s*; -) lettre *f*
**schreib|faul** ['ʃraip-] qui n'aime pas écrire; '**2fehler** *m* faute *f* d'orthographe; '**2kraft** *f* dactylo *f*; '**2maschine** *f* machine *f* à écrire; '**2material** *n* fournitures *f/pl* de bureau; '**2tisch** *m* bureau *m*; '**2tischlampe** *f* lampe *f* de bureau; '**2ung** *f* ['-buŋ] *f* (*-*; *-en*) orthographe *f*; '**2unterlage** *f* sous-main *m*; '**2waren** *f/pl* articles *m/pl* de papeterie; '**2warengeschäft** *n* papeterie *f*
**schrei|en** ['ʃraiən] (*schrie*, *geschrie[e]n*, *h*) crier, brailler; '**~end** *Farben* criard; *Unrecht* criant, flagrant
**Schreiner** ['ʃrainər] *m* (*-s*; -) menuisier *m*, ébéniste *m*
'**schreiten** ['ʃraɪtən] (*schreitet*, *schritt*, *geschritten*, *sn*) marcher; ***im Zimmer auf und ab ~*** arpenter la pièce; *fig* ***zu etw ~*** passer, procéder à qc
**Schrift** [ʃrift] *f* (*-*; *-en*) écriture *f*; *Werk* écrit *m*; ***die Heilige ~*** l'Écriture sainte; '**2lich** écrit; *adv* par écrit; '**~sprache** *f* langue *f* écrite; '**~steller** *m* (*-s*; -), '**~stellerin** *f* (*-*; *-nen*) auteur *m* (femme *f* auteur), écrivain *m* (femme *f* écrivain); '**2stellerisch** littéraire; '**~stück** *n* écrit *m*; '**~verkehr** *m*, '**~wechsel** *m* correspondance *f*
**schrill** [ʃril] aigu, strident, perçant
**Schritt** [ʃrit] *m* (*-[e]s*; *-e*) pas *m*; *fig* démarche *f*; ***im ~*** au pas; '**~macher** *m* (*-s*; -) *méd* pace-maker *m*; *Radsport* entraîneur *m*; '**2weise** pas à pas
**schroff** [ʃrɔf] brusque; *steil* raide
**schröpfen** ['ʃrœpfən] (*h*) *fig* saigner, plumer
**Schrot** [ʃroːt] *m*, *n* (*-[e]s*; *-e*) *Blei* grenaille *f* de plomb; *Mehl* farine *f* complète
**Schrott** [ʃrɔt] *m* (*-[e]s*; *-e*) ferraille *f*; '**2reif *~er Wagen*** voiture *f* bonne pour la casse
**schrubb|en** ['ʃrubən] (*h*) frotter (avec un balai-brosse); '**2er** *m* (*-s*; -) balai-brosse *m*
**Schrulle** ['ʃrulə] *f* (*-*; *-n*) lubie *f*
**schrumpfen** ['ʃrumpfən] (*sn*) rétrécir, se ratatiner
**Schub|fach** ['ʃuːp-] tiroir *m*; '**~karre** *f*, '**~karren** *m* brouette *f*; '**~kraft** *phys* *f* poussée *f*; '**~lade** *f* (*-*; *-n*) tiroir *m*
**schüchtern** ['ʃyçtərn] timide; '**2heit** *f* (*-*; *sans pl*) timidité *f*
**Schuft** [ʃuft] *m* (*-[e]s*; *-e*) canaille *f*, fripouille *f*; '**2en** (*h*) F boulonner, travailler d'arrache-pied
**Schuh** [ʃuː] *m* (*-[e]s*; *-e*) chaussure *f*, soulier *m*; *fig* ***j-m etw in die ~e schieben*** mettre qc sur le dos de qn; '**~bürste** *f* brosse *f* à chaussures; '**~creme** *f* cirage *m*; '**~geschäft** *n* magasin *m* de chaussures; '**~löffel** *m* chausse-pied *m*; '**~macher** *m* (*-s*; -) cordonnier *m*; '**~putzer** *m* (*-s*; -) cireur *m*; '**~sohle** *f* semelle *f*
**Schul|abschluss** ['ʃuːl-] *m* diplôme *m* de l'enseignement secondaire; '**~abgänger** ['-apgɛŋər] *m* (*-s*; -) élève *m*, *f* ayant terminé sa scolarité; '**~amt** *n* administration *f* scolaire; '**~anfang** *m* *nach den Ferien* rentrée *f* des classes; '**~arbeit** *f* travail *m* sco-

laire; *Hausaufgabe* devoir *m*; '**~besuch** *m* fréquentation *f* scolaire, scolarisation *f*; *Schulzeit* scolarité *f*; '**~bildung** *f* éducation *f od formation f scolaire*; '**~buch** *n* livre *m* de classe, manuel *m* scolaire; '**~bus** *m* car *m* de ramassage scolaire

**Schuld** [ʃult] *f* (-; *-en*) *Geld*≈ dette *f*; *Fehler* faute *f*; *jur* culpabilité *f*; ***es ist deine ~*** *od* ***du bist ≈ daran*** c'est (de) ta faute; ***ich habe keine ~*** je n'y suis pour rien; ***j-m die ~*** (***an etw***) ***geben*** rejeter la faute (de qc) sur qn; ***~en haben*** avoir des dettes

**schulden** ['ʃuldən] (*h*) ***j-m etw ~*** devoir qc à qn; '**≈berg** *m* dette *f* démesurée; '**~frei** quitte de dettes

'**Schuldienst** *m* enseignement *m*

'**schuldig** *bes jur* coupable; *bes comm* ***j-m etw ~ sein*** devoir qc à qn, être redevable de qc à qn; **≈e** ['-igə] *m*, *f* (*-n*; *-n*) coupable *m*, *f*; '**≈keit** *f* (-; *sans pl*) devoir *m*

'**schuld|los** non coupable, innocent; '**≈ner** ['-nər] *m* (*-s*; -), '**≈nerin** *f* (-; *-nen*) débiteur *m*, -trice *f*; '**≈schein** *m* reconnaissance *f* de dette; titre *m* de créance

**Schule** ['ʃuːlə] *f* (-; *-n*) école *f*; ***in der ~*** à l'école, en classe; ***in die ~ gehen*** aller à l'école

'**schulen** (*h*) former, entraîner, éduquer

'**Schulenglisch** *n* (*-en*; *sans pl*) anglais *m* scolaire

**Schüler** ['ʃyːlər] *m* (*-s*; -), '**~in** *f* (-; *-nen*) élève *m*, *f*, écolier *m*, -ière *f*; '**~austausch** *m* échange *m* d'élèves

'**Schul|ferien** *pl* vacances *f/pl* scolaires; '**~französisch** *n* (*-en*; *sans pl*) français *m* scolaire; '**≈frei** ***~ haben*** avoir congé; '**~funk** *m* radio *f* scolaire; '**~gebäude** *n* bâtiment *m* scolaire; '**~heft** *n* cahier *m*; '**~hof** *m* cour *f* de l'école; *überdacht* préau *m*; '**~jahr** *n* année *f* scolaire; '**~kamerad** *m*, '**~kameradin** *f* camarade *m*, *f* d'école; F copain *m* (copine *f*) de classe; '**~leiter** *m*, '**~leiterin** *f* directeur *m*, -trice *f* d'école; *Gymnasium* proviseur *m*; *Mittelstufe* principal *m*; '**~pflicht** *f* (-; *sans pl*) scolarité *f* obligatoire; '**≈pflichtig** scolarisable, en âge d'aller à l'école; '**~reform** *f* réforme *f* scolaire; '**~schiff** *mar n* navire-école *m*; '**~schluss** *m* (-es; *sans pl*) sortie *f* des classes; '**~stunde** *f* cours *m*, leçon *f*, heure *f* de classe; '**~system** *n* système *m* d'enseignement; '**~tasche** *f* serviette *f*, cartable *m*

**Schulter** ['ʃultər] *f* (-; *-n*) épaule *f*; '**~blatt** *n* omoplate *f*; '**≈frei** *Kleid* décolleté

**Schulung** ['ʃuːluŋ] *f* (-; *-en*) formation *f*, entraînement *m*, éducation *f*

'**Schul|wesen** *n* (*-s*; *sans pl*) enseignement *m*; '**~zeit** *f* scolarité *f*; '**~zeugnis** *n* bulletin *m* scolaire

**Schund** [ʃunt] *m* (-[*e*]*s*; *sans pl*) *péj* pacotille *f*, camelote *f*, cochonnerie *f*

**Schuppe** ['ʃupə] *f* (-; *-n*) *zo*, *bot* écaille *f*; ***~n*** *pl im Haar* pellicules *f/pl*

'**Schuppen** *m* (*-s*; -) remise *f*, hangar *m*

**schüren** ['ʃyːrən] (*h*) attiser (*a fig*)

**Schürfwunde** ['ʃyrf-] *méd f* éraflure *f*

**Schurke** ['ʃurkə] *m* (*-n*; *-n*) canaille *f*, coquin *m*

**Schurwolle** ['ʃuːr-] *comm* ***reine ~*** pure laine *f* vierge

**Schürze** ['ʃyrtsə] *f* (-; *-n*) tablier *m*

**Schuss** [ʃus] *m* (*-es*; *≈e*) coup *m* de feu; *Fußball* tir *m*, shoot *m*; *Flüssigkeit* coup *m*, doigt *m*; F ***in ~ sein*** être en ordre

**Schüssel** ['ʃysəl] *f* (-; *-n*) *Salat*≈ saladier *m*; *Suppen*≈ soupière *f*; *große* bassine *f*; *flache* plat *m*

'**Schuss|waffe** *f* arme *f* à feu; '**~wunde** *f* blessure *f* par balle

**Schuster** ['ʃuːstər] *m* (*-s*; -) cordonnier *m*

**Schutt** [ʃut] *m* (-[*e*]*s*; *sans pl*) décombres *m/pl*, gravats *m/pl*

**schütteln** ['ʃytəln] (*h*) (***sich ~*** se) secouer; *Hand* serrer; *Kopf a* hocher

**schütten** ['ʃytən] (*h*) verser; ***es schüttet*** il pleut à torrents

**Schutz** [ʃuts] *m* (*-es*; *sans pl*) protection *f* (***vor, gegen*** contre); ***j-n in ~ nehmen*** prendre la défense de qn; '**~blech** *n* garde-boue *m*; '**~brief** *m* sauf-conduit *m*; '**~dach** *n* auvent *m*, abri *m*

**Schütze** ['ʃytsə] *m* (*-n*; *-n*) tireur *m*; *astr* Sagittaire *m*; *Tor*≈ marqueur *m*

'**schützen** (*h*) (***sich ~*** se) protéger (***gegen, vor*** contre *od* de), (s')abriter (de), (se) préserver (de), garantir (de)

'**Schutz|gebiet** *n pol* protectorat *m*;

*Landschafts*≈ site *m* protégé; '**~impfung** *méd f* vaccination *f* préventive
'**Schützling** *m* (*-s*; *-e*) protégé *m*, -e *f*
'**schutz|los** sans protection, sans défense; '**≈maßnahme** *f* mesure *f* de protection; '**≈patron** ['-patro:n] *m* (*-s*; *-e*), '**≈patronin** *f* (-; *-nen*) patron *m*, -onne *f*; '**≈umschlag** *m Buch* jaquette *f*
**Schwabe** ['ʃva:bə] *m* (*-n*; *-n*), **Schwäbin** ['ʃvɛ:bin] *f* (-; *-nen*) Souabe *m*, *f*; '**Schwaben** *n* Souabie *f*
**schwäbisch** ['ʃvɛ:biʃ] souabe
**schwach** [ʃvax] faible; *leistungsmäßig* médiocre; *Tee* léger; *Gedächtnis* mauvais; ***schwächer werden*** s'affaiblir
**Schwäche** ['ʃvɛçə] *f* (-; *-n*) faiblesse *f*; ***e-e ~ haben für*** avoir un faible pour; '**≈n** (*h*) affaiblir
'**Schwach|sinn** *m* (-[*e*]*s*; *sans pl*) imbécillité *f*, débilité *f*; '**≈sinnig** imbécile, débile; '**~strom** *m* (-[*e*]*s*; *sans pl*) courant *m* à basse tension
**Schwächung** ['ʃvɛçuŋ] *f* (-; *-en*) affaiblissement *m*
**Schwager** ['ʃva:gər] *m* (*-s*; ⸚) beau-frère *m*
**Schwägerin** ['ʃvɛ:gərin] *f* (-; *-nen*) belle-sœur *f*
**Schwalbe** ['ʃvalbə] *zo f* (-; *-n*) hirondelle *f*
**Schwamm** [ʃvam] *m* (-[*e*]*s*; ⸚*e*) éponge *f*; '**≈ig** spongieux; *Person* bouffi; *fig* vague
**Schwan** [ʃva:n] *zo m* (-[*e*]*s*; ⸚*e*) cygne *m*
**schwanger** ['ʃvaŋər] enceinte
'**Schwangerschaft** *f* (-; *-en*) grossesse *f*; '**~sabbruch** *méd m* interruption *f* (volontaire) de grossesse (*abr* I.V.G.)
**schwank|en** ['ʃvaŋkən] (*h u sn*) chanceler; *Person a* tituber; *fig* varier; '**≈ung** *f* (-; *-en*) *fig* variation *f*
**Schwanz** [ʃvants] *m* (*-es*; ⸚*e*) queue *f*
**schwänzen** ['ʃvɛntsən] (*h*) ***die Schule ~*** faire l'école buissonnière; ***e-e Stunde ~*** sécher un cours
**Schwarm** [ʃvarm] *m* (-[*e*]*s*; ⸚*e*) *Insekten* essaim *m*; *Vögel* volée *f*; *Fische* banc *m*; *Menschen* bande *f*, troupe *f*; *fig Idol* idole *f*; ***du bist ihr ~*** F elle a le béguin pour toi
**schwärm|en** ['ʃvɛrmən] (*h*) *Bienen* essaimer; ***~ für*** s'enthousiasmer pour, raffoler de, s'engouer pour, être entiché de; '**~erisch** exalté, enthousiaste
**Schwarte** ['ʃvartə] *f* (-; *-n*) *Speck*≈ couenne *f*
**schwarz** [ʃvarts] noir ***~ auf weiß*** noir sur blanc; ***~er Markt*** marché *m* noir; ***≈es Meer*** mer *f* Noire; ***~e Zahlen*** solde *m* positif; ***~ tauschen*** changer au noir; **≈arbeit** *f* travail *m* (au) noir; '**≈arbeiter** *m*, '**≈arbeiterin** *f* travailleur *m*, -euse *f* non déclaré(e); '**≈brot** *n* pain *m* bis *od* noir
'**Schwarze** *m*, *f* (*-n*; *-n*) Noir *m*, -e *f*
**Schwärze** ['ʃvɛrtsə] *f* (-; *sans pl*) noirceur *f*; **≈n** noircir
'**schwarz|fahren** (*irr*, *sép*, *-ge-*, *sn*, → ***fahren***) voyager sans ticket; resquiller F; '**≈fahrer** *m* resquilleur *m* F; '**≈handel** *m* marché *m* noir; '**≈händler** *m* trafiquant *m* du marché noir; '**≈markt** *m* marché *m* noir; '**≈marktpreise** *m/pl* prix *m/pl* du marché noir
**schwärzlich** ['ʃvɛrtsliç] noirâtre
**Schwarz|seher** ['-ze:ər] *m* (*-s*; -) pessimiste *m*; *TV* téléspectateur *m* clandestin; '**~wald** *m* (-[*e*]*s*; *sans pl*) Forêt-Noire *f*; **~'weißfilm** *m* film *m* en noir et blanc
**schwatzen** ['ʃvatsən] (*h*), '**schwätzen** ['ʃvɛtsən] (*h*) bavarder
**Schwätzer** ['ʃvɛtsər] *m* (*-s*; -), '**~in** *f* (-; *-nen*) bavard *m*, -e *f*
'**schwatzhaft** bavard
**Schwebe** ['ʃve:bə] *f* (-; *sans pl*) ***in der ~*** *fig* en suspens; '**~bahn** *f Seil*≈ téléférique *m*; '**≈n** (*h*) planer
**Schwed|e** ['ʃve:də] *m* (*-n*; *-n*), '**~in** *f* (-; *-nen*) Suédois *m*, -e *f*; '**~en** *n* (-; *sans pl*) la Suède; '**≈isch** suédois
**Schwefel** ['ʃve:fəl] *chim m* (*-s*; *sans pl*) soufre *m*; '**~säure** *f* acide *m* sulfurique
**schweigen** ['ʃvaigən] **1.** (*schwieg*, *geschwiegen*, *h*) se taire; ***ganz zu ~ von*** sans parler de; **2.** '**≈** *n* (*-s*; *sans pl*) silence *m*; '**~d** silencieux
**schweigsam** ['ʃvaikza:m] taciturne, silencieux
**Schwein** [ʃvain] *n* (-[*e*]*s*; *-e*) cochon *m*, porc *m* (*beide a péj*); *fig* F ***~ haben*** avoir de la veine *od* du pot F
'**Schweine|braten** *m* rôti *m* de porc; '**~fleisch** *n* (viande *f* de) porc *m*; **~rei** [-ə'rai] *f* (-; *-en*) cochonnerie *f*; '**~stall** *m* porcherie *f*
'**Schweinsleder** *n* peau *f od cuir m de*

*porc*
**Schweiß** [ʃvais] *m* (*-es*; *-e*) sueur *f*, transpiration *f*; '**≈en** (*h*) *tech* souder; '**~er** *tech m* (*-s*; -) soudeur *m*
**Schweiz** [ʃvaits] *f* (-; *sans pl*) ***die ~*** la Suisse
'**Schweizer 1.** *m* (*-s*; -) Suisse *m*; **2.** *adj* suisse; ***~ Käse*** gruyère *m*; '**~in** *f* (-; *-nen*) Suisse *f*; '**≈isch** suisse
**schwelen** ['ʃveːlən] (*h*) couver (*a fig*)
**Schwell|e** [ʃvɛlə] *f* (-; *-n*) *Tür* seuil *m* (*a fig*); *Bahn* traverse *f*; '**≈en** (*v/t h*; *v/i schwoll, geschwollen, sn*) enfler; '**~enland** pays *m* du seuil; '**~ung** *méd f* (-; *-en*) enflure *f*
**Schwemme** ['ʃvɛmə] *écon f* (-; *-n*) abondance *f*
**schwenken** ['ʃvɛŋkən] (*h*) *Arme etc* agiter; *Kamera* tourner; *cuis* faire sauter; *spülen* rincer
**schwer** [ʃveːr] *im Gewicht* lourd; *schwierig* difficile; *Krankheit* grave; ***es ~ haben*** avoir bien du mal (***mit*** avec); ***50 Kilo ~ sein*** peser 50 kilos; ***~ arbeiten*** travailler dur; ***~ behindert*** gravement handicapé; ***~ krank*** gravement malade; ***~ verdaulich*** indigeste, lourd; ***~ verletzt*** grièvement blessé; ***~ verständlich*** difficile à comprendre; ***~ wiegend*** grave, très sérieux; → ***schwerfallen***, → ***schwertun***
'**schwerbehindert** → ***schwer***
'**Schwere** *f* (-; *sans pl*) *phys* pesanteur *f*; *fig* gravité *f*, poids *m*; '**~losigkeit** *phys f* (-; *sans pl*) apesanteur *f*
'**schwerfallen** (*irr, sép, -ge-, sn*, → ***fallen***) ***j-m ~*** être difficile pour qn; ***es fällt mir schwer zu*** (+ *inf*) j'ai du mal à (+ *inf*)
**schwer|fällig** ['ʃveːrfɛliç] lourd; **~hörig** ['-høːriç] sourd
'**Schwer|industrie** *f* industrie *f* lourde; '**~kraft** *phys f* (-; *sans pl*) gravité *f*
'**schwer|krank** → ***schwer***; '**~lich** avec peine, difficilement, ne … guère
'**Schwermetall** *n* métal *m* lourd
'**Schwer|mut** *f* (-; *sans pl*) mélancolie *f*; **≈mütig** ['-myːtiç] mélancolique
'**Schwerpunkt** *m phys* centre *m* de gravité, *fig* centre *m*
'**schwertun** (*irr, sép, -ge-, h*, → ***tun***) ***sich ~*** avoir des difficultés (***mit*** avec)
'**Schwerverbrecher** *m* grand criminel
'**schwer|verdaulich**, '**~verständlich** → ***schwer***; '**~wiegend** grave, très sérieux
**Schwester** ['ʃvɛstər] *f* (-; *-n*) sœur *f*; *Kranken≈* infirmière; *Ordens≈ a* religieuse *f*
**Schwieger|eltern** ['ʃviːgər-] *pl* beaux-parents *m/pl*; '**~mutter** *f* belle-mère *f*; '**~sohn** *m* gendre *m*, beau-fils *m*; '**~tochter** *f* belle-fille *f*; '**~vater** *m* beau-père *m*
**schwierig** ['ʃviːriç] difficile; '**≈keit** *f* (-; *-en*) difficulté *f*
**Schwimm|bad** ['ʃvim-] *n* piscine *f*; '**~becken** *n* bassin *m*; '**≈en** (*schwamm, geschwommen, sn*) nager; *im Wasser treiben* flotter; '**~en** *n* (*-s*; *sans pl*) natation *f*; '**~er** *m* (*-s*; -), '**~erin** *f* (-; *-nen*) nageur *m*, -euse *f*; '**~sport** *m* natation *f*; '**~weste** *f* gilet *m* de sauvetage
**Schwindel** ['ʃvindəl] *m* (*-s*; *sans pl*) *méd* vertige *m*; *Betrug* escroquerie *f*; *Täuschung* bidon *m* F; *Lüge* mensonge *m*; F ***der ganze ~*** tout le bataclan F; ***~ erregend*** vertigineux
'**schwindelerregend** vertigineux
**schwindeln** ['ʃvindəln] (*h*) *lügen* mentir, dire des mensonges; ***mir schwindelt*** j'ai le vertige
**schwinden** ['ʃvindən] (*schwand, geschwunden, sn*) diminuer; *Kräfte a* décliner
'**Schwindl|er** *m* (*-s*; -), '**~erin** *f* (-; *-nen*) *Lügner(in)* menteur *m*, -euse *f*; *Betrüger* escroc *m*; '**≈ig** ***mir ist ~*** j'ai le vertige
**schwing|en** ['ʃviŋən] (*v/t und v/i*) (*schwang, geschwungen, h*) *hin u her* balancer; *drohend* brandir; *pendeln* se balancer; *phys* osciller; *vibrieren* vibrer; '**≈ung** *phys f* (-; *-en*) oscillation *f*, vibration *f*
**schwitzen** ['ʃvitsən] (*h*) suer, transpirer
**schwören** ['ʃvøːrən] (*schwor, geschworen, h*) jurer (***bei*** par)
**schwul** F [ʃvuːl] homosexuel, F pédé
**schwül** [ʃvyːl] lourd, étouffant; '**≈e** *f* (-; *sans pl*) chaleur *f* étouffante
**Schwund** [ʃvunt] *m* (*-[e]s*; *sans pl*) perte *f*, diminution *f*
**Schwung** [ʃvuŋ] *m* (*-[e]s*; *¨e*) élan *m*; *fig a* entrain *m*, dynamisme *m*, verve *f*; ***in ~ kommen*** se mettre en train; '**≈haft** *comm* florissant; '**≈voll** plein

d'entrain; *Musik* entraînant
**Schwur** [ʃvuːr] *m* (-[*e*]*s*; ⁻*e*) serment *m*; '**~gericht** *jur n* cour *f* d'assises
**Science-fiction** ['saiənsfikʃən] *f* (-; -*s*) science-fiction *f*
**sechs** [zɛks] six; '**2eck** *n* (-[*e*]*s*; -*e*) hexagone *m*; '**~eckig** hexagonal; '**2erpack** *m* (-*s*; -*s*) emballage *m* à six unités; '**~fach** ['-fax] sextuple; '**~hundert** six cents; '**~mal** six fois; **2'tagerennen** *n* six jours *m/pl*
**sechste** ['zɛkstə] sixième; '**2l** *n* sixième *m*; '**~ns** sixièmement
**sechzehn** ['zɛç-] seize; '**~te** seizième
**sechzig** ['zɛçtsiç] soixante; ***etwa ~*** une soixantaine; '**2er** ['zɛçtsigər] *m* (-*s*; -), '**2erin** *f* (-; -*nen*) sexagénaire *m*, *f*; '**~ste** soixantième
**SED** *f hist DDR abr* ***Sozialistische Einheitspartei Deutschlands*** Parti socialiste unifié d'Allemagne
**See**[1] [zeː] *m* (-*s*; -*en*) lac *m*
**See**[2] *f* (-; *sans pl*) mer *f*; ***auf ~*** en mer; ***auf hoher ~*** en haute *od* pleine mer, au large; ***an der ~*** au bord de la mer; ***in ~ stechen*** prendre la mer; ***zur ~ gehen*** se faire marin; ***zur ~ fahren*** naviguer
'**See|bad** *n* station *f* balnéaire; '**~blick** *m* vue *f* sur la mer; '**~gang** *m* houle *f*; ***hoher ~*** grosse mer *f*; '**~hafen** *m* port *m* de mer; '**~handel** *m* commerce *m* maritime; '**~hund** *zo m* phoque *m*; '**~igel** *zo m* oursin *m*; '**~karte** *f* carte *f* marine; '**2krank *~ sein*** avoir le mal de mer; '**~krankheit** *méd f* (-; *sans pl*) mal *m* de mer, nausée *f*
**Seele** ['zeːlə] *f* (-; -*n*) âme *f* (*a fig*)
**seelisch** ['zeːliʃ] psychique
'**Seelsorge** *f* (-; *sans pl*) charge *f* d'âmes; '**~r** *m* (-*s*; -) père *m* spirituel; pasteur *m*
'**See|luft** *f* (-; *sans pl*) air *m* marin; '**~macht** *f* puissance *f* maritime; '**~mann** *m* (-[*e*]*s*; -*leute*) marin *m*; '**~meile** *f* mille *m* marin; '**~not** *f* (-; *sans pl*) ***in ~*** en détresse; '**~räuber** *m* pirate *m*, corsaire *m*; '**~recht** *n* droit *m* maritime; '**~reise** *f* voyage *m* par mer; '**~rose** *bot f* nénuphar *m*; '**~schlacht** *f* bataille *f* navale; '**~stern** *zo m* étoile *f* de mer; '**~streitkräfte** *f/pl* forces *f/pl* navales; '**2tüchtig** *Schiff* en état de naviguer; '**~weg** *m* voie *f* maritime; ***auf dem ~*** par mer; '**~zunge** *zo f* sole *f*
**Segel** ['zeːgəl] *n* (-*s*; -) voile *f*; '**~boot** *n* bateau *m* à voiles; '**~flieger** *m*, '**~fliegerin** *f* vélivole *m*, *f*; '**~flug** *m* vol *m* à voile; '**~flugzeug** *n* planeur *m*; '**2n** *v/i* (*sn*) faire voile (***nach*** pour); *Sport* faire de la voile; '**~schiff** *n* voilier *m*, bateau *m* à voiles
**Segen** ['zeːgən] *m* (-*s*; -) bénédiction *f*
**Segler** ['zeːglər] *m* (-*s*; -) *Sport2* plaisancier *m*; *Schiff* voilier *m*
**segnen** ['zeːgnən] (*h*) bénir
**sehen** ['zeːən] (*sah*, *gesehen*, *h*) voir; ***auf etw ~*** regarder qc; ***nach etw ~*** avoir soin de qc; ***sich ~ lassen*** se montrer; ***siehe Seite 10*** voir page 10
'**sehens|wert** qui vaut la peine d'être vu, digne d'être vu; '**2würdigkeit** *f* (-; -*en*) curiosité *f*
'**Sehkraft** *f* vue *f*
**Sehne** ['zeːnə] *f* (-; -*n*) tendon *m*
'**sehnen** (*h*) ***sich ~ nach*** s'ennuyer de, regretter, aspirer à
'**Sehnerv** *m* nerf *m* optique
'**sehnig** nerveux; *Fleisch a* filandreux
'**Sehn|sucht** *f* (-; ⁻*e*) désir *m* ardent, nostalgie *f* (***nach*** de); '**2süchtig** nostalgique; *adv* avec impatience
**sehr** [zeːr] très, bien, fort; *vor Verben* beaucoup, bien
'**Seh|störungen** *méd f/pl* troubles *m/pl* visuels; '**~test** *m* test *m* visuel
**seicht** [zaiçt] *Wasser* peu profond; *fig* superficiel, plat, fade
**Seide** ['zaidə] *f* (-; -*n*) soie *f*
**seidig** ['zaidiç] soyeux
**Seife** ['zaifə] *f* (-; -*n*) savon *m*
'**Seifen|blase** *f* bulle *f* de savon; '**~lauge** *f* eau *f* savonneuse
**Seil** [zail] *n* (-[*e*]*s*; -*e*) corde *f*; '**~bahn** *f* téléférique *m*; *Stand2* funiculaire *m*; '**~schaft** *f* (-; -*en*) cordée *f*; '**~tänzer** *m*, '**~tänzerin** *f* funambule *m*, *f*; danseur *m*, -euse *f* de corde
**sein**[1] [zain] (*war*, *gewesen*, *sn*) être; ***es ist kalt*** il fait froid; ***er ist zwanzig Jahre alt*** il a vingt ans; F ***etw ~ lassen*** ne pas faire qc, s'abstenir de faire qc
**sein**[2] *Possessivpronomen* son, sa, *pl* ses; ***~er, ~e, ~es***; ***der, die, das ~e*** *od* ***~ige*** le sien, la sienne
**Sein** [zain] *n* (-*s*; *sans pl*) *phil* être *m*; *Dasein* existence *f*

**Seine** ['zɛːnə] ***die ~*** la Seine
**seiner|seits** ['zainərzaits] de sa part, de son côté; '**~zeit** alors, à l'époque
'**seinesgleichen** son pareil; ***j-n wie ~ behandeln*** traiter qn d'égal à égal
'**seinetwegen** à cause de lui, pour lui
'**seinlassen** (*irr, pas de -ge-, h,* → ***lassen***) → ***sein***
**seit** [zait] **1.** *prép* (*dat*) depuis; ***schon ~*** dès; ***~ drei Jahren*** depuis trois ans; ***~ langem*** depuis longtemps; **2.** *conj* depuis que (+ *ind*); '**~dem 1.** *adv* depuis (ce temps-là), depuis *od* dès lors; **2.** *conj* depuis que (+ *ind*)
**Seite** ['zaitə] *f* (-; *-n*) côté *m*; *Schrift*≗ page *f*; ***auf j-s ~ treten*** se ranger du côté de qn; ***auf der linken ~*** du côté gauche; *fig* ***auf der anderen ~*** d'un autre côté
'**Seiten|hieb** *m fig* coup *m* de griffe; '**≗s** *prép* (*gén*) de la part de; '**~sprung** *m fig* écart *m* de conduite, escapade *f*; '**~stechen** *méd n* (*-s; sans pl*) point *m* de côté; '**~straße** *f* rue *f* latérale; '**~streifen** *m* accotement *m*
'**seit|lich** latéral; '**~wärts** ['-vɛrts] de côté
**Sek.** *abr* ***Sekunde*** seconde
**Sekre|tär** [zekre'tɛːr] *m* (*-s; -e*), **~'tärin** *f* (-; *-nen*) secrétaire *m, f*; **~tariat** [-tari'aːt] *n* (-[*e*]*s; -e*) secrétariat *m*
**Sekt** [zɛkt] *m* (-[*e*]*s; -e*) (vin *m*) mousseux *m*
'**Sekte** *rel f* (-; *-n*) secte *f*
**Sektion** [zɛk'tsjoːn] *f* (-; *-en*) *Abteilung* section *f*; *e-r Leiche* dissection *f*
**Sektor** ['zɛktɔr] *m* (*-s; -en*) secteur *m*
**Sekunde** [ze'kundə] *f* (-; *-n*) seconde *f*; **~nzeiger** *m* trotteuse *f*
**selber** ['zɛlbər] → ***selbst***
**selbst** [zɛlpst] même; *ich* (*du, er etc*) ~ moi-même (toi-même, lui-même *etc*); ***sie hat es ~ gesagt*** elle l'a dit elle-même; ***sie ist die Güte ~*** elle est la bonté même; ***~ seine Freunde*** même ses amis, ses amis même(s); ***es läuft von ~*** ça marche tout seul; ***~ wenn*** même si
'**Selbst|auslöser** *Foto m* déclencheur *m* automatique; '**~bedienung** *f* (-, *sans pl*) libre-service *m*; '**~bedienungsrestaurant** *n* (restaurant) self-service *m*; '**~befriedigung** *f* masturbation *f*; '**~beherrschung** *f* maîtrise *f* de soi; '**~bestimmungsrecht** *n* droit *m* à l'autodétermination; '**≗bewusst** sûr de soi; '**~bewusstsein** *n* confiance *f* en soi; '**~erhaltungstrieb** *m* instinct *m* de conservation; '**~erkenntnis** *f* connaissance *f* de soi-même; '**≗gefällig** infatué de soi-même; '**~gespräch** *n* monologue *m*; '**~kosten** *pl*, '**~kostenpreis** *m* prix *m* coûtant, prix *m* de revient; '**~kritik** *f* autocritique *f*; '**~mord** *m* suicide *m*; '**~mörder** *m*, '**~mörderin** *f* suicidé *m*, -e *f*; '**≗sicher** sûr de soi; '**~sicherheit** *f* aplomb *m*; '**~versorger** (*-s; -*) *m* réservataire *m*; '**~versorgung** *f* autosubsistance *f*; '**≗verständlich** évident, naturel; *adv* bien entendu; ***das ist ~*** cela va de soi, cela va sans dire; '**~vertrauen** *n* confiance *f* en soi; '**~verwaltung** *f* administration *f* autonome; '**~verwirklichung** *f* épanouissement *m* personnel; '**≗zufrieden** satisfait de soi; '**~zweck** *m* fin *f* en soi
**selbstständig** ['zɛlpʃtɛndiç] indépendant; '**≗keit** *f* (-; *sans pl*) indépendance *f*
**selig** ['zeːliç] heureux; *égl* bienheureux; *verstorben* défunt
**Sellerie** ['zɛləriː] *bot m* (*-s; -*[*s*]) *od f* (-; *-rien*) céleri *m*
**selten** ['zɛltən] rare; *adv* rarement; '**≗heit** *f* (-; *-en*) rareté *f*
**Selters(wasser)** ['zɛltərs-] *n* eau *f* de Seltz
**seltsam** ['zɛltzaːm] étrange, curieux, bizarre; **≗keit** *f* étrangeté *f*
**Semester** [ze'mɛstər] *n* (*-s; -*) semestre *m*; **~ferien** *pl* vacances *f/pl* semestrielles
**Seminar** [zemi'naːr] *n* (*-s; -e, -ien*) séminaire *m*; *Universität* institut *m*, département *m*
**Semmel** ['zɛməl] *f* (-; *-n*) petit pain *m*
**sen.** *abr* ***senior*** senior; père (*commerce*)
**Senat** [ze'naːt] *m* (-[*e*]*s; -e*) sénat *m*; **~or** [-tɔr] *m* (*-s; -en*) sénateur *m*
'**Sendegebiet** *n* zone *f* d'émission
**senden** ['zɛndən] (*h*) envoyer (***mit der Post*** par la poste); *über Funk* émettre, diffuser
'**Sender** *m* (*-s; -*) émetteur *m*, station *f*
'**Sende|reihe** *f* feuilleton *m*, série *f*; '**~schluss** *m* fin *f* des émissions

'**Sendung** *f* (-; *-en*) *comm* envoi *m*; *fig* mission *f*; *Radio*, *TV* émission *f*
**Senf** [zɛnf] *m* (-[*e*]*s*; *-e*) moutarde *f*
**senil** [ze'niːl] sénile; **♀ität** [-ili'tɛːt] *f* (-; *sans pl*) sénilité *f*
**senior** ['zeːniɔr] **1.** *adj* ***Herr L. ~*** monsieur L. père; **2. *♀en*** [zeni'oːrən] *pl alte Leute* le troisième âge; **♀enheim** *n* maison *f* du troisième âge, maison *f* de retraite; **♀enpass** *m* carte *f* de réduction pour personnes âgées
**senk|en** ['zɛŋkən] (*h*) (a)baisser; ***sich ~*** s'abaisser; *Boden* s'affaisser; **'~recht** vertical, perpendiculaire (***zu, auf*** à); **'♀ung** *f* (-; *-en*) abaissement *m*; *Preis* réduction *f*; *Boden* affaissement *m*
**Sensation** [zɛnza'tsjoːn] *f* (-; *-en*) sensation *f*; **♀ell** [-ɔ'nɛl] sensationnel
**Sense** ['zɛnzə] *f* (-; *-n*) faux *f*
**sensib|el** [zɛn'ziːbəl] sensible; **♀ilität** [-ibili'tɛːt] *f* (-; *sans pl*) sensibilité *f*
**sentimental** [zɛntimɛn'taːl] sentimental; **♀ität** [-ali'tɛːt] *f* (-; *-en*) sentimentalité *f*
**Separatismus** [zepara'tismus] *m* (-; *sans pl*) séparatisme *m*
**September** [zɛp'tɛmbər] *m* (-[*s*]; -) septembre *m*
**Serbien** ['zɛrbiən] *n* la Serbie
**Serie** ['zeːrjə] *f* (-; *n*) série *f*; *TV* feuilleton *m*; **'~nanfertigung** *f* fabrication *f* en série; **'♀nmäßig** en série; **'~nnummer** *f* numéro *m* de série; **'~nproduktion** *f* production *f* en série; **'♀nreif** prêt à être fabriqué en série; **'~nreife** *f* stade *m* industriel
**seriös** [ze'rjøːs] sérieux
**Serpentine** [zɛrpɛn'tiːnə] *f* (-; *-n*) lacet *m*
**Server** ['zøːrvər] *m* (*-s*; -) *EDV* serveur *m*
**Service 1.** ['zøːrvis] *m*, *n* (-; *-s*) service *m*; **2.** [zɛr'viːs] *n* (*-s*; -) service *m*
**servier|en** [zɛr'viːrən] (*pas de -ge-*, *h*) servir (à table); **♀erin** *f* (-; *-nen*) serveuse *f*
**Serviette** [zɛr'vjɛtə] *f* (-; *-n*) serviette *f*
**Servolenkung** ['zɛrvo-] *auto f* direction *f* assistée
**servus!** ['zɛrvus] F salut!
**Sessel** ['zɛsəl] *m* (*-s*; -) fauteuil *m*; **'~lift** *m* télésiège *m*
**sesshaft** ['zɛshaft] sédentaire
**setzen** ['zɛtsən] (*h*) mettre; *e-n Platz anweisen* placer; *Baum etc* planter; *wetten* miser (***auf*** sur); *Text* composer; ***sich ~*** s'asseoir; *Vogel* se percher; *Niederschlag* se déposer; *Erdreich* se tasser; ***über etw ~*** sauter qc; ***über e-n Fluss ~*** traverser *od* passer une rivière
'**Setzer** *m* (*-s*; -), **'~in** *f* (-; *-nen*) typographe *m*, *f*
**Seuche** ['zɔʏçə] *f* (-; *-n*) épidémie *f*
**seufzen** ['zɔʏftsən] (*h*) soupirer
**Sex** [zɛks] *m* (-[*e*]*s*; *sans pl*) sexe *m*
**Sexual|ität** [zɛksuali'tɛːt] *f* (-; *sans pl*) sexualité *f*; **~leben** [zɛksu'aːl-] *n* vie *f* sexuelle; **~verbrechen** [zɛksu'aːl-] *n* crime *m* sadique
**sexuell** [zɛksu'ɛl] sexuel
**sexy** ['zɛksi] sexy
**shoppen** ['ʃɔpən] (*h*) faire du shopping; ***~ gehen*** aller faire du shopping
**Shopping** ['ʃɔpiŋ] *n* (*-s*) shopping *m*
**Sibirien** [zi'biːriən] *n* la Sibérie
**sich** [ziç] se (*vor Vokal* s'); *nach prép allg* soi, *personenbezogen* lui, elle, *pl* eux, elles; ***jeder für ~*** chacun pour soi; ***er denkt nur an ~*** il ne pense qu'à lui
**Sichel** ['ziçəl] *f* (-; *-n*) faucille *f*; *Mond♀* croissant *m*
**sicher** ['ziçər] **1.** *adj* sûr; *gewiss a* certain; *geschützt a* à l'abri (***vor*** de); ***ich bin ~, dass ...*** je suis sûr que ...; ***seiner Sache ~ sein*** être sûr de son fait; **2.** *adv* sûrement, certainement, assurément, bien sûr, sans doute
'**Sicherheit** *f* (-; *-en*) sûreté *f*; *Gewissheit a* certitude *f*; *Gefahrlosigkeit a* sécurité *f*; *Selbst♀* assurance *f*; *comm* garantie *f*, caution *f*; ***mit ~*** à coup sûr, avec certitude; ***in ~ bringen*** mettre en sûreté *od* en sécurité *od* à l'abri *od* en lieu sûr
'**Sicherheits|gurt** *aviat*, *auto m* ceinture *f* de sécurité; **'~kopie** *f* copie *f* de sécurité; **'~leistung** *f* garantie *f*, caution *f*; **'~nadel** *f* épingle *f* de sûreté *od* de nourrice; **'~rat** *pol m* (-[*e*]*s*; *sans pl*) Conseil *m* de Sécurité
**sicher|n** ['ziçərn] (*h*) assurer; (***sich***) ***vor*** *od* ***gegen etw ~*** (se) protéger de *od* contre qc; **'♀ung** *f* (-; *-en*) *elektrische* fusible *m*, plomb *m*; *an Waffe etc* sûreté *f*; ***~ der Arbeitsplätze*** sauvegarde *f* des emplois; **'♀ungsdiskette** *f* disquette *f* de sauvegarde

**Sicht** [ziçt] *f* (-; *sans pl*) vue *f*; *Sichtweite* visibilité *f*; ***in ~*** en vue; ***auf lange ~*** à long terme; '**≈bar** visible; '**~weite** *f* ***in*** (***außer***) ***~*** en (hors de) vue
**sickern** ['zikərn] (*sn*) suinter, filtrer
**sie** [ziː] **1.** *f/sg* elle; *Akkusativ beim Verb* la, l'; **2.** *pl* ils, elles; *Akkusativ beim Verb* les; *betont u nach prép* eux, elles; **3.** ≈ *Anrede* vous
**Sieb** [ziːp] *n* (-[*e*]*s*; -*e*) crible *m*; *cuis* passoire *f*
**sieben**[1] ['ziːbən] (*h*) passer (au crible), filtrer (*a fig*)
'**sieben**[2] sept
**Siebenbürgen** [ziːbən'byrgən] *n* la Transylvanie
'**siebenhundert** sept cents
**sieb(en)te** ['ziːbentə, 'ziːptə] septième
**sieb|zehn** ['ziːp-] dix-sept; '**~zehnte** dix-septième; '**~zig** ['ziːptsiç] soixante-dix; '**~zigste** soixante-dixième
**sieden** ['ziːdən] *v/t* (*h*) *u v/i* ([*sott*, *gesotten*], *h*) bouillir
**Siedler** ['ziːdlər] *m* (-*s*; -) colon *m*
'**Siedlung** *f* (-; -*en*) agglomération *f*; cité *f*
**Sieg** [ziːk] *m* (-[*e*]*s*; -*e*) victoire *f*
**Siegel** ['ziːgəl] *n* (-*s*; -) sceau *m*, cachet *m*
**sieg|en** ['ziːgən] (*h*) vaincre (***über j-n*** qn), l'emporter (***über*** sur); *Sport a* gagner; '**≈er** *m* (-*s*; -), '**≈erin** *f* (-; -*nen*) vainqueur *m*, gagnant *m*, -e *f*; '**~reich** victorieux
**siezen** ['ziːtsən] (*h*) vouvoyer
**Signal** [zi'gnaːl] *n* (-*s*; -*e*) signal *m*; **≈isieren** [-ali'ziːrən] (*pas de -ge-*, *h*) signaler
**signieren** [zig'niːrən] signer
**Silbe** ['zilbə] *f* (-; -*n*) syllabe *f*
**Silber** ['zilbər] *n* (-*s*; *sans pl*) argent *m*; '**≈n** d'argent
**Silhouette** [zilu'etə] *f* (-; -*n*) silhouette *f*
**Silo** ['ziːlo] *m*, *n* (-*s*; -*s*) silo *m*
**Silvester** [zil'vɛstər] *n* (-*s*; -) la Saint--Sylvestre
**Simbabwe** [zim'babve] *n* le Zimbabwe
**Sims** [zims] *m*, *n* (-*es*; -*e*) *arch* corniche *f*; *Fenster*≈ rebord *m*
**Simul|ant** [zimu'lant] *m* (-*en*; -*en*) simulateur *m*; '**≈ieren** (*pas de -ge-*, *h*) simuler
**simultan** [zimul'taːn] simultané; **≈dolmetscher** *m* interprète *m* simultané
**Sinfonie** [zinfo'niː] *mus f* (-; -*n*) symphonie *f*
**Singapur** ['ziŋgapuːr] *n* Singapour
**singen** ['ziŋən] (*sang*, *gesungen*, *h*) chanter; ***falsch ~*** chanter faux
**Singular** ['ziŋgulaːr] *gr m* (-*s*; -*e*) singulier *m*
**sinken** ['ziŋkən] (*sank*, *gesunken*, *sn*) *Schiff* couler; *Preise etc* baisser
**Sinn** [zin] *m* (-[*e*]*s*; -*e*) sens *m* (***für etw*** de qc); ***im ~ haben*** avoir en tête; ***es hat keinen ~*** c'est absurde, ça ne rime à rien
'**Sinnes|täuschung** *f* hallucination *f*; '**~wahrnehmung** *f* perception *f* sensorielle; '**~wandel** *m* changement *m* d'avis
'**sinn|lich** sensuel; '**≈lichkeit** *f* (-; *sans pl*) sensualité *f*; '**~los** insensé, absurde; '**≈losigkeit** *f* (-; -*en*) absurdité *f*; '**~voll** sensé, judicieux
**Sintflut** ['zintfluːt] *f* (-; *sans pl*) déluge *m*
**Sirene** [zi'reːnə] *f* (-; -*n*) sirène *f*
**Sitte** ['zitə] *f* (-; -*n*) coutume *f*; ***~n*** *pl* mœurs *f/pl*; '**≈nwidrig** contraire aux bonnes mœurs
'**sittlich** moral; '**≈keit** *f* (-; *sans pl*) moralité *f*; '**≈keitsverbrechen** *n* attentat *m* aux mœurs *od* à la pudeur
**Situation** [zitua'tsjoːn] *f* (-; -*en*) situation *f*
**Sitz** [zits] *m* (-*es*; -*e*) siège *m*
'**sitzen** (*saß*, *gesessen*, *h*) être assis; *Vogel* être perché; *von Kleidern* aller bien; F *im Gefängnis* faire de la prison; ***~ bleiben*** rester assis; *Schule* redoubler (une classe); *comm* ***~ auf*** ne pas parvenir à vendre; ***~ lassen*** *Frau* laisser tomber; plaquer F; *Wartenden* F poser un lapin à; ***etw nicht auf sich ~ lassen*** ne pas avaler *od* encaisser qc
'**sitzen|bleiben** (*irr*, *sép*, *-ge-*, *sn*, → ***bleiben***), '**~lassen** (*irr*, *sép*, *pas de -ge-*, *h*, → ***lassen***) → ***sitzen***
'**Sitz|gelegenheit** *f* place *f*, siège *m*; '**~ordnung** *f* disposition *f* des places; '**~platz** *m* place *f* assise
'**Sitzung** *f* (-; -*en*) séance *f*, réunion *f*; '**~speriode** *f* session *f*; '**~sprotokoll** *n* procès-verbal *m* de séance; '**~ssaal** *m* salle *f* de séance; *jur* salle *f* d'audience
**Sizilien** [zi'tsiːljən] *n* (-*s*; *sans pl*) la Si-

cile
**Skala** ['ska:la] *f* (-; *-s*, *-len*) échelle *f*
**Skandal** [skan'da:l] *m* (*-s*; *-e*) scandale *m*; **≈ös** [-'lø:s] scandaleux
**Skandinavien** [skandi'na:vjən] *n* (*-s*; *sans pl*) la Scandinavie
**Skateboard** ['ske:tbɔrt] *n* (*-s*; *-s*) skate(-board) *m*
**skaten** ['ske:tən] (*sn*) **1.** *mit Inline-Skates* faire du roller; **2.** *mit Skateboards* faire de la planche à roulettes
**Skelett** [ske'lɛt] *n* (-[*e*]*s*; *-e*) squelette *m*
**Skep|tiker** ['skɛptikər] *m* (*-s*; -), **'~tikerin** *f* (-; *-nen*) sceptique *m*, *f*; **'≈tisch** sceptique
**Ski** [ʃi:] *m* (*-s*; -; *er*) ski *m*; ***auf ~ern*** en ski; ***~ fahren*** *od* ***laufen*** faire du ski; skier; **'~fahrer** *m*, **'~fahrerin** *f* skieur *m*, -euse *f*; **'~gebiet** *n* région *f* de sports d'hiver; **'~hose** *f* pantalon *m* de ski; **'~kurs** *m* classe *f* de neige; **'~laufen** *n* (*-s*; *sans pl*) ski *m*; **'~läufer** *m*, **'~läuferin** *f* skieur *m*, -euse *f*; **'~lehrer** *m*, **'~lehrerin** *f* moniteur *m*, monitrice *f* de ski; **'~lift** *m* remonte-pente *m*, téléski *m*; **'~stiefel** *m* chaussure *f* de ski; **'~springen** *n* (*-s*; *sans pl*) saut *m* à skis; **'~urlaub** *m* vacances *f/pl* de neige
**Skiz|ze** ['skitsə] *f* (-; *-n*) esquisse *f*; **≈'zieren** (*pas de -ge-*, *h*) esquisser
**Sklav|e** ['skla:və] *m* (*-n*; *-n*), **'~in** *f* (-; *-nen*) esclave *m*, *f*; **'≈isch** servile; en esclave
**skont|ieren** [skɔn'ti:rən] (*pas de -ge-*, *h*) *comm* escompter; **'≈o** *m od n* (*-s*; *-s*, *-ti*) escompte *m*
**Skorpion** [skɔr'pjo:n] *m* (*-s*; *-e*) scorpion *m*; *astr* Scorpion *m*
**Skrupel** ['skru:pəl] *m* (*-s*; -) scrupule *m*; **'≈los** sans scrupules
**Skulptur** [skulp'tu:r] *f* (-; *-en*) sculpture *f*
**Slalom** ['sla:lɔm] *m* (*-s*; *-s*) slalom *m*
**Slaw|e** ['sla:və] *m* (*-n*; *-n*), **'~in** *f* (-; *-nen*) Slave *m*, *f*; **'≈isch** slave
**Slogan** ['slougən] *m* (*-s*; *-s*) slogan *m*
**Slowakei** [slova'kaɪ] ***die ~*** la Slovaquie
**Slowenien** [slo've:niən] *n* la Slovénie
**Slum** [slam] *m* (*-s*; *-s*) quartier *m* pauvre, bidonville *m*
**Smaragd** [sma'rakt] *m* (-[*e*]*s*; *-e*) émeraude *f*
**Smog** [smɔk] *m* (-[*s*]; *-s*) smog *m*
**SMS** [ɛsˀɛm'ˀɛs] *f* (-; -) *abr* ***Short Message Service*** *tél* texto® *m*; SMS *m*; ***j-m e-e ~ schicken*** envoyer un texto®, SMS à qn
**Snob** [snɔp] *m* (*-s*; *-s*) snob *m*, *f*; **~ismus** [-'bismus] *m* (-; *-men*) snobisme *m*; **≈'istisch** snob
**so** [zo:] **1.** ainsi, comme cela, de cette manière, de la sorte; ***~ dass*** si bien que (+ *ind*), de (telle) sorte que (+ *subj*); ***~ groß wie*** aussi grand que; ***nicht ~ schnell!*** pas si vite!; ***~*** (***sehr***) tellement; ***~ ein Mensch*** un tel homme; ***ach ~!*** ah, c'est ça!; ah bon!; **2.** *adv* (au)tant (***wie*** que); ***dreimal ~ viel*** trois fois autant; ***~ viel er kann*** (au)tant qu'il peut; ***~ weit wie*** *od* ***als möglich*** autant que possible; ***es geht ihm ~ weit gut*** il va assez bien; ***wir sind ~ weit*** nous y sommes, nous sommes prêts; → ***sogenannt***, → ***soviel***
**s. o.** *abr* ***siehe oben*** voir ci-dessus *od* plus haut
**sobald** [zo'-] aussitôt que, dès que
**Socke** ['zɔkə] *f* (-; *-n*) chaussette *f*
**Sockel** ['zɔkəl] *m* (*-s*; -) socle *m*
**sodass** si bien que (+ *ind*), de (telle) sorte que (+ *subj*)
**Sodbrennen** ['zo:t-] *méd n* (*-s*; *sans pl*) brûlures *f/pl* d'estomac
**soeben** [zo'ˀ-] tout à l'heure; ***~ etw getan haben*** venir de faire qc
**Sofa** ['zo:fa] *n* (*-s*; *-s*) canapé *m*, divan *m*
**sofern** [zo'-] à condition que … (+ *subj*), pourvu que … (+ *subj*)
**sofort** [zo'-] tout de suite, immédiatement, aussitôt, sur-le-champ
**Software** ['sɔftvɛ:r] *EDV f* (-; -s) logiciel *m*
**sog.** *abr* → ***sogenannt***
**sogar** [zo'-] même
**'sogenannt** dit; *angeblich* soi-disant (*unv*); ***die ~en Extremsportarten*** les sports dits extrêmes; ***deine ~er Freundinnen*** tes soi-disant amies
**sogleich** [zo'-] → ***sofort***
**Sohle** ['zo:lə] *f* (-; *-n*) *Schuh≈* semelle *f* *Fuß≈* plante *f* (du pied); *Tal≈* fond *m*
**Sohn** [zo:n] *m* (-[*e*]*s*; *≈e*) fils *m*
**Soja** ['zo:ja] *f* (-; *Sojen*) *bot* soja *m* **~soße** *f* sauce *f* au soja
**solange** [zo'-] tant que
**Solarenergie** [zo'la:r-] *f* énergie *f* solai

re
**solch** [zɔlç] tel, pareil
**Soldat** [zɔl'daːt] *m* (*-en*; *-en*) soldat *m*
**solidar|isch** [zoli'daːriʃ] solidaire; **≈ität** [-dari'tɛːt] *f* (-; *sans pl*) solidarité *f*
**solide** [zo'liːdə] solide; *Person* sérieux
**Solist** [zo'list] *m* (*-en*; *-en*), **~in** *f* (-; *-nen*) *mus* soliste *m*, *f*
**Soll** [zɔl] *n* (-[*s*]; -[*s*]) *comm* débit *m*; *Plan≈* objectif *m*; '**~seite** *f* côté *m* débiteur; '**~zinsen** *m*/*pl* intérêts *m*/*pl* débiteurs
'**sollen** (*h*) **1.** *v*/*i* (*ge-*); **2.** *v*/*aux* (*pas de ge-*) devoir; ***soll ich …?*** est-ce que je dois …?; ***du solltest …*** tu devrais …, il te faudrait …; ***er soll reich sein*** on dit *od* il paraît qu'il est riche; ***er soll ermordet worden sein*** il aurait été assassiné; ***was soll das?*** qu'est-ce que ça veut dire?
**Solo** ['zoːlo] *mus n* (*-s*; *-s*, *Soli*) solo *m*
**Somalia** [zo'mɑːlia] *n* la Somalie
**somit** [zo'-] donc, ainsi
**Sommer** ['zɔmər] *m* (*-s*; -) été *m*; '**~anfang** *m* début *m* de l'été; '**~fahrplan** *m* horaire *m* d'été; '**~ferien** *pl* vacances *f*/*pl* d'été; '**≈lich** estival; '**~schlussverkauf** *m* soldes *m*/*pl* de fin d'été; '**~sprossen** *f*/*pl* taches *f*/*pl* de rousseur; '**~urlaub** *m* vacances *f*/*pl* d'été; '**~zeit** *f Uhr* heure *f* d'été
**Sonate** [zo'naːtə] *mus f* (-; *-n*) sonate *f*
**Sonder|angebot** ['zɔndər-] offre *f* spéciale; ***im ~*** en réclame; '**≈bar** curieux, étrange; '**~fahrt** *f* trajet *m* extraordinaire; '**~genehmigung** *f* autorisation *f* spéciale; '**≈lich** ***nicht ~*** pas spécialement
'**sondern** mais
'**Sonder|preis** *m* prix *m* réduit; '**~recht** *n* privilège *m*; '**~schule** *f* école *f* pour handicapés; '**~zeichen** *n* caractère *m* spécial
**sondieren** [zɔn'diːrən] (*pas de -ge-*, *h*) sonder; *fig* tâter le terrain
**Sonnabend** ['zɔnˀ-] *m* (*-s*; *-e*) samedi *m*
**Sonne** ['zɔnə] *f* (-; *-n*) soleil *m*; ***in der ~*** au soleil; '**≈n** (*h*) ***sich ~*** prendre un bain de soleil
'**Sonnen|aufgang** *m* lever *m* du soleil; '**~bad** *n* bain *m* de soleil; '**~blume** *bot f* tournesol *m*, soleil *m*; '**~brand** *m* coup *m* de soleil; '**~brille** *f* lunettes *f*/*pl* de soleil; '**~creme** *f* crème *f* solaire; '**~deck** *n* pont *m* supérieur; '**~energie** *f* énergie *f* solaire; '**~finsternis** *f* éclipse *f* de soleil; '**~kollektor** *tech m* capteur *m* solaire; '**~licht** *n* lumière *f* solaire; '**~öl** *n* huile *f* solaire; '**~schein** *m* ensoleillement *m*; ***bei ~*** quand il fait du soleil; '**~schirm** *m* parasol *m*; '**~stich** *méd m* insolation *f*; '**~strahl** *m* rayon *m* de soleil; '**~uhr** *f* cadran *m* solaire; '**~untergang** *m* coucher *m* du soleil
'**sonnig** ensoleillé; *fig* gai
'**Sonntag** *m* dimanche *m*; '**≈s** le dimanche
**sonst** [zɔnst] *andernfalls* autrement, sinon; *für gewöhnlich* d'habitude; *außerdem* à part cela; ***~ noch etw*** quelque chose d'autre; ***~ nichts*** rien d'autre; ***~ überall*** partout ailleurs; '**~ig** autre
**sooft** [zo'ˀ-] toutes les fois *od* tant que …
**Sopran** [zo'praːn] *mus m* (*-s*; *-e*) soprano *m*
**Sorge** ['zɔrgə] *f* (-; *-n*) souci *m*; ***sich ~n machen*** se faire des soucis (***wegen, um*** pour)
'**sorgen** (*h*) ***~ für*** s'occuper de; *zur Folge haben* causer; ***dafür ~, dass …*** veiller à ce que … ( + *subj*); ***sich ~ um*** se soucier de, s'inquiéter de; '**~voll** soucieux
**Sorg|falt** ['zɔrkfalt] *f* (-; *sans pl*) soin *m*; '**≈fältig** ['-fɛltiç] soigneux; '**≈los** insouciant; '**~losigkeit** *f* (-; *sans pl*) insouciance *f*
**Sor|te** ['zɔrtə] *f* (-; *-n*) sorte *f*, espèce *f*; **≈'tieren** (*pas de -ge-*, *h*) trier, classer
**Sortiment** [zɔrti'mɛnt] *n* (-[*e*]*s*; *-e*) assortiment *m*
**Soße** ['zoːsə] *f* (-; *-n*) sauce *f*
**Soundkarte** *f* ['zaundkartə] carte *f* son
**souverän** [zuvə'rɛːn] *pol* souverain; *fig* supérieur; **≈ität** [-ɛni'tɛːt] *f* (-; *sans pl*) souveraineté *f*
**so|viel** [zo'-] *conj* (pour) autant que … (+ *subj*); ***~ ich weiß, …*** (pour) autant que je sache …, à ce que je sais …; → ***so***; **~'weit** *conj* dans la mesure où … (+ *ind*); (pour) autant que … (+ *subj*); → ***so***; **~'wie** *und* ainsi que; *sobald* aussitôt que, dès que; tant que; **~wieso** [zovi'zoː] en tout cas

**sowjet|isch** [zɔ'vjɛtiʃ] *hist* soviétique; '**≗s** *hist m/pl* Soviétiques *m/pl*; '**≗union** *hist f* Union *f* soviétique

**sowohl** [zo'-] **~ ...** ***als auch*** aussi bien que

**sozial** [zo'tsjaːl] social; **≗abbau** *m* diminution *f* des prestations sociales; **≗abgaben** *f/pl* charges *f/pl* sociales; **≗amt** *n* bureau *m* d'aide sociale; **≗arbeiter** *m*, **≗arbeiterin** *f* assistant *m* social, assistante *f* sociale; **≗demokrat**, **≗demokratin** *f m* social-démocrate *m, f*; **~demokratisch** social-démocrate; **≗hilfe** *f* aide *f* sociale; **≗hilfeempfänger(in)** *m(f)* bénéficiaire *m, f* de l'aide sociale; **~isieren** [-ali'ziːrən] (*pas de -ge-, h*) socialiser; **≗ismus** [-a'lismus] *m* (-; *sans pl*) socialisme *m*; **≗'ist** *m* (*-en*; *-en*), **≗'istin** *f* (-; *-nen*) socialiste *m, f*; **~'istisch** socialiste; **≗kunde** *f* instruction *f od éducation f civique*; **≗lasten** *f/pl* charges *f/pl* sociales; **≗leistungen** *f/pl* prestations *f/pl* sociales; **≗politik** *f* politique *f* sociale; **≗produkt** *écon n* produit *m* national; **≗versicherung** *f* Sécurité *f* sociale

**Soziolog|e** [zotsjo'loːgə] *m* (*-n*; *-n*), **~in** *f* (-; *-nen*) sociologue *m, f*; **~ie** [-'giː] *f* (-; *sans pl*) sociologie *f*; **≗isch** sociologique

**sozusagen** [zotsu'zaːgən] pour ainsi dire

**Spachtel** ['ʃpaxtəl] *m* (*-s*; -) *od f* (-; *-n*) spatule *f*

**spähen** ['ʃpɛːən] (*h*) épier

**Spalt** [ʃpalt] *m* (-[*e*]*s*; *-e*) fente *f*; '**~e** *f* (-; *-n*) fente *f*, fissure *f*; *Gletscher≗* crevasse *f*; *Zeitung* colonne *f*; **≗en** (*spaltete, gespaltet u gespalten, h*) (***sich ~*** se) fendre; *fig Partei etc* (se) diviser, (se) scinder; '**~ung** *f* (-; *-en*) *fig* division *f*, scission *f*; *phys Kern≗* fission *f*

**Spam** [spɛm] *m* (*-s*; *-s*) *EDV* spam *m*

**Span** [ʃpaːn] *m* (-[*e*]*s*; *⸚e*) copeau *m*; '**~ferkel** *n* cochon *m* de lait

**Spange** ['ʃpaŋə] *f* (-; *-n*) agrafe *f*; *Haar≗* barrette *f*; *Arm≗* bracelet *m*

**Span|ien** ['ʃpaːnjən] *n* (-; *sans pl*) l'Espagne *f*; '**~ier** ['-jər] *m* (*-s*; -), '**~ierin** *f* (-; *-nen*) Espagnol *m*, -e *f*; '**≗isch** espagnol

**Spann|e** ['ʃpanə] *f* (-; *-n*) *Zeit≗* laps *m* de temps; '**≗en** (*h*) tendre; *Kleidung* serrer (qn); '**≗end** *fig* captivant, attachant, palpitant; '**~ung** *f* (-; *-en*) tension *f* (*a pol, elektrisch*); *in Filmen etc* suspense *m*; '**~weite** *f aviat, Vogel* envergure *f*

'**Spanplatte** *f* aggloméré *m*

**Spar|buch** ['ʃpaːr-] *n* livret *m* de caisse d'épargne; '**~büchse** *f* tirelire *f*; '**≗en** (*h*) économiser (***an*** sur); épargner; '**~er** *m* (*-s*; -) épargnant *m*

**Spargel** ['ʃpargəl] *bot m* (*-s*; -) asperge *f*

'**Spar|kasse** *f* caisse *f* d'épargne; '**~konto** *n* compte *m* d'épargne

**spärlich** ['ʃpɛːrliç] maigre; *Haar, Publikum* clairsemé

'**Sparpolitik** *f* politique *f* d'austérité

'**sparsam** économe; *Gerät* **~** (***im Verbrauch***) économique; ***mit etw ~ umgehen*** économiser qc; '**≗keit** *f* (-; *sans pl*) économie *f*

**Sparte** ['ʃpartə] *f* (-; *-n*) section *f*, catégorie *f*; *Zeitung* rubrique *f*

'**Sparzins** *m* intérêts *m/pl* d'épargne

**Spaß** [ʃpaːs] *m* (*-es*; *⸚e*) plaisanterie *f*; *Freude* plaisir *m*; ***aus*** *od* ***zum ~*** pour rire; ***es macht mir viel ~*** cela m'amuse beaucoup; ***keinen ~ verstehen*** n'avoir aucun sens de l'humour; '**≗en** (*h*) plaisanter; '**≗haft**, '**≗ig** plaisant, drôle

**spät** [ʃpɛːt] tard; **~** *eintretend* tardif; ***wie ~ ist es?*** quelle heure est-il?; ***es wird ~*** il se fait tard; ***zu ~ kommen*** arriver trop tard, arriver en retard

**Spaten** ['ʃpaːtən] *m* (*-s*; -) bêche *f*

**spät|er** ['ʃpɛːtər] plus tard; *adj* ultérieur; ***früher oder ~*** tôt ou tard; ***bis ~!*** à plus tard!; '**~estens** ['-əstəns] au plus tard

**Spatz** [ʃpats] *zo m* (*-en, -es*; *-en*) moineau *m*

**spazieren** [ʃpa'tsiːrən] (*pas de -ge-, sn*) se promener; ***~ fahren*** se promener en voiture; ***~ gehen*** se promener (à pied)

**Spazier|gang** [ʃpa'tsiːr-] *m* promenade *f*; **~gänger** [-gɛŋər] *m* (*-s*; -), **~gängerin** *f* (-; *-nen*) promeneur *m*, -euse *f*

**SPD** *f abr* ***Sozialdemokratische Partei Deutschlands*** Parti *m* social-démocrate d'Allemagne

**Specht** [ʃpɛçt] *zo m* (-[*e*]*s*; *-e*) pivert *m*

**Speck** [ʃpɛk] *m* (-[*e*]*s*; *-e*) lard *m*; '**≗ig** gras

**Spedit|eur** [ʃpedi'tøːr] *m* (*-s*; *-e*) transporteur *m*; *Möbel*♀ déménageur *m*; **~ion** [-'tsjoːn] *f* expédition *f*

**Speiche** ['ʃpaiçə] *f* (-; *-n*) rayon *m*

**Speichel** ['ʃpaiçəl] *m* (*-s*; *sans pl*) salive *f*

**Speicher** ['ʃpaiçər] *m* (*-s*; -) magasin *m*; *Dachboden* grenier *m*; *Wasser*♀ réservoir *m*; *Computer* mémoire *f*; '**~kapazität** *f EDV* capacité *f* de mémoire; capacité *f* de stockage; '**♀n** (*h*) emmagasiner, stocker; *Daten* enregistrer, mettre en mémoire

**Speise** ['ʃpaizə] *f* (-; *-n*) *Gericht* mets *m*, plat *m*; *Nahrung* nourriture *f*; '**~eis** *n* glaces *f/pl*; '**~karte** *f* menu *m*, carte *f*; '**~lokal** *n* restaurant *m*; '**♀n** (*h*) prendre son repas, être à table; *tech* alimenter; '**~röhre** *f* œsophage *m*; '**~saal** *m* réfectoire *m*; *Hotel* salle *f* à manger; '**~wagen** *m* wagon-restaurant *m*

**Spektakel** [ʃpɛk'taːkəl] *m* (*-s*; -) F boucan *m*, chahut *m*, tapage *m*

**Spekul|ant** [ʃpeku'lant] *m* (*-en*; *-en*), **~antin** *f* (-; *-nen*) spéculateur *m*, -trice *f*; **~ation** [-a'tsjoːn] *f* (-; *-en*) spéculation *f*; *Börse* agiotage *m*; ♀'**ieren** (*pas de -ge-*, *h*) *comm* spéculer (***mit, auf*** sur)

**Spende** ['ʃpɛndə] *f* (-; *-n*) don *m*; '**♀n** (*h*) donner; '**~r** *m* (*-s*; -), '**~rin** *f* (-; *-nen*) *m*, bienfaiteur *m*, -trice *f*, donateur *m*, -trice *f*; *Organ*♀(*in*) donneur *m*, -euse *f*; *nur m Behälter* doseur *m*, distributeur *m*

**spendieren** [ʃpɛn'diːrən] (*pas de -ge-*, *h*) F ***j-m etw ~*** offrir qc à qn

**Spengler** ['ʃpɛŋlər] *m* (*-s*; -) plombier *m*

**Sperling** ['ʃpɛrliŋ] *zo m* (*-s*; *-e*) moineau *m*

**Sperr|e** ['ʃpɛrə] *f* (-; *-n*) barrage *m*, barrière *f*; *tech*, *phys* blocage *m*; *Handels*♀ blocus *m*, embargo *m*; *Verbot* interdiction *f*; '**♀en** (*h*) *Straße* barrer; *Hafen*, *Konto* bloquer; *Strom* couper; ***~ in*** enfermer dans; '**~gebiet** *n* zone *f* interdite; '**~holz** *n* contre-plaqué *m*; '**~konto** *n* compte *m* bloqué

**Spesen** ['ʃpeːzən] *pl* frais *m/pl*

**Spezial|ausbildung** [ʃpe'tsjaːlʔ-] formation *f* spécialisée; '**~gebiet** *n* domaine *m* spécial, spécialité *f*; '**~geschäft** *n* magasin *m* spécialisé; **♀isieren** [-ali'ziːrən] (*pas de -ge-*, *h*) ***sich ~*** se spécialiser (***auf*** dans); **~ist** [-a'list] *m* (*-en*; *-en*), **~'istin** *f* (-; *-nen*) spécialiste *m*, *f*; **~ität** [-ali'tɛːt] *f* (-; *-en*) specialité *f*

**speziell** [ʃpe'tsjɛl] spécial, particulier

**spezifisch** [ʃpe'tsiːfiʃ] spécifique

**Sphäre** ['sfɛːrə] *f* (-; *-n*) sphère *f* (*a fig*)

**Spiegel** ['ʃpiːgəl] *m* (*-s*; -) miroir *m*, glace *f*; '**~ei** ['-ʔ-] *n* œuf *m* sur le plat; '**♀n** (*h*) *glänzen* briller; *wider*~ refléter; ***sich ~*** se refléter (***in*** dans); '**~ung** *f* (-; *-en*) réflexion *f*, reflet *m*

**Spiel** [ʃpiːl] *n* (-[*e*]*s*; *-e*) jeu *m*; *Wett*♀ *a* match *m*; ***aufs ~ setzen*** risquer; ***auf dem ~ stehen*** être en jeu; '**~bank** *f* (-; *-en*) maison *f* de jeu; casino *m*; '**♀en** (*h*) jouer (*Musikinstrument* de; *Regelspiel* à); '**♀end** facilement, sans peine; '**~er** *m* (*-s*; -), '**~erin** *f* (-; *-nen*) joueur *m*, -euse *f*

'**Spiel|feld** *n Sport* terrain *m*; '**~film** *m* long métrage *m*; '**~halle** *f* salle *f* de jeux; '**~kasino** *n* → ***Spielbank***; '**~leiter** *m* metteur *m* en scène; '**~leitung** *f* (-; *-en*) mise *f* en scène; '**~platz** *m* terrain *m* de jeu; '**~raum** *m* marge *f*, liberté *f* de mouvement; latitude *f*; '**~regel** *f* règle *f* du jeu; '**~uhr** *f* boîte *f* à musique; '**~verderber** *m* (*-s*; -) rabat-joie *m*, trouble-fête *m*; '**~waren** *f/pl* jouets *m/pl*; '**~zeit** *f* saison *f*; '**~zeug** *n* jouet *m*

**Spieß** [ʃpiːs] *m* (*-es*; *-e*) pique *f*; *Brat*♀ broche *f*; '**~bürger** *m*, '**~er** *m* (*-s*; -) *péj* petit bourgeois *m*, béotien *m*, philistin *m*; '**♀ig** borné, obtus

**Spinat** [ʃpi'naːt] *bot m* épinards *m/pl*

**Spinn|e** ['ʃpinə] *zo f* (-; *-n*) araignée *f*; '**♀en** (*spann*, *gesponnen*, *h*) filer; F *fig* être cinglé (toqué, timbré, loufoque, maboul), avoir un grain; '**~er** *m* (*-s*; -) F *fig* cinglé *m*, loufoque *m*; *Fantast* rêveur *m*; **~erei** [-ə'rai] *f* (-; *-en*) filature *f*; F *fig* folie *f*, loufoquerie *f* F; '**~webe** *f* (-; *-n*) toile *f* d'araignée

**Spion** [ʃpi'oːn] *m* (*-s*; *-e*), **~in** *f* (-; *-nen*) espion *m*, -ne *f*; **~age** [-o'naːʒə] *f* (-; *sans pl*) espionnage *m*; ♀'**ieren** (*pas de -ge-*, *h*) espionner

**Spirale** [ʃpi'raːlə] *f* (-; *-n*) spirale *f*; *méd* stérilet *m*

**Spirituosen** [ʃpiritu'oːzən] *pl* spiritueux *m/pl*

**spitz** [ʃpits] pointu; *Winkel* aigu; *Be-*

*merkung* piquant
'**Spitze** *f* (-; *-n*) pointe *f* (*a fig Stichelei*); *Berg*♀ sommet *m*; *Gewebe* dentelle *f*; F ♀*!* super!; ***an der ~ stehen*** être en tête
**Spitzel** ['ʃpitsəl] *m* (*-s*; -) mouchard *m*
'**spitzen** (*h*) *Bleistift* tailler; *Ohren* dresser; '♀**geschwindigkeit** *f* vitesse *f* de pointe; '♀**leistung** *f* rendement *m* maximum; *Sport* record *m*; '♀**produkt** *n* produit *m* haut de gamme; '♀**technik** *f* technologie *f* de pointe
'**spitz|findig** subtil; '♀**findigkeit** *f* (-; *-en*) subtilité *f*; '♀**name** *m* sobriquet *m*, surnom *m*
**Splitter** ['ʃplitər] *m* (*-s*; -) éclat *m*; *in der Haut* écharde *f*; '♀**n** (*h*) voler en éclats; '♀**nackt** nu comme un ver
**spons|ern** ['ʃpɔnsərn] (*h*) sponsoriser; '♀**or** ['-ɔr] *m* (*-s*; *-en*) sponsor *m*
**spontan** [ʃpɔn'taːn] spontané
**Sport** [ʃpɔrt] *m* (*-*[*e*]*s*; *sans pl*) sport *m*; ***~ treiben*** faire du sport; ***e-n ~ ausüben*** pratiquer un sport; '**~geschäft** *n* magasin *m* d'articles de sport; '**~halle** *f* salle *f* des sports; '**~kleidung** *f* vêtements *m*/*pl* de sport; '**~lehrer** *m*, '**~lehrerin** *f* professeur *m* d'éducation physique; '**~ler** ['-lər] *m* (*-s*; -), '**~lerin** *f* (-; *-nen*) sportif *m*, -ive *f*; '♀**lich** sportif; *Kleidung* sport; '**~nachrichten** *pl* nouvelles *f*/*pl* sportives; '**~platz** *m* terrain *m* de sport, stade *m*; '**~verein** *m* club *m* sportif, association *f* sportive; '**~wagen** *m* voiture *f* (de) sport
**Spott** [ʃpɔt] *m* (*-*[*e*]*s*; *sans pl*) moquerie *f*, raillerie *f*; '♀**en** (*h*) se moquer (***über*** de)
**Spött|er** ['ʃpœtər] *m* (*-s*; -), '**~erin** *f* (-; *-nen*) moqueur *m*, -euse *f*; '♀**isch** railleur, moqueur
'**Spottpreis** *m* prix *m* dérisoire
**Sprach|e** ['ʃpraːxə] *f* (-; *-n*) langue *f*; *Ausdrucksweise* langage *m*; *Gabe* parole *f*; '**~enschule** *f* école *f* de langues; '**~erkennung** *f EDV* reconnaissance *f* vocale; '**~gebrauch** *m* usage *m*; '**~kurs** *m* cours *m* de langue; '**~lehrer** *m*, '**~lehrerin** *f* professeur *m* de langues; '♀**lich** concernant la langue; linguistique; '♀**los** *fig* interdit, stupéfait, sidéré F; '**~reise** *f* séjour *m* linguistique; '**~unterricht** *m* enseignement *m* d'une langue *od* des langues; '**~wissenschaft** *f* linguistique *f*
**sprech|en** ['ʃprɛçən] (*sprach*, *gesprochen*, *h*) parler (***über*** *od* ***von*** de; ***j-n*** *od* ***mit j-m*** à *od* avec qn); '♀**er** *m* (*-s*; -), '♀**erin** *f* (-; *-nen*) *Wortführer* porte-parole *m*; *Radio*, *TV* speaker *m*, speakerine *f*; présentateur *m*, -trice *f*; '♀**stunde** *f* heure(s) *f* (*pl*) de consultation; '♀**stundenhilfe** *f* assistante *f* médicale; '♀**zimmer** *n* parloir *m*; *e-s Arztes* cabinet *m* (de consultation)
**spreizen** ['ʃpraitsən] (*h*) écarter
**spreng|en** ['ʃprɛŋən] (*h*) *Brücke etc* faire sauter; *Rasen etc* arroser; '♀**kopf** *mil m* ogive *f*; '♀**körper** *m* engin *m* explosif; '♀**stoff** *m* explosif *m*
**Sprich|wort** ['ʃpriç-] *n* (*-*[*e*]*s*; *⸚er*) proverbe *m*; '♀**wörtlich** proverbial
**Spring|brunnen** ['ʃpriŋ-] *m* fontaine *f*, jet *m* d'eau; '♀**en** (*sprang*, *gesprungen*, *sn*) sauter, bondir; '**~er** *m* (*-s*; -), '**~erin** *f* (-; *-nen*) *m* sauteur *m*, -euse *f*; *Schwimmsport* plongeur *m*, -euse *f*; *nur m Schach* cavalier *m*
**Sprinter** ['ʃprintər] *Sport m* (*-s*; -) sprinter *m*
**Spritz|e** ['ʃpritsə] *f* (-; *-n*) *méd* piqûre *f*; *Instrument* seringue *f*; *Garten*♀ *a* pulvérisateur *m*; *Feuer*♀ pompe *f* à incendie; '♀**en** (*h*) éclabousser; *Blut* jaillir, gicler; *besprengen* arroser, asperger; *spritzlackieren* peindre au pistolet; *méd* injecter; F ***j-n ~*** faire une piqûre à qn; '**~er** *m* (*-s*; -) éclaboussure *f*; '**~pistole** *f* pistolet *m* pour peinture; *Spielzeug* pistolet *m* à eau; '**~tour** F *f* petit tour *m*, virée *f*
**spröde** ['ʃprøːdə] cassant; *Haut* sec, gercé; *fig Person* revêche, prude
**Spross** [ʃprɔs] *m* (*-es*; *-e*) *bot* pousse *f*, jet *m*; *Nachkomme* descendant *m*
**Sprosse** ['ʃprɔsə] *f* (-; *-n*) échelon *m*, barreau *m*
**Sprössling** ['ʃprœsliŋ] *m* (*-s*; *-e*) F *Kind* rejeton *m*
**Spruch** [ʃprux] *m* (*-*[*e*]*s*; *⸚e*) *Sprichwort* dicton *m*; *Gerichts*♀ verdict *m*
**Sprudel** ['ʃpruːdəl] *m* (*-s*; -) eau *f* minérale gazeuse; '♀**n** (*h*) bouillonner; *fig* déborder (***vor*** de)
**Sprüh|dose** ['ʃpryː-] *f* atomiseur *m*, bombe *f*; '♀**en** (*h*) vaporiser, pulvériser; *fig* ***vor Witz ~*** être pétillant d'esprit; '**~regen** *m* pluie *f* fine; bruine *f*

**Sprung** [ʃprʊŋ] *m* (-[*e*]*s*; ⸚*e*) saut *m*, bond *m*; *in Glas etc* fêlure *f*, fissure *f*; '**~brett** *n* plongeoir *m*; tremplin (*a fig*); '**~schanze** *f* tremplin *m*

**Spucke** ['ʃpʊkə] F *f* (-; *sans pl*) salive *f*; '**Ձn** (*h*) cracher; F *brechen* vomir

**Spule** ['ʃpuːlə] *f* (-; -*n*) bobine *f*

**Spül|e** ['ʃpyːlə] *f* (-; -*n*) évier *m*; '**Ձen** (*h*) *Geschirr* laver; *Gläser, Mund* rincer; *WC* tirer la chasse; '**~maschine** *f* lave-vaisselle *m*

**Spur** [ʃpuːr] *f* (-; -*en*) trace *f*, piste *f*; *fig a* vestige *m*; *Fahr*Ձ voie *f*, file *f*

**spür|bar** ['ʃpyːrbaːr] sensible; '**~en** (*h*) sentir, éprouver, ressentir

'**spurlos** sans laisser de trace

**Spurt** [ʃpʊrt] *Sport m* (-[*e*]*s*; -*s*, -*e*) sprint *m*

**Staat** [ʃtaːt] *m* (-[*e*]*s*; -*en*) État *m*

'**Staaten|bund** *m* (-[*e*]*s*; ⸚*e*) confédération *f* (d'États); '**Ձlos** apatride, sans nationalité

'**staatlich** de l'État, national, public, étatique

'**Staats|angehörige** *m*, *f* (-*n*; -*n*) ressortissant *m*, -e *f*; '**~angehörigkeit** *f* (-; -*en*) nationalité *f*; '**~anwalt** *m* procureur *m* (de la République); '**~besuch** *m* visite *f* officielle; '**~bürger** *m*, '**~bürgerin** *f* citoyen *m*, -ne *f*; '**~chef** *m* chef *m* de l'État; '**~dienst** *m* fonction *f* publique; '**Ձfeindlich** subversif; '**~gelder** *n/pl* fonds *m/pl* publics; '**~haushalt** *m* budget *m* de l'État; '**~kasse** *f* Trésor *m* (public); '**~mann** *m* homme *m* d'État; '**~oberhaupt** *n* chef *m* de l'État; '**~räson** ['-rɛːzõ] *f* (-; *sans pl*) raison *f* d'État; '**~sekretär** *m* secrétaire *m* d'État; '**~streich** *m* coup *m* d'État; '**~vertrag** *m* traité *m* (politique)

**Stab** [ʃtaːp] *m* (-[*e*]*s*; ⸚*e*) bâton *m*; *Gitter*Ձ barreau *m*; *Dirigenten*Ձ baguette *f*; *~hochsprung* perche *f*; *von Menschen* équipe *f*; *mil* état-major *m*

'**Stabhochsprung** *m* (-[*e*]*s*; *sans pl*) saut *m* à la perche

**stabil** [ʃta'biːl] stable; *robust* solide, F costaud; **~isieren** [-bili'ziːrən] (*pas de -ge-, h*) stabiliser; **Ձität** [-ili'tɛːt] *f* (-; *sans pl*) stabilité *f*

**Stachel** ['ʃtaxəl] *m* (-*s*; -*n*) épine *f*, pointe *f*; *bot*, *Igel* piquant *m*; *Insekt* dard *m*; '**~beere** *f* groseille *f* à maquereau; '**~draht** *m* (fil *m* de fer) barbelé *m*

'**stachlig** épineux, piquant

**Stadion** ['ʃtaːdjɔn] *n* (-*s*; *Stadien*) stade *m*

**Stadium** ['ʃtaːdjum] *n* (-*s*; *Stadien*) phase *f*, stade *m*

**Stadt** [ʃtat] *f* (-; ⸚*e*) ville *f*; ***die ~ Berlin*** la ville de Berlin; '**~autobahn** *f* autoroute *f* urbaine; '**~bild** *n* (-[*e*]*s*; *sans pl*) paysage *m* urbain; '**~bummel** *m* balade *f* en ville

**Städt|ebau** ['ʃtɛtə-] *m* (-[*e*]*s*; *sans pl*) urbanisme *m*; '**~epartnerschaft** *f* jumelage *m*; '**~er** *m* (-*s*; -), '**~erin** *f* (-; -*nen*) *m* citadin *m*, -e *f*; '**Ձisch** de (la) ville, urbain, citadin, municipal

'**Stadt|mitte** *f* centre *m* de la ville; '**~plan** *m* plan *m* de la ville; '**~rand** *m* banlieue *f*; '**~rat** *m* (-[*e*]*s*; ⸚*e*) conseil *m* municipal; *Person* conseiller *m* municipal; '**~rundfahrt** *f* excursion *f od tour m à travers la ville*; '**~teil** *m*, '**~viertel** *n* quartier *m*; '**~zentrum** *n* centre *m* de la ville

**Stag|nation** [ʃtagna'tsjoːn] *f* (-; -*en*) stagnation *f*; Ձ'**nieren** (*pas de -ge-, h*) croupir; stagner

**Stahl** [ʃtaːl] *m* (-[*e*]*s*; ⸚*e*, -*e*) acier *m*; '**~rohr** *n* tube *m* d'acier; '**~werk** *n* aciérie *f*

**Stall** [ʃtal] *m* (-[*e*]*s*; ⸚) *Vieh*Ձ étable *f*; *Pferde*Ձ écurie *f*; *Schweine*Ձ porcherie *f*; *Schaf*Ձ bergerie *f*; *Kaninchen*Ձ clapier *m*; *Hühner*Ձ poulailler *m*

**Stamm** [ʃtam] *m* (-[*e*]*s*; ⸚*e*) *Baum*Ձ tronc *m*; *Volks*Ձ tribu *f*; *Geschlecht* souche *f*, race *f*; *gr* radical *m*; '**~aktie** *f* action *f* ordinaire; '**~baum** *m* arbre *m* généalogique

'**stammen** (*h*) **~ *von*** *od* ***aus*** (pro)venir de, être originaire de

'**Stamm|gast** *m* habitué *m*; '**~kunde** *m* client *m* habituel *od* attitré

**stampfen** ['ʃtampfən] (*h*) *mit dem Fuß* piétiner; *fest~* fouler; *tech* pilonner, damer

**Stand** ['ʃtant] *m* (-[*e*]*s*; ⸚*e*) *Zustand* état *m*; *Lage* situation *f*; *Stellung* position *f*; *sozialer* classe *f*, condition *f*; *Beruf* profession *f*; *Wasser*Ձ *etc* niveau *m*; *Spiel*Ձ score *m*; *Messe*Ձ stand *m*; *Verkaufs*Ձ échoppe *f*, étalage *m*; ***auf den neuesten ~ bringen*** actualiser;

***e-n schweren ~ haben*** être dans une situation délicate
**Standard** ['ʃtandart] *m* (*-s*; *-s*) *Norm* standard *m*; *erreichte Höhe* niveau *m*
'**Standes|amt** *n* (bureau *m* de l')état *m* civil; '**2amtlich *~e Trauung*** mariage *m* civil; '**~beamte** *m* officier *m* d'état civil; '**2gemäß** selon son rang
'**stand|haft** ferme; '**2haftigkeit** *f* (*-*; *sans pl*) fermeté *f*; '**~halten** (*irr*, *sép*, *-ge-*, *h*, → ***halten***) résister (à)
**ständig** ['ʃtɛndiç] permanent, constant, continuel
'**Stand|licht** *n auto* feux *m/pl* de position, veilleuse *f*; '**~ort** *m* emplacement *m*, place *f*; *mar*, *aviat* position *f*; '**~punkt** *m* point *m* de vue; '**~recht** *mil n* loi *f* martiale; '**~spur** *f* bande *f* d'arrêt d'urgence
**Stange** ['ʃtaŋə] *f* (*-*; *-n*) barre *f*, tige *f*, perche *f*; ***e-e ~ Zigaretten*** une cartouche de cigarettes
**Stängel** *bot* ['ʃtɛŋəl] *m* (*-s*; *-*) tige *f*
**stanzen** ['ʃtantsən] (*h*) *tech* poinçonner, estamper
**Stapel** ['ʃtaːpəl] *m* (*-s*; *-*) pile *f*; *mar* ***vom ~ laufen*** être lancé; '**~lauf** *mar m* mise *f* à l'eau, lancement *m*; '**2n** (*h*) empiler
**Star** [ʃtaːr] *m* (*-*[*e*]*s*; *-e*) **1.** *zo* étourneau *m*; **2.** *méd* ***grauer ~*** cataracte *f*; ***grüner ~*** glaucome *m*; **3.** (*-s*; *-s*) *Film*, *TV etc* vedette *f*; *Film2 a* star *f*
**stark** [ʃtark] fort; *kräftig* vigoureux; *mächtig* puissant; *intensiv* intense; *Raucher*, *Esser* gros
**Stärke** ['ʃtɛrkə] *f* (*-*; *-n*) force *f*, vigueur *f*, puissance *f*, intensité *f*; *cuis* fécule *f*; *für Wäsche* amidon *m*; '**2n** (*h*) fortifier; renforcer; *Wäsche* empeser, amidonner; ***sich ~*** se restaurer
'**Starkstrom** *m* courant *m* à haute tension
'**Stärkung** *f* (*-*; *-en*) renforcement *m*; *Imbiss* collation *f*; *Trost* réconfort *m*
**starr** [ʃtar] *Blick* fixe; *steif* raide (*a fig*), rigide; ***~ vor Kälte*** engourdi par le froid; '**~en** (*h*) ***~ auf*** regarder fixement; ***vor Schmutz ~*** être couvert de crasse; '**~köpfig** ['-kœpfiç] entêté, têtu, obstiné; '**2sinn** *m* (*-*[*e*]*s*; *sans pl*) entêtement *m*, obstination *f*
**Start** [ʃtart] *m* (*-*[*e*]*s*; *-s*) départ *m*; *aviat a* envol *m*, décollage *m*; *auto* démarrage *m*; '**2en** (*v/t h*; *v/i sn*) partir; *aviat* décoller; *auto* démarrer (*a fig*); '**~-und-Lande-Bahn** *aviat f* piste *f* de décollage et d'atterrissage
**Statik** ['ʃtaːtik] *f* (*-*; *sans pl*) statique *f*
**Station** [ʃta'tsjoːn] *f* (*-*; *-en*) station *f*; *Krankenhaus* service *m*; **2är** [-ɔ'nɛːr] stationnaire; **2'ieren** [-ɔ'niːrən] (*pas de -ge-*, *h*) stationner; *Raketen* déployer
**Statist** [ʃta'tist] *m* (*-en*; *-en*), **~in** *f* (*-*; *-nen*) figurant *m*, -e *f*
**Statist|ik** [ʃta'tistik] *f* (*-*; *-en*) statistique *f*; **~iker** *m* (*-s*; *-*) statisticien *m*; **2isch** statistique
**Stativ** [ʃta'tiːf] *n* (*-s*; *-e*) pied *m*, trépied *m*
**statt** [ʃtat] au lieu de
**Stätte** ['ʃtɛtə] *f* (*-*; *-n*) lieu *m*, site *m*
'**stattfinden** (*irr*, *sép*, *-ge-*, *h*, → ***finden***) avoir lieu
'**stattlich** imposant, considérable
**Statue** ['ʃtaːtuə] *f* (*-*; *-n*) statue *f*
**Status** ['ʃtaːtus] *m* (*-*; *-*) état *m*, statut *m*; '**~symbol** *n* marque *f* de standing
**Statut** [ʃta'tuːt] *n* (*-*[*e*]*s*; *-en*) statut *m*
**Stau** [ʃtau] *m* (*-*[*e*]*s*; *-e*, *-s*) *auto* bouchon *m*, embouteillage *m*
**Staub** [ʃtaup] *m* (*-*[*e*]*s*; *-e*, *¨-e*) poussière *f*; ***~ saugen*** passer l'aspirateur; '**2en** ['-bən] (*h*) faire de la poussière; '**2ig** poussiéreux; '**~sauger** *m* (*-s*; *-*) aspirateur *m*
**Staudamm** ['ʃtau-] *m* barrage *m*
**stauen** ['ʃtauən] (*h*) *Wasser* retenir; ***sich ~*** s'accumuler, s'amasser
**staunen** ['ʃtaunən] (*h*) s'étonner (***über*** de)
'**Stausee** *m* lac *m* de retenue
**Std.** *abr* ***Stunde*** heure
**Steak** [ʃteːk] *n* (*-s*; *-s*) bifteck *m*
**stech|en** ['ʃtɛçən] (*stach*, *gestochen*, *h*) piquer; *Sonne* brûler, taper; '**~end** *Blick* perçant; *Schmerz* lancinant; '**2mücke** *f* moustique *m*; '**2uhr** *f* appareil *m* de pointage
**Steck|brief** ['ʃtɛk-] *jur m* signalement *m*; '**~dose** *f* prise *f* (de courant)
**stecken** ['ʃtɛkən] **1.** *v/t* (*h*) mettre (***in*** dans), fourrer F; **2.** *v/i* (*stak od steckte*, *gesteckt*, *h*) *sich befinden* être, se trouver; ***tief in Schulden ~*** être criblé de dettes; ***~ bleiben*** rester bloqué; *einsinken* s'enfoncer; *im Schlamm* s'em-

bourber; '**♀pferd** *n* dada *m*; *fig a* passe-temps *m* favori, violon *m* d'Ingres

'**Steck|er** *m* (*-s*; -) fiche *f* (électrique); '**~nadel** *f* épingle *f*

**Steg** [ʃteːk] *m* (*-[e]s*; *-e*) passerelle *f*

**stehen** ['ʃteːən] (*stand*, *gestanden*, *h*) *nicht liegen* être *od* se tenir debout; *sich befinden* être, se trouver; *geschrieben* ~ *a* être écrit; ~ ***bleiben*** s'arrêter; ***wo sind wir ~ geblieben?*** où en sommes-nous restés?; ~ ***lassen*** laisser; *Schirm etc* oublier; ***j-n ~ lassen*** plaquer qn; ***j-m*** (***gut***) ~ aller (bien) à qn; ***wo steht das?*** où est-ce que cela se trouve?; ***wie steht's mit ihm?*** comment va-t-il?; ***wie stehst du zu …?*** quel est ton point de vue sur …?; F ***das steht mir bis hierher!*** j'en ai ras le bol! F

'**stehenbleiben** (*irr*, *-ge-*, *sn*, → ***bleiben***) → ***stehen***

'**stehend** debout; *Gewässer* stagnant; *Heer* permanent

'**stehenlassen** (*irr*, *pas de -ge-*, *h*, → ***lassen***) → ***stehen***

'**Steh|lampe** *f* lampe *f* à pied; *große* lampadaire *m*; '**~leiter** *f* échelle *f* double

**stehlen** ['ʃteːlən] (*stahl*, *gestohlen*, *h*) voler

'**Stehplatz** *m* place *f* debout

**Steiermark** ['ʃtaɪərmark] ***die*** ~ la Styrie

**steif** [ʃtaif] raide (*a fig*); '**♀heit** *f* (*-*; *sans pl*) raideur *f*

**steigen** ['ʃtaigən] (*stieg*, *gestiegen*, *sn*) monter; ***in den*** (***aus dem***) ***Wagen*** ~ monter en (descendre de) voiture

**steiger|n** ['ʃtaigərn] (*h*) augmenter, accroître; *verstärken* renforcer; *verbessern* améliorer; '**♀ung** *f* (*-*; *-en*) augmentation *f*, accroissement *m*; *gr* comparaison *f*; '**♀ungsrate** *f* taux *m* de croissance

'**Steigung** *f* (*-*; *-en*) montée *f*

**steil** [ʃtail] raide, escarpé; '**♀hang** *m* pente *f* escarpée; '**♀küste** *f* falaise *f*; '**♀wandzelt** *n* tente *f* canadienne

**Stein** [ʃtain] *m* (*-[e]s*; *-e*) pierre *f*; '**~bock** *m zo* bouquetin *m*; *astr* Capricorne *m*; '**~bruch** ['-brux] *m* (*-[e]s*; *⸚e*) carrière *f*; '**~gut** *n* (*-[e]s*; *-e*) faïence *f*; '**♀ig** pierreux; '**~kohle** *f* houille *f*; '**~metz** ['-mɛts] *m* (*-en*; *-en*) tailleur *m* de pierre(s); '**~zeit** *f* (*-*; *sans pl*) âge *m* de la pierre

**Stelle** ['ʃtɛlə] *f* (*-*; *-n*) place *f*; *Ort* lieu *m*; *bestimmte* endroit *m*; *Arbeits♀* place *f*, emploi *m*; *Dienst♀* service *m*; *Text♀* passage *m*; ***auf der*** ~ *sofort* sur-le-champ; ***an erster ~ stehen*** être au premier plan; ***ich an deiner*** ~ moi à ta place

**stellen** ['ʃtɛlən] (*h*) mettre, poser, placer; *nicht legen* mettre debout; *Uhr* régler; *Falle* tendre; *Frage* poser; ***sich*** ~ *irgendwohin* se mettre, se poster; *der Polizei* se constituer prisonnier

'**Stellen|abbau** *m* réduction *f* d'emploi; '**~angebot** *n* offre *f* d'emploi; '**~gesuch** *n* demande *f* d'emploi; '**~vermittlung** *f* bureau *m* de placement; '**♀weise** par endroits

'**Stellplatz** *m* place *f* (pour la voiture)

'**Stellung** *f* (*-*; *-en*) position *f*; *berufliche* situation *f*; ~ ***nehmen*** prendre position (***zu*** sur); '**~nahme** ['-naːmə] *f* (*-*; *-n*) prise *f* de position; '**~(s)suche** *f* recherche *f* d'un emploi; **~(s)suchende** ['-zuːxəndə] *m*, *f* (*-n*; *-n*) demandeur *m* d'emploi

'**Stellvertreter** *m*, '**~in** *f* remplaçant *m*, -e *f*

**Stempel** ['ʃtɛmpəl] *m* (*-s*; -) tampon *m*, timbre *m*; *bot* pistil *m*; '**♀n** (*h*) tamponner, timbrer; *Post* oblitérer; *an der Stempeluhr* pointer; F ~ ***gehen*** être au chômage

**Stengel** → ***Stängel***

**Steno** ['ʃteno] F *f* (*-*; *sans pl*) sténographie *f*; **~'gramm** *n* (*-s*; *-e*) sténogramme *m*; **~graf** [-'graːf] *m* (*-en*; *-en*), **~'grafin** *f* (*-*; *-nen*) sténographe *m*, *f*; **~grafie** [-gra'fiː] *f* (*-*; *-n*) sténographie *f*; **♀gra'fieren** (*pas de -ge-*, *h*) sténographier, prendre en sténo; **~typistin** [-ty'pistin] *f* (*-*; *-nen*) sténodactylo *f*

**Steppe** ['ʃtɛpə] *f* (*-*; *-n*) steppe *f*

**sterb|en** ['ʃtɛrbən] (*starb*, *gestorben*, *sn*) mourir (***an*** de); **~lich** ['ʃtɛrp-] mortel

**Stereo** ['ʃteːreo] *n* (*-s*; *sans pl*) stéréo *f*; ***in*** ~ en stéréo; '**~anlage** *f* chaîne *f* stéréo *od* hi-fi; **♀typ** [-'tyːp] stéréo-typé

**steril** [ʃte'riːl] stérile, infertile; **~isieren** [-rili'ziːrən] (*pas de -ge-*, *h*) stériliser

**Stern** [ʃtɛrn] *m* (*-[e]s*; *-e*) étoile *f*; '**~bild** *n* constellation *f*; '**~chen** *n* (*-s*; -) astérisque *m*; **~schnuppe** ['-ʃnupə] *f* (-; *-n*) étoile *f* filante; '**~system** *n* galaxie *f*; '**~warte** ['-vartə] *f* (-; *-n*) observatoire *m*

**stetig** ['ʃteːtiç] continu, continuel, constant, permanent

**stets** [ʃteːts] toujours

**Steuer**¹ ['ʃtɔʏər] *n* (*-s*; -) *auto* volant *m*; *mar* barre *f*; gouvernail *m* (*a fig*)

'**Steuer**² *f* (-; *-n*) impôt *m* (***auf*** sur), taxe *f*; '**~aufkommen** ['-aufkɔmən] *n* (*-s*; -) rendement *m* fiscal; '**~beamte** *m* fonctionnaire *m* des contributions; '**~befreiung** *f* (-; *-en*) exonération *f* fiscale; '**~berater** *m* (*-s*; -) conseiller *m* fiscal; '**~bord** *mar n* (-[*e*]*s*; *-e*) tribord *m*; '**~erklärung** *f* déclaration *f* d'impôts; '**~ermäßigung** *f* allégement *m* fiscal; '**≈frei** exempt d'impôts; '**~freibetrag** *m* montant *m* exempt d'impôts; '**~hinterziehung** *f* fraude *f* fiscale; '**~mann** *m* (-[*e*]*s*; *-männer, -leute*) *Ruderboot* barreur *m*

'**steuern** (*h*) *Schiff* gouverner; *Fahrzeug* conduire, diriger; *Flugzeug, Auto* piloter; *tech* commander; *fig* contrôler, diriger, régler

**steuer|pflichtig** ['-pfliçtiç] imposable; '**≈rückvergütung** *f* remboursement *m* fiscal; '**≈senkung** *f* reduction *f* d'impôts; '**≈ung** *f* (-; *-en*) pilotage *m*; *tech* commande *f*, direction *f*; '**≈vergünstigung** *f* privilège *m* fiscal; '**≈vorauszahlung** *f* acompte *m* d'impôts; '**≈zahler** *m* (*-s*; -) contribuable *m*

**Steward** ['stjuərt] *aviat m* (*-s*; *-s*) steward *m*; '**~ess** *f* (-; *-en*) hôtesse *f* de l'air

**StGB** *n abr* ***Strafgesetzbuch*** code pénal

**Stich** [ʃtiç] *m* (-[*e*]*s*; *-e*) *Insekten≈* piqûre *f*; *Messer≈* coup *m*; *Näh≈* point *m*; *Kupfer≈* gravure *f*; *Kartenspiel* pli *m*, levée *f*; ***im ~ lassen*** abandonner; **≈eln** ['-əln] (*h*) *fig* lancer des coups d'épingles *od* des pointes (***gegen*** à); **≈haltig** ['-haltiç] valable, concluant; ***nicht ~*** peu sérieux; '**~probe** *f* contrôle *m* fait au hasard; *Statistik* échantillon *m*; '**~tag** *m* jour *m* fixé *od* de référence; ***~ zur Einführung des Euro*** jour *m* fixe *od* de référence de l'introduction de l'euro; '**~wahl** *f* (scrutin *m* de) ballottage *m*; '**~wort** *n* **1.** (-[*e*]*s*; *⸚er*) *Lexikon* entrée *f*, article *m*; **2.** (-[*e*]*s*; *-e*) *Theater* réplique *f*

**stick|en** ['ʃtikən] (*h*) broder; '**~ig** *Luft* étouffant; '**≈stoff** *chim m* (-[*e*]*s*; *sans pl*) azote *m*

**Stiefel** ['ʃtiːfəl] *m* (*-s*; -) botte *f*

'**Stief|mutter** *f* (-; *⸚*) belle-mère *f*; '**~mütterchen** ['-mytərçən] *bot n* (*-s*; -) pensée *f*; '**~sohn** *m* beau-fils *m*; '**~tochter** *f* belle-fille *f*; '**~vater** *m* beau-père *m*

**Stiel** [ʃtiːl] *m* (-[*e*]*s*; *-e*) *Werkzeug* manche *m*; *Pfanne, Kirschen* queue *f*; *Stengel* tige *f*

**Stier** [ʃtiːr] *m* (-[*e*]*s*; *-e*) *zo* taureau *m*; *astr* Taureau *m*; '**≈en** (*h*) regarder fixement (***auf etw*** qc); '**~kampf** *m* course *f* de taureaux, corrida *f*; '**~kämpfer** *m* toréador *m*

**Stift** [ʃtift] *m* (-[*e*]*s*; *-e*) *Blei≈* crayon *m*; *Lippen≈* bâton *m* (de rouge); *tech* goupille *f*, goujon *m*; '**≈en** (*h*) *gründen* fonder; *spenden* donner; '**~er** *m* (*-s*; -), '**~erin** *f* (-; *-nen*) fondateur *m*, -trice *f*; *Spender* donateur *m*, -trice *f*; '**~ung** *f* (-; *-en*) fondation *f*

**Stil** [ʃtiːl] *m* (-[*e*]*s*; *-e*) style *m*; *fig* ***in großem ~*** de grand style; **≈isiert** [-ʃtiliˈziːrt] stylisé; **≈istisch** [ʃtiˈlistiʃ] stylistique

**still** [ʃtil] tranquille, calme; *geräuschlos* silencieux; ***~!*** silence!; ***der ≈e Ozean*** l'océan *m* Pacifique; ***≈er Teilhaber*** *comm* bailleur *m* de fonds; commanditaire *m*

'**Stille** *f* (-; *sans pl*) tranquillité *f*, calme *m*, silence *m*; ***in aller ~*** *Beisetzung* dans l'intimité; *heimlich* secrètement

**stillen** ['ʃtilən] (*h*) *Blut* arrêter; *Schmerz, Hunger, Durst* apaiser; *Neugier, a Hunger, Durst* assouvir; *Kind* nourrir au sein, allaiter

'**stillhalten** (*irr, sép, -ge-, h,* → ***halten***) se tenir tranquille

**Stillleben** ['ʃtilleːbən] *n* (*-s*; -) *Malerei* nature *f* morte

**stilllegen** ['ʃtilleːgən] (*sép, -ge-, h*) *Betrieb* fermer

'**Still|schweigen** *n* (*-s*; *sans pl*) silence *m*; '**≈schweigend** tacite; '**~stand** *m* (-[*e*]*s*; *sans pl*) arrêt *m*; *fig* stagnation *f*; '**≈stehen** s'arrêter, ne pas bouger, rester en place

'**Stil|möbel** *pl* meubles *m/pl* de style;

'**&voll** qui a du style
**stimmberechtigt** ['ʃtimberɛçtiçt] qui a droit de vote
'**Stimme** *f* (-; *-n*) voix *f*; *Wahl&* *a* suffrage *m*, vote *m*
'**stimmen** (*h*) être exact *od* juste; *Instrument* accorder; ***es stimmt*** c'est juste; ***es stimmt mich traurig*** cela me rend triste; **~ *für*** (***gegen***) voter pour (contre)
**Stimm|enthaltung** ['ʃtimʔɛnt-] *f* abstention *f*; '**~recht** *n* droit *m* de vote
'**Stimmung** *f* (-; *-en*) état *m* d'âme, humeur *f*; *Atmosphäre* atmosphère *f*, ambiance *f*; ***alle waren in ~*** tous étaient de bonne humeur; '**&svoll** plein d'ambiance; *Bild* qui a de l'atmosphère
'**Stimmzettel** *m* bulletin *m* de vote
**stinken** ['ʃtiŋkən] (*stank*, *gestunken*, *h*) puer (***nach etw*** qc); *fig* F ***es stinkt mir*** j'en ai marre F
**Stipendi|at** [ʃtipɛndi'aːt] *m* (*-en*; *-en*), **~'atin** *f* (-; *-nen*) boursier *m*, boursière *f*; **~um** [-'pɛndjum] *n* (*-s*; *Stipendien*) bourse *f*
**Stirn** [ʃtirn] *f* (-; *-en*) front *m*
**stochern** ['ʃtɔxərn] (*h*) ***in den Zähnen ~*** se curer les dents; ***im Essen ~*** chipoter
**Stock** [ʃtɔk] *m* **1.** (-[*e*]*s*; *¨-e*) bâton *m*; *Spazier&* canne *f*; *Bienen&* ruche *f*; *bot* pied *m*; **2.** (-[*e*]*s*; - *u Stockwerke*) *~werk* étage *m*; ***im ersten ~*** au premier étage; '**&dunkel** ***es ist ~*** il fait noir comme dans un four
'**stocken** (*h*) s'arrêter; *langsamer werden* se ralentir; *Redner* hésiter; '**~d** *Stimme* hésitant; *Verkehr* ralenti
**Stockholm** ['ʃtɔkhɔlm] *n* Stockholm
'**Stockwerk** *n* étage *m*
**Stoff** [ʃtɔf] *m* (-[*e*]*s*; *-e*) tissu *m*, étoffe *f*; *Materie* matière *f*; '**&lich** matériel; '**~wechsel** *biol m* métabolisme *m*
**stöhnen** ['ʃtøːnən] (*h*) gémir
**stolpern** ['ʃtɔlpərn] (*sn*) trébucher; *fig* ***über ein Wort ~*** buter sur un mot
**stolz** [ʃtɔlts] **1.** fier (***auf*** de); **2.** *& m* (*-es*; *sans pl*) fierté *f*
**stopfen** ['ʃtɔpfən] (*h*) *hinein~* fourrer (***in*** dans); *Pfeife* bourrer; *Loch* boucher; *Strümpfe* repriser; *Speise* (*sättigen*) bourrer
**Stoppel** ['ʃtɔpəl] *f* (-; *-n*) chaume *m*; *Bart&* poil *m* raide; '**&ig** mal rasé
**stopp|en** ['ʃtɔpən] (*h*) stopper; *Zeit* chronométrer; '**&schild** *n* stop *m*; '**&uhr** *f* chrono(mètre) *m*
**Stöpsel** ['ʃtœpsəl] *m* (*-s*; -) bouchon *m*
**Storch** [ʃtɔrç] *zo m* (-[*e*]*s*; *¨-e*) cigogne *f*
**stör|en** ['ʃtøːrən] (*h*) déranger, gêner, perturber; *Radiosendung* brouiller; ***lassen Sie sich nicht ~*** ne vous dérangez pas; '**~end** gênant; **&enfried** ['-friːt] *m* (-[*e*]*s*; *-e*) gêneur *m*, perturbateur *m*
**storn|ieren** [ʃtɔr'niːrən] (*pas de -ge-*, *h*) ristourner; **&'ierungsgebühr** *f* frais *m/pl* de ristourne; '**&o** ['ʃtɔrno] *m u n* (*-s*; *-ni*) *comm* ristourne *f*; '**&obuchung** *f* écriture *f* de contre-passement
'**Störung** *f* (-; *-en*) dérangement *m*; perturbation *f* (*a Tiefdruckgebiet*)
**Stoß** [ʃtoːs] *m* (*-es*; *¨-e*) coup *m*, poussée *f*, secousse *f*; *Haufen* pile *f*, tas *m*; *von Papieren* liasse *f*; '**~dämpfer** *auto m* amortisseur *m*
'**stoßen** (*stieß*, *gestoßen*) **1.** *v/t* (*h*) pousser; ***sich ~ an*** se heurter *od* se cogner contre; *fig* être choqué par, se formaliser *od* se scandaliser de; **2.** *v/i* (*sn*) ***auf j-n ~*** tomber sur qn; ***auf Schwierigkeiten ~*** se heurter à des difficultés
'**Stoß|stange** *auto f* pare-chocs *m*; '**~zeit** *f* heure *f* de pointe
**stottern** ['ʃtɔtərn] (*h*) bégayer
**Str.** *abr* ***Straße*** rue; avenue; route
**Straf|anstalt** ['ʃtraːfʔ-] *f* maison *f* de correction; '**&bar** ***~e Handlung*** acte *m* punissable *od* répréhensible; ***sich ~ machen*** être passible d'une peine
'**Strafe** *f* (-; *-n*) punition *f*; *jur* peine *f*; *Geld&* amende *f*; ***zur ~ für*** en punition de; '**&n** (*h*) punir
**straff** [ʃtraf] tendu, raide; *Stil* serré; *Disziplin* sévère
**straffällig** ['ʃtraːffɛliç] **~ *werden*** commettre un délit
**straffen** ['ʃtrafən] (*h*) (***sich ~*** se) raidir
**straffrei** ['ʃtraːf-] **~ *ausgehen*** rester impuni; '**&heit** *f* (-; *sans pl*) impunité *f*
'**Straf|gefangene** *m* (*-n*; *-n*) prisonnier *m* de droit commun; '**~gesetzbuch** *n* Code *m* pénal
**sträf|lich** ['ʃtrɛːfliç] répréhensible; ***~er Leichtsinn*** légèreté *f* impardonnable; '**&ling** *m* (*-s*; *-e*) prisonnier *m*, détenu

*m*
'**Straf|prozess** *m* procès *m* pénal *od* criminel; '**~raum** *Sport m* surface *f* de réparation; '**~recht** *n* droit *m* pénal; '**~tat** *f* délit *m*, acte *m* criminel; '**~täter** *m* délinquant *m*; '**~zettel** *m* contravention *f*; F P.-V. *m* (= procès-verbal)
**Strahl** [ʃtra:l] *m* (-[*e*]*s*; *-en*) rayon *m*; *Wasser*&, *Gas*& jet *m*; '**&en** (*h*) rayonner (*a fig*); briller; '**~enschutz** *m* protection *f* contre les radiations; '**&ensicher** à l'épreuve des radiations; '**~ung** *f* (-; *-en*) rayonnement *m*, (ir)radiation *f*
**Strähne** ['ʃtrɛ:nə] *f* (-; *-n*) mèche *f*
**stramm** [ʃtram] tendu; *Haltung* rigide
**strampeln** ['ʃtrampəln] (*h*) *Baby* gigoter; *Radler* pédaler
**Strand** ['ʃtrant] *m* (-[*e*]*s*; *¨e*) plage *f*; ***am ~*** sur la plage; '**~bad** *n* plage *f*; '**&en** (*sn*) *mar* échouer (*a fig*); '**~gut** *n* épave *f*; '**~korb** *m* fauteuil-cabine *m* en osier; '**~nähe** *f* ***in ~*** près de la plage
**Strang** [ʃtraŋ] *m* (-[*e*]*s*; *¨e*) corde *f*; *fig* ligne *f*; *Bündel* faisceau *m*
**Strapaz|e** [ʃtra'pa:tsə] *f* (-; *-n*) fatigue *f*; **&ieren** [-a'tsi:rən] (*pas de -ge-*, *h*) (***sich ~*** se) fatiguer; **&'ierfähig** résistant, solide, robuste; **&iös** [-a'tsjø:s] fatigant, épuisant, harassant
**Straßburg** ['ʃtrɑ:sburk] *n* Strasbourg
**Straße** ['ʃtra:sə] *f* (-; *-n*) rue *f*; *Fahr*&, *Land*& route *f*; *Meerenge* détroit *m*; ***die ~ von Dover*** le pas de Calais; ***auf der ~*** dans la rue; sur la route
'**Straßen|arbeiten** *f/pl* travaux *m/pl* de voirie; '**~bahn** *f* tramway *m*; '**~bahnhaltestelle** *f* arrêt *m* du tram; '**~café** *n* café *m* en plein air; '**~karte** *f* carte *f* routière; '**~kehrer** *m* (*-s*; -) balayeur *m*; '**~kreuzung** *f* carrefour *m*; '**~lage** *auto f* tenue *f* de route; '**~laterne** *f* réverbère *m*; '**~rand** *m* bas-côté *m*, accotement *m*; '**~reinigung** *f* nettoyage *m* des rues; *Amt* voirie *f*; '**~schild** *n* plaque *f* de rue; '**~verhältnisse** *n/pl* état *m* des routes; '**~verkehr** *m* circulation *f* routière; '**~verkehrsordnung** *f* (-; *sans pl*) code *m* de la route; '**~zustand** *m* état *m* des routes
**Strateg|ie** [ʃtrate'gi:] *f* (-; *-n*) stratégie *f*; **&isch** [-'te:g-] stratégique
**sträuben** ['ʃtrɔʏbən] (*h*) ***sich ~*** se hérisser; *fig* être récalcitrant (***gegen*** contre)
**Strauch** ['ʃtraux] *m* (-[*e*]*s*; *¨er*) arbrisseau *m*
**Strauß** [ʃtraus] **1.** *zo* (*-es*; *-e*) autruche *f*; **2.** (*-es*; *¨e*) *Blumen*& bouquet *m*
**streb|en** ['ʃtre:bən] (*h*) ***nach etw ~*** chercher à atteindre qc; tendre *od* aspirer à qc; '**&en** *n* (*-s*; *sans pl*) tendance *f*, aspiration *f* (***nach*** à); '**~sam** ['ʃtre:pza:m] zélé, assidu; ambitieux
**Strecke** ['ʃtrɛkə] *f* (-; *-n*) distance *f*, parcours *m*, trajet *m*; *Bahn* ligne *f*
'**strecken** (*h*) étendre, allonger, étirer; ***sich ~*** s'étirer
**Streich** [ʃtraiç] *m* (-[*e*]*s*; *-e*) (mauvais) tour *m*; ***dummer ~*** sottise *f*, bêtise *f*; ***j-m e-n*** (***üblen***) ***~ spielen*** jouer un (mauvais) tour à qn; ***auf einen ~*** d'un seul coup
**streicheln** ['ʃtraiçəln] (*h*) caresser
**streichen** ['ʃtraiçən] (*strich*, *gestrichen*) **1.** *v/t* (*h*) *an~* peindre; *auftragen* étaler, étendre; *auf e-e Brotschnitte* tartiner; *durch~* barrer, rayer, radier, biffer; *Auftrag*, *Plan* annuler; *Subventionen*, *Stellen* supprimer; ***mit der Hand über etw ~*** passer la main sur qc; **2.** *v/i* (*sn*) ***durch die Straßen ~*** rôder dans les rues
'**Streich|holz** *n* allumette *f*; '**~instrument** *mus n* instrument *m* à cordes; '**~ung** *f* (-; *-en*) *im Text* rature *f*; *fig* annulation *f*, suppression *f*
**Streife** ['ʃtraifə] *f* (-; *-n*) patrouille *f*
'**streifen 1.** *v/t* (*h*) effleurer (*a fig Thema*); **2.** *v/i* (*sn*) *umher~* rôder
'**Streif|en** *m* (*-s*; -) bande *f*; '**~enwagen** *m* voiture *f* de police; '**~zug** *m* excursion *f*; *fig* aperçu *m*
**Streik** [ʃtraik] *m* (-[*e*]*s*; *-s*) grève *f*; ***wilder ~*** grève sauvage; '**~brecher** *m* (*-s*; -) briseur *m* de grève; '**&en** (*h*) faire grève, être en grève; '**~ende** ['-əndə] *m*, *f* (*-n*; *-n*) gréviste *m*, *f*; '**~posten** *m* piquet *m* de grève; '**~recht** *n* droit *m* de grève
**Streit** [ʃtrait] *m* (-[*e*]*s*; *-e*) querelle *f*; *Wort*& dispute *f*; '**&en** (*stritt*, *gestritten*, *h*) (***sich***) ***~*** se quereller *od* se disputer (***mit*** avec); ***für etw ~*** lutter pour qc; '**~frage** *f* affaire *f* litigieuse; '**~gespräch** *n* débat *m*, discussion *f*; '**~igkeiten** *f/pl* querelles *f/pl*, conflits *m/pl*; '**~kräfte** *mil f/pl* forces *f/pl* (ar-

mées)

**streng** [ʃtrɛŋ] sévère, rigoureux, strict; *Sitte* austère; ***~ verboten*** formellement interdit; '**2e** *f* (-; *sans pl*) sévérité *f*, rigueur *f*

**Stress** [ʃtrɛs] *m* (-*es*; -*e*) stress *m*; ***im ~*** stressé

**stress|en** ['ʃtrɛsən] (*h*) surmener; stresser; '**~ig** stressant

**streuen** ['ʃtrɔʏən] (*h*) répandre; ***Zucker*** *etc* ***auf etw ~*** saupoudrer qc de sucre, *etc*

'**Streuung** *phys f* (-; -*en*) dispersion *f*, diffusion *f*

**Strich** [ʃtriç] *m* (-[*e*]*s*; -*e*) trait *m*; *Linie* ligne *f*; ***gegen den ~*** à rebours; F ***auf den ~ gehen*** faire le trottoir; '**~code** *m* code *m* (à) barres; '**~junge** *m* prostitué *m*; '**~punkt** *m* point-virgule *m*; '**2weise** par endroits

**Strick** [ʃtrik] *m* (-[*e*]*s*; -*e*) corde *f*; '**2en** (*h*) tricoter; '**~jacke** *f* gilet *m*, tricot *m*; '**~waren** *f/pl* articles *m/pl* tricotés; '**~zeug** *n* tricot *m*

**strittig** ['ʃtritiç] contesté, contestable, controversé; ***~er Punkt*** point *m* litigieux

**Stroh** [ʃtroː] *n* (-[*e*]*s*; *sans pl*) paille *f*; '**~dach** *n* toit *m* de chaume; '**~halm** *m* brin *m* de paille; *Trinkhalm* paille *f*

**Strolch** [ʃtrɔlç] *m* (-[*e*]*s*; -*e*) voyou *m*

**Strom** [ʃtroːm] *m* (-[*e*]*s*; ⸚*e*) fleuve *m*; *Elektrizität* courant *m* (électrique); *fig* ***ein ~ von*** un flot *od* un torrent de; ***es gießt in Strömen*** il pleut à torrents; **2'ab(wärts)** en aval; '**~anschluss** *m* prise *f* de courant; **2'auf(wärts)** en amont; '**~ausfall** *m* panne *f* d'electricité

**strömen** ['ʃtrøːmən] (*sn*) couler; *Menschen* affluer

'**Strom|kreis** *m* circuit *m* (électrique); '**~stärke** *f* ampérage *m*, intensité *f* du courant

'**Strömung** *f* (-; -*en*) courant *m* (*a fig*)

'**Stromverbrauch** *m* consommation *f* de courant

**Strophe** ['ʃtroːfə] *f* (-; -*n*) *Gedicht* strophe *f*; *Lied* couplet *m*

**Struktur** [ʃtruk'tuːr] *f* (-; -*en*) structure *f*

**Strumpf** [ʃtrumpf] *m* (-[*e*]*s*; ⸚*e*) bas *m*; '**~hose** *f* collant *m*

**Stube** ['ʃtuːbə] *f* (-; -*n*) chambre *f*

**Stück** [ʃtyk] *n* (-[*e*]*s*; -*e*) *als Bruchteil* morceau *m* (*a mus*); *als selbstständiges Ganzes* pièce *f* (*a Theater*2); *Exemplar* exemplaire *m*; ***5 Euro pro ~*** 5 euros (la) pièce; ***ein ~ Kuchen*** un morceau de gâteau; ***in ~e reißen*** mettre en morceaux *od* pièces; **~chen** ['-çən] *n* (-*s*; -) petit morceau *m*, bout *m*; '**2weise** pièce par pièce, à la pièce; '**~werk** *n* (-[*e*]*s*; *sans pl*) *fig* ouvrage *m* décousu

**Student** [ʃtu'dɛnt] *m* (-*en*; -*en*), **~in** *f* (-; -*nen*) étudiant *m*, -e *f*; **~enausweis** *m* carte *f* d'étudiant; **~enheim** *n* foyer *m* d'étudiants

**Studie** ['ʃtuːdjə] *f* (-; -*n*) étude *f*; '**~nabschluss** *m* fin *f* d'études; diplôme *m* de …; '**~naufenthalt** *m* vacances *f/pl* studieuses; '**~nplatz** *m* place *f* dans une université

**studieren** [ʃtu'diːrən] (*pas de -ge-*, *h*) étudier (***etw*** qc); faire des études

**Studio** ['ʃtuːdjo] *n* (-*s*; -*s*) studio *m*

**Studium** ['ʃtuːdjum] *n* (-*s*; *Studien*) études *f/pl*; ***das ~ der Medizin*** les études de médecine

**Stufe** ['ʃtuːfə] *f* (-; -*n*) *Treppen*2 marche *f*; *fig* degré *m*, échelon *m*; *Entwicklungs*2 stade *m*; *Raketen*2 étage *m*

**Stuhl** [ʃtuːl] *m* (-[*e*]*s*; ⸚*e*) chaise *f*; '**~gang** *méd m* (-[*e*]*s*; *sans pl*) selles *f/pl*

**stülpen** ['ʃtylpən] (*h*) *umdrehen* retourner; *über~* recouvrir (***etw über etw*** qc de qc); *Hut* enfoncer (***auf*** sur)

**stumm** [ʃtum] muet

**Stummel** ['ʃtuməl] *m* (-*s*; -) bout *m*; *Zigaretten*2 mégot *m* F

'**Stummfilm** *m* film *m* muet

**stumpf** *Messer* émoussé (*a fig*); *Nase* plat; *Winkel* obtus; *glanzlos* terne; *teilnahmslos* hébété, apathique; '**2sinn** *m* (-[*e*]*s*; *sans pl*) abrutissement *m*, stupidité *f*; '**~sinnig** hébété, abruti, stupide

**Stumpf** [ʃtumpf] *m* (-[*e*]*s*; ⸚*e*) *Arm*2, *Bein*2 moignon *m*, *Baum*2 souche *f*

**Stunde** ['ʃtundə] *f* (-; -*n*) heure *f*; *Lehr*2 leçon *f*, cours *m*

'**Stunden|kilometer** *m/pl* kilomètres-heure *m/pl*; '**2lang** pendant des heures; '**~lohn** *m* salaire *m* horaire; '**~plan** *m* emploi *m* du temps; '**~zeiger** *m* aiguille *f* des heures

**stündlich** ['ʃtynt-] par heure; toutes

les heures
'**Stundung** *f* (-; *-en*) *comm* délai *m od sursis m de paiement*; *moratoire m*
**Stuntman** ['stantmɛn] *m* (*-s*; *-men*) cascadeur *m*
**stur** [ʃtuːr] F *Person* obstiné, têtu; *Arbeit* abrutissant
**Sturm** ['ʃturm] *m* (-[*e*]*s*; *⸚e*) tempête *f*; *Sport* attaque *f*; *mil* assaut *m* (***auf*** de)
**stürm|en** ['ʃtyrmən] (*h*) *sich stürzen* s'élancer; *Sport* attaquer; *mil* prendre d'assaut (*a fig*); ***es stürmt*** il fait de la tempête; '**2er** *m* (*-s*; -) *Sport* avant *m*; '**~isch** *Wetter* de tempête; *fig* impétueux, fougueux; *Beifall* frénétique; *Debatte* orageux
**Sturz** [ʃturts] *m* (*-es*; *⸚e*) chute *f* (*a fig u pol*)
**stürzen** ['ʃtyrtsən] (*v/t h*, *v/i sn*) tomber, chuter F; *rennen* se précipiter (***zur Tür*** à la porte); ***sich ~*** se jeter *od* se précipiter (***auf j-n*** sur qn; ***aus dem Fenster*** par la fenêtre); *fig* ***die Regierung ~*** renverser le gouvernement; ***j-n ins Verderben ~*** ruiner, perdre qn
'**Sturzhelm** *m* casque *m* (de protection)
**Stute** ['ʃtuːtə] *zo f* (-; *-n*) jument *f*
**Stütze** ['ʃtytsə] *f* (-; *-n*) appui *m*, soutien *m* (*a fig Person*), support *m*; *fig a* aide *f*
'**stützen** (*h*) appuyer, soutenir; ***sich ~ auf*** s'appuyer sur (*a fig*)
'**stutzig** ***j-n ~ machen*** surprendre qn; éveiller les soupçons de qn; ***~ werden*** s'étonner; commencer à se méfier
'**Stützpunkt** *mil m* base *f* militaire
**StVO** *f abr* ***Straßenverkehrsordnung*** code *m* de la route
**Styropor** [ʃtyro'poːr] *n* (*-s*; *sans pl*) polystyrène *m* (expansé)
**s. u.** *abr* ***siehe unten*** voir ci-dessous *od* plus bas
**Subjekt** [zup'jɛkt] *n* (-[*e*]*s*; *-e*) *gr* sujet *m*; *péj* individu *m*; **2iv** ['-tiːf] subjectif; **~ivität** [-ivi'tɛːt] *f* (-; *sans pl*) subjectivité *f*
**Substantiv** ['zupstantiːf] *gr n* (*-s*; *-e*) *n* nom *m*, substantif *m*
**Substanz** [zup'stants] *f* (-; *-en*) substance *f*
**subtrahieren** [zuptra'hiːrən] (*pas de -ge-*, *h*) *math* soustraire
**Subunternehmer** ['zupˀ-] *m* sous-traitant *m*
**Subvention** [zupvɛn'tsjoːn] *f* (-; *-en*) subvention *f*; **2ieren** [-ɔ'niːrən] (*pas de -ge-*, *h*) *écon* subventionner
**Such|e** ['zuːxə] *f* (-; *sans pl*) recherche *f* (***nach*** de); '**2en** (*h*) chercher; *intensiv* rechercher; ***er hat hier nichts zu ~*** il n'a rien à faire ici; '**~er** *Foto m* (*-s*; -) viseur *m*; '**~maschine** *f Internet* moteur *m* de recherche
**Sucht** [zuxt] *f* (-; *⸚e*) manie *f*, passion *f* (***nach*** de); *Drogen*2 toxicomanie *f*
'**süchtig** ***~ sein*** être toxicomane
**Süd** [zyːt] *m* (-[*e*]*s*; *selten -e*) sud *m*, midi *m*; '**~'afrika** *n* l'Afrique *f* du Sud; ***die Republik ~*** la République sud-africaine; '**~a'merika** *n* l'Amérique *f* du Sud
**Sudan** [zu'dɑːn] ***der ~*** *n* le Soudan
**Süddeutschland** ['zyːtdɔʏtʃlant] *n* l'Allemagne *f* du Sud
**Süden** ['zyːdən] *m* (*-s*; *sans pl*) sud *m*, midi *m*
**Sudeten** [zu'deːtən] *géogr* ***die ~*** *pl* les Sudètes *m/pl*
'**Süd|eu'ropa** *n* l'Europe *f* méridionale; '**~'frankreich** *n* le Midi de la France
**Süd|früchte** ['zyːtfryçtə] *f/pl* fruits *m/pl* des pays chauds; '**2lich** méridional, du sud; ***~ von*** au sud de; **~'ost(en)** *m* (*-s*; *sans pl*) sud-est *m*; '**~pol** *m* (*-s*; *sans pl*) pôle *m* Sud; '**~see** *f* Pacifique *m* sud; *poét* mers *f/pl* du Sud; '**~tirol** *n* le Tyrol du Sud, le Haut-Adige; **~'west(en)** *m* (*-s*; *sans pl*) sud-ouest *m*
**Suezkanal** ['zuːɛtskanɑːl] ***der ~*** le canal de Suez
**suggerieren** [zuge'riːrən] (*pas de -ge-*, *h*) suggérer
**Sülze** ['zyltsə] *cuis f* (-; *-n*) gelée *f*; viande *f* en gelée
**Summe** ['zumə] *f* (-; *-n*) somme *f*, total *m*
'**summen** (*h*) *Insekten* bourdonner; *Melodie* fredonner
**summieren** [zu'miːrən] (*pas de -ge-*, *h*) ***sich ~*** s'additionner
**Sumpf** [zumpf] *m* (-[*e*]*s*; *⸚e*) marais *m*, marécage *m*
**Sünd|e** ['zyndə] *f* (-; *-n*) péché *m*; '**~enbock** *m fig* bouc *m* émissaire; '**2igen** (*h*) pécher
**super** ['zuːpɛr] F super
'**Super** *n* (*-s*; *sans pl*) *Benzin* super *m*;

'**~lativ** ['-latiːf] *gr m (-s; -e)* superlatif *m*; '**~markt** *m* supermarché *m*

**Suppe** ['zupə] *f (-; -n)* potage *m*, soupe *f*

'**Suppen|kelle** *f* louche *f*; '**~löffel** *m* cuiller *f* à soupe; '**~schüssel** *f* soupière *f*; '**~teller** *m* assiette *f* à soupe

**Surf|brett** ['sœrf-] *n* planche *f* à voile; '**&en** *(h)* faire de la planche à voile; ***im Internet ~*** surfer, naviger sur Internet; '**~er** *m (-s; -)*, '**~erin** *f (-; -nen)* planchiste *m*, *f*

**süß** [zyːs] sucré; *fig* doux; *niedlich* mignon; '**~en** *(h)* sucrer; '**&igkeiten** *f/pl* sucreries *f/pl*, friandises *f/pl*; '**&speise** *f* entremets *m*; '**&stoff** *m (-[e]s; sans pl)* saccharine *f*; '**&wasser** *n (-s; -)* eau *f* douce

**Swimmingpool** ['sviminpuːl] *m (-s; -s)* piscine *f*

**Symbol** [zym'boːl] *n (-s; -e)* symbole *m*; **~ik** *f (-; sans pl)* symbolisme *m*; **&isch** symbolique; **&isieren** [-oli'ziːrən] *(pas de -ge-, h)* symboliser

**Symmetr|ie** [zyme'triː] *f (-; -n)* symétrie *f*; **&isch** [-'meːtriʃ] symétrique

**Sympath|ie** [zympa'tiː] *f (-; -n)* sympathie *f* (***für*** pour); **~isant** [-pati'zant] *m (-en; -en)*, **~i'santin** *f (-; -nen)* sympathisant *m*, -e *f*; **&isch** [-'paːtiʃ] sympathique; **&isieren** [-i'ziːrən] *(pas de -ge-, h)* sympathiser (***mit*** avec)

**Symphonie** [zymfo'niː] *mus f (-; -n)* symphonie *f*

**Symptom** [zymp'toːm] *n (-s; -e)* symptôme *m*

**synchronisier|en** [zynkroni'ziːrən] *(pas de -ge-, h)* synchroniser; *Film* doubler; **&ung** *f (-; -en)* synchronisation *f*; *Film* doublage *m*

**Synonym** [zyno'nyːm] *ling n (-s; -e)* synonyme *m*

**Synthe|se** [zyn'teːzə] *f (-; -n)* synthèse *f*; **&tisch** [-'teːtiʃ] synthétique

**Syrien** ['zyrjən] *n (-s; sans pl)* la Syrie

**System** [zys'teːm] *n (-s; -e)* système *m*; **&atisch** [-e'maːtiʃ] systématique

**Szene** ['stseːnə] *f (-; -n)* *Theater u fig* scène *f*; *Milieu* milieux *m/pl*

# T

**t** *abr* ***Tonne*** tonne

**Tabak** ['tabak, ta'bak] *m (-s; -e)* tabac *m*; '**~geschäft** *n*, '**~laden** *m* débit *m* de tabac; '**~waren** *f/pl* tabacs *m/pl*

**tabell|arisch** [tabɛ'laːriʃ] sous forme de tableau; **&e** [ta'bɛlə] *f (-; -n)* barème *m*, table *f*, tableau *m*; *Sport* classement *m*

**Tablett** [ta'blɛt] *n (-[e]s; -e, -s)* plateau *m*; **~e** *f (-; -n)* comprimé *m*

**Tabu** [ta'buː] **1.** *n (-s; -s)* tabou *m*; **2.** *adj* tabou

**Tacho(meter)** [taxo('-)] *auto m (-s; -)* compteur *m*

**Tadel** ['taːdəl] *m (-s; -)* blâme *m*, réprimande *f*; '**&los** irréprochable; '**&n** *(h)* blâmer (***wegen*** de *od* pour), reprendre, réprimander

**Tafel** ['taːfəl] *f (-; -n)* *Schule* tableau *m* (noir); *Gedenk&* plaque *f*; *in Büchern* planche *f*; *Schokolade* tablette *f*; *Tisch* table *f*; '**~wein** *m* vin *m* de table

**täfel|n** ['tɛːfəln] *(h)* lambrisser; '**&ung** *f (-; -en)* lambris(sage) *m*, boiserie *f*

**Tag** [taːk] *m (-[e]s; -e)* jour *m*; *Dauer* journée *f*; ***es ist ~*** il fait jour; ***am ~e*** le *od* de jour; ***am helllichten ~*** en plein jour; ***den ganzen ~*** toute la journée; ***e-s ~es*** un jour; ***welchen ~ haben wir heute?*** nous sommes quel jour aujourd'hui?; ***heute in 14 ~en*** aujourd'hui en quinze; ***guten ~*** (***sagen***) (dire) bonjour; (***ich wünsche e-n***) ***schönen ~!*** bonne journée!; F ***sie hat ihre ~e*** elle a ses règles; ***unter ~e*** *Bergbau* au fond

**Tage|bau** ['taːgebau] *m (-[e]s; -e)* *Bergbau m* exploitation *f* à ciel ouvert; '**~buch** *n* journal *m*

'**tagen** *(h)* *Versammlung* siéger

'**Tages|anbruch** *m* pointe *f* du jour; '**~fahrt** *f* excursion *f* d'une journée; '**~gericht** *n* plat *m* du jour; '**~karte** *f* carte *f* pour la journée; *Restaurant* menu *m* du jour; '**~kurs** *m* cours *m* du jour; '**~licht** *n (-[e]s; sans pl)* lumière *f* du jour; '**~ordnung** *f* ordre *m* du jour; '**~zeit** *f* heure *f* du jour; ***zu jeder***

~ à toute heure; '**~zeitung** *f* quotidien *m*

**tägl.** *abr* ***täglich*** quotidien(nement)

'**täglich** ['tɛːkliç] (de) tous les jours, quotidien

'**Tagschicht** *f* équipe *f* de jour

**tagsüber** ['taːksˀ-] pendant la journée

**Tagung** ['taːguŋ] *f* (-; *-en*) congrès *m*, assises *f/pl*

**Taifun** [tai'fuːn] *m* (*-s*; *-e*) typhon *m*

**Taill|e** ['taljə] *f* (-; *-n*) taille *f*; **⁀iert** [ta-'jiːrt] cintré

**Takt** [takt] *m* (-[*e*]*s*; *-e*) *mus* mesure *f*; *Motor* temps *m*; *fig* (*sans pl*) tact *m*; '**~gefühl** *n* (-[*e*]*s*; *sans pl*) tact *m*

**Takti|k** ['taktik] *f* (-; *-en*) *mil u fig* tactique *f*; '**~ker** *m* (*-s*; -) tacticien *m*; '**⁀sch** tactique

'**takt|los** sans tact, indiscret; '**~voll** plein de tact, discret

**Tal** [taːl] *n* (-[*e*]*s*; *⸚er*) vallée *f*; ***kleines ~*** vallon *m*

**Talent** [ta'lɛnt] *n* (-[*e*]*s*; *-e*) talent *m* (***für*** pour); **⁀iert** [-'tiːrt] talentueux, doué

'**Talsperre** *f* barrage *m*

**Tang** [taŋ] *bot n* (-[*e*]*s*; *-e*) varech *m*

**Tangente** [taŋ'gɛntə] *math f* (-; *-n*) tangente *f*

**Tanger** ['taŋər] *n* Tanger

**tangieren** [taŋ'giːrən] (*pas de -ge-*, *h*) toucher, concerner

**Tank** [taŋk] *m* (*-s*; *-s*) réservoir *m*, citerne *f*; *mar Öltank* tank *m*; '**⁀en** (*h*) prendre de l'essence; '**~er** *mar m* (*-s*; -) pétrolier *m*; '**~stelle** *f* poste *m* d'essence, station-service *f*; '**~wagen** *m* camion-citerne *m*; '**~wart** ['-vart] *m* (-[*e*]*s*; *-e*) pompiste *m*

**Tanne** ['tanə] *bot f* (-; *-n*) sapin *m*

'**Tannenbaum** *m* sapin *m*; *bes arbre m de Noël*

**Tansania** [tan'zaːnia, tanza'niːa] *n* la Tanzanie

**Tante** ['tantə] *f* (-; *-n*) tante *f*

**Tanz** [tants] *f/pl* (*-es*; *⸚e*) danse *f*; '**⁀en** (*h*) danser

**Tänzer** ['tɛntsər] *m* (*-s*; -), '**~in** *f* (-; *-nen*) danseur *m*, -euse *f*

'**Tanz|lokal** *n* dancing *m*; '**~musik** *f* musique *f* de danse

**Tape|te** [ta'peːtə] *f* (-; *-n*) papier *m* peint; **⁀'zieren** [-e'tsiːrən] (*pas de -ge-*, *h*) poser du papier peint, tapisser (*a fig* ***mit*** de)

**tapfer** ['tapfər] courageux, brave; '**⁀keit** (-; *sans pl*) courage *m*, bravoure *f*

**Tarif** [ta'riːf] *m* (*-s*; *-e*) tarif *m*; '**~autonomie** *f* autonomie *f* tarifaire; **~erhöhung** *f* majoration *f* du tarif; **~konflikt** *m* conflit *m* tarifaire; **~lohn** *m* salaire *m* tarifaire; **~partner** *m* partie *f* à la convention collective; **~verhandlungen** *f/pl* negociations *f/pl* salariales; **~vertrag** *m* convention *f* collective

**tarnen** ['tarnən] (*h*) camoufler

**Tasche** ['taʃə] *f* (-; *-n*) *in Kleidung* poche *f*; *Einkaufs⁀*, *Hand⁀* sac *m*

'**Taschen|buch** *n* livre *m* de poche; '**~dieb** *m* voleur *m* à la tire, pickpocket *m*; '**~geld** *n* argent *m* de poche; '**~lampe** *f* lampe *f* de poche; '**~messer** *n* canif *m*; '**~rechner** *m* calculatrice *f* de poche; '**~tuch** *n* (-[*e*]*s*; *⸚er*) mouchoir *m*

**Tasmanien** [tas'maːniən] *n* la Tasmanie

**Tasse** ['tasə] *f* (-; *-n*) tasse *f*

**Tastatur** [tasta'tuːr] *f* (-; *-en*) clavier *m*

**Tast|e** ['tastə] *f* (-; *-n*) touche *f*; '**⁀en** tâtonner; ***nach etw ~*** chercher qc à tâtons; '**~entelefon** *n* téléphone *m* à touches

**Tat** [taːt] *f* (-; *-en*) action *f*, acte *m*; *Verbrechen* crime *m*

**Täter** ['tɛːtər] *m* (*-s*; -), '**~in** *f* (-; *-nen*) auteur *m* (du crime), coupable *m*, *f*

**tätig** ['tɛːtiç] actif; ***~ sein bei*** être employé chez; '**⁀keit** *f* (-; *-en*) activité *f*

**tätlich** ['tɛːtliç] violent; ***~ werden*** se livrer à des voies de fait; '**⁀keiten** *f/pl* violences *f/pl*; *jur* voies *f/pl* de fait

**Tatort** ['taːtˀ-] *m* (-[*e*]*s*; *-e*) lieu *m od scène f du crime*

**tätowier|en** [tɛto'viːrən] (*pas de -ge-*, *h*) tatouer; **⁀ung** *f* (-; *-en*) tatouage *m*

'**Tat|sache** *f* fait *m*; ***vor vollendete ~n gestellt werden*** être mis devant le fait accompli; '**⁀sächlich** réel, vrai, effectif; *adv* vraiment, réellement, effectivement, en fait

**Tau**[1] [tau] *m* (-[*e*]*s*; *sans pl*) rosée *f*

**Tau**[2] *n* (-[*e*]*s*; *-e*) cordage *m*, câble *m*

**taub** [taup] sourd (*a fig* ***gegen*** à)

**Taube** ['taubə] *zo f* (-; *-n*) pigeon *m*

'**Taub|heit** *f* (-; *sans pl*) surdité *f*; '**⁀stumm** sourd-muet

**tauch|en** ['tauxən] (*v/t h*; *v/i sn*) plonger; '**2er** *m* (*-s*; -), '**2erin** *f* (-; *-nen*) plongeur *m*, -euse *f*; *mit Taucheranzug* scaphandrier *m*

**tauen** ['tauən] (*h*) *Eis, Schnee* fondre; ***es taut*** il dégèle

**Tauf|e** ['taufə] *f* (-; *-n*) baptême *m*; '**2en** (*h*) baptiser

**taug|en** ['taugən] (*h*) être bon *od* apte (***zu, für*** à); ***nichts ~*** ne rien valoir; '**2enichts** *m* (-[*es*]; *-e*) vaurien *m*; '**~lich** ['tauk-] bon, apte (***zu, für*** à); '**2lichkeit** *f* (-; *sans pl*) aptitude *f*

**Taumel** ['tauməl] *m* (*-s*; *sans pl*) vertige *m*; *fig* ivresse *f*; '**2n** (*h*) chanceler, tituber

**Tausch** [tauʃ] *m* (-[*e*]*s*; *-e*) échange *m*; '**2en** (*h*) échanger (***gegen*** contre); *Geld* changer

**täuschen** ['tɔʏʃən] (*h*) (***sich ~*** se) tromper; '**~d** ***e-e ~e Ähnlichkeit*** une ressemblance frappante

'**Tausch|geschäft** *n* opération *f* d'échange; troc *m*; '**~handel** *m* (économie *f* de) troc *m*

'**Täuschung** *f* (-; *-en*) tromperie *f*; *beim Examen* fraude *f*; *Sinnes2* illusion *f*

**tausend** ['tauzənt] **1.** mille; **2.** '**2** *n* (*-s*; *-e*) millier *m*; '**~jährig** millénaire; '**~ste** millième; '**2stel** *n* (*-s*; -) millième *m*

'**Tauwetter** *n* (*-s*; *sans pl*) dégel *m*

**Taxi** ['taksi] *n* (-[*s*]; -[*s*]) taxi *m*

**taxieren** [ta'ksiːrən] (*pas de -ge-, h*) évaluer, estimer

'**Taxi|fahrer** *m* chauffeur *m* de taxi; '**~stand** *m* station *f* de taxis

**Team** [tiːm] *n* (*-s*; *-s*) équipe *f*

**Techn|ik** ['tɛçnik] *f* (-; *-en*) technique *f*; '**~iker** *m* (*-s*; -), '**~ikerin** *f* (-; *-nen*) technicien *m*, -ne *f*; '**2isch** technique

**Techno** ['tɛkno] *m* (-[*s*]) *mus* techno *f*

**Technolo|gie** [tɛçnolo'giː] *f* (-; *-n*) technologie *f*; **~'giepark** *m* centre *m* technologique; **2gisch** [-'loːgiʃ] technologique

**Tee** [teː] *m* (*-s*; *-s*) thé *m*; *Kräuter2* tisane *f*, infusion *f*; '**~beutel** *m* sachet *m* de thé; '**~kanne** *f* théière *f*; '**~löffel** *m* petite cuiller *f*

**Teer** [teːr] *m* (-[*e*]*s*; *-e*) goudron *m*; '**2en** (*h*) goudronner

**Teich** [taiç] *m* (-[*e*]*s*; *-e*) étang *m*

**Teig** [taik] *m* (-[*e*]*s*; *-e*) pâte *f*; '**~waren** *f/pl* pâtes *f/pl* (alimentaires)

**Teil** [tail] *m*, *n* (-[*e*]*s*; *-e*) partie *f*; *An2* part *f*; ***zum ~*** en partie; '**2bar** divisible; '**~chen** *n* (*-s*; -) particule *f*; '**2en** (*h*) (***sich ~*** se) diviser (***in*** en; *a math*); *auf~* partager (***mit j-m*** avec qn); ***j-s Ansichten ~*** partager les idées de qn

'**teil|haben** (*irr, sép, -ge-, h,* → ***haben***) avoir part (***an*** à); '**2haber** ['-haːbər] *m* (*-s*; -), '**2haberin** *f* (-; *-nen*) *écon* associé *m*, -e *f*; '**2kaskoversicherung** *f* assurance *f* au tiers; '**2nahme** ['-naːmə] *f* (-; *sans pl*) participation *f* (***an*** à); *An2* sympathie *f*; '**~nahmslos** ['-naːmsloːs] indifférent, apathique; '**~nehmen** (*irr, sép, -ge-, h,* → ***nehmen***) participer (***an*** à); '**2nehmer** ['-neːmər] *m* (*-s*; -), '**2nehmerin** *f* (-; *-nen*) participant *m*, -e *f*

**teil|s** [tails] en partie; '**2strecke** *f* section *f*; '**2ung** (-; *-en*) division *f*; partage *m*; '**~weise** en partie, partiellement; '**2zahlung** *f* paiement *m* à tempérament; '**2zeitarbeit** *f* (-; *sans pl*) travail *m* à temps partiel

**Tel.** *abr* ***Telefon*** téléphone

**Telefon** [tele'foːn] *n* (*-s*; *-e*) téléphone *m*; ***am ~*** au téléphone; ***~ haben*** avoir le téléphone; **~anruf** *m* appel *m* téléphonique, coup *m* de téléphone; **~anschluss** *m* raccord *m*, abonnement *m* au téléphone; **~at** [-o'naːt] *n* (-[*e*]*s*; *-e*) conversation *f* téléphonique, coup *m* de fil F; **~buch** *n* annuaire *m* du téléphone, bottin *m*; **~gebühr** *f* taxe *f* téléphonique; **~gespräch** *n* communication *f* téléphonique; **2'ieren** [-o'niːrən] (*pas de -ge-, h*) téléphoner (***mit j-m*** à qn); **2isch** par téléphone; **~karte** *f* télécarte *f*; **~konferenz** *f* téléconférence *f*; **~leitung** *f* ligne *f* téléphonique; **~marke** *f* jeton *m* de téléphone; **~netz** *n* réseau *m* téléphonique; **~nummer** *f* numéro *m* de téléphone; **~zelle** *f* cabine *f* téléphonique; **~zentrale** *f* central *m* téléphonique, standard *m*

**telegraf|ieren** [telegra'fiːrən] (*pas de -ge-, h*) télégraphier; **~isch** [-'graːfiʃ] par télégramme

**Telegramm** [-'gram] *n* (*-s*; *-e*) télégramme *m*

'**Telekommunikation** *f* (-; *sans pl*) télécommunication *f*

**Teleobjektiv** ['teleʔ-] *n* téléobjectif *m*

**Teller** ['tɛlər] *m* (*-s*; -) assiette *f*

**Tempel** ['tɛmpəl] *m* (-*s*; -) temple *m*
**Temperament** [tɛmpəra'mɛnt] *n* (-[*e*]*s*; -*e*) *Lebhaftigkeit* entrain *m*, vivacité *f*; *Gemütsart* tempérament *m*; ***~ haben*** être plein d'entrain; **≈voll** dynamique, plein d'entrain
**Temperatur** [tɛmpəra'tuːr] *f* (-; -*en*) température *f*
**Tempo** ['tɛmpo] *n* (-*s*; -*s*, -*pi*) vitesse *f*, allure *f*, rythme *m*; *mus* tempo *m*; '**~limit** *n* (-*s*; -*s*) limitation *f* de vitesse; '**~taschentuch** *n* mouchoir *m* en papier, kleenex *m*
**Tendenz** [tɛn'dɛnts] *f* (-; -*en*) tendance *f*; **≈iös** [-'tsjøːs] tendancieux
**tendieren** [tɛn'diːrən] (*pas de -ge-*, *h*) tendre (***zu*** à)
**Teneriffa** [tene'rifa] *n* Tenerife *od* Ténériffe
**Tennis** ['tɛnis] *n* (-; *sans pl*) tennis *m*; '**~platz** *m* court *m* (de tennis); '**~schläger** *m* raquette *f* (de tennis); '**~spieler** *m*, '**~spielerin** *f* joueur *m*, -euse *f* de tennis
**Tenor** [te'noːr] *mus m* (-*s*; *≈e*) ténor *m*
**Teppich** ['tɛpiç] *m* (-*s*; -*e*) tapis *m*; '**~boden** *m* moquette *f*
**Termin** [tɛr'miːn] *m* (-*s*; -*e*) date *f*; *beim Arzt etc* rendez-vous *m*; ***e-n ~ vereinbaren*** prendre rendez-vous; **~kalender** *m* agenda *m*
**Terrasse** [tɛ'rasə] *f* (-; -*n*) terrasse *f*
**Territorium** [tɛri'toːrjum] *n* (-*s*; *Territorien*) territoire *m*
**Terror** ['tɛrɔr] *m* (-*s*; *sans pl*) terreur *f*; **≈isieren** [-ori'ziːrən] (*pas de -ge-*, *h*) terroriser; **~ismus** [ɔ'rismus] *m* (-; *sans pl*) terrorisme *m*; **~'ist** *m* (-*en*; -*en*), **~'istin** *f* (-; -*nen*) terroriste *m*, *f*; **≈'istisch** terroriste
**Tessin** [tɛ'siːn] ***das ~*** *Kanton* le Tessin
**Test** [tɛst] *m* (-[*e*]*s*; -*s*, -*e*) test *m*
**Testament** [tɛsta'mɛnt] *n* (-[*e*]*s*; -*e*) testament *m*; **≈arisch** [-'taːriʃ] testamentaire; ***~ vermachen*** léguer par testament
**testen** ['tɛstən] (*h*) tester
**teuer** ['tɔʏər] cher; ***~ bezahlen*** payer cher; ***wie ~ ist es?*** cela coûte combien?; '**≈ung** *f* (-; -*en*) hausse *f* des prix; '**≈ungsrate** *f* taux *m* d'inflation
**Teufel** ['tɔʏfəl] *m* (-*s*; -) diable *m*
**Texas** ['tɛksas] *n* le Texas
**Text** [tɛkst] *m* (-[*e*]*s*; -*e*) texte *m*; *Lieder≈* paroles *f/pl*
**Textil|ien** [tɛks'tiːljən] *pl* textiles *m/pl*; **~industrie** *f* industrie *f* textile
'**Text|stelle** *f* passage *m*; '**~verarbeitung** *f* traitement *m* de texte; '**~verarbeitungssystem** *n* système *m* de traitement de texte
**Thailand** ['taɪlant] *n* la Thaïlande
**Theater** [te'aːtər] *n* (-*s*; -) théâtre *m*; F ***so ein ~!*** quelle comédie!; F ***das ist doch nur ~*** c'est du cinéma; **~aufführung** *f* → ***Theatervorstellung***; **~karte** *f* billet *m* de théâtre; **~kasse** *f* bureau *m* de location; **~stück** *n* pièce *f* de théâtre; **~vorstellung** *f* représentation *f* théâtrale
**theatralisch** [tea'traːliʃ] théâtral
**Theben** ['teːbən] *n géogr in Griechenland*, *hist in Ägypten* Thèbes
**Theke** ['teːkə] *f* (-; -*n*) bar *m*, comptoir *m*
**Thema** ['teːma] *n* (-*s*; *Themen*) sujet *m*, thème *m*; ***das ~ wechseln*** changer de sujet
**Themse** ['tɛmzə] ***die ~*** la Tamise
**Theolog|e** [teo'loːgə] *m* (-*n*; -*n*), **~in** *f* (-; -*nen*) théologien *m*, -ne *f*; **~ie** [-o'giː] *f* (-; -*n*) théologie *f*; **≈isch** théologique
**theoretisch** [teo'reːtiʃ] théorique
**Theorie** [teo'riː] *f* (-; -*n*) théorie *f*
**Thera|peut** [tera'pɔʏt] *m* (-*en*; -*en*), **~'peutin** *f* (-; -*nen*) thérapeute *m*, *f*; **≈'peutisch** thérapeutique; **~'pie** *f* thérapeutique *f*, thérapie *f*
**Thermalbad** [tɛr'mal-] *n* station *f* thermale
**Thermometer** [tɛrmo'-] *n* (-*s*; -) thermomètre *m*
**Thermosflasche** ['tɛrmɔs-] *f* bouteille *f* thermos
**Thermostat** [tɛrmo'staːt] *tech m* (-*s*, -*en*; -*e*[*n*]) thermostat *m*
**These** ['teːzə] *f* (-; -*n*) thèse *f*
**Thrombose** [trɔm'boːzə] *méd f* (-; -*n*) thrombose *f*
**Thunfisch** ['tuːn-] *zo m* thon *m*
**Thüringen** ['tyːriŋən] *n* la Thuringe
**Tiber** ['tiːbər] ***der ~*** le Tibre
**Tick** [tik] *m* (-[*e*]*s*; -*s*) *méd u fig* tic *m*; *fig a* manie *f*, marotte *f*
**tief** [tiːf] profond; bas; *Stimme* grave; ***3 Meter ~*** profond de 3 mètres; ***bis ~ in die Nacht*** jusque tard dans la nuit; ***~***

***schlafen*** dormir profondément

**Tief** [tiːf] *n* (-*s*; -*s*) zone *f* de basse pression

'**Tief|bau** *m* (-[*e*]*s*; *sans pl*) travaux *m*/*pl* publics; '**~druckgebiet** *n* → ***Tief***

'**Tief|e** *f* (-; -*n*) profondeur *f*; *mus* gravité *f*; '**~ebene** *f* plaine *f*; '**~flug** *aviat m* rase-mottes *m*; '**~gang** *mar m* (-[*e*]*s*; *sans pl*) tirant *m* d'eau; '**~garage** *f* garage *m* souterrain; '**2gekühlt** surgelé; '**~kühltruhe** *f* congélateur *m*; '**~punkt** *m fig* point *m* le plus bas; '**~stand** *m* (-[*e*]*s*; *sans pl*) *Wasser* étiage *m*; *fig* le plus bas niveau

**Tier** [tiːr] *n* (-[*e*]*s*; -*e*) animal *m*, bête *f*; *fig* ***ein großes*** *od* ***hohes ~*** F une grosse légume; '**~art** *f* espèce *f* animale; '**~arzt** *m*, '**~ärztin** *f* vétérinaire *m*, *f*; '**~handlung** *f* animalerie *f*; '**2isch** animal; *von Menschen* bestial; '**~kreis** *astr m* (-*es*; *sans pl*) zodiaque *m*; '**~liebe** (-; *sans pl*) affection *f* pour l'animal, amour *m* des animaux; **~quälerei** [-kvɛːlə'rai] *f* (-; -*en*) cruauté *f* envers les animaux; '**~schutzverein** *m* Société *f* protectrice des animaux; '**~versuch** *m* expérimentation *f* animale

**Tiger** ['tiːgər] *zo m* (-*s*; -), '**~in** *f* (-; -*nen*) tigre *m*, -sse *f*

**tilgen** ['tilgən] (*h*) *Spuren* effacer; *Schulden*, *Anleihe* amortir, rembourser

'**Tilgungsfonds** *m* fonds *m* d'amortissement

**Tinte** ['tintə] *f* (-; -*n*) encre *f*; '**~nfisch** *zo m* seiche *f*

**Tipp** [tip] *m* (-*s*; -*s*) F *Hinweis* tuyau *m*, rancard *m* F

**tipp|en** ['tipən] (*h*) *auf der Schreibmaschine* taper; *berühren* toucher (***an etw*** qc); *raten* deviner; ***im Lotto ~*** jouer au loto; '**2fehler** *m* faute *f* de frappe

**Tirol** [ti'roːl] *n* (-*s*; *sans pl*) le Tyrol

**Tisch** [tiʃ] *m* (-*es*; -*e*) table *f*; ***bei ~ sitzen*** être à table; ***den ~ decken*** mettre le couvert *od* la table; '**~decke** *f* nappe *f*

**Tischler** ['tiʃlər] *m* (-*s*; -) menuisier *m*; **~ei** [-'rai] *f* (-; -*en*) menuiserie *f*

'**Tisch|tennis** *n* ping-pong *m*; '**~tuch** *n* (-[*e*]*s*; ⸚*er*) nappe *f*

**Titel** ['tiːtəl] *m* (-*s*; -) titre *m*; '**~blatt** *n* *Buch* frontispice *m*; '**~seite** *f* *Zeitschrift* couverture *f*

**Toast** [toːst] *m* (-*es*; -*e*, -*s*) toast *m*; *Röstbrot a* pain *m* grillé; ***e-n ~ auf j-n ausbringen*** porter un toast à qn; '**~brot** *n* pain *m* de mie; '**2en** (*h*) faire griller; '**~er** *m* (-; -) grille-pain *m*

**toben** ['toːbən] (*h*) *Kampf*, *Elemente* faire rage; *Kinder*, *Publikum* être déchaîné

**Tochter** ['tɔxtər] *f* (-; ⸚) fille *f*; '**~gesellschaft** *comm f* filiale *f*

**Tod** [toːt] *m* (-[*e*]*s*; -*e*) mort *f*; *jur* décès *m*; ***j-n zum ~e verurteilen*** condamner qn à mort; **2ernst** ['toːtˀ-] très sérieux; *iron* sérieux comme un pape

**Todes|anzeige** ['toːdəsˀ-] faire-part *m* de décès; '**~fall** *m* décès *m*; '**~opfer** *n* mort *m*; '**~stoß** *m* coup *m* de grâce (*bes fig*); '**~strafe** *f* peine *f* capitale *od* de mort; '**~ursache** *f* cause *f* de la mort; '**~urteil** *jur n* arrêt *m* de mort, sentence *f* capitale

'**Todfeind** *m* ennemi *m* mortel

**tödlich** ['tøːtliç] mortel

'**tod|müde** mort de fatigue; '**~sicher** F absolument sûr

**Toilette** [toa'lɛtə] *f* (-*n*; -) toilettes *f*/*pl*, cabinets *m*/*pl*, W.-C. *m*/*pl*; '**~npapier** *n* papier *m* hygiénique

**toler|ant** [tole'rant] tolérant; **2'anz** [-e'rants] *f* (-; *sans pl*, *tech* -*en*) tolérance *f*; **~'ieren** (*pas de -ge-*, *h*) tolérer

**toll** [tɔl] *verrückt* fou (folle); F *großartig* formidable, super; F ***ein ~er Bursche*** un rude gaillard; '**~kühn** téméraire; '**2wut** *méd f* rage *f*; **~wütig** ['-vyːtiç] enragé

**Tomate** [to'maːtə] *bot f* (-; -*n*) tomate *f*

**Ton** [toːn] **1.** (-[*e*]*s*; -*e*) *Erde* argile *f*; **2.** (-[*e*]*s*; ⸚*e*) *mus u fig* ton *m*; *Schall* son *m*; ***in e-m humoristischen ~*** sur un ton plaisant, ***der gute ~*** le bon ton; '**~abnehmer** *tech m* tête *f* de lecture, pick-up *m*; '**~art** *mus f* mode *m*; '**~band** *n* (-[*e*]*s*; ⸚*er*) bande *f* magnétique; '**~bandgerät** *n* magnétophone *m*

**tönen** ['tøːnən] (*h*) sonner; *prahlerisch reden* claironner; *Haare* teindre

'**Ton|fall** *m* (-[*e*]*s*; *sans pl*) intonation *f*; '**~film** *m* film *m* sonore; '**~ingenieur** *m* ingénieur *m* du son; '**~leiter** *mus f* (-; -*n*) gamme *f*

**Tonne** ['tɔnə] *f* (-; -*n*) tonneau *m*; *Maß* tonne *f*

'**Tönung** *f* (-; *-en*) teinte *f*
**Topf** [tɔpf] *m* (-[*e*]*s*; *⸚e*) pot *m*; *Koch*♀ marmite *f*; *Stiel*♀ casserole *f*
**Töpfer** ['tœpfər] *m* (*-s*; -) potier *m*; **~ei** [-'rai] *f* (-; *-en*) poterie *f*; '**~scheibe** *f* tour *m* de potier; '**~ware** *f* poterie *f*
**Tor** [toːr] *n* (-[*e*]*s*; *-e*) porte *f*; portail *m*; porche *m*; *Sport* but *m*; ***ein ~ schießen*** marquer un but; ***im ~ stehen*** être dans les buts
**Torf** [tɔrf] *m* (-[*e*]*s*; *sans pl*) tourbe *f*; '**~moor** *n* tourbière *f*; '**~mull** ['-mul] *m* (*-s*; *sans pl*) poussier *m* de tourbe
**Tor|heit** ['toːrhait] *f* (-; *-en*) sottise *f*; '**~hüter** *m* gardien *m* (de but)
**töricht** ['tøːriçt] insensé, sot
'**Torjäger** *m Fußball* buteur *m*
**torkeln** ['tɔrkəln] (*h*, *sn*) chanceler, tituber
**torpedieren** [tɔrpe'diːrən] (*pas de -ge-*, *h*) torpiller
**Torpedo** [tɔr'peːdo] *m* (*-s*; *-s*) torpille *f*; **~boot** *n* torpilleur *m*
**Torte** ['tɔrtə] *f* (-; *-n*) gâteau *m* (à la crème); *Obst*♀ tarte *f*
**Torwart** ['toːrvart] *Sport m* (-[*e*]*s*; *-e*) gardien *m* (de but)
**tosen** ['toːzən] (*h*, *sn*) *Wasser, Sturm* être déchaîné, mugir
**tot** [toːt] mort; ***das ♀e Meer*** la mer *f* Morte; ***~ geboren*** mort-né; ***sich ~ stellen*** faire le mort; ***~ umfallen*** tomber mort
**total** [to'taːl] total, complet; *adv* complètement; '**♀ausverkauf** *m* liquidation *f* totale; **~itär** [-ali'tɛːr] *pol* totalitaire; **♀itarismus** [-alita'rismus] *pol m* (-; *sans pl*) totalitarisme *m*; '**♀schaden** *m* perte *f* totale
**Tote** ['toːtə] *m*, *f* (*-n*; *-n*) mort *m*, morte *f*; ***die Toten*** les morts
**töten** ['tøːtən] (*h*) tuer
'**Toten|bett** *n* lit *m* de mort; '**♀blass** livide; '**~gräber** ['-grɛːbər] *m* (*-s*; -) fossoyeur *m* (*a fig*); '**~kopf** *m* tête *f* de mort; '**~schädel** *m* crâne *m*; '**~schein** *m* (-[*e*]*s*; *-e*) certificat *m* de décès; '**~stille** *f* silence *m* de mort
'**totlachen** (*sép*, *-ge-*, *h*) F ***sich ~*** mourir de rire
**Toto** ['toːto] *m od n* (*s*; *-s*) loto *m* sportif
'**tot|schießen** (*irr, sép*, *-ge-*, *h*, → ***schießen***) abattre d'un coup de feu; '**♀schlag** *jur m* (-[*e*]*s*; *⸚e*) homicide *m*, meurtre *m*; '**~schlagen** (*irr*, *sép*, *-ge-*, *h*, → ***schlagen***) assommer, tuer (*a Zeit*); '**~schweigen** (*irr*, *sép*, *-ge-*, *h*, → ***schweigen***) passer sous silence
**Touchscreen** ['tatʃskriːn] *m* (*-s*; *-s*) *EDV* écran *m* tactile
**Toupet** [tu'peː] *n* (*-s*; *-s*) postiche *m*
**Tour** [tuːr] *f* (-; *-en*) randonnée *f*, excursion *f*, tour *m*; ***auf ~en kommen*** *fig* battre son plein; ***krumme ~en machen*** faire de sales coups
**Touris|mus** [tu'rismus] *m* (-; *sans pl*) tourisme *m*; **~t** *m* (*-en*; *-en*), **~tin** *f* (-; *-nen*) touriste *m*, *f*; **~tenklasse** *f* classe *f* touriste; **♀tisch** touristique
**Tournee** [tur'neː] *f* (-; *-n*) tournée
**toxisch** ['tɔksiʃ] toxique
**Trab** [traːp] *m* (-[*e*]*s*; *sans pl*) trot *m*
**Trabantenstadt** [tra'bantən-] *f* ville *f* satellite
**trab|en** ['traːbən] trotter; **♀rennen** ['traːp-] *n* course *f* au trot
**Tracht** [traxt] *f* (-; *-en*) costume *m*; ***~ Prügel*** volée *f* (de coups de bâton); '**~enanzug** *m* costume *m* régional; '**~engruppe** *f* groupe *m* de folklore régional
**Tradition** [tradi'tsjoːn] *f* (-; *-en*) tradition *f*; **♀ell** [-o'nɛl] traditionnel
**Trag|bahre** ['traːk-] *f* brancard *m*; '**♀bar** *Gerät* portatif; *Kleidung* portable; *erträglich* supportable; *zulässig* admissible
**träge** ['trɛːgə] paresseux; *phys* inerte
**tragen** ['traːgən] (*trug*, *getragen*, *h*) porter
**Träger** ['trɛːgər] *m* (*-s*; -) porteur *m*; *am Kleid* bretelle *f*; *arch* poutre *f*; *fig* e-r Idee représentant *m*; '**~rakete** *f* fusée *f* porteuse
**Tragetasche** ['traːgə-] *f* sac *m*; poche *f*
**Trag|fähigkeit** ['traːk-] *f* (-; *sans pl*) capacité *f* de charge; '**~fläche** *aviat f* aile *f*
**Trägheit** ['trɛːkhait] *f* (-; *sans pl*) paresse *f*; *phys* inertie *f*
**tragisch** ['traːgiʃ] tragique
**Tragödie** [tra'gøːdjə] *f* (-; *-n*) tragédie *f*
**Tragweite** ['traːk-] *f* (-; *sans pl*) portée *f* (*a fig*)
**Train|er** ['trɛːnər] entraîneur *m*; **♀'ieren** (*pas de -ge-*, *h*) s'entraîner; *j-n* entraîner; **~ing** ['-iŋ] *n* (*-s*; *-s*) entraînement *m*; '**~ingsanzug** *m* survêtement *m*

**Traktor** ['traktɔr] *m* (*-s*; *-en*) tracteur *m*
**tramp|en** ['trɛmpən] (*h*) faire de l'auto-stop; '**2er** *m* (*-s*; -), '**2erin** *f* (-; *-nen*) auto-stoppeur *m*, -euse *f*
**Träne** ['trɛːnə] *f* (-; *-n*) larme *f*; ***in ~n ausbrechen*** fondre en larmes; '**2n** (*h*) ***mir ~ die Augen*** mes yeux pleurent; '**~ngas** *n* (*-es*; *sans pl*) gaz *m* lacrymogène
**Trans|akti'on** [transʔ-] *f* transaction *f*; **~fer** [-'feːr] *m* (*-s*; *-s*) transfert *m*; **~formator** [-fɔr'maːtɔr] *tech m* (*-s*; *-en*) transformateur *m*; **~fusion** [-fu'zjoːn] *méd f* (-; *-en*) transfusion *f*; **2'gen** transgénique
**Transistor** [tran'zistɔr] *tech m* (*-s*; *-en*) transistor *m*
**Transit** [tran'zit] *m* (*-s*; *-e*) transit *m*
**transparent** [transpa'rɛnt] **1.** transparent; **2.** **2** *n* (*-s*; *-e*) *Spruchband* banderole *f*
**Transplan|tation** [transplanta'tsjoːn] *méd f* (-; *-en*) greffe *f*, transplantation *f*; **2'tieren** (*pas de -ge-*, *h*) transplanter, greffer
**Transport** [trans'pɔrt] *m* (-[*e*]*s*; *-e*) transport *m*; **2fähig** transportable; **2'ieren** (*pas de -ge-*, *h*) transporter; **~kosten** *pl* frais *m*/*pl* de transport; **~unternehmen** *n* entreprise *f* de transport; **~unternehmer** *m* entrepreneur *m* de transports; **~wesen** *n* (*-s*; *sans pl*) transports *m*/*pl*
**Traube** ['traubə] *f* (-; *-n*) *Wein2* raisin *m*; *bot* grappe *f*; ***~n essen*** manger du raisin; '**~nsaft** *m* jus *m* de raisin
**trauen** ['trauən] (*h*) **1.** *v*/*i* ***j-m*** (***e-r Sache***) **~** avoir confiance en qn (en qc); ***ich traute meinen Ohren nicht*** je n'en croyais pas mes oreilles; **2.** ***sich ~ zu*** oser (+ *inf*); **3.** *v*/*t Ehepaar* unir, marier; ***sich ~ lassen*** se marier
**Trauer** ['trauər] *f* (-; *sans pl*) *Traurigkeit* tristesse *f*; *um Tote* deuil *m*; '**~fall** *m* deuil *m*, décès m; '**~gottesdienst** *m* service *m* funèbre; '**2n** (*h*) ***um j-n ~*** porter le deuil de qn, pleurer (la mort de) qn; '**~zug** *m* cortège *m* funèbre
**Traum** [traum] *m* (-[*e*]*s*; *⸚e*) rêve *m* (*a fig*)
**träumen** ['trɔymən] (*h*) rêver (***von*** de; *a fig*)
**Träumer** ['trɔymər] *m* (*-s*; -), '**~in** *f* (-; *-nen*) rêveur *m*, -euse *f*; **~ei** [-'rai] *f* (-; *-en*) rêverie *f*; '**2isch** rêveur
**traurig** ['trauriç] triste (***über*** de); '**2keit** *f* (-; *sans pl*) tristesse *f*
'**Trau|ring** *m* alliance *f*; '**~ung** *f* (-; *-en*) mariage *m*; '**~zeuge** *m* témoin *m*
**Travellerscheck** ['trɛvələr-] *m* chèque *m* de voyage
**Treff** [trɛf] *m* (*-s*; *-s*) F rencontre *f*; rendez-vous *m* (*a Ort*)
**treffen** ['trɛfən] **1.** (*traf*, *getroffen*) *v*/*t* (*h*) *Ziel etc* toucher; *begegnen* (***sich ~*** se) rencontrer; *Maßnahme*, *Entscheidung* prendre; *Vorbereitungen* faire; *fig* ***das trifft sich gut*** cela tombe bien; *v*/*i* (*sn*) ***auf j-n ~*** tomber sur qn; **2.** **2** (*-s*; -) rencontre *f*; '**~d** juste; *Wort a* propre
'**Treff|er** *m* (*-s*; -) coup *m* réussi; *Lotterie* billet *m* gagnant; *Fußball* but *m*; '**~punkt** *m* (lieu *m* de) rendez-vous *m*
**treiben** ['traibən] (*trieb*, *getrieben*) *v*/*i* (*sn*) *im Wasser* flotter; (*h*) pousser (*a wachsen*); *Studien*, *Sport*, *Handel* faire; *tech an~* entraîner, actionner; ***j-n zu etw ~*** pousser qn à (faire) qc; ***Knospen ~*** bourgeonner; ***was treibst du denn so?*** qu'est-ce que tu deviens?; ***sich ~ lassen*** se laisser emporter par le courant
'**Treiben** *n* (*-s*; *sans pl*) activité *f*; *in den Straßen* animation *f*
**Treib|haus** ['traip-] *n* serre *f*; '**~hauseffekt** *m* effet *m* de serre; '**~stoff** *m* carburant *m*
**Trekking** ['trɛkiŋ] *n* (*-s*; *-s*) *tourismus* trekking *m*; **~bike** ['-baik], '**~rad** *n* VTC *m* (vélo *m* tout chemin)
**Trend** [trɛnt] *m* (*-s*; *-s*) tendance *f*
**trenn|en** ['trɛnən] (*h*) (***sich ~*** se) séparer (***von*** de); '**2ung** *f* (-; *-en*) séparation *f*; '**2wand** *f* cloison *f*
**Treppe** ['trɛpə] *f* (-; *-n*) escalier *m*; ***auf der ~*** dans l'escalier; '**~nabsatz** *m* palier *m*; '**~ngeländer** *n* rampe *f*; '**~nhaus** *n* cage *f* d'escalier
**Tresor** [tre'zoːr] *m* (*-s*; *-e*) coffre-fort *m*; *Bank* chambre *f* forte; **~raum** *m* salle *f* des coffres-forts
**Tretboot** ['treːt-] *n* pédalo *m*
**treten** ['treːtən] (*trat*, *getreten*) **1.** (*sn*) ***ins Zimmer ~*** entrer dans la pièce; marcher (***auf*** sur); **2.** (*h*) *beim Radfahren* pédaler; ***j-n ~*** donner un coup de pied à qn; ***auf die Bremse ~*** appuyer

sur le frein; *fig* ***mit Füßen*** **~** fouler aux pieds

**treu** [trɔʏ] fidèle, loyal

**'Treu|e** *f* (-; *sans pl*) fidélité *f*, loyauté *f*; **'~hand...** tutelle *f*; fidéicommis *m*; **'~händer** *jur m* fiduciaire *m*; **'2herzig** ['-hɛrtsiç] candide; **'2los** infidèle, déloyal

**Tribüne** [tri'byːnə] *f* (-; *-n*) tribune *f*

**Trichter** ['triçtər] *m* (*-s*; -) entonnoir *m*

**Trick** [trik] *m* (*-s*; *-s*, *-e*) truc *m*, ficelle *f*, combine *f* F; **'~aufnahmen** *f/pl* effets *m/pl* spéciaux

**Trieb** [triːp] *m* (-[*e*]*s*; *-e*) *bot* pousse *f*; *Natur*2 instinct *m*; *Neigung* penchant *m*; **'~kraft** *f fig* moteur *m*; **'~wagen** *m elektrischer* automotrice *f*; *Diesel*2 autorail *m*; **'~werk** *n* moteur *m*; *aviat* réacteur *m*

**Trient** [tri'ɛnt] *n* Trente

**Trier** ['triːər] *n* Trèves

**triftig** ['triftiç] *Grund* valable

**Trikot** [tri'koːt] *n* (*-s*; *-s*) *Sport* maillot *m*; *Tanz* justaucorps *m*

**Trinidad** ['trinidat] *n* la Trinité

**trink|bar** ['triŋk-] buvable; *Wasser* potable; **'~en** (*trank*, *getrunken*, *h*) boire; **'2er** *m* (*-s*; -), **'2erin** *f* (-; *-nen*) buveur *m*, -euse *f*; **'2geld** *n* pourboire *m*; **'2wasser** *n* (*-s*; *sans pl*) eau *f* potable

**Trio** ['triːo] *n* (*-s*; *-s*) trio *m* (*a fig*)

**Tritt** [trit] *m* (-[*e*]*s*; *-e*) pas *m*; *Fuß*2 coup *m* de pied; **'~brett** *n* marchepied *m*; **'~leiter** *f* escabeau *m*

**Triumph** [tri'umf] *m* (-[*e*]*s*; *-e*) triomphe *m*; **2al** [-'faːl] triomphal; **~bogen** *m* arc *m* de triomphe; **2'ieren** (*pas de -ge-*, *h*) triompher (***über*** de)

**trocken** ['trɔkən] sec (*a fig Stil*, *Wein*); **'2dock** *mar n* cale *f* sèche; **'2haube** *f* casque *m* sèche-cheveux; **'2heit** *f* (-; *-en*) sécheresse *f* (*a fig*); **'~legen** (*sép*, *-ge-*, *h*) *Sumpf* assécher; *Baby* changer

**trocknen** ['trɔknən] *v/i* (*sn*); *v/t* (*h*) sécher

**Tröd|el** ['trøːdəl] *m* (*-s*; *sans pl*) bric-à-brac *m*; **'~elmarkt** *m* marché *m* aux puces; **'~ler** *m* (*-s*; -), **'~lerin** *f* (-; *-nen*) brocanteur *m*, -euse *f*; *langsamer Mensch* F lambin *m*, -e *f*

**Trog** [troːk] *m* (-[*e*]*s*; *⸚e*) auge *f*

**Trommel** ['trɔməl] *f* (-; *-n*) tambour *m*; **'~fell** *n im Ohr* tympan *m*; **'2n** (*h*) jouer du tambour; tambouriner (*a fig*)

**'Trommler** *m* (*-s*; -) tambour *m*

**Trompete** [trɔm'peːtə] *f* (-; *-n*) trompette *f*; **2n** (*pas de -ge-*, *h*) jouer *od* sonner de la trompette; *Elefant* barrir; **~r** *m* (*-s*; -) trompettiste *m*

**Tropen** ['troːpən] *pl* tropiques *m/pl*; ***in den*** **~** sous les tropiques

**tropfen** ['trɔpfən] **1.** (*h od sn*) tomber goutte à goutte, (dé)goutter, dégouliner; **2.** **2** *m* (*-s*; -) goutte *f*; *fig* ***es ist ein*** **~** ***auf den heißen Stein*** c'est une goutte d'eau dans la mer

**Trophäe** [tro'fɛːə] *f* (-; *-n*) trophée *m*

**tropisch** ['troːpiʃ] tropical

**Trost** [troːst] *m* (*-es*; *sans pl*) consolation *f*

**tröst|en** ['trøːstən] (*h*) (***sich*** **~** se) consoler; **'~lich** rassurant

**'trost|los** désolant; **'2preis** *m* prix *m* de consolation

**Trott** [trɔt] *m* (-[*e*]*s*; *-e*) ***der alltägliche*** **~** le traintrain quotidien; ***der alte*** **~** la routine

**Trottel** ['trɔtəl] *m* (*-s*; -) *péj* crétin *m*, idiot *m*; **'2ig** stupide; F gaga

**trotz** *prép* (*gén*) malgré; **'~dem** ['-deːm] quand même, néanmoins, malgré tout; **'~en** (*h*) ***j-m*** (***e-r Sache***) **~** affronter *od* braver qn (qc); **'~ig** entêté

**Trotz** [trɔts] *m* (*-es*; *sans pl*) entêtement *m*; ***aus*** **~** par dépit; ***meinen Ratschlägen zum*** **~** en dépit de mes conseils

**trüb(e)** [tryːp, 'tryːbə] *Flüssigkeit* trouble; *glanzlos* terne; *Wetter* sombre; *fig* triste

**Trubel** ['truːbəl] *m* (-; *sans pl*) animation *f*, tumulte *m*

**trüb|en** ['tryːbən] (*h*) (***sich*** **~** se) troubler (*a fig*); **'2sal** ['tryːpzaːl] *f* (-; *-e*) affliction *f*; **'~selig** ['-p-] triste, morne; **'2sinn** *m* ['-p-] (-[*e*]*s*; *sans pl*) mélancolie *f*; **'~sinnig** ['-p-] mélancolique, triste

**Trüffel** ['tryfəl] *bot f* (-; *-n*) *od* F *m* (*-s*; -) truffe *f*

**trüg|en** ['tryːgən] (*trog*, *getrogen*, *h*) tromper; ***der Schein trügt*** les apparences sont trompeuses; **'~erisch** ['-əriʃ] trompeur

**Trugschluss** ['truːk-] *m* fausse conclusion *f*

**Trümmer** ['trymər] *pl* décombres *m/pl*, débris *m/pl*

**Trumpf** [trumpf] *m* (-[*e*]*s*; *⸗e*) atout *m* (*a fig*)

**Trunkenheit** ['truŋkən-] *f* (-; *sans pl*) ivresse *f*; *~ **am Steuer*** *jur* conduite *f* en état d'ivresse *od* d'ébriété

**Trupp** [trup] *m* (-*s*; -*s*) troupe *f*, bande *f*; *Arbeits*⁀ équipe *f*

'**Truppe** *f* (-; -*n*) troupe *f* (*a mil u Theater*); *Theater a* compagnie *f*; **~n** *pl mil* troupes *f*/*pl*; '**~ngattung** *mil f* arme *f*; '**~nübungsplatz** *m* camp *m* militaire

**Trust** [trast] *m* (-[*e*]*s*; -*e*, -*s*) trust *m*

**Trut|hahn** ['truːt-] dindon *m*; '**~henne** *f* dinde *f*

**Tschad** [tʃat] *n* le Tchad

**Tschech|e** ['tʃɛçə] *m* (-*n*; -*n*), '**~in** *f* (-; -*nen*) Tchèque *m*, *f*; '**~ien** *n* la République tchèque; '**⁀isch** tchèque; ***die ⁀e Republik*** la République tchèque

**Tschechoslowakei** [tʃɛçoslova'kai] *f* (-; *sans pl*) *hist* ***die ~*** la Tchécoslovaquie

**tschüs** [tʃys] F salut!

**TU** *f abr **Technische Universität*** université *f* technique

**Tube** ['tuːbə] *f* (-; -*n*) tube *m*

**Tuberkulose** [tubərku'loːzə] *méd f* (-; -*n*) tuberculose *f*

**Tuch** [tuːx] *n* (-[*e*]*s*; -*e u* ⸗*er*) drap *m*; *Kopf*⁀, *Hals*⁀ foulard *m*; *Umschlag*⁀ châle *m*; *Staub*⁀ chiffon *m*

**tüchtig** ['tyçtiç] bon; *fähig* capable; *fleißig* travailleur; F *adv* beaucoup; '**⁀keit** *f* (-; *sans pl*) capacité *f*, aptitude *f*, valeur *f*

**Tück|e** ['tykə] *f* (-; -*n*) perfidie *f*; '**⁀isch** perfide; *Sache a* traître

**Tugend** ['tuːgənt] *f* (-; -*en*) vertu *f*; '**⁀haft** vertueux

**Tulpe** ['tulpə] *bot f* (-; -*n*) tulipe *f*

**Tumor** ['tuːmɔr] *méd m* (-*s*; -*moren*) tumeur *f*

**Tumult** [tu'mult] *m* (-[*e*]*s*; -*e*) tumulte *m*

**tun** [tuːn] (*tat*, *getan*, *h*) faire; F *legen etc* mettre; F ***das tut's auch*** ça va aussi; ***es tut sich etw*** il se passe qc; (***sich***) ***wichtig ~*** faire l'important; ***ich weiß nicht, was ich ~ soll*** je ne sais que faire; ***so ~, als ob*** faire comme si, faire semblant de (+ *inf*); ***das tut gut*** cela fait du bien; ***Sie ~ gut daran zu …*** vous faites bien de (+ *inf*); ***ich habe viel zu ~*** j'ai beaucoup à faire *od* de travail; ***damit habe ich nichts zu ~*** je n'ai rien à faire avec cela; ***mit j-m zu ~ bekommen*** avoir affaire à qn

**Tünche** ['tynçə] *f* (-; -*n*) badigeon *m*, *fig* vernis *m*; '**⁀n** (*h*) blanchir à la chaux, badigeonner

**Tunes|ien** [tu'neːzjən] *n* (-*s*; *sans pl*) la Tunisie; **⁀isch** tunisien

**Tunis** ['tuːnis] *n* Tunis

**Tunnel** ['tunəl] *m* (-*s*; - *u* -*s*) tunnel *m*

**tupfen** ['tupfən] (*h*) toucher légèrement; *mit Watte* tamponner

**Tür** [tyːr] *f* (-; -*en*) porte *f*; ***vor die ~ setzen*** mettre à la porte; ***Tag der offenen ~*** journée *f* portes ouvertes; '**~angel** *f* gond *m*

**Turbine** [tur'biːnə] *tech f* (-; -*n*) turbine *f*

**turbulent** [turbu'lɛnt] tumultueux; *Versammlung a* houleux

'**Tür|flügel** *m* battant *m*; '**~griff** *m* poignée *f* de porte

**Türk|e** ['tyrkə] *m* (-*n*; -*n*), '**~in** *f* (-; -*nen*) Turc *m*, Turque *f*; **~'ei** *f* (-; *sans pl*) ***die ~*** la Turquie; **~is** [-'kiːs] *m* (-*es*; -*e*) *Schmuckstein* turquoise *f*; '**⁀isch** turc (*f* turque)

'**Türklinke** *f* poignée *f* de porte

**Turm** [turm] *m* (-[*e*]*s*; ⸗*e*) tour *f*

'**Turm|spitze** *f* flèche *f* (d'un clocher); '**~uhr** *f* horloge *f*

**turn|en** ['turnən] (*h*) faire de la gymnastique; '**⁀** *n* (-*s*; *sans pl*) gymnastique *f*; '**⁀er** *m* (-*s*; -), '**⁀erin** *f* (-; -*nen*) gymnaste *m*, *f*; '**⁀geräte** *n*/*pl* agrès *m*/*pl*; '**⁀halle** *f* gymnase *m*

'**Turn|lehrer** *m*, '**~lehrerin** *f* professeur *m* d'éducation physique *od* de gymnastique; '**~schuh** *m* chaussure *f* de gymnastique

**turnusmäßig** ['turnus-] à tour de rôle

'**Turnverein** *m* club *m* de gymnastique

'**Tür|öffner** *m* dispositif *m* ouvre-porte; '**~pfosten** *m* montant *m* de porte; '**~schwelle** *f* seuil *m* (de la porte); '**~vorleger** ['-voːrleːgər] *m* (-*s*; -) paillasson *m*

**Tusche** ['tuʃə] *f* (-; -*n*) encre *f* de Chine

**tuscheln** ['tuʃəln] (*h*) chuchoter

**Tussi** ['tusi] *f* F nana *f*

**Tütchen** ['tyːtçən] *n* (-*s*; -) sachet *m*, pochette *f*; *Eis*⁀ cornet *m*

**Tüte** ['tyːtə] *f* (-; -*n*) sac *m*; *spitze* cornet *m*

**TÜV** [tyf] *m* (-*s*; -*s*) *etwa* contrôle *m* technique

**Typ** [ty:p] *m* (*-s*; *-en*) type *m* (*a* F *Kerl*)
**Type** ['ty:pə] *f* (-; *-n*) *Druck*≈ type *m*; *Mensch* F drôle *m* d'oiseau
**Typhus** ['tyfus] *méd m* (-; *sans pl*) (fièvre *f*) typhoïde
'**typisch** typique, caractéristique, représentatif (*alle* ***für*** de)
**Tyrann** [ty'ran] *m* (*-en*; *-en*) tyran *m*; ≈**isch** tyrannique; ≈**isieren** [-i'zi:rən] (*pas de -ge-*, *h*) tyranniser

# U

**u.** *abr* ***und*** et
**u. a.** *abr* ***unter anderem*** entre autres
**u. Ä.** *abr* ***und Ähnliches*** et (d')autres (choses) semblables
**u. A. w. g.** *abr* ***um Antwort wird gebeten*** R.S.V.P (répondez s'il vous plaît)
**U-Bahn** ['u:-] *f* métro *m*; '**~-Fahrschein** *m* ticket *m* de métro; '**~hof** *m* station *f* de métro; '**~netz** *n* réseau *m* de métro
**übel** ['y:bəl] mauvais; *adv* mal; ***mir ist ~*** je me sens mal, j'ai mal au cœur; ***ich nehme es ihm nicht ~*** je ne lui en veux pas
'**Übel** *n* (*-s*; -) mal *m*
**übelgesinnt** ['y:bəlgəzint] mal disposé, intentionné
'**Übelkeit** *f* (-; *-en*) envie *f* de vomir; nausée *f*
'**übelnehmen** (*irr*, *-ge-*, *h*, → ***nehmen***) → ***übel***
**üben** ['y:bən] (*h*) s'exercer; *Musikstück* étudier; ***etw ~*** *od* ***sich in etw ~*** s'exercer à (faire) qc
**über** ['y:bər] sur, au-dessus de; *mehr als* plus de (+ *Zahl*); ***~ etw hinweg*** par-dessus qc; ***~ München nach Rom fahren*** passer par Munich pour se rendre à Rome; ***lachen ~*** rire de; ***sich ärgern ~*** se mettre en colère à propos de; ***~ Nacht*** pendant la nuit; ***~ und ~*** entièrement
**überall** [-ʔ'al] partout
'**Über|angebot** *n* surabondance *f*; ≈'**anstrengen** (*pas de -ge-*, *h*) (***sich ~*** se) surmener
**überarbeiten** [-ʔ'ar-] (*pas de -ge-*, *h*) *Buch etc* remanier; ***sich ~*** se surmener
**überaus** ['y:bərʔ-] extrêmement, infiniment
**über|bieten** [-'bi-] (*irr*, *pas de -ge-*, *h*, → ***bieten***) ***j-n ~*** enchérir sur qn; '≈**bleibsel** ['-blaipsəl] *n* (*-s*; -) reste *m*
'**Überblick** *m* vue *f* d'ensemble; *Darstellung* tour *m* d'horizon, résumé *m*, exposé *m*; ≈**en** [-'bl-] (*pas de -ge-*, *h*) embrasser du regard; *fig* avoir une vue d'ensemble de *od* sur
**über|bringen** [-'-] (*irr*, *pas de -ge-*, *h*, → ***bringen***) remettre; **~'dacht** [-'daxt] couvert; *von überdenken* réfléchi
'**Über|dosis** *f Droge* overdose *f*; '**~druss** *m* dégoût *m*; '≈**drüssig** dégoûté (***e-r Sache*** de qc); '≈**durchschnittlich** au-dessus de la moyenne
**übereinander** [y:bərʔai'nandər] l'un sur l'autre
**überein|kommen** [-ʔ'ain-] (*irr*, *sép*, *-ge-*, *sn*, → ***kommen***) convenir (***zu*** de; ***dass*** que), tomber d'accord (pour); ≈**kommen** *n* (*-s*; -), ≈**kunft** *f* (-; *¨e*) convention *f*; accord *m* (***über*** sur); **~stimmen** (*sép*, *-ge-*, *h*) être d'accord (***mit j-m*** avec qn); *Dinge* correspondre (***mit*** à *od* avec), concorder (avec); ≈**stimmung** *f* (-; *-en*) accord *m*; ***in ~ mit*** en accord avec
**über|fahren** [-'-] (*irr*, *pas de -ge*, *h*, → ***fahren***) *Lebewesen* écraser; *Verkehrszeichen* griller; '≈**fahrt** *f mar* traversée *f*; '≈**fall** *m* attaque *f* (par surprise), agression *f*; **~'fallen** (*irr*, *pas de -ge-*, *h*, → ***fallen***) attaquer (par surprise), agresser; '**~fällig** ['-fɛliç] en retard; '≈**fluss** *m* (-es; *sans pl*) abondance *f* (***an*** de); '≈**flussgesellschaft** *f* société *f* d'abondance; '**~flüssig** superflu; **~'fordern** (*pas de -ge-*, *h*) ***j-n ~*** demander *od* exiger trop de qn
**überführ|en** [-'-] (*pas de -ge-*, *h*) *Leiche* transférer; *Täter* convaincre (***e-r Sache*** de qc); ≈**ung** *f* (-; *-en*) transfert *m*; *Brücke* passage *m* supérieur
**überfüllt** [y:bər'fylt] surchargé; *Verkehrsmittel* bondé
'**Übergabe** *f* remise *f*; *mil* reddition *f*
'**Übergang** *m* passage *m*; *fig* transition

*f*; '**~slösung** *f* solution *f* provisoire *od* de transition; '**~sphase** *f* période *f* de transition
**über|geben** [-'-] (*irr, pas de -ge-, h,* → ***geben***) remettre, passer, ***sich ~*** *erbrechen* vomir; **~'gehen** (*irr, pas de -ge-, h,* → ***gehen***) sauter, omettre, oublier; ['-ge:ən] (*irr, sép, -ge-, sn,* → ***gehen***) ***~ zu*** passer à; ***~ in*** se transformer en; '**ˆgepäck** *n* excédent *m* de bagages; '**ˆgewicht** *n* excédent *m* de poids; *fig* prépondérance *f*; '**~greifen** (*irr, sép, -ge-, h,* → ***greifen***) ***~ auf*** envahir (qc), empiéter sur; '**ˆgriff** *m* empiétement *m* (***auf*** su); *Gewaltakt* acte *m* de violence; '**ˆgröße** *f* grande taille *f*
**überhand** *adv* ***~ nehmen*** augmenter trop, devenir envahissant
**überhaupt** [-'haupt] en général; *schließlich* après tout; ***~ nicht*** pas du tout
**überheblich** [-'he:pliç] arrogant
**über|höht** [-'hø:t] excessif; **~'holen** (*pas de -ge-, h*) dépasser, doubler; *tech* réviser; **ˆ'holspur** *f* piste *f* de dépassement; **ˆ'holverbot** *n* défense *f* de doubler; **~'holt** [-'ho:lt] dépassé, périmé, suranné; **~'hören** (*pas de -ge-, h*) (faire semblant de) ne pas entendre
**überlassen** [-'-] (*irr, pas de -ge-, h,* → ***lassen***) laisser, céder (***j-m etw*** qc à qn); ***j-n sich selbst ~*** livrer qn à lui-même; ***j-n seinem Schicksal ~*** abandonner qn à son sort; ***das überlasse ich Ihnen*** je m'en remets à vous
**überleben** [-'-] (*pas de -ge-, h*) ***j-n*** (***etw***) ***~*** survivre à qn (à qc); **ˆde** *m, f* (*-n; -n*) survivant *m*, -e *f*
**überleg|en** [-'le:gən] **1.** *adj* supérieur (***j-m, e-r Sache*** à qn, à qc); **2.** *Verb* (*pas de -ge-, h*) réfléchir (***etw*** à *od* sur qc); ***ich habe es mir anders überlegt*** j'ai changé d'avis; **ˆenheit** *f* (-; *sans pl*) supériorité *f*; **~t** réfléchi; **ˆung** *f* (-; *-en*) réflexion *f*
**überliefer|n** [-'-] (*pas de -ge-, h*) transmettre; **ˆung** *f* (-; *-en*) tradition *f*
'**Über|macht** *f* (-; *sans pl*) supériorité *f* (numérique); '**ˆmächtig** trop puissant; '**~maß** *n* (*-es; sans pl*) excès *m*; '**ˆmäßig** excessif
**übermitt|eln** [-'-] (*pas de -ge-, h*) transmettre; **ˆlung** *f* (-; *-en*) transmission *f*
'**übermorgen** après-demain
**übermüdet** [-'my:dət] trop fatigué, mort de fatigue
'**Über|mut** *m* pétulance *f*, exubérance *f*, démesure *f*; '**ˆmütig** [-'my:tiç] exubérant, pétulant
'**übernächst** ***der ~e Tag*** le surlendemain; ***~es Jahr*** dans deux ans
**übernacht|en** [-'naxtən] (*pas de -ge-, h*) passer la nuit; **ˆung** *f* (-; *-en*) nuit *f*, nuitée *f*; ***~ und Frühstück*** chambre *f* et petit déjeuner *m*
**Über|nahme** ['y:bərna:mə] *f* (-; *-n*) prise *f* en charge; *e-r Idee* adoption *f*; '**~nahmeangebot** *n* offre *f* publique d'achat (OPA); '**ˆnational** supranational; **ˆ'nehmen** (*irr, pas de -ge-, h,* → ***nehmen***) *Aufgabe* se charger de; *Kosten* prendre en charge; *Amt, Verantwortung* assumer; *Idee, Methode etc* adopter; '**~produktion** *f* surproduction *f*
**über'prüf|en** (*pas de -ge-, h*) contrôler, vérifier, examiner, réviser; **ˆung** *f* [-'-] (-; *-en*) contrôle *f*, vérification *f*, examen *m*, révision *f*
**über'queren** (*pas de -ge-, h*) traverser
**über'ragen** (*pas de -ge-, h*) dépasser; **~d** supérieur, éminent
**über'rasch|en** [y:bər'raʃən] (*pas de -ge-, h*) surprendre; **~end** [-ənt] surprenant; **ˆung** (-; *-en*) surprise *f*
**über'reden** (*pas de -ge-, h*) ***j-n zu etw ~***; ***j-n ~, etw zu tun*** persuader qn de faire qc
'**überregional** suprarégional; *Presse* national
**über'reichen** (*pas de -ge-, h*) présenter, remettre
'**Überreste** *m/pl* restes *m/pl*, débris *m/pl*, vestiges *m/pl*
'**Überschallflug** *aviat m* vol *m* supersonique; '**~zeug** *n* avion *m* supersonique
**über|'schätzen** (*pas de -ge-, h*) surestimer; **~'schlagen** (*irr, pas de -ge-, h,* → ***schlagen***) *berechnen* estimer, évaluer; *beim Lesen* sauter; ***sich ~*** culbuter; *auto, aviat* capoter; *auto a* faire un tonneau; ***sich mehrmals ~*** faire plusieurs tonneaux; **~'schneiden** (*irr, pas de -ge-, h,* → ***schneiden***) ***sich ~*** coïncider, interférer; **~'schreiten** (*irr, pas de -ge-, h,* → ***schreiten***) *Straße* traverser; *Grenze* franchir; *Anzahl* dépasser, excéder; *Befugnisse* outrepasser

'**Über|schrift** *f* titre *m*; '**~schuss** *m* excédent *m*, surplus *m*; '**~schussproduktion** *f* production *f* excédentaire; '**⁓schüssig** ['-ʃysiç] excédentaire
**überschwemm|en** [yːbər'ʃvɛmən] (*pas de -ge-, h*) inonder; **⁓ung** *f* (-; *-en*) inondation *f*
'**Übersee** ***nach ~ gehen*** partir outre-mer; ***aus*** *od* ***in ~*** d'outre-mer
**über|'sehen** (*irr, pas de -ge-, h,* → ***sehen***) *überblicken* embrasser du regard; *fig* avoir une vue d'ensemble de *od* sur, voir l'ampleur de; *Fehler* ne pas voir, omettre; *absichtlich* fermer l'œil (***etw*** sur qc); ***das habe ich ~*** cela m'a échappé; **~'senden** (*irr, pas de -ge-, h,* → ***senden***) envoyer, faire parvenir
**übersetzen 1.** [yːbər'zɛtsən] (*pas de -ge-, h*) traduire (***aus dem Deutschen ins Französische*** de l'allemand en français); **2.** ['yːbərzɛtsən] (*sép, -ge-, sn*) passer sur l'autre rive; (*sép, -ge-, h*) conduire sur l'autre rive
**Über'setzer** *m* (*-s*; -), **~in** *f* (-; *-nen*) traducteur *m*, -trice *f*
**Übersetzung** [-'-] (-; *-en*) traduction *f*; *tech* multiplication *f*; **~sbüro** *n* bureau *m* de traduction; **~sdienst** *m* service *m* de traduction; **~sprogramm** *n* programme *m* de traduction; **~ssoftware** *f* logiciel *m* de traduction
'**Übersicht** *f* (-; *-en*) vue *f* d'ensemble, aperçu *m*, précis *m*, résumé *m*; '**⁓lich** clair, bien disposé; *Gelände* dégagé
**über|spitzt** [yːbər'ʃpitst] exagéré, outré; **~'stehen** (*irr, pas de -ge-, h,* → ***stehen***) surmonter; *überleben* survivre; **~'steigen** (*irr, pas de -ge-, h,* → ***steigen***) franchir; *fig* dépasser; ***das übersteigt meine Kräfte*** c'est au-dessus des mes forces; **~'stimmen** (*pas de -ge-, h*) mettre en minorité
'**Überstunden** *f/pl* heures *f/pl* supplémentaires; '**~zuschlag** *m* complément *m* de salaire pour heures supplémentaires
**überstürzt** [-'ʃtyrtst] précipité
**über|teuert** [yːbər'tɔʏərt] trop cher; **~'tönen** (*pas de -ge-, h*) *Lärm* couvrir
**Übertrag** ['yːbərtraːk] *comm m* (-[*e*]*s*; *⁓e*) report *m*
**über'trag|bar** transmissible (*a méd*); **~en** [-gən] (*irr, pas de -ge-, h,* → ***tragen***) transmettre (***auf*** à); *Radio, TV a* diffuser; *Aufgabe* confier (***j-m*** à qn); *übersetzen* traduire; ***~e Bedeutung*** sens *m* figuré; **⁓ung** *f* (-; *-en*) transmission *f*; *Radio, TV a* diffusion *f*
**über'treffen** (*irr, pas de -ge-, h,* → ***treffen***) dépasser, surpasser (***an*** en), l'emporter sur
**über'treib|en** (*irr, pas de -ge-, h,* → ***treiben***) exagérer; **⁓ung** *f* (-; *-en*) exagération *f*
**übertret|en 1.** ['yːbər-] (*irr, sép, -ge-, sn,* → ***treten***) *zur anderen Partei* passer (***zu*** à); *rel* se convertir (***zu*** à); **2.** [yːbər'-] (*irr, pas de -ge-, h,* → ***treten***) *Sport* mordre sur la ligne; *Gesetz, Regel* enfreindre, transgresser; **⁓ung** *f* [-'-] (-; *-en*) infraction *f* (à), transgression *f* (de)
**übertrieben** [-'triːbən] exagéré
**übervölker|t** [-'fœlkərt] surpeuplé; **⁓ung** *f* (-; *sans pl*) surpeuplement *m*, surpopulation *f*
**übervorteilen** [-'fɔrtailən] (*pas de -ge-, h*) exploiter, rouler F
**über'wach|en** (*pas de -ge-, h*) surveiller; **⁓ung** *f* (-; *sans pl*) surveillance *f*
**überwältigen** [-'vɛltigən] (*pas de -ge-, h*) vaincre, maîtriser; **~d** grandiose; ***~e Mehrheit*** majorité *f* écrasante
**über'weis|en** (*irr, pas de -ge-, h,* → ***weisen***) *Geld* virer; *méd* envoyer (***zu, an*** à); **⁓ung** *f* (-; *-en*) virement *m*; **⁓ungsformular** *n* bulletin *m* de virement
**über'wiegen** (*irr, pas de -ge-, h,* → ***wiegen***) prédominer
**über'winden** (*irr, pas de -ge-, h,* → ***winden***) vaincre, surmonter; ***sich ~ zu*** se forcer à
'**Überzahl** *f* (-; *sans pl*) majorité *f*, supériorité *f* numerique; ***in der ~ sein*** être majoritaire
**über'zeug|en** (*pas de -ge-, h*) convaincre, persuader (***j-n von etw*** qn de qc); ***sich von etw ~*** se persuader de qc; **~t** convaincu, persuadé; **⁓ung** *f* (-; *-en*) conviction *f*
**überziehen 1.** [-'tsiːən] (*irr, pas de -ge-, h,* → ***ziehen***) recouvrir *od* revêtir (***mit*** de); *Bett* changer les draps (de); *Konto* mettre à découvert; **2.** ['-tsiːən] (*irr, sép, -ge-, h,* → ***ziehen***) *Kleid* mettre, enfiler
'**Überzug** *m* couverture *f*, revêtement

*m*

**üblich** ['y:pliç] usuel, habituel, d'usage; ***es ist ~*** c'est la coutume *od* l'usage, ***wie ~*** comme d'habitude

**'U-Boot** ['u:-] *n* sous-marin *m*

**übrig** ['y:briç] de reste; restant; ***~ bleiben*** rester; ***es bleibt mir nichts anderes ~ als ...*** je n'ai rien d'autre à faire que ...; ***~ lassen*** laisser; ***zu wünschen ~ lassen*** laisser à désirer; ***die ≗en*** les autres; ***während der ~en Zeit*** le reste du temps

**übrigens** ['y:brigəns] d'ailleurs, du reste

**'übrig|bleiben** (*irr, -ge-, sn,* → ***bleiben***), **'~lassen** (*irr, -ge-, h,* → ***lassen***) → ***übrig***

**Übung** ['y:buŋ] *f* (-; *-en*) exercice *m*; *mus* étude *f*

**ü. d. M.** *abr* ***über dem Meeresspiegel*** au-dessus du niveau de la mer

**UdSSR** [u:de:ˀɛsˀɛs'ˀɛr] *hist f* (-; *sans pl*) ***die ~*** l'URSS *f*

**u. E.** *abr* ***unseres Erachtens*** selon nous

**Ufer** ['u:fər] *n* (*-s*; -) bord *m*, rive *f*; *Meer a* rivage *m*; **'~straße** *f* route *f* riveraine

**Ufo** ['u:fo] *n abr* ***unbekanntes Flugobjekt*** ovni *m* (objet volant non identifié)

**Uganda** [u'ganda] *n* l'Ouganda *m*

**Uhr** [u:r] *f* (-; *-en*) *Armband≗, Taschen≗* montre *f*; *öffentliche, Turm≗* horloge *f*; *Pendel≗, Wand≗, Tisch≗* pendule *f*; ***um 1 ~*** à une heure; ***um 12 ~*** à midi; ***wie viel ~ ist es?*** quelle heure est-il?; ***um wie viel ~?*** à quelle heure?; ***rund um die ~*** vingt-quatre heures sur vingt-quatre; **'~macher** *m* (*-s*; -), **'~macherin** *f* (-; *-nen*) horloger *m*, -ère *f*; **'~werk** *n* mécanisme *m*, mouvement *m*; **'~zeiger** *m* aiguille *f*; **'~zeigersinn** *m* (-[*e*]*s*; *sans pl*) ***im ~*** dans le sens des aiguilles d'une montre; ***entgegen dem ~*** en sens inverse des aiguilles d'une montre; **'~zeit** *f* heure *f*

**Uhu** ['u:hu:] *zo m* (*-s*; *-s*) grand-duc *m*

**Ukraine** [u'krainə, ukra'i:nə] ***die ~*** l'Ukraine *f*

**UKW** [u:ka've:] *pl Radio* FM (fréquence *f* modulée), modulation *f* de fréquence

**Ulme** ['ulmə] *bot f* (-; *-n*) orme *m*

**Ultimatum** [ulti'ma:tum] *n* (*-s*; *Ultimaten*) ultimatum *m*

**Ultraschall** ['ultra-] *m* (-[*e*]*s*; *sans pl*) ultra-son *m*

**um** [um] **1.** *prép* (*acc*) *örtlich* ***~ (... herum)*** autour de; *zeitlich* aux environs de, autour de F; *Uhrzeit* à; *ungefähr* environ, autour de F; *Bezug, Grund* pour; ***~ 3 Uhr*** à 3 heures; ***~ Ostern*** aux environs de Pâques; ***~ 2 Euro billiger*** de 2 euros meilleur marché; **2.** *prép* (*gén*) ***~ ... willen*** pour l'amour de, en considération de; ***~ zu*** (+ *inf*) pour (+ *inf*), afin de (+ *inf*); **3.** → ***umso***

**umarmen** [umˀ'-] (*pas de -ge-, h*) serrer dans ses bras, étreindre, enlacer; ***~ und küssen*** embrasser

**'Umbau** *m* (-[*e*]*s*; *-ten*) transformation *f*, aménagement *m*; **'≗en** (*sép, -ge-, h*) transformer, aménager (***zu*** en)

**'um|bilden** (*sép, -ge-, h*) transformer; *Regierung* remanier; **'~bringen** (*irr, sép, -ge-, h,* → ***bringen***) tuer; **'~buchen** (*sép, -ge-, h*) transférer, virer; **'≗buchung** *f* (-; *-en*) transfert *m*, virement *m*; **'~datieren** (*sép, pas de -ge-, h*) antidater *od* postdater; **'~denken** (*irr, sép, -ge-, h,* → ***denken***) changer sa façon de voir les choses; **'~disponieren** (*sép, pas de -ge-, h*) modifier ses projets

**'umdreh|en** (*sép, -ge-, h*) (re)tourner; ***sich ~*** se retourner; **≗ung** [um'-] *f* (-; *-en*) *Motor* tour *m*; *um e-e Achse* rotation *f*, révolution *f*

**'umfallen** (*irr, sép, -ge-, sn,* → ***fallen***) tomber, se renverser; ***tot ~*** tomber mort

**'Umfang** *m* (-[*e*]*s*; *sans pl*) *math* circonférence *f*; *Größe* étendue *f*, ampleur *f*, envergure *f*; *Menge* volume *m*; ***in großem ~*** dans une large mesure; **'≗reich** étendu, vaste, ample, volumineux

**um'fassen** (*pas de -ge-, h*) *fig* embrasser, comporter, comprendre; **~d** vaste, étendu; *Geständnis* complet

**'Um|feld** *n* (-[*e*]*s*; *sans pl*) contexte *m*; **'~frage** *f* enquête *f*, sondage *m* d'opinion; **'~gang** *m* (-[*e*]*s*; *sans pl*) relations *f/pl*; ***mit j-m ~ haben*** fréquenter qn; **≗gänglich** ['-gɛŋliç] sociable

**'Umgangssprach|e** *f* langage *m* familier; **'≗lich** familier

**um'geb|en** (*irr, pas de -ge-, h,* → ***geben***) (***sich ~*** s')entourer (***mit*** de); *adj* entouré (***von*** de); **≗ung** *f* (-; *-en*) *e-r Person* entourage *m*; *e-s Ortes* environs *m/pl*

**umgeh|en 1.** [um'-] (*irr, pas de -ge-, h,* → ***gehen***) *vermeiden* contourner, éviter; **2.** ['um-] (*irr, sép, -ge-, sn,* → ***gehen***) ***mit j-m ~*** fréquenter qn; ***mit j-m ~ können*** savoir s'y prendre avec qn; ***mit etw ~*** manier qc; ***mit etw sparsam ~*** économiser qc; **'~end** immédiat(ement); **≗ungsstraße** [um'ge:uŋs-] *f* route *f* de contournement, rocade *f*

**umgekehrt** ['umgəke:rt] renversé, à l'envers, inverse(ment)

**umherziehen** [um'he:r-] (*irr, sép, -ge-, sn,* → ***ziehen***) courir le pays

**umhin** [um'hi:n] ***nicht ~ können, etw zu tun*** ne (pas) pouvoir s'empêcher de faire qc

**Umkehr** ['umke:r] *f* (-; *sans pl*) retour *m*; *fig a* conversion *f*; **'≗en 1.** *v/i* (*sép, -ge-, sn*) retourner en arrière, faire demi-tour, s'en retourner, revenir sur ses pas; **2.** *v/t* (*sép, -ge-, h*) *Taschen* retourner; *math Bruch* renverser; *Wortfolge* inverser; **'~ung** *f* (-; *-en*) renversement *m*, inversion *f*

**'um|kippen** (*sép, -ge-, sn*) perdre l'équilibre, se renverser; ***der See ist umgekippt*** l'équilibre biologique du lac est rompu; **~'klammern** [um'-] (*pas de -ge-, h*) étreindre

**'Umkleideraum** *m* vestiaire *m*

**'umkommen** (*irr, sép, -ge-, sn,* → ***kommen***) être tué, mourir, périr (***bei*** dans); F ***~ vor*** crever de F

**'Umkreis** *m* (*-es; sans pl*) ***im ~ von*** dans un rayon de

**'Umland** *n* (-[*e*]*s; sans pl*) environs *m/pl*

**'Umlauf** *m* circulation *f*; *Rundschreiben* circulaire *f*; ***in ~ bringen*** mettre en circulation; **'~bahn** *f* orbite *f*; **'≗en** (*irr, sép, -ge-, sn,* → ***laufen***) circuler; *Gerücht* courir

**'umlegen** (*sép, -ge-, h*) *Schal etc* mettre; *verlegen* déplacer; *Kosten* répartir (***auf*** entre); F *töten* descendre F

**'umleit|en** (*sép, -ge-, h*) *Verkehr* dévier; *Fluss* détourner; **'≗ung** *f* (-; *-en*) déviation *f*

**'umliegend** environnant

**'um|quartieren** (*pas de -ge-, h*) loger ailleurs; *evakuieren* évacuer; **'~räumen** (*sép, -ge-, h*) changer les meubles de place

**'umrechn|en** (*sép, -ge-, h*) convertir (***in*** en); **'≗ung** *f* (-; *-en*) conversion *f*; **'≗ungskurs** *m* cours *m* du change

**um|'ringen** (*pas de -ge-, h*) entourer; **'≗riss** *m* contour *m*; **'~rühren** (*sép, -ge-, h*) remuer; **'≗satz** *écon m* chiffre *m* d'affaires; **'≗satzrückgang** *m* diminution *f* du chiffre d'affaires; **'≗satzsteigerung** *f* accroissement *m* du chiffre d'affaires; **'≗satzsteuer** *f* impôt *m* sur le chiffre d'affaires

**'umschauen** (*sép, -ge-, h*) ***sich ~*** → ***umsehen***

**'Umschlag** *m Brief≗* enveloppe *f*; *Buch≗* jaquette *f*; *méd* compresse *f*; *comm* transbordement *m*; *Änderung* changement *m*, revirement *m*; **'≗en** (*irr, sép, -ge-,* → ***schlagen***) **1.** *v/i* (*sn*) *Wetter* changer subitement; **2.** *v/t* (*h*) *Waren* transborder; *Buchseite* tourner; **'~platz** *m fig* plaque *f* tournante

**um'schließen** (*irr, pas de -ge-, h,* → ***schließen***) entourer

**um'schreib|en** [um'-] (*irr, pas de -ge-, h,* → ***schreiben***) *Begriff* exprimer par une périphrase; **≗ung** *f* (-; *-en*) périphrase *f*

**'Um|schrift** *f* ***phonetische ~*** transcription *f* phonétique; **'≗schulden** (*sép, -ge-, h*) convertir des dettes; **'~schuldung** *f* (-; *-en*) conversion *f* de dettes; **'≗schulen** (*sép, -ge-, h*) se reconvertir; **'~schulung** *f* reconversion; **'~schulungsmaßnahme** *f* mesure *f* de reconversion; **'~schwung** *m* changement *m* brusque, revirement *m*; **'≗sehen** (*irr, sép, -ge-, h,* → ***sehen***) ***sich ~*** tourner la tête; *nach allen Seiten* regarder autour de soi; ***sich in der Stadt ~*** faire un tour en ville; ***sich nach etw ~*** chercher qc; **'≗seitig** ['-zaitiç] au verso, à la page suivante

**'Umsicht** *f* (-; *sans pl*) circonspection *f*; **'≗ig** circonspect

**'umso** *conj* ***~ besser!*** tant mieux!; ***~ größer*** *etc* d'autant plus grand, *etc*; ***~ mehr als*** d'autant plus que

**umsonst** [-'-] *vergeblich* en vain, inutilement; *kostenlos* gratuitement

**'Um|stand** *m* circonstance *f*; ***unter allen Umständen*** en tous cas; *jur* ***mil-***

***dernde Umstände*** circonstances atténuantes; ***keine Umstände machen*** ne pas faire de façons; ***sie ist in anderen Umständen*** elle est enceinte; **'~ständlich** ['-ʃtɛntliç] compliqué

**'umsteigen** (*irr, sép, -ge-, sn,* → ***steigen***) changer (de train)

**'umstell|en** (*sép, -ge-, h*) changer (de place); *Betrieb etc* réorganiser, regrouper; ***auf EDV ~*** informatiser; ***sich ~*** s'adapter (***auf*** à); **'~ung** *f* (-; *-en*) changement *m*; réorganisation *f*, regroupement *m*; adaptation *f*

**'um|stimmen** (*sép, -ge-, h*) ***j-n ~*** faire changer qn d'avis; **~stritten** [-'ʃtritən] contesté, controversé; **'~strukturieren** ['-ʃtruktu'riːrən] (*sép, pas de -ge-, h*) restructurer

**'Um|sturz** *pol m* (*-es*; *⸗e*) subversion *f*, renversement *m*, révolution *f*; **'~stürzen** (*sép, -ge-, v/i, sn*) se renverser; *Fahrzeug a* verser; (*v/t, h*) ***etw ~*** renverser qc

**'Umtausch** *m* (*-es*; [*-e*]) échange *m*; *von Geld* change *m*; **'~en** (*sép, -ge-, h*) échanger (***gegen*** contre); *Geld* changer

**'umwälz|end** ['umvɛltsənt] révolutionnaire; **'~ung** *f* (-; *-en*) bouleversement *m*, révolution *f*

**'umwand|eln** (*sép, -ge-, h*) transformer (***in*** en); **'~lung** *f* (-; *-en*) transformation *f*

**'Umweg** *m* détour *m*

**'Umwelt** *f* (-; *sans pl*) environnement *m*; **'~bedingt** déterminé par l'environnement; **'~belastung** *f* incidence *f* sur l'environnement; **'~bewusstsein** *n* sensibilisation *f* aux problèmes de l'environnement; **'~einfluss** *m* influences *f/pl* ambiantes; **'~feindlich** polluant; **'~freundlich** non-polluant; **'~schäden** *m/pl* pollution *f*; ravages *m/pl* à la nature; **'~schädlich** polluant; **'~schutz** *m* protection *f* de l'environnement; **'~schützer** *m* écologiste *m*; **'~sünder** F *m* pollueur *m*; **'~verschmutzer** *m* pollueur *m*; **'~verschmutzung** *f* pollution *f*; **'~verträglich** respectueux de l'environnement; non-polluant

**'um|wenden** (*irr, sép, -ge-, h,* → ***wenden***) (***sich ~*** se) retourner; **'~werfen** (*irr, sép, -ge-, h,* → ***werfen***) renverser; *Mantel* jeter sur ses épaules; **'~ziehen** (*irr, sép, -ge-, sn,* → ***ziehen***) déménager; (*h*) ***sich ~*** se changer

**'Umzug** *m Wohnungswechsel* déménagement *m*; *in den Straßen* cortège *m*

**unabhängig** ['unˀaphɛŋiç] indépendant (***von*** de); ***~ davon, ob*** indépendamment du fait que; **'~keit** *f* (-; *sans pl*) indépendance *f*

**'unab|lässig** continuel, incessant; *adv* sans cesse; **'~sichtlich** involontaire

**unachtsam** ['unˀ-] inattentif

**unan|fechtbar** ['unˀanfɛçtbaːr] incontestable; **'~gebracht** déplacé, inopportun; **'~gefochten** incontesté; **'~gemessen** inadéquat; **'~genehm** désagréable; **'~nehmbar** inacceptable; **'~nehmlichkeit** *f* (-; *-en*) désagrément *m*; **'~ständig** indécent

**unappetitlich** ['unˀ-] peu appétissant

**unauf|dringlich** ['unˀauf-] discret; **'~fällig** discret; *Person* effacé; **'~hörlich** incessant; *adv* sans cesse; **'~merksam** inattentif; **'~richtig** menteur, faux

**unausstehlich** ['unˀ-] insupportable

**'unbarmherzig** impitoyable

**unbe|absichtigt** ['unbəˀapziçtiçt] involontaire, non intentionnel; **'~denklich** sans inconvénient, sans danger; **'~deutend** insignifiant; **'~dingt** absolu; *adv* absolument; **'~fangen** non prévenu, impartial; naïf, ingénu; **'~friedigend** peu satisfaisant, insuffisant; **~friedigt** ['-içt] insatisfait, mécontent; **'~fugt** non autorisé; **'~gabt** sans talents, peu doué; **'~greiflich** incompréhensible; **'~grenzt** illimité; **'~gründet** mal fondé, non fondé; **~hagen** ['unbəhaːgən] *n* (*-s*; *sans pl*) malaise *m*; **'~haglich *sich ~ fühlen*** se sentir mal à l'aise; **'~kannt** inconnu; **'~kümmert** insouciant; **'~lehrbar** incorrigible; **'~liebt** impopulaire; **'~mannt** *Raumfahrzeug* non habité; **'~merkt** inaperçu; **'~nutzt** inutilisé; **'~quem** inconfortable; **'~rechenbar** incalculable; *Person* imprévisible; **'~rechtigt** non autorisé; *Forderung etc* injustifié; **'~rührt, ~schädigt** ['-içt] intact; **'~schränkt** illimité; **'~schreiblich** indescriptible; **'~ständig** inconstant; *Wetter* instable; **'~stechlich** incorruptible; **'~stimmt** indéfini; *unsicher* incertain; '**~streitbar** incontestable, indiscutable; '**~stritten** incontesté; '**~teiligt** étranger (***an*** à); *gleichgültig* indifférent

'**unbe|wacht** *Parkplatz* non gardé; '**~weglich** immobile; *jur* ***~e Güter*** biens *m/pl* immeubles; '**~wohnt** inhabité; *Haus a* inoccupé; '**~wusst** inconscient, involontaire; '**~zahlbar** impayable (*a* F *köstlich*)

'**unbrauchbar** inutilisable; *Mensch* inapte (***für*** à)

**und** [unt] et; ***~ so weiter*** et ainsi de suite, et cetera

'**Undank** *m* ingratitude *f*; '**≈bar** ingrat (***gegen*** envers)

'**un|definierbar** indéfinissable; '**~denkbar** inimaginable, impensable; '**~deutlich** indistinct, vague; *Sprache* inarticulé; '**~dicht** qui fuit; ***~ sein*** fuir

'**undurch|führbar** irréalisable; '**~lässig** imperméable; '**~sichtig** opaque; *fig* mystérieux, louche

**uneben** ['un?-] inégal; *Gelände a* accidenté; '**≈heit** *f* (-; *-en*) inégalité *f*; *im Gelände* accident *m*

**un|echt** ['un?-] faux; **~ehelich** ['un?-] illégitime; *Kind a* naturel; **~ehrlich** ['un?-] malhonnête; **~eigennützig** ['un?-] désintéressé; **~einig** ['un?-] désuni, en désaccord (***mit j-m über etw*** avec qn sur qc); **~empfindlich** ['un?-] insensible (***für*** à); **~endlich** ['un?-] infini (*a math*, *Foto*); **~** *groß*, *weit* immense

**unent|behrlich** ['un?-] indispensable; **~geltlich** ['-ɛntgɛltliç] gratuit; *Tätigkeit* bénévole; '**~schieden** indécis; *Sport* ***~ spielen*** faire match nul; '**~schlossen** irrésolu, indécis

**uner|bittlich** ['un?ɛrbitliç] inexorable; '**~fahren** inexpérimenté; '**~freulich** désagréable; '**~giebig** improductif; '**~heblich** insignifiant; **~hört** ['-hø:rt] inouï; '**~klärlich** inexplicable; **~lässlich** ['-lɛsliç] indispensable; '**~laubt** défendu; *adv* sans la permission de qn; **~ledigt** ['-le:diçt] non fait, inachevé; **~messlich** ['-mɛsliç] immense; **~müdlich** ['-my:tliç] infatigable, inlassable; '**~reichbar** inaccessible; **~sättlich** ['-zɛtliç] insatiable; '**~schöpflich** inépuisable, intarissable; '**~schwinglich** inabordable; '**~setzlich** irremplaçable; '**~träglich** insupportable; '**~wartet** inattendu; '**~wünscht** indésirable

'**unfähig** incapable (***zu*** de); '**≈keit** *f* (-; *-en*) incapacité *f*

'**unfair** déloyal

'**Unfall** *m* accident *m*; '**~flucht** *f* délit *m* de fuite; '**~station** *f* poste *m* de secours; '**~stelle** *f* lieu *m* de l'accident; '**~verhütung** *f* prévention *f* des accidents; '**~versicherung** *f* assurance *f* accidents

**unfassbar** ['unfasba:r] inconcevable

**unfehlbar** ['unfe:l-] infaillible

'**unfrankiert** non affranchi

'**unfreiwillig** involontaire; *adv* malgré soi

'**unfreundlich** peu aimable, désagréable; *Wetter* maussade

'**unfruchtbar** stérile

**Ungar** ['uŋga:r] *m* (*-n*; *-n*), '**~in** *f* (-; *-nen*) Hongrois *m*, -e *f*; '**≈isch** hongrois; '**~n** *n* (*-s*; *sans pl*) la Hongrie

'**ungastlich** inhospitalier

**unge|achtet** ['ungə?axtət] *prép* (*gén*) malgré, en dépit de; '**~ahnt** ['ungə?a:nt] inespéré, insoupçonné; '**~beten** non invité; ***~er Gast*** intrus *m*; '**~bildet** inculte, sans éducation; '**~bräuchlich** peu usité, inusité; '**~braucht** tout neuf; **~bührlich** ['ungəby:rliç] inconvenant; '**~deckt** *Scheck* sans provision

'**Ungeduld** *f* impatience *f*; '**≈ig** impatient

'**unge|eignet** impropre (***für*** à); *Person* inapte (***für*** à); **~fähr** ['ungəfɛ:r] à peu près, environ; *adj* approximatif; '**~fährlich** inoffensif, sans danger

**ungeheuer** ['ungəhɔʏər] **1.** énorme; *adv* énormément; **2.** '**≈** *n* (*-s*; -) monstre *m*; **~lich** [ungə'hɔʏərliç] monstrueux

'**ungehindert** libre, sans être empêché

'**ungehorsam 1.** désobéissant; **2. ≈** *m* (*-s*; *sans pl*) désobéissance *f*

'**unge|kündigt** ***in ~er Stellung***, sans avoir reçu congé; '**~kürzt** intégral; '**~legen** inopportun; ***j-m ~ kommen*** déranger qn; '**~lernt** non qualifié; '**~mein** extrêmement; '**~mütlich** peu confortable, peu sympathique

'**ungenau** inexact; '**≈igkeit** *f* (-; *-en*) inexactitude *f*

**ungeniert** ['unʒeni:rt] sans gêne

**unge|nießbar** ['ungəniːsbaːr] immangeable; *Getränk* imbuvable (*a* F *fig Person*); '**~nügend** insuffisant; '**~pflegt** négligé, peu soigné; '**~rade** *Zahl* impair

'**ungerecht** injuste; '**~fertigt** non justifié, injustifié; '**2igkeit** *f* (-; *-en*) injustice *f*

'**Ungeschick** *n* (-[*e*]*s*; *sans pl*), '**~lichkeit** *f* (-; *-en*) maladresse *f*; '**2t** maladroit

'**unge|setzlich** illégal; '**~spritzt** *Obst* non traité; '**~stört** tranquille; '**~straft** impuni; *adv* impunément; '**~sund** malsain, insalubre; ***er sieht ~ aus*** il a l'air malade

**Ungetüm** ['ungətyːm] *n* (-[*e*]*s*; *-e*) monstre *m*

'**ungewiss** incertain; '**2heit** *f* (-; *-en*) incertitude *f*

'**unge|wöhnlich** extraordinaire; '**~wohnt** inaccoutumé, inhabituel; '**2ziefer** *n* vermine *f*; '**~zwungen** désinvolte, décontracté, relax(e) F

'**ungläubig** incrédule; *rel* incroyant, infidèle

**unglaub|lich** [un'glaupliç] incroyable; '**~würdig** peu digne de foi; *zweifelhaft* douteux

'**ungleich** inégal; '**2heit** *f* (-; *-en*) inégalité *f*; '**~mäßig** inégal, irrégulier

'**Unglück** *n* (-[*e*]*s*; *-e*) malheur *m*; *Unfall* accident *m*; '**2lich** malheureux; '**2licherweise** malheureusement

'**ungültig** non valable, nul; *Ausweis* périmé; ***für ~ erklären*** annuler, invalider; ***~ werden*** se périmer; '**2keit** *f* (-; *sans pl*) nullité *f*

'**ungünstig** défavorable

'**unhaltbar** *Zustände* intenable; *Behauptung* insoutenable

'**Unheil** *n* malheur *m*, désastre *m*; '**2bar** incurable

'**unheimlich** inquiétant, sinistre; ***~ gut*** F vachement bon *od* bien

'**unhöflich** impoli; '**2keit** *f* impolitesse *f*

'**un|hörbar** inaudible; '**~hygienisch** peu hygiénique

**Uniform** [uni'fɔrm] *f* (-; *-en*) uniforme *m*

**uninteress|ant** ['unʔ-] sans intérêt, dépourvu d'intérêt; '**~iert** qui ne s'intéresse pas (***an*** à)

**Union** [uni'oːn] *f* (-; *-en*) union *f*

**univers|al** [univɛr'zaːl] universel; **2ität** [-zi'tɛːt] *f* (-; *-en*) université *f*; **2um** [uni'vɛrzum] *n* (*-s*, *Universen*) univers *m*

'**unkennt|lich** méconnaissable; '**2nis** *f* (-; *sans pl*) ignorance *f*

'**unklar** confus, vague, peu clair, indistinct; '**2heit** *f* manque *m* de clarté, confusion *f*

'**un|klug** imprudent; '**2kosten** *pl* frais *m/pl*; '**2kraut** *n* mauvaise herbe *f*; ***~ jäten*** sarcler; '**~kündbar** ['-kyntbaːr] *Stelle* permanent; *Vertrag* non résiliable; '**~lauter** *adj jur **~er Wettbewerb*** *concurrence* déloyale; '**~leserlich** illisible; '**~logisch** illogique

'**unlös|bar** *Problem* insoluble; '**~lich** *chim* insoluble

'**unmäßig** immodéré, démesuré; *im Essen u Trinken* intempérant

'**Unmenge** *f* quantité *f* énorme (***von*** de)

'**unmenschlich** inhumain; '**2keit** *f* inhumanité *f*

'**un|missverständlich** sans équivoque; '**~mittelbar** immédiat, direct; '**~modern** passé de mode, démodé

'**unmöglich** impossible; '**2keit** *f* impossibilité *f*

'**unmoralisch** immoral

'**unmündig** *jur* mineur; '**2keit** *f* (-; *sans pl*) minorité *f*

'**unnach|ahmlich** inimitable; '**~giebig** intransigeant, inflexible; '**~sichtig** sévère, sans indulgence, impitoyable

'**un|natürlich** peu naturel; *geziert* affecté; '**~nötig** inutile

**UNO** ['uːnoː] *f* (-; *sans pl*) ONU *f*

**unord|entlich** ['unʔ-] désordonné, négligé, en désordre; '**2nung** *f* (-; *sans pl*) désordre *m*

'**unpartei|isch** impartial; '**2lichkeit** *f* (-; *sans pl*) impartialité *f*

'**un|passend** impropre, peu convenable, déplacé; '**~persönlich** impersonnel; '**~politisch** apolitique; '**~populär** impopulaire; '**~praktisch** peu pratique; *Person* maladroit; '**~produktiv** improductif; '**~pünktlich** inexact

'**unrecht** mauvais

'**Unrecht** *n* (-[*e*]*s*; *sans pl*) injustice *f*, tort *m*; ***zu ~*** à tort

'**unrechtmäßig** illégitime, illégal

'**unregelmäßig** irrégulier; '**2keit** *f* (-; *-en*) irrégularité *f* '**un|reif** pas mûr (*a fig*); *Obst a* vert; '**~rentabel** non rentable

'**unrichtig** incorrect, inexact, faux

'**Unruh|e** *f* (-; *-n*) inquiétude *f*; ***~n*** *pl pol* troubles *m/pl*; '**♀ig** inquiet; *Leben, Meer* agité

**uns** [uns] nous, à nous

'**unsach|gemäß** non *od* mal approprié; '**~lich** subjectif, non fondé

'**un|sauber** malpropre; ***~e Methoden*** méthodes malhonnêtes; '**~schädlich** inoffensif; '**~scheinbar** insignifiant; *Mensch* effacé; **~schlüssig** ['unʃlysiç] irrésolu, indécis

'**Unschuld** *f* (-; *sans pl*) innocence *f*; '**♀ig** innocent

'**unselbstständig** qui manque d'indépendance *od* d'iniative *od* de personnalité; *beruflich* salarié

**unser** ['unzər] notre, *pl* nos; ***~er, ~e, ~es, der, die, das ~e*** *od* ***uns(e)rige*** le (la) nôtre; '**~einer**, '**~eins** nous autres, des gens comme nous

'**unsicher** incertain; *Person* qui manque d'assurance; '**♀heit** *f* (-; *-en*) incertitude *f*; *e-r Person* manque *m* d'assurance; *e-r Gegend* insécurité *f*

'**unsichtbar** invisible

'**Unsinn** *m* (-[*e*]*s*; *sans pl*) bêtises *f/pl*, absurdité(s) *f*(*pl*); '**♀ig** insensé, absurde

'**Unsitt|e** *f* mauvaise habitude *f*; *Missstand* abus *m*; '**♀lich** immoral

'**un|sozial** antisocial; '**~sportlich** peu sportif; *unfair* antisportif

'**unsterblich** immortel

**Un|stimmigkeit** ['unʃtimiçkait] *f* (-; *-en*) désaccord *m*, divergence *f*, différend *m*; '**♀sympathisch** antipathique

'**untätig** inactif; '**♀keit** *f* (-; *sans pl*) inactivité *f*

'**untauglich** inapte (***für*** à)

'**unteilbar** indivisible

**unten** ['untən] en bas, en dessous; ***nach ~*** en bas, vers le bas; ***siehe ~*** voir ci-dessous; ***auf Seite 5 ~*** en bas de la page 5

**unter** ['untər] *prép* (*wo? dat*; *wohin? acc*) sous; *unterhalb* au-dessous de; *zwischen* parmi; ***~ anderem*** entre autres; ***einige ~ uns*** certains d'entre nous *od* parmi nous; ***das bleibt ~ uns*** que cela reste entre nous; ***~ dieser Bedingung*** à cette condition; ***j-n ~ sich haben*** avoir qn sous ses ordres

'**Unter|bewusstsein** *n* subconscient *m*; **♀bieten** [-'biːtən] (*irr, pas de -ge-, h,* → ***bieten***) vendre moins cher (***j-n*** que qn); *Rekord* battre; **♀'binden** (*irr, pas de -ge-, h,* → ***binden***) empêcher, mettre un terme à

**unter'brech|en** (*irr, pas de -ge-, h,* → ***brechen***) interrompre; **♀ung** *f* (-; *-en*) interruption *f*

'**unterbring|en** (*irr, sép, -ge-, h,* → ***bringen***) *Gast* loger; *verstauen, Person in Stellung* caser; '**♀ung** *f* (-; *-en*) logement *m*; placement *m*

**unter'drück|en** (*pas de -ge-, h*) *Gefühle, Aufstand* réprimer, étouffer; *Volk* opprimer; **♀ung** *f* (-; *-en*) répression *f*; oppression *f*

'**untere** (*-n*; *-n*) inférieur (*a fig*), bas, d'en bas

**untereinander** [untərˀai'nandər] l'un sous l'autre; *unter sich* (*uns etc*) entre eux (nous, *etc*); *gegenseitig* mutuellement, réciproquement

**unterentwick|elt** ['-ˀ-] sous-développé; '**♀lung** *f* (-; *-en*) sous-développement *m*

**unterernährt** ['untərˀ-] sous-alimenté

**Unter|'führung** *f* (-; *-en*) (passage *m*) souterrain *m*; '**~gang** *m* (-[*e*]*s*; *⸚e*) ruine *f*, perte *f*; *mar* naufrage *m*; *Sonne* coucher *m*; **~'gebene** *m, f* (*-n*; *-n*) subordonné *m*, -e *f*; '**♀gehen** (*irr, sép, -ge-, sn,* → ***gehen***) périr; *mar* couler, faire naufrage; *Sonne* se coucher; '**♀geordnet** ['untərgəˀɔrdnət] subordonné; *zweitrangig* secondaire

'**Untergrundbahn** *f* métro *m*

'**unterhalb** *prép* (*gén*) au-dessous de

'**Unterhalt** *m* (-[*e*]*s*; *sans pl*) entretien *m*; **♀en** [-'haltən] (*irr, pas de -ge-, h,* → ***halten***) *Familie, Gebäude etc* entretenir; *belustigen* divertir, distraire, amuser; ***sich ~*** s'entretenir (***mit j-m über etw*** avec qn de qc); *sich belustigen* se divertir, s'amuser; **♀end** [-'-], **♀sam** [-'-] divertissant, distrayant, amusant; **~ung** [-'halt-] *f* (-; *-en*) entretien *m*; *Gespräch a* conversation *f*; *Vergnügen* divertissement *m*, amusement *m*

**Unter|händler** ['untərhɛndlər] *m* négociateur *m*; '**~hemd** *n* maillot *m od gilet* *m de corps*; '**~hose** *f* caleçon *m*; *kurze* slip *m*; '**2irdisch** souterrain; '**2kommen** (*irr*, *sép*, *-ge-*, *sn*, → ***kommen***) trouver une place, se caser F; '**~kunft** ['-kunft] *f* (-; *¨-e*) abri *m*, gîte *m*, logement *m*; **~ *und Verpflegung*** le gîte et le couvert; '**~lage** *f Schreib2* sous-main *m*; *tech* support *m*; *Schriftstück* pièce *f*, document *m*

**unter'lassen** (*irr*, *pas de -ge-*, *h*, → ***lassen***) ***etw* ~** s'abstenir de qc; ***es* ~, *etw zu tun*** omettre de faire qc

**unterlegen** [-'le:gən] inférieur (***j-m*, *e-r Sache*** à qn, à qc); **2heit** *f* (-; *sans pl*) infériorité *f*

'**Unter|leib** *m* bas-ventre *m*, abdomen *m*; **2'liegen** (*-irr*, *pas de -ge-*, *sn*, → ***liegen***) *besiegt werden* être vaincu (***j-m*** par qn), succomber (à); *der Kontrolle*, *Mode etc* être soumis à; '**~mieter** *m*, '**~mieterin** *f* sous-locataire *m*, *f*

**unter'nehm|en** (*irr*, *pas de -ge-*, *h*, → ***nehmen***) entreprendre; **2en** *n* (*-s*; -) entreprise *f* (*a écon*); ***ein gewagtes* ~** une entreprise osée; **2ensberater** *m* conseiller *m* en gestion; **2er** *m* (*-s*; -), **2erin** *f* (-; *-nen*) entrepreneur *m*, -euse *f*; **~ungslustig** entreprenant

**Unterredung** [untər're:duŋ] *f* (-; *-en*) entretien *m*

**Unterricht** ['untərriçt] *m* (*-[e]s*; *selten -e*) enseignement *m*, cours *m/pl*; **2en** [-'-] (*pas de -ge-*, *h*) ***etw* ~** enseigner qc; ***j-n in etw* ~** enseigner qc à qn; ***j-n über etw* ~** renseigner qn sur qc, informer qn de qc

**unter|'sagen** (*pas de -ge-*, *h*) interdire (***j-m etw*** qc à qn); '**2satz** *m* dessous *m* de plat, rond *m*; **~'schätzen** (*pas de -ge-*, *h*) sous-estimer

**unter'scheid|en** (*irr*, *pas de -ge-*, *h*, → ***scheiden***) distinguer (***von*** de; ***zwischen*** entre); ***sich* ~** se distinguer, différer (***von*** de; ***durch*** par); **2ung** *f* (-; *-en*) distinction *f*

**Unterschied** ['untərʃi:t] *m* (*-[e]s*; *-e*) différence *f*; ***im* ~ *zu*** à la différence de; '**2lich** différent

**unter'schlag|en** (*irr*, *pas de -ge-*, *h*, → ***schlagen***) *Geld* détourner; *Dokumente etc* soustraire; *fig* cacher, taire; **2ung** *jur f* (-; *-en*) soustraction *f*; **~ *von Geldern*** détournement *m* de fonds

**unter|'schreiben** (*irr*, *pas de -ge-*, *h*, → ***schreiben***) signer; '**2schrift** *f* signature *f*; '**2seeboot** *n* sous-marin *m*

**unterste** ['untərstə] le plus bas

**unter|'stehen** (*irr*, *pas de -ge-*, *h*, → ***stehen***) ***j-m* ~** être subordonné à qn, être sous les ordres de qn; ***sich* ~, *etw zu tun*** oser faire qc; '**~stellen 1.** (*sép*, *-ge-*, *h*) (***sich* ~** se) mettre à l'abri; **2.** [-'ʃtɛlən] (*pas de -ge-*, *h*) ***j-n j-m* ~** subordonner qn à qn; ***etw* ~** *annehmen* supposer qc; ***j-m etw* ~** attribuer *od* imputer (faussement) qc à qn; ***j-m bestimmte Absichten* ~** faire un procès d'intention à qn; **~'streichen** (*irr*, *pas de -ge-*, *h*, → ***streichen***) souligner (*a fig*)

**unter'stütz|en** (*pas de -ge-*, *h*) aider, assister, secourir, soutenir, appuyer; **2ung** *f* (-; *-en*) aide *f*, assistance *f*, secours *m*, soutien *m*, appui *m*

**unter'suchen** (*pas de -ge-*, *h*) examiner; *ermitteln* enquêter sur; *chim* analyser

**Unter'suchung** *f* (-; *-en*) examen *m* (*a méd*); enquête *f* (*a jur*); *jur* instruction *f*; *chim* analyse *f*; **~shaft** *f* détention *f* préventive

'**Unter|tasse** *f* soucoupe *f*; '**2tauchen** (*sép*, *-ge-*, *sn*) plonger; *fig* disparaître

'**Unterteil** *n* bas *m*, partie *f* inférieure; **2en** [-'tailən] (*pas de -ge-*, *h*) subdiviser; **~ung** [-'-] *f* (-; *-en*) subdivision *f*

'**Unter|titel** *m* sous-titre *m*; **~'treibung** *f* (-; *-en*) minimisation *f*; '**2vermieten** (*pas de -ge-*, *h*) sous-louer; **2'wandern** (*pas de -ge-*, *h*) *pol* noyauter; '**~wäsche** *f* (-; *sans pl*) sous-vêtements *m/pl*, linge *m* (de corps)

**unterwegs** [untər've:ks] en route, en chemin, chemin faisant

'**Unterwelt** *f Totenreich* enfers *m/pl*; *der Verbrecher* pègre *f*, milieu *m*

**unter'werfen** (*irr*, *pas de -ge-*, *h*, → ***werfen***) (***sich* ~** se) soumettre

**unterwürfig** ['untərvyrfiç] *péj* servile

**unter'zeichn|en** (*pas de -ge-*, *h*) signer; **2ung** *f* (-; *-en*) signature *f*

**unter'ziehen** (*pas de -ge-*, *h*) ***sich e-r Sache* ~** se soumettre à qc, subir qc

'**untragbar** intolérable

'**untreu** infidèle; '**2e** *f* infidélité *f*

'**untröstlich** inconsolable

**unüber|legt** ['unˀy:bərle:kt] irréfléchi; '**~sehbar** immense; '**~trefflich** insur-

passable, incomparable; **~windlich** ['-vintliç] insurmontable, invincible, infranchissable
**unum|gänglich** ['unˀumgɛŋliç] inévitable; **~schränkt** ['-ʃrɛŋkt] *pol* absolu
'**ununterbrochen** ['unˀuntərbrɔxən] ininterrompu; *adv* sans interruption, sans cesse
'**unver|änderlich** invariable (*a gr*); '**~antwortlich** irresponsable; '**~besserlich** incorrigible; '**~bindlich** qui n'engage à rien, sans obligation; '**~bleit** ['unfɛrblait] sans plomb; '**~einbar** incompatible (***mit*** avec); '**~fälscht** authentique, non falsifié; '**~fänglich** ['-fɛŋliç] anodin; '**~gänglich** impérissable, immortel; '**~gesslich** inoubliable; '**~gleichlich** incomparable; '**~heiratet** célibataire; **~hofft** ['-hɔft] *adj* inespéré; *adv* à l'improviste; '**~käuflich** invendable; '**~kennbar** indubitable, évident; '**~letzt** sans blessure(s), indemne, sain et sauf; **~meidlich** ['-maitliç] inévitable; '**~mittelt** soudain, brusque(ment)
'**Unvermögen** *n* (*-s*; *sans pl*) incapacité *f*, impuissance *f*
'**unver|mutet** inattendu; '**2nunft** *f* déraison *f*; '**~nünftig** déraisonnable; **~richtet** ['unfɛrriçtət] ***~er Dinge zurückkehren*** revenir bredouille
'**unverschämt** insolent, impertinent, effronté; '**2heit** *f* (-; *-en*) insolence *f*, impertinence *f*, effronterie *f*
**unver|sehens** ['unfɛrze:əns] à l'improviste; **~sehrt** ['-ze:rt] intact; *Person* indemne, sain et sauf; '**~söhnlich** irréconciliable; '**~standen *sich ~ fühlen*** se sentir incompris; '**~ständlich** incompréhensible, inintelligible; ***es ist mir ~*** j'ai du mal à comprendre cela; '**~sucht *nichts ~ lassen*** ne rien négliger (pour …); **~wundbar** ['-vuntba:r] invulnérable; **~wüstlich** ['-vy:stliç] *Stoff* inusable; ***~e Gesundheit*** santé *f* à toute épreuve *od* de fer; '**~zeihlich** impardonnable; **~züglich** ['-tzy:kliç] immédiat; *adv* sans délai
'**unvollendet** inachevé
'**unvollkommen** imparfait; '**2heit** *f* (-; *-en*) imperfection *f*
'**unvollständig** incomplet
'**unvoreingenommen** sans préjugés
'**unvorher|gesehen** imprévu; '**~sehbar** imprévisible
'**unvorsichtig** imprudent; '**2keit** *f* imprudence *f*
'**unvorstellbar** inimaginable
'**unwahr** faux; *lügenhaft* mensonger; '**2heit** *f* mensonge *m*; '**~scheinlich** invraisemblable, improbable; F incroyable(ment)
**unweigerlich** ['unvaigərliç] inévitable(ment), immanquable(ment)
'**unwesentlich** non essentiel, peu important
'**Unwetter** *n* tempête *f*
'**unwichtig** sans importance
**unwider|legbar** ['unvi:dərle:kba:r] irréfutable; '**~ruflich** irrévocable, sans appel; **~stehlich** [-vi:dərʃte:liç] irrésistible
'**Unwill|e** *m* (*-ns*; *sans pl*) indignation *f*; '**2ig** indigné (***über*** de); *widerwillig* à contrecœur; '**2kürlich** involontaire
'**unwirk|lich** irréel; '**~sam** inefficace; *jur* nul
'**unwirtschaftlich** peu économique, non rentable
'**unwissen|d** ignorant; '**2heit** *f* (-; *sans pl*) ignorance *f*
'**unwürdig** indigne (***j-s, e-r Sache*** de qn, de qc)
**unzählig** ['untsɛ:liç] innombrable
'**unzeitgemäß** inactuel, démodé
'**unzer|brechlich** incassable; '**~trennlich** inséparable
'**unzufrieden** mécontent, insatisfait; '**2heit** *f* mécontentement *m*, insatisfaction *f*
'**unzu|gänglich** inaccessible, inabordable (*beide a Person*); '**~lässig** inadmissible; '**~mutbar** inacceptable; '**~rechnungsfähig** *jur* irresponsable; '**~sammenhängend** incohérent; '**~verlässig** sur qui (*od* sur quoi) on ne peut compter; *Quelle* incertain, peu sûr
'**unzweifelhaft** indubitable
**üppig** ['ypiç] *Vegetation* luxuriant; *Mahlzeit, Busen* plantureux
**uralt** ['u:rˀalt] vieux comme le monde
**Uran** [u'ra:n] *chim n* (*-s*; *sans pl*) uranium *m*
'**Ur|bevölkerung** *f*, '**~einwohner** *m/pl* population *f* primitive, autochtones *m/pl*, aborigènes *m/pl*; '**~enkel** *m*, '**~enkelin** *f* arrière-petit-fils *m*, arrière-petite-fille *f*; '**~großmutter** *f* arriè-

re-grand-mère *f*; '**~großvater** *m* arrière-grand-père *m*; '**~heber** ['-heːbər] *m* (-*s*; -), '**~heberin** *f* (-; -*nen*) auteur *m*; '**~heberrechte** *n*/*pl* droits *m*/*pl* d'auteur

**Urin** [u'riːn] *m*, (-*s*; -*e*) urine *f*; **≈'ieren** (*pas de -ge-*, *h*) uriner

'**Urkunde** ['uːrkundə] *f* (-; -*n*) acte *m*, document *m*; '**~nfälschung** *jur f* faux *m* en écriture

**Urlaub** ['uːrlaup] *m* (-[*e*]*s*; -*e*) vacances *f*/*pl*, congé(s) *m* (*pl*); *mil* permission *f*; ***in ~ sein*** être en vacances; ***e-n Tag ~ nehmen*** prendre un jour de congé; '**~er** *m* (-*s*; -), '**~erin** *f* (-, -*nen*) *m* vacancier *m*, -ière *f*; *mil* permissionnaire *m*; '**~sanschrift** *f* adresse *f* de vacances; '**~sgeld** *n* prime *f* de vacances; '**~sort** *m* villégiature *f*; '**~svertretung** *f* intérim *m*, intérimaire *m* pendant la période des vacances

'**Ur|sache** *f* cause *f*; *Grund* raison *f*; ***keine ~!*** il n'y a pas de quoi!; '**≈sächlich** causal; '**~sprung** *m* origine *f*; '**≈sprünglich** d'origine, originaire, originel; *adv* à l'origine

**Urteil** ['urtail] *n* (-*s*; -*e*) jugement *m*; *jur* a sentence *f*, arrêt *m*, verdict *m*; ***ein ~ fällen*** rendre un jugement; ***ein ~ abgeben über*** porter un jugement sur; ***sich ein ~ bilden*** se faire une opinion; '**≈en** (*h*) juger (***über*** de)

'**Ur|wald** *m* forêt *f* vierge; '**~zustand** *m* état *m* primitif

**USA** [uːˀɛs'ˀaː] *f abr* ***Vereinigte Staaten von Amerika*** États-Unis *m*/*pl* d'Amérique

**User** ['juːzər] *m* (-*s*; -), '**~in** *f* (-; -*nen*) *EDV* utilisateur *m*, –trice *f*

**usw.** *abr* ***und so weiter*** etc.

**Utop|ie** [uto'piː] *f* (-; -*n*) utopie *f*; **≈isch** [u'toːpiʃ] utopique

**u. U.** *abr* ***unter Umständen*** éventuellement; selon les circonstances

# V

**V** *abr* ***Volt*** volt

**v.** *abr* ***von*** de

**vage** ['vaːgə] vague

**Vakuum** ['vaːkuˀum] *n* (-*s*; *Vakua*, *Vakuen*) vide *m*; '**≈verpackt** emballé sous vide

**Valuta** [va'luːta] *comm f* (-; -*ten*) monnaie *f* étrangère

**Vanille** [va'nil(j)ə] *f* (-; *sans pl*) vanille *f*

**vari|abel** [vari'aːbəl] variable; **≈ante** [vari'antə] *f* (-; -*n*) variante *f*

**variieren** [vari'iːrən] (*pas de -ge-*, *h*) varier

**Vase** ['vaːzə] *f* (-; -*n*) vase *m*

**Vater** ['faːtər] *m* (-*s*; ¨) père *m*; '**~land** *n* (-[*e*]*s*; ¨*er*) patrie *f*

**väterlich** ['fɛːtərliç] paternel

'**Vater|schaft** *f* (-; *sans pl*) paternité *f*; **~'unser** *rel n* (-*s*; -) Notre Père *m*, Pater *m*

**Vatikan** [vati'kaːn] (-*s*; *sans pl*) ***der ~*** le Vatican; **~stadt** ***die ~*** la cité du Vatican

**v. Chr.** *abr* ***vor Christus*** avant Jésus-Christ

**Veget|arier** [vege'taːrjər] *m* (-*s*; -), **~arierin** *f* (-; -*nen*) végétarien, -ne *f*; **≈'arisch** végétarien; **~ation** [-ta'tsjoːn] *f* (-; -*en*) végétation *f*; **≈'ieren** (*pas de -ge-*, *h*) végéter, vivoter

**Veilchen** ['failçən] *bot n* (-*s*;-) violette *f*

**Vene** ['veːnə] *f* (-; -*n*) veine *f*

**Venedig** [ve'neːdiç] *n* Venise

**Venezuela** [venetsu'eːla] *n* le Venezuela

**Ventil** [vɛn'tiːl] *n* (-*s*; -*e*) *tech* soupape *f*; *am Luftschlauch* valve *f*; **~ator** [-i'laːtɔr] *m* (-*s*; -*en*) ventilateur *m*

**verabred|en** [fɛrˀ'ap-] (*pas de -ge-*, *h*) ***etw ~*** convenir de qc; ***sich ~*** se donner rendez-vous; ***sich mit j-m ~*** donner rendez-vous à qn; **≈ung** (-; -*en*) rendez-vous *m*

**verabscheuen** [fɛrˀ'ap-] (*pas de -ge-*, *h*) détester

**verabschieden** [fɛrˀ'apʃiːdən] (*pas de -ge-*, *h*) congédier; *Gesetz* voter, adopter; ***sich ~*** prendre congé (***von*** de)

**ver|'achten** (*pas de -ge-*, *h*) mépriser, dédaigner; **~ächtlich** [-ˀ'ɛçtliç] méprisant, dédaigneux; *verachtenswert* méprisable; **≈'achtung** *f* (-; *sans pl*) mépris *m*, dédain *m*; **~allgemeinern**

[fɛrʔalgə'mainərn] (*pas de -ge-, h*) généraliser; **~altet** [-ʔ'altət] vieilli, suranné, désuet
**veränder|lich** [fɛrʔ'ɛndərliç] variable; **~n** (*pas de -ge-, h*) changer, modifier; ***sich*** **~** changer; **≗ung** *f* (-; *-en*) changement *m*, modification *f*
**veranlag|en** [fɛrʔ'anlaːgən] (*pas de -ge-, h*) ***j-n steuerlich*** **~** établir l'assiette de l'impôt de qn; **~t *musisch*** **~** doué pour les arts; ***praktisch*** **~ *sein*** avoir un sens pratique; **≗ung** *f* (-; *-en*) prédisposition *f*
**veranlassen** [-ʔ'an-] (*pas de -ge-, h*) ***etw*** **~** occasionner qc; faire faire qc, ordonner qc; ***j-n zu etw*** **~** amener *od* déterminer qn à (faire) qc
**veranschlagen** [fɛrʔ'an-] (*pas de -ge-, h*) estimer, évaluer (***auf*** à)
**ver'anstalt|en** (*pas de -ge-, h*) organiser; **≗er** *m* (-*s*; -) organisateur *m*; **≗ung** *f* (-; *-en*) manifestation *f*
**ver'antwort|en** (*pas de -ge-, h*) ***etw*** **~** répondre de qc; **~lich** responsable (***für*** de); **≗ung** *f* (-; *-en*) responsabilité *f*; ***die*** **~ *für etw übernehmen*** assumer *od* prendre la responsabilité de qc; ***j-n zur*** **~ *ziehen*** demander des comptes à qn; **≗ungsbewusstsein** *n*, **≗ungsgefühl** *n* sentiment *m* de responsabilité; **~ungslos** irresponsable
**ver'arbeiten** (*pas de -ge-, h*) travailler, usiner, transformer (***zu*** en); *geistig* digérer, assimiler; **~d ~*e Industrie*** industrie *f* de transformation
**ver'ärgern** (*pas de -ge-, h*) irriter, fâcher
**Verb** [vɛrp] *gr n* (-*s*; *-en*) verbe *m*
**Verband** [fɛr'bant] *m* (-[*e*]*s*; *⸚e*) association *f*; *méd* pansement *m*; *mil* formation *f*; **~(s)kasten** *m* trousse *f* de premiers soins
**ver'bergen** (*irr, pas de -ge-, h,* → ***bergen***) cacher, dissimuler (***etw vor j-m*** qc à qn); ***sich vor j-m*** **~** se cacher de qn
**ver'besser|n** (*pas de -ge-, h*) (***sich*** **~** s')améliorer; *berichtigen* corriger; **≗ung** *f* (-; *-en*) amélioration *f*; correction *f*
**ver|'bieten** (*irr, pas de -ge-, h,* → ***bieten***) défendre, interdire; **~'billigt** [-'biliçt] à prix réduit, au rabais
**ver'binden** (*irr, pas de -ge-, h,* → ***binden***) lier (***mit*** avec *od* à), joindre (à), (ré)unir (à); *Wunde* panser; *Augen* bander; *tech* raccorder (à); *elektrisch* connecter (à); *chim* combiner; *tél* **~ *mit*** donner la communication avec
**verbindlich** [-'bintliç] *bindend* obligatoire; *gefällig* obligeant; **≗keit** *f* (-; *-en*) *e-s Gesetzes* caractère *m* obligatoire; *e-r Person* obligeance *f*; *comm* obligation *f*
**Ver'bindung** *f* (-; *-en*) liaison *f*, communication *f* (*a tél, Verkehrs≗*); contact *m*, relation *f*; *tech* raccord *m*; *chim* combinaison *f*, composé *m*; ***mit j-m in*** **~ *stehen*** (***treten***) être (entrer) en contact *od* relation(s) avec qn
**verbitter|t** [fɛr'bitərt] aigri; **≗ung** *f* (-; *-en*) amertume *f*
**Verbleib** [fɛr'blaip] *m* (-[*e*]*s*; *sans pl*) ***über seinen*** **~ *weiß man nichts*** on ne sait pas ou il se trouve; **≗en** [-bən] (*irr, pas de -ge-, sn,* → ***bleiben***) rester, demeurer
**verbleit** [fɛr'blait] contenant du plomb
**verblüff|en** [fɛr'blyfən] (*pas de -ge-, h*) ébahir, stupéfier; **~t** stupéfait, ébahi; **≗ung** *f* (-; *-en*) stupéfaction *f*, ébahissement *m*
**ver|bohrt** [fɛr'boːrt] obstiné; **~'borgen** [fɛr'bɔrgən] caché; ***im*** **≗*en*** en secret, en cachette
**Verbot** [fɛr'boːt] *n* (-[*e*]*s*; *-e*) interdiction *f*, défense *f*; **≗en *Rauchen*** **~** interdit de fumer
**Verbrauch** [fɛr'braux] *m* (-[*e*]*s*; *selten ⸚e*) consommation *f* (***an*** de); **≗en** (*pas de -ge-, h*) consommer; *Kräfte* dépenser; **~er** *m* (-*s*; -) consommateur *m*; **~erschutz** *m* défense *f* des consommateurs; **~erzentrale** *f* association *f* des comsommateurs; **~sgüter** *n/pl* biens *m/pl* de consommation; **~ssteuer** *f* taxe *f* de la consommation; **≗t** usé
**Verbrech|en** [fɛr'brɛçən] *n* (-*s*; -) crime *m*; ***ein*** **~ *begehen*** commettre un crime; **~er** *m* (-*s*; -), **~erin** *f* (-; *-nen*) criminel *m*, -le *f*; **≗erisch** criminel
**ver'breit|en** (*pas de -ge-, h*) (***sich*** **~** se) répandre; *Lehre, Nachricht a* (se) propager; **~ern** (*pas de -ge-, h*) élargir
**ver'brenn|en** (*irr, pas de -ge-,* → ***brennen***) (*v/t, h; v/i, sn*) brûler; *Tote* incinérer; **≗ung** *f* (-; *-en*) combustion *f*; *Tote*

crémation *f*, incinération *f*; *méd* brûlure *f*; 2**ungsmotor** *m* moteur *m* à combustion interne

**ver'bringen** (*irr*, *pas de -ge-*, *h*, → **bringen**) *Zeit* passer

**verbrüdern** [fɛr'bryːdərn] (*pas de -ge-*, *h*) **sich ~** fraterniser

**ver'buchen** (*pas de -ge-*, *h*) enregistrer, comptabiliser

**Verbund** [fɛr'bunt] *m* (-[*e*]*s*; *sans pl*) *tech* assemblage *m*; raccordement *m*; *écon* association *f*

**verbünde|n** [fɛr'byndən] (*pas de -ge-*, *h*) **sich ~** s'allier (**mit** à); 2**te** *m*, *f* (-*n*; -*n*) allié *m*, -e *f*

**ver|'bürgen** (*pas de -ge-*, *h*) **sich ~ für** se porter garant de, répondre de; **~'büßen** (*pas de -ge-*, *h*) **e-e Strafe ~** purger une peine; **~'chromt** [-'kroːmt] chromé

**Verdacht** [fɛr'daxt] *m* (-[*e*]*s*; *sans pl*) soupçon *m*; **gegen j-n ~ schöpfen** commencer à soupçonner qn; **im ~ stehen** être soupçonné (**zu** de + *inf*)

**verdächtig** [-'dɛçtiç] suspect; **sich ~ machen** se rendre suspect; **~en** [-gən] (*pas de -ge-*, *h*) soupçonner (**j-n e-r Sache** qn de qc); 2**ung** *f* (-; -*en*) soupçon *m*

**verdamm|en** [fɛr'damən] (*pas de -ge-*, *h*) condamner; *rel* damner; **~t** maudit, sacré F; F **~ noch mal!** zut alors!; F **~ gut** drôlement bon

**ver'danken** (*pas de -ge-*, *h*) **j-m etw ~** devoir qc à qn

**verdau|en** [fɛr'dauən] (*pas de -ge-*, *h*) digérer (*a fig*); **~lich leicht ~** digeste, facile à digérer; **schwer ~** indigeste, lourd; 2**ung** *f* (-; *sans pl*) digestion *f*; 2**ungsstörungen** *f/pl* troubles *m/pl* digestifs

**Verdeck** [fɛr'dɛk] *n* (-[*e*]*s*; -*e*) *auto* capote *f*; *mar* pont *m*; 2**en** (*pas de -ge-*, *h*) couvrir (*a fig*); *verbergen* cacher

**verderb|en** [fɛr'dɛrbən] (*verdarb*, *verdorben*) **1.** *v/i* (*sn*) *Lebensmittel* s'abîmer; *etw* abîmer; **2.** *v/t* (*h*) *Spaß*, *Preise etc* gâcher; *sittlich* corrompre; **sich die Augen ~** s'abîmer la vue; **sich den Magen ~** se détraquer l'estomac; **es mit j-m ~** perdre les bonnes grâces de qn; 2**en** *n* (-*s*; *sans pl*) perte *f*, ruine *f*; **~lich** [-pliç] *Lebensmittel* périssable; *schädlich* pernicieux

**ver'deutlichen** (*pas de -ge-*, *h*) rendre clair, élucider

**ver'dien|en** (*pas de -ge-*, *h*) *Geld* gagner; *Lob*, *Tadel* mériter; 2**er** *m* (-*s*; -) gagneur *m*; 2**st** (-*es*; -*e*) **1.** *m* gain *m*; **2.** *n* mérite *m*; **~t** (bien) mérité; *Person* de mérite; **sich ~ machen um** bien mériter de

**ver|doppeln** [fɛr'dɔpəln] (*pas de -ge-*, *h*) (**sich**) **~** doubler; **~dorben** [-'dɔrbən] abîmé; *fig* gâché; *Lebensmittel a* avarié; *sittlich* corrompu, dépravé; **~dorren** [-'dɔrən] (*pas de -ge-*, *sn*) se dessécher

**ver'dräng|en** (*pas de -ge-*, *h*) *ersetzen* supplanter; *psych* refouler; 2**ung** *psych f* (-; -*en*) refoulement *m*

**ver|'drehen** (*pas de -ge-*, *h*) tordre; *Augen* rouler; *fig Tatsachen*, *Wahrheit* dénaturer, altérer; *fig* **j-m den Kopf ~** tourner la tête à qn; **~'dreifachen** (*pas de -ge-*, *h*) (**sich**) **~** tripler

**ver|drießlich** [fɛr'driːsliç], **~drossen** [-'drɔsən] maussade, renfrogné

**Verdruss** [fɛr'drus] *m* (-*es*; -*e*) dépit *m*, contrariété *f*, ennuis *m/pl*

**ver'dunkeln** (*pas de -ge-*, *h*) (**sich ~** s')obscurcir

**ver|'dünnen** (*pas de -ge-*, *h*) diluer (**mit Wasser** avec de l'eau); **~'dunsten** (*pas de -ge-*, *sn*) s'évaporer

**ver'ehr|en** (*pas de -ge-*, *h*) *rel* vénérer; *fig* adorer; 2**er** *m* (-*s*; -), 2**erin** *f* (-; -*nen*) admirateur *m*, -trice *f*; *m e-s Mädchens* soupirant *m*; 2**ung** *f* (-; -*en*) vénération *f*; *fig* admiration *f*, adoration *f*

**vereidigen** [fɛrˀ'aidigən] (*pas de -ge-*, *h*) faire prêter serment à, assermenter

**Verein** [fɛrˀ'ain] *m* (-[*e*]*s*; -*e*) association *f*, club *m*

**ver'einbar** compatible (**mit** avec); **~en** (*pas de -ge-*, *h*) convenir de; **sich ~ lassen mit** se concilier avec; 2**ung** *f* (-; -*en*) accord *m*, convention *f*

**vereinen** [fɛrˀ'ainən] (*pas de -ge-*, *h*) (**sich ~** s')unir

**ver'einfach|en** (*pas de -ge-*, *h*) simplifier; 2**ung** *f* (-; -*en*) simplification *f*

**ver'einheitlich|en** (*pas de -ge-*, *h*) uniformiser, standardiser; 2**ung** *f* (-; -*en*) uniformisation *f*

**ver'einig|en** (*pas de -ge-*, *h*) (**sich ~** se)

réunir, (s')unir; **~t** (ré)uni; ***die* ~*en* *Staaten* (*von Amerika*)** les États-Unis *m/pl* (d'Amérique); **~ung** *f* (-; -*en*) (ré)union *f*; *Verein* association *f*

**ver'ein|t** uni; ***die* ~*en* *Nationen*** les Nations *f/pl* Unies; **~zelt** [fɛrˀ'aintsəlt] isolé

**verenge(r)n** [fɛrˀ'ɛŋə(r)n] (*pas de -ge-, h*) (***sich* ~** se) rétrécir

**ver'erb|en** (*pas de -ge-, h*) laisser (en mourant); *testamentarisch* léguer; *biol* transmettre; ***sich* ~ *auf*** se transmettre à; **~ung** *biol f* (-; -*en*) hérédité *f*

**Verf.** *abr* ***Verfasser*** auteur

**ver'fahren 1.** (*irr, pas de -ge-, →* ***fahren***) (*v/i, sn*) procéder; **~ *mit*** traiter; (*v/t, h*) ***sich* ~** se tromper de route, s'égarer; **2.** **~** *n* (-*s*; -) procédé *m*; *jur* procédure *f*

**Ver'fall** *m* (-[*e*]*s*; *sans pl*) décadence *f*, déclin *m*; *Gebäude* ruine *f*; *comm* échéance *f*; **~en** (*irr, pas de -ge-, sn, →* ***fallen***) *Gebäude* tomber en ruine, se délabrer; *comm* échoir, venir à échéance; ***auf etw* ~** avoir l'idée de qc; ***in etw* ~** (re)tomber dans qc; ***j-m* ~ *sein*** être l'esclave de qn; **~sdatum** *n* date *f* limite de consommation

**ver'fälschen** (*pas de -ge-, h*) falsifier

**ver'fass|en** (*pas de -ge-, h*) rédiger; **~er** *m* (-*s*; -), **~erin** *f* (-; -*nen*) auteur *m*, femme *f* auteur

**Ver'fassung** *f* (-; -*en*) *Staats~* constitution *f*; *Zustand* état *m*; ***körperliche* ~** condition *f* physique; **~sgemäß** selon la constitution; **~smäßig** constitutionnel; **~swidrig** anticonstitutionnel

**ver'faulen** (*pas de -ge-, sn*) pourrir

**ver'fecht|en** (*irr, pas de -ge-, h, →* ***fechten***) défendre; **~er** *m* (-*s*; -) défenseur *m*, champion *m*, avocat *m*

**verfeinden** [fɛr'faindən] (*pas de -ge-, h*) ***sich* ~** se brouiller

**verfeinern** [fɛr'fainərn] (*pas de -ge-, h*) raffiner, améliorer

**ver'film|en** (*pas de -ge-, h*) porter à l'écran, tirer un film de; **~ung** *f* (-; -*en*) adaptation *f* cinématographique

**Ver|flechtung** [fɛr'flɛçtuŋ] *f* (-; -*en*) interdépendance *f*; **~'fluchen** (*pas de -ge-, h*) maudire; **~flüchtigen** [-'flyçtigən] (*pas de -ge-, h*) ***sich* ~** se volatiliser (*a fig*)

**verflüssig|en** [fɛr'flysigən] (*pas de -ge-, h*) liquéfier; **~ung** *f* (-; -*en*) liquéfaction *f*

**ver'folg|en** (*pas de -ge-, h*) poursuivre (*a jur*); *grausam od ungerecht* persécuter; ***gerichtlich* ~** poursuivre en justice; **~er** *m* (-*s*; -) poursuivant *m*; *pol, rel* persécuteur *m*; **~ung** *f* (-; -*en*) poursuite *f*; *pol, rel* persécution *f*; ***gerichtliche* ~** poursuites *f/pl* judiciaires; **~ungswahn** *psych m* délire *m od* manie *f* de la persécution

**verfrüht** [fɛr'fry:t] prématuré

**verfüg|bar** [fɛr'fy:kba:r] disponible; **~en** [-gən] (*pas de -ge-, h*) *anordnen* ordonner; **~ *über*** disposer de; **~ung** *f* (-; -*en*) disposition *f*; *Anordnung* ordonnance *f*; ***j-m zur* ~ *stellen* (*stehen*)** mettre (être) à la disposition de qn

**ver'führ|en** (*pas de -ge-, h*) séduire; **~er** *m* (-*s*; -), **~erin** *f* (-; -*nen*) séducteur *m*, -trice *f*; **~erisch** séduisant, tentant, attrayant; **~ung** *f* (-; -*en*) séduction *f*

**vergangen** [fɛr'gaŋən] passé; ***im* ~*en* *Jahr*** l'année dernière *od* passée; **~heit** *f* (-; -*en*) passé *m* (*a gr*)

**vergänglich** [fɛr'gɛŋliç] passager, éphémère, fugitif

**Vergaser** [fɛr'ga:zər] *m* (-*s*; -) *auto* carburateur *m*

**ver'geb|en** (*irr, pas de -ge-, h, →* ***geben***) *Stelle, Aufträge etc* donner, attribuer; *verzeihen* pardonner; **~ens** [-s] en vain; **~lich** [-'ge:pliç] inutile, vain; *adv* en vain; **~ung** *f* (-; -*en*) pardon *m*

**vergegenwärtigen** [fɛrge:gən'vɛrtigən] (*pas de -ge-, h*) ***sich etw* ~** se représenter qc, se remémorer qc

**vergehen** [fɛr'gə:ən] **1.** (*irr, pas de -ge-, →* ***gehen***) (*v/i, sn*) *Zeit, Schmerz* passer; ***vor Angst* ~** mourir de peur; ***mir ist die Lust dazu vergangen*** j'en ai perdu l'envie; (*v/t, h*) ***sich an j-m* ~** porter la main sur qn; *an e-r Frau* violer qn; **2.** **~** *jur n* (-*s*; -) délit *m*

**ver'gelt|en** (*irr, pas de -ge-, h, →* ***gelten***) rendre; ***Gleiches mit Gleichem* ~** rendre la pareille à qn; **~ung** *f* (-; -*en*) vengeance *f*, revanche *f*

**vergessen** [fɛr'gɛsən] (*vergaß, vergessen, h*) oublier; **~heit** *f* (-; *sans pl*) oubli *m*; ***in* ~ *geraten*** tomber dans l'oubli

**vergesslich** [fɛr'gɛsliç] étourdi, distrait

**vergeud|en** [fɛr'gɔʏdən] (*pas de -ge-,*

*h*) gaspiller; **2ung** *f* (-; *-en*) gaspillage *m*

**vergewaltig|en** [fɛrgə'valtigən] (*pas de -ge-, h*) violer; **2ung** *f* (-; *-en*) viol *m*

**vergewissern** [fɛrgə'visərn] (*pas de -ge-, h*) ***sich ~*** s'assurer (***e-r Sache*** de qc; ***ob*** si)

**ver'gift|en** (*pas de -ge-, h*) (***sich ~*** s')empoisonner, (s')intoxiquer; **2ung** *f* (-; *-en*) empoisonnement *m*, intoxication *f*

**Vergleich** [fɛr'glaiç] *m* (-[*e*]*s*; *-e*) comparaison *f* (***mit*** à, avec); *jur nach Streit* compromis *m*; *statt Konkurs* règlement *m* judiciaire; ***im ~ zu*** par rapport à; **2bar** comparable (***mit*** à, avec); **2en** (*irr, pas de -ge-, h,* → ***gleichen***) comparer (***mit*** à, avec); **~sverfahren** *n écon* procédure *f* de conciliation

**vergnüg|en** [fɛr'gny:gən] **1.** (*pas de -ge-, h*) ***sich ~*** s'amuser (***mit*** à + *inf*), se divertir; **2.** **2en** *n* (*-s*; -) plaisir *m*; ***mit ~*** avec plaisir; ***viel ~!*** amusez-vous bien!; → *a* **2ung**; **~t** joyeux, gai; **2ung** *f* (-; *-en*) amusement *m*, divertissement *m*; **2ungspark** *m* parc *m* d'attractions; **2ungsviertel** *n* quartier *m* des attractions

**ver|'graben** (*irr, pas de -ge-, h,* → ***graben***) enterrer, enfouir; **~'griffen** [-'grifən] *Buch* épuisé

**vergrößer|n** [fɛr'grø:sərn] (*pas de -ge-, h*) agrandir (*a Foto*), grossir (*a Lupe etc*), augmenter; **2ung** *f* (-; *-en*) agrandissement *m* (*a Foto*), grossissement *m*, augmentation *f*; **2ungsglas** *n* loupe *f*

**Vergünstigung** [fɛr'gynstiguŋ] *f* (-; *-en*) avantage *m*

**vergüt|en** [fɛr'gy:tən] (*pas de -ge-, h*) ***j-m etw ~*** indemniser qn de qc; ***j-m seine Auslagen ~*** rembourser qn de ses frais; **2ung** *f* (-; *-en*) indemnité *f*

**verh.** *abr* ***verheiratet*** marié(e)

**ver'haft|en** (*pas de -ge-, h*) arrêter; **2ung** *f* (-; *-en*) arrestation *f*

**ver'halten** **1.** (*irr, pas de -ge-, h,* → ***halten***) ***sich ~*** se conduire, se comporter; ***sich ruhig ~*** garder son calme; ***es verhält sich so*** il en est ainsi; **2.** **2** *n* (*-s*; *sans pl*) comportement *m*, conduite *f*

**Verhältnis** [fɛr'hɛltnis] *n* (*-ses*; *-se*) relation *f*; *Größen*2 proportion *f*; *persönliches* rapports *m/pl* (***zu*** avec); *Liebes*2 liaison *f*; **~se** *pl* conditions *f/pl*, situation *f*, circonstances *f/pl*; ***im ~ zu*** par rapport à; ***über seine ~se leben*** vivre au-dessus de ses moyens; **2mäßig** relatif; *adv* relativement; **~wahl** *f* scrutin *m* proportionnel; **~wahlrecht** *n* représentation *f* proportionnelle

**ver'hand|eln** (*pas de -ge-, h*) négocier (***über etw*** qc); **2lung** *f* (-; *-en*) négociation *f*; *jur* audience *f*, débats *m/pl*

**ver'häng|en** (*pas de -ge-, h*) couvrir (d'un rideau); *Strafe* infliger (***gegen*** à); *Blockade* décréter; **~nisvoll** fatal, néfaste, funeste

**ver|harmlosen** [fɛr'harmlo:zən] (*pas de -ge-, h*) minimiser; **~hasst** [-'hast] détesté, haï, odieux

**verheerend** [fɛr'he:rənt] désastreux, catastrophique

**verheimlich|en** [fɛr'haimliçən] (*pas de -ge-, h*) dissimuler; **2ung** *f* (-; *-en*) dissimulation *f*

**ver'heirat|en** (*pas de -ge-, h*) ***sich ~*** se marier (***mit*** avec); ***j-n mit j-m ~*** marier qn à *od* avec qn; **~et** marié

**ver'heiß|en** (*irr, pas de -ge-, h,* → ***heißen***) promettre; **2ung** *st/s f* (-; *-en*) promesse *f*; **~ungsvoll** prometteur

**ver'helfen** (*irr, pas de -ge-, h,* → ***helfen***) ***j-m zu etw ~*** aider qn à obtenir qc

**ver'herrlich|en** (*pas de -ge-, h*) glorifier; **2ung** *f* (-; *-en*) glorification *f*

**ver'hinder|n** (*pas de -ge-, h*) empêcher; **~t** ***~ sein*** être empêché, être retenu; ***ein ~er Künstler*** un artiste manqué; **2ung** *f* (-; *-en*) empêchement *m*

**verhöhnen** [fɛr'hø:nən] (*pas de -ge-, h*) bafouer, tourner en dérision

**Verhör** [fɛr'hø:r] *jur n* (-[*e*]*s*; *-e*) interrogatoire *m*; **2en** (*pas de -ge-, h*) interroger; ***sich ~*** mal entendre

**ver|hüllen** [fɛr'hylən] (*pas de -ge-, h*) voiler; **~'hungern** (*pas de -ge-, sn*) mourir de faim

**ver'hüt|en** (*pas de -ge-, h*) empêcher, prévenir; **2ung** *f* (-; *-en*) prévention *f*; **2ungsmittel** *méd n* contraceptif *m*

**ver'irr|en** (*pas de -ge-, h*) ***sich ~*** s'égarer, se perdre; **2ung** *f* (-; *-en*) aberration *f*

**Verjährung** [fɛr'jɛ:ruŋ] *jur f* (-; *-en*) prescription *f*; **~sfrist** *f* délai *m* de prescription

**verjüngen** [fɛr'jyŋən] (*pas de -ge-, h*) rajeunir; ***sich*** ~ rajeunir; *Säule* s'amincir

**ver'kabeln** (*pas de -ge-, h*) *TV* câbler

**ver'kalk|en** (*pas de -ge-, sn*) *méd u fig* se scléroser; *Rohr* s'entartrer; **~t** *fig* sclérosé, gaga F

**verkannt** [fɛr'kant] méconnu

**Ver'kauf** *m* vente *f*; **≈en** (*pas de -ge-, h*) (***sich*** ~ se) vendre; ***zu*** ~ à vendre

**Ver'käuf|er** *m* (*-s*; -), **~erin** *f* (-; *-nen*) vendeur *m*, -euse *f*; **≈lich** à vendre; ***leicht*** ~ facile à écouler

**Ver'kaufs|leiter** *m* chef *m* de vente; **~preis** *m* prix *m* de vente

**Verkehr** [fɛr'keːr] *m* (*-s*; *-e*) circulation *f*, trafic *m*; *Geschlechts≈* rapports *m/pl*; ***aus dem*** ~ ***ziehen*** retirer de la circulation; **≈en** (*pas de -ge-, h*) *Bus etc* circuler; ***mit j-m*** ~ être en relations avec qn; *sexuell* avoir des rapports avec qn; ***bei j-m*** ~ fréquenter qn; ***ins Gegenteil*** ~ transformer en son contraire

**Ver'kehrs|ader** *f* axe *m* routier, artère *f*; **~ampel** *f* feux *m/pl* (de signalisation); **~amt** *n* office *m* de tourisme; **~aufkommen** *n* importance *f* de la circulation; **≈beruhigt** à circulation réduite; **~büro** *n* → ***~amt***; **~delikt** *n* infraction *f* au code de la route; **~flugzeug** *n* avion *m* de ligne; **~funk** *m* radioguidage *m*; **~hindernis** *n* obstacle *m* à la circulation; **~meldung** *f* information *f* sur le trafic; **~minister** *m* ministre *m* des Transports; **~mittel** *n* moyen *m* de transport; ***öffentliche*** ~ *pl* transports *m/pl* publics *od* en commun; **~opfer** *n* victime *f* de la circulation; **~polizei** *f* police *f* routière; **~regeln** *f/pl* code *m* de la route; **~schild** *n* panneau *m* de signalisation; **~sicherheit** *f* sécurité *f* routière; **~stau** *m* bouchon *m*, embouteillage *m*; **~teilnehmer** *m* usager *m* de la circulation *od* de la route; **~verbindungen** *f/pl* voies *f/pl* de communication; **~verein** *m* syndicat *m* d'initiative; **≈widrig** contraire au code de la route; **~zeichen** *n* panneau *m* de signalisation

**verkehrt** [fɛr'keːrt] à l'envers; *falsch* mauvais, faux; *adv* de travers

**ver'kennen** (*irr, pas de -ge-, h*, → ***kennen***) méconnaître, se méprendre sur

**ver'klagen** (*pas de -ge-, h*) ***j-n*** ~ intenter une action contre qn

**verklapp|en** [fɛr'klapən] (*pas de -ge-, h*) évacuer en mer; **≈ung** *f* (-; *-en*) évacuation *f* en mer

**ver'kleid|en** (*pas de -ge-, h*) (***sich*** ~ se) déguiser (***als*** en); *tech* revêtir; **≈ung** *f* (-; *-en*) déguisement *m*; *tech* revêtement *m*

**verkleiner|n** [fɛr'klainərn] (*pas de -ge-, h*) rapetisser, réduire; **≈ung** *f* (-; *-en*) rapetissement *m*, réduction *f* (*a Foto*)

**ver|klemmt** [fɛr'klɛmt] *psych* complexé; **~'knüpfen** (*pas de -ge-, h*) attacher; *fig* lier, joindre, associer (*alle* ***mit*** à)

**ver'kommen 1.** (*irr, pas de -ge-, sn*, → ***kommen***) *Haus etc* être laissé à l'abandon; *Mensch* tomber bien bas; **2.** *adj moralisch* dépravé

**ver'körper|n** (*pas de -ge-, h*) personnifier; **≈ung** *f* (-; *-en*) personnification *f*

**ver|krüppelt** [fɛr'krypəlt] estropié; *Pflanze* rabougri; **~'kümmern** (*pas de -ge-, sn*) *Lebewesen* dépérir; *Muskel*, *fig Begabung* s'atrophier; *Pflanze a* s'étioler (*a fig*), se rabougrir

**verkünd|(ig)en** [fɛr'kynd(ig)ən] (*pas de -ge-, h*) annoncer, proclamer; *Gesetz* promulguer; *Evangelium* prêcher; ***das Urteil verkünden*** prononcer la sentence; **≈ung** *f* (-; *-en*) proclamation *f*

**ver'kürz|en** (*pas de -ge-, h*) raccourcir; *Arbeitszeit* réduire; **≈ung** *f* (-; *-en*) raccourcissement *m*, réduction *f*

**ver'laden** (*irr, pas de -ge-, h*, → ***laden***) charger; *mar* embarquer

**Verlag** [fɛr'laːk] *m* (*-[e]s*; *-e*) maison *f* d'édition

**verlangen** [fɛr'laŋən] **1.** (*pas de -ge-, h*) demander (***etw von j-m*** qc à qn), exiger (qc de qn), réclamer (qc de qn); ***nach j-m*** ~ réclamer qn; **2.** ≈ *n* (*-s*; -) désir *m* (***nach*** de); ***auf*** ~ ***von*** sur *od* à la demande de

**verlänger|n** [fɛr'lɛŋərn] (*pas de -ge-, h*) prolonger; **≈ung** *f* (-; *-en*) *zeitlich* prolongation *f*; *räumlich* prolongement *m*; **≈ungsschnur** *f* rallonge *f*

**ver'langsamen** (*pas de -ge-, h*) (***sich*** ~ se) ralentir

**ver'lassen 1.** (*irr, pas de -ge-, h*, → ***lassen***) quitter; *im Stich lassen* abandonner; ***sich ~ auf*** compter sur, se fier à; **2.** *adj* abandonné

**Ver'lauf** *m* (-[*e*]*s*; *sans pl*) déroulement *m*, cours *m*; *e-r Straße*, *Grenze* tracé *m*; **≗en** (*irr*, *pas de -ge-*, → ***laufen***) **1.** *v/i* (*sn*) *Ereignis*, *Entwicklung* se dérouler, se passer; *Straße* aller; **2.** (*h*) ***sich ~*** *sich verirren* se perdre, s'égarer; *Menschenmenge* s'écouler

**ver'leben** (*pas de -ge-*, *h*) *Zeit* passer

**ver'legen 1.** (*pas de -ge-*, *h*) *räumlich* déplacer; *Wohnsitz* transférer; *Brille* égarer; *zeitlich* remettre, ajourner (***auf*** à); *Leitung* poser; *Bücher* éditer; **2.** *adj* embarrassé, gêné; **≗heit** *f* (-; *-en*) embarras *m*, gêne *f*; ***j-n in ~ bringen*** embarrasser qn

**Verleg|er** [fɛr'leːgər] *m* (*-s*; -) éditeur *m*; **~ung** *f* (-; *-en*) déplacement *m*, transfert *m*; *zeitlich* ajournement *m*; *tech* pose *f*

**Verleih** [fɛr'lai] *m* (-[*e*]*s*; *-e*) location *f*; *Film≗* distribution *f*; **≗en** (*irr*, *pas de -ge-*, *h*, → ***leihen***) prêter, louer; *Preis* décerner; *Rechte*, *Titel* conférer; **~ung** *f* (-; *-en*) *Preis* décernement *m*

**ver'leiten** (*pas de -ge-*, *h*) ***j-n zu etw ~*** inciter qn à qc

**verletz|bar** [fɛr'lɛtsbaːr] vulnérable; **~en** (*pas de -ge-*, *h*) (***sich ~*** se) blesser; *fig a* offenser; **~end** blessant; **≗te** *m*, *f* (*-n*; *-n*) blessé *m*, -e *f*; **≗ung** *f* (-; *-en*) blessure *f*

**ver'leugnen** (*pas de -ge-*, *h*) renier

**verleumd|en** [fɛr'lɔymdən] (*pas de -ge-*, *h*) calomnier, diffamer; **≗er** *m* (*-s*; -), **≗erin** *f* (-; *-nen*) calomniateur *m*, -trice *f*, diffamateur *m*, -trice *f*; **≗ung** *f* (-; *-en*) calomnie *f*, diffamation *f*

**ver'lieben** (*pas de -ge-*, *h*) ***sich ~*** tomber amoureux (***in j-n*** de qn)

**ver'liebt** [fɛr'liːpt] amoureux

**verlieren** [fɛr'liːrən] (*verlor*, *verloren*, *h*) perdre; ***verloren gehen*** se perdre, s'égarer

**Verlierer** *m* (*-s*; -), **≗erin** *f* (-; *-nen*) perdant *m*, -e *f*

**ver'lob|en** (*pas de -ge-*, *h*) ***sich ~*** se fiancer (***mit*** avec); **≗te** [-ptə] *m*, *f* (*-n*; *-n*) fiancé *m*, -e *f*; **≗ung** *f* (-; *-en*) fiançailles *f/pl*

**ver'lock|en** (*pas de -ge-*, *h*) séduire, tenter; **~end** tentant, séduisant; **≗ung** *f* (-; *-en*) séduction *f*, tentation *f*

**verlogen** [fɛr'loːgən] *Person* menteur; *Sache* mensonger

**verloren** [fɛr'loːrən], **~gehen** (*irr*, *sép*, *-ge-*, *sn*, → ***gehen***) → ***verlieren***

**Verlust** [fɛr'lust] *m* (*-s*; *-e*) perte *f*

**vermarkt|en** [fɛr'marktən] (*pas de -ge-*, *h*) commercialiser; **≗ung** *f* (-; *-en*) commercialisation *f*

**vermehr|en** [fɛr'meːrən] (*pas de -ge-*, *h*) augmenter, accroître, multiplier (*a biol*); ***sich ~*** augmenter; *biol* se multiplier; **≗ung** *f* (-; *selten -en*) augmentation *f*, accroissement *m*; *biol* multiplication *f*

**vermeid|bar** [fɛr'maitbaːr] évitable; **~en** [-den] (*irr*, *pas de -ge-*, *h*, → ***meiden***) éviter

**Vermerk** [fɛr'mɛrk] *m* (-[*e*]*s*; *-e*) note *f*, mention *f*; **≗en** (*pas de -ge-*, *h*) noter

**ver'mess|en 1.** (*irr*, *pas de -ge-*, *h*, → ***messen***) mesurer; *Gelände* arpenter; **2.** *adj* téméraire; *überheblich* présomptueux; **≗ung** *f* (-; *-en*) mesurage *m*; arpentage *m*

**ver'miet|en** (*pas de -ge-*, *h*) louer; ***Zimmer zu ~*** chambre à louer; **≗er** *m* (*-s*; -), **≗erin** *f* (-; *-nen*) loueur *m*, -euse *f*; *Zimmer≗(in)* logeur *m*; -euse *f*; *Wohnungs≗(in)* propriétaire *m*, *f*; **≗ung** *f* (-; *-en*) location *f*

**verminder|n** [fɛr'mindərn] (*pas de -ge-*, *h*) (***sich ~***) diminuer, (s')amoindrir; **≗ung** *f* (-; *-en*) diminution *f*; réduction *f*

**ver'misch|en** (*pas de -ge-*, *h*) (***sich ~*** se) mêler (***mit*** avec *od* à), (se) mélanger (avec *od* à)

**vermissen** [fɛr'misən] (*pas de -ge-*, *h*) ne pas retrouver; *schmerzlich* regretter; ***ich vermisse j-n*** (***etw***) *a* qn (qc) me manque

**vermitt|eln** [fɛr'mitəln] (*pas de -ge-*, *h*) *Stelle etc* procurer; *Wissen* communiquer; *bei Konflikt* servir de médiateur (***zwischen*** entre; ***bei*** *od* ***in*** dans), intervenir, s'interposer; **≗ler** *m* (*-s*; -), **≗lerin** *f* (-; *-nen*) intermédiaire *m*, *f*; *bei Konflikt* médiateur *m*, -trice *f*; **≗lung** *f* (-; *-en*) *Schlichtung* médiation *f*; *Eingreifen* intervention *f*; *Stelle*, *Büro* agence *f*; *tél* standard *m*, central *m*; ***durch j-s ~*** par l'intermédiaire de qn

**Vermögen** [fɛr'møːgən] *n* (*-s*; -) *Besitz*

fortune *f*; *Fähigkeit* faculté *f*; **2d** fortuné, riche; **~sberatung** *f* conseil *m* en investissement; **~ssteuer** *f* impôt *m* sur la fortune; **~swerte** *m/pl* valeurs *f/pl* en capital

**vermut|en** [fɛr'muːtən] (*pas de -ge-, h*) supposer, présumer; **~lich** présumé; probable(ment); **2ung** *f* (-; *-en*) supposition *f*, présomption *f*

**ver|nachlässigen** [fɛr'naːxlɛsigən] (*pas de -ge-, h*) (***sich ~*** se) négliger; **~narben** [-'narbən] (*pas de -ge-, sn*) se cicatriser (*a fig*)

**ver'nehm|en** (*irr, pas de -ge-, h,* → ***nehmen***) *hören* entendre; *erfahren* apprendre; *jur* interroger; **2ung** *jur f* (-; *-en*) interrogatoire *m*; *von Zeugen* audition *f*

**verneinen** [fɛr'nainən] (*pas de -ge-, h*) dire (que) non, répondre négativement; *gr* mettre à la forme négative

**vernicht|en** [fɛr'niçtən] (*pas de -ge-, h*) anéantir, détruire, exterminer; **2ung** *f* (-; *-en*) anéantissement *m*, destruction *f*, extermination *f*

**Vernunft** [fɛr'nunft] *f* (-; *sans pl*) raison *f*; ***~ annehmen*** entendre raison; ***j-n zur ~ bringen*** ramener qn à la raison

**vernünftig** [fɛr'nynftiç] raisonnable

**ver'öffentlich|en** (*pas de -ge-, h*) publier; **2ung** *f* (-; *-en*) publication *f*

**verordn|en** [fɛr'ɔrdnən] (*pas de -ge-, h*) décréter; *méd* prescrire; **2ung** *f* (-; *-en*) *jur* décret *m*; *méd* prescription *f*

**verpacht|en** [fɛr'paxtən] (*pas de -ge-, h*) affermer, donner à bail; **2ung** *f* (-; *-en*) affermage *m*

**ver'pack|en** (*pas de -ge-, h*) emballer; **2ung** *f* (-; *-en*) emballage *m*; *comm a* conditionnement *m*

**ver|'passen** (*pas de -ge-, h*) *Gelegenheit* laisser échapper; *Zug* manquer, rater; **~'pesten** (*pas de -ge-, h*) empester, empoisonner

**ver'pflanz|en** (*pas de -ge-, h*) transplanter (*a fig u méd*); *méd meist* greffer; **2ung** *f* (-; *-en*) transplantation (*a fig u méd*); *méd meist* greffe *f*

**ver'pfleg|en** (*pas de -ge-, h*) nourrir; ***sich ~*** s'approvisionner, se ravitailler; **2ung** *f* (-; *-en*) nourriture *f*

**verpflicht|en** [fɛr'pfliçtən] (*pas de -ge-, h*) ***j-n ~*** obliger *od* engager qn (***zu*** à); ***sich ~*** s'engager (***zu*** à); ***~et ~ sein, etw zu tun*** être obligé de faire qc; **2ung** *f* (-; *-en*) obligation *f*, engagement *m* (***gegenüber j-m*** envers qn)

**verpönt** [fɛr'pøːnt] mal vu, unanimement réprouvé

**ver'prügeln** (*pas de -ge-, h*) rosser; F passer à tabac

**Verputz** [fɛr'puts] *m* (*-es*; *sans pl*) crépi *m*; **2en** (*pas de -ge-, h*) crépir; F *essen* dévorer, engloutir

**Verrat** [fɛr'raːt] *m* (-[*e*]*s*; *sans pl*) trahison *f*; **2en** (*irr, pas de -ge-, h,* → ***raten***) (***sich ~*** se) trahir

**Verräter** [fɛr'rɛːtər] *m* (*-s*; -), **~in** *f* (-; *-nen*) traître *m*, traîtresse *f*; **2isch** traître

**ver'rechn|en** (*pas de -ge-, h*) compenser, faire le compte de; ***sich ~*** se tromper dans ses calculs; ***sich um e-n Euro ~*** se tromper *od* faire une erreur d'un euro; **2ung** *comm f* (-; *-en*) compensation *f*, clearing *m*; **2ungsscheck** *m* chèque *m* barré

**ver'reis|en** (*pas de -ge-, sn*) partir en voyage (***nach*** pour); **~t** (parti) en voyage

**verrenk|en** [fɛr'rɛŋkən] (*pas de -ge-, h*) *verdrehen* tordre; *ausrenken* ***sich etw ~*** se luxer qc; **2ung** *méd f* (-; *-en*) luxation *f*

**ver|'richten** (*pas de -ge-, h*) faire, exécuter; **~'riegeln** (*pas de -ge-, h*) verrouiller

**verringer|n** [fɛr'riŋərn] (*pas de -ge-, h*) (***sich ~*** s')amoindrir, diminuer; **2ung** *f* (-; *-en*) amoindrissement *m*, diminution *f*, réduction *f*

**ver'rosten** (*pas de -ge-, sn*) rouiller

**verrückt** [fɛr'rykt] fou (***auf, nach*** de); ***~ werden*** devenir fou; **2e** *m, f* (*-n*; *-n*) fou *m*, folle *f*; **2heit** *f* (-; *-en*) folie *f*

**Verruf** [fɛr'ruːf] *m* (-[*e*]*s*; *sans pl*) ***in ~ bringen*** jeter le discrédit sur, discréditer; ***in ~ geraten*** tomber dans le discrédit, se discréditer; **2en** *adj* mal famé

**Vers** [fɛrs] *m* (*-es*; *-e*) vers *m*; *Bibel* verset *m*

**ver'sag|en** (*pas de -ge-, h*) *Hilfe etc* refuser; *tech* tomber en panne; *Bremsen* lâcher; *Schusswaffe* rater; *Person* échouer, ne pas être à la hauteur; **2en** *n* (*-s*; *sans pl*) défaillance *f* (*a tech*); ***menschliches ~*** défaillance hu-

maine; **℞er** *m* (*-s*; -) *Person, Schuss* raté *m*
**ver'salzen** (*versalzte, versalzt u versalzen*) trop saler
**ver'samm|eln** (*pas de -ge-, h*) (***sich*** ~ se) réunir, (se) rassembler; **℞lung** *f* (*-; -en*) réunion *f*, assemblée *f*
**Versand** [fɛr'zant] *m* (*-[e]s; sans pl*) expédition *f*; **~abteilung** *f* service *m* d'expédition; **~handel** *comm m* vente *f* par correspondance; **~haus** *n* maison *f* d'expédition
**versäum|en** [fɛr'zɔʏmən] (*pas de -ge-, h*) manquer; **~, *etw zu tun*** négliger de faire qc; **℞nis** *n* (*-ses; -se*) négligence *f*; *Schule* absence *f*
**ver|'schaffen** (*pas de -ge-, h*) ***j-m etw*** ~ procurer qc à qn; ***sich etw*** ~ se procurer qc; **~'schärfen** (*pas de -ge-, h*) aggraver; *Kontrolle* renforcer; ***sich*** ~ *Lage* s'aggraver; **~'schätzen** (*pas de -ge-, h*) ***sich*** ~ commettre une erreur d'appréciation; **~'schenken** (*pas de -ge-, h*) donner (en cadeau); **~scheuchen** [fɛr'ʃɔʏçən] (*pas de -ge-, h*) chasser (*a fig*); **~'schicken** (*pas de -ge-, h*) expédier
**ver'schieb|en** (*irr, pas de -ge-, h,* → ***schieben***) déplacer; *zeitlich* remettre, reporter, ajourner; ***sich*** ~ se déplacer; *Termin* être reporté à une date ultérieure; **℞ung** *f* (*-; -en*) déplacement *m*; *zeitliche* ajournement *m*
**verschieden** [fɛr'ʃiːdən] différent (***von*** de), divers; **~artig** hétérogène; **~e** *pl* plusieurs; **℞es** *n* différentes choses *f/pl*; *Zeitung* faits *m/pl* divers; **~tlich** à plusieurs *od* différentes reprises
**ver|'schiffen** (*pas de -ge-, h*) transporter par bateau; *verladen* embarquer; **~'schlafen 1.** (*irr, pas de -ge-, h,* → ***schlafen***) se lever trop tard; *Tag* passer à dormir; F *fig* oublier; **2.** *adj* endormi (*a fig*)
**Ver'schlag** *m* réduit *m*, cagibi *m*
**verschlechter|n** [fɛr'ʃlɛçtərn] (*pas de -ge-, h*) empirer; ***sich*** ~ empirer, se détériorer; *Lage* se dégrader, s'aggraver; *Wetter* se gâter; **℞ung** *f* (*-; -en*) détérioration *f*, dégradation *f*
**Verschleiß** [fɛr'ʃlais] *m* (*-es; -e*) usure *f*; **℞en** (*verschliss, verschlissen*) (***sich***) ~ s'user
**ver|'schleppen** (*pas de -ge-, h*) *Menschen* déporter, déplacer; *zeitlich* faire traîner en longueur; *Krankheit* traîner; **~'schleudern** (*pas de -ge-, h*) *comm* vendre à perte, brader, bazarder F; *fig* dissiper; **~'schließen** (*irr, pas de -ge-, h,* → ***schließen***) fermer à clé; *fig* ***sich e-r Sache*** ~ se fermer à qc
**verschlimmer|n** [fɛr'ʃlimərn] (*pas de -ge-, h*) (***sich***) ~ empirer, (se) détériorer; *Krankheit* (s')aggraver; **℞ung** *f* (*-; -en*) aggravation *f*, détérioration *f*
**verschlossen** [fɛr'ʃlɔsən] *Person* renfermé, taciturne
**ver'schlucken** (*pas de -ge-, h*) avaler; ***sich*** ~ avaler de travers
**Ver'schluss** *m* (*-es; ⸚e*) fermeture *f*; *Foto* obturateur *m*; ***unter*** ~ ***halten*** garder sous clé
**ver|schlüsseln** [fɛr'ʃlʏsəln] (*pas de -ge-, h*) chiffrer, coder; **~schmähen** [-'ʃmɛːən] (*pas de -ge-, h*) dédaigner
**ver'schmelz|en** (*irr, pas de -ge-,* → ***schmelzen***) *v/t* (*h*), *v/i* (*sn*) fondre (***mit*** avec *od* dans); *écon Firmen* fusionner; **℞ung** *f* (*-; -en*) fusion *f*
**ver|schmutzen** [fɛr'ʃmutsən] (*pas de -ge-, h*) salir; *Umwelt* polluer; **~schneit** [fɛr'ʃnait] enneigé; **~schnupft** [-'ʃnupft] ~ ***sein*** être enrhumé; *fig* être vexé; **~'schonen** (*pas de -ge-, h*) épargner (*a* ***j-n mit etw*** qc à qn)
**verschöner|n** [fɛr'ʃøːnərn] (*pas de -ge-, h*) embellir; **℞ung** *f* (*-; -en*) embellissement *m*
**ver'schreib|en** (*irr, pas de -ge-, h,* → ***schreiben***) *Medikament* prescrire; ***sich*** ~ faire une faute (en écrivant); *fig* ***sich e-r Sache*** ~ se consacrer *od* se donner entièrement à qc; **℞ung** *méd f* (*-; -en*) prescription *f*; **~ungspflichtig** *phm* soumis à une ordonnance
**ver|schroben** [fɛr'ʃroːbən] bizarre, extravagant, farfelu F; **~schrotten** [-'ʃrɔtən] (*pas de -ge-, h*) mettre à la ferraille
**ver'schuld|en** (*pas de -ge-, h*) ***etw*** ~ se rendre coupable de qc; ***sich*** ~ s'endetter; **~et** endetté; **℞ung** *f* (*-; sans pl*) endettement *m*
**ver'schweigen** (*irr, pas de -ge-, h,* → ***schweigen***) passer sous silence

**verschwend|en** [fɛr'ʃvɛndən] (*pas de -ge-, h*) gaspiller; *Geld, Vermögen a* dissiper, dilapider; **~erisch** gaspilleur, dépensier, prodigue; **2ung** *f* (-; *sans pl*) gaspillage *m*, dissipation *f*

**verschwiegen** [fɛr'ʃvi:gən] discret; **2heit** *f* (-; *sans pl*) discrétion *f*

**ver'schwinden** (*irr, pas de -ge-, sn*, → ***schwinden***) **1.** disparaître; **2.** **2** *n* (*-s*; *sans pl*) disparition *f*

**verschwommen** [fɛr'ʃvɔmən] vague, flou, diffus

**ver'schwör|en** (*irr, pas de -ge-, h*, → ***schwören***) ***sich ~*** conspirer (***gegen*** contre); **2er** *m* (*-s*; -), **2erin** *f* (-; *-nen*) conspirateur *m*, -trice *f*, conjuré *m*, -e *f*; **2ung** *f* (-; *-en*) conspiration *f*, conjuration *f*, complot *m*

**verschwunden** [fɛr'ʃvundən] disparu

**ver'sehen 1.** (*irr, pas de -ge-, h*, → ***sehen***) *Dienst* faire; *Haushalt* s'occuper de; ***mit etw ~*** munir de qc; ***j-n mit etw ~*** *a* pourvoir qn de qc; ***sich ~*** se tromper; **2.** **2** *n* (*-s*; -) erreur *f*, méprise *f*; ***aus ~*** par inadvertance, par mégarde; **~tlich** par inadvertance, par mégarde

**ver|'senden** (*irr, pas de -ge-, h*, → ***senden***) expédier; **~'senken** (*pas de -ge-, h*) *Schiff* couler; *fig* ***sich ~*** s'absorber, se plonger (***in*** dans)

**ver'setz|en** (*pas de -ge-, h*) déplacer; *Beamte a* muter; *Schüler* faire passer dans la classe supérieure; *Schlag, Tritt* donner, flanquer F; *Pflanze* transplanter; *als Pfand* mettre en gage; *erwidern* répliquer; *fig* ***j-n ~*** *vergeblich warten lassen* F poser un lapin à qn; ***sich in j-s Lage ~*** se mettre à la place de qn; **2ung** *f* (-; *-en*) *Schule* passage *m* dans la classe supérieure; *dienstliche* déplacement *m*, mutation *f*

**verseuchen** [fɛr'zɔʏçən] (*pas de -ge-, h*) contaminer

**Ver'sicher|er** *m* (*-s*; -) assureur *m*; **2n** (*pas de -ge-, h*) (***sich ~*** s')assurer (***gegen*** contre); ***j-m ~, dass …*** assurer à qn que …; **~te** *m, f* (*-n, -n*) assuré *m*, -e *f*

**Ver'sicherung** *f* (-; *-en*) assurance *f*; **~sagent** *m* courtier *m* d'assurances; **~sgesellschaft** *f* compagnie *f* d'assurances; **~skarte** *f* ***grüne ~*** carte *f* verte; **~snehmer** *m* (*-s*; -) assuré *m*; **~spolice** *f* police *f* (d'assurance)

**ver|'sickern** (*pas de -ge-, sn*) s'infiltrer (***in*** dans); **~'sinken** (*irr, pas de -ge-, sn*, → ***sinken***) s'enfoncer (***in*** dans)

**Version** [vɛr'zjo:n] *f* (-; *-en*) version *f*

**versöhn|en** [fɛr'zø:nən] (*pas de -ge-, h*) (***sich ~*** se) réconcilier (***mit*** avec); **~lich** conciliant; **2ung** *f* (-; *-en*) réconciliation *f*

**ver'sorg|en** (*pas de -ge-, h*) approvisionner (***mit*** en), fournir (en), pourvoir (de); *bes tech* alimenter (en); *Familie* entretenir; *Heizung etc* s'occuper de; **2ung** *f* (-; *-en*) approvisionnement *m* (***mit*** en); *bes tech* alimentation *f* (en); *Unterhalt* entretien *m*; **2ungslücke** *f* difficultés *f/pl* d'approvisionnement

**ver'spät|en** (*pas de -ge-, h*) ***sich ~*** être en retard; **~et** en retard, retardé; **2ung** *f* (-; *-en*) retard *m*; ***~ haben*** être en retard

**ver|'sperren** (*pas de -ge-, h*) barrer; *Sicht* boucher; **~'spotten** (*pas de -ge-, h*) ***j-n*** (***etw***) ***~*** se moquer de qn (qc), railler qn (qc)

**ver'sprech|en** (*irr, pas de -ge-, h*, → ***sprechen***) promettre; ***sich zu viel ~*** attendre trop (***von*** de); ***sich ~*** se tromper en parlant; ***er hat sich versprochen*** la langue lui a fourché; **2en** *n* (*-s*; -) promesse *f*; **2ungen** *f/pl* ***leere ~*** promesses *f/pl* en l'air

**ver'staatlich|en** (*pas de -ge-, h*) nationaliser, étatiser; **2ung** *f* (-; *-en*) nationalisation *f*

**Verstädterung** [fɛr'ʃtɛtəruŋ] *f* (-; *sans pl*) urbanisation *f*

**Verstand** [fɛr'ʃtant] *m* (*-[e]s*; *sans pl*) intelligence *f*, raison *f*; **2esmäßig** logique, rationnel

**verständ|ig** [fɛr'ʃtɛndiç] raisonnable; **~igen** [-gən] (*pas de -ge-, h*) ***j-n von etw ~*** informer qn de qc, communiquer qc à qn, faire savoir qc à qn; ***sich mit j-m ~*** *einigen* se mettre d'accord avec qn (***über*** sur); **2igung** *f* (-; *sans pl*) *Kontakt* communication *f*; *Informierung* information *f*; *Einvernehmen* entente *f*; **~lich** compréhensible, intelligible; ***schwer*** (***leicht***) ***~*** difficile (facile) à comprendre; ***j-m etw ~ machen*** faire comprendre qc à qn; ***sich ~ machen*** se faire comprendre

**Verständnis** [fɛr'ʃtɛntnis] *n* (*-ses*; *sans pl*) compréhension *f*, intelligence *f*,

entendement *m*; **≗los** qui ne comprend pas; **≗voll** compréhensif
**ver'stärk|en** (*pas de -ge-, h*) renforcer, intensifier; *tech* amplifier; ***sich ~*** augmenter; **≗er** *m* (*-s*; -) *tech* amplificateur *m*; **≗ung** *f* (-; *-en*) renforcement *m*, intensification *f*; *tech* amplification *f*; *mil* renfort *m*
**verstauch|en** [fɛr'ʃtauxən] (*pas de -ge-, h*) ***sich den Fuß ~*** se fouler le pied; **≗ung** *méd f* (-; *-en*) entorse *f*, foulure *f*
**ver'stauen** (*pas de -ge-, h*) mettre, placer, caser
**Versteck** [fɛr'ʃtɛk] *n* (-[*e*]*s*; *-e*) cachette *f*; **≗en** (*pas de -ge-, h*) cacher (***etw vor j-m*** qc à qn); ***sich ~*** se cacher (***vor j-m*** de qn)
**ver'stehen** (*irr, pas de -ge-, h,* → ***stehen***) comprendre; *gelernt haben* entendre, savoir; ***sich ~*** s'entendre (***mit j-m*** avec qn; ***auf etw*** à qc); ***zu ~ geben*** donner à entendre; ***was ~ Sie unter …?*** qu'est-ce que vous entendez par …?; ***es versteht sich von selbst*** cela va de soi
**ver'steiger|n** (*pas de -ge-, h*) vendre aux enchères; **≗ung** *f* (-; *-en*) vente *f* aux enchères
**ver'stell|bar** *tech* réglable; *drehbar* orientable; **~en** (*pas de -ge-, h*) *einstellen* régler, ajuster; *falsch einstellen* dérégler; *Weg* barrer; *Stimme* déguiser; ***sich ~*** jouer la comédie; **≗ung** *f* (-; *-en*) *Heuchelei* dissimulation *f*
**ver'steuern** (*pas de -ge-, h*) payer l'impôt sur
**verstimm|t** [fɛr'ʃtimt] *mus* désaccordé; *Magen* dérangé; *fig verärgert* fâché, contrarié; **≗ung** *f* (-; *-en*) mauvaise humeur *f*
**ver'stopf|en** (*pas de -ge-, h*) boucher; *méd* constiper; **≗ung** *f* (-; *-en*) *méd* constipation *f*
**verstorben** [fɛr'ʃtɔrbən] mort; *jur* décédé; **≗e** *m, f* (*-n*; *-n*) défunt *m*, -e *f*
**verstört** [fɛr'ʃtøːrt] troublé, bouleversé, effaré
**Ver'stoß** *m* faute *f*; *jur* infraction *f* (***gegen*** à); **≗en** (*irr, pas de -ge-, h,* → ***stoßen***) expulser; ***gegen etw ~*** pécher contre qc; *jur* contrevenir à qc
**ver|'streichen** (*irr, pas de -ge,* → ***streichen***) **1.** *v/i* (*sn*) *Zeit* passer, s'écouler; *Frist* expirer; **2.** *v/t* (*h*) *Creme etc* étaler; **~'streuen** (*pas de -ge-, h*) répandre, éparpiller
**verstümmel|n** [fɛr'ʃtyməln] (*pas de -ge-, h*) mutiler; *fig a* estropier; **≗ung** *f* (-; *-en*) mutilation *f* (*a fig*)
**Versuch** [fɛr'zuːx] *m* (-[*e*]*s*; *-e*) essai *m*, épreuve *f* (*beide a tech*); tentative *f* (*a jur*); *Experiment* expérience *f*; **≗en** (*pas de -ge-, h*) essayer (***zu*** de + *inf*); *Schwieriges* tenter; *Essen* goûter; ***sich an*** *od* ***in etw ~*** s'essayer à (faire) qc; ***ich werde es ~*** je vais essayer; **~skaninchen** *n fig* cobaye *m*; **~sstadium** *n* état *m* expérimental; **≗sweise** à titre d'essai; **~ung** *f* (-; *-en*) tentation *f*; ***j-n in ~ führen*** tenter qn
**ver'tag|en** (*pas de -ge-, h*) ajourner; **≗ung** *f* (-; *-en*) ajournement *m*
**ver'tauschen** (*pas de -ge-, h*) échanger (par erreur) (***mit gegen*** contre)
**verteidig|en** [fɛr'taidigən] (*pas de -ge-, h*) (***sich ~*** se) défendre; **≗er** *m* (*-s*; -) défenseur *m* (*a jur*); *Sport* arrière *m*; **≗ung** *f* (-; *selten -en*) défense *f* (*a Sport*); **≗ungsminister** *m* ministre *m* de la Défense
**ver'teil|en** (*pas de -ge-, h*) distribuer, répartir; ***sich ~*** se répartir; **≗ung** *f* (-; *selten -en*) distribution *f*, répartition *f*
**Ver'teuerung** *f* (-; *selten -en*) renchérissement *m*
**ver'tief|en** (*pas de -ge-, h*) approfondir (*a fig*); ***sich ~ in*** se plonger dans; **≗ung** *f* (-; *-en*) creux *m*, renfoncement *m*; *fig* approfondissement *m*
**vertikal** [vɛrti'kaːl] vertical
**ver'tilg|en** (*pas de -ge-, h*) exterminer, détruire; *plais essen* bouffer F
**Vertrag** [fɛr'traːk] *m* (-[*e*]*s*; *⸚e*) contrat *m*; *zwischen Staaten* traité *m*; **≗en** [-gən] (*irr, pas de -ge-, h* → ***tragen***) supporter; ***sich (gut, schlecht) ~*** (bien, mal) s'accorder, s'entendre (***mit j-m*** avec qn); **≗lich** [-kliç] contractuel; *adv* par contrat
**verträglich** [fɛr'trɛːkliç] accommodant, conciliant; *Essen* ***gut ~*** digeste
**Ver'trags|händler** *m* concessionnaire; **~werkstatt** *f* garage *m* de concessionnaire
**ver'trauen** (*pas de -ge-, h*) avoir confiance (***auf*** en; ***j-m*** en qn); ***j-m ~*** *a* faire confiance à qn

**Ver'trauen** *n* (*-s*; *sans pl*) confiance *f* (***zu, auf, in*** en *od* dans); ***im ~ gesagt*** dit confidentiellement

**Ver'trauens|frage** *pol f* question *f* de confiance; **~sache** *f* affaire *f* de confiance; **~stellung** *f* place *f* de confiance; **≗würdig** digne de confiance

**ver'traulich** confidentiel; **≗keit** *f* (*-*; *-en*) caractère *m* confidentiel; *péj* **~en** *pl* familiarités *f/pl*

**ver'traut** familier, intime; ***mit etw ~ sein*** connaître qc à fond; ***sich mit etw ~ machen*** *od* ***mit etw ~ werden*** se familiariser avec qc; **≗e** *m*, *f* (*-n*; *-n*) confident *m*, -e *f*; **≗heit** *f* (*-*; *selten -en*) familiarité *f* (***mit*** avec), intimité *f*

**ver'treib|en** (*irr*, *pas de -ge-*, *h*, → ***treiben***) chasser; *aus Land* expulser; *comm* débiter, vendre, écouler; ***sich die Zeit mit etw ~*** passer son temps à faire qc; **≗ung** *f* (*-*; *-en*) expulsion *f* (***aus*** de)

**ver'tret|en** (*irr*, *pas de -ge-*, *h*, → ***treten***) *j-n* remplacer; *Firma, Land* représenter; *Interessen* défendre; *Meinung* soutenir; **≗er** *m* (*-s*; *-*), **≗erin** *f* (*-*; *-nen*) remplaçant *m*, -e *f*; *pol u comm* représentant *m*, -e *f*; *e-r Ansicht* défenseur *m*; **≗ung** *f* (*-*; *-en*) *pol u comm* représentation *f*; *Stell≗* remplacement *m*; *Person* remplaçant *m*, -e *f*

**Vertrieb** [fɛr'tri:p] *m* (*-[e]s*; *-e*) *comm* débit *m*, vente *f*, écoulement *m*

**Ver'triebene** [fɛr'tri:bənə] *m*, *f* (*-n*; *-n*) réfugié *m*, -e *f*

**Ver'triebs|abteilung** *f* département *m* de vente, de distribution; **~leiter** *m* chef *m* de vente

**ver|'tuschen** (*pas de -ge-*, *h*) cacher, dissimuler; *Skandal* étouffer; **~'üben** (*pas de -ge-*, *h*) commettre; *Attentat* perpétrer

**ver'unglück|en** (*pas de -ge-*, *sn*) avoir un accident; **≗te** *m*, *f* (*-n*; *-n*) accidenté *m*, -e *f*

**verun|reinigen** [fɛrˀ'unrainigən] (*pas de -ge-*, *h*) salir; *Luft, Wasser* polluer; **~sichern** (*pas de -ge-*, *h*) déconcerter; **~treuen** [-'ˀuntrɔyən] *Geld* détourner

**ver'ursachen** (*pas de -ge-*, *h*) causer

**ver'urteil|en** (*pas de -ge-*, *h*) condamner (***zu*** à) (*a fig*); **≗ung** *f* (*-*; *-en*) condamnation *f* (*a fig*)

**ver'viel|fachen** (*pas de -ge-*, *h*) multiplier; **~fältigen** [fɛr'fi:lfɛltigən] (*pas de -ge-*, *h*) *Text* polycopier

**vervoll|kommnen** [fɛr'fɔlkɔmnən] (*pas de -ge-*, *h*) (***sich ~*** se) perfectionner (***in*** en); **~ständigen** [-ʃtɛndigən] compléter

**verw.** *abr* ***verwitwet*** veuf, veuve

**verwalt|en** [fɛr'valtən] (*pas de -ge-*, *h*) administrer, gérer; **≗er** *m* (*-s*; *-*), **≗erin** *f* (*-*; *-nen*) administrateur *m*, -trice *f*; *von Gebäuden etc* gérant *m*, -e *f*; **≗ung** *f* (*-*; *-en*) administration *f*

**ver'wandeln** (*pas de -ge-*, *h*) (***sich ~*** se) changer (***in*** en), (se) transformer (en)

**verwandt** [fɛr'vant] parent (***mit*** de *od* avec); *fig* apparenté; **≗e** *m*, *f* (*-n*; *-n*) parent *m*, -e *f*; **≗schaft** *f* (*-*; *-en*) parenté *f*; *fig a* affinité *f*

**ver'warn|en** (*pas de -ge-*, *h*) avertir; **≗ung** *f* (*-*; *-en*) avertissement *m*

**ver'wechs|eln** (*pas de -ge-*, *h*) confondre (***mit*** avec); **≗lung** *f* (*-*; *-en*) confusion *f*

**verwegen** [fɛr've:gən] téméraire

**ver'weiger|n** (*pas de -ge-*, *h*) refuser; **≗ung** *f* (*-*; *-en*) refus *m*

**Verweis** [fɛr'vais] *m* (*-[e]s*; *-e*) *Rüge* réprimande *f*, remontrance *f*; *in Text* renvoi *m* (***auf*** à); **≗en** [-zən] (*irr*, *pas de -ge-*, *h*, → ***weisen***) ***~ auf*** *od* ***an*** renvoyer à

**ver'welken** (*pas de -ge-*, *sn*) se faner

**verwend|bar** [fɛr'vɛnt-] utilisable; **~en** [-ndən] (*irr*, → ***wenden***, *pas de -ge-*, *h*) employer, utiliser; **≗ung** *f* (*-*; *-en*) emploi *m*, utilisation *f*

**ver'werf|en** (*irr*, *pas de -ge-*, *h*, → ***werfen***) rejeter; **~lich** répréhensible, réprouvable

**verwerten** [fɛr've:rtən] (*pas de -ge-*, *h*) utiliser; *wieder~* récupérer

**verwes|en** [fɛr've:zən] (*pas de -ge-*, *sn*) se putréfier, se décomposer; **≗ung** *f* (*-*; *-en*) décomposition *f*, putréfaction *f*

**ver'wick|eln** (*pas de -ge-*, *h*) ***j-n in etw ~*** impliquer, F embarquer qn dans qc; ***sich ~ in*** s'empêtrer *od* s'enchevêtrer dans; **~elt** compliqué; ***in etw ~ sein*** être impliqué dans qc; **≗(e)lung** *f* (*-*; *-en*) complication *f*; ***~ in etw*** implication *f* dans qc

**ver'wirklich|en** (*pas de -ge-*, *h*) (***sich ~*** se) réaliser; **≗ung** *f* (*-*; *-en*) réalisation *f*

**ver'wirr|en** (*-*; *-en*) *Fäden* embrouiller;

*j-n* déconcerter, dérouter, troubler; **~t** confus, déconcerté, troublé; **2ung** *f* (-; *-en*) confusion *f*
**ver|'wischen** (*pas de -ge-*, *h*) effacer, estomper (*a fig*); **~wittern** [fɛr'vitərn] (*pas de -ge-*, *sn*) s'effriter, se dégrader; **~witwet** [fɛr'vitvət] veuf (veuve); **~wöhnen** [-'vøːnən] (*pas de -ge-*, *h*) gâter; **~worren** [fɛr'vɔrən] confus, embrouillé
**verwund|bar** [fɛr'vuntbaːr] vulnérable (*a fig*); **~en** [-dən] (*pas de -ge-*, *h*) blesser
**ver'wunder|lich** étonnant, surprenant; (-; *-en*); **2ung** *f* (-; *-en*) étonnement *m*, surprise *f*
**Verwund|ete** [fɛr'vundətə] *m*, *f* (*-n*; *-n*) blessé *m*, -e *f*; **~ung** *f* (-; *-en*) blessure *f*
**ver'wünschen** (*pas de -ge-*, *h*) maudire
**verwurzelt** [fɛr'vurtsəlt] *fig* enraciné (***in*** dans)
**verwüst|en** [fɛr'vyːstən] (*pas de -ge-*, *h*) dévaster, ravager; **2ung** *f* (-; *-en*) dévastation *f*, ravage *m*
**ver|'zählen** (*pas de -ge-*, *h*) ***sich ~*** se tromper (en comptant); **~'zaubern** (*pas de -ge-*, *h*) *fig* enchanter; **~'zehren** (*pas de -ge-*, *h*) manger, consommer
**ver'zeichn|en** (*pas de -ge-*, *h*) enregistrer (*a fig Erfolge etc*); **2is** *n* (*-ses*; *-se*) liste *f*, registre *m*, relevé *m*; *in Büchern* index *m*
**verzeih|en** [fɛr'tsaiən] (*verzieh*, *verziehen*, *h*) pardonner (***j-m etw*** qc à qn); **~lich** pardonnable; **2ung** *f* (-; *sans pl*) pardon *m*; ***um ~ bitten*** demander pardon (***j-n*** à qn); ***~!*** (je vous demande) pardon
**ver'zerr|en** (*pas de -ge-*, *h*) *Bild*, *Ton* déformer; *fig a* défigurer; *Gesicht* crisper; **2ung** *f* (-; *-en*) déformation *f* (*a fig*); *tél etc* distorsion *f*
**Verzicht** [fɛr'tsiçt] *m* (-[*e*]*s*; *-e*) renonciation *f* (***auf*** à); **2en** (*pas de -ge-*, *h*) renoncer (***auf*** à)
**ver'ziehen** (*irr*, *pas de -ge-*, *h*, → ***ziehen***) *Kind* gâter, mal élever; ***das Gesicht ~*** grimacer; ***sich ~*** *Holz* gauchir, se déformer; F *verschwinden* disparaître
**ver'zier|en** (*pas de -ge-*, *h*) orner (***mit*** de); décorer (de); enjoliver; **2ung** *f* (-; *-en*) ornement *m*, décoration *f*, enjolivure *f*
**verzins|en** [fɛr'tsinzən] (*pas de -ge-*, *h*) payer les intérêts de; ***sich ~*** produire *od* rapporter des intérêts; **2ung** *f* (-; *-en*) rapport *m*, intérêts *m/pl*
**ver'zöger|n** (*pas de -ge-*, *h*) retarder; ***sich ~*** avoir du retard; **2ung** *f* (-; *-en*) retard *m*
**ver'zollen** (*pas de -ge-*, *h*) dédouaner; ***haben Sie etw zu ~?*** avez-vous qc à déclarer?
**ver'zweif|eln** (*pas de -ge-*, *h*, *sn*) désespérer (***an*** de); **~elt** désespéré; **2lung** *f* (-; *-en*) désespoir *m*; ***j-n zur ~ bringen*** désespérer qn, faire le désespoir de qn
**verzwickt** [fɛr'tsvikt] compliqué
**Vesuv** [ve'zuːf] ***der ~*** le Vésuve
**Veterinär** [veteri'nɛːr] *m* (*-s*; *-e*) vétérinaire *m*
**Veto** ['veːto] *n* (*-s*; *-s*) veto *m*; ***sein ~ gegen etw einlegen*** opposer son veto à qc
**Vetter** ['fɛtər] *m* (*-s*; *-n*) cousin *m*; **'~nwirtschaft** *f* (-; *sans pl*) népotisme *m*
**vgl.** *abr* ***vergleiche*** voir
**VHS** *f abr* ***Volkshochschule*** université *f* populaire
**Video** ['viːdeo] *n* (*-s*; *-s*) vidéo *f*; ***auf ~ aufnehmen*** enregistrer en vidéo; **'~band** *n* bande *f* vidéo; **'~film** *m* film *m* vidéo; **'~kamera** *f* caméra *f* vidéo; **'~kassette** *f* vidéocassette *f*; **'~rekorder** *m* magnétoscope *m*; **~text** *m* (-[*e*]*s*) télétexte *m*; **~thek** [-'teːk] *f* (-; *-en*) vidéothèque *f*; **'~überwachung** *f* vidéosurveillance *f*
**Vieh** [fiː] *n* (-[*e*]*s*; *sans pl*) bétail *m*, bestiaux *m/pl*; **'~futter** *n* fourrage *m*; **'2isch** brutal, bestial; **'~zucht** *f* élevage *m*; **'~züchter** *m* éleveur *m* de bétail
**viel** [fiːl] beaucoup (de); ***~ größer*** (de) beaucoup plus grand, ***~ zu wenig*** beaucoup trop peu; ***~ essen*** manger beaucoup; ***~ Geld*** beaucoup d'argent; ***~e Kinder*** beaucoup d'enfants; ***~e sagen ...*** il y en a beaucoup qui disent ...; ***sehr ~*** beaucoup (de), énormément (de); ***sehr ~e ...*** bien des ...; ***ziemlich ~(e)*** pas mal (de); ***~ beschäftigt*** affairé, fort occupé; ***~ sagend*** qui en dit long; ***~ versprechend*** prometteur
**vieldeutig** ['-dɔʏtiç] ambigu

**vielerlei** ['fiːlərlai] toutes sortes de
**viel|fach** ['-fax] multiple; ***auf ~en Wunsch*** à la demande générale; '**⁀falt** ['-falt] *f* (-; *sans pl*) variété *f*, multiplicité *f*; '**~farbig** multicolore
**vielleicht** [fi'laiçt] peut-être
**viel|mals** ['-mals] bien des fois; ***danke ~*** merci beaucoup *od* bien; **~mehr** [-'meːr] plutôt; '**~sagend** qui en dit long; **~seitig** ['-zaitiç] *fig* varié, étendu, vaste; *Mensch* aux dons multiples; '**~versprechend** prometteur; '**⁀völkerstaat** *m* pays *m* multiracial
**vier** [fiːr] **1.** quatre; ***unter ~ Augen*** en tête à tête, entre quatre yeux; ***auf allen ~en*** à quatre pattes; **2.** **⁀** *f* (-; *-en*) quatre *m*; *Schulnote* passable; '**⁀eck** *n* (-*s*; -*e*) quadrilatère *m*; '**~eckig** quadrangulaire; *quadratisch* carré; '**~fach** ['-fax] quadruple; '**~jährig** ['-jɛːriç] âgé de quatre ans; '**~mal** quatre fois; '**~spurig** ['-ʃpuriç] *Straße* à quatre voies; **~stöckig** ['-ʃtœkiç] à quatre étages; '**⁀taktmotor** *m* moteur *m* à quatre temps
**vierte** ['fiːrtə] quatrième
**Viertel** ['firtəl] *n* (-*s*; -) quart *m*; *e-r Stadt, des Mondes* quartier *m*; **~'jahr** *n* trois mois *m/pl*, trimestre *m*; '**⁀jährlich** trimestriel; *adv* par trimestre; '**~pfund** *n* quart *m* (de livre); **~'stunde** *f* quart *m* d'heure
**vier|tens** ['fiːrtəns] quatrièmement; **⁀'vierteltakt** *mus m* mesure *f* à quatre temps
**Vierwaldstätter See** [fiːr'valtʃtɛtər-'zeː] *m* lac *m* des Quatre-Cantons
**vierzehn** ['firtseːn] quatorze; ***~ Tage*** quinze jours; '**~te** quatorzième
**vierzig** ['firtsiç] quarante; '**~jährig** quadragénaire; '**~ste** quarantième
**Vietnam** [viɛt'nam] *n* le Viêt-nam
**Villa** ['vila] *f* (-; *-llen*) villa *f*
**violett** [vio'lɛt] violet
**Violine** [vio'liːnə] *mus f* (-; *-n*) violon *m*
**virtuos** [virtu'oːs] de virtuose; *adv* avec virtuosité; **⁀e** [-zə] *m* (-*n*; -*n*), **⁀in** [-zin] *f* (-; *-nen*) virtuose *m*, *f*; **⁀ität** [-ozi'tɛːt] *f* (-; *sans pl*) virtuosité *f*
**Virus** ['viːrus] *méd m od n* (-; *Viren*) virus *m*
**Vision** [vi'zjoːn] *f* (-; *-en*) vision *f*
**Visum** ['viːzum] *n* (-*s*; *Visa, Visen*) visa *m*
**vital** [vi'taːl] *Person* plein de vitalité; *lebenswichtig* vital; **⁀ität** [-tali'tɛːt] *f* (-; *sans pl*) vitalité *f*
**Vitamin** [vita'miːn] *n* (-*s*; -*e*) vitamine *f*
**Vitrine** [vi'triːnə] *f* (-; *-n*) vitrine *f*
**Vogel** ['foːgəl] *m* (-*s*; ⸚) oiseau *m* *fig* ***e-n ~ haben*** F être timbré, cinglé; '**⁀frei** hors la loi; '**~futter** *n* graines *f/pl* pour les oiseaux; '**~grippe** *f méd* grippe *f* aviaire; '**~käfig** *m* cage *f* à oiseaux; *großer* volière *f*
**vögeln** ['føːgəln] (*h*) *vulgär* baiser
'**Vogel|nest** *n* nid *m* d'oiseau; '**~perspektive** *f*, '**~schau** *f* (-; *sans pl*) ***aus der ~*** à vol d'oiseau; '**~scheuche** *f* (-; *-n*) épouvantail *m*; '**~schutzgebiet** *n* réserve *f* d'oiseaux
**Vogesen** [vo'geːzən] *pl* Vosges *f/pl*
**Vokab|el** [vo'kaːbəl] *f* (-; *-n*) mot *n*, vocable *m*; **~ular** [-kabu'laːr] *n* (-*s*; -*e*) vocabulaire *m*
**Vokal** [vo'kaːl] *m* (-*s*; -*e*) voyelle *f*
**Volk** [fɔlk] *n* (-[*e*]*s*; ⸚*er*) peuple *m*, nation *f*
'**Völker|kunde** *f* (-; *sans pl*) ethnologie *f*; '**~mord** *m* génocide *m*; '**~recht** *n* (-[*e*]*s*; *sans pl*) droit *m* international *od* des gens; '**⁀rechtlich** de droit international; '**~wanderung** *f* (-; *-en*) *hist* grandes invasions *f/pl* (des barbares); *fig* exode *m*
'**Volks|abstimmung** *pol f* référendum *m*; '**~charakter** *m* caractère *m* national; '**~fest** *n* kermesse *f*; '**~hochschule** *f* université *f* populaire; '**~lied** *n* chanson *f* folklorique; '**~schule** *f* école *f* primaire; '**~schullehrer** *m*, '**~schullehrerin** *f* instituteur *m*, -trice *f*; '**~stamm** *m* tribu *f*; '**~tum** *n* (-*s*; *sans pl*) nationalité *f*; '**⁀tümlich** ['-tyːmliç] populaire; '**~vertreter** *m*, '**~vertreterin** *f* représentant *m*, -e *f* du peuple; '**~wirt** *m* économiste *m*; '**~wirtschaft** *f e-s Landes* économie *f* nationale; *Wissenschaft* économie *f* politique; '**~wirtschaftler** ['-tlər] *m* (-*s*; -) économiste *m*; '**~zählung** *f* recensement *m*
**voll** [fɔl] plein; *gefüllt* rempli; *ganz* entier; *betrunken* F rond faire le plein; ***~er Bewunderung*** plein d'admiration; **~** (***und ganz***) entièrement, pleinement; ***nicht für ~ nehmen*** ne pas prendre au sérieux; → ***vollfüllen, vollmachen volltanken***

**'voll|auf** largement, entièrement, complèment; **'~automatisch** entièrement automatique
**'Voll|bart** *m* grande barbe *f*; **'~beschäftigung** *f* plein emploi *m*
**voll|bringen** [-'briŋən] (*irr, pas de -ge-, h,* → ***bringen***) réaliser, accomplir; **~'enden** (*pas de -ge-, h*) achever, terminer
**voll'endet** achevé, parfait; ***~e Tatsache*** fait *m* accompli
**vollends** ['fɔlɛnts] entièrement, complètement
**Vollendung** [fɔl'ɛnduŋ] *f* (-; *-en*) achèvement *m*; *Vollkommenheit* perfection *f*
**'vollfüllen** (*sép, -ge-, h*) remplir, faire le plein
**'Vollgas** *auto n* (*-es; sans pl*) ***mit ~ fahren*** rouler à pleins gaz; ***~ geben*** appuyer sur le champignon F
**völlig** ['fœliç] complet, entier, total; *adv* complètement, entièrement, totalement
**volljährig** ['fɔljɛːriç] majeur; **'≈keit** *f* (-; *sans pl*) majorité *f*
**Vollkaskoversicherung** ['fɔlkasko-] *f auto* assurance *f* tous risques
**'vollkommen** parfait; → ***völlig***; **≈heit** [fɔl'kɔmən-] *f* (-; *-en*) perfection *f*
**'Vollkornbrot** *n* pain *m* complet
**'vollmachen** (*sép, -ge-, h*) remplir
**'Voll|macht** *f* (-; *-en*) procuration *f*, pleins pouvoirs *m/pl*; **'~milch** *f* lait *m* entier; **'~mond** *m* pleine lune *f*; **'~pension** *f* pension *f* complète; **'≈ständig** complet, intégral; → ***völlig***
**vollstreck|en** [-'ʃtrɛkən] (*pas de -ge-, h*) *jur* exécuter; **≈ung** *f* (-; *-en*) exécution *f*
**'volltanken** (*sép, -ge-, h*) faire le plein
**'Voll|text** *m EDV* texte *m* complet; **'~textsuche** *f EDV* recherche *f* par texte complet; **'~versammlung** *f* assemblée *f* plénière; *UNO* assemblée *f* générale; **≈wertig** ['-vɛːrtiç] qui a toute sa valeur, complet; **≈zählig** ['-tsɛːliç] au complet; **~zug** [-'tsuk] *m* (-[*e*]*s*; *sans pl*) exécution *f*
**Volontär** [volɔn'tɛːr] *m* (*-s; -e*) stagiaire *m*
**Volt** [vɔlt] *n* (- *u* -[*e*]*s*; -) volt *m*; **'~zahl** *f* voltage *m*
**Volumen** [vo'luːmən] *n* (*-s; - u -mina*) volume *m*
**von** [fɔn] *prép* (*dat*) de; *beim Passiv* par; ***~ ... bis*** de … à; ***ein Freund ~ mir*** un ami à moi; ***ein Kind ~ 10 Jahren*** un enfant de 10 ans; ***es ist nett ~ dir*** c'est gentil de ta part; ***reden ~*** parler de; ***~ mir aus!*** je veux bien!
**vonei'nander** l'un de l'autre
**vonstattengehen** [fɔn'ʃtatəngeːən] (*irr, sép, -ge-, sn,* → ***gehen***) avoir lieu; ***gut ~*** bien avancer
**vor** [foːr] **1.** *prép* (*wo? dat; wohin? acc*) *räumlich* devant; *zeitlich u Reihenfolge* avant; *zeitlich rückblickend* il y a; *Grund* de; ***~ der Tür*** devant la porte; ***~ Weihnachten*** avant Noël; ***ich habe Ihnen ~ 14 Tagen geschrieben*** je vous ai écrit il y a quinze jours; ***fünf ~ zwei*** (***Uhr***) deux heures moins cinq; ***sich fürchten ~*** avoir peur de; ***~ Freude*** de joie; ***~ allem*** avant tout; ***~ sich gehen*** se passer, avoir lieu; **2.** *adv* ***nach wie ~*** après comme avant
**Vorabend** ['foːrʔ-] *m* veille *f*
**voran** [fo'ran] en avant; **~gehen** (*irr, sép, -ge-, sn,* → ***gehen***) précéder (***j-m, e-r Sache*** qn, qc); *Arbeit* avancer; **~kommen** (*irr, sép, -ge-, sn,* → ***kommen***) avancer
**Voran|meldung** ['foːrʔan-] *m* préavis *m*; **'~schlag** *m Kosten≈* devis *m*; **'~zeige** *f* préavis *m*; *Film* bande *f* d'annonce
**Vorarbeit** ['foːrʔ-] *f* travail *m* préparatoire; **'~er** *m* contremaître *m*
**voraus** [fo'raus] en avant, devant; ***im ≈*** d'avance; à l'avance; ***seiner Zeit ~ sein*** être en avance sur son temps; **~datieren** (*sép, pas de -ge-, h*) postdater; **~gehen** (*irr, sép, -ge-, sn,* → ***gehen***) aller devant; *zeitlich* précéder (***e-r Sache*** qc); **~gesetzt** [-gezɛtst] ***~, dass*** à condition que; **~sagen** (*sép, -ge-, h*) prédire; **~sehen** (*irr, sép, -ge-, h,* → ***sehen***) prévoir; **~setzen** (*sép, -ge-, h*) supposer; **≈setzung** *f* (-; *-en*) *Vorbedingung* condition *f*; *Annahme* supposition *f*; **≈sicht** *f* prévoyance *f*; ***aller ~ nach*** selon toute probabilité; **~sichtlich** probable (-ment); **≈zahlung** *f* paiement *m* anticipé; avance *f*
**'Vorbedingung** *f* condition *f* préalable
**Vorbehalt** ['foːrbehalt] *m* (-[*e*]*s*; *-e*) ré-

serve *f*; ***unter ~*** sous toutes réserves; '**≈en** (*irr, sép, pas de -ge-, h,* → ***halten***) réserver; ***sich etw ~*** se réserver qc

**vorbei** [fɔr'bai] *zeitlich* passé, fini; *räumlich mit* passer; **~fahren** (*irr, sép, -ge-, sn,* → ***fahren***), **~gehen** (*irr, sép, -ge-, sn,* → ***gehen***) passer (***an*** *od* ***vor*** devant, ***hinter*** derrière); **~kommen** (*irr, sép, -ge-, sn,* → ***kommen***) passer; *besuchen* faire un saut (***bei*** chez); **~lassen** (*irr, sép, -ge-, h,* → ***lassen***) laisser passer

'**Vorbemerkung** *f* remarque *f* préliminaire; *Buch* avertissement *m*

'**vorbereit|en** (*sép, pas de -ge-, h*) (***sich ~*** se) préparer (***auf*** à); '**≈ung** *f* (-; *-en*) préparation *f*; **~en** *pl* préparatifs *m/pl*

'**vorbestell|en** (*sép, pas de -ge-, h*) réserver, retenir; '**≈ung** *f* réservation *f*

'**vorbestraft** ***~ sein*** avoir un casier judiciaire chargé

'**vorbeug|en** (*sép, -ge-, h*) prévenir (***e-r Sache*** qc); ***sich ~*** se pencher en avant; '**~end** préventif; *méd* prophylactique; '**≈ungsmaßnahme** *f* mesure *f* préventive

'**Vorbild** *n* modèle *m*; '**≈lich** exemplaire

'**vorbringen** (*irr, sép, -ge-, h,* → ***bringen***) présenter; *Gründe* produire, alléguer; *Vorschlag* avancer

'**vordatieren** (*sép, pas de -ge-, h*) postdater, antidater

**Vorder|achse** *f* ['fɔrdər-] essieu *m* avant; '**~ansicht** *f* vue *f* de face; '**~'asien** *n* le Proche-Orient

'**vordere** de devant, avant

'**Vorder|grund** *m* premier plan *m* (*a fig*); ***im ~*** au premier plan; '**~rad** *n* roue *f* avant; '**~radantrieb** ['fɔrdərraːtʔ-] *auto m* traction *f* avant; '**~seite** *arch f* façade *f*, devant *m*

'**vordring|en** (*irr, sép, -ge-, sn,* → ***dringen***) avancer; '**~lich** urgent; ***etw ~ behandeln*** donner la priorité à qc

'**Vordruck** *m* (-[*e*]*s*; *-e*) formulaire *m*, formule *f*

**voreilig** ['foːrʔ-] prématuré

**voreingenommen** ['foːrʔ-] prévenu; '**≈heit** *f* (-; *sans pl*) parti *m* pris

**vor|enthalten** ['foːrʔ-] ***j-m etw ~*** priver qn de qc; '**~erst** ['foːrʔ-] pour le moment

**Vorfahren** ['foːrfaːrən] *pl* ancêtres *m/pl*

'**Vorfahrt** *f* (-; *sans pl*) priorité *f*; ***~ haben*** avoir priorité (***vor*** sur); '**~sstraße** *f* route *f* de priorité

'**vorführ|en** (*sép, -ge-, h*) présenter; *Film, Dias* projeter; *dem Richter* amener; '**≈raum** *m* salle *f* de projection; '**≈ung** *f* (-; *-en*) présentation *f*, démonstration *f*; *Film* projection *f*

'**Vor|gang** *m* processus *m* (*a tech, biol etc*); *Ereignis* événement *m*; *Akten* dossier *m*; ***den ~ schildern*** décrire ce qui s'est passé; **~gänger** ['-gɛŋər] *m* (*-s*; -), '**~gängerin** *f* (-; *-nen*) devancier *m*, -ière *f*; *im Amt* prédécesseur *m*; '**~garten** *m* jardin *m* devant la maison; '**≈geben** (*irr, sép, -ge-, h,* → ***geben***) prétendre (***zu sein*** être), prétexter; **≈gefasst** ['-gəfast] ***~e Meinung*** opinion *f* préconçue; **≈gefertigt** ['-gəfɛrtiçt] préfabriqué; '**~gefühl** *n* pressentiment *m*

'**vorgehen 1.** (*irr, sép, -ge-, sn,* → ***gehen***) avancer (*a Uhr*); *Vorrang haben* avoir la priorité; *verfahren* procéder; *geschehen* se passer; **2. ≈** *n* (*-s*; *sans pl*) manière *f* d'agir, action *f*

'**Vorgeschicht|e** *f* (-; *sans pl*) préhistoire *f*; *e-r Angelegenheit* antécédents *m/pl*; '**≈lich** préhistorique

'**Vor|geschmack** *m* (-[*e*]*s*; *sans pl*) avant-goût *m* (***auf*** de); '**~gesetzte** ['-gəzɛtstə] *m, f* (*-n*; *-n*) supérieur *m*, -e *f*

'**vorgestern** avant-hier

'**vorgreifen** (*irr, sép, -ge-, h,* → ***greifen***) ***e-r Sache ~*** anticiper sur qc; ***j-m ~*** devancer les intentions de qn

'**vorhaben 1.** (*irr, sép, -ge-, h,* → ***haben***) projeter, avoir l'intention de (+ *inf*); ***haben Sie heute Abend etw vor?*** est-ce que vous avez qc de prévu ce soir?; **2. ≈** *n* (*-s*; -) projet *m*

**vorhanden** [for'handən] existant; *verfügbar* disponible; **≈sein** *n* (*-s*; *sans pl*) existence *f*, présence *f*

**Vorhang** ['foːrhaŋ] *m* (-[*e*]*s*; *¨e*) rideau *m*

'**Vorhängeschloss** *n* cadenas *m*

**vorher** ['foːrheːr] auparavant, avant; *im Voraus* d'avance; **~gehen** [foːr'heːr-] (*irr, sép, -ge-, sn,* → ***gehen***) précéder (***e-r Sache*** qc); '**~ig** précédent

'**Vorherrschaft** *f pol* suprématie *f*, hégémonie *f*; *allg* prédominance *f*

**Vorhersage** [for'heːr-] *f* (-; *-n*) prédiction *f*; *Wetter* prévisions *f/pl*; **⚬n** (*sép*, *-ge-*, *h*) prédire

**vorherseh|bar** [for'heːrzeːbaːr] prévisible; **~en** (*irr*, *sép*, *-ge-*, *h*, → ***sehen***) prévoir

'**vor|hin** tout à l'heure, à l'instant; '**~hinein** ***im ~*** d'avance

'**vor|ig** dernier, précédent, antérieur; '**⚬jahr** *n* année *f* précédente; '**⚬kasse** *f* ***gegen ~*** à payer à l'avance; **⚬kehrungen** ['-keːruŋən] *f/pl* ***~ treffen*** prendre des mesures *od* des dispositions; '**⚬kenntnisse** *f/pl* notions *f/pl* préalables

'**vorkomm|en** (*irr*, *sép*, *-ge-*, *sn*, → ***kommen***) *geschehen* arriver; *sich finden* se trouver; *im Text* figurer; *j-m erscheinen* paraître, sembler; '**⚬en** *n* (*-s*; *-*) *von Öl etc* gisement *m*; '**⚬nis** *n* (*-ses*; *-se*) événement *m*

'**Vorkriegs|...** d'avant-guerre; '**~zeit** *f* avant-guerre *m od f*

'**vorlad|en** (*irr*, *sép*, *-ge-*, *h*, → ***laden***) *jur* convoquer, citer; '**⚬ung** *jur f* (*-*; *-en*) convocation *f*, citation *f* (en justice)

'**Vor|lage** *f* modèle *m*; *Gesetzes⚬* projet *m* de loi; *Fußball* passe *f*; '**⚬lassen** (*irr*, *sép*, *-ge-*, *h*, → ***lassen***) laisser passer (devant); *empfangen* recevoir, laisser entrer; '**~läufer** *m* précurseur *m*; '**⚬läufig** provisoire

'**vorlegen** (*sép*, *-ge-*, *h*) présenter; *Frage*, *Plan etc* soumettre

'**vorles|en** (*irr*, *sép*, *-ge-*, *h*, → ***lesen***) ***j-m etw ~*** lire qc à qn; '**⚬ung** *f* (*-*; *-en*) conférence *f*, cours *m* (***halten*** faire)

'**vorletzte** avant-dernier

'**Vor|liebe** *f* (*-*; *-n*) prédilection *f*, préférence *f* (***für*** pour); '**⚬liegend** présent; ***im ~en Falle*** en l'occurrence

**vorm.** *abr* ***vormals*** autrefois; ***vormittags*** le (du) matin

'**vor|machen** (*sép*, *-ge-*, *h*) ***j-m etw ~*** montrer qc à qn; *fig* en faire accroire à qn; ***wir wollen uns nichts ~!*** parlons franchement!; '**⚬machtstellung** *f* suprématie *f*, prépondérance *f*, hégémonie *f*; '**~merken** (*sép*, *-ge-*, *h*) prendre note de

'**Vormittag** *m* matin *m*, matinée *f*; ***heute ~*** ce matin; '**⚬s** le matin

'**Vormund** *jur m* (*-[e]s*; *-e*, *⸚er*) tuteur *m*, -trice *f*; '**~schaft** *f* (*-*; *-en*) tutelle *f*

'**Vorname** *m* prénom *m*

**vorn(e)** ['fɔrn(ə)] devant, en avant, en tête; ***nach ~*** en avant; ***von ~*** de face; *neu anfangend* de nouveau; ***noch einmal von ~ anfangen*** recommencer à zéro

**vornehm** ['foːrneːm] distingué; '**~en** (*irr*, *sép*, *-ge-*, *h*, → ***nehmen***) effectuer, faire; ***sich etw ~*** se proposer de faire qc; ***sich j-n ~*** faire la leçon à qn

'**vornherein** ***von ~*** dès le début, a priori, par principe

**Vorort** ['foːrʔ-] *m* (*-[e]s*; *-e*) commune *f* de banlieue; **~e** *pl* banlieue *f*; '**~zug** *m* train *m* de banlieue

'**Vor|rang** *m* (*-[e]s*; *sans pl*) priorité *f*, préséance *f*; ***~ haben*** avoir la priorité (***vor*** sur); ***vor etw den ~ haben*** *a* primer qc; '**~rat** *m* (*-[e]s*; *⸚e*) provision *f* (***an*** de), stock *m*, réserve *f*; '**⚬rätig** ['-rɛːtiç] en stock; '**~recht** *n* privilège *m*; '**~richtung** *f* dispositif *m*; '**~ruhestand** *m* préretraite *f*

**Vors.** *abr* ***Vorsitzender*** président

'**Vor|saison** *f* avant-saison *f*; '**~satz** *m* (*-es*; *⸚e*) résolution *f*; *Absicht* intention *f*; *jur* préméditation *f*; '**⚬sätzlich** ['-zɛtsliç] intentionnel; *adv* à dessein; *jur* avec préméditation; '**~schein** *m* ***zum ~ bringen*** faire apparaître; ***zum ~ kommen*** apparaître

'**Vorschlag** *m* proposition *f*; **⚬en** ['-gən] (*irr*, *sép*, *-ge-*, *h*, → ***schlagen***) proposer

'**vorschreiben** (*irr*, *sép*, *-ge-*, *h*, → ***schreiben***) prescrire; ***ich lasse mir nichts ~*** je n'ai d'ordres à recevoir de personne

'**Vorschrift** *f* prescription *f*, règlement *m*; *tech* instruction *f*; ***Dienst m nach ~*** grève *f* du zèle; '**⚬smäßig** réglementaire; '**⚬swidrig** contraire au règlement

**Vorschul|alter** ['-ʃuːlʔ-] *n* (*-s*; *sans pl*) âge *m* préscolaire; '**~e** *f* école maternelle

'**Vorschuss** *m* avance *f*

'**vorsehen** (*irr*, *sép*, *-ge-*, *h*, → ***sehen***) prévoir; ***sich ~*** prendre garde (***vor*** à); ***wie vorgesehen*** comme prévu

'**Vorsicht** *f* (*-*; *sans pl*) prudence *f*, précaution *f*; ***~!*** attention!, prenez garde!; '**⚬ig** prudent, précautionneux, circonspect; '**⚬shalber** par précaution; '**~smaßnahme** *f*, '**~smaßregel** *f* précaution *f*

'**Vor|silbe** *gr f* préfixe *m*; '**⁀sintflutlich** ['-zintflu:tliç] *fig* antédiluvien
'**Vorsitz** *m* (*-es*; *sans pl*) présidence *f*; ***den ~ führen*** présider (***bei etw*** qc); '**~ende** *m*, *f* (*-n*; *-n*) président *m*, -e *f*
'**Vorsorg|e** *f* (-; *sans pl*) prévoyance *f*; ***~ treffen*** prendre toutes les précautions nécessaires; **⁀lich** ['-kliç] prévoyant; *adv* par précaution
'**Vorspeise** *f* hors-d'œuvre *m*, entrée *f*
'**vorspringen** (*irr*, *sép*, *-ge-*, *sn*, → ***springen***) *arch* faire saillie, saillir, avancer; '**~d** *arch* en saillie; *Kinn* saillant
'**Vor|sprung** *m arch* saillie *f*; *fig* avance *f* (***vor j-m*** sur qn); '**~stadt** *f* faubourg *m*; '**~stand** *m* (-[*e*]*s*; *⸚e*) conseil *m* d'administration, direction *f*; *Person* président *m*, directeur *m*; '**~standsvorsitzende** *m* président *m*
'**vorsteh|en** (*irr*, *sép*, *-ge-*, *h*, → ***stehen***) avancer, saillir; ***e-r Sache ~*** diriger qc; '**~end** saillant; *Zähne etc* proéminent
'**vorstell|bar** imaginable, concevable; '**~en** (*sép*, *-ge-*, *h*) présenter (***j-n j-m*** qn à qn; ***sich*** se); *Uhr* avancer; *bedeuten* signifier, représenter; ***sich etw ~*** (s')imaginer qc, se figurer qc, se représenter qc; '**⁀ung** *f Bekanntmachen* présentation *f*; *Theater* représentation *f*, spectacle *m*; *Kino* séance *f*; *gedankliche* idée *f*, notion *f*; ***sich e-e ~ von etw machen*** se faire une idée de qc; '**⁀ungsgespräch** *n* entretien *m*; '**⁀ungskraft** *f* (-; *sans pl*), '**⁀ungsvermögen** *n* (*-s*; *sans pl*) imagination *f*
'**Vor|strafe** *f* condamnation *f* antérieure; '**⁀täuschen** (*sép*, *-ge-*, *h*) simuler, feindre
**Vorteil** ['fɔrtail] *m* avantage *m*; '**⁀haft** avantageux
**Vortrag** ['fo:rtra:k] *m* (-[*e*]*s*; *⸚e*) conférence *f*; ***e-n ~ halten*** faire une conférence; **⁀en** ['-gən] (*irr*, *sép*, *-ge-*, *h*, → ***tragen***) *Sachverhalt* exposer; *Wunsch* présenter; *Gedicht* réciter; *mus* exécuter
**vortrefflich** [fo:r'trɛfliç] excellent
**vorüber** [fo'ry:bər] passé; **~gehen** (*irr*, *sép*, *-ge-*, *sn*, → ***gehen***) passer; **~gehend** passager, temporaire; **~ziehen** (*irr*, *sép*, *-ge-*, *sn*, → ***ziehen***) passer
**Vorurteil** ['fo:r?-] *n* préjugé *m*; '**⁀slos** sans préjugé
'**Vorver|kauf** *m* location *f*; '**⁀legen** (*sép*, *pas de -ge-*, *h*) *Termin* avancer
'**Vor|wahl** *f*, '**~wählnummer** *f tél* indicatif *m*
'**Vorwand** *m* (-[*e*]*s*; *⸚e*) prétexte *m*
**vorwärts** ['fo:rvɛrts] en avant; ***~!*** en avant!, allez!; **~kommen** (*irr*, *sép*, *-ge-*, *sn*, → ***kommen***) avancer, faire des progrès
**vorweg** [for'vɛk] d'avance, auparavant; **⁀nahme** *f* (-; *sans pl*) anticipation *f*; **~nehmen** (*irr*, *sép*, *-ge-*, *h*, → ***nehmen***) ***etw ~*** anticiper sur qc
'**vor|werfen** (*irr*, *sép*, *-ge-*, *h*, → ***werfen***) ***j-m etw ~*** reprocher qc à qn; '**~wiegend** ['-vi:gənt] principalement; '**⁀wort** *n* (-[*e*]*s*; *-e*) préface *f*, avant-propos *m*
'**Vorwurf** *m* reproche *m*; '**⁀svoll** plein de reproches; *Ton* réprobateur
'**Vor|zeichen** *n* pré(*irr*, *sép*, *-ge-*, *sn*, → ***kommen***) (*irr*, *sép*, *-ge-*, *sn*, → ***kommen***) sage *m*; *Anzeichen* indice *m*, signe *m* précurseur; ***ein gutes*** (***böses***) ***~ sein*** être de bon (mauvais) augure; '**⁀zeigen** (*sép*, *-ge-*, *h*) montrer; *Ausweis a* produire; '**⁀zeitig** prématuré, anticipé; '**⁀ziehen** (*irr*, *sép*, *-ge-*, *h*, → ***ziehen***) *Vorhang* tirer, fermer; *Termin* avancer; *fig* préférer
'**Vorzug** *m* préférence *f*; *Vorteil* avantage *m*; *e-r Person* mérite *m*; ***j-m*** (***e-r Sache***) ***den ~ geben*** donner la préférence à qn (à qc); ***Vorzüge bieten*** présenter des avantages
**vorzüglich** [for'tsy:kliç] excellent, supérieur; exquis
'**vorzugsweise** de préférence
**vulgär** [vul'gɛ:r] vulgaire, trivial
**Vulkan** [vul'ka:n] *m* (*-s*; *-e*) volcan *m*; **~ausbruch** *m* éruption *f* volcanique; **⁀isch** volcanique
**VW** [fau've:] *m* (*-s*; *-s*) Volkswagen *f*

# W

**W** *abr* ***Westen*** O (ouest)
**Waage** ['va:gə] *f* (-; *-n*) balance *f*; *astr* Balance *f*; ***sich die ~ halten*** se contrebalancer; '**2recht** horizontal
**wach** [vax] réveillé, éveillé (*a fig*); ***~ bleiben*** veiller; ***~ werden*** se réveiller
'**Wach|e** *f* (-; *-n*) garde *f* (*Person m*); *mil* ***~ halten*** monter la garde; '**2en** (*h*) veiller (***über*** sur)
**Wacholder** [va'xɔldər] *bot m* (*-s*; -) genévrier *m*
'**wachrufen** (*irr*, *sép*, *-ge-*, *h*, → ***rufen***) *Erinnerung* évoquer; *Gefühle* susciter
**Wachs** [vaks] *n* (*-es*; *-e*) cire *f*; *Ski2* fart *m*
**wachsam** ['vaxza:m] vigilant; '**2keit** *f* (-; *sans pl*) vigilance *f*
**wachsen** ['vaksən] **1.** (*wuchs*, *gewachsen*, *sn*) pousser, croître; *Personen* grandir; *zunehmen* augmenter; **2.** (*h*) *Boden* cirer; *Skier* farter
'**Wachstuch** *n* toile *f* cirée
'**Wachstum** *n* (*-s*; *sans pl*) croissance *f* (*a écon*); '**~srate** *f* taux *m* d'accroissement
**Wachtel** ['vaxtəl] *zo f* (-; *-n*) caille *f*
**Wächter** ['vɛçtər] *m* garde *m*, gardien *m*
'**Wach(t)turm** *m* mirador *m*
**wackel|ig** ['vakəliç] branlant; *Möbel* boiteux; '**2kontakt** *m* mauvais contact *m*; '**~n** (*h*) branler
**Wade** ['va:də] *f* (-; *-n*) mollet *m*
**Waffe** ['vafə] *f* (-; *-n*) arme *f*
**Waffel** ['vafəl] *f* (-; *-n*) gaufre *f*
'**Waffen|gattung** *f* arme *f*; '**~gewalt** *f* (-; *sans pl*) ***mit ~*** par la force des armes; '**~schein** *m* permis *m* de port d'armes; '**~stillstand** *m* armistice *m*, trêve *f*
**wagen** ['va:gən] (*h*) oser (***etw zu tun*** faire qc), risquer (***etw*** qc)
**Wagen** ['va:gən] *m* (*-s*; -, ⸚) voiture *f* (*bes Pkw*); *Bahn* wagon *m*; **~heber** ['-he:bər] *m* (*-s*; -) cric *m*; **~standanzeiger** *m* (*-s*; -) *e-s Zugs* tableau *m* de composition de trains
**Wag(g)on** [va'gõ:] *m* (*-s*; *-s*) wagon *m*
**Wagnis** ['va:knis] *n* (*-ses*; *-se*) entreprise *f* risquée, risque *m*
**Wahl** [va:l] *f* (-; *-en*) *Auswahl* choix *m*; *pol* élection *f*, vote *m*, scrutin *m*; ***die ~ haben*** avoir le choix
**wahl|berechtigt** ['-bərɛçtiçt] qui a le droit de vote; '**2beteiligung** *f* participation *f* électorale (***hohe*** forte; ***niedrige*** faible)
**wähl|en** ['vɛ:lən] (*h*) *aus~* choisir; *tél* composer *od* faire un numéro; *pol* élire (***j-n*** qn), voter; '**2er** *m* (*-s*; -), '**2erin** *f* (-; *-nen*) électeur *m*, -trice *f*
'**Wahlergebnis** *n* résultat *m* des élections
'**wähler|isch** difficile (***in*** sur); '**2schaft** *f* (-; *-en*) électeurs *m*/*pl*
'**Wahl|kabine** *f* isoloir *m*; '**~kampf** *m* campagne *f* électorale; '**~kreis** *m* circonscription *f* électorale; '**~lokal** *n* bureau *m* de vote; '**2los** au hasard, sans discernement; '**~programm** *n* plate-forme *f* électorale; '**~recht** *n* (-[*e*]*s*; *sans pl*) droit *m* de vote; '**~sieg** *m* victoire *f* électorale; '**~versammlung** *f* réunion *f* électorale; '**~zettel** *m* bulletin *m* de vote
**Wahn|sinn** ['va:n-] *m* (-[*e*]*s*; *sans pl*) folie *f*; '**2sinnig** fou (folle) (*a fig Tempo etc*); *fig Schmerzen*, *Angst* effroyable; F ***~ viel zu tun haben*** avoir un travail fou; '**~vorstellung** *f* hallucination *f*
**wahr** [va:r] vrai, véritable
'**wahren** (*h*) *Interessen* préserver; *Rechte* défendre; ***den Schein ~*** sauver les apparences
**während** ['vɛ:rənt] **1.** *prép* (*gén*) pendant; **2.** *conj* pendant que; *wohingegen* tandis que, alors que
'**wahrhaft** vrai; **~ig** [-'haftiç] *adv* vraiment
'**Wahrheit** *f* (-; *-en*) vérité *f*; '**2sgemäß**, '**2sgetreu** fidèle à la vérité
**wahrnehm|bar** ['va:rne:mba:r] perceptible; '**~en** (*irr*, *sép*, *-ge-*, *h*, → ***nehmen***) (a)percevoir, s'apercevoir de, remarquer, observer; *Gelegenheit* profiter de; *Interessen* veiller à; '**2ung** *f* (-; *-en*) perception *f*

'**wahrsage|n** (*sép*, *-ge-*, *h*) prédire; ***j-m*** **~** dire la bonne aventure à qn; '**≈rin** *f* (-; *-nen*) diseuse *f* de bonne aventure
**wahrscheinlich** [vaːr'ʃainliç] probable, vraisemblabe; *adv* probablement, vraisemblablement; **≈keit** *f* (-; *-en*) probabilité *f*, vraisemblance *f*; **≈keitsrechnung** *f* calcul *m* des probabilités
**Währung** ['vɛːruŋ] *f* (-; *-en*) monnaie *f*; '**~sbuchhaltung** *f* ***doppelte*** **~** comptabilité *f* monétaire double; '**~sfonds** *m* fonds *m* monétaire; '**~skurs** *m* cours *m* de change; '**~sordnung** *f* système *m* monétaire; '**~spolitik** *f* politique *f* monétaire; '**~sreform** *f* réforme *f* monétaire; '**~ssystem** *n* système *m* monétaire; '**~sumstellung** *f* conversion *f* monétaire; '**~sunion** *f* union *f* monétaire
'**Wahrzeichen** *n* emblème *m*, symbole *m*
**Waise** ['vaizə] *f* (-; *-n*) orphelin *m*, -e *f*
**Wal** [vaːl] *zo m* (-[*e*]*s*; *-e*) baleine *f*
**Wald** [valt] *m* (-[*e*]*s*; *¨er*) forêt *f*; *kleiner* bois *m*; '**~brand** *m* incendie *m* de forêt; '**~lauf** *m* course *f* en forêt, cross-country *m*; '**~sterben** *n* (*-s*; *sans pl*) dépérissement *m od mort f des forêts*
**Wales** [veːls] *n* le pays de Galles
'**Wal|fang** *m* (-[*e*]*s*; *sans pl*) pêche *f* à la baleine; '**~fänger** *m* (*-s*; -) baleinier *m*
**Walkman** ['wɔːkmɛn] *m* (*-s*; *-s*) walkman *m*
**Wall** [val] *m* (-[*e*]*s*; *¨e*) rempart *m* (*a fig*); *Lärmschutz* mur *m*
'**Wallfahr|er** *m*, '**~erin** *f* pèlerin *m*; '**~t** *f* pèlerinage *m*
**Wallis** [valis] *n* le Valais
**Walnuss** ['vaːl-] *f* noix *f*
**Walze** ['valtsə] *f* (-; *-n*) rouleau *m*, cylindre *m*; *Straßen≈* rouleau *m* compresseur; '**≈n** (*h*) passer au rouleau, cylindrer; *Metall* laminer
**wälzen** ['vɛltsən] (*h*) (***sich*** **~** se) rouler
**Walzer** ['valtsər] *mus m* (*-s*; -) valse *f*
'**Walzwerk** *n* laminoir *m*
**Wand** [vant] *f* (-; *¨e*) mur *m*, paroi *f* (*a Fels≈*)
**Wandel** ['vandəl] *m* (*-s*; *sans pl*) changement *m*, transformation *f*, modification *f*; '**≈n 1.** *v/t* (*h*) *ändern* changer; ***sich*** **~** changer, se transformer, se modifier; **2.** *v/i* (*sn*) *gehen* déambuler, se promener
**Wander|er** ['vandərər] *m* (*-s*; -), '**~in** *f* (-; *-nen*) randonneur *m*, -euse *f*, promeneur *m*, -euse *f*; '**≈n** (*sn*) faire une randonnée (à pied); *umherziehen* cheminer, errer, se déplacer; '**~karte** *f* carte *f* routière; '**~ung** *f* (-; *-en*) randonnée *f* (pédestre); *von Bevölkerung, Tieren* migration *f*; '**~weg** *m* sentier *m* pédestre *od* de randonnée
'**Wand|gemälde** *n* peinture *f* murale; '**~lung** ['vandluŋ] *f* (-; *-en*) changement *m*, transformation *f*; *égl Messe* consécration *f*; '**~schrank** *m* placard *m*
**Wange** ['vaŋə] *f* (-; *-n*) joue *f*
**wanken** ['vaŋkən] (*h u sn*) chanceler (*a fig*), vaciller
**wann** [van] quand; ***seit ~?*** depuis quand?
**Wanne** ['vanə] *f* (-; *-n*) cuve *f*; *Bade≈* baignoire *f*
**Wanze** ['vantsə] *f* (-; *-n*) *zo* punaise *f*; *fig* micro *m* espion
**Wappen** ['vapən] *n* (*-s*; -) armoiries *f/pl*, armes *f/pl*; *~schild* blason *m*
**Ware** ['vaːrə] *f* (-; *-n*) marchandise *f*
'**Waren|haus** *n* grand magasin *m*; '**~lager** *n* entrepôt *m*, stocks *m/pl*; '**~probe** *f* échantillon *m*; '**~test** *m* test *m* de marchandises; '**~zeichen** *n* marque *f* déposée
**warm** [varm] chaud; ***es ist*** **~** il fait chaud; ***schön*** **~** bien chaud; *Essen* **~ *stellen*** tenir au chaud; **~ *machen*** faire chauffer; ***sich ~ laufen*** s'échauffer
**Wärme** ['vɛrmə] *f* (-; *sans pl*) chaleur *f*; '**~isolierung** *f* isolation *f* thermique; '**≈n** (*h*) chauffer; ***sich*** **~** se (ré) chauffer; '**~pumpe** *f* pompe *f* à chaleur
'**Wärmflasche** *f* bouillotte *f*
'**warm|herzig** chaleureux; '**~machen**, '**~stellen** (*sép*, *-ge-*, *h*) → ***warm***
**Warm'wasser|bereiter** *m* (*-s*; -) chauffe-eau *m*; **~heizung** *f* chauffage *m* à eau chaude; **~versorgung** *f* alimentation *f* en eau chaude
'**Warn|blinkanlage** *f* feux *m/pl* de détresse; '**~dreieck** *n* triangle *m* de signalisation
**warn|en** ['varnən] (*h*) avertir (***vor*** de), mettre en garde (contre); '**≈schild** *n* signal *m* de danger; '**≈signal** *n* signal *m* avertisseur; '**≈streik** *m* grève *f* d'avertissement; '**≈ung** *f* (-; *-en*) avertisse-

ment *m*, mise *f* en garde; '**≈weste** *f auto* gilet *m* de sécurité

**Warschau** ['varʃau] *n* Varsovie

**warten** ['vartən] (*h*) attendre (***auf j-n*** qn; ***bis*** que + *subj*); *tech Maschine* entretenir

**Wärter** ['vɛrtər] *m* (*-s*; -), '**~in** *f* (-; *-nen*) gardien *m*, -ne *f*; *bei Kranken* garde-malade *m*, *f*

'**Warte|saal** *m* salle *f* d'attente; **~schlange** *f* file *f* d'attente; **~zimmer** *n* salle *f* d'attente

'**Wartung** *tech f* (-; *-en*) entretien *m*

**warum** [va'rum] pourquoi

**was** [vas] **1.** *fragend* que; *meist* qu'est-ce que (*Subjekt* qu'est-ce qui); *alleinstehend u nach prép* quoi; ***~? überrascht*** quoi?; *wie bitte?* F quoi?; ***~ gibt's?*** qu'est-ce qu'il y a?; ***~ soll's?*** qu'est-ce que ça fait?; ***~ machen Sie?*** qu'est-ce que vous faites?; ***~ kostet …?*** combien coûte?; ***~ für ein(e) …?*** quel(le) …?; ***~ für eine Farbe (Größe)?*** quelle couleur (taille)?; ***~ für ein Unsinn!*** quelle bêtise!; **2.** *relativ* ce que (*Subjekt* ce qui); ***~ auch immer*** quoi que (+ *subj*); ***alles, ~ ich habe*** tout ce que j'ai; ***ich weiß nicht, ~ ich tun (sagen) soll*** je ne sais pas ce que je dois faire (dire); ***~ mich ärgerte …*** ce qui m'énervait …; **3.** F *etwas* quelque chose

'**Wasch|anlage** *f* laverie *f*; '**≈bar** lavable; '**~becken** *n* lavabo *m*

**Wäsche** ['vɛʃə] *f* (-; *selten -n*) *Wäschestücke* linge *m*; *Waschen* lavage *m* (*a tech*), blanchissage *m*; ***große ~*** lessive *f*; '**~klammer** *f* épingle *f od pince f à linge*

**waschen** ['vaʃən] (*wusch*, *gewaschen*, *h*) laver; *Wäsche* faire la lessive; ***sich ~*** se laver

**Wäscherei** [vɛʃə'rai] *f* (-; *-en*) blanchisserie *f*

'**Wäschetrockner** *m* séchoir *m*

'**Wasch|küche** *f* buanderie *f*; '**~lappen** *m* gant *m* de toilette; '**~maschine** *f* machine *f* à laver; '**~mittel** *n*, '**~pulver** *n* lessive *f*; '**~raum** *m* lavabo *m*, cabinet *m* de toilette; '**~salon** *m* blanchisserie *f*

**Wasser** ['vasər] *n* (*-s*; *- u* ⸚) eau *f*; '**~ball** *m* water-polo *m*; '**~becken** *n* bassin *m*; '**≈dicht** imperméable; *tech* étanche; '**~fall** *m* chute *f* d'eau, cascade *f*; '**~farbe** *f* peinture *f* à l'eau; '**~hahn** *m* robinet *m*

'**Wasser|kessel** *m* bouilloire *f*; '**~kraft** *f* énergie *f* hydraulique; '**~kraftwerk** *n* centrale *f* hydro-électrique; '**~kühlung** *auto f* refroidissement *m* par eau; '**~lauf** *m* cours *m* d'eau; '**~leitung** *f* conduite *f* d'eau; '**~mangel** *m* manque *m od pénurie f d'eau*

**wässern** ['vɛsərn] (*h*) *be~* arroser; *Hering* dessaler; *Foto* laver

'**Wasser|rohr** *n* conduite *f* d'eau; '**~schaden** *m* dégâts *m/pl* des eaux; '**≈scheu** qui craint l'eau; '**~ski** *m* ski *m* nautique; ***~ fahren*** faire du ski nautique; '**~spiegel** *m* niveau *m* d'eau; '**~sport** *m* sport *m* nautique; '**~spülung** *f* chasse *f* d'eau; '**~stand** *m* niveau *m* d'eau; '**~stoff** *chim m* (-[*e*]*s*; *sans pl*) hydrogène *m*; '**~stoffbombe** *f* bombe *f* H; '**~straße** *f* voie *f* navigable; '**~verdrängung** *mar f* déplacement *m*; '**~verschmutzung** *f* pollution *f* de l'eau; '**~versorgung** *f* alimentation *f* en eau; '**~waage** *tech f* niveau *m* à bulle (d'air); '**~weg** *m* ***auf dem ~*** par voie d'eau; '**~welle** *f Frisur* mise *f* en plis

**waten** ['vaːtən] (*sn*) patauger

**watscheln** ['vaːtʃəln] (*sn*, *h*) se dandiner

**Watt** [vat] *n* **1.** (-[*e*]*s*; *-en*) *am Meer* sable *m* mouillé, laisse *f*, estuaire *m* à marée basse; **2.** (*-s*; -) *Maßeinheit* watt *m*

**Watt|e** ['vatə] *f* (-; *-n*) ouate *f*; **≈'ieren** (*pas de -ge-*, *h*) ouater

**WC** [veː'tseː] *n* (-[*s*]; -[*s*]) W.-C. *m/pl*

**Web** [vɛp] *n* (-[*s*]) *EDV* Web *m*

**web|en** ['veːbən] (*h*) tisser; '**≈er** *m* (*-s*; -), '**≈erin** *f* (-; *-nen*) tisserand *m*, -e *f*; **≈erei** [-ə'rai] (-; *-en*) (atelier *m* de) tissage *m*

**Website** ['vɛpsait] *f* (-; *-s*) *EDV* site *m* Web

**Webstuhl** ['veːpʃtuːl] *m* métier *m* à tisser

**Wechsel** ['vɛksəl] *m* (*-s*; -) changement *m*, variation *f*; *regelmäßiger* alternance *f*; *von Geld* change *m*; *comm* lettre *f* de change; ***gezogener ~*** traite *f*; '**~geld** *n* monnaie *f*; '**≈haft** changeant; '**~jahre** *n/pl der Frau* ménopause *f*, retour *m* d'âge; '**~kurs** *m* cours *m* du change; '**~kursmechanismus** *m* mécanisme *m* de cours du change; '**~kursrisiko** *n* risque *m* sur le cours du change; '**~kursschwankungen** *f/pl* fluctuations *f/pl* de cours du change

**wechseln** ['vɛksəln] (*h*) *sich verändern* changer; *ab~* alterner (***mit*** avec); ***etw ~*** changer de qc; *Blicke, Briefe* échanger; ***100 Euro ~*** *umtauschen* changer 100 euros; *in Kleingeld* faire la monnaie de 100 euros; '**~d** changeant, variable; ***mit ~em Erfolg*** avec des fortunes diverses

**wechsel|seitig** ['-zaitiç] mutuel, réciproque; '**2strom** *m* courant *m* alternatif; '**2stube** *f* bureau *m* de change

'**weck|en** ['vɛkən] (*h*) réveiller; *Interesse, Neugier etc* éveiller; '**2dienst** *m* service *m* de réveil automatique; '**2er** *m* (*-s*; -) réveil *m*, réveille-matin *m*

**weder** ['ve:dər] ***~ … noch …*** ni … ni … (*bei Verb* ne …)

**weg** [vɛk] *fort* parti; *verschwunden* disparu; *fig* ***über etw ~ sein*** avoir surmonté qc; ***weit ~*** éloigné; ***~ da!*** ôtez-vous de là; ***Hände ~!*** n'y touchez pas!; ***~ damit!*** enlevez-moi ça!

**Weg** [ve:k] *m* (-[*e*]*s*; *-e*) chemin *m*; *fig* voie *f*; ***auf dem ~ nach …*** sur le chemin de …, en route pour …; ***auf halbem ~*** à mi-chemin; ***auf friedlichem ~e*** par des moyens pacifiques; *fig* ***j-m aus dem ~ gehen*** éviter qn; ***aus dem ~ räumen*** se débarrasser de, écarter; ***sich auf den ~ machen*** se mettre en route

'**wegbringen** (*irr, sép, -ge-, h,* → ***bringen***) emporter, *a j-n* emmener

**wegen** ['ve:gən] *prép* (*gén*) à cause de …, pour; *bezüglich* au sujet de; F ***von ~!*** penses-tu! *od* pensez-vous! F

**weg|fahren** ['vɛk-] (*irr, sép, -ge-,* → ***fahren***) **1.** *v/i* (*sn*) partir (en voiture, *etc*); **2.** *v/t* (*h*) *etw* enlever (en voiture); '**~fallen** (*irr, sép, -ge-, sn,* → ***fallen***) être supprimé; '**~gehen** (*irr, sép, -ge-, sn,* → ***gehen***) s'en aller, partir (*a Schmerz, Fleck, Ware*); '**~kommen** (*irr, sép, -ge-, sn,* → ***kommen***) partir, s'en aller; *abhandenkommen* s'égarer; ***gut dabei ~*** s'en tirer bien; F ***mach, dass du wegkommst!*** va-t-en!, F tire-toi de là!; '**~lassen** (*irr, sép, -ge-, h,* → ***lassen***) laisser de côté, supprimer, omettre; '**~laufen** (*irr, sép, -ge-, sn,* → ***laufen***) se sauver; '**~legen** (*sép, -ge-, h*) mettre de côté; '**~müssen** (*irr, sép, -ge-, h,* → ***müssen***) F devoir partir; ***ich muss jetzt weg*** il faut que je parte; '**~nehmen** (*irr, sép, -ge-, h,* → ***nehmen***) ôter, enlever (*a stehlen*); '**~räumen** (*sép, -ge-, h*) ranger, enlever; *Hindernis* écarter; '**~schaffen** (*sép, -ge-, h*) enlever; '**~schicken** (*sép, -ge-, h*) renvoyer; '**~sehen** (*irr, sép, -ge-, h,* → ***sehen***) détourner les yeux

**Wegweiser** ['ve:kvaizər] *m* (*-s*; -) poteau *m* indicateur

**Wegwerf|…** ['vɛkvɛrf] *in Zssgn* jetable; '**2en** (*irr, sép, -ge-, h,* → ***werfen***) jeter

'**wegziehen** (*irr, sép, -ge-,* → ***ziehen***) **1.** *v/t* (*h*) retirer; **2.** *v/i* (*sn*) *umziehen* déménager

**weh** [ve:] → ***wehtun***

**wehen** ['ve:ən] *Wind* souffler; *Fahnen, Haare* flotter

**Wehen** ['ve:ən] *f/pl Geburt* douleurs *f/pl*

'**Weh|klage** *f* lamentation *f*; '**2leidig** ['-laidiç] pleurnicheur, geignard F; '**2mütig** ['-my:tiç] nostalgique

**Wehr**[1] [ve:r] *n* (-[*e*]*s*; *-e*) *in Flüssen* barrage *m*

**Wehr**[2] [-] *f* (-; *-en*) ***sich zur ~ setzen*** se défendre; '**~dienst** *mil m* service *m* militaire; '**~dienstverweigerer** *m* objecteur *m* de conscience; '**~dienstverweigerung** *f* objection *f* de conscience; '**2en** (*h*) ***sich ~*** se défendre (***gegen*** contre); '**2los** sans défense; '**~pflicht** *f* (-; *sans pl*) ***allgemeine ~*** service *m* militaire obligatoire; '**2pflichtig** *mil* mobilisable, astreint au service militaire; '**~pflichtige** *m* (*-n*; *-n*) conscrit *m*

**wehtun** ['ve:tu:n] (*irr, sép, -ge-, h,* → ***tun***) ***j-m ~*** faire mal à qn

**Weib** [vaip] *n* (-[*e*]*s*; *-er*) femme *f*; '**~chen** *zo n* (*-s*; -) femelle *f*; '**2lich** féminin

**weich** [vaiç] mou (molle), doux, tendre; *Ei* à la coque; ***~ gekocht*** *Ei* à la coque; ***~ werden*** ramollir; *fig* se laisser attendrir

**Weiche** ['vaiçə] *Bahn f* (-; *-n*) aiguillage *m*

**weichen** ['vaiçən] (*wich, gewichen, sn*) céder (***dem Feind*** devant l'ennemi)
'**weichgekocht** → ***weich***
**Weich|heit** *f* (-; *sans pl*) mollesse *f*, douceur *f*; '**~käse** *m* fromage *m* à pâte molle; '**&lich** mou, douillet, efféminé
**Weichsel** ['vaiksəl] *géogr f* Vistule *f*
'**Weichtiere** *zo n/pl* mollusques *m/pl*
**Weide** ['vaidə] *f* (-; *-n*) *bot* saule *m*; *Korb&* osier *m*; *Vieh&* pâturage *m*; '**&n** (*h*) paître, brouter; *fig* ***sich ~ an*** se repaître de; '**~nkorb** *m* panier *m* d'osier
**weiger|n** ['vaigərn] (*h*) ***sich ~*** refuser (***etw zu tun*** de faire qc); '**&ung** *f* (-; *-en*) refus *m*
**Weihnachten** ['vainaxtən] *n* (*-s*; *sans pl*) Noël *m*; (***an** od **zu***) ~ à Noël
'**Weihnachts|abend** *m* veille *f* de Noël; '**~baum** *m* arbre *m* de Noël; '**~feiertag** *m* ***erster ~*** jour *m* de Noël; ***zweiter ~*** lendemain *m* de Noël; '**~ferien** *pl* vacances *f/pl* de Noël; '**~geld** *n* prime *f* de Noël; '**~geschenk** *n* cadeau *m* de Noël; '**~lied** *n* chanson *f od chant m de Noël*; '**~mann** *m* père *m* Noël; '**~markt** *m* foire *f od marché m de Noël*
**weil** [vail] parce que; *da ja* puisque
**Weil|chen** ['vailçən] *n* (*-s*; -) ***ein ~*** un petit moment; **~e** *f* (-; *sans pl*) ***e-e ~*** quelque temps, un certain (laps de) temps; ***e-e ganze ~*** un bon bout de temps
**Wein** [vain] *m* (-[*e*]*s*; *-e*) vin *m*; *bot* vigne *f*; '**~bau** *m* (-[*e*]*s*; *sans pl*) viticulture *f*; '**~berg** *m* vigne *f*, vignoble *m*; '**~brand** *m* (*-s*; *≃e*) eau-de-vie *f* de vin, cognac *m*
**weinen** ['vainən] (*h*) pleurer (***vor*** de; ***wegen*** à cause de)
'**Wein|ernte** *f* vendange *f*; '**~flasche** *f* bouteille *f* à vin; '**~gegend** *f* région *f* viticole; '**~gut** *n* domaine *m* viticole; '**~händler** *m* négociant *m* en vins; '**~karte** *f* carte *f* des vins; '**~keller** *m* cave *f* à vin; cellier *m*; '**~kellerei** *f* cave *f*; '**~kenner** *m* connaisseur *m* en vins; '**~lese** *f* vendange *f*; '**~lokal** *n* cave *f* à vin; '**~probe** *f* dégustation *f* de vins; '**~rebe** *bot f* vigne *f*; '**~stock** *m* cep *m* (de vigne); '**~traube(n)** *f* (*pl*) raisin *m*
**weise** ['vaizə] sage
'**Weise** [-] *f* (-; *-n*) manière *f*, façon *f*; *mus* air *m*; ***auf diese ~*** de cette façon; ***auf meine ~*** à ma manière
'**weisen** ['vaɪzən] (*wies, gewiesen, h*) *Weg etc* montrer, indiquer
**Weisheit** ['vaishait] *f* (-; *-en*) sagesse *f*; ***mit seiner ~ am Ende sein*** y perdre son latin; '**~szahn** *m* dent *f* de sagesse
'**weismachen** (*sép, -ge-, h*) ***j-m etw ~*** faire croire qc à qn, en faire accroire à qn; ***du kannst mir nichts ~!*** ne me raconte pas d'histores!
**weiß** [vais] blanc; '**&brot** *n* pain *m* blanc; '**&e** *m, f* (*-n*; *-n*) Blanc *m*, Blanche *f*; '**~en** (*h*) blanchir; '**&kohl** *m*, '**&kraut** *n* (-[*e*]*s*; *sans pl*) chou *m* blanc; '**~lich** blanchâtre; '**&wein** *m* vin *m* blanc
**Weisung** ['vaizuŋ] *f* (-; *-en*) instruction *f*, directive *f*, consigne *f*
**weit** [vait] *ausgedehnt* large; *Kleidung a* ample; *Reise, Weg* long; ~ (***weg** od **entfernt***) loin; ***~ größer*** bien plus grand; ***von ~em*** de loin; ***bei ~em nicht*** loin s'en faut; *fig* ***zu ~ gehen*** aller trop loin, exagérer; ***es ~ bringen*** faire son chemin; ***wir haben es ~ gebracht*** nous avons bien réussi; ***~ reichend*** étendu, de grande envergure; ***~ verbreitet*** très répandu; '**~aus** de loin, de beaucoup; '**&blick** *m* (-[*e*]*s*; *sans pl*) clairvoyance *f*, prévoyance *f*
**Weite** ['vaitə] *f* (-; *-n*) largeur *f*, étendue *f*; *von Kleidung* ampleur *f*; *Sport* distance *f*
'**weiter** ***~!*** continue! *od* continuez!; ***~ oben*** plus haut; *im Text* ci-dessus; ***~ weg** od **entfernt*** plus loin; ***und so ~*** et ainsi de suite, et cetera; ***~ nichts*** rien d'autre; '**~bilden** (*sép, -ge-, h*) ***sich ~*** se recycler; '**&bildung** *f* (-; *-en*) formation *f* complémentaire
**weitere** ['vaitərə] *n* (*-n*; *sans pl*) *sonstige* autre; *spätere* ultérieur; ***alles &*** le reste; ***bis auf ~s*** jusqu'à nouvel ordre; ***ohne ~s*** aisément; sans façon
'**Weiter|fahrt** *f* (-; *sans pl*) continuation *f* de la course/du chemin; '**&geben** (*irr, sép, -ge-, h,* → ***geben***) transmettre, faire passer; '**&gehen** (*irr, sép, -ge-, sn,* → ***gehen***) poursuivre son chemin, continuer; '**&hin** en outre; ***~ etw tun*** continuer à *od* de faire qc; '**&kommen** (*irr, sép, -ge-, sn,* → ***kommen***) avancer; '**&leben** (*sép, -ge-, h*) continuer à vivre; '**&machen** (*sép, -ge-, h*) continuer;

'**~reise** *f* (-; *sans pl*) continuation *f* du voyage
'**weit|gehend** considérable(ment), large(ment); '**~sichtig** *méd* presbyte; *fig* prévoyant; '**&sprung** *m* saut *m* en longueur; '**&winkelobjektiv** *Foto n* objectif *m* grand angle
**Weizen** ['vaitsən] *m* (-*s*; -) blé *m*, froment *m*
**welche, ~r, ~s** ['vɛlçə(r, -s)] **1.** *fragend* quel(le); *alleinstehend* lequel, laquelle; ***~r von beiden?*** lequel des deux?; **2.** *relativ* qui (*Akkusativ* que); **3.** F *einige(s)* en; ***ich geb' dir ~(s)*** je t'en donne
**welk** [vɛlk] fané; '**~en** (*sn*) se faner
**Wellblech** ['vɛlblɛç] *n* tôle *f* ondulée
**Welle** ['vɛlə] *f* (-; -*n*) vague *f* (*a fig*); *phys* onde *f*; *fig* ***grüne ~*** feux *m/pl* coordonnés
'**Wellen|brecher** *m* (-*s*; -) brise-lames *m*; '**~länge** *f* longueur *f* d'ondes; '**~linie** *f* ligne *f* ondulée; **~sittich** ['-zitiç] *zo m* (-*s*; -*e*) perruche *f*
**Wellness** ['vɛlnɛs] *f* (-) bien-être *m*
**Welt** [vɛlt] *f* (-; -*en*) monde *m*; ***auf der ganzen ~*** dans le monde entier; ***die Alte*** (***Neue***) ~ l'ancien (le nouveau) monde; ***die Dritte ~*** le tiers monde; ***alle ~*** *jeder* tout le monde; ***zur ~ kommen*** venir au monde; ***zur ~ bringen*** donner le jour à, donner naissance à; '**~all** *n* univers *m*; '**~anschauung** *f* vision *f* du monde, idéologie *f*; '**~ausstellung** *f* exposition *f* universelle; '**~bank** *f* (-; *sans pl*) Banque *f* mondiale; '**&berühmt** célèbre dans le monde entier; '**&fremd** naïf, peu réaliste; '**~geschichte** *f* (-; *sans pl*) histoire *f* universelle; '**~handel** *m* commerce *m* mondial; '**~herrschaft** *f* (-; *sans pl*) hégémonie *f* mondiale; '**~krieg** *m* guerre *f* mondiale; ***der Erste*** (***Zweite***) ~ la Première (Seconde) Guerre mondiale; '**~macht** *f* puissance *f* mondiale; '**~markt** *m* (-[*e*]*s*; *sans pl*) marché *m* mondial; '**~meister** *m*, '**~meisterin** *f* champion *m*, -ne *f* du monde; '**~raum** *m* (-[*e*]*s*; *sans pl*) espace *m*; '**~raumforschung** *f* recherche *f* spatiale; '**~reich** *n* empire *m*; '**~reise** *f* tour *m* du monde; '**~rekord** *m* record *m* du monde; '**~sprache** *f* langue *f* universelle; '**~stadt** *f* métropole *f*; '**&weit** mondial, planétaire, universel; '**~wirtschaft** *f* (-; *sans pl*) économie *f* mondiale; '**~wunder** *n* merveille *f* du monde
**wem** [veːm] à qui; ***von ~?*** de qui?
**wen** [veːn] qui, qui est-ce que; ***für ~?*** pour qui?
**Wende** ['vɛndə] *f* (-; -*n*) tournant *m*; '**~kreis** *m géogr* tropique *m*; *auto* rayon *m* de braquage
**Wendeltreppe** ['vɛndəl-] *f* escalier *m* tournant *od* en colimaçon
**wenden** ['vɛndən] (*h*) *auto* faire demi--tour; *mar* virer de bord; (*a irr wandte, gewandt*) (re)tourner; (*nur irr*) ***sich ~ an*** s'adresser à
'**wend|ig** *Auto* maniable, manœuvrable; *Person* débrouillard, habile, souple; '**&ung** *f* (-; -*en*) tour *m*; *Umschwung* tournure *f*, revirement *m*; *Rede&* locution *f*, tournure *f*
**wenig** ['veːniç] peu (de); ***~er*** moins (de); ***am ~sten*** le moins; ***ein ~*** un peu (de); ***einer der ~en, die …*** un des rares qui (+ *subj*); '**~stens** ['-stəns] au moins, du moins
**wenn** [vɛn] *falls* si; *zeitlich* quand, lorsque; ***~ auch*** bien que, quoique (*beide* + *subj*); ***selbst ~*** même si; ***außer ~*** à moins que … ne (+ *subj*); ***~ ich nur … wäre!*** si seulement j'étais …!; ***~ schon!*** qu'importe!
**wer** [veːr] **1.** qui, qui est-ce qui; ***~ von beiden?*** lequel des deux?; **2.** *derjenige, welcher* celui qui; ***~ auch immer*** quiconque; ***~ es auch sei*** qui que ce soit; **3.** F *jemand* quelqu'un
**Werbe|agentur** ['vɛrbə-] *f* agence *f* de publicité; '**~fernsehen** *n* publicité *f* télévisée; '**~film** *m* film *m* publicitaire; '**~funk** *m* publicité *f* radiodiffusée; '**~geschenk** *n* cadeau *m* publicitaire
'**werben** (*warb, geworben, h*) faire de la publicité (***für*** pour); ***~ um*** *Frau* faire la cour à; *Gunst* solliciter; ***Kunden ~*** prospecter la clientèle
'**Werbe|sendung** *f* émission *f* publicitaire; '**~slogan** *m* slogan *m* publicitaire; '**~spot** *m* (-*s*; -*s*) spot *m* publicitaire
'**Werbung** *f* (-; -*en*) publicité *f*, F pub *f*; '**~skosten** *pl* frais *m/pl* de publicité
**werden** ['veːrdən] (*wurde, geworden, sn*) devenir; *durch eigenes Zutun* se faire; ***Arzt, Lehrer ~*** devenir *od* se faire médecin, professeur; ***mir wird***

***schlecht!*** j'en suis malade!; F ***es wird schon wieder ~*** ça va aller mieux; *Futur* ***er wird kommen*** il viendra, il va venir; *Konditional* ***er würde kommen*** il viendrait; *Passiv* ***verkauft ~*** être vendu

**werfen** ['vɛrfən] (*warf, geworfen, h*) (***sich ~*** se) jeter; lancer

**Werft** [vɛrft] *mar f* (-; *-en*) chantier *m* naval

**Werk** [vɛrk] *n* (-[*e*]*s*; *-e*) ouvrage *m*; *e-s Dichters, Künstlers* œuvre *f*; *Arbeit* travail *m*; *Uhr*2 mouvement *m*; *Mechanismus* mécanisme *m*; *Fabrik* usine *f*, ateliers *m/pl*, établissement *m*; '**~bank** *f* établi *m*; **~statt** ['-ʃtat] *f* (-; *¨en*) atelier *m*; '**~tag** *m* jour *m* ouvrable; '**2tags** en semaine; '**~zeug** *n* (*-s*; *-e*) outil *m*

**wert** [veːrt] ***~ sein*** valoir (***etw*** qc); ***der Mühe ~ sein*** valoir la peine

**Wert** [-] *m* (-[*e*]*s*; *-e*) valeur *f*; ***~ legen auf*** tenir à; ***großen ~ legen auf*** tenir beaucoup à, attacher une grande valeur *od* un grand prix à; F ***das hat keinen ~*** ça ne sert à rien; '**2en** (*h*) évaluer, estimer; *beurteilen* juger; '**~gegenstand** *m* objet *m* de valeur; '**2los** sans valeur; '**~papier** *n* valeur *f*, effet *m*, titre *m*; '**~papiermärkte** *m/pl* marchés *m/pl* de titres; '**~sachen** *f/pl* objets *m/pl* de valeur; '**~ung** *f* (-; *-en*) évaluation *f*; *Sport* classement *m*; '**~urteil** *n* jugement *m* de valeur; '**2voll** précieux

**Wesen** ['veːzən] *n* (*-s*; -) *Lebe*2 être *m*; *Eigenart* nature *f*, caractère *m*; *e-r Person a* naturel *m*; *philos* essence *f*; '**2tlich** essentiel; ***im 2en*** en substance; ***~ größer*** beaucoup *od* bien plus grand

**weshalb** [vɛs'halp] pourquoi

**Wespe** ['vɛspə] *zo f* (-; *-n*) guêpe *f*

'**West**|'**afrika** *n* l'Afrique *f* occidentale; '**~berlin** *n hist* Berlin-Ouest; '**~deutschland** *n* l'Allemagne *f* de l'Ouest

**Weste** ['vɛstə] *f* (-; *-n*) gilet *m*

**Westen** ['vɛstən] *m* (*-s*; *sans pl*) ouest *m*; *pol* ***der ~*** l'Ouest *m*, l'Occident *m*; ***der Wilde ~*** le Far-West

'**West**|**eu'ropa** *n* l'Europe *f* occidentale; **~'falen** *n* la Westphalie; '**~'indien** *n hist* les Indes *f/pl* occidentales

'**westlich** occidental, de l'ouest, d'ouest; ***~ von*** à l'ouest de

'**Westwind** *m* vent *m* d'ouest

**weswegen** [vɛs'weːgən] pourquoi

**Wettbewerb** ['vɛtbəvɛrp] *m* (-[*e*]*s*; *-e*) concours *m*, compétition *f*, *bes écon* concurrence *f*; '**~sfähigkeit** *f* compétitivité *f*; '**~snachteil** *m* inconvénient *m* compétitif; '**~svorteil** *m* avantage *m* compétitif

'**Wett**|**e** ['vɛtə] *f* (-; *-n*) pari *m*; ***um die ~*** à qui mieux mieux; ***e-e ~ abschließen*** *od* ***eingehen*** faire un pari; '**2eifern** (*h*) rivaliser (***mit*** avec; ***um*** de); '**2en** (*h*) parier; ***um 60 Euro ~*** parier soixante euros

**Wetter** ['vɛtər] *n* (*-s*; -) temps *m*; ***es ist schönes ~*** il fait beau (temps); ***bei diesem ~*** par ce temps; '**~bericht** *m* bulletin *m* météorologique, F météo *f*; '**2fest** résistant aux intempéries; '**2fühlig** sensible aux changements du temps; '**~karte** *f* carte *f* météorologique; '**~lage** *f* conditions *f/pl* atmosphériques; '**~vorhersage** *f* prévisions *f/pl* météorologiques; '**~warte** *f* station *f* météorologique

'**Wett**|**kampf** *m* compétition *f*, épreuve *f*, match *m*; '**~lauf** *m* course *f* (*a fig*); '**~rennen** *n* course *f*; '**~rüsten** *n* (*-s*; *sans pl*) course *f* aux armements; '**~streit** *m* concours *m*, compétition *f*, émulation *f*

**wetzen** ['vɛtsən] (*h*) aiguiser

**WEZ** *f abr* ***Westeuropäische Zeit*** heure *f* de l'Europe occidentale

**wichtig** ['viçtiç] important; ***~ nehmen*** prendre au sérieux; → ***wichtigmachen, wichtigtun***

'**Wichtigkeit** *f* (-; *-en*) importance *f*

'**wichtig**|**machen** (*sép, -ge-, h*) ***sich ~*** faire l'important; '**~tun** (*irr, sép, -ge-, h,* → ***tun***) (***sich***) ~ faire l'important

**wickeln** ['vikəln] (*h*) enrouler (***um*** autour de; ***in*** dans), envelopper (***in*** dans); *Kind* langer, emmailloter

**Widder** ['vidər] *m* (*-s*; -) *zo* bélier *m*; *astr* Bélier *m*

**wider** ['viːdər] *prép* (*acc*) contre; ***~ (meinen) Willen*** malgré moi; ***~ Erwarten*** contre toute attente; **~legen** [-'leːgən] (*pas de -ge-, h*) réfuter

'**widerlich** répugnant, repoussant, dégoûtant, écœurant, rebutant

'**wider**|**rechtlich** illégal; '**2rede** *f* contradiction *f*; ***keine ~!*** pas de discussion!; **~'rufen** (*irr, pas de -ge-, h,* → ***rufen***) *Anordnung* révoquer; *Behauptung, Geständnis* rétracter; **~'setzen** (*pas de -ge-, h*) ***sich ~*** s'opposer (***j-m, e-r Sache*** à qn, à qc); **'~spenstig** ['-ʃpɛnstiç] récalcitrant, rétif, rebelle; **~'sprechen** (*irr, pas de -ge-, h,* → ***sprechen***) contredire (***j-m, e-r Sache*** qn, qc); **'2spruch** *m* contradiction *f*; ***im ~ stehen*** être en contradiction (***zu*** avec); **'~sprüchlich** ['-ʃpryçliç] contradictoire; **'2stand** *m* résistance *f* (*a pol u elektrischer*); ***~ leisten*** résister; **'~standsfähig** résistant; **~'stehen** (*irr, pas de -ge-, h,* → ***stehen***) résister (à); **'~wärtig** ['-vɛrtiç] répugnant; **'2wille** *m* répugnance *f* (***gegen*** pour), aversion *f* (pour), dégoût *m* (pour); **'~willig** à contrecœur

**widm|en** ['vitmən] (*h*) (***sich ~*** se) consacrer (à), (se) vouer (à); *Buch* dédier; **'2ung** *f* (-; *-en*) dédicace *f*

**widrig** ['viːdriç] contraire, adverse

**wie** [viː] *fragend* comment; *in Ausrufen* que, comme, combien; *vergleichend* comme; ***~ ein Hund*** comme un chien; ***~ üblich*** comme d'habitude; ***so groß ~*** aussi grand que; ***~ alt sind Sie?*** quel âge avez-vous?; ***~ spät ist es?*** quelle heure est-il?; ***~ lange?*** combien de temps?; ***~ froh bin ich!*** que (comme, combien) je suis heureux!; ***~ viel*** combien (de); ***um ~ viel Uhr?*** à quelle heure?

**wieder** ['viːdər] de nouveau, encore; *oft* re… *in Zssgn*; ***da bin ich ~*** me revoilà; ***~ einmal*** une fois de plus; ***~ anfangen*** recommencer; ***~ aufbereiten*** retraiter; ***~ erkennen*** reconnaître (***an*** à); ***~ finden*** retrouver; ***~ sehen*** revoir; **'2aufbau** *m* (-[*e*]*s*; *sans pl*) reconstruction *f*; **2'aufbereitungsanlage** *f Kerntechnik* usine *f* de retraitement; **'~bekommen** (*irr, sép, pas de -ge-, h,* → ***bekommen***) recouvrer, rentrer en possession de; **'2belebung** *f* (-; *-en*) *méd* réanimation *f*; *écon* reprise *f*, relance *f*; **'~bringen** (*irr, sép, -ge-, h,* → ***bringen***) rapporter; *zurückgeben* rendre; **'2gabe** *f* (-; *-n*) reproduction *f*; **'~geben** (*irr, sép, -ge-, h,* → ***geben***) *zurückgeben* rendre, restituer; *nachbilden* reproduire; *beschreiben* décrire; **2'gutmachung** *f* (-; *-en*) réparation *f*; **~'herstellen** (*sép, -ge-, h*) rétablir, restaurer; **~holen** [-'hoːlən] (*pas de -ge-, h*) (***sich ~*** se) répéter; *Lernstoff* réviser; **~'holt** répété; **2'holung** *f* (-; *-en*) répétition *f*; *von Lernstoff* révision *f*; *TV etc* rediffusion *f*; **'2hören** *n* (-*s*; *sans pl*) *tél* ***auf ~!*** au revoir!; **'~kommen** (*irr, sép, -ge-, sn,* → ***kommen***) revenir; **'~sehen** (*irr, sép, -ge-, h,* → ***sehen***) revoir; **'2sehen** *n* ***auf ~!*** au revoir!; **'~um** de nouveau; *andererseits* d'autre part, d'un autre côté; **'2vereinigung** *f pol* réunification *f*; **'2verwendung** *f* réutilisation *f*; **'2verwertung** *f* recyclage *m*; **'2wahl** *f* réélection *f*

**wiegen** ['viːgən] (*wog, gewogen, h*) peser

**Wien** [viːn] *n* Vienne

**Wiese** ['viːzə] *f* (-; *-n*) pré *m*, prairie *f*

**wieso** [viː'zoː] pourquoi

**wie viel** [viː'fiːl] → ***wie***

**wie'vielte** combientième F; ***den 2n haben wir heute?*** le combien sommes-nous aujourd'hui?

**wild** [vilt] **1.** sauvage (*a bot u zo*); *Blick etc* farouche; *wütend* furieux; *Kind* turbulent; ***~es Tier*** bête *f* féroce; *fig* ***~er Streik*** grève *f* sauvage; F ***~ sein auf*** raffoler de; **2.** 2 *n ch u cuis* gibier *m*; **'2bach** *m* torrent *m*; **'2ente** *zo f* canard *m* sauvage; **2e** ['vildə] *m, f* (-*n*; -*n*) sauvage *m, f*; F ***wie ein Wilder*** comme un fou; **2erer** ['vildərər] *m* (-*s*; -) braconnier *m*; **'2hüter** *m* garde-chasse *m*; **'2leder** *n* daim *m*; **'2nis** *f* (-; *-se*) désert *m*; **'2schwein** *n* sanglier *m*; **2'westfilm** *m* western *m*

**Wilhelm** ['vilhɛlm] *m* (-*s*; *sans pl*) Guillaume *m*

**Wille** ['vilə] *m* (-*ns*; *sans pl*) volonté *f*; ***gegen meinen ~n*** malgré moi; ***seinen ~n durchsetzen*** imposer sa volonté; **'2n** *prép* (*gén*) ***um … ~*** pour (l'amour de)

**'Willens|freiheit** *f* (-; *sans pl*) libre arbitre *m*; **'~kraft** *f* (-; *sans pl*) volonté *f*, énergie *f*

**will|ig** ['viliç] de bonne volonté; *folgsam* docile; **~'kommen** bienvenu; ***herzlich ~!*** soyez le (la) bienvenu(e)!; ***j-n ~ heißen*** souhaiter la bienvenue à qn; **'~kürlich** ['-kyːrliç] arbitraire

**wimmeln** ['viməln] (*h*) fourmiller, grouiller (***von*** de); ***es wimmelt von etw*** *a* qc pullule

**Wimper** ['vimpər] *f* (-; *-n*) cil *m*; '**~ntusche** *f* mascara *m*

**Wind** [vint] *m* (-[*e*]*s*; *-e*) vent *m*

**Winde** ['vində] *f* (-; *-n*) *tech* treuil *m*; *mar* cabestan *m*; *bot* liseron *m*, volubilis *m*

**Windel** ['vindəl] *f* (-; *-n*) couche *f*, lange *f*

**winden** ['vindən] (*wand*, *gewunden*, *h*) *Kranz* tresser; ***sich ~*** *Weg etc* serpenter; ***sich um etw ~*** s'enrouler autour de qc; ***sich vor Schmerz ~*** se tordre de douleur

**wind|ig** ['vindiç] *Ort* éventé; *fig* louche; ***es ist ~*** il fait du vent; '**2mühle** *f* moulin *m* à vent; '**2pocken** *méd f/pl* varicelle *f*; '**2rad** *n* éolienne *f*; '**2schutzscheibe** *auto f* pare-brise *m*; '**2stärke** *f* force *f od intensité f du vent*; '**2stoß** *m* rafale *f*; '**2surfen** *Sport n* planche *f* à voile

**Windung** ['vinduŋ] *f* (-; *-en*) *Krümmung* sinuosité *f*; *Drehung* tour *m*; ***~en*** *e-s Wegs a* lacets *m/pl*

**Winkel** ['viŋkəl] *m* (*-s*; -) *math* angle *m*; *Gerät* équerre *f*; *Ecke* coin *m*

**winken** ['viŋkən] (*h*) faire signe (***j-m*** à qn)

**Winter** ['vintər] *m* (*-s*; -) hiver *m*; '**~anfang** *m* début *m* de l'hiver; '**~einbruch** *m* offensive *f* de l'hiver; '**2lich** hivernal; '**~reifen** *auto m* pneu *m* neige; '**~schlaf** *zo m* hibernation *f*; '**~schlussverkauf** *m* soldes *m/pl* d'hiver; '**~spiele** *n/pl* jeux *m/pl* Olympiques d'hiver; '**~sport** *m* sport(s) *m*(*pl*) d'hiver

**Winzer** ['vintsər] *m* (*-s*; -), '**~in** *f* (-; *-nen*) vigneron *m*, -ne *f*, viticulteur *m*

**winzig** ['vintsiç] minuscule

**wir** [viːr] nous; ***~ drei*** nous trois; ***~ sind's*** c'est nous

**Wirbel** ['virbəl] *m* (*-s*; -) tourbillon *m*; *fig a* remous *m/pl*; *anat* vertèbre *f*; *Haar* épi *m*; '**~säule** *f* colonne *f* vertébrale; '**~sturm** *m* cyclone *m*; '**~tiere** *n/pl* vertébrés *m/pl*

**wirk|en** ['virkən] (*h*) agir (***auf*** sur), faire son effet, opérer; *Wunder* faire; ***~ wie*** faire l'effet de; ***jung*** (***hübsch*** *etc*) ***~*** faire jeune (joli, *etc*); '**~lich** réel, effectif; *echt* vrai, véritable; '**2lichkeit** *f* (-; *-en*) réalité *f*; ***in ~*** en réalité; '**~sam** efficace

**Wirkung** ['virkuŋ] *f* (-; *-en*) effet *m*; '**~sgrad** *tech m* (degré *m* d')efficacité *f*, rendement *m*; '**2slos** sans effet, inopérant; '**2svoll** efficace

**wirr** [vir] confus, embrouillé; *Haar* en désordre; '**2en** *pol pl* troubles *m/pl*

**Wirsing** ['virziŋ] *bot m* (*-s*; *sans pl*), '**~kohl** *m* (-[*e*]*s*; *sans pl*) chou *m* frisé *od* de Milan

**Wirt** [virt] *m* (-[*e*]*s*; *-e*), '**~in** *f* (-; *-nen*) *Gast2*(*in*) patron *m*, -ne *f*, aubergiste *m*; *Hotel2*(*in*) hôtelier *m*, -ière *f*; *Haus2*(*in*) propriétaire *m*, *f*

'**Wirtschaft** *f* (-; *-en*) économie *f*; *Gast2* restaurant *m*, auberge *f*; *Bahnhofs2* buffet *m*; ***freie ~*** économie *f* libérale; ***gelenkte ~*** économie *f* dirigée, dirigisme *m*; '**2en** (*h*) ***gut, schlecht ~*** bien, mal gérer ses affaires; ***gut ~*** *a* être économe; '**2lich** économique; '**~lichkeit** *f* (-; *sans pl*) économie *f*; rentabilité *f*

'**Wirtschafts|...** *écon in Zssgn* économique; '**~abkommen** *n* accord *m* économique; '**~beziehungen** *f/pl* relations *f/pl* économiques; '**~gemeinschaft** *f* ***Europäische ~*** Communauté *f* économique européenne; '**~krise** *f* crise *f* économique; '**~politik** *f* politique *f* économique; '**~system** *n* système *m* économique; '**~wissenschaft** **(-en)** *f* (*pl*) sciences *f/pl* économiques

'**Wirtshaus** *n* auberge *f*

**wischen** ['viʃən] (*h*) essuyer

**wissen** ['visən] **1.** (*wusste*, *gewusst*, *h*) savoir; ***nicht ~*** ne pas savoir, ignorer; ***sehr wohl ~*** ne pas ignorer; ***ich möchte ~*** j'aimerais savoir; ***soviel ich weiß*** autant que je sache; ***weißt du noch?*** tu te rappelles? *od* tu t'en souviens?; ***woher weißt du das?*** d'où tiens-tu cela?; ***man kann nie ~*** on ne peut jamais savoir; ***ich will davon*** (***von ihm***) ***nichts ~*** je ne veux pas entendre parler de cela (de lui); **2.** '**2** *n* (*-s*; *sans pl*) savoir *m*, connaissances *f/pl*

'**Wissenschaft** *f* (-; *-en*) science *f*; '**~ler** *m* (*-s*; -), '**~lerin** *f* (-; *-nen*) scientifique *m*, *f*; '**2lich** scientifique

'**wissenswert** qui vaut la peine d'être connu, intéressant

'**Witterung** *f* (-; *-en*) temps *m* qu'il fait;

*Spürsinn* flair *m*; '**~sverhältnisse** *n/pl* conditions *f/pl* atmosphériques

**Witwe** ['vitvə] *f* (-; *-n*) veuve *f*; '**~r** *m* (*-s*; -) veuf *m*

**Witz** [vits] *m* (*-es*; *-e*) plaisanterie *f*, histoire *f* (drôle), blague *f* F; bon mot *m*, mot *m* d'esprit; *Wortspiel* calembour *m*; ***~e reißen*** raconter de bonnes blagues; '**2ig** *geistreich* spirituel; *lustig* drôle, amusant

**wo** [vo:] où; **~anders** [-'andərs] ailleurs; **~bei** [-'bai] à l'occasion de quoi; ***~ mir einfällt*** ce qui me rappelle

**Woche** ['vɔxə] *f* (-; *-n*) semaine *f*; ***in der letzten ~*** la semaine passée *od* dernière; ***in der nächsten ~*** la semaine prochaine

'**Wochen|arbeitszeit** *f* heures *f/pl* de travail hebdomadaire; '**~ende** *n* fin *f* de semaine, week-end *m*; '**~karte** *f* carte *f* hebdomadaire; '**2lang** (pendant) des semaines entières; '**~tag** *m* jour *m* de semaine; *Werktag* jour *m* ouvrable

**wöchentlich** ['vœçəntliç] hebdomadaire; ***einmal ~*** une fois par semaine

**wo|durch** [vo:'durç] par quoi; **~'für** pour quoi

**wo|her** [vo:'he:r] d'où; **~'hin** où; **~hingegen** [vo:hin'ge:gən] tandis que, alors que

**wohl** [vo:l] bien; *wahrscheinlich* sans doute; ***mir ist nicht ~*** je ne me sens pas bien; ***~ oder übel*** bon gré mal gré; → ***wohlfühlen***

**Wohl** [vo:l] *n* (-[*e*]*s*; *sans pl*) bien *m*, salut *m*; ***zum ~!*** à votre santé!, à la vôtre! F

'**Wohl|befinden** *n* bien-être *m*; '**2behalten** sain et sauf; '**~fahrtsstaat** *m* État-providence *m*; '**2fühlen** (*sép*, *-ge-*, *h*) ***sich ~*** se sentir bien; '**2gemerkt** ['-gəmɛrkt] bien entendu; '**2habend** ['-ha:bənt] aisé; '**~stand** *m* (-[*e*]*s*; *sans pl*) aisance *f*, prospérité *f*; '**~standsgesellschaft** *f* société *f* d'abondance; '**~tat** *f* bienfait *m*; '**~täter** *m*, '**~täterin** *f* bienfaiteur *m*, -trice *f*; '**2tuend** ['-tu:ənt] bienfaisant; '**2verdient** bien mérité; '**~wollen** *n* (*-s*; *sans pl*) bienveillance *f*; '**2wollend** bienveillant

**wohn|en** ['vo:nən] (*h*) habiter, demeurer, loger; ***in Paris ~*** habiter (à) Paris; ***im Hotel ~*** loger à l'hôtel; '**2gebiet** *n* quartier *m* résidentiel; '**2gemeinschaft** *f* communauté *f* d'habitat, domicile *m* en commun; '**~haft** domicilié (***in*** à); '**2mobil** *n* camping-car *m*; '**2ort** *m* domicile *m*; '**2sitz** *m* domicile *m*, résidence *f*

'**Wohnung** *f* (-; *-en*) logement *m*, habitation *f*, appartement *m*; '**~sbau** *m* (-[*e*]*s*; *sans pl*) construction *f* de logements; '**~snot** *f* crise *f* du logement

'**Wohn|wagen** *m* roulotte *f*; *Camping* caravane *f*; '**~zimmer** *n* salle *f* de séjour, salon *m*, living *m*

**wölben** ['vœlbən] (*h*) (***sich ~*** se) voûter, (se) bomber

**Wolf** [vɔlf] *zo* *m* (-[*e*]*s*; *⸚e*) loup *m*

**Wolga** ['vɔlga] ***die ~*** la Volga

**Wolke** ['vɔlkə] *f* (-; *-n*) nuage *m*

'**Wolken|bruch** *m* pluie *f* torrentielle; '**~kratzer** *m* (*-s*; -) gratte-ciel *m*; '**2los** sans nuages

**wolkig** ['vɔlkiç] nuageux

**Wolle** ['vɔlə] *f* (-; *-n*) laine *f*; '**2n**[1] *adj* de *od* en laine

**wollen**[2] ['vɔlən] (*v/aux pas de -ge-*, *h*) vouloir; *im Begriff sein* aller; ***lieber ~*** aimer mieux; ***sie will, dass ich komme*** elle veut que je vienne; ***ich wollte gerade anfangen*** j'allais commencer; ***er will mich gesehen haben*** il prétend m'avoir vu; ***ich wollte, ich wäre …*** si seulement j'étais …

**Wollust** ['vɔlust] *f* (-; *⸚e*) volupté *f*

**wo|'mit** avec quoi; **~'möglich** peut-être

**wor|an** [vo:'ran] ***~ denkst du?*** à quoi penses-tu?; ***~ liegt es, dass …?*** d'où vient que …?; *fig* ***~ man ist*** où l'on en est; **~'auf** sur quoi; *zeitlich* après quoi; ***~ wartest du?*** qu'est-ce que tu attends?; **~'aus** de quoi, d'où; ***~ ist es?*** en quoi est-ce?; **~in** [-'rin] en quoi, dans quoi, où

**Wort** [vɔrt] *n* **1.** (-[*e*]*s*; *⸚er*) mot *m*; **2.** (-[*e*]*s*; *-e*) *gesprochenes* parole *f*; *Ausdruck* terme *m*; ***~e*** *pl a* propos *m/pl*; ***mit anderen ~en*** en d'autres termes; ***sein ~ geben*** donner sa parole; ***~ halten*** tenir parole; ***sein ~ brechen*** manquer à sa parole; ***j-n beim ~ nehmen*** prendre qn au mot; ***j-m ins ~ fallen*** couper la parole à qn; ***sich zu ~ melden*** demander la parole

**Wörterbuch** ['vœrtər-] *n* dictionnaire

*m*
'**Wort|führer** *m* porte-parole *m*; '**~laut** *m* (-[*e*]*s*; *sans pl*) texte *m*, teneur *f*, termes *m*/*pl*
**wörtlich** ['vœrtliç] littéral, textuel
'**Wort|schatz** *m* (-*es*; *sans pl*) vocabulaire *m*; '**~spiel** *n* jeu *m* de mots; *mit Homonymen* calembour *m*; '**~wechsel** *m* altercation *f*
**wor|über** [voː'ryːbər] sur quoi; ***~ lachst du?*** de quoi ris-tu?; **~um** [-'rum] ***~ geht es?*** de quoi s'agit-il?
**wo|'von** de quoi; ***~ sprichst du?*** de quoi parles-tu?; **~'vor *~ fürchtest du dich?*** de quoi as-tu peur?; **~'zu** à quoi; ***~ (eigentlich)?*** à quoi bon?
**Wrack** [vrak] *n* (-[*e*]*s*; -*s*) épave *f* (*a fig Mensch*); *auto a* carcasse *f*
**Wucher** ['vuːxər] *m* (-*s*; *sans pl*) usure *f*; '**~er** *m* (-*s*; -) usurier *m*; '**≈n** (*h*) *biol* proliférer, foisonner; '**~preis** *m* prix *m* usuraire; '**~ung** *méd f* (-; -*en*) excroissance *f*, végétation *f*; '**~zinsen** *m*/*pl* intérêts *m*/*pl* usuraires
**Wuchs** [vuːks] *m* (-*es*; *sans pl*) *Wachsen* croissance *f*; *Gestalt* taille *f*
**Wucht** [vuxt] *f* (-; *sans pl*) force *f*, élan *m*; ***mit voller ~*** de plein fouet; '**≈ig** imposant, massif; *Schlag* violent
**wühlen** ['vyːlən] (*h*) fouiller
**wund** [vunt] écorché; ***sich ~ liegen*** *od* ***reiben*** s'écorcher; *fig* ***~er Punkt*** point *m* faible *od* névralgique
**Wunde** ['vundə] *f* (-; -*n*) blessure *f*
**Wunder** ['vundər] *n* (-*s*; -) miracle *m* (*a rel*), prodige *m*; *~werk* merveille *f*; **(*es ist*) *kein ~, dass du müde bist*** il n'y a rien d'étonnant à ce que tu sois fatigué; '**≈bar** merveilleux, admirable; *übernatürlich* miraculeux; '**~kind** *n* enfant *m* prodige; '**≈lich** bizarre, étrange, singulier; '**≈n** (*h*) étonner; ***sich ~*** s'étonner (***über*** de); '**≈schön** ravissant, merveilleusement beau; '**≈voll** merveilleux
'**wund|liegen** (*irr*, *sép*, -*ge*-, *h*, → ***liegen***), '**~reiben** (*irr*, *sép*, -*ge*-, *h*, → ***reiben***) → ***wund***
'**Wundstarrkrampf** *méd m* tétanos *m*
**Wunsch** [vunʃ] *m* (-*es*; ⸚*e*) *Begehren* désir *m* (***nach*** de); *Glück≈* souhait *m*, vœu *m*; ***auf j-s ~*** à la demande de qn; ***nach ~*** à souhait; *nach Wahl* au choix; ***beste Wünsche!*** meilleurs vœux!
**wünschen** ['vynʃən] (*h*) désirer; *j-m etw* souhaiter; ***sich etw ~*** désirer qc; ***was ~ Sie?*** que désirez-vous?; ***j-m gute Reise ~*** souhaiter bon voyage à qn; '**~swert** désirable, souhaitable
**Würde** ['vyrdə] *f* (-; -*n*) dignité *f*; '**≈los** indigne
**würdig** ['vyrdiç] digne (***e-r Sache*** de qc); '**~en** ['vyrdigən] (*h*) apprécier; ***j-n keines Blickes ~*** ne pas daigner regarder qn, ignorer qn; **≈ung** ['-guŋ] *f* (-; -*en*) appréciation *f*
**Wurf** [vurf] *m* (-[*e*]*s*; ⸚*e*) jet *m*; *Sport* lancer *m*; *junge Tiere* portée *f*
**Würfel** ['vyrfəl] *m* (-*s*; -) cube *m* (*a math*); *Spiel≈* dé *m*; '**≈n** (*h*) jeter le(s) dé(s); jouer aux dés; ***e-e Sechs ~*** faire un six; '**~spiel** *n* jeu *m* de dés; '**~zucker** *m* sucre *m* en morceaux
**würgen** ['vyrgən] (*h*) *j-n* étrangler; *mühsam schlucken* s'étouffer; *Brechreiz haben* avoir des nausées
**Wurm** [vurm] *m* (-[*e*]*s*; ⸚*er*) ver *m*; '**≈stichig** ['-ʃtiçiç] *Holz* vermoulu; *Früchte* véreux
**Wurst** [vurst] *f* (-; ⸚*e*) saucisson *m*
**Würstchen** ['vyrstçən] *n* (-*s*; -) saucisse *f*
**Württemberg** *n* le Wurtemberg
**Würze** ['vyrtsə] *f* (-; -*n*) assaisonnement *m*, épice *f*; *fig* sel *m*, saveur *f*
**Wurzel** ['vurtsəl] *f* (-; -*n*) racine *f* (*a fig*); *math* ***e-e ~ ziehen*** extraire une racine
**würz|en** ['vyrtsən] (*h*) assaisonner, épicer (*beide a fig* ***mit*** de); '**~ig** aromatique
**wüst** [vyːst] *Gegend* désert; *unordentlich* en désordre; *ausschweifend* déréglé
**Wüste** ['vyːstə] *f* (-; -*n*) désert *m*
**Wut** [vuːt] *f* (-; *sans pl*) fureur *f*, rage *f*; ***e-e ~ haben*** être furieux (***auf*** contre)
**wüten** ['vyːtən] (*h*) se déchaîner; *Sturm a* faire rage; '**~d** furieux (***auf*** contre)
**Wwe.** *abr* ***Witwe*** veuve

# X

**X-Beine** ['iks-] *n/pl* jambes *f/pl* cagneuses
**x-beinig** ['-bainiç] cagneux
'**x-beliebig** ***ein ~er ...*** n'importe quel ...; ***jeder x-Beliebige*** n'importe qui
**x-fach** multiple
'**x-mal** F ***ich habe es ~ gesagt*** je l'ai dit cent fois
**x-te** ['ikstə] ***zum ~n Male*** pour la énième fois
**Xylophon** [ksylo'fo:n] *mus n* (*-s*; *-e*) xylophone *m*

# Y

**Yacht** [jaxt] *mar f* (-; *-en*) yacht *m*
**Yen** [jɛn] *écon m* (*-s*; -) yen *m*
**Yeti** ['je:ti] *m* (*-s*; *-s*) yéti *m*
**Ypsilon** ['ypsilɔn] *n* (-[*e*]*s*; *-s*) i *m* grec

# Z

**Zacke** ['tsakə] *f* (-; *-n*), '**~n** *m* (*-s*; -) *Spitze* pointe *f*; *Gabel*, *Säge etc* dent *f*
**zaghaft** ['tsa:khaft] craintif, timide
**zäh** [tsɛ:] tenace; *Fleisch* coriace; *Person a* robuste; '**~flüssig** visqueux; ***~er Verkehr*** ralentissements *m/pl*; '**&igkeit** *f* (-; *sans pl*) ténacité *f*
**Zahl** [tsa:l] *f* (-; *-en*) nombre *m*; *Ziffer* chiffre *m*; '**&bar** payable
**zahlen** ['tsa:lən] (*h*) payer; ***~, bitte!*** l'addition, s'il vous plaît!
**zählen** ['tsɛ:lən] (*h*) compter (***zu*** parmi; *fig* ***auf*** sur)
'**Zähler** *m* (*-s*; -) *Apparat* compteur *m*; *math* numérateur *m*
'**Zahl|grenze** *f* limite *f* de tarif; '**~karte** *f* mandat *m* de versement à un compte courant postal; '**&los** innombrable; '**&reich** nombreux; '**~ung** *f* (-; *-en*) paiement *od* payement *m*; '**~ungsverkehr** *m* ***elektronischer ~*** opérations *f/pl* financières électroniques
'**Zahlungs|anweisung** *f* mandat *m* de paiement; '**~aufforderung** *f* sommation *f* de paiement; '**~aufschub** *m* sursis *m* de paiement; moratoire *m*; '**~bedingungen** *f/pl* conditions *f/pl* de paiement; '**~befehl** *jur m* sommation *f*; '**~bilanz** *f* balance *f* des comptes *od* des paiements; '**~frist** *f* délai *m* de paiement; '**~mittel** *n* moyen *m* de paiement; ***gesetzliches ~*** monnaie *f* légale; '**&unfähig** insolvable; '**~unfähigkeit** *f* insolvabilité *f*
**zahm** [tsa:m] *Tier* apprivoisé; *fig* docile
**zähmen** ['tsɛ:mən] (*h*) *Tier* apprivoiser; *fig* dompter
**Zahn** [tsa:n] *m* (-[*e*]*s*; *¨e*) dent *f*; '**~arzt** *m*, '**~ärztin** *f* dentiste *m*, *f*; '**~bürste** *f* brosse *f* à dents; '**~creme** *f* dentifrice *m*; '**~ersatz** *m* prothèse *f* dentaire; '**~fleisch** *n* gencive(s *pl*) *f*; '**~pasta** ['-pasta] *f* (-; -pasten) dentifrice *m*; '**~plombe** *f* plombage *m*; '**~rad** *tech n* roue *f* dentée; '**~radbahn** *f* chemin *m* de fer à crémaillère; '**~schmerzen** *m/pl* ***~ haben*** avoir mal aux dents; **~stocher** ['-ʃtɔxər] *m* (*-s*; -) cure-dent *m*; '**~weh** *n* → ***Zahnschmerzen***
**Zaire** [tsa'i:r] *n hist* le Zaïre
**Zange** ['tsaŋə] *f* (-; *-n*) pince *f*, tenailles *f/pl*
**Zank** [tsaŋk] *m* (-[*e*]*s*; *sans pl*) querelle *f*
**Zäpfchen** ['tsɛpfçən] *n* (*-s*; -) *Hals* luette *f*; *phm* suppositoire *m*

'**zapfen** [-] (*h*) *Wein etc* tirer
**Zapfen** ['tsapfən] *m* (-*s*; -) *Verschluss* bouchon *m*; *bot* cône *m*; *tech* pivot *m*
'**Zapfsäule** *f für Benzin* pompe *f* à essence
**zappeln** ['tsapəln] (*h*) frétiller (*a Fische*), gigoter F
**zappen** ['tsapən] (*h*) *TV* zapper
**zart** [tsa:rt] tendre (*a Fleisch*); délicat (*a Gesundheit*); '**𝟐gefühl** *n* (-[*e*]*s*; *sans pl*) délicatesse *f*
**zärtlich** ['tsɛ:rtliç] tendre; '**𝟐keit** *f* **1.** (-; *sans pl*) tendresse *f*; **2.** ***~en*** *pl* caresses *f/pl*
**Zauber** ['tsaubər] *m* (-*s*; -) charme *m*, magie *f* (*beide a fig*); sortilège *m*; **~ei** [-'rai] *f* (-; -*en*) magie *f*, sorcellerie *f*; '**𝟐haft** *fig* ravissant, enchanteur; '**~künstler** *m* prestidigitateur *m*; '**~kunststück** *n* tour *m* de prestidigitateur; '**𝟐n** (*h*) pratiquer la magie
**zaudern** ['tsaudərn] (*h*) hésiter, tarder
**Zaum** [tsaum] *m* (-[*e*]*s*; ⸚*e*) bride *f*; *fig* ***im ~ halten*** contrôler, mettre un frein à
**Zaun** [tsaun] *m* (-[*e*]*s*; ⸚*e*) clôture *f*; *Draht*𝟐 grillage *m*; '**~pfahl** *m fig* ***ein Wink mit dem ~*** un appel du pied
**z. B.** *abr* ***zum Beispiel*** p. ex. (par exemple)
**ZDF** [tsɛtde:'ʔɛf] *n* (-[*s*]; *sans pl*) Deuxième chaîne *f* de la télévision allemande
**Zebra** ['tse:bra] *zo n* (-*s*; -*s*) zèbre *m*; '**~streifen** *m* passage *m* pour piétons
**Zeche** ['tsɛçə] *f* (-; -*n*) *Rechnung* addition *f*; *Bergbau* mine *f*; *fig* ***die ~ bezahlen*** payer les pots cassés
**Zecke** ['tsɛkə] *zo f* (-; -*n*) tique *f*
**Zeder** ['tse:dər] *bot f* (-; -*n*) cèdre *m*
**Zeh** [tse:] *m* (-*s*; -*en*), '**~e** *f* (-; -*n*) doigt *m* de pied, orteil *m*; ***großer ~, große ~e*** gros orteil *m*; '**~enspitze** *f* ***auf ~n gehen*** marcher sur la pointe des pieds
**zehn** [tse:n] dix; ***etwa ~*** une dizaine; '**𝟐er** *math m* (-*s*; -) dizaine *f*; **~fach** ['-fax] dix fois autant; **~jährig** ['-jɛ:riç] âgé de dix ans; '**~mal** dix fois; **~te** ['-tə] dixième; **𝟐tel** ['-təl] *n* (-*s*; -) dixième *m*; **~tens** ['-təns] dixièmement
**Zeichen** ['tsaiçən] *n* (-*s*; -) signe *m*; *Kenn*𝟐 marque *f*, indice *m*; ***j-m ein ~ geben*** faire signe à qn; ***als ~ der Dankbarkeit*** en signe de reconnaissance; '**~brett** *n* planche *f* à dessin; '**~sprache** *f* langage *m* par signes *od* par gestes; '**~trickfilm** *m* dessin *m* animé
**zeichn|en** ['tsaiçnən] (*h*) dessiner; *kenn~* marquer; *unter~* signer; *Anleihe* souscrire à; '**𝟐er** *m* (-*s*; -), '**𝟐erin** *f* (-; -*nen*) dessinateur *m*, -trice *f*; *comm* souscripteur *m*; '**𝟐ung** *f* (-; -*en*) dessin *m*; '**~ungsberechtigt** autorisé à signer
**Zeigefinger** ['tsaigə-] *m* index *m*
**zeigen** ['tsaigən] (*h*) (***sich ~*** se) montrer; faire voir; ***auf etw ~*** montrer *od* indiquer qc; ***es zeigt sich, dass*** il s'avère que
**Zeiger** ['tsaigər] *m* (-*s*; -) aiguille *f*
**Zeile** ['tsailə] *f* (-; -*n*) ligne *f* (*a TV*); ***ein paar ~n*** *kurze Mitteilung* un (petit) mot
**Zeit** [tsait] *f* (-; -*en*) temps *m*; *~alter* époque *f*, âge *m*; *Uhr*𝟐 heure *f*; ***die gute alte ~*** le bon vieux temps; ***die ganze ~*** tout le temps; ***mit der ~*** avec le temps; ***von ~ zu ~*** de temps en temps, de temps à autre; ***vor einiger ~*** il y a un certain temps de cela; ***zur ~*** en ce moment; à l'heure actuelle; ***zur ~ Napoleons*** à l'époque de Napoléon; ***in letzter ~*** ces derniers temps; ***die ~ ist um*** le délai est écoulé; ***sich ~ lassen*** prendre (tout) son temps; ***es wird ~, dass ..., es ist höchste ~*** il est grand temps (de + *inf*); ***mit der ~ gehen*** être de son époque; ***e-e ~ lang*** pour un certain temps; → ***zeitraubend***
'**Zeit|abschnitt** *m* période *f*; '**~alter** *n* époque *f*, âge *m*, siècle *m*; '**~arbeit** *f* travail *m* intérimaire; '**~druck** *m* (-[*e*]*s*; *sans pl*) ***unter ~ stehen*** être pressé par le temps; '**~geist** *m* (-[*e*]*s*; *sans pl*) esprit *m* du temps *od* du siècle; '**𝟐gemäß** moderne, actuel; '**~genosse** *m*, '**~genossin** *f* contemporain *m*, -e *f*; '**~geschichte** *f* (-; *sans pl*) histoire *f* contemporaine; '**~karte** *f* abonnement *m*; '**~lang** → ***Zeit***; 𝟐'**lebens** sa vie durant; '**𝟐lich** *rel irdisch* temporel; ***~ begrenzt*** limité dans le temps, temporaire; ***~e Reihenfolge*** ordre *m* chronologique; '**𝟐los** *Kleidung, Stil* classique, non conditionné par la mode; '**~lupe** *f* (-; *sans pl*) ralenti *m* (***in*** au); '**~mangel** *m* ***aus ~*** faute de temps;

'**~not** *f* (-; *sans pl*) manque *m* de temps; '**~plan** *m* emploi *m* du temps; '**~punkt** *m* moment *m*; '**Ƨraubend** qui prend beaucoup de temps; '**~raum** *m* période *f*, laps *m* de temps; '**~rechnung** *f* chronologie *f*; ***christliche ~*** ère *f* chrétienne; '**~schrift** *f* revue *f*; '**~spanne** *f* laps *m* de temps

**Zeitung** ['tsaituŋ] *f* (-; *-en*) journal *m*

'**Zeitungs|abonnement** *n* abonnement *m* à un journal; '**~anzeige** *f* annonce *f*; '**~artikel** *m* article *m* de journal; '**~ausschnitt** *m* coupure *f* de journal; '**~kiosk** *m* kiosque *m* à journaux; '**~notiz** *f* nouvelle *f* de presse; '**~papier** *n* papier *m* journal

'**Zeit|unterschied** *m* décalage *m* horaire; '**~verlust** *m* perte *f* de temps; '**~verschwendung** *f* gaspillage *m* de temps; '**~vertreib** ['-fɛrtraip] *m* (-[*e*]*s*; *-e*) passe-temps *m*; **Ƨweilig** ['-vailiç] temporaire; *einstweilig* provisoire; '**Ƨweise** de temps en temps

**Zelle** ['tsɛlə] *f* (-; *-n*) cellule *f*; *tél* cabine *f*

'**Zellstoff** *m* cellulose *f*

**Zelt** [tsɛlt] *n* (-[*e*]*s*; *-e*) tente *f*; ***ein ~ aufschlagen*** dresser (planter, monter) une tente; ***im ~*** sous la tente; '**Ƨen** (*h*) camper, faire du camping; '**~platz** *m* terrain *m* de camping

**Zement** [tse'mɛnt] *m* (-[*e*]*s*; *-e*) ciment *m*; **Ƨ'ieren** (*pas de -ge-, h*) cimenter

**zens|ieren** [tsɛn'ziːrən] (*pas de -ge-, h*) *Schule* noter; *staatlich* soumettre à la censure; **Ƨur** [-'zuːr] *f* (-; *-en*) *Zeugnisnote* note *f*; *staatliche Kontrolle* censure *f*

**Zentimeter** ['tsɛnti-] *n od m* centimètre *m*

**Zentner** ['tsɛntnər] *m* (*-s*; -) cinquante kilos *m/pl*

**zentral** [tsɛn'traːl] central

**Zentral|afrika** [tsɛn'traːlˀafrika] *n* l'Afrique *f* centrale; **~bankpräsident** *m EU* Président *m* de la Banque Centrale; **~e** *f* (-; *-n*) bureau *m* central, direction *f* centrale; *tél* standard *m*; **~heizung** *f* chauffage *m* central; **Ƨisieren** [-i'ziːrən] (*pas de -ge-, h*) centraliser; **~ismus** [-'lismus] *m* (-; *sans pl*) centralisme *m*

**Zentrum** ['tsɛntrum] *n* (*-s*; *Zentren*) centre *m*

**zerbrech|en** [tsɛr'brɛçən] (*irr, pas de -ge*, → ***brechen***) **1.** *v/i* (*sn*) se casser; **2.** *v/t* (*h*) *etw* casser; **~lich** fragile

**Zeremon|ie** [tseremo'niː, -'moːnjə] *f* (-; *-n*) cérémonie *f*; **~iell** [-o'njɛl] *n* (*-s*; *-e*) cérémonial *m*; **Ƨiell** cérémonieux

**Zer'fall** *m* (-[*e*]*s*; *sans pl*) désagrégation *f*, désintégration *f* (*a Kernphysik*); **Ƨen** (*irr, pas de -ge-, sn*, → ***fallen***) se désagréger, se désintégrer (*a Atomkern*); ***~ in*** *sich gliedern in* se diviser en

**zer|'fetzen** (*pas de -ge-, h*), **~'fleischen** (*pas de -ge-, h*) déchiqueter; **~'kleinern** (*pas de -ge-, h*) broyer, concasser, hacher

**zerknirscht** [tsɛr'knirʃt] contrit

**zer|'knittern** (*pas de -ge-, h*), **~'knüllen** (*pas de -ge-, h*) froisser; **~'kratzen** (*pas de -ge-, h*) égratigner, rayer; **~'legen** (*pas de -ge-, h*) décomposer; *tech* démonter; *Fleisch* découper; **~lumpt** [-'lumpt] déguenillé; **~mürben** [-'myrbən] (*pas de -ge-, h*) décourager, démoraliser; **~'platzen** (*pas de -ge-, sn*) crever, éclater; **~'quetschen** (*pas de -ge-, h*) écraser

**Zerrbild** ['tsɛr-] *n* caricature *f*

**zer'reißen** (*irr, pas de -ge-*, → ***reißen***) **1.** *v/i* (*sn*) se déchirer; **2.** *v/t* (*h*) *etw* déchirer

**zerren** ['tsɛrən] (*h*) tirer (avec violence) (***an*** sur)

**Zerrissenheit** [tsɛr'risən-] *f* (-; *sans pl*) *fig* déchirements *m/pl*

**Zerrung** ['tsɛruŋ] *méd f* (-; *-en*) claquage *m*

**zerrütt|en** [tsɛr'rytən] (*pas de -ge-, h*) désorganiser; *Gesundheit* ruiner, ébranler; *Nerven* détraquer; **~et** *Ehe* désuni; ***~e Familienverhältnisse*** famille *f* à problèmes; **Ƨung** *f* (-; *-en*) désorganisation *f*, ruine *f*; désunion *f*

**zer|'sägen** (*pas de -ge-, h*) scier; **~'schlagen** (*irr, pas de -ge-, h*, → ***schlagen***) casser; *Spionagenetz* démanteler; *Hoffnungen etc* ***sich ~*** s'anéantir, s'effondrer; *fig* ***wie ~ sein*** être moulu *od* rompu de fatigue; **~'schneiden** (*irr, pas de -ge-, h*, → ***schneiden***) couper en morceaux

**zer'setz|en** (*pas de -ge-, h*) (***sich ~*** se) décomposer, (se) désagréger; *fig* miner, détruire; **Ƨung** *f* (-; *-en*) décompo-

sition *f*; *fig* destruction *f*
**zer'springen** (*irr, pas de -ge-, sn,* → ***springen***) se briser, se casser, voler en éclats
**zer'stör|en** (*pas de -ge-, h*) détruire; **⁀er** *m* (*-s*; -) destructeur *m*; *Kriegsschiff* destroyer *m*, contre-torpilleur *m*; **~erisch** destructeur, destructif; **⁀ung** *f* (-; *-en*) destruction *f*
**zer'streu|en** (*pas de -ge-, h*) (***sich ~*** se) disperser; *fig ablenken* (se) distraire; *Bedenken etc* dissiper; **~t** *fig* distrait; **⁀ung** *f* (-; *-en*) *fig* distraction *f*
**zerstückeln** [tsɛr'ʃtykəln] (*pas de -ge-, h*) morceler, dépecer, démembrer, déchiqueter
**Zertifikat** [tsɛrtifi'ka:t] *n* (*-[e]s*; *-e*) certificat *m*
**zer'trümmern** (*pas de -ge-, h*) détruire, casser, fracasser; *Atomkern* désintégrer
**Zerwürfnis** [tsɛr'vyrfnis] *n* (*-ses*; *-se*) désaccord *m*, brouille *f*
**Zettel** ['tsɛtəl] *m* (*-s*; -) bout *m* de papier; *Notiz⁀* fiche *f*
**Zeug** [tsɔʏk] *n* (*-[e]s*; *-e*) *Sachen* choses *f/pl*, trucs *m/pl* F; *Ausrüstung* équipement *m*, attirail *m* F; ***dummes ~*** des bêtises *f/pl*; *fig* ***das ~ zu etw haben*** avoir l'étoffe de qc; ***sich ins ~ legen*** s'atteler au travail
**Zeug|e** ['tsɔʏgə] *m* (*-n*; *-n*), **'~in** *f* (-; *-nen*) témoin *m*
**zeugen** ['tsɔʏgən] (*h*) *Kind* engendrer, procréer *st/s*; *jur* témoigner, déposer; *fig* ***von etw ~*** témoigner de qc; **'⁀aussage** *f* déposition *f*; **'⁀vernehmung** *f* audition *f* des témoins
**Zeugnis** ['tsɔʏknis] *n* (*-ses*; *-se*) *Bescheinigung* attestation *f*, certificat *m*; *Schule* bulletin *m* (trimestriel), livret *m* scolaire; *Prüfungs⁀* diplôme *m*
**Zeugung** ['tsɔʏguŋ] *biol f* (-; *-en*) engendrement *m*, procréation *f*
**z. H., z. Hd.** *abr* ***zu Händen von*** à l'attention de
**Ziege** ['tsi:gə] *zo f* (-; *-n*) chèvre *f*
**Ziegel** ['tsi:gəl] *m* (*-s*; -) brique *f*; *Dach⁀* tuile *f*
**'Ziegen|bock** *zo m* bouc *m*; **'~käse** *m* fromage *m* de chèvre
**ziehen** ['tsi:ən] (*zog, gezogen*) **1.** *v/t* (*h*) tirer; *heraus~* retirer (***aus*** de); *Zahn* extraire, arracher; *Linie* tracer; *Pflanzen* cultiver; **⁀!** Tirez!; *fig* ***sich in die Länge ~*** traîner en longueur; ***auf sich ~*** attirer; ***nach sich ~*** entraîner; ***es zieht*** il y a un courant d'air; **2.** *v/i* (*sn*) *sich bewegen* (s'en) aller, partir, passer; ***nach Berlin ~*** aller habiter (à) Berlin
**'Zieh|harmonika** *f* accordéon *m*; **'~ung** *f* (-; *-en*) *Lotterie* tirage *m*
**Ziel** ['tsi:l] *n* (*-[e]s*; *-e*) but *m*, objectif *m*; *Reise⁀* destination *f*; *Sport* arrivée *f*; *~scheibe* cible *f*; **'⁀en** (*h*) viser (***auf j-n*** qn, ***auf etw*** qc); **'~fernrohr** *n* lunette *f* de tir; **'~gruppe** *f* public *m*, marché *m*; **'~hafen** *m* port *m* cible; **'⁀los** sans but; **'~scheibe** *f* cible *f* (*a fig*); **'~setzung** *f* (-; *-en*) but *m* visé; **'⁀strebig** ['-ʃtre:biç] ambitieux, qui poursuit son but résolument, déterminé
**ziemlich** ['tsi:mliç] *adv* assez; *adj* F assez grand
**Zier|de** ['tsi:rdə] *f* (-; *-n*) ***zur ~*** comme décor; **'⁀en** (*h*) orner, décorer; ***sich ~*** faire des façons *od* des chichis *od* des simagrées; **'⁀lich** gracile, fin
**Ziffer** ['tsifər] *f* (-; *-n*) chiffre *m*; **'~blatt** *n* cadran *m*
**Zigarette** [tsiga'rɛtə] *f* (-; *-n*) cigarette *f*; **~nautomat** *m* distributeur *m* automatique de cigarettes
**Zigarillo** [tsiga'rilo] *n* (*-s*; *-s*) cigarillo *m*
**Zigarre** [tsi'garə] *f* (-; *-n*) cigare *m*
**Zimmer** ['tsimər] *n* (*-s*; -) pièce *f*; *mit Bett* chambre *f*; *großes a* salle *f*; ***~ frei*** chambre à louer; **'~kellner** *m* garçon *m* d'étage; **'~mädchen** *n* femme *f* de chambre; **'~mann** *m* (*-[e]s*; *-leute*) charpentier *m*; **'~nachweis** *m* liste *f* des logements; **'~nummer** *f* numéro *m* de chambre; **'~service** *m* service *m* d'étage; **'~vermieter** *m*, **'~vermieterin** *f* logeur *m*, -euse *f*; **'~vermittlung** *f* (service *m* de) réservation *f* de chambres
**Zimt** [tsimt] *m* (*-[e]s*; *-e*) cannelle *f*
**Zink** [tsiŋk] *n* (*-[e]s*; *sans pl*) zinc *m*
**Zinn** [tsin] *n* (*-[e]s*; *sans pl*) étain *m*
**Zinne** ['tsinə] *f* (-; *-n*) créneau *m*
**Zins** [tsins] *écon m* (*-es*; *-en*) intérêt *m*; ***5 Prozent ~en bringen*** rapporter des intérêts de 5 pour cent; **'~eszinsen** *m/pl* intérêts *m/pl* composés; **'⁀los** sans intérêts; **'~satz** *m* taux *m* d'intérêt
**Zipfel** ['tsipfəl] *m* (*-s*; -) bout *m*, coin *m*

**zirka** ['tsirka] environ
**Zirkel** ['tsirkəl] *m* (*-s*; *-*) *math* compas *m*; *Kreis*, *Gruppe* cercle *m*
**zirkulieren** [tsirku'li:rən] (*pas de -ge-*, *h*) circuler
**Zirkus** ['tsirkus] *m* (*-*; *-se*) cirque *m*
**zischen** ['tsiʃən] (*h*) siffler
**Zitat** [tsi'ta:t] *n* (*-*[*e*]*s*; *-e*) citation *f*
**zitieren** [tsi'ti:rən] (*pas de -ge-*, *h*) citer (***aus e-m Buch*** un passage d'un livre); ***zu j-m zitiert werden*** être convoqué chez qn
**Zitrone** [tsi'tro:nə] *f* (*-*; *-n*) citron *m*; **~npresse** *f* presse-citron *m*
**zittern** ['tsitərn] (*h*) trembler (***vor Wut*** *etc* de colère, *etc*; ***vor j-m*** devant qn); grelotter (***vor Kälte*** de froid)
**zivil** [tsi'vi:l] **1.** civil; *Preise* raisonnable; **2.** ≗ *n* (*-s*; *sans pl*) ***~ tragen*** être en civil; ***Polizist in ~*** policier *m* en civil; **≗bevölkerung** *f* population *f* civile; **≗dienst** *m* service *m* civil (pour les objecteurs de conscience); **≗dienstleistende** *m* (*-n*; *-n*) objecteur *m* de conscience qui effectue son service civil; **≗isation** [-iliza'tsjo:n] *f* (*-*; *-en*) civilisation *f*; **~isieren** [-ili'zi:rən] (*pas de -ge-*, *h*) civiliser; **≗recht** *n* (*-*[*e*]*s*; *sans pl*) droit *m* civil; **≗schutz** *m* protection *f* civile
**zögern** ['tsø:gərn] (*h*) **1.** hésiter (***zu*** à + *inf*), tarder (à); **2.** '≗ *n* (*-s*; *sans pl*) hésitation *f*
**Zoll** [tsɔl] *m* (*-*[*e*]*s*; *⸚e*) *Behörde* douane *f*; *Abgabe* (droit *m* de) douane *f*; *altes Maß* pouce *m*; '**~abfertigung** *f* accomplissement *m* des formalités douanières; '**~amt** *n* (bureau *m* de) douane *f*; '**~beamte** *m* douanier *m*; '**~erklärung** *f* déclaration *f* en douane; '**≗frei** exempt de droits de douane, en franchise, hors taxes; '**~kontrolle** *f* contrôle *m* douanier; '**≗pflichtig** soumis à la douane, passible d'un droit de douane; '**~schranken** *f/pl* barrières *f/pl* douanières; '**~stock** *m* mètre *m* pliant; '**~union** *f* union *f* douanière
**Zone** ['tso:nə] *f* (*-*; *-n*) zone *f*
**Zoo** [tso:] *m* (*-s*; *-s*) zoo *m*
**Zoolog|e** [tsoˀo'lo:gə] *m* (*-n*; *-n*), **~in** *f* (*-*; *-nen*) zoologue *m*, *f*, zoologiste *m*, *f*; **~ie** [-o'gi:] *f* (*-*; *sans pl*) zoologie *f*; **≗isch** [-'lo:giʃ] zoologique
**Zopf** [tsɔpf] *m* (*-*[*e*]*s*; *⸚e*) natte *f*, tresse *f*
**Zorn** [tsɔrn] *m* (*-*[*e*]*s*; *sans pl*) colère *f*; '**≗ig** en colère
**z. T.** *abr* ***zum Teil*** en partie
**Ztr.** *abr* ***Zentner*** 50 kilos
**zu** [tsu:] **1.** *prép* (*dat*) à; ***auf etw*** *od* ***j-n ~*** vers qc *od* qn; ***~ Hause*** à la maison, chez moi (toi, *etc*); ***~ viel*** trop (de); ***~ wenig*** trop peu (de); ***zum Friseur gehen*** aller chez le coiffeur; ***zum Fenster hinauswerfen*** jeter par la fenêtre; ***Wasser zum Trinken*** de l'eau à boire; ***~ Weihnachten*** à Noël; ***~ Fuß*** à pied; ***~ meiner Überraschung*** à ma surprise; ***wir sind ~ dritt*** nous sommes (à) trois; ***~ Hunderten*** par centaines; ***2 ~ 1 gewinnen*** gagner par deux à un; ***2 ~ 2*** deux partout; **2.** *mit inf* de, à *od ohne prép*; ***er versprach ~ kommen*** il promit de venir; **3.** *adv* trop; ***~ teuer*** trop cher; **4.** *geschlossen* fermé; ***Tür ~!*** fermez la porte!; ***~ sein*** être fermé
**Zubehör** ['tsu:bəhø:r] *n* (*-*[*e*]*s*; *-e*) accessoires *m/pl*
'**zubereit|en** (*sép*, *pas de -ge-*, *h*) préparer; '**≗ung** *f* (*-*; *-en*) préparation *f*
**Zubringer** ['tsu:briŋər] *m* (*-s*; *-*) *zur Autobahn* bretelle *f* (de raccordement); '**~dienst** *m für Flughafen etc* desserte *f*; '**~straße** *f* route *f* d'accès
**Zucht** [tsuxt] *f* (*-*; *sans pl*) *von Tieren* élevage *m*; *von Pflanzen* culture *f*; *Disziplin* discipline *f*
**zücht|en** ['tsyçtən] (*h*) *Tiere* élever; *Pflanzen* cultiver; '**≗er** *m* (*-s*; *-*), '**≗erin** *f* (*-*; *-nen*) éleveur *m*, -euse *f*
'**Zuchthaus** *n* maison *f* centrale, pénitencier *m*; *Strafe* réclusion *f*
'**Zuchtperle** *f* perle *f* de culture
**Züchtung** ['tsyçtuŋ] *f* (*-*; *-en*) *zo* élevage *m*; *bot* culture *f*
**zucken** ['tsukən] (*h*) tressaillir, palpiter; ***die Achseln ~*** hausser les épaules
**Zucker** ['tsukər] *m* (*-s*; *sans pl*) sucre *m*; '**~dose** *f* sucrier *m*; '**~fabrik** *f* sucrerie *f*; '**≗krank** *méd* diabétique; '**~kranke** *m*, *f* diabétique *m*, *f*; '**~krankheit** *f* diabète *m*; '**≗n** (*h*) sucrer; '**~rohr** *bot n* canne *f* à sucre; '**~rübe** *bot f* betterave *f* sucrière; '**~watte** *f* barbe *f* à papa; '**~zange** *f* pince *f* à sucre
'**zudecken** (*sép*, *-ge-*, *h*) couvrir (***mit*** de)
'**zudrehen** (*sép*, *-ge-*, *h*) fermer; ***j-m den Rücken ~*** tourner le dos à qn
'**zudringlich** importun; '**≗keit** *f* (*-*; *-en*)

importunité *f*
'**zudrücken** (*sép*, *-ge-*, *h*) fermer; *fig* ***ein Auge ~*** fermer les yeux
**zueinander** [tsuˀai'nandər] l'un envers l'autre; ***sie passen gut ~*** ils vont bien ensemble
'**zuerkennen** (*irr*, *sép*, *pas de -ge-*, *h*, → ***erkennen***) *Preis* décerner
**zuerst** [tsuˀ'eːrst] d'abord; *als erste*(*r*) le premier, la première; ***~ etw tun*** *a* commencer par faire qc
'**Zufahrt** *f* accès *m*; '**~straße** *f* voie *f* d'accès
'**Zufall** *m* hasard *m*; '**2en** (*irr*, *sép*, *-ge-*, *sn*, → ***fallen***) *Tür etc* se fermer brusquement; *Anteil etc* ***j-m ~*** échoir à qn
'**zufällig** accidentel, fortuit; *adv* par hasard
'**Zuflucht** *f* (-; *sans pl*) refuge *m*
**zufolge** [tsu'fɔlgə] *prép* (*gén*, *dat*) d'après, suivant (qc)
**zufrieden** [tsu'-] content (***mit*** de), satisfait (de); → ***zufriedengeben***, → ***zufriedenstellen***
**zu'friedengeben** (*irr*, *sép*, *-ge-*, *h*, → ***geben***) ***sich ~*** se contenter (***mit*** de)
**Zu'friedenheit** *f* (-; *sans pl*) contentement *m*, satisfaction *f*
**zu'friedenstellen** (*sép*, *-ge-*, *h*) contenter, satisfaire
'**zu|fügen** (*sép*, *-ge-*, *h*) *Schaden etc* causer; '**2fuhr** ['-fuːr] *f* (-; *-en*) approvisionnement *m* (***von*** en)
**Zug** [tsuːk] *m* (-[*e*]*s*; *⸗e*) *Eisenbahn* train *m*; *U-Bahn* rame *f*; *von Menschen* cortège *m*; *Schule* section *f*; *Gesichts-*, *Charakter2* trait *m*; *Schach* coup *m*; *Rauchen* bouffée *f*; *Luft2* courant *m* d'air; *tech* traction *f*; ***mit dem ~ fahren*** aller en train; ***in einem ~e*** d'une seule traite, d'un coup; ***in groben Zügen*** à grands traits
'**Zu|gang** *m* accès *m* (*a fig*); ***~ haben*** avoir accès (***zu*** à); '**2gänglich** ['-gɛŋliç] accessible (***für*** à; *a fig*); *Person* abordable, d'un abord facile
'**Zuganschluss** *m* correspondance *f*
'**zugeben** (*irr*, *sép*, *-ge-*, *h*, → ***geben***) ajouter; *gestehen* avouer
'**zugehen** (*irr*, *sép*, *-ge-*, *sn*, → ***gehen***) *Schloss etc* fermer (***schwer*** mal); ***~ auf*** se diriger vers; ***es geht lustig zu*** on s'amuse bien
'**Zugehörigkeit** *f* (-; *sans pl*) appartenance *f* (***zu*** à)
**Zügel** ['tsyːgəl] *m* (-*s*; -) bride *f*; ***~*** *pl* rênes *f*/*pl* (*a fig*); '**2n** (*h*) tenir en bride (*a fig*)
**Zugereiste** ['tsuːgəraistə] *m*, *f* (-*n*; -*n*) nouveau venu *m*, nouvelle venue *f*
'**Zuge|ständnis** *n* concession *f*; '**2stehen** (*irr*, *sép*, *-ge-*, *h*, → ***stehen***) concéder
'**Zugführer** *m* chef *m* de train
**zügig** ['tsyːgiç] rapide(ment), sans interruption
**zugkräftig** ['-k-] qui attire le public
**zugleich** [tsu'-] en même temps (***mit*** que), à la fois
'**Zug|maschine** *f* tracteur *m*; '**~personal** *n* personnel *m* du train
'**zugreifen** (*irr*, *sép*, *-ge-*, *h*, → ***greifen***) profiter de *od* saisir l'occasion; ***greifen Sie zu!*** *bei Tisch* servez-vous!; *Werbung* c'est le moment d'acheter!
**zugrunde** [tsu'grundə] ***~ gehen*** périr; ***~ legen*** prendre pour base; ***e-r Sache ~ liegen*** être à la base de qc; ***~ richten*** ruiner
'**Zug|schaffner** *m* contrôleur *m*; '**~telefon** *n* téléphone *m* dans le train
**zugunsten** [tsu'gunstən] *prép* (*gén*) en faveur de
'**Zug|verbindung** *f* correspondance *f*; '**~vogel** *m* oiseau *m* migrateur *od* de passage
**Zu|hälter** ['tsuːhɛltər] *m* (-*s*; -) souteneur *m*, maquereau *m* F; **~hause** [tsu'hauzə] *n* (-*s*; *sans pl*) chez-soi *m* (chez-moi *m etc*)
'**zuhör|en** (*sép*, *-ge-*, *h*) écouter (***j-m*** qn); '**2er** *m*, '**2erin** *f* auditeur *m*, -trice *f*; ***~*** *pl a* auditoire *m*
'**zukommen** (*irr*, *sép*, *-ge-*, *sn*, → ***kommen***) ***auf j-n ~*** s'avancer vers qn; *Ereignisse* attendre qn; ***j-m etw ~ lassen*** faire parvenir qc à qn
**Zu|kunft** ['tsuːkunft] *f* (-; *sans pl*) avenir *m*; *gr* futur *m*; ***in ~*** à l'avenir; '**~kunftsindustrie** *f* industrie *f* d'avenir; '**2künftig** futur
'**Zu|lage** *f* prime *f*, indemnité *f*; '**2lassen** (*irr*, *sép*, *-ge-*, *h*, → ***lassen***) *Tür* laisser fermé; *erlauben* permettre; *auto* immatriculer; ***j-n zu etw ~*** admettre qn à qc; '**2lässig** admissible, permis; '**~lassung** *f* (-; *-en*) admission *f* (***zu*** à); *auto* immatriculation *f*

**zu|letzt** [tsu'lɛtst] en dernier lieu, finalement; *zum letzten Mal* pour la dernière fois; *als letze(r)* le dernier, la dernière; **~'liebe** ***j-m ~*** pour faire plaisir à qn

**Zulieferindustrie** ['tsu:li:fər-] *f* industrie *f* de sous-traitance

**'zumachen** (*sép, -ge-, h*) fermer

**zu|mal** [tsu'-] *adv* surtout, particulièrement; *conj* d'autant plus que; **~'meist** le plus souvent; **~'mindest** pour le moins, du moins

**zumut|bar** ['tsu:mu:t-] acceptable; **'~en** (*sép, -ge-, h*) ***j-m etw ~*** exiger qc de qn; ***j-m zu viel ~*** demander trop à qn; **'2ung** *f* (-; *-en*) exigence *f*; *Unverschämtheit* impudence *f*; ***so e-e ~!*** quel culot!

**zu|nächst** [tsu'-] d'abord, en premier lieu; **2nahme** ['-na:mə] *f* (-; *-n*) augmentation *f*; **'2name** *m* nom *m* de famille

**zünden** ['tsyndən] (*h*) s'allumer; *etw* allumer

**Zünd|er** ['tsyndər] *m* (*-s*; -) fusée *f*; **'~flamme** ['tsynt-] *f* veilleuse *f*; **'~holz** ['tsynt-] *n* allumette *f*; **~kerze** ['tsynt-] *auto f* bougie *f* (d'allumage); **~schloss** ['tsynt-] *n* contact *m*; **~schlüssel** *auto* ['tsynt-] *m* clé *f* de contact; **~schnur** ['tsynt-] *f* mèche *f*; **~ung** ['tsyndʊŋ] *auto f* (-; *-en*) allumage *m*

**'zunehmen** ['tsu:-] (*irr, sép, -ge-, h,* → ***nehmen***) augmenter; *Person* grossir ([***um***] ***ein Kilo*** d'un kilo)

**'Zuneigung** *f* (-; *-en*) affection *f*

**Zunge** ['tsʊŋə] *f* (-; *-n*) langue *f*; ***es liegt mir auf der ~*** je l'ai sur le bout de la langue

**zunichtemachen** [tsu'niçtəmaxən] (*sép, -ge-, h*) *Hoffnungen etc* réduire à néant, anéantir

**zunutze** [tsu'nutsə] ***sich etw ~ machen*** tirer profit de qc

**'zurechnungsfähig** *jur* responsable de ses actes; *geistig* capable de discerner; ***nicht mehr ~ sein*** ne plus jouir de toutes ses facultés mentales

**zurecht|finden** [tsu'-] (*irr, sép, -ge-, h,* → ***finden***) ***sich ~*** s'y retrouver, s'orienter; **~kommen** (*irr, sép, -ge-, sn,* → ***kommen***) ***mit etw ~*** se débrouiller avec qc, venir à bout de qc; **~legen** (*sép, -ge-, h*) préparer

**'zureden** (*sép, -ge-, h*) ***j-m ~*** encourager qn (***zu*** à + *inf*)

**Zürich** ['tsy:riç] *n* Zurich

**'zurichten** (*sép, -ge-, h*) apprêter; ***j-n übel ~*** F abîmer *od* arranger qn

**zurück** [tsu'ryk] en arrière; *~gekehrt* de retour; *im Rückstand* en retard; **~bekommen** (*irr, sép, pas de -ge-, h,* → ***bekommen***) ravoir, récupérer; ***ich bekomme noch Geld zurück*** vous me devez encore de l'argent; **~bleiben** (*irr, sép, -ge-, sn,* → ***bleiben***) rester en arrière; *Arbeit, Schule* être en retard; **~blicken** (*sép, -ge-, h*) regarder en arrière (*a fig*); **~bringen** (*irr, sép, -ge-, h,* → ***bringen***) rapporter; *j-n* ramener; **~drängen** (*sép, -ge-, h*) repousser; **~erstatten** (*sép, pas de -ge-, h*) restituer; **~fahren** (*irr, sép, -ge-* → ***fahren***) (*v/i* sn, *v/t h*) retourner; *rückwärts* reculer; **~fordern** (*sép, -ge-, h*) redemander, réclamer; **~führen** (*sép, -ge-, h*) ramener; ***etw auf etw ~*** attribuer *od* imputer qc à qc; **~geben** (*irr, sép, -ge-, h,* → ***geben***) rendre; **~geblieben** [-gəbli:bən] *geistig* arriéré, retardé; **~gehen** (*irr, sép, -ge-, sn,* → ***gehen***) retourner; *fig Temperatur, Geschäfte etc* baisser; ***~ auf*** remonter à; **~gezogen** [-gətso:gən] retiré, solitaire; **~greifen** (*irr, sép, -ge-, h,* → ***greifen***) ***~ auf*** avoir recours à, recourir à; **~halten** (*irr, sép, -ge-, h,* → ***halten***) (***sich ~*** se) retenir; **~haltend** réservé; **2haltung** *f* (-; *-en*) réserve *f*; **~kehren** (*sép, -ge-, sn*) retourner; **~kommen** (*irr, sép, -ge-, sn,* → ***kommen***) revenir; *fig* ***auf etw ~*** revenir à *od* sur qc; **~lassen** (*irr, sép, -ge-, h,* → ***lassen***) laisser; **~legen** (*sép, -ge-, h*) *an s-n Platz* remettre; *Geld* mettre de côté; *Weg* parcourir, couvrir; **~nehmen** (*irr, sép, -ge-, h,* → ***nehmen***) reprendre; *Behauptung* rétracter; *Verbot etc* retirer; **~rufen** (*irr, sép, -ge-, h,* → ***rufen***) rappeler (*a tél*); ***sich etw ins Gedächtnis ~*** se remémorer qc; **~schicken** (*sép, -ge-, h*) renvoyer; **~schrecken** (*schrak ou schreckte zurück, zurückgeschreckt, sn*) reculer (***vor*** devant); ***vor nichts ~*** ne reculer devant rien; **~stellen** (*sép, -ge-, h*) *an s-n Platz* remettre; *Uhr* retarder (***um*** de); *Vorhaben* renvoyer à plus tard; ***zurückgestellt werden***

*z. B. vom Wehrdienst* obtenir un sursis; **~stoßen** (*irr, sép, -ge-, h,* → ***stoßen***) repousser; **~treten** (*irr, sép, -ge-, sn,* → ***treten***) reculer; *vom Amt* démissionner; **~weisen** (*irr, sép, -ge-, h,* → ***weisen***) refuser, rejeter, repousser (*a Person*); **~werfen** (*irr, sép, -ge-, h,* → ***werfen***) rejeter; *Strahlen* réfléchir; **~zahlen** (*sép, -ge-, h*) rembourser; **~ziehen** (*irr, sép, -ge-, h,* → ***ziehen***) (***sich ~*** se) retirer

**'zurufen** (*irr, sép, -ge-, h,* → ***rufen***) ***j-m etw ~*** crier qc à qn

**zus.** *abr* ***zusammen*** ensemble; *in Rechnungen* en tout

**'Zusage** *f* acceptation *f*; *Versprechen* promesse *f*; **'2n** (*sép, -ge-, h*) *bei Einladung* accepter; ***j-m etw ~*** promettre qc à qn; ***j-m ~*** *gefallen* plaire *od* convenir à qn

**zusammen** [tsu'zamən] ensemble; *im Ganzen* au total; **2arbeit** *f* (-; *sans pl*) collaboration *f*, coopération *f*; **~arbeiten** (*sép, -ge-, h*) collaborer; **~brechen** (*irr, sép, -ge-, sn,* → ***brechen***) s'écrouler, s'effondrer (*a fig*); ***der Verkehr bricht zusammen*** la circulation est bloquée; **2bruch** *m* (-[*e*]*s*; ≃*e*) *fig* effondrement *m*, écroulement *m*, débâcle *f*; **~fallen** (*irr, sép, -ge-, sn,* → ***fallen***) s'écrouler; *zeitlich* coïncider (***mit*** avec); **~fassen** (*sép, -ge-, h*) résumer; **2fassung** *f* (-; *-en*) résumé *m*, sommaire *m*; **2fluss** *m* confluent *m*; **~gesetzt** [-gəzɛtst] composé; **~halten** (*irr, sép, -ge-, h,* → ***halten***) *fig* être solidaires; **2hang** *m* (-[*e*]*s*; ≃*e*) rapport *m*, liaison *f*, connexion *f* (***mit*** avec); *Text2* contexte *m*; ***im ~ stehen mit*** être en rapport avec; **~hängen** (*irr, sép, -ge-, h,* → ***hängen***) être en rapport (***mit*** avec), être lié (à); **~hängend** cohérent; **~hanglos** incohérent; **~kommen** (*irr, sép, -ge-, sn,* → ***kommen***) se réunir; **2kunft** [-kunft] *f* (-; ≃*e* réunion *f*, rencontre *f*; **~legen** (*sép, -ge-, h*) *vereinigen* regrouper; *falten* plier; **~nehmen** (*irr, sép, -ge-, h,* → ***nehmen***) *Kräfte, Mut* rassembler; ***sich ~*** se contenir, se ressaisir; **~passen** (*sép, -ge-, h*) s'accorder, aller bien ensemble, s'harmoniser; **~reißen** (*irr, sép, -ge-, h,* → ***reißen***) ***sich ~*** se ressaisir; **~schlagen** (*irr, sép, -ge-, h,* → ***schlagen***) démolir (*a* F *j-n*); **~schließen** (*irr, sép, -ge-, h,* → ***schließen***) ***sich ~*** s'associer; *écon* fusionner; **2schluss** *m* association *f*; *écon* fusion *f*; **~setzen** (*sép, -ge-, h*) composer; *tech* assembler; ***sich ~ aus*** se composer de; **2setzung** *f* (-; *-en*) composition *f*, composé *m*; *tech* assemblage *m*; **~stellen** (*sép, -ge-, h*) composer; *Material* rassembler, réunir; **2stoß** *m* collision *f* (*a fig*), tamponnement *m*, télescopage *m*; *fig a* heurt *m*; **~stoßen** (*irr, sép, -ge-, sn,* → ***stoßen***) entrer en collision (***mit*** avec), se tamponner, se télescoper, se heurter (*a fig*); **~treffen** (*irr, sép, -ge-, sn,* → ***treffen***) *zeitlich* coïncider; *sich begegnen* se rencontrer; ***mit j-m ~*** rencontrer qn; **2treffen** *n* rencontre *f*; *zeitlich* coïncidence *f*; **~ziehen** (*irr, sép, -ge-, h,* → ***ziehen***) contracter; *Truppen* concentrer; ***sich ~*** se contracter

**'Zusatz** *m* supplément *m*; addition *f*; *~mittel* additif *m*

**zusätzlich** ['tsuːzɛtsliç] supplémentaire

**'zuschau|en** (*sép, -ge-, h*) regarder (***bei etw*** qc); ***j-m ~*** regarder faire qn; **'2er** *m* (*-s*; -), **'2erin** *f* (-; *-nen*) spectateur *m*, -trice *f*

**'Zuschlag** *m* supplément *m* (*a Bahn*); *Versteigerung* adjudication *f*; *Gebühren2* surtaxe *f*; **2en** ['-gən] (*irr, sép, -ge-,* → ***schlagen***, *v/i* sn, *v/t h*) *Tür* claquer; *Buch* fermer; *Person* frapper; **'2pflichtig** *Zug* à supplément

**'zu|schließen** (*irr, sép, -ge-, h,* → ***schließen***) fermer à clé; **~'schulden** [tsu'-] ***sich etw ~ kommen lassen*** se rendre coupable de qc; **'2schuss** *m Beihilfe* allocation *f*; *staatlicher* subvention *f*

**'zusehen** (*irr, sép, -ge-, h,* → ***sehen***) → ***zuschauen***; ***~, dass …*** veiller à ce que (+ *subj*); **'~ds** ['-ts] à vue d'œil

**'zu|senden** (*irr, sép, -ge-, h,* → ***senden***) envoyer; **'~setzen** (*sép, -ge-, h*) *hinzufügen* ajouter; *Geld* perdre (de l'argent); ***j-m ~*** importuner qn; *mit Fragen etc* harceler qn; *Krankheit* éprouver qn

**'zusicher|n** (*sép, -ge-, h*) ***j-m etw ~*** assurer qc à qn; **'2ung** *f* (-; *-en*) assurance *f*

**'zuspitzen** (*sép, -ge-, h*) ***die Lage spitzt***

***sich zu*** la situation devient critique
'**Zustand** *m* état *m*; *Lage* situation *f*
**zustande** [tsu'ʃtandə] ~ ***bringen*** parvenir à, réaliser; ~ ***kommen*** se faire, se réaliser, avoir lieu
'**zuständig** compétent; '**≈keit** *f* (-; *-en*) compétence *f*
'**zustell|en** (*sép*, *-ge-*, *h*) *Post* distribuer; *überbringen* remettre; *jur* notifier; '**≈ung** *f* (-; *-en*) distribution *f*, remise *f*
'**zustimm|en** (*sép*, *-ge-*, *h*) consentir (à); '**≈ung** *f* (-; *-en*) consentement *m*, accord *m*
'**zustoßen** (*irr*, *sép*, *-ge-*, *sn*, → ***stoßen***) ***j-m*** ~ arriver à qn
**zutage** [tsu'ta:gə] ~ ***bringen*** *od* ***fördern*** mettre au jour; ~ ***kommen*** *od* ***treten*** se révéler
**Zutaten** ['tsu:ta:tən] *cuis f/pl* ingrédients *m/pl*
'**zuteilen** (*sép*, *-ge-*, *h*) attribuer, assigner (***j-m etw*** qc à qn)
'**zutragen** (*irr*, *sép*, *-ge-*, *h*, → ***tragen***) ***j-m etw*** ~ rapporter qc à qn; ***sich*** ~ arriver, se produire
'**zutrauen** (*sép*, *-ge-*, *h*) ***j-m etw*** ~ croire qn capable de qc; ***sich zu viel*** ~ présumer de ses forces; '≈ *n* (*-s*; *sans pl*) confiance *f* (***zu*** en *od* dans)
'**zutreffen** (*irr*, *sép*, *-ge-*, *h*, → ***treffen***) être juste *od* exact; ~ ***auf*** s'appliquer à
'**Zutritt** *m* (-[*e*]*s*; *sans pl*) accès *m*, entrée *f*
**zuungunsten** [tsu'u:ngunstən] *prép* (*gén*) au préjudice de
**zuverlässig** ['tsu:fɛrlɛsiç] sur qui *od* sur lequel on peut compter, sûr; *Person a* sérieux; *tech* fiable; '**≈keit** *f* (-; *sans pl*) *e-r Person* sérieux *m*; *tech* fiabilité *f*
**Zuversicht** ['tsu:fɛrziçt] *f* (-; *sans pl*) confiance *f*, optimisme *m*; '**≈lich** plein de confiance, optimiste
**zuviel** [tsu'-] → ***zu***
**zuvor** [tsu'-] *früher* auparavant; *zuerst* d'abord; **~kommen** (*irr*, *sép*, *-ge-*, *sn*, → ***kommen***) ***j-m*** ~ devancer qn; ***e-r Sache*** ~ prévenir qc; **~kommend** prévenant
**Zuwachs** ['tsu:vaks] *m* (*-es*; *¨-e*) accroissement *m*
**zuwege** [tsu've:gə] ***etw*** ~ ***bringen*** réussir (à faire) qc
**zuweilen** [tsu'vailən] parfois
'**zuweisen** (*irr*, *sép*, *-ge-*, *h*, → ***weisen***) ***j-m etw*** ~ assigner qc à qn
'**zuwend|en** (*sép*, *-ge-*, *h*, *irr* → ***wenden***) *Blick etc* ***j-m*** ~ tourner vers qn; ***sich j-m*** (***e-r Sache***) ~ se tourner vers qn (qc); *fig a* s'occuper de qn (qc), se consacrer à qn (qc); '**≈ung** *f* (-; *-en*) *finanzielle* aide *f* financière, don *m*; *menschliche* affection *f*
**zuwenig** [tsu'-] → ***zu***
**zuwider** [tsu'-] *prép* (*dat*) ***j-m*** ~ ***sein*** dégoûter qn, répugner (à) qn; **~handeln** (*sép*, *-ge-*, *h*) contrevenir à, enfreindre; **≈handlung** *f* infraction *f*, contravention *f*
'**zuziehen** (*irr*, *sép*, *-ge-*, → ***ziehen***) **1.** *v/t* (*h*) *Vorhang* fermer, tirer; *Knoten* serrer; ***j-n*** ~ faire appel à qn; ***sich e-e Krankheit*** ~ contracter une maladie; **2.** *v/i* (*sn*) *an e-n Ort* s'établir
**zuzüglich** ['tsu:tsy:k-] (en) plus
**zw.** *abr* ***zwischen*** entre
**Zwang** [tsvaŋ] *m* (-[*e*]*s*; *¨-e*) contrainte *f*
**zwängen** ['tsvɛŋən] (*h*) ***in etw*** ~ faire rentrer de force dans qc
'**zwanglos** décontracté, sans façon, sans cérémonie
'**Zwangs|arbeit** *f* travaux *m/pl* forcés; '**~herrschaft** *f* tyrannie *f*, despotisme *m*; '**≈läufig** ['-lɔʏfiç] forcé(ment), inévitable(ment); *adv a* par la force des choses, obligatoirement; '**~versteigerung** *f* enchères *f/pl* forcées; '**~vollstreckung** *jur f* exécution *f* forcée; '**~vorstellung** *psych f* obsession *f*; '**≈weise** de *od* par force, par contrainte
**zwanzig** ['tsvantsiç] vingt; ***etwa*** ~ une vingtaine; '**~ste** ['-stə] vingtième
**zwar** [tsva:r] il est vrai, à la vérité; ***und*** ~ c'est-à-dire
**Zweck** [tsvɛk] *m* (-[*e*]*s*; *-e*) but *m*, fin *f*; ***für e-n wissenschaftlichen*** ~ dans un but scientifique; ***zu diesem*** ~ à cet effet, à cette fin; ***seinen*** ~ ***erfüllen*** remplir sa fonction; ***es hat keinen*** ~ cela ne sert à rien; '**≈los** inutile; '**≈mäßig** fonctionnel, pratique, adéquat, approprié
**zwecks** [tsvɛks] *prép* (*gén*) en vue de
**zwei** [tsvai] **1.** deux; **2.** ≈ *f* (-; *-en*) deux *m*; *Note* bien; '**≈bettzimmer** *n* chambre *f* à deux lits; '**≈brücken** *n géogr* Deux-Ponts; **~deutig** ['-dɔʏtiç] ambi-

gu, équivoque (*a fig*); '**2deutigkeit** *f* (-; *-en*) ambiguïté *f*, équivoque *f*; **~erlei** ['-ərlai] de deux sortes; ***das ist ~*** ce sont deux choses différentes, F ça fait deux; **~fach** ['-fax] double

**Zweifel** ['tsvaifəl] *m* (*-s*; -) doute *m*; ***ohne ~*** sans aucun doute; '**2haft** douteux; '**2los** sans aucun doute; '**2n** (*h*) douter (***an*** de); '**~sfall** *m* ***im ~*** en cas de doute

**Zweig** [tsvaik] *m* (-[*e*]*s*; *-e*) branche *f* (*a fig*), rameau *m*

'**Zweig|niederlassung** *f*, '**~stelle** *f* succursale *f*

'**zwei|hundert** deux cents; '**2kampf** *m* duel *m*; '**~mal** deux fois; '**~seitig** bilatéral; '**~sprachig** bilingue; '**~spurig** *Straße* à deux voies; '**~stöckig** ['-ʃtœkiç] à deux étages; '**~stündig** ['-ʃtyndiç] de deux heures; '**2taktmotor** *m* moteur *m* à deux temps

**zweite** ['tsvaitə] second, deuxième; ***aus ~r Hand*** de seconde main; ***wir sind zu zweit*** nous sommes à deux

**zweitens** ['tsvaitəns] deuxièmement

'**zweit|rangig** secondaire; '**2wagen** *m* deuxième voiture *f*

'**Zweizimmerwohnung** *f* deux-pièces *m*

**Zwerchfell** ['tsvɛrç-] *n* diaphragme *m*

**Zwerg** [tsvɛrk] *m* (-[*e*]*s*; *-e*) nain *m*

**Zwetsch(g)e** ['tsvɛtʃ(g)ə] *bot f* (-; *-n*) quetsche *f*

**zwicken** ['tsvikən] (*h*) pincer

**Zwieback** ['tsviːbak] *m* (-[*e*]*s*; *⸗e*, *-e*) biscotte *f*

**Zwiebel** ['tsviːbəl] *bot f* (-; *-n*) oignon *m*; *Blumen2* bulbe *m*

**Zwie|licht** ['tsviː-] *n* (-[*e*]*s*; *sans pl*) demi-jour *m*; ***ins ~ geraten*** s'attirer les soupçons (de); '**2lichtig** louche; '**~spalt** *m* (-[*e*]*s*; *selten -e*, *⸗e*) conflit *m*; '**2spältig** ['-ʃpɛltiç] contradictoire

**Zwilling** ['tsviliŋ] *m* (*-s*; *-e*) jumeau *m*, *Mädchen* jumelle *f*; ***~e pl*** jumeaux *m/pl od* jumelles *f/pl*; *astr* Gémeaux *m/pl*

**zwing|en** ['tsviŋən] (*zwang, gezwungen, h*) forcer (***zu etw*** à qc; ***etw zu tun*** à faire qc), obliger (à), contraindre (à); ***sich ~*** se forcer (***etw zu tun*** à faire qc); ***gezwungen sein zu …*** être forcé *od* obligé de (+ *inf*); '**~end** *Grund, Notwendigkeit* impérieux; '**2er** *m* (*-s*; -) *Hunde2* chenil *m*

**zwinkern** ['tsviŋkərn] (*h*) ***mit den Augen ~*** cligner des yeux

**Zwirn** ['tsvirn] *m* (-[*e*]*s*; *-e*) fil *m*

**zwischen** ['tsviʃən] *prép* (*wo? dat*; *wohin? acc*) entre

'**Zwischen|aufenthalt** *m* arrêt *m* intermédiaire; '**~deck** *mar n* entrepont *m*; 2'**durch** *inzwischen* entre-temps; *von Zeit zu Zeit* de temps en temps; '**~fall** *m* incident *m*; '**~händler** *m* intermédiaire *m*; '**2landen** (*sép*, *-ge-*, *sn*) *aviat* faire escale; '**~landung** *aviat f* escale *f*; '**~raum** *m* intervalle *m*; '**~ruf** *m* interruption *f*; '**~spiel** *n* intermède *m*, interlude *m*; '**~stecker** *m* adapteur *m*; '**~wand** *f* cloison *f*; '**~zeit** *f* ***in der ~*** entre-temps, pendant ce temps

**zwitschern** ['tsvitʃərn] (*h*) gazouiller

**zwölf** [tsvœlf] douze; (***um***) ***~ Uhr*** (à) midi, *nachts* (à) minuit; '**~te** ['-tə] douzième

**Zyankali** [tsyan'kaːli] *chim n* (*-s*; *sans pl*) cyanure *m* de potassium

**Zyklus** ['tsyklus] *m* (-; *Zyklen*) cycle *m*

**Zylind|er** [tsy'lindər] *m* (*-s*; -) *tech, math* cylindre *m*; *Hut* haut-de-forme *m*; **2risch** [-driʃ] cylindrique

**Zyn|iker** ['tsyːnikər] *m* (*-s*; -) cynique *m*; '**2isch** cynique; **~ismus** [tsy'nismus] *m* (-; *-men*) cynisme *m*

**Zypern** ['tsyːpərn] *n* Chypre

**Zypresse** [tsy'prɛsə] *bot f* (-; *-n*) cyprès *m*

**zz(t).** *abr* ***zurzeit*** en ce moment; actuellement

# Prononciation de l'allemand

## Voyelles et diphtongues

| | | |
|---|---|---|
| aː | kam | /kaːm/ |
| a | Kamm | /kam/ |
| ɛː | Käse | /'kɛːzə/ |
| ɛ | Kämme | /'kɛmə/ |
| eː | See | /zeː/ |
| e | Debatte | /de'batə/ |
| ə | Rose | /'roːzə/ |
| iː | Dieb | /diːp/ |
| i | in | /in/ |
| oː | Sohn | /zoːn/ |
| o | monoton | /mono'ton/ |
| ɔ | form | /fɔrm/ |
| ø | Öse | /'øːzə/ |
| œ | öffnen | /'œfnən/ |
| uː | Uhr | /uːr/ |
| u | bunt | /bunt/ |
| yː | Tür | /tyːr/ |
| y | Müll | /myl/ |
| ai | Mai | /mai/ |
| au | Maus | /maus/ |
| ɔy | euch | /ɔyç/ |

*suite au verso*

# Prononciation de l'allemand

## Consonnes

| | | |
|---|---|---|
| b | Buch | /buːx/ |
| ç | ich | /iç/ |
| d | der | /deːr/ |
| f | Vogel | /foːgəl/ |
| g | geben | /ˈgeːbən/ |
| ʒ | Genie | /ʒənˈniː/ |
| h | heben | /ˈheːbən/ |
| j | jeder | /ˈjeːdər/ |
| k | Kind | /kint/ |
| l | Lachs | /laks/ |
| m | Mais | /mais/ |
| n | Nacht | /naxt/ |
| ŋ | Rang | /raŋ/ |
| p | Paar | /paːr/ |
| s | aus | /aus/ |
| t | Tag | /taːk/ |
| v | Waage | /ˈvaːgə/ |
| z | so | /zo/ |
| ʃ | Schein | /ʃain/ |
| x | auch | /aux/ |

Achevé d'imprimer en Italie par Grafica Veneta S.p.A.
Dépôt légal : Avril 2015 - Collection 58 - Edition 02
71/5554/5